lonely planet

Südostasien
für wenig Geld

Brett Atkinson, Lindsay Brown, Jayne D'Arcy, David Eimer, Paul Harding, Nick Ray, Tim Bewer, Joe Bindloss, Greg Bloom, Celeste Brash, Austin Bush, Ria de Jong, Michael Grosberg, Damian Harper, Ashley Harrell, Trent Holden, Anita Isalska, Mark Johanson, Hugh McNaughtan, Rebecca Milner, Simon Richmond, Iain Stewart, Andy Symington, Phillip Tang

REISEPLANUNG

NASENAFFE, KOTA KINABALU S. 474

YUSNIZAM YUSOF/SHUTTERSTOCK ©

CORON ISLAND, PALAWAN S. 687

ADRIAN BAKER/SHUTTERSTOCK ©

REISEZIELE IN SÜDOSTASIEN

Inhalt

REISEZIELE IN SÜDOSTASIEN

Inhalt

Willkommen in Südostasien

Von Regenwäldern durchdrungen, von goldenem Sand gesäumt, von Vulkanen gekrönt und mit den Ruinen verlorener Zivilisationen gespickt: Südostasien so, wie man es sich immer vorgestellt hat.

Die Kraft der Elemente

Südostasien ist von den Elementen geprägt. In luftiger Höhe erheben sich mächtige Vulkane und tief unten bahnt sich reißendes Wasser seinen Weg. Aus Korallenriffen sind surreale Karstinseln entstanden. Über Jahrtausende hat der Monsun Kulturen beeinflusst, die sich nach den Jahreszeiten und der Überflutung von Flüssen richten, welche als schnelle Verbindungen durch den Regenwald dienen. In dieser Region voller Flüsse, Meere und Inseln reist man mit Booten und über Land auf Handelsrouten, die schon alt waren, als die großen Mächte Europas noch in den Kinderschuhen steckten.

Gaumenfreuden

In kulinarischer Hinsicht ist Südostasien ein Mix an Geschmäckern, in dem einige der besten Küchen der Welt miteinander verschmelzen und himmlische Kombinationen ergeben. Die Gewürze der Region wurden einst teurer gehandelt als Gold und in Kombination mit einem wichtigen Importprodukt – dem südamerikanischen Chili – entsteht eine Palette an Aromen, die die Sinne berauscht. In dieser Region treffen bescheidene Straßenhändlerstände auf Michelin-Sterne und ein Essen in einer Küche am Straßenrand oder auf dem Nachtmarkt kann genauso denkwürdig sein wie ein Fünf-Sterne-*dim sum*-Bankett.

Spirituelle Orte

In Südostasien liegt Spiritualität in der Luft wie der Rauch von Räucherwerk in den Tempeln. Bei Tagesanbruch tummeln sich in buddhistischen Nationen Mönche auf den Straßen, um Almosen zu sammeln. In muslimischen Ländern hallt der Ruf des Muezzins über die Dächer. In taoistischen Tempeln füllen Gläubige die Morgenluft mit dichtem Rauch, während in abgelegenen Dörfern der Beginn des neuen Tags mit animistischen Ritualen zelebriert wird. Hier hat jeder Lebensbereich eine spirituelle Dimension.

Urbane Abenteuer

Die Megastädte Südostasiens schreiten der Zukunft kühn entgegen und bleiben dabei mit einem Fuß fest in der Vergangenheit. Wolkenkratzer erheben sich über den Straßen wie kristallene Gärten, während auf den Straßen die Händler feilschen, die Essensverkäufer ihre Waren anbieten und die Gläubigen in die Tempel strömen. Für viele Traveller ist das städtische Chaos in Bangkok oder die organisierte Modernität Singapurs ein guter Vorgeschmack auf die Region. Doch jede Hauptstadt hier hat ihren eigenen Charakter, bestimmt von Religion, Kultur, Geografie sowie Kolonialismus und sich befehdenden Dynastien. Den Rhythmus dieser Städte zu erleben gehört zum Zauber der Reise.

Warum ich Südostasien liebe

Von Joe Bindloss, Autor

Zum Traveller-Dasein gehört auch herauszufinden, welche Orte es einem wirklich antun. Auf einer Weltreise Anfang der 1990er-Jahre kam ich erstmals mit Südostasien in Berührung und es hat klick gemacht. Vielleicht lag es am Duft nach Räucherwerk, dem Schimmer von Blattgold, den Lotusblüten auf Tempelteichen oder den Wurzeln von Dschungelbäumen zwischen den Ruinen von Angkor Wat. Es fasziniert mich immer wieder aufs Neue, wie jedes Land in Südostasien seine eigene Version Südostasiens verkörpert, doch alle in Bezug auf Glauben, verlorene Kaiserreiche und den wiederkehrenden Monsunregen auf dieselbe Geschichte zurückblicken.

Mehr Informationen über unsere Autoren, siehe S.#992

Oben: Ta Prohm (S. 286), Kambodscha

Südostasien

0
1000 km
OSTCHINESISCHES MEER
Nördlicher Wendekreis
Ha-Long-Bucht (Vietnam)
Kalksteinfelsen umgeben diese glitzernde Bucht (S. 912)
Phong-Nha-Ke-Bang-Nationalpark (Vietnam)
Die größte Höhle der Welt (S. 928)
20°N
Batanes-Inseln
Luzonstraße
Babuyan-Inseln
Reisterassen von Ifugao (Philippinen)
Smaragdgrüne Landschaft (S. 651)
Banaue
PHILIPPINISCHES MEER
Luzon
Polillo-Inseln
MANILA
Palawan (Philippinen)
Unebene, abgelegene und traumhaft schöne Strände (S. 679)
Catanduanes
PHILIPPINEN
Mindoro
Sibuyansee
Samar
lamian-Inseln
Visayansee
10°N
Panay
Cebu
Letye
Dinagat
Bohol
Siargao
Malaysisch-Borneo
Dschungelabenteuer in Hülle und Fülle (S. 473)
Palawan
Negros
Boholsee
SULUSEE
PALAU
Mindanao
PAZIFISCHER OZEAN
Basilan-
Jolo
Sulu-Archipel
Talaud
Tawi-Tawi
Semporna-Archipel
Komodo & Flores (Indonesien)
Mystische Ungeheuer und herrliche Strände (S. 169)
Sangir-Inseln
Morotai
CELEBESSEE
Halmahera
Äquator 0°
Waigeo
Pulau Biak
Teluk Tomini
Togian-Inseln
MOLUKKENSEE
HALMAHERASEE
Yapen
Pulau Bacan
Teluk Cenderawasih
Sula-Inseln
Obi
Misool
Sulawesi
Banggai-Inseln
SERAMSEA
Seram
Tana Toraja
INDONESIEN
Buru
Puncak Jaya (5030 m)
INDONESIEN
Papua
Ambon
PAPUA-NEUGUINEA
Teluk Bone
Banda-Inseln
Butung (Buton)
Kai-Inseln
Aru-Inseln
BANDASEE
Selayar
Yos Sudarso
FLORESSEE
Wetar
Alor-Inseln
Ataúro-Insel
Leti-Inseln
Tanimbar-Inseln
mbawa
Komodo
Babar-Inseln
ARAFURASEE
DILI
Flores
Solor-Inseln
OSTTIMOR
10°S
Ataúro-Insel (Osttimor)
Die unbekannteren Ecken Südostasiens erkunden (S. 609)
SAWUSEE
Westtimor
TIMORSEE
Sumba
Sawu
Rote
AUSTRALIEN
120°O
140°O

Südostasiens Top 20

1

Die Tempel von Angkor (Kambodscha)

1 Indiana-Jones-Fantasien gehen in Angkor in Erfüllung, wo die Wurzeln riesiger Dschungelbäume die Mauern uralter Tempel durchbrechen und kunstvolle Flachreliefs von Dämonen und Engeln zwischen den Kletterpflanzen zu sehen sind. Von der geometrischen Perfektion Angkor Wats (S. 279) über die vom Dschungel überwucherten Tempelruinen von Ta Prohm bis zu den gigantischen Avalokiteshvara-Steingesichtern des Bayon – Angkor ist mehr als die Summe seiner Teile. Im regionalen Traveller-Treff Siem Reap kann man sich entspannen und tagsüber auf tolle Erkundungen gehen.

Flachrelief in Angkor Thom (S. 281)

Hoi An (Vietnam)

2 Hoi An (S. 948) ist Vietnams anmutigste und schönste Küstenstadt und war einst ein geschäftiger Hafen. Die Straßen der Altstadt werden von traditionellen Häusern und Familienkapellen gesäumt, die von den hier ansässigen Seefahrern erbaut wurden. Heute findet man in diesen prachtvollen Bauten lebhafte Restaurants, Bars, Cafés, Boutiquen, Schneidereien und Kochschulen. Wer genug über die Geschichte erfahren hat, kann sich ein Fahrrad oder Motorrad ausleihen und an der Küste entlang zu herrlichen Stränden fahren oder eine Bootsfahrt vor der Küste zu den idyllischen Cham-Inseln unternehmen. Es ist wie eine Probierplatte von Südostasien – man hat alles an einem Ort.

ZZVET/SHUTTERSTOCK ©

BIG PEARL/SHUTTERSTOCK ©

EARTH9566/SHUTTERSTOCK ©

Bangkok (Thailand)

3 Der Städte-Superstar lässt keine Wünsche offen: großartiges Essen und Shoppingmöglichkeiten, schlichte Spiritualität, ein umtriebiges Nachtleben und ausgeprägte Heiterkeit. Für Neuankömmlinge ist Bangkok (S. 744) wie ein siedender Dampfkessel, doch für Rückkehrer aus abgelegenen Ecken Asiens hält es eine angenehme Dosis Zivilisation bereit. Die Stadt bietet jede Menge Denkmäler und Klöster, doch neben Sightseeing sollte man sich Zeit nehmen, um zu essen, bei einem Bier Geschichten auszutauschen und für erholsame Bootsfahrten auf dem Chao Phraya.
Th Yaowarat (S. 745)

Bali (Indonesien)

4 Auch wenn diese hinduistische Insel mitten im indonesischen Archipel von allen Travellern angesteuert wird, ist sie wegen ihrer einzigartigen Kultur und legendären Surfbreaks ein unverzichtbarer Halt auf der Rundreise durch Asien. Bali (S. 119) hat mehr zu bieten als Kuta Beach, doch die meisten schauen zum Surfen und Feiern zumindest einen oder zwei Tage vorbei, bevor sie zu ruhigeren Teilen der Insel aufbrechen. Wer sich von Kuta erholt hat, kann das reiche kulturelle Erbe von Ubud, den entspannten Vibe des verschlafenen Pemuteran und die Meeresfrüchte in Jimbaran genießen. Strand in Jimbaran (S. 129)

Komodo & Flores (Indonesien)

5 „Hier sind Drachen" – für Komodo (S. 169), eine der letzten Rückzugsstätten des Komodowaran, gilt das tatsächlich. Eine Begegnung mit diesem ursprünglichen Raubtier in seinem natürlichen Lebensraum ist nur eine von vielen Verlockungen dieses entspannten Teils des indonesischen Archipels. Hinzu kommen entspannte Tage an abgelegenen Inselstränden, Fahrten zu einigen der besten Tauchstellen Indonesiens, die fröhliche Traveller-Atmosphäre in Labuanbajo auf der Nachbarinsel Flores (S. 170) und die unübersehbare Attraktion der Inseln.
Komodowaran (S. 169)

Bagan (Myanmar)

6 Die Ebenen von Bagan (S. 572) sind mit den Resten von etwa 4000 buddhistischen Tempeln gespickt, von denen viele liebevoll restauriert wurden, andere hingegen immer noch durch die Verwüstungen der mongolischen Truppen Kublai Khans gezeichnet sind. Die Tempel kann man gut auf eigene Faust zu Fuß, mit dem Fahrrad oder dem Pferdewagen erkunden, um die Massen aus den Tourbussen zu meiden. Die schönste Aussicht hat man zum Sonnenauf- oder -untergang vom Pyathada-Paya (siehe unten), von einem anderen terrassenförmigen Paya oder bei einer Heißluftballonfahrt.

Ha-Long-Bucht (Vietnam)

7 Was ist das? Eine Piratenbucht im Südchinesischen Meer? Nein, nur die Ha-Long-Bucht (S. 912), in der 3000 Kalksteininseln aus dem glitzernden Wasser des Golfs von Tonkin ragen. Als UNESCO-Welterbe geschützt, gehört dieser Küstenabschnitt zu den größten Anziehungspunkten Vietnams. Man hat die Wahl zwischen mehrtägigen Touren auf einer Dschunke und geführten Kajaktrips zu den von Wellen ausgehöhlten Grotten und versteckten Lagunen. Wer danach Lust auf mehr hat, begibt sich zur weniger touristischen Lan-Ha-Bucht vor der Küste der Insel Cát Bà.

6

7

8

GWOEII/SHUTTERSTOCK ©

9

Penang (Malaysia)

8 Die Nebel der Vergangenheit hängen in George Town (S. 443) auf der Insel Penang genauso in der Luft wie der Rauch von Räucherwerk in den taoistischen Tempeln. Die Seefahrerstadt wurde von den britischen Kolonisten sowie chinesischen und indischen Wanderarbeitern gegründet. Auch heute ist es ein Schmelztiegel chinesischer, malaysischer und indischer Einflüsse, die sich auf die Mentalität und die Küche der Insel auswirken. 2008 ins UNESCO-Welterbe aufgenommen, hat Penang viel unternommen, um seine historische Architektur zu erhalten. Streetfood-Verkäufer in Penang

Chiang Mai (Thailand)

9 Die Provinzhauptstadt (S. 783) ist das perfekte Gegenteil des hektischen Bangkok. Die ruhigen Straßen der Altstadt umfassen etliche Teakholztempel im markanten Stil Nordthailands. Hier kann man ziellos von einem Wat zum nächsten schlendern und sich mit frischen Obstsäften und Streetfood stärken. Viele verbringen hier eine ganze Woche, in der sie Tagesausflüge zu Wasserfällen und Stammesdörfern in den Bergen unternehmen, thailändische Massagen genießen oder lernen, wie man Currys zubereitet. Wat Chiang Man (S. 786)

Palawan (Philippinen)

10 Einst ein verschlafenes Nest, erfreut sich Palawan (S. 679) heute enormer Beliebtheit, da es in Reisemagazinen unter den besten Urlaubsinseln der Welt rangiert. Hoch im Kurs steht der Bacuit-Archipel nahe El Nido, eine Meereslandschaft mit Kalksteininseln, versteckten Stränden, Korallenbänken und den aufregendsten Tauchspots der Philippinen. Weitere feine Strände findet man in Port Barton und Sabang. Ein wahrer Schatz erwartet Taucher nördlich der Coron Bay, wo die Wracks Dutzender japanischer Kriegsschiffe liegen. Kayangan Lake (S. 687)

Luang Prabang (Laos)

11 Von Mekong und Nam Khan begrenzt, ist die ehemalige königliche Hauptstadt von Luang Prabang (S. 362) eine der tollsten Tempelstädte Südostasiens. Auf den Straßen tummeln sich buddhistische Mönche, um ihre Almosen zu sammeln. Trotz seiner steigenden Beliebtheit hat sich Luang Prabang nicht weit von seinen Backpacker-Wurzeln entfernt. Hier kann man tage- oder wochenlang entspannen, Tempel erkunden, die laotische Kochkunst lernen, auf Nebenstraßen radeln und Tempel besuchen oder sich in einem der Spas bei einer Massage erholen.

KENGPHOTOSTOCK/SHUTTERSTOCK ©

Si Phan Don (Laos)

12 Der ansonsten meistens schlammig-trübe Mekong leuchtet rund um die geheimnisvollen „Viertausend Inseln" von Laos, gemeinhin Si Phan Don (S. 371) genannt, in tropischem Türkisblau. Es gibt keinen entspannteren Ort in Laos. Hier ist man schon schwer beschäftigt, wenn man von einer Insel zur nächsten radelt, auf einem Schwimmreifen über den Fluss treibt oder auf der Suche nach den seltenen Irawadidelfinen Kajak fährt. Es herrscht ein verschlafener Traveller-Vibe, also Schuhe ausziehen, in eine Hängematte legen und sich vom Rauschen des Flusses einlullen lassen. Wasserfall auf Don Khon (S. 403)

Malaysisches Borneo

13 Das *andere* Malaysia, die Bundesstaaten Sabah (S. 473) und Sarawak (S. 491), teilt sich die Insel Borneo mit Brunei und dem indonesischen Kalimantan. Auf Kreuzfahrten über die vom Regenwald gesäumten Flüsse trifft man auf einige der wildesten Bewohner Südostasiens: Gibbons, Orang-Utans und die unzähligen indigenen Kulturen, die in diesem Dschungel zu Hause sind. Aber es gibt nicht nur Flüsse und Regenwald, sondern auch die kosmopolitischen Städte Kuching (Sarawak) und Kota Kinabalu (Sabah). Zudem kann man auf Bootstauchgängen die mitunter artenreichsten Korallenbänke Südostasiens entdecken. Gibbon in Kota Kinabalu (S. 474)

12

13

Essen in Singapur

14 Kaum größer als ein Schmelztiegel, ist der Stadtstaat Singapur (S. 700) eines der größten kulinarischen Sammelbecken Asiens: Hier kommt die Crème de la Crème der Kochkunst aus China, Indien und von der Malaiischen Halbinsel zusammen. Hier gibt's immer etwas zu entdecken – vom futuristischen Gardens by the Bay bis zum ausgefallenen Nachbau der taoistischen Himmels- und Höllenvorstellung in der Haw Par Villa, doch am meisten bleibt das Essen in Erinnerung – egal, ob man in einem der Bankettrestaurants diniert oder an einem der vielen Straßenstände der Stadt isst.

Insel Ataúro (Osttimor)

15 Zu Unrecht oftmals von Reiseplänen ausgeschlossen, hält die junge Nation Osttimor für die wagemutige Besucher wahrhaftige Abenteuer parat. In der Hauptstadt Dili wird die Geschichte über den Kampf der Nation um Unabhängigkeit eindrucksvoll erzählt, doch die meisten Reisenden verschlägt es wegen der unberührten Korallenbänke vor der Nordküste, der versteckten Dörfer und nebelverhangenen Berge im dicht bewaldeten Landesinneren hierher. Mit einer Nacht auf der verschlafenen Insel Ataúro (S. 609) kann man die Reise ausklingen lassen.

Reisterrassen der Ifugao (Philippinen)

16 Von Generationen der Ifugao in das zerklüftete Cordillera-Gebirge geschlagen, gelten die Reisterrassen der Ifugao als ein Wunder Asiens. Die abfallenden Täler wurden vor etwa 2000 Jahren zu Terrassen geformt. Wer auf den smaragdgrünen Treppen wandert – und in ihrer Mitte im idyllischen Batad (S. 652) übernachtet –, hat das Gefühl, Jahrhunderte in die Vergangenheit zu reisen – in eine Zeit, in der die Philippinen noch nicht die Aufmerksamkeit der Kolonialmächte auf sich gezogen hatten. In der Umgebung kann man einen Abstecher zur Wanderhochburg Bontoc oder über die Berge nach Sagada machen.

Gili-Inseln (Indonesien)

17 Eine der schönsten Vergnügungen Indonesiens ist die Fahrt auf einem Schnellboot vom geschäftigen Bali zu den ruhigen Gili-Inseln (S. 159). Das ist das Indonesien, von dem alle träumen: Weiße Strände, türkises Wasser, raschelnde Palmwedel und entspannte Treffpunkte am Strand, die dazu verleiten, den Aufenthalt zu verlängern. Tagsüber kann man schnorcheln und mit Haien, Rochen und Schildkröten an den Korallenriffen tauchen. Nach Einbruch der Dunkelheit findet man auf Gili Trawangan leckeres Essen und ein aufregendes Nachtleben oder man legt sich auf Gili Air und Gili Meno einfach in eine Hängematte. Gili Trawangan (S. 163)

16

17

ZARNELL PHOTOGRAPHY/SHUTTERSTOCK ©

MICHAL STIPEK/SHUTTERSTOCK ©

Yangon (Myanmar)

18 Eine durch jahrhundertelangen Monsun zu Pastelltönen verwaschene Vision des kolonialen Fernen Ostens: Yangon (S. 526), ehemals Rangun, verändert sich rapide mit dem Eindringen der Außenwelt, nachdem es jahrzehntelang isoliert war. In mancher Hinsicht hat es sich jedoch gar nicht verändert. Die vergoldete Spitze des Shwedagon-Paya (Foto oben) erhebt sich immer noch wie ein Leuchtfeuer über der Stadt, umgeben von einem nie abreißenden Strom buddhistischer Pilger. In der Morgendämmerung tummeln sich Mönche auf den Straßen, um Almosen zu sammeln.

Phong-Nha-Ke-Bang-National-park (Vietnam)

19 Schroffe Hügel ziehen sich durch saftig-grünen Regenwald und Gebirgsflüsse stürzen durch beeindruckende Schluchten im Phong-Nha-Ke-Bang (S. 928), der zu Vietnams spektakulärsten Nationalparks zählt. Reisende können durch das gewundene Höhlensystem kriechen. Die kathedralenartigen Kammern von Hang Son Doong (Foto oben) sind nur im Rahmen von Höhlentrekking-Touren zugänglich. Seilrutschen und Kajakfahren in der Hang Toi (Dunkle Höhle) und der unsäglich schönen und passend benannten Paradieshöhle sind hingegen für alle möglich.

Phnom Penh (Kambodscha)

20 Die kambodschanische Hauptstadt ist chaotisch, aber charmant. Sie trägt sichtbare Narben der Vergangenheit, schreitet jedoch einer besseren Zukunft entgegen. Der Tonlé Sap und der Mekong fließen im Herzen von Phnom Penh (S. 250) zusammen, weshalb sich eine Weiterfahrt mit dem Boot nach Angkor Wat anbietet. Vor der Abreise sollte man jedoch die Nebenstraßen mit ihren altmodischen Ladenhäusern und Kolonialvillen erkunden. Am besten nimmt man sich auch etwas Zeit für die erschütternden Killing Fields von Choeung und das Tuol-Sleng-Genozid-Museum (Foto oben).

Gut zu wissen

Weitere Infos siehe Praktische Informationen (S. 1021)

Währung

Brunei Dollar (B$)
Indonesien Rupiah (Rp)
Kambodscha Riel (R)
Laos Kip (K)
Malaysia Ringgit (RM)
Myanmar Kyat (K)
Osttimor US-Dollar (US$), Centavo (Cv)
Philippinen Peso (P)
Singapur Dollar (S$)
Thailand Baht (B)
Vietnam Dong (D)

Sprache

Brunei Bahasa Malaysia
Indonesien Bahasa Indonesia
Kambodscha Khmer
Laos Laotisch
Malaysia Bahasa Malaysia
Myanmar Birmanisch
Osttimor Portugiesisch, Tetum
Philippinen Tagalog
Singapur Englisch, Malay, Mandarin, Tamilisch
Thailand Thai
Vietnam Vietnamesisch

Handys

Alle Länder in der Region haben eigene Mobilfunkanbieter, die meistens Partnervereinbarungen mit ausländischen Anbietern haben. Mit dem eigenen Tarif zu roamen ist also möglich, eine lokale SIM-Karte aber meist billiger.

Reisezeit

Hochsaison
(Jun.–Aug. & Dez.–Feb.)

- Trockene und kühle Winter
- Frostig in den Bergen
- Während des Tet-Festes ist das Reisen in Vietnam schwierig
- Sommerregen im Großteil der Region

Zwischensaison
(März & Nov.)

- Im März beginnt die heiße Trockenzeit
- Im November gibt's günstige Preise, bevor der große Ansturm kommt.

Nachsaison
(Apr.–Mai & Sep.–Okt.)

- Schwierige Reisebedingungen zu den Neujahrsfesten in Kambodscha, Laos, Myanmar und Thailand (April)
- Regenzeit (Sept.–Okt.); Fluten, Taifune, Ausfall von Verkehrsmitteln
- In Indonesien beginnt die Trockenzeit (Apr.–Mai)

Nützliche Websites

Lonely Planet (www.lonelyplanet.com) Landesinfos, Hotelbuchung, Forum und mehr.

Travelfish (www.travelfish.org) Beliebte Reise-Website mit Schwerpunkt Südostasien.

Agoda (www.agoda.com) Regionale Website für Hotelbuchungen.

Bangkok Post (www.bangkokpost.com) Ausführliche Analysen aktueller Ereignisse in Südostasien.

Wichtige Telefonnummern

Jedes Land in der Region hat eigene Notfallnummern. Üblicherweise gibt es eine landesweite Nummer für die Polizei, Krankenwägen werden aber meist von einzelnen Krankenhäusern betrieben. Für die Feuerwehr gibt's oft eine lokale Telefonnummer.

Wechselkurse

Die Wechselkurse schwanken stark in der Region und reagieren sensibel auf poltische Krisen. Der US-Dollar ist die nützlichste Fremdwährung, denn er ist gut zu wechseln und in vielen Gegenden, Läden und Hotels werden anstelle der Landeswährung US-Dollar-Banknoten akzeptiert (das Wechselgeld bekommt man aber meist in der Landeswährung).

Zeit

MEZ + 5 ½ Std. Myanmar

MEZ + 6 Std. Kambodscha, Laos, Thailand, Vietnam, Teile von Indonesien (Java, Sumatra, West- und Zentralkalimantan)

MEZ + 7 Std. Brunei, Malaysia, Philippinen, Singapur, Teile Indonesiens (Bali, Nusa Tenggara, Süd- und Ostkalimantan, Sulawesi)

MEZ + 9 Std. Osttimor, Teile Indonesiens (Irian Jaya und Maluku)

Tagesbudget

Günstig: unter 50 US$

- Günstiges Gästehaus: 10–20 US$
- Essen auf einem Nacht-Markt: 1–5 US$
- Lokale Verkehrsmittel: 1–5 US$
- Flaschenbier: 1–5 US$

Mittelteuer: 50–100 US$

- Zimmer im Mittelklassehotel: 20–75 US$
- Essen im Restaurant 6–10 US$
- Motorradverleih 6–10 US$

Teuer: mehr als 100 US$

- Boutique-Hotel oder Strandresort ab 100 US$
- Tauchgang 50–100 US$
- Mietwagen inkl. Fahrer 50 US$

Öffnungszeiten

Die Öffnungszeiten variieren von Land zu Land, hier eine ungefähre Übersicht.

Banken & Regierungsbehörden Mo–Fr ca. 9–ca. 17 Uhr (meistens mit einer Std. Mittagspause).

Restaurants Geöffnet von frühmorgens bis spätabends; nur teure Restaurants haben separate Öffnungszeiten für Mittag- und Abendessen.

Bars & Nachtclubs Hängt von den jeweils vor Ort geltenden Gesetzen ab, aber tendenziell wird früher Schluss gemacht als in westlichen Ländern.

Geschäfte Oft handelt es sich hier um das Zuhause des Besitzers, sodass die ganze Woche über von frühmorgens bis spätabends eingekauft werden kann.

Ankunft am…

Changi International Airport (Singapur) Züge (45 Minuten), Busse (1 Std.) und Taxis (1 Std.) fahren ins Zentrum.

Kuala Lumpur International Airport (Kuala Lumpur, Malaysia) Mit dem KLIA-Ekspres-Zug (15 Min.) geht's ins Zentrum

Soekarno-Hatta International Airport (Jakarta, Indonesien) Taxis und Busse (1 Std.) bringen Besucher ins Zentrum.

Suvarnabhumi International Airport (Bangkok, Thailand) Taxis (1 Std.), Busse (1 Std.) und Züge (30 Minuten) fahren ins Zentrum.

Unterwegs vor Ort

In Südostasien gibt es viele günstige Verkehrsmittel, die aber nicht immer schnell sind. Private Betreiber erweitern das staatliche Angebot an Fluglinien, Zügen und Bussen und bieten dabei mehr Komfort gegen höhere Preise.

Auto & Motorrad Geeignet für Erkundungstouren, aber die Straßenverhältnisse sind meist bescheiden.

Bus Busse sind zu fast jeder Tageszeit überall unterwegs. Die Preise richten sich nach dem Komfort, sind aber selten teuer.

Flugzeug Billig-Airlines und staatliche Anbieter bedienen die ganze Region dank des Wettbewerbs zu niedrigen Preisen.

Schiff/Fähre Fähren aller Arten und Größen verbinden die Inseln und die Städte entlang der Küsten und großen Flüsse.

Zug Thailand, Malaysia, Myanmar, Laos, Kambodscha und Indonesien haben kleine, aber funktionale Schienennetze.

Mehr zum Thema **Unterwegs vor Ort** auf S. 1035.

Südostasien für Einsteiger

Weitere Informationen siehe S. 1021

Checkliste

- Reisepässe sollten ab Ankunft im Reiseland noch mindestens sechs Monate gültig sein.
- Vor Ankunft prüfen, welche Visa benötigt werden.
- Reiseversicherung abschließen und internationale Fahrerlaubnis besorgen.
- Sich die notwendigen Schutzimpfungen geben lassen.
- Bank und Kreditkarteninstitut über die Reisepläne informieren.
- Prüfen, ob das Handy und der Tarif internationales Roaming ermöglichen.

Reisegepäck

- Genug leichte Kleidung für mindestens eine Woche
- Regenbekleidung (Jacke, atmungsaktiver Umhang, Dry Pack für Elektroartikel)
- Sandalen und Laufschuhe
- Ohrenstöpsel
- Reiseapotheke
- USB-Stick für digitale Dokumente und Fotos
- GSM-Mobiltelefon
- Befüllbare Wasserflasche
- Sonnencreme und ein Deo

Wichtige Tipps für die Reise

- Vorsicht vor Abzocke (S. 1028) bei Guides und Händlern.
- Der Verkehr ist extrem, also zurückhaltend fahren und Vorsicht beim Überqueren der Straße.
- Das meiste (Mückenschutz, Regenschirm) kann man vor Ort kaufen.
- Man sollte sich am Kleidungsstil der Einheimischen orientieren.
- Digitalfotos von wichtigen Dokumenten und Bank-/Kreditkarten etc. machen, falls diese gestohlen werden oder verloren gehen.
- Die Bank über die Reisepläne informieren und die Telefonnummer bereithalten, falls die Karte geblockt wird.
- Seine Passwörter kennen! Bei vielen Websites greifen Sicherheitsmaßnahmen, wenn man sich von einem neuen Ort einloggt.
- Den Reisepass und andere wertvolle Dinge in einer Bauchtasche oder auf andere Weise unter den Klamotten aufbewahren.
- Auf das Gepäck achten, denn Diebe greifen einfach zu und rennen dann davon.
- Die Unterkunft gleich morgens bezahlen; wer frühmorgens abreist, sollte am Abend zuvor zahlen.

Reisekleidung

Leichte, locker sitzende Kleidung ist am bequemsten. Badekleidung ist wichtig, sollte aber nur am Strand getragen werden. Shorts sind für das Klima ideal, erregen in ländlichen Gebieten aber Aufsehen. Lockere lange Baumwollhosen gehen überall.

Sandalen oder Flipflops sind praktisch, weil man sie schnell an- und ausziehen kann, wenn man ein Haus, ein Hostel oder ein religiöses Gebäude betritt. Bequeme Schuhe (z.B. Sneaker) für Wanderungen und Motorradfahrten sind ebenfalls empfehlenswert.

Beim Besuch von Tempeln, Moscheen und ländlichen Gegenden immer Ellbogen und Knie mit Kleidung bedecken. *Sarongs* kann man vor Ort kaufen und sind ideal, um sich schnell etwas überzuwerfen. In kühlen Bergregionen und klimatisierten Bussen braucht man eine Jacke.

Feilschen

Abgesehen von Läden mit angeschriebenen Preisen ist es in Südostasien überwiegend normal, zu feilschen. Man sollte aber bedenken, dass es eine Kunst ist, kein Akt der Sturheit, und am Ende muss ein Preis gefunden werden, mit dem alle leben können. Ärger und Frustration sollten unbedingt vermieden werden. Der Verkäufer startet mit einem hohen Preis, der Käufer mit einem niedrigen, und am Ende trifft man sich bei einem Preis, der beide Parteien zufriedenstellt.

Trinkgeld

Hotels Es wird nicht erwartet, von Gepäckträgern aber sehr geschätzt.

Restaurants Ca. 10% Trinkgeld hilft den Kellnern, ihr geringes Einkommen etwas aufzubessern.

Transport Um Preise wird meist gefeilscht, aber ein Trinkgeld für guten Service wird dennoch gern gesehen.

Guides Für guten Service sollte man etwa 10% Trinkgeld geben.

Essen

Reis ist die Basis der südostasiatischen Küche, egal ob klebrig, als Nudeln oder als Füllung in Frühlingsrollen. Dazu kommen Kräuter und Gewürze wie Zitronengras, Limonenblätter, Thai-Ingwer und mehr, sowie exotische Zubereitungsarten, etwa in Bananen- oder Bambusblättern. Hier vereinigen sich einige der besten Küchen der Welt und warten nur darauf, von den Reisenden entdeckt zu werden.

Straßenhändler in Hoi An (S. 948), Vietnam

Etikette

➡ **Anstand** Auch wenn sich die Sitten in urbanen Zentren langsam ändern, legt man in konservativen Regionen noch immer sehr viel Wert auf Anstand – vor allem in muslimisch dominierten Ländern. Nicht zu viel Haut zeigen und sich nicht oben ohne sonnen. Beim Besuch religiöser Gebäude immer angemessene Kleidung tragen.

➡ **Tabus** Sensible Themen wie Politik und Religion immer mit Rücksicht und ohne Kritik behandeln. Die Glaubenssätze der örtlichen Kulturen sollte man kennen und befolgen. Muslime konsumieren weder Alkohol noch Schweinefleisch. Für Frauen gilt: muslimische Mönche oder deren Habseligkeiten nicht berühren.

➡ **Gesicht wahren** Südostasiaten, besonders die buddhistischen Kulturen, legen großen Wert auf ein harmonisches Miteinander. Man sollte nie Ärger zeigen oder Streit anfangen – das ist peinlich für einen selbst und die anderen. Im Zweifel einfach lächeln.

➡ **Schuhe** Beim Betreten von Privathäusern, religiöser Bauwerke oder bestimmter Geschäfte immer die Schuhe ausziehen. Wenn man einen Haufen Schuhe sieht, sollte man seine dazulegen.

Geld

Jedes Land hat eine eigene Währung. Barzahlung dominiert, aber Automaten gibt es genügend und Kreditkarten werden immer mehr angenommen.

Weitere Informationen siehe S. 1029 und im jeweiligen Ortskapitel.

Wie wär's mit...

Köstliche Küche

Bangkok (Thailand) Das Essen hier ist ein Traum! In der lebendigen Stadt wird immerzu gegessen. (S. 760)

Hanoi (Vietnam) Von den Gerichten an den Straßenständen kann man einfach nie genug bekommen. (S. 905)

Luang Prabang (Laos) Viele Cafés und Bäckereien mit französischem Flair pflegen eine köstliche koloniale Tradition. (S. 368)

Chiang Mai (Thailand) Nicht nur schlemmen, sondern in Thailands Metropole im Norden auch köstlich kochen lernen. (S. 791)

Singapur Hier gibt es alles, sowohl Sternegerichte als auch preisgekrönte Straßenküche. (S. 722)

Penang (Malaysia) Dieser magische Schmelztiegel entführt zu einer kulinarischen Reise durch die Straßen Indiens, Chinas und Malaysias. (S. 447)

Phnom Penh (Kambodscha) Köstlichkeiten vom Markt und eine Reihe von Ausbildungsrestaurants, in denen Kambodschas sozial Schwächste ein Auskommen finden. (S. 250)

Bali (Indonesien) In Kerobokan und Seminyak oder am Strand Jimbarans wartet eine günstige und einfallsreiche Küche. (S. 125)

Tempel, Grabstätten & Türme

Tempel von Angkor (Kambodscha) An diesem Tempelkomplex werden alle anderen gemessen. Die Gottkönige der Khmer errichteten ihn in einer unglaublichen Vielfalt an Baustilen. (S. 279)

Bagan (Myanmar) Die Kriegerhorden des Kublai Khan ließen dieses architektonische Denkmal, eine Ebene voller Stupas, beinahe unberührt. (S. 572)

Borobudur (Indonesien) Nebel und Berge umgeben die imposante buddhistische Himmelvision. (S. 106)

Wat Phra Kaeo (Thailand) Bangkoks beeindruckender Königstempel ist die Aufbewahrungsstätte des Smaragd-Buddha. (S. 744)

Shwedagon Paya (Myanmar) Eine endloser Menschenstrom umfließt diesen Stupa auf einem Hügel, der sich wie eine goldene Fackel über Yangon erhebt. (S. 526)

Wat Xieng Thong (Laos) Der schönste von Luang Prabangs Tempeln mit majestätischen niedrigen Dächern. (S. 362)

Hue (Vietnam) Herrscher hinterließen hier ihre Spuren in Form von Palästen, Pagoden und den großen Grabstätten von Tu Duc und Minh Mang. (S. 934)

George Town (Malaysia) Die alten Straßen des kolonialen George Town stecken voller winziger taoistischer Tempel und Hokkien-Klanhäuser. (S. 443)

Traumstrände

Phu Quoc (Vietnam) Vietnams Trauminsel bietet weiße halbmondförmige Buchten, die von felsigen Landzungen umfasst werden. (S. 984)

Railay (Thailand) Felskletterer werden eher von den Kalksteinklippen angezogen, doch auch die Strände dazwischen sind ein Stückchen Paradies. (S. 871)

Bohol (Philippinen) Natur und Kultur an Land, ein Mekka für Strand- und Tauchenthusiasten am Wasser. (S. 674)

Pulau Tioman (Malaysia) Pulau Tioman lockt mit der perfekten Inseleinsamkeit und kombiniert sie mit tollen Tauchspots. (S. 458)

Ko Pha-Ngan (Thailand) Die beliebte Backpacker-Insel geht bei Vollmondpartys ab, doch dazwischen wird an den sonnenverwöhnten Buchten gedöst. (S. 843)

Lombok (Indonesia) Das *andere* Kuta mit perfekten Stränden und den traumhaften Gili-Inseln gleich vor der Küste. (S. 152)

Koh Rong (Kambodscha) Die neue Partyhochburg verheißt eine aufregende Zeit, aber man

Oben: Statue in Wat Phra Kaeo (S. 744), Thailand

Unten: Bootstour in Lombok (S. 152), Indonesien

findet nach wie vor auch abgelegene Sandstrände. (S. 308)

Mui Ne (Vietnam) Hübsche Strände, sich auftürmende Dünen und jede Menge Kitesurfen. (S. 958)

Trekkingparadies

Gunung Bromo (Indonesien) Um den Sonnenaufgang vom Gipfel dieses Vulkans samt seiner Mondlandschaft zu sehen, muss man nachts starten. (S. 114)

Kinabalu (Malaysia) Eine Zweitagestour führt auf Borneos höchsten Berg. (S. 480)

Sa Pa (Vietnam) In der zerklüfteten Bergkette winden sich viele Wanderwege durch die grünen Reisterrassen der Hmong und anderer Bergvölker. (S. 919)

Batad (Philippines) Uralte von Hand geschlagene Reisterrassen in zerklüfteten Felsen. (S. 652)

Khao-Yai-Nationalpark (Thailand) Nahe Bangkok und dennoch wildester Dschungel: Hier leben Elefanten, Affen und viele Vogelarten. (S. 819)

Kalaw (Myanmar) Auf abgelegenen Pfaden durch Wälder und Bergdörfer gelangt man zu dem schönen Inle-See. (S. 553)

Nam-Ha-Nationalpark (Laos) Tolle Öko-Trekkingtouren durch altbestehenden Wald und hochgelegene, von Bergvölkern bewohnte Dörfer. (S. 384)

Mondulkiri (Kambodscha) Wanderungen mit einer Elefantenherde beim Elephant Valley Project in Kambodschas wildem Osten. (S. 326)

Wildes Nachtleben

Bangkok (Thailand) Bangkok bei Nacht ist hektisch, frenetisch und fast außer Kontrolle. Man braucht Ausdauer, um bis zum nächsten Morgen durchzuhalten! (S. 763)

Phnom Penh (Kambodscha) Nach einer Runde durch das summende Bar-Viertel kann man in einer Disco richtig Party machen oder den eleganten Foreign Correspondents' Club aufsuchen. (S. 257)

Ko Pha-Ngan (Thailand) Hier fanden die ersten Vollmondpartys in Südostasien statt und es ist die ultimative Aussteiger-Insel. (S. 847)

Nha Trang (Vietnam) Schon für die amerikanischen GIs war Nha Trang ein Topspot für Strandpartys, und daran hat sich nichts geändert. (S. 956)

Boracay (Philippinen) In diesem winzigen Inselparadies kocht der Sand vor guter Stimmung. (S. 663)

Kuala Lumpur (Malaysia) Am besten genießt man einen Drink unter den hellen Lichtern der Wolkenkratzer oder auf einer Dachterrasse mit wahnwitziger Aussicht auf die Stadt. (S. 428)

Bali (Indonesien) Erst ein Sundowner am Strand von Kuta oder Canggu, dann ab in die bebenden Nachtclubs. (S. 119)

Singapur Gigantische Drinks zu gigantischen Preisen, aber der Ausblick ist es wert. (S. 728)

Märkte & Shoppen

Bangkok (Thailand) Neben dem Chatuchak-Wochenendmarkt mit 8000 Ständen gibt es viele Straßen, in denen man vor lauter Marktständen den Asphalt kaum sieht. (S. 765)

Singapur Shoppen ist hier Nationalsport, ob in modern glänzenden Einkaufszentren oder auf den vibrierenden Märkten. (S. 733)

Chiang Mai (Thailand) An Wochenenden kann man auf den „Walking Streets" shoppen bis zum Umfallen. (S. 793)

Bogyoke Aung San Market (Myanmar) Yangons britisch gehaltener Markt verkauft alles von vergoldeten Marionetten bis hin zu birmanischen Saphiren und Rubinen. (S. 535)

Can Tho (Vietnam) Für die berühmten Schwimmenden Märkte im Mekong-Delta sollte man früh aufstehen. (S. 981)

Jonker-Walk-Nachtmarkt (Malaysia) Jede Woche kommen auf dem Nachtmarkt Ramschhändler, Essensverkäufer und Wahrsager zusammen. (S. 437)

Russischer Markt (Kambodscha) Dieser energiegeladene Markt ist *die* Shopping-Adresse in der Stadt. Hier kann man alles kaufen, was es in Kambodscha gibt. (S. 260)

Kulturelle Begegnungen

Ubud (Indonesien) Ubud ist die spirituelle Heimat des balinesischen Tanzes, der zu den buntesten und lebendigsten Südostasiens gehört. (S. 135)

George Town (Malaysia) Junge Künstler werten das Bild der Altstadt mit heller, brillianter Streetart auf. (S. 443)

Maubisse (Osttimor) Im Hochland kann man *uma lulik* (traditionelle Heiligenhäuser) besichtigen. (S. 615)

Luang Prabang (Laos) Auf der Living Land Farm erlernt man den Anbau von Klebreis, dem Nationalgericht. (S. 367)

Singapur Südostasiens modernste Metropole zeigt die besten Kunstwerke der Region in der berühmten National Gallery Singapore. (S. 704)

Chiang Mai (Thailand) Hier kann man einen meditativen Rückzugsort besuchen, einem *monk chat* in einem Tempel beiwohnen oder von einem Meister *moo·ay tai* (Thaiboxen) lernen. (S. 788)

Siem Reap (Kambodscha) Ein Auftritt des kambodschanischen Zirkus Phare ist eine einzigartige Erfahrung. (S. 275)

Sulawesi (Indonesien) In Tana Toraja wohnen die Toten als Hausgäste einer von Asiens außergewöhnlichsten Bestattungszeremonien bei. (S. 212)

Koloniale Architektur

Hanoi (Vietnam) Die Grande Dame Französisch-Indochinas hat imposante Stadthäuser und beeindruckende Villen. (S. 893)

Yangon (Myanmar) Endlose Straßen mit Geschäften aus der Zeit der britischen Besatzung und monumentale verlassene Regierungsgebäude. (S. 526)

Luang Prabang (Laos) Die Franzosen liebten diesen Stützpunkt am Mekong und haben sich hier mit einigen Wahrzeichen verewigt. (S. 362)

George Town (Malaysia) Aus verfallenen Herrenhäusern wurden Hotels und Galerien, was dem ethnischen Schmelztiegel neues Leben eingehaucht hat. (S. 443)

Hoi An (Vietnam) Portugiesen, Spanier, Japaner, Chinesen und Franzosen haben sich alle in dieser alten Hafenstadt verewigt. (S. 948)

Vigan (Philippinen) Perfekt erhaltenes spanisches Kolonialjuwel, direkt unter dem sich auftürmenden Vulkan. (S. 652)

Battambang (Kambodscha) Der Geist Indochinas schwebt durch die verschlafenen Straßen entlang dem Ufer des Sangker-Flusses. (S. 288)

Monat für Monat

TOP-EVENTS

Buddhistisches Neujahrsfest/Wasserfest, April

Deepavali, November

Rainforest World Music, Juli

Ork Phansaa, Oktober

Fest der Neun Herrschergötter, Oktober

Januar

Die Hauptsaison in Südostasien; auf dem südostasiatischen Festland und den Philippinen ist es kühl und trocken, an der Ostküste der Malaiischen Halbinsel (Samui-Archipel, Pulau Perhentian) und in Indonesien regnet es viel. Auf Bali ist Nachsaison.

Ati-Atihan

Die Mutter aller philippinischen Feste ehrt Santo Niño (das Jesuskind) mit bunten traditionellen Kostümen und Vorführungen in Kalibo auf der Insel Panay.

Bun Pha Wet

Das laotisch-buddhistische Fest ehrt das Leben des zukünftigen Buddhas (Pha Wet oder Prinz Vessantara). Es gilt als Glück verheißend, in dieser Zeit als Mönch ins Kloster einzutreten. Die Festlichkeiten finden an verschiedenen Tagen in Dörfern in ganz Laos statt.

Thaipusam

Selbstkasteiung, einschließlich dem Umhertragen von Altaren, die mit Spießen am Körper befestigt werden, ist das Markenzeichen des tamilischen Festes Thaipusam, das im Mondmonat Thai in Kuala Lumpur und Singapur stattfindet. Manchmal fällt es auch in den Februar.

Februar

Auf dem Festland ist noch Hochsaison. An der Ostküste der Malaiischen Halbinsel wird es langsam trockener, der Regen zieht weiter Richtung Osten; auf Bali schüttet es weiterhin.

Chinesisches Neujahr

Dieses Mondfest (manchmal auch Ende Januar) wird in chinesisch dominierten Städten gefeiert. In Penang und anderen Orten ist es ein reines Familienfest und Geschäfte schließen ein bis zwei Wochen. In Bangkok, Singapur, Phnom Penh und Kuching hingegen gibt's Paraden mit Drachentänzen, Gourmetfeste sowie ohrenbetäubende Feuerwerke.

Tet

Das Mondneujahr (teils auch Ende Januar) ist der wichtigste Feiertag Vietnams und markiert den Frühlingsanfang. Die Menschen beschenken sich, besuchen ihre Familien, huldigen den Vorfahren, veranstalten Feuerwerke und feiern. Geschäfte haben geschlossen.

März

Auf dem Festland ist es heiß und trocken, die Strände werden langsam leerer. Der Wind nimmt zu und die Kitesurf-Saison beginnt. In Bali führt der Nordwestmonsun nachmittags zu Regen.

Osterwoche

Die Philippinen, Vietnam, Indonesien, Melaka und Osttimor feiern Ostern. Am Tag vor Gründonnerstag beginnt auf den Philippinen die Semana Santa (Heilige Woche), ein Erbe der spanischen Kolonialzeit, mit Bräuchen wie Fasten, Buße und Kirchenbesuchen.

Hinduistisches Neujahr (Nyepi)

Balis „Tag der Stille" wird mit Fasten und Meditation begangen; Geschäfte und Strände sind geschlossen. Am nächsten Tag ist das balinesische Neujahrsfest. 2019 am 7. März.

Makha Bucha

Makha Bucha ist einer der drei buddhistischen Feiertage und fällt auf den Vollmond des dritten Mondmonats (meistens im März, seltener im Februar). Er erinnert an eine Ansprache Buddhas zu 1250 erleuchteten Mönchen und wird in den Tempeln von Kambodscha, Laos, Myanmar und Thailand gefeiert.

April

Die heißeste Jahreszeit auf dem Festland macht Sightseeing zur lästigen Pflicht. Kambodscha, Laos, Myanmar und Thailand feiern ihr Neujahr: Transportmittel vorab buchen. Gute Zwischensaison auf Bali.

Buddhistisches Neujahr (Wasserfest)

Mitte April begehen die buddhistischen Länder das Mondneujahr mit religiösen Vorführungen und symbolischem Wasserwerfen. Besonders hingebungsvoll wird es in Chiang Mai in Thailand sowie in den größeren Städten Kambodschas, Laos' und Myanmars gefeiert.

Vietnamesischer Befreiungstag

Der 30. April, als die USA sich aus Saigon zurückzogen und es an Nordvietnam fiel, heißt auch Wiedervereinigungstag.

Mai

Auf dem Festland bleibt es heiß, doch die Regenzeit steht vor der Tür und die Reispflanzungen beginnen. In Nordvietnam ist frühlingshaftes Wetter und Bali ist noch nicht überfüllt.

Ramadan

Malaysia, Indonesien, Brunei und Teile Südthailands begehen die muslimische Fastenzeit. Sie beginnt im neunten Monat des islamischen Kalenders (2019 von Mai bis Anfang Juni) und endet mit dem Eid-al-Fitr-Fest. Zwischen Sonnenauf- und -untergang sind für Gläubige Essen, Trinken, Zigaretten und Sex tabu.

Raketenfest

Dorfbewohner, vor allem im Nordosten Thailands und in Laos, feuern selbstgebaute Bambusraketen (*bang fai*) ab, um Regenfälle für eine reiche Reisernte heraufzubeschwören. Die Termine variieren von Ort zu Ort.

Königliche Pflugzeremonie

In Thailand und Kambodscha gibt's zum Beginn der Reispflanzsaison königliche Zeremonien mit uralten brahmanischen Ritualen, wobei hinduistische und buddhistische Traditionen vermischt werden.

Visakha Bucha

Dieses buddhistische Fest am 15. Tag des zunehmenden Mondes im sechsten Mondmonat feiert die Geburt, Erleuchtung und den Heimgang *(parinibbana)* Buddhas. Festlichkeiten, bei denen Hunderte Kerzen angezündet werden, finden in den Tempeln Kambodschas, Laos', Myanmars und Thailands statt.

Juni

Der Südwestmonsun bringt (meist nachmittags) Regen aufs Festland und auf einen großen Teil der Philippinen. Zum Sommerbeginn in Europa und China beginnt die nächste Hauptsaison, vor allem auf Bali.

Gawai Dayak

Am 1. und 2. Juni wird im malaysischen Bundesstaat Sarawak auf Borneo das Ende der Reisernte gefeiert. Stadtbewohner treffen sich in ihren Heimatorten, um zu essen und massenweise *tuak* (Reiswein) zu trinken.

Hue Festival (alle zwei Jahre)

Vietnams größtes Kulturfest wird alle zwei Jahre (2020, 2022 etc.) in der einstigen kaiserlichen Hauptstadt mit internationalen Künstlern abgehalten. Es gibt Kunst, Theater, Musik, Zirkus und Tanzvorführungen in der Zitadelle.

Juli

Südostasien bereitet sich auf die buddhistische Fastenzeit vor, die mit der Regenzeit (dem Südwestmonsun) zusammenfällt. Trotz Nieselregens die perfekte Zeit für Ausflüge aufs Land, denn jetzt beginnen die Reispflanzungen. Meist bleibt der Samui-Archipel Thailands vom Regen verschont.

Asanha Bucha

Bei Vollmond im achten Mondmonat wird Buddhas erster Predigt gedacht. In Kambodscha, Laos, Myanmar und Thailand treffen

Oben: Unabhängigkeitstag in Solo, Indonesien.
Unten: Buddhistisches Neujahr in Thailand.

sich Buddhisten in den Tempeln, um Kerzen zu entzünden, Blumenopfer zu erbringen und zu beten.

Geburtstag seiner Königlichen Majestät

An diesem thailändischen Feiertag am 28. Juli werden zu Ehren des Königs viele Paraden und Events abgehalten.

Khao Phansaa

Zu Beginn der Regenzeit ziehen sich die buddhistischen Mönche ins Kloster zurück und junge Männer und Buben werden zu Novizen bestimmt. Gläubige opfern vor allem in Thailand und Laos Kerzen und Spenden in den Tempeln. Ubon Ratchathani (Thailand) feiert mit einer Parade.

Rainforest World Music

Dreitägiges Musikfestival in Sarawak (Malaysisch-Borneo) mit internationaler Stammesmusik. Es fand auch schon im Juni und August statt.

August

Die Urlaubszeit in Europa und die Sommerferien in China bringen die Massen in die Region. Nachmittags regnet es fast überall auf dem Festland, seltener auch mal den ganzen Tag. In Indonesien, vor allem Bali, ist das Wetter hingegen gerade richtig.

Geburtstag ihrer Königlichen Majestät

Thailand feiert am 12. August den Geburtstag seiner Königin (und Muttertag).

September

Der Regen nimmt auf dem Festland stark zu. Es kommt häufig zu Fluten, deshalb verkehren nur selten Fähren und Boote. Vietnam und die Philippinen werden gelegentlich von Taifunen heimgesucht, die Chaos und Verwüstung anrichten. Zwischensaison auf Bali.

Islamisches Neujahr

Das islamische Mondneujahr (als Awal Muharram bekannt) wird in Indonesien und Malaysia durch Fasten, Selbstreflexion und Gedenken an den Märtyrer Hussein ibn Ali begangen. 2019 findet es am 1. September statt.

Pchum Ben

In Kambodscha ehrt man die Toten mit Tempelopfern. Viele Khmer kehren in ihre Heimatdörfer zurück und versuchen, in sieben Tagen sieben Tempel zu besuchen. Pchum Ben wird meistens im September gefeiert.

Oktober

Südostasien bereitet sich auf das Ende des Regens und der buddhistischen Fastenzeit vor. Der Nordostmonsun trifft auf die Ostküste der Malaiischen Halbinsel und Indonesien. Auf Bali gibt's ab und zu Regenschauer.

Fest der Neun Herrschergötter

Dieses taoistische Fest wird in Thailand „Vegetarisches Fest" genannt. Gläubige verzichten auf Fleisch und halten Rituale zur Reinigung von Körper und Seele ab. Die Parade der Anbeter in Phuket, die sich überall am Körper piercen lassen, gilt als extremste Version. Weitere Variationen werden in Singapur, Malaysia und Myanmar gefeiert. Manchmal findet es im September statt.

Ork Phansaa

Am Ende der buddhistischen Fastenzeit (drei Mondmonate nach Khao Phansaa) übergeben Gläubige den Mönchen neue Gewänder. Mysteriöse „Naga-Feuerbälle" sollen aus dem Mekong aufsteigen, und die thailändischen und laotischen Gemeinden an dessen Ufer feiern mit traditionellen Bootsrennen, vor allem rund um Nong Khai.

November

Der Monatsanfang gilt als gute Zwischensaison auf dem Festland mit kühlen, trockenen Tagen und üppig grüner Landschaft. Das nördliche Hochland ist nachts sehr kalt. Indonesien und die Ostküste der Malaiischen Halbinsel sind mitten in der Regenzeit.

Bon Om Tuk

Kambodscha feiert (manchmal im Oktober) den Sieg Jayavarmans VII. über die Cham im Jahre 1177 und den Fließrichtungswechsel des Tonlé-Sap-Stroms. Es gibt Bootsrennen und Menschenmengen strömen nach Phnom Penh und Siem Reap.

Bun Pha That Luang

Laos würdigt seinen ikonischen Stupa in Vientiane mit einem einwöchigen Fest zum Vollmond.

Deepavali

In der ganzen Region feiern Hindus das Lichterfest, das den Triumph des Guten über das Böse feiert. In Malaysia, Thailand und Bali werden winzige Öllampen erleuchtet, während Singapurs Little India mit öffentlichen Festen aufwartet.

Loi Krathong

Im November setzen die Thailänder bei Vollmond beleuchtete Boote aus Bananenblättern aufs Wasser, um die Flussgöttin zu ehren. In Chiang Mai lässt man beim Fest Yi Peng Papierlaternen in den Himmel steigen. Eine ähnliche Tradition sind die Feuerballon-Wettbewerbe im Shan-Staat von Myanmar.

Geburtstag des Propheten Mohammed

Im dritten Monat des islamischen Mondkalenders (10. November 2019, 29. Oktober 2020) wird Mohammeds Geburt gefeiert.

Dezember

Die belebteste Hauptsaison in Südostasien mit tollem Wetter. Auf den Samui-Inseln nimmt der Regen ab, auf Bali ist noch Regenzeit.

Weihnachten

Weihnachten ist besonders für die katholischen Gemeinden auf den Philippinen, in Osttimor, Indonesien und Vietnam bedeutsam.

Laotischer Nationalfeiertag

Am 2. Dezember bejubelt Laos den Sieg über die Monarchie im Jahre 1975 und die Gründung der Demokratischen Volksrepublik Laos.

Reiserouten

8 WOCHEN

Südostasiens Highlights

Acht Wochen auf Achse und fast alle Südostasien-Highlights: Den Anfang macht **Bangkok** (Thailand), anschließend nimmt man den Bus ins kambodschanische **Siem Reap**, zu den Tempeln von Angkor. Anschließend geht's in die Partystadt **Phnom Penh** und Richtung Südosten nach **Ho-Chi-Minh-Stadt** (Vietnam). Weiter nördlich locken das charmante **Hoi An**, die alten Straßen von **Hanoi** und die Karstformationen in der **Ha-Long-Bucht.**

Mit dem Flieger in die laotische Flussstadt **Luang Prabang**. Dann nimmt man nochmal das Flugzeug nach **Chiang Mai** (Thailand). Hier warten hervorragendes Essen, Tempel und Dschungel. Zurück via Bangkok nach **Ko Tao**. Dort kann man eine Tauchlizenz erwerben und in **Krabi** klettern. Von Ko Lipe setzt man zur malaysischen Insel **Pulau Langkawi** über, um sich durch **George Town** (Penang) zu futtern und über Land in Malaysias Hauptstadt **Kuala Lumpur** zu reisen. Unterwegs macht man Halt in den **Cameron Highlands**.

Erstklassige Food Courts warten in **Singapur**, dann fliegt man nach **Medan** in Sumatra und fährt mit dem Bus weiter nach **Bukit Lawang**, um Orang-Utans aus der Nähe zu beobachten. Mit Bus und Boot fährt man in die indonesische Hauptstadt **Jakarta** und lässt danach **Yogyakartas** Kultur auf sich wirken. Mit dem Bus geht's zum **Gunung Bromo**, einem aktiven Vulkan, bevor Chillen in der Sonne, Spaß und Surfen auf **Bali** anstehen.

6 MONATE

Rundumschlag

Wer sich tiefgreifend mit Südostasien befassen möchte, braucht Zeit für die Erkundung. Sechs Monate sollte einplanen, wer von Großstädten bis zu tropischen Inseln und abgelegenem Regenwald alles sehen und dazwischen noch an beliebten Orten entspannen möchte.

Start ist in **Bangkok**. Von dort reist man entlang der Küste zur bewaldeten **Ko Chang** über die kambodschanische Grenze zu den Inseln **Koh Rong** und **Koh Rong Sanloem**. Weitere Stationen sind das französisch geprägte **Kampot** und das von Kriegen mitgenommene **Phnom Penh**. In **Siem Reap** lässt man sich von der Pracht Angkors verzaubern.

Man fliegt nach **Pakxe** und nimmt den Bus nach **Vientiane** und dann über **Vang Vieng** nach **Luang Prabang**. Von Nong Khiaw wandert man zu verschiedenen ethnischen Volksgruppen und wandelt auf den Spuren der Revolutionäre nach **Hanoi**.

Vietnam lockt mit Geschichte, Kultur und Stränden. Danach geht's mit dem Flieger von **Ho-Chi-Minh-Stadt** zurück nach **Bangkok** und weiter Richtung Süden zur Malaiischen Halbinsel. Auf **Ko Pha-Ngan** kann man schnorcheln oder tauchen und in **Krabi** wandern.

Malaysias **Penang** bietet exzellente Straßenküche, **Pulau Perhentian** lockt mit unzähligen Korallenriffen. Nach Tierbeobachtung im inländischen **Taman Negara** und einem Abstecher zu den nebelverhangenen **Cameron Highlands** landet man zuletzt im hell erleuchteten **Kuala Lumpur**. Eine schnelle Zugfahrt später ist man im lebendigen **Singapur**.

Von **Jakarta** (Java) aus kann man in den kulturellen Reichtum **Yogyakartas** abtauchen und das Welterbe Borobudur besichtigen. Dann locken die Strände von **Bali** und den **Gili-Inseln,** Rieseneidechsen auf Komodo oder die Ruhe von **Flores** oder **Dili** in Osttimor.

Alternativ: Von Jakarta nach **Pangkalan Bun**. Hier kann man sich die Orang-Utan-Forschungsstätten im **Tanjung-Puting-Nationalpark** ansehen, dann geht's per Flugzeug von Banjarmasin nach **Pontianak** und mit dem Bus zur Grenze ins malaysische **Kuching**.

Nun folgt ein Anschlussflug nach **Yangon**. Die Tempel von **Bagan** sind magisch. Man kann entweder nach **Kalaw** wandern oder am ruhigen Wasser des **Inle-Sees** entspannen. Die Rundreise endet in Bangkok, wo man vor der Heimreise ein paar Souvenirs shoppt.

8 WOCHEN Inseln, Strände, Dschungel

Von **Bangkok** aus besucht man die Inseln im Golf von Thailand: das Taucherparadies **Ko Tao** und das Hippie-Nirvana **Ko Pha-Ngan**. In Tao macht man die Tauchlizenz und nutzt sie im Andamanischen Meer sowie bei Tauchtrips zu den Surin- und Similan-Inseln von **Hat Khao Lak**. **Krabi**, ein Traum für Kletterer und Höhlenforscher, sorgt für einen Adrenalinschub. Danach geht's zur Rastafari-Insel **Ko Lipe** und von Pulau Langkawi über die Grenze mit dem Bus gen Süden weiter nach **Penang**, berühmt für seine Garküchen.

Ab Penang nimmt man den Bus nach **Kota Bharu**, dem Sprungbrett zu den fantastischen Tauchinseln rund um **Pulau Perhentian**. Dann südlich die Küste entlang nach **Mersing**, dem Festlandhafen der schläfrigen Strandinsel **Pulau Tioman**, bevor man in **Kuala Lumpur** in einen Flieger nach Indonesien steigt.

Von **Medan** aus besucht man die Orang-Utans von **Bukit Lawang**. Nach einer Vulkanwanderung in Berastagi fliegt man weiter ins wenig besuchte **Banda Aceh** und genießt beim Tauchen die Unterwasserwelt nahe **Pulau Weh**.

Jetzt auf in Javas Hauptstadt **Jakarta**, von der aus man **Yogyakarta** erkundet, einen Tagesausflug zum gigantischen buddhistischen Stupa von **Borobudur** und dem alten Hindu-Tempel **Prambanan** macht und dann weiter östlich den Sonnenaufgang über der Mondlandschaft des Vulkans **Gunung Bromo** genießt.

In **Denpasar** auf Bali locken die Sandstrände der Bukit-Halbinsel oder auch ein Kulturtrip nach Ubud. In **Gili Trawangan** wird gefeiert, auf **Komodo** hält man nach Drachen Ausschau und an den Stränden von **Flores** folgt die Entspannung. Vor Abflug aus Denpasar nach **Makassar** ggf. das Visum erweitern lassen. Von hier aus fliegt man nach **Tana Toraja**, das berühmt ist für seine surrealen Bestattungsrituale, und weiter zu den unberührten **Togian-Inseln** und nach **Pulau Bunaken**.

Die Rundreise endet mit dem Flug von **Manado** nach **Balikpapan** auf Kalimantan. Von dort reist man über Land zum Orang-Utan-Schutzgebiet im **Tanjung-Puting-Nationalpark**. Bei Pontianak überquert man die Grenze und erreicht **Kuching** in Sarawak, Malaysia, von wo aus der Flieger zurück ins ruhige, gemütliche **Singapur** geht.

10 WOCHEN

Vom Festland über Borneo auf die Philippinen

Abenteuerliche Reise vom Festland zu Inseln mit hohen Aufstiegen und Tauchgängen in die Tiefe. Los geht's in **Bangkok** und auf dem Landweg über **Ko Chang** nach **Sihanoukville** zu vorgelagerten Inseln. Mit dem Bus steuert man das elegant-verlotterte **Phnom Penh** an und schippert mit dem Flussboot nach **Siem Reap** zu den wunderbaren Angkor-Tempeln.

Einen kurzen Flug später warten **Ho-Chi-Minh-Stadt** und die Strände von **Mui Ne** und **Nha Trang**. Nördlich liegen das antike **Hoi An** und die alte kaiserliche Hauptstadt **Hue** sowie die Höhlensysteme im **Phong-Nha-Ke-Bang-Nationalpark**. Dann verweilt man in **Hanoi** und besucht die Karstformationen in der **Ha-Long-Bucht** sowie **Sapa** im Hochland.

Nach einem Flug von Hanoi in Laos' Hauptstadt **Vientiane** fährt man mit dem Bus weiter ins Welterbe **Luang Prabang** mit seinen zahlreichen Tempeln und im Anschluss auf dem Mekong zur thailändischen Grenze in **Houay Xay** und zum Goldenen Dreieck.

Unterwegs nach **Chiang Mai** nimmt man die Tempel und die Berge **Pai** und **Mae Hong Son** mit. Bevor man zurück nach **Bangkok** fährt, gibt's im Süden die uralten Hauptstädte **Sukhothai** und **Ayutthaya**. Ein Billigflug oder Bus bringt einen nach **Kuala Lumpur**. Hier wartet das koloniale **Melaka**, anschließend geht's durch den Regenwald über **Taman Negara** zurück nach Kuala Lumpur und mit dem Flieger in Bruneis Hauptstadt **Bandar Seri Begawan (BSB)**, für Trips in den **Ulu-Temburong-Nationalpark**.

Mit dem Bus nach **Kota Kinabalu** überquert man die Grenze zwischen Malaysia und Borneo und besteigt den Kinabalu. Nächste Stationen sind das Orang-Utan-Reservat bei **Sepilok** und Tauchen bei **Semporna**, dann zurück nach Kota Kinabalu und per Flieger auf die Philippinen. Im hektischen **Manila** steigt man in den Bus zu den Ifugao-Reisterrassen bei **Banaue** und zurück. Dann stürmt man die Partyinsel **Boracay** und geht auf dem Weg in **Puerto Galera** tauchen. Nach ein paar faulen Tagen geht's nach **Cebu-Stadt**.

Cebu ist ein günstiger Ausgangspunkt für Tauchtrips nach **Malapascua** und Wanderungen über **Bohol**. Von Cebu fliegt man nach **Puerto Princesa** auf Palawan. Auf dem Weg Richtung Norden nach **El Nido** passiert man einsame Strände und unberührten Dschungel. Vor der Rückkehr nach Manila lockt eine ganztägige Wracktauchtour nach **Coron**.

4 WOCHEN Die Mekong-Mission

Diese Route folgt den Windungen des berühmten südostasiatischen Flusses von Laos' Norden bis zum Mekong-Delta in Vietnam. Unterwegs erwarten einen die unterschiedlichsten Landschaften und Kulturen.

Von **Bangkok** aus geht's nach **Chiang Rai** nahe dem Goldenen Dreieck, wo Laos, Myanmar und Thailand aufeinanderstoßen. Die Grenzüberquerung ins entspannte Laos bei **Huay Xai** kommt einer Zeitreise in die Vergangenheit gleich. Mit einem langsamen Boot fährt man den Mekong hinab nach **Luang Prabang** und übernachtet in **Pak Beng,** wo man das Flussflair genießt, bevor Entspannen in **Vang Vieng** ansteht.

In **Vientiane** trifft man wieder auf den gewaltigen Strom. Die laotische Hauptstadt lockt mit netten Cafés, Restaurants und einem lebendigen Nachtleben (das man anschließend eine Weile lang nicht sehen wird). Im Bus fährt man via **Thakhek** und **Savannakhet** am Fluss entlang Richtung Südosten nach **Pakxe**, dem Ausgangpunkt für einen Besuch des Khmer-Heiligtums **Wat Phu Champasak**, der Wasserfälle und Dörfer auf dem **Bolaven-Plateau** und der weiter südlich gelegenen Inseln von **Si Phan Don**.

Im kambodschanischen **Kratie**, einer entspannten Stadt am Fluss, hat man zum zweiten Mal die Chance, Irawadidelfine zu sichten (falls man das nicht bereits in Si Phan Don getan hat). Kratie bietet sich für einen Besuch der Berge in der **Mondulkiri-Provinz** an, wo Elefanten, Bergvölker und wilder Dschungel locken.

Nach Wochen in ländlichen Provinzen wird man sich auf die Großstadt **Phnom Penh** freuen, wo sich der Mekong mit dem Tonlé Sap vereint. Nach einer Bootstour zum Siem Reap und den majestätischen Tempeln von Angkor bei Sonnenuntergang hat man sich das Feiern in den Bars verdient.

Gut gestärkt nimmt man ein Schnellboot nach **Chau Doc** (Vietnam), dem Tor zum Mekong-Delta, und reist weiter nach **Can Tho**. **Ho-Chi-Minh-Stadt** verspricht Zerstreuung, bevor man weiter ins Herz des Deltas vordringt und in einer Privatunterkunft bei **Vinh Long** übernachtet oder sich für ein tropisches Intermezzo auf **Phu Quoc** entscheidet. Wer dann noch Zeit und Lust hat, kann weitere Teile Vietnams bereisen.

6 WOCHEN Wildnis

Von **Bangkok** aus macht man sich auf den Weg Richtung Osten zu den wilden Elefanten und Kragenbären im **Khao-Yai-Nationalpark**. Der weiter südlich auf der Halbinsel gelegene **Khao-Sok-Nationalpark** bietet Gibbons und Makaken ein Zuhause. Vor den **Similan-Inseln** besteht die Möglichkeit, die Unterwasserwelt zu erkunden.

In **Kuala Lumpur** nimmt man einen Flieger nach **Kuching** (Borneo). Im Bako-Nationalpark sind seltene Nasenaffen beheimatet, im Semenggoh Wildlife Centre sanftmütige Orang-Utans. In **Kota Kinabalu** (Sabah) kann man den Fluss Sungai Kinabatangan erkunden und vielleicht seltene Zwergelefanten zu Gesicht bekommen. An den Stränden und Riffen des **Semporna-Archipels** ist Ausspannen angesagt.

Der **Tanjung-Puting-Nationalpark** in Kalimantan (Indonesien) trumpft mit Wasserstraßen durch den Dschungel auf. Man übernachtet auf einem *klotok* (Flussboot) und besucht **Camp Leakey**, eine Orang-Utan-Forschungsstation. Per Flugzeug kommt man nach **Bali** und zu den felsigen Inseln **Komodo** und **Flores**, wo Warane leben.

6 WOCHEN Tempelpfade

An kaum einem Reiseziel gibt's so viele beeindruckende Tempel wie in Südostasien.

Los geht's in **Bangkok** an den Wahrzeichen der Stadt, dem Wat Pho, Wat Phra Kaew und Wat Arun. Im Anschluss reist man Richtung Norden in die mit Stupas gespickte alte Hauptstadt **Ayuttaya** und in die ehemalige Khmer-Hauptstadt **Sukhothai**.

Juwelen des nördlichen Lanna-Tempelstils sieht man in **Chiang Mai**, bevor man über **Chiang Rai** bei **Huay Xai** über den Mekong nach Laos reist. Nach **Luang Prabang**, Laos' goldene Stadt mit Tempeln mit Stufendächern und Mönchen in safrangelben Roben. Tief im Süden lohnt der Khmer-Tempel **Wat Phu Champasak**.

Dann steht die Tempelhochburg Kambodscha auf dem Programm. Von **Phnom Penh** aus gelangt man zu den Tempeln von **Sambor Prei Kuk**, die älter als Angkor sind. Nach einem Schlenker Richtung Norden zum Bergtempel **Prasat Preah Vihear** folgen die **Tempel von Angkor**.

Von Siem Reap nimmt man den Flieger nach **Yangon**, zur goldenen Pagode Shwedagon Paya. Die letzte Station ist **Bagan** mit Stupas bis zum Horizont.

Oben: Bagan (S. 572), Myanmar
Unten: Phong-Nha-Höhle (S. 930), Phong-Nha-Ke-Bang-Nationalpark, Vietnam

Abseits der üblichen Pfade in Südostasien

OBERER AYEYARWADY (MYANMAR)

Während die Massen auf dem südlichen Teil des Ayeyarwady kreuzen, zieht es Abenteuerlustige zu den ruhigen Abschnitten zwischen Bhamo und Mandalay. Mit lokalen Fähren geht's von Stadt zu Stadt. Es lohnt sich, die Tour an verschlafenen Siedlungen wie Katha zu unterbrechen: Hier war der Autor George Orwell in den 1920er-Jahren als Offizier bei der Imperial Police stationiert. (S. 565)

KO TARUTAO (THAILAND)

Tarutao, das Inselherz eines friedlichen Meeresparks, liegt so weit südlich, dass es fast zu Malaysia gehören könnte. An den umwerfenden Riffen und Stränden sowie in preiswerten Lodges und unauffälligen Backpacker-Bungalows lässt es sich super entspannen. (S. 876)

PROVINZ MONDULKIRI (KAMBODSCHA)

Die Mondulkiri-Provinz bietet echten Abenteuer-Urlaub: hier gibt's Spaziergänge mit Elefanten, Ziplining über einen Wasserfall, Quad-Touren und authentische Begegnungen mit dem indigenen Bunong-Volk. (S. 326)

BA-BE-NATIONALPARK (VIETNAM)

Eine umwerfende Landschaft voller Kaksteinberge, abfallender Täler, nebliger Seen und immergrünem Wald erlaubt es, die Natur ausgiebig zu erkunden. In rustikalen Homestays der ethnischen Minderheiten erlebt man die regionale Kultur. (S. 916)

THAM KONG LOR (LAOS)

In einem Longtailboot lässt sich die Unterwelt dieser 7,5 km langen Höhle erforschen. Das Tageslicht verblasst hinter einem, während man langsam ins Dunkel unter den Kalkskulpturen der gewölbten Decke vordringt. (S. 388)

SIARGAO (PHILIPPINEN)

Die als Surfspot bekannte katholische Insel im nördlichen Mindanao ist gesegnet mit hübschen Buchten, feinen hellen Stränden und abgelegenen Dörfern. Das nahegelegene Camiguin bietet Rifftauchgänge sowie Besteigungen und Off-Road-Motorradstrecken auf vier Vulkane. (S. 676)

ULU-TEMBURONG-NATIONALPARK (BRUNEI DARUSSALAM)

Dieses unberührte Stückchen Regenwald, das nur mit dem Boot erreichbar ist, gehört zu den wenigen verbliebenen Ecken des wilden Dschungels, der früher ganz Borneo bedeckte. (S. 68)

TOGIAN-INSELN (INDONESIEN)

Die traumhaften Togian-Inseln sind ein unverfälschtes Stück Tropen. Strahlend weiße Sandstrände umgeben von Kokospalmen laden zum Wandern und herrliche Korallenriffe zum Tauchen und Schnorcheln ein. (S. 219)

ATAÚRO-INSEL (OSTTIMOR)

Wer es bis nach Osttimor geschafft hat, sollte noch ein bisschen weiter zu dieser unerschlossenen Insel vor Dili reisen, um vor Ort zu schnorcheln, zu tauchen, zu wandern oder einfach in einer Hängematte zu faulenzen. (S. 609)

Reiseplanung

Große Abenteuer, kleines Budget

Auch für wenig Geld können Traveller in Südostasien wunderschöne Strände und beeindruckende Tempel besuchen sowie tropische Dschungel erkunden. Aber man muss seine Ausgaben ständig im Blick haben und seine Reise gut planen.

Reiseplanung und -kosten

Zeitplanung

12 Monate vorher Reisebudget kalkulieren und anfangen zu sparen.

6 Monate Zielländer auswählen und planen, wann und wie lange man diese besuchen möchte. Langstreckenflüge recherchieren.

8 bis 6 Wochen Visa und Reisepässe besorgen.

4 Wochen Impfungen vornehmen und Reiseversicherungen abschließen.

2 Wochen Für beliebte Reiseziele sowie zur Hauptsaison Transportmittel und Unterkünfte, Tauchtrips und Trekkingtouren auf Borneo reservieren.

1 Woche Unterkunft für den Ankunftsort buchen; packen.

Durchschnittliche Preise

1 Flasche Bier 1–3 US$

Fahrt mit dem Langstreckenbus 10–30 US$

Essen am Straßenstand 2–5 US$

Zimmer in einer Pension 10–25 US$

Internetzugang (pro Std.) 0–5 US$

Inlandsflug 50–150 US$

Budget-Guide

In Südostasien kommen Traveller problemlos mit einem Tagesbudget von 25 bis 50 US$ für die Grundversorgung aus: Verpflegung, Unterkunft, lokale Verkehrsmittel und gelegentlich ein kaltes Bier sind damit abgedeckt. Die Kosten variieren von Land zu Land und hängen von der Beliebtheit des Reiseziels und der Jahreszeit (Haupt- bzw. Nachsaison) ab.

Zusätzlich muss man Langstreckenreisen einberechnen sowie Aktivitäten wie Tauchen und Klettern. Und man sollte auf unerwartete Ausgaben wie eine teurere Unterkunft zur Fereinzeit vorbereitet sein.

Unterkünfte verschlingen den größten Teil des Budgets, doch glücklicherweise gibt's in der Region viele günstige Gästehäuser. Je mehr Komfort (Klimaanlage, Warmwasser, Suite) man entbehren kann, umso mehr Geld wird man sparen.

Öffentliche Verkehrsmittel sind innerhalb jedes Landes günstig, vor allem wenn man hauptsächlich per Bus und zu Wasser reist. Flüge, Zugfahrten, Charterboote und Taxis belasten den Geldbeutel hingegen.

Wer besondere Inseln besuchen will, muss aufgrund von Festpreisen oder fehlender Konkurrenz oft tief in die Tasche greifen. Mit dem Motorrad kommt man günstiger herum, noch billiger sind aber Leihfahrräder – und eine wunderbare Art, Südostasien zu erkunden.

Tipps nach Reiseland

Wir haben unsere Autoren gefragt: Welches ist im jeweiligen Land der günstigste Ort zur besten Reisezeit?

Brunei Darussalam Das winzige ölreiche Sultanat ist sehr günstig, wenn man von Malaysisch-Borneo mit dem Bus anreist. Am besten übernachtet man in Hostels, kauft auf Open-Air-Märkten und besucht kostenlose Sehenswürdigkeiten.

Indonesien Bali kann man billig bereisen, wenn man einen Ulu-Watu-Gastfamilienaufenthalt wählt. Um die schicke Surferszene und die tollen landschaftlichen Ausblicke zu genießen, braucht man gerade so viel Geld, dass es locker noch für ein paar Bintangs reicht.

Kambodscha Auf den Inseln Koh Rong und Koh Rong Sanloem, an Kambodschas neuen Partystränden, kann man für wenig Geld viel Spaß haben. Schlafsaalbetten kosten nur 5 US$.

Laos Si Phan Don (viertausend Inseln) lockt mit einer aufregenden Travellerszene, entspanntem Inselleben, „Tubing" im Fluss und Delfinbeobachtung.

Malaysia Pulau Perhentian gilt als eines der günstigsten Ziele Asiens für Taucher und kann durchaus mit Ko Tao mithalten. Cherating ist ein weiterer budgetfreundlicher Strand.

Myanmar Obwohl es an Bekanntheit gewinnt, ist Hsipaw noch immer ein charmanter Anziehungspunkt mit günstigem Essen, Aktivitäten und Homestays. Kalaw und Kyaingtong bieten sich für günstige Touren in die Bergdörfer an.

Osttimor Man nimmt einen *microlet* (lokaler Bus) nach Liquiçá (US$1) (1 US$) und steigt am Felspunkt unweit des Papstdenkmals aus. Willkommen in Dili Rock West, ein toller Ort zum Schorcheln mit wunderschönen Korallen und Fischen.

Philippinen Nord-Luzon und Palawan sind günstige, wenig überlaufene Ziele. Schlafen kann man mitten in Batads Reisterassen oder an den Stränden von Coron oder El Nido.

Singapur Luxus für Budgetreisende sucht man hier vergeblich, doch die Essenszentren der Stadt bieten Gourmetgerichte zu günstigen Preisen.

Thailand Auf Ko Tao kann man relativ günstig einen PADI-Open-Water-Tauchschein machen. Auch die Ostseite von Ko Pha Ngan ist ein Budgetknaller. In Railay in der Nähe von Krabi finden Kletterer günstige Unterkünfte.

Vietnam Mit dem billigsten Bier der Region (ab 0,30 US$ pro Glas) ist Vietnam der Gewinner. Nha Trang ist *der* Backpacker-Strand mit tollem Nachtleben und günstigen Unterkünften.

GEPÄCK

Am besten sollte man möglichst wenig mit auf die Reise nehmen, denn man muss sein Gepäck vor Ort immer mit sich herumschleppen. Beim Packen unbedingt darauf achten, dass die Reisetasche klein genug ist, um in das Gepäckfach des Flugzeugs zu passen – die meisten Staufächer in Südostasiens Bussen und Zügen haben ungefähr dieselbe Größe. Mit kleinem Gepäck lässt es sich auch leichter in öffentliche Verkehrsmittel ein- und wieder aussteigen sowie die Gegend zu Fuß erkunden – und man ist dann auch kein Ziel für Schlepper und Gauner.

Das Budget im Blick behalten

- An Straßenständen oder auf Märkten essen.
- Ein Bett im Schlafsaal nehmen oder sein Zimmer mit einem Freund teilen.
- In Zimmern mit Ventilator (ohne Klimaanlage) und Gemeinschaftsbädern übernachten.
- Auf dem Landweg oder zu Wasser reisen anstatt zu fliegen.
- Schnorcheln statt tauchen.
- Kein Motorrad, sondern ein Fahrrad leihen.
- Nationalparks nach den Eintrittspreisen auswählen.
- Die Standardpreise für Verkehrsmittel kennen und entsprechende Tarife aushandeln.
- Souvenirs vor Abreise mit Restgeld kaufen.
- Tägliche Ausgaben aufschreiben, um sein durchschnittliches Tagesbudget zu kennen.

Tipps zu Unterkünften

Die Kosten für Unterkünfte sind eine der größten Ausgaben. Hier ein paar Tipps, um Geld zu sparen:

- Wenn der Preis zu hoch ist, nach einem günstigeren Zimmer fragen.
- In der Nachsaison nach Preisnachlässen fragen.
- Wer einmal für ein Zimmer bezahlt hat, bekommt nichts zurück, wenn er früher geht.
- Buchungen nicht in Reisebüros vornehmen, um die hohen Gebühren zu umgehen.
- Über Nacht reisen (per Bus oder Boot), um sich die Unterkunft zu sparen.

Kinabalu (S. 480), Malays

Reiseplanung

Aktivitäten

Hoch aufragende Berge, reißende Flüsse, tiefe Höhlen und blubbernde Vulkane, dazu vor der Küste Korallenriffe mit einer beeindruckenden Vielfalt an Meeresleben – willkommen auf dem Abenteuerspielplatz Südostasien. Den Aktivitäten sind keine Grenzen gesetzt: ob man wandern, Fahrrad fahren, Höhlen erkunden, raften, surfen oder tauchen möchte – so gut wie alles ist im Angebot, und für die Entspannung danach ist ebenso gut gesorgt.

Top-Aktivitäten

Die besten Tauchspots

Indonesien & Philippinen In Sachen Riffe, Wracks und Steilwände sind die Inselnationen die unangefochtenen Hochburgen für Taucher in Südostasien

Die besten Wanderungen & Trekkingtouren

Malaysia Willkommen in der Zentrale des Trekking: Die Mondlandschaft des Kinabalu entdecken, durch Primärwald streifen oder die üppig grünen Hügel der Cameron Highlands erkunden.

Die besten Surfspots

Indonesien Barrels vor Java und Bali reiten und sich dann zu den großen Breaks von Sumbawa und Sumba in Nusa Tenggara vorarbeiten oder die Lefts und Rights auf den Mentawai-Inseln vor Sumatra bezwingen.

Tiere beobachten

Malaysia Borneo ist nicht umsonst als Amazonas Asiens bekannt. In den Nationalparks Sabah und Sarawak leben Orang-Utans, Nasenaffen und Zwergelefanten.

Die besten Höhlenwanderungen

Vietnam Es gibt derzeit kaum einen besseren Ort, um unter die Erdoberfläche abzutauchen, als den Phong-Nha-Ke-Bang-Nationalpark mit dem größten Höhlensystem der Erde.

Wandern & Trekking

Wandern ist in ganz Südostasien sehr beliebt – ob durch Regenwälder voller Affen, über nackte Felsgipfel oder schwelende Vulkane. Wem kurze Spaziergänge auf markierten Wegen nicht genügen, braucht aber unbedingt einen Führer. Diese informieren außerdem über lokale Gesetze und Bestimmungen sowie über das richtige Verhalten gegenüber Flora und Fauna.

Von Trekkingtouren auf dem Rücken von Elefanten wird abgeraten, da dies die Tiere ernsthaft verletzen kann. Alternativ bieten einige Organisationen in Thailand, Kambodscha und Laos von Elefanten begleitete Wanderungen an. Hier muss jedoch sorgfältig recherchiert werden, da nicht überall das Wohl der Tiere im Vordergrund steht.

Für Wanderungen benötigt man eine lange Hose, feste Wanderschuhe und Socken gegen Blutegel (während und nach der Regenzeit). Regenkleidung sollte man auch bei klarem Himmel einstecken. Viel trinken und die Kräfte gut einteilen! Die hohe Luftfeuchtigkeit macht alles anstrengender. Wanderungen auf Vulkane beginnen in der Regel vor Sonnenaufgang. Warme Kleidung mitbringen, denn früh morgens ist es oft noch recht kühl.

Reisezeit

Nicht die Temperatur, sondern der Regen ist ausschlaggebend. Der Monsunregen kann Wege unpassierbar machen und Moskitos und Blutegel fühlen sich im feuchten Unterholz besonders wohl. Die besten Monate für Wanderungen auf dem Festland Südostasiens sind unmittelbar nach der Regenzeit (November bis Februar), wenn die Wälder grün sind und man keine Überschwemmungen mehr fürchten muss. Allerdings kann es in höheren Lagen (z. B. in Sa Pa) zu dieser Zeit noch Frost geben. In der Hauptsaison von Dezember bis Januar kann es auf beliebten Routen voll werden. Die verregneten Monate September und Oktober vermeidet man besser.

Wer auf eine Insel reist oder Indonesiens Vulkane besteigen möchte, tut dies am besten in der Nebensaison von April bis Juni, wenn das Wetter trocken oder zumindest trockener ist. In vielen Teilen dieser Region ist im Juli und August die Hauptreisezeit und auf beliebten Wanderrouten, etwa hinauf auf den den Bromo, sehr viel los. Wer sich Blutegel beim Wandern ersparen möchte, meidet den Januar und den Februar in Brunei, Indonesien, Malaysia und Osttimor.

Reiseziele

Kinabalu (Malaysia; S. 480) Borneos schönster Sonnenaufgang: eine Mondlandschaft aus Granit führt auf den Gipfel des 4095 m hohen Kinabalu.

Ifugao-Reisterrassen (Philippinen; S. 647) Eine der schönsten Wanderrouten führt durch die Reisterrassen rund um Banaue und Batad.

Baliem-Tal (Indonesien; S. 229) Auf den Treks in Papua kann man einige der faszinierendsten Stammeskulturen der Welt kennenlernen.

VERANTWORTUNGSVOLLES TREKKING

Der Tourismus bringt den Hochlandgemeinden viele Vorteile, etwa kulturelle Verständigung, eine verbesserte Infrastruktur, günstigere Waren, Arbeit und Dollars, mit denen die (Kunst-)Handwerkerbranche unterstützt wird. Dem stehen als Nachteile mehr Müll, Verschmutzung, Wasserknappheit, Erosion der Wanderwege, vermehrtes Jagen, die Ausbeutung der Stammesvölker durch die dominante Gemeinde und die Aufgabe lokaler Bräuche und Traditionen gegenüber.

Wer beim Dorfbesuch nachhaltig vorgehen möchte, sollte in kleinen Gruppen reisen und einheimische Guides anheuern. Diese kennen Tabus und Gebräuche und sorgen dafür, dass man einen direkteren Kontakt zu den Einheimischen hat und Sprachbarrieren vermieden werden, die sonst zu Missverständnissen führen könnten. Den Müll, den man erzeugt hat, wieder mitnehmen – vor allem Plastikmüll, der sich nicht zersetzt.

Sa Pa (Vietnam; S. 919) Vietnams Trekking-Mekka mit spektakulären Landschaften, majestätischen Gipfeln, saftgrünen Reisfeldern und spannenden Dörfern ethnischer Minderheiten.

Hsipaw (Myanmar; S. 569) In den Hügeln rings um das entspannte Travellerzentrum Hsipaw kann man Siedlungen der freundlichen Shan, Palaung und Lisu und die Ruinen vergangener Königreiche erkunden.

Ramelau (Osttimor; S. 616) In aller Herrgottsfrühe aufstehen, um den höchsten Berg Osttimors zu bezwingen und sich vom Gipfel aus den Sonnenaufgang über dem glitzernden Ozean anzusehen.

Radfahren

Das Fahrrad ist in den ländlichen Gemeinden der Region das wichtigste Fortbewegungsmittel. In Touristenorten und an archäologischen Stätten kann man Räder mieten, um die Gegend zu erkunden, und zahlreiche Veranstalter bieten geführte Radtouren durch die Region an, von schönen Touren zu Hügeldörfern bis hin zu Abfahrten auf zerklüfteten Pisten.

Für hartgesottene Radler sind die Berge im Norden Vietnams und im nördlichen Laos das Nonplusultra. Ein Mountainbike-Mekka ist Chiang Mai in Nordthailand, spektakuläre Radwege findet man auch in Borneo. Weniger fordernd, aber denkwürdig sind Trips Mekong-Ufer, etwa im Mekong-Delta in Vietnam. Ein Fahrrad eignet sich auch zur Erkundung historischer Stätten wie Angkor, Bagan und Sukhothai. Ambitioniert ist eine Erkundung Indonesiens mit dem Rad wegen der vielen Fährenfahrten zwischen den Inseln, doch diese sind dafür oft auf Radfahrer eingestellt, etwa Bali und Lombok oder, wenn einem der Sinn nach Abenteuer steht, Flores und Sulawesi.

In der Region sind einfache Mieträder schon für 1 bis 5 US$ pro Tag zu haben. Qualitativ hochwertige Mountainbikes kosten 10 bis 20 US$. Fahrradwerkstätten findet man fast überall. Der Südostasienexperte für Radtouren ist **Spice Roads** (www.spiceroads.com) mit Sitz in Bangkok, man findet aber in allen Ländern professionelle Anbieter.

Reisezeit

Während des Monsuns macht Radfahren keinen Spaß. Öfter sind Straßen und Wege im Hochland durch Erdrutsche blockiert, sodass man eine Radtour besser in der Trockenzeit plant. Die besten Monate für Radtouren auf dem Festland sind November bis Februar mit milden Temperaturen und einer frischen Brise.

Reiseziele

Tempel von Angkor (Kambodscha; S. 279) In der Hauptsaison ist an den Tempeln oft sehr viel los. Deshalb folgt man besser lokalen Dschungelpfaden.

Bagan (Myanmar; S. 572) Die Tempel sind über die gesamte Irawadi-Ebene verstreut. Mit einem Fahrrad kommt man zu nicht restaurierten Ruinen zwischen den berühmten *zedis*.

Chiang Mai (Thailand; S. 783) Die Berge, die sich oberhalb von Chiang Mai erheben, sind durchzogen von kilometerlangen Mountainbike-Trails.

Luang Prabang (Laos; S. 362) Im Umland der verträumten Stadt kann man hervorragend Fahrrad fahren und kommt gut in umliegende Dörfer.

Mekong-Delta (Vietnam; S. 980) Das Mekong-Delta ist wie gemacht für lange Touren, auf denen man abseits der ausgetretenen Touri-Pfade von einem Dorf ins nächste kommt.

Motorrad fahren

Motorräder sind das offizielle Fortbewegungsmittel in Südostasien und werden für alles genutzt: ob für den Transport von Schweinen zum Markt oder um drei Generationen einer Familie durch die Rushhour zu schleusen. Das verrückte Motorradgewirr wirkt auf den ersten Blick einschüchternd, doch zumindest im Stadtbereich bewegt sich der Verkehr langsam und es dauert nicht lange, bis man sich an die regionale Fahrweise gewöhnt hat.

Der große Vorteil eines Motorrads ist die eigene Mobilität. Man bezwingt damit Wege, vor denen selbst die stärksten Jeeps kapitulieren, und wenn die Straße vom Regen weggespült wurde, kann man sich mitsamt Motorrad von einem Boot mitnehmen lassen. Mit einem Motorrad sieht man mehr von Land und Leuten als im Auto oder Bus.

In Touristenzentren kann man Motorräder leihen, vor allem in Vietnam, Kambodscha, Laos und Thailand. Tagesraten für Bikes mit 100 ccm starten bei 5 bis 10 US$, Dirt- oder Straßenmotorräder mit 250 ccm bekommt man für 15 bis 50 US$. Einwegmieten, bei denen man das Bike an einem anderen Ort abgeben kann, sind gegen Aufpreis möglich. Spezialisierte Anbieter stellen mehrtägige Touren in abgeschiedene Gebiete auf die Beine, für die man ein Trail-Bike braucht. Werkstätten gibt's überall, und wer nicht an Roller gewöhnt ist, kann meist einen Roller mit Automatikschaltung mieten. Vorsicht ist angebracht: jedes Jahr werden mehrere Touristen bei Unfällen verletzt.

Viele Verleiher fragen nicht nach einem Führerschein. In Brunei, Malaysia und Thailand wird man hingegen häufiger gebeten, diesen vorzulegen. Daher sollte man auf der sicheren Seite bleiben und nur ein Fahrzeug mieten, das man auch tatsächlich fahren darf. Allerdings muss fast immer der Reisepass als Pfand hinterlegt werden. Das kann zu Komplikationen führen, wenn man in einer entlegenen Region einen Unfall hat und zur Behandlung in ein anderes Land überführt werden muss.

Reisezeit

Die Regenzeit sorgt für gefährliche Bedingungen für Motorradfahrer und verlängert den Bremsweg, daher nur in der Trockenzeit Motorrad fahren. Wer in ländlichen Teilen Thailands, Kambodschas, Laos' und Vietnams „off-road" fahren möchte, sollte das im Januar tun, denn die abgeschiedenen Dschungelpfade brauchen nach dem Regen etwas Zeit, um vollständig zu trocknen.

Reiseziele

Sa Pa (Vietnam; S. 919) Die Bergszenerie, Flusstäler und Bergdörfer rund um Sa Pa, Bac Ha und Dien Bien Phu sind ein Traum.

Vang Vieng (Laos; S. 357) Ein Motorradritt führt in die Felsen entlang des Westufers des Nam Song.

DIE BESTEN VULKANWANDERUNGEN

Indonesien und die Philippinen gehören zum Pazifischen Feuerring und beherbergen mehr als 100 aktive Vulkane. Viele davon können bestiegen werden, manchmal innerhalb eines Tages, manchmal im Rahmen mehrtägiger Camping-Expeditionen. Einige Vulkane brodeln leise vor sich hin, andere sind aktiv. Vor der Wanderung sollte man sich genau informieren. Auf mehreren Vulkanen kann man sich Lava aus der Nähe anschauen, doch ausbrechende Vulkane sollten nur mit lokalen Führern besucht werden.

Gunung Bromo (Indonesien; S. 114) Einer von drei Vulkankegeln (einer ist aktiv), die aus einem spektakulären Krater aufragen. Absolut empfehlenswert!

Gunung Merapi (Indonesien; S. 101) Der Merapi bei Yogyakarta ist der aktivste Vulkan Indonesiens. Wer Glück hat, erlebt während seines Besuchs einen Ausbruch.

Mayon (Philippinen; S. 653) Der philippinische Vulkan hat Kultstatus und eine perfekte Kegelform. Gleichzeitig ist der Mayon (2462 m) einer der aktivsten Vulkane des Landes – vor Ort nach Tipps fragen, ehe man sich Lavaströme aus der Nähe anschaut.

Gunung Batur (Indonesien; S. 146) Bei der traumhaften Szenerie dieses Vulkans auf Bali vergisst man das Tourigedränge an seinem Fuß.

Pinatubo (Philippinen; S. 645) Vorbei an bizarren Lavaskulpturen geht's zu dem atemberaubenden Kratersee auf dem Pinatubo (1450 m) hinauf. Ein Muss!

Mae Hong Son (Thailand; S. 808) Die klassische Route im Norden ist der 600 km lange Rundweg durch Mae Hong Son. Er startet in Chiang Mai und führt durch Pai, Mae Hong Son und Mae Sariang.

Bootstouren, Kajakfahren & Rafting

Südostasien ist mit dem mächtigen Mekong und dem Ayeyarwady, die sich durchs Festland schlängeln, sowie Dschungelflüssen auf Borneo und anderen Inseln wie gemacht für Bootstouren. Viele Städte sind an Wasserwegen gebaut, sodass man sogar in der Innenstadt mit dem Boot von A nach B kommt.

Die Reisen, an die jeder bei Südostasien denkt, sind die Fernstreckenfahrten auf den größten Flüssen der Region – auf dem Tonlé Sap von Phnom Penh nach Siem Reap, auf dem Ayeyarwady von Mandalay nach Bagan, über die laotisch-thailändische Grenze oder von Kambodscha nach Vietnam. Die mehrtägigen Touren eignen sich gut, um das Leben am Flussufer zu beobachten.

Alternativ unternimmt man eine Fahrt auf einem der Nebenflüsse in ein abgelegenes Reservat im Dschungel oder zu den Dörfern der ethnischen Minderheiten in Kambodscha, Borneo oder Indonesien. Tatsächlich kommt man mit einer lokalen Fähre oder einem gecharterten Auslegerboot quer durch den indonesischen und den philippinischen Archipel. Sogar Flussfahrten auf unterirdischen Flüssen und über verschlafene Seen, auf denen Märkte stattfinden, sind möglich.

Der Kajaksport hat in den letzten Jahren einen Hype erlebt. Die beste Adresse für Kajakfahrten auf offenem Meer ist die Provinz Krabi in Thailand. Bei den Bootstouren durch die vietnamesische Ha-Long-Bucht ist mittlerweile fast immer auch ein Kajaktrip durch die Karstklippen dabei. Immer beliebtere Ausflugsziele sind zudem Stammesdörfer in Indonesien, Laos und Malaysia, Fahrten auf den Seen des Ba-Be-Nationalparks in Vietnam sowie die überfluteten Wälder und schwimmenden Dörfer des Tonlé Sap in Kambodscha.

In der Regenzeit legen die Ströme etwas zu. Anlaufstellen für Rafting sind der Pai in Thailand sowie der Chico und der Cagayan auf den Philippinen.

Stehpaddeln wird immer beliebter, und Anfänger können ihre Seetauglichkeit auf ruhigem Wasser testen.

Reisezeit

Was man auch vorhat, man sollte es in die Regenzeit legen, denn dann sind die Seen voll und die Landschaften herrlich grün. In der Trockenzeit werden einige Routen komplett eingestellt, da die Flüsse für Schiffsverkehr zu wenig Wasser führen.

Reiseziele

Ha-Long-Bucht (Vietnam; S. 912) Eine Bootsfahrt mit Übernachtung zwischen den Karstfelsen, Lagunen erkunden oder sich im Stehpaddeln versuchen.

Provinz Krabi (Thailand; S. 869) Südostasiens Wiege des Kajakfahrens auf offenem Meer mit traumhaftem Panorama aus Karstinseln.

Tham Kong Lor (Laos; S. 388) Eine unvergessliche unterirdische Bootsfahrt.

DURCH DEN MONSUN

Die beiden Monsune sind wichtige Kriterien bei der Reiseplanung. Von Juni bzw. Juli bis September oder Oktober bringt der Südwestmonsun Regen aufs südostasiatische Festland und an die Westküste der Malaiischen Halbinsel (Phuket und Langkawi). Für Wanderungen ist es zu feucht und Taucher haben oft keine gute Sicht unter Wasser.

Mit nachlassendem Regen und vergleichsweise kühlen Temperaturen im November und Februar beginnt die Hauptsaison für Touristen und Taucher, von März bis Juni steigen die Temperaturen stark an. Dann beginnt die Taifunsaison auf den Philippinen und in Teilen Myanmars und Vietnams. Unter Umständen wird es nun zu gefährlich, sich draußen auf dem Meer aufzuhalten.

Der Nordostmonsun beginnt im September. Dann regnet es an der Ostküste der Malaiischen Halbinsel (Ko Samui, Pulau Perhentian). Anschließend zieht der Wind nach Osten, durch Indonesien, und erreicht Osttimor im Dezember. Viele Besucher flüchten dann an die Westküste Malaysias oder an die thailändische Andamanenküste.

NICK FOX/ALAMY ©

Oben: Tauchen an einem Schiffswrack vor Coron Island (S. 687), Philippinen

Unten: Kajakfahren bei Krabi (S. 869), Thailand

Von Bhamo nach Mandalay (Myanmar; S. 565) Auf dem mächtigen Ayeyarwady vom entlegenen Bhamo nach Mandalay schippern und dann weiter den Fluss hinab nach Bagan.

Ulu-Temburong-Nationalpark (Brunei; S. 68) Mit einem Langboot in den beeindruckenden Nationalpark fahren – ein unvergleichlicher Flussritt mit Tierbeobachtung vom Wasser aus.

Tauchen & Schnorcheln

Vor dem Hintergrund, dass viele der Inseln aus Korallenriffen entstanden, überrascht es nicht, dass Südostasien eines der besten Tauch- und Schnorchelziele der Welt ist. Günstige Tauchzentren bieten alles von Tauchzertifikaten bis hin zu Nitrox und sind praktisch überall an der Küste zu finden.

Thailand, Malaysia, Indonesien und die Philippinen führen mit versunkenen Inseln, Strömungstauchen, Wracks aus der Kriegszeit und Unterwasserhöhlen die Listen der Top-Tauchziele an. Sowohl das Tauchen als auch das Schnorcheln können die Umwelt belasten, deshalb sollte man renommierte, nachhaltige Touranbieter wählen und mit allen Mitteln versuchen, die Unterwasserwelt möglichst unberührt zu lassen.

Reisezeit

Beim Tauchen kommt es auf die Sichtweite an – je ruhiger, desto besser, je stürmischer, desto schlechter. In der Regenzeit sind die Bedingungen an fast allen Tauchorten in der Region unterdurchschnittlich. Dank der beiden Monsune gibt es aber immer irgendwo in der Region gute Sichtweiten. Im Golf von Thailand kann man den Großteil des Jahres gut tauchen gehen.

Reiseziele

Komodo-Nationalpark (Indonesien; S. 169) Hier gibt's Warane und die wohl besten und abwechslungsreichsten Tauchgründe Indonesiens.

Coron (Philippinen; S. 687) Der Calamian-Archipel ist mit Tauchgründen gespickt. Das Highlight sind

VERANTWORTUNGSVOLLES TAUCHEN

Tauchen ist in Südostasien äußerst beliebt, was die fragilen Korallen vor den Küsten aber massiv belastet. Um zum Umweltschutz beizutragen, sollte man die folgenden einfachen Regeln befolgen:

- Keine Fische füttern oder dem Tauchanbieter erlauben, überschüssiges Essen ins Meer zu entsorgen. Die Fische werden von dieser Nahrungsquelle abhängig und kümmern sich nicht mehr um die Algen auf den Korallen, was den Riffen schadet.
- Lebende Meeresorganismen nicht anfassen oder draufstehen und keine Ausrüstung übers Riff schleifen.
- Niemals an Riffen ankern und darauf achten, Boote nicht auf Korallen aufzusetzen.
- Auf die Schwimmflossen achten. Der Sog, der beim Beinschlag entsteht, kann fragile Organismen am Riff schädigen. Keine Sandwolken lostreten; sie können Organismen ersticken.
- Mit der Tarierweste die Lage im Wasser beständig kontrollieren. Taucher, die zu schnell absinken und mit dem Riff kollidieren, richten z. T. erhebliche Schäden an.
- In Unterwasserhöhlen besonders achtsam sein. So wenig Zeit wie möglich darin verbringen, denn die beim Ausatmen produzierten Luftblasen können sich unter dem Dach stauen und Organismen ersticken und austrocknen. Am besten wechselt man sich ab, wenn man kleinere Höhlen erkunden möchte.
- Keine Korallen oder Muscheln einsammeln bzw. kaufen oder Souvenirs von archäologischen Stätten unter Wasser (wie Schiffswracks) mitnehmen.
- Allen Müll wieder mitnehmen, den eigenen und fremden, den man beim Tauchen findet. Plastik stellt eine erhebliche Gefahr für Meeresbewohner dar.
- Meerestiere so wenig wie möglich stören. Sich niemals von Meeresschildkröten, Walhaien oder Delfinen ziehen lassen.
- Sich an einer Reinigungskampagne beteiligen, die von einem regionalen Tauchanbieter gesponsert wird.

DER WETTERBERICHT FÜR DIE STRANDSUCHE

STRAND-GEGEND	JAN.–FEB.	MÄRZ–APRIL	MAI–JUNI	JULI–SEPT	OKT.–DEZ.
Ko Tao (S. 848) (Thailand)	trocken, Hochsaison	trocken, Zwischensaison	trocken, Zwischensaison	trocken, Hochsaison	Regen, Nebensaison
Phuket (S. 860) (Thailand)	trocken, Hochsaison	trocken, Zwischensaison	Auftakt der Regenzeit, Zwischensaison	Regen, Nebensaison	trocken, Zwischensaison
Bali (S. 119) (Indonesien)	Regen, Nebensaison	Ende der Regenzeit, Zwischensaison	trocken, Zwischensaison	trocken, Hochsaison	Auftakt der Regenzeit, Zwischensaison
Nha Trang (S. 955) (Vietnam)	trocken, Hochsaison	trocken, Hochsaison	trocken, Hochsaison	trocken, Hochsaison	Regen, Nebensaison
Koh Rong (S. 308) (Kambodscha)	trocken, Hochsaison	trocken, Zwischensaison	Auftakt der Regenzeit, Zwischensaison	Regen, Nebensaison	Regen, Zwischensaison
Boracay (S. 660) (Philippinen)	trocken, Hochsaison	trocken, Hochsaison	trocken, Zwischensaison	Regen, Nebensaison	Ende der Regenzeit, Zwischensaison
Osttimor (S. 599)	Regen, Nebensaison	trocken, Hochsaison	trocken, Hochsaison	trocken, Hochsaison	trocken, Hochsaison

ohne Zweifel die Schiffswracks aus dem Zweiten Weltkrieg vor Coron Island.

Similan-Inseln (Thailand; S. 860) An Bord der Tauchschiffe Ausschau nach Walhaien halten.

Pulau Sipadan (Malaysia; S. 489) Malaysias einzige Ozeaninsel wartet mit Meeresschildkröten, Haien und Barrakudaschwärmen auf; oft wird sie zum besten Tauchgrund der Welt gewählt.

Ataúro (Osttimor; S. 609) Unberührte Riffe säumen Osttimors Nordküste und die wohl besten Tauchgründe liegen vor Ataúro.

Preisgünstig tauchen lernen

Ko Tao (Thailand; S. 848) Der günstigste und beste Ort, um Tauchgrundlagen zu erlernen, ist Ko Tao.

Gili Trawangan (Indonesien; S. 163) Einer der Top-Orte weltweit, um die Tauchlizenz zu erwerben. Ein Boot braucht nur zehn Minuten zu den Riffen.

Perhentian-Inseln (Malaysia; S. 465) Die Konkurrenzsituation an diesem berühmten Traveller-Treffpunkt vor der Nordwestküste Malaysias garantiert extrem günstige Preise.

Moalboal (Philippinen; S. 671) Die Wiege des Tauchsports auf den Philippinen bietet auch für Anfänger unverändert tolle Bedingungen.

Wassersport

Surfen und Kitesurfen liegen in Südostasien ganz groß im Trend, auch dank der ausgiebigen Monsun-Winde. Das regionale Surfer-Mekka ist derzeit Indonesien, dicht gefolgt von den Philippinen. In Vietnam und Thailand sorgt konstanter Wind für saisonal gute Kitesurfbedingungen. Laos hat sich eine einzigartige Nische als Zentrum für Tubing und Kajakfahren erkämpft. Einen Anbieter mit guten Sicherheitsreferenzen wählen und auf die Bedingungen im Meer während der Monsun- und Taifunsaison achten.

Reisezeit

Von Mai bis September gibt's vor Lombok und Sumbawa (Indonesien) tolle Wellen, und auf Bali findet man ganzjährig gute Breaks. Auf den Philippinen fällt die Surf-Saison hingegen mit der Taifun-Saison (August bis November) zusammen, wodurch sich schwierige Barrels für erfahrene Surfer bilden. Für Anfänger sind Phuket (Thailand) von April bis September und Cherating (Malaysia) von November bis März geeignet.

Kitesurfen wird auf Boracay (Philippinen), an der Ost- und Westküste Thailands (Hua Hin und Phuket), in Mui Ne (Vietnam) und an den Stränden Hu'u und Pantai Lakey auf Sumbawa (Indonesien) betrieben. Dort weht fast das gesamte Jahr über eine beständige Brise.

Reiseziele

Sumatra (Indonesien; S. 182) Das Surferparadies Indonesien bietet viele Topspots, die Mentawai-Inseln sind aber schlichtweg perfekt.

Phuket (Thailand; S. 860) Einer der besten Strandorte Thailands bietet Möglichkeiten für Surfer, Kitesurfer und andere Wassersportler.

Mui Ne (Vietnam; S. 958) Für „Windsuchende" gibt's wenige bessere Destinationen in Asien.

Siargao (Philippinen; S. 676) Der legendäre Righthander Cloud Nine ist einer der besten Top Reef Breaks des Landes.

Klettern

In ganz Südostasien hat man Kalksteinklippen präpariert und mit Haken in Kletterrouten verwandelt, die mittlerweile weltweit einen hervorragenden Ruf unter Kletterern genießen. Im Fokus stehen Thailand, Laos und Vietnam, doch auch in Malaysia, Indonesien, auf den Philippinen und in Myanmar findet man immer mehr mit Haken versehene Wände.

Reisezeit

In der Regenzeit sollte man nicht klettern, weil die Oberfläche der Felsen dann zu glitschig ist und ein hohes Verletzungsrisiko besteht. In den heißen Monaten (April bis Juni) muss man viel Magnesia dabeihaben.

Reiseziele

Railay (Thailand; S. 871) Felsen oberhalb des azurblauen Meeres bezwingen – kein Wunder, dass Railay das Kletterziel Nummer eins in Thailand ist, vor allem für Freunde großer Wände.

Cat-Ba-Insel (Vietnam; S. 912) Einführungen für Neulinge und tolle Trips für erfahrenere Kletterer vor der Kulisse der Ha-Long-Bucht.

Vang Vieng (Laos; S. 357) Mehr als 200 Kletterrouten an Kalksteinfelsen, vielfach bereits mit Bohrhaken versehen.

Caving (Höhlenwanderungen)

Der Begriff „Outdoor" umfasst in Südostasien auch mehrere spektakuläre Höhlensysteme mit den besten Höhlenwanderungen der Welt. Höhlentouren durch unterirdische Flusskanäle, bei denen man sich durch enge Spalten quetscht und in tiefe Schluchten absteigt, sind jedoch nur in der Trockenzeit möglich. Während des Monsuns ist die Gefahr einer plötzlichen Flut viel zu groß.

Reisezeit

Einige Höhlen sind ganzjährig geöffnet. Tiefere Höhlensysteme meidet man in der Regenzeit wegen der Gefahr einer Springflut und da man über überflutete Wege schwer zu den Einstiegspunkten kommt.

Reiseziele

Phong-Nha-Ke-Bang-Nationalpark (Vietnam; S. 928) Grandiose unterirdische Höhlenwanderungen bietet dieser Nationalpark; die meisten

ZIPLINING

Ziplining ist in Südostasien groß in Mode. Unzählige Anlagen durchziehen wie Spinnennetze oberhalb der Baumkronen zahlreiche Orte in Kambodscha, Laos, Indonesien, Thailand und Vietnam. In Malaysia und Thailand kann man zwischen Inseln hin und her sausen, in Kambodscha und Laos über Wasserfälle und in Vietnam in eine Höhle hinein.

Gibbon Experience (S. 385) in Laos hat einen „Luftpfad" angelegt: Die Besucher gleiten durch Wälder, in denen die Gibbons umherstreifen, und können die Nacht in einem Baumhaus verbringen. In Kambodscha bietet Angkor Zipline (S. 270) Blick auf Tempel, **Flight of the Gibbon** (Karte S. 784 f.; ☎053 010660; www.treetopasia.com; 29/4-5 Th Kotchasan; Tagestouren 4000 B; ⏲9.30–18.30 Uhr) in Chiang Mai verbindet Ziplines mit dem Besuch von Stämmen in den Hügeln. Das neue Unternehmen Mayura Zipline (S. 326) trumpft mit einem tollen Flug über den Bou-Sraa-Wasserfall in der Mondulkiri-Provinz im Nordosten Kambodschas auf.

Oben: Klettern am Strand von Railay (S. 871), Thailand

Unten: Höhlenwandern in Sagada (S. 649), Philippinen

Touren umfassen eine Mischung aus Wandern, Schwimmen und Klettern.

Vieng-Xay-Höhlen (Laos; S. 381) Höhlenwanderungen mal anders: Hier wird die unterirdische Basis und Kriegs-„Hauptstadt" der kommunistischen Pathet Lao unter Kalksteinformationen erkundet.

Gunung-Mulu-Nationalpark (Malaysia; S. 510) In dem Nationalpark in Sarawak liegen mehrere der größten und spektakulärsten Höhlen der Welt.

Sagada (Philippinen; S. 649) Die faszinierenden hängenden Särge bestaunen oder sich auf unterirdischen Flüssen von Höhle zu Höhle vorarbeiten.

Tiere beobachten

In den dampfenden Dschungeln Südostasiens gibt es tolle Möglichkeiten, die lokale Fauna aus nächster Nähe zu beobachten – in Malaysia und Indonesien gibt's einige große Säugetiere wie Elefanten, Komodowarane, Nasenaffen und Orang-Utans, doch es locken auch wunderbare Möglichkeiten, an Seen und Flüssen seltene Vögel zu beobachten. Die einst weit verbreiteten wilden Tiger und Großkatzen kann man heute in Tierschutzparks und Zoos in der Region besuchen. Unter Wasser wartet ein unglaublich vielseitiger Lebensraum mit Walhaien, Dugongs und Mantarochen, die den großen Tieren an Land Konkurrenz machen.

VOGELBEOBACHTUNG

Tram-Chin-Nationalpark (Vietnam; S. 985) Hier ist der seltene Saruskranich beheimatet. Viele Flachreliefs von Angkor zeigen den großen Vogel mit dem roten Kopfgefieder.

Khao-Sok-Nationalpark (Thailand; S. 858) In dem wunderschönen Nationalpark sind Fischadler, Nashornvögel und Eisvögel zu Hause.

West-Papua (Indonesien; S. 226) Hier sind Begegnungen mit Paradiesvögeln – oft endemische Arten – in allen Farben des Regenbogens möglich.

Jurong Bird Park (Singapur; S. 714) Der größte Vogelpark der Welt beherbergt Vertreter von so ziemlich jeder Vogelart unter der Sonne.

Reisezeit

Die besten Reiseziele für Tierbeobachtung sind geschützte Wälder und tiefster Dschungel, deswegen sollte man den Besuch in die Trockenzeit legen, wenn die Wege passierbar sind. Manche Nationalparks in der Region erreicht man nur per Boot; dort kann man das ganze Jahr über Ausflüge unternehmen. Vogelbeobachtungen sind saisonale Aktivitäten und hängen von dem Migrationsverhalten der Tiere ab, die meisten sieht man jedoch in der Trockenzeit.

Reiseziele

Sungai Kinabatangan (Malaysia; S. 486) Den Sabah hinunterschippern und Orang-Utans, Nasenaffen, Warane und sogar Elefanten aufspüren.

Khao-Yai-Nationalpark (Thailand; S. 819) In diesem Monsunwald sind Elefanten, Affen, Nashornvögel, Blutegel und jede Menge Krabbelgetier zu Hause.

Cat-Tien-Nationalpark (Vietnam; S. 962) Auf einem „Gibbon-Trek" kann man im Dschungel von Cat Tien Primaten entdecken und das Dao Tien Endangered Primate Species Centre besuchen.

Kratie (Kambodscha; S. 318) Bei Kampi in der Provinz Kratie seltene Irawadi-Delfine im Mekong sichten.

Tanjung-Puting-Nationalpark (Indonesien; S. 208) An einem der malerischen Flüsse von Kalimantan vor Anker gehen und Orang-Utans beobachten.

Wellness

Die Anwendungen und Therapien, die in Spas auf dem ganzen Globus zum Standard gehören, stammen ursprünglich aus den Klöstern und Dörfern Südostasiens. Von Meditation bis hin zu traditioneller Thai-Massage werden überall Behandlungen angeboten, und das zu Schleuderpreisen. Einige der besten Einrichtungen beschäftigen Ex-Häftlinge als Wiedereingliederungsmaßnahme in die Gesellschaft.

In Thailand sind Klöster wichtige Zentren für traditionelle Massage, doch es gibt auch prächtige Luxus-Spas auf höchstem Niveau. Massage am Strand wird an fast jeder Küste angeboten, vor allem in Touristenzentren wie Bali und auf Inseln in

Yoga-Klasse im Freien in Ubud (S. 135), Indonesien

Malaysia und Indonesien, die vom Strandtourismus leben.

Mancherorts steht „Massage" für Sextourismus; normalerweise verrät das Erscheinungsbild des Ladens aber, welche Art von „Dienstleistung" man zu erwarten hat. (Rote Lampen oder Lichterketten deuten z. B. darauf hin, dass Wellnessbehandlungen nicht die wichtigste Einkunftsquelle sind). Manche Massagen können schmerzhaft sein – man sollte vorher wissen, worauf man sich einlässt.

Yoga und Meditation werden fast überall am Strand angeboten, ebenso in Unterkünften im Wald und in aktiven Klöstern, wo Besucher, die sich für den Buddhismus interessieren, für ein paar Tage, Wochen, Monate oder sogar Jahre voll ins spirituelle Leben eintauchen können.

Reisezeit

Wenn die Meditation oder der Yogaunterricht nicht im Freien stattfindet, ist es eigentlich egal, wann man sich für seinen Workshop anmeldet. Manche Zentren bieten in der Hauptsaison abwechslungsreichere Programme, da die Yogalehrer z. T. im Verlauf eines Jahres von Urlaubsort zu Urlaubsort reisen. Wer sich für ein maßgeschneidertes Wellnessvergnügen interessiert, sollte frühzeitig planen, vor allem bei Aufenthalten in Klöstern.

Reiseziele

Phuket (Thailand; S. 860) Auf der Insel gibt's mehrere tolle Orte mit spirituellen Zentren speziell für Ausländer sowie einige führende Yogaschulen.

Ubud (Indonesien; S. 135) Ubud ist der Inbegriff für Wellness auf Bali, und Yoga, Meditation und Massage werden fast überall angeboten.

Siem Reap (Kambodscha; S. 266) Fußmassagen als Entspannung für die Seele, lockernder Yogaunterricht, ruhige Meditationsseminare und ein paar der besten Spas im ganzen Land.

Luang Prabang (Laos; S. 362) Das spirituelle Herz von Laos mit einigen hervorragenden Wellnesszentren und einer kleinen Yoga-Gemeinde.

Mawlamyine (Myanmar; S. 543) Das Kloster Pa-Auk-Taw-Ya ist eines der größten und einladendsten Meditationszentren in Myanmar.

Südost-asien im Überblick

Thailand

Kultur/Geschichte
Strände
Essen

Religiöse Reichtümer

Der Tod von König Bhumibol läutete ein neues Kapitel im spirituellen Leben Thailands ein, einem Land, in dem Religion und Monarchie Hand in Hand gehen. Das Herzstück des Landes sind allerdings seine spektakulären Schreine und Tempel.

Perfekte Strände

Das kristallklare Wasser und die von Palmen gesäumten weißen Sandstrände im Süden Thailands sind unvergleichlich schön und verströmen Party-Atmosphäre. Gäste können sich auf durchgefeierte Nächte und faule Tage in der Sonne mit Tauchen und Spa-Verwöhnprogramm einstellen.

Herausragende Gastronomie

In der Thai-Küche wird eine unglaubliche Vielfalt an Kräutern und Gewürzen verwendet. Doch nicht nur das Essen macht Spaß, sondern auch das Erlernen der Zubereitung – in ganz Thailand werden Kochkurse angeboten.

S. 740

Brunei Darussalam

Essen
Outdoor-aktivitäten
Flussreisen

Kulinarische Überraschungen

Bruneis Küche ist international nicht so bekannt, bringt aber einmalige Gerichte wie *ambuyat* (aus Sagostärke) oder köstliche *kueh* – malaiische Süßigkeiten aus Reis-, Tapioka- oder Mungobohnenmehl – hervor.

Begegnungen im Dschungel

Im Ulu-Temburong-Nationalpark werden 40 % von Bruneis Primärregenwald geschützt. Bei einer Wanderung durch den Dschungel oder über einen erhöhten Fußweg kann man Tiere erspähen.

Flussabenteuer

Flussfahrten werden überall im bewaldeten Inland angeboten. Eine etwas andere Lebensweise zeigt sich in Kampong Ayer, dem größten Stelzendorf der Welt am Fluss Brunei.

S. 58

Indonesien

Kultur/Geschichte
Outdoor-aktivitäten
Strände

Inselerbe

Im Indonesischen Archipel wurden zahllose Reiche gegründet, und entsprechend viele majestätische Ruinen wie Borobudur gibt's dort. Dazu kommen Indonesiens vielschichtige Stammeskulturen.

Ausflüge zu Vulkanen

Der Gunung Bromo im Osten Javas ist nur einer von Dutzenden aktiven Vulkanen. Das Erlebnis, wenn man durch die Wolkenschicht zum rauchenden Gipfel eines Vulkans hinaufwandert, ist unvergesslich.

Prächtige Strände

Das charmante Bali bietet Kultur und großartige Strände. Auf der anderen Kanalseite locken die Gili-Inseln Taucher, Sumbawa Surfer, Flores Entdecker und Sumba Ausspanner an.

S. 72

Kambodscha

Kultur/ Geschichte
Gemeindebasierter Tourismus
Strände

Beeindruckendes Angkor

Während im Tuol-Sleng-Gefängnis und auf den Killing Fields an den Völkermord und den Bürgerkrieg erinnert wird, begeistert in Angkor die ältere Geschichte des Landes.

Begegnung mit den Khmer

Gemeindebasierte Tourismusprojekte beschäftigen ehemalige Wilderer als Guides und verwandeln ländliche Wohnhäuser in Homestays.

Verführerische Küsten

Eine entspannte Alternative zu den Stränden Südthailands sind die saubereren Strände an der kurzen Küste Kambodschas. In Sachen Schönheit müssen sie sich vor den thailändischen nicht verstecken, sind aber günstiger und nur halb so bevölkert.

S. 246

Laos

Kultur/ Geschichte
Outdooraktivitäten
Flussreisen

Grüne Wildnis

Laos wartet mit unberührter Wildnis auf. 20 designierte Schutzgebiete versprechen magische Naturerlebnisse. Umweltfreundliche Programme sind u. a. die Gibbon Experience mit Ziplines und Übernachtungen in Baumkronen.

Flusswege

Die Flüsse sind Laos' Lebensadern. Man kann am Ufer faulenzen, mit dem Kajak ins Hinterland vordringen oder den Fluss als Verbindung von Luang Prabang zum Goldenen Dreieck nutzen.

Königliche Relikte

Die einstige königliche Hauptstadt Luang Prabang ist durchsetzt von Tempeln und Relikten aus der Zeit Französisch-Indochinas. In Homestays in nahegelegenen Bergdörfern trifft man auf die Hügelstämme.

S. 342

Malaysia

Essen
Tauchen
Outdooraktivitäten

Kulinarische Vielfalt

Malaysia ist ein Schmelztiegel. Hier vereinen sich die Gewürze Indiens mit dem Know-how der chinesischen Küche und den reichen kulinarischen Traditionen der Malaiischen Halbinsel.

Strand & Meeresbewohner

Malaysias ruhige Strände erinnern an Postkartenmotive. An typischen Strandorten wie Tioman und Pulau Perhentian findet man neben strahlendem Sandstrand auch Tauchmöglichkeiten.

Dschungelspaß

Den Dschungel von Borneo erreicht man per Boot über teefarbene Flüsse, wobei man unterwegs gelegentlich Orang-Utans zu Gesicht bekommt. Die Ausläufer des Regenwalds erstrecken sich bis in die Innenstadt von Kuala Lumpur.

S. 416

Myanmar (Birma)

Kultur/ Geschichte
Flussreisen
Feste

Buddhistischer Glanz

In ganz Myanmar glänzen Stupas über den Hausdächern und erinnern an die buddhistische Seele des Landes. Ein Schwarm von Pilgern versammelt sich immer rund um die Shwedagon Paya in Yangon.

Wasserstraßen

Vom Ayeyarwady bis hin zu den ruhigen Nebengewässern des Inle-Sees locken Myanmars Wasserwege. Die zweitägige Fahrt von Mandalay nach Bagan bietet einen faszinierenden Einblick ins Leben der Gemeinden am Fluss.

Fest-Vergnügen

Myanmars große Feste – das Thingyan-Wasserfest und das Tazaungdaing, das Fest des Lichts – sind toll, doch auch das *nat pwe*, das animistische Geister versöhnlich stimmen soll, begeistert.

S. 523

Osttimor (Timor-Leste)

Kultur/ Geschichte
Outdoor-aktivitäten
Tauchen

Die Geschichte einer Nation

Osttimors Weg von einer Kolonie über eine Provinz Indonesiens bis zur Unabhängigkeit hat sich ins Nationalbewusstsein eingebrannt und spiegelt sich in den Kirchen und Schreinen sowie in Dilis Museen und Grabstätten wider.

Heilige Gipfel

Als spirituelle Stätten dienen im katholischen Osttimor die Berge. Auf dem Gipfel des heiligen Ramelau mit seinem spektakulären Blick auf den Sonnenaufgang steht z. B. eine Statue der Jungfrau Maria.

Unterwasserschätze

Osttimor wird von Touristen oft übersehen, wird aber wegen seiner Riffe an der Nordküste und vor der Insel Ataúro bei Tauchern immer beliebter.

S. 599

Philippinen

Kultur/ Geschichte
Outdoor-aktivitäten
Strände

Multikulti

Die Philippinen sind ein Mix aus Elementen jener Kulturen, die es einmal auf sie abgesehen hatten: Katholizismus und Mystizismus aus Spanien, den Sinn für Show und hübsches Bling-Bling aus den USA und als Grundlage eine komplexe native Stammeskultur.

Tektonische Schätze

Vulkane findet man überall auf den Philippinen. Auf ihre Gipfel zu wandern oder in den heißen Quellen zu ihren Füßen zu entspannen ist großartig.

Inselidylle

Die Philippinen bestehen aus über 700 Inseln. Es fällt nicht schwer, einen perfekten Strand zu finden – in der Regel kann man dort auch tauchen und mit dem Boot zu einsamen Inselchen hinausfahren.

S. 627

Singapur

Kultur/ Geschichte
Essen
Outdoor-aktivitäten

Weltgeschichte

In Singapur treffen prächtige Kolonialvillen auf traditionelle chinesische Shophouses, die auch als noble Boutiquen und Restaurants sowie als Nachtclubs dienen.

Fantastisches Schlemmen

In Singapur findet man Straßenstände, die mit einem Michelin-Stern ausgezeichnet wurden. In der Stadt bekommt man Essen serviert, das es mit den protzigsten Restaurants aufnehmen kann.

Überraschendes Grün

Wer genug von der Großstadt hat, sollte in den Dschungel gehen. Dschungel „light" bieten der botanische Garten und die Gardens by the Bay. Echten Dschungel sieht man im Bukit-Timah-Naturschutzgebiet oder in Singapurs Southern Ridges.

S. 700

Vietnam

Kultur/ Geschichte
Strände
Essen

Fusionsküche

In der vietnamesischen Küche finden sich Elemente aus China, Südostasien und dem kolonialen Frankreich. Wo sonst bekommt man Nudelsuppe mit Baguette und Filterkaffee serviert?

Erbe großer Reiche

China, Frankreich, die USA – viele haben versucht, Vietnam für sich zu beanspruchen, doch das Land hat sich als stolze, unabhängige Nation behauptet. Die kriegerische Vergangenheit spiegelt sich in den alten Bauwerken, kaiserlichen Palästen und Kriegsschauplätzen des 20. Jhs. wider.

Beeindruckende Küsten

Die Auswahl ist groß: Da gibt's das bebaute Nha Trang, Mui Ne mit seinen Dünen oder die Inseln Con Dao und Phu Quoc.

S. 891

Reiseziele in Südostasien

Brunei Darussalam

☎673 / 429 000 EW. / 5765 KM²

Inhalt

Gut essen

- Tamu Selera (S. 64)
- Pondok Sari Wangi (S. 65)
- Nasi Katok Corner (S. 65)

Schön übernachten

- Ulu Ulu Resort (S. 68)
- Brunei Hotel (S. 64)
- Sumbiling Eco Village (S. 68)

Redewendungen

Hallo Salam/Helo

Danke Terima kasih

Wieviel kostet das? Berapa harganya?

Auf nach Brunei Darussalam!

Das kleine Sultanat ist das letzte Überbleibsel einer Seemacht, die einst ganz Borneo und einen Teil der heutigen Philippinen beherrschte. In diesem ruhigen *darussalam* (arabisch für „Ort des Friedens") liegen die größten Ölfelder Südostasiens.

Schaut man unter die Oberfläche des ordentlichen und straff regierten Sultanats, entdeckt man die Herzlichkeit der Bewohner des Landes und die mit Sinn und Verstand geschützte natürliche Wildnis. Der Reichtum, der den Ölfeldern geschuldet ist, rettete die Regenwälder Bruneis davor, abgeholzt zu werden, um Ölpalmen zu pflanzen. Deshalb steht hier noch reichlich Primärwald, insbesondere im sattgrünen Ulu-Temburong-Nationalpark

In der am Fluss gelegenen Hauptstadt Bandar Seri Begawan (BSB) stehen prächtige Paläste und Moscheen im Kontrast zu unsolide wirkenden schwimmenden Dörfern. An die schlichteren Ausläufer der Stadt grenzen Wälder und Mangroven, in denen Nasenaffen, Nashornvögel und Krokodile leben.

Reisezeit

Bandar Seri Begawan

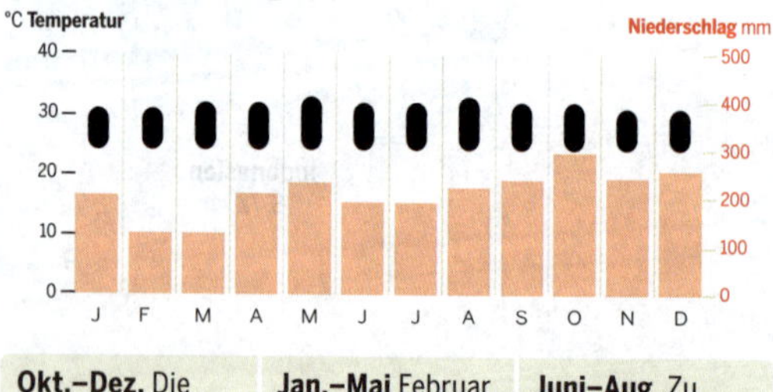

Okt.–Dez. Die regnerischsten und (leicht) kühleren Monate des Jahres.

Jan.–Mai Februar und März sind die trockensten Monate.

Juni–Aug. Zu dieser Zeit ist es glühend heiß. Der Geburtstag des Königs im Juli wird überall gefeiert.

Anreise

Täglich verkehren Busse zwischen BSB und Sabah (KK) sowie Sarawak (Miri). Es gibt Fährverbindungen zwischen Pulau Labuan und Brunei (Seras-Fährterminal, Muara).

REGIONEN IM ÜBERBLICK

Brunei Darussalams Hauptstadt Bandar Seri Begawan (BSB) ist verglichen mit anderen asiatischen Städten ruhig und eher verschlafen. Den Charme BSBs machen die freundlichen Bewohner, die malerischen Dörfer auf Stelzen im Wasser, unberührte Wildnis direkt vor der Tür und die bunten, kräftig riechenden Straßenmärkte mit Fisch und Meeresfrüchten aus.

Es zählt zu den Highlights in Brunei Darussalam, Zeit in den raschelnden, summenden und zirpenden Wäldern des Ulu-Temburong-Nationalparks zu verbringen. Das Abenteuer beginnt schon mit der Anreise: Nachdem man die von Palmen gesäumten Wasserwege auf einem Speedboot von BSB aus entlanggerast ist, geht's in einem *temuai* (schmales Iban-Langboot) flussaufwärts, wobei man hängenden Kletterpflanzen und Felsen unter Wasser ausweicht, tief in Borneos berühmten Regenwald hinein.

Essen & Trinken

Ambuyat Bruneis inoffizielles Nationalgericht ist ein klebriger, gelatineartiger Brei, der aus dem Mark der Sagopalme gemacht und in pikante Soßen getunkt wird.

Kueh Die grellbunten und extrem süßen Kuchen werden auf Märkten und an Straßenständen verkauft.

Ayam Penyet Eigentlich ein indonesischer Klassiker, aber sehr beliebt in Brunei: gebratenes und zart geklopftes Huhn mit Sambal.

Teh Tarik Tee und Kondensmilch werden aus beträchtlicher Höhe in eine Tasse geschüttet, ein sehenswertes Ritual.

Top-Tipps

- Angemessen kleiden mit lockerer Kleidung, die Schultern und Knie bedeckt. Shorts und Flip-Flops sollten nur am Strand getragen werden.
- Einen Schirm mitbringen oder kaufen, da es jederzeit zu regnen anfangen kann.
- Mit den Öffnungszeiten an Freitagen arrangieren – Restaurants schließen zwischen 12 und 14 Uhr.
- Vor Ort eine Prepaid-SIM-Karte für 15 B$ erwerben.
- Einen Universalstecker mitbringen.

AUF EINEN BLICK

Währung Brunei-Dollar (B$), Singapur-Dollar (S$)

Visa 14- bis 90-tägige Visa erhalten die meisten Besucher bei der Einreise kostenlos

Geld Geldautomaten findet man problemlos in Städten, außer im Temburong-Bezirk

Zeit MEZ + 7 Std., MESZ + 6 Std.

Polizei ☎993

Sprache Bahasa Malaysia, Englisch

Wechselkurse

Eurozone	1 €	1,60 B$
Malaysia	1 RM	0,34 B$
Schweiz	1 SFr	1,40 B$
Singapur	1 S$	1 B$
USA	1 US$	1,36 B$

Aktuelle Wechselkurse findet man unter www.xe.com.

Preise

Schlafsaalbett 10–50 B$

Streetfood 1–4 B$

Wassertaxi 1–2 B$ pro Fahrt

Museumseintritt frei

Infos im Internet

Lonely Planet (www.lonelyplanet.com/brunei-darussalam)

Brunei Tourism (www.bruneitourism.travel)

Borneo Guide (www.borneoguide.com)

Highlights

1 **Ulu-Temburong-Nationalpark** (S. 68) Hoch ins Blätterdach des Regenwaldes emporsteigen und sich in einem Dschungelfluss abkühlen.

2 **Bandar Seri Begawan** (S. 61) Eine Moschee, ein Museum, ein Einkaufszentrum oder die Restaurants erkunden.

3 **Sungai Brunei** (S. 62) Auf Tuchfühlung mit Nasenaffen gehen und vom Wasser aus Königspaläste bewundern.

4 **Kampong Ayer** (S. 61) Mit einem Wassertaxi zu diesem charmanten Dorf fahren und viel über die Geschichte und Kultur Bruneis erfahren.

5 **Ambuyat** (S. 65) Ganz neue Geschmacksrichtungen wagen und Bruneis eigenwilliges Nationalgericht probieren.

6 **Sumbiling Eco Village** (S. 68) Den Temburong-Distrikt kennenlernen.

7 **Tauchen** (S. 63) In den unberührten Wassern vor dem Serasa-Strand die Riffe und Schiffswracks erkunden.

8 **Empire Hotel & Country Club** (S. 64) Das extravagante Hotel bestaunen und sich Abkühlung im Pool verschaffen.

BANDAR SERI BEGAWAN

279 924 EW.

Städte, die mit den Gewinnen aus der Ölindustrie gebaut wurden, sind oft protzig, doch Bandar (so die gängige Abkürzung der Hauptstadt, oder, noch kürzer, BSB) ist mit Ausnahme des Palastes (der normalerweise nicht öffentlich zugänglich ist), einiger riesiger Moscheen und eines prächtigen Hotels vergleichsweise bescheiden. Der städtische Alltag dreht sich im Wesentlichen um die Einkaufszentren und Restaurants, ein Nachtleben gibt's praktisch nicht. BSB bietet ein paar Museen und das größte Wasserdorf der Welt, ein kleines Stück Tradition, das die Liebe der Bruneier zur Behaglichkeit und Nostalgie zum Ausdruck bringt.

Sehenswertes

Kampong Ayer DORF

Um die 30 000 Menschen leben in Kampong Ayer, einem schwimmenden Dorf, das aus 42 aneinandergrenzenden Stelzendörfern am Ufer des Sungai Brunei (Brunei-Fluss) besteht. Vor einem Jahrhundert lebte noch die Hälfte der Gesamtbevölkerung Bruneis hier, und bis heute ziehen viele Einheimische den Lebensstil auf dem Wasser vor. Kampong Ayer verfügt über eigene Schulen, Moscheen, Polizeiwachen und eine Feuerwehr. Um über den Fluss zu kommen, hält man einfach an einer beliebigen Stelle am Ufer, die Platz zum Anlegen bietet, ein Wassertaxi an (1 B$).

Kampong Ayer Cultural & Tourism Gallery GALERIE

(Südufer, Kampong Ayer; ⌚ Sa–Do 9–17, Fr 9–11.30 & 14.30–17 Uhr) GRATIS Eine gute Adresse, um mit der Besichtigung von Kampong Ayer (s. oben) zu beginnen und Bruneis Kultur aus der Zeit vor dem Erdöl kennenzulernen, ist die Kultur- & Tourismusgalerie direkt gegenüber vom Sungai Kianggeh (dem Fluss am Ostrand des Stadtzentrums) am südlichen Ufer des Sungai Brunei. Der Komplex am Wasser wurde 2009 eröffnet. Der Fokus liegt auf Exponaten zu Geschichte, Lebensweise und Kunsthandwerk der Bewohner von Kampong Ayer. Der quadratische **Aussichtsturm** mit Glaswänden bietet einen Panoramablick auf die Szenerie unterhalb.

Altes Zollhaus HISTORISCHES GEBÄUDE

(Jln McArthur; ⌚ Sa–Do 9–16.30, Fr 9–11.30 & 14.30–16.30 Uhr) Das 1950 fertiggestellte Gebäude am Hafen beherbergt heute die Kunstgalerie Galleri Seni mit Wechselausstellungen moderner Kunst und die Touristeninformation (S. 71).

Omar-Ali-Saifuddien-Moschee MOSCHEE

(Jln Stoney; ⌚ Besichtigung 8.30–12, Sa–Mi 13.30–15 & 16.30–17.30, Do & Fr geschl., Außenanlage tgl. 8–20.30 Uhr, außer zu den Gebetszeiten) GRATIS Die 1958 errichtete Moschee Masjid Omar Ali Saifuddien ist nach dem 28. Sultan von Brunei, dem verstorbenen Vater des derzeitigen Sultans, benannt und von einem Wasserbecken umgeben, in dem sich das Bauwerk spiegelt. Der Innenraum ist – typisch Brunei – opulent gestaltet: Türen und Wände bestehen aus feinstem italienischem Marmor, die Kronleuchter wurden in England gefertigt und die luxuriösen Teppiche aus Saudi-Arabien eingeflogen. Die Hauptkuppel ziert ein Glasmosaik mit 3,5 Mio. Teilen auf echtem Blattgold.

Museum der Kroninsignien MUSEUM

(Jln Sultan; ⌚ So–Do 9–17, Fr 9–11.30 & 14.30–17, Sa 9.45–17, letzter Einlass um 16.30 Uhr) GRATIS Was kann man einem Mann wie dem Sultan von Brunei schenken, der schon alles hat? In diesem unterhaltsamen Museum wird geklärt, wie Staatsoberhäupter dieses Problem gelöst haben. Ein kleiner Tipp: Gold und Juwelen gehen immer! Familienfotos und Hinweistexte vermitteln einen guten Eindruck vom Leben des Sultans, dessen Konterfei auf zig verschiedene Weisen dargestellt ist, u. a. als Hologramm.

Maritimes Museum Brunei Darussalam MUSEUM

(Muzium Maritim; Simpang 482, Jln Kota Batu; ⌚ So–Do 9–17, Fr 9–11.30 & 14.30–17, Sa 9.45–17 Uhr, Einlass bis 30 Min. vor Schließung; P; 🚌 39) GRATIS Ein glänzendes Gebäude, das sowohl von der Form als auch von der Größe her an ein Schiff erinnert, beherbergt dieses Museum (eröffnet 2015) in Kota Batu, 5 km östlich des Stadtzentrums (Buslinie 39 nehmen). Hier ist eine Auswahl der mehr als 13 000 Gegenstände zu sehen, die aus einem Schiffswrack geborgen wurden; das Boot hatten Taucher 1997 entdeckt. Es soll Ende des 15. oder Anfang des 16. Jhs. von China in See gestochen und dann vor Brunei in einen Sturm geraten und auf Grund gelaufen sein.

Brunei Museum MUSEUM

(Jln Kota Batu; ⌚ Sa–Do 9–17, Fr 9–11.30 & 14.30–17 Uhr, letzter Einlass 30 Min. vor Schließung; P; 🚌 39) GRATIS Das Nationalmuseum von Brunei mit der Galerie für islamische Kunst, Exponaten zu Bruneis Rolle in der südostasiatischen Geschichte seit der Ankunft der

Schlafen

Budgetunterkünfte sind rar gesät. Oft bieten teurere Quartiere Online-Ermäßigungen an. Homestays in Dörfern werden von Borneo Guide organisiert.

Youth Hostel HOSTEL $

(Pusat Belia; ☎899 8852, 887 3066; Jln Sungai Kianggeh; B 10 B$;) Beliebt bei Backpackern, obwohl Pärchen hier nicht in einem Zimmer übernachten dürfen. Zur Verfügung stehen 13 Vierbettzimmer für Männer und zwei Vierbettzimmer sowie zwei Zehnbettzimmer für Frauen. Sie sind mit funktionellen Möbeln eingerichtet und haben passable Bäder. Die Schlafsäle liegen am südlichen Ende des Jugendzentrums.

Man erreicht die Jugendherberge von der Jln Sungai Kianggeh im Zentrum aus: am Kafe Belia rechts abbiegen. Wenn das Tor verschlossen ist, kommt man über die Jln Kampung Berangah hinein. Die Rezeption sollte montags bis donnerstags und samstags eigentlich von 8 bis 12 und von 14 bis 16 Uhr und freitags von 8 bis 11.30 und von 14.30 bis 16 Uhr besetzt sein (ist sie aber nicht immer). Ist das Büro verschlossen, wartet man ab, bis (schließlich) jemand kommt. Oft steigen Regierungsgäste oder Schulgruppen hier ab, daher vorher telefonisch nach der Verfügbarkeit erkundigen.

VERWÖHNPROGRAMM

Die Ausstattung und die Proportionen des **Empire Hotel & Country Club** (☎241 8888; www.theempirehotel.com; Lebuhraya Muara-Tutong, Jerudong; DZ 250–300 B$, Suite ab 980 B$, Villen ab 2200 B$;) mit 522 Zimmern erinnern an die Pharaonen! Prinz Jefri ließ es für 1,1 Mrd. US$ als Unterkunft für Gäste der Königsfamilie errichten, es wurde aber schon bald in ein Luxusresort umgewandelt. Ein Besuch lohnt sich schon allein, um die extravagante Lobby zu bestaunen. Die Nutzung des Schwimmbadkomplexes am Ufer kostet 25 B$. Darüber hinaus verfügt die Anlage über ein Kino (☎261 0001; www.timescineplex.com; Erw. 4–8 B$, Kind 3–8 B$; 11–2 Uhr) mit drei Leinwänden.

Das Hotel liegt 26 km nordwestlich von Bandars Zentrum. Man kann dort in Bus 57 (1 B$) steigen oder sich ein Taxi nehmen (einfache Fahrt 35 B$).

Ein Besuch des angrenzenden Schwimmbads kostet 1 B$.

KH Soon Resthouse PENSION $

(☎222 2052; http://khsoon-resthouse.tripod.com; 2. OG, 140 Jln Pemancha; B 18 B$, EZ/DZ 30/50 B$;) Die schlichte Pension ist eine der wenigen Budgetunterkünfte in zentraler Lage. Die Zimmer sind groß, aber spartanisch eingerichtet. Die Zimmer auf der Etage der Rezeption sind renoviert (und haben entweder Gemeinschaftsbäder oder eigene Bäder) und deutlich besser als die alten Zimmer im Obergeschoss, wo die eigenen Bäder hinter niedrigen Abtrennungen oder gemeinschaftlich genutzten Hockklosetts liegen.

★ **Capital Residence Suites** HOTEL $$

(☎222 0067; www.capitalresidencesuites.com; Simpang 2, Kampong Berangan; DZ/Suite inkl. Frühstück 80/180–280 B$;) Gutes Preis-Leistungs-Verhältnis in einer eher uninspirierten Aufmachung. Doch das machen das freundliche, hilfsbereite Personal und ein kostenloser Shuttle-Service (9–21 Uhr) wieder wett. Letzterer kutschiert die Gäste quer durch die Stadt und zu den Stränden und Attraktionen weiter außerhalb. Die geräumigen Suiten sind wie kleine Apartments inklusive Sofas, Küche und Waschmaschine gestaltet. Die Standardzimmer mit winzigen Bädern sind zwar komfortabel eingerichtet, aber ein wenig beengt.

★ **Brunei Hotel** HOTEL $$

(☎224 4828; www.thebruneihotel.com; 95 Jln Pemancha; Zi./Suite inkl. Frühstück 140–175/240–320 B$;) Ein schickes, geradezu hippes Hotel mit klaren Linien, monochromer Farbgebung, geometrischen Mustern und einem insgesamt modernen Stil – ziemlich unerwartet in einem Sultanat wie Brunei. Zum Deal gehört ein ordentliches Frühstücksbüfett, das im Choices Café unten serviert wird.

Essen

Im Stadtzentrum findet man Restaurants am Hafen und an der Jln Sultan (südlich der Jln Pemancha). Die großen Einkaufszentren, auch die in Gadong, haben Food Courts und Restaurants.

★ **Tamu Selera** STREETFOOD $

(Ecke Jln Tasek Lama & Jln Stoney; Hauptgerichte 2–7 B$; 17–0 Uhr) Ein lebendiger Markt in einem schattigen Park mit Essensständen unter farbenfrohen Zeltplanen. Ventilatoren wirbeln unter der Decke. Das Essen – Ge-

EINREISE NACH MALAYSIA

Von BSB nach Miri

Zur Grenze Zwei Busse pro Tag verbinden BSB mit Miri (20 B$ ab BSB, 50 RM ab Miri, 3½ Std.). Tickets werden an Bord verkauft.

An der Grenze Bei der Einreise nach Malaysia erhalten die meisten Besucher ein Visum für 30 oder 60 Tage.

Weiterreise Der Bus hält am Busbahnhof Pujut in Miri, mit dem Taxi sind es von dort 4 km zum Stadtzentrum.

Von BSB nach Pulau Labuan & Kota Kinabalu

Zur Grenze Am einfachsten kommt man auf dem Seeweg nach Sabah und vermeidet dabei Probleme und Verzögerungen an Landgrenzen. Täglich legen fünf Fähren (Erw./Kind/Auto 17/10/58 B$, 1½ Std.) am Serasa-Fährterminal in Muara ca. 25 km nordöstlich von BSB nach Pulau Labuan ab. Täglich um 8 Uhr startet ein Bus nach Kota Kinabalu (45 B$, 8–9 Std.) über Limbang, Bangar, Lawas und verschiedene Städte in Sabah, der an acht Grenzübergängen mit Passkontrolle hält.

An der Grenze Bei der Einreise erhalten die meisten Besucher ein Visum für 30 oder 60 Tage.

Weiterreise Von Pulau Labuan machen sich täglich zwei Fähren auf den Weg nach Kota Kinabalu (40 RM, 3 Std.).

Weitere Details siehe S. 71. Infos zur Grenzüberquerung in die Gegenrichtung siehe S. 509.

richte aus Malaysia und Indonesien wie frische Meeresfrüchte, Satay-Spieße, gebratenes Huhn, vor allem *ayam penyet*, gebratenes indonesisches Hühnchen mit Sambal, *ambuyat*, Reis und Nudeln – ist günstig. Außerdem gibt's kalte Getränke. Der Tamu Selera liegt 1 km nördlich des Ufers.

★ Nasi Katok Corner BRUNEIISCH $
(Seri Mama Express; Ecke Jln Sultan & Jln Cator; nasi katok 1 B$; ⌚ rund um die Uhr) Abends stehen die Einheimischen vor dem winzigen Laden Schlange für günstige kleine Portionen *nasi katok* – Reis und Fleisch (oder Tofu) mit Sambal. Reis, Sambal und gebratene Fleischstückchen (oder Fischbällchen oder Tofu) werden in einem Papiertütchen über den Tresen gereicht, man bezahlt und geht.

Tamu Kianggeh STREETFOOD $
(Kianggeh-Markt; Jln Sungai Kianggeh; Hauptgerichte ab 1 B$; ⌚ 5–17 Uhr) An den hiesigen Straßenständen gibt's das günstigste Essen in ganz Brunei, z. B. *nasi katok* (Reis, ein Stück Huhn – gebraten oder als Curry – und Sambal; 1 B$) und *nasi lemak* (1 B$). Manche Stände schließen bereits um 16 Uhr.

★ Pondok Sari Wangi INDONESISCH $
(☎ 244 5403; Block A, No 12-13, Abdul Razak Complex, Jln Gadong; Hauptgerichte 5–6,50 B$; ⌚ 10–22 Uhr; ❄) Das Pondok Sari Wangi in Gadong ist in Bandar äußerst beliebt. Auf der langen Speisekarte stehen u. a. zahlreiche leckere Nudel- und Reisspeisen, Pfannengerichte und Currys. *Nasi ayam bakar sari wang*, gegrilltes Hühnchen mit Reis, ist eine der Spezialitäten des Hauses. Das Restaurant liegt in einem separaten Block nördlich der Mall.

Aminah Arif BRUNEIISCH $$
(☎ 223 6198; Unit 2–3, Block B, Rahman-Gebäude, Simpang 88, Kiulap; Hauptgerichte 5–28 B$, Menüs für 2 Pers. ab 22 B$; ⌚ 7–22 Uhr; ❄ ✍) Aminah Arif ist das Synonym zu *ambuyat*, das Nationalgericht Bruneis. Wem der Sinn nach einer großzügigen Portion weißem, glibberigem Brei steht, dem sei dieser Laden empfohlen. Dazu passt eisgekühlter *kasturi ping* (Limettensaft). In der Stadt gibt's fünf Filialen von Aminah Arif; diese hier in Kiulap ca. 3 km nordwestlich des Hafengebiets ist die zentralste.

Ausgehen & Nachtleben

Der Verkauf und öffentliche Konsum von Alkohol ist verboten und ein Nachtleben gibt's praktisch nicht. Die Einheimischen sind Fans des Softdrinks *air batu campur* (Eismischung), das meist unter dem Namen ABC verkauft wird. Es enthält Eis, kleine grüne Nudeln, Grasgelee, Sagoperlen und rote Bohnen.

Piccolo Café CAFÉ
(☎224 1558; Lot 11, Jln McArthur; Kaffee 3–4,50 RM, Sandwiches 3,50–6,90 RM; ⌚ Mo–Mi 7.30–23, Do–Sa 7.30–1, So 9.30–23 Uhr; 📶) In diesem Café bekommt man Latte Macchiato mit Lavendel (ein Original, wenn auch nicht wahnsinnig lecker) und konventionellere Kaffeegetränke, Tees und Smoothies sowie eine große Auswahl an Sandwiches, Wraps, Waffeln und Kuchen. Extrem lecker ist die Schokoladentorte mit Meersalz (3,20 B$).

Another CAFÉ
(☎222 3012; G8, EG, Wisma Jaya, Jln Pemancha; Kaffee 4,50–6 B$, Kuchen 5 B$; ⌚ Mo–Sa 7–19 Uhr; 📶) Geriffelte Metallwände, glänzende Betonböden und ein hölzerner Tresen verleihen dem kleinen urbanen Café einen gewissen Industriechic. Kaffeeliebhaber (selbst die überkritischen) sind hingerissen von den Kaffeespezialitäten des Hauses, und dazu gibt's eine verführerische Auswahl an Gebäck, Kuchen (Schokoladenkuchen und niederländischer Apfelkuchen) sowie leckere Sandwiches.

Shoppen

The Mall EINKAUFSZENTRUM
(Gadong; ⌚10–22 Uhr) Das viel gepriesene Einkaufszentrum ist schick und das Deckengemälde eines Flugzeugs der Luftlinie Royal Brunei verleiht ihm eine interessante Note. Vor Ort findet man sowohl regionale als auch internationale Outlets, einen praktischen Supermarkt, einen günstigen Food Court und Bruneis beliebtestes **Kino mit acht Sälen** (☎242 2455; www.themallcineplex.com; 3. OG, The Mall, Gadong; Erw. 4–10 B$, Kind 3–6 B$; ⌚11–0 Uhr).

Hua Ho Department Store KAUFHAUS
(Yayasan Complex, Jln McArthur; ⌚10–22 Uhr) Ein viergeschossiges Kaufhaus inklusive einem großen Supermarkt im Untergeschoss.

Praktische Informationen

Im Zentrum gibt's Banken und internationale Geldautomaten, vor allem an den Straßen Jalan McArthur und Jalan Sultan. Weitere Geldautomaten findet man am Flughafen.

Brunei Tourism (☎220 0874; www.bruneitourism.travel; Kampong Ayer Cultural & Tourism Gallery; ⌚Mo–Do & Sa 9–12.15 & 13.30–16.30, Fr 9–11.30 & 14–16.30 Uhr) Kostenlose Karten, Broschüren und Infos zu Brunei. Auch die Website ist sehr hilfreich für Touristen.

Hauptpostamt (Ecke Jln Sultan & Jln Elizabeth Dua; ⌚ Mo–Do & Sa 8–16.30, Fr 8–11 & 14–16 Uhr) In der Stamp Gallery (Briefmarkengalerie) sind einige historische Ersttagsstempel und Vergrößerungen von Briefmarken aus der Kolonialzeit zu sehen.

Isman Money Changer (Shop G14, EG, Block B, Yayasan Complex, Jln Pretty; ⌚10–20 Uhr) Die Wechselstube neben dem zentralen Atrium tauscht die wichtigsten Währungen.

Paul & Elizabeth Cyber Cafe (G7, EG, Teck Guan Plaza, 56-60 Jln Sultan; pro Std. 1,50 B$; ⌚8.30–20.30 Uhr) Altmodisches Internetcafé mit guter Verbindung.

RIPAS Hospital (☎224 2424; www.moh.gov.bn; Jln Putera Al-Muhtadee Billah; ⌚ rund um die Uhr) Bruneis Hauptkrankenhaus ist modern ausgestattet und die Oberärzte wurden größtenteils im Westen ausgebildet. Es liegt 2 km westlich der Stadt (die Edinburgh Bridge überqueren).

Touristeninformation (Pusat Maklumat Pelacong; www.tourismbrunei.com; Altes Zollhaus, Jln McArthur; ⌚ Sa–Do 9–16.30, Fr 9–11.30 & 14.30–16.30 Uhr) Kostenlose Karten, Vorschläge zu Stadtspaziergängen und eine Liste von Unterkünften sowie Informationen zu Bussen und Fähren.

Unterwegs vor Ort

AUTO

Mit einem Mietwagen lässt sich das Hinterland gut erkunden. Die Preise beginnen bei rund 85 B$ pro Tag. Wenn man mit dem Auto nach Sarawak fährt, wird eventuell ein Aufpreis fällig. Fast alle Anbieter bringen das Fahrzeug zum Hotel und holen es dort auch wieder ab. Auch Fahrer können organisiert werden, doch diese kosten pro Tag rund 100 B$.

Avis (☎222 7100; www.avis.com; Radisson Hotel, Jln Tasek Lama 2203; ⌚ Mo–Do 8–12 & 13.30–17, Fr 8–12 & 14–17, Sa 8–12 & 13.30–16, So 9–12 & 13.30–15 Uhr) Verfügt über ein weiteres Büro am **Flughafen** (☎233 3298; Ankunftshalle, Internationaler Flughafen Brunei; ⌚8.30–17.30 Uhr).

Hertz (☎Flughafen 872 6000; www.hertz.com; Ankunftshalle, Internationaler Flughafen Brunei; ⌚8–17 Uhr) Die internationale Autovermietung hat einen Schalter am Flughafen von Brunei.

BUS

Bruneis eingeschränktes öffentliches Busnetz wird von einer Vielzahl von Unternehmen betrieben und ist für Besucher schwer verständlich. Es ist also nicht ganz einfach, sich mit öffentlichen Verkehrsmitteln fortzubewegen. Busse (1 B$) fahren täglich von etwa 6.30 bis etwa 18 Uhr, danach kann man nur noch ein Taxi nehmen oder zu Fuß gehen. Verlässt man die Stadt mit dem Bus und muss auf gleichem Weg zurückfahren, erkundigt man sich beim Fahrer, ob er zurückfährt und um wie viel Uhr der letzte Bus zurück in die Stadt fährt.

Die Haltestellen sind nicht immer leicht zu finden. Einige erkennt man an den schwarz-weißen Pfosten oder an einem Unterstand, andere anhand eines auf die Straße gemalten gelben Dreiecks. Manche sind aber auch gar nicht an einem Symbol zu identifizieren. Zum Glück sind alle 20er- bzw. 40er-Passagierbusse gut sichtbar ausgeschildert.

Der Busbahnhof hat kein Informationsbüro und keinen Ticketschalter, man findet allerdings eine schematische Karte. Diese ist zwar schwer zu entziffern, erklärt aber, welche Busse (die Routen sind nummeriert) zu welchem Fahrtziel fahren. Am besten informiert man sich im Hotel über die Transportmöglichkeiten.

TAXI

Taxis sind ein praktisches Verkehrsmittel, um Brunei zu erkunden – wenn man denn eines findet, denn im ganzen Land gibt's insgesamt etwa 50. Es gibt keine Taxizentrale und es ist schwierig bis unmöglich, spontan einen Wagen auf der Straße heranzuwinken. An den Hotelrezeptionen erhält man die Mobilfunknummern von Fahrern. Fast alle Autos haben gelbe Schilder; ein paar, die zum Flughafen fahren, sind komplett weiß.

Der einzige offizielle **Taxistand** (Jln Cator) der Stadt befindet sich zwei Blocks nördlich des Ufers am Busbahnhof auf der Jalan Cator. Manche Taxifahrer benutzen zwar Taxameter, vielfach versuchen sie jedoch, vorab einen festen Preis mit ihren Fahrgästen auszumachen. Nach 22 Uhr muss man 50 % Aufschlag zahlen, für eine Wartezeit von einer Stunde werden 30 bis 35 B$ in Rechnung gestellt. Typischerweise kostet eine Fahrt vom Stadtzentrum zum Brunei-Museum 25 B$, nach Gadong 15 B$, zum Flughafen 20–25 B$, zum Serasa-Fährterminal in Muara 40 B$, zum Empire Hotel & Country Club 35 B$ und zum Vergnügungspark Jerudong Park 35 B$.

VOM/ZUM FLUGHAFEN

Vom Flughafen, rund 8 km nördlich von BSBs Innenstadt, fahren die Busse 23, 36 und 38 (1 B$) bis etwa 17.30 Uhr ins Zentrum, u. a. zum Busbahnhof an der Jalan Cator.

WASSERTAXI

Liegt das Fahrtziel dicht beim Wasser, sind Wassertaxis – dieselben kleinen Motorboote, die Passagiere von und nach Kampung Ayer schippern – das perfekt geeignete Verkehrsmittel. Man kann sie überall am Ufer in BSB finden, wo die Boote eine Möglichkeit zum Anlegen haben, sowie am an Venedig erinnernden Sungai Kianggeh. Direkte Überfahrten sollten 1 B$ pro Person kosten, diagonale Strecken sind etwas teurer.

TEMBURONG-BEZIRK

10 500 EW.

Bruneis 1288 km² großer Temburong-Bezirk ist durch die Limbang Division im Bundesstaat Sawarak physisch vom Rest des Landes abgetrennt. Dafür befindet sich hier der vielleicht unberührteste Primärwald von ganz Borneo. Hauptattraktion des Gebietes ist der fantastische und atemberaubende Ulu-Temburong-Nationalpark.

Bangar

4000 EW.

Bangar liegt an den Ufern des Sungai Temburong und ist das Tor zum Temburong-Bezirk und dessen Verwaltungszentrum. Die Stadt lässt sich problemlos im Rahmen eines Tagesausflugs von BSB aus besuchen, wenn man ein frühes Schnellboot nimmt. Die meisten Besucher kommen jedoch hierher, um den Regenwald flussaufwärts zu erkunden.

Schlafen & Essen

Youth Hostel HOSTEL $
(Pusat Belia; ☎ 522 1694; Jln Bangar Puni-Ujong, Bangar; B 10 B$; ⏲ Rezeption 7.30–16.30 Uhr, Fr & Sa geschl.; ❄) Dieses einfache Hostel mit der orangen Fassade liegt von Bangars Fährterminal aus ca. 50 m die Straße hinunter (unter der Straßenbrücke hindurch). Die Sechs-Bett-Schlafsäle sind nach Geschlechtern getrennt, sauber und klimatisiert. Die Rezeption ist im Obergeschoss.

Stoneville Hotel HOTEL $$
(☎ 522 2252; stonevillehotel@yahoo.com; 1532 Kampong Sungai Tanam; Zi. ab 78 B$; ❄ 📶) Bangars erstes (und einziges) Hotel ist ein modernes, schlichtes Quartier mit einfachen, sauberen und gemütlichen Zimmern mit Kabelfernsehen. Das Restaurant in der Lobby öffnet jeweils zum Frühstück, Mittag- und Abendessen. Die Unterkunft liegt an der Straße, die parallel zum Westufer des Flusses verläuft, ca. 500 m nordwestlich des Fähranlegers.

RR Max Cafe MALAIISCH $
(Bangar; Hauptgerichte 1–3 B$; ⏲ 7.30–20 Uhr) In dem Café nördlich der Anlegestelle werden günstige Mahlzeiten wie *nasi katok* (1 B$) und Sandwiches mit Ei (1,80 B$) oder Thunfisch (2,50 B$) sowie frischer Fruchtsaft (3,50 B$) serviert. Die Besitzer geben Reisenden gerne hilfreiche Tipps.

Praktische Informationen

3 in 1 Services (Shop A1-3, 1. OG, Kompleks Utami Bumiputera; pro Std. 1 B$; ⌚8–17.30 Uhr, So geschl.) Das Internetcafé liegt im 1. Stock des Kompleks-Utami-Bumiputera-Gebäudes.

Bank Islam Brunei Darussalam (⌚ Mo–Do 8.45–15.45, Fr 8.45–11 & 14.30–16, Sa 8.45–11.15 Uhr) Am Westufer des Flusses 150 m nördlich der Brücke gelegen. An den zwei Geldautomaten der einzigen Bank im Ort kann man mit ausländischen Karten Geld ziehen. Wer kein Konto bei der Bank hat, kann kein Geld wechseln.

Chop Hock Guan Minimarket (⌚8–20 Uhr) Wechselt malaysische Ringgits in Brunei-Dollars. In der zweiten Ladenreihe nordwestlich des Fährterminals.

An- & Weiterreise

Das mit Abstand schnellste Verkehrsmittel nach und von BSB ist die Schnellfähre (7 B$, 45 Min., stündl. von 6.15–mindestens 17 Uhr). Bangars Fährterminal, das Terminal Perahu Dan Penumpang, liegt am Westufer des Flusses unmittelbar südlich der Straßenbrücke.

Die Boote starten nach Fahrplan; wenn sie voll sind, geht's schon früher los. An den Ticketschaltern erkundigen, welches Boot von welcher Reederei als Nächstes ablegt, dann bezahlen und sich mit Namen und Ausweisnummer in die Passagierliste eintragen.

Busse von **Jesselton** (☎719 3835, 717 7755, in BSB 718 3838) sammeln am frühen Nachmittag Passagiere auf dem Weg nach Limbang und BSB (10 B$, 2 Std.) ein. Der Bus nach KK (25 B$, 6 Std.) über Lawas (10 B$, 3 Std.) fährt gegen 10 Uhr durch den Ort (kann aber bis zu einer Stunde später kommen). Die Busse halten an der Jalan Labu auf der anderen Seite der Brücke am Westufer des Flusses neben dem Obst- und Gemüsemarkt.

VERWÖHNPROGRAMM

Die einzige Unterkunft im Ulu-Temburong-Nationalpark ist das **Ulu Ulu Resort** (☎244 1791; www.uluuluresort.com; Ulu-Temburong-Nationalpark; 2-tägiger Aufenthalt mit einer Übernachtung pro Pers. inkl. Mahlzeit Standard/Superior/Deluxe ab 275/360/395 B$; ❄), eine noble Lodge komplett aus Hartholz am Fluss. Manche Unterkünfte wurden nach dem Vorbild malaysischer Chalets aus den 1920er-Jahren gestaltet. Die Standardzimmer sind im Schlafsaal-Stil gehalten und haben Gemeinschaftsbäder. Im Preis inbegriffen sind Abholung aus Bangar, Mahlzeiten und Aktivitäten.

Auf Wunsch wird man um 4.30 Uhr geweckt, damit man sich den Sonnenaufgang vom Baumkronenpfad aus ansehen kann – ein unvergessliches Erlebnis.

Ulu-Temburong-Nationalpark

Der Ulu-Temburong-Nationalpark, absolutes Highlight eines Brunei-Aufenthalts, liegt im Herzen eines 500 km² großen Gebiets mit gänzlich unberührtem Regenwald, der einen Großteil des südlichen Temburong bedeckt. Es ist wirklich erstaunlich, dass in einem so kleinen Land wie Brunei eine derart große Fläche ungezähmter Wildnis liegt. Nur etwa 1 km² ist für Touristen zugänglich, und dies nur im Rahmen eines geführten Tourenpakets. Denn um das Schutzgebiet auch für zukünftige Generationen zu erhalten, darf das restliche Areal lediglich von Forschern aus aller Welt betreten werden. Für Touristen erlaubt sind ein Baumwipfelrundgang, kurze Dschungelspaziergänge und das Baden im kalten Bergwasser des Sungai Temburong.

Geführte Touren

Traveller können den Park ausschließlich im Rahmen einer geführten Tour besuchen; mehrere in BSB ansässige Veranstalter (S. 63) organisieren Ausflüge, Touren oder entsprechende Guides.

Schlafen

★ **Sumbiling Eco Village** HÜTTE $$

(☎718 7138, 242 6923; www.borneoguide.com/ecovillage; Kampong Sumbiling Lama, Jln Batang Duri; Tagestrips pro Pers. ab 105 US$, 2-tägige Wanderungen mit einer Übernachtung, Mahlzeiten und geführten Touren ab 138 US$) Zufällig auf der Suche nach Bruneis Version eines Dschungelcamps mit einfacher Ausstattung und gechillter Atmosphäre, die dazu einlädt, in einen extrem entspannten Zen-Zustand zu verfallen? Dann ist das Öko-Dorf Sumbiling genau die richtige Wahl. Diese umweltfreundliche, rustikale Unterkunft hat eine wunderschöne Lage am Fluss. Geschlafen wird in Bambushütten oder Zelten inklusive Betten, Moskitonetzen und Ventilatoren und man wird außerdem mit leckeren Iban-Gerichten bekocht.

BRUNEI DARUSSALAM VERSTEHEN

Brunei Darussalam aktuell

2014 sorgte die Umsetzung der ersten Stufe eines Drei-Phasen-Plans zur Einführung der Scharia in Brunei für internationale Schlagzeilen, doch eigentlich hat sich das Leben in dem ruhigen, gesetzestreuen Sultanat dadurch kaum verändert. Das neue Strafgesetz gilt auch für Nichtmuslime.

Bruneis Reichtum an Öl und Erdgas ermöglicht seinen Bürgen einen der höchsten Lebensstandards Asiens. Das Bruttoinlandsprodukt pro Kopf liegt bei beachtlichen 71000 US$, die Alphabetisierungsrate bei 96 %, die durchschnittliche Lebenserwartung beträgt 79 Jahre und die staatlichen Sozialleistungen sind großzügig: Das Gesundheits- und Bildungssystem sind kostenlos, Kredite sind preiswert und Wohnraum wird subventioniert. Angesichts dieses Wohlstands ist es wenig verwunderlich, dass die Bruneier lieber nicht darüber nachdenken, was passieren wird, wenn die Ölquellen versiegen (aktuellen Berichten zufolge wird dies bereits in etwa 20 Jahren der Fall sein, wenn die geförderten Ölmengen gleich bleiben).

Geschichte

Erstmals schriftlich erwähnt wird Brunei in Dokumenten, die Chinas Handelsverbindungen mit „Pu-ni" betreffen. Diese stammen aus dem 6. Jh. n. Chr. Bevor die Region um 1400 islamisch wurde, lag Brunei innerhalb der Grenzen des Srivijaya-Reichs auf Sumatra, später gehörte es zum Majapahit-Reich von Java. Im späten 15. und frühen 16. Jh., dem Goldenen Zeitalter des Sultans Bolkiah (des fünften Sultans), wurde es zu einer regionalen Großmacht. Es herrschte als Seemacht sowohl über ganz Borneo als auch über die Philippinen.

Im 16. Jh. kamen Spanier und Portugiesen in die Region. Sie starteten mehrere Angriffe gegen das Sultanat, auf lange Sicht erwies sich jedoch die Störung des traditionellen Handels durch die Europäer als schädlicher. Mitte und Ende des 19. Jhs. ebneten interne Konflikte und die Strategien des ersten Weißen Radschas von Sarawak, eines britischen Abenteurers namens James Brooke, den Weg für eine Reihe von Verträgen, die dem Sultanat Land und Macht nahmen. Um nicht in der Bedeutungslosigkeit zu verschwinden, wurde Brunei 1888 britisches Protektorat. Zwei Jahre später, als auch Limban an Sarawak verloren ging, zerbrach das Sultanat dennoch in zwei Hälften.

1929 entdeckte man hier Erdöl. So wurde aus dem winzigen Staat quasi über Nacht eine ökonomische Großmacht. Der Vater des gegenwärtigen Herrschers, Sultan Omar Saifuddien, hielt sein Land von der malaiischen Konföderation sowie von Malaysia fern und sorgte dafür, dass es britisches Protektorat blieb, damit die Ölgewinne der Heimat zugutekamen.

Im Jahre 1967 dankte Saifuddien ab und überließ den Thron seinem allseits beliebten Sohn und Erben Sultan Hassanal Bolkiah. Widerstrebend führte dieser 1984 das streng regierte Land in die Unabhängigkeit von den Briten. Später folgte das Sultanat einer nationalen Ideologie namens Melayu Islam Beraja (MIB, Malaiische Islamische Monarchie). Sie betont besonders die malaiische Kultur, den Islam (die offizielle Religion) sowie die Legitimität des Sultans.

Menschen & Kultur

Menschen malaiischen Ursprungs stellen drei Viertel der 429000 Einwohner des Sultanats, Einwohner chinesischer Herkunft rund 10 % und Iban, Kelabit sowie andere Dayak-Stämme ungefähr 3,4 %. Den Rest machen Gastarbeiter aus. Der Islam ist Staatsreligion.

Traditionelle Handwerkskunst ist inzwischen leider so gut wie verschwunden. In seiner Blütezeit war Brunei in ganz Borneo und darüber hinaus für seine Messingarbeiten (Kessel, Betel-Schalen und die berühmten zeremoniellen Kanonen) berühmt. Zu festlichen Anlässen trägt man nach wie vor *jong-sarat*-Sarongs, die unter Verwendung von Goldfäden handgewebt werden.

PRAKTISCHE INFORMATION

Allgemeine Informationen

BOTSCHAFTEN & KONSULATE

Deutsche Botschaft (☎ 222 5547; www.bandar-seri-begawan.diplo.de; Unit 2.01, 2. OG, Block A, Yayasan-Komplex, Jln Pretty; ⏲ Mo–Do 8.15–12.30 & 13.15–16.30, Fr 8.15–12.15 & 13–15 Uhr)

Malaysische Botschaft (☎238 1095-7; www.kln.gov.my/web/brn_begawan; No 61, Simpang 336, Jln Kebangsaan; ⏰ Mo–Fr 9–12 & 15–16 Uhr).

Hochkommissariat von Singapur (☎226 2741; www.mfa.gov.sg/brunei; No 8, Simpang 74, Jln Subok; ⏰ Mo–Fr 9–12 & 13.30–16 Uhr)

Österreichische Botschaft (für Brunei Darussalam & Malaysia ☎0060 3 203 00400; www.aussenministerium.at/kualalumpur; Suite 10.1-2, Level 10, Wisma Goldhill, 67, Jalan Raja Chulan, 50200 Kuala Lumpur; ⏰ Mo–Fr 9–12 Uhr)

Schweizer Konsulat (☎223 29 45223 6601; www.eda.admin.ch/singapore; 6 OG, Bangunan Haji Ahmad, Laksamana Othman, 38–39 Jln Sultan)

FEIERTAGE

Die Daten der offiziellen muslimischen Feiertage richten sich nach dem Mondkalender und weichen entsprechend vom gregorianischen (westlichen) Kalender ab. Sie verschieben sich jedes Jahr um 11 oder 12 Tage nach vorne; die endgültigen Termine werden bei Sichtung des Monds bestimmt und können deshalb leicht von den unten angegebenen Daten abweichen. Die Datumsangaben religiöser Feiertage sind ebenfalls Richtwerte. Details zu offiziellen und religiösen Feiertagen (sowie zu kulturellen Veranstaltungen) findet man im Veranstaltungskalender von **Brunei Tourism** (www.tourismbrunei.com). Zu den Feiertagen gehören u. a.:

Neujahr 1. Januar

Chinesisches Neujahr 5. Februar 2019, 25. Januar 2020

Nationalfeiertag 23. Februar

Erster Tag des Ramadan 6. Mai 2019, 23. April 2020

Tag der königlichen Streitkräfte 31. Mai

Hari Raya Aidil Fitri (Ende des Ramadan); der dreitägige Feiertag beginnt am 4. Juni 2019, 24. Mai 2020

Islamisches Neujahr 31. August 2019, 19. August 2020

1. Weihnachtsfeiertag 25. Dezember

PREISKATEGORIEN: ESSEN

Folgende Kategorien beziehen sich auf den Preis des günstigsten nicht vegetarischen Hauptgerichts auf der Speisekarte.

**$** unter 6 B$

**$$** 6–16 B$

**$$$** mehr als 16 B$

FRAUEN UNTERWEGS

Diskrete Kleidung ist hier angebracht. Man muss sein Haar nicht bedecken, aber im ärmellosen Shirt sollte man nicht herumlaufen. Am besten eignet sich weite Kleidung, die Schultern und Knie bedeckt, vor allem beim Besuch von öffentlichen oder religiösen Gebäuden.

GELD

Geldautomaten findet man überall in BSB und in größeren Städten. Mit Kreditkarten kann man in der Regel in Einrichtungen der Spitzenklasse zahlen.

INTERNETZUGANG

WLAN ist in praktisch allen Hotels der Ober- und Mittelklasse und in den meisten Budgethotels verfügbar. Auch Cafés im westlichen Stil in BSB bieten WLAN.

LGBT-REISENDE

In Brunei ist Homosexualität illegal.

MEDIEN

Das *Borneo Bulletin* (www.borneobulletin.com.bn) veröffentlicht lokale und internationale Nachrichten. Kritische Berichte wird man allerdings vergeblich suchen.

ÖFFNUNGSZEITEN

Sämtliche Behörden, Betriebe und Geschäfte, auch Restaurants, Cafés, Museen Geschäfte und sogar Parks, müssen freitags von 12 bis 14 Uhr zum Gebet schließen. Während des Ramadan sind Läden und Büros kürzer geöffnet und Restaurants haben geschlossen, solange es draußen hell ist.

Banken Montag bis Donnerstag 9–16, Freitag 9–12 & 14–16, Samstag 9–11 Uhr

Restaurants keine einheitlichen Öffnungszeiten, generell Samstag bis Donnerstag 11–23, Freitag 11–12 und 14–23 Uhr

Cafés keine einheitlichen Öffnungszeiten, generell Samstag bis Donnerstag 8–18, Freitag 8–12 und 14–18 Uhr

Geschäfte Samstag bis Donnerstag 10–21.30, Freitag 10–12 und 14–21.30 Uhr

Behörden Montag bis Donnerstag, Samstag 7.45–12.15 und 13.30–16.30 Uhr.

RECHTSFRAGEN

Im Mai 2014 begann Brunei mit der Einführung eines neuen Strafgesetzbuchs, das auf dem Gesetz der Scharia basiert. Straftaten werden in dieser ersten Phase mit einer Geldstrafe, Gefängnis oder beidem geahndet. In den darauffolgenden Phasen werden schwerere Strafen eingeführt, darunter Körper- und Kapitalstrafen. Vorsicht – das neue Strafgesetz kann auch auf Nicht-Muslime angewendet werden, daher nicht in Konflikt mit dem Gesetz kommen.

Der Verkauf und öffentliche Konsum von Alkohol ist verboten. Für Drogenschmuggel droht die Todesstrafe.

STROM

In Brunei sind 240 V mit 50 Hz gängig. Stecker haben drei flache Kontaktstifte.

TELEFON

Prepaid-SIM-Karten (15 B$, inkl. 5 B$ Guthaben) gibt's in DST-Läden (www.dst.com.bn). Reisepass mitbringen.

TOURISTENINFORMATION

Borneo Guide (S. 63) Der private Touranbieter in BSB liefert aktuelle Informationen, u. a. zur Reise auf dem Landweg nach Miri (Sarawak) und Sabah.

Brunei Tourism (S. 66) Hilfreiche Webseite mit Informationen zu Verkehrsmitteln, Öffnungszeiten, Unterkünften, Tourveranstaltern und mehr.

Touristeninformation (⏲9–17 Uhr) Hat einen Schalter im Erdgeschoss des Internationalen Flughafens Brunei.

Touristeninformation (S. 66) Im alten Zollhaus am Hafen in BSB untergebracht.

VISA

Deutsche und Österreicher dürfen ohne Visum 90 Tage, Schweizer 14 Tage bleiben.

PREISKATEGORIEN: SCHLAFEN

Folgende Preiskategorien beziehen sich auf ein Doppelzimmer mit Bad.

**$** unter 60 B$

**$$** 60–150 B$

**$$$** mehr als 150 B$

An- & Weiterreise

BUS

Täglich um 8 Uhr fährt ein Bus von **Jesselton Express** (☎016-830 0722, www.sipitangexpress.com.my) über Limbang, Bangar, Lawas und mehrere Städte in Sabah nach Kota Kinabalu (45 B$, 8–9 Std.). In entgegengesetzter Richtung gibt's um 8 Uhr eine Verbindung ab dem Jalan-Tugu-Busbahnhof in Kota Kinabalu. Reservierungen sind online unter www.busonlineticket.com möglich. Der Reisepass sollte über genügend freie Seiten verfügen – bei der Fahrt werden acht neue Stempel fällig.

Zweimal täglich verkehrt **PHLS Express** (☎277 1668) zwischen BSB und Miri (20 B$ ab BSB, 50 RM ab Miri, 3½ Std.). Los geht's am Ufer in BSB um 7 und 13 Uhr und vom Busbahnhof Pujut in Miri um 8.15 und 15.45 Uhr. Tickets werden an Bord verkauft.

Die Strecke zwischen BSB und Miri bedient zudem der private Anbieter (man kann auch gemeinsam mit anderen Reisenden fahren) **Ah Pau** (25/100 B$ oder 70/300 RM pro Pers./Auto, 3 Std.). Ah Pau anrufen unter den Nummern ☎016-8072893 (malaysisches Handy) oder 866 8109 (bruneiisches Handy). Abfahrt in BSB ist gewöhnlich um 13 oder 14 Uhr, in Miri um 9 oder 10 Uhr, unter Umständen aber auch früher.

FLUGZEUG

Ins internationale Ausland bestehen Flugverbindungen nach Malaysia, auf die Philippinen, nach Thailand, Australien und Singapur.

Der **Internationale Flughafen Brunei** (☎233 1747; www.civil-aviation.gov.bn) liegt rund 8 km nördlich des Zentrums von BSB, hat einen Geldautomaten und eine Touristeninformation (s. links) in der Ankunftshalle.

AirAsia (www.airasia.com) fliegt zweimal täglich nach Kuala Lumpur.

Cebu Pacific (www.cebupacificair.com) fliegt dienstags, freitags, samstags und sonntags von BSB nach Manila.

Flüge von **Malaysia Airlines** (☎233 2655; www.malaysiaairlines.com; 2. OG in der Ankunftshalle, Internationaler Flughafen Brunei; ⏲Mo–Fr 9–21, Sa 9.30–12 Uhr) werden mit Royal Brunei Airlines abgewickelt.

Royal Brunei Airlines (☎221 2222; www.flyroyalbrunei.com; RBA Plaza, Jln Sultan; ⏲Mo–Do & Sa 8–16, Fr 8–12 & 14–16 Uhr) fliegt von BSB direkt u. a. nach Bangkok, Kota Kinabalu, Kuala Lumpur, Melbourne und Singapur.

Singapore Airlines (☎224 4901; www.singaporeair.com; 38 Sultan Omar Ali Saifuddien, Bandar Seri Begawan) fliegt fünfmal pro Woche von BSB nach Singapur.

SCHIFF/FÄHRE

Passagierfähren nach Pulau Labuan (Erw./Kind 17/10 B$, 1½ Std.) legen um 8, 8.30, 9 (Autofähre), 13 und 16.30 Uhr am Serasa-Fährterminal in Muara rund 20 km nordöstlich von BSB ab. Weiter nach Sabah fahren zwei Fähren pro Tag von Labuan nach Kota Kinabalu (40 RM, 3 Std.).

PHLS betreibt einen Express-Service vom Busbahnhof in BSB zum Serasa-Fährterminal um 6.45, 9, 12, 14, 16.15 und 19 Uhr.

Indonesien

261 MIO. EW. / 1904 600 KM²

Inhalt ➜

Die schönsten Aktivitäten

- Tauchen & Schnorcheln, Pulau Weh (S. 190)
- Surfen, Mentawai-Inseln (S. 201)
- Trekking im Baliem-Tal (S. 229)
- Tiere beobachten im Tanjung-Puting-Nationalpark (S. 209)

Redewendungen

Hallo Salam

Danke Terima kasih

Sprechen Sie Englisch?
Anda bisa Bahasa Inggris?

Auf nach Indonesien!

Dieser fantastische Archipel am Äquator mit mehr als 17 000 Inseln erstreckt sich zwischen Malaysia und Australien und trumpft mit einer atemberaubenden biologischen Vielfalt auf, die von schneebedeckten Wipfeln in Papua über Sandelholzwälder in Sumba und unberührten Urwald in Borneo bis zu üppigen Reisfeldern auf Bali und Java reicht. Von den indonesischen Korallenriffen und den tollen Wellen träumen Taucher und Surfer rund um den Globus.

Und obwohl schon allein die Abwechslung an Land und im Wasser als Traum für jeden Traveller gilt, ist die Mischung von Völkern und Kulturen sogar noch reizvoller. Bali liegt auf der Beliebtheitsskala ganz oben, dicht dahinter folgen indigene Völker in Papua, die vielen Kulturen auf Flores und in Westtimor, javanisches Kunsthandwerk, Jakartas Einkaufszentren, Sumatras Orang-Utans und vieles mehr. Egal, ob entlegene Strände, eindrucksvolle Entdeckungstouren unter Wasser oder lange Nächte auf Bali – Indonesien bezaubert jeden!

Reisezeit

Jakarta

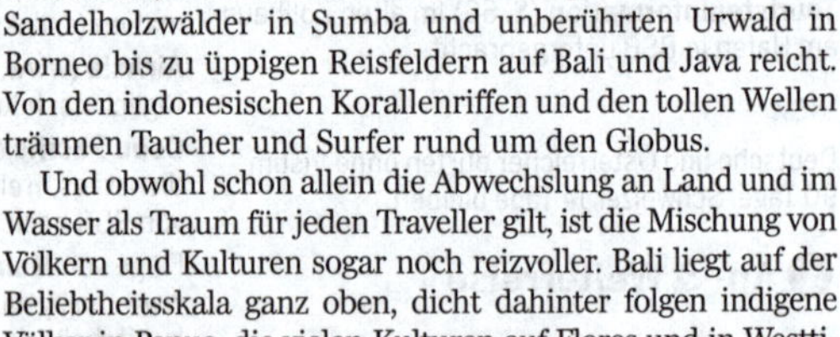

Sept.–März Regenzeit; beginnt im Südosten später. Im Januar und Februar regnet es überall.

April–Juni Trockene, heiße Tage. In Bergstädten wie Ubud auf Bali kann es nachts kühl sein.

Aug. Hauptsaison. Hohe Preise auf Bali und den Gili-Inseln; vorab buchen. Menschenmassen.

Anreise

Viele Wege führen nach Indonesien – z. B. mit dem Schiff von Malaysia und Singapur aus oder auf dem Landweg nach Papua, Kalimantan und Westtimor. Die meisten Reisenden nehmen jedoch das Flugzeug und landen in Jakarta oder auf Bali.

REGIONEN AUF EINEN BLICK

Java Die bevölkerungsreichste Insel Indonesiens. Sie ist geprägt von einer spektakulären tropischen Landschaft, durchstoßen von rauchenden Vulkanen, wartet aber gleichzeitig mit Denkmälern, Moscheen und Tempeln auf.

Bali Die beliebteste Insel des Landes. Tolle Restaurants, tolles Nachtleben. Geniale Strände, legendäre Surfbedingungen und herzliche Einheimische.

Nusa Tenggara Traumhafte Inselgruppe. Auf Lombok, Timor und Flores warten diverse Verlockungen. Tauchen, Surfen, Komodowarane und uralte Kulturen – alles dabei.

Sumatra Wild und größtenteils unberührt. Dichter Regenwald, jungfräuliche Riffe und unvergleichliche Surf Breaks – Sumatra verspricht Reiseabenteuer vom Feinsten.

Kalimantan Zahllose Flüsse durchschneiden den Regenwald Borneos, der ein bevorzugtes Reiseziel bei Tierliebhabern und hartgesottenen Wanderern ist.

Sulawesi Die merkwürdig geformte Insel ist bekannt für aufwendig inszenierte Begräbniszeremonien, Wanderwege durch Reisterrassen und Dschungel voller Koboldmakis.

Maluku Die legendären Gewürzinseln stehen für Einsamkeit, brillante Korallengärten und Vulkane mit Dschungelbestand.

Papua Das abgelegene Papua ist ein Traum für Abenteurer. Hier gibt's sowohl tiefe Täler und gewundene Dschungelflüsse als auch klare Küstengewässer, in denen es von Tieren wimmelt. Dazu wunderbare Wandermöglichkeiten, Tauchgründe von Weltformat und stolze indigene Völker.

Top-Tipps

Religiöse Orte Religiosität achten und sich respektvoll verhalten. Schuhe ausziehen und konservative Kleidung tragen, wenn man Moscheen besichtigt. In balinesischen Tempeln einen *sash* und einen Sarong tragen.

Körpersprache Wenn man einem Einheimischen etwas überreicht, beide Hände benutzen. Keine Zuneigungsbekundungen in der Öffentlichkeit. Beim Reden nicht die Hände in die Hüften stemmen.

Bekleidung Viele einheimische Männer tragen kurze Hosen, dennoch sollte man nicht allzu viel Haut zeigen. Oben ohne sonnenbaden als Frau ist selbst auf Bali ein No-Go.

Fotografie Um Erlaubnis bitten – mit Worten oder durch Gesten –, bevor man jemanden fotografiert.

KURZ & KNAPP

Währung Rupie (Rp)

Geld In den Städten gibt's Geldautomaten und Wechselstuben wie Sand am Meer, sie sind jedoch schwerer zu finden, sobald man die „Zivilisation" hinter sich lässt.

Visa Bei der Ankunft erhalten die meisten Besucher ein 30 Tage gültiges Visum.

Sprache Bahasa Indonesia

Wechselkurse

Euro	1€	16 677 Rp
Schweiz	1 SFr	14 505 Rp
USA	1 US$	14 405 Rp

Aktuelle Wechselkurse findet man unter www.xe.com.

Preise

Tagesbudget
unter 500 000 Rp

Einfaches Zimmer
unter 200 000 Rp

Streetfood
unter 30 000 Rp

Öffentliche Verkehrsmittel (wie becak) ab 20 000 Rp

Infos im Internet

Inside Indonesia (www.insideindonesia.org)

Jakarta Globe (www.thejakartaglobe.com)

Jakarta Post (www.thejakartapost.com)

Lonely Planet (www.lonelyplanet.com/indonesia)

Highlights

1 **Bali** (S. 119) Tagsüber surfen, nachts Partys feiern und nebenbei die faszinierende Inselkultur kennenlernen.

2 **Borobudur** (S. 106) Den uralten buddhistischen Stupa erkunden.

3 **Yogyakarta** (S. 94) Die Batikmärkte besuchen.

4 **Komodo-Nationalpark** (S. 169) Die faszinierenden Echsen bestaunen.

5 **Nusa Tenggara** (S. 151) Das quirlige Labuanbajo erkunden.

6 **Sumatra** (S. 182) Sich Auge in Auge mit Orang-Utans wiederfinden.

7 **Pulau Bunaken** (S. 221) Durch unberührte Korallenschluchten im Indischen Ozean tauchen.

8 **Banda-Inseln** (S. 224) Auf Malukus charmanten Banda-Inseln eine Reise in die Vergangenheit unternehmen.

9 **Baliem-Tal** (S. 229) An wilden Flüssen entlangwandern und exponierte Bergkämme erklimmen, um die Stammesdörfer im abgeschiedenen Inselinneren Papuas zu erreichen.

10 **Gili-Inseln** (S. 159) Nach witzigen Partynächten tauchen und relaxen.

JAVA

Mit ihren pulsierenden Großstädten, ihrer atemberaubenden natürlichen Schönheit, den magischen archäologischen Stätten und den tief verwurzelten Kunst-, Musik- und Tanztraditionen ist die Insel Java wohl das Herz Indonesiens.

Dank der riesigen Vielfalt an faszinierenden Landschaften in Form von schimmernden Reisfeldern, rauchenden Vulkanen, grünem Regenwald und unberührten Stränden sind die meisten Entdeckungstouren von wahren Naturwundern geprägt. Die exzessive Seite der Insel zeigt sich in den überfüllten, verschmutzten Städten mit ihren hektisch-lauten Betonlabyrinthen. Neben der traumhaften Natur der Insel locken Jakartas süchtig machendes Chaos, das atmosphärische Yogyakarta und Spaziergänge durch das Batikzentrum Solos.

Auf Java leben 140 Mio. Menschen – damit ist es die bevölkerungsreichste Insel der Welt – und vor allem im Westen müssen sich Besucher auf längere Reisezeiten einstellen. Das Bahnnetz ist in der Regel jedoch zuverlässig und effizient, das Fliegen außerdem recht günstig. Und letztendlich wird man für seine Geduld mit höchst faszinierenden Einblicken in Indonesiens facettenreichste und kulturell zweifellos interessanteste Insel belohnt.

An- & Weiterreise

FLUGZEUG

Von Jakarta aus können zahlreiche internationale und nationale Ziele erreicht werden. Es gibt noch mehr Städte auf Java, die internationale Verbindungen bieten, darunter Surabaya, Solo, Bandung, Yogyakarta und Semarang. Inlandsflüge sind teils ebenso bequem wie erschwinglich;

Jakarta, Yogyakarta, Bandung und Surabaya sind ausgezeichnet mit den Nachbarinseln Bali, Sumatra und Lombok vernetzt. Wer nicht viel Zeit hat, für den lohnt es sich, mit nationalen Flügen Reisezeit zu sparen.

SEA

Die Passagierboote von Pelni nutzen nur wenige Besucher, doch von Jakarta aus kommt man per Schiff zu den meisten Häfen im Land. Fähren verkehren rund um die Uhr zwischen dem Hafen Banyuwangi/Ketapang im Osten Balis und Gilimanuk auf Bali sowie zwischen dem javanischen Hafen Merak und Bakauheni im Süden Sumatras. Im Hafen von Surabaya legen regelmäßig Passagierfähren nach Kalimantan und Sulawesi ab.

Unterwegs vor Ort

Die typische Ost-West-Route quer durch Java sieht so aus: Jakarta–Bogor–Bandung–Pangandaran–Yogyakarta–Solo–Surabaya–Gunung Bromo–Gunung Ijen. Anschließend geht's dann weiter nach Bali. Man könnte aber natürlich auch nach Semarang fliegen und von dort aus nach Yogyakarta weiterreisen – die ausgebauten Flugverbindungen ermöglichen viele alternative Ein- und Weiterreiseoptionen.

Java bietet ein recht pünktliches und effizientes inselweites Bahnnetz. Wegen der kürzeren Fahrtzeiten sind Zugfahrten den langen Busfahrten vorzuziehen. Unter www.kereta-api.co.id kann man Fahrpläne nachlesen und Onlinetickets buchen, die Website ist allerdings auf Bahasa Indonesia verfasst – gegebenenfalls ein Übersetzungsprogramm verwenden.

Jakarta

☎ 021 / 10,2 MIO. EW.

Jakarta, einer der größten Ballungsräume der Welt, präsentiert sich als dynamische Stadt einschüchternder Extreme. Die rasante Geschwindigkeit, in der sie sich entwickelt, bringt Herausforderungen und geradezu surreale Gegensätze mit sich, die quasi an jeder Straßenecke sichtbar sind. Als eigener Mikrokosmos durchlebt Jakarta eine offensichtliche Metamorphose und trotz des chaotischen Verkehrs leben die Einheimischen auf der Überholspur, getrieben von Fleiß und Optimismus, der Störungen der Abläufe einfach ignoriert. Im Klartext: Schön ist Jakarta nicht, doch hinter der wenig attraktiven, von wackligen Slums gesäumten Fassade neu gebauter Hochhäuser und ermüdender verstopfter Betonstraßen, über der ein allgegenwärtiger Smogteppich liegt, bietet die Stadt viele Gesichter und jede Menge Überraschungen.

Sehenswertes

Kota & Glodokbog

Kota, die Altstadt, ist das Viertel von Jakarta, in dem man Zeugnisse von Batavia findet, der niederländischen Kolonialstadt aus dem 18. Jh. Das Herzstück Kotas ist der zentral gelegene Taman Fatahillah, ein mit Kopfsteinen gepflasterter Platz. Er wird von prächtigen Kolonialbauten gesäumt. Etwas weiter nördlich befindet sich der historische Hafen Sunda Kelapa. Gleich südlich ist Glodok, der Mittelpunkt des alten Chinatown, ein spannender und gleichzeitig übersichtlicher Ort für Streifzüge.

★ Museum Bank Indonesia MUSEUM

(Karte S. 81; Pintu Besar Utara III; 5000 Rp; ⌚ Di–Fr 8–15.30, Sa & So 8–16 Uhr) Dieses Museum bereitet die Landesgeschichte auf interessante und leicht verdauliche Weise auf, und ungeachtet der Räumlichkeiten hält sich der Bezug zur Finanzwelt in Grenzen. Das prächtige neoklassizistische Gebäude aus dem frühen 20. Jh. wurde fachmännisch restauriert und diente ehemals als Hauptsitz der Bank. Alle Exponate (vielfach audiovisueller Natur) sind schön in Szene gesetzt und fesseln ungemein. Es geht um den Gewürzhandel, die Finanzkrise 1997 sowie die daran anschließenden Aufstände, und in einer Galerie sind Banknoten sämtlicher Währungen weltweit ausgestellt.

★ Jin De Yuan BUDDHISTISCHER TEMPEL

(Vihara-Dharma-Bhakti-Tempel; Karte S. 81; Jl Kemenangan; ⌚ Sonnenauf- bis -untergang) GRATIS Die große chinesisch-buddhistische Tempelanlage geht auf das Jahr 1755 zurück und zählt zu den bedeutendsten der Stadt. Das auffällige Dach des Hauptgebäudes wird von zwei Perlen essenden Drachen gekrönt. Im Inneren sorgen dichter Weih- und Kerzenrauch, der über buddhistischen Statuen aufsteigt, alte Gongs und Trommeln sowie wunderschöne Kalligrafie für jede Menge Atmosphäre.

Museum Wayang MUSEUM

(Puppenmuseum; Karte S. 81; ☎ 021-692 9560; Taman Fatahillah; Erw./Kind 5000/2000 Rp; ⌚ Di–So 8–17 Uhr; 📶) Das Puppenmuseum hat eine der besten Sammlungen von *wayang*-Puppen (*wayang* sind zweidimensionale Holzfiguren) in ganz Java. Die staubigen Schaukästen stecken voller Persönlichkeiten aus Indonesien, aber auch aus China, Vietnam, Indien, Kambodscha und Europa. Das Ge-

Java

bäude selbst stammt aus dem Jahre 1912. Sonntags von 10 bis 14 Uhr finden kostenlose *wayang*-Vorführungen statt. Sie sind heiß begehrt und es wird entsprechend voll. Am Wochenende finden oft aufwendigere Vorführungen statt, die sich lohnen.

Jembatan Kota Intan

BRÜCKE

(Kota-Intan-Brücke; Karte S. 81; Kali Besar) Am nördlichen Ende des Kali Besar befindet sich die letzte verbleibende Zugbrücke der Niederländer aus dem 17. Jh. Ursprünglich hieß sie Hoenderpasarbrug („Hühnermarktbrücke"). Sie wurde restauriert und gibt ein tolles Motiv für ein Foto her.

Museum Bahari

MUSEUM

(Schifffahrtsmuseum; Karte S. 81; ☎ 021-669 3406; Jl Pakin 1; Erw./Kind 5000/2000 Rp; ⌚ Di–So 9–15 Uhr) Ein paar alte Lagerhäuser der VOC (Vereenigde Oost-Indische Compagnie, die niederländische Ostindienkompanie) aus dem Jahre 1652 nahe dem Eingang zum Sunda Kelapa (S. 77) wurden zu einem Museum umfunktioniert, in dem man sich über die Seefahrergeschichte der Stadt informieren kann. Inhaltlich decken die weitläufigen Galerien sowohl Seefahrerlegenden und berühmte Entdecker als auch den Zweiten Weltkrieg im Archipel ab. Teile des Geländes fielen einem Brand im Januar 2018 zum Opfer und werden derzeit wiederaufgebaut. Der übrige Komplex kann unverändert besichtigt werden.

Museum Bank Mandiri

MUSEUM

(Karte S. 81; Jl Pintu Besar Utara; Erw./Kind 10 000/2000 Rp; ⌚ Di–So 9–15 Uhr) GRATIS Zwei Bankmuseen – dieses und das Museum Bank Indonesia – in mehr oder minder direkter Nachbarschaft. Das Mandiri wird einen vielleicht dazu verleiten, sich erst mal ratlos am Kopf zu kratzen, tatsächlich lohnt sich jedoch der Blick hinter die Kulissen eines Bankbetriebs und in die schönen Räume des Art-déco-Baus aus den 1930er-Jahren samt Marmorschaltern, Rechenmaschinen, Rechentafeln, alten Geldautomaten sowie gusseisernen Tresoren. Auf der Terrasse kann man das bunte Treiben in Kota auf sich wirken lassen, bevor es die prächtige Treppe hinaufgeht zu Buntglasscheiben und dem opulenten Konferenzzimmer.

Museum Sejarah Jakarta

MUSEUM

(Museum zur Stadtgeschichte; Karte S. 81; Taman Fatahillah; Erw./Kind 5000/2000 Rp; ⌚ Di–So 9–17 Uhr) Das Museum Sejarah Jakarta, auch Museum Kesejarahan Jakarta genannt, ist im alten Rathaus von Batavia, einem stattlichen Kolonialbau von 1627, untergebracht und war einst das Zentrum des niederländischen Imperiums. In diesem Gebäude mit Glockenturm von 1627 residierten einst die

Verwaltung und der Gerichtshof, heute stellt es seine stattliche weißgetünchte Fassade am Taman Fatahillah zur Schau und birgt Artefakte zur Stadtgeschichte.

Museum Seni Rupah Dan Keramik MUSEUM
(Museum für Bildende Kunst und Keramik; Karte S. 81; Taman Fatahillah; Erw./Kind 5000/2000 Rp; ⏲ Di–So 8–17 Uhr) Der frühere Justizpalast (erb. 1866–1870) beherbergt heute das Museum für Bildende Kunst, das vor allem moderne Arbeiten zeigt. Zu den bekannteren Künstlern gehören Affandi, Raden Saleh und Ida Bagus Made. In einem Teil des Gebäudes ist zudem ein Keramikmuseum untergebracht (separater Eintritt) mit chinesischem Porzellan und Majapahit-Arbeiten aus Terrakotta. Das von Palmen beschattete Gelände lädt zu einem Päuschen ein.

Pasar Kemenangan MARKT
(Karte S. 81; Jl Kemenangan; ⏲ Sonnenauf- bis -untergang) Nicht versäumen sollte man einen Bummel auf dem sehr schmalen Kemenangan-Markt neben der Jl Pancoran, entlang von schiefen Häusern mit roten Ziegeldächern. Hier werden gehäutete Frösche, lebendiges „Krabbelzeug“ und jede Menge Obst, Gemüse und mehr verkauft, ein überwältigender Angriff auf diverse Sinne. Die Stände erstrecken sich bis in die noch engeren Gassen ringsum.

Sunda Kelapa HAFEN
(Karte S. 81) Der alte Hafen befindet sich einen Kilometer nördlich des **Taman Fatahillah** (Karte S. 81). Dort liegen noch immer zahlreiche großartige *pinisi* (makassarische Schoner) vor Anker. Die Szenerie hat sich im Laufe der Jahrhunderte kaum verändert – Arbeiter hieven Waren von Segelbooten –, allerdings herrscht heute weniger Betriebsamkeit als früher. Das gesamte Areal ist heruntergekommen und das Wasser ist stark verschmutzt. Bodenaufschüttungen lassen vermuten, dass die Gegend bald komplett umgestaltet werden wird. In der Ferne ist übrigens der sehr viel modernere Haupthafen zu sehen.

Merdeka Square & Stadtzentrum

Auf dem **Merdeka Square**, einer großen, grasbewachsenen Fläche, prangt Sukarnos Nationaldenkmal, darum herum finden sich gute Museen und einige hübsche Kolonialbauten. In diesem Teil von Jakarta geht es weniger um stimmungsvolle Gassen oder Sehenswürdigkeiten. Hier macht der Staat ein Statement zu seinem Kaliber und seiner Bedeutung.

★ **Museum Nasional** MUSEUM
(Nationalmuseum; Karte S. 82; ☎ 021-386 8172; www.museumnasional.or.id; Jl Medan Merdeka Ba-

Jakarta

0
5 km
Tanjung-Priok-Hafen
Teluk Jakarta
Liao Fan Hawker Chan (5,3 km); Soekarno-Hatta International (16 km)
siehe Karte Kota & Sunda Kelapa (S. 81)
siehe Karte Jakarta Zentrum (S. 82)
ANCOL
Jl Toll Pelabuhan Barat
SUNTER
Jl Gajah Mada
Jl Gunung Sahari
Jl Mangga Besar
Banjir-Kanal
JELAMBAR
GLODOK
KEMAYORAN
Jl Sunter Jaya
Jl Laksamana M Yos Sudarso
Jl Raya Barat Boulevard
KELAPA GADING
GROGOL
Jl Daan Mogot
Jl Hasyim Asyhari
TOMANG
GAMBIR
Pasar Senen
SENEN
Jl Suprapto
Jl Perintis Kemerdekaan
Pulo Gadung
Jl Tomang Raya
Jl Toll Jakarta Merak
Tanah Abang
Jl Abdul Muis
Jl Thamrin
Gunung-Jahari-Kanal
PULO MAS
MENTENG
Jl Pramuka
Sekretaris
Kali Grogol
SLIPI
Jl S Parman
RAWAMANGUN
Jl Matraman Raya
Jl Jend A Yani
KARET
Jl HR Rasuna Said
Manggarai
MANGGARAI
SENAYAN
Jl Gatot Subroto (Mautstraße)
Touristenpolizei
JATINEGARA
KUNINGAN
TEBET
Jl Jend DI Panjaitan
KEBAYORAN BARU
Jl Inspeksi Saluran
Jl Letjent Haryono
KEMANG
Jl Raya Pasar Minggu
CAWANG
HALIM
Jl Metro Pondok Indah
H Nawi
CILILITAN
Halim Perdana Kusuma Airport
Jl Fatmawati
Jl Pangeran Antasari
CONDET
PONDOK INDAH
CILANDAK
Jl Warung JatiBarat
Jl Raya Jagorawi (Mautstraße)
Jl Raya Pondok Gede
TB Simatupang
Lebak Bulus
LEBAK BULUS
Kali Krukut
Jl Cilandak KKO
Taman Mini Indonesia Indah
Pesanggrahan
PONDOK LABU
RAGUNAN
Outer Ring (Mautstraße)
Kampung Rambutan
Kali Ciliwung
RAMBUTAN

Jakarta

Ausgehen & Nachtleben
1 Jakarta Coffee House A6

Shoppen
2 Pasaraya A5

Praktisches
3 Australische Botschaft B5
4 Kanadische Botschaft B4
5 Malaysische Botschaft B4
6 Niederländische Botschaft B5
7 Neuseeländische Botschaft A5
8 Papua-neuguineische Botschaft A4
9 Singapurische Botschaft B5
11 SOS Medika Klinik A6
10 SOS Medika Klinik B5
Britische Botschaft .... (siehe 3)

rat 12; Eintritt 10 000 Rp; ⏲ Di–Fr 8–16, Sa & So 8–17 Uhr) Das Nationalmuseum ist das beste seiner Art in Indonesien und ein echtes Muss für Besucher. Startpunkt der riesigen Ausstellung ist ein offener Hof des Gebäudes von 1862 mit großartigen jahrtausendealten Statuen, darunter eine massive 4,5 m große Steinfigur. Sie stellt einen Bhairawa-König aus Rambahan in Sumatra dar, der menschliche Schädel mit Füßen tritt. Die exzellente ethnologische Abteilung umfasst Dayak-Puppen, Holzstatuen aus Nias mit Bärten (ein Zeichen von Weisheit) und einige faszinierende Textilien.

Monumen Nasional DENKMAL
(Monas; Nationaldenkmal; Karte S. 82; Merdeka Sq; Erw./Stud./Kind 5000/3000/2000 Rp, Aussichtsplattform 15 000/5000/2000 Rp; ⏲ 8.30–17 Uhr, letzter Mo im Monat geschl.) Das 132 m hohe Nationaldenkmal (auch Monas genannt) mit dem unrühmlichen Spitznamen „Sukarnos letzte Erektion“ überragt den Smogteppich über dem Merdeka Square. Es ist Jakartas Wahrzeichen und die bekannteste architektonische Extravaganz des letzten Präsidenten. Nach 14-jähriger Bauzeit weihte Suharto 1975 das Bauwerk ein. Es besteht aus italienischem Marmor, die Flammenskulptur ist mit 50 kg Blattgold ummantelt.

Monumen Irian Jaya Pembebasan DENKMAL
(Befreiungsdenkmal Irian Jaya; Karte S. 82; Lapangan Banteng) Die Zwillingstürme mit der fragwürdigen Hintergrundgeschichte überragen den grasbewachsenen Banteng Square. Obendrauf steht ein Mensch, der (s)eine Kette sprengt. Das Denkmal aus der Sukarno-Zeit diente der anti-imperialistischen Propaganda, selbst als Indonesien Irian Jaya (Timor und Papua) im Jahre 1963 ungeachtet lokaler Proteste annektierte. Heute verwenden manche auch die Bezeichnung Freiheitsdenkmal.

Mesjid Istiqlal MOSCHEE
(Unabhängigkeitsmoschee; Karte S. 82; Jl Veteran I) GRATIS Die eindrucksvolle modernistische Mesjid Istiqlal, deren auffälligstes Merkmal die Fenster sind, wurde vom katholischen Architekten Frederich Silaban entworfen und 1978 fertiggestellt. Sie ist die größte Moschee in Südostasien. Ihre fünf Etagen symbolisieren die fünf Säulen des Islam, ihre Kuppel hat einen Durchmesser von 45 m und das Minarett ist über 90 m hoch. Im Fastenmonat Ramadan finden hier über 200 000 Menschen Platz. Auch Andersgläubige sind willkommen – man muss sich zunächst anmelden, dann nimmt einen ein Guide auf eine zwanzigminütige Führung mit (auf Englisch).

Lapangan Banteng PLATZ
(Banteng Square; Karte S. 82) Der Lapangan Banteng östlich des Merdeka Square ist von ein paar der schönsten Kolonialbauten der Stadt umgeben. Die Niederländer legten den Platz Anfang des 19. Jhs. an; sie nannten ihn Waterlooplein.

Selamat Datang DENKMAL
(Willkommensdenkmal; Karte S. 82; Jl Thamrin) Mitten in einem Springbrunnen auf einem der bekanntesten *alun-alun* (öffentlicher Platz) der Stadt erhebt sich das Willkommensdenkmal Selamat Datang. Es stammt von 1962. Gleich gegenüber steht das Hotel Indonesia Kempinski, das Luxushotel der Stadt schlechthin.

Geführte Touren

★ **Hidden Jakarta Tours** GEFÜHRTE TOUREN
(📱 0812 803 5297; www.realjakarta.blogspot.com; 50 US$ pro Pers.) Hidden Jakarta veranstaltet Touren durch die traditionellen *kampung* („Dörfer“), die städtischen Armenviertel. Teilnehmer bekommen das ungeschminkte Leben zu sehen: Die Ausflüge führen durch zugemüllte Flusswege zu Baumwollfabriken, zudem kann man in Häusern von Einheimischen Tee trinken.

Feste & Events

★ **Unabhängigkeitstag** KULTUR
(Hari Kemerdekaan; ⏲ 17. Aug.) Indonesien feiert seine Unabhängigkeit am 17. August. Die Umzüge in Jakarta sind die größten im ganzen Land.

Jahrestag der Stadtgründung MESSE
(22. Juni) Jakarta wurde am 22. Juni 1527 gegründet. Dieser Tag wird jedes Jahr mit Feuerwerk und einer Handels- und Kulturmesse im Jakarta-International-Expo-Komplex in Kemayoran gefeiert.

Java Jazz Festival MUSIK
(www.javajazzfestival.com; Anfang März) Findet auf dem Gelände der Jakarta International Expo in Kemayoran statt und zieht viele international bekannte Künstler an, darunter Jazzgrößen wie Ramsey Lewis und Brad Mehldau.

Schlafen

Die Budgetunterkünfte im Zentrum mausern sich langsam, Mittelklassehotels gibt es reichlich; beide sollten vorab gebucht werden. Die Jalan Jaksa war früher einmal die Backpackeradresse Nummer eins, heute sieht man dort allerdings nur noch wenige Traveller, denn die meisten Hotels sind schäbig (wenn nicht sogar richtig schmuddelig).

★ **Packer Lodge** HOSTEL $
(Karte S. 81; 0878 8790 3650, 021-629 0162; www.thepackerlodge.com; Jl Kermunian IV 20-22; B/EZ/DZ ab 135 000/200 000/300 000 Rp;) Ein inhabergeführtes Boutique-Hostel in Glodok mit hipper Einrichtung à la Ikea und vielen Annehmlichkeiten nahe Kota. Zur Auswahl stehen Schlafsäle für vier oder acht Personen und sehr kompakte Einzel- und Doppelzimmer. Die Etagenbetten in den Schlafsälen haben Vorhänge, Steckdosen, Lampen und USB-Ladegeräte. Sämtliche Gäste teilen sich Bäder im westlichen Stil und haben Zugang zu einer geräumigen Küche.

★ **Wonderloft Hostel** HOSTEL $
(Karte S. 81; 021-2607 2218; www.wonderloft.id; Jl Bank 6; B/DZ inkl. Frühstück 100 000/275 000 Rp; @) Das quirlige Hostel ist prima gelegen, wenn man sich von den Sehenswürdigkeiten und Geräuschen des kolonialen Kota inspirieren lassen möchte. Die Mitarbeiter sind gut gelaunt und informieren über Aktivitäten in Jakarta, das Ambiente ist gesellig. Abends wimmelt es in der Lobby von Billard, Darts oder Kicker spielenden und Bier trinkenden Backpackern und in der Küche herrscht Betrieb. Die Klimaanlage in den Schlafsälen hat Tiefkühlertemperatur und die Betten sind mit Vorhängen, Steckdosen und Lampen ausgestattet. Das Hostel bietet Stadtführungen und Kneipentouren an.

Hostel 35 PENSION $
(Karte S. 82; 021-392 0331; Jl Kebon Sirih Barat 135; Zi. mit Ventilator & Gemeinschafts-/privatem Bad 120 000/130 000 Rp, mit Klimaanlage ab 250 000 Rp;) In einem lebendigen Viertel, das so etwas wie eine altmodische Backpackerenklave ist, steht dieses atmosphärische Hostel – für den Preis eine gute Option. Die sauberen, wenn auch in die Jahre gekommenen gefliesten Zimmer haben hohe Decken und verströmen ein kolonial anmutendes Flair, der Lobbybereich mit Rattansofas ist einladend mit hübschen Textilien und geschmackvollen Fotos dekoriert.

Six Degrees HOSTEL $$
(Karte S. 82; 021-314 1657; www.jakarta-backpackers-hostel.com; Jl Cikini Raya 60B-C, Cikini; inkl. Frühstück, B 115 000–160 000 Rp, DZ mit Gemeinschafts-/privatem Bad 280 000/310 000 Rp; @) Das Hostel unter hilfsbereiter irisch-englisch-indonesischer Führung ist unverändert beliebt – zu Recht! Es hat eine entspannte, gesellige Atmosphäre und es gibt einen Billardtisch, ein Fernsehzimmer, eine Gästeküche und einen Dachgarten samt Bar und Fitnessstudio. Die Schlafsäle sind klein, aber sauber, das Frühstück ist im Preis inbegriffen. Die Angestellten sind eine gute Infoquelle und helfen gern bei der Planung der Weiterreise.

Hotel Ibis Budget Tanah Abang HOTEL $$
(www.accorhotels.com; Jl Tanah Abang II 35; Zi. inkl. Frühstück ab 380 000 Rp;) Budget-Hotelkette mit tollem Preis-Leistungs-Verhältnis. Das Ibis ist sauber und modern und die Angestellten sind freundlich und professionell. Die Lobby zeichnet sich durch Farbe und Stil aus, es gibt ein kleines Fitnessstudio und ein Café und das Frühstück ist inbegriffen. Die Zimmer sind zwar etwas beengt, dafür aber mit guten Klimaanlagen und Kabelfernsehen ausgestattet. Es liegt nahe an den Hauptsehenswürdigkeiten und ist beliebt bei Reisenden aus dem Westen.

Gondia International Guesthouse PENSION $$
(Karte S. 82; 021-390 9221; www.gondia-guesthouse.com; Jl Gondangdia Kecil 22; Zi. inkl. Frühstück 300 000–400 000 Rp;) Nette, unprätentiöse Adresse. In einem grünen Garten an einer ruhigen Vorstadtstraße liegt diese einfache Pension mit hostelähnlicher Beschilderung. Die zwölf geräumigen Zimmer sind gefliest.

Essen

Jakarta ist eine Topadresse für Feinschmecker. Neben überraschenden Optionen wie

Kota & Sunda Kelapa

Highlights
1 Jin De Yuan B5
2 Museum Bank Indonesia B4
3 Taman Fatahillah B3

Sehenswertes
4 Jembatan Kota Intan..........................A2
5 Museum Bahari.................................... A1
6 Museum Bank Mandiri B4
7 Museum Sejarah Jakarta....................B3
8 Museum Seni Rupah Dan Keramik.....B3
9 Museum Wayang B3
10 Pasar Kemenangan B5
11 Sunda Kelapa A1

Schlafen
12 Packer Lodge......................................B5
13 Wonderloft Hostel..............................B3

Essen
14 Café Batavia B3
Historia......................................(siehe 13)
15 Santong Kuo Tieh 68..........................B4

der wirklich raffinierten kaiserlichen Java-Küche locken Imbissstände und – für weniger Experimentierfreudige – auch westliche Klassiker.

★ **Historia** INDONESISCH $
(Karte S. 81; ☎ 021-3176 0555; Jl Pintu Besar Utara 11; Hauptgerichte 35 000–51 000 Rp; ⏲ So–Do 10–21, Fr & Sa bis 22 Uhr; 📶) Zu den leckeren Speisen aus dem gesamten Archipel, die im Historia aufgetischt werden, gehören gebratener Fisch mit einem Sambal aus Sumatra *(Ikan goreng sambal adaliman)*, gemischter Reis nach Java-Art und Ochsenschwanz in allen Varianten: in der Suppe, gegrillt, frittiert oder mit geriebenem Chili geschmort. Die Lokalität selbst ist hip im Lagerhallenstil aufgemacht – Fliesen, hohe Decken und ein Retro-Industrie-Vibe.

Liao Fan Hawker Chan SINGAPURISCH $
(2. OG, Rukan-Crown-Golf-Gebäude D 8-10, Pantai Indah Kapuk, North Jakarta; Hauptgerichte 28 000–52 000 Rp; ⏲ 8–22 Uhr) Die einzige Streetfood-Kette, die mit einem Michelin-Stern ausgezeichnet wurde, ist dieses singapurische Restaurant, das seit 2017 eine Filiale in Jakarta betreibt. Das Vorzeigegericht ist eine eher einfache Geschichte: Sojasoßen-Hühnchen mit Reis (28 000 Rp). Schmeckt gut, haut einen aber wahrscheinlich nicht vom Hocker. Das Liao Fan befindet sich über dem ebenfalls Michelin-gekürten Tim Ho Wan (aus Hongkong).

Kota & Sunda Kelapa

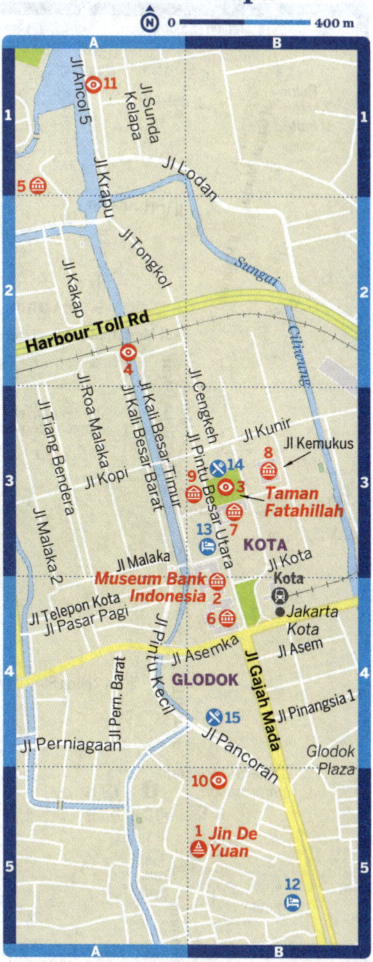

Santong Kuo Tieh 68 CHINESISCH $
(Karte S. 81; ☎ 021-692 4716; Jl Pancoran; 10 Jiaozi 45 000 Rp; ⏲ 10–21 Uhr) Vor dem einfachen, aber sehr beliebten kleinen Laden bereiten Köche gebratene und gedämpfte chinesische Jiaozi (Teigtaschen) mit Schweinefleischfüllung zu. Auch die *bakso ikan isi* (Fischbällchen) schmecken. In unmittelbarer Umgebung findet man noch viele andere Essmöglichkeiten.

Serbaraso INDONESISCH $
(Karte S. 82; ☎ 0812 6896 8910; www.serbaraso.com; Jl Batu Tulis Raya 41; Gerichte ab 15 000 Rp; ⏲ 11–22 Uhr; 📶) Um einiges kultivierter als

Jakarta Zentrum

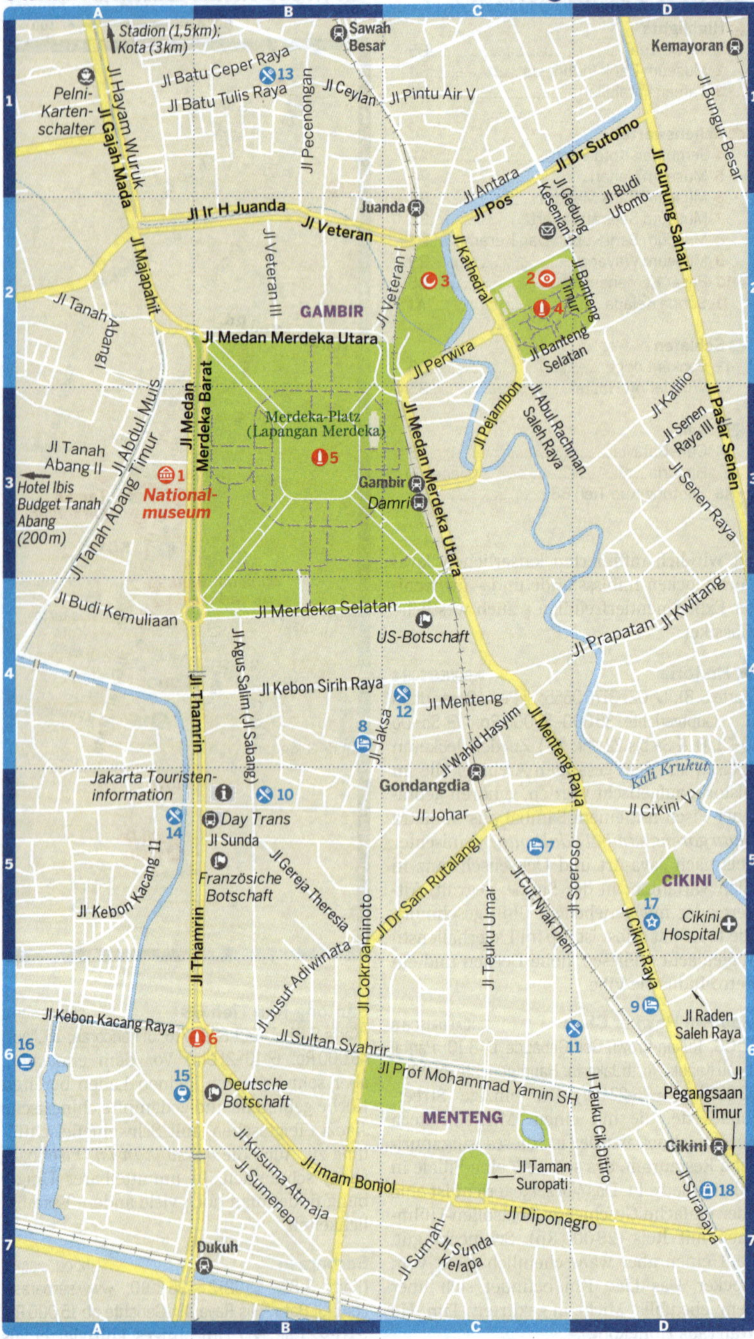

INDONESIEN JAKARTA

Jakarta Zentrum

das typische Padang-Restaurant ist das moderne, klimatisierte Serbaraso, dessen Ursprünge in Pekanbaru auf Sumatra liegen. Die Spezialität ist die Küche aus der Provinz Riau, insbesondere das rauchige (weil über Kohlen gegrillte) Rindfleisch à la *rendang* (26 000 Rp).

Lara Djonggrang INDONESISCH $$
(Karte S. 82; ☎ 021-315 3252; www.tuguhotels.com; Jl Teuku Cik Ditiro 4; Hauptgerichte 50 000–130 000 Rp; ⏲ 12.30–23 Uhr; 📶) Was den meisten Restaurants in Jakarta fehlt, ist Atmosphäre. Diesen Vorwurf kann man dem Lara Djonggrang definitiv nicht machen. Beim Eintreten hat man schnell den Eindruck, in einen vergessenen Tempel hineingestolpert zu sein – aber einen, in dem hoheitlich edle indonesische Küche aus dem gesamten Archipel serviert wird, formvollendet zubereitet und kreativ präsentiert.

Café Batavia INTERNATIONAL $$
(Karte S. 81; ☎ 021-691 5531; www.cafebatavia.com; Jl Pintu Besar Utara 14; Hauptgerichte 55 000–350 000 Rp; ⏲ So–Do 9–24, Fr & Sa bis 1 Uhr; 📶) In einem 200 Jahre alten Gebäude mit Blick auf das holländische Viertel von Kota ist ein klassisches Bistro untergebracht, dessen Aufmachung an die Kolonialzeit erinnert (betagte Parkettböden, Marmortische und Art-déco-Möbel etc.). Die Jazz-Musik trägt ebenfalls zu der besonderen Atmosphäre des Batavia bei und macht es zu einem Muss für Reisende – unbedingt auf einen Cocktail, ein ausgedehntes Mittag- oder Abendessen vorbeischauen. Auf der Karte stehen sowohl indonesische wie auch westliche Hauptgerichte. Außerdem: Livemusik und eine super Kaffeeauswahl.

Waha Kitchen ASIATISCH $$
(Karte S. 82; ☎ 021-3193 6868; www.wahakitchen.com; Jl Wahid Hasyim 127, Kosenda Hotel; Hauptgerichte ab 68 000 Rp; ⏲ 24 Std.) Die Lobby des Designer-Hotels Kosenda birgt ein passend zur Location schickes Bistro. Die Bar ist rund um die Uhr geöffnet und das Speisenangebot umfasst moderne asiatische Küche, darunter z. B. *char kway teow* (gebratene flache Reisnudeln) oder Tintenfisch mit Salz und Pfeffer. Morgens wird derweil Frühstück wie in Australien aufgefahren, mit zermatschter Avocado und pochiertem Ei auf Sauerteigbrot u. Ä.

Garuda INDONESISCH $$
(Karte S. 82; ☎ 021-6262 9440; Jl Agus Salim 59; Hauptgerichte ab 30 000 Rp; ⏲ 24 Std.; 📶) Der dunstige Laden mit Neonlicht verkauft rund um die Uhr zu Bollywood- und Indo-Pop-Klängen einer treuen einheimischen Klientel beliebte Leckereien der Padang-Küche. In Windeseile werden kleine aromatische Gerichte serviert: Jackfrucht-Curry, Chili-Garnelen, *tempe penyet* (frittiertes Tempe mit würziger Soße), *rendang* (Curry mit Rindfleisch und Kokosmilch) oder Kartoffel- und Maisplätzchen. Alles ist frisch zubereitet.

Sate Khas Senayan INDONESISCH $$
(Karte S. 82; ☎ 021-3192 6238; www.sarirasa.co.id; Jl Kebon Sirih Raya 31A; Hauptgerichte 30 000–110 000 Rp; ⏲ So–Do 8–23, Fr & Sa bis Mitternacht; 📶) Gehobenes klimatisiertes Restaurant, bekannt für erstklassiges *sate* (Spieße mit Hühnchen, Rind oder Lamm), indonesische Klassiker wie *ayam goreng kremes* (gebratenes Huhn im Teigmantel), *gurame bakar* (gegrillter Fisch) und *nasi campur* (Reis mit verschiedenen Beilagen). Ebenfalls einen

Versuch wert sind die toll zubereiteten regionalen Spezialitäten, die sich gut mit einem eiskalten Durian-Saft oder einem Bintang vom Fass kombinieren lassen.

Ausgehen & Nachtleben

Wer erwartet, dass Jakarta als Hauptstadt des größten muslimischen Landes ein nüchterner Ort mit wenig Trinkkultur ist, irrt sich grundlegend. Bars findet man in der ganzen Stadt, lässigere Locations gibt's rund um die Jl Jaksa, schickere Dach-Lounges und Biergärten im zentralen und südlichen Jakarta. Auch dazwischen ist die Auswahl groß. In den letzten Jahren gab es einen regelrechten Boom bei der Cafékultur.

★Tanamera Coffee KAFFEE

(Karte S. 82; 021-2962 5599; www.tanameracoffee.com; Jl Kebon Kacang Raya Blok AA07; Kaffee ab 30 000 Rp; 7–20 Uhr;) Ein ernstzunehmender Anwärter auf den besten Kaffee der Stadt ist diese Rösterei der neuen Generation, die verschiedene Single-Origin-Bohnen (das heißt, dass die Bohnen aus einem konkreten Anbaugebiet kommen und nicht wie beim sogenannten Blend mit anderen gemischt werden) aus diversen Regionen Indonesiens im Angebot hat. Tanamera hat inzwischen fünf Filialen, aber hier hat alles seinen Anfang genommen – und hier werden die Bohnen geröstet. Der Kaffee wird entweder mit dem Handfilter aufgebrüht oder mit der Espressomaschine zubereitet. Dazu gibt's leckeres Frühstück und Speisen wie Burger mit Krebsfleisch.

★Awan Lounge BAR

(Karte S. 82; www.awanlounge.com; Jl Wahid Hasyim 127; So–Do 17–1, Fr & Sa bis 2 Uhr) Als dezent und spektakulär zugleich erweist sich die hübsche Dachgartenbar im Obergeschoss des Kosenda Hotel. Pluspunkte sind ein vertikaler Garten, viele Pflanzen und zahlreiche private Ecken mit Kerzenschein, ein gläsernes Dachfenster gibt den Blick über neun Stockwerke frei. Die Küche ist gut, die elektronische Musik hat die richtige Lautstärke und unter den Gästen findet man sowohl Einheimische wie Expats. An den Wochenenden kann es (über)voll werden, doch unter der Woche ist dies der perfekte Ort für ein Rendezvous. Cocktails liegen preislich bei um die 120 000 Rp.

★Jakarta Coffee House KAFFEE

(Karte S. 78; 021-7590 0570; www.jakartacoffeehouse.com; Jl Cipete Raya 2; Kaffee ab 26 000 Rp; So–Do 8–24, Fr & Sa bis 1 Uhr;) Eine der Topadressen in Jakarta für indonesischen Single-Origin-Kaffee ist diese Mikrorösterei mit intimer Atmosphäre. Die Baristas haben viel Ahnung und bereiten den Kaffee nach Kundenwünschen zu. Sämtliche Bohnen werden vor Ort geröstet; die Anbaugebiete reichen von Aceh bis Papua.

Paulaner Bräuhaus PUB

(Karte S. 82; 021-2358 3871; Jl Thamrin 1, Grand Indonesia East Mall; Bier 0,3 l/0,5 l/1 l 79 000/94 000/155 000 Rp; So–Do 11.30–12.30, Fr & Sa bis 1 Uhr) In einem Land, das nicht unbedingt für seine Biervielfalt bekannt ist, hat diese deutsche Kneipe ein echtes Alleinstellungsmerkmal mit seinen vor Ort gebrauten, ungefilterten Lager-, Dunkel- und Weizenbieren. Die Küche ist herzhaft-bayerisch, und während man sich Sportübertragungen auf den Bildschirmen anschaut, kann man eine frisch gebackene Brezel verdrücken.

Unterhaltung

★Taman Ismail Marzuki KULTURZENTRUM

(TIM; Karte S. 82; 021-3193 7530, 021-230 5146; http://tamanismailmarzuki.jakarta.go.id/; Jl Cikini Raya 73) Jakartas Kulturzentrum Nummer 1 umfasst eine Reihe von Kinos, Theatern und Ausstellungsbereichen. Die Vorführungen (z. B. sundanesischer Tanz oder *gamelan*) sind immer erstklassig, und wer hungrig ist, hat die Wahl zwischen ein paar guten Restaurants mit entspannter Atmosphäre.

Shoppen

Pasar Jl Surabaya MARKT

(Karte S. 82; Jl Surabaya; 8–18 Uhr) Auf Jakartas berühmtem Straßenmarkt in Menteng kann man schöne Schnitzarbeiten, Möbel, Textilien, Schmuck, alte Schallplatten und viele (dubiose) Antiquitäten aufspüren. Ein Tipp: Feilschen, was das Zeug hält!

Pasaraya WARENHAUS

(Karte S. 78; www.pasaraya.co.id; Jl Iskandarsyah II/2; 10–22 Uhr) Gegenüber dem Einkaufszentrum Blok M steht ein Warenhaus mit zwei riesigen – schier endlosen! – Etagen. Der Wahlspruch lautet „Der Stolz Indonesiens". Wenn man die enorme Bandbreite an Kunsthandwerk, z. B. Batikwaren, aus dem gesamten Inselstaat erkundet, versteht man, weshalb. Ein faszinierender Ort zum Stöbern. Unbedingt nach Schlussverkauf-Schnäppchen Ausschau halten.

Praktische Informationen

MEDIZINISCHE VERSORGUNG

Cikini Hospital (Karte S. 82; ☎ Notruf 021-3899 7744, Notfallbehandlungen 021-3899 7777; www.rscikini.com; Jl Raden Saleh Raya 40) Ein Krankenhaus für Ausländer mit Personal, das Englisch spricht.

SOS Medika Klinik (Karte S. 78; ☎ 021-750 5980, Notruf 021-750 6001; Jl Puri Sakti 10, Cipete; ⌚ 24 Std.) Englischsprachige Ärzte, Zahnmedizin, Notfälle und fachärztliche Betreuung. Es gibt noch eine weitere Klinik in **Kuningan** (Karte S. 78; ☎ 021-5794 8600; 2. OG, Menara-Prima-Gebäude, Jl Dr Ide Anak Agung Gde Agung, Kuningan; ⌚ Mo–Fr 8–18, Sa bis 14 Uhr).

POST

Hauptpostamt (Karte S. 82; Jl Gedung Kesenian I; ⌚ Mo–Fr 8–19, Sa bis 13 Uhr) Es gibt auch verschiedene kleinere Postfilialen. Internationale Sendungen werden einigermaßen verlässlich bearbeitet.

TOURISTENINFORMATION

Touristeninformation Jakarta (Karte S. 82; ☎ 021-314 2067, 021-316 1293; www.jakarta-tourism.go.id; Jl KH Wahid Hasyim 9; ⌚ 7.30–17.30 Uhr) Im Theatergebäude. Die hilfsbereiten Mitarbeiter beantworten Fragen und buchen Touren. Mit wirklich praktischen Informationen können sie nicht immer dienen, aber ein paar der von der Stadt herausgegebenen Publikationen und Karten sind klasse. Die Besucherinfo ist auch am Flughafen vertreten.

An- & Weiterreise

Jakarta ist das wichtigste Tor zu Indonesien. Hier laufen internationale und nationale Flugstrecken sowie das inselweite Eisenbahnschienennetz zusammen. Obwohl die meisten Reisenden lieber mit dem Zug fahren, sind auch die Busverbindungen immer eine Option – von Jakarta aus geht's in alle Himmelsrichtungen. Davon abgesehen bestehen sogar ein paar Fährverbindungen.

BUS

Jakartas vier große Busbahnhöfe Kalideres, Kampung Rambutan, Pulo Gadung und Lebak Bulus liegen alle ein gutes Stück von der Innenstadt entfernt. Dorthin verkehrt der TransJakarta-Bus, alle anderen Verkehrsmittel können für den Weg Stunden brauchen. Tickets für die komfortableren Busse werden von Agenturen verkauft; manchmal ist die Fahrt zu den Busbahnhöfen inbegriffen. Für die Anreise nach Jakarta bzw. für die Weiterreise sind Zugverbindungen generell die bessere Alternative. Sie sind schneller, sicherer, bequemer und häufig auch günstiger.

Kampung Rambutan (Karte S. 78; Rambutan) Hier fahren die Busse in erster Linie zu Zielen südlich und südwestlich von Jakarta ab, darunter Bogor (Standard/klimatisiert 10 000/20 000 Rp, 45 Min.), Cianjur (klimatisiert 35 000 Rp, 3 Std.), Bandung (ab 65 000 Rp, 4–5 Std.), Pangandaran (Standard/klimatisiert 85 000/95 000 Rp, 8–9 Std.) und Pelabuan Ratu (60 000 Rp, 4 Std. via Bogor).

Anfahrt mit der Transjakarta-Buslinie 7.

Pulo Gadung (Karte S. 78; Jl Raya Bekasi) Busse nach Bandung, Zentral- und Ost-Java, Sumatra, Bali und sogar nach Nusa Tenggara. Die Busse nach Bandung nehmen die Mautstraße (ab 60 000 Rp, 3 Std.), ebenso die Langstreckenbusse nach Yogyakarta (150 000–275 000 Rp, 12 Std.). Eine Busfahrt von Jakarta nach Sumatra dauert lang, doch es gehören u. a. Bengkulu (ab 330 000 Rp) und Palembang (ab 230 000 Rp) zu den Fahrtzielen.

Anfahrt mit den Transjakarta-Buslinien 2 oder 4.

Lebak Bulus (Karte S. 78; Jl Lebak Bulus Raya) Deluxe-Busse nach Yogyakarta (ab 130 000–300 000 Rp), Surabaya und Bali (die Preise für letztere beide Fahrten variieren je nach Zeit und Saison).

Anfahrt mit der Transjakarta-Buslinie 8.

Die Minibusse, die von Tür zu Tür fahren, sind übrigens keine gute Transportoption in Jakarta. Es kann Stunden dauern, bis im chaotischen Stadtverkehr alle Passagiere eingesammelt bzw. abgesetzt worden sind! Wer nicht mit einer Engelsgeduld ausgestattet ist, sollte besser den Zug, das Flugzeug oder den Bus nehmen.

Day Trans (Karte S. 82; ☎ 021-2967 6767; www.daytrans.co.id; Jl Thamrin; ⌚ 6–20 Uhr) Stündlich fahren Minibusse von der Jl Thamrin nach Bandung (115 000–125 000 Rp); auf der Website nach Rabatten Ausschau halten.

FLUGHAFEN

Der **Soekarno-Hatta International Airport** (CGK; http://soekarnohatta-airport.co.id) liegt 35 km westlich vom Stadtzentrum. Sämtliche internationalen Flüge und die meisten Inlandsverbindungen starten dort. Aufgrund steigender Passagierzahlen kann es chaotisch zugehen, daher sollte man ausreichend Zeit für die Abwicklung der Ein-/Ausreiseformalitäten einplanen.

Der **Halim Perdana Kusuma Airport** (HLP; Karte S. 78; www.halimperdanakusuma-airport.co.id) liegt 11 km südlich von Jakartas Cikini-Bezirk. Dort werden vereinzelte Inlandsflüge abgewickelt.

SCHIFF/FÄHRE

Pelni-Boote fahren sporadisch Häfen im gesamten Archipel an. Der **Pelni-Ticketschalter** (Karte S. 82; ☎ 021-2188 7000, 021-162, 021-633 4342; www.pelni.co.id; Jl Gajah Mada 14) befindet sich

1,5 km nordwestlich des Monumen Nasional im Stadtzentrum.

Pelni-Boote legen am Pelabuhan Satu (Dock 1) in Tanjung Priok an. Der Hafen erstreckt sich 13 km nordöstlich des Zentrums. Transjakarta Koridor 10 und 12 bieten eine direkte Busverbindung hierher; ein Taxi ab der Jl Jaksa kostet rund 120 000 Rp.

ZUG

Die vier wichtigsten Bahnhöfe liegen recht zentral. Die Fahrpläne für Ziele in der Umgebung von Jakarta und auf ganz Java (www.kereta-api.co.id) sind günstig. Es besteht sogar die Möglichkeit, eine Kombination aus Zug, Fähre und Bus nach Bali zu buchen. Die Fahrkarten sind preiswert, möglicherweise lohnt es sich, ein Ticket für die beste verfügbare Klasse zu buchen.

Gambir (Jl Medan Merdeka Utara) Der praktischste und wichtigste Bahnhof befindet sich an der Ostseite des Merdeka Square, 15 Gehminuten von der Jl Jaksa entfernt. Vor Ort fahren Expresszüge nach Bandung, Yogyakarta, Solo, Semarang und Surabaya ab. Der Bahnhof ist gut organisiert und modern und bietet sämtliche Dienstleistungen. Auch ein guter Ort, um Fahrkarten zu kaufen.

Jakarta Kota (Karte S. 81; Jl Asemka) Ein Art-déco-Schmuckstück im gleichnamigen Viertel mit eingeschränkten Verbindungen, auch zu weit entfernten Zielen wie Surabaya.

Pasar Senen (Jl Let Jen Suprapto-Kramat Bunder) Im Osten gelegen. Hauptsächlich Züge der Economy Class mit Fahrtzielen im Osten und Süden.

Tanah Abang (Jl Jati Baru Raya) Züge der Economy Class mit Fahrtzielen im Westen.

Unterwegs vor Ort

Jakartas chaotischer Straßenverkehr ist berüchtigt und es gibt eigentlich keine Transportoption, mit der man sich ohne große Verspätungen fortbewegen kann. Am schnellsten ist der TransJakarta Busway.

Was Jakarta dringend braucht, ist das neue U-Bahnnetz Jakarta MRT. Die Metro wird auf einer Achse von Kota im Norden über die Jl Thamrin zum Blok M im Süden fahren. Der erste Schienenabschnitt wird allerdings nicht vor 2019 fertig sein.

BUS

TransJakarta Busway heißt das Netz klimatisierter Busse, die spezielle Busspuren nutzen, die für den restlichen Verkehr tabu sind. Deshalb sind sie auch das mit Abstand schnellste Fortbewegungsmittel innerhalb der Stadt. Besonders nützlich für Reisende ist Koridor 1, der Richtung Norden nach Kota führt, vorbei am Monas und über die Jl Sudirman. An den Haltestellen findet man Karten und Abfahrtszeiten (www.transjakarta.co.id/peta-rute/).

Der Fahrpreis liegt zwischen 3500 und 9000 Rp, damit kann jedes Ziel innerhalb des Netzwerks erreicht werden (egal, wie viele Busrouten man nutzt). Bezahlt wird mit einem Ticket (40 000 Rp, enthalten ist ein Guthaben von 20 000 Rp), das an den Schaltern an den Haltestellen gekauft werden kann.

VOM/ZUM FLUGHAFEN

Eine Mautstraße verbindet den **Soekarno-Hatta International Airport** (CGK) mit der Stadt. Die Fahrt dauert zwischen 45 Minuten und zwei Stunden – je nachdem, wie das Verkehrsaufkommen ist und wo man genau hinmöchte. Eine Taxifahrt ins Stadtzentrum kostet zwischen 150 000 und 220 000 Rp. Uber und Grab bringen Passagiere zum Flughafen, dürfen dort allerdings keine Fahrgäste aufnehmen; es besteht jedoch die Möglichkeit, die Abholung ein Stück vom Taxistand am Flughafen entfernt zu vereinbaren. Außerdem gibt's eine neue Zugverbindung zwischen dem Flughafen und den Bahnhöfen Sudirman und Manggarai (Fahrtzeit: 45 Min.). Alternativ steuern die Busse von **Damri** (Karte S. 82; ☎ 021-550 1290, 021-460 3708; www.busbandara.com; Gambir Station; 40 000 Rp; ⏱ alle 15–30 Min.) die wichtigsten Bahnhöfe an. Irgendwann in der Zukunft wird der Transjakarta Koridor 13 eine weitere Option darstellen.

Der **Halim Perdana Kusama Airport** bietet eingeschränkt Inlandsflüge. Für ein Taxi in die City zahlt man von dort aus 100 000 Rp.

An allen größeren **Bahnhöfen** in Jakarta stehen Taxis mit Taxameter bereit.

TAXI

- Taxis sind günstig in Jakarta. Sie sind mit Taxametern ausgestattet; die Grundgebühr liegt bei 7500 Rp, nach dem ersten Kilometer zahlt man alle 100 m ca. 300 Rp.
- Für Trinkgelder sind die Fahrer sehr dankbar.
- Nicht alle Taxifahrer sprechen Englisch (nicht einmal ein paar Brocken). Es ist deshalb sinnvoll, das Fahrtziel auf Bahasa zu notieren.
- Nicht alle Taxiunternehmen bieten einen guten Service. Für besonders verlässlich halten wir **Bluebird** (☎ 021-794 1234; www.bluebirdgroup.com); Fahrzeuge der Flotte können auf der Straße, an Taxiständen und vor vielen Hotels gefunden werden. Ansonsten bestellt man eines über die Handy-App von Bluebird.
- Uber (www.uber.com) und Grab (mit Sitz in Singapur; www.grab.com) haben z. T. sensationell günstige Preise (weniger als 20 US$ für achtstündige Fahrten durch die Stadt). Die Fahrten können über die Apps gebucht und verwaltet werden – es besteht jedoch keine Garantie, dass der Fahrer Englisch spricht. Maut- und Parkgebühren kosten extra.

Bogor

☎0251 / 1,04 MIO. EW.

Sir Stamford Raffles beschrieb Bogor, das er während der britischen Herrschaft zu seinem Landsitz erkor, als „romantisches kleines Dorf". Die kühle, ruhige Stadt ist für ihre Wetterkapriolen bekannt (in einem Jahr wurden ganze 322 Gewitterstürme gezählt). Sie war ein beliebter Rückzugsort der Kolonialisten, die Erholung von der stickigen, überfüllten Hauptstadt suchten.

Heute reicht der lange Arm Jakartas jedoch bis nach Bogor, das wie die Hauptstadt mittlerweile auch mit verstopften Straßen und Luftverschmutzung zu kämpfen hat. Dennoch hat es seinen Reiz. Die Einheimischen sind recht herzlich und freundlich und der erstklassige botanische Garten ist noch immer wunderschön. Beides sind gute Argumente für einen Besuch.

Sehenswertes

Führungen durch Bogor können in der **Touristeninformation** (☎081 6195 3838; Jl Dewi Sartika 51; ⌚8–18 Uhr) für etwa 200 000/300 000 Rp für einen halben/ganzen Tag gebucht werden. Sie umfassen den Besuch eines Arbeiter-*kampung* (Viertel) und verschiedener Hauswerkstätten, z. B. einer Gong-Fabrik und Tofu- und *krupuk* (Krabben-Chips-)Küchen. Die Angestellten können auch Wanderausflüge in den Nationalpark Halimun organisieren. Wer sich für den nahen Gunung Salak interessiert, einen aktiven Vulkan, sollte sich an Ridwan Guide Bogor (www.ridwanguidebogor.com) wenden.

★ **Kebun Raya** BOTANISCHER GARTEN

(Großer Garten; www.krbogor.lipi.go.id; Eintritt 25 000 Rp, Auto 30 000 Rp; ⌚8–19 Uhr) Im Herzen von Bogor liegt der wunderschöne botanische Garten Kebun Raya, die 87 ha große grüne Lunge der Stadt. Ursprünglich wurde er unter Generalgouverneur Raffles angelegt. Für die Erweiterung der großen 1817 offiziell eröffneten Anlage des Istana Bogor (Präsidentenpalastes) ist jedoch der niederländische Botaniker Professor Reinwardt verantwortlich, unterstützt wurde er von den Londoner Kew Gardens. Seine Kollegen entwickelten zudem verschiedene Nutzpflanzen für die Kolonialherren, darunter Tee, Maniok, Tabak und Fieberrinde.

Pasar Baru MARKT

(Ecke Jl Otto Iskandardinata & Suryakencana; ⌚6–13 Uhr) Auf der Jl Suryakencana, nur einen Katzensprung vom Eingang zum Botanischen Garten entfernt, sorgen die einkaufsfreudigen Massen, die aus den byzantinischen Betonhallen des Pasar Baru auf die Straße strömen, für rege Betriebsamkeit. Drinnen bietet der Morgenmarkt eine bunte Auswahl an Obst, Gemüse, Blumen, Fleisch, Fisch, gebrauchten Kleidern und mehr. Schwül-heiße Luft und jede Menge Lärm machen einen Besuch zu einem einzigartigen Erlebnis.

Schlafen & Essen

Tom's Homestay PENSION $

(☎0877 7046 7818; www.tomshomestay.com; Zi. inkl. Frühstück 100 000 Rp; 📶) Für eine tolle, authentische Erfahrung garantiert das Wohnhaus von Tom, der hier schon sein ganzes Leben zuhause ist. Das Gebäude ist einfach, hat aber reichlich Charakter und die Zimmer sind geräumig. Hinten befindet sich eine Veranda, auf der man entspannt sitzen und den Blick über den dschungelartigen Hinterhof schweifen lassen kann. Vom Bahnhof läuft man zehn Minuten. Tom kennt sich erwartungsgemäß super in der Gegend aus.

Cendana Mulia Hostel Bogor HOSTEL $

(☎0812-8662 795; Jl Cendana Mulia 9; B/Zi. inkl. Frühstück 120 000/230 000 Rp; ❄📶) In einer ruhigen Straße voller Wohnhäuser im nördlichen Teil der Stadt steht diese beliebte, chillige Pension. Sie ist blitzsauber und die

ABSTECHER

SUNDANESISCHEN ALLTAG ERLEBEN

Der Autor Yudhi Suryana, der einige Jahre in Neuseeland lebte, baut in Cianjur eine Tourismusindustrie auf – Schritt für Schritt und Gast für Gast. Mit seinem großartigen **Chill Out Guest House** (☎0813 2172 9004; www.cianjuradventure.com; Zi. inkl. 3 Mahlzeiten 250 000 Rp; 📶) und seinem originellen Programm an Wanderungen und Ausflugsfahrten möchte er Individualreisenden Einblicke in den authentischen sundanesischen Alltag bieten.

Die beliebteste Tour ist die **Traditional Village Tour** (175 000 Rp pro Pers., Mittagessen inkl.). Die Gäste nehmen ein *angkot* vom Stadtzentrum Cianjurs in die Hügel und folgen dort einem Beton-*gang* (Fußgängerweg), der irgendwann in einfachen Boden übergeht.

Bogor

Bogor

Highlights

Sehenswertes

Schlafen

Essen

Mitarbeiter sind unheimlich freundlich. Das Videoüberwachungssystem in den Schlafsälen ist ein wenig verstörend, stellt aber sicher, dass die Wertgegenstände keine Beine bekommen – umziehen muss man sich allerdings im Bad! An Wochenenden ziehen die Preise um 10 000 bis 20 000 Rp an.

★ De' Leuit INDONESISCH $$

(☎0251-839 0011; Jl Pakuan III; Hauptgerichte 40 000–105 000 Rp; ⊙10–22 Uhr; 📶🍴) Das unterhaltsamste Lokal Bogors hat Tische auf drei Etagen neben einem hohen pyramidenförmigen Strohdach. Am schönsten sitzt man in den unteren zwei Stockwerken. Auf den Tisch kommen *sate*, verschiedene Reisgerichte, gebratener *gurame* (Fisch), Brathähnchen sowie hiesige Gemüsegerichte. Wer es den sundanesischen Familien gleichtun möchte, kommt am besten mit einer Gruppe.

Grand Garden Café INTERNATIONAL $$

(☎0251-857 4070; im Kebun Raya; Hauptgerichte 45 000–105 000 Rp; ⊙So–Do 8–23, Fr & Sa bis 24 Uhr) Das Café-Restaurant im botanischen Garten ist ein sehr angenehmer Ort, um einen Happen zu essen oder etwas zu trinken. Der Blick schweift über die Anlage bis zu den Seerosenteichen. Zwar ist das Ganze nicht billig (zumal man bis 16 Uhr den Eintritt zum Garten in Höhe von 25 000 Rp zahlen muss), doch das machen die leckeren internationalen und indonesischen Gerichte sowie die erstklassige Lage wieder wett.

An- & Weiterreise

Etwa alle 15 Minuten machen sich am Busbahnhof Kampung Rambutan in Jakarta Busse auf den Weg zum zentral in Bogor gelegenen **Busbahnhof** (10 000–15 000 Rp, 45 Min.).

Es bestehen häufige Busverbindungen nach Bandung (klimatisiert, 65 000 Rp, 3½ Std.), Pelabuhan Ratu (50 000 Rp, 3 Std.) und Labuan (50 000 Rp, 4 Std.). Regelmäßig nehmen weiße Minibusse (*colt* genannt) von der Jalan Raya Pajajaran aus Kurs auf Cianjur (25 000–30 000 Rp, 2 Std.). Nach Bandung kommt man außerdem mit *travel*-Kleinbussen, die ihre Passagiere am Hotel abholen und direkt zum Ziel bringen (100 000 Rp).

Damri-Busse fahren von 2 bis 20.30 Uhr alle 40 Minuten von der **Jalan Raya Pajajaran** direkt zum Soekarno-Hatta International Airport (55 000 Rp, 2–3 Std.) in Jakarta.

Wer in die Hauptstadt möchte, nimmt einen der etwa stündlich fahrenden Expresszüge (6000–16 000 Rp, 1 Std.). Dabei sollte man Hauptverkehrszeiten am besten meiden. Züge der Economy-Klasse fahren häufiger, sind jedoch komplett überfüllt (teils klammern sich Passagiere am Dach fest!).

Bandung

☎022 / 2,8 MIO. EW.

Bandung steht für Punks und Gläubige, Religion und Cafékultur. Die Stadt vereint Indonesiens positive und negative Seiten: betriebsame Märkte und gute Shoppingmöglichkeiten, beliebte Cafés in restaurierten niederländischen Bauten und herzliche Begegnungen an Straßenecken, aber eben auch den allgegenwärtigen, nervtötenden, die Luft verpestenden Verkehr. Vielleicht wird man sich angesichts sehr junger rauchender Teenager oder der Armut innerlich krümmen, während man der wachsenden und florierenden Mittelschicht voller Anerkennung zunicken möchte. Ja, Bandung bietet alles außer Natur, und wer hier im Anschluss an den Besuch der flaschengrünen Hügel von Cibodas eintrifft, wird durch die weitläufige Betonmasse von Bandung ziemlich unsanft zurück in die städtische Realität geholt. Doch auch wenn die umliegenden Berge in Smog gehüllt sind, eignet sich Bandung gut als Basis für Tagestouren zu den hohen Vulkangipfeln, heißen Quellen und Teepflanzungen in nächster Nachbarschaft.

Entlang der Jl Jenderal Sudirman und Jl Asia Afrika sind einige niederländische Art-déco-Bauten zu bewundern. Zwei der schönsten sind **Prama Grand Preanger** (www.preanger.aerowisata.com; Jl Asia Afrika 181) und das **Savoy Homann Hotel** (www.savoyhomann-hotel.com; Jl Asia Afrika 112). Beide haben erstaunliche Fassaden. Ein weiterer niederländischer Art-déco-Traum ist die Villa Isola im Norden der Stadt.

Ein freundlicher selbständiger Touristenführer, der Englisch spricht, ist **Enoss** (☎0852 2106 3788; enoss_travellers@yahoo.com). Er begleitet Traveller einen Tag lang zu den Sehenswürdigkeiten im Norden und Süden von Bandung (400 000 Rp pro Pers.). Dabei handelt es sich nicht um die üblichen Attraktionen. Er organsiert zudem Ausflüge nach Pangandaran (via Garut; 800 000 Rp).

Schlafen

The Attic HOSTEL $

(☎0856 2101 500; www.facebook.com/theatticbedandbreakfast; Jl Juanda 130; inkl. Frühstück, B 120 000, DZ mit Gemeinschafts-/privatem Bad 200 000/250 000 Rp; ❄📶) Die unverändert beste Budgetbleibe von Bandung liegt 4 km nördlich der Stadt. Sie wird von netten Leuten betrieben, die gern über die Gegend informieren und Touren organisieren. Die Schlafsäle und Privatzimmer sind einfach, aber picobello sauber und mit komfortablen Betten eingerichtet. Für Selbstversorger steht eine gemütliche Küche zur Verfügung.

Chez Bon HOSTEL $

(☎0811 2015 333, 022-426 0600; www.chez-bon.com; Jl Braga 45; B inkl. Frühstück 150 000 Rp; ❄📶) Da, wo am meisten los ist, hat sich das beliebte Chez Bon niedergelassen, ein ziemlich generisch wirkendes Hostel; von der Jl Braga führen ein paar verlotterte Marmorstufen hinauf. Geschlafen wird in durchweg klimatisierten Zimmern mit zwei, sechs oder 16 Betten, Schließfächern und WLAN.

An- & Weiterreise

5 km südlich des Zentrums liegt der Busbahnhof Leuwi Panjang. Dort gibt's Verbindungen zu Zielen im Westen wie Cianjur (Standard/klimatisiert 20 000/30 000 Rp, 2 Std.), Bogor (klimatisiert 70 000 Rp, 3½ Std.) und zum Busbahnhof Kampung Rambutan in Jakarta (50 000 Rp to 65 000 Rp, 3 Std.). Die Busfahrt nach Bogor dauert am Wochenende mindestens eine Stunde länger; Schuld ist der starke Verkehr. Täglich machen sich Züge auf den Weg nach Jakarta, Surabaya und Yogyakarta.

Pangandaran

☎0265 / 52 163 EW.

Pangandaran, Westjavas Strandort Nummer eins, erstreckt sich zwischen zwei breiten Sandstreifen und einem dicht bewaldeten Nationalpark auf der nahegelegenen Landzunge. Der Ort ist dicht bebaut, insbesondere das südliche Ende. Dort stehen mehrere Betonklötze Schulter an Schulter.

Wer nach Pangandaran fährt, muss am Eingangstor einen Eintritt in Höhe von 6000 Rp zahlen.

Sehenswertes

Nationalpark Pangandaran NATIONALPARK
(Taman Nasional Pangandaran; wochentags/Wochenende 215 000/315 000 Rp; ⌚7–17 Uhr) Der Pangandaran-Nationalpark, ein verwildertes, dichtes Waldgebiet, nimmt das gesamte Südende von Pangandaran ein. Hier leben Stachelschweine, *kijang* (Muntjaks), Nashornvögel, Warane und Affen (z. B. Silbergibbons), und kleine Buchten umschließen von Bäumen gesäumte Strände. Der Park umfasst zwei Teile, den Besucherbereich und den Dschungel.

Um ihn zu schützen, ist der Dschungel für Besucher geschlossen. Gut instand gehaltene Wege führen durch den zugänglichen Teil des Parks zu kleinen Höhlen (darunter Gua Jepang, die im Zweiten Weltkrieg von den Japanern genutzt wurde), zu den Überresten eines Hindu-Tempels, nach Batu Kalde und zu einem netten Strand auf der Ostseite. Englischsprechende Guides warten an beiden Eingängen auf Kundschaft und verlangen rund 100 000 Rp (pro Gruppe à 4 Pers.) für eine zweistündige Wanderung bzw. bis zu 200 000 Rp für eine Fünf-Stunden-Tour. Pangandarans bester Badestrand, Pasir Putih, liegt an der Westseite des Nationalparks.

Geführte Touren

Es ist noch immer möglich, die einst sehr beliebte Bootsfahrt auf dem Citandui östlich von Pangandaran zu unternehmen (via Majingklak-Hafen nach Cilacap), es gibt aber keine festgelegten Abfahrten, man muss sich also selbst ein *compreng* (Holzboot) chartern. Die Bootsführer in Majingklak bieten die dreistündige Tour für 550 000 Rp an. Alternativ meldet man sich bei einem Tourveranstalter in Pangandaran und organsiert eine Fahrt ab dem Hafen von Kalipucang; der Preis ist derselbe.

Die beliebten Green-Canyon- und Green-Valley-Touren (350 000 Rp pro Pers.) starten in Pangandaran und vereinen gewöhnlich Besuche mehrerer Hauswerkstätten, darunter eine Zucker-, *tahu-* (Tofu) oder *krupuk*-(Krabben-Chips-)Küche sowie ein Hersteller von *wayang golek* (dreidimensionale Holzpuppen). Es gibt außerdem Touren nach Paradise Island, einer unbewohnten Insel in der Nähe mit hervorragenden Stränden (darunter ein 5 km langer weißer Sandstrand) und Wellen.

Mas Rudin (☎0813 8005 6724; www.pangandaran-guide.com) ist ein großartiger einheimischer Guide, der von **MM Books** (Jl Pasanggrahan; ⌚9–19 Uhr) aus operiert. Er bietet verschiedene Touren zu fairen Preisen und auf der Website stehen jede Menge Informationen. Auch in den Unterkünften werden Guides vermittelt.

Schlafen & Essen

Rinjani Homestay PENSION $
(☎0813 2302 0263, 0265-639757; rinjanipnd@gmail.com; EZ/DZ inkl. Frühstück mit Ventilator 100 000/130 000 Rp, klimatisiert 130 000/160 000 Rp; ❄📶) Zehn hübsche geflieste Zimmer mit Holzmöbeln, Privatveranden und sauberen Bädern (kein Warmwasser) in einem charmanten, ruhigen und günstigen Familienbetrieb. In der Ferienzeit steigen die Preise um bis zu 100 000 Rp.

Mini Tiga Homestay PENSION $
(☎0265-639436; www.minitigahomestay.weebly.com; abseits der Jl Pamugaran Bulak Laut; EZ/DZ/3BZ inkl. Frühstück mit Ventilator 125 000/175 000/195 000 Rp, klimatisiert 216 000/270 000/295 000 Rp; @📶) Die 13 Zimmer sind sauber, geräumig und mit Bambuswänden und gebatikten Wandbehängen ansprechend aufgemacht. Private Bäder und moderne Toiletten (sprich: zum Sitzen) sind Standard. Zum Angebot gehören außerdem gute Touren, u. a. eine beliebte zum Green Canyon in der Nähe (300 000 Rp), sowie die Buchung von Tickets.

★ **Adam's Homestay** HOTEL $$
(☎0265-639396, 0813 2146 1636; www.adamshomestay.com; abseits der Jl Pamugaran Bulak Laut; Zi. inkl. Frühstück 350 000–488 000 Rp; ❄📶🏊) Pangandarans einziges wirklich überzeugendes Hotel verströmt eine wunderbar entspannte Atmosphäre und ist eine stylische Bleibe. Die ästhetisch ansprechenden Unterkünfte (viele mit Balkon, Balkendecken und Bädern unter freiem Himmel) sind um einen edlen Pool und über einen üppigen balinesischen Garten mit exotischen Pflanzen, Lotusteichen und Vögeln verteilt. Leckere internati-

onale und heimische Küche gibt's ebenfalls, u.a. tolles Frühstück, das Kirsten, die deutsche Besitzerin, selbst zubereitet.

Rumah Makan Christi INDONESISCH $
(Jl Pamugaran; Mahlzeiten 20 000–40 000 Rp; ⏲7–22 Uhr) Gute hiesige Küche serviert das saubere, ordentliche *rumah makan* (Restaurant) mit großem Innenraum und Sitzbänken im Außenbereich. In der Küche werden Tofu, Hühnchen und Fisch gebraten, gegrillt und gekocht. Zur rundum authentisch javanischen Auswahl zählen auch vegetarische Gerichte. Man wählt seinen Favoriten und lässt ihn sich an Gemeinschaftstischen zusammen mit neuen Freunden schmecken.

★**Pasar Ikan** FISCH & MEERESFRÜCHTE $$
(Fischmarkt; Jl Raya Timor; Fisch ca. 90 000 Rp; ⏲11–22 Uhr) Auf dem genialen Fischmarkt gibt's mehr als ein Dutzend große, zu den Seiten hin offene Restaurants ganz in der Nähe des Oststrands. **Karya Bahari** gilt als das beste, was den großen Gästeandrang erklärt. Im Grunde funktionieren jedoch alle nach demselben Prinzip.

★**Bamboo Beach Café** BAR
(Jl Pamugaran; ⏲8.30 Uhr–open end) Diese nette Bar ist der perfekte Ort, um mit einem kalten Bintang in der Hand die Brandung im Auge zu behalten, insbesondere bei Sonnenuntergang. Die Sitzbänke und Tische unter strohgedeckten Schirmen reichen bis zum Strand. Bei Redaktionsschluss war das Bamboo (wie zahlreiche andere *warung* – Essensstände – am Strand) im Begriff, an den Strand 5 km westlich der Stadt umzuziehen.

ℹ An- & Weiterreise

Die Reise nach Pangandaran kann zu einer frustrierend langen und komplizierten Angelegenheit werden. Sidareja, der nächste Bahnhof, ist 41 km entfernt. Mas Rudin (S. 90) organisiert Zugtickets. Wenn man die Stadt betritt, wird eine Touristengebühr (6000 Rp) fällig.

Die meisten *patas*-(Express-)Busse nach Jakarta und Bandung fahren am **Hauptbusbahnhof** 1,5 km nördlich von Strand und Touristenzentrum entfernt ab. Auch am **Budiman-Busdepot** (☎0265-339854; www.budimanbus.com) 2 km westlich von Pangandaran entlang der Jl Merdeka fahren regelmäßig Busse ab, die meist aber ebenfalls am Hauptbusbahnhof anhalten. Verbindungen nach Bandung (65 000–78 000 Rp, 6 Std.) und nach Jakarta (Kampung Rambutan; 85 000–95 000 Rp, 8–9 Std.) bestehen etwa stündlich. Täglich machen sich zudem zwei

Pangandaran

Sehenswertes
1 Pangandaran-Nationalpark B4

Aktivitäten, Kurse & Touren
2 Mas Rudin A2

Schlafen
3 Adam's Homestay A2
4 Mini Tiga Homestay A2
5 Rinjani Homestay A2

Essen
6 Pasar Ikan B3
7 Rumah Makan Christi B3

Ausgehen & Nachtleben
8 Bamboo Beach Café A2

Shoppen
9 MM Books B4

travel-Minibusse von **Sari Harum** (☎0265-607 7065) auf den Weg nach Bandung (von Tür zu Tür; 100 000 Rp, 6 Std.).

Budiman schickt etwa fünf Minibusse pro Tag nach Yogyakarta (90 000 Rp, 9 Std.), die Minibusse von **Estu Travel** (☎0812 2679 2456, 027-4668 4567) fahren um 9 und um 20 Uhr los (130 000 Rp, 9 Std.). Bei beiden ist der Hauptbusbahnhof Abfahrtsort.

Vom **Sari-Bakti-Utama-Busdepot** – ebenfalls am Hauptbusterminal – kann man stündlich nach Banjar (30 000 Rp, 2 Std.) und Sidareja (um zum Bahnhof zu gelangen; 30 000 Rp, 1½ Std.) fahren.

Unterwegs vor Ort

Für eines der bunten Becak (Fahrrad-Rikscha) zahlt man ab ca. 10 000 Rp – handeln, was das Zeug hält! Die Fahrt vom Busbahnhof zum Hauptstrand liegt bei etwa 20 000 Rp. Fahrräder können für ca. 20 000 Rp am Tag gemietet werden, Motorräder kosten um die 70 000 Rp pro Tag.

Batu Karas

☎0265 / 3000 EW.

Batu Karas, ein idyllisches Fischerstädtchen und Surferhotspot, liegt 32 km westlich von Pangandaran. Es handelt sich um einen der schönsten Orte im Westen Javas. Mit lediglich einer einspurigen Straße und zwei Stränden, die durch eine bewaldete Landspitze voneinander getrennt sind, scheint das winzige Fischerdorf einer Postkarte entsprungen zu sein.

Der kleinere Surferstrand erstreckt sich an einer charmanten Bucht, versteckt zwischen zwei felsigen Landzungen. Am anderen Strand, einem langen, geschwungenen Streifen aus schwarzem Sand, liegen Ponton-Fischerboote vor Anker. Sie stechen allabendlich zum Fischfang in See. In den geschützten ruhigen Bereichen kann man gut baden, viele Besucher kommen jedoch wegen der Wellen – die Surferdichte ist sehr hoch.

An den Wochenenden wird der Ort zuweilen von einheimischen Touristen „überschwemmt"; die beste Zeit zum Wellenreiten und Relaxen ist deshalb unter der Woche.

Batu Karas ist einer der besten Orte Javas, um surfen zu lernen. Für Anfänger eignet sich The Point (vorm Java Cove Hostel) perfekt. Die sanfte Sandbodenwelle ist vom Strand aus gut zu erreichen. Weitere Breaks sind z. B. The Reef, ein Riff-Break tief im Wasser, und Bulak Bender, ein anspruchsvoller Righthander im offenen Meer; mit dem Rad oder Boot benötigt man 40 Minuten dorthin.

Schlafen & Essen

★ Treehouse PENSION $

(☎0821 3087 6531, 0822 2000 9155; Jl Pantai Indah; Zi. 150 000–250 000 Rp) Eine einzigartige Übernachtungsmöglichkeit ist diese ansprechende Pension mit den bunt bemalten Fensterläden. Der Name spielt auf den riesigen Baum an, der in dem Gebäude wächst. Die beiden Etagen haben unterschiedliche Besitzer, in beiden Geschossen herrscht jedoch eine rustikale, lebendige Stimmung und die Betten sind gemütlich. Das obere Stockwerk wartet mit einem zusätzlichen Loft-Bereich auf (bis zu 6 Gäste) – prima Preis-Leistungs-Verhältnis.

Bonsai Bungalow PENSION $

(☎0812 2197 8950; Jl Pantai Indah; Zi. mit Ventilator/klimatisiert 200 000/250 000 Rp; @) Einen Tick besser als die anderen Beach Bungalows ist diese entspannte Adresse an der Straße gegenüber vom Strand. An die spartanischen Zimmer grenzt ein Bad und es gibt eine Veranda zum Faulenzen. Verpflegung wird nur in Form von Flüssignahrung (Bier) bereitgestellt.

BK Homestay HOMESTAY $

(☎0265-7015 708, 0822 6023 7802; www.batukarashomestay.com; Jl Pantai Indah; Zi. inkl. Frühstück 200 000 Rp; 📶) Abseits des Parkplatzes für den Hauptstrand, mitten im Trubel, locken seitlich verglaste Zimmer mit Ventilator, hohen Decken und Parkettboden. Das Restaurant im unteren Stock bietet WLAN und ein großartiges Preis-Leistungs-Verhältnis. Warmes Wasser gibt's nicht, das stört aber kaum.

Beach Corner INDONESISCH $

(Hauptgerichte 15 000–40 000 Rp; ⏲6–22 Uhr) Direkt auf dem Sand am Rande des Surfstrands steht dieser *warung* mit dem passenden Namen „Strandecke", in dem indonesische und westliche Hauptgerichte, kaltes Bier und starker Java-Kaffee auf den Tisch kommen.

An- & Weiterreise

Nach Batu Karas fahren keine öffentlichen Verkehrsmittel. Alternativ steigt man in Pangandaran in einen Bus nach Cijulang (10 000 Rp) und dann in einen *ojek* (20 000–30 000 Rp) oder man mietet sich in Pangandaran (50 000 Rp/Tag) ein Motorrad und fährt selbst. Die dritte (teure) Option ist ein Transfer im Privat-Pkw (300 000 Rp). Gemessen an der Distanz ist dieser Preis unfassbar – und dennoch gängig während der Hauptsaison. Man sollte ordentlich handeln, gerade in der Nebensaison.

Wonosobo

0286 / 113 000 EW.

Das quirlige Wonosobo ist eine typische Stadt auf dem Lande. Sie hat einen lebendigen Markt und dient außerdem als Tor zum Dieng-Plateau. Dieses liegt auf einer Höhe von 900 m über dem Meeresspiegel und wartet mit einem angenehmen Klima auf.

Wer Wert auf Komfort legt, könnte sich in einem der guten Hotels vor Ort einquartieren und von dort aus Ausflüge nach Dieng unternehmen; das Plateau ist mit Standardbussen zu erreichen und nur knapp über eine Stunde entfernt.

Das **Duta Homestay** (0813-9337 9954, 0286-321674; Jl Rumah Sakit III; DZ inkl. Frühstück 200 000–300 000 Rp;) ist eine ziemlich elegante Pension und empfängt schon seit mehreren Jahren Gäste. In den hübschen Zimmern mit freigelegtem Mauerwerk stehen Antiquitäten.

Einheimische halten das **Shanti Rahayu** (Jl A Yani 122; Mahlzeiten 12 500–35 000 Rp; 8–21 Uhr) für eines der besten Restaurants für authentische zentraljavanische Küche. Die Hühnchen-Currys sind klasse.

An- & Weiterreise

Der Busbahnhof von Wonosobo liegt 4 km außerhalb der Stadt an der Straße nach Magelang. Busse nehmen bis etwa 16 Uhr Kurs auf Yogyakarta (60 000 Rp, 4 Std.), Bandung (80 000 Rp, 8½ Std.), Jakarta (100 000 Rp, 10–12 Std.), Borobudur (25 000 Rp, 3 Std.) und Magelang (15 000 Rp, 40 Min.).

Stündlich starten Busse nach Semarang (45 000 Rp, 4 Std.), die durch Ambarawa fahren (25 000 Rp, 2½ Std.). Den ganzen Tag über bestehen zahlreiche Verbindungen nach Dieng (15 000 Rp, 1 Std.); nach Dieng wird Batur angesteuert. Abfahrt ist auf der Jl Rumah Sakit, 100 m vom Duta Homestay entfernt. Der letzte Bus fährt um 17 Uhr. **Sumber Alam** (0286-321589; www.sumberalam.co.id) schickt Minibusse (von Tür zu Tür) via Borobudur (50 000 Rp, 2½ Std.) nach Yogyakarta (60 000 Rp, 3½ Std.).

Dieng-Plateau

0286

Das spektakuläre, 2000 m hohe Vulkanplateau Dieng (Wohnsitz der Götter) ist eine traumhaft schöne, üppig grüne und fruchtbare Landschaft, durchzogen von terrassenförmig angelegten Kartoffel- und Tabakfeldern. Hier befinden sich mit die ältesten Beispiele für Hindu-Architektur in Java. Ursprünglich bedeckten mehr als 400 Tempel (meist aus dem 8. und 9. Jh.) die Ebene, doch sie wurden zurückgelassen und gerieten in Vergessenheit und wurden erst 1856 von dem Archäologen van Kinsbergen wiederentdeckt.

Die gedrungenen, einfachen Tempel sind archäologisch bedeutsam, wer kein Experte ist, wird ihren Anblick allerdings wahrscheinlich nicht zum Niederknien finden. Tatsächlich ist die traumhafte Szenerie der Hauptgrund, die lange Anreise in dieses entlegene Gebiet zu unternehmen. Man kann unzählige Wanderungen auf dem vulkanisch aktiven Plateau unternehmen – zu mineralischen Seen, dampfenden Kratern oder auch zum höchstgelegenen Dorf auf Java, Sembungan. Dieng ist überdies das Basislager für die beliebte Besteigung des Gunung Prau. Die meisten Wanderer machen sich in den frühen Morgenstunden auf den Weg, um den Sonnenaufgang auf dem Gipfel mitzuerleben.

Sehenswertes & Aktivitäten

Arjuna-Tempelanlage HINDU-TEMPEL

(inkl. Candi Gatutkaca & Kawah Sikidang 30 000 Rp; 7–18 Uhr) Die fünf Haupttempel dieser Anlage drängen sich auf der zentralen Ebene. Es handelt sich zwar um Shiva-Tempel, doch wie die anderen Dieng-Tempel sind auch diese nach den Helden der *wayang*- (javanisches Puppentheater) Geschichten aus dem Mahabharata-Epos benannt: Sie heißen Arjuna, Puntadewa, Srikandi, Sembadra und Semar. Die Eingänge erinnern an Münder, die Fenster haben eine eigenartige Glockenform. Manche Einheimische bringen Opfergaben dar, zünden Räucherstäbchen an und meditieren.

Telaga Warna SEE

(wochentags/Wochenende 100 000/150 000 Rp; 7–17 Uhr) Der bildschöne See erstrahlt in Türkis- und Kobaltblautönen, was auf die blubbernden Schwefelablagerungen an seinem Ufer zurückzuführen ist. Ringsum erhebt sich Hochlandwald. Wer die Besuchermassen hinter sich lassen will, folgt dem Weg gegen den Uhrzeigersinn zum Nachbarsee Telaga Pengilon und passiert die Meditationshöhle Gua Semar. Einen schönen Blick auf beide Seen genießt man, wenn man über den schmalen Pfad, der um den Telaga Pengilon und einen terrassierten Hang hinaufführt, zur Hauptstraße zurückkehrt.

Gunung Prau WANDERN

Eine beliebte, steile dreistündige Wanderung auf den Gunung Prau (2565 m) startet um 3 Uhr im Dorf. Der Gipfel ist kein Gipfel im herkömmlichen Sinn, sondern eine weitläufige Savanne mit Blick auf fünf Vulkane und acht Berge. Mehrere Veranstalter organisieren den Aufstieg; Losmen Budjono nimmt 250 000 Rp. Wasser mitnehmen!

Schlafen

Losmen Budjono PENSION $

(☎ 0852 2664 5669, 0286-642046; Jl Raya Dieng, Km 26; Zi. mit Gemeinschafts-/privatem Bad 100 000/200 000 Rp; 📶) Schon seit Jahren beherbergt die einfache, gesellige Pension Backpacker, ihre einfachen, sauberen und günstigen Zimmer besitzen einen etwas maroden Charme. Das angenehme, gepflegte Restaurant im unteren Stock (Hauptgerichte 12 000–25 000 Rp) wartet mit Tischdecken und Spitzenvorhängen auf. Das Losmen Budjono liegt nahe der Abzweigung nach Wonosobo und veranstaltet gute Touren zum Gunung Prau (250 000 Rp pro Pers., 3 Std.); losmarschiert wird um 2.30 Uhr.

Homestay Flamboyan HOMESTAY $

(☎ 0852 2744 3029, 0813-2760 5040; www.flamboyandieng.com; Jl Raya Dieng 40; Zi. 200 000 Rp; 📶) Eine von drei Privatunterkünften in dieser Ecke, die ein anständiges Preis-Leistungs-Verhältnis bieten. Die Teppiche mögen Flecken haben, dafür gibt's kreative kubistische Malereien. Alle Zimmer haben eigene Bäder, hohe Decken und ein gemütliches Mobiliar.

An- & Weiterreise

Dieng ist 26 km von Wonosobo entfernt; gewöhnlich fährt man von dort aus mit dem Bus los (15 000 Rp, 45 Min. bis 1 Std.). Dieng kann auch von Yogyakarta aus mit dem öffentlichen Bus innerhalb eines Tages besucht werden (inkl. eines Halts in Borobudur), sofern man früh genug aufbricht – gegen 6 Uhr morgens –, um den Anschluss zu erwischen. Die Route sieht aus wie folgt: Yogyakarta–Borobudur–Magelang–Wonosobo–Dieng.

Tourveranstalter wie **Jogja Trans** (☎ 0816 426 0124, 0274-439 8495; www.jogjatrans.com) in Yogyakarta bieten Tagestouren nach Borobudur für 750 000 bis 800 000 Rp pro Wagen an.

Yogyakarta

☎ 0274 / 636 660 EW.

Wenn Jakarta Javas Finanz- und Industriezentrum ist, ist Yogyakarta (gesprochen dschogdschakarta; kurz Yogya oder Jogja) seine Seele. Hier ist das künstlerische und intellektuelle Erbe der Insel am greifbarsten, die javanische Sprache am reinsten, die

Yogyakarta

Sehenswertes
- 1 Kraton ... B5
- 2 Mesjid Besar ... B4
- 3 Pasar Beringharjo ... B4
- 4 Sono-Budoyo-Museum ... B4
- 5 Stadion Kridosono ... C2
- 6 Taman Sari ... A5

Aktivitäten, Kure & Touren
- 7 Kaleidoscope of Java ... B7
- 8 Via Via Tours ... C7

Schlafen
- 9 Abrabracadabra ... A7
- 10 Adhisthana ... C7
- 11 Delta Homestay ... B7
- 12 Greenhost ... B7
- 13 Kampoeng Djawa Hotel ... C7
- 14 Laura's Backpackers 523 ... C3
- 15 Ostic House ... A6
- Rumah Eyang ... (siehe 7)
- 16 Via Via ... C6

Essen
- 17 Bu Ageng ... B6
- 18 Gadri Resto ... B5
- 19 Mediterranea ... B7
- 20 Milas ... B7
- Simple Plant ... (siehe 8)
- 21 Tempo del Gelato ... C6
- Via Via ... (siehe 8)

Ausgehen & Nachtleben
- Agenda ... (siehe 12)
- 22 Awor Gallery & Coffee ... C1
- 23 Sakapatat Social House ... B1

Unterhaltung
- 24 Asmara Art & Coffee Shop ... B6
- 25 Ramayana Ballet Purawisata ... C5
- 26 Sasono Hinggil ... B5
- Sono-Budoyo-Museum ... (siehe 4)

Shoppen
- 27 Batik Keris ... B3
- 28 Hamzah Batik ... B4
- 29 Lana Gallery ... C7
- Via Via ... (siehe 8)

Yogyakarta

0
1 km
Borobudur (42 km)
Jl W Monginsidi
Jimbaran (6 km)
Jl Dr Sarjito
Kaliurang (25 km)
Jl Simanjuntak
Jl Cik Ditiro
Tojoyo 3 (400 m); (10 km); Prambanan (17 km); Solo (65 km)
Jl Magelang
Jl AM Sangaji
Jl Diponegoro
Jl Jenderal Sudirman
Jl Urip Sumoharjo (Jl Solo)
Jl Tentara Pelajar
Jl Suroto
Jl Yos Sudarso
Jl Langensari
Yogyakarta (Tugu)
Jl Abu Bakar Ali
Jl Jlagran Lor
Jl Pasar Kembang
Jl Kom Pol B Suprapto
Lempuyangan
Ludira Husada Tama Hospital (500 m)
siehe Karte Sosrowijayan & Umgebung (S. 98)
Jl Dagen
Jl Malioboro
Jl Mataram
Jl Hayam Wuruk
Jl Dr Sutomo
Jl Let Jen Suprapto
Jl Pajeksan
Jl Suryatmaja
Jl Jeminahan
Jl Bausasran
Jl Gayam
Jl A Yani
Jl Gajahmada
Jl Mayor Suryotomo
Gedung Negara (Gouverneursgebäude)
Jl KH Ahmad Dahlan
Jl Senopati
Jl Sultan Agung
Jl Kusuma-negara
Jogja-National-museum (400 m)
Kali Code
Jl Bintaran Wetan
Jl Ibu Ruswo
Jl Agus Salim
Jl Kauman
Jl Alun Alun
Jl Ngasem
Kraton-Eingang
Jl Wahid Hasym
Jl Taman
Jl Brigjen Katamso
Jl Taman Siswa
Jl Batikan
Jl MT Haryono
Day Trans
Jl May Jend Sutoyo
Jl Kol Sugiyono
Jl Menteri Supeno
Jl Parangtritis
Jl Suryodiningratan
Jl Tirtodipuran
Jl Sisingamangaraja
Jl Panjaitan
Jl Mangkuyudan
Jl Menukan
Imogiri (20 km)

Kunst am strahlendsten und die Tradition am tiefsten verwurzelt.

Die Stadt verteidigt stolz ihre Unabhängigkeit und ihre Bräuche. Bis heute herrscht hier ein Sultan, dessen *kraton* (ummauerter Stadtpalast) das Herz des traditionellen Lebens bildet. Gleichzeitig ist das moderne Yogya ein riesiger urbaner Ballungsraum (im gesamten Einzugsgebiet leben über 3,3 Mio. Menschen) mit schillernden Einkaufszentren, Fast-Food-Ketten und verstopften Straßen und bleibt dabei doch ein Zentrum der Batikkunst, des Musikstils *gamelan* und uralter Rituale.

All diese Facetten ergeben Indonesiens coolste, lebens- und liebenswerteste Stadt mit Streetart, Galerien, Cafés und kulturellen Attraktionen, wohin man auch schaut. Darüber hinaus ist Yogya die perfekte Basis, wenn man sich die wichtigsten archäologischen Stätten Indonesiens ansehen will: Borobudur und Prambanan.

Sehenswertes

★ Affandi-Museum — MUSEUM

(☎ 0274-562593; www.affandi.org; Jl Laksda Adisucipto 167; Erw./Stud./Kind unter 6 J. 75 000/35 000 Rp/frei, Kamera 20 000 Rp, Handy mit Kamera 10 000 Rp; ⊙ Mo–Sa 9–16 Uhr) Einer der gefeiertsten Künstler Indonesiens, Affandi (1907–1990), lebte und arbeitete in einem herrlich schrulligen selbstdesignten Hausatelier am Fluss, ca. 6 km östlich vom Stadtzentrum. Heute birgt es das Affandi-Museum, ein Muss für jeden Kunstliebhaber. Hier ist eine umfassende Sammlung seiner abstrakten Bilder untergebracht. Sein expressionistischer Stil mit den für ihn typischen gebogenen Strichen erinnert an van Gogh. Sehenswert ist auch sein Auto, ein 1967er Galant mit überdimensioniertem Heckspoiler in Limettengrün und Gelb, eine Spezialanfertigung.

Taman Sari — PALAST

(Karte S. 95; Jl Taman; Eintritt 15 000 Rp, Kamera 2000 Rp; ⊙ 9–15 Uhr) Der Komplex erstreckt sich südwestlich des *kraton* und diente einst dem Sultan und seiner Gefolgschaft als prachtvoller Erholungspark mit Palästen, Becken und Wasserwegen. Angeblich ließ der Sultan den portugiesischen Architekten, der die kunstvolle Anlage entworfen hatte, hinrichten, um sein verstecktes Erholungsparadies geheim zu halten. Es entstand zwischen 1758 und 1765 und wurde im javanischen Krieg beschädigt. Den Rest übernahm ein Erdbeben im Jahr 1865.

Stadion Kridosono — KUNST IM ÖFFENTLICHEN RAUM

(Karte S. 90; Jl Yos Sudarso) In Sachen Streetart könnte man Yogya mit einer riesigen Open-Air-Galerie vergleichen, in der jede Wand mit Graffitis, Drucken, Malereien und Plakaten bedeckt ist. Ein guter Ort, um ein paar dieser Arbeiten zu sehen, ist das alte Fußballstadion, eine Art Leinwand für kontroverse, politische und respektlose Kunst im öffentlichen Raum.

Jogja National Museum — GALERIE

(☎ 0274-586105; www.jogjanationalmuseum.com; Jl Amri Yahya 1; ⊙ 10–21 Uhr) GRATIS Die beste Galerie für zeitgenössische Kunst der Stadt befindet sich in einem riesigen mehrgeschossigen Gebäude, das in den 1950ern als Kunstfakultät erbaut wurde. Heute werden hier die Arbeiten indonesischer Künstler gezeigt; die Ausstellungen wechseln monatlich; Genaueres auf der Website. Regelmäßig treten einheimische Bands auf und es gibt einen coolen **Plattenladen** (☎ 0856 3425 7226) vor Ort.

Kraton — PALAST

(Karte S. 95; ☎ 0274-373321; Jl Rotowijayan Blok 1; Eintritt 15 000 Rp, Kamera 1000 Rp, Führung gegen Spende; ⊙ Sa–Do 8.30–14, Fr bis 13 Uhr) Kulturelles und politisches Herz der faszinierenden Stadt ist der riesige Sultanspalast von Yogya, der *kraton*. Bei diesem einzigartigen Komplex handelt es sich quasi um eine ummauerte Stadt. Hier leben rund 25 000 Menschen, es gibt einen eigenen Markt, außerdem Geschäfte, Batik- und Silberindustrie, Schulen und Moscheen. Rund 1000 Bewohner arbeiten für den Sultan. Leider werden die Attraktionen nicht besonders gut präsentiert.

Pasar Beringharjo — MARKT

(Karte S. 95; Jl A Yani; ⊙ 9–17 Uhr) Etwa 800 m nördlich des *kraton* befindet sich Yogyas quirliger, faszinierender Hauptmarkt. Im vorderen Bereich bekommt man sehr viele Batikwaren, hauptsächlich günstige *batik cap* (aufgedruckte Muster). Spannender ist allerdings der traditionelle Markt im alten Bereich weiter hinten, denn dort dominieren *warung* (Lebensmittelstände) und massenweise Obst- und Gemüsesorten. Auch die Auswahl an *rempah* (Gewürzen) an der rückwärtigen Seite des Erdgeschosses kann sich sehen lassen. Frühmorgens ist die Atmosphäre am eindrucksvollsten.

Sono-Budoyo-Museum — MUSEUM

(Karte S. 95; ☎ 0274-376775; www.sonobudoyo.com; Jl Pangurakan 6; 5000 Rp; ⊙ Di–Do, Sa & So 8–15.30, Fr bis 14.30 Uhr) Das beste Museum der Stadt, denn die Sammlung javanischer Kunst, darunter *wayang-kulit*-Puppen, *topeng* (Holzmasken), *kris* und Batikartikel, ist wirklich hochkarätig! Zudem quillt der Hof über vor lauter Hindu-Statuen und Artefakten von weither, und die balinesischen Schnitzarbeiten sind großartig. Auch *wayang-kulit*-Vorführungen finden hier statt.

Geführte Touren

Die verschiedenen Reiseagenturen entlang der Jl Prawirotaman und in der Sosrowijayan-Gegend bieten zahlreiche Touren zu ähnlichen Preisen an. Typische Tagesausflüge führen nach Dieng, Gedong Songo und Ambarawa, zum Prambanan, zum Borobudur und nach Parangtritis sowie nach Solo und zum Candi Sukuh.

★ Via Via Tours GEFÜHRTE TOUREN
(Karte S. 95; ☎ 0274-386557; www.viaviajogja.com; Jl Prawirotaman I 30) In diesem berühmten Café-Restaurant (S. 99) werden viele verschiedene Touren angeboten, darunter einige sehr kreative. Zum Angebot gehören eine Auswahl von Rad- und Motorradausflügen, u. a. auf abgelegenen Seitenstraßen zum Prambanan (135 000 Rp), Stadtspaziergänge (120 000–135 000 Rp), Feinschmeckertouren (ab 250 000 Rp) und sogar eine *jamu*- (Kräutermedizin) und eine Massagetour (235 000–275 000 Rp), die zu einem Spezialmarkt führt. Daneben kann man auch Exkursionen nach Ostjava buchen. Am Morgen (9 oder 9.30 Uhr) und am Abend (18.30 Uhr) findet zudem Yogaunterricht für 60 000 Rp pro Person statt.

Kaleidoscope of Java GEFÜHRTE TOUREN
(Karte S. 95; ☎ 0812 2711 7439; www.kaleidoscopeofjavatour.com; Gang Sartono 823, Rumah Eyang) Faszinierende Touren in die Region Borobudur. Der Tagesausflug (300 000 Rp) von Yogya aus umfasst Besuche der Tempel in Borobudur, Pawon und Mendut. Außerdem besichtigt man ein Kloster sowie kleine Hauswerkstätten und schaut sich eine Gamelan-Vorführung an. Die Verpflegung, der Guide und der Transport sind im Preis inbegriffen, nicht aber die Eintrittsgelder zu den Tempeln.

Feste & Events

Jogja Art Weeks KUNST
(www.jogjaartweeks.com; ⊙ Mitte Mai–Mitte Juni) Noch ein Grund dafür, dass Yogya eine der hippsten Städte Asiens ist. Dieses Kunstfestival dauert einen Monat und umfasst Hunderte von Events in Galerien und Ausstellungsräumen in der ganzen Stadt. Zum Programm gehören Shows, Musikdarbietungen, Lesungen und Filmvorführungen. Auf der Website erfährt man Genaueres zu den Zeiten.

Gerebeg KULTURELL
Drei Gerebeg-Festivals sind Javas bunteste und prächtigste Umzüge. Palastwachen und Gefolgsleute in der traditionellen Uniform, ganz zu schweigen von großen Umzugswagen mit geschmückten Reisbergen, ziehen zur **Mesjid Besar** (Karte S. 95; Große Moschee; abseits der Jl Alun-Alun Utara) westlich des *kraton*. Dazu werden Gebete gesprochen und Gamelan-Musik gespielt. Die Daten wechseln von Jahr zu Jahr, deshalb wendet man sich am besten an die Mitarbeiter der Touristeninformationen.

Schlafen

In Yogya gibt's Javas beste Auswahl an Hostels, Pensionen und Hotels, viele mit exzellentem Preis-Leistungs-Verhältnis. In der Hauptsaison (Juli, August, Weihnachten und Neujahr) ist es ratsam, im Voraus zu buchen.

Sosrowijayan & Umgebung

Das traditionelle Viertel ist bei Backpackern sehr beliebt, da sich ein Großteil von Yogyas Budgetpensionen in seinem Suk-ähnlichen Labyrinth von *gang* (Gassen) befindet. Darüber hinaus profitieren Übernachtungsgäste in dieser Art *bule*-(Ausländer-)Ghetto davon, dass die kleinen Straßen zur Jl Sosrowijayan führen und nur einen kurzen Fußmarsch von der authentischeren Jl Malioboro entfernt liegen.

Andrea Hotel PENSION $
(Karte S. 98; ☎ 0274-563502; www.andreahoteljogja.wordpress.com; Sosrowijayan/140 Gang II; inkl. Frühstück EZ/DZ mit Ventilator & Gemeinschaftsbad 140 000/160 000 Rp, Zi. mit Ventilator & Privatbad 175 000 Rp, Zi. mit Klimaanlage ab 230 000 Rp; ❄ 📶) Die Pension in schweizerischem Besitz hat Charme. Die Unterkünfte sind mit stilvollen Einrichtungen und hochwertigen Betten ausgestattet. Gemeinschaftsbad bedeutet hier, dass das Bad zwar nicht auf dem eigenen Zimmer ist, aber doch ausschließlich von einer Partei genutzt wird. Auf der schmalen Terrasse zur Straße kann man mit einem Getränk in der Hand das Leben in Sosrowijayan an sich vorüberziehen lassen.

Wakeup Homestay HOSTEL $
(Karte S. 98; ☎ 0274-514762; www.wakeuphomestay.com; Jl Gandekan 44; 4-/10-Bett-Schlafsaal

Sosrowijayan & Umgebung

Sosrowijayan & Umgebung

Aktivitäten, Kurse & Touren
- 1 Great Tours C2

Schlafen
- 2 1001 Malam C2
- 3 Andrea Hotel C2
- 4 Dewi Homestay C2
- 5 Pawon Cokelat Guesthouse D1
- 6 Tiffa C2
- 7 Wakeup Homestay A2

Essen
- 8 Bedhot Resto C2
- 9 Oxen Free D2
- 10 Superman II Resto C2
- 11 Wanderlust Coffee Division C1

Ausgehen & Nachtleben
- 12 Taphouse A1

B 150 000/135 000 Rp; ❄@📶) Das Wakeup hat mit einem Homestay nichts zu tun; es ist vielmehr ein mehrstöckiges Hostel, gut geführt, funktional und tadellos aufgemacht. Die Schlafsäle (gemischt und nur für Frauen) sind klimatisiert, die Betten erinnern an Schlafkojen. Für die Schließfächer müssen eigene Schlösser mitgebracht werden. Die Lage in einer touristischen Gegend ist gut – ringsum ist viel los. Das Frühstück wird auf der Dachterrasse serviert.

Laura's Backpackers 523 HOSTEL $
(Karte S. 95; ☎0812 2525 6319; www.facebook.com/backpackers523; Jl Hansip Karnowaluyo 523; B inkl. Frühstück 95 000 Rp; ❄📶) Das beliebte Backpackerhostel liegt an einer schmalen Straße in einer hübschen Gegend. Das Hauptgebäude ist die Hauptadresse zum Abhängen, der grün bewachsene Hof dient auch als Café (vegetarisch!). In den Schlafsälen – klimatisiert, mit Steckdosen und Lampen ausgestattet – sorgen Vorhänge für Privatsphäre. Die Mitarbeiter sind sehr freundlich und sind hervorragende Infoquellen.

Tiffa PENSION $
(Karte S. 98; ☎0274-512841; tiffaartshop@yahoo.com; Jl Sosrowijayan Wetan Gt II 12; EZ/DZ/3BZ inkl. Frühstück mit Ventilator 100 000/150 000/175 000 Rp, klimatisiert 150 000/175 000/200 000 Rp; ❄📶) Der ordentliche kleine *losmen* über dem Kunstgeschäft wird von einer freundlichen Familie betrieben. Zur Auswahl steht eine Handvoll recht kleiner, skurril-charmanter Zimmer mit eigenem *mandi.* Auf dem Gemeinschaftsbalkon kann man das kostenlose (aber simple Marmelade-auf-Toast-)Frühstück verspeisen und wunderbaren Java-Kaffee trinken.

Dewi Homestay HOMESTAY $
(Karte S. 98; ☎0274-516014; dewihomestay@hotmail.com; Jl Sosrowijayan 115; Zi. inkl. Frühstück mit Ventilator/klimatisiert 150 000/250 000 Rp; ❄📶) Eine hübsche alteingesessene Unterkunft mit viel Persönlichkeit, einem wunderbar schattigen Garten und javanischen Zierelementen. Die schönen, geräumigen Zimmer sind vielfach mit Himmelbetten samt Moskitonetzen ausgestattet. An der Rezeption findet man eine Bücherbörse und einen Kühlschrank mit kaltem Bintang.

★1001 Malam HOTEL $$
(Karte S. 98; ☎0274-515087; www.1001malamhotel.com; Sosrowijayan Wetan I/57, Gang II; EZ/DZ

inkl. Frühstück ab 350 000/400 000 Rp; ❄📶) Wunderschön im marokkanischen Stil errichtetes Gebäude mit handgeschnitzten Holztüren und einem hübschen maurischen Hof mit Palmen und kunstvollen Zierfliesen. Die Zimmer sind nicht annähernd so stilvoll wie die Gemeinschaftsbereiche, aber ausreichend sauber und komfortabel. Malereien zieren die Wände.

Pawon Cokelat Guesthouse HOTEL $$

(Karte S. 98; ☎ 0878 7880 9008; www.pawoncokelat.com; Gang 1102; Zi. inkl. Frühstück wochentags/Wochenende 320 000/370 000 Rp; ❄📶) Mit einer Pension im Hipster-Stil und Elementen der Marke Industrieschick rechnet man inmitten der bescheidenen *losmen* in der näheren Umgebung gar nicht. Ein vertikaler Garten bedeckt die Fassade. Die Zimmer mit Hotelstandard warten mit unverputzten Ziegelmauern, gemütlichen Betten und (eiskalten) Klimaanlagen auf, sie sind allerdings eine Spur zu teuer. Im Lobbycafé gibt's etwas zu essen und Kaffee. Hinzu kommt ein Aufenthaltsbereich auf dem Dach. Die Mitarbeiter sprechen allerdings kaum Englisch.

Jalan Prawirotaman

In dieser Gegend mischen sich schicke Budgetoptionen unter die Mittelklasseunterkünfte der Boutique-Kategorie. Viele haben Pools, zudem ist die Auswahl an Restaurants exzellent. Allerdings wirkt das Viertel wie eine touristische Enklave inmitten einer indonesischen Stadt.

★ **Abrabracadabra** HOSTEL $

(Karte S. 95; ☎ 0857 2792 6925, 0274-287 2906; Jl Minggiran Baru 19; inkl. Frühstück B ab 70 000 Rp, Zi. 200 000–240 000 Rp; ❄📶🏊) Quirlig, mit Kunstsinn und originell kommt dieses Hostel daher, eine coole Bleibe für diejenigen, die es gern mal ein bisschen anders hätten. Große Pflanzen umringen den kleinen Pool und die Zimmer sind individuell gestaltet, zum Beispiel im Streetart- oder Surfer-Look, mit Dschungel- oder Industrie-und-Schrottplatz-Motto. Die Schlafsäle sind auch nett; Vorhänge und Steckdosen verschaffen den Gästen ein Stück Privatsphäre.

Omah Jegok Homestay PENSION $

(☎ 0821 3374 9524; www.omahjegok.weebly.com; Jl Plataran, Kashian; Zi. inkl. Frühstück ab 130 000 Rp; 📶) Eine tolle Adresse für Tierfreunde ist diese Unterkunft, die gleichzeitig als Tierheim dient. Die Aufmachung ist schlicht; es gibt nur ein paar wenige Zimmer in einem Wohnviertel mit vielen Bäumen am Zusammenfluss zweier kleiner Ströme, 5 km von der Innenstadt entfernt.

Via Via PENSION $

(Karte S. 95; ☎ 0274-374748; www.viaviajogja.com; Prawirotaman 3/514A; DZ/Zi. inkl. Frühstück ab 110 000/195 000 Rp; ❄📶🏊) Diese tolle Pension gehört zum wachsenden Via-Via-Unternehmen und punktet mit einer ruhigen Lage in einer Seitenstraße, nicht weit vom „Mutterschiff", einem **Café-Restaurant** (Karte S. 95; ☎ 0274-386557; Jl Prawirotaman I 30; Hauptgerichte 27 000–86 000 Rp; ⏲ 7.30–22 Uhr; 📶), entfernt. Die sieben stilvollen Zimmer haben hohe Decken, hochwertige Betten und halboffene Bäder. Hinzu kommen zwei saubere Mehrbettzimmer mit Klimaanlage. Hinten befinden sich ein Garten und ein Swimmingpool. Dort ist ein Wandbild des bekannten hiesigen Streetart-Künstlers Anagard zu bewundern.

Kampoeng Djawa Hotel PENSION $

(Karte S. 95; ☎ 0274-378318; Jl Prawirotaman I 40; inkl. Frühstück Zi. mit Ventilator & Gemeinschafts-/privatem Bad 125 000 Rp/200 000 Rp, mit Privatbad & Klimaanlage 235 000 Rp; ❄@📶) Das langgezogene, schmale Haus hat wirklich eine Menge Charme. Seine Zimmer im javanischen Stil (fünf verschiedene Preiskategorien) bestechen durch ein paar Hingucker: unverputzte Ziegelsteinwände, Kachelmosaiken und Bäder, deren Wände mit Kieseln besetzt sind. Im idyllischen Garten hinten kann man kostenlosen Tee und Kaffee trinken. Die Mitarbeiter sind sehr hilfsbereit.

Rumah Eyang PENSION $

(Karte S. 95; ☎ 0812 2711 7439; Gang Sartono 823, abseits der Jl Parangtritis; Zi. inkl. Frühstück ab 200 000 Rp; ❄@📶) Ein stilvolles Vorstadthaus wurde in eine einladende Pension mit Ausstellungsbereich verwandelt. Die Zimmer sind einfach und gemütlich, doch der eigentliche Grund für einen Besuch ist Atik, der javanische Besitzer. Er ist Autor und Tourguide, kennt die Gegend wie seine Westentasche und stellt tolle Touren zum Borobudur auf die Beine (S. 97). Weitere Pluspunkte gibt's für den javanischen Kaffee und die Bibliothek voller Bücher zu kulturellen Themen.

Delta Homestay PENSION $

(Karte S. 95; ☎ 0274-327051; www.dutagardenhotel.com/en/homestay; Jl Prawirotaman II 597A; EZ/DZ mit Gemeinschaftsbad ab 150 000/175 000 Rp, EZ/DZ mit Bad 225 000/250 000 Rp, mit Bad & Klimaanlage 275 000/300 000 Rp;

(❄📶🏊) Sonnige Pension an einer Nebenstraße mit kleinen, aber perfekt angelegten Zimmern aus Naturmaterialien mit Privatveranden, die sich um einen Pool verteilen. Die Atmosphäre ist friedlich, das Personal freundlich und das Frühstück im Preis inbegriffen.

★ Adhisthana BOUTIQUE-HOTEL $

(Karte S. 95; ☎0274-413888; www.adhisthanahotel.com; Jl Prawirotaman II 613; B/Zi. inkl. Frühstück ab 135 000/425 000 Rp; @📶🏊) Der Kontrast zwischen Kolonialgebäude und Designerhotel ist faszinierend. Die Fassade des eleganten Adhisthana zieren farbenfrohe Fensterläden wie am Mittelmeer, die Räumlichkeiten trumpfen mit reichlich Boutique-Schick auf. Dabei ist der Aufbau klassisch; die Privat- und Mehrbettzimmer sind schick und gemutlich und um einen kleinen Pool herum angeordnet. Letzteren säumen Palmen.

Ostic House HOSTEL $

(Karte S. 95; ☎0877 3955 4438, 0274-378930; www.ostichostel.com; Jl Suryodiningratan 10B; B/DZ inkl. Frühstück ab 118 000/288 000 Rp; ❄📶) Oscar und sein freundliches Team schmeißen dieses einzigartige Hostel, das eine ehemalige Kunstgalerie einnimmt – ein tolles Ambiente. Die Schlafsaalbetten sind mit Vorhängen, Lampen und Steckdosen ausgerüstet, die Privatzimmer sind geräumig und schön eingerichtet. Der riesige Gemeinschaftsbereich besticht durch seine hohe Decke und diverse Sofas, Brettspiele, einen Kickertisch und einen großen Fernseher.

★ Greenhost BOUTIQUE-HOTEL $$$

(Karte S. 95; ☎0274-389777; www.greenhosthotel.com; Jl Prawirotaman II 629; Zi. inkl. Frühstück ab 675 000 Rp; ❄@📶🏊) Der Eingangsbereich dieses hervorragenden Boutique-Hotels stellt das Erdgeschoss eines spektakulären Atriums dar, und in den nach Zitronengras duftenden Zimmern erwarten die Gäste polierte Betonböden, Möbel aus unbehandeltem Holz und schwebende Betten. In der Lobby findet man neben massenweise Pflanzen einen Salzwasserpool und in dem edlen Restaurant gibt's saisonale Küche mit Zutaten, die direkt vom Bauern auf den Tisch kommen. Ein weiteres Highlight ist die feudale Dachbar (S. 102).

Essen

Wanderlust Coffee Division CAFÉ $

(Karte S. 98; ☎0274-2921 902; Gang I 96; Hauptgerichte ab 30 000 Rp; ⏲10–22 Uhr; 🖊) Das Café in niederländischem Besitz ist eine coole Adresse zum Abhängen. Der Kaffee ist wunderbar, die Biere sind kalt und auf der Karte stehen interessante vegetarische Fusion-Gerichte. Man hat die Wahl zwischen originellen Speisen wie *tempe rendang*, dem Vorzeigeburger mit Jackfrucht, der mit Süßkartoffelpommes und Chilimayo serviert wird, und mehr.

Simple Plant VEGAN $

(Karte S. 95; ☎0821 3374 9524, 0821 7217 8303; www.facebook.com/simpleplantvegetarianrestoandartspace; Jl Prawirotaman I 32; Hauptgerichte 28 000–32 000 Rp; ⏲10–22 Uhr; 📶🖊) Ein Diner für Veganer, das von einem jungen Paar ins Leben gerufen wurde. Auf dem Teller landen *tempe*-Burger, knusprige Pilze und javanische Küche, dazu gibt's frische Säfte und kaltes Bier. Das Lokal arbeitet mit verschiedenen Tierschutzgruppen zusammen und der Mitbesitzer ist Bassist in einer bekannten lokalen Ska-Band (Shaggy Dog), dem auch das Omah Jegok Homestay gehört.

Superman II Resto INDONESISCH, WESTLICHE KÜCHE $

(Karte S. 98; Gang 2; Hauptgerichte 20 000–32 000 Rp; ⏲8–23 Uhr; 📶) Ganz wie im Film ist Teil II besser als das Original. In dem Open-Air-Restaurant hoppeln Kaninchen durch die Gegend und in einem Mini-Bananenhain hinten tummeln sich ein paar Schafe und Hühner. Westliche wie indonesische Hauptgerichte und Frühstück sind günstig und lecker.

Tojoyo 3 INDONESISCH $

(☎0274-552750; Jl Urip Sumoharjo 133; Gerichte 4000–12 500 Rp; ⏲11–22.30 Uhr) Eine rauchige, salzige, geflieste Bude, in der dem mit Kurkuma eingeriebenen Brathühnchen gehuldigt wird. Das Essen ist unverschämt günstig und das zarte und saftige *kampung*-Hühchen unverschämt gut. Kein Wunder, dass die Sitzbänke und Tische voll besetzt sind mit Einheimischen, die sich hier ihre Dosis Frittiertes abholen. Der Laden befindet sich an einer Einkaufsstraße östlich der Jl Malioboro.

Oxen Free PUBFOOD $

(Karte S. 98; www.oxenfree.net; Jl Sosrowijayan 2; Hauptgerichte 30 000–60 000 Rp; ⏲So–Do 11–2, Fr & Sa bis 3 Uhr; 📶) Eine beliebte Adresse für ein paar Getränke. In dem Kolonialgebäude gibt es aber auch Kneipengerichte, die sowohl an der Bar vorn als auch im Biergarten hinten verzehrt werden. Den ganzen Tag über wird westliches Frühstück serviert. Darüber hinaus gibt's Brunch, Burger, indonesische Hauptgerichte, Braten zum Abendessen und ein geniales *tempe*-Steak für Veganer.

Bu Ageng INDONESISCH $
(Karte S. 95; ☎ 0274-387191; Jl Tirtodipuran 13; Hauptgerichte 13 000–32 000 Rp; ⌚ Di–So 11–22 Uhr) Traditionelle javanische Gerichte wie *eyem penggeng* (in würziger Kokoscreme geschmortes und dann gegrilltes Hähnchen) kommen im geschmackvollen Speisebereich des Bu Ageng mit Holzsäulen und einer Bambusmattendecke mit rotierenden Ventilatoren auf den Tisch. Zur unkonventionellen Auswahl an gemischten Reistellern gehören Gerichte wie Rinderzunge, Räucherfisch oder in Kokosmilch geschmortes Rind. Es gibt sogar einen Brotpudding mit Stinkfrucht.

Tempo del Gelato EISCREME $
(Karte S. 95; ☎ 0274-373272; www.facebook.com/tempogelato; Jl Prawirotaman I 43; klein/mittel/groß 20 000/40 000/60 000 Rp; ⌚ 10–23 Uhr) In dem Laden aus Stein und Glas dreht sich alles um italienisches Eis. Zur wechselnden Auswahl gehören Geschmacksrichtungen wie Ingwer, *kemangi* (Zitronenbasilikum), Drachenfrucht, Grüner Tee, Zitronengras sowie alle gängigen Sorten.

Milas VEGETARISCH $
(Karte S. 95; ☎ 0851-0142 3399; Jl Prawirotaman IV 127; Gerichte 18 000–45 000 Rp; ⌚ Di–Fr 15–21, Sa & So 12–21 Uhr; 🌿 👪) Dieses „geheime" vegetarische Gartenrestaurant ist ein toller Rückzugsort fernab vom Lärm der Straßen. Es ist Teil eines Hilfsprojekts für Straßenkinder. Serviert werden indonesische Hauptgerichte, Burger, Sandwiches, Salate und Desserts sowie eine super Auswahl an Säften, Smoothies und Kaffee (allerdings kein Alkohol). Immer mittwochs und samstags findet von 10 bis 13 Uhr ein Bauernmarkt statt.

ABSTECHER

GUNUNG MERAPI & KALIURANG

Nur wenige Vulkane in Südostasien sind so faszinierend und zerstörerisch wie der Gunung Merapi (Feuerberg). Der gewaltige dem Fuji ähnelnde Gipfel ragt 2930 m über Yogyakarta, Borobudur und Prambanan empor und ist für viele Tausend Menschen ein bedrohlicher, beunruhigend naher Nachbar. Im letzten Jahrhundert ist der Merapi Dutzende Male ausgebrochen. Bei dem verhängnisvollen Ausbruch von 2010 starben 353 Menschen, über 360 000 mussten evakuiert werden. Der Gunung Merapi gilt offiziell als Indonesiens aktivster Vulkan, was angesichts von 127 aktiven Vulkanen im Land etwas heißt. Manche sind der Meinung, dass er der Grund für die rätselhafte Evakuierung Borobudurs und den Zusammenbruch des alten Mataram-Königreichs im 11. Jh. war.

In regelmäßigen Abständen wird der Merapi für Besucher gesperrt. Wenn es die Bedingungen zulassen, darf man den Vulkankegel jedoch in der Trockenzeit (April–Sept.) besteigen. Dorthin gelangt man über das Dörfchen Selo am Nordhang des Berges. Es ist allerdings extreme Vorsicht geboten.

Für Besucher, die einen Blick auf den Merapi werfen möchten, ist das Bergdorf Kaliurang, 25 km nördlich von Yogyakarta, der wichtigste Zugangspunkt. Vor Ort gibt's zwei gute Museen, **Ullen Sentalu** (☎ 0274-895161; www.ullensentalu.com; Jl Boyong Km 25; Erw./Kind 60 000/40 000 Rp; ⌚ Di–So 8.30–16 Uhr) mit einer umfangreichen Sammlung an javanischer Kunst und das **Merapi-Vulkan-Museum** (☎ 0274-896498; www.mgm.slemankab.go.id; Jl Kaliurang Km 25,7; 10 000 Rp; ⌚ Di–Do, Sa & So 8–15.30, Fr bis 14 Uhr) mit einer Ausstellung rund um das Thema Vulkan.

Viele Touristen wählen Yogyakarta als Basis für ihren Merapi-Besuch, dabei kann man im **Vogels Hostel** (☎ 0274-895208; www.vogelshostel.net; Jl Astamulya 76, Kaliurang; B 30 000 Rp, DZ mit Gemeinschaftsbad 100 000 Rp, DZ/3BZ mit Bad 150 000/200 000 Rp, Bungalows mit Bad & Warmwasser 125 000–200 000 Rp; @ 📶) in Kaliurang ganz wunderbar übernachten – und hat am Morgen einen fantastischen Ausblick. Wer den Gipfel erklimmen möchte, hat die Wahl zwischen einer Handvoll Homestays und Pensionen in Selo, nördlich von Merapi.

Am Terminal Condong Catur, 7 km nördlich von Yogyakartas Zentrum, nimmt man ein *angkot* (kleiner Minibus) nach Kaliurang (20 000 Rp, 1 Std.). Wer nach Selo reisen will, muss aber eigentlich mit einem Taxi fahren; die einfache Strecke ab Yogyakarta schlägt mit 250 000 bis 300 000 Rp zu Buche.

Bedhot Resto INTERNATIONAL $

(Karte S. 98; ☎ 0274-512452; Gang II; Hauptgerichte 23 000–44 000 Rp; ⏲ 8–23 Uhr; 📶🚭) Eindeutig eines der stilvolleren Restaurants von Sosrowijayan. Das Bedhot im Namen bedeutet auf Alt-Javanisch so viel wie „kreativ". Die feine indonesische und internationale Küche hebt sich etwas von der üblichen Touristenkost ab, es gibt kaltes Bier, frische Säfte und WLAN.

★ **Mediterranea** MEDITERRAN $$

(Karte S. 95; ☎ 0274-371052; www.restobykamil.com; Jl Tirtodipuran 24A; Pizza 44 000–62 000 Rp, Hauptgerichte 45 000–210 000 Rp; ⏲ Di–So 8–23 Uhr; 📶) Das Restaurant ist in französischem Besitz und in jeder Hinsicht ein Leckerbissen. Alles ist selbstgemacht, auch das Brot, das zweimal täglich frisch gebacken wird. Die Mitarbeiter räuchern den Lachs, schneiden papierdünnes Rinder-Carpaccio auf, bereiten leckeres Thunfisch-Tataki zu und grillen Kebabs, Steaks und Koteletts. Die traditionellen Pizzas aus dem Holzofen sind ebenfalls top.

Gadri Resto INDONESISCH $$

(Karte S. 95; ☎ 0274-373520; Jl Rotowijayan 5; Hauptgerichte 34 000–110 000 Rp; ⏲ 9–20 Uhr) Gleich außerhalb des *kraton* und in der Residenz von Prinz Gusti Jaryo Haju Joyouksumo, einem Sohn des aktuellen Sultan, gelegen, kann man hier erwartungsgemäß speisen wie königliche Hoheiten. Das Angebot umfasst viele Leibgerichte seiner Majestät, z. B. *nasi campur* und andere Reis- und Hühnchenkreationen. Es lohnt sich, ein wenig umherzuschlendern und einen Blick auf die Antiquitäten und Besitztümer der Familie zu werfen.

Ausgehen & Nachtleben

★ **Taphouse** PUB

(Karte S. 98; ☎ 0812 2444 2255; www.facebook.com/taphouse.jogja; Jl Jlagran 18; ⏲ So–Do 19–2, Fr & Sa bis 3 Uhr; 📶) Eine der besten Adressen in Yogya für ein Bier ist diese stimmungsvolle Bar in einem Ziegelsteinhof, der ein wenig an ein Dorf nach einem Bombenhagel denken lässt. Bevor man sich auf einer Sitzbank oder in einem der Sitzsäcke im Gras niederlässt, sollte man sich ein bisschen umsehen, denn das Taphouse ist weitläufig und facettenreich. Auf einer großen Leinwand werden Sport und Filme gezeigt, es gibt Kneipengerichte und eine lange Getränkekarte. Fast jeden Abend gibt's ab 22 Uhr Livemusik oder DJs legen auf.

★ **Sakapatat Social House** BAR

(Karte S. 95; ☎ 0274-2921354; www.sakapatat.com; Jl Pakuningratan 34; ⏲ So–Do 11–1, Fr & Sa bis 2 Uhr; 📶) Etwas ab vom Schuss in einem Wohngebiet nördlich der Stadt befindet sich das hippe, moderne Gastropub in belgischem Besitz. Neben verschiedenen lokalen Sorten vom Fass werden auch belgische Biere ausgeschenkt (die aber nicht ganz billig sind). Außerdem gibt's Cocktails. Gesessen wird im grünen Biergarten oder in dem stimmungsvollen Innenraum mit unverputzten Mauern. Auf der Speisekarte stehen belgische Pommes frites, tolle Burger und Steak-Sandwiches auf hausgemachtem Brot.

Agenda BAR

(Karte S. 95; ☎ 0878 3890 6088; www.agenda-id.com; Jl Prawirotaman II 629, Greenhost; Cocktails 80 000–150 00 Rp; ⏲ So–Do 11–24, Fr & Sa bis 2 Uhr) Auf dem Dach des edlen Hotel Greenhost (S. 100) thront dieses stilvolle Bar-Restaurant, einer der coolsten Orte in Yogya, um einen Cocktail zu trinken. Das Dekor vereint modernes Flair und Design und an der schicken Bar mixen die Barkeeper originelle und klassische Cocktails; Happy Hour ist von 11 bis 20 Uhr. Außerdem: Bintang vom Fass, eine tolle Weinkarte und fast jeden Abend DJs.

Awor Gallery & Coffee KAFFEE

(Karte S. 95; ☎ 0821 3561 8881; www.facebook.com/awor.gallery; Jl Simanjuntak 2; ⏲ 9–24 Uhr) Eine Anlaufstelle für alle, für die Kaffee eine ernste Angelegenheite ist. Man schnappe sich einen Hocker an der Bar und beobachte die hingebungsvollen Baristas dabei, wie sie indonesischen Kaffee formvollendet zubereiten – als handelte es sich um eine Wissenschaft. Sie verwenden verschiedene Techniken (V60, Kalita Wave, Aeropress, Siphon oder *tubruk*, die traditionelle Methode). Das Dekor ist edel und auf der Karte stehen moderne Gerichte. An den Wänden hängt Kunst.

Unterhaltung

Asmara Art & Coffee Shop LIVEMUSIK

(Karte S. 95; ☎ 0274-4221017; www.facebook.com/asmaracoffee; Jl Tirtodipuran 22; ⏲ 17–1 Uhr; 📶) Der selbsterklärte „Kunst- und Kaffeeshop" – Einheimische nennen den Laden Ascos – mit Zwischengeschoss erinnert tatsächlich an ein Restaurant mit Bar, in dem häufig ab 21 Uhr Livebands auftreten, u. a. eine wirklich gute Reggaeband (donnerstags). Das Publikum ist eine witzige, bunte Mischung.

Sono-Budoyo-Museum PUPPENTHEATER
(Karte S. 95; ☎ 0274-376775; Eintritt 20 000 Rp, Kamera 3000 Rp; ⏲ Mo–Sa 20–22 Uhr) Die zweistündigen Vorstellungen sind beliebt. In der ersten halben Stunde wird die Geschichte auf Javanisch vorgelesen; die meisten Touristen sparen sich das und kommen einfach etwas später.

Ramayana Ballet Purawisata TANZ
(Karte S. 95; ☎ 0274-371333, 0274-375705; www.purawisata-jogja.rezgo.com; Jl Brigjen Katamso; Erw./Kind 5–10 J. 300 000/150 000 Rp; ⏲ 20 Uhr) Jeden Abend um 20 Uhr wird das Ramayana in Form traditioneller Tänze nacherzählt. Das Ganze dauert ca. 1½ Stunden. Man kann während der Vorstellung auch zu Abend essen (420 000 Rp).

Sasono Hinggil PUPPENTHEATER
(Karte S. 95; South Main Sq; 7500–20 000 Rp) Viele Touristenzentren, Hotels und mehr bieten verkürzte Vorführungen für Touristen an, aber hier, auf dem *alun-alun* des *kraton* sind jeden zweiten Samstag im Monat Puppenspiel-„Marathons" von 21 bis 5 Uhr morgens zu sehen.

Shoppen

Via Via GESCHENKE & SOUVENIRS
(Karte S. 95; www.viaviajogja.com/shop.php; Jl Prawirotaman 30; ⏲ 7.30–23 Uhr) Eine prima Adresse, um Souvenirs zu besorgen. Das interessante Sortiment besteht aus lokal hergestellten, nachhaltigen Fair-Trade-Accessoires und Kunsthandwerk, Biokaffee, Gewürzen, indonesischen Büchern und Postkarten.

Lana Gallery KUNST
(Karte S. 95; ☎ 0818 0412 8277, 0877 3929 3119; rlhwildan@yahoo.com; Jl Menukan 276; ⏲ Di–So 9–20 Uhr) Die Galerie erstreckt sich über zwei Gebäude voller Kunstwerke und zeigt eine tolle Auswahl an zeitgenössischen Arbeiten junger und aufstrebender Künstler aus dem gesamten Archipel, von denen viele an Yogyas Kunstschule studiert haben. Betreiber ist Wildan, ein ausgesprochen liebenswerter Zeitgenosse.

Hamzah Batik BEKLEIDUNG
(Karte S. 95; ☎ 0274-588524; Jl A Yani 9; ⏲ 8–21 Uhr) Hier kann man sich nach günstigen Kleidern, Lederarbeiten, Batiktaschen, *topeng*-Masken (werden bei Begräbnistänzen aufgesetzt) und *wayang golek* (dreidimensionale Holzpuppen) umsehen. Nach dem Einkauf lockt traditionelle javanische Küche auf der Dachterrasse.

Batik Keris BEKLEIDUNG
(Karte S. 95; www.batikkeris.co.id; Jl A Yani 71; ⏲ 9–20 Uhr) Hochwertige Batikwaren zu festen Preisen. Am schönsten sind die traditionellen Artikel. Männerhemden gibt's ab ca. 200 000 Rp.

Praktische Informationen

Jeder Besucher der Stadt muss sich mit unermüdlichen Batikverkäufern herumärgern. Sie wollen potenzielle Kunden in bestimmte Läden locken, um eine saftige Kommission zu kassieren. Eine weitere typische Masche ist es, Besucher zum Besuch einer „studentischen Kunstausstellung" oder eines „staatlichen Ladens" zu überreden; in der Stadt gibt's aber gar keine staatlichen Geschäfte oder Galerien.

In touristischen Gegenden findet man diverse Banken und auch ein paar Geldwechsler. Gegenüber der Hauptppost steht die **BNI Bank** (☎ 0274-376287; Jl Trikora I; ⏲ Mo–Sa 8–16 Uhr). Die besten Wechselkurse in ganz Yogya bietet **Mulia** (Jl Malioboro 60, Inna Garuda Hotel; ⏲ Mo–Fr 7–19, Sa bis 15 Uhr).

Die **Touristeninformation** (☎ 0274-566000; ticmalioboro@yahoo.com; Jl Malioboro 16; ⏲ Mo–Do 7.30–19, Fr & Sa bis 18 Uhr) ist die am besten organisierte im ganzen Land. Das Büro gibt verschiedene Publikationen heraus (z. B. einen Veranstaltungskalender und eine tolle Karte) und die freundlichen, hilfsbereiten Mitarbeiter verkaufen Tickets für sämtliche Transportmittel sowie für hiesige Attraktionen und Vorstellungen. Stadtpläne sind kostenlos. Freitags und samstags um 13.30 Uhr finden Gamelan-Vorführungen statt.

Ludira Husada Tama Hospital (☎ 0274-620333, 0274-620373; Jl Wiratama 4; ⏲ 24 Std.) Das Krankenhaus ist rund um die Uhr geöffnet.

An- & Weiterreise

BUS & MINIBUS

Yogyas Hauptbusbahnhof **Giwangan** (Jl Timur) liegt 5 km südöstlich des Stadtzentrums. Von hier verkehrt der Bus 3B zum Bahnhof Yogyakarta und zur Jl Malioboro. Von Giwangan gibt's Verbindungen nach ganz Java und nach Bali. Lange Strecken sollte man mit einem Luxusbus zurücklegen. Tickets sind am Busbahnhof günstiger; allerdings ist es einfacher, Preise und Abfahrtszeiten in einer der Verkaufsstellen an der Jl Mangkubumi, Jl Sosrowijayan oder Jl Prawirotaman zu vergleichen. Dort kann man auch einen Abholservice vom Hotel buchen.

Wer nach Prambanan (3500 Rp) reisen möchte, steigt an der Jl Malioboro in den Stadtbus 1A. Busse nach/ab Borobudur (25 000 Rp, alle 30 Min., 1¼ Std.) benutzen den **Busbahnhof Jombor** (Jl Magelang). Um dorthin zu gelangen, fährt man mit dem Trans-Jogya-Bus 3A von der

BUSSE AB GIWANGAN

ZIEL	PREIS (RP)	DAUER (STD.)	HÄUFIGKEIT
Bandung	klimatisiert 140 000	10	3-mal tgl.
Borobudur	Standard 25 000	1½	alle 30 Min.
Denpasar	klimatisiert 325 000	19	3-mal tgl.
Jakarta	Standard/klimatisiert 210 000/270 000	12	10–12-mal tgl.

ZÜGE AB YOGYAKARTA

ZIEL	PREIS (RP)	DAUER (STD.)	HÄUFIGKEIT (PRO TAG)
Bandung	215 000–320 000	7½–8½	6
Banyuwangi	94 000	14	1
Sidareja (nach Pangandaran)	94 000–320 000	3½	3
Jakarta	335 000–430 000	7½–8	6
Malang	190 000–375 000	7–8	4
Probolinggo	74 000–315 000	8½–9	3
Solo	40 000–320 000	1	19
Surabaya	120 000–300 000	4¼–5¼	8

Jl Malioboro zur Jl Ahmad Dahlan und steigt dann in die Linie 2B nach Jombor um.

Direkte *travel*-Minibusse, die Fahrgäste am Hotel abholen, fahren von Yogya aus alle größeren Städte an. Tickets bekommt man bei den Reisebüros in Sosrowijayan und Prawirotaman. Die Preise sind ähnlich denen für klimatisierte Busse. Dauert die Fahrt länger als vier Stunden, kann es in den Minibussen doch ziemlich unbequem werden – in dem Fall ist die Bahn/der Bus die bessere Transportalternative. Solo, Surabaya und Probolinggo erreicht man übrigens sehr viel schneller mit dem Zug.

FLUGZEUG

Der **Yogyakarta Adisucipto International Airport** (www.yogyakartaairport.com; Jl Raya Solo, Km 9) bietet internationale Flüge nach Singapur und Kuala Lumpur sowie viele Inlandsverbindungen.

ZUG

Der Hauptbahnhof ist zentral gelegen. Hier werden fast alle Langstrecken bedient. Züge der Economy-Klasse fahren auch den Bahnhof Lempuyangan, 1 km weiter östlich, an; dazu gehören z. B. die beiden morgendlichen Verbindungen nach Probolinggo und Banyuwangi.

ℹ Unterwegs vor Ort

BUS

Yogyas verlässliches Bussystem nennt sich Trans Jogja. Die modernen, klimatisierten Fahrzeuge verkehren zwischen 5.30 und 21 Uhr auf elf Strecken kreuz und quer durch die Stadt bis nach Prambanan. Tickets kosten 3500 Rp pro Fahrt, Trans-Jogja-Busse halten allerdings nur an ausgewiesenen Haltestellen. Besonders nützlich ist die Linie 1A von der Jl Malioboro über den Flughafen nach Prambanan. Trans-Jogja-Fahrpläne sind bei der Touristeninformation erhältlich.

FAHRRAD

Hotels verleihen Fahrräder für rund 30 000 Rp pro Tag. Abschließen nicht vergessen!

VOM/ZUM FLUGHAFEN

Yogyas Flughafen liegt 10 km östlich des Zentrums und ist durch öffentliche Verkehrsmittel sehr gut an die Stadt angebunden. Der Bus 1A (3500 Rp) verkehrt von der Jl Malioboro hierher. Pramek-Züge halten am Bahnhof Maguwo nahe dem Flughafen. Die Taxifahrt vom Flughafen ins Stadtzentrum kostet 70 000 Rp (Fixpreis).

NAHVERKEHR

In Yogyakarta gibt's viel zu viele *becak* (Fahrradrikschas). Die meisten Fahrer sind recht aufdringlich, dennoch macht eine Fahrt Spaß. Um Fahrer, die günstige Stundentarife anbieten, sollte man einen Bogen machen, es sei denn, man möchte alle Batikgalerien besuchen, die ihnen Kommission bezahlen. Eine kurze Fahrt kostet etwa 15 000 Rp. Die Strecke von der Jl Prawirotaman zur Jl Malioboro schlägt mit rund 25 000 Rp zu Buche.

TAXI

Die günstigste, schnellste und sicherste Art, sich mit dem Auto durch die Stadt bringen zu lassen, sind Fahrten mit **Go-Jek** (www.go-jek.com), **Grab** (www.grab.com) und **Uber** (www.uber.com), die über die Online-Apps bestellt werden können. Auch die offiziellen Taxis (mit Uhr) sind günstig; eine Kurzstrecke kostet zwischen 10 000 und 30 000 Rp. Die Mindestgebühr bei allen Taxiunternehmen liegt bei 25 000 Rp; als verlässlichster Anbieter gilt **Citra Taxi** (☎ 0274-373737). Von der Jl Prawirotaman zum Flughafen zahlt man 70 000 Rp (Fixpreis).

Prambanan

☎ 0274

Die spektakulären, in die flache Landschaft eingebetteten mystischen Tempel von Prambanan sind atemberaubend. Als bestes bis heute verbliebenes Beispiel für Javas lange Hindu-Periode sind sie ein Muss für jeden Besucher.

Alle Tempel von Prambanan wurden zwischen dem 8. und 10. Jh. errichtet. Damals herrschten im Süden Javas die buddhistischen Sailendra und im Norden die hinduistischen Sanjaya des alten Mataram-Reichs. Möglicherweise in der zweiten Hälfte des 9. Jhs. wurden diese beiden Dynastien durch die Heirat zwischen dem Rakai Pikatan aus dem hinduistischen Mataram und der buddhistischen Sailendra-Prinzessin Pramodhavardhani vereint. Das ist vielleicht die Erklärung dafür, dass die Skulpturen und die Architektur der Tempel der Prambanan-Anlage und der kleineren Plaosan-Gruppe sowohl shivaistische als auch buddhistische Elemente aufweisen. Dies ist dennoch in erster Linie eine hinduistische Stätte und die Detailpracht des großen Shivatempels ist Indonesiens herausragendstes Beispiel für Hindu-Kunst.

Sehenswertes

★ Prambanan-Tempelanlage HINDU-TEMPEL

(☎ 0274-496402; www.borobudurpark.com; Erw./Kind unter 10 J. 25/15 US$, Guide 100 000 Rp; ⌚ 6–17.15 Uhr) Prambanan ist eine Welterbestätte der UNESCO und mit den Überresten von 244 Tempeln die größte hinduistische Stätte Indonesiens. Das Highlight ist der zentrale Tempelkomplex mit acht Haupt- und acht Nebentempeln, die wie reich verzierte Wolkenkratzer aus dem 9. Jh. majestätisch in die Höhe ragen. Sie entstanden Mitte des 9. Jhs. und damit 50 Jahre später als Borobudur. Über ihre Anfänge ist wenig bekannt. Man vermutet, dass Rakai Pikatan den Bau der Anlage anordnete, um an die Rückkehr der Hindu-Dynastie als alleiniger Herrscher auf Java zu erinnern.

Candi Sambisari TEMPEL

(Jl Candi Sambisari; 10 000 Rp; ⌚ 8–17 Uhr) Der Candi Sambisari ist ein Shiva-Tempel und möglicherweise der letzte Tempel der Prambanan-Anlage, der auf das Konto der Mataram-Dynastie geht. Er wurde 1966 von einem Bauern entdeckt und lag fast 6 m unterhalb des Niveaus der umliegenden Felder, geschützt unter mehreren Schichten uralter Vulkanasche und Staub. Besonders bemerkenswert ist sein geradezu makelloser Zustand. Das innere Heiligtum dominieren ein großer Lingam und ein Yoni (stilisierter Penis und Vagina), typische Merkmale eines Shiva-Tempels.

Candi Kalasan TEMPEL

(Jl Raya Yogya-Solo; 10 000 Rp; ⌚ 8–17 Uhr) Einer der ältesten buddhistischen Tempel der Anlage ist der Candi Kalasan. Er steht 13 km östlich von Yogyakarta direkt neben der Autobahn nach Prambanan und ist teilweise restauriert worden. Die Südseite wartet mit einigen wunderbar detaillierten Verzierungen auf; dort ist ein großes, finster dreinblickendes dämonisches Gesicht (*kala*) über der Türöffnung zu sehen. Früher war der Tempel über und über mit buntem, glänzendem Stuckmarmor bedeckt. Nach wie vor sind Überreste des harten, an Stein erinnernden Materials zu sehen, das als Untergrund für die Malereien diente.

Candi Sari TEMPEL

(abseits der Jl Raya Solo; 10 000 Rp; ⌚ 8–15 Uhr) Dieser Tempel aus dem 8. Jh. befindet sich 200 m nördlich des Candi Kalasan (und 4,5 km westlich von Prambanan) inmitten von Kokospalmen- und Bananenhainen. Er weist den dreistufigen Aufbau des größeren Plaosan-Tempels auf, ist aber wahrscheinlich ein bisschen älter. Ein paar Experten vermuten, dass die zweite Etage buddhistischen Priestern, die sich um den Candi Kalasan kümmerten, als Schlafsaal diente. Die umlaufenden Reliefs an der Außenseite erinnern an den Kalasan, sind aber wesentlich besser erhalten.

Kraton Ratu Boko TEMPEL

(www.borobudurpark.com; Eintritt Erw./Kind unter 10 J. 25/15 US$; ⌚ 6–17.30 Uhr) Der *kraton* Ratu Boko (Palast von König Boko), ein teilweise verfallener hinduistischer Palastkomplex aus dem 9. Jh., war angeblich der zentrale Sitz der mächtigen Mataram-Dynastie. Er thront auf einem Hügel, von dem man auf Prambanan hinabblickt. Zur Anlage gehören neben dem großen Eingangstor die Plattform des Candi Pembakaran (Königlichen Krematoriums) sowie verschiedene Badeplätze auf mehreren Ebenen, die hinab zum Dorf führen. Bei Sonnenuntergang bieten sich traumhafte Ausblicke über die Prambanan-Ebene.

Die Plaosan-Tempel TEMPEL

(Eintritt 3000 Rp; ⏲7–17 Uhr) Ungefähr zur selben Zeit wie die Prambanan-Anlage entstanden die Plaosan-Tempel. Sie kombinieren ebenfalls hinduistische und buddhistische Symbole und Schnitzarbeiten. **Plaosan Lor** (Plaosan Nord) umfasst zwei restaurierte identische Haupttempel. Sie sind umgeben von 126 kleinen Schreinen und massiven Stupas, von denen größtenteils nur Steinhaufen geblieben sind. **Plaosan Kidul** (Plaosan Süd) wartet mit weiteren Stupas und den Ruinen eines Tempels auf, an denen kaum etwas gemacht wurde.

☆ Unterhaltung

Ramayana-Ballett TANZ

(☎0274-496408, 024-8646 2345; www.borobudurpark.com; Eintrittskarten ab 125 000 Rp; ⏲Di, Do & Sa 19.30–21.30 Uhr) Das berühmte Ramayana-Ballett, Javas spektakulärstes Tanzdrama, erzählt die Geschichte von Rama und Sita und wird an drei Abenden pro Woche gezeigt (dienstags, donnerstags und samstags); von Mai bis Oktober finden die Vorführungen bei gutem Wetter im Freilufttheater westlich des Haupttempelkomplexes statt, zu anderen Zeiten drinnen.

ℹ An- & Weiterreise

Prambanan ist 17 km von Yogyakarta entfernt. Alle Tempel sind von dort aus mit dem Fahrrad zu erreichen. Die angenehmste (allerdings auch etwas längere) Route führt von der Jl Senopati stadtauswärts am Zoo vorbei zur östlichen Ringstraße. Dort biegt man links ab und fährt bis zur Jl Solo. Rechts abbiegen und dann links auf die Jl Babarsari. Als Nächstes geht's am Sahid Garden Hotel vorbei und gegen den Uhrzeigersinn um die Schule herum zum Selokan Mataram. Dieser Kanal verläuft parallel zur Straße nach Solo, rund 1,5 km weiter nördlich. Nach etwa 6 km gelangt man nach Kalasan, ca. 2 km vor Prambanan. Alternativ steigt man in Yogyakarta an der Jl Malioboro in den Trans Jogja Bus 1A (3500 Rp, 40 Min.).

Borobudur

☎0293

Zusammen mit Angkor Wat in Kambodscha und Bagan in Myanmar gehört Javas Borobudur zu Südostasiens nahezu identischen spektakulären Stätten. Das imposante buddhistische Bauwerk thront inmitten eines Flickenteppichs aus flaschengrünen Reisfeldern und sich wiegenden Palmen. Es überlebte die Ausbrüche des Gunung Merapi, terroristische Anschläge und das Erdbeben von 2006 und hat in 1200 Jahren nichts von seiner Mystik und Schönheit eingebüßt.

Es lohnt sich, ein paar Tage in der Gegend einzuplanen, denn die Borobudur-Region – die Einheimischen nennen sie Garten von Java – ist traumhaft schön. Über den grünen Reisfeldern und traditionellen Reisbauern-*kampung* (Dörfer) ragen Vulkangipfel in die Höhe.

Darüber hinaus mausert sich der Bezirk um den Borobudur mit inzwischen drei Klöstern zu Indonesiens wichtigstem Zentrum des Buddhismus. Besucher willkommen! Sie dürfen sogar zur Gebetszeit gemeinsam mit den Mönchen singen.

◉ Sehenswertes

★ **Borobudur-Tempel** BUDDHISTISCHER TEMPEL

(www.borobudurpark.com; Erw./Kind 25/15 US$, Sonnenauf- oder -untergang 450 000 Rp, 90-minütige Führung 1–5 Pers. 100 000 Rp; ⏲6–17 Uhr) Der größte buddhistische Tempel der Welt und eine der Hauptattraktionen Indonesiens ist der Borobudur-Tempel, eine Welterbestätte der UNESCO. Aus mehr als zwei Mio. Steinblöcken wurde ein massiver symmetrischer Stupa geformt, der sich um einen kleinen Hügel „wickelt". Seine Grundfläche misst 118 m mal 118 m, und die sechs quadratischen Terrassen werden von drei runden gekrönt. Vier Treppen führen durch verzierte Tore zur Spitze hinauf. Aus der Vogelperspektive erinnert der Komplex an ein kolossales dreidimensionales tantrisches Mandala.

Vielleicht waren die Mitglieder der buddhistischen Gemeinde, die einst im Borobudur beteten, frühe Vajrayana- oder Tantra-Buddhisten, die sich ein Mandala zum Anfassen und Durchlaufen schufen. Die Malereien sind längst verblasst, doch einst soll der graue Stein in der Sonne bunt geleuchtet haben.

Zudem repräsentierte das Baudenkmal die steingewordene buddhistische Vorstellung des Kosmos: Man beginnt in der Alltagswelt und arbeitet sich ins Nirwana vor, den buddhistischen Himmel. Die Reliefs an der Basis des Borobudur zeigen eine Welt voller Leidenschaft und Verlangen. Die „Guten" werden als höhere Lebensform wiedergeboren, während die „Bösen" nach der Reinkarnation einen Rückschritt zu erwarten haben. Die Meißelarbeiten und Szenen fleischlicher Lust sind hinter Stein versteckt. Einzig auf der Südseite kann man das eine oder andere Detail erkennen.

Wir empfehlen, am Haupttor (Osttor) zu beginnen und im Uhrzeigersinn um die Galerien des Stupa herumzuwandern (so gehört es sich bei buddhistischen Denkmälern!). Borobudur beeindruckt schon aufgrund seiner massigen Erscheinung, aber auch die fein gearbeiteten Bildhauerarbeiten sollte man sich auf jeden Fall aus der Nähe ansehen. Der Pilgerweg ist ca. 5 km lang und führt durch schmale Korridore an knapp 1460 reich verzierten Schriftzügen und 1212 dekorativen Motiven vorbei, ein wahrer Fundus buddhistischer Doktrinen, der gleichzeitig Aufschluss darüber gibt, wie der Alltag auf Java vor 1000 Jahren ausgesehen hat. Man darf sich das Ganze als eine nicht enden wollende Prozession aus Schiffen und Elefanten, Musikern und Tänzerinnen, Kriegern und Königen vorstellen.

Auf der dritten Ebene zeigt eine längere Tafel Szenen aus einem Traum von Königin Maya, in dem weiße Elefanten mit sechs Stoßzähnen eine Rolle spielen. Mönche und Höflinge interpretierten dies als Zeichen dafür, dass ihr Sohn Buddha werden sollte. Schlusspunkt der Sequenz sind die Geburt von Prinz Siddhartha und seine Reise zur Erleuchtung. Viele andere Bilderfolgen sind den buddhistischen Konzepten von Ursache und Wirkung und des Karmas gewidmet.

Rund 432 Buddha-Figuren blicken gütig aus offenen Kammern auf die Galerien. 72 weitere Buddha-Statuen (viele davon mittlerweile ohne Kopf) sitzen in vergitterten Stupas auf den oberen drei Ebenen und sind nur zum Teil zu sehen. Bei einer soll es sich um den Glücks-Buddha handeln. Die oberste Plattform ist rund und steht für das immerwährende Nirwana.

Im Eintritt sind auch der Besuch des **Karmawibhangga-Museums** mit 4000 Originalsteinen und Reliefs aus dem Tempel und des **Borobudur-Museums** mit weiteren Relikten, interessanten Fotos und Gamelan-Darbietungen (9 & 15 Uhr) enthalten. Mit dem Ticket hat man überdies Zutritt zum **Samudra-Raksa-Museum**, in dem der Nachbau eines Handelsschiffs für Gewürze aus dem 8. Jh. in Originalgröße untergebracht ist. Es hat ein erstaunliches Design. Die Baupläne basieren auf einer Darstellung aus dem Borobudur-Tempel.

Die Eintrittskarten zum Borobudur können auf der Website bestellt werden, genauso wie ein Kombiticket für den Borobudur und die Prambanan-Tempelanlage (Erw./Kind 40/25 US$). Das bringt eine Preisersparnis, das Ticket ist aber nur zwei Tage gültig. Außerdem hat man damit keinen Zutritt zum Borobudur bei Sonnenauf-/-untergang.

★ Mendut-Tempel & Kloster

BUDDHISTISCHER TEMPEL

(Jl Mayor Kusen 92; 3500 Rp, inkl. Eintritt zum Candi Pawon; ⏲6–17.30 Uhr) Dieser Tempel in einer charmanten Gegend, ca. 3,5 km weiter östlich, kommt zwar optisch nicht gegen seinen übermächtigen Nachbarn an, aber kein Tempel auf Java verfügt über eine derart beeindruckende Originalstatue: Der 3 m hohe Buddha wird von den Bodhisattwas Lokesvara (links) und Vairapana (rechts) flankiert. Bemerkenswert ist auch seine Haltung: Er sitzt nämlich wie ein „Westler" – mit beiden Füßen auf dem Boden.

Geführte Touren

★ Jaker

GEFÜHRTE TOUREN

(☎0293-788845; jackpriyana@yahoo.com.sg; Jl Balaputradewa 54, Lotus II Homestay) Jaker ist eine Gruppe von Touristenführern und einheimischen Aktivisten und in der kleinen Siedlung zu finden, die das größte buddhistische Monument der Welt umgibt. Sämtliche Mitglieder stammen aus der Gegend, sind wahre Experten, wenn es um den Borobudur geht, und sprechen fließend Englisch.

Schlafen & Essen

Rajasa Hotel & Restoran

PENSION $

(☎0293-788276; Jl Badrawati II; Zi. inkl. Frühstück mit Ventilator & kaltem Wasser/klimatisiert & Warmwasser 200 000/400 000 Rp; ❄📶) Eine beliebte Pension 1,5 km südlich des Busbahnhofs. Über die Brüstung schaut man auf die Reisfelder. Wir empfehlen die Zimmer mit Ventilator, denn für die Klimaanlage und kaum schickere Möbel muss man gleich eine ganze Menge mehr bezahlen. Das Restaurant ist wunderbar (Hauptgerichte 25 000–35 000 Rp), dort werden javanische Spezialitäten, vegetarische Gerichte und kaltes Bier serviert.

Lotus II Homestay PENSION $$

(☎0293-788845; jackpriyana@yahoo.com.sg; Jl Balaputradewa 54; Zi. inkl. Frühstück 225 000–300 000 Rp; ❄@📶) Beliebte, nette Adresse, die einem der Gründer von Jaker gehört – das bedeutet, dass man hier viele Infos abgreifen kann und alle Angestellten gut Englisch sprechen. Wir empfehlen die Zimmer oben; sie sind geräumig, haben eine schicke Einrichtung und gehen auf den rückwärtigen Balkon hinaus; dort kann man frühstücken oder eine Tasse Tee bzw. ein Bier mit Blick auf die Reisfelder trinken. Die Zimmer unten sind weniger ansprechend, aber sauber und mit annehmbaren Betten und hohen Decken ausgestattet.

Alea Coffee Shop CAFÉ $

(☎0877 0548 8561; Jl. Balaputradewa 58; Hauptgerichte 25 000 Rp; ⏲7–22 Uhr; 📶) Ein ruhiges Café mit angrenzender Kunstgalerie und einer Terrasse draußen, die sich zu den Reisfeldern hin erstreckt. Ein prima Ort für starken javanischen Kaffee, kaltes Bier (nicht immer zu haben) oder leckere indonesische Gerichte. Abends funkeln Lichterketten.

An- & Weiterreise

Busse fahren vom Bahnhof Jombor in Yogyakarta (42 km; 25 000 Rp, alle 30 Min., 1¼ Std.) zum Borobudur. Letzte Abfahrt nach/am Borobudur ist um 16.30 Uhr. Am Borobudur-Terminal machen sich bis 16 Uhr regelmäßig Busse auf den Weg nach Magelang (10 000 Rp). Im Dorf am Borobudur kostet eine *becak*-Fahrt 10 000 bis 15 000 Rp, in Hotels kann man Fahrräder (25 000 Rp) und Motorräder (ca. 75 000 Rp) mieten. In Yogyakarta werden zahlreiche Tagestouren zum Borobudur angeboten.

Solo (Surakarta)

☎0271 / 555 308 EW.

Diese Hochburg javanischer Identität und Tradition ist eine der am wenigsten verwestlichten Städte der Insel. Der ehemalige Sitz des mächtigen Mataram-Reichs ist konservativ geprägt und rivalisiert mit Yogyakarta um die Rolle als Dreh- und Angelpunkt der javanischen Kultur, wird aber oft von seinem moderneren Nachbarn in den Schatten gestellt und spielt deshalb nur die zweite Geige.

Mit seinen *kampung* und dem eleganten *kraton*, traditionellen Märkten und glitzernden Einkaufszentren lohnt Solo jedoch zweifellos einen Besuch mit einer, besser zwei Übernachtungen. Es gibt einige faszinierende Tempel in der Nähe, zudem ist die Stadt eine gute Ausgangsbasis für Ausflüge in die grünen Hügel Zentraljavas.

Solo ist ein toller Ort, um traditionelle Darbietungen darstellender Kunst zu erleben; die Musik- und Tanzhochschulen ziehen viele Studenten und Gelehrte an. Auch das traditionelle Kunsthandwerk, insbesondere Batikwaren, sind eine hiesige Spezialität.

Sehenswertes

Kraton Surakarta PALAST

(Kraton Kasunanan; ☎0271-656432; Jl Sidikoro; 15 000 Rp, Fotoerlaubnis 3500 Rp, Guide 30 000–50 000 Rp; ⏲Mo–Fr 9–14, Sa & So bis 15 Uhr) Früher war dieser Palast (18. Jh.) der Mittelpunkt eines Reichs, doch heute ist der Kraton Surakarta nur noch eine verblasste Erinnerung an eine längst vergangene Ära. Ein Großteil des *kraton* wurde 1985 bei einem Brand zerstört. Viele der inneren Gebäude sind seitdem wieder aufgebaut worden, dennoch hat der einst Ehrfurcht einflößende Palast heute viel von seinem Zauber eingebüßt. Er wirkt nackt und vernachlässigt – die Restaurierung wird dem hoffentlich entgegenwirken. Die Hauptattraktion für Touristen ist das Sasono-Sewoko-Museum.

Mangkunegaran-Palast PALAST

(Istana Mangkunegaran; www.puromangkunegaran.com; Jl Ronggowarsito; Eintritt 20 000 Rp; ⏲Mo–Mi, Fr & Sa 8.30–15, Do & So bis 14.30 Uhr) Der 1757 erbaute Istana Mangkunegaran ist in besserem Zustand als der *kraton* und Solos Palast Nummer zwei. Inmitten der Anlage steht der *pendopo*, ein Pavillon sowohl mit javanischen als auch europäischen Stilelementen. Die reich verzierte runde Decke wurde 1937 bemalt. Eine Flamme in der Mitte ist von bunten Figuren des javanischen Tierkreises umgeben.

Haus von Danar Hadi MUSEUM

(☎0271-714326; Jl Slamet Riyadi 261; Erw./Kind 35 000/15 000 Rp; ⏲9–16.30 Uhr, Verkaufsraum bis 21 Uhr) Das Danar Hadi ist eines der besten Batikmuseen der Welt mit einer umwerfenden Sammlung antiker und königlicher Textilien aus Java, China und anderswo. Es ist in einem eleganten weißgetünchten Kolonialgebäude untergebracht. Der Eintritt beinhaltet eine exzellente geführte Tour auf Englisch (ca. 1½ Std.), bei der die Geschichte der vielen Exponate (die Sammlung umfasst 11 000 Stücke) erklärt wird. Besucher können außerdem in einem Atelier Kunsthandwerkerinnen bei der Fertigung neuer Meisterwerke zusehen und einen exklusiven La-

Solo (Surakarta)

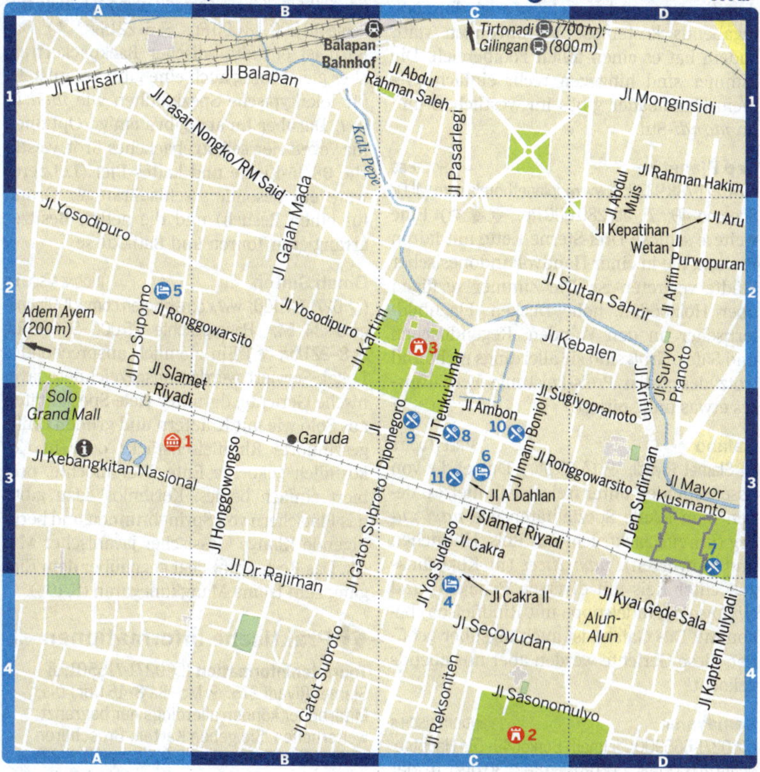

gerraum und einen Souvenirladen besuchen. Achtung: Es dürfen keine Fotos gemacht werden.

Schlafen & Essen

Warung Baru Homestay PENSION $

(☎0812 2687 443, 0271-656369; abseits der Jl KH Ahmad Dahlan; Zi. inkl. Frühstück mit Ventilator/klimatisiert ab 100 000/150 000 Rp; ❄📶) In einer kleinen *gang* (Gasse) abseits der Jl KH Ahmad Dahlan vermieten die Besitzer dieser einzigartigen Pension – einem ziemlich opulenten javanischen Wohnhaus – vier Zimmer. In den teureren Unterkünften gibt es Warmwasser und Badewannen. Das Preis-Leistungs-Verhältnis ist top. Das dazugehörende Restaurant um die Ecke ist eine tolle Adresse für ein entspanntes Essen.

Cakra Homestay HOMESTAY $

(☎0271-634743, 0878 3636 3686; www.cakrahomestay.com; Jl Cakra II 15; Zi. inkl. Frühstück mit Gemeinschafts-/privatem Bad ab 125 000/175 000 Rp, Zi. mit Klimaanlage & Privatbad ab 200 000 Rp; ❄📶) Die atmosphärische Unterkunft ist die perfekte Wahl für alle, die sich für javanische Kultur interessieren (das herzliche Personal erzählt gerne mehr zum

Solo (Surakarta)

Sehenswertes

1 Haus von Danar Hadi A3
2 Kraton Surakarta C4
3 Mangkunegaran-Palast C2

Schlafen

4 Cakra Homestay C4
5 Red Planet A2
6 Warung Baru Homestay C3

Essen

7 Galabo D3
8 Nasi Liwet Wongso Lemu C3
9 Omah Sinten C3
10 Ramayana C3
11 Warung Baru C3

Thema). Im großartigen *gamelan*-Raum finden dienstag- und manchmal auch donnerstagabends kostenlose Vorführungen statt, zudem hat es einen tollen Poolbereich. Die Zimmer sind hingegen recht einfach. Gemeinschaftsbäder gibt's im westlichen und im *mandi*-Stil.

Red Planet HOTEL $$
(☎ 0271-788 9333; www.redplanethotels.com; Jl Dr Supomo 49; Zi. ab 280 000 Rp; ❄@📶) Eine weitere schicke Drei-Sterne-Kette mit fairen Preisen, die in einer Handvoll indonesischer Städte vertreten ist. Die Zimmer verfügen über Holzböden, hohe Decken, Flachbildfernseher an den Wänden, Regenduschen und Safes. Groß sind sie allerdings nicht und trotz des guten Preis-Leistungs-Verhältnisses etwas uninspiriert.

Galabo STREETFOOD $
(Jl Slamet Riyadi; ⌚17–23 Uhr) Dutzende von Essensständen unter freiem Himmel, an denen man lokale Spezialitäten wie *nasi gudeg* (unreife Jackfrucht mit Reis, Hühnchen und Gewürzen), *nasi liwet* (in Kokosnuss gekochter Reis mit diversen Beilagen) und *timlo solo* (Nudelsuppe mit Rindfleisch) bekommt. Das Galabo ist auch tagsüber geöffnet, diese Gerichte werden aber nur abends gekocht.

Ramayana INDONESISCH $
(☎ 0271-666900; Jl Imam Bonjol 49–51; Hauptgerichte 20 000–80 000 Rp; ⌚8–21.30 Uhr) In der Küche des schicken, klimatisierten Ramayana werden leckere ostjavanische Gerichte wie *ayam penyet* (gemörsert Brathähnchen) und *empal penyet* (gebratenes mariniertes Rind) auf die Teller gezaubert. Ganz wunderbar lassen sich diese Gerichte mit einem kalten Bier kombinieren – eine Rarität in Solo.

Nasi Liwet Wongso Lemu INDONESISCH $
(Jl Teuku Umar; Mahlzeiten 12 000–30 000 Rp; ⌚16–2 Uhr) Hier gibt's mit die beste Straßenküche der Stadt. Der Stand ist nur abends geöffnet, wird von einer *ibu* (Mutter, ältere Frau) in traditioneller Batikkleidung betrieben und ist auf *nasi liwet* spezialisiert. Mit Kokosnuss verfeinerter Reis wird auf einem Bananenblatt serviert und mit geschnetzeltem Hähnchenfleisch, Hähnchenleber (optional), Ei, in Kurkuma gekochtem Tofu und saisonalen Gewürzen bedeckt. Als Vorspeise gibt's eingelegtes Gemüse, mit Kurkuma gebratenen Tofu und Hühnerfüße. Hiesige Esskultur vom Feinsten!

Warung Baru INTERNATIONAL $
(☎ 0271-656369; Jl Ahmad Dahlan 23; Hauptgerichte 10 000–18 000 Rp; ⌚6–22 Uhr; 🌿) Das Baru ist ein altmodischer Backpackertreff, aber gleichzeitig auch eine gute Anlaufstelle für lokaltypische Spezialitäten wie *nasi liwet*. Darüber hinaus gibt's einige Optionen für Vegetarier, selbstgebackenes Brot, westliche 08/15-Küche und kaltes Bier (Letzteres wäre ein besonders schlagkräftiger Grund für einen Besuch) und die netten Besitzer arrangieren Touren und Batikkurse.

Omah Sinten INDONESISCH $$
(☎ 0271-641160; www.omahsinten.com; Jl Diponegoro 34–54; Hauptgerichte 25 000–55 000 Rp; ⌚8–22 Uhr; 📶) Ein ziemlich ansprechendes Lokal. Serviert werden ausgezeichnete javanische Gerichte, darunter viele Spezialitäten aus Solo wie mit Kräutern und grünen Chilis geschmorte Rindfleischstücke oder in Kokosmilch gekochte Ente. Wer möchte, probiert einfach beides. Kostenlos dazu gibt's das Plätschern von Springbrunnen und beruhigende Klänge klassischer javanischer Musik. Das Restaurant liegt gegenüber dem Eingang zum Istana Mangkunegaran (S. 108).

ℹ Praktische Informationen

Touristeninformation (☎ 0271-716501; Jl Slamet Riyadi 275; ⌚Mo–Sa 8–16 Uhr) Die Mitarbeiter können allerdings nur begrenzt weiterhelfen. Sie geben Karten, Broschüren und Infos zu kulturellen Events aus. Darüber hinaus verkaufen sie (etwas zu teure) Touren.

ℹ An- & Weiterreise

BUS

Vom **Busbahnhof Tirtonadi** (Jl Yani) 3 km außerhalb des Stadtzentrums fahren Economy-Busse zu Zielen wie Prambanan (20 000 Rp, 1½ Std.), Semarang (35 000 Rp, 3¼ Std.), Surabaya (ab 31 000 Rp) und Malang (100 000 Rp, 10 Std.).

Am **Minibus-Terminal Gilingan** (Jl Ahmad Yani) in der Nähe des Busbahnhofs starten klimatisierte *travel*-Express-Minibusse nach Semarang (75 000 Rp), Surabaya (140 000 Rp) und Malang (150 000 Rp).

Nach Yogyakarta (und Prambanan) gelangt man am schnellsten mit dem Zug. Wenn Prambanan das Fahrtziel ist, fährt man am besten mit dem Zug bis zum Bahnhof Maguwo nahe dem Flughafen von Yogyakarta und steigt dort in einen Bus der Linie 1A zum Tempel um.

FLUGZEUG

Am **Adi Sumarmo international Airport** (☎ 0271-780715; www.adisumarmo-airport.

ZÜGE AB SOLO

ZIEL	PREIS (RP)	DAUER (STD.)	HÄUFIGKEIT (PRO TAG)
Jakarta	380 000–535 000	8¼–9	4–5
Surabaya	120 000–280 000	3¾–4½	6–8
Yogyakarta	40 000–320 000	1	19

com/en; Jl Bandara Adi Sumarmo) bestehen regelmäßige Flugverbindungen nach Jakarta mit Maschinen von **Garuda** (☎ 0271-737500; www.garuda-indonesia.com; Hotel Riyadi Palace, Jl Slamet Riyadi 335), **Lion Air** (☎ 0271-780400; www.lionair.co.id) und **Citilink** (☎ 0271-7889352; www.citilink.co.id/en). **AirAsia** (☎ 021-2927 0999; www.airasia.com) bietet günstige Flüge nach Kuala Lumpur an.

ZUG

Solo liegt an der Haupttrasse Jakarta–Yogyakarta–Surabaya. Fast alle Züge halten am Hauptbahnhof **Balapan** (☎ 0271-714039; Jl Monginsidi 112). Vom Bahnhof Jebres im Nordosten von Solo geht's mit ein paar Zügen der Economy-Klasse nach Surabaya und Jakarta.

Unterwegs vor Ort

Klimatisierte Batik-Solo-Trans-Busse verbinden den Flughafen Adi Sumarmo 10 km nordwestlich des Zentrums mit der Jl Slamet Riyadi (20 000 Rp). Eine Taxifahrt kommt auf etwa 90 000 Rp; die von **Kosti Solo** (☎ 0271-856300) sind verlässlich, Uber, Grab und Go-Jek sind aber die günstigere Alternative.

Becak vom Bahnhof oder Busbahnhof ins Zentrum schlagen mit 20 000 Rp zu Buche. In den Unterkünften kann man Fahrräder für 25 000 Rp und Motorräder für etwa 100 000 Rp pro Tag mieten.

Rund um Solo

In fantastischer Lage 900 m über der Ebene von Solo thront einer der rätselhaftesten und beeindruckendsten Tempel von ganz Java, der **Candi Sukuh** (25 000 Rp; ⏲ 7–17 Uhr). Die Stätte ist nicht besonders groß, aber die Pyramide aus grob behauenem Stein kann sich sehen lassen, ebenso wie einige der faszinierenden Reliefs und Barong-Statuen. Es steht fest, dass hier ein Fruchtbarkeitskult praktiziert wurde und mehrere eindeutige Schnitzereien haben dem Bau den Spitznamen „Erotiktempel" eingebracht. Der ruhige, isolierte Ort hat eine außergewöhnliche Energie.

Bei klarem Himmel ist der Blick über das terrassierte smaragdgrüne Tal und den darüber aufragenden Vulkan geradezu verzaubert. Der Candi Sukuh entstand im 15. Jh., als das Majapahit-Reich bereits im Niedergang begriffen war. Die Architektur scheint nichts mit anderen javanischen Hindu- oder buddhistischen Tempeln zu tun zu haben. Über die Herkunft der Bauherren und ihren ungewöhnlichen Stil ist nichts bekannt; ihre kruden gestaucht und deformiert aussehenden Figuren wurden im ostjavanischen *wayang*-Stil gefertigt. Die Anlage weist auf ein Wiederaufkommen des prähinduistischen Animismus hin, der 1500 Jahre früher existiert hatte.

Fast alle Besucher gelangen im Rahmen einer Tour ab Solo oder Yogyakarta zum Candi Sukuh. Die Anfahrt mit öffentlichen Verkehrsmitteln ist ziemlich kompliziert: Von Solo fährt ein Bus Richtung Tawangmangu; in Karangpandan muss man aussteigen (10 000–15 000 Rp). Dann geht's per Minibus nach Kemuning (3000 Rp) bis zum Abzweig zum Candi Sukuh. Entweder legt man nun die letzten 2 km, die steil bergauf führen, zu Fuß zurück oder zahlt 50 000 Rp für eine Fahrt mit dem *ojek*. Für rund 80 000 Rp bringen *ojek* die Fahrgäste zum Sukuh und zum Cetho (einem weiteren Candi).

Malang

☎ 0341 / 887 443 EW.

Malang wartet mit belaubten Boulevards aus der Kolonialzeit, kühlem Klima, viel Kultur und einer entspannteren Atmosphäre als die regionale Hauptstadt Surabaya auf. Darüber hinaus gibt's hier mehrere bedeutende Universitäten und viele Studenten. Das Zentrum ist nicht sehr groß und recht gut zu Fuß zu erkunden.

Malang wurde Ende des 18. Jhs. von den Niederländern gegründet. Kaffee, der in den umliegenden Hügeln gedieh, entwickelte sich zum finanziellen Standbein der Stadt. Mittlerweile verblasst die koloniale Pracht zunehmend angesichts der homogenen Fassaden moderner Gebäude, das bedeutet aber nicht, dass es nichts mehr zu bestaunen gäbe. Verschiedene Hindu-Tempel und Sehenswürdigkeiten vor den Toren der Stadt ma-

ABSTECHER

TEMPEL RUND UM MALANG

Der **Candi Singosari** (Jl Kertanegara 148; Eintritt gegen Spende; ⏲7.30–16 Uhr) steht mitten im Dorf Singosari, 12 km nördlich von Malang, 500 m abseits der Hauptstraße zwischen Malang und Surabaya. Als eines der letzten Denkmäler, das sich die Singosari-Dynastie setzte, war er 1304 zu Ehren von König Kertanegara errichtet worden, dem fünften und letzten Singosari-König. Dieser kam 1292 bei einem Aufstand im Palast zu Tode.

Zur Anfahrt: Mit einem *angkot* (6000 Rp) geht's vom Arjosari-Busbahnhof in Malang bis zum Markt von Singosari an der Schnellstraße.

Der kleine, bullige buddhistische Stupa **Candi Sumberawan** (Eintritt gegen Spende; ⏲7.30–16 Uhr) liegt in den stufenförmigen bebauten Ausläufern des Gunung Arjuna ca. 5 km nordwestlich von Singosari. Er erinnert an den Besuch des großen Majapahiten-Königs Hayam Wuruk, der die Gegend 1359 bereiste. Auf dem Tempelgelände sind ein Lingam-Stein, die bröckelnden Ruinen weiterer Stupa und Überreste kürzlich erbrachter Opfergaben zu sehen. Eigentliches Highlight ist jedoch die Kulisse. Mit einem *angkot* (5000 Rp) gelangt man vom Singosari-*pasar* (Markt) an der Schnellstraße nach Desa Sumberawan, dann läuft man die Straße 500 m hinunter zum Kanal und dem unbefestigten Weg.

An einer Nebenstraße nahe dem Markt von Tumpang, 22 km von Malang entfernt, steht der **Candi Jago** (Jajaghu; Jl Wisnuwardhana; Eintritt gegen Spende; ⏲7.30–16 Uhr). Er wurde zwischen 1268 und 1280 erbaut, vermutlich zum Gedenken an den vierten Singosari-König Vishnuvardhana. Den Tempel schmücken einige interessante dekorative Schnitzarbeiten mit Motiven aus dem Jataka und Mahabharata. Ihr dreidimensionaler *wayang-kulit*-(Schattenspielfigur-)Stil ist typisch für Ostjava. Mit einem weißen angkot vom Arjosari-Terminal in Malang nach Tumpang fahren (10 000 Rp).

Der prachtvolle Tempel **Candi Kidal** (Jl Candi Kidal; Eintritt gegen Spende; ⏲7–12 & 13–16 Uhr) im Dorf Kidal ist von Häusern umgeben. Er stammt aus der Zeit um 1260 und diente als Begräbnisschrein für König Anusapati, den zweiten Singosari-König, der 1248 verstarb. Ursprünglich 17 m hoch, ist der heute 12 m hohe Tempel ein Beispiel für ostjavanische Architektur. Den schmalen Bau schmücken auf drei Seiten Bilder des Garuda (mythische Figur, halb Mensch, halb Vogel) sowie finster dreinblickende *kala* (dämonische Fratzen, häufig über Tempeleingängen zu sehen). Vom Markt in Tumpang nimmt man am besten ein *ojek* (Motorradtaxi; 10 000 Rp) hierhin.

chen Malang zu einer idealen Basis für Ausflüge in diesen faszinierenden Teil Ostjavas.

Sehenswertes

Hotel Tugu Malang MUSEUM

(☎0341-363891; www.tuguhotels.com/hotels/malang; Jl Tugu III; Führung inkl. Snacks 90 000 Rp pro Pers.; ⏲18 Uhr; 📶) Malangs eindrucksvollstes Museum ist eigentlich gar kein Museum, sondern ein Boutique-Hotel mit vier Sternen: das Tugu Malang. Der Besitzer, Indonesiens wohl führender Sammler von Kunst und Antiquitäten aus Asien, nutzt sein Haus als Ausstellungsfläche. Zu sehen sind z. B. Keramik aus dem 10. Jh., Jade-Schnitzarbeiten aus dem 13. Jh., Ming-Porzellan, Holzarbeiten der Qing-Dynastie und sogar die komplette Fassade eines chinesischen Tempels. Um 18 Uhr finden Führungen in englischer Sprache statt (für Hotelgäste kostenlos).

Jalan Besar Ijen STRASSE

Malang hat eine wundervolle Kolonialarchitektur. Die Jl Besar Ijen nordwestlich des Zentrums – die Straße der Reichen und Schönen – ist von weißen Herrenhäusern aus der niederländischen Besatzungszeit gesäumt. Viele Gebäude wurden saniert, aber es gibt hier immer noch eine Menge zu bewundern. Sonntagmorgens ist die Straße für den Verkehr gesperrt, dann wird ein Markt aufgebaut. Ende Mai findet hier das riesige Stadtfest Malang Kembali statt.

Schlafen

★ **Kampong Tourist** HOSTEL $

(☎0341-345797; www.kampongtourist.com; Hotel Helios, Jl Patimura 37; EZ/DZ/3BZ B 65 000/120 000/150 000 Rp; 📶) Auf dem Dach des Hotel Helios haben die Besitzer des Kampong Tourist ein wirklich erstklassiges Backpackerhostel geschaffen. Sie haben verschiedene Touren im Angebot, z. B. zum Bromo, aber auch Kochunterricht und kostenlose Stadtführungen. Die Schlafsaalbetten sind lauschig (und interessanterweise z. T. ziemlich breit – für zwei bis drei Personen!), genau wie die Privatzimmer aus Bambus im Gartenlauben-Stil. Zudem gibt's einen Block mit tollen Gemeinschaftsduschen und eine Gästeküche.

Jona's Homestay HOMESTAY $

(☎ 0341-324678; Jl Sutomo 4; EZ/DZ mit Ventilator & Gemeinschaftsbad 85 000/130 000 Rp, DZ/3BZ inkl. Frühstück, Klimaanlage & Privatbad 225 000/260 000 Rp; ❄ 📶) Diese alteingesessene Unterkunft in einer imposanten Kolonialvilla mit einer Digitalanzeige an der Vorderseite wird von einer liebenswerten Familie geführt, die sich rührend um die Gäste kümmert und Touren anbietet. Die Lage in einem wohlhabenden Viertel ist praktisch und ruhig, allerdings sind die Zimmer etwas in die Jahre gekommen. Ein tolles Preis-Leistungs-Verhältnis bieten etliche der klimatisierten Quartiere durch ihre enorme Größe. Es gibt Frühstück und billiges, kaltes Bier, man kann Fahrräder ausleihen (25 000 Rp/Tag) und Motorroller (80 000 Rp/Tag).

Same Hotel HOTEL $$

(☎ 0341-3031999; Jl Patimura 19; Zi. inkl. Frühstück ab 375 000 Rp; ❄ 📶) Die ziemlich stattliche und mit ihren Säulen italienisch anmutende Fassade und auch die große, funkelnde Lobby lassen Gedanken à la „Schon wieder so ein Hotel wie alle anderen" gar nicht erst aufkommen. Toll ist auch das Preis-Leistungs-Verhältnis für professionelle Mitarbeiter, komfortable, großzügige Zimmer, schnelles WLAN, Kabel-TV, Zimmerservice und ein Frühstücksbüfett (im Preis inbegriffen).

Essen & Ausgehen

Mie Tomcat NUDELN $

(☎ 0812 3369 7450; Jl Trunijoyo 31; Gerichte 9000–12 000 Rp; ⌚ 9–23 Uhr) Der schicke Designer-*warung* in Jenga-ähnlichem Stil und mit Kirschholzeinrichtung im Innen- und Außenbereich ist bei jungen Einheimischen beliebt. Das Personal spricht kaum Englisch, bereitet aber leckere Nudelsuppe, *ramen* und *mie goreng* (gebratene Nudeln) zu. Die praktischen an einer Tafel angeschriebenen Schärfeangaben helfen dabei, den eigenen Empfindlichkeitsgrad zu bestimmen.

Bebek Gong INDONESISCH $

(☎ 0341-365055; www.bebekgong.com; Jl Cokroaminoto 2d; Gerichte 5000–23 000 Rp; ⌚ 10–22 Uhr) In dem schön herausgeputzten *warung* mit hübschen Rattanlaternen und Bambustapete genießen zahlreiche Einheimische Brathähnchen und Entengerichte. Als Beilagen werden roher Kohl und Spargelbohnen serviert. Reis kostet 5000 Rp extra.

Legipait KAFFEE

(Jl Patimura 24; ⌚ 7–24 Uhr; 📶) Ein beliebter Treff für die hiesige Hipster-Gemeinde ist dieses Café, in dem Kaffeebohnen aus der Gegend aufgebrüht werden. Außerdem gibt's Säfte und Mahlzeiten und im Hintergrund läuft Indie-Musik.

An- & Weiterreise

Die Abkürzung zum Gunung Bromo, eine sandige Vulkanstraße, die in östlicher Richtung aus Malang hinausführt, ist nicht ganz ohne und darf nur im Rahmen organisierter Jeeptouren befahren werden. Wer mit dem eigenen Wagen unterwegs ist, muss die sehr viel längere Route nehmen, die sich dem Bromo von Norden her nähert (via Probolinggo).

BUS & ANGKOT

Malang hat drei Busbahnhöfe: Arjosari, 5 km nördlich der Stadt, ist der Hauptbusbahnhof. Es gibt regelmäßige Verbindungen nach Surabaya, Probolinggo und Banyuwangi. Überlandbusse nach Solo, Yogyakarta, Denpasar und Jakarta fahren in der Regel am frühen Abend ab. Minibusse (von Einheimischen *angkot* oder *mikrolet* genannt) verkehren von Arjosari zu nahegelegenen Dörfern wie Singosari und Tumpang.

Der Busbahnhof Gadang liegt 5 km südlich des Zentrums. Von hier bestehen Verbindungen in den Süden, z. B. nach Blitar (25 000–30 000 Rp, 2 Std.).

Vom Busbahnhof Landungsari, der 5 km nordwestlich der Stadt liegt, fahren Busse zu Zielen westlich der Stadt, darunter Batu (10 000 Rp, 40 Min.).

MINIBUS

In Malang gibt's viele Minibusunternehmen (Tür-zu-Tür-Service). Fahrkarten können in Hotels und Reisebüros gebucht werden. **Wijaya Travel** (☎ 0341-327072) ist eine renommierte Agentur, die z. B. Fahrten nach Solo, Yogyakarta und Probolinggo anbietet. Die Minibusse von **Abimanyu Travel** (☎ 0812 3007 1652, 0341-3041 382; www.abimanyutravel.id) bedienen die Strecke nach Surabaya (100 000 Rp) und halten entweder am jeweiligen Hotel oder am Flughafen in Surabaya (so spart man sich die lange Anfahrt vom Busbahnhof in Surabaya).

ZUG

Der **Bahnhof Malang** liegt zwar recht zentral, hat aber keine gute Anbindung an das Hauptverkehrsnetz. Jeden Tag fahren drei Züge über Solo nach Yogyakarta (150 000–355 000 Rp, 8 Std.). Um 16 Uhr macht sich ein Zug auf den Weg nach Probolinggo (62 000 Rp, 2¾ Std.). Surabaya (35 000–60 000 Rp, 2 Std.) wird nur von sehr langsamen und überfüllten Economy-Zügen bedient. Darüber hinaus gibt's eine tägliche Verbindung nach Banyuwangi (62 000 Rp, 7½ Std.), wo Fähren nach Bali verkehren.

Unterwegs vor Ort

Mikrolet (kleine Taxis) verkehren in der ganzen Stadt. Meistens pendeln sie zwischen den Busbahnhöfen und fahren dabei durch das Zentrum. Sie sind mit A–G (Arjosari nach Gadung und zurück), A–L (Arjosari nach Landungsari) oder G–L (Gadang nach Landungsari) ausgeschildert. Fahrten kosten 4000 Rp (bzw. 8000 Rp, wenn man eine große Tasche dabeihat).

Mit den online buchbaren Taxis und Motorrädern von Go-Jek kann man sich günstig in der Stadt fortbewegen.

Gunung Bromo

☎ 0335

Die Mondlandschaft von surrealer Schönheit und epischen Dimensionen macht die Vulkanregion um den Gunung Bromo zu einer der atemberaubendsten Sehenswürdigkeiten Indonesiens.

Der Bromo (2329 m) erhebt sich aus den Tiefen der uralten Tengger-Caldera. Er ist einer von drei Vulkanen, die aus einem gigantischen Krater mit einem Durchmesser von 10 km entstanden sind, und wird von den Gipfeln des Kursi (2581 m) und des Batok (2440 m) flankiert. Der rauchende Gipfel des Bromo ist umgeben von einem „Meer" aus Vulkanasche und -sand und den hoch aufragenden Felsen entlang des Kraterrands. Ein Stück weiter südlich erhebt sich der höchste Berg Javas, der Gunung Semeru (3676 m), einer der aktivsten Vulkane des Landes – hin und wieder spuckt er Asche.

Die große Mehrheit der Individualreisenden nähert sich dem Bromo von Probolinggo her und übernachtet in Cemoro Lawang, wo die Einrichtungen gut sind. Es gibt noch mehr Optionen in den Dörfern entlang der Straße zwischen Probolinggo und dem Bromo. Weitere Tore zum Vulkan sind Wonokitri und Ngadas.

Sehenswertes & Aktivitäten

Bei der klassischen Bromo-Tour, angeboten von allen Hotels und Guides in Cemoro Lawang (und anderen Dörfern), werden Teilnehmer gegen 3.30 Uhr abgeholt und in Jeeps zu dem benachbarten Gipfel Gunung Penanjakan (2770 m) gefahren. Von diesem Aussichtspunkt bieten sich die besten Aussichten (und Fotomotive) der Gegend, etwa auf den rauchenden Gunung Semeru am Horizont. Nach Sonnenaufgang fahren die Jeeps den steilen Kraterrand entlang zurück und weiter über das Laotian Pasir (Sandmeer) zum Fuß des Bromo. Meist ist es nicht schwer, sich mit anderen zusammenzutun, um Kosten zu sparen. Privatjeeps kosten 500 000 Rp, mit Verhandlungsgeschick kann manchmal jedoch ein günstigerer Preis vereinbart werden. Wer für einen einzelnen Sitzplatz (150 000 Rp) zahlt, muss sich mit vier oder fünf anderen Passagieren ins Fahrzeug quetschen.

Alternativ führt eine zweistündige Wanderung vom Cemoro Lawang zum Gipfel des Gunung Penanjakan, dem sogenannten zweiten Aussichtspunkt. Doch vom King-Kong-Hügel, nur 20 Minuten hinter dem ersten Aussichtspunkt, und auch auf dem Penanjakan auf einem Felsvorsprung am Hauptweg bieten sich sogar noch bessere Aussichtsmöglichkeiten als von ganz oben. Wer von hier nach Westen blickt, sieht im Licht der Morgendämmerung den Bromo und den Gunung Batok. Dahinter buhlt der Gunung Semeru um Aufmerksamkeit und liefert ein weiteres Traummotiv. Der Weg dorthin dauert bis zu einer Stunde, ist jedoch absolut überwältigend. Auf den Hängen oberhalb des Dorfes werden Frühlingszwiebeln, Kartoffeln und Blumenkohl angebaut. Im Dunkeln sind sie nicht zu erkennen, bieten aber einen netten Anblick bei dem entspannten Spaziergang bergabwärts. Wanderer können eine weitere spannende Tour quer über das Laotian Pasir zu dem Dorf Ngadas unterhalb des südlichen Rands des Tengger-Kraters unternehmen (8 km). Dort machen sich Motorräder und Jeeps auf den Weg nach Tumpang, wo Busverbindungen nach Malang bestehen.

Schlafen

Dass die Unterkünfte in der Nähe des Bromo ein schlechtes Preis-Leistungs-Verhältnis bieten, ist kein Geheimnis. Was die Lage betrifft, ist das Dorf Cemoro Lawang der praktischste Übernachtungsort. Dort gibt es verschiedene bescheidene Pensionen und überteuerte Hotels. Etwa 5 km ostwärts, Richtung Probolinggo, befindet sich eine weitere Ansammlung von Pensionen. Ein paar Adressen sind ganz okay, z. B. Yoschi's Hotel.

Cemora Lawag

Tengger Indah HOMESTAY $
(☎0858 5357 4021; Cemoro Lawang; Zi. inkl. Frühstück 250 000 Rp; 📶) Diese gen Osten ausgerichtete zweigeschossige Privatunterkunft liegt nur einen Steinwurf vom Kraterrand entfernt an der Kreuzung – top für Ausflüge zum Bromo. Ihre Fassade schmücken Wandmalereien, die Innenräume sind einfach, gefliest und günstig. Auf dem Balkon hat man eine sensationelle Aussicht.

Cafe Lava Hostel HOTEL $$
(☎0812 3584 1111, 0335-541020; www.cafelava.lavaindonesia.com; Cemoro Lawang; Zi. ohne Bad ab ab 175 000 Rp, mit Bad & Frühstück ab 450 000 Rp; ❄📶) Mit seiner geselligen Atmosphäre, dank Straßencafé und hübscher Aufmachung (die Zimmer liegen an der Seite) zieht es trotz der etwas hohen Preise viele Reisende an. Die „Economy"-Zimmer sind sehr klein, aber nett und haben Zugang zu einer Gemeinschaftsveranda. In den kleinen Bädern (ebenfalls gemeinschaftlich genutzt) fließt heißes Wasser.

Ngadisari

Yoschi's Hotel PENSION $$
(☎0813 3129 8881, 0335-541018; www.hotelyoschi.com; Wonokerto St 117, Km 2; inkl. Frühstück, Zi. mit Gemeinschafts-/privatem Bad 300 000/540 000 Rp, Hütten ab 900 000 Rp; @📶) Rustikale Bleibe mit viel Charme auf einem weitläufigen grünen Gelände. Oft muss man sich aber mit kaltem Wasser waschen und richtig sauber ist es nicht. Im großen Restaurant gibt's teures westliches und lokaltypisches Essen (die Servicegebühr liegt bei stolzen 20 %). Weitere Extras: eine Bar und WLAN.

Probolinggo

Sinar Harapan HOTEL $
(☎0823 3110 0222, 0335-7010335; Jl Bengawan Solo 100; Zi. mit Ventilator/klimatisiert ab 100 000/150 000 Rp; ❄📶) Das Hotel ist okay und hat ein modernes Flair, ist aber nicht mehr ganz frisch und es wird kaum Englisch gesprochen. Es liegt etwas außerhalb der Stadt, 6 km vom Busbahnhof entfernt (eine *ojek*-Fahrt kostet ca. 25 000 Rp), in einem entspannten Viertel. Die Gäste können Motorräder für 100 000 Rp pro Tag mieten.

ℹ Praktische Informationen

Informationen über Wege und die Bedingungen auf dem Berg erhält man beim **PHKA** (☎0335-541038; ⊙Di–So 8–15 Uhr) in Cemoro Lawang und beim **PHKA** (☎034-357 1048; ⊙Di–So 8–15 Uhr) am südlichen Ende von Wonokitri. Beide Zweigstellen haben längere Öffnungszeiten in der Hauptsaison. Das offizielle Parkbüro befindet sich in Malang.

ℹ An- & Weiterreise

In Probolinggo, *dem* Ausgangspunkt für Touren zum Gunung Bromo, fahren öffentliche Minibusse nach Cemoro Lawang am Fuß des Vulkans ab (35 000–40 000 Rp, 2 Std.), allerdings erst, wenn sie vollständig besetzt sind. Alternativ kann man die Shuttles der Tourveranstalter nehmen (60 000–100 000 Rp).

Auf dem Rückweg kann man versuchen, einen öffentlichen Minibus zu erwischen (kein fixer Fahrplan). Ansonsten nimmt man das Shuttle (50 000–60 000 Rp), das gegen 9.30 nach Probolinggo abfährt, wo Verbindungen mit Langstreckenbussen nach Yogyakarta und Denpasar bestehen. Viele Reisende besuchen den Bromo mit einer organisierten Tour ab Yogyakarta, was eine sehr anstrengende Fahrt über Land erforderlich macht – meist in einem beengten Minibus. Ein empfehlenswerter Veranstalter ist **Great Tours** (Karte S. 98; ☎0274-583221; www.greattoursjogja.com; Jl Sosrowijayan 29; ⊙8–20 Uhr); bei ihm kostet die Bromo-Tour ca. 180 000 Rp.

Alternativ legt man die Strecke Yogyakarta–Probolinggo mit dem Zug zurück (74 000–315 000 Rp, 8½–9 Std., 3-mal tgl.) und nimmt bis Cemoro Lawang einen Minibus. Option Nummer drei führt ebenfalls mit dem Zug von Yogyakarta nach Surabaya und dann mit dem Zug oder Bus nach Probolinggo.

Bromo-Touren können sonst auch problemlos in Malang organisiert werden; die dortigen Hotels und Reisebüros vermieten Jeeps. Wer selbst fährt, muss der langen Route via Probolinggo folgen, denn nur Jeeps mit Allradantrieb bewältigen die Straßen mit dem weichem Vulkansand ab Malang.

Bondowoso

☎0332 / 69 780 EW.

Bondowoso erstreckt sich zwischen dem Hochland der Tengger-Caldera und dem Ijen-Plateau und ist eine weitere Ausgangsbasis für Ausflüge zum Bromo sowie zum Ijen-Vulkan; vor Ort werden Touren angeboten. Bondowoso ist aber in erster Linie eine Transit- und Marktstadt. Hier gibt's mit das beste *tape* der Insel – der leckere süß-saure Snack besteht aus gekochtem und fermentiertem Maniok.

Gleich südlich des großen grasbewachsenen *alun-alun* (öffentlicher Platz) wartet das **Palm Hotel** (☎0332-421201; www.palm-hotel.net; Jl A Yani 32; Zi. inkl. Frühstück mit Ventilator & (kalter) Dusche 219 000 Rp, mit Klimaanlage ab 341 000 Rp; ❄📶🏊) mit einem großen erfrischenden Pool, geräumigen klimatisierten Zimmern und einem Restaurant unter freiem Himmel auf.

An- & Weiterreise

Wer den Ijen besteigen will, nimmt einen der (überfüllten) Minibusse nach Sempol (ca. 30 000 Rp, 2½–3½ Std.); das Dorf ist eines der Tore zum Vulkan. Sämtliche Sempol-Busse fahren vor 13 Uhr am **Busbahnhof** (Jl Imam Bonjol) von Bondowoso ab. In Sempol machen sich *ojek* (50 000 Rp) auf den Weg nach Pos Paltuding, dem Ausgangspunkt für Wanderungen zum Ijen. Man kann sich auch an die Mitarbeiter des **Palm Hotel** wenden; sie organisieren Touren für 750 000 Rp.

Weitere Fahrtziele ab Bondowoso sind Jember (7000 Rp, 1 Std.), Probolinggo (25 000–35 000 Rp, 2 Std.) und Surabaya (Standard/klimatisiert 38 000/70 0000 Rp, 5 Std.).

Ijen-Plateau

Das legendäre Ijen-Plateau, eine weitläufige Vulkanregion, wird von den drei Kegeln des Ijen (2368 m), des Merapi (2800 m) und des Raung (3332 m) dominiert. Fast alle Besucher kommen ausschließlich, um die Wanderung auf den Ijen zu unternehmen und das erstaunliche Phänomen des „Blauen Feuers" an seinem spektakulären Schwefelkratersee mitzuerleben.

Die restliche Umgebung ist aber ebenfalls sehenswert. Weite Blicke und ein moderates Klima machen das Plateau zu einer tollen Basis für ein paar entspannte Tage. Das wunderschöne bewaldete Hochland trumpft mit einer traumhaften Szenerie auf, wenn man durch Gummibaum- und Nelkenhaine streift und einen Pass erklimmt und überquert, bevor man in einen erloschenen Vulkankrater hinabsteigt (das sogenannte Plateau). Dort befinden sich jetzt stimmungsvolle Kaffeeplantagen, durchzogen von Bächen und voller blubbernder heißer Quellen. Abgesehen von den Plantagen und dem dazu gehörenden *kampung* (Dorf) gibt es noch ein paar isolierte Gemeinden in der Gegend.

Sehenswertes & Aktivitäten

In wunderschönem Türkis präsentiert sich der Schwefelsee Kawah Ijen. Er liegt 2148 m über dem Meeresspiegel, umgeben von den blanken Kratermauern des Vulkans. An seinem Rand steigt schwefelhaltiger Rauch in die Höhe, und wenn die Aktivitäten des Vulkans zunehmen, brodelt das Wasser. Der letzte größere Ausbruch des Ijen fand 1936 statt. Zuletzt war der Zugang Ende 2011 und noch einmal im März 2012 wegen akuter Eruptionsgefahr für ein paar Wochen gesperrt.

Das Ijen-Plateau ist ein bedeutendes Zentrum der Schwefelindustrie. Auf dem Weg zum Krater kommt man an Bergarbeitern vorbei, die meist einen Obolus für Fotos verlangen. In der Regel wird eine Zigarette als Zahlungsmittel akzeptiert.

Als Startpunkt der Kraterwanderung dient der **PHKA-Kontrollposten** (werktags/am Wochenende 100 000/150 000 Rp), der von Bondowoso oder Banyuwangi aus erreich-

SURABAYA

Umweltverschmutzung, Verkehrschaos und ein klares Hauptanliegen – Unternehmen und Handel – das sind die Dinge, die Surabaya prägen. Attraktionen sind dünn gesät, dafür herrscht hier, verglichen mit der Ruhe Ostjavas, Chaos. Deshalb ist die Stadt für die meisten Traveller nicht mehr als ein Verkehrsdrehkreuz. Dabei gibt es durchaus einige exotische Ecken zu entdecken, etwa das historische **arabische Viertel**, ein faszinierendes Labyrinth aus Gassen, die zur alten **Mesjid Ampel** (Jl Ampel Suci) GRATIS führen, einer Pilgerstätte. Surabaya birgt zudem eines der größten Chinatowns von ganz Indonesien sowie beeindruckende (wenn auch verfallende) Gebäude aus holländischer Zeit. Einheimische verbinden Surabaya mit der Geburt der indonesischen Nation, da hier der Unabhängigkeitskrieg seinen Anfang nahm.

Übernachten könnte man z. B. im **Hotel Paviljoen** (☎031-534 3449; www.hotelpaviljoen.com/id; Jl Genteng Besar 94–98; Zi. inkl. Frühstück mit Ventilator/klimatisiert ab 148 000/198 000 Rp; ❄📶), einer Kolonialvilla, die sich einen Funken Charme bewahrt hat, oder im **The Hostel** (☎0812 3517 4233; Jl Simpang Dukuh 38–40; B inkl. Frühstück 120 000 Rp; ❄📶) mit Schlafsaalbetten und einem freundlichen Management.

ABSTECHER

G-LAND SURFEN

Der **Alas-Purwo-Nationalpark** erstreckt sich über die gesamte Halbinsel Blambangan an der Südostspitze Javas und wartet mit wunderschönen Stränden und tollen Möglichkeiten zum Tierebeobachten auf. Surfer zieht es nach Plengkung an der abgeschiedenen südöstlichen Spitze der Halbinsel, wo sich eine der besten linksläufigen Wellen der Welt befindet. Sie teilt sich über einem flachen Riff in perfekte Tunnelwellen und wird von Surfern G-Land genannt. Die besten Bedingungen herrschen hier zwischen April und September.

Grajagan Surf Charter (☎ 0813 5808 0565, 0853 3092 9851; kenrofish72@gmail.com; Bootstour für 4 Pers. 90 US$) bringt Reisende hinaus auf die Wellen und arrangiert Angel- und Öko-Touren. Das **Wana Wisata** (☎ 0821 4397 3873; Grajagan Beach; Zi. mit Ventilator/klimatisiert ab 200 000/250 000 Rp; ❄) ist ein entspannter *losmen* am Grajagan Beach (außerhalb des Nationalparks), beim **G-Land Joyo's Surf Camp** (☎ 0812 380 5899, Buchungen in Bali 0817 939 9777; www.g-land.com; 3 Nächte inkl. Verpflegung & Transport ab Bali ab 625 US$; ❄ 📶) handelt es sich um ein gediegeneres Resort mit Pauschalangeboten ab Bali.

bar ist. Hier muss man sich anmelden und den Eintrittspreis zahlen. Der steile 3 km lange Pfad zum Beobachtungsposten (mit Teehaus) dauert etwa eine Stunde. Von dort geht man in 30 Minuten zum Rand des windumtosten Kraters mit seinen großartigen Ausblicken.

Vom Kraterrand führt ein extrem steiler, steiniger Pfad zu den Schwefeldepots und dem dampfenden See hinunter. Die meisten Wanderer machen sich die Mühe, mitten in der Nacht aufzubrechen, um das „blaue Feuer" am Ufer des Kratersees zu sehen, ein Naturphänomen der besonderen Art, das sich nur an wenigen Orten auf der Welt – in Island z. B. – und in tiefster Dunkelheit beobachten lässt (am besten vor 4 Uhr morgens – dann kommen auch die meisten Besucher hier an, um anschließend noch den Sonnenaufgang mitzuerleben). Die leuchtende elektrisch-blaue Flamme lässt sich mit der Verbrennung von Schwefelgasen erklären. Der Weg hinab zum See dauert etwa 30 (z. T. rutschige) Minuten und weiter unten ist der Schwefelgestank sehr ausgeprägt, sodass man sich auf brennende Lungen und tränende Augen einstellen muss. Hier ist Vorsicht angesagt: Vor ein paar Jahren stürzte ein französischer Tourist und starb. Eine Gasmaske ist ein unerlässliches Utensil; in Pos Paltuding zahlt man 50 000 Rp Leihgebühr. Unbedingt vor dem Aufbruch testen, ob die Maske auch wirklich ihren Dienst tut. Wer unter einer Atemwegserkrankung leidet, sollte sich den Abstieg in den Krater besser sparen. In Begleitung eines Guides zu gehen (100 000–150 000 Rp) ist sehr zu empfehlen.

Zurück am Kraterrand hält man sich links, um den höchsten Punkt (2368 m) zu erreichen und die traumhafte Szenerie bei Sonnenaufgang genießen zu können, oder setzt seinen Weg gegen den Uhrzeigersinn fort, um einen noch schöneren Ausblick auf den See zu haben. Auf der anderen Seite des Sees, gegenüber vom Ausbruchskanal, verliert sich der Weg zwischen bröckeligem Vulkangestein und in tiefen Schluchten.

Die beste Zeit für einen Besuch des Kawah Ijen ist in der Trockenzeit von April bis Oktober, aber auch an einem klaren Tag während der Regenzeit könnte man einen Versuch unternehmen; der Pfad ist zwar steil und mitunter rutschig, aber gewöhnlich machbar.

Schlafen

★ **Catimor Homestay** LODGE $

(☎ 0823 3262 8342; catimor_n12@yahoo.com; Blawan; Zi. 200 000–400 000 Rp; 📶 ❄) Diese Budgetlodge lockt mit einer erstklassigen Lage auf der Kaffeeplantage Kebun Balawan, nahe den heißen Quellen und einem Wasserfall. Die Zimmer verteilen sich über die Originallodge aus Holz von 1894, die mit einem tollen Aufenthaltsbereich aufwartet, und rund um den glitzernden, kühlen Pool. Letztere Unterkünfte sind besser in Schuss und sauberer. Ab 16 Uhr ist übrigens der von Quellwasser gespeiste Whirlpool geöffnet.

Arabika Homestay LODGE $

(☎ 0852 5959 5955; arabica.homestay@gmail.com; Jl Kawah Ijen, Sempol; Zi. inkl. Frühstück 200 000–400 000 Rp; 📶) Diese betagte, recht kühle Berghütte gehört zur Kaffeeplantage Kebun

Kalisat und liegt nur einen kurzen Fußmarsch von ihr entfernt. Die Hygienestandards könnten höher sein, dennoch hat das Arabika eine tolle Atmosphäre und auf der Terrasse des Restaurants eröffnet sich ein toller Blick auf den Ijen. Die günstigsten Zimmer sind im Hauptgebäude untergebracht, netter sind die Unterkünfte im Hüttenstil.

An- & Weiterreise

Man kann fast den gesamten Weg bis zum Kawah Ijen mit öffentlichen Verkehrsmitteln zurücklegen, aber die meisten Besucher mieten sich lieber ein Fahrzeug. Beide Zufahrtsstraßen sind von Schlaglöchern zerfressen und das Vorankommen ist zäh.

AB BONDOWOSO

Von Wonosari, das 8 km von Bondowoso entfernt in Richtung Situbondo liegt, führt eine holprige Straße mit vielen Schlaglöchern über Sukosari und Sempol nach Pos Paltuding. In der Regel kommt man ohne größere Probleme in einem Auto mit hoher Bodenfreiheit an sein Ziel, manchmal ist jedoch ein Geländewagen erforderlich. Unterwegs muss man sich an den Kontrollpunkten der Kaffeeplantage anmelden (ca. 5000 Rp). In den Hotels in Bondowoso können Tagesausflüge zum Ijen für ca. 750 000 Rp arrangiert werden.

Mehrere *angkot* fahren von Bondowoso nach Sempol (30 000 Rp, 2½ Std.); die meisten starten am späten Morgen, es gibt jedoch eine letzte Verbindung um 13 Uhr. Wenn es der Passagier wünscht, fährt der Fahrer manchmal weiter bis nach Pos Paltuding –Touristen wird auf dieser Route gern mal ein bisschen zu viel berechnet. *Ojek* in Sempol verlangen für die einfache Strecke rund 50 000 Rp. In Pos Paltuding stehen gewöhnlich ein paar Fahrer bereit, um Passagiere mit zurückzunehmen.

AB BANYUWANGI

Die Straße zwischen Banyuwangi und Ijen befand sich während unseres Besuchs in einem guten Zustand, allerdings war sie in der Vergangenheit für ihre zerfurchte Fahrbahn berüchtigt. Vor dem Aufbruch in die Region sollte man sich noch mal vor Ort nach den aktuellen Bedingungen erkundigen. Es gibt keine öffentlichen Verkehrsverbindungen von Banyuwangi direkt nach Pos Paltuding, einer nur schwach besiedelten Region.

Am besten bucht man eine „Blue Fire"-Tour (200 000 Rp pro Pers. zzgl. Eintritt) im **Green Ijen Homestay** oder erkundigt sich in der Touristeninformation von Banyuwangi nach einem jeepähnlichen Wagen (700 000 Rp pro Fahrzeug). Wer ein *ojek* für die Fahrt von Banyuwangi nach Ijen chartert, zahlt dafür rund 200 000 Rp (inkl. Wartezeit von 4 Std.). Die *Ojek*-Fahrer warten am Fährhafen von Ketapang und am Busbahnhof von Banyuwangi. Alternativ wendet man sich an die Mitarbeiter in seiner Pension.

Für die Rückfahrt den Berg hinab von Pos Paltuding nach Banyuwangi schlägt ein *ojek* mit etwa 100 000 Rp zu Buche.

Banyuwangi

0333 / 116 000 EW.

Da, wo Java „aufhört", liegt Banyuwangi, eine nette, wachsende Stadt, in der sehr viele Osing leben. Die Volksgruppe leben schon seit mehreren Jahrhunderten im Südosten Javas. Die meisten Traveller machen sich schnurstracks auf den Weg zur Fähre nach Bali bzw. passieren Banyuwangi auf dem Rückweg von der Nachbarinsel, dabei macht sich die Stadt gut als Basis für Ausflüge zum Ijen-Plateau oder in Nationalparks entlang der Ostküste Javas. Es lohnt sich durchaus, ein oder zwei Nächte hier zu bleiben.

Damit keine Verwirrung entsteht: Der Fährhafen, das Busterminal und der Bahnhof befinden sich allesamt ca. 8 km nördlich in Ketapang, obwohl alle Transportmittel „Banyuwangi" als Ziel angeben.

Schlafen

Green Ijen Homestay PENSION $

(0823 3255 5077; greenijen@gmail.com; Jl Opak 7; Zi. inkl. Frühstück, with Gemeinschaftsbad & Ventilator/klimatisiert 125 000/200 000 Rp;) Die limettengrüne Pension steht zwischen Wohnhäusern und ist eine der besten Budgetunterkünfte der Stadt. Die Zimmer sind blitzsauber und komfortabel. Der Besitzer, Johan, hilft gern weiter, wenn es um touristische Infos geht, und ist zudem der Ansprechpartner schlechthin für Touren zum Ijen-Vulkan (200 000 Rp pro Pers. zzgl. Eintrittsticket) und zur „blauen Flamme".

Wer die Ijen-Tour bucht, wird kostenfrei vom Hafen, Bahnhof oder Busbahnhof abgeholt. Ebenfalls beliebt: die Schnorchelausflüge.

An- & Weiterreise

BUS

Banyuwangi hat zwei Busbahnhöfe. Das Sri-Tanjung-Terminal liegt 3 km nördlich des Fährhafens Ketapang, 11 km vom Zentrum entfernt. Von hier verkehren Busse entlang der Nordküste nach Baluran (12 000 Rp, 1 Std.), Probolinggo (Standard/*patas* 36 000/60 000 Rp, 5 Std.) und Surabaya (54 000/90 000 Rp, 7 Std.). Im Preis für die Busse nach Denpasar (40 000/ 70 000 Rp, 5 Std.) ist die Fähre enthalten.

Den Brawijaya-Busbahnhof (auch bekannt als Karang Ente) 4 km südlich der Stadt bedienen Busse, die die südliche Schnellstraße nach Kalibaru (15 000/22 000 Rp, 2 Std.) und Jember (35 000 Rp, 3 Std.) nutzen.

SCHIFF/FÄHRE

Rund um die Uhr machen sich Fähren auf den Weg nach Gilimanuk auf Bali (alle 45 Min., 1 Std.). Passagiere zahlen pro Kopf 6500 Rp, ein Motorrad kostet 24 000 Rp, ein Auto 159 000 Rp (inkl. 4 Passagiere). Direktbusse zwischen Bali und Java enthalten bereits den Preis für die Fähre. In Banyuwangi legen inzwischen keine Pelni-Boote mehr an.

ZUG

Der Hauptbahnhof von Banyuwangi liegt nur ein paar Hundert Meter nördlich des Fährhafens. Etwa fünfmal am Tag wird Probolinggo (27 000–160 000 Rp, 4¼–5 Std.) angesteuert, vier Züge fahren nach Surabaya (56 000–170 000 Rp, 6¼–7¼ Std.) und einer fährt nach Yogyakarta (6.30 Uhr; 94 000 Rp, 13–14 Std.).

BALI

Einmalig grüne Reisterrassen, atemberaubende Wellen, eindrucksvolle Hinduzeremonien, hypnotisierende Tanzvorführungen, weiße Strände, wahrhaft bezaubernde Menschen: Für Bali lassen sich ebenso viele Assoziationen finden wie Blüten an den allgegenwärtigen Wachsblumenbäumen. Die kleine Insel ist eine wichtige Station jeder Indonesienreise, denn es gibt wahrscheinlich kein besucherfreundlicheres Reiseziel. Unterkünfte reichen von Surferabsteigen bis zu abgelegenen Berghütten. Kulinarisch gesehen locken aromatische hiesige Spezialitäten, die frisch auf Märkten verkauft werden, erstklassige Küchenchefs nehmen die Gäste mit auf eine Reise rund um den Globus. Abends genießt man bei einem kalten Bintang den Sonnenuntergang und tanzt danach die ganze Nacht. Trotz ihrer geringen Größe mangelt es der Insel nicht an Abwechslung. Das energiegeladene Kuta geht in das luxuriöse Seminyak über, während die künstlerische Atmosphäre in Ubud einen Gegenpol zu nebligen Vulkanwanderwegen bildet, z. B. zum Agung. Der brach 2017 gleich mehrmals aus, weshalb Tausende gezwungen waren, ihre Häuser zu verlassen, und der Flugverkehr zeitweise gestört war. Entlang der Küste findet man derweil charmante Strandorte wie Bingin, Amed und Pemuteran.

Geschichte

An der Westküste verzeichnete Bali bereits ca. 3000 v. Chr. die ersten prähistorischen Besucher. Möglicherweise trug das entspannte und sorgenfreie Leben am Strand dazu bei, dass es die neuen Bewohner zunächst extrem ruhig angehen ließen. Erst im 9. Jh. entwickelte sich eine Art organisierte Gesellschaft, die Reisanbau betrieb.

Schon bald gewann der Hinduismus an Bedeutung. Als der Islam in den folgenden Jahrhunderten auf Java Einzug hielt, flohen die Könige des hinduistischen Majapahit-Reichs samt ihrem Gefolge nach Bali. 1478 verließen die letzten hinduistischen Herrscher die Nachbarinsel. Viele Elemente der balinesisch-hinduistischen Religion gehen auf den Priester Nirartha zurück. Im 19. Jh. verbündeten sich die Niederländer mit einheimischen Prinzen im Norden Balis. Ein Streit um die Plünderung gekenterter Schiffe lieferte 1906 den Vorwand für eine holländische Invasion im Süden der Insel. Sie gipfelte in einem *puputan* (Selbstmordkommando): Die Adeligen von Denpasar brannten ihre eigenen Paläste nieder und legten dann ihren kostbarsten Schmuck an, bevor sie – ihre goldenen *kris* (traditionelle Dolche) schwenkend – geradewegs in die Schusslinien der Angreifer hineinmarschierten. In späteren Jahren ermutigten niederländische Beamte die Einheimischen dazu, ihre Traditionen zu pflegen. So weckte man Interesse im Ausland und lockte in den 1930er-Jahren die ersten westlichen Urlauber an. Der in den frühen 1970er-Jahren einsetzende Tourismusboom brachte zahlreiche Veränderungen mit sich. Nun konnten Straßenbau sowie eine Verbesserung der Telekommunikationsmittel, der Bildung und des Gesundheitswesens finanziert werden. Zwar hatten der Tourismus und die boomende balinesische Wirtschaft durchaus negative Auswirkungen auf die Umwelt und die Gesellschaft, doch Balis einzigartige Kultur erwies sich als außergewöhnlich robust, obwohl fast 4 Mio. Besucher pro Jahr auf die Insel kommen.

Gefahren & Ärgernisse

Für die meisten Traveller sind die hartnäckigen Händler ein absoluter Albtraum. Am besten ignoriert man sie einfach. „Vorübergehende" Tattoos können bleibende Schäden hinterlassen, da die Farben giftige Chemikalien enthalten. Auch Arrak, jener Alkohol, der gewöhnlich aus dem Pflanzensaft der Kokospalmen oder Reis gewonnen wird, sollte stets mit Argwohn betrachtet werden. Darüber hinaus gibt's anhalten-

Bali

0
20 km
JAVA
Betekan
Selogiri
Ketapang
Rogodjampi
Banyuwangi
Cekik
Gilimanuk
Gunung
Prapat Agung
(310 m)
Pulau
Menjangan
Labuhan
Lalang
Pemuteran
Banyuwedang
Gungung Kelatakan
(698 m)
Gunung
Sanglang
(1004 m)
Gunung
Merbuk
(1388 m)
Gunung
Musi
(1224 m)
Taman Nasional
Bali Barat
Melaya
Negara
Mendoyo
Pura Gede
Perancak
Perancak
Pura
Rambut
Siwi
Medewi
Meerenge
von Bali
Tanjung
Sembulungan
JAWA
TIMUR
Taman
Nasional
Alas Purwo
Plengkung
Blambangan
Peninsula
Balisee
Celukanbawang
Seririt
Lovina
Pengastulen
Rangdu
Mayong
Munduk
Singaraja
Sukasade
Sangsit
Kubutambahan
Yeh
Sanih
Jagaraga
Sawan
Gitgit
Pura Ulun Danu
Bratan (Candikunung)
Danau
Tamblingan
Danau
Buyan
Danau
Bratan
Candikuning
Bedugul
Gunung
Catur
(2096 m)
Penulisan
Catur
Kintamani
Batur
Gunung
Penulisan
(1745 m)
Pacung
Tejakula
Sembirenteng
Tembok
Tianyar
Gunung
Batur
(1717 m)
Songan
Toya Bungkah
Danau
Batur
Penelokan
Kubu
Tulamben
Gili Trawangan
(30 km)
Pupuan
Pujungan
Gunung
Batukau
(2276 m)
Pura Luhur
Batukau
Wongayagede
Jatiluwih
Pelaga
Pacung
Kayuanbua
Besakih
Gunung
Agung
(3142 m)
Culik
Amed
Aas
Tirta
Gangga
Gunung
Seraya
(1175 m)
Amlapura
Ujung
Penebel
Petang
Kayubihi
Pampatan
Pujung
Tampaksiring
Muncan
Duda
Rendang
Iseh
Payangan
Bangli
Bukit
Jambul
Sidemen
Tenganan
Candidasa
Balian
Beach
Antosari
Marga
Sangeh
Pura Taman
Ayun
Pejeng
Sidan
Semarapura
(Klungkung)
Padangbai
Tabanan
Ubud
Mas
Mengwi
Bedulu
Gianyar
Kusamba
Kediri
Batuan
Lebih
Pura Masceti
Celuk
Sukawati
Ketewel
Sempidi
Batubulan
Lombok
(25 km)
Meerenge
von Badung
Meerenge
von Lombok
Pura Tanah Lot
Canggu
Denpasar
Seminyak
Kerobokan
Sanur
Legian
Kuta
Pulau
Serangan
Ngurah Rai
International Airport
Benoa-Hafen
Tanjung Benoa
Jimbaran
Bingin
Bukit
Peninsula
Nusa Dua
Pura Luhur
Ulu Watu
Pecatu
INDISCHER
OZEAN
Nusa
Lembongan
Jungutbatu
Lembongan
Nusa
Ceningan
Toyapakeh
Ped
Sampalan
Karangsari
529 m
Semaya
Nusa
Penida
Lombok
(30 km)

de Probleme mit Tollwut. Vor den Stränden auf der Westseite, z. B. in Kuta und Seminyak, herrschen starke Strömungen und die See ist rau. Rund um die Touristenzentren ist das Meer durch Abwasser aus den bebauten Gebieten und vom umliegenden Ackerland verschmutzt, insbesondere nach starken Regenfällen. Das kann man sogar riechen. Balis wirtschaftlicher und touristischer Boom hat im Süden der Insel zu großen Verkehrsproblemen geführt. Jeden Tag kommt auf den stark befahrenen Straßen jemand ums Leben, deshalb sollte man niemals ohne Helm auf einen Roller oder ein Motorrad steigen.

An- & Weiterreise

BUS

Bei zahlreichen Busunternehmen sind die Fährüberfahrten ab Bali inbegriffen; nach Java fahren viele über Nacht. Es ist ratsam, Tickets mindestens einen Tag im Voraus bei einer Reiseagentur oder bei den Busbahnhöfen in Denpasar (Ubang) und Mengwi zu kaufen. Flüge sind übrigens oft fast so günstig wie Busreisen.

Je nach Unternehmen schwanken die Preise. Für einen bequemen Sitz und Klimaanlage lohnt es sich, etwas mehr zu investieren. Zu den Fahrtzielen gehören Yogyakarta (350 000 Rp, 20 Std.) und Jakarta (500 000 Rp, 24 Std.). Weitere Busse starten in Singaraja im Norden der Insel.

FLUGZEUG

Balis einziger Flughafen ist der **Ngurah Rai International Airport** (http://bali-airport.com) südlich von Kuta. Auf manchen Online-Flugportalen wird er „Denpasar" genannt, international ist auch die Bezeichnung „Bali" gängig.

Internationale Fluggesellschaften bieten zig Verbindungen zwischen asiatischen Hauptstädten sowie Australien und Bali; für Direktflüge (sehr große Maschinen) aus Europa ist die Rollbahn gegenwärtig zu kurz. Die nationalen Airlines mit Flugziel Bali ändern sich häufig.

SCHIFF/FÄHRE

Pelni (www.pelni.co.id), die nationale Schifffahrtsgesellschaft, betreibt unregelmäßig große Boote auf Langstrecken in ganz Indonesien. Auf Bali wird in Benoa angelegt. Die Fahrpläne und -preise findet man auf der Website. Persönliche Fragen können an die Mitarbeiter des **Pelni-Büros** (☎ 0361-763963, 0623 6175 5855; www.pelni.co.id; Jl Raya Kuta 299; ⏰ Mo–Fr 8–12 & 13–16, Sa 8–13 Uhr) in Tuban gerichtet werden.

Nach Java gelangt man mit den Fähren, die zwischen Gilimanuk im Westen Balis und Ketapang auf Java verkehren. Von dort aus geht's mit dem Bus weiter, z. B. nach Jakarta.

Öffentliche Autofähren verkehren (in gemächlichem Tempo) zwischen Padangbai und Lembar auf Lombok. Darüber hinaus bestehen Verbindungen mit schnellen Boote zwischen verschiedenen Häfen auf Bali und den Gili-Inseln sowie Lombok.

Unterwegs vor Ort

AUTO & MOTORRAD

Einen Wagen oder ein Motorrad zu mieten kann einem ungeahnte Möglichkeiten erschließen, die Insel zu erkunden. Es kann aber auch so laufen, dass man die Minuten zählt, bis man das Leihgefährt endlich wieder abgeben kann! Die Fahrbedingungen und Straßen können von Zeit zu Zeit der Horror sein und gerade im Süden Balis ist der Verkehr oftmals grauenhaft. Andererseits hat man mit einem Leihwagen oder -motorrad natürlich viel mehr Freiheit und kann die Nebenstraßen im eigenen Tempo nach Lust und Laune erkunden.

Die meisten Traveller mieten sich nicht für die gesamte Zeit ihres Aufenthalts einen Wagen/ein Zweirad, sondern nur tageweise.

Motorräder sind ein beliebtes Fortbewegungsmittel; die Einheimischen fahren schon von klein auf mit. Wenn eine fünfköpfige Familie glücklich und zufrieden gemeinsam auf einem Motorrad durch die Gegend fährt, spricht man von einem Bali-Minibus.

Die Tagesmiete liegt bei 50 000 Rp, der Wochenpreis ist im Verhältnis günstiger. Enthalten ist gewöhnlich eine Basisversicherung für das Motorrad, nicht aber für andere (Mit-)Fahrer oder Wertgegenstände. Manchmal ist eine Halterung für Surfbretter dran!

Bevor man ein Motorrad mietet, sollte man noch mal in sich gehen. Motorradfahren ist gefährlich und Bali ist definitiv nicht der richtige Ort für Anfänger. Jedes Jahr kehren Touristen mit bleibenden Schäden heim. Man muss auf jeden Fall einen Helm tragen.

Autofahrer müssen den internationalen und den regulären Führerschein mitbringen. Wer ohne internationale Fahrerlaubnis von der Polizei angehalten und überprüft wird, bezahlt zusätzlich zum Bußgeld noch mal 50 000 Rp.

Eine tolle Alternative zum Mietwagen ist ein Mietwagen samt einheimischem Fahrer. Dann ist man den lästigen Teil des Autofahrens los. Für einen ganzen Tag müssen um die 500 000 bis 800 000 Rp einkalkuliert werden.

BEMO & BUS

Ein *bemo* ist normalerweise ein Minibus oder Tranporter mit ungefähr zwölf niedrigen Sitzen. Beinfreiheit und Komfort sehen anders aus. Früher wurde ein Großteil des öffentlichen Nahverkehrs auf Bali von *bemo* bestritten, mittlerweile besitzt aber so ziemlich jeder ein Motorrad (was auf lange Sicht günstiger ist als täglich mit den *bemo* zu fahren), weshalb sich die Verkehrsstruktur verändert. Gleich geblieben ist, dass die Fahrt zu vielen Orten oft gleichermaßen zeitraubend wie ungemütlich ist. Nur wenige Touristen nutzen die *bemo* auf Bali.

Längere Strecken, z. B. zwischen Denpasar, Singaraja und Gilimanuk, werden von größeren Minibussen und „richtigen" Bussen bedient. Sie fahren an denselben Terminals ab wie die *bemo*. Da inzwischen fast jeder mit dem Motorrad unterwegs ist, muss man häufig lange warten, bis alle Plätze besetzt sind und die Fahrer starten.

Touristenbusse sind preiswert und komfortabel – nicht ganz so schnell wie ein eigener fahrbarer Untersatz, aber dafür unkomplizierter als Fahrten mit öffentlichen *bemo* und Bussen. Üblicherweise liegt das Fassungsvermögen bei acht bis 20 Passagieren. In touristischen Gegenden weisen Schilder auf die entsprechenden Dienstleister hin.

FAHRRAD

Immer mehr Reisende erkunden die komplette Insel mit einem *sepeda* (Fahrrad) bzw. leihen sich eines für Stadtbesichtigungen oder Tagesausflüge.

Das ist in touristischen Gegenden kein Problem, wobei die Drahtesel vielfach in einem erbärmlichen Zustand sind. Gewöhnlich zahlt man ab 30 000 Rp pro Tag. In der Unterkunft nachfragen.

VOM/ZUM FLUGHAFEN

Ein Taxi vom Internationalen Flughafen Ngurah Rai nach Kuta kostet 80 000 Rp, nach Seminyak 130 000 Rp und nach Ubud 300 000 Rp.

SCHIFF/FÄHRE

Die Schnellbootverbindungen zwischen Bali, Nusa Lembongan, Lombok und den Gili-Inseln sind erheblich verbessert worden, seit letztgenannte Ziele sich zu beliebten Touristendestinationen gemausert haben.

TAXI & OJEK

Offizielle Taxis mit Taxameter sind zahlreich im Süden Balis und in Denpasar, nicht jedoch in Ubud. Sie können in belebten Gegenden gewöhnlich auf der Straße angehalten werden und sind unentbehrlich für das Vorankommen. Hinzu kommt, dass der Service entspannter ist, weil man nicht erst mit den Fahrern, die „Transport" anpreisen, verhandelt muss. Das mit Abstand beste Taxiunternehmen ist **Blue Bird Taxi** (☎ 0361-701111; www.bluebirdgroup.com) mit seiner Flotte aus blauen Fahrzeugen.

In den Städten und entlang der Straße kann man sich immer von *ojek*- (Motorräder mit Platz für einen zahlenden Passagier) Fahrern mitnehmen lassen. Die Preise sind verhandelbar, 30 000 Rp für 5 km sind ein guter Richtwert.

Kuta & Legian

☎ 0361

Laut, frenetisch und hektisch ... Kuta und Legian sind gewissermaßen das Epizentrum des Massentourismus auf Bali. Der Schmutz und die Kakofonie Tür an Tür sind wegen oftmals übertrieben gehypter Medienberichte über Touristen mit schlechten Manieren berüchtigt. Zwar ist dies für fast alle Bali-Reisenden die erste Station auf der Insel, doch jedermanns Geschmack ist diese Gegend sicher nicht. In Kutas hässlichen, engen Gassen drängen sich billige Cafés, Surfläden und unzählige T-Shirt-Verkäufer, während unablässig Motorräder vorbeiknattern und an jeder Ecke irgendjemand lautstark eine „Massaaaage!" anbietet. Schicke neue Einkaufszentren und Hotelketten deuten jedoch daraufhin, dass Kuta vielleicht einen Imagewandel hinbekommen und attraktiver werden kann.

Sehenswertes & Aktivitäten

Traveller kommen in erster Linie wegen der Strände nach Kuta und Legian, doch auch in den Straßen und versteckten Gassen findet man beim ziellosen Schlendern inmitten des nie enden wollenden Tumults allerlei Faszinierendes, Wunderbares und auch Verstörendes.

Unaufdringliche Verkäufer bieten Erfrischungsgetränke, Bier, Snacks und Kleinigkeiten an, außerdem kann man Surfbretter, Liegestühle und Sonnenschirme mieten (je nach Verhandlungstalent 10 000 Rp bis 20 000 Rp). Die Sonnenuntergänge sind legendär.

Dream Museum Zone MUSEUM
(Karte S. 124; ☎ 0361-849 6220; http://dmzbali.com/eng; Jl Nakula 33X; 110 000 Rp, Kind unter 3 J. frei; ⏲ 9–22 Uhr) Dieses Museum ist ein Spaß für die ganze Familie. Es wartet mit einer Sammlung von ca. 120 interaktiven und lebensgroßen Wandbildern mit 3-D-Effekt auf – so wirken sie auch noch lebensecht. Die Ausstellung ist in 14 Bereiche unterteilt; man hat die Wahl zwischen Indonesien, Jurassic Park, Ägypten und mehr.

Waterbom Park WASSERPARK
(Karte S. 124; ☎ 0361-755676; www.waterbom-bali.com; Jl Kartika Plaza; Erw./Kind 520 000/370 000 Rp; ⏲ 9–18 Uhr) Der Wasserpark umfasst einen gepflegten 3,8 ha großen Tropengarten und zahlreiche Wasserrutschen (eine heißt „Climax") sowie Swimmingpools, eine FlowRider-„Surf-Maschine" und einen „Fluss" mit gemächlicher Strömung. Darüber hinaus gibt's einen Restaurantbereich, eine Bar und ein Wellnesszentrum.

Pro Surf School SURFEN
(Karte S. 124; ☎ 0361-751200; www.prosurfschool.com; Jl Pantai Kuta; Unterricht ab 675 000 Rp pro

Tag; 📶) Die renommierte Surfschule inkl. Schlafsaalbetten (ab 150 000 Rp), Pool und einem coolen **Café** hilft Anfängern schon seit Jahren aufs Surfbrett. Direkt am Strand von Kuta. Es gibt Kurse für jedes Niveau. Außerdem werden Ausrüstung (Bretter etc.) vermietet.

Rip Curl School of Surf SURFEN
(Karte S. 124; ☎0361-735858; www.ripcurlschoolofsurf.com; Jl Arjuna; Unterricht ab 700 000 Rp) Normalerweise verkaufen Universitäten T-Shirts mit ihrem Logo, hier ist es genau andersherum: Dieser Laden sponsert eine Schule. Unterricht für jedes Niveau erfolgt im Süden; für Kinder werden eigene Kurse angeboten. In Sanur findet sich eine Zweigstelle für Kitesurfen, Windsurfen, Tauchen, Wakeboarden und Stehpaddeln (SUP).

Schlafen

★ **Kuta Bed & Breakfast** PENSION $
(KBB; Karte S. 124; ☎0818 568 364, 0821 4538 9646; kutabnb@gmail.com; Jl Pantai Kuta 1E; Zi. ab 250 000 Rp; ❄📶) Gegenüber vom Bemo Corner stehen neun komfortable Zimmer in dieser hervorragenden Pension bereit, die sämtliche Basics bietet. Bis zum Strand sind es zehn Gehminuten, bis zum Flughafen fährt man ebenfalls nur zehn Minuten und das Nachtleben ist auch nicht weit. Auf dem Dach (toll!) eröffnet sich ein toller Blick über Kuta.

★ **Hotel Ayu Lili Garden** HOTEL $
(Karte S. 124; ☎0361-750557; ayuliligardenhotel@yahoo.com; abseits der Jl Lebak Bene; Zi. mit Ventilator/klimatisiert ab 195 000/250 000 Rp; ❄📶🏊) In einer *verhältnismäßig* ruhigen Gegend nahe dem Strand verfügt dieses familienbetriebene Retrohotel über 22 Zimmer im Bungalowstil. Der Standard ist hoch und für ein bisschen mehr Geld gibt's nette Extras wie z. B. einen Kühlschrank.

La Costa Central HOTEL $
(Karte S. 124; ☎0812 8041 7263; Jl Nakula; Zi. inkl. Frühstück 280 000 Rp; ❄📶🏊) In einem mehrgeschossigen Gebäude abseits einer relativ ruhigen Seitenstraße in Legian steht das komfortable und preiswerte neue Costa Central. Backpacker werden begeistert sein angesichts der blitzsauberen Zimmer, des üppig bewachsenen Gartens und des herrlich erfrischenden Pools. Die Zimmer warten mit Extras auf, die einem Mittelklassehotel würdig wären (Minikühlschrank, Toilettenartikel) und die Mitarbeiter sind sehr hilfsbereit und liebenswürdig. Wer Wert auf Privatsphäre legt, sollte sich im 3. Stock einquartieren.

Cheeky Piggy Hostel HOSTEL $
(Karte S. 124; ☎0361-475 3919; Poppies Lane 1; B/Zi. 75 000/170 000 Rp; ❄📶🏊) In einer sehr touristischen Ecke in den Nebengassen von Kuta und ganz in der Nähe von **Poppies Restaurant** (Karte S. 124; ☎0361-751059; www.poppiesbali.com; Poppies Gang I; Hauptgerichte 40 000–130 000 Rp; ⏰8–23 Uhr; 📶) befindet sich dieses Hostel mit anheimelnder, intimer Atmosphäre – ein prima Ort, um andere Reisende zu treffen. Es gibt einen kleinen Pool, Pfannkuchen für lau und billiges Bier.

Kayun Hostel Downtown HOSTEL $
(Karte S. 124; ☎0361-758442; www.kayun-downtown.com; Jl Legian; B ab 100 000 Rp; ❄📶🏊) Im Herzen Kutas in direkter Nähe zum Nachtleben gelegen, ist dieses recht stilvolle Hostel die erste Adresse für alle Partyverrückten. Es ist in einem eleganten Kolonialgebäude untergebracht und verfügt über ein kleines Tauchbecken. In den Schlafsälen mit vier bis 20 Betten sorgen Vorhänge für Privatsphäre.

Island PENSION $$
(Karte S. 124; ☎0361-762722; www.theislandhotelbali.com; Gang Abdi; B/Zi. inkl. Frühstück ab 150 000/500 000 Rp; ❄@📶🏊) Das Island, ein echter Geheimtipp, gehört zu Balis wenigen Edelhostels, ausgestattet mit glitzerndem Pool und luxuriösem Zwölfbettschlafsaal, versteckt in einem zauberhaften Gewirr winziger Gassen westlich der Jl Legian an der Mündung der *gangs* 19, 21 und Abdi.

Essen & Ausgehen

Saleko INDONESISCH $
(Karte S. 124; Jl Nakula 4; Mahlzeiten ab 15 000 Rp; ⏰Mo–Sa 8–1, So 9–1 Uhr; 🌿) Wer noch kein Masakan-Padang-Essen probiert hat, kennt die indonesische Küche nicht. Saleko ist eine gute Adresse, um das einfache, leckere und günstige Straßenessen von Sumatra zu kosten. Die Speisen, darunter Grillhühnchen und Fisch, sind so scharf, dass man Feuer spucken kann. Für Vegetarier gibt's leckeren Tofu, gekochte Jackfrucht und köstliche Aubergine.

Warung Asia ASIATISCH $
(Karte S. 124; Jl Werkudara; Hauptgerichte ab 32 000 Rp; ⏰10.30–23 Uhr; 📶) In dem beliebten *warung* im Obergeschoss servieren selbst für balinesische Verhältnisse außerordentlich gut gelaunte Kellner indonesische Klassiker und thailändische Küche. Abends wird's feucht-fröhlich und laut.

Kuta & Legian

0
500 m
A
B
C
D
1
2
3
4
5
6
7
siehe Karte Seminyak & Kerobokan (S.126)
12
10
Kimia Farma
Jl Arjuna (Jl Double Six)
13
3
Double Six Beach
Jl Nakula
Jl Sunset
1
Jl Legian
Jl Pura Bagus Taruna (Jl Werkudara)
Sungai Mati
7
Wagyu Rental
Jl PadmaUtara
Jl Dewi Sri
Jl Padma (Jl Yudistra)
LEGIAN
Jl Sahadewa
Legian Beach
Jl Pura Puseh
Jl Melasti
Central Kuta Money Exchange
Jl Majapahit
2
Trans-Sarbagita
Jl Benesari
Jl Lebak Bene (Jl Benesari)
Jl Majapahit
Teluk Kuta
6
Jl Pantai Kuta (Kuta Beach Rd)
Jl Legian
8
15
Poppies Gang II (Jl Batu Bolong)
14
11
KUTA
Gang Bedugul
Kuta Beach
Gang Sorga
BIMC (550m)
Poppies Gang I
5
Bemo Corner
Kimia Farma
Jl Pantai Kuta
9
Central Kuta Money Exchange
Strand-Spazierweg
Kuta Sq
Jl Tengal Wangi
Jl Buni Sari
Jl Bakung Sari (Jl Singasari)
Jl Raya Kuta
Jl Blambangan
16
4
Pelni-Ticketschalter (750m); Kimia Farma (8500m)

Kuta & Legian

Sehenswertes

1 Dream Museum Zone D1

Aktivitäten, Kurse & Touren

2 Pro Surf School B4
3 Rip Curl School of Surf A1
4 Waterbom Park B7

Schlafen

5 Cheeky Piggy Hostel C6
6 Hotel Ayu Lili Garden C5
7 Island B2
8 Kayun Hostel Downtown C5
9 Kuta Bed & Breakfast D6
10 La Costa Central B1

Essen

11 Fat Chow B5
Poppies Restaurant .... (siehe 5)
12 Saleko B1
13 Warung Asia A1

Ausgehen & Nachtleben

14 Sky Garden Lounge C5

Shopping

15 Beachwalk B5
16 Joger D7

Fat Chow ASIATISCH $$
(Karte S. 124; ☎0361-753516; www.fatchowbali.com; Poppies Gang II; Hauptgerichte ab 60 000 Rp; ⏲10–22.20 Uhr; 📶) Diese stilvolle und moderne Variante eines traditionellen Cafés mit offener Front verkauft durchweg asiatisch geprägte Kost. Alle Gäste sitzen an langen Picknicktischen, kleinen Tischen oder auf Sofas. Das Essen ist kreativ, viele Gerichte kann man auch miteinander teilen. Besonders empfehlenswert sind knuspriger asiatischer Salat, Teigtaschen gefüllt mit Schweinefleisch, Tokio-Garnelen und authentisches Pad Thai.

Sky Garden Lounge CLUB
(Karte S. 124; www.skygardenbali.com; Jl Legian 61; ab 115 000 Rp; ⏲17–4 Uhr) Der mehrgeschossige „Palast" gibt nicht viel auf Höhenbeschränkungen. In der Dachbar funkelt einem ganz Kuta entgegen und man kann nach Top-DJs und Möchtegern-Paparazzi Ausschau halten. Im Erdgeschoss befindet sich ein Café. Die Sky Garden Lounge ist der wahrscheinlich kultigste Club von Kuta; jede Stunde sind andere Drinks im Angebot und es gibt ein Büfett. Hier tummeln sich Backpacker, betrunkene Teenies und aufstrebende Einheimische.

Shoppen

Beachwalk EINKAUFSZENTRUM
(Karte S. 124; www.beachwalkbali.com; Jl Pantai Kuta; ⏲Mo–Do 10.30–22.30, Fr–So 10–24 Uhr) Das weitläufige Open-Air-Einkaufszentrum samt Hotel- und Eigentumswohnungskomplex gegenüber vom Strand von Kuta beherbergt internationale Ketten von Gap bis Starbucks, alles schick, aber ziemlich generisch – wer etwas Spannendes finden möchte, muss intensiv suchen. Zwischen den Läden sprudeln Wasserspiele.

Joger GESCHENKE & SOUVENIRS
(Karte S. 124; ☎0361-752523; Jl Raya Kuta; ⏲10–20 Uhr) Dieser Laden – die Nummer eins im Süden Balis – ist geradezu legendär. Wahre Käufermassen stürzen sich auf die rehäugigen Plastikhühnchen und Tausende T-Shirts (fast alles limitierte Editionen) mit ironischen, witzigen oder auch einfach völlig unverständlichen Aufdrucken. Auf dem Schild draußen steht „Pabrik Kata-Kata", was so viel wie „Fabrik der Worte" bedeutet. Im beengten Verkaufsbereich herrscht übrigens absolutes Chaos.

An- & Weiterreise

Für einen Minitransporter vom Flughafen nach Tuban zahlt man 100 000 Rp, nach Kuta 150 000 Rp und nach Legian 160 000 Rp. Für die Fahrt *zum* Flughafen organsiert man sich lieber ein offizielles Taxi mit Uhr, um Geld zu sparen. Ein Motorradtaxi kostet gewöhnlich etwa die Hälfte eines regulären Taxis.

Bemo (Minibusse) pendeln zwischen Kuta und dem Busbahnhof Tegal in Denpasar. Der Preis liegt bei ca. 8000 Rp.

Seminyak & Kerobokan

☎0361

Seminyak ist der Lebensmittelpunkt vieler Expats, die auf Bali leben. Viele von ihnen betreiben Boutiquen, entwerfen Kleidung, surfen oder scheinen einfach nur das süße Leben zu genießen. Zwar liegen Kuta und Legian direkt südlich, doch in vielerlei Hinsicht – nicht zuletzt was das Gespür für Stil betrifft – befindet sich Seminyak gefühlt auf einer ganz anderen Insel.

Seminyak geht nahtlos in das nördlich gelegene Kerobokan über. Dort befinden sich einige der besten Restaurants und Einkaufsgelegenheiten von Bali –und natürlich noch mehr Strand! Ein erwähnenswertes Wahrzeichen ist das berüchtigte Gefängnis von Kerobokan.

Seminyak & Kerobokan

Seminyak & Kerobokan

Highlights
1 Seminyak Beach A3

Schlafen
2 Ned's Hide-Away D4
3 Raja Gardens C5

Essen
4 Nalu Bowls D4
5 Revolver B3
6 Sea Circus A3
Shelter Café .... (siehe 4)
7 Sisterfields B3
8 Warung Aneka Rasa C3
9 Warung Taman Bambu D4

Ausgehen & Nachtleben
10 La Favela C3
11 La Plancha B5

Shoppen
12 Drifter Surf Shop B3
13 Duzty D4

Ein Liegestuhl und ein eiskaltes Bintang bei Sonnenuntergang versprechen magische Momente am **Strand von Seminyak** (Karte S.126). Nahe Pura Petitenget gibt's einen angenehmen Abschnitt, der deutlich weniger überfüllt ist als die Gegend weiter südlich in Kuta.

Schlafen & Essen

Raja Gardens PENSION $
(Karte S.126; 0361-934 8957; www.jdw757.wixsite.com/rajagardens; abseits der Jl Camplung Tanduk; Zi. mit Ventilator/klimatisiert ab 500 000/600 000 Rp;) Schon seit 1980 ist diese altmodische Pension im Geschäft. Sie punktet mit einer weitläufigen Rasenfläche, auf der Obstbäume stehen, und einer ruhigen Lage in direkter Strandnähe. Ihre acht Zimmer sind recht einfach, dafür gibt's Bäder unter freiem Himmel und jede Menge Topfpflanzen. Am großen Pool kann man sich gut entspannen. Insgesamt ist die Atmosphäre sehr relaxt.

Ned's Hide-Away PENSION $
(Karte S.126; 0361-731270; waynekelly1978@gmail.com; Gang Bima 3; Zi. mit Ventilator/klimatisiert ab 180 000/300 000 Rp;) Auch wenn es in letzter Zeit etwas nachgelassen hat, bleibt das Ned's eine gute Budgetoption mit insgesamt 16 einfachen und schickeren Zimmern. WLAN ist nur im Rezeptionsbereich verfügbar.

★ **Revolver** CAFÉ $
(Karte S.126; 0851 0088 4968; abseits der Jl Kayu Aya; Kaffee 28 000–55 000 Rp, Hauptgerichte ab 35 000 Rp; 7–24 Uhr;) Eine winzige *gang* führt zu den schmalen Holztüren dieser kleinen Café-Bar mit exzellenter Kaffeeauswahl. In dem kreativen Retro-Raum, der an einen Wild-West-Saloon erinnert, stehen nur wenige Tische. Zum Frühstück und Mittagessen gibt's leckere, frische Speisen.

Warung Taman Bambu BALINESISCH $
(Karte S.126; 0361-888 1567; Jl Plawa 10; Hauptgerichte ab 28 000 Rp; 10–22 Uhr;) Von außen sieht der typische *warung* gewohnt rustikal aus, doch die bequemen Sitzgelegenheiten, genau wie die vielen frischen, gut gewürzten Speisen, sind einen Tick besser als der Durchschnitt. Nebenan verkauft ein kleiner Stand *babi guling* (Spanferkel).

Warung Aneka Rasa INDONESISCH $
(Karte S.126; 0812 361 7937; Jl Kayu Aya; Mahlzeiten ab 25 000 Rp; 7–19 Uhr) Wenn man eine Pause vom Gewusel und der Hektik braucht: Der einfache *warung* sorgt mitten im Herzen von Seminyaks schickem Einkaufsgetto für eine gewisse Bodenhaftung. Im einladenden Cafébereich mit offener Front kommen typische indonesische Klassiker auf den Tisch.

★ **Shelter Cafe** AUSTRALISCH $$
(Karte S.126; 0813 3770 6471; www.sheltercafebali.com; Jl Drupadi; Hauptgerichte 55 000–80 000 Rp; 8–18 Uhr;) In dem Café im zweiten Stock wimmelt es Tag für Tag von jungen, schönen Menschen, die ihren Kaffee stark und die Acai-Portionen ordentlich hoch aufgetürmt mögen. Letztere stammen übrigens aus dem **Nalu Bowls** (Karte S.126; 0812 3660 9776; www.nalubowls.com; Jl Drupadi; 60 000–85 000 Rp; 7.30–18 Uhr) treppab. Nebenan befindet sich noch ein weiteres Restaurant, Papitos; das Triumvirat hat ein und dieselben Eigentümer. Das Shelter ist die beste Adresse zum Brunchen in Seminyak und obendrein ein kulturelles Zentrum; hier kommen neu eröffnete Modegeschäfte unter und am Wochenende finden schon mal Partys statt.

★ **Sisterfields** CAFÉ $$
(Karte S.126; 0361-738454; www.sisterfieldsbali.com; Jl Kayu Cendana 7; Hauptgerichte 80 000–150 000 Rp; 7–22 Uhr;) Das trendige Café hat typisch australisches Frühstück wie Avocadomus und kreativere Speisen wie Lachs „Benedict" und in Ahornsirup geröstete Kürbissalat im Angebot, zudem gibt's Hipster-Klassiker wie Brötchen mit Pulled Pork oder Schakschuka mit pochierten Eiern. Gäste können es sich in einer Sitzecke, an der Theke oder im Garten hinterm Haus gemütlich machen. In der Nähe gibt es noch mehr gute Cafés.

Sea Circus INTERNATIONAL $$
(Karte S.126; 0361-738667; http://seacircus-bali.com; 22 Jl Kayu Aya; Hauptgerichte ab 80 000 Rp; 7.30–22 Uhr;) An Cartoons erinnernde Wandbilder in Pastellfarben sind eines der Erkennungsmerkmale dieses tollen Ladens, in dem frische, leckere Speisen auf den Tellern landen. Die Köche lassen sich von den Küchen Asiens, Australiens und Amerikas inspirieren. Der Brunch ist heiß begehrt; dazu werden Leibspeisen wie Acai-Kreationen, Rührei mit Chili und das „Happy Meal" gegen den Kater aufgefahren. Die Cocktails, die Taco-Bar und die Abendkarte (z. B. mit einem sommerlichen Thunfisch-Poke) sind ebenfalls delikat.

Ausgehen & Nachtleben

★ **La Favela** BAR
(Karte S. 126; ☎ 8124 697 7410; www.lafavela.com; Jl Kayu Aya 177X; ⏰ 17 Uhr–open end; 📶) Mit seinem Bohème-Flair gehört das La Favela zu den coolsten und originellsten Ausgehadressen Balis. Seine Themenzimmer reichen von spärlich beleuchteten Cocktail-Lounges über antike Speiseräume bis hin zu Bars voller Graffiti. Um 23 Uhr weichen die Tische DJs und einer Tanzfläche.

La Plancha BAR
(Karte S. 126; ☎ 0878 6141 6310; abseits der Jl Camplung Tanduk; ⏰ 8.30–24 Uhr) Die wohl überzeugendste Bar am Strandweg südlich der Jl Camplung Tanduk ist mit den typischen bunten Sonnenschirmen und Sitzsäcken im Sand möbliert, außerdem werden die gängigen Strandklassiker à la Pizza und Nudeln serviert. Nach Sonnenuntergang gibt's DJs und Strandpartys.

Shoppen

★ **Drifter Surf Shop** FASHION & ACCESSOIRES
(Karte S. 126; ☎ 0361-733274; www.driftersurf.com; Jl Kayu Aya 50; ⏰ 9–23 Uhr) Exklusive Surfermode, Surfbretter, Ausrüstung, coole Bücher und Marken wie Obey und Wegener. Der Laden wurde von zwei cleveren Surfern eröffnet und ist für seine Individualität und hohe Qualität bekannt.

Duzty BEKLEIDUNG
(Karte S. 126; ☎ 0831 1460 4558; Jl Raya Seminyak 67; ⏰ 9–22 Uhr) Die Freizeitklamotten mit frechen Rock-'n'-Roll- und Gegenkulturmotiven stammen aus der Feder des Balinesen Rahsun, einem aufstrebenden Talent.

An- & Weiterreise

Man wird ohne Probleme ein offizielles Taxi (mit Taxameter) finden und anhalten können. Die Fahrt vom Flughafen mit einem der Taxis des Flughafenkartells kostet um die 150 000 Rp, in die Gegenrichtung zahlt man ca. 100 000 Rp mit einem regulären Taxi. Wer dem Verkehr ein Schnippchen schlagen, die Umwelt schonen und seinem Körper etwas gut tun möchte, läuft einfach am Strand entlang. Legian ist nur etwa 15 Gehminuten entfernt.

Canggu & Umgebung

Canggu ist eigentlich mehr eine Lebenseinstellung als ein Ort und der Sammelbegriff für den mit hübschen Hotelanlagen und Unterkünften „gepflasterten" Abschnitt zwischen Kerobokan und Echo Beach. Die Gegend wimmelt nur so von reizenden Cafés mit entspannter Atmosphäre; vor Ort haben sich drei Hotspots herausgebildet, die allesamt zu den Stränden führen: Zwei findet man entlang der gewundenen Jl Pantai Berawa, den dritten an der Jl Pantai Batu Bolong.

Der **Strand Batu Bolong** (Parkplatz Motorrad/Auto 2000/5000 Rp) ist der beliebteste in der Umgebung. In den Cafés, surfenderweise auf den Wellen oder am Strand treibt sich eigentlich immer eine nette Mischung aus Einheimischen, Expats und Reisenden herum. Man kann Sonnenliegen und -schirme mieten und Händler verkaufen Bier.

Schlafen

Serenity Eco Guesthouse PENSION $
(☎ 0361-846 9251, 0361-846 9257; www.serenityecoguesthouse.com; Jl Nelayan; B/EZ/DZ inkl. Frühstück 175 000/205 000/495 000 Rp; ❄📶🏊) 🌿 Eine Oase inmitten der sterilen ummauerten Anlagen. Das Management ist jung und unerfahren, aber dessen ungeachtet sehr liebenswert und gibt sich Mühe, den CO_2-Fußabdruck möglichst klein zu halten. Es gibt sowohl Einzelzimmer ohne Bad als auch nette En-suite-Zimmer für zwei (z. T. mit Ventilator, z. T. mit Klimaanlage ausgestattet). Das Hotelgelände ist erfrischend ungewöhnlich und der Nelayan-Strand nur fünf Gehminuten entfernt. Man kann Yogakurse belegen (ab 110 000 Rp) oder Surfbretter und Räder mieten.

Widi Homestay HOMESTAY $
(☎ 0819 3626 0860; widihomestay@yahoo.co.id; Jl Pantai Berawa; Zi. ab 250 000 Rp; ❄📶) Kein gekünsteltes Hipster-Flair mit nihilistischen Plattitüden, sondern ein sauberer, freundlicher familienbetriebener Homestay. Die vier Zimmer verfügen über Warmwasser und Klimaanlage, der Strand liegt nur 100 m entfernt.

Essen & Ausgehen

Betelnut Cafe CAFÉ $
(☎ 0821 4680 7233; Jl Pantai Batu Bolong; Hauptgerichte ab 45 000 Rp; ⏰ 7–22 Uhr; 📶📝) Das strohgedeckte Café mit hübschem Freiluft-Essbereich im oberen Stock ist im Hippie-Schick gehalten. Seine Speiseauswahl ist gesund, jedoch nicht zu gesund – es gibt auch Pommes. Ansonsten kommen Säfte, viele Hauptgerichte mit Gemüse, leckere Backwaren und gute Shakes auf den Tisch.

★ **Old Man's** INTERNATIONAL $$

(☎ 0361-846 9158; www.oldmans.net; Jl Pantai Batu Bolong; Hauptgerichte ab 50 000 Rp; ⏲ 7–24 Uhr) Die Wahl des gewünschten Sitzplatzes fällt schwer in diesem beliebten Biergarten am Meer mit Blick auf den Batu Bolong Beach. Klar auf Surfer und solche, die es werden wollen, ist die Speiseauswahl (Selbstbedienung) zugeschnitten – Burger, Pizza, Fish and Chips sowie Salate. Die Mittwochabende genießen absoluten Kultstatus, doch auch freitags (Live-Rock'n' Roll) und sonntags (DJs) herrscht viel Stimmung.

★ **La Laguna** COCKTAILBAR

(☎ 0812 3638 2272; www.facebook.com/lalagunabali; Jl Pantai Kayu Putih; ⏲ 11–24 Uhr; 📶) Das Laguna gehört zum La Favela (S. 128) in Seminyak und ist eine der schönsten Bars von ganz Bali. Winzige kleine Lichter funkeln, das Dekor weist orientalische Einflüsse auf. Die vielseitige Aufmachung lädt zum Erkunden ein und man kann auf einer Couch, einem Schlafsofa, an einem der Tische drinnen oder an einem Picknicktisch im Garten Platz nehmen. Gute Getränke und leckeres Essen (Hauptgerichte ab 75 000 Rp).

Gimme Shelter Bali BAR

(☎ 0812 3804 8867; www.facebook.com/gimmeshelterbali; Jl Lingkar Nelayan 444; ⏲ 19–3 Uhr) Die perfekte Adresse, wenn man gern laute Musik hört. Im Gimme Shelter finden regelmäßig alternative Konzerte statt, die Rock-'n'-Roll-, Rockabilly- und Punk-Musik stammen von der Insel. Einer der wenigen Orte in Canggu, die bis nach Mitternacht geöffnet sind.

ℹ Anreise & Unterwegs vor Ort

Das Flughafentaxi-Kartell nimmt 250 000 Rp für eine Fahrt. Eine Taxifahrt von Kuta oder Seminyak nach Canggu bzw. in die Umgebung kostet 150 000 Rp oder mehr. Es ist nicht üblich, dass Taxis auf der Suche nach Kundschaft umherfahren, man kann sich jedoch in den verschiedenen Läden eines rufen lassen.

Bukit-Halbinsel

Die heiße, trockene südliche Halbinsel nennt sich Bukit, was auf Bahasa Indonesia „Hügel“ bedeutet. Reisende kommen gern her; ihre Ziele sind Nusa Dua und die hedonistischen Badeorte an der Südküste. Die boomende Westküste wird in ihrer Gesamtheit oft als Pecatu bezeichnet und ist mit ihren vielen Stränden ein weiterer Besuchermagnet. Unterkünfte auf unsicherem sandigem Untergrund gibt's am Balangan Beach, während die Klippen in Bingin und anderswo mit unkonventionellen Lodges gespickt sind. Hier entsteht täglich neue Konkurrenz, meist mit Blick auf das aufgewühlte Meer, das den ganzen Weg Richtung Süden bis zum bedeutenden Tempel von Ulu Watu weltbekannte Surfwellen bereithält.

ℹ An- & Weiterreise

Auf der Halbinsel benötigt man einen eigenen fahrbaren Untersatz – egal, ob ein Taxi, einen Mietwagen oder ein Motorrad. Pro Fahrzeug werden ab 5000 Rp aufwärts für die Benutzung der Zufahrtsstraßen zu den Stränden veranschlagt.

Jimbaran

Unmittelbar südlich von Kuta und dem Flughafen erstreckt sich die Teluk Jimbaran (Bucht von Jimbaran), ein sichelförmiger weißer Sandstrand mit zahlreichen Meeresfrüchte-*warung*. Am südlichen Ende befindet sich eine buschbewachsene Landzunge. Dort steht das Four Seasons Jimbaran Bay.

Wer sich morgens auf Erkundungstour begibt, sollte den Fischmarkt ansteuern. Bunt bemalte Boote schaukeln in der Brandung und Händler bieten riesige Kisten voller Sardinen und Kaiserhummer feil. Wer mag, kann sich das hier Gekaufte in einem der *warung* zubereiten lassen.

Balangan Beach

Dieser wunderschöne lange, flache Strand am Fuß der Klippen besteht aus feinem Sand mit Palmen und Sonnenschirmen. Surferbars, schlichte Holzhütten, die als Cafés dienen, und etwas langlebigere Pensionen haben einen unsicheren Platz entlang des Ufers. Trotz der zweifelhaften sanitären Anlagen braten immer westliche Touristen in der Sonne. Vielleicht kann man sich das Ganze als eine Art Wilder Westen nicht weit von den auf Hochglanz polierten Teilen Balis vorstellen.

Balangan liegt 6,5 km abseits der Hauptstraße nach Ulu Watu via Cenggiling.

Die 19 spartanischen Zimmer im **Santai Bali Homestay** (☎ 0338-695942; www.facebook.com/santaiwarungbalihomestay; Zi. ab 250 000 Rp; 📶) sind perfekt geeignet für Surfer und Sonnenanbeter, die schnell am/im Wasser sein wollen.

Bingin

Im umtriebigen Bingin verteilen sich zahlreiche originell-stilvolle Unterkünfte auf Klippen und den weißen Sandstrand Bingin Beach darunter. Die Jl Pantai Bingin führt auf einer Strecke von 1 km von der Jl Melasti weg (nach dem Schilderwald, der den Weg zu verschiedenen Unterkünften weist, Ausschau halten) und verliert sich dann in einem Labyrinth aus Gassen. Den Strand erreicht man in fünf Minuten über ziemlich steile Pfade.

Schlafen & Essen

Dies ist eine der coolsten Gegenden zum Übernachten auf der Halbinsel. Ein ganzes Stück von der Hauptstraße verteilen sich zahlreiche individuelle Unterkünfte an und in der Nähe der Küste. Auch in unmittelbarer Nähe des Wassers unterhalb der Felsen befinden sich ein paar einfache Pensionen aus Bambus und Stroh – ideal für Surfer.

Chocky's Place PENSION $

(☎0818 0530 7105; www.chockysplace.com; Bingin Beach; Zi. 150 000–400 000 Rp; 📶) Diese klassische Surfer-Bleibe am unteren Ende der Treppenstufen direkt am Bingin Beach verfügt über gemütliche Zimmer, von charmanten Unterkünften mit Traumblick bis hin zu einfachen Quartieren mit Gemeinschaftsbädern. Das hauseigene Bambusrestaurant überblickt den Strand und eignet sich bestens, um bei einem kalten Drink andere Reisende kennenzulernen.

Bingin Garden PENSION $

(☎0816 472 2002; tommybarrell76@yahoo.com; abseits der Jl Pantai Bingin; Zi. mit Ventilator/klimatisiert 280 000/400 000 Rp; ❄📶🏊) Mit acht Zimmern im Bungalowstil inmitten eines trockenen Gartens mit großem Pool besitzt die Anlage ein entspanntes Hazienda-Flair. Sie liegt hinter den Klippen, rund 300 m entfernt von dem Weg, der zum Strand hinabführt, und wird von dem hiesigen Surfer Tommy Barrell und seiner zauberhaften Frau betrieben.

Olas Homestay HOMESTAY $

(☎0857 3859 5257; http://olashomestaybali.com; Jl Labuansait; Zi. 350 000 Rp; 📶) Die neue, familiengeführte Surferunterkunft in Bingin bietet ein exzellentes Preis-Leistungs-Verhältnis. Das Grundstück ist üppig bewachsen und die fünf Privatzimmer mit Warmwasser sind klimatisiert. Die Besitzer sind supernett und arrangieren die Abholung vom Flughafen, Surfunterricht, Touren und Mietwagen.

★ Temple Lodge BOUTIQUE-HOTEL $$

(☎0857 3901 1572; www.thetemplelodge.com; abseits der Jl Pantai Bingin; Zi. inkl. Frühstück 80–230 US$; 📶🏊) Kunst und Ästhetik sind Teil des Konzepts der Temple Lodge, einer Ansammlung von Hütten und Häuschen aus Stroh, Treibholz und anderen natürlichen Materialien. Sie thronen auf Felsvorsprüngen über den Surfwellen. Vom Infinity Pool und von einigen der zehn Wohneinheiten bieten sich Traumausblicke. Bei Bedarf gibt's Verpflegung, zudem werden morgendliche Yogakurse angeboten.

★ Cashew Tree CAFÉ $

(☎0813 5321 8157; www.facebook.com/the-cashew-tree; Jl Pantai Bingan; Mahlzeiten ab 40 000 Rp; ⏲8–22 Uhr; 📶🖉) Die angesagteste Adresse in Bingin. Surfer und Strandgänger lassen sich in dem großen Garten köstliche vegetarische Küche schmecken. Zur Auswahl gehören Burritos, Salate, Sandwiches und Smoothies. Zudem kann man sich hier gut einen Drink genehmigen. Die beste Stimmung herrscht donnerstagabends, dann kommen Gäste von der ganzen Küste, um die Livebands zu hören und zu sehen.

Padang Padang

Der Padang Padang Beach und der Impossibles Beach sind der Stoff, aus dem tropische Surferträume gemacht sind. Die Felswände im Hintergrund verleihen den beiden Stränden ein abgeschiedenes Flair, das in Kuta oder Seminyak fehlt. Ringsum hat sich eine wirklich coole Szene entwickelt, bestehend aus tollen Cafés, ausgefallenen Unterkünften und ikonoklastischen Surfläden.

Samstagabends und in Vollmondnächten finden am Strand von Padang Padang Partys mit gegrillten Meeresfrüchten und Musik statt, die bis zum Morgen gehen.

Der Padang Padang ist nahe der Jl Labuan Sait und ziemlich leicht zu erreichen. Der Weg zum Impossibles Beach, direkt östlich gelegen, stellt eine etwas größere Herausforerung dar. Felsen und die Gezeiten machen es z. T. unmöglich, von Padang Padang aus hierher zu gelangen.

Lust auf einen üppigen Brunch nach australischer Art mit frischen regionalen Zutaten? Dann ist das **Bukit Cafe** (☎0813 3749 8745; www.bukitcafe.com; Jl Labuan Sait; Hauptgerichte 40 000–75 000 Rp; ⏲7–21.30 Uhr; 🖉) die Adres-

Ulu Watu & Umgebung

se schlechthin. Vorzeigegerichte sind die veganen Pfannkuchen, Smoothie-Schüsseln und das Avocadomus. Ganz abgesehen vom Essen hat das gesellige Ambiente unter freiem Himmel jede Menge Charme.

Ulu Watu & Umgebung

Ulu Watu ist zum Synonym für die Südwestspitze der Halbinsel Bukit geworden. Hier befinden sich ein bedeutender Tempel und die legendären namensgebenden Surfbreaks.

Ca. 2 km nördlich des Tempels fällt eine Felswand steil zum Meer hin ab. Über Stufen gelangt man ans Wasser und zum Suluban Beach. Die unterschiedlichsten Cafés und Surfläden erstrecken sich an den nahezu senkrechten Felsen bis zum Wasser. Die Aussicht ist umwerfend; hier ist mächtig was los.

Sehenswertes & Aktivitäten

★ Pura Luhur Ulu Watu HINDU-TEMPEL
(abseits der Jl Ulu Watu; Erw./Kind 30 000/20 000 Rp, Parken 2000 Rp; ⏲7–19 Uhr) Der bedeutende Tempel thront an der Südwestspitze Bukits auf steilen Klippen. Ganesha-Statuen flankieren sein ungewöhnlich gebogenes Eingangstor. Die Mauern aus Korallenstein im Inneren zieren aufwendig geschnitzte Wesen aus Balis Mythologie.

Ulu Watu & Umgebung

Highlights
1 Pura Luhur Ulu Watu A3

Aktivitäten, Kurse & Touren
2 Ulu Watu A2

Schlafen
3 Bingin Garden B2
4 Chocky's Place B2
5 Delpi Uluwatu Beach Rooms A2
6 Gong Accommodation A3
7 Olas Homestay B2
8 Santai Bali Homestay C1
9 Temple Lodge B2

Essen
10 Bukit Café B2
Cashew Tree .... (siehe 4)

Ausgehen & Nachtleben
Single Fin .... (siehe 5)

★ Ulu Watu SURFEN
Ulu Watu wartet bei den richtigen Bedingungen mit Balis größter und mächtigster Welle auf. Sie ist Traum und Alptraum zugleich und definitiv nicht für Anfänger geeignet! Seit Ulu Watu zu Beginn der 1970er-Jahre in dem legendären Surffilm *Morning of the Earth* als Kulisse diente, zieht es mit seinen schier end-

losen linksläufigen Wellen Surfer aus der ganzen Welt an.

Schlafen & Essen

Gong Accommodation PENSION $
(☎ 0361-769976; www.thegonguluwatubali.com; Jl Pantai Suluban; Zi. 250 000–500 000 Rp;) Die dreizehn ordentlichen Zimmer haben eine gute Belüftung, verfügen über warmes Wasser und liegen auf einem kleinen Anwesen mit hübschem Pool. Manche Quartiere im zweiten Stock sind mit TV und Klimaanlage ausgestattet und in der Ferne ist das Meer zu sehen. Das Gong befindet sich ca. 1 km südlich der Klippencafés von Ulu Watu. Sehr nette Gastgeberfamilie. Mit der letzten Renovierung sind die Preise gestiegen.

Delpi Uluwatu Beach Rooms PENSION $
(balibrook@juno.com; Ulu Watu; Zi. 45 US$) Sechs einfache Zimmer an der Felswand werden Tag und Nacht vom Rhythmus der Brandung begleitet. Zwischen diversen Bars gelegen ist das Delpi der richtige Ort, wenn man die Wellen rund um die Uhr im Blick haben möchte. Bei längeren Aufenthalten sind die Preise verhandelbar. Außerhalb der Surfsaison bleibt die Pension geschlossen.

★ **Single Fin** BAR
(☎ 0361-769941; www.singlefinbali.com; Jl Mamo; Hauptgerichte 65 000–150 000 Rp; ⏲ Mo–Sa 8–21, So bis 1 Uhr;) In dem dreigeschossigen Single Fin hat man dank der Lage an der Steilküste die unermüdliche Bewegung der Wellen auf dem Indischen Ozean genau im Visier. Wenn die Brandung stimmt, liefern die Surfer eine Gratis-Show. Die Getränke sind weder günstig noch besonders gut, aber das Essen schmeckt, die Sonnenuntergänge sind ein Traum und die Partys am Sonntagabend sind die besten auf der ganzen Halbinsel. Das Poke-Restaurant Coco & Poke nebenan ist neu und gehört denselben Besitzern. Für eine Portion zahlt man ab 75 000 Rp. Zu essen gibt's montags bis samstags von 11 bis 19 Uhr und sonntags bis 21 Uhr. Für Vegetarier gibt's eine Variante mit Tofu.

Denpasar

☎ 0361 / 834 881 EW.

Balis weitläufige, hektische und stetig expandierende Hauptstadt hat in den letzten fünfzig Jahren im Fokus des Wachstums und steigenden Wohlstands der Insel gestanden. Doch auch wenn Denpasar auf den ersten Blick ein wenig einschüchternd und chaotisch wirken mag, muss man nur etwas Zeit in den von Bäumen gesäumten Straßen des relativ gut situierten Regierungs- und Geschäftsviertels Renon verbringen, um eine mildere, elegantere Seite der Stadt kennenzulernen.

Sehenswertes

Museum Negeri Propinsi Bali MUSEUM
(☎ 0361-222680; Jl Mayor Wisnu; Erw./Kind 50 000/25 000 Rp; ⏲ Sa–Do 7.30–15.30, Fr bis 13 Uhr) Unter den Museen für balinesische Kultur ist dies gewissermaßen der Louvre. Die Sammlung ist riesig, allerdings im Gegensatz zur weltberühmten Konkurrenz recht unsortiert – ein bisschen organisatorisches Engagement täte dem Museum gut (genauso wie ein paar neue Glühbirnen)! Die meisten Exponate haben englische Beschriftungen. Der gesamte Komplex besteht aus mehreren Gebäuden und Pavillons, viele davon im balinesischen Stil. Sie beherbergen prähistorische Stücke, traditionelle Artefakte, Barong (eine mythologische Gestalt, die an einen Hund oder Löwen erinnert), zeremonielle Objekte und aufwendige Textilien.

Schlafen & Essen

Nakula Familiar Inn PENSION $
(☎ 0361-226446; www.nakulafamiliarinn.com; Jl Nakula 4; Zi. 200 000–300 000 Rp;) Die acht sauberen Zimmer dieses familiengeführten Hauses mit hübschem Innenhof und einem Café verfügen über kleine Balkons. Es ist schon lange ein beliebter Travellertreffpunkt. *Bemo* zwischen Tegal und Kereneng fahren die Jl Nakula entlang.

★ **Depot Cak Asmo** INDONESISCH $
(☎ 0361-256246; Jl Tukad Gangga; Hauptgerichte ab 15 000 Rp; ⏲ 9.30–23 Uhr) Im Cak Asmo essen viele Regierungsangestellte und Studenten, denn hier kommt man in den Genuss superleckerer, frisch zubereiteter Gerichte. *Cumi cumi* (Tintenfisch) in einem Mantel aus *telor asin* (köstliche Eier-Knoblauch-Mischung) ist wunderbar buttrig und knusprig. Für Erfrischung sorgen fruchtige Eisgetränke. Die englischsprachige Speisekarte erleichtert das Bestellen. Alles ist *halal*, es gibt also auch keinen Alkohol.

Shoppen

Pasar Badung MARKT
(Jl Gajah Mada; ⏲ 24 Std.) Der größte Lebensmittelmarkt der Insel hat sich noch nicht ganz von einem Brand im Jahre 2016 erholt. Während der Wiederaufbau vorangeht, bieten

Denpasar

Händler ihre Waren an behelfsmäßigen Ständen in der Umgebung feil. Hier ist morgens und abends etwas los; ein netter Ort zum Bummeln und Feilschen um Obst, Gewürze und andere Lebensmittel aus ganz Bali.

An- & Weiterreise

Denpasar ist ein wichtiges Verkehrsdrehkreuz auf Bali. Busse und Minibusse fahren von hier aus in alle Ecken der Insel.

In der Stadt gibt es gleich mehrere *bemo*- und Busbahnhöfe. Wer sich mich dem *bemo* auf der Insel fortbewegt, wird wahrscheinlich mehrfach via Denpasar reisen und dort mit einem *bemo* von Terminal zu Terminal fahren müssen (7000 Rp).

Sanur

☎0361

Viele Traveller finden Sanur „genau richtig", denn um viele Ärgernisse, mit denen man sich im Westen herumschlagen muss, kommt man hier herum. Gleichzeitig ist die Mischung aus Restaurants und Bars, die nicht restlos in Resortbesitz sind, gut. Der Strand ist zwar schmal, liegt aber geschützt hinter einem Riff und Molen; Familien schätzen das ruhige Wasser. Sanur beherbergt zudem eine gute Auswahl an Übernachtungsmöglichkeiten und hat eine prima Lage für Tagesausflüge. Ernsthaft – den Spitznamen „Snore" (Schnarch!) hat Sanur nicht verdient!

Der hiesige **Strandweg** war der erste auf Bali. Einheimische wie Besucher waren von Tag eins seiner Eröffnung an begeistert. Er windet sich auf mehr als 4 km an Resorts, Strandcafés, hölzernen Fischerbooten und einigen ziemlich eleganten alten Villen vorbei.

Im **Museum Le Mayeur** (☎0361-286201; Jl Hang Tuah; Erw./Kind 50 000/25 000 Rp; ⏲Sa–Do 8–15.30, Fr 8.30–12.30 Uhr), dem ehemaligen Wohnhaus des Malers Adrien-Jean Le Mayeur de Merpres (1880–1958), ist eine große Anzahl seiner Bilder ausgestellt.

Schlafen & Essen

Agung & Sue Watering Hole I PENSION $

(☎0361-288289; www.wateringholesanurbali.com; Jl Hang Tuah 35; Zi. 275 000–400 000 Rp; ❄📶) Ideal gelegen, wenn man ein frühes Schnellboot nach Nusa Lembongan oder zu den Gilis erwischen möchte. Die alteingesessene Pension hat eine gesellige Atmosphäre. Die Zimmer sind 08/15, aber das Bier ist kalt und Sanur Beach nur fünf Gehminuten entfernt.

Pollok & Le Mayeur Inn HOMESTAY $

(☎0812 4637 5364; sulaiman.mei1980@gmail.com; Jl Hang Tuah, Museum Le Mayeur; Zi. mit Ventilator/klimatisiert ab 250 000/350 000 Rp; ❄📶) Die Enkel des verstorbenen Künstlers Le Mayeur de Merpres und seiner Frau Ni Polok betreiben diesen kleinen Homestay auf dem Gelände des Museum Le Mayeur. Eine gute Budgetoption am Strand mit 17 unterschiedlich großen Zimmern; am besten lässt man sich zunächst ein paar davon zeigen, bevor man eincheckt.

★ Genius Cafe CAFÉ

(☎0821 4415 8854; http://geniuscafebali.com; Mertasari Beach) Ein neuer Dreh- und Angelpunkt des Unternehmertums und Teil eines wachsenden, mitgliederbasierten Netzwerks aus Strandclubs mit eindrucksvoller Lage zum Meer. Das Essen und die Getränke sind wunderbar – wir sagen ja zum Ingwer-Latte, ja zum Kokoswasser mit Lavendel und Drachenfrucht, ja zur Happiness Bowl mit Rohkostsalat, Avocado, frischen Kräutern, Nüssen, Samen und mehr gesunden Sachen!

Warung Pantai Indah CAFÉ $$

(Strandweg; Hauptgerichte 30 000–110 000 Rp; ⏲9–21 Uhr) In diesem zeitlosen Strandcafé bohren die Gäste, an verbeulten Tischen sitzend, entspannt ihre Zehen in den Sand. Bekannt ist das Café für frische Meeresfrüchte vom Grill und günstige hiesige Gerichte.

An- & Weiterreise

Die zahllosen Boote nach Nusa Lembongan, Nusa Penida, Lombok und zu den Gilis fahren von dem Strandabschnitt südlich der Jl Hang Tuah ab. Keines nutzt einen festen Anleger, man wird wahrscheinlich durchs Wasser zum Boot waten müssen. Die meisten Unternehmen stellen schattige Wartebereiche mit Blick zum Strand zur Verfügung. Der Kura-Kura-Bus bietet eine Route, die Sanur mit Kuta und Ubud verbindet. Die Busse fahren stündlich (80 000 Rp).

Nusa Lembongan

☎0366

Einst war Nusa Lembongan das Territorium von Surfern, die in einfachen Hütten übernachteten. Jetzt hat die Insel das große Los gezogen. Man bekommt weiterhin ein schlichtes Zimmer mit Blick auf die Brandung und die sensationellen Sonnenuntergänge, darüber hinaus gibt es jedoch auch Boutique-Hotels und köstliches Essen.

Sehenswertes & Aktivitäten

Die Surfbedingungen sind in der Trockenzeit (April bis September) am besten, dann weht der Wind aus Südosten. Das ist aber nichts für Anfänger – selbst für erfahrene Surfer kann es im Wasser gefährlich werden. Nusa Lembongan ist eine gute Basis für Taucher und Schnorchler.

Pura Puseh TEMPEL

Am nördlichen Ende der Stadt, wo die Hauptstraße vorüberführt, kann man die lange Steintreppe zum Dorftempel hinaufsteigen. Oben eröffnet sich ein toller Blick.

Pantai Tanjung Sanghyang STRAND

(Pilzbucht) Diese wunderschöne Bucht mit dem Spitznamen „Pilzbucht“ (Mushroom Bay) ist nach den Pilz-Lederkorallen vor der Küste benannt. Der halbmondförmige Strand besteht aus strahlend weißem Sand. Tagsüber können Bananenboote oder Parasailer den Frieden stören. Ansonsten findet man hier ein Strandparadies. Von Jungutbatu aus gelangt man mit dem Boot oder einem Motorrad hierher oder man nimmt den Pfad, der am Südende des Hauptstrandes beginnt und der Küstenlinie etwa einen Kilometer lang folgt.

★ World Diving TAUCHEN

(☎0812 390 0686; www.world-diving.com; Jungutbatu Beach; Schnuppertauchen 940 000 Rp, Open-Water-Kurs 5 500 000 Rp) Sehr renommierter Anbieter in Pondok Baruna, der über erstklassige Ausrüstung verfügt. Die Mitarbeiter organisieren alle möglichen Tauchkurse ebenso wie Tauchtrips rund um Nusa Penida und Nusa Lembongan.

Thabu Surf Lessons SURFEN

(http://thabusurflessons.webs.com; Erw./Kind ab 350 000/300 000 Rp je nach Kenntnisstand & Gruppengröße) Eine sehr professionell aufgezogene Surfschule mit Einzel- und Gruppenunterricht. In den Preisen enthalten sind Schuhe, Shirts und der Bootstransfer zu den Surfbreaks.

Schlafen & Essen

★ Pondok Baruna PENSION $
(☎0812 394 0992; www.pondokbaruna.com; Jungutbatu Beach; Zi. ab 400 000 Rp; ❄📶≋) Die Pension kooperiert mit dem hiesigen Tauchunternehmen World Diving und bietet fantastische Zimmer mit Terrassen samt Meerblick. Sechs gehobenere Quartiere säumen ein Tauchbecken hinter dem Strand. Weitere acht Zimmer inmitten von Palmen rund um einen großen Pool bietet das Pondok Baruna Frangipani von denselben Besitzern. Die Mitarbeiter, angeführt von Putu, sind sehr charmant.

★ Green Garden Warung INDONESISCH $
(☎0813 374 1928; Jungutbatu; 20 000–50 000 Rp; ⏲7–22 Uhr; 🖉) In einem hübschen Garten an einer Seitenstraße, die vom Jungutbatu Beach abgeht, steht dieses Restaurant in einheimischem Besitz. Dort gibt's leckere Smoothies und kreative indonesische Gerichte, vielfach vegetarierfreundlich. (z. B. Tempeh mit Pilzrahmsoße). Die Besitzer stiften einen Teil ihrer Einnahmen an lokale Schulen und sind gerade dabei, fünf Gästezimmer zu bauen.

An- & Weiterreise

Öffentliche Schnellboote (Jungutbatu Beach; einfache Strecke 200 000 Rp) machen sich zehnmal pro Tag vom nördlichen Ende des Sanur Beach auf den Weg nach Nusa Lembongan (8.30–17.30 Uhr, 30 Min.).

Rocky Fast Cruises (☎0361-283624; www.rockyfastcruise.com; Jungutbatu Beach; einfache Strecke/hin & zurück 300 000/500 000 Rp) Täglich fahren mehrere große Boote. Sie brauchen 30 Minuten.

Scoot (☎0812 3767 4932, 0361-285522; www.scootcruise.com; Jungutbatu Beach; einfache Strecke Erw./Kind 400 000/280 000 Rp) Mehrere Fahrten pro Tag (30 Min.).

Nusa Penida

Bislang hatten nur wenige Reisende Nusa Penida auf dem Schirm; die Insel ist eigentlich noch gar nicht „richtig" erkundet. Und beantwortet so die Frage: Wie wäre Bali eigentlich ohne all die Touristen?

Es gibt nur eine Handvoll Aktivitäten und Sehenswürdigkeiten, die die Anreise nicht wirklich rechtfertigen. Der Hauptgrund für einen Abstecher sind Entdeckungstouren und die Suche nach Entspannung dank des langsamen Lebensrhythmus'. Nusa Penida war übrigens früher das Exil, in das Kriminelle und andere geschickt wurden, die im Königreich Klungkung (heute Semarapura) nicht länger erwünscht waren.

Die Insel ist ein Kalksteinplateau mit einem Sandstreifen an der Nordküste. In der Ferne erblickt man zudem die Vulkane auf Bali jenseits des Wassers. An der Südküste ragen 300 m hohe Kalksteinfelsen vertikal aus dem Meer, in dem ein paar vorgelagerte Inselchen dümpeln. Die Landschaft ist rau und spektakulär. Strände sind sehr spärlich gesät, aber z. T. atemberaubend.

Crystal Bay, Sampalan, Toyapakeh und Ped beherbergen ein paar einfache Pensionen. Unsere Favoriten sind **Namaste** (☎0813 3727 1615; www.namaste-bungalows.com; Zi. mit Ventilator/klimatisiert ab 450 000/600 000 Rp; ❄📶≋) in Crystal Bay Beach und **Full Moon Bungalows** (☎0813 3874 5817; www.facebook.com/fullmoonbungalows; Bodong; B/Zi. ab 125 000/300 000 Rp; ❄📶) in Ped.

Diverse Schnellboote legen vom Strand in Sanur ab und brauchen weniger als eine Stunde bis Penida. Darüber hinaus gibt es Schnellbootverbindungen ab Pandangbai und zwischen Lembongan-Stadt und Toyapakeh verkehren öffentliche Boote.

Ubud

☎0361

Ubud, das bedeutet Kultur – stimmt. Hier finden sich überdies gute Restaurants, Cafés und Straßen voller Geschäfte; in vielen davon werden Waren von Kunsthandwerkern aus der Region verkauft. Für jedes Budget gibt es die passende Unterkunft und, ganz gleich, wie viel die Übernachtung kostet, kann man ein Flair genießen, das dem lokalen Zeitgeist entspricht: kreativ, friedlich und kunstbeseelt.

Ubuds Beliebtheit nimmt stetig zu und setzt so einen Trend fort, der mit dem Bestseller *Eat, Pray, Love* seinen Lauf genommen hat. Tourbusse mit Tagesausflüglern an Bord können die Hauptstraßen hoffnungslos verstopfen und Chaos verursachen. Ubud bietet glücklicherweise Alternativen; wenn man sich nur ein kleines Stück von der Kreuzung zwischen der Jl Raya Ubud und der Monkey Forest Road entfernt und durch die nahen Reisfelder schlendert, ist die Welt schnell wieder in Ordnung.

Um Ubud wirklich gerecht zu werden, sollte man ein paar Tage hier einplanen. Dies ist einer der Orte, an denen Tage schon mal schnell zu Wochen und Wochen zu Monaten werden können – davon zeugt die große Expat-Gemeinde.

Ubud & Umgebung

Sehenswertes

★ Sacred Monkey Forest Sanctuary PARK

(Mandala Wisata Wanara Wana; Karte S. 138; ☎0361-971304; www.monkeyforestubud.com; Monkey Forest Rd; Erw./Kind 50 000/40 000 Rp; ⏲8.30–18 Uhr) Der offizielle Name dieses Dschungelabschnitts mit drei heiligen Tempeln lautet Mandala Wisata Wanara Wana. In dem Naturschutzgebiet lebt eine Gruppe grauhaariger, gefräßiger Makaken, die nichts mit den unschuldig dreinblickenden Affen auf den Broschüren gemein hat. Der interessante **Pura Dalem Agung** (Karte S. 136; Sacred Monkey Forest Sanctuary) GRATIS liegt mitten im Wald.

★ Museum Puri Lukisan MUSEUM

(Museum der Schönen Künste; Karte S. 138; ☎0361-975136; www.museumpurilukisan.com; abseits der Jl Raya Ubud; Erw./Kind 85 000 Rp/frei; ⏲9–17 Uhr) Die Bewegung für moderne balinesische Kunst startete in Ubud. Damals nahmen Künstler Abstand von religiöser und höfischer Kunst und widmeten sich Alltagsmotiven. Im Museum werden schöne Beispiele aller balinesischer Stilrichtungen gezeigt, mit informativen Beschreibungen auf Englisch. Gegründet wurde es von Rudolf Bonnet, Cokorda Gede Agung Sukawati (einem Prinzen aus Ubuds Königsfamilie) und Walter Spies.

Ubud & Umgebung

Highlights
1 Agung Rai Museum of Art ... C5
2 Neka Art Museum ... B1

Sehenswertes
3 Pura Dalem Agung ... B4

Aktivitäten, Kurse & Touren
4 Bali Botanica Day Spa ... B1
5 Casa Luna Cooking School ... C3
6 Indonesische Textilgallerie Threads of Life ... C2
Wayan Karja Painting ... (siehe 9)

Schlafen
7 Bali Asli Lodge ... C2
8 Happy Mango Tree ... B3
9 Santra Putra ... A2
10 Tegal Sari ... C5

Essen
11 Alchemy ... B3
12 Warung Bodag Maliah ... C2
13 Yellow Flower Café ... A2

Ausgehen & Nachtleben
14 Room 4 Dessert ... B1

Unterhaltung
15 Arma Open Stage ... C5
16 Pura Dalem Ubud ... B3

Shoppen
Indonesische Textilgallerie Threads of Life ... (siehe 6)

★ Neka Art Museum KUNSTMUSEUM
(Karte S. 136; ☎ 0361-975074; www.museumneka.com; Jl Raya Sanggingan; Erw./Kind 75 000 Rp/frei; ⌚ 9–17 Uhr) Suteja Neka, ein privater Sammler und Händler balinesischer Kunst, gründete diese Institution. Sie beherbergt eine exzellente, abwechslungsreiche Sammlung. Wer sich für die Entwicklung der hiesigen Malkunst interessiert, ist in diesem Museum richtig. Der **Raum für balinesische Malkunst** gibt einen Überblick über die zahllosen Stilrichtungen. Interessant sind auch die *wayang*-Arbeiten.

★ Agung Rai Museum of Art KUNSTMUSEUM
(ARMA; Karte S. 136; ☎ 0361-976659; www.armamuseum.com; Jl Raya Pengosekan; inkl. Getränk Erw. 80 000 Rp, Kind unter 10 J. frei; ⌚ 9–18 Uhr, Balinesischer Tanz Mo–Fr 15–17 Uhr, Unterricht So 10 Uhr) Agung Rai ist der Name des Gründers dieses Kunstmuseums und Kulturzentrums. Das beeindruckende ARMA ist der einzige Ort auf Bali, an dem die berückenden Bilder des einflussreichen deutschen Künstlers Walter Spies (nebst vielen anderen Meisterwerken) zu sehen sind. Sie hängen in mehreren traditionellen Gebäuden, die sich über einen von Wasserkanälen durchzogenen Garten verteilen. Die Werke sind mit englischen Beschriftungen versehen.

Palast von Ubud PALAST
(Karte S. 138; Ecke Jl Raya Ubud & Jl Suweta; ⌚ 8–19 Uhr) GRATIS Der Palast und der dazu gehörende Tempel **Puri Saren Agung** (Karte S. 138) stehen im Herzen von Ubud. Die Anlage entstand größtenteils nach dem Erdbeben 1917. Die lokale Königsfamilie lebt immer noch hier. Man darf sich fast den gesamten Komplex ansehen und die vielen traditionellen, aber nicht übermäßig aufwendig verzierten Gebäude erkunden.

Aktivitäten

Ubud wimmelt nur so von Schönheitssalons und Wellnesszentren, in denen man sich verwöhnen, pflegen und aufpäppeln, verjüngern oder seinem Körper und Geist sonstwie etwas Gutes tun kann. In vielen Geschäften und Hotels im Zentrum werden Mountainbikes für etwa 35 000 Rp pro Tag vermietet.

★ Yoga Barn YOGA
(Karte S. 138; ☎ 0361-971236; www.theyogabarn.com; abseits der Jl Raya Pengosekan; Unterricht ab 130 000 Rp; ⌚ 6–21 Uhr) Der „Yoga-Stall" hockt gewissermaßen im Lotussitz zwischen Bäumen nahe einem Flusstal und wartet die ganze Woche über mit Yoga-, Pilates-, Tanz- und vielen anderen Kursen auf.

Bali Botanica Day Spa WELLNESS
(Karte S. 136; ☎ 0361-976739; www.balibotanica.com; Jl Raya Sanggingan; Massage ab 190 000 Rp; ⌚ 9–21 Uhr) In traumhafter Lage an einem dicht bewachsenen Hang jenseits kleiner Reisfelder gibt's Verwöhnprogramme, z. B. mit einer Ayurvedabehandlung. Die Kräutermassage ist ein Dauerbrenner. Hin- und Rückfahrt können organisiert werden.

Kurse

★ Casa Luna Cooking School KOCHEN
(Karte S. 136; ☎ 0361-973282; www.casalunabali.com; Honeymoon Guesthouse, Jl Bisma; Unterricht ab 400 000 Rp) Im Honeymoon Guesthouse und/oder im **Restaurant Casa Luna** (Karte S. 138; ☎ 0361-977409; www.casalunabali.com; Jl Raya Ubud; Mahlzeiten ab 50 000 Rp; ⌚ 8–22 Uhr) wird regelmäßig Kochunterricht angeboten. Wer einen halben Tag bucht, lernt etwas über

Ubud Zentrum

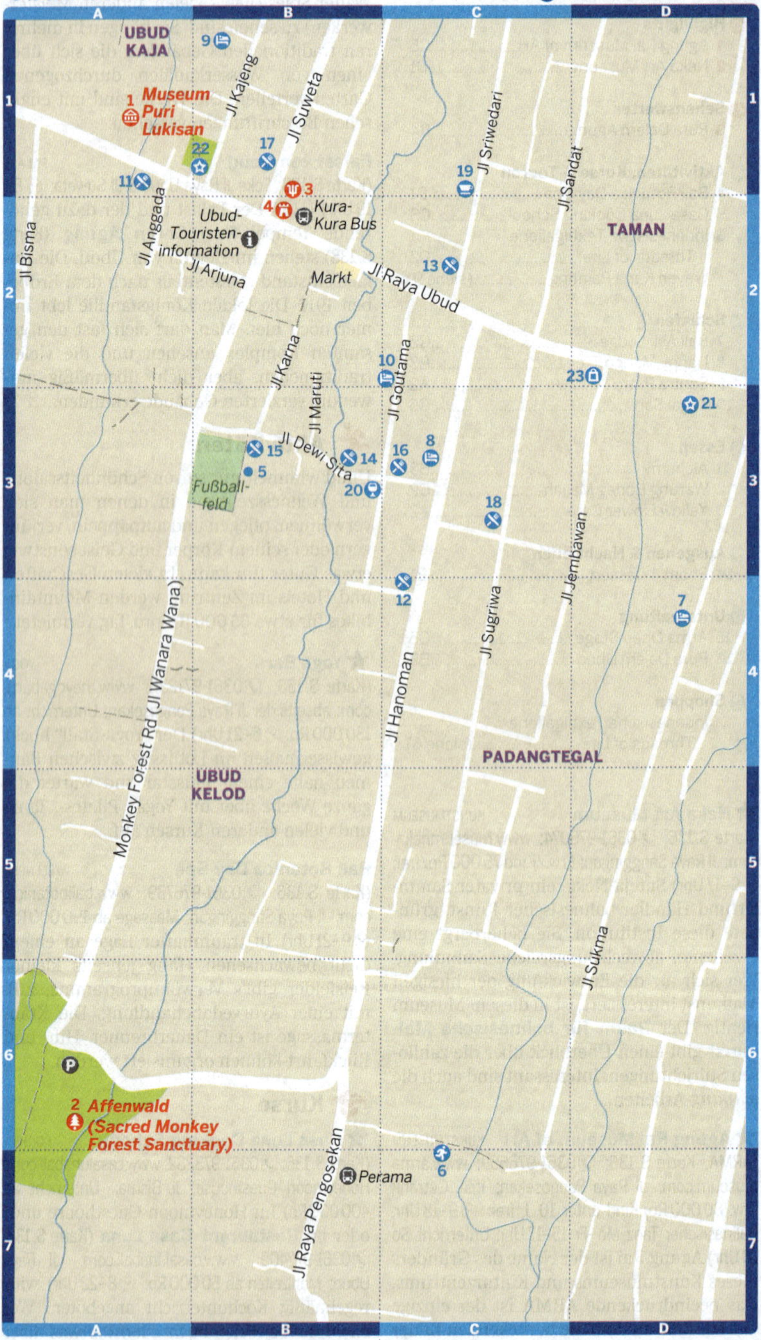

Kochtechniken und den kulturellen Hintergrund der balinesischen Küche (Zutaten sind inbegriffen); nicht alle Kurse beinhalten einen Marktbesuch. Jeden Tag liegt der Fokus auf etwas anderem, man kann also mehrfach vorbeischauen und bekommt immer neuen Input. Ebenfalls auf dem Programm stehen Touren. Nett ist z. B. die zum Gianyar-Nachtmarkt.

Pondok Pekak Library & Learning Centre KURSE
(Karte S. 138; ☎0361-976194; www.facebook.com/pg/pondokpekak; Monkey Forest Rd; Unterricht ab 100 000 Rp pro Std.; ⏲9–21 Uhr) Dieses Zentrum organisiert Mal-, Tanz-, Musik- und Holzschnitzkurse, z. T. auf Kinder zugeschnitten. Auf der anderen Seite vom Fußballplatz gelegen.

Schlafen

Nirgendwo auf Bali ist die Auswahl an Schlafgelegenheiten ansprechender und besser als in Ubud. Gäste haben die Wahl zwischen Traum-Resorts, kunstvoll aufgemachten Pensionen und charmanten schlichten Homestays.

Nirvana Pension PENSION $
(Karte S. 138; ☎0361-975415; www.nirvanaku.com; Jl Goutama 10; EZ mit Ventilator/klimatisiert 250 000/350 000 Rp, DZ mit Ventilator/klimatisiert 350 000/450 000 Rp; ❄📶) Eine schattig und abgeschieden neben einem großem Familientempel gelegene Pension, ein Stück versetzt von der beliebten Jl Goutama. An den Wänden hängen unzählige Bilder, die Durchgänge sind hübsch verziert und es gibt acht Zimmer mit modernen Bädern. Vor Ort werden auch Batikkurse und andere Workshops abgehalten.

d'Rompok House PENSION $
(Karte S. 138; ☎0813 5334 4837; drompokhouse@yahoo.com; Jl Hanoman 39; Zi. inkl. Frühstück 250 000–350 000 Rp; ❄📶) Weltmännischer als die üblichen Homestays kommt die preisgünstige Bleibe am Ende einer schmalen *gang* (Gasse) daher, dafür sorgen fünf große moderne Zimmer mit zeitgenössischer Kunst. Wer auf die Reisfelder schauen will, quartiert sich im Obergeschoss ein.

Happy Mango Tree HOSTEL $
(Karte S. 136; ☎0812 3844 5498; www.thehappymangotree.com; Jl Bisma 27; B/DZ ab 100 000/250 000 Rp; 📶) Helles, lebendiges Hostel in geradezu schwelgerischem Hippie-Flair. Alle Zimmer und die verschiedenen Terrassen, die teils Reisfelder überblicken, sind in fröhlichen Farben gehalten. In den gemischten Schlafsälen stehen vier bis fünf Betten, Doppelzimmer haben Namen (und passendes Dekor) wie „Love Shack" oder „Ceiling Museum". Eine gesellige Bar und ein Restaurant runden das Ganze ab.

Santra Putra PENSION $
(Karte S. 136; ☎0812 8109 9940, 0361-977810; www.santraputra.com; Jl Pacekan 18, abseits der Jl Raya Campuan; Zi. inkl. Frühstück 350 000–450 000 Rp; 📶) Der abstrakte Künstler I. Wayan Karja, dessen Werke bereits international ausgestellt wurden, führt diese Un-

Ubud Zentrum

Highlights
1 Museum Puri Lukisan ... A1
2 Affenwald (Sacred Monkey Forest Sanctuary) ... A6

Sehenswertes
3 Puri Saren Agung ... B1
4 Palast von Ubud ... B2

Aktivitäten, Kurse & Touren
5 Pondok Pekak Library & Learning Centre ... B3
6 Yoga Barn ... C7

Schlafen
7 Biangs ... D4
8 d'Rompok House ... C3
9 Han Snel Siti Bungalows ... B1
10 Nirvana Pension ... C2

Essen
11 Casa Luna ... A1
12 Earth Café & Market ... C4
13 Hujon Locale ... C2
14 Locavore ... B3
15 Tutmak Café ... B3
16 Waroeng Bernadette at Toko Madu ... C3
17 Warung Ibu Oka ... B1
18 Warung Sopa ... C3

Ausgehen & Nachtleben
19 Coffee Studio Seniman ... C1
20 Night Rooster ... B3

Unterhaltung
21 Oka Kartini ... D3
22 Pura Taman Saraswati ... B1
Ubud Palace ... (siehe 4)

Shoppen
23 Ganesha Bookshop ... D2

terkunft. Sie verfügt über 15 große, offene und luftige Zimmer, die Warmwasser sowie einen Rundumblick auf die Reisfelder bieten. Karjas **Studio und Galerie** (Karte S. 136; ☎0361-977810; Jl Pacekan 18, Penestanan, abseits der Jl Raya Campuan; Unterricht ab 300 000 Rp) befinden sich auf dem gleichen Grundstück; er bietet dort Mal- und Zeichenunterricht an.

Biangs HOMESTAY $
(Karte S. 138; ☎0361-976520; wah_oeboed@yahoo.com; Jl Sukma 28; EZ/DZ mit Ventilator 100 000/200 000 Rp, klimatisiert 200 000/350 000 Rp; ❄📶) In einem kleinen Garten vermietet das Biangs („Mama") sechs gepflegte Zimmer mit Warmwasser. Dank der freundlichen Betreiberfamilie (drei Generationen unter einem Dach) fühlen sich Gäste hier wie zu Hause. Die Lage ist top: Die Jl Sukma ist eine der stimmungsvollsten Straßen von Ubud.

Han Snel Siti Bungalows PENSION $
(Karte S. 138; ☎0361-975699; www.sitibungalow.com; Jl Kajeng 3; Zi. inkl. Frühstück mit Ventilator/klimatisiert ab 250 000/350 000 Rp; ❄📶🏊) Die Anlage steht unter Leitung der Familie des bekannten verstorbenen Malers Han Snel aus den Niederlanden. Sie zählt zu den Pionieren unter Ubuds Pensionen. Obwohl ihre Qualität nachgelassen hat, überzeugt sie mit einem exzellenten Preis-Leistungs-Verhältnis, jeder Menge Charakter, einem hübschen Garten und acht geräumigen Bungalows, teils mit Blick über die Schlucht am Fluss.

Bali Asli Lodge HOMESTAY $$
(Karte S. 136; ☎0361-970537; www.baliaslilodge.com; Jl Suweta; Zi. inkl. Frühstück ab 300 000 Rp; 📶) Fernab des Trubels im Zentrum empfängt die freundliche Besitzerin Made ihre Gäste in einem traditionellen balinesischen Haus aus Stein und Ziegeln mit grünem Garten und fünf Zimmern. Auf den Terrassen verstreicht die Zeit wie im Flug und die Quartiere sind sauber und gemütlich. Zur Innenstadt kommt man in einem 15-minütigen Fußmarsch.

Tegal Sari HOTEL $$
(Karte S. 136; ☎0361-973318; www.tegalsari-ubud.com; Jl Raya Pengosekan; Zi 300 000–1,500 000 Rp; ❄@📶🏊) Obwohl das Hotel nur einen Steinwurf von der hektischen Hauptstraße entfernt liegt, nächtigt man hier erstaunlicherweise neben Reisfeldern (Enten inklusive). In der mehrgeschossigen Superdeluxe-Hütte (770 000 Rp) blickt man aus der Badewanne auf die wunderbar ländliche Szenerie, die Quartiere in den neuen Ziegelsteingebäuden sind hingegen schlicht. Zwei Pools, einer davon auf dem Dach, und ein Yogabereich gehören dazu.

★ **Bambu Indah** BOUTIQUE-HOTEL $$$
(☎0361-977922; www.bambuindah.com; Banjar Baung; inkl. Frühstück Zelt 100 US$, Zi. 200–400 US$; 📶🏊) 🍃 2007 verkaufte der bekannte Expat John Hardy sein Schmuckunternehmen und wurde Hotelier. Auf einem Grat nahe Sayan und seinem geliebten Sungai Ayung (der Fluss Ayung) hat er mehrere 100 Jahre alte königlich-javanische Häuser, ein umwerfendes sumbanesisches Gebäude mit Strohdach und ein paar neue Luxuszelte zu stilvollen Gästeunterkünften umbauen lassen.

Essen

Ubuds Cafés und Restaurants zählen zu den besten von ganz Bali. Einheimische und ausländische Köche zaubern zahlreiche authentische hiesige Gerichte und einfallsreiche Kreationen aus Asien sowie anderen Küchen der Welt.

★ **Warung Bodag Maliah** GESUNDE KÜCHE $
(Sari Organik; Karte S. 136; ☎0361-972087; Subak Sok Wayah; Hauptgerichte ab 40 000 Rp; ⏰8–20 Uhr) 🍃 Eine große Biofarm bildet den Rahmen für dieses hübsche Café in wunderschöner Lage auf einem Plateau mit Blick über die Reisterrassen. Wie es sich gehört, ist das Essen gesund und die Getränke sind schlichtweg genial; es gibt sogar hausgemachten Drachenfruchtwein. Schon allein der Weg hierher, der durch die Reisfelder führt, rechtfertigt einen Besuch. Die Besitzer betreiben übrigens noch weitere tolle Restaurants in Penestanan und Batur.

Waroeng Bernadette at Toko Madu INDONESISCH $
(Karte S. 138; ☎0821 4742 4779; Jl Goutama; Hauptgerichte ab 35 000 Rp; ⏰11–23 Uhr; 📶) Willkommen in der „Heimat von *rendang*": Der Klassiker aus dem Westen Sumatras mit intensiv mariniertem Fleisch (klassisch mit Rind, es gibt jedoch auch eine vegetarische Variante mit Jackfrucht) wird hier ansprechend in Szene gesetzt. Auch die anderen Gerichte unterscheiden sich mit ihrem vollen Geschmack von den faden Varianten, die man anderswo vorgesetzt bekommt. Der erhöht liegende Speiseraum ist durch und durch kitschig.

Earth Café & Market VEGETARISCH $
(Karte S. 138; www.earthcafebali.com; Jl Gotama Selatan; Mahlzeiten ab 30 000 Rp;) Jede Menge gesunde Getränke – eines davon eliminiert angeblich freie Radikale – kommen in diesem engagierten Außenposten für biologisch-vegetarische Gastronomie auf den Tisch. Eine schier endlose Speisekarte umfasst verschiedene Suppen, Salate und Gerichte mit mediterranen Aromen. Im Erdgeschoss gibt's einen Markt.

Warung Sopa VEGETARISCH $
(Karte S. 138; 0851 0076 5897; Jl Sugriwa 36; Hauptgerichte ab 30 000 Rp; 8–21.30 Uhr;) Das beliebte Freiluftlokal in einem Wohnviertel fängt den Charakter Ubuds mit kreativen und vor allem leckeren vegetarischen Gerichten mit balinesischem Touch ein. Tagesgerichte sind angeschrieben; empfehlenswert ist das ständig wechselnde *nasi campur*.

Yellow Flower Cafe INDONESISCH $
(Karte S. 136; 0812 3889 9695; abseits der Jl Raya Campuan; Hauptgerichte ab 59 000 Rp; 7.30–21 Uhr;) Indonesische New-Age-Power mitten in Penestanan, an einem kleinen Pfad, der durch die Reisfelder führt. Feine Bio-Hauptgerichte wie *nasi campur* oder Reispfannkuchen werden ergänzt durch anständigen Kaffee, Kuchen und Smoothies für den kleinen Appetit. Sonntagabends ab 17.30 Uhr können sich die Gäste an einem exzellenten balinesischen Büfett (94 000 Rp) satt essen. Schöne Aussicht.

Tutmak Cafe CAFÉ $
(Karte S. 138; 0361-975754; Jl Dewi Sita; Hauptgerichte 40 000–100 000 Rp; 8–23 Uhr;) Das schicke, luftige, mehrstöckige Terrassenrestaurant lädt zu einem erfrischenden Getränk oder einem klassischen indonesischen Gericht ein. Sein *nasi campur* (Reis mit verschiedenen Beilagen) mit frischem Thunfisch gehört zu den besten der Stadt.

★ **Hujon Locale** INDONESISCH $$
(Karte S. 138; 0813 3972 0306; www.hujanlocale.com; Jl Sriwedari 5; Hauptgerichte 120 000–200 000 Rp; 12–22 Uhr;) Das Hujon Locale vom Team des gefeierten Mama San in Seminyak zählt zu den nettesten Restaurants der Stadt. Auf den Tisch kommt traditionelle indonesische Küche mit modernem, kreativem Touch, darunter gegrillter Fisch in Salzkruste und in javanischen Gewürzen geschmorte Lammschulter. Die Kulisse – ein schicker zweistöckiger Bungalow in Kolonialschick – ist perfekt für einen lauen Abend. Tolle Cocktails.

Alchemy VEGAN $$
(Karte S. 136; 0361-971981; www.alchemybali.com; Jl Raya Penestanan 75; Hauptgerichte ab 60 000 Rp; 7–21 Uhr;) Ein für Ubud typisches 100 % veganes Restaurant. Man kann sich aus der großen Auswahl an Salaten selbst die gewünschte Mischung zusammenstellen. Außerdem gibt's Getränke aus Cashewmilch, Smoothies, Eis, Fenchelsaft und vieles mehr. Die Desserts mit purem Kakao machen süchtig.

Warung Ibu Oka BALINESISCH $$
(Karte S. 138; 0851 0007 7490; Jl Suweta; Hauptgerichte ab 55 000 Rp; 11–19 Uhr) Gegenüber vom Palast warten zur Mittagszeit lange Schlangen auf *babi guling*, balinesischen Spanferkelbraten. Wer ein *spesial* bestellt, bekommt das beste Stück. Der Touristenrummel hat leider dafür gesorgt, dass die Preise mehr als doppelt so hoch sind wie üblich.

Ausgehen & Nachtleben

★ **Night Rooster** COCKTAILBAR
(Karte S. 138; 0361-977733; www.locavore.co.id/nightrooster; 10B Jalan Dewi Sita; Mo–Sa 16–24 Uhr) Die zweistöckige Cocktailbar kann sich mit einem talentierten Barkeeper und verschiedenen faszinierenden Geschmackskombinationen brüsten. In den fantasievollen Cocktails sind Zutaten wie Dry Gin mit Jackfruchtaroma, hausgemachte Bitter-Spirituosen und Kassienrinde und dazu gibt's eine leckere Auswahl an Vorspeisen, Käse- und Aufschnittplatten. Die Besitzer betreiben auch das **Locavore** (Karte S. 138; 0361-977733; www.restaurantlocavore.com; Jl Dewi Sita; 5-/7-Gänge-Menü 675 000/775 000 Rp; 12–14 & 18–22 Uhr;) nebenan.

★ **Room 4 Dessert** LOUNGE
(Karte S. 136; 0821 4429 3452; www.room4dessert.asia; Jl Raya Sanggingan; Leckereien ab 90 000 Rp; Di–So 12–24 Uhr) Will Goldfarb, der sich einen Ruf als Manhattans Dessertkoch schlechthin gemacht hat, betreibt einen Laden, der auch gut als Club durchgehen könnte – bis auf die Tatsache, dass es hier ausschließlich Nachtisch gibt. Am besten trommelt man ein paar Freunde zusammen und bestellt die Probierplatte, zusammen mit ein paar klassischen oder außergewöhnlichen Cocktails und Weinen … So kann man die Nacht in einem entspannten Zuckerkoma verstreichen lassen.

NICHT VERSÄUMEN

BALINESISCHER TANZ & MUSIK

Wenige Reiseerlebnisse sind ähnlich magisch wie balinesische Tanzvorführungen, insbesondere in Ubud. Ubud ist die perfekte Basis für ein allabendliches Kulturprogramm sowie Besuche von Veranstaltungen in den Dörfern ringsum. In Ubud werden Kecak-, Legong- und Barong-Tänze gezeigt und dazu Mahabharata- und Ramayana-Ballett sowie *wayang kulit* (Schattenspiele) und *gamelan* (traditionelle javanische und balinesische Orchester). Jeden Abend gibt es acht oder mehr Darbietungen.

Exzellente Ensembles, die regelmäßig in Ubud auf der Bühne stehen, sind z. B.:

Semara Ratih Legong-Vorführungen voller Energie und Kreativität. Musikalisch die beste Truppe in der Gegend.

Gunung Sari Eines der ältesten und angesehensten Legong-Ensembles auf Bali.

Semara Madya Kekac-Tanz. Besonders gut sind die hypnotischen Gesänge. Manche sprechen von einem mystischen Erlebnis.

Tirta Sari Legong.

Cudamani Eines der besten balinesischen *gamelan*-Ensembles. Geprobt wird in Pengosekan. Die Truppe betreibt eine Schule für Kinder und geht auf internationale Tourneen. Man muss Cudamani allerdings aktiv suchen, da es keine Auftritte mehr auf touristischen Bühnen gibt.

★ **Coffee Studio Seniman** CAFÉ
(Karte S. 138; ☎ 0361-972085; www.senimancoffee.com; Jl Sriwedari 5; Kaffee ab 30 000 Rp; ⏲ 8–22 Uhr; 📶) Die Bezeichnung „Coffee Studio" ist hier Programm: In dem Kaffeetempel mit sortenreinen Variationen sind alle Apparaturen ausgestellt. Man nimmt in einem Schaukelstuhl Platz und trifft seine Wahl. Hochwertige indonesische Bohnen werden mithilfe verschiedener Filtermethoden, Siphon-, Aeropress- und Espresso-Geräten verarbeitet. Abends kommen die Gäste auch wegen des Essens (Hauptgerichte ab 50 000 Rp) und der Drinks.

Unterhaltung

Pura Dalem Ubud TANZ
(Karte S. 136; Jl Raya Ubud) Ein Veranstaltungsort unter freiem Himmel am westlichen Ende der Jl Raya Ubud. Einen magischeren Ort für eine Tanzdarbietung kann man sich kaum vorstellen: Die Kulisse besteht aus gemeißeltem, von Fackeln beleuchtetem Stein.

Pura Taman Saraswati TANZ
(Wasserpalast Ubud; Karte S. 138; Jl Raya Ubud) Eventuell lenkt das Ambiente von den Tänzern ab, wobei man die schönen Seerosen und Lotusblüten nachts natürlich nicht sieht.

Oka Kartini DARSTELLENDE KUNST
(Karte S. 138; ☎ 0361-975193; Jl Raya Ubud; Erw./Kind 100 000/50 000 Rp; ⏲ Mi, Fr & So 20 Uhr) Im Oka Kartini, das auch eine Kunstgalerie beherbergt, werden regelmäßig Schattenspiele gezeigt.

Palast von Ubud TANZ
(Karte S. 138; Jl Raya Ubud; 100 000 Rp) Hier finden fast jeden Abend Vorführungen vor wunderschöner Kulisse statt.

Arma Open Stage TANZ
(Karte S. 136; ☎ 0361-976659; Jl Raya Pengosekan) Hat eines der besten Ensembles für *kecak*- und *legong*-Tanz.

Shoppen

★ **Threads of Life Indonesian Textile Arts Center** TEXTILIEN
(Karte S. 136; ☎ 0361-972187; www.threadsoflife.com; Jl Kajeng 24; ⏲ 10–19 Uhr) Die kleine, professionelle Laden-Galerie fördert die Herstellung von natürlich gefärbten, handgefertigten rituellen Textilien aus ganz Indonesien. Sie möchte dabei helfen, Methoden wiederzubeleben, die aufgrund moderner Färb- und Webtechniken verloren zu gehen drohen. In der Galerie, die interessante Erklärungen bereithält, sind Auftragsarbeiten ausgestellt, zudem werden regelmäßig **Textilkurse** (Unterricht ab 75 000 Rp) angeboten.

★ **Ganesha Bookshop** BÜCHER
(Karte S. 138; www.ganeshabooksbali.com; Jl Raya Ubud; ⏲ 9–20 Uhr) Der hochwertige Buchladen hat eine riesige Auswahl an Karten sowie neuen und gebrauchten Schmökern auf

Lager, darunter exzellente Titel aus den Bereichen indonesische Studien, Reisen, Kunst, Musik und Belletristik. Prima Mitarbeiterempfehlungen.

Praktische Informationen

Besucher finden sämtliche Dienstleistungen, die man braucht. Anschlagtafeln im Bali Buda und im Kafe liefern Infos zu Wohnraum, Jobs, Unterricht und mehr.

In Ubud gibt es viele Nichtregierungs- und Freiwilligenorganisationen.

Touristeninformation Ubud (Fabulous Ubud; Karte S. 138; ☎ 0361-973285; www.fabulousubud.com; Jl Raya Ubud; ⌚ 8–21 Uhr) Balis einzige wirklich hilfreiche Anlaufstelle für Besucher wird von Ubuds königlicher Familie betrieben und verfügt über ein Schwarzes Brett mit aktuellen Veranstaltungen und Aktivitäten. Die Mitarbeiter können die meisten Fragen über die Region beantworten, haben Infos zu Zeremonien und traditionellen Tänzen in der Gegend und verkaufen Tickets für die Tanzdarbietungen sowie Touren.

An- & Weiterreise

Ubud liegt an zwei *bemo*-Routen; eine führt nach Gianyar (10 000 Rp), die andere zum Terminal Batubulan in Denpasar (20 000 Rp). In Ubud selber gibt's keinen Bahnhof für *bemo*, dafür jedoch eine Haltestelle an der Jl Suweta in Marktnähe im Stadtzentrum.

Perama (Karte S. 138; ☎ 0361-973316; www.peramatour.com; Jl Raya Pengosekan; ⌚ 7–22 Uhr) ist der wichtigste Anbieter von Touristenshuttles, das Terminal ist allerdings ungünstig gelegen – in Padangtegal. Von dort aus muss man weitere 15 000 Rp zum eigentlichen Ziel in Ubud bezahlen. Perama bedient unter anderem die Strecken nach Sanur (50 000 Rp, 1 Std.), Padangbai (75 000 Rp, 2 Std.) und Kuta (60 000 Rp, 2 Std.).

Kura-Kura Bus (Karte S. 138; www.kura2bus.com) macht sich fünfmal täglich in der Nähe des Palasts von Ubud auf den Weg nach Kuta (80 000 Rp, 2 Std.).

Unterwegs vor Ort

In der Nähe gibt es viele Sehenswürdigkeiten, die vielfach mit dem *bemo* kaum zu erreichen sind. Deshalb lohnt es sich, in einen Mietwagen zu investieren. In der Unterkunft nachfragen oder auf eigene Faust ein Auto mit Fahrer mieten.

In Ubud verkehren keine Taxis mit Taxameter. Die Fahrer, die durch Hupen Aufmerksamkeit auf sich zu ziehen versuchen, haben gewöhnlich Passagiere aus dem Süden Balis in Ubud abgesetzt und hoffen, nicht leer zurückfahren zu müssen. Die hiesigen Fahrer stehen in ihren privaten Autos an so ziemlich jeder Ecke und bieten Passanten ihre Dienste an; die „Zurückhaltenderen" halten höflich Schilder mit der Aufschrift „Transport" hoch.

Rund um Ubud

Rund 2 km südöstlich von Ubud an der Straße nach Bedulu gähnt die **Goa Gajah** (Elefantenhöhle; Jl Raya Goa Gajah; Erw./Kind 30 000/15 000 Rp, Parkplatz Motorrad/Pkw 2000/5000 Rp; ⌚ 7.30–17 Uhr) in einer Felswand; man betritt die wie ein „T" geformte Höhle durch das Maul eines Dämons. Drinnen sind die Fragmente eines Lingam zu sehen, dem Phallussymbol, das den Hindu-Gott Shiva repräsentiert, und seines weiblichen Gegenstücks, einer Yoni. Außerdem birgt die Höhle eine Statue von Shivas Sohn Ganesha, der an seinem Elefantenkopf zu erkennen ist. Die Wasserspeicher in den beiden quadratischen Wasserbecken draußen halten sechs weibliche Figuren.

Tampaksiring ist ein kleines Dorf ca. 18 km nordöstlich von Ubud. Dort stehen der bedeutende Tempel Tirta Empul und die beeindruckendste altertümliche Stätte Balis, **Gunung Kawi** (Erw./Kind inkl. Sarong 15 000/7500 Rp, Parken 2000 Rp; ⌚ 7–17 Uhr). Dort befinden sich zehn *candi* (Schreine), die in erstaunlichen 8 m hohen Nischen aus dem Gestein herausgearbeitet wurden. Diese Gegend steht auf der Liste möglicher UNESCO-Welterbestätten und die Aussicht, die man bei Streifzügen durch die alten Reisterrassen genießen kann, ist sensationell.

Semarapura (Klungkung)

Semarapura ist eine ordentliche regionale Hauptstadt mit einer äußerst sehenswerten Stätte, dem faszinierenden Kertha-Gosa-Komplex, einem Relikt aus der Zeit vor der Ankunft der Holländer auf Bali. Semarapura war einst das Zentrum des wichtigsten balinesischen Königreichs und wird nach wie vor oft mit seinem alten Namen bezeichnet: Klungkung. Der ehemalige **Palast von Klungkung** (Jl Puputan; Erw./Kind 12 000/6000 Rp; ⌚ 6–18 Uhr) ist inzwischen ziemlich verfallen. Früher war er Sitz der Dewa-Agung-Dynastie. Wer sich für Geschichte und Architektur interessiert, wird die **Kertha Gosa** (Justizgebäude; Palast von Klungkung) spannend finden.

ABSTECHER

AMED & DIE OSTKÜSTE

Die semiaride Küste zwischen Amed und Balis östlichster Spitze hat Besucher lange Zeit vor allem wegen ihrer kleinen bogenförmigen grauen Sandstrände (z. T. mehr Felsen als Sand), der entspannten Atmosphäre und der hervorragenden Tauch- und Schnorchelmöglichkeiten angezogen. Doch Ende 2017 drohte der nahe Gunung Agung auszubrechen, die Touristen flohen und die lokale Wirtschaft litt immens.

„Amed" ist eine irreführende Bezeichnung für diese Gegend, denn die Küste ist geprägt von mehreren *dusun* (kleine Dörfer) am Meer, die sich zwischen dem eigentlichen Amed im Norden bis Aas im Südosten ziehen. Wer alles hinter sich lassen möchte – vor allem die Menschenmassen –, ist hier genau an der richtigen Adresse. Unser Tipp: Yoga ausprobieren!

Entlang der Küste kann man super schnorcheln. Jemeluk ist ein geschütztes Gebiet, in dem man lebendige Korallen und jede Menge Fische innerhalb von nur 100 m vom Strand entfernt bestaunen kann. Highlights sind die Korallengärten und farbenfrohen Meeresbewohner von Selang. Schnorchelausrüstung kann für ca. 30 000 Rp pro Tag gemietet werden. Taucher haben die Wahl zwischen vielen verschiedenen Anbietern, z. B. **Eco-Dive** (☎0363-23482; www.ecodivebali.com; Jemeluk Beach; 📶) 🍃.

Meditasi (☎0363-430 1793; meditasibali@yahoo.com; Aas; Zi. inkl. Frühstück 400 000–900 000 Rp) 🍃 ist eine chillige und charmante Unterkunft. Meditation und Yoga helfen beim Relaxen und die zehn Zimmer liegen ideal, wenn man gern schwimmt und schnorchelt.

Umgeben von einem hübschen Garten sind die elf Zimmer des **Galang Kangin Bungalows** (☎0363-23480; bali_amed_gk@yahoo.co.jp; Jemeluk; Zi. inkl. Frühstück mit Ventilator/klimatisiert ab 300 000/500 000 Rp; ❄📶), in denen es z. T. Ventilatoren, z. T. Klimaanlagen und Warmwasser oder auch nur kaltes gibt. Nahe dem Strand bietet das **Hoky Home Stay & Cafe** (☎0819 1646 3701; Jemeluk; Zi. inkl. Frühstück ab 200 000 Rp; 📶) tolle günstige Zimmer mit Ventilatoren und Warmwasser.

Die meisten Traveller kommen mit dem Wagen her und nehmen die Hauptschnellstraße aus Amlapura und Culik. Eine nette Spritztour verspricht die spektakuläre Straße, die einmal komplett um die Zwillingsgipfel von Aas herum und dann nach Ujung führt. Für ca. 500 000 Rp kann man einen Wagen mit Fahrer nach/ab Südbali und zum/ab dem Flughafen anheuern.

Sideman

Die Sideman-Region gewinnt jedes Jahr mehr Fans unter all denjenigen, die eine grüne Oase suchen. Egal, in welche Richtung man wandert, überall läuft man Mutter Natur in die Arme. Die Sidemen Road windet sich durch eines der schönsten Flusstäler der Insel. Sie bietet eine traumhafte Reisfeldszenerie, viel ländlichen Charme und einen außergewöhnlichen Blick auf den Gunung Agung (wenn der Himmel nicht zu bewölkt ist). Die Nähe zu dem Vulkan, der Ende 2017 auszubrechen drohte, bescherte Sideman einen Bevölkerungszuwachs – Menschen flohen aus der Gefahrenzone und ließen sich in dieser Gegend nieder.

Das **Khrisna Home Stay** (☎0815 5832 1543; pinpinaryadi@yahoo.com; Jl Tebola; Zi. inkl. Frühstück 300 000–1 000 000 Rp; 📶🏊) ist eine wunderbare Pension mit zehn Zimmern umgeben von Bioplantagen, auf denen Guaven, Bananen, Passionsfrüchte, Papayas, Orangen und mehr angebaut werden.

Padangbai

☎0363

Der kleine Strandort, der gleichzeitig auch als Hafen für die wichtigsten Linienfähren zwischen Bali und Lombok sowie viele Schnellboote zu den Gili-Inseln fungiert, verströmt ein authentisches Traveller-Flair.

Padangbai ist ein hübscher Ort, wenn er nicht gerade von Reisenden auf der Durchfahrt überschwemmt wird. Er liegt an einer kleinen Bucht und wartet mit einem schönen Strand auf. Am Meer stößt man auf ein kompaktes Backpackerviertel mit günstigen Unterkünften und witzigen Cafés.

Wer Action braucht, kann sich über gute Schnorchel- und Tauchmöglichkeiten freuen, außerdem gibt's ein paar gemütliche Wanderwege und tolle Sandstreifen. Und zwischen Ankunft und Abfahrt der Fährboote, wenn die engen Straßen hoffnungslos verstopft sind und gewissermaßen Chaos ausbricht, kann man Padangbais weltvergessene Trägheit genießen.

Schlafen & Essen

Fat Barracuda PENSION $
(☎0812 3682 8686, 0822 3797 1212; www.facebook.com/fatbarracuda; Jl Segara; B/Zi. inkl. Frühstück ab 115 000/310 000 Rp;) Die beliebte Backpackerunterkunft mit Blick aufs Meer neben dem Hafen wird von dem Besitzer des nahegelegenen Bamboo Paradise (S. 145) betrieben. Der Schlafsaal mit zehn Betten ist klimatisiert. Warmwasser.

Bamboo Paradise PENSION $
(☎0363-438 1765, 0822 6630 4330; Jl Penataran Agung; B/Zi. inkl. Frühstück ab 120 000/280 000 Rp;) Abseits der Hauptstraße, vom Fährhafen 200 m einen sanften Hügel hinauf, bietet die beliebte Backpackerbleibe die günstigsten Betten der Stadt (in klimatisierten Schlafsälen für 4 Pers.). Die Standardzimmer (z. T. nur mit Ventilator) sind gemütlich und es gibt einen hübschen großen Loungebereich mit Hängematten und Sitzsäcken.

Topi Inn PENSION $
(☎0363-41424; www.topiinn.com; Jl Silayukti; B/Zi. ab 70 000/170 000 Rp; @) Idyllisch gelegen am östlichen Ende der Straße. Es gibt sechs charmante, wenn auch einfache Zimmer mit kaltem Wasser. Einige teilen sich Bäder, andere bestehen gerade einmal aus einer Matratze auf der Außenterrasse. Unten findet man ein beliebtes Restaurant, zudem werden verschiedene kulturelle Workshops angeboten.

★ **Bloo Lagoon Village** HOTEL $$
(☎0363-41211; www.bloolagoon.com; Jl Silayukti; Zi. inkl. Frühstück 145–222 US$;) Die 25 kürzlich modernisierten Open-Air-Bungalows mit Blick über den Blue Lagoon Beach sind abgeschieden, erholsam und haben jede Menge Persönlichkeit. Die stilvollen Wohneinheiten sind mit ein, zwei oder drei Schlafzimmern ausgestattet. An den Wänden hängt interessante lokale Kunst. Das Grundstück ist dicht bewachsen und in einem Bereich mit erhebendem Meerblick wird Yogaunterricht (im Preis inbegriffen) angeboten. Außerdem: preiswerte Tauchangebote und Wellnessbehandlungen.

An- & Weiterreise

Perama (☎0361-751875; www.peramatour.com) bedient Reiseziele an der ganzen Ostküste. Außerdem geht's nach Kuta (75 000 Rp, 3 Std.), Sanur (75 000 Rp, 2 Std.) und Ubud (75 000 Rp, 1½ Std.). Andere Busse fahren direkt nach Kuta, Perama legt unterwegs einen Halt in Ubud ein.

Verschiedene Unternehmen verbinden Padangbai mit den Gilis und Lombok. Die Preise sind Verhandlungssache und schwanken zwischen 300 000 und 600 000 Rp (einfache Strecke). Die Fahrtzeiten sind mehr als 90 Minuten länger als angegeben. Die öffentlichen Fähren fahren ohne Zwischenstopps von Padangbai nach Lembar auf Lombok (4–6 Std.). Fahrkarten werden in der Nähe des Piers verkauft.

Tirta Gangga & Umgebung

☎0363

Tirta Gangga (Wasser des Ganges) ist die Stätte eines heiligen Tempels. Hier locken tolle Wasserspiele sowie ein traumhafter Blick über die Reisfelder und das dahinter liegende Meer. Die Anlage ist umgeben von üppiger Vegetation und bietet sich für eine entspannte Pause an; der „grüne Teppich“ erstreckt sich bis zum weit entfernten Ozean. Wer mehr Zeit mitbringt, kann die Gegend ringsum zu Fuß erkunden, die von Wasserläufen durchzogen sind. Hie und da erhebt sich ein Tempel. Hinter dem Parkplatz ziehen sich Reisterrassen den Hügel hinauf wie eine majestätische Vision von smaragdgrünen Stufen, die sich in der Ferne verlieren.

Sehenswertes & Aktivitäten

Wer in den umliegenden Hügeln wandern geht, wird bald denken, dass die Hektik des Inselsüdens Einbildung gewesen sein muss.

★ **Taman Tirta Gangga** PALAST
(Erw./Kind 30 000/15 000 Rp, Parken 5000 Rp; ⏲6–18 Uhr) Der Radscha von Amlapura war ein Wasserliebhaber. Nachdem sein (zerstörtes) Meisterwerk in Ujung fertiggestellt war, machte er sich 1948 daran, den Wasserpalast seiner Träume zu bauen. Taman Tirta Gangga war ein voller Erfolg. Im Hintergrund erhebt sich ein eindrucksvoller Halbkreis aus Reisterrassen, die die Hügel hinaufklettern. Das mehrstufig angelegte, fantasievolle Gelände wartet mit zwei Schwimmteichen auf, die an den Wochenenden viel genutzt werden, sowie Wasserspielen und Zierbecken voller riesiger Kois und Lotusblüten.

Schlafen

★ **Side by Side Organic Farm** HOMESTAY $
(☎0812 3623 3427; balipamela@yahoo.com; Dausa; Zi. ab 150 000 Rp, mind. 2 Nächte) Zwischen dicht

bewachsenen Reisfeldern nahe dem Tirta Gangga liegt das Dörfchen Dausa. Dort befindet sich das Side by Side, in dem opulente und köstliche Mittagsbuffets (150 000 Rp) und *nasi campur* (100 000 Rp, nur für Übernachtungsgäste) aufgefahren werden. In den Mahlzeiten stecken Biozutaten von den Farmen im Dorf. Freiwillige Helfer sind willkommen; mindestens einen Tag vorher anrufen, um eine Wegbeschreibung zu bekommen und fürs Mittagsessen zu reservieren.

Pondok Lembah Dukuh PENSION $
(☎ 0813 3829 5142; dukuhstay@gmail.com; EZ/DZ ab 150 000/200 000 Rp; 📶) Auf einem Hügel mit traumhaftem Blick über die Reisfelder vermietet diese Pension charmante Bungalows. Zwar sind die Zimmer einfach, dafür erhalten Gäste jedoch Einsicht in das Leben der Einheimischen.

ℹ An- & Weiterreise

Die *bemo* und Minibusse, die auf der Ostküstenroute zwischen Amlapura (7000 Rp) und Singaraja unterwegs sind, halten in Tirta Gangga, 6 km nordwestlich von Amlapura.

Gunung-Batur-Gebiet

☎ 0366

Der Gunung Batur und die Gegend ringsum muss man sich wie eine riesige Schüssel vorstellen, deren untere Hälfte mit Wasser bedeckt ist. Aus der Mitte ragen mehrere Vulkankegel hervor. Klingt aufregend? Das ist es auch. An wolkenlosen Tagen (gutes Wetter ist die Voraussetzung dafür, dass man die Szenerie wirklich genießen kann) sind die jüngeren Vulkane von türkisfarbenem Wasser eingefasst und an ihren Flanken schlängeln sich alte Lavaströme hangabwärts.

Auf keinen Fall verpassen darf man das **Pulu Mujung Warung** (☎ 0853 3842 8993; Penelokan; Hauptgerichte 40 000–65 000 Rp; ⏲ 9–17 Uhr) 🌿, die mit Abstand beste Adresse zum Essen in der Gegend. Es gehört zum heiß begehrten Warung Bodag Maliah in Ubud. Der Blick auf den Vulkan ist episch.

ℹ Anreise & Unterwegs vor Ort

Am Busbahnhof Batubulan in Denpasar machen sich regelmäßig *bemo* auf den Weg nach Kintamani (25 000 Rp). Busse, die der Denpasar–Singaraja-Route folgen (via Batubulan, wo man gegebenenfalls umsteigen muss), halten in Penelokan und Kintamani (ca. 20 000 Rp). Alternativ mietet man ein Auto oder heuert einen Fahrer an.

Wer mit einem privaten Fahrzeug anreist, wird in Penelokan oder Kubupenelokan angehalten werden und muss dann ein Eintrittsticket für die Gunung-Batur-Region kaufen (30 000/5000 Rp pro Fahrzeug pro Pers.; Achtung: Es sind Betrüger unterwegs, die noch mehr verlangen). Man sollte nur dieses eine Mal zahlen – Beleg aufbewahren.

Bemo pendeln zwischen Penelokan und Kintamani (für Touristen 20 000 Rp). Die *bemo* zu den Dörfern am See starten morgens in Penelokan (ca. 15 000 Rp nach Toya Bungkah). Später am Tag ist man eventuell auf ein Leihauto oder einen Privatfahrer angewiesen (40 000 Rp oder mehr).

Toya Bungkah

Am Rande des Sees Batur liegt die touristische Enklave Toya Bungkah (auch als Tirta bekannt). Neben wunderschönen Ausblicken auf den Vulkan bietet sie dampfend heiße Quellen (*tirta* und *toya* bedeuten Wasser). Tirta ist ein sehr kleines Dorf. Hier übernachten Leute, die am nächsten Tag ganz früh morgens auf den Gunung Batur hinaufwandern.

Die **FPPGB** (Vereinigung der Batur-Bergführer; ☎ 0366-52362; ⏲ 3–21 Uhr), früher HPPGB, hat das Monopol auf geführte Wanderungen auf den Gunung Batur. Touranbieter müssen wenigstens einen Bergführer der FPPGB für die Gipfelbesteigung anheuern. Die Organisation steht in dem Ruf, Wanderern ausgesprochen eindringlich nahezulegen, dass sie in Begleitung ihrer Guides wandern sollen. Die einfache Besteigung des Batur um 4 Uhr (Sonnenaufgang) kostet 400 000 Rp, wer den Hauptkrater erkunden will, muss 500 000 Rp hinblättern, und zusätzliche Vulkankegel schlagen mit 650 000 Rp zu Buche.

In den Hügeln von Toya Bungkah stehen im **Black Lava Hostel** (☎ 0813 3755 8998; www.facebook.com/blacklavahostel123; Jl Raya Pendakian Gunung; B 150 000 Rp, Zi. ab 400 000 Rp; 📶🏊) einfache, bezahlbare Schlafsaalbetten und ein wohlig warmer Pool mit mineralhaltigem Wasser aus den nahen heißen Quellen zur Verfügung. Das **Under the Volcano III** (☎ 0813 3860 0081; EZ/DZ inkl. Frühstück ab 200 000/250 000 Rp; 📶) liegt hübsch und ruhig am See, direkt gegenüber von Chilifeldern.

Munduk & Umgebung

☎ 0362

Eine der nettesten Bergoasen Balis ist das einfache Dorf Munduk westlich vom Danau Bratan (Bratan-See). Es liegt zwischen dicht mit

ABSTECHER

GUNUNG BATUKAU & UMGEBUNG

Der Gunung Batukau ist Balis zweithöchster Berg (2276 m), eine der drei wichtigsten Erhebungen der Insel und heiliger Gipfel am Westende. Er wird oftmals links liegen gelassen, was vielleicht eine gute Sache ist, wenn man sich zum Vergleich einmal die Verkäuferhorden am Gunung Agung ansieht. Die rutschigen Hänge des Batukau können vom **Pura Luhur Batukau** (Erw./Kind 20 000/10 000 Rp; ⌚8–18.30 Uhr) aus erklommen werden; der Tempel ist einer der heiligsten und am meisten unterschätzten auf der Insel.

In **Jatiluwih** (Erw./Kind 40 000/30 000 Rp, plus Auto 5000 Rp), was übersetzt so viel wie „wahrlich wunderbar" bedeutet, lockt ein umwerfender Blick auf jahrhundertealte Reisterrassen, deren Grün man nicht in Worte fassen kann. Die Terrassen zählen zum UNESCO-Welterbe, als Anerkennung für diese uralte Form des Reisanbaus. Warum sie in die Liste des Kulturerbes aufgenommen wurden, versteht man, wenn man das herrliche Panorama entlang der schmalen, gewundenen 18 km langen Straße erblickt. Besucher sollten unbedingt einen Spaziergang in den Reisfeldern unternehmen und dem Wasser folgen, das durch Kanäle und Bambusrohre von einem Feld zum nächsten fließt. Die Gunung-Batukau-Region kann man eigentlich nicht ohne einen fahrbaren Untersatz erkunden.

Dschungel, Reisfeldern, Obstbäumen und allem anderen, was auf der Insel gedeiht, bewachsenen Hügeln. Dutzende Wasserfälle stürzen von Felsvorsprüngen in die Tiefe und unzählige Wanderungen führen durch das Umland. Dazu gibt es einige wirklich nette Übernachtungsmöglichkeiten in alten niederländischen Sommerresidenzen aus der Kolonialzeit, aber auch in authentischen Unterkünften, in denen man sich in die lokale Kultur hineinstürzen kann. Viele Besucher wollen zunächst nur eine Nacht hier verbringen – und bleiben am Ende eine Woche.

Munduk eignet sich als Basis für einen Besuch des **Pura Ulun Danu Bratan** (abseits der Jl Raya Denpasar-Singaraja; Erw./Kind 50 000/25 000 Rp, Parken 5000 Rp; ⌚7–16 Uhr) in Candikuning. Der wichtige hinduistisch-buddhistische Tempel (17. Jh.) ist der Göttin des Wassers, Dewi Danu, geweiht und steht auf kleinen Inseln.

Schlafen & Essen

★ Puri Lumbung Cottages PENSION $$
(☎0812 387 4042; www.purilumbung.com; Häuschen inkl. Frühstück 80–175 US$; @📶) 🌿 Das Puri Lumbung geht auf das Konto von Nyoman Bagiarta. Er ließ es errichten, um den nachhaltigen Tourismus voranzutreiben. Das wunderbare Hotel wartet mit 43 hellen zweigeschossigen kleinen Häusern mit Strohdächern auf; geschlafen wird zwischen den Reisfeldern. Dazu gibt's umwerfende Ausblicke von den oberen Balkonen gratis dazu (am schönsten in Nr. 32 bis 35). Vor Ort werden Dutzende verschiedene Wanderungen und Kurse angeboten.

Meme Surung Homestay PENSION $$
(☎0812 387 3986; www.memesurung.com; Zi. inkl. Frühstück ab 400 000 Rp; 📶) Sechs Zimmer verteilen sich auf zwei atmosphärische alte niederländische Häuser in einem Garten im englischen Stil. Das Dekor ist traditionell und einfach, Highlight ist vielmehr der Ausblick von der langen Holzveranda. Die Pension liegt an der Hauptstraße der Gemeinde Munduk.

Don Biyu CAFÉ $
(☎0812 3709 3949; www.donbiyu.com; Hauptgerichte 22 000–87 000 Rp; ⌚7.30–22 Uhr; 📶) Hier können Gäste ihren Blog aktualisieren, guten Kaffee trinken, die tolle Aussicht genießen und sich verschiedene westliche und interessante asiatische Gerichte schmecken lassen. Serviert wird in hübschen Freiluft-Pavillons. Das Café, an der Hauptstraße nach Munduk gelegen, vermietet außerdem sechs **Doppelzimmer** (600 000 Rp) mit Balkon und Aussicht.

An- & Weiterreise

Minibusse fahren ein paar Mal am Tag vom Ubung-Terminal in Denpasar nach Munduk (20 000 Rp). Auf dem Weg zur Nordküste passiert die Hauptstraße westlich von Munduk ein paar malerische Dörfer und erreicht dann Mayong (wo man weiter Richtung Süden, nach West-Bali, fahren kann). Anschließend führt die Straße nach Seririt an der Nordküste der Insel.

Lovina

☎0362

Die meisten Leute beschreiben Lovina als „relaxt", was abgesehen von den anstrengenden Schleppern auch zutrifft. Der recht un-

NICHT VERSÄUMEN

JOSHUA DISTRICT

Zwischen Reisfeldern nahe dem bekannten Tempel Tanah Lot befindet sich ein Kreativ-Komplex: **Joshua District** (☎0819 1668 7263; www.joshuadistrict.com; Pangkung Tibah, Kediri, Tabanan Regency; ⌚Di–So 8–22 Uhr) GRATIS besteht aus Schiffscontainern, die ein Café, eine Galerie, einen Fashion-Concept-Store und mehr beherbergen. Das Motto lautet „Recyceln oder sterben" – so soll das Bewusstsein für Umweltschutz und nachhaltige Lebenskonzepte gefördert werden. Nur Barzahlung.

auffällige, flach bebaute und günstige Badeort ist gewissermaßen der Gegenentwurf zu Kuta. Die Wellen sind ruhig, der Strand ist schmal und es gibt so gut wie keine übertrieben gehypten Attraktionen.

Lovina ist sonnenverwöhnt; an verschiedenen Stellen spenden Palmen Schatten. Ein Highlight sind die *prahu* (traditionelle Auslegerkanus), die jeden Nachmittag in Fischerdörfern wie Anturan für die nächtlichen Fahrten vorbereitet werden. Wenn der Sonnenuntergang den Himmel rot färbt, funkeln die Lichter der Fischerboote hell und klar am Horizont.

Der touristische Teil von Lovina erstreckt sich über 8 km und besteht aus mehreren Küstendörfern – Kaliasem, Kalibukbuk, Anturan und Tukad Mungga – die unter dem Namen Lovina zusammengefasst werden. Das Herz von Lovina ist Kalibukbuk, 10,5 km westlich von Singaraja. Tagsüber herrscht lauter (und ziemlich konstanter) Verkehr auf der Hauptstraße.

Sehenswertes & Aktivitäten

Die beliebteste Aktivität in Lovina sind die Delfintouren. Mit dem Boot begibt man sich bei Sonnenaufgang auf die Suche.

★ **Komang Dodik** WANDERN

(☎0877 6291 5128; lovina.tracking@gmail.com; Wanderungen 350 000–600 000 Rp) Wer Wanderungen in die Hügel entlang der Nordküste unternehmen möchte, ist hier an der richtigen Adresse. Sie dauern zwischen drei und sechs Stunden. Eines der Highlights ist eine Reihe mehrerer über 20 m hoher Wasserfälle in einer Dschungelgrotte. Je nachdem sind auch Besuche von Kaffee-, Nelken- und Vanilleplantagen inbegriffen. Komang stellt darüber hinaus maßgeschneiderte Touren auf der ganzen Insel auf die Beine.

Schlafen & Eatiing

★ **Funky Place** HOSTEL $

(☎0878 6325 3156; Jl Seririt-Singaraja; Zelt 130 000 Rp, Baumhaus 170 000 Rp, B 150 000–170 000 Rp, Zi. ab 230 000 Rp) Angefangen bei den Einrad-Barhockern und erschwinglichen Baumhäusern bis hin zur kostenlosen Fußmassage ist dieses neue Hostel mit jeder Menge recyceltem Holz, einer cleveren Beschilderung und reichlich schrägen Antiquitäten kurz gesagt ein Traum für Backpacker. Ein Pfad führt ohne Umwege zum Strand. Auf dem Programm stehen Grillabende, balinesische Tänze, Beer-Pong-Wettbewerbe und jedes Wochenende Livemusik.

Sea Breeze Lovina PENSION $

(☎0362-41138; abseits der Jl Bina Ria, Kalibukbuk; Zi./Bungalow inkl. Frühstück 350 000/450 000 Rp; ❄📶🏊) Eine der besten Unterkünfte im Herzen von Kalibukbuk mit fünf Bungalows und zwei Zimmern am Pool bzw. Strand, von den Veranden hat man mitunter einen sensationellen Ausblick. Einziger Nachteil: Wegen der Bars in der Nähe kann es abends recht laut werden.

Harris Homestay HOMESTAY $

(☎0362-41152; Gang Binaria, Kalibukbuk; EZ/DZ inkl. Frühstück ab 130 000/150 000 Rp; 📶) Fröhlich, ordentlich und weiß: Das Harris wirkt nicht so abgenutzt wie manche seiner günstigen Nachbarn. Im hinteren Teil des Gebäudes wohnt der freundliche Besitzer, die Gäste schlafen vorn in fünf hellen, modernen Zimmern.

★ **Global Village Kafe** CAFÉ $

(☎0362-41928; Jl Raya Lovina, Kalibukbuk; Hauptgerichte ab 27 000 Rp; ⌚8–22 Uhr; 📶) Auf den Bildern an den Wänden dieses Künstlercafés wurden u. a. Che Guevara, Michail Gorbatschow und Nelson Mandela verewigt. Zur exzellenten Auswahl gehören Backwaren, Fruchtgetränke, Pizzas, indonesische Leibspeisen und Frühstücksgerichte. Zudem gibt's eine kostenlose Tauschbörse für Bücher und DVDs und verschiedenes hiesiges Kunsthandwerk. Die Erlöse gehen an eine Stiftung, die die lokale Gesundheitsversorgung unterstützt.

Akar VEGETARISCH $

(☎0362-343 5636; Jl Bina Ria, Kalibukbuk; Hauptgerichte 45 000–70 000 Rp; ⌚7–22 Uhr; 📶📝) 🌿 Das viele Grün ist hier Programm: Umweltschützer mit „grünen Grundsätzen" betreiben dieses vegetarische Café und servieren Smoothies, hausgemachtes Eis sowie frische, leckere internationale Gerichte wie mit Feta und Chili gefüllte Aubergine vom Holzkohlegrill.

An- & Weiterreise

Um mit öffentlichen Verkehrsmitteln aus dem Süden Balis nach Lovina zu gelangen, muss man einen Bus von Denpasar zum Busbahnhof Sangket in Singaraja nehmen. Dort angekommen, fährt man mit einem *bemo* zum Banyuasri-Terminal in Singaraja. Anschließend geht's mit einem weiteren *bemo* nach Lovina. Für diese Tour wird man fast einen kompletten Tag brauchen.

Perama-Busse (☎ 0362-41161; www.peramatour.com; Jl Raya Lovina, Anturan) halten in Anturan. Die Passagiere werden anschließend in andere Teile von Lovina gebracht (15 000 Rp). Täglich kommt ein Bus aus dem Süden bzw. fährt dorthin. Unterwegs wird Halt gemacht in Kuta, Sanur und Ubud (alle 130 000 Rp). Nach Amed zahlt man 150 000 Rp und nach Pemuteran 100 000 Rp.

Westbali

Zwar arbeitet sich die enorme Bauwut, die den Süden ergriffen hat, immer weiter gen Westen vor (und erfasst dabei angesagte Orte wie Canggu), doch der „richtige" Westen Balis, abseits der stark befahrenen Hauptstraße von Tabanan nach Gilimanuk, verzeichnet unverändert wenige Besucher. Das bedeutet, dass man problemlos friedliche Flecken an unberührten Stränden und umgeben von Dschungel und Reisfeldern finden kann.

Balian Beach

Zunehmend beliebter wird Balian Beach, eine Gegend voller Dünen und Hügel mit Blick über die donnernde Brandung. Hier fühlen sich sowohl Surfer als auch diejenigen wohl, denen der Trubel im Süden der Insel zu viel ist.

Die meisten Pensionen stehen relativ dicht beieinander und in der Nähe des Strands, es gibt aber auch einige komfortable Homestays ein Stück vom Wasser entfernt. **Surya Homestay** (☎ 0813 3868 5643; wayan.suratni@gmail.com; Zi. inkl. Frühstück 200 000–350 000 Rp; ❄ 📶) ist so eine niedliche kleine Bleibe, die von einer Familie betrieben wird. In den Unterkünften im Bungalow-Stil sind sieben Zimmer untergebracht. Bungalow-ähnliche Wohneinheiten (drei an der Zahl) etwas abseits vom Strand bietet auch **Made's Homestay** (☎ 0812 396 3335; Zi. 150 000–200 000 Rp). Sie sind schlicht und umgeben von Bananenbäumen.

Sushi Surf (☎ 0812 3709 0980; Jl Pantai Balian; Sushi-Rollen ab 20 000 Rp; ⏲ 10–22 Uhr) ist *die* Anlaufstelle für einen Cocktail und Sushi bei Sonnenuntergang. Gleich vor dem ungewöhnlichen mehrstöckigen Sitzbereich spielt sich die Surf-Action ab.

Gilimanuk

Gilimanuk ist die Endhaltestelle für Fähren, die die schmale Meerenge zwischen Bali und Java überqueren. Die meisten Touristen, die nach Java reisen wollen bzw. dorther kommen, können gleich mit einer Fähre oder einem Bus weiterfahren und werden sich nicht länger als nötig hier aufhalten.

Häufig pendeln Busse zwische dem großen Busdepot von Gilimanuk und dem Ubung-Busterminal in Denpasar (45 000 Rp, 3 Std.) oder folgen der Nordküstenstraße nach Singaraja (40 000 Rp). Auf beiden Routen sind auch kleinere und etwas bequemere Minibusse unterwegs; sie kosten 5000 Rp mehr.

ABSTECHER

TAUCHEN VOR PULAU MENJANGAN

In Pemuteran gibt's eine tolle Auswahl an Unterkünften, deshalb ist dies eine ideale Basis für Tauch- und Schnorchelabenteuer auf Pulau Menjangan. Der Hafen von Banyuwedang ist nur 7 km westlich der Stadt gelegen, es ist also nur eine kurze Fahrt bis zum Boot. Das braucht 30 Minuten bis zur Insel, eine entspannte, hübsche Tour. Die Tauchläden und lokalen Hotels organisieren Schnorchelausflüge für 45 bis 75 US$ und Tauchexkursionen mit zwei Sauerstoffflaschen ab 75 US$. Darin enthalten sind der Eintritt zum Park in Höhe von 200 000 Rp (der liegt sonntags und an öffentlichen Feiertagen bei 300 000 Rp).

Manche Bootstouren nach Menjangan starten direkt am Pemuteran Beach, das ist am praktischsten. Ansonsten muss man sich mit dem Wagen bis Banyuwedang fahren lassen.

Autofähren legen die Strecke nach/ab Ketapang auf Java rund um die Uhr zurück (30 Min., Erw./Kind 7000/5000 Rp, Motorrad/Auto 25 000/225 000 Rp). Die Sicherheitsstatistik ist durchschnittlich, wenn man es wohlwollend ausdrückt. Das Fußgängerterminal liegt 300 m nördlich des großen Busbahnhofs.

Taman Nasional Bali Barat

Die meisten Besucher des einzigen Nationalparks auf Bali sind erstaunt angesichts des honigsüßen Gesangs der unzähligen Vögel, die pfeilschnell durch die raschelnden Baumkronen schießen.

Der Park an der Westspitze von Bali hat eine Fläche von 190 km² – darunter sind fast 32 km² Korallenriff und Küstengewässer. Das bedeutet anders ausgedrückt, dass 3 % Balis unter Naturschutz stehen, ein ziemlich deutliches Statement pro Umwelt auf einer derart dicht besiedelten Insel.

Bali Barat wartet mit den besten Tauchgründen Balis auf (vor Pulau Menjangan), mit Wanderungen durch Wälder und Entdeckungstouren durch die Küstenmangroven.

Pemuteran

☎ 0362

Die beliebte Oase im Nordwesten Balis besticht durch eine Reihe von kunstvoll aufgemachten Ferienresorts an einer Bucht, die wie ein Hundeknochen geformt ist. Das Wasser ist unglaublich ruhig, was der Lage in einem erloschenen Vulkankrater geschuldet ist, der von gesunden Korallenriffen geschützt wird. Der Strand ist okay, die meisten Besucher kommen aber her, um die Wunder zu sehen, die sich unterhalb der Meeresoberfläche abspielen, gleich vor der Küste und um die nahegelegene Insel Menjangan.

Die stark befahrene Straße zwischen Singaraja und Gilimanuk wird von immer mehr touristischen Dienstleistern gesäumt und ist gewissermaßen das Rückgrat des Orts. Obwohl Pemuteran sehr beliebt ist, haben die Gemeinde und die touristischen Unternehmen einen nachhaltigen Plan zum Ausbau der Infrastruktur entworfen, der Vorbildcharakter für den Rest der Insel haben sollte.

In einer großen Ferienanlage gleich am Strand ist **Reef Seen** (☎ 0362-93001; www.reefseenbali.com; Tauchgänge mit 2 Sauerstoffflaschen ab 1 200 000 Rp) untergebracht. Das PADI-Tauchzentrum bietet eine umfassende Auswahl an Kursen sowie Ponyritte am Strand für Kinder. Hinzu kommen Pauschalangebote mit Übernachtung im Tauchkomplex (Zi. ab 525 000 Rp). Das Unternehmen engagiert sich auch in lokalen Umweltschutzprojekten.

Schlafen & Essen

Pande Guest House PENSION $

(☎ 0818 822 088; Jl Singaraja-Gilimanuk; Zi. ab 250 000 Rp; ❄ 📶) Die etwas neuere Pension ist gut geführt und hat Charme. Die gemütlichen Zimmer sind tadellos gepflegt und warten mit Bädern unter freiem Himmel mit wunderbaren Gartenduschen auf. Die mit Abstand beste Budgetoption vor Ort.

★ **Taman Selini Beach Bungalows** BOUTIQUE-HOTEL $$

(☎ 0362-94746; www.tamanselini.com; Jl Singaraja-Gilimanuk; Zi. inkl. Frühstück ab 850 000 Rp;

Nusa Tenggara

) Die elf Bungalows mit Strohdächern, antiken geschnitzten Türen und detaillierten Steinmetzarbeiten erinnern an ein kultivierteres Bali von einst. Die Zimmer gehen auf einen großen Garten hinaus, der sich bis zum Strand hinunter erstreckt, und sind mit Himmelbetten und großen Bädern im Freien ausgestattet. Die Tagesbetten draußen machen süchtig und das Strandrestaurant mit indonesischer und griechischer Küche ist großartig.

Kubuku Ecolodge PENSION $$
(0813 3857 5384; www.kubukuhotel.com; Jl Singaraja-Gilimanuk; Zi. inkl. Frühstück ab 750 000 Rp;) Mit seinem eher kleinen Pool, der Bar und einer hübschen Rasenfläche bringt das Kubuku ein bisschen modernen Stil nach Pemuteran. Der Preis für die 21 gemütlichen Zimmer ist vernünftig. Im Restaurant kommen köstliche Gerichte aus Biozutaten auf den Tisch. Das Grundstück befindet sich an einer Gasse auf der zu den Bergen gelegenen Seite der Hauptstraße.

★ **Santai Warung** INDONESISCH $
(0852 3737 0220; Jl Hotel Taman Sari; Hauptgerichte ab 35 000 Rp; 11–21 Uhr;) Wenn man den leuchtenden Laternen folgt, die von der Hauptstraße fortführen, gelangt man zu diesem wunderbaren indonesischen Restaurant, in dem in einem tollen Gartenambiente scharfe, authentische Küche auf den Tisch kommt – darunter viele vegetarische Varianten und indonesische Reistafeln; das sind regelrechte Festessen mit Dutzenden balinesischen Gerichten. (Reistafeln müssen 24 Stunden im Voraus bestellt werden.) Man kann Kochunterricht nehmen. Zum Restaurant gehört ein traditionelles javanisches *joglo*-Haus.

An- & Weiterreise

Pemuteran wird von den Bussen angesteuert, die auf der Route Gilimanuk–Lovina–Singaraja verkehren. Für die Strecke von Gilimanuk oder Lovina nach Pemuteran sollte man einen Preis von um die 20 000 Rp aushandeln können. Eine Haltestelle gibt es nicht – einfach die Hand raushalten. Wer aus dem Süden Balis kommt, wird drei bis vier Stunden brauchen, egal, ob die Route über die Hügel oder entlang der Westküste führt. Ein Wagen samt Fahrer nach Ubud oder Seminyak kostet 600 000 Rp (das sind aber nur zwei von diversen Fahrtzielen).

NUSA TENGGARA

Wem weißer Sand, spektakuläre Tauchmöglichkeiten, schäumende Thermalquellen und versteckte traditionelle Dörfer vorschweben, der ist in Nusa Tenggara (NTT) genau richtig. Der Archipel erstreckt sich von der Wallace-Linie, die Asien von Australasien trennt, nach Westen. Im Norden ist er fruchtbar und saftig grün, im Süden und Osten geht die Tendenz hin zu trockenerer Savanne. Dazwischen gibt's einige der besten Tauchspots der Welt, endlose Surfwellen, farbenprächtige Vulkanseen, rosafarbene Sandstrände und umherstolzierende Warane.

Im Übrigen ist der kulturelle Facettenreichtum selbst für das vielseitige und bunte Indonesien erstaunlich. Animistische Rituale und Stammestraditionen sind noch immer lebendig, ergänzt durch Minarette, Tempel, Klöster und Kapellen. Obwohl Bahasa Indo-

nesia überall verstanden wird, existiert auf jeder Hauptinsel mindestens eine indigene Sprache, oft noch mit mehreren Dialektformen. Ob man nun auf einer der besucherfreundlichen, autofreien Gili-Inseln so richtig ausspannen möchte oder sich lieber in weniger komfortables Terrain vorwagen möchte – hier ist alles möglich.

An- & Weiterreise

Der internationale Flughafen Lombok im Westen von Nusa Tenggara ist das wichtigste Tor zum Archipel. Von dort aus gelangt man ins Ausland (nach Kuala Lumpur und Singapur) sowie nach Jakarta, Denpasar und in andere indonesische Städte. El Tari in Kupang ist dem Namen nach ebenfalls ein internationaler Flughafen, tatsächlich handelt es sich jedoch um das Drehkreuz für nationale Flugverbindungen in Ost-Nusa-Tenggara. Zwischen allen wichtigen Städten verkehren regelmäßig (und zunehmend mehr) Maschinen. Lombok und Kupang sind wichtige Dreh- und Angelpunkte. Flughäfen wie Labuanbajo auf Flores und Tambolaka auf Sumba warten mit neuen, verbesserten Einrichtungen auf.

Regelmäßig legen Fähren und Schnellboote die Strecke zwischen Lombok sowie den Gili-Inseln und Bali zurück.

Unterwegs vor Ort

Auf den bergigen Straßen von Nusa Tenggara kommt man nur sehr langsam vorwärts, dafür gibt's auf Lombok, Sumbawa, Flores und Timor recht ordentliche, befestigte Hauptstraßen und einigermaßen komfortable Busse. Abseits der großen Verkehrswege geht's allerdings wesentlich gemächlicher zu. In der Trockenzeit bestehen durchgehend häufige Fährverbindungen, doch in der Regenzeit, wenn die See schon mal rau ist, werden die Überfahrten manchmal für mehrere Tage hintereinander gestrichen. Überlandreisen sind im gesamten Archipel eine zeitintensive Angelegenheit und zwischen den interessanten Punkten erstreckt sich viel (öde) Gegend.

Verschiedene Fluggesellschaften verkehren zwischen den Inseln, oftmals ab Bali.

Lombok

Lombok ist mittlerweile mehr als nur ein Surferparadies. Die Insel hat mindestens genauso schöne Strände und ist mindestens genauso bezaubernd und herrlich entspannt wie sein Nachbar Bali.

Von Bali bis nach Lombok ist es nur ein Katzensprung. Die Insel wartet mit einer nahezu menschenleeren Küste, Buchten voller Palmen, balinesisch-hinduistischen Tempeln, hohen Felsklippen und erstklassigen Surfbedingungen auf. Im Zentrum ragt der majestätische Gunung Rinjani auf, der sich für anspruchsvolle Kletterer eignet. Absolutes Highlight sind jedoch die Gili-Inseln, auf denen eine ausgelassene Partystimmung herrscht. Kuta hat sich allerdings dank der tollen Strände und traumhaften Surfgelegenheiten zu einem ernst zu nehmenden Konkurrenten entwickelt.

An- & Weiterreise

Die meisten Reisenden fliegen nach Lombok und landen auf dem Lombok International Airport nahe Praya. Das zweitbeliebteste Transportmittel sind die Fähren, die von Bali aus an die Westküste oder zu den Gilis übersetzen und vor allem von Touristen genutzt werden, sowie die gewöhnlicheren Fährschiffe, die zwischen Sumbawa und Labuhan Lombok an der Ostküste unterwegs sind.

Flüge, Fahrzeuge und Touren können online unter lonelyplanet.com/bookings gebucht werden.

Unterwegs vor Ort

Sich auf Lombok fortzubewegen ist einfach. Eine Straße in gutem Zustand führt quer über die Insel und verbindet Mataram und Labuhan Lombok. Dort herrscht aber oft viel Verkehr.

Fast jede Ecke von Lombok ist an das Busnetz angeschlossen und in den dichter besiedelten Zentren sind *bemo* (kleine, günstige öffentliche Minibusse) im Einsatz. Oft gibt es eigene *bemo*-Terminals und die Minibusse folgen festgelegten Strecken.

Will man auf Entdeckungstour gehen, aber nur kürzere Distanzen überwinden, empfiehlt sich ein Leihmotorrad (günstig). Am Flughafen und anderen Transportdrehkreuzen findet man offizielle Taxis mit Taxameter. Überall stehen *ojek* (Motorradtaxis) bereit.

Lembar

☎0370 / 44 426 EW.

In Lembar legen die meisten Fähren aus Bali an. Die Hafenstadt ist traumhaft gelegen – kleine Buchten mit azurblauem Wasser werden von hoch aufragenden grünen Hügeln umsäumt –, dennoch bleiben die meisten Traveller nur so lange, bis ihre Fähre weiterfährt.

Öffentliche Fährboote (Kind/Erw./Motorrad/Auto 29 000/44 000/123 000/879 000 Rp, 5–6 Std.) pendeln zwischen dem großen Fährhafen von Lembar und Padangbai auf Bali. Fahrkarten erhält man in der Nähe des Piers. Angeblich verkehren die Boote rund um die Uhr und legen etwa alle 90 Minuten ab, der Service ist aber nicht hundertprozen-

Lombok

tig sicher. Es sind schon Schiffe abgefackelt und auf Grund gelaufen.

Es gibt jede Menge *bemo*- und Busverbindungen. Regelmäßig steuern *bemo* das Mandalika-Terminal an (15 000 Rp). Für ein Taxi nach Mataram werden ca. 80 000 Rp fällig, nach Senggigi 170 000 Rp.

Mataram

☎0370 / 402 843 EW.

Lomboks Hauptstadt ist weitläufig – die Ausdehnung von Osten nach Westen beträgt 12 km – und aus mehreren ehemals eigenständigen kleineren Städten zusammengewachsen; die Übergänge zwischen Ampenan (der Hafen), Mataram (das Verwaltungszentrum), Cakranegara (das Geschäftsviertel, oft „Cakra" abgekürzt) und Sweta im Osten (dort ist das Busterminal Mandalika zu finden) sind fließend.

Mataram mangelt es an touristischen Sehenswürdigkeiten, doch die Stadt brummt: In den breiten Alleen flitzen Motorräder umher und auf den klassischen Märkten und in den Einkaufszentren herrscht Betrieb. Wer Lust auf eine Dosos indonesische Realität hat, ist hier richtig.

Pura Meru (Jl Selaparang; 6000 Rp; ⏲8–17 Uhr) heißt der größte und zweitwichtigste Hindu-Tempel auf Lombok. Er wurde 1720 errichtet und ist der hinduistischen Trimurti (Trinität) – Brahma, Vishnu, Shiva – geweiht.

Das größte und schickste Einkaufszentrum der Insel, die **Lombok Epicentrum Mall** (☎0370-617 2999; www.lombokepicentrum.com; Jl Sriwijaya 333; ⏲9–22 Uhr), umfasst ein Kino, Restaurants und Imbisse und alles andere, was das shoppingwütige Konsumentenherz begehrt.

Schlafen & Essen

Hotel Melati Viktor PENSION $
(☎0370-633830; Jl Abimanyu 1; Zi. inkl. Frühstück 250 000 Rp; ❄📶) Dieses Hotel mit 37 saube-

ren Zimmern (die billigeren sind ventilatorgekühlt) inklusive hoher Decken bietet ein ausgezeichnetes Preis-Leistungs-Verhältnis. Der schöne Innenhof im balinesischen Stil ist voller hinduistischer Statuen.

Ikan Bakar 99 FISCH & MEERESFRÜCHTE $
(☎ 0370-643335, 0819 3313 8188; Jl Subak III 10; Hauptgerichte 30 000–55 000 Rp; ⏲ 11–22 Uhr) In Gesellschaft einheimischer Familien sitzt man an langen Tischen im geschwungenen, gefliesten Speiseraum und genießt Tintenfisch, Garnelen, Fisch und Krabben, gegrillt oder gebraten, mit Chili-, pikanter Padang- oder klebriger süßsaurer Soße.

Praktische Informationen

Kantor Imigrasi (Einwanderungsbehörde; ☎ 0370-632520; Jl Udayana 2; ⏲ Mo–Fr 8–12 & 13–16 Uhr) Regierungsbehörde, in der Visa verlängert werden können.

An- & Weiterreise

Das chaotische **Mandalika-Terminal** (Jl Pasar Bertais B8) ist Lomboks wichtigster Bus- und *bemo*-Verkehrsknotenpunkt und 3 km vom Zentrum entfernt. Ringsum erstreckt sich der Hauptmarkt der Stadt. Am besten geht man zum offiziellen Fahrkartenbüro, um sich nicht mit Schleppern auseinandersetzen zu müssen. Gelbe *bemo*-Shuttles pendeln ins Zentrum (5000 Rp). Busse und *bemo* fahren vom Terminal Mandalika jede Stunde u. a. folgende Ziele an:

ZIEL	PREIS (RP)	DAUER
Flughafen (Damri Bus)	15 000	45 Min.
Kuta (Shuttlebus, kein Umsteigen)	45 000	1¼ Std.
Kuta (via Praya & Sengkol)	45 000	2–3 Std.
Labuhan Lombok	35 000	2½ Std.
Lembar	30 000	45 Min.
Senggigi (via Ampenan)	15 000	1 Std.

Senggigi

☎ 0370

Lomboks traditionelle Touristenhochburg Senggigi hat eine tolle Lage an einer Reihe breiter Buchten. Strände mit hellem Sand erstrecken sich schmuck unter dschungelbedeckten Bergen unter Kokospalmen. Am späten Nachmittag versinkt die Sonne neben dem dreieckigen Kegel des Gunung Agung auf Bali blutrot im Meer.

Die Gilis und Kuta haben Senggigi inzwischen den Rang abgelaufen. Die Touristenzahlen sind relativ moderat und Traveller dürfen sich auf preiswerte und gute Hotels und Restaurants freuen. Die Hauptstraße ist ziemlich billig und die auffällig vielen Barmädchen und hässlichen grellen Reklamewände machen keinen tollen Eindruck. Außerdem sind die Strandhändler manchmal zu hartnäckig. Wer es gern etwas ruhiger hat, sollte sich weiter nördlich einquartieren.

Senggigi erstreckt sich über 10 km entlang der Küstenstraße. Das elegantere Viertel **Mangsit** liegt 3 km nördlich vom Zentrum und direkt dahinter findet man die malerischen Strände **Malimbu** und **Nipah**.

Sehenswertes & Aktivitäten

Vor der Landspitze 3 km nördlich von Senggigi kann man ganz gut schnorcheln. Die notwendige Ausrüstung wird an verschiedenen Stellen am Strand vermietet (50 000 Rp pro Tag). Bei Tauchexkursionen ab Senggigi werden gewöhnlich die Gili-Inseln angesteuert.

Zu den hiesigen Tauchschulen gehören **Blue Coral** (☎ 0370-693441; Jl Raya Senggigi; 2 Tauchgänge 850 000 Rp, Open-Water-Kurs 4 950 000 Rp; ⏲ 8–21 Uhr) und **Blue Marlin** (☎ 0817 571 2389, 0370-693719; www.bluemarlindive.com; Holiday Resort Lombok, Jl Raya Senggigi; Tauchgang mit 2 Sauerstoffflaschen 1 100 000 Rp, Open-Water-Kurs 5 750 000 Rp).

Taman Wisata Alam Kerandangan NATURSCHUTZGEBIET
(abseits der Jl Wisata Alam) Das wenig besuchte Naturschutzgebiet ist ein idealer Zufluchtsort, wenn einem die Touristenmassen in Senggigi zu viel werden. Es lädt zu Spaziergängen im Regenwald ein. Die beiden Wasserfälle Princess Twin und Swallow Cave liegen an dem markierten Pfad (der abschnittsweise nicht ganz leicht auszumachen ist). Mit etwas Glück wird man seltene Schmetterlinge und schwarze Äffchen (sowie andere hier lebende Affen) zu sehen bekommen. Zur Anfahrt: Die Stadt in nördlicher Richtung verlassen, bis Mangsit fahren, dann die Jl Wisata Alam landeinwärts durch das Kerandangan-Tal nehmen.

Rinjani Trekking Club WANDERN
(☎ 0817 573 0415, 0370-693202; www.info2lombok.com; Jl Raya Senggigi; Wanderung 3 Tage/2 Übernachtungen 225 US$; ⏲ 9–20 Uhr) Entlang der Haupstraße von Senggigi bieten mehrere Tourveranstalter Rinjani-Wanderungen an; dieser hier ist die Nummer eins. Das nachhaltige, alteingesessene Unternehmen wird von dem freundlichen (und kundigen)

Senggigi

Senggigi

Aktivitäten, Kurse & Touren
1 Blue Coral C3
2 Rinjani Trekking Club C2

Schlafen
3 BC Inn C3
4 Sendok Hotel C3

Essen
5 Cafe Tenda Cak Poer B1

Transport
Gili Getaway .... (siehe 7)
6 Kencana Adventure B1
Scoot .... (siehe 7)
7 Senggigi Pier B2

Ronnie betrieben. Er stellt viele unterschiedliche Wanderungen mit Guide auf die Beine, die Eintrittsgebühren, drei Mahlzeiten pro Tag, die Campingausrüstung und eine Spende für ein Umweltprogramm („Sauberer Rinjani") sind im Preis enthalten.

Schlafen & Essen

BC Inn PENSION $

(0370-619 7880, 0876 595 0549; http://bcinnsenggigi.com; Jl Raya Senggigi; DZ & 2BZ 200 000 Rp;) Tadellos sauber, relativ neu, komfortabel und mitten im Herzen von Senggigi gelegen ist das BC, benannt nach dem Tauchladen Blue Coral gleich davor. Die Zimmer sind mit Satelliten-TV, WLAN, vernünftigen Betten, barrierefreien Duschen und einem Dekor in Limettengrün, Karamell und Creme ausgestattet. Wenn zwei Gäste eine Tauchkombi buchen, ist eine Nacht hier inbegriffen.

Sendok Hotel HOTEL $

(0370-692270; Jl Raya Senggigi; Zi. mit Ventilator/klimatisiert ab 250 000/400 000 Rp;) Ein Hotel in einem mit Hindu-Schreinen und -Statuen geschmückten, liebevoll gepflegten Garten, in dem mümmelnde Kaninchen hocken. Vorn befindet sich ein nettes Bar-Restaurant. Die 28 gemütlichen Zimmer sind einfach und nicht immer gibt es Warmwasser. Auf der Habenseite stehen die privaten Veranden zur Vorderseite.

★ **Cafe Tenda Cak Poer** INDONESISCH $

(Jl Raya Senggigi; Hauptgerichte 20 000–30 000 Rp; Di–So 18–24 Uhr) In diesem *warung* an der Straße verzehren die Einheimischen indonesische Klassiker frisch aus dem Wok – Plastikstuhl und einen (sichtlich viel benutzten) Metalltisch schnappen, eine Packung *krupuk* (indonesische Krabbenchips) and das *nasi goreng* (gebratenen Reis) am besten extrascharf *(ekstra pedas)* und mit viel Knoblauch *(bawang putih ekstra)* bestellen, dann wird man gleichzeitig weinen und schwitzen.

★ **Coco Beach** INDONESISCH **$$**
(☎ 0817 578 0055; abseits der Jl Raya Senggigi, Pantai Kerandangan; Hauptgerichte 55 000–70 000 Rp; ⏰12–22 Uhr; 🌶) Das großartige Strandrestaurant besticht mit einer herrlich abgeschiedenen Lage abseits der Hauptstraße, etwa 2 km nördlich von Senggigi. Gespeist wird an individuellen Tischen mit Strohdach. Auf der Karte stehen viele vegetarische Gerichte. Das *nasi goreng* und madras curry werden von Einheimischen sehr geschätzt und Fisch und Meeresfrüchte schmecken nirgendwo in der Gegend besser. Zudem gibt's eine eigene Bar und hauseigene authentische *jamu*-Tonics (Kräutermedizin).

ℹ An- & Weiterreise

BEMO

Regelmäßig verkehren *bemo* (Minibusse) zwischen Senggigi und dem Kebon-Roek-Terminal in Ampenan (5000 Rp), von wo aus man weiter nach Mataram (10 000 Rp) gelangen kann. Einfach durch ein Handzeichen auf der Hauptstraße zum Anhalten auffordern.

BOAT

Schnellboote nach Bali fahren vom großen **Pier** mitten am Strand ab. Einige Unternehmen verkaufen Tickets in einem Büro am Pier, andere am Ufer in der Nähe.

Gili Getaway (☎ 0813 3707 4147; http://giligetaway.com; Senggigi Pier; einfache Strecke 200 000–250 000 Rp) bietet praktische Verbindungen nach Gili T und Gili Air sowie nach Gili Gede.

Perama (☎ 0370-693008; www.peramatour.com; Jl Raya Senggigi; ⏰7–22 Uhr) hat einen günstigen Shuttlebus, der auf die Abfahrtszeiten mit der öffentlichen Fähre von Lembar nach Padangbai auf Bali (125 000 Rp) abgestimmt ist. Von dort verkehren wiederum Shuttlebusse nach Sanur, Kuta und Ubud (alle 175 000 Rp). Die Fahrt dauert acht Stunden oder länger. Perama verfügt zudem über eine Bus-Boot-Verbindung zu den Gili-Inseln für erschwingliche 150 000 Rp (2 Std.). Damit erspart man sich das Hin und Her am Bangsal Harbour.

Scoot (☎ 0828 9701 5565; www.scootcruise.com; Senggigi Pier; einfache Strecke ab 675 000 Rp) schickt täglich Schnellboote nach Nusa Lembongan und Sanur auf Bali.

Wer weiter nach Nusa Tenggara vordringen möchte, könnte sich an **Kencana Adventure** (☎ 0812 2206 6066; www.kencanaadventure.com; Jl Raya Senggigi; einfache Strecke Deck/Gemeinschaftskajüte 1 650 000/2 000 000 Rp; ⏰10–20 Uhr) wenden. In dem Büro erhält man Infos zu Bootstouren Richtung Osten.

Gunung Rinjani

Der Gunung Rinjani (3726 m), ein aktiver Vulkan, dominiert die nördliche Hälfte von Lombok. Indonesiens zweithöchster Gipfel ist den Hindus und Sasaks heilig; sie unternehmen Pilgerwanderungen auf den Gipfel und zum See und bringen dort Opfergaben für die Götter und Geister dar. Für die Balinesen ist der Rinjani einer von drei heiligen Bergen (die anderen beiden sind der Agung auf Bali und der Bromo auf Java). Sasaks besteigen den Berg das ganze Jahr über, immer um den Vollmond herum.

Der Berg ist klimatisch von Bedeutung. Um den Gipfel sammeln sich beständig Regenwolken und die Ascheemissionen sorgen für fruchtbare Böden ringsum, in denen Reis, Tabak, Cashewnüsse und Mangos gedeihen.

Der Rinjani zieht viele Wanderer an, die von den fantastischen Aussichten angezogen werden. Mittlerweile ist der Vulkan so beliebt, dass die Zahl der jährlichen Besucher 100 000 übersteigt.

Senaru

Die hübschen Dörfer, aus denen sich Senaru zusammensetzt, gehen ineinander über; sie liegen an einer steilen Straße mit gigantischem Ausblick auf den Vulkan und das Meer. Die meisten Besucher sind wegen des Gunung Rinjani hier. Wer hier bleibt, auf den warten wunderschöne Wanderwege und spektakuläre Wasserfälle.

Der Name Senaru leitet sich von dem Wort *sinaru*, Licht, ab. Wenn man den Hügel erklimmt, Richtung Himmel und Wolken, versteht man, warum.

Vom Busbahnhof Mandalika in Bertais (Mataram) fahren Busse nach Anyar (25 000–30 000 Rp, 2½ Std.). *Bemo*-Verbindungen von Anyar nach Senaru gibt's nicht, deswegen muss man ein *ojek* (je nach Gepäck ab 30 000 Rp pro Pers.) chartern.

Kuta

☎ 0370

Gibt's einen schöneren Ausgangsort für Ausflüge zu den wunderschönen Stränden im Süden Lomboks? An einer sichelförmigen

WANDERUNG AUF DEN GUNUNG RINJANI

Ausflüge zum Rand, See und Gipfel des Vulkans sollte man nicht unterschätzen. Guides sind vorgeschrieben und in der Regenzeit (Jan.–April) darf der Rinjani gewöhnlich nicht erklommen werden, weil das Erdrutschrisiko zu hoch ist. Die Monate Juni bis August sind die einzige Zeit des Jahres, in der so gut wie kein Regen fällt und auch die Wolkenbildung am Himmel minimal ist. Man sollte sich nach dem Zwiebelprinzip kleiden und ein Fleece dabei haben, denn am Kraterrand kann es ganzjährig kalt werden (und auf dem Gipfel richtiggehend eisig).

So ziemlich alle Anbieter haben dieselben Wanderungen und Preise im Programm; ein paar stricken „Luxustouren". Typisch sind folgende Routen:

Kraterrand (zwei Tage) Hoch und wieder runter mit dem Ziel, den Kratersee von Senaru aus zu sehen.

Kraterrand, See & zurück (vier Tage) Eine Tour hin & zurück, die entweder in Senaru oder Sembalun Lawang startet. Erst geht's zum Kraterrand, dann runter in die Caldera zum See. Wer diese Tour in der Drei-Tage-Variante bucht, muss sich am letzten Tag einem anstrengenden und gegebenenfalls gefährlichen Wander-„Marathon" von zwölf oder mehr Stunden stellen.

Senaru–Kraterrand–See–Sembalan Lawang (fünf Tage) Der Klassiker. Auf dieser Tour bekommt man alles zu sehen, es gibt kaum Wiederholungen und das Tempo ist human.

Je größer die Truppe, desto günstiger die Wanderung. Die Kosten (inkl. Verpflegung, Ausrüstung, Guide, Trägern, Parkgebühr und Transport zurück nach Senaru) liegen bei um die 100 US$ pro Person und Tag, das ist aber nur ein Richtwert – es ist möglich, noch ein bisschen zu verhandeln.

Am einfachsten lassen sich die Wanderungen über die jeweilige Unterkunft organisieren. Davon abgesehen gibt es natürlich zahlreiche unabhängige Reiseagenturen.

In Senaru:

John's Adventures (☎ 0817 578 8018; www.rinjanimaster.com)

Rudy Trekker (☎ 0818 0365 2874; www.rudytrekker.com)

Rinjani Trek Centre (RTC; ☎ 0819 0741 1211; www.rinjanitrekcentre.com; ⌚ 6–16 Uhr)

Senaru Trekking (☎ 0818 540673; http://senarutrekking.com; Jl Pariwisata; 3 Tage/2 Nächte ab 200 US$ pro Pers.) 🍃

In Sembalun Lawang:

Rinjani Information Centre (RIC; ☎ 0818 540 673; www.rinjaniinformationcentre.com; Sembalun Lawang; ⌚ 6–18 Uhr)

Reisebüros in Kuta, Senggigi und anderswo arrangieren ebenfalls Touren (hin & zurück) auf den Rinjani.

Bucht leuchtet türkisfarben das seichte Wasser, tiefblau draußen das Meer. Das kühle Nass drängt an einen weißen Sandstrand, so groß wie ein Fußballfeld und von Landzungen gesäumt. Stellt man sich nun eine Küste mit fast einem Dutzend solcher Buchten vor, die sich vor der Kulisse zerklüfteter Hügel und saftiger Landstreifen mit Bananenbäumen und Tabakfeldern erstrecken, hat man eine ungefähre Vorstellung von Kutas Reiz.

Ursprünglich waren die erstklassigen Surfbreaks Kutas Topattraktion. Die Wellen branden weiter ans Ufer, auch jetzt, da sich Unternehmer die Finger nach dem attraktiven Bauland lecken. Die Stadt selbst ist ein netter Mix aus Pensionen, Cafés, Restaurants und unaufgeregten Bierkneipen.

Kimen Surf (☎ 0878 6590 0017; www.kuta-lombok.net; Jl ke Mawan; Surfbrettmiete pro Tag 100 000 Rp, Unterricht ab 525 000 Rp pro Pers.; ⌚ 9–21 Uhr) ist ein angesehener einheimischer Surfladen. Er bietet Brandungs-„Vorhersagen", Tipps, Kitesurfen, Bretterverleih, Reparaturen, Unterricht sowie Ausflüge mit Guide zu Topwellen wie Gerupuk (500 000 Rp). **Scuba Froggy** (☎ 0878 6454 1402; www.scubafroggy.com; Jl ke Mawan; Open-Water-Kurs 390 US$; ⌚ 9–19 Uhr) bringt Taucher zu einem Dutzend Plätzen in der Umgebung (meist weniger als 18 m tief).

Schlafen

★ Bombara Bungalows PENSION $

(☎ 0370-650 2571; bomborabungalows@yahoo.com; Jl Raya Kuta; Standard/Superior Zi. 425 000/575 000 Rp;) Die acht einen hübschen Poolbereich säumenden Bungalows mit eigenen Bädern (teils mit Ventilatoren) gehören zu den besten Budgetunterkünften Kutas. Kokospalmen spenden den Liegestühlen Schatten, man kann Schwimmtiere (pinke Flamingos!) ausleihen und fühlt sich wie in einer ruhigen Oase, abseits des Trubels. Das Personal kennt die Bedürfnisse seiner Gäste und von Surfern im Speziellen.

Mimpi Manis B&B $

(☎ 0818 369950; www.mimpimanis.com; Jl Raya Kuta; B/DZ 125 000/350 000 Rp;) Made und Gemma, ein nettes balinesisch-britisches Paar, betreiben das einladende B&B mit dem klangvollen Namen „Süße Träume". Es wartet mit blitzsauberen Schlafsälen und Privatzimmern auf (z. T. klimatisiert und mit Duschen ausgestattet). Es befindet sich 1 km landeinwärts in einer ruhigeren Lage als die Unterkünfte im Zentrum von Kuta. Die Gäste können gute Bücher und DVDs ausleihen. Außerdem kann man sich kostenlos an den Strand und in die Stadt bringen lassen und Fahr-/Motorräder mieten.

Bule Homestay PENSION $

(☎ 0819 1799 6256; Jl Raya Bypass; Zi. 250 000–320 000 Rp;) Die Anlage mit neun Bungalows liegt rund 2 km hinter dem Strand nahe der Kreuzung Jl Raya Kuta/Jl Raya Bypass in einer ruhigen Umgebung. Das Management ist auf Zack und Schmutz ist auf dem kleinen Gelände ein Fremdwort – die Schuhe müssen auf den Treppenstufen vorn ausgezogen werden und die Zimmer strahlen in hygienischem Weiß.

Essen & Ausgehen

Full Moon Cafe INDONESISCH $

(Jl Raya Pantai Kuta; Hauptgerichte 35 000–45 000 Rp; ⌚ 8–23 Uhr;) Dieses hübsche Café im zweiten Stock liegt direkt gegenüber vom Strand und erinnert an ein Baumhaus. Es ist aus Treibholz und gewährt einen Traumblick aufs Meer (der wohl schon bald wegen eines neuen Bauprojekts teilweise behindert wird). Serviert werden die üblichen Klassiker, vom gegrillten Fisch bis hin zu *nasi goreng* und, jawoll, Pizza. Nachdem man den Ausblick und den Sonnenuntergang genossen hat, kann man sich hier bestens entspannen. Zum Full Moon gehören auch günstige Zimmer.

Sea Salt FISCH & MEERESFRÜCHTE $$

(☎ 0819 3674 3650; Jl Raya Pantai Kuta; Hauptgerichte 65 000–75 000 Rp; ⌚ 11–22 Uhr) Dass ein vage griechisch anmutendes Fisch- und Meeresfrüchterestaurant in schottischem Besitz eines der besten in ganz Kuta ist, gibt Aufschluss darüber, wo die hiesige kulinarische Szene aktuell steht. In dem kleinen Speisesaal, der zum Strand hin offen und mit Vogelkäfigen und Krabbenfallen dekoriert ist, kann man sich von dem enthusiastischen Personal (barfuß unterwegs!) verwöhnen lassen und fangfrische Meeresbewohner mit Beilagen nach Wahl und Soße verspeisen.

Warung Bule FISCH & MEERESFRÜCHTE $$

(☎ 0370-615 8625; http://warungbulelombok.com; Jl Raya Pantai Kuta; Hauptgerichte 66 000–72 000 Rp; ⌚ 10–23 Uhr;) Ein Stück entfernt von den Hauptstraßen an einem ruhigen Abschnitt des Strands steht dieser nette, blitzsauber geflieste *warung* – einer der besten in der Stadt. Wir empfehlen den gegrillten Barrakuda mit Sasak-Gewürzen und für echte Fisch- und Meeresfrüchteliebhaber das Trio aus Hummer, Garnelen und Mahi Mahi (Goldmakrele; 385 000 Rp – teuer für die hiesigen Verhältnisse). In der Hauptsaison kann es schon mal voll werden.

Surfer's Bar BAR

(☎ 0853 3849 7038; www.facebook.com/surfersbar kutalombok; Jl Raya Pantai Kuta; ⌚ 17–24 Uhr) „Kein Shirt, keine Schuhe, keine Sorgen!" heißt es auf dem am Eingang dieser Beach Bar aufgestellten Surfbrett – da bekommt man bereits eine Ahnung, welches entspannte Party-Flair einen erwartet. Dächer aus Kokospalmenblättern und Palmen spenden den Tischen Schatten, die auf dem sandigen Boden stehen, und Coverbands und DJs sorgen freitagabends für Stimmung. Bis 3 Uhr wird Musik gespielt.

An- & Weiterreise

Allein für die Anreise aus Mataram benötigt man mindestens drei *bemo*. Mit dem ersten geht's vom Mandalika-Terminal in Mataram nach Praya (15 000 Rp), mit dem zweiten nach Sengkol (5000 Rp) und mit dem dritten nach Kuta (5000 Rp).

Einfacher ist die Fahrt mit den Touristenbussen (tgl.), die Mataram (125 000 Rp) sowie Senggigi und Lembar (beide 150 000 Rp) bedienen.

Ein Taxi zum Flughafen kostet 100 000 Rp.

Gemeinschaftstaxis werden überall in der Stadt angeboten. Zu den Fahrtzielen gehören

Bangsal, wo öffentliche Boote auf die Gili-Inseln fahren (160 000 Rp), Seminyak (Bali), ebenfalls mit öffentlicher Fähre (200 000 Rp) erreichbar, und Senaru (400 000 Rp).

Gili-Inseln

Die Gili-Inseln sind ein Stück vom Paradies. Sie liegen in türkisfarbenem Wasser und werden von weißem Sand und Kokospalmen umsäumt. Kein Ort in Indonesien boomt derart – Schnellboote transportieren Besucher von Bali aus hierher und schicke neue Hotels schießen wie Pilze aus dem Boden.

Der Reiz des großen (Touristen-)Geldes bringt die traditionell entspannte Inselkultur, den alternativen Geist, den westliche Partygänger hier eingeführt haben, und das ausgeprägte Ökobewusstsein aus dem Tritt. Was am Ende dabei herauskommen wird, ist unklar, doch bislang haben sich die Inseln ihren schläfrigen Charme bewahren können (u. a. aufgrund des Einsatzes von Einheimischen dafür, sowohl Hunde als auch Motorräder auf den Gilis zu verbieten).

Die drei Inseln haben alle einen ganz eigenen Charakter. Gili Trawangan (Gili T) präsentiert sich am kosmopolitischsten und wartet mit einer lauten Partyszene und jeder Menge gehobenen Restaurants und Schlafgelegenheiten auf. Gili Air hat am meisten Lokalkolorit und bietet eine ansprechende Mischung aus Trubel und heiterer Gelassenheit und die kleine Insel Gili Meno erwacht gerade erst aus ihrem Dornröschenschlaf (die Investoren scharren schon mit den Hufen).

Aktivitäten

Die Gili-Inseln sind eine Traumdestination für Taucher. An ca. 25 dicht beieinander liegenden Tauchspots tummeln sich Unmengen von unterschiedlichen Meeresbewohnern. Die Sicherheitsstandards sind verhältnismäßig hoch; jetzt, da immer mehr neue Tauchschulen hinzukommen, aber sich ein paar Zentren zur Tauchervereinigung Gili Island Divers Association (GIDA) zusammengeschlossen. Für einmal Schnuppertauchen werden 900 000 Rp fällig, für einen Open-Water-Kurs (PADI) 5 500 000 Rp.

Da die Gilis von Korallenriffen umringt sind, kann man hier auch wunderbar schnorcheln. Masken, Schnorchel und Flossen bekommt man so gut wie überall. Sie können für ca. 50 000 Rp pro Tag geliehen werden. Sehr beliebt sind Schnorchelausflüge, vielfach an Bord von Glasbodenbooten. Typischerweise zahlt man 100 000 bis 150 000 Rp pro Person oder um die 650 000 Rp für ein gechartertes Boot.

Praktische Informationen

Auf Trawangan wird viel mit Drogen gehandelt. Besuchern werden Pilze, Meth und anderes angeboten, sie sollten sich allerdings darüber im Klaren sein, dass Indonesien politisch eine harte Linie gegen Drogen fährt. Wer mit Drogen erwischt wird, riskiert Haftstrafen und Schlimmeres.

Auch vor dem gepanschten *arak* (farbloser, destillierter Palmwein) sollte man sich in Acht nehmen – genauso wie vor stark vergünstigten Cocktails. Schon manche Touristen haben sich damit auf den Gilis, Bali und Lombok vergiftet.

An- & Weiterreise

In den meisten Hotels und vielen Pensionen ist der Transport auf die Inseln Teil der Reservierung. Wer online über ein Hotelportal bucht, sollte die Unterkunft direkt im Anschluss kontaktieren. Ein paar Edel-Resorts verfügen über eigene Boote, mit denen Gäste abgeholt werden.

AB BALI

Schnellboote legen die Strecke zwischen Bali und Gili Trawangan je nach Fahrtziel in 45 Minuten bis 2½ Stunden zurück. Abfahrt auf Bali ist z. B. am Benoa Harbour, in Sanur, Padangbai und Amed. Manchmal wird unterwegs auf Nusa Lembongan Halt gemacht. Vielfach geht's via Teluk Nare/Teluk Kade auf Lombok, nördlich von Senggigi, nach Air und Trawangan (Meno-Reisende müssen umsteigen). Auf der Website Gili Bookings (www.gilibookings.com) werden bei der Buchungsanfrage Bootsunternehmen samt Preisen aufgeführt, eine praktische Sache: So kann man sich einen Überblick über die Transportmöglichkeiten verschaffen, es werden aber nicht alle Verbindungen genannt. Vielleicht kommt man auch günstiger davon, wenn man sich direkt an die Anbieter wendet.

Dazu gehören z. B.:

Amed Sea Express (☎ 0853 3925 3944, 0878 6306 4799; www.gili-sea-express.com) In 45 Minuten nach Amed in einem großen Schnellboot, dabei sind viele interessante Routen möglich.

Blue Water Express (☎ 0813 3841 8988, 0361-895 1111; www.bluewater-express.com; einfache Strecke ab 790 000 Rp) Verbindungen von Serangan und Padangbai (Bali) nach Teluk Kade, Gili T und Gili Air.

Gili Getaway (☎ 0821 4489 9502, 0813 3707 4147; www.giligetaway.com; einfache Strecke Bali–Gilis Erw./Kind 675 000/525 000 Rp) Sehr professioneller Veranstalter mit Verbindungen von Serangan auf Bali nach Gili T und Gili Air sowie nach Senggigi und Gili Gede.

Perama (☎ 0361-750808; www.peramatour.com; pro Pers. einfache Strecke ab 225 000 Rp) Recht langsame Verbindung nach Padangbai, zu den Gilis und nach Senggigi.

Scoot (☎ 0823 4002 9679; www.scootcruise.com; einfache Strecke 750 000 Rp) Die Boote verkehren zwischen Sanur, Padangbai, Nusa Lembongan, Senggigi und den Gilis.

Semaya One (☎ 0361-877 8166, 0819 9997 1078; www.semayacruise.com; einfache Strecke Erw./Kind 700 000/650 000 Rp) Ein Netzwerk verschiedener Boote, die zwischen Sanur, Nusa Penida, Padangbai, Teluk Kade, Gili Air und Gili T unterwegs sind.

AB LOMBOK

Wer von Lombok aus anreist, kann in Teluk Nare/Teluk Kade nördlich von Senggigi an Bord eines Schnellboots gehen. Diese werden vielfach von Hotels und Tauchzentren auf den Gilis betrieben (was vorab gebuchte Tauch-/Unterkunfts- und Transferpakete attraktiv macht), Fahrten mit Privatleuten sind aber ebenfalls möglich. Ein Großteil der Reisenden greift weiterhin auf die öffentlichen Boote zurück, die vom Bangsal Harbour ablegen.

Öffentliche Boote machen sich vor 11 Uhr auf den Weg zu allen drei Inseln. Später gibt es meist nur noch Verbindungen nach Gili T oder Gili Air. Abfahrt ist erst, wenn alle Plätze vergeben sind (ca. 45 Pers.) – gleich in welche Fahrtrichtung. Wenn das Meer unruhig ist und die ramponierten Auslegerboote überladen sind, kann die Überfahrt zu einem haarsträubenden Erlebnis werden. Setzt kein Schiff mehr zur gewünschten Insel über, muss man gegebenenfalls eines chartern (400 000–500 000 Rp, bis 25 Pers.), vielleicht kommt man aber auch zu dem Schluss, dass das sowieso die sicherere Alternative ist. Die einfache Strecke im öffentlichen Boot liegt bei 12 000 Rp nach Gili Air, 14 000 Rp nach Gili Meno und 15 000 Rp nach Gili Trawangan. Angelegt wird häufig am Strand, sodass man sich darauf einstellen muss, an Land zu waten.

Unterwegs vor Ort

Einer der wichtigsten Vorzüge der Gilis ist, dass hier keine motorisierten Fahrzeuge erlaubt sind.

Die öffentlichen Schnellboote, die tagsüber fast stündlich zwischen Gili T, Gili Meno, Gili Air und Bangsal verkehren, sind eine relativ neue Erscheinung. Sie schlagen mit 85 000 Rp zu Buche und machen das Insel-Hopping zu einem Kinderspiel.

Außerdem unternimmt ein langsames Boot die Drei-Insel-Tour täglich (15 000–50 000 Rp). Die aktuellen Fahrpläne findet man an den Anlegestellen auf den Inseln. Darüber hinaus besteht natürlich immer die Möglichkeit, ein Boot zu chartern (350 000–400 000 Rp).

Die Gilis sind eben und können problemlos zu Fuß erkundet werden. Entdeckungstouren mit geliehenen Fahrrädern (40 000–70 000 Rp pro Tag, auf allein drei Inseln verfügbar) sind ebenfalls nett, wenn da bloß nicht die sandigen Wegabschnitte wären, in denen es schieben heißt – mitten in der Hitze.

Gili Air

☎ 0370 / 1800 EW.

Gili Air ist am nächsten dran an Lombok und vereint den Trubel von Gili T und Gili Menos minimalistisches Flair. Für viele ist das genau die richtige Mischung. Die weißen Strände sind die vielleicht schönsten der gesamten Gruppe und das Nachtleben ist ausreichend, um Reisende bei Laune zu halten. Gleich vor der Hauptmeile an der Ostküste – einem hübschen Sandweg, der von Bambusbungalows und kleinen Restaurants gesäumt wird, in denen man praktisch über dem türkisfarbenen Wasser speist – kann man gut schnorcheln.

Der wichtigste Wirtschaftsfaktor ist der Tourismus, aber auch Kokosnüsse, der Fischfang und Fischerbootholz, das in keiner Pension auf den Gilis, die etwas auf sich hält, fehlen darf, sind wichtige Einnahmequellen. Entlang der Strände im Südosten und Westen haben sich geschäftige kleine „Straßen" entwickelt, die nach wie vor eher aus Sand bestehen und nicht asphaltiert sind.

Aktivitäten

★ H2O Yoga YOGA

(☎ 0877 6103 8836; www.h2oyogaandmeditation.com; Unterricht/3-stündiger Workshop 120 000/300 000 Rp) Das wundervolle Yoga- und Meditationszentrum befindet sich an einem gut ausgeschilderten Pfad, der von der Ostküste landeinwärts führt. Der Unterricht ist erste Sahne (um 9 Uhr oder um 17 Uhr, zum „Yoga bei Kerzenlicht") und findet in einem wunderbaren runden *beruga* (zu den Seiten hin offener Pavillon) statt. Wer mag, kann sich hier auch massieren lassen oder einen siebentägigen Yoga-Urlaub machen (ab 765 US$). Überdies gibt's einen Pool (und Aqua-Yoga) und Unterkünfte (DZ ab 270 000 Rp).

7 Seas TAUCHEN

(☎ 0878 6570 3510; www.7seasdivegili.com; 4-tägige TEC-Tauchpakete 7 100 000 Rp; ⏲ 7.30–19 Uhr) Ein großer Tauchanbieter mit verschiedenen Unterkünften und einem guten Übungsbecken (in dem man auch einfach eine Run-

Gili Air

de planschen kann). 7 Seas ist auch lokal führend in Sachen Umweltschutz und bietet kostenlose „Müllentsorgungs-Tauchgänge" für Taucher mit Lizenz an.

Blue Marine Dive Centre TAUCHEN
(☎0811 390 2550; www.bluemarinedive.com; Nachttauchgang/10 Tauchgänge 600 000/4 165 000 Rp; ⊙8–20 Uhr) Hübsch gelegen in der wunderschönen nordöstlichen Ecke der Insel. Der Besitzer engagiert sich sehr für den Schutz der Riffe. Ebenfalls im Programm: Freediving, SUP und Yoga (100 000 Rp pro Stunde).

Schlafen & Essen

★**Gili Air Hostel** HOSTEL $
(www.giliairhostel.com; B/Zi. ab 150 000/350 000 Rp; ⊙Rezeption 7.30–19 Uhr; ❄📶) Das Hostel mit der gut gelaunten Atmosphäre bietet Schlafsäle mit zwei bis sieben Betten und Gemeinschaftsbädern. Das Dekor ist fröhlich und es gibt eine schicke Bar, Warmwasserduschen, kostenloses Frühstück, Kinoabende, einen riesigen Frangipani-Baum und sogar eine Kletterwand.

Bintang Beach 2 BUNGALOWS $
(☎0819 742 3519; Zi./Bungalow 250 000/550 000 Rp; ❄📶) 25 einfache Zimmer sowie Bungalows von günstig mit Ventilatoren bis hin zu recht schicken Varianten) findet man in dieser sandigen, gepflegten Anlage an der ruhigen Nordwestküste von Gili Air. Der Strandbar-/Restaurantbereich ist top. Die Besitzer betreiben noch weitere Pensionen in der Nähe. Sie vermieten Räder und Schnorchelausrüstung und kümmern sich um die Schmutzwäsche der Gäste.

7 Seas HOTEL $$
(☎0819 0700 3240, 0361-849 7094; www.7seas-cottages.com; B/Zi. ab 120 000/550 000 Rp; ❄📶) Die attraktive, toll gelegene Bungalowanlage ist Teil des 7-Seas-Tauchunternehmens. Im Angebot sind gepflegte Zimmer mit großen

Gili Air

Aktivitäten, Kurse & Touren
1 7 Seas C3
2 Blue Marine Dive Centre C1
3 H2O Yoga C2

Schlafen
4 7 Seas C3
5 Bintang Beach 2 .... B1
6 Gili Air Hostel C3

Essen
7 Eazy Gili Waroeng C3

Ausgehen & Nachtleben
8 Coffee & Thyme B3

Balkonen, strohgedeckte Häuschen mit hohen Decken, aber auch loftähnliche Hostelzimmer mit Bambusdekor, Schließfächern und Ventilatoren.

Eazy Gili Waroeng INDONESISCH $
(☎0819 0902 2074; Hauptgerichte 35 000–40 000 Rp; ⏲10–22 Uhr) An einer Kreuzung im Herzen des Hauptdorfs steht ein blitzsauberes Café (das leicht westlich angehauchte Schwesterchen des bodenständigeren Warung Muslim unmittelbar östlich), in dem einfache indonesische Küche, speziell auf den Besuchergaumen abgestimmt, auf die Teller kommt. Darüber hinaus kann man Frühstück, Sandwiches und *pisang goreng* (knusprige Bananen) bestellen.

Coffee & Thyme CAFÉ
(☎0821 4499 3622; www.coffeeandthyme.co; ⏲7–19 Uhr) Mitten im Getümmel – da, wo die Boote anlegen und die sonnenhungrige menschliche Fracht an Land geht – stößt man auf das Coffee & Thyme, das teilweise unter freiem Himmel liegt. In dem gut besuchten Café gibt's den so ziemlich besten Kaffee der Gili-Gruppe. Dies ist auch eine gute Anlaufstelle, wenn es einen nach westlichem Frühstück, einem Wrap zum Mittagessen oder einem Muffin gelüstet.

Gili Meno

☎0370 / 500 EW.

Gili Meno ist die kleinste Gili-Insel und die Wirklichkeit gewordene Traumvorstellung von einem verlassenen Eiland. Ringsum erstrecken sich bildschöne Strände und fischreiche Riffe. Meno ist überdies die ruhigste und traditionellste der drei Inseln. Deshalb steht sie eher bei frisch verheirateten Pärchen und etwas älteren Reisenden hoch im Kurs als beim Vollmondpartyvolk. Die meisten Schlafgelegenheiten befinden sich entlang der Ostküste, nahe dem malerischsten Strand. Landeinwärts findet man verstreut liegende Höfe, Kokospalmenplantagen und einen Salzsee.

Gili Meno Divers (☎0878 6409 5490; www.gilimenodivers.com; Kontiki Cottages; Schnuppertauchen ab 900 000 Rp; ⏲9–17 Uhr) hat verschiedene Kurse im Programm. Man kann z. B. Freediven oder sich in Unterwasserfotografie versuchen.

Schlafen & Essen

★**Gili Meno Eco Hostel** HOSTEL $
(☎0853 3738 3071; Hängematte/B/Zi. 95 000/110 000/250 000 Rp; 📶) Von diesem Paradies aus Treibholz träumt man, wenn man daheim an einem kalten Wintertag auf einen Zug wartet. Eine schattige Lounge, Baumhäuser, eine Strandbar und mehr liegen zum Strand hin und man darf sich auf ein buntes Programm mit Pizzaabenden, Musik, Lagerfeuern und mehr geselligen Aktivitäten freuen. Das umweltfreundliche Management organsiert Müllsammel-Aktionen auf der Insel.

Gili Meno

★**Sasak Cafe** INDONESISCH $
(☎0332-662379; Hauptgerichte 40 000–45 000 Rp; ⏲Küche 7–21 Uhr, Bar open end) Bambus, Stroh, lässiger Inselcharme. Das Restaurant an der ruhigen Westküste wird bei Sonnenuntergang in rosiges Licht getaucht. Der einzige Laut, der stört, ist das Hämmern traditioneller Bootsbauer, die am nahen Strand arbeiten. Zu essen gibt's knusprigen Fisch und andere Sasak-Gerichte (sehr lecker), Getränke (und Musik) bis tief in die Nacht hinein.

Webe Café INDONESISCH $$
(☎0821 4776 3187; Hauptgerichte 65 000–75 000 Rp; ⏲8–22 Uhr; 📶) Die niedrigen Tische im Sand (und im Schatten) in direkter Nähe zum türkisfarbenen Meer sind eine tolle Kulisse für eine Mahlzeit. Angeboten werden leckere Sasak-Gerichte und indonesische Speisen wie *kelak kuning* (Snapper mit gelben Gewürzen), an den meisten Abenden kommen Mee-

resfrüchte auf den Grill. Wer möchte, kann einfache Bungalows mieten (ab 400 000 Rp).

Gili Trawangan

☎0370 / 1500 EW.

Gili Trawangan ist eine tropische Spielwiese von Weltrang und steht mit Bali und Borobudur in einer Reihe, was Indonesiens Top-Ziele betrifft. Trawangans belebte Hauptstraße ist brechend voll mit Rädern, *cidomo* (Pferdewagen) und Massen leicht bekleideter Besucher, was diejenigen überrascht, die hier ein träges Inselresort erwartet haben. Stattdessen buhlen dicht an dicht Lounge Bars, hippe Pensionen, ambitionierte Restaurants, kleine Supermärkte und Tauchschulen um Aufmerksamkeit.

Doch jenseits der glitzernden Fassade hat sich die Insel ein alternatives Flair bewahrt. Zwischen all den Cocktailbars halten sich hartnäckig wackelig anmutende *warung* und Reggae-Buden und an der viel weniger lebhaften Nordküste liegen ruhige Rückzugsorte. Obwohl jetzt auch gigantische Hotels mit mehr als 200 Zimmern anfangen, die gentrifizierte Westküste zu kolonialisieren, kann man immer noch landeinwärts fahren, in ein Dorf mit sandigen Gassen voller frei laufender Hähne, schwatzenden *ibu* (Müttern) und Kindern mit ungekämmtem Haarschopf, die Himmel und Hölle spielen. Hier bestimmt der Ruf des Muezzins die Tageszeit, nicht die Happy Hour.

Aktivitäten

Gili T ist von einem Ring aus genau der Art puderweißem Strand umgeben, den die meisten auf Bali erwarten (und nicht finden). Am Hauptteil der Promenade mit den vielen Bars rechts und links kann es voll werden, aber wer etwas nach Norden, Süden oder Osten geht, kann dort ein paar der schönsten Schnorchel- und Badestrände von Gili T finden.

Trawangan ist ein wichtiges Zentrum zum Tauchen und Schnorcheln. Hier haben sich über ein Dutzend professionelle Tauch- und Freedivingschulen angesiedelt. Die meisten bieten ihren Kunden nette Schlafgelegenheiten – praktisch für alle, die ein Kurs-und-Übernachtungs-Paket buchen möchten.

★Lutwala Dive TAUCHEN

(☎0877 6549 2615; www.lutwala.com; Divemaster-Kurs 14 000 000 Rp; ⌚8–18 Uhr) Das Nitrox- und Fünf-Sterne-PADI-Zentrum ist GIDA-Mitglied (Gili Islands Divers Association) und verleiht Schnorchelausrüstung in Spitzenqualität. Übernachtungsmöglichkeiten (Zi. ab 800 000 Rp) und eine sehr schöne Gartencafé-Bar (samt Papageien!) zum Entspannen nach dem Tauchen gibt's ebenfalls.

Freedive Gili TAUCHEN

(☎0370-614 0503; www.freedivegili.com; Anfänger-/Fortgeschrittenenkurs 3 900 000/5 275 000 Rp; ⌚9–20 Uhr) Freediving – Apnoetauchen – verlangt eine hochentwickelte Atemtechnik, die es einem ermöglicht, viel tiefer zu tauchen als beim Schnorcheln (bis zu 30 m und tiefer). Die professionelle Schule gehört einem Tauchexperten, der auf einen Atemzug schon 108 m tief getaucht ist, und bietet Zwei-Tages-Kurse für Anfänger und Drei-Tages-Kurse für Fortgeschrittene. Nach einem Zwei-Tages-Kurs können die meisten Schüler mit einem Atemzug schon 20 m tief gehen. Vor Ort gibt's Schlafmöglichkeiten und Yogaunterricht.

Big Bubble TAUCHEN

(☎0811 390969; www.bigbubblediving.com; Spaß-Tauchgang tagsüber/nachts 490 000/600 000 Rp) Die treibende Kraft hinter dem Gili Eco Trust, der bedeutenden Öko-NGO auf Gili T, und eine alteingesessene Tauchschule. Das Big Bubble versteckt sich hinter einem weißgetünchten Café und gehört zur Vereinigung der Gili-Island-Taucher (GIDA).

Der Gili Eco Trust setzt sich für den Schutz, die Reinigung und daraus resultierende Wiederherstellung der Riffe rund um die Inseln ein.

Gili Yoga YOGA

(☎0370-614 0503; www.giliyoga.com; ab 100 000 Rp pro Pers.; ⌚7–20 Uhr) Gehört zum angrenzenden Freedive Gili und bietet täglich Vinyasa-Flow-Kurse und Hatha-Yoga an.

Schlafen

Auf Gili T gibt's mehr als 5000 Zimmer für Touristen und bombastische 675 offiziell registrierte Unterkünfte, von strohgedeckten Hütten bis hin zu eleganten klimatisierten Villen mit Privatpools. Und dennoch: In der Hauptsaison (Juli & Aug.) ist oftmals die komplette Insel ausgebucht! Weit im Voraus buchen.

Mango Tree Homestay HOMESTAY $

(☎0823 5912 0421; Jl Karang Biru; DZ 300 000 Rp) Ein netter Homestay in einem ruhigeren Teil des Dorfs mit acht einfachen Doppelzimmern, die einander in einem schattigen, von Farnen bestandenen Hof gegenüberliegen.

Gili Trawangan

Gili Trawangan

Aktivitäten, Kurse & Touren

1	Big Bubble	C2
2	Freedive Gili	C2
	Gili Yoga	(siehe 2)
3	Lutwala Dive	B1

Schlafen

4	Eden Cottages	B1
5	Gili Beach Bum Hotel	C2
6	Mango Tree Homestay	C3
7	Pondok Gili Gecko	C3

Essen

8	Kayu Café	D3
9	La Dolce Vita	C3
10	Pasar Malam	D3
11	Pituq Café	C2
12	Warung Dewi	D3
13	Warung Kiki Novi	C3

Ausgehen & Nachtleben

14	Casa Vintage Beach	A3
15	La Moomba	C1
16	Tir na Nog	C3

Die jungen Angestellten sind entspannt, aber kompetent. Häufig erfüllen Ukulele-Klänge die Luft und für 40 000 Rp am Tag kann Räder leihen.

Pondok Gili Gecko PENSION $

(☎ 0818 0573 2814; Zi. ab 400 000 Rp;) Einladende Pension mit nettem Gecko-Motto. Die vier sauberen Zimmer verfügen über Deckenventilatoren und eigene geflieste Terrassen mit Blick auf den Garten.

★ **Gili Beach Bum Hotel** HOSTEL $$

(☎ 0877 6526 7037; www.gilibeachbum.com; B/3BZ 260 000/600 000 Rp;) Das ehemalige Gili Hostel ist eine Mischung aus Hostel und Hotel und beherbergt 18 Drei-Bett-Zimmer unter Strohdächern im Toraja-Stil. Sie haben

Betonböden, hohe Decken, Schließfächer und ein Schlaf-Loft (in den gemischtgeschlechtlichen Schlafsälen teilt man sich das Bad). Vorn befindet sich die Lava Bar (bis 1 Uhr geöffnet und häufig echt laut) und immer freitags ist Party Time am Pool. Das Frühstück ist inbegriffen.

★ Eden Cottages HÄUSCHEN $$
(☎ 0819 1799 6151; www.edencottages.com; Häuschen ab 750 000 Rp;) Sechs saubere Beton-Bungalows mit Strohdach gruppieren sich um den Pool, eingerahmt von einem Garten mit schattigem Kokospalmenwäldchen. Die Zimmer sind geschmackvoll eingerichtet, mit Steinbädern, TV-DVD und erfrischenden Kaltwasserduschen. Die charmante Besitzerin tut alles für das Wohl ihrer Gäste.

Essen

★ Warung Dewi INDONESISCH $
(☎ 0819 0763 3826; Jl Cardinal; Hauptgerichte 25 000–35 000 Rp; ⌚ 7–20 Uhr) Der beste traditionelle *warung* auf Gili T ist nur wenige Schritte von den hochpreisigeren Restaurants an der Hauptstraße entfernt und befindet sich hinter ein paar kleinen Lebensmittelständen. Das *nasi campur* ist fantastisch (Kokosnuss-Sambal, Jackfrucht-Curry, gebratenes Huhn und verschiedene Gemüsebeilagen sind eine typische Kombination). Vegetarier werden das *nasi pecel* (Reis, Gemüse, Erdnusssoße) mögen.

★ Pasar Malam MARKT $
(Hauptgerichte 20 000–35 000 Rp; ⌚ 18–24, letzter Stand bis 3 Uhr;) Jeden Abend erwacht der Nachtmarkt direkt vor Gili Ts Markt. Hier locken regionale Spezialitäten wie scharfe Nudelsalate, würzig Frittiertes, Huhn und fangfrischer Fisch vom Grill sowie jede Menge Gemüse. Wir empfehlen, sich einfach ein wenig umzusehen, es ist sicher etwas dabei, was einem sympathisch ist. Gegessen wird an langen Gemeinschaftstischen.

Warung Kiki Novi INDONESISCH $
(Hauptgerichte ab 20 000 Rp; ⌚ 8–22 Uhr) Wer schon länger hier ist, wird erzählen, dass es hier das beste *nasi campur* (Reis mit einer Auswahl an Beilagen) auf den Gilis gibt, und hat möglicherweise Recht: Der schlichte, zu den Seiten hin offenen *warung* ist das Nirvana für alle, die günstig essen wollen. Neben erstklassigen indonesischen Hauptgerichten findet sich – wenn's denn wirklich sein muss – eine Reihe westlicher Sandwiches und Salate im Angebot.

★ Pituq Café VEGAN $$
(☎ 0812 3677 5161; Hauptgerichte 55 000–65 000 Rp; ⌚ Sa–Do 9–22, Fr 15–22 Uhr;) Fast mehr ein Lebensstil als ein Café ist das Pituq, das einen gewissermaßen auf den Hippie Trail führt. Hier gibt's Yoga, Dreadlocks und köstliche vegane Küche à la Rösti mit Blumenkohlpüree, Limette, Frühlingszwiebeln und Koriander auf einem relaxten Grundstück unter freiem Himmel. Die Gäste machen es sich auf erhöhten Plattformen gemütlich und finden heraus, was Gili Ts Gemüsegarten draufhat, wenn talentierte Köche auf ihn losgelassen werden. Täglicher Meditationsunterricht (150 000 Rp).

★ Kayu Café CAFÉ $$
(☎ 0878 6239 1308; Hauptgerichte 65 000–70 000 Rp; ⌚ 7–21 Uhr;) Im Hauptcafé auf der Straßenseite landeinwärts verführt eine wundervolle Auswahl an gesundem Backwerk, Salaten, Sandwiches, Reisgerichten und den besten Säften der Insel, hinzu kommt der Komfort einer Klimaanlage. Auf der anderen Straßenseite liegt das Strandcafé unter freiem Himmel. Der Service im Außenbereich kann sich hinziehen – am besten drinnen bestellen.

La Dolce Vita ITALIENISCH $$
(☎ 0813 1772 0228; Piadina 50 000 Rp, Hauptgerichte 100 000–110 000 Rp; ⌚ 7.30–22 Uhr) Irgendwann macht einen allein der Gedanke an noch ein Nasi Goreng aggressiv. Jetzt nicht zögern: Dieses kleine Café ist kaum größer als eine Tasse seines hervorragenden Espressos. Der italienische Besitzer und Chefkoch bereitet original italienische Pizza-Stücke, eine ganze Reihe Gebäck sowie Tagesgerichte zu.

Ausgehen & Nachtleben

★ Casa Vintage Beach LOUNGE
(www.casavintagebeach.com; ⌚ 10–24 Uhr) Den Gunung Agung auf Bali und erstklassige Sonnenuntergänge im Blick hat die Casa Vintage. Die Lounge ist Trawangans Top-Adresse für ein Getränk am Abend. Der Strand wie aus dem Reiseprospekt ist mit Kissen und Liegen übersät, unter Bäumen stehen lange Tische und schaukeln Hängematten. Die schwedisch-jamaikanischen Besitzer bereiten leckere karibische Küche zu (Hauptgerichte 79 000–115 000 Rp), die Musik ist genau richtig (Billie Holiday, Reggae, Latin) und Lagerfeuer sorgen für eine lauschige Atmosphäre.

La Moomba BAR
(⏲7–22 Uhr) Die nette Strandbar liegt an der Straße gleich nördlich von Turtle Point. Es gibt gute westliche und indonesische Küche (Hauptgerichte 65 000–85 000 Rp), auf dem Sand verteilen sich Tische und Liegen und man hat einen schönen Blick bis Gili Meno und dem wolkenverhangenen Gipfel des Gunung Rinjani dahinter. Nach Sonnenuntergang tauchen die Boote der Tintenfischfänger das Wasser in der Nähe in ein unwirkliches phosphoreszierendes Grün.

Tir na Nog PUB
(☎0370-613 9463; www.tirnanogbar.com; ⏲Do–Di 7–2, Mi bis 3 Uhr; 📶) Das auch schlicht als „The Irish" bekannte Pub, verantwortlich für diverse Kater, sieht aus wie eine Sportbar mit großen Bildschirmen. Die Bar am Wasser ist wahrscheinlich der meistfrequentierte Ort der ganzen Insel. Zu essen gibt's Kneipengerichte wie Fajitas und würzige Chicken Wings (Hauptgerichte 68 000–82 000 Rp), und wenn abends der DJ übernimmt, geht die Post ab – insbesondere zur „Party Night" mittwochs.

Sumbawa

Diese wunderbare Region scheint nur aus Vulkankämmen, Reisterrassen, trockenen Ebenen und geschützten Buchten zu bestehen, die sich nach einigen Wirrungen und Wendungen ins Meer ergießen. Obwohl Sumbawa gut an Bali und Lombok angeschlossen ist, weht hier ein gänzlich anderer Wind. Die Insel hat weniger Infrastruktur, ist größtenteils sehr trocken und viel ärmer, ausgesprochen konservativ und wird von zwei unterschiedlichen Bevölkerungsgruppen geprägt: Diejenigen, die Sumbawa sprechen, kamen wahrscheinlich via Lombok in den Westen des Eilands, die Bima-Sprecher dominieren die Tambora-Halbinsel und den Osten. Sumbawa ist weitestgehend muslimisch, doch in abgeschiedeneren Gebieten wird noch das *adat* (traditionelles ungeschriebenes Recht) praktiziert.

Die Trans-Sumbawa-Schnellstraße ist in gutem Zustand und kaum befahren; sie ermöglicht kurze Reisezeiten zwischen Lombok und Flores. Die Verkehrsverbindungen abseits der Fernstraße sind unregelmäßig und unbequem und die meisten Reisenden steigen auf dem Weg von Lombok nach Flores über Land und auf dem Seeweg nicht einmal aus. Derzeit trifft man hier vor allem Surfer, Bergarbeiter und Mullahs.

ℹ Gefahren & Ärgernisse

- Die meisten Sumbawer sind gastfreundlich, wenn auch wortkarg, doch es kann Spannungen geben. In der Vergangenheit sind Proteste gegen ausländische Bergwerksbetriebe gewalttätig geworden.
- Bitte ebenfalls beachten, dass diese Insel in Sachen Religion wesentlich konservativer ist als Lombok oder Flores, also ist ein zurückhaltendes und anständiges Benehmen angebracht.
- Indonesiens Anti-Terrorismus-Einheit der Polizei führt Razzien in Bima durch und nimmt auch immer wieder Leute fest.

ℹ Anreise & Unterwegs vor Ort

Die wichtigste Überlandstraße ist in gutem Zustand. Sie führt von Taliwang (nahe der Westküste) durch Sumbawa Besar, Dompu und Bima nach Sape (dem Hafen an der Ostküste). Hier herrscht vergleichsweise wenig Verkehr – eine echte Erleichterung, wenn man es durch Java, Bali und Lombok geschafft hat. Langstreckenbusse (gewöhnlich klimatisiert) fahren von Poto Tano, dem Fährhafen an der Westküste, nach Sape und halten in allen größeren Städten an der Strecke.

Wer sich die entlegeneren Gebiete von Sumbawa anschauen möchte, braucht einen eigenen fahrbaren Untersatz.

Autos werden in den Hotels vermietet, die Preise liegen je nach Fahrtziel bei 800 000–1 000 000 Rp pro Tag inkl. Fahrer und Sprit. Motorräder kosten 60 000 bis 80 000 Rp pro Tag.

Poto Tano

Poto Tano, der Haupthafen für die Fähren zwischen Sumbawa und Lombok, ist eine ziemlich heruntergekommene Angelegenheit. Ringsum befinden sich Fischerdörfer auf Stelzen mit sensationellem Blick auf den Gunung Rinjani. Die Gegend ist hübsch, übernachten muss man hier aber nicht unbedingt.

Fähren verkehren stündlich rund um die Uhr zwischen Labuhan Lombok und Poto Tano (Passagiere 19 000 Rp, 1½ Std.). Autos kosten 466 000 Rp, Motorräder 54 000 Rp. Bei Bussen auf der Durchreise von Lombok, Bali und Java ist der Fährpreis eingeschlossen.

Alle Busse warten auf die Fähre, Ziele sind Taiwang (20 000 Rp, 1 Std.) und Sumbawa Besar (30 000 Rp, 2 Std.).

Maluk

Südlich von Taliwang scheint jeder Strand und jede Bucht noch schöner zu sein als der

ABSEITS DER ÜBLICHEN PFADE

ALOR-ARCHIPEL

Das letzte Glied in der Kette der Kleinen Sundainseln, die sich östlich von Java erstreckt, ist urtümlich, vulkanisch geprägt und umwerfend schön. Die „Straßen" bestehen aus rotem Lehm, die Berggipfel sind zerklüftet, an den Stränden liegt weißer Sand und vor den Buchten mit kristallklarem Wasser herrschen ideale Bedingungen zum Tauchen – Korallengärten, bei deren Anblick einem die Augen übergehen, überziehen die vertikale Felswände.

Die ca. 200 000 Einwohner dieses winzigen Archipels gehören 100 verschiedenen Bevölkerungsgruppen an, sprechen acht verschiedene Sprachen und 52 Dialekte und sind von der Außenwelt (und voneinander) durch unwegsames Terrain abgeschnitten. Zwar setzten die Niederländer nach 1908 lokale Radschas in den Küstenregionen ein, diese hatten aber im Inselinneren nur wenig Einfluss – dort gab es noch in den 50er-Jahren Kopfjäger! Indigene animistische Traditionen haben sich bis heute gehalten.

Obwohl auf Pulau Alora ein Netzwerk aus einfachen Straßen besteht, sind Boote unverändert ein vielgenutztes Verkehrsmittel. Die wenigen Besucher, die es in diese Gegend verschlägt, quartieren sich meist auf Pulau Kepa ein oder erkunden die Unterwasserwelt von Tauchbooten aus, auf denen sie auch übernachten.

Die am besten gelegenen und besten Unterkünfte im Archipel bieten die Tauchresorts. Die höchste Dichte an Pensionen und Billighotels findet man in Kalabahi.

bzw. die davor. Erster Halt ist Maluk, ein Arbeiterviertel 30 km südlich von Taliwang. Ja, die Stadt ist hässlich, aber der Strand ist fantastisch. Der Sand ist weiß und goldfarben gemischt und die Bucht wird von zwei Landzungen eingefasst. Im seichten Wasser kann man prima schwimmen, und wenn die Brandung stärker ist, sorgt das Riff weiter draußen für perfekte Tubes.

Direkt südlich von Maluk liegt in fußläufiger Entfernung (allerdings ist es ein langer Spaziergang) **Supersuck**, von Surfern als beste linksläufige Welle weltweit gehandelt. Surfer vom North Shore in Hawaii zieht es in Scharen her – ein echtes Qualitätsmerkmal! Viele Leute, die schon von Kindsbeinen an auf dem Surfbrett stehen, bezeichnen die Welle als beste Barrel ihres Lebens; in der Trockenzeit (Mai bis Oktober) gibt sie richtig Gas.

Von Taliwang nach Maluk fahren *bemo* (20 000 Rp, 2 Std.), zwischen 7 und 18 Uhr fast stündlich. Drei Busse starten täglich am Busbahnhof Maluk Richtung Sumbawa Besar (40 000 Rp, 4 Std.), im Norden der Stadt gegenüber dem Eingang zur Newmont Mine (nach dem großen Tor und dem riesigen Parkplatz suchen).

Vom Hafen Benete nördlich von Maluk macht sich eine Schnellfähre der Newmont-Mine (125 000 Rp, 90 Min.) ein- oder zweimal täglich auf den Weg nach Labuhan Lombok (fährt auch in die Gegenrichtung). Die Abfahrtszeiten kann man in den Pensionen am Rantung Beach erfragen.

Sumbawa Besar

☎0371 / 54 000 EW.

Sumbawa Besar – oft einfach Sumbawa genannt – ist die wichtigste Stadt im Westen der Insel. Sie zeichnet sich durch viele Bäume aus und ist, dem Überangebot an Karaokebars zum Trotz, streng muslimisch geprägt. Die Einwohner verdienen sich ihren Lebensunterhalt mit Bohnen, Reis und Mais, die am Stadtrand angebaut werden.

Der Flughafen befindet sich sehr nah am Zentrum. Garuda und Wings Air fliegen von dort aus non-stop nach Lombok (tgl.).

Sumbawa Besars Hauptbusbahnhof für Langstrecken ist das Terminal Sumur Payung 5,5 km nordwestlich der Stadt an der Schnellstraße.

Pantai Lakey

☎0373

Pantai Lakey, ein sanft geschwungener, halbmondförmiger Strand mit goldenem Sand, zieht dank seiner sieben Surf Breaks von Weltklasseniveau das ganze Jahr über Touristen an. Entlang eines sandigen Pfads sind mehrere bescheidene Pensionen und Bars aufgereiht und schaffen das perfekte Ambiente für Sonnenanbeter.

Lakey Beach Inn (☎0373-623576; www.lakey-beach-inn.com; Jl Raya Hu'u; EZ/DZ mit Ventilator 100 000/170 000 Rp, EZ/DZ klimatisiert 200 000/260 000 Rp; ❄📶) ist eine gute Option für Budgetreisende. Von der dazu gehörenden Café-Bar (zu den Seiten hin offen, viel

Treibholz) hat man zwei legendäre Surfwellen im Blick, Lakey Pipe und Lakey Peak – ein toller Ort, um nach dem Surfen ein Bier, eine Pizza oder etwas Lokaltypisches zu verdrücken.

Vivi's Lakey Peak Homestay (☎0878 6698 1277; www.lakeypeakhomestay.com; Jl Pantai Lakey; EZ/DZ/3BZ 250 000/350 000/450 000 Rp; ❄📶) ist die anheimelndste Unterkunft in der Gegend. Vivian und ihre sumbawanisch-australische Familie sind großzügige Gastgeber. Die Zimmer sind modern, groß und hübsch möbliert.

In einem tropischen Garten findet man die sechs neuen Zimmer des **Rock Pool Home Stay** (☎0813 3733 6856; http://rockpoolhomestay.com; Jl Pantai Nunggas Lakey; Bungalow 400 000 Rp; ❄📶), die so ziemlich schönsten Unterkünfte von Pantai Lakey. Sie sind klimatisiert, das WLAN läuft und der Ausblick über die Surfwellen bis zu den Hügeln von Sumbawa ist grandios.

Von außen eher unauffällig präsentiert sich **Fatmah's** (abseits der Jl Raya Hu'u; Hauptgerichte 40 000–55 000 Rp; ⏲7–22 Uhr). Dessen ungeachtet gibt's hier tagsüber wie abends qualitativ anständige Küche.

An- & Weiterreise

In Dompu machen sich zweimal täglich (langsame) Busse auf den Weg nach Hu'u (25 000 Rp, 1½ Std.). Dort kann man ein *ojek* (20 000 Rp) nach Pantai Lakey nehmen. *Ojek* von/nach Dompu auf der Trans-Sumbawa-Überlandstraße kosten ab 100 000 Rp.

Wer die Strecke einmal mit dem Surfbrett zurückgelegt hat, wird verstehen, warum so viele Leute am Flughafen Bima in ein Taxi steigen (800 000 Rp für bis 4 Pers.). Busse von/nach Bima schlagen mit 50 000 Rp (2-mal tgl., um 6 & 12 Uhr) zu Buche.

Das *ojek*-Kartell ist in Lakey allgegenwärtig, bis zu den Wellen kostet es zwischen 30 000 Rp und 80 000 Rp.

Bima

☎0374 / 149 000 EW.

Die größte Stadt im Osten Sumbawas ist konservativ islamisch geprägt. Sie bietet ein paar Sehenswürdigkeiten, die Straßen sind schon mal verstopft vom Verkehr, die Architektur verfällt und hat wenig Reize und nach Einbruch der Dunkelheit ist die Stimmung eher ungemütlich. Eine Übernachtung hier ist nur sinnvoll, wenn die Flugzeiten alternative Optionen unmöglich machen. Wer nach Pantai Lakey fahren möchte, muss nicht in Bima Halt machen, und wer mit der Morgenfähre nach Flores übersetzen will, quartiert sich besser in Sape ein.

An- & Weiterreise

Bimas Flughafen ist der Hauptflughafen für alle, die nach Pantai Lakey wollen. In der Hochsaison (Juni–Aug.), wenn die Flüge von Labuanbajo (Flores) nach Bali oft ausgebucht sind, kann man alternativ die zehnstündige Tour mit Fähre und Bus von Labuanbajo nach Bima unternehmen und sich einen Platz in einem weniger überfüllten Flug von Bima nach Bali sichern. Fluggesellschaften sind u. a.:

Bali Nam Air, Wings Air; 1¼ Std.; tgl.

Makassar Wings Air, 1¼ Std., tgl.

Busse Richtung Westen fahren von Bimas Busbahnhof ab, von der Stadtmitte aus zehn Minuten Richtung Süden entlang der Jl Sultan Kaharuddin. Tickets bekommt man vorab in den Büros der Busunternehmen an der Jl Sultan Kaharuddin. Busse nach Sape starten an der Haltestelle Kumbe in Raba (mit dem *bemo* 3000 Rp weit entfernt). Unter anderem geht es nach:

Dompu 25 000 Rp, 2 Std., fast stündlich ab 6 bis 17 Uhr

Mataram 250 000 Rp, 11 bis 14 Std., 2-mal tgl.

Sape 35 000 Rp, 2 Std., fast stündlich ab 6 bis 17 Uhr

Sumbawa Besar 80 000 Rp, 7 Std., mehrmals tgl.

Sape

Dieser maroden Hafenstadt haftet der wenig dezente Geruch nach Tintenfisch an, der in der Sonne trocknet. Ringsum erstreckt sich ein Saum aus Reisfeldern, an die sich von Dschungelvegetation bedeckte Hügel anschließen. In den Straßen wimmelt es von *benhur* (Pferdekarren) und gerade am frühen Morgen herrscht buntes Treiben. Das Essen ist okay und auch die Unterkünfte sind annehmbar, wer also eine Fähre am Morgen nimmt, könnte Sape als Übernachtungsalternative zu Bima in Erwägung ziehen.

Der Fährhafen liegt 3 km östlich von Sapes gefühlt briefmarkengroßem Zentrum. Pannen und starker Seegang unterbrechen den Fährdienst regelmäßig – unbedingt immer die aktuellsten Fahrpläne in Bima und Sape checken. Hier zwei Verbindungen ab Sape:

Labuanbajo (Flores) 60 000 Rp, 6 Std., 1-mal tgl.

Waikelo (Sumba) 69 000 Rp, 8 Std., 3-mal wöchentl.

Die Fahrtzeiten der Expressbusse nach Lombok und Bali sind auf die Ankunft der Fähren abgestimmt.

Busse machen sich stündlich auf den Weg nach Bima (35 000 Rp, 2 Std.), wo man Anschluss an Busse hat, die weitere Ziele auf Sumbawa bedienen.

Manchmal behaupten Taxifahrer, dass kein Bus mehr fährt und man deshalb ein (ihr!) Fahrzeug nach Bima chartern muss (350 000 Rp, 1½ Std.); das stimmt gewöhnlich nicht.

Komodo & Rinca

Komodo ist spektakulär und die größte Insel im gleichnamigen Nationalpark. In der kurzen Regenzeit sind die steilen Hänge jadegrün, den Rest des Jahres dank Sonne und Wind tief rostrot. Eine Reihe von Halbinseln erstreckt sich im Osten. Wegen üppig vorhandener roter Korallen in Meer sind sie mit rosafarbenem Sand gesäumt. Das Hauptcamp **Loh Liang** und das PHKA-Büro, wo die Boote anlegen und die geführten Touren und Treks starten, liegt an der Ostküste.

Das Fischerdorf **Kampung Komodo** liegt einen einstündigen Fußmarsch südlich von Loh Liang. Es ist ein nettes Stelzendorf der Bugis, in dem es vor Ziegen, Hühnern und Kindern nur so wimmelt. Touristen sind ein gewohnter Anblick für die Einwohner, die angeblich Nachfahren von Sträflingen sind, die die Sultane von Sumbawa im 19. Jh. ins Exil auf die Insel schickten. Hier kann man sich wunderbar die Zeit damit vertreiben, den Dorfalltag auf sich wirken und den Blick übers Wasser schweifen zu lassen.

Rinca ist ein wenig kleiner als Komodo und liegt nah an Labuanbajo. Ein Tagesausflug reicht locker, um sich alles Sehenswerte anzuschauen. Es hat auf wenig Fläche eine ganze Menge zu bieten – für viele Touristen ist ein Trip nach Rinca praktischer und unkomplizierter als nach Komodo und dabei mindestens genauso interessant, denn es locken Mangroven, lichte Wälder und sonnenverwöhnte Hügel – und natürlich Komodowarane.

Der **Komodo-Nationalpark** (www.komodonationalpark.org), eröffnet 1980, ist einer der bedeutendsten Naturschätze Indonesiens. Er umfasst Komodo, Rinca, Padar, mehrere kleinere Inseln und ein enormes Meeres-Ökosystem innerhalb seiner 1817 km². Die Fläche soll zukünftig auf 2321 km² erweitert werden. Der Eintritt liegt bei 150 000 Rp pro Person und Tag (225 000 Rp an Wochenenden und öffentlichen Feiertagen), weitere Aktivitäten müssen separat gezahlt werden (25 000 Rp fürs Tauchen, 15 000 Rp fürs Schnorcheln und 250 000 Rp für eine geführte Wanderung für bis zu vier Personen).

Aktivitäten

In der Nationalparkgebühr in Höhe von 150 000 Rp sind drei Wanderungen enthalten: Die **kurze Wanderung** (1,5 km, 45 Min.) umfasst einen Stopp an einem künstlichen Wasserloch, an dem sich oft winzige Rehe herumtreiben, und man wird Warane zu Ge-

KOMODOWARANE

Der Komodowaran (*ora*) ist eine gewaltige Echse, die bis zu 3 m lang und 100 kg schwer wird. Für diese beeindruckenden Tiere lohnt sich die etwas mühevolle Anfahrt zum Komodo-Nationalpark. Meist liegen sie lethargisch in der Sonne, doch sie sind wirklich so gefährlich, wie sie aussehen. Die Parkwächter halten sie von den Touristen fern, und eine direkte Begegnung herauszufordern ist keine gute Idee.

Sowohl auf Komodo als auch auf Rinca stehen die Chancen gut, ein paar Warane zu Gesicht zu bekommen. Zwar wird behauptet, dass *ora* nicht gefüttert werden, doch es treiben sich öfter ein paar Tiere an den Rangerstationen herum, insbesondere in der Nähe der Küchen. Weitere Gelegenheiten, Warane zu beobachten – noch dazu in ganz und gar natürlicher Umgebung –, ergeben sich auf den Wanderungen. Ein Teleobjektiv kann ganz praktisch sein, ist aber nicht zwingend notwendig; mit etwas Glück kommt man ganz nah an die Tiere heran. Sie bewegen sich langsam, dennoch sollten sie mit Respekt behandelt werden. In den letzten zwanzig Jahren sind zwei Dorfbewohner von *ora* getötet worden und die Ranger wappnen sich mit einem Stab mit Zinken. Die besten Monate, um Warane zu erspähen, sind von September bis Dezember. Dann sind sowohl Weibchen als auch Männchen auf den Inseln unterwegs. Entsprechend ungünstig sind Juni bis August, die Paarungszeit – dann verstecken sich die Weibchen nämlich.

sicht bekommen, die **mittellange Wanderung** (2,5 km, 90 Min.) führt auf einen Hügel mit Rundumblick und es besteht die Möglichkeit, farbenprächtige Papageien zu sehen, und die **lange Wanderung** (4 km, 2 Std.) beinhaltet alle vorher genannten Highlights und bringt die Teilnehmer weg von den Menschenmassen.

Wer mag, kann Abenteuerwanderungen unternehmen (ab 500 000 Rp für bis zu 5 Pers.). Diese sind bis 9 km lang und können vier Stunden oder länger dauern (reichlich Wasser mitnehmen!). Höhepunkte sind z. B. Besteigungen des 538 m hohen **Gunung Ara** mit sensationeller Aussicht vom Gipfel. Im **Poreng-Tal** trifft man öfters Warane an; hier hat man das Gefühl, so richtig weit weg von allem in der Wildnis zu sein, und sollte nach Büffeln, Rehen, Wildschweinen und Vögeln Ausschau halten, Großfußhühnern etwa – Komodo hat eine bunte Vogelwelt.

Eine tolle Wanderung führt über die **Bukit Randolph**; man wird das Denkmal zu Ehren von Randolph Von Reding passieren, der 1974 im Alter von 79 Jahren auf Komodo verschwand, und **Loh Sebita** erreichen. Die Tour ist eine Herausforderung, die Aussicht aufs Meer ist spektakulär und wahrscheinlich stampfen auch ein oder zwei Warane vorbei. Wer keine Lust hat, denselben Weg zurückzulaufen, kann sich in Loh Sebita von einem Boot abholen lassen.

ℹ An- & Weiterreise

In Labuanbajo gibt es jede Menge Anbieter von Tagesausflügen nach Komodo. Sie kosten zwischen 400 000 Rp und 500 000 Rp pro Person und beinhalten ein leichtes Mittagessen und mehrere Pausen am Strand zum Faulenzen und Schnorcheln. Die Fahrt nach Komodo nimmt 3½ Stunden in Anspruch, weshalb die Tagestouren gegen 5.30 Uhr losgehen. Gegen 18 Uhr geht's zurück. Charterboote (über Nacht) starten etwas später (ca. 7 Uhr) und kosten für bis zu vier Personen 5 000 000 Rp. Rückfahrt ist um 16 Uhr ungefähr am Folgetag – insgesamt ist diese Tourvariante entspannter.

Man kann auch sein eigenes Schnellboot chartern; damit ist man in unter einer Stunde auf Komodo. Normal ist ein Preis von um die 3 000 000 Rp für bis zu vier Personen für einen kompletten Tag (vielleicht wird auch auf Rinca angelegt) – gegebenenfalls muss gehandelt werden.

Die vielen Touroptionen mit Booten, auf denen übernachtet wird („Liveaboard"), umfassen eigentlich immer einen Besuch von Komodo. Das gilt auch für die Privatboote, die auf der Route Flores–Lombok–Bali verkehren.

Flores

Flores, die von hier ansässigen Kolonisten im 16. Jh. auf diesen unpassenden portugiesischen Namen („Blumen") getauft wurde, ist so etwas wie der aufgehende Stern an Indonesiens Tourismushimmel. Die 670 km lange Trans-Flores-Schnellstraße windet sich in Schlangenlinien quer über die gesamte Länge der Insel. Sie führt um messerscharfe Grate herum und vorbei an von Reisfeldern gesäumten traditionellen Dörfern und macht so Dutzende von Gebieten für Reisende zugänglich.

Labuanbajo ganz im Westen ist eine boomende Touristenstadt, die tropische Schönheit mit einer tollen Lage in der Nähe zum Komodo-Nationalpark, hochkarätigen Tauchgründen und kleinen Inselparadiesen vereint.

Das vegetationsreiche Inland zieht jedes Jahr mehr Reisende an, die smaragdgrüne Reisfelder, Seen, rauchende Vulkane, exotische Kulturen und versteckte Strände entdecken können. An den Anblick von Kirchtürmen wird man sich auch rasch wieder gewöhnen, denn die meisten Menschen außerhalb der Hafenstädte sind katholisch. Wieder andere gehören zu jahrhundertealten Kulturen und Gruppen, sie leben in traditionellen Dörfern, die sich scheinbar seit Jahrtausenden nicht verändert haben.

ℹ Praktische Informationen

Mit Entwicklungshilfegeldern wurden u. a. ein paar nützliche Touristeninformationen in den wichtigsten Städten auf Flores eingerichtet. Weitere Infos hält die hervorragende Website www.florestourism.com bereit. Die Stadtpläne sind kostenlos, dazu gibt es diverse Publikationen zum kleinen Preis, darunter eine große, detaillierte Karte und Bücher zu Aktivitäten bzw. mit kulturellem Schwerpunkt.

ℹ An- & Weiterreise

FLUGZEUG

Es ist einfach, von Flores z. B. nach Bali, Lombok und Kupang (Westtimor) zu fliegen. Labuanbajo ist das Tor nach Flores. Flugverbindungen nach/ab Maumere und Ende werden täglich angeboten. So kann man problemlos nach Labuanbajo fliegen, sich die Insel ansehen und dann nach Maumere weiterreisen. Allerdings ist zu beachten, dass wegen der steigenden Beliebtheit von Flores die Flüge zu Spitzenzeiten ausgebucht sind.

SCHIFF/FÄHRE

Täglich verkehren Fähren zwischen Labuanbajo und Sape (Sumbawa) und jede Woche bestehen

BOOTSTOUREN ZWISCHEN LOMBOK & FLORES

Viele Traveller reisen mit dem Boot von Lombok nach Labuanbajo auf Flores. So sieht man mehr von den spektakulären Küsten und erspart sich gleichzeitig die quälenden Busfahrten über Sumbawa. Zu den typischen drei- bis viertägigen Touren gehören Schnorcheln vor der Pulau Satonda oder Pulau Moyo (vor der Küste von Sumbawa) und „Waran-Schauen" bei einer Wanderung auf Komodo oder Rinca.

Achtung: Normalerweise ist das keine Luxuskreuzfahrt – eine Menge hängt vom Boot ab, von der Crew und natürlich den Mitreisenden. Viele Anbieter halten sich nicht an „All-inclusive"-Versprechen, andere schicken ihre Gäste mit alten Kähnen ohne Rettungswesten und Funk aufs Wasser. Während der Regenzeit (Okt.–Jan.) ist die See oft unruhig, dann ist die Überfahrt nicht ganz ungefährlich.

Dennoch sind die meisten Reisenden von der Tour begeistert, egal, ob sie auf einem Matratzenlager an Deck oder in einer Mini-Kajüte übernachten durften. Die drei- bis viertägigen Fahrten kosten zwischen 170 und 400 US$ pro Pers. Sämtliche Mahlzeiten, einfache Getränke und die Nutzung der Schnorchelausrüstung sind inklusive.

Außerdem zu bedenken:

➡ Sorgfältig die Sicherheit des Schiffs überprüfen; dazu gehört, einen Blick auf die Sicherheitsausrüstung zu werfen, Fluchtwege ausfindig zu machen und sich von überfüllten Booten fernzuhalten.

➡ Nachfragen, was im Preis inbegriffen ist und was nicht. Zum Beispiel: Wenn Trinkwasser dazugehört, wie viel wird zur Verfügung gestellt? Können diejenigen, die mehr brauchen, es auf dem Schiff kaufen oder müssen sie welches mitbringen?

➡ Wer flexibel ist, kann häufig Geld sparen, indem er von Flores aus westwärts weiterzieht, da das Reisen nach Flores von Osten beliebter ist. In Labuanbajo findet man oft günstige Angebote bei Reisebüros.

Anbieter sind z. B.:

Kencana Adventure (✆0812 2206 6065; www.kencanaadventure.com; Jl Soekarno Hatta, Beta Bajo Hotel; einfache Strecke Deck/Gemeinschaftskajüte 1 650 000/2 000 000 Rp pro Pers.) Einfache Bootsfahrten zwischen Lombok und Labuanbajo mit Schlafgelegenheiten an Deck oder in Kajüten für zwei Personen.

Perama Tour (✆0376-42016, 0376-42015; www.peramatour.com; Jl Soekarno Hatta; einfache Strecke Deck/Kajüte 2 200 000/3 300 000 Rp) Führt ebenfalls einfache Schiffstouren zwischen Lombok und Labuanbajo durch. Übernachtet wird an Deck oder in kleinen Zweierkabinen.

Verbindungen nach Bira (Sulawesi) und Pulau Jampea. In Larantuka nehmen zweimal wöchentlich Fähren Kurs auf Kupang (Westtimor). In Ende und Aimere legen jede Woche Boote nach Waingapu (Sumba) ab.

ℹ Unterwegs vor Ort

Zwischen Labuanbajo und Maumere sind günstige (und vollgestopfte) Busse unterwegs. Sehr viel komfortabler und kaum teurer reist man in klimatisierten Minibussen (häufig Toyota Kijangs), die die größeren Städte miteinander verbinden. Viele Touristen mieten einen Wagen mit Fahrer, was 800 000 bis 1 000 000 Rp pro Tag kostet – bei einer Gruppe von sechs Personen ein durchaus fairer Preis. Manche Fahrer arbeiten auch als Guides und entwerfen faszinierende Touren, die über die gesamte Insel führen. In den Unterkünften erhält man genauere Infos.

Labuanbajo

✆0385 / 3000 EW.

Immer mehr Touristen bevölkern diese schöne, leicht heruntergekommene Hafenstadt, in deren Bucht traumhafte Inseln liegen; an idyllischen Aussichtspunkten sind schier unglaubliche Sonnenuntergänge zu sehen.

Cafés, Pensionen, Reisebüros, Tauchschulen und ein paar hippe Bars säumen die Hauptstraße Jl Soekarno-Hatta. Am Ufer herrscht geschäftiges Treiben und die Verbindungen in andere Teile Indonesiens sind hervorragend. Wegen der Nähe zu all den zauberhaften Inseln und zum Komodo-Nationalpark können sich viele Reisende nur schwer wieder von Labuanbajo (oder Bajo, wie es allgemein genannt wird) losreißen –

auch wenn die mit Dschungeldickicht bewachsenen Hügel im Inland von Flores neugierig auf den Osten machen.

Ursprünglich war die Hauptstadt des Regierungsbezirks Manggarai Barat ein unauffälliges Fischerstädtchen, doch heute fließt das Geld der Touristen und es wird gebaut und modernisiert. Ob Bajo ein idyllischer Urlaubsort bleibt oder sich zu einer weiteren zugemüllten Touri-Hochburg entwickelt, ist noch nicht abzusehen.

Aktivitäten

Uber Scuba TAUCHEN
(☎0813 3961 9724; www.uberscubakomodo.com; Jl Soekarno Hatta; 3 „Spaßtauchgänge" 1 500 000 Rp; ⏲8.30–20 Uhr) Eine der besten Tauchschulen, die sich auf die wachsenden Besuchermassen der Komodo-Region eingestellt haben. Sie bietet eine umfangreiche Auswahl an Spaßtauchgängen und Kursen an, außerdem gibt's All-inclusive-Pakete (10 Tauchgänge und 3 Übernachtungen an Bord eines Schiffs inkl. aller Mahlzeiten kostet 815 US$). Die beiden Boote, die *Iona* und die *Amalia*, sind im Besitz des Unternehmens und werden also nicht von Dritten gechartert.

Wicked Diving TAUCHEN
(☎0812 3964 1143; www.wickeddiving.com/komodo; Jl Soekarno Hatta; ⏲9–19 Uhr) Der Anbieter von beliebten mehrtägigen Tauchsafaris auf einem *phinisi* (sulawesischer Schoner) ermöglicht den Teilnehmern, die besten Tauchgründe im Komodo Nationalpark zu erleben. Drei Übernachtungen an Bord kosten 695 US$, sechs 1295 US$. Auch die Tagestouren sind zu Recht populär. Die Veranstalter haben zudem Lob verdient, weil sie regionale Guides und Taucher unterstützen, Umweltschutz propagieren und sich für die Gemeinschaft einsetzen.

CNDive TAUCHEN
(☎0823 3908 0808; www.cndivekomodo.com; Jl Mutiara; ab 150 US$ pro Pers. & Tag; ⏲8–20 Uhr) Condo Subagyo, der Besitzer, ist der erfahrenste Tauchanbieter des Landes und ein ehemaliger Ranger im Komodo-Nationalpark. Alle Mitarbeiter stammen aus der Region, hatten eine gründliche Ausbildung und kennen mehr als 100 Tauchspots ganz genau – ein paar Spots wurden tatsächlich erst durch CNDive entdeckt und von dem Tauchzentrum benannt. Ein Tauchpaket mit drei Übernachtungen an Bord liegt bei 546 US$ pro Nase.

Schlafen

Bajo Beach Hotel PENSION $
(☎0812 3764 3139, 0385-41008; Jl Soekarno Hatta; Zi. mit Ventilator/klimatisiert 150 000/300 000 Rp;) Nette Budgetoption im Zentrum mit 16 einfachen, aber großzügig geschnittenen älteren Zimmern (Fliesenböden, Sperrholzverkleidung, private Sitzbereiche vorn). Sie sind sauber und gepflegt. Das Frühstück ist simpel: Toast und Marmelade, fertig.

★ **Palulu Garden Homestay** HOMESTAY $$
(☎0822 3658 4279; https://palulugarden.wordpress.com; Jl Ande Bole; B 170 000 Rp, Zi. mit Ventilator/klimatisiert 250 000/350 000 Rp;) Der alteingesessene regionale Guide Kornelis Gega und seine Familie führen diesen Homestay mit vier Zimmern, der nur ein paar Schritte vom Zentrum entfernt ist. Die günstigsten Zimmer teilen sich ein Bad, das beste hat eine Klimaanlage. Alles ist hier ganz und gar Flores-typisch und absolut blitzsauber. Kornelis kann bei der Reiseplanung helfen, den Transport arrangieren und Motorräder vermieten (75 000 Rp pro Tag). Vorher anrufen.

Green Hill Hotel PENSION $$
(☎0385-41289; www.greenhillboutiquehotel.com; Jl Soekarno Hatta; EZ/DZ/3BZ 484,000/514,000/635 000 Rp;) Der Blick auf Stadt, Bucht und – natürlich – phänomenale Sonnenuntergänge in Verbindung mit sauberen, ruhigen Zimmern abseits des Trubels auf der Hauptstraße macht das Green Hill Hotel zu einer sehr guten Wahl. Die Rezeption befindet sich im Stadtzentrum, von dort geht's ein kleines Stück bergauf. Die 13 Zimmer warten mit TV, Klimaanlage, Warmwasser, Balkon und vernünftigen Betten auf. Das Frühstück ist super.

Bajo Sunset Hostel HOSTEL $$
(☎0812 3645 2244; Jl Reklamasi Pantai; EZ/DZ 250 000/500 000 Rp;) Diese einladende Mischung aus Hostel und Pension steht auf zurückgewonnenem Land an der Küste. Es gibt ein bescheidenes Café und einen großen Aufenthaltsbereich unter freiem Himmel mit großartigem Meerblick. Der Schlafsaal verfügt über 14 Betten, dazu gibt es noch Vier-Bett-Zimmer.

Essen & Ausgehen

★ **Warung Mama** INDONESISCH $
(☎0822 3926 4747; Jl Soekarno Hatta; Hauptgerichte 35 000–50 000 Rp; ⏲10–22 Uhr;) Auf Stelzen thront dieser Bambusbau oberhalb

von Bajos Hauptstraße und versorgt die Gäste mit günstigem Essen in gut gelaunter Atmosphäre, denn man sitzt an Gemeinschaftstischen. An den Wänden hängen sepiafarbene Fotos mit dörflichen Szenen und mehr. Die lokaltypischen Gerichte sind formvollendet zubereitet, es gibt z. B. Fischkoteletts in Kokos-Kurkuma-Soße, Jackfrucht-Curry, frisches Gemüse und wunderbares *daging rendang* (trockenes Rindfleisch-Curry).

★ Pasar Malam INDONESISCH **$**
(Nachtmarkt; Jl Soekarno Hatta; Hauptgerichte 25 000–60 000 Rp; ⌚18–24 Uhr) Bei Sonnenuntergang sollte man sich einen Platz an einem Tisch unter dem Planendach sichern. Auf dem Nachtmarkt an Bajos Küste bieten Stände alle möglichen indonesischen Klassiker an wie frittierte Köstlichkeiten und fangfrischer Fisch und Meeresfrüchte vom Grill. Kaltes Bier gibt's im Supermarkt auf der anderen Straßenseite.

★ MadeInItaly ITALIENISCH **$$**
(☎0385-244 0222; www.miirestaurants.com; Jl Pantai Pede; Hauptgerichte 70 000–120 000 Rp; ⌚11–23 Uhr; 📶) Ein stilvolles und lässiges Restaurant mit Plätzen drinnen und draußen, auf der ganzen Insel berühmt für fantastische Pizzas und Pasta. Tatsächlich haben wir selten bessere Pizza gegessen – und das an einem derartig unerwarteten Ort! Sie ist herrlich dünn und knusprig und beim Anblick der Zutaten läuft einem das Wasser im Mund zusammen; manche werden direkt aus Italien importiert.

★ Paradise Bar BAR
(☎0822 6640 7569; Jl Binongko; ⌚So–Fr 16–1, Sa bis 2 Uhr; 📶) Auf einer Felswand mit Blick über den Ring aus Inseln vor der Küste Labuanbajos thront die Paradise Bar, eine unfassbar schöne Lokalität für einen *arak*-Cocktail bei Sonnenuntergang. Auf der Terrasse weht ein laues Lüftchen, es gibt jede Menge Rattanarmsessel und man kann Pommes und Chicken Nuggets (35 000 Rp) bestellen. Die Auswahl an Kaltgetränken ist in Ordnung und der Blick aufs Meer … nun ja, der ist nicht von dieser Welt. Samstagabends ist Party Time, dann spielen zwei Bands Reggae und Rock und DJs legen auf.

Le Pirate BAR
(☎0361-733493, 0385-41962; https://lepirate.com/labuan-bajo; Jl Soekarno Hatta; ⌚7–23 Uhr; 📶) Die bunte Bar im 1. Stock im Zentrum wird gern nach einem langen Tag Tauchen oder Insel-Hopping angesteuert. Hier kann man bei einem kalten Bier, Cocktails und Livemusik (Di, Do & Sa 20–22 Uhr) entspannen. Außerdem gibt's eine Dachbar und Filmvorführungen (Mi abends) und die Küche ist hervorragend (7–23 Uhr; Hauptgerichte 70 000–80 000 Rp; letzte Bestellung um 22.15 Uhr). In der Nähe stehen auch sehr schöne Gästezimmer zur Verfügung (ab 650 000 Rp).

ℹ Praktische Informationen

PHKA-Informationskiosk (☎0385-41005; Jl Soekarno Hatta; ⌚Mo–Fr 7–11 & 14–16, Sa & So 7–10 Uhr) Das PHKA verwaltet den Komodo-Nationalpark, liefert Infos und stellt Genehmigungen für Komodo- und Rinca aus.

Touristeninformation (☎0361-271145; www.florestourism.com; Jl Mutiara; ⌚Mo–Sa 8–16.30 Uhr) Die Mitarbeiter sind freundlich und hilfsbereit. Das Büro liegt ein Stück abseits der Hauptstraße.

ℹ An- & Weiterreise

BUS

In Labuanbajo gibt's keinen Busbahnhof, deshalb buchen die meisten Reisenden ihre Fahrkarten im Hotel oder in einer Reiseagentur wie **Varanus Travel** (☎0385-41709; Jl Soekarno Hatta; ⌚8–18 Uhr). Wer im Voraus eine Fahrkarte kauft, wird vom Bus in der Unterkunft abgeholt. Alle Busse Richtung Osten fahren über Ruteng.

Fahrkartenverkäufer für Fernbusse nach Lombok und Bali arbeiten am Fährhafenbüro. Die Fahrtkosten schließen alle Fähren (drei bis Bali) und klimatisierte Busse ein.

BUSSE AB LABUANBAJO

ZIEL	VERKEHRSMITTEL	PREIS (RP)	DAUER (STD.)	HÄUFIGKEIT
Bajawa	Bus	160 000	10	mehrmals tgl.
Denpasar (Bali)	Bus & Fähre	500 000	38	1-mal tgl.
Mataram (Lombok)	Bus & Fähre	350 000	24	1-mal tgl.
Ruteng	Bus	80 000	4	alle 2 Std., 6–18 Uhr

FLUGZEUG

Der Komodo-Flughafen von Labuanbajo verfügt über ein riesiges neues Terminal und die Landebahn wurde gerade verlängert, das lässt in etwa erkennen, von welchem Tourismuswachstum ausgegangen wird.

Garuda, Nam Air, Transnusa und Wings Air bedienen Destinationen wie Denpasar, Jakarta und Kupang und verfügen über Schalter im Terminal. Flüge nach/von Bali gibt's mehrmals täglich, sie sind allerdings zu Stoßzeiten oft ausgebucht. Man kann leider nicht einfach kommen und losfliegen. Der tägliche Flug nach Kupang mit Wings Air ist nicht ganz so heiß begehrt, dennoch ist es schlauer, vorab zu buchen.

SCHIFF/FÄHRE

Die ASDP-Fähre von Labuanbajo nach Sape (60 000 Rp, 6 Std.) fährt morgens um 10 Uhr. Unbedingt die Zeiten bestätigen lassen. Fahrkarten kauft man am Tag der Abfahrt im **Fährhafenbüro** (Jl Soekarno Hatta; ⏲7–17 Uhr).

Reiseagenturen für Schiffe zwischen Labuanbajo und Lombok (S. 171) säumen die Jl Soekarno Hatta.

An einer Seitenstraße, die von der Jl Mutiara bergauf führt, ist die leicht zu übersehende Zweigstelle des **Pelni-Büros** (☎0385-41106; abseits der Jl Mutiara; ⏲9–18 Uhr) angesiedelt; dort gibt's Fahrkarten für Langstrecken mit dem Boot. Die Fahrpläne im Fenster geben einen Überblick über die Verbindungen. Es geht z. B. nach Makassar und an die Ostküste von Sulawesi sowie nach Bima, Lembar und Benoa (Bali). **Kencana Adventure** (S. 171) hat einfache dreitägige (2 Übernachtungen) Bootstouren zwischen Lombok und Labuanbajo im Programm.

Bajawa

☎0384 / 44 000 EW.

Bajawa ist eine relaxte, vornehmlich katholische Stadt in den Bergen; sie liegt auf 1100 m überm Meer, ist mit einem angenehmen Klima gesegnet und von bewaldeten Vulkanen eingefasst. Hier betreiben die einheimischen Ngada Handel – man kann sich wunderbar unters Volk mischen und über staubige Straßen bummeln, die von blühenden Gärten gesäumt sind. Bajawa eignet sich prima als Basis für die Erkundung Dutzender traditioneller Dörfer. Im Süden erhebt sich der Gunung Inerie (2245 m), ein Vulkan mit einem geradezu perfekten Kegel. Dort sind auch heiße Quellen zu finden. Ein weiteres Highlight ist der relativ neue Vulkan Wawo Muda mit seinen an den Kelimutu erinnernden Seen.

Schlafen & Essen

★Hotel Happy PENSION $$

(☎0853 3370 4455, 0384-421763; www.hotelhappyhappy.com; Jl Sudirman; Zi. 475 000 Rp; 📶) In diesem einfachen, aber klassischen Gästehaus mit sechs tadellosen, gefliesten Zimmern, lavendelfarbenen Wänden und vernünftiger Bettwäsche – eine echte Rarität in Bajawa – stimmt einfach alles. Es gibt einen geselligen Sitzbereich auf der Veranda, Wasserflaschen werden kostenlos wieder aufgefüllt und das exzellente Frühstück ist im Preis enthalten. Zu den Touristenläden ist es nur ein kurzer Fußmarsch.

Sanian Hotel Bajawa HOTEL $$

(☎0384-220006; www.sanianhotelbajawa.com; Jl DI Panjaitan; Zi. ab 350 000 Rp; 📶) Das relativ neue Hotel vermietet elf Zimmer in einem zweistöckigen Gebäude nahe dem Stadtzentrum und Markt. Angenehm ist, dass die Zimmer ohne überflüssiges Dekor auskommen. Die im oberen Stockwerk gewähren einen netten Ausblick auf Bajawa und die umgebenden Hügel vom Gemeinschaftsbalkon.

Anugerah INDONESISCH $

(☎0812 1694 7158; Jl Sudirman; Hauptgerichte 25 000–40 000 Rp; ⏲8–22.30 Uhr) Das einfache familienbetriebene *rumah makan* (Restaurant) ist eine tolle Wahl für ein günstiges Mittagessen. Mit Gerichten wie Wan Tan, Nudeln und Suppen betritt das Anugerah chinesisches Territorium, es gibt aber auch archipeltypisches wie *nasi babi rica* (würziges Schweinefleisch mit Reis). Unbedingt Platz lassen für ein paar Süßigkeiten.

Praktische Informationen

Touristeninformation (☎0823 3907 0178; www.florestourism.com; Jl Ahmad Yani 2; ⏲Mo–Sa 8.30–16.30 Uhr) Klein, aber sehr praktisch. Gute Infos zu Ngada; diverse Wandertouren- und Reiseagenturen liegen ganz in der Nähe.

An- & Weiterreise

Busse und *bemo* steuern Ziele wie Ende (80 000 Rp) und Labuanbajo (160 0000 Rp) an.

Ende

☎0381 / 80 253 EW.

Der offensichtlichste Vorzug dieser schwülen Hafenstadt ist die spektakuläre Lage. Über Ende und der Küste mit schwarzem Sand und Kieseln ragen die auffälligen Kegel des Gunung Meja (661 m) sowie des Gunung Iya (637 m) auf. Die Szenerie wird nordöstlich von Ende sogar noch schöner – dort steigt die Straße zum Kelimutu entlang eines Grats gegenüber von nebelverhangenen Gipfeln an und man blickt über einen rauschenden Fluss und – während der Regenzeit – tosende Wasserfälle. Damit nicht genug, erstrahlen Reisterrassen in Jadegrün ... Dies ist eine der spektakulärsten Gegenden auf ganz Flores.

Es lohnt sich, in Ende nicht nur kurz Halt auf der Durchreise zu machen, sondern etwas zu verweilen. Das Zentrum ist kompakt und atmosphärisch, faszinierend ungeschönt und rau. Darüber hinaus ist die Stadt ein wichtiges Verkehrsdrehkreuz: Vom hiesigen Flughafen gehen Maschinen nach Labuanbajo, Kupang (Westtimor) und Tambolaka (Sumba).

Einen Abstecher wert sind z. B. der **Ikat-Markt** (Ecke Jl Pabean & Pasar; ⏲9–17 Uhr), auf dem handgewebte Dekorationsstoffe verkauft werden, und der Lebensmittel-*pasar* (Markt) am Ufer.

Schlafen & Essen

Guesthouse Alhidayah PENSION $
(☎0381-23707; Jl Yos Sudarso; Zi. ab 200 000 Rp; ❄) Diese solide Budgetunterkunft im Zentrum beherbergt sieben sehr saubere, eher schlichte geflieste Zimmer mit hohen Decken sowie einer privaten Veranda. Die teuersten Zimmer verfügen über eine Klimaanlage und Warmwasser bei einem anständigen Preis-Leistungs-Verhältnis.

★ **Dasi Guest House** PENSION $$
(☎0852 1863 8432, 0381-262 7049; yosdam@yahoo.co.id; Jl Durian Atas 2; Zi. ab 250 000 Rp; ❄📶) 15 Zimmer in einem modernen Gebäude bietet diese hervorragende familiengeführte Pension. Manche sind dunkel, andere hell, aber in allen gibt es Klimaanlage und Fernsehen. Vom schönen Aufenthaltsraum geht die Aussicht nach Süden. In dem namenlosen *warung* auf der anderen Straßenseite bekommt man ein geniales *nasi pecel* (Gemüse mit Reiskuchen und scharfer Erdnusssoße). Die Pension liegt etwa 3 km östlich vom Zentrum.

★ **Sari Rasa** INDONESISCH $
(Jl Ahmad Yani; Hauptgerichte 25 000–30 000 Rp; ⏲18.30–22 Uhr) Eines der besten Restaurants nicht nur in Ende, sondern ganz Nusa Tenggara. Der erste Eindruck, geprägt durch schmucklose Wände, Plastikstühle und Metalltische unter Neonröhren, täuscht. Die Karte, auf eine weiße Tafel gemalt, ist kurz, zeigt aber die immense Sorgfalt des genialen Besitzers Martin und seiner talentierten Frau und Köchin.

Praktische Informationen

Touristeninformation (☎0381-23141; www.florestourism.com; Jl Soekarno; ⏲Mo–Fr 8.30–15 Uhr) Die enthusiastischen Mitarbeiter sind auf dem neuesten Stand, was Infos zum Transport angeht.

An- & Weiterreise

Flug- und Fährenfahrpläne sind traditionell eher vage und unklar, also unbedingt alle Zeiten und Anbieter schon vor der detaillierten Reiseplanung bestätigen lassen. Wings, Garuda und Nam Air fliegen den **Flughafen Ende** (H. Hasan Aroeboesman Airport; Jl Ahmad Yani) an, der fast unmittelbar im Zentrum liegt.

Pelni schickt alle zwei Wochen Boote nach Waingapu, Benoa und Surabaya und dann nach Osten, nach Kupang und Sabu. Das **Pelni-Büro** (☎0381-21043; Jl Kathedral 2; ⏲Mo–Sa 8–12 & 14–16 Uhr) hat hilfsbereite Mitarbeiter; sie verkaufen Tickets nach Waingapu (65 000 Rp, 9 Std.).

Busse Richtung Osten fahren vom Wolowana-Busbahnhof, 5 km außerhalb der Stadt, ab, diejenigen Richtung Westen vom Ndao-Busbahnhof, 2 km Richtung Norden entlang der Strandstraße.

Kelimutu

Der Kelimutu, ein heiliger (erloschener) Vulkan, ist das Herzstück des bergigen, dschungelbedeckten **Nationalparks** (Eintritt Mo–Sa/So 150 000/225 000 Rp pro Pers., 5000/10 000 Rp pro ojek/Wagen; ⏲Kasse 5–17 Uhr) desselben Namens. Am besten beginnt man den Tag vor Tagesanbruch und beobachtet, wie die Sonne den Westrand des Kelimutu erklimmt. Wenn der Nebel aufgestiegen ist, kommen drei auffällige tiefe Vulkanseen zum Vorschein. Sie werden als „dreifarbige Seen" bezeichnet, weil ein jeder von ihnen über viele Jahre hinweg in einer anderen auffälligen Farbe erstrahlte.

Der Nationalpark ist unter einer Fahrtstunde von Moni und Detusoko entfernt und umfasst bedrohte Tier- und Pflanzenarten (allein 19 seltene Vogelarten) sowie weitere Gipfel wie den Kelibara (1731 m).

Die Kasse befindet sich 8,5 km die asphaltierte Zufahrtsstraße hinauf, die 2 km westlich von Moni auf die Trans-Flores-Schnellstraße trifft. Zum Seen-Parkplatz sind es noch mal 4 km. Vom Parkplatz aus läuft man 20 Minuten durch die Kiefern bergauf zum

Inspiration Point. Ab Moni kann man mit einem *ojek* (einfache Strecke 50 000 Rp) oder Pkw (hin & zurück 350 000 Rp, maximal 5 Pers.) hierhergelangen.

Moni

☎ 0361

Moni ist eine bildhübsche, angenehme Stadt in den Hügeln, die in Reisfeldern zu schwimmen scheint und von üppig grünen Vulkankegeln umringt ist. In der Ferne erspäht man das Meer. Das Tempo ist gemäßigt, die Stimmung locker und entspannt. Moni ist das wichtigste Tor zum Kelimutu, der Hauptattraktion auf dem „Festland" von Flores. Ein Highlight für die Einheimischen ist der Montagsmarkt, der auf einem Fußballfeld aufgebaut wird. Dort kann man Ikat, gemusterte Textilien, kaufen.

Schlafen & Essen

Watugana Bungalow PENSION $

(☎ 0813 3916 7408; Jl Trans Flores; Zi. 150 000–350 000 Rp) Die älteren vier Räume unten werden einigermaßen sauber gehalten, allerdings sind sie dunkel und die Bäder etwas feucht. Besser nimmt man eines der beiden neueren und zugleich helleren Zimmer treppauf inklusive heißem Wasser – sie sind erwartungsgemäß teurer. Für 75 000 Rp pro Person bereiten die Besitzer ein Festmahl mit sieben Gerichten zu, darunter Fisch, Huhn, Reis, Gemüse und käsiges Kartoffelpüree.

Bintang Lodge PENSION $$

(☎ 0852 3790 6259, WhatsApp 0823 4103 6979; www.bintang-lodge.com; Jl Trans Flores; EZ/DZ ab 330 000/385 000 Rp; ❄@) Eine der besten Pensionen in Moni. Die vier Zimmer dieser zentral gelegenen Unterkunft sind sauber und groß. An kühlen Morgen und Abenden ist das Warmwasser ein Segen. Im Café (Hauptgerichte 30 000–45 000 Rp) sitzt man auf einer schönen offenen Terrasse mit Blick auf die grüne Umgebung. Besitzer Tobias ist total nett und kennt die Gegend wie seine Westentasche.

★ **Mopi's Place** CAFÉ $

(☎ 0813 3736 5682; Jl Trans Flores; Hauptgerichte 40 000–45 000 Rp; ⏰ 8–22 Uhr; 🖉) Das Mopi ist ein echter Glücksgriff und passt prima in einen Ort wie Moni. Es ist zu den Seiten hin offen und in indonesisch-australischem Besitz. Der Kaffee ist klasse – die Bohnen stammen vom Kelimutu, und wer mag, kann dazu hausgemachte Sojamilch bestellen. Das *gado gado* ist herausragend und wird mit superfrischem Gemüse aus der Gegend zubereitet. Zum Abschluss gibt's frische tropische Säfte und Backwaren. Zum Abend hin verwandelt sich das Café dann in eine Bar mit toller Livemusik. Auch die Klientel ist nett.

An- & Weiterreise

Am besten macht man sich morgens auf den Weg, dann sind die Busse oft nur zur Hälfte besetzt (während sie nachmittags gewöhnlich aus allen Nähten platzen). Tickets nicht über die Unterkunft buchen, die Busse können einfach auf dem Weg durch den Ort per Handzeichen angehalten werden.

In der **Bintang Lodge** werden Motorräder (pro Tag 100 000 Rp) und Autos (pro Tag 750 000 Rp, mit Fahrer) vermietet.

Paga

15 598 EW.

Auf halber Strecke zwischen Moni und Maumere erstrecken sich mehrere Strände, die der Stoff sind, aus dem Flores-Träume gemacht werden. Die Trans-Flores-Schnellstraße führt in diesem kleinen Städtchen, das von Reisbauern und Fischern bewohnt wird, an die Küste. Hier ergießt sich der breite, rauschende Fluss in eine ruhige Bucht. In Paga öffnen immer mehr Unterkünfte. Vielleicht ist der Ort schon bald ein weiteres Muss für Trans-Flores-Reisende.

Ein Highlight ist der **Pantai Koka** (Eintritt pro Pkw 20 000 Rp), einer der nettesten Strände auf Flores. Er liegt ca. 5 km westlich des Pantai Naga.

Nicht verpassen darf man das **Restaurant Laryss** (☎ 0852 5334 2802; www.floresgids.com; Jl Raya Maumere-Ende; Hauptgerichte 50 000–60 000 Rp; ⏰ Küche 8–22 Uhr), eine Fischbude mit sensationeller Lage. Im Schatten der Bäume stehen mehrere Tische im Sand – fertig ist eines der besten Restaurants auf der Insel. Der Besitzer Agustinus Naban arbeitet auch als Guide und serviert frisch gefangenen Schnapper und Thunfisch, die großzügig mit Kurkuma und Ingwer eingerieben, mit Zitronensaft besprenkelt und über offener Flamme mit Kokosschalen gegrillt werden.

Maumere

☎ 0382 / 54 000 EW.

Maumere bietet sich als letzte Station auf der Tour quer durch Flores an. Die Stadt zeichnet sich durch eine lange Küste aus. Davor schwimmen Inseln im Wasser, dahinter ragen Hügel auf. Da die Flugverbindungen nach Bali und Timor gut sind, ist Maumere ein Tor nach Flores Timur (Ostflores). Allerdings wurde die Stadt von dem verheerenden Erdbeben 1992 nahezu vollständig zerstört und musste seither von Grund auf wiederaufgebaut werden. Jetzt präsentiert sie sich als geschäftiges, staubiges urbanes Zentrum. Zum Glück muss man nicht in Maumere selbst übernachten, denn es gibt ein paar nette Schlafmöglichkeiten entlang der Küste (in beiden Richtungen).

Eine zentral gelegene Budgetoption ist das **Hotel Wini Rai II** (☎0382-21362; Jl Soetomo 7; nur mit Ventilator EZ/DZ 100 000/150 000 Rp, klimatisiert EZ/DZ 150 000/200 000 Rp; ❄), schmucklos, aber nett. Etwas schicker kommt das **Wailiti Hotel** (☎0821 4717 5576, 0382-23416; Jl Da Silva; Zi./Bungalow ab 450 000/550 000 Rp; ❄📶🏊) daher, Maumeres beste Unterkunft, mit ordentlichen Zimmern und Bungalows auf einem großzügig geschnittenen Grundstück samt ausladendem Pool.

ℹ An- & Weiterreise

Maumere ist sowohl an Bali als auch Kupang angebunden. Entlang der Jl Pasar Baru Timur im Stadtzentrum findet man die Büros der Fluggesellschaften und Reisbüros.

Der **Frans-Seda-Flughafen** (Wai Oti Airport) befindet sich 3 km östlich der Stadt, 800 m abseits der Straße zwischen Maumere und Larantuka.

Für ein Taxi nach/ab Maumere zahlt man 60 000 Rp (nicht verhandelbarer Fixpreis).

Es gibt zwei Busterminals. Busse und Kijang, die Larantuka im Osten zum Ziel haben, fahren 3 km östlich der Stadt am **Terminal Lokaria** (Jl Raja Centis) ab. Wer in den Westen will, muss sich zum 1 km südwestlich der Stadt gelegenen **Terminal Madawat** (Jl Gajah Mada) aufmachen. Die Fahrpläne sind eher Pi mal Daumen; man muss darauf vorbereitet sein, auf die Abfahrt zu warten, bis sich ausreichend Passagiere eingefunden haben, und sollte Ausschau halten nach den Bussen, die auf den Straßen neben den Busbahnhöfen halten und Fahrgäste aufsammeln, ohne auf das Terminalgelände abzubiegen.

Larantuka

☎0383 / 37 348 EW.

Am östlichsten Ende von Flores liegt diese geschäftige, vornehmlich katholische Hafenstadt am Fuße des **Gunung Ill Mandiri** (1510 m). In der Kolonialzeit war Larantuka ein bedeutender Umschlaghafen und eine wichtige Basis missionarischer Aktivität. Heute sind in der bescheidenen Hauptstadt von Flores Timur (Ostflores) viele Häuser mit verrosteten Blechdächern gedeckt. Jenseits einer schmalen Meerenge liegen Pulau Solor und Pulau Adonara. Abends herrscht eine nette Straßenmarktatmosphäre, dann wird in den Straßen mit frischem Obst und Fisch gehandelt. Die meisten Besucher bleiben hier nur für eine Nacht auf ihrem Weg nach Kupang oder Alor. Eine besonders gute Zeit für einen Besuch hier ist die Karwoche um Ostern, wenn katholische Pilger aus ganz Indonesien anreisen, um die großen Prozessionen der Büßer und Kreuzträger mitzuverfolgen. Am Karfreitag geht's sogar ins Wasser: Dann folgt eine kleine Flotte Kanus einem Boot mit einer Statue an Bord.

Die beste Unterkunft von Larantuka ist das **Asa Hotel & Restaurant** (☎0383-232 5018; https://asahotel-larantuka.com; Jl Soekarno Hatta; DZ ab 400 000 Rp; ❄🏊). Das Grundstück ist beeindruckend; man genießt einen Blick auf den Weri Beach, 5 km nordöstlich vom Zentrum. Seine 27 modernen und stilvollen Zimmer in ein- bis zweigeschossigen Gebäuden verfügen alle über Kühlschrank und Balkon.

ℹ An- & Weiterreise

Montags und freitag mittags (12 Uhr) setzen Fähren nach Kupang über (105 000, 15 Std.) und zwei Pelni-Boote fahren nach Kalabahi im Alor-Archipel (78 000 Rp, 15 Std.).

Der Hauptbusbahnhof liegt 5 km westlich der Stadt. Busse (60 000 Rp, 4 Std.) und Autos (80 000 Rp, 3 Std.) nach Maumere fahren häufig zwischen 7 und 17 Uhr.

Westtimor

Westtimor mit seinen zahlreichen traditionellen Dörfern, der rauen Landschaft und den einsamen Stränden ist ein weitgehend unbekanntes Kleinod. Tief in seinem bergigen, palmenbewachsenen Inland werden noch immer animistische Traditionen gepflegt und Stammesdialekte gesprochen. Häuptlinge tragen Ikats, kauen Betelnüsse und praktizieren die traditionelle Rechtsprechung, *adat*, in Dörfern mit Hütten, die wie Bienenstöcke aussehen. Beim Besuch eines der vielen Wochenmärkte in dieser „Vielvölkerregion" bekommt man ein Gespür für den Alltag auf dem Land und kann vielleicht der einen oder anderen der insgesamt 14 Sprachen lauschen, die auf der Insel gesprochen werden – in Westtimor ist Bahasa oftmals eine Fremdsprache. Das gilt natürlich nicht für Kupang, die Küstenhauptstadt und wichtigste Metropole Ost-Nusa-Tenggaras, in der ein hektischer Lebensrhythmus herrscht.

WEITERREISE NACH OSTTIMOR: VON KUPANG NACH DILI

Neben dem reinen Tourismus fahren viele von Westtimor nach Timor-Leste, um ihr Indonesien-Visa zu erneuern. Wer sich dafür entscheidet, sollte bedenken, dass Timor-Leste wesentlich teurer ist als Indonesien und der Rückweg normalerweise länger als eine Woche dauert ab dem Zeitpunkt, an dem man in Dili angekommen ist, auf sein Indonesien-Visum wartet und nach Westtimor zurückkehrt.

Anreise zur Grenze Direkte Minibusse (10 bis 11 Std.) von Kupang nach Dili betreibt **Timor Tour & Travel** (☎0380-881543, 0852 1708 5378). Wer vorher anruft, wird vom Hotel abgeholt.

An der Grenze Das Visum wird in Timor-Leste im **Konsulat von Timor-Leste** (☎0813 3936 7558, 0380-855 4552; Jl Frans Seda; ⌚Mo–Do 8–16, Fr bis 14 Uhr), Kupang, beantragt. Erforderlich sind ein gültiger Reisepass, eine Fotokopie und Passbilder. Kostenpunkt 30 US$, die Bearbeitung dauert drei Werktage. Auf keiner Seite der Grenze stehen Busse bereit. Wenn man individuell anreist, kann es also lange dauern, bis einer kommt. Die bei Weitem beste Wahl sind Minibusse.

Weiterreise Die Minibusse fahren direkt nach Dili, wo die meisten Reisenden ihren Besuch in Timor-Leste beginnen. Sie halten auch bei Pensionen und Hotels.

Mehr Informationen dazu, wie man die Grenze aus der anderen Richtung überquert, finden sich auf S. 625.

Anreise & Unterwegs vor Ort

Den einfachsten Zugang zu Westtimor bietet die wichtigste Stadt auf der Insel, Kupang, in der sich der Flughafen El Tari befindet, ein regionales Transportdrehkreuz für Nusa Tenggara Timur. Theoretisch handelt es sich um einen internationalen Flughafen, an dem täglich nationale Verbindungen nach Jakarta, Denpasar, zu den Alor-Inseln, nach Sumba und Flores bestehen. Fähren machen sich auf den Weg nach Kalabahi, Larantuka, Rote und Waingapu.

Kupang

☎0380 / 315 768 EW.

Kupang ist die Hauptstadt von Nusa Tenggara Timur (NTT). Das Hafenviertel macht einen verlotterten Eindruck, der Verkehr brummt und tost und es gibt so gut wie keine reizvollen kulturellen oder architektonischen Elemente. Dennoch ist Kupang ein Ort, an den man sich gewöhnen kann. Vielleicht ist es die chaotische Energie, die die Universitätsstadt verströmt, ihr wohnt jedenfalls unleugbar die Dynamik eines Ortes inne, in dem „etwas geht".

Kupang ist ein regionales Verkehrsdrehkreuz, man wird also immer wieder hier landen. Der eine oder andere wird überrascht feststellen, dass er sich nach einem Trip ins Inland, nach Alor oder Rote, richtiggehend auf Kupang freut. Der englische Kapitän Bligh hatte ein ähnliches Erlebnis, als er 47 Tage hier verbrachte – im Anschluss an die unglückselige Meuterei auf der *Bounty* 1789.

Schlafen & Essen

★ **Lavalon Bar & Hostel** HOSTEL $
(☎0812 377 0533, 0380-832256; www.lavalontouristinfo.com; Jl Sumatera 44; B/Zi. ab 70 000/160 000 Rp; ❄📶) Das Lavalon ist ein Treffpunkt für Westtimor-Reisende und die Unterkunft mit dem besten Preis-Leistungs-Verhältnis in Kupang. Die Zimmer (z. T. mit Bädern im westlichen Stil) zeigen Alterserscheinungen, sind aber sauber – am besten nach einem Eckzimmer fragen, um Blick aufs Meer zu haben. In dem Gemeinschaftsbereich am Wasser werden tolle Mahlzeiten und kaltes Bier serviert.

Der Besitzer ist eine Art lebende Nusa-Tenggara-Enzyklopädie: der beliebte ehemalige indonesische Filmstar Edwin Lerrick. Er betreibt auch die angeschlossene (private) Touristeninformation. Er bucht Autos, Motorräder und Fahrer und hilft bei Transportfragen allgemein. Anrufen oder eine Nachricht schreiben, um die Buchung perfekt zu machen.

Hotel Maliana PENSION $
(☎0380-821879; Jl Sumatera 35; Zi. mit Ventilator/klimatisiert 175 000/250 000 Rp; ❄📶) Die 13 einfachen, aber gemütlichen Motelzimmer sind sauber und bei Budgetreisenden sehr beliebt. Auf der von Kletterpflanzen umrankten Veranda kann man ein bisschen vom Meer sehen.

★ **Pasar Malam** MARKT $
(Nachtmarkt; Jl Garuda; Fisch ab 50 000 Rp; ⌚18–23 Uhr) Bis dieser wundervolle Markt mit sei-

Kupang

nen Lichtern eröffnet wurde, hätte niemand gesagt, dass man in Kupang gut essen kann. Jetzt bereiten Straßenköche in einer Gasse in der Nähe der Jl Garuda an Wok und Grill professionell günstige Gerichte zu. Die Auswahl ist riesig, der frische Fisch zappelt, und es wird gegrillt – mit einer klebrigen „Lasur" auf *kecap manis*-Basis. Wirklich spitzenmäßig.

Praktische Informationen

Edwin Lerrick (☎ 0812 377 0533, 0380-832256; lavalonbar@gmail.com; ab 300 000 Rp pro Tag), der Besitzer des Lavalon Bar & Hostel, informiert über aktuelle Verkehrsverbindungen und kennt sämtliche interessanten Kulturattraktionen in Nusa Tenggara. Auch seine Website bietet massenweise nützliche Infos.

An- & Weiterreise

FLUGZEUG

Kupang ist der wichtigste Dreh- und Angelpunkt für den Flugverkehr in Nusa Tenggara. Es bestehen häufig Verbindungen nach Bali und zu anderen Orten in der Region.

Kupangs Flughafen El Tari liegt 15 km östlich vom Zentrum. Taxis vom Flughafen in die Stadt kosten 70 000 Rp (Fixpreis).

SCHIFF/FÄHRE

Am Hafen Tenau, 7 km westlich vom Zentrum, legen die Schnellfähre nach Rote und die Pelni-Schiffe an. Der Hafen Bolok, wo man Fähren nach Kalabahi, Larantuka, Rote und Waingapu bekommt (verkehren regelmäßig), befindet sich 11 km westlich vom Zentrum.

Soe

☎ 0388 / 32 000 EW.

Die im Grünen gelegene kühle Marktstadt Soe (800 m) 110 km nordöstlich von Kupang ist eine gute Basis, um das Innere von Westtimor zu erkunden. Die traditionellen Dörfer im Inland sind die wohl faszinierendsten Sehenswürdigkeiten von NTT.

Das **Hotel Bahagia I** (☎ 0853 3830 3809; Jl Diponegoro; Standard/VIP Zi. 150 000/300 000 Rp; ❄) beherbergt eine Reihe von Zimmern, sowohl kleine, dunkle Varianten ohne Warmwasser als auch große klimatisierte Suiten. Englisch wird nicht gesprochen. Das weitläufige **Timor Megah Hotel** (☎ 0852 5301 5444, 0388-22280; www.timormegah.com; Jl Gajah Mada 56; Standard/VIP Zi. 250 000/350 000 Rp; ❄📶) ist die beste Bleibe in Soe mit verschiedenen großen Zimmern in einem wie ein „L" geformten dreistöckigen Gebäudeblock.

BUSSE AB KUPANG

Busse ab Kupang, die weitere Ziele in Westtimor ansteuern, fahren vom **Terminal Oebobo** (Jl Frans Seda) ab.

ZIEL	PREIS (RP)	DAUER (STD.)	HÄUFIGKEIT
Kefamenanu	50 000	5½	mehrmals tgl.
Niki Niki	35 000	3½	5–18 Uhr stdl.
Soe	30 000	3	5–18 Uhr stdl.

None

None ist das letzte Dorf der Kopfjäger auf Kefamenanu und eine der Hauptattraktionen der Gegend. Dort, wo die *bemo* einen an der Hauptstraße absetzen, führt ein Wanderweg 900 m weiter. Vorbei an Mais- und Bohnenfeldern geht es über einen mäandernden Bach (oft ausgetrocknet) bis hin zu verstreut liegenden *ume bubu* (traditionellen Bienenkorb-Hütten), dem Zuhause von 56 Familien, die hier seit neun Generationen wohnen. Die Eltern vergraben die Placenta ihrer Neugeborenen noch immer im Zentrum ihrer Hütte. Das Dorf wird durch ein Fort aus Stein geschützt, das an eine nackte Felswand angrenzt.

Die Dorfbewohner sind warm und herzlich und stellen auf Nachfrage gern auf dem Dorf-*lopo* (Treffplatz) zu Demonstrationszwecken ihren Webstuhl auf. Es ist derart friedlich hier, dass man sich nicht vorstellen kann, dass noch vor zwei Generationen Köpfe gerollt sind ... Auf Wunsch werden traditionelle Tänze aufgeführt und auch Übernachtungen im Dorf sind möglich. Eine Spende von mindestens 20 000 Rp pro Person ist angemessen.

None liegt 18 km östlich von Soe, erreichbar mit einem *ojek* (30 000 Rp) oder einem *bemo* Soe–Niki Niki für 5000 Rp. Wer mit dem Wagen unterwegs ist, kann nah an das Dorf heranfahren, sollte aber in Erwägung ziehen, das Stück Wegs von der Hauptstraße bis None zu Fuß zurückzulegen, um die Atmosphäre besser genießen zu können.

Sumba

Diese Insel ist ein Mysterium. Mit ihrer rauen ausgedehnten Savannenlandschaft und den niedrigen Hügeln aus Kalkstein, zwischen denen mehr Mais und Maniok als Reis angebaut werden, hat Sumba so gar nichts mit den Vulkaninseln im Norden Indonesiens gemein. Auf vielen Hügeln hocken kleine Dörfer mit strohgedeckten Häuschen, die sich um Megalithgräber drängen. Die Bewohner bezeichnen sich selbst als Protestanten, lassen es sich aber nicht nehmen, ihre indigene *marapu*-Religion mit blutigen Opferritualen zu pflegen. In der Inselkultur ist das ungeschriebene traditionelle Recht *adat* noch tief verwurzelt. Die besten handgewebten Ikat-Stoffe von ganz Indonesien stammen von hier und beim jährlichen Pasola-Festival „kämpfen" Reiter auf ungesattelten Pferden gegeneinander; die „Schlacht" ist ritualisiert und wird mit handgeschnitzten Speeren ausgetragen.

Sumba ist eine der ärmsten Inseln des Landes, doch dank vermehrter Investitionen konnte die Infrastruktur verbessert werden. Die Veränderungen haben auch die traditionellen Dörfer erreicht: Die Dächer sind nicht mehr mit Stroh, sondern mit Blech gedeckt, die Grabsteine bestehen inzwischen aus Beton, kaum noch jemand trägt traditionelle Kleidung und in den entlegenen Dörfern werden nun größere Spenden von den Besuchern erwartet.

Sumbas Verbindungen zum Rest von Indonesien werden besser. Die Flughäfen in Tambolaka und Waingapu bieten tägliche Flüge nach Denpasar auf Bali, Kupang in Westtimor und Ende auf Flores an. Fähren fahren nach Flores und Kupang.

Waingapu

☎ 0387 / 55 000 EW.

Waingapu ist eine entspannte Stadt mit viel Grün, in der man zu Fuß überall hinkommt, eine gute Basis, um die Dörfer der Umgebung zu erkunden. Nach der niederländischen „Befriedung" 1906 wurde sie zu einem Verwaltungszentrum und war lange Sumbas Haupthandelsort für Stoffe, wertvolle Sumba-Pferde, Farbhölzer und Bauholz. In Waingapu gibt's ein paar Ikat-Läden und -Werkstätten und der alte Hafen ist ein nettes Fotomotiv. Nach Einbruch der Dunkelheit hängt der Geruch nach gegrilltem Fisch in der Luft; er zieht vom Pasar Malam (Nachtmarkt) herüber. Händler mit Bündeln von Stoffen und Schnitzereien treiben sich in der Nähe von Hotels herum oder bieten ihre Waren auf den Straßen an.

Schlafen

★ Tanto Hotel PENSION **$$**
(☎ 0387-61048, 0387-62500; http://tantohotel.com; Jl Prof Yohanes 14; Zi./Suite 380 000/680 000 Rp; ❄📶) Dank der hellen, frischen Zimmer und dem gutem Service hebt sich das Tanto von der Konkurrenz ab. Die Einrichtung ist hauptsächlich weiß mit natürlichen Hölzern und leuchtend roten Akzenten. Viele Zimmer verfügen über einen Kühlschrank, das Frühstück ist gut. Die Mitarbeiter können Leihwagen ab 500 000 Rp für zwölf Stunden organisieren. Das Lobbyrestaurant ist ganz gut (9–21 Uhr, Hauptgerichte 35 000–60 000 Rp).

Padadita Beach Hotel HOTEL **$$**
(☎ 0812 3899 5246; Jl Erlangga Padadita; Superior/Deluxe Zi. 465 000/475 000 Rp) Eine nette Mittelklasseoption außerhalb des Zentrums.

Das mit glänzenden Fliesen ausgestattete Hotel hat drei Geschosse und liegt zwischen Mangroven am Ufer. Das Flughafenshuttle ist kostenlos und das Frühstücksbuffet, das in einem Pavillon mit Blick aufs Meer aufgebaut wird, ist auch ziemlich gut.

An- & Weiterreise

Der Flughafen liegt 6 km südlich an der Straße nach Melolo. Ein Taxi in die Stadt schlägt (fix) mit 60 000 Rp zu Buche, die meisten Hotels bieten jedoch einen kostenlosen Abhol- und Bringservice für ihre Gäste an. Für ein *bemo* werden für Strecken innerhalb der Stadt 3000 Rp fällig, bis zum westlichen Busbahnhof zahlt man 5000 Rp.

TX Waingapu (0387-61534; www.txtravel.com; Jl Beringin 12; 9–18 Uhr) ist eine Reiseagentur, die Flugtickets bucht.

Pelni-Schiffe legen am neueren Darmaga-Dock im Westen der Stadt ab, der **Fahrkartenverkauf** (0387-61665; www.pelni.co.id; Jl Hasanuddin; 9–16 Uhr) befindet sich aber am alten Hafen. Fahrpläne ändern sich häufig, am besten **ASDP** (0214-288 2233; www.indonesiaferry.co.id) kontaktieren oder die Fahrpläne am Hafen checken.

Das Terminal für Busse Richtung Osten liegt im südlichen Teil der Stadt in der Nähe des Markts, das West Sumba Terminal (auch: Terminal Kota) etwa 5 km westlich der Stadt.

Waikabubak

0387 / 22 000 EW.

Neben diesem Ort sieht Waingapu wie eine richtige Metropole aus! Waikabubak ist eine ländliche Marktstadt mit strohgedeckten Clanhäusern und Ladenreihen aus Beton, Verwaltungsgebäuden und Wohnhäusern mit Blechdächern, auf denen Satellitenschüsseln in den Himmel ragen. Die Atmosphäre ist anheimelnd, ringsum wachsen zahllose Mahagonibäume und dank der Lage in ca. 600 m Höhe über dem Meeresspiegel ist das Klima etwas kühler als im Osten. Insgesamt bietet sich die Stadt als Basis für die Erkundung der traditionellen Dörfer im Westen Sumbas an. Der große Markttag ist sonntags.

Yuliana Leda Tara (0822 3621 6297; yuli.sumba@gmail.com; Kampung Tarung; ab 500 000 Rp pro Tag) ist eine wunderbare Touristenführerin aus der Gegend, die in Tarung wohnt. Sie spricht Englisch und Französisch und bietet Touren durch die traditionellen Dörfer im gesamten Westen Sumbas, wo sie alle Termine für Beerdigungen und Opfergaben kennt, sie arrangiert Reitausflüge durch Reisfelder und Homestays in Dörfern.

Schlafen & Essen

Hotel Karanu PENSION $

(0387-21645; Jl Sudirman 43; Standard/VIP Zi. 150 000/250 000 Rp pro Pers.;) Von dem Gartenhotel östlich der Innenstadt blickt man auf Reisfelder. Seine Zimmer sind sauber, wenn auch etwas abgenutzt. Die VIP-Kategorie ist mit Klimaanlage und TV ausgestattet, WLAN gibt's in der Lobby (wo auch ein verblasster Wandteppich mit dem *Letzten Abendmahl* hängt).

D' Sumba Ate INTERNATIONAL $$

(0812 3868 3588; Jl Ahmad Yani 148; Hauptgerichte 40 000–70 000 Rp; 11–23 Uhr) Ein sehr willkommenes Fundstück in Waikabubak: In diesem hervorragenden Restaurant gibt es Pizzen vom Holzfeuer, Pasta, Burger, fangfrischen gegrillten Fisch und die üblichen indonesischen Verdächtigen. Bambus schafft eine coole Atmosphäre, die Barkeeper sind kompetent. Außerdem: Sumbas sauberste Toiletten!

An- & Weiterreise

Tambolaka, 42 km nordwestlich von Waikabubak, ist der nächste Flughafen. Ein Bus zum Bahnhof von Waitabula (eine ältere Stadt, die von Tambolaka geschluckt wird) und ein *bemo* oder *ojek* von dort sind die günstigste Transportvariante, die meisten Leute nehmen aber ab Waitabula ein Taxi oder chartern ein *bemo* (ca. 120 000 Rp) ab Waikabubak.

Bemo, Lkw und Minibusse bedienen die meisten anderen Städte und Dörfer im Westen Sumbas. Generell ist es besser, sich früh am Tag auf den Weg zu machen, wenn rasch alle Sitzplätze vergeben sind und die Abfahrt daher zeitnah erfolgt. Mehrmals täglich legen Busse die Strecke nach Waingapu zurück (60 000 Rp, 5 Std.).

Waikabubak ist die richtige Adresse, um ein Motorrad für Erkundungstouren durch Westsumba zu mieten. Dafür müssen ca. 80 000 Rp am Tag eingeplant werden. In Hotels können Mietwagen mit Fahrer arrangiert werden (800 000 Rp).

Tambolaka

0387

Die einst so verschlafene kleine Marktstadt 42 km nordwestlich von Waikabubak ist jetzt der Verkehrsknotenpunkt im Westen Sumbas. Sie erlebt einen echten Aufschwung und hat auch einen neuen Namen bekommen – Tambolaka –, zumindest in den Tourismus-Broschüren und anderen offiziellen Dokumenten der Regierung. (Wir haben uns daran gehalten, auch wenn viele Einheimische in einem gewissen Alter sie immer noch Waitabula nennen.) Tambolaka befindet sich noch in einer frühen Wachstumsphase, ist aber gut von Bali aus zu erreichen und das Tor zum sensationellen Westen der Insel.

Dass die Besucherzahlen zukünftig steigen werden, scheint unvermeidlich; am Strand stehen viele Schilder mit der Aufschrift „Zu verkaufen" und östlich des Flughafens hat eine neue Schule für Tourismus eröffnet.

Der erfahrene Guide Philip Renggi von **Sumba Adventure Tours & Travel** (☏0813 3710 7845; http://sumbaadventuretours.com; Jl Timotius Tako Gely 3; Guide 300 000 Rp pro Tag, mit Wagen & Fahrer 800 000–1 000 000 Rp pro Tag; ⌚8–17 Uhr) ist einer der besten in Westsumba. Er und sein Team führen Besucher zu entlegenen Dörfern, unter anderem in sein Heimatdorf Manuakalada und nach Waiwarungu, wo es mehrere heilige *marapu*-Häuser gibt, die nur ein Schamane betreten darf. Renggi kann den Trip planen, den Besuch des Pasola-Festivals arrangieren, Autos mieten usw.

Schlafen & Essen

Penginapan Melati PENSION $

(☏0813 5396 6066, 0387-24055; Jl Sapurata; Zi. mit Ventilator/klimatisiert 200 000/300 000 Rp; ❄📶) 15 einfache, aber makellose Zimmer im Schatten eines gewaltigen Baumes, alle gefliest und frisch gestrichen. Jede Menge Fotos von der Gastgeberfamilie, der Jungfrau Maria und dem Papst zieren die Wände. Im *mandi* (Bad) gibt es sogar Regenduschen. Direkt nebenan ist ein einfaches Restaurant im Padang-Stil.

★ **Oro Beach Houses & Restaurant** BUNGALOWS $$

(☏0812 3608 9096, 0813 3978 0610; www.oro-beachbungalows.com; Weepangali; Bungalow/Haus 665 000/850 000 Rp) Auf diesem wilden Strandgelände kann man in einem runden Bungalow mit Strohdach in Himmelbetten aus Treibholz schlafen, die Bäder sind draußen. Es wird hervorragendes Essen serviert, außerdem gibt's Mountainbikes (50 000 Rp). Schnorcheln (50 000 Rp) ist direkt am wunderschönen 200 m langen Strand möglich. Der Tambolaka Airport ist 20 Minuten entfernt (via eine Straße voller Schlaglöcher). Der Transfer liegt bei 120 000 Rp pro Wagen.

Warung Gula Garam INTERNATIONAL $$

(☏0387-252 4019; Jl Soeharto; Hauptgerichte 50 000–60 000 Rp; ⌚10–22 Uhr; 📶) Ein Franzose, Louis, führt das Open-Air-Café nahe dem Flughafen, das mit sehr guter Holzofen-Pizza und Pasta, Hühnchen-Cordon-Bleu und Würstchen mit Kartoffelpüree und Gemüse sowie guten indonesischen Gerichten überzeugt. Kaffee und Säfte sind mehr als bloß passabel.

ℹ An- & Weiterreise

Tambolakas Flughafen ist blitzblank und modern. Garuda Indonesia, Nam Air und Wings Air fliegen täglich Denpasar (Bali) und Kupang (Westtimor) an. Achtung: Manche Websites führen Tambolaka als „Waikabubak".

Waikelo, eine kleine, vorwiegend muslimische Stadt nördlich von Tambolaka, hat einen kleinen, malerischen Hafen, der als Haupthafen für Westsumba dient. Drei Mal pro Woche (52 000 Rp, 9 Std.) legen Fähren nach Sape (Sumbawa) ab.

Den ganzen Tag fahren Busse nach Waikabubak (10 000–15 000 Rp, 1 Std.), Abfahrt ist in der Stadtmitte.

SUMATRA

50,37 MILLIONEN EW.

Nur wenige Inseln klingen so sehr nach Abenteuer wie das wilde Land von Sumatra. Es ist außergewöhnlich schön, voller Leben und mit einer unglaublichen Natur gesegnet. Wegen Vulkanausbrüchen, Erdbeben und Tsunamis steht Sumatra oft in den Schlagzeilen. Rauchende Vulkane wachen über Seen, deren Wasser träge über Kraterränder schwappen. Im Dschungel leben Orang-Utans, aber auch Tiger, Nashörner und Elefanten. Und auf Meereshöhe rollen perfekte Surfwellen an idyllische einsame Strände.

So unterschiedlich wie das Land sind auch die Leute: eine bunte Mischung vieler Kulturen, von den frommen Moslems in Aceh zu den hedonistischen Batak-Christen um Danau Toba und den matrilinearen Minangkabau von Padang. Alle eint die Angst und der Respekt vor dem wilden und wundervollen Land Sumatra, aber auch die Liebe zu ihm.

ℹ An- & Weiterreise

Heutzutage kommen die meisten mit einer Budgetfluglinie oder Fähre von Java aus nach Sumatra. Die alten Seerouten werden größtenteils nicht mehr genutzt. Sumatra liegt zeitlich gesehen eine Stunde hinter Singapur und Malaysia.

Sumatra

0
200 km
MALAYSIA
KUALA LUMPUR
SINGAPUR
Pulau Penang
Pelabuhan (Port) Klang
Melaka
Pulau Kalimun
Pulau Bengkalis
Pulau Batam
Pulau Bintan
Pulau Galang
Pulau Sebangka
LINGGA-INSELN
Pulau Lingga
Pulau Kundur
Pulau Mendol
Pulau Rangsang
Pulau Singkep
Selat Berhala
Pulau Belitung
Tanjung Pandan
Belinyu
Pangkal Pinang
Pulau Bangka
Mentok
Äquator
ANDAMANENSEE
Malakkastraße
Pulau Rupat
Dumai
Duri
Tanjung Balai
Tebing-tinggi
Langsa
Pulau-Weh-Marine-Nationalpark
Pulau Weh
Pulau Breueh
Banda Aceh
Bireuen
Tangkahan
ACEH
Medan
Bukit Lawang
Gunung Sibayak (2094 m)
Berastagi
Rantauparapat
Parapat
Gunung Sinabung (2450 m)
Gunung Leuser (3404 m)
Gunung-Leuser-National-park
Meulaboh
Danau Toba
NORD-SUMATRA
Sibolga
Trans-Sumatran Hwy
Singkil
Kepulauan Banyak
Sinabang
Pulau Simeulue
Gunung Sitoli
Pulau Nias
Teluk Dalam
Pulau Telo
RIAU
Pekanbaru
Sungaipagar
Bukit-Tigapuluh-Nationalpark
JAMBI
Jambi
Bukit-Duabelas-Nationalpark
Palembang
WESTSUMATRA
Bukittinggi
Bonjol
Solok
Padang
Danau Maninjau
Danau Singkarak
Muarabungo
Gunung Kerinci (3805 m)
Bangko
Lubuklinggau
Sungai Penuh
Pegunungan Bukitbarisan
SÜD-SUMATRA
Perabumulih
Lahat
Baturaja
Kotabumi
LAMPUNG
Way-Kambas-Nationalpark
Pulau Seribu
Merak
Bakauheni
Bandarlampung
Gunung Krakatau
Kota Agung
Sunda-Straße
JAVA
Danau Ranau
Krui
Bintuhan
Manna
Bengkulu
BENGKULU
Ipuh
Mukomuko
Bukit Barisan Selatan Nationalpark
Pulau Enggano
Sikabaluan
Tua Pejat
Sioban
Sikakap
Pulau Siberut
Muara Siberut
Pulau Sipora
Pulau Pagai Utara
Pulau Pagai Selatan
MENTAWAI-INSELN
INDISCHER OZEAN

FLUGZEUG

Medan ist Sumatras wichtigster internationaler Knotenpunkt. Vom neuen Flughafen fliegen regelmäßig Maschinen von Silk Air (www.silkair.com), AirAsia (www.airasia.com) und Malaysia Airlines (www.malaysiaairlines.com) in Städte wie Singapur, Kuala Lumpur und Penang. In Padang auf Westsumatra landen Flüge aus Kuala Lumpur; Banda Aceh, Palemban, Pulau Batam und Pekanbaru werden auch von internationalen Flügen vom südostasiatischen Festland angesteuert.

Garuda (www.garuda-indonesia.com), **Lion Air** (www.lionair.co.id) oder **Sriwijaya Air** (www.sriwijayaair.co.id) etwa verkehren von Jakarta in alle wichtigen Städte auf Sumatra. Auch Flüge in andere Teile des Landes gehen normalerweise über Jakarta. Achtung: Wenn Palmölplantagen an Sumatras Ostküste abgebrannt werden (alljährlich, meist zur Trockenzeit), sind die Flughäfen Pekanbaru und Jambi aufgrund der Rauchentwicklung oft geschlossen.

SCHIFF/FÄHRE

Billigfluglinien haben zum Aus für einige internationale Fährverbindungen, wie die Penang-Medan-Route, geführt. Fähren fahren zwischen Dumai an Sumatras Ostküste und Melaka sowie von Klang (bei Kuala Lumpur) in Malaysia nach Singapur und Pulau Batam. Dumai lohnt sich allerdings nur, wenn man unbedingt eine internationale Schiffsreise machen will oder ein Motorrad zwischen Sumatra und Malaysia befördern muss.

Von Singapur aus sind Pulau Batam und Pulau Bintan, die Hauptinseln im Riau-Archipel, per Fähre rasch zu erreichen. In Batam setzen Schiffe die Segel nach Dumai, Palembang und Pekanbaru, doch diese Routen werden nur von wenigen genutzt.

Fähren überqueren die schmale Sundastraße, die Sumatras Südostspitze bei Bakauheni mit Merak, dem westlichsten Ort auf Java, verbindet. Die Überfahrt ist nur ein kurzer Teil einer Tagesreise, die eine mehrstündige Busfahrt von beiden Häfen nach Jakarta und nach Bandarlampung auf Sumatra einschließt.

WEITER NACH SINGAPUR: VOM RIAU-ARCHIPEL NACH SINGAPUR

Anreise zur Grenze Nur wenige Backpacker besuchen Sumatras Riau-Archipel, einige kommen aber auf ihrem Weg nach Singapur durch Pulau Batam. Fähren auf dieser Route betreibt u. a. BatamFast (www.batamfast.com). Nach Pulau Batam kommt man mit Boot und Bus von Dumai, Palembang und Pekanbaru.

An der Grenze Bürger der meisten Länder erhalten bei Ankunft in Singapur ein 30-Tage-Visum.

Weiterreise Von mehreren Terminals in Singapur verkehren Fähren zu den Riau-Inseln, von dort aus ist es einfach, weitere Verbindungen im Nahverkehr zu bekommen.

Informationen zur Überquerung der Grenze von der anderen Seite, siehe S. 730

Unterwegs vor Ort

Viele Traveller fahren mit dem Bus durch Nordsumatra und steigen dann in ein Flugzeug nach Java, um die Schnellstraßen zu umgehen. Fast die gesamte Insel besteht aus bergigem Dschungel und schlechte Straßen laufen kreuz und quer über das hügelige Land. Also darf man nicht damit rechnen, schnell irgendwohin zu kommen.

BUS & MINIBUS

Der Bus ist das häufigste Transportmittel auf Sumatra, und manchmal auch die einzige innerstädtische Option. Doch er ist alles andere als effizient und bequem, denn alle Busse – von den ökonomischen Sardinenbüchsen bis hin zu den großen, modernen Gefährten mit Klimaanlage – unterliegen demselben Verkehrschaos auf Sumatras einspurigen Fahrbahnen mit ihren Schlaglöchern. Dazu kommen endlose Stopps, um Passagiere aus- oder einsteigen zu lassen. Ganz oben in der Rangfolge sind die Super-Executive- oder VIP-Busse mit Toiletten, verstellbaren Sitzen, Klimaanlagen mit Tiefkühlfachniveau und Karaoke-Serenaden die ganze Nacht hindurch. Wer klug ist, wappnet sich mit Jacke und Ohrstöpseln.

In einigen Städten kann man die Tickets direkt am Busbahnhof erwerben und dort auch zusteigen, in anderen übernehmen Büros der Busunternehmen außerhalb der Bahnhöfe den Verkauf. Ticketpreise variieren stark, je nach Qualität der Busse und Leichtgläubigkeit der Reisenden. Unterkünfte geben gern Auskunft über die Ticketpreise.

Viele Einheimische und Reisende nutzen bei kurzen bis mittleren Strecken Minibusse und Autos, da sie zwischen Städten und von Tür zur Tür fahren, was bequemer sein kann, als sich auf den Weg zum Busbahnhof zu machen. Sie sind zwar nicht unbedingt schneller oder praktischer, aber angenehmer.

FLUGZEUG

Kurze Flugreisen können eine gute Alternative dazu sein, eine Ewigkeit in übervollen Bussen zu verbringen. Der Wettbewerb zwischen den nationalen Fluggesellschaften bedeutet hier, dass Inlandsflüge günstig und größtenteils zuverlässig sind, abgesehen von den kleinen Flugzeugen von Susi Air, denen besonders schlechtes Wetter zusetzt. Der Smog in der Trockenzeit behindert Flugzeuge an der Ostküste. Nützliche Luftbrücken gehen von Medan nach Pulau Weh, Medan nach Padang, Palembang nach Jambi, Medan nach Banda Aceh, und von Pulau Batam nach Padang und Bengkulu.

SCHIFF/FÄHRE

Die meisten Schiffe verbinden das Festland mit den vorgelagerten Satelliteninseln. Die dicht befahrenen Routen binden Banda Aceh an Pulau Weh an, Singkil und Sibolga an Pulau Nias und Padang an die Mentawai-Inseln. Viele Langstreckenfähren bieten mehrere Klassen, von heruntergekommen und überfüllt bis hin zu klimatisiert, heruntergekommen und weniger überfüllt. Inzwischen werden die Mentawai-Inseln von einem großen, komfortablen Schnellboot bedient.

ZUG

Die drei nützlichsten Züge in Sumatra fahren vom neuen Flughafen in Medan zum Zentrum von Medan und von Bandarlampung nach Palembang und Lahat (in das Hochland von Pasemah).

Medan

☎ 061 / 2,2 MILLIONEN EW.

Sumatras größte Stadt und die drittgrößte von Indonesien wird von vielen Sumatra-Reisenden als notwendiges Übel angesehen. Durch ihre schlechte geografische Lage – keine Küste, kein Berg im Hintergrund und nicht einmal ein großer Fluss – wird die Stadt zwangsweise zum Drehkreuz auf dem Weg zu interessanteren Zielen. Für manche ist sie auch eine willkommene Rückkehr zu den Verlockungen der Zivilisation in Form von modernen Einkaufszentren und Restaurants. Doch Medan spiegelt den indonesischen urbanen Charakter gut wider und am Abend tummelt sich alles rund um die Imbissstände in den Seitenstraßen. Es lohnt sich, den Kulturschock zu überwinden und Medan ein bisschen Zeit zu schenken, um die moderne Stadt mit ihrem verfallenden Charme der niederländischen Kolonialzeit und ein paar lohnende Museen zu entdecken.

Sehenswertes

Die Geister der kolonialen handelsorientierten Vergangenheit Medans sind immer noch sichtbar entlang der Jl Ahmad Yani, von der JI Palang Merah nordwärts zum Lapangan Merdeka, einem ehemaligen Paradeplatz, umrandet von hübschen Gebäuden aus der Kolonialära, wie der **Bank Indonesia** (Jl Balai Kota; ⏲ Mo–Fr 8–16 Uhr), **Balai Kota** (Rathaus; Jl Balai Kota) und dem **Hauptpostamt** (Jl Bukit Barisan; ⏲ 8–18 Uhr).

★ Museum von Nordsumatra MUSEUM
(Museum Negeri Privinci Sumatera Utara; Jl HM Joni 51; Indonesier/Ausländer 2000/10 000 Rp; ⏲ Di–Do 8–16, Fr–So bis 15.30 Uhr) In einem markanten traditionellen Gebäude wird eine gut präsentierte Sammlung gezeigt, die von frühen Zivilisationen der Region über hinduistische, buddhistische und islamische Perioden bis hin zur niederländischen Kolonial- und Militärgeschichte reicht. Zu den Highlights gehören Steinmetzarbeiten und extravagante geschnitzte Drachensärge aus Nias, *batak*-Schriftrollen, um Unheil abzuwehren, schöne Stoffe und eine Kris-(Schmuckdolch-) Sammlung. Nur wenige Minuten südöstlich des Zentrums gelegen.

Istana Maimoon PALAST
(Jl Katamso; 5000 Rp; ⏲ 8–17 Uhr) Der Sultan von Deli ließ den prachtvollen Palast mit seinen 30 Sälen 1888 errichten. Der Bau zeigt malaiische, mogulische und italienische Einflüsse. Nur der Hauptsaal mit dem verschwenderischen Inaugurationsthron ist der Öffentlichkeit zugänglich. Eine bescheidene Sammlung festlicher *kerises* ist ausgestellt, und die Besucher können sich in traditionelle malaiische Tracht werfen.

Mesjid Raya MOSCHEE
(Ecke Jl Mesjid Raya & SM Raja; Eintritt nach Spende; ⏲ 9–17 Uhr, außer zu Gebetszeiten) Die beeindruckende Große Moschee wurde 1906 vom Sultan in Auftrag gegeben. Das Bauwerk im marrokkanischen Stil besticht durch einen großen Eingang, hohe Decken, kunstvolle Schnitzarbeiten, italienischen Marmor und Buntglas aus China.

Tjong A Fie Mansion HISTORISCHES GEBÄUDE
(www.tjongafiemansion.org; Jl Ahmad Yani 105; 35 000 Rp; ⏲ 9–17 Uhr) Die ehemalige Residenz eines bekannten chinesischen Kaufmanns, der einst der reichste Bürger Medans war und 1921 starb, mischt viktorianische mit chinesischen Elementen. Original von Hand bemalte Decken, Tjongs riesiges Schlafzimmer, importierte Möbel aus dunklem Holz mit Intarsienarbeit aus Perlmutt und Marmor, interessante Kunst, ein Ballsaal im Obergeschoss sowie daoistische Tempel machen sie zu einem der eindrucksvollsten historischen Gebäude der Stadt.

Medan

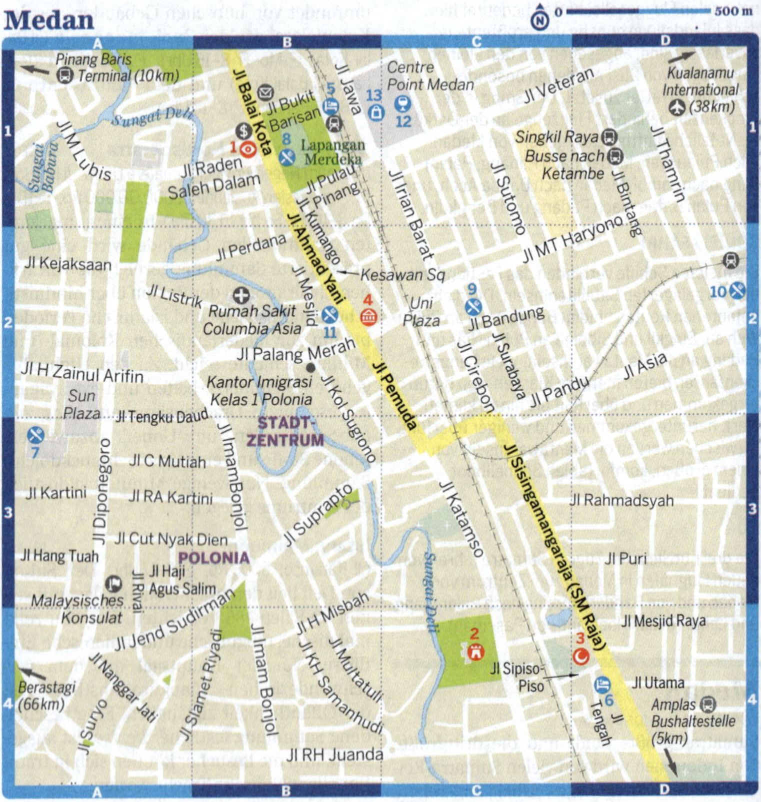

Medan

Sehenswertes
- 1 Balai Kota B1
- 2 Istana Maimoon C4
- 3 Mesjid Raya D4
- 4 Tjong A Fie Mansion B2

Schlafen
- 5 D'Prima Hotel B1
- 6 Pondok Wisata Angel D4

Essen
- Angel Café ..... (siehe 6)
- 7 Bollywood Food Centre A3
- 8 Merdeka Walk B1
- 9 Mie Tiong Sim Selat Panjang C2
- 10 Pasar Ramai D2
- 11 Tip Top Restaurant B2

Ausgehen & Nachtleben
- 12 Healy Mac's Irish Pub C1

Shopping
- 13 Centre Point Medan B1

Schlafen

K77 Guest House PENSION $
(☎ 061-736 7087, 0813 9653 8897; www.k77guesthousemedan.blogspot.com; Jl Seto 6B; B/EZ/DZ/FZ 125 000/200 000/250 000/350 000 Rp; ❄📶) Die Backpacker-Oase in einer ruhigen Straße östlich des Zentrums ist das einzige Budgethotel in Medan, das wirklich zu empfehlen ist. Makellos saubere Zimmer, bequeme Betten und freundliche, hilfsbereite Gastgeber (Johan und Lola) – die Pension hat alles, was eine Budgetunterkunft braucht. Im Schlafsaal stehen vier Einzelbetten; alle Zimmer haben Gemeinschaftsbäder und verfügen über eine Klimaanlage.

Pondok Wisata Angel PENSION $
(☎ 061-732 0702; pondokwisataangelangel@yahoo.com; Jl SM Raja 70; EZ mit Ventilator 80 000 Rp, DZ mit Ventilator/Klimaanlage 130 000/150 000 Rp; ❄📶) Eine zentrale Herberge für Rucksacktouristen nahe der Großen Moschee. Angels winzige Zimmer sind über mehrere Stock-

werke verteilt und schreien förmlich nach etwas liebevollerer Pflege, aber sie sind sauber. Ein Highlight ist das gesellige **Café** unten (☎061-732 0702; Jl SM Raja 70; mittags 10 000–50 000 Rp; ⏰7–24 Uhr; 📶), wo den Gästen WLAN, eine Gitarre zum Klimpern und kaltes Bier geboten wird.

D'Prima Hotel HOTEL $$
(☎061-456 1077; www.dprimahotelmedan.com; Jl Stasiun Kereta Api 1; Zi. 550 000–750 000 Rp; ❄📶) Da das Hotel im Obergeschoss eines Bahnhofs untergebracht ist, könnte man annehmen, es sei laut und trist, aber das ist es nicht. Wer einen Zug zum Flughafen erwischen muss, kann keine bessere Lage finden, und auch der Merdeka-Platz ist nicht weit. Die Zimmer sind blitzblank und mit Flachbild-TV, weichen Betten und leistungsstarken heißen Duschen ausgestattet.

Essen

Nirgendwo auf Sumatra ist die kulinarische Vielfalt so groß wie in Medan. Hier finden Gourmets einfach alles – von schlichten *mie*- (Nudeln) und *nasi*-(Reis)Lokalen bis zu Spitzenrestaurants in Hotels.

Simple *warung* (Imbissstände) belagern die Vorgärten in den Gassen um die Mesjid Raya. Der abendliche Straßenverkauf mit Leckereien auf der Jl Selat Panjang ist einen Besuch wert. In den modernen Einkaufszentren in Medan gibt's gute Gastronomie und Restaurants mit internationaler Küche. Das Centre Point beherbergt einen hervorragenden Lotte-Supermarkt.

★ **Merdeka Walk** SÜDOSTASIATISCH $
(Lapangan Merdeka, Jl Balai Kota; Gerichte 10 000–45 000 Rp; ⏰11–23 Uhr; 📶) Die verschiedenen modernen Straßencafés in Lapangan Merdeka sind von den Freiluftlokalen Singapurs inspiriert und servieren alles von Doughnuts über gegrillten Fisch und Nudeln nach malaysischer Art bis hin zu Fast Food. Die Stoßzeiten variieren zwar, aber nach 17 Uhr ist am meisten los. Hierher kommt man wegen der Atmosphäre, nicht wegen der niedrigen Preise!

Mie Tiong Sim Selat Panjang NUDELN $
(Jl Selat Panjang 7; Hauptgerichte 26 000–38 000 Rp; ⏰15–24 Uhr) In einer kleinen Straße, inmitten zahlreicher Essbuden liegt dieser belebte Stand. Er ist lokal völlig zu Recht für seine *mie tiong sim* (weiche handgemachte Nudeln mit süßem, aromatischen *char-siu*-Schwein) berühmt. Auch die Nudeln mit Hühnchen sind gut, genau wie die *wonton*.

Pasar Ramai MARKT $
(Ramani Market; Jl Thamrin; ⏰7–24 Uhr) Der größte Obst- und Gemüsemarkt ist übervoll mit Farben und Gerüchen, seine Auswahl an regionalen und importierten tropischen Früchten ist beeindruckend. Neben der Thamrin Plaza.

Bollywood Food Centre INDISCH $
(☎061-453 6494; Jl Muara Takus 7; Hauptgerichte 15 000–45 000 Rp; ⏰12–21 Uhr; 🖉) Die Einheimischen beschwören, dass dieses versteckte, kleine Lokal die authentischste nordindische Kost der ganzen Stadt serviert. Die Atmosphäre ist familiär und man fühlt sich wie bei Freunden im Wohnzimmer. In der Nähe gibt's mehrere malaysisch-indische *roti*-Shops.

Tip Top Restaurant INTERNATIONAL $$
(☎061-451 4442; Jl Ahmad Yani 92; Hauptgerichte 26 000–73 000 Rp; ⏰8–23 Uhr; 📶) In dieser Reliquie aus der Kolonialzeit wurden nur die Preise angepasst. Das älteste Restaurant Medans stammt aus dem Jahr 1934, verströmt imperialistisches Flair und serviert eine Palette indonesischer, chinesischer und internationaler Gerichte. Vor allem das nach alter Rezeptur zubereitete Eis und die angrenzende Bäckerei und Konditorei sind eine Empfehlung wert.

Ausgehen & Nachtleben

Healy Mac's Irish Pub IRISH PUB
(☎0822 7785 3333; Jl Timor 23; ⏰Mo–Do 11–24, Fr–So 12–2 Uhr; 📶) Das Healey Mac befindet sich im Centre-Point-Komplex, geht aber zur Straße hinaus und ist ein typisches geselliges Irish Pub mit Guinness vom Fass und Riesenportionen von westlichem Essen wie Pizza, Burger und Steak. Auf den großen Bildschirmen läuft Sport und von Donnerstag bis Sonntag gibt's Livemusik.

Shoppen

Centre Point Medan EINKAUFSZENTRUM
(www.centrepoint.co.id; Jl Jawa & Jl Timor; ⏰9–22 Uhr; 📶) Östlich vom Bahnhof liegt ein unübersehbares Einkaufszentrum, das größte und zentralste Medans. Neben bekannten Labelstores, Restaurants und einem Kino findet sich hier auch ein Supermarkt im Untergeschoss.

Praktische Informationen

Kantor Imigrasi Kelas 1 Polonia (☎061-845 2112; medan.imigrasi.go.id; 2. Stock, Jl Mangkubumi 2; ⏰Mo–Fr 8–16 Uhr) Visa-Verlängerungen. Diese benötigen offiziell drei

Tage, kosten 350 000 Rp und können erst wenige Tage vor Ablauf des aktuellen Visums beantragt werden; die zuständige Stelle befindet sich im zweiten Stock. Fotokopien des Reisepasses, des indonesischen Visums und Weiterflugticket mitnehmen.

Rumah Sakit Columbia Asia (☎ 061-456 6368; www.columbiaasia.com; Jl Listrik 2A; ⏲ 24 Std.) Das beste Krankenhaus der Stadt mit rund um die Uhr geöffneter Ambulanz und Apotheke sowie englischsprachigen Ärzten und Spezialisten. Die Rettung ist unter 118 zu erreichen.

ℹ An- & Weiterreise

Medan ist Sumatras Hauptanlaufpunkt für internationale An- und Weiterreisen.

BUS

Es gibt zwei Busbahnhöfe in der Stadt. Tickets sind an den Verkaufsstellen außerhalb der Bahnhöfe erhältlich.

Der Amplas Busbahnhof (Jl SM Raja) bedient Parapat (für Danau Toba) und andere Ziele im Süden. Er liegt 6,5 km südlich der Innenstadt. Fast alle *angkot*, die auf der Jl SM Raja gen Süden unterwegs sind, fahren nach Amplas (5000 Rp).

Vom **Pinang Baris Busbahnhof** (Jl Gatot Subroto), 10 km westlich des Zentrums, geht's nach Bukit Lawang, Berastagi und Banda Aceh.

Singkil Raya (Jl Bintan), unweit der Vogelhandlungen, gehört zu den Unternehmen, die täglich morgens und abends Fahrten nach Singkil anbieten. Von dort setzen Boote zu den Banyak-Inseln über. Ganz in der Nähe fährt auch um 19.30 Uhr ein **Bus** nach Ketambe. Dazu nimmt man den *angkot* 53 von der Jl SM Raja zum Medan-Einkaufzentrum.

Die meisten Unterkünfte und zahlreiche Reiseagenturen entlang der Jl Katamso organisieren Plätze in einem Tür-zu-Tür-Sammeltaxi zu den beliebtesten Zielen, wie Bukit Lawang (100 000 Rp), Berastagi und Danau Toba (60 000 Rp). Sie sind zwar teurer als der Bus, aber schneller und komfortabler.

FLUGZEUG

Kualanamu International Airport (☎ 061-8888 0300; www.kualanamu-airport.co.id) Der 2014 eröffnete Flughafen liegt 39 km vom Stadtzentrum entfernt und ist durch häufig fahrende Busse und Züge mit Medans Zentrum verbunden.

Hier starten Flüge nach Jakarta, Denpasar, in die größten Städte Sumatras sowie nach Malaysia und Singapur.

ℹ WEITERREISE NACH MALAYSIA: VON DUMAI NACH MELAKA

Anreise zur Grenze Dumai ist ein geschäftiger und wenig charmanter Hafen an Sumatras Nordküste. Nach Dumai fahren Busse von Bukittinggi (160 000 Rp, 10 Std., tgl. 19 Uhr) und Padang (170 000 Rp, 12 Std., regelmäßig). Hochgeschwindigkeitsfähren bedienen die Route von Dumai nach Melaka täglich (eine Strecke etwa 335 000 Rp. 1¾ Std.).

An der Grenze Die Bürger der meisten Länder bekommen ein 30- oder 60-Tage-Visum bei der Ankunft, abhängig von der zu erwartenden Länge des Aufenthalts.

Weiterreise Melaka ist eine große und beliebte Stadt mit Verbindungen überallhin in Malaysia.

Informationen zur Überquerung der Grenze von der anderen Seite, siehe S. 437.

ℹ Unterwegs vor Ort

Der günstigste Transfer vom Flughafen in die Stadt ist der regelmäßig verkehrende Damri-Shuttlebus, der vor dem Terminal wartet. Die Busse steuern das Zentrum von Medan (20 000 Rp) an, Amplas (15 000 Rp) und Binjai (40 000 Rp). Die Rückfahrt zum Flughafen nimmt der Damri-Shuttle alle 15 Min. vom Medan Fair Plaza auf.

Am schnellsten und bequemsten ist der klimatisierte Railink-Zug nach Medan (100 000 Rp, 45 Min., 4.40–23.40 Uhr). Vom Zentrum von Medan fahren etwa stündlich zwischen 3.30 und 21.10 Uhr Züge ab.

Taxis vom Flughafen berechnen einen Grundtarif von 6000 Rp plus 3500 Rp pro km. Eine Fahrt zur Stadtmitte kostet rund 200 000 Rp (1 Std. je nach Verkehr).

Hunderte von *angkot* flitzen durch Medans Straßen and verlangen 5000 Rp pro Fahrt. Zu den nützlichen Routen zählen der weiße Mr X von der Jl SM Raja zum Kesawan Square, Lapangan Merdeka und zum Bahnhof sowie der gelbe 64 vom Maimoon-Palast zum Sun Plaza. *Becak* verkehren in der Stadtmitte und kosten zwischen 20 000 und 30 000 Rp.

Banda Aceh

☎ 0651 / 223 500 EW.

Am besten vergisst man alles, was man je über Aceh und die unnachgiebige religiöse Haltung der Gegend gehört hat – Banda Aceh ist eine überraschend entspannte und sympathische Provinzhauptstadt. Eine einbis zweitägige Stippvisite auf dem Weg nach Pulau Weh lohnt sich allemal.

Banda Aceh hat 2004 die Hauptlast des Tsunami getragen mit 61 000 Toten. Ein Großteil der Stadt musste wieder aufgebaut werden, deshalb sieht die Stadt so gut und wohlhabend aus, mit breiten Straßen, Gehwegen und Parks. Die herrliche Moschee im Zentrum zeugt immer noch vom Ruhm der Stadt, daneben lädt das ergreifende Tsunami-Museum zu einem Besuch ein.

Banda Acehs Bewohner sind nach wie vor tiefreligiös und streng muslimisch und so bilden die verzierten Moscheen das Zentrum des Alltagslebens. Wer vollständig und angemessen bekleidet ist, sollte keine Probleme bekommen, meistens sind die Acehnesen freundlich und extrem gastfreundlich.

Sehenswertes

★ Mesjid Raya Baiturrahman — MOSCHEE

(Eintritt nach Spende; ⌚5–22 Uhr) Die Mesjid Raya Baiturrahman (19. Jh.) mit ihren strahlend weißen Wänden und den ebenholzschwarzen Kuppeln ist ein wahrhaft umwerfender Anblick. Die beste Zeit für einen Besuch ist während des Gebets am Freitagnachmittag, wenn das gesamte Gebäude samt Garten voller Menschen ist. Eine Anschaffung neueren Datums sind ein paar rechteckige Schirme für den gefliesten Hof. Sie schützen die Betenden vor allen Wetterbedingungen. Frauen müssen Kopftuch tragen.

★ Tsunami Museum — MUSEUM

(Jl Iskandar Muda; ⌚9–12 & 14–16.45 Uhr) GRATIS Ein Besuch in dem wunderschön gestalteten, berührenden Museum fängt mit einem Gang durch einen dunklen, tropfenden Tunnel an, der die Tsunami-Wellen symbolisiert. Darauf folgen bewegende Bilder der Zerstörung, projiziert auf Leinwände, die wie Grabsteine aussehen, sowie eine kreisrunde Kammer, in der die Namen der Opfer eingraviert sind. Oben wird ein sehr drastischer Kurzfilm gezeigt, zusammen mit Fotos von Wiederaufbau, Verlust, Hoffnung, Entwurzelung und wiedervereinten Familien.

Lampulo-Boot — DENKMAL

GRATIS Das bekannteste Tsunami-Denkmal ist der Fischkutter, den der Tsunami auf ein Hausdach im Dorf Lampulo spülte, ca. 2 km nördlich der Stadt und 1 km von seiner Anlegestelle entfernt. Es heißt, dass 59 Dorfbewohner in das eingeklemmte Boot auf dem Dach kletterten und so den Tsunami überlebten.

Schlafen & Essen

In Banda Aceh gibt's nur wenige Budgetunterkünfte, aber ein paar extrem günstige Optionen der mittleren Preisklasse rund um den Markt und die Jl Khairil Anwar.

Siwah Hotel — HOTEL $$

(☎0651-22126; Jl Twk Daud Syah 18-20; DZ 250 000–465 000 Rp; ❄📶) Das Siwah liegt in der Marktgegend nördlich vom Fluss und ist eine preiswerte Variante verglichen mit anderen Hotels in der Umgebung. Die Zimmer verfügen über Warmwasser, sind sauber, hell und klimatisiert. Hilfsbereites Personal.

Linda's Homestay — HOMESTAY $$

(☎0823 6436 4130, 0811 680 305; www.lindas-homestay.blogspot.com; Jl Mata Lorong Rahmat 3, Lambneu Barat; Zi. inkl. Frühstück 350 000–500 000 Rp; ❄📶) Bei der gastfreundlichen Linda zu übernachten, 4 km außerhalb der Stadt, ist wunderbar, um das Leben vor Ort in einer Familienunterkunft kennenzulernen. Viele schwärmen auch von der acehnesischen Hausmannskost. Linda arrangiert auch Stadtspaziergänge (ganztätig, 700 000 Rp pro Pers.). Allerdings berichten manche Traveller von Missverständnissen, was die Preise angeht, und damit einhergehenden Verstimmungen.

Pasar Malam Rek — MARKT $

(Ecke Jl Ahmad Yani & Jl Khairil Anwar; Hauptgerichte 8000–20 000 Rp; ⌚17–22 Uhr) Der Platz an der Kreuzung Jl Ahmad Yani und Jl Khairil Anwar beherbergt den Pasar Malam Rek, Banda Acehs belebten Nachtbasar, auf dem Nudeln und *sate* verkostet werden.

Mie Razali — NUDELN $

(Jl Panglima Polem; Hauptgerichte 10 000–30 000 Rp; ⌚11–1 Uhr) Hier werden die besten *mie Aceh* (acehnesische Nudeln) serviert – scharfe Nudeln mit Huhn oder Meeresfrüchten. Abends wird's im Razali ganz schön voll, dann muss man schon mal auf einen freien Tisch warten.

★ La Piazza — ITALIENISCH $$

(☎0651-805 7041; Jl Iskandar Muda 308 & 309; Hauptgerichte 25 000–75 000 Rp; ⌚11–23 Uhr; 📶🖊) Die Speisekarte des Gartenrestaurants im 3. Stock verspricht original italienische Küche, sie ist aber nicht auf Pasta und Pizza beschränkt. Gerichte mit Meeresfrüchten, thailändische Currys, vietnamesisches Rind und Steaks gehören ebenso zur überzeugenden Auswahl. Heimlich, still und leise wird auch Bier ausgeschenkt. Gründer des Lokals, das etwa 2 km westlich der Stadtmitte liegt, ist Freddie aus Pulau Weh.

Praktische Informationen

Regionales Touristenbüro (Dinas Parawisata; ☎0651-26206; www.bandaacehtourism.com; Jl Chik Kuta Karang 3; ⏱Mo–Fr 9–17 Uhr) Das Touristenbüro liegt im Erdgeschoss eines Regierungsgebäudes. Das Personal ist außerordentlich freundlich und verteilt kostenlose Ausgaben von hervorragenden Reiseführern für die Provinz.

An- & Weiterreise

BUS

Der Busbahnhof Bathoh (Jl Mohammed Hasan) befindet sich 4 km südlich des Stadtzentrums.

Tagsüber und abends starten hier stündlich riesige Busse nach Medan (180 000–330 000 Rp, 12 Std.).

FLUGZEUG

Der **Sultan Iskandar Muda International Airport** (http://sultaniskandarmuda-airport.co.id) liegt 16 km südöstlich vom Zentrum.

Es gibt täglich Direktflüge nach/aus Jakarta, Medan und Kuala Lumpur.

SCHIFF/FÄHRE

Die Expressboote und Autofähren nach Pulau Weh legen mindestens zweimal täglich vom Hafen von Uleh-leh ab, 5 km westlich von Banda Acehs Stadtzentrum; die Expressboote um 10 und 16 Uhr, freitags bis sonntags zusätzlich um 8 Uhr; die Autofähren samstags, sonntags und mittwochs um 11 und 16 Uhr sowie montags, dienstags, donnerstags und freitags auch um 14 Uhr.

Unterwegs vor Ort

- Taxis vom Flughafen berechnen 100 000 Rp für die Fahrt ins Zentrum und 140 000 Rp zum Hafen Uleh-leh.
- *Labi-labi*, die lokalen Minibusse, verlangen 2500 Rp für Fahrten innerhalb der Stadt, wobei die zentralen Sehenswürdigkeiten sehr gut fußläufig oder mit dem *becak* erreichbar sind. Am praktischsten sind die blauen *labi-labi* nach Uleh-leh (10 000 Rp, 35 Min.) und die weißen nach Lhok Nga und Lampu'uk (16 000 Rp). Der **labi-labi-Terminal** (Jl Diponegoro; ⏱7–17 Uhr) liegt nördlich der Großen Moschee.
- Für ein *becak* vom Busbahnhof in die Stadt muss man mit 30 000 Rp rechnen, während die Fahrt innerhalb der City mit 15 000–30 000 Rp zu Buche schlägt, je nachdem, wohin man will. Ein *becak* von der Stadtmitte nach Uleh-leh kostet 40 000 Rp, ein Taxi 70 000 Rp.
- Für eine zuverlässige *becak*-Option oder auch für eine Citytour an Bord einer Luxusvariante mit WLAN wendet man sich am besten an **Little John** (0813 6023 1339).

Pulau Weh

☎0652 / 32 000 EW.

Seit zig Jahren lockt das winzige Pulau Weh Reisende an – großteils Taucher und eingeweihte Backpacker –, sein Charme ist aber noch nicht verblasst; dazu ist es zu abgeschieden. Die Fährüberfahrt auf die kleine Insel ist allein schon ein Abenteuer. An den Stränden, im Dschungel und in den klaren Wassern oder auch einfach nur entspannt in einer Hängematte vor den preiswerten Bungalows fühlen sich Traveller, die über das turbulente Festland gen Norden gereist sind (obwohl mittlerweile auch Direktflüge von Medan hier landen), wie in einer friedvollen Oase. Für viele Sumatra-Reisende stellt Pulau Weh das Sahnehäubchen dar.

Sabang ist die klitzekleine Inselhauptstadt, aber die meisten zieht es zu den Tauchresorts am Gapang Beach auf oder zur entzückenden Backpacker-Enklave bei Iboih am nordwestlichen Zipfel der Insel.

Sehenswertes & Aktivitäten

Viele kommen nach Weh, um hier zu tauchen und zu schnorcheln; die Insel gilt als eine der besten Locations dafür im Indischen Ozean. An einem ganz normalen Tag sieht man wahrscheinlich Muränen, Rotfeuerfische und Stachelrochen. Wenn das Plankton blüht, kommen Walhaie. Anders als bei anderen Tauchspots treten die Korallenriffe hier etwas in den Hintergrund, Meerestiere und Unterwasser-Landschaften spielen die Hauptrolle. Es gibt ungefähr 20 Tauchspots rund um die Insel, v. a. in und um Iboih und Gapang, wo sich auch die Tauchanbieter befinden.

Schnorchelausrüstungen können praktisch überall für etwa 30 000 Rp pro Tag geliehen werden.

Empfehlenswerte Shops sind:

Lumba Lumba Diving Centre 0811 682 787; www.lumbalumba.com; Schnuppertauchen/Open-Water-Diver-Kurs 680 000/4 500 000 Rp; ⏱Tauchshop 8–20 Uhr; 📶)

Monster Divers (☎0812 6960 6857; www.monsterdivers.com; Schnuppergerätetauchen/1 Tauchgang/2 Tauchgänge 650 000/390 000/780 000 Rp)

Rubiah Tirta Divers (☎0652-332 4555; www.rubiahdivers.com; 1/3/5 Tauchgänge mit Equipment 360 000/1 020 000/1 600 000 Rp)

Mit einem Leihmotorroller oder Taxi gelangt man von Iboih zum **Kilometer Nol** (5000 Rp;

(8 Uhr bis Sonnenuntergang), ein beachtliches, 44 m hohes Weltkugel-Monument am westlichsten Zipfel Indonesiens. Von hier führt ein Pfad zu einem entzückenden Schwimmweiher bei **Pria Lot Falls**.

Schlafen & Essen

Mit schlichten, palmgedeckten Bungalows, von denen viele auf Stelzen über kristallklarem Wasser stehen, ist Iboih der Backpackertreff von Pulau Weh. Auf dem Dschungelpfad hinter dem Dorf lässt sich die Umgebung erkunden.

★ **Olala** HÜTTEN $

(0852 332 4199; eka.enk@gmail.com; Zi. 80 000–150 000 Rp;) Das Olala bietet günstige, fröhliche Strandhütten und hat sowohl Optionen für Minimalisten (einfache Hütten mit Gemeinschaftsbad) wie auch für Leute, die ihr eigenes Bad und einen Ventilator bevorzugen. Die besten Unterkünfte sind über dem Wasser. Das Restaurant auf der Anlage ist bei Travellern sehr beliebt und eins der besten der Gegend.

Oong's Bungalows HÜTTEN $

(0813 6070 0150; Zi. ohne/mit Klimaanlage 80 000–130 000/250 000 Rp) Bezahlbare Zimmer in simplen Blechdachhäuschen schweben über dem Wasser. Die billigere Variante ist mit Gemeinschaftsbad. Im Restaurant **Norma's** tauschen sich die Gäste übers Tauchen aus, während sie sich Meeresfrüchte und Bier schmecken lassen.

Yulia's HÜTTEN $$

(0821 6856 4383; Zi. ohne/mit Bad 290 000–310 000/400 000–650 000 Rp;) Das Resort am Ende des von Bungalows gesäumten Streifens hat sich zu Ibiohs gehobenster Adresse gemausert. Hochwertige, geräumige Holzhütten im Stil von Schweizer Chalets erstrecken sich über den Hang bis zum Ufer. Die besten verfügen über Klimaanlagen, Meerblick und Frühstück. Das Restaurant direkt über dem Wasser ist ein Hit.

Lumba Lumba RESORT $$

(0811 682 787; www.lumbalumba.com; DZ ohne/mit Bad 200 000/300 000 Rp, Bungalow 470 000 Rp;) Hinter dem gleichnamigen Tauchshop findet man hier eine der besten Übernachtungsmöglichkeiten in Gapang. Hütten mit Holzdach, gekachelten Zimmern, Ventilatoren und westlichen Toiletten sowie schlichtere Budgetzimmer mit Gemeinschaftsbad stehen zur Verfügung. Vor allem Taucher quartieren sich hier ein.

Praktische Informationen

BRI Bank (Jl Perdagangan) und auch ein paar andere Banken in Sabang haben einen Geldautomaten.

An- & Weiterreise

FLUGZEUG

Garuda Indonesia und Wings fliegen vom kleinen **Maimun-Saleh-Flughafen**, 2 km südlich von Sabang, viermal pro Woche nach Medan.

SCHIFF/FÄHRE

Langsame Autofähren und Passagier-Expressfähren verkehren auf der Route zwischen Uleh-leh, 5 km nordwestlich von Banda Aceh auf dem Festland, und dem Hafen Balohan, etwa 8 km südlich von Sabang auf Pulau Weh. Wer ein Ticket möchte, sollte mindestens 45 Min. vor Abfahrt am Hafen sein. Der Betrieb hängt vom Wetter ab.

Autofähren (Economy/Klimaanlage 27 000/60 000 Rp, 2 Std.) starten täglich um 8 Uhr von Pulau Weh und kehren vom Festland aus Uleh-leh um 11 Uhr zurück. Mittwochs, samstags und sonntags macht sich um 13.30 Uhr eine zusätzliche Fähre von Pulau Weh auf den Weg und kommt um 16 Uhr aus Uleh-leh zurück.

Die **Expressfähre** (0651-43791, 0652-332 4800; Economy/Executive/VIP 75 000/85 000/105 000 Rp) legt jeden Tag um 8 und 14.30 Uhr von Pulau Weh nach Uleh-leh ab (45 Min.–1 Std.), mit zusätzlichen Booten in der Hochsaison, freitags bis sonntags um 16 Uhr. Vom Festland tuckern täglich um 10 und 16 Uhr Schiffe nach Pulau Weh und am Wochenende um 10 Uhr.

Unterwegs vor Ort

Auf der Insel herrscht kein regelmäßiger öffentlicher Busverkehr, aber am Hafen Balohan warten eine Handvoll *labi-labi* (Minibusse) auf die Boote und steuern Sabang (25 000 Rp, 15 Min.), Gapang und Iboih (60 000 Rp, 40 Min.) an. *Becaks* and Taxis verlangen rund 150 000 Rp vom Hafen nach Gapang und Iboih sowie 50 000 Rp nach Sabang. Ein Taxi von Sumur Tiga zum Flughafen kostet 35 000 Rp; von Gapang/Iboih sind es um die 100 000 Rp. Etliche Gästehäuser verleihen Motorräder für etwa 100 000 Rp pro Tag.

Bukit Lawang

061 / 30 000 EW.

Bukit Lawang – weniger eine Stadt als vielmehr ein ausgedehntes Feriendorf – liegt 96 km nordwestlich von Medan am Bohorok-Fluss, eingefasst vom dichten Urwald des Gunung-Leuser-Nationalparks, der durch das 1973 errichtete Orang-Utan-Rehabilitationszentrum bekannt wurde. Obwohl die Fütterungsplattform geschlossen wurde, ist dies immer noch der beste Ort Sumatras, um auf einer Wanderung halbwilde Orang-Utans zu sichten.

Auch abseits der Wanderpfade können Traveller hier problemlos ein paar Tage verbringen und in einer der zahlreichen Hängematten chillen, im Fluss schwimmen, sich beim Tubing vergnügen und die Zeit in einem der Dschungelresorts – mit ausgezeichnetem Preis-Leistungs-Verhältnis für Sumatra – genießen.

Aktivitäten

Für eine Dschungelwanderung im Gunung-Leuser-Nationalpark braucht man eine Genehmigung und einen Guide; sie kann von drei Stunden bis zu mehreren Tagen dauern. Die meisten Besucher buchen eine Zweitagestour mit Übernachtung im Dschungel, da dann die Wahrscheinlichkeit höher ist, einen Orang-Utan oder andere Tiere in freier Wildbahn zu entdecken. Am besten bricht man in einer kleinen Gruppe so früh wie möglich auf. Bei der Wahl des Guides sollte man sich Zeit nehmen, denn es gibt leider kaum vorgegebene Verhaltensregeln für den Dschungel. Niemand sollte sich genötigt fühlen, schon vor der Ankunft in Bukit Lawang oder gleich beim Verlassen des Busses einen Guide zu buchen. Die Preise sind durch die Sumatra Guide Association (in Euro) festgelegt, basierend auf mindestens drei Teilnehmern. Ein Halbtagestrek kommt auf 35 € pro Person, Ein-/Zwei-/Dreitagestouren kosten 45/80/110 €.

Reifen für das Tubing – eine beliebte Aktivität in den Strömungen des Sungai Bohorok – werden entlang des Flusses für 20 000 Rp pro Tag verliehen.

Schlafen & Essen

Je weiter man den Fluss hochkommt, desto wahrscheinlicher entdeckt man wildlebende Tiere, während man in der Hängematte auf der Veranda liegt. Ventilatoren gibt es in einigen Pensionen, heißes Wasser nur in wenigen.

Die meisten Unterkünfte haben ein eigenes Restaurant und schenken Bier aus.

★ Garden Inn PENSION $
(☎ 0813 9600 0571; www.bukitlawang-garden-inn.com; Zi. 150 000–350 000 Rp; 📶) Beliebt bei Backpackern ist das stets wachsende Garden Inn. Es verteilt sich über mehrere Gebäude, von gemütlichen Dschungelhütten aus Holz bis hin zu makellosen modernen weißen Zimmern. Im erstklassigen Café mit Blick auf den Fluss unterhalten sich die Gäste über ihre Erlebnisse mit Menschenaffen und stimmen zusammen mit dem freundlichen Personal Lieder an.

Rainforest Guesthouse PENSION $
(☎ 0813 62199018; www.rainforestguesthouse.com; DZ 50 000–200 000 Rp; 📶) Die Ansammlung von Zimmern aus Holz in der Nähe des rauschenden Flusses ist auf Rucksacktouristen ausgerichtet. Die günstigeren Zimmer sind mit Gemeinschaftsbädern versehen, die teureren verfügen über eigene Bäder und Ventilatoren. Im kleinen Restaurant mit Blick auf den Fluss kommt man mit anderen Budgetreisenden in Kontakt.

Green Hill PENSION $
(☎ 0813 7034 9124; www.greenhillbukitlawang.com; DZ/3BZ/4BZ 200 000/250 000/300 000 Rp, DZ ohne Bad 100 000 Rp; 📶) 🍃 Eine englische Wissenschaftlerin und ihr Ehemann aus Sumatra führen diese Pension mit zwei schönen Zimmern auf Stelzen, die vor allem bei Paaren und Familien sehr beliebt sind. Von den En-suite-Duschen aus Bambusrohren hat man einen großartigen Blick in den Dschungel. Außerdem gibt's ein Budgetzimmer. Zahlreiche Naturschutz- und Volunteer-Programme können arrangiert werden.

Sam's Bungalows PENSION $
(☎ 0813 7009 3597; www.samsbukitlawang.com; Zi. 150 000–300 000 Rp; 📶) Die Pension bietet eine fantastische Auswahl an Holzbaumhäuschen und auch solidere Zimmer in sonnigen, mediterranen Farben. Die Zimmer sind mit Himmelbetten, stattlichen Bädern und italienischen Regenduschen ausgestattet.

★ On the Rocks BUNGALOWS $$
(☎ 0812 6303 1119; www.ontherocksbl.com; Zi. 200 000–500 000 Rp; 📶) Sieben „indigene" Hütten stehen eher auf einem Hang als auf einem Felsen und schaffen den Spagat zwischen luxuriös und rustikal. Jede Hütte hat eine Veranda und ein Badezimmer und liegt in einer Ruheoase mit herrlichen Ausblicken. Die Bungalows befinden sich einen ordentlichen Fußmarsch von der Hauptroute entfernt. Gut, dass das Restaurant anständige Kost auftischt!

Jungle Hill INDONESISCH $
(Hauptgerichte/Pizza 17 000–50 000/50 000–90 000 Rp; ⏲ 8–22 Uhr; 📋) In dem entspannten Familienlokal mit Blick auf den Fluss können sich die Gäste an Curry, *rendang* und *sambal*-Gerichten satt essen. Auch die Pizzen sind nicht zu verachten.

Brown Bamboo Cafe INDONESISCH $

(Hauptgerichte 22 000–50 000 Rp; ⌚6–22 Uhr; 📶) Das Brown Bamboo befindet sich neben dem Büro der Guides Association – die richtige Location, um auszuspannen und um sich gleich nach der Ankunft ein paar Tipps zu holen (es ist übrigens auch die richtige Anlaufstelle, wenn das Büro geschlossen ist). Der Speiseplan reicht von Kokosnusscurrys bis hin zu Tacos und gekühltem Bintang.

ℹ Praktische Informationen

Es gibt keine Banken, aber einige Wechselstuben an der Hauptstraße nahe dem Dorf Gotong Royong. In der Stadt Bohorok, 15 km entfernt, steht ein BRI-Geldautomat.

Gotong Royong offeriert die beste Infrastruktur. Wer mit dem Bus anreist, muss etwa 1 km nordwärts spazieren und sieht dann die ersten Unterkünfte in Bukit Lawang.

Bukit Lawang Guide Association

(☎0813 7696 3787; ⌚7–15 Uhr) Das gelbe Gebäude fungiert auch als Besucherzentrum. Hier liegen Stadtpläne bereit und Guides können gebucht werden. Ist das Büro geschlossen, wendet man sich nebenan ans Brown Bamboo Cafe, das vom Leiter der Guides Association betrieben wird.

ℹ An- & Weiterreise

Öffentliche Busse fahren zwischen 5.30 und 17 Uhr direkt vom Dorf Gotong Royong zu Medans Busbahnhof Pinang Baris (30 000 Rp, 4 Std., halbstündlich). Touristen-Minibusse sind ebenfalls vorhanden (120 000 Rp, 3 Std., tgl. um 8 Uhr). Berastagi wird jeden Tag von einem öffentlichen Bus (50 000 Rp, 6–7 Std., 8 Uhr) und einem Touristen-Minibus (170 000 Rp, 4–5 Std., tgl. 8.30 Uhr) angesteuert. Touristen-Minibusse bedienen auch den Flughafen Medan (190 000 Rp, ca. 4 Std., tgl. 8 Uhr) und Parapat (für Reisen nach Danau Toba; 230 000 Rp, 6 Std., tgl. 8.30 Uhr).

Berastagi

☎0628 / 44 800 EW

Auf 1300 m liegt die kühle Berg- und Marktstadt Berastagi. Sie wurde von niederländischen Kaufleuten gegründet, die der Hitze Medans entfliehen wollten. Da der Ort nur zwei Stunden von Medan entfernt liegt, ist er immer noch sehr beliebt bei Wochenendausflüglern, die schon mal den Verkehr auf der Hauptroute stilllegen. Hauptattraktionen sind eine Kletterpartie auf den aktiven Vulkan und Erkundungen der umliegenden Dörfer sowie der Karo-Hochebene.

Berastagi

◉ Sehenswertes & Aktivitäten

★ Gunung Sibayak VULKAN

(4000 Rp) Der Gunung Sibayak ist mit 2094 m einer der am besten zugänglichen Vulkane Indonesiens. Ein Guide ist nur notwendig, wenn man sich für die Route durch den Dschungel entscheidet, doch auch wenn man allein loszieht, ist es eine gute Idee – 2017 verirrte sich ein deutscher Tourist und kam dabei ums Leben. Die Wanderung ist in fünf Stunden hin und zurück zu schaffen, der Start sollte so früh wie möglich sein. Guides können im Touristenbüro angefragt werden. Sie verlangen ab 250 000 Rp pro Person für die Route entlang der Straße und 320 000 Rp durch den Dschungel.

Lingga DORF

Das meistbesuchte Dorf in der Gegend von Berastagi ist Lingga, ein paar Kilometer nordwestlich von Kabanjahe. Hier steht ein halbes Dutzend traditioneller Häuser mit den typischen Strohdächern, gekrönt von Rinderhörnern. Hierher fährt ein gelber KT Minibus von Berastagi (7000 Rp, 45 Min.). Einige fahren nur bis Kabanjahe, also erst nachschauen, ob man vielleicht umsteigen muss.

Schlafen & Essen

Wisma Sibayak PENSION $
(0628-91104; Jl Udara 1; Zi. ohne/mit Bad 60 000–80 000/150 000 Rp; @) Zentrale Unterkunft mit Internatscharakter – Ausgangssperre gilt ab 22 Uhr und heißes Wasser zum Duschen kostet extra –, aber die günstigsten Zimmer sind wirklich günstig und die besseren Optionen sind sauber und geräumig.

Losmen Sibayak Guesthouse PENSION $
(0628-91122; dicksonpelawi@yahoo.com; Jl Veteran 119; Zi. ohne/mit Bad ab 75 000/100 000; @) Hinter Sibayak Trans Tour & Travel sind Zimmer mit indonesischer Note zu finden, in denen man sich fühlt wie in einem Homestay. Die besten haben heißes Wasser, WLAN ist in der Lobby verfügbar.

★ **Nachelle Homestay** HOMESTAY $$
(0813 6242 9977, 0821 6275 7658; nachellehomestay@gmail.com; Jl Veteran; Zi. ohne/mit Bad 220 000/280 000–400 000 Rp;) Mery und Abdy führen die eindeutig netteste Unterkunft in Berastagi. Beide sprechen hervorragend Englisch und geben Karten der Region aus. Die Zimmer sind blitzeblank und kommod und ansprechende Gemeinschaftsräume sind in Planung, inklusive der Dachterrasse mit Blick über Sinabung. Der Homestay liegt etwas fernab der Hauptstraße – wer Hilfe braucht, einfach anrufen.

Café Raymond INTERNATIONAL $
(Jl Trimurti; Hauptgerichte 12 000–30 000 Rp; 7–24 Uhr;) Berastagis Bohemianszene trifft sich im winzigen Café Raymond, wo Obstsäfte, Bier und ein Mix aus indonesischer und westlicher Küche aufgetragen werden sowie ein paar indische Gerichte als Draufgabe. Hier findet man Mitfahrgelegenheiten nach Bukit Lawang, Medan und Danau Toba.

Biji Hitam KAFFEE
(Jl Kolem Renang; Kaffee 12 000–25 000 Rp; Di–Do, Sa & So 13–24, Fr 14–24 Uhr) In diesem Laden sitzen die Gäste auf alten Barhockern und genießen eine Tasse starken Kaffees, während sie dem Gemurmel ringsum lauschen. Die Auswahl ist groß, von Espresso bis Nutella Latte, dazu einige Teesorten und Snacks.

Praktische Informationen

Touristeninformation (0628-91084; Jl Gundaling 1; 7.30–18 Uhr) Hier gibt's Straßenkarten und die Möglichkeit, geführte Wanderungen sowie Tagestouren und private Transporte nach Medan, Danau Toba und Kutacane zu organisieren.

Eine gute Adresse für Tipps zur Weiterreise und zu Touren vor Ort ist auch **Sibayak Trans Tour & Travel** (0628-91122; dicksonpelawi@yahoo.com; Jl Veteran 119; 7–22 Uhr).

An- & Weiterreise

Der **Busbahnhof** (Jl Veteran) liegt angenehm dicht beim Stadtzentrum. Langstreckenbusse fahren auf dem Weg nach Kabanjahe (dem regionalen Drehkreuz) durch Berastagi. Außerdem kann man überall an der Hauptstraße, der Jl Veteran, zwischen 6 und 20 Uhr in Busse nach Padang Bulan in Medan (15 000 Rp, 3 bis 4 Std.) steigen.

Am günstigsten kommt man zum Toba-See, indem man ein *angkot* nach Kabanjahe (5000 Rp, 20 Min.) nimmt und dort in einen Bus nach Pematangsiantar (30 000 Rp, 3 Std.) steigt. Danach geht's per Bus Richtung Parapat (15 000 Rp, 1½ Std.) weiter. Wer nach Bukit Lawang will, nimmt den Bus zum Pinang Baris in Medan (15 000 Rp, 2 Std.) und steigt dort in den nach Bukit Lawang um (30 000 Rp, 3 Std.). Berastagi bietet Zugang zum Gunung-Leuser-Nationalpark im Süden; dazu steigt man in den Bus nach Kutacane.

Mehrere private Firmen betreiben gemeinsam einen Minibus- oder Autodienst, der Berastagi mit Bukit Lawang (150 000 Rp, 3–4 Std.), Danau Toba (bis Parapat; 150 000 Rp, 3½–4 Std.), Medans Padang Bulan (100 000 Rp, 2½ Std.) und den Flughafen von Medan (150 000 Rp, 3 Std.) verbindet.

Danau Toba

0625

Der Danau Toba ist schon seit Jahrzehnten ein traditionelles Reiseziel, ein großartiger ozeanblauer See, hoch oben auf Sumatras Vulkangipfeln. Hier lebt das freundliche, den christlichen Glauben praktizierende Batak-Volk. Unerschrockene Reisende entdeckten diesen geheimen, fast schon mystischen Platz schon vor Jahren, doch auch heute noch zählt Tuk Tuk – das eigenwillige Dorf auf der Insel im See – zu den Standarddestinationen der Traveller und immer noch zu den Highlights im Herzen Sumatras.

Der Tobasee ist mit seiner gewaltigen Ausdehnung von 1707 km² der größte See in Südostasien. Inmitten dieser enormen Fläche liegt Pulau Samosir, eine keilförmige Insel

Danau Toba

fast so groß wie Singapur, die vor 30 000 bis 75 000 Jahren durch eine Eruption entstanden ist. Samosir ist eigentlich gar keine Insel, sondern durch eine schmale Landenge in der Stadt Pangururan mit dem Festland verbunden – und dann wieder durch einen Kanal getrennt.

Danau Toba

Schlafen

1 Bagus Bay Homestay C2
2 Gokhon Guesthouse D1
3 Liberta Homestay C2
4 Tabo Cottages C2

Essen

5 Jenny's Restaurant C1
6 Juwita Café D2
Today's Café .... (siehe 6)

Ausgehen & Nachtleben

7 Brando's Blues Bar C1

Unterhaltung

8 Roy's Pub D2

Parapat

Parapat ist der Ausgangspunkt auf dem Festland für Fahrten zum Danau Toba. In der überfüllten Stadt am See gibt's ein paar Hotels, Restaurants und Reisebüros. Ihr Zweck besteht offenbar allein darin, auf Abwege geratene Touristen – auf dem Weg nach oder von Samosir – einzufangen. Allerdings gibt's keinen Grund, hier zu übernachten, es sei denn, man ist zu spät dran, um noch ein Boot nach Tuk Tuk zu erwischen.

Das Geschäftsviertel der Stadt liegt an der Schnellstraße, die über die Insel führt (Jl SM Raja) und beherbergt Banken, Geldautomaten und jede Menge einfache Restaurants. Fast alle Busse sammeln ihre Fahrgäste bei den Reisevermittlern an der Schnellstraße oder am Pier ein bzw. lassen sie dort aussteigen.

An- & Weiterreise

Der **Busbahnhof** (Jl SM Raja) liegt ca. 2 km östlich der Stadt auf dem Weg nach Bukittinggi und wird selten von Reisenden genutzt. Man käme von da allerdings mit dem öffentlichen Bus nach Berastagi (48 000 Rp, 2-mal umsteigen), Medan (35 000 Rp, 5–6 Std.) und Sibolga (70 000 Rp, 7 Std.).

PT Bagus Holiday (☎ 0813 9638 0170) ist einer von mehreren Anbietern neben der Fähranlegestelle, der Touristen-Minibusse- und Autotransporte zu den beliebtesten Destinationen arrangiert. Kurze Ausflüge darf man nicht erwarten! Die weiteren Strecken dauern auch deutlich länger und sind überladener als die entsprechenden Busfahrten. Touristen-Minibusse bedienen Berastagi (150 000 Rp, 3 Std.), Bukittinggi (350 000 Rp, 19 Std.), Bukit Lawang (200 000 Rp, 6 Std.), Medan (100 000 Rp, 4 Std.), Padang (400 000, 18 Std.) und Sibolga (150 000 Rp, 6 Std.).

Wer bis nach Padang reist, sollte sich tatsächlich überlegen, mit dem Minibus zurück zum Flughafen Medan zu fahren und von da einen billigen Flug zu nehmen.

Pulau Samosir

Alles strömt zur großen Insel mitten im Tobasee. Im Dorf Tuk Tuk legen die Fähren an. Dort gibt's haufenweise Pensionen und Restaurants am See, die meisten Sehenswürdigkeiten liegen am nördlichen Inselrand.

Sehenswertes & Aktivitäten

Die verlassenen Straßen in Pulau Samosir sind perfekt für Erkundungstouren mit dem Motorrad oder Fahrrad, während sich das hügelige Landesinnere wunderbar erwandern lässt.

Museum Huta Bolon Simanindo MUSEUM
(Simanindo; 50 000 Rp; ⏲ 10–17 Uhr) Im Dorf Simanindo an der Nordspitze von Samosir, 15 km nördlich von Tuk Tuk, steht ein wunderschön restauriertes traditionelles Haus. Heute wird es als Museum genutzt, früher war es das Zuhause des Batak-Königs Rajah Simalungun und seiner 14 Frauen. Das Dach war ursprünglich mit zehn Büffelhörnern verziert, Symbol für die zehn Generationen der Dynastie. Traditionelle Batak-Tanzperformances werden montags bis samstags um 10.30 und 11.45 Uhr sowie sonntags um 11.45 Uhr geboten.

Steinstühle HISTORISCHE STÄTTE
(3000 Rp, Führung 50 000 Rp; ⏲ 8–18 Uhr) Im Dorf Ambarita, 5 km nördlich von Tuk Tuk, befindet sich eine Gruppe 300 Jahre alter steinerner Stühle. Hier besprachen die Dorfältesten einst wichtige Angelegenheiten und machten Übeltätern den Prozess. Offenbar wurden diese anschließend zu einer weiteren Gruppe von steinernen Möbeln geführt, wo die Verurteilten gefesselt, mit Augenbinden versehen, ihre Haut eingeritzt, mit Knoblauch und Chili eingerieben und schließlich geköpft wurden. Zahlreichen Gerüchten zufolge soll diese Geschichte jedoch lediglich das Ergebnis einer überreizten Fantasie sein, angeblich sind die Stühle auch nur 60 Jahre alt. Auf dem Gelände sind zudem acht Batak-Häuser zu sehen.

Grab von König Sidabutar HISTORISCHE STÄTTE
(Tomok; Eintritt nach Spende; ⏲ Sonnenaufgang–Sonnenuntergang) Der Batak-König, der zum Christentum konvertierte, liegt in Tomok begraben, einem Dorf 5 km südöstlich von Tuk Tuk. Auf dem Grabstein sind drei Bilder eingeritzt: der König, sein Leibwächter und Anteng Melila Senega, die Frau, in die Sidabutar viele Jahre unglücklich verliebt gewesen sein soll. Das Grab schmücken zudem Schnitzarbeiten von *singa*, mythischen Kreaturen mit grotesken dreigehörnten Köpfen und hervortretenden Augen.

Schlafen

★ **Liberta Homestay** HOMESTAY $
(☎ 0625-451035; liberta_homestay@yahoo.com.co.id; Zi. ohne/mit Bad 44 000/66 000–88 000 Rp; 📶) Zwar ist die Sicht auf den See eingeschränkt, dafür sind der zum Faulenzen einladende Garten und die künstlerisch gestalteten traditionellen Batak-Häuser eine echte Oase der Entspannung. Die Unterkunft liegt in der Nähe des Fährhafens und ist besonders bei Backpackern gefragt. Die Zimmer haben Balkone und niedrige Türen. Außerdem gibt's ein gutes Café und der allseits beliebte Herr Moon liefert zahlreiche Reisetipps.

Gokhon Guesthouse PENSION $
(☎ 0852 6169 1642; DZ 200 000 Rp; 📶) Das beschauliche zweistöckige Haus am Wasser beherbergt eine von mehreren schlichten, sauberen Pensionen am Uferstreifen. Gäste können von ihren Veranden auf einen Rasen spazieren und den Ausblick genießen. Infos gibt's in der Gokhon Library auf der gegenüberliegenden Straßenseite.

Bagus Bay Homestay HOMESTAY $
(☎ 0823 6822 9003, 0625-451287; www.bagusbay.com; Tuk Tuk; EZ ab 60 000, DZ ohne/mit Bad ab 75 000/150 000–300 000 Rp; 📶) Die Zimmer

des top Budgetresorts sind in traditionellen Batak-Häusern untergebracht, zwischen Avocadobäumen, einem Kinderspiel- und einem Volleyballplatz. Die teureren Zimmer (und die Gemeinschaftsbäder) verfügen über Warmwasser und gewähren Blicke auf den See. Topfpflanzen sorgen für einen grünen Touch. Abends kommen die Reisenden im Restaurant zusammen, wo oft Filmabende veranstaltet werden.

★ Tabo Cottages BUNGALOWS $$
(☎ 0625-451318; www.tabocottages.com; Zi. inkl. Frühstück 390 000–490 000 Rp, Hütte 680 000–750 000 Rp; ❄@📶🏊) Die schickste Unterkunft der Insel wird von Deutschen betrieben: herrlich traditionelle Batak-Häuser mit riesigen Badezimmern und Hängematten sowie ein atemberaubender Pool mit Seeblick. Annette, die Eigentümerin, ist eine wahre Fundgrube, was Informationen über die Batak-Kultur angeht. Auch die deutsche Bäckerei nebenan ist einen Besuch wert, verkostet werden hausgemachtes Brot und Kuchen.

Essen

★ Jenny's Restaurant INTERNATIONAL $
(Tuk Tuk; Hauptgerichte 30 000–65 000 Rp; ⏲ 8–22 Uhr) Das Jenny's am nördlichen Rand von Tuk Tuk stach lange mit allen möglichen Frühstücksvariationen, Nudeln, Currys und Reisspezialitäten heraus. Wirklich angesagt ist aber der Fisch aus dem See, der direkt vor der Nase des Gasts gegrillt wird, mit Pommes und Salat. Der Obstpfannkuchen ergibt ein prima Dessert.

Today's Café INTERNATIONAL $
(Tuk Tuk; Hauptgerichte 30 000–70 000 Rp; ⏲ 8–22 Uhr; 📶🌱) In der kleinen Holzhütte herrscht die entspannte Atmosphäre, die für Tuk Tuk typisch ist. Sie wird von ein paar freundlichen Damen geführt, die fabelhafte, vielseitige Gerichte zaubern, so wie *sak sang* (Schweinehack mit brauner Kokossoße und jeder Menge Gewürzen), Auberginencurry und Chapatis mit Guacamole. Das hausgemachte Joghurt ist der Frühstücksschlager schlechthin.

Juwita Café INDONESISCH $
(☎ 0625-451217; Hauptgerichte 20 000–45 000 Rp; ⏲ 8–22 Uhr; 📶) Dieses gemütliche Familienrestaurant mit Garten am Seeufer bietet extrem gute Batak-Küche und andere indonesische Gerichte. Die freundliche Matriarchin Heddy gibt auch Kochkurse (1/2/3 Gänge 250 000/325 000/350 000 Rp). Einen Tag im Voraus buchen.

Ausgehen & Nachtleben

Brando's Blues Bar BAR
(☎ 0625-451084; Tuk Tuk; ⏲ 12–open end) Eine von mehreren echten Bars mit Pooltischen

ABSTECHER

PULAU NIAS

Der Indische Ozean nähert sich Indonesien mit rauschendem Getöse und präsentiert sich an der abgeschiedenen Pulau Nias mit einer spektakulären Brandung. Surfer kommen schon seit zig Jahren an den beachtlichen, aber einsamen Felsen vor der Nordküste Sumatras. Die Wellen am Teluk Sorake sind einfach spitze, und so hat sich diese entlegene Insel zu Recht auf dem Radar der internationalen Surfergemeinschaft gehalten.

Auch für Nichtsurfer gibt's viel zu entdecken: Traditionelle Bergdörfer wie **Tundrumbaho** und **Bawomataluo** begeistern Kulturtouristen und Fans der indigenen Architektur. Die Wellen von Teluk Lagundri (oder korrekt: Pantai Sorake) in der Südwestecke der Insel sind zwischen April und Oktober am besten. An ruhigeren Tagen lassen sie sich relativ leicht reiten, doch sobald die Dünung zunimmt, haben hier nur noch Experten etwas zu suchen. Am Strand findet man mehrere sehr einfache und fast identische *losmen*. Der übliche Preis liegt bei etwa 100 000 Rp pro Nacht. Allerdings wird erwartet, dass die Gäste auch in ihrem *losmen* essen. Der Besitzer des **Lagundri Beach House** (☎ 0813 9656 7202; Zi. 200 000–300 000 Rp; ❄📶) organisiert auch Touren.

Inzwischen nehmen die meisten Besucher einen Flug von Medan oder Padang zum Bimaka-Flughafen in Nias, aber es setzen auch noch regelmäßig Fähren vom Hafen in Sibolga über. Sie fahren täglich außer sonntags von Sibolga nach Gunung Sitoli (Economy/VIP 100 000/120 000 Rp, 11–13 Std.) und zweimal pro Woche nach Teluk Dam (Economy/VIP 100 000/150 000 Rp, 12–14 Std.) im Süden von Nias (deutlich näher an den Surfspots).

und gelegentlicher Livemusik. An den Wochenenden wird's besonders voll. Happy Hour ist zu zivilisierter Zeit zwischen 18 und 22 Uhr, und der kleine Dancefloor lädt zu Reggae- und House-Sessions ein.

Roy's Pub LIVEMUSIK

(☎ 0821 7417 4576; Tuk Tuk; ⊙ Sa, Di & Do 21–1 Uhr) Im Roy's verbringt man die besten Partynächte in Samosir. Dienstags, donnerstags und samstags spielt eine Liveband (normalerweise heimischer Rock) in dem mit Graffiti besprühten Tanzlokal. Viel Spaß und Alkohol in rauen Mengen.

Praktische Informationen

BRI-Geldautomaten stehen in **Ambarita** (Ambarita; ⊙ 24 Std.), Tomok und Pangururan, sie nehmen aber vielleicht nicht alle ausländischen Karten an. Der nächste Automat ist in Parapat – am besten Bargeld mitnehmen, da die Wechselkurse in Hotels und bei den Wechselstuben auf der Insel recht fürchterlich sind.

An- & Weiterreise

BUS

Wer Berastagi von Samosir aus öffentlich erreichen will, muss einen Bus von Tomok nach Pangururan (15 000 Rp, 45 Min.) nehmen. Dort steigt man in einen anderen Bus Richtung Berastagi (50 000 Rp, 3 Std.). Dieser fährt über Sidikalang, wo auch Busse nach Kutacane starten. Die meisten Gästehäuser und Reisebüros können die teureren Minibus-Fahrkarten nach Parapat im Voraus buchen.

SCHIFF/FÄHRE

Fähren von Parapat nach Tuk Tuk (15 000 Rp, 11-mal tgl.) verkehren etwa stündlich zwischen 8.30 und 19 Uhr. Sie halten am Bagus Bay (35 Min.), fahren gen Norden weiter und halten an anderen Stellen nur auf Nachfrage. Die erste Fähre verlässt Tuk Tuk etwa um 7, die letzte ungefähr um 17.30 Uhr, genaue Zeiten bei der Unterkunft erfragen. Wer Parapat zum Ziel hat, winkt an der Anlegestelle seines Hotels ein Boot herbei. Täglich befördern 14 Fähren von 7 bis 19 Uhr Passagiere und Motorräder zwischen Parapat und Tomok (10 000 Rp).

Unterwegs vor Ort

Das Linienbusnetz deckt ganz Samosir außer Tuk Tuk ab. Minibusse verkehren bis 17 Uhr zwischen Tomok und Ambarita (5000 Rp) und weiter nach Simanindo (10 000 Rp) und Pangururan (15 000 Rp), einfach an der Hauptstraße durch Winken anhalten. Die ruhigen, allgemein sehr ordentlichen (wenn auch engen) Straßen der Insel sind gut mit Motorrädern (80 000–100 000 Rp pro Tag) oder mit dem Fahrrad (30 000 Rp pro Tag) zu befahren, beides einfach zu leihen in Tuk Tuk.

Bukittinggi

☎ 0752 / 117 000 EW.

Frühmorgens und an klaren Tagen ist die Marktstadt Bukittinggi über dem nebligen Tal gut zu erkennen. Drei Wachposten umgeben sie: der Feuer speiende Merapi, der ungefährliche Singgalang und der weit entfernte Sago. Felder auf nährstoffreicher Vulkanerde reifen in der Sonne, *bendis* (Pferdewagen für zwei) bringen ihre Waren zum *pasa* (Markt) und der Ruf des Muezzins schallt durch die Stadt. Man spürt nichts vom modernen Leben – bis 9 Uhr – dann kommt der Verkehr in Gang: Schnell gibt's rund um den Busbahnhof einen kilometerlangen Stau und die Luft wird von Dieselschwaden geschwängert. Viele Moscheen trotzen den Fahrzeugen, indem sie ihre Lautsprecher auf volle Lautstärke stellen. Das moderne Bukittinggi ist eine Stadt der Missverhältnisse, einerseits von der Natur gesegnet, andererseits erstickt es an Menschen. Trotz allem ist es immer noch beliebt bei Reisenden zwischen Padang und Danua Toba. Auf 930 m Höhe bietet die Stadt das ganze Jahr über ein gemäßigtes Klima.

Sehenswertes

Es gibt zwei Kategorien für Touren vor Ort – Kultur und Natur. Sie reichen von halbtägigen Ausflügen durch die umliegenden Dörfer bis zu dreitägigen Dschungeltreks zum Danau Maninjau und Trips mit Übernachtung auf den Gunung Merapi.

Ganztagsausflüge gibt's ab 150 000 Rp pro Pers. (mind. 300 000 Rp). Bei einigen gilt ein Mindestsatz, aber manche Guides und Agenturen offerieren auch Einzelunternehmungen mit dem Motorrad. Wer von einem Freelancer angesprochen wird, sollte klarstellen, was gewünscht ist, und auch was enthalten bzw. nicht enthalten ist.

Armando (☎ 0812 674 1852; arisna_sejati@yahoo.co.id; Tagestour 300 000 Rp) oder **Roni's Tours** (☎ 0812 675 0688; www.ronistours.com; Jl Teuku Umar, Orchid Hotel) sind einen Versuch wert.

Vom Taman Panorama (Panorama Park; Jl Panorama; 20 000 Rp; ⊙ 7.30–17.30 Uhr) am Südrand der Stadt blickt man auf die tiefe **Ngarai Sianok** (Sianok-Schlucht), wo bei Sonnenuntergang Fledermäuse durch die Luft schwirren. Freundliche Guides bieten geführte Touren durch die **Gua Jepang** (Japa-

Bukittinggi

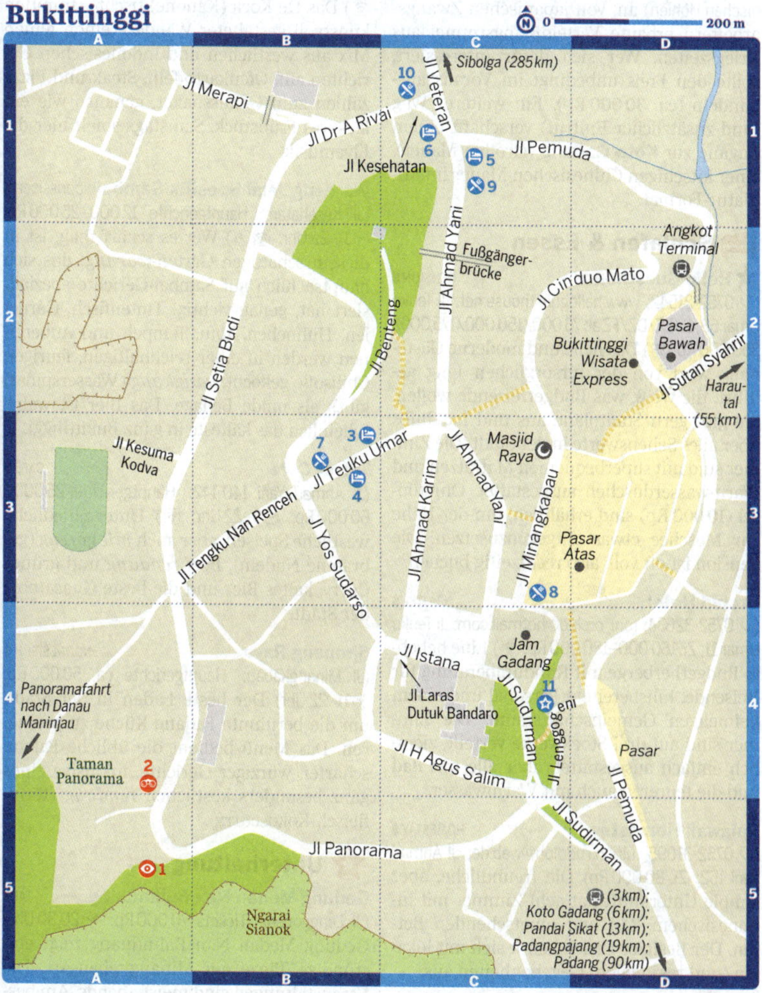

Bukittinggi

Sehenswertes
1 Gua Jepang A5
2 Taman Panorama A4

Aktivitäten, Kurse & Touren
Roni's Tours .... (siehe 4)

Schlafen
3 Hello Guesthouse B3
4 Orchid Hotel B3
5 Rajawali Homestay C1
6 Treeli Hotel C1

Essen
7 De Kock Café B3
8 Simpang Raya C3
9 Turret Café C1
10 Waroeng Jalal Spesifik Sambal C1

Unterhaltung
11 Gedung Medan Nan Balinduang C4

nischen Höhlen) an, von japanischen Zwangsarbeitern erbaute Verteidigungstunnel aus Kriegszeiten. Wer sich dafür interessiert, sollte den Preis unbedingt im Voraus aushandeln (ca. 30 000 Rp). Ein weiterer Weg (und zusätzlicher Eintritt) verschafft einem Zugang zur **Koto Gadang** (Großen Mauer), einer kitschigen Chinesischen Mauer im Miniatur-Format.

Schlafen & Essen

★ Hello Guesthouse PENSION $
(☎0752-21542; www.helloguesthouse.net; Jl Teuku Umar 6B; B/EZ/DZ/FZ ab 75 000/150 000/175 000/350 000 Rp; 📶) Das helle und moderne Gästehaus wird von der fürsorglichen Ling geführt, die weiß, was Budgetreisende wollen. Sie gibt gern Stadtpläne aus und hat Infos über alles Sehenswerte in der Stadt. Die Zimmer sind mit superbequemen Matratzen und Warmwasserduschen ausgestattet. Ohrstöpsel (10 000 Rp) sind erhältlich, um der Nähe zur Moschee etwas entgegenzusetzen. Die Pension ist oft voll, also rechtzeitig buchen.

Orchid Hotel HOTEL $
(☎0752-32634; roni_orchid@hotmail.com; Jl Teuku Umar 11; Zi. 150 000–180 000 Rp; 📶) Eine beliebte Budgetherberge mit Rundumberatung für Reisende, hilfsbereitem Personal und einem heimeligen Gemeinschaftsraum. Die Zimmer sind auf drei Stockwerke verteilt, ziemlich einfach ausgestattet, aber alle mit Bad und die teureren auch mit Warmwasser.

Rajawali Homestay HOMESTAY $
(☎0752-31095; ulrich.rudolph@web.de; Jl Ahmad Yani 152; Zi. 80 000 Rp) Die freundliche, aber simple Unterkunft hat acht Zimmer mit indonesischem Bad und quietschenden Betten. Der Besitzer Ulrich kennt sich mit lokalen (und regionalen) Gegebenheiten aus.

★ Treeli Hotel BOUTIQUE-HOTEL $$
(☎0752-625350; treeliboutiquehotel@gmail.com; Jl Kesehatan 36A; DZ inkl. Frühstück 350 000–790 000 Rp; ❄📶) Das zeitgenössische Treeli ist eine perfekte Ergänzung zu den relativ unaufgeregten Mittelklasseläden in Bukittinggi. Die Betreiber machen vieles richtig: ruhige Zimmer mit modernen Bädern und allem Komfort. Auf der kühlen Dachterrasse wird ein fantastisches Frühstück serviert und das Restaurant ist auf Meeresfrüchte chinesischer Art spezialisiert.

De Kock Cafe INTERNATIONAL $
(☎0821 7492 9888; www.dekock.in; Jl Teuku Umar 18; Hauptgerichte 15 000–50 000 Rp; ⏲7–24 Uhr; 📶) Das De Kock (Kanone) tischt – inmitten kunstvoll gestalteter Wände – einen feinen Mix aus westlichen und indonesischen Gerichten auf. Ofenkartoffeln, Steak und Pizza zählen zum Genusspaket, genauso wie ein leckeres Frühstück. Samstags spielt hier die Livemusik.

Waroeng Jalal Spesifik Sambal INDONESISCH $
(Jl Kesehatan; Hauptgerichte 12 000–25 000 Rp; ⏲11–22 Uhr; 📶📝) Wer es scharf mag, ist in diesem schattigen Garten-*warung*, das sich hauptsächlich auf Sambal-Gerichte spezialisiert hat, genau richtig. Tintenfisch, Garnelen, Hühnchen, Tofu, Tempeh und Auberginen werden in einer reichhaltigen, feurigen Chilisoße gekocht, *kangkung* (Wasserspinat) gibt's als milde Beilage. Das Bier ist wahrscheinlich das kälteste in ganz Bukittinggi.

Turret Cafe CAFÉ $
(Jl Ahmad Yani 140-142; Hauptgerichte 25 000–60 000 Rp; ⏲9–22 Uhr; 📶) Unterschiedliche westliche Speisen, aber auch *mie goreng* (gebratene Nudeln), Beef *rendang* und grünes Curry, kaltes Bier und die beste Guacamole der Stadt.

Simpang Raya INDONESISCH $
(Jl Minangkabau; Hauptgerichte ca. 50 000 Rp; ⏲11–22 Uhr) Der beste Laden in der Stadt, um die berühmte Padang-Küche zu probieren. Das Menü bedient die übliche Palette scharfer, würziger Gerichte, inklusive eines ganz besonders köstlichen *rendang* (Rindfleisch-Kokoscurry).

Unterhaltung

Gedung Medan Nan Balinduang TANZ
(Jl Lenggogeni; Tickets 70 000 Rp; ⏲20.30 Uhr) Gedung Medan Nan Balinduang zeigt einstündige Tänze auf Minangkabau-Art. Die Veranstaltungen sind meist abends. Am besten in der Unterkunft nach dem aktuellen Programm fragen.

Praktische Informationen

Die Gästehäuser in der Jl Teuku Umar sind die richtige Adresse für Informationen zu Touren und Minibus-Buchungen.

An- & Weiterreise

Den chaotischen Busbahnhof Aur Kuning 3 km südlich der Stadt erreicht man mit einem *angkot* (3000 Rp) oder *ojek* (15 000 Rp). Als Ziel einfach „Terminal" angeben. Wer bei der Ankunft Richtung Bukittinggi-Stadtmitte will, sollte nach „Kampung China" fragen.

MENTAWAI-INSELN

Die großartigen Surfbedingungen haben die Mentawai-Inseln auf die touristische Landkarte gebracht, denn nirgendwo sonst auf der Welt gibt's eine so hohe Dichte erstklassiger Surfspots in einem so kleinen Gebiet. Heute bringen Dutzende von Safaribooten das ganze Jahr über passionierte Wellenreiter von Padang zu den Inseln, und immer mehr Surfcamps bevölkern die führenden Spots. Surfen ist hier ganzjährig ein großes Geschäft, doch die Hauptsaison liegt zwischen April und Oktober. Wie viele indonesische Surfgebiete sind die Mentawai-Inseln nichts für Anfänger. Die Wellen, die an flachen Riffen brechen, sind meistens schnell, hohl, kraftvoll und gnadenlos – viele Spots eignen sich nicht einmal für etwas Geübtere.

2016 führte die Regierung Mentawais eine „Strafsteuer" für Surftouristen ein. Die Einnahmen sollen an die örtlichen Gemeinden gehen. Surfer bezahlen nun 1 000 000 Rp für einen Besuch von bis zu 15 Tagen oder 100 000 Rp pro Tag für kürzere Aufenthalte. Ein Großteil der Agenturen, die Surftouren anbieten, kümmert sich um die Bezahlung dieser Steuer.

Die beständigsten Wellen gibt's im Playground-Gebiet, aber während der Hochsaison wird es hier schnell ziemlich voll. Das **Bintang Surf Camp** (☎ 0812 6617 4454; www.bintangsurfcamp.com; Pulau Masokut; pro Pers. inkl. Mahlzeiten 460 000 Rp) ist die beste Wahl unter den Budgetunterkünften der Region, mit einfachen Strohdachhütten und Gemeinschaftszimmern.

Doch nicht nur Surfer kommen her, auch immer mehr wagemutige Ökotouristen überqueren die raue See, um den schlammigen Dschungel in diesem abgeschiedenen Archipel zu erkunden und Einblicke in die traditionelle Stammeskultur der Mentawai sowie die endemische Tier- und Pflanzenwelt zu gewinnen. Wenn man mit einem öffentlichen Boot nach Siberut übersetzt und vor Ort einen Mentawai-Guide engagiert, kommt man nicht nur günstiger davon, sondern unterstützt auch die indigene Bevölkerung. Was das Surfen betrifft, so arrangiert die überwältigende Mehrheit ihre Charterboote oder die Unterkunft in einem Surfcamp über einen Reiseveranstalter im Heimatland. Das ist ideal, wenn man nur zum Surfen herkommt. Dabei bleibt man allerdings immer in seiner kleinen Welt und dürfte außer der Bootscrew kaum Indonesiern begegnen. Wer genug Zeit hat, kann problemlos mit dem öffentlichen Boot zu den Inseln fahren und Boot und Unterkunft in einem der einfachen und preiswerten *losmen*, die sich in der Nähe vieler Surfspots befinden, organisieren.

An- & Weiterreise

Flugzeuge von **Susi Air** (www.susiair.com) mit Platz für 12 Passagiere binden den Rokot-Flughafen auf Pulau Sipora an Padang an, aber sie sind unzuverlässig.

Die meisten Individualreisenden nehmen ab Padang ein Schnellboot mit 200 Plätzen von **Mentawai Fast** (☎ 0751-893489; www.mentawaifast.com; eine Strecke ab 295 000 Rp, Surfbrett 230 000–690 000 Rp). Fähren über Nacht für die Strecke von Sumatras Hauptinsel zu den Inseln legen am Teluk-Kabang-Hafen in Bungus ab, etwa 20 km südlich von Padang; je nach Seegang dauert die Fahrt zwischen 10 und 12 Stunden. Fähren von Padang schließen Ambu Ambu und Gambolo ein. Die Fahrkarten kosten zwischen 50 000 Rp und 180 000 Rp, je nach Klasse und Strecke. Tickets können bei vielen surferfreundlichen Homestays gebucht werden oder bei Tour-Agenturen wie **Sumatran Surfariis** (☎ 0751-34878; www.sumatransurfariis.com; Komplek Pondok Indah B 12, Parak Gadang).

Am Hauptterminal des Busbahnhofs fahren einige Busse ab, aber nicht alle. Minibusse nach Sibolga (200 000 Rp, 12 Std.) fahren von den Büros an der Jl Veteran ab, genau wie die Minibusse nach Parapat (350 000 Rp, 18 Std.); im Voraus reservierte Minibusse, die Fahrgäste abholen und vor der Tür in Padang (70 000 Rp, 3 Std.) absetzen, sind bequemer, als am Bussteig auf einen Bus zu warten. Viele Unterkünfte geben Auskunft über den besten Weg und helfen dabei, eine Fahrt zu buchen.

Am besten kommt man nach Dumai zu den Fähren nach Melaka und Kuala Lumpur in Malaysia mit **BWE Travel** (BWE; ☎ 0752-625139, 0752-625140; Jl Pemuda 81). Minibusse fahren jeden Abend um 20 Uhr in Bukittinggi ab

(160 000 Rp, 9 Std.), die Zeiten sind mit den Fähren von Dumai nach Batam (332 000 Rp, 6 Uhr) und Melaka (335 000 Rp, 10 Uhr) abgestimmt. Reservierung erforderlich. BWE übernimmt auch Fährbuchungen; dazu schaut man einen Tag vorher mit dem Reisepass vorbei.

Unterwegs vor Ort

Für *angkot* zahlt man 3000 Rp, *bendi*-Fahrten gibt's ab 20 000 Rp, hartes Feilschen lohnt sich. Ein *ojek* vom Busbahnhof zu den Hotels kostet 15 000 Rp und ein Taxi 30 000 Rp, aber die Fahrt dauert bis zu 30 Min. Bustransfers direkt zum Flughafen von Padang kann man bei jedem Reisebüro für rund 60 000 Rp organisieren. Ein privates Taxi zum Flughafen in Padang kommt auf ca. 300 000 Rp. Einige Pensionen vermieten Mopeds um 75 000 Rp pro Tag, oder man kontaktiert **Roni's Tours** (S. 198) im Orchid Hotel.

Danau Maninjau

☎0752

Schon der erste Blick auf diesen perfekt runden Vulkansee verschlägt Besuchern den Atem, wenn sie unterwegs nach unten zum Seeufer über den Rand der Caldera schlingern und es auf die erste der 44 (durchnummerierten!) Haarnadelkurven hinab zum Seeufer zugeht. Affen beobachten die Vorüberziehenden von den Leitplanken aus; hier führt die Straße von den mit dichtem Regenwald bewachsenen Hochebenen hinunter zu den unendlichen Farmen und Reisfeldern in der Tiefebene.

Als der Touristenstrom aus Bukittinggi versiegte, geriet Danau Maninjau in Vergessenheit. Die Einheimischen sahen sich nach längerfristigen Einkommensquellen und Aquakultur um, um die Lücke zu füllen. Heute sprenkeln Fischzuchtbetriebe das Ufer; davon gibt's mehr als die paar Touristen, die sich hierher verirren.

Der See liegt 460 m über Meeresniveau und ist von einer 60 km langen Straße umgeben. Die meisten interessanten Orte finden sich Richtung Norden, von Maninjau bis Bayur (3,5 km) und darüber hinaus. Wer mit dem Bus anreist, sollte dem Fahrer die Unterkunft mitteilen, dann hält er genau da. Hauptattraktionen sind nach wie vor das Kanufahren auf dem und das Schwimmen im See, der von unterirdischen heißen Quellen gewärmt wird, es gibt aber auch noch jede Menge anderes zu tun.

Die Caldera ist von Regenwäldern bedeckt, in denen sich Wasserfälle und traditionelle Dörfer verstecken, ein echter Traum für jeden Wanderer. Entweder von Bayur aus bis zum Rand wandern oder ein bisschen schummeln und den Bus bergaufwärts bis Matur nehmen, dann über den Aussichtspunkt bei Puncak Lawang zurücklaufen. Auf der Karte im Beach Guest House gibt es mehr gute Infos für Treks.

Mit dem Moped dauert die Rundfahrt um den See etwa drei Stunden. Das Beach Guest House organisiert geführte Wanderungen und Motorradtouren.

Schlafen & Essen

★ **Beach Guest House** PENSION $

(☎0752-861799, 0813 6379 7005; www.beachguesthousemaninjau.com; Jl Raya Maninjau; B/DZ 45 000/85 000–150 000 Rp; 📶) Das hier ist die wahre Backpackerzentrale am Danau Maninjau. Das Hotel mit Café bietet Vierbett-Schlafsäle und Privatzimmer zum See hinaus mit eigenem Bad und Warmwasserduschen. Die freundlichen, energiegeladenen Besitzer organisieren Ausflüge, von Fahrrad- oder Motorradtouren rund um den See bis hin zu Wanderungen durch die Caldera (7 Std.).

Muaro Beach Bungalows BUNGALOWS $$

(☎0813 3924 0042, 0752-61189; neni967@yahoo.com; Jl Muaro Pisang 53, Maninjau; Zi. 180 000–300 000 Rp; 📶) Hinter einem Labyrinth aus Fußwegen, rund 300 m nordwestlich der Hauptkreuzung, bieten die Strandbungalows im Zentrum von Maninjau ein hervorragendes Preis-Leistungs-Verhältnis. Am kleinen Strand ist (fast) nichts von Aquakultur zu sehen. Ein gutes Restaurant gibt es auch.

★ **Waterfront Zalino** INDONESISCH $$

(☎0815 3454 6280; Hauptgerichte 30 000–85 000 Rp; ⊙8–21 Uhr; 📶) Das erstklassige Lokal am See verwöhnt mit ein paar exotischen einheimischen Spezalitäten wie *dendeng kijang balado* (gebratenes Wild mit Chili und rotem Paprika), *udang* (Süßwassergarnele) und gegrilltem Wels. Zal – alias „Mr. Porcupine" – ist der Wildjäger und nimmt die Gäste gern mit zum Trekking. Das Restaurant liegt rund 1 km nördlich von der Hauptkreuzung in Maninjau.

Anreise & Unterwegs vor Ort

Zwischen Maninjau und Bukittinggi fahren stündlich Busse (20 000 Rp, 1¾ Std.). Taxis ab Bukittinggi fangen bei 160 000 Rp an.

Mountainbikes (45 000 Rp pro Tag), Motorräder (100 000 Rp pro Tag) und Kanus (40 000 Rp pro Tag) leiht man sich am besten beim **Beach Guest House** oder beim **Waterfront Zalino** aus.

Minibusse (3000 Rp) fahren bei Tageslicht um den See. Ein *ojek* von der Kreuzung bis Bayur kostet etwa 10 000 Rp.

Padang

☎0751 / 1 MILLION EW.

Padang liegt eingekesselt zwischen Indischem Ozean und Minangkabau-Gebirge und ist das Pendant zu Medan in Westsumatra (aber mit hübscherer Kulisse) – ein praktischer Verkehrsknotenpunkt mit Flug-, Schiffs- und Straßenanbindungen zu den wichtigsten Attraktionen, wie etwa den Mentawai-Inseln, Bukittinggi, Danau Maninjau und der Kerinci-Hochebene. Aufgrund der unglaublich vielen Backpacker und Surfer, die hier durchreisen, gibt's eine überdurchschnittlich große Auswahl an guten Budgetunterkünften in der Stadt und eine tipptopp Restaurantszene mit weltweit beliebter indonesischer Kochkunst.

Padang erstreckt sich quer über eine der stärksten Erdbebenzonen der Welt, direkt auf einem tektonischen Spannungsgürtel. Hier schiebt sich die Indisch-Australische Platte unter die Eurasische Platte und es kommt häufig zu beachtlichen Beben, das letzte war 2012.

Sehenswertes & Aktivitäten

Kolonialviertel KOLONIALVIERTEL

Obwohl es 2009 beim Erdbeben beschädigt wurde, lädt Padangs Kolonialviertel zu einem gemütlichen Spaziergang ein. Alte niederländische und chinesische Lagerhäuser säumen den Fluss voller Fischerboote. Der Strand entlang der Jl Samudera bietet einen traumhaften Blick auf den Sonnenuntergang.

Adityawarman Museum MUSEUM

(☎0751-31523; Jl Diponegoro 10; Erw./Kind 3000/2500 Rp; ⏲Di–So 8–16 Uhr) Das Adityawarman-Museum wurde im traditionellen Minangkabau-Stil errichtet und liegt auf einem hübschen Gelände. Seine Ausstellungen bieten eine gründliche Einführung in den Alltag der Minangkabau. Da alle Ausstellungsstücke ausschließlich auf Bahasa Indonesia beschriftet sind, hilft ein bisschen Fantasie. Der Eingang befindet sich an der Jl Gereja.

★ **Regina Adventures** GEFÜHRTE TOUREN, SURFEN

(☎0751-781 0835, 0812 6774 5464; www.reginaadventures.com; Jl Pampangan 54; 8-Tages-Surfpakete auf den Mentawai-Inseln ab 515 US$ pro Pers.) Elvis ist ein zuverlässiger regionaler Veranstalter und bietet Treks und Surfen auf den Mentawai-Inseln an, Bootsvermietung, Trips zum Danau Maninjau und nach Bukittinggi, außerdem das Besteigen des Gunung Merapi und Gunung Kerinci. Auf der Website stehen Infos über Surf-Trips nach Mentawai und Krui weiter im Süden.

Schlafen

★ **New House Padang** PENSION $

(☎0751-25982; https://newhousepadang.com; Jl HOS Cokroaminoto 104; B/EZ/DZ ab 100 000/125 000/250 000 Rp, DZ mit Bad 330 000 Rp; ❄📶) In diesem herzlichen, relaxten Gästehaus mit sechs Zimmern trifft Budget auf Stil: ein kleiner Zengarten, farbenfrohe Zimmer (einige mit Terrasse), zeitgenössische Kunst und ein großer Gemeinschaftsbereich. Die Gemeinschaftsbäder sind makellos und verfügen über heißes Wasser. Die Eigentümer stehen mit Rat und Tat zu Surfmöglichkeiten und auch zur Weiterreise zur Seite.

Riverside Hostel HOSTEL $

(B/DZ 125 000–145 000/270 000 Rp; ❄📶) Das neue Hostel bei der Bootsanlegestelle beherbergt drei geräumige Boutique-Zimmer mit jeder Menge Hochglanzholz und punktet zudem mit einer immensen Küche im Landhausstil und einer gemütlichen Lounge. Die sympathischen Besitzer machen sich gerade erst einen Namen, diese Location ist aber einen Tick besser als die meisten Backpacker-Unterkünfte.

Yani's Homestay HOMESTAY $

(☎0852 6380 1686; yuliuz.caesar@gmail.com; Jl Nipah 1; B/Zi 90 000/150 000–180 000 Rp); ❄📶) Diese zentrale Privatunterkunft, geführt vom freundlichen jungen Besitzer Yuliuz, ist eine echte Backpacker-Absteige: Der Schlafsaal verfügt über eine Klimaanlage und die Zimmer über bunte Decken. Die besten Zimmer haben ein eigenes Bad. Gäste können sich Motorräder ausleihen (60 000 Rp pro Tag).

Brigitte's House HOSTEL $

(☎0813 7425 7162; https://brigitteshousepadang.com; Jl Kampung Sebalah 1/14; B/EZ/DZ ab 95 000/100 000/250 000 Rp, DZ mit Klimaanlage 250 000–330 000Rp; ❄📶) In einer kleinen Abzweigung der Jl Nipah liegt diese entspannte Backpacker-Bude mit Lounge zum Chillen und Kochbereichen. Die Einzelzimmer sind klitzeklein, die Doppelzimmer und Schlafsäle bieten aber genug Platz. Die klimatisierten Räume sind in einem anderen Gebäude, einen Block entfernt, untergebracht. Brigitte hält unzählige Informationen zu Bussen, Fähren und Abenteuern auf den Mentawai-Inseln bereit.

Padang

Padang

Sehenswertes
1 Adityawarman Museum B2
2 Kolonialviertel C4

Aktivitäten, Kurse & Touren
3 Sumatran Surfariis C3

Schlafen
4 Brigitte's House B4
5 Golden Homestay A3
6 New House Padang B3
7 Riverside Hostel B4
8 Yani's Homestay A4

Essen
9 Beach Safari A2
10 Hoya Bakery B3
11 Pagi Sore C3
12 Pondok Indah Jaya C3
13 Safari Garden B4
14 Sari Raso C2
15 Simpang Raya B2

Ausgehen & Nachtleben
16 Bat & Arrow C4

Golden Homestay HOMESTAY $
(☎0821 7438 8002; Jl Nipah Berok 1B; Zi. ohne/mit Bad ab 150 000/275 000 Rp; ❄📶) Das Golden Homestay ist eher ein Mittelklassehotel als ein Homestay – allerdings zu einem Preis, den man sich leisten kann. Die Zimmer sind sehr sauber und mit bequemen Betten, Klimaanlage und heißem Wasser ausgestattet. Wer eine Weile enthaltsam gelebt hat, kann sich hier eins von drei geräumigen Zimmern mit eigenem Bad gönnen. Zimmer 1 hat ein enormes Badezimmer mit Eckbadewanne.

Essen & Ausgehen

Padang ist die Mutter der Küche, die sich in ganz Indonesien ausgebreitet hat. Ehre zollt man den heimischen Köchen mit einem Besuch in einem der berühmten Franchiseläden: **Pagi Sore** (☎0751-32490; Jl Pondok 143; Gerichte ab 9000 Rp; ⌚11–22 Uhr), **Sari Raso** (☎0751-33498; Jl Karya 3; Gerichte ab 10 000 Rp; ⌚10–21 Uhr) und **Simpang Raya** (Jl Bundo Kandung; Gerichte ab 8000 Rp; ⌚10–21 Uhr).

Günstige *warung* erwachen nachts in der Jl Batang Arau zum Leben, Gourmets zieht es eher in die Jl Pondok und Jl HOS Cokroaminoto. Günstige *sate*, gegrillten Fisch und Meeresfrüchte und ein paar kalte Bintangs gibt's bei Sonnenuntergang an den Strandbuden an der Jl Sumadera.

Hoya Bakery BÄCKEREI $

(☎0751-27540; Jl HOS Cokroaminoto 48; Kuchen ab 8000 Rp, Hauptgerichte 15 000–30 000 Rp; ⌚8–22 Uhr) Wer auch immer in Padang auf der Suche nach frisch gebackenen süßen und pikanten Leckereien ist, kommt hierher. Die freundliche Bedienung gibt gern einen Überblick über das Angebot, bevor sie die Gäste an einen der bunten Tische führt. Gute Burger, Sandwiches und Pasta sind ebenfalls zu haben, und die Säfte und Smoothies sind köstliche Antidote gegen Padangs Tropenklima.

Pondok Indah Jaya INDONESISCH $

(Jl Niaga 138; Hauptgerichte ca. 40 000 Rp; ⌚9–21 Uhr) Dieser *warung* ist eine hervorragende Adresse für eine Einführung in die Padang-Küche. Die Mitarbeiter erklären die unterschiedlichen Gerichte, wie scharfer Tofu, Rinder-*rendang*, *ayam*-Sambal und Tempeh. Das Feuer im Mund löscht ein Saft aus *sirsak* (Stachelannonen), Gurken oder Mangos.

★ **Safari Garden** STEAKS $$

(☎0751-36055; http://safarigarden.net; Jl Nipah 21; Hauptgerichte 30 000–315 000 Rp; ⌚Mo–Fr 10–24, Sa & So bis 1 Uhr; 📶) Das stilvolle, fröhliche Steakhaus mit seinen blanken Ziegelmauern und rustikalen Holzklotz-Abtrennungen ist ein prima Ort, wenn man mal wieder so richtig schlemmen oder einfach nur einen guten Kaffee trinken will. Spezialität des Hauses sind Wagyu-Beefsteaks (ab 200 000 Rp), zudem stehen westliche, japanische und indonesische Gerichten sowie Meeresfrüchte und Fisch auf der umfangreichen Speisekarte.

Der Safari Garden ist ein jüngeres Schwesterlokal vom **Beach Safari** (Jl Samudera 16; Hauptgerichte 50 000–350 000 Rp; ⌚16–22 Uhr; 📶).

★ **Bat & Arrow** PUB

(Jl Batang Arau; ⌚14–24 Uhr; 📶) Touristen lieben sie – die kleine Kneipe im Kolonialviertel mit Blick auf den Fluss und Livemusik. Jede Nacht füllt sich der Biergarten mit Surfern, Backpackern und Einheimischen. Zu futtern gibt's Pizza und Snacks.

ℹ Praktische Informationen

Padang Imigrasi Kelas (☎0751-705 5113; http://imigrasipadang.com; Jl Khatib Sulaiman 50; ⌚Mo–Fr 8–16 Uhr) 30-Tage-Visaverlängerungen kosten 35 US$. Das Büro liegt ca. 5 km nördlich der Stadtmitte.

ABSEITS DER ÜBLICHEN PFADE

SÜD-SUMATRA

Abgesehen von Krakatau und der Fährverbindung nach Java ist Sumatras Süden ein weißer Fleck auf der Backpackerlandkarte, doch er hält ein paar verlockende kleine Geheimnisse für die Mutigen bereit. Ganz vorn stehen dabei die wilden Wälder und Sümpfe des **Way-Kambas-Nationalparks** nordöstlich von Bandarlampung. Er ist das Zuhause extrem vom Aussterben bedrohter Elefanten, Nashörner und Tiger. Wer mehr auf Sonne, Sand und Meer steht, ist im entspannten Dorf **Krui** richtig. Es liegt fünf Fahrstunden von Bandarlampung entfernt und hat sich neuerdings bei Surfern einen Namen gemacht, denn vor seiner Küste liegen zahlreiche Weltklasse-Surfspots (viele davon sind *nichts* für Anfänger).

Bandarlampung ist der Hauptort im Süden. Viel gibt es nicht zu sehen, wer jedoch eine Übernachtungsmöglichkeit sucht, kann das Grand Citihub Hotel @Kartini (%0721-240420; www.citihubhotels.com; Jl Kartini 41; Zi. 315 000–385 000 Rp; ⊖❄📶) buchen. Die bequemste Busverbindung nach Java bietet **Damri** (☎0751-780 6335) mit einem kombinierten Bus-Schiff-Ticket nach Jakarta (200 000 Rp, 8 bis 10 Std.). Vom Bahnhof Bandarlampung starten Busse um 9, 10, 20 und 21 Uhr. Richtung Norden durch Sumatra verkehren verschiedene Busse u. a. nach Padang und Medan – die Fahrt ist sehr lang.

Tourism Padang (☎0751-34186; Dinas Kebudayaan Dan Pariwisata, Jl Samudera 1; ⏲8–16 Uhr) Die kleine Hütte in Strandnähe ist nicht immer besetzt, aber es gibt Stadtpläne und einige wenige englischsprachige Broschüren über die Region.

An- & Weiterreise

BUS

Tranex-Busse (☎0751-705 8577) starten am Nordrand der Stadt vor dem Wisma-Indah-Gebäude nach Bukittinggi (30 000 Rp). Das kostet zwar nur halb so viel wie ein Minibus, der einen abholt und zum Ziel bringt, heißt aber auch, dass man irgendein weißes *angkot* (3000 Rp) Richtung Norden auf der Jl Permuda (nach „Tranex" oder „Wismah Indah" fragen) erwischen muss, um dann am Busbahnhof von Bukittinggi, der kilometerweit vom Zentrum entfernt ist, eine weitere Fahrtmöglichkeit zu finden. Letzten Endes hat man viel Stress und spart wenig Geld.

Zahlreiche über die Stadt verteilte Büros bieten Minibusse nach Bukittinggi (60 000 Rp) und an andere Bestimmungsorte; sie holen die Fahrgäste ab und bringen sie zum gewünschten Ziel. Die Unterkünfte helfen gern beim Organisieren.

Die für Traveller wichtigsten Minibusse fahren an der Jl Jhoni Anwar ab. **PO Sinar Kerinci** (☎0751-783 1299; Jl Jhni Anwar) bedient regelmäßig Sungai Penuh (Zutritt zum Kerinci-Seblat-Nationalpark). **Putra Mandau** (☎0812 8130 3039; Jl Jhoni Anwar) verbindet Padang mit Dumai, etwa für jene, die übers Meer von Malaysia oder Singapur nach Sumatra oder umgekehrt unterwegs sind. Man klettert an der Jl Permuda und Jl S Parman in ein *angkot* (3000 Rp) Richtung Norden, steigt an der weißen Moschee rund 5 km nördlich vom Zentrum von Padang wieder aus und geht rechts in die Jl Jhoni Anwar.

FLUGZEUG

Padangs Flughafen **Bandara Internasional Minangkabau** (BIM; www.minangkabau-airport.co.id; Jl Adinegoro) liegt 20 km nördlich der Stadt.

Unterwegs vor Ort

Taxis verlangen ca. 150 000 Rp für den Flughafentransfer. Wer nur mit leichtem Gepäck reist, sollte das Flughafengelände verlassen und sich ein *ojek* (Motorrad für den Passagiertransport) zur Stadtmitte von Padang nehmen. Die weißen Flughafenbusse von **Damri** (☎0751-780 6335; 26 000 Rp) sind die preiswerteste Option; sie verkehren fast stündlich zwischen 4.30 und 17 Uhr. Fahrgäste werden an Ort und Stelle abgesetzt, wenn sie dem Fahrer ihre Unterkunft bzw. die Straße verraten.

In der Stadt tummeln sich zahlreiche *angkot* (3000 Rp), die vom **Angkot-Terminal** (Jl M Yamin) abfahren. Es ist gut zu wissen, wohin man muss. In Padang gibt's keine *becaks*, dafür jede Menge *ojeks*. Um Fußgänger auf sich aufmerksam zu machen, hupen sie diese oft an.

KALIMANTAN

14,9 MILLIONEN EW.

In den dampfenden Regenwäldern und entlang der Flusswindungen von Kalimantan – dem indonesischen, vom Äquator durchzogenen Teil Borneos – finden sich schier endlose Möglichkeiten für Dschungelerkundungen. Auf der Insel gibt's keine Vulkane und ihre Lage schützt sie vor Tsunamis, weshalb in den uralten Wäldern gewaltige Bäume wachsen konnten, in denen einige der beeindruckendsten Tierarten der Welt wohnen. Orang-Utans teilen sich das Blätterdach mit akrobatischen Gibbons, während über ihnen prähistorische Nashornvögel kreisen.

Die einheimischen Dayak leben schon lange mit dieser herausfordernden Natur zusammen. Ihre Langhäuser stehen verstreut an den Ufern der vielen Flüsse Kalimantans und schaffen ein Gefühl von Gemeinschaft, das es sonst so im ganzen Land nicht gibt.

Kalimantans Naturreserven wurden rigoros ausgebeutet; nur drei Viertel der Waldfläche in Borneos Tiefland sind noch erhalten, und die einst reiche Tierwelt sowie die traditionellen Kulturen verschwinden zusehends. Noch kann man diese unglaubliche Welt besuchen!

An- & Weiterreise

Die einzigen Orte Kalimantans, an denen Besuchern bei Ankunft ein Visum ausgestellt wird, sind der Flughafen Sepinggan in Balikpapan, der Flughafen Supadio in Pontianak, der Flughafen Juwate in Tarakan und der Grenzübergang Tebedu-Entikong zwischen Kuching (Sarawak) und Pontianak. An allen anderen Einreiseorten muss das Visum vorher besorgt werden.

BUS

Klimatisierte Busse binden Pontianak an Kuching (230 000 Rp, 9 Std.) an, wie auch an andere Städte entlang des mittleren Küstenstreifens in Sarawak und sogar an Brunei (750 000 Rp, 25 Std.). Busreisende zwischen Putussibau und Sarawak müssen an der Grenze umsteigen.

FLUGZEUG

Von Jakarta oder Surabaya aus erreicht man viele der größeren Städte. Von Pontianak gibt es Verbindungen nach Kuching (Malaysia), Balikpa-

Kalimantan

pan bietet Direktflüge nach Kuala Lumpur, Malaysia und Singapur sowie nach Makassar (Sulawesi). Direktflüge von Europa oder Amerika nach Kalimantan gibt es nicht.

SCHIFF/FÄHRE

Zu den großen Fährhäfen in Kalimantan zählen Balikpapan, Samarinda, Banjarmasin, Pontianak und Kumai. Pelni (www.pelni.co.id) und andere Gesellschaften bieten Verbindungen nach Jakarta, Semarang und Surabaya auf Java sowie Makassar und Pare Pare auf Sulawesi. Hin und wieder setzt eine Fähre von Tawau (Sabah) nach Tarakan über, der Schnellbootservice von Tawau nach Nunukan ist regelmäßiger.

ℹ Unterwegs vor Ort

Kalimantan ist riesig und relativ unterentwickelt. Das Reisen auf dem Fluss ist genauso üblich wie das Reisen auf den Straßen, was die Transportmöglichkeiten ziemlich komplex macht. Die beste Übersicht über die ständig wechselnden Transportmöglichkeiten bekommt man in einem Reisebüro vor Ort.

Auf dem Fluss Auf den Flüssen verkehren zahlreiche Fahrzeuge, unter anderem die *kapal biasa* (eine große, zweigeschossige Fähre), das *klotok* (kleineres Boot), Schnellboote, Motorkanus und auch das *ces* (die regionale Version des Longtailboots). Ohrstöpsel nicht vergessen!

Auf dem Luftweg Regionale Flüge sind eine gute (und relative preiswerte) Möglichkeit, von einem Drehpunkt zum nächsten zu gelangen und kleinere Cessnas sind manchmal die einzige Option für entlegenere Ziele. Inlandsflüge zwischen den wichtigsten Ballungsräumen wie Pontianak und Palangkan Bun oder Balikpapan gehen häufig über Jakarta.

Auf der Straße Die Schnellstraßen zwischen den größeren Städten werden stetig verbessert, manche sind hervorragend, andere unbefestigt und voller Schlaglöcher, einige irgendwo dazwischen. Busse sind mit Ausnahme von Ost- und Nordkalimantan allgegenwärtig. Auf vielen Routen gibt's Klimaanlage gegen Aufpreis. *Kijang* (Minivan mit Allrad) oder *travel* (Sammeltaxi) verkehren oft zwischen einzelnen Städten und können zum Preis von sechs Einzelfahrten gebucht werden. Der innerstädtische Transport ist normalerweise durch Minibusse, sogenannte *angkot* oder *opelet* abgedeckt, die einen Fixbetrag pro Fahrt verrechnen. Wer das wahre Leben auf Sumatra kennenlernen möchte, nimmt ein *ojek* (Motorradtaxi). Apps für Fahrgemeinschaften, wie Gojek und Grab, werden immer beliebter in den größeren Städten. Sie sind oft die günstigste und effizienteste Fortbewegungsform.

Zentralkalimantan

Nach der Ankunft in Kalimantan aus Sarawak ist das erste Ziel Pontianak. In der Stadt gibt's zahlreiche Unterkünfte und Weiterflüge ins übrige Kalimantan. Wir haben uns auf die wichtigsten Highlights von Zentralkalimantan (Kalteng) konzentriert. In dieser Gegend, in der überwiegend Dayak leben, liegt auch der Tanjung-Puting-Nationalpark, der beste Ort der Welt, um halbwilden Orang-Utans zu begegnen.

Die meisten Besucher reisen mit dem Flugzeug oder Bus nach Pangkalan Bun, das eigentliche Tor zum Nationalpark ist aber das ganz in der Nähe liegende Dorf Kumai.

Pangkalan Bun

☎0532 / 200 000 EW.

Pangkalan Bun ist hauptsächlich ein Durchgangsort auf dem Weg in den Tanjung-Puting-Nationalpark und bietet die größte Auswahl an Unterkünften und Restaurants. Die meisten Traveller bleiben aber nicht hier, sonder reisen direkt nach Kumai.

Hotel Tiara (☎0532-22717; Jl P Antasari 16; DZ inkl. Frühstück mit Ventilator/Klimaanlage 150 000/ 200 000 Rp, Deluxe 225 000–350 000; ❄📶) ist die beste Budgetunterkunft der Stadt. Das **Iduna Cafe** (☎0532-21031; Jl Rangga Santrek 42; Hauptgerichte 18 000–60 000 Rp; ⏲10–21 Uhr) ums Eck – ein modernes klimatisiertes Lokal – tischt Burger, Pasta und Espresso auf.

ℹ An- & Weiterreise

Trigana (☎0532-27115; Jl Iskandar 3) und **NAM Air** bedienen vom **Iskandar-Flughafen** (☎0532-27399) in Pangkalan Bun aus Jakarta, Surabaya und Semarang; **Wings Air** und **Garuda** sind auf den Kurzstrecken nach Sampit und Ketapang unterwegs. Flüge nach Balikpapan gehen über Jakarta.

DAMRI (☎0812 5186 3651; Nantai Suka Terminal) fährt nach Pontianak (450 000 Rp, 13 Std., 7 Uhr tgl.); diese Verbindung und alle Busse von **Logos** (☎0532-24954) fahren am **Terminal Nantai Suka** (Jl Jend A Yani) ab, die von **Yessoe Travel** (☎0532-21276; http://yessoetravel.com; Jl Kawitan 68) starten vor dem eigenen Büro. Ziele der beiden Letzteren sind u. a. Palangka Raya (125 000 Rp, 12 Std.) und Banjarmasin (205 000–290 000 Rp, 16 Std.).

Ein Taxi von Pangkalan Bun nach Kumai kostet 150 000 Rp.

Kumai

☎0532 / 26 500 EW.

Wer in den Tanjung-Puting-Nationalpark will, muss am Hafen von Kumai ablegen. Die Stadt ist auch berühmt für ihre Vogelnestproduktion, was ihr zahlreiche gewaltige, von Chinesen geführte Lagerhäuser voller kreischender Salangane beschert hat. An der Hauptstraße Jl HM Idris, parallel zum Kumai-Fluss, liegen eine Handvoll Pensionen und *warung*.

Viele Reisende steuern die Stadt direkt vom Flughafen oder vom Busbahnhof in Pangkalan Bun aus an. Rucksacktouristen warten manchmal am Dock zum Nationalpark am nördlichen Stadtrand auf ihren Guide und teilen sich die Kosten für ein *klotok* (traditionelles Hausboot).

Schlafen & Essen

★ Majid Hotel HOTEL **$$**
(☎0852 4859 0487, 0532-61740; reservationhoteltour@gmail.com; Jl HM Idris; DZ inkl. Frühstück 200 000–300 000 Rp; ❄📶) Die zweifellos beste Übernachtungsmöglichkeit in Kumai ist das Majid mit seinen sechs kleinen, aber feinen klimatisierten Zimmern (die teureren verfügen über Warmwasser, aber keins der Zimmer hat ein Waschbecken). Die zuvorkommenden Englisch sprechenden Besitzer Majid und Liesa haben mehrere *klotoks* und können so preiswerte Ausflüge in den Tanjing-Puting-Nationalpark organisieren; Individualreisenden helfen sie bei der Suche nach einem Gemeinschaftsboot.

★ Acil Laila INDONESISCH **$**
(Jl Gerilya 5; Hauptgerichte 10 000–40 000 Rp; ⏲8–22 Uhr) Nicht von den ausgestellten Innereien (Herz, Leber, Gehirn) abschrecken lassen! Hier gibt's ausgezeichnetes Grillhuhn und himmlisches *nasi bakar* (perfekt geschmorter, würziger Reis im Bananenblatt).

Tanjung-Puting-Nationalpark

Der Tanjung-Puting ist der beliebteste Touristenmagnet Kalimantans, und das nicht ohne Grund. Hier bekommt man sozusagen die Garantie, freilaufende Orang-Utans zu sichten.

Die Bilderbuchfahrt über den gewundenen Fluss macht den Besuch zu einem Abenteuer von Weltklasse. Trotz seiner Abgeschiedenheit ist der Park per Direktflug von Jakarta oder Surabaya aus leicht zu erreichen.

Am besten erkundet man das Gebiet auf einem *klotok*, einem klapprigen mehrstöckigen Boot mit Flussfahrerromantik, das auf dem Sungai Sekonyer von Kumai zum legendären Rehabilitationszentrum bei Camp Leakey schippert. An Deck halten die Gäste mit Ferngläsern nach Wildtieren Ausschau, während das Boot über den schmalen Fluss tuckert und an den drei wichtigsten Fütterungsstellen der halbwilden Orang-Utans stoppt.

Die Besucherzahl ist zwar in den letzten Jahren angestiegen, die Tour ist jedoch immer noch eine gute Einführung in die Welt des Regenwalds und ein unvergessliches Erlebnis.

Sehenswertes & Aktivitäten

Orang-Utan-Fütterungen WILDTIERE

(Tanjung-Putting-Nationalpark; Fütterung 9, 14 & 15 Uhr tgl.) Die Orang-Utan-Fütterungen im Tanjung-Puting-Nationalpark sind Teil eines andauernden Rehabilitationsprozesses und bieten Besuchern eine sichere Gelegenheit, die großen Affen in einer halbwilden Umgebung zu Gesicht zu bekommen. Die Fütterung findet in drei Camps statt: in Tanjung Harapan, in Pondok Tangui und in Camp Leakey. Die Zeiten sind fix und so festgelegt, dass man nacheinander bei allen drei Fütterungen zusehen kann. Ein kurzer Fußweg führt von der Anlegestelle zu den Fütterungsstationen. Geschlossenes Schuhwerk, Sonnenschutz und Insektenspray mitnehmen!

Touren

Der Tanjung-Puting-Nationalpark ist ausschließlich mit einem Guide zugänglich. Traveller können sich zwar selbst Guide und *klotok* organisieren, einfacher und rascher geht's aber mit einem örtlichen Anbieter, dessen Touren auch kaum teurer kommen. Ideal sind drei Tage und zwei Nächte, dann hat man genügend Zeit, sich alles anzusehen. Wer nur einen Tag zur Verfügung hat, nimmt am besten ein Speedboot von Kumai zum Camp Leakey (3 000 000 Rp). Ein *klotok* benötigt 4½ Std. zum Camp Leakey. Hin- und Rückfahrt sind also an einem Tag möglich, wenn man um 6 Uhr aufbricht, aber nicht zu empfehlen.

Die Kosten für ein *klotok* hängen von der Größe ab. Von klein (2–4 Passagiere, ab 650 000 Rp pro Tag) bis groß (8–10 Passagiere, ab 1 200 000 Rp pro Tag), inklusive Kapitän, Bootsmann und Treibstoff. Köche kosten zusätzlich 100 000 Rp pro Tag, plus Nahrungsmittel. Dazu kommen noch ein Guide (150 000 –300 000 Rp pro Tag), Genehmigungen (150 000 Rp pro Pers. pro Tag) und Liegegebühren (100 000 Rp pro Boot pro Tag). Wenn man alles zusammenrechnet, kommen bei drei Tagen und zwei Übernachtungen für zwei Personen problemlos mehr als 5 000 000 Rp zusammen.

Empfehlenswerte lokale Anbieter sind u. a.:

Borneo Wild Orangutan (0812 507 2343, 0852 4859 0487; www.liesatanjungputing.com; Jl HM Idris 600) Leisa und Majid gelten als beste Adresse in Kumai für Budget-flusstouren.

Orangutan Green Tours (0812 508 6105, 0532-203 1736; www.orangutangreentours.com; Jl Utama Pasir Panjang, Pangkalan Bun) Erfahrener Anbieter mit auffälligen grünen Booten.

Orangutan House Boat Tours (0857 5134 9756; www.orangutanhouseboattour.com) Fardi arbeitet hart und liebt die Orang-Utans genauso sehr wie seine Heimat.

Borneo Hiju Travel (0852 4930 9250; www.orangutantravel.com; Jl Kawitan 1) Leiter dieser Abenteuertour ist der großartige Ahmad Yani, der erste offizielle Guide in Pangkalan Bun.

Jenie Subaru (0857 6422 0991; jeniesubaru@gmail.com) Ein Guide mit jeder Menge Erfahrung.

Ostkalimantan

Balikpapan

0542 / 701 000 EW.

Balikpapan ist die einzige wirkliche Metropole Kalimantans. Das allein spricht schon dafür, sich die Stadt anzusehen, meist ist sie aber nur Ausgangspunkt für Reisende, die nach Samarinda oder Derawan weiterziehen. Geld aus Ölgeschäften und ausländische Arbeitnehmer hatten in ihrer langen Geschichte einen immensen Einfluss auf die Stadt und brachten westliche Architekturideale in den Ostteil der Hafenstadt. Die Stadt ist sauber und lebendig, sie besitzt mehrere gewal-

ABSTECHER

PULAU MARATUA

Wer sich noch weiter hinauswagt als bis Derawan, stößt auf das himmlische Maratua. Das enorme U-förmige Atoll wird erst allmählich von Touristen entdeckt. Vier kleine Dörfer verteilen sich gleichmäßig über den schmalen Landstreifen. In der Mitte der Insel wartet das große Dorf Tanjung Harapan mit mehreren Privatunterkünften bei einheimischen Familien und Fahrradverleih sowie den einzigen gehobeneren Übernachtungsmöglichkeiten der Insel auf. Bohe Silian, am südlichen Rand der Straße und auch der Insel, bietet ebenfalls ein paar Privatunterkünfte, nette Ausblicke aufs Meer und die Sembat-Höhle – die coolste Schwimmgrotte auf der Insel.

Der neue Flughafen und der Touristenhafen werden die Einzigartigkeit dieses Ortes bald für immer verändern – es heißt also: Jetzt oder nie!

Das **Maratua Guesthouse** (www.maratuaguesthouse.com; DZ- & 2BZ-Hütten 69–109 US$) ist zwar nicht billig, aber die schönste Übernachtungsmöglichkeit. Die Pension liegt in einem Kalksteinwald zwischen dem saubersten Strand der Insel und einem Teich.

tige Einkaufszentren und einige anständige Strände – auf geht's zum **Kemala Beach** (Jl Sudirman) mit seinen Cafés oder in die Gegend um den **Ruko Bandar** (Jl Sudirman, Ufergegend). Balikpapan liegt in der Zentralindonesischen Zeitzone, eine Stunde vor Jakarta und Westkalimantan.

Schlafen & Essen

Wisma Polda Kaltim HOTEL $

(☎0542-421260, 0812 5490 2392; Jl Sudirman 6; Zi. 200 000–320 000 Rp;) Die Unterkunft im Motel-Stil war einst der Wohnsitz eines Polizeichefs (er wohnt jetzt nebenan) und bietet im Erdgeschoss zwölf einfache, günstige und saubere Zimmer am Kemala Beach. Luxus darf nicht erwartet werden (es gibt kein heißes Wasser). Die Location wirkt vielleicht ein bisschen trist und abgeschieden, sie liegt aber nicht ungünstig – mit Strandcafés quer über dem Rasen hinter dem Hotel.

Ibis Hotel HOTEL $$

(☎0542-820821; www.ibishotels.com; Jl Suparjan 2; Zi. inkl. Frühstück 440 000 Rp;) Ein Schnäppchen in Balikpapan, vor allem, wenn man auch noch einen Online-Nachlass ergattert. Die gemütlichen Zimmer sind stilvoll und durchdacht und stechen durch extravagante, spacige Bäder hervor. Und das Allerbeste: Die Gäste können die Einrichtungen (Pool, Fitnessraum) des angrenzenden 5-Sterne-Hotels **Novotel** (☎0542-820820; www.novotel.com/asia; Jl Suparjan 2; Zi. inkl. Frühstück 670 000–800 000 Rp;) nutzen. Bei den günstigsten Online-Tarifen ist das Frühstück eventuell nicht inklusive.

Essen

★ **Warung Soto Kuin Abduh** INDONESISCH $

(Jl Ahmad Yani; soto Banjar 16 000 Rp; 11–23 Uhr) *Soto Banjar* (Hühnersuppe mit einer feinen Gewürzmischung einschließlich Zimt) ist zweifelsohne das Gericht der Wahl in diesem beliebten kleinen *warung*, aber auch Hühner-Satay-Spießchen und *nasi sop* (Suppe mit Reis) sind im Angebot. Man muss schon mal auf einen Sitzplatz warten oder sich irgendwo dazusetzen.

★ **Ocean's Resto** FISCH & MEERESFRÜCHTE $$$

(☎0542-739439; Ruko Bandar; Hauptgerichte 60 000–300 000 Rp; 10–2 Uhr;) Dieses Restaurant bietet unter freiem Himmel und am Wasser eine riesige Auswahl an frischem Fisch und Schalentieren – ein ganzes Riff könnte kaum eine größere Vielfalt beherbergen und die Speisekarte ist ein Buch! – sowie Steaks, Pizza und indonesische Gerichte. In einer Reihe von Cafés ist das Ocean's (verdienterweise) das prominenteste Lokal. Das Aquarium, ein klitzekleines Open-Air-Curryhaus im 2. Stock, ist eine gute Wahl für Vorspeisen oder Appetithappen.

An- & Weiterreise

Am modernen Flughafen heben Flieger zu den wichtigsten indonesischen Städten und nach Singapur ab. Busse nach Samarinda (30 000 Rp, 3 Std., Abfahrt viertelstündlich 5.30–20 Uhr) und Minibusse Richtung Norden, entlang der *angkot*-Strecke 3 (hellblau), fahren vom Batu Ampar Terminal ab. Die beste Wahl für Fahrten nach Banjarmasin (150 000–205 000 Rp, 15 Std., 8-mal tgl., 12–20 Uhr) ist **Pulau Indah** (☎0542-423688; www.pulauindahjaya.com; Jl Soekarno-Hatta 58, Km 2,5).

Unterwegs vor Ort

Wer mit dem Taxi vom Flughafen ins Stadtzentrum will, bezahlt 70 000 Rp. Ansonsten geht man 150 m die Straße hinunter und winkt ein grünweißes *angkot* 7 Richtung Westen heran (5000 Rp).

Die innerstädtischen *angkot* haben fixe Strecken, doch alle kommen an der Balikpapan Plaza vorbei; für eine Fahrt werden 5000 Rp berechnet.

Berau

☎ 0554 / 63 000 EW.

Berau ist eine wachsende Stadt in Ostkalimantan. Sie fungiert als Drehscheibe zum Derawan-Archipel Richtung Osten oder zum Karst-Märchenland von Merabu gen Süden. Die meisten, die hier landen, sind auf der Durchreise.

Eine Übernachtung in Berau ist zwar nicht nötig, die Stadt beherbergt aber eine anständige Hotelauswahl, einschließlich der beliebten langjährigen Budgetoption **Hotel Mitra** (☎ 0812 5315 0715; Jl Gajah Mada 531A; EZ/DZ inkl. Frühstück 255 000/285 000 Rp; ❄ 📶) und des modernen Mittelklassebetriebs **Neotel Hotel** (☎ 0821 7733 1961, 0554-202 2235; www.neotel-hotel.com; Jl Durian 1; EZ/DZ inkl. Frühstück ab 350 000/490 000 Rp; ❄ 📶).

An- & Weiterreise

Vom Flughafen Kalimaru in Berau gibt's u. a. Verbindungen nach Balikpapan (1 Std., 8-mal tgl.), Samarinda (45 Min., 1-mal tgl.) und Tarakan (25 Min., 4-mal pro Woche.). Susi Air fliegt mittwochs nach Maratua.

Für die Reise nach Derawan nimmt man sich ein Sammeltaxi nach Tanjung Batu (100 000 Rp, 3 Std.). Wer das ganze Fahrzeug für sich haben will, bezahlt 500 000 Rp. Ein Taxi vom Flughafen nach Berau kostet 80 000 Rp.

Pulau Derawan

Derawan liegt dem Festland am nächsten und ist winzig – die Durchquerung der Insel zu Fuß dauert weniger als eine halbe Stunde. Deshalb wird's hier zunehmend voll, besonders an Wochenenden und Feiertagen. Am Ufer gesellen sich neuere Pensionen zu den alten und ragen wie Tentakel ins Wasser. Trotzdem haben die Einheimischen sich ihre freundliche Haltung gegenüber Touristen bewahrt. Vor der Stelzenpromenade liegen gute Schnorchelplätze und ein Transfer zu anderen Inseln ist von hier aus problemlos möglich.

Auf der Insel gibt's keine Geldautomaten.

Aktivitäten

Die Spots zum Tauchen und Schnorcheln zählen zu den besten in Indonesien, sie warten mit einer Reihe von Riffen und Meeresbewohnern wie Barrakudas, Haien, Mantarochen, Schildkröten und Walhaien bis in größere Tiefen auf. Einen ganzen Tag zu schnorcheln schlägt mit 1 500 000 Rp bis 2 000 000 Rp zu Buche, je nachdem, wie weit man hinausfährt. Hin und zurück wird man auf dem Weg von Derawan zu den beliebten Schnorchelgebieten um Kakaban und Sangalaki etwa vier Stunden lang durchgeschüttelt. Tauchgänge organisiert **Derawan Dive Resort** (☎ 0811 542 4121; www.divederawan.com; Schnuppertauchen/3-Tages-Pakete 650 000/1 500 000 Rp) oder **Tasik Divers** (☎ 0431-824445; www.derawandivelodge.com).

Schlafen & Essen

Das Homestay-Angebot (siehe Beschilderung) auf der Insel ist groß und man kann mit rund 200 000 Rp für ein Zimmer rechnen. Die beste Wahl sind aber die Unterkünfte am Wasser – ein paar ihrer Zimmer liegen auf Stegen direkt über dem Meer.

Es gibt nur ein paar Restaurants in der Siedlung. Lokale Spezialität sind frische Meeresfrüchte.

Penginapan 88 PENSION $
(☎ 0813 4660 3944; Zi. mit Ventilator/Klimaanlage 200 000/300 000 Rp; ❄) Auf halbem Weg durch den Ort gelangt man zu dieser Pension direkt am Ufer. Es gibt zehn einfache, aber günstige Zimmer und ein paar „Penthouse"-Zimmer ganz am Ende des Piers mit freier Sicht aufs Meer.

Derawan Beach Cafe & Cottages PENSION $$
(☎ 0853 4679 7578; Zi. 300 00–500 000 Rp; ❄) Am Ufer Richtung Ortsende wartet diese Cottage-Anlage – einschließlich zweier Premiumbungalows über dem Wasser – mit einem der längsten Piers der Insel und einem kleinen Privatstrand auf. Die schönsten Zimmer haben Klimaanlage und heißes Wasser.

Sari Cottages PENSION $$
(☎ 0813 4653 8448; Zi. 400 000 Rp; ❄) Diese Pension liegt ganz zentral und verfügt über 22 an zwei parallelen Piers aufgereihte Unterkünfte, die durch einen Steg verbunden sind. Alle verfügen über Klimaanlagen, Kaltwasserduschen und private Veranden, die zumindest teilweise Meerblick gewähren. Beim Schild „Pinades" an der Straße abbiegen und auf der Planke weiterlaufen.

An- & Weiterreise

Die meisten Trips auf die Inseln starten vom Küstendorf Tanjung Batu, das man von Berau aus über Straßen erreicht (500 000 Rp Charter, 100 000 Rp normaler Sitzplatz, 3 Std.). Von dort bringt ein Linienschiff morgens Passagiere nach

Pulau Derawan (100 000 Rp pro Pers., 30 Min.). Wer später anreist, muss ein Schnellboot mieten (400 000 Rp, 4 Passagiere). Von Derawan legen Boote zwischen 7 und 8 Uhr ab.

SULAWESI

Diese tropische Insel mit ihren ins Meer gestreckten Armen, umgeben von belebten Wassern und Riffen, ist die elftgrößte der Welt und einer der faszinierendsten Plätze Indonesiens. Auch ihre Geschichte ist mit dem Ozean verknüpft. In ihrem Inneren erstreckt sich Bergland und dichter Urwald. Hier überleben seltene Tierarten wie die nachtaktiven Koboldmakis und die schrillen Maleo-Vögel – ebenso wie die stolzen Stammeskulturen, die durch eine undurchdringliche Topografie abgeschottet sind und ihre Traditionen gegen Angriffe der Moderne verteidigen. Da ist zum einen das Bergvolk der Toraja mit seinen aufwendigen Begräbniszeremonien, bei denen Büffel geopfert werden und *balok* (Palmzuckerwein) fließt. Zum anderen die Minahasans, die ganz im Norden leben und allerlei scharfe Speisen zubereiten, von gekochter Waldratte bis zu gegrilltem Fisch. Und dann gibt es noch die Bugis; sie bewohnen hauptsächlich die Küstenregionen Sulawesis und gelten als berühmteste Seefahrer Indonesiens.

Anreise & Unterwegs vor Ort

BUS

Hervorragende Busse mit Klimaanlage verbinden Rantepao mit Makassar. Überall sonst sind abgehalfterte Regionalbusse unterwegs, die alle paar Minuten halten. Auf längeren Strecken verkehren mehrere *bemo* (Minibusse), besonders auf der Straße quer durch Zentralsulawesi zwischen Luwuk und Palu.

FLUGZEUG

Die zwei Verkehrsknotenpunkte sind Makassar und Manado mit guten Anbindungen ins ganze Land. Palu ist der drittgrößte Flughafen.

Silk Air bietet an vier Tagen der Woche Flüge zwischen Manado und Singapur (ab etwa 170 US$, 3¾ Std.) an. Air Asia fliegt von Makassar nach Kuala Lumpur, Malaysia (ab 70 US$, 3¼ Std.).

SCHIFF/FÄHRE

Sulawesi ist gut angebunden, etwa die Hälfte der Pelni-Flotte macht Halt in Makassar, Bitung (von hier aus kommt man per Schiff nach Manado), Pare Pare und Toli-Toli sowie ein paar anderen kleineren Städten.

Makassar

☎0411 / 1,71 MILLIONEN EW.

Die ungeschminkte Metropole Makassar ist eine der wichtigsten Hafenstädte des Landes, ein hektischer Auflauf von Händlern und Schiffen inmitten des polyglotten Gewirrs aus Makassarisch, Buginesisch und Chinesisch. Da die Stadt wenige Sehenswürdigkeiten bietet, dafür aber pausenlos tropische Hitze und Luftverschmutzung, bleiben die meisten nicht länger als ein oder zwei Nächte.

Makassar war jahrhundertelang das Tor nach Ostindonesien und die Niederländer kontrollierten von hier aus den Großteil des Handels zwischen West und Ost. Der historische Kern der Stadt rund um Fort Rotterdam – mit den Überbleibseln einer alten Gowa-Festung und einigen beeindruckenden niederländischen Bauten – konnte sein koloniales Flair bewahren und lädt zu Erkundungen ein.

Der einstige Name Makassars, Ujung Pandang, ist immer noch gebräuchlich. Bei Flug- und anderen Transferbuchungen darauf achten!

Sehenswertes

Fort Rotterdam FESTUNG

(Benteng Rotterdam; Jl Ujung Pandang; empfohlene Spende 10 000–20 000 Rp; ⏲7.30–18 Uhr) Das Fort Rotterdam ist eines der besterhaltenen Beispiele niederländischer Militärarchitektur in Indonesien und wurde auf dem Gelände einer Festung der Gowa errichtet. Diese wiederum wurde ursprünglich gebaut, um die Niederländische Ostinidien-Kompanie abzuwehren. Als man gegen die *orang belanda* nichts ausrichten konnte, baute die neue Herrschaft Makassars die Festung nach der Eroberung 1667 neu auf, mit vielen schönen, mittlerweile gut restaurierten kolonialen Elementen. Man kann auf den stabilen Wällen herumlaufen, Teile der Originalmauern und das **Museum Negeri La Galigo** (10 000 Rp) besichtigen.

Masjid Amirul Mukminin MOSCHEE

(Jl Penghibur) GRATIS Die „schwebende Moschee" (errichtet auf im Meeresboden eingelassenen Betonpfeilern) erhebt sich mit ihren futuristischen Zwillingskuppeln am südlichen Ende von Pantari Losari über dem Meer. Sie wurde 2009 gebaut und bietet eine fantastische Aussicht über die Küste. Die Anlage um die Moschee ist *der* Ort zum Fastenbrechen während des Ramadan.

Sulawesi

Schlafen & Essen

★ **Dodo's Homestay** HOMESTAY $
(☎ 0812 412 9913; www.dodopenman.blogspot.co.uk; Jl Abdul Kadir Komplex Hartaco Indah Blok 1Y/25; EZ/DZ 100 000/120 000 Rp; ❄ 📶) Dodo's Homestay ist großartig, er ist supernett und hilft Travellern jetzt seit mehr als 20 Jahren. Sein Haus mit Klimaanlage ist geräumig und liegt ruhig 4 km südlich der Stadtmitte; eines der Zimmer hat ein eigenes Bad. Tee und Kaffee sind kostenlos, Dodo organisiert auch gern den Transport (auch Motorräder und Mietwagen) sowie Touren durch Sulawesi.

Makassar (Ujung Pandang)

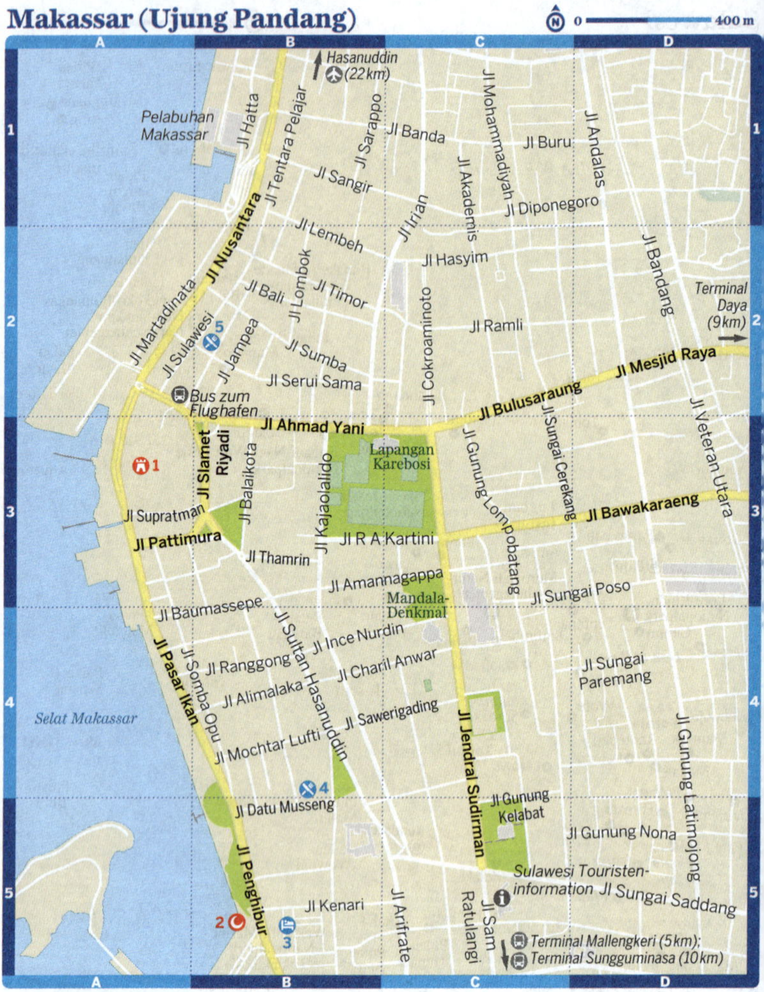

Makassar (Ujung Pandang)

Sehenswertes

1 Fort Rotterdam A3
2 Masjid Amirul Mukminin B5
Museum Negeri La Galigo ....(siehe 1)

Schlafen

3 Ge Jac Mart... B5

Essen

4 Lae Lae... B4
5 Rumah Makan Pate'ne B2

★ **Ge Jac Mart** HOMESTAY $$

(☎ 0411-859421; www.ge-jacmart-homestay.blogspot.co.uk; Jl Rambutan 3; Zi. mit Frühstück 290 000 Rp; ❄ 📶) Nicht weit vom Wasser entfernt liegt diese wunderbare Privatunterkunft in einer ruhigen Gasse. Sie wird von der Familie Pongrekun (ursprünglich aus Tana Toraja) geleitet. Ihre Mitglieder sind gastfreundlich, sprechen gut Englisch und kümmern sich gern um ihre Gäste. Das geflieste, makellos saubere Haus mit frisch geweißten und mit Kunst dekorierten Wänden verfügt über sieben sehr bequeme Zimmer mit eigenem Bad und Warmwasser.

★ **Rumah Makan Pate'ne** INDONESISCH $
(☎0411-361 5874; Jl Sulawesi 48; Hauptgerichte 30 000–35 000 Rp; ⏲8–22 Uhr) Hier locken superfrische makassarische und indonesische Klassiker. Pate'ne bietet authentischen Geschmack zu guten Preisen. *Lele goreng* (frittierter Katzenfisch mit Sambal, gehackter grüner Papaya, Limonenbasilikum und frischem Gemüse) und *rujak manis* (tropischer Fruchtsalat mit würzig-süßem Palmzucker, Tamarinde und Garnelenpasten-Dressing) schmecken einfach himmlisch, v.a. mit frischem Melonen-, Mango-, Apfel- oder Avocadosaft.

Lae Lae FISCH & MEERESFRÜCHTE $$
(☎0411-334326; Jl Datu Musseng 8; Fisch ab 60 000 Rp; ⏲10–24 Uhr) Das Lae Lae ist sehr populär bei den Einheimischen und ein Magnet für alle, die gegrillten Fisch ohne viel Schnickschnack lieben. Hinein geht's an einem qualmenden Grill vorbei, dann sucht man sich einen Leckerbissen aus den tiefen Bottichen mit absolut frischem, geeistem Fisch aus und speist dann an langen abgenutzten Metalltischen. Körperkontakt mit den Einheimischen inklusive. Als Beilagen werden dreierlei Sambal, Reis und knackig frisches rohes Gemüse gereicht.

ℹ Praktische Informationen

Sulawesi Touristeninformation (☎0411-872336; cnr Jl Sam Ratulangi & Jl Sungai Saddang; ⏲8–16 Uhr) Englischsprachige Informationen sind in gedruckter Form kaum erhältlich, aber die Mitarbeiter sind hilfsbereit und verfügen über sehr gute Englischkenntnisse. Alle roten *pete-pete* (eine Art *mikrolet* oder *bemo*), die auf der Jl Jendral Sudirman südwärts unterwegs sind, halten hier.

ℹ An- & Weiterreise

BUS & KIJANG

Die wichtigsten Bahnhöfe sind Terminal Daya für Verbindungen in den Norden, wie nach Rantepao (150 000–200 000 Rp, 9 Std.), und Terminal Mallengkeri für Ziele im Südosten, z. B. Bulukumba (60 000 Rp, 4 Std.); vom Terminal Sunggumi-nasa reist man nach Malino (24 000 Rp, 1½ Std.).

FLUGZEUG

Der Hasanuddin-Flughafen in Makassar hat gute Anbindungen zu anderen Städten in Sulawesi und nach Java, Kalimantan und Maluku. Air Asia bietet internationale Flüge nach Kuala Lumpur und Silk Air nach Singapur.

ℹ Unterwegs vor Ort

Flughafenbusse (27 000 Rp) von Damri fahren täglich alle 20 bis 30 Min. zwischen 8 und 21 Uhr vom Untergeschoss am Flughafen in die Jl Ahmad Yani im Zentrum von Makassar.

Taxis, die im Voraus bezahlt werden müssen, warten im Ankunftsbereich des Flughafens. Eine Fahrt vom Flughafen in die Stadt kommt auf 110 000–150 000 Rp.

Der Hauptterminal für *pete-pete* ist beim alten Makassar-Einkaufszentrum untergebracht. Der Normaltarif für Transfers innerhalb der Stadt liegt bei 5000 Rp.

Tana Toraja

Mit ihrer quirligen Stammeskultur und überwältigenden Landschaft gilt die bezaubernde Bergwelt von Tana Toraja zu Recht als ein Mekka für Reisende. Ihre optischen Reize stechen sofort ins Auge: Dörfer voller kunstvoll bemalter Häuser mit bootsförmigen Dächern sowie hoch aufragende smaragdgrüne Reisterrassen – alles umgeben von einer schützenden Kette aus zackigen urwaldbedeckten Bergen.

Die meisten Reisenden betrachten den Besuch eines Begräbnisses als hiesiges Highlight, Tana Toraja wartet aber zudem mit erstklassigen Wanderungen, Fahrrad- und Motorradtouren durch die immergrüne, umwerfend schöne Landschaft auf, die man gut auf eigene Faust erkunden kann.

Rantepao

☎0423 / 26 500 EW.

Rantepao wirkt ein bisschen zugewuchert, man findet sich hier aber rasch zurecht. Das Dorf liegt unweit der wichtigsten Städte der Region und verfügt über eine gute Auswahl an Unterkünften und Restaurants. Das Zentrum ist etwas schmuddelig, aber der Verkehr hält sich in Grenzen. Am Stadtrand gehen die Straßen schnell in Felder über und irgendwo kräht immer ein Hahn. Die Nächte können kühl sein und Regen fällt das ganze Jahr über, auch zur Trockenzeit.

Aktivitäten

Die Berge hinter Rantepao bieten die meisten Aktivitäten. Hotels mit **Swimmingpools** lassen auch Nichthotelgäste gegen Gebühr ins kühle Nass (ab 15 000 Rp).

In Rantepao sind zahlreiche unabhängige Guides zu finden. Auch Agenturen organisieren Ausflüge (inkl. Trekking und Kulturtouren), Fahrzeuge und Guides.

Indo' Sella (☎0813 4250 5301, 0423-25210; www.sellatours.com; Jl Limbong Ba'lele 7), geleitet vom erfahrenen Guide Agustinus Lamba, ist eine verlässliche Anlaufstation, die Wanderungen, Wildwasserrafting und kulturelle Ausflüge organisiert. Eine ganztägige Raftingtour auf dem Sungai Mai'ting kommt auf 85 US$ pro Person, einschließlich Essen und Transport, eine zweitägige Tour auf dem Sungai Sa'dan kostet 350 US$ pro Person. Agus stellt auch längere Exkursionen zusammen, etwa zu den Togian-Inseln.

Schlafen & Essen

★Pia's Poppies Hotel PENSION $

(☎0813 4202 6768, 0423-21121; poppiestoraja@yahoo.co.id; Jl Pongtiku 22; EZ/DZ 135 000/175 000 Rp; 📶) Dieses einladende Hotel liegt nur zehn Minuten von der Stadtmitte entfernt und das Personal ist sehr hilfsbereit. Die ruhigen Zimmer bieten Blick auf einen üppigen Garten und so ungewöhnliche Details wie Badezimmer aus Stein. Die Zimmer mit Bad haben Warmwasser. Unbedingt in dem zauberhaften Café essen, in dem fantastische regionale Küche serviert wird. Frühstück kostet 33 000 Rp extra und WLAN funktioniert nur in den Gemeinschaftsräumen.

Rosalina Homestay HOMESTAY $

(☎0852 5572 5432, 0423-25530; http://rosalinahomestayrantepao.blogspot.co.uk; Jl Pongitiku Karassik; EZ/DZ 175 000/250 000 Rp; 📶) Enos, einem sehr erfahrenen Guide aus Toraja, und seiner Familie gehört die schöne 2015 eröffnete Unterkunft. Alle kümmern sich wirk-

TORAJA-KULTUR

Die Toraja bewohnen das weite schroffe Hochland in Südsulawesi. Ihr Name leitet sich vom buginesischen Wort *toriaja* ab, was früher mit negativen Konnotationen behaftet war und so etwas wie Hinterwäldler oder Bauerntölpel beschrieb. Obwohl die traditionellen Glaubenssätze sehr stark sind, stützt sich das Christentum in Toraja auf eine sehr aktive Gruppe.

Traditionelle Häuser

Ein spezielles Charakteristikum von Tana Toraja sind Größe und Aufmachung der *tongkonan* (traditionelle Toraja-Häuser). Hier kommen die Familien zusammen und diese Häuser werden nicht ge- oder verkauft.

Das Dach, das an beiden Enden hoch emporragt, sticht ganz besonders hervor. Manche sagen, es symbolisiere die Hörner eines Büffels; andere behaupten, es stehe für Bug und Heck eines Schiffs. Je besser die Büffelhörner zu sehen sind, umso höher ist das Ansehen dieses Haushalts.

Begräbnisse

Die wichtigste Zeremonie der Toraja heißt *tomate* (Begräbnis; wörtlich „verstorben"). Ohne angemessene Beerdigungsriten bereitet die Seele der Verstorbenen ihrer Familie Kummer und Sorgen.

Die Toraja haben normalerweise zwei Begräbniszeremonien: eine direkt nach dem Tod und eine aufwendige sowie ausführliche zweite Feier. Die größeren Beerdigungen finden meist in den trockenen Monaten, also im Juli und August, statt, Begräbnisse werden aber das ganze Jahr über ausgerichtet.

Bis zur zweiten Beerdigungszeremonie bleiben die Verstorbenen im Haus der Familie. Zu den Verstorbenen eingeladen zu werden ist eine Ehre. Wer die Einladung annimmt, darf nicht vergessen, sich beim Verstorbenen zu bedanken und um Erlaubnis zu fragen, wenn man sich verabschieden möchte – genauso, wie man es bei lebenden Gastgebern tun würde.

Die zweite Feierlichkeit kann mehrere Tage dauern und Hunderte von Gästen zählen. Die Toraja glauben daran, dass die Seelen von Tieren jenen ihrer Herrchen und Frauchen ins nächste Leben folgen sollten. Daher rührt die Bedeutung der Tieropfer. Die Zeremonien beginnen oft mit Stierkämpfen, bei denen eifrig gewettet wird, und so mancher berühmte Kampfstier wird dafür aus entlegenen Gebieten Indonesiens eingeführt. Auf Tierfreunde wirken die Stierkämpfe abschreckend und die Opferdarreichungen äußerst traumatisch. Wer kein Blut sehen kann, sollte solchen Veranstaltungen fernbleiben.

Die Gäste eines Begräbnisses tragen schwarze oder dunkle Kleidung und schenken der Familie des Verstorbenen Zucker oder Zigaretten.

Tana Toraja

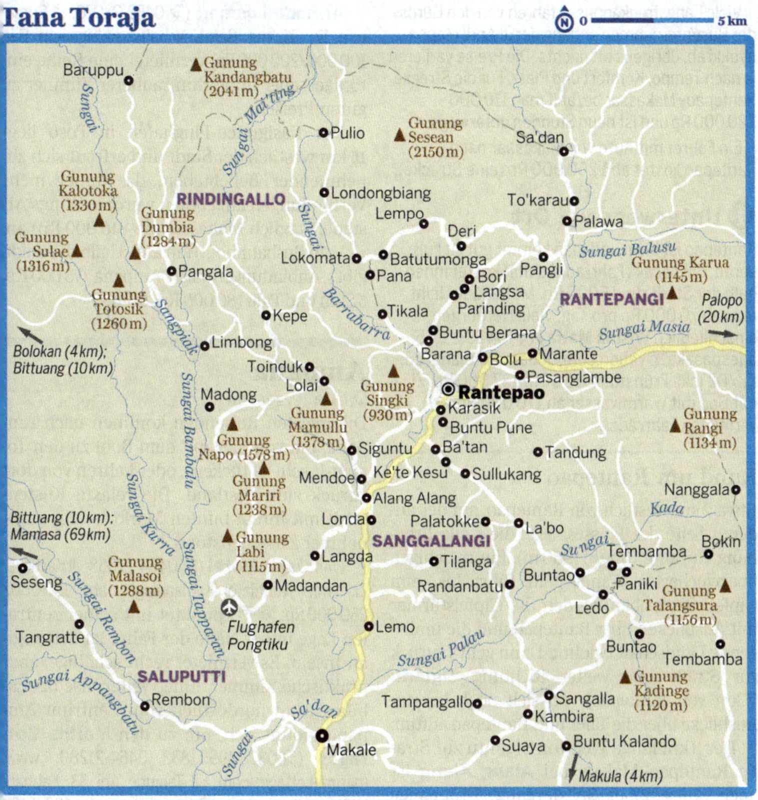

lich gut um die Gäste, ein weiterer Pluspunkt ist das enorme Frühstück. Die geräumigen Zimmer im oberen Teil schauen vom großen Gemeinschaftsbalkon auf ein Meer aus Reisfeldern.

Wisma Monika PENSION $$

(☎ 0423-21216; Jl Ratulangi 36; Zi. 250 000–400 000 Rp; ❄ 📶) Eine grandiose cremefarbene Villa in zentraler Lage, ganz in der Nähe zahlreicher Essloklale, bietet eine Auswahl an schlichten, aber gepflegten und sauberen Zimmern, alle mit Nachttischlampe. Das Personal bereitet ein gutes Frühstück zu, Pancakes, *nasi goreng* und frische Obstsäfte inklusive.

Rimiko Restoran INDONESISCH $

(☎ 0813 5339 2779, 0423-23366; Jl Andi Mappanyukki 115; Gerichte 30 000–50 000 Rp; ⏱ 8–22 Uhr) Ein alteingesessenes, sehr freundliches Restaurant, das authentische regionale Küche serviert, Spezialitäten aus Toraja inbegriffen, u. a. Büffel, Schwein und Aal in schwarzer Soße (50 000 Rp) sowie indonesische Klassiker wie *gado gado*. Das *pa'piong* – über dem offenen Feuer in einem Bambusrohr gegartes Schwein oder Huhn mit regionalen Kräutern – muss man vorbestellen.

ℹ Praktische Informationen

Staatliche Touristeninformation (☎ 0423-21277; an der Jl Ahmad Yani; ⏱ Mo–Sa 9–14 Uhr) Das nette Personal informiert präzise und unabhängig über Zeremonien und Feste und vermittelt Guides.

ℹ An- & Weiterreise

Transnusa hat vier Flüge pro Woche zwischen Makassar und Rantepao auf dem Plan, sie finden aber nur bei entsprechender Auslastung statt. Für den 50-minütigen Flug (eine Strecke) bezahlt man 410 000 Rp. Abflug ist in Makassar dienstags, mittwochs, donnerstags und samstags um 8.45 Uhr, die Rückflüge landen am selben Tag je um 10.05 Uhr.

Viele Langstreckenbusse fahren von den Büros der Busunternehmen entlang der Jl Andi Mappanyukki ab, übrigens oft nachts. Die Preise variieren je nach Tempo, Komfort und Platz. Für die Strecke Rantepao–Makassar bezahlt man 110 000–220 000 Rp und ist neun Stunden unterwegs.

Ein Fahrer mit Auto von Makassar nach Rantepao kostet ab 1 200 000 Rp (eine Strecke).

Unterwegs vor Ort

Rantepao ist klein und man kommt gut zu Fuß voran. Ein *becak* (Fahrradrikscha) kostet innerhalb der Stadt rund 5000 Rp. Motorräder leiht man ab 70 000 Rp pro Tag; viele Herbergen, einschließlich **Wisma Maria I** (☎ 0423-21165; adespasaka1@yahoo.com; Jl Sam Ratulangi 23; EZ/DZ inkl. Frühstück 115 000/137 000 Rp, Zi. mit Bad mit Warmwasser ab 170 000 Rp; 📶), vermieten Fahrräder.

Rund um Rantepao

Etwa 2 km westlich von Rantepao, auf der anderen Seite des Flusses, liegt die steile Erhebung **Gunung Singki** (930 m). Ein rutschiger, überwucherter Wanderpfad führt bis zum Gipfel. Ganz oben werden die Gipfelstürmer mit Ausblicken über Rantepao und die umliegende Landschaft belohnt. Dann geht's zurück zur Straße und weiter Richtung **Siguntu** (7 km von Rantepao), wo sich noch bessere Ausblicke über die Täler und Rantepao auftun.

Der 3 km lange Weg von Siguntu zur Straße Rantepao–Makale bei **Alang Alang** ist auch ein schöner Spaziergang. Unterwegs lädt das traditionelle Dorf **Mendoe** zu einem Abstecher ein. Der Pfad verläuft von Alang Alang, wo eine überdachte Brücke über den Fluss führt, ein paar Hundert Meter bis nach **Londa** und zurück nach Rantepao. Oder man bleibt am Westufer des Flusses und geht weiter Richtung Süden bis zu den Dörfern **Langda** und **Madandan**.

Poso

☎ 0452 / 49 300 EW.

Auf dem Straßenweg entlang der Nordküste von Zentralsulawesi ist Poso ein wichtiger Haltepunkt, da es einen großen Hafen und einen Busbahnhof hat. Jahrelange Auseinandersetzungen zwischen Muslimen und Christen hielten Reisende davon ab, hierherzukommen, aber die Spannungen haben sich gelegt. Trotzdem verschlägt es einen nur dann in die Stadt, wenn man hier einen Flieger nimmt, umsteigt oder auf der Reise nach/von Ampana und zu/von den Togian-Inseln eine Pause einlegt.

Armada Losmen (☎ 0452-23070; Jl Sumatera 17; Zi. mit Gemeinschaftsbad/eigenem Bad 100 000/200 000 Rp) vermietet eine Reihe eintöniger, aber immerhin sauberer Zimmer zu guten Preisen.

Der Kasiguncu-Flughafen in Poso liegt 15 km westlich der Stadt und erfreut sich zunehmender Beliebtheit, da immer mehr Verbindungen angeboten werden. Wings Air steuert täglich Makassar (ab 816 000 Rp) an.

Vom Busbahnhof, 5 km außerhalb der Stadt, gibt's Anbindungen nach Ampana (75 000 Rp, 5 Std.) und Palu (80 000 Rp, 6 Std.).

Ampana

☎ 0464 / 22 367 EW.

Die meisten Reisenden kommen nach Ampana, um von hier mit dem Boot zu den Togian-Inseln zu tuckern, oder kehren von dort zurück zum Festland. Die relaxte Küstenstadt mit ihrem bunten Markt ist ein angenehmer Zwischenstopp.

Das **Oasis Hotel** (☎ 0464-21058; Jl Kartini 5; Zi. mit Ventilator/Klimaanlage ab 150 000/250 000 Rp; ❄📶) punktet mit seiner zentralen Lage in der Nähe der Fähre zu den Togian-Inseln. Es vermietet recht schäbige, aber praktische Zimmer. Eine Weiterreise bis Labuan, 3 km nordöstlich vom Zentrum Ampanas, lohnt sich, um zu den **Marina Cottages** (☎ 0823 4995 1833, 0464-21280; www.marina-cottages.com; Jl Tanjung Api 33, Labuan; Hütte mit Ventilator/Klimaanlage ab 160 000/300 000 Rp; ❄📶) zu gelangen. Das sind 20 rustikale gepflegte Hütten an einem entzückenden Kieselstrand.

An- & Weiterreise

Wenn die Direktflüge nach Makassar erst einmal starten, werden ganz andere Besucherstörme nach Ampana fließen. Zu Redaktionsschluss war bei dieser Anbindung (sowie anderen nach Manado, Gorontalo und Luwuk) ein Flug mit einer Wings-Air-Propellermaschine über Palu nötig. Der Flughafen Tanjung Api befindet sich 7 km östlich vom Zentrum Ampanas.

Schiffe nach Poso, Wakai (auf den Togian-Inseln) und darüber hinaus legen vom wichtigsten Schiffsanleger am Ende der Jl Yos Sudarso ab, im Zentrum von Ampana. Fähren nach Bomba auf den Togian-Inseln starten vom Pier im Dorf Labuan, gleich bei den **Marina Cottages** (S. 218) (Fahrpläne unter https://infotogian.weebly.com).

Täglich fahren mehrere Minibusse nach Luwuk (150 000 Rp, 6 Std., 8 Uhr), Poso (75 000 Rp, 5 Std., 10 & 17 Uhr) und Palu (150 000 Rp, 12 Std., 10 & 17 Uhr). Die Strecken werden zusätzlich von langsameren, weniger komfortablen Bussen bedient.

Togian-Inseln

Man muss schon eine gewisse Willenskraft aufbringen, um zu den Togian-Inseln zu kommen, es ist aber noch viel schwieriger, sie wieder zu verlassen. Es locken goldene Sandstrände, Hängematten, Lebensfreude und ein herzlicher Empfang. Auf den meisten Inseln gibt's nur ein paar familienbetriebene Pensionen, während Kadidiri mit einer kleinen, aber lebhaften Strandszene samt nächtlichen Lagerfeuern und kaltem Bier aufwartet.

ℹ An- & Weiterreise

Es gibt mehrere Anreisemöglichkeiten zu den Inseln, aber alle sind zeitaufwendig und etwas umständlich. Erstens gibt's keinen Flughafen, die Inseln sind also nur per Fähre aus Ampana und Gorontalo erreichbar. Und zweitens ändern sich die Abfahrtspläne ständig. Am besten unter https://infotogian.weebly.com nach den aktuellen Zeiten erkundigen.

Wer auf dem Landweg von Südsulawesi (inkl. Tana Toraja) anreist, wird Ampana ansteuern und von dort weiterfahren. Gorontalo in Nordsulawesi ist der alternative Ausgangspunkt; hier fahren täglich Fähren ab. *Tuna Tomini* segelt dienstags und freitags um 17 Uhr direkt nach Wakai (Economy/klimatisierte Kabinen für 4 Pers. 64 000 Rp/500 000 Rp, 13 Std.). Dies ist die unkomplizierteste Variante aus dieser Richtung für alle, die nach Katupat, Kadidiri oder Bomba wollen. Die Boote für die Rückreise legen montags, donnerstags und sonntags um 16 Uhr von Wakai ab.

ℹ Unterwegs vor Ort

Die Fähren Ampana–Dolong sind ideal fürs Inselhopping, oder man chartert ein Boot vor Ort. Auch öffentliche Fähren binden Wakai an Una Una an (40 000 Rp, 3 Std., 3-mal pro Woche).

Bootsvermietungen lassen sich in Wakai, Bomba und Kadidiri relativ leicht ausfindig machen, in kleineren Siedlungen ist das nicht so einfach. Die Preise der örtlichen Anbieter sind ziemlich angeglichen (rund 500 000 Rp von Wakai oder Kadidiri nach Bomba). Am besten in der Unterkunft nachfragen.

Pulau Kadidiri

Das hübsche, üppig bewachsene Kadidiri liegt eine 30-minütige Bootsfahrt von Wakai entfernt und ist die richtige Insel für jene, die andere Leute treffen möchten. Die beliebten Unterkünfte befinden sich nebeneinander – wenn in der eigenen Unterkunft das Bier ausgegangen ist, schlendert man einfach den herrlichen Strandabschnitt entlang und holt sich woanders einen Drink. Von den Hotels aus führt ein 15-minütiger Pfad durch Palmenhaine zu einer bezaubernden Sandbucht, **Barracuda Beach**, die zum Zelten einlädt.

Kadidiri Paradise Resort (☎ 0813 4372 2072, 0464-21058; www.kadidiriparadise.com; EZ/DZ inkl. VP ab 348 000/580 000 Rp) Das Resort liegt an einem wunderschönen Strand mit großem Gelände entlang der Küste. Seine geräumigen Holzbungalows verfügen über gute Betten, Mückennetze, weitläufige Veranden entweder zum Strand hinaus oder ganz in der Nähe des Strands. Die kompetenten Tauchshops bieten einzelne Tauchgänge für 450 000 Rp, Open-Water-Zertifizierung für 5 250 000 Rp und es gibt Preisnachlässe von bis zu 10 %.

Togian & Katupat

Pulau Togian ist eine große, bewaldete Insel, umringt von Mangroven. Pulau Katupat ist weitaus kleiner; es gibt aber ein kleines Dorf für die Versorgung. Die besten Tauchplätze liegen vor Togians Nordküste.

Fadhila Cottages (☎ 0852 4100 3685; www.fadhilacottage.com; Standard-/Superior-DZ inkl. VP 500 000/700 000 Rp) umfasst 18 saubere Holzbungalows mit Terrassen und Hängematten entlang eines von Palmen beschatteten Strands. Die Terrassen sind entweder zum Dorf Katupat oder zum Meer hin ausgerichtet. Es gibt ein gutes PADI-Tauchzentrum (ein Bootstauchgang kostet 30 €) und ein luftiges Restaurant.

Pulau Batu Daka

Pulau Batu Daka ist die größte der Togian-Inseln und zudem am besten erreichbar. Sie beheimatet die Dörfer Bomba und Wakai.

Bomba ist eine winzige Siedlung am Südwestrand der Insel, an der die meisten Traveller auf dem Weg von oder nach Wakai vorbeisegeln. Es ist eine attraktive Alternative zum geselligen Pulau Kadidiri, zumal hier einige der wunderbarsten Strände der Togian-Inseln und gute Schnorchelplätze zu finden sind. Außerdem herrscht weniger Trubel. In den Bergen hinter Bomba führt ein schöner Spaziergang zu den **Fledermaushöhlen**, ein Guide und eine Taschenlampe sind aber vonnöten.

Wakai ist die größte Siedlung auf den Togian-Inseln – ein kleiner Hafen, der v.a. als Ablegeort für Schiffe nach Pulau Kadidiri genutzt wird. Es gibt aber auch etliche gut ausgestattete Shops und einen geschäftigen Markt. Ein kleiner **Wasserfall,** einige Kilometer landeinwärts von hier, ist über eine gemütliche Wanderung erreichbar. Eine Wegbeschreibung gibt's im Dorf.

Gorontalo

☎0435 / 186 000 EW.

Die Hafenstadt Gorontalo wirkt wie ein übergroßes Landstädtchen, in dem sich alle Einwohner zu kennen scheinen. Der kompakte Stadtkern wartet mit einigen toll erhaltenen holländischen Häusern auf und hat sich sein ruhiges, koloniales Flair bewahrt.

Das **New Melati Hotel** (☎0435-822934; yfvelberg@yahoo.com; Jl Monginsidi 1; Zi. inkl. Frühstück 130 000–325 000 Rp; ❄@📶) befindet sich in einem schönen Gebäude, das Anfang des 20. Jhs. für den Hafenmeister errichtet wurde, und ist seit Langem bei Backpackern beliebt. Das Personal spricht Englisch und hält jede Menge Infos zu den Verkehrsanbindungen bereit.

An- & Weiterreise

Nach Makassar starten täglich Flüge von Garuda, Citilink, Batik Air, Lion Air und Sriwijaya. Wings Air und Garuda steuern mehrmals pro Tag Manado an; Wings bedient außerdem Palu.

Gorontalo hat zwei Häfen: Talumolo versorgt die Togian-Inseln und in Leato legen Pelni-Fähren an. Beide Häfen sind etwa 4 km vom Zentrum entfernt und gut mit dem *mikrolet* (kleines Taxi) an der Jl Tantu erreichbar.

Alle zwei Wochen bindet der Pelni-Liner *Tilongkabila* Gorontalo an Bitung an, der *Sangiang* fährt dieselbe Strecke einmal pro Monat. Das **Pelni-Büro** (☎0435-821089; Jl 23 Januari) arbeitet effizient und reibungslos.

Der Hauptbusbahnhof liegt 3 km nördlich der Stadt und ist mit *bemo*, *bendi* (Pferdewagen für 2 Pers.) oder *ojek* zu erreichen. Stündlich gibt's direkte Busverbindungen nach Palu (180 000 Rp, 18 Std.) und Manado (Standard/klimatisiert 100 000/130 000 Rp, 11 Std.). Die meisten fahren mit dem Minibus oder *kijang* (150 000–200 000 Rp).

Manado

☎0431 / 458 500 EW.

Manado ist ein florierender, freundlicher Ort mit guter Infrastruktur, einem anständigen Angebot an komfortablen Hotels und einer exquisisten Restaurantszene. Und das obwohl es normalerweise nicht als ein Höhepunkt von Nord-Sulawesi gilt, mit seinem Überangebot an Einkaufszentren und Schlaglöchern im Bürgersteig. Abenteuerlust wird in der nahen Umgebung gestillt, wie Bunaken, Tomohon, die Meerenge von Lembeh und das Tangkoko-Batuangas-Dua-Saudara-Naturschutzgebiet. Wer diese Orte besuchen möchte, muss eine oder mehr Nächte in Manado einkalkulieren.

Schlafen & Essen

Manado Grace Inn HOTEL $
(☎0431-888 0288; Jl Sam Ratulangi 113H; Zi. ab 175 000 Rp; ❄📶) Das moderne Hotel mit gutem Preis-Leistungs-Verhältnis beherbergt kleinere, schmucklose Zimmern in Weiß und Creme mit Klimaanlage, eigenem Bad (Warmwasser) und WLAN. Sehr einfaches Frühstück: Kaffee oder Tee und ein Brötchen.

★ **Libra Homestay** HOMESTAY $$
(☎0821 9268 6320; Jl Pramuka XI 16; Zi. 300 000–350 000 Rp; ❄📶) In einer ruhigen Straße liegt diese geräumige weißgetünchte Villa, in der sich der nette chinesische Besitzer (der in London studiert hat und ausgezeichnet Englisch spricht) gut um seine Gäste kümmert. Es gibt fünf Zimmer mit Klimaanlage, Kabelfernsehen, Schreibtischen und eigenen Bädern mit Warmwasser. Im Süden der Stadt gelegen, fünf Minuten von den Restaurants entfernt.

Hotel Celebes HOTEL $$
(☎0431-870425; www.hotelcelebesmdo.com; Jl Rumambi 8A; Zi. ab 310 000 Rp; ❄📶) Das Hotel Celebes – ein großer Block –thront über Markt und Hafen, ist also sehr praktisch für Boote nach Pulau Bunaken. Seine Zimmer sind funktional und werden recht gut sauber gehalten. In den oberen Stockwerken bieten sie Aussicht übers Meer. Onlinebuchungen können günstiger kommen.

★ **Maminon** INDONESISCH $
(☎0431-880 5777; Jl Sarapung 38; Hauptgerichte 35 000–50 000 Rp; ⏲Mo–Sa 9–21 Uhr; 📶) Im glanzvollen gefliesten Speisesaal servieren herzliche Mitarbeiter in Uniform *cakalang fufu* (heimischen geräucherten Thunfisch) mit *sous rica tomat* (Tomaten-/Chili-Sambal) oder *santan* (eine fast thailändische Soße mit Kokosmilch, Kaffernlimette und Aromen). In dem wunderbaren Minahasa-Restaurant ist man stolz auf seine Gastfreundschaft und die Gäste dinieren wie die Könige.

Rumah Makan Green Garden CHINESISCH, INDONESISCH $
(☎ 0431-870089; Jl Sam Ratulangi 173; Hauptgerichte 47 000–65 000 Rp; ⏲ 9–24 Uhr) Das beliebte indonesisch-chinesische Restaurant bringt hervorragende Schweinefleischgerichte (unbedingt probieren: Gegrilltes oder Schweinebauch) und Meeresfrüchte auf den Tisch. Wie wär's mit Krebs in Maissuppe oder Zackenbarsch mit eingelegten Senfblättern? Die Gäste wählen ihren Krebs direkt aus dem Bottich aus. Dazu gibt's frische Säfte und kaltes Bier.

An- & Weiterreise

BUS

Es gibt drei recht geordnete Terminals für Langstreckenbusse und den regionalen *mikrolet*.

Terminal Karombasan (5 km südlich der Stadt): Verbindungen nach Tomohon (10 000 Rp) und weitere Ziele im Süden von Manado.

Terminal Malalayang (weiter südlich der Stadt): Busse nach Kotamobagu (60 000 Rp) und Gorontalo (ab 100 000 Rp, 11 Std.).

Terminal Paal 2 (östliches Ende der Jl Martadinata): Unterschiedliche öffentliche Transportmittel nach Bitung (11 000 Rp) und zum Flughafen (10 000 Rp).

FLUGZEUG

Die Tickets für Inlandsflüge kosten im Reisebüro oft dasselbe wie bei Onlinebuchungen.

Einige Fluglinien haben Büros in der Stadt. **XpressAir** (www.xpressair.co.id) und **Batik Air** (www.batikair.com) bedienen auch Manado.

Garuda (☎ 0431-877737; Jl Sam Ratulangi 212; ⏲ Mo–Sa 8.30–17 Uhr) fliegt von Manado nach Denpasar und Jakarta.

Lion Air (☎ 0431-847000; www.lionair.co.id; Jl Piere Tendean 19; ⏲ Mo–Fr 9–17, Sa bis 15, So bis 12 Uhr) bindet Manado an Jakarta, Makassar, Surabaya und Luwuk an.

Silk Air (☎ 0431-863744; Jl Sarapung; ⏲ Mo–Fr 9–16, Sa bis 13 Uhr) fliegt von Manado nach Singapur.

Sriwijaya Air (☎ 0431-888 0988; www.sriwijayaair.co.id; Jl Piere Tendean, Manado Town Sq 12A; ⏲ 8–18.30 Uhr) bedient die Strecken von Manado nach Ambon und Ternate.

SCHIFF/FÄHRE

Schnellfähren steuern täglich Siau (200 000 Rp, 4 Std.) und schließlich Tahuna (240 000 Rp, 6½ Std.) auf den Sangihe-Talaud-Inseln an. Tickets und Infos gibt's bei **Majestic Kawanua** (☎ 0851 0540 5499; majestickawanua@gmail.com; Jl Piere Tendean, Komplek Marina Plaza; ⏲ 8–17 Uhr).

Lokale Boote tuckern auch nach Maluku. Tickets werden in der Hütte neben dem Hafen verkauft. Boote nach Pulau Bunaken legen an einem Hafen in der Nähe des Pasar-Jengki-Fischmarkts ab. Abfahrt ist einmal pro Tag ab 14 Uhr, je nach Auslastung und Wellengang (Einzelfahrt 50 000 Rp).

Unterwegs vor Ort

Am Sam Ratulangi International Airport pendeln *mikrolets* zum Terminal Paal 2 (10 000 Rp), wo man in ein *mikrolet* zu einem anderen Ziel umsteigen kann. Außerdem fahren täglich vier Busse mit Klimaanlage (30 000 Rp) zur/ab der Jl Piere Tendean. Der fixe Taxipreis liegt bei 100 000 Rp vom Flughafen in die Stadtmitte (13 km).

Pulau Bunaken

☎ 0431

Die kleine korallengesäumte Insel ist Nordsulawesis Topdestination, konnte sich aber ihren ureigenen Charakter weithin bewahren. Touristenunterkünfte verteilen sich an zwei Stränden, der Rest gehört den Inselbewohnern. Das freundliche Volk scheint immer ein warmherziges Lächeln auf den Lippen zu haben und Hektik kennt man hier nicht, nur gelassene Eiland-Glückseligkeit.

Die meisten Besucher kommen zum Tauchen nach Bunaken – die maritime Artenvielfalt ist einfach phänomenal: über 300 Korallen- und 3000 Fischarten, unzählige Schwämme und eine unbeschreiblich farbenfrohe Unterwasserwelt am Riff. Die 808 ha große Insel ist Teil des 891 km² großen **Bunaken-Manado-Tua-Nationalmeeresparks** (Taman-Laut-Bunaken-Manado-Tua). Zu diesem gehört auch der Manado Tua (Alt-Manado), der schlafende Vulkan, den man von Manado aus sehen und in etwa vier Stunden erklimmen kann; außerdem die Inseln Nain und Mantehage sowie Pulau Siladen, wo man auch Übernachtungsmöglichkeiten findet.

Die Touren rund um Bunaken und die nahegelegenen Inseln, einschließlich zweier Tauchgänge mit Ausrüstung, kommen auf ca. 1 400 000 Rp; PADI-Open-Water-Kurse belaufen sich auf rund 6 000 000 Rp. Die Tauchboote nehmen auch Schnorchler für etwa 80 000 Rp pro Person mit.

Schlafen

Novita Homestay HOMESTAY $$
(☎ 0812 443 0729; Zi. pro Pers. inkl. VP 250 000 Rp) Die charmante, altmodische Pension gehört Vita, einer fantastischen Köchin, und liegt mitten auf Bunaken (am Südrand der Insel, wo die Fähren andocken). Vita arrangiert Touren, verleiht Schnorchelausrüstung

(50 000 Rp pro Tag) und zieht Babyschildkröten auf, die sie dann in die freie Wildbahn entlässt. Zimmer mit Bad im Freien sind um 50 000 Rp billiger.

Froggies TAUCHRESORT **$$**
(☎0812 430 1356; www.froggiesdivers.com; EZ-/DZ-Bungalow inkl. VP ab 529 000/1 058 000 Rp; ❄📶) Das Froggies ist eines der ersten Tauchzentren auf Bunaken und immer noch gut in Form. Die 14 Hütten, manche mit zwei Schlafzimmern und alle mit Veranden, liegen direkt am Strand, mit Blick auf den Sonnenuntergang und den makellosen Kegel von Pulau Manadotua. WLAN gibt's im Restaurant und der Wäscheservice ist gratis.

Lorenso's Cottages PENSION **$$**
(☎0852 5697 3345; Zi. pro Pers. inkl. VP ab 250 000 Rp; 📶) Lorenso's ist eine exzellente Wahl für Traveller, hier wartet eine ganze Reihe guter Unterkünfte an einer hübschen Mangroven-Bucht auf Gäste und das Schnorcheln vor der Küste ist Weltklasse. Das Personal ist hilfsbereit, es gibt ein gutes Gemeinschaftsgefühl – und wenn die Tin Can Band loslegt, auch tolle Livemusik.

ℹ An- & Weiterreise

Täglich legt ein Linienboot von Manado ab und steuert das Dorf Bunaken und Pulau Siladen an (50 000 Rp, 1 Std.); Abfahrt ist bei voller Auslastung und je nach Strömung ab 14 Uhr an Manados Hafen nahe dem Fischmarkt Pasar Jengki. Zwischen 8 und 9 Uhr kommen die Boote am nächsten Tag zurück. Es gibt hin und wieder auch unplanmäßige Boote zu anderen Tageszeiten (wenn sie voll sind); für ca. 300 000 Rp kann man auch eins chartern.

MALUKU

2,8 MILLIONEN EW.

Willkommen auf den eigentlichen „Gewürzinseln". Im 16. Jh., als Muskatnuss, Nelken und Muskatblüte ausschließlich hier wuchsen, lag das Geld sprichwörtlich auf der Straße. Die Suche nach den wertvollen Gewürzen der Molukken setzte den europäischen Kolonialismus erst so richtig in Gang und prägte die moderne Welt durch eine Reihe von Fehlentwicklungen. Als das Inselmonopol auf Nelken und Muskatnuss im 18. Jh. aufgehoben wurde, versank Maluku in der Bedeutungslosigkeit.

Heute erleben Reisende Maluku als eine Ansammlung idyllischer Inseln. Ein komplexes Geflecht unterschiedlicher Kulturen umarmt die Besucher mit überschwänglichem, fast polynesischem Charme. Der Transport zwischen den Inseln ist oft umständlich und mühsam, wer aber etwas Flexibilität und Geduld mitbringt, kann unberührte Riffe bestaunen, an verlassenen puderfeinen Sandstränden entlangschlendern, paradiesische Bungalows direkt über dem Meer beziehen, perfekt geformte Vulkane bestaunen und in einem tropischen Umfeld schwelgen, das zu schön ist, um wahr zu sein.

ℹ Anreise & Unterwegs vor Ort

FLUGZEUG

Ambon und Ternate sind die Luftverkehrskreuze der Region. Von beiden starten täglich Flüge nach Jakarta, einige direkt, andere gehen über Makassar, Manado (Sulawesi) oder Surabaya. Es gibt auch mehrere Verbindungen zwischen Ambon und Papua.

ÖFFENTLICHER NAHVERKEHR

Im gebirgigen Maluku staunt man über einige gut asphaltierte Straßen, einige Gebiete verfügen aber nur über Schlammpisten oder haben gar keine Straßen. Rund um Ambon verläuft eine gut ausgebaute Ringstraße und es stehen jede Menge Taxis zur Verfügung. Kürzere Strecken werden üblicherweise von *bemos* (Minibusse), auch *mobil* genannt, bedient. Auf der Halmahera und der Seram überwiegen Gemeinschafts-Kijangs (schnittige Siebensitzer-Toyotas). Ein *ojek* (Motorradtaxi) ist eine preiswerte Transportmöglichkeit, wenn man ohne Gepäck unterwegs ist.

SCHIFF/FÄHRE

Der lückenhafte Service von Pelni in Nordmaluku ändert sich von Monat zu Monat, auf die Verbindungen zwischen Ambon und den Banda-Inseln und weiter zu den Kei-Inseln kann man sich aber eigentlich verlassen. Auf einigen mittellangen Strecken sind die unbequemen ASDP-Fähren oder Holzboote, sogenannte *kapal motor* unterwegs. Die Frachter von Perintis sind größer, aber nicht alle sind für die Passagierbeförderung geeignet (wasserfeste Kleidung ist ratsam). Schnellboote verbinden beinahe alle Inseln und straßenfreien Dörfer miteinander.

Regelmäßig verkehrende Schnellboote fahren auf kurzen und mittellangen Routen (z. B. Ternate–Tidore, Ternate–Halmahera, Ambon–Lease-Inseln, Ambon–Seram). Die längeren Strecken werden nur zur Trockenzeit befahren, und da am besten frühmorgens, wenn das Meer ruhig ist. Charterangebote sind weit verbreitet.

Pulau Ambon

441 000 EW.

Sattes Grün, sanftes Hügelland und zwei riesige Buchten – so kann man die bekannteste

Maluku

und am dichtesten besiedelte Insel Malukus beschreiben. Rund um die geschäftige Hauptstadt Kota Ambon bilden mehrere Dörfer eine lange grüne Kette aus Vororten. Westlich vom Flughafen reihen sich entzückende Küstendörfer aneinander. Wer genug Zeit mitbringt, wird erkennen, dass Ambon mehr als ein unvermeidbarer Stopp auf dem Weg zu den bezaubernden Lease-, Kei- und Banda-Inseln ist. Die Bucht ist berühmt für die exzellenten Muck-Diving-Möglichkeiten, während die Südküste mit klarem Wasser und einem intakten Korallenriff aufwartet.

Kota Ambon

☎0911 / 331 000 EW.

Malukus Hauptstadt ist – betrachtet man die träumerisch-tropischen Standards der Gegend – eine ausladende Metropole. Sehenswürdigkeiten gibt's kaum und die Architektur verdient keinen Preis, aber man findet eine einmalige Kaffeehauskultur, anständige Unterkünfte und ein paar sehr gute Restaurants. Die Stadt lädt zum Chillen und zum Besorgungenmachen ein, während man die Weiterreise zu den Banda- oder Kei-Inseln oder darüber hinaus plant.

Schlafen & Essen

★ **Momoa Michael Guesthouse** HOMESTAY $
(☎0813 4302 8872; erenst_michael@yahoo.co.id; Jl Propinsi, Laha; Zi. inkl. Frühstück mit Ventilator/Klimaanlage 150 000/200 000 Rp; ❄📶) Die schnuckelige Privatunterkunft liegt an der Hauptstraße gegenüber der Flughafen-Landebahn. Der Betreiber Michael kümmert sich rührend um seine Gäste. Er hat drei ordentliche, saubere Zimmer mit Gemeinschaftsbad im Angebot, nur eine kurze Fahrt mit dem *ojek* oder einen längeren Spaziergang vom Terminal entfernt. Die Lage ist perfekt für Taucher und all jene, die eine Überfahrt zu anderen Inseln planen.

Penginapan the Royal PENSION $
(☎0911-348077; Jl Anthony Rhebok 1D; EZ/DZ 220 000/248 000 Rp; ❄📶) Anständig und günstig, mit schicken Ikea-Schränken und -Tischen, Warmwasser, kleinen Flachbildschirm-Fernsehern und WLAN. Die Wände sind ein bisschen schmutzig und manche Zimmer riechen nach kaltem Rauch, aber alles in allem ist dies eine saubere, gut geführte Pension in zentraler Lage.

★ **Hero Hotel Ambon** HOTEL $$
(☎0911-342898; http://hero-hotel-ambon.booked.net; Jl Wim Reawaru 7B; DZ 415 000–510 000 Rp; ❄📶) Die Luxuszimmer in diesem zeitgemäßen 10-Zimmer-Hotel haben ein gutes Preis-Leistungs-Verhältnis und bieten Wandschreibtische, große Betten und Flachbildschirm-Fernseher mit 32 Zoll. Standardzimmer sind etwas kleiner und verfügen über Doppelbetten, alles ist jedoch im gleichen modernen Stil ausgestattet. Das Lokal im Erdgeschoss serviert Frühstück (30 000 Rp) und ganztags warme Küche.

★ **Beta Rumah** INDONESISCH $
(☎0822 4840 5481; Jl Said Perintah 1; Hauptgerichte 25 000–60 000 Rp; ⏲Mo–Sa 9–21 Uhr; 🖉) Alpha und Omega der echten ambonesischen Küche: Präsentiert wird alles im einfachen *rumah-makan*-Stil in einer Vitrine, regionale Spezialitäten wie *kohu kohu*, zubereitet mit echtem Bonito, grünen Bohnen und Kokosraspeln oder Tintenfisch mit Papaya-Blättern, gedämpft in einem Bananenblatt mit *kenari*-Nüssen und *colo colo* (Zitronendip).

Sarinda BÄCKEREI $
(☎0911-355109; Jl Sultan Hairun 11; Kuchen ab 7000 Rp; ⏲8–20 Uhr; 📶) Die Bäckerei mit ihren stilvollen Fenstern im niederländischen Kolonialstil, ihrem weitläufigen Garten mit Sitzgelegenheiten und ihrer zentralen Lage verspricht mit frischem Brot, Kuchen und echtem Kaffee einen wunderbaren Start in den Tag. Eine weitere Niederlassung gibt's an der Jl Sam Ratulangi.

★ **Sibu-Sibu** CAFÉ
(☎0911-312 525; Jl Said Perintah 47A; Kaffee 10 000–15 000 Rp, Snacks & Gerichte 5000–30 000 Rp; ⏲7–22 Uhr; 📶) Porträts von Pop- und Filmstars aus Ambon schmücken diese charmante kleine Café-Bar, wo Livemusik aus Maluka und Hawaii gespielt wird und lokale Snacks wie *koyabu* (Maniok-Kuchen), und *lopis pulut* (Klebereis mit Palmzucker) serviert werden. Außerdem gibt's kaltes Bintang, kostenloses WLAN, gutes Frühstück und den charakteristischen starken Ingwerkaffee mit Gewürzen und Nüssen.

ℹ Praktische Informationen

Maluku Province Tourismusbüro (Dinas Parawisata; ☎0911-312300; Jl Jenderal Sudirman; ⏲Mo–Fr 8–16 Uhr) Eine nützliche Adresse für Informationen zu Ambon, den Banda-Inseln, Seram und anderen in der nahen Umgebung, teilweise auch auf Englisch.

Ernest Michael hat umfassende Infos zu Maluku. Man findet ihn im Momoa Michael Guesthouse in der Nähe des Flughafens.

ℹ Anreise & Unterwegs vor Ort

Der Damri-**Flughafenbus** (35 000 Rp pro Pers.) fährt 4-mal täglich vom Friedensgong ab (von der Seite landeinwärts; um 4.30, 5, 10 und 13 Uhr – zeitlich mit den Abflügen abgestimmt). Vom Flughafen zur Stadtmitte startet er nach der Ankunft einer Maschine (ca. 7, 8, 13 und 16 Uhr).

Bemos nach Hatu und Liliboi passieren die Flugsteige (10 000 Rp, 40 Min. vom Mardika-Markt). Eine kleine Passagierfähre (3000 Rp) läuft vom Mardika-Markt quer über die Bucht nach Wayame. Dort nimmt man ein *bemo* oder ein *ojek* für die 9-km-Strecke zum Flughafen. Für alle mit wenig Gepäck ist dies die schnellste Option. Ein Taxi kostet 150 000 Rp zum/vom Flughafen.

Straßengefährte (inkl. Busse nach Seram mittels Hunimua-Autofähre) fahren von verschiedenen Punkten entlang der Jl Pantai Mardika los. Wer nach Natsepa (5000 Rp), Tulehu-Momoking (7000 Rp) und Tulehu-Hurnala (10 000 Rp) möchte, nimmt ein *bemo* nach Waai oder Darussalam. *Bemos* nach Latuhalat (5000 Rp) und Amahusu sammeln auch Fahrgäste am Trikora-Monument an der Jl Dr Latumenten ein.

Banda-Inseln

☎0910 / 22 000 EW.

Raue, schöne Natur, warmherzige Einheimische und eine faszinierende Geschichte zum Anfassen eint diese entlegenen zehn malerischen Inseln. Sie sind nicht nur das interessanteste Reiseziel der Molukken, sie sind eines der herausragendsten in Indonesien. Eine überwältigende Unterwasserwelt mit bunt leuchtenden Korallengärten garantiert unvergleichliche Schnorchel- und Taucherlebnisse. Die Inseln in der Mitte – Pulau Neira und Pulau Banda Besar (die Insel der Muskatnüsse) – kringeln sich malerisch um den kleinen tropischen Fuji (Gunung Api, 656 m). Die abgelegenen Inseln Hatta, Ai und Neilaka haben völlig unerschlossene Bilderbuchstrände. Der Schnellbootservice von Ambon bietet gute Verbindungen zu den Banda-Inseln, jedenfalls zur Trockenzeit. Nichts wie hin, bevor alle kommen!

Anreise & Unterwegs vor Ort

Dimonim Air (www.dimonimair.com) fliegt mittwochs von Ambon nach Bandaneira (351 000 Rp, 40 Min.). Bei schlechtem Wetter kommt es oft zu Flugausfällen.

Die Fähre Express Bahari 2B verlässt Tulehu dienstags und samstags um 9 Uhr, mit Kurs auf Bandaneira, und kommt mittwochs und sonntags zur selben Zeit wieder zurück (Standard/VIP 415 000/650 000 Rp, 6 Std.).

Schiffe von Pelni legen jeden zweiten Montag in Ambon ab und gondeln 9 Stunden nach Banda.

Bandaneira

Das kleine Bandaneira ist Verwaltungszentrale der Banda-Inseln und beheimatet den größten Hafen der Gruppe. In der niederländischen Kolonialzeit trieben sich die *perkeniers* wortwörtlich selbst in den Ruin durch einen europäischen Lebenswandel, den sie auch nach dem Verlust des Muskatnussmonopols beibehielten. Heute gelten in den verschlafenen, mit Blumen übersäten Straßen Bandaneiras selbst zwei *becak* schon als Verkehrsstau. Es ist ein reizvolles Plätzchen: Die Besucher flanieren ohne Ziel und Zweck umher, bestaunen baufällige holländische Villen, entdecken zerfallene Ruinen, beobachten himmlische Wolkengebilde über dem Gunung Api und stolpern über ausrangierte Kanonen im Gras.

Bandaneira beheimatet einige Moscheen, historische Bauten und Festungen. **Benteng Belgica** (Eintritt nach Spende) und **Benteng Nassau** gewähren einen Einblick in die koloniale Vergangenheit.

Dive Bluemotion (☎0823 9933 0106; www.dive-bluemotion.com; Jl Baba Village, Baba Lagoon Hotel; Tauchgang 500 000 Rp; Ausrüstung pro Tag 150 000 Rp; ⊙Feb.–Mai & Sept.–Dez.) ist einer von nur zwei Tauchshops auf den Banda-Inseln. Im Angebot sind gut erhaltenes Equipment, ein solides Speedboot und faire Preise (je mehr Tauchgänge man macht, umso günstiger wird's). Für Run und Hatta fallen zusätzliche Gebühren an, die Ausflüge sind inklusive Mittagessen. In den wechselhaften Monaten Januar und Juni bis September ist der Betrieb geschlossen.

Schlafen & Essen

Mutiara Guesthouse PENSION $

(☎0813 3034 3377, 0910-21344; www.banda-mutiara.com; Zi. mit Ventilator/Klimaanlage ab 250 000/275 000 Rp;) Ein besonderes Boutique-Hotel, das sich als Homestay tarnt. Mutiara ist das erste Projekt von Abba Rizal, dem unermüdlichen, hilfsbereiten und gut vernetzten Besitzer des Cilu Bintang. Der Vorgarten eignet sich hervorragend für ein Nickerchen – oder um die Sumba-Plumploris dabei zu erwischen, wie sie nachts den Zimtbaum plündern.

Delfika PENSION $

(☎0910-21027; delfika1@yahoo.com; Jl Gereja Tua; Zi. mit Ventilator/Klimaanlage 250 000/350 000 Rp;) Das zauberhafte Delfika an der Dorfhauptstraße ist um einen schattigen Hof herumgebaut und bietet eine Reihe größtenteils ordentlich renovierter Zimmer an. Hinzu kommen ein Aufenthaltsraum voller Nippes und ein **Café** (Jl Gereja Tua; Hauptgerichte 20 000–80 000 Rp; ⊙10–21 Uhr), eines der besten der Bandas.

Vita Guesthouse PENSION $

(Fita; ☎0910-21332, 0812 4706 7099; allandarman@gmail.com; Jl Pasar; DZ mit Ventilator/Klimaanlage ab 190 000/220 000 Rp;) Vita, an einer Bucht gelegen, ist bei europäischen Backpackern beliebt, seine sieben bequemen Zimmer sind L-förmig angeordnet, mit einem Säulengang hinter einem Palmengarten am Meer. Dort kann man abends gut ein Bier trinken und den Gunung Api bewundern. Die Betten sind okay, und die Zimmer verfügen über schöne Holzmöbel und westliche Toiletten.

★ **Cilu Bintang Estate** BOUTIQUE-HOTEL $$

(☎0813 3034 3377, 0910-21604; www.cilubintang.com; Jl Benteng Belgica; DZ 400 000–800 000 Rp;) Nachdem Abba Rizal, der Besitzer, schon mit seinem ersten Gasthaus – dem immer noch herausragenden Mutiara – die Charts gestürmt hatte, hat er sich mit dem Estate selbst übertroffen. Cilu Bintang steht meilenweit über jeder anderen Unterkunft der Banda-Inseln – ein makelloses Hotel im holländischen Kolonialstil mit fantastischen Zimmern und Betten, einer tollen Küche und ebensolcher Gesellschaft.

Weitere Inseln

Die größte Banda-Insel ist **Pulau Banda Besar**. Einst wurden hier Muskatnüsse geerntet. Wer mag, kann Muskatnussbaumhaine und die Ruinen der 1624 erbauten Festung

Benteng Hollandia erkunden. Die Betreiber der Unterkünfte organisieren gern eine Gewürztour.

Pulau Hatta besticht durch kristallklares Wasser. In der Nähe des Dorfes Lama befindet sich zudem ein mit Korallen übersäter senkrechter Steilhang.

Pulau Ai wartet ebenfalls mit herrlichen Korallengärten und malerischen Stränden auf. Hier gibt's ein paar einfache Unterkünfte bei Familien – perfekt, um die leeren Strände mit ihrem weißen Sand zu genießen. In Docknähe befinden sich einfache Pensionen mit hübscher Aussicht. Alternativ erfüllen die zwei abgeschiedenen Zimmer über einem fast verlassenen Strand des **CDS Bungalow** (pro Pers. mit Vollpension Zi. 250 000–300 000 Rp) tropische Fantasien; die Buchung erfolgt über Cilu Bintang Estate in Bandaneira.

PAPUA (IRIAN JAYA)

Selbst ein Land so voller Abenteuer wie Indonesien hat irgendwo seine Grenze, und die liegt hier: in Papua, der einen Hälfte der zweitgrößten Insel der Welt: Neuguinea. Es mag zwar der jüngste Teil Indonesiens sein, Papuas vielfältige Stammestraditionen reichen aber Jahrhunderte zurück. Heute noch jagen so manche hier ihr Essen mit Pfeil und Bogen. Straßen sind dermaßen rar, dass man oft nur durch die Luft oder über das Meer von einem Ort zum anderen gelangt. In der vormals als Irian Jaya bekannten Provinz fühlt man sich, als wäre man in einem anderen Land – was viele Papua (Melanesier, die sich ethnisch von anderen Indonesiern unterscheiden) auch gerne wären.

Die Anreise hierher ist eine Herausforderung und nicht gerade günstig. Wer sie aber auf sich nimmt, wird begeistert sein von der Herzlichkeit der Papua, von der Anpassungsfähigkeit der Kultur und von der Pracht der idyllischen Szenerie.

ℹ Anreise & Unterwegs vor Ort

Straßen zwischen den verschiedenen Städten Papuas sind noch immer Zukunftsmusik. Boote ermöglichen die Anreise nach Papua und den Transfer zwischen den Orten an der Küste, wenn man genügend Zeit hat, oder entlang seiner Flüsse, wenn man das nötige Geld dafür erübrigen kann. Die meisten steigen ins Flugzeug für die Anreise nach Papua und auch für Transfers zwischen den Städten.

Jayapura

☎0967 / 315 872 EW.

Im Ortszentrum von Jayapura ist es heiß und die Stadt erstickt im Verkehr. Die Lage jedoch ist herrlich – zwischen steilen, bewaldeten Bergen, die sich zur Bucht von Teluk Imbi und zum tropischen Klima hin öffnen.

1910 gründeten die Niederländer an dieser Stelle eine kleine Siedlung namens Hollandia. 1944 landeten hier 80 000 alliierte Truppenmitglieder, um die Japaner zu vertreiben – bei der größten amphibischen Operation des Zweiten Weltkriegs im südwestlichen Pazifikraum. Nach dem Krieg war Hollandia Hauptstadt des niederländischen Neuguinea. 1963 übernahmen die Indonesier die Stadt und sie erhielt den neuen Namen Jayapura („Siegesstadt"). Bei einer Volksbefragung 2010 wurde für die Umbenennung in Port Numbay abgestimmt. Der Name ist bei den Papua-Ureinwohnern beliebt, doch die Änderung muss noch offiziell ratifiziert werden.

Das gerade erst neu gestaltete **Museum Loka Budaya** (☎0852 4438 0693; Jl Abepura, Abepura; 25 000 Rp; ⏲Mo–Fr 8–16 Uhr) der Cenderawasih-Universität zeigt eine faszinierende Auswahl an papuanischen Artefakten, darunter die beste Sammlung von Asmat-Schnitzereien und „Teufelstanz"-Kostümen außerhalb von Agats. Die meisten wurde von Michael Rockefeller und seinem Team in den 1950er-Jahren für die Ausstellung im Metropolitan Museum of Art in New York City ausgewählt. Die Kunstschätze verblieben auf Papua, als Rockefellers Kanu bei Asmat kenterte und er Kannibalen zum Opfer fiel.

Antoni Sitepu (☎0812 488 0304; www.papuajayatours.com) bietet seit 1993 Führungen in und um Papua. Sein Englisch ist perfekt und er weiß sehr viel über die Eingeborenenstämme.

Schlafen & Essen

Amabel Hotel HOTEL $
(☎0967-522102; Jl Tugu 100; EZ/2BZ/DZ 253 000/297 000/363 000 Rp; ❄📶) Seine charmanten kleinen Zimmer mit Fenstern und das hauseigene günstige Restaurant machen das Amabel zweifellos zur besten Budgetoption vor Ort. Es liegt in einer kleinen Straße mit grünem Bewuchs, einen Block vor dem Einkaufzentrum **Mal Jayapura** (Jl Sam Ratulangi 46; ⏲10–22 Uhr).

Hotel Grand View HOTEL $$
(☎0967-550646; Jl Pasifik Permai 5; Zi. mit Frühstück 450 000–750 000 Rp; ❄📶) Ein sehr gutes Ange-

PAPUA: REISEGENEHMIGUNG

In den letzten Jahren wurden die Reisebeschränkungen in zahlreichen Teilen Papuas gelockert. Bei Redaktionsschluss hing es mehr oder weniger davon ab, wen man gefragt hat, wo eine *surat jalan* (Genehmigung) nötig war. Die Polizei in Jayapura hat darauf bestanden, dass eine Genehmigung für fast jede Stadt und jedes Gebiet in Papua erforderlich sei, aber mittlerweile wird man, außer in den entlegensten Gebieten, selten nach einer *surat jalan* gefragt. Um ganz sicher zu sein, sollte man sich auf jeden Fall eine besorgen, wenn man ins Balien-Tal, ins Land der Yali, nach Agats und in die Korowai-Region will.

Eine *surat jalan* erhält man meist anstandslos in einer der Polizeistationen in den Hauptstädten der über 30 *kabupaten* (Regentschaften) in Papua. Man bringt seinen Pass, zwei Passfotos und jeweils eine Kopie von den Seiten im Reisepass mit den persönlichen Angaben sowie dem Visum für Indonesien mit. Zumeist dauert die kostenlose Prozedur nicht länger als eine Stunde. Die Dauer der Genehmigung hängt vom Antrag und von der Gültigkeitsdauer des Visums ab. Die beste Adresse für eine umfangreiche *surat jalan* ist Polresta in Jayapura, wo man eine Liste mit allen Orten vorlegen kann, die man besuchen möchte.

Die Polizei gibt bei der Beantragung Bescheid, falls ein Ort dabei ist, für den keine Erlaubnis erteilt werden kann. Laut einigen indonesischen Botschaften ist für den Besuch in Papua eine spezielle Genehmigung von der Einwanderungsbehörde und/oder der Polizeistation in Jakarta nötig – angeblich haben manche schon kein Visum ausgestellt, wenn Reisende angaben, nach Papua zu wollen. Diese Information ist auf jeden Fall falsch. Wer ein Visum für Indonesien hat, darf auch nach und um Papua herum reisen.

bot. Die Zimmer sind schlicht, aber hell und modern, ohne Schnickschnack, die Hälfte davon mit Blick über Bucht und Meer. In fröhlichem Erdbeerrot ist das Café unten gehalten.

Duta Cafe FISCH & MEERESFRÜCHTE **$$**
(Duta Dji Cafe; ☎ 0853 4414 5982; Jl Raya Kelapa Dua, Entrop; Gemüsegerichte ab 40 000 Rp, ganzer Fisch 90 000 Rp; ⏲ 8–23 Uhr) Das Duta Cafe serviert exzellentes *ikan bakar* (gegrillter Fisch) unter freiem Himmel direkt am Flussufer. Abends ist ganz schön was los.

Praktische Informationen

Einwanderungsbüro (☎ 0967-533647; Jl Percetakan 15; ⏲ Mo–Fr 8–16 Uhr) Das Büro verlängert bei Ankunft Visa um 30 Tage (VOA); der Antrag muss mindestens eine Woche vor Ablauf des Visums gestellt werden. Besucher mit VOAs müssen sich hier einen (kostenlosen) Ausreisestempel geben lassen, bevor sie den Grenzübergang nach Vanimo in Papua-Neuguinea passieren.

An- & Weiterreise

Der Flughafen von Jayapura befindet sich in Wirklichkeit 36 km weiter westlich in Sentani und ist Papuas Luftfahrtdrehkreuz. Die meisten Maschinen starten und landen zwischen 7 und 13 Uhr. Tickets gibt's online und bei Reiseagenturen sowie am Flughafen und in den Geschäftsstellen der Fluglinien in Jayapura. Offizielle Flughafentaxis verlangen 300 000 Rp für die Fahrt ins Zentrum von Jayapura. Wer sich selbst ein Taxi organisiert, ohne die Taxistände abzuklappern, bekommt dasselbe Angebot, kann es jedoch möglicherweise auf bis zu 200 000 Rp herunterhandeln.

Sentani

☎ 0967 / 44 779 EW.

Sentani, die wachsende Flughafenstadt 36 km westlich von Jayapura, erstreckt sich zwischen dem bewaldeten Pegunungan Cyclop und dem schönen Danau Sentani. Von hier tuckern regelmäßig Boote zu authentischen Fischerdörfern.

Das **Rasen Hotel** (☎ 0967-594455; rasenhotel_papua@yahoo.com; Jl Penerangan; EZ/DZ inkl. Frühstück 250 000/350 000–400 000 Rp; ❄ 📶) ist die beste Option in Flughafennähe. Es gibt kleine, saubere Zimmer mit Warmwasserduschen und großen Fernsehern, ein anständiges Restaurant, kostenlosen Flughafentransport und sogar einen kleinen Fischteich. Da überrascht es kaum, dass es oft voll ist – also im Voraus reservieren. Einige Mitglieder des Personals sprechen Englisch.

In Sentanis zauberhaftestem Restaurant, dem **Yougwa Restaurant** (☎ 0822 3952 7778; Jl Raya Sentani; Hauptgerichte 25 000–60 000 Rp; ⏲ Mo–Sa 9–19, So 11–17 Uhr), sitzt man über dem See, 13 km östlich der Stadt. Unbedingt

Papua

0 — 300 km

den *ikan gabus* (Schlangenkopffisch) probieren, ein leckerer Seefisch, bei dem man nicht ständig kleine Gräten entfernen muss.

Baliem-Tal

Das legendäre Baliem-Tal ist das beliebteste und zugänglichste Ziel in Papuas Landesinnerem. Hier leben die Dani, die noch auf Stein-, Knochen- und Holzwerkzeuge angewiesen waren, als eine Expedition von Naturkundlern unter der Leitung des US-Amerikaners Richard Archbold 1938 auf das Tal stieß. Seither hat sich das Leben der Dani enorm verändert: Steinäxte wurden durch Mobiltelefone ersetzt und jahrhundertealte Glaubenssätze durch das Christentum. Doch viele Veränderungen kratzen nur hauchdünn an der Oberfläche und die Dörfer im Hochland ringsum gehören zu einer der letzten faszinierend-traditionellen Gegenden der Welt. Eine Visite im Baliem-Tal und eine Wanderung durch die hohe Gebirgslandschaft, vorbei an adretten, ordentlichen Dani-Dörfern, führt die Besucher in eine ganz andere Welt, weit weg von Jakarta. Es ist eine stimmungsvolle Erfahrung, die es zu genießen gilt, und für viele Besucher das Highlight ihres Papua-Aufenthalts.

Wamena

☎0969 / 45 000 EW.

Wamena ist die obligatorische Basis für alle Reisen im Tal, eine aufstrebende neue Stadt mit authentischen Attraktionen wie dem Bauernmarkt und den Dani-Dörfern in der Umgebung, von denen manche ihre 200 Jahre alten mumifizierten Vorfahren zur Schau stellen. Die Bevölkerung ist ein Mix aus Papuanern und Nicht-Papuanern, Letztere führen den Großteil der Geschäfte.

Die von Stammesangehörigen der Dani getragenen Penisfutterale wurden in den 1970er-Jahren verboten. Das war zu Zeiten der indonesischen „Operasi Koteka" (ein Versuch, den Männern Kleidung aufzuzwingen). Ein paar alte Männer jedoch, die zur Vorratsbeschaffung oder zum Verhökern ihrer Waren ins Dorf kommen, tragen sie noch immer regelmäßig.

Schlafen & Essen

★Baliem Pilamo Hotel HOTEL $$
(☎0969-31043; baliempilamohotel@yahoo.co.id; Jl Trikora 114; Zi. inkl. Frühstück ab 456 000 Rp; 📶) Das Hotel der Wahl für die meisten Besucher hier. Die teureren Räume im neueren rückwärtigen Teil des professionell geführten Hotels sind geschmackvoll, modern und in Braun und Weiß gehalten. In der unteren Preisklasse gibt es kleine, einfache, aber akzeptable „Standard"-Varianten sowie fast luxuriöse „Deluxe"-Unterkünfte und skurrile Bäder im Gartenstil.

Putri Dani Hotel HOTEL $$
(☎0969-31223; Jl Irian 40; Zi. inkl. Frühstück ab 650 000 Rp) Ein kleiner Familienbetrieb mit neun makellosen, komfortablen Zimmern mit Warmwasserduschen und so viel Tee und Kaffee, wie man will. Die hinteren Räume sind um einen japanischen Garten mit Wasserspiel samt Fischen angelegt. Von Dezember bis Juli wohnt die Persiwa-Fußballmannschaft von Wamena oft hier, dann ist die Pension schnell mal ausgebucht.

Mas Budi INDONESISCH $
(☎0969 31214; Jl Patimura; Hauptgerichte ab 75 000 Rp) Das Restaurant wird von denselben Leuten betrieben wie das Baliem Pilamo und bietet eine kunterbunte Palette lokaler Spezialitäten, wie Wild, gebratene Garnelen, Maispuffer und köstlichen *tamarela*-Saft. Das dazugehörige Hotel vermietet Zimmer ab 350 000 Rp.

Praktische Informationen

Papua.com (☎0969-34488; fuj0627@yahoo.co.jp; Jl Ahmad Yani 49; 12 000 Rp pro Std.; ⏲Mo–Sa 8–18 Uhr) Professionelles Internetcafé, wo man auch faxen und scannen kann. Der Besitzer ist ein erfahrener Papua-Reisender, der gerne sein Wissen teilt. Manchmal organisiert er Ausflüge in die Berge, um nach wilden Hunden zu suchen.

Polizeiwache (☎0969-112, 0969-110; Jl Safri Darwin; ⏲7–14 Uhr) Hier kann man eine *surat jalan* beantragen.

An- & Weiterreise

Flieger können hier ganz schön voll werden, v. a. im August. Verbindungen zwischen Jayapura (Sentani) und Wamena bieten **Wings Air** (☎0811 420 757, 0804 177 8899; www.lionair.co.id; Flughafen Bandar Udara; ⏲5–15 Uhr), **Trigana** (☎0969 34590; www.trigana-air.com; Flughafen; ⏲6–15 Uhr) und **Xpress Air** (☎0821 9937; www.xpressair.co.id; Flughafen Bandar Udara; ⏲6–15 Uhr).

Überfüllte *bemos* befahren die größten Straßen und starten an unterschiedlichen Punkten in Wamena. Die meisten fahren erst ab, wenn sie voll besetzt sind. Die wichtigsten Haltestellen – Terminal Jibama, Terminal Misi und Sinakma – befinden sich bei den drei Märkten in Wamena.

Sorong

☎0951 / 219 958 EW.

Sorong, Papuas zweitgrößte Stadt, liegt an der Nordwestspitze der Insel. Es beherbergt einen quirligen Hafen und ist das Zentrum des Öl- und Holzgeschäfts der Region. Viele Reisende bleiben hier nur, bis sie in ein Boot zu den absolut umwerfenden Raja-Ampat-Inseln steigen. Schade eigentlich. Denn Sorong hat durchaus etwas zu bieten für ein bis zwei Tage, und auch in der Umgebung finden sich ein paar lohnende Ziele, die man vor der Weiterfahrt aufsuchen kann.

Das **Waigo Hotel** (☎0951-333500; Jl Yos Sudarso; Zi./Suite 489 000–705 600/ab 1 029 000 Rp, alle mit Frühstück; ❄📶) verfügt über große, helle Zimmer zu fairen Preisen. Im Restaurant (Hauptgerichte zwischen 25 000 Rp und 65 000 Rp) wird ein gutes Preis-Leistungs-Verhältnis geboten. Das JE Meridien Hotel liegt praktischerweise gegenüber dem Flughafen, die Zimmer sind leicht altmodisch, aber geräumig.

ℹ Praktische Informationen

Polresta Sorong (☎0811 487 2016, 0951-321929; http://polressorongkota.com; Jl Yani I) Wer eine *surat jalan* (Reiseerlaubnis) benötigt, bekommt sie bei dieser Polizeiwache, 1 km westlich vom Flughafen.

Raja-Ampat-Tourismusmanagement-Büro (☎0811 485 2033; Jl Basuki Rahmat; ⏲Mo–Fr 9–17, Sa bis 13 Uhr) Das unglaublich hilfsbereite Personal weiß so gut wie alles über die Raja-Ampat-Inseln, zudem ist hier die beste Anlaufstelle, um die Besuchergebühr für die Inseln zu zahlen (1 000 000 Rp, ab Zahlung ein Jahr gültig).

ℹ Anreise & Unterwegs vor Ort

Flieger starten nach Ambon, Jakarta, Makassar und zu anderen regionalen Zielen.

Vom Pelabuhan Feri legen regelmäßig Boote zu den Raja-Ampat-Inseln ab.

Die offiziellen Flughafentaxis kosten 100 000 Rp zu den Hotels am westlichen Ende der Stadt; draußen auf der Straße kann man für den halben Preis oder weniger ein öffentliches *taksi* nehmen. Wer ein gelbes öffentliches *taksi* (Minibusse; 5000 Rp) vorzieht, nimmt zuerst eines Richtung Westen zum Terminal Remu (600 m) und steigt dort in ein anderes zur Jl Yos Sudarso um. Für kurze Fahrten mit dem *ojek* (Motorrad) von etwa 2 bis 3 km werden 10 000 Rp verlangt, für Fahrten zwischen dem Westende der Stadt und dem Flughafen 20 000 Rp.

Raja-Ampat-Inseln

49 048 EW.

Die dünn besiedelten Raja-Ampat-Inseln bestehen aus über 1500 Inseln vor Sorong. Mit ihren großartigen Landschaften aus steilen, von Dschungeln bedeckten Eilanden, gleißend weißen Sandstränden, versteckten Lagunen, unheimlichen Höhlen und ulkigen pilzförmigen Inselchen im durchscheinend türkisblauen Meer gehören die Raja Ampat bestimmt zu den schönsten Inseln in ganz Südostasien.

Die unverfälschte Schönheit der Natur ist nicht der einzige Grund, warum die Leute hierherkommen. Raja Ampat beheimatet auch eine reiche Tierwelt, darunter einige Paradiesvogelarten, die in den Bäumen tanzen, sowie eine Vielfalt an Meereslebewesen und Korallenriffsystemen – ein Traum für Taucher (und auch für Schnorchler fantastisch). Die Unterwasserwelt ist dermaßen reichhaltig, dass Wissenschaftler Raja Ampat als biologischen Hotspot beschreiben und vermuten, dass die hiesigen Riffsysteme für die Wiederbesiedlung von Riffen im ganzen Südpazifik und im Indischen Ozean sorgen.

Aktivitäten

★ Blue Magic TAUCHEN

Der unumstrittene Favorit bei heimischen Profitauchern, die schon alles gesehen haben. Um den Unterwasserberg tummeln sich u. a. bärtige Teppichhaie, Barrakudaschwärme, gewaltige Mantarochen sowie unzählige Korallen und kleinere Tierchen wie Zwergseepferdchen. Ideale Bedingungen für fortgeschrittene Taucher bei stärkerer Strömung.

★ Wayag-Inseln TAUCHEN

Die kleinen unbewohnten und unvorstellbar malerischen Inseln liegen 30 km hinter Waigeo und sind in allen Werbematerialen zu Raja Ampat zu finden. Vor allem Tauchsafaris steuern die Inseln an. Die großartige Kulisse, die Schnorchelplätze und die Wandermöglichkeiten zum höchsten Gipfel der Inseln, dem Pindito, ziehen aber auch andere Urlauber an. Eine Ganztagestour mit dem Schnellboot von Waisai kommt für sechs bis zehn Personen auf ca. 13 000 000 Rp.

★ KLM Insos Raja Ampat TAUCHEN

(☎0812 9940 9148; www.yenkoranurajaampat.com/budget-liveaboard; 2 500 000 Rp pro Pers. pro Tag) Das *phinisi*, ein traditionelles indonesisches Holzschiff, wird von Ortsansässigen betrieben und legt seit Kurzem zu den ersten erschwinglichen Raja-Ampat-Safaris ab. Wer die Highlights der Inseln über und unter dem Wasser erkunden will, ohne einen Kredit aufzunehmen, ist in diesem Laden mit seinem unschlagbaren Angebot richtig. Auf dem Programm stehen weit entlegene Inseln wie Wayag und Piaynemo und erstklassige Tauchplätze einschließlich Melissa's Garden, Blue Magic, Kap Kri und Sardinenriff.

Kap Kri TAUCHEN

Die unermessliche Zahl und Vielfalt der Fische am östlichen Zipfel von Pulau Kri muss man gesehen haben, um es glauben zu können. 374 Spezies wurden 2012 bei einem einzigen Tauchgang gezählt – das ist Weltrekord! Schwärme von Barrakudas, Makrelen, Fledermausfischen und Snapper leben hier zusammen mit kleinen Riff-Fischen, Rochen, Haien, Schildkröten und Zackenbarschen. Und natürlich gibt's auch wunderschöne Korallen. Die Strömung kann manchmal stark sein, 50 Tauchgänge müssen nachgewiesen werden.

Sardinenriff TAUCHEN

Das Sardinenriff, 4 km nordöstlich von Kri, fällt 33 m ab und beheimatet so viele Fische, dass es bisweilen ganz schön dunkel werden kann. Die Kombination aus Fischen und Korallen ermöglicht großartige Schnappschüsse. Die Strömungen können stark sein.

Farm-Inseln TAUCHEN

Eine ruhige See, eine berauschende Korallenkulisse und jede Menge Fische, besonders an Melissa's Garden.

Geführte Touren

★ Kayak4Conservation KAJAKFAHRTEN

(K4C; ☎ 0811 483 4617, 0811 485 7905; www.kayak4conservation.com; Pakete ab 1270 € pro Pers.) Papua Diving und das Raja-Ampat-Forschungs- und Naturschutzzentrum (RARCC) auf Pulau Kri gründeten in weiser Voraussicht diesen Shop. Geboten werden mehrtägige Kajaktouren um die Raja-Ampat-Inseln, mit Übernachtung in lokalen Gästehäusern und geführt von einem Mitglied der Dorfgemeinschaft.

Schlafen & Essen

★ Yenkoranu Homestay HOMESTAY $$

(☎ 0821 9849 8519; www.yenkoranurajaampat.com; Pulau Kri; EZ/DZ inkl. VP ab 300 000/500 000 Rp) Die gut geführte Privatunterkunft bei einer einheimischen Familie befindet sich inmitten einer ganzen Reihe von Tauchshops am nördlichen Ausfläufer von Kri, blühende Korallenriffe direkt vor dem Pier inklusive. Zahlreiche Quartiere stehen zur Verfügung und das Restaurant am Wasser schenkt kühles Bintang aus. Der überaus kompetente Manager spricht perfektes Englisch, ist Tauchlehrer und kennt sich mit Aktivitäten in der Region aus.

Kordiris Homestay & Diving HOMESTAY $$

(☎ 0852 4412 4338; kordirisrajaampat@gmail.com; Pulau Gam; VP pro Pers. 300 000–350 000 Rp) Gut organisierte Privatunterkunft, eine der besten in der Gegend, gelegen in einer einsamen, verträumten Bucht, die gesprenkelt ist mit winzigen Koralleninseln. Ihre Zimmer sind aus Palmenzweigen errichtet. Einige liegen im kühlen Schatten der Bäume, andere über dem kristallklaren Wasser oder auf dem salzigen weißen Sand. Es gibt auch ein Tauchzentrum vor Ort, aber ohne Zertifizierung.

Kri Eco Resort RESORT $$$

(☎ 0811 483 4614; www.papua-diving.com; Pulau Kri; 7-Nächte-Tauchpaket ab 1667 €;) Das Kri Eco gibt's seit 1994, was es zur urtypischsten Raja-Ampat-Taucherlodge macht – unter professioneller Leitung, inmitten einer bezaubernden Umgebung. In den seichten Gewässern unter dem Restaurant werden häufig junge Schwarzspitzenriffhaie gesichtet. Die 13 Zimmer sind auf Stelzen am glasklaren Meeresrand gebaut, die meisten haben Gemeinschaftsbäder an Land (mit *mandis* und Warmwasserduschen).

An- & Weiterreise

Waisai besitzt einen Flughafen, doch die Landebahn ist sehr kurz – zu kurz für normalgroße Passagiermaschinen. Susi Air (www.susiair.com) verkehrt montags und freitags um 10 Uhr zwischen Sorong und Waisai, die Flüge von Wings Air (www.lionair.co.id) starten jeden Nachmittag und Nam Air will auch bald einen Flug anbieten. Mit all dem Herumhantieren am Flughafen geht's am Ende nicht schneller als mit der Fähre.

Die schnellen Marina-Express-Passagierboote (Economy/VIP 125 000/220 000 Rp, 2 Std.) machen sich täglich um 9 und um 14 Uhr von Sorongs **Pelabuhan Feri** (Pelabuhan Rakyat; Jl Feri, abseits der Jl Sudirman) auf den Weg nach Waisai. Sie kehren auch um 9 und um 14 Uhr von Waisai zurück.

Ojeks vom westlichen Ende von Sorong oder vom Flughafen zum Pelabuhan Feri kosten rund 15 000 Rp; ein Taxi kommt auf ca. 50 000 Rp. *Ojeks*, die zwischen dem Hafen und der Stadt in Waisai (2 km) verkehren, verrechnen 20 000 Rp.

Ein Übernacht-Fajar-Indah-Boot nach Waigama und Lilinta auf Misool legt freitags um 23 Uhr vom Pelabuhan Feri ab (Economy/VIP 200 000/300 000 Rp) und kommt samstags gegen 8 Uhr in Misool an. Die Boote kehren donnerstagmorgens um 8 Uhr zurück und legen um 16 Uhr in Sorong an.

Marina Express bietet zweimal pro Woche eine Fährverbindung zwischen Sorong und Misool an, 250 000 Rp kostet eine Fahrt. Abfahrt ist montagmittags von Sorong, Rückfahrt dienstags. Ein weiteres Boot steuert mittwochs Misool an und kehrt donnerstagmorgens nach Sorong zurück. Die Fahrt dauert etwa 5 Std.

Andere Passagierschiffe auf und um die Inseln verkehren unregelmäßig. Die besten Anlaufstellen, um den Transport auf den Inseln zu organisieren, sind die jeweilige Unterkunft und das **Touristeninformationszentrum** von Waisai (Waisai; ⏲ Mo–Do 8–16, Fr bis 15 Uhr, Sa & So verkürzte Öffnungszeiten). Die Preise richten sich nach Bootstyp, Entfernung und Spritpreis und sind meist verhandelbar.

INDONESIEN VERSTEHEN

Indonesien aktuell

In Indonesien ist alles immer irgendwie in Bewegung, sei es das Land, das Meer, Touristen, der Verkehr auf Bali oder auch die Gesellschaft. Doch 2014 gab es Grund zum Feiern, als es bei den landesweiten Wahlen weitestgehend friedlich blieb, wie erstmals bei den Wahlen fünf Jahre zuvor. Das ist nicht schlecht für ein Land mit einer derart gewalttätigen Vergangenheit, wenn man zum Beispiel an die politischen Massaker von 1965 denkt. Auch heute noch steht das Land vor enormen ökonomischen, religiösen und ökologischen Herausforderungen.

Als Schauplatz der heftigsten Eruption in der modernen Welt (Gunung Tambora 1815) und anderer verheerender Naturereignisse wie dem Tsunami 2004, bekam Indonesien bereits mehr als seinen Anteil an Naturkatastrophen ab. Erst im September 2017 drohte der Gunung Agung auf Bali auszubrechen. Mehr als 100 000 Anwohner mussten evakuiert werden und die Reisebranche war im Alarmzustand, während die Behörden die Situation beobachteten. 2018 kam es zu mehreren schweren Erdbeben auf Lombok, die zahlreiche Menschenleben forderten.

Die Einnahmen aus dem Tourismus machen etwas mehr als 3 % von Indonesiens BIP aus, sie sind aber eine überlebenswichtige Einkommens- und Investitionsquelle aus dem Ausland, v. a. auf Bali. Die Regierung Indonesiens macht kein Geheimnis daraus, dass sie diese kleine Ertragsperle vergrößern will, und schmiedet Pläne zum Anlocken ausländischer Investitionen und zur Entwicklung „neuer Balis" in Gebieten wie Nusa Tenggara, Thousand Islands vor Java, Danau Toba auf Sumatra und Teilen von Sulawesi und Maluku.

Geschichte

Bis vor wenigen Jahren vermutete man, dass die ersten menschenähnlichen Wesen *(Homo erectus)* vor rund 500 000 Jahren in Zentraljava lebten. Sie sollen von Afrika aus über Landbrücken nach Indonesien gelangt sein, bevor sie entweder ausstarben oder vom *Homo sapiens* verdrängt wurden. 2003 entdeckte man jedoch die Überreste eines winzigen Inselbewohners. Der sogenannte „Hobbit" lieferte Hinweise darauf, dass der *Homo erectus* sehr viel länger existierte als bisher angenommen. Entsprechend muss die für Indonesiens Evolutionsgeschichte errechnete Zeitachse einer Prüfung unterzogen werden (allerdings stellen zahlreiche Wissenschaftler die Hobbit-Theorie nach wie vor infrage). Viele Indonesier stammen von malaiischen Völkern ab, die sich ab ca. 4000 v. Chr. von Kambodscha, Vietnam und Südchina gen Süden aufmachten. Sie errichteten kleine Königreiche und hatten bereits um 700 v. Chr. ausgeklügelte Techniken für den Reisanbau entwickelt.

Hinduismus & Buddhismus

Bald wurden indische und chinesische Händler auf die wohlhabenden neuen Herrschaftsgebiete aufmerksam. Sie brachten nicht nur Seidenstoffe und Gewürze, sondern auch den Hinduismus und Buddhismus mit. Innerhalb des Archipels fassten beide Religionen rasch Fuß und waren bereits im 1. Jh. n. Chr. tragende Säulen der großen Königreiche. Das buddhistische Srivijaya-Reich umfasste die Malaiische Halbinsel sowie den Süden Sumatras und profitierte von der Herrschaft über die strategisch bedeutende Straße von Melaka. Die Königreiche Mataram (hinduistisch) und Sailendra (buddhistisch) dominierten Zentraljava. Aufgrund der guten Böden in der Region konnten die jeweiligen Herrscher ihren Wohlstand mehren und daraufhin grandiose Monumente wie Borobudur und Prambanan errichten. Um das 10. Jh. n. Chr. brach das Mataram-Reich zusammen, und 1294 wurde es von dem noch einflussreicheren hinduistischen Majapahit-Reich abgelöst. Unter dem Herrscher Hayam Wuruk und Premierminister Gajah Mada konnten riesige Gebiete erobert werden. Es ist zwar unwahrscheinlich, dass sie sich Sulawesi, Sumatra und Borneo einverleibten, dafür steht aber fest, dass weite Teile Javas, Maduras und Balis zum Majapahit-Reich gehörten. Doch dieser Zustand hielt nicht lange vor: Der enormen Macht der Majapahit-Herrscher zum Trotz kam es in der Region bald zu Spannungen und das Goldene Zeitalter des Hinduismus näherte sich dem Ende.

Der Aufstieg des Islam

Mit dem Aufstieg des Islam nahm unter den Bewohnern der kleineren Königreiche der Wunsch Gestalt an, gegen die Majapahit-Hegemonie aufzubegehren. Schon bald griffen sie zu den Waffen, woraufhin die hinduistischen Herrscher und ihr Gefolge im 15. Jh. nach Bali fliehen mussten. Dort ist ihre Kultur noch heute lebendig, während sich auf Java die mächtigen islamischen Sultanate ausbreiten konnten. Unterdessen hatten sich auch die bedeutenden Königreiche von Melaka (Malaiische Halbinsel) und Makassar (Südsulawesi) zum Islam bekannt. Damit war der Grundstein für die Entwicklung des modernen Indonesien zur bevölkerungsreichsten muslimischen Nation weltweit gelegt.

Der Vorstoß der Europäer

1511 eroberten die Portugiesen Melaka. Kurze Zeit später begannen sich auch Spanier, Niederländer und Briten für die Schätze des Archipels zu interessieren. Es folgten zwei unruhige Jahrhunderte, in denen die europäischen Nationen um die Vorherrschaft in der Region kämpften. Im 17. Jh. hatten die Niederländer die besten Karten: Mittels der niederländischen Ostindien-Kompanie (Vereenigde Oost-Indische Compagnie; VOC), dem weltweit ersten multinationalen Konzern, kontrollierten sie den lukrativen Gewürzhandel. Nach dem Ende der Napoleonischen Kriege übernahmen sie erneut das Ruder und gaben es erst 129 Jahre später wieder aus der Hand, als Indonesien unabhängig wurde. Die Herrschaft der Niederländer war von zahlreichen Rebellionen geprägt, darunter der fünfjährige Guerillakrieg unter Führung des javanischen Prinzen Diponegoro. Er endete 1830 und kostete 8000 niederländische Soldaten das Leben.

Der Weg zur Unabhängigkeit

Zu Beginn des 20. Jhs. hatten die Niederländer einen Großteil des Archipels unter ihre Kontrolle gebracht, dennoch konnten die revolutionären Strömungen in der Tradition Diponegoros nie vollständig ausgelöscht werden. Schließlich lieh der junge Sukarno den Aufständischen seine Stimme. Im Zweiten Weltkrieg besetzten die Japaner Indonesien, aber nachdem sie ihre Truppen wieder abgezogen hatten, war Sukarnos Stunde gekommen: Am 17. August 1945 rief er in Jakarta Indonesiens Unabhängigkeit aus. Rasch formierten sich die Niederländer, um ihre Autorität wiederherzustellen. Dabei wurden sie von britischen Truppen unterstützt, die sich anlässlich der Kapitulation der Japaner in Indonesien aufhielten. Die Einheimischen leisteten erbitterten Widerstand und kämpften vier Jahre lang einen blutigen Guerillakrieg. Letztendlich mussten die Niederländer das Land verlassen, da sich die US-Amerikaner und die Vereinten Nationen gegen die Wiedereinführung des Kolonialismus aussprachen und die Gefechte zu viele Opfer gefordert hatten. Am 27. Dezember 1949 wurde die indonesische Flagge – die *sang merah putih* (Rot und Weiß) – über dem Istana Merdeka (Freiheitspalast) in Jakarta gehisst.

Wirtschaftskrise, Uneinigkeit & Diktatur

Schnell war die Einigkeit während des Krieges vergessen: Religiöse Fundamentalisten und nationalistische Separatisten stellten die Zentralregierung auf eine harte Probe. Nach fast einem Jahrzehnt des politischen Stillstands und der wirtschaftlichen Flaute verkündete Sukarno 1957 die „gelenkte Demokratie" (ein Euphemismus für Diktatur). Unterstützt vom Militär, errichtete er ein autoritäres Regime, an dessen Spitze er fast vierzig Jahre stand. Die Bemühungen, ein Einparteiensystem durchzusetzen, waren vergeblich. Als sich die Kommunistische Partei Indonesiens (Partai Komunis Indonesia; PKI) 1965 mit 3 Mio. Mitgliedern zur weltweit größten Partei entwickelt hatte, wusste Sukarno längst, dass es enorm wichtig war, sie für sich zu gewinnen. Aber in dem Maße, in dem die PKI in der Regierung an Einfluss gewann, wuchsen auch die Spannungen zwischen Kommunisten und Militär. Am 30. September 1965 initiierten Angehörige der Palastwache einen Putschversuch. Der Aufstand wurde umgehend von General Suharto niedergeschlagen und – eventuell zu Unrecht – der PKI angelastet. Dies sollte der Auftakt zu einem von der Armee geführten Vergeltungsschlag werden, bei dem mehr als 500 000 Kommunisten getötet wurden. Später tauchten in freigegebenen Geheimdokumenten Hinweise dafür auf, dass sowohl die USA als auch Großbritannien Suhartos Rachefeldzug unterstützt hatten, indem sie Namenslisten der kommunistischen Unruhestifter zusammenstellten. Erstere empfanden den Kommunismus als Bedrohung, Letztere wollten ihre Belange in Malaysia gewahrt wissen. Sukarno wurde abgesetzt und ab 1968 war General Suharto Präsident von Indonesien. Suharto schaffte Einigkeit mittels Unterdrückung, annektierte 1969 Irian Jaya (Papua) und regierte mit eiserner Faust. Er marschierte 1975 in Portugiesisch-Timor ein (Zehntausende starben) und schlug die separatistischen Bewegungen in Aceh und Papua mithilfe des Militärs grausam nieder. Der innenpolitischen Misere zum Trotz erlebte Indonesiens Wirtschaft in den 1980er- und 1990er-Jahren einen Boom und verzeichnete ein Rekordwachstum. Zahlreiche Bauprojekte veränderten das Gesicht der Hauptstadt.

Der Untergang Suhartos

Als sich die asiatische Wirtschaft Ende der 1990er-Jahre im freien Fall befand, begann Suhartos Kartenhaus einzustürzen. Indonesien war über Nacht pleite und die Bevölkerung erkannte, dass die Vetternwirtschaft und Korruption von Suhartos Regime die Ursachen für das Desaster waren. 1998 fegte eine Protestwelle über das Land hinweg, und bei den Aufständen im Mai in Jakarta starben Tausende von Menschen, viele von ihnen chinesischer Herkunft. Nach 30-jähriger Diktatur trat Suharto am 21. Mai 1998 zurück. Die Gemüter beruhigten sich, als der Vizepräsident B. J. Habibie die Macht übernahm. Da er seine ehrgeizigen Pläne und Reformen jedoch nicht schnell genug umsetzte, kam es im November desselben Jahres erneut zu Unruhen. Nachdem der Bevölkerung Neuwahlen in Aussicht gestellt worden waren, entspannte sich die Situation. Einige separatistische Gruppen nutzten jedoch die Gunst der Stunde und sorgten in Maluku, Papua, Osttimor und Aceh für Chaos. Nach einem Referendum im August 1999 erlangte Osttimor seine Unabhängigkeit. Zuvor hatten indonesische Milizen allerdings die Infrastruktur des Landes zerstört und Tausende von Menschen getötet.

Demokratie & Reformen

Die Parlamentswahlen im Juni 1999 verliefen erstaunlich friedlich. Megawati Sukarnoputri (Sukarnos Tochter) erhielt mit ihrer demokratischen Reformpartei PDP die meisten Stimmen (33 %). Ein paar Monate später fanden Präsidentschaftswahlen statt, die Abdurrahman Wahid (Gus Dur) für sich entscheiden konnte. Seine Bestrebungen, gegen die Korruption vorzugehen, stießen auf hartnäckigen Widerstand. 2001 wurde Megawati schließlich zur Präsidentin ernannt. Viele Indonesier waren von ihrem Führungsstil enttäuscht, weil die korrupte Infrastruktur erhalten blieb, der Einfluss des Militärs nicht eingedämmt wurde, die Armut hoch blieb und es aufsehenerregende terroristische Anschläge wie die Bombenattentate in Bali im Jahr 2002 gab. Megawati verlor die Präsidentschaftswahlen von 2004. Ihr Nachfolger ist Susilo Bambang Yudhoyono, (auch „SBY" genannt). Zu seinen Erfolgen zählt das harte Vorgehen gegen militante Islamisten und er steckte mehr Geld in die Bildung und Gesundheitspolitik. Seine Amtszeit war auch von einer Reihe von Naturkatastrophen gekennzeichnet: zuerst der Tsunami am 26. Dezember 2004, der Aceh im Norden Sumatras verwüstete, dann ein Erdbeben 2006, das Yogyakarta erschütterte und bei dem 6800 Menschen ums Leben kamen, und schließlich 2009 ein Beben, das Padang in Sumatra verwüstete. Die Wahlen 2009 verliefen größtenteils friedlich. SBY wurde aufgrund seiner konstant moderaten Politik klar wiedergewählt. Extremistische islamische Parteien schlossen im Vergleich mit gemäßigteren Parteien schlecht ab. Seither herrscht in Indonesien Frieden und allgemein steigt der Wohlstand.

Menschen & Kultur

Das javanische Sprichwort *bhinneka tunggal ika* (sie sind viele, sie sind eins) gilt als Indonesiens Wahlspruch, aber angesichts einer Bevölkerung von mehr als 255 Mio., über 300 Sprachen und mehr als 17 000 Inseln erscheint es nicht verwunderlich, dass viele Bewohner der entlegenen Inseln sich über Java ärgern, wo die politische und wirtschaftliche

Macht konzentriert ist. Die verschiedenen Teile Indonesiens sind zwar durch eine Nationalflagge (die an Nationalfeiertagen immer öfter mit Stolz gezeigt wird) und eine gemeinsame Sprache (Bahasa Indonesia) lose miteinander verbunden, erinnern aber in vielerlei Hinsicht an die EU – einen kulturell vielfältigen Staatenbund.

Indonesien ist das bevölkerungsreichste muslimische Land der Welt, aber die Bewohner praktizieren eine weniger orthodoxe Form des islamischen Glaubens. Niemand verspürt den Drang, westlichen Nationen nachzueifern, doch gleichzeitig ist es durchaus normal, nach dem Gebet in der Moschee ein Einkaufszentrum aufzusuchen oder einen amerikanischen Film anzusehen. Das Land wird immer weltoffener und die Zahl der Facebook-Nutzer ist riesig. Millionen von Indonesiern arbeiten im Ausland (vor allem in den Golfstaaten, in Hongkong und Malaysia) und machen ihr soziales Umfeld nach der Rückkehr mit ausländischen Sitten und Gebräuchen vertraut. Günstige Flugtickets bieten den Einheimischen zudem erstmalig die Möglichkeit, ihr eigenes Land und andere Nationen zu bereisen. Die Mobilität ist insgesamt gestiegen. Heute kann man ein Motorrad auf Raten bereits mit einer Anzahlung von nur 500 000 Rp kaufen. Leider hat nicht jedermann das Geld und die Zeit, das Ausland zu entdecken, denn die Kluft zwischen Arm und Reich ist nach wie vor enorm. In Indonesien herrscht mehr Armut als in den Nachbarländern; knapp die Hälfte der Bevölkerung muss mit 2 US$ am Tag auskommen. Besonders schlimm sind die Zustände in ländlichen Regionen.

Religion

Indonesiens Verfassung besagt, dass sich der Staat auf den Glauben an „den einen einzigen Gott" stützt; zugleich garantiert sie aber auch „Religionsfreiheit für jeden/jede gemäß seiner/ihrer eigenen Religion oder Überzeugung". Das bedeutet in der Praxis: Man soll einer der offiziell akzeptierten „Religionen" angehören, und das sind derzeit die folgenden sechs: Islam, Katholizismus, Protestantismus, Hinduismus, Buddhismus und Konfuzianismus.

Vorherrschende Religion ist der Islam, 88 % der Bevölkerung gehören ihm an. In Java suchen Pilger immer noch Hunderte von heiligen Stätten auf, in der Annahme, dass sich dort spirituelle Energie konzentriert. Christen stellen 10 % der Bevölkerung; sie leben in vereinzelten Gebieten über den Archipel verstreut. Balis Hindus machen rund 1,5 % der Bevölkerung aus.

Gleichwohl existieren auch noch alte Überzeugungen. Die Ureinwohner Indonesiens waren Animisten; sie beteten ihre Ahnen und Geister an. Als Hinduismus und Buddhismus und später der Islam sowie das Christentum auf der Inselgruppe Verbreitung fanden, hat man sie sozusagen über die alten Glaubenssätze gestülpt.

Kunst

TANZ

Indonesien wartet mit einem großen Repertoire traditioneller Tänze auf. Typisch für Yogyakarta ist das spektakuläre Drama des Ramayana-Balletts. Auf Lombok gibt's Masken- *(kayak sando)* und Kriegstänze, Maluku ist für den *lenso* bekannt und auf Bali tanzt man zahlreiche komplexe Tänze – eine echte Touristenattraktion der Insel.

MUSIK

In Indonesien gibt es eine riesige zeitgenössische Musikszene, die alle Genres umfasst. Der populäre *dangdut* mischt Tradition und Moderne sowie indonesische und ausländische Musikstile. Zum Einsatz kommen Instrumente wie E-Gitarren und indische *tablas* (eine Art Trommel), wobei die rhythmische Bandbreite von nahöstlichem Pop bis zu Reggae und Salsa reicht. Zu den aktuell besten Interpreten und Bands zählen Neonomora, Frau, Glovves und Banda Neira. *Gamelan* ist die bekannteste traditionelle Musik Indonesiens. Sowohl auf Java als auch auf Bali gibt's *gamelan*-Orchester, die hauptsächlich aus Instrumenten wie Schlagzeug, Tonstäben und *angklung* (Bambusröhren, die beim Schütteln Töne erzeugen) sowie Flöten und Xylophonen bestehen.

Natur & Umwelt

Nicht umsonst nennen die Indonesier ihr Land Tanah Air Kita (wortwörtlich „Unser Land und Wasser"), schließlich sind sie auf dem weitläufigsten Archipel der Welt zu Hause. Von den mehr als 17 500 Inseln sind rund 6000 bewohnt. Das facettenreiche Land und die umliegenden Wasser beheimaten eine erstaunliche Pflanzen- und Tierwelt. Doch diese Gabe der Natur ist gleichzeitig auch ihr größter Feind, da die Ausbeutung der Ressourcen praktisch jeden Winkel Indonesiens bedroht.

Geografie

Vor rund 30 Millionen Jahren trieb die Australische Platte (mit Papua und den Molukken) aus dem Süden ins Sundaschelf (mit Sumatra, Java und Borneo), während die driftende Philippinische Platte durch die Pazifische Platte aus dem Osten hineingedrückt wurde. Das Ergebnis ist eine abwechslungsreiche Landschaft und ein ebensolches Ökosystem – so facettenreich wie die Menschen, die hier leben. Der Großteil Indonesiens wird von seinen 150 Vulkanen bestimmt, deren spektakuläre Gipfel über den Wäldern und den Menschen thronen.

Tiere & Pflanzen

Von niedlichen Koboldäffchen bis hin zu gewaltigen übelriechenden Blumen – Indonesiens biologische Vielfalt ist umwerfend, und wir kennen immer noch nicht alles. Wissenschaftler entdecken immer wieder neue Arten, wie etwa 2015 einen Frosch mit Fangzähnen auf Sulawasi, 2013 eine bis dahin unbekannte Eule auf Lombok und seit 2007 drei „laufende" Haie (sie „gehen" am Meeresboden auf ihren Flossen) auf den Molukken. Die „verlorene Welt" von Papuas Foja-Gebirge ist zwischenzeitlich eine ständige Quelle der Entdeckungen, etwa des weltweit kleinsten Wallabys, das 2010 registriert wurde.

Menschenaffen (einheimische Orang-Utans), Tiger, Elefanten und Affen – sehr viele Affen – sowie Echsen sind nur ein paar der erwähnenswerten Kreaturen, denen man in Indonesien begegnet. Hier leben ganze 12 % der weltweiten Säugetier- und 17 % der Vogelarten.

Nationalparks

Obwohl illegale Holzfäller und Bauern permanent die rote Linie überschreiten, besitzt Indonesien noch immer große Flächen geschützter Wälder sowie Parks und es wurden in den letzten Jahren auch zahlreiche neue Schutzgebiete ausgerufen. Nationalparks bekommen mehr internationale – und auch mehr finanzielle – Aufmerksamkeit als die Natur-, Tier- und Meeresreservate, die es in Indonesien ebenfalls in großer Zahl gibt.

Umweltprobleme

Folgen der Abholzung und des Rohstoffabbaus machen sich im ganzen Land bemerkbar: Überschwemmungen und Erdrutsche tragen wertvollen Mutterboden ab, Flüsse verschlammen und fangen an zu stinken und in jeder Trockenzeit bedecken Rauchwolken der Brandrodungsfeuer Malaysia und Singapur, was zu internationalen Spannungen führt. Das durch die Brandrodung freigesetzte Kohlendioxid trägt maßgeblich zum Klimawandel bei, der – und das ist der Teufelskreis – für eine längere Trockenzeit sorgt, was wiederum zu mehr Brandrodung führt.

An Indonesiens Küste und im Meer sind mehr als 80 % der Lebensräume an Korallenriffen gefährdet. Lange Jahre der Cyanid- und Dynamitfischerei haben viele indonesische Korallen zerstört. Die Jagd auf Haie – wegen ihrer Flossen – und Mantarochen haben deren Populationen verkleinert, gleichzeitig droht die Überfischung das Gleichgewicht im Ökosystem Meer zu stören. Währenddessen belastet der zügellose Konsum der immer weiter wachsenden Mittelklasse die Infrastruktur des Landes: Private Fahrzeuge verstopfen die Straßen der Städte und verschmutzen die Luft, die Müllabfuhr hat Schwierigkeiten, mit den Bergen von Haushalts- und Industriemüll klarzukommen, und da es keinerlei Systeme zur Abwasserentsorgung gibt, kann man das Wasser aus den meisten Quellen ohne vorheriges Abkochen nicht trinken, was wiederum den Bedarf an Kerosin und Feuerholz steigert.

Essen & Trinken

Beim Essen schmeckt man das Wesen Indonesiens. Die Fülle von Reis zeugt von fruchtbaren Landschaften, die Gewürze erinnern an die Zeiten des Handels und der Invasionen, und im feurigen Chili schwingt die Leidenschaft der Bewohner mit. Die indonesische Küche beruht auf einem großen Lebensmitteltausch: Chinesen, Portugiesen, Kolonialisten und Händler haben alle ihren Beitrag zu den Zutaten geleistet, und im Laufe der Zeit entwickelte sich die Küche unter dem Einfluss unterschiedlicher Landschaften, Menschen und Kulturen weiter.

Koriander, Kreuzkümmel, Chili, Zitronengras, Kokosnuss, Sojasoße und Palmzucker sind unverzichtbare Gewürze, *sambal* eine entscheidende Zutat für die indonesische Küche. Fisch zählt zu den beliebtesten Speisen, und die Fisch- und Meeresfrüchterestaurants bieten meist gute Qualität. Die Indonesier essen traditionell mit den Fingern, darum ist der Reis hier klebrig. *Sate* (Fleischspieße), *nasi goreng* (gebratener

Reis) und *gado gado* (Gemüse mit Erdnusssoße) zählen zu den bekanntesten indonesischen Gerichten.

Java

Die Küche der Betawi (Ureinwohner der Region Jakarta) ist für ihre Reichhaltigkeit bekannt. Typische Gerichte sind *gado gado* und *ketoprak* (Nudeln, Bohnensprossen und Tofu mit einer Soja- und Erdnusssoße; benannt nach einem Musikstil, der an das Geräusch beim Kleinschneiden der Zutaten erinnert).

In Zentraljava ist das Essen süß, selbst *gudeg* Currys (Jackfruchtcurry). Zu den Spezialitäten Yogyakartas zählen *ayam goreng* (gebratenes Huhn) und *kelepon* (grüne Reismehlbällchen mit Palmzuckerfüllung). In Solo lässt man sich *nasi liwet* (Reis mit Kokosmilch, unreifer Papaya, Knoblauch und Schalotten, zusammen mit Huhn oder Ei) und *serabi* (Kokosmilch-Pancakes mit Schokolade, Bananen oder Jackfrucht) auf der Zunge zergehen.

Bali

Balinesische Spezialitäten sind schnell gefunden, denn die besucherfreundlichen *warung* bieten balinesische Gerichte von guter Qualität und mit variierendem Schärfegrad. Viele Restaurants servieren das besonders populäre *babi guling* (am Spieß geröstetes Schwein, gefüllt mit Chili, Kurkuma, Knoblauch und Ingwer). Einen Tag im Voraus bestellen! Oder man sucht nach einem der vielen *warung*, die *babi guling* verkaufen. Man erkennt sie an den Schildern mit einem Schweinekopf – oder an den echten Köpfen in den Auslagen. Beliebt ist auch *bebek betutu* (mit Gewürzen gefüllte und in Bananenblätter und Kokosnussschalen gehüllte Ente, die in Glut gegart wird).

Das balinesische *sate, sate lilit,* wird aus gewürztem Hackfleisch gemacht und aufgespießt. Für alle, die die scharfe Küche lieben, gibt's *lawar* (Salat mit gehackter Kokosnuss, Knoblauch und Chili mit Schweine- oder Hühnerfleisch und Blut).

Nusa Tenggara

Im trockenen Osten von Nusa Tenggara wird seltener Reis gegessen (obwohl viel Reis importiert wird), stattdessen kommt mehr Sago, Mais, Maniok und Taro auf den Tisch. Fisch erfreut sich großer Beliebtheit, ein regionales Gericht in Sumbawa ist *sepat* (zerkleinerter Fisch in Kokos- und Mangosoße). Die Sasak auf Lombok (und die Besucher!) mögen würziges *ayam Taliwang* (gebratenes Huhn mit einem Dip aus Erdnüssen, Tomaten, Chili und Limonen) und *pelecing*-Soße (aus Chili, Garnelenpaste und Tomaten).

Sumatra

Im Westen Sumatras kommt Rindfleisch ins *rendang* (Rindfleisch-Kokoscurry). Aus dieser Region stammt die scharfe Padang-Kost, eine der berühmtesten Küchen Indonesiens. Auf dem Markt in Bukittinggi gibt's *nasi Kapau* (die Küche des Dorfes Kapau) zum Probieren. Sie gleicht der Esskultur Padangs, verwendet aber mehr Gemüse. Oder wie wär's mit *bubur kampiun* (Porridge aus Mungobohnen mit Bananen und Reisjoghurt)? Die Acehnesen in Nordsumatra lieben *kare* oder *gulai* (Curry). Die Batak schwärmen für Schwein und in geringerem Maß auch für Hund. Schweinefleisch findet sich in *Babi panggang* (das Fleisch wird in Essig und Schweineblut gekocht und dann gebraten).

Kalimantan

Das Essen der Dayak ist vielfältig. Ein Gericht, das relativ häufig serviert wird, ist *sayur asem rembang* (saure Gemüsesuppe), zubereitet aus der sauren Frucht *rembang* In Banjarmasin wird *pepes ikan* (scharfer Fisch mit Tamarinden und Zitronengras in Bananenblättern) zubereitet. Die Stadt Kandangan ist für *ketupat Kandangan* (Fisch und gepresster Reis in Kokossoße mit Limette) berühmt. Die regionale Suppe *soto Banjar* besteht aus einer Hühnerbrühe, zu der pürierte gekochte Eier hinzugefügt werden, um sie cremig zu machen. Hühnchen kommt auch ins *ayam masak habang,* das mit großen roten Chilis gekocht wird.

Sulawesi

Die Einwohner von Südsulawesi lieben Meeresfrüchte, besonders *ikan bakar* (gegrillten Fisch). Auch *coto Makassar* (Suppe mit Innereien vom Rind, Pfeffer, Kümmel und Zitronengras) ist populär. Für Naschkatzen gibt's *es pallubutun* (Kokoscreme und Banane in Kokosmilch und Sirup). Die Toraja haben ihre eigene ganz charakteristische Küche, bei der heimische Zutaten im Vordergrund stehen. Viele davon sind dem westlichen Gaumen fremd. *Pa'piong* findet man sehr häufig; dabei handelt es sich um Fleisch, Fisch oder Huhn mit Gewürzen, in einem Bamubsrohr über dem Feuer gekocht. Ebenfalls probierenswert ist *pamarasan*, eine scharfe schwarze Soße, in der Fleisch gekocht wird. Wenn in Nordsulawesi von *rica-rica* die Rede ist, ist damit eine Paste aus Chili, Schalotten, Ingwer und Limette gemeint.

Maluku

Ein typisches Gericht auf Maluku ist Thunfisch mit *dabu-dabu* (rohes Gemüse mit einer Soße aus Chili und Fischpaste). Aus Fisch wird manchmal *kohu-kohu* (Fischsalat mit Zitrusfrucht und Chili) bereitet. Das Mark des Sagobaums wird für Porridge, Brot und in Kombination mit *mutiara* (kleinen, geleeartigen „Bohnen", die man in Desserts und süße Getränke mischt) verwendet. Gekochter Maniok *(kasbi)* ist ein Grundnahrungsmittel und fehlt in keinem Haushalt, denn er ist billiger als Reis.

Auf den Banda-Inseln findet man Muskatgelee auf Broten und Pancakes – damit machen sie ihrer Vergangenheit als wahre Gewürzinseln, auf denen Muskatnuss zuerst kultiviert wurde, alle Ehre.

Papua (Irian Jaya)

Reis wird hier nur wenig angebaut: Die Bevölkerung Papuas bezieht ihre Kohlenhydrate aus anderen Quellen. Der Reis, den Einwanderer aus anderen Teilen Indonesiens hier essen, wird größtenteils importiert. Im Hochland von Papua herrscht die Süßkartoffel. Die Dani bauen etwa 60 Sorten davon an, einige von ihnen sind den Ältesten vorbehalten.

Im Flachland liefert die Sagopalme das Grundnahrungsmittel: Ihr Mark wird zu harten, saftigen Sago-Kuchen verarbeitet. Man vermischt sie mit Wasser und macht daraus *papeda*, eine Art klebrige Paste, die zu Fisch in gelber Kurkuma-Limetten-Soße gereicht wird. Der Fisch hat möglicherweise mehr Geschmack als die *papeda*. Manche Bewohner des Flachlands essen auch die Larven, die man in verottenden Sagopalmen findet.

Trinken

Das begehrteste Getränk Indonesiens ist schwarzer Tee mit Zucker. Wer keinen Zucker will, bestellt *teh pahit* (bitteren Tee), und wer gern Milch dazu hätte, kauft sich am besten eine Kuh. Indonesischer Kaffee, besonders aus Sulawesi, ist von außergewöhnlicher Qualität, doch ein Großteil der besten Ware wird exportiert. *Warung* schenken ein dickflüssiges Gebräu namens *kopi tubruk* (gemahlener Kaffee mit Zucker und kochendem Wasser) aus.

Es (geeiste Getränke) sind erfrischend und im wahrsten Sinne des Wortes belebend. Sie werden aus Sirup, Obst und Gelee hergestellt.

Der Islam ist die vorherrschende Religion in Indonesien und der Verkauf von Alkohol wird zusehends eingeschränkt. Anfang 2015 hat man ein Gesetz verabschiedet, das den Verkauf alkoholischer Getränke in Minimärkten und Geschäften in ganz Indonesien (außer auf Bali natürlich) untersagt.

Zu den traditionellen Spirituosen in den Verkaufsregalen zählen *tuak* (Wein aus Palmsaft), *arak* (Wein aus Reis oder Palmsaft) und balinesischer *brem* (Reiswein). Vorsicht beim Kauf von *arak*. In letzter Zeit wurde von Panschereien mit tödlichen Chemikalien berichtet. Favorit bei den lokalen Brauereien ist das kultige Bintang, ein helles, leicht süßliches Lager.

PRAKTISCHE INFORMATIONEN

ℹ Allgemeine Informationen

BOTSCHAFTEN & KONSULATE

Bali

Deutsches Honorarkonsulat (☎ 0361-288 535; sanur@hk-diplo.de; Jl Pantai Karang 17, Batujimbar-Sanur)

Schweizer Konsulat (☎ 0361-264 149; bali@honrep.ch; Jl Ganetri 9D, Gatot Subroto Timur, Denpasar)

Jakarta

Botschaft von Brunei (☎ 021-3190 6080; www.mofat.gov.bn; Jl Patra Kuningan IX, 3-5, Kumingan Timur; ⏲ Mo–Fr 8–16 Uhr)

Botschaft von Deutschland (Karte S. 82; ☎ 021-3985 5000; www.jakarta.diplo.de; Jl MH Thamrin No 1, Menteng)

Botschaft von Malaysia (Karte S. 78; ☎ 021-522 4974; www.kln.gov.my/web/idn_jakarta/home; Jln HR Rasuna Said Kav X/6, No 1-3, Kuningan; ⏲ Mo–Fr 8–16 Uhr)

Botschaft von Papua-Neuguinea (Karte S. 78; ☎ 021-725 1218; www.kundu-jakarta.com; 6. Stock, Panin Bank Centre, Jl Jenderal Sudirman 1; ⏲ Mo–Fr 8.30–11.30 Uhr)

Botschaft von Österreich (☎ 021-2355 4005; www.aussenministerium.at/jakarta; Jl Diponegoro 44, Menteng)

Botschaft der Schweiz (☎ 021 525 60 61; https://www.eda.admin.ch/jakarta, Jl HR Rasuna Said, Blok X 3/2, Kuningan)

Botschaft von Singapur (Karte S. 78; ☎ 021-2995 0400; www.mfa.gov.sg; Jl HR Rasuna Said, Block X/4 Kav 2, Kuningan)

Medan

Deutsches Honorarkonsulat (☎ 061-415 2323; Jl Abdullah Lubis 47A)

Malaysisches Konsulat (☎ 061-453 1342; www.kln.gov.my/web/idn_medan; Jl Diponegoro 43; ⌚ Mo–Fr 8–16 Uhr)

FESTE & EVENTS

Religiöse und gesetzliche Feiertage spielen im Leben der Indonesier eine sehr wichtige Rolle. Sie sind zahlreich, über das ganze Jahr verteilt und oftmals der Anlass für Feierlichkeiten. Wegen der großen Vielfalt der Bevölkerung Indonesiens gibt's zudem viele regionale Feiertage, Feste und kulturelle Events. Dies ist besonders auf Bali der Fall, wo religiöse Ereignisse bei einem durchschnittlichen Bewohner ein Drittel aller Tage im Kalender belegen können. Während des Fastenmonats Ramadan dürfen gläubige Muslime von Sonnenauf- bis Sonnenuntergang nicht essen, trinken, rauchen und Geschlechtsverkehr haben. Viele Bars und Restaurants sind in dieser Zeit geschlossen und in muslimischen Vierteln sollte man davon absehen, in der Öffentlichkeit Nahrung oder Flüssigkeit zu sich zu nehmen. Während der Woche vor und nach Lebaran (Idul Fitri) – dieses Fest beendet die Fastenzeit – sind Busse, Züge und Flieger häufig komplett ausgebucht. Am besten bleibt man zu dieser Zeit an einem Ort. Der Ramadan und die Feste Idul Fitri und Idul Adha (muslimisches Opferfest) beginnen jedes Jahr an einem anderen Tag (im muslimischen Kalender zu finden). Manche Feiertage haben ein festes Datum. Andere sind vom muslimischen, buddhistischen oder hinduistischen Kalender abhängig, also variieren die Termine von Jahr zu Jahr.

Januar/Februar

Neujahr 1. Januar.

Imlek (Chinesisches Neujahr) Im Januar oder Februar. Es werden spezielle Gerichte zubereitet und *barongasai* (Löwentänze) aufgeführt. Außerdem schmückt man Geschäfte und Wohnhäuser.

Erster Tag des Monats Muharram (Islamisches Neujahr) Das Datum ändert sich jedes Jahr. 2018 und 2019 fällt es in den September, 2020 in den August.

März/April

Nyepi (Hinduistisches Neujahr) Dieses Neujahrsfest findet im März oder manchmal im April statt. Auf Bali und in den hinduistischen Gemeinden wird so viel Krach wie möglich gemacht, um Teufel zu verjagen. An dem Feiertag sind auf Bali so gut wie alle Einrichtungen geschlossen.

Karfreitag Im März oder April.

April/Mai

Waisak (Buddhas Geburtstag) In den großen buddhistischen Tempeln (u. a. in Borobudur) versammeln sich Gläubige zum Gebet.

Mai/Juni

Christi Himmelfahrt Im Mai oder Juni.

Himmelfahrt des Propheten Mohammed Zu diesem Anlass werden in den Moscheen spezielle Gebete gesprochen.

August

Tag der Unabhängigkeit Am 17. August werden Regierungsgebäude mit großen rot-weißen Flaggen und vielen Bannern geschmückt und es finden unzählige Märsche statt.

Lebaran (Idul Fitri) Die Einheimischen reisen in ihre Heimatdörfer, um spezielle Gebete zu sprechen. Während dieser Zeit wird sehr viel gespendet.

Oktober

Idul Adha Zum Ende des Hadsch (Pilgerfahrt nach Mekka) bringt man Tieropfer dar. Das Fleisch erhalten die Armen und Bedürftigen.

Galungan Eine der größten Feierlichkeiten auf Bali anlässlich des Todes des legendären Tyrannen Mayadenawa.

November/Dezember

Maulid Nabi Muhammad (Mohammeds Geburtstag) wird 2018 und 2019 jeweils im November und 2020 im Oktober gefeiert. In den Moscheen im ganzen Land werden Gebete gesprochen, in Solo und Yogyakarta finden Straßenparaden statt.

PREISKATEGORIEN: ESSEN

Die folgenden Kategorien beziehen sich auf Durchschnittspreise für Standardgerichte.

Bali & Lombok

$ unter 60 000 Rp

$$ 60 000–250 000 Rp

$$$ mehr als 250 000 Rp

Übriges Indonesien

$ unter 50 000 Rp

$$ 50 000–200 000 Rp

$$$ mehr als 200 000 Rp

FREIWILLIGENARBEIT

In Indonesien gibt's hervorragende Möglichkeiten zur Freiwilligenarbeit, aber Lonely Planet empfiehlt keine Organisationen, mit denen wir nicht direkt zusammenarbeiten, also ist es ganz wichtig, dass man selber gründlich recherchiert, bevor man einwilligt, für eine Organisation zu arbeiten oder zu spenden. Wer mit Kindern arbeiten will, sollte sich für drei Monate festlegen.

Zahlreichen Gruppen ist am besten mit Fundraising und Bargeldspenden geholfen. Einige suchen auch qualifizierte Volontäre, die Englisch unterrichten oder Unterstützung im medizinischen Bereich leisten können. Ein paar Organisationen bieten bezahlte Volontariate, bei denen die Freiwilligen oft für Kost und Logis selbst aufkommen und einfachere Tätigkeiten verrichten.

Eine gute Informationsquelle zu NGOs und Möglichkeiten der Freiwilligenarbeit auf Bali ist www.balispirit.com/ngos.

Alam Sehat Lestari (www.alamsehatlestari.org/volunteer) Nimmt erfahrene Freiwillige in den Bereichen Medizin und Naturschutz auf, die dabei helfen wollen, den Regenwald Kalimantans zu schützen.

Borneo Orangutan Survival Foundation (www.orangutan.or.id) Akzeptiert Freiwillige für Auswilderungs- und Wiederaufforstungsprojekte.

East Bali Poverty Project (www.eastbalipovertyproject.org) Hilft Kindern in den verarmten Bergdörfern im Osten Balis. Braucht Englischlehrer und hat fundierte Grundsätze zum Schutz von Kindern.

Friends of the National Parks Foundation (www.fnpf.org) Organisiert Volontariatsprogramme auf Nusa Penida, vor Bali und Kalimantan.

IDEP (www.idepfoundation.org) Indonesian Development of Education & Permaculture führt Projekte in ganz Indonesien durch; arbeitet für Umweltschutz, Katastrophenplanung und kommunale Entwicklung.

ProFauna (www.profauna.net). Eine große gemeinnützige Tierschutzorganisation, die im ganzen Land tätig ist und sich stark für den Schutz von Meeresschildkröten engagiert.

Sea Sanctuaries Trust (www.seasanctuaries.org) Freiwilligenarbeit beim Tauchen in Raja-Ampat.

Smile Foundation of Bali (www.senyumbali.org) Arrangiert Operationen zur Korrektur von Missbildungen im Gesicht und betreibt den Smile-Shop in Ubud, um Geld zu sammeln.

Yayasan Bumi Sehat (www.bumisehatfoundation.org) Betreibt eine international anerkannte Klinik und unterstützt benachteiligte Frauen in Ubud vor, bei und nach der Geburt. Ausgebildete Mediziner können dort mitarbeiten. Der Gründer Robin Lim hat bereits internationale Aufmerksamkeit auf sich gezogen.

Yayasan Rama Sesana (www.yrsbali.org) Setzt sich für die Verbesserung der Fortpflanzungsgesundheit von Frauen auf Bali ein.

SICHER REISEN

Zunächst einmal ist Indonesien im Vergleich zu vielen anderen Orten der Welt ein recht sicheres Pflaster. Habsucht kann zwar zu Konflikten führen, aber die meisten Besucher werden sich zu Hause mit weitaus mehr Gefahren konfrontiert sehen. Kleinere Diebstähle kommen hin und wieder vor, stehen aber nicht auf der Tagesordnung.

Außerhalb von namhaften Bars und Resorts sollte man keinen *arak* (lokal hergestellter Schnaps aus Reis oder Palmsaft) kaufen.

Indonesien hat seine Null-Toleranz-Politik gegenüber Drogen mit einer Welle von öffentlichen Festnahmen und Verurteilungen bewiesen. Das Gesetz macht keine Unterschiede zwischen Substanz oder Menge, egal, ob es um einen ganzen Koffer Heroin oder um ein paar Krümel Marihuana in der Hosentasche geht.

GELD

Die Währung Indonesiens heißt Rupiah (Rp).

- Geldautomaten sind in Indonesien keine Seltenheit, außer in ländlichen Gegenden. Die meisten akzeptieren inzwischen Karten der großen internationalen Unternehmen. Die Bank BNI hat im ganzen Land Geldautomaten und ist zuverlässig.
- Für Abhebungen am Automaten ist eine Höchstgrenze festgelegt, manchmal sind das 2 000 000 Rp, manchmal aber auch nur 500 000 Rp, das ist umgerechnet nicht besonders viel.
- In Städten und Touristengegenden (wie Bali) werden Kreditkarten in Hotels und Resorts der Mittelklasse oder besser angenommen. Die meisten teuren Geschäfte und Reisebüros akzeptieren sie ebenfalls, oft allerdings fällt ein Preisaufschlag von rund 3 % an.
- US-Dollar werden neben der Rupiah noch am häufigsten in Indonesien akzeptiert. Euro sowie australische, britische und japanische Währungen werden nur in den touristischeren Gegenden auf Bali und in Jakarta gewechselt.
- Trinkgeld in einer bestimmten Höhe wird nicht erwartet, aber für einen guten Service gibt man 5000 Rp bzw. 10 % oder mehr (damit rechnet man auf Bali).
- Die meisten Hotels und Restaurants der Mittelklasse und besser schlagen 21 % für Steuern und Service auf („plus plus" genannt).

INTERNETZUGANG

Indonesien ist zum Teil vernetzt, allerdings reicht die Geschwindigkeit von schnell zu nervtötend langsam.

- In Hotels gibt es größtenteils WLAN („Wii-fii" in Indonesien), außer in ländlichen Gebieten.

)ftmals ist die Nutzung kostenlos, doch mitun-
er verlangen Hotels stundenweise oder je nach)ownloadmenge absurd hohe Gebühren.

- In den Touristengebieten bieten viele Cafés ınd Restaurants gratis WLAN.
- Datentransfer mit dem Smartphone ist oft lie schnellste Möglichkeit, sich mit dem Inter- ıet zu verbinden. 3G ist weit verbreitet.

.GBT-REISENDE

n Indonesien sollten hetero- und homosexuelle 'raveller die gleichen Vorsichtsmaßnahmen ɪeachten: Unbedingt den Austausch von Zärt- ıchkeiten in der Öffentlichkeit vermeiden. Das st besonders in konservativen Gegenden wie ᴧceh wichtig, wo 2015 zwei sich umarmende 'rauen von der Religionspolizei zur „Umerzie- ɪung" geschickt wurden. Bali ist besonders .GBT-freundlich, es gibt dort eine große Ge- ɪeinde von Expats aus Amerika und Europa und .euten aus anderen Teilen Indonesiens.

Zu den LGBT-Einrichtungen des Landes zählen:

;AYa Nusantara (www.gayanusantara.or.id) Ierausgeber des Monatsmagazins *GAYa Vusantara*.

;aya Dewata (YGD, www.gayadewata.com) 3alis ältester und einziger LGBT-Verein.

)FFENTLICHE FEIERTAGE

n Indonesien gelten die folgenden nationalen 'eiertage. Falls kein Datum angegeben ist, ɪndert es sich von Jahr zu Jahr. Daneben gibt's ɪuch eine ganze Reihe religiöser Feiertage.

'ahun Baru Masehi (Neujahr) 1. Januar

'ahun Baru Imlek (Chinesisches Neujahr) :nde Januar bis Anfang Februar

Vafat Yesus Kristus (Karfreitag) Ende März ɪis Anfang April

Iyepi (Balinesisches Neujahr) An dem Tag ıchließen alle Läden auf Bali, normalerweise im Aärz, manchmal im April.

Iari Buruh (Tag der Arbeit) 1. Mai

Iari Waisak Mai

(enaikan Yesus Kristus (Christi Himmelfahrt) Aai

Iari Proklamasi Kemerdekaan (Tag der Jnabhängigkeit) 17. August

Iari Natal (Weihnachten) 25. Dezember

)ie folgenden islamischen Feiertage variieren 'on Jahr zu Jahr:

Auharram Islamisches Neujahr

Aaulud Nabi Muhammad Geburtstag des 'ropheten Mohammed

sra Miraj Nabi Muhammad Himmelfahrt des 'ropheten Mohammed

dul Fitri wird auch Lebaran genannt. Die :weitägige Feier kennzeichnet das Ende des Ramadan. Wer Massenwanderungen entgehen vill, sollte Reisen zu dieser Zeit vermeiden.

dul Adha Islamisches Operfest

PREISKATEGORIEN: SCHLAFEN

Die Preiskategorien gelten für Doppelzimmer mit Bad. Falls nicht anders angegeben, sind fällige Steuern im Preis enthalten.

Bali & Lombok

$ unter 450 000 Rp

$$ 450 000–1 500 000 Rp

$$$ mehr als 1 500 000 Rp

Übriges Indonesien

$ unter 250 000 Rp

$$ 250 000–1 000 000 Rp

$$$ mehr als 1 000 000 Rp

ÖFFNUNGSZEITEN

Diese Öffnungszeiten sind normal für ganz Indonesien:

Banken Montag bis Donnerstag 8–14 , Freitag bis 12, Samstag bis 11 Uhr

Einkaufen 9–17 oder 10–17 Uhr; größere Läden in Touristengebieten bis 20 Uhr; viele sind sonntags geschlossen

Postämter Montag bis Freitag 8–14 Uhr (in Fremdenverkehrsorten hat das Hauptpostamt oft länger und/oder auch an Wochenenden geöffnet)

Private Büros Montag bis Freitag 8–16 oder 8–17 Uhr; Samstag häufig bis 12 Uhr

Regierungsbehörden Montag bis Donnerstag 8–15 , Freitag bis 12 Uhr

Restaurants 8–22 Uhr

RECHTSFRAGEN

Drogen, Glücksspiel und Pornografie sind illegal, die Hinrichtung zweier australischer Staatsangehöriger der sogenannten „Bali-Neun" wegen Drogendelikten im Jahr 2015 sorgte dafür, dass das nicht vergessen wird.

Außer beim Fahren eines gemieteten Autos oder Motorrads ist es unwahrscheinlich, dass Reisende mit der Polizei zu tun haben: Es kann vorkommen, dass sie unter einem zweifelhaften Vorwand angehalten und aufgefordert werden, an Ort und Stelle eine „Geldbuße" von etwa 50 000 Rp zu zahlen, bzw. bis zu 500 000 Rp auf Bali.

Visabeschränkungen werden strikt umgesetzt; schon viele unachtsame Touristen haben eine Hafteinrichtung von innen zu sehen bekommen oder wurden zu hohen Strafen verdonnert.

STROM

30V bzw. 50Hz sind üblich. Stecker haben zwei runde Stifte.

TELEFON

Günstige SIM-Karten und Internettelefonie machen den Kontakt in die Heimat erschwinglich.

Mobiltelefon

- SIM-Karten für Mobiltelefone kosten nur 5000 Rp. Anrufe ins Ausland sind günstig, ab 0,20 US$ pro Minute.
- Viele Geschäfte verkaufen SIM-Karten und das Guthaben lässt sich problemlos per Kreditkarte aufladen.
- Vorsicht ist bei Verkäufern geboten, die SIM-Karten für 50 000 Rp oder mehr an Touristen verhökern. Wenn dabei nicht mindestens ein Guthaben von 45 000 Rp inkludiert ist, dann ist das Abzocke.
- Relativ schnelle 3G-Datennetze sind im ganzen Land verbreitet.
- Pakete mit 5 GB Datenvolumen kosten durchschnittlich 200 000 Rp.
- Mobiltelefonnummern haben eine vierstellige Vorwahl, die mit 08 beginnt, und sind insgesamt zehn- bis zwölfstellig.

Wichtige Telefonnummern

Telefonauskunft	☎ 108
Landesvorwahl Indonesien	☎ 62
Vorwahl für internationale Gespräche	☎ 00 + jeweilige Landesvorwahl
Internationale Vermittlung	☎ 102

UNTERKUNFT

Die Optionen reichen von Matratze mit vier Wänden bis hin zu den edelsten 5-Sterne-Luxusresorts. Die Kosten variieren enorm über den Archipel verteilt, aber generell ist Indonesien eine günstige Destination in Südostasien.

Für die Unterbringung wird eine kombinierte Steuer und Servicepauschale („plus plus" genannt) in Höhe von 21 % erhoben. Bei günstigen Unterkünften ist sie üblicherweise im Preis enthalten, aber am besten fragt man vorher.

Budget: Die günstigste Unterbringung in kleinen Häusern, die einfach, aber normalerweise recht sauber und gemütlich sind. Der Name enthält oft Worte wie *losmen*, *homestay*, *inn*, *penginapan* oder *pondok*. Die Standards sind ganz unterschiedlich. Folgendes kann man erwarten: Klimaanlage (in einigen Zimmern), üblicherweise WLAN, eventuell Warmwasser, manchmal keine Fenster, ein eigenes Bad mit Dusche und eventuell mit Toilette im westlichen Stil, oftmals mit Pool (auf Bali) und ein einfaches Frühstück.

Mittelklasse: Viele Hotels bieten unterschiedliche Zimmer von Budget bis Mittelklasse an. Die besten werden VIP, Deluxe oder ähnlich genannt. Zusätzlich zu dem, was Budgethotels bieten, gibt's dazu Balkon/Veranda/Patio, Satellitenfernseher, einen kleinen Kühlschrank und WLAN.

VISA

Vielen Reisenden, die mehr als einen kurzen Urlaub in Indonesien planen, bereiten Visa die größten Kopfzerbrechen. Es ist nicht schwierig, ein Visum zu bekommen, oft ist es aber nur für 30 Tage gültig, und das ist recht kurz für so ein großes Land, in dem übrigens auch 60 Tage schnell um sein können.

Die Visumsituation ändert sich ständig. Daher ist es wichtig, die Formalitäten vor Ankunft nochmals abzuklären. Wer nicht alle Einreisebestimmungen erfüllt, landet schnell in der nächsten Maschine zurück oder bekommt eine hohe Geldstrafe aufgebrummt.

Unabhängig davon, welches Visum beantragt wird, muss der Reisepass vom Tag der Ankunft an noch mindestens sechs Monate lang gültig sein.

Bei Drucklegung dieses Reiseführers hatten Besucher Indonesiens folgende Möglichkeiten:

Visum im Voraus Besucher können vor der Ankunft in Indonesien ein Visum beantragen. Dies ist in der Regel ein Besuchervisum mit einer Gültigkeit von 60 Tagen. Die genauen Details sind von Land zu Land unterschiedlich. In der Indonesischen Botschaft oder im Konsulat nachfragen, um Bearbeitungsgebühr und -dauer in Erfahrung zu bringen. Achtung: Dies ist die einzige Möglichkeit, ein 60-Tage-Visum zu bekommen, auch wenn man die Voraussetzungen für ein Visum bei Ankunft erfüllt.

Visumfrei Bürger aus rund 150 Ländern können ein kostenloses 30-Tage-Visum bei Ankunft erhalten. Dieses Visum ist aber nicht verlängerbar und und man ist bei der Wahl des Flughafens oder Hafens zum Verlassen des Landes möglicherweise eingeschränkt (so ist zum Beispiel Timor-Leste eventuell nicht möglich).

Visum bei Ankunft Das verlängerbare 30-Tage-Visum kann an fast allen großen Flughäfen und Häfen beantragt werden (nicht jedoch an den meisten Landesgrenzen). Es kostet 35 US$. Man sollte unbedingt den exakten Betrag in US$ dabeihaben. Zu den berechtigten Nationen zählen die meisten Länder der EU, darunter Deutschland, Österreich und die Schweiz, Australien und Neuseeland sowie Kanada und die USA. Eine Verlängerung dieser Visa um weitere 30 Tage ist möglich. Wer nicht für ein Ankunftsvisum berechtigt ist, muss ein Visum im Voraus beantragen.

Wenn das Ablaufdatum des Visums überschritten wird, muss man mit Geldstrafen von 300 000 Rp pro Tag und mit weiteren Schwierigkeiten rechnen.

ZEITZONE

Es gibt hier drei Zeitzonen.

- Java, Sumatra und West- und Zentralkalimantan liegen in der Westindonesischen Zeitzone (MEZ + 6 Std.).

- Bali, Nusa Tenggara, Süd- und Ostkalimantan sowie Sulawesi liegen in der Zentralindonesischen Zeitzone (MEZ + 7 Std.).
- Papua und Maluku sind in der Ostindonesischen Zeitzone (MEZ + 8 Std.).

Da sich das Land quer über den Äquator erstreckt, wird nicht zwischen Winter- und Sommerzeit unterschieden.

Berücksichtigt man die Sommerzeit, dann ist es zur Mittagszeit (12 Uhr) in Jakarta 7 Uhr morgens in Berlin, Wien oder Zürich, 13 Uhr in Singapur, Bali und Makassar und 14 Uhr in Jayapura.

ZOLLBESTIMMUNGEN

In Indonesien ist die Einfuhr der üblichen Dinge verboten, darunter Drogen, Waffen, frisches Obst und alles, was auch nur annähernd pornografisch ist.

Folgende Gegenstände dürfen u. a. eingeführt werden:

- 200 Zigaretten (oder 50 Zigarren oder 100 g Tabak)
- eine „angemessene" Menge Parfüm
- 1 l Alkohol

Surfer, die mit mehr als zwei oder drei Surfbrettern reisen, müssen eventuell eine „Gebühr" bezahlen. Dasselbe trifft auch auf andere Dinge zu, wenn die Behörden den Verdacht haben, dass diese in Indonesien verkauft werden sollen. Wenn es nichts zu verzollen gibt, geht die Abfertigung meist rasch.

An- & Weiterreise

AUF DEM LANDWEG

Es gibt vier Landübergänge nach Indonesien.

Linienbusse zwischen Pontianak (Kalimantan) und Kuching (Sarawak, Ostmalaysia) passieren den Grenzposten bei Entikong. Auf dieser Strecke kann ein Visum bei Ankunft beantragt werden. Man kommt auch über die Route zwischen Lubok Antu, Sarawak, und Badau, Westkalimantan ins Land, vorausgesetzt, man hat bereits ein Visum.

Die Grenze zwischen West- und Osttimor (Timor-Leste) ist geöffnet. Ein Visum für Osttimor gibt's im Konsulat in Kupang; dies ist notwendig, um von Ost- nach Westtimor zu reisen.

Außerdem führt eine Straße von Jayapura oder Sentani nach Vanimo in Papua-Neuguinea, die man je nach aktueller politischer Lage benutzen kann. Für die Einreise nach Indonesien ist ein Visum vorgeschrieben.

AUF DEM SEEWEG

Schiffe und Fähren verkehren von Malaysia und Singapur nach Sumatra, allerdings sind die Verbindungen ungünstig und die meisten Traveller fliegen. Von Melaka (Malaysia) gehen Schiffe nach Dumai (Indonesien). Von Singapur legen Fähren den kurzen Weg nach Pulau Batam und Bintan, den wichtigsten Inseln im Riau-Archipel, zurück. Es gibt eine Verbindung von Nunukan in Ostkalimantan auf Borneo nach Tawau im malaysischen Sabah. Derzeit besteht keine Fährverbindung zwischen Indonesien und den Philippinen.

FLUGZEUG

Indonesien ist über etliche Fluglinien gut mit dem Rest der Welt verknüpft. Viele internationale Flüge, v. a. jene nach Bali, landen aufgrund der eingeschränkten Landebahnfläche auf Bali zuerst in Singapur oder Kuala Lumpur.

Die wichtigsten Drehscheiben für die Anreise nach Indonesien sind der Soekarno-Hatta International Airport in Jakarta und der Ngurah Rai International Airport auf Bali (im Flugplan steht oft Denpasar).

Unterwegs vor Ort

AUTO & MOTORRAD

In touristischen Gegenden können kleine Autos zum Selbstfahren für nur 100 000 bis 300 000 am Tag gemietet werden.

Die meisten Touristen mieten ein Auto mit Fahrer für 400 000 bis 1 400 000 Rp pro Tag (600 000 Rp pro Tag ist der durchschnittliche Preis an beliebten Orten wie Bali).

Für kleine Gruppen ist ein Kleinbus mit Fahrer günstig und zudem ist man unabhängig. Hotels können jederzeit Fahrer organisieren.

Motorräder und Mopeds werden in ganz Indonesien für 60 000 bis 100 000 Rp pro Tag vermietet.

- Ein Helm ist Pflicht und in Anbetracht der Straßenverhältnisse auch notwendig.
- In den beliebten Surfgegenden haben viele Motorräder Halterungen für die Surfbretter.
- Das Gesetz schreibt einen Führerschein vor, obwohl man diesen kaum zeigen muss – es sei denn, man wird von der Polizei angehalten, die ihre Portokasse aufstocken möchte.
- Nicht alle Reiseversicherungen übernehmen die Kosten von Motorradunfällen, wenn keine Fahrerlaubnis mitgeführt wurde. Vorsicht beim Kleingedruckten!

BUS

Busse sind Indonesiens Haupttransportmittel (außer in Papua und Maluku). Den ganzen Tag über befördern Tausende Busse in allen Formen und Größen Tausende von Personen durch das Land. Fast immer gilt die Devise, dass abgefahren wird, wenn der Bus voll ist, und voll bedeutet möglicherweise, dass auch die Gänge besetzt sind. Hier ein paar Tipps:

- Auf Indonesiens Hauptrouten bieten Busse mit Klimaanlagen immerhin eine erträgliche Fahrt.

ESSEN

Gado gado Gemüse mit Erdnusssoße, eine Spezialität aus Java

Sate ayam Hühnchen am Spieß in Erdnuss-Satay-Soße

Nasi goreng/mie goreng Gebratener Reis/gebratene Nudeln

Padang food Zu den scharfen Gerichten von Westsumatra zählt auch Rind-*rendang*

Babi guling Am Spieß gebratenes Schwein, sehr beliebt auf Bali

Ikan kuah assam Tamarinden-Fischsuppe aus Nusa Tenggara

- Auf den überfüllten Straßen stecken die Busse oft im Stau.
- Für wichtige Verbindungen wie die 24-Stunden-Route von Bali nach Jakarta sind Billigflieger durchaus eine Alternative, was den Preis angeht.
- Busse auf entlegeneren Strecken sind üblicherweise nicht klimatisiert.
- Am besten so wenig Gepäck wie möglich mitnehmen – es ist so gut wie kein Stauraum vorhanden. Große Taschen müssen dann auf dem Schoß transportiert werden.
- Man sollte immer auf seine privaten Habseligkeiten achten und Reisepass, Geld und andere Wertgegenstände sicher unter Verschluss halten.

FAHRRAD

Radfahrer, die einigermaßen in Form und vorbereitet sind und außerdem ganz viel gesunden Menschenverstand im Gepäck haben, können so ziemlich überall auf dem Archipel unvergleichliche Reiseerfahrungen sammeln. Die gut erhaltenen Straßen von Bali, Lombok, Ostjava und Südsulawesi sind für alle Fitnesslevels geeignet; Abenteuerlustige machen sich auf in die Hügel von Sumatra oder Nusa Tenggara.

Radfahren wird unter der indonesischen Bevölkerung immer beliebter und Fahrradclubs stehen ausländischen Besuchern gern mit Rat und Tat zur Seite. *Bike to Work* (www.b2w-indonesia.or.id) verfügt über ein umfassendes Netzwerk im Land.

FLUGZEUG

Über zehn Fluglinien sind in ganz Indonesien unterwegs und sie bieten mit günstigen Inlandsflügen die beste Alternative zu langen Überlandreisen oder Fährfahrten. Es kann eine Herausforderung sein, in Indonesien verlässliche Informationen über Inlandsflüge zu bekommen. Manche Fluglinien für weniger gefragte Strecken tauchen auf Reise-Websites gar nicht auf, www.traveloka.com und www.skyscanner.com sind jedoch relativ vollständig. Regionale Fluglinien und Reisebüros haben oft Informationen. In der Regel sind Hotels und Reiseveranstalter vor Ort die beste Informationsquelle. Das Flugnetz im Inland befindet sich immer noch im Ausbau. Flugpläne und Ticketpreise ändern sich daher ständig. Kleine Fluglinien, die entlegene Routen bedienen, verwenden oftmals veraltete Maschinen, die auch noch überfüllt sind.

Tickets

Die größeren indonesischen Fluglinien verfügen über Websites, die Flüge auflisten. Allerdings kann es schwer sein, im Internet Tickets mit einer nicht indonesischen Kreditkarte zu kaufen. Hier ein paar Möglichkeiten:

Reisebüros Eine gute Möglichkeit, vor Ort Inlandsflugtickets zu kaufen. Häufig bekommt man hier auch die günstigsten Preise.

Reise-Websites Viele dieser Seiten akzeptieren internationale Kreditkarten.

Freunde Man kann auch einen Freund in Indonesien oder den Besitzer der Unterkunft darum bitten, ein Ticket mit seiner Kreditkarte zu kaufen, und ihm das Geld zurückzahlen.

Flughafen Einige Fluglinien verkaufen Tickets am Flughafen, Reisebüros und die Büros der Fluglinien in der Stadt sind aber verlässlicher.

NAHVERKEHR

Öffentliche Minibusse bestreiten den innerstädtischen Verkehr und auch weitere Strecken. Sie heißen *bemos* oder *angkot*, im Großteil von Papua, Kalimantan und Ostjava werden sie aber *taksi* genannt. Weitere Bezeichnungen sind *opelet*, *mikrolet*, *angkudes* und *pete-pete*.

Ojeks (oder *ojegs*) sind Motorradtaxis; sie nehmen ihre Passagiere zu einem verhandelbaren Preis auf dem Beifahrersitz mit. Man findet sie an Busbahnhöfen und Märkten, genauso wie an Straßenkreuzungen.

Becak sind dreirädige Fahrradrikschas, entweder mit Pedal oder Motor betrieben. In einigen größeren Städten dürfen sie nicht auf den Hauptstraßen verkehren, man sieht sie aber durch die Seitenstraßen düsen, während sie einfach alles und jeden transportieren.

SCHIFF/FÄHRE

Zwischen Sumatra, Java, Bali, Nusa Tenggara und Sulawesi sind regelmäßig Autofähren im Einsatz, die man gut fürs Inselhopping von Sumatra bis nach Westtimor nutzen kann. Lokale Fähren verkehren mehrmals pro Woche oder täglich (auf den stärker frequentierten Strecken Java–Bali–Lombok–Sumbawa sogar stündlich). Nach dem aktuellen Fahrplan und Preisen erkundigt man sich bei den Schifffahrtsgesellschaften, dem Büro im Hafen, in einer Reiseagentur oder in Hotels.

Pelni, eine staatliche Passagierlinie, bedient die Hauptrouten zwischen Kalimantan, Maluku und Papua.

Pelni

Die großen Schiffe von Pelni (www.pelni.co.id) verkehren zwischen allen wichtigen Häfen und einem Großteil der entlegenen Gebiete des Archipels. Die Pelni-Website ist eine gute Informationsquelle, sie zeigt Abfahrten und Ankünfte etwa einen Monat im Voraus an. Pelni-Fähren sind ein- oder zweimal pro Monat auf festgelegten Routen zwischen den Inseln unterwegs. Normalerweise liegen sie einige Stunden in jedem Hafen; man hat also Zeit, sich kurz umzusehen. Die Abfahrtszeiten können sich bis zuletzt ändern. Die Economy-Preise kommen oft recht günstig, bei gehobenerer Unterbringung sind Billigflieger aber eine gute, womöglich preiswertere Alternative.

An Bord der Boote gibt's zwei bis sechs Kabinenklassen. Die Economy-Klasse ist die moderne Umschreibung für einen Platz an Deck – eine im wahrsten Sinne des Wortes ungeschönte Erfahrung. Die Preisleiter weiter nach oben kletternd, tauscht man einen Sitz an Deck gegen eine kleine Schlafmöglichkeit – bis hin zu einer eigenen Kabine mit zwei Betten (sozusagen erste Klasse). Im besten Fall erfüllen die Kabinen ihren Zweck, Luxus darf keiner erwartet werden.

Andere Schiffe

Etliche Boote verkehren von Insel zu Insel, über Flüsse und Seen. In Indonesien werden alle möglichen Wasserfahrzeuge auch vermietet.

Auslegerboote werden für kurze Strecken von einer Insel zur nächsten genutzt, etwa von Manado in Nordsulawesi zum Korallenriff rund um das nahegelegene Pulau Bunaken. Von Lombok steuern sie die Gilis an, während der Komodo-Nationalpark von Labuanbajo aus angefahren wird. Auf Bali heißen sie *jukung*.

Fischerboote Die kleinen Boote kann man chartern, um zu den Inseln vor der Küste zu gelangen.

Flussfähren sind in Kalimantan verbreitet, wo die Flüsse als Straßen fungieren. Es sind große, wuchtige Schiffe, die sowohl Passagiere wie auch Güter die Wasserwege auf und ab befördern.

Langboote Diese langen schmalen Boote werden durch Außenbordmotoren angetrieben. Sitzbänke für die Passagiere stehen auf beiden Seiten des Rumpfes. Langboote kommen v. a. in Kalimantan zum Einsatz, wo sie auch *klotok* genannt werden.

Schnellfähren sind, wenn vorhanden, eine wunderbare Alternative zu den langsamen Autofähren, die zahlreiche Inseln verbinden.

Touristenboote Oftmals wirklich schnelle Schnellboote mit einer Kapazität von 40 oder mehr Passagieren sind v. a. auf kurzen Strecken zwischen Abli, Nusa Lembongan, Lombok und den Gilis im Umlauf.

ZUG

Auf Java gehören Züge zu den komfortabelsten, schnellsten und einfachsten Reisemöglichkeiten. Im Osten schafft der Schienenverkehr Anbindung an die Fähre nach Bali, im Westen an die Fähre nach Sumatra. Sumatras eingeschränktes Bahnnetz erstreckt sich im Süden von Bandarlampung nach Lubuklinggau, und im Norden von Medan nach Tanjung Balai und Rantau Prapat.

Kambodscha

☎855 / 16 MIO. EW. / 181 035 KM²

Inhalt ➜

Die schönsten Tempel

➜ Angkor Wat (S. 280)
➜ Bayon (S. 282)
➜ Beng Mealea (S. 287)
➜ Prasat Preah Vihear (S. 296)
➜ Ta Prohm (S. 286)

Redewendungen

Hallo johm riab sua

Auf Wiedersehen lia suhn hao-y

Danke aw kohn

Spricht hier jemand Englisch? Tii nih mian niak jeh phiasaa awngle te?

Auf nach Kambodscha!

Die Faszination von Angkor Wat, dem Reich der Götter, in dem Spiritualität, Symbolismus und Symmetrie perfekt miteinander harmonieren, und die menschlichen Abgründe von Tuol Sleng, Zeuge der Verbrechen der Roten Khmer – das ist Kambodscha, ein eindrucksvolles Land mit einer inspirierenden und schockierenden Geschichte, das jeden Besucher in seinen Bann zieht.

Gesäumt von Traumstränden und tropischen Inseln, genährt vom Wasser des Mekong und bedeckt von der wenigen verbliebenen smaragdgrünen Wildnis der Gegend, verspricht es Abenteuer und Erholung zugleich. Das warme Herz Südostasiens bietet auf kleiner Fläche den gesamten Facettenreichtum der Region.

Aber die Menschen sind das echte Highlight. Die Khmer erlebten die Hölle auf Erden, doch aufgrund ihres nicht zu brechenden Lebensmutes und ansteckenden Optimismus konnten sie sich ihre Herzlichkeit und Wärme bewahren.

Reisezeit

Phnom Penh

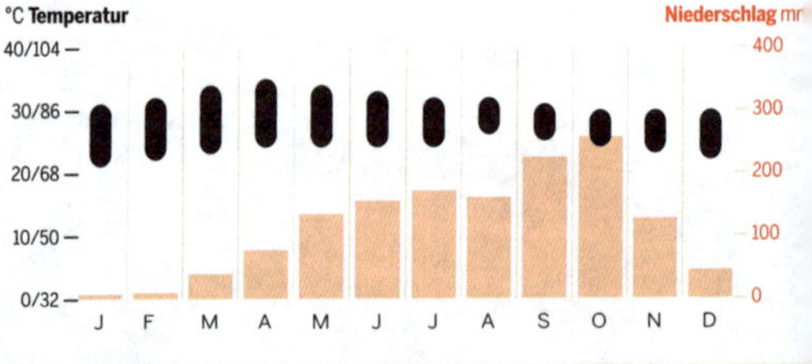

Nov–Feb. Die beste Zeit für einen Besuch bei relativ kühlem Wetter.

März–Juni Das Khmer-Neujahr fällt auf Mitte April und oft ist es bis zu 40 °C heiß.

Juli–Okt. Alles blüht, die Reisfelder schimmern, Wolken sorgen für Abkühlung und die Preise sinken.

Anreise

Die meisten Besucher reisen mit dem Flugzeug über die beliebten internationalen Flughäfen Phnom Penh und Siem Reap nach Kambodscha. Viele unabhängige Traveller kommen über eine der vielen Landgrenzen aus Thailand, Vietnam und Laos nach Kambodscha. Eine weitere Option ist die Überquerung des Mekong zwischen Vietnam und Kambodscha.

REGIONEN AUF EINEN BLICK

Phnom Penh, die neu auflebende Hauptstadt Kambodschas, ist der perfekte Ort, um den Puls des modernen Lebens zu spüren. Siem Reap, das Tor zu den majestätischen Tempeln von Angkor, wetteifert mit der Hauptstadt um die besten Restaurants, schicksten Bars und elegantesten Boutiquen. Die Welterbestätte Angkor beherbergt einige der spektakulärsten Tempel der Welt.

An der Südküste gibt's mehrere aufstrebende Hotelresorts und wunderschöne tropische Inseln, die sich – im Gegensatz zu den Inseln der benachbarten Länder – gerade erst für den Tourismus öffnen. In Nordwestkambodscha liegt Battambang, das einen traditionelleren Lebensrhythmus und entlegene Dschungeltempel bietet. Der wilde Osten des Landes ist die Heimat von Wildelefanten, donnernden Wasserfällen und Süßwasserdelfinen.

Essen & Trinken

Amoc Das Nationalgericht besteht aus aromatischem gedünsteten Fischcurry im Bananenblatt.

Angkor Beer Das Nationalbier wird in Mengen konsumiert.

Bobor Suppe auf Reisbasis, erinnert an chinesisches *Congee*.

Prahoc Die fermentierte Fischpaste ist fast schon eine biologische Waffe.

Spiders Genau wie es klingt: frittierte Taranteln.

Top-Tipps für Kambodscha

- Vorab genau über die Grenzübergänge informieren, um nicht nachts in einem entlegenen Ort festzusitzen.
- Nachtbusse sind in Kambodscha ganz komfortabel und sparen die Kosten für ein Hotel.
- Ist Zeit wichtiger als Geld, kann man auch Inlandsflüge für die Strecke Siem Reap–Sihanoukville buchen.
- Die meisten Grundversorgungsmittel wie Hygieneartikel, Damenbinden, Rasierschaum, Insektenschutz und Sonnencreme sind in den Großstädten Kambodschas günstig erhältlich.
- Angemesse Kleidung auf dem Land, denn Kambodscha ist immer noch sehr konservativ und kein Strandurlaubsziel.
- Man sollte sich einen *krama*, einen karierten traditionellen Schal, kaufen – er eignet sich gut als Mehrzweckhandtuch und kann auch sonst in vielerlei Hinsicht benutzt werden.

AUF EINEN BLICK

Geld Geldautomaten gibt's fast überall. In größeren Städten werden auch Kreditkarten akzeptiert.

Sprache Khmer

Visa Bei der Einreise erhält man ein einmonatiges Touristenvisum. Es kostet 30 US$; für die Ausstellung benötigt man ein Passfoto.

Währung Riel (R); US-Dollar (US$) werden weithin akzeptiert.

Wechselkurse

Eurozone	1 €	4775 R
Laos	1 B	122 R
Schweiz	1 CHF	4095 R
Thailand	1 B	122 R
Vietnam	1 D	0,17 R
USA	1 US$	4042 R

Tagesbudget

Billiges Zimmer in einer Pension 5–10 US$

Lokale Mahlzeiten und Straßenküche 1–3 US$

Lokalbusse (pro 100 km) 2–3 US$

Infos im Internet

Phnom Penh Post (www.phnompenhpost.com) Kambodschas erfolgreichste Zeitung.

Move to Cambodia (www.movetocambodia.com) Guide über Leben und Arbeiten in Kambodscha.

Cambodia Tribunal Monitor (www.cambodiatribunal.org) Detaillierte Informationen zum Rote-Khmer-Tribunal.

Highlights

1. **Tempel von Angkor** (S. 280) Das achte Weltwunder entdecken.
2. **Phnom Penh** (S. 250) Eintauchen in die beeindruckenden Museen, die tolle Flusskulisse und das lebendige Nachtleben der „Perle Asiens".
3. **Südliche Inseln** (S. 307) Beim Inselhopping Kambodschas Reiseziel der Zukunft kennenlernen.
4. **Battambang** (S. 288) Die herrliche Natur genießen, zu Hügeltempeln hinaufklettern, Höhlen entdecken und mit dem „Bambuszug" fahren.
5. **Mondulkiri** (S. 326) Das wilde Land der Hügel, tosenden Wasserfälle, indigenen Minderheiten und aufregenden Abenteueraktivitäten erkunden.
6. **Kampot** (S. 310) Das verschlafene Städtchen am Fluss entdecken, seine französische Architektur, die Höhlentempel und die Pfefferplantagen.
7. **Prasat Preah Vihear** (S. 296) Zu diesem Ehrfurcht gebietenden Bergtempel pilgern.
8. **Kratie** (S. 318) Mit dem Fahrrad oder Boot idyllische Mekong-Inseln und Delfinbecken erforschen.

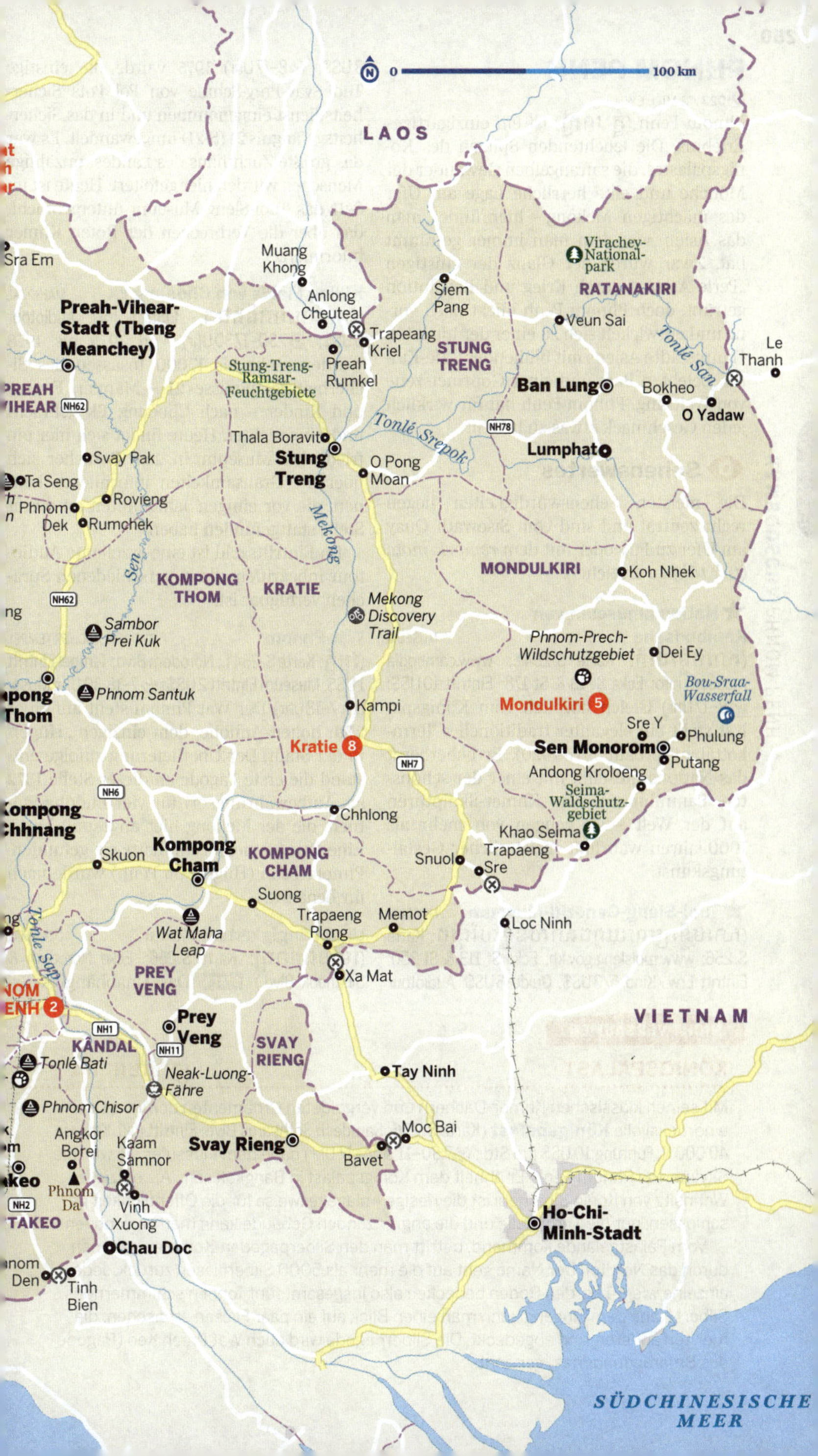

0
100 km
LAOS
VIETNAM
SÜDCHINESISCHE MEER
Virachey-National-park
RATANAKIRI
STUNG TRENG
MONDULKIRI
KOMPONG THOM
KRATIE
KOMPONG CHAM
PREY VENG
SVAY RIENG
KÂNDAL
TAKEO
PREAH VIHEAR
Sra Em
Muang Khong
Anlong Cheuteal
Trapeang Kriel
Siem Pang
Preah Rumkel
Veun Sai
Tonlé San
Le Thanh
Preah-Vihear-Stadt (Tbeng Meanchey)
Stung-Treng-Ramsar-Feuchtgebiete
Ban Lung
Bokheo
O Yadaw
Thala Boravit
Stung Treng
Tonlé Srepok
NH78
Lumphat
O Pong Moan
NH62
Svay Pak
Ta Seng
Rovieng
Phnom Dek
Rumchek
Mekong
Sen
Koh Nhek
Mekong Discovery Trail
Sambor Prei Kuk
Phnom-Prech-Wildschutzgebiet
Dei Ey
Bou-Sraa-Wasserfall
Phnom Santuk
Kampi
Mondulkiri 5
Sre Y
Phulung
Kratie 8
Sen Monorom
Putang
NH7
Andong Kroloeng
Seima-Waldschutz-gebiet
NH6
Chhlong
Khao Seima
Trapaeng Sre
Kompong Chhnang
Skuon
Kompong Cham
Snuol
Suong
Memot
Loc Ninh
Wat Maha Leap
Trapaeng Plong
Tonle Sap
Xa Mat
Phnom Penh 2
Prey Veng
NH1
NH11
Tonlé Bati
Neak-Luong-Fähre
Tay Ninh
Phnom Chisor
Moc Bai
Angkor Borei
Kaam Samnor
Svay Rieng
Bavet
Phnom Da
Takeo
NH2
Vinh Xuong
Ho-Chi-Minh-Stadt
Chau Doc
Phnom Den
Tinh Bien

PHNOM PENH

023 / 2 MIO. EW.

Phnom Penh (ភ្នំពេញ) ist ein einzigartiges Erlebnis. Die leuchtenden Spitzen des Königspalastes, die safrangelben Gewänder der Mönche und eine herrliche Lage am Ufer des mächtigen Mekong – hier findet man das Asien, von dem man immer geträumt hat. Zwar wurde der Glanz der einstigen „Perle Asiens" durch Krieg und Revolution getrübt, doch Phnom Penh blickt nach vorne und entwickelt sich zu einer der hippsten Hauptstädte Asiens mit blühender Café-Kultur, belebten Bars und einer Gourmetszene von Weltrang. Phnom Penh hat für wirklich jeden Geschmack etwas zu bieten!

Sehenswertes

Die meisten Sehenswürdigkeiten liegen recht zentral und sind vom Sisowath Quay am Ufer zu Fuß oder mit dem *remork-moto* (*túk túk*) zu erreichen.

★ Nationalmuseum von Kambodscha — MUSEUM

(សារមន្ទីរជាតិ; Karte S. 254 f.; www.cambodiamuseum.info; Ecke St 13 & St 178; Eintritt 10 US$; 8–17 Uhr) Gleich nördlich vom Königspalast steht ein eleganter traditioneller Terrakottabau (erbaut 1917–1920). Er beherbergt das Nationalmuseum mit einer der schönsten Sammlungen von Khmer-Skulpturen auf der Welt – sie zeugen von mehr als 1000 Jahren wahrhaft meisterlicher Gestaltungskunst.

★ Tuol-Sleng-Genozid-Museum — MUSEUM

(សារមន្ទីរប្រល័យពូជសាសន៍ទួលស្លែង; Karte S. 256; www.tuolsleng.gov.kh; Ecke St 113 & St 350; Eintritt Erw./Kind 5/3 US$, Guide 6 US$, Audiotour 3 US$; 8–17 Uhr) 1975 wurde die einstige Tuol-Svay-Prey-Schule von Pol Pots Sicherheitsdienst eingenommen und in das Sicherheitsgefängnis 21 (S-21) umgewandelt. Es war das größte Zuchthaus des Landes; unzählige Menschen wurden hier gefoltert. Heute ist im S-21 das Tuol-Sleng-Museum untergebracht, das über die Verbrechen der Roten Khmer informiert.

Killing Fields von Choeung Ek — MAHNMAL

(វាលពិឃាតជើងឯក; Eintritt inkl. Audiotour 6 US$; 7.30–17.30 Uhr) Von 1975 bis 1978 wurden mehr als 17 000 Insassen des Sicherheitsgefängnisses 21 – Männer, Frauen und Kinder – nach Choeung Ek gebracht und hingerichtet. Heute findet sich hier ein friedliches Museum, in dem Besucher sich über die Grausamkeiten informieren können, die vor einigen Jahrzehnten an dieser Stelle stattgefunden haben.

Im Eintrittsgeld ist eine exzellente Audiotour inbegriffen, die in verschiedenen Sprachen verfügbar ist.

Wat Phnom — BUDDHISTISCHER TEMPEL

(វត្តភ្នំ; Karte S. 254 f.; Norodom Blvd; Tempel Eintritt 1 US$, Museum Eintritt 2 US$; 7–18.30 Uhr, Museum 7–18 Uhr) Der Wat Phnom steht auf einer 27 m hohen Anhöhe, dem einzigen „Hügel" in der Stadt. Der Überlieferung zufolge entstand die erste Pagode an dieser Stelle 1372 als Aufbewahrungsort für vier Buddha-Statuen, die der Mekong hier angespült hatte. Eine Frau namens Penh hatte sie gefunden. Phnom Penh (Hügel von Penh) wurde nach ihr benannt.

Unabhängigkeitsdenkmal — DENKMAL

(វិមានឯករាជ្យ; Karte S. 256; Ecke Norodom & Sihanouk Blvd.) GRATIS Das Unabhängigkeits-

NICHT VERSÄUMEN

KÖNIGSPALAST — ព្រះបរមរាជវាំង

Mit seinen klassischen Khmer-Dächern und vergoldeten Ornamenten dominiert der eindrucksvolle **Königspalast** (Karte S. 256; Samdech Sothearos Blvd; Eintritt inkl. Kamera 40 000 R, Führung 10 US$ pro Std.; 7.30–11 & 14–17 Uhr) nahe dem Flussufer die winzige Skyline von Phnom Penh. Er ähnelt dem Königspalast in Bangkok sehr. Als offizieller Wohnsitz von König Sihamoni ist die riesige Anlage teilweise für die Öffentlichkeit geschlossen, nur die Thronhalle und die angrenzenden Gebäude kann man besichtigen.

Vom Palastgelände kommend, betritt man den Silberpagoden-Komplex nebenan durch das Nordtor. Der Name geht auf die mehr als 5000 Silberfliesen zurück. Jede einzelne wiegt 1 kg, den Boden bedecken also insgesamt fünf Tonnen schimmerndes Silber! Nahe dem Eingang kann man einen Blick auf ein paar Fliesen erhaschen; die meisten anderen sind abgedeckt. Die Silberpagode wird auch Wat Preah Keo (Pagode des Smaragdbuddhas) genannt.

denkmal ist dem zentralen Turm des Angkor Wat nachempfunden und wurde 1958 zur Erinnerung an die Erlangung der Unabhängigkeit von Frankreich fünf Jahre zuvor errichtet. Gleichzeitig dient es als Gedenkstätte für Kambodschas Kriegsopfer. An Nationalfeiertagen werden hier regelmäßig Kränze niedergelegt.

Aktivitäten

Die lebhaften und farbenprächtigen Aerobic-Sessions, die bei Sonnenauf- und Sonnenuntergang in den Stadtparks stattfinden, sollten Sportinteressierte nicht verpassen. Am Flussufer gegenüber dem Olympiastadion kann man sich den Sportlern gut anschließen. In einem Großteil der Boutique-Hotels mit Pools können auch Nichtgäste ein paar Runden **schwimmen**, für 5 US$ oder indem sie ein bisschen Geld in Snacks investieren. Eine weitere Option ist der großartige Pool im **Himawari Hotel** (Karte S. 256; ☎023-214555; 313 Sisowath Quay; Eintritt Wochentag/Wochenende 7/8 US$).

Bootsfahrten BOOTSFAHRTEN
(Karte S. 252) Bootsfahrten auf dem Tonlé Sap und dem Mekong sind sehr beliebt bei Touristen. Am schönsten sind die Fahrten bei Sonnenuntergang, wenn die glühende Sonne langsam hinter den glänzenden Türmen des Königspalastes versinkt. Am Flussufer, etwa 500 m nördlich des Touristenbootsdocks, warten einige Mietboote. Man kann spontane Fahrten für um die 20 US$ pro Stunde organisieren, je nach Verhandlungsgeschick und Teilnehmerzahl. Getränke entweder selbst mitbringen oder auf den Booten kaufen, wo Bier und Softdrinks angeboten werden.

Cambodia Cooking Class KOCHKURS
(Karte S. 256; ☎023-220953; www.frizz-restaurant.com; Buchungsbüro 67 St 240; halber/ganzer Tag 15/23 US$) Im Frizz-Restaurant nahe der russischen Botschaft lernt man die Kunst der Khmer-Küche kennen. Die Kurse finden auf dem luftigen Dach des Restaurants statt. Einen Tag im Voraus buchen.

Vicious Cycle FAHRRADFAHREN
(Karte S. 254 f.; ☎012 430622; www.grasshopperadventures.com; 23 St 144; Rennrad/Mountainbike 4/8 US$ pro Tag) Hat zahlreiche exzellente Mountainbikes und andere Räder im Angebot. Für 3 US$ kann man auch Kindersitze leihen. Vicious repräsentiert das sehr angesehene Unternehmen Grasshopper Adventures in Phnom Penh.

VERWÖHNPROGRAMM

Das **You Khin Art House** (Karte S. 256; ☎061 828577; ykarthouse@gmail.com; St 830; Zi. 20–35 US$; ❄📶🏊) liegt versteckt auf der ruhigen Street 830. Es hat das Flair eines großen Wohnhauses, ist von innen aber viel größer. Das Hotel wird von Franzosen und Khmer geleitet, die die Wände mit ihren eigenen Kunstwerken geschmückt haben. Die zahlreichen Aufenthaltsbereiche sind mit Billardtischen und Tischtennisplatten ausgestattet. Die „Küchen-Zimmer" sehen aus wie Suiten, haben ein großartiges Preis-Leistungs-Verhältnis und eignen sich wunderbar für Familien.

Daughters SPA
(Karte S. 254 f.; ☎077 657678; www.daughtersofcambodia.org; 321 Sisowath Quay; 1-std. Fußspa 10 US$; ⏲Mo–Sa 9–17.30 Uhr) Die NGO betreibt ein Ausbildungsprogramm für benachteiligte Frauen, die hier Hand- und Fußmassagen, auch als Kurzbehandlungen (15 bis 30 Min.), durchführen.

Nail Bar MASSAGE
(Karte S. 254 f.; www.mithsamlanh.org; Friends n' Stuff Store, 215 St 13; 30-/60-min. Massagen 4/7 US$; ⏲11–21 Uhr) Günstige Maniküren, Pediküren, Fußmassagen, Handmassagen und Nagellackierung. Mit seinen Erlösen finanziert Mith Samlan Straßenkindern eine Berufsausbildung.

Geführte Touren

Cyclo Centre GEFÜHRTE TOUREN
(Karte S. 254 f.; ☎097 700 9762; www.cyclo.org.kh; 95 St 158; ab 3/12 US$ pro Std./Tag) Unterstützt die *cyclo*-Fahrer (= Fahrradtaxi) der Stadt. Die Touren sind eine tolle Möglichkeit, die Sehenswürdigkeiten der Stadt zu erkunden. Ebenfalls im Programm sind Mottofahrten (Kneipentouren, kulturelle Schwerpunkte und vieles mehr).

Schlafen

Es gibt mehrere kleine Backpackerkolonien, und auch im Zentrum gibt's ein paar Unterkünfte. Die Straße 172 zwischen der Straße 19 und der Straße 13 ist das beliebteste Viertel für Budgetunterkünfte und eine sehr gute Adresse für Spontanbesucher. In der weiter südlich und näher am Fluss gelegenen Straße 258 befinden sich mehrere Gästehäuser. In diesem betriebsamen Vier-

Phnom Penh

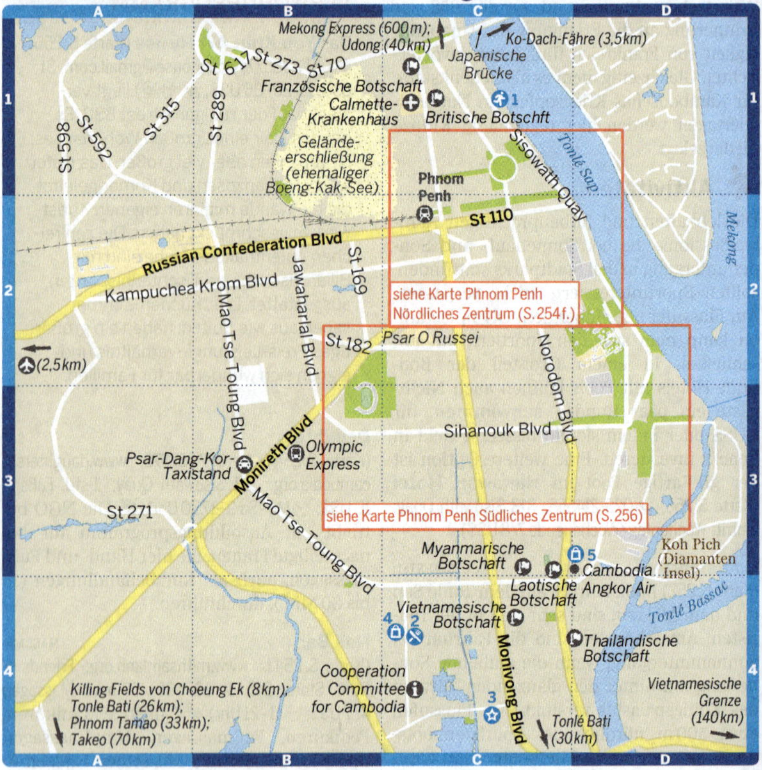

Phnom Penh

Aktivitäten, Kurse & Touren
1 Bootsfahrten C1

Essen
2 Café Yejj C4

Unterhaltung
3 Sovanna Phum Arts Association C4

Shoppen
Rajana .... (siehe 2)
4 Russischer Markt C4
5 Watthan Artisans D3

tel westlich des belebten Monivong Boulevard findet man eine Mischung aus günstigen Wolkenkratzerhotels und Gästehäusern für Backpacker. Der trendige Bezirk Boeng Keng Kang (BKK) südlich des Unabhängigkeitsdenkmals ist die perfekte Adresse für Flashpacker (Backpacker mit viel Geld).

★ Eighty8 Backpackers HOSTEL $
(Karte S. 254 f.; ☎ 023-500 2440; www.88backpackers.com; 98 St 88; B 6,40–8 US$, Zi. 24–34 US$; ❄@☎≋) Ein Hostel mit Swimmingpool verspricht gute Stimmung. Hier findet an jedem ersten Freitag im Monat eine große Party statt. Die geräumige Villa beherbergt mehrere Schlafsäle und Privatzimmer. Im Hof befindet sich zentral eine Bar mit Billardtisch und vielen Plätzen zum gemütlichen Abhängen rund um den Pool.

★ Mad Monkey HOSTEL $
(Karte S. 256; ☎ 023-987091; www.madmonkeyhostels.com; 26 St 302; B 5–7 US$, Zi. ab 18–25 US$; ❄@☎) Das bunte, quirlige Hostel ist zu Recht beliebt. In den großen klimatisierten Schlafsälen können sechs bis 20 Gäste übernachten; in den kleineren Räumen stehen doppelt so breite Etagenbetten für bis zu zwei Personen. Die Privatzimmer sind ziemlich schick für den Preis, lassen jedoch Fernseher und oft auch Fenster vermissen. In der

Dachbar über der ruhigen Straße 302 gibt's montags von 18 bis 20 Uhr Freibier.

Top Banana Guesthouse HOSTEL $
(Karte S. 256; ☎ 012 885572; www.topbananahostels.weebly.com; 9 St 278; B ab 4 US$, Zi. 12–16 US$; ❄@📶) Die Zimmer sind für ein Hostel sehr gut. Es gibt auch ein paar Schlafsäle, darunter einer nur für Frauen mit vier Betten. Der Joker sind die strategische Lage mit Blick auf den Wat Langka, die Straße 278 und den Chill-out-Bereich im Freien. Abends kann es laut werden, denn die Dachbar ist sehr beliebt. Weit im Voraus reservieren!

Narin Guesthouse PENSION $
(Karte S. 256; ☎ 023-991955; 50 St 125; Zi. mit Ventilator/Klimaanlage 12/17 US$; ❄@📶) Diese alteingesessene Pension (das erste Mal haben wir hier 1995 übernachtet) wird von einer netten Familie geführt. Sie bietet adrette Zimmer, gepflegte Bäder und einen guten Preis. Die superentspannte Restaurantterrasse lädt zum Faulenzen ein.

Panorama Mekong Hostel HOSTEL $
(Karte S. 254 f.; ☎ 018 950 0400; www.facebook.com/panorama.mekong.hostel; 357 Sisowath Quay; B 3 US$; 📶) Das Hotel hat seine Vor- und Nachteile: Es bietet einen tollen Panoramablick auf den Mekong, und man kann sogar den eindrucksvollen Club der Auslandskorrespondenten (FCC) sehen, was für eine Backpacker-Herberge ziemlich selten ist. Leider ist das Hostel nur über vier Treppen zu erreichen, und es gibt keinen Fahrstuhl. Da heißt es fit bleiben und den Ausblick genießen!

Blues Hostel HOSTEL $
(Karte S. 254 f.; ☎ 010 302210; www.blueshostel.com; 149 St 19; B 3,50–4,50 US$, Zi. ab 10 US$; ❄📶) Das eindrucksvolle Hotel wurde 2017 eröffnet und bietet attraktive Preise – selbst nach Hostel-Standards. Es verfügt über Privatzimmer mit eigenen Bädern. Unten befindet sich eine lebhafte Bar mit Billardtisch, in der es manchmal Freibier gibt.

Mini Banana Guesthouse PENSION $
(Karte S. 256; ☎ 023-726854; www.mini-banana.asia; 136 St 51; B 6 US$, Zi. 8–20 US$; ❄📶) Dieser Stadtteil ist beinahe eine Bananenrepublik – drei Gasthäuser tragen hier den Namen „Banana". Diese Pension ist die schönste von ihnen: Die Schlafsäle sind renoviert, die Betten stabil; außerdem gibt's komfortable Zimmer mit Ventilator oder Klimaanlage und ein lebhaftes kleines Bar-Restaurant.

Number 9 Guesthouse HOSTEL $
(Karte S. 256; ☎ 023-984999; www.number9hotel.com; 7C St 258; Zi. 15–35 US$; ❄📶🏊) Eine der ersten Backpacker-Unterkünfte der alten Schule in Phnom Penh, die sich zum Flashpacker-Hostel gewandelt hat. Angesichts der fairen Preise, des Dachpools und des lebendigen Bar-Restaurants mit großzügiger Happy Hour (16–20 Uhr) kommen aber unverändert viele Besucher. Eine nette Option für Touristen, die sich nach ein paar Tagen auf dem Land mal wieder etwas Luxus gönnen wollen.

Tat Guesthouse PENSION $
(Karte S. 256; ☎ 012 921211; tatcambodia@yahoo.com; 52 St 125; EZ ohne Bad 4 US$, Zi. 7–15 US$; ❄@📶) Superfreundliche Bleibe mit einem luftigen und relaxten Aufenthaltsbereich auf dem Dach. Die Zimmer sind nicht umwerfend, aber funktional. Für 12 US$ gibt's eins mit Klimaanlage. Den Besitzern gehört auch das nahegelegene **Tattoo Guesthouse** (Karte S. 256; ☎ 011 801000; 62A St 125; Zi. 5–10 US$; ❄📶) mit schickeren Zimmern.

Essen

Für Gourmets ist Phnom Penh ein wahres Vergnügen, denn es bietet eine hervorragende Auswahl an Restaurants mit der besten Khmer-Küche des Landes, aber auch großartiger Küche aus der ganzen Welt.

Zentrum Nord

Cam Cup Cafe CAFÉ $
(Karte S. 254 f.; ☎ 093 771577; Hauptpostamt, St 13; 2–5 US$; ⏰ 7–21 Uhr; 📶) Das elegante kleine Café macht das markante Hauptpostamt auch für eine neue Generation von Travellern zu einem interessanten Anlaufziel. Es serviert frischen Kaffee, Kräutertees und einige der besten Khmer-Gerichte, die man in den Cafés der Stadt findet.

Sorya Food Court ASIATISCH $
(Karte S. 254 f.; 11 St 63; 5000–10 000 R; ⏰ 9–21 Uhr) Im oberen Stock hat man Gelegenheit, verschiedene lokaltypische Gerichte in einem vergleichsweise keimfreien Ambiente zu kosten. An den Ständen des Food Court wird ein bunter Mix aus Klassikern aus Kambodscha, China, Vietnam, Malaysia und Korea zubereitet. Das Ganze funktioniert nach einem Coupon-System.

Thai Huot SUPERMARKT $
(Karte S. 254 f.; 103 Monivong Blvd; ⏰ 7.30–20.30 Uhr) Eine gute Adresse für Selbstversorger. Frankreichfans dürfen sich auf französi-

Phnom Penh Nördliches Zentrum

sche Produkte wie z. B. Bonne-Maman-Marmelade und die beste Auswahl an Käse von ganz Phnom Penh freuen. Der Supermarkt hat mehrere Filialen in der Stadt.

★ Sam Doo Restaurant CHINESISCH **$$**
(Karte S. 254 f.; ☎ 017 427688; 56-58 Kampuchea Krom Blvd; Hauptgerichte 2,50–15 US$; ⏲ 7–2 Uhr; 📶) Viele chinesische Khmer sind überzeugt, dass in keinem anderen Restaurant der Stadt besseres Essen aus dem Reich der Mitte gezaubert wird als in diesem im Obergeschoss unweit des Zentralmarkts. Man kann das Vorzeigegericht, gebratenen Reis „Sam Doo", *trey chamhoy* (gedämpften Fisch mit Sojasoße und Ingwer), frische Meeresfrüchte, Eintöpfe und Dim Sum bestellen.

Happy Herb Pizza PIZZA **$$**
(Karte S. 254 f.; ☎ 012 921915; 345 Sisowath Quay; mittelgroße Pizzas 6–9 US$; ⏲ 8–23 Uhr; 📶) Eine weitere absolute Institution in Phnom Penh. „Happy" macht die Besucher hier nicht, dass der Belag nicht extra kostet, sondern dass Hanfpizza serviert wird. Die marihuanafreien Varianten (die es auch gibt) versprechen zwar keinen Rausch, schmecken aber trotzdem sehr gut. Ein netter Ort, um ein günstiges Bier zu trinken und das Leben am Flussufer zu beobachten.

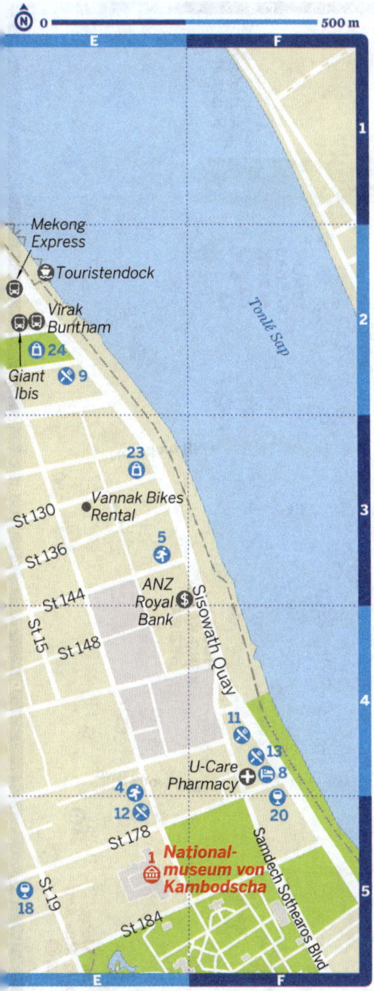

Phnom Penh Nördl. Zentrum

Highlights
1 Nationalmuseum von Kambodscha ... E5

Sehenswertes
2 Wat Phnom ... C2

Aktivitäten, Kurse & Touren
3 Cyclo Centre ... C5
Daughters ... (siehe 11)
4 Nail Bar ... E4
5 Vicious Cycle ... E3

Schlafen
6 Blues Hostel ... D4
7 Eighty8 Backpackers ... B1
8 Panorama Mekong Hostel ... F4

Essen
9 18 Rik Reay BBQ ... E2
10 Cam Cup Café ... D2
11 Daughters Café ... F4
12 Friends ... E5
13 Happy Herb Pizza ... F4
14 Romdeng ... C5
15 Sam Doo Restaurant ... B4
16 Sorya Food Court ... C4
17 Thai Huot ... B3

Ausgehen & Nachtleben
18 Blue Chili ... E5
19 Dusk Til Dawn ... C5
20 FCC ... F5
21 Heart of Darkness ... D5
22 Pontoon ... C5

Unterhaltung
Traditionelle Tanzshow ... (siehe 1)

Shoppen
Daughters of Cambodia ... (siehe 11)
23 Mekong Blue ... E3
24 Nachtmarkt ... E2
25 Psar Thmei ... C4

Zentrum Süd

★ Boat Noodle Restaurant THAI $
(Karte S. 256; ☎ 012 774287; 57 Samdech Sothearos Blvd; Hauptgerichte 3–7 US$; ⏲ 7–21 Uhr; 📶) Das alteingesessene Thai-Khmer-Restaurant bietet mit die preiswerteste regionale Küche der Stadt. Es gibt leckere Nudelsuppen und jede Menge lokaltypische Spezialitäten wie Fischkuchen und scharfe Currys.

★ The Shop CAFÉ $
(Karte S. 256; ☎ 023-986964; 39 St 240; Hauptgerichte 3,50–6 US$; ⏲ 7–19, So 7–15 Uhr; 📶 ✎) Wer sich nach vertrautem Essen sehnt, sollte dieses paradiesische Café besuchen. Es serviert eine große Auswahl an Sandwiches und Salaten mit gesunden und kreativen Zutaten (Linsen, Waldpilze, Lammfleisch). Das Gebäck, die Kuchen und Schokoladen sind einfach köstlich und die Schwelgerei wirklich wert.

Feel Good Cafe II CAFÉ $
(Karte S. 256; ☎ 077 694702; www.feelgoodcoffee.com.kh; 11B St 29; Gerichte 2–5 US$; ⏲ 7.30–16.30 Uhr) 🍃 Eines der wenigen Cafés in der Stadt, das seinen Kaffee selbst röstet und mahlt. Er stammt aus nachhaltigem Anbau und besteht aus einer Mischung von Bohnen aus Kambodscha, Laos und Thailand. Auf der Speisekarte stehen internationale Ge-

Phnom Penh Südliches Zentrum

Phnom Penh Südl. Zentrum

Highlights
1 Königspalast F1
2 Tuol-Sleng-Genozid-Museum C4

Sehenswertes
3 Unabhängigkeitsdenkmal E2

Aktivitäten, Kurse & Touren
4 Cambodia Cooking Class E1
5 Cambodian Living Arts F3
6 Himawari Hotel G1

Schlafen
7 Mad Monkey E3
8 Mini Banana Guesthouse E3
Narin Guesthouse (siehe 10)
9 Number 9 Guesthouse F2
10 Tat Guesthouse C2
11 Tattoo Guesthouse B2
12 Top Banana Guesthouse E3
13 You Khin Art House F4

Essen
14 Boat Noodle Restaurant F3
15 Dosa Corner E3
16 Feel Good Café II E3
Meat & Drink (siehe 22)
Piccola Italia Da Luigi (siehe 22)
17 Sovanna II F3
18 Super Duper F3
19 The Shop E1
20 Yi Sang Riverside G1

Ausgehen & Nachtleben
21 Botanico Wine & Beer Garden E3
22 Cicada Bar E3
Hangar 44 (siehe 22)
Harry's Bar (siehe 22)
Library (siehe 22)
23 Score D3
Seibur (siehe 22)

Unterhaltung
24 Flicks C4
25 Meta House F3

Shoppen
26 D's Books E2
27 Monument Books E2
28 Tabitha E4

richte mit mediterranen und mexikanischen Einflüssen (es gibt auch Wraps und Burger).

Dosa Corner INDISCH $
(Karte S. 256; 5E St 51; Hauptgerichte 1,50–5 US$; 8.30–14 & 17–22 Uhr) Fans indischer Dosas werden begeistert feststellen, dass dieses Lokal genau das serviert, was es im Namen trägt: eine üppige Vielfalt an herzhaften Eierkuchen aus dem Süden. Vegetarische Thalis kosten nur 4 US$.

★ **Yi Sang Riverside** CHINESISCH $$
(Karte S. 256; Sisowath Quay; Hauptgerichte 3–20 US$; 6–23 Uhr;) Eines der wenigen Lokale in der Stadt, in dem Gäste direkt am Fluss speisen können – perfekt für einen entspannten Cocktail bei Sonnenuntergang. Die Speisekarte umfasst schön angerichtete kambodschanische Garküchenklassiker wie *naom bunchok* (Reisnudelcurry), jede Menge Dim Sum und ein paar internationale Gerichte.

Piccola Italia Da Luigi PIZZA $$
(Karte S. 256; 017 323 273; 36 St 308; Pizza 5–10 US$; 11–14 & 18–22 Uhr;) Hier hat alles angefangen, und es ist schwer zu glauben, dass diese Straße vor einigen Jahren noch komplett ruhig war. Da Luigi ist ein lebhaftes Speiselokal, wie man es auch in Italien finden könnte. Es serviert die besten Pizzas von Phnom Penh. Wer nach Sonnenuntergang herkommen will, sollte vorher reservieren.

Rund um den Russischen Markt

Café Yejj CAFÉ $
(Karte S. 252; 092 600 750; 170 St 450; Hauptgerichte 3,50–6 US$; 8–21 Uhr;) Eine nette Abwechslung zum Russischen Markt (einfach nur die Treppe hochgehen) ist dieses klimatisierte Café, in dem aus Biozutaten Pastagerichte, Salate und Wraps zubereitet werden. Ein paar ambitioniertere Gerichte wie marokkanischer Lammeintopf und Chili con Carne sind auch dabei. Die Betreiber des Yejj unterstützen den fairen Handel und eine verantwortungsbewusste Personalpolitik.

Super Duper SUPERMARKT $
(Karte S. 256; www.super-duper.biz; 3 Samdech Sothearos Blvd; 24 Std.) Der einzige rund um die Uhr geöffnete Supermarkt kann die Rettung sein, wenn man mitten in der Nacht Heißhunger bekommt. Er ist hervorragend und vielfältig sortiert, denn die Besitzer importieren containerweise Lebensmittel aus den USA und Australien.

Ausgehen & Nachtleben

Phnom Penh hat tolle Bars und Clubs, und es lohnt sich, mindestens eine Nacht auszugehen. Viele Locations befinden sich an der Kreuzung der Straßen 51 und 172, die den Spitznamen „Area 51" hat. Die Golden Street

NICHT VERSÄUMEN

ESSEN FÜR DEN GUTEN ZWECK

Die folgenden fantastischen Restaurants fungieren als Ausbildungszentren für junge Kambodschaner und unterstützen gemeinnützige Projekte in der Hauptstadt.

Friends (Karte S. 254 f.; ☎012 802072; www.tree-alliance.org; 215 St 13; Tapas 4–7 US$, Hauptgerichte ab 6–10 US$; ⏰11–22.30 Uhr; 📶) Das Lokal ist eines der beliebtesten in Phnom Penh und mit seinen leckeren Tapas, himmlischen Smoothies und kreativen Cocktails ein Pflichtstopp. Für eine sättigende Mahlzeit bestellt man am besten zwei Tapas oder ein Hauptgericht. Die Einrichtung eröffnet ehemaligen Straßenkindern eine berufliche Perspektive im Hotel- und Gastgewerbe. Im Voraus reservieren.

Daughters Cafe (Karte S. 254 f.; www.daughtersofcambodia.org; 321 Sisowath Quay; Gerichte 4–8 US$; ⏰Mo–Sa 9–18 Uhr; W) Ein fantastisches Café im Obergeschoss des Besucherzentrums von Daughters. Hier werden Suppen, Smoothies, Kaffeegetränke, Cupcakes und Fusionsküche von Opfern illegalen Menschenhandels serviert. Daughters hilft ihnen durch Ausbildung und Arbeit dabei, wieder in die Gesellschaft zurückzufinden.

Romdeng (Karte S. 254 f.; ☎092 219565; www.tree-alliance.org; 74 St 174; Hauptgerichte 5–9 US$; ⏰11–21 Uhr; 📶) Das Romdeng nimmt eine bildschöne Kolonialvilla mit einem kleinen Pool ein und ist auf kambodschanische Landküche spezialisiert. Es serviert z. B. ein berühmtes *amoc* mit gebackenem Fisch, zweifarbigen Pomelo-Salat und ein Curry mit Riesengarnelen. Wer sich traut, kann hier auch frittierte Taranteln oder gebratene Baumameisen mit Rindfleisch und Königsbasilikum kosten. Im Romdeng arbeiten ehemalige Straßenkinder und ihre Lehrer.

(Straße 278) ist ebenfalls sehr beliebt, und auch am Flussufer gibt's einige Bars. Schwer im Kommen ist außerdem die Gegend um die Straße 308 und die angrenzende „Biermeile" Bassac Lane.

Happy Hours sind zurzeit der Hit in Phnom Penh, daher lohnt es sich, früh zu starten – wenn sogar legendäre Locations wie der Club der Auslandskorrespondenten (FCC) zwei Getränke zum Preis von einem bieten. Mittwochs ist in einigen der schickeren Bars der Stadt „Ladies Night": Dann gibt's die ganze Nacht lang zwei Getränke zum Preis von einem oder sogar kostenlose Drinks. Die meisten Bars haben mindestens bis Mitternacht geöffnet, wenn die Clubs beginnen, sich zu füllen. Inzwischen gibt's in Phnom Penh auch ein paar gute Kleinbrauereien, die Craft-Bier brauen und einen Besuch wert sind.

Auch einige Hostelbars sind toll; an die sollte man sich erinnern, wenn man andere Reisende treffen und ordentlich feiern möchte. Die so ziemlich bestbesuchte Rooftopbar hat Top Banana (S. 253). Ebenfalls einen Abstecher wert ist die Dachbar des Mad Monkey (S. 252). Eighty8 Backpackers (S. 252) veranstaltet außerdem jeden ersten Freitag im Monat eine große Party, auf der sich immer Zugezogene und Rucksacktouristen tummeln.

★ **FCC** BAR

(Club der Auslandskorrespondenten; Karte S. 254 f.; 363 Sisowath Quay; ⏰6–24 Uhr; 📶) Das in einem kolonialen Prachtbau mit toller Aussicht und kühler Brise untergebrachte „F" ist eine echte Institution in Phnom Penh und ein Pflichtstopp für jeden Kambodscha-Besucher. Happy Hour ist von 17 bis 19 und von 22 bis 24 Uhr. Wer es in der Hauptbar zu voll findet, kann sich aufs Dach begeben, wo an den Wochenenden oft Livemusik gespielt wird. Für 2018 sind Renovierungsarbeiten geplant.

★ **Botanico Wine & Beer Garden** CRAFT-BIER

(Karte S. 256; ☎077 943135; www.facebook.com/botanicowineandbeergarden; 9B St 29; ⏰Mo–Sa 9–22 Uhr; 📶) Die großartige kleine und versteckte Bar bringt die US-amerikanische Bierbrauerkunst nach Phnom Penh. Sie hat Irish Red, IPA und andere hausgebraute Biere auf Lager. Botanico liegt in einem grünen Garten am Ende einer verschlungenen Gasse. Es veranstaltet Yoga-Bier-Nächte und Grillhaxen-Abende.

★ **Score** BAR

(Karte S. 256; ☎023-221357; www.scorekh.com; 5 St 282; ⏰8 Uhr–open end; 📶) Die große Bar mit der „Kinoleinwand" und Fernsehern an jeder Wand ist genau der richtige Ort, um sich Sportübertragungen anzusehen, und zwar nicht nur Fußball und Rugby. Wer nicht nur zugucken möchte, kann auch eine Runde Billard spielen. Es gibt mehrere Tische.

★ **Pontoon** CLUB
(Karte S. 254 f.; www.pontoonclub.com; 80 St 172; Eintritt Wochenende 3–5 US$, wochentags frei; ⏲21.30 Uhr–open end; 📶) Nachdem der Top-Club der Stadt eine Weile von Pier zu Pier geschwommen ist (daher der Name), hat er nun ein Zuhause auf festem Boden gefunden. Hier treten einheimische DJs, manchmal aber auch internationale Stars auf. Donnerstags ist Schwulenparty; um 1 Uhr morgens startet dann die Ladyboy-Show. Das Pontoon Pulse nebenan ist eher ein Lounge-Club, in dem Elektro und Ambient gespielt wird.

Dusk Til Dawn BAR
(Karte S. 254 f.; 46 St 172; ⏲17 Uhr–open end) Wegen der Klientel und der Musik wird dieser Laden auch Reggae Bar genannt. Auf dem Dach lässt sich der Sonnenuntergang bei einem Drink genießen, danach ist noch bis tief in die Nacht Stimmung. Die Bar erstreckt sich über zwei Ebenen – wenn es unten ruhig ist, wird oft oben gefeiert. Mit dem Aufzug ins Obergeschoss des hohen Gebäudes gegenüber dem Pontoon Club hochfahren.

Blue Chili SCHWULE & LESBEN
(Karte S. 254 f.; 36 St 178; ⏲18 Uhr–open end; 📶) Der Besitzer der alteingesessenen schwulenfreundlichen Bar veranstaltet freitags und samstags um 22.30 Uhr eine eigene Drag-Show.

Heart of Darkness CLUB
(Karte S. 254 f.; 26 St 51; ⏲20 Uhr–open end) In den vergangenen Jahren hat sich diese Bar, eine echte Institution mit ansprechendem Angkor-Design, in einen Club verwandelt, in dem jeden Abend etwas los ist. Das Publikum ist bunt gemischt – richtig bunt. Eigentlich gehört das Heart of Darkness zum Pflichtprogramm für jeden Phnom-Penh-Besucher. Vorbeischauen und die Atmosphäre schnuppern.

☆ Unterhaltung

Infos zum Thema Unterhaltung findet man in dem kostenlosen Monatsmagazin *AsiaLife*. Eine nützliche Onlinequelle ist www.lengpleng.com.

★ **Traditionelle Tanzshow** DARSTELLENDE KÜNSTE
(Karte S. 254 f.; ☎017 998570; www.cambodianlivingarts.org; Nationalmuseum, St 178; Erw./Kind

LOKALE AROMEN

Khmer-Grillrestaurants

Nach Sonnenuntergang knipsen die Khmer-Lokale der Stadt ihre Bier-Schilder an und begrüßen ihre einheimischen Gäste mit Grillfleisch und -fisch sowie großen Gläsern Fassbier. Khmer-Grilllokale gibt's fast überall in der Stadt, daher wird es nicht schwer sein, eines zu finden. Einige empfehlenswerte Grilllokale:

Sovanna II (Karte S. 256; 2C St 21; Hauptgerichte 2–8 US$; ⏲6–11 & 15–23 Uhr; 📶) Immer voller Einheimischer und auch Zugezogener, die das Sovanna II zu ihrem Lieblingsgrill auserkoren haben. Gründe sind die umfangreiche Speisekarte und das billige Lokalbier. Hier kann man das Khmer-Frühstück schlechthin kosten: *bei sait chrouk* (Schweinefleisch mit Reis).

18 Rik Reay BBQ (Karte S. 78; ☎095 361818; 3 St 108; 2–8 US$; ⏲17–24 Uhr) Rik Reay ist eines der besten Grillrestaurants der Stadt und von Einheimischen immer gut besucht. Das liegt teilweise an seiner praktischen Lage am Nachtmarkt, ist vor allem aber ein Beweis dafür, dass das Essen hier wirklich gut ist. Zur Auswahl stehen Grillfleisch, Rippchen, Hühnchen, Tintenfisch, Shrimps und weitere Köstlichkeiten. Alle Gerichte werden mit hausgemachten Dipsoßen serviert.

Märkte

Die vielen Märkte Phnom Penhs verfügen über große zentrale Speisebereiche, in denen Essensstände tagsüber beliebte lokale Mahlzeiten wie Nudelsuppe und Bratnudeln servieren. Die meisten Gerichte kosten nur 4000 bis 8000 R. Das beste Essen bietet der Russische Markt (S. 260). Sein Speisebereich ist leicht zu finden und bietet eine gute Auswahl kambodschanischer Spezialitäten. Eine weitere tolle Option mit großem Food Court ist der Psar Thmei (S. 260).

NICHT VERSÄUMEN

DIE BARS AUF DER BASSAC LANE

Bassac Lane ist der Spitzname für eine Gasse, die südlich von der Street 308 abzweigt. Sie ist ein Projekt der neuseeländischen Brüder Norbert-Munns, die gute Drinks und Design lieben und in der schicken Gasse etwa ein halbes Dutzend winziger Bars eröffnet haben. Zur Auswahl stehen folgende: die Original-Bar **Meat & Drink** (Karte S. 256; ☎ 089 666414; Hauptgerichte 5–10 US$; ⌚ 17–1 Uhr), die Fusion-Wraps und Burger serviert; die winzige, intime Bar **Seibur** (Karte S. 256; St 308; ⌚ 17–1 Uhr); das schicke **Library** (Karte S. 256; Bassac Lane; ⌚ 17–1 Uhr; 📶); die neue **Harry's Bar** (Karte S. 256; ⌚ 17–1 Uhr); und die maßgeschneiderte Fahrradbar **Hangar 44** (Karte S. 256; ⌚ 17–1 Uhr). Es gibt sogar eine Ginkneipe, die winzige **Cicada Bar** (Karte S. 256; ⌚ 17–1 Uhr). Die Bassac Lane hat sich aus dem Nichts zum neuen Bohème-Viertel Phnom Penhs entwickelt und ist auf jeden Fall einen Besuch wert.

15/10 US$; ⌚ Okt.–März tgl. 19 Uhr, Juni–Aug. Mo–Sa, April, Mai & Sept. Mo, Mi, Fr & Sa) 🍃 **Cambodian Living Arts** (CLA; Karte S. 256 f.; 128 Samdech Sothearos Blvd) veranstaltet auf dem ansprechenden Gelände des Nationalmuseums im Wechsel drei einstündige Aufführungen. Sie sind sehr sehenswert: *Shadow & Light* (Mo, Di & Mi), *Grace & Grandeur* (Do & Sa), und *Heaven & Earth* (Fr & So). Auch eine Dinnershow wird geboten (30 US$, 17.30 Uhr).

★ **Meta House** KINO

(Karte S. 254 f.; www.meta-house.com; 37 Samdech Sothearos Blvd; ⌚ Di–So 16–24 Uhr; 📶) Das von Deutschen geführte Kino zeigt Arthouse-Filme, Dokus sowie Kurzfilme aus Kambodscha und der ganzen Welt. Anschließend folgen oft Fragestunden mit den Filmemachern. Das Kinoerlebnis runden deutsche Würstchen, Flammkuchen und Bier ab. Vorführungen fast täglich um 16 Uhr (Eintritt frei) und um 19 Uhr (Eintritt variiert).

Sovanna Phum Arts Association DARSTELLENDE KÜNSTE

(Karte S. 252; ☎ 010 337552; 166 St 99, zw. St 484 & St 498; Erw./Kind 5/3 US$) 🍃 Freitag- und samstagabends um 19.30 Uhr werden hier regelmäßig traditionelle Schattenspiele und gelegentlich auch klassische Tänze und traditionelle Trommelmusik dargeboten. Das Publikum darf sich im Anschluss an die 50-minütigen Vorführungen selbst an den Puppen versuchen. Wer mag, kann verschiedene Kurse belegen (Schattentheater, Puppenherstellung, klassischer und Folklore-Tanz, traditionelle Khmer-Instrumente).

Flicks KINO

(Karte S. 256; www.theflicks-cambodia.com; 39B St 95; Tickets 3,50 US$; 📶) Zeigt in seinem hyperkomfortablen, klimatisierten Kinosaal täglich mindestens zwei Filme. Das Ticket gilt jeweils für beide.

Shoppen

Fast jeder Khmer trägt den *krama* (karierter Schal) als Ausdruck seiner Identität um den Hals, die Schultern oder die Taille. Die Schals sind ebenso wie Skulpturen und Kunsthandwerk wunderbare Souvenirs. Auf Phnom Penhs lebendigen Märkten locken jede Menge Schnäppchen. Wer sich durch die Berge von Schuhen, Klamotten, Krimskrams und Essen gewühlt hat, sollte sich anschließend eine Fußmassage gönnen.

★ **Psar Thmei** MARKT

(ផ្សារធំថ្មី, Zentralmarkt; Karte S. 254 f.; St 130; ⌚ 6.30–17.30 Uhr) Ein Wahrzeichen der Hauptstadt. Der Psar Thmei (Neuer Markt), ein Jugendstilbauwerk, wird mit Bezug auf seine Lage und die Größe auch oft als Central Market (Zentralmarkt) bezeichnet. Seine große Halle mit der Kuppel – angeblich eine der zehn größten der Welt – lässt an eine babylonische Zikkurat denken.

Russischer Markt MARKT

(Psar Tuol Tom Pong; Karte S. 252; St 155; ⌚ 6–17 Uhr) Wirklich jeder Phnom-Penh-Besucher sollte diesen Markt gesehen haben. Er ist *die* Adresse, um Souvenirs und günstige Markenkleidung zu kaufen. Es werden zwar auch Unmengen von Kopien verkauft, aber daneben gibt's tatsächlich authentische Waren aus der Region.

Nachtmarkt MARKT

(Psar Reatrey; Karte S. 254 f.; Ecke St 108 & Sisowath Quay; ⌚ tgl. 17–23 Uhr) Der Nachtmarkt ist die kühlere Freiluftversion des Russischen Marktes und findet jeden Abend statt, sofern es nicht regnet. Man sollte handeln, was das Zeug hält, denn die Preise sind recht hoch.

Interessanterweise kaufen hier mehr Khmer als Ausländer ein.

Monument Books BÜCHER
(Karte S. 256; 111 Norodom Blvd; ⌚7–20.30 Uhr) Phnom Penhs am besten sortierter Buchladen hat jedes Werk zum Thema Kambodscha auf Lager. Außerdem werden hier ausgezeichnete Landkarten und Stadtpläne sowie Reiseliteratur verkauft.

D's Books BÜCHER
(Karte S. 256; 79 St 240; ⌚9–21 Uhr) Phnom Penhs größte Second-Hand-Buchhandlungskette mit guter Auswahl.

Orientierung

Phnom Penhs Straßen sind logisch durchnummeriert, aber bei den Hausnummern herrscht reinstes Chaos. So trifft man leicht auf eine Häuserreihe, die z. B. mit den Nummern 13A, 34, 7, 26 versehen ist. Zudem kommt es vor, dass mehrere Gebäude in derselben Straße, jedoch einige Blocks voneinander entfernt, dieselben Nummern haben! Wer nach einer Adresse fragt, sollte sich immer nach der jeweiligen Querstraße erkundigen (z. B. Straße 240 nahe Straße 51).

Praktische Informationen

GELD

Am Flughafen befinden sich ein paar Geldautomaten. In der Stadt gibt's viele Banken und Wechselstuben, darunter folgende:

ANZ Royal Bank (Karte S. 254 f.; 265 Sisowath Quay; ⌚Mo–Fr 8.30–16, Sa bis 12 Uhr) In Phnom Penh gibt's ANZ-Automaten wie Sand am Meer, auch in Supermärkten und an Tankstellen, allerdings liegt die Gebühr pro Transaktion bei 5 US$.

Canadia Bank (Karte S. 254 f.; Ecke St 110 & Monivong Blvd; ⌚Mo–Fr 8–15.30, Sa bis 11.30 Uhr) Unterhält zahlreiche Geldautomaten in der Stadt. Die Transaktionsgebühr beträgt 4 US$. In der Hauptfiliale können Reiseschecks (verschiedene Währungen) gegen 2 % Kommission getauscht werden. Barauszahlungen mit MasterCard und Visa sind kostenlos. MoneyGram-Vertretung vor Ort.

INTERNETZUGANG

Nahezu alle Hotels, aber auch die meisten Cafés, Restaurants und Bars haben WLAN. Internetcafés sind seltener geworden; in denen, die es noch gibt, zahlt man gewöhnlich 0,50 bis 1 US$ pro Stunde.

SHOPPEN FÜR DEN GUTEN ZWECK

Folgende Geschäfte haben hochwertige Seidenwaren und Kunsthandwerk im Angebot, helfen Bedürftigen bei der für eine Anstellung nötigen Ausbildung und verbessern durch ein regelmäßiges Gehalt deren Lebensqualität.

Daughters of Cambodia (Karte S. 254 f.; www.daughtersofcambodia.org; 321 Sisowath Quay; ⌚Mo–Sa 9–17.30 Uhr) Daughters ist eine NGO, die verschiedene Ausbildungs- und Hilfsprogramme für ehemalige Prostituierte und Opfer von Sexhandel anbietet. Die Teilnehmerinnen fertigen die schicken Kleidungsstücke, Taschen und Accessoires, die hier verkauft werden. Bei der Herstellung werden Bio-Baumwolle und natürliche Farben verwendet.

Rajana (Karte S. 252; www.rajanacrafts.org; 170 St 450; ⌚Mo–Sa 7–18, So 10.30–17 Uhr) Eines der besten und vielseitigsten Kunsthandwerksgeschäfte, das für gerechte Löhne eintritt und Benachteiligten berufliche Ausbildungen ermöglicht. Es bietet eine wunderschöne Auswahl an Karten, ausgefallene Produkte aus Metall, Schmuck, Bambuswaren, tolle Shirts, herrliche Wandbehänge, Kerzen – was das Herz begehrt.

Mekong Blue (Karte S. 254 f.; http://mekongblue.com; 9 St 130; ⌚8–18 Uhr) In der Boutique in Phnom Penh werden Waren aus der bekanntesten Seidenkooperative zur Förderung von Frauen in Stung Treng verkauft, bildschöne Schals und Halstücher, aber auch Schmuck.

Tabitha (Karte S. 256; 239 St 360; ⌚Mo–Sa 7–18 Uhr) Ein führender NGO-Laden mit einer guten Kollektion aus Seidentaschen, Tischdecken, Schlafzimmer-Deko und Kinderspielzeug. Mit den Einnahmen werden Entwicklungsprojekte in ländlichen Gemeinden gefördert, z. B. Brunnenbohrungen.

Watthan Artisans (Karte S. 252; www.wac.khmerproducts.com; 180 Norodom Blvd; ⌚8–18.30 Uhr) Das Geschäft am Eingang zum Wat Than verkauft Seiden- und andere Waren, z. B. wunderschöne moderne Handtaschen, hergestellt von einer projektgeförderten Kooperative; deren Mitglieder sind Opfer von Landminen und an Kinderlähmung Erkrankte. Man kann auch die Holz- und Webereiwerkstätten vor Ort besuchen.

MEDIZINISCHE VERSORGUNG

Calmette Hospital (Karte S. 252; ☎ 023-426948; www.calmette.gov.kh; 3 Monivong Blvd; ⏲ 24 Std.) Das beste lokale Krankenhaus mit dem umfassendsten Service und einer Intensivstation. Es ist hilfreich, jemanden dabeizuhaben, der Khmer spricht.

Tropical & Travellers Medical Clinic (Karte S. 254 f.; ☎ 023-306802; www.travellersmedicalclinic.com; 88 St 108; ⏲ Mo–Fr 9.30–11.30 & 14.30–17, Sa bis 11.30 Uhr) Angesehene Klinik, die seit 20 Jahren von einem britischen Allgemeinarzt geführt wird.

U-Care Pharmacy (Karte S. 254 f.; 26 Samdech Sothearos Blvd; ⏲ 8–22 Uhr) Apotheke im internationalen Stil in praktischer Lage.

NOTFALL

Bei manchen medizinischen Notfällen ist ein Transport nach Bangkok nötig.

Krankenwagen	☎ 119 im Notfall; ☎ 023-723840 englischsprachig
Feuerwehr	☎ 118 im Notfall
Polizei	☎ 117 im Notfall; ☎ 097 778 0002 englischsprachig

POST

Die **Zentralpost** (Karte S. 254 f.; St 13; ⏲ 8–18 Uhr) befindet sich in einem französischen Kolonialgebäude gleich östlich des Wat Phnom.

TASCHENDIEBSTAHL

Taschendiebstahl hat sich in Phnom Penh zu einem echten Problem entwickelt. Oft haben es die Diebe auf Ausländer abgesehen. Hotspots sind das Flussufer und die lebhaften Gegenden rund um die beliebten Märkte, aber es gibt kein Muster, und die schnellen Motorraddiebe, die meist zu zweit arbeiten, können jederzeit und überall zuschlagen. Zahllose Zugezogene und Touristen wurden schon verletzt, weil sie bestohlen wurden und dabei von ihren Motorrollern fielen. Man sollte seine Habseligkeiten immer nah bei sich tragen (z. B. in einem Rucksack) und Handtaschen nicht verführerisch baumeln lassen, keine teuren Kameras um den Hals tragen und Wertsachen versteckt halten, vor allem, wenn man die Straße entlangläuft, die Straße überquert oder mit dem *remork-moto* (*túk-túk*) fährt – vor allem aber, wenn man mit dem *moto* fährt. Die Diebe sind echte Profis und warten nur auf ihre Chance.

TOURISTENINFORMATION

Offizielle Touristeninformationen sucht man in Kambodschas Hauptstadt vergebens, aber überall gibt's private Reisebüros, die gerne helfen.

Der *Phnom Penh Visitors' Guide* (www.canbypublications.com) hält gute Stadtpläne und jede Menge hilfreiche Infos zur Hauptstadt bereit. Pocket Guides gibt einen kostenlosen Stadtführer zu Phnom Penh heraus (www.cambodiapocketguide.com).

An- & Weiterreise

AUTO & MOTORRAD

Pensionen und Reisebüros können Autos mit Fahrer organisieren. Je nach Ziel zahlt man dafür 25 bis 75 US$ pro Tag.

BUS

Alle Großstädte in Kambodscha sind von Phnom Penh aus mit klimatisierten Bussen zu erreichen. Fast alle Busse fahren von den Büros der Busunternehmen ab; die meisten liegen rund um den Psar Thmei oder unweit der Ecke Straße 106 und Sisowath Quay. Man sollte die Tickets sicherheitshalber im Voraus kaufen, obwohl es nicht immer nötig ist.

Nicht alle Busse bieten dieselben Standards, und auch die Preise unterscheiden sich. Die von Capitol Tour und Phnom Penh Sorya liegen meist am niedrigsten; Giant Ibis und Mekong Express betreiben komfortablere, aber dafür teurere Busse.

Die meisten Fernstreckenbusse halten unterwegs in größeren Städten, um Passagiere aus- und einsteigen zu lassen, z. B. in Kompong Thom auf dem Weg nach Siem Reap, in Pursat auf dem Weg nach Battambang und in Kompong Cham auf dem Weg nach Kratie. Auch wer unterwegs aussteigt, muss allerdings den vollen Preis zahlen.

Express-Minivans sind auf den meisten Strecken schneller als Busse, aber manche Traveller bevorzugen große Busse, weil sie geräumiger sind.

Tickets können online unter www.camboticket.com gebucht werden.

Capitol Tour (Karte S. 256; ☎ 023-724104; 14 St 182; 19 US$) Günstige Verbindungen zu beliebten Zielen wie Siem Reap, Sihanoukville und Battambang.

Giant Ibis (Karte S. 254 f.; ☎ 023-999333; www.giantibis.com; 3 St 106) Der Spezialist für „VIP"-Busse und Express-Transporter. Der große Bus nach Siem Reap bietet WLAN und ausreichend Platz für die Beine. Ein Teil der Einnahmen kommt dem Schutz des Riesenibis zugute.

GST (Karte S. 254 f.; ☎ 023-218114; 13 St 142) Bietet landesweit Busse.

BUSSE AB PHNOM PENH

ZIEL	DAUER (STD.)	PREIS (US$)	BUSUNTERNEHMEN	HÄUFIGKEIT
Ban Lung	11	12	PP Sorya	6.45 Uhr
Bangkok	12	18–23	Mekong Express, PP Sorya, Virak Buntham	1-mal täglich
Battambang (tagsüber)	5–6	5–6	GST, PP Sorya	häufig
Battambang (Nachtbus)	6	8–10	Virak Buntham	4-mal pro Nacht
Ho-Chi-Minh-Stadt	7	8–13	Capitol Tour, Long Phuong, Mekong Express, PP Sorya, Sapaco, Virak Buntham (Nachtbus)	häufig
Kampot (Direktbus)	3	5–6	Capitol Tour	2-mal tgl.
Kampot (via Kep)	4	6	PP Sorya	7.30, 9.30, 14.45 Uhr
Kep	3	5	PP Sorya	7.30, 9.30, 14.45 Uhr
Koh Kong	5½	7	Olympic Express, PP Sorya, Virak Buntham	2–3-mal tgl. (vor 12 Uhr)
Kompong Cham	3	5	PP Sorya; GST	stündl. bis 16 Uhr
Kratie	6–8	8	PP Sorya	regelmäßige Abfahrten am Morgen
Poipet (tagsüber)	8	9–11	Capitol Tour, PP Sorya	häufig bis 12 Uhr
Poipet (Nachtbus)	7	10–11	Virak Buntham	mind. 1-mal tgl.
Preah-Vihear-Stadt	7	10	GST, PP Sorya	nur morgens
Sen Monorom	8	9	nur Minivans	regelmäßig
Siem Reap (tagsüber)	6	6–8	die meisten Unternehmen	häufig
Siem Reap (VIP-Bus)	6	13–15	Giant Ibis, Mekong Express	regelmäßig
Siem Reap (Nachtbus)	6	10	Virak Buntham	18, 20, 23 & 12.30 Uhr
Sihanoukville	5½	5–6	Capitol Tour, GST, Mekong Express, PP Sorya, Virak Buntham	häufig
Stung Treng	9	10	PP Sorya	6.45 & 7.30 Uhr

Long Phuong (Karte S. 256; ☎ 097 311 0999; www.longphuongcambodia.com; 274 Sihanouk Blvd) Busse nach Ho-Chi-Minh-Stadt.

Mekong Express (Karte S. 254 f.; ☎ 023-427518; www.catmekongexpress.com; Sisowath Quay) VIP-Busse nach Ho-Chi-Minh-Stadt, Siem Reap und Sihanoukville.

Phnom Penh Sorya (Karte S. 254 f.; ☎ 023-210359; Ecke St 217 & St 67, Psar-Thmei-Viertel) Bietet landesweit Busse.

Sapaco (Karte S. 256; ☎ 023-210300; www.sapacotourist.com; 309 Sihanouk Blvd) Busse nach Ho-Chi-Minh-Stadt.

Virak Buntham (Karte S. 254 f.; ☎ 016-786270; 1 St 106) Auf Nachtfahrten spezialisiert. Es geht nach Siem Reap, Sihanoukville und Koh Kong.

FLUGZEUG

Viele internationale Fluggesellschaften bedienen den **Phnom Penh International Airport** (PNH; ☎ 023-862800; www.cambodia-airports.com). Im Inland bieten mehrere Airlines Verbindungen zwischen Phnom Penh und Siem Reap an. **Cambodia Angkor Air** (Karte S. 252; ☎ 023-666 6786; www.cambodiaangkorair.com; 206A Norodom Blvd) fliegt vier- bis sechsmal täglich nach Siem Reap (35–110 US$ one-way, 30 Min.), **Bassaka Air** (☎ 023-217613; www.bassakaair.com), **JC Airlines** (www.jcairline.com) und **Cambodia Bayon Airlines** (☎ 023-231555; www.bayonairlines.com) legen die Strecke mindestens einmal am Tag zurück (20–75 US$ one-way). Dank gesundem Wettbewerb sind die

WEITERREISE NACH VIETNAM: GRENZÜBERGÄNGE AM MEKONG-DELTA

Von Phnom Penh nach Ho-Chi-Minh-Stadt

Der älteste Grenzübergang Bavet/Moc Bai zwischen Vietnam und Kambodscha existiert seit 20 Jahren.

Anfahrt zur Grenze Die einfachste Möglichkeit, nach Ho-Chi-Minh-Stadt (HCMS; Saigon) zu gelangen, ist eine Reise mit dem internationalen Bus (8–13 US$, 6 Std.) von Phnom Penh, wie sie von zahlreichen Busunternehmen angeboten wird.

An der Grenze Lange Schlangen bei der Ein- bzw. Ausreise sind nicht unüblich; davon abgesehen ist die Grenzüberquerung unkompliziert.

Weiterreise Wer nicht mit dem internationalen Bus reist, wird keine Probleme haben, Verkehrsmittel nach HCMS oder zu anderen Zielen zu finden.

Für weitere Infos zur Überquerung dieser Grenze in entgegengesetzter Richtung siehe S. 979.

Von Phnom Penh nach Chau Doc

Die landschaftlich schönste Möglichkeit, die Reise durch Kambodscha zu beenden, ist eine Segelfahrt auf dem Mekong nach Kaam Samnor, das etwa 100 km südsüdöstlich von Phnom Penh liegt. Dort überquert man die Grenze nach Vinh Xuong in Vietnam und fährt auf dem Fluss Tonlé Bassac über einen kleinen Kanal oder auf dem Landweg weiter nach Chau Doc. Von dort gibt's Anschlüsse auf dem Land- oder Flussweg zu Zielen im Mekong-Delta und innerhalb Vietnams. Mehrere Unternehmen bieten Direkttrips nach Chau Doc, entweder mit dem Boot (25–35 US$, ca. 4 Std.) oder als billigere Bus-Boot-Kombination (19 US$). Die Preise variieren je nach Fahrttempo und Service-Standard, die Abfahrt erfolgt vom Touristenbootsdock in Phnom Penh. Für weitere Infos zur Überquerung dieser Grenze in entgegengesetzter Richtung siehe S. 986.

Von Takeo nach Chau Doc

Der abgelegene und selten genutzte Grenzübergang Phnom Den/Tinh Bien (7 bis 17 Uhr geöffnet) zwischen Kambodscha und Vietnam liegt etwa 50 km südöstlich von Takeo in Kambodscha; hier findet man Anschlussverbindungen nach Chau Doc.

Anfahrt zur Grenze Von Takeo zur Grenze (48 km) kommt man mit dem Sammeltaxi (10 000 Riel), Miettaxi (25 US$) oder *moto* (10 US$).

An der Grenze Die Formalitäten sind minimal, denn dieser Grenzübergang wird kaum von Touristen genutzt.

Weiterreise Auf der anderen Seite der Grenze sind Traveller auf die Gnade der vietnamesischen *xe om*-Fahrer (*moto*/Motorradtaxi) oder Taxis angewiesen, die sie 30 km bis nach Chau Doc fahren. Man sollte sich auf harte Preisverhandlungen einstellen. Mit dem Motorrad werden um die 10 US$ fällig, für ein Taxi um die 20 US$.

Für weitere Infos zur Überquerung dieser Grenze in entgegengesetzter Richtung siehe S. 986.

Preise gesunken und die Fluggesellschaften haben immer mal wieder Sonderangebote: Früh buchen lohnt sich also!

SAMMELTAXI & MINIBUS

Sammeltaxis fahren zu den meisten Zielen. Vorteile sind die Zeitersparnis und flexible Abfahrtszeiten. Lokale Minibusse und Pick-ups sind häufig recht langsam und überfüllt, aber eine Fahrt damit ist nicht nur billig, sondern auch ein authentisches Erlebnis (besonders dann, wenn sich darauf jemand übergibt). Taxis nach Kampot, Kep und Takeo warten am **Psar Dang Kor** (Karte S. 252; Mao Tse Toung Blvd), während lokale Minibusse und Sammeltaxis zu den meisten anderen Zielen an der Nordwestecke des **Psar Thmei** (Karte S. 254 f.) starten.

SCHIFF/FÄHRE

Von August bis März starten um 7.30 Uhr vom Touristendock am Ostende der Straße 104 Schnellboote nach Siem Reap (35 US$, 5–6 Std.). Im Vergleich zu Busfahrkarten kosten die Tickets jedoch zu viel.

Eine tolle Option ist eine Flussfahrt nach Chau Doc in Vietnam; s. Kasten „Weiterreise nach Vietnam: Grenzübergänge am Mekong-Delta".

Unterwegs vor Ort

VOM/ZUM FLUGHAFEN & BUSBAHNHOF

Der internationale Flughafen von Phnom Penh liegt 7 km westlich des Stadtzentrums und ist über den Russian Confederation Boulevard zu erreichen. In den Ankunfts- und Abflugshallen befinden sich Geldautomaten, an denen man US-Dollar abheben kann.

Wer auf dem Phnom Penh International Airport landet, findet vor der Ankunftshalle einen offiziellen Stand, der Festpreise für ein Taxi/*remork-moto* in die Stadt anbietet (12/9 US$). Wer den Flughafen verlässt und raus auf die Straße läuft, findet dort ein *remork* bereits für 5 bis 7 US$ und ein *moto* (Motorradtaxi) für 3 US$.

Die billigste Möglichkeit, in die Stadt zu kommen, bietet Bus Nr. 3 (1500 R), mit eigener Haltestelle vor dem Flughafen; er fährt zum Nachtmarkt bzw. zum Flussufer und hält unterwegs etwa 20-mal – dadurch kommt er entsprechend langsam voran.

Wer mit dem Bus anreist, wird meist nahe dem Psar Thmei (Zentralmarkt) abgesetzt, eine kurze Strecke von den meisten Hotels und Pensionen entfernt. Für ein *moto* werden 0,50 bis 1 US$ fällig, für ein *remork* 2 bis 3 US$. Am Touristendock beim Sisowath-Kai, wo die anlegenden Schiffe aus Vietnam und Siem Reap jede Menge geschäftstüchtiger *moto*-Fahrer anziehen, sind die Preise ähnlich.

FAHRRAD

Einige Pensionen und Hotels verleihen einfache Räder für 1 US$ pro Tag. Schickere Modelle gibt's bei Vicious Cycle (S. 251).

MOTO, REMORK & CYCLO

Das *moto* ist allgegenwärtig. In Touristengegenden können sich die Fahrer meist recht gut auf Englisch verständigen. Kurze Touren durch die Stadt kosten 2000 R, für etwas weitere Strecken von um die 2 km ist 1 US$ fällig. Nachts verdoppeln sich die Preise. Der Tarif für einen Tag beträgt um die 10 US$. Ein *remork* kostet doppelt so viel, je nach Passagierzahl eventuell noch mehr. *Cyclos* sind schwerer zu finden, kosten aber etwa so viel wie ein *moto*.

MOTORRAD

Eine Motorradtour durch Phnom Penh und das Umland ist ein tolles Erlebnis, wenn man mit dem chaotischen Verkehr zurechtkommt. Die Qualität hängt vom Preis ab.

Lucky! Lucky! (Karte S. 256; ☎ 023-212788; 413 Monivong Blvd) Motorräder gibt's für 4 bis 7 US$ pro Tag, billiger wird's, wenn man gleich eins für mehrere Tage mietet. Geländemotorräder sind ab 12 US$ zu haben.

Vannak Bikes Rental (Karte S. 254 f.; ☎ 012 220970; 46 St 130) Leistungsfähige Geländemotorräder bis 600 ccm für 15 bis 30 US$ pro Tag und kleinere Motorräder für 5 bis 7 US$ pro Tag.

TAXI

Taxis sind mit 3000 R pro km günstig. Es ist nicht üblich, die Wagen an der Straße heranzuwinken, stattdessen ruft man bei **Global Meter Taxi** (☎ 011 311888) oder **Choice Taxi** (☎ 010 888010, 023-888023) an.

RUND UM PHNOM PENH

In der Umgebung locken mehrere interessante Ziele, die gut mit dem Auto und/oder Motorrad zu erreichen sind. Der Tonlé Bati und das Phnom-Tamao-Tierschutzgebiet liegen nahe beieinander am NH2 und bieten sich für einen schönen Tagesausflug an.

Koh Dach កោះដាច់

Koh Dach, im Ausland auch als Seideninsel bekannt, besteht aus zwei Inseln im Mekong, die etwa 5 km nordöstlich der Japanischen Freundschaftsbrücke liegen. Wer das echte Kambodscha erleben will, kann die Inseln bei einem leichten Halbtagesausflug besichtigen. Das Chaos von Phnom Penh scheint hier Lichtjahre entfernt. Der Name Koh Dach leitet sich von den Seidenwebern ab, die auf den Inseln leben, und man hat reichlich Möglichkeiten, ihnen dort Stoffe abzukaufen.

Remork-Fahrer bieten halbtägige Touren hierhin an; sie sollten 12 US$ kosten, aber man muss vielleicht verhandeln. Eine weitere Option sind die Bootsfahrten, die täglich um 8.30, 9.30 und 13 Uhr vom Touristendock starten (mind. 4 Pers.).

Tonlé Bati ទន្លេបាទី

Einheimische kommen gerne zum Picknick an den See **Tonlé Bati** (3 US$, inkl. See & Tempel). Auf dem Weg liegen zwei Tempel aus dem 12. Jh., der Ta Prohm und der Yeay Peau. Ersterer ist ansprechender, denn er wartet mit hübschen, gut erhaltenen Schnitzereien auf, die Geburt, Ehrlosigkeit und Verdammnis darstellen.

Die gut beschilderte Abzweigung zum Tonlé Bati befindet sich 33 km südlich von

Phnom Penh auf der rechten Seite. Sorya-Busse von Phnom Penh nach Takeo (8000 R, 4-mal tgl. – man sollte den um 7 Uhr oder den um 10.30 Uhr nehmen) lassen Fahrgäste hier aussteigen. Zu den Tempeln, ca. 1,8 km von der Nationalstraße entfernt, gelangt man per *moto*. Für die Rückfahrt nach Phnom Penh am besten vorab ein Ticket für den Sorya-Bus von Takeo nach Phnom Penh buchen. Ansonsten kann man auch ein *moto* mieten.

Phnom-Tamao-Tierschutzgebiet

មជ្ឈមណ្ឌលសង្គ្រោះសត្វព្រៃភ្នំតាម៉ៅ

Das **Tierschutzzentrum** (Erw./Kind 5/2 US$; ⌚8–17 Uhr) beherbergt Gibbons, Malaienbären, Elefanten, Tiger, Hirsche und ein Vogelgehege. Alle Tiere stammen von Wilderern oder verantwortungslosen Besitzern; im Rahmen eines nachhaltigen Aufzuchtprogramms kommen ihnen hier Pflege und Schutz zu.

6,5 km südlich der Abzweigung zum Tonlé Bati biegt die Straße nach Phnom Tamao rechts vom NH2 ab; die Stelle ist deutlich ausgeschildert. Wer mit dem Bus anreist, bittet den Fahrer, an der Abzweigung zu halten; mit einem dort wartenden *moto* kann man die restlichen 5 km zum Tierschutzgebiet zurücklegen.

SIEM REAP & DIE TEMPEL VON ANGKOR

☎063 / 185 000 EW. (STADT)

Siem Reap ist die Lebensader der Tempel von Angkor, des achten Weltwunders. Ende der 1960er-Jahre versank die Stadt in einen Dornröschenschlaf, aus dem sie vor ein paar Jahren ruckartig erwachte. Heute gehört sie zu den Hotspots der Region und wartet mit jeder Menge Bars, Restaurants, Geschäften sowie Spas auf. Die Tempel von Angkor sind die ultimative Verbindung aus kreativem Ehrgeiz und spiritueller Hingabe. Für die Khmer sind sie zudem eine Quelle der Inspiration und des tiefen Stolzes. Kein Kambodscha-Urlauber wird sich ihre außergewöhnliche Schönheit und ehrfurchteinflößende Pracht entgehen lassen. Angkor gehört zu den weltweit eindrucksvollsten Stätten des Altertums und vereint die epischen Proportionen der Chinesischen Mauer, den kunstvollen Detailreichtum des Tadsch Mahal und die symbolische Symmetrie der ägyptischen Pyramiden. Für den Besuch der Tempel sollte man sich ausreichend Zeit nehmen. Siem Reap eignet sich wunderbar als Ausgangsbasis, um einen Ausflug dorthin zu planen.

ℹ Unterwegs vor Ort

Es gibt unzählige Möglichkeiten zur Erkundung Angkors. Zwischen den Tempeln erstrecken sich flache gepflegte Wege, die sich hervorragend zum Radfahren eignen (unbedingt genügend Trinkwasser mitnehmen!).

Ebenso umweltfreundlich ist eine Entdeckungstour zu Fuß. Natürlich muss man mit einigen Einschränkungen rechnen, aber eine Wanderung entlang der Mauern von Angkor Thom sowie der Hin- und Rückweg zum Angkor Wat sind problemlos machbar. Nicht vergessen, eine Eintrittskarte zu kaufen!

Rund um die Anlage ist die Fortbewegung per *moto* am günstigsten (ca. 10 US$ pro Tag, eher für abgelegene Ziele). Die Fahrer stürzen sich auf die Touristen, sobald diese in Siem Reap eintreffen, entpuppen sich jedoch meist als freundlich und sachkundig. Darüber hinaus vermitteln viele Pensionen empfehlenswerte Guides.

Ein *remork* (ca. 15 US$ pro Tag, eher für abgelegene Ziele) kommt etwas langsamer voran als ein *moto*, schützt einen jedoch vor Regen und Sonne.

Noch mehr Schutz bieten Autos, auch wenn man darin die Bilder, Geräusche und Gerüche weniger eindrucksvoll wahrnimmt. Ein Mietwagen in Siem Reap kostet rund 30 US$ für eine Tagesfahrt durch Angkor, 50 US$ nach Kbal Spean und Banteay Srei, 70 US$ nach Beng Mealea und 90 US$ nach Koh Ker.

Siem Reap

សៀមរាប

Siem Reap hat sich als Epizentrum des modernen Kambodscha neu entdeckt. Mittlerweile gibt's hier erstklassige Bars, Restaurants und Spas sowie mehr Pensionen und Hotels als Tempel. In seinem Herzen bleibt Siem Reap aber eine charmante Stadt mit ländlichem Flair. Alte französische Geschäftshäuser, schattige, von Bäumen gesäumte Alleen und ein gewundener Fluss sind attraktive Überbleibsel der Vergangenheit, während Fünfsternehotels, klimatisierte Busse und internationale Restaurants die glamouröse Zukunft repräsentieren.

◉ Sehenswertes

★ **Nationalmuseum Angkor** MUSEUM
(សារមន្ទីរជាតិអង្គរ; Karte S. 268 f.; ☎063-966601; www.angkornationalmuseum.com; 968 Charles de Gaulle Blvd; Erw./Kind unter 1,20 m 12/6 US$; ⌚Mai-

ABSTECHER

SCHWIMMENDE DÖRFER

Das berühmte schwimmende Dorf **Chong Kneas** ist problemlos auf eigene Faust zu erreichen. Das Dorf hat je nach Jahreszeit einen anderen Standort, und man muss ein Boot mieten, um es richtig besichtigen zu können. Leider bestimmen inzwischen große Reisegruppen das Bild, und Sou Ching, das Unternehmen, das die Touren anbietet, hat feste Bootspreise (absurde 20 US$ pro Person + 3 US$ Eintritt). **Tara Boat** (☎ 092 957765; www.taraboat.com; inkl. Mittag-/Abendessen 29/36 US$ pro Pers.) bietet All-inklusive-Touren an. Das kleine schwimmende **Gecko-Zentrum** (www.greengecko-project.org; ⏲ 8.30–17.30 Uhr) zeigt eine Ausstellung zum bemerkenswerten Jahreszyklus des Tonlé Sap.

Eine Fahrt mit dem *moto* von Siem Reap nach Chong Kneas kostet pro Strecke 3 US$ (mit Wartezeit mehr) und mit einem Taxi 15 US$. Sie dauert 20 Minuten. Alternativ bewältigt man die 11 km lange, durch Dörfer und Reisfelder führende Route mit dem Rad, das man in Siem Reap mieten kann.

Noch eindrucksvoller als Chong Kneas, jedoch schwieriger zu erreichen, ist **Kompong Pluk**. Das einladende auf hohen Stelzen erbaute Dorf scheint einer anderen Welt entsprungen zu sein. Während der Regenzeit kann man den nahegelegenen überfluteten Wald im Kanu erkunden.

Wie in Chong Kneas gibt's Festpreise von 20 bis 30 US$ (pro Pers.) für ein Boot, aber möglicherweise kann man aushandeln, dass sich mehrere Traveller den Bootspreis teilen. Um hierher zu gelangen, muss man 60 bis 90 Minuten auf dem Land- und Wasserweg via Roluos anreisen.

Sept. 8.30–18 Uhr, Okt.–April bis 18.30 Uhr; 📶) An der Straße nach Angkor erhebt sich unübersehbar dieses Bauwerk, ein modernes Vorzeigemuseum zur Zivilisation der Khmer und der Pracht Angkors. Die Exponate in den beeindruckenden Galerien sind nach Epoche, Religion und Königtum sortiert. Nach einer kurzen Präsentation betreten die Besucher die „Galerie der tausend Buddhas" mit einer tollen Sammlung von Bildnissen und einem sehr entspannten Zen-Flair. Mit Ausstellungen zu Funan und Chenla wird auch die Zeit vor Angkor behandelt, außerdem die großen Khmer-Könige, Angkor Wat, Angkor Thom und die Inschriften.

★ Artisans Angkor – Les Chantiers Écoles
KUNSTZENTRUM

(សិប្បករអង្គរ; Karte S. 268 f.; www.artisansdangkor.com; ⏲ 7.30–18.30 Uhr) GRATIS Siem Reap steht im Zentrum der Bemühungen, die traditionelle kambodschanische Kultur wieder neu zu beleben, die durch die Roten Khmer und die Jahre der Instabilität nach deren Herrschaft schwer getroffen wurde. Les Chantiers Écoles ist eine Schule, die benachteiligte Jugendliche in der Herstellung von Lack-, Holz- und Steinarbeiten sowie in traditioneller Seidenmalerei und anderen Handwerkskünsten unterrichtet. Im Rahmen kostenloser Führungen (tgl. 7.30–18.30 Uhr) werden die traditionellen Techniken erklärt. Die Schule befindet sich an einer Seitenstraße und ist auf der Sivatha Street gut sichtbar ausgeschildert.

★ Kambodschanisches Landminenmuseum
MUSEUM

សារមន្ទីរគ្រាប់មីនកម្ពុជា និងមូលនិធិសង្គ្រោះ; www.cambodialandminemuseum.org; Eintritt 3 US$; ⏲ 7.30–17 Uhr) Der Selfmade-Minenräumer Aki Ra hat dieses Museum 25 km von Siem Reap (nahe Banteay Srei) auf die Beine gestellt, einen echten Augenöffner, was den Fluch der Landminen betrifft, die in Kambodscha verstreut liegen. Ausgestellt sind Minen, Mörser und Waffen, und auf dem nachgemachten Minenfeld können die Besucher versuchen, (entschärfte) Minen zu lokalisieren. Die Erlöse kommen Anti-Minen-Kampagnen zugute.

Schmetterlingszentrum Banteay Srei
TIERSCHUTZGEBIET

(មជ្ឈមណ្ឌលសួនមេអំបៅបន្ទាយស្រី; www.angkorbutterfly.com; Erw./Kind 5/2 US$; ⏲ 9–17 Uhr) In dem größten Indoor-Schmetterlingszentrum Südostasiens gibt's über 30 kambodschanische Arten zu bewundern. Ein netter Programmpunkt für Kinder – mit Lerneffekt, da der gesamte Lebenszyklus der Insekten vom Ei über Raupe und Verpuppung bis zum fertigen Schmetterling nachverfolgt werden kann.

Siem Reap

0 500 m
Angkor Ticketschalter (2 km); Angkor Wat (4 km)
Psar Chaa
0 100 m
Tep Vong St
ANZ Royal Bank
Oum Chhay St
Hup Guan St
Central Market St
Canadia Bank
Siem Reap Provincial Hospital
Sivatha St
Pithnou St
St 7
The Lane
Wat Preah Prohm Roth St
U-Care Pharmacy
Pub St
The Alley
Alley West
St 9
Charles de Gaulle Blvd
National-museum Ankgor
Siem Reap River Rd
Königlicher Garten
Taphul St
NH6
Airport Rd
St 3
Oum Khun St
St 14
Pokambor Ave
St 20
St 21
Angkor Hospital for Children
St 5
siehe Psar Chaa
Tep Vong St
St 22
St 23
St 24
St 25
St 26
Wat Bo Rd
St 27
Sok San Rd
Artisans Angkor – Les Chantiers Écoles
Pokambor Ave
Siem Reap
Makara St
Psar Krohm St
Tonlé Sap Rd

Siem Reap

Highlights
1 Nationalmuseum Angkor ... C2
2 Artisans Angkor – Les Chantiers Écoles ... A6

Sehenswertes
3 Cambolac ... D3
4 Wat Bo ... D5

Aktivitäten, Kurse & Touren
5 Khmer Ceramics Fine Arts Centre ... D2
6 KKO Bike Tours ... A5
Le Tigre de Papier ... (siehe 30)
7 Peace Café Yoga ... D2
PURE! Countryside Bicycle Tour ... (siehe 38)
8 Seeing Hands Massage 4 ... A1
Vegetarian Cooking Class ... (siehe 7)

Schlafen
9 Funky Flashpacker ... A5
10 HI Siem Reap Deluxe ... B7
11 Ivy Guesthouse 2 ... C1
12 Mad Monkey ... B4
13 Onederz Hostel ... A5
14 Rosy Guesthouse ... D3
15 Seven Candles Guesthouse ... C4
16 Siem Reap Hostel ... C6
17 Soria Moria Hotel ... C5

Essen
18 Angkor-Markt ... B4
19 Banllé Vegetarian Restaurant ... C6
20 Bloom Café ... B1
21 Bugs Café ... A5
22 Gelato Lab ... A3
23 Haven ... D7
24 Little Red Fox ... B1
25 Mamma Shop ... B1
26 Marum ... D3
27 Pot & Pan Restaurant ... A6
28 Psar Chaa ... A3
29 Spoons Café ... B7

Ausgehen & Nachtleben
30 Angkor What? ... A2
31 Asana Wooden House ... A2
32 Laundry Bar ... B3
33 Soul Train Reggae Bar ... B2
34 X Bar ... A3

Shoppen
35 Angkor-Nachtmarkt ... A5
36 Made in Cambodia ... B6
37 Smateria ... A3
38 Sra May ... B1
39 trunkh ... B1

Transport
40 Asia Van Transfer ... C1
41 Capitol Tour ... A3
42 Giant Ibis ... A6
43 Mekong Express ... A1
44 Phnom Penh Sorya ... A3
45 Virak Buntham ... A6

Cambolac KUNSTZENTRUM
(ខេមបូឡាក់; Karte S. 268 f.; ☎ 088 355 6078; http://cambolac.com; Wat Polanka; ⌚ Mo–Sa 8–11.30 & 13–17 Uhr) GRATIS Kambodscha blickt auf eine lange Tradition in der Herstellung von bildschönen Lackarbeiten zurück. Leider sind manche Fertigkeiten durch die Jahre der politischen und gesellschaftlichen Unruhen in Vergessenheit geraten. Cambolac ist ein soziales Unternehmen, das die kambodschanische Lackkunst wiederbeleben und eine neue, moderne Handwerksszene schaffen möchte. Bei einem Rundgang durch die Werkstatt lernt man mehr darüber, wie viel Perfektionismus vonnöten ist, um die kleinen Kunstwerke zu fertigen. Die meisten Guides sind schwerhörig oder taub, sodass man sich mit Händen und Füßen verständigen muss. Vielleicht lernt man sogar ein bisschen Zeichensprache.

Wat Bo BUDDHISTISCHER TEMPEL
(វត្តបូ; Karte S. 268 f.; Tep Vong St; ⌚ 6–18 Uhr) GRATIS Wat Bo, einer der ältesten Tempel der Stadt, beherbergt eine Sammlung von gut erhaltenen Gemälden aus dem späten 19. Jh., die Szenen aus dem *Reamker,* Kambodschas Interpretation des *Ramayana,* darstellen. Zwischen 16.30 und 18 Uhr zelebrieren die Mönche regelmäßig Sprechgesänge, ein faszinierendes und spirituelles Erlebnis für alle, die gerade im Tempel sind.

Aktivitäten

Fußmassagen sind in Siem Reap ein echter Verkaufsschlager, was angesichts der vielen steilen Tempelaufgänge nicht verwundert. An der Straße, die nordwestlich des Psar Chaa verläuft, gibt's etwa sechs oder mehr Anbieter, die Massagen für 6 bis 8 US$ die Stunde offerieren. Die Qualität variiert, deshalb sollte man sich ein wenig umschauen, bevor man sich für ein Angebot entscheidet. Fußbehandlungen der anderen Art gibt's in den Fisch-Spas. In einem Wasserbassin säubern Putzerlippfische die Füße von toten Hautschuppen – für die einen der Himmel auf Erden, für Kitzlige eher die Hölle. Mittlerweile findet man Filialen in der ganzen Stadt, u. a. entlang der Pub Street.

★ Angkor Zipline ZIPLINING

(Karte S. 282 f.; ☎ 096 999 9100; www.angkorzipline.com; Schnupper-/kompletter Kurs 60/100 US$ pro Pers.; ⏲ 6–17 Uhr) Angkor ist die wohl spektakulärste Kulisse für einen Seilrutschen-Parcours – wobei man die Tempel nicht sehen kann, während man durch die Luft saust. Angkor Zipline (ehemals Flight of the Gibbon Angkor) befindet sich aber innerhalb des Schutzgebiets von Angkor. Der Parcours besteht aus zehn Seilrutschen, 21 Plattformen in den Baumwipfeln und vier Brücken, und zuletzt muss man sich abseilen, um wieder auf den Boden zu kommen. Nach der Hälfte der Tour gibt's eine Pause bei großartigem Panorama. Ein Highlight ist das Tandemseil für Pärchen.

Angkor Wat Putt GOLF

(Karte S. 282 f.; ☎ 012 302330; www.angkorwatputt.com; Chreav-Bezirk; Erw./Kind 5/4 US$; ⏲ 8–20 Uhr) Der kambodschanische Minigolfplatz (die Briten sagen „Crazy Golf") steht im Kontrast zu den großen Golfplätzen außerhalb der Stadt. Man spielt 14 Löcher und navigiert dabei um Minitempel und andere kreative Hindernisse herum. Wer den Ball mit einem Schlag einputtet, gewinnt ein Bier! Der Platz ist vor Kurzem an einen etwas abgelegeneren Standort gezogen, aber die längere Anfahrt lohnt sich.

Krousar Thmey MASSAGE

(Karte S. 282 f.; www.krousar-thmey.org; Charles de Gaulle Blvd; Massage 1 Std. 7 US$; ⏲ 9–21 Uhr) Hier wird man von blinden Masseurinnen und Masseuren durchgeknetet. Das Massagestudio beherbergt die kostenlose Tonlé-Sap-Ausstellung mit einem interaktiven Bereich („Seeing in the Dark"), in dem Besucher einen Eindruck davon bekommen, wie es ist, nicht sehen zu können. Man wird von einem blinden Guide begleitet.

Peace Cafe Yoga YOGA

(Karte S. 268 f.; ☎ 063-965210; www.peacecafeangkor.org; Siem Reap River Rd East; 6 US$ pro Session) Beliebtes Gemeindezentrum mit Café. Jeden Morgen und Abend werden Yoga-Sessions veranstaltet, darunter auch Kurse in Ashtanga und Hatha.

VERANTWORTUNGSVOLLES REISEN IN SIEM REAP

Die in Siem Reap ansässige Organisation ConCERT (www.concertcambodia.org) hat es sich zum Ziel gesetzt, Touristen gemeinnützige Projekte in und um Siem Reap und Angkor nahezubringen. Sie bietet Infos zu allem Möglichen, von Ökotourismus bis zur Freiwilligenarbeit.

Seeing Hands Massage 4 MASSAGE

(Karte S. 268 f.; ☎ 012 836487; 324 Sivatha St; Ventilator/Klimaanlage 5/7 US$ pro Std.) Bildet Sehbehinderte in der Kunst der Massage aus. Vorsicht vor Trittbrettfahrern, die Sehbehinderte ausnutzen!

Happy Ranch REITEN

(Karte S. 282 f.; ☎ 012 920002; www.thehappyranch.com; 1 Std./halber Tag 28/59 US$) Reiten nicht wie im Wilden Westen, sondern wie im Wilden Osten. Auf der Happy Ranch besteht die Möglichkeit, Siem Reap vom Pferderücken aus zu entdecken, fernab von Hektik, Verkehr und Menschenmassen, und auch die umliegenden Dörfer sowie entlegene Tempel zu besichtigen.

Es gibt auch beliebte Reitausflüge zum Wat Athvea, einer modernen Pagode mit antikem Tempel, sowie zum Wat Chedi, einem Tempel in einer Flussniederung am Tonlé Sap. Zum Angebot gehört auch Reitunterricht für Kinder und Anfänger. Für die besten Preise direkt bei Happy Ranch buchen.

Kurse

Le Tigre de Papier KOCHEN

(Karte S. 268 f.; ☎ 012 265811; www.angkor-cooking-class-cambodia.com; Pub St; 15 US$ pro Pers.) Hier werden täglich um 10, 13 und 17 Uhr Kochkurse inkl. Marktbesuch abgehalten, bei denen man die Möglichkeit hat, *amoc* (eine Version des Nationalgerichts Kambodschas) zuzubereiten.

Vegetarian Cooking Class KOCHEN

(Karte S. 268 f.; ☎ 092 177127; http://peacecafeangkor.org; Siem Reap River Rd East; 20 US$ pro Pers.) Vegetarische Kochkurse, bei denen Tofu-*amoc*, Papayasalat und Frühlingsrollen zubereitet werden.

Khmer Ceramics Fine Arts Centre KUNST

(សេរ៉ាមិច; Karte S. 268 f.; ☎ 017 843014; www.khmerceramics.com; Charles de Gaulle Blvd; Töpferkurs 20 US$; ⏲ 8–20 Uhr) An der Straße zu den Tempeln liegt dieses Keramikzentrum, das sich der Wiederbelebung der traditionellen Khmer-Töpferei widmet, die zu den Zeiten Angkors eine anspruchsvolle Kunst gewesen ist. Bei einem Besuch kann man selbst töpfern und an Kursen in traditionellen Töpfertechniken teilnehmen (Formen und Bemalen).

Geführte Touren

★ KKO Bike Tours FAHRRADFAHREN
(Khmer for Khmer Organisation; Karte S. 268 f.; ☎ 093 903024; www.kko-cambodia.org; Taphul Rd; geführte Radtouren 35–60 US$) Rad- und *moto*-Touren auf den Wegen von Angkor oder auf dem Land, jenseits des westlichen Baray, für einen guten Zweck: Die Einnahmen fließen in die Kasse der Organisation „Khmer for Khmer", die schulische und berufliche Ausbildungen fördert.

Quad Adventure Cambodia ABENTEUERSPORT
(Karte S. 282 f.; ☎ 092 787216; www.quad-adventure-cambodia.com; Country Rd Laurent; Quad-Tour bei Sonnenuntergang 30 US$, ganzer Tag 170 US$) Siem Reaps Anbieter Nummer 1 für Quadbike-Touren. Es geht z. B. bei Sonnenuntergang in die Reisfelder, zu hübschen Tempeln und auf Nebenstraßen durch traditionelle Dörfer.

★ Siem Reap Food Tours ESSEN & TRINKEN
(☎ 012 505542; www.siemreapfoodtours.com; 75 US$ pro Pers.) Das Unternehmen wird von einem amerikanischen Kochbuchautor und einem erfahrenen schottischen Chefkoch geführt, die eine Vorliebe für Stand-up-Comedy haben. Die beiden veranstalten lohnenswerte Touren, die den Teilnehmern die Welt der kambodschanischen Küche näherbringen. Man hat die Auswahl zwischen einer Morgentour – mit Besuch der lokalen Märkte und *naom-banchok*-Nudelstände von Preah Dak – und einer Abendtour zu Straßenständen und lokalen Grillrestaurants.

Schlafen

Übernachtungsmöglichkeiten gibt's überall in Siem Reap, wobei sich die Budgetunterkünfte auf drei Orte konzentrieren: die Gegend um den Psar Chaa, das Gebiet westlich der Sivatha Street und nördlich des Wat Bo am östlichen Flussufer. Das Psar-Chaa-Viertel ist der lebhafteste Stadtteil und voller Restaurants, Bars und Boutiquen. Hier zu übernachten kann viel Spaß machen, aber es ist nicht gerade die ruhigste Ecke. Westlich der Sivatha Street haben sich einige gute Budgetpensionen und Boutique-Hotels der mittleren Preisklasse angesiedelt, und in der kleinen Nebenstraße, die parallel zum Nordende der Wat Bo Road verläuft, findet man noch mehr tolle Pensionen, in denen Gäste ohne Reservierung spontan auf Zimmerjagd gehen können.

★ Onederz Hostel HOSTEL $
(Karte S. 268 f.; ☎ 063-963525; https://onederz.com; Angkor Night Market St; B 8,50–9,50 US$, Zi. 26 US$; ❄@📶🏊) Eines der schicksten Hostels in Siem Reap – das Onederz hat sogar schon einige „Hoscars" (die Oscars der Hotelwelt) gewonnen. Zu den Einrichtungen zählt eine riesige Kaffeebar im Erdgeschoss, die als gigantischer Warteraum für die Gäste dient, die hier kommen und gehen. Die Schlafsäle sind recht teuer, beinhalten aber kostenlosen Zugang zum Dachpool.

VERWÖHNPROGRAMM

Ein Boutique-Hotel mit Herz: Das **Soria Moria Hotel** (Karte S. 268 f.; ☎ 063-964768; http://thesoriamoria.com; Wat Bo Rd; EZ 45–65 US$, DZ 60–80 US$; ❄@📶🏊) unterstützt Gemeindeprojekte. Es hat attraktive Zimmer mit schicken Badarmaturen. Unten ist ein Restaurant für Fusionsküche untergebracht, oben steht ein Freiluft-Hot-Tub, und es gibt einen Swimmingpool. 2011 ging das Hotel zur Hälfte in den Besitz der Mitarbeiter über, ein zukunftsweisender Schritt.

★ Green Home I HOMESTAY $
(Karte S. 282 f.; ☎ 095 334460; www.thegreenhome.org; Chreav Commune; Zi. mit Ventilator/Klimaanlage 8/10 US$; ❄📶) Das Green Home I setzt den Standard für Privatunterkünfte bei Gastfamilien in und um Siem Reap. Es sieht aus wie eine Pension und bietet vom Garten aus einen wunderschönen Blick auf die umliegenden Reisfelder. Es gibt nur Gemeinschaftsbäder – die sind aber makellos sauber. Die Zimmer im Erdgeschoss sind mit Klimaanlagen ausgestattet. Green Home I veranstaltet Kochkurse, Dorfspaziergänge, Besuche auf Bauernhöfen und Vogelbeobachtungstouren.

Seven Candles Guesthouse PENSION $
(Karte S. 268 f.; ☎ 063-963380; www.sevencandlesguesthouse.com; 307 Wat Bo Rd; Zi. 20–38 US$; ❄@📶) Seven Candles unterstützt mit seinen Einnahmen eine lokale Stiftung, die die Bildung in ländlichen Gemeinden fördert. Die Zimmer sind sehr dekorativ eingerichtet und verfügen über Warmwasser, Fernseher und Kühlschrank.

Siem Reap Hostel HOSTEL $
(Karte S. 268 f.; ☎ 063-964660; www.thesiemreaphostel.com; 10 Makara St; B 8–10 US$, Zi. inkl. Frühstück 30–45 US$; ❄@📶🏊) Das erste Backpackerhostel von Angkor ist ziemlich geschnie-

gelt. Die Schlafsäle sind gepflegt und die Zimmer (Frühstück inkl.) eindeutig etwas für anspruchsvollere Touristen. Außerdem gibt's ein lebhaftes Bar-Restaurant, einen überdachten Pool und ein gut organisiertes Reisebüro.

Mad Monkey HOSTEL $
(Karte S. 268 f.; www.madmonkeyhostels.com; Sivatha St; B 7–9 US$, Zi. 16–26 US$; ❄@📶) Ein Ableger der expandierenden Monkey-Kette. Das klassische Backpackerhostel hat mehrere Luxus-Schlafsäle mit extrabreiten Betten, Zimmer mit gutem Preis-Leistungs-Verhältnis und Privatsphäre sowie die obligatorische Dachbar – nur dass diese auch noch eine Strandbar ist!

Ivy Guesthouse 2 PENSION $
(Karte S. 268 f.; ☎012 800860; www.ivy-guesthouse.com; Psar Kandal St; Zi. mit Ventilator 6–8 US$, mit Klimaanlage 15 US$; ❄@📶) Im einladenden Ivy geht's sehr lebhaft zu. Es verfügt über einen Entspannungsbereich und eine Bar. Das Restaurant ist besser als die der anderen Gästehäuser und bietet neben einer großen Auswahl an vegetarischen Gerichten den „Tapas-Freitag" (1,25 US$).

Funky Flashpacker HOSTEL $
(Karte S. 268 f.; ☎070 221524; www.funkyflashpacker.com; Funky Lane; B 5–8 US$, Zi. 10–40 US$; ❄@📶≋) Siem Reaps angesagteste Partyadresse! In dem Swimmingpool im Hof liefern sich die Gäste z. B. regelmäßig Wasserballschlachten, in der Dachbar tummeln sich betrunkene junge Leute, die einen Schnaps nach dem anderen kippen. Ein großartiges Hostel, aber nichts für Reisende, die Ruhe suchen.

HI Siem Reap Deluxe HOSTEL $
(Karte S. 268 f.; ☎063-765569; www.hisiemreap.com; 319 Siem Reap River Rd East; B 4–6 US$, Zi. 15–30 US$; ❄📶≋) Die offizielle Hostelling-International-Jugendherberge in Siem Reap bietet großartigen Service und tolle Einrichtungen zu supergünstigen Preisen. Die Betten im Schlafsaal sind mit je zwei Kissen und Leselampen ausgestattet, die Privatzimmer eignen sich gut für anspruchsvollere Traveller. Außerdem gibt's einen Pool auf dem Dach. Ein echtes Schnäppchen!

Rosy Guesthouse PENSION $
(Karte S. 268 f.; ☎063-965059; www.rosyguesthouse.com; Siem Reap River Rd East; DZ 9 US$, DZ mit Bad & Klimaanlage 16–35 US$; ❄📶) 🍃 Pension mit britischem Management. Die 13 Zimmer haben ein gutes Preis-Leistungs-Verhältnis: Sie sind mit Fernseher und DVD-Player ausgestattet und mit Seidenstoffen dekoriert. In dem gut besuchten Pub im Erdgeschoss gibt's leckeres Essen und ein buntes Unterhaltungsprogramm (z. B. einen Quiz-Abend). Die Einnahmen fließen in Gemeindeprojekte.

Essen

Lohnenswerte Restaurants findet man in der ganzen Stadt, doch Siem Reaps kulinarisches Herz schlägt rund um den Psar Chaa, insbesondere an der Alley, die von netten, atmosphärischen Lokalen gesäumt ist. Hier gibt's zahlreiche gute kambodschanische Adressen, viele davon Familienbetriebe.

Selbstversorger können sich auf Märkten mit Obst und Gemüse eindecken. Der **Angkor Market** (Karte S. 268 f.; Sivatha St; ⏲8–21 Uhr), ein Supermarkt, verkauft auch importierte Produkte.

★ Marum INTERNATIONAL $
(Karte S. 268 f.; ☎017 363284; www.marum-restaurant.org; Wat-Polanka-Viertel; Hauptgerichte 3,25–6,75 US$; ⏲11–22.30 Uhr; 📶✎👪) 🍃 In einem hübschen Holzhaus mit großem Garten werden viele vegetarische Gerichte und Meeresfrüchte zubereitet. Highlights sind das Rindfleisch mit frittierten roten Ameisen, die Chilipfanne und die Mini-Krokodilburger. Danach gibt's göttliche Desserts. Das Restaurant gehört zu den Ausbildungslokalen der Tree Alliance Gruppe und ist ein absolutes Muss.

★ Pot & Pan Restaurant KAMBODSCHANISCH $
(Karte S. 268 f.; ☎017 970780; www.thepotandpanrestaurant.com; Stung Thmei Rd; Gerichte 2–5 US$; ⏲10–22 Uhr; 📶) Eines der besten und billigsten Khmer-Restaurants im Zentrum. Pot & Pan spezialisiert sich auf hübsch angerichtete authentische Gerichte zu günstigen Preisen. Auf der Karte stehen scharfe Suppen und zarte Salate; der Reis wird in Lotusblättern serviert. Erstaunlicherweise gibt's hier auch einige der besten Pizzas der Stadt.

★ Bloom Cafe CAFÉ $
(Karte S. 268 f.; www.bloomcakes.org; St 6; Cupcakes 1,50 US$; ⏲Mo–Sa 10–17 Uhr; 📶) 🍃 In dem eleganten Café hat man die Zubereitung von Cupcakes zur Kunstform erhoben. Die bildschönen Kreationen gibt's in insgesamt 48 Geschmacksrichtungen (angeboten wird eine regelmäßig wechselnde Auswahl). Dazu kann man verschiedene Kaffee-, Tee- und Saftspezialitäten bestellen. Etwas Gutes tut man auch noch damit: Die Gelder werden für die Ausbildung kambodschanischer Frauen aufgewendet.

★ Gelato Lab — EISCREME $

(Karte S. 268 f.; www.facebook.com/gelatolabsiemreap; 109 Alley West; 1/2 Kugeln 1,50/2,50 US$; ⌚9–23 Uhr; 📶) Die Eiscreme hier ist so großartig, weil das Café eine hochmoderne Einrichtung hat, rein natürliche Zutaten verwendet und der liebenswürdige italienische Besitzer mit viel Leidenschaft bei der Sache ist. Gelato Lab serviert auch den besten handgerösteten Kaffee der Stadt.

Little Red Fox — CAFÉ $

(Karte S. 268 f.; www.thelittleredfoxespresso.com; Hup Guan St; Gerichte 2–8 US$; ⌚Do–Di 7–17 Uhr) Das attraktive kleine Café ist unglaublich beliebt bei denen, die für länger in Siem Reaps wohnen. Sie schwören darauf, dass der regionale Feel-Good-Kaffee der beste der Stadt ist. Nimmt man noch die maßgeschneiderten Frühstücksgerichte, Bagels, Salate, die kreativen Säfte und die Klimaanlage hinzu, ist Little Red Fox der perfekte Ort zum Abhängen. Der schicke Gebäudeflügel im Obergeschoss wird vor allem von Laptopnutzern besucht.

Psar Chaa — KAMBODSCHANISCH $

(Karte S. 268 f.; Hauptgerichte 1,50–4 US$; ⌚7–21 Uhr) Auf dem Psar-Chaa-Markt gibt's zahlreiche Imbissstände, die Khmer-Essen in englischen Speisekarten anbieten (gut ausgeschildert) – ein toller Ort für eine lokaltypische Mahlzeit zu Preisen, die sonst nur Einheimische zahlen. Einige Gerichte liegen aus, andere werden nach Wunsch frisch im Wok zubereitet; die meisten sind gesund und sättigend.

Road-60-Nachtmarkt — MARKT $

(Karte S. 282 f.; Rd 60; Snacks 1–4 US$; ⌚16–23 Uhr) Der Road-60-Nachtmarkt erstreckt sich am Straßenrand nahe dem Ticket-Kontrollpunkt für die Tempel von Angkor. Er bietet jede Menge Lokalkolorit: Jeden Abend werden hier Stände aufgebaut, an denen man eine riesige Bandbreite von frittierten Insekten, Grillgerichten (z. B. Wachteln) und billigem Bier kaufen kann.

Bugs Cafe — KAMBODSCHANISCH $

(Karte S. 268 f.; ☎017 764560; www.bugs-cafe.com; Angkor Night Market St; Gerichte 2–8 US$; ⌚17–23 Uhr; 📶) Ernährungswissenschaftler preisen neuerdings die Vorteile des Insektenverzehrs, dabei praktizieren die Kambodschaner das schon seit Langem. Im Bugs Café kann man verschiedene Varianten kosten: Grillen, Wasserwanzen, Seidenspinner, Spinnen und wie sie nicht alle heißen. Tarantel-Donuts, Skorpione aus der Pfanne, Schlangen – diese Speisekarte vergisst man nicht so schnell.

DAS WALDSCHUTZGEBIET DES ZENTRALEN KARDAMOM-GEBIRGES ERKUNDEN

Zwar öffnen sich das Waldschutzgebiet des Zentralen Kardamom-Gebirges (CCPF) und die umliegenden Tierschutzgebiete langsam für den Tourismus, aber die Möglichkeiten, diese Region zu erkunden, sind immer noch sehr begrenzt, denn die Rangerstationen dienen größtenteils dazu, illegale Rodung und Wilderei zu bekämpfen. Pursat entwickelt sich dabei zum nördlichen Tor des Kardamom-Gebirges.

Das **Gemeindezentrum Osoam Cardamon** (☎016 309075, 089 899895; http://osoam-ccc.weebly.com) ist ein toller Ausgangsort für eine Erkundung der Region. Das Zentrum organisiert Dirtbike- und Bootstouren in der Umgebung sowie Tagesausflüge und mehrtägige Trips nach **Phnom Samkos**, wo Wildelefanten leben. Außerdem vermietet es sieben gepflegte Zimmer (6 US$) und vermittelt Kontakt zu einfachen Gästehäusern und Gastfamilien (EZ/DZ 5/6 US$) in der Umgebung. Die Stromversorgung ist eingeschränkt, und das Duschwasser kommt aus Eimern, aber dafür lernt man das wahre Kambodscha kennen. Mr. Lim, der geheimnisvolle Selfmademan, Kambodschaner und Inhaber des Gemeindezentrums, ist unter Travellern eine echte Legende.

Die Straßen und Brücken der Region wurden für das neue Wasserkraftwerk in Osoam renoviert, und man kann den Park nun das ganze Jahr über besuchen. Die Gebiete im und um das CCPF werden immer noch entmint, man sollte also auf den Straßen und ausgetretenen Pfaden bleiben.

Von Psar Chaa in Pursat fahren ganzjährig Sammeltaxis und Pick-ups nach Kravanh (1 Std.), Rovieng (2 Std.) und Pramoay (3 Std.). Ab Pramoay ist der Weg südlich nach Osoam in weitaus schlechterem Zustand. Er ist das ganze Jahr über mit dem moto passierbar, aber in der Regenzeit kommen keine Taxis durch. Die Straße von Osoam nach Süden bis Koh Kong ist viel besser und ganzjährig mit Taxis passierbar.

Banllé Vegetarian Restaurant VEGETARISCH $
(Karte S. 268 f.; www.banlle-vegetarian.com; St 26; Gerichte 2–4 US$; 11–21.30 Uhr, Di geschl.;) Eine Top-Adresse für einen gesunden Snack! Das traditionelle Holzhaus hat einen eigenen Gemüsegarten (natürlich bio) und die Ernte landet in internationalen und lokaltypischen Gerichten wie Gemüse-*amoc*. Zu trinken gibt's pikante Obst- und Gemüseshakes.

★ **Haven** FUSION-KÜCHE $$
(Karte S. 268 f.; 078-342404; www.haven-cambodia.com; Chocolate Rd, Wat-Dam-Nak-Viertel; Hauptgerichte 6–8 US$; Mo–Sa 11.30–14.30 & 17.30–21.30 Uhr, Aug. geschl.;) Das Haven ist tatsächlich ein kulinarischer Hafen mit dem Besten, was das Zusammentreffen von Ost und West hervorbringt. Das Fischfilet mit grüner Mango ist herrlich pikant. Mit den Einnahmen wird jungen Erwachsenen, die keine Eltern mehr haben, der Weg vom Heim in eine Beschäftigung ermöglicht.

★ **Spoons Cafe** KAMBODSCHANISCH $$
(Karte S. 268 f.; 076 277 6667; www.spoonscambodia.org; Bamboo Rd; Hauptgerichte 5,50–8 US$; Di–So 11.30–22 Uhr;) Das exzellente Restaurant serviert moderne kambodschanische Küche und unterstützt mit seinen Einnahmen die lokale Gemeinschaft EGBOK (Everything's Gonna Be OK, Alles wird gut), die Ausbildung und Arbeit im Gastronomiebereich anbietet. Auf der Speisekarte stehen original kambodschanische Gerichte wie *trey saba* (ganze Makrele) mit Kokosnuss-Kurkuma-Reis, Curry mit Riesengarnelen und *tuk kroeung*, eine scharfe Brühe auf Fischbasis. Die Cocktails werden geschüttelt, nicht gerührt.

★ **Mamma Shop** ITALIENISCH $$
(Karte S. 268 f.; www.facebook.com/mammashop.italian.restaurant; Hup Guan St; Hauptgerichte 5–9 US$; Mo–Sa 11.30–22.30 Uhr;) Das freundliche italienische Eckbistro im aufstrebenden Kandal-Village-Bezirk ist sehr zu empfehlen. Die Speisekarte ist kompakt und umfasst großartige hausgemachte Pasta, das Spezialgericht des Hauses. Außerdem gibt's eine Auswahl an *piadina-romagnola-pizza* (gefülltes Fladenbrot), eine gute Weinkarte und tolle Desserts.

Ausgehen & Nachtleben

Mittlerweile ist Siem Reap fester Bestandteil des südostasiatischen Nachtlebens. Fündig wird man rund um den Psar Chaa, zudem lädt die Pub Street zu Kneipentouren ein.

★ **Asana Wooden House** BAR
(Karte S. 268 f.; www.asana-cambodia.com; The Lane; 11 Uhr–open end;) Das Haus im traditionellen ländlichen Stil hat eine tolle Atmosphäre und steht in einer Seitenstraße. Man sitzt auf mit *capok* gefüllten Reissäcken und schlürft klassische Cocktails mit aromatisiertem Reiswein. Für 15 US$ pro Person kann man die Zubereitung von Khmer-Cocktails mit Sombai-Likören erlernen.

★ **Laundry Bar** BAR
(Karte S. 268 f.; www.facebook.com/laundry.bar.3; St 9; 16 Uhr–open end;) Dank der schummrigen Beleuchtung und dem anspruchsvollen Dekor ist dies eine der gechilltesten Bars der Stadt. Hier gibt's Elektronic- und Ambient-Musik auf die Ohren, und an den Wochenenden, wenn Gast-DJs die Lautstärke bis zum Anschlag aufdrehen, tobt die Menge. Happy Hour bis 21 Uhr.

Soul Train Reggae Bar BAR
(Karte S. 268 f.; www.facebook.com/soultrainreggaebar; 35 New St; 17 Uhr–open end) Die Bar ist eine der lebhaftesten Ausgehlocations der Stadt. Sie liegt versteckt in einer kleinen Seitenstraße, die am Wat Preah Prohm Roth vorbeiführt (hoffentlich ist die Reggaemusik nicht so laut, dass sie die Mönche stört). Großartige Musik, billige Drinks und eine Partyatmosphäre, die lässiger ist als die auf der Pub Street.

Angkor What? BAR
(Karte S. 268 f.; www.facebook.com/theangkorwhatbar; Pub St; 17 Uhr–open end;) Siem Reaps Klassiker unter den Bars verspricht seit 1998 feuchtfröhliche Abende. Die Happy Hour (bis 20 Uhr) sorgt für richtig gute Stimmung, und später tanzen alle zu Dance-Musik neben, auf und unter den Tischen.

X Bar BAR
(Karte S. 268 f.; www.facebook.com/Xbar.Asia; Sivatha St; 16 Uhr–Sonnenaufgang;) Eine der angesagtesten Ausgehadressen von Siem Reap lockt zur Geisterstunde, wenn die anderen Kneipen ringsum zumachen, massenweise Partyvolk an. Außerdem: Filmvorführungen am frühen Abend auf großer Leinwand, Billardtische und sogar eine Skater-Halfpipe – vor der Nutzung lieber erst ins Röhrchen pusten.

Unterhaltung

Überall in der Stadt werden Tanzshows angeboten, deren Besuch sich allerdings nur selten lohnt.

★ **Phare the Cambodian Circus** ZIRKUS
(Karte S. 282 f.; ☎ 015 499480; www.pharecircus.org; westliches Ende der Sok San Rd; Erw./Kind 18/10 US$, Premiumsitze 38/18 US$; ⌚tgl. 20 Uhr) Kambodschas Antwort auf den Cirque du Soleil ist kein gewöhnlicher Zirkus. Die darstellende Kunst steht zwar im Vordergrund, aber jede Produktion hat überdies eine subtile und dabei gewichtige soziale Botschaft. Die führende kambodschanische Vereinigung für Zirkus, Theater und darstellende Kunst, Phare Ponleu Selpak, nahm das Zirkuszelt 2013 in Betrieb. Seitdem finden allabendlich Vorführungen statt. Das Resultat ist eine einzigartige Form der Unterhaltung, die man sich auf keinen Fall entgehen lassen sollte.

Beatocello KLASSISCHE MUSIK
(Karte S. 282 f.; www.beatocello.com; Charles de Gaulle Blvd; ⌚Sa 19.15 Uhr) Beatocello, besser bekannt als Dr. Beat Richner, führt im Jayavarman-VII.-Kinderkrankenhaus Cello-Kompositionen auf. Der Eintritt ist frei, aber Spenden sind erwünscht, denn sie ermöglichen es dem Krankenhaus, Kinder kostenlos zu behandeln.

Shoppen

Siem Reap wartet mit einer exzellenten Auswahl an kambodschanischem Kunsthandwerk auf. Auf dem gut sortierten **Psar Chaa** kann man mit geduldigem, humorvollem Verhandeln Schnäppchenpreise erzielen. Auf dem **Angkor-Nachtmarkt** (Karte S. 268 f.; https://angkornightmarket.com; ⌚16–24 Uhr) werden jede Menge Seidenstoffe, Kunsthandwerk und ausgewählte Souvenirs feilgeboten. Die aufstrebende Alley West lädt zu einer Bummeltour durch Modeboutiquen mit sozialem Anspruch ein. Mehrere Geschäfte unterstützen Kambodschas Arme und Hilfsbedürftige, darunter das exquisite Artisans Angkor (S. 267).

★ **AHA Fair Trade Village**
KUNST & KUNSTHANDWERK
(Karte S. 282 f.; ☎ 078 341454; www.aha-kh.com; Rd 60, Trang Village; ⌚10–19 Uhr) Für Souvenirs aus der Region (nicht die importierten Sachen wie auf dem Psar Chaa) geht man am besten auf diesen Kunsthandwerkermarkt. Er liegt etwas abseits, bietet aber über 20 Stände, die eine breite Auswahl von traditionellen Waren verkaufen. Jeden zweiten und vierten Samstag im Monat findet eine Khmer-Kulturshow statt; dann werden noch mehr Stände aufgebaut und es gibt traditionelle Musik und Tanz.

★ **trunkh.** GESCHENKE & SOUVENIRS
(Karte S. 268 f.; www.trunkh.com; Hup Guan St; ⌚10–18 Uhr) Der Besitzer hat ein gutes Auge für skurrile, schicke und originelle Blusen, Kissen, Schmuck, Posterkunst und T-Shirts, verkauft aber auch Raritäten wie kambodschanische Wasserbüffelglocken.

Sra May MODE & ACCESSOIRES
(Karte S. 268 f.; 640 Hup Guan St; ⌚Mo–Sa 10–18 Uhr) Sra May ist ein Sozialunternehmen, das aus traditionellen lokalen Materialien wie Palmblättern Körbe, Kunstwerke und vieles mehr anfertigt. Es ist auch auf handgewobene *karma* spezialisiert. Das Geschäft ist gleichzeitig das Büro, in dem man spontan die **PURE! Countryside Bicycle Tour** (Karte S. 268 f.; ☎ 097 2356862; Hup Guan St; 25–35 US$ pro Pers.) buchen kann.

Smateria MODE & ACCESSOIRES
(Karte S. 268 f.; www.smateria.com; Alley West; ⌚10–22 Uhr) Es lebe das Recycling! Hier werden abgefahren-coole Taschen aus Schutznetzen, Plastiktüten, Motorradsitzbezügen und vielem mehr hergestellt. Das Fair-Trade-Unternehmen beschäftigt einige Kambodschaner mit Behinderung.

Made in Cambodia MARKT
(Karte S. 268 f.; www.facebook.com/madeincambodiamarket; Siem Reap River Rd East; ⌚12–22 Uhr) Der Gemeindemarkt findet täglich auf der King's Road statt und bringt die besten lokalen Kunsthandwerker und Künstler in Siem Reap zusammen; mit ihren Einnahmen unterstützen viele von ihnen gute Zwecke.

Praktische Informationen

Den kostenlosen *Siem Reap Angkor Visitors Guide* (www.canbypublications.com) und den Siem Reap Pocket Guide (www.cambodiapocketguide.com) erhält man überall in Siem Reap.

Geldautomaten gibt's am Flughafen sowie in Banken und Minimärkten in der gesamten Innenstadt, insbesondere entlang der Sivatha Street. Die meisten Internetcafés befinden sich in der Sivatha Street und rund um den Psar Chaa. Viele Cafés, Restaurants und Bars sowie Pensionen und Hotels bieten kostenloses WLAN.

Angkor Hospital for Children (AHC; Karte S. 268 f.; ☎ 063-963409; www.angkorhospital.org; Ecke Oum Chhay St & Tep Vong St; ⌚24 Std.) Kinderkrankenhaus mit internationalem Standard. Gute Anlaufstelle wenn der Nachwuchs krank ist. In Notfällen werden auch Erwachsene bis zu 24 Stunden betreut. Spenden willkommen.

ANZ Royal Bank (Karte S. 268 f.; Achar Mean St; ⌚Mo–Fr 8.30–15.30, Sa bis 11.30 Uhr)

Siem Reap

Siem Reap gilt vor allem als Pforte zu den Tempeln von Angkor, allerdings haben die Stadt und ihre Umgebung auch ansonsten viel zu bieten und lohnen den Besuch. Es locken die Schwimmenden Dörfer auf dem nahe gelegenen Tonlé Sap, eine tolle Auswahl an Restaurants und Bars, erstklassige Einkaufsmöglichkeiten, großartige Kochkurse und viele weitere Aktivitäten vom Vögelbeobachten bis hin zu Vespatouren.

GUOZHONGHUA/SHUTTERSTOCK ©

MIKECPHOTO/SHUTTERSTOCK ©

1. Ta Prohm (S. 286)
Die Tempelruinen von Ta Prohm sind ein Mahnmal für die Kraft der Natur.

2. Tonlé Sap (S. 267)
Ein Besuch bei den „Schwimmenden Dörfern" auf dem Tonlé Sap ist zwar kostspielig, aber faszinierend.

3. Psar Chaa (S. 275)
Souvenirs kann man auf dem Markt in Siem Reap kaufen.

4. Nachtleben (S. 274)
Siem Reap hat einen festen Platz unter den Feiermetropolen Südostasiens und die Pub Street verleitet viele Backpacker zu einer Kneipentour.

VANATCHANAN/SHUTTERSTOCK ©

Gewährt Barvorschüsse (mit Kreditkarte). Hat einige Filialen und zahlreiche Geldautomaten vor Ort (5 US$ pro Transaktion).

Canadia Bank (Karte S. 268 f.; Sivatha St; ⌚Mo–Fr 8.30–15.30, Sa bis 11.30 Uhr) Barvorschüsse mit Kreditkarte (Gebühr 4 US$). Außerdem werden fast alle Reiseschecks angenommen (2 % Kommission).

Hauptpost (Karte S. 268 f.; Pokambor Ave; ⌚7–17.30 Uhr) Inzwischen ist der Service etwas zuverlässiger, aber es kann nicht schaden, wenn man beim Frankieren und Abstempeln der Post zusieht. EMS-Filiale für Eilsendungen vor Ort.

Royal Angkor International Hospital (Karte S. 282 f.; ☎063-761888; www.royalangkorhospital.com; Airport Rd) Das neue internationale Krankenhaus ist an das Bangkok Hospital angegliedert und sehr teuer.

Touristenpolizei (Karte S. 282 f.; ☎012 402424; Rd 60) Bei der zentralen Ticketverkaufsstelle für Angkor (Karte S. 282 f.; Rd 60; ⌚5–18 Uhr). Wenn man in Siem Reap in ernsthafte Schwierigkeiten gerät, ist dies die richtige Adresse, um eine Beschwerde loszuwerden.

U-Care Pharmacy (Karte S. 268 f.; ☎063-965396; Pithnou St; ⌚8–22 Uhr) Gute Apotheke mit integriertem Laden im Stil von Boots in Thailand. Das Personal spricht Englisch.

ℹ An- & Weiterreise

BUS

Alle Busse fahren vom **Busbahnhof** (Karte S. 282 f.) 3 km östlich der Stadt und etwa 1 km südlich des NH6 ab. Fahrkarten gibt's in Pensionen, Hotels, Reisebüros sowie an Busschaltern und Ticketkiosks. Manche Busunternehmen holen ihre Fahrgäste mit Minibussen auch an der Unterkunft ab. Bei der Ankunft am Busbahnhof muss man sich auf eine große Meute eifriger *moto*-Fahrer gefasst machen, die einen am Bus empfangen.

Tickets nach Phnom Penh entlang des NH6 kosten zwischen 5 US$ für einfache klimatisierte Busse und 15 US$ für die Business-Class-Busse von Giant Ibis.

Mehrere Veranstalter haben Direktverbindungen nach Kompong Cham (5 US$, 5–6 Std.), Battambang (5–8 US$, 3 Std.) und Poipet (5–8 S$, 3 Std.) im Programm. Es gibt keine Direktbusse nach Ho-Chi-Minh-Stadt, aber welche mit Umstieg in Phnom Penh.

Busunternehmen ab/bis Siem Reap:

Asia Van Transfer (AVT; Karte S. 268 f.; ☎063-963853; www.asiavantransfer.com; Hup Guan St) Der täglich verkehrende Express-Minivan fährt um 8 Uhr nach Stung Treng (20 US$, 5 Std.) via Preah-Vihear-Stadt und bietet Anschlussverbindungen von Stung Treng nach Don Det (Laos), Ban Lung und Kratie.

Giant Ibis (Karte S. 268 f.; ☎095 777809; www.giantibis.com) Der smarteste Anbieter mit täglichen Verbindungen nach Phnom Penh (15 US$) und kostenlosem WLAN an Bord.

Mekong Express (Karte S. 268 f.; ☎063-963662; https://catmekongexpress.com; 14 Sivatha St) Gehobenes Busunternehmen mit Personal und Getränkeservice.

Phnom Penh Sorya (Karte S. 268 f.; ☎096 766 6577; https://ppsoryatransport.com.kh; Sivatha St) Hat das größte Busnetzwerk in Kambodscha.

Virak Buntham (Karte S. 268 f.; ☎017 790440; www.virakbuntham.com) Der Nachtbus-Spezialist für Verbindungen nach Phnom Penh und Sihanoukville.

FLUGZEUG

Der schicke **Siem Reap International Airport** (Karte S. 282 f.; ☎063-962400; www.cambodia-airports.com) liegt 7 km westlich des Zentrums und bietet regelmäßige Flüge in die meisten benachbarten asiatischen Städte an, ebenso wie Inlandsverbindungen nach Phnom Penh und Sihanoukville.

SAMMELTAXI

Sammeltaxis halten am NH6 unmittelbar nördlich des Busbahnhofs. Zu ihren Zielen gehören Phnom Penh (10 US$, 5 Std.), Kompong

VERKEHRSMITTEL AB SIEM REAP

ZIEL	AUTO & MOTORRAD	BUS	SCHIFF/FÄHRE	FLUGZEUG
Bangkok, Thailand	8 Std.	15–28 US$, 10 Std., häufig	-	50–150 US$, 1 Std., 8-mal tgl.
Battambang	3 Std.	5–8 US$, 4 Std., häufig	20 US$, 6–8 Std., 7 Uhr	-
Kompong Thom	2 Std.	5 US$, 2 Std., häufig	-	-
Phnom Penh	4–5 Std.	6–15 US$, 5–6 Std., häufig	35 US$, 5 Std., 7 Uhr	20–100 US$, 30 Min., häufig
Poipet	3 Std.	5–8 US$, 3 Std., häufig	-	-

WEITERREISE NACH THAILAND: VON SIEM REAP NACH BANGKOK

Der älteste Grenzübergang (geöffnet 7–20 Uhr) zwischen Kambodscha und Thailand ist bei Weitem der betriebsamste und der bei Reisen von Siem Reap nach Bangkok oder zurück am häufigsten genutzte. Er hat jedoch einen schlechten Ruf, denn hier kommt es häufig zu Abzocken, besonders gegenüber Touristen, die aus Thailand einreisen.

Anfahrt zur Grenze Von Siem Reap und Battambang fahren regelmäßig Busse und Sammeltaxis nach Poipet. Ein Direktticket nach Bangkok zu kaufen (meist mit Umstieg an der Grenze), kann die Dinge deutlich beschleunigen und den Ärger sparen, auf der thailändischen Seite nach Verkehrsmitteln für die Weiterreise suchen zu müssen. Der Direktbus zum Mo-Chit-Busbahnhof in Bangkok, der von **Nattakan** (Karte S. 282 f.; ☎ 078 795333; www.nattakan-transport.com; Concrete Drain Rd) in Siem Reap betrieben wird, startet um 8 Uhr und kostet teure 28 US$, ist aber der einzige Busservice, mit dem man ohne Umstieg bis nach Bangkok durchfahren kann.

An der Grenze Wartezeiten von zwei oder mehr Stunden sind nicht selten, besonders in der Hochsaison. Also am besten früh herkommen, um die Massen zu umgehen. Wer die Schlange überspringen will, kann auf beiden Seiten eine spezielle „VIP"-Gebühr (also Schmiergeld) von 200 Baht zahlen. Bei der Einreise nach Kambodscha wird keine Gebühr fällig – egal, was die Grenzbeamten einem erzählen. Bei der Ausreise nach Thailand erhalten Angehörige der meisten Staaten eine kostenlose 30-tägige Befreiung von der Visumspflicht.

Weiterreise Auf der thailändischen Seite warten gleich hinter der Grenze Minibusse nach Bangkok (300 B, 4 Std., alle 30 Min.). Oder man fährt mit dem *túk-túk* (80 B) oder *sŏrng·tăa·ou* (Pick-up; 15 B) die 7 km bis Aranya Prathet, wo zwischen 4 und 18 Uhr regelmäßig Busse zum Mo-Chit-Busbahnhof in Bangkok (223 B, 5–6 Std.) starten. Man sollte sicherstellen, dass der *túk-túk*-Fahrer einen für 80 B zum Hauptbusbahnhof in Aranya Prathet und nicht zu der kleineren Station 1 km von der Grenze entfernt bringt (eine häufige Abzocke). Eine weitere Option ist der Zug nach Bangkok, der um 13.55 Uhr abfährt.

Für mehr Infos zur Überquerung dieser Grenze in entgegengesetzter Richtung siehe S. 833.

Thom (5 US$, 2 Std.), Sisophon (5 US$, 2 Std.) und Poipet (7 US$, 2 Std.).

SCHIFF/FÄHRE

Fähren für die landschaftlich wunderschöne Fahrt nach Battambang (20 US$; je nach Wasserpegel 5–9 Std.) und Schnellboote nach Phnom Penh (35 US$, 6 Std., nur Aug. bis März) legen um 7 Uhr am Touristenkai bei Chong Kneas 11 km südlich der Stadt ab.

Tickets werden in Pensionen, Hotels und Reisebüros verkauft. Im Preis ist ein Abholservice gegen 6 Uhr ab der jeweiligen Unterkunft enthalten.

Bei Ankunft mit dem Boot zahlt man für ein *moto* vom Dock in Chong Kneas in die Stadt um die 3 US$.

Unterwegs vor Ort

Ein offizielles Taxi vom Flughafen kostet 9 US$. Günstigere *Remork-motos* (7 US$) stehen aber ebenfalls bereit.

Für ein *moto/remork* vom Busbahnhof ins Zentrum wird ungefähr ½ US$ fällig. Wer mit einem Bus anreist, der von einer Pension vermittelt wurde, wird direkt zu einer Partnerunterkunft gebracht.

Kurze *moto*-Fahrten durchs Zentrum kosten 2000 bis 4000 R, abends mehr. Für ein *remork* zahlt man 2 US$ und mehr.

Die meisten Pensionen und kleinen Hotels vermitteln Leihräder ab 2 US$ pro Tag. Empfehlenswert sind Unterkünfte, die das Projekt **White Bicycles** (www.thewhitebicycles.org; 2 US$ pro Tag) unterstützen, dessen Einnahmen an lokale Entwicklungsprojekte fließen. Bei unserem Besuch war der Verleih von Motorrädern in Siem Reap untersagt.

Die Tempel von Angkor

ប្រាសាទអង្គរ

Nirgendwo auf der Welt ist ein solch architektonischer Reichtum an einem Fleck versammelt. Zur Auswahl stehen das weltweit größte religiöse Gebäude – Angkor Wat –, das weltweit eigentümlichste Gotteshaus –

ANGKOR: HIGHLIGHTS

Angkor Wat (S. 279) Über dem heiligsten aller Heiligtümer und größten religiösen Gebäude der Welt, **Angkor Wat**, die Sonne aufgehen sehen.

Bayon (S. 282) Die Ruhe und Pracht des **Bayon** mit seinen 216 faszinierenden in den Dschungel starrenden Gesichtern genießen.

Ta Prohm (S. 286) Zeuge davon werden, wie die Natur die mysteriöse Steinruine von **Ta Prohm**, dem Tempel aus Tomb Raider, zurückerobert.

Banteay Srei (S. 287) Die kunstvollen Schnitzarbeiten des **Banteay Srei**, die schönsten von Angkor, bewundern.

Kbal Spean (S. 287) Bei einer Wanderung durch die Tiefen des kambodschanischen Dschungels den Fluss der Tausend Lingas bei **Kbal Spean** erkunden.

Beng Mealea (S. 287) Die hängenden Lianen, verfallenen Gänge und wild durcheinandergewürfelten Sandsteinblöcke von Beng Mealea erkunden.

Bayon –, und der wilde Dschungel von Ta Prohm. Alle drei gelten weltweit als Kultstätten und verhalfen Kambodscha zu seinem Status als Tempelmekka Asiens.

Neben den drei Stars gibt's noch Dutzende weitere Bauten, die in jeder anderen Region wohl selbst die Hauptattraktion wären, darunter der Banteay Srei, das Kunstmuseum von Angkor, Preah Khan, die ultimative Fusion zwischen Buddhismus und Hinduismus, sowie Beng Mealea, eine an die Titanic erinnernde, im Dschungel versinkende Tempelanlage. Die große Herausforderung bei einem Besuch von Angkor ist es, sich zwischen den unzähligen spektakulären Stätten zu entscheiden. Dafür nur einen Tag einzuplanen käme beinahe einer Gotteslästerung gleich!

Hunderte noch erhaltene Tempel repräsentieren das heilige Gerüst des riesigen politischen, religiösen und gesellschaftlichen Zentrums des alten Khmer-Reiches. Zu seiner Blütezeit lebten in Angkor 1 Mio. Menschen – London hatte damals lediglich 50 000 Einwohner. Die Häuser, öffentlichen Gebäude und Paläste von Angkor wurden aus Holz erbaut (mittlerweile längst verrottet), da Bauten aus Backstein oder Stein den Göttern vorbehalten waren.

Angkor Wat អង្គរវត្ត

Der Anblick von **Angkor Wat** (Karte S. 282 f.; Touristenpass für 1 Tag/3 Tage/1 Woche 37/62/72 US$; ⏲5–17.30 Uhr), dem ultimativen Ausdruck der Genialität der Khmer, ist überwältigend und nur mit dem von so erlesenen Stätten wie Machu Picchu oder Petra vergleichbar.

Angkor gilt als Himmel auf Erden, symbolisiert den Berg Meru – den Olymp des hinduistischen Glaubens sowie Palast der alten Götter – und ist die perfekte Verbindung aus kreativem Ehrgeiz und spiritueller Hingabe. Einst strebten die kambodschanischen Gottkönige danach, ihre Vorfahren in Größe und Symmetrie zu übertreffen. Das Ergebnis war Angkor Wat, das größte religiöse Gebäude der Welt.

Es ist das Nationalsymbol der Khmer, das Epizentrum ihrer Zivilisation und Quelle großen nationalen Stolzes. Im Gegensatz zu anderen Bauten Angkors wurde es nie der Natur überlassen und ist praktisch seit seiner Errichtung in Gebrauch.

Der Tempel ist von einem 190 m breiten Graben umgeben, der ein riesiges, 1,5 mal 1,3 km großes Rechteck beschreibt. Außerhalb des zentralen Tempelkomplexes befindet sich eine 800 m lange Serie von Flachreliefs, die gegen den Uhrzeigersinn betrachtet werden sollten. 31 m über der dritten Ebene thront der Hauptturm, der der Anlage ihre erhabene Ganzheit verleiht.

Angkor Wat wurde unter Suryavarman II. (reg. 1113–1152) errichtet, der Kambodscha vereinigte und den Einfluss der Khmer auf große Teile des südostasiatischen Festlands ausbreitete. Auch im religiösen Sinne unterschied er sich von früheren Königen: Er war Anhänger der Hindu-Gottheit Vishnu, der er den Tempel weihte. Etwa zur selben Zeit entstanden in Europa gotische Schwergewichte wie Westminster Abbey und Chartres.

Mittlerweile ist die oberste Ebene des Gebäudekomplexes wieder für Pilger geöffnet, allerdings darf sich dort jeder Besucher nur 20 Minuten aufhalten.

Nachdem sich mehrfach Touristen nackt in den Tempelanlagen hatten fotografieren lassen, verhängte die zuständige Apsara-Behörde eine Kleiderordnung. Im Jahr 2015 waren fünf Touristen festgenommen und ausgewiesen worden, weil sie nackt in den Anlagen posiert hatten. Seit August 2016 werden am Eingang Kleiderkontrollen durchgeführt und Trägerinnen von Spaghettiträger-Tops und extrem kurzen Shorts oder Miniröcken wird der Zutritt verwehrt.

Angkor Thom អង្គរធំ

Ein größeres und schöneres Bauwerk als Angkor Wat ist kaum vorstellbar, doch in Angkor Thom (Großes Angkor oder Große Stadt) summieren sich die einzelnen Teile zu einem größeren Ganzen. Zunächst fallen die Tore ins Auge, gesäumt von einer monumentalen Darstellung des Aufwühlens des Milchozeans, bei dem 54 Dämonen und 54 Götter in einem epischen Strudel kämpfen. Jedes Tor thront erhaben über dem Betrachter, wobei die mitfühlenden Gesichter des Bodhisattwa Avalokiteshvara über das Königreich blicken. Für einen Bauern des 13. Jhs., der sich der verbotenen Hauptstadt zum ersten Mal näherte, muss es eine atemberaubende und beunruhigende Erfahrung gewesen sein, ein solches Tor zu betreten und von Angesicht zu Angesicht der göttlichen Macht der Gottkönige gegenüberzustehen.

Als letzte große Hauptstadt des Khmer-Reiches setzte Angkor Thom mit einer Größe von über 10 km² in Sachen Monumentalität neue Maßstäbe. Sie wurde teils als Reak-

ERKUNDUNG DER TEMPEL

Ein Tag

Für Angkor ist ein Tag eigentlich viel zu wenig. Wer jedoch nicht mehr Zeit hat, startet am besten bei Sonnenaufgang vor Eintreffen der Besucherströme mit der Besichtigung von Angkor Wat. Vor dem Mittagessen steht dann der Ta Prohm auf dem Programm. Am Nachmittag geht's zu den Tempeln in der von einer Mauer umgebenen Stadt Angkor Thom und am frühen Abend zu den faszinierenden Gesichtern des Bayon. Größter Fehler: sich zu viel vornehmen.

Drei Tage

Wer drei Tage hat, beginnt mit einigen der kleineren Tempel und arbeitet sich vor. Am ersten Tag besucht man den Regeln der Chronologie folgend zunächst die Roluos-Tempel, gefolgt von den Stars auf dem großen Rundweg wie Preah Khan und Preah Neak Poan. An Tag zwei bieten sich der Ta Prohm und die Tempel auf dem kleinen Rundweg an, außerdem der abgelegene, aber atemberaubende Banteay Srei. Am letzten Tag warten die Höhepunkte mit Angkor Wat bei Sonnenaufgang und der riesigen Stadt Angkor Thom am Nachmittag.

Eine Woche

In einer Woche kann man Angkor in vollen Zügen genießen und nach eigenen Vorstellungen erkunden. Nicht entgehen lassen sollte man sich dabei Beng Mealea und Kbal Spean. Wir empfehlen mindestens eine Tour (mit Übernachtung) in die Umgebung, z. B. nach Koh Ker, Banteay Chhmar oder sogar Prasat Preah Vihear. Für Abwechslung sorgt eine Bootstour zum Stelzendorf Kompong Pluk.

Tickets

Der Angkor-Ticketschalter befindet sich an der neuen Straße von Siem Reap nach Angkor. Dreitagespässe kann man an drei beliebigen Tagen innerhalb einer Woche benutzen und Eintagespässe behalten einen Monat lang ihre Gültigkeit. Nach 17 Uhr ausgestellte Eintrittskarten (für eine Besichtigung bei Sonnenaufgang) gelten für den nächsten Tag. Die Tickets sind nicht für den Phnom Kulen, Beng Mealea oder Koh Ker gültig. Wer ohne Eintrittskarte in einem der Tempel erwischt wird, muss eine Strafe von 100 US$ zahlen.

Essen

In unmittelbarer Nähe der Terrasse des Leprakönigs verteilen sich Dutzende Nudelstände, außerdem findet man in einem Dorf gegenüber dem **Sra Srang** (Bad der rituellen Waschungen; Karte S. 282 f.; inkl. im Touristenpass für Angkor 1/3/7 Tage 37/62/72 US$; ⏲ 5–17.30 Uhr), dem früheren königlichen Badesee, ein paar Restaurants. Rund um Angkor Wat gibt's jede Menge Cafés und Lokale. Gegenüber den vielen Kindern, die Essen, Getränke und Souvenirs verkaufen, sollte man nicht die Geduld verlieren. Sie tun nur das, was ihnen ihre Familie im täglichen Überlebenskampf aufgetragen hat. Darüber hinaus helfen eisgekühltes Wasser und frische Ananas wunderbar gegen die Hitze.

Die Tempel von Angkor

tion auf den Überraschungsangriff der Cham auf Angkor errichtet. Jayavarman VII. (reg. 1181–1219) schwor, sein Königreich auf heimischem Boden unverwundbar zu machen. Hinter den Respekt einflößenden Mauern liegt ein massiver Graben, der wohl auch den stärksten Angreifer in seine Schranken gewiesen hätte.

Sehenswertes

Der **Bayon** (ប្រាសាទបាយ័ន; Karte S. 282 f.; ⏲7.30–17.30 Uhr) liegt mitten im Herzen von Angkor

Die Tempel von Angkor

Highlights
1 Angkor Wat ... C3
2 Bayon ... B2
3 Ta Prohm ... C2

Sehenswertes
4 Bakong ... F5
5 Baphuon ... B2
6 Phnom Bakheng ... B2
7 Preah Khan ... C1
8 Preah Neak Poan ... C1
9 Sra Srang ... D2
10 Elefantenterasse ... B2
11 Terrasse des Leopardenkönigs ... B1

Aktivitäten, Kurse & Touren
12 Angkor Wat Putt ... C6
13 Angkor Zipline ... C1
14 Happy Ranch ... B5
15 Krousar Thmey ... B4
16 Quad Adventure Cambodia ... B5

Schlafen
17 Green Home I ... B6

Essen
18 Road 60 Night Market ... C4

Unterhaltung
19 Beatocello ... B4
20 Phare the Cambodian Circus ... B5

Shoppen
21 AHA Fair Trade Village ... C4

hom. Der faszinierende, fast hypnotische Iaupttempel von Jayavarman VII. (erb. 2. Jh.) spiegelt gleichzeitig das kreative Geie und das völlig überzogene Ego des am neisten gefeierten Königs von Kambodscha vider. Die 54 gotischen Türme schmücken insgesamt 216 riesige lächelnde Gesichter von Avalokiteshvara, die eine erstaunliche Ähnlichkeit mit dem Herrscher selbst aufweisen.

Den legendären in Stein gemeißelten Konterfeien ist der Spitzname des Bayon, „Gesichtstempel", geschuldet. Die enormen Antlitze blicken von jedem Winkel auf den Betrachter hinab und strahlen Macht und Kontrolle aus, gepaart mit einer gewissen Menschlichkeit. Genau diese Mischung war nötig, um über solch ein riesiges Reich zu herrschen und sicherzustellen, dass sich die grundverschiedenen, weit verstreuten Untertanen dem Willen des edelmütigen Monarchen beugten.

Das Bauwerk schmücken 1,2 km lange außergewöhnliche Flachreliefs mit mehr als 11 000 Figuren, die den Alltag im Kambodscha des 12. Jhs. darstellen. Manche dieser Szenen lassen beispielsweise an thailändisches Kickboxen denken; Thailands Kultur ist von kambodschanischen Künstlern, Tänzern, Gelehrten und Kämpfern geprägt, die

Die Tempel von Angkor

DREI-TAGES-TOUR

Diese Stätte ist schlichtweg gigantisch, kein Superlativ wird ihr gerecht. Sie beherbergt das größte religiöse Bauwerk der Welt, eine Vielzahl von Tempeln und eine riesige verlassene Stadt, wahrscheinlich die erste Metropole Südostasiens.

Zuerst besichtigt man die Roluos-Gruppe, eine der ältesten Hauptstädte des Angkor-Reichs, ehe man zum großen Rundweg aufbricht,der am buddhistisch-hinduistischen Tempel **Preah Khan** ❶ und am reich verzierten Wassertempel **Preah Neak Poan** ❷ vorbeiführt.

Am zweiten Tag steht der kleine Rundweg auf dem Programm. Einen stimmungsvollen Auftakt bildet früh am Morgen der **Ta Prohm** ❸, dann geht's zur Tempelpyramide Ta Keo, zum buddhistischen Kloster Banteay Kdei und zum königlichen Badesee **Sra Srang** ❹.

Anschließend bietet sich die Besichtigung des Banteay Srei, Kronjuwel angkorianischer Kunst, und des einsamen Dschungeltempels Beng Mealea an.

Das Beste hebt man sich bis zum Schluss auf und genießt den traumhaften Sonnenaufgang bei einem Frühstück am **Angkor Wat** ❺. Jetzt kann man die herrliche Architektur bewundern, ohne von Besuchermassen belästigt zu werden. Am Nachmittag macht man noch einen Streifzug durch den großen Komplex von **Angkor Thom** ❻, der u. a. den rätselhaften **Bayon** ❼ umfasst.

Drei Tage Angkor? Das ist natürlich nur der Anfang.

TOP-TIPPS

- Um den Andrang zu vermeiden, besucht man am besten Ta Prohm am frühen Morgen, Angkor Wat nach dem Sonnenaufgang und zur Mittagszeit Banteay Srei.
- Drei-Tages-Pässe können auch an drei beliebigen Tagen innerhalb einer Woche genutzt werden – beim Kauf danach fragen.

ADAM LAWS / SHUTTERSTOCK ©

Bayon
Am surrealen Staatstempel des legendären Herrsche
Jayavarman VII. beobachten 216 Gesichter die Pilger
strahlen religiöse sowie königliche Autorität aus.

Angkor Wat
Das größte religiöse Bauwerk der Welt. Zuerst bewu
dert man den Sonnenaufgang an der heiligsten aller
Stätten, danach die Flachreliefs.

TOM ROCHE / SHUTTERSTOCK ©

EFIRED / SHUTTERSTOCK ©

DREAMLOVEYOU / SHUTTERSTOCK ©

‹or Thom

var die letzte große Hauptstadt des
-Königreichs mit zahllosen Tempeln
perwältigenden Dimensionen gleicher-
 inspirierend und furchteinflößend.

Preah Khan

Die gewaltigen Korridore des Buddha, Brahma, Shiva und Vishnu geweihten Tempels erinnern an einen endlosen Spiegelpalast.

Preah Neak Poan

Würde man in Las Vegas ein Angkor-Kasino bauen, stünde Neak Poan Pate für den Pool: ein Turm in einem Teich, umgeben von vier Becken.

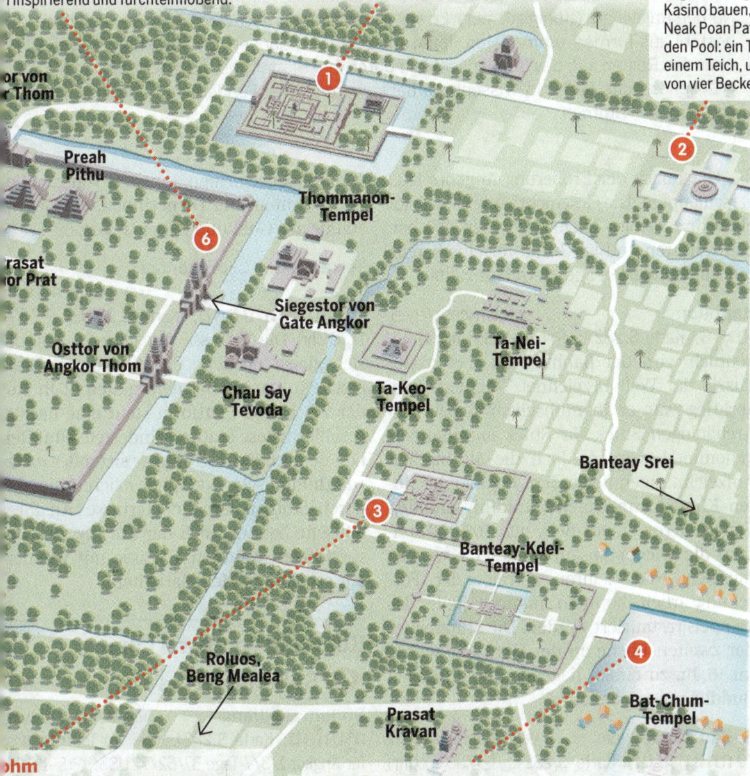

ohm

 Tomb-Raider-Tempel, aber Indiana-Jones-
würde auch gut passen. Überall wuchert
nd Baumwurzeln umklammern die Steine.

Sra Srang

Bei Sonnenauf- oder Sonnenuntergang ist der frühere königliche Badesee – der Inbegriff aller Swimmingpools – besonders schön.

PAVEL SZABO/ SHUTTERSTOCK ©

NICHT VERSÄUMEN

TA PROHM តាព្រហ្ម

Der schattengesprenkelte **Ta Prohm** (Karte S. 282 f.; ⊙7.30–17.30 Uhr) ist die ultimative *Indiana Jones*-Kulisse. Weit verzweigte Wurzelsysteme halten die zerfallenden Türme und Wände in einem festen Würgegriff. Zeugt Angkor Wat vom Genie der alten Khmer, erinnert dieser Tempel an die ebenso eindrucksvolle Kraft und Fruchtbarkeit des Dschungels. Der Lebenszyklus dieser altehrwürdigen Ruine hat etwas geradezu Poetisches: Erst hat die Menschheit die Natur unterworfen, um in vergleichsweise kurzer Zeit den Tempel zu errichten, jetzt erobert die Natur das von Menschenhand Geschaffene zurück – langsam, aber stetig.

Ta Prohm wurde 1186 erbaut und diente zunächst als Buddhistischer Tempel mit Namen Rajavihara (Königskloster). Er war der Mutter von Jayavarman VII. geweiht und besteht aus Türmen, umfriedeten Höfen und schmalen Gängen. Uralte Bäume ragen über den Ruinen auf; das Sonnenlicht fällt durch ihre Blätter und taucht alles in ein grünliches Licht. Als Nicht-Wissenschaftler kann man einer Fundstätte früher Entdecker kaum näher kommen.

die Thais nach der Eroberung Angkors 1432 verschleppten. Die Geschichte Angkors bleibt ein sehr sensibles Thema zwischen den beiden Kulturen und ist Grund für eine bereits seit Jahrhunderten andauernde Rivalität.

Baphuon HINDUISTISCHER TEMPEL

(បាពួន; Karte S. 282 f.; ⊙7.30–17.30 Uhr) Gelegentlich wird der Baphuon als das größte Puzzle der Welt bezeichnet. Vor dem Bürgerkrieg war er in mühseliger Arbeit von Archäologen Stück für Stück auseinandergenommen worden, doch die akribischen Aufzeichnungen fielen dem Regime der Roten Khmer zum Opfer. Daraufhin standen Experten vor einem Berg aus 300 000 Steinen, die wieder zusammengesetzt werden mussten. Nach Jahren aufreibender Forschungsarbeit konnten manche Teile des Tempels restauriert werden. Die Stützmauer der zweiten Ebene an der Westseite wurde im 16. Jh. zu einem liegenden 60 m langen Buddha umgearbeitet.

Elefantenterrasse ARCHÄOLOGISCHE STÄTTE

(ទីលានជល់ដំរី; Karte S. 282 f.; ⊙7.30–17 Uhr) Früher diente die 350 m lange Terrasse als riesige Tribüne für öffentliche Zeremonien und war außerdem das Fundament für die prächtige Audienzhalle des Königs. Während man auf ihr steht, kann man sich wunderbar den Pomp und die Pracht des Khmer-Reiches auf seinem Höhepunkt vorstellen – mit Infanterie, Kavallerie, Pferdewagen und natürlich den namensgebenden Elefanten, die bei farbenprächtigen Umzügen mit wehenden Bannern und Standarten über den zentralen Platz marschierten. Und ganz oben sitzt der Gottkönig im Schatten von Sonnenschirmen, umsorgt von ranghohen Beamten und Dienerinnen, die Gegenstände aus Gold und Silber tragen.

Terrasse des Leprakönigs ARCHÄOLOGISCHE STÄTT

(ព្រះលានស្តេចគម្លង់; Karte S. 282 f.; ⊙7.30–17.30 Uhr) Die Terrasse des Leprakönigs, die sich gleich nördlich der Elefantenterrasse erstreckt, stammt aus dem späten 12. Jh. Au der 7 m hohen Plattform steht eine nackte geschlechtslose Statue. Mindestens fünf Reihen detailreich geschnitzter sitzender *apsaras* (himmlische Nymphen) zieren die vorderen Stützmauern der Terrasse. An ihre Südseite befindet sich der Zugang zu eine versteckten weiteren Terrasse mit wunderbar erhaltenen Meißelarbeiten.

Rund um Angkor Thom

Sehenswertes

Phnom Bakheng HINDUISTISCHER TEMPE

(ភ្នំបាខែង; Karte S. 282 f.; inkl. im Touristenpass für Angkor 1/3/7 Tage 37/62/72 US$; ⊙5–19 Uhr) Von dem rund 400 m südlich von Angkor Thom gelegenen Phnom Bakheng hat man einen atemberaubenden Ausblick auf Angkor Wat bei Sonnenuntergang. Seit vielen Jahren spielt sich hier ein ziemlicher Touristenzirkus ab: Massenweise Besucher erklimmen die Hänge des Hügels, um ein Plätzchen mit guter Sicht zu ergattern. Es haben nie mehr als 300 Personen gleichzeitig Zutritt, deshalb sollte man gegen 16 Uhr da sein. Der fünfstufige Tempel, erbaut unter Yasovarman I. (reg. 889–910), hat insgesamt sieben Ebenen.

Preah Khan BUDDHISTISCHER TEMPEL

(ព្រះខ័ន; Heiliges Schwert; Karte S. 282 f.; inkl. im Touristenpass für Angkor 1/3/7 Tage 37/62/72 US$; ⏲7.30–17.30 Uhr) Der Tempel ist eine der größten Anlagen Angkors, ein Labyrinth aus gewölbten Gängen, erlesenen Schnitzereien und von Flechten überzogenem Steinwerk. Er ist ein interessanter Gegenpol zum Ta Prohm und verzeichnet meist etwas weniger Besucher. Wie der Ta Prohm hat er hohe Einfriedungen und aneinander angrenzende Korridore, ist aber in einem besseren Zustand dank der andauernden Restaurierungsbemühungen des World Monuments Fund (WMF).

Preah Neak Poan BUDDHISTISCHER TEMPEL

(នាគព័ន្ធ, Tempel der ineinander verschlungenen Naga; Karte S. 282 f.; inkl. im Touristenpass für Angkor 1/3/7 Tage 37/62/72 US$; ⏲7.30–17.30 Uhr) Klein, aber fein: Jayavarman VII. ließ diesen buddhistischen Tempel im späten 12. Jh. errichten. Er verfügt über einen großen eckigen Pool, der von vier kleineren quadratischen Pools umgeben ist. Im Zentrum des zentralen Beckens liegt eine runde „Insel", die von zwei *nagas* (mythische Schlangen) mit ineinander verschlungenen Schwänzen eingefasst ist.

Bakong HINDUISTISCHER TEMPEL

(បាគង; Karte S. 282 f.; ⏲7.30–17.30 Uhr) Der größte und interessanteste Roluos-Tempel. Indravarman I. ließ ihn als Verkörperung des Bergs Meru zu Ehren Shivas errichten. Er war der Haupttempel der Stadt. Der nach Osten weisende Komplex besteht aus einer fünfstufigen zentralen Sandsteinpyramide mit einer Grundfläche von 60 m², die von acht Türmen aus Ziegeln und Sandstein flankiert wird, und anderen kleineren Heiligtümern. Ein paar der niedrigeren Türme sind noch teilweise mit dem ursprünglichen Putz bedeckt.

Weiter außerhalb

Sehenswertes

★ **Banteay Srei** HINDUISTISCHER TEMPEL

(បន្ទាយស្រី; inkl. im Touristenpass für Angkor 1/3/7 Tage 37/62/72 US$; ⏲7.30–17.30 Uhr) Viele halten den Banteay Srei für das Kronjuwel der Angkor-Kunst. Die Reliefarbeiten des aus rosafarbenem Stein gehauenen Gebäudes zählen zu den kunstvollsten der Welt. Mit seinem Bau wurde 967 n. Chr. begonnen. Er ist zwar eine der kleinsten Stätten Angkors, macht die fehlende Größe aber durch sein Erscheinungsbild wieder wett. Banteay Srei, die Kunstgalerie von Angkor, ist ein hinduistischer Shiva-Tempel und wunderbar erhalten. Viele der Meißelarbeiten sind dreidimensional.

★ **Beng Mealea** BUDDHISTISCHER TEMPEL

(បេងមាលា; Eintritt 5 US$; ⏲7.30–17.30 Uhr) Gut 68 km nordöstlich von Siem Reap bietet sich ein wirklich spektakulärer Anblick: Beng Mealea ist einer der mysteriösesten Tempel von Angkor, zugewuchert und mit Grün bewachsen. Bei der Erkundung der großen Ruinen fühlt man sich wie Indiana Jones. Der im 12. Jh. unter Suryavarman II. erbaute Tempel hat denselben Grundriss wie Angkor Wat und ist von einem riesigen 1,2 km langen und 900 m breiten Graben eingefasst.

Kbal Spean HINDUSCHREIN

(ក្បាលស្ពាន, Fluss der Tausend Lingas; inkl. im Touristenpass für Angkor 1/3/7 Tage 37/62/72 US$; ⏲7.30–17.30 Uhr) Kbal Spean, ein mit spektakulären Gravuren versehenes, tief im Dschungel gelegenes Flussbett nordöstlich von Angkor wird auch „Fluss der Tausend Lingas" genannt. Kbal Spean bedeutet „Brückenkopf" – der Name kommt von der natürlichen Steinbrücke vor Ort. Phallische Lingas wurden in das Flussbett gehauen, und Darstellungen hinduistischer Gottheiten sind über die nähere Umgebung verteilt. Der Ethnologe Jean Boulbet entdeckte Kbal Spean 1969, als ein Eremit ihm die Gegend zeigte.

Phnom Kulen BERG

(ភ្នំគូលេន; www.adfkulen.org; 20 US$ ⏲Aufstieg 6–11 Uhr, Abstieg 12–17 Uhr) Für die Khmer ist der Phnom Kulen der heiligste Berg Kambodschas und eine beliebte Pilgerstätte an Wochenenden und zu speziellen Festen. Er ist ein geschichtsträchtiger Ort: Hier ernannte sich Jayavarman II. im Jahr 802 zum *devaraja* (Gottkönig) und gründete so das Khmer-Reich. Zu den Attraktionen gehören ein riesiger liegender Buddha, ein mit Hunderten von *lingas* verziertes Flussbett, ein beeindruckender Wasserfall und einige abgeschiedene Tempel.

Koh Ker HINDUISTISCHER TEMPEL

(កោះកេរ; Eintritt 10 US$; ⏲7.30–17.30 Uhr) Koh Ker war von 928 bis 944 n. Chr. die Hauptstadt des Khmer-Reiches, doch inzwischen wird es von den nördlichen Wäldern beherrscht. Die Stätte ist auf einem Tagesausflug von Siem Reap aus zu erreichen. Die meisten Besucher sehen sich erstmal den eindrucksvollen Prasat Krahom an, dessen Türstürze, Pfosten und schlanke Fenstersäulen von eindrucksvollen Steinreliefs geschmückt sind. Der Haupttempel ist der Prasat Thom, eine 55 m breite, 40 m hohe Sandsteinpyramide, deren sieben Stufen einen spektakulären Ausblick auf den Wald gewähren. Koh Ker liegt ungefähr 127 km nordöstlich von Siem Reap.

NORDWEST-KAMBODSCHA

Nordwestkambodscha verfügt über ein gutes Straßennetz, wartet mit einer abenteuerlichen Wildnis auf und erstreckt sich von den Kardamom-Bergen bis zur Dongrek-Kette. Herzstück der Region ist der Tonlé-Sap-See. Dank einer attraktiven Mischung aus idyllischem Charme, Kolonialarchitektur und großartigen Tagesausflügen zieht Battambang die meisten Urlauber an. In den abgeschiedenen Ebenen und Wäldern des Nordwestens verstecken sich einige der faszinierendsten Bauwerke des Landes, darunter der spektakuläre Prasat Preah Vihear, der 2008 zum UNESCO-Weltkulturerbe erklärt wurde. Außerdem befinden sich hier die präangkorianischen Tempel von Sambor Prei Kuk (bei Kompong Thom), die 2017 in die Liste der UNESCO-Weltkulturerbe aufgenommen wurden.

Battambang បាត់ដំបង

053 / 147 000 EW.

Die elegante Uferstadt lockt mit der am besten erhaltenen französischen Kolonialarchitektur Kambodschas. Nach der eindrucksvollen Bootsfahrt ab Siem Reap erwartet Besucher eine bemerkenswert entspannte Atmosphäre, die zum Bleiben animiert. Battambang ist eine exzellente Ausgangsbasis für Ausflüge zu den nahe gelegenen Tempeln und Dörfern, die authentische Einblicke ins ländliche Kambodscha bieten.

Sehenswertes

Seinen Charme verdankt Battambang vor allem der französischen Architektur des frü-

WEITERREISE NACH THAILAND: ENTLEGENE GRENZÜBERGÄNGE IM NORDEN

An der Nordgrenze Kambodschas zu Thailand gibt's zwei selten genutzte Grenzübergänge. An beiden werden die üblichen 30-tägigen Befreiungen von der Visumspflicht für Thailand sowie kambodschanische Visa ausgestellt.

Von Anlong Veng nach Chong Sa-Ngam

Der entlegene Grenzübergang Choam/Chong Sa-Ngam (geöffnet von 7 bis 20 Uhr) verbindet Anlong Veng in der Provinz Oddar Meanchey und die thailändische Provinz Si Saket.

Anfahrt zur Grenze Ein *moto* von Anlong Veng zum Grenzübergang (16 km) kostet 3 oder 4 US$. Sammeltaxis verbinden Anlong Veng mit Siem Reap (20 000 R, 1½ Std.).

An der Grenze Die Formalitäten sind unkompliziert.

Weiterreise Auf der thailändischen Seite sollte es kein Problem sein, ein Taxi oder Motorradtaxi in die nächste Stadt (Phusing; 30 Min.) zu finden. Dort starten Busse und *sŏrng·tăa·ou* (Pick-ups) nach Si Saket und Kantharalak. Oder man fährt mit einem Casino-Shuttle von der Grenze nach Phusing, Ku Khan oder Si Saket.

Von Samraong nach Surin

Der abgelegene Grenzposten O Smach/Chong Chom stellt den Überweg von der kambodschanischen Provinz Oddar Meanchey zur thailändischen Provinz Surin dar.

Anfahrt zur Grenze Zwischen Siem Reap und Samraong (30 000 R, 2 Std.) verkehren Sammeltaxis entlang des NH68. Von Samraong nimmt man ein *moto* (5 US$) oder ein Taxi (15 US$) für die reibungslose Fahrt nach O Smach (40 km, 30 Min.) und zu seiner Casinozone. Ein Privattaxi von Siem Reap bis zur Grenze sollte 60 bis 70 US$ kosten.

An der Grenze Die Grenzüberquerung ist problemlos und leicht.

Weiterreise Auf der thailändischen Seite läuft man zur nahe gelegenen Bushaltestelle, wo tagsüber regelmäßig Busse nach Surin halten (60 B, 70 km, 1½ Std.).

ABSEITS DER ÜBLICHEN PFADE

BETREED ADVENTURES

Tief in der kambodschanischen Wildnis liegt das Ökoresort **BeTreed Adventures** (☎ 078 960420, 012 765136; http://betreed.com; Phnom Tnout, Dorf Ta Bos; Bungalows 60 US$, Baumhaus 40 US$;), ein Projekt von zwei Umweltschützern und Einwanderern, die ihre Jobs bei NGOs aufgegeben haben, um ein 70 km² großes Waldgebiet und die darin lebenden Wildtiere zu retten. Zu den Unterkünften zählen zwei gemütliche Bungalows auf Stelzen und ein Baumhaus aus recyceltem Hartholz, das in einem wilden Regenbaum erbaut wurde. Man sollte so weit wie möglich im Voraus buchen und vorher anrufen, um sich den Weg zum Resort erklären zu lassen.

Neben Nächten in den Baumkronen können die Gäste hier Zipline- und Abenteuertouren erleben und anschließend ins Camp zurückkehren, um leckere, meist vegetarische Mahlzeiten (15 US$ pro Tag) zu genießen. Ein Guide kostet 10 US$, und es fällt eine Gebühr von 15 US$ pro Person für Gemeindeentwicklung und Naturschutz an. Während der Regenzeit ist das Camp nur schwer zu erreichen, da die Wege hierher oft überschwemmt sind.

hen 20. Jhs. Am Ufer (Straße 1) befinden sich einige der schönsten Kolonialbauten, insbesondere südlich des Psar Nath, der selbst ein Baudenkmal ist, wenn auch ein modernes. Mit ihren imposanten Balkonen, Holzfensterläden und der prachtvollen Empfangshalle mit 5 m hohen Decken ist die zweistöckige **Gouverneursresidenz** ein weiteres hübsches Erbe des frühen 20. Jhs. Ein italienischer Architekt gestaltete sie für den letzten thailändischen Gouverneur, der 1907 das Land verließ.

Battambang-Museum MUSEUM
(សារមន្ទីរខេត្តបាត់ដំបង; ☎ 012 238320; St 1; Eintritt 1 US$; ⏲ 8–11 & 14–17.30 Uhr) In dem kleinen, eher angestaubten Museum sind viele edle Türstürze und Statuen des Angkor-Reiches aus der ganzen Provinz Battambang zu sehen, darunter Stücke vom Prasat Banan und Prasat Sneng. Erklärungen dazu gibt's auf Khmer, Englisch und Französisch.

Bei unserem letzten Besuch in der Stadt wurde die Vergrößerung und Renovierung des Museums geplant.

Aktivitäten

Soksabike RADTOUREN
(☎ 012 542019; www.soksabike.com; St 1½; halber Tag 23–27 US$, ganzer Tag 34–40 US$; ⏲ Abfahrt 7.30 Uhr) Das sozial engagierte Unternehmen hat sich zum Ziel gesetzt, Besuchern ländliche Gegenden und ihre Bewohner näherzubringen. Die halb-/ganztägigen Radtouren (25 km/40 km) umfassen Besichtigungen von Familienbetrieben (Reispapierhersteller, die **Prahok-Fabrik**) und den Besuch eines Wohnhauses. Der Preis hängt von der Größe der Gruppe ab.

Green Orange Kayaks KAJAKTOUREN
(☎ 012 207957; www.fedacambodia.org; Ksach Poy; halber Tag 12 US$) Green Orange Kayaks gehört zur Friends Economic Development Association (FEDA), einer lokalen NGO, die ein Gemeindezentrum in dem Dorf Ksach Poy 8 km südlich von Battambang betreibt, und verleiht Kajaks. Die halbtägigen Kajaktouren (auf eigene Faust) starten am Green Orange Cafe in Ksach Poy. Von dort aus geht's auf dem Sangker-Fluss zurück in die Stadt. Wer lieber einen Guide (meist Studenten) hätte, muss mit um die 5 US$ rechnen. Wir empfehlen, vorab zu buchen.

Historischer Stadtspaziergang STADTSPAZIERGANG
Der in Phnom Penh ansässige Veranstalter **Khmer Architecture Tours** (www.ka-tours.org; Tour 10–55 US$) ist ein renommierter Anbieter, was Spezialtouren in der Hauptstadt und ihrer Umgebung anbelangt. Das Unternehmen hat in Zusammenarbeit mit der Stadt Battambang zwei Stadtspaziergänge durch das historische Zentrum erarbeitet. Die Touren konzentrieren sich vor allem auf die französische Kolonialzeit und die modernistische Architektur der 1960er-Jahre. Auf der Website können zwei kostenlose pdf-Dateien heruntergeladen werden, die einen farbigen Stadtplan und nummerierte Highlights beinhalten.

Coconut Lyly KOCHEN
(☎ 016 399339; St 111; 10 US$ pro Pers.) Lyly, ein Absolvent der Paul Dubrule Cooking School in Siem Reap, leitet die dreistündigen Kochkurse (Beginn um 9 und um 15.30 Uhr), die einen Besuch des Psar-Nath-Marktes, die

Battambang

0 200 m
A
B
C
D
1
2
3
4
5
6
7
Phare Ponleu Selpak (1,4 km)
NH57
NH5
St 526
St 106
St 501
Angkor Express
Chann Na
Riverside Rd
16
Golden Bayon Express
Virak Buntham
Phnom Penh Sorya
St 101
St 114
St 103
Capitol Tour
St 1
St 159D (Riverside Rd)
Handa-Krankenhaus (850 m)
St 102
St 109
St 106
3
8
10
Mekong Express
Canadia Bank
St 115
7
Battambang Traveller Shop
12
ANZ Royal Bank
St 117
11
Gecko Moto
13
STADT-ZENTRUM
St 3 ½
St 106
17
5
St 119
St 201
9
OSTUFER
St 1 ½
Sangker
St 121
St 102
14
St 203
2
Battambang
St 3
St 2 ½
St 2
St 123
St 207
St 125
1
St 209
4
St 127
15
6
Ph 1
St 1
Old NH5
Touristen-Information

Battambang

Sehenswertes

Aktivitäten, Kurse & Touren

Schlafen

Essen

Ausgehen & Nachtleben

Zubereitung von vier typischen Khmer-Gerichten (Rezeptbuch inbegriffen) und das anschließende Verspeisen des Selbst-Gezauberten umfassen. Sein exzellentes Restaurant ist von 9 bis 22 Uhr geöffnet.

Schlafen

★ Here Be Dragons HOSTEL $
(☎ 089 264895; www.herebedragonsbattambang.com; St 159D; B mit Ventilator/Klimaanlage 4/6 US$, Zi. mit Ventilator/Klimaanlage 12/15 US$; ❄📶) Die alternative Bar macht richtig Spaß. Der grüne Garten vorn lädt zum Entspannen ein, und zur Ankunft gibt's ein Gratis-Bier – eine tolle Bleibe für Rucksacktouristen. In den Sechs- und Acht-Bett-Zimmern findet man Schließfächer, die sonnigen Privatzimmer sind mit schönem buntem Bettzeug ausgestattet. Ein weiteres Plus ist auch die ruhige Lage am Ostufer neben dem Park.

★ Angkor Comfort Hotel HOTEL $
(☎ 077 306410; www.angkorcomforthotel.com; St 1; Zi. mit Klimaanlage 15–25 US$; ❄📶) Sehr gutes Preis-Leistungs-Verhältnis. Die riesigen blitzsauberen Zimmer haben weiße Bettwäsche, Flachbildfernseher und genug Steckdosen, um sämtliche Geräte gleichzeitig aufzuladen. Die modernen Bäder verfügen über offene Duschen. Mittelklasseluxus zum Backpackertarif.

Ganesha Family Guesthouse PENSION $
(☎ 092 135570; www.ganeshaguesthouse.com; St 1½; B 4,50 US$, Zi. 11–25 US$; 📶) Battambangs wohl beste Billigunterkunft. Das Ganesha hat einen lichtdurchfluteten Schlafsaal mit extrabreiten Betten und kleine Privatzimmer mit Bambusmöbeln und gefliesten Bädern (nur kaltes Wasser). Unten ist ein schickes Café mit Billardtisch untergebracht.

Seng Hout Hotel HOTEL $
(☎ 012 530327; www.senghouthotel.com; St 2; Zi. mit Ventilator 10–15 US$, mit Klimaanlage 15–35 US$; ❄📶🏊) Das Seng Hout Hotel ist für sein aufmerksames Personal bekannt, das Fragen der Gäste schnell beantwortet. Es gibt eine Auswahl an hübsch hergerichteten Zimmern, die mitunter etwas beengt sind. Bevor man sich für eins entscheidet, schaut man am besten erst mal ein paar an. Die Open-Air-Lounge auf dem Dach ist das i-Tüpfelchen. Vom Pool im dritten Stock bietet sich ein großartiger Ausblick über die Stadt.

Royal Hotel HOTEL $
(☎ 016 912034; www.royalhotelbattambang.com; St 115; EZ/DZ mit Ventilator 7/10 US$, Zi. mit Klimaanlage ab 15 US$; ❄@📶) Alteingesessen und verdientermaßen beliebt. Einige Zimmer könnten eine Renovierung vertragen, doch davon abgesehen sind alle Räume mit Klimaanlage vernünftig groß und mit einem Kühlschrank und Fernseher versehen. Die Angestellten sind immer auf dem Laufenden. Auf dem Dach befinden sich eine neue Bar und ein Jacuzzi.

Essen & Ausgehen

Rund um den Psar Nath gibt's jede Menge günstiges Essen, und gegenüber dem Battambang-Museum am Fluss findet ein **Nachtmarkt** (St 1; Hauptgerichte 4000–8000 R; ⏲15–24 Uhr) statt.

★ Lonely Tree Cafe CAFÉ $
(www.thelonelytreecafe.com; St 121; Hauptgerichte 4–5,50 US$; ⏲10–22 Uhr; 📶) 🌿 Oberhalb des gleichnamigen Geschäfts liegt dieses wahnsinnig gemütliche Café, in dem eine Handvoll Khmer-Gerichte und spanische Speisen im Tapas-Stil unter einer hohen Decke mit Bambuselementen serviert werden. Das Maskottchen ist, wie der Name vermuten lässt, ein Baum an der Straße nach Siem Reap. Die Einnahmen gehen an Projekte zur

UNTERWEGS MIT DEM BAMBUSZUG

Battambangs **Bambuszug** verspricht eine der besten klassischen Zugreisen in der ganzen Welt. Der Zug wurde Ende 2017 demontiert und soll nun umfassend aufgerüstet werden. Sonst tuckert er von O Dambong am Ostufer, ein paar Kilometer südlich der alten Französischen Brücke (Wat-Kor-Brücke) in Battambang, auf krummen, verstellten Schienen und über schwindelerregend hohe Brücken (eine Hinterlassenschaft der Franzosen) nach Südosten bis O Sra Lav. Jeder Bambuszug – in Khmer-Sprache als Norry (*nori*) oder Lorry bekannt – besteht aus einem 3 m langen Holzrahmen, der der Länge nach mit Latten aus ultraleichtem Bambus bedeckt ist, die auf zwei hantelartigen Fahrwerken liegen und im hinteren Teil des Gefährts mit Keilriemen an einem 6-PS-Benzinmotor befestigt sind. Auf das Gefährt passen zwischen 10 und 15 Leute und bis zu drei Tonnen Reis. Dann heißt es ankurbeln und bei 15 km/h durch die Landschaft bummeln!

Das Geniale an diesem Zug ist die Tatsache, dass er eine Lösung für das unvermeidliche Problem bietet, das sich jeder eingleisigen Zugstrecke stellt: Was macht man, wenn zwei Züge aus entgegengesetzten Richtungen aufeinandertreffen? Bei den Bambuszügen ist die Antwort einfach: Die Waggons werden zügig auseinandergebaut und neben den Gleisen auf den Boden gelegt, damit der andere Zug passieren kann.

Da es inzwischen sehr gute Straßen gibt, wäre der Bambuszug eigentlich schon lange stillgelegt – wenn er sich nicht zur Touristenattraktion entwickelt hätte. Weil er so beliebt ist, hat die Regierung etwa 20 km entfernt bei Prasat Banan (S. 294) eine neue Zugstrecke erbaut, damit Besucher weiterhin mit dem Bambuszug fahren können. Es bleibt abzuwarten, ob der neue Zug so beliebt sein wird wie das Original.

Erhaltung der traditionellen Kultur sowie an Behinderte.

Kinyei CAFÉ $
(www.kinyei.org; 1 St 1½; Kaffee 1,25–2,50 US$, Hauptgerichte 2,75–5,25 US$; ⌚7–16 Uhr; 📶) 🍃 Dieses winzige Café brüht den wahrscheinlich besten Kaffee der Stadt. Hier sind schon so einige nationale Barista-Champions gekrönt worden. Auf der Speisekarte stehen überraschend gute mexikanische Burger, vegetarische Burger, reichhaltige Salate und das beste Frühstück weit und breit. Traveller werden sich freuen, dass es hier auch Long Blacks und Flat Whites gibt.

Choco l'art Café CAFÉ $
(☎010 661617; St 117; Hauptgerichte 1,50–5 US$; ⌚8–23 Uhr; 📶) Der kambodschanische Maler Ke und seine Lebensgefährtin Soline betreiben diese nette Kreuzung aus Galerie und Café voller Hingabe. Zu den Gästen zählen sowohl Einheimische als auch Reisende. Sie treffen sich hier, um zu trinken und Solines wunderbares Brot, Gebäck und die Frühstücks-Crêpes zu genießen. Manchmal werden Open-Mic-Sessions, Live-Malshows und Konzerte veranstaltet.

Vegetarian Foods Restaurant VEGETARISCH $
(St 102; Hauptgerichte 1500–3000 R; ⌚6.30–14 Uhr; 🖉) Das winzige Lokal kredenzt mit die besten vegetarischen Gerichte in Kambodscha, darunter Reissuppe, hausgemachte Sojamilch und Klößchen für nur 1000 R. Tolles Preis-Leistungs-Verhältnis.

About the World INTERNATIONAL $
(☎086 920476; St 2½; Hauptgerichte 2,50–4 US$; ⌚Mo–Sa 8–22 Uhr; 🖉) Traveller lieben dieses gemütliche Lokal wegen seiner entspannten Atmosphäre und der leckeren vegetarischen Gerichte (z. B. spanisches Omelett und Tofuburger). Die Wände im Speiseraum sind mit Kunstwerken und Fotografien geschmückt; am besten setzt man sich barfuß auf eines der vielen Kissen. Der hausgebraute Jackfrucht-Reiswein (1 US$) ist köstlich und schön stark.

★ **Jaan Bai** FUSION-KÜCHE $$
(☎078 263144; www.cambodianchildrenstrust.org/projects/social-enterprise/jaan-bai; Ecke St 1½ & St 2; kleine Portionen 3 US$, Hauptgerichte 4–10 US$; ⌚11–21 Uhr; 📶🖉) 🍃 Battambangs Gourmettempel (Jaan Bai heißt Reisschüssel auf Khmer) hat ein schnittiges, minimalistisches Dekor, das durch wunderschöne französisch-kambodschanische Kachelkunst an der Wand aufgelockert ist. Die Speisekarte ist kühn und ein absoluter Renner. Am besten bestellt man ein paar kleine Gerichte, um die Vielfalt der Aromen kosten zu können, oder verwöhnt sich gleich mit dem Probiermenü: sieben Gerichte plus Wein für 15 US$ pro Nase (mind. 2 Pers.).

Cafe Eden CAFÉ $$
(☎053-731525; www.cafeedencambodia.com/main; St 1; Hauptgerichte 4–7 US$; ⏲Mi–Mo 7.30–21 Uhr; 📶) 🍃 Das amerikanisch geführte Sozialunternehmen bietet in seinem Café einen entspannten Ort zum Frühstücken oder für einen Nachmittagskaffee. Auf der kompakten Mittags- und Abendkarte stehen vor allem asiatische Fusion-Gerichte, Burger, mexikanisch angehauchte Speisen, die besten Pommes frites der Stadt und einzigartige Shakes in Marmeladengläsern. Das Café ist zum Glück klimatisiert.

Libations Bar BAR
(☎077 531562; 112 St 2; ⏲17–21 Uhr; 📶) Unten im Bric-à-Brac Hotel liegt die klassische Straßenbar Libations, die ein gehobenes Klientel anzieht und kreative Cocktails, Craft-Bier sowie Wein und Champagner im Glas serviert. Die gesprächigen Inhaber halten jede Menge Infos zur Stadt und ihrer Umgebung bereit. Oben befinden sich drei kunstvoll designte Zimmer.

☆ Unterhaltung

★ **Phare Ponleu Selpak** ZIRKUS
(☎077 554413; www.phareps.org; Erw./Kind 14/7 US$) Battambangs Vorzeigeattraktion ist der international gefeierte Phare-Ponleu-Selpak-Zirkus *(cirque nouveau)*, ein vielseitiges Kunstzentrum für benachteiligte Kinder. Auch wenn es mittlerweile Vorstellungen auch in Siem Reap gibt, lohnt es sich, das Spektakel da zu sehen, wo alles began – in Battambang. Die Shows finden je nach Saison an zwei bis vier Abenden pro Woche statt und beginnen um 19 Uhr (mehr Infos auf der Website).

ℹ Praktische Informationen

Infos zu aktuellen Veranstaltungen, Events und mehr bieten das kostenlose halbjährlich erscheinende Magazin *Battambang Buzz* und das handliche Magazin *Battambang Traveller* (www.battambangtraveler.com), das viermal im Jahr erscheint.

Kostenloses WLAN ist Standard in Hotels, den meisten Cafés und Restaurants.

ANZ Royal Bank (St 1; ⏲Mo–Fr 8–16 Uhr, Geldautomat 24 Std.)

Canadia Bank (Psar Nath; ⏲Mo–Fr 8–15.30, Sa bis 11.30 Uhr, Geldautomat 24 Std.)

Handa Medical Centre (☎095 520654; https://thehandafoundation.org/programs/medical-center; NH5; ⏲Notfallambulanz 24 Std.) Hat zwei Ambulanzen und normalerweise zwei europäische Ärzte vor Ort.

Touristeninformation (☎012 534177; www.battambangtourism.org; St 1; ⏲Mo–Fr 7.30–11.30 & 14–17.30 Uhr) Nicht gerade hilfreiches Büro – aber immerhin erhält man hier einen praktischen Stadtplan von Battambang.

ℹ An- & Weiterreise

BUS

Die meisten Busunternehmen liegen im Stadtzentrum, gleich südlich der Kreuzung des NH5 und der Straße 4. Die meisten Busverbindungen nach Phnom Penh bieten Capitol Tour und

BUSSE AB BATTAMBANG

ZIEL	DAUER (STD.)	PREIS (US$)	BUSUNTERNEHMEN	HÄUFIGKEIT
Bangkok, Thailand	9	15–16	Mekong Express, PP Sorya, Virak Buntham, Capitol	7.45, 8.30, 10.30, 11.30 & 12 Uhr
Ho-Chi-Minh-Stadt, Vietnam	10–11	26	Mekong Express	7.30 Uhr
Kompong Cham	8	9	Rith Mony	9 Uhr
Pailin	1¼	4	Rith Mony	13 & 15 Uhr
Phnom Penh (tagsüber)	4½–7	5–12	alle Unternehmen	häufig
Phnom Penh (Nachtbus)	5–6	6–15	Capitol, Mekong Express, TSS, Virak Buntham	häufig, 22–24 Uhr
Poipet	2¼	4	Capitol, PP Sorya, Rith Mony, TSS	regelmäßig bis 16 Uhr
Siem Reap	3–4	4–10	Capitol, Golden Bayon Express, Mekong Express, PP Sorya, Rith Mony	regelmäßig bis 15 Uhr

ABSTECHER

KOMPONG LUONG

កំពង់លួង

Kompong Luong bietet alle Annehmlichkeiten, die man von einem größeren Fischerort erwartet: Cafés, Handyläden, Hühnerställe, Eishersteller, eine Pagode und eine Kirche – nur dass hier eben alles schwimmt. Das Ergebnis ist ein ethnisch-vietnamesisches Venedig ohne Festland. In der Trockenzeit, wenn der Wasserstand sinkt und der Tonlé Sap schrumpft, zieht die gesamte Wasserstadt ein paar Kilometer weiter nach Norden.

Am besten lässt sich Kompong Luong natürlich mit dem Boot erkunden. Der offizielle Touristenpreis für ein Motorboot aus Holz für vier Personen (inkl. Rettungswesten) beträgt 10 US$ pro Stunde für ein bis drei Passagiere. Es werden auch **Privatunterkünfte bei einheimischen Familien** (4–6 US$ pro Pers.) angeboten; Mahlzeiten kosten 1 bis 2 US$ pro Person. Hier lässt sich erleben, wie das Alltagsleben auf dem Wasser wirklich aussieht. Die Unterkunft bei Einheimischen kann bei der Ankunft am Bootsanleger gebucht werden.

Der Ausgangspunkt nach Kompong Luong ist die Stadt Krakor 32 km östlich von Pursat. Von Krakor bis zur Bootsanlegestelle, wo die Touren beginnen, sind es 1,5 bis 6 km (je nach Jahreszeit). Ein *moto/remork* von Pursat kostet rund 10/20 US$ (Preis für Hin- & Rückfahrt). Von Phnom Penh kann man jeden Bus in Richtung Pursat oder Battambang nehmen.

Phnom Penh Sorya. Für schnellere Tagesreisen in die Hauptstadt empfehlen sich die Express-Minivans von Golden Bayon Express (10 US$, 4½ Std.) oder Mekong Express (12 US$, 4½ Std.). Die Nachtbusse haben unchristliche Ankunftszeiten und sind deshalb unpraktisch.

Capitol Tour (☎ 012 810055; St 102)

Golden Bayon Express (☎ 070 968966; St 101)

Mekong Express (☎ 088 576 7668; St 3) Minivans nach Phnom Penh, Ho-Chi-Minh-Stadt und Bangkok. Bietet auch einen praktischen Minibus nach Siem Reap.

Phnom Penh Sorya (☎ 092 181804; St 106)

Virak Buntham (St 106)

SCHIFF/FÄHRE

Die Fähre nach Siem Reap (20 US$, Abfahrt 7 Uhr) zwängt sich durch schmale Fahrrinnen und führt an geschützten Sumpfgebieten vorbei. In der Regenzeit dauert die Fahrt fünf, in der Trockenzeit mindestens neun Stunden. Die schönste Bootsreise Kambodschas wird täglich abwechselnd von **Angkor Express** (☎ 012 601287) und **Chann Na** (☎ 012 354344) angeboten. In der Trockenzeit müssen die Passagiere erst zu einem befahrbaren Abschnitt des Flusses gebracht werden.

TAXI

An der Südostecke der Taxistation (NH5) starten Sammeltaxis nach Phnom Penh (40 000 R, 4½ Std.). Taxis nach Poipet (20 000 R, 1¾ Std.) und Siem Reap (26 000 R, 3 Std.) fahren an der Nordseite des Marktes ab und weiter zum NH5.

Sammeltaxis nach Pailin (20 000 R, 1¼ Std.) nahe dem Grenzübergang Psar Pruhm–Pong Nam Ron findet man am Ostrand des Psar Leu.

ℹ Unterwegs vor Ort

Englisch- und französischsprachige *remork*-Fahrer findet man überall in Battambang, und sie sind sehr bestrebt, Tagesausflüge mit Touristen zu machen. Eine halbtägige Tour außerhalb der Stadt zu einer einzigen Sehenswürdigkeit wie Phnom Sampeau kostet je nach Verhandlungsgeschick um die 12 US$. Für ein *moto* zahlt man nur die Hälfte.

Für eine *moto*-Fahrt in der Stadt werden 2000 R fällig, eine Fahrt mit dem *remork* kostet ab 1,50 US$ aufwärts.

Gecko Moto (☎ 089 924260; St 1; ⌚ 8–22 Uhr) und das Royal Hotel (S. 291) vermieten Motorräder für 6 bis 8 US$ pro Tag. Fahrräder werden im Royal Hotel, bei Soksabike (S. 289), bei **Battambang Bike** (☎ 095 578878; www.thebattambangbike.com; St 2½; Radtour halber/ganzer Tag 18/38 US$; ⌚ 7–19 Uhr) und in mehreren Gästehäusern verliehen (2 US$ pro Tag).

Rund um Battambang

Die Landschaft um Battambang ist mit alten Tempeln, Bambuszügen und weiteren lohnenswerten Sehenswürdigkeiten gespickt. Die Eintrittsgebühr für die Stätten Phnom Sampeau, Phnom Banan und Wat Ek Phnom beträgt 3 US$. Das Ticket, das man hierfür an einer Stätte erhält, ist einen Tag lang an allen drei Sehenswürdigkeiten gültig.

Prasat Banan TEMPEL

(ប្រាសាទភ្នំបាណន់; Eintritt 3 US$; ⌚ 6 Uhr–Sonnenuntergang) Man muss 358 Steinstufen den Phnom Banan hinaufsteigen, um den Tempel

Prasat Banan zu erreichen, aber der atemberaubende Ausblick über die umliegende Landschaft ist die Mühe wert. Udayadityavarman II., der Sohn von Suryavarman I., erbaute den Prasat Banan im 11. Jh.; manche Einheimische behaupten, der Grundschnitt mit den fünf Türmen sei die Inspiration für Angkor Wat gewesen; allerdings ist das schon sehr optimistisch. Die Bögen der Türme haben eindrucksvolle geschnitzte Oberbalken; im oberen Bereich des Zentralturmes befindet sich ein wunderschönes Flachrelief.

Wat Ek Phnom BUDDHISTISCHER TEMPEL

(វត្តឯកភ្នំ; Eintritt 2 US$) Der atmosphärische, teils eingestürzte **Tempel** aus dem 11. Jh. versteckt sich hinter einer bunten modernen Pagode und einer riesigen Buddha-Statue. Wat Ek Phnom ist 52 auf 49 m groß und von den Überresten einer Lateritmauer und einem antiken *baray* (Speicherbecken) umgeben. Ein Türsturz über dem Osteingang des zentralen Tempels zeigt das Aufwühlen des Milchozeans, und seine Außenflanken zieren kunstvolle **Flachreliefs**. Die schattige Anlage eignet sich bestens für ein Picknick. Der Tempel liegt 10 km nördlich von Battambang.

Phnom Sampeau BUDDHISTISCHER TEMPEL

(ភ្នំសំពៅ; Eintritt 1 US$) Der legendenumwobene Kalksteinfelsen 12 km südwestlich von Battambang am NH57 (Richtung Pailin) ist für seine herrlichen Ausblicke und unzähligen Fledermäuse bekannt, die sich aus einer riesigen Höhle in der Klippenwand zu ergießen scheinen.

Zwischen dem Gipfel und der Mobilfunkantenne führt eine tiefe Schlucht durch einen natürlichen Bogen zu einer bizarren Welt aus Stalaktiten, Kletterpflanzen und Fledermäusen.

Etwa auf halber Strecke den Berg hinauf zweigt ein 250 m langer Weg zu den **Killing Caves von Phnom Sampeau** ab. Über eine verwunschene, von Grün gesäumte Treppe gelangt man in eine Höhle mit einem friedlichen goldenen Buddha. Daneben befindet sich ein beeindruckender verglaster Gedenkschrein mit Knochen und Schädeln von Op-

WEITERREISE NACH THAILAND: GRENZÜBERGÄNGE IM WESTEN

Von Pailin nach Chanthaburi

Der entspannte Grenzübergang Psar Pruhm/Ban Pakard (geöffnet von 7 bis 20 Uhr) liegt 102 km südwestlich von Battambang und 18 km nordwestlich von Pailin und ist über gut befestigte Straßen zu erreichen.

Anfahrt zur Grenze Von Battambang fahren täglich Busse von Ponleu Angkor und Rith Mony in Richtung Pailin und weiter bis zur Grenze. Alternativ nimmt man ein Sammeltaxi nach Pailin (Abfahrt vom Psar Leu in Battambang) und fährt dann mit dem *moto* (5 US$) oder Privattaxi (10 US$) bis zur Grenze.

An der Grenze Die Formalitäten sind auf beiden Seiten der Grenze extrem unkompliziert und schnell.

Weiterreise Schon am späteren Vormittag versiegen auf thailändischer Seite die Gelegenheiten zur Weiterfahrt. Man sollte also früh dran sein, um ein Motorradtaxi (50 B) zur nahegelegenen *sŏrng·tăa·ou*-Station (Pick-up-Station) zu erwischen, wo morgens zwei Minibusse nach Chanthaburi (150 B, 1½ Std.) starten. Dort machen sich zahlreiche Busse auf den Weg nach Bangkok.

Für Infos zur Überquerung dieser Grenze in entgegengesetzter Richtung siehe S. 829.

Von Koh Kong nach Trat

Anfahrt zur Grenze Um die Grenze von Cham Yeam/Hat Lek zu überqueren, nimmt man ein Taxi (10 US$ plus Maut) oder *moto* (3 US$ plus Maut) von Koh Kong über die Mautbrücke zur Grenzstadt Cham Yeam.

An der Grenze Kambodscha über die Grenze von Hat Lek zu verlassen ist sehr unkompliziert, denn es gibt keine Visa-Betrügereien seitens der Einreisebehörden.

Weiterreise In Thailand angekommen, fährt man mit dem Minibus nach Trat (120 B), wo regelmäßig Busse nach Bangkok (ab 254 B, 5–6 Std.) verkehren. Die Weiterreise nach Ko Chang in Trat arrangieren.

Für Infos zur Überquerung dieser Grenze in entgegengesetzter Richtung siehe S. 829.

ABSEITS DER ÜBLICHEN PFADE

PRASAT PREAH VIHEAR ប្រាសាទព្រះវិហារ

Der 800 m lange **Tempel Prasat Preah Vihear** (Eintritt Erw./Kind 10 US$/frei; ⌚ Tickets 7.30–16.30 Uhr, Tempel bis 17.30 Uhr) hat die spektakulärste Lage aller Angkor-Monumente. Er thront auf einem Felsen der Dangkrek-Berge an der thailändischen Grenze und bietet einen atemberaubenden Ausblick auf die nördlichen Ebenen Kambodschas.

Prasat Preah Vihear besteht aus einer Serie von vier kreuzförmigen *gopura* (Heiligtümer), geschmückt mit kunstvollen Reliefs, darunter eindrucksvolle Türstürze. Ein Spaziergang ab dem **monumentalen Treppenaufgang** führt südwärts zum **Gopura der dritten Ebene** mit einer frühen Darstellung des aufgewirbelten Milchozeans und schließlich zum **Hauptheiligtum** an der Felskante. Man sollte sich immer an deutlich gekennzeichnete Wege halten, da die Roten Khmer noch 1998 eine große Anzahl von Landminen rund um den Prasat Preah Vihear platziert haben.

Prasat Preah Vihear und das umliegende Gebiet wurden im 19. Jh. von Thailand regiert, aber unter französischem Protektorat an Kambodscha zurückgegeben. 1959 besetzten thailändische Truppen den Tempel, der Internationale Gerichtshof in Den Haag sprach ihn aber 1962 dem souveränen Staat Kambodscha zu.

Im Juli 2008 wurde der Prasat Preah Vihear zur zweiten UNESCO-Weltkulturerbestätte Kambodschas erklärt. Bald darauf marschierten thailändische Truppen in Kambodscha ein und entfachten eine bewaffnete Konfrontation. Im Juli 2011 bestimmte der Internationale Gerichtshof die Errichtung einer entmilitarisierten Zone und bestätigte im November 2013 seinen Beschluss von 1962, laut dem der Tempel zu Kambodscha gehört. Die Grenzregion gilt als sicher, die beidseitige Spannung ist aber noch spürbar.

Aus Sra Em hier angekommen, geht's zuerst ins **Informationszentrum** (Kor Muy; ⌚ 7–16.30 Uhr) im Dorf Kor Muy. Hier zahlt man den Eintritt, bucht einen englischsprachigen Führer, falls gewünscht (15 US$), und arrangiert die Weiterfahrt per *moto* (Hin- & Rückfahrt 5 US$) oder Allradwagen (Hin- & Rückfahrt 25 US$, max. 6 Passagiere) für die 6,5 km lange Zugangsstraße zum Tempel hinauf; Achtung: Die letzten 1,5 km sind extrem steil!

Budgetunterkünfte findet man zuhauf im aufstrebenden Sra Em, das 23 km südlich des Informationszentrums liegt – zu empfehlen ist **Sok San Guesthouse** (✆ 097 715 3839; EZ/DZ mit Ventilator 8/10 US$, mit Klimaanlage ab 13/15 US$; ❄ 📶) 1 km westlich vom zentralen Kreisverkehr. Essen kann man im **Limy Restaurant** (Hauptgerichte 3–4,50 US$; ⌚ 6–22 Uhr), dem letzten einer Reihe von Restaurants gleich nördlich des Kreisverkehrs (in Richtung Prasat Preah Vihear).

Mit einem Pkw schafft man es von Siem Reap aus in ca. drei Stunden zum Prasat Preah Vihear (nicht zu verwechseln mit der Stadt Preah Vihear 110 km weiter südlich. Die Hin- und Rückfahrt kostet etwa 140 US$. Es ist jedoch viel sinnvoller, die lange Reise mit einer Übernachtung in Sra Em zu unterbrechen, das nur 30 km vom Tempel entfernt liegt. Zwischen Siem Reap und Sra Em verkehren Sammeltaxis (10 US$ pro Pers., 3 Std.). Am zentralen Kreisverkehr in Sra Em kann man ein *moto* zum Informationszentrum in Kor Muy (Hin- & Rückfahrt 10 US$) ergattern.

fern der Roten Khmer – sie hatten sie zu Tode geprügelt und durch die Fensterluke entsorgt.

Der Gipfel ist über eine Betonstraße oder eine steile Treppe zu erreichen. Die Straße ist zu steil für *remorks*. Am Fuß des Hügels warten *moto*-Fahrer, die für 4 US$ zum Gipfel und wieder herunter fahren.

Kompong Thom កំពង់ធំ

✆ 062 / 68 000 EW.

Das betriebsame Kompong Thom dient hauptsächlich als Ausgangspunkt für einen Besuch des Sambor Prei Kuk.

Arunras Hotel HOTEL $
(✆ 062-961294; NH6; EZ/DZ mit Ventilator 5/8 US$, DZ mit Klimaanlage 15 US$; ❄ 📶) Kompong Thoms eindeutig beste Unterkunft ist dieses Hotel im Zentrum mit seinen 58 Zimmern, einem sehr guten Preis-Leistungs-Verhältnis, chinesischer Dekoration und aufgewecktem Personal. In dem beliebten Restaurant unten wird leckere Khmer-Küche aufgetischt. Zum Hotel gehört außerdem das **Arunras Guesthouse** (✆ 012 865935; NH6; EZ/DZ mit Ventilator 6/8 US$, mit Klimaanlage 10/13 US$; ❄ 📶) gleich nebenan mit 53 Zimmern.

Vimean Sovann Guesthouse HOTEL $
(☎078 220333; St 7; EZ/DZ mit Ventilator 6/7 US$, EZ/DZ mit Klimaanlage 12/14 US$; ❄📶) Das Hotel macht von außen vielleicht nicht viel her, aber drinnen verstecken sich die schicksten Budgetzimmer der Stadt. Sie sind frisch gestrichen, haben moderne Bäder und hübsche Kunstwerke an den Wänden. Man sollte sich eines der großen Doppelzimmer (mit zwei Betten) geben lassen, die eigene Balkone haben.

★ **Kompong Thom Restaurant**
KAMBODSCHANISCH $$
(NH6; Hauptgerichte 3–8 US$; ⏲7–22 Uhr; 📶✎) Die Kellner sind superfreundlich, und von der winzigen Terrasse genießt man einen Blick auf den Fluss. Dies ist gewiss das beste, aber auch das abenteuerlichste Restaurant von Kompong Thom. Zu den einzigartigen Khmer-Kreationen auf der Karte gehören Gerichte mit Kampot-Pfeffer sowie Wasserbüffel und Aal aus der Pfanne. Die Portionen sind großzügig.

Canadia Bank BANK
(NH6; ⏲Mo–Fr 8–15.30, Sa bis 11.30 Uhr, Geldautomaten 24 Std.)

ℹ Anreise & Unterwegs vor Ort

Dutzende Busse passieren Kompong Thom auf der Route zwischen Phnom Penh (5 US$, 4 Std.) und Siem Reap (5 US$, 2 Std.), die man auch problemlos beim Arunras Hotel anhalten kann. Die Sammeltaxis nach Preah-Vihear-Stadt (5 US$, 2 Std.) fahren nur morgens.

Im Sokhom Travel Agency (☎012 691527; St 3) Verleiht Fahrräder (1 US$ pro Tag) und Motorräder (5 US$ pro Tag).

Rund um Kompong Thom

Sambor Prei Kuk

Zu Sambor Prei Kuk (សំបូរព្រៃគុក; www.samborpreikuk.com; Eintritt 10 US$), einer der eindrucksvollsten Ansammlungen von Bauten aus der Zeit vor dem Angkor-Reich in ganz Kambodscha, gehören insgesamt etwa 100 Steintempel, die über den gesamten Wald verteilt sind. Unter dem Namen Isanapura diente die Stätte zur Zeit der Herrschaft des Königs Isanavarman im frühen 7. Jh. als Hauptstadt von Chenla. Zur Freude der Kambodschaner wurde Sambor Prei Kuk vor Kurzem zur dritten UNESCO-Weltkulturerbestätte des Landes erklärt.

Der zentrale Tempelbereich der bewaldeten, schattigen Anlage besteht aus drei Komplexen. **Prasat Sambor** ist Gambhireshvara gewidmet, einer der vielen Inkarnationen Shivas. Der von Wald umgebene **Prasat Yeay Peau** wirkt recht verloren; ein altehrwürdiger Baum hat sich seines Osttors bemächtigt. Der **Prasat Tao** (Löwentempel), der größte der Sambor-Prei-Kuk-Komplexe, trumpft mit zwei großen kunstvoll gearbeiteten Steinlöwen auf.

Isanborei (☎017 936112; www.samborpreikuk.com) 🍃 betreibt ein gemeindebasiertes Gastfamilienprogramm, verleiht Fahrräder (2 US$ pro Tag) und organisiert Fahrten mit Ochsenkarren. Es hat auch einige *remork* im Angebot, die Traveller sicher nach/von Kompong Thom (15 US$ einfach) transportieren.

Rund um den Freiluftmarkt für Kunsthandwerk unweit des Tempeleingangs findet man viele Restaurants (Hauptgerichte 2–4 US$), die regionale Kost servieren.

Sambor Prei Kuk, 30 km nordöstlich von Kompong Thom, ist auf gut befestigten Straßen zu erreichen. Eine Hin- und Rückfahrt mit dem *moto* kostet 10 US$, mit dem *remork* 20 US$.

SÜDKÜSTE

Kambodschas Südküste ist eine faszinierende Mischung aus kristallklarem Wasser, einsamen Inseln, unberührten Mangrovenwäldern, baufälligen Kolonialstädten und von Dschungel bedeckten Bergen, in dem sich Tiger und Elefanten verstecken. Abenteurer und Strandliebhaber kommen hier voll auf ihre Kosten.

Koh-Kong-Stadt ក្រុងកោះកុង

☎035 / 36 053 EW.

Mit ihrer von Schmuggel, Prostitution und Glücksspiel geprägten Wirtschaft repräsentierte die Grenzstadt Koh Kong, Hauptstadt der gleichnamigen Provinz, einst den Wilden Westen Kambodschas. Heute schlägt sie einen respektableren, vom Ökotourismus geprägten Weg ein.

Sehenswertes & Aktivitäten

Koh Kong zieht viele abenteuerlustige Traveller an, die das Kardamom-Gebirge und den Koh Kong Conservation Corridor erkunden wollen.

Koh-Kong-Stadt

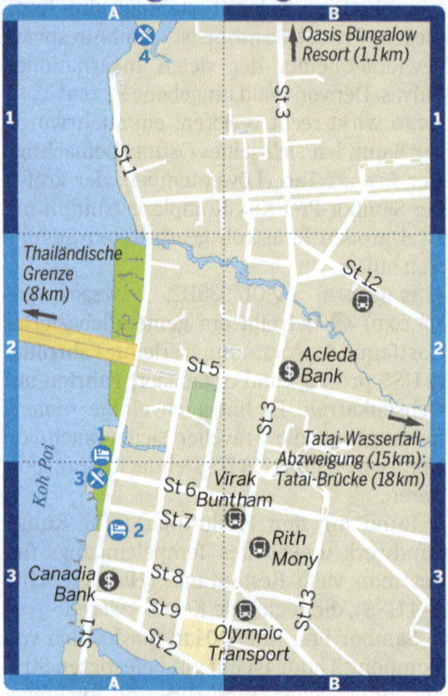

Koh-Kong-Stadt

Aktivitäten, Kurse & Touren

Ritthy Koh Kong Eco Adventure Tours .... (siehe 2)

Schlafen

1 Koh Kong City Hotel A2
2 Ritthy's Retreat A3

Essen

3 Café Laurent A3
4 Happy Beach A1

Peam-Krasaop-Naturschutzgebiet NATURSCHUTZGEBIET

(ដែនជំរកសត្វព្រៃពាមក្រសោប; Eintritt 5000 R; 6.30–18 Uhr) Die eindrucksvollen Mangroven dieses 260 km^2 großen, von kleinen Inselchen gespickten Reservats schützen die Küste vor Erosion, dienen Fischen, Krabben und Schalentieren als lebensnotwendige Laichgründe sowie Futterquelle und bieten zahlreichen Vögeln eine Heimat.

Geführte Touren

Auf Bootsausflügen lassen sich wunderbar die zahlreichen Attraktionen an Koh Kongs Küste entdecken. Der englischsprachige Guide **Teur** (016 278668) hängt meist am Bootsdock herum und hilft den Travellern, Schnellboote für sechs bzw. drei Passagiere (40 bzw. 15 PS) zu mieten. Die Touren führen zu den westlichen Stränden der Koh-Kong-Insel (großes/kleines Boot 80/50 US$), zur Koh-Kong-Insel selbst (120/90 US$) oder zum schönen Peam-Krasaop-Mangrovenschutzgebiet (40/30 US$).

Ritthy Koh Kong Eco Adventure Tours ABENTEUERTOUREN

(012 707719; www.kohkongecoadventure.com; St 1; 8–21 Uhr) Eine Anlaufstelle für sämtliche geführte Touren in der Umgebung. Ritthy's ist der älteste Anbieter für Ökotourismus in Koh Kong. Es geht mit dem Boot nach Koh Kong Island, zum Vögelbeobachten und zu mehrtägigen Dschungeltreks mit Übernachtung (Camping) im Areng-Tal innerhalb des Koh Kong Conservation Corridors (S. 299). Die Preise stehen auf der Website.

Schlafen

Manche Unterkünfte zahlen *moto*-Fahrern Kommissionen, was Betrügern Tür und Tor öffnet.

Ritthy's Retreat PENSION $

(097 555 2789; ritthy.info@gmail.com; St 1; B 4 US$, Zi. 6–15 US$;) Der langjährige Touranbieter Ritthy hat eine einladende Pension mit eigenem Restaurant am Flussufer eröffnet. Sie bietet geräumige Mehrbettzimmer mit Privatbädern und extrabreiten Betten sowie eine gute Auswahl an großen Doppelzimmern. Die schickeren Räume mit Klimaanlage haben halbprivate Balkone mit Blick auf den Fluss, während das Bar-Restaurant im Erdgeschoss (mit Billardtisch!) ein beliebter Ort zum Abhängen ist.

Koh Kong City Hotel HOTEL $

(035-936777; St 1; Zi. 15–20 US$;) Für einen fast lächerlich niedrigen Preis erhält man in diesem Hotel sehr saubere Zimmer mit riesigen Bädern, zwei Doppelbetten, Fernsehern mit 50 Programmen, einer vollen Ausstattung an Toilettenartikeln, kostenlosem Wasser und – für gerade mal 20 US$ mehr – einen tollen Blick auf den Fluss. Freundliches Personal.

★ **Oasis Bungalow Resort** BUNGALOW $$

(092 228342; http://oasisresort.netkhmer.com; DZ/3BZ 35/40 US$;) Oasis wird seinem Namen absolut gerecht. Das Resort liegt 2 km nördlich vom Stadtzentrum, umgeben von einem dichten Wald. Seine fünf großen, luftigen Bungalows sind um einen bildschönen Infinity-Pool mit Blick auf die Kardamom-Berge angeordnet. Eine ruhige Basis zum Entspan-

nen und Kraftschöpfen. Den blauen Schildern ab der **Acleda Bank** (St 3) folgen.

Essen & Ausgehen

★ Happy Beach KAMBODSCHANISCH $

(☎ 097 744 4454; Hauptgerichte 2–5 US$; ⏲ 24 Std.) Nordöstlich der Stadt bietet das Happy Beach einen einzigartigen Einblick in das kambodschanische Alltagsleben mit überdachten Terrassen auf Stelzen, wo Familien und Freunde barfuß relaxen und riesige Portionen leckerer Khmer-Gerichte genießen; diese werden auf einem Holzblock auf dem Boden serviert.

Crab Shack FISCH & MEERESFRÜCHTE $

(☎ 081 447 093; Koh Yor Beach; Hauptgerichte 4–8 US$; ⏲ variabel) Ein familiengeführtes Lokal auf der anderen Seite der Brücke am Koh-Yor-Strand. Es ist für seine spektakulären Sonnenuntergänge und die riesigen Portionen frittierter Krabben mit Pfeffer (auf Anfrage) bekannt. Wenn der Crab Shack geschlossen ist, kann man im benachbarten Restaurant in kleinen Strandhütten mit Hängematten leckere Krabben und Kokosnusswasser genießen.

Café Laurent INTERNATIONAL $$

(☎ 088 829 0410; St 1; Hauptgerichte 4–15 US$; ⏲ Mi–Mo 10.30–21.30 Uhr; 📶) Schickes Café-Restaurant am Ufer mit stimmungsvoller Atmosphäre: Gespeist wird in Pavillons über dem Wasser, in denen man sich entspannt zurücklehnen, den Sonnenuntergang beobachten, und sich dabei feinste westliche und Khmer-Gerichte auf der Zunge zergehen lassen kann. Auf den Tellern landen neben französischen Steaks und leckeren Pastagerichten auch frische Meeresfrüchte und asiatische Klassiker. Allem haftet ein Hauch von Haute Cuisine an.

Praktische Informationen

Einige der besten lokalen Informationsquellen sind Pensionen, Hotels und Kneipen. Der kostenlose Koh *Kong Visitors Guide* (www.koh-kong.com) besteht hauptsächlich aus Werbeanzeigen.

Canadia Bank (St 1; ⏲ Mo–Fr 8–15.30, Sa bis 11.30 Uhr, Geldautomat 24 Std.)

Anreise & Unterwegs vor Ort

Die meisten Busse setzen ihre Passagiere an Koh Kongs unbefestigtem **Busbahnhof** (St 12) am Nordostrand ab, wo *moto*- und *remork*-Fahrer nur darauf warten, Touristen abzuzocken. Eine Strecke per *moto/remork* ins Zentrum dauert nur drei Minuten und sollte nicht mehr als 1/2 US$ kosten. Ab dem Taxistand neben dem Busbahnhof starten Sammeltaxis nach Phnom Penh (11 US$, 5 Std.) und gelegentlich nach Sihanoukville (10 US$, 4 Std.).

Virak Buntham (☎ 089 998 760; St 3) Virak Buntham bietet Busse (8 US$, 6 Std., 7.45 Uhr) und Minivans (12 US$, 5 Std., 2-mal tgl.) nach Phnom Penh sowie einen Direktbus nach Sihanoukville (8 US$, 5 Std., 8 Uhr). Wer nach Kampot (11 US$, 8 Uhr) und Bangkok (20 US$, 13 Uhr) via Ko Chang (15 US$ inkl. Bootsfahrt zur Insel) reisen will, muss unterwegs umsteigen.

Ritthy Koh Kong Eco Adventure Tours (S. 298) vermietet Fahrräder für 1/2 US$ pro halber/ganzer Tag sowie Motorräder.

Koh Kong Conservation Corridor

Der Koh Kong Conservation Corridor erstreckt sich entlang des NH48 von Koh Kong bis zum Golf von Kompong Som. Seine Naturattraktionen gehören zu den eindrucksvollsten Sehenswürdigkeiten Kambodschas. Zu ihnen zählen die größten Mangrovenwälder des südostasiatischen Festlandes und die südlichen Ausläufer der legendären **Kardamom-Berge**, die mit atemberaubender Schönheit und beeindruckender Artenvielfalt aufwarten.

Die nächsten Jahre sind wohl entscheidend für die Zukunft der Kardamom-Berge. Nichtregierungsorganisationen (NGO) wie Conservation International (www.conservation.org), Fauna & Flora International (www.fauna-flora. org) und Wildlife Alliance (www.wildlife alliance.org) versuchen, die 16 Ökosysteme der Region vor Holzfällern und Wilderern zu schützen. Auch Tourismus spielt eine große Rolle in ihren Plänen. Wildlife Alliance unterstützt mehrere Projekte, die das **Waldschutzgebiet des südlichen Kardamom-Gebirges** (1443 km²) in eine der aktuellen Topadressen des Ökotourismus verwandeln wollen.

Tatai-Wasserfall

Tatai-Wasserfall WASSERFALL

(ទឹកធ្លាក់តាតៃ; Eintritt 1 US$) Stromaufwärts stürzt in einer stark bewaldeten Schlucht der Tatai-Wasserfall – in der Regenzeit eine donnernde Ansammlung von Stromschnellen – über eine Felsklippe 4 m in die Tiefe. Während der Trockenzeit sinkt die Wassermenge, doch in den erfrischenden Becken rund um die Kaskade kann man das ganze Jahr über baden. Das Wasser ist sehr sauber, da es aus dem abgeschiedenen Kardamom-Gebirge herabströmt. Der Wasserfall ist mit dem Auto oder dem Motorrad zu erreichen. Die gut ausgeschilderte Abzweigung zum Tatai befindet sich 15 km südöstlich von Koh Kong bzw. 2,8 km nordwestlich der Tatai-Brücke am NH48.

Von der Autobahn führt eine 2 km lange, holprige Zugangsstraße zu den Katarakten. Auf halber Strecke kreuzt ein Fluss die Straße – in der Regenzeit muss man ihn zu Fuß durchqueren und den letzten Kilometer bis zum Wasserfall gehen. Ein halbtägiger Ausflug per *moto/remork* von Koh Kong zum Naturschauspiel kostet 10/15 US$ (hin & zurück), bzw. natürlich weniger, wenn man nur die einfache Strecke bis zur Brücke fährt.

Sihanoukville ក្រុងព្រះសីហនុ

☎034 / 91 000 EW.

Sihanoukville würde in einem Wettbewerb um die schönste Stadt wohl nie den ersten Preis gewinnen. Der Ort wird heute größtenteils von Kasinos und Gewerbezentren dominiert, ist trotz der rapiden und meist ungewollten Bebauung aber immer noch der beliebteste Anlaufpunkt für die schönsten weißen Sandstrände und abgelegenen südlichen Inseln Kambodschas. Der **Serendipity Beach** ist ein Sammelbecken für Rucksacktouristen, die sich hier zwischen ihren Reisen durch Asien ausruhen und nächtelang Partys feiern.

Im Süden der Stadt liegt abseits vom Trubel der relaxte **Otres Beach**, wo billige Bungalowunterkünfte und unkonventionelle Pensionen Seite an Seite neben superschicken Boutique-Hotels stehen. Ein weiter Teil des Strandes wird zwar bald für Großbauprojekte freigeräumt, aber solange noch alles beim Alten ist, eignet sich die entspannte Atmosphäre gut für faule Tage in der Sonne und fröhliches Barhopping.

Sehenswertes & Aktivitäten

Der an der Küste gelegene **Ream National Park** befindet sich 15 km östlich von Sihanoukville und lockt mit aufregenden Bootstrips durch die Mangroven und entlang unberührter Strände. Die Touren beinhalten außerdem noch eine Wanderung durch den Primärwald.

Strände

Sihanoukvilles Strände sind sehr verschieden und haben daher für jeden etwas zu bieten. Der **Occheuteal Beach** liegt am zentralsten und ist von baufälligen Restaurants gesäumt. An seinem nordwestlichen Ende hat sich an einem winzigen felsigen Abschnitt ein relaxter, bei Urlaubern sehr beliebter Treffpunkt namens **Serendipity Beach** entwickelt.

Südlich des Occheuteal Beach liegt hinter einer kleinen Landzunge der **Otres Beach**, der von Dutzenden Restaurants im Bungalowstil sowie von Urlaubsresorts gesäumt ist. Das Wasser hier ist sauber und der Strand ist entspannter als seine zentraler gelegenen Pendants. Außerdem ist er lang genug, damit jeder problemlos ein eigenes Stück Sand findet … einfach gen Süden halten. Der Otres Beach befindet sich etwa 5 km südlich des Serendipity. Eine Fahrt mit dem *moto/remork* hierher kostet 2/5 US$ (nachts mehr).

Einen Strand weiter nördlich vom Serendipity erstreckt sich der schönste Küstenstreifen von Sihanoukville, der 1,5 km lange **Sokha Beach**. Sein feiner Sand erinnert an Silikon – er quietscht unter den Füßen.

Das winzige Ostende des Strands ist öffentlich zugänglich und selten überfüllt. Der Rest des Strandes gehört zum exklusiven Sokha Beach Resort und darf nur von den Gästen des Resorts betreten werden.

Nördlich des Sokha Beach erstrecken sich der **Independence Beach** gleich beim Independence Hotel und der erste unter Backpackern angesagte Strand in Kambodscha, der **Victory Beach**. Letzterer ist nicht gerade sehr schön, da sich im Hintergrund die Gebäude des Hafens von Sihanoukville erheben

Tauchen

Die Tauchmöglichkeiten in Sihanoukville sind nicht die besten Südostasiens. Zwar werden die Bedingungen mit steigender Entfernung besser, aber sie können dennoch nicht mit dem westlichen Golf von Thailand oder der Andaman-See mithalten. Viele größere Tauchausflüge führen nach **Koh Rong Sanloem**, Touren mit Übernachtung wiederum zu den entfernten Inseln **Koh Tang** und **Koh Prins**. Letztere kosten rund 100 US$ pro Tag, zwei tägliche Tauchgänge, Verpflegung, Unterkunft auf einer Insel und Ausrüstung inklusive. Tauchgänge mit zwei Tanks und Ausrüstung außerhalb von Sihanoukville schlagen durchschnittlich mit 80 US$ zu Buche. PADI-Open-Water-Kurse werden für 400–450 US$ angeboten, was zwar nicht gerade günstig, aber nach internationalen Standards ziemlich wettbewerbsfähig ist.

Scuba Nation TAUCHEN

(Karte S. 307; ☎ 012 604680; www.divecambodia.com; Serendipity Beach Rd; 2 Tauchgänge 85 US$, PADI-Kurs Open Water-Lizenz 445 US$; ⏲ 9–20 Uhr) Das Fünf-Sterne-PADI-Tauchzentrum ist der älteste Anbieter der Stadt und hat ein komfortables Boot für Tagestouren und Tauchfahrten mit Übernachtung.

Dive Shop TAUCHEN

(Karte S. 307; ☎ 097 723 2626, 034-933664; www.diveshopcambodia.com; Serendipity Beach Rd; PADI-Schnuppertauchen 95 US$, 2 Tauchgänge 80 US$; ⏲ 7–21 Uhr) Am Standort des Unternehmens auf Koh Rong Sanloem (Sunset Beach in der Hochsaison, Saracen Bay in der Nebensaison) gibt's die komplette Palette an PADI-Kursen und Spaß-Tauchgängen. Bietet auch Schnorcheltouren an.

Massage

Von NGOs ausgebildete seh- und körperbehinderte Masseure sorgen im **Seeing Hands Massage 3** (Karte S. 305; ☎ 034-679 2555; 95 Ekareach St; 6 US$ pro Std.; ⏲ 8–21 Uhr) und im Starfish Bakery & Café (S. 304) für Entspannung.

Kurse

Don Bosco Hotel Khmer Cooking Course KOCHEN

(☎ 016 919834; www.donboscohotelschool.com/cooking; Ou Phram St, Don Bosco Hotel School; 30 US$ pro Pers.) Wer hier Kochunterricht nimmt, lernt die Tricks und Kniffe der Khmer-Kochkunst kennen. Der Kurs umfasst ein aufwendiges Drei-Gänge-Mittagessen (bei dessen Zubereitung man mithilft) und eine Führung durch die Hotelschule. Der Unterricht findet unter der Woche täglich von 8.30 bis 13.30 Uhr statt und beginnt mit einem Abstecher zum Markt, aber die Teilnehmer können auch erst um 10 Uhr nach dem Marktbesuch dazustoßen (kostet 5 US$ weniger).

Geführte Touren

Tagesausflüge zu nahe gelegenen Inseln und zum Ream-Nationalpark erfreuen sich großer Beliebtheit. Auch feuchtfröhliche Kreuzfahrten sind angesagt.

Party Boat BOOTSTOUREN

(Karte S. 307; ☎ 034-666 6106; Serendipity-Beach-Pier; 25 US$ pro Pers.) Das Party Boat fährt täglich um 9.30 Uhr (bis 17 Uhr) nach Koh Rong Sanloem. Snacks, Mittagessen, Schnorcheln und ein Getränk sind im Preis inbegriffen. Darüber hinaus kann man an Bord zu den Vollmondpartys auf Koh Rong und zurück fahren; Abfahrt in Sihanoukville ist um 17 Uhr, die Rückfahrt erfolgt gegen 8 Uhr.

ABSEITS DER ÜBLICHEN PFADE

KOH-KONG-INSEL

Kambodschas größte Insel liegt im Meer, das so kristallklar ist, dass man die einzelnen Sandkörner mehrere Meter tief sehen kann. Vom von Norden aus sechsten Strand führt ein schmaler Kanal zu einer Lagune à la Gilligans Insel. Aufgrund der starken Militärpräsenz auf der Insel wird der Zugang zu Koh Kong streng kontrolliert. Man kann die Insel nur im Rahmen einer geführten Bootstour von Koh Kong oder Tatai aus besuchen. Die Touren kosten 21 US$ pro Person inkl. Mittagessen und Schnorchelausrüstung oder 55 US$ mit Übernachtung in Zelten am Strand oder in Privatunterkünften bei Gastfamilien. Die Insel ist nur von Oktober bis Mai zugänglich.

Suntours BOOTSTOUREN

(☎ 096 379 4133; Erw./Kind 25/12,50 US$; ⏲ Abfahrt 10 Uhr, Rückkehr 17 Uhr) Suntours bietet Inselrundfahrten auf einer Motorjacht und Tagesausflüge nach Koh Rong Sanloam, die bei Travellern sehr gut ankommen. Im Preis sind Snacks, ein Lunchbüfett, Kaffee und Tee sowie Schnorchel-, Kajak- und Angelausrüstung inbegriffen. Die Abfahrtsorte variieren.

Schlafen

Die meisten Rucksacktouristen zieht es an den Serendipity Beach zum Feiern und an den Otres Beach zum Relaxen. Weitere Optionen gibt's im Stadtzentrum (für Leute, die keine Touristen sehen möchten) und am Victory Hill, einem früheren Backpackergetto, das heute zu den schäbigsten Ecken Sihanoukvilles zählt. Auf den vor der Stadt liegenden Inseln eröffnen immer mehr Bungalowresorts.

Serendipity & Occheuteal

An der Straße zum Serendipity befinden sich die meisten Unterkünfte für Backpacker, während sich den Hügel herunter direkt an der felsigen Küste des winzigen Serendipity Beach einige gute Mittelklassehotels aneinanderreihen.

CHI PHAT

Heute ist das einst für Abholzungen und Wilderei berüchtigte Flussdorf Chi Phat (www.chi-phat.org) Standort eines beliebten gemeindebasierten Ökotourismusprojektes (CBET), das von der Wildlife Alliance (www.wildlifealliance.org) gegründet wurde, um das Waldschutzgebiet des südlichen Kardamom-Gebirges (1443 km²) zu einer Einkommensquelle für die Einheimischen zu machen.

Chi Phat bietet abenteuerlustigen Travellern die einzigartige Möglichkeit, das Ökosystem der Kardamom-Berge zu entdecken und gleichzeitig für seinen Schutz zu sorgen, denn es ermöglicht einstigen Wilderern, die nun als Landschaftsschützer und Guides arbeiten, ein alternatives Einkommen. Untergebracht ist man hier in einfachen Privathäusern und Pensionen, und es werden zahlreiche Touren angeboten, z. B. Kajakfahrten zur Vogelbeobachtung, kombinierte Expeditionen zu Fuß und mit dem Mountainbike u. v. m.

Alle Aktivitäten in Chi Phat werden vom **CBET Community Visitor Centre** (☎035-675 6444, 092 720925; www.chi-phat.org; Chi Phat; ⊙7–19 Uhr) kontrolliert. Es ist nur zwei Minuten vom Pier entfernt, allerdings sprechen die Mitarbeiter kaum Englisch. Alle Touren müssen mindestens einen Tag vorher bis 17 Uhr im Besucherzentrum gebucht werden. Die Tourpreise variieren von 25 bis 35 US$ pro Person (Mittagessen, Hin- und Rücktransport und Ausrüstung sind inklusive).

Chi Phat hat nur eine begrenzte Stromversorgung, und es gibt keine Banken und Geldautomaten – ein Kreditkartenautomat ist allerdings vorhanden.

Chi Phat liegt am Fluss Preak Piphot 21 km stromaufwärts ab Andoung Tuek, das sich wiederum 98 km östlich von Koh Kong am NH48 befindet. Alle Busse zwischen Koh Kong und Phnom Penh bzw. Sihanoukville halten im Dorf. Die stimmungsvollste Option ist eine Fahrt mit dem Langboot (30 US$), die im Voraus reserviert werden muss; die Boote fahren in zwei Stunden von Andoung Tuek nach Chi Phat. Motos sind schneller (45 Min.; 17 km) und kosten nur 7 US$. Für die Rückfahrt kann man in Chi Phat eine Nacht im Voraus ein Boot oder moto buchen, das morgens nach Andoung Tuek fährt, wo man einen Anschlussbus nehmen kann.

★ Chochi Garden PENSION $
(Karte S. 307; ☎096 274 7674; chochiguesthouse@gmail.com; Serendipity Beach Rd; Zi. mit Ventilator/Klimaanlage 15/25 US$;) Die Boutique-Backpacker-Bleibe wird von einem freundlichen Einwandererpaar geführt, das hier eine Oase der Ruhe geschaffen hat – soweit dies mitten im Epizentrum der Aktivität überhaupt möglich ist. Vorn befindet sich ein cooles Bar-Restaurant, die schlichten Zimmer (teilweise mit Palmendächern und hübsch gestrichenen Fenstergittern) liegen in einem pflanzenreichen Garten, über den einige gemütliche Sitzgelegenheiten verstreut sind.

Onederz Hostel HOSTEL $
(Karte S. 307; ☎096 339 0005; onestophostelsshv@gmail.com; Kreisverkehr Golden Lions; B 8 US$;) Die Weiß in Weiß gehaltenen Sechs- und Acht-Bett-Zimmer reihen sich um einen komplett verglasten Innenhof, in dem sich ein kleiner Pool befindet. Hier zeigt sich, dass smarter Stil nicht die Welt kosten muss. Jeder Gast hat seine eigene Leselampe und einen abschließbaren Schrank für den Rucksack. Alle Schlafräume sind klimatisiert. Minuspunkt: Die Etagenbetten sind extrem niedrig.

Big Easy HOSTEL $
(Karte S. 307; ☎081 943930; Serendipity Beach Rd; B 4 US$, Zi. 8–10 US$;) Eine klassische Backpackerunterkunft mit Hausmannskost und einer lebhaften Rock-Bar. Die Zimmer sind einfach, man verbringt allerdings höchstwahrscheinlich ohnehin die meiste Zeit in der Bar. Die Räume verfügen über Annehmlichkeiten wie Klimaanlage, Warmwasser, Vorhänge für mehr Privatsphäre und zahlreiche Steckdosen. Die Atmosphäre ist großartig, manchmal gibt's Livemusik und Beer-Pong-Spiele; gerne werden Spiele der englischen Premier League gezeigt.

Otres Beach

Die meisten Gästehäuser am Otres Beach drängen sich etwa 1 km südlich des Queen Hill Resort, in einer Gegend, die auch unter dem Namen Otres 1 bekannt ist. Ein ca.

2,5 km langer leerer Strand trennt die Unterkünfte von Otres 2, einer etwas abgelegeneren Kolonie von Urlaubsresorts am Südende des Strandes.

★ Wish You Were Here HOSTEL $
(☎ 097 241 5884; Otres 1; B ab 6 US$, Zi. ohne Bad 12–16 US$, mit Bad 20 US$; 📶) In diesem wackeligen Holzgebäude befindet sich eins der hippsten Hostels von Otres. Die Zimmer sind einfach, doch der Balkon oben und das Dach mit Blick auf den Sonnenuntergang laden zum faultierähnlichen Hinfläzen und Abhängen ein. Das Bar-Restaurant unten hat dank entspannter Hintergrundmusik und freundlicher Angestellter ein tolles Flair.

Footprints HOSTEL $
(☎ 097 262 1598; footprintotres@gmail.com; B 5 US$, Bungalows 25 US$) Das heimelige zweistöckige Hostel am Otres Beach ist einfach zauberhaft. Die Zimmer haben Ventilatoren und verteilen sich in einer Gartenanlage. Das Restaurant liegt fast am Strand.

Otres Orchid BUNGALOWS $
(☎ 034-633 8484; www.otresorchid.com; Otres 1; Bungalows mit Ventilator/Klimaanlage 20/35 US$; ❄📶) Orchid bietet ein großartiges Preis-Leistungs-Verhältnis. Die einfachen, preiswerten Bungalows stehen in einem Garten nur wenige Schritte vom Strand entfernt. Die ventilatorgekühlten Bungalows haben mehr Flair als die mit Klimaanlage (und verfügen außerdem über Balkone mit Hängematten).

Jumanji Hostel HOSTEL $
(☎ 096 490 2711; Dorf Otres; B 3–6 US$, Zi. 10–20 US$) Das Hostel mit eigener Sportbar wurde 2017 im Dorf Otres eröffnet und hat sich schnell zu einer beliebten Ausgehadresse entwickelt, vor allem montags, wenn Live-Sportübertragungen gezeigt und Barspiele veranstaltet werden. Jumanji bietet eine gute Auswahl an Unterkünften zu verschiedenen Preisen (Zimmer mit/ohne Bad bzw. mit/ohne Klimaanlage usw.).

Sihanoukville

Essen

Sihanoukvilles kulinarisches Zentrum ist die Gegend um den Serendipity-Strand.

Starfish Bakery & Cafe CAFÉ $
(Karte S. 305; ☎012 952011; www.starfishcambodia.org; unweit der 7 Makara St; Sandwiches 3,50–4,75 US$; ⏲7–17.30 Uhr;) Entspanntes, von einer NGO betriebenes Gartencafé mit sättigendem Frühstück nach westlicher Art, Kuchen und Torten sowie innovativen Sandwiches mit mexikanischen und orientalischen Aromen. Ein Kaffee auf der schattigen Terrasse ist wie Urlaub von der städtischen Hektik. In einem Geschäft im Obergeschoss werden Seide und andere Geschenkartikel verkauft. Der Gewinn fließt an Projekte für nachhaltige Entwicklung.

Cabbage Restaurant KAMBODSCHANISCH $
(Chamka Spai; Karte S. 305; Hauptgerichte 8000–15 000 R; ⏲11–22 Uhr) Das Cabbage Restaurant ist unter den Einheimischen als Chamka Spai bekannt. Es bekommt regelmäßig tolle Bewertungen für seine Meeresfrüchte und würzigen Saisongerichte. Serviert wird authentische Khmer-Küche. Ein Schild auf Englisch an der Sereypheap Street weist den Weg. Vorsicht: In der Nähe befinden sich mehrere Fake-Restaurants, die denselben Namen wie das Cabbage tragen.

Espresso Kampuchea CAFÉ $
(Karte S. 307; Boray Kamakor St; Hauptgerichte 2–4 US$; ⏲8–22 Uhr) Echte Kaffeefans sollten unbedingt den Weg auf sich nehmen und die unscheinbare Seitenstraße im Stadtzentrum hinunterlaufen, um Espresso Kampuchea zu besuchen. Die Inhaberin Sophal bezieht ihren Kaffee persönlich aus Thailand und serviert großartigen Cappuccino und Espresso. Auf der kleinen Speisekarte stehen Baguettes, Bratnudeln und weitere Frühstücksgerichte. Bier vom Fass kostet 0,75 US$.

VERWÖHNPROGRAMM

Das Beste vom Besten in der Serendipity-Gegend in Sachen Atmosphäre zum kleinen Preis ist das **Ropanha Boutique Hotel** (Karte S. 307; ☎012 556654; www.ropanha-boutiquehotel.com; 23 Tola St; Zi. inkl. Frühstück 45–55 US$;). Die Zimmer sind um einen begrünten Hofgarten mit Pool angeordnet und mit Flachbildfernseher und DVD-Player sowie einem Bad mit Regendusche ausgestattet. Die Deluxe-Kategorie wartet mit einem Blick auf den Pool auf, doch auch die anderen Unterkünfte sind sehr gepflegt und mit weißen Elementen in Szene gesetzt.

Gelato Italiano EISCREME $
(Karte S. 305; St 109; Hauptgerichte 2–5 US$, Eis 1 US$; ⏲7.30–21 Uhr;) Das Café wird von Studenten der Don Bosco Hotel School geführt und ist auf italienisches Eis spezialisiert, bietet aber noch viel mehr, z. B. Kaffee, Pizza und komplette asiatische Mahlzeiten. Die Innenräume sind geräumig, luftig und hell. Großartiges Preis-Leistungs-Verhältnis.

Mushroom Point Beach INTERNATIONAL $$
(Otres 1; Hauptgerichte 3,50–12 US$; ⏲8–22 Uhr) Die Frühstücksgerichte mit hausgebackenen Baguettes, Mangokonfitüre und hausgemachtem Müsli sind ein echter Renner. Die gegrillten Meeresfrüchte und italienischen Platten, die später am Tag serviert werden, sind sehr beliebt bei Travellern. Es gibt auch eine tolle Weinkarte.

★ **Chez Paou** INTERNATIONAL $$
(Otres 1; Hauptgerichte 5–22 US$; ⏲8–23 Uhr;) Gehobene Küche im Stil von Otres: direkt am Strand. Die Speisekarte bietet eine gute Auswahl von Steaks, Pasta und Burgern, aber was das Restaurant wirklich so besonders macht, sind seine Khmer-Spezialitäten (im Voraus bestellen), z. B. über glühender Asche zubereiteter Stachelrochen mit Kampot-Pfeffer, flambierte Garnelen und Krabben auf zweierlei Art.

★ **Amareina** ITALIENISCH $$
(☎070 900306; Pizzas 6–8 US$) Das italienische Restaurant und Gästehaus hat sich schnell einen Ruf als Location mit dem besten Partypool der Stadt erarbeitet. Der Pool ist auch für Nichtgäste kostenfrei zugänglich, und die Pizzas und Pastagerichte sind einfach großartig. Es gibt auch eine kleine, aber feine Weinauswahl und das beste Carpaccio am Otres Beach

★ **Manoha** FRANZÖSISCH $$
(Karte S. 307; ☎034-657 2666; www.facebook.com/pg/restaurant.manoha; Hauptgerichte ab 5 US$; ⏲24 Std.) In diesem charmanten, aber bescheiden wirkenden Lokal auf der Serendipity Road wird eine riesige Auswahl von französischen und Khmer-Speisen serviert – auf der Karte stehen 130 Gerichte! Egal, ob man ein Sandwich, einen Salat, ein Omelett, Froschschenkel oder Barrakuda-Carpaccio bestellt – das Essen ist immer köstlich. Au-

Sihanoukville Stadtzentrum

ßerdem hat das Restaurant durchgängig geöffnet.

Ausgehen & Nachtleben

Das Nachtleben konzentriert sich auf die Straße nach Serendipity, kurz bevor sie nach unten abfällt (wörtlich und im übertragenen Sinne) sowie auf die bis zum Morgengrauen geöffneten Stranddiscos am Occheuteal Beach. Unter den Hostessenbars am Victory Hill haben auch ein paar normale Kneipen überlebt, aber hier bekommt man eher das Gefühl, im Sündenpfuhl gelandet zu sein, was ein echter Kontrast zur sonst entspannten Strandstimmung von Sihanoukville ist.

Einige Gästehäuser haben lebhafte Bars, etwa das Monkey Republic (Happy Hour 18 bis 21 Uhr), das Big Easy und das Wish You Were Here.

Maybe Later BAR
(Karte S. 307; Serendipity Beach Rd; ⌚11–23 Uhr)
Das beliebte kleine mexikanische Taco-Restaurant dient gleichzeitig als Bar, die großartige Margaritas und – für Schnapsliebhaber – erstklassige Tequilas serviert. Eine zivilisierte Zuflucht von der Partyszene am Strand.

La Rhumerie BAR
(Karte S. 307; Serendipity Beach Rd; ⌚9–2 Uhr) La Rhumerie spielt Salsa-Musik und serviert

Sihanoukville Stadtzentrum

Aktivitäten, Kurse & Touren
1 Seeing Hands Massage 3 .... C3

Essen
2 Cabbage Restaurant B3
3 Espresso Kampuchea B1
4 Gelato Italiano B1
5 Starfish Bakery & Café C2

Praktisches
6 ANZ Royal Bank B1
7 Canadia Bank C2

Rumcocktails mit Zutaten wie Kampot-Pfeffer, Ingwer und Kaffee. Die Rumsorten stammen aus 17 Ländern und passen gut zu den Gerichten auf der Speisekarte, zu denen auch viele Grillgerichte zählen. Kein Rumfan? Am besten schnappt man sich einen der Stühle an der Bar und genießt einen der köstlichen Cocktails (z. B. scharfe Margarita).

Last Hippie Standing BAR
(Otres Corner; ☎097 579 5329; Otres 1; ⌚24 Std.)
Die erste Bar, die man sieht, wenn man das Otres-Viertel betritt, ist gleichzeitig oft auch der letzte Ort, an dem man nach einer durchzechten Nacht landet. DJs spielen Dance- und Trance-Musik bis in die Morgenstunden,

und die Inhaber vermieten für 10 US$ Unterkünfte an Traveller, die beschlossen haben, für immer hier zu bleiben.

JJ's Playground BAR
(Karte S. 307; Ochheuteal Beach; ⌚18–6 Uhr) JJ's ist die Anlaufstelle für alle, die es bis in die frühen Morgenstunden richtig krachen lassen wollen. Der Slogan „Let's get wasted." (Lass uns trinken bis zum Umfallen) fasst die Atmosphäre sehr gut zusammen. Es gibt Kurze, lauten Techno, Feuer-Shows und reichlich (Trink-)Chaos. Und es soll nachher niemand sagen, wir hätten nicht vor den Toiletten gewarnt …

Shoppen

Tapang KUNST & KUNSTHANDWERK
(www.mloptapang.org; Otres 2; ⌚11–21 Uhr) Das Geschäft wird von einer lokalen NGO betrieben, die hilfsbedürftige Kinder unterstützt. Hier kann man Taschen, Schals und T-Shirts kaufen, qualitativ hochwertig und von Straßenkindern (und ihren Familien) gefertigt. Das Einkommen ermöglicht ihnen den Schulbesuch. Tapang hat noch eine weitere Filiale im Restaurant **Sandan** (Karte S. 307; ☎034-452 4000; 2 Thnou St; Hauptgerichte 4–10 US$; ⌚11.30–23 Uhr;).

Praktische Informationen

Internetcafés (4000 R pro Std.) gibt's an der Straße nach Serendipity sowie im Stadtzentrum an der Ekareach Street unweit der Sophamongkol Street.

Am Occheuteal Beach kommt es häufig zu Diebstählen, deswegen lässt man Wertsachen am besten im Hotel. Wie in Phnom Penh kann es sein, dass ein Dieb seinem Opfer die Tasche beim Vorbeifahren entreißt. Das ist besonders gefährlich, wenn man selber auf einem *moto* sitzt. Beim Fahren sollte man seine Tasche direkt vor sich auf dem Schoß tragen. Abends sollten weder Männer noch Frauen allein dunkle, abgelegene Straßen oder Strände entlanglaufen.

Ana Travel (Karte S. 307; ☎034-933929; Serendipity Beach Rd; ⌚8.30–20.30 Uhr) Organisiert Busse nach Ha Tien in Vietnam, die unterwegs in Kampot und Kep halten. Bietet auch geführte Touren und wickelt Visaformalitäten ab.

ANZ Royal Bank (Karte S. 305; 215 Ekareach St; ⌚Mo–Fr 8–16, Sa bis 11.30 Uhr, Geldautomat 24 Std.)

Canadia Bank (Karte S. 305; 197 Ekareach St; ⌚Mo–Fr 8–15.30, Sa bis 11.30 Uhr, Geldautomat 24 Std.)

CT Polyclinic (Karte S. 305; ☎034-936666, 081 886666; 47 Boray Kamakor St; ⌚Notambulanz 24 Std.) In der besten Klinik der Stadt werden Tollwutimpfungen vorgenommen, zudem verfügt das Krankenhaus über Antivenine für die Behandlung von Schlangenbissen.

An- & Weiterreise

BUS

Alle großen Busunternehmen bieten vom frühen Morgen bis etwa 14 Uhr regelmäßige Verbindungen nach Phnom Penh (5–11 US$, 4–5 Std.) an, verkehren danach aber nur noch sporadisch.

Virak Buntham bietet morgens Busse nach Bangkok (28 US$, mit Umstieg auf der thailändischen Seite) via Koh Kong (8 US$, 4 Std.). GST und Virak Buntham schicken auch Nachtbusse nach Siem Reap (13–17 US$).

Die Haltestellen aller Anbieter befinden sich an der Ekareach Street. Fast alle Busse starten hier und legen auf dem Weg aus der Stadt einen Stopp am **Busbahnhof** (Karte S. 305; St 109) ein. Die wichtigsten Busunternehmen:

Capitol Tour (Karte S. 305; ☎034-934042; 169 Ekareach St)

Champa Mekong Tourist Bus (Karte S. 307; ☎069 698282; Mithona St) Fährt jeweils um 8, 11, 13.30 und 15.30 Uhr nach Ha Tien, Vietnam (13 US$, 3½ Std.) via Kampot (5 US$) und Kep (7 US$).

Giant Ibis (Karte S. 307; ☎023 999333; www.giantibis.com; Thnou St) Luxusbusse nach Phnom Penh, Siem Reap, Ho-Chi-Minh-Stadt und Bangkok.

Mekong Express (Karte S. 305; ☎010 833329; Omui St)

Phnom Penh Sorya (Karte S. 305; ☎034-933888; 236 Ekareach St)

Virak Buntham (Karte S. 305; ☎016 754358; Ekareach St)

FLUGZEUG

Inzwischen gibt's täglich mehrere Flugverbindungen zwischen Sihanoukville und Siem Reap, sodass man spontan in die Tempelstadt fliegen kann. Der Flughafen liegt 15 km östlich der Stadt, gleich neben dem NH4. Eine einfache Fahrt mit dem *moto/remork* hierher kostet 5/10 US$.

Cambodia Angkor Air (☎in Phnom Penh 023 666 6786; www.cambodiaangkorair.com) Bietet täglich einen Direktflug vom Flughafen Sihanoukville nach Siem Reap.

SAMMELTAXI

Vom Busbahnhof verkehren beengte Sammeltaxis (6 US$ pro Pers., 45 US$ pro Auto) bis etwa 20 Uhr nach Phnom Penh. Sammeltaxis nach Kampot (5 US$, 1½ Std.) fahren ausschließlich morgens von einem offenen Platz auf der 7 Makara Street gegenüber vom Psar Leu ab. Dort und am neuen Busbahnhof werden oft Fahrten nach Koh Kong oder zur thailändischen Grenze angeboten (45–60 US$).

Serendipity

Unterwegs vor Ort

ast alle Busse nach Sihanoukville halten am usbahnhof und fahren meist nicht zu ihren entralen Depots weiter. Für die Strecke vom usbahnhof in die Gegend um den Serendipity each ist ein saftiger Fixpreis von 2/6 US$ per *oto/remork* fällig. Am besten geht man raus ır Straße und fährt von dort weiter.

Ein *moto/remork* vom Zentrum nach Serendipity ollte etwa 1 bis 2 US$ kosten, die Fahrer versuhen oft, Reisenden mehr abzuknöpfen.

Viele Pensionen verleihen Motorräder für 5 bis US$ am Tag. Bei Ausländern wittern Polizisten ne weitere Einkommensquelle und nehmen es anchmal besonders genau. Übliche Verstöße: ein Führerschein, kein Helm sowie Fahren mit cht bei Tag.

Mieträder bekommt man in den meisten ensionen für etwa 2 US$ am Tag, Mountainbikes ann man bei Eco-Trek Tours leihen.

Serendipity

Aktivitäten, Kurse & Touren

1 Dive Shop B2
2 Party Boat B3
3 Scuba Nation B2

Schlafen

4 Big Easy B1
5 Chochi Garden B2
6 Monkey Republic B1
7 Onederz Hostel C1
8 Ropanha Boutique Hotel D3

Essen

9 Manoha B2
10 Sandan B1

Ausgehen & Nachtleben

11 JJ's Playground C3
12 La Rhumerie B2
13 Maybe Later B2

Die südlichen Inseln

ie südlichen Inseln Kambodschas sind das opische Paradies, von dem viele Traveller äumen – noch unberührt vom Massentousmus, der in Südthailand dominiert. Viele er Inseln wurden von ausländischen Invesren mit guten Beziehungen als potenzielle andorte für Megaresorts ins Auge gefasst, er die „Großen" haben nicht schnell genug gehandelt, was den Weg für provisorische rustikale Bungalowhotels ebnete.

Koh Rong zum Beispiel hat sich in den letzten Jahren durch die unkontrollierte Bebauung im Viertel Koh Tuch komplett verändert. Aber größtenteils sind die kambodschanischen Inseln immer noch das perfekte Paradies: endlose Strände mit pudrigem Sand, Hängematten, die in der Brise schaukeln, malerische Fischerdörfer auf Stelzen und farbenprächtige Sonnenuntergänge. Das ist zu gut, um von Dauer zu sein, also sollte man die Inseln genießen, solange es noch geht.

An- & Weiterreise

Der beste Ausgangspunkt für die beliebtesten Inseln ist natürlich Sihanoukville. Bootsdienste mit festen Fahrplänen verbinden Sihanoukville mit Koh Rong und Koh Rong Sanloem. Die anderen Inseln können mit Privatbooten erreicht werden, die normalerweise dem Urlaubsresort gehören, in dem man wohnt.

Koh Rong & Koh Rong Sanloem
កោះរ៉ុង កោះរ៉ុងសន្លឹម

Diese benachbarten Inseln verfügen über abgelegene Strände mit weißem Sand und ein dicht bewaldetes Binnenland mit einer unglaublichen Vielfalt an Wildtieren.

Der meiste Trubel konzentriert sich am **Koh Tuch Beach**, der am Südostende von Koh Rong liegt und rapide bebaut wird. Die hiesige Vollmondparty (einmal im Monat) ist legendär. Wer andere Touristen kennenlernen, die Nacht durchfeiern und den Tag darauf am Strand den verpassten Schlaf aufholen möchte, ist auf Koh Rong genau an der richtigen Adresse. Wer es gern etwas entspannter hätte, sollte sich für ein Bungalow-Resort ein ganzes Stück entfernt vom Dorf Koh Tuch entscheiden (am hübschen **Long Beach** oder dem noch fantasieloser benannten **4 km Beach**) oder sich nach Koh Rong Sanloem aufmachen.

Ein Wort zur Sicherheit: Auf Koh Rong ereignen sich zuweilen Diebstähle, und hin und wieder sind Touristinnen in entlegenen Teilen der Insel angegriffen worden – lieber nicht allein im Inselinneren spazieren gehen.

Auch Koh Rong Sanloem wird zunehmend erschlossen. An der **Saracen Bay** an der Ostküste wurden mehrere Bungalowkolonien errichtet, aber auf der Insel gibt's auch noch einige isolierte Unterkünfte. Sollte einem ein alternatives Inselerlebnis vorschweben, sei einem das Dorf **M'Pai Bay** an der Nordspitze der Insel empfohlen. Das authentische Lokalkolorit wird den neugierigen Entdeckertypen sicher zusagen.

In den meisten Resorts der Inseln laufen die Generatoren von etwa 18 bis 22.30 Uhr.

Aktivitäten

★ **Adventure Adam** BOOTSTOUREN
(☎ 010 354002; www.facebook.com/AdventureAdamTours; Koh Rong) Wer genug vom faulen Sonnenbaden und Partymachen hat und Koh Rong wirklich kennenlernen will, sollte eine Bootstour bei Adventure Adam buchen. Seine Tages- und Übernachtungstrips auf Koh Rong beinhalten Besuche in Fischerdörfern sowie Aufenthalte an entlegenen Stränden und im tiefen Dschungel. Die Touren punkten mit kulturellen Begegnungen und abenteuerlichen Erlebnissen.

High Point Rope Adventure ABENTEUERSPORT
(☎ 016 839993; www.high-point.asia; im Dorf Koh Tuch; 35 US$ pro Pers.; ⌚ 9–18 Uhr) Mehrere Seilrutschen, Hängebrücken und Stahlseile entführen Kick-Suchende in der Nähe von Koh Tuch auf eine aufregende, 400 m lange Reise durchs Blätterdach. Der Eintritt gilt den ganzen Tag. Von April bis Oktober zahlt man 5 US$ weniger für das Ticket.

Koh Rong Dive Centre TAUCHEN
(☎ 096 560 7362; www.kohrongdivecenter.com; Koh Rong Pier; ⌚ 9–18 Uhr) Das wichtigste Tauchzentrum auf Koh Rong organisiert Tauchausflüge rund um Koh Rong und Koh Rong Sanloem. Es bietet auch Touren zu anderen Inseln, Schnorcheltrips und Tauchkurse.

Praktische Informationen

Man sollte genug Bargeld mitbringen, denn es gibt keine Banken und Geldautomaten auf Koh Rong und den südlichen Inseln. Wem das Geld ausgeht: Einige Pensionen bieten einen Geldverleihservice gegen eine Gebühr von 10 % des Leihbetrags.

WLAN ist auf Koh Rong Samloem immer noch selten (und, wenn vorhanden, lückenhaft).

Das **Emergency Services Centre** (☎ Whatsapp 1-912-663-1640; Koh Tuch Beach; ⌚ 9.30–16 Uhr, Notfallambulanz 24 Std.) ist die beste medizinische Einrichtung auf Koh Rong.

An- & Weiterreise

Mehrere Unternehmen – darunter **Island Speed Ferry Cambodia** (TBC Speed Boat; ☎ 069 811711; www.islandspeedboatcambodia.com), **Speed Ferry Cambodia** (www.speedferrycambodia.com), **Buva Sea** (☎ 015 888970; www.buvasea.com) und **GTVC Speedboat** (www.gtvcspeedboat.com) – betreiben Fähren und Katamarane, die Passagiere von der Saracen Bay und der M'Pai Bay auf Koh Rong Sanloem nach Koh Rong und Sihanoukville bringen. Die Fahrpläne variieren, es kommt oft zu unvorhersehbaren Verspätungen und Ausfällen. Man muss die Details der Fahrt also direkt mit dem Fährunternehmen abklären.

Ein Ticket zwischen Koh Rong und Sihanoukville (Hin- & Rückfahrt) kostet rund 20 US$. Eine ahrt nach Koh Rong Sanloem ist für 5 US$ zu aben.

Bootstickets können in den meisten Gästehäu-ern und Reisebüros bzw. online unter www. ookmebus.com gebucht werden. Die Überfahrt u entlegenen Resorts und Stränden auf Koh ong erfolgt entweder auf Charterbooten oder en Privatbooten der Resorts.

OH RONG

★ Nest HOSTEL $

B 10 US$; ❄ 📶) Das neue Hostel für gehobe-ie Ansprüche liegt am Südende des Long et Beach auf Koh Tuch und ist nur wenige chritte vom Trubel entfernt. Die gut gestal-eten Mehrbettzimmer haben Privatbetten, ie durch Wände und Vorhänge voneinan-er getrennt sind. Das Restaurant hat eine errliche Freiluftterrasse und serviert köstli-hes Khmer-Hühnchen in Backteig, vegeta-ische Wraps und Süßkartoffelpommes.

uns of Beaches PENSION $

☎ 010 550355; Vietnamesischer Strand; B 5 US$, . 10–20 US$) Das relativ neue Hostel wird on Einwanderern geführt und liegt an ei-em wunderschönen Privatstrand gleich ördlich des Long Set Beach. Es eignet sich ut für Budgetreisende, die sich mal richtig ntspannen wollen. Die riesigen luftigen chlafsäle werden von Ventilatoren gekühlt nd sind einfach großartig. Die Bar ist gut usgestattet – man muss also nicht an Durst eiden. Überall gibt's Hängematten, und der trand ist herrlich. Ein Paradies für Back-acker.

onkey Island BUNGALOWS $$

☎ 081 830992; www.monkeyisland-kohrong.com; oh Tuch Beach; B ab 5 US$, Bungalows 25–40 US$;) Monkey Island gehört zum beliebten ostel **Monkey Republic** (Karte S. 307; 012 490290; www.monkeyrepublic.info; Serendi-ity Beach Rd; B 6 US$, Zi. mit Ventilator 15–22 US$, . mit Klimaanlage 18–30 US$; ❄ @ 📶) in ihanoukville. Hier dreht sich alles rund um ie strohgedeckte Bar aus Bambus, in der es tets von Backpackern wimmelt. Die einfa-hen Bungalows sind mit Veranden und ängematten ausgestattet. In einigen Hüt-en können bis zu fünf Personen schlafen; ie billigsten haben Gemeinschaftsbäder.

oh Lanta INTERNATIONAL $

Koh Tuch; Hauptgerichte 3–6 US$; ⏲ 24 Std.) Das estaurant ist nach der französischen Versi-n der Reality-Fernsehserie *Survivor* be-annt, die auf Koh Rong gedreht wird. Es erviert die besten Pizzas der Insel.

Dragon Den Pub PUB

(Koh Tuch; ⏲ 9 Uhr–open end) Das Pub hat eine gesellige Atmosphäre, die von Inhaber Jay gehegt und gepflegt wird. Es serviert exzellentes Craft-Bier aus der Mikrobrauerei Five Men in Sihanoukville – das Preis-Leistungs-Verhältnis ist mit 1,50 bis 2,50 US$ pro Glas sehr gut. Im Obergeschoss werden mehrere Zimmer (ab 10 US$) vermietet – für den Fall, dass man zu betrunken ist, um noch irgendwohin zu taumeln.

KOH RONG SANLOEM

Dragonfly Guesthouse HOSTEL $

(☎ 069 493914; B 7 US$, Zi. 15 US$, Bungalows 25 US$) Das relaxte Hostel an der M'Pai Bay hat eine entspannte Atmosphäre, einen idyllischen Check-in-Bereich und Rattansessel, die aufs Meer blicken. Die Unterkünfte sind luftig und sauber, und in der beliebten Restaurantbar gibt's guten Wein und Käseplatten. Regelmäßig finden Livekonzerte und Filmnächte statt.

★ Huba-Huba HOSTEL $$

(☎ 088 554 5619; www.huba-huba-cambodia.com; Sunset Beach; B 7–8 US$, Bungalows 30–60 US$) Die strohgedeckten Bungalows liegen idyllisch am geschützten Sunset Beach direkt am Rand des Dschungels und wirken wie ein wahr gewordener Inseltraum. Die Aufenthaltsbereiche haben glänzende Hartholzböden, und in der Hochsaison gibt's ein Strandrestaurant mit einer Bar, die aus dem Bug eines Bootes gezimmert wurde. Serviert werden kaltes Bier, Wein, Cocktails und Grillgerichte. Alle schnorcheln am nahegelegenen Riff.

★ Mad Monkey Island Resort HOSTEL $$

(☎ 016 762654; www.madmonkeyhostels.com; B 9–10 US$, Bungalows 40 US$; 📶) Der letzte Neuzugang der Mad-Monkey-Hostelkette gewinnt die Herzen mit seiner privaten Bucht und dem Strand im Norden der Saracen Bay. Die unterschiedlich großen Mehrbettzimmer und Privatbungalows liegen direkt am Meer. Sie sind einfach eingerichtet und mit Ventilatoren ausgestattet. Das Flair ist relaxt und gesellig. Es gibt eine große Freiluftbar und ein Restaurant mit Meerblick, in dem die Gäste den ganzen Tag lang in Hängematten abhängen.

Fishing Hook INTERNATIONAL $

(M'Pai Bay; Hauptgerichte 1,25 US$; ⏲ 8–21 Uhr) Die so ziemlich feinste Küche auf Koh Rong Sanloem bekommt man an diesem Imbissstand am M'Pai-Bay-Pier. Auf der Karte stehen Currys nach Khmer-Art, Zwiebelringe mit Chili und internationale Gerichte. Auf dem Hügel beim Dragonfly Guesthouse (S. 309) gibt's noch einen besseren und größeren Fishing-Hook-Stand.

Tree Bar BAR
(Saracen Bay; ⏲10 Uhr–open end; 📶) Die Tikibar unter lokaler Leitung ist sehr beliebt bei Travellern, die hier bis spät in die Nacht abhängen, Trinkspiele zocken und abchecken, wer mit ihnen nackt baden gehen würde. In der Bar hängt ein Schild, das kostenlose Khmer-Sprachkurse offeriert.

Weitere Inseln

Die näher an Sihanoukville gelegenen Inseln **Koh Ta Kiev** und **Koh Russei** werden bei den meisten Insel-Hopping-Touren von der Stadt aus besucht – die Tagestrips kosten 12 bis 15 US$, je nachdem, ob man am Otres Beach oder am Serendipity Beach startet. Beide Inseln bieten Unterkünfte und werden immer stärker erschlossen.

Kampot កំពត

☎033 / 39 500 EW.

Das charmante kleine Kampot lädt zum Verweilen ein und wartet mit einer hübschen Flusskulisse, alten französischen Gebäuden, tollen kleinen Pensionen sowie einer lebendigen Barszene auf. Dank dieser wunderbaren Mischung eignet es sich wunderbar als Ausgangsbasis für Ausflüge in nahegelegene Höhlen und zum wunderschönen Kompong Bay River.

Sehenswertes & Aktivitäten

Die Stadt überzeugt nicht mit großen Attraktionen, sondern mit Atmosphäre. Ihr Flussufer ist traumhaft schön, besonders wenn die Sonne hinter den Bergen untergeht, zudem lohnt ein Spaziergang entlang der hübschen **französischen Geschäftshäuser** in dem Dreieck aus 7 Makara Street, zentralem Kreisverkehr und dem Postamt.

★ **La Plantation** BAUERNHOF
(☎017 842505; www.kampotpepper.com; Führungen 18–20 US$; ⏲9–18 Uhr) GRATIS Die weitläufige zauberhafte Biopfeffer-Farm bietet Führungen in französischer, englischer und Khmer-Sprache, bei denen erläutert wird, wie verschiedene Pfeffersorten angebaut, geerntet und verarbeitet werden. Auf dem Hof werden auch Obst, Chilischoten, Kräuter und Erdnüsse angebaut, und es gibt ein Restaurant und ein Geschäft, in dem man Pfeffer zu teuren Preisen kaufen kann (mit den Einnahmen werden Englischkurse in lokalen Schulen finanziert).

Kampot Traditional Music School KULTURZENTRU[M]
(☎010 223325; www.kcdi-cambodia.org; St 724; ⏲Mo & Di 14–17, Fr 17–19 Uhr) GRATIS Verwaiste und behinderte Kinder lernen hier traditionelle Musik und Tanz. Während der Besuchszeiten darf man sich Unterrichtsstunden und/oder Vorführungen ansehen. Spenden erbeten!

Khmer Roots Cafe KOCHE[N]
(☎088 356 8016; www.khmerrootscafe.com; abseits des NH33; 20 US$; ⏲10–16 Uhr) Das Khmer Roots Café liegt eine Stunde östlich von Kampot inmitten von schattigen Bäumen und Bio-Gemüsegärten. Hier lernt man nicht nur zu kochen, sondern erhält auch einen tiefen Einblick in das ländliche Leben Kambodschas. Der Inhaber, Soklim, bietet Kurse, bei denen man Zutaten sammelt, zwei Gerichte zubereitet, zusammen zu Mittag isst und anschließend mit dem Rad die friedliche Umgebung erkundet.

Climbodia KLETTER[N]
(☎070 255210; www.climbodia.com; St 710; halber Tag 35–40 US$, ganzer Tag 80 US$; ⏲Di–So 15–20, Mo ab 17 Uhr) Kambodschas erster Anbieter für Kletterabenteuer (halbe oder ganze Tage) im Freien. Das Klettern, Abseilen und die Höhlenwanderungen finden in den Kalksteinformationen von Phnom Kbal Romeas statt, 5 km südlich von Kampot. An manchen Felsen wurden auch Klettersteige eingerichtet. Die verschiedenen Programme sind für Anfänger und für Fortgeschrittene geeignet.

Geführte Touren

Love the River BOOTSTOURE[N]
(☎016 627410; 15–19 US$ pro Pers.) Bietet Charter-Langboote und Bootsrundfahrten vom Green House den Fluss entlang mit Zwischenstopps an Stränden, zum Schwimmen und an einer *durian*-Plantage. Kapitän Bjorn punktet mit viel Wissen über die Region und seiner guten Vorrausicht (er bringt kaltes Bier und frische Früchte mit, damit man den Sonnenuntergang noch besser genießen kann).

SUP Asia WASSERSPOR[T]
(☎093 980550; www.supasia.org; Alter Markt; 2½-std. Tour 25 US$, halbtägige Tour 55 US$; ⏲tg[l.]

ept. geschl.) Dank dieses Unternehmens ann man den Fluss jetzt auch auf andere Veise entdecken als an Bord eines Boots.)ie täglich stattfindenden Stehpaddeltouen beginnen um 8.30, 14.30 und 15.30 Uhr ınd führen zu lokalen Sehenswürdigkeiten ntlang des Ufers; vorweg gibt's noch eine inführung in die Technik. Ein zweitägiger usflug (18 km) führt über den Kampong ay River zum Meer.

art the Boatman BOOTSFTOUREN

092 174280; 2 Pers. 40 US$) Ein als „Bart the oatman" bekannter belgischer Einwandeer macht originelle, private Bootsausflüge ntlang der kleinen Nebenflüsse des Kamong Bay River möglich. Reisende schwärnen von der *backwater tour.*

aptain Chim's BOOTSTOUREN

012 321043; St 724, Captain Chim's Guesthouse; ootsfahrt bei Sonnenuntergang 5 US$ pro Pers.) eliebte Fahrten bei Sonnenuntergang und um Glühwürmchen-Beobachten an Bord ines traditionellen Boots. Ein kaltes Bier ist nklusive. Außerdem im Angebot: Angelausüge für 11 US$ inklusive Mittagessen und eihfahrräder (2 US$ pro Tag).

ok Lim Tours GEFÜHRTE TOUREN

012 796919, 010 796919; www.soklimtours.com; t 730; 8–19 Uhr) Kampots ältester Veranalter hat einen sehr guten Ruf und organiiert alle typischen Tagestouren und Flussahrten. Fachkundige Englisch sprechende *emork-moto*-Fahrer begleiten Touristen uf privaten Touren durch die Umgebung nd vermitteln ihr Wissen um den Anbau nd die Geschichte des Kampot-Pfeffers. Venn das Büro nicht besetzt sein sollte, vird man die Zuständigen im Restaurant **ack's Place** (St 730; Hauptgerichte 2,50–6 US$; 6.30–22.30 Uhr;) nebenan finden können.

Schlafen

lan kann in der Altstadt oder etwas außeralb der Stadt am Flussufer übernachten.

aga House HOSTEL $

012 289916; nagahousekampot@gmail.com; Tek nhouu Rd; B 4 US$, Bungalows 9–14 US$;) Das lassische Backpackerhostel bietet einfache rohgedeckte Bungalows (teilweise auf Stelen, alle mit Gemeinschaftsbädern) mitten einer grünen Gartenanlage sowie Viernd Acht-Bettzimmer im Haupthaus am luss. Es gibt ein hübsches und sehr geselliges Bar-Restaurant, das bis spät in die Nacht voller Leute ist, vor allem samstags, wenn DJs auflegen.

KAMPOT-PFEFFER

In den Jahren vor dem kambodschanischen Bürgerkrieg stand auf dem Tisch eines jeden Pariser Restaurants, das etwas auf sich hielt, eine Mühle mit Kampotpfeffer. Mittlerweile wächst die Zahl der Plantagen in der Region Kampot wieder, auf denen weißer, schwarzer, grüner und roter Pfeffer geerntet wird.

Arcadia Backpackers & Water Park HOSTEL $

(097 519 7902; www.arcadiabackpackers.com; Tek Chhouu Rd; B 7–10 US$, Zi. 20 US$;) Das Arcadia hat die großartigste Backpackerszene Kampots. Es liegt direkt am Fluss und bietet eine breite Auswahl von Unterkünften: Von großen, gemischten Mehrbettzimmern an der Bar bis hin zu privaten Doppelzimmern am Wasser. Alle Betten sind mit Moskitonetzen ausgestattet. Im Preis ist auch der Eintritt zum Wasserpark inbegriffen, der eine russische Schaukel, eine 50 m lange Wasserrutsche, eine Tauchplattform und eine Seilrutsche umfasst.

Banyan Tree Guesthouse HOSTEL $

(078 665094; www.banyantreekampot.com; Tek Chhouu Rd; B 3 US$, Zi. 6–12 US$;) Bootssport am Tag, Trinkgelage in der Nacht und dazwischen jede Menge Entspannung auf der ruhigen Terrasse am Fluss. Banyan Tree bietet einen Schlafsaal mit 20 Betten, einfache Zimmer über der Bar und hübsche Rattanbungalows auf der Rückseite. Freitags ist Party angesagt: Dann gibt's Livekonzerte mit der lokalen Band Kampot Playboys oder Gastmusikern aus Phnom Penh. Nichts für Leute mit leichtem Schlaf.

Monkey Republic Kampot HOSTEL $

(012 848390; monkeyrepublickampot@gmail.com; St 730; B mit Klimaanlage 5–7 US$, Zi. mit Ventilator 8–12 US$;) Das Backpackermekka mit 100 Betten befindet sich in einer renovierten Villa und bietet die schönsten Schlafsäle Kampots. Zur Auswahl stehen große Mehrbettzimmer im Hauptgebäude und brandneue Sechsbettzimmer im Nebenhaus mit Schließfächern, Vorhängen für mehr Privatsphäre und Aufladestationen. Im oberen Stock gibt's eine Lounge mit Hängematten; die betriebsame Bar im Erdgeschoss ist mit französischen Fliesen und großen Separees ausgestattet.

Kampot

Kampot

Sehenswertes
- 1 Kampot Traditional Music School B2
- 2 Alter Markt A2

Aktivitäten, Kurse & Touren
- 3 Captain Chim's C2
- 4 Climbodia A2
- 5 Sok Lim Tours B3
- SUP Asia ..... (siehe 2)

Schlafen
- 6 Monkey Republic Kampot C2

Essen
- 7 Café Espresso D3
- 8 Ciao A1
- 9 Epic Arts Café B2
- 10 Jack's Place C3
- 11 KAMA Café B2
- 12 Rusty Keyhole A2
- 13 Thai Fire C2

Ausgehen & Nachtleben
- 14 Moi Tiet B2

Unterhaltung
- KAMA ..... (siehe 11)

★ **Green House** BUNGALOWS $$

(☎ 088 886 3071; www.greenhousekampot.com; Tek Chhouu Rd; Bungalows 25–35 US$;) Die hübsche Anlage am Wasser ist sehr ruhig und bietet wunderschöne Bungalows mit Palmblattdächern sowie bunte Holzhütten (mit Balkonen) direkt am Flussufer. Im historischen Hauptgebäude aus Teakholz, das heute das Restaurant beherbergt, befand sich einst die legendäre Bar Snowy's (alias Maxine's), die ursprünglich in Phnom Penh eröffnet wurde, aber 2011 mit Sack und Pack hierherzog. Kinder unter 12 Jahren sind nicht erlaubt.

Essen & Ausgehen

★ **Ciao** ITALIENISCH

(St 722; Hauptgerichte 2,75–4 US$; ab 18 Uhr) Ei baufälliges Lokal an der Streetfood-Straß Kampots, ist das beliebteste Restaurant fü westliche Küche in der Stadt. Es wird von e nem Italiener geführt, der in einer umgeba ten Abfalltonne köstliche Pizzas zubereitet. E dauert eine Weile, bis sie fertig sind, aber si sind die Wartezeit wert.

★ **Thai Fire** THAI

(☎ 081 364559; www.facebook.com/ThaiFireKampc Guesthouse Rd; Hauptgerichte 4,50–5 US$; Mo

Sa 12–22.30 Uhr) Gäste können sich hier guten Gewissens in die fähigen Hände von Nalee, einem kulinarischen Genie aus Laos, begeben. Sie hat sich das Kochen in Thailand selbst beigebracht und betreibt das Restaurant gemeinsam mit ihrem Mann Rhett, der sich um alle anderen Sachen kümmert. Man sollte unbedingt den gebratenen ganzen Fisch probieren: Er ist riesig, im Thai-Stil zubereitet, hat eine knusprige Haut und ist mit Chili und Cashewkernen gewürzt – einfach reinhauen!

Epic Arts Café CAFÉ $

(www.epicarts.org.uk; St 724; Hauptgerichte 2–4 US$; ⏲7–16 Uhr; 📶) 🍃 Dieses einladende Café beschäftigt gehörlose sowie behinderte junge Menschen und serviert Frühstück, hausgemachten Kuchen, aromatisierten Tee und leichte Mahlzeiten. Mit den Einnahmen werden Kunstworkshops für behinderte Kambodschaner unterstützt. Oben befindet sich ein Geschäft, das Kunst, Taschen, Schmuck, Plüschtiere und andere Waren verkauft.

Cafe Espresso CAFÉ $

(NH33; Hauptgerichte 4–6 US$; ⏲Di–Fr 8.30–16, Sa & So 9–16.30 Uhr; 📶✎) Das Café am Stadtrand ist einen Abstecher wert. Die Besitzer sind wahre Gourmets und haben eine internationale Karte zusammengestellt, die alles Mögliche von vegetarischen *quesadillas* bis hin zu brasilianischen Schweinefleischsandwiches abdeckt. Besonders verführerisch ist das Frühstücksangebot. Vor allem Kaffeeliebhaber geraten ins Schwärmen, denn die Bohnen stammen aus der Gegend und werden täglich frisch geröstet.

KAMA Cafe CAFÉ $

(St 726; Hauptgerichte 3,50–4 US$; ⏲8–19.30 Uhr; 📶) KAMA hat eine wunderschöne Lage in einem eleganten alten Stadthaus und beherbergt auch das gleichnamige Kunstzentrum. Das Café ist der perfekte Ort für ein schönes Frühstück oder Drinks zur Happy Hour. Das Essen – vor allem das Frühstück – ist köstlich: Es gibt leichte Snacks, Currys und aufregende Tagesgerichte, die von Soon zubereitet werden, die das KAMA gemeinsam mit ihrem Partner Julien (der auch Mitglied der Band Cambodian Space Project ist) betreibt. Die Öffnungszeiten variieren.

Rusty Keyhole INTERNATIONAL $$

(☎095 212485; River Rd; Rippchen 5–10 US$; ⏲Nov.–Mai 8–23.30 Uhr, Juni–Okt. 11–23 Uhr; 📶) In dem beliebten Bar-Restaurant am Ufer locken westliches „Wohlfühlessen" und kambodschanische Hausmannskost. Die meisten Gäste bestellen die legendären Rippchen; zur Sicherheit vorbestellen! Die XXL-Portionen verdienen übrigens ihren Namen. In den letzten Jahren haben drei weitere Filialen eröffnet, die von unterschiedlichen Inhabern betrieben werden.

Moi Tiet BAR

(Alter Markt) Die kleine Künstlerbar auf dem **Alten Markt** (Riverfront Rd) ist laut Schild auf „Alkohol und Tattoos" spezialisiert, serviert aber auch hausgebrautes Ingwerbier und leckere französische Gerichte. Sie ist vor allem wegen ihrer Lage in einem wunderschönen Garten, der interessanten Gäste und leckeren Cocktails beliebt.

ℹ Praktische Informationen

Die kostenlose und stellenweise sehr lustige Broschüre *Kampot Survival Guide* schildert augenzwinkernd das lokale Leben der Zugezogenen. Ebenfalls kostenlos ist der Guide *Coastal* (www.coastal-cambodia.com).

Canadia Bank (Durian-Kreisverkehr; ⏲Mo–Fr 8–15.30, Sa bis 11.30 Uhr, Geldautomat 24 Std.)

Sonja Kill Memorial Hospital (☎Notrufnummer 078 265782, Ambulanz 077 666752; www.skmh.org; NH3) Das beste Krankenhaus der Region hat hochmoderne Einrichtungen und gut ausgebildete einheimische und ausländische Ärzte. Es liegt 7 km westlich von Kampot.

Touristeninformation (☎097 899 5593; lonelyguide@gmail.com; River Rd; ⏲7–19 Uhr) Der kundige Herr Pov führt Kampots Touristeninformation. Hier bekommt man Gratis-Infos, kann Touren buchen oder den Transport zu Attraktionen in der Umgebung wie Höhlen oder Wasserfällen und nach Kampong Trach organisieren.

ℹ An- & Weiterreise

Kampot liegt 105 km von Sihanoukville und 148 km von Phnom Penh entfernt.

Capitol Tours (☎092 665001; NH33) und **Phnom Penh Sorya** (NH33) verkaufen ihre Bustickets in Büros gegenüber der Total-Tankstelle in der Nähe des Vier-Nagas-Kreisverkehrs. Beide Unternehmen bedienen die Strecke nach Phnom Penh täglich (5–6 US$, 2½ Std.; Abfahrt bis zur Mittagszeit). **Giant Ibis** (☎095 666809; www.giantibis.com; 7 Makara St) und **Kampot Express** (☎078 555123; NH33) bieten komfortable Express-Vans nach Phnom Penh (8–9 US$, 2 Std.).

Champa Mekong Tourist Bus (☎087 630036; St 724) schickt täglich fünf Minivans nach Sihanoukville und bietet zweimal täglich Verbindungen nach Ha Tien, Ho-Chi-Minh-Stadt, Phnom Penh und Bangkok.

Ein *moto/remork* nach Kep sollte rund 6/12 US$ kosten.

Unterwegs vor Ort

In den Pensionen vor Ort können Fahrräder (2 US$) und Motorräder (ab 5 US$) gemietet werden.

Rund um Kampot

Die Kalksteinhügel im Osten Richtung Kep sind von fantastischen Höhlen durchzogen; einige von ihnen können mithilfe einheimischer Kinder und einer verlässlichen Taschenlampe erkundet werden.

Phnom Chhnork HÖHLE

(ភ្នំឈ្ញាក; Eintritt 1 US$; ⌚7–18 Uhr) Am Wat Ang Sdok sammelt ein Mönch das Eintrittsgeld ein und nette Kids bieten ihre Dienste als Guides an. Von dem Tempel aus ist es dann nur noch ein kurzer Fußmarsch durch die Reisfelder bis zur Höhle Phnom Chhnork. 203 Stufen führen einen Hang hinauf und dann zur Höhle hinab, die elegant wie eine gotische Kathedrale anmutet. Der Blick von oben und der Spaziergang vom Wat zur Höhle und zurück lohnen sich am späten Nachmittag ganz besonders.

Phnom Sorsia HÖHLE

(ភ្នំសសៀរ, Phnom Sia; ⌚7–17 Uhr) GRATIS Phnom Sorsia trumpft mit mehreren natürlichen Höhlen auf. Vom Parkplatz führt eine Treppe zu einem auffälligen, modernen **Tempel** hinauf. Dort angekommen, folgt man den Stufen links zur **Rung Damrey Saa** (Weißer-Elefant-Höhle) hinauf. Rutschige, gewundene Stufen (ein falscher Schritt und man stürzt in den Abgrund!) führen erst abwärts, dann wieder hoch und durch eine Öffnung auf der anderen Seite hinaus ins Freie. Über den Pfad rechter Hand gelangt man zurück zum Tempel.

Kep កែប

☎036 / 35 000 EW.

Kep wurde 1908 als Badeort für die französische Elite gegründet und war in den 1960ern sehr beliebt bei kambodschanischen Großverdienern. Heute zieht es einmal mehr Touristen nach Kep (Krong Kep, auch Kaeb geschrieben), denn die Sonnenuntergänge sind spektakulär und die Meeresfrüchte ein Gedicht. Manche empfinden die Stadt als seelenlos, weil sie kein Zentrum hat, andere wiederum genießen ihr gemächliches Tempo.

Ein Großteil von Keps Stränden ist zu seicht und felsig zum Schwimmen. Am besten eignet sich noch der recht steinige zentrale Kep Beach, der sich am Wochenende meist mit Einheimischen füllt. Der Sonnenuntergang lässt sich am besten am langen Holzpier vor Knai Bang Chats Segelclub betrachten.

Sehenswertes & Aktivitäten

★ **Kep National Park** NATIONALPARK

(ឧទ្យានជាតិកែប; 4000 R) Im Inneren der Halbinsel Kep erstreckt sich dieser Nationalpark mit einem 8 km langen Rundweg, der sich durch dichten Wald an Wats und Aussichtspunkten vorüberwindet. Er kann mit dem Mountainbike oder zu Fuß bezwungen werden. Auffällige gelbe Schilder weisen einem den Weg und markieren auch die Ausgangspunkte von Nebenpfaden, die tiefer ins Herz des Parks hineinführen. Besonders sehenswert ist der „Stairway to Heaven": Er führt einen Hügel hoch zu einer Pagode, einem Nonnenkloster und dem Aussichtspunkt Sunset Rock. Der Haupteingang zum Park liegt hinter dem Veranda Natural Resort.

Koh Tonsay INSEL

(កោះទន្សាយ, Kanincheninsel) Wenn einem das rustikalere Strandleben liegt, ist der 250 m lange Hauptstrand von Koh Tonsay genau das Richtige (man sollte sich allerdings sputen, denn die Erschließung der Insel wird bald beginnen). Er ist einer der schönsten Inselstrände in der Umgebung von Kep, wer mit schneeweiß glitzerndem Sand rechnet, wird jedoch enttäuscht sein. Was geboten wird, sind allerlei Treibgut, Hühner und umherstreifende Rinder. Der Strand ist von Restaurant-Hütten und rudimentären Bungalows (ab 7 US$ pro Nacht) gesäumt. Um 9 und um 13 Uhr setzen Boote vom **Rabbit-Island-Pier** zur Kanincheninsel über (30 Min.).

Kep Beach STRAND

(ឆ្នេរកែប) Der ungefähr handtuchbreite Sandstreifen ist der einzige richtige Strand von Kep. In der Zeit vor dem Bürgerkrieg wurde von anderen Stränden weißer Sand extra hierher transportiert; eine Praxis, die 2013 wieder aufgenommen wurde, sodass der Strand jetzt in besserem Zustand ist als noch vor einigen Jahren. Er ist trotzdem etwas steinig, und an den Wochenenden immer rappelvoll. Am Ostende der schattigen Strandpromenade erhebt sich die Statue **Sela Cham P'dey**. Sie stellt eine nackte Fischersfrau dar, die auf die Rückkehr ihres Mannes wartet.

WEITERREISE NACH VIETNAM: VON KEP NACH HA TIEN

Der Grenzübergang Prek Chak/Xa Xia (geöffnet von 6 bis 17.30 Uhr) hat sich zu einer beliebten Option entwickelt, die Kampot und Kep mit Ha Tien und der vietnamesischen Insel Phu Quoc verbindet.

Anfahrt zur Grenze Die einfachste Art, nach Prek Chak und weiter nach Ha Tien in Vietnam zu gelangen, ist ein direkter Bus/Van ab Sihanoukville (16 US$, 5 Std.), Kampot (8 US$, 1½ Std.) oder Kep (5 US$, 1 Std.). Mehrere Unternehmen bedienen die Route Sihanoukville–Kampot–Kep–Ha Tien.

Die flexiblere Alternative ist eine Busfahrt ab Phnom Penh oder Kampot nach Kompong Trach, wo man per *moto* (ca. 3 US$) zur 15 km entfernten Grenze gelangt. In Kep organisieren Tourveranstalter und Pensionen Direktverbindungen per *remork* (13 US$, 1 Std.) oder Taxi (20 US$, 30 Min.). Ab Kampot verdoppeln sich Fahrzeit und Preise in etwa.

An der Grenze Auf der vietnamesischen Seite kommt man mit einem *moto* nach Ha Tien (7 km). Man spart Geld, wenn man ein Stück durchs Niemandsland läuft und auf der anderen Seite ein *moto* nimmt (3 US$).

Weiterreise Wer nach Phu Quoc weiterreisen möchte, sollte nicht nach 12.30 Uhr in Ha Tien eintreffen, um sich ein Ticket für die Fähre um 13 Uhr (230 000 D oder 11 US$; 1½ Std.) zu sichern. Steht man sehr früh auf, schafft man es eventuell, in Ha Tien die Fähre zu erwischen.

Infos zur Reise in die entgegengesetzte Richtung siehe S. 986.

Wat Kiri Sela BUDDHISTISCHER TEMPEL

(វត្តគិរីសិលា; 1 US$; ⏲7–18 Uhr) Am Fuß des Phnom Kampong Trach, einem von über 100 Höhlen und Gängen durchzogenen Karsthügel, steht dieser buddhistische Tempel. Vom Wat aus führt ein unterirdischer Gang zu einer an ein Goldfischglas erinnernden Formation, umringt von Klippen voller Lianen, die den Blick auf den Himmel freigeben. Verschiedene Höhlen voller Stalaktiten beherbergen liegende Buddhas und buddhistische Schreine im Miniaturformat. Die nächstgelegene Stadt ist Kampong Trach. Um zu diesem eindrucksvollen Wat zu gelangen nimmt man die unbefestigte Straße gegenüber der alten Acleda Bank (am NH33) und folgt ihr 2 km.

Schlafen

Botanica Guesthouse BUNGALOWS $

(☎097 899 8614; www.kep-botanica.com; NH33A; Zi. mit Ventilator 22 US$, mit Klimaanlage 29 US$; ❄📶🏊) Das etwas abseits vom Trubel (falls es so etwas in Kep gibt) gelegene Botanica bietet attraktive Bungalows mit modernen Bädern und einem außergewöhnlich guten Preis-Leistungs-Verhältnis. Es gibt einen schattigen Swimmingpool, und die Gäste können kostenlos Fahrräder ausleihen, um in die Stadt zu fahren. Die Renovierungen haben nur verbessert, was ohnehin schon gut war.

Bacoma BUNGALOW $

(☎088 411 2424; www.bacoma.weebly.com; NH33A; Zi. 15–30 US$; 📶) Die billigen heiteren Rondavels (runde Hütten mit konischen Strohdächern) stehen in einem Garten und verfügen über Moskitonetze, Ventilatoren und blitzsaubere Gemeinschaftsbäder. Es gibt auch geräumige Bungalows und traditionelle Khmer-Häuser mit Privatbädern. Der Besitzer ist ein superfreundlicher Typ.

Bird of Paradise BUNGALOWS $

(☎090 880413; www.birdofparadisebungalows.com; Bungalows inkl. Frühstück mit Ventilator/Klimaanlage ab 14/20 US$; ❄📶) Bird of Paradise erstreckt sich in einem ruhigen, friedlichen Garten in praktischer Lage gleich oberhalb der Hauptstraße und in fußläufiger Entfernung zum Krabbenmarkt. Die hübschen, herrlich rustikalen Holzbungalows haben Veranden mit Hängematten; die Betonhäuschen mit Klimaanlage sind dagegen etwas geräumiger.

Essen & Ausgehen

Zu einem Kep-Aufenthalt gehört eine Mahlzeit auf dem **Krabbenmarkt**, der aus einer Reihe von Holzhütten besteht und gleich neben dem Fischmarkt liegt. Gegrillte achtbeinige Schalentiere gibt's auch in den meisten Pensionen. Unter den zahlreichen Krabbenhütten hat **Kimly** (☎097 255 5596; Krabbenmarkt; Hauptgerichte 2,75–11,85 US$; ⏲9–23 Uhr) einen besonders guten Ruf: Es bietet Krabben in 27 Varianten. Die Hütten servieren auch Garnelen, Tintenfisch sowie Fisch- und Fleischgerichte.

Deli's Kep DELIKATESSENLADEN **$**
(☎088 470 7952; NH33A; Sandwiches 3,50–4 US$; ⏲7–19 Uhr) Das neue Geschäft für Gourmetlebensmittel begeistert mit seinen *coppa-*, *lomo-*, Saucisson- und anderen importierten Fleischsorten. Außerdem verkauft es hochwertigen Pfeffer (100 g für 5–8 US$), Kaffee und Craft-Spirituosen. Auf dem Weg zur Pfefferfarm kann man hier eine Pause einlegen, ein Sandwich essen oder im luftigen modernen Speisebereich eine entspannte Mahlzeit genießen.

★ **Sailing Club** COCKTAILBAR
(Hauptgerichte 7–12,50 US$; ⏲10–22 Uhr; 📶) Mit seinem kleinen Strand, einer Holzbar und einem Holzsteg direkt überm Meer ist der Sailing Club vor allem bei Sonnenuntergang eines der beliebtesten Lokale des Landes. Die asiatische Fusionsküche, inklusive Krabben, ist hervorragend. Es gibt jetzt auch eine Freiluft-Cocktaillounge und eine riesige Uferterrasse.

ℹ An- & Weiterreise

Kep liegt 25 km von Kampot und 41 km vom vietnamesischen Grenzübergang Prek Chak/Xa Xia. Phnom Penh Sorya und Hua Lian bieten Busverbindungen nach Kampot (2 US$, 45 Min.) und Phnom Penh (5 US$, 4 Std.) an. Ein Privattaxi nach Phnom Penh (3 Std.) kostet 40 bis 45 US$. Für ein *moto/remork* nach Kampot zahlt man rund 6/12 US$. Die Gästehäuser organisieren Minibusse/Busse nach Sihanoukville und Koh Kong. Motorräder kann man für durchschnittlich 5 bis 7 US$ pro Tag leihen; einfach in der Unterkunft anfragen.

ABSTECHER

MEKONG DISCOVERY TRAIL

Es ist sehr lohnenswert, einige Tage die Radstrecken und Attraktionen entlang des Mekong Discovery Trail (www.mekongdiscoverytrail.com) zu erkunden, einer Initiative, die bisher unerschlossene Abschnitte des Mekong rund um Stung Treng und Kratie für gemeindebasierten Tourismus zugänglich machen soll. Das einst von der Regierung in Zusammenarbeit mit ausländischen Entwicklungshilfeorganisationen geleitete Projekt wird jetzt von privaten Touranbietern wie **Cambodia Mekong Trail** (Xplore-Asia; ☎011 433836; www.cambodiamekongtrail.com) in Stung Treng und CRDTours (S. 318) in Kratie am Leben erhalten.

Bokor-Bergstation

កស្ថានីយភ្នំបូកគោ

Auf 1581 km² beherbergt der **Bokor-Nationalpark** (ឧទ្យានជាតិបូកគោ, Preah-Monivong-Nationalpark; Zufahrt Motorrad/Auto 2000/10 000 R) eine beeindruckende Tierwelt, und in den üppigen Primärwäldern herrscht ein erfrischend kühles Klima. Der Park ist aber vor allem für die einst verlassene **Bokor-Bergstation** bekannt, die in den 1920er-Jahren auf dem Phnom Bokor (1080 m) errichtet wurde, sowie für das zugehörige große leerstehende vierstöckige Hotel, das 1925 eröffnete Bokor Palace, und für die katholische Kirche. Die alte französische Bergstation wurde in den 1970er-Jahren verlassen, als die Roten Khmer in die Region vorrückten. Daraufhin verwandelten sich die einst prächtigen Gebäude in unheimliche fensterlose Ruinen.

Leider läuft diesen natürlichen Hauptattraktionen des Parks langsam das hässliche Casino auf dem Gipfel den Rang ab; und es ist sogar nur ein Teil eines massiven Bebauungsprojektes, das die Atmosphäre des Bokor zerstört hat.

Um den Park zu besuchen, kann man ein Motorrad mieten oder an einer organisierten Tour teilnehmen (10–15 US$ pro Pers.). Die Straße ist in sehr gutem Zustand, was die Fahrt hierher einfach und bequem macht.

OSTKAMBODSCHA

Wer auf Abenteuer in der Wildnis aus ist, trifft mit dem Nordosten eine gute Wahl. Hier gibt's Waldelefanten, Süßwasserdelfine und Gibbons, tosende Wasserfälle, Kraterseen und gewundene Flüsse. Aktivitäten wie Trekking, Radfahren, Kajakfahren und Ziplining sind zunehmend im Kommen. In den Hügeln und üppigen Wäldern leben viele ethnische Minderheiten. Fazit: In dieser Region erwarten einen unvergessliche Erlebnisse.

Kompong Cham កំពង់ចាម

☎042 / 125 000 EW.

Diese ruhige Stadt am Mekong war in der französischen Kolonialzeit ein wichtiger Handelsposten und dient heute als Ausgangsbasis für Ausflüge ins nordöstliche Kambodscha. Am Flussufer ist der meiste Trubel.

Sehenswertes & Aktivitäten

Koh Paen INSEL

(កោះប៉ែន) Koh Paen, eine ländliche Insel im Mekong, lädt zu einer unschlagbar entspannten Fahrradtour ein. In der Trockenzeit kann man über die faszinierende **Bambusbrücke** (Ausländer 1 US$) im Süden von Kompong Cham auf die Insel gelangen, in der Regenzeit nimmt man die Fähre (mit/ohne Fahrrad 1500/1000 R).

Wat Nokor Bachey BUDDHISTISCHER TEMPEL

(វត្តនគរបាជ័យ; Eintritt 2 US$) Die moderne Theravada-Pagode zwängt sich zwischen die Wände ihres aus Sandstein und Laterit bestehenden Mahayana-Vorgängers aus dem 12. Jh. Sie liegt etwa 2,5 km westlich vom Stadtzentrum am Ende einer hübschen Schotterstraße gleich abseits der Autobahn nach Phnom Penh.

Schlafen & Essen

★ **Moon River Guesthouse** PENSION $

(☎016 788973; moonrivermekong@gmail.com; Sihanouk St; Zi. mit Ventilator 7–15 US$, mit Klimaanlage 12–25 US$; ❄📶) Eines der besten Gästehäuser am Fluss. Das Moon River ist ein toller Allrounder mit schicken, geräumigen Zimmern, darunter auch ein paar mit drei Betten. Unten befindet sich eine beliebte Restaurant-Bar (Hauptgerichte 2–4 US$), in der man auch gut frühstücken kann. Abends ist hier immer viel los.

Mekong Bamboo Hut Guesthouse HOSTEL $

(☎015 905620; mekongbamboohut@gmail.com; Koh Paen; Hängematte 3 US$; 📶) Das französisch geführte Hostel am Fluss hat das Flair einer Hippie-Kommune und ist eine großartige Zuflucht vom Trubel auf dem Festland. Die Unterkünfte sind sehr einfach: Bambuspavillons mit Moskitonetzen und dazwischen ein paar Hängematten, aber die Atmosphäre ist herrlich entspannt. Vor Ort befindet sich auch ein kleines Restaurant.

★ **Smile Restaurant** KAMBODSCHANISCH $

(www.bsda-cambodia.org; Sihanouk St; Hauptgerichte 3–5 US$; ⏰6.30–22 Uhr; 📶) 🌿 Mit seinen großen Frühstücksportionen und der authentischen Khmer-Küche, darunter *char k'dau* (Pfannengericht mit Zitronengras, scharfem Basilikum und Erdnüssen) sowie Tintenfisch mit schwarzem Pfeffer, der nach mehr schmeckt, zieht das nette gemeinnützige Restaurant vor allem Mitarbeiter der hier ansässigen NGOs an. Westliche Gerichte sind ebenfalls im Angebot, außerdem verkauft die Buddhism and Society Development Association (BSDA), die das Lokal betreibt, hier *kramas* (karierte Schals) und einfachen Schmuck.

Lazy Mekong Daze INTERNATIONAL $

(Sihanouk St; Hauptgerichte 3–5,50 US$; ⏰7.30 Uhr–letzter Gast; 📶) Die lässige Atmosphäre dieses Lokals eignet sich perfekt für einen gemütlichen Abend. Es gibt einen Billardtisch und einen großen Fernseher, auf dem Sportübertragungen und Filme gezeigt werden. Auf den Tisch kommen Khmer-, Thai- und französische Gerichte, außerdem locken Chili con Carne, köstliches Eis und die beste Pizza der Stadt.

Praktische Informationen

Im Lazy Mekong Daze ist eine sehr gute Karte erhältlich, auf der die wichtigsten Sehenswürdigkeiten in und rund um Kompong Cham verzeichnet sind.

Canadia Bank (Preah Monivong Blvd; ⏰Mo–Fr 8–15.30, Sa 8–11.30 Uhr, Geldautomat 24 Std.) Geldautomat und gebührenfreie Barvorschüsse auf Kreditkarten.

Anreise & Unterwegs vor Ort

Phnom Penh liegt 120 km weiter südwestlich. Wer Richtung Norden nach Kratie oder auch weiter reisen will, sollte über die Asphaltstraße nach Chhlong fahren, statt den riesigen Umweg auf dem NH7 Richtung Osten nach Snuol zu nehmen.

Phnom Penh Sorya (Preah Monivong Blvd) ist das zuverlässigste Busunternehmen in Kompong Cham. Es bedient Phnom Penh (20 000 R, 3 Std.), Kratie (20 000 R, 2 Std.), Ban Lung (32 000 R, 7 Std.) und Siem Reap (24 000 R, 5 Std.).

Sammeltaxis (15 000 R, 2½ Std.) und überfüllte lokale Minibusse (10 000 R) fahren nach Phnom Penh. Abfahrt ist am **Taxidepot** nahe dem Neuen Markt (Psar Thmei).

Von der **Caltex-Tankstelle** am Hauptkreisverkehr fahren morgens Sammeltaxis und Minibusse nach Kratie ab. Die Fahrt beginngt erst, sobald sie voll besetzt sind (US$5, 1½ Std.). Daneben starten am Morgen auch Minibusse vom Taxipark.

Kratie ក្រចេះ

☎072 / 45 000 EW.

Der beliebteste Ort Kambodschas, um die seltenen südostasiatischen Irawadidelfine zu entdecken, ist Kratie („kra-tscheh" ausgesprochen). Die lebendige Flussstadt wartet mit eindrucksvoller französischer Kolonialarchitektur und einem der schönsten Sonnenuntergänge über dem Mekong des ganzen Landes auf.

Gleich bei Kratie liegt mitten im Fluss die Sandbank **Koh Trong**, auf der man ein Stück ländliches Inselleben genießen kann. Die kleine Fähre vom Hafen steuert sie an, oder man mietet ein Boot (rund 2 US$). Auf der Insel werden am Anlegesteg Fahrräder vermietet (1 US$), aber man kann sie auch mit *motos* (2,50 US$) erkunden, die von weiblichen *motodup* (*moto*-Fahrerinnen) gesteuert werden – eine Seltenheit im Land.

Aktivitäten

★ Sorya Kayaking Adventures KAJAKTOUREN
(☎090 241148; www.soryakayaking.com; Rue Preah Suramarit; je nach Teilnehmerzahl 24–52 US$; ⏲7–21 Uhr) Sorya veranstaltet mit seiner Flotte von sieben Tandemkajaks unvergessliche halbtägige Trips auf dem Mekong nördlich von Kratie oder auf dem Te River nach Süden (August bis Oktober). Die Touren auf dem Mekong führen zu abgeschiedenen Stränden auf Sandbänken und wunderschönen überfluteten Waldgebieten. Unterwegs kommt man ganz nahe an die Delfine heran – ganz ohne Motorenlärm.

CRDTours GEFÜHRTE TOUREN
(Cambodia Rural Discovery Tours; ☎099 834353; www.crdtours.org; St 3; ⏲8–12 & 14–17.30 Uhr; 📶) Das Unternehmen wird vom kambodschanischen Rural Development Team geführt und ist auf nachhaltige Touren entlang des Mekong Discovery Trail (Entdeckungspfad Mekong, siehe S. 316) spezialisiert. Auf der Mekong-Insel Koh Pdao, 20 km nördlich von Kampi, sind Privatunterkünfte bei einheimischen Familien, Freiwilligenarbeit und mehrere Exkursionen möglich. Preislich liegen sie typischerweise zwischen 38 und 60 US$ pro Tag, Verpflegung und Ausflüge sind inklusive.

Schlafen

Auf der Insel Koh Trong gegenüber der Stadt Kratie gibt's auch Privatunterkünfte bei Gastfamilien.

Kratie

Kratie

Aktivitäten, Kurse & Touren
- CRDTours .... (siehe 3)
- 1 Sorya Kayaking Adventures A1

Schlafen
- 2 Balcony Guesthouse A1
- 3 Le Tonlé Tourism Training Center A1
- 4 U-Hong II Guesthouse B3

Essen
- 5 Jasmine Boat Restaurant A3
- Pete's Pizza Pasta & Café .... (siehe 1)
- 6 Tokae Restaurant B3

★ Le Tonlé Tourism Training Center PENSION
(☎072-210505; www.letonle.org; St 3; Zi. ohne Ba[d] 10–20 US$; ❄📶) Die fantastische vo[n] CRDT betriebene Budgetpension befinde[t] sich in einem wunderschönen Holzhaus i[m] Stadtzentrum. Besonders viel Sorgfalt ist i[n]

NICHT VERSÄUMEN

DELFINE BEOBACHTEN IN KRATIE

Der Süßwasser-Irawadidelfin *(trey pisaut)* ist eine bedrohte Art in ganz Asien. Schwindende Populationen bevölkern Abschnitte des Mekong in Kambodscha und Laos und isolierte Gebiete in Bangladesch und Myanmar.

Die Waltiere haben eine dunkelblaue bis graue Färbung und werden bis zu 2,75 m lang. Man erkennt sie an ihrer vorgewölbten Stirn und den kleinen Rückenflossen. Sie leben sowohl in Süß- als auch Salzwasser, im Meer werden sie aber nur selten gesichtet. Mehr Infos über das seltene Tier gibt's unter www.worldwildlife.org/species/irrawaddy-dolphin.

Vor dem Bürgerkrieg, so sagen die Einheimischen, lebten mehr als 1000 Delfine in Kambodscha. Unter Pol Pot wurden die Tiere wegen ihrer Öle gejagt, und ihre Zahl schwindet weiter, obwohl drastische Schutzmaßnahmen eingeführt wurden, darunter ein Fischerei- und kommerzielles Motorbootverbot auf weiten Teilen des Mekong zwischen Kratie und Stung Treng. Das Delfinsterben schreitet in einem erschreckenden Tempo voran, und Experten schätzen, dass inzwischen weniger als 85 Irawadidelfine in dem Abschnitt zwischen Kratie und der laotischen Grenze leben.

Die sanften Tiere sind vor allem in Kampi, 15 km nördlich von Kratie an der Straße nach Sambor, zu sehen. Hin- und Rückfahrt per *moto/remork* kosten rund 7/10 US$, je nachdem, wie lange der Fahrer wartet. Motorboote bringen Besucher zur Mitte des Flusses, wo sie die Delfine aus der Nähe betrachten können. Ein bis zwei Personen zahlen je 9 US$, für Gruppen mit mindestens drei Teilnehmern werden 7 US$ pro Person fällig. In der Nähe der Delfine sollte man den Bootsführer darum bitten, den Motor so wenig wie nötig zu gebrauchen, da der Lärm die Tiere stört. Die besten Sichtzeiten sind morgens und spätnachmittags. Weitere Möglichkeiten, einen Blick auf die Delfine zu werfen, bieten sich nahe der laotischen Grenze in der Provinz Stung Treng.

das Design der Innenräume geflossen: Sie sind mit Seidenkissen, Bettläufern, hübschen Kunstwerken, Fotos und Holzböden ausgestattet. Auch die Aufenthaltsbereiche sind großartig. Die Zimmer sind leider etwas dunkel, haben aber Bäder, die einem Boutique-Hotel ensprungen sein könnten. Die Pension ist auch ein Ausbildungszentrum für gefährdete Einheimische.

U-Hong II Guesthouse PENSION $

(☎085 885168; 119 St 10; Zi. 4–13 US$; ❄@📶) Die kleine Pension liegt zwischen dem Markt und dem Ufer. In diesem Gebäude sind acht Zimmer, im nahen Anbau befinden sich elf weitere. Einige haben eine Klimaanlage. Das lebendige Bar-Restaurant hat die umfangreichste Cocktailkarte der Stadt.

Balcony Guesthouse PENSION $

(☎016 604036; www.balconyguesthouse.net; Rue Preah Suramarit; B 5 US$, Zi. 5–15 US$; ❄@📶) Die langjährige Backpacker-Bleibe hat geschmackvoll eingerichtete Privatzimmer, ein Vierbettzimmer, eine beliebte Bar mit Blick auf den Mekong und einen riesigen Balkon im dritten Stock, der einen herrlichen Blick auf den Fluss bietet. In der Bar steht ein riesiger Snooker-Tisch, der viel größer und klobiger ist als ein normaler Billardtisch.

Essen

★ **Tokae Restaurant** KAMBODSCHANISCH $

(☎097 297 2118; St 10; Hauptgerichte 2–4 US$; ⌚6–23 Uhr; 📶) Nach dem größten *tokae* (Gecko) Kambodschas an der Wand Ausschau halten – er ziert dieses hervorragende kleine Restaurant. Auf der Speisekarte findet man eine gute Mischung aus günstigen kambodschanischen Gerichten wie Currys und Fisch-*amok* sowie ähnlich preiswerten westlichen Frühstücksvarianten und Leibgerichten.

Pete's Pizza Pasta & Cafe INTERNATIONAL $

(☎090 241148; www.petescafekratie.com; Rue Preah Suramarit; 1–5 US$; ⌚tgl. 7–21 Uhr; 📶) Hier bekommt man die gewohnten Pizzas, Nudeln, Toastbrote und Salate. Das Café am Fluss wird von internationalen Inhabern betrieben und ist gleichzeitig Standort des Tourunternehmens Sorya Kayaking Adventures. Auf der Speisekarte stehen neben den typischen „Touristen-Gerichten" außerdem hausgemachte Backwaren wie Kürbisbrot, Muffins und Kekse. Abends erweiteret das Pete's sein Angebot und dient mit seinen Flachbildfernsehern auch als kleine Sportbar; bei großen Spielen hat sie bis spät in die Nacht geöffnet.

WEITERREISE NACH LAOS: VON STUNG TRENG NACH SI PHAN DON

Der abgelegene Grenzübergang Trapeang Kriel/Nong Nok Khiene (geöffnet von 6 bis 18 Uhr) liegt 60 km nördlich von Stung Treng.

Anfahrt zur Grenze Zwischen Phnom Penh und Pakse verkehren keine Direktbusse mehr. Man muss zuerst nach Stung Treng reisen, wo täglich mindestens zwei Minivans (12 & 14 Uhr) über die Grenze und weiter zu den 4000 Inseln und nach Pakxe fahren. Die einzige Alternative für die Anfahrt zur Grenze von Stung Treng ist mit dem Privattaxi (35–40 US$) oder einem *moto* (15 US$).

An der Grenze Bei der Ankunft werden laotische oder kambodschanische Visa ausgestellt. Bei der Einreise nach Laos werden je nach Nationalität 30 bis 42 US$ für ein Visum fällig, außerdem eine Gebühr von 2 US$. Die kambodschanische Einwanderungsbehörde verlangt oft bis zu 5 US$ zu viel für ein Visum und die dazugehörigen Formalitäten.

Weiterreise Außer dem Sorya-Bus verkehren auf beiden Seiten der Grenze kaum öffentliche Transportmittel. Wer an der Grenze abgesetzt wird, muss 150 000 R/50 000 K (12/4 US$) für ein Taxi/*săhmlór* in Richtung Ban Nakasang (mit Ziel Don Det) zahlen.

Jasmine Boat Restaurant INTERNATIONAL $$
(096 331 1998; Rue Preah Suramarit; Hauptgerichte 4–22 US$; 7–22 Uhr;) Jasmine, das einzige Restaurant am Flussufer von Kratie, hat eine hervorragende Lage mit Blick auf den betriebsamen Fährhafen. Das bootsförmige Restaurant bietet eine gemischte Speisekarte mit preiswerten Khmer-Spezialitäten und teuren internationalen Fleischsorten. Bei Sonnenuntergang ist es hier besonders schön, aber ein Besuch lohnt sich den ganzen Tag.

Praktische Informationen

Alle hier beschriebenen Gästehäuser kümmern sich gut um die Bedürfnisse ihrer Gäste. Das U-Hong II Guesthouse bietet öffentlichen Internetzugang.

Canadia Bank (Rue Preah Suramarit; Mo–Fr 8.30–15.30 Uhr, Geldautomat 24 Std.) Ein Geldautomat sowie eine Wechselstube.

An- & Weiterreise

Kratie liegt 348 km nordöstlich von Phnom Penh (250 km über Chhlong) und 141 km südlich von Stung Treng.

Phnom Penh Sorya bietet täglich drei Busse nach Phnom Penh (8 US$, 5–7 Std.). Wer mit einem der Sorya-Busse nach Siem Reap fährt, muss in Suong umsteigen.

In entgegengesetzter Richtung halten die Sorya-Busse von Phnom Penh nach Pakxe, Laos (20 US$, 8 Std.), gegen 11.30 Uhr in Kratie. Sorya schickt außerdem einen Bus nach Ban Lung (8 US$, 5 Std., 13 Uhr) und einen Bus nach Stung Treng (5 US$, 3 Std., 15 Uhr).

Express-Transporter, die Passagiere an der Unterkunft abholen, sind schneller in Phnom Penh (7 US$, 4 Std., ca. 6-mal tgl.) als die Busse. Ein Express-Van macht sich um 7.30 Uhr auf den Weg nach Siem Reap (13 US$, 6 Std.).

Nach Sen Monorom gelangt man mit einem lokalen Minibus; Abfahrt zwei- bis dreimal am frühen Morgen am Taxidepot (30 000 R, 4 Std.). Lokale Minibusse steuern zudem Ban Lung an (die meisten Fahrten zwischen 11 und 14 Uhr).

Die meisten Gästehäuser verleihen Fahrräder (ab 1 US$) und Motorräder (ab 5 US$). Ein englischsprachiger *motodup* kostet 10 bis 15 US$ pro Tag, für ein *remork* zahlt man rund 25 US$.

Stung Treng ស្ទឹងត្រែង

074 / 35 000 EW.

Stung Treng liegt am Tonlé San, nicht weit von der Stelle, wo der Fluss sich mit dem Mekong vereinigt. Die verschlafene Stadt ist nicht sehr ansprechend, dennoch herrscht hier reger Durchgangsverkehr auf der Route zwischen Laos und Kambodscha.

Schlafen & Essen

4 Rivers Hotel HOTEL $
(070 507822; www.fourrivershotel.com; 15–30 US$;) Das Hotel hat nichts mit dem schwimmenden 4 Rivers in Koh Kong zu tun, sondern liegt auf trockenem Land mit Blick auf den Tonlé San und den Mekong. Die Zimmer sind modern eingerichtet; es lohnt sich, den Aufpreis für die Zimmer mit Flussblick zu zahlen.

Riverside Guesthouse PENSION $
(012-257207; kimtysou@gmail.com; Zi. mit Ventilator/Klimaanlage 6/12 US$;) In dem alteingesessenen Treffpunkt für Traveller mit tollem Flussblick gibt's einfache Zimmer – für den

Preis kann man aber auch nicht mehr erwarten. Eine gute Adresse, um Infos einzuholen, und unten befindet sich ein Bar-Restaurant.

Praktische Informationen

Canadia Bank (Mo–Fr 8.30–15.30 Uhr, Geldautomat 24 Std.) Der Geldautomat akzeptiert internationale Karten.

An- & Weiterreise

Phnom Penh Sorya (092 181805) schickt um 6.30 Uhr einen Bus nach Phnom Penh (40 000 R, 9 Std.) via Kratie (20 000 R, 3 Std.). Der Sorya-Bus von Laos nach Phnom Penh hält gegen 11.30 Uhr in Stung Treng. Es gibt einen komfortablen Touristen-Van nach Ban Lung (6 US$, 2 Std., 8 Uhr).

Der neue Highway nach Westen von Thala Boravit über Chhep nach Preah Vihear ist sehr gut in Schuss. **Asia Van Transfer** (in Siem Reap 063-963853; www.asiavantransfer.com; Riverside Guesthouse) betreibt täglich um 14 Uhr einen Express-Minibus nach Siem Reap (23 US$, 5 Std.). Unterwegs gibt's einen Stopp in Preah-Vihear-Stadt (12 US$, 3 Std.).

Das Riverside Guesthouse vermietet Motorräder (ab 8 US$) und Fahrräder (1 bis 2 US$).

Provinz Ratanakiri

ខេត្តរតនគិរី

Diese beliebte Provinz wartet mit einem großen Facettenreichtum und einer schönen Natur auf. Sie ist Heimat verschiedener ethnischer Minderheiten mit eigenen Sprachen, Traditionen und Gebräuchen, wie der Jarai, Tompuon, Brau und Kreung. Das Angebot an adrenalingeladenen Aktivitäten ist groß, so können Besucher in klaren Vulkanseen schwimmen, unter Wasserfällen duschen oder durch den riesigen Virachey-Nationalpark wandern.

Ban Lung

បានលុង

075 / 45 000 EW.

Die wegen ihrer rostroten Farbe liebevoll *dey krahorm* (rote Erde) genannte Stadt ist eine beliebte Ausgangsbasis für Touren in die Provinz. Hier können Besucher ohne viel Aufwand Trekkingausflüge durch den Dschungel buchen, zudem gibt's in der Nähe mehrere schöne Seen und Wasserfälle.

Sehenswertes & Aktivitäten

★ Boeng Yeak Lom SEE

(បឹងយក្សឡោម; Eintritt 2 US$) Im Herzen des Schutzgebiets Boeng Yeak Lom befindet sich ein wunderschöner smaragdgrüner Kratersee, umgeben von hoch aufragender Dschungelvegetation in kräftigen Grüntönen. Dies ist einer der friedlichsten und schönsten Orte des ganzen Landes. Das Wasser ist kristallklar, und entlang des Ufers ragen mehrere Holzstege in den See, sodass man wunderbar schwimmen gehen kann. Ein kleines Cultural & Environmental Centre beherbergt eine bescheidene Ausstellung zu den ethnischen Minderheiten in der Provinz und verleiht Rettungswesten für Kinder.

Virachey-Nationalpark PARK

(ឧទ្យានជាតិវីរជ័យ; 097 333 4775; leamsou@gmail.com; Eintritt 5 US$; Büro Mo–Fr 8–11 & 14–17 Uhr) Dieser Park ist eine der größten geschützten Flächen (3325 km²) Kambodschas und erstreckt sich im Osten bis Vietnam, im Norden bis Laos und im Westen bis zur Provinz Stung Treng. Der Nationalpark Virachey verfügt zudem über ein besonders gut organisiertes Ökotourismusprogramm, bei dem Kultur- und Naturerhalt und Abenteuertrekking im Fokus stehen. Ziel ist es, die lokalen Minderheiten miteinzubeziehen und profitieren zu lassen. Alle Wanderungen im Park müssen vorher im Virachey National Park Eco-Tourism Information Centre (S. 324) in Ban Lung angemeldet werden.

Wasserfälle WASSERFALL

Gleich westlich von Ban Lung in den weitläufigen Cashew- und Gummiplantagen befinden sich drei sehenswerte Wasserfälle: **Chaa Ong**, **Ka Tieng** und **Kinchaan**. Alle sind mit dem *moto* von der Stadt aus in 20 Minuten zu erreichen. In den halb- und ganztägigen Exkursionen der Touranbieter ist ein Besuch der drei Kaskaden meist inbegriffen. Die Abzweigungen zu allen drei Ka-

VORSICHT: GEFÄHRLICHE BLINDGÄNGER!

Einst führte der Ho-Chi-Minh-Pfad durch die Berge von Ratanakiri, wo er aufgrund des damaligen Staatsoberhauptes Kambodschas den Beinamen Sihanouk-Weg erhielt. Die Region wurde von den Amerikanern schwer bombardiert, sodass es hier noch immer einige Blindgänger (unexploded ordnance, kurz UXO) gibt. Niemals irgendetwas anfassen, was Minen oder Bomben auch nur entfernt ähnelt!

Ban Lung

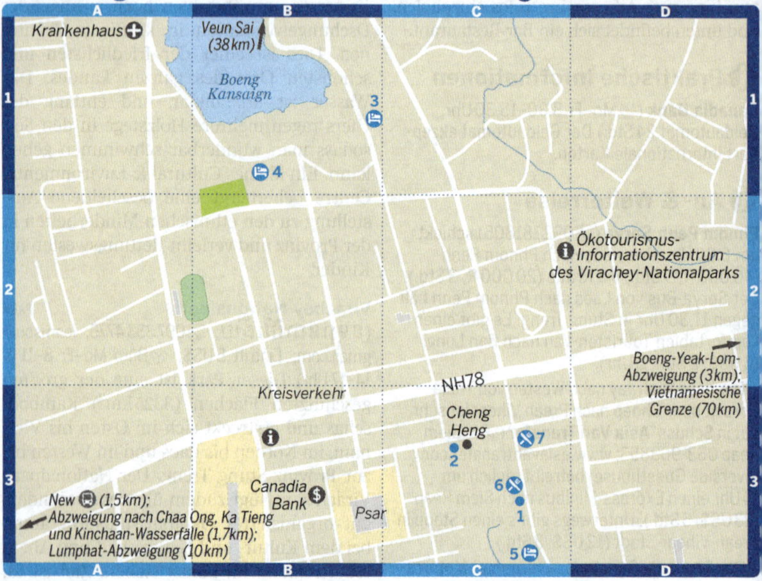

Ban Lung

Aktivitäten, Kurse & Touren
1 DutchCo Trekking Cambodia C3
2 Highland Tours C3

Schlafen
3 Banlung Balcony B1
4 Flashpacker Pad B1
5 Tree Top Ecolodge C3

Essen
6 Café Alee C3
7 Green Carrot C3

tarakten liegen 200 m westlich des neuen Busbahnhofs, gleich hinter der Lina-Tankstelle. Die Beschilderung ist schlecht sichtbar.

Geführte Touren

Besonders beliebt sind Trekkingtouren mit Übernachtungen in Zelten oder in Minderheitendörfern nördlich von Veun Sai oder Ta Veng. Wer zu zweit reist, muss mit etwa 50 US$ pro Person/Tag rechnen (größere Gruppen zahlen weniger). Backpacker Pad und die Tree Top Ecolodge organisieren recht gute Ausflüge, aber es gibt in der Stadt auch mehrere spezialisierte Tourunternehmen.

DutchCo Trekking Cambodia GEFÜHRTE TOUREN
(☎ 097 679 2714; www.trekkingcambodia.com) Eine der erfahrensten Trekkingagenturen in der Provinz wird von einem freundlichen Niederländer betrieben. Er organisiert vier- bis fünftägige Treks nördlich von Veun Sai durch Kavet-Dörfer und Gemeindewälder, ein- bis zweitägige Trips rund um Kalai (südlich von Veun Sai) und vieles mehr.

Highland Tours GEFÜHRTE TOUREN
(☎ 097 658 3841; highland.tour@yahoo.com) Das Ehepaar Kimi und Horng hat eine Ausbildung am Le Tonlé Tourism Training Center in Stung Treng abgeschlossen und ist ins Hochland gezogen, wo es verschiedene geführte Touren veranstaltet, darunter unterhaltsame Tagesausflüge oder auch eine mehrtägige Tour von Veun Sai nach Ta Veng, die Trekking mit Bambusfloß-Rafting auf dem Tonlé San kombiniert. Horng ist übrigens eine von sehr wenigen weiblichen Guides in Ratanakiri.

Schlafen

★ **Tree Top Ecolodge** BUNGALOWS $
(☎ 012 490333; www.treetop-ecolodge.com; DZ 7 US$, Hütte mit kaltem/heißem Wasser 12/15 US$) Eine der besten Unterkünfte im „Wilden

Osten" Kambodschas. „Mr. Ts" Ökolodge hat sehr viel Charme. Grob behauene Stege führen zu großen Bungalows mit Moskitonetzen, Strohdächern und Veranden, auf denen man in der Hängematte den herrlichen Blick ins Tal genießen kann. Wie die Bungalows ist auch das Restaurant aus Hartholz gezimmert und schwebt über einer vegetationsreichen Schlucht.

Banlung Balcony PENSION $
(☎ 097 809 7036; www.balconyguesthouse.net; Boeng Kansaign; B 2 US$, Zi. 5–20 US$; @ 📶) Die langjährige Backpackerherberge wird von superfreundlichen Franzosen geführt. Das stimmungsvolle Hauptgebäude und die schöne Restaurantbar mit Seeblick wurden vor Kurzem umfassend renoviert. Die Zimmer im Obergeschoss verfügen über polierte Holzböden und hohe Decken. Sie bieten den Standard eines Boutique-Hotels zu Budgetpreisen.

Flashpacker Pad HOTEL $
(☎ 093 785259; flashpackerpad@gmail.com; Boeng Kansaign; Zi. 8–15 US$; ❄ 📶) Flashpacker Pad ist eine gehobene Unterkunft mit stilvollen Zimmern, die mit Flachbildfernsehern, weißer Bettwäsche und Bettläufern aus lokaler Herstellung ausgestattet sind. Man sollte sich ein Zimmer mit Ausblick geben lassen, um morgens den Blick auf den vernebelten See genießen zu können. Der Inhaber Sophat weiß jede Menge über die Region und betreibt auch ein Tourunternehmen.

Essen & Ausgehen

★ **Café Alee** INTERNATIONAL $
(Hauptgerichte 1,50–5,50 US$; ⏲ 7–21 Uhr; 📶 📝) Das Café Alee trumpft mit einer etwas ausgefalleneren Speisekarte als die übrigen Restaurants in der Stadt auf. Neben vielen vegetarischen Gerichten gibt's eine deftige Lasagne und Khmer-Gerichte en masse im Angebot. Unbedingt auch die Tafel lesen, um die Tagesgerichte nicht zu verpassen. Wenn viele Gäste da sind, bleibt das Café auch länger geöffnet.

★ **Green Carrot** INTERNATIONAL $
(Hauptgerichte 2–6 US$; ⏲ 7–22 Uhr; 📶) Ein fantastisches kleines Restaurant mit überraschend edlem Essen (gesunde Salate, Sandwiches, Wraps und verschiedene Khmer-Spezialitäten). Es gibt sogar vernünftige Burger und sehr günstige Pizzas. Zur Happy Hour von 18 bis 20 Uhr gibt's zwei Cocktails zum Preis von einem.

ABSEITS DER ÜBLICHEN PFADE

DIE ECHTE GIBBON-ERFAHRUNG

Im Dschungel übernachten und weit vor Morgengrauen aufstehen, um Zeit mit den halbzahmen Nördlichen Gelbwangen-Schopfgibbons zu verbringen: All dies bietet das gemeindebasierte Ökotourismus-Projekt **Cambodian Gibbon Ecotours** (☎ 097 752 9960; www.cambodiangibbons.wordpress.com; Touren ab 100 US$). Es wurde von Conservation International (CI; www.conservation.org) gegründet und liegt gleich vor den Toren des Virachey-Nationalparks (S. 322) nördlich von Veun Sai. Die Touren finden nur in der Hochsaison statt und kosten je nach Gruppengröße und Reiseanbieter 100/200 US$ pro Person für eine ein-/zweitägige Tour. Die meisten Unternehmen in Ban Lung können diese Trips im Namen von CI buchen. Zu hören, wie die Echos ihrer eindringlichen Rufe durch den Dschungel schallen, und zu sehen, wie sie sich durch die Baumkronen schwingen, ist ein unvergessliches Erlebnis. Die Touren bieten außerdem die Möglichkeit, in den dichten Dschungel vorzudringen, offene Savannen, Flüsse und Wasserfälle zu erkunden und Dörfer der Kavet und Lao zu besuchen.

CI hat eine exklusive Vereinbarung mit dem Dorf in der Nähe der Gibbons, diese Touren im Naturschutzgebiet Veun Sai–Siem Pang (VSSPCA) veranstalten zu dürfen. Man schläft mindestens eine Nacht im Dschungel, entweder auf Hängematten oder in einer gemeindebasierten Privatunterkunft. Im Tourpreis sind der Eintritt ins VSSPCA, ein Guide, Privatunterkünfte bei einheimischen Familien und Zeltunterkünfte sowie alle Mahlzeiten inbegriffen. Die Saison zur Gibbonbeobachtung dauert von November bis Mitte Juni – zu anderen Zeiten ist es zu feucht –, und die maximale Gruppengröße beträgt sechs Teilnehmer. Ein empfehlenswerter Anbieter für organisierte Touren in der Region (inkl. Hin- & Rücktransport) ist **Gibbon Spotting Cambodia** (☎ 063-966355; www.gibbonspottingcambodia.com).

ABSTECHER

AFFENTHEATER IN MONDULKIRI

Eine neuere Studie der Wildlife Conservation Society (WCS) hat die Population der im Waldschutzgebiet Seima (S. 326) lebenden Schwarzschenkligen Kleideraffen auf 20600 und die der Südlichen Gelbwangen-Schopfgibbons auf mehr als 1000 geschätzt – das ist für beide Spezies die größte Konzentration der Welt. Dank eines aufregenden, vom Sam Veasna Center (SVC) geförderten Projektes ermöglicht das **Jahoo Gibbon Camp** (☎063-963710; https://samveasna.org/category/jahoo-gibbon-camp/; Andong Kroloeng; inkl. Verpflegung 125–200 US$ pro Pers.) Wanderungen in die Wildnis in der Nähe des Bunong-Dorfs Andong Kraloeng, wo man versuchen kann, die Primaten und andere scheue Tiere aufzuspüren.

Das Camp bietet den Dorfbewohnern Anreize, die bedrohten Affen und ihren Lebensraum zu schützen, indem es ihnen ein vernünftiges Einkommen verschafft. Die Treks führen durch immergrünen Mischwald und zu Wasserfällen. Die Chancen stehen gut, unterwegs ein paar Kleideraffen und Makaken zu sichten. Gibbons sind sehr scheu und zeigen sich nur selten, aber dank einer kürzlichen Feldrecherche des WCS und der Gemeinde sind die lokalen Gibbonfamilien inzwischen mehr an Menschen gewöhnt als Gibbons in anderen Gebieten. Man sollte unbedingt im Camp übernachten und vor Morgengrauen aufstehen, um sie zu beobachten.

In der Region leben noch viele weitere Tierarten; es gibt eine große Vielfalt an Vögeln, z. B. den spektakulären Doppelhornvogel, und es besteht die Möglichkeit, Spuren und Pfade noch scheuerer Tierarten zu finden, wie Bären, Gauren (Wildbullen) und Elefanten.

Die Tourteilnehmer werden von registrierten Guides und einem Bunong-Führer begleitet, die die Wanderpfade ausfindig machen. Ein Teil des Tourpreises fließt in Gemeindeprojekte und Schutzmaßnahmen zur Erhaltung des Gebiets; wenn sie Kleideraffen und/oder Gibbons sehen, zahlen die Besucher und SVC einen weiteren Beitrag, der direkt an das Dorf geht.

Für Infos und Buchungen wendet man sich an das Team des **Sam Veasna Center** (☎071 553 9779, 012 520828; www.samveasna.org; Hefalump Cafe, Sen Monorom) im Hefalump Cafe in Sen Monorom.

Praktische Informationen

Canadia Bank (⏰Mo–Fr 8.30–15.30 Uhr, Geldautomat 24 Std.) Bank mit Komplettservice und einem internationalen Geldautomaten.

Virachey National Park Eco-Tourism Information Centre (☎097 333 4775; leamsou@gmail.com; ⏰Mo–Fr 8–11 & 14–17 Uhr) Hier kann man Trekkingtouren im Virachey-Nationalpark buchen.

An- & Weiterreise

Der große Busbahnhof liegt im Westen der Stadt, 2,5 km westlich vom zentralen Kreisverkehr. Die Pensionen und Tourveranstalter können Transfers organisieren.

Phnom Penh Sorya und Thong Ly schicken frühmorgens Busse nach Phnom Penh (9 bis 10 US$, 11 Std.) via Kratie und Kompong Cham.

Schnelle Express-Vans nach Phnom Penh (15 US$, 8 Std., 6 und 13 Uhr) und Stung Treng (7 US$, 2 Std., gegen 8 Uhr) holen einen am Gästehaus ab (in der Unterkunft anfragen). Bei Anreise aus Phnom Penh ruft man am besten bei Backpacker Pad oder in der Tree Top Ecolodge an, um die Abholung mit einem Express-Van zu organisieren.

Täglich bedient ein Minivan die Verbindung nach Sen Monorom (8 US$, 2 Std., 8 Uhr) in Mondulkiri. Außerdem machen sich mehrere lokale langsame Minibusse morgens auf den Weg nach Phnom Penh (50 000 R), Stung Treng (20 000 R) und O'Yadaw (12 000 R) und den Tag über nach Lumphat (10 000 R, 1 Std.) und Kratie (25 000 R, 4 Std.).

Unterwegs vor Ort

Fahrräder (1–3 US$), Motorräder (5–7 US$), Pkws (ab 30 US$) und Jeeps mit Allradantrieb (ab 50 US$) können in fast allen Pensionen vor Ort gemietet werden.

Motodup (*moto*-Fahrer) warten am Markt; einige arbeiten auch als Guides. Für einen guten englischsprachigen Fahrer-Guide zahlt man 15 bis 20 US$ pro Tag. Ein *moto* nach Yeak Lom kostet hin und zurück 5 US$; nach Veun Sai 15 US$ (hin und zurück); zu einem der Wasserfälle etwa 6 US$ mit Rückfahrt.

Cheng Heng (☎088 8516104; ⏰6–20 Uhr) vermietet 250-ccm-Geländemotorräder (25 US$) und einige gut gepflegte kleinere Maschinen (6–8 US$).

Provinz Mondulkiri

ខេត្តមណ្ឌលគិរី

Mondulkiri (übersetzt: Zusammenkunft der Berge), der wilde Osten des Landes, ist eine gänzlich andere Welt als das Flachland – hier gibt's weder Reisfelder noch Palmen. In der Bergregion, einer faszinierenden Mischung aus grasbewachsenen Hügeln, Pinienhainen und jadegrünen Regenwäldern, leben die widerstandsfähigen Bunong mit ihren Elefanten. Abenteueraktivitäten starten so richtig durch: Es gibt eine neue Zipline, und man kann Touren mit dem Quadbike unternehmen.

Umweltschützer haben ambitionierte Pläne für die dünn besiedelte Provinz (Begegnungen mit Wildtieren wie Kleideraffen und Gibbons im Waldschutzgebiet Seima, Wanderungen mit Elefanten im Elephant Valley Project etc.), die jedoch von Holzfällern, Wilderern und Spekulanten behindert werden.

Sen Monorom សែនមនោរម្យ

✆073 / 10 000 EW.

Die hübsche Provinzhauptstadt ist kaum mehr als ein größeres Dorf und liegt genau dort, wo die legendären Hügel aufeinandertreffen. In der Gegend ringsum liegen Dörfer ethnischer Minderheiten und malerische Wasserfälle, weshalb Sen Monorom sich wunderbar als Basis für Erkundungstouren eignet. Die Stadt liegt auf 800 m Höhe, und wenn es windig ist, sind die Temperaturen

VERANTWORTUNGSVOLLES WANDERN IM NORDOSTEN KAMBODSCHAS

In den Provinzen Ratanakiri und Mondulkiri erfreuen sich Trekkingtouren zu abgelegenen Wäldern und Minderheitsdörfern großer Beliebtheit. Allerdings empfehlen wir, für organisierte Wanderungen und andere Exkursionen einheimische Guides zu engagieren. Sie sprechen die lokalen Dialekte, kennen die Gebräuche der Stämme (und ihre Tabus) und können den Zutritt zu Friedhöfen ermöglichen, die für Khmer-Guides nicht zugänglich sind. Außerdem kennen sie die Wälder in- und auswendig.

Die in diesem Abschnitt aufgelisteten Touranbieter können auf Anfrage einheimische Guides organisieren. Am Boeung Yeak Lom ist ein lockerer Verband von Tompuon-Führern ansässig, die exklusive Touren zu verschiedenen Tompuon-Dörfern rund um Boeung Yeak Lom anbieten. Man kann sie nur vor Ort engagieren, denn sie haben weder Telefonnummern noch E-Mail-Adressen. Auf den Touren kann man Webern und Korbflechtern bei der Arbeit zusehen, etwas über animistische Traditionen lernen und eine traditionelle Mahlzeit essen, die aus in Bambus gedämpftem Fisch, frischem Gemüse, „Minderheiten"-Reis und natürlich Reiswein besteht.

Weitere Tipps, um die indigenen Gemeinden verantwortungsvoll zu bereisen:

- Versuchen, etwas mehr Zeit in den Minderheitendörfern zu verbringen – mindestens einige Stunden, wenn nicht sogar eine Nacht. Wer diese Zeit nicht investieren will, sollte auf den Besuch gleich ganz verzichten.
- In kleinen, weniger störenden Gruppen reisen.
- Vorm Fotografieren um Erlaubnis bitten – auch Kinder. Einige Bergstämme glauben, dass Kameras ihre Seelen stehlen.
- Bescheidene Kleidung tragen.
- Den regionalen Wein kosten, wenn er angeboten wird, besonders bei Zeremonien. Eine Ablehnung kommt einer Beleidigung gleich.
- Individuelle Geschenke führen zu Neid und Erwartungen. Stattdessen der lokalen Schule, dem medizinischen Zentrum oder der Gemeindekasse etwas spenden.
- Schilder akzeptieren, die Außenseiter davon abhalten sollen, ein Dorf zu besuchen, zum Beispiel während einer spirituellen Zeremonie. Ein guter lokaler Guide wird diese Schilder entdecken.
- Kindern niemals Süßigkeiten oder Geld geben.
- Keine Dorfschätze wie Altäre oder Totems kaufen und auch nicht die Kleidung und den Schmuck erwerben, den Dorfbewohner tragen.

deutlich kühler als im restlichen Kambodscha. Besser warme Kleidung mitbringen.

Sehenswertes & Aktivitäten

Mehrtägige Dschungelwanderungen zu Minderheitendörfern sind die große Attraktion. Wir empfehlen, einen der indigenen Bunong-Guides zu engagieren. Sie kennen die Wälder in- und auswendig und können schnell das Eis mit den Einheimischen der Bunong-Dörfer brechen.

★ Waldschutzgebiet Seima NATIONALPARK
(https://cambodia.wcs.org/Saving-Wild-Places/Seima-Forest.aspx; Andong Kroloeng; Tierbeobachtungstouren 70–125 US$; Jahoo Gibbon Camp 115–200 US$ pro Nacht) Das 3000 km² große Waldschutzgebiet Seima beherbergt die meisten Säuge- und Wildtiere des Landes. Neben unzähligen Schwarzschenkligen Kleideraffen und Südlichen Gelbwangen-Schopfgibbons leben hier auch etwa 150 Wildelefanten – die Hälfte aller in Kambodscha lebenden Elefanten – sowie Bären und Wildkatzen.

Die Wildlife Conservation Society (WCS; www.wcscambodia.com) leitet das Waldschutzgebiet in Zusammenarbeit mit dem Ökotourismus-Spezialisten Sam Veasna Center (S. 324), und es gibt mehrere Ökotourismus-Initiativen vor Ort, z. B. Primatenbeobachtung in Andong Kroloeng.

Bou-Sraa-Wasserfall WASSERFALL
(ទឹកជ្រោះប៊ូស្រា; Eintritt 2,50 US$) Einer der imposantesten Wasserfälle Kambodschas. Er ist im ganzen Land bekannt und stürzt über zwei Stufen in dichten Dschungel. Die obere Stufe ist 10 m hoch, die spektakulärere zweite Stufe rauscht sogar stolze 25 m in die Tiefe. Eine größtenteils asphaltierte Straße führt 33 km (1 Std. Fahrtzeit) von Sen Monorom nach Osten.

★ Elephant Valley Project NATURSCHUTZGEBIET
(EVP; ☎ 099 696041; www.elephantvalleyproject.org; ⊙ Mo–Fr) Elefanten beobachten mal anders. Das Elephant Valley Project, ein bahnbrechendes Programm, bei dem Gäste mit der Elefantenherde mitlaufen können, ermutigt hiesige Mahouts (Elefantentreiber) dazu, ihre überarbeiteten oder verletzten Elefanten in dieses 1600 ha große Schongebiet zu bringen. Das Reservat ist unheimlich populär, deshalb sollte man seinen Besuch weit im Voraus buchen. Man kann einen ganzen Tag (85 US$) oder einen halben (55 US$) hier verbringen. Freitags und samstags werden keine Übernachtungsgäste akzeptiert. Samstags und sonntags ist Ruhetag (keine Tagesbesucher).

Mayura Zipline ZIPLINING
(☎ 071 888 0800, 011 79 77 79; http://mondulkresort.com; Bou-Sraa-Wasserfall; 45 US$; ⊙ 9–16 Uhr) Die neue Mayura-Zipline verspricht den ultimativen Adrenalinrausch, denn die längste Seilrutsche (300 m) führt direkt über den spektakulären Bou-Sraa-Wasserfall. Auf der anderen Flussseite beginnt der Zipline-Parcours, der aus insgesamt sechs Seilrutschen und einer Hängebrücke besteht. Die ersten vier Etappen sind gewissermaßen das Aufwärmprogramm für den rasant schnellen „Flug" über den Wasserfall. Zum Schluss kann man ein kurzes Stück mit dem Partner oder einem (neuen) Freund an der Tandem-Seilrutsche zurücklegen.

Geführte Touren

Das von einer NGO betriebene Hefalump Cafe (S. 328) fungiert gleichzeitig als Anlaufstelle für Bunong und ist die beste Infoquelle zu nachhaltigem Tourismus in der Provinz Mondulkiri. Dazu gehören das Elephant Valley Project, das Waldschutzgebiet Seima und Besuche der Bunong-Dörfer. Man sollte seine Tour zwei bis drei Tage im Voraus buchen, um noch einen Platz zu bekommen.

Green House GEFÜHRTE TOUREN
(☎ 017 905659; www.greenhouse-tour.blogspot.com; NH76) Green House ist einer der langjährigsten Touranbieter in Mondulkiri. Abgesehen von Waldwanderungen und Trips zu Wasserfällen stehen hier auch Motorräder zum Verleih (6–8 US$ pro Tag).

Schlafen

★ Nature Lodge PENSION $
(☎ 012 230272; www.naturelodgecambodia.com; Zi 10–30 US$; 📶) Auf einem windgepeitschten Hügel nahe der Stadt erstreckt sich diese Anlage mit 30 soliden Holzbungalows, die alle mit privaten Veranden, Warmwasserduschen und Moskitonetzen ausgestattet sind. Darunter sind ein paar Chalets im Stil der schweizer Familie Robinson mit abgesenkten Betten und Vorzimmern. Das tolle Restaurant verfügt über gemütliche Nischen, einen Billardtisch und eine schöne Bar, an der die Gäste entspannen und Reisegeschichten austauschen.

Indigenous Peoples Lodge BUNGALOWS $
(☎ 012 725375; indigenouspeopleslodge@gmail.com; DZ 5–15 US$, 4BZ 20 US$; @📶) Eine Bunong-Familie betreibt diese tolle Unterkunft mit ei

WEITERREISE NACH VIETNAM: GRENZÜBERGÄNGE IM OSTEN

Von Kompong Cham nach Tay Ninh

Der Grenzübergang Trapeang Plong/Xa Mat (geöffnet von 7 bis 17 Uhr) ist sehr praktisch für Traveller, die mit privaten Fahrzeugen von Nordostkambodscha oder Siem Reap nach Ho-Chi-Minh-Stadt oder zurück reisen.

Anfahrt zur Grenze Von Kompong Cham kann man jedes Verkehrsmittel nehmen, das auf dem NH7 nach Osten in Richtung Snuol fährt. Dann am Kreisverkehr in Krek (Kraek) am NH7, 55 km ostsüdöstlich von Kompong Cham, aussteigen. Von dort sind es noch 13 km nach Süden mit dem *moto* (3 US$) entlang des NH72 ins verschlafene Trapeang Plong.

An der Grenze Dieser Grenzübergang ist eine Wohltat – man muss einfach nur sein Visum für Vietnam bereithalten.

Weiterreise Von der vietnamesischen Seite fahren Motorräder und Taxis ins 45 km südlich gelegene Tay Ninh.

Von Snuol nach Binh Long

Der Grenzposten Trapeang Sre/Loc Ninh (geöffnet von 7 bis 17 Uhr) eignet sich für Leute, die von Kratie direkt nach Vietnam oder zu Zielen im Norden reisen wollen.

Anfahrt zur Grenze Traveller fahren zuerst mit dem Bus, Sammeltaxi oder Minibus von Sen Monorom, Kratie oder Kompong Cham nach Snuol. Dort geht's mit dem *moto* (5 US$) auf dem gut befestigten NH74 weitere 18 km nach Südosten.

An der Grenze Ein paar Nationalitäten benötigen ein vorher arrangiertes Visum für Vietnam.

Weiterreise Die nächste Stadt auf der vietnamesischen Seite ist Binh Long, das 40 km weiter im Süden liegt. An der Grenze warten Motorräder.

Von Ban Lung nach Pleiku

Der Grenzübergang O Yadaw/Le Thanh (geöffnet von 7 bis 17 Uhr) liegt 70 km östlich von Ban Lung am gut befestigten NH19.

Anfahrt zur Grenze Die Gästehäuser in Ban Lung bieten täglich um 6.30 Uhr einen Van nach Plei-Ku (12 US$, 3½ Std.) mit Umstieg an der Grenze. Der Van holt die Passagiere von den Gästehäusern ab.

An der Grenze Die Formalitäten sind unkompliziert und schnell erledigt, und es gibt keine Warteschlangen; man sollte nur sicherstellen, dass man – falls erforderlich – ein Visum für Vietnam besitzt.

Weiterreise Auf der vietnamesischen Seite der Grenze ist die Straße gut asphaltiert. Mit einem wartenden *moto* geht's nach Duc Co (20 km), wo Busse (15 000 D) nach Plei-Ku, Quy Nhon und Hoi An abfahren. Infos zur Überquerung dieser Grenze in entgegengesetzter Richtung siehe S. 967.

ıer ganzen Palette an Schlafmöglichkeiten in Häusern ethnischer Minderheiten, darunter ein traditionelles Bunong-Haus mit Strohlach (das allerdings ein wenig komfortabler ıls gewöhnlich ist). Zu den billigsten Zimnern gehört ein Gemeinschaftsbad (prima Preis-Leistungs-Verhältnis). Extras: kostenloes Internet und kostenlose Fahrten in die Stadt.

Tree Lodge BUNGALOWS $
(☎097 723 4177; www.treelodgecambodia.com; DZ -10 US$, 4BZ 12–15 US$; 📶) 16 Hütten in verchiedenen Formen und Größen reihen sich wie Perlen an einer Kette den Hügel an der Rückseite hinab. Die Zimmer haben Balkone und attraktive Freiluftbäder, außer Betten aber keinerlei Möblierung. Im Restaurant locken Hängematten und leckere Khmer-Küche.

Essen & Ausgehen

★ **Coffee Plantation Resort** KAMBODSCHANISCH $
(☎012 666542; www.chormkacafe.com; Hauptgerichte 2,50–7 US$; ⏲7–21 Uhr; 📶) Das Restaurant liegt, wie der Name schon sagt, auf einer weitläufigen Kaffeeplantage und ser-

viert großartige lokale Speisen und selbst angebauten Kaffee. Die herzhaften *banh chaeuv*-Eierkuchen sind sehr gesund und kosten nur 2,50 US$. Es gibt auch köstliches in Honig gebratenes Hühnchen.

Hefalump Cafe CAFÉ $
(www.helalumpcafe-tourismhub.com; NH76; Kuchen 1–3 US$; ⌚Mo–Fr 7–18, So 9–16 Uhr; 📶) Das Café ist ein Gemeinschaftsprojekt verschiedener NGOs und Umweltschutzgruppen der Stadt und dient als Ausbildungszentrum für Bunong im Gastgewerbe. Es gibt lokalen oder Lavazza-Kaffee, Tees, Kuchen und gesundes Frühstück. Eine tolle Anlaufstelle, um bei einem feinen Heißgetränk das nächste Abenteuer zu planen.

Khmer Kitchen KAMBODSCHANISCH $
(NH76; Hauptgerichte 2–5 US$; ⌚6–22 Uhr; 📶) In diesem einfachen Straßenlokal kommt man in den Genuss herrlich geschmacksintensiver Khmer-Küche. Das *kari saik trey* (Fisch-Kokos-Curry) und andere Currygerichte sind besonders lecker. Man bekommt hier aber auch internationale Gerichte.

★ **The Hangout** BAR
(☎088 721 9991) Die Bar in dieser Backpackerherberge ist das Ausgehzentrum der Stadt. Es gibt Spiele wie Tischfußball, gelegentliche Jam-Sessions und das beste westliche Essen von Sen Monorom (aber auch tolle Khmer-Gerichte). Die Bar wird von einem Tasmanier-Khmer-Paar geführt und bietet auch Schlafsäle und Privatzimmer im Erdgeschoss.

Praktische Informationen

Die hier aufgelisteten Gästehäuser sind alle sehr gute Informationsquellen und bieten das gesamte Spektrum an geführten Touren an.

Acleda Bank (NH76; ⌚8.30–15.30 Uhr, Geldautomat 24 Std.) Wechselt die wichtigsten Währungen und hat einen Geldautomaten, der nur Visa-Karten akzeptiert.

An- & Weiterreise

Phnom Penh Sorya schickt um 7.30 Uhr einen Bus nach Phnom Penh (35 000 R, 8 Std.). Kim Seng Express betreibt komfortable Minivans (11 US$), die fünf Stunden brauchen. Zwischen 7 und 14 Uhr gibt's täglich sechs Verbindungen. Virak-Buntham schickt ebenfalls Minibusse nach Phnom Penh (12 US$). Abfahrt ist um 7.15 und um 13.30 Uhr.

Nach Kratie (30 000 R, 4 Std.) gelangt man am besten mit lokalen Minibussen. Normalerweise gibt's mindestens eine Verbindung am Morgen sowie zwei bis drei Fahrten gegen 12 Uhr.

Mittlerweile verkehren Minibusse auf der neuen Straße nach Ban Lung in Ratanakiri. Die Fahrt kostet 8 US$ und dauert ca. zwei Stunden.

Unterwegs vor Ort

Englischsprachige *moto*-Fahrer kosten 15–20 US$ pro Tag. Viele Gästehäuser verleihen Motorräder für 6–8 US$, einige auch Fahrräder (2 US$).

KAMBODSCHA VERSTEHEN

Kambodscha heute

Kambodschas politische Landschaft hat sich seit der Wahl von 2013 dramatisch verändert und auch bei der Kommunalwahl von 2017 konnte die oppositionelle Nationale Kambodschanische Rettungspartei (CNRP) großen Zuwachs verzeichnen. Die Ergebnisse der Parlamentswahlen von 2018 schienen damit unvorhersehbar, aber die Kambodschanische Volkspartei (CPP) konnte ihre Zukunft sichern, und die Opposition wurde Ende 2017 aufgelöst. Die Wirtschaft wächst in rasantem Tempo, aber viele Kritiker bemängeln, dass dies auf Kosten der Umwelt gehe.

Das politische Klima Kambodschas hat sich seit 2015 dramatisch verschlechtert, seit dem damaligen ECKEP-Führer Sam Rainsy die Verhaftung angedroht wurde und er daraufhin ins selbstgewählte Exil ging. Sein Stellvertreter Kem Sokha übernahm daraufhin die Führung der Partei, um an den Kommunalwahlen teilzunehmen, wurde Ende 2017 wegen angeblichen Hochverrats aber ebenfalls inhaftiert. Viele Beobachter behaupten, die Regierung habe ihn aus Angst vor einer „farbigen Revolution" in Gewahrsam genommen. Vor den Landeswahlen standen viele hitzige Themen auf der Agenda, z. B. der riesige Zustrom an chinesischen Investoren und Einwanderern, die gefährdete Grenze zu Vietnam und die Landreform.

Die regierende Kambodschanische Volkspartei (CPP) kontrolliert die meisten Fernseh- und Radiosender sowie Zeitungen. Die sozialen Medien füllen diese Lücke jedoch gut aus, und es gibt eine neue Generation von Kambodschanern, die eifrig Facebook und YouTube nutzt. 2017 kam es zu einem dramatischen Angriff auf die Pressefreiheit, als die langjährige *Cambodia Daily* angeblich wegen eines unbeglichenen Steuerbescheids zur Schließung gezwungen wurde.

Die kambodschanische Wirtschaft, die nach jahrzehntelangen Konflikten schwer angeschlagen ist, war lange ein Gecko inmitten von Drachen. Nun ist jedoch China mit an den Tisch gekommen und spielt mit hohen Einsätzen: Es sagt Jahr für Jahr höhere Summen zu als alle anderen Geldgeberländer zusammen, ohne Kambodscha entsprechend Zügel anzulegen. Die riesigen Investitionen Chinas und anderer Nachbarländer führen zu einer starken Veränderung der urbanen Landschaft der Hauptstadt Phnom Penh. Dennoch ist Kambodscha immer noch eines der ärmsten Länder Asiens, und viele Familien haben extrem niedrige Einkommen – das offizielle Mindestgehalt liegt bei nur 153 US$ im Monat.

Kambodschas unberührte Natur zieht Ökoabenteuertouristen wie ein Magnet an, aber auch sie ist bedroht. Uralte Wälder werden zugunsten von Plantagen gerodet, Flüsse werden für riesige Wasserkraftwerke eingedämmt, und die Südküste wird ihres Sandes beraubt und von führenden Ölkonzernen ausgebeutet. Orte wie das Kardamom-Gebirge stehen im Fokus der wirtschaftlichen Aktivitäten, und es bleibt abzuwarten, ob die Umweltschützer oder die Investoren gewinnen werden. All diese ökonomischen Projekte führen zu eindrucksvollen Statistiken, fördern aber nicht den Ökotourismus, der gerade erst dabei ist aufzublühen.

Geschichte

Die Geschichte Kambodschas lässt sich in wenigen Worten beschreiben: als schöner Schwan, der sich in ein hässliches Entlein verwandelte. Ihren Höhepunkt fanden die vielversprechenden Anfangsjahre in dem riesigen Khmer-Reich, das über vier Jahrhunderte hinweg seine Dominanz in der Region mühelos behaupten konnte. Ab dem 13. Jh. begann der Putz jedoch zu bröckeln, und aufstrebende Nachbarstaaten drangen kontinuierlich in kambodschanisches Gebiet vor. Richtig hässlich wurde es schließlich im 20. Jh., als ein brutaler Bürgerkrieg in der Schreckensherrschaft der Roten Khmer (1975–1979) gipfelte, von der sich das Land noch immer nicht ganz erholt hat.

Funan & Chenla

Im 1. Jh. begann die Indisierung Kambodschas. Damals brachten Händler auf ihrer Reise vom Golf von Bengalen ins südliche China indische Ideen und Technologien ins heutige Südvietnam. Das größte der damals aufstrebenden Königreiche wurde von den Chinesen Funan genannt. In der Funan-Epoche wurden die hinduistischen Gottheiten Shiva und Vishnu verehrt und zugleich der Buddhismus praktiziert.

Vom 6. bis 8. Jh. ist Kambodscha wohl von verschiedenen konkurrierenden Königreichen beherrscht worden. Die Chinesen unterscheiden zwischen „Wasser-Chenla", dem Gebiet um die heutige Stadt Takeo, und „Land-Chenla", weiter nördlich am Mekong sowie rund um Sambor Prei Kuk.

Aufstieg & Niedergang des Angkor-Reiches

Die Angkor-Epoche dauerte von 802 n. Chr. bis 1432. Sie umfasste Phasen der Eroberung, des Chaos, des Rückzugs, der Renaissance und des Niedergangs und war von einer bemerkenswerten Produktivität geprägt.

802 erklärte sich Jayavarman II. (reg. 802–850) zum *devaraja* (Gottkönig). Er zettelte einen Aufstand gegen die Javaner an, die über den Süden Kambodschas herrschten, und brachte das Land durch Bündnisse sowie Eroberungszüge unter seine Kontrolle. So wurde er der erste Herrscher, der große Teile des heutigen Kambodschas regierte.

Ende des 9. Jhs. verlegte Yasovarman I. (reg. 889–910) die Hauptstadt nach Angkor und schuf ein neues religiöses, wissenschaftliches und musisches Zentrum. Nach einer chaotischen, konfliktreichen Periode vereinte Suryavarman II. (reg. 1113–1152) das Königreich und läutete eine weitere Phase der Expansion ein, indem er erfolgreiche, aber kostspielige Kriege gegen Vietnam und Champa (indisch geprägtes Königreich im heutigen Süd- und Zentralvietnam) führte. Sein Glaube an die Hindu-Gottheit Vishnu veranlasste ihn zum Bau von Angkor Wat.

Bald wendete sich das Blatt. 1177 schlugen die Champa-Truppen zurück, starteten über den Mekong einen Überraschungsangriff auf Angkor und töteten den König. Im folgenden Jahr sammelte ein Cousin von Suryavarman II. die Khmer um sich, besiegte die Cham in einer weiteren epischen Seeschlacht und wurde zum König Jayavarman VII. (reg. 1181–1219) gekrönt. Der überzeugte Anhänger des Mahayana-Buddhismus ließ die Stadt Angkor Thom errichten.

Die Jahre des Niedergangs förderten religiöse Konflikte und interne Rivalitäten zutage. Mehrfach griffen die Thailänder Angkor an und plünderten die Stadt 1351 sowie 1431. Vom königlichen Hof verschleppten sie Tausende Intellektuelle, Künstler und Tänzer – Einfluss ist bis heute in der thailändischen Kultur sichtbar ist.

Von 1600 bis zur Ankunft der Franzosen wurde Kambodscha von einer Reihe schwacher, in Intrigen verstrickter Herrscher regiert, die oft die Hilfe von Thailand oder Vietnam suchten. Die hatte natürlich ihren Preis.

Französische Kolonialzeit

Das Machtspiel zwischen Thailand und Vietnam wurde 1864 beendet, als König Norodom I. (reg. 1860–1904) angesichts der drohenden Gefahr durch die französische Marine einen Vertrag unterzeichnete, der das Land zum Protektorat erklärte. Als große Ausnahme in der Geschichte des Kolonialismus schützte Frankreich Kambodscha tatsächlich, da es Gefahr lief, von den zwei mächtigeren Nachbarn geschluckt zu werden. 1907 drängten die Franzosen Thailand zur Rückgabe der nordwestlichen Provinzen Battambang, Siem Reap und Sisophon. Somit war Angkor nach über 100 Jahren das erste Mal wieder in kambodschanischer Hand.

Das Land erklärte am 9. November 1953 unter König Norodom Sihanouk (reg. 1941–1955 und 1993–2004) seine Unabhängigkeit

Unabhängigkeit & Bürgerkrieg

Auf das Jahr 1953 folgten Kambodschas goldene Jahre, eine Zeit voller Frieden, Wohlstand, Kreativität und Optimismus. Doch mit dem Vietnamkrieg, der auch die Nachbarstaaten traf, zogen die ersten Gewitterwolken auf. Ende der 1960er-Jahre nutzten

DAS ROTE-KHMER-TRIBUNAL

Die Vietnamesen vertrieben die Roten Khmer am 7. Januar 1979, aber erst im Jahr 1999 – zwei Jahrzehnte nach Ende des Bürgerkriegs – begannen ernsthafte Diskussionen über einen Gerichtsprozess, der die Verantwortlichen, die über 2 Mio. Tote auf dem Gewissen hatten, ihrer gerechten Strafe zuführen sollte. Nach langwierigen Verhandlungen vereinbarte man schließlich, ein Kriegsverbrechertribunal einzurichten, um die überlebenden Führer der Roten Khmer zur Rechenschaft zu ziehen.

Es dauerte weitere zehn Jahre, bis die Außerordentlichen Kammern an den Gerichten von Kambodscha das erste Gerichtsurteil sprachen. In dieser Zeit starb einer der Hauptverdächtigen, der einbeinige General Ta Mok („Der Schlächter"), in Untersuchungshaft. Fall 001, der Gerichtsprozess für Kaing Guek Eav alias Genosse Duch, wurde schließlich im Jahr 2009 eröffnet. Duch wurde als Schlüsselfigur angesehen, denn als Leiter des S-21-Gefängnisses ermöglichte er die furchtbaren Verbrechen des Regimes. Er wurde 2010 zu 35 Jahren Haft verurteilt; das Urteil wurde später in Revision auf lebenslänglich ausgedehnt.

Fall 002 wurde im November 2011 eröffnet und befasste sich mit den ältesten überlebenden Führern des Demokratischen Kampuchea (DK): Bruder Nummer 2 Nuon Chea (84 Jahre alt), dem einstigen Außenminister von DK, und Bruder Nummer 3, Ieng Sary (83 Jahre alt), und dem früheren Staatschef von DK, Khieu Samphan (79 Jahre alt). Aufgrund des langsamen Vorankommens des Gerichtsverfahrens und des fortgeschrittenen Alters der Angeklagten wird es schwer sein, Gerechtigkeit zu sprechen. Ieng Sary starb 2013, und seine Frau und frühere Sozialministerin von DK, Ieng Thirith (78 Jahre alt), wurde aufgrund von Demenz als verhandlungsunfähig eingestuft. Nuon Chea und Khieu Samphan wurden im August 2014 zu lebenslangen Haftstrafen wegen Verbrechen gegen die Menschlichkeit verurteilt. Derzeit wird zusätzlich geprüft, ob auch der Tatbestand des Genozids erfüllt ist.

Fall 003 gegen den Leiter der Kriegsmarine DKs, Meas Muth, sowie gegen den Leiter der Luftwaffe, Sou Met, sollte Fall 002 folgen. Die Untersuchungen zu diesem Fall wurden jedoch 2009 unter intensivem Druck der kambodschanischen Regierung abgewürgt. Obwohl Premierminister Hun Sen Fall 003 ablehnt, haben die internationalen Richter 2015 Anklage gegen Meas Muth wegen Genozids, Verbrechens gegen die Menschlichkeit und Kriegsverbrechen erhoben.

Die aktuellen Entwicklungen sind auf der offiziellen Website des ECCC www.eccc.gov.kh oder www.cambodiatribunal.org nachzulesen.

Truppen Nordvietnams und des Vietcong in ihrem Kampf gegen Vietnam und die USA kambodschanisches Territorium. Bald darauf kam es zu verheerenden US-Bombenangriffen und einer Invasion im Osten Kambodschas.

Im März 1970 wurde Sihanouk, mittlerweile Premierminister, von General Lon Nol gestürzt und ließ sich in Peking nieder. Dort errichtete er eine Exilregierung und verbündete sich mit einer indigenen kambodschanischen Revolutionsbewegung, die er selbst die Roten Khmer nannte. In großen Teilen des Landes griff Gewalt um sich.

Herrschaft der Roten Khmer

Am 17. April 1975, zwei Wochen vor dem Fall Saigons, nahmen die Roten Khmer Phnom Penh ein. Es folgte eine gesellschaftliche Umstrukturierung, die in ihrer Radikalität und Brutalität ihresgleichen sucht. Kambodscha wurde in Demokratisches Kampuchea umbenannt und sollte in eine von Bauern bestimmte landwirtschaftliche Kooperative umgewandelt sowie von vorigen Einflüssen gereinigt werden. Innerhalb weniger Tage wurden alle Einwohner Phnom Penhs und der Provinzstädte – darunter Kranke, Alte und Schwache – zu Gewaltmärschen aufs Land gezwungen, wo sie als Sklaven zwölf bis 15 Stunden täglich arbeiten mussten. Intellektuelle wurden systematisch umgebracht, wobei es oft ausreichte, eine Brille zu tragen oder eine Fremdsprache zu beherrschen, um als solcher eingestuft zu werden. Der Beginn der Herrschaft der Roten Khmer wurde zum Jahr Null erklärt.

Anführer der Roten Khmer war Saloth Sar, besser bekannt als Pol Pot. Unter seiner Herrschaft wurde Kambodscha zu einem riesigen Arbeitslager für Sklaven. Zu essen gab es lediglich zweimal täglich ein bisschen wässerigen Brei aus Reis – er musste den Männern, Frauen und Kindern reichen, um die beschwerliche Feldarbeit zu überstehen. In den Lagern brachen Krankheiten aus, und ganze Familien fielen Malaria und Ruhr zum Opfer.

Die Roten Khmer wurden von den Vietnamesen gestürzt, die das fast verlassene Phnom Penh am 7. Januar 1979 befreiten. Forscher gehen davon aus, dass etwa 2 Mio. Kambodschaner Pol Pot und seinen brutalen Anhängern zum Opfer gefallen waren. Das Documentation Center of Cambodia (www.d.dccam.org) dokumentiert die grausamen Geschehnisse.

FILMTIPP

The Killing Fields – Schreiendes Land (1984) ist ein ergreifender Film über den US-Journalisten Sydney Schanberg und den kambodschanischen Fotografen Dith Pran während der Machtübernahme der Roten Khmer.

Frieden auf Bewährung

Die Vietnamesen errichteten eine neue Regierung unter Führung ehemaliger Offiziere der Roten Khmer, darunter der aktuelle Premierminister Hun Sen, der 1977 nach Vietnam geflohen war. In dem Chaos, das auf die Befreiung folgte, war kaum Reis angebaut oder geerntet worden, sodass nun eine verheerende Hungersnot ausbrach.

Die Roten Khmer führten den Bürgerkrieg aus entlegenen Berglagern unweit der thailändischen Grenze bis Ende der 1980er-Jahre fort. Im Februar 1991 unterzeichneten alle Parteien, auch die Roten Khmer, den Pariser Friedensvertrag. Dieser bestimmte, dass das Land zwei Jahre lang bis zu den Wahlen 1993 von der Übergangsverwaltung der Vereinten Nationen in Kambodscha (Untac) regiert werden sollte. Doch die Roten Khmer boykottierten die Wahlen und bauten ihr Guerilla-Netzwerk im ganzen Land wieder auf.

Die letzten Anführer der Roten Khmer, darunter Ta Mok, konnten erst mit der Ergreifung von Anlong Veng und Prasat Preah Vihear durch Regierungstruppen im Frühling 1998 bezwungen werden. Pol Pot entging der Justiz; er starb im selben Jahr einen jämmerlichen Tod nahe Anlong Veng und wurde auf alten Reifen verbrannt.

Menschen & Kultur

Bevölkerung

In Kambodscha leben fast 16 Mio. Menschen. Die Bevölkerung wächst pro Jahr um ganze 2 % – für 2025 werden rund 20 Mio. Menschen prognostiziert. Über 40 % der Einwohner sind unter 16 Jahre alt. Nach offiziellen Angaben sind 90 % der Einwohner Khmer, was das Land zu einem der homogensten Südostasiens macht. In der Praxis haben allerdings zwischen 10 und 20 % der Einwohner chinesische, vietnamesische oder Cham-Wurzeln. Kambod-

PROST!

Wenn Kambodschaner sich zuprosten, wird in der Regel vorher festgelegt, welcher Prozentsatz getrunken werden muss. Sind sie großzügig, reichen vielleicht *ha-sip pea-roi* (50 %), meist sind es jedoch *moi roi pea-roi* (100 %). Um den ganzen Abend durchzuhalten, wird Bier gern mit Eiswürfeln gereicht. Manch ein *barang* (Ausländer) endete bei dem Versuch, ohne die Hilfe von Eiswürfeln einen Khmer auf einer kambodschanischen Hochzeit unter den Tisch zu trinken, mit dem Gesicht auf der Tischplatte.

schas facettenreiche Khmer Leu (Hochland-Khmer) oder Chunchiet (Minderheiten) leben im Hochland und zählen 75 000 bis 100 000 Angehörige.

Offizielle Amtssprache ist Khmer, das von 95 % der Bevölkerung gesprochen wird. Englisch hat Französisch als beliebteste Fremdsprache abgelöst, wobei auch Chinesisch immer populärer wird. Die Lebenserwartung beträgt aktuell 64 Jahre.

Lebensart

Für viele ältere Kambodschaner sind Familie, Essen und Glaube die Grundpfeiler ihres Lebens; dieser Lebensstil hat sich seit Jahrhunderten nicht geändert. Der Glaube hat für viele eine hohe Bedeutung. Der Buddhismus half ihnen, die schrecklichen Jahre unter den Roten Khmer zu überstehen und danach ein neues Leben zu beginnen. Familie bedeutet für die Kambodschaner mehr als bei uns im Westen; sie umfasst nach ihrem Verständnis auch Cousins und Cousinen dritten Grades sowie verschiedene obskure Tanten – solange es eine Blutlinie gibt, besteht auch ein Verwandtschaftsband. Die Familien halten zusammen, lösen Probleme gemeinsam, hören auf die Weisheit ihrer Ältesten und bündeln ihre Kräfte gemeinschaftlich. Der Familienverband kommt in guten und in schlechten Zeiten zusammen, feiert gemeinsam Feste und Erfolge oder betrauert Tote und Enttäuschungen. Egal, ob ein Haus groß oder klein ist, es leben immer viele Menschen darin.

Doch dieser kambodschanische Lebensstil ändert sich nun, denn die Bevölkerung wird jünger und urbanisierter. Kambodscha erlebt gerade seinen ganz eigenen 60er-Swing; die junge Generation steht für ein anderes Leben als das, welches ihre Eltern ertragen mussten. Dies führt zu Spannungen, vor allem in den Städten, wo sich die rebellischen Teenager anziehen, wie sie wollen, ausgehen, mit wem sie wollen, und die ganze Nacht unterwegs sind. Kürzlich hat sich dieser Generationskonflikt auch auf die Politik ausgeweitet, nachdem Facebook-Nutzer bei den Wahlen von 2013 zu einem schockierenden Wahlergebnis beitrugen: Die Kambodschanische Volkspartei musste Einbußen von über 50 % hinnehmen.

Korruption gehört noch immer zum Alltag. Sie spielt eine wichtige Rolle in der Wirtschaft und ist auf allen Regierungsebenen vertreten. Mal ist sie offenkundig, mal subtiler; so schließen Privatunternehmer beispielsweise aufgrund guter Kontakte gewinnbringende Geschäfte ab. Alles scheint käuflich, seien es alte Tempel, Nationalparks oder Gedenkstätten.

Religion

Fast alle Khmer sind Anhänger des Theravada-Buddhismus. In Kambodscha ist diese Glaubensrichtung stark von ihren Vorgängern geprägt. Sie umfasst viele kulturelle Traditionen des Hinduismus wie Geburts-, Heirats- und Begräbniszeremonien. Geister wie Neak Ta gehen hingegen auf animistische Zeiten vor der indischen Epoche zurück.

Unter den Roten Khmer wurden die meisten buddhistischen Mönche im Land ermordet und fast alle Tempel des Landes (über 3000) beschädigt oder zerstört. Ende der 1980er-Jahre erklärte man den Buddhismus wieder zur Staatsreligion.

Weitere in Kambodscha vertretene Glaubensrichtungen sind der Islam, der von der Cham-Gemeinde praktiziert wird, der animistische Glaube der Bergvölker und das Christentum, das über Missionare und christliche Nichtregierungsorganisationen seinen Weg ins Land findet.

Kunst

Die Roten Khmer töteten nicht nur die Vertreter der Khmer-Kultur, sondern zerstörten auch Artefakte, Statuen, Musikinstrumente, Bücher und alles andere, was an die Vergangenheit erinnerte. Als Symbol der Herrlichkeit des Khmer-Reiches wurden die Tempel von Angkor verschont, ansonsten ist nur wenig geblieben. Heute erlebt Kambodscha eine Renaissance traditioneller Künste, zudem wächst das Interesse an interkulturellen Kontakten.

Das königliche Ballett stellt eine greifbare Verbindung zu den Glanzzeiten Angkors her und zeigt u.a. den einzigartigen Tanz der *apsara* (himmlische Nymphen). Auch die Musik geht auf Angkor-Zeiten zurück. Einblicke in den Musikgeschmack von Jayavarman VII. gewähren die Flachreliefs von Angkor.

Mitte des 20. Jhs. entwickelte sich im Land eine lebendige Popmusikszene, die unter den Roten Khmer ein jähes Ende fand. Nach dem Krieg bauten Exil-Khmer in den USA eine Popindustrie auf, und mittlerweile kehren einige dieser amerikanischen, von Rap geprägten Kambodschaner in ihre Heimat zurück. Das in Los Angeles lebende Sextett Dengue Fever, die ultimative Fusionband, lässt sich vom kambodschanischen Pop und Psychedelic Rock der 1960er inspirieren.

In der Funan- und Chenla-Epoche entstanden in Kambodscha wunderbar sinnliche Skulpturen, die viel mehr als bloße Kopien indischer Formen waren. Der Banteay-Srei-Stil des späten 10. Jhs. gilt als Höhepunkt in der Entwicklung der südostasiatischen Kunst.

Essen & Trinken

Manche traditionellen kambodschanischen Gerichte haben Gemeinsamkeiten mit der laotischen und thailändischen Küche (allerdings weniger scharf), andere mit der chinesischen und vietnamesischen. Auch die Franzosen hinterließen ihre Spuren.

Dank des Tonlé Sap ist Süßwasserfisch, oftmals als *ahng* (gegrillt) serviert, ein wichtiger Bestandteil der kambodschanischen Küche. Das legendäre Nationalgericht, *amok*, besteht aus mit Kokosnuss und Zitronengras in Bananenblättern gebackenem Fisch. *Prahoc* (fermentierte Fischpaste) wird, meist gemeinsam mit Kokosnuss und Zitronengras, zum Würzen verwendet.

Zu einer anständigen kambodschanischen Mahlzeit gehört fast immer *samlor* (Suppe), die zusammen mit den anderen Gängen aufgetischt wird. *Kyteow*, eine Reisnudelsuppe, hält den ganzen Tag vor. *Bobor* (Brei aus Reis) wird als Frühstück, Mittag- oder Abendessen serviert. Er schmeckt am besten mit frischem Fisch und ein bisschen Ingwer.

Von Leitungswasser sollte man die Finger lassen, insbesondere in ländlichen Gebieten. Wasser in Flaschen bekommt man fast überall, allerdings ist Kokosmilch, die von Buschmesser schwingenden Straßenhändlern verkauft wird, eine umweltfreundlichere und vielleicht sogar hygienischere Alternative.

Bier ist sehr beliebt in den Städten, auf dem Land wird gern Palmwein getrunken, der aus den weitverbreiteten Zuckerpalmen gewonnen wird. Tukaloks (Fruchtshakes) enthalten Milch, Zucker *und* teilweise auch rohe Eier.

Natur & Umwelt

Geografie

In erster Linie wird das Land vom mächtigen Mekong und dem riesigen See Tonlé Sap geprägt. Die reichhaltigen Ablagerungen, die sich während der jährlichen Überschwemmungen in der Regenzeit ansammeln, machen Zentralkambodscha zu einer ungemein fruchtbaren Region. In dieser flachen angespülten Ebene lebt die große Mehrheit der Kambodschaner, die hier in Harmonie mit den Rhythmen des Monsuns Fischerei und Landwirtschaft betreibt.

Der Südwesten ist zu großen Teilen von den Kardamom-Bergen und dem Elefanten-Gebirge nahe Kampot bedeckt. An der nördlichen Grenze mit Thailand treffen die Ebenen auf das Dongrek-Gebirge, ein eindrucksvolles Sandsteinmassiv, das über 300 km lang und bis zu 550 m hoch ist. Einer der besten Orte, um einen Eindruck von dieser Region zu erhalten, ist Prasat Preah Vihear.

TONLÉ SAP: DER HERZSCHLAG KAMBODSCHAS

In der Regenzeit (Juni–Okt.) steigt der Pegel des Mekong so stark, dass der Tonlé-Sap-Fluss in Richtung Nordwesten in den Tonlé Sap (Großer See) ausweichen muss. Nun schwillt der See von rund 3000 km² auf fast 13 000 km² an und Kambodscha wirkt aus der Luft wie eine gigantische Pfütze. Während der Trockenzeit nimmt der Mekong ab, der Tonlé Sap fließt wieder in die andere Richtung und das überschüssige Wasser des Sees kehrt in den Mekong zurück. Dieser einzigartige Prozess macht den Tonlé Sap zu einer der weltweit reichsten Quellen für Süßwasserfische.

Im nordöstlichen Winkel in den Provinzen Ratanakiri und Mondulkiri weichen die Ebenen dem östlichen Hochland, einer abgeschiedenen Region voll dicht bewaldeter Berge und Hochplateaus.

Tierwelt

Bis in die 1990er-Jahre waren Kambodschas Waldbiotope in ausgezeichnetem Zustand, und verglichen mit seinen Nachbarn sind die Lebensräume des Landes immer noch relativ gesund. Die Kriegsjahre haben ihren Tribut von einigen Spezies gefordert, aber andere Tierarten streifen immer noch durch die entlegenen Dschungel des Südwestens und Nordostens. Ironischerweise hat der Frieden zunehmende Bedrohungen mit sich gebracht, z. B. die Rodung riesiger Flächen von Primärwald und den illegalen Handel mit gefährdeten Tierarten.

Mit über 200 Säugetierarten bietet Kambodscha aber weiterhin die besten Möglichkeiten der Wildtierbeobachtung in ganz Südostasien. In Ratanakiri und Mondulkiri kann man Gibbons und Schwarzschenklige Kleideraffen beobachten, und in den Provinzen Kratie und Stung Treng gibt's die letzten überlebenden Süßwasser-Irawadidelfine zu sehen. Außerdem ist das Land ein Paradies für Vogelbeobachter – zu den gefiederten Freunden, die man fast nur in Kambodscha findet, zählen z. B. der Riesenibis, die Barttrappe, der Saruskranich und drei Arten von Geiern. In den Sümpfen rund um den Tonle Sap leben besonders viele Vögel. Das Sam Veasna Center mit Sitz in Siem Reap veranstaltet Trips zur Vogelbeobachtung.

Global bedrohte Tierarten, die man hier allerdings selten, sehen kann, sind der Asiatische Elefant, der Banteng (eine Wildrindart), der Gaur, der Nebelparder, die Fischkatze, die Marmorkatze, der Malaienbär, das Siam-Krokodil und das Schuppentier. Asiatische Tiger gab es einst reichlich in Kambodscha, aber heute kommen sie nur noch sehr selten vor – die letzte Sichtung war im Jahr 2007.

Umweltprobleme

Kambodschas unberührte Natur zieht viele abenteuerlustige Ökotouristen an, aber die Umwelt ist stark bedroht. Uralte Wälder werden zugunsten von Plantagen gerodet

VERANTWORTUNGSVOLLES REISEN IN KAMBODSCHA

Kambodscha hat die Hölle auf Erden erlebt, und es gibt für Besucher viele Möglichkeiten, dem Land zu helfen. So kann man beispielsweise länger im Land bleiben, es intensiv bereisen und auf Pauschaltouren verzichten. Wer weniger Zeit hat, sollte sein Geld auf den lokalen Märkten und in Restaurants und Geschäften ausgeben, die benachteiligte Einheimische unterstützen. Beim Besuch von Minderheitendörfern sollte man einige einfache Regeln beachten, die im Kasten „Verantwortungsvolles Wandern" (S. 325) beschrieben werden.

Wer Steinreliefs plündert, beschädigt die alten Tempel. Traveller sollten diesen kulturellen Raub nicht durch den Kauf von Antiquitäten unterstützen und können stattdessen hochwertige Reproduktionen mit Exportzertifikaten in Phnom Penh und Siem Reap erstehen.

Kambodschaner kleiden sich sehr züchtig und fühlen sich mitunter durch offenherzig angezogene Ausländer vor den Kopf gestoßen. Ein Bad im Meer nehmen sie z. B. in voller Montur. An Stränden kann man Bikini tragen, ansonsten sollte es mehr sein. Nackt- oder Oben-ohne-Baden ist ein definitives Tabu.

Die sexuelle Ausbeutung von Kindern wird mittlerweile sehr ernsthaft bekämpft. Wer etwas Auffälliges in Richtung Sextourismus mit Kindern beobachtet, sollte sich an die unten aufgeführten ChildSafe-Hotlines wenden. In touristischen Einrichtungen mit dem Logo von ChildSafe gibt's ausgebildetes Personal, das betroffene Kinder schützt und, wenn nötig, eingreift.

Phnom Penh ☎ 012 311112

Siem Reap ☎ 017 358758

Sihanoukville ☎ 012 478100

Polizei-Hotline ☎ 023-997919

Friends International (www.friends-international.org) bietet viele praktische Hinweise zum Thema verantwortungsbewusstes Reisen.

Flüsse werden für Wasserkraftwerke verbreitert und die Südküste wird von führenden Ölkonzernen erschlossen. Gebiete wie das Kardamom-Gebirge sind besonders gefährdet, und es bleibt abzuwarten, ob sich die Umweltschützer oder die Ökonomen durchsetzen werden.

Als größte Bedrohung für Kambodschas Ökosysteme gilt die illegale Abholzung zur Gewinnung von Holzkohle und Nutzhölzern sowie für den Anbau lukrativer Nutzpflanzen. Der Umwelthüter Global Witness (www.globalwitness.org) veröffentlicht akribisch dokumentierte Berichte zu korrupten Militärs und Beamten sowie ihren gut vernetzten Geschäftspartnern.

Auf kurze Sicht trägt die Abholzung dazu bei, dass es am Mekong stärker zu Überschwemmungen kommt, doch die Langzeitfolgen sind ungleich dramatischer: Verschlammung, Überfischung und Verschmutzung könnten letztendlich das Ende des Tonlé-Sap-Sees und somit eine Katastrophe für zukünftige Generationen bedeuten.

Auch Umweltverschmutzung ist ein Problem in Kambodscha, und Abfälle aller Art, insbesondere Plastiktüten und -flaschen, sind in besorgniserregender Menge im ganzen Land zu sehen.

Die neueste Umweltbedrohung sind die Dämme am Mekong. Umweltschützer befürchten, dass eine Stauung des Flusses dessen Strömungsmuster sowie die Migrationsgewohnheiten der Fische und auch der stark gefährdeten Süßwasser-Irawadidelfine ändern wird. Die Arbeiten am Don-Sahong-(Siphandone-)Damm nördlich der Grenze zwischen Kambodscha und Laos haben begonnen, und man plant bereits den Sambor-Damm, ein massives 3300-MW-Projekt 35 km nördlich von Kratie.

PRAKTISCHE INFORMATIONEN

Allgemeine Informationen

AKTIVITÄTEN

Kambodscha macht sich zunehmend als Ökotourismusziel einen Namen. Folgende Aktivitäten werden angeboten:

- Trekking durch den Dschungel in Ratanakiri, Mondulkiri und im Kardamom-Gebirge an der Südküste;
- Wanderungen mit Elefanten in Mondulkiri;
- Tauchen und Schnorcheln bei Sihanoukville;
- Fahrradtouren in Battambang, Mondulkiri, auf dem Mekong Discovery Trail zwischen Kratie und Stung Treng sowie rund um die Tempel von Angkor;
- Dirt-Bike-Touren für Fortgeschrittene.

ARBEITEN IN KAMBODSCHA

Jobs gibt's in ganz Kambodscha, aber außer Englischunterricht oder Aushelfen in Gästehäusern, Bars oder Restaurants sind die meisten Arbeitsstellen für Profis gedacht und werden im Voraus besetzt. Wer Englisch kann, findet viele Arbeitsangebote im Lehrbereich, aber ausgebildete Englischlehrer verdienen weit mehr als Leute ohne Qualifikationen.

Jobangebote findet man im Anzeigenteil der *Phnom Penh Post* und der *Cambodia Daily* sowie an Schwarzen Brettern in Pensionen und Restaurants. Für Infos zu Arbeitsmöglichkeiten bei Nichtregierungsorganisationen besucht man das **Cooperation Committee for Cambodia**, das regelmäßig freie Stellen ausschreibt.

BOTSCHAFTEN & KONSULATE

Deutsche Botschaft (Karte S. 256; ☎ 023-216381; 76–78 St 214, Phnom Penh)

Laotische Botschaft (Karte S. 252; ☎ 023-997931; 15–17 Mao Tse Toung Blvd, Phnom Penh)

Botschaft von Myanmar (Karte S. 252; ☎ 023-223761; 181 Norodom Blvd, Phnom Penh)

Österreichisches Honorarkonsulat (☎ 023-999001; 29 Mao Tse Toung Blvd, Phnom Penh)

Schweizer Konsularagentur (☎ 023-218305, No 50, St 334, Beung Kengkang 1/Khan Chamkarmon, Phnom Penh)

Thailändische Botschaft (Karte S. 252; ☎ 023-726306; 196 Norodom Blvd, Phnom Penh)

Vietnamesische Botschaft (☎ 023-726274; 436 Monivong Blvd, Phnom Penh)

BÜCHER

Es gibt jede Menge Literatur, die sich mit Kambodschas jüngster Geschichte, also mit der französischen Kolonialzeit, der Ausweitung des Vietnamkriegs auf Kambodscha, den Roten Khmer und den wilden 1990er-Jahren, beschäftigt. Einige der besten Werke:

- *Cambodia's Curse* von Joel Brinkley (2011). Der mit dem Pulitzerpreis gekrönte Journalist scheut sich nicht davor, die Regierung und deren Geldgeber zu kritisieren.
- *Hun Sen's Cambodia* von Sebastian Strangio (2015). Ein tabuloser Blick auf das moderne Kambodscha und die Herrschaft von Premierminister Hun Sen.
- *River of Time* von John Swain (1995). Nimmt den Leser mit ins alte Indochina, das dem Wahnsinn des Krieges zum Opfer fiel.
- *The Gate* von François Bizot (2003). Bizot wurde von den Roten Khmer entführt und in der französischen Botschaft gefangen gehalten.

PREISEKATEGORIEN: ESSEN

Die folgenden Preisspannen beziehen sich auf den Durchschnittspreis einer Hauptspeise.

**$** unter 5 US$

**$$** 5–10 US$

**$$$** über 10 US$

➡ *First They Killed My Father* von Loung Ung (2001). Erzählt von der Zerstörung einer kambodschanischen Stadtfamilie durch Hinrichtungen und Krankheiten während der Zeit der Roten Khmer.

FEIERTAGE

An Feiertagen und zu großen Festen schließen alle Banken, Ministerien und Botschaften; wer in dieser Zeit Kambodscha besuchen will, sollte seine Reise gut im Voraus planen Bei großen Festen, und wenn die Feiertage auf ein Wochenende fallen, nehmen sich die Kambodschaner gern ein oder zwei Tage extra frei. Sie feiern auch den einen oder anderen internationalen Feiertag – damit ist Kambodscha eines der Länder mit den meisten Feiertagen weltweit.

Neujahrstag 1. Januar
Tag des Sieges 7. Januar
Internationaler Frauentag 8. März
Internationaler Tag der Arbeit 1. Mai
Geburtstag des Königs 13.–15. Mai
Internationaler Kindertag 1. Juni
Geburtstag der Königsmutter 18. Juni
Tag der Verfassung 24. September
Gedenktag 15. Oktober
Unabhängigkeitstag 9. November
Internationaler Tag der Menschenrechte 10. Dezember

FREIWILLIGENARBEIT

In Kambodscha sind sehr viele Nichtregierungsorganisationen vertreten, von denen manche gelegentlich freiwillige Helfer suchen. Über die verschiedenen Organisationen vor Ort informiert beispielsweise das **Cooperation Committee for Cambodia** (CCC; Karte S. 252; ☎ 023-214152; www.ccc-cambodia.org; 9–11 St 476) in Phnom Penh.

In Siem Reap helfen professionelle Organisationen bei der Vermittlung, darunter **ConCERT** (www.concertcambodia.org) und **Globalteer** (www.globalteer.org), allerdings erhebt Letztere eine wöchentliche Gebühr.

GELD

➡ Die Landeswährung ist der Kambodschanische Riel (R).

➡ US-Dollars werden überall und von jedem akzeptiert, allerdings bekommt man das Wechselgeld vielleicht in Riel (die praktisch sind, wenn man z. B. *moto*-Fahrten oder Getränke bezahlen will).

➡ Bei der Berechnung des Wechselkurses wird der Dollar zumeist auf 4000 R aufgerundet.

➡ Nahe der Grenze zu Thailand wird oft in Baht bezahlt.

➡ Zerrissene Banknoten sollte man nicht annehmen, da diese nur selten akzeptiert werden.

Geldautomaten

Geldautomaten, die Debit- und Kreditkarten akzeptieren, gibt's in allen größeren Städten, an Grenzübergängen sowie zunehmend in Provinzstädten. Beträge werden in US-Dollar oder Riel ausgezahlt. Die meisten Banken erheben eine Gebühr von 4 bis 5 US$ pro Transaktion. Das größte lokale Geldautomatennetzwerk ist das der Acleda Bank, dicht gefolgt von der ANZ Royal Bank und der Canadia Bank.

Feilschen

Auf lokalen Märkten, für Fahrten mit dem Taxi oder *moto* und manchmal auch bei der Buchung eines günstigen Zimmers ist es üblich, zu feilschen. Weil die Khmer keine skrupellosen Verhandlungspartner sind, reichen ein überzeugendes Lächeln und ein paar freundliche Worte meist aus, um einen guten Preis zu erzielen.

Trinkgeld

Trinkgeld ist unüblich, aber in einem so armen Land wie Kambodscha kann ein Dollar (oder 5 bis 10 % bei größeren Rechnungen) viel bewirken.

INTERNETZUGANG

Internet ist weit verbreitet, aber seit es WLAN gibt, sind nicht mehr so viele Internetcafés vorhanden wie früher. Pro Stunde zahlt man zwischen 1500 R und 2 US$. Kostenloses WLAN ist in fast allen Hotels, Gästehäusern, Restaurants und Cafés verfügbar, selbst in entlegenen Provinzhauptstädten.

KARTEN

Die beste Karte für das gesamte Staatsgebiet von Kambodscha ist die *Cambodia Road Map* (1:750 000) von Gecko.

LGBT-REISENDE

Kambodscha ist hinsichtlich der sexuellen Orientierung allgemein sehr tolerant, sodass sich in den größeren Städten allmählich entsprechende Szenen entwickeln. Ebenso wie bei heterosexuellen Pärchen sind öffentliche Zuneigungsbekundungen aber ein Tabu. Nützliche Websites

Cambodia Gay (http://cambodia-gay.com) Unterstützt die Homosexuellen in Kambodscha und die schwulenfreundliche Kampagne Adore Cambodia.

Sticky Rice (www.stickyrice.ws) Schwulenreiseführer für Kambodscha und Asien.

ÖFFNUNGSZEITEN

Viele Kambodschaner stehen sehr früh auf. So sieht man bereits gegen 5.30 Uhr, wenn man selbst gerade nach Hause kommt, ähm, aufgestanden ist, schon jede Menge beschäftigte Menschen.

Banken Die meisten Banken haben montags bis freitags von 8 bis 15.30 Uhr sowie samstagmorgens geöffnet.

Behörden Von Montag bis Freitag sowie samstagmorgens geöffnet, theoretisch von 7.30 bis 11.30 und von 14 bis 17 Uhr.

Geschäfte Meist von 8 bis 18 Uhr offen, manchmal länger.

Lokale Märkte Jeden Tag von Sonnenauf- bis Sonnenuntergang (6.30–17.30 Uhr). In der Ferienzeit haben sie oft für einige Tage nicht geöffnet.

POST

- Die Post ist eine Art Glücksspiel. Briefe und Pakete zu Zielen außerhalb Asiens können zwei bis drei Wochen unterwegs sein.
- Wertsachen sollte man mit Kurierdiensten, z. B. mit **EMS** (☎ 023-723511; www.ems.com.kh; Hauptpost, St 13, Phnom Penh), oder aus einem anderen Land schicken.
- Am Schalter sollte man sich vergewissern, dass Karten und Briefe gestempelt werden.
- Die Hauptpost in Phnom Penh bietet den verlässlichsten Service und empfängt postlagernde Sendungen.

RECHTSFRAGEN

Sämtliche Rauschgifte inklusive Marihuana sind in Kambodscha verboten, wobei Hanf traditionell beim Kochen eingesetzt wird und beispielsweise auf so mancher Pizza zu finden ist. Nach den Gesetzen vieler westlicher Staaten sind im Ausland begangene Sexualdelikte im Heimatland strafbar.

REISEN MIT BEHINDERUNG

Kambodscha ist aufgrund der vielen Minen einer der Staaten, in dem anteilig die meisten Menschen mit Amputationen leben, aber dennoch ist das Land nicht auf Behinderte eingestellt. Nur wenige Gebäude verfügen über Aufzüge, Wege und Straßen sind voller Schlaglöcher, und die Treppen und steinigen Pfade in vielen Angkor-Tempeln stellen selbst für Menschen ohne Behinderung eine Herausforderung dar. Von A nach B gelangt man am besten mit privaten, recht preiswerten Transportmitteln. Wer Unterstützung vor Ort braucht, findet diese kostengünstig, außerdem sind die Khmer im Allgemeinen sehr hilfsbereit.

SCHLECHTE TRIPS VERMEIDEN

Traveller sollten sich vor *yaba*, der „Verrücktheitsdroge" aus Thailand, in Acht nehmen, die in Kambodscha als *yama* (benannt nach dem hinduistischen Gott des Todes) bekannt ist. Dabei handelt es sich nicht um Diätpillen vom Apotheker, sondern um Ice bzw. Crystal Meth, Methamphetamine, die in Laboren in Kambodscha und Umgebung hergestellt werden. Die Pillen werden oft mit giftigen Substanzen wie Quecksilber und Lithium (oder anderen Substanzen, die der Panscher gerade findet) versetzt. *Yama* ist eine schmutzige Droge, und die Suchtgefahr ist größer, als es sich viele Konsumenten eingestehen. Die Einnahme kann zu starken Halluzinationen, Schlafstörungen sowie Psychosen führen. Man sollte die Finger von dem Zeug lassen, es sei denn, man plant eine unbefristete Verlängerung seiner Kambodscha-Reise.

SICHERHEIT

Abzocke

Die meisten Betrügereien sind recht harmlos – hier wird eine Gebühr verlangt, da wird man von Taxis oder *moto*-Fahrern abgezockt, vor allem in Siem Reap.

Uns liegen ein oder zwei Berichte von Polizeikontrollen vor, bei denen es um untergeschobene Drogen ging. Dies kommt sehr selten vor, aber wenn man Opfer einer solchen Masche wird, sollte man besser etwas Geld zahlen, bevor in der Polizeistation noch mehr Beamte hinzukommen, denn wenn mehr Polizisten im Spiel sind, wird es noch teurer.

Die Bettler in Phnom Penh und Siem Reap bitten um Milchpulver für die Kinder, die sie im Arm halten. Einige Ausländer erliegen dem Drang zu helfen, aber die Bettler wollen meist das teuerste Milchpulver und geben es anschließend im Geschäft zurück, um sich danach das Geld zu teilen.

Die *moto*- und *remork*-Fahrer versuchen immer, einen oder zwei Extradollar von Touristen zu erhaschen. Ein leicht erhöhter Preis für Ausländer ist normal, aber wenn er das Dreifache vom in diesem Kapitel Beschriebenen beträgt, ist es Abzocke. Die Preise sind niedrig und steigen auch nicht jährlich.

Kriminalität

Angesichts der Anzahl von Waffen in Kambodscha geschehen weniger bewaffnete Raubüberfälle, als man annehmen würde. Dennoch sind

Überfälle und Motorraddiebstahl eine potenzielle Gefahr, vor allem in Phnom Penh und Sihanoukville. Man muss deshalb nicht gleich paranoid werden, sollte aber aufmerksam bleiben. Spätabends allein unterwegs zu sein ist nie eine gute Idee, vor allem nicht in ländlichen Regionen.

Taschendiebstahl hat sich in den letzten Jahren in Phnom Penh zu einem zunehmenden Problem entwickelt, und die Motorraddiebe kennen keine Gnade: Sie ziehen Passagiere vom *moto* und gefährden damit Leben. Wer mit einem *moto* fährt, sollte seine Tasche immer direkt vor sich tragen, und auch auf dem *remork* sollte man aufpassen.

Wer Pech hat und ausgeraubt wird, sollte wissen, dass die kambodschanische Polizei sich jede ihrer Leistungen bezahlen lässt! Jede Art von Hilfe, wie z. B. ein Polizeibericht, wird Geld kosten. Die übliche Rate bei einem Diebstahl liegt bei 5 bis 50 US$.

Minen & Mörser

Kambodscha gehört zu den am stärksten verminten Ländern der Welt. Besonders prekär ist die Situation im Nordwesten nahe der thailändischen Grenze. Viele verminte Gebiete sind nicht gekennzeichnet, deswegen darf man auf keinen Fall von den offiziellen Wegen abkommen und sollte niemals Blindgänger (UXO, *unexploded ordnance*) wie Mörser und Granaten berühren. Wer sich in einem verminten Gebiet wiederfindet, geht nur dann zurück, wenn die eigenen Fußabdrücke klar sichtbar sind. Ist dies nicht der Fall, bleibt man an Ort und Stelle und ruft nach Hilfe. Wird jemand in einem Minenfeld verletzt, rennt man nicht einfach hin, auch wenn derjenige vor Schmerzen schreit, sondern sucht bei jemandem Hilfe, der weiß, wie man ein vermintes Gebiet betritt.

STROM

In Kambodscha beträgt die Stromspannung 220 Volt, 50 Hertz, wobei es oft zu Spannungsstößen und Stromausfällen kommt, besonders in den Provinzen. Steckdosen sind in der Regel zweipolig; es gibt flache (die Regel) und runde Ausführungen.

TELEFON

In zahlreichen Regionen ist die Anzahl der Festnetzanschlüsse beschränkt. Mobiltelefone, deren Nummern mit 01, 07, 08 oder 09 beginnen, erfreuen sich sowohl bei Privatpersonen als auch bei Unternehmen großer Beliebtheit. Wir empfehlen, eine lokale SIM-Karte zu kaufen, um die teuren Roaming-Gebühren zu umgehen. SIM-Karten sind weithin erhältlich und kosten fast nichts. Telefonate mit Handys und 3G-Internetzugang sind ebenfalls billig. Ausländer müssen einen gültigen Reisepass vorlegen, um in den Geschäften vor Ort eine SIM-Karte erwerben zu können.

Wer kein Telefon besitzt, kann Ortsgespräche in den Städten am besten an einem der vielen kleinen Privatstände am Bordstein erledigen, was um die 300 R kostet.

Unter www.yp.com.kh findet man die Gelben Seiten von Kambodscha. Dort gibt's auch eine Liste mit Geschäften und Regierungsämtern.

> **PREISEKATEGORIEN: SCHLAFEN**
>
> Die folgenden Preise beziehen sich auf das billigste Doppelzimmer, das, mit oder ohne Bad, in der Hochsaison angeboten wird.
>
> **$** unter 25 US$
>
> **$$** 25–80 US$
>
> **$$$** über 80 US$

UNTERKUNFT

Die Unterkünfte in Kambodscha bieten ein tolles Preis-Leistungs-Verhältnis. In beliebten Touristengegenden verlangen günstige Pensionen für ein Zimmer mit Bad und Kaltwasser 5 bis 10 US$. Für Betten in Schlafsälen zahlt man 3 bis 10 US$. Für diesen Preis bekommt man in Pensionen unter kambodschanischer Leitung gleich ein komplettes Zimmer. Zimmer mit Klimaanlage sind ab 10 US$ zu haben. Für 15 bis 20 US$ kann man richtiggehend stilvoll leben. Ab 30 US$ gibt's Boutique-Hotel-Standard mit Swimmingpool.

Von Mitte November bis März herrscht am meisten Andrang. In der Nebensaison bieten die großen Hotels in Phnom Penh, Siem Reap und Sihanoukville besonders günstige Preise, wobei dies tendenziell eher auf Unterkünfte der mittleren und gehobenen Preisklasse zutrifft als auf Budgetbleiben.

Privatunterkünfte sind in den ländlichen Regionen und auf den Mekong-Inseln beliebt und eignen sich wunderbar, um Einheimische kennenzulernen und Einblicke in den kambodschanischen Alltag zu erhalten.

VERSICHERUNG

Jeder Traveller sollte überprüfen, ob seine Krankenversicherung Notfalltransporte abdeckt: Wegen der nur begrenzt vorhandenen medizinischen Einrichtungen müssen Opfer von Verkehrsunfällen, Denguefieber-Patienten etc. nach Bangkok geflogen werden.

VISA

Hinweise zum Überqueren bestimmter Grenzübergänge gibt's in den jeweiligen Themenkästen in diesem Kapitel.

Visa bei der Ankunft

➡ Deutsche, Österreicher und Schweizer erhalten bei der Ankunft an den Flughäfen von Phnom Penh und Siem Reap sowie an allen

Grenzübergängen auf dem Landweg ein einmonatiges Touristenvisum (30 US$).

- Man braucht ein Passfoto, ansonsten muss man 2 US$ „Strafgeld" zahlen.
- An den Flughäfen werden Visa extrem schnell ausgestellt und es gibt meist keine Warteschlangen, daher lohnt es sich kaum, die 5 US$ mehr für ein Online-Visum zu zahlen. Vielleicht zieht man das Online-Visum jedoch in Betracht, wenn man bei Poipet oder Koh Kong die Grenze überqueren will. An diesen Grenzübergängen werden meist zu hohe Preise für Visa verlangt, und mit einem Online-Visum kann man diese potenziellen Gebühren ganz einfach umgehen.

Online-Visa

- Einmonatige Online-Visa kosten 30 US$ plus 5 US$ Bearbeitungsgebühr.
- Es gibt sie unter www.mfaic.gov.kh. Sie werden innerhalb von drei Werktagen ausgestellt.
- Sie können an allen Flughäfen sowie an den Grenzübergängen Bavet, Koh Kong und Poipet genutzt werden. Sie gelten nicht an den entlegeneren Grenzübergängen, daher muss man sich an den abgeschiedenen thailändischen und laotischen Grenzübergängen in jedem Fall mit den korrupten Beamten herumschlagen (an den vietnamesischen Grenzen gibt's in den meisten Fällen keine Probleme mit Korruption).

Visa-Verlängerung

- Touristenvisa können nur einmal und lediglich um einen Monat verlängert werden. Wer einen längeren Aufenthalt plant, sollte bei Ankunft nach einem einmonatigen Geschäftsvisum (35 US$) fragen, das von jedem Reisebüro in Phnom Penh um bis zu ein Jahr verlängert werden kann. Passfoto mitbringen.
- Verlängerungen um einen/drei/sechs/zwölf Monat(e) kosten etwa 45/75/155/285 US$ und nehmen normalerweise drei Werktage in Anspruch.
- Wenn man sein Visum um einen Monat verlängern will, ist es eventuell günstiger, nach Thailand auszureisen und sich bei der erneuten Einreise nach Kambodscha ein neues Visum ausstellen zu lassen.
- Ist das Visum abgelaufen, muss man bei der Ausreise für jeden überzogenen Tag 5 US$ zahlen.

Visavorschriften für die Nachbarstaaten

Vietnam Ein einmonatiges Visum für eine Einreise kostet 60/70 US$ bei Ausstellung innerhalb eines Tages/einer Stunde und ist in Phnom Penh, Sihanoukville oder Battambang erhältlich. Seit der Änderung der Bestimmungen 2015 benötigen viele Besucher gar kein Visum mehr.

Laos Bei der Einreise erhalten die meisten Besucher ein Visum. Sie kosten, je nach Nationalität, zwischen 3 und 42 US$.

Thailand Für einen Großteil der Einreisenden besteht keine Visumspflicht.

ZEIT

Wie Laos, Vietnam und Thailand liegt Kambodscha sechs Stunden vor der Mitteleuropäischen Zeit (MEZ). Während der europäischen Sommerzeit sind es fünf Stunden.

ZOLLBESTIMMUNGEN

In das Land darf eine „angemessene Menge" zollfreier Waren eingeführt werden. Wer mit dem Flugzeug anreist, sollte bedenken, dass auf den Straßen von Phnom Penh Alkohol und Zigaretten sehr viel billiger sind als im Duty-free-Shop.

Antiquitäten dürfen nicht ausgeführt werden.

An- & Weiterreise

FLUGZEUG

Die beiden bedeutenden internationalen Flughäfen Kambodschas, der **Phnom Penh International Airport** (S. 263) und der **Siem Reap International Airport** (S. 278), bieten regelmäßige Verbindungen zu Zielen in ganz Ostasien. In beiden gibt es eine große Auswahl an Einrichtungen, wie Restaurants, Bars, Geschäfte und Geldautomaten.

Der **Sihanoukville International Airport** (☎ 012-333524; www.cambodia-airports.com) bietet zurzeit nur wenige internationale Verbindungen in einige Nachbarländer. Achtung: An diesem Flughafen werden keine Online-Visa akzeptiert.

Es gibt immer mehr Flüge nach Kambodscha, aber die meisten verbinden nur die Regionalhauptstädte. Die nationale Fluglinie **Cambodia Angkor Airways** (www.cambodiaangkorair.com) hat die meisten internationalen Flüge zu Zielen in der gesamten Region, z. B. Bangkok, Danang, Guangzhou, Ho-Chi-Minh-Stadt, Seoul und Shanghai. **Thai Airways** (www.thaiair.com) und **Bangkok Airways** (www.bangkokair.com) bieten die meisten täglichen internationalen Flugverbindungen über Bangkok. **Vietnam Airlines** (www.vietnamairlines.com) hat mehrere hilfreiche Verbindungen, z. B. von Phnom Penh und Siem Reap nach Hanoi und Ho-Chi-Minh-Stadt sowie von Phnom Penh nach Vientiane und von Siem Reap nach Luang Prabang, Danang und Phu Quoc.

In den letzten Jahren sind immer mehr Billig-Airlines entstanden, und die lassen die Preise sinken. Gute Budget-Fluglinien sind: **Air Asia** (www.airasia.com) mit täglichen Billigflügen von Phnom Penh und Siem Reap nach Kuala Lumpur und Bangkok; **Jetstar** (www.jetstar.com) mit täglichen Flügen von Phnom Penh und Siem Reap nach Singapur; und **Cebu Pacific** (www.cebupacificair.com) mit drei bis vier Flügen pro Woche von Siem Reap nach Manila.

Weitere regionale Zentren mit Direktflügen nach Kambodscha sind Hongkong und Taipeh. Die Fernstreckenflüge sind derzeit auf Doha und Tokio beschränkt.

AUF DEM LANDWEG

Alle Grenzübergänge nach Laos, Thailand und Vietnam werden in diesem Kapitel beschrieben.

Unterwegs vor Ort

AUTO & MOTORRAD

Mit einem gemieteten Motorrad (zum Selbstfahren) lassen sich die Provinzstädte und ihre umliegenden Sehenswürdigkeiten wunderbar erkunden (allerdings dürfen Touristen in Siem Reap keine Motorräder ausleihen). Einfache 100-ccm- bis 125-ccm-Motorräder sind weithin erhältlich und billig (rund 5 US$ pro Tag). Ein Führerschein wird nicht verlangt, muss aber bei einer Polizeikontrolle, wie sie gelegentlich stattfindet, vorgezeigt werden. Wichtig ist ein gutes Schloss, zudem sollte man sein Motorrad möglichst in bewachten Parkbereichen abstellen.

Auf längeren Fahrten bieten Motorräder und Autos mehr Flexibilität, um abgelegene Orte zu besuchen und nach Belieben zu halten. Kambodschas wichtigste Nationalstraßen (National Highways; NH) sind in einem guten Zustand, können aber trotzdem gefährlich sein, da man mit waghalsigen Überholmanövern rechnen muss.

Wer ganz entspannt Motorrad fahren will, für den sind die großen Nationalstraßen zu sehr befahren; Kambodschas weniger frequentierte Routen eignen sich aber wunderbar für eine Exkursion auf zwei Rädern. Auf die abgeschiedenen, geradezu teuflischen Straßen im Nordwesten und Nordosten sollten sich jedoch nur Erfahrene wagen. In jedem Fall muss man Vorsicht walten lassen, da außerhalb von Phnom Penh und Siem Reap medizinische Einrichtungen rudimentär und Krankenwagen selten sind.

BUS & MINIVAN

Rund ein Dutzend Busunternehmen bedient sämtliche Regionen des Landes. Komfort und Preise variieren, daher sollte man vor der Buchung Preise vergleichen. Bustickets über Pensionen und Hotels zu buchen ist praktisch, allerdings fällt oft eine Gebühr an. Die Reisebüros arbeiten meist nur mit einer Handvoll Unternehmen und haben daher nicht immer den gewünschten Anbieter und/oder die bevorzugte Abfahrtszeit im Angebot.

Expressvans – meist moderne Ford Transits oder Toyota Hiaces – sind eine gute Option für Fahrten zwischen den Großstädten. Sie arbeiten nach dem Motto „ein Sitzplatz pro Passagier". Expressvans kosten etwa so viel wie die großen Busse, sind aber viel schneller – für viele zu schnell. Außerdem bieten sie nicht viel Beinfreiheit; die großen Busse sind meist komfortabler.

Auf den ländlichen Routen verkehren meist ältere lokale Minibusse, die aber selten von westlichen Besuchern genutzt werden. Sie sind sehr billig, aber meist ungemütlich und überfüllt (und in der Regel übergibt sich jemand auf einen) und werden manchmal von Rasern gefahren. Man sollte sie nur nutzen, wenn es keine andere Alternative gibt.

> **FLUGHAFENSTEUER**
>
> Die Ausreisesteuer für internationale Flüge (25 US$) ist bereits im Ticketpreis enthalten, deshalb fallen am Flughafen keine Extrakosten an.

CYCLO

Auf den Straßen von Phnom Penh und Battambang sieht man noch hin und wieder *cyclos* (Fahrradtaxis). Sie sind zwar langsam, aber charmant und umweltfreundlich; sie kosten etwa dasselbe wie ein *moto*.

FAHRRAD

Manche Pensionen und Hotels verleihen Fahrräder für 1 bis 2 US$ am Tag. Wer viele Touren plant, sollte einen Helm mitbringen. Dieser bietet auch auf dem *moto* einen gewissen Schutz.

Kambodscha ist ein tolles Terrain für abenteuerlustige Radfahrer, weil man auf diese Weise ganz einfach in Kontakt mit Einheimischen kommt. Große Teile Kambodschas sind komplett flach oder nur wenig hügelig, allerdings ist auf befestigten Straßen fehlende Sicherheit ein Thema, da Lkw, Busse und Autos mit hoher Geschwindigkeit auf ihnen entlangbrettern. Parallel zu den Autobahnen verlaufen meist flache, unbefestigte Wege, die eine entspanntere Fahrt und mehr Einblick in das Leben der Bevölkerung bieten.

Eine Radtour durch Angkor vermittelt die Ausmaße der fantastischen Tempelanlage. In den Kardamom-Bergen sowie den Provinzen Mondulkiri und Ratanakiri werden unternehmungslustige Mountainbiker in den nächsten Jahren sicherlich ein wachsendes Angebot vorfinden.

FLUGZEUG

Mehrere nationale Fluggesellschaften bedienen die Routen Phnom Penh–Siem Reap (tgl. bis zu 10-mal) und Siem Reap–Sihanoukville (mehrmals täglich).

Bassaka Air (☎ 023-217613; www.bassakaair.com)

Cambodia Angkor Air (☎ 023-212564; www.cambodiaangkorair.com)

Cambodia Bayon Airlines (☎ 023-231555; www.bayonairlines.com)

JC International Airlines (☎ 023-989707; www.jcairline.com)

REMORK, MOTO & CYCLO

Ein *moto*, auch als *motodup* (*moto*-Fahrer) bekannt, ist ein kleines Motorradtaxi. Eine schnelle

Möglichkeit, kurze Fahrten in den Städten zurückzulegen. Die Preise bewegen sich je nach Strecke und Stadt zwischen 2000 R bis 1,50 US$ oder mehr. Ein *moto* für einen Tag zu mieten kostet um die 10 US$, mehr, wenn größere Strecken zurückgelegt werden oder der Fahrer Englisch spricht.

Beim kambodschanischen *remork-moto* (*túk-túk*) handelt es sich um einen überdachten, zweirädrigen Anhänger, der von einem Motorrad gezogen wird. Ein *remork* ist etwa doppelt so teuer wie ein *moto*. Für zwei bis drei Personen kommt es allerdings oft billiger. Zudem ist es sicherer und sehr viel komfortabler als ein *moto*, vor allem, wenn man Gepäck mitführt, oder bei Regen.

Die Einheimischen vereinbaren vor der Fahrt mit einem *moto* oder *remork* selten einen Preis, Touristen aber sollten dies auf jeden Fall tun. Viele geschäftstüchtige *moto*-Fahrer haben die Angewohnheit, von Ausländern überteuerte Preise zu verlangen. Manchmal versuchen sie auch, Preise pro Passagier zu berechnen (man sollte dies nie zulassen, obwohl es durchaus fair ist, einen oder zwei Dollar mehr zu zahlen, wenn man vier bis sechs Leute in ein *remork* quetscht).

Lokale Taxis können über Pensionen und Hotels in Phnom Penh, Siem Reap und Sihanoukville bestellt werden. Der Preis liegt in der Regel etwas höher als der für ein *remork*. Für einen Tag muss man, je nach Strecke und Aufwand, um die 30 US$ hinblättern.

SAMMELTAXIS

Sammeltaxis (meist aufgebockte Toyota Camrys) sind schneller, hinsichtlich der Abfahrtszeiten flexibler und etwas teurer als Busse. Sie fahren ab, sobald sie voll besetzt sind, was auf beliebten Strecken meist schnell geht. Auf weniger frequentierten Routen muss man wahrscheinlich eine Weile warten (manchmal bis zum nächsten Tag, wenn man nachmittags anreist), bis das Fahrzeug voll ist, oder die freien Sitzplätze selbst bezahlen.

Sammeltaxis können ziemlich beengt sein. Jedes Taxi transportiert neben dem Fahrer sechs bis sieben Passagiere; der Preis ändert sich je nach Anzahl der Fahrgäste. Häufig sitzen auch zwei auf dem Vordersitz, vier hinten und manchmal noch einer zwischen Fahrer und Tür! Wer das Doppelte zahlt, kann sich allein auf dem Vordersitz breitmachen, und wer das Sechsfache hinblättert, hat ein Privattaxi. Verhandelt man geduldig und freundlich, bekommt man meist einen fairen Preis.

SCHIFF/FÄHRE

Öffentliche Langstreckenschiffe gibt's immer seltener, weil die Straßen zunehmend besser werden, aber auf dem Tonlé Sap verkehren immer noch jede Menge Schnellboote von Phnom Penh nach Siem Reap, während kleinere Boote die malerische Strecke zwischen Siem Reap und Battambang zurücklegen.

Laos

6,9 MIO. EW.

Inhalt ➡

Gut essen

- Doi Ka Noi (S. 351)
- Coconut Garden (S. 369)
- Tamarind (S. 369)
- Il Tavolo (S. 360)
- Lao Kitchen (S. 352)

Redewendungen

Hallo sábąi-dĕe

Auf Wiedersehen sábąi-dĕe

Ja/Nein maan/bor

Danke kòrp jąi

Sprechen Sie Englisch? jôw ƃàhk páh-săh ąng·kít dâi bor

Auf nach Laos!

Laos, Land der Lotusesser inmitten gedeihender Nachbarstaaten, vereint das Beste von Südostasien auf kleinem Raum. Es gehört zu den beliebtesten Zielen in Südostasien, denn der Staat ist mit einzigartigen Menschen gesegnet und bietet die Chance, seinem inneren Abenteurer freien Lauf zu lassen. Das „Land der Millionen Elefanten" strahlt Magie aus. Man spürt sie, wenn man Hmong-Stammesfrauen durch den Nebel wandern sieht, über schimmernde Reisfelder spaziert oder in der Morgendämmerung den Ruf eines Gibbons hört. Aber es ist auch ein idealer Ort, um sich im Spa verwöhnen zu lassen oder in einem der hervorragenden französischen Restaurants unter einem Holzventilator zu entspannen. Das Land hat sich dem Ökotourismus verschrieben. Sei es mit Wanderungen durch die Wälder, Homestays bei Stammesvölkern, Seilrutschen im Wald, Erkundungen unterirdischer Flusshöhlen oder Motocrossabenteuer im Dschungel – Laos brennt sich ins Gedächtnis!

Reisezeit

Vientiane

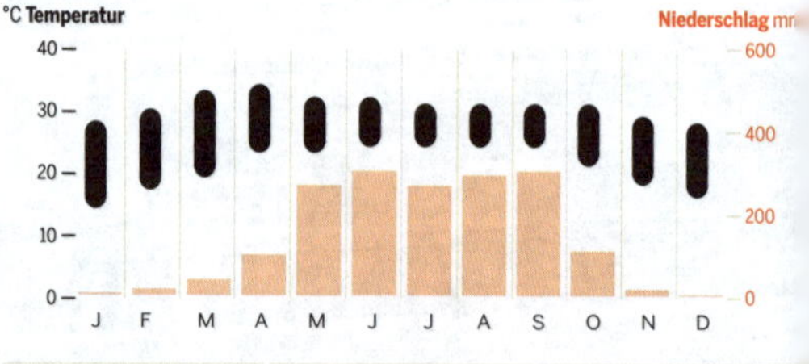

Nov.–Feb. Ideal für einen Besuch – im November findet das Vollmondfest Bun Pha That Luang statt.

März–Mai Temperaturen und Luftfeuchtigkeit steigen, während Hotelpreise fallen.

Juni–Nov. Der Monsun bringt frische Luft und Flussfeste wie das Bun Awk Phansa und Bun Nam.

Anreise

Es gibt mehr als ein Dutzend Grenzübergänge von Kambodscha, China, Thailand und Vietnam nach Laos. Außerdem verbinden regelmäßige Flüge Laos mit den Nachbarländern.

REGIONEN AUF EINEN BLICK

Viele Kurzurlauber erleben Laos in Luang Prabang. Und das ist auch ziemlich beeindruckend, dank des wohlverdienten Welterbe-Status. Laos' andere große Stadt, die Hauptstadt Vientiane, mag für eine asiatische Stadt ländlich anmuten, aber sie überzeugt mit Charme, hübschen Cafés, schicken Restaurants und kleinen Bars.

Dahinter liegt das nördliche Laos, eine Landschaft mit turmgleichen Bergen und dichtem Wald, der weitläufige Nationalparks, seltene Tiere und vielfältige Minoritätengruppen beherbergt

Das Landesinnere wird nur wenig bereist. Hier liegen einige der dramatischsten Höhlensysteme Asiens, daneben spektakuläre Landschaften und zerfallende Städte aus Kolonialzeiten. Richtung Süden wird das Leben spürbar entschleunigt. Die Mekonginseln Si Phan Don halten die Menschen länger gefangen als geplant, und das Bolaven-Plateau gibt einen richtigen Kick, nicht nur durch den Kaffee.

Outdooraktivitäten

Schutzgebiete (National Protected Areas) 20 Schutzgebiete in ganz Laos laden zum Wandern ein.

Vang Vieng Mit den neuesten Ziplines einmal Tarzan im Urwald spielen.

The Loop Zwei Tage mit dem Motorrad durch Urwald, Karst und Grenzstädte und vorbei an Staudämmen – Laos hautnah.

Thakhek Einer der schönsten Plätze des Landes, um an einem Kalksteinkarst zu klettern.

Gibbon Experience Hier saust man mit der Seilbahn durch das Blätterdach des Regenwaldes.

Infos im Internet

Hobo Maps (http.//hobomaps.com) Aktuelle Karten und Informationen zum Verkehr, vor allem für das nördliche Laos.

Lao National Tourism Administration (www.tourismlaos.org) Zum großen Teil aktuelle Reiseinformationen von der Regierung.

RFA (Radio Free Asia; www.rfa.org/english/news/laos) Unparteiische, unzensierte Nachrichten über Laos von Journalisten aus Asien.

Lonely Planet (www.lonelyplanet.com/laos) Informationen über Ziele, Hotelbuchungen, Reiseforum und mehr.

AUF EINEN BLICK

Währung Laotischer Kip (K)

Geld Geldautomaten in großen Städten. Kreditkarten werden in Luang Prabang und Vientiane akzeptiert

Visa Bei Ankunft (30 Tage gültig; 30–42 US$, je nach Reisepass)

Mobiltelefone Prepaid-SIM-Karten schon ab 10 000 K erhältlich. Anständiges Netz.

Sprache Laotisch

Wechselkurse

Eurozone	1 €	9750 K
Thailand	10 B	2484 K
USA	1 US$	8250 K
Vietnam	10 000 d	3629 K

Aktuelle Wechselkurse unter www.xe.com.

Preise

Günstiges Hotelzimmer 5–10 US$

Lokales Gericht 2–4 US$

Bier 1 US$

Museumseintritt 2 US$

Kurzinfos

Fläche 236 000 km²

Hauptstadt Vientiane

Notfall Polizei 191

Laos Highlights

1 Luang Prabang (S. 362) Diese antike Tempelstadt hat einfach alles – königliche Geschichte, indochinesische Eleganz, farbenfrohe Mönche, Wasserfälle, großartige Flusslandschaften und französische Küche.

2 Tham Kong Lor (S. 388) Hier kann man mit dem Boot durch eine wundervoll schaurige 7,5 km lange Höhle fahren, in der faustgroße Spinnen in Stalaktitwäldern leben.

3 Gibbon Experience (S. 385) Am Tag den Wald in Houay Xay zu Fuß oder per Seilbahn erkunden, nachts in gemütlichen Baumhäusern schlafen.

4 Nam Ha National Protected Area (S. 384) Einer der wildesten, dichtesten Urwälder des Landes kann zu Fuß erforscht werden. Hier leben auch viele verschiedene Stämme.

5 Si Phan Don (S. 401) Entspannung pur in der „Hauptstadt der Hängematten“. Ein feuchtheißes Idyll für alle Reisende, wo der Mekong sich türkis verfärbt.

6 Vieng Xay (S. 381) Hier kann man die Kriegsschutzräume in den Höhlenkomplexen erkunden, die von schönen Gärten und eindrucksvollen Karstformationen umgeben sind.

7 Ebene der Tonkrüge (S. 379) Die geheimnisvolle Ebene der Tonkrüge in der Nähe von Phonsavan lädt zum Entdecken ein.

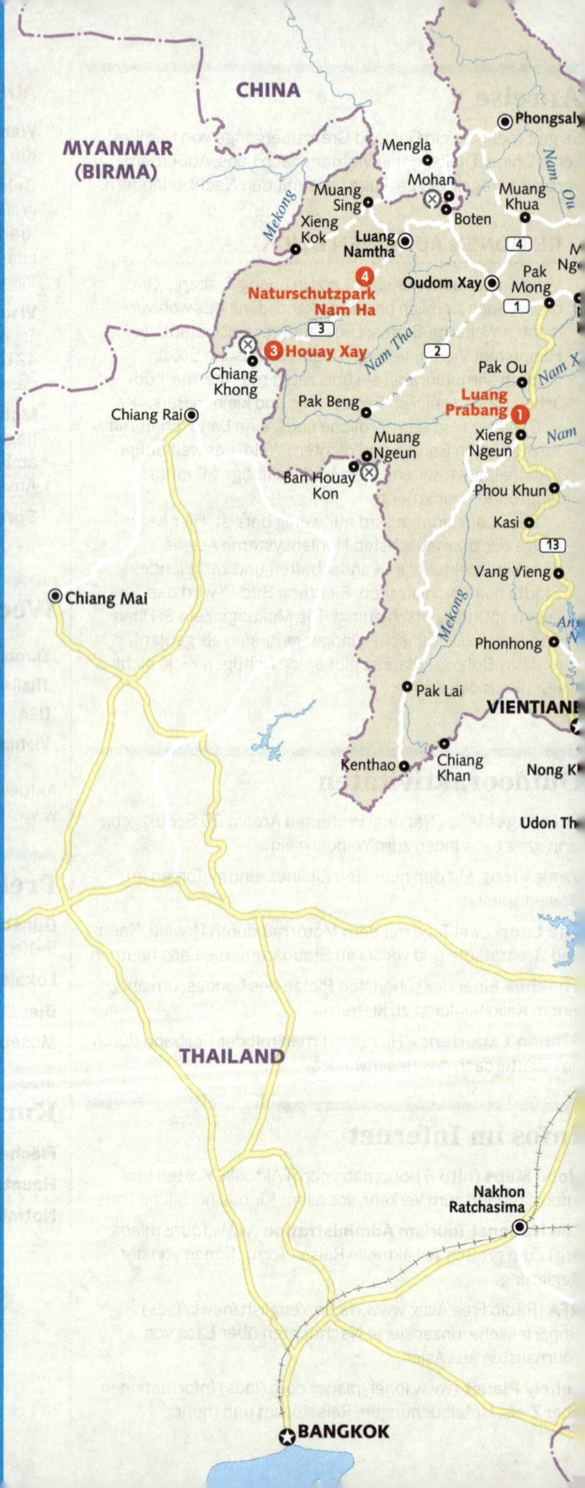

0
200 km
VIETNAM
Son La
HANOI
Sop Hao
Xam Neua
6
Vieng Xai
Houa Muang
Houphanh
Na Meo
Nam Soi
6
7
Nonghet
Nam Khan
Nam Can
Muang Khun
Ban Na
Nam Xan
6
Pakxan
Bueng Kan
Cau Treo
Kham Keut
Nam Phao
8
Lak Sao
Ban Khoun Kham
13
Mekong
2
Tham Kong Lor
Cha Lo
Nakai
12
Na Phao
Vinh
Golf von Tonkin
SÜDCHINESISCHES MEER
Dong Hoi
Thakhek
Nakhon Phanom
Xe Bang Fai Cave
23
Sepon
Ban Dong
Lao Bao
Khe Sanh
Dong Ha
Dong-Phou-Vieng-Nationalpark
Daen Savan
Savannakhet
Mukdahan
Hué
Xe Pon
23
Xe Kong
Xe Don
Saravan
VIETNAM
Tad Lo
Xekong (Muang Lamam)
Ubon Ratchathani
Vang Tao
Pakxe
Pakxong
Bolaven-Plateau
Xe Kaman
Chong Mek
Attapeu (Samakhi Xai)
Champasak
18
18
Bo Y
Phou Keua
Ngoc Hoi
Xe Kong
13
Mekong
Kon Tum
Si Phan Don
5
Siempang
KAMBODSCHA
Nong Nok Khiene (Laos)
Trapeang Kriel (Kambodscha)

VIENTIANE

021 / 997 000 EW.

Von den müden *túk-túk*-Fahrern bis hin zur Schickeria und den erschwinglichen Spas ist dieser ehemalige Handelsposten, um es milde auszudrücken, gemächlich. Die zu Fuß gut erkundbare Altstadt von Vientiane (ວຽງຈັນ) besticht durch schillernde Tempel, *naga*-(Schlangenwesen-)Statuen, die den Eindruck machen, als würden sie sich auf einen stürzen, herumwandernde buddhistische Mönche und Alleen gesäumt von Wachsblumen und Tamarindenbäumen. Mittlerweile erreicht Vientiane durch alte französische Villen, die als stylische Restaurants und kleine Hotels zu neuem Leben erwachen, ein bisher nicht gekanntes Niveau an Stil mit unverkennbar französischem Einschlag. Die Stadt ist sowohl für gut betuchte Reisende als auch für Backpacker geeignet. Von Low-Budget-Buden und Straßenmärkten bis hin zu exklusiven Boutique-Unterkünften und kulinarischen Restaurants ist alles dabei.

Geschichte

1000 Jahre lang wurde Vientiane von Vietnamesen, Birmanen, Siamesen und Khmer beherrscht, verwüstet und ausgeplündert. Als Laos gegen Ende des 19. Jhs. französisches Protektorat wurde, ernannte man Vientiane wieder zur Hauptstadt und baute es neu auf. So entwickelte es sich neben Phnom Penh und Saigon (Ho-Chi-Minh-Stadt) zu einer der bedeutendsten Metropolen Indochinas. In den frühen 1960er-Jahren und zu Beginn des Vietnamkriegs hat sich das Gesicht der Stadt sehr verändert. Die Expressroute für Züge aus dem chinesischen Kunming nach Vientiane ging 2015 in Betrieb.

Sehenswertes

★ Pha That Luang BUDDHISTISCHER STUPA

(ພະທາດຫລວງ, Großes Heiliges Reliquiar oder Großer Stupa; Karte S. 348; Th 23 Singha; 10 000 K, Leihgebühr für lange Röcke, um Zutritt zum Tempel zu bekommen 5 000 K; ⌚8–17 Uhr) Der grazile goldene Stupa 4 km nordöstlich des Zentrums am Ende der Th That Luang ist Laos' wichtigstes nationales Monument und ein Symbol des Buddhismus sowie der Souveränität des Landes. Einer Legende nach errichteten Ashokan-Missionare aus Indien hier schon im 3. Jh. v. Chr. einen *tâht* (buddhistischer Stupa), der ein Brustbein Buddhas enthielt. Pha That Luang liegt ca. 4 km nordöstlich des Zentrums.

★ Wat Si Saket BUDDHISTISCHER TEMPEL

(ວັດສີສະເກດ; Karte S. 350; Ecke Th Lan Xang & Th Setthathirath; 10 000 K; ⌚8–17 Uhr, an offiziellen Feiertagen geschl.) Wat Si Saket wurde zwischen 1819 und 1824 von Chao Anou erbaut und soll der älteste verbleibende Wat der Stadt sein. Und das sieht man ihm auch allmählich an – das wunderschöne Bauwerk braucht eine Renovierung.

COPE Touristeninformation KULTURZENTRUM

(ສູນຟື້ນຟູຄົນພິການແຫ່ງຊາດ; Cooperative Orthotic & Prosthetic Enterprise; Karte S. 348; 021-241972; www.copelaos.org; Th Khu Vieng; Spende erwünscht; ⌚9–18 Uhr) GRATIS COPE ist in Laos der wichtigste Hersteller von Prothesen, Gehhilfen und Rollstühlen. Zu dem Rehabilitationszentrum gehört auch ein ausgezeichnetes Besucherzentrum, das unzählige interessante und informative multimediale Ausstellungen über Prothesen und nicht detonierte Kampfmittel (Blindgänger), die derartige Hilfsmittel leider erst notwendig machen, bereitstellt.

Xieng Khouan MUSEUM

(ຊຽງຂວັນ, Suan Phut, Buddha Park; Eintritt 5 000 K, Kamera 3 000 K, Motorradparkplatz 5 000 K; ⌚8–17 Uhr; 14) 25 km südöstlich von Vientiane lockt der exzentrische Xieng Khouan mit buddhistischen und hinduistischen Skulpturen, die aus einer anderen Welt zu stammen scheinen. Entworfen und erbaut wurde die Anlage 1958 von Luang Pu, einem Yogi-Priester und Schamanen, der Mythologie und Ikonografie von Hinduismus und Buddhismus zu einem kryptischen Ganzen vereinigte. Die Buslinie 14 (6 000 K, 1 Std., 24 km) fährt alle 20 Minuten vom Busbahnhof Talat Sao nach Xieng Khouan. Alternativ kann man ein *túk-túk* mieten (hin & zurück 200 000 K).

Patuxai DENKMAL

(ປະຕູໄຊ, Victory Gate; Karte S. 348; Th Lan Xang; Eintritt 3 000 K; ⌚8–17 Uhr) Der Nachbau des Arc de Triomphe dominiert das Geschäftsviertel rund um die Th Lan Xang. Er wird offiziell „Siegestor" genannt und ist den Laoten gewidmet, die in den Kriegen vor der Revolution starben. In den 1960ern wurde er aus Zement errichtet, den die USA eigentlich für den Bau eines neuen Flughafens zur Verfügung gestellt hatten. Von oben genießt man einen fantastischen Blick über die Stadt.

Wat Si Muang BUDDHISTISCHER TEMPEL

(ວັດສີເມືອງ; Karte S. 348; Ecke Th Setthathirath, Th Samsènethai & Th Tha Deua; ⌚6–19 Uhr, an beson deren Tagen bis 22 Uhr) GRATIS Der frequentierteste Tempel von Vientiane ist Wat Si Muang, die Stätte des *lák méuang* (Stadtpfeiler). Sie soll das Zuhause des Schutzgeistes von Vientiane sein. Der große *sĭm* (Weihesaal; 1828 zerstört und 1915 wiedererbaut) wurde um die *lák méuang* errichtet und besteht aus zwei Sälen.

Lao Textilmuseum MUSEUM
(ພິພິດທະພັນຜ້າໄໝບູຮານລາວ; ☎ 021-562454; http://laotextilemuseum2003.weebly.com; Ban Nongchatai; 30 000 K; ⏲ 9–16 Uhr) Was als privates Museum begann, gegründet von der Familie, die die **Kanchana Boutique** (Karte S. 350; ☎ 021-213467; 140 Th Samsenethai; ⏲ 8–21 Uhr) leitet, hat sich später zu einer Art kulturellem Zentrum von Laos entwickelt. Der Schwerpunkt dieses grünen laotischen Geländes liegt auf Textilien. Es gibt ein Holzhaus voller Webstühle und antiker laotischer Kleidung, die mehrere ethische Gruppen repräsentiert. Zudem bietet das Museum Kurse im Färben mit Naturfarben an (20–30 US$).

Aktivitäten

Vientiane Yoga Studio YOGA
(Karte S. 348; ☎ 020-5698 4563; www.vientianeyogastudio.com; Th Nerhu; 80 Min. Kurs 80 000 K; ⏲ 5–19 Uhr) In diesem Studio werden Kurse in Hatha-, Vinyasa- und Yin-Yoga sowie in Krieger-Yoga (für Männer) und pränatalem Yoga (für Frauen) angeboten. Es befindet sich in einem ruhigen Garten am Ende einer einsamen Allee (nach Schildern gegenüber von Fuji Japanese Restaurant 2 Ausschau halten). Die Lehrer Nanci und Toshi haben mehr als 10 Jahre Erfahrung. Auf der Website stehen die aktuellen Kurszeiten.

Sinouk Coffee Pavilion KAFFEE
(☎ 030-2000654; www.sinouk-cafe.com; Km 9, Th Tha Deua; ⏲ 8.30–17 Uhr) Hier in der Hauptzentrale von Sinouk Coffee, Laos bekanntestem Kaffeeproduzenten, lernt man alles über die Kaffeebohne. In der Galerie kann man sich über die Kunst, Kaffee herzustellen, in dem kleinen Museum über Koffein informieren, und wenn man Glück hat, kann man in den Röst- und Testräumen sehen, wie die Produktion abläuft.

Lao Bowling Centre BOWLING
(Karte S. 350; ☎ 021-218661; Th Khounboulom; pro Spiel mit Leihschuhen 16 000 K; ⏲ 9–2 Uhr) Im Lao Bowling Centre gibt's eine helle Beleuchtung, Lao-Bier und fröhliche Spieler. Auch wenn die Ausrüstung in schlechtem Zustand ist, lohnt es sich, für einen typisch laotischen Abend zu späterer Stunde zu kommen. Manchmal ist bis in die frühen Morgenstunden geöffnet. Eigene Socken mitbringen.

DOS & DON'TS IN LAOS

- Vor dem Fotografieren immer um Erlaubnis fragen.
- Füße nicht auf Stühle oder Tische legen.
- Man sollte die Menschen nicht am Kopf berühren und Mönche am besten gar nicht.
- Schuhe ausziehen, bevor man ein Haus oder ein Tempelgebäude betritt.
- In einem buddhistischen Tempel nicht Händchen halten oder küssen.

Kurse

Houey Hong Vocational Training Centre for Women WEBEN
(☎ 021-560006; www.houeyhongvientiane.com; Ban Houey Hong; ⏲ Mo–Sa 8.30–16.30 Uhr) Hier kann man lernen, Textilien mit natürlichen Pigmenten zu färben und sie dann in diesem NGO-Zentrum, das von laotisch-japanischen Frauen geführt wird, auf einem traditionellen Webstuhl weiterzuverarbeiten. Es wurde im Norden von Vientiane gegründet, um benachteiligte Frauen aus ländlichen Gegenden im Handwerk des natürlichen Färbens und in der traditionellen Seidewebtechnik auszubilden.

Villa Lao KOCHKURSE
(Karte S. 348; www.villalaos.com; nahe Th Nong Douang; halbtägiger Kurs 25–30 US$ pro Pers.) Villa Lao bietet um 9 und um 13 Uhr (mit Termin) Kochkurse an, die einen Besuch auf dem Markt, die Zubereitung eines selbstgewählten Drei-Gänge-Menüs und die Verkostung der eigenen Kreationen beinhalten. Es ist ein sehr ruhiger Ort für Kurse, wie ein Stück Landleben in der Stadt.

Geführte Touren

★ **Tuk Tuk Safari** KULTUR
(Karte S. 348; ☎ 020-54333089; www.tuktuksafari.com; Erw./Kind unter 12 Jahren 70/40 US$; ⏲ 8–17 Uhr) Bei diesem gemeindeorientierten Unternehmen kann man aus dem *túk-túk* einen Blick hinter die Kulissen von Vientiane werfen. Tourguide Ere bietet verschiedene

Vientiane

Vientiane

Highlights
1 Pha That Luang ... D1

Sehenswertes
2 COPE Touristeninformation ... C2
3 Patuxai ... C1
4 Wat Si Muang ... C2

Aktivitäten, Kurse & Touren
5 Tuk Tuk Safari ... D1
6 Vientiane Yoga Studio ... C1
7 Villa Lao ... B1

Essen
8 Bakery By Boris ... C2
9 Doi Ka Noi ... D2
10 Kung's Café Lao ... C2
11 Once Upon a Time ... D2
12 Senglao Cafe ... D2

Safaris an und fährt seine Passagiere wie von Zauberhand zum laotischen Markt, zu einer Reisfarm, zu einem Silberschmiede-Workshop oder zu Vientanes erstklassigsten Webereien.

★ Lao Disabled Women's Development Centre KULTU

(LDWDC; ☎ 021-812282; http://laodisabledwomen.com; 100 Th Tha Deua; Touren 50 000–100 000 K; ⏱ Mo–Fr 8–16.30 Uhr, am Wochenende nach Vereinbarung; 🚌 14) GRATIS Dieses Center wird von einem Kollektiv behinderter laotischer Frauen geführt und kämpft gegen die Vorurteile, mit denen sich die behinderte Gemeinschaft von Laos manchmal konfrontiert sieht. Um Begabungen zu fördern, bietet das Center praktische Ausbildungen und Schulungen an, um behinderte Frauen zu qualifizieren. Besucher können umsonst vorbeischauen oder sich für eine Tour (50 000 K) anmelden, um mehr über die Kunsthandwerke aus Reyclingpapier und das Weben zu erfahren

Backstreet Academy GEFÜHRTE TOUREN
(☎020-58199216; www.backstreetacademy.com) Um authentische Eindrücke vom Leben der Einheimischen zu bekommen, ist man bei der Backstreet Academy an der richtigen Adresse. Sie ist eine Reise-Website, die Besucher für ein kulturelles Erlebnis mit Einheimischen zusammenbringt. Man kann zwischen einem Kurs in *muay Lao* (Kickboxen), einer traditionellen Tanzstunde, einem privaten laotischen Kochkurs, einer Tonkunststunde, Zen-Meditation und vielem mehr wählen.

Feste & Events

Bun Nam SPORTLICH
(Bun Suang Héua; ⏲Okt.) Am Ende der *pansăh* (der buddhistischen Regenklausur) im Oktober werden bei einem großen jährlichen Event Bootsrennen auf dem Mekong abgehalten. Ruderteams aus dem ganzen Land sowie aus Thailand, China und Myanmar treten gegeneinander an. Das Flussufer ist mit Essensständen gesäumt, und temporäre Discos, Karnevalspiele sowie Biergärten sorgen drei Tage und Nächte für Unterhaltung.

Bun Pha That Luang KULTURELL
(That Luang Festival; ⏲Nov.) Das größte Tempelfest in Laos wird normalerweise Anfang November gefeiert. Es beginnt mit einer *wéean téean* (Umkreisung) des Wat Si Muang, gefolgt von einer Prozession zum Pha That Luang, der eine ganze Woche lang nachts beleuchtet ist.

Pi Mai KULTURELL
(⏲April) Das laotische Neujahr wird Mitte April mit einer riesigen Wasserschlacht gefeiert und Touristen werden dann als Freiwild angesehen. Achtung: In dieser Zeit häufen sich Fälle von betrunkenen Autofahrten und Diebstahl, deshalb sollte man wachsam sein!

Schlafen

In Vientiane gibt's Unterkünfte en masse, von günstigen Backpackerbleiben bis hin zu traumhaften Boutique-Hotels.

★ **Sailomyen Hostel** HOSTEL $
(Karte S. 350; ☎021-214246; www.facebook.com/sailomyenhostel; Th Saylom; DZ mit Frühstück 80 000 K; 🚭❄📶) Vielleicht liegt es am schicken Design, der luxuriösen Regendusche oder dem angesagten Café im Erdgeschoss. Vielleicht liegt es auch an den netten Details wie eigene Lampen und Steckdosen an jedem Bett) oder an der sibirischen Klimaanlage (die dazu einlädt, sich unter die fluffige Decke zu kuscheln und die Vorhänge für etwas Privatsphäre zuzuziehen). Egal woran es liegt, das Sailomyen Hostel ist ein für Liebhaber wahrgewordener Traum.

Hive Hostel HOSTEL $
(Karte S. 350; ☎020-98132074; www.facebook.com/hivelao; Th Setthathilath; DZ mit Frühstück 60 000–90 000 K; ❄📶) Dieses neue Hostel hat eine tolle zentrale Lage und drei außergewöhnliche klimatisierte Schlafsäle mit abgehängten Betten, Schließfächern und strahlend sauberen Toiletten. Im Erdgeschoss gibt's ein flippiges Café, wo man (einfach) frühstücken kann.

Mixay Paradise Guesthouse GÄSTEHAUS $
(Karte S. 350; ☎021-254223; laomixayparadise@yahoo.com; Th François Ngin; EZ/DZ mit Ventilator & Gemeinschaftsbad 90 000/100 000 K, Zi. mit Klimaanlage & Bad 130 000–140 000 K; ❄📶) Die 50 Zimmer von Mixay Paradise haben pastellfarbene Wände, einige bieten Balkone, Badezimmer und Klimaanlage. Die Böden sind tadellos, die helle Lobby hat limettengrüne Wände und es gibt einen Aufzug. Eine der besten, saubersten Budgetunterkünfte der Stadt. Schließfächer kosten 50 000 K.

★ **LV City Riverine Hotel** HOTEL $$
(Karte S. 350; ☎021-214643; 48 Th Fa Ngoum; Zi. mit Frühstück 220 000–390,000 K; 🚭❄📶) Nicht zu verwechseln mit zahlreichen anderen „City"-Hotels in der Stadt, sticht das LV

NICHT VERSÄUMEN

Um Laos richtig kennenzulernen, entscheidet man sich am besten für eine Privatunterkunft (Homestay). Außerhalb der Städte lebt etwa 80 % der Bevölkerung in Dörfern auf dem Land, und mit minimalen Auswirkungen auf die Gemeinschaft und die Umwelt kann man einen Abend mit ihnen verbringen. Da Laos reich an verschiedenen Ethnien und geografischen Bedingungen ist, wird jede Gastfamilie etwas anders sein, doch man kann sich generell auf folgendes verlassen: Man wird von Kindern und einem Hahn geweckt, wäscht sich und isst gemeinschaftlich am Feuer und verbringt mit Sicherheit eine unvergessliche Nacht in diesem Land.

Vientiane Zentrum

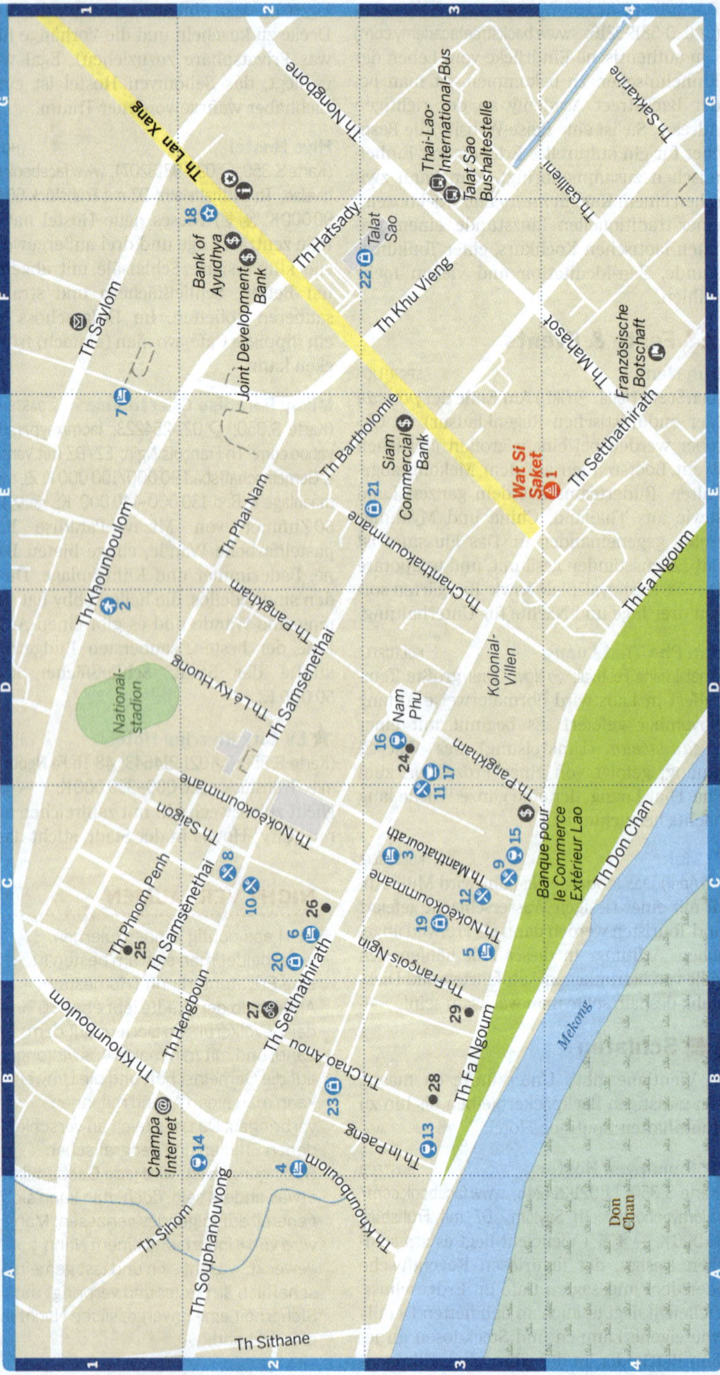

Vientiane Zentrum

durch seine tolle Lage am Fluss hervor. Die Zimmer sind großzügig und gut ausgestattet, doch das Himmelbett und der zusätzliche Platz im VIP-Zimmer sind eine Wohltat für die Seele. Es gibt einen kostenlosen Wäscheservice, der sich ganz besonders nach einer Dschungelwanderung lohnt.

★ **Hotel Khamvongsa** HOTEL $$
(Karte S. 350; ☎021-218415; www.hotelkhamvongsa.com; Th Khounboulom; EZ/DZ/3BZ mit Frühstück US$40/45/80;) Hübsches Gebäude aus der französischen Zeit, liebevoll als Boutique-Hotel zu neuem Leben erweckt. Ein Hauch von Belle Époque, Bodenfliesen im Schachbrettmuster und sanft beleuchtete einfache Zimmer mit Himmelbetten und Holzfußböden eingerichtet im Indo-Chic. Die Zimmer im dritten und vierten Stock haben einen herrlichen Ausblick. Es gibt außerdem einen ruhigen Innenhof und ein Restaurant. Das Frühstück ist ein Gaumenschmaus.

Essen

Für eine derart kleine Hauptstadt ist die kulinarische Auswahl in Vientiane riesig, zudem bekommt man hier außergewöhnlich gut gehobene Küche für wenig Geld.

★ **Doi Ka Noi** LAOTISCH $
(Karte S. 348; ☎020-55898959; 242 Sapang Mor; Hauptgerichte 25 000–50 000 K; Di–Do 10–14.30, Fr–So 10–21 Uhr;) Ein Besuch dieses authentischen und unübersehbaren laotischen Restaurants in der Nähe von That Luang verleiht jeder Reise mehr Würze. Auf der Speisekarte, die täglich wechselt, stehen vor allem Hausrezepte mit saisonalen Zutaten. Als Probiergerichte gibt's Fischcurry mit Turibaumblüten und Bambuscurry mit Pilzen. Die Wände schmücken fantastische Food-Fotos des Miteigentümers, der Fotograf ist.

★ **The State of Pasta** FUSION-KÜCHE $
(Karte S. 350; ☎021-253322; www.thestateofpasta.com; Th Manthatourath; Hauptgerichte 20 000–45 000 K; So–Do 11–22, Fr & Sa bis 11.30 Uhr;) Frische italienische Pasta gepaart mit traditionellen laotischen Aromen, das ist das Konzept hinter der Fusion-Küche dieses Restaurants, wo es Gerichte gibt, die man nirgendwo sonst bekommt. Zum Beispiel wird hier gewöhnliche Bolognese-Soße mit den Zutaten für ein *láhp* (Hackfleisch, lokale Kräuter und Gewürze) neu interpretiert. Entspannte Musik, Fassbier und eine Cocktailbar im ersten Stock sorgen dafür, dass man nach dem Essen noch lange verweilt.

★ **Naked Espresso** CAFÉ $
(Karte. S. 350; ☎020-56222269; Th Manthatourath; Gerichte 25 000–50 000 K; 7–17 Uhr;) Als eines von Vientianes meistgeliebten Cafés ist Naked auf einheimischen Kaffee spezialisiert sowie auf ausgewählte Gourmet-Im-

LAOS VIENTIANE

portkaffeesorten aus vielfältigen Ländern wie Äthiopien und Indonesien. Es gibt zudem kleine Gerichte wie Salate, Sandwiches und beeindruckendes hausgemachtes Gebäck. Der Premierminister Australiens, Malcolm Turnbull, kam 2016 auf einen Kaffee vorbei.

Bakery By Boris BÄCKEREI $

(Karte S. 348; ☎020-77792228; www.facebook.com/bakerybyboris; off Th Setthathirath; Snacks 10 000–25 000 K, Hauptgerichte 30 000–50 000 K; ⏲7–19 Uhr; ❄📶) Mit hohen Glasdecken und minimalem Design kommt man sich in diesem schnittigen neuen Café vor wie in einem riesigen Fischglas abgeschnitten von der grünen Oase neben dem Wat Si Muang. Der in Paris ausgebildete Konditor Boris Luangkhot backt köstliche Macarons, Croissants und bereitet selbst Eis in den Geschmacksrichtungen wie Stinkfrucht und Passsionsfrucht zu. Mittags gibt's auch Quiche, Kaffee und Baguette-Sandwiches zum Mitnehmen.

Noy's Fruit Heaven CAFÉ $

(Karte S. 350; Th Hengboun; mains 20 000–30 000 K; ⏲7–21 Uhr; ❄📶) Noy's ist eine gemütliche bunte Saftbar mit chinesischen Papierlaternen unter der Decke. Hier kommt man vorbei, um sich seine fünf Obstportionen pro Tag abzuholen oder um den Kater mit einem Saftshake (15 000 K) aus Drachenfrucht, Kokosnuss, Mango oder Tomatensaft zu besänftigen. Es gibt außerdem superfrischen Salat und Burger.

Kung's Café Lao LAOTISCH $

(Karte S. 348; ☎021-219101; in der Nähe des Ministry of Health, Phiawat Village; Hauptgerichte 12 000–20 000 K; ⏲7–16 Uhr; ✎) Kung's Café, das bei Vientianes Einwohnern, die es kennen, allmählich Kultstatus erlangt, ist schwer zu finden, aber die Suche wert. Der freundliche Kung hat das lokale Diner mit herabhängenden Flaschenkürbissen dekoriert, und bietet eine einfache, aber effektive Speisekarte mit hervorragenden Preisen. Die Klebereis-Pancakes oder das *phat Lao* sollte man probieren und es mit einem Kaffee und Kokosnusswasser herunterspülen.

Once Upon a Time CAFÉ $

(Karte S. 348; ☎030-5809988; Th Dong Palan; Hauptgerichte 20 000–60 000 K; ⏲7–18 Uhr; ❄📶) Mit einem Ausflug in dieses märchenhafte Café in Phonthan kann man seine innere Prinzessin und den inneren Prinzen herauskitzeln. Der Besitzer und Barista hat zahlreiche Preise in Thailand gewonnen und das Frühstück ist nur eine Ecke teurer als in Gästehäusern und Budgetunterkünften.

★ **Senglao Café** FUSION-KÜCHE $$

(Karte S. 348; ☎030-5880588; Hauptgerichte 30 000–200 000 K; ⏲Mo–Sa 11–22, So 9–16 Uhr; ❄📶) Das moderne Lokal, das nach einem heute stillgelegten Kino im Stadtzentrum benannt wurde, ist wie ein Kino dekoriert mit restaurierten Ledersesseln aus dem alten Vorführsaal. Die Fusion-Küche ist ehrgeizig, aber mit Stil ausgeführt. Es gibt alles von Fusion-Tintenfisch-Pasta mit Jacobsmuscheln bis hin zu auf Stein gebackener Pizza. Am Wochenende werden Filme gezeigt.

★ **Lao Kitchen** LAOTISCH $$

(Karte S. 350; ☎021-254332; Th Hengboun; Hauptgerichte 25 000–70 000 K; ⏲11–22 Uhr; ❄📶✎) Dieses herrlich moderne laotische Restaurant ist ausnahmslos kreativ in der Zubreitung von traditionell laotischen Gerichten. Bunte Wände, stimmungsvolle Musik und ein guter Service vervollständigen die Speisekarte mit Gerichten wie Eintöpfe, Luang Prabang-Wurst, *láhp*-Variationen, gebratene Prunkwinde (Wasserspinat), Frühlingsrollen, Mekong-Fischsuppe und gaumenfreundliche Sorbets. Den Schärfegrad, der von eins bis drei reicht, kann man anhand der Chillis wählen.

Sputnik Burger BURGER $$

(Karte S. 350; ☎030-9376504; www.facebook.com/SputnikBurger; Th Setthathirath; Hauptgerichte 45 000–110 000 K; ⏲Mo–Sa 11–22 Uhr; ❄📶) Ein moderner Burgerladen, bei dem es großartige Rindfleischburger mit Schweizer Käse, Bacon, Aubergine und vielen anderen Zutaten und Soßen sowie Salate und Milchshakes gibt. Mit den freigelegten Backsteinwänden, dem gedämmten Licht und einem halbierten VW-Käfer im Freien – der als Sitzecke fungiert – hat man hier viel Spaß. Er ist im gleichen Gebäude wie **Jazzy Brick** (Karte S. 350; ☎021-212489; Th Setthathirath; ⏲19–open end; 📶).

Ausgehen & Nachtleben

★ **Bor Pen Yang** BAR

(Karte S. 350; ☎020-27873965; Th Fa Ngoum; ⏲10–24 Uhr; 📶) In dieser holzverkleideten Kneipe mit Blechdach treffen sich Einheimische, Zugezogene, Bargirls und Traveller, um den Sonnenuntergang über dem nahen Thailand zu beobachten. Westliche Musik, Billardtische, eine riesige Bar sowie interna

REISEROUTEN

Eine Woche

Nach ein paar Tagen in Vientiane am Fluss, das seine sowjetisch-französische Architektur zur Schau stellt und mit angesagten Bars und Asian-Fusion-Küche aufwarten kann, fährt man Richtung Norden in das wunderschöne Karstland von Vang Vieng, eine ehemalige Partystadt, die mittlerweile zur Anlaufstelle für Outdooraktivitäten geworden ist. Hier kann man Rad fahren, klettern, wandern und mit der Seilbahn fahren. Von hier nimmt man den Bus ins eindrucksvolle Luang Prabang, um die Tempel, zerfallenden Villen, Wellnessoasen, Radtouren und die französische Küche zu erleben.

Zwei Wochen

Im Anschluss an die Reiseroute für eine Woche nimmt man ein Slowboat den Mekong hinauf nach Houay Xay, das man in zwei Tagen erreicht. Man sollte im Voraus einen Tag in der unvergesslichen Gibbon Experience und eine Nacht in den Dschungelbaumhäusern buchen. Wer Zeit hat, kann von Luang Namtha einen Wandertrek im wilden Nam-Ha-Schutzgebiet unternehmen. Hier kann man auch Kajak fahren und bei vielen Touranbietern eine Privatunterkunft buchen. Von hier fliegt man zurück nach Vientiane, um von dort den Heimflug anzutreten.

tionale Fußball- und Rugby-Übertragungen auf großen Flachbildschirmen.

Khop Chai Deu BAR
(Karte S. 350; ☎021-223022; www.inthira.com; Th Setthathirath; ⌚7–24 Uhr) Im KCD gibt's gedämmtes Licht und raffinierte Drinks, zudem Veranstaltungen wie Speeddating und Frauenarmdrücken. Im dritten Stockwerk befindet sich eine geschmackvolle Bar mit großartiger Aussicht. Eine beliebte Bar für Beerlao vom Fass, außerdem gibt's jede Menge gutes Essen.

Chokdee Cafe BAR
(Karte S. 350; ☎021-263847; Th Fa Ngoum; ⌚10–24 Uhr; 📶) Eine belgische Bar und Restaurant am Flussufer. Bei Chokdee kann man sich durch eine der besten Auswahlen belgischer Biere in Asien mit rund 70 Sorten durchprobieren. Grundlage schafft man am besten mit einem Eimer *moules* (Muscheln) und Pommes frites mit 20 originellen Soßen zum Dippen.

CCC Bar SCHWULENBAR
(Karte S. 350; ☎020-55448686; Th Sihom; ⌚19.30 Uhr–open end) Als einzige Schwulenbar der Stadt ist diese Bar immer gut besucht. Am Wochenende wird noch eine Schippe draufgelegt. Manchmal gibt's geheime Kabarettshows, auch wenn die örtlichen Amtsinhaber die regelmäßigen Vorstellungen während des scharfen Vorgehens gegen die Homosexuellenbewegung, verboten haben. Als eine der Bars, die sehr spät öffnen, tummelt sich im CCC ein buntes Publikum.

Le Trio CAFÉ
(Karte S. 350; ☎020-22553552; Th Setthathirath; ⌚8–17 Uhr; 📶) Le Trio röstet seinen eigenen Kaffee und ist in Vientiane die Adresse für jeden Koffeinjunkie. Es gibt auch duftende Kräutertees, Säfte und Smoothies, außerdem ein paar kreative Waffelkreationen und Nachspeisen.

☆ Unterhaltung

Institut Français du Laos KULTURZENTRUM
(Centre Culturel et de Coopération Linguistique; Karte S. 350; ☎021-215764; www.if-laos.org; Th Lan Xang; Kino 10 000 K; ⌚Mo–Fr 8.30–17, Sa 9.30–16 Uhr) GRATIS Tanz, Kunstaustellungen, Buchbesprechungen und Livemusik – in diesem französichen „Bienenstock" finden kulturelle Veranstaltungen statt. Zudem werden mittwochs um 14.30 Uhr (Kinder) und freitags um 18.30 Uhr (Erwachsene) französische Kultfilme vorgeführt. Das Zentrum bietet auch Sprachkurse für Französisch und Laotisch an.

Shoppen

★T'Shop Lai Gallery BEAUTY, HAUSHALTSWAREN
(Karte S. 350; www.laococo.com. ☎021-223178; abgehend von Th In Paeng; ⌚Mo–Sa 8–20, So 10–18 Uhr) Vientianes wohl bester Shop. Hier mischen sich die Düfte – Körperöle, Seifen, Sprays und Parfüms verströmen Kokosnuss, Aloe Vera, Honig, Frangipani und Magnolie. Darüber hinaus findet man Lippenpflegestifte, Armspangen, Drucke, Füllfederhalter und mehr. Diese wundervollen Produkte werden

KLEIDUNGSETIKETTE

Leichte, lockere Kleidung ist die beste Wahl in Laos, bestehend aus Baumwolle oder Leinen gegen die Feuchtigkeit. In Laos wird kein großer Wert auf schicke Kleidung gelegt, es sei denn man bewegt sich in den hohen Kreisen in Vientiane oder Luang Prabang. Feine Kleidung ist also nicht unbedingt notwendig. Wer in die Berge im Norden fährt, sollte eine Jacke und/oder einen Pullover gegen die kalten Nächte einpacken. Kurze Hosen sind kein Problem, aber für Tempelbesuche sollte man etwas dabeihaben, was Ellbogen und Knie bedeckt. Reisende in Vang Vieng sollten daran denken, dass sie sich nicht auf den thailändischen Inseln befinden und sich nach dem Tubing einen Sarong oder Ähnliches überziehen.

allesamt von sozial benachteiligen Frauen der Kooperative Les Artisans Lao aus nachhaltigen lokalen Erzeugnissen hergestellt.

Camacrafts KUNSTHANDWERK
(Mulberries; Karte S. 350; www.camacrafts.org; Th Nokèokoummane; ⌚ Mo–Sa 10–18 Uhr) Stapelweise Seidenkleidung und Gewebe aus der Provinz Xieng Khouang, außerdem ein paar Decken- und Kissenbezüge im durch Hmong inspirierten Design. Alle Fairtrade-Produkte des Shops stammen aus den Künstler-Gemeinden, die er in den ländlichen Gegenden von Laos unterstützt.

Indochina Handicrafts KUNSTHANDWERK
(Karte S. 350; ☎ 021-223528; Th Setthathirath; ⌚ 10–19 Uhr) Die vientianische Version eines alten Kuriositätenladens. Hier werden Buddha-Statuen, antike Büsten von Ho Chi Minh und Mao, russische Armbanduhren und kommunistische Erinnerungsstücke, aber auch Matchboxautos, Schnupftabakdosen, Medaillen und alte Serviertabletts verkauft. Ein Laden, den man nicht verpassen sollte!

Talat Sao MARKT
(Morgendlicher Markt; Karte S. 350; Th Lan Xang; ⌚ 7–17 Uhr) Einst war es ein Shopping-Erlebnis von Vientiane mit Ständen, die Opiumpfeifen, Schmuck und traditionelle Antiquitäten verkauften. Diese wurden jedoch nach einer Renovierung traurigerweise größtenteils abgerissen und durch gewöhnliche, wie sie in modernen Einkaufszentren zu finden ist, ersetzt. Die übrig gebliebenen Stoffhändler hängen am seidenen Faden.

ℹ Praktische Informationen

GELD

Banken wechseln Bargeld und geben Barvorschüsse (meist in K, manchmal in US$ und thailändischen Baht) auf Visa- und/oder MasterCards. Die meisten haben Geldautomaten, die ausländische Karten akzeptieren, aber oft ist eine Auszahlung am Schalter günstiger.

MEDIZINISCHE VERSORGUNG

Vientianes medizinische Einrichtungen lassen viel zu wünschen übrig. Deshalb sollte man bei ernsten Verletzungen oder Erkrankungen eines der fortschrittlicheren Krankenhäuser in Thailand aufsuchen.

International Clinic (Karte S. 348; ☎ 021-214021; Th Fa Ngoum; ⌚ 24 Std.) Gehört zum Mahasot Krankenhaus; bei einfachen medizinischen Notfällen geeignet. Ein paar Ärzte sprechen Englisch. Personalausweis und Geld mitnehmen.

POST

Das **Main Post Office** (Karte S. 350; ☎ 021-216425; Th Saylom; ⌚ Mo–Fr 8–17 Uhr) bietet postlagernde Sendungen, Briefmarken, Geldtransfer und Kurierdienste an.

REISEBÜROS

Im Zentrum von Vientiane gibt's viele Reisebüros, die Thailand-Train-Tickets verkaufen und Visa für Myanmar und Vietnam organisieren.

Green Discovery (Karte S. 350; ☎ 021-223022 www.greendiscoverylaos.com; Th Setthathirath; ⌚ 8–21 Uhr)

Lin Travel Service (Karte S. 350; ☎ 021-218707; 239 Th Hanoi/Phnom Penh; ⌚ 8.30–21 Uhr)

TOURISTENINFORMATION

Das **Tourist Information Centre** (MICT; Karte S. 350; ☎ 021-212248; www.tourismlaos.org; Th Lan Xang; ⌚ 8.30–12 & 13.30 16 Uhr) ist einen Besuch wert. Man bekommt nützliche Beschreibungen jeder Provinz, Broschüren und regionale Karten und das hilfsbereite Personal spricht Englisch.

ℹ An- und Weiterreise

BUS

Laos' Straßen sind schlecht und Busse bleiben oft liegen, deshalb können Fahrten länger dauern als angegeben. Es gibt drei Busbahnhöfe in Vientiane, an allen finden sich ein paar Mitarbeiter, die Englisch sprechen, außerdem gibt's Stände mit Essen und Trinken.

Der **Busbahnhof Nord** (Th Asiane), etwa 2 km nordwestlich vom Flughafen, bedient alle nördlichen Ziele, einschließlich China. Fahrtziele und aktuelle Ticketpreise sind in Englisch angegeben. Von hier fahren Minivans nach Vieng Vang, aber die meisten Leute landen bei den teureren Touristenbussen, die normalerweise eine Abholung beinhalten und von einer ungekennzeichneten Haltestellte vor dem LV City River Hotel (S. 349) abfahren.

Der **Busbahnhof Süd** (Dong Dok Bus Station; Rte 13 South), auch *khíw lot lák káo* (Km-9-Busbahnhof) genannt, befindet sich 9 km außerhalb der Stadt und fährt Ziele im Süden an. Von hier fahren viele Busse nach Vietnam.

Der letzte Abfahrtsort ist der **Talat-Sao-Busbahnhof** (Hauptbusbahnhof; Karte S. 350; ☎ 021-216507; Th Khu Vieng), von hier fahren sehr langsame Nahverkehrsbusse Ziele innerhalb der Provinz Vientiane und ein paar weiter entfernte Ziele an, jedoch sollte man für Letztere besser vom Busbahnhof Nord oder Süd abfahren. Der **thailändisch-laotische internationale Bus** (Karte S. 350) fährt von diesem Busbahnhof nach Khon Kaen, Nakhon Ratchasima, Nong Khai und Udon Thani.

Infos zu Nachtbussen nach Kunming, China, (80 US$, 38 Std., Abfahrt um 14 und um 16 Uhr) liefert die **Tong Li Bus Company** (☎ 021-242657; Busbahnhof Nord). Vietnam wird ab dem Busbahnhof Süd täglich um 18.30 Uhr angesteuert. Ziele sind Hanoi (220 000 K, 24 Std.) über Vinh (180 000 K, 16 Std.) und auch Da Nang (230 000 K, 22 Std.) über Hue (200 000 K, 19 Std.). Wer nach Ho-Chi-Minh-Stadt will, muss in Da Nang umsteigen, Informationen erhält man bei SDT (☎ 021-720175; Busbahnhof Süd).

FLUGZEUG

Flüge vom Wattay International Airport (S. 413) sind sehr unkompliziert. Das Terminal für Inlandsflüge befindet sich in dem älteren weißen

BUSSE AB VIENTIANE

ZIEL	BUSBAHNHOF	PREIS (K)	ENTFERNUNG (KM)	DAUER (STD.)	ABFAHRT
Don Khong (Ventilator)	Süd	150 000	788	16–19	10.30 Uhr
Lak Sao (Ventilator)	Süd	85 000	334	6–8	5, 6, 7, 11.30, 18.30 Uhr
Luang Prabang (Klimaanlage)	Nord	110 000	384	10–11	6.30, 7.30, 8.30a, 11, 13.30, 16, 18 Uhr
Luang Prabang (VIP)	Nord	130 000–150 000	384	9–12	8, 9, 19.30, 20 Uhr
Nong Khai	Talat Sao	15 000	25	1½	7.30, 9.30, 12.40, 14.30, 15.30, 18 Uhr
Oudom Xay	Nord	150 000–170 000	578	16–19	6.45, 13.45, 17 Uhr
Pakxe (Ventilator)	Süd	110 000	677	16–18	Regelmäßig von 10 bis 16 Uhr
Pakxe (VIP)	Süd	170 000	677	8–10	5.15, 18, 18.30, 19 Uhr, 20, 20.30, 21 Uhr
Phonsavan	Nord	110 000	374	10–11	6.30, 7.30, 9.30 Uhr
Phonsavan (Nachtbus)	Nord	150 000	374	10–11	20 Uhr
Savannakhet	Süd	75 000	457	8–11	Alle halbe Stunde von 5.30–9 Uhr, oder jeder Bus nach Pakxe
Savannakhet (VIP)	Süd	120 000	457	8–10	20.30 Uhr
Thakhek	Süd	60 000	332	6	4, 5, 6, 12 Uhr, oder jeder Bus nach Savannakhet oder Pakxe
Vang Vieng (Kleinbus)	Nord	60 000	157	4	7, 9, 10.30, 11.30, 13, 14, 15, 17 Uhr
Sam Neua (Nachtbus)	Nord	210 000	612	22–24	14 Uhr

WEITERREISE NACH THAILAND: VON THA NA LENG NACH NONG KHAI

Anfahrt zur Grenze Am Grenzübergang Tha Na Leng (Laos)/Nong Khai (Thailand) (6–22 Uhr) führt die Thai-Lao-Freundschaftsbrücke (Saphan Mittaphap Thai-Lao) über den Mekong. Die laotische Grenze liegt etwa 20 km von Vientiane entfernt, und am einfachsten und günstigsten ist es, die Brücke mit dem Thai-Lao-International-Bus zu überqueren. Er fährt täglich die thailändischen Städte Khon Kaen, Nakhon Ratchasima, Nong Khai und Udon Thani an. Andere Reisemöglichkeiten zwischen Vientiane und der Brücke sind Taxi (400 B), túk-túk (50 000 K/300 B), jumbo (200 B) oder der Bus Nummer 14 Tha Deua von der Talat Sao Bushaltestelle (6 000 K) zwischen 5.30 und 18 Uhr. Von Thailand kommend fahren túk-túks ab dem Bahnhof Nong Khai (20 B) und dem Busbahnhof (55 B) zum thailändischen Grenzposten an der Brücke. Man kann auch den Thai-Lao-International-Bus vom Busbahnhof Nong Khai nehmen (55 B, 1½ Std.), oder vom Busbahnhof Udon Thani (80 B, 2 Std.).

An der Grenze Reisende aus den meisten Ländern können Thailand 30 Tage lang ohne Visum besuchen. Visa für Laos (30 Tage) bekommt man für 20–42 US$, je nach Nationalität. Wer kein Foto dabei hat muss 1 US$ extra zahlen. Außerdem wird an Werktagen zwischen 6 und 8 Uhr und zwischen 16 und 22 Uhr eine „Überstunden-Gebühr" verlangt, wie auch an Wochenenden und Feiertagen. Man sollte sich nicht dazu hinreißen lassen, einen túk-túk-Fahrer das Visum für Laos holen zu lassen. Egal, was sie sagen, es geht schneller, wenn man es selbst macht, und außerdem lassen sie sich den „Service" bezahlen. Einfach direkt zur Brücke fahren lassen.

Weiterreisen Schlafwagen von Nong Khai nach Bangkok fahren um 19.10 Uhr ab und kosten 1160/750B für die 1./2. Klasse (11 Stunden).

Informationen zur Überquerung dieser Grenze in umgekehrter Richtung siehe S. 827.

Gebäude östlich von dem beeindruckenderen Terminal für internationale Flüge, das sich, während der Recherche für dieses Buch, mitten in einer 60-Millionen US-Dollar teuren Erweiterung befand. Im internationalen Terminal bekommt man im oberen Stockwerk Essen.

Unterwegs vor Ort

Besucher können das gesamte Stadtzentrum wunderbar zu Fuß erkunden. Die benachbarten Stadtteile sind mit Verkehrsmitteln zu erreichen.

BUS

Es gibt ein Busliniennetz, aber das orientiert sich mehr in Richtung der entfernten Vororte als des zentralen Stadtteils Chanthabuli. Die meisten Busse fahren am Talat Sao-Busbahnhof ab, der momentan gründlich renoviert wird. Die Linie 14, der Tha Deua-Bus, Richtung thailändisch-laotischer-Freundschaftsbrücke und Xieng Khouan (Buddha-Park), fährt zwischen 5.30 und 18 Uhr alle 20 Minuten und kostet 6 000 K. Linie 30 und 49 fahren regelmäßig zum Flughafen (4 000 K). Die Linie 8 steuert den Busbahnhof Nord an und kostet 5 000 K. Linie 29 fährt zum Busbahnhof Süd und kostet 3 000 K.

FAHRRAD

Mit dem Fahrrad das überwiegend flache Vientiane zu erkunden ist günstig, einfach und empfehlenswert. Jede Menge Gästehäuser und einige Shops verleihen Fahrräder für 10 000 K bis 20 000 K pro Tag. Es gibt auch Mountainbikes, aber die sind mit 30 000 K bis 40 000 K teurer, zum Beispiel bei Lao Bike (S. 350; ☎ 020-55090471; Th Setthathirath; ⏲ 8.30–18 Uhr).

JUMBO & TÚK-TÚK

Fahrer von Jumbos und *túk-túks* nehmen Passagiere für Fahrten von 500 m bis zu 20 Kilometer mit. Kennt man die verschiedenen Arten von *túk-túks*, kann das jede Menge Geld sparen (und Diskussionen). Touristen-*túk túks* sind die teuersten, während Sammel-Jumbos, die regulären Routen in der Stadt fahren (z. B. Th Luang Prabang nach Th Setthathirath oder Th Lan Xang nach That Luang) viel günstiger sind, normalerweise kosten sie pro Person weniger a[ls] 10 000 K.

MOTORRAD & AUTO

In Vientiane gibt's mehrere internationale Autoverleiher, darunter **Avis-Budget** (Karte S. 350; ☎ 020-22864488; www.avis.la; Th Setthathirath; ⏲ Mo–Fr 8.30–18, Sa & So bis 13 Uhr) und **Sixt** (☎ 021-513228; www.sixtlao.com; Wattay Internationaler Flughafen; ⏲ 8.30–22.30 Uhr). Während ein einfaches Auto ausreicht, um sich in der Stad[t] ortzubewegen, benötigt man für Ausflüge weiter weg einen robusten Geländewagen.

Motorroller sind ein beliebtes Fortbewegungsmittel in Vientiane und können überall im Stadtzentrum ausgeliehen werden. Zu empfehlen sind folgende Verleiher.

Mixay Bike 2 (Karte S. 350; ☎020-77882510; Th Chau Anou; Motorroller 60 000–80 000 K pro 24 Std.; ⌚7.30–20 Uhr)

TL Motor Bike (Karte S. 350; ☎020-55528299; Th François Ngin; Motorroller 70 000 K pro Tag; ⌚7.30–20 Uhr)

VOM/ZUM FLUGHAFEN

Vom Flughafen mit dem Taxi ins Zentrum zu fahren kostet 7 US$ und Minivans stehen für 8 US$ zur Verfügung. Nur offizielle Taxis können am Flughafen Fahrgäste abholen. Wenn man ein knappes Budget und nicht viel Gepäck hat, kann man einfach 500 m zum Flughafentor laufen, die Th Souphanouvong überqueren und ein Jumbo (ein Gemeinschafts-túk-túk) herbeiwinken (20 000 K pro Person). Will man weiter als bis zum Zentrum fahren, steigen die Kosten bei geteilten Fahrzeugen.

NORDLAOS

Nördlich von Vientiane gibt's ein paar großartige Sehenswürdigkeit wie das Abenteuerzentrum von Vang Vieng und das wundervoll französische Luang Prabang. Gelegen zwischen China, Vietnam und Myanmar, hat sich in dieser Region eine faszinierende ethnische Vielfalt entwickelt.

Vang Vieng ວັງວຽງ

☎023 / 35 000 EW.

Wie in einem asiatischen Seidengemälde einer ländlichen Szenerie schmiegt sich Vang Vieng vor der Kulisse sanfter Berge und satter grüner Reisfelder an den Nam Song (Songfluss). Dank der Regierung von Laos, die 2012 die Ravebars am Fluss schließen ließ, ist die zunehmend schädliche Partyszene abgezogen, und der Ort kann wieder als adrenalingeladenes Abenteuerziel mit beeindruckenden Übernachtungsmöglichkeiten aufblühen. Die Stadt selbst ist kein Juwel, da Betonhotels im Streben nach der schönsten Aussicht immer höher gebaut werden, doch auf der anderen Seite des Nam Song befindet sich eine idyllische Landschaft.

Hier sollte man ein paar Tage verbringen – einen Motorroller mieten, damit eine Tour machen, Tubing ausprobieren oder wandern gehen – und einen von Laos' malerischsten Plätzen genießen. Jedoch sollte man ihn vorsichtig und nüchtern genießen, da der Fluss und die Berge um Vang Vieng herum schon zu vielen Reisenden das Leben gekostet haben.

Sehenswertes & Aktivitäten

Die Aktivitäten in Vang Vieng sind etwas beliebter als die Sehenswürdigkeiten, die hauptsächlich Kloster aus dem 16. und 17. Jh. sind. Die bemerkenswertesten darunter sind **Wat Si Vieng Song** (Wat That) GRATIS, **Wat Kang** GRATIS und **Wat Si Suman** GRATIS. Auf der anderen Flussseite liegen ein paar Dörfer, in die die Hmong umgesiedelt wurden. Man erreicht sie mit dem Fahrrad oder Motorroller.

Vang Vieng hat sich zu Laos' Abenteuerziel Nummer eins entwickelt, mit Tubing, Kajakfahren, Rafting, Mountainbiken und Weltklasse-Felsen zum Klettern. Man kann auch die vielen Höhlen, die die Gipfel der Karstberge zersieben, erkunden. Ziplining ist ebenfalls sehr beliebt und man kann das Zipline-Abenteuer mit ein paar Höhlenbesichtigungen und einer Landung im Fluss verbinden.

Tham Phou Kham HÖHLE
(ຖ້ຳພູຄຳ, Blue Lagoon; Ban Na Thong; 10 000 K; ⌚7.30–17.30 Uhr) Die riesige Höhle Tham Phou Kham ist bei den Lao heilig und vor allem wegen ihrer Lagune beliebt. Das wunderschöne grün-blaue Wasser eignet sich nach einem beschwerlichen Aufstieg hervorragend zum Abkühlen. In der Haupthöhlenkammer steht ein thailändischer Buddha aus Bronze. Von dort gehen tiefere Gänge in den Berg hinein.

★ **Adam's Rock Climbing School** KLETTERN
(☎020-56564499; www.vangviengclimbing.com; gegenüber dem Krankenhaus; halb-/ganztägige Klettertour 180 000/260 000 K, 2-tägiger Kurs 100 US$, privater halbtägiger Kletterführer ab 320 000 K) Vang Viengs einziger (und bester) spezialisierter Kletterveranstalter wartet mit erfahrenem mehrsprachigem Personal und einer robusten Ausrüstung auf. Adam ist ein toller Typ, seine Touren finden mit kleineren Gruppen als bei anderen Veranstaltern statt. Er kombiniert Klettern und Kajakfahren. Während der Regenzeit kann man auf einem geschützten Karst in der Nähe von Vang Vieng klettern, deshalb hat Adam's das ganze Jahr geöffnet.

VLT OUTDOORAKTIVITÄTEN
(☎023-511369; www.vangviengtour.com) Bei dem alteingesessenen VLT, das von Vone geführt wird, bekommt man eintägige Kajaktouren

Vang Vieng

Vang Vieng

Sehenswertes

1 Wat Kang C2
2 Wat Si Suman C4
3 Wat Si Vieng Song C1

Aktivitäten, Kurse & Touren

4 Adam's Rock Climbing School B3
5 AK Home Tours B2
6 Green Discovery C2
7 Nam Thip Tours C2
8 Red Tubing Operators C2
9 TCK B2
Vang Vieng Challenge .... (siehe 6)
Vang Vieng Jeep Tour .... (siehe 14)
10 VLT B2
11 Wonderful Tours C2
12 Yellow Tubing Operators C2

Schlafen

13 Champa Lao C1
14 Chez Mango A4
15 Maylyn Guest House A3
16 Pan's Place C3
17 Vinutda Guesthouse B3

Essen

18 Amigos Vang Vieng C2
19 Breakfast Vendors C2
20 Grilled-Meat Vendor C2
21 Il Tavolo D2
22 Mitta Pharp BBQ & Hot Pot C1
23 Viman Vang Vieng C3

Ausgehen & Nachtleben

24 Earth C1
25 Gary's Irish Bar C2
26 Sakura Bar C2
27 Smile Beach Bar B1

von 13 US$ bis 35 US$, Mountainbike-Ausflüge für 30 US$ und Wandertouren zu Höhlen inklusive Lunch für 20 US$. Außerdem finden täglich Heißluftballonfahrten (90 US$) statt.

SAE Lao FREIWILLIGENARBEIT

(☎020-55946502; www.saelaoproject.com; Ban Na Thong; 2 Wochen inkl. Unterkunft & Verpflegung für 1 410 000 K) SAE-Lao bietet zweiwöchige Freiwilligenprogramme an, bei denen man Englisch unterrichten, bei Permakultur-Projekten mithelfen oder die örtliche Gemeinde auf andere Weise unterstützen kann. Es gibt auch ein stimmungsvolles **Restaurant** (⏲9–17 Uhr, Hauptgerichte 20 000–40 000 K), mit dessen Einnahmen Schulstipendienprogramme für Kinder unterstützt werden. SAO Lao befindet sich in Ban Na Thong, 7 km außerhalb von Vang Vieng in der Nähe der Tham Phou Kham (S. 357).

Geführte Touren

Vang Vieng Jeep Tour RUNDFAHRT

(☎020-54435747; noedouine@gmail.com; mindestens 4 Personen, 180 000 K pro Person) Aus Noés Jeep von VV Jeep Tour am Chez Mango-Gästehaus bekommt man das Schönste der Landschaft zu sehen. Zunächst geht's zu einem nahegelegenen Berg, dessen umwerfender Ausblick den sanften Anstieg wert ist, dann läuft man durch sattgrüne Wiesen, gefolgt von einem Bad in der Blue Lagoon Tham Phou Kham, bevor man die Höhle genauer erkundet.

Green Discovery ABENTEUER

(☎023-511230; www.greendiscoverylaos.com; Th Khann Muang; 1-tägige Fahrradtour 25-35 US$ pro Person, halb-/ganztägige Klettertour 27/36 US$) Vang Viengs zuverlässigster Anbieter für Wandertouren, Klettern, Höhlenwanderungen und Ziplining.

Schlafen

Da seit 2012 offiziell keine 24-Stunden-Partys mehr stattfinden, gibt's jetzt viel zu viele Gästehäuser für die gesunkene Besucheranzahl. Und während die mittelklassigen und gehobeneren Hotels sich an dem guten Geschäft mit der wohlhabenderen asiatischen Bevölkerunge erfreuen, sind es die westlichen Backpacker-Unterkünfte, die verkümmern. Es eröffnen immer mehr Mittelklasse- und Boutique-Hotels, denn Vang Vieng möchte stilvoller werden.

TUBING & ZIPLINING

Praktisch jeder junge Reisende, der nach Vang Vieng kommt, lässt sich in einem Traktorreifen den Nam Song hinuntertreiben (Tubing). Der Ausgangsort fürs Tubing auf der originalen gelben Route liegt 3,5 km nördlich der Stadt, und je nach Strömung und Wasserstand des Flusses kann man unter dschungelüberwucherten Karstbergen dahindümpeln oder zügig zurück nach Vang Vieng stromabwärts gleiten. Es gibt auch eine neuere rote Tubing-Route durch Privatland, 4 km südlich der Stadt, die als sicherere und weniger hedonistische Alternative gilt.

Die Betreiber der gelben Tubing-Route (9–20 Uhr) und der roten Tubing-Route (☎020-99223339; ⏲ 9–19 Uhr) nehmen den gleichen Preis (55 000 K) und befolgen dieselben Regeln, allerdings muss man bei der gelben Route eine Kaution von 60 000 K hinterlegen (die einbehalten wird, wenn man den Reifen verliert). Schwimmwesten sind erhältlich und für 20 000 K kann man sich einen wasserfesten Beutel ausleihen. Die Fahrt zu beiden Ausgangspunkten kostet 10 000 K pro Person für zwei Personen.

Drahtseil und hohe Lüfte passen gut zusammen und immer mehr Dschungelgebiete um Vang Vieng werden mit einem Netzwerk aus Adrenalin ausschüttenden Ziplines durchkreuzt. Die folgenden Touren kombinieren Trekking, Kajakfahren, Abseilen oder Tubing mit einer Zipline.

AK Home Tours (☎020-55033665; gegenüber vom Vansana Hotel; halber Tag/ganzer Tag 25/30 US$)

Nam Thip Tours (☎020-23333616; ⏲ 7–21.30)

TCK (☎023-511691; tckamazingtour@gmail.com; ⏲ 8–20 Uhr)

Vang Vieng Challenge (☎023-511230; www.greendiscoverylaos.com; Th Khann Muang)

Wonderful Tours (☎023-511566; www.wonderfultourslaos.la; Th Khann Muang)

★ **Champa Lao** GÄSTEHAUS $

(☎020-55428518; www.facebook.com/champalao bungalows; Zimmer ohne Bad 70 000 K, Hütten mit DZ/3BZ 150 000/250 000 K; ⏲ab Mitte Juli–Sept. geschlossen; ❄📶) Mit neuen thailändischen Besitzern hat dieses laotische Pfahlhaus einfache Zimmer mit Ventilatoren und Moskitonetzen. Der Garten, übervoll mit Pflanzen, ist eine Freude und man kann sich in eine Hängematte legen, während man den Sonnenuntergang und das Karstgebirge von dem offenen Balkon beobachtet. Es gibt Bungalows am Fluss.

★ **Maylyn Guest House** GÄSTEHAUS $

(☎020-55604095; www.facebook.com/maylyn-guesthouse; Bungalow 60 000–120 000 K, Zi. 100 000 –120 000 K; ⊜❄📶) Auf der anderen Seite der Brücke betreibt der gesellige Jo das Maylyn's, dessen geräumige Bungalows einen herrlichen Blick über die Karstberge bieten. Die geschmackvoll eingerichteten Doppelzimmer in einem neueren Gebäudetrakt haben ein eigenes Bad und gewähren vom Balkon schöne Aussichten über die Klippen und den Fluss. Auch die anderen Zimmer sind ausgezeichnet. Der grüne Garten ist ein Paradies für Kinder und es gibt ein paar angrenzende Zimmer für 240 000 K.

★ **Chez Mango** GÄSTEHAUS $

(☎020-54435747; www.chezmango.com; Zi. mit/ohne Bad 80 000/60 000 K; 📶) Das freundliche und überaus saubere Gästehaus steht auf der anderen Seite der Brücke. Es verfügt über einfache bunte Hütten mit Balkonen (einige mit Bad) in einem Blumengarten. Es gibt auch einen *sala* (offener Unterstand) im Schatten von Bäumen. Noé betreibt hier auch das hervorragende Unternehmen Vang Vieng Jeep Tours (S. 359). Ein schlaffördernder und entspannender Ort.

Vinutda Guesthouse GÄSTEHAUS $

(☎020-22244638; Zi. 120 000–180 000 K; ⊜❄📶) Dieses familiengeführte Gästehaus verfügt über eine gute Auswahl an neuen Zimmern mit glänzenden Badezimmern und üppigen Betten. Ein Dreibettzimmer kostet 180 000 K – ein ziemlich guter Deal für drei. Der Ausblick über den Fluss ist spektakulär.

Pan's Place GÄSTEHAUS $

(☎023-511484; Th Luang Prabang; B 30 000 K, EZ/DZ mit Bad 70 000/88 000 K, EZ/DZ ohne Bad 50 000/64 000 K; ⊜❄📶) Das Pan's mit seinem gastfreundlichen Ambiente ist eine Institution für Rucksackreisende. Einfache, aber gemütliche Zimmer mit Ventilator und Fliesenboden sowie Privatbädern erfreuen die Reisenden in dem vertrauenswürdigen alten Gästehaus. Auf der Rückseite befinden sich mehrere Hütten sowie ein Entspannungsbereich im Garten. Auch ein Café und ein Kinoraum mit Hunderten von DVDs im Obergeschoss sind vorhanden.

Essen

Laotisches Essen bekommt man am Morgen bei einer Reihe von **Frühstückshändlern** (Th Luang Prabang; Hauptgerichte 10 000–15 000 K; ⏲6–21 Uhr), die ihre Stände jeden Morgen gegenüber vom Organic Mulberry Farm Café aufstellen. Für Abendessen gibt's auf der Th Luang Prabang in der Nähe vom Chillao Restaurants wie das beliebte **Mitta Pharp** (☎020-22254515; Th Luang Prabang; Barbecue 50 000 K; ⏲17–22 Uhr; 📶), das *seen dàat* (koreanisches Barbecue) seviert, und einen **Grillfleischhändler** (☎020-55322463; Th Luang Prabang; Hauptgerichte 20 000–30 000 K; ⏲13–21 Uhr) in der angrenzenden Holzhütte am Chillao.

Amigos Vang Vieng MEXIKANISCH

(☎020-58780574; Hauptgerichte 30 000 –60 000 K; ⏲9–13 & 17–22 Uhr, von März–Aug. nur Mittagessen; 📶✎) Es ist vielleicht etwas überraschend, dass sich in den Seitennstraßen von Vang Vieng ein original mexikanisches Restaurant findet, aber die Tacos, Burritos, Fajitas und Nachos sind wohl die besten in ganz Laos. Hier kann man den Abend mit Margerita und einem Schwips einläuten.

Viman Vang Vieng THAILÄNDISCH, DEUTSCH

(☎020-58926695; Hauptgerichte 30 000–60 000 K; ⏲9–21 Uhr) Auf der bunten Speisekarte finden sich ungewöhnliche Kombinationen aus thailändischem und deutschem Essen mit Schnitzel und Bratwurst sowie Curry und Pad Thai. Der thailändische Küchenchef und Besitzer lebte in Deutschland, bevor er nach Laos kam. Seine abstrakten Gemälde zieren die Wände. Er hat zudem eine Ausbildung in klassischer Musik und wenn man Glück hat, spielt er einem ein Ständchen.

★ **Il Tavolo** ITALIENISCH $

(☎023-511768; Rte 13; Hauptgerichte 38 000–80 000 K; ⏲Do–Di 17–23 Uhr; ❄📶) Der authentischste Italiener der Stadt. „Der Tisch" wird von einem Vater-Sohn-Team geführt. Auf der Karte stehen 19 Variationen von ofenfrischer neapolitanischer Pizza und eine große Auswahl an Pasta-, Gnocchi- und

Risotto-Gerichten sowie ein paar reichliche Entrées. Dazu bestellt man eine Flasche Chianti.

Ausgehen & Nachtleben

Das neue und verbesserte Vang Vieng hat den nächtlichen Partys zugunsten einer entspannteren Szene abgeschworen. Jedoch gibt's mancherorts wie in der Sakura Bar oder auf der wöchentlichen „Jungle"-Party noch Action.

★ Earth BAR
(www.facebook.com/earthvangvieng; ⌚ Okt.–März 0–24 Uhr, April–Sept. ab 17Uhr; 📶) Die pseudokünstlerische Bar am Hang besteht aus Treibholz und Lehm und trägt jeden Abend ab 19 Uhr mit Livemusik zum Ambiente bei. Im Schein der Gartenlaternen genießt man bei Wedges, Burgern und Salaten (Hauptgerichte 30 000 K bis 90 000 K) den herrlichen Blick auf die Klippen. Um es zu finden, sollte man nach dem leuchtenden grünen Schild Ausschau halten.

★ Gary's Irish Bar IRISH PUB
(☎ 020-56115644; http://garysirishbar.com; ⌚ 9–23.30 Uhr; 📶) Dank der netten, einfachen Atmosphäre, Indie-Musik, einem kostenlosen Pool und günstiger Küche, z. B. hausgemachte Pies, Burger und laotische Gerichte (Hauptgerichte 20 000 K–30 000 K), ist es immer noch eine der besten Bars der Stadt. Internationale Fußball- und Rugbyspiele werden live auf dem Flachbildfernseher übertragen. Zudem gibt's Frühstück (natürlich irisch) und regelmäßig Livemusik. Das Personal kennt sich ziemlich gut in der Gegend aus.

Jungle Project CLUB
(inkl. túk-túk aus der Stadt 40 000 K; ⌚ Fr 11 Uhr–spät) Will man den genusssüchtigen Geist von Va Va Vang Vieng erleben, bevor hart durchgegriffen wurde, kann man das am einfachsten auf den Jungle Project Partys. Freitagabend geht die Party die ganze Nacht und findet im heruntergekommenen Cang Vieng Mai Resort, das etwa 2 km nördlich der Stadt liegt, statt.

Sakura Bar BAR
(☎ 020-78008555; ⌚ 19–24 Uhr) Während der Recherche für dieses Buch zählte Sakura mit dem lautesten Publikum und der lautesten Musik zu einer der beliebtesten Backpacker-Bars in Vang Vieng. Hier bekommt man ausschweifende Nächte mit jeder Menge Shots und Tanz.

Smile Beach Bar BAR
(Don Khang; ⌚ 9–22 Uhr) Mit entspanntem Downbeat, Palmen und einer Reihe herrlicher Hängematten mit Blick auf den Fluss ist die Smile Beach Bar unschwer die chilligste Bar am Nam Song. Hier enden zudem viele Rafting-Trips auf der gelben Route. Man erreicht sie vom alten Markt aus über eine Fußgängerbrücke nach Don Khang. Ideal für einen Drink am Nachmittag.

Praktische Informationen

Agricultural Promotion Bank (Th Luang Prabang; ⌚ 8.30–15.30 Uhr) Wechselt Bargeld, außerdem gibt's einen Geldautomaten.

BCEL (Th Khann Muang; ⌚ 8.30–15.30 Uhr) Wechselt Geld und gibt Barvorschüsse auf Visa, MasterCard und JCB. In der Stadt gibt's zwei Geldautomaten.

Post (☎ 023-511009; ⌚ Mo–Fr 8–11.30 & 12.30–16.30 Uhr) Direkt neben dem Alten Markt.

Provinzkrankenhaus (☎ 023-511604) Das bescheidene Krankenhaus verfügt über ein Röntgengerät und ist eine gute Anlaufstelle für Knochenbrüche, Schnittwunden und Malaria. Bei unserem Besuch sprach der Arzt ganz gutes Englisch. Im Falle von ernsten Verletzungen oder Erkrankungen, sollte man nach Vientiane oder Thailand fahren.

Touristeninformation (☎ 023-511707; Th Luang Prabang; ⌚ Mo–Fr 8–12 & 14–16 Uhr) Das Englisch des Personals lässt vielleicht zu wünschen übrig, jedoch bekommt man hier verschiedene Flyer für Aktivitäten in der Umgebung.

GEFAHREN UND ÄRGERNISSE

Die meisten Besucher verlassen Vang Vieng mit nichts Ernsterem als einem Kater, doch dieser ruhige Ort ist für Reisende gleichzeitig auch der gefährlichste in Laos. Touristen sterben jedes Jahr bei Unfällen auf dem Fluss oder bei Höhlenwanderungen. Diebstahl kommt auch häufig vor, oft mit anderen Reisenden als Täter. Man sollte die üblichen Vorkehrungen treffen und keine Wertsachen vor Höhlen liegen lassen.

Seit der Säuberungskampagne von 2012 sind Drogen nicht mehr so weit verbreitet. Wird man mit Marihuana (oder anderen Drogen) erwischt, kann das teuer werden. Normalerweise muss man seinen Reisepass abgeben und fünf Millionen Kip oder mehr als 600 US$ Strafe zahlen.

An- und Weiterreise

Busse, Minibusse und *sŏrngtăaou* fahren vom **Hauptbusbahnhof** (Rte 13), etwa 2 km nördlich der Stadt, ab. Kommt man aus Vientiane, steigt man sehr wahrscheinlich an oder in der Nähe des **Busbahnhof 2** (☎ 023-511657; Rte 13) bei

BUSSE AB VANG VIENG

ZIEL	PREIS (K)	DAUER (STD.)	ABFAHRT
Luang Prabang (Kleinbus)	110 000	6	9, 10, 14, 15 Uhr
Luang Prabang (VIP)	120 000	7	10,12, 15, 20, 21.30, 23.30 Uhr
Vientiane (Ventilator)	40 000	5	5.30, 6.30, 7, 12.30, 14 Uhr
Vientiane (Minibus)	60 000	3–4	Stündlich 6–16 Uhr
Vientiane (VIP)	50 000	3–4	10, 13.30 Uhr

der ehemaligen Startbahn aus, einen kurzen Fußmarsch vom Zentrum entfernt. Wenn man Vang Vieng verlässt, sollte man darauf achten, dass, auch wenn man seine Fahrkarte an der Bushaltestelle gekauft hat, die teureren Minibusse und klimatisierten Busse es oft vorwiegend auf *falang* (Fremde) abgesehen haben und das Zentrum umkreisen, um Fahrgäste an ihren Gästehäusern abzuholen, wodurch sich die Abfahrtszeit um bis zu einer Stunde verschiebt. Sie halten dann an der **VIP Bushaltestellte** (Rte 13), um sicherzugehen, dass sie voll sind, bevor sie losfahren.

Richtung Norden halten zwischen 11 und 20 Uhr rund jede Stunde Busse von Vientiane nach Luang Prabang etwa fünf Minuten am Hauptbusbahnhof. Diese Linien stoppen auch bei Kasi und Phou Khoun (nach Phonsavan). Jedoch gab es auf Nachtbusse in Richtung Norden bei der Fahrt durch den Zipfel der Provinz Saysomboun, im Bezirk Kasi, gelegentlich Überfälle.

Richtung Süden gibt's einige Busse nach Vientiane. Alternativ kann man ein *sŏrngtăaou* (30 000 K, 4 Std.), das etwa alle 20 Minuten zwischen 5.30 und 16.30 Uhr abfährt, nehmen. Da sie häufig nicht voll sind, kann die Fahrt ziemlich viel Spaß machen.

Unterwegs vor Ort

Vang Vieng lässt sich einfach zu Fuß erkunden. Sich ein Fahrrad (15 000 K pro Tag) oder ein Mountainbike (30 000 K pro Tag) zu leihen ist auch beliebt; man bekommt sie fast überall. Die meisten Verleiher haben auch Roller, für die 50 000 K pro Tag fällig (Automatikroller 80 000 K) werden. Wer die Höhlen außerhalb der Stadt besuchen will, mietet am besten ein *sŏrngtăaou* in der Nähe des Alten Markts – eine Fahrt bis zu 20 km nach Norden oder Süden kostet etwa 10 US$.

Luang Prabang

ຫລວງພະບາງ

☎ 071 / 55 000 EW.

Mit seiner Kombination aus Weltklasse-Komfort und spiritueller Nahrung verlangsamt Luang Prabang den Puls und weckt die Fantasie. Am Zusammenfluss des Mekong und des Nahm Khan (Khan-Fluss) gelegen findet sich nirgendwo sonst ein romantischeres Juwel eines UNESCO-geschützer Weltkulturerbes mit 33 vergoldeten Wats, in Safran gekleideten Mönchen, verblassten indochinesischen Villen und exquisiter französischer Küche.

In den letzten 20 Jahren wurde Luang Prabang mit Investitionen überflutet. Einst zerfallende französische Villen erwachten als fabelhafte – und auch erschwingliche – Boutique-Hotels mit einigen der besten Köche Südostasiens zu neuem Leben. Die Bevölkerung ist gewachsen und trotzdem bleibt die Halbinsel so verschlafen und gemütlich wie ein Dorf, als ob die Zeit stehen geblieben ist.

Neben der Altstadt mit unübersehbarer französischer Vergangenheit gibt's aquamarinblaue Wasserfälle, ausgezeichnete Wandermöglichkeiten, sich windende Mountainbikestrecken, Kajak- und Flussfahrten sowie überragend schöne Natur, gesäumt von verhangenen grünen Bergen.

Sehenswertes

★ Wat Xieng Thong BUDDHISTISCHER TEMPE
(ວັດຊຽງທອງ; off Th Sakkarin; 20 000 K; ⌚6–18 Uhr) Luang Prabangs bekanntestes Kloster umschließt eine 1560 erbaute *sĭm* (Kapelle). Die Dächer sind niedrig, und an der westlichen Außenmauer ist ein beeindruckendes Mosaik namens „Baum des Lebens" angebracht. In der Nähe liegen mehrere Stupa und drei kleine Kapellenhallen namens *hăw*. Das **Hŏr Đại** ist wie ein Grabmal geformt und beherbergt heute eine stehende Buddha-Statue. Die Franzosen benannten das **Hŏr Đại Pha Sai-nyàat** in „La Chapelle Rouge" (Rote Kapelle) um. Hier befindet sich ein seltener liegender Buddha.

★ Phu Si HÜGE
(ພູສີ; 20 000 K; ⌚6–19 Uhr) Der 100 m hohe und bei Sonnenuntergangsfans beliebt Phou Si dominiert das Zentrum der Altstad

und ist von einem 24 m hohen vergoldeten Stupa namens **That Chomsi** (ທາດຈອມສີ; im Eintritt zum Phou Si inbegriffen) gekrönt. Der Aufstieg über 329 Stufen ist steil und anstrengend. Aus der Ferne, besonders wenn es nachts von Flutlicht angestrahlt wird, scheint das Bauwerk in der leicht nebligen Luft zu schweben wie ein Kronleuchter. Auf dem Gipfel dagegen ist die Aussicht auf die Stadt die größte Attraktion.

Royal Palace MUSEUM

(ພະຣາຊະວັງຊຽງແກ້ວ, Ho Kham; ☎071-212068; Th Sisavangvong; 30 000 K; ⊙8–11.30 & 13.30–16, letzter Einlass 15.30 Uhr) Der ehemalige königliche Palast, der traditionelle laotische und französische Beaux-Arts-Stile mischt, wurde 1904 erbaut und war das Zuhause von König Sisavang Vong (1905–59), dessen Statue draußen vor dem Palast steht. Im Innern befinden sich geschmackvolle, ausgesprochen bescheidene Wohnquartiere. Einige Zimmer sind noch im selben Zustand wie damals, als der Sohn (und Thronfolger) des Königs von der Pathet Lao 1975 gefangen genommen wurde. In einem seperaten Nebengebäude kann man die fünfteilige **Autosammlung des königlichen Palasts** (☎071-212068; Eintritt inkl. königliche Palastgebühren 30 000 K); ⊙8–11.30 & 13.30–16, letzter Einlass 15.30 Uhr) bewundern.

Green Jungle Park PARK

(☎071-253899; www.laogreengroup.com; Ban Pakueang; Parkeintritt 3 US$, Ziplining & Hochseilgarten 28–65 US$, Trekking 35 US$, Rücktransfer mit dem Boot von Luang Prabang 10 000 K; ⊙9–16.30Uhr; 👪) Zweiunddreißig Kilometer südlich der Stadt kann man sich in diesem Naturparadies, das einst eine Müllhalde war, vor der Kulisse des Waldes und einer atemberaubenden Kaskade in ein spektakuläres Netz aus Ziplines (900 m), Affenbrücken und einem Hochseilgarten stürzen. Es gibt auch ein Café, Blumengärten und Naturpools. Ein Markt mit biologischen Produkten und eine Aussichtsplattform für Elefantenbeobachtung sind in Planung.

★ **Tat Kuang Si** WASSERFALL

(ຕາດກວາງຊີ; 20 000 K; ⊙8–17 Uhr) Dreißig Kilometer südwestlich von Luang Prabang befindet sich Tad Kuang Si, ein mehrstufiger Wasserfall, der über Kalksteinformationen in ein paar kalte, zum Schwimmen geeignete türkisfarbene Gumpen hinabrauscht. Die Beschreibung „paradiesisch" wird ihm nicht gerecht. Wenn man sich nicht gerade mit Tauen in das Wasser schwingt, gibt's einen öffentlichen Park mit Hütten und Picknicktischen, wo man mittagessen kann. Das **Kuang Si Rescue Centre** (www.freethebears.org; Eintritt mit Tad-Kuang-Si-Karte; ⊙8.30–16.30 Uhr) GRATIS in der Nähe des Parkeingangs, wo wilden asiatischen Kragenbären, die von Wilderern wegen ihrer wertvollen Galle gefangen wurden, ein neues Leben geschenkt wird, sollte man sich nicht entgehen lassen.

Wat Mai Suwannaphumaham

BUDDHISTISCHER TEMPEL

(ວັດໃຫມ່ສຸວັນນະພູມອາຣາມ; Th Sisavangvong; 10 000 K; ⊙8–17 Uhr) Wat Mai ist eines der prächtigsten Kloster, sein *sĭm* (Weihesaal) aus Holz trägt ein fünfstufiges Dach im urbildlichen Luang Prabang-Stil zur Schau, während die ungewöhnliche überdachte Vorderveranda goldene Reliefs zieren, die Szenen aus dem Dorfleben, Ramayana und Buddhas vorletzte Geburt darstellen. Die Haw-Gangs ließen das Kloster 1887 unversehrt, da sie es angeblich zu schön fanden, um es zu zerstören. Seit 1894 ist es das Zuhause des Sangharat, des obersten Rats im laotischen Buddhismus.

TAEC MUSEUM

(Zentrum für Traditionelle Kunst & Ethnologie; ☎071-253364; www.taeclaos.org; abseits Th Kitsarat; Eintritt 25 000 K; ⊙Di–So 9–18 Uhr) Das Museum mit einer professionell präsentierten Ausstellung in drei Räumen ist definitiv ein Muss für Traveller, die etwas über die Kultur der nördlichen laotischen Bergstämme lernen wollen oder eine Wanderung dorthin planen. Es bietet gerade genügend Informationen, ohne einen Einsteiger zu überfordern, außerdem eine Auswahl an traditionellen Trachten und eine tolle neue Ausstellung: Seeds of Culture. From Living Plants to Handicrafts. Das TAEC ist in der früheren Villa eines französischen Richters untergebracht, die in den 1920er-Jahren zu den prachtvollsten Gebäuden der ganzen Stadt zählte. Es gibt ein **Café** und einen **Shop**, in dem man Handgemachtes und Bildbände bekommt.

Pha Tad Ke Botanical Garden GÄRTEN

(☎071-261000; www.pha-tad-ke.com; Erw./Kind 25/10 US$; ⊙Do–Di 8–18 Uhr) So entspannend wie ein Besuch im Spa – dieser neueröffnete botanische Garten (der erste in Laos) ist ein ruhiger Ort, um zu lesen, spazieren zu gehen oder um ein paar Yogaübungen zu perfektionieren. Der Eintrittspreis ist zwar gesalzen, enthält aber einen Gartenvortrag (11 oder

Luang Prabang Zentrum

Luang Prabang Zentrum

Highlights
- 1 Phou Si – C2
- 2 Wat Xieng Thong – G1

Sehenswertes
- 3 Pha Tad Ke Botanical Garden – A2
- 4 Royal Palace – C1
- 5 Royal Palace Car Collection – C1
- 6 TAEC – B3
- That Chomsi – (siehe 1)
- 7 Wat Ho Pha Bang – C2
- 8 Wat Mai Suwannaphumaham – C2
- 9 Wat Sensoukaram – F1

Aktivitäten, Kurse & Touren
- 10 Bamboo Tree Cooking Class & Restaurant – F2
- 11 Banana Boat Laos – C3
- 12 Big Brother Mouse – E1
- 13 Children's Cultural Centre – E1
- 14 Lao Red Cross – C4
- 15 Luang Prabang Library – C2
- 16 Luang Prabang Yoga – D3
- 17 Luang Say Cruise – E2
- 18 Mekong River Cruises – G1
- 19 Motolao – A2
- 20 Sa Sa Sunset Cruise – D1
- 21 Shompoo Cruise – E1
- Tamarind – (siehe 37)
- 22 Tiger Trail – D2

Schlafen
- 23 Ammata Guest House – E1
- 24 Apple Guesthouse – D1
- 25 Khounsavanh Guesthouse – A3
- 26 Muenna 1989 Guesthouse – D4
- 27 The Apsara – F2
- 28 Villa Sayada – C3

Essen
- 29 Bouang Asian Eatery – D2
- 30 Coconut Garden – D2
- 31 Dyen Sabai – E2
- 33 Joma Bakery Café – E2
- 32 Joma Bakery Cafe – B2
- 34 Le Banneton – F2
- 35 Morning Market – B1
- 36 Saffron Coffee – E1
- 37 Tamarind – F2
- The Apsara – (siehe 27)
- 38 Xieng Thong Noodle-Shop – G1

Ausgehen & Nachtleben
- 39 Bar 525 – A3
- 40 Icon Klub – D2
- 41 Utopia – D3

Unterhaltung
- 42 Garavek Storytelling – F1
- L'Etranger Books & Tea – (siehe 45)
- 43 Phrolak-Phralam Theatre – C2

Shoppen
- 44 Kunsthandwerker-Nachtmarkt – B2
- 45 Kopnoi – C3
- 46 Ock Pop Tok Boutique – E1
- 47 Queen Design Lao – G1

Praktisches
- 48 All Lao Travel – D2
- 49 ATM – B2
- 50 BCEL – D2
- 51 Lao Development Bank – C4
- 52 Minipost Booth – B2

Transport
- Vietnam Airlines – (siehe 48)

5 Uhr), einen einstündigen Kunsthandwerk-Vorkshop mit Bambus (10 oder 14 Uhr) und ine Kräuterteeprobe in einem Café mit Blick auf den Lotusblumenteich.

Wat Ho Pha Bang BUDDHISTISCHER TEMPEL
(ວັດຫໍພະບາງ; Royal Palace Grounds; Eintritt inkl. königliche Palastgebühren; ⌚8–11.30 & 13.30–16 Uhr, letzter Einlass 15.30 Uhr) Der heilige Pha-Bang-Buddha, von dem die Stadt ihren Namen hat, ist in diesem verschnörkelten Pavillion, der bis 2011 nicht fertiggestellt war (auch wenn er älter aussieht), untergebracht. Der 83 cm hohe Buddha aus einer Goldlegierung steht seit 1512 hier und rechtfertigt damit spirituell die königliche Dynastie der Lan Xang als Buddhisten-Oberhäupter. Der Legende nach wurde der Buddha im 1. Jh. n. Chr in Sri Lanka gegossen und wurde von den Siamesen zwei Mal nach Thailand gebracht (1779 und 1827), 1867 aber kam er schließlich zurück nach Laos.

Wat Sensoukaram BUDDHISTISCHER TEMPEL
(ວັດແສນສຸກອາຣາມ; Th Sakkarin) GRATIS Leuchtend rubinrote Wände mit einer verworrenen goldenen Deckschicht verleihen Wat Sensoukaram eine der umwerfendsten Fassaden von Luang Prabangs Tempeln. Es heißt, dass sich der Name auf die erste Spende für den Bau über 100 000 K, 1718 eine stattliche Summe, bezieht.

Pak Ou Caves HÖHLEN
(ຖ້ຳປາກອູ, Tham Ting; Höhle 20 000 K, Bootsfahrt hin und zurück 65 000/300 000 K pro Pers./Boot; ⌚die Boote starten 8.30–11 Uhr) In zwei berühmten Höhlen in den Karstklippen am Zusammenfluss von Ou und Mekong in Ban Pak Ou stehen zahlreiche Buddha-Statuen. Eine fotogene Buddha-Gruppe steht in der

unteren Höhle vor der imposanten Flusslandschaft. Die obere Höhle erreicht man nach fünf Minuten Aufstieg über Treppen (man braucht eine Taschenlampe), 50 m in der Felswand. Bootstickets kauft man im **Longboat-Büro** (Th Khem Khong; ⌚8–15 Uhr) in Luang Prabang.

Aktivitäten

Luang Say Cruise BOOTSTOUREN
(Mekong-Bootsfahrt; ☎071-252553; www.luangsay.com; 50/4 Th Sakkarin; Bootsfahrt 433–542 US$; ⌚8.30–19 Uhr) Die luxuriöseste Art, den Mekong auf einem zweitägigen Ausflug nach oder von Houay Xay an der thailändischen Grenze zu bereisen. Die Boote schaffen durch ihre Holzausstattung und tollen Service eine herrlich romantische Atmosphäre. Bei Last-Minute-Buchung vor Ort kann man mehr als 50 % sparen. Abgelegt wird an der Galao-Bootsanlegestelle (S. 372).

Luang Prabang Yoga YOGA
(www.luangprabangyoga.org; 60/90-minütige Kurse. 40 000/60 000 K; ⌚7.30 & 17 Uhr) Entschleunigen, entspannen und den Geist auf das entspannte Flair der Stadt einstimmen, mit Yogakursen an schönen Orten, von grünen Gartenterrassen bei Utopia (S. 370; täglich) bis zu Dachterrassen bei Sonnenuntergang. Die Yoga-Kooperative der Stadt informiert auf ihrer Website über Kurstermine und Orte. Ein gut geführtes Netzwerk mit qualifizierten Lehrern. Alle Niveaus sind willkommen.

Shompoo Cruise BOOTSTOUREN
(☎071-213189; www.shompoocruise.com; Th Khem Khong; Bootsfahrt inkl. Frühstück und Mittagessen 130 US$) Mit Stil und Komfort lässt sich der Mekong mit einem Longboat ausgezeichnet befahren. Shompoo bietet so wie andere Anbieter zweitägige Bootsfahrten von Houay Xay und Luang Prabang und andersherum an, allerdings günstiger. Abgelegt wird an der Galao-Bootsanlegestelle (S. 372). Bei Abfahrt in Houay Xay wird ein Guide an der Grenze warten.

Big Brother Mouse FREIWILLIGENARBEIT
(BBM; ☎071-254937; www.bigbrothermouse.com; Th Phayaluangmeungchan; ⌚Kurse 9–11 & 17–19 Uhr) Eine Initiative der Einheimischen, die sich darum kümmert, die Alphabetisierung der Kinder in Laos, sowohl in der Stadt als auch in entlegenen Dörfern, zu verbessern. Vor dem BBM-Büro kann man Kindern vor- oder mit ihnen lesen. Wenn man in Laos herumreist, sollte man ein paar Bücher kaufen, die man mitnimmt, wenn man in abgelegene Dörfer fährt. BBM ist ein inspirierender Ort.

Lao Red Cross MASSAGE, SPA
(☎071-252856; Th Wisunarat; Sauna 15 000 K, traditionelle/Aromatherapie 50 000/80 000 K pro Stunde; ⌚13–20 Uhr) Dieses traditionelle blaue laotische Haus wurde kürzlich renoviert und war ursprünglich der Ort, um zu saunieren oder sich massieren zu lassen, bevor sich all die schicken Spasalons ansiedelten. Es ist zwar ohne Schnickschnack, aber gut ausgebildetes Personal gibt erstklassige Massagen und es gibt eine fantastische Sauna mit Aufgüssen aus medizinischen Pflanzen, die die Atemwege wie ein „Menthol-Rohrreiniger" befreien! Jetzt mit Klimaanlage.

Children's Cultural Centre FREIWILLIGENARBEIT
(☎071-253732; www.cccluangprabang.weebly.com; Th Khounswa; ⌚Sept.–Mai Di–Fr 9–11.30 & 14–17, Sa 8–11.30 & 14–17 Uhr, Juni–Aug. Sa geschlossen) Dieses Center bietet nach der Schule und am Wochenende Aktivitäten für einheimische Kinder an. Sie lernen etwas über die laotische Kultur und Traditionen und entwickeln Fähigkeiten, die zu einem gesunden Lebensstil und Erhaltung der Kultur beitragen. Traditionelle Musik, Aufführungen, Geschichten, Lieder und eine Vielzahl an künstlerischen und kunsthandwerklichen Aktivitäten finden hier statt. Vorbeikommen und sich informieren, ob man eine Stunde unterrichten kann oder ob Sachspenden gebraucht werden.

Luang-Prabang-Bücherei FREIWILLIGENARBEIT
(☎071-254813; www.communitylearninginternational.org; Th Sisavangvong; ⌚8–17 Uhr) Diese Bücherei verbessert die Alphabetisierung, indem sie mit einer *túk-túk*-Bücherei in entlegenen Dörfern Bücher an laotische Kinder verteilt. In den Sommerferien kommen auch Kinder aus Luang Prabang hierher, um Lesen und Englisch zu lernen. In dem Shop kann man ein Buch als Spende für die Bücherei kaufen oder alte Kinderkleidung abgeben.

Kurse

★ **Tamarind** KOCHKURS
(☎020-77770484; www.tamarindlaos.com; Ban Wat Nong; ganztägig/abendlicher Kurs 285 000/215 000 K) In dem Pavillon direkt am See kann man einen Tag lang die Kunst der laotischen Küche erlernen. Treffpunkt ist am Morgen das Restaurant, danach werden auf dem Markt Zutaten für klassische Gerichte wie *mok pa* (ge

dünsteter Fisch in Bananenblättern) gekauft. Abendkurse finden allerdings ohne Marktausflug statt.

Ock Pop Tok KURS

(☎ 071-212597; www.ockpoptok.com; halb-/ganztägiger Bambuswebkurs 30/48 US$, Hmong-Batikkurs 60/80 US$, 3-tägiger Kurs im Naturstofffärben & Weben 198 US$; ⊙ 8.45–16 Uhr) Einen eigenen Schal oder andere Stoffe weben und färben oder einen halbtägigen Bambuswebkurs besuchen. Bei Ock Pop Tok sind die Lehrer/-innen Kunsthandwerksmeister/-innen. Sein Kunststück darf man behalten und Mittagessen ist inklusive. Es befindet sich 2 km hinter dem Phousy-Markt. Mit einem *túk-túk* kommt man hin und zurück.

Bamboo Tree Cooking Class & Restaurant KOCHKURS

(☎ 020-22425499; bambootreelpb@live.com; Th Sakkarin; Kochkurs 200 000–250 000 K; ⊙ 9–22 Uhr) Küchenchefin Linda zeigt im großzügigen und luftigen Bamboo Tree, wie man ein Fünf- oder Sechs-Gänge-Menü mit laotischen Gerichten, wie *láhp* (Schweinehackfleischsalat mit Schalotten und Koriander), zubereitet. Kurse am Morgen finden von 9 bis 14 Uhr statt, am Abend wird von 17 bis 20 Uhr gekocht (günstiger als am Morgen und ohne Marktbesuch). Es gibt auch vegetarische Optionen.

Geführte Touren

★ Living Land KULTURTOUREN

(☎ 020 55199208; www.livinglandlao.com; Ban Phong Van; geführte Touren 344 000 K pro Pers.; ⊙ 8.30–12 Uhr) Etwa 5 km außerhalb von Luang Prabang auf der Straße Tad Kuang Si liegt diese wunderbare Reisfarmkooperative, wo man einen halben Tag verbringen kann, um zu lernen, wie der Klebreis gepflanzt wird, das in Laos allgegenwärtige Gericht. Dazu gehört es, das Reisfeld mit dem geselligen Wasserbüffel Rudolph vorzubereiten und knietief in herrlichem Matsch zu waten! Danach wird einem Reis ganz anders schmecken. Kinder lieben es!

Mekong River Cruises KREUZFAHRTEN

(☎ 071-254768; www.cruisemekong.com; 22/2 Th Sakkarin, Ban Xieng Thong; 5-tägige all-inclusive Kreuzfahrt ab 760 US$ pro Person; ⊙ Mo–Fr 8.30–18 Uhr) Mit Mekong River Cruises lässt sich der Fluss während einer 11-tägigen Kreuzfahrt von Vientiane in das Goldene Dreieck, einer fünftägigen Kreuzfahrt zwischen Vientiane und Luang Prabang oder einer sechstägigen Rundreise nach/von Luang Prabang auf exklusive Weise erkunden. Außer auf dem Deck der neuen Mekong Pearl zu faulenzen, kann man sich an Bord eine luxuriöse Massage gönnen oder auf einen der vielen küstennahen Ausflüge gehen.

Sa Sa Sunset Cruise BOOTSTOUREN

(☎ 020-95750612; www.facebook.com/sasacruiselaos; Th Khem Kong; 2-stündige Bootsfahrt inkl. 1 Getränk 65 000 K; ⊙ tägliche Fahrten zwischen 16.30 (Winter) und 17.15 Uhr (Sommer) Bei Weitem das beste Preis-Leistungs-Verhältnis der Stadt mit zweistündigen Fahrten auf komfortablen großen Booten über den Mekong bei Sonnenuntergang. Zählt man die günstigen Getränke und die Hähnchenspieße dazu, hat man alles für einen ziemlich erschwinglichen Abend auf dem Fluss.

Motolao ABENTEUERTOUREN

(☎ 020-54548449; www.motolao.com; Th Chao Fa Ngum; ⊙ 8.30–17 Uhr) Das hervorragende Unternehmen ist der beste Motocross-Reiseveranstalter des Landes und bietet herrliche Odysseen auf zwei Rädern, bei denen man das authentische Leben in den Provinzen von Laos, das man normalerweise kaum zu sehen bekommt, kennenlernt. Bestes Material, hervorragend gewartete Motorräder, dieser Reiseveranstalter gehört zu dem zuverlässigen Tiger Trail. Man kann auch eine Honda 250 (50 US$ pro Tag) mieten.

Banana Boat Laos BOOTSTOUREN

(☎ 071-260654; www.bananaboatlaos.com; Ma Te Sai, Th Phommatha) Gute Bewertungen für kombinierte Ausflüge wie zu den Pak-Ou-Höhlen und Kuang-Si-Wasserfällen, Sunset Cruise und Temple View oder, am beliebtesten, zur Kuang Si Sun Bear Rescue Area (für die man 26 bis 58 US$ pro Person ab mindestens zwei zahlt). Komfortables Boot, freundliches Personal, das etwas Englisch spricht.

Tiger Trail WANDERM

(☎ 071-252655; www.laos-adventures.com; Th Sisavangvong; Touren ab 50 US$; ⊙ 8–21 Uhr) Tiger Trail bietet Wanderungen durch Hmong- sowie Khamu-Dörfer, kulturelle Radtouren und Geländemountainbiketouren an. Alle Exkursionen können so gestaltet werden, dass sie Kajaktrips, Rafting und Mountainbikerouten beinhalten.

Schlafen

In Luang Prabang gibt's jede Menge Hostels und mittelpreisige Angebote sowie einige hervorragende Öko-Lodges.

★ Fan Dee GÄSTEHAUS $
(Sa Sa Lao; ☎ 020-55357317; B 5–9 US$, Zi. 25–35 US$;) Diese Dschungeloase mit strohgedeckten Bungalows ist wie ein Luxus-Ökoresort für Budget-Reisende. Vor Ort gibt's zahlreiche Aktivitäten, von Kochkursen bis hin zu Schlammbädern auf Terrassen mit Blick auf den Namkan. Die Holzstockbetten in den Schlafsälen sind die gemütlichsten der Stadt, während viele der privaten Zimmer mit Bambuswänden, die sich für einen atemberaubenden Blick auf den Fluss öffnen lassen, ausgestattet sind.

Khounsavanh Guesthouse GÄSTEHAUS $
(☎ 071-212297; Ban Thongchaleum; B ab 45 000 K, Zi. ab 190 000 K;) Khounsavanh befindet sich in einer ruhigen Gasse in der Nähe des Dara-Markts. Es gibt klimatisierte Zimmer mit Bad und Blick auf Phou Sis Gipfeltempel sowie Mehrbettzimmer (ein Vierbettzimmer nur für Frauen und ein paar gemischte). Die Sauberkeit auf den Toiletten lässt zu wünschen übrig, jedoch gibt's einen tollen Pool und man kann hier gut andere Reisende kennenlernen.

Villa Sayada HOTEL $
(☎ 071-254872; Th Phommatha; Zi. 120 000–200 000 K;) Dieses Mini-Hotel mit neun Zimmern hat einen Hauch seines früheren Charmes durch den neuen Besitzer verloren. Dessen ungeachtet hat es große cremefarbene und wolkenweiße Zimmer mit Vorhängen, handgemachten Lampen und vernünftigen Duschen. Es gibt kleine private Balkone mit schönem Ausblick. Gegenüber von Wat Visoun.

Muenna 1989 Guesthouse GÄSTEHAUS $
(☎ 020-91701061; abseits Th Phommatha; B/Z 65 000 K/20 US$;) Dieses saubere und aufgeräumte Gästehaus abseits einer ruhigen Seitenstraße wird von einer entzückenden chinesischen Lady geführt. Es gibt eine Terasse, auf der man sich entspannen kann und auf der Rezeption stehen Reiseerinnerungen und Fotos von Luang Prabang. Man kann zwischen Zweibett- oder einem Doppelbett- und drei großzügigen Mehrbettzimmern wählen.

Apple Guesthouse GÄSTEHAUS $$
(☎ 071-252436; www.appleguesthouselaos.com; abseits Th Khem Khong; DZ/3BZ 25/35 US$;) Dieses kleine Gästehaus erhält Bestnoten für seine freundlichen Englisch sprechenden Besitzer, die 24-Stunden-Rezeption und den schattigen Balkon, wo man andere Reisende trifft. Es gibt den ganzen Tag Tee und Kaffee umsonst. Die meisten Zimmer haben schöne Teakholzwände, aber man sollte versuchen eins im oberen Stockwerk zu ergattern, da diese mehr Sonnenlicht abbekommen.

Ammata Guest House GÄSTEHAUS $$
(☎ 071-212175; Ban Wat Nong; Zi. 30–80 US$;) Das freundliche familiengeführte Gästehaus mit Fachwerk hat ein zurückhaltendes Ambiente, makellose und großzügige Zimmer mit polierten Holzmöbeln und renovierten Badezimmern. Die meisten Zimmer sind in der oberen Etage und gehen von einem geteilten und schattigen Balkon ab. Das Management ist freundlich und man hat einen perfekten Blick auf die morgendlichen Almosenprozessionen ohne all das Knipsen der Kameras.

★ Apsara BOUTIQUE-HOTEL $$$
(☎ 071-254670; www.theapsara.com; Th Kingkitsarat; Standard/SuperiorZi. inkl. Frühstück 80/135 US$;) Von Apsara hat man einen tollen Ausblick auf den verschlafenen Namkan. Die indochinesisch eingerichtete Lobby ist voller chinesischer Seidenlaternen und die Bar wirkt, als käme sie geradewegs aus einem klassischen Film, während jedes der Zimmer individuell designt wurde. Von den türkisfarbenen Wänden bis zu den bunten Glasbuddhas schreit alles in diesem Hotel nach Stil. Das **Restaurant** (Hauptgerichte 60 000–110 000 K; 19–22 Uhr;) und die Bar sind romantisch und lassen sich am besten am Abend genießen.

Essen

Nach den Privatisierungen der eher entlegenen Gegenden in Laos, macht der Touristenmagen bei der bloßen Auswahl und ausgezeichneten Umsetzung von dem, was hier geboten wird, Freudensprünge. Neben ein paar sehr feinen laotischen Restaurants, ist die Gastro-Szene überwiegend französisch. Luang Prabang hat ebenso eine tolle Café-Szene mit Bäckereien an jeder Ecke vorzuweisen. Vor allem für Selbstversorger ist der **morgendliche Markt** (Sa–Mo 5.30–16 Uhr) interessant.

★ Le Banneton BÄCKEREI $
(☎ 030-5788340; Th Sakkarin; Hauptgerichte 20 000–60 000 K; 6.30–20.30 Uhr) Es ist das zarte Gefühl des Gebäcks, das im Mund dahinschmilzt, das uns immer wieder zu unserer Lieblingsbäckerei in Luang Prabang zieht. Es gibt *pain au chocolat* (Schokoladencrois

sants), Pizza, Terrine, Baguette-Sandwiches, Salate, Crêpes und mehr. Die Decke ziert eine verworrene Arabeske, überall stehen Ventilatoren und die weißen Wände heben sich von dem verschwommenen Orange draußen ab – Mönche aus dem Kloster gegenüber.

★ Bouang Asian Eatery FUSION-KÜCHE $
(☎ 020-55632600; Th Sisavangvong; Hauptgerichte 35 000–45 000 K; ⊙ Mo–Sa 11–14.30 & 18–21.30 Uhr; 📶 ✍) Dieses heitere Lokal auf der Hauptstraße zaubert mit seinen farbenfrohen Stühlen, funky Leuchtkörpern und Wandgemälden jedem ein Lächeln ins Gesicht. Das handgeschriebene Menü mit außergewöhnlichem (und erschwinglichem) neuinterpretiertem laotischen Essen beinhaltet verblüffende Fusion-Küche wie grünes Gnocchicurry und Schweine-Zimt-Eintopf. Das Essen wird passend zur Atmosphäre verspielt angerichtet.

Saffron Coffee CAFÉ $
(https://saffroncoffee.com; Th Khem Khong; Hauptgerichte 20 000–40 000 K; ⊙ Mo–Fr 7–20, Sa & So 7.30–17 Uhr; ❄ 📶) 🍃 Die Bohnen in diesem hippen Café am Fluss sind aus nachhaltigen Quellen von Microlot Kaffeeplantagen der Bergvölker in der Umgebung. Der Gewinn wird wieder in die Gemeinschaft investiert. Das Ergebnis ist unglaublich gehaltvoller Kaffee, den man mit einem guten Gefühl trinkt. Es gibt eine ganze Karte mit alternativen Kaffeezubereitungen (Cold Drip, Aeropress, etc.) zusammen mit leckerem Frühstück und Panini-Sandwiches. Wöchentlich finden Kaffeetouren und -proben statt.

Joma Bakery Cafe BÄCKEREI $
(www.joma.biz; Th Chao Fa Ngum; Hauptgerichte 30 000–45 000 K; ⊙ 7–21 Uhr; ❄ 📶) Dieser Hafen der Gelassenheit mit gemütlichen Stühlen und moderner Atmosphäre ist eine der emsigsten Bäckereien der Stadt. Es gibt köstlich sündhaftes Essen in Form von Suppen, Salaten, Bagels, kreativen Kaffees und gesunde Shakes. Oh, und Mokka-, Karotten- und Schokoladenkuchen, plus Donuts! Es gibt eine zweite **Filiale** (www.joma.biz; Th Kingkitsarat; Hauptgerichte 30 000–45 000 K; ⊙ 7–21 Uhr; ❄ 📶) mit Blick auf den Namkan.

Xieng Thong Noodle-Shop LAOTISCH $
(Th Sakkarin; Nudelsuppe 15 000 K; ⊙ 7–14 Uhr) Ein völlig unexotisches Lokal serviert die besten *kòw beęak sèn* (runde Reisnudeln in Brühe mit Stückchen von Hühnerfleisch und knusprigem Schweinebauch) der Stadt. Bis 14 Uhr ist meist alles weg.

★ Tamarind LAOTISCH $$
(☎ 071-213128; www.tamarindlaos.com; Th Kingkitsarat; Hauptgerichte 35 000–55 000 K, Abendessen 120 000–160 000 K; ⊙ 10–22 Uhr; 📶) Das minzgrüne Tamarind am Ufer des Namkan hat eine ganz eigene moderne laotische Küche entwickelt. Auf der Speisekarte stehen köstliche gemischte Teller mit Bambusdip, gefülltem Zitronengras und *meuang* (Nudeln, Kräuter, Fisch, Chilipasten und Gemüse, die man selbst zu kleinen Päckchen einrollen kann). Es gibt auch Büffel- *láhp* und Luang Prabang-Soße. Zu Recht beliebt.

★ Dyen Sabai LAOTISCH $$
(☎ 020-55104817; www.dyensabairestaurant.wordpress.com; Ban Phan Luang; Hauptgerichte 35 000–65 000 K; ⊙ 8–23 Uhr; 📶) Eines von Luang Prabangs Top-Restaurants für fabelhaftes Essen. Der Aubeginendip und die frittierten Podostemaceen aus dem Mekong sind so gut wie nirgendwo sonst. Man sitzt in rustikalen offenen Pavilions auf Lehnstuhlkissen. In der Trockenzeit erreicht man es über die Namkan-Bambusbrücke nach wenigen Minuten zu Fuß, ansonsten fährt man umsonst mit einem Boot dort hin. Zwei zum Preis für einen Cocktail zwischen 12 und 19 Uhr.

★ Coconut Garden LAOTISCH, INTERNATIONAL $$
(☎ 071-252482; www.elephant-restau.com/coconutgarden; Th Sisavangvong; Gerichte 35 000–150 000 K, Menüs ab 110 000 K; ⊙ 7.30–22 Uhr; 📶 ✍) Exzellente Menüs (auch vegetarische Optionen), bestehend aus fünf erstklassigen laotischen Gerichten, die bei einem einzigen Abendessen ein Geschmacksspektrum abdecken, das man normalerweise nur bekommt, wenn man mit vielen zusammen mehrere Gerichte bestellt. Beim Coconut Garden kann man vorne und hinten sitzen, es ist ein toller Ort, um zu Mittag oder zu Abend zu essen. Internationale Favoriten gibt's auch.

🍷 Ausgehen & Nachtleben

★ Icon Klub BAR
(www.iconklub.com; Th Sisavang Vatthana; ⊙ 17.30–23.30 Uhr; 📶) Man stelle sich einen Ort im Jenseits vor, an dem sich Schriftsteller treffen und die Unterhaltungen fließen wie die Cocktails. Jack Kerouac sitzt nebenan, Anaïs Nin liest in einem gemütlichen Stuhl ganz in der Nähe – genau so ein Ort könnte das Icon sein. Eine Engelsskulptur schaut aus der Wand hervor und es finden Poetry Slams und Jamsessions statt und es gibt Wahnsinnsmusik.

NICHT VERSÄUMEN

Icon Klub (www.utopialuangprabang.com; ⌚8–23 Uhr; 📶) ist eine geschmackvolle Bar am Flussufer. Friedlicher Ausblick auf den Namkan, Liegesessel, niedrige Tische und grüne Ecken. Hier kann man sich entspannen, ob bei einem Fruchtshake, Burger, Frühstück oder Omelett (Hauptgerichte 30 000–60 000 K), Brettspiele und Volleyball spielen, oder einfach den Sonnenuntergang in einem Meer aus Kerzenlicht genießen. Schön gestaltet mit falschen Khmer-Ruinen und Kletterpflanzen. Ganz sicher die belebteste Outdoor-Bar der Stadt.

★Utopia BAR

(www.utopialuangprabang.com; ⌚8–23 Uhr; 📶) Die attraktive Bar am Fluss bietet friedvolle Ausblicke auf den Namkan. Es gibt Kissen zum Hinfläzen, niedrige Tische und Wasserpfeifen. Man kann Fruchtshakes trinken, Burger, Frühstück oder Omelett (Hauptgerichte 30 000 K–60 000 K) essen, ein Brettspiel oder Volleyball spielen und sich ab Sonnenuntergang in einem Meer aus Kerzen verlieren. Hervorragend gestaltet mit Resten von Khmer-Ruinen und Kletterpflanzen; sicherlich die belebteste Outdoor-Bar der Stadt.

Bar 525 BAR

(☎071-212424; www.525.rocks; ⌚17–23.30 Uhr; 📶) Zwar befindet sich diese schicke, urbane Bar in einer ruhigen Straße, aber sie ist nicht abgeschieden. Draußen auf der Terrasse kann man die Sterne genießen, drinnen die lange Bar bei sanfter stylischer Beleuchtung oder in der chilligen Lounge entspannen. Cocktails im Überfluss, schicke Fummel, atemberaubende Fotos an den Wänden und elegantes Publikum. Es gibt auch Snacks wie Buffalo Sliders und Quesadillas. Die Preise passen zum Ambiente.

☆ Unterhaltung

Garavek Storytelling THEATER

(☎020 96777300; www.garavek.com; Th Khounswa; Tickets 50 000 K; ⌚18.30 Uhr) Garavek bedeutet „magischer Vogel", und diese bezaubernde einstündige Show regt die Fantasie der Zuschauer zu außergewöhnlichen Höhenflügen an. Ein alter Mann in Stammeskleidung spielt in einem kleinen Theater mit 30 Plätzen eindringlich die *khene* (eine laotische Mundorgel aus Holz) und begleitet einen lebhaften Geschichtenerzähler, der (auf Englisch) lokale laotische Volksmärchen und Sagen wieder zum Leben erweckt. In der Hauptsaison Tickets im Voraus kaufen!

Moonlight Cinema KINO

(http://ockpoptok.com/eat/moonlight-cinema; Ock Pop Tok Living Crafts Centre; Ticket inkl. túk-túk hin und zurück & Dinner 70 000 K; ⌚9–22 Uhr; 📶) Die aktuellsten Filme werden im Ock Pop Tok Centre jeden Donnerstag um 19.30 Uhr gezeigt, nach dem Abendessen um 19 Uhr. *túk-túk* ist im Preis enthalten, Abfahrt ist vor dem Joma Bakery Cafe auf der Th Chao Fa Ngum um 18.45 Uhr. Per E-Mail buchen.

Phrolak-Phralam Theatre TANZEN

(Royal Palace Grounds; Karte 100 000–150 000 K; ⌚Shows Mo, Mi, Fr & Sa 18 Uhr) Das Royal Lao Ballet, dessen Name irreführend ist, führt langsame traditionelle Tänze, begleitet von einem 10-köpfigen laotischen „Orchester", auf. Die Vorstellungen dauern etwa 1¼ Stunden und beinhalten eine Szene, die sich auf das Ramayana bezieht. Es lohnt sich sehr, die maschinengeschriebenen Stichpunkte, die man am Eingang bekommt, zu lesen, um eine Idee davon zu bekommen, was passiert. Wenn alle Plätze besetzt sind (selten), kann es sein, dass die Gäste mit den günstigsten Karten stehen müssen.

Shoppen

★Queen Design Lao BEKLEIDUNG

(queenclothing@yahoo.com.au); Th Sakkarin, 1/1? Ban Khili; ⌚Mo–Sa 10–18 Uhr; 📶) Diese stylische von einer Australierin geführte Boutique hat eine Auswahl an Kleidern, Unterkleidern, Röcken und Strandtüchern aus handgewebtem Leinen, Seide und Baumwolle; hergestellt von Chris Boyle, einer bekannten Designerin in Oz. Die meisten sind Einzelstücke. Zudem werden Pashminas und Schals sowie biologische Gesichtspeelings und Designerbrillen aus Holz verkauft. Außerdem gibt's nur dort den Schmuck von Article 22 Bomb.

★Kunsthandwerker Nachtmarkt MARKT

(Th Sisavangvong; ⌚17.30–22 Uhr) Dieser auf Touristen orientierte, aber sehr reizvolle Markt findet jeden Abend entlang der Th Sisavangvong statt und gehört verdientermaßen zu den größten touristischen Attraktionen von Luang Prabang. Er ist sanft beleuchtet, ruhig und frei von aggressiven Verkäufern. Zahlreiche Händler verkaufen hier Seidenschals, Wandbehänge, Hmong

Decken, Kleidung und Schuhe, aber auch Papier, Silber, Taschen, Keramik, Bambus-ampen und vieles mehr.

Ock Pop Tok Boutique

BEKLEIDUNG, KUNSTHANDWERK

(☎ 071-254406; http://ockpoptok.com; Th Sakka-in; ⌚8–21 Uhr) Ock Pop Tok arbeitet mit zahlreichen verschiedenen Stämmen zu-sammen, um deren Kunsthandwerkstraditi-onen zu bewahren. Die feine Seide und die Baumwollschals, Hemden, Kleider, Wand-teppiche sowie Kissenbezüge eignen sich hervorragend als Geschenke. Es gibt auch Webkurse (S. 367). Auf der anderen Seite der Th Sakkarin findet man in dem neuen La-den des Besitzers von Ock Pop Tok, dem **Heritage Shop**, mehr klassische Textilien.

Kopnoi

KUNSTHANDWERK

(www.madeinlaos.com; Th Kingkitsarat; ⌚Mo–Sa 7–22, So 10–22 Uhr; 📶) Kopnoi verkauft Kunstwerke von Kunsthandwerkern ethni-scher Minderheiten; Akha-Armbänder, Sei-denpashminas, edlen Schmuck, abgepackte Gewürze, und es besteht keine Chance chi-nesische Kopien zu bekommen. Es befindet sich bei **L'Etranger Books & Tea** (www.face book.com/booksandtea; Th Kingkitsarat; ⌚Mo–Sa 7–22, So 10–22 Uhr; 📶) GRATIS.

Praktische Informationen

GELD

Es gibt viele Geldautomaten in der Stadt. Ein paar Reiseveranstalter auf der Th Sisavangvong gewähren Barvorschüsse auf Visa oder Master-Card für 2 % Kommission an. Sie tauschen auch Geld, aber die Wechselkurse sind eher schlecht.

BCEL (Th Sisavangvong; ⌚Mo–Fr 8.30–15.30 Uhr) Wechselt wichtige Währungen, hat einen rund um die Uhr zugänglichen Geldauto-maten und gewährt auf Visa und MasterCard Bargeldvorschüsse.

Lao Development Bank (Th Wisunarat; ⌚Mo–Fr 8.30–15.30 Uhr) Es gibt einen 24-Stunden-Geldautomat.

Minipost Booth (Th Sisavangvong; ⌚8.30–21 Uhr) Wechselt die wichtigsten Währungen zu fairen Kursen.

POST

Post (Th Chao Fa Ngum; ⌚8–16 & 17–20 Uhr) Auch Telefonate, DHL und Geldtransfer mit Western Union.

TOURISTENINFORMATION

Provincial Tourism Department (☎ 071-212487; www.tourismluangprabang.org; Th Sisavangvong; ⌚ Mo–Fr 9–11.30 & 13.30–15.30 Uhr; 📶) Hat Infos zu Festivals und ethni-schen Gruppen, Stadtpläne, Landkarten und Broschüren und informiert auf neuen High-Tech-Touchscreens über Busse und Boote. Tolle Information mit hilfreichen Mitarbeitern.

An- & Weiterreise

BUS & MINIBUS

Als hätte man es geahnt, liegen der **Busbahnhof Nord** (☎ 071-252729; Rte 13) und **Busbahnhof Süd** (Bannaluang Bushaltestelle; ☎ 071-252066; Rte 13, Km 383) jeweils am anderen Ende der Stadt. Minibusse fahren auch viele beliebte Routen von der **Naluang-Minibushaltestelle** (☎ 071-212979; www.naluangstation.com; Rte 13), schräg gegenüber Letzterem. Nach Vientia-ne (150 000 K, 7 Std.) wird um 7.30, 8.30 und 16 Uhr, nach Vang Vieng (110 000 K, 5 Std.) um 8, 9.30, 10, 14 und 15 Uhr, nach Luang Namtha (120 000 K, 8 Std.) um 8.30 Uhr; und nach Nong Khiao (55 000 K, 3 Std.) um 9.30 Uhr abgefahren.

Wer aber weniger als die Hälfte des Buspreises zahlen will, sollte eine eigene Gruppe zusam-menstellen und einen komfortablen Minivan mit sechs Sitzplätzen mieten. Die Preise beinhalten Fotostopps und man kommt schneller an. Die Vans werden direkt im Minibusbahnhof gebucht und kosten rund 1 000 000 K nach Phonsavan oder Vang Vieng bzw. 800 000 K nach Nong Khiao (inkl. Abholung vom Gästehaus).

Xayaboury & Hong Sa

Busse nach Xayaboury fahren am Busbahnhof Süd ab. Die neue Brücke über den Mekong ist jetzt geöffnet und reduziert die Fahrt mit einem Auto nach Xayaboury auf ca. zwei Stunden. Es gibt auch einen Minibus, der direkt zum **Elephant Conservation Center** (ECC; ☎ 020-96590665; www.elephantconservationcenter.com; 2-tägige Tour 205 US$, 3-tägige Tour 265 US$, 7 Tage Freiwilligenarbeit 420 US$) in Xayaboury fährt. Abholung an der Post ist im Tourpreis enthalten. Um nach Hong Sa zu kommen, ist es am einfachsten, man fährt nach Xayaboury und fährt von da weiter.

Nong Khiao & Xam Neua

Alternative Verbindungen nach Nong Khiao und Xam Neua gibt's am Busbahnhof Nord. *Sŏrngtăaou* (Pick-ups mit Bänken für Gäste auf der Ladefläche; 40 000 K) fahren um 9, 11 und 13 Uhr, der Bus um 8.30 Uhr fährt via Vieng Thong (110 000 K, 10 Std.) weiter nach Xam Neua (120 000 K, 17 Std.). Um 17.30 Uhr sollte ein weiterer Bus nach Xam Neua (von Vientiane kommend) hier halten.

China & Vietnam

Der Nachtbus nach Kunming, China (500 000 K, 24 Std.), fährt um 7 Uhr, manchmal früher, vom Busbahnhof Süd ab. Tickets vorher zu buchen und sich den Abfahrtsort anzusehen ist ratsam.

Busse nach Dien Bien Phu (200 000 K, 10 Std. Abfahrt um 6.30 Uhr) und nach Hanoi (350 000 K, 24 Std., Abfahrt um 18 Uhr) starten vom Naluang-Minibusbahnhof aus.

FLUGZEUG

Seitdem der Luang Prabang International Airport (S. 413) 2013 ein schickes neues Gebäude und eine erweiterte Landebahn bekommen hat, ist die Zahl der internationalen Flüge sprunghaft angestiegen. Bangkok Airways (www.bangkokair.com) und Air Asia (www.airasia.com) fliegen beide nach Bangkok, letztere auch nach Kuala Lumpur. **Lao Airlines** (☎ 071-212172; www.laoairlines.com; Th Pha Mahapatsaman; ⊙ Mo–Fr 8–12 & 13–15 Uhr) fliegt mehrmals täglich nach Vientiane, sowie ein Mal täglich nach Pakxe, Chiang Mai und Hanoi. Es gibt zudem häufig Flüge nach Jinghong und Chengdu in China. **Vietnam Airlines** (☎ 071-213049; www.vietnamairlines.com) bietet täglich Flugverbindungen sowohl nach Siem Reap (Codeshare-Flüge mit Lao Airlines) als auch nach Hanoi an; Tickets kauft man bei **All Lao Travel** (☎ 071-253522, 020-55571572; www.alllaoservice.com; Th Sisavangvong; ⊙ 8–21 Uhr).

SCHIFF/FÄHRE

Für Slowboats nach Pak Beng (130 000 K, 9 Std., 8.30 Uhr) ist es wahrscheinlich günstiger und einfacher, Fahrkarten bei einem Händler in der Stadt zu kaufen, als mit einem *túk-túk* zum **Schifffahrtsbüro** (⊙ 8–11 & 14–16 Uhr) an der **Slowboat-Anlegestelle** zu fahren, die sich ungünstige 10 km nördlich von Ban Donemai befindet. Fahrten über Houay Xay (250 000 K, 2 Tage) sind auch verfügbar, jedoch muss man in Pak Beng übernachten. Dadurch kann man etwas länger in Pak Beng bleiben, wenn einem der Ort gefällt.

Die hochklassigere Luang Say Cruise (S. 366) legt für die zweitägige Überfahrt nach Houay Xay an der **Galao-Bootsanlegestelle** (Th Khem Khong) in der Nähe von Wat Xieng Thong ab. Preise beinhalten eine Übernachtung in der Luang Say Lodge in Pak Beng. Eine günstigere Alternative ist Shompoo Cruise (S. 366), eine zweitägige Kreuzfahrt auf einem schicken Boutique-Boot; Unterkunft in Pak Beng ist nicht inklusive.

Schnelle, ungemütliche und ernsthaft gefährliche Speedboote schießen über den Mekong nach Pak Beng (190 000 K, 3 Std.) und Houay Xay (310 000 K, 7 Std.). Die Boote legen ab, wenn sie mit sechs oder sieben Passagieren voll sind, deshalb sollte man sich am besten gegen 8 Uhr an der neuen Ablegestelle für Speedboote einfinden und sich zu einer Gruppe zusammenschließen.

Von Juni bis Februar bietet Mekong River Cruises (S. 367) träge achttägige Überfahrten auf einem innovativen zweistöckigen deutsch-laotischen Flussboot mit einem kleinen Sonnendeck und 15 Kabinen, in denen man sowohl schlafen als auch reisen kann, (ab 1710 US$, all-inclusive) von Luang Prabang in Thailands Goldenes Dreieck an.

ℹ Unterwegs vor Ort

Das kompakte Luang Prabang lässt sich leicht zu Fuß erkunden und genießen. Mit dem Fahrrad kommt man gut herum. Zahlreiche Läden und ein paar Gästehäuser verleihen Fahrräder für 15 000 K bis 30 000 K pro Tag.

VOM/ZUM FLUGHAFEN

Taxi-Vans am Flughafen haben einen Standardpreis von 50 000 K bis ins Stadtzentrum (4 km entfernt). Es wird teurer, wenn mehr als drei Passagiere mitfahren. Von der Stadt zurück zum Flughafen zahlt man eventuell minimal weniger.

BUS

E-Bus (www.laogreengroup.com; 10 000–20 000 K pro Fahrt) ist ein elektrisches abgasfreies *túk-túk* (grün und gelb), das früher in der Altstadt als öffentliches Verkehrsmittel diente, heute aber als normales *túk-túk* eingesetzt wird. Das Tolle ist, dass die Preise für gewöhnlich nur einen Bruchteil von denen der old-school *túk-túks* betragen, etwa 10 000 K für einen Katzensprung oder 20 000 K zur nächsten Bushaltestelle. Einfach herbeiwinken, wenn eins vorbeifährt.

Das Unternehmen bietet auch eine **E-Bus-Tour** (☎ 071-253899; www.laogreengroup.com; Tour 40 US$, für Kinder unter 10 J. umsonst; ⊙ Touren um 8.30–12.30, 13–16.30 Uhr) durch die Stadt und zu den örtlichen Sehenswürdigkeiten an.

TÚK-TÚK

In Luang Prabang gibt's keine Motorradtaxen, sondern nur *túk-túks* und den seltsamen Taxi-Van vom Flughafen in die Stadt zum Standardpreis von 50 000 K. Teilen sich mehr als drei Fahrgäste das Taxi, wird es teurer. Von der Stadt zurück zum Flughafen ist es möglichweise minimal günstiger.

In der Stadt zahlen Einheimische für kurze Fahrten mit *túk-túks* nur 5 000 K, aber Auswärtige kostet jede Fahrt 20 000 K. Für die Fahrt zur Speedboat- oder Slowboat-Anlegestelle muss man mit mindestens 50 000 K rechnen.

Nong Khiao ໜອງຂຽວ

☎ 071 / POP 3500

Nong Khiao ist im wahrsten Sinne ein Paradies für Reisende. Es gibt verwöhnendes gutes Essen, vernünftige Unterkünfte und jede Menge Aktivitäten von etablierten Abenteuertourenveranstaltern. Gelegen am westlichen Ufer des Nam Ou (der Fluss führt, seitdem der Damm flussaufwärts gebaut wurde, fast kein Wasser mehr) überspannt von einer schwindelerregenden Brücke und eingerahmt von zwei gewaltigen Kalksteinfelswänden, ist es zweifellos einer der fotogensten Orte in Laos. Am malerischen Ostufer des Flusses (offiziell Ban Sop Houn genannt) befindet sich der Löwenanteil an Gästehäusern und Restaurants.

Man muss wissen, dass Nong Khiao auch Muang Ngoi (der Name des umgebenden Bezirks) genannt wird, was offensichtlich zu Verwechslungen mit Muang Ngoi Neua, mit dem Boot 75 Minuten nördlich, sorgt.

Sehenswertes & Aktivitäten

Pha Daeng Peak Viewpoint AUSSICHTSPUNKT
(ຈຸດຊົມວິວຜາແດງ; Pha Daeng Peak, Ban Sop Houn; 20 000 K; ⌚5–18 Uhr) Dieser Aussichtspunkt mit einem unvergesslichen Panoramablick erreicht man nach harten aber machbaren 1½ Stunden Aufstieg den Pha Daeng hinauf. Den Sonnenuntergang in vollen Zügen genießen (für den Abstieg eine helle Taschenlampe mitnehmen) oder man kommt um 6 Uhr morgens und sieht, wie das Tal im Nebel liegt und die Sonne die Berggipfel in Gold taucht.

Kürzlich eröffnete der **Sleeping Woman Viewpoint** (Pha Nang None Mountain View; ☎020-55377400; Rte 1C, von Nong Khiao Richtung Nordwesten, etwa 1 km außerhalb der Stadt; 15 000 K; ⌚7–18 Uhr) eine gute Alternative.

★ **Nong Khiao Jungle Fly** ABENTEUERSPORT
(☎020-22256151; http://nongkhiawjunglefly.com; Rte 1C; halbtägige/ganztägige Tour 37/49 US$; ⌚8.30–17 Uhr) Dieser äußerst empfehlenswerte neue Abenteuerpark 10 km außerhalb der Stadt bietet halb- und ganztägige Touren an, einschließlich eines Baumkronenpfads, „Tarzanschaukeln“ und 10 bis zu 400 m langen Seilrutschen, auf denen man durch den Dschungel saust. Man kann sich zudem abseilen und durch den Bambuswald trekken. Hier kann man mit qualitativer Ausrüstung rechnen, und dass von den professionellen Guides, die Englisch sprechen, Wert auf Sicherheit gelegt wird.

Green Discovery WANDERN, RADFAHREN
(☎071-810081; www.greendiscoverylaos.com; ⌚8–21 Uhr) Reliable Green Discovery bietet eine Reihe Ausflüge an, darunter ein zweitägiger Ausflug zu einem Hmong-Dorf mit Privatunterkünften und fünf Stunden Trekking pro Tag (66 US$ pro Person in Vierergruppen). Es gibt auch herausfordernde eintägige Fahrradtouren auf Waldwegen über 18 km (39 US$ pro Pesrson bei Vierergruppen).

Tiger Trail WANDERN, RADFAHREN
(☎030-4507049, 020-54395686; www.laos-adventures.com; Delilah's Place, Main St; ⌚7.30–23 Uhr) Dieser umweltbewusste Veranstalter bietet Trekkingtouren und Privatunterkünfte bei Familien in der Umgebung an, darunter unvergessliche eintägige Ausflüge zu den „100 Wasserfällen“, eintägige Trekkingtouren und Bootsfahrten sowie Paddleboarding auf dem nun ruhigen Nam Ou. Diese Ausflüge, wie die meisten Aktivitäten von Tiger Trail, kosten 35–45 US$ pro Person bei einer Vierergruppe. Das ausgezeichnete Büro wird von dem liebenswerten Harp geführt.

Schlafen & Essen

In der Nebensaison sind die Preise für Unterkünfte durchaus verhandelbar. In Nong Khiao gibt's überwiegend Budget-Optionen sowie ein paar Luxusvarianten.

Sengdao Chittavong Guesthouse GÄSTEHAUS $
(☎030-9237089; Rte 1C; Bungalows 50 000–80 000 K, Zi. 200 000 K; 📶) Am Westufer (neben dem Anfang der Brücke) bietet diese familiengeführte Unterkunft Bungalows aus Holz mit Rattanwänden, einer einfachen Einrichtung, Moskitonetzen, sauberer Bettwäsche und Balkonen, in einem Garten mit Blick auf den Fluss gelegen. Noch näher am Wasser befindet sich ein neuer Block mit hochklassigeren klimatisierten Zimmern. Ein Restaurant gibt den Blick frei auf den Fluss und den Garten. Das WLAN ist unbeständig. Bei Familien beliebt.

Delilah's Place HOSTEL $
(☎020-54395686; www.delilahscafenongkhiaw.wordpress.com; Main St; B/Zi. 35 000/55 000 K; 📶) In Delilah's Place gibt's saubere Gemeinschaftsbäder und gemütliche Mehrbettzimmer mit Moskitonetzen, sehr dicken Matratzen und Schließfächern. Tiger Trail befindet sich auch hier und es gibt ein **Café** (Main St; Hauptgerichte 15 000–35 000 K; ⌚7–22 Uhr; 📶), um sich vor den Aktivitäten zu kräftigen. Delilah's ist verdientermaßen der Dreh- und Angelpunkt von Reisenden in der Stadt. Dank dem wohlwollenden exzentrischen Besitzer Harp bekommt man hier auch viele Informationen.

★ **Mandala Ou Resort** BOUTIQUE-HOTEL $$
(☎030-5377332; www.mandala-ou.com; Zi. 41–65 US$; P📶≋) Diese herrliche Boutique-Unterkunft in zimtfarbenen Chalets – sechs mit Flussblick – hat auffallende Details wie ein-

gearbeitete Glasflaschen in den Wänden, durch die viel Licht gelangt, moderne Bäder und in den Betten könnte man versinken. Die Besitzer sind freundlich, es gibt eine fantastische thailändische und westliche Speisekarte, den einzigen Swimmingpool der Stadt und auf der Yogaterrasse bietet Luang Prabang Yoga einmal im Monat Seminare an.

Deen INDISCH $

(Ban Sop Houn; Hauptgerichte 15 000–35 000 K; ⌚7–22 Uhr; 📶) Ein herrlich freundliches indisches Lokal mit Naan-Brot aus dem Holzofen, frisch zubereiteten *tandoori*-Gerichten, pikanten Currys und einer gemütlichen Atmosphäre.

★ **Coco Home Bar & Restaurant** LAOTISCH, INTERNATIONAL $$

(☎020-23677818; Main St; Hauptmenü 25 000–70 000 K; ⌚8–23 Uhr; 📶) Unter der Leitung der neuen Besitzer Sebastien und Chok gibt's in dieser grünen am Fluss gelegenen Oase ein tolles Menü mit Gerichten wie Papayasalat, Mango-Klebreis, *mok phaa* (gedünsteter Fisch in Bananenblättern) und Ente in Orangensoße. Man kann zur Freude der Geschmacksknospen sagen, dass es das beste Restaurant in der Stadt ist. Essen kann man im üppigen Garten oder im Obergeschoss.

Ausgehen & Nachtleben

Q Bar BAR

(☎020-99918831; Rte 1C, Ban Sop Houn; ⌚7–23.30 Uhr; 📶) Die entspannte Q Bar befindet sich auf der Hauptstraße mit dunkelroten Rattanmöbeln, einer kleinen Dachterrasse, guter Musik und einem freundlichen Besitzer. Cocktails kosten zwischen 35 000 K und 40 000 K. In der Happy Hour zwischen 17 und 19 Uhr gibt's zwei für einen. Ist man hungrig, kann die Tischplatte in einen Grill umgewandelt und ein traditionell laotisches Gericht zubereitet werden.

Hive Bar BAR

(☎030-5377990; Rte 1C; ⌚7–23 Uhr) Kürzlich in eine neue Location 1 km außerhalb der Stadt (in Richtung Pak Mong) umgezogen. Die Hive Bar wird von einem freundlichen Lao geführt, hat im Untergeschoss eine Disco und Karaoke sowie eine ruhige Terrasse, auf der man ein Bier genießen und die Sonne dabei beobachten kann, wie sie hinter den Karstbergen verschwindet und den Himmel in Pink und Orange taucht. Tolle Indiemusik, Happy Hour ist von 18 bis 19.30 Uhr.

Praktische Information

BCEL hat zwei Geldautomaten, die rund um die Uhr zugänglich sind; einen (⌚24 Std.) am Ende der Brücke auf der Ban Sop Houn-Seite, und einen weiteren (⌚24 Std.) 100 m nach der Brücke auf der Straße Richtung Pak Mong.

Touristeninformation (⌚Mo–Fr 8–11 & 14–16 Uhr) Die Touristeninformation befindet sich oberhalb der Bootsanlegestelle und ist selten geöffnet. Viel besser ist der zuverlässige Harp von Delilah's Place; dort bekommt man auch Bus- und Boottickets, es ist das Zuhause von Tiger Trail und man bekommt gute Low-Budget-Empfehlungen.

An- & Weiterreise

BUS & SŎRNGTĂAOU

Die Fahrt nach Luang Prabang ist in drei Stunden zu schaffen, doch dauert sie in Wirklichkeit für gewöhnlich vier. Minivans oder *sŏrngtăaou* (40 000 K) fahren um 9, 11 und 12.30 Uhr, während klimatisierte Minibusse gegen 13.30 Uhr (50 000 K) abfahren. Die Tickets werden am Busbahnhof verkauft, aber der 11-Uhr-Bus wird auf Passagiere, die mit den Booten aus Muang Ngoi hier ankommen, warten. Wenn ein Boot aus Muang Khoua ankommt, werden gegen 15 Uhr entweder am Busbahnhof oder am **Bootsbüro** (⌚8.30–11.30 & 13–15 Uhr) automatisch zusätzliche Minivans nach Luang Prabang eingesetzt.

Nach Oudom Xay geht um 11 Uhr ein direkter Minibus (50 000 K, 3 Std.). Alternativ kann man auch jedes andere Verkehrsmittel nach Westen nehmen und in Pak Mong (25 000 K, 50 Min.) umsteigen.

Der Minibus nach Xam Neua (150 000 K, 11 Std.) über Vieng Thong (1000 000 K, 5 Std.) kommt aus Luang Prabang, legt gegen 11.30 Uhr einen kurzen Mittagsstopp in Nong Khiao ein, und fährt gegen 12 oder 13 Uhr wieder los. Ein weiterer Bus nach Xam Neua (aus Vientiane kommend) fährt gegen 19 Uhr durch. Beide Busse halten an einem nicht gekennzeichneten Busstand auf der Seite von Nong Khiao am Anfang der Brücke. Man sollte versuchen, den Bus zur Mittagszeit zu bekommen, da für gewöhnlich ein größeres Fahrzeug eingesetzt wird im Gegensatz zu den beengten Minibussen, die am Abend verkehren. Außerdem hat man dann auf der wunderschönsten Bergfahrt in Laos einen guten Ausblick.

SCHIFF/FÄHRE

Fahrten auf dem Fluss sind immer ein Highlight, wenn man Nong Khiao besucht; doch seit der Nam Ou gestaut wurde, kann man keine Bootsfahrt mehr nach Luang Prabang unternehmen. **Boote nach Muang Ngoi Neua** (25 000 K, 1¼ Std.) legen um 11 und um 14 Uhr ab (während der Hochsaison kann es zusätzliche Fahrten geben) und bringen die Passagiere zu einigen der dramatischsten Karstlandschaften in Laos. Das 11-Uhr-Boot fährt weiter nach Muang Khoua (120 000 K, 7 Std.), wo Anschlussverbindungen nach Phong Saly und Dien Bien Phu in Vietnam bestehen.

Es müssen mindestens acht Passagiere sein (auf allen oben genannten Verbindungen), bevor der Kapitän ablegt, andernfalls wird man zusammenschmeißen müssen, um die Differenz zu begleichen. Das ist aber meist nur ein Problem bei Fahrten auf dem Muang Khoua.

Unterwegs vor Ort

Sich ein Fahrrad zu leihen ist sinnvoll, um das Dorf ausgiebig zu erkunden oder um zu den Höhlen zu gelangen. Citybikes kosten 20 000 K pro Tag und Mountainbikes 30 000 K. Alternativ kann man sich einen Motorroller (80 000/100 000 K für manuell/automatisch) von **Motorbike Rental Donkham Service** (030-9005476; Ban Sop Houn; 8–19 Uhr) leihen. *Túk-túks* zur nächsten Bushaltestelle kosten 5 000 K.

Muang Ngoi Neua ເມືອງງອຍເໜືອ

071 / 1000 EW.

Muang Ngoi Neua ist wunderbar idyllisch, ein Ort, um sich zu entspannen und die Seele baumeln zu lassen. Während der Nam Ou (Ou-Fluss) gemächlich im Schatten der gezackten Karstberge vor sich hinfließt, schlendern Kühe die 500 m lange unbefestigte Dorfstraße entlang und Hähne stolzieren an Dorfbewohnern, die Fischnetze reparieren, vorbei. Mit günstigen Gästehäusern und Lokalen im Überfluss sind die Preise dank genügend Konkurrenz niedrig. Und während die schwingenden Hängematten auf Balkonen immer noch ein absolutes Muss sind, lässt sich viel mehr erleben, wenn man auch ein bisschen Energie mitbringt, sei es für kurze ungeführte Wanderungen in die Nachbardörfer, wo die Zeit stehen geblieben ist, Höhlenbesichtigungen, Tubing auf dem jetzt ruhigen Nam Ou oder Fischen und Mountainbiking.

Geführte Touren

★ Lao Youth Travel KAJAKFAHREN

(030-5140046; 7.30–10.30 & 13.30–18 Uhr) Der örtliche alteingesessene Anbieter, geführt von dem freundlichen Mr. Ping, veranstaltet Wander-, Angel und Kajaktouren in der Umgebung. Ein halbtägiger Ausflug mit allen drei Aktivitäten kostet 145 000 K für Vierergruppen oder mehr.

Gecko Tours & Cooking Class KOCHEN, WANDERN

(020-58886295; muangngoihandmade@gmail.com; 7–21 Uhr) Das freundliche Team von Gecko Bar (S. 376) hat sich aufgeteilt, um Touren, Massagen (ab 60 000 K) und sogar Kochkurse (150 000 K pro Person, günstiger für Gruppen) anzubieten. Letzteres beinhaltet einen halbtägigen Ausflug zu dem Biogarten (15 km entfernt) des Restaurants, wo Zutaten gepflückt werden und man einen nahegelegenen Wasserfall besucht, bevor man zurück in die Stadt fährt, um das Gericht zuzubereiten.

Schlafen & Essen

Es ist einmalig für so einen winzigen Ort, dass er nur so vor Budget-Unterkünften strotzt und Englisch weit verbreitet ist. Auf diese Weise kann man ganz bequem die Erfahrung machen, ein entlegenes Dorf kennenzulernen. Der einzige Nachteil ist, dass man den Unterkünften, im Gegensatz zu Nong Khiao, das im Kommen ist, ihr Alter ansieht.

PDV Riverview Guesthouse GÄSTEHAUS $

(020-22148777; pdvbungalows@gmail.com; B/Zi./3BZ 30 000/100 000/100 000 K, Bungalows 50 000–120 000 K;) Dieses Gästehaus an der Main Street bietet schöne Unterkünfte mit Flussblick, fünf neue Zimmer und ein Sechsbettzimmer in einem neuen orangefarbenen Gebäude mit einem beeindruckenden Panoramaausblick auf den Nam Ou. Die Bungalows sind nicht außergewöhnlch, aber man hat einen tollen Ausblick auf die Karstberge sowie den üblichen Balkon und die Hängematte. Der Besitzer ist sehr hilfsbereit. Preise sinken in der Nebensaison.

★ Ning Ning Guest House GÄSTEHAUS $$

(030-5140863, 020-23880122; ningning_guesthouse@hotmail.com; Bungalows 220 000K, Zi. 250 000 K;) Um einen ruhigen Garten herum stehen 10 tadellose Holzbungalows mit Moskitonetzen, Veranden, eigenen Badezimmern, schneeweißer Bettwäsche und Ethno-Wandteppichen. Es gibt auch einen herrlich neuen Flussufertrakt mit einem stylischen **Restaurant** und Zimmern, die einen eindeutig gehobeneren Look (und umwerfenden Ausblick!) haben. Der einzige Minuspunkt: Man hat nicht in allen Zimmern Internetempfang.

★ Gecko Bar & Shop LAOTISCH $

(☎ 020-58886295; muangngoihandmade@gmail.com; Hauptgerichte 15 000–30 000 K; ⏲ 7–21 Uhr; 📶) Handgewebte Geschenke und Tee gibt's in diesem entzückenden, unvergesslichen Café (zwei Drittel der Hauptstraße entlang, zur Linken Richtung Süden). Die schöne Terrasse lädt zum Sitzen und Lesen ein, die Besitzer sind freundlich und von dem Essen, von Nudeln bis Suppen, Pancakes und Currys, schwärmt man im Dorf.

Riverside Restaurant LAOTISCH $

(☎ 030-5329920; Hauptgerichte 25 000–40 000 K; ⏲ 7–23 Uhr; 📶) Nach der Beschädigung durch einen Sturm ist das Riverside besser als jemals zuvor. Am Abend wiegen sich die chinesischen Laternen in der Brise auf der Terrasse unter den wachenden Zweigen eines riesigen lichtbehangenen Mangobaums. Im Riverside hat man einen wunderbaren Blick auf die Felsen und auf der Speisekarte stehen Nudeln, gebratene Gerichte, *láhp* und indische Küche.

Praktische Informationen

Immer mehr Restaurants und Gästehäuser haben WLAN, während man im Ning Ning Guest House seine Bank- und Kreditkarte nutzen kann, da es ein Kartenlesegerät gibt.

Es gibt keine Banken oder Geldautomaten, deshalb sollte man von Muang Khoua (flussaufwärts) oder Nong Khiao (flussabwärts) jede Menge Bargeld mitbringen. In Notfällen wechseln einige der Gästehäuser US-Dollar, aber die Kurse sind wie zu erwarten schlecht.

An- und Weiterreise

Boote nach Nong Khiao (25 000 K, 1 Std.) starten gegen 9.30 Uhr. Fahrkarten kann man ab 8 Uhr beim Bootsbüro neben dem **Ning Ning Guest House** kaufen. In Nong Khiao warten oberhalb der Anlegestelle *túk-túks*, um die Passagiere zur Bushaltestelle zu bringen.

Es gibt ein Boot von Muang Khoua, das nach Bedarf fährt und gegen 13.30 Uhr in Muang Ngoi Neua nach Nong Khiao ablegt. Nach Muang Khoua (120 000 K, 5 Std.) fährt um 9.30 Uhr ein Boot ab, vorausgesetzt Passagiere haben sich am Tag zuvor am Bootsbüro in die Liste eingetragen. Die erste Stunde dieser Bootsfahrt führt durch besonders spektakuläre Karstlandschaften.

Eine neue Straße verläuft am Nam Ou entlang und verbindet Muang Ngoi Neua mit Nong Khiao. Sie ist jedoch immer noch unbefestigt und verläuft durch Nebenflüsse ohne Brücken. Ziemlich unbrauchbar für Reisende, es sei denn jemand mit einem Boot, der zufällig vorbeikommt, nimmt einen mit

Phonsavan ໂພນສະຫວັນ

☎ 061 / 37 500 EW.

Phonsavan ist ein beliebter Ausgangspunkt, von dem aus man gut die Ebene der Tonkrüge erkunden kann. Die Stadt selbst fühlt sich unfertig an und ist ziemlich weit auseinandergezogen mit ihren zwei parallelen Hauptboulevards, die sich über 3 km von Osten nach Westen erstrecken. Gücklicherweise ballt sich eine praktische Menge an Hotels, Restaurants und Reiseveranstaltern auf einem kurzen wenn auch architektonisch uninspirierten zentralen „Strip". Mehr Shops, Märkte und Einrichtungen liegen zerstreut auf der Route 7. Doch am besten lässt sich die Stadt von den umgebenden Bergen, von denen einige mit Pinienwäldern bedeckt und von kleinen Resorts gekrönt sind, betrachten. Man sollte auf der Bergstraße die Augen nach taubenblauen Hmong-Hütten mit säuberlich gestapeltem Feuerholz davor Ausschau halten.

In dieser Region wird seit Langem die Sprache der Phouan (ein Teil der Tai-Kadai Familie) gesprochen und deren Kultur gelebt. Es gibt zudem viele Vietnamesen.

Sehenswertes & Aktivitäten

★ Xieng Khouang Informationszentrum der Überlebenden von Blindgängern KULTURZENTRUM

(www.laos.worlded.org; Spenden erwünscht; ⏲ Mo–Fr 8–20 Uhr, Sa & So bis 12 Uhr) GRATIS Dieses Informationszentrum über Blindgänger („unexploded ordnance" (UXO) verkauft in seinem bunten belebten Shop seidene Laptoptaschen, Portmonnaies und Kunsthandwerk von UXO-Überlebenden. Neben Ausstellungen, die Bombenteile und erschütternde Berichte von aktuellen Opfern zeigen, gibt's auch einen Leseraum mit einer Fülle an Informationen über den „Geheimen Krieg" und die verschiedenen Arten von UXO, die heute immer noch eine Gefahr in Laos darstellen. Filmtip: *Surviving Cluster Bombs*. 90 % der Spenden fließen in die Behandlung von UXO-Überlebenden.

UXO-Informationszentrum (MAG) KULTURZENTRUM

(☎ 061-211010; www.maginternational.org/laos; Spenden erwünscht; ⏲ 10–20 Uhr) GRATIS Jahrzehnte nach Amerikas „Geheimem Krieg" in Laos sind nicht explodierte Bomben und Minen immer noch ein verheerendes Problem in dieser Region. Ein Besuch des UXO-Informationszentrums stimmt nachdenklich. Geführt wird es von der britischen Organisa-

PHAKEO TREK

Organisiert durch die Phonsavan-Agentur oder das Xieng Khouang Tourist Office (S. 378) kombiniert der erstklassige zweitägige Phakeo Trek viele der wichtigsten Dinge, die man in Xieng Khouang gesehen haben sollte. Am ersten, langen Tag geht es zu Fuß über bewaldete Gebirgskämme zu einer dreiteiligen Ebene mit etwa 400 antiken Krügen und Krugfragmenten, viele mit Moos bewachsen und unter dem Blätterdach verborgen. Die Wanderung führt weiter hinunter in das straßenlose Hmong-Dorf von Ban Phakeo, dessen schindelgedeckte einfache Häuser sich um einen zentralen felsigen Hügel drängen. Eine speziell dafür errichtete Gästehütte im Stil der Hmong dient als einfache Schlafstatt für acht Wanderer. Strom gibt's nicht. Am nächsten Tag geht's weiter hinab in hübsche, teils landwirtschaftlich genutzte Täler, dann die Kaskaden eines Wasserfalls hinauf, der über mehrere Ebenen hinabfällt, bis man das berühmte „Bomb Village" erreicht, in dem es nach umfangreichen Säuberungsarbeiten nicht mehr viele Bomben gibt.

ion MAG (Mines Advisory Group), die seit 994 dabei hilft, Laos von Blindgängern zu äubern. Die Ausstellungen des Informatinszentrums heben das ungeheuere Ausnaß der Bombenabwürfe hervor, und es verden (entschäfte) Blindgänger gezeigt. ;penden sind erwünscht. Mit 15 US$ können 10 m² gesäubert werden und man bekommt ein Gedenkshirt.

.one Buffalo FREIWILLIGENARBEIT
020-77159566; www.facebook.com/lonebuffalo; ighway 1D) Benannt nach Manophet „Lone uffalo", einem visionären Anführer einer Geneinschaft, widmet sich diese gemeinnützige)rganisation der Bereitstellung von kostensem Englischunterricht für Jugendliche aus indlichen Gegenden sowie Filmproduktons-Workshops und Football-Training. Es ibt mehrere Möglichkeiten zu helfen, indem nan beispielsweise das Footballteam am Wohenende trainiert, den Stadtführer der Schüer über Phonsavan oder ein Lone Buffalo-Shirt im Restaurant in der Stadt kauft.

★ **Sousath Travel** GEFÜHRTE TOUREN
020-22967213; rasapet_lao@yahoo.com; Rte 7; 8–20 Uhr) Sousath ist der Mann, der dabei eholfen hat, die Ebene der Tonkrüge für ouristen zu öffnen. Sein Sohn Mr. Nouds ihrt die Touren dorthin an. Er weiß unlaublich viel über die Region und kann uch Touren auf dem Ho-Chi-Minh-Pfad, bernachtungen in Privatunterkünften in Imong-Dörfern und mehrtägige Treks (einchließlich dem Phakeo Trek) organisieren.

Schlafen & Essen

Phonsavan gibt's alles, von einfachen Gäshauszimmern bis hin zu mittelklassigen Hotelzimmern, teilweise mit Klimaanlage. Normalerweise sind Buchungen im Voraus nicht nötig, Es gibt auch einige schickere Hotels im Lodge-Style verteilt in der Stadt, darunter ein paar oberhalb der mit Pinienwald bedeckten Hügeln thronend.

★ **Kong Keo Guesthouse** GÄSTEHAUS $
(020-285858; B 50 000 K, Zi. im Hauptgebäude 80 000 K, Hütte 120 000 K;) Der charmante und äußerst bewanderte Kong führt dieses Gästehaus. Als dieser Reiseführer entstand, baute er gerade sechs Steinhütten mit Balkon. Während das Siebenbettzimmer etwas beengt ist, befinden sich im Hauptgebäude große saubere Zimmer mit mintgrünen Wänden und privaten Badezimmern. In der mit Blindgängern dekorierten **Restaurantbar** gibt's manchmal Barbecues, und Kong bietet **Touren** zu der Ebene der Tonkrüge an, die sehr zu empfehlen sind.

White Orchid Guesthouse GÄSTEHAUS $
(061-312403; Zi. mit Frühstück und Ventilator/Klimaanlage 80 000/200 000 K;) Die Unterkünfte haben mintgrüne Wände, eigene Bäder, Doppelbetten, Kabelfernsehen und Willkommensdecken. Im Preis enthalten ist die Abholung vom Flughafen oder Busbahnhof und es gibt im Haus auch ein kleines Tourbüro, das Ausflüge zur Ebene der Tonkrüge anbietet. Einfach und sauber.

Anoulack Khen Lao Hotel HOTEL $$
(061-213599; www.anoulackkhenlao.com; Rte 7; Zi. mit Frühstück 250 000 K;) Die Zimmer in diesem Glassteinturm sind bei Weitem die besten der Stadt mit Holzfußböden, dicken Matratzen, weißer Bettwäsche, Kabelfernsehen, Wasserkesseln und fließendem warmen Wasser. Es gibt ein tolles **Restau-**

rant im 5. Stock, wo man frühstücken und das WLAN nutzen kann. Praktischerweise hat das Hotel einen Aufzug. Dafür lohnt es sich, etwas mehr Geld auszugeben.

Nisha Restaurant INDISCH $
(☎ 020-98266023; Rte 7; Hauptgerichte 20 000–30 000 K; ⏰7–22 Uhr; 📶✍) Die cremefarbene Inneneinrichtung von Nisha ist ordentlich und einfach, bunt ist hier die ausgezeichnete Küche. Auf der Speisekarte stehen die üblichen Verdächtigen wie Tikka Masala und Rogan Josh, Currys und eine große Auswahl an vegetarischen Gerichten. Es sind aber die perfekt eingesetzten Gewürze und das frische Essen, die dafür sorgen, dass man wiederkommt.

Bamboozle Restaurant & Bar INTERNATIONAL $$
(☎ 030-9523913; www.facebook.com/BamboozleRestaurantBar; Rte 7; Hauptgerichte 20 000–60 000 K; ⏰7–10.30 & 15.30–22.30 Uhr, warme Küche bis 9.30 Uhr; 📶) 🍃 Seinem Namen gerecht werdend sind die Wände aus Bambus und von den Decken hängen hübsche Laternen. Bamboozle tischt Pizza mit dünnem Rand, Salate, Pastagerichte, große Cheeseburger und fantastische laotische Gerichte auf. Kühles Bier und Rock 'n' Roll sind weitere Pluspunkte. Ein Teil der Gewinne fließt an die Lone Buffalo Foundation (S. 377), die Jugendliche der Stadt unterstützt.

Cranky-T Café & Bar FUSION-KÜCHE $$
(☎ 030-5388003; www.facebook.com/CrankyTLaos; Rte 7; Hauptgerichte 35 000–130 000 K; ⏰Mo–Sa 7–22.30 Uhr, So bis 17 Uhr, Happy Hour 16–19 Uhr; ❄📶) Cranky-T hat eine stylische weinrote Einrichtung mit freigelegten Backsteinwänden. Der gleichnamige Besitzer kreiert köstliche Salate, Sashimi, Crêpes mit geräuchertem Lachs und herzhafte Speisen wie neuseeländisches Lendenfilet mit Kartoffelbrei, um nach der Treckingtour zu den Tonkrügen die Batterien wieder aufzuladen Dazu noch Zimtmuffins, Brownie-Käsekuchen und eine gute Auswahl an Cocktails (35 000 K) und man verbringt den ganzen Tag hier.

ℹ Praktische Informationen

Geldwechsel ist in der **Lao Development Bank** (☎ 061-312188; ⏰Mo–Fr 8.30–15.30 Uhr), der **BCEL** (☎ 061-213297; Rte 7; ⏰Mo–Fr 8.30–15.30 Uhr) und in verschiedenen Reisebüros möglich. An der Route 7 befinden sich zudem drei Geldautomaten.

Lao-Mongolian Friendship Hospital (☎ 061-312166) Kann bei kleineren Gesundheitsbeschwerden helfen.

Post (☎ 061-312005; ⏰Mo–Fr 8–12 & 13–16.30 Uhr) Hier kann man Inlandstelefonate führen und die Dienste von Western Union nutzen.

Xieng Khouang Tourist Office (☎ 061-312217; www.xiengkhouangtourism.com; ⏰8–11.30 & 13.30–16 Uhr) Unpraktischweise mitten im Nirgendwo (an der Straße zum Flughafen) gelegen,das hilfsbereite Personal spricht Englisch, es gibt eine kleine Ausstellung und Souvenirs aus recyceltem Kriegsschrott. Außerdem gibt's kostenlose Karten für die Distrikte Phonsavan und Xieng Khouang sowie

ℹ WEITERREISE NACH VIETNAM: VON PANG HOK NACH TAY TRANG

Anfahrt zur Grenze Zwischen Muang Khoua und Dien Bien Phu fahren täglich Busse (60 000 K, Abfahrt 5.30 in beide Richtungen) über den Grenzübergang Pang Hok (Laos)/Tay Trang (Vietnam) 26 km östlich von Muang Mai. Auf laotischer Seite wurde die Straße komplett neu gebaut bis vor den Pang Hok-Grenzübergang, aber auf vietnamesischer Seite ist sie streckenweise noch immer erstaunlich holprig. Es ist eine malerische Route, vor allem im Dien Bien Phu-Tal, das oft aussieht wie eine Decke aus smaragdgrünen Reisfeldern. Die Strecke stückchenweise zurückzulegen ist nicht empfehlenswert, da es teurer wird, als einmal den Bus zu bezahlen, und man leicht irgendwo stranden kann.

An der Grenze Dieser abgelegene Grenzübergang wird nur von einer Handvoll Reisender genutzt. Visa für Laos gibt's bei Ankunft zum üblichen Preis, aber man sollte bis zu 50 000 K für eine beliebige „Arbeitsgebühr" oder „Touristengebühr" einplanen und außerdem mit einem Gesundheitscheck rechnen, während man von Schalter zu Schalter geht. Visa für Vietnam gibt's nicht bei Ankunft, also sollte man im Voraus planen, um hier nicht zu stranden.

Weiterreise An keinem der beiden Grenzposten gibt's Einrichtungen oder Fahrzeuge. Zwischen den Grenzposten selbst liegt etwa 4 km Niemandsland. Vom Grenzposten Tay Trang sind es etwa 31 km bis Dien Bien Phu.

3roschüren mit dem Titel *Hidden Stories of Xieng Khoung*, mit Vorschlägen für Aktivitäten jenseits der Ebene der Tonkrüge.

Viele Touren stoppen hier auf dem Weg zu den Tonkrügen, um den beeindruckenden Haufen von Kriegsrelikten hinter dem Büro zu bestaunen.

An- & Weiterreise

Auf Flug- und Busplänen heißt Phonsavan „Xieng Khouang", obwohl das ursprünglich der Name für Muang Khun war.

BUS

Vom **Busbahnhof Nord** (☎ 030-5170148), 4 km westlich vom Zentrum, fahren dienstags, donnerstags, freitags und samstags um .30 Uhr Busse in Richtung Vietnam mit dem Ziel Vinh (150 000 K, 11 Std.), saisonal fahren sie montags weiter nach Hanoi (320 000 K). Nach Vientiane (110 000 K, 11 Std.) fahren um 7, 8, 0.30, 16.30 und 18.30 klimatisierte Busse und ein VIP-Bus (130 000 K) um 20.30 Uhr. Alle halten in Vang Vieng, und um 7.30 Uhr fährt ein weiterer Bus nach Vang Vieng (95 000 K). Nach Luang Prabang (10 Std.) fahren sowohl Minivans 95 00 K) als auch VIP-Busse (120 000 K) um .30 und um 18 Uhr.

Vom **Busbahnhof Süd (Bounmixay)** (Highway D), 4 km südlich der Stadt, startet jeden Tag um .45 Uhr ein Bus nach Savannakhet (150 000 K), der weiter nach Pakxe (170 000 K) fährt. Busse nach Pakxan (100 000 K, 8 Std.) fahren täglich um .30 und 8.30 Uhr über die kürzlich fertiggestellte Straße. Örtliche Busse und und *sŏrngtăaou* fahren auch nach Muang Khun (20 000 K, stündl.).

Vom Phoukham Garden Minibus-& Busbahnhof (☎ 020-99947072; Th Xaysana; 7–20 Uhr) im Osten des Stadtzentrums (beim Touristen-Strip) fahren um 8.30 Uhr Busse nach Luang Prabang (110 000 K), Vang Vieng .00 000 K) und Nong Khiao (150 000 K) und m 5, 8 und 17 Uhr Minibusse nach Vientiane 30 000 K).

FLUGZEUG

Lao Airlines (☎ 020-22228658; www.laoairlines.com) Fliegt täglich nach/von Vientiane 75 US$). Manchmal während der Hochsaison startet wöchentlich ein Flug nach/von Luang Prabang.

Unterwegs vor Ort

Tuk-túks kosten, wenn man sie findet, ab 000 K für eine kurze Fahrt und bis zu 0 000 K zum Flughafen. **Lao Falang Travel Service** (☎ 020-23305614; Rte 7; 1-tägiger All-inclusive-Ausflug 150 US$) verleiht 100ccm- und 150ccm-Motorräder (100 000 K bis 0 000 K), ideal, um ein paar Tonkrugstätten zu erreichen. In der Stadt tanken.

Am Minibusbahnhof (oder bei den meisten Gästehäusern) kann man einen Van mit sechs Sitzen und Chauffeur oder einen Geländewagen mieten; nach Xam Neua oder Luang Prabang für 200 US$.

Ebene der Tonkrüge
ທົ່ງໄຫຫີນ

Mysteriöse gigantische Steinkrüge von unbekannter Herkunft sind über Hunderte hügelige Quadratkilometer um Phonsavan verteilt und verleihen der Umgebung den irreführenden Namen „Ebene der Tonkrüge". Es ist außergewöhnlich wenig über die austroasiatische Zivilisation, die sie erschaffen haben, bekannt. Archäologen schätzen, dass sie in die Eisenzeit Südostasiens (500 v. Chr. bis 200 n. Chr.) zurückgehen, und dass sie wahrscheinlich für aufwendige Bestattungsrituale dienten.

Kleinere Krüge wurden von Sammlern wegtransportiert, aber etwa 2500 größere Krüge, Krugfragmente und „Deckel" sind noch vorhanden. Da diese Region während des Indochinakriegs den Flächenbombardierungen ausgesetzt war, ist es ein Wunder, dass so viele Artefakte überlebt haben. Nur neun von 90 dokumentierten Krugstätten wurden bisher von Blindgängern bereinigt, und dann auch nur in relativ begrenzten Bereichen. Diese Stätten und ihre Zugangswege sind durch leicht übersehbare rote und weiße Markierungssteine gekennzeichnet. Aufmerksam bleiben.

Stätte 1, 2 und 3 bilden die Ausgangspunkte für die meisten Touristenrundgänge.

Die größte und am leichtesten zu erreichende ist **Stätte 1** (Thong Hai Hin; 15 000 K) mit mehr als 300 Krügen ziemlich zusammengepfercht auf ein paar hügeligen und von Bombenkratern übersäten Hängen. Hai Jeuam, der größte Krug, wiegt etwa 25 Tonnen, ist höher als 2,5 m und soll der mythische Siegerpokal von Khun Jeuam sein. Allein die hügelige Landschaft hat ihren Reiz, auch wenn in eine Richtung der Anblick des Flughafens von Phonsavan störend ist. Es gibt ein kleines Café, einen Souvenirshop und Toiletten in der Nähe des Eingangs.

Stätte 2 (Hai Hin Phou Salato; 10 000 K) sind zwei Hügel, die durch eine seichte Schlucht, über die man zu der Stätte gelangt, getrennt sind. Von der Kasse aus steigt die Schlucht 700 m an und kann sich bei nassem Wetter in eine schlammige Rutsche verwandeln. Auf der linken Seite sollte man in einem

GESCHICHTE DER TONKRÜGE

Laotischer Volkskunde nach wurden Riesen von einem mächtigen König namens Khun Jeuam regiert. Dieser wies sein Volk an Tonkrüge zu bauen, um in ihnen für Feste anlässlich von Siegen auf dem Schlachtfeld Reiswein zu gären und zu lagern. Heutige Archäologen glauben stattdessen, dass die Knochenfragmente, Perlen und verbrannte Kohle, die man in und um die riesigen Krüge gefunden hat, darauf hinweisen, dass sie für Begräbnisse (von normal großen Menschen) genutzt wurden. Über die Jahre geplündert und flächig bombadiert, ist heute nur noch wenig von den Grabbeigaben, die möglicherweise einst in diesen Hügellandschaften versteckt waren, übrig. Man glaubt, dass es fast 90 dokumentierte Krugstätten in der Provinz Xiangkhouang gibt, jede mit mehr als 300 Steinruinen zwischen 1 und 2,5 m hoch. Etwa 80 % der Tonkrüge sind aus Bruchsandstein gemeißelt, der Rest ist aus Granit, Kalkstein oder Konglomeratgestein. Erst 1992 öffneten die ersten Krugstätten, gefolgt von Bemühungen der Einheimischen, ohne Hilfe von außen Blindgänger zu entfernen. Sechs Jahre später initiierte die UNESCO ein Jahrzehnte langes Projekt, um die archäologischen Ruinen zu schützen, sicheren (und nachhaltigen) Tourismus zu fördern und damit die Bewerbung der Stätten um einen Platz auf der Liste des Weltkulturerbes voranzutreiben.

lichten Wald nach einer rissigen Steinurne, durch die ein Baum gewachsen ist, Ausschau halten. Zur Rechten liegen ein paar Tonkrüge auf einer grasbedeckten Anhöhe mit Ausblick auf stufige Hügel, Reisfelder und Kuhweiden. Es ist sehr stimmungsvoll.

Stätte 3 (Hai Hin Lat Khai; 10 000 K) liegt mit 150 Tonkrügen an einem malerischen Hang in einem schönen Wald in der Nähe des Dorfes Ban Lat Khai. Die Zufahrtsstraße nach Lat Khai führt kurz vor Ban Xing Di (Ban Siang Dii) an einer kleinen Motorradwerkstatt Richtung Osten. Eintrittskarten bekommt man neben einem einfachen Restaurant, dass leicht überteuerte *fěr* (Reisnudeln; 30 000 K) verkauft. Die Tonkrüge erreicht man über eine kleine Holzbrücke, man läuft (oder watet, hängt von der Saison ab) 10 Minuten lang durch Reisfelder.

An- und Weiterreise

Alle drei Hauptkrugstätten können mit Leihmotorrädern von Phonsavan aus in etwa 5 Std. besucht werden, da Stätte 1 in Fahrradreichweite liegt. Sie ist nur 8 km südwestlich vom Zentrum von Phonsavan, 2,3 km westlich von der Straße nach Muang Khun (1D) entfernt. An der beschilderten Kreuzung in Ban Hay Hin abbiegen. Für Stätte 2 und 3, auf der Straße nach Muang Khun kurz hinter Kilometer 8 nach Westen abbiegen. Dann der kürzlich befestigten Straße 10/14 km folgen, um die Abzweigungen zu den Stätten 2/3 zu finden, anschließend für jeweils 0,5/1,8 km weiter auf einem schlammigen Pfad.

Alternativ kann man sich am Abend zuvor für eine der Minibus-Touren einschreiben. Es lohnt sich wirklich, etwas mehr Geld auszugeben und die Kriegsgeschichten zu hören und zusätzliche Informationen sowohl zu den Krügen als auch zu den Erbauern zu erhalten. Auf den meisten Touren gibt's zum Mittagessen Nudelsuppe an Stätte 2 oder 3 und einen kurzen Halt bei den rostigen Resten eines Panzers in einem Wald am Straßenrand bei Ban Nakho.

Xam Neua ຊຳເໜືອ

064 / 39 000 EW.

Während Xam Neua, so etwas wie eine nostalgische Sowjet-Kuriosität mit großzügig ausgelegter Betonmoderne, spartanischem Kommunistendenkmal und alten Jungs mit Moskauer Hüten ist, bildet die herrliche Landschaft, die den Ort umgibt, den wahren Reiz. Die Stadt ist ein kluger Ausgangsort, wenn man das nahe gelegene Vieng Xay besucht oder den täglichen Bus nach Vietnam nimmt. Es bleibt eine der am wenigsten besuchten Provinzhauptstädte von Laos. Sie liegt auf einer Anhöhe von etwa 1200 m, deshalb ist warme Kleidung in der trockenen Winterperiode ratsam, zumindest am Abend und bis der dichte Nebel am Morgen verschwunden ist. Von April bis Oktober ist es in dieser üppigen Landschaft dafür warm und feucht.

Beim Anblick der fotogenen Bauernmärkte macht man große Augen. Sie sind wegen der bunten ethnischen Vielfalt einen Besuch wert.

Schlafen & Essen

Phonchalern Hotel HOTEL

(064-312192; Zi. 80 000–110 000 K;) Dieses palastartige Hotel besteht aus verschiedenen Zimmern. Einige sind dunkel und nicht einladend, während die Richtung Fluss lichtdurchflutet sind und einen Gemeinschaftsbalkon haben. In den Zimmern sind Kühlschränke, Fernseher und eigene Badezimmer. Im Untergeschoss gibt's eine Lobby so groß wie eine Bowlingbahn. Eignet sich in jedem Fall für eine Nacht. Das erste Hotel in Xam Neua mit einem Aufzug.

Xayphasouk Hotel HOTEL $
(☎064-312033; xayphasoukhotel@gmail.com; Zi. 150 000–200 000 K; ❄📶) Zurzeit das schickste Hotel in Tad Somphamit. Das große Restaurant in der Lobby wird leider kaum besucht, aber die Zimmer sind für so eine abgelegene Region in Laos sehr komfortabel. Sie haben alle Warmwasserduschen, Flachbildschirmfernseher, geschmackvolle Möbel und frische Bettwäsche.

★ **Yuni Coffee** CAFÉ $
(☎020-52221515; https://yunicoffeeco.com; Hauptgerichte 30 000 K; ⏲Di–Sa 7.30–17.30, So 8–14 Uhr; ❄) Ein Segen für Kaffee-Junkies. Vermisst man normalen Milchkaffee, ist der Koffeinentzug hier endlich vorbei. Jetzt in einer neuen, großzügigeren Location mit modernem Industriecharme und einem auserlesenen Sortiment. Bietet Frühstück und westliche Küche sowie verdammt guten Kaffee aus der Gegend an. Nur bei Yuni kann man richtig in den Tag starten.

ℹ Praktische Informationen

Touristeninformation der Provinz Houa Phan (☎064-312567; hp_pto@yahoo.com; ⏲Mo–Fr 8–11.30 & 13.30 –16 Uhr) Ausgezeichnete Infostelle mit hilfsbereiten Englisch sprechenden Angestellten.

ℹ An- und Weiterreise

BUS

Der **Hauptbusbahnhof** (☎064-314270) liegt auf einer Hügelspitze 1,2 km südlich des zentralen Denkmals, direkt abseits der Straße nach Vieng Thong. Von hier fahren Busse nach Vientiane (190 000K, 20 Std.) über Phonsavan (80 000 K, 10 Std.) um 10, 13, 15 und 17 Uhr. Ein zusätzlicher Bus nach Vientiane (190 000 K) fährt über Vieng Thong (50 000 K, 5 Std.), Nong Khiao (140 000 K, 12 Std.) und Luang Prabang (150 000 K, 17 Std.). Es gibt auch tägliche Minibusse nach Luang Prabang (130 000 K bis 150 000 K, 15 Std.) um 7.30 und 16 Uhr. Zu guter Letzt gibt's Busse nach Vieng Thong (50 000 K) um 7.30 und um 16 Uhr.

Der **Busbahnhof Nathong** ist 1 km hinter dem Flughafen auf der Vieng Xay Straße am östlichsten Ende der Stadt (ein *túk-túk* hierher kostet 20 000 K). Es gibt dort jetzt nur noch einen täglichen Bus nach Vieng Xay (20 000 K, 50 Minuten), der um 9.30 Uhr startet und weiter nach Sam Tai (Xamtay; 40 000 K, 5 Std.) fährt.

FLUGZEUG

Xam Neuas kleiner **Flughafen Nathong** (NEU) liegt 3 km östlich vom Zentrum Richtung Vieng Xay. **Lao Skyway** (☎020-99755556, 064-314268; www.laoskyway.com; Nathong Airport; ⏲8–16 Uhr) fliegt dienstags und samstagmorgens sowie montagnachmittags mit Cessnas nach Vientiane (899 000 K). Alle Flüge werden zu häufig kurz vor Abflug gecancelt. Während dieser Reiseführer entstand, gab es keinen Flug nach Phonsavan.

Vieng Xay ວຽງໄຊ

☎064 / 10 000 EW.

Die nachdenklich stimmenden Luftschutzbunkerhöhlen von Vieng Xay liegen mitten unter dramatischen Karstfelsnasen und bieten eine wahrhaft inspirierende Möglichkeit, etwas über Nordlaos' qualvolle Geschichte im 20. Jh. zu lernen. Man stelle sich Vang Vieng vor, jedoch mit packenden historischen Windungen anstatt fröhlichem Tubing. Oder man stellt es sich wie die Cu-Chi-Tunnel von Ho-Chi-Minh-Stadt in Stein geformt vor. Die Höhlen wurden geheim gehalten, bis sie 2007 für die Öffentlichkeit geöffnet wurden.

◉ Sehenswürdigkeiten

★ **Vieng-Xay-Höhlen** HÖHLEN
(ຖ້ຳວຽງໄຊ; ☎064-315022; Eintritt inkl. Audiotour 60 000 K, Fahrradverleih pro Tour/Tag 15 000/ 30 000 K; ⏲9–12 & 13–16 Uhr) Vieng Xays sieben bedeutendste Höhlenanlagen, die im Krieg als Zuflucht dienten, bekommen Besucher ausschließlich im Rahmen einer wirklich faszinierenden Führung mit 18 Stationen zu sehen. Die Höhlen liegen in schönen Gärten vor der Kulisse einer herrlichen Karstlandschaft. Ein lokaler Führer schließt jede Stätte auf, während ein Audioguide Hintergrundinformationen aus erster Hand und den historischen Kontext liefert. Die **Kaysone-Phomvihane-Höhle** hat immer noch eine betriebsbereite Luftzirkulationspumpe und ist die unvergesslichste von allen Höhlen.

Tham Nok Ann HÖHLE
(ຖ້ຳນົກແອນ, Nok Ann Cave; 10 000 K; ⏲8–17 Uhr) Tham Nok Ann ist eine aufsteigende gut beleuchtete Höhle, durch die ein Fluss unter beeindruckenden Steinformationen fließt. Es

tropft, es ist unheimlich und sehr stimmungsvoll. Ein paar Stufen führen hinauf in einen benachbarten Höhlenkomplex, in dem einst ein vietnamesisches Militärkrankenhaus untergebracht war. Früher konnte man auch mit dem Kajak in die Höhle fahren, das war während der Recherche zu diesem Buch nicht der Fall.

Schlafen & Essen

Sailomyen Guesthouse GÄSTEHAUS $
(☎020-56596688; Zi. 70 000 K; 📶) Auf Stelzen stehend befindet sich dieses Gästehaus auf einem See. Der gemeinschaftlich genutzte Balkon lädt zum Träumen ein. Die Zimmer sind zwar klein mit schiefen Teppichen, aber es gibt warme Duschen, Ventilatoren und Moskitonetze. Und wie schon erwähnt einen Wahnsinnsausblick auf dschungelbedeckte Hügel, die sich im Wasser spiegeln.

Naxay II Guesthouse GÄSTEHAUS $
(☎064-314330; Zi. 80 000 K) Gegenüber dem Ticketbüro für die Höhlen befinden sich diese mit Bambus verzierten Bungalows, die sich um einen gepflegten Garten verteilen, hinter dem sich ein imposanter gespaltener Fels erhebt. Pluspunkte sind die gemütlichen Betten, fließendes warmes Wasser, sauberer Linoleumboden und Ventilatoren, die für Abkühlung sorgen. Es gibt zudem private Verandas und Badezimmer, und wenn man Glück hat, serviert der angeschlossene Cafépavillon im Strandlook Essen.

Sabaidee Odisha INDISCH $
(☎020-55577202; Hauptgerichte 15 000–35 000 K; ⏲7–21 Uhr; 📶) Man sollte sich nicht von dem wenig beeindruckenden Äußeren täuschen lassen – Zementböden und nackte Wände lassen das grandiose Essen von diesem Imbiss kaum erahnen. Zu den frischen und sorgfältig vorbereiteten Gerichten mit verschiedenen Schärfegraden bekommt man hier ein Lächeln dazu. Das Lokal befindet sich in der nördlichsten Ecke des Viengsai-Markts an der Hauptstraße.

Praktische Informationen

Vieng Xay Cave Tourist Office (☎064-315022; ⏲8–11.30 & 13–16 Uhr) Etwa 1 km südlich des Markts organisiert das Ticketbüro Höhlenbesuche, verleiht Fahrräder, und es gibt Karten und auch nützliche Informationstafeln. Außerdem kann man dort einen Schaukasten voll mit alten Leninbüsten und verschiedenen sozialistischen Ikonografien bestaunen.

An- und Weitereise

Es gibt nur einen Bus täglich nach Xam Neua (20 000 K, 50 Min.). Er fährt circa um 13 Uhr an der Straße gegenüber vom Markt ab (die Bushaltestelle war zur Zeit der Recherche geschlossen). Die Busse zwischen Xam Neua und Thanh Hoa (ein Bus täglich) können auf der Route 6 herbeigewunken werden. Der Bus nach Thanh Hoa (180 000 K) sollte gegen 8.45 Uhr vorbeikommen, während mit dem Bus nach Xam Neua (20 000 K) gegen 16 Uhr zu rechnen ist.

Für ein Miettaxi von Xam Neua nach Vieng Xay (und zurück) zahlt man etwa 250 000 K pro Fahrzeug.

NORDWESTLAOS

Die Landschaft der nördlichen Provinzen Oudom Xay und Luang ist ein Gemälde aus Flüssen, Wäldern und traditionellen Dörfern, die das Zuhause von fast 40 ethnischen Gruppen im nördlichsten Winkel von Laos sind.

Oudom Xay ອຸດົມໄຊ

☎081 / 35 000 EW.

Das blühende Oudom Xay (auch unter dem Namen Muang Xay bekannt) ist ein laotisch-chinesisches Handelszentrum und Knotenpunkt. Die vielen chinesischen LKW-Fahrer und die Beschilderung auf Mandarin an jeder Ecke lassen keinen Zweifel daran. Die staubige, rissige Hauptstraße und die Reisestimmung schreckt viele Kurzzeitbesucher ab, und man könnte den Eindruck bekommen, dass der Bus, der einen von hier wegbringt, das Highlight ist. Aber es ist nicht schwer, hier das „echte" Laos zu entdecken. Die gut organisierte Touristeninformation – eine der besten des Landes – hat viele verlockende Vorschläge, für die es sich lohnt, länger zu bleiben. Von Kochkursen bis zu Wanderungen durch ethnische Dörfer, Ziplining und Radfahren.

Etwa 15 % von Oudom Xays Bevölkerung ist chinesisch (mit weitaus mehr Wanderarbeitern), und in einigen Geschäften und Hotels spricht man für gewöhnlich den Dialekt von Yunnan.

Fahrrad fahren, wandern, Ziplining betreiben, an Felsen klettern, abseilen, schwimmen und sich massieren lassen, kann man im **Nam-Kat-Yorla-Pa-Abenteuerpark** (☎081-219666, 020-55564359; www.namkatyorlapa.com; Faen-Dorf, Xay Bezirk) 🍃, 17 km nördlich von Oudom Xay am malerischen Nam Kat (Kat-Fluss).

WEITERREISE NACH CHINA: VON BOTEN NACH MOHAN

Anfahrt zur Grenze Die laotische Einwanderungsbehörde am Grenzübergang Boten (Laos)–Mohan (China) (7.30 bis 16.30 Uhr laotischer Zeit bzw. 8.30 bis 17.30 Uhr chinesischer Zeit) befindet sich nur wenige Gehminuten nördlich des Markts von Boten. *Túktúks* fahren durch das Niemandsland zur chinesischen Einwanderungsbehörde in Mohan (Bohan); man kann den 1 km aber auch zu Fuß gehen. Alternativ nimmt man einen der vielen praktischen Direktbusse von Laos nach China (die Zahl der Angebote steigt), z. B. die Busse Oudom Xay–Mengla, Luang Namtha–Jinghong oder Luang Prabang–Kunming.

An der Grenze Reist man Richtung Norden muss man sich vor der Einreise ein chinesisches Visum besorgen. Bei Ankunft in Laos gibt's 30-tägige Visa.

Weiterreise Von der chinesischen Einwanderungsbehörde läuft man Mohans Hauptstraße 1 km hinauf zu dem Stand, von dem bis nachmittags alle 20 Minuten Kleinbusse nach Mengla (16 RMB, 1 Std.) abfahren. Sie halten im Busbahnhof 2 in Mengla. Von dort aus eilt man durch die Stadt zum Busbahnhof Nord, wo Busse nach Jinghong (42 RMB, 2½ Std., häufig bis 18Uhr) oder Kunming (nur morgens) abfahren.

Auf der laotischen Seite pendeln Minibusse morgens regelmäßig zwischen Boten und Luang Namtha (1 Std., 25 000 K)

Schlafen & Essen

Lithavixay Guesthouse GÄSTEHAUS $

(081-212175; Rte 1; Zi. 60 000–120 000 K; ❄ 📶) Schon lange ein Favorit bei Reisenden, mit einer großen Lobby und sehr günstigem Frühstück (10 000 K). Auch wenn einige Zimmer abgegriffen aussehen, haben sie immerhin Fernseher, Sofas und etwas Gemütliches an sich. Doch die alten Duschen leiden unter schwachen Abflüssen und der Service hat in letzter Zeit etwas nachgelassen. Es befindet sich in der Nähe des alten Busbahnhofs und liegt sehr zentral.

Villa Keoseumsack GÄSTEHAUS $$

(081-312170; Rte 1; Zi. 130 000–220 000 K; P 📶) Oudom Xays beste Unterkunft in einem hübschen laotischen Haus nicht direkt an der Straße wartet mit großen einladenden Zimmern auf. Zur Ausstattung gehören frische Bettwäsche, Federbetten und polierte Böden. Hmong-gewebte Bettläufer, Fernseher, kostenloses WLAN und ein Gemeinschaftsbalkon runden das Angebot ab. Es gibt sogar kostenlos Zahnbürste und Zahnpasta.

★ **Souphailin Restaurant** LAOTISCH $

(081-211147; Hauptgerichte 20 000–50 000 K; 7–21 Uhr) Man sollte sich nicht von dem bescheidenen Äußeren aus Bambus dieses versteckten Juwels im Hinterhof täuschen lassen. Hier wird bei Weitem das leckerste laotische Essen der Stadt serviert. Die freundliche Souphailin zaubert mit ihrem *mok phaa* (gedünstetem Fisch in Bananenblättern), *láhp*, perfekten Frühlingsrollen, Rindersteaks, gebratenen Nudeln und Hünchen und Pilz im Bananenblatt traumhafte kulinarische Kreationen. Alles ist frisch und saisonal. Man sollte auch einen Blick in das Gästebuch werfen!

Praktische Informationen

Touristeninformation (Tourismusamt der Provinz Oudom Xay; 081-212483; www.oudomxay.info; 8–12 & 14–16.30 Uhr) Die Touristeninformation bietet jede Menge Infos zur Weiterreise, zu Unterkünften und lokalen Sehenswürdigkeiten sowie kostenlose Stadtpläne. Verkauft werden auch Laoskarten von GT-Rider. Im Angebot sind elf verschiedene geführte Touren, darunter eine zweitägige Tour mit Übernachtung zu einer beeindruckenden Höhle in der Umgebung und Homestays in lokalen Stammesdörfern. Am besten bucht man per E-Mail und lässt sich die Buchung erneut in der Information bestätigen.

An- und Weiterreise

Lao Airlines (081-312047; www.laoairlines.com; 8–11 & 12–17 Uhr) fliegt täglich nach/von Vientiane (90 US$) zu Oudom Xays **Flughafen** (Oudom Xay Airport), während **Lao Skyway** (020-23122219; www.laoskyway.com; Oudom Xay Airport; 8–11 & 12–17 Uhr) Vientiane (60 US$) dienstags, donnerstags und samstags anfliegt. Tickets gibt's auch beim Lithavixay Guesthouse.

In Oudom Xay gibt's zwei Busbahnhöfe: den alten **Busbahnhof Nord** im Zentrum und den neueren Fernbusbahnhof alias **Busterminal Süd** (081-312200), 5 km südwestlich vom Zentrum.

Luang Namtha

ຫລວງນ້ຳທາ

☎086 / 21 000 EW.

Heißt Reisende wie keine andere Stadt in Nordlaos willkommen. Luang Namtha hat es in sich – ausgewählte umweltbewusste Reiseveranstalter, die beim Wandern für Verpflegung sorgen, ethnisch vielfältige Dörfer, Radfahren, Kajakfahren und Rafting im und um den herrlichen Nam-Ha-Nationalpark herum. In der Stadt gibt's genug zu erleben, bevor man sich in die tiefste Provinz aufmacht. Man kann den exotischen Nachtmarkt erkunden oder sich ein Fahrrad leihen und durch die hügeligen Reisschüsseltäler zu den Wasserfällen und Tempeln radeln.

Die 2 224 km² des **Nam-Ha-Nationalpark** (ປ່າສະຫງວນແຫ່ງຊາດນ້ຳທາ; www.namha-npa.org) sind Laos zugänglichstes Naturschutzgebiet und das Zuhause von Nebelpardern und möglicherweise von ein paar nicht gewilderten Tigern. Beide sind im und um den bergigen Park zu finden. Die Wälder müssen dem Druck aus den Dörfern der verschiedenen Ethnien, darunter die Lao Houay, Akha und Khamu, standhalten. Seit 1999 versucht ein Ökotourismusprojekt sicherzustellen, dass die Reiseveranstalter und Dorfarbeiter zusammenarbeiten, um Wanderern ein authentisches Erlebnis mit minimaler Auswirkung auf die Gemeinden und die Umwelt zu bieten.

Geführte Touren

★ The Hiker WANDERN
(☎020-59294245, 086-212343; www.thehikerlaos.com; Main St; ⌚8–21 Uhr) Dieser neue Ausstatter sahnt überschwängliches Feedback ab. Es gibt Fahrrad- und Kajaktouren, aber der Schwerpunkt liegt auf Wandern, mit ein- bis siebentägigen Touren; die längste ist knallhart (acht Stunden Trekking pro Tag) und bringt einen in unberührte Gegenden tief im Dschungel von Nam Ha, während eintägige Wanderungen viel einfacher sind.

Forest Retreat Laos ÖKOTOUREN
(☎020-55560007, 020-55680031; www.forestretreatlaos.com; Main St; ⌚8–21 Uhr) Mit Sitz im **Minority Restaurant** (Hauptgerichte 35 000 K; ⌚7–22.30 Uhr; 📶), organisiert dieser Ökotourismusanbieter Kajakfahrten, Wanderungen, Privatunterkünfte und Mountainbiken auf ein- bis siebentägigen Abenteuer-Kombi-Touren an. Wenn möglich werden Mitarbeiter eingestellt, die aus Familien ethnischer Minderheiten kommen. Auch ein mörderische 60 km langer eintägiger Fahrradausflug nach Muang Sing und zurück ist im Angebot. Man kann auch einen Kochkurs besuchen.

Green Discovery ÖKOTOUREN
(☎086-211484; www.greendiscoverylaos.com; Main St; ⌚8–21 Uhr) Der Großvater des Ökotourismus in Laos hat eine Kombination aus Bootsfahrten, Mountainbike- und Kajaktouren, Privatunterkünfte und ein- bzw. mehrtägige Wanderungen im Nam-Ha-Nationalpark im Angebot. Auf Sicherheit wird geachtet und das Personal ist hilfsbereit. Die beliebteste Tour ist eine zweitägige Wanderung durch das Nam-Ha-Tal, die Kultur und Natur verbindet (62 US$ bei Gruppen von 6 Pers.).

Schlafen & Essen

Auf dem lebhaften **Nachtmarkt** (Rte 3A; ⌚7–23.30 Uhr) kann man gut Snacks abgrasen. Au[s] dem **Morgenmarkt** (Nudeln 10 000 K; ⌚7–17 Uhr) gibt's Nudelstände in Hülle und Fülle.

★ Zuela Guesthouse GÄSTEHAUS
(☎020-22391966; www.zuela.asia; Zi. im alten Block mit Ventilator/Klimaanlage 70 000/100 000 K, im neuen Block mit Klimaanlage mit/ohne Balkon 38/25 US$; P❄📶) Das in einem grünen Hof gelegene Zuela hat einen alten Block mit tadellosen – aber dunklen – Zimmern mit offenen Backsteinwänden und eigenen Badezimmern. In dem neueren Block befinden sich bessere Zimmer mit glasierten Rattandecken, zitronenfarbenen Wänden (einige mit Balkon), Tischen und lebendiger Kunst. Es befindet sich abseits der Hauptstraße in einer ruhigen Gasse. Außerdem ist es ein tolles **Restaurant** und es verleiht auch Motorroller und bietet Touren an.

Thoulasith Guesthouse GÄSTEHAUS
(☎086-212166; www.thoulasith-guesthouse.com; Rte 3A; Zi. mit Ventilator/Klimaanlage 70 000/100 000 K; P❄📶) Dieses Gästehaus bietet seinen Reisenden saubere Zimmer mit Nachttischlampen, Kunst an den Wänden, gratis Tee und einladende Balkone. Es gibt auch einen neuen Block mit schicken Zimmern mit Bad. Dadurch, dass es nicht direkt an der Hauptstraße liegt, ist es ein friedlicher Ort, an dem man vor oder nach einem Trek entspannen kann.

Phou lu III Bungalows GÄSTEHAUS
(☎020-22390195; www.luangnamtha-oasis-resort.com; Bungalow mit Frühstück 25 US$; 📶) Dieses Gästehaus ist ein echtes Schnäppche[n]

ınd befindet sich in einem hübschen blühenden Garten. Der neue Swimmingpool mit Uferrand und Klettergerüsten macht es etwas weniger ruhig für Paare. Die Bungalows sind groß und nett eingericht, mit Betten aus Holz, mit Ziegelböden, Kaminen und einladenden Terrassen. Vom Zentrum aus gut ausgeschildert. Im Dezember ist es etwas kühl.

★ Lai's Place LAOTISCH $
(086-23939111; Hauptgerichte 15 000–40 000 K; 6.30–21.30 Uhr;) Kein anderes Restaurant in Nordlaos kann eine derart touristenfreundliche Vorstellung der vielfältigen Küche der ethnischen Minderheiten dieser Region auffahren, als dieses einfache Lokal mit robusten Holztischen und mit Lebensmitteln verkleideten Wänden. Es gibt eine lange Liste mit *jaaou* (Dips) für Klebereis zu traditionellen Akha- und Tai Dam-Gerichten wie *aw lahm*, ein Bananenblumeneintopf, Rattansprossen, Aubergine und Kürbis.

Manikong Bakery Cafe BÄCKEREI, CAFÉ $
(Hauptgerichte 10 000–35 000 K; 6.30–22.30 Uhr;) Diese winzige Bäckerei mit Café serviert leckere Salate, Bagels, Panini, Croissants, Säfte, Sandwiches und selbst gebackenen Kuchen. Es gibt preiswerte Frühstücksangebote und einfallsreiche Shakes sowie diverse Eiskaffees.

★ Bamboo Lounge INTERNATIONAL $$
(020-29643190; www.bambooloungelaos.com; Hauptgerichte/Pizza 40 000/75 000 K; 7–23.30 Uhr, Happy Hour 5–19 Uhr;) Mit seiner moosgrünen Fassade ist dieses Lokal beliebt bei Reisenden. Es bietet jungen Menschen aus entlegenen Dörfern Arbeit an und spendet mehr als 2800 Bücher an örtliche Schulen. Am Abend lockt es mit blinkenden Lichterketten, wummernden Bässen und einer Terrasse im Freien, auf der einem köstliche Aromen aus dem Holzofen in die Nase steigen – es gibt eine Auswahl an Pizzen mit dünner Kruste. Und es ist raucherfrei, was ungewöhnlich in Laos ist.

NICHT VERSÄUMEN

DIE GIBBON EXPERIENCE

Bei der **Gibbon Experience** (084-212021, 030-5745866; www.gibbonexperience.org; 2-tägige Expresstour 190 US$, 3-tägige Classic-Tour or Waterfall-Tour 310 US$; 7–17 Uhr), einem langjährigen Ökotourismusprojekt mit einer Reihe von Ziplines kreuz und quer durch das Blätterdach des Nationalparks Nam Kan – das Zuhause von Tigern, Nebelpardern, Schwarzbären und den Schwarzen Schopfgibbons – bekommt man die Chance, durch Täler zu sausen und in den höchsten Baumhäusern der Welt 40 m über dem Boden zu übernachten. Es gibt drei Touroptionen (die zweitägige Express-, die dreitägige Classic- und die Wasserfalltour), auf jeder wird etwas gewandert. Gut zubereitete Mahlzeiten bringen die Guides per Zipline vorbei.

Die Guides sind hilfsbereit, jedoch sollte man auch selbst die Knoten in seinem Gurt überprüfen. Der Helm ist optional, aber empfehlenswert angesichts der Schnelligkeit, mit der man die Kabel entlangrutscht. Man sollte auch darauf achten, dass der Karabiner wirklich schließt. Nicht vergessen, dass man bei Regen länger braucht, um zu bremsen (mit einem einfachen Stück Fahrradreifen). Es ist empfehlenswert, in guter Form zu sein – bei allen drei Touren.

Bezahlung kann im Voraus per PayPal erfolgen, jedoch sollte man etwas Geduld mitbringen, da die Verbindung nicht immer so gut ist. Am besten einen Tag vor der Tour in Houay Xay eintreffen und sich im **Gibbon-Experience-Büro** (084-212021; www.gibbonexperience.org; Th Saykhong; 8–17 Uhr) melden. Handschuhe (unerlässlich beim Ziplining) werden gestellt. Es ist ratsam, Taschenlampe, Wasserflasche, Toilettenpapier und Ohrenstöpsel, um das Geräusch von Millionen Grillen auszublenden, mitzubringen, aber ansonsten lässt man das meiste seines Gepäcks im Lagerraum des Büros. Alles, was man mitnimmt, muss man bei steilen Anstiegen und beim Ziplining auf dem Rücken transportieren. Da es keinen Strom geben wird, sollte man nicht vergessen, seine Kamera aufzuladen.

Tragischerweise führte im März 2017 ein Unfall zum Tod eines Reisenden, weshalb alle Touren zeitweise ausgesetzt wurden. Nach Ermittlungen hat die Gibbon Experience ihren Betrieb wieder aufgenommen und begann damit, ein paar striktere Sicherheitsprotokolle einzuführen.

Praktische Informationen

BCEL (Mo–Fr 8.30–15.30 Uhr) Wechselt die wichtigsten Währungen (kommissionsfrei) und hat einen rund um die Uhr geöffneten Geldautomaten.

Lao Development Bank (Mo–Fr 8.30–12 & 14–15.30Uhr) Wechselt große Währungen und es gibt Western Union.

Post (086-312007; Mo–Fr 8–11.30 & 13–16 Uhr).

Provincial Hospital (Rte 3A; 24 Std.) Angemessen ausgestattet für Röntgenaufnahmen, behandelt gebrochene Gliedmaßen und gibt Antibiotika aus. Für einen Arzt, der Englisch spricht, sollte man nach Dr. Veokham fragen.

Touristeninformation der Provinz (086-211534; www.luangnamtha-tourism-laos.org; Mo–Fr 8.30 & 13.30–16 Uhr) Hilfreiche Quelle zu lokalen Sachen, u. a. Wandertipps.

An- und Weiterreise

FLUGZEUG

Sowohl **Lao Airlines** (086-212072; www.laoairlines.com; 8–12 & 13–17 Uhr; 85 US$) als auch **Lao Skyway** (020-99990011; Luang Namtha Airport; 8–12 & 13–17 Uhr; 50 US$) fliegen täglich nach Vientiane.

BUS & SŎRNGTĂAOU

Es gibt zwei Busbahnhöfe. Der lokale Busbahnhof ist vom Touristenzentrum aus zu Fuß zu erreichen. Der große Fernstreckenbusbahnhof liegt 10 km südlich der Stadt. Für beide Busse gilt an egal welchem Busbahnhof, dass eine Buchung im Voraus keinen Sitz garantiert – man muss einfach früh genug da sein und sich persönlich einen Platz sichern.

Folgende Ziele werden angefahren: Luang Prabang (100 000 K, 8 Std.), Boten (25 000 K, 2 Std.), Houay Xay (60 000 K, 4 Std.) und Nong Khiao (100 000 K, 6 Std.).

Unterwegs vor Ort

Ein gemietetes *túk-túk* kostet vom Fernstreckenbusbahnhof oder Flughafen ins Zentrum 20 000 K pro Person, mehr, wenn man alleine reist. Die meisten Reiseagenturen und Gästehäuser verkaufen Ticket-Pakete für Fernbusse. Sie enthalten den Transfer vom Gästehaus und kosten ca. 20 000 K Aufpreis.

Mit dem Fahrrad kann man wunderbar die Wats, Wasserfälle, Dörfer und die Landschaft rund um Luang Namtha erkunden. Vor dem Zuela Guesthouse gibt's ein paar **Fahrradläden** (Fahrrad 10 000–25 000 K pro Tag, Motorrad 30 000–60 000 K pro Tag; 9–18.30 Uhr). Man kann zwischen einem Fahrrad oder Motorrad wählen, abhängig davon, wie viel Energie und Fahrerfahrung man hat.

Houay Xay ຫ້ວຍຊາຍ

084 / 20 000 EW.

Von Thailand getrennt durch den Mekong is Houay Xay für viele das Erste, was sie vo Laos sehen. Während das früher schlech war, ist dieses seltsam entzückende Dorf i den letzten Jahren aufgelebt. Am Abend neh men Essensstände die Straßen ein und es gib ein paar Gästehäuser, die Reisende willkom men heißen, sowie Cafés mit leckerem Essen

Angeblich gab es in Houay Xay eine ge heime US-amerikanische Heroin-Verarbei tungsanlage während des Geheimen Krieg (Laotischer Bürgerkrieg), doch heute dien Houay Xay nur noch als Durchreisestatio auf dem Weg nach Luang Prabang und eini ge Traveller kommen wegen der sagenhafte Gibbon Experience (S. 385), Laos bekanntes ter Dschungel-Abenteuertour, hierher. Abe die neuen Tagesausflüge zu ethnischen Dör fern in der Nähe, die erstrebenswerten Mög lichkeiten auf Freiwilligenarbeit und Kajak touren auf dem Mekong sind gute Gründe etwas länger hier zu bleiben.

New Challenge Discovery (030 5209858, 020-97720313; www.newchallengedisc very.com; Th Saykhong; 2-tägige Trekkingtou 120 US$ pro Pers., 1-tägige Kajaktour 70 US$ pr Pers., hoher Nachlass bei Gruppen von 3 Pers. ode mehr; 8–17.30 Uhr) wird von ehemalige Tourguides von Gibbon Experience geführ und bietet authentische ein- bis dreitägig Trekkingtouren zu nahegelegenen Dörfer der Khmu am Rande des Nam Kann NPA sowie Kajaktouren auf dem Mekong. Die Ein nahmen fließen in die Unterstützung vo ländlichen Bildungsprojekten und in die Aus bildung von Einheimischen, um das emp findliche Ökosystem zu schützen.

Schlafen & Essen

Gateway Villa Hotel GÄSTEHAUS

(084-212180; gatewayconsult@hotmail.com; T Saykhong; Zi. mit Frühstück & Klimaanlage 140 000) Gateway Villa hat geschmackvoll einge richtete Zimmer mit Holzböden, Korbstüh len, Fernsehern und gemütlichen Better Manche Zimmer sind hübscher als ander und haben einen Ausblick auf den Mekong Hier schläft man gut, frühstückt okay, sur schnell im Internet und bekommt Hilfe vo dem englischsprachigen Personal.

Daauw Home BUNGALOWS

(030-9041296; http://daauwvillagelaos.com; Bun galows 100 000 K, B 30 000 K) Die gemütl

WEITERREISE NACH THAILAND: VON HOUAY XAY (HOKSAY) NACH CHIANG KHONG

Anfahrt zur Grenze Seit der Fertigstellung der thailändisch-laotischen Freundschaftsbrücke 4 am Houay Xay/Chiang Khong Grenzübergang Ende 2013, ist die Fähre nur noch für Einheimische. *Túk-túks* kosten etwa 30 000 K pro Person zur Einwanderungsbehörde. Alternativ verkaufen viele Reisebüros in Houay Xay Fahrkarten nach Chiang Mai oder Chiang Rai, die ein *túk-túk* zur Grenze, den Bus über die Brücke und einen Weitertransport für den gleichen Preis enthalten, als würde man selbst buchen.

An der Grenze Der Bus (25 B) überquert die Brücke nach Thailand, wo den meisten Reisenden ein 30-tägiges Visum automatisch gewährt wird. An der ziemlich verkehrsreichen Grenzbehörde gibt's Geldautomaten und Wechselstuben.

Weiterreisen Die meisten in Houay Xay gebuchten Busse nach Chiang Mai und Chiang Rai nehmen an der Grenze Fahrgäste auf. Alternativ fahren Busse von Chiang Khong's Busbahnhof nach Chiang Rai (ab 65 B, 2½ Std.) jede Stunde zwischen 6 und 17 Uhr ab. **Greenbus** (☎ in Thailand 0066 5324 1933; www.greenbusthailand.com) bietet um 9.45 Uhr einen Bus nach Chiang an. Mehrere Nachtbusse nach Bangkok (650 B bis 800 B, 14 Std.) starten um 15 und 15.30 Uhr.

Informationen zur Überquerung dieser Grenze in umgekehrter Richtung siehe S. 795.

hen Bungalows von Daauw Home in Zentrumsnähe werden von netten Hmong-Stammesangehörigen betrieben und mit ihrem Aufenthalt tragen die Gäste zur Unterstützung der Frauen und Minderheiten bei, denn dies ist eine Basisinitiative des Projekts Kajsiab. Einfache Zimmer (eines wurde kürzlich in ein Mehrbettzimmer umgewandelt) haben Hängematten, Balkone und Privatbäder.

errasse Restaurant & Chill Place LAOTISCH $

Hauptgericht 15 000–30 000 K; ⏲ 8.30–22.30 Uhr) Dieses entspannte Restaurant auf einem Hügel direkt an den Stufen zum Wat Jom Khao Manilat bietet einfaches laotisches Essen, das aber mit marktfrischen Zutaten bis zur Perfektion zubereitet wird. Gemütliche Baumwollhängematten und der Ausblick auf den orangeroten Sonnenuntergang über dem Mekong machen es zu einem tollen Platz für lange lauschige Abendessen. Das Knoblauchhähnchen sollte man unbedingt probieren!

ar How BAR

☎ 020-55167220; Th Saykhong; ⏲ 6.30–23 Uhr;) Dunkel und stimmungsvoll, dekoriert mit lten Musketen und Reisfeldhüten. Abends wirken die düster aussehenden hausgemachten *lòw-lów* (Reisweine), verfeinert mit allem Möglichen von Blaubeeren bis hin zu Litschi, n der Dämmerung wie Fläschchen aus einer iktorianischen Apotheke. Es gibt auch Pizza, teak, *láhp* und Frühlingsrollen (Hauptgerichte 30 000 K bis 60 000 K). Der Service ist allerdings ziemlich nachlässig und wirkt lustlos – man muss eventuell selbst Ausschau nach dem Personal halten.

Praktische Informationen

BCEL (Th Saykhong; ⏲ Mo–Fr 8.30–15.30 Uhr) Der Geldautomat ist rund um die Uhr zugänglich, außerdem gehören zum Service Geldwechsel und Western Union.

Wechselstube der Lao Development Bank (⏲ Mo–Fr 8–17 Uhr) Ein praktischer Stand direkt neben dem Schalterfenster der Einwanderungsbehörde in der Fußgängerzone. Wechselt die wichtigsten Währungen. US-Dollarscheine dürfen nicht vor 2006 gedruckt worden sein.

Post (Th Saykhong; ⏲ Mo–Fr 8–12 & 13–16 Uhr) Es gibt auch ein Fernsprechamt.

Touristeninformation (☎ 084-211162; Th Saykhong; ⏲ Mo–Fr 8–16.30 Uhr) Kostenlose Stadtpläne und Vorschläge für Exkursionen in der Provinz.

An- und Weiterreise

Seit Jahren fallen Reisende, die Luang Prabang als Ausgangspunkt für Touren nutzen, in Houay Xay ein und gehen für eine unvergessliche Fahrt auf dem Mekong direkt an Bord eines Bootes. Heute bedeuten die sich verbessernden Straßen, dass sich immer mehr für den Nachtbus entscheiden. Aber auch wenn dieser etwas günstiger als das Slowboat ist, ist er viel weniger gesellig, attraktiv und durch die etwa 15-stündige Fahrt kommen die meisten Reisenden erschöpft an.

FLUGZEUG

Der Flughafen von Houay Xay liegt seltsam auf einem Hügel 1,5 km nordwestlich des Busbahnhofs und verbindet die Stadt täglich mit Vientiane für Flugtickets ab 800 000 K.

SCHIFF/FÄHRE

Slowboats legen aktuell in Houay Xay täglich um 11.30 Uhr ab. Am **Slowboat-Fahrkartenstand** (☎ 084-211659) gibt's Fahrkarten nach Pak Beng (150 000 K, ein Tag) oder Luang Prabang (210 000 K ohne Unterkunft, zwei Tage). Der Verkauf startet um 8 Uhr des Reisetages. Man sollte keine Fahrkarten bei Reisebüros kaufen – man bekommt einen überteuerten Transfer mit einem *túk-túk* zum Pier dazu und muss dann am Pier auf die Abfahrt warten.

„Sitzplätze" sind typischerweise unbequeme Holzbänke, für die man sich ein Kissen (bei vielen Reiseveranstaltern in der Stadt zu kaufen) für den Preis von 10 000 K zulegen kann. Einige Boote haben gemütlichere Sitzplätze wie im Flugzeug. Sollten die Bootsführer versuchen, das Boot mit zu vielen Passagieren (mehr als 70) vollzustopfen, kann man sich weigern an Bord zu gehen, bis ein zweites Boot zur Vefügung gestellt wird, eine Taktik, die tatsächlich funktioniert.

Die **Anlegestelle für Schnellboote** (☎ 084-211457; Rte 3, 200 m hinter Km 202) befindet sich direkt unter dem Wat Thadsuvanna Phakham, 3 km südlich der Stadt. Schnellboote für sechs Passagiere *(héua wái)* sausen aufregend, jedoch gefährlich und mit großem körperlichem Unbehagen nach Pak Beng (180 000 K, 3 Std.) und Luang Prabang (350 000 K, 7 Std. mit Mittagspause), sie fahren normalerweise gegen 10.30 Uhr los.

Da ein Teil des Nam Tha (Tha-Fluss) gestaut wurde, ist es nicht mehr möglich mit dem Boot bis nach Luang Namtha zu fahren.

BUS & SŎRNGTĂAOU

An den Bussen, die aus Houay Xay kommen, steht für gewöhnlich „Borkeo". Der Busbahnhof liegt 5 km südöstlich der Stadt. Um 10 und um 16 Uhr starten Busse nach Luang Prabang (120 000 K, 14–17 Std.); nach Luang Namtha (60 000 K, 8 Std.) um 9 und 12.30 Uhr; um 9.30 und 13 Uhr nach Oudom Xay (90 000 K, 8 Std.) und um 11.30 Uhr fährt ein Bus nach Vientiane (230 000 K, 25 Std.). Um 8.30 Uhr verkehrt auch ein Bus nach Mengla (120 000 K).

Die Minibusse der Reisebüros nach Luang Namtha starten gegen 9 Uhr im Zentrum von Houay Xay (100 00 K 4 Std.), aber kommen in Namtha unpraktischerweise an einer Bushaltestelle außerhalb der Stadt an.

Sŏrngtăaou nach Tonpheung (30 000 K, 2 Std.) starten neben dem Hauptmarkt, wenn sie voll sind und fahren sehr gelegentlich weiter nach Muang Mom.

ℹ Unterwegs vor Ort

Fahrräder (30 000 K pro Tag) kann man beim **Little Hostel** (☎ 030-5206329; https://littlehostel.wordpress.com; Th Saykhong; B 40 000 K; 📶) leihen, während **Phonevichith Guesthouse** (☎ 084-211765; www.houayxairiverside.com; Ban Khonekeo; Zi. mit Frühstück 45 US$; ❄ 📶) Motorräder für 125 000K verleiht.

Túk-túks nehmen etwa 20 000 K pro Person zum Flughafen, zum Busbahnhof und den Anlegestellen für Schnellboote und Slowboats – sofern man eins findet.

ZENTRAL- & SÜDLAOS

Dieser Teil des Landes ist am meisten von Wald bedeckt und hat die höchste Dichte an Wildtieren, darunter einer paar Arten, die woanders in Südostasien verschwunden sind. Durch die rauen, kühnen Reisemöglichkeiten und stylischen Unterkünfte mit jeder Menge Komfort in Savannakhet und Thakhek, ist Zentrallaos ein toller Ort, um seinen inneren Indiana Jones mit einer Bloody Mary zu kombinieren.

Tham Kong Lor & Umgebung ຖ້ຳກອງລໍ

Tham Kong Lor ist eines der lebendigsten Highlights von Zentrallaos, wenn nicht sogar von ganz Laos. Ein Ausflug in die außergewöhnliche Unterwelt mit einem 7,5 km langen Fluss, der sich durch die kathedralenartigen Kalksteinhöhlen windet, ist wie eine Reise ins Jenseits.

Ban Kong Lo (Kong-Lo-Dorf) eignet sich am besten als Ausgangspunkt, um die Höhle zu besuchen. In den letzten Jahren haben sich Gästehäuse und kleine Resorts explosionsartig vermehrt.

★ **Tham Kong Lor** HÖHLENTREKKING, BOOTSTOURE
(Eintritt 10 000 K, Parkgebühr 5 000 K, Bootsfahrt 1/2/3 Personen 110 000/120 000/130 000 K; ⏲ 8–16 Uhr) Eine Bootsfahrt durch die Tham-Kong-Lo-Höhle, die wie aus einer anderen Welt scheint, ist ein absolutes Muss. Die 7,5 km lange Höhle im 1580 km² großen Nationalpark Phou Hinboun verläuft unter einem riesigen Kalksteinberg in einem tunnelartigen Flussbett. Wenn das Boot immer tiefer in die rabenschwarze Dunkelheit hineinfährt, spielt die eigene Fantasie verrückt und das Angstgefühl schnellt in die Höhe, als würde man sich auf einer schaurigen Geisterbahnfahrt befinden. Dieses Erlebnis ist unvergesslich.

Ein Teil von Kong Lo wird jetzt atmosphärisch beleuchtet, wodurch man einen besseren Blick auf dieses epische Spektakel werfen kann. Mit den Longtailbooten fährt man durch felsige Höhlenarme und erkundet einen Stalaktiten-Wald mit gruseligen Säulen und wachsenden Stalagmiten, der an einen verlassenen *Star Trek*-Drehort erinnert.

Bootsausflüge durch Tham Kong Lor dauern hin- und zurück jeweils eine Stunde. In der Trockenzeit, wenn der Fluss langsam fließt, muss man zwischendurch aussteigen, während der Bootsführer und Tourguide das Holzboot über Stromstellen hochzieht. Am anderen Ende der Höhle erreicht man über einen fünfminütigen Anstieg einen Platz, um sich kurz zu erholen. Luft holen und dann wieder zurück ins adrenalingetriebene Abenteuer.

Rettungswesten werden gestellt. Man sollte eine Taschenlampe mitbringen, da die, die man leihen kann, nicht ausreichen. Und man sollte Gummisandalen tragen, da die Steine im Flussbett scharf sind und man oft aussteigen und an flachen Stellen durch das Wasser waten muss.

Schlafen & Essen

Ban Kong Lo hat Ban Khoun Kham in den Schatten gestellt, wenn es darum geht, der bevorzugte Ausgangsort für einen Besuch von Tham Kong Lor zu sein. Der Grund dafür ist seine Lage genau „vor der Tür" und die gute Auswahl an Unterkünften.

Kong Lo Eco Lodge GÄSTEHAUS $
(☎030-9062772; Zi. 50 000 K; P 📶) Die Kong Lo Eco Lodge hat 12 spartanische, jedoch saubere Zimmer und liegt in einiger Entfernung zur Straße. Das kleine **Restaurant** ist beliebt in der Stadt.

★ **Spring River Resort** BUNGALOWS $$
(☎020-59636111; www.springriverresort.com; Ban Tiou; Bungalows 15–50 US$; ⏲ Juni & Juli geschlossen; ❄📶) Diese auf Stelzen stehenden Bungalows finden sich in einem makellosen Landschaftsgarten an dem wunderschönen Fluss Nam Hin Boun. Die Ausstattung reicht von einfach (ohne Bad) zu gehoben (mit Bad). Dreibettzimmer mit Bad haben Moskitonetze und private Balkone, von denen man den Blick auf den breiten Fluss genießen kann. Frühstück ist bei den teureren Bungalows inbegriffen. Es gibt in der Nähe einen Bach mit klarem Wasser, in dem man sich abkühlen kann.

Khounmee Restaurant LAOTISCH $
(☎020-58190652; Hauptgerichte 20 000–40 000 K; ⏲7.30–21 Uhr; 📶) Günstige lokale und westliche Gerichte kombiniert mit einem freundlichen Service machen dieses einfache Restaurant zu einem der beliebtesten bei Reisenden. Der Englisch sprechende Besitzer Mr. Dam hat eine hilfreiche Informationstafel mit Busfahrplänen zu Touren für die Region zusammengestellt. Auf der anderen Straßenseite bietet er auch saubere **Zimmer** ohne Schnickschnack (50 000 K) an.

Thakhek ທ່າແຂກ

☎051 / 80 000 EW.

Dieser ehemalige indochinesische Handelsposten bietet eine angenehme Mischung aus

WEITERREISE NACH VIETNAM: VON THAKHEK NACH DONG HOI

Anfahrt zur Grenze Trotz der Tatsache, dass die Route 12 jetzt komplett asphaltiert ist, wird der Grenzübergang Na Phao (Laos)/Cha Lo (Vietnam) (7–16 Uhr) von *falang* (Westler) am seltensten von allen laotischen Grenzübergängen genutzt. Das liegt teilweise daran, dass der Transport auf beiden Seiten langsam ist und nur gelegentlich fährt, obwohl es einen Bus von Thakhek nach Dong Hoi (90 000 K, 10 bis 14 Uhr) montags, mittwochs, freitags und sonntags um 7 Uhr gibt. Will man hier die Grenze überqueren, sollte man diesen Bus nehmen, da es im Grenzbereich keine Unterkünfte gibt.

An der Grenze An der laotischen Grenze bekommt man bei der Ankunft ein 30-tägiges Touristenvisum. Einige Nationalitäten benötigen im Voraus ein Visum für Vietnam. Informationen beim vietnamesischesn Konsulat (S. 411). Deutsche, skandinavische, britische, französische, italienische und spanische Besucher brauchen für einen kurzen Aufenthalt kein Visum.

Weiterreisen In denselben Bus wieder einsteigen, er wartet, während man die Formalitäten erledigt, bevor es weitergeht nach Dong Hoi.

Informationen zur Überquerung dieser Grenze in umgekehrter Richtung siehe S. 933.

zerfallenen französischen Villen und windschiefen chinesischen Geschäftshäusern mit lässigem Flussufercharm. Trotz der neuen Brücke, die ins nahe Thailand führt, zeigt die Stadt kaum Zeichen von Veränderung. Von hier aus beginnt der **Loop** (http://tourismkhammouane.org), ein dreitägiger Motorradausflug durch sich wandelnde Landschaften. Thakhek eignet sich auch als Ausgangspunkt für organisierte Tagesausflüge nach Tham Kong Lor. In der Nähe gibt's ein paar Dutzend andere Höhlen, einige mit zum Schwimmen geeigneten Lagunen, die man mit Motorroller oder *túk-túk* erreicht.

Zwar lässt sich Thakhek nicht mit dem Niveau in Luang Prabang vergleichen, aber es gibt eine schöne historische Altstadt und ein Stück authentisches laotisches Leben. Die Keimzelle (wenn man es so nennen kann) der Altstadt ist der bescheidene Fountain Square am westlichen Ende von Th Kuvoravong in der Nähe des Flusses.

Sehenswertes

★ **Phou-Hinboun-Nationalpark** NATIONALPARK
(ປ່າສະຫງວນແຫ່ງຊາດພູຫີນປູນ) Der Phou-Hinboun-Nationalpark ist ein riesiges (1580 m²) Wildnisgebiet mit türkisfarbenen Flüssen, Monsunwäldern und beeindruckender Karstlandschaft in der Provinz Khammouane. 1993 wurde es zum Naturschutzgebiet und die Behauptung, dass sich hier eine der schönsten Landschaften der Region findet, ist nicht übertrieben.

Läuft oder fährt man mit dem Boot hindurch, ist es schwer, beim Ausmaß der Kalksteinfelsen, die Hunderte Meter fast senkrecht in den Himmel ragen, nicht in Ehrfurcht zu erstarren. Auch wenn ein Großteil des Nationalparks nicht über Straßen zu erreichen ist, haben Einheimische durch Jagd und Abholzung die Zahl der vom Wald abhängigen Tierarten reduziert. Abgesehen davon ist diese Gegend das Zuhause der vom Aussterben bedrohten Delacour-Schwarzlanguren, Tonkin-Schwarzlanguren und einigen anderen Primatenaraten sowie Elefanten, Tigern und einer Vielfalt von seltenen Hirscharten. Die Provinz Khammouane bietet fünf verschiedene gemeindeorientierte Treks, die unterschiedlich lang sind, an. Von Thakhek ist die beliebte zweitägige Tour (1700 000 K für eine Person, 950 000 K jeweils bei zwei Personen, 650 000 K jeweils bei sechs oder mehr) in den Phou-Hinboun-Nationalpark besonders gut. Auf der Route kommt man an jeder Menge Karstlandschaften vorbei, läuft durch Tham Pa Chan und übernachtet in einem ethnischen Dorf. Buchungen können im Touristeninformationszentrum (S. 392) in Thakhek vorgenommen werden.

Tham Pa Seuam HÖHLE
(ຖ້ຳປາເຊືອມ) Die kürzlich entdeckte Flusshöhle Tham Pa Seuam ist 3 km lang. Eine viel kleinere Version von Tham Kong Lor mit eindrucksvollen Stalaktiten und Stalagmiten. Praktischerweise liegt sie nur 15 km von Thakhek entfernt. Ein Tagestrip zu mehreren Höhlen, einschließlich Tham Pa Seuam, vom Touristeninformationszentrum (S. 392) kostet ab 350 000 K pro Person (bei Gruppen

ABSTECHER

THAKHEK-LOOP

Diese beeindruckende dreitägige Motorradreise, bekannt als „The Loop", ist unter den Backpackern Südostasiens zu einer richtigen Legende geworden. Wer die Herausforderung nicht scheut, die gesamten 450 km zu fahren – und es ist wirklich eine Herausforderung –, der wird mit den absoluten Highlights des ländlichen Laos belohnt; grüne Urwälder, reißende Flüsse und hoch aufragende Karstwände, hinter denen sich unterirdische Wunderländer verbergen.

Start und Endpunkt sind in Thakhek, wo man sich bei einigen bewährten Betreibern ein robustes Motorrad und eine Gepäckaufbewahrung mieten kann. Die meisten Reisenden fahren The Loop gegen den Uhrzeigersinn, legen einen Halt bei den Badeteichen und den kleinen Höhlen östlich der Stadt ein, bevor sie am unbezwingbaren Karst vorbeizischen, um dann am Nam Theun (Theun-Fluss) in Ban Tha Lang die Nacht zu verbringen. Am zweiten Tag vorbei an gefluteten Tälern (und unheimlichen toten Wäldern) bis zur Grenzstadt Lak Sao. Dann geht es Richtung Süden zur Flusshöhle Than Kong Lor (S. 388), das Highlight der Route. Einen Großteil des dritten Tages muss man auf der Straße zurück nach Thakhek verbringen, doch zumindest ist es die eindrucksvollste Straße bisher und führt im Zickzack durch den unberührten Dschungel des Phou-Hinboun-Nationalpark.

WEITERREISE NACH THAILAND: VON THAKHEK NACH NAKHON PHANOM

Anfahrt zur Grenze Den Mekong an der Grenze bei Thakhek (Laos)/Nakhon Phanom (Thailand) überqueren düfen nur noch die Einheimischen. Reisende können einen internationalen Bus (18 000 K/70 B, etwa 1½ Stunden) vom Hauptbusbahnhof in Thakhek nach Nakhon Phanom nehmen, der über die Freundschaftsbrücke fährt. Die Busse starten alle paar Stunden von 8 bis 16.30 Uhr. Wer nach 16 Uhr die Grenze überquert, muss einen Aufschlag zahlen.

An der Grenze In Thakhek werden bei Ankunft Touristenvisa für 30 Tage für Laos ausgestellt. Außerdem gibt's einen Geldwechselservice der BCEL und einen 24-Stunden-Geldautomaten in der Einwanderungsbehörde. In Thailand dürfen Reisende aus den meisten Ländern für 30 Tage ohne Visum einreisen.

Weiterreisen Von Nakhon Phanom fahren regelmäßig Busse nach Udon Thani und nach Bangkok, um 7.30 Uhr sowie zwischen 16.30 und 19.30 Uhr. Schneller und fast genauso günstig sind die Billigflüge der Gesellschaften Air Asia und Nok Air, die mehrmals am Tag fliegen.

Informationen über diese Grenzüberquerung in anderer Richtung auf S. 825.

mit sechs oder mehr), und beinhaltet eine 400 m lange Bootsfahrt in die Hauptkammer der Höhle.

Tham Pa Fa HÖHLE
(Buddha-Höhle; Eintritt 5000 K, Parken 3000 K; ⌚8–12 & 13–17 Uhr) Als Mr. Bun Nong 2004 an einer Kletterpflanze einen senkrechten 200 m hohen Felsen hinaufkletterte, entdeckte er einen schmalen Höhleneingang und fand 229 Bronzebuddhas vor. Die Buddhas, die zwischen 15 cm und 1 m hoch sind, standen dort, wie sie es seit Jahrhunderten getan hatten, mit dem Gesicht in Richtung Höhleneingang in der beeindruckenden Kalksteinformation.

Aktivitäten

Green Climbers Home KLETTERN
(☎020-56105622; www.greenclimbershome.com; Ban Kouanphavang; Kurse pro Person 140 000–500 000 K; ⌚Okt.–Mai) Die effizient geführte Kletterschule liegt 18 km von Thakhek entfernt im Tal zwischen hohen Karstbergen, ein *túk-túk* kostet 100 000 K pro Tag. Sie ist sehr beliebt und wegen ihrer gemütlichen Hütten, des tollen Essens und der hervorragenden Kurse oft ausgebucht. Zudem wartet Sie mit einem Überhang auf, der weltweit zu den fürs Training am besten geeigneten zählt. Es gibt Kletterrouten für Anfänger, Mittelstufe und Fortgeschrittene, mit mehr als 320 Routen der Schwierigkeit 4 bis 8C.

Green Discovery ABENTEUERSPORT
(☎051-251390; www.greendiscoverylaos.com; Inthira Hotel, Th Chao Annou; ⌚8–21 Uhr) Green Discovery ist der erfahrenste Ökotourismusreiseverantalter des Landes und bietet einige interessante Ausflüge in Zentrallaos an. Verschiedene Wander- und Kajaktouren in den Nationalpark Phou Hinboun inklusive der Tham-Kong-Lo-Höhle (ab 70 US$ für einen Tagesausflug bis 155 US$ für einen Ausflug mit Übernachtung). Radfahren und Kajakfahren organisiert der Veranstalter ebenfalls.

Schlafen & Essen

Thakhek Travel Lodge GÄSTEHAUS $
(☎051-212931; thahkhektravellodge@gmail.com; Rte 13; B 50 000 K, Zi. 60 000–130 000 K; ⊖❄📶) Zwar ist dieses Gästehaus eine 5-minütige *túk-túk*-Fahrt von der Stadt entfernt, aber es hat eine tolle Atmosphäre, denn hier kann man jeden Abend an einer Feuerstelle im Garten mit anderen Travellern in Kontakt kommen. Es gibt einfache Zimmer mit Ventilator oder teure klimatisierte Zimmer, und ein Café serviert *láhp*, Salate und Säfte. Aktuelle Infos zum „Loop" stehen in einem Bordbuch.

★ **Inthira Hotel** BOUTIQUE-HOTEL $$
(☎051-251237; www.inthira.com; Th Chao Anou; Zi. mit Frühstück 26–49 US$; ⊖❄@📶) In einer alten französischen Villa mit einer hübschen Fassade untergebracht, bietet Inthira die eindeutig romantischsten und stylischsten Buden der Stadt. Sein Restaurant liegt gegenüber vom alten Brunnen und seine stilvollen Zimmer in Weinfarben, mit offenen Ziegelsteinwänden, Regenduschen, Kabelfernsehen, dunklen Holzmöbeln, Klimanala-

ge und Tresorfächern sind eine Freude für jeden erschöpften Reisenden. Die besten Zimmer gehen zur Straße hinaus und haben sogar Balkone.

DD Bistro & Cafe INTERNATIONAL $
(☎051-212355; Fountain Sq; Hauptgerichte 20 000–80 000 K; ⊙7–21 Uhr; ❄📶) Dieses neue Café mit Glasfront und Aussicht auf den Fountain Square bietet Fusion-Küche aus laotischen, thailändischen und internationalen Gerichten bei cooler Atmosphäre – nicht nur im übertragenen Sinne – dank der starken Klimaanlage. Twinings Teesorten, Kaffee mit Kick und frischen Saft gibt's auch.

★ **Khop Chai Deu** FUSION-KÜCHE $$
(Inthira Hotel, Th Chao Anou; Hauptgerichte 30 000–90 000 K; ⊙7–22 Uhr; ❄📶✎) Elegantes und sanft beleuchtetes gehobenes Restaurant in einem schönen Gebäude aus der französischen Kolonialzeit – wahrscheinlich das raffinierteste Lokal im verschlafenen Thakhek. Durch eine Glaswand blickt man in die offene Küche. Auf den Tisch kommen leckerer laotischer Salat, Burger, große weich geklopfte Steaks und gute Cocktails von der schicken Holzbar. Wenn es nicht zu heiß ist, kann man auf der Straßenterrasse essen.

ℹ Praktische Informationen

BCEL (Th Vientiane; ⊙Mo–Fr 8.30–15.30 Uhr) Wechselt Euro und Dollar und gewährt Barvorschuss auf Bank- und Kreditkarten.

Lao Development Bank (Th Vientiane; ⊙8.30–11.30am & 13.30–15.30 Uhr) Wechselt nur Bargeld; Geldautomat vorhanden.

Post (☎051-212004; Th Kuvoravong) Von hier kann man überteuert intenational telefonieren.

Touristeninformationszentrum (☎030-5300503, 020-55711797; www.tourismkhammouane.org; Th Vientiane; ⊙8.30–17 Uhr) Diese hervorragende Touristeninformation bietet abenteuerliche ein- und zweitägige Wanderungen im Phou-Hinboun-Nationalpark, mit Gastunterkunft in einem Dorf. Angeboten werden auch Wanderungen zu dem Wasserfall nahe der Höhlen Ban Khoun Kham und Tham Kong Lor (900 000 K). Gibt auch Tipps für Ausflüge auf dem Loop.

ℹ An- und Weiterreise

BUS

Thakhek's **Busbahnhof** (☎051-251519; Rte 13) liegt etwa 3,5 km vom Stadtzentrum entfernt. Es gibt einen ziemlich großen Markt und einfache Gästehäuser als Ergänzung zu den regulären Bussen, die Richtung Norden und Süden fahren. Busse nach Vientiane (60 000 K, 6 Std.) fahren

ℹ WEITERREISE NACH VIETNAM: VON SAVANNAKHET NACH DONG HA

Anfahrt zur Grenze Die Grenzüberquerung Daen Savan (Laos)/Lao Bao (Vietnam) (7–19.30 Uhr) ist eine nette Angelegenheit. Vom Busbahnhof in Savannakhet fahren Busse nach Daen Savan (40 000 K, 5–6 Stunden) um 7 und um 12 Uhr. Alternativ könnte man auch die Reise für eine Nacht in Xepon unterbrechen, von wo aus man den Ho-Chi-Minh-Pfad besuchen kann. Der Busbahnhof in Daen Savan liegt etwa 1 km vor der Grenze; den Rest des Weges kann man sich von einem vietnamesischen Teenager für etwa 10 000 K auf dem Motorrad mitnehmen lassen.

An der Grenze Der laotische Grenzposten stellt bei Ankunft Touristenvisa für 30 Tage aus und hat einen Schalter für Geldwechsel. Einige Nationalitäten benötigen schon im Voraus ein vietnamesisches Visum, also sollte man sich im vietnamesischen Konsulat (S. 411) in Savannakhet informieren. Die meisten örtlichen Reisenden, Besucher aus Skandinavien, Großbritannien, Frankreich, Deutschland, Italien und Spanien brauchen kein Visum für kurze Aufenthalte.

Weiterreise Nach der Grenzüberquerung kann man sich ein Motorrad leihen (40 000 D oder 2 US$), um die 2 km zum Busbahnhof von Lao Bao zu fahren, und von dort weiter nach Dong Ha (50 000 D, 2 Stunden), über die Fernstraße und mit dem Zug auf Vietnams Haupt-Nord-Süd-Achse. Wer nach Laos einreist, kann einen Bus nach Savannakhet nehmen (40 000 K, 5–6 Stunden). Die Busse fahren um 7 und um 9 Uhr ab, außerdem fahren regelmäßig *sŏrngtăaou* (Passagier-Trucks) nach Xepon (30 000 K, 1 Stunde) von 7–17 Uhr. Einfache Unterkünfte gibt's auf beiden Seiten der Grenze.

Wer es eilig hat, kann auch einen der vielen Direktbusse von Savannakhet in die vietnamesischen Städte Dong Ha, Hué oder Danang nehmen.

Informationen über diese Grenzüberquerung in anderer Richtung auf S. 942.

ab 5.30 Uhr bis Mitternacht stündlich. Es gibt einen VIP-Bus um 9.15 Uhr (80 000 K) und einen VIP-Nachtbus um 1 Uhr (110 000 K). Jeder Bus, der nach Norden fährt, hält in Vieng Kham (Thang Beng; 30 000K, 1½ Std.), Pak Kading (40 000 K, 3 Std.) oder Pakxan (50 000 K, 4 Std.).

Richtung Süden fahren jede Stunde Busse nach Savannakhet (30 000 K, 2–3 Std.) und es gibt einen klimatisierten Bus nach Pakxe (85 000 K, 6–7 Std.) um 8.30 Uhr sowie reguläre lokale Busse jede Stunde tagsüber (70 000 K). Nach Attapeu fahren täglich zwei Busse (90 000 K, etwa 10 Std.) um 15.30 Uhr und um 23 Uhr. Busse, die aus Vientiane kommen, fahren gegen 17.30 Uhr nach Don Khong (90 000 K, etwa 12–13 Std.) und gegen 17.30 Uhr nach Non Nok Khiene (90 000 K, etwa 15 Std.), an der Grenze zu Kambodscha. Sie halten in Thakhek zwischen 17 und 18 Uhr, aber sie sind nur zu empfehlen, wenn man es eilig hat, nach Kambodscha zu kommen.

Reist man nach Vietnam, fährt jeden Montag, Mittwoch, Freitag und Sonntag um 7 und 20 Uhr ein Bus nach Hué (90 000 K, 12–13 Std.) Es gibt zudem Busse nach Danang (120 000 K, 15–17 Std.) um 20 Uhr jeden Montag und Freitag, nach Dong Hoi (90 000 K, 10–14 Std.) um 7 Uhr montags, mittwochs, freitags und sonntags und nach Hanoi (160 000 K, 15–17 Std.) um 12.30 Uhr dienstags, donnerstags und samstags.

SÖRNGTĂAOU

Sörngtăaou (Passagier-Trucks) fahren regelmäßig, wenn sie voll sind, von **Talat Phetmany** (Th Kuvoravong) nach Mahaxay Mai (20 000 K, 1 Std.). Busse nach Ban Kong Lor (60 000 K, 4 Std.) starten um 7, 14.30 und 15.30 Uhr.

Talat Lak Săam (Sook Som Boon Busbahnhof) schickt Busse ins Inland der Provinz Khammouane. Es fährt täglich um 8 Uhr ein Bus nach Lang Khang (40 000 K, 2–4 Std.), und einer um 20 Uhr nach Na Phao (60 000K, 3½ Std.), nur 18 km von der vietnamesischen Grenze entfernt.

Unterwegs vor Ort

Ein Miet-Jumbo (ein motorisiertes dreirädriges Taxi) zum Busterminal sollte 20 000 K kosten, jedoch wird man verhandeln müssen. Vom Busterminal setzen Jumbos sich nicht in Bewegung, solange sie nicht voll sind oder man bereit ist 30 000 K draufzuzahlen oder sogar das ganze Fahrzeug zu chartern. Fahrten in der Stadt können um die 15 000 K pro Person kosten.

Savannakhet ສະຫວັນນະເຂດ

☎041 / 120 000 EW.

Träge, als ob die Zeit stehen geblieben wäre, und schläfrig während der drückend heißen Tage, an denen die Hitze das Kopfsteinpflaster der Altstadt quält. Savannakhet ist eine attraktive Mischung aus Laos' Vergangenheit und Gegenwart. Das Highlight ist das historische Viertel mit seiner eindrucksvollen Architektur aus dem frühen 20. Jh. Diese großen alten Villen aus der Blütezeit Indochinas zerfallen, sind in Schieflage geraten und warten darauf, renoviert zu werden. Es gibt nicht viel in der Stadt zu erleben, doch man kann am Fluss entlangspazieren und sich in einem der stylischen Restaurants und eleganten Cafés, die stetig mehr werden, abkühlen. Abgesehen davon gibt's jede Menge in der Nähe zu erleben und in Savannakhet selbst eine engagierte Touristeninformation (S. 395), die dabei hilft, kühne Ausflüge in die nahegelegenen Nationalparks zu planen.

Wat Sainyaphum (ວັດໄຊຍະພູມ; Th Tha He) GRATIS ist eines der ältesten und größten Kloster in Südlaos und ist ein wichtiges Zentrum für den örtlichen Buddhismus. In der Stadt findet man das **Musée Des Dinosaures** (ຫໍພິພິດທະພັນໄດໂນເສົາ, Dinosaur Museum; ☎041-212597; Th Khanthabuli; 10 000 K; ⏲8–11.30 & 13–16 Uhr) mit 10 Millionen Jahre alten Fossilen von Dinosauriern, und das **Savannakhet Museum** (ພິພິດທະພັນແຂວງສະຫວັນນະເຂດ; Th Khanthabuli; 10 000 K; ⏲Mo–Fr 8–12 & 13.30–16 Uhr), wo man Kriegsrelikte, Geschütze und entschärfte Blindgänger sehen kann.

Schlafen & Essen

Savannakhet bietet hochqualitative Budget- und mittelklassige Unterkünfte. Die meisten Gästehäuser sind von der ansprechenden Altstadt zu Fuß erreichbar. Bei den Snack- und Getränkeverkäufern am Fluss lässt sich der Sonnenuntergang genießen. Man bekommt günstiges Beerlao (10 000 K) in Flaschen und *sìn daat* (laotischer Barbecue-Eintopf) köchelt auf Holzkohlegrills vor sich hin.

★ **Hostel Savan Cafe** HOSTEL $

(☎020-91243402; Th Si Muang; B 65 000 K, Zi. 200 000 K; ❄📶) Dieses piekfeine neue Hostel an der Touristeninformation gibt einem für ein paar tausend Kip das Gefühl, Millionen schwer zu sein. Im Erdgeschoss liegt ein angesagtes Café, grüne Lounge-Zonen und dazu eine geflieste Dachterrasse mit einem herrlichen Blick auf den Sonnenuntergang über dem Mekong. Die Mehrbettzimmer sind bequem und die Badezimmer blitzeblank. Nur freundliches Personal fehlt.

Savannakhet

Sehenswertes

1 Musée Des Dinosaures A2
2 Savannakhet Museum A4
3 Wat Sainyaphum A3

Schlafen

4 Hostel Savan Café A3
5 Pilgrim's Inn A3
6 Souannavong Guest House B3
7 Vivanouk Homestay A3

Essen

8 Café Chai Dee B3
9 Lin's Café A3
Pilgrim's Kitchen ....(siehe 5)
10 Savannakhet Plaza Food Market A3

Pilgrim's Inn B&B $

(☎020-22133733; www.facebook.com/pilgrimskitchenandinn; 106 Th Latsaphanith; Zi. 20–25 US$; ❄📶) Pilgrim's Inn ist ein kleines B&B, das zum beliebten **Pilgrim's Kitchen** (☎020-22133733; www.facebook.com/pilgrimskitchenandinn; 106 Th Latsaphanith; Hauptgerichte 20 000–60 000 K; ⏲Mo–Sa .730–21 Uhr; ❄📶) gehört. Das Personal ist hilsbereit, spricht Englisch und sorgt dafür, dass man sich willkommen fühlt. Guacamolegrüne Zimmer haben saubere Betten, Klimaanlagen und angegliederte Badezimmer mit heißen Duschen. Die vorhanden fünf Zimmer werden auf sieben erweitert, darunter auch größere, familienfreundlichere.

★ **Vivanouk Homestay** HOMESTAY $$

(☎020-91606030; www.vivanouk.com; Th Khantabouly; Zi. ohne Bad 20–40 US$; 🚭❄📶) Diese flippige kleine Wohnung ähnelt einer Boutique-Privatunterkunft und ist eine tolle neue Ergänzung zur Savannakhet-Szene. Es hat nur drei Zimmer mit zwei gemeinschaftlichen Badezimmern – eins mit einer Dusche im Freien – und liebevoll mit modernen und kolonialen Elementen dekoriert. Frühstück gibt's im Untergeschoss an einem künstlerischen Ort, der sich am Abend in eine Bar verwandelt.

★ **Lin's Café** INTERNATIONAL $

(☎030-5332188; Th Phetsalat; Hauptgerichte 30 000–60 000 K; ⏲8–22 Uhr; ❄📶🖉) Savannakhet's originelles bei Reisenden beliebtestes Café ist aus seinem früheren Zuhause rausgewachsen und in ein neues offenes Haus umgezogen in der Nähe der Kathedrale St. Theresa. Es ist wegen seiner lockeren Atmosphäre, der freundlichen Bedienung, der bunt gemischten Einrichtung und der Galerie im Obergeschoss beliebt. Außerdem dient es als gute lokale Informationsbörse. Aber das Beste von allem sind die Cappuccinos, die grünen Thai-Currys, leckeren Burger, der Obstsalat und das frische Gebäck.

★ **Savannakhet Plaza Food Market** MARKT, LAOTISCH $

(Savannakhet Plaza; Hauptgerichte 10 000–30 000 K; ⏲17–22 Uhr) Eine ausgezeichnete Ergänzung zur Restaurantszene in Savannakhet. Auf diesem nächtlichen Essensmarkt stehen 20 oder mehr Buden auf der Savannakhet Plaza in

Herzen der Altstadt. Das ist Streetfood-Surfen vom Feinsten – mit frisch gegrillten Fleischspießen, dampfenden Nudelsuppen, Dim-Sum-Sushi-Tapas-Verwirrung und mehr. Dazu Beerlao en masse.

Cafe Chai Dee JAPANISCH, INTERNATIONAL $
(☎030-5003336; www.cafechaidee.com; Th Ratsavongsouk; Hauptgerichte 20 000–50 000 K; ⏲Mo–Sa 9–15 & 17–21 Uhr; ❄📶✎) In diesem blitzsauberen von einem Japaner geführtem Café mit Rattanmatten kann man Bücher tauschen oder auch einfach ein wenig abhängen. Es bietet eine große Auswahl an japanischen Klassikern wie Ramen *tonkatsu* (paniertes und fritiertes Schweinefleisch) sowie Samosas, hausgemachten Joghurts, thailändischen Gerichten sowie gesunden Shakes und ein großartiges Frühstück. Das Essen ist schön angerichtet und superfrisch, es gibt schnelles WLAN und das Personal ist freundlich.

Praktische Informationen

BCEL (Th Ratsavongseuk; ⏲8.30–15.30 Uhr) und **Lao Development Bank** (Th Udomsin; ⏲8.30–11.30 & 13.30–15.30 Uhr) wechseln Bargeld, gewähren Barvoschüsse auf Kreditkarten und es gibt einen Geldautomaten. **Phongsavanh Bank** (☎041-300888; Th Ratsavongseuk; ⏲Mo–Fr 8.30–16 Uhr, Sa bis 11.30 Uhr) wechselt Bargeld, transferiert Geld und es gibt einen Geldautomaten.

Post (☎041-212205; Th Khanthabuli) Internationale Telefonate sind hier überteuert. Man sollte stattdessen besser über eine Internetverbindung telefonieren.

Touristeninformationszentrum (☎041-212755; Th Si Muang; ⏲Mo–Fr 8–12 & 13–16 Uhr) Hier bekommt man gute und nützliche Broschüren für Savannakhet und Umgebung.

An- und Weiterreise

Durch bequeme Busverbindungen in alle Richtungen in Laos und zu internationalen Zielen in Thailand und Vietnam kommen die meisten Reisenden über die Straße nach Savannakhet und verlassen es auch so wieder. Der Flughafen bietet begrenzte Flugverbindungen nach Vientiane, Pakxe und Bangkok.

BUS

Savannakhets geordnetes **Busterminal**, normalerweise *khíw*-Parkplatz genannt, liegt in der Nähe von Talat Savan Xay am nördlichen Ende der Stadt. Von hier fahren Busse nach Vientiane (75 000 K, 8–11 Std.) zwischen 6 und 11.30 Uhr etwa jede halbe Stunde. Zwischen 13.30 und 22 Uhr muss man einen Bus nehmen, der aus Pakxe kommt und in Thakhek (30 000 K, 2½–4 Std.) hält. Stündliche *sŏrngtăaou* und Minivans

WEITERREISE NACH THAILAND: VON SAVANNAKHET NACH MUKDAHAN

Seit dem Bau der zweiten thailändisch-laotischen Freundschaftsbrücke 2006 ist es keinem Thailänder und keinem Laoten verboten, zwischen Mukdahan und Savannakhet die Grenze mit dem Boot zu überqueren.

Anfahrt zur Grenze Der thailändsich-laotische internationale Bus überquert den Savannakhet (Laos)/Mukdahan (Thailand)-Grenzübergang (zwischen 6 und 22 Uhr) in beide Richtungen. Von Savannakhets Busterminal fährt der thailändisch-laotische internationale Bus (14 000 K, 45 Min.) fast jede Stunde zwischen 8 und 19 Uhr. Von Mukdahans Busbahnhof startet er (50 B, 45 Min.) etwa stündlich zwischen 7.30 und 19 Uhr und hält auch am Grenzübergang, um Passagiere aufzunehmen.

An der Grenze Man sollte darauf achten, an der Grenze nicht in den Mitarbeiterbus des Savan Vegas Casinos zu steigen, da dieser auch an der internationalen Bushaltestelle hält, aber zum gleichnamigen Casinoresort außerhalb der Stadt fährt. Bei der Einreise nach Laos erhält man ein 30-tägiges Touristenvisum. Hat man kein Passfoto dabei, muss man den Gegenwert von 1 US$ zahlen. An Wochentagen zwischen 6 und 8 sowie 18 und 22 Uhr sowie an Wochenenden und Feiertagen wird eine Zusatzgebür von 1 US$ erhoben. Die meisten Nationalitäten benötigen kein Visum, um nach Thailand einzureisen. Beim thailändischen Konsulat (S. 411) in Savannakhet abklären.

Weiterreisen Von Mukdahan nach Bangkok fahren täglich fünf Busse. Um Zeit zu sparen, sollte man das Fly & Drive-Angebot von Air Asia oder Nok Air, das einen Expressminivan zum Flughafen Nakhon Phanom und einen Billigflug nach Bangkok beinhaltet, in Betracht ziehen.

Informationen zur Überquerung dieser Grenze in umgekehrter Richtung siehe S. 824.

fahren auch nach Thakhek (30 000 K) zwischen 8 und 19 Uhr. Ein VIP-Nachtbus (120 000 K, 7–8 Std.) nach Vientiane fährt um 22.30 Uhr ab, oder man kann versuchen, einen Platz in einem der VIP- Busse aus Pakxe zu ergattern.

Nach Pakxe (40 000 K, 5–6 Std.) fahren täglich vier Busse, die aus Savannakhet kommen. Der erst startet um 7 und der letzte um 0.30 Uhr. Ansonsten kann man einen der regulären Busse aus Vientiane nehmen. Es fährt außerdem täglich um 9 Uhr ein Bus nach Attapeu (75 000 K, 8–10 Std.).

Busse zur laotisch-thailändischen Grenze starten in Daen Savan (40 000 K, 5–6 Std.) um 7 und um 12 Uhr und halten auch in Xepon (40 000 K, 4–5 Std.)

Nach Vietnam fährt täglich ein Bus nach Dong Ha (110 000 K, etwa 7 Std.) um 8 Uhr. Nach Hué gibt's einen lokalen Bus (110 000 K, etwa 10 Std.) täglich um 8 Uhr. Zudem fährt ein Nachtbus nach Danang (150 000 K, etwa 12 Std.) dienstags, donnerstags und samstags um 9 Uhr. Busse nach Hanoi (250 000 K, etwa 24 Std) starten montags, mittwochs, donnerstags und samstags um 10 Uhr, jedoch muss man ein Masochist sein, um diese Reise anzutereten.

FLUGZEUG

Savannakhets Flughafen (S. 413) wird nur von Lao Airlines angeflogen. Es gibt Verbindungen nach Vientiane (710 000 K bis 875 000 K, 55 Min., 4-Mal pro Woche), Pakxe (420 000K bis 580 000 K, 30 Min.,4-Mal pro Woche) und Bangkok (110–150 US$, 80 Min., 4-Mal pro Woche). Flugtickets bekommt man beim **Lao-Airlines-Büro** (☎ 041-212140; http://laoairlines.com; Savannakhet Airport; ⌚ So, Mo, Mi & Fr 8.30–16 Uhr) am Flughafen, online oder bei Reisebüros in der Stadt.

Eine Alternative für diejenigen, die auf der Bangkok-Route Geld sparen wollen, ist der Weg über die Freundschaftsbrücke und der Fly-&-Drive-Service von Air Asia oder Nok Air am Nakhon Phanom Flughafen; Tickets gibt's für weniger als 1000 B.

Der Flughafen liegt am südöstlichsten Ende der Stadt. Jumbos fahren für 30 000 K ins Zentrum, für gerade Gelandete könnte es sein, dass sie den Preis höher ansetzen.

Unterwegs vor Ort

Savannakhet ist gerade groß genug, dass man manchmal einen Jumbo braucht. Ein Charter in der Stadt kostet 15 000 K und zum Busbahnhof mehr als 20 000 K.

Motorräder können beim **Souannavong Guest House** (☎ 041-212600; Th Saenna) für 70 000 K bis 80 000 K pro Tag gemietet werden. Außerdem kann man an ein paar Stellen Fahrräder leihen, die meisten befindet sich auf der Th Ratsavongseuk und nehmen etwa 10 000 K pro Tag.

Pakxe ປາກເຊ

☎ 031 / 88 330 EW.

Pakxe, die Provinzhauptstadt von Champasak und das Tor zu Südlaos, befindet sich an dem Zusammenfluss von Mekong und dem Xe Don (Don-Fluss) Die meisten Reisenden bleiben allerdings nicht lang, da es nicht viel zu sehen gibt. Der Stadt fehlt die Art von Mekong-Gemütlichkeit, wie sie in Savannakhet und Thakhek weiter nördlich zu finden ist, und sie hat weniger Gebäude aus der Kolonialzeit.

Pakxe dient daher überwiegend als Startrampe für Streifzüge durch Attraktionen in der Umgebung wie das Bolaven-Plateau und Wat Phou Champasak (S. 410). Die vielen guten Restaurants, stylischen Hotels und gut informierten Reiseveranstalter machen es zu einem gemütlichen und praktischen Ausgangspunkt.

Es gibt etwa 20 Wats in Pakxe, von denen **Wat Luang** (ວັດຫຼວງ; Th 11) am Fluss einer der Größten ist. Die alte klösterliche Schule, die 1935 erbaut wurde, hat ein eindrucksvolles gefliestes Dach und mit Ornamenten verzierte Säulen, während in zwei neueren Gebäuden moderne Wandbilder Buddhas Lebensgeschichte und andere Geschichten erzählen.

Der in der Nähe der laotisch-japanischen Brücke gelegene **Talat-Dao-Heuang-Markt** (ຕະຫຼາດດາວເຮືອງ; ⌚ 5–18 Uhr) ist einer der größten im Land. Er ist total chaotisch im Lebensmittelbereich, aber dafür bekommt man alles, was das Herz begehrt – von medizinischen Kräutern bis zu Mobiltelefonen. Einmal darüberzuschlendern lohnt sich sehr!

Geführte Touren

Die meisten Leute organisieren ihre Touren und Wanderungen durch Südlaos in Pakxe.

Green Discovery ABENTEUER
(☎ 031-252908; www.greendiscoverylaos.com; Th 10; 2-tägige Tree-Top-Explorer-Tour, Gruppe mit 2/4 Pers. 308/240 US$ pro Person; ⌚ 8–20 Uhr) Green Discovery ist ein verlässlicher Allround-Reiseveranstalter mit privaten und Kleingruppentouren, auf denen man an Orte geht und Dinge tut, die kein anderer Veranstalter besucht oder anbietet. Der unverwechselbare Green-Discovery-Trip ist das Tree-Top-Explorer-Abenteuer im **Dong-Houa-Sao-Nationalpark** in der Nähe von Pakxong auf dem Bolaven-Plateau. Es beinhaltet Seilrutschen (Ziplining), Baumwipfel-Touren und zwei- oder drei-tägige Wanderungen und Dschungeltreks an Wasserfällen fernab von jeder Straße.

Pakxe

Pakxe

Sehenswertes
1 Wat Luang A2

Aktivitäten, Kurse & Touren
2 Green Discovery A2
3 Xplore-Asia B1

Schlafen
4 Alisa Guesthouse B2
5 Khaemse Guest House B1
6 Residence Sisouk A2

Essen
7 Banlao B4
8 Friendship Minimart B2
9 Lankham Noodle Shop B2
10 Noodle Shop Mengky B2
11 Pon Sai B2
12 Rahn Naem Khao Mae Fuean A2

Ausgehen & Nachtleben
13 Champahom D4

Shoppen
14 Champasak Shopping Centre A3

Praktisches
15 BCEL A2
Lankham Hotel Currency Exchange Counter .... (siehe 9)
16 Lao Development Bank B2

plore-Asia ABENTEUER
(☎031-251983; www.xplore-laos.com; Th 21; ⊙7.30–19.30 Uhr) Xplore-Asias Spezialität ind mehrtägige Abenteuertouren, aber es bietet auch die üblichen Tagesausflüge auf das Bolaven-Plateau und zum Wat Phou (mit Englisch sprechenden Guides) neben unüblichen Ausflügen wie einem eintägigen 54 km

langen Fahrradloop von Pakxe zur Insel Don Kho und zurück. Hier werden auch einige interessante Bücher und Reiseführer über die Region verkauft.

Schlafen

★ Alisa Guesthouse HOTEL $
(☎031-251555; www.alisa-guesthouse.com; Rte 13; Zi. 130 000–160 000 K, FZ 210 000 K;) Vielleicht die Lodge mit dem besten Preis-Leistungs-Verhältnis in Pakxe. Das Alisa hat eine gute Lage mitten im touristischen Viertel. Es bietet strahlend saubere Zimmer, Fliesenböden, solide Betten aus Holz, Kleiderschränke und einen funktionierenden Satellitenempfang sowie einen Kühlschrank. Der Service ist auch gut. Der einzige Wermutstropfen ist das WLAN-Signal, das nicht bis in alle Zimmer reicht. Keine Überraschung, es ist oft ausgebucht!

Khaemse Guest House GÄSTEHAUS $
(☎020-56359292; Th 12; Zi. mit Ventilator 40 000–70 000 K, mit Klimaanlage 100 000 K;) Die Lage am Fluss und das wackelige Sonnendeck am Ufer sprechen für diese sympathische Unterkunft am Ende einer Gasse. Fühlt sich an, als wäre es weit weg von der Stadt und es hat einen gemütlich heruntergekommenen Charme. Die Zimmer sind ihren Preis wert (sie sind einfach, aber sauber mit Flussblick) und die Besitzer sind total freundlich.

★ Residence Sisouk BOUTIQUE-HOTEL $$
(☎031-214716; www.residence-sisouk.com; Ecke Th 9 & Th 11; Zi. inkl. Frühstück 50–100 US$;) Dieses exquisite Boutique-Hotel ist in einem netten alten Haus untergebracht und hat etwas Französisches. In den Zimmern befinden sich polierte Hartholzböden, Flachbildfernseher, Hmong-Bettläufer, atemberaubende Fotos und überall frische Blumen. Außerdem hat jedes Zimmer eine Veranda. Frühstück gibt's bei tollem Ausblick im Penthouse-Café. Für größere, hellere Zimmer mit Balkon davor muss man mehr bezahlen. In der Nebensaison fallen die Preise bis zu 30 %.

Essen & Ausgehen

Für den Start in den Tag mit leckeren *fĕr* (Reisnudeln) geht man am besten zu **Noodle Shop Mengky** (Rte 13; Nudeln 20 000 K; ⌚6–13 Uhr) und der touristenfreundlicheren Variante **Lankham Noodle Shop** (Rte 13; Nudeln 15 000–25 000 K; ⌚6–14 Uhr;) auf der anderen Straßenseite. Bei Letzterem gibt's auch Baguette-Sandwiches.

Selbstversorger gehen zum zentral gelegenen **Friendship Minimart** (Rte 13; ⌚8–20 Uhr) oder zum größeren, aber weiter entfernten **Friendship Super Mart** (Rte 13; ⌚9–21 Uhr) im Friendship-Einkaufszentrum. Einige Obststände neben dem **Champasak Shopping Centre** (Champasak Plaza; ⌚8–19 Uhr) haben von früh bis spät geöffnet.

Rahn Naem Khao Mae Fuean LAOTISCH $
(Th 11; Hauptgerichte 25 000–40 000 K; ⌚9–22.30 Uhr) In diessem örtlichen Lokal (versteckt hinter einem Pepsi-Schild) bekommt man eine seltene Kombination: einzig wahres laotisches Essen und eine Speisekarte auf Englisch. Naja, etwas, das dem Englischen sehr nahe kommt jedenfalls. „Fried chicken power" ist in Wirklichkeit „stir-fried holy basil with chicken" (Hähnchenpfanne mit Thai-Basilikum). Es ist bekannt für *pan mîiang baa* (eine Art Fischsandwich, das man sich selbst zusammenstellt). Zudem wird Mekong-Flussalgensuppe serviert. Die Dachterasse mit Blick auf den Xe Don ist ein großer Bonus.

Pon Sai LAOTISCH $
Ein wunderbar lokales Erlebnis bekommt man bei Pon Sai an der Kreuzug Th 34 und Th 46, an der sich zahlreiche kleine Läden und Straßenstände befinden, wo man *fĕr*, Baguette-Sandwiches, *kòw nĕeo bîng* (in Ei getunkte, gegrillte Klebereispattys) und viele teigige Freuden (einschließlich Waffeln) erhält. Am besten ist es hier am Morgen. Einige Läden haben aber auch den ganzen Tag über bis in die Nacht hinein geöffnet.

★ Banlao THAILÄNDISCH, LAOTISCH $$
(Th 11; Hauptgerichte 20 000–80 000 K; ⌚10–22 Uhr) Eins von mehreren schwimmenden Restaurants in Pakxe. Banlao hat ein solides Menü mit den typischen Leibspeisen, aber auch viele Gerichte, denen man vorher noch nicht begegnet ist, so wie das saisonal erhältliche Ameiseneier-*gôy* (*gôy kài mót sòm* – *gôy* ähnelt *láhp*, enthält aber Blut). Für weniger Abenteuerlustige gibt's milden zentralthailändischen Papayasalat und gegrillten Fisch mit Kräutern.

Champahom BA[R]
(Th 11) Eine total entspannte von einem Thailänder geführte Bar mit Drinks und Snacks und Livemusik (normalerweise thailändische Countrymusik á la Carabao, einer thailändischen Rockband) an den meisten Abenden, außer sonntags, zwischen 19.30 und 21 Uhr

Praktische Informationen

Banken, wie die günstig gelegenen **BCEL** (Th 11; ⏲ Mo–Fr 8.30–15.30 Uhr) und **Lao Development Bank** (Rte 13; ⏲ Mo–Fr 8.30–15.30 Uhr), haben die besten Wechselkurse. Der Wechselschalter im **Lankham Hotel** (⏲ 7–19 Uhr) ist auch gut. Alle drei gewähren Barvorschüsse (3 % Kommission) auf Kreditkarten. LDB transferiert Geld über Western Union und wechselt Reisechecks (nur in US$ ausgestellt, 1 %).

Im Zentrum gibt's jede Menge Geldautomaten.

Post (Th 8; ⏲ Mo–Fr 8–12 & 13–17 Uhr) Nur einen kurzen Fußweg von der Touristenmeile entfernt.

Miss Noy (☎ 020-22272278; noy7days@hotmail.com; Rte 13; Internet pro Std. 10 000 K; ⏲ 8–20 Uhr) Die Mitarbeiter wissen ziemlich gut Bescheid über die Region, vor allem über das Bolaven-Plateau.

Touristeninformationszentrum der Provinz (☎ 031-212021; Th 11; ⏲ Mo–Fr 8–16 Uhr) Hauptsächlich bekommt man hier Karten und Broschüren, aber ein paar Mitarbeiter können Fragen beantworten und dabei helfen, Privatunterkünfte und Aktivitäten in Kiet Ngong, Don Kho und Don Daeng zu buchen.

An- und Weiterreise

BUS & SŎRNGTĂAOU

Leider gibt's in Pakxe verwirrend viele Haltestellen für Busse und *sŏrngtăaou* (Passagier-Truck). Die meisten Touristen buchen daher Busfahrten über ihre Gästehäuser oder bei Reisebüros, und da es spezielle Touristenbusse sind, die einen entweder im Zentrum abholen oder einen kostenlosen Transfer zum Abfahrtsort beinhalten, sind die Preise für gewöhnlich angemessen.

Bei langen Strecken nach Kambodscha und Vietnam sollte man darauf achten, mit welchem Busunternehmen man fährt. Die falsche Wahl könnte mehrere Stunden kosten und für jede Menge Schmerzen sorgen. Das Ticket sollte man bei einem Reisebüro, das die Details zu den Strecken kennt, buchen, und nicht bei einem Gästehaus. Der Hauptbusbahnhof ist das **Busterminal Süd** (Rte 13), dort fahren die meisten Busse ab. Es wird auch *khíw lot lák pąet* (8 km-Busterminal) genannt, weil es sich 8 km außerhalb der Stadt auf der Route 13 befindet.

Die meisten Reisenden bevorzugen die VIP-Nachtbusse nach Vientiane (170 000 K, 10 Std.). Buchen kann man sie beim Gästehaus oder man geht zum günstig gelegenen **VIP-Busbahnhof** (Th 11), von dem mehrere Nachtbusse um 20.30 Uhr abfahren, oder zum **2 km-Busbahnhof** (Sengchalern Busbahnhof; ☎ 031-212428; Rte 13), wo um 20 Uhr ein Bus startet. Mit diesen Bussen ist es möglich, nach Thakhek (130 000 K, 4½ Std.) und nach Xeno (nach Savannakhet; 100 000 K, 3 Std.) zu fahren.

Bevorzugt man Reisen bei Tag, fahren langsamere klimatisierte Busse (110 000 K, 12–14 Std.) den ganzen Tag vom Busterminal Süd ab. Manchmal halten sie am **Busterminal Nord** (Rte 13), um weitere Passagiere abzuholen. Diese Busse fahren auch nach Thakhek (50 000 K, 5 Std.) und Xeno (60 000 K, 7 Std.).

Regelmäßige *sŏrngtăaou* fahren am **Talat Dao Heuang** (Morgenmarkt) nach Champasak (20 000K, 1 Std.) bis ca. 12 Uhr – manchmal sogar bis 14 Uhr. Die meisten Reisebüros bieten eine morgendliche Kombination aus Touristenbus und Boot nach Champasak (55 000 K, 1½ Std.) an. Man sollte darauf achten, dass die Fahrkarte das Übersetzen mit dem Boot von Ban Muang beinhaltet. Der reguläre Preis für das Boot beträgt 10 000 K pro Person oder 30 000 K, wenn man alleine ist.

Nach Si Phan Don sind Touristenbusse und Minivans – inklusive Abholung in der Stadt und Boottransfer nach Don Khong (60 000 K, 2½ Std.), Don Det (70 000 K, 3 Std.) und Don Khon (70 000 K, 3¼ Std.) – am komfortabelsten und praktischsten. Diese kann man in Gästehäusern oder Reisebüros buchen. Sie starten alle am Morgen gegen 8 Uhr.

Für spätere Fahrten am Tag nimmt man ein *sŏrngtăaou* am Busterminal Süd (S. 399) nach Ban Nakassang (nach Don Det und Don Khon; 40 000 K, 3½ Std.). Sie fahren bis 17 Uhr stündlich und durchqueren Hat Xay Khun (auf dem Weg nach Don Khong).

Ein *sŏrngtăaou* nach Kiet Ngong (30 000 K, 2 Std.) startet um 13 Uhr.

FLUGZEUG

Der internationale Flughafen von Pakxe (S. 413) liegt 2,5 km nordwestlich von der Souphanouvong-Brücke. Ein *túk-tuk* vom/zum Flughafen kostet etwa 40 000 K.

Lao Airlines (☎ 031-212252; www.laoairlines.com; Pakxe Airport; ⏲ 8–17 Uhr) fliegt folgende Städte in Asien direkt an.

Bangkok 115 US$, 4-Mal pro Woche
Ho-Chi-Minh-Stadt 105 US$, 3-Mal pro Woche
Luang Prabang 1 010 000 K, 3-Mal pro Woche
Savannakhet 375 000 K, 4-Mal pro Woche
Siem Reap 100 US$, 5-Mal pro Woche
Vientiane 770 000 K, 2-Mal pro Woche

Günstiger kann man nach Bangkok fliegen, wenn man nach Ubon Ratchathani fährt und dort einen Billigflug nimmt.

SCHIFF/FÄHRE

Ein Touristenboot fährt von Pakxe nach Champasak (ein Weg 70 000 K pro Person) um 8.30 Uhr, vorausgesetzt es gibt genug Passagiere – in der Nebensaison ist das meistens nicht der Fall. Die Rückfahrt von Champasak ist um 14.30 Uhr. Flussabwärts dauert die Fahrt nach

Champasak zwei Stunden und zurück etwas länger. Buchen kann man bei Miss Noy (S. 399) oder man ruft **Mr. Khamlao** (☎ 020-22705955; per Boot 80 US$, pro Person für 10 Leute 8 US$) an, der ein eigenes Boot fährt.

Unterwegs vor Ort

Die teuren Preise im Nahverkehr in Pakxe sind Standard in der Region. Man muss mit etwa 10 000 K für eine kurze Fahrt mit einem *sǎhm-lór* (Dreirad) rechnen (einschließlich zwischen Talat Dao Heuang und dem Stadtzentrum), wenn man alleine fährt – es ist teurer, wenn man als Gruppe fährt, oder man nimmt ein túk-túk. Eine Fahrt zum Busterminal Nord oder Süd kostet 50 000 K für ein ganzes *túk-túk*.

Champasak จำปาสัก

☎ 031 / 14 000 EW.

Es ist heute ziemlich schwer, sich Champasak als Sitz eines Königs vorzustellen, aber von 1713 bis 1946 war es genau das. Heute ist die Stadt ein relativ schläfriger Ort, der Brunnenkreisverkehr (inzwischen ohne Brunnen) in der Mitte der Hauptstraße erinnert noch an die längst verschiedene königliche Familie und den Glanz vergangener Tage. Vereinzelte französische Gebäude aus der Kolonialzeit teilen sich die Stadt mit traditionellen laotischen Pfahlhäusern und die wenigen Fahrzeuge, die hier verkehren teilen sich die schmale Hauptstraße mit Hühnern und Kühen.

Mit einer wirklich überraschend guten Auswahl an Unterkünften und einigen Attraktionen in der Umgebung – vor allem die Ruinen von Wat Phou Champasak (S. 401) aus der angkorischen Zeit – ist unschwer erkennbar, warum viele Besucher dieser Region Champasak tatsächlich dem emsigen Pakxe vorziehen.

Einfach alles hier in Champasak ist an der Straße entlang des Flusses gelegen, und das auf beiden Seiten des Brunnenkreisverkehrs.

Das **Champasak Spa** (☎ 020-56499739; www.champasak-spa.com; Massagen 80 000–160 000 K; ⏲ 10–12 & 13–19 Uhr, Mai–Okt. montags geschlossen, Juni geschlossen) ist eine duftende Oase, wo es kostenlosen Tee und einfühlsame Massagen mit biologischen Produkten aus der Region gibt. Darüber hinaus schafft es Jobs für Anwohner. Ein ganztägiges Spa-Paket (Reservierung nötig) beinhaltet ein Gesichts- und Körper-Peeling, ein Haar-Spa, Massage und Mittagessen und kostet 550 000 K.

LAOS CHAMPASAK

Schlafen & Essen

★ **Nakorn Guest House** GÄSTEHAUS $
(☎ 020-98177964; Zi. mit Klimaanlage 200 000 K ❄) Dieses laotisch-belgisch geführte Gästehaus am Fluss etwas südlich der Hauptgeschäftstraße hat die saubersten Zimmer der Stadt, mit privaten Balkonen, einen wunderschön gefliesten Innenbereich und luxuriöse Regenduschen. Pläne für eine zweite Einheit mit Zimmern mit Blick auf den Zen-Garten vor dem Mekong sind in Arbeit.

Dokchampa Guesthouse GÄSTEHAUS $
(☎ 020-55350910; Zi. mit Ventilator/Klimaanlage 50 000/200 000 K; ❄📶) Veranden vor allen Zimmern, ein Restaurant in bester Lage am Fluss, ein hilfsbereiter Englisch sprechender Besitzer und die entspannte Atmosphäre machen dieses Gästehaus zu einem der beliebtesten in Champasak. Die mit Ventilatoren ausgestatteten Zimmer sind typisch, aber was man sich bei den Glaswänden der Badezimmer in den kürzlich mit Klimaanlagen ausgestatteten Zimmern gedacht hat, weiß man nicht. In der Nebensaison gibt's hohe Rabatte.

Nakorn Restaurant LAOTISCH, INTERNATIONAL
(Hauptgerichte 20 000–53 000 K; ⏲ 7.30–21.30 Uhr; 📶✎) Eine angenehme Mischung aus elegant und leger. In diesem Restaurant am Fluss gibt's eine kleine gemischte Speisekarte, auf der von Enten-*láhp* über grünes Hähnchencurry bis Thunfischsandwiches alles steht. Zudem bekommt man jede Menge Tipps von den freundlichen Besitzern.

Champasak with Love THAILÄNDISCH, LAOTISCH
(☎ 030-9786757; Hauptgerichte 20 000–40 000 K; ⏲ 8–21 Uhr; 📶✎) Die herrliche Terrasse mit Flussblick im Schatten einer großen alten Birkenfeige ist allein den Besuch wert. Aber das Essen und der Service sind auch gut. Hier gibt's die größte Karte der Stadt mit überwiegend thailändischem Essen, aber auch gängige laotische Gerichte und leckere Brownies, Obstsalate, Sandwiches und Frühstück. Die einfachen und etwas zu teuren **Gästezimmer** (mit Ventilator/Klimaanlage 50 000/80 000 K) in dem knarrenden alten Haus haben Gemeinschaftsbäder.

Praktische Informationen

Champasak Besucherinformationszentrum
(☎ 030-9239673; ⏲ Mo–Fr 8–16.30 Uhr, Sept.–April auch am Wochenende geöffnet) Kann Boote nach Don Daeng und Unterkünfte arrangieren. Einheimische Guides, von denen

einige Englisch sprechen, führen in Wat Phou herum und begleiten Besucher nach Uo Moung. Man kann hier auch Boote nach Uo Moung (350,000K) buchen, mit Unterbringung in Don Daeng und Wat Muang Kang.

Lao Development Bank (⌚ Mo–Fr 8.30–15.30 Uhr) hat einen Geldautomaen, wechselt Bargeld und transferiert Geld.

An- und Weiterreise

Champasak ist 30 km von Pakxe entfernt und liegt an einer wunderschönen, fast leeren asphaltierten Straße, die entlang des westlichen Ufers des Mekongs verläuft. *Sŏrngtăaou* nach Pakxe (20 000 K, 1 Std.) fahren nur am Morgen gegen 8 Uhr ab. Es gibt auch noch die Touristenbusse und -boote direkt nach/von Pakxe, aber sie verkehren nicht oft aufgrund der fehlenden Nachfrage.

Die regulären Touristenbusse von Pakxe nach Champasak (55 000, 1½ Std.) sind eigentlich die Busse, die nach Si Phan Don fahren und einen in Ban Muang am östlichen Ufer des Mekong absetzen, wo eine kleine Fähre (10 000 K pro Person, 20 000 K für Motorräder) zum Dorf Ban Papin nördlich von Champasak übersetzt. Man sollte prüfen, ob die Fahrkarte die Fähre beinhaltet oder nicht. (Der Fährmann wird einen nicht über den Tisch ziehen, aber einige der Fahrkartenverkäufer in Pakxe sollen das getan haben.) Keine der Fahrkarten beinhaltet die letzten 2 km nach Champasak, deshalb wird man wahrscheinlich laufen müssen.

Um nach Si Phan Don zu gelangen, kann man auch die Ban-Muang-Fährroute nehmen oder mit dem Boot fahren (240 US$ allein; das Champasak Besucherinformationszentrum weiß, ob andere interessiert sind, die Kosten zu teilen).

Welterbestätte Wat Phou

Ein Besuch von Wat Phou ist eines der Highlights von Südlaos. Der antike Khmer-Tempelkomplex erstreckt sich an den Hängen des Phou Pasak (umgangssprachlich auch Phou Khouay oder Penisberg gennant) über 100 m und ist damit im Vergleich zu den beeindruckenden Angkor-Stätten bei Siem Reap in Kambodscha klein. Aber es geht einfach nichts über die Lage! Die verfallenden Pavillions, das verzierte Shiva-Linga-Heiligtum, rätselhafte Krokodilsteine und riesige Bäume, die auf den Großteil des oberen Wegs einen angenehmen Schatten werfen, geben Wat Phou eine beinahe mystische Atmosphäre. Das alles und der Grundriss, der einzigartig in der Khmer-Architektur ist, führte dazu, dass Wat Phou 2001 zur UNESCO-Welterbestätte erklärt wurde.

Ein Elektrowagen bringt Gäste vom Ticketbüro hiner den *baray* (Zeremonieteich; *nǎwng sá* in Lao). Danach muss man zu Fuß weiterlaufen.

Sehenswertes

★ **Wat Phou Champasak** RUINEN
(ວັດພູຈຳປາສັກ; 50,000 K, Motorradparkplatz 5000 K; ⌚ Anlage 8–18 Uhr, Museum bis 16.30 Uhr) Zwar fehlt dem anmutigen und altersschwachen bukolischen Wat Phou die faszinierende Größe von Angkor in Kambodscha, aber dafür sind die kleinen Khmer-Ruinen wenig überlaufen und liegen mitten in einer spektakuläreren Landschaft. Einige Bauten sind über 1000 Jahre alt, aber die meisten stammen aus dem 11. bis 13. Jh. Die Anlage besteht aus sechs Terrassen auf drei Ebenen, die durch einen von Frangipani (Wachsblumen) gesäumten Treppenaufgang verbunden werden, der den Berg hinauf bis zum Hauptschrein führt.

Wat Phou Exhibition Hall MUSEUM
(ຫໍພິພິດທະພັນວັດພູ; Einlass mit Wat Phou-Karte; ⌚ 8–16.30 Uhr) In der Exhibition Hall in der Nähe des Kartenverkaufs werden Dutzende Stürze, *naga* (mysthische Wasserserpenten), Buddhas und andere Steinarbeiten von Wat Phou und den verbundenen Anlagen ausgestellt. Detailierte Beschreibungen sind auf Englisch, außerdem gibt's saubere Toiletten.

Feste & Events

Bun Wat Phou Champasak BUDDHISTISCH
(Wat-Phou-Champasak-Festival) Das Highlight des Jahres in Wat Phou Champasak ist dieses dreitägige Fest, das Teil des Magha Puja (Makha Busa) während des Vollmonds im dritten Mondmonat, meist im Februar, ist. Im Mittelpunkt stehen buddhistische Zeremonien, die ihren Höhepunkt am Vollmondtag mit einer morgendlichen Prozession der Mönche, während der sie Almosen von den Gläubigen erhalten, findet. Am Abend folgt bei Kerzenschein das *wéean téean* (Umkreisen) der unteren Schreine.

SI PHAN DON

In Si Phan Don (ສີ່ພັນດອນ) wurde Laos zum Land der Lotusesser. Es ist ein Inselarchipel, wo die Uhren langsamer ticken und postkartenmotivgleiche Ausblicke die Regel anstatt die Ausnahme bilden. Viele Reisende wurden hier gewissermaßen angeschwemmt, verfielen seinem Charme und blieben schließlich länger, als sie gedacht hätten.

Hier unten dehnt der Mekong sich auf 14 km aus – die breiteste Stelle auf dem 4350 km langen Verlauf vom tibetischen Hochland in das Südchinesische Meer – und wenn man jede Insel und jede Sandbank mitzählt, die in den trockenen Monaten auftauchen, ist der Name, der wörtlich „Viertausend Inseln" bedeutet, gar nicht mehr so übertrieben.

Don Khong ດອນໂຂງ

☎ 031 / 60 000 EW.

Das Leben schreitet auf Don Khong (Khong-Insel) langsam voran, wie ein Boot, mit dem man auf dem Mekong gegen den Strom paddelt. Es ist ein angenehmer Ort, um einen oder zwei Tage lang an in der Sonne trocknenden Fischnetzen vorbeizuwandern, eine Bootsfahrt bei Sonnenuntergang zu unternehmen, mit dem Fahrrad herumzuradeln oder sich einfach mit einem Buch am Fluss zu entspannen.

Don Khong misst 18 km in der Länge und an der breitesten Stelle 8 km. Die meisten der rund 60 000 Inselbewohner leben an den Küsten. Es gibt nur zwei richtige Städte. das lethargische Muang Khong am Ostufer und die langweile Marktstadt Muang Saen am Westufer. Eine 8 km lange Straße verbindet die beiden Orte.

Der Postbote Khamtay Siphandone, der sich zum Präsidenten von Laos von 1998 bis 2006 mauserte, wurde 1924 in Ban Houa Khong am nördlichen Ende von Don Khong geboren.

Schlafen & Essen

Die Insel hat eine gute Auswahl an qualitativen Unterkünften, so ziemlich alle befinden sich in Muang Khong, wo die Fähren aus Hat Xay Khun anlegen. Die meisten Unterkünfte haben angeschlossene Restaurants.

Pon's Riverside Guesthouse GÄSTEHAUS $
(☎ 020-55406798; www.ponarenahotel.com; Muang Khong; Zi. 100 000 K; ❄📶) Die beliebteste Unterkunft der Stadt, wenn es um Übernachten und Essen geht. Pon's hat zitronenfarbene Zimmer mit gefliesten Böden, Kabelfernsehen und eine entspannte Atmosphäre. Auf der anderen Straßenseite gibt's eine Restaurantterrasse am Flussufer. Preiswert.

Done Khong Guesthouse GÄSTEHAUS $
(☎ 020-98789994; donekhong.gh@gmail.com; Muang Khong; Zi. mit Ventilator/Klimaanlage 70 000/100 000 K; ❄📶) Done Khong hat dunkle Räume mit gefliesten Böden und gemütlicher Einrichtung in einem alten Haus, das von einem Englisch sprechenden Mann geführt wird. Man sollte versuchen ein Zimmer im zweiten Stock mit einem Balkon zum Fluss hin zu ergattern. Das Restaurant am Ufer mit einer überwiegend laotischen Speisekarte, ist ein guter Ort zum Chillen und das Personal ist eine gute Informationsquelle.

Senesothxeune Hotel HOTEL $
(☎ 031-515021; www.ssx-hotel.com; Muang Khong inkl. Frühstück Zi. 50–60 US$, Suite 90 US$; ❄@≋) Dieses moderne Hotel, nicht weit von der Touristenmeile entfernt, hat komfortable Zimmer und ein angenehmes Restaurant mit Flussblick durch seinen blühenden Garten. Die teureren Zimmer haben Balkone und Holzböden. Es steht schon länger da, aber die französisch-laotischen Besitzer halten es in einem tipptopp Zustand. Ein sprudelnder neuer Pool hilft dabei, den Preis besser zu verdauen.

ℹ Praktische Informationen

Agricultural Promotion Bank (Muang Khong; ⏲ Mo–Fr 8–15.30 Uhr) Wechselt wichtige Währungen, transferiert Geld und hat vor der Tür einen Geldautomaten.

BCEL-Geldautomat (Muang Khong) Unter dem Lao-Telecom-Turm.

Touristeninformation von Don Khong (☎ 029-250303; panhdonkhong25@gmail.com; Muang Khong; ⏲ Mo–Fr 8–16 Uhr) In der Nähe der Bootsanlegestellen. Geführt vom hilfsbereiten Mr. Phan. Es gibt Informationen zur gesamten Si-Phan-Don-Region und Mr. Phan kann eine Tour mit einem lokalen Guide (60 000 K pro Tag) arrangieren.

ℹ An- und Weiterreise

Vom Schifferverein Don Khong fährt an den meisten Tagen ein Boot nach Don Det und Don Khon (Hinfahrt/Hin-und Rückfahrt 40 000/60 000 K pro Person) um 8.30 Uhr hin und zurück und um 15 Uhr ab Don Det. Flussabwärts dauert es 1½ Stunden und zurück 2 Std. Die Preise steigen bei weniger als sechs Passagieren, da es Festpreise pro Boot von 250 000 K gibt. Buchen kann man in jedem Gästehaus.

Die große Mehrheit der Reisenden nimmt den Touristenbus, der immer auf der Route 13 hält, wo es eine Anschlussverbindung zur Insel gibt. Manchmal hält der Bus an der Straße zur Brücke und man muss mit dem *túk-túk* nach Muang Khong fahren. Und andere Male hält der Bus bei Hat Xay Khun auf dem Festland (1 km vom Highway entfernt) und man muss sich auf eine kleine **Fähre** zwängen. Benötigt man auf seiner

Si Phan Don

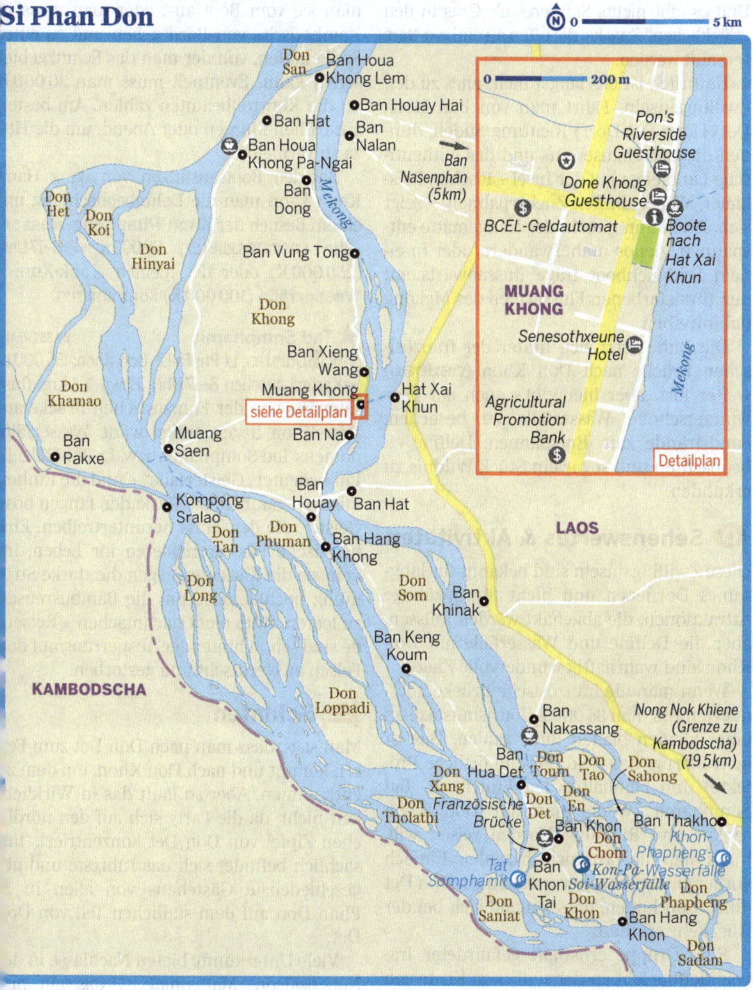

…eg ein **Boot** oder *túk-túk*, kostet es 15 000 K …ro Person, mindestens aber 30 000 K

Will man die Insel wieder verlassen, kommen …ouristenbusse Richtung Süden nach Don Det …0 000 K) und Don Khon (80 000 K inkl. …oottransfer, 2 Std.) gegen 10 Uhr vorbei, Busse …chtung Norden nach Pakxe (70 000 K, 2 Std.) …hren gegen 12 Uhr vorbei.

Es gibt auch Busse ohne Klimanalage (50 000 K, … Std.) von Muang Khong zu Pakxes **Busterminal …üd** (S. 399), die zwischen 6 und 9.30 Uhr abfah…n. Sie sammeln auf dem Weg in Muahng Khong …hrgäste ein. Zu anderen Zeiten kann man zur …oute 13 gehen und auf das stündliche *sŏrngtăaou* …on Pakxe nach Nakassang warten.

ℹ Unterwegs vor Ort

Motorräder (ab 60 000 K bis 80 000 K pro Tag), die richtige Klapperkisten sind, und neuere Fahrräder (10 000 K pro Tag) können an verschiedenen Stellen auf der Touristenmeile in Muang Khong gemietet werden.

Don Det & Don Khon
ດອນເດດ/ດອນຄອນ

Die meisten, die nach Si Phan Don kommen, landen auf den Zwillingsinseln. Don Det zeichnet sich durch seine hippiemäßige Partyszene aus, obwohl sie wirklich ziemlich schwach ist.

Und es gibt nichts Stärkeres als Gras in den „glücklichen" Snacks, die offen an einigen Bars verkauft werden.

Natürlich ist das längst nicht alles zu den Zwillingsinseln. Fährt man von Ban Houa Det (Houa-Det-Dorf) Richtung Süden, dünnen die Gästehäuser aus und das authentische Landleben auf der Insel – Fischer, Reisbauer, Weber, Büffel, Zuckerpalmen – zeigt sich. Hier kann man in der Hängematte entspannen, ziellos umherwandern oder in einem Schlauchboot träge flussabwärts auf den türkisfarbenen Flussarmen des Mekong dahintreiben.

Die Ruhe setzt sich hinter der französischen Brücke nach Don Khon (ດອນຄອນ) weiter fort, aber hier gibt's auch ein paar wunderschöne Wasserfälle zu besuchen, Sandstrände zum Entspannen, Delfine zu beobachten und sogar ein Stück Wildnis zu erkunden.

Sehenswertes & Aktivitäten

Diese Zwillingsinseln sind bekannt für langsames Dorfleben und nicht für unzählige Attraktionen, die abgehakt werden müssen, aber die Delfine und Wasserfälle auf Don Khon sind wahrhaftig wundervolle Ziele.

Wenn man die französische Brücke überquert, muss man 35 000 K Tourismustaxe an einer kleinen blauen Bude zahlen. Das ist kein Betrug (das Geld fließt in örtliche Projekte) und beinhaltet den Eintritt zu Tad Somphamit. Wenn man auf Don Khon schläft und Richtung Norden reisen will, muss man die Taxe nicht bezahlen. Einfach vorher einchecken, bevor man nach Don Det fährt, und hoffen, dass jemand sich bei der Rückkehr erinnert.

Eine Gruppe ernsthaft gefährdeter Irawadidelfine lebt an der südlichen Küste von Don Khon. Diese seltenen Tiere in freier Wildbahn zu Gesicht zu bekommen ist ein Highlight auf jedem Ausflug nach Südlaos. Die Population ist auf drei gesunken, da einige gestorben und andere Richtung Süden gezogen sind. Auch wenn in der Natur nichts garantiert ist, sind Sichtungen hier nahezu sicher.

Boote (70 000 K, maximal für 4 Leute) können an der alten französischen Anlegestelle in Ban Hang Khon gechartert werden. Wohin man fährt, hängt davon ab, wo sich die Delfine aufhalten. In der heißen Jahreszeit bleiben sie in der Nähe der Dörfer, aber wenn der Fluss viel Wasser führt, können sie weiter wegschwimmen. Vielleicht entdeckt man sie vom Boot aus, oder man muss in Kambodscha von Bord gehen und zu einer Stelle laufen, von der man das Schutzgebiet sehen kann. Eventuell muss man 20 000 K an die Kontrollbeamten zahlen. Am besten am frühen Morgen oder Abend, um die Hitze zu vermeiden.

Bei den Bootsausflügen von Bang Hang Khon kann man die Delfinbeobachtung mit einem Besuch der **Khon-Phapheng-Wasserfälle** (ຕາດຄອນພະເພັງ; 55 000 K; ⏲8–17 Uhr (250 000 K) oder der kleinen **Nook-Xume-Wasserfälle** (100 000 K) kombinieren.

★Tad Somphamit — WASSERFAL[L]

(ຕາດສົມພາມິດ, Li Phi Falls; Don Khon; 35 000 K; ⏲Kartenhäuschen 8–17 Uhr) Etwa 1,5 km flussabwärts von der Französischen Brücke auf Don Khon liegen einige wilde Wasserfälle namens Tad Somphamit bzw. Li-Phi-Fälle. Li Phi bedeutet „Geisterfalle" – und die Einheimischen glauben, die Kaskaden fangen böse Geister, die den Fluss heruntertreiben. Einheimische Fischer riskieren ihr Leben, indem sie die Kaskaden gegen die starke Strömung hochklettern, um die Bambusreusen zu leeren. Bitte nicht nachmachen – Reisende sind schon hinter der Absperrung auf den Felsen ausgerutscht und gestorben.

Schlafen

Man sagt, dass man nach Don Det zum Feiern kommt und nach Don Khon, um dem zu entkommen. Aber so läuft das in Wirklichkeit nicht, da die Party sich auf den nördlichen Zipfel von Don Det konzentriert. Tatsächlich befindet sich das ruhigste und abgeschiedenste Gästehaus von allen in Si Phan Don auf dem südlichen Teil von Don Det.

Viele Unterkünfte bieten Nachlässe in der Nebensaison. Manchmal ist das automatisch so, manchmal muss man fragen.

Don Det

★Mekong Dream Guesthouse — GÄSTEHAUS

(☎020-55275728; Don Det; Zi. 50 000 K; 📶) Im Süden von Don Det befindet sich Mekong Dream, eines der gemütlichsten Gästehäuser mit dem besten Preis-Leistungs-Verhältnis der Insel. Die 11 Zimmer, alle mit eigenem Bad und komfortablen Kingsize-Betten, sind das Gegenteil zu beengten Zimmern anderswo (außer den drei schlechteren Betonzimmern im Erdgeschoss) und teilen sich einen geräumigen Balkon bzw. eine Hängematten-Lounge.

Mama Piang GÄSTEHAUS $

(020-58186049; Sonnenuntergangsseite, Don Det; Zi. 50 000 K) Wenn es eine lustigere oder freundlichere Gastgeberin in Si Phan Don gibt als Mama Piang – die sich stolz als „verrückt" bezeichnet – haben wir sie noch nicht kennengelernt. Es gibt drei Zimmer mit Ventilatoren und kaltem Wasser gegenüber von ihrem **Restaurant** in Flusslage. Sie ist mit Recht ziemlich stolz auf ihre Küche.

Crazy Gecko GÄSTEHAUS $

(020-97193565; www.crazygecko.ch; Sonnenuntergangsseite, Don Det; Zi. 80 000–170 000 K;) In einem Pfahlbau aus solidem Holz befinden sich Crazy Geckos drei saubere Zimmer um einen Balkon herum, der sowohl funky als auch funktional ist. Mit Hängematten behangen und querbeet dekoriert, ist er ein super Ort, um sich zu entspannen (falls nicht etwas zu teuer). Es gibt einen Billardtisch und Brettspiele und gegenüber auf der anderen Straßenseite befindet sich ein empfehlenswertes **Restaurant** auf einer Terrasse über dem Wasser.

★ **Baba Guesthouse** GÄSTEHAUS $$

(020-98893943; www.dondet.net; Sonnenuntergangsseite, Ban Houa Det; Zi. 350 000 K;) Zu einer Seite hat das schöne Gästehaus Mekong-Blick und auf der anderen liegen smaragdgrüne Reisfelder. Der Preis ist weit über dem Durchschnitt in dieser Region, aber man bekommt hier tatsächlich mehr für sein Geld. Die geschmackvoll eingerichteten Zimmer sind puristisch weiß und fast luxuriös, mit eigenen Balkonen, geschmackvoller Einrichtung, Moskitonetzen und blitzsauberen Bädern.

Don Khon

Souksan Guesthouse GÄSTEHAUS $

(020-22337722; Don Khon; Zi. mit Ventilator/Klimaanlage 50 000/100 000 K;) Im Souksan gibt's solche und solche Räume in einem Bungalowblock mit einer tollen Gemeinschaftsterrasse mit Flussblick. Nebenan ist das Restaurant mit gepolsterten Sitzmöglichkeiten direkt über dem Wasser. Badezimmer haben nur kaltes Wasser. Mr. Souksans Barbecue-Bootstouren sind beliebt und machen Spaß.

★ **Pomelo Guesthouse** GÄSTEHAUS $$

(020-97925893; Don Khon; Zi. 25 US$;) Geführt von einem thailändischen Chefkoch und einer schweizerischen Freundin wartet dieses neue Gästehaus mit einer atemberaubenden Lage über dem Fluss in Ban Hang Khon auf. Die zwei geräumigen Zimmer befinden sich in einem traditionellen Pfahlhaus mit Moskitonetzen, Regenduschen und herrlichem Ausblick. Im Schatten des Pomelobaums lässt es sich wunderbar lesen, auf der privaten Schwimmplattform tagträumen und mit dem gratis Kajak kann man lospaddeln.

★ **Sala Done Khone** BOUTIQUE-HOTEL $$

(031-260940; www.salalaoboutique.com; Don Khon; Zi. inkl. Frühstück 60–80 US$;) Fünf Hotels in einem. Sala Done Khone hat beides: die stilvollsten und die originellsten Räume in Si Phan Don. Die Vorzeigeeinheit ist die French Residence, es ist der renovierte Hauptsitz eines Holzhandels aus dem Jahr 1896 mit gefliesten Böden und Jalousien, während sich draußen auf dem Fluss der Sala-Phea-Flügel befindet mit schwimmenden Hütten mit Bio-Toiletten und privaten Terrassen.

Essen & Trinken

★ **Chez Fred et Lea** INTERNATIONAL, LAOTISCH $

(020-22128882; Don Khon; Hauptgerichte 20 000–50 000 K; 7–22 Uhr;) Dieses neue Café und „Salon de thé" serviert Bio-Kaffee und -Tee sowie erstklassige laotische und westliche Küche, die man nirgendwo sonst auf der Insel finden wird. Man hat keinen Ausblick auf den Fluss, aber das laotisch-französische Paar, das das Restaurant führt, macht das mit gepflegten Holzböden, einladender Musik und den frischesten Zutaten wieder wett.

★ **Garden** LAOTISCH, THAILÄNDISCH $

(Don Khon; Hauptgerichte 20 000–65 000 K; 7–22 Uhr;) Hier wird Frische ernst genommen. Das strohgedeckte Restaurant mit offener Küche ist ein guter Platz für Uneingeweihte, um laotisches Essen wie würzigen Papayasalat und gegrillten Fisch aus dem Mekong zu probieren. Es werden auch die typischen Lieblingsgerichte von Reisenden und Zitronengrashühnchen in einer eigenen Version des Küchenchefs serviert.

Street View Restaurant PIZZA $$

(020-98779177; Sonnenaufgangsseite, Don Det; Hauptgerichte ab 25 000–65 000 K; 8–23 Uhr;) Das attraktive Holzlokal am Fluss hat erholsame Terrassen und eine lange, gut ausgestattete Bar sowie einen guten Ruf. Zu essen gibt's leckere Holzofenpizza, gegrilltes Huhn, Fisch aus dem Mekong, Schweinekoteletts, Burger, Salate und gesundes Frühstück. Die Preise liegen über dem Durchschnitt, das Essen ist es aber wert.

WEITERREISE NACH KAMBODSCHA: VON NONG NOK KHIENE NACH TRAPAENG KRIEL

Anfahrt zur Grenze Der Grenzübergang Nong Nok Khiene (Laos)/Trapaeng Kriel (Kambodscha) (geöffnet von 6–18 Uhr) ist beliebt bei Backpackern, die auf dem indochinesischen Landweg unterwegs sind, und immer umständlich. Das kambodschanische Unternehmen Sorya Transport bedient die Route Pakxe–Phnom Penh vom Busterminal Süd (7.30 Uhr, 220 000 K), es ist die beste Wahl. Busse des Transportunternehmens Sengchalern pendeln täglich zwischen Pakxe und Phnom Penh (230 000 K, 12–14 Stunden) über Stung Treng (120 000 K, 6 Std.) und Kratie (160 000 K, 9 Std.). Sengchalern verkauft auch Fahrkarten nach Siem Reap (280 000 K),aber diese sehr lange Strecke ist nicht zu empfehlen. Besser man fährt mit dem zuverlässigen Asia Van Transfer, der um 11.30 Uhr an der Grenze abfährt und die neue Nordroute nach Siem Reap (20 US$) nimmt; Ankunft ist gegen 19 Uhr.

An der Grenze Sowohl bei der Einreise nach Laos als auch nach Kambodscha sind bei Ankunft Visa erhältlich, wobei Bestechung, Betrug und Unhöflichkeit obligatorische Bestandteile sind. In Laos zahlt man 2 US$ (oder das Equivalent in Kip oder Baht) Zusatz- oder Bearbeitungsgebühr, abhängig davon, wann man die Grenze überquert, bei Ein- und Ausreise. In Kambodscha wurde der Preis für Visa von den eigentlichen 30 US$ auf 35 US$ angehoben.

Weiterreise Neben den erwähnten Bussen gibt's praktisch keinen Verkehr an der Grenze. Wenn man am Grenzübergang rausgelassen wird, muss man mit 45 US$ für ein privates Taxi Richtung Süden nach Stung Treng oder 150 000/60 000 K für ein Taxi / *sǎhm-lór* (Dreirad) Richtung Norden nach Ban Nakassang rechnen.

Informationen zur Überquerung dieser Grenze in umgekehrter Richtung siehe S. 320.

4000 Island Bar BAR
(☎020-96476088; Sonnenaufgangseite, Ban Houa Det; ⏲7–23 Uhr; 📶) Gutes westliches und indisches Essen, kalte Getränke, freundlicher Service und eine entspannte Atmosphäre machen diese Bar zu einem dauerhaften Favoriten unter Reisenden. Am Billiardtisch schließt man Freundschaften, man kann Dart spielen, die Lieblingsmusik hören oder sich einfach zurücklehnen, entspannen und den Ausblick genießen.

Praktische Informationen

Es gibt keine Banken auf den Inseln, jedoch akzeptieren immer mehr Geschäfte Kartenzahlung. Bargeld kann bei den meisten Gästehäusern, darunter **Baba** auf Don Det, gewechselt werden und manche gewähren Barvorschüsse auf Kreditkarten bei einer Provision von 6 %. Auf der Touristenmeile in Ban Nakassang gibt's eine Agricultural Promotion Bank und BCEL mit Geldautomaten. Auf Kajaktouren wird genug Zeit eingeplant, um am Ende noch bei einem Geldautomaten halten zu können.

An- und Weiterreise

Bootspreise zwischen Ban Nakassang und den Inseln sind vom örtlichen Bootverein festgelegt, und es gibt jeden Tag nur wenige, die man sich teilen kann. Man muss mit 15 000 K pro Person (oder 30 000 K, wenn man alleine reist) nach Don Det, und mit 20 000 K pro Person (oder 60 000 K, wenn man alleine reist) nach Don Khon rechnen.

Nach Pakxe buchen die meisten Reisenden Fahrkarten auf den Inseln, die lokale Busse und einen 12 Uhr-Bus oder Minibus (60 000 K, 3 Std. beinhalten. Will man zu einer anderen Zeit aufbrechen, gibt's *sǒrngtǎaou* von Ban Nakassang zum Busterminal Süd in Pakxe (40 000 K, 3½ Std.) jede Stunde bis 12 Uhr. Ein gemeinsames Boot fährt immer so los, dass es rechtzeitig für das *sǒrngtǎaou* um 8 Uhr da ist. Diese halten alle in Hat Xay Khun (nach Don Khong).

Für die Reise auf dem Fluss nach Don Khong (500 000 K) und Champasak (200 US$) steht nur ein gechartertes Boot zur Verfügung, jedoch gibt's sehr häufig andere Leute, die bereit sind mitzufahren und sich die Kosten zu teilen.

Unterwegs vor Ort

Nahezu ohne Verkehr und mit nur wenigen Hügeln lassen sich Don Det und Don Khon ideal mit dem Fahrrad erkunden (leihen kann man sie bei fast jedem Gästehaus für 10 000 K pro Tag). Die Inseln sind jedoch so klein, dass alles fußläufig erreichbar ist.

Es gibt ein paar *sǎhm-lór* in Ban Houa Det und Ban Khon. Ein Ausflug von Ban Houa Det, um Delfine und Tad Somphamit zu sehen, einschließlich genügend Wartezeit, kostet 100 000 K und die Fahrt von Ban Houa Det nach Ban Kho zusätzlich 70 000 K.

LAOS VERSTEHEN

Laos aktuell

Laos liegt an einem der wichtigsten geopolitischen Knotenpunkte der Welt: dort, wo Südostasien auf China trifft – eine enorme Herausforderung für ein so kleines Land. Eingekreist von den Tigerstaaten China, Vietnam und Thailand, wirkt Laos oft wie leichte Beute. Seit jeher übt Vietnam politische, China finanzielle und Thailand starke kulturelle Macht über das Land aus. Während die Regierung sich bemüht, die rivalisierenden Einflüsse abzuwehren, ist die Bevölkerung zunehmend mit einer globalen Welt vernetzt. Das führt zu Spannungen im Land.

Geschichte

Das Königreich von Lan Xang

Bevor Franzosen, Engländer, Chinesen und Siamesen Einfluss auf das Land nahmen, bestand Laos aus mehreren unterschiedlichen Fürstentümern, die sich in einem konstanten Kreislauf aus Krieg, Invasion, Wohlstand und Ruin befanden. Eine erste nationale Einheit erlebte das Land im 14. Jh., als der von den Khmer unterstützte Kriegsherr Fa Ngum die Stadt Wieng Chan (Vientiane) eroberte. Eben jener Fa Ngum verlieh seinem Königreich den Namen Lan Xang, „das Land von einer Million Elefanten". Er machte den Theravada-Buddhismus zur Staatsreligion und erhob den Buddha Pha Bang zum Sinnbild der Souveränität von Laos – bis heute wird die Statue, nach der Luang Prabang benannt ist, als Herrschaftssymbol verehrt. Den Höhepunkt seiner Macht erlebte Lan Xang im 17. Jh., als es das dominierende Reich in Südostasien war..

Französische Herrschaft

Im 18. Jh. zerfiel die Nation und geriet unter die Kontrolle der Siamesen, die einen Großteil des heutigen Laos als Puffer gegen die französische Expansion einsetzten. Kurz nachdem Frankreich Annam und Tonkin (das heutige Vietnam) eingenommen hatte, musste Siam das Gebiet östlich des Mekong an die Franzosen abtreten. Damit war Laos geboren.

Die erste nationale Bewegung, Lao Issara (Freies Laos), entstand, um nach dem Rückzug der japanischen Besatzer gegen Ende des Zweiten Weltkriegs zu verhindern, dass die alte Kolonialmacht Frankreich wieder die Macht übernahm. 1953 garantierten die Franzosen Laos ohne Rücksicht auf die Lao Issara die volle Souveränität. Es kam zu internen Kämpfen mit der Armee der Pathet Lao („Land der Laoten"), die eine Allianz mit der vietnamesischen Vietminh bildete; Letztere kämpfte gegen die französische Oberherrschaft im eigenen Land. Laos wurde zum Schauplatz, auf dem kommunistische Ambitionen und die Angst der USA vor einem südostasiatischen Dominoeffekt aufeinanderprallten.

Der Geheime Krieg

1954 wurde Laos auf der Genfer Konferenz zum neutralen Staat erklärt, was bedeutete, dass fortan weder vietnamesische noch US-Truppen die Grenzen des Landes überschreiten durften. Damit begann ein Katz-und-Maus-Spiel, denn zahlreiche CIA-Agenten setzten sich über den neuen Status des Landes hinweg, um im Dschungel die antikommunistischen Hmong-Kämpfer zu trainieren. Von 1964 bis 1973 verwüsteten die USA – aus Rache an der Vietminh, die massive Vorräte an Kriegswaffen über den Ho-Chi-Minh-Pfad ins Land schmuggelte – das östliche und nordöstliche Laos mit anhaltenden Flächenbombardements (Berichten von Zeitzeugen zufolge wurde alle acht Minuten eine Flugzeugladung Bomben abgeworfen). Die Intensivkampagne verschärfte den Krieg zwischen der Pathet Lao und den Streitkräften der Königlichen Laotischen Armee und führte dazu, dass die Kommunisten eine noch breitere Unterstützung im Land fanden.

Nach dem Rückzug der USA 1973 war Laos zunächst in Gegner und Anhänger der Pathet Lao gespalten, doch innerhalb von nur zwei Jahren hatten die Kommunisten komplett die Macht übernommen. Unter der Führung des von Nordvietnam protegierten Kaysone Phomvihane wurde die Demokratische Volksrepublik Laos (PDR) gegründet. 10 % der laotischen Einwohner flüchteten, in erster Linie nach Thailand. Die im Land verbliebenen Gegner der Regierung – vor allem die Hmong-Stämme (Hochlandbewohner), die von der CIA finanziert wurden und mit ihr zusammengearbeitet hatten, wurden entweder unterdrückt oder verschwanden für eine unbestimmte Zeit in Umerziehungslagern.

Ein Neubeginn

Laos wurde 1997 Mitglied der Vereinigung südostasiatischer Staaten (ASEAN) – zwei Jahre nach der Aufnahme Vietnams. Politisch hält die Partei die Zügel weiter fest in der Hand. Mit Mäzenen wie den Einparteienstaaten China und Vietnam scheint es auch kaum Anreize für Laos zu geben, eine sinnvolle Form der Demokratie aufzubauen. Noch ist das Land in erheblichem Maße von ausländischer Hilfe (um die 8,5 % des Bruttoinlandsprodukts) abhängig, doch in den letzten Jahren wurden gewinnbringende Projekte auf den Weg gebracht, um den inländischen Wohlstand zu fördern.

Im Jahr 2012 begann die internationale Presse Fragen über das Verschwinden von Sombath Somphone zu stellen, einen preisgekrönten Zivilaktivisten und Kämpfer um Landrechte. Man verdächtigte die laotische Regierung als den Übeltäter. 2015 traf sich US-Präsident Obama in New York mit dem Premierminister von Laos, um über Möglichkeiten zu sprechen, den wachsenden Einfluss Chinas auf die Region auszugleichen.

Menschen & Kulturen

Mentalität

Das Land ist von unterschiedlichen Glaubensrichtungen geprägt. Vom Animismus bis zum vorherrschenden Theravada-Bhuddismus gibt's hier zahlreiche Religionen, die nicht selten miteinander kombiniert werden. Im Allgemeinen lässt sich sagen, dass in Laos eine entspannte Atmosphäre herrscht. Der Grund dafür ist teilweise im Buddhismus zu finden, der extreme Emotionen kontrollieren, *jai yen* (ruhig Blut) bewahren sowie Gutes tun möchte, um selbst Gutes zu erfahren. Es kommt nur selten zu hitzigen Diskussionen. Überall wird man mit einer Liebenswürdigkeit aufgenommen, der man in Nachbarländern nur selten begegnet.

Etikette

Es ist tabu, den Kopf anderer Menschen zu berühren oder mit dem Fuß auf eine Person oder Buddha-Statue zu zeigen. Starke Gefühlsäußerungen sind verpönt. Traditionelle Begrüßungsgesten sind *nop* oder *wâi*, gebetsartig aneinandergelegte Hände vor dem Gesicht oder der Brust. In städtischen Gebieten wird auch das Händeschütteln immer gebräuchlicher.

Bei allen Tempelbesuchen sollte man konservativ gekleidet sein..

Bevölkerung

Laos hat eine der geringsten Bevölkerungsdichten Asiens. In den letzten 30 Jahren hat sich die Einwohnerzahl jedoch mehr als verdoppelt und sie steigt weiter rasch an. Ein Drittel der sieben Millionen Landesbewohner lebt in Städten im Mekong-Tal, vor allem in Vientiane, Luang Prabang, Pakxe und Savannakhet. Ein weiteres Drittel lebt an anderen großen Flüssen. Nach der Machtergreifung der Kommunisten 1975 war etwa 10% der Bevölkerung aus dem Land geflohen. Am meisten Einwohner verloren damals Vientiane und Luang Prabang: Rund ein Viertel der Bevölkerung von Luang Prabang wanderte aus. In den letzten Jahrzehnten hat sich dieser Trend umgekehrt, sodass der Zustrom von Einwanderern (vorwiegend repatriierte Laoten, aber auch Chinesen, Vietnamesen und Angehörige anderer Nationalitäten) mittlerweile die Zahl der Emigranten übersteigt.

Religion

Im Tiefland sind fast alle Laoten Theravada-Buddhisten. Viele Männer leben eine Zeit lang als Mönche; sie verbringen etwa einen Monat bis zu drei Jahren in einem Wat (buddhistisches Tempelkloster). Nach dem Sieg des Kommunismus 1975 wurde der Buddhismus unterdrückt, doch bis 1992 hatte die Regierung wieder eingelenkt und die Religion war in den Alltag zurückgekehrt. Nach wie vor dürfen die Mönche aber nicht die Verehrung von *phî* (Geistern) fördern, und auch *sâiyasaat* (Volksmagie) ist offiziell verboten.

Ungeachtet dessen bleibt die *phî*-Verehrung das dominante, nicht buddhistische Glaubenssystem. Selbst in Vientiane pflegen die laotischen Bewohner öffentlich einen Brauch namens *sukhwăn* oder *bąsî*, bei dem den 32 *khwăn* (Schutzgeister des Körpers) gehuldigt wird, indem man sie an weißen Schnüren um das Handgelenk bindet. Viele Laoten tragen solche Bänder.

Außerhalb des Mekong-Tals ist der *phî*-Kult besonders stark unter den Thai-Stämmen vertreten, vor allem unter den Thai Dam. Die Khamu- und Hmong-Mien-Stämme praktizieren ebenfalls Animismus.

Kunst

Die wahrhaftige Form laotischer Kunst sind lie religiösen Skulpturen, Tempel, Handverksarbeiten und die Architektur des Lanles. Ganz typisch für diesen Stil ist der um Regen bittende Buddha, ein aufrecht stehenles Bildnis, das beide Hände steif an seine ;eiten drückt.

Wats in Luang Prabang zeichnen sich lurch *sǐm* (Kapellen) mit steilen, tief hinunerreichenden Dächern aus. Der typisch laoische *tâht* (Stupa) verfügt über vier Seiten, st kurvenförmig und sieht aus wie eine urmspitze.

Zum Kunsthandwerk des Hochlands geören Gold- und Silberarbeiten der Hmong nd Mien sowie Webarbeiten der Thai-Stämne (vor allem der Thai Dam und Thai Lü). Klassische Musik und Tanz sind in Laos kaum noch präsent, teils durch den immer tärker in den Vordergrund getretenen Thai-'op und dadurch, dass Laos' junge Arbeitsräfte durch die Lande ziehen.

Essen & Trinken

Essen

um laotischen Standardfrühstück gehören *ěr* (Reisnudeln), die in einer einfachen Brüe mit Gemüse und Fleisch nach Wahl geeicht werden. *Lahp*, das unverwechselbars Gericht, ist ein köstlicher pikanter Salat us gehacktem Rindfleisch, Schweinefleisch, nte, Fisch oder Huhn, gemischt mit ischsoße, Schalotten, Limettensaft und geratenem Reis.

Im Tiefland wird zu fast jedem Gericht *hào nǐaw* (Klebreis) in einem kleinen Korbehälter gereicht. Daraus entnimmt man infach eine kleine Menge Reis, formt mit iner Hand ein walnussgroßes Bällchen und inkt dieses in Soße.

Getränke

eerlao ist das absolute Lieblingsgetränk er Laoten. Der offiziell verbotene *lào-láo* aotischer Likör oder Reiswhisky) wird vor llem im Tiefland konsumiert – in der Regel nverdünnt – und in den Dörfern als Geste er Gastfreundschaft angeboten. Aufbereites Wasser – egal, ob gekocht oder gefilert – heißt *nâm deum* (Trinkwasser). Waser, das man in Restaurants oder Hotels beommt, ist immer gereinigt, außerdem kann man überall Flaschen mit sauberem Wasser kaufen.

In den Großstädten gibt's zahlreiche Saftbars und Cafés. Die meisten westlich orientierten Läden haben auch Smoothies und Cappuccino im Angebot. Laotischer Kaffee ist stark und süß.

Natur & Umwelt

Geografie

Mit einer Größe von 236 800 km² bedeckt Laos etwa zwei Drittel der Landesfläche Deutschlands. Aufgrund der geringen Bevölkerungsdichte und der zahlreichen Gebirgsregionen rühmt es sich, das am wenigsten veränderte Ökosystem in Südostasien zu sein. Wild wachsende Vegetation bedeckt geschätzt 85 % des Landes und derzeit wächst noch auf 10 % Primärwald, der allerdings immer mehr schwindet. Vor 100 Jahren lag Letzterer noch bei fast 75 % – ein klares Zeichen dafür, welchen Schaden die schonungslose Abholzung und der Brandrodungsfeldbau anrichten.

1993 richtete die Regierung 18 nationale National Protected Areas (NPAs) ein, die eine Gesamtfläche von 24 600 km², also mehr als 10 % des Landes, umfassen. 1995 kamen zwei weitere Gebiete hinzu, sodass inzwischen bereits 14 % des laotischen Landesgebiets unter Schutz stehen. Trotz dieser Maßnahmen stellen illegale Abholzung und Schmuggel von exotischem Wild noch immer eine wesentliche Gefahr für die Naturressourcen des Landes dar.

Laut WWF importierte China 2014 Holz im Wert von 1 Mrd. US$ aus Laos. Zum Vergleich: 2008 waren es 45 Mio. US$.

Tiere & Pflanzen

In Laos leben u. a. Asiatische Elefanten, Schakale, Kragenbären, Schwarze Schopfgibbons, Languren, Nebelparder, Pythons, Königskobras, die seltenen Irawadidelfine und 437 Vogelarten. Aufgrund der hohen Nachfrage aus einigen Nachbarstaaten (allen voran China), die Körperteile vieler vom Aussterben bedrohter Arten suchen, um daraus traditionelle Arzneimittel und Aphrodisiaka herzustellen, boomt leider der illegale Handel.

Fast zwei Drittel aller Laoten leben in ländlichen Gegenden. Für sie sind Wildtiere einfach eine Proteinquelle.

PRAKTISCHE INFORMATIONEN

Allgemeine Informationen

ARBEITEN IN LAOS

Bei der großen Zahl an Hilfsorganisationen und einer schnellwachsenden internationalen Geschäftswelt, vor allem in der Energie- und Bergbauindustrie, gibt's zwar immer mehr Arbeitsplätze, die für Ausländer zur Verfügung stehen, doch sind es insgesamt immer noch recht wenige. Die meisten Stellen gibt's in Vientiane. Dort kann man z. B. privaten Englischunterricht in einem der wenigen Sprachzentren der Stadt geben. Zertifikate oder Abschlüsse als Englischlehrer sind dabei nicht unbedingt erforderlich, aber hilfreich.

AKTIVITÄTEN

Kajakfahren & Rafting

Der Mekong schlägt eine Schneise mitten durch das Herz des Landes, und so verwundert es nicht, dass Bootstouren ein großer Touristenmagnet sind. Außerdem kann man kleine Regenwaldnebenflüsse erkunden, die zu abgelegenen Dörfern führen.

Kajakfahren ist in den letzten Jahren in Laos immer beliebter geworden, vor allem um Luang Prabang, Nong Khiao und Vang Vieng, wo man gut paddeln kann. Kajaktouren gibt's ab 25 US$ pro Person und werden häufig mit Radtouren kombiniert.

Sich in einem Reifen den Fluss hinuntertreiben lassen (Tubing) kann man in Vang Vieng schon lange. Nachdem bei Bars, Seilschwingen und Seilbahnen hart durchgegriffen wurde, ist es aber eine gemächlichere Angelegenheit. Spaß macht es immer noch, aber nüchtern ist es sicherer.

Klettern & Höhlenwanderungen

In Vang Vieng und Thakhek werden einige der besten Klettertouren in ganz Südostasien angeboten, mit kompetenter Leitung und einwandfreier Ausrüstung. In einer Vierergruppe zahlt man etwa 25 US$ pro Person, teurer wird es für spezialisierte Routen und Leiter.

Richtiges Höhlenwandern gibt's nicht, es sei denn man unternimmt eine professionelle Expedition. Doch es gibt viele weitläufige Höhlensysteme, die man besuchen kann.

Radfahren

Langsam, aber sicher entwickelt Laos sich zu einem richtigen Radfahrerparadies. Für Hardcore-Radler sind die Berge im nördlichen Laos das ultimative Reiseziel. Wer es entspannter angehen möchte, kann sich entlang des Mekong und durch die Dörfer treiben lassen, besonders unvergesslich im südlichen Laos um Si Phan Dong.

An den meisten Orten, die einen regelmäßigen Touristenstrom haben, kann man einfache Eingangräder für etwa 20 000 K pro Tag ausleihen. Bessere Mountainbikes kosten 40 000 K bis 80 000 K pro Tag oder 5 US$ bis 10 US$. Wer eine richtige Tour plant, sollte sein eigenes Rad mitbringen. Verglichen mit den Nachbarländern Thailand oder Kambodscha ist die Auswahl in Laos recht begrenzt.

Wandern

In Laos kann man beim Trekking vor allem die Schutzgebiete (NPAs) erkunden und die bunten Dörfer der ethnischen Minderheiten besuchen, von denen viele mehrtägige Trekkingtouren anbieten. Von einem halben Tag bis zu mehreren Wochen ist jede Tour möglich, auch in Kombination mit Rad- oder Kajakfahren. Die meisten Touren bieten sowohl einen kulturellen als auch einen ökologischen Schwerpunkt; die Teilnehme schlafen in Dörfern bei einer Gastfamilie und das Geld geht direkt an eine der ärmsten Gemeinschaften des Landes. Mittlerweile kann man aus mehr als zwölf Gegenden wählen. Leichte Tourer führen durch den Regenwald zu unberührten Wasserfällen, oder durch die Dörfer abgelegener Landstriche. Die Landschaft ist meist atemberaubend und bietet tiefe Hochlandtäler, Reisterrassen und hohe Kalksteinberge.

Trekkingtouren werden meist von kleinen, lokalen Tourbetreibern angeboten, und die Tourenführer sprechen Englisch. Preise beinhalten sämtliche Lebensmittel, den Tourguide, Transport, Unterbringung und Eintrittspreise und betragen etwa 25 US$ pro Person und Tag i einer größeren Gruppe. Für speziellere, längere Touren in entlegenere Gegenden kann der Preis auf bis zu mehrere hundert Dollar ansteigen. Of kann man die Tour auch nur zu zweit unternehmen, doch je größer die Gruppe, desto kleiner der Preis pro Person.

Ziplining

Ziplining hat in Laos einen echten Turbostart hingelegt. Die Gibbon Experience (S. 385) im Nam Kan NPA war der Pionier mit einer Seilbah durch den Wald, in dem die Gibbons leben. Jetz werden in Wäldern im ganzen Land immer meh Seile gespannt.

Wer den Nervenkitzel sucht, ist beim Ökotourismus-Vorreiter Green Discovery (S. 396) im Süden Laos' genau richtig. Die Baumwipfel-Entdecker-Tour ist ein aufregendes Netzwerk schwindelerregender Seilbahnen, die über das halb-immergrüne Blätterdach des Dong Houa Sao NPAs im Süden führen. Hier fliegt man so nah an einem Wasserfall vorbei, dass man die Tropfen auf den Lippen spüren kann.

Vang Vieng, Nong Khiao und Oudom Xay habe sich kürzlich alle zu Zipline-Zentren entwickel Hier gibt's viele Anbieter, deren luftige Abenteu durch unglaubliche Bergwelten führen.

BOTSCHAFTEN & KONSULATE

Es gibt etwa 25 Botschaften und Konsulate in Vientiane. Viele Nationalitäten haben ihre Auslandsvertretung in Bangkok (z. B. Schweiz und die Niederlande), Hanoi (z. B. Irland) oder Peking.

Botschaft von Kambodscha (Karte S. 348; ☎ 021-314952; Th Tha Deua, Km 3, Ban That Khao, Vientiane; Mo–Fr 8.30–11.30 Uhr & 14.30–17 Uhr) Stellt Visa für 30 US$ aus.

Botschaft von Myanmar (Karte S. 348; ☎ 021-314910; Th Sok Pa Luang, Vientiane; Mo–Fr 8.30-12 Uhr) Stellt Touristenvisa innerhalb von drei Werktagen für 40 US$ aus, aber kann auch ein Visum noch am Antragstag ausgeben, wenn bereits ein Reiseticket vorhanden ist.

Deutsche Botschaft (Karte S. 348; ☎ 021-312110; www.vientiane.diplo.de; Th Sok Pa Luang, Vientiane; Mo–Do 9–12 Uhr)

Honorarkonsulat von Österreich ☎ 021-480906; 377 Lao-Thai Road, Vientiane; Mo–Fr 8.30–16.30 Uhr)

Thailändische Botschaft (Karte S. 348; ☎ 021-453916; www.thaiembassy.org/vientiane; Th Kaysone Phomvihane, Vientiane; Mo–Fr 8.30–12 Uhr & 13–16 Uhr) Für Visaerneuerungen oder verlängerungen sind die Konsulate in **Vientiane** zuständig (Karte S. 348; ☎ 021-415335; 15 Th Bourichane, Vientiane; 8.30–11.30 Uhr & 13.30–16 Uhr) oder in Savannakhet (☎ 041-212373; Rte 9 West, Savannakhet; Mo–Fr 8.30–16.30 Uhr), die Touristen- und Non-Immigrant-Visa ausstellen (1000 B).

Vietnamesische Botschaft (Karte S. 348; ☎ 021-451990; www.mofa.gov.vn/vnemb.la; Th 23 Singha, Vientiane; Mo–Fr 8.30–11.30 Uhr & 13.30–17 Uhr) Stellt Touristenvisa in drei Werktagen für 55 US$ aus, oder in einem für 65 US$. Das **Luang-Prabang-Konsulat** (www.vietnamconsulate-luangprabang.org; Th Phothisarat; Mo–Fr 8–11.30 Uhr & 13.30–17 Uhr) stellt Touristenvisa für 50 US$ in 24 Stunden aus, oder für 40 US$, wenn man drei Tage Wartezeit aufbringen kann. In den Konsulaten in **Pakxe** (☎ 031-252947; https.//vnconsulate-pakse.mofa.gov.vn; Th 21; Mo–Fr 7.30–11.30 Uhr & 14–16.30 Uhr) und in **Savannakhet** (☎ 041-212418; Th Sisavangvong, Savannakhet) kosten die Visa 60 US$.

BÜCHER

Dr. Siri und seine Toten (Colin Cotterill; *The Coroner's Lunch*; 2004) Das Buch entführt den Leser in die wundervolle Welt von Dr. Siri, hauptberuflicher Leichenbeschauer in den 1970ern und nebenberuflicher Superdetektiv. Der erste von 12 Teilen der Siri-Reihe.

Ant Egg Soup (Natacha Du Pont de Bie; 2004) Unter dem Untertitel *The Adventures of a Food Tourist in Laos* sammelt die Autorin in diesem Buch einige lokale Spezialitäten (und auch ein paar, die nicht unbedingt für den empfindlichen Magen geeignet sind).

One Foot in Laos (Dervla Murphy; 1999) Die bekannte irische Reiseautorin erkundet Laos bereits in den 1990er Jahren und entdeckt ein Land, das tiefgreifenden Veränderungen ausgesetzt ist.

A Great Place to Have a War (Joshua Kurlantzick; 2017) Ein neuer Blick auf Amerikas „geheimen Krieg" in Laos, warum er die Nation veränderte und wie er eine unerfahrene CIA stärkte.

PREISKATEGORIEN: ESSEN

Am internationalen Standard gemessen, sind praktisch alle Restaurants in Laos günstig. Die folgenden Preisspannen beziehen sich auf Hauptgerichte.

$ weniger als 5 US $ (40 000 K)

**$$** 5–15 US$ (40 000–120 000 K)

**$$$** mehr als 15 US$ (1200000 K)

FEIERTAGE

Schulen und Ämter sind an den folgenden offiziellen Feiertagen geschlossen, und während Feierlichkeiten arbeiten die Staatsorgane langsamer, wenn überhaupt.

Internationales Neujahr 1. Januar
Gründungstag der Armee 20. Januar
Internationaler Frauentag 8. März
Laotisches Neujahr 14.–16. April
Internationaler Tag der Arbeit 1. Mai
Internationaler Kindertag 1. Juni
Nationalfeiertag 2. Dezember

FRAUEN UNTERWEGS

Laos ist ein unkompliziertes Land für weibliche Reisende, allerdings sollte man sich der kulturellen Unterschiede bewusst sein und sensibler damit umgehen, als es z. B. in vielen Regionen des Nachbarlands Thailand notwendig wäre. Laos ist sehr sicher und Gewalt gegen Frauen kommt nur selten vor.

FREIWILLIGENARBEIT

Freiwilligenarbeit gibt's in Laos seit Jahren, normalerweise hat der Freiwillige Verträge für ein oder zwei Jahre und erhält einen monatlichen Mindestlohn. Freiwillige werden gerne in Behörden eingesetzt, um „Kapazitäten aufzubauen". Diese Art von Freiwilligenarbeit kann zu Arbeit außerhalb vom Volunteering in Nichtregierungsorganisationen (NGOs) führen.

GELD

Die offizielle Währung in Laos ist der Laotische Kip (K). Obwohl offiziell nur der Kip für Alltagstransaktionen handelbar ist, werden tatsächlich drei Währungen für den Handel gebraucht. Kip (K), Thai Baht (B) und US-Dollar (US$).

Geldautomaten

Geldautomaten gibt's mittlerweile in ganz Laos. Doch man sollte sich nicht zu früh freuen, denn die Geldautomaten geben, je nach Bank, maximal 700 000 K bis 2 000 000 K (etwa 85 US$ bis 250 US$) pro Transaktion aus. Ganz zu schweigen von den sehr variablen Abhebegebühren. Wenn dann die eigene Bank auch noch Unsummen an Gebühren fürs Abheben im Ausland verlangt, kommt schnell einiges zusammen.

Trinkgeld & Feilschen

Trinkgeld ist in Laos unüblich, außer in Touristenrestaurants, wo 10 % der Rechnung gern angenommen wird, außer wenn bereits eine Servicegebühr im Preis enthalten ist.

In den meisten Gegenden Laos' wird nicht annähernd so hart verhandelt wie in anderen Teilen Südostasiens. In Laos versuchen meist beide Parteien, sich freundlich auf einen Preis zu einigen, der für beide fair ist. Gutes Verhandeln braucht etwas Übung, aber spart Geld.

Geld wechseln

Lizensierte Geldwechsler betreiben Stände überall in Vientiane (auch am Talat Sao) und an einigen Grenzübergängen. Ihre Raten sind ähnlich wie die der Banken, aber sie haben länger geöffnet. Es gibt keinen richtigen Schwarzmarkt in Laos, und solange es keinen Konjunkturabsturz gibt, wird das wohl auch so bleiben.

KARTEN

Die beste Universalkarte, die auch fast überall erhältlich ist, ist Laos von Gt-Rider.com, im Maßstab 1.1 650 000. Erhältlich in Büchereien in Thailand und in vielen Pensionen in Laos, außerdem online unter www.gt-rider.com.

LGBT-REISENDE

Homosexualität wird in der laotischen Kultur meist toleriert, obwohl lesbische Liebe oft einfach abgestritten oder missverstanden wird. Öffentliche Zurschaustellungen von Zärtlichkeiten sind aber in jedem Fall verpönt, ob nun hetero- oder homosexueller Natur.

Hier findet sich das Neueste über die homosexuelle Szene in Laos.

Sticky Rice (www.stickyrice.ws) Reiseführer für homosexuelle Reisende in Laos und Asien.

Utopia (www.utopia-asia.com) Informationen und Kontakte, außerdem ein kurzer Führer zur lokalen Terminologie der Szene.

MEDIEN

Vientiane Times (www.vientianetimes.org.la) Die einzige englischsprachige Zeitung folgt der Parteilinie. Wird von Montag bis Samstag herausgegeben.

Le Rénovateur (www.lerenovateur.la) Ein Sprachrohr der Regierung auf Französisch; ähnlich der Vientiane Times.

Lao National Radio (LNR; www.lnr.org.la) Überträgt zwei Mal täglich zensierte Beiträge auf Englisch.

Radio Kurzwellenradios können BBC, VOA, Radio Australia und Radio France International empfangen.

TV Das Programm im Lao National TV ist so begrenzt, dass die meisten thailändisches Fernsehen und/oder Karaoke-Videos schauen.

ÖFFNUNGSZEITEN

Bars & Clubs 17–23.30 Uhr (länger in Vientiane)
Ämter Mo–Fr 8–12 und 13–17 Uhr
Noodle Shops 7–13 Uhr
Restaurants 10–22 Uhr
Geschäfte 9–18 Uh

RECHTSFRAGEN

Laos gesteht jedem gewisse Rechte zu, die Realität sieht jedoch anders aus. Immer wieder kommt es vor, dass Ausländer aus jeglichen Gründen zu einer Geldstrafe verurteilt, verhaftet oder deportiert werden.

Doch solange man sich auf legalem Grund bewegt, sollte man nicht in Schwierigkeiten geraten. Falls doch, kann es unangenehm und teuer werden. Drogenbesitz und Gebrauch von Prostitution sind die häufigsten Straftaten, weswegen Reisende gefasst werden, und häufig werden die Behörden von den Dealern oder den Damen selbst informiert. Uneheliche sexuelle Beziehungen zwischen Ausländern und Staatsangehörigen Laos' sind illegal. Wer eine Beziehung nicht eintragen lässt, riskiert Strafen von 500 US$ bis zu 5000 US$, womöglich sogar ein Gefängnisstrafe oder Deportation.

Wer festgenommen wird, sollte um einen Anruf bei der jeweiligen Botschaft oder beim Konsulat in Laos bitten, falls vorhanden. Ein Telefongespräch oder Treffen zwischen laotischen Beamten und de[n] entsprechenden Auslandsvertretung kann zu eine[r] schnelleren Entscheidung und Entlassung führen.

Für Straßenverkehrsvergehen oder Bagatelldelikte nehmen Polizeibeamte manchmal ein Bestechungsgeld.

REISEN MIT BEHINDERUNG

Asphaltierte Straßen und Fußwege findet man wenig, sodass Menschen mit eingeschränkter Mobilität in Laos auf einige Barrieren stoßen werden. Öffentliche Gebäude haben selten Rampen oder andere Zugangsmöglichkeiten fü[r] Rollstuhlfahrer/innen, die wenigsten Hotels geben sich Mühe, auch körperlich beeinträchtigten Gästen den Zugang zu ermöglichen, und die wenigen Ausnahmen liegen preislich in der oberen Klasse in Vientiane und Luan Prabang. Die meisten Sehenswürdigkeiten haben keinen barrierefreien Zugang. Der öffentliche Nahverkehr ist überfüllt und besonders umständlich, selbst für nicht-beeinträchtigte Fahrgäste.

SICHER REISEN

n den letzten Jahrzehnten genoss Laos unter Reisenden den Ruf eines erstaunlich sicheren Reiselandes. Die Kriminalitätsrate war niedrig und Betrugsmaschen begegnete man eher in touristisch erschlosseneren Ländern wie Vietnam, Thailand und Kambodscha. Doch obwohl die große Mehrheit der Laoten weiterhin ehrlich und gastfreundlich ist, hat sich vieles geändert. Vor allem gab es einen großen Zuwachs an Bagatelldelikten, wie Diebstahl und kleinere Betrugsmaschen, die immerhin eher nervig als gefährlich sind.

In großen Gebieten im Osten und Süden von Laos gibt's noch immer viele Blindgänger (Unexploded Ordnance, UXO).

TELEFON

Mit einer lokalen SIM-Karte und einer 3G- oder WLAN-Verbindung sind internetbasierte Nachrichten und Anrufe über Apps auf einem Mobilgerät die günstigste Option. Mit gerade einmal 50 000 K aufgeladen, reichen die mobilen Daten einen ganzen Monat lang.

Internationale Anrufe kann man vom Büro der Lao Telekom aus tätigen oder in einer der lokalen Poststellen in den meisten Provinzhauptstädten. Sie werden pro Minute abgerechnet, Minimum sind drei Minuten. In die meisten Länder kosten Anrufe zwischen 2000 K und 4000 K pro Minute. Öffnungszeiten sind meist zwischen 7.30 und 21.30 Uhr.

Die Ländervorwahl für Laos ist 856. Für Ferngespräche innerhalb des Landes wählt man zuerst 0, gefolgt von der Ortsvorwahl und der Nummer. Für internationale Anrufe wählt man zuerst 00, gefolgt von Ländervorwahl, Ortsvorwahl und Nummer.

Alle Mobiltelefone haben den Code 020 am Anfang der Nummer. Ähnlich ist es bei den WIN-Satellitentelefonen, deren Nummern mit 030 beginnen.

TOURISTENINFORMATION

Das Department of Tourism Marketing, Teil des Ministry of Information, Culture and Tourism (MICT), betreibt in ganz Laos Tourismusbüros. Die in Vientiane und Luang Prabang sind besonders hilfreich.

Das MICT betreibt außerdem drei sehr gute Websites, die wertvolle Informationen für die Reisevorbereitungen bereithalten.

Central Laos Trekking (www.trekkingcentrallaos.com)

Ecotourism Laos (www.ecotourismlaos.com)

Ministry of Information, Culture and Tourism (www.tourismlaos.org)

> **PREISKATEGORIEN: SCHLAFEN**
>
> Die folgenden Preiskategorien beziehen sich auf die Kosten für ein Doppelzimmer in der Hauptsaison. Sofern nicht anders angegeben, verfügen die Zimmer über ein eigenes Bad.
>
> **$** weniger als 25 US$ (200 000 K)
>
> **$$** 25–75 US$ (200 000–600 000 K)
>
> **$$$** mehr als 75 US$ (600 000 K)

UNTERKUNFT

Während der Hauptreisezeit zwischen November und Februar und dem laotischen Neujahr im April lohnt es sich, in beliebten Reisezielen wie Luang Prabang und Vientiane im Voraus zu buchen.

Gästehäuser Im ganzen Land gibt's Pensionen in allen Preisklassen.

Privatunterkünfte Eine tolle Möglichkeit, um das laotische Leben ganz nah kennenzulernen. Im ganzen Land gibt's immer mehr Privatunterkünfte, vor allem in oder in der Nähe von Schutzgebieten (National Protected Areas).

Hostels Landeinwärts findet man nur wenige, in beliebten Orten wie Vientiane, Van Vieng und Luang Prabang hat man aber eine große Auswahl.

Hotels Heutzutage hat Laos eine große Auswahl an Hotels vorzuweisen, von der billigen Absteige bis zum Luxushotel ist alles vertreten.

VISA

Touristenvisa für dreißig Tage gibt's bei Ankunft an internationalen Flughäfen und an den meisten Landesgrenzen.

ZOLLBESTIMMUNGEN

Zollkontrollen bei der Einreise sind locker, solange man nicht mehr als eine angemessene Menge an Gepäck mit sich führt. Man sollte bei der Einreise nicht mehr als 500 Zigaretten oder 1 l Spirituosen dabeihaben. Außerdem gelten die gängigen Vorschriften zu Drogen, Waffen und Pornografie.

ℹ An- und Weiterreise

AUF DEM LANDWEG

Laos teilt sich Land- und/oder Flussgrenzen mit Thailand, Myanmar (Birma), Kambodscha, China und Vietnam. Richtlinien zur Grenzüberschreitung ändern sich immer mal wieder, man sollte vorher nachfragen und im Thorn Tree nachschauen (lonelyplanet.com/thorntree), bevor man sich auf den Weg macht.

Man kann ein Auto oder Motorrad von Kambodscha oder Thailand nach Laos einführen, solange man die nötigen Papiere dabeihat.

Fahrräder sind meist auch kein Problem am laotischen Zoll, allerdings momentan nur, solange man nicht aus Vietnam, China oder Myanmar einreist.

FLUGZEUG

Laos hat vier internationale Flughäfen. **Wattay International Airport** (VTE; ☎ 021-512165; www.vientianeairport.com) in Vientiane, **Luang Prabang International Airport** (LPQ; ☎ 071-212173; www.luangprabangairport.com; W), **Savannakhet International Airport** (☎ 041-212140; Th Kaysone Phomvihane) und **Pakxe International Airport** (Rte 13).

Air Asia (www.airasia.com) Tägliche Flüge von Vientiane nach Bangkok, drei Mal die Woche nach Kuala Lumpur, außerdem von Luang Prabang nach Bangkok und Kuala Lumpur.

Bangkok Airways (www.bangkokair.com) Tägliche Flüge zwischen Bangkok und Vientiane und Luang Prabang.

China Eastern Airlines (www.ce-air.com) Fliegt täglich von Vientiane nach Kunming und Nanning, außerdem drei Mal die Woche von Luang Prabang nach Kunming.

Jin Air (www.jinair.com) Tägliche Verbindungen zwischen Vientiane und Seoul.

Lao Airlines (www.laoairlines.com) Nationale Fluggesellschaft. Das ausgedehnte internationale Flugnetzwerk umfasst Vientiane nach Bangkok, Busan, Changsha, Changzhou, Guangzhou, Hanoi, Kunming und Seoul; Luang Prabang nach Bangkok, Chengdu, Chiang Mai, Hanoi und Jinghong; Pakxe nach Ho-Chi-Minh-Stadt und Siem Reap; und Savannakhet nach Bangkok.

Thai Airways (www.thaiairways.com) Täglich Vientiane nach Bangkok.

Vietnam Airlines (www.vietnamairlines.com) Verbindet Vientiane mit Hanoi und Phnom Penh, außerdem Luang Prabang mit Hanoi und Siem Reap.

ℹ Unterwegs vor Ort

AUTO & MOTORRAD

Autofahren in Laos ist einfacher, als es aussieht. Ja, die Infrastruktur ist nicht gut ausgebaut, aber außerhalb der großen Städte gibt's so wenig Verkehr, dass es im Gegensatz zu Vietnam, China oder Thailand wirklich ein Kinderspiel ist.

Wer mit dem Motorrad durch Laos fahren will, sollte sich die reichhaltigen Informationen vom Golden Triangle Rider (www.gr-rider.com) ansehen. Immer mehr Reisende machen eine Rundreise mit dem Motorrad ab Vientiane, Vang Vieng oder Thakhek.

In den meisten großen Städten, manchmal auch in kleineren Orten, kann man chinesische oder japanische kleine 100ccm- und 110ccm-Motorräder für 40 000 K bis 120 000 K pro Tag ausleihen, wobei der Zustand der Räder stark variiert. Ein Führerschein ist nicht erforderlich, aber der Reisepass muss als Pfand hinterlegt werden. Wenn man vorhat, ein Stück aus der Stadt hinauszufahren, empfiehlt es sich, ein japanisches Motorrad zu wählen. In Vientiane, Luang Prabang, Vang Vieng, Thakhek und Pakxe gibt's auch 250ccm-Geländemotorräder für 25 US$ bis 50 US$ pro Tag.

Wer selbst fahren möchte, kann sich einen Wagen leihen, aber da ein Fahrer für gewöhnlich nicht viel mehr kostet, für Schäden aufkommt und sich besser auskennt, lohnt es sich eigentlich nicht. Preise liegen bei 40 US$ bis 100 US$ pro Tag, je nach Route.

Avis-Budget in Vientiane (S. 357) ist eine verlässliche Option für den Autoverleih. Für Motorräder empfehlen sich **Drivenbyadventure** (☎ 020-58656994; www.hochiminhtrail.org; Verleih pro Tag 38–95 US$, Touren pro Tag 160–200 US$) oder **Fuark Motorcycle Hire** (Karte S. 348; ☎ 021-261970; fuarkmotorcross@yahoo.com; Th T2, Ban Nakham) in Vientiane.

FAHRRAD

Die atemberaubend schönen Straßen und das niedrige, noch dazu relativ langsame Verkehrsaufkommen in den meisten Städten und auch auf den meisten Fernstraßen, macht Laos wohl zu einem der besten Länder zum Radfahren in Südostasien.

Dort, wo regelmäßig Touristen unterwegs sind, kann man einfache Eingangräder für etwa 20 000 K pro Tag ausleihen. Bessere Mountainbikes kosten 30 000 K bis 80 000 K pro Tag.

FLUGZEUG

Inlandsflüge zu kleineren Flughäfen werden ziemlich häufig wegen schlechter Sicht gestrichen, entweder durch Nebel, oder im März durch den Rauch der Brandrodungen. In der Urlaubssaison sollte man frühzeitig buchen, denn die Flüge sind schnell ausgebucht. Zu anderen Zeiten, wenn Stornierungen häufig vorkommen, sollte man sich ein, zwei Tage vor dem Flug versichern, dass er auch wirklich stattfindet.

Lao Airlines (www.laoairlines.com) Die Hauptfluggesellschaft, die sich in Laos um Inlandsflüge kümmert. Verkehrt zwischen Vientiane und Luang Prabang, Luang Namtha, Pakxe, Phonsavan, Savannakhet und Oudom Xay.

Lao Skyway (www.laoskyway.com) Eine neuere Inlandsfluggesellschaft mit Flügen von Vientiane nach Oudom Xay, Luang Prabang, Houay Xay, Phonsavan und Luang Namtha.

SCHIFF/FÄHRE

Mehr als 4600 km befahrbare Flüsse sind die Autobahnen und kleinen Straßen des traditionellen Laos'. Die Hauptverkehrsadern sind der Mekong, Nam Ou, Namkan, Nam Tha, Nam Ngum und Xe Kong. Der Mekong ist die längste und wichtigste Route und ist das ganze Jahr über zwischen Luang Prabang im Norden und Savannakhet im Süden befahrbar, obwohl neue Dämme es vermehrt erschweren. Kleinere Flüsse werden von verschiedenen kleinen Booten befahren, von Einbäumen bis zu „Bomb Boats", die aus Kriegsmüll hergestellt werden.

Ob man nun in einem Touristenboot von Houay Xay nach Luang Prabang schippert oder ob man aus einer entlegenen Ecke des Landes ein kleines Boot aufgetrieben hat, zumindest einmal sollte man in Laos eine Bootstour machen.

Das Slowboat zwischen Houay Xay und Luang Prabang ist die beliebteste Flussfahrt in Laos. Es fährt noch immer täglich und ist mit 250 000 K oder 30 US$ pro Person eine relativ günstige Angelegenheit für die zweitägige Reise. Aus Richtung Houay Xay sind diese einfachen Boote oft überfüllt, während die aus der anderen Richtung von Luang Prabang etwas mehr Plätze frei haben. Die Passagiere sitzen, essen und schlafen auf den hölzernen Decks. die Toilette (wenn es eine gibt) ist ein Loch mit Wänden drum herum auf dem Deck hinten am Boot.

Für kürzere Touren, wie von Luang Prabang zu den Pak-Ou-Höhlen, nimmt man sich besser ein Flusstaxi. Die *héua hăhng nyáo* (Langboote) sind die geläufigsten und kosten etwa 10 US$ pro Stunde.

Am oberen Mekong zwischen Houay Xay und Vientiane gibt's auch viele thailändische *héua wái* (Speed-Boote). Sie können in sechs Stunden eine Strecke zurücklegen, für die eine Fähre mindestens einen Tag braucht. Die Miete kostet mindestens 30 US$ pro Stunde, doch einige Anbieter nehmen feste Preise, sodass man die Kosten auf die Passagiere aufteilen kann. Die Boote sind jedoch recht gefährlich, und wir empfehlen, sie nicht zu benutzen, wenn es nicht absolut notwendig ist.

BUS, SŎRNGTĂAOU, JUMBO, SĂHM-LÓR, SAKAI-LÀEP & TÚK-TÚK

Die verschiedenen Pick-Ups und dreirädrigen Taxis in Vientiane und den Provinzhauptstädten haben in verschiedenen Gegenden andere Namen. Die größten sind die *sŏrngtăaou*, die in einigen Gegenden auch als Busse verkehren sowie als Nahverkehrsbusse in größeren Städten. Größere dreirädrige Fahrzeuge heißen *jạmbọh* (Jumbo) und können vier bis sechs Passagiere auf zwei gegenüberliegenden Sitzen mitnehmen. In Vientiane heißen sie manchmal auch *túk-túks* wie in Thailand (aber traditionell bezeichnet dieser Name in Laos ein etwas größeres Fahrzeug als das Jumbo). Diese dreirädrigen Transportmittel heißen manchmal auch einfach *taak-see* (Taxi) oder, meist gebraucht für Motorräder mit Beiwagen, *săhm-lór* (drei Räder). Das typische Fahrrad-*săhm-lór* (Fahrradtaxi), das man in Indochina als *cyclo* kennt, ist in Laos vom Aussterben bedroht.

Malaysia

☎60 / EW. 32 MILLIONEN

Inhalt ➡

Regionale Spezialitäten

➡ Penang (S. 409), *asam laksa*

➡ Melaka (S. 431), *satay celup*

➡ Kuching (S. 491), Sarawak-laksa

➡ Cameron Highlands (S. 438), Tee

Redewendungen

Hallo Salam/Helo

Danke Terima kasih

Wieviel kostet das? Berapa harganya?

Auf nach Malaysia!

Belebte Städte, kulinarische Sensationen, wunderschöne Strände, idyllische Inseln und Regenwälder voller Tiere – man sagt nicht umsonst: „Malaysia, das wahre Asien". Die multikulturelle Halbinsel verwöhnt die Sinne mit malaiischen, chinesischen und indischen Einflüssen. Durch das Südchinesische Meer getrennt, bietet Malaysisch-Borneo fotogene Landschaften samt abgeschieden lebenden Stämmen, Orang-Utans, farbenprächtigen Vögeln und Kalksteinhöhlen. Die Architektur reicht von Wolkenkratzern und Einkaufszentren in Kuala Lumpur bis zu den Langhausdörfern von Sarawak mitten im Dschungel. Auch die kulinarischen Köstlichkeiten sind vielfältig. Früchte- und Gemüsesorten und eine Vielfalt an Meeresfrüchten werden zur Zubereitung von chinesisch-malaiischer „Nonya"-Küche, indischen Currygerichten, chinesischen Büfetts und malaiischen Garküchenspeisen verwendet. Malaysia ist außerdem eines der sichersten und am leichtesten zu berei senden Länder Südostasiens.

Reisezeit

Kuala Lumpur

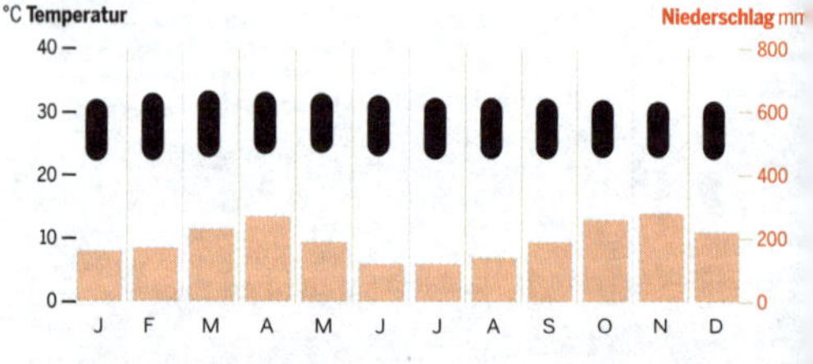

Dez.–Feb. Hochsaison: Schulferien und chinesisches Neujahr. Hohe Preise. Unbedingt vorab buchen.

Nov.–März In der Monsunsaison sind viele Inseln an der Ostküste dicht; Cherating füllt sich mit Surfern.

März–Juni Nebensaison: Viel Regen und weniger Touristen. Während des Ramadan öffnen abends Essbasare.

Anreise

Die meisten internationalen Flüge kommen in Kuala Lumpur (KL) an. Es gibt auch Direktflüge von Australien und Asien nach Penang, Kuching, Kota Kinabalu und in einige andere Städte. Mit dem Zug oder dem Auto gelangt man nach Thailand und Singapur. Busse verbinden Sabah und Sarawak in Malaysia mit Brunei Darussalam und Indonesien (Kalimantan). Fähren verbinden Malaysia mit Indonesien, Brunei Darussalam, Singapur und Thailand.

MALAYSIA IM ÜBERBLICK

An der Westküste der Malaiischen Halbinsel liegen die moderne Hauptstadt Kuala Lumpur, das multikulturelle Melaka und das farbenfrohe koloniale Erbe von Penangs George Town. Alle Städte beherbergen eine florierende Straßenküchenszene mit kulinarischen Highlights. Um dem Treiben der Städte zu entfliehen, eignen sich die Cameron Highlands mit ihren Teeplantagen oder ein postkartenreifes Strandresort.

Malaysisch-Borneo lockt Reisende mit der Chance, einen der höchsten Berge Südostasiens zu besteigen und liebenswerte Orang-Utans aus der Nähe zu betrachten. Unter der Erde locken Sarawaks Welterbe-Kalksteinhöhlen, unter der Wasseroberfläche die fabelhaften Tauchreviere in Sabahs Semporna-Archipel.

Essen & Trinken

Frühstück *Nasi lemak* (Kokosnussreis mit Beilagen), *roti canai* (flaches indisches Brot), *won ton mee* (Eiernudeln und Wan Tan), Dim Sum oder Reis-*congee* (herzhafter Reisbrei).

Grillgerichte Fisch, Hummer, Garnelen, Tintenfisch, Herzmuscheln und Stachelrochen. Man zeigt darauf und sieht zu, wie es mit Sambal bestrichen und im Bananenblatt gegrillt wird.

Nudeln Gebraten oder in Suppen. Lecker sind *char kway teow* (gebratene Nudeln u. a. mit Ei, Sojasoße und Chili und anderen Zutaten), *laksa*, *curry mee* (Currynudeln), Hokkien mee (gebratene Nudeln u. a. mit Hühnchen und Schweinefleisch und anderen Zutaten) und *won ton mee*.

Reis *Nasi campur* ist ein beliebtes Mittagsgericht mit Reis und einer Auswahl an Beilagen.

Dessert Die Malaysier trinken ihre Desserts. Dazu zählen gezuckerte Fruchtsäfte, gesüßte Kondensmilch in heißen Getränken sowie kaltes Gebräu wie ABC (Geschabtes Wassereis mit Kokoscreme, bunten Sirups, Gelees und süßen roten Bohnen).

Tagesbudget

- Bett im Schlafsaal: 15–50 RM
- Essen am Straßenstand oder im Food Court: 5–7 RM
- Metro-Fahrkarte: 1–2,50 RM

AUF EINEN BLICK

Geld Geldautomaten nur in Großstädten.

Sprache Bahasa Malaysia (offiziell), Chinesisch (Hakka & Hokkien), Tamil, Englisch.

Visum Die meisten Nationalitäten erhalten bei Ankunft ein 30- bis 90-tägiges Visum.

Währung Malaysischer Ringgit (RM)

Wechselkurse

Eurozone	1 €	4,68 RM
Schweiz	1 SFr	4,13 RM
Singapur	1 S$	3,06 RM
Thailand	10 B	1,21 RM

Reisetipps

- Sich zurückhaltend kleiden, vor allem in den nordöstlichen Bundesstaaten der Malaiischen Halbinsel.
- Beim Besuch von Moscheen bedeckt man Kopf und Körper mit einem Kopftuch und einem Sarong. Viele Moscheen verleihen welche am Eingang.
- Flugpreise nach Singapur und Malaysia vergleichen: Von Singapur kann man über Land billig auf die Malaiische Halbinsel reisen und es gibt auch Direktflüge nach Malaysisch-Borneo.
- Mit günstigen Inlandsflügen Zeit sparen.
- Kreditkartenbetrug kommt vor. Man sollte seine Karten nur in größeren Geschäften benutzen.
- Sich bei Tierbissen sofort behandeln lassen (Tollwut-Risiko).

Highlights

1 **Penang** (S. 443) Den denkmalgeschützten Teil von George Town erkunden.

2 **Pulau Perhentian** (S. 465) Am Strand liegen, schnorcheln und schlemmen.

3 **Kinabalu** (S. 480) Zum Sonnenaufgang an Mondlandschaften vorbei auf den Granitgipfel wandern.

4 **Semporna-Archipel** (S 489) Durch bunte Korallenriffe voller Meeresleben tauchen.

5 **Kuala Lumpur** (S. 419) Vom KL Tower oder von der Heli Lounge Bar auf dem Dach die Aussicht genießen.

6 **Pulau Tioman** (S. 458) Stranddörfer besichtigen und an Riffen tauchen.

7 **Cameron Highlands** (S. 438) Die hügeligen Teeplantagen bewundern.

8 **Gunung-Mulu-Nationalpark** (S. 510) Die Welterbe-Kalksteinhöhlen erforschen.

9 **Bario** (S. 512) Auf einer Langhaus-Veranda ein Tässchen Wildtee schlürfen.

KUALA LUMPUR

03 / EW. 1,73 MILLIONEN

Von einer bescheidenen Zinnminenstadt hat sich Kuala Lumpur (KL) in den letzten 150 Jahren zu einer wohlhabenden Metropole des 21. Jhs. mit einer bemerkenswerten kulturellen Vielfalt entwickelt. Sie wurde von indigenen Malaien, chinesischen Erzsuchern, indischen Immigranten und britischen Kolonialisten geprägt. Jede der Gruppen hat der Stadt ihren Stempel aufgedrückt und ihre kulturellen Traditionen hinterlassen. Tempel und Moscheen stehen Seite an Seite mit supermodernen Türmen und Einkaufszentren; auf den Straßenständen stapeln sich stechend riechende Durianfrüchte und gefälschte Handtaschen; dazwischen schlürfen Einheimische Cappuccinos in Cafés oder schmausen das köstliche Essen der Straßenhändler.

KLs Stadtzentrum ist überraschend kompakt – von Chinatown bis Masjid India braucht man nur gut 10 Gehminuten – und man kommt zu Fuß oft schneller voran als mit den öffentlichen Verkehrsmitteln. Der Merdeka Square bildet das Zentrum des kolonialen KL. Südwestlich über den Fluss liegt Chinatown, das bei Travellern dank seiner Budgetunterkünfte und seines belebten Nachtmarkts sehr beliebt ist.

Sehenswertes

Chinatown, Merdeka Square & Bukit Nanas

Sin-Sze-Si-Ya-Tempel TEMPEL
(Karte S. 422 f.; Jln Tun HS Lee; 7–17 Uhr; LRT Pasar Seni) GRATIS Kuala Lumpurs ältester chinesischer Tempel (1864) wurde im Auftrag von Kapitan Yap Ah Loy gebaut und ist Sin Sze Ya und Si Sze Ya gewidmet, zwei chinesischen Gottheiten, von denen angenommen wird, dass sie bei Yaps Aufstieg zum Kapitan eine wichtige Rolle spielten. Mehrere schöne Gegenstände schmücken den Tempel, darunter zwei hängende geschnitzte Holztafeln, doch am besten ist die gefühlte Grenzatmosphäre.

★ **Merdeka Square** PLATZ
(Dataran Merdeka; Karte S. 427; LRT Masjid Jamek) Der riesige offene Platz – 1957 Schauplatz der malaiischen Unabhängigkeitserklärung – wird von denkmalgeschützten Gebäuden gesäumt, darunter das prachtvolle **Sultan-Abdul-Samad-Gebäude** (Karte S. 422 f.; Jln Raja) und die **Anglikanische Kathedrale St. Mary's** (Karte S. 422 f.; 03-2692 8672; www.stmaryscathedral.org.my; Jln Raja; 8–17 Uhr), die beide von A. C. Norman entworfen wurden. Am enormen Fahnenmast flattert eine malaysische Flagge. Während der britischen Kolonialzeit wurde der Platz als Kricketfeld genutzt und Padang („Feld") genannt.

KL Forest Eco Park NATURSCHUTZGEBIET
(Taman Eko Rimba KL; Karte S. 427; 03-2026 4741; www.forestry.gov.my; 8–18 Uhr; KL Tower) GRATIS In diesem tropischen Hartholzwald, der sich im Herzen der Stadt auf 9,37 ha erstreckt, weicht KLs urbaner Lärm dem Summen von Insekten und Zwitschern von Vögeln. Der Park umfasst einen der ältesten geschützten Dschungel Malaysias (1906 erstmals amtlich vermerkt) und wird gemeinhin „Bukit Nanas" („Ananashügel") genannt. Nicht versäumen sollte man einen Spaziergang auf dem luftigen **Baumwipfelpfad**, der vom Parkplatz Menara KL leicht zu erreichen ist. Die verschiedenen Spazierwege sind ausgeschildert. Wer einen längeren Streifzug unternehmen möchte, kann eine einfache Wegekarte im **Forest Information Centre** (Jln Raja Chulan; 9–17 Uhr) bekommen, wo alle Wege beginnen.

Menara Kuala Lumpur TURM
(KL Tower; Karte S. 427; 03-2020 5444; www.menarakl.com.my; 2 Jln Punchak; Aussichtsplattform Erw./Kind 52/31 RM, offene Terrasse Erw./Kind 105/55 RM; Aussichtsplattform 9–22 Uhr,

ABSTECHER

BATU-HÖHLEN

Hinduistische Gottheiten wachen über die Batu-Höhlen, ein System mit drei Grotten, 13 km nordwestlich der Hauptstadt. Der größte Publikumsmagnet ist die **Tempelhöhle** (8–20.30 Uhr; Batu Caves) GRATIS mit einem hinduistischen Schrein, der über 272 Stufen erreichbar ist und von einer 42,7 m hohen goldenen Muruganstatue bewacht wird – angeblich die größte der Welt. In den Höhlen ist immer viel los, doch während des jährlichen Thaipusam (Januar/Februar) strömen Hunderttausende Pilger hierher, um die spektakulären masochistischen Heldentaten der Gläubigen zu bestaunen oder sich ihnen anzuschließen.

Der KTM-Komuter-Zug fährt alle 15 bis 30 Minuten zu den Batu-Höhlen (2,60 RM, 30 Min.). Ein Taxi kostet 20 bis 30 RM.

letzte Tickets 21.30 Uhr; KL Tower) Auch wenn die Petronas Towers noch höher sind, bietet der Menara KL auf dem Gipfel von Bukit Nanas mit seinen 421 m die beste Aussicht auf die Stadt. Seine zwiebelförmige Spitze beherbergt ein drehendes Restaurant, eine 276 m hohe **Aussichtsplattform** und – als Highlight – eine 300 m hohe offene Terrasse, die je nach Wetterlage zugänglich ist. Wer sich traut, kann hier ein Foto in einer **Sky Box** machen lassen – mit nichts als Glas zwischen den Füßen und der Erde (nicht für Kleinkinder).

Masjid Jamek MOSCHEE
(Freitagsmoschee; Karte S. 422 f.; abseits der Jln Tun Perak; Sa–Do 9–12 & 14.30–16 Uhr; LRT Masjid Jamek) GRATIS Die elegante vom britischen Architekten A. B. Hubback entworfene Moschee mit zwiebelförmiger Kuppel, mit von Ziegel und Mörtel umrandeten Minaretten sowie drei wohlgeformten Kuppeln vereint Mughal- und Mauren-Stilelemente. Die Masjid Jamek am Zusammenfluss von Gombak und Klang war bei ihrer Fertigstellung im Jahr 1907 die erste Ziegelmoschee Malaysias. Bis zur Eröffnung der Nationalmoschee im Jahr 1965 blieb sie der wichtigste muslimische Andachtsort der Stadt.

Sri-Mahamariamman-Tempel HINDUISTISCHER TEMPEL
(Karte S. 422 f.; 163 Jln Tun HS Lee; 6–20.30 Uhr; LRT Pasar Seni) GRATIS Knapp 23 m über diesem belebten Tempel ragt ein farbenfroh mit hinduistischen Göttern verzierter Turm in den Himmel. Der angeblich älteste hinduistische Tempel Malaysias wurde 1873 gegründet. Benannt ist der im südindischen Stil verzierte Tempel nach Mariamman, der südindischen Mutter Gottes, auch als Parvati bekannt. Ihr Schrein liegt im hinteren Teil des Komplexes. Zur Linken befindet sich ein Schrein zu Ehren des elefantenköpfigen Ganesha und zur Rechten einer zu Ehren von Murugan.

Bukit Bintang & KLCC

★ Petronas Towers TURM
(Karte S. 427; 03-2331 8080; www.petronastwintowers.com.my; Jln Ampang; Erw./Kind 85/35 RM; Di–So 9–21, Fr 13–14.30 Uhr geschl.; ; LRT KLCC) Wie zwei silberne Zwillingsraketen aus *Flash Gordon* ragen die Petronas Towers in den Himmel – das perfekte Sinnbild für den kometenhaften Aufstieg der Stadt von einer Zinnarbeiterstätte hin zu einer Metropole des 21. Jhs. Die Hälfte der 1500 Tickets für die 45-minütigen Führungen werden vorab online verkauft. Wer sich vor Ort eins kaufen möchte, sollte früh da sein.

★ ILHAM GALERIE
(Karte S. 427; www.ilhamgallery.com; 3. & 5. OG, Ilham Tower, 8 Jln Binjai; Di–Sa 11–19, So bis 17 Uhr; LRT Ampang Park) GRATIS Diese zum Nachdenken anregende zeitgenössische Kunstgalerie bietet eine ausgezeichnete Entschuldigung dafür, den eleganten 60-stöckigen ILHAM Tower zu betreten. Die in Wechselausstellungen gezeigten Kunstwerke umfassen verschiedene Medien und werden mit dem Ziel, Diskussionen anzustoßen, kuratiert. Von Schwarz-Weiß-Fotografie bis zu neonfarbenen *kampung*-Häusern ist hier alles zu sehen.

KLCC Park PARK
(Karte S. 427; Jln Ampang, KLCC; 7–22 Uhr; ; LRT KLCC) Von diesem Park bietet sich die beste Aussicht auf die Petronas Towers (s. links). Früh am Abend könnte man meinen, dass alle Städter diesen Ort aufsuchen, um die leuchtenden Türme vor dem Abendhimmel zu sehen. Vor dem Suria KLCC lassen sich jeden Abend um 20, 21 und 22 Uhr Wasserspiele an den Brunnen von Lake Symphony bestaunen.

Lake Gardens, Brickfields & Bangsar

★ Museum für Islamische Kunst MUSEUM
(Muzium Kesenian Islam Malaysia; Karte S. 422 f.; 03-2092 7070; www.iamm.org.my; Jln Lembah Perdana; Erw./Kind 14/7 RM; 10–18 Uhr; Kuala Lumpur) In einem Gebäude, das genauso beeindruckend ist wie die Sammlung, die es beherbergt, zeigt das Museum für Islamische Kunst dekorative islamische Kunst aus der ganzen Welt. Modelle der berühmtesten islamischen Gebäude der Welt, herrliche Textilien, Teppiche, Schmuck und mit Kalligrafie beschriftete Keramik buhlen um das Auge des Betrachters. Der Nachbau des **Damaskus-Zimmers** aus dem 19. Jh. ist ein mit Blattgold verzierter Traum, aber das Gebäude selbst mit seinen schön verzierten Kuppeln und glasierten Kacheln ist ebenso ein Hingucker.

Vogelpark KL NATURSCHUTZGEBIET
(Karte S. 421; 03-2272 1010; www.klbirdpark.com; Jln Cenderawasih; Erw./Kind 67/45 RM; 9–18 Uhr; ; Kuala Lumpur) Mehr als 3000 Vögel flattern durch diesen 21 ha großen Vogelpark. Hier gibt's insgesamt 200 Arten (meist asiatischer Herkunft zu sehen, darunter sto

Kuala Lumpur

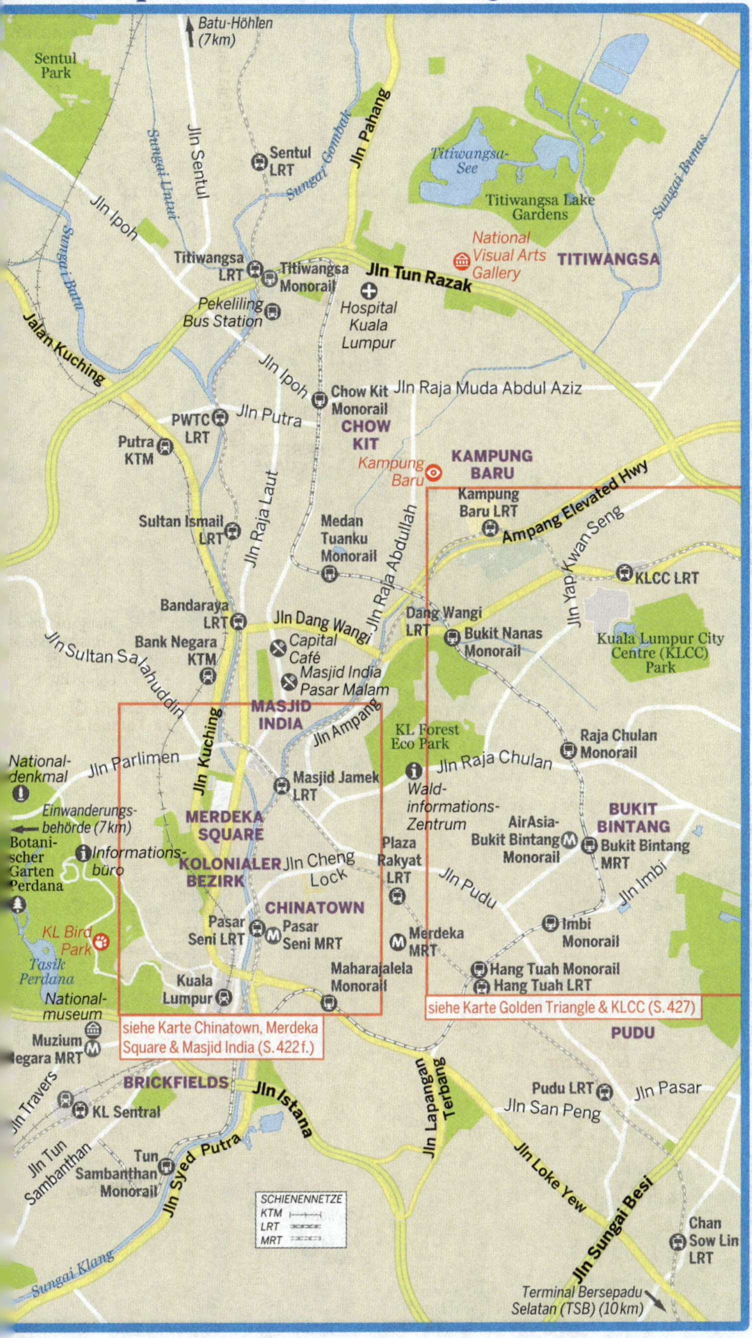

Chinatown, Merdeka Square & Masjid India

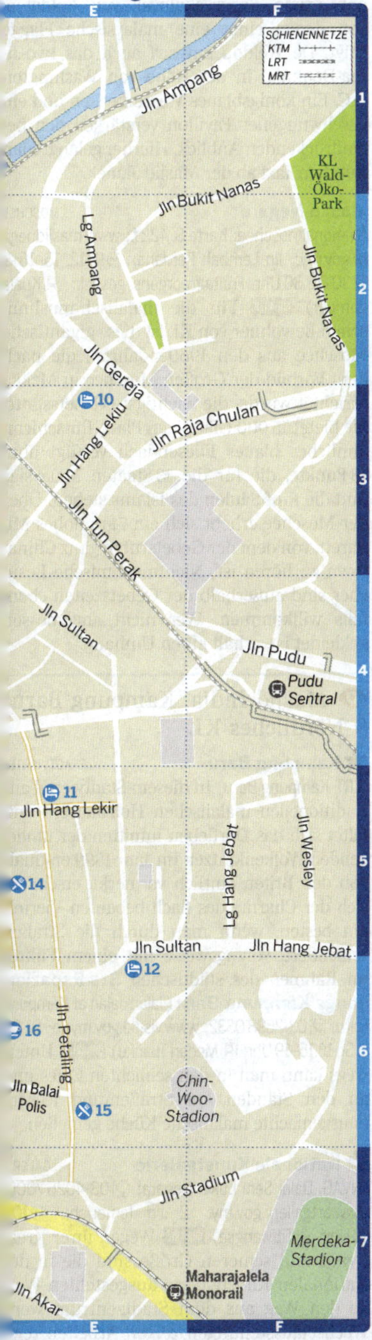

Chinatown, Merdeka Square & Masjid India

Highlights
1 Museum für Islamische Kunst A6
2 Merdeka Square C3
3 Sin-Sze-Si-Ya-Tempel D4

Sehenswertes
4 Masjid Jamek D3
5 Masjid Negara B6
6 Sri-Mahamariamman-Tempel D5
7 Anglikanische Kathedrale St. Mary's .. C2
8 Sultan-Abdul-Samad-Gebäude C3

Aktivitäten, Kurse & Touren
9 Travel Han D5

Schlafen
10 BackHome E3
11 Lantern Hotel E5
12 Mingle Hostel E6
13 Reggae Mansion D3

Essen
LOKL Coffee .... (siehe 10)
14 Madras Lane Hawkers E5
15 Merchant's Lane E6

Ausgehen & Nachtleben
16 Aku Café & Gallery E6

Shoppen
17 Museum für Ethnokunst D4
Petaling-Straßenmarkt .... (siehe 11)

zierende Flamingos und Papageien. Der Park ist in vier Abschnitte unterteilt: Abschnitt eins und zwei beherbergen frei fliegende Vögel unter einem riesigen Schutzdach. Im dritten Abschnitt sind die einheimischen Nashornvögel zu finden (ihren Namen verdanken sie ihrem riesigen Schnabel). Der vierte Abschnitt allerdings bietet einen nicht besonders erbaulichen Anblick von eingesperrten Tieren.

Botanischer Garten Perdana PARK

(☎03-2617 6404; www.klbotanicalgarden.gov.my; ⏰7–20 Uhr; 👪; 🚉Kuala Lumpur) **GRATIS** Im ältesten öffentlichen Park KLs (aus den 1880er-Jahren) wächst eine große Vielfalt an einheimischen und ausländischen Pflanzen, darunter 800 Orchideenarten, über 300 Jahre alte Mahagonibäume und unzählige Hibiskusblüten (die Nationalblume des Landes). Es gibt separate Gärten mit Farnen, seltenen Bäumen, Heilkräutern und Wasserpflanzen. Die Gärten mit Gehwegen und Pavillons sind schön angelegt, jedoch kaum beschildert. Wer mehr erfahren möchte, kann am **Infokiosk** (⌚7–20 Uhr; LRT Masjid Jamek) eine Karte mitnehmen.

Nationalmuseum MUSEUM

(Muzium Negara; ☎03-2267 1111; www.muziumnegara.gov.my; Jln Damansara; Erw./Kind 5/2 RM; ⌚9–18 Uhr; 🚉KL Sentral) Dieses ausgezeichnete moderne Museum bietet einen umfassenden Einblick in die Geschichte Malaysias, von der Vorgeschichte bis zur Gegenwart. In einer Galerie (in der sich eine Kopie des 11 000 Jahre alten Perak-Mannes befindet, Malaysias berühmtester archäologischer Entdeckung) werden die Geologie und die Vorgeschichte des Landes dargestellt. Die Galerie der modernen Geschichte ist sogar noch interessanter: Sie enthält Nachbauten von Tempelwänden, königlichen Betten und Zeremoniengewändern aus den vergangenen Jahrhunderten.

Draußen gibt's ein traditionelles, erhöhtes Haus, antike Grabpfahle aus Sarawak, regelmäßig wechselnde Ausstellungen (gegen Aufpreis) sowie zwei hervorragende kleine Nebengalerien, das **Kunsthandwerksmuseum Orang Asli** (☎03-2282 6255; www.jmm.gov.my) und das **Ethnologische Museum Malay World** (☎03-2267 1000; www.jmm.gov.my).

Nationaldenkmal DENKMAL

(Tugu Negara; Plaza Tugu Negara, Jln Parlimen; ⌚7–18 Uhr; LRT Masjid Jamek) GRATIS Auf einem palmengesäumten Platz mit schönem Ausblick auf KLs Wolkenkratzer steht dieses bombastische Denkmal. Es erinnert an die militärischen Opfer im Namen der malaysischen Unabhängigkeit. Das Kernstück des Denkmals ist eine 1966 von Felix de Weldon entworfene Bronzeskulptur von Soldaten, von denen einer eine malaysische Flagge trägt. De Weldon entwarf auch das Iwo-Jima-Denkmal in der Nähe von Washington D.C. Ein königsblaues Wasserbecken und ein geschwungener Pavillon verstärken den beeindruckenden Anblick. Hierher gelangt man mit dem Taxi ab der Masjid Jamek.

> **VERWÖHNPROGRAMM**
>
> Im mit Neonakzenten versehenen **Wolo Bukit Bintang** (Karte S. 427; ☎03-2719 1333; www.thewolo.com; Ecke Jln Bukit Bintang & Jln Sultan Ismail; DZ ab 230 RM; ❄📶; AirAsia-Bukit Bintang) fühlt man sich, als würde man einen Nachtclub betreten. Spiegelverkleidete Aufzüge führen in schwach beleuchtete Gänge, die von wolkenförmigen Laternen erhellt werden. Sie führen zu Zimmern, in denen die Matratze wie ein Futon auf hellem Holzboden liegt und die Dusche und das WC sich hinter gepolsterten Kunstledertüren befinden. Mit seiner glamourösen Rockstaratmosphäre ist es eine nette Abwechslung zu den Unterkünften der mittleren Kategorie.

Masjid Negara MOSCHEE

(Nationalmoschee; Karte S. 422 f.; www.masjidnegara.gov.my; Jln Lembah Perdana; ⌚9–12, 15–16 & 17.30–18.30 Uhr, Freitagmorgens geschl.; 🚉Kuala Lumpur) GRATIS Für die malaiisch-muslimischen Bewohner von KL ist diese gigantische Moschee aus den 1960er-Jahren, die nach dem Vorbild der Großen Moschee in Mekka errichtet wurde, die wichtigste Gebetsstätte. Sie bietet 15 000 Gläubigen Platz. Ihr schirmähnliches blaues Fliesendach verfügt über 18 Punkte, die für die 13 Staaten Malaysias und die fünf Säulen des Islams stehen. Über der Moschee erhebt sich ein 74 m hohes Minarett, von dem der Gebetsruf in ganz Chinatown zu hören ist. Nichtmuslimische Besucher sind außerhalb der Gebetszeiten ebenfalls willkommen. Wer nicht angemessen gekleidet ist, erhält einen Umhang.

Masjid India, Kampung Baru & Nördliches KL

★Kampung Baru STADTVIERTEL

(LRT Kampung Baru) In diesem Stadtviertel aus traditionellen malaiischen Holzhäusern entfaltet sich das Dorfleben inmitten der umliegenden Wolkenkratzer. Im Jahr 1899 erstmals von den Briten amtlich vermerkt, erschließt sich der Charme des flach bebauten Viertels am besten, wenn man durch die Straßen schlendert, vorzugsweise mit einem Führer im Rahmen des städtischen **Stadtspaziergangs Kampung Baru** (Jalan-Jalan at Kampung Baru; ☎03-2698 0332; www.visitkl.gov.my; ⌚Di, Do & So 16.15–19 Uhr; 🚉Medan Tuanku) GRATIS. Unterwegs kann man in den schlichten Cafés und an den Ständen am Straßenrand leckere hausgemachte malaiische Küche genießen.

★Nationale Kunstgalerie GALERIE

(NVAG, Balai Seni Lukis Negara; ☎03-4026 7000; www.artgallery.gov.my; 2 Jln Temerloh; ⌚10–18 Uhr; 🚉Titiwangsa) GRATIS Wegen ihrer Kreativität und schieren Größe sind die in der Nationalen Kunstgalerie ausgestellten Werke den Weg aus dem Stadtzentrum wert. Wechselausstellungen zeigen Arbeiten reg onaler Künstler. Die Darstellungen der malaysischen Politik und lokalen Identität springen Besuchern förmlich von den Leinwänden entgegen. Die Galerien im Obergeschoss sind über eine spiralförmige Rampe zugänglich, die an das Guggenheim-Museum erinnert. Im Erdgeschoss befindet sich eine Dauerausstellung mit 4000 Werken.

Unterkunft

Chinatown, Merdeka Square & Bukit Nanas

★ Reggae Mansion HOSTEL $

(Karte S. 422 f.; ☎03-2072 6877; www.reggaehostelsmalaysia.com/mansion; 49-59 Jln Tun HS Lee; B 38-58 RM, DZ 140-150 RM, 3BZ 200 RM; ❄@📶; LRT Masjid Jamek) Einen Hauch edler als die meisten Backpacker-Unterkünfte. Das Reggae Mansion beeindruckt sofort durch seinen nachempfundenen Kolonialstil und seine zeitgenössischen Elemente, darunter eine lebhafte Dachbar, ein Minikino und eine schicke Café-Bar. Die containerartigen Betten sorgen für Privatsphäre, aber einer der Schlafsäle ist sehr groß (24 Betten). Wer keine Nachteule ist, sollte um ein ruhigeres Zimmer, mit reichlich Abstand zur Bar, bitten.

★ BackHome HOSTEL $

(Karte S. 422 f.; ☎03-2022 0788; www.backhome.com.my; 30 Jln Tun HS Lee; B 50–80 RM, DZ 138–144 RM, 3BZ 156 RM, alle inkl. Frühstück; ❄@📶; LRT Masjid Jamek) Polierte Betonoberflächen, Zen-Deko, Regenduschen (alle Zimmer teilen sich Gemeinschaftsbäder) und ein herrlicher zentraler Hof mit kleinen Bäumen machen dieses Hostel zu einer Top-Adresse für anspruchsvolle Backpacker. Es gibt gemischte Schlafsäle sowie Schlafsäle für Frauen und Schlafsäle für Pärchen (mit Platz für bis zu vier Personen). Cool ist auch das hauseigene **LOKL Café** (Karte S. 422 f.; http://loklcoffee.com; Hauptgerichte 16–30 RM; ⏲8–18 Uhr; 📶).

Mingle Hostel HOSTEL $

(Karte S. 422 f.; ☎03-2022 2078; www.minglekl.com; 53 Jln Sultan; Männer & Frauen/nur Frauen B 55/58 RM, Zi. ab 108 RM; ❄@📶; LRT Pasar Seni) Das Hostel befindet sich in einem Gebäude aus den 1920er-Jahren, das einst einem chinesischen Magnaten gehörte. Mit seinen ehrwürdigen Steinwänden und Loungebereichen im Freien vermittelt es eine ganz eigene natürliche Atmosphäre. Die geräumigen Schlafsäle und Zimmer sind mit Betten mit eigenen Klimaanlagen und Steckdosen ausgestattet. Hier und da erinnern Antiquitäten und alte Messinglampen an die glorreiche Vergangenheit des Gebäudes als Gemeindehaus.

Lantern Hotel HOTEL $

(Karte S. 422 f.; ☎03-2020 1648; www.lanternhotel.com; 38 Jln Petaling; DZ 95–115 RM, 3BZ 125 RM, alle inkl. Frühstück; ❄📶; LRT Pasar Seni) Zentraler als in diesem Hotel mit elegantem Design kann man in Chinatown nicht übernachten. Die schlichten weiß getünchten Zimmer mit lindgrünen oder orangeroten Wänden verfügen über eigene Bäder – die günstigsten haben kein Fenster. Ein Pluspunkt ist die Terrasse mit einem Wandbild der Stadt, Kletterpflanzen und Blick auf den Petaling-Straßenmarkt.

Paloma Inn HOTEL $$

(Karte S. 427; ☎03-2110 6677; www.hotelpalomainn.com.my; 12-14 Jln Sin Chew Kee; B/EZ/DZ/3BZ 40/100/105/170 RM; ❄@📶; 🚝Hang Tuah) In einer Nebenstraße mit gestrichenen Ladenhäusern aus der Vorkriegszeit liegt das Paloma, eine gut geführte Unterkunft in ruhiger Lage. Die meisten der einfachen Zimmer sind mit Holzböden und modernen Bädern ausgestattet; hier und da findet man einen magentafarbenen Farbtupfer. Nach zehn Gehminuten ist man mitten im Nachtleben von Chankit Bukit Bintang. Von Freitag bis Sonntag gelten etwas höhere Preise. Frühstücken kostet 10 RM extra, Waschen 12 RM.

Bukit Bintang & KLCC

Classic Inn PENSION $$

(Karte S. 427; ☎03-2148 8648; www.classicinn.com.my; 36 & 52 Lg 1/77A; DZ inkl. Frühstück 118–138 RM; ❄@📶; 🚝Imbi) Der Check-in erfolgt in der neuen angesagten Zweigstelle des Classic Inn unter der Hausnummer 36, wo es makellose Zimmer mit eigenem Bad und ein Café mit Veranda gibt. Das ursprüngliche gelb angestrichene Ladenhaus unter der Hausnummer 52 ist weiterhin eine charmante Retro-Option mit einfachen, aber hübschen Privatzimmern, einem kleinen, grasbewachsenen Garten und freundlichen Mitarbeitern.

Essen

Chinatown, Merdeka Square & Bukit Nanas

Madras Lane Hawkers STRASSENSTÄNDE $

(Karte S. 427; Madras Lane; Nudelgerichte 5–6 RM; ⏲Di–So 8–16 Uhr; LRT Pasar Seni) Neben dem

Golden Triangle & KLCC

Guandi-Tempel liegt diese Gasse mit Straßenständen. Hier kommt man am besten zum Frühstück oder Mittagessen her. Es gibt herausragende Anbieter, darunter einen mit 10 verschiedenen Arten von *yong tau fu* (Gemüse, gefüllt mit Tofu sowie Fisch- und Schweinepastete) auf der Speisekarte. Klasse sind auch die Stände mit *bah kuh teh* (Heilkräuter-Schweineeintopf) und Curry Laksa.

Merchant's Lane FUSION-KÜCHE $$
(Karte S. 422 f.; 03-2022 1736; www.facebook.com/merchantslane/home; 1. OG, 150 Jln Petaling; Hauptgerichte 20–30 RM; Mo, Di, Do & Fr 11.30–22, Sa & So 9.30–22 Uhr; ; Maharajalela) Von einer schmalen Eingangstür führt eine Treppe hinauf in dieses überaus charmante Café mit hohen Decken. Hier tummeln sich Touristen und Einheimische, die ihre Vorliebe für das Posten von Instagramm-Fotos des begrünten Lokals und seiner Fusion-Gerichte vereint. Entspannte Mitarbeiter servieren Gerichte wie Hühnchen mit grünem Pandan-Reis und „italienisches *chow-mein*“, in denen sich West und Ost vereinen. Die Gerichte sind unterschiedlich gut, aber das Restaurant ist eine wahre Augenweide.

Bukit Bintang & KLCC

Nasi Kandar Pelita FOOD COURT $
(Karte S. 427; 03-2162 5532; www.pelita.com.my; 149 Jln Ampang; Hauptgerichte 8–15 RM; 24 Std.; LRT KLCC) In der Zweigestelle dieser ausgezeichneten *mamak*-Restaurantkette auf der Jalan Ampang gibt's rund um die Uhr köstliche *mamak*-Küche (mit muslimisch-indisch-malaiischen Einflüssen). Das Nasi Kandar Pelita ist günstig und sauber und bietet viel Auswahl, z. B. *roti canai* (flaches Blätterteigbrot), Hühnchen aus dem *tandoor* (zylindrischen Ofen) und *biryani* (gewürztes Reisegericht).

Lot 10 Hutong STRASSENSTÄNDE $
(Karte S. 427; www.lot10hutong.com; UG, Lot 10, 50 Jln Sultan Ismail; Gerichte 9–18 RM; 10–22 Uhr; AirAsia-Bukit Bintang) Als erstes Einkaufszentrum holte sich das Lot 10 Hutong auch Zweigstellen erstklassiger Straßenstände in seinen Food Court im Untergeschoss. Von der Einrichtung mit hervorragendem Design wurden Größen wie Soong Kee angezogen, der seit 1945 Rindfleischnudeln verkauft. Nicht versäumen sollte man die Austern-Omeletts von Kong Tai, den kantonesischen Haferbrei von Hon Kee, das *Hokkien mee* von Kim Lian Kee und Penang Famous Fried Koay Teow.

Imbi Market am ICC Pudu STRASSENSTÄNDE
(Jln 1/77C; Gerichte 5–10 RM; Di–So 6–14 Uhr; LRT Pudu) Das eher klinische Äußere dieses neuen Marktgebäudes am ICC Pudu hat zwar nicht mehr die Atmosphäre des alten Imbi-Marktes, aber die Verkäufer bieten noch immer köstliches Essen an. Zu den besten Gerichten gehören die Reismehlnudeln von Ah Fook Chee Cheong Fun, der Reis mit gut gewürztem *sambal* von Ann Nasi Lemak und die süßen Köstlichkeiten von Nyonya Kuih.

Mehrere Stände befinden sich in einem separaten *kopitiam*, z. B. **Ah Weng Koh Hainan Tea** (www.facebook.com/AhWengKohHainanTea/; Platz G85 ICC Pudu, Jln 1/77C; Gerichte 3–10 RM; 5.30–14 Uhr; LRT Pudu) gleich außerhalb der Haupthalle. Hier servieren die Sister Crispy Popiah hervorragende Wraps; daneben gibt's Stände mit *kaya*-Toast, Tee und Kaffee.

Masjid India, Kampung Baru & Nördliches KL

Capital Café MALAIISCH
(213 Jln TAR; Gerichte 4–6 RM; Mo–Sa 7.30–19.30 Uhr; LRT Bandaraya) Seit der Eröffnung im Jahr 1956 hat sich in dem schnörkellosen Ca

Golden Triangle & KLCC

enig verändert: Auf den Tisch kommt fabelaftes traditionelles malaiisches Essen. Hier rbeiten chinesische, malaiische und indische öche Seite an Seite, um den hungrigen Gäsn Gerichte wie *mee goreng, rojak* (Salat mit rdnussbutterdressing) und *satay* (nur abends erhältlich) zu servieren. Wenn viel los ist, muss man sich einen Tisch teilen.

Masjid India Pasar Malam STRASSENSTÄNDE $

(Nachtmarkt; Lg Tuanku Abdul Rahman; Straßenküche 5–10 RM; ⏲ Sa 15–24 Uhr; LRT Masjid Jamek)

NICHT VERSÄUMEN

JALAN ALOR

Die Auswahl an Restaurants und Ständen auf der **Jalan Alor** (Karte S. 427; 24 Std.; AirAsia-Bukit Bintang) bringt die kulinarische Szene von KL auf einen gemeinsamen Nenner. Hier sitzen aufgetakelte Girlies mit Paillettenoberteilen aus der gehobenen Gesellschaft neben Backpackern, die auf jeden Ringgit achten müssen. Ab etwa 17 Uhr verwandelt sich die Straße in einen einzigen großen Speisesaal unter freiem Himmel mit Hunderten von Plastiktischen und -stühlen, und die rivalisierenden Anbieter versuchen schreiend, Passanten zu ködern (die aufdringlichsten sollte man meiden!). Meist verkaufen sie auch alkoholische Getränke. Außerdem bekommt man hier so ziemlich jedes erdenkliche malaiisch-chinesische Gericht, von gegrilltem Fisch über *satay* bis *kai-lan* (chinesisches Gemüse) in Austernsoße und gebratene Nudeln mit Froschschenkeln. Thailändische Gerichte sind ebenfalls beliebt.

Jeden Samstag stehen von ca. 15 Uhr bis spätnachts Stände entlang der Lg Tuanku Abdul Rahman, einer Gasse zwischen der Jalan TAR und der Masjid India. Zwischen den Verkäufern in Kopftuch- und T-Shirt werden an etlichen Ständen hervorragende malaiische, indische und chinesische Imbisse sowie farbenfrohe soja- und fruchthaltige Getränke angeboten.

Ausgehen & Nachtleben

Chinatown, Merdeka Square & Bukit Nanas

★ Aku Café & Galerie CAFÉ

(Karte S. 422 f.; 03-2857 6887; www.oldchina.com.my/aku.html; 1. OG, 8 Jln Panggong; Di–So 11–20 Uhr; ; LRT Pasar Seni) Dieses intime kunstgefüllte Café serviert guten Tee und Kaffee sowie geeiste Getränke und Säfte, von frisch gepresstem Apfelsaft zu Bananen-Smoothies. Auf der Karte stehen kleine Gerichte und Pasta sowie ausgefallene Nachtische (einen Versuch wert ist das Pandan-Pannacotta). Hier gibt's auch einige außergewöhnliche Handwerksarbeiten zu kaufen, die sich gut als Souvenirs eignen.

★ Pahit COCKTAILBAR

(Karte S. 427; 03-2110 0776; www.facebook.com/barpahit; 3 Jln Sin Chew Kee; Di–So 17–1 Uhr; Hang Tuah) Versteckt in einem unscheinbaren Toreingang kündigt sich das Pahit mit einem Neonschild „Juniper und Joy" („Wacholder und Freude") an. In der Bar mit ihren freigelegten Ziegelsteinwänden kombinieren talentierte Mixer ihre Lieblingsgins mit Fackelingwer, Pomelos und allen möglichen anderen exotischen Geschmacksrichtungen.

VCR CAFÉ

(Karte S. 427; 03-2110 2330; www.vcr.my; 2 Jln Galloway; 8.30–23 Uhr; ; Hang Tuah) Das in einem luftigen Ladenhaus aus der Vorkriegszeit gelegene Café serviert erstklassigen Kaffee, ganztägig Frühstück (19 bis 35 RM) sowie Desserts. Hier tummelt sich ein gemischtes Publikum aus Backpackern und Einheimischen, die auf ihre Laptopbildschirme starren.

Bukit Bintang & KLCC

★ Heli Lounge Bar COCKTAILBAR

(Karte S. 427; 03-2110 5034; www.facebook.com/Heliloungebar; 34. OG, Menara KH, Jln Sultan Ismail; Mo–Mi 17–24, Do bis 2, Fr & Sa bis 3, So bis 11 Uhr; ; Raja Chulan) Diese schwindelerregende Dachbar mit ihrem aufregenden 360-Grad-Ausblick ist der beste Ort für einen Dämmerschoppen in KL. Den Daiquiri oder Lychee-Martini kann man mit nach oben auf den Hubschrauberlandeplatz nehmen, dem Selfie-Spot in KL.

★ Zouk CLUB

(www.zoukclub.com.my; TREC, 436 Jln Tun Razak; 25–45 RM; So–Di 22–3, Do bis 4, Fr & Sa bis 5 Uhr; AirAsia-Bukit Bintang) Wer in KL clubben gehen möchte, sollte das Zouk im TREK aufsuchen. Zu den sieben Partybereichen gehören der Main Room, in dem Elektro, Techno und Trance gespielt werden, ein Hiphop- und R&B-Club und eine überraschend grüne Terrasse. Hier ist Herausputzen angesagt (keine T-Shirts oder Sandalen!). Am besten nimmt man ein Taxi ab dem AirAsia-Bukit Bintang.

Taps Beer Bar MIKROBRAUEREI

(Karte S. 427; 03-2110 1560; www.tapsbeerbar.my; One Residency, 1 Jln Nagasari; Mo–Sa 17–1, So 12–1 Uhr; ; Raja Chulan) Das Taps hat sich auf Ale aus aller Herren Länder spezialisiert: Hier gibt's wechselnde Biere von 8 Mikrobrauereien aus aller Welt – 14 sogar vom Fass. Donnerstags bis samstags wird um 21.30 Uhr Livemusik gespielt, regelmä ßig finden Bierfeste und andere Events statt. Es gibt auch eine Karte mit malaiischen und amerikanischen Gerichten (Hauptgerichte 15 bis 50 RM).

Shoppen

Museum für Ethnokunst ANTIQUITÄTEN

(Karte S. 422 f.; ☎ 03-2301 1468; 2. OG, Nebengebäude, 10 Jln Hang Kasturi; ⌚ 11–19 Uhr; LRT Pasar Seni) Obwohl dieses Gebäude offiziell als Museum deklariert wird, kann man in dieser außergewöhnlichen privaten Sammlung von Stammeskunst aus Borneo fast alles kaufen. Hier gibt's außerdem Nonya-Keramiken, tibetische *thangka*-Bilder, chinesische Bilder und Porzellan, bestickte Wandbehänge, handgeschnitzte Schachteln und Türen und viele verschiedene andere Schmuckstücke aus Malaysia und der Region. Außerdem gibt's eine Galerie mit zeitgenössischen Kunstwerken.

Petaling-Straßenmarkt MARKT

(Karte S. 422 f.; Jln Petaling; ⌚ 10–22.30 Uhr; LRT Pasar Seni) Malaysias entspannte Einstellung zu gefälschten Waren zeigt sich auf diesem schwer angesagten Nachtmarkt, den man über unechte chinesische Eingangstore betritt. Schon vormittags zieht es die Händler auf die Jalan Petaling, bis die Straße von Marktständen geradezu überfüllt ist. Alle möglichen Waren sind hier zu finden – von gefälschten Mulberry -Handtaschen bis zu Jackfrucht. Nachmittags kann man gut Fotos schießen und es tummeln sich weniger Besucher auf dem Markt.

Praktische Informationen

EINWANDERUNGSBEHÖRDE

Einwanderungsbehörde (☎ 03-6205 7400; www.imi.gov.my; 69 Jln Sri Hartamas 1, abseits der Jln Duta; ⌚ Mo–Do 7.30–13 & 14–17.30, Fr 7.30–12.15 & 14.45–17.30 Uhr; 🚌 U83, Ⓜ Sentul Timur/Pantan) Zuständig für Visaverlängerungen; die Büros liegen gegenüber dem Einkaufszentrum Publika.

GELD

Die meisten Banken und Einkaufszentren verfügen über internationale Geldautomaten, die normalerweise im Erdgeschoss oder Kellergeschoß zu finden sind. Für Bargeld und (manchmal) Reiseschecks bieten Geldwechselstuben oft bessere Wechselkurse als Banken. Geldwechselstuben befinden sich in Einkaufszentren und sind normalerweise bis spätabends und an den Wochenenden geöffnet.

INTERNETZUGANG

In Kuala Lumpur gibt's überall WLAN-Hotspots (die in der Regel kostenlos sind). Internetcafés gibt's mittlerweile nicht mehr ganz so viele.

MEDIZINISCHE VERSORGUNG

Krankenhaus Kuala Lumpur (☎ 03-2615 5555; www.hkl.gov.my; Jln Pahang; 🚌 Titiwangsa, LRT Titiwangsa) Das Hauptkrankenhaus der Stadt, nördlich des Zentrums.

Twin Towers Medical Centre KLCC (Karte S. 427; ☎ 03-2382 3500; http://ttmcklcc.com.my; 4. OG, Suria KLCC, Jln Ampang; ⌚ Mo–Sa 8.30–18 Uhr; LRT KLCC) Liegt im Einkaufszentrum (Karte S. 427; ☎ 03-2382 2828; www.suriaklcc.com.my; KLCC, Jln Ampang; ⌚ 10–22 Uhr; LRT KLCC), das an die Petronas Towers grenzt . Eine zweite Klinik gibt's in der Nähe des KL Sentral.

POST

Hauptpost (Karte S. 422 f.; ☎ 03-2267 2267; www.pos.com.my; Jln Tun Tan Cheng Lock; ⌚ Mo–Fr 8.30–18, Sa bis 13 Uhr; LRT Pasar Seni) Vom Zentralen Markt aus auf der anderen Seite des Flusses.

TOURISTENINFORMATION

Visit KL (Kuala Lumpur Touristeninformation; Karte S. 422 f.; ☎ 03-2698 0332; www.visitkl.gov.my; 11 Jln Tangsi; ⌚ Mo–Fr 8.30–17.30 Uhr; 📶; LRT Masjid Jamek) Neben tonnenweise nützlichen Broschüren und Karten werden kostenfreie Spaziergänge durch KL angeboten, z. B. eine 2½-stündige Tour der Welterbestätten von KL (Mo, Mi, Sa 9 Uhr).

Malaysia Tourism Centre (MaTiC; Karte S. 427; ☎ 03-9235 4900; www.matic.gov.my/en; 109 Jln Ampang; ⌚ 8–22 Uhr; 🚌 Bukit Nanas) Informationen zu KL und Tourismus in ganz Malaysia. Es gibt auch eine kostenfreie Tanz- und Musikaufführung am hiesigen Theater (Mo–Sa 15 Uhr, Eintritt frei).

An- & Weiterreise

Kuala Lumpur ist ein bedeutender Verkehrsknotenpunkt mit Direktflügen aus der ganzen Welt. KL erreicht man außerdem mit vielen Direktflügen aus der Region, darunter viele Billigflieger wie AirAsia und Firefly (die meisten dieser Flüge kommen im SkyPark Subang Terminal an, auch bekannt als Sultan Abdul Aziz Shah Airport).

Mit dem Zug geht's von KL nach Singapur im Süden und Thailand im Norden, mit Zwischenstopps in Butterworth (Richtung Penang) und Alor Setar (Richtung Langkawi). Fernbusse verbinden KL mit Städten in ganz Malaysia und darüber hinaus. Die meisten dieser Busse fahren mittlerweile am **Terminal Bersepadu Selatan** (TBS; ☎ 03-9051 2000; www.tbsbts.com.my; Jln Terminal Selatan, Bandar Tasik Selatan;

🚇 Bandar Tasik Selatan, LRT Bandar Tasik Selatan) ab. Flüge, Autos und Touren können online unter lonelyplanet.com/bookings gebucht werden.

BUS

Angebunden an den Bahnknotenpunkt Bandar Tasik Selatan, 15 Minuten südlich vom KL Sentral, ist der Terminal Bersepadu Selatan (TBS), der den Pudu Sentral als KLs wichtigsten Fernbusbahnhof ersetzen soll. TBS-Anbieter, z. B. **Plusliner** (☎ 03-4047 7878; www.plusliner.com.my), bedienen Ziele im Süden und im Nordosten von KL. Das riesige, moderne Transportzentrum verfügt über ein zentralisiertes Fahrkartensystem (CTS), das Fahrkarten für nahezu alle Busunternehmen verkauft, darunter Strecken, die von dem größten Anbieter Transnasional Express bedient werden (Schalter im 3. OG oder online; bis zu 3 Std. vor der Abfahrt).

Pudu Sentral (Karte S. 422 f.; Jln Pudu; LRT Plaza Rakyat) Nur eine Handvoll Ziele werden noch immer vom Busbahnhof Pudu Sentral bedient, darunter die Genting Highlands, Seremban und Kuala Selangor. Fast alle Fernbusse ab KL fahren mittlerweile vom **Terminal Bersepadu Selatan** (S. 429) ab, der 20 Minuten entfernt von der Plaza Rakyat Station (gleich hinter dem Pudu Sentral) an der LRT liegt.

Busbahnhof Pekeliling (abseits der Jln Pekeliling Lama; LRT Titiwangsa, Titiwangsa) Der Busbahnhof bedient Ziele im Bundesstaat Pahang, z. B. Jerantut, Temerloh und Kuala Lipis, sowie Ziele an der Ostküste, z. B. Kuantan.

Busse ab Kuala Lumpur:

ZIEL	PREIS (RM)	DAUER (STD.)
Alor Setar	43-55	5
Butterworth	35-45	4½
Cameron Highlands	23-35	4
Ipoh	21-33	2½
Johor Bahru	34-55	4
Kuantan	24-29	4
Melaka	10-17	2
Penang	30-40	5
Singapore	45-50	6

FLUGZEUG

Kuala Lumpur International Airport (KLIA; ☎ 03-8777 7000; www.klia.com.my; 🚇 KLIA) Der wichtigste Flughafen Kuala Lumpurs verfügt über zwei Terminals und liegt ca. 55 km südlich der Stadt.

SkyPark Subang Terminal (Sultan Abdul Aziz Shah Airport; ☎ 03-7842 2773; www.subangskypark.com; M17, Subang) Vom SkyPark Subang Terminal, etwa 23 km westlich des Stadtzentrums, fliegen u. a. Firefly, Berjaya Air, Air Asia und Malindo Air.

ZUG

Der **KL Sentral** (☎ 1300-889 933; www.ktmb.com.my) ist der Verkehrsknotenpunkt des nationalen Bahnnetzes von **KTM** (Keretapi Tanah Melayu; ☎ 03-2267 1200; www.ktmb.com.my; ⌚ Callcenter 7–22 Uhr). Alle Fernzüge verkehren von hier aus. Das Infobüro in der Haupthalle bietet Informationen zu Fahrplänen und Fahrkarten.

Es gibt tägliche Verbindungen nach Butterworth, Johor Bahru und Hat Yai (Thailand) sowie Singapur. Die Preise sind billig, besonders wenn man statt eines Schlafwagenplatzes (die extra kosten) nur einen Sitzplatz bucht, aber die Fahrten dauern lang.

Unterwegs vor Ort

BUS

Die meisten Busse werden entweder von **Rapid KL** (☎ 03-7885 2585; www.rapidkl.com.my; 1–5 RM; ⌚ 6–23.30 Uhr) oder **Metrobus** (☎ 03-5635 3070) betrieben. Einen Informationsschalter (Karte S. 422 f.; Jln Hang Kasturi; ⌚ 7–21 Uhr LRT Pasar Seni) gibt's an der Bushaltestelle Jln Sultan Mohammed in Chinatown. Ziele der Rapid-KL-Busse werden angezeigt. Die Fahrt kostet zwischen 1 und 3,80 RM.

Lokale Busse fahren von einem halben Dutzend kleinen Bushaltestellen in der ganzen Stadt ab. Zu nützlichen Stopps in Chinatown gehören die Jalan Sultan Mohamed am Pasar Seni, die **Bangkok Bank** (Karte S. 422 f.) an der Lebuh Pudu und der Medan Pasar an der Lebuh Ampang.

Der kostenlose Stadtbus **GO-KL** (☎ 1800-887 723; www.facebook.com/goklcitybus; ⌚ Mo–Do 6–23, Sa bis 1, So 7–23 Uhr) bedient vier Rundstrecken in der ganzen Stadt, mit Stopps am KLCC, am KL Tower, KL Sentral, Nationalmuseum und Merdeka Square. Die Busse verkehren während der Hauptverkehrszeiten alle fünf Minuten und zu anderen Zeiten alle 10 bis 15 Minuten.

TAXI

KL bietet viele klimatisierte Taxis, die an ausgewiesenen Taxistopps in der ganzen Stadt Schlange stehen. Die Preise beginnen bei 3 RM für die ersten drei Minuten mit zusätzlich 25 Sen für alle weiteren 36 Sekunden. Von Mitternacht bis 6 Uhr gilt ein Aufpreis von 50 % auf den vom Taxameter angezeigten Preis. Obwohl Taxameter gesetzlich vorgeschrieben sind, weigern sich einige Taxifahrer, sie zu benutzen.

Eine einfache Art und Weise, Taxis in KL zu nutzen, ist über eine App wie **Uber**, **Easy Taxi** oder **Grab** (offiziell bekannt als My Teksi) auf dem Smartphone oder Tablet.

VOM/ZUM FLUGHAFEN

Kuala Lumpur International Airport (KLIA) Züge 55 RM; alle 15 Minuten; 5 bis 1 Uhr; 30 Min. bis zum KL Sentral. Busse 10 RM; stündl.; 5.30 bis 12.30 Uhr; 1 Std. bis zum KL Sentral. Taxis ab 75 RM; 1 Std. bis zum Stadtzentrum.

SkyPark Subang Terminal Shuttles 10 RM; stündl.; 9 bis 21 Uhr; 1 Std. bis zum KL Sentral.

ZUG

Rapid KL betreibt den **Light Rail Transit** (LRT; ☎ 03-7885 2585; www.myrapid.com.my; ab 1,30 RM; ⌚ Mo–Sa, alle 6–10 Min., 6–23.45, So bis 23.30 Uhr). Es gibt drei Linien: die Ampang-Linie von Ampang nach Sentul Timur; die Sri-Petaling-Linie von Sentul Timur nach Putra Heights; und die Kelana-Jaya-Linie von Gombak nach Putra Heights. Fahrkarten oder MyRapid-Karten gibt's an den Schaltern oder elektronischen Fahrkartenautomaten.

Züge von **KTM Komuter** (www.ktmb.com.my; ab 1,40 RM; ⌚ 6.45–23.45 Uhr) verkehren alle 15 bis 20 Minuten von 6 bis 23.45 Uhr. Es gibt zwei Linien: von Tanjung Malim nach Pelabuhan Klang und von den Batu-Höhlen nach Pulau Sebang/Tampin.

Die klimatisierte **Monorail** (www.myrapid.com.my; 1,20–4,10 RM; ⌚ 6–24 Uhr) verkehrt zwischen dem KL Sentral im Süden und Titiwangsa, und verbindet so viele der sehenswerten Viertel der Stadt.

MALAIISCHE HALBINSEL – WESTKÜSTE

Melaka

☎ 06 / EW. 484 885

Mit ihren farbenfrohen Fahrradrikschas, lokalen Galerien und purpurfarbenen Kolonialgebäuden stellt Melaka den Paradiesvogel unter den malaysischen Städten dar. Die Altstadt wurde 2008 von der UNESCO zum Weltkulturerbe erklärt. Seitdem hat sich Melakas Tourismusindustrie in einem atemberaubenden Tempo entwickelt. Alte Ladenhäuser und Herrenhäuser wurden in Galerien und Hotels umgewandelt, wodurch die bunte Vielfalt an architektonischen Stilen in der Stadt erhalten blieb – mit Einflüssen der Peranakan (Baba-Nyonya), Portugiesen, Niederländer und Briten.

Natürlich ging auch eine große Kommerzialisierung mit dieser Erfolgsgeschichte einher. Allerdings kann man an ruhigen Wochentagen die alte Magie der Stadt noch immer spüren – und auch einen Platz in einem der beliebten Restaurants ergattern. Seit Jahrhunderten verströmt Melaka Toleranz und begrüßt jede Art des kulturellen Austauschs.

Sehenswertes

Town Square & Bukit St. Paul

Stadthuys HISTORISCHES GEBÄUDE

(☎ 06-282 6526; Dutch Sq; ausländ./einheim. Besucher 10/4 RM; ⌚ Sa–Do 9–17.30, Fr 9–12.15 & 14.45–17.30 Uhr) Das kirschfarbene Stadthuys ist Melakas beliebtestes „Jagdrevier" der Rikschafahrer. Angeblich handelt es sich bei dem in den 1650er-Jahren erbauten Rathaus und Gouverneurssitz um das älteste niederländische Gebäude im Osten. Nach der Eroberung Melakas durch die Niederländer im Jahr 1641 errichteten die Besatzer diesen Nachbau des ehemaligen Stadhuis (Rathauses) der friesischen Stadt Hoorn in ihrer Heimat. Heute ist es ein Museumskomplex mit dem **Geschichts- & Ethnografiemuseum** als Highlight. Zu den Exponaten zählen farbenfrohe Artefakte, darunter rekordverdächtige Fahrradrikschas und vogelförmige Langboote.

Im Eintritt sind alle Museen enthalten. Für Führungen (Sa & So 10.30 und 14.30 Uhr) fällt kein Aufpreis an.

Wer tiefer in die Vergangenheit und Gegenwart der Stadt eindringen möchte, sollte das **Gouverneurshaus**, das **Demokratiemuseum**, das **Literaturmuseum**, das sich auf malaysische Schriftsteller spezialisiert hat, die **Cheng-Ho-Galerie** und das **Erziehungsmuseum** besuchen.

Meeresmuseum & Marinemuseum MUSEUM

(☎ 06-283 0926; Jln Merdeka; Erw./Kind 10/6 RM; ⌚ Mo–Do 9–17, Fr–So 9–18.30 Uhr) Auf eine Reise in die meereskundliche Geschichte Melakas begibt man sich bei einem Besuch dieser miteinander verbundenen Museen. Der schönste der drei Abschnitte des Museums (die Eintrittskarte gilt für alle) liegt in einem riesigen Nachbau des portugiesischen Schiffes *Flor de la Mar,* das vor der Küste Melakas versank. Es macht mehr Spaß, an Deck zu posieren und zwischen den Ebenen zu klettern, als die Ausstellungen und Schaukästen anzusehen.

St.-Paul-Kirche RUINE

(Jln Kota; ⌚ 24 Std.) GRATIS Die stimmungsvolle Ruine der St.-Paul-Kirche thront oben auf dem Hügel Bukit St Paul mit Blick auf das

Malaiische Halbinsel

Zentrum von Melaka. Steile Treppen führen von der Jalan Kota und der Jalan Chang Koon Cheng hinauf zu diesem verblassten Heiligtum, das 1521 von einem portugiesischen Kapitän gebaut wurde. Der heilige Francisco de Xavier besuchte die Kirche regelmäßig. Seine Marmorstatue (abzüglich rechter Han und ein paar Zehen) steht vor der Ruine.

Porta de Santiago RUI

(A'Famosa; Jln Kota; 24 Std.) GRATIS Ei Schnappschuss vor der Porta de Santiag gehört für die meisten Besucher zum Pflich programm, bevor sie zur Kirchenruine (S. 431) auf dem Bukit St. Paul klettern. Die Festung wurde 1511 von den Portugiesen errichtet und 1641 von den Briten übernommen, die sie im Jahr 1806 zerstörten, damit sie nicht in die Hände von Napoleon fiel. Zum Glück kam Sir Stamford Raffles im Jahr 1810 hierher und rettete, was bis heute erhalten ist.

Chinatown

Chinatown ist das interessanteste Viertel von Melaka. Die Jalan Tun Tan Cheng Lock, einst „Heeren Street" genannt, war die beliebteste Adresse wohlhabender Peranakan-Händler (auch bekannt als „Baba-Nyonya"). Die Jalan Hang Jebat, ehemals „Jonker Street", wird heute von Souvenirgeschäften und Restaurants gesäumt. An den Wochenenden verwandelt sich die Straße in den Jonker-Walk-Nachtmarkt (S. 437). Entlang der Jalan Tokong, deren Name sich von Norden nach Süden zuerst in Jalan Tokang Emas und dann in Jalan Tokang Besi verwandelt, stehen mehrere chinesische Tempel, eine Moschee und ein indischer Tempel – aus diesem Grund ist die Straße auch als Harmony Street bekannt.

★ Baba & Nyonya Heritage Museum MUSEUM

(06-283 1273; http://babanyonyamuseum.com; 48-50 Jln Tun Tan Cheng Lock; Erw./Kind 16/11 RM; Mo–Do 10–13 & 14–17, Fr–Sa bis 18 Uhr) Eine Tour durch dieses traditionelle Baba-Nyonya-(Peranakan-)Stadthaus versetzt einen in die Zeit, als Frauen durch aufwendige Trennwände hindurch einen Blick auf die Gäste erhaschten und für jede gesellschaftliche Situation ein spezieller Ort im Haus vorgesehen war. Das fesselnde Museum ist wie ein typisches Baba-Nyonya-Wohnhaus aus dem 19. Jh. eingerichtet. Die Guides lassen die Umgebung durch ihren ausgeprägten Sinn für Humor lebendig erscheinen (vorab buchen oder zur vollen Stunde kommen; die letzte Führung des Tages beginnt eine Stunde vor der Schließung).

Heeren Street HISTORISCHES GEBÄUDE

(Jln Tun Tan Cheng Lock; 11–16 Uhr) GRATIS Dieses Wohnhaus aus der Zeit der niederländischen Besatzung im 18. Jh. wurde als Modellbau eines Erhaltungsprojektes saniert. Ein Guide erläutert die Bauelemente und Geschichte des luftigen zweistöckigen Gebäudes. Der Eintritt ist kostenfrei, doch Spenden sind willkommen. Die Öffnungszeiten variieren.

Cheng-Hoon-Teng-Tempel BUDDHISTISCHER TEMPEL

(Qing Yun Ting oder Green-Clouds-Tempel; 06-282 9343; www.chenghoonteng.org.my; 25 Jln Tokong; 7–19 Uhr) GRATIS Malaysias ältester noch aktiver chinesischer Tempel wurde 1673 gebaut und stellt weiterhin eine wichtige Kultstätte der buddhistischen Gemeinde in Melaka dar. Der Tempel zeugt auch von der Beharrlichkeit der ansässigen chinesischen Gemeinde, die die Sanierung im traditionellen Stil finanzierte, von den kunstvollen Dachziegeln zu den bemalten Tigern bei der Tür. Der Tempel ist Kuan Yin, der Göttin der Barmherzigkeit, gewidmet.

Masjid Kampung Kling MOSCHEE

(Ecke Jln Hang Lekiu & Jln Tokong Emas) GRATIS Diese Moschee in Chinatown stammt aus dem Jahr 1748. Der heutige Nachbau aus dem 19. Jh. kombiniert verschiedene Stile. Ihr stufenförmiges *meru*-Dach (ähnlich der balinesisch-hinduistischen Architektur) wurde von hinduistischen Tempeln inspiriert. Das maurische Minarett ist typisch für antike Moscheen in Sumatra. Das Innere hingegen schmücken englische und niederländische Fliesen.

Noch mehr Sehenswertes

★ Villa Sentosa HISTORISCHES GEBÄUDE

(Peaceful Villa; 06-282 3988; Jln Kampung Morten; Spende als Eintritt; Öffnungszeiten variieren, für gewöhnlich 9–13 & 14–18 Uhr) Zum Highlight bei der Besichtigung des charmanten malaiischen Dorfes **Kampung Morten** (Jln Kampung Morten; Mi & Fr 16 Uhr) GRATIS gehört ein Besuch dieses lebendigen Museums, das in einem *kampong*-Gebäude aus den 1920er-Jahren liegt. In Empfang genommen werden die Besucher (oder besser gesagt die Gäste) von einem Mitglied des Haushalts, das über antike Gegenstände wie Fotografien von Familienmitgliedern, Keramik aus der Ming-Dynastie und einen jahrhundertealten Koran informiert. Ohne einen Schnappschuss auf den weichen Samtmöbeln oder ein paar Schläge am Glücksgong sollte man diesen Ort nicht verlassen.

Bukit China FRIEDHOF

(Jln Puteri Hang Li Poh) Mehr als 12 500 Gräber, darunter etwa 20 muslimische, erstrecken sich auf dem grasbewachsenen 25 ha großen ruhigen „chinesischen Hügel". Mitte des 15. Jhs. nahm der Sultan von Melaka die Tochter des Ming-Kaisers aus China zur Frau, um die Beziehungen zwischen den beiden Län-

Melaka

0
400 m
A
B
C
D
1
2
3
4
5
6
7
Melaka Sentral (2,3 km)
Jln Tan Chay Yan
Jln Pinang
Jln Ong Kim Wee
Jln Padang
Jln Hang Tuah
Jln Graha Maju
10
2 Villa Sentosa
Jln Peng kalan
Jln Persisiran Bunga Raya
Jln Bunga Raya Pantai
Jln Tan Chay Yan
Jln Kubu
Jln Kampung Hulu
Jln Munshi Abdullah
Jln Portugis
15
Jln Masjid
Jln Kee Ann
Jln Bunga Raya
Jln Bendahara
Nancy's Kitchen (600 m)
Jln Kubu
Jln Tokong
4
20
Jln Kampung Pantai
LITTLE INDIA
Jln Hang Jebat (Jonker St)
Jln Hang Lekiu
17
Jln Tukang Emas
Jln Hang Lekir
13
23
6
21
Jln Tun Tan Cheng Lock
Jln Tukang Besi
22
Jln Bukit China
Bukit China (500 m)
Jln Laksmana 5
CHINATOWN
Jln Hang Kasturi
Lg Hang Jebat
19
24
25
1 Baba & Nyonya Heritage Museum
Jln Laksamana
Jln Banda Kaba
Lg Bukit China
Jln Temenggong
18
3
Jln Gereja
Jln Kota Laksmana
14
Dutch Square
11
9
BUKIT ST PAUL
Sungai Melaka
Jln Merdeka
Jln Kota
Jln Kota
Jln Chan Koon Cheng
12
8
5
7
Jln Parameswara
Fähren nach Dumai
Indomal Express
Jln PM2
Jln Parames
Jln PM8
Jln PM9
Jln PM3
Jln Merdeka
Tunas Rupat Follow Me Express
Jln PM4
Jln PM5
MAHKOTA MELAKA
Jln Merdeka
Jln Syed Abdul Aziz
Mahkota Medical Centre
Jln Melaka Raya 1
Jln Melaka Raya 3
TAMAN MELAKA RAYA
16
Malakkastraße

lern zu besiegeln. Die Braut brachte ihr riesi-
ges Gefolge mit sich, darunter 1500 Dienerinnen, die sich um den Bukit China niederließen. Seitdem ist dieses Viertel chinesisch.

Geführte Touren

Melaka River Cruise BOOTSTOUREN

(06-286 5468, 06-281 4322; Jln Laksamana; Erw./Kind 17/6 RM; 9–23 Uhr) Der beste Ablegeplatz für die 40-minütigen Bootsfahrten auf dem Sungai Melaka (Melaka-Fluss) ist der Kai nahe dem Meeresmuseum (S. 431). Während der 9 km langen Fahrt flussaufwärts mit Erläuterungen über die Geschichte des Flussufers vom Band kommt man an Kampung Morten und ehemaligen *godown* (Flusswarenhäusern) vorbei.

Eco Bike Tour RADTOUREN

(019-652 5029; www.melakaonbike.com; halber Tag 100 RM pro Pers.) Die faszinierende Landschaft rund um Melaka kann man im Rahmen dieser dreistündigen Radtour mit Alias erkunden (mindestens 2 Personen). Die 20 km lange Strecke führt durch Ölpalmen- und Gummibaumplantagen sowie herrliche *kampung*-Gemeinden im Umland der Stadt. Man sollte mindestens drei Tage im Voraus buchen und bei der Buchung den eigenen Fitnessstand angeben. Die Teilnehmer werden von ihren Unterkünften abgeholt.

Schlafen

★ **Nomaps** HOSTEL $

(06-283 8311; www.thenomaps.com; 11 Jln Tun Tan Cheng Lock; B/DZ 80–100/150 RM alle inkl. Frühstück; P❄@📶) Eine echte Bereicherung für Melakas Hostelwelt. Attraktive Streetart von Kenji Chai schmückt die Wände dieser anderweitig minimalistischen Unterkunft für anspruchsvolle Backpacker mitten in Chinatown. Die Sechs- und Vierbettschlafsäle sind winzig, aber mit farbenfrohen Bettdecken und hochwertigen Matratzen ausgestattet. Zu den weiteren Pluspunkten zählen ein kostenloser Wäschedienst und ein gemütliches TV-Zimmer. Unter der Woche kosten die Betten etwas weniger (Schlafsaalbett ab 55 RM).

Apa Kaba Home & Stay PENSION $

(012-798 1232, 06-283 8196; www.apa-kaba.com; 28 Kg Banda Kaba; DZ/3BZ mit Gemeinschaftsbad ab 50/90 RM, 2BZ/3BZ 90/135 RM, alle inkl. Frühstück; ❄📶) Obwohl sie sich in Laufnähe zum Stadtzentrum befindet, verströmt diese ruhige Privatunterkunft die relaxte Atmosphäre eines *kampong* (Dorf). Das marode Gebäude aus dem Jahr 1912 mischt chinesischen und malaiischen Stil. Die einfachen Zimmer gruppieren sich um die Rezeption im Erdgeschoss; die teureren sind mit Klimaanagen ausgestattet. Die Idylle wird durch den großen Garten mit vollhängenden Mangobäumen und die herumstolzierende Hauskatze abgerundet.

Ringo's Foyer PENSION $

(06-281 6393, 016-668 8898; www.ringosfoyer.com; 46A Jln Portugis; B/DZ/4BZ inkl. Frühstück ab 38/80/140 RM; ❄📶) Die freundlichen Besitzer sorgen für eine gesellige Atmosphäre, besonders im Dachcafé und in den Aufenthaltsbereichen. Die Betten im 18-Betten-Schlafsaal bieten etwas Privatsphäre.

Melaka

Highlights
1 Baba & Nyonya Heritage Museum B4
2 Villa Sentosa C1

Sehenswertes
3 8 Heeren Street B4
4 Cheng-Hoon-Teng-Tempel B3
5 Meeresmuseum & Marinemuseum B5
6 Masjid Kampung Kling B3
7 Porta de Santiago C5
8 St. Paul's Church C5
9 Stadthuys B4

Aktivitäten, Kurse & Touren
10 Kampung Morten Walking Tour C1
11 Melaka River Cruise B4

Schlafen
12 Apa Kaba Home & Stay D5
13 Hotel Puri A3
14 Nomaps B4
15 Ringo's Foyer B2

Essen
16 Amy Heritage Cuisine D7
17 Low Yong Moh B3
18 Pak Putra Restaurant A4
19 Selvam C4
20 Shui Xian Vegetarian B3

Ausgehen & Nachtleben
21 Daily Fix B3
22 Discovery Café & Guest House C3
23 Geographér Café B3
24 Me & Mrs Jones B4

Shoppen
25 Jonker-Walk-Nachtmarkt B4

WAS MAN IN MELAKA UNBEDINGT PROBIEREN SOLLTE …

Hühner-Reis-Bällchen Gedämpftes Huhn mit kleinen Reisbällchen, oft mit Brühe oder Fett, serviert mit einem pikanten Dip.

Asam-Fisch Frischwasserfische in einem superscharfen Eintopf aus Chili und Tamarinde.

Nonya laksa Melakas Version dieser Kokosmilch- und Nudelsuppe, mit einem Hauch Zitronengras.

Satay celup Man tunkt Tofu, Fisch oder Fleisch in eine würzige brodelnde Brühe.

Curry debel Scharfes Hühnchencurry, das portugiesische und malaiische Aromen verbindet.

Cendol Ein süchtig machendes Dessert aus geschabtem Eis mit grünen Tentakeln (Entschuldigung: Nudeln), Sirups, Früchten und Kokosmilch.

Mit einem Fahrradverleih, kostenlosen Schließfächern, einem Wäscheservice (8 RM) und Gitarren bietet diese Pension alles, was sich müde Backpacker nur wünschen können.

★ Hotel Puri HOTEL $$

(06-282 5588; www.hotelpuri.com; 118 Jln Tun Tan Cheng Lock; DZ 188–299 RM, 3BZ ab 310 RM, 4BZ ab 380 RM, alle inkl. Frühstück;) Warum sollt man eines der historischen Gebäude von Melaka nur besuchen, wenn man hier auch übernachten kann? Das elegante Hotel befindet sich in einem wunderschön sanierten Peranakan-Gebäude aus dem Jahr 1822. Das aufwendige Foyer ist mit herrlichen alten Korbmöbeln und Möbeln mit Einlegearbeiten ausgestattet und öffnet sich auf einen Garten mit Springbrunnen im Innenhof. Ein kleines Museum beherbergt aufwendige Antiquitäten. Die Zimmer sind mit frischen Laken und Fensterläden ausgestattet und in einem royalen Farbschema gehalten.

Essen

Die berühmte Peranakan-Küche wird auch „Nonya" (oder „Nyonya") genannt – eine liebevolle Bezeichnung für eine Peranakan-Frau (häufig das Familienoberhaupt). Darüber hinaus gibt's auch portugiesisch-eurasische, indische und chinesische Küche.

★ Nancy's Kitchen MALAIISCH $

(06-283 6099; www.eatatnancyskit.com; 13 Jln KL 3/8, Taman Kota Laksamana; Hauptgerichte ab 10 RM; So, Mo, Mi & Do 11–17, Sa & So bis 21 Uhr) Für seine köstlichen Mahlzeiten wird dieses Peranakan-(Nyonya-)Restaurant in ganz Melaka gefeiert. Die Servicekräfte sind manchmal kurz angebunden und an den Wochenenden muss man etwas warten, aber das nimmt man wegen des saftigen gebratenen Schweinefleischs mit Tofu oder der Spezialität des Hauses (Hühnerfleisch in Nusssoße mit Zitronengras) gerne in Kauf. Auf dem Weg nach draußen sollte man ein paar *kuih* (Süßigkeiten aus Klebreis) kaufen.

★ Pak Putra Restaurant PAKISTANISCH

(012-601 5876; 58 Jln Kota Laksmana 4; Hauptgerichte 10–12 RM; 17.30–1 Uhr; jeden 2. Mo geschl.;) Angezogen von *Tikka*-Hühnchen, die sich hypnotisierend am Spieß drehen, strömen Hungrige in dieses ausgezeichnete pakistanische Restaurant. Zur großen Auswahl an Gerichten gehören leckere vegetarische Gerichte, Meeresfrüchte und pikante Currys. Zu den unübertroffenen Highlights zählt das frisch gebackene *naan*-Brot und das frische Hühnchen aus dem *tandoor* Lehmofen Die Portionen sind großzügig und der Service ist schnell.

Selvam INDISCH

(06-281 9223; 2 Jln Temenggong; Hauptgerichte 5–11 RM; 7–22 Uhr;) Beliebtes klassisches Bananenblattrestaurant mit effizientem (wenngleich auch nicht immer freundlichem) Service sowie hervorragenden Preisen. Die großzügigen Teller mit würzigem Hühnchen-*biryani* werden von dem vegetarischen Angebot noch in den Schatten gestellt – insbesondere vom Gemüsespecial am Freitagnachmittag. Im Selvam gibt's außerdem hervorragendes *dosa* und *idli* (Reis- und Linsen-Pfannkuchen).

Shui Xian Vegetarian CHINESISCH

(012-635 8052; 43 Jln Hang Lekiu; Hauptgerichte 3–6 RM; Mo–Sa 7.30–14.30 Uhr;) Häufig werden in dieser Stadt Gemüsegerichte mit Shrimps oder Schweinefleisch gereicht, aber hier können Vegetarier durchatmen. Das Lokal ohne Schnickschnack kredenzt fleischlose Versionen von *char kway teow, laksa* und sogar „Hühnchenreisbällchen".

Low Yong Moh CHINESISCH

(06-282 1235; 32 Jln Tokong Emas; Dim Sum 2,40–3,70 RM; Mi–Mo 5.30–12 Uhr) Das Restaurant ist in ganz Melaka wegen seiner gr ßen und köstlich gefüllten *pao* (gedämpften Schweinefleischbrötchen) bekannt und ist das beste Frühstückslokal in Chinatown. Hohe Decken, viele Ventilatoren und ein Blick auf die Masjid Kampung Kling sorgen für viel Atmosphäre. Hier trifft man normalerweise bereits morgens um 7 Uhr eine redselige Gruppe von zeitungslesenden Einheimischen. Man sollte früh hierherkommen: Ab 11 Uhr lichtet sich das Angebot.

Amy Heritage Cuisine PERANAKAN $$
(☎06-286 8819; Jln Melaka Raya 24; Hauptgerichte 22–28 RM; ⊙Di–So 12–14.30 & 18–21 Uhr) Melakas beliebtestes Restaurant für Nonya-Küche, Nancy's Kitchen (S. 436), läuft Gefahr, von diesem schnörkellosen Restaurant 1 km südöstlich des Dutch Square ausgebootet zu werden, in dem sensationelles Essen auf den Tisch kommt. Wer das superzarte Hühnchen in Nusssoße, den scharfen Asam-Fisch oder den *kangkung belacan* (Spinat mit Shrimps und Chili) kosten möchte, sollte unbedingt im Voraus buchen.

Ausgehen & Nachtleben

Freitags, samstags und sonntags wird die Jalan Hang Jebat in Chinatown wegen des Nachtmarkts auf der Jonker Street (s. rechts) für den Verkehr gesperrt. Dann verwandelt sich die Handvoll von Bars entlang der Straße in eine kleine Straßenparty mit Livemusik und Außentischen.

★ **Daily Fix** CAFÉ
(☎06-283 4858; www.facebook.com/thedailyfixcafe; 55 Jln Hang Jebat; ⊙Mo–Fr 9–23, Sa & So ab 8.30 Uhr; 📶) In Melakas angesagtestem Café, das sich hinter einem Souvenirladen in Chinatown versteckt, muss man unter Umständen auf einen Platz warten. Die meisten der vielen Fans des Cafés kommen wegen der beeindruckenden Brunches (18 bis 29 RM) hierher, z. B. Arme Ritter mit Bananen und Eier Benedikt. Die Spezialität des Hauses ist die Rose-Latte, die mit Blütenblättern verziert ist und genauso gut schmeckt, wie sie aussieht.

★ **Geographér Café** BAR
(☎06-281 6813; www.geographer.com.my; 83 Jln Hang Jebat; ⊙So–Do 10–1, Fr & Sa ab 9 Uhr; 📶) Ein beschwingter Soundtrack aus Eurotrash, Jazz und klassischem Pop lässt das Bier in diesem Travellertreffpunkt in Strömen fließen. Trotz der Lage an der belebten Jonker Street fühlt sich dieses kühle, frische, grüne Café mit Bar wie eine Oase an. Montagabends gibt's hier Live-Jazz; freitags und samstags tritt ein Vater-Tochter-Duo mit Keyboard und Gesang auf (jeweils um 20.30 Uhr). Das Geographér serviert auch gutes Essen, von amerikanischem Fast Food zu *nasi lemak* (Hauptgerichte 15 RM). Das Essen ist jedoch keine Konkurrenz für die günstigen und köstlichen Gerichte, die draußen an den Straßenständen verkauft werden.

Me & Mrs Jones PUB
(☎016-234 4292; 3 Jln Hang Kasturi; ⊙Di–So 19–24 Uhr) Dieser gemütliche Pub wehrt sich gegen alles, was hip ist, und ist daher umso angenehmer. Am Wochenende werden Blues- und Rockmusik live gespielt, und der pensionierte Mitbesitzer Mr. Tan leitet häufig Jamsessions. Man kann hier toll bei einem Bier oder Saft entspannen (eine lange Speisekarte würde nicht zum Jones-Stil passen).

Shoppen

★ **Jonker-Walk-Nachtmarkt** MARKT
(Jln Hang Jebat; ⊙Fr–So 18–23 Uhr) Bei Melakas wöchentlichem Spektakel aus Straßenfesten und Shoppen säumen Essensstände, Schmuckverkäufer und Hellseher die Jalan Hang Jebat. Die Straße wird für den Verkehr gesperrt, die Geschäfte haben bis spätabends geöffnet und es herrscht eine richtige Partyatmosphäre. Hier kann man gegrillte Wachteleier und *kuih*

EINREISE NACH INDONESIEN: VON MELAKA NACH DUMAI

Bis zur Grenze Die Schnellfähre **Indomal Express** (☎019-665 7055, 06-286 2506; G35, Jln PM2, Plaza Mahkota,) verkehrt täglich um 10 Uhr von Melaka nach **Dumai** (Jln Merdeka) auf Sumatra (Indonesien) (einfach/hin & zurück 110/170 RM, 2 Std.; Kind halber Preis). Der Kai liegt in Fußnähe oder eine kurze Taxifahrt von den meisten Hotels und Gästehäusern entfernt. Tickets bekommt man bei **Tunas Rupat Follow Me Express** (☎06-283 2506; www.tunasrupat.com; G-29, Jln PM10, Plaza Mahkota) nahe dem Kai.

An der Grenze Die meisten Besucher (je nach Nationalität) erhalten ein 30-tägiges Visum (VOA) bei der Ankunft in Indonesien (US$35).

Weiterreise Dumai liegt an Sumatras Ostküste und ist eine zehnstündige Busfahrt von Bukittinggi entfernt.

BUSSE AB MELAKA

ZIEL	PREIS (RM)	DAUER (STD.)	HÄUFIGKEIT
Cameron Highlands	65	5	1-mal tgl.
Ipoh	34–38	5	5-mal tgl.
Johor Bahru	18–21	3½	Öfter als stündl.
KLIA	24–28	2	Öfter als stündl.
Kota Bharu	57	10	1-mal tgl.
Kuala Lumpur	10–14	2	Halbstündl.
Mersing	25	4½	3-mal tgl.
Penang	49–55	7	3-mal tgl.
Singapur	24–27	4½	Fast stündl.

(Süßigkeiten aus Klebreis) kosten, während man sich zwischen Souvenir- und T-Shirt-Ständen hindurchschlängelt und hier und da stoppt, um einer chinesischen Karaoke-Aufführung zuzuschauen. Der Nachtmarkt macht keinen Hehl aus seinem Kommerz, doch es ist ein unbestreitbar farbenprächtiges abendliches Shoppingerlebnis, das man nicht verpassen sollte.

Praktische Informationen

In den Einkaufszentren gibt's viele Geldautomaten, in Chinatown nur wenige.

Mahkota Medical Centre (☎ 06-285 2999, Notfall 06-285 2999; www.mahkotamedical.com; Jln Merdeka; ⏲ 24 Std.) Das private Krankenhaus bietet eine große Auswahl an Services, darunter Unfall- und Notfallversorgung.

Post (Jln Laksamana; ⏲ Mo–Fr 8.30–17, Sa bis 13 Uhr)

An- & Weiterreise

Melaka liegt 149 km südlich von KL, 220 km nordwestlich von Johor Bahru und 80 km südöstlich von Port Dickson. Direktbusse fahren regelmäßig von allen großen Städten auf der Malaiischen Halbinsel hier.

Melaka Sentral (☎ 06-288 1324; www.melakasentral.com.my; Jln Sentral) Der riesige moderne Fernbusbahnhof liegt 5 km nördlich der Stadt. Hier gibt's eine Gepäckaufbewahrung (2 RM), einen Geldautomaten und Restaurants.

Viele unterschiedliche private Busunternehmen machen das Entziffern von Fahrplänen zur Herkulesaufgabe. Beliebte Strecken sind unter www.expressbusmalaysia.com/coach-from-melaka aufgelistet; alternativ bucht man im Voraus auf www.busonlineticket.com (keine schlechte Idee an geschäftigen Wochenenden oder falls man ein Flugzeug erwischen muss). Ebenfalls im Voraus buchen kann man im **Discovery Cafe** (☎ 012-683 5606, 06-292 5606; www.discovery-malacca.com; 3 Jln Bunga Raya) im Stadtzentrum; eine geringe Gebühr wird erhoben, die sich nach dem Fahrkartenpreis richtet.

Unterwegs vor Ort

Melaka ist klein genug, um es zu Fuß zu erkunden. Wer mutig ist, leiht sich ein Fahrrad (5 bis 10 RM pro Tag) von einer der Pensionen.

Melakas Straßen mit der Fahrradrikscha zu erkunden gehört zum Pflichtprogramm – pro Stunde kosten sie etwa 40 RM oder 20 RM für eine einfache Fahrt in der Stadt. Allerdings muss man feilschen.

Für eine Taxifahrt durch die Stadt zahlt man rund 10 bis 15 RM.

Cameron Highlands

☎ 05

Im größten „Hill-Station"-Gebiet Malaysias weht eine erfrischende Brise mit Eukalyptusduft durch die grünen Teeplantagen, die sich über Täler erstrecken: Man fühlt sich schlagartig erholt. Auf einer Höhe von 1300 bis 1829 m steigen die Temperaturen selten über 30 °C, daher kommen am Wochenende die Massen hierher, um Tee zu trinken und Erdbeeren zu essen. Obwohl die Cameron Highlands in Pahang liegen, gelangt man über Perak hierher.

Von Norden nach Süden umfassen die Cameron Highlands Tringkap, Brinchang, Tanah Rata, Ringlet und die Umgebung. Die Region wurde nach dem Forscher Sir William Cameron benannt, der sie im Jahr 1885 kartografierte. Während der britischen Kolonialzeit wurden die Cameron Highlands schließlich erschlossen. In den 1930er-Jahren entstanden Gärten, Bungalows und sogar ein Golfplatz und verwandelten die Cameron Highlands in einen Rückzugsort für hitzemüde Briten, die sich hier die Stirn kühlten.

Da der Tourismus boomt, kann es durchaus passieren, dass die Aussicht wegen des Baus eines weiteren Megaresorts versperrt wird. Dank der umweltfreundlichen Wandermöglichkeiten, Tempel und vornehmen Teekultur kann man trotz des Tumults zu innerer Einkehr finden.

Sehenswertes & Aktivitäten

In den Cameron Highlands kann man beim Tee- und Erdbeerverzehr den Engländer in sich entdecken. Die meisten Besucher kommen jedoch zum Wandern hierher. Wanderkarten stehen in den meisten Pensionen und bei Touranbietern zur Verfügung. Schwarz-gelbe Schilder markieren die Wanderwege. Nicht alle Wege werden gut in Stand gehalten; sie sind daher heimtückisch, steil oder schlecht zu erkennen. Ehe man aufbricht, sollte man sich daher vor Ort nach den Wegbedingungen erkundigen. Die Mitarbeiter im Father's Guest House (S. 440) kennen sich mit den Bedingungen der sich stetig ändernden Pfade und Wege sowie Sicherheitsaspekten ausgezeichnet aus. Wanderer sollten immer Wasser, etwas Essen und Regenausrüstung mitnehmen, um sich gegen unvorhergesehene Wetterkapriolen zu schützen. Man sollte nicht erst nachmittags aufbrechen, da es hier schnell dunkel wird. Am besten informiert man die Pension über die geplante Wanderroute und voraussichtliche Rückkehrzeit. Am allerbesten gönnt man sich jedoch einen einheimischen Guide.

Boh Sungei Palas Tea Estate TEEPLANTAGE
(05-496 2096; www.boh.com.my; Di–So 8.30–16.30 Uhr) GRATIS Die berühmteste Teeplantage in den Cameron Highlands ist touristisch, lohnt aber dennoch einen Besuch. Sie verfügt über ein modernes Besucherzentrum und ein Café mit spektakulärer Aussicht über die sanften Hügel und Täler. Ein kurzer Film über die Geschichte des Anwesens wird gezeigt, darüber hinaus kann man jede nur vorstellbare Art Boh-Tee im Souvenirladen vor Ort kaufen. Kostenfreie 15-minütige Führungen über das Teeherstellungsverfahren finden jede halbe Stunde statt (am Besucherzentrum warten, wo man von einem Angestellten abgeholt wird).

Sam-Poh-Tempel BUDDHISTISCHER TEMPEL
(Brinchang) GRATIS Beim Anblick dieses rot-gelben Tempelkomplexes direkt unterhalb von Brinchang, ca. 1 km abseits der Hauptstraße, kommen Besucher aus dem Staunen nicht heraus. Im Inneren hält man nach den polierten Statuen der Verteidiger der buddhistischen Gesetze Ausschau. Danach geht's weiter in das innere Tempelgebäude (Schuhe ausziehen!), in dem Hunderte von Keramikfliesen komplexe Buddha-Darstellungen zeigen – von denen jede von Hand bemalt wurde. Der Tempel ist einem mittelalterlichen Admiral und Eunuchen, Zheng Ho, gewidmet und angeblich der viertgrößte buddhistische Tempel Malaysias.

Geführte Touren

★ **Eco Cameron** GEFÜHRTE TOUR
(05-491 5388; www.ecocameron.com; 72-A Persiaran Camellia 4, Tanah Rata; geführte Touren 50–120 RM; 8–21.30 Uhr) Dieser Anbieter ist auf Naturtouren durch die Cameron Highlands spezialisiert: Wandern, Orchideenspaziergänge, Vogel- und Insektenbeobachtung. Am aufregendsten sind die geführten Wanderungen durch den Mossy Forest; Eco Cameron bietet exklusiven Zugang zu einem geschützten Wanderweg.

Jason Marcus Chin GEFÜHRTE TOUR
(010-380 8558; jason.marcus.chin@gmail.com; Halb-/Ganztagestouren ab 50/70 RM) Der außergewöhnliche Naturführer Jason Marcus Chin bietet Gruppenwanderungen (2 bis 10 Personen). Jasons Beobachtungsgabe ist beeindruckend; das Gleiche gilt für sein enormes Wissen über die Flora und Fauna.

BUSSE AB TANAH RATA

ZIEL	PREIS (RM)	DAUER (STD.)	HÄUFIGKEIT
Brinchang	2	20 Min.	Alle 2 Std., 6.30–18.30 Uhr
Ipoh	20	2 Std.	7-mal tgl.
Kuala Lumpur	35	4 Std.	8-mal tgl., 8.30–17.30 Uhr
Melaka	65	6 Std.	1-mal tgl.
Penang	32	5 Std.	5-mal tgl.
Singapur	125–140	10 Std.	1-mal tgl.

Cameron Highlands

CS Travel & Tours GEFÜHRTE TOUREN
(☎ 05-491 1200; www.cstravel.com.my; 47 Jln Besar, Tanah Rata; ⊙ 7.30–19.30 Uhr) Diese Agentur veranstaltet beliebte halbtägige **Naturtouren** (Erw./Kind 25/20 RM) zu den Hauptsehenswürdigkeiten der Highlands. Noch besser sind jedoch die Sonnenaufgangstouren (Erw./Kind 65/55 RM), bei denen bei Sonnenaufgang gemeinsam gefrühstückt wird.

Schlafen

In den Schulferien im April, August und Dezember ist in den Highlands am meisten los. In dieser Zeit sollte man lange im Voraus buchen. Am Wochenende und in den Schulferien steigen die Preise um 25 %.

★ **Father's Guest House** PENSION
(☎ 016-566 1111; www.fathersguesthouse.net; 4 Jln Mentigi, Tanah Rata; B 30 RM, DZ 95 RM, DZ/3BZ/4BZ ohne Bad ab 74/95/127 RM; P @) Dank der einladenden Doppelzimmer und sauberen Schlafsäle für zehn Personen können Traveller, die im Father's einchecken, erleichtert aufatmen. Hier herrscht eine fröhliche Stimmung und die freundlichen Mitarbeiter kennen sich in der Region gut aus. Zu den Vorzügen gehören Haartrockner, kos

Cameron Highlands

tenfreier Tee und Kaffee sowie ein Café (Frühstück ab 3 RM).

Eight Mentigi HOSTEL $
(☎05-491 5988; www.eightmentigi.com; 8A Jln Mentigi, Tanah Rata; B/DZ/3BZ ab 25/70/100 RM; P@) Die Unterkünfte – von Schlafsälen mit sechs Betten bis zu geräumigen Privatzimmern – sind zwar ziemlich schlicht, doch der Besitzer Smith sorgt in seinem ungezwungenen Hostel für ein einladendes Ambiente. Man wohnt nur einen Katzensprung von der Hauptgeschäftsstraße von Tanah Rata entfernt. Bonus: An der Rezeption kann man Bier kaufen.

Snooze PENSION $
(☎014-669 0108, 016-666 2102; www.facebook.com/SnoozeCH; 4 Jln Besar, Brinchang; DZ/3BZ/4BZ ab 88/120/145 RM;) Im Snooze bekommt man helle und fröhlich gehaltene Zimmer zu Top-Preisen. Zwar dürften die Cupcake-Tapeten und Butterblumenbettwäsche dem einen oder anderen etwas kitschig erscheinen, doch die saubere Pension gehört zu den besten Unterkünften in Brinchang. Es gibt farbenfrohe Sitzbereiche zum Entspannen, einen Kühlschrank und Möglichkeiten zum Waschen.

Daniel's Lodge HOSTEL $
(☎05-491 5823; www.daniels.cameronhighlands.com; 9 Lg Perdah, Tanah Rata; B 18 RM, DZ 70 RM, ohne Bad 40–70 RM; @) In diesem altbewährten Hostel, auch „Kang's" genannt, sind nach wie vor viele Rucksackreisende anzutreffen. Einen Preis für Komfort wird die Unterkunft nicht gewinnen, doch sie ist trotz des schmuddeligen Flairs ein zweckmäßiges Hostel mit Annehmlichkeiten wie Schließfächern (2 RM), Wäscheservice und einer Dschungelthemenbar (hin und wieder mit Lagerfeuer).

Essen

★ **Singh Chapati** INDISCH $
(Ecke Lg Perdah & Jln Besar, Tanah Rata; Hauptgerichte 7–20 RM; ⏲1–21 Uhr;) In luftiger Höhe hinter der Hauptstraße von Tanah Rata liegt das beste indische Restaurant der Stadt. Hier gibt's aromatisches *biryani*, ausgezeichnete vegetarische Hauptgerichte (z. B. *butter paneer*) und das berühmte, gebackene *chapati* (Fladenbrot). Das alles spült man mit Mangolassi oder Masalatee hinunter. Das schnörkellose Restaurant profitiert von seiner ruhigen Lage: Man sollte unbedingt versuchen, einen Tisch auf der Terrasse zu bekommen, mit Blick auf die Hügel und Herrenhäuser im Tudor-Stil.

Restoran Sri Brinchang INDISCH $
(25 Jln Besar, Tanah Rata; Hauptgerichte 4–20 RM; ⏲7–22 Uhr;) Zum Mittagessen serviert dieses geschäftige Lokal sättigende Gerichte mit gewürzten Auberginen, Papadams und Reis auf Bananenblättern. Das Vorzeigegericht ist das junge Hühnchen frisch aus dem *tandoor*.

Lord's Cafe CAFÉ $
(Jln Besar, Tanah Rata; Hauptgerichte 2,50–4,90 RM; ⏲Mi–Fr & Mo 10–21, Sa bis 18 Uhr) Trotz der neonleuchtenden Reklame der Kettenrestaurants, die in Tanah Rata Einzug halten, hält das Lord's Cafe durch – vermutlich beschützt von den Gebeten, die es innen und außen schmücken. Das Frühstück, die Omeletts und die Pasteten sind nur so lala; zu den Spezialitäten gehören dicke Mango- und Bananen-Lassis und Apfelkuchen. Im Lord's Café – ganz im Stil von Omas Wohnzimmer – herrscht zudem eine gesellige Atmosphäre.

An- & Weiterreise

Tanah Ratas **Busbahnhof** (Jln Besar) ist auch als „Terminal Freesia" bekannt. Für beliebte Ziele sollte man die Fahrkarte einen Tag im Voraus kaufen. Täglich fahren Busse und Boote nach Taman Negara und zu den Perhentian-Inseln.

Taxis (☎05-491 2355; Jln Besar) fahren von Tanah Rata nach Brinchang (10 RM), Ringlet (25 RM) und Boh Sungei Palas (30 RM). Preise für andere Ziele, darunter Ausgangspunkte für Wanderungen sowie Teeplantage, hängen am Taxistand am Terminal Freesia. Ein Taxi kostet rund 25 RM pro Stunde.

Ipoh

☎05 / EW. 710 000

Traveller, die von KL nach Penang rasen, verpassen etwas, wenn sie das historische Ipoh auslassen. Diese hübsche mittelgroße Stadt wird als Wochenendziel eingeweihter Malaysier (vor allem Gourmets) immer beliebter. Hier kann man die Großstadthektik für einige Zeit hinter sich lassen. Zudem eignet sich Ipoh gut als Ausgangspunkt für einen Besuch in den Cameron Highlands.

Um alle Kolonialgebäude in der Altstadt (und moderne Streetart) zu sehen, unternimmt man am besten einen **Spaziergang** auf eigene Faust. Die ausgezeichneten Karten „Ipoh Heritage Trail 1" und „Ipoh Heritage Trail 2" gibt's in der **Touristeninformation** (☎05-208 3155; http://ipohtourism.mbi.gov.my; 1 Jln Tun Sambanthan; ⏲10–17 Uhr). Alternativ wirft man einen Blick auf die Anschlagtafeln um den **Kong Heng Block** (75 Jln Panglima; ⏲Mi–Mo 9–22 Uhr).

Schlafen

★Container Hotel HOSTEL $
(☎05-243 3311; http://containerhotel.my/ipoh; 89-91 Jln Sultan Yussuf; B standard/deluxe 45/65 RM; ❄📶) Ipohs Container Hotel ist ein Hostel der anderen Art: Metallbalken und Beton sorgen für ein industrielles Ambiente und beschwören so Ipohs Blütezeit als Zinnminenstadt herauf. Statt auf Stockbetten kriechen Gäste in eine von mehreren Kojen in jedem Schlafsaal. Vorhänge sorgen für Privatsphäre. „Deluxe"-Kojen haben Fenster mit Blick auf die Straße. Noch faszinierender ist die Rutsche zwischen den Stockwerken – wer braucht schon Treppen?

Abby by the River HOSTEL $
(☎05-292 2999; www.abbyhotel.my; Ecke Jln Laxamana & Jln Sultan Iskandar; 8-Bett-Schlafsaal/6-Bett-Schlafsaal B 25/30 RM, DZ 90 RM, 3BZ 120 RM; P❄📶) Direkt an der Sultan-Iskandar-Brücke befindet sich das Abby in idealer Lage für Erkundungstouren in der Alt- und Neustadt Die Schlafsäle sind eng, aber sauber, die Privatzimmer bieten etwas mehr Komfort. Die Deko erinnert an ein Krankenhaus.

Essen

★Lim Ko Pi CHINESISCH $
(☎05-253 2898; 10 Jln Sultan Iskandar; Hauptgerichte 12–17 RM; ⏲8.30–17.30 Uhr) Von den farbenfrohen Fliesen bis zu den privaten Essecken im Innenbereich – das Lim Ko Pi erinnert stark an Ipohs glorreiche Vergangenheit. Das Frühstück ist hervorragend (ab 5 RM für Eier, Toast und Milchkaffee), mittags gibt's großzügige Portionen von gebratenem Reis mit Garnelen, Currynudeln sowie süßem, geräuchertem und gedünstetem Schweinefleisch. Im Vergleich zu vielen anderen Esslokalen in Ipoh ist der Service hier angenehm entspannt.

★Restaurant Lou Wong MALAIISCH $
(☎05-254 4190; 49 Jln Yau Tet Shin; Hauptgerichte 13 RM; ⏲Sa–Do 11–21.30 Uhr) Der kulinarische Stolz von Ipoh mag mit seinen kurz angebundenen Kellnern und Plastikstühlen auf der Straße auf den ersten Blick nicht viel hermachen. Wer Ipohs typisches Gericht *ayam tauge* (Hühnchen mit Bohnensprossen) probieren möchte, ist hier jedoch richtig. Lou Wong hat das Rezept perfektioniert: Zartes gedünstetes Hühnchen auf sojagetränkten Gurkenscheiben; dicke, blanchierte, mit Pfeffer bestäubte Bohnensprossen und dazu entweder Reis oder Nudeln.

Concubine Lane Tau Fu Fa CHINESISCH $
(www.facebook.com/concubinelanetff; 8 Jln Panglima; 2,50 RM pro Schale; ⏲10.30–16.30 Uhr; 🖉) Eine übervolle Schale mit *tau fu fah* (Tofu-Nachtisch) in dieser Miniküche ist die perfekte Ausrede dafür, auf der historischen Jalan Panglima (auch bekannt als „Konkubinenstraße") zu verweilen. Der Nachtisch wird jeden Morgen frisch zubereitet und mit Zucker oder Ingwer und schwarzem Sesam garniert.

Sri Ananda Bahwan Banana Leaf INDISCH $
(☎05-253 9798; 7 Persiaran Bijeh Timah; Hauptgerichte ab 5 RM; ⏲7–23 Uhr; 🖉) Einige der besten indischen Gerichte in ganz Ipoh werden in diesem einfachen Café in Little India gezaubert. Hier kann man einen köstlichen *dosa* mit Chutney und Dal kosten oder das reichhaltige Bananenblattspecial mit viel Reis und pikanter Okra bestellen. Man sollte sich etwas Platz lassen, um die hervorragenden *barfi* mitzunehmen – karamellartige Süßwaren mit allen möglichen Geschmacksrichtungen von Cashew bis Schokolade.

An- & Weiterreise

Die meisten Reisenden kommen am Fernreisebusbahnhof **Terminal Amanjaya** (☎05-526 7818, 05-526 7718; www.peraktransit.com.my; Persiaran Meru Raya 5) an, ca. 8 km nördlich von Ipoh. Die Buslinie 116 (2,40 RM) verbindet den Amanjaya mit dem Stadtzentrum bis 20 Uhr. Taxis kosten etwa 20 bis 25 RM.

BUSSE AB IPOH

ZIEL	PREIS (RM)	DAUER (STD.)	HÄUFIGKEIT
Alor Setar	24–29	3½-4	10-mal tgl., 9–16 Uhr
Butterworth/George Town (Penang)	16–25	2	Häufig, 9–21 Uhr
Cameron Highlands	20–24	2	7-mal tgl., 9.30–17.30 Uhr
Hat Yai (Thailand)	65	6–7	1–2-mal tgl.
Johor Bahru	55–70	7¼	Mindestens 8-mal tgl., nur morgens & abends
Kota Bharu	34-39	7	Mindestens 4-mal tgl., nur morgens & abends
Kuala Lumpur (auch KLIA/LCCT)	20–35	3–3½	Halbstündl., 4.30–22 Uhr
Melaka	36–40	5	Alle 2 Std., 8.30–23 Uhr
Singapur	65–85	8	Häufig, 8.30–10.30 & 20.30–23 Uhr

Es lohnt sich, im Voraus online Fahrpläne zu checken und Fahrkarten zu kaufen (z. B. unter www.easybook.com).

Züge fahren nach KL (25–40 RM, 2½–3½ Std., 8-mal tgl.) und Butterworth (30–42 RM, 2½–4 Std., 4-mal tgl.). Aktuelle Infos und Fahrpläne gibt's unter www.ktmb.com.my.

Penang

EW. 1,75 MIO. / 1031 KM²

Es gibt keinen aufregenderen Cocktail aus östlichen Kulturen als Penang. Penang dient seit langer Zeit als Schnittstelle der großen asiatischen Königreiche. Im Zentrum der Insel liegt das facettenreiche kosmopolitische George Town, die größte Stadt der Insel und ein urbanes Zentrum, in dem das alte Asien lebendig wird: Rikschas fahren an chinesischen Ladenhäusern vorbei, an denen der letzte Hochwasserstand abzulesen ist, und überall liegt der Duft von blauen Narzissen in der Luft. Die jüngsten Aspekte der modernen Kultur sind ebenfalls präsent und spiegeln sich in einer außergewöhnlichen Kunstszene sowie unkonventionellen Karnevals, die vom ansteckenden Enthusiasmus der Einheimischen für die lange Geschichte und vielen Kulturen Penangs inspiriert werden.

Wer sich loseisen kann: Der Rest der Insel bietet palmengesäumte Strände, Fischerdörfer und bergigen Dschungel sowie Farmen, auf denen Muskat und Durian angebaut werden. Noch mehr zu entdecken gibt's auf dem gegenüberliegenden Festland in Seberang Perai.

George Town

☎04 / EW. 740 200

Man kombiniere drei uralte Kulturen sowie indigene und koloniale Architektur, mische diese für ein paar Jahrhunderte und garniere sie mit einigen der besten Küchen Südostasiens: Und schon erhält man den unwiderstehlichen urbanen Cocktail George Town.

Die verblassten Ladenhäuser des UNESCO-Welterbeviertels werden in einigen Besuchern den Wunsch auslösen, direkt in die schönste Stadt der Pulau Penang umzuziehen. Noch beeindruckender ist die filmsetartige Mischung aus chinesischen Tempeln in Little India, Moscheen in Chinatown und westlichen Hochhäusern und Einkaufszentren, die sich hoch über der britischen Architektur der Raj-Ära erheben.

Die bunte Mischung macht die Stadt zu einem Eldorado für neugierige Traveller. Hier kann man sich in dem Labyrinth aus chaotischen Straßen und engen Gassen verlieren, an mit Papierlaternen geschmückten Schreinen vorbeischlendern und durch Läden stöbern, die aromatische indische Gewürze verkaufen. Alternativ genießt man George Towns blühende Streetartszene, moderne Cafés und gute Bars.

Sehenswertes

★ **Blue Mansion** HISTORISCHES GEBÄUDE
(Cheong Fatt Tze Mansion; ☎04-262 0006; www.cheongfatttzemansion.com; 14 Lebuh Leith; Erw./Kind 17/8,50 RM; ⌚Geführte Touren 11, 14 & 15.30 Uhr) Das am meisten fotografierte Gebäude in George Town ist dieses herrliche

Penang

Herrenhaus mit 38 Zimmern und 220 Fenstern. Es wurde in den 1880er-Jahren gebaut und in den 1990er-Jahren vor dem Verfall gerettet. Sein auffälliger (und einst in George Town üblicher) Blauton ist das Ergebnis eines indigoblauen Kalkanstrichs.

Bei der einstündigen (im Eintrittspreis enthaltenen) Führung erfährt man etwas über den Feng-Shui-Stil und andere einzigartige Bauelemente des Hauses sowie Geschichten über Cheong Fatt Tze, den Händler, der vom Tellerwäscher aufstieg und das Herrenhaus für seine siebte (und liebste) Ehefrau in Auftrag gab.

★ Khoo Kongsi HISTORISCHES GEBÄUDE

(☎04-261 4609; www.khookongsi.com.my; 18 Cannon Sq; Erw./Kind 10/1 RM; ⌚9–18 Uhr) Dieses spektakuläre Landhaus ist eines der beeindruckendsten in George Town. Wunderschöne Keramikskulpturen von Unsterblichen sowie Karpfen, Drachen und sich in Drachen verwandelnde Karpfen schmücken den Dachfirst. Das Interieur wird von unglaublichen Wandgemälden dominiert, auf denen Geburtstage, Hochzeiten und – auf überaus eindrucksvolle Art und Weise – die 36 himmlischen Wächter abgebildet sind. Am letzten Samstag eines jeden Monats wird das Gebäude abends angeleuchtet; dann ist der Eintritt zwischen 18.30 und 21 Uhr kostenlos.

★ Pinang Peranakan Mansion MUSEUM

(☎04-264 2929; www.pinangperanakanmansion.com.my; 29 Lebuh Gereja; Erw./Kind 21,20/10,60 RM; ⌚9–17 Uhr) Eines der schönsten sanierten Häuser in George Town ist dieses prachtvolle, mintgrüne Gebäude. Alle Türen, alle Mauern und alle Torbögen sind handgeschnitzt; viele sind mit Blattgold überzogen. Die eleganten Zimmer verfügen über majestätische Holzmöbel mit komplizierten Einlegearbeiten aus Perlmutt. Es werden wunderschöne Antiquitäten ausge stellt und faszinierende Schwarz-Weiß-Fotos der Familie in königlichen chinesischen Gewändern schmücken die Wände. Man kann das Gebäude auf eigene Faust erkunden oder sich bei den Mitarbeitern nach den Uhrzeiten der hin und wieder stattfindenden geführten Touren erkundigen (im Eintrittspreis enthalten).

Cheah Kongsi HISTORISCHES GEBÄUDE
(☎ 04-261 3837; www.cheahkongsi.com.my; 8 Lebuh Armenian; Erw./Kind 10/5 RM; ⏲ 9–17, Sa bis 13 Uhr) Nach einer umfassenden Sanierung sieht das Cheah Kongsi, Heim der ältesten Klanverbindung der Nonya in Penang, hervorragend aus. Die aufwendige Fassade des Klanhauses kann man vom Rasen der Lebuh Pantai gut erkennen, aber der offizielle Eingang, an dem man seine Eintrittskarte kaufen muss, liegt am Lebuh Armenian.

Das Gebäude dient als Tempel und Versammlungshalle und ist außerdem als Hauptsitz verschiedener Klans registriert.

Hin Bus Depot GALERIE
(http://hinbusdepot.com; 31A Jln Gurdwara; ⏲ Mo–Fr 12–20, Sa & So ab 11 Uhr) GRATIS Die eleganten Überreste dieses ehemaligen Busbahnhofs haben sich zu einem pulsierenden Drehkreuz für die aufkeimende Kunstszene George Towns entwickelt. Ein halbes Dutzend Studios und eine Galerie zeigen Ausstellungen (von Skulptur zu Fotografie). Jeden Sonntag findet ein Kunst- und Kunsthandwerksmarkt statt (11 bis 16 Uhr), dienstags gibt's Kunstfilme und Dokumentationen zu sehen. Die Open-Air-Bereiche sind voller Streetart.

Chew Jetty STADTVIERTEL
(Pengkalan Weld) Die größte und am besten erhaltene Klan-Anlegestelle ist der Chew Jetty. Er besteht aus 75 Häusern, mehreren chinesischen Tempeln, einer Gemeindehalle und vielen touristischen Einrichtungen, die alle durch Holzstege miteinander verbunden sind. Es macht Spaß, herumzuspazieren und die Fischerboote zu bewundern, während der Duft von frittiertem Fisch über die Stege zieht. Es gibt mehrere Geschäfte, in denen man Souvenirs kaufen und Imbisse einnehmen kann.

Geführte Touren

In George Town gibt's viele verschiedene selbstgeführte Touren, mit Schwerpunkten auf der lokalen Küche, dem traditionellen

GEORGE TOWNS STREETART

George Town ist ganz verrückt nach Streetart – und der Trend hält weiter an. Er entstand im Jahr 2010, als die Landesregierung von Penang das Studio **Sculpture At Work** (http://sculptureatwork.com) beauftragte, eine Reihe von Cartoon-Stahlkunstwerken in der ganzen Stadt aufzustellen. Diese 3D-Arbeiten, die an Straßenmauern in George Town angebracht sind, stellen humorvoll regionale Bräuche und Traditionen dar und bilden zugleich einen skurrilen Gegensatz zu der natürlichen Schönheit der historischen Altstadt.

Im Jahr 2012 nahm die Streetartszene dann richtig an Fahrt auf. Anlässlich des George Town Festival wurde der litauische Künstler Ernest Zacharevic, (www.ernestzacharevic.com) beauftragt, eine Reihe von öffentlichen Werken in der Innenstadt von George Town anzufertigen. Einige davon kombinierte er mit Gegenständen wie Fahrrädern, Motorrädern und architektonischen Elementen. Die Kunst schlug ein wie eine Bombe und das Werk **Kinder auf einem Fahrrad** (Lebuh Armenian) entwickelte sich zu einer Mega-Touristenattraktion samt langer Warteschlangen und Souvenirständen.

Zacharevics Erfolg führte zu einer Serie von Wandbildern mit dem Titel „101 verlorene Kätzchen", die für das George Town Festival im Jahr 2013 in Auftrag gegeben wurde, um die Aufmerksamkeit auf das Thema Straßentiere zu lenken. Darüber hinaus gibt's mehrere Beispiele privat finanzierter Kunst. Zu anderen bedeutenden Straßenkünstlern gehören die russische Künstlerin Julia Volchkova (von ihren beeindruckenden Werken ist eines in einer Gasse abseits der Lg Stewart zu sehen) sowie der britische Künstler Thomas Powell (www.thomaspowellartist.com), dessen Werke sich im **Hin Bus Depot Art Centre** befinden (s. oben).

Die kostenlose Karte „*Marking George Town*", die die Standorte der Werke von Ernest Zacharevic und einiger der anderen oben erwähnten Künstler zeigt, gibt's bei Penang Global Tourism (S. 449).

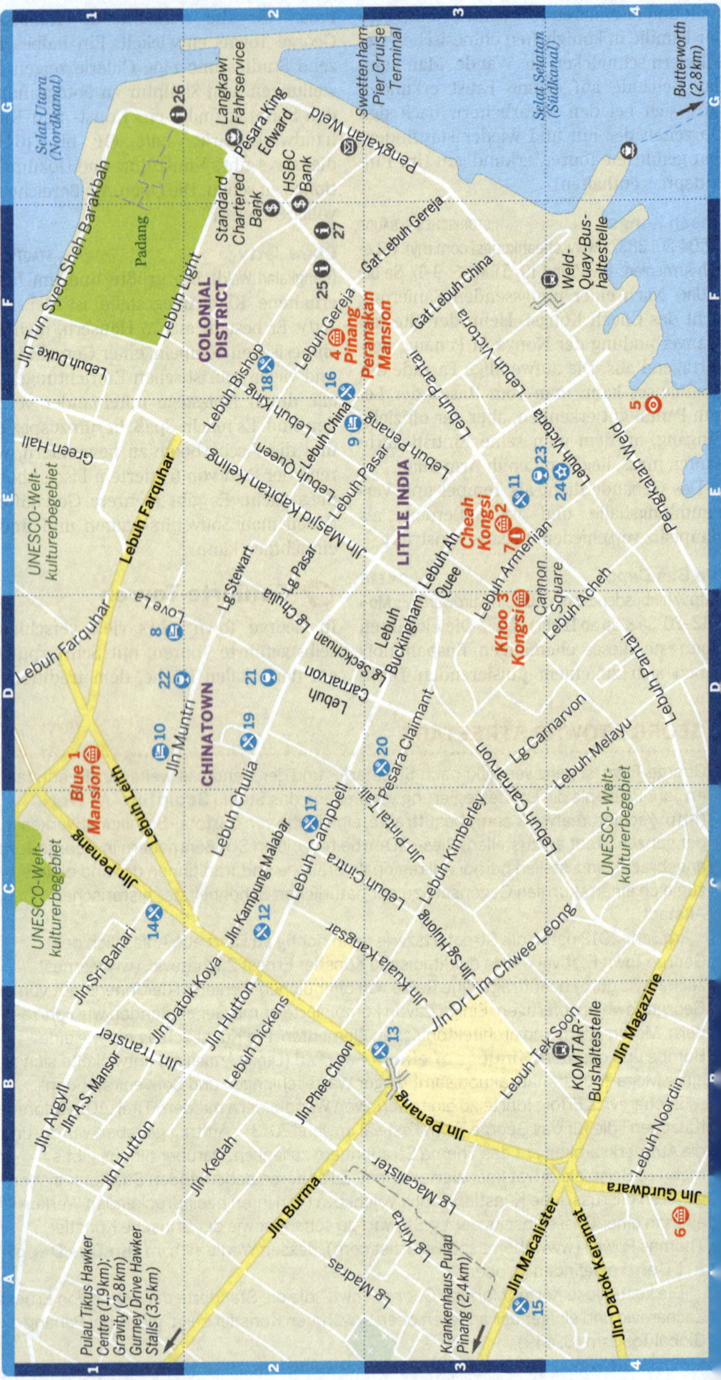
George Town
0
400 m
Selat Utara (Nordkanal)
Selat Selatan (Südkanal)
Butterworth (2,8 km)
Pulau Tikus Hawker Centre (1,9 km); Gravity (2,8 km) Gurney Drive Hawker Stalls (3,5 km)
Krankenhaus Pulau Pinang (2,4 km)
COLONIAL DISTRICT
CHINATOWN
LITTLE INDIA
UNESCO-Welt-kulturerbegebiet
Padang
Langkawi Fährservice
Swettenham Pier Cruise Terminal
Standard Chartered Bank
HSBC Bank
Weld-Quay-Bus-haltestelle
KOMTAR-Bushaltestelle
Cannon Square
1 Blue Mansion
2 Cheah Kongsi
3 Khoo Kongsi
4 Pinang Peranakan Mansion
5
6
7
8
9
10
11
12
13
14
15
16
17
18
19
20
21
22
23
24
25
26
27
Jln Tun Syed Sheh Barakbah
Lebuh Light
Lebuh Duke
Jln Duke
Green Hall
Lebuh Farquhar
Lebuh Leith
Jln Penang
Love La
Lg Stewart
Lebuh Bishop
Lebuh King
Lebuh Queen
Lebuh China
Lebuh Gereja
Gat Lebuh Gereja
Pesara King Edward
Pengkalan Weld
Gat Lebuh China
Lebuh Pantai
Lebuh Victoria
Lebuh Penang
Lebuh Pasar
Jln Masjid Kapitan Keling
Lg Pasar
Lg Chulia
Lebuh Ah Quee
Lebuh Armenian
Lebuh Acheh
Lebuh Buckingham
Lg Seckchuan
Lebuh Carnarvon
Jln Muntri
Lebuh Chulia
Lebuh Campbell
Jln Pintal Tali
Pesara Claimant
Lg Carnarvon
Lebuh Melayu
Lebuh Kimberley
Lebuh Cintra
Jln Kampung Malabar
Jln Sri Bahari
Jln Datok Koya
Jln Hutton
Lebuh Dickens
Jln Kuala Kangsar
Jln Sg Hujong
Jln Dr Lim Chwee Leong
Jln Transfer
Jln A.S. Mansor
Jln Argyll
Jln Phee Choon
Lebuh Tek Soon
Jln Magazine
Jln Kedah
Jln Burma
Lg Macallister
Lg Kinta
Lg Madras
Jln Macalister
Jln Datok Keramat
Jln Gurdwara
Lebuh Noordin

George Town

Highlights
1 Blue Mansion D1
2 Cheah Kongsi E3
3 Khoo Kongsi D3
4 Pinang Peranakan Mansion F2

Sehenswertes
5 Chew Jetty E4
6 Hin Bus Depot A4
7 Kinder auf einem Fahrrad E3

Schlafen
8 80's Guesthouse D1
9 Ren i Tang E2
10 Ryokan Muntri D1

Essen
11 BTB E3
China House .... (siehe 11)
12 Hameediyah C2
13 Joo Hooi Café B3
14 Kafe Kheng Pin C1
15 Lorong Baru (New Lane) Hawker Stalls A3
16 Sri Ananda Bahwan F2
17 Tho Yuen Restaurant C2
18 Veloo Villas F2
19 Wai Kei Café D2
20 Yin's Sourdough Bakery D3

Ausgehen & Nachtleben
Kopi C .... (siehe 11)
21 Micke's Place D2
22 Mish Mash D1
23 Vine & Single E3

Unterhaltung
24 Canteen E4

Information
25 Penang Global Tourism F2
27 Tourism Malaysia F2
26 Tourism Malaysia G1

‹unsthandwerk oder der Architektur. Bei 'enang Global Tourism (S. 449) gibt's Broschüren. Auch das **Penang Global Ethic 'roject** (www.globalethicpenang.net) hat inen Spaziergang zu Weltreligionen zusamnengestellt, der an den Kultstätten und häusern von Christen, Muslimen, Hinduisen, Sikhs, Buddhisten und der traditionelen chinesischen Religion vorbeiführt.

Wer nicht gerne zu Fuß unterwegs ist, ann auf den **Hop-On-Hop-Off**-Stadtbus www.myhoponhopoff.com/pg; einfache Fahrt Erw./ ind 20/10 RM, 3-Tages-Karte Erw./Kind 55/30 RM; 9–20 Uhr) aufspringen, der durch die UNSCO-Zone fährt. Bei der Fahrt bekommt ıan einen guten Überblick über die Stadt nd kann an 17 Stopps aus- und wieder eineigen.

Schlafen

yokan Muntri HOSTEL $

04-250 0287; www.ryokanmuntri.com; 62 Jln untri; B/Zi. inkl. Frühstück ab 39/158 RM;) Ein minimalistisches Ambiente zeichet dieses Flashpackerhostel aus. Trotz des amens ist es nicht in japanischer Hand. ie Schlafsäle mit vier bis sechs Betten (darnter einige für Frauen) sind fast ausschließch in blassem Grau gehalten. Jedes Bett hat ne eigene Steckdose und einen USB-Anhluss. Es gibt Chillbereiche mit Beanbags nd Lesebereiche sowie eine farbenfrohe eselllige Bar.

80's Guesthouse HOSTEL $

(04-263 8806; www.the80sguesthouse.com; 46 Love Lane; B inkl. Frühstück 35 RM, Zi. 80–95 RM; @) Mit seinen Filmplakaten aus den 1950er-Jahren und alten Radios datiert das nostalgische Interieur viel weiter zurück als in die Zeit der 1980er-Jahre. Aber die Schlafsäle und Zimmer sind blitzsauber und die Gemeinschaftsbereiche mit Pflanzen und Bücherregalen aufgehübscht. Die 4-Bett-Schlafsäle und gemischten 6-Bett-Schlafsäle teilen sich Gemeinschaftsbäder, dasselbe gilt für die minimalistischen Zimmer. Schließfächer und Handtücher sind im Preis inbegriffen.

Essen

Man findet schnell heraus, warum die Einheimischen solche Gourmets sind: Die Vielfalt der hiesigen Küche ist einfach atemberaubend. Chinesische Dim Sum, indische Bananenblattgerichte und malaiische Currys konkurrieren mit Sauerteig-Bäckereien und Paleokuchen (ohne Getreide). Egal ob man an Straßenständen isst oder in Restaurants mit feinen weißen Tischdecken – das Essen ist immer qualitativ hochwertig.

Wai Kei Cafe CHINESISCH $

(Lebuh Chulia; Hauptgerichte ab 7 RM; 11–14 & 18–21 Uhr) Dieses Juwel befindet sich in der Mitte des Travellerzentrums in George Town und wird dennoch fast ausschließlich von Einheimischen frequentiert, die in Scharen hierher strömen. Man sollte früh herkom-

VERWÖHNPROGRAMM

Das ehemalige Lagerhaus für chinesische Medizin **Ren i Tang** (☎ 04-250 8383; www.renitang.com; 82A Lebuh Penang; Zi. inkl. Frühstück 220–330 RM; ❄ 📶) wurde durch sorgfältige Renovierungsarbeiten in ein Boutique-Hotel verwandelt, in dem antiquierter Charme aus jeder knarrenden Bodendiele strömt. Jedes der 19 unterschiedlich großen Zimmer beherbergt Erinnerungen an die Vergangenheit des Gebäudes. Uns gefallen besonders das Tub Zimmer mit einer Holzbadewanne und die „Loft Zimmer", ehemalige Lagerdachböden mit schrägen Decken.

men, um *char sie* (BBQ-Schweinefleisch) und *sie yoke* (Schweinebauchfleisch) zu essen – beide sind hier angeblich besser als irgendwo sonst in der Stadt.

Hameediyah MALAIISCH $

(☎ 04-261 1095; 164 Lebuh Campbell; Hauptgerichte 5,50–25 RM; ⏲ 10–22 Uhr) Das angeblich älteste *nasi kandar* (indisch angehauchtes Curry auf Reis) bekommt man im Hameediyah aus dem Jahr 1907. Eine kürzlich durchgeführte Sanierung täuscht über das wahre Alter des Esslokals hinweg. Die Schlangen stehen artig an, um in dem eher trostlosen Essraum üppige Currys oder *murtabak* zu essen – ein *roti prata* (blättriges Flachbrot), gefüllt mit Hammelhackfleisch, Hühnchen oder Gemüse, Eiern und Gewürzen.

Tho Yuen Restaurant CHINESISCH $

(92 Lebuh Campbell; Dim Sum 1,60-8 RM, Hauptgerichte ab 4,50 RM; ⏲ Mi–Mo 6–15 Uhr) Den ganzen Vormittag über ist dieses Restaurant mit Zeitungslesern und lautstarken einheimischen Gruppen gefüllt – daher sollte man früh hierherkommen, um die ganze Palette an Dim Sum probieren zu können. Vormittags werden prall gefüllte Dim Sum mit *bao* (Schweinefleisch) und Shrimp-Knödel von Hühnchen mit Reis und *hor fun* (Vermicelli mit Rind und Bohnensprossen) abgelöst. Die Kellner sprechen nur gebrochen Englisch, geben aber ihr Bestes, um die verschiedenen Dim Sum zu erklären.

Sri Ananda Bahwan INDISCH $

(☎ 04-264 4204; www.srianandabahwan.com.my; 53-55 Lebuh Penang; Hauptgerichte ab 3 RM; ⏲ 7–23.30 Uhr; ❄ 🅥) Dieses geschäftige Kettenrestaurant serviert üppige *masala dosa* (Pfannkuchen aus Reis und Linsen mit pikanter Kartoffelfüllung), köstliches *tandoor*-Hühnchen und unzählige vegetarische indische Gerichte. An einer Theke werden außerdem Süßigkeiten verkauft z. B. *laddu* (kleine Kugeln aus Sirup, Kokosnuss und Bohnenmehl), die man unterwegs naschen kann.

Veloo Villas INDISCH $

(☎ 04-262 4369; 22 Lebuh Penang; Menü 5–13,50 RM; ⏲ 7–22 Uhr; 🅥) Der Service in diesem günstigen, fröhlichen Bananenblattrestaurant ist freundlich. Hier wird der Reis auf Bananenblätter gehäuft, dazu gibt's Schöpfkellen voller *dhal* und scharfer eingelegter Gemüsesorten. Von ca. 11 bis 16 Uhr werden herzhafte Reisgerichte serviert, außerhalb dieser Zeiten gibt's *dosa* (papierdünne Reis- und Linsencrêpes) und andere Gerichte, die auf Wunsch zubereitet werden.

Yin's Sourdough Bakery BÄCKEREI

(☎ 011-2419 5118; www.yinssourdough.com; 11 Pesara Claimant; Gebäck ab 2,30 RM, Sandwich ab 12,50 RM; ⏲ Mo–Fr 7–18, Sa bis 1 Uhr; ❄ 🅥) Keine Lust mehr auf Reis und Nudeln? Hier gibt's frisch gebackenes Brot ohne Zusatzstoffe sowie Cranberry-Brötchen, Zimtschnecken und Focaccia. Entweder nimmt man etwas mit oder verspeist ein Sandwich, ein Frühstück oder eine Pizza vor Ort.

Ausgehen & Nachtleben

★ **Gravity** BAR

(☎ 04-219 0000; www.ghotelkelawai.com.my/dining/gravity.html; G Hotel Kelawei, 2 Persiaran Maktab; ⏲ 17–1 Uhr) Beim Graviy handelt es sich um eine Poolbar in einem Hotel. Aber die luftige Lage auf einem Dach und die spektakuläre Aussicht auf das Meer und den Penang Hill machen die Bar zu einem der besten Orte der Insel für einen Dämmerschoppen. Zwischen 17 und 19 Uhr ist Happy Hour, alternativ bestellt man einen Hauswein (75 RM/Std.).

★ **Mish Mash** COCKTAILBAR

(☎ 017-536 5128; www.mishmashpg.com; 24 Jl Muntri; ⏲ Di–So 17–24 Uhr) Zwischen den Regalen mit Whiskey- und Weinflaschen werden Cocktails gezaubert. In Cocktails wie dem „Pandan Paloma" mit Tequila und Pandan-Zucker kommen japanische Einflüsse zum Vorschein. Wir mochten auch die gut gemixten Mocktails, z. B. Birne mit Rosmarinmus.

PARADIES DER STRASSENSTÄNDE

In George Town nicht an einem Straßenstand zu essen ist wie in Paris nicht in den Louvre zu gehen – unvorstellbar! Die Preise sind niedrig und die meisten Stände servieren auch Bier.

Lorong Baru (New Lane) Hawker Stalls (Ecke Jln Macalister & Lg Baru; Hauptgerichte ab 3 RM; ⏲ Do–Di 17–22.30 Uhr) Befragt man die Einheimischen nach ihrer Lieblingsstraßenküche, wird dieses nächtliche Spektakel immer genannt. Hier ist so ziemlich alles erhältlich: Austernomelett, *otak* (gedämpftes Fischcurrygericht), chinesisches Congee, gegrillte Satay-Spieße ... Unsere Wahl fällt auf den Stand mit *char koay kak* (im Wok gegarte Reiskuchen, Ei, eingelegter Rettich und Bohnensprossen) und eine Version von *Hokkien mee* (gemischte Nudeln in einer würzigen Garnelenbrühe). Wer am Wochenende hierherkommt, muss sich auf etwas Gerangel einstellen.

Pulau Tikus Hawker Centre (Ecke Solok Moulmein & Jln Burma; ⏲ 6–14 Uhr) Bevor man sich die Laune von einem weiteren faden Pensionsfrühstück verderben lässt, könnte man einen Besuch auf diesem geschäftigen Morgenmarkt in Betracht ziehen. Eine Ansammlung verschiedener Cafés bietet *chee cheong fun* (flache Reisnudeln in Sojasoße, Bohnenpaste und Chili), *mee goreng* (scharfe gebratene Nudeln) und andere Gerichte, die eine eingeschworene Fangemeinde haben.

Joo Hooi Cafe (475 Jln Penang; Hauptgerichte 3–5,50 RM, Desserts ab 2,50 RM; ⏲ 11–17 Uhr) Die besten Gerichte Penangs gibt's in diesem Ladenhaus alle unter einem Dach: *laksa*, *rojak*, *char kway teow* (breite Nudeln, Muscheln und Eier, frittiert in Chili und schwarzer Bohnensoße) und *cendol*.

Kafe Kheng Pin (80 Jln Penang; Hauptgerichte ab 4 RM; ⏲ Di–So 7–14 Uhr) An diesem Straßenstand der alten Schule sollte man unbedingt das legendäre *lor bak* (frittierte Fleischrollen mit Soßendip), Reisbrei und den exquisiten Hainan-Hühnchenreis (gedünstetes Hühnchen mit Brühe und Reis) probieren.

Gurney Drive Hawker Stalls (Persiaran Gurney; Hauptgerichte ab 4 RM; ⏲ 17–24 Uhr) Einer der berühmtesten Straßenstandkomplexe in Penang liegt inmitten moderner Wolkenkratzer am Meer. Touristen eilen wegen der muslimischen und chinesisch-malaiischen Gerichte hierher, z. B. *laksa*, *rojak* (gemischtes Gemüse mit einer dicken Soße auf Shrimpbasis) und dem Eis-Dessert *cendol*. Wegen der gehetzten Atmosphäre und Menschenmassen machen viele Einheimische einen weiten Bogen um den Markt.

icke's Place BAR
(☎ 012-493 8279; www.facebook.com/mickesplace
velane; 94 Love Lane; ⏲ Sa–Do 12–3, Fr ab 14 Uhr)
raffiti, Shisha und Alkohol in Strömen: Mit eser klassischen Formel hat sich Micke's ace seinen Platz als eine der beliebtesten ackpackerbars in George Town gesichert. ie Bar ist nicht besonders stilvoll, aber das ıblikum sorgt für eine gesellige Atmosphä- – alles in allem ein guter Ort, um den bend einzuläuten.

Praktische Informationen

veigstellen größerer Banken liegen auf der buh Pantai und der Lebuh Downing nahe der ıuptpost. Die meisten verfügen über 24-Stun-n-Geldautomaten. Am nordwestlichen Ende r Lebuh Chulia gibt's einige Wechselstuben. ese haben länger geöffnet und bieten bessere echselkurse.

Fast jede Pension bietet WLAN; einige haben einen Computer, den Gäste benutzen dürfen. WLAN gibt's außerdem in den meisten Restaurants, Cafés und Einkaufszentren.

Hospital Pulau Pinang (☎ 04-222 5333; http://jknpenang.moh.gov.my; Jln Residensi) Das größte öffentliche Krankenhaus der Insel mit allgemeinmedizinischen Diensten und Notfallversorgung.

Penang Global Tourism (☎ 04-264 3456; www.mypenang.gov.my; Whiteways Arcade, Lebuh Pantai; ⏲ Mo–Fr 9–17, Sa bis 15, So bis 13 Uhr) Das Besucherzentrum der staatlichen Tourismusagentur ist die beste Anlaufstelle für Karten, Broschüren und lokale Informationen.

An- & Weiterreise

BUS

Die meisten nationalen und internationalen Busse nach George Town starten und enden am **Busbahnhof Sungai Nibong** (☎ 04-659 2099; www.

VERWÖHNPROGRAMM

Man kann eigentlich nicht behaupten, in George Town gewesen zu sein, wenn man nicht das **China House** (☎ 04-263 7299; www.chinahouse.com.my; 153 & 155 Lebuh Pantai; ⌚ 9–24 Uhr) besucht hat. Dieser Straßenblock, eine lange Ansammlung von Ladenhäusern, beherbergt verschiedene Restaurants, Bars und Geschäfte. Einen herrlichen Auftakt macht das geschäftige Café mit Bäckerei **Kopi C** (Desserts ab 10 RM; ⌚ 9–24 Uhr; 📶), in dem leckere Backwaren, guter Kaffee und großartige leichte Gerichte serviert werden – und das ist nur der Anfang!

Abends kommt man hierher zurück und erlebt das elegante und dennoch entspannte Restaurant **BTB** (☎ 04-262 7299; www.chinahouse.com.my; 155 Lebuh Pantai; Hauptgerichte 42–84 RM; ⌚ 6.30–22.30 Uhr; ❄ 🍷), die Cocktail- und Weinbar **Vine & Single** (☎ 04-263 7299; ⌚ 17–24 Uhr) und den Livemusiktreffpunkt **Canteen** (183B Lebuh Victoria; ⌚ 9–23 Uhr). Nicht vergessen sollte man die Boutiquen und die Kunstgalerie im Obergeschoss!

rapidpg.com.my; Jln Sultan Azlan Shah, Kampung Dua Bukit; 🚌 401, 303), der direkt südlich der Penang-Brücke liegt. Ein Taxi vom Sungei Nibong nach George Town kostet etwa 25 RM.

Bevor man sich zum Sungai Nibong aufmacht, sollte man prüfen, ob der Fernbus nicht am Busbahnhof KOMTAR (www.rapidpg.com.my; Jln Ria) abfährt. Die Fahrt nach Thailand (außer nach Hat Yai) erfolgt im Minivan. Wer nach Ko Samui und Ko Phi Phi reisen möchte, muss in Surat Thani bzw. Hat Yai umsteigen.

Busse auf der Penang-Insel werden von der staatlichen Gesellschaft **Rapid Penang** (☎ Buszeiten 04-238 1313; www.rapidpg.com.my) betrieben. Fahrkarten kosten 1,40 bis 4 RM. Die meisten Busse starten am **Busbahnhof Weld Quay** (www.rapidpg.com.my; 19-24 Pengkalan Weld); die meisten halten außerdem am Busbahnhof KOMTAR.

FLUGZEUG

Penang International Airport (☎ 04-252 0252; www.penangairport.com; 11900 Bayan Lepas; 🚌 401) Der Flughafen liegt 18 km südlich von George Town und wird von vielen nationalen und internationalen Fluggesellschaften angeflogen.

SCHIFF/FÄHRE

Langkawi Ferry Service (LFS; ☎ 04-264 2088, 016-419 5008; www.langkawi-ferry.com; PP-Gebäude, Pesara King Edward; Erw./Kind, einfache Fahrt 70/51,30 RM; ⌚ Mo–Sa 7–17.30, So 7–15 Uhr) Boote fahren um 8.30 und um 14 Uhr nach Langkawi, der Resort-Insel in Kedah, und um 10.30 und 15 Uhr zurück. Die Fahrt dauert jeweils 1¾ bzw. 2½ Stunden. Man sollte einige Tage im Voraus buchen, um auf jeden Fall einen Platz zu bekommen.

ℹ Unterwegs vor Ort

BUS

Busse rund um Penang werden vom staatlichen Unternehmen Rapid Penang betrieben. Die Preise reichen von 1,40 bis 4 RM. Die meisten Routen beginnen am Busbahnhof Weld Quay; ein Großteil der Busse hält auch am Komtar und auf der Jalan Chulia.

FAHRRAD

Nahe der Kreuzung von Gat Lebuh Armenian und Lebuh Victoria gibt's mehrere Geschäfte, in denen man sich für etwa 10 RM pro Tag Stadtfahrräder ausleihen kann. Fahrräder kann man auch in vielen Geschäften entlang der Lebuh Chulia leihen.

FAHRRADRIKSCHA

Es ist touristisch, aber es macht einen Heidenspaß, George Towns Straßen in einer Fahrradrikscha zu erkunden. Diese kosten 20 bis 40 RM pro Stunde (je nach den eigenen Verhandlungskünsten). Genau wie bei Taxis sollte man den Preis vor der Abfahrt verhandeln.

TAXI

Obwohl die Taxis in Penang alle über ein Taxameter verfügen, weigern sich die meisten Fahrer, es zu nutzen. Deshalb sollte man den Preis vorab verhandeln. Der normale Preis zu einem Ziel direkt außerhalb des Stadtzentrums liegt bei 15 RM. Taxis findet man an der Jalan Penang, nahe dem Cititel Hotel, am Busbahnhof Weld Quay (S. 450) und nahe dem Busbahnhof KOMTAR (S. 450). In George Town werden auch Apps wie Grab benutzt, mit denen man sich ein Taxi teilen kann.

VOM/ZUM FLUGHAFEN

Die Buslinie 401 fährt täglich zwischen 6 und 23 Uhr halbstündlich vom und zum Flughafen (RM 4) und hält am Komtar und Weld Quay. Die Fahrt dauert mindestens eine Stunde. Der festgelegte Taxipreis in die Innenstadt von George Town beträgt 44,70 RM, wobei die Fahrt ins Stadtzentrum ungefähr 30 Minuten dauert, je nach Verkehrsaufkommen.

Penang & Umgebung

Sehenswertes

★ Penang-Nationalpark NATIONALPARK

(Taman Negara Pulau Pinang; ☎04-881 3500; ⏲8–17 Uhr; P; 🚌101) GRATIS Das alte Sprichwort, dass alles Gute oft in den kleinen Dingen zu finden ist, passt auch auf den Penang-Nationalpark. Mit nur 2300 ha ist der Penang-Nationalpark der kleinste Nationalpark in Malaysia, aber hier kann man gut einen Tag verbringen und wandern, fischen und an den friedlichen, goldenen Sandstränden baden. Private Guides und Bootsanbieter sammeln sich vor dem Eingang und auf dem Parkplatz. Die einfache Fahrt sollte ab Teluk Duyung (Affenstrand) 50 RM, ab Pantai Kerachut 90 RM und ab Teluk Kampi 100 RM kosten. Am Parkeingang muss man sich registrieren lassen.

★ Tropischer Gewürzgarten GARTEN

(☎04-881 1797; www.tropicalspicegarden.com; Jln Teluk Bahang; Erw./Kind 29/17 RM, inkl. geführte Tour 45/25 RM; ⏲9–18 Uhr; 🚌101) Diese wunderschöne landschaftsgärtnerisch gestaltete Oase mit tropischer Flora (insgesamt wachsen hier über 500 Arten) erstreckt sich über 200 duftende Hektar Land. Mit einem Audioguide ausgestattet, kann man alleine zwischen Lilienteichen und terrassierten Gärten umherwandern und viel über einheimische Gewürze und Heilpflanzen lernen. Alternativ kann man an einer von vier täglichen Führungen teilnehmen, die um 9, 11.30, 13.30 und 15.30 Uhr beginnen. Wer möchte, kann auch eine kinderfreundliche Führung buchen. Für die Anfahrt per Bus steigt man in den Bus 101 (4 RM) und sagt dem Fahrer, dass man am Tropical Spice Garden aussteigen möchte. Letzter Einlass ist um 15.15 Uhr.

Im Garten werden auch gute **Kochkurse** (☎04-881 1797; http://tsgcookingschool.com; Erw./Kind 250/130 RM; ⏲Unterricht Di–So 9–13 Uhr) angeboten. Das **Restaurant** (☎04-881 3493; www.treemonkey.com.my; Hauptgerichte 18,80–58,80 RM; ⏲9–22.30 Uhr; 📶) ist teuer, lohnt aber wegen seines entspannten Terrassenbereichs und der erfrischenden Kräuterlimonaden einen Besuch. Hier gibt's außerdem ein gutes Geschäft und am Straßenrand direkt gegenüber vom Garten einen schönen weißen Sandstrand.

Kek-Lok-Si-Tempel BUDDHISTISCHER TEMPEL

(Tempel der höchsten Glückseligkeit; http://keklok sitemple.com; Jln Balik Pulau, Air Itam; ⏲8–18.30 Uhr; 🚌204) GRATIS Der auf Hügelterrassen mit Blick auf Air Itam angelegte Tempel 8 km außerhalb des Zentrums von George Town ist Malaysias größerer buddhistischer Tempel und ein visuelles Erlebnis. Der zwischen 1890 und 1905 erbaute Kek Lok Si stellt den Grundpfeiler für die malaiisch-chinesische Gemeinde dar, die auch die Mittel für seinen zwei Jahrzehnte andauernden Bau aufbrachte (es finden immer noch Erweiterungsarbeiten statt). Zu den wichtigsten Elementen gehört der siebenstufige **Ban Po Thar** (Pagode der zehntausend Buddhas; ☎04-828 3317; http://kekloksitemple.com; Kek Lok Si Temple, Air Itam; 2 RM; ⏲8–18 Uhr; 🚌204) und eine fantastische 36,5 m hohe Bronzestatue von Kuan Yin, der Göttin der Gnade.

Um den Eingang zu erreichen, läuft man durch ein Labyrinth aus Souvenirständen auf einem Pfad nach oben. Unterwegs kommt man an einem überfüllten Schildkrötenteich vorbei und an dem zugehörigen **vegetarischen Restaurant** (☎04-828 8142; Air Itam; Hauptgerichte 10 RM; ⏲9–18 Uhr; 🚌204). Man muss einige Stufen erklimmen, aber der letzte Abschnitt zur Statue der

BUSSE AB PENANG

ZIEL	PREIS (RM)	DAUER (STD.)	HÄUFIGKEIT
Hat Yai (Thailand)	35	3	4-mal tgl., 5–17.30 Uhr
Ipoh	16–25	2½	7-mal tgl., 7–21 Uhr
Johor Bahru	65–90	9	8-mal tgl., 8–23.30 Uhr
Kota Bharu	41	7	2-mal tgl.
Kuala Lumpur	36–50	5	Alle 30 Min., 7–24 Uhr
Kuala Terengganu	51	8	5-mal tgl.
Melaka	50	7	2-mal tgl.
Singapur	65–100	10	3, nur morgens & abends
Tanah Rata (Richtung Cameron Highlands)	32–40	5	5-mal tgl.

REISE NACH/VON BUTTERWORTH

In Butterworth, der Stadt auf dem Festlandbereich von Penang, liegt der größte Bahnhof Penangs. Von der Stadt legen Fähren nach Penang Island ab. Wer nicht mit dem Zug weiterreist oder mit dem Bus am geschäftigen Busbahnhof von Butterworth ankommt, muss hier nicht viel Zeit verbringen.

Die billigste Art und Weise, um nach George Town zu gelangen, ist mit der **Fähre** (Passagier Erw./Kind/Fahrrad/Motorrad/Auto 1,20/0,60/1,40/2/7,70 RM; ⏲5.20–12.40 Uhr). Das Pangkalan-Sultan-Abdul-Halim-Fährterminal ist durch einen Übergang mit Butterworths Bahnhof und Busbahnhof verbunden. Fähren transportieren Passagiere und Autos alle 20 bis 30 Minuten von 5.20 bis 22 Uhr, und dann etwa jede Stunde bis zur letzten Fähre um 0.40 Uhr. Die Fahrt dauert 10 Minuten. Die Preise gelten nur für die Fahrt von Butterworth nach Penang; die Rückfahrt zum Festland ist kostenfrei.

Mit einem Taxi nach/von Butterworth (ca. 50 RM) überquert man die 13,5 km lange Penang-Brücke. An der Mautstelle auf dem Festland wird eine Gebühr von 7 RM fällig; bei der Rückfahrt fallen keine Kosten an.

Täglich fahren mindestens fünf Züge vom **Bahnhof Butterworth** (☎04-323 7962; www.ktmb.com.my) nach Kuala Lumpur (59 RM, 3½–4 Std.).

Nach Thailand geht's mit einem Komuter Train (11,40 RM, 1¾ Std., 14-mal tgl.) bis zur Grenze bei Padang Besar. Hier kann man in den International Express nach Hat Yai umsteigen oder mit einem Shuttlezug über die Grenze fahren.

Aktuelle Infos zu Fahrtzeiten und -kosten gibt's auf www.ktmb.com.my und www.train36.com.

Kuan Yin kann mit einer **Seilbahn** (einfach/hin & zurück 8/16 RM; ⏲8.30–17.30 Uhr) bewältigt werden.

Alor Setar

☎04 / EW. 405 523

Die Hauptstadt von Kedah, auch „Alor Star" genannt, dient den meisten Travellern als Ausgangspunkt für Fahrten nach Langkawi oder ins südliche Malaysia. Aber es lohnt sich, einen Tag hier zu verbringen und die architektonischen Schätze der Stadt zu bewundern. Alor Setar nimmt ausländische Touristen im Allgemeinen freundlich auf, die Stadt ist jedoch konservativ, vertritt eine recht strikte Auslegung des Islam und verehrt die lokale Monarchie.

Schlafen & Essen

Komfort Motel HOTEL $

(☎04-734 4866; 2C Jln Kampung Perak; Zi. inkl. Frühstück 45 RM; P❄) Gute Preise zeichnen dieses chinesische Budgethotel aus, das in einem renovierten Holzhaus gegenüber der **Masjid Zahir** (Jln Sultan Muhammad Jiwa; ⏲7–19 Uhr) GRATIS liegt. Die ordentlichen, aber etwas kahlen Zimmer sind mit einem Fernseher und einer Klimaanlage ausgestattet und teilen sich Gemeinschaftsbäder.

Nasi Lemak Ong MALAIISCH $

(☎012-498 3660; www.facebook.com/NasiLemakOngAlorSetar; 24, EG, Jln Putra; Hauptgerichte 5–12 RM; ⏲Do–Di 10.30–15.30 Uhr; ❄✍) Diese effiziente familienbetriebene Küche ist der beliebteste Ort in Alor Setar für *nasi lemak*. An der Theke wählt man Reis und aus dem großen Angebot an Garnelen- und Lammcurrys, vegetarischen Gerichten und reichhaltigem würzigem *sambal* oder getrockneten Anchovis. Das Schlange stehen lohnt sich.

An- & Weiterreise

Der Hauptbusbahnhof **Shahab Perdana** (Lebuhraya Bahiyah) liegt 4 km nördlich des Stadtzentrums. Ein lokaler Bus verbindet Shahab Perdana mit Kuala Kedah (3 RM, 1 Std., häufige Abfahrten zwischen 7 und 22 Uhr) und fährt durch das Zentrum von Alor Setar. Es gibt eine **Bushaltestelle** (Jln Langgar) neben dem Taxistand an der Jalan Tunku Ibrahim.

Der Bus von der Innenstadt zum Shahab Perdana kostet 1,30 RM und ein Taxi 10 RM.

Der Bahnhof (www.ktmb.com.my; Jln Stesyen) liegt 850 m südöstlich des Stadtzentrums. Es gibt einen täglichen, in nördlicher Richtung verkehrenden Zug ins thailändische Hat Yai (9–48 RM, 3½ Std.) und einen nach Bangkok (etwa 110 RM, 18½ Std.). Züge Richtung Süden fahren nach Tasik Gelugor Richtung Penang (18 bis 22 RM, 1 Std., 2-mal tgl.) und Kuala Lumpur (70 bis 93 RM, 5 Std., 7-mal tgl.).

Pulau Langkawi

04 / EW. 94 777

Der aus über 100 Inseln und Inselchen bestehende Archipel Pulau Langkawi steht für sandige Ufer, dschungelbedeckte Täler und wunderbare Einkaufsmöglichkeiten zu Bestpreisen. Der offizielle Name der Insel ist „Juwel von Kedah". Ihre herbe Schönheit spiegelt sich in Wasserfallen, heißen Quellen und Waldparks – alles ausgezeichnete Gründe, um sich nicht nur an den Strand zu legen.

Sehenswertes

Von **Kuah**, der größten Stadt und dem Fähranleger, begibt man sich schnell zum **Pantai Cenang** (cha-nang). Auf diesem wunderschönen 2 km langen Sandstreifen an Langkawis Westküste befindet sich die größte Ansammlung von Hotels und touristischen Einrichtungen. Das Wasser eignet sich gut zum Schwimmen, auch wenn es für gewöhnlich Quallen gibt. Wer auf der Suche nach etwas Ruhigerem ist, dem sei der angrenzende **Pantai Tengah** ans Herz gelegt.

Am Pantai Kok nordwestlich vom Pantai Cenang lohnt sich eine Fahrt mit der Seilbahn **Panorama Langkawi** (04-959 4225; www.panoramalangkawi.com; Oriental Village, Burau Bay; Ticket für SkyCab & 3D-Kunstmuseum Erw./Kind 55/40 RM; 9.30–19 Uhr) zum Gipfel des Gunung Machinchang mit toller Aussicht.

Schlafen

Während der Schulferien und Hauptsaison (Nov.–Feb.) sollte man im Voraus reservieren, ansonsten ist das Angebot aber weit größer als die Nachfrage und die Preise können verhandelt werden.

Pantai Cenang

Die vom Strand landeinwärts führenden Sträßchen werden von zahlreichen Backpackerunterkünften gesäumt.

Langkawi Dormitorio HOSTEL $
(017-236 2587; www.facebook.com/lgkdormitorio; 1556 Jln Pantai Cenang, Pantai Cenang; B 50 RM, Zi. 120–500 RM;) Keine Lust mehr auf Partyhostels? Das Dormitorio bietet eine etwas ruhigere, erwachsenere Erfahrung. Die sauberen Schlafsäle in Pastelltönen verfügen über eigene Bäder. In den Zimmern stehen solide kojenartige Stockbetten.

Rainbow Lodge HOSTEL, PENSION $
(04-955 8103; www.rainbowlangkawi.com; Pantai Cenang; B 18–22 RM, Zi. 40–120 RM; @)

EINREISE NACH THAILAND

Von Alor Setar nach Hat Yai

Bis zur Grenze Die Grenze bei Bukit Kayu Hitam 48 km nördlich von Alor Setar ist der wichtigste Grenzübergang auf dem Landweg zwischen Malaysia und Thailand. Da hier weder Taxis noch Regionalbusse halten, überquert man die Grenze am besten mit einem Reisebus von anderen Städten in Malaysia aus (z. B. Alor Setar oder KL).

An der Grenze Der malaysische Grenzposten ist täglich von 6 bis 24 Uhr geöffnet. Reisende müssen aussteigen und den Zoll sowie die Einwanderungsbehörde auf beiden Seiten der Grenze passieren, bevor es weitergehen kann.

Weiterreise Da hier keine regionalen Verkehrsmittel halten, überquert man diese Grenze wahrscheinlich mit einem Bus nach Hat Yai.

Von Kangar nach Hat Yai

Bis zur Grenze Es gibt täglich vier Busse von Kangar nach Padang Besar (4,20 RM), die an einer Bushaltestelle an einem Kreisverkehr ca. 500 m von der Grenze entfernt halten.

An der Grenze Der malaysische Grenzposten ist jeden Tag von 6 bis 22 Uhr geöffnet. Kaum jemand legt die mehr als 2 km durchs Niemandsland zwischen thailändischem und malaysischem Grenzposten zu Fuß zurück; Motorradfahrer nehmen Fußgänger für weniger als 5 RM pro Strecke mit. Zugreisende haben im Bahnhof Padang Besar mit dem Zoll und der Einwanderungsbehörde zu tun.

Weiterreise In Thailand stehen häufig verkehrende Busse ins 60 km entfernte Hat Yai zur Verfügung (44 THB). Um 10.30 und 18.40 Uhr fahren Busse von Padang Besar nach Hat Yai (6–13 RM, 50 Min.).

300 m entfernt vom Pantai Cenang befindet sich diese farbenfrohe Pension mit Schlafsälen ohne Stockbetten, Trennwänden und Vorhängen, die etwas mehr Ruhe versprechen als die Schlafstätten in anderen Hostels. Die billigeren Privatzimmer sind mit Ventilatoren ausgestattet, die teureren mit Klimaanlage und Kühlschränken.

★ Tubotel HOSTEL $$

(☎ 014-240 7022; www.tubotel.com; Kuala Cenang; inkl. Frühstück B 45–50 RM, Zi. 128–188 RM; P ❄ 📶) Im aufregend andersartigen Tubotel bestehen die Zimmer aus einzelnen Betonröhren, in deren gemütlichem Inneren überraschend bequeme Betten untergebracht sind (die Bäder befinden sich in einem anderen Block). Die Zimmer liegen auf einer schmalen Halbinsel im Norden vom Pantai Cenang und sind von üppigem Grün umrahmt. Eine Veranda mit Sonnenstühlen blickt aufs Meer.

Pantai Tengah

Der Pantai Tengah ist ruhiger und entspannter als der Pantai Cenang, An der Hauptstraße gibt's viele schicke Restaurants und Bars.

Zackry Guest House PENSION $

(zackryghouse@gmail.com; Lot 735, Jln Teluk Baru, Pantai Tengah; B 35 RM, Zi. 70–110 RM; ❄ @ 📶) Diese klapprige familiengeführte Pension bietet eine gemütliche, gesellige Atmosphäre. Die Zimmer sind schlicht, aber sauber. Zu den gemütlichen Gemeinschaftsbereichen gehören ein Kühlschrank, Automaten und Loungebereiche. Minimum: zwei Übernachtungen. Telefonische Reservierungen werden nicht akzeptiert und nur die Hälfte der Räume verfügt über ein eigenes Bad.

Essen

Ein Nachtmarkt *(pasar malam)* wechselt allabendlich seinen Standort auf der Insel. Hier gibt's das beste (und günstigste) Essen auf Pulau Langkawi. Restaurants reihen sich entlang der Hauptstraßen am Pantai Cenang und Pantai Tengah. In Kuah gibt's mehrere gute chinesische und indische Restaurants.

Wonderland Food Store CHINESISCH $

(Lot 179-181, Pusat Perniagaan Kelana Mas, Kuah; Hauptgerichte ab 10 RM ⌚ Sa–Do 6–23 Uhr) Von den vielen chinesischen Meeresfrüchterestaurants in Kuah ist das Wonderland eines der ältesten und erhält außerdem die besten Kritiken. Es ist ein informelles, nach vorne hin offenes Esslokal mit günstigen und leckeren Gerichten (gedämpfter Fisch Riesengarnelen, gebratener Reis).

Melayu MALAIISCH $$

(☎ 04-955 4075; Jln Teluk Baru, Pantai Tengah; Hauptgerichte 10–20 RM; ⌚ 15–22.30 Uhr; ❄) Der komfortable Speisesaal, der angenehme Sitzbereich im Freien und die fixe Bedienung lassen einen über die gemäßigten Preise staunen. Eine gute Location, um abends authentische malaiische Küche zu genießen, da die meisten lokalen Restaurants auf der Insel nur Mittagsbüfetts servieren.

Es wird kein Alkohol ausgeschenkt, doch es ist erlaubt, selbst mitgebrachte Spirituosen zu trinken.

Ausgehen & Nachtleben

Ihr zollfreier Status macht Langkawi zu einem der günstigsten Orte in Malaysia, um Alkohol zu kaufen. In vielen Hotels und Restaurants wird Alkohol für die Hälfte des Festlandpreises verkauft.

Smiling Buffalo CAF

(www.facebook.com/Smilingbuffalocafe; Jln Pantai Cenang, Pantai Cenang; ⌚ 8–18 Uhr) In der schattigen Anlage dieses idyllischen, freundlichen Cafés werden hervorragender Kaffee und frisch gepresste Säfte verkauft.

Cliff BA

(☎ 04-953 3228; www.theclifflangkawi.com; J Pantai Cenang, Pantai Cenang; ⌚ 12–23 Uhr) Auf einer wellengepeitschten Felsnase, die den Pantai Cenang und den Pantai Tengah voneinander trennt, bietet das Cliff eine Top-Lage für einen leckeren Cocktail bei Sonnenuntergang. Die Bar mit Schanklizenz hat eine gute Weinauswahl und die Cocktails (ab 18 RM) sind einen Hauch besser als die, die unten am Strand gemixt werden.

Yellow Café BA

(www.facebook.com/yellowbeach.cafe; Pantai Cenang; ⌚ Sa & So 12–1, Mo, Mi–Fr ab 15 Uhr; 📶)

ⓘ WARNUNG VOR FÄHREN

Während der Regenzeit von Juli bis September sollte man besser nicht mit der Fähre nach Langkawi reisen – insbesondere nicht von Penang aus. Zu dieser Jahreszeit ist das Meer für gewöhnlich sehr rau, die Fahrt mit der Fähre kann sehr beängstigend sein und es besteht die Möglichkeit, seekrank zu werden. Vor einer Überfahrt wird gewarnt.

der besten Bar am Pantai Cenang läuft ein entspannter Soundtrack. Relaxt wird in schattigen Sitzecken und gelben Hängematten (Margarita nicht verschütten!). Wer zwischen 16 und 18 Uhr da ist, bekommt zwei Bier zum Preis von einem. Cocktails ab 20 RM.

Praktische Informationen

Die einzigen Banken gibt's in Kuah und am Telaga Harbour Park, obwohl es auch am Flughafen, am Anleger, in der **Cenang Mall** (Jln Pantai Cenang) und in der **Underwater World** (Jln Pantai Cenang) Geldautomaten gibt. Am Pantai Cenang gibt's einige Wechselstuben.

Tourism Malaysia (☎04-966 7789; www.malaysia.travel; Jln Persiaran Putra, Kuah; ⌚9–17 Uhr) Das Tourism Malaysia bietet umfassende Informationen über die ganze Insel und verfügt über drei Büros in Langkawi: Gegenüber dem Eingang des Fährterminals an der Anlegestelle Kuah, auf der Jalan Persiaran Putra (neben der Moschee) in Kuah-Stadt und in der (bis 22 Uhr geöffneten) Ankunftshalle im Flughafen (geöffnet bis 22 Uhr).

An- & Weiterreise

FLUGZEUG

Der **Langkawi International Airport** (☎04-955 1311; www.langkawiairport.com) liegt im Westen der Insel, nahe Padang Matsirat. Hier gibt's viele Geldautomaten, Wechselstuben, Autovermietungen und ein Büro von Tourism Malaysia. Rund ein halbes Dutzend Fluggesellschaften bietet Flüge ab Langkawi.

SCHIFF/FÄHRE

Alle Passagierfähren nach/von Langkawi verkehren ab dem geschäftigen **Fähranleger in Kuah** (Kuah). Mehrere Fähranbieter, z. B. **Langkawi Ferry Service** (LFS; ☎04-966 9439; www.langkawi-ferry.com; Fähranleger in Kuah, Kuah), haben sich zusammengeschlossen und betreiben einen Fährdienst zu den unten aufgeführten Zielen. Eine Ausnahme ist Ko Lipe, das von **Tropical Charters** (☎012-316 5466; www.tropicalcharters.com.my; Pantai Tengah; Bootsfahrten ab 245/145 RM Erw./Kind) betrieben wird und nur von Oktober bis Juni verkehrt.

ZIEL	PREIS (RM, ERW./KIND)	DAUER (STD.)
George Town	60/45	2¾
Ko Lipe (Thailand)	245/145	1½
Kuala Kedah	23/17	1¾
Kuala Perlis	18/13	1¼
Satun (Thailand)	35/28	1¼

> **EINREISE NACH THAILAND: VON PULAU LANGKAWI NACH SATUN & KO LIPE**
>
> **Bis zur Grenze** Täglich legen drei Fähren die Route zwischen Kuah auf Pulau Langkawi nach Satun (einfach 30 RM, 1¼ Std.) auf dem thailändischen Festland zurück. Tropical Charters betreibt auch zwei tägliche Fähren zwischen Langkawi und Ko Lipe in Thailand.
>
> **An der Grenze** Den malaysischen Ausreisestempel erhält man bei der Einwanderungsbehörde am Fährterminal, den thailändischen Einreisestempel gibt's am Fähranleger in Satun. Die meisten Reisenden erhalten ein 15-Tages-Visum bei der Ankunft in Thailand.
>
> **Weiterreise** In Satun gibt's zahlreiche Bus- und Fährverbindungen. Von Ko Lipe kann man bis nach Ko Lanta weiterreisen. Für weitere Informationen zu diesem Grenzübergang in die andere Richtung siehe S. 876.

Unterwegs vor Ort

Es lohnt sich, einen eigenen fahrbaren Untersatz zu mieten. Für 70 bis 100 RM pro Tag bekommt man ein Auto, für 35 RM pro Tag ein Motorrad. Ansonsten sind Taxis das am meisten genutzte Verkehrsmittel. Sie fahren zu festgelegten Preisen vom Flughafen zur Anlegestelle in Kuah (30 RM) und zum Pantai Cenang oder zum Pantai Kok (20 RM), nach Tanjung Rhu (30 RM) und nach Teluk Datai (60 RM). Vor dem Verlassen des Flughafenterminals muss man am Schalter einen Coupon erwerben, um damit den Fahrer zu bezahlen. Der Preis von der Anlegestelle in Kuah zum Pantai Cenang beträgt 30 RM. Für rund 120 RM kann man ein Taxi für vier Stunden mieten.

MALAIISCHE HALBINSEL – SÜD- & OSTKÜSTE

Wer im Süden der Malaiischen Halbinsel unterwegs ist und die Ostküste hochreist, trifft auf verschlafene Gemeinden mit zunehmend malaiischem sowie islamischem Ambiente. Kopftücher, Kappen und der eindringliche melodische Ruf zum Gebet sind genauso allgegenwärtig wie die herrlichen weißen Sandstrände, die die Küste und die juwelenartigen Inseln säumen.

Johor Bahru

☎07 / EW. 1448 000

Nachdem es jahrelang als dreckige, chaotische Grenzstadt verschrien war, wurde Johor Bahru (kurz „JB"), die Hautstadt von Johor, in den letzten Jahren mit neuem Straßenbelag und Grünzeug aufgehübscht und ist im Begriff, sich selbst neu zu erfinden. Die meisten Reisenden lassen Malaysias größte Stadt hinter sich liegen, aber für Unerschrockene gibt's hier Museen, Tempel und Moschen zu sehen und Einkaufs- und Partymeilen zu erleben.

Sehenswertes

Arulmigu Sri Rajakaliamman HINDUISTISCHER TEMPEL

(Glass Temple; 22 Lorong 1; 10 RM; ⏲13–17 Uhr) GRATIS Durch einen mit Spiegelglas geschmückten Eingang tritt man in diesen zauberhaften Tempel aus Spiegeln, Glas und Metall. Am Deckengewölbe und an den Wänden gibt's keinen Zentimeter, der nicht verziert wäre. Der Tempel ist Kali, der Göttin der Zeit, Veränderung, Macht und Zerstörung, gewidmet.

EINREISE NACH INDONESIEN: VON JOHOR BAHRU NACH BATAM & BINTAN (RIAU-INSELN)

Bis zur Grenze Jeden Tag steuern mehrere Fähren Batam (einfach 69 RM, 1½ Std.) und Tanjung Pinang Bintan (einfach 86 RM, 2½ Std.) an. Beide Ziele gehören zu den indonesischen Riau-Inseln. Die Fähren legen vom **Fährterminal Berjaya Waterfront** (☎07-221 1677; www.berjayawaterfront.com.my; 88 Jln Ibrahim Sultan, Zon Ferry Terminal) ab, der von mehreren Bussen aus der Innenstadt von Johor Bahru angefahren wird.

An der Grenze Wer aus JB kommt, muss eine Hafengebühr (10 RM), Versicherung (2 RM) und Spritgebühr (3 RM) (insgesamt 15 RM) zahlen – zusätzlich zum Ticketpreis. Ehe man in JB an Bord geht, muss man sich den Pass abstempeln lassen.

Historischer Bezirk ARCHITEKTUR

Zu den Highlights in Johor Bahru gehört ein Spaziergang durch den historischen Bezirk zwischen der Jalan Ibrahim und der Jalan Ungku Puan. Unterwegs kommt man an farbenfrohen alten Ladenhäusern vorbei, in denen sich Barbiere, Ayurveda-Salons, herrliche Tempel, ein paar Galerien für moderne Kunst und altmodische Imbisse befinden.

Royal Abu Bakar Museum MUSEUM

(☎07-223 0555; Jln Ibrahim) Der umwerfende Istana Besar, einst Hauptsitz der königlichen Familie, wurde 1866 im viktorianischen Stil errichtet. Er geht auf das Konto des anglophilen Sultans Abu Bakar. Seit 1990 ist der Palast der Öffentlichkeit zugänglich und dient als Museum. Die Sammlung zeigt den unvorstellbaren Reichtum der Sultane. Es ist das schönste Museum seiner Art in Malaysia. Auch die gepflegte 53 ha große Palastanlage (Eintritt frei) ist sehenswert. Zur Zeit der Recherche wurde das Museum umfassend neu gestaltet.

Schlafen & Essen

Replacement Lodge HOSTEL $$

(www.facebook.com/thereplacementlodgeand kitchen; 33-34 Jln Dhoby; DZ 170 RM; ❄📶) Dieses kleine Hostel mit nur sechs Zimmern ist das einzige im historischen Bezirk von Johor Bahru. Das im skandinavischen Stil eingerichtete Gebäude ist mit hellen Holzmöbeln und Topfpflanzen dekoriert. Die Zimmer sind lichtdurchflutet und gemütlich. Die Lage in der Nähe der Moschee sorgt dafür, das leichte Schläfer frühmorgen vom Gebetsruf geweckt werden. Frühstück wird in dem großartigen kleinen Café im Erdgeschoss serviert.

Restoran Reaz Corner INDISCH

(www.facebook.com/pg/restoranreazcorner; 24 Jln Dhoby, Ecke Jln Duke; 3–12,50 RM; ⏲24 Std.) Das würzige Hühnchencurry mit gelbem Reis an diesem sauberen Currystand im Freien schmeckt immer. Und der Ingwertee ist ein Highlight, an das man sich noch lange erinnern wird. Wer zum Frühstücken herkommt, sollte das wunderbare *roti* nicht verpassen.

Medan Selera Meldrum Walk STRASSENSTÄNDE

(Meldrum Walk; Gerichte ab 3 RM; ⏲1 Uhr–spät abends) Jeden Abend wird in dieser Gasse (parallel zur Jalan Meldrum) in etlichen kleinen Essensständen alles Mögliche gebrutzelt – von *ikan bakar* (gegrilltem Fisch) bis zu *laksa*. Das Ganze lässt sich gut mit frischem Zuckerrohrsaft oder einem chinesischen Kräute

EINREISE NACH SINGAPUR: VON JOHOR BAHRU NACH SINGAPUR

Am JB Sentral (s. unten) kann man über den Causeway nach Singapur einreisen.

An der Grenze In JBs Zentrum steigt man, nachdem man die malaysischen Behördenformalitäten kurz vor dem Causeway erledigt hat, in den Bus – Fahrkarten gibt's im Bus. Es verkehren außerdem regelmäßig Busse zwischen JBs Busbahnhof Larkin Sentral, 5 km nördlich der Stadt, und Singapurs Busbahnhof Queen S. Am bequemsten ist der Service von **Causeway Link** (www.causewaylink.com.my; ab JB/Singapur 3,40 RM/3,30 S$; ⌚4–24 Uhr). **Trans Star Cross Border Coaches** (www.regentstar.travel/crossborder) verkehrt zwischen Johor Bahru CIQ und Singapurs Changi Airport (Abfahrt im Reisebusbereich des Terminals 2).

Registrierte Taxis fahren am Larkin Sentral ab; ein Taxi zur Orchard Road oder dem Busbahnhof Queen Street kostet etwa 60 RM. Die lokalen Stadttaxis dürfen den Causeway nicht überqueren.

KTM Intercity (S. 458) betreibt Züge (5 RM) vom JB Sentral nach Woodlands in Singapur; diese verkehren zwischen 8 und 23 Uhr. In Woodlands muss man durch die Passkontrolle und kann in Singapurs U-Bahn umsteigen.

An der Grenze Alle Busse und Taxis halten an der Einwanderungsbehörde von Malaysia. Man steigt mit dem Gepäck aus dem Bus aus, geht durch die Kontrolle und steigt auf der anderen Seite wieder ein (Ticket aufbewahren). Dann bringt der Bus einen zur Einwanderungsbehörde von Singapur, wo man erneut mit seinem Gepäck aussteigt, die Grenzformalitäten erledigt und dann wieder in den Bus steigt (nochmals Ticket aufbewahren). Der fährt dann weiter zu Singapurs Busbahnhof Queen Street. An der Grenze gibt's Touristeninformationen und Geldwechselstuben.

Weiterreise Am Busbahnhof Queen Street gibt's Busse, Taxis und eine MRT-(Stadt-) Bahn, die einen innerhalb der Stadt überallhin bringen können.

Für Informationen zu diesem Grenzübergang in die entgegengesetzte Richtung siehe S. 731.

eleetrunk hinunterspülen. Hier schmeckt nichts wirklich genial, aber alles ist genießbar.

Praktische Informationen

Tourism Malaysia (☎07-224 4133; www.malaysia.travel; JB Sentral; ⌚10–22 Uhr) Beim CIQ-Komplex, direkt hinter der Einwandererbehörde von Singapur.

An- & Weiterreise

BUS

Larkin Sentral (Busbahnhof Larkin; Jln Garuda): Rund 5 km nördlich der Stadt liegt der Hauptbusbahnhof für Fernbusse.

ZIEL	PREIS (RM)	DAUER (STD.)
Butterworth	80	9
Melaka	21	3
Muar	17	3
Kuala Lumpur	35	4½
Mersing	13	2½
Kuantan	29	6
Kuala Terengganu	49	9

Busbahnhof JB Sentral (Jln Jim Quee): Neben der JB Sentral Railway liegt der Busbahnhof JB Sentral, von dem lokale und regionale Busse und Busse nach Singapur abfahren.

FLUGZEUG

Der **Senai International Airport** (☎07-599 4500; www.senaiairport.com) liegt 32 km nordwestlich von JB. Regelmäßige Shuttlebusse bieten Verbindungen in das Stadtzentrum (8 RM, 45 Min.) und fahren vom Busbahnhof am Kotaraya 2 Terminal ab. Ein Taxi vom Flughafen nach JB kostet 50 RM und braucht 30 bis 45 Minuten, je nach Verkehrsaufkommen.

TAXI

Der größte Ferntaxistand von JB liegt am Busbahnhof **Larkin Sentral** (S. 457), 5 km nördlich der Stadt. Von hier aus fahren **Taxis nach Singapur** (Larkin Sentral, Jln Garuda) (48 S$ pro Taxi).

Andere Ziele und ungefähre Kosten (Taxis nehmen bis zu vier Passagiere mit):

- Kuala Lumpur (440 RM)
- Kukup (80 RM)
- Melaka (280 RM)
- Mersing (170 RM)

ZUG

Täglich fahren Schnellzüge von **KTM Intercity** (☎03-2267 1200; www.ktmb.com.my; JB Sentral) vom blitzblanken Busbahnhof JB Sentral im CIQ-Komplex ab. Man muss den etwas ältlichen, langsamen einspurigen Zug nach Gemas nehmen, ehe man den neuen Schnellzug ETS besteigt, der bis nach Padang Besar fährt. ETS gehört zu KTM Intercity, deshalb können Fahrkarten am KTM-Schalter gekauft werden. Der Zug fährt durch Tampin (Richtung Melaka), Seremban, KL Sentral, Tapah Road (Richtung Cameron Highlands), Ipoh, Taiping und Butterworth. Der Ekspres Rakyat Timuran, auch bekannt als „Dschungelzug", fährt täglich nach Tumpat; diesen Zug nimmt man, wenn man nach Jerantut (Richtung Taman Negara) oder Kuala Lipis möchte.

Mersing

☎07 / EW. 70 000

Diese belebte, kompakte Fischerstadt hat alles, was durchreisende Traveller auf dem Weg zu den Inseln brauchen: ordentliche Unterkünfte, Geschäfte, kaltes Bier und sogar einen Wäscheservice. Man sollte sich einen Nachmittag Zeit nehmen, um die Ausblicke zu genießen, die Moschee auf dem Hügel zu bewundern und ein bisschen ins Grüne zu wandern, oder auch nur, um sich wieder an das Leben auf dem Festland zu gewöhnen.

Schlafen & Essen

Hotel Embassy HOTEL $
(☎07-799 3545; 2 Jln Ismail; Zi. 60 RM; ❄📶) Verglichen mit den anderen Billigunterkünften der Stadt ist dieses Hotel eine wunderbare Wahl, um sich nach dem Abhängen auf den Inseln den Sand abzuwaschen und wieder in die Wirklichkeit zurückzufinden. Die riesigen hellen Zimmer verfügen alle über Kabel-TV, schnelle Klimaanlagen sowie eigene Bäder.

Zeeadam Backpackers HOSTEL $
(☎019-740 3456, 07-7991280; ahmadzamani_77@yahoo.com; 1C-1 Jln Abu Bakar; B 20 RM; @📶) Als einziges echtes Backpackerhostel der Stadt verfügt das Zeeadam immerhin über zwei Schlafsäle mit harten Betten und Platz für sechs bis acht Personen. Die Unterkunft auf der zweiten Etage bietet wenig Charme, aber dafür gute Preise, einen kleinen TV und einen Chill-out-Bereich.

ZIEL	PREIS (RM)	DAUER (STD.)
Johor Bahru	13	2½
Kuala Lumpur	40	5½
Kuala Terengganu	38	9
Kuantan	19	5
Melaka	25	4
Singapur	16	3
Penang	80	10

Loke Tien Yuen Restaurant CHINESISCH $
(55 Jln Abu Bakar; Hauptgerichte 8–20 RM; ⏲Sa–Mi 12.30–15 & 18.45–20.30 Uhr; ❄) Das älteste chinesische Restaurant in Mersing gehört zu den einladendsten und geschäftigsten Lokalen der Stadt. Vielleicht muss man auf einen der Marmortische warten, um die köstlich zubereiteten Garnelen- und Schweinefleischgerichte zu probieren. Die Spezialität ist ein ganzer gedämpfter Fisch, der von fast allen Einheimischen bestellt wird, aber nicht auf der Speisekarte steht (Kellner fragen).

An- & Weiterreise

Die meisten Busse sowie Ferntaxis fahren vom **Busbahnhof** nahe der Brücke am Fluss ab, einige Fernbusse aber auch von den Büros der Busunternehmen beim Pier. Manche Busse setzen einen am Pier ab – nett nachzufragen lohnt sich. Wer mit dem Bus nach Cherating möchte, muss zuerst nach Kuantan fahren.

Nach Tioman und zu anderen Inseln fahren **Fähren**. Im neuen **Mersing Harbour Centre** (Jln Abu Bakar; ⏲5–22 Uhr) gegenüber vom Anleger kann man Fahrkarten kaufen und den Eintritt für den Meerespark (30 RM) bezahlen.

Pulau Tioman

☎09 / POP 4000

Die Pulau Tioman liegt wie ein smaragdfarbener Drachen in den klaren Wassern des Südchinesischen Meeres und bietet alles, was zu einem wahren Paradies dazugehört. Es gibt herabstürzende Wasserfälle, anspruchsvolle Dschungelwanderungen und entspannte Dörfer. Und dann ist da natürlich noch das Meer, in dem man paddeln, schnorcheln, tauchen und segeln kann. Die 20 km lange und 11 km breite Insel ist so groß, dass man seinen idealen Urlaubsort mit Sicherheit irgendwo findet. In Tekek, Tiomans größtem Dorf und Verwaltungszentrum, kommen die Fähren aus Mersing (in Johor) und Tanjung Gemok (in Pahang) an.

Sehenswertes & Aktivitäten

Strände

Die meisten Budgetunterkünfte sind geballt in Air Batang (ABC) und Salang am nördlichen Ende der Westküste zu finden. Salang bietet breitere Sandstreifen und eine Backpackeratmosphäre – insbesondere in Tiomans *kampung* –, wohingegen in ABC eine etwas gehobene Stimmung herrscht. Juara, an der Ostküste der Insel, wartet mit einem beeindruckenden Strand, Surfmöglichkeiten während des Monsuns und bezahlbaren Unterkünften auf. An der Westküste erstrecken sich noch andere kleine Sandstrände nach Süden, die man nur per Boot erreicht.

Juara Turtle Project FREIWILLIGENARBEIT
(☎09-419 3244; www.juaraturtleproject.com; Mentawak Beach, Kampung Juara; Tour 10 RM, B 120 RM; ⏲10–17 Uhr) Diese Freiwilligenorganisation setzt sich für den Schutz der abnehmenden Meeresschildkrötenbestände ein. Ihre Mitarbeiter sammeln Eier, tragen sie zu einer Brutstätte und halten an den Stränden nach Wilderern und Raubtieren Ausschau. Jeder kann die Einrichtung besuchen, um mehr über die Schildkröten in der Gegend zu lernen, die hier von Februar bis Oktober nisten und von Juni bis November ausgesetzt werden.

Freiwillige werden von März bis Oktober aufgenommen; sie erhalten eine einfache Unterkunft im Schlafsaal und Vollpension. Wer nicht unterwegs auf Patrouille ist oder an den Informationsveranstaltungen teilnimmt, kann an Kajakfahrten, Wanderungen oder Kochkursen teilnehmen. Mindestaufenthalt in den Schlafsälen sind vier Übernachtungen.

Tauchen & Schnorcheln

Vor den Felsen an der Westküste der Insel gibt's gute Schnorchelgebiete, insbesondere nördlich vom ABC. Der beste Schnorchelspot befindet sich jedoch bei der nahe gelegenen Pulau Tulai, besser bekannt als „Koralleninsel". Eine Schnorchelausrüstung kann man fast überall auf der Insel ausleihen. Masken und Schnorchel kosten normalerweise rund 15 RM pro Tag, Schnorchelausflüge mit dem Boot 40 bis 100 RM.

Auf Tioman gibt's jede Menge hervorragende Tauchveranstalter; die Preise für Freiwasserkurse sind in etwa überall gleich. Für einen viertägigen PADI-OWD-Kurs zahlt man 1100 bis 1200 RM, für Tauchgänge 120

Pulau Tioman

bis 130 RM. Schnuppertauchen für Anfänger kostet rund 200 bis 250 RM (Halbtageskurs); eine vorherige Zertifizierung ist nicht erforderlich.

Wandern

Das mit Dschungel bedeckte Tioman bietet viele fantastische Wanderungen, die unerschrockene Landratten erschöpft und glücklich zurücklassen. Während man die meisten Wanderungen gut alleine meistern kann, erfährt man bei einer geführten Dschungeltour (die durch die Unterkünfte organisiert werden kann) viel über die einzigartige Flora und Fauna der Insel (ca. 100 RM für einen halben Tag).

Schlafen & Essen

Zu den Budgetunterkünften gehören kleine Holzhütten, die normalerweise mit einem Bad, Ventilator und Moskitonetz ausgestattet sind. Die teureren Zimmer haben Klimaanlagen und heiße Duschen. Die meisten Unterkünfte bieten auch größere Familienzimmer.

Johan's Resort BUNGALOWS $
(☎09-419 1359; Kampung Air Batang/ABC; B/Hütte/FZ 25/60/120 RM) Ein freundlicher, einladender Ort mit jeder Menge Informationen. Die Preise für die zwei Vier-Bett-Zimmer am

Hang sind in Ordnung, doch die Hütten sehen eigentlich genauso aus wie die anderen Billigunterkünfte am Strand.

Mokhtar's Place BUNGALOWS $

(☎ 019-704 8299; www.mokhtarplace.blogspot.com; Kampung Air Batang/ABC; EZ/DZ mit Ventilator 40–60 RM, DZ mit Klimaanlage 100–220 RM; ❄📶) Klasse Preise bietet diese Unterkunft mit 16 Bungalows mit kleinen Veranden und Moskitonetzen am Strand südlich der Stadt. Wenn der Wind richtig steht, kommt man abends in den Genuss der kühlen Meeresbrise.

Bushman HÜTTEN $

(☎ 09-419 3109; bushmanchalets@outlook.my; Baro Beach, Kampung Juara; Zi. 100–150 RM; ❄📶) Einen der acht lackierten Holzbungalows mit den hübschen einladenden Veranden inklusive Rattanmöbeln zu erwischen ist wie ein Sechser im Lotto – also sollte man vorher reservieren! Die Bungalows schmiegen sich an die Felsen am südlichen Ende des Baro Beach.

Ella's Place HÜTTEN $

(☎ 014-844 8610, 09-419 5004; Kampung Salang; Hütte 60–200 RM; ❄📶) Für gewöhnlich gibt's an dieser reizenden familiengeführten Unterkunft am ruhigen nördlichen Ende des Strandes einen Sandbereich zum Entspannen. Es stehen zehn saubere Bungalows (manche mit Klimaanlage) und ein kleines Café zur Verfügung.

★ **Rainbow Chalets** HÜTTEN $$

(☎ 012 989 8572; rainbow.chalets1980@gmail.com; Baro Beach, Kampung Juara; EZ oder DZ 120 RM, 3BZ 160 RM; ❄📶) In dieser freundlichen Unterkunft warten acht farbenfrohe Bungalows. Sie bieten alle Holzveranden, die mit Muscheln und Korallen dekoriert sind, direkten Zugang zum Strand und eine traumhafte Aussicht auf das Südchinesische Meer.

Nazri's Place PENSION $$

(☎ 017-490 1384; www.nazrisplace.net; Kampung Air Batang/ABC; Zi. inkl. Frühstück 120–200 RM; ❄📶) Im äußersten Süden des Strandes, wo der Sand besonders schön ist, bietet diese Unterkunft saubere Zimmer und eine breite Palette an Schlafoptionen. Die Zimmer mit Meerblick sind günstiger und schlichter; die teureren Zimmer haben beinahe Business-Flair und die hübschen Veranden bieten einen Blick auf den üppigen Garten.

ℹ Praktische Informationen

Tiomans einziger **Geldautomat** (Tekek; ⏲ 24 Std.) gegenüber von Tekeks Flughafen akzeptiert internationale Karten. Man sollte sich aber auf keinen Fall darauf verlassen, dass er auch funktioniert und stattdessen Bargeld aus Mersing mitbringen.

ℹ An- & Weiterreise

Fähren (☎ 014-988 4281; https://tiomanferryticket.com; 38 Jln Jeti; hin & zurück 70 RM; ⏲ Mo–Sa 10–18, So 11–18 Uhr) ab Mersing verkehren normalerweise nur frühmorgens und in Abhängigkeit von den Gezeiten. Mehrere Anbieter betreiben Boote, aber nur **Gemilang/Bluewater Express** (☎ 09-413 1363; Tanjong Gemok Ferry Terminal; einfach/hin & zurück 35/70 RM) bietet Fahrten von sowohl Mersing als auch Tanjung Gemok. Man kann von dem einen Hafen ab- und zu dem anderen zurückfahren, was je nach Reiseplänen nützlich sein kann.

Wenn viel los ist, z. B. während Feiertagen und Schulferien in Malaysia und Singapur, sollte man vorab online ein Ticket buchen. Außerdem sollte man sich nach den Fahrplänen erkundigen, die während der Monsunsaison (Nov. bis Feb.) nicht zuverlässig sind. Zudem sollte man mindestens eine Stunde vor Abfahrt am Anleger sein, vor allem wenn man noch keine Fahrkarte hat.

ℹ Unterwegs vor Ort

Meerestaxis ab Tekek kosten:

- ABC/Panuba (25 RM)
- Genting (50 RM)
- Nipah (120 RM)
- Mukut (150 RM)
- Paya Beach (35 RM)
- Salang (35 RM).

Die meisten Hotels können den Bootstransfer organisieren. Ein Tag an Board kostet rund 600 RM. Das Meer ist auf der Juara-Seite von Tioman wesentlich rauer.

Wer Zeit hat, kann einen Teil der Insel zu Fuß erkunden. Fahrräder können in Pensionen an allen großen Stränden gemietet werden (5/30 RM pro Std./Tag); Mopeds (15/40 RM pro Std./Tag) eignen sich für Ausflüge nach Juara.

Taxis von Tekek nach Juara kosten 70 bis 90 RM

Kuantan

☎ 09 / EW. 354 400

Der Großteil der Reisenden hält in Kuantan, der Hauptstadt von Pahang, nur für eine Pause zwischen den langen Busfahrten. Das ist schade: Die Stadt ist nicht auf Touristen ausgerichtet, lohnt aber auf jeden Fall einen Aufenthalt von ein oder zwei Tagen. Hier b finden sich das ausgezeichnete **Pahang Museum** (☎ 010 924 7134; www.pahangmuseums.com; Jln Masjid; Erw./Kind 4 RM/kostenlos; ⏱ Mo–Do 9.30–17, Fr 9.30–12.15 & 14.45–17 Uhr) und die beeindruckende **Masjid Sultan Ahmad Shah** (Nationalmoschee; ☎ 014 840 3802; Jln Masjid). Zudem gibt's viele gute Restaurants und der nahe gelegene Strand Teluk Chempedak bietet hochklassige Resorts.

Schlafen & Essen

★ **Classic Hotel** BOUTIQUE-HOTEL $$
(☎ 09-516 4599; www.classhotelkuantan.com; 7 Bangunan LKNP, Jln Besar; Zi. inkl. Frühstück 100–180 RM; ❄ 📶) Die geräumigen und sauberen Zimmer sind mit großen Bädern und allen modernen Annehmlichkeiten ausgestattet. Unbedingt nach einem Zimmer mit Blick auf den Fluss fragen. Das zentral gelegene Hotel bietet malaiisches Frühstück und aufmerksame Mitarbeiter – eine ausgezeichnete Wahl.

East Coast Mall FOOD COURT
(☎ 09-565 8600; www.eastcoastmall.com.my; Jln Putra Sq; ⏱ 10–22 Uhr) Eine Essoption ist dieser neue, klimatisierte malaiische Food Court.

Praktische Informationen

Jede Menge Banken (viele mit rund um die Uhr verfügbaren Geldautomaten), z. B. **HSBC** (1 Jln Mahkota) und **Standard Chartered Bank** (1-3 Jln Haji Abdul Aziz; 📶), befinden sich auf oder nahe der treffend benannten Jalan Bank.

An- & Weiterreise

BUS & TAXI

Fernreisebusse verkehren vom **Terminal Sentral Kuantan** (TSK; Jln Pintasan Kuantan), der ca. 20 Minuten vom Stadtzentrum entfernt liegt (Taxi 20 RM). Die Fahrkartenschalter, der Food Court und die Gepäckaufbewahrung (2 RM pro Stück) befinden sich im zweiten Obergeschoss des Gebäudes.

ZIEL	PREIS (RM)	DAUER (STD.)
Butterworth	56	8½
Jerantut	18	3½
Kota Bharu	35	6
Kuala Lipis	29	6
Kuala Lumpur	24	4
Kuala Terengganu	20	4
Melaka	31	6
Singapur	48	6

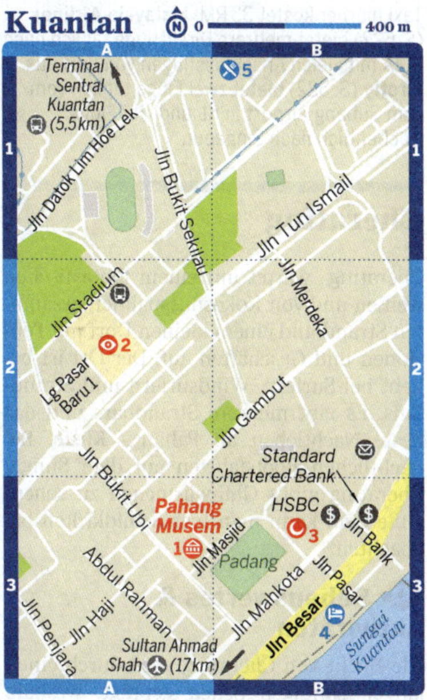

Kuantan

Highlights
1 Pahang Musem A3

Sehenswertes
2 Zentraler Markt A2
3 Masjid Sultan Ahmad Shah B3

Schlafen
4 Classic Hotel B3

Essen
5 East Coast Mall B1

Busse nach Pekan (4 RM), Balok (4 RM) und Beserah (2 RM) fahren am **örtlichen Busbahnhof** (Hentian Bas Bandar Kuantan; 2704 Jln Stadium) ab.

Im Hotel kann man ein Langstreckentaxi bestellen. Alternativ nimmt man eines vor dem Terminal Sentral Kuantan (S. 461) oder dem **Zentralen Markt** (Pasar Besar; 3 Jln Tun Ismail; ⏱ Mo–Sa 4–18 Uhr). Ungefähre Kosten (pro Wagen): Cherating (60 bis 70 RM), Jerantut (320 RM), Johor Bahru (450 RM), KL (350 RM), Kuala Terengganu (250 RM), Mersing (250 RM).

FLUGZEUG

Der **Sultan Ahmad Shah Airport** (☎ 09-531 2123; www.malaysiaairports.com.my) liegt 17 km westlich vom Stadtzentrum entfernt. Ein

Taxi hierher kostet 35 RM. **Malaysia Airlines** (S. 522) bietet mehrere Direktflüge täglich nach KLIA mit vielen Anschlussflügen von dort aus. **Firefly** (S. 522) bietet zwei Flüge täglich vom/zum Subang Airport in KL und vier Flüge wöchentlich nach Singapur.

Cherating

☎ 09

Cherating wartet mit einem fantastischen weißen und von Kokosnusspalmen gesäumten Strand und einem kleinen Dorf mit Pensionen und Geschäften auf. Der Ort ist beliebt bei Surfern, Windsurfern und Strandfans. Es gibt mehrere Strandbars und das beste Nachtleben an Pahangs Küste. Bei nächtlichen Bootsfahrten auf dem Sungai Cherating gibt's Glühwürmchen zu sehen; außerdem kann man hier Schildkröten beobachten.

Sehenswertes & Aktivitäten

Die Bucht von Cherating wird durch einen langen sandigen Schelf geprägt, weshalb man hier fast das ganze Jahr über gut schwimmen kann (im Juni und Juli nach Quallen Ausschau halten).

Cheratings Strand eignet sich nicht besonders gut zum Schnorcheln, aber viele Veranstalter im Ort organisieren halbtägige Schnorchelausflüge zur passend benannten Koralleninsel (60 RM).

Turtle Sanctuary TIERSCHUTZSTATION
(☎ 09-581 9087; Bukit Cherating; 30 RM; ⏲ Di–So 9.30–16.30 Uhr) Die Schildkröten-Schutzstation neben dem Club Med verfügt über ein paar Becken mit Baby-Schildkröten und verletzten grünen Schildkröten. Hier gibt's Informationen über Lege- und Brutzeiten.

Schlafen & Essen

★ **Ku Mimi Cablet** HÜTTEN $
(☎ 019-927 3871; https://m.facebook.com/kumimicablet; Zi. mit Ventilator/Klimaanlage ab 60/90 RM; ❄📶) „Cablet" bedeutet „Hütte" und ganz genau das findet man in dieser süßen Unterkunft, die einen kurzen Fußweg abseits der Hauptstraße liegt. Die weiß getünchten Holzhütten mit angegliederten Bädern sind einfach und sauber; umgebaute Schiffscontainer stehen ebenfalls als Schlafstätten zur Verfügung. Zu den Pluspunkten gehören eine Gemeinschaftsküche und ein cooler Gemeinschaftsbereich in der Mitte der Anlage.

★ **Tanjung Inn** BUNGALOWS $
(☎ 09-581 9081; www.tanjunginn.com; Safarizelte 50–70 RM, Zi. mit Ventilator 106 RM, Zi. mit Klimaanlage 223–318 RM; ❄📶) Diese hoch gelobte Unterkunft bietet Holzbungalows mit Veranden, die sich um einen atemberaubenden, mit Seerosen bedeckten Teich reihen, der von Gräsern und Obstbäumen umgeben ist. Alle Bungalows verfügen über Warmwasserduschen; außerdem gibt's eine Bücherei. Ein weiterer landschaftsgärtnerisch gestalteter Teich ist von Zelten im Safaristil umgeben; geschlafen wird auf Matratzen auf Holzpaletten (für alle, die Luxuszelten vorziehen).

Don't Tell Mama Eco Bar INTERNATIONAL $$
(☎ 012 630 2543; Cherating Beach; Hauptgerichte 25–55 RM; ⏲ 17.30 Uhr–spätabends) 🌿 Das Restaurant ist für seinen legendären Burger bekannt, aber auf der Karte stehen noch jede Menge andere Gerichte, darunter vegetarische Optionen. Mit dem coolen Strandhüttenambiente, der Reggae-Musik und seinem freundlichen Service ist die Bar besonders abends zum Entspannen beliebt.

An- & Weiterreise

Wer mit dem Fernbus aus dem Norden oder Süden kommt, kommt am **Busbahnhof Sentral Kuantan** (S. 461) an. Von hier aus fährt der Bus 303 zum lokalen Busbahnhof in Kuantan (S. 461; 2 RM, 30 Min.). Hier steigt man in den Bus 600 nach Batok (4 RM, 40 Min.), danach in den Bus 64 nach Cherating Lama (Old Cherating; 2 RM, 20 Min.). Den Fahrer bitten, Bescheid zu sagen, wann man aussteigen muss.

Leichter und schneller geht's mit dem Taxi ab Kuantan (60 RM; 45 Min.).

Kuala Terengganu

☎ 09 / EW. 406 317

Kuala Terengganu (KT) ist ein Mikrokosmos der malaysischen Wirtschaftsgeschichte: Kleines Fischerdorf findet Öl und schwingt sich in die Moderne. Trotz der Wolkenkratzer hat sich Kuala Terengganu dennoch seinen Charme bewahrt. Es gibt eine Promenade, ein paar gute Strände, mehrere historische, zwischen Hochhäusern versteckt gelegene Gebäude im *kampung*-Stil und eines der schönsten und interessantesten Chinatown-Viertel auf der östlichen Malaiischen Halbinsel. Auch dank der Küche mit vielen Meeresfrüchten und der guten Verkehrsanbindung lohnt es sich, ein oder zwei Besichtigungstage zwischen den Insel- und Dschungelerkundungen einzulegen.

Kuala Terengganu

Sehenswertes

Rund um die Jalan Kampung Cina (auch als „Jalan Bandar" bekannt) liegt KTs kompakte Chinatown mit denkmalgeschützten Gebäuden und Tempeln sowie einigen Bauten, an denen der letzte Hochwasserstand abzulesen ist. In ihren Gassen taucht immer mehr zeitgenössische, schrullige Streetart auf. Die Gentrifizierung ist in vollem Gange: Überall eröffnen Cafés, Bars und Geschenkläden. Dennoch kann man noch immer verschlafene Eisenwarengeschäfte und traditionelle chinesische Heilpflanzenläden finden.

Einen Besuch lohnt die **Turtle Alley** (abseits der Jln Kampung Cina), wo Mosaike die Geschichte der mittlerweile gefährdeten Schildkröten von KT erzählen, sowie die **Pasar Payang Alley** (Straße der Erinnerung), die an lokale chinesische Gemeindeführer und berühmte Malaien erinnert. In der Touristeninformation (S. 464) sind Broschüren zum Chinatown Heritage Trail erhältlich.

Zentraler Markt MARKT

(Pasar Payang; Ecke Jln Kampung Cina & Jln Sultan Zainal Abidin; ⌚6–17 Uhr) Auf dem lebhaften Markt kann man exotische Snacks probieren und in dem Stockwerk über der Fischabteilung eine breite Auswahl an Batikstoffen und *kain songket* (traditionelle handgewebte Stoffe) erwerben. Viele Stände sind freitags geschlossen.

Kuala Terengganu

Sehenswertes
1 Bukit Puteri C1
2 Zentraler Markt B1
3 Pasar Payang Alley B1
4 Turtle Alley B2

Schlafen
5 Jen's Homestay B2
6 KT Chinatown Lodge B2

Essen
7 Chinatown Hawker Centre B2
8 T Homemade Café B2

Transport
9 Hauptbusbahnhof C2
MARA Liner .... (siehe 9)
Sani Express .... (siehe 9)
SP Bumi .... (siehe 9)
Transnasional .... (siehe 9)

Bukit Puteri FORT

(Princess Hill; Jln Sultan Zainal Abidin; Erw./Kind 1/0,50 RM; ⌚Sa–Do 9–17, Fr bis 15 Uhr) Auf der gegenüberliegenden Straßenseite vom Zentralmarkt führen eine Rolltreppe und eine steile Treppe hinauf zum Bukit Puteri, einem 200 m hohen Hügel mit tollem Stadtblick. Oben befinden sich die Überbleibsel eines Forts aus der Mitte des 19. Jhs., einige Kanonen und eine Glocke.

Schlafen

KT Chinatown Lodge PENSION $
(09-6221 938, 013-9316 192; lawlorenz@gmail.com; 113 Jln Kampung Cina; Zi. 75–150 RM;) Direkt im Herzen von Chinatown und in der Nähe von Salanganennestern bietet die zweistöckige Pension einfache, aber makellose Zimmer und einen herzlichen Empfang. Die günstigsten Zimmer sind fensterlos, verfügen aber über Fernseher mit vielen Kanälen, ein eigenes Bad und eine Klimaanlage. Zum historischen Ambiente tragen die Retrofotos in Schwarz-Weiß von Chinatown bei.

★ **Jen's Homestay** APARTMENT $$
(019-957 8368; www.jenhomestay.weebly.com; 8–12 Pangsapuri Kampung Tiong, Jln Kampung Tiong; Zi. ab 100 RM;) Das freundliche Jen's bietet vier Apartments in einem Hochhaus, jedes mit drei Schlafzimmern, einem Wohnzimmer, Balkons, Waschmaschine und umwerfendem Blick auf den Fluss und Richtung Meer. Man kann das ganze Apartment oder ein Schlafzimmer mieten (die teureren haben ein eigenes Badezimmer).

Essen

T Homemade Cafe CHINESISCH, MALAIISCH $
(214 Jln Kampung Cina; Hauptgerichte ab 5 RM; 10–17 Uhr) Wer sich während einer Erkundungstour durch Chinatown kurz erholen möchte, nimmt Platz auf der schattigen Außenbestuhlung dieser Kooperative von geschäftigen Essenständen. Hier gibt's leckere chinesische Gerichte, z. B. köstliches gegrilltes Hühner-, Enten- oder Schweinefleisch mit Reis und frische Säfte.

Chinatown Hawker Centre STRASSENSTÄNDE $
(abseits der Jln Kampung Tiong; 7–23 Uhr) Chinatowns Straßenhändlerzentrum ist in einen chinesischen und einen malaiischen Abschnitt geteilt. Tag und Nacht wird hier mächtig gebrutzelt, gegessen und geplauscht, dazu gibt's kaltes Bier. Morgens findet ein kleiner Kunsthandwerks- und Lebensmittelmarkt statt; hier kann man prima Essen zum Mitnehmen kaufen.

Praktische Informationen

Viele Banken gibt's an der Jln Sultan Ismail, z. B. **HSBC** (09-622 3100; 57 Jln Sultan Ismail). Die meisten haben Geldautomaten (24 Std.), die internationale Karten akzeptieren.

Touristeninformation (09-622 1553; http://beautifulterengganu.com; Jln Sultan Zainal Abidin; Sa–Do 9–17 Uhr) Hilfreiche Mitarbeiter sowie gute Broschüren und Karten.

An- & Weiterreise

BUS & TAXI

Am zentralen **Busbahnhof** (Jln Masjid Abidin) fahren sowohl lokale Busse als auch Express-Fernbusse ab. Zu Express-Anbietern gehören **Transnasional** (09-622 2700; www.transnasional.com.my), **MARA Liner** (09-622 2097; www.maralinergroup.my), **Sani Express** (09-622 2717; www.saniexpress.com.my) und **SP Bumi** (09-623 7789; www.spbumi.com.my).

Kuala Terengganus **Haupttaxistand** liegt in der Nähe des lokalen Busbahnhofs, aber Taxis gibt's auch überall sonst in der Stadt.

ZIEL	PREIS (RM)	DAUER (STD.)
Johor Bahru	80	9
Kota Bharu	10	3
Kuala Besut (Perhentian-Inseln)	10,80	2
Kuala Lumpur	44,20	8
Kuantan	9	5
Melaka	48	8

FLUGZEUG

Der **Sultan Mahmud Airport** (09-667 3666; www.malaysiaairports.com.my; Jln Lapangan Terbang) liegt rund 11 km nördlich des Stadtzentrums. AirAsia (S. 522) und Malaysia Airline(S. 522) fliegen von/nach KLIA; Firefly (S. 522) und Malindo Air (S. 522) fliegen zum SkyPark Subang Terminal (auch bekannt als Sultan Abdul Aziz Shah Airport) in der Nähe von Kuala Lumpur.

Kuala Besut

Boote zu den Pulau Perhentian legen vo[n] reizenden Küstenstädtchen ab. Der Bus a[b] Kota Bharu kostet 6 RM, ein Taxi run[d] 70 RM (jeweils 2 Std.). Der Bus ab Kuala Te[-]rengganu kostet 10,80 RM, ein Taxi run[d] 120 RM (wiederum jeweils 2 Std.). Minde[s]tens ein Bus fährt täglich nach Kuala Lum[-]pur (45 RM, 9 Std.). Viele Reiseveranstalte[r] betreiben Minibusse nach Kuala Besut vo[n] Touristenzielen in ganz Malaysia.

Pulau Perhentian

☎09 / EW. 1300

Man stelle sich vor: glasklares Wasser, in dem sich der türkisfarbene Himmel spiegelt und das sich perfekt zum Tauchen und Schnorcheln eignet, üppiger, fruchtbarer Dschungel und Strände mit blendend weißem Sand. Nachts erhellen Strandlagerfeuer und Meeresleuchten die schwarze Dunkelheit, während hoch oben unzählige Sterne funkeln. Die Perhentian-Inseln bieten das alles und noch mehr.

Das größte Dilemma, dem man ausgesetzt ist, ist die Wahl des richtigen Strandes als Basis. Es gibt die zwei Hauptinseln Kecil („Klein"), die bei jüngeren Rucksackreisenden beliebt ist, und Besar („Groß"), die mit höheren Unterkunftsstandards und einer entspannteren Atmosphäre aufwartet. Boote bringen Besucher im Rahmen von Tagesauflügen auch auf fünf kleinere Inseln.

Aktivitäten

Dank des relativ seichten, ruhigen Wassers und der guten Sicht gelten die Perhentian-Inseln als der ideale Ort, um schnorcheln oder tauchen zu lernen.

Die meisten Pensionen organisieren Schnorchelausflüge für rund 40 RM pro Person. Zu den Highlights zählen der Turtle Point am nördlichen Ende des Hauptstrandes von Besar und der Shark Point an der südwestlichen Spitze der Insel. Taucher profitieren dank des Wettbewerbs zwischen vielen Anbietern von guten Preisen. Ein PADI-Freiwasser-Kurs kostet rund 1000 RM.

Auf beiden Inseln gibt's zahlreiche Wandermöglichkeiten. Einige Wege werden bei schwerem Regenfall ausgewaschen, man sollte daher mit gesundem Menschenverstand vorgehen. Es ist immer heiß und luftfeucht, daher sollte man jede Menge Wasser mitbringen. Nachts nicht ohne Taschenlampe wandern!

Schlafen & Essen

Pulau Kecil

Auf Kecil bietet der **Long Beach** (Pulau Perhentian Kecil) die größte Auswahl an Unterkünften, von einfachen Backpacker-Hostels zu schicken, teuren Resorts. Aber hier kann es wegen all der Bars und Strandpartys recht laut werden. Die **Coral Bay** (Pulau Perhentian Kecil) bietet eine gute Auswahl an Unterkünften für alle Preisklassen.

Ein 45-minütiger Spaziergang Richtung Süden führt vorbei am RainForest Camping zum **Petani Beach** (Pulau Perhentian Kecil), an dem sich einige schicke Resorts befinden.

★ **D'Lagoon Chalet & Restaurant** HÜTTEN $
(☎019-985 7089; www.dlagoon.my; Teluk Kerma, Pulau Perhentian Kecil; Zeltplatz 15 RM, B 25 RM, Zi. 70–220 RM, Hauptgerichte 8–15 RM; ⏲Restaurant 7.45–16 & 19–22.30 Uhr; ❄📶) Die familienbetriebene D'Lagoon ist die einzige Unterkunft in einer ruhigen Bucht mit tollem Korallenriff, das man nach ein paar Schwimmzügen vom Strand aus erreicht. Die Unterkunftsarten reichen von einem Campingplatz und einem Langhaus mit Schlafsälen bis zu einfachen Hütten auf Stelzen. Als Aktivitäten bieten sich Schnorcheln, Hai- und Schildkrötenbeobachtung sowie Dschungelwanderungen zu abgelegenen Stränden an sowie eine 200 m lange Seilrutsche.

Im Restaurant gibt's ganz gute internationale und malaiische Gerichte. Auf Anfrage arrangiert das Management auch Abende mit lokaler Livemusik. Hierher geht's mit dem Taxi oder zu Fuß vom Anleger am Long Beach (1 Std.).

Lemon Grass Chalet BUNGALOWS $
(☎012-956 2393; Long Beach, Pulau Perhentian Kecil; Hütte 60 RM) An der südlichen Spitze des Long Beach bietet das Lemongrass zwei einfache Holzbungalows mit Gemeinschaftsbädern. Von der Veranda bei der Rezeption hat man einen tollen Ausblick; außerdem gibt's hübsche, versteckte Ecken, in denen man sitzen und auf das Meer hinausblicken kann. Alle Hütten kosten gleich viel, aber die mit Meerblick sind am schönsten.

RainForest Camping CAMPINGPLATZ $
(rainforestcamping.perhentian@gmail.com; Kampung Pasir Karang, Pulau Perhentian Kecil; Campingplatz 50 RM) Einfache Zelte mit kompakten Bambusterrassen stehen auf einer schattigen (und insektengeplagten) Regenwaldlichtung. Die Gemeinschafts-WCs und -bäder sind bescheiden, doch die eigentliche Attraktion sind der perfekte Strandbogen und die entspannte Atmosphäre im angrenzenden Café.

★ **Crocodile Rock Villas** VILLA $$
(www.crocodilerockvillas.com; Kampung Pasir Karang, Pulau Perhentian Kecil; Zelt/Villa ab 250/315 RM; ⏲Restaurant 9–11 & 18.30–22 Uhr; ❄📶) Das von einem malaysisch-englischen Paar betriebene Crocodile ist einfach himmlisch. Es liegt

einen kurzen Spaziergang südlich vom Coral Beach. Luxus-Camper werden die drei geräumigen Safarizelte lieben und Luxus-Backpacker die Handvoll von luxuriösen Holzhütten auf Stelzen mit Balkons zum Meer. Ein ausgezeichnetes Restaurant serviert malaiische und internationale Gerichte und rundet so das Ganze ab.

Panorama Chalet HÜTTEN $$

(☎09-6911590; www.panoramaperhentianisland.com; Long Beach, Pulau Perhentian Kecil; Zi. 120–250 RM; ❄📶) Das Panorama liegt einen kurzen Weg entfernt vom Strand und ist bei Tauchern und Schnorchlern beliebt. Es beherbergt Doppelzimmer mit Ventilator und Hütten mit Klimaanlagen. Das Familienzimmer ist mit zwei französischen Betten, umlaufenden Fenstern und einem Balkon ausgestattet.

Pulau Besar

Die beiden Hauptorte auf der großen Insel sind **Main Beach** (Pulau Perhentian Besar) und **Teluk Dalam** (Pulau Perhentian Besar). Beide sind familienfreundlicher als die verschlafenen Orte auf Kecil und bieten eine gute Auswahl an Unterkünften für alle Geldbeutel.

Samudra Beach Chalet BUNGALOWS $

(☎09-691 1677; www.samudrabeachchalet.com; Teluk Dalam, Pulau Perhentian Besar; Zi. 60–160 RM; ❄📶) Traditionelle malaiische Nurdachbungalows erwarten einen im Samudra. Innen sind sie etwas dunkel; die günstigeren bieten Ventilatoren. Ein gutes Preis-Leistungs-Verhältnis hat das klimatisierte Familienzimmer mit zwei Doppelbetten.

EcoMarine Perhentian Island Resort RESORT $$

(☎011-1083 4729, 013-396 2245; https://ecomarineperhentian.com; Teluk Dalam, Pulau Perhentian Besar; Camping 20 RM pro Pers., B/Zi. ab 82/210 RM; ❄) Für alle, die Zelten mögen, bietet das EcoMarine am südwestlichen Ende des Strandes eine der besten Unterkünfte auf den Perhentian-Inseln. Es gibt einen klimatisierten Schlafsaal mit Heißwasserdusche sowie bequeme Zimmer in Betonbungalows mit Blick auf den Strand.

Reef Chalets HÜTTEN $$

(☎09-691 1762; http://thereefperhentian.com; Main Beach, Pulau Perhentian Besar; Hütte 140–408 RM; ❄📶) Dieses familienbetriebene Resort bietet eine breite Palette an hübschen Holzhütten am Strand und einen wunderschön gepflegten Dschungelgarten mit Bäumen voller Lemuren, Affen, Vögeln und Fledermäusen. Viele Hütten haben einen Blick aufs Meer. Die günstigsten sind mit Ventilatoren ausgestattet, die teureren mit Klimaanlagen.

Die freundlichen Besitzer vermieten Kanus und Schnorchelausrüstung und helfen bei der Gestaltung des Aufenthalts.

ℹ Praktische Informationen

Die Gebühr für den Aufenthalt im Meerespark rund um die Perhentian-Inseln (30 RM) muss am Anleger in Kota Besut bezahlt werden.

Auf den Perhentian-Inseln gibt's weder Banken noch Geldautomaten. Unterkünfte und Restaurants auf beiden Inseln bieten kostenloses WLAN. Wer sein eigenes Handy mitbringt: Celcom bietet die beste 3G-Breitband-Abdeckung auf den Inseln.

ℹ Anreise & Unterwegs vor Ort

Schnellboote (hin & zurück Erw./Kind 70 RM, 30–40 Min.) fahren mehrmals täglich zwischen 8.30 und 17.30 Uhr von Kuala Besut zu den Perhentian-Inseln. Fahrkarten gibt's bei Reiseveranstaltern in Kuala Besut. Die Boote steuern alle Strände an. Falls das Wetter schlecht ist oder nicht genug Passagiere mitfahren wollen, werden Fahrten oft verschoben oder abgesagt.

In die andere Richtung starten täglich um 8, 12 und 16 Uhr Schnellboote von den Inseln. Man sollte in der Unterkunft einen Tag vor Abreise Bescheid sagen, damit die Abholung organisiert werden kann. Falls das Meer rau oder das Wasser zu seicht ist, wird man vom Strand in einem kleinen Boot zum Schnellboot gebracht. Das kostet rund 5 RM extra.

Es gibt auf den Inseln einige Spazierwege, aber die einfachste Art und Weise, um von Strand zu Strand oder von Insel zu Insel zu kommen, ist mit dem Boot. Von Insel zu Insel zahlt man 15 bis 30 RM; von Strand zu Strand (auf derselben Insel) rund 10 bis 15 RM. Boote fahren ab zwei Passagieren (alleine zahlt man das Doppelte). Die Preise verdoppeln sich nach Sonnenuntergang.

Kota Bharu

☎09 / EW. 491 200

Kota Bharu (KB) verbindet die Energie einer mittelgroßen Stadt mit der Kompaktheit und entspannten Atmosphäre eines kleinen Ortes. Hier locken großartiges Essen und eine gute Auswahl an Unterkünften Als logischer Übernachtungsstopp zwischen Thailand und den Perhentian-Inseln eignet sich KB gut als Ausgangsbasis, um Kelantan zu erkunden. Die umliegenden Dörfer können alle im Rahmen von Tagesausflügen erreicht werden

Kota Bharu

Kota Bharu

Highlights
- 1 Streetart Gallery B2

Sehenswertes
- 2 Istana Batu B1
- 3 Istana Jahar B1

Schlafen
- 4 KB Backpackers Lodge B2
- 5 My Place Guest House C1
- 6 Zeck's Travellers Inn D1

Essen
- 7 Nachtmarkt B1
- 8 Shan Sri Dewi Restaurant C2

Transport
- 9 Zentraler Busbahnhof B2
- Taxistand .... (siehe 9)

Kunsthandwerk, Küche und Kultur findet nan jedoch nur direkt in der Stadt.

Sehenswertes

★ Streetart Gallery ÖFFENTLICHE KUNST
abseits der Jln Ismail) GRATIS Nicht verpassen ollte man diese farbenfrohe Präsentation on Streetart, die eine kleine Gasse zwischen er Jalan Ismail und der Dato Pati schmückt.)ie Bilder lächelnder Einheimischer bei der rbeit und beim Spiel und die idyllischen)schungelszenen stehen in starkem Kontast zu den Bildern des Konflikts und Leids ı Palästina.

stana Jahar MUSEUM
Royal Ceremonies Museum; ☎ 09-748 2266; www. uzium.kelantan.gov.my; Jln Istana; Erw./Kind 3/ 50 RM; ⏲ Sa–Mi 8.30–16.45, Do bis 15.30 Uhr) er Schwerpunkt von Kota Bharus bestem useum liegt auf den Traditionen und dem unsthandwerk von Kelantan. Es befindet ch in einem schönen schokoladenbraunen auwerk aus dem Jahr 1887, einem der hönsten traditionellen Gebäude der Stadt.

stana Batu MUSEUM
Royal Museum, Muzium Diraja; ☎ 09-748 7737; ww.muzium.kelantan.gov.my; Jln Istana; Erw./ nd 4/2 RM; ⏲ Sa–Mi 8.30–16.45, Do bis 15.30 Uhr) s es dem Staat überlassen wurde, war das 1939 gebaute hellgelbe Istana Batu der Palast des Kronprinzen. Dank der Familienfotos und der persönlichen Stücke, die zwischen edlem Porzellan, kitschigen Sofas und der Hutsammlung des verstorbenen Sultans zu finden sind, geben die prachtvoll eingerichteten Zimmer einen überraschend privaten Einblick in das königliche Leben.

Schlafen

My Place Guest House PENSION $
(☎013-9011 463; myplacekb@yahoo.com; 4340-R2 Jln Kebun Sultan; EZ/DZ 35/50 RM; ❄📶) Einen kurzen Spaziergang entfernt von Chinatown heißt das freundliche My Place Guest House seine Gäste willkommen. Retroposter, darunter Aufnahmen der Beatles und Che Guevaras, schmücken das eklektisch möblierte Innere. Die Zimmer sind einfach, aber sauber.

KB Backpackers Lodge HOSTEL $
(☎019-944 5222, 09-748 8841; www.facebook.com/kbbackpackerslodge; 1872-D Tingat 1, Jln Padang Garong; B/Zi. ab 15/35 RM; ❄@) Der Besitzer Pawi ist eine nie versiegende Quelle von Informationen. Die Schlafsäle und Zimmer sind einfach, aber sauber. Es gibt eine Dachterrasse und Städtetouren können arrangiert werden.

Zeck's Travellers Inn HOMESTAY $
(☎019-946 6655; http://zecktravellers.blogspot.my; 7088-F Jln Sri Cemerlang; B/EZ/DZ ab 15/25/40 RM, Zi. mit Klimaanlage 50–80 RM; ❄@📶) Das Zuhause von Zeck und Miriam Zaki befindet sich in einer ruhigen Ecke nördlich des Stadtzentrums und eignet sich hervorragend, um ein Gefühl für echtes malaiisches *kampong*-Leben mitten im Herzen von KB zu bekommen. Kleine Mahlzeiten und Getränke sind jederzeit erhältlich.

Essen

★ **Nachtmarkt** MARKT $
(Jln Parit Dalam; Hauptgerichte ab 5 RM; ⏲17–21 Uhr) Die beliebteste Anlaufstelle für das beste malaiische Essen der Stadt ist KBs Nachtmarkt. Zu den Spezialitäten gehören *ayam percik* (mariniertes Hühnchen an Bambusspießen) und *nasikerabu* (blauer Reis mit Kokosnuss, Fisch und Gewürzen), Tintenfisch am Spieß und *murtabak* (in der Pfanne gebratenes Fladenbrot, gefüllt mit allen möglichen Zutaten von Rinderhack bis Bananen).

Shan Sri Dewi Restaurant INDISCH $
(☎09-746 2592; www.facebook.com/shansridewi; 4213-F Jln Kebun Sultan; Hauptgerichte ab 8 RM; ⏲7–21 Uhr; 🌿) Das Bananenblattcurry und das Mango-Lassi erfreuen sich in diesem großartigen Lokal sowohl bei Einheimischen als auch bei Touristen großer Beliebtheit. Morgens und abends gibt's himmlisches *roti canai* (flaches Brot mit Curry).

Praktische Informationen

HSBC Bank (Jln Padang Garong; ⏲Sa–Mi 10–15, Do 9.30–11.30 Uhr) Zentral gelegen mit Geldautomat.

Maybank (Jln Pintu Pong; Sa–Do 10–19 Uhr) Hat einen Geldautomat.

Kelantan Touristeninformation (☎09-748 5534; www.facebook.com/tic.kelantan; Jln Sultan Ibrahim; ⏲So–Mi 8–17, Do bis 15.30, Fr & Sa bis 13.30 Uhr) Informationen zu Privatunterkünften, Touren und Transport.

An- & Weiterreise

BUS

Lokale Busse und Schnellbusse von Transnasional verkehren vom **zentralen Busbahnhof** (☎09-747 5971, 09-747 4330; Jln Padang Garong). Andere Schnell- und Fernbusse fahren vom **Interstate Busterminal** (Terminal Bas Kota Bharu; Jln Datuk Wan Halim) nahe dem Tesco Kota Bharu ab. Ein Taxi von diesem Busbahnhof ins Stadtzentrum kostet ca. 15 RM.

Die meisten Regionalbusse halten am zentralen Busbahnhof, darunter diejenigen nach Wakaf Baharu (Busse 19 und 27, 1,60 RM), Rantau Panjang (Bus 29, 5,10 RM) und Tumpat (Bus 19 und 43, 3 RM).

Wer zu den Perhentian-Inseln möchte, nimmt einen der regelmäßigen Busse vom zentralen Busbahnhof nach Kuala Besut (Bus 639, 6 RM, ca. 2 Std., 6–18.30 Uhr).

ZIEL	PREIS (RM)	DAUER (STD.)
Alor Setar	39	7
Butterworth	37	7
Gua Musang	17	4
Ipoh	36	6
Kuala Lumpur	44	7
Kuala Terengganu	17	3
Kuantan	34	6
Lumut	44	7
Melaka	57	8
Singapur	81	10

FLUGZEUG

Sultan Ismail Petra Airport (☎09-773 7400; www.malaysiaairports.com.my; Sultan Ismail Petra Airport Darul Naim) Kota Bharus Flughafen liegt 10 km nordöstlich des Stadtzentrums.

TAXI

Der **Taxistand** (Jln Hilir Pasar) liegt an der südlichen Seite des zentralen Busbahnhofs. Ma sollte grundsätzlich die nicht lizensierten

EINREISE NACH THAILAND: VON KOTA BHARU NACH SUNGAI KOLOK

Bis zur Grenze Die thailändische Grenze ist bei Rantau Panjang. Der Bus 29 fährt zur vollen Stunde vom zentralen Busbahnhof Kota Bharu (S. 468) ab (5 RM, 1½ Std.). Sammeltaxis vom zentralen Busbahnhof kosten etwa 50 RM pro Auto und brauchen 45 Minuten.

Ein weiterer Grenzübergang liegt in Pengkalan Kubor an der Küste, doch die Verkehrsverbindungen sind nicht so gut und ein Grenzübergang hier kann zu Zeiten konfessioneller Gewalt im Süden Thailands riskant sein (vor dem Überschreiten der Grenze in der Touristeninformation (S. 468) nachfragen). Tagsüber überquert eine riesige Autofähre (1 RM für Fußgänger) den Fluss zum geschäftigen Tak Bai in Thailand. Von Kota Bharu nimmt man den Bus 27 oder 43 (2,40 RM) vom zentralen Busbahnhof.

An der Grenze Von Rantau Panjang kann man über die Grenze nach Sungai Kolok laufen, von wo man die Weiterfahrt nach Bangkok antreten kann.

Weiterreise Züge nach Bangkok fahren um 11.30 und 14.20 Uhr ab – Busse um 11.30 Uhr. Es gibt stündliche Minibusse von Sungai Kolok nach Hat Yai.

Für Informationen zur Überquerung dieses Grenzübergangs in die andere Richtung siehe S. 853.

axifahrer meiden, die sich einem in der ganzen Stadt aufdrängen wollen. Offizielle Taxis sind günstiger und sicherer.

ZUG

Der nächste Bahnhof ist **Wakaf Baharu** (☎ 09-719 6986; Jln Stesen), rund 10 km westlich von Kota Bharu, der von den lokalen Bussen 19 oder 27 angefahren wird.

Zu den Zielen entlang der „Dschungellinie" gehören Jerantut (8½ Std., tgl.) und Johor Bharu (18 Std., tgl.). Wer nach Kuala Lumpur will, muss in Gemas umsteigen.

Infos zu aktuellen Fahrplänen und -preisen gibt's in KBs **Touristeninformation** (S. 469) oder bei **Keretapi Tanah Melayu** (S. 430).

INNERE HALBINSEL

Ein breiter Streifen Regenwald trennt die Küsten voneinander. Hier kann man sowohl Taman Negara, den berühmtesten Nationalpark der Halbinsel, als auch die Dschungelbahn, eine technische Meisterleistung, erkunden.

Jerantut

☎ 09 / EW. 90 000

Das verschlafene Jerantut ist das Tor zum Taman Negara und ein Zugangspunkt für die „Dschungelbahn", die Kota Bharu mit dem Norden verbindet. Wer hier auf dem Weg in den Dschungel übernachten muss, sollte einen Spaziergang durch den Ort machen. Außerdem gibt's Unterkünfte und Restaurants.

Schlafen & Essen

★ **Hotel Firdaus** HOTEL $
(☎ 09-266 1409; www.facebook.com/hfjerantut; 2-5 Jln Kuantan; EZ/DZ/4BZ 38/55/90 RM; ❄ 📶) Dieses neue Hotel bietet saubere, geräumige und gut ausgestattete Zimmer (die meisten ohne Fenster) zu fairen Preien. Zusammen mit dem fröhlich dekorierten Café Kopi Chantek im Erdgeschoss und der Bäckerei Dania Cakes Corner eine fast unwiderstehliche Kombination.

An- & Weiterreise

BUS

Alle Busse starten und enden am **Busbahnhof Jerantut** (120 Jln Bandar Baru).

Öffentliche Busse fahren zur Anlegestelle in Kuala Tembeling (4 RM, 45 Min.). Dort legen die Boote nach Taman Negara von 10.30 bis 15.30 Uhr stündlich ab, allerdings halten sich die Boote nicht immer so genau an den Fahrplan und die Ankunftszeiten der Busse passen nicht zu den Abfahrtszeiten der Boote.

NKS Hotel & Travel (☎ 09-266 4488; www.taman-negara-nks.com; 21-22 Jln Besar, Bandar Lama; ⌚ 7.30–18 Uhr; 📶) arrangiert Minibusse und Busse zu verschiedenen Zielen, z. B. zur Anlegestelle in Kuala Tembeling (10 RM), KL (40 RM), nach Kuala Besut (70 RM) und in die Cameron Highlands (60 RM). Die Busse fahren vom hauseigenen NKS Café am Hostel ab. Die Mitarbeiter des NKS können von der Anlegestelle in Kuala Tembeling auch eine Flussfahrt zum Nationalpark organisieren (45 RM). Wer nicht mit dem Flussschiff fahren möchte, kann mit dem Minibus von Kuala Tahan direkt nach Taman Negara fahren (25 RM, 8 und manchmal 16.30 Uhr).

ZIEL	PREIS (RM)	DAUER (STD.)
Kuala Lipis	5	1½
Kuala Lumpur (Pekeliling)	18,40	4
Kuantan	17,80	3
Temerloh	6,20	1

ZUG

Der **Bahnhof Jerantut** liegt an der Zugstrecke Tumpat–Gemas (auch als „East Line" oder „Dschungellinie" bekannt). Richtung Norden stoppt der 4-Uhr-Zug auf seinem Weg nach Wakaf Baharu nahe Kota Bharu (20 RM, 9 Std.) in Kuala Lipis und Gua Musang. Richtung Süden fährt der 1-Uhr-Schlafwagenzug nach Johor Bahru (Sitz/Schlafplatz 19/44 RM, 9 Std.), wo man in den Shuttlezug oder Bus nach Singapur umsteigen kann.

Aktuelle Infos zu Fahrplänen und -preisen gibt's bei **KTM** (S. 430).

Taman Negara

☎09

Malaysias ältester, größter und beliebtester Nationalpark liegt an den Grenzen von Pahang, Kelantan und Terengganu. Seit 1939 ist Taman Negara (was auf Malaiisch „Nationalpark" heißt) ein Eldorado für fantastische Flora und unglaubliche Fauna, darunter Elefanten, Tiger, Leoparden und Flughörnchen.

Besucher können sich einer Gruppe anschließen oder einen Guide anheuern. Um auch nur eine kleine Chance zu haben, große Tiere zu sehen, muss man sich ziemlich weit von der Parkverwaltung in Kuala Tahan entfernen. Alternativ kann man sich neun Tage Zeit nehmen, um den höchsten Gipfel der Halbinsel zu erklimmen, den 2186 m hohen Gunung Tahan. Doch selbst wenn man nur ein oder zwei Tage Zeit hat, lohnt sich ein Besuch, zu Fuß oder mit dem Flussboot, um einen Eindruck davon zu bekommen, wie der Großteil von Malaysia einst aussah.

AUSRÜSTUNGSVERLEIH & BLUTEGEL

Blutegel gibt's überall im Park (aber nur einige in Kampung Kuala Tahan). Man hat mehr Spaß beim Wandern, wenn man Stiefel mit Stulpen oder lange Socken über der Hose trägt und alles mit DEET einsprüht.

Camping-, Wander- und Angelausrüstungen kann man an einigen Orten in Kuala Tahan und auch im Mutiara Taman Negara Resort ausleihen. Ungefähre Kosten pro Tag:

- Schlafsack 10 RM
- Rucksack 30 RM
- Zelt 10 bis 25 RM
- Angel 30 RM
- Isomatte 8 bis 10 RM
- Kocher 8 RM
- Stiefel 8 RM

Aktivitäten

Wandern & Trekken

Es lohnt sich, eine Übernachtwanderung oder zumindest eine Fahrt im Langboot flussaufwärts auf einem der Flüsse des Parks zu unternehmen. Egal ob man für einen Nachmittagsspaziergang oder für eine mehrtägige Wanderung hierherkommt, man muss am Informationsschalter des Parks (S. 471) eine Genehmigung kaufen.

★Canopy Walkway & Umgebung WANDERN
(Erw./Kind 5/3 RM; ⏲Sa–Do 9–15.30, Fr bis 12 Uhr) Taman Negaras beliebteste Wanderung ist der Canopy Walk, eine 500 m lange Brücke, die sich zwischen riesigen Bäumen in rund 45 m Höhe über dem Waldboden erstreckt. Westlich der Parkverwaltung führt ein leicht zu findender Fußweg entlang dem Sungai Tembeling zur Abzweigung zum Waldwipfelpfad (30 Min.). Frühaufsteher haben die besten Chancen, Vögel und Wildtiere zu sehen.

Kuala Trenggan WANDERN
Der gut ausgewiesene Hauptweg am Ufer des Sungai Tembeling verläuft über 9 km nach Kuala Trenggan. Es ist ein beliebter Wanderweg zum versteckten Aussichtspunkt Bumbun Kumbang, für den man fünf Stunden einplanen sollte. Von dort fahren Boote zurück nach Kuala Tahan. Alternativ läuft man weitere 2 km nach Bumbun Kumbang.

Kuala Keniam WANDERN
Der Weg von Kuala Trenggan nach Kuala Keniam ist eine beliebte Tageswanderung. Normalerweise mietet man ein Boot bis Kuala Keniam und läuft dann zurück nach Kuala Trenggan (6 Std.). Die Wanderung ist recht anstrengend und teilweise hügelig und führt an einer Reihe von Kalksteinhöhlen vorbei.

Lata Berkoh WANDERN

Nördlich der Parkverwaltung führt eine einfache Wanderung nach Lata Berkoh, den stufenförmigen Stromschnellen am Sungai Tahan (2 Std.). Unterwegs kommt man an der Badestelle **Lubok Simpon** und dem **Bumbun Tabing** vorbei. Der Pfad endet auf dem **Gunung Tahan**.

Ehe man die Wasserfälle erreicht, muss man den Fluss überqueren – wenn er viel Wasser führt, kann dies tückisch sein. Bei hohem Wasserstand sollte man es nicht versuchen, sondern einen der Bootsanbieter auf der gegenüberliegenden Seite auf sich aufmerksam machen und sich übersetzen lassen.

Flussfähre & Bootstouren

Am **Mutiara Taman Negara Resort** (☎09-266 3500, in KL 03-2782 2222; www.mutiarahotels.com; Kampung Kuala Tahan; Zeltplatz 10 RM, B/Hütte/Suite/Bungalow inkl. Frühstück 100/450/550/1500 RM;) und am Anleger in Kuala Tahan gibt's Boote, die Fahrten auf dem Fluss zu den nachfolgenden Zielen anbieten. Abgelegt wird, sobald die Mindestanzahl an Passagieren erreicht ist.

ZIEL	PREIS PRO BOOT (RM)	REISEDAUER (MIN.)
Bunbun Yong	120	20
Baumwipfelpfad	100	15
Gua Telinga	120	30
Kuala Tembeling	220	180
Lata Berkoh	200	45
Kuala Kenian	450	60–90

Geführte Touren

Es gibt eine breite Palette an thematischen Touren, die von nahezu jedem Hotel und einigen unabhängigen Touranbietern im Ort angeboten werden. Einige Aktivitäten kann man gut alleine unternehmen (z. B. die Wanderung zum Baumwipfelpfad), für längere Wanderungen oder falls man wirklich etwas über den Dschungel lernen möchte, nimmt man besser an einer geführten Tour teil.

Lohnenswert sind nächtliche Ausflüge in den Dschungel, zu Fuß oder mit dem Jeep (25 bis 45 RM), eine Bootsfahrt zu den Stromschnellen bei Lata Berkok über das *Kelah*-Fischschutzgebiet (200 RM) und eine Motorbootsfahrt durch die Stromschnellen der Klasse I (40 bis 80 RM).

In Taman Negara befinden sich rund neun Dörfer der Batek, einer Untergruppe des indigenen Volkes der Halbinseln, die zusammen als Orang Asli bekannt sind. Bei Touren zu ihren Siedlungen (rund 80 RM) bieten Stammesführer einen allgemeinen Überblick über das Leben hier und man lernt, mit dem Blasrohr umzugehen und ein Feuer zu entfachen. Während lokale Führer behaupten, dass diese Touren eine überlebenswichtige Einkommensquelle für die Orang Asli sind, geht das meiste Geld, das man bezahlt, an den Tourveranstalter. Wer im Dorf Handwerkskunst kauft, sorgt dafür, dass auch etwas bei den Dorfbewohnern ankommt.

Schlafen & Essen

Die meisten Unterkünfte, Restaurants und Geschäfte von Taman Negara sind in Kampung Kuala Tahan zu finden, genau gegenüber der Parkverwaltung und dem Mutiara Resort auf der anderen Seite des Flusses. Wenn man von Kampung Kuala Tahan aus nur 10 Minuten gen Süden oder Norden läuft, stößt man auf ein paar abgelegene Orte. Wer nach etwas mehr Ruhe sucht, ist hier richtig.

Wild Lodge HOSTEL $

(☎016-665 7844; www.pahangoutdoor.com; Kampung Kuala Tahan; B 25–30 RM;) Neues Hostel in der Nähe des Anlegers mit Blick auf den Fluss. Jedes der einfachen Zimmer bietet Aussicht auf den Park; die teureren sind mit Betten (statt Stockbetten) ausgestattet.

Tee und Kaffee gibt's kostenlos, Bier kostet 10 bis 13 RM. Es gibt einen Loungebereich im Freien, ebenfalls mit Blick auf den Fluss. Das Hostel bietet außerdem eine Reihe von geführten Touren und Aktivitäten im Park an, z. B. eine nächtliche Flusssafari (65 RM).

Mahseer Chalet BUNGALOW $

(☎019-383 2633; mahseerchalet@gmail.com; Kampung Kuala Tahan; B 13 RM, Zi. 100–140 RM;) Diese Gruppe von Dschungelbungalows liegt in einem ruhigen Teil des Dorfes über dem Fluss. Die Zimmer und Bungalows sind gepflegt und das Restaurant serviert Frühstück und Abendessen. Katzen patrouillieren das Gelände. Insgesamt herrschen ein cooler Vibe und eine freundliche Atmosphäre.

Praktische Informationen

Informationsschalter im Park (Mutiara Taman Negara Resort; Parkeintritt/Kamera/Angeln/Baumwipfelpfad/Hochsitz/Zelten 1/5/10/5/5/1 RM; So–Do 8–22, Fr 8–12 & 15-22 Uhr) Besucher müssen sich hier registrieren lassen und verschiedene Genehmigungen kaufen, bevor sie den Park betreten. Der Schalter befindet sich in einem Gebäude 100 m nördlich von der

Malaysisch-Borneo

MALAYSIA TAMAN NEGARA

Rezeption des Mutiara Taman Negara Resort. Hier gibt's eine gute Karte mit Merkblatt zum *Taman Negara Kuala Tahan* (kostenlos).

An- & Weiterreise

Wir empfehlen, mit dem Minibus oder Taxi von Jerantut zum Taman Negara hinzufahren und mit dem Boot zurückzufahren. Ganz Mutige kommen zu Fuß hierher.

BUS & TAXI

Minibusse fahren direkt von mehreren Touristenzielen in ganz Malaysia nach Kampung Kuala Tahan. **Han.Travel** (Karte S. 422 f.; ☎ 03-2031 0899; www.han-travel.com; EG, Bangunan Mariamman, Jln Hang Kasturi; LRT Pasar Seni), **NKS** (S. 469) und **Danz Travel & Adventures** (☎ 09-266 3036, 013-655 4789; http://danzeco resort.com; Kuala Tahan; ⏲ 8–22 Uhr; 🛜) bieter verschiedene nützliche private Services, darunte tägliche Busse von Kuala Tahan nach Jerantut (25 RM), in die Cameron Highlands (85 RM), nacl Kuala Besut, zu den Perhentian-Inseln (95 RM), nach Kota Bharu (105 RM) und nach Penang (140 RM). Minibusse lassen Fahrgäste überall au der Strecke aussteigen.

SCHIFF/FÄHRE

Die 60 km lange Bootsfahrt von Kuala Tembling (18 km nördlich von Jerantut) nach Kuala Tahan i

n Highlight. Die Bootsfahrt zum Park dauert drei tunden hin und zwei Stunden zurück.

Boote (einfache Fahrt 45 RM) starten täglich m 14 Uhr. Während der Hauptsaison werden usätzliche Boote eingesetzt; während der egenzeit von November bis Februar ist der ootsverkehr allerdings unregelmäßig.

ALAYSISCH-BORNEO – ABAH

ie meisten Besucher kommen nach Sabah, m die Natur in ihrer wildesten Pracht zu erleben: die spektakulären Riffe von Sipadan, das Kletterparadies des 4095 m hohen, bis in die Wolken ragenden Mt. Kinabalu und die von Dschungelvegetation umwucherten Ufer des Sungai Kinabatangan, wo sich Affen, Nashornvögel und andere exotische Tiere wohlfühlen. Sepilok gehört zu den wenigen Orten auf der Welt, an denen halbwilde Orang-Utans in ihrem natürlichen Lebensraum beobachtet werden können. Die Städte von Sabah sind zwar nicht so schön wie die in Sarawak, aber das kosmopolitische Kota Kinabalu (gemeinhin als „KK" bekannt) zieht einen schnell in seinen Bann.

Kota Kinabalu

Kota Kinabalu

☎ 088 / EW. 452 058

Kota Kinabalu (KK) besticht nicht gerade durch seine Schönheit, doch das kompakte Zentrum lässt sich gut zu Fuß erkunden. Neben protzigen neuen Einkaufszentren lebt da alte KK mit seinen Fischern an der Promena de und seinen Märkten, die bis oben hin m Meereskreaturen, Perlen und anderem gefül sind, glücklich und zufrieden weiter. KK i die ideale Ausgangsbasis für ein Abenteuer

Kota Kinabalu

Sehenswertes	
1 Sonntagsmarkt	A2
Aktivitäten, Kurse & Touren	
2 Adventure Alternative Borneo	B2
3 Borneo Divers	B1
4 Borneo Dream	A1
5 Sticky Rice Travel	A3
6 Sutera Sanctuary Lodges	A1
Schlafen	
7 B&B@21	B2
8 Borneo Backpackers	B2
9 Borneo Gaya Lodge	B2
10 D'Beach Street Lodge	A2
11 Hotel Sixty3	B1
12 Kinabalu Daya Hotel	A1
13 Lucy's Homestay	B2
Essen	
Biru Biru	(siehe 8)
14 El Centro	A2
15 Kedai Kopi Fatt Kee	A2
16 Little Italy	A1
17 Mother India	B4
18 Nachtmarkt	B3
19 Todak Waterfront	C2
Ausgehen & Nachtleben	
El Centro	(siehe 14)
20 The Workshop	B2
Shoppen	
21 Borneo Shop	A1
22 Borneo Trading Post	B3
23 Kunsthandwerksmarkt	B3
Information	
Australisches Konsulat	(siehe 11)
24 Cleansway Laundry	C4
25 HSBC	B1
Laundry@25	(siehe 13)
26 Maybank	A1
27 Permai Polyclinics	B1
28 Sabah Parks	A6
29 Sabah Tourism Board	B1
30 Standard Chartered Bank	B1
31 Wisma Sabah	A1

abah, egal ob man tauchen, Wildtiere beob-chten oder am Kinabalu wandern möchte.

Sehenswertes

unku-Abdul-Rahman-ationalpark NATIONALPARK
www.sabahparks.org.my; Erw./Kind 10/6 RM) Di-ekt westlich von Kota Kinabalu bilden die inf Inseln Manukan, Gaya, Sapi, Mamutik nd Sulug sowie die Riffe dazwischen auf ner Gesamtfläche von gut 49 km² den unku-Abdul-Rahman-Nationalpark. Sie egen nur eine kurze Bootsfahrt vom adtzentrum von Kota Kinabalu entfernt nd bieten ein paar schöne Strände. Das asser in den äußeren Gebieten ist für ge-öhnlich klar. Wer der Stadt den Rücken hren und entspannen will, dem bietet ch hier die ideale Gelegenheit für einen gesausflug.

onntagsmarkt MARKT
n Gaya; ⏲ So 6–ca. 12 Uhr) Sonntags nimmt r lebhafte chinesische Straßenmarkt die samte Jalan Gaya ein. Es geht angenehm aotisch zu, die Stände stehen dicht beiein-der und verkaufen Batiksarongs, Schirme, ost und Antiquitäten.

abah Museum MUSEUM
ompleks Muzium Sabah; ☎ 088-253 199; www.useum.sabah.gov.my; Jln Muzium; 15 RM; ⏲ Sa–9–17 Uhr; Ⓟ) Dieses renovierte Museum mit Beschilderungen und Erläuterungen liegt 2 km südlich vom Stadtzentrum und ist der beste Ort in KK, um eine Einführung in die Bevölkerungsgruppen und Lebensräume von Sabah zu bekommen. Hier erwarten einen Stammes- und historische Artefakte, darunter Keramikwaren, eine nachgebaute Kalksteinhöhle und als Hauptattraktion ein Walskelett. Das **Kulturdorf** beherbergt traditionelle Stammesbehausungen, darunter Kadazan-Bambushäuser und ein chinesisches Bauernhaus – das alles in schöner Umgebung an einem Lilienteich.

Aktivitäten

★ **Borneo Divers** TAUCHEN
(☎ 088-222226; www.borneodivers.info; 9. OG, Menara Jubili, 53 Jln Gaya; ⏲ 9–18 Uhr) Die erste und immer noch eine der besten Tauchschulen bietet PADI-Tauchkurse an. Der Veranstalter hat auch eine Niederlassung auf der Mabul-Insel und bietet daher Tauchgänge in ganz Sabah an.

Borneo Dream TAUCHEN
(☎ 088-811 8149; www.borneodream.com; G27 Wisma Sabah, Jln Tun Fuad Stephens; ⏲ 9–18 Uhr) Borneo Dream hat eine Filiale in Kota Kinabalu und eine im **Gaya Island Resort** (☎ KL 03-2783 1000; www.gayaislandresort.com; Villa ab 1520 RM; ❄📶🏊) auf der Pulau Gaya. Der Veranstalter hat einen guten Ruf und bietet

Schnuppertauchgänge sowie PADI-Freiwasser-Zertifizierungen an.

Geführte Touren

In KK gibt's etliche Tourenveranstalter, die etwas für jeden Geschmack und Geldbeutel bieten. Am besten begibt man sich zum Bürogebäude Wisma Sabah (S. 487) auf der Jalan Haji Saman, in dem viele Reiseberater und Anbieter sitzen.

★ Sticky Rice Travel ABENTEUERTOUR
(☎ 088-251654; www.stickyricetravel.com; 3. OG, 134 Jln Gaya; ⌚ 9–18 Uhr) Nicht ohne Grund wird diese Agentur von National Geographic bevorzugt: Sie ist gut organisiert, originell bei der Tourenauswahl, bietet hervorragende sachkundige Führer und steht für verantwortungsvollen Tourismus im Einklang mit den Gemeinden. Hier darf man Abenteuer, Kultur und Reisen der anderen Art erwarten. Die Mitarbeiter des Sticky Rice stellen im Gespräch eine maßgeschneiderte Tour entsprechend der Interessen, der Fitness und des Budgets der Kunden zusammen; der Trip kann vier Tage oder ein paar Wochen dauern.

Adventure Alternative Borneo ABENTEUERTOUR
(☎ 198726355; www.adventurealternative.com; Lg Dewan; ⌚ 9–18 Uhr) Nachhaltiges und ethisch vertretbares Reisen werden in diesem britischen Unternehmen großgeschrieben, das eng mit der Tourismusbehörde von Sabah zusammenarbeitet und Touren zum Regenwaldcampingplatz Lupa Masa nahe dem Mt. Kinabalu veranstaltet. Wer sich in abgeschiedene Natur begeben möchte, kann an den Trips nach Sapulot teilnehmen.

Schlafen

Hostels und coole Cafés befinden sich in der Lg Dewan (auch „Australian Place" genannt). Die **Sabah Backpacker Operators Association** (www.sabahbackpackers.com) wurde mit dem Anliegen gegründet, Reisenden mit kleinem Geldbeutel in der Region zu helfen.

★ Borneo Backpackers HOSTEL $
(☎ 088-234009; www.borneobackpackers.com; 24 Lg Dewan; B/EZ/DZ inkl. Frühstück ab 37/60/80 RM; ❄ 📶) Dieses türkisfarbene stilvolle Hostel mit Hoi-An-Laternen, Kunstwerke, Holzböden und einem ausgezeichneten **Café** (24 Lg Dewan; Hauptgerichte 11–19 RM; ⌚ 11 Uhr–spätabends) mit asiatischer Fusion-Küche im Erdgeschoss gehört zu den besten Backpackerunterkünften in KK. Die einwandfreien Schlafsäle und Zimmer verfügen über Scha blonenkunst an den Wänden. Außerden sind ein Balkon, ein Lesezimmer zum Ent spannen und unablässig surrende Ventilato ren vorhanden. Ein weiterer Vorzug: Stick Rice Travel hat hier seinen Sitz.

B&B@21 HOSTEL
(☎ 016-883 3763, 088-210632; bookingbb21@gma com; Lot 21, Lg Dewan; B 40 RM, Zi. 93 RM; ❄ 📶 Hier gibt's große Doppelzimmer, großzügig Schlafsäle, einen tollen Küchenbereich un eine Lounge zum Entspannen und Fernse hen mit vielen DVDs. Die Mitarbeiter helfe den Gästen, Ausflüge in Sabah zu bucher Das Hostel ist komplett klimatisiert und ha einen Garten.

Borneo Gaya Lodge HOSTEL
(☎ 088-242477; www.borneogayalodge.com; 1. O 78 Jln Gaya; B inkl. Frühstück ab 30–35 RM, DZ mit Ba ab 85 RM; ❄ @ 📶) Alle Bereiche dieses einla denden Hostels sind klimatisiert. Die ruhig und saubere Unterkunft bietet eine gemüt che Gemeinschaftslounge. Zwei der Doppe zimmer mit eigenem Bad haben keine Fenste Die freundlichen Angestellten buchen gerr Touren oder geben allgemeine Tipps.

D'Beach Street Lodge HOSTEL
(☎ 088-258228; www.dbeachstreet.com; 48 J Pantai; B/EZ/DZ 35/60-90/70-150 RM; ❄ 📶 Das Hostel befindet sich im belebten Ze trum des „Beach Street"-Komplexes und d mit nur ein paar Schritte entfernt von KI bestem Nachtleben. Die Zimmer sind erf schend schick und modern, viele haben co le Balkons mit Blick auf das Treiben auf d Beach Street unten. Hier wird es nachts a lerdings ziemlich laut.

Lucy's Homestay HOSTE
(Backpacker's Lodge; ☎ 088-261495; backp ckerkk@yahoo.com; Lot 25, Lg Dewan, Australia P ce; B/EZ/DZ mit Gemeinschaftsbad, inkl. Frühstü 25/52/62 RM; 📶) Sehr einladende Atmosph re mit hellen Wandgemälden, einem B chertausch (viel Reiselektüre) und eine Balkon voller Pflanzen. Es gibt eine Vorz geküche sowie schlichte Zimmer und Schla säle mit Holzböden, die lediglich über Ven latoren verfügen. Dieser Ort ist ruhig u verzichtet auf draufgängerisches Getö Nach hinten raus steht ein großer 100 Jah alter Bananenbaum.

★ Hotel Sixty3 HOTEL
(☎ 088-212663; www.hotelsixty3.com; 63 Jln Ga Zi. 298–558 RM, Suite 668 RM; ❄ @ 📶) In d

em fabelhaften preisgekrönten Hotel mit nternationalem Ambiente gibt's 100 Zimmer nit glänzenden Böden, stimmungsvollen chwarz-Weiß-Fotos von Kota Kinabalu und abah an den Wänden, subtiler Beleuchtung, lachbildfernseher, Rauchverbot und wieerauffüllbaren Glasflaschen für Trinkwaser. Stilvoll, frisch und nachhaltig, Es gibt ein Restaurant, aber davon gibt's in der Jmgebung jede Menge.

inabalu Daya Hotel HOTEL $$

(088-240000; Lot 3 & 4, Block 9, Jln Pantai; Zi. ab 44 RM;) Freundliche Mitarbeiter und ie hippe Straßenbar machen nur einen Teil es Charmes dieses Nichtraucherhotels aus. arbenfrohe, mit Teppich ausgelegte Flure ihren in coole, mit Fliesen ausgelegte Zimer, die in neutralen Farbtönen gehalten nd. Trinkwasser wird in wiederverwendbaen Behältern zur Verfügung gestellt (Stationen zum Wiederauffüllen stehen im ganzen Iotel). Es lohnt sich, etwas mehr auszugeen und sich ein Deluxe-Zimmer (175 RM) zu isten; sie sind größer und haben ein eigees Bad. Die Standardzimmer sind winzig.

Essen

Ver genug von Nudeln hat, dem bietet KK als ine der wenigen Städte in Borneo eine vielltige Gastro-Szene. Neben den allgegenwärgen chinesischen *kedai kopi* (Cafés) und alaiischen Halal-Restaurants gibt's im ganen Stadtzentrum viele interessante Optionen.

★ **El Centro** INTERNATIONAL $

(014-862 3877, 019-893 5499; www.elcentro.my; 2 Jln Haji Saman; Hauptgerichte 18–25 RM; Do-) 11–24 Uhr;) Das winzige El Centro ist perentspannt. Auf der Karte stehen nur erichte ohne Palmöl. Der Schwerpunkt lieg uf köstlichen authentisch mexikanischen erichten: weichen Tacos, Burritos etc. Aber gibt auch Hummus, Pizza, Chorizo-Wraps, ühnchen und Burger mit Rindfleisch. Und auch Würstchen mit Kartoffelbrei. Auerdem gibt's eine gute Bar. Das El Centro t beliebt und bietet nur wenige Sitzplätze. auchen ist erlaubt.

dak Waterfront FISCH & MEERESFRÜCHTE $

n Tun Fuad Stephens; ab 3–4 RM pro 100 g; 17– Uhr) Brutzelnde Woks, Unmengen Gäste ad Tische mit frischen Fischen, Tintenfihen, Krabben, Garnelen und Hummern. nd das alles nur wenige Meter entfernt von en Fischerbooten, die an ihren Liegeplätzen haukeln. Ein schönerer Ort, um frische Meeresfrüchte zu genießen, als die sehr verrauchten philippinischen Grillstände weiter südlich. Hier kann man sich die Meeresfrüchte und Zubereitungsart raussuchen und sich hinsetzen und warten.

Auf den Tischen stehen eine Schachtel mit Zutaten sowie Wasser zum Händewaschen und Trinkwasserflaschen (1 RM). Manche Besitzer führen auch Bier. Die Stände befinden sich zwischen dem Zentralmarkt und dem Todak-Kreisverkehr (auch „Speerfisch/Marlin" genannt) an der Jalan Tun Fuad Stephens.

Nachtmarkt STRASSENSTÄNDE $

(Jln Tun Fuad Stephens; Fisch/Garnelen pro 100 g ab 3/15 RM, Satay 1,50 RM; 17–22 Uhr) Der Nachtmarkt ist der beste, günstigste und interessanteste Ort in KK, um gegrillten Tintenfisch, Rochen und eine riesige Auswahl an köstlichen Meeresfrüchten zu probieren, die direkt vor den Besuchern zubereitet werden. Auch vegetarische Gerichte sind erhältlich. Aufgrund der Nähe zur Moschee wird kein Alkohol serviert.

Kedai Kopi Fatt Kee CHINESISCH $

(28 Jln Bakau; Hauptgerichte ab 8 RM; Mo–Sa 12–22 Uhr) In diesem beliebten kantonesischen Lokal unterhalb von Ang's Hotel brutzeln die Woks ununterbrochen. Lecker sind die süßsauren Shrimps, der junge Farn und die Chicken Wings in Austernsoße.

★ **Mother India** INDISCH $$

(088-276 136; EG, Lot G-40A, Oceanus Waterfront Mall; Hauptgerichte 18–55 RM; 11–15 & 17.30–22 Uhr;) Köstliche Aromen locken in dieses wunderschön dekorierte Restaurant, das mit Ocker- und Goldtönen akzentuiert und mit Pendelleuchten und geschnitzten Raumteilern ausgestattet ist. Aufmerksame Mitarbeiter, glänzend weißes Porzellan und Leinenservietten sorgen für ein Ambiente, das auf einem höheren Niveau als andere Restaurants liegt. Das Essen wird im indischen Mughal-Stil zubereitet, mit Gemüse, Fisch, Garnelen, Lamm oder Huhn in reichhaltigen, cremigen Soßen.

Little Italy ITALIENISCH $$

(088-232231; 23 Jln Haji Saman, EG, Hotel Capital; Mo–Do 10–23, Fr–Sa 10–23.30 Uhr) In diesem sehr beliebten Restaurant tummelt sich eine Armee von mit Bandanas ausgestatteten Mitarbeitern, die ihren Gästen die Wünsche von den Augen ablesen. Hier gibt's tolle Pasta, tolle Pizza und römische Skulpturen – was will man mehr? Italienischen Kaffee, kaltes Bier und offene Weine? Alles da!

Ausgehen & Nachtleben

The Workshop CAFÉ
(☎088-274810; Lg Dewan; ⏰8–22 Uhr; 📶) Café, Kunstgalerie und Bar in einem. The Workshop bietet Industrieschick mit coolen Klängen, lokaler Kunst (auch zum Kaufen) und Fair-Trade-Kaffee. Wer nicht auf frische Säfte und Smoothies steht, kann sich im schattigen Garten hinten ein paar kalte Flaschen Guinness schmecken lassen. Von 15 bis 19 Uhr ist Happy Hour.

El Centro BAR
(☎014-862 3877; 32 Jln Haji Saman; ⏰17–24 Uhr, Mo geschl.) Verständlicherweise erfreut sich diese Bar großer Beliebtheit: Das El Centro ist einladend, das Essen ist gut und man kann leicht andere Reisende kennenlernen. Zudem gibt's coole Musik und entspannte Atmosphäre. Das El Centro veranstaltet außerdem spontane Quizabende, Kostümpartys und Livemusik-Shows.

Shoppen

Borneo Shop BÜCHER
(☎088-538689; www.theborneoshop.com; Shop 26, EG; Wisma Merdeka Phase 2, Jln Haji Saman; ⏰10–20 Uhr) Bücher, Geschenke, Drucke und Postkarten sowie jede Menge Bücher über Borneos Flora und Fauna.

Borneo Trading Post KUNST & KUNSTAHNDWERK
(☎088-232 655; Lot 16, Waterfront Esplanade, Jln Tun Fuad Stephens; ⏰10–20 Uhr) Verkauft hochwertige indigene sowie zeitgenössische Kunst und Souvenirs – eignet sich hervorragend für alle, die noch schnell ein paar Erinnerungsstücke kaufen wollen.

Kunsthandwerksmarkt MARKT
(Filipino-Markt; Jln Tun Fuad Stephens; ⏰8–21 Uhr) Um preiswerte Souvenirs einzukaufen, gibt's keinen besseren Ort als den Kunsthandwerksmarkt. Zum Angebot zählen Perlen, Textilien, Muschelkunsthandwerk, Schmuck und Bambuswaren – manche von den Philippinen, andere aus Malaysia oder weiteren Teilen Asiens. Natürlich muss hier gefeilscht werden!

Praktische Informationen

GELD

In der Innenstadt von KK gibt's etliche 24-Std.-Geldautomaten.

HSBC (☎088–212 622; 56 Jln Gaya; ⏰Mo–Do 9–16.30, Fr bis 16 Uhr)

Standard Chartered Bank (☎088-298111; 20 Jln Haji Saman; ⏰Mo–Fr 9.15–15.45 Uhr)

Maybank (☎088-254295; 9 Jln Pantai; ⏰Mo-Do 9–16.30, Fr bis 16 Uhr)

MEDIZINISCHE VERSORGUNG

Permai Polyclinics (☎088–232 100; www.permaipolyclinics.com; 4 Jln Pantai; Sprechstunden wochentags 60 RM, Sa & So 80 RM; ⏰Ärzte im Dienst 8–18 Uhr, Notfalldienst 24 Std.) Hervorragende ambulante Privatklinik

Sabah Medical Centre (☎088-211333; www.sabahmedicalcentre.com; Lg Bersatu, abseits der Jln Damai; ⏰24 Std.) Privatkrankenhaus mit guter Versorgung, ca. 6 km südöstlich des Stadtzentrums.

NOTFALL

Krankenwagen	☎088-218 166, ☎999
Feuerwehr	☎994
Polizei	☎999

POST

Hauptpost (Jln Tun Razak; ⏰Mo–Sa 8–17 Uhr Hier können Schecks von Western Union und Zahlungsanweisungen ausgezahlt werden.

TOURISTENINFORMATION

Kostenlose Karten von KK und Sabah gibt's in fast jedem Hostel und Hotel.

Einwandererbehörde (☎088-488700; Kompleks Persekutuan Pentadbiran Kerajaan, Jln UMS; ⏰Mo–Fr 7–13 & 14–17.30 Uhr) In einem Bürokomplex nahe der Universiti Malaysia Sabah (UMS), 9 km nördlich der Stadt. Geöffn an Wochenenden, jedoch nur für die Bearbeitung malaysischer Reisepässe.

Sabah Parks (☎088-486430, 088-523500; www.sabahparks.org.my; 1.-5. OG, Lot 45 & 46 Block H, Signature Office KK Times Sq; ⏰Mo-Do 8–13 & 14–16.30, Fr 8–11.30 & 14–16.30, S 8–12.30 Uhr) Hier gibt's Informationen zu den Parks von Sabah.

Sabah Tourism Board (☎088-212121; www.sabahtourism.com; 51 Jln Gaya; ⏰Mo–Fr 8–1 Sa, So & feiertags 9–16 Uhr) Im historischen Postamt liegt KKs Touristeninformation mit vielen Broschüren, Karten und sachkundigen, hilfsbereiten Angestellten. Letztere geben gut auf die Bedürfnisse der Besucher zugeschnitt ne Tipps und schwatzen einem nicht einfach e Tourenpaket auf! Lohnenswert ist auch ein Besuch der Website mit vielen nützlichen Informationen zu allen möglichen Bereichen – von Unterkünften bis Sehenswürdigkeiten.

An- & Weiterreise

BUS

Mehrere Busbahnhöfe rund um KK bieten Fahrten zu verschiedenen Zielen in der Umgebung.

Im Allgemeinen sind Verkehrsmittel, die über [d]en Landweg nach Osten fahren, ab dem **Terminal [U]tara** (Inaman), 9 km nördlich der Stadt, verfüg[b]ar, wohingegen diejenigen, die entlang der [W]estküste nach Norden fahren, am **Busbahnhof [P]adang Merdeka** (Merdeka Field; Jln Tunku Abdul [R]ahman) (auch *„alter Busbahnhof"* genannt; im [S]tadtzentrum) verkehren. Busse, die entlang der [W]estküste nach Süden fahren, starten sowohl am [P]adang Merdeka als auch an der Wawasan Plaza, [w]ährend letzterer saniert wird. BSB fahren am **[B]usbahnhof City Park** (Jln Haji Saman).

Lokale Busse (2 RM) von der Wawasan Plaza [n]ehmen Touristen zum Inanam mit, falls man [k]eine 20 RM für ein Taxi ausgeben möchte. [H]otelmitarbeiter können im Voraus am Bus[b]ahnhof anrufen, um einen Platz zu reservieren. [I]n der Regel gibt's bei Buchungen für den [g]leichen Tag keine Probleme; allerdings kann an [W]ochenenden viel los sein. Es lohnt sich immer, [i]m Voraus anzurufen, da Transporte manchmal [w]egen Überflutungen nach schweren Regenfäl[le]n eingestellt werden.

[F]LUGZEUG

[K]K wird von Malaysia Airlines (www.malaysiaair[li]nes.com) und AirAsia (www.airasia.com) [b]edient, die internationale Flüge von/nach [B]runei, Shenzhen, Jakarta, Manila, Singapur und [T]aipei bieten. Darüber hinaus gibt's nationale [F]lüge von/nach Johor Bahru, Kuala Lumpur und [P]enang auf der Malaiischen Halbinsel und [K]uching, Labuan, Lawas, Miri, Kudat, Sandakan, [L]ahad Datu und Tawau in Borneo. Jetstar (www.[je]tstar.com) und **Tiger Airways** (www.tigerair[w]ays.com) bieten Flüge nach Singapur.

Der **Kota Kinabalu International Airport** ([K]KIA; www.kotakinabaluairport.com; Tanjung [A]ru) befindet sich in Tanjung Aru, 7 km südlich [v]om Zentrum von KK; hierher geht's mit dem [T]axi oder Bus (25 bis 40 Minuten).

SCHIFF/FÄHRE

Alle Passagiere müssen für Fähren ab KK eine Gebühr bezahlen (Erw./Kind 3,82/1,91 RM). Passagierfähren verbinden KK 2-mal tgl. um 8 und 13.30 Uhr mit der Pulau Labuan (3½ Std.; Erw. 1./2. Klasse 41/36 RM, Kind 1./2. Klasse 28/23 RM), wo es Möglichkeiten zur Weiterfahrt nach Brunei gibt.

Schnellboote (31 RM) verbinden den Jesselton Point mit den fünf Inseln des **Tunku-Abdul-Rahman-Nationalparks** (S. 475). Fahrkarten können am Fahrkartenschalter an der Jesselton Wharf (Fährterminal Jesselton Point; ⌚8–18 Uhr) gekauft werden. Fähren fahren vom **Jesselton Point** (Jln Haji Saman, 500 m nordöstlich von Wisma Sabah) ab; der Fährterminal befindet sich nördlich vom Einkaufszentrum Suria Sabah.

ℹ Unterwegs vor Ort

Bus

Minibusse fahren von mehreren Haltestellen ab, z. B. vom Busbahnhof Padang Merdeka, von der **Wawasan Plaza** (Wawasan Plaza) und vom Parkplatz vor dem Milimewa Superstore (nahe der Kreuzung der Jalan Haji Saman und der Beach Street). Sie fahren durch die Stadt und sammeln unterwegs Fahrgäste auf. Die meisten Ziele in der Stadt kosten 4 bis 6 RM.

Taxi

Für eine Fahrt im Stadtzentrum zahlt man mindestens 15 RM. Taxis sind überall in der Stadt sowie an allen Busbahnhöfen und Einkaufszentren zu finden.

VOM/ZUM FLUGHAFEN

Shuttlebusse zum Flughafen (Erw./Kind 5/3 RM) fahren jeden Tag zwischen 7.30 und 19.15 Uhr alle 45 bis 60 Minuten vom Bahnhof

[B]USSE AB KOTA KINABALU

[Di]e nachfolgende Information zu Bus- und Minibustransporten wurde uns vom **Sabah Tou[ri]sm Board** (S. 478) zur Verfügung gestellt und gilt nur zur Orientierung. Die eigentlichen [A]bfahrtszeiten variieren je nach Wetter; die Preise können sich ändern, hin und wieder auch [di]e Abfahrtsorte.

[ZI]EL	DAUER (STD.)	PREIS	BUSBAHNHOF	ABFAHRT
[B]andar Seri Begawan (Brunei)	8½	100 RM	Busterminal City Park	8 Uhr
[M]t. Kinabalu NP	2	15–20 RM	Inanam & Padang Merdeka	7–20 Uhr (sehr häufig)
[R]anau	2	20 RM	Padang Merdeka	7–17 Uhr
[S]andakan	6	45 RM	Inanam	7–14 Uhr (häufig) & 20 Uhr
[S]emporna	9	75 RM	Inanam	7.30, 14 & 19.30 Uhr
[T]awau	9	50 RM	Inanam	7.30, 8, 10, 12.30, 16 & 20 Uhr

Padang Merdeka ab. Vom Flughafen zur Stadt fahren Busse von 8 bis 20.30 Uhr. Man wartet normalerweise nicht länger als 45 Minuten (manchmal jedoch schon).

Taxis von den Terminals in die Stadt funktionieren mit einem Coupon-System (30 RM); Coupons kann man an einem Taxistand im Erdgeschoss des Terminals kaufen. Taxis zum Flughafen kosten rund 30 RM, falls man eines im Stadtzentrum erwischt.

Kinabalu (Berg) & Kinabalu-Nationalpark

Gunung Kinabalu, wie er auf Malaysisch heißt, ist der höchste Berg auf der drittgrößten Insel der Welt. Er ist auch der höchste Gipfel zwischen dem Himalaja und Neuguinea. Er ist fast doppelt so hoch wie die nahe gelegenen Nachbarn in der Crocker-Bergkette. Mit einer Krone aus wilden Granitspitzen bietet er einen atemberaubenden Anblick. Der Berg wächst übrigens noch immer, und zwar um rund 5 mm pro Jahr.

Der 4095 m hohe Kinabalu mag es mit den Bergen im Himalaja nicht aufnehmen können, aber er ist Malaysias erste UNESCO-Welterbestätte und zieht jedes Jahr Tausende von Bergsteigern an. Die Besteigung ist keinesfalls ein Zuckerschlecken, da es sich im Grunde genommen um eine sehr lange Wanderung hinauf auf einen sehr steilen Hügel handelt, durch Dschungel und öde Mondlandschaft – hier und da muss man dann sogar richtig kraxeln. An einem klaren Tag kann man vom Gipfel aus die Philippinen sehen, aber oft ist der Berg von Wolken verhangen.

Sehenswertes & Aktivitäten

Die Besteigung des Kinabalu

Die einzige Art und Weise, um zur Spitze des Berges zu gelangen, ist im Rahmen einer zweitägigen Pauschaltour, die eine Übernachtung in Laban Rata (3272 m) beinhaltet, Von hier bricht man vor der Dämmerung zum Gipfel auf. Ein eintägiger Aufstieg zum Gipfel ist nicht möglich.

Wer an ein fixes Datum gebunden ist, sollte unbedingt mindestens zwei Monate im Voraus buchen – besonders dann, wenn die Reisezeit in den Juli, August oder die Weihnachtszeit fällt. Fast alle Tourenanbieter in Sabah – darunter auch diejenigen mit Büros im „Wisma Sabah"-Gebäude in der Innenstadt von KK – können einen Trip zum Berg organisieren. Wer Geld sparen möchte, sollte direkt bei **Sutera Sanctuary Lodges** (☎088-287887; www.suterasanctuarylodges.com.my; EG, Lot G15, Wisma Sabah, Jln Haji Saman; ⌚9–18 Uhr) buchen, dem privaten Anbieter, der das Monopol auf die Unterkünfte im Nationalpark hat. Wer seine Unterkunft noch nicht vor Ankunft in KK gebucht hat, kann im Büro von Sutera in KK manchmal noch Last-Minute-Angebote ergattern. Je mehr Vorlaufzeit man den Angestellten gibt und je flexibler man zeitlich ist, desto wahrscheinlicher ist es, noch irgendwo unterzukommen.

Wer über Sutera bucht, muss zusätzliche Gebühren (ausschließlich in bar) im Sabah Park-Besucherzentrum entrichten:

- Park-Eintrittsgebühr (Erw./Kind 15/10 RM pro Tag)
- Bergsteigergenehmigung (Erw./Kind 200/80 RM)
- Reiseführergebühr (230 RM für 1–5 Personen)
- Versicherung (7 RM)

In all dem sind noch nicht die Kosten für ein Bett mit Verpflegung (978 RM) oder ein Privatzimmer mit Verpflegung (1927 RM) auf dem Berg in Laban Rata enthalten. Mit der Unterkunft sowie Bussen oder Taxis zum Park ist für den normalen zweitägigen Trip zum Berg inkl. Übernachtung eine Summe von 1500 RM einzuplanen.

Man kann es drauf ankommen lassen und spontan im Park nach Last-Minute-Stornierungen fragen – in Laban Rata wird zwischendurch schon mal ein Bett frei. In keinem Fall sollte man die „inoffizielle" Variante wählen; an drei Kontrollposten entlang des Weges werden die Genehmigungen genauestens geprüft.

Für die Besteigung des Kinabalu braucht man keine spezielle Ausrüstung. Allerdings empfiehlt sich für den Aufstieg zum Gipfel vor der Dämmerung eine Stirnlampe – mit den Händen muss man sich an den Seilen auf dem Gipfelmassiv festhalten. Nahe dem Gipfel sollte man sich auf eisige Temperaturen gefasst machen – ganz zu schweigen von starkem Wind und gelegentlichen Niederschlägen. Mit einer schnell trocknenden Vliesjacke und einem wasserdichten Umhang ist man gut beraten (unerlässlich ist auch eine Wasserflasche, die unterwegs aufgefüllt werden kann).

Via Ferrata

Die *via ferrata* („Eisenstraße" auf Italienisch) ist ein permanentes Netz aus Bergsteigerkabeln, Sprossen und Geländern, d

ın den imposanten Granitwänden des Kina-
ıalu angebracht sind. Nachdem man den
3erg auf gewöhnliche Art und Weise er-
:lommen hat, kann man die von **Mountain
'orq** (www.mountaintorq.com; Kinabalu Parkver-
/altung; pro Pers., 2–3 Kletterer: Low's-Peak-Rund-
/eg 1760 RM, Walk-the-Torq-Weg 1935 RM) betrie-
ene *via ferrata* nutzen, um aus 3766 m
Höhe zum Lager in Laban Rata abzusteigen.
)er Low's-Peak-Rundweg ist eine vier- bis
ünfstündige Kletterpartie an den steilen
'lanken des Kinabalu. Angesichts der schma-
en Drahtseilwege und schwingenden Boh-
ən drängt sich der Verdacht auf, die Desig-
.er des Parcours seien Sadisten gewesen.
Genau darin liegt aber der Spaß: Die eige-
.en Grenzen zu testen, ohne dabei auf Si-
herheit verzichten zu müssen.

Vanderungen am Fuß des Berges

Ver sich nicht fit genug für die Gipfelwan-
erung fühlt, kein Geld für eine teure Tour
der nicht rechtzeitig reserviert hat, für den
ohnt es sich noch immer, die miteinander
erbundene Naturpfade zu entdecken, die
ich durch den urwüchsigen Dschungel am
uße des Bergs winden. Für das Areal ober-
alb vom Timpohon Gate benötigt man eine
Vandergenehmigung und einen Guide.

Schlafen

Vir empfehlen, im Park zu schlafen, da die
Interkünfte nicht teuer sind und für die Be-
teigung des Berges und Wanderungen am
uß des Berges günstig liegen. Es gibt jedoch
uch Unterkünfte außerhalb des Parks, vor
llem entlang der Straße zwischen der Park-
erwaltung und Kundasang (6 km östlich
om Haupteingang des Parks).

Schlafoptionen zu Füßen des Berges wer-
en von **Sutera Sanctuary Lodges** (www.
iterasanctuarylodges.com; Parkverwaltung; ⌚ Mo–
ı 8.30–16.30, So bis 12.30 Uhr) betrieben. Im
ergleich zu Übernachtungsmöglichkeiten
ıßerhalb des Parks sind sie überteuert. Zu
en Unterkunftsoptionen gehören ein Hos-
l sowie Hütten (ab 965 RM) und Apart-
ents mit Platz für vier Personen (1632 RM).

race Hostel HOSTEL $$
ttp://suterasanctuarylodges.com.my; Parkverwal-
ng; B inkl. Frühstück 372 RM) Saubere, komfor-
.ble Schlafsäle mit 20 Betten, Kamin und
etränkebereich.

ock Twin Share HOSTEL $$
ttp://suterasanctuarylodges.com.my; Parkverwal-
ng; 2BZ inkl. Frühstück 520 RM) Kleine, saubere
Zweibettzimmer, die sich Gemeinschaftsbäder teilen. Außerdem gibt's einen hübschen Gemeinschaftsraum.

Hill Lodge HÜTTEN $$$
(http://suterasanctuarylodges.com.my; Parkverwaltung; Hütten inkl. Frühstück 965 RM) Diese halb freistehenden Hütten sind eine gute Optionen für alle, die keine Lust auf ein Hostel oder ein Zweibettzimmer mit Gemeinschaftsbad haben. Sie sind sauber und komfortabel und haben eigene Bäder.

An- & Weiterreise

Die Parkverwaltung liegt 88 km nordöstlich von KK. Schnellbusse (30 RM) verlassen KK vom Terminal Utara zu jeder vollen Stunde zwischen 7 und 10 Uhr sowie um 12.30, 14 und 15 Uhr. Alternativ nimmt man vom Busbahnhof Padang Merdeka in KK einen Minibus nach Ranau (25 RM) und bittet den Fahrer, einen an der **Bushaltestelle** vor dem Eingang zum Kinabalu-Nationalpark abzusetzen. Minibusse fahren ab, sobald sie voll sind (von frühmorgens bis 14 Uhr). Wir empfehlen, vor 7 Uhr zu der zweistündigen Fahrt aufzubrechen, um vor 9 Uhr in der Parkverwaltung einzuchecken.

Um vom Park nach KK oder Sadakan zu gelangen, winkt man einen Bus an der Abzweigung heran (40 RM).

Gemeinschaftstaxis fahren in KK von den Busbahnhöfen Inanam und Padang Merdeka ab (30 RM pro Pers., 120 RM/Fahrzeug).

Gemeinschaftsjeeps halten direkt vor den Parktoren und fahren ab, sobald alle Plätze besetzt sind. Sie kosten 200 RM nach KK und 500 RM nach Sandakan. Die Jeeps bieten Platz für bis zu fünf Personen und können auch privat gemietet werden.

Rund um den Kinabalu

Sehenswertes & Aktivitäten

Kundasang-Kriegsdenkmal DENKMAL
(Kota Kinabalu–Ranau Hwy, Kundasang; Erw./Kind 10/1 RM; ⌚ 8.30–17 Uhr) In Kundasang, neben dem Highway KK-Ranau, 10 km östlich von der Parkverwaltung des Kinabalu-Nationalparks, befindet sich dieses rührende Denkmal aus dem Jahr 1961. Es erinnert an die australischen und britischen Gefangenen, die auf den berüchtigten Sandakan-Todesmärschen und in den Kriegsgefangenenlagern in Ranau gestorben sind, und an die Bewohner Borneos, die bei dem Versuch, den Gefangenen zu helfen, gestorben sind.

Vier bescheidene Gärten repräsentieren jeweils die Australier, Briten und Einwohner Borneos, der vierte (der „Contemplation Garden") mit seinen Wandelgängen lädt zur Kontemplation ein.

Im Contemplation Garden befindet sich eine Liste der Verstorbenen. Vom hinteren Teil des Gartens hat man einen atemberaubenden Blick auf den Kinabalu.

Poring-Thermalquellen THERMALQUELLEN
(Poring, Ranau; Erw./Kind inkl. Kinabalu-Nationalpark 15/10 RM; ⏲ Eingangstor 7–17 Uhr, Park bis 20 Uhr, Schmetterlingsgarten & Baumwipfelpfad Mo geschl.) Die Poring-Thermalquellen – ein Erbe der japanischen Invasion Borneos im Zweiten Weltkrieg – sind ein beliebtes Wochenendausflugsziel von Einheimischen. Sie liegen in einem gut gepflegten Waldpark mit Naturpfaden für Jung und Alt. Das heiße, schwefelhaltige Wasser wird von dampfenden Quellen in Becken und Wannen kanalisiert, von denen manche etwas heruntergekommen wirken (Handtuch und Badesachen nicht vergessen).

Schlafen

Mountain Rest House PENSION $
(☎ 016-837 4060; Km 53, Jln Tinompok, abseits des Kinabalu-Parks, Kundasang; B/EZ/DZ inkl. Frühstück ab 20/30/40 RM; ❄ 📶) Diese einladende und saubere Pension ist etwas baufällig – auf eine angenehme Art und Weise – und steht auf unterschiedlichen Ebenen an der Bergseite. Etwa fünf Minuten zu Fuß vom Parkeingang entfernt bieten die schlichten Vorzeigezimmer ein paar Möbel und saubere Bäder. Das Frühstück ist inbegriffen und vegetarische Gerichte sind erhältlich.

★ **Lupa Masa** CAMPINGPLATZ $$
(☎ 012-845 1987, 016-806 8194; http://lupamasa.com; Poring; pro Pers. inkl. Mahlzeiten Zelt/Chalet 90/250 RM) An diesem Öko-Camp mitten im Wald kann man in zwei kristallklaren Flüssen mit Wasserfällen und natürlichen Whirlpools baden. Das Lupa Masa ist allerdings nichts für jedermann, denn hier gibt's weder Strom noch WLAN, aber dafür Ungeziefer und Blutegel ohne Aufpreis. Zum Schlafen dienen Matratzen auf erhöhten Plattformen in Zelten oder in den hübschen neuen Chalets mit tollem Flussblick.

Wind Paradise JURTEN $$
(☎ 019-800 0201, 088-714 563; http://mongolianyurt.mrsabah.com; Jln Mesilau, Cinta Mata, Kundasang; DZ/3BZ 170/200 RM, 4-Pers.-Jurte 300 RM; Ⓟ) Mit einem erstaunlich schönen Blick au[f] das Tal und die Stadt Kundasang weiter un[-] ten beeindrucken diese herrlichen mongoli[-] schen Jurten und Zimmer in einer zentrale[n] Lodge auf schönen Rasenflächen. Selbstver[-] pflegung, große Lounge und Grillmöglich[-] keiten mit Bergblick. Die Jurten verfüge[n] über gemütliche Betten und eignen sich fü[r] eine angenehme Nachtruhe mit natürliche[r] Belüftung.

Anreise & Unterwegs vor Ort

KKs Rundfahrtbusse halten von 7 bis 20 Uhr vor der Parkverwaltung und in Ranau (25 bis 30 RM, 2 Std.). Die Minivans fahren für 5 RM von einem Unterstand mit blauem Dach in Ranau zu den nahegelegenen Attraktionen (Parkzentrum, Poring, etc.).

Sandakan

☎ 089 / EW. 157 330

Die zweitgrößte Stadt von Sabah war viel[e] Jahre ein wichtiger Handelshafen, mittler[-] weile wirkt sie aber geradezu provinziell i[m] Vergleich zum geschäftigen KK. Der eigentl[i-] che Trumpf ist, dass Sandakan das Tor nac[h] Sungai Kinabatangan und Sepilok ist. Inte[r-] essanterweise wird gerade 2,5 km westlic[h] der Stadt ein neues Stadtzentrum geplant.

Sehenswertes

Sandakan Memorial Park HISTORISCHE STÄT[TE]
(⏲ 9–17 Uhr) Ein schöner Waldobstgarten un[d] mehrere Gärten prägen das Antlitz der ung[e-] wöhnlichen Stätte eines japanischen Krieg[s-] gefangenenlagers und Ausgangspunkt d[er] berüchtigten Todesmärsche nach Ranau i[m] Zweiten Weltkrieg. Von den 1800 austra[li-] schen und 600 britischen Soldaten, die hi[er] inhaftiert waren, hatten im Juli 1945 gerad[e] mal sechs entflohene Australier überlebt. Ei[n] Wassertank aus Beton und ein paar rostig[e] Maschinen der ehemaligen britischen lan[d-] wirtschaftlichen Station, die in ein Gefängn[is] umgewandelt wurde, sind die einzigen Übe[r-] reste. Ein Pavillon erinnert an die Schrecke[n] und Helden und zeigt Fotos und Berich[te] von Überlebenden.

Den Park erreicht man mit Bus 8 (od[er] einer höheren Zahl) nach Batu vom lokal[en] Busbahnhof an der Promenade im Stadtze[n-] trum (1,50 RM). Am Schild „Taman Rimb[a"] aussteigen; von hier aus geht's zu Fuß hi[n-] unter zur Jalan Rimba. Ein Taxi vom Stad[t-] zentrum kostet rund 80 RM hin & zurüc[k] inklusive einer Stunde Wartezeit.

Auf http://sandakandeathmarch.com gibt's mehr Infos über die Todesstrecke.

Agnes-Keith-Haus MUSEUM
(089-221140; www.museum.sabah.gov.my; Jln Istana; 15 RM; 9–17 Uhr) Diese atmosphärische zweistöckige Holzvilla war früher mal ein britisches Hauptquartier und ist heute ein renoviertes Museum. Die Amerikanerin Agnes Keith, die in den 1930er-Jahren in Sandakan lebte, schrieb mehrere Bücher über ihre hiesigen Erfahrungen, darunter das berühmte *Land Below the Wind*. Die Villa stellt Sandakan in all seiner kolonialen Pracht dar.

Zum Museum gelangt man, indem man die Tangga Seribu (100 Stufen) zur Jalan Istana hochgeht und links und dann sofort rechts abbiegt. Auf dem Anwesen befindet sich auch das **English Tea House & Restaurant** (089-222 544; www.englishteahouse.org; Jln Istana; Hauptgerichte 16,50–55 RM, Cocktails 18–20 RM; 10–21 Uhr).

Schlafen

Wer nur wegen der Orang-Utans nach Sandakan kommt, sollte am besten direkt in Sepilok übernachten. Sandakan bietet mehrere Budgethostels und einige teurere Mittelklasseoptionen.

Sandakan Backpackers Hostel HOSTEL $
(089-211213; www.sandakanbackpackershostel.com; Lot 109, Sandakan Harbour Square; B 35 RM, Z 70 RM mit Bad 75 RM;) Das mit Wandbildern von ehemaligen Besitzern und früheren Gästen bemalte freundliche und saubere Hostel bietet Zimmer mit Meerblick und einen Dachbereich mit noch besserer Aussicht aufs Wasser. Es befindet sich in der Nähe des Restaurants an der Promenade und auch der einen oder anderen lauten Karaokebar). Die Haustür wird um 23 Uhr abgeschlossen.

Borneo Sandakan Backpackers HOSTEL $
(089-215754; www.borneosandakan.com; 1 OG, 4 Harbour Sq; B/EZ/DZ 35/60/75 RM;) Dieses supersaubere und herzliche Hostel bietet warme orangefarbene Wände, klimatisierte Zimmer und eine Lobby mit Flachbild-TV. Ein gutes Frühstück (Eier) ist im Preis inbegriffen. Es gibt sechs Zimmer und zwei geräumige Schlafsäle (einige Zimmer haben jedoch kein Fenster). Im Hostel herrscht eine entspannte Atmosphäre. Hilfsbereite Mitarbeiter, die auch ausgebildete Reiseführer sind, bieten Touren an.

Essen

★ **Harbour Bistro Cafe** INTERNATIONAL $
(Waterfront; Hauptgerichte 8–30 RM; 14–2 Uhr;) Das Harbour Bistro Cafe halten viele für das beste in der Schar zwangloser Esslokale an der Promenade. Es bietet jede Menge asiatische Gerichte, mit Rindfleisch, Huhn oder Meeresfrüchten, darüber hinaus westliche Hauptgerichte wie Fish 'n' Chips und Steaks. Vegetarier finden hier ebenfalls eine große Auswahl an Gerichten (aber aufgepasst: In vielen findet man getrocknete Shrimps).

Zentraler Markt STRASSENSTÄNDE $
(Jln Dua; Hauptgerichte 1–8 RM; 7–15 Uhr) Dies ist die beste Anlaufstelle der Stadt für günstige Küche und Essensstände, auch wenn sie in einem Gebäude liegt, das einem mehrstöckigen Parkhaus gleicht. Oben sind strikte Halal-Essensstände mit einer Mischung aus chinesischen, malaiischen, indonesischen und philippinischen Gerichten. Die Öffnungszeiten der Essensstände sind unregelmäßig, doch um 15 Uhr ist bereits alles geplündert.

★ **Ba Lin Roof Garden** INTERNATIONAL $$
(089-272 988; www.nakhotel.com; 18. OG, Nak Hotel, Jln Pelabuhan Lama; Hauptgerichte 26–45 RM, Cocktails 20–25 RM; 7.30–1, Happy Hour 14–20 Uhr;) Ein verstecktes Juwel oben im Nak Hotel: Dieses stilvolle Restaurant mit Bar verfügt über runde Retrolampen, einen Korbschaukelstuhl aus den 1970er-Jahren und Sofas, in denen man versinkt. Platz für Gäste ist drinnen, draußen auf der mit Topfpflanzen bestückten schattigen Veranda oder – abends –

WARNUNG VOR GRENZÜBERGANG

Standard Marine (089-216 996; Block G, Lot 1, 1. OG, Bandar Ramai-Ramai Jalan Leila) verbindet Sandakan mit Zamboanga (Economy/Kabine 280/300 RM) auf der philippinischen Insel Mindanao. Fähren legen vom Hafen in Sandakan um 18 Uhr jeden Dienstag ab und legen um 16 Uhr am nächsten Tag an (22 Std.). Aufgrund von gesetzlosen Zuständen (darunter Entführungen von Ausländern) und eines islamischen Aufstands warnen westliche Botschaften davor, nach oder durch Zamboanga zu reisen. Bevor man diesen riskanten Grenzübergang in Betracht zieht, sollte man sich über die Bedingungen vor Ort informieren.

oben auf dem Dach. Es gibt Pizza, Suppen, mariniertes Neuseelandlamm, Steaks von grasgefütterten Angus-Rindern und eine große Auswahl an frischen Säften und klassischen Cocktails. Auf der Wandtafel stehen etwas ausgefallenere Spezialitäten, die nicht auf der regulären Karte zu finden sind.

Praktische Informationen

Duchess-of-Kent-Krankenhaus (☎ 089-248600; http://hdok.moh.gov.my; Batu 2/Mile 2, Jln Utara; ⏲8–22 Uhr) Krankenhaus.

Maybank (Lebuh Tiga) Neben einer Bank mit allen Services und einem Geldautomaten ist täglich von 9 bis 15 Uhr ein Geldwechselschalter am Gehweg geöffnet, wo man Bargeld und Reiseschecks umtauschen kann.

An- & Weiterreise

BUS

Busse und Minibusse nach KK, Lahad Datu, Semporna und Tawau fahren vom Fernbusterminal in einem großen Parkhaus in Batu 2.5, 4 km nördlich der Stadt ab. Die meisten Schnellbusse nach KK (43 RM, 6 Std.) fahren zwischen 7 und 14 Uhr ab, ein weiterer abends um 20 Uhr. Alle fahren an der Abzweigung zur Parkverwaltung des Kinabalu-Nationalparks vorbei.

Zwischen 7 und 8 Uhr fahren Busse regelmäßig nach Lahad Datu (22 RM, 2½ Std.) und Tawau (43 RM, 5½ Std.). Um 8 Uhr gibt's auch einen Bus nach Semporna (45 RM, 5½ Std.). Wer den verpasst, sollte nach Lahad Datu fahren; von dort aus verkehren regelmäßig Minibusse nach Semporna.

Minibusse fahren den ganzen Morgen über von Batu 2.5 nach Ranau (30 RM, 4 Std.) und Lahad Datu (einige von ihnen fahren weiter nach Tawau). Minibusse nach Sukau (15 RM) fahren von einem Parkplatz gegenüber der Centre Point Mall in der Stadt ab.

FLUGZEUG

Malaysia Airlines (☎ 1300-883000, Flughafen Sandakan 089-660525; www.malaysiaairlines.com; EG, Terminalgebäude, Flughafen Sandakan; ⏲8–17 Uhr) und **MASwings** (☎ 1300 88 3000, Sandakan Airport 089-675980; www.maswings.com; EG, Terminalgebäude, Flughafen Sandakan; ⏲7–22 Uhr) bieten mehrere Flüge täglich von/nach KK und KL; zwei pro Tag von/nach Tawau und zwei pro Woche nach Kudat. **AirAsia** (☎ 089-222737; www.airasia.com; 2. OG, Flughafen Sandakan) bietet täglich Flüge von/nach KL und KK.

Unterwegs vor Ort

BUS

Der **Terminal Bas Sandakan** (Minibus-Stand) hinter dem Centre Point Plaza ist Sandakans Busbahnhof. Busse fahren von 6 bis 18 Uhr auf der Hauptstraße (Jalan Utara) Richtung Norden. Auf den Bussen steht angeschrieben, wie weit sie fahren, z. B. Batu 2.5 (Fernbusbahnhof, 1,50 RM), Batu 14 (Abzweigung nach Sepilok), Batu 32 (Ende der Stecke auf dem Highway KK–Semporna). Eine Fahrt kostet 2 bis 5 RM.

Um zum Fernbusbahnhof zu gelangen, kann man auch einen lokalen Bus (1,50 RM) vom **lokalen Busbahnhof** an der Promenade nehmen

VOM/ZUM FLUGHAFEN

Der **Flughafen Sandakan** ist 11 km vom Stadtzentrum entfernt. Etwa 500 m vom Terminal entfernt an der Hauptstraße hält der Flughafenbus Batu 7 (1,80 RM). Ein Coupon-Taxi ins Stadtzentrum kostet 30 RM, in die entgegengesetzte Richtung etwa dasselbe.

Sepilok

☎ 089

Sepilok ist für die einzigartige Möglichkeit Orang-Utans in ihrer natürlichen Regenwaldumgebung sehen zu können, weltwei bekannt. Die Schule für Orang-Utan-Kinde im Freien im selben Komplex, das nahe gele gene Sun Bear Conservation Centre und da Rainforest Discovery Centre runden das Er lebnis ab. Das Labuk Bay Proboscis Monkey Sanctuary liegt ebenfalls nur eine kurz Fahrt entfernt. Hier am Dschungelrand gibt' zudem einige wunderschöne Unterkünfte.

Sehenswertes

★ **Sepilok Orangutan Rehabilitation Centre** TIERSCHUTZGEBIE

(SORC; ☎ 089-531189, Notfall 089-531180; ww wildlife.sabah.gov.my; Jln Sepilok; Erw./Kind 3C 15 RM, Kameragebühr 10 RM; Sa–Do 9–12 & 14–1 Fr 9–11.30 & 14–16 Uhr) Im Kabili-Sep lok-Waldschutzgebiet, etwa 25 km nördlic von Sandakan, liegt auf einer Fläche vo 40 km² dieses inspirierende, weltberühmt Zentrum, in dem verwaiste und verletzt Orang-Utans aufgepäppelt werden, bevor si wieder in den Wald ausgesetzt werden. I Jahr 2017 lebten hier ungefähr 200 Tier viel mehr als die Website andeutet, obwo nur wenige regelmäßige Gäste an der Futte plattform sind. In der **Schule im Freien**, nu einige Gehminuten entfernt, kann man ve waisten Babys beim Spielen zusehen.

Rainforest Discovery Centre NATURSCHUTZGEBI

(RDC; ☎ 089-533780; www.forest.sabah.gov.my/rc Erw./Kind 15/7 RM; ⏲ Ticketschalter 8–17 Uhr Nach wanderung 18–20 Uhr) Etwa 1,5 km vom SORC entfernt bietet das RDC spannende Informationen über die tropische Flora und Fauna. Im Botanischen Garten mit kinderfreundlichen Exponaten außerhalb der Ausstellungshalle wachsen verschiedene tropische Pflanzen und es gibt einen leichten 1 km langen Wanderweg am See und acht Canopy-Türme, die von Baumkronenpfaden verbunden werden und eine Vogelperspektive auf die Baumwipfel bieten – die bei Weitem schönste Belohnung für einen Ausflug hierher.

Borneo Sun Bear Conservation Centre TIERSCHUTZGEBIET
(BSBCC; ✆ 089-534491; www.bsbcc.org.my; Jln Sepilok; Erw./Kind 12–17 Jahre/unter 12 Jahre 31,80/15,90 RM/kostenlos; ⏲ 9–15.30 Uhr) Das Borneo Sun Bear Conservation Centre (BSBCC), das im Jahr 2014 eröffnete, versorgt gerettete Sonnenbären: Zum Zeitpunkt des Schreibens waren es 44 Tiere. Das Zentrum ist behindertengerecht und es ist möglich, die Bären von einem erhöhten und verglasten Besucherbereich dabei zu beobachten, wie sie auf den Bäumen in der Nähe der Besucher herumklettern. Wer einen Mikroblick auf die Bären werfen möchte, kann eines der Teleskope benutzen. Ein Geschenkladen verkauft T-Shirts, Kühlschrankmagneten, Souvenirs etc. Hier läuft darüber hinaus ein Informationsfilm.

Labuk Bay Proboscis Monkey Sanctuary TIERSCHUTZGEBIET
(✆ 089-672133; www.proboscis.cc; Erw./Kind 60/30 RM, Kamera & Video 10 RM; ⏲ 8–18 Uhr) Ein einheimischer Palmenplantagenbesitzer hat ein privates Schutzgebiet für Nasenaffen geschaffen. Ungefähr 300 wilde Affen leben in dem 6 km² großen Reservat. Die rüsseligen Bewohner werden um 9.30 und 14.30 Uhr mit zuckerfreien Pfannkuchen an der Plattform A und um 11.30 und 16.30 Uhr an der einen Kilometer entfernten Plattform B angelockt, damit die Besucher einen besseren Blick (und bessere Fotos) bekommen. Das mag den ein oder anderen abschrecken, der eine etwas tierfreundlichere Erfahrung bevorzugen würde.

Schlafen

Sepilok B&B HOSTEL $
(✆ 019-833 0901, 089-534050; www.sepilokbednbreakfast.com.my; Jln Fabia; Zelten 20 RM, B mit Ventilator/Klimaanlage 35/45 RM, DZ mit Klimaanlage 138–195 RM; ❄📶) Rund 400 m entfernt vom Rainforest Discovery Centre bietet dieses Hostel eine authentische, entspannte Atmosphäre. Die Schlafsäle sind spartanisch, aber sauber und bequem und mit frischer Bettwäsche ausgestattet. Die Pitta Lodge bietet Einrichtungen zur Selbstverpflegung für Familien. Zelten kann man hier am besten im niederschlagsarmen März und April. WLAN gibt's nur an der Rezeption und im Restaurant und in den acht Zimmern der Hornbill Lodge. Der Transport nach SORC kann für angemessene 5 RM pro Person organisiert werden.

Sepilok Jungle Resort RESORT $
(✆ 089-533031; www.sepilokjungleresort.com; Jln Rambutan; B 37,10 RM, Zi. mit Ventilator 84,80 RM, Zi. mit Klimaanlage 148,40–190,80 RM, alle inkl. Frühstück; P❄@📶🏊) Die Zimmer sind mit Fliesen ausgelegt und mit Schreibtisch, TV, Ventilator oder Klimaanlage sowie einem Bad ausgestattet. Alle sind okay, obwohl viele renoviert werden müssten. Auch das kostenlose Frühstück ist nicht besonders, die Meeresfrüchte, das lokale Gemüse und die Früchte im Restaurant jedoch super. Das Beste an dem Resort sind der große Pool und die Nähe zum Orangutan Rehabilitation Centre.

★ **Sepilok Nature Resort** RESORT $$
(✆ 089-673999, 089-674999; http://sepilok.com; B 318 RM; ❄@📶) Neben einem Zierbrunnen liegt dieses wunderhübsche Hotel mit viel Holz, das Komfort pur bietet: Gummibäume beschatten die zweistöckige zentrale Lodge, Kutschenlampen werfen ihr Licht auf die einladende Lounge und das Restaurant. Die Hütten sind geräumig und mit luxuriösen Bädern, riesigen Betten und privaten Balkons ausgestattet. Die Küche und die romantische Kerzenatmosphäre im zugehörigen **Lake Bistro & Bar** (✆ 089-674999; Jln Sepilok; Hauptgerichte 19–29 RM; ⏲ 7–22 Uhr) sind wunderbar.

Sepilok Forest Edge Resort RESORT $$
(✆ 013-869 5069, 089-533190; www.sepilokforestedgeresort.com; Jln Rambutan; B/DZ 47,70/100 RM, Hütten 318–678,40 RM; ❄📶🏊) Auf gut gepflegten Rasenflächen bietet diese herrliche Unterkunft voller Pflanzen und Blumen Chalets mit kolonialer Geschichte, polierten Holzböden, erlesener Kunst und privaten Balkons mit schmiedeeisernen Stühlen. Es gibt auch Schlafsäle und Doppelzimmer in einem schönen Langhaus, **Labuk Longhouse B&B**, sowie einen winzigen entspannenden Pool/Whirlpool.

Etwa 2 km oder 15 Minuten zu Fuß vom Orangutan Rehabilitation Centre entfernt (S. 484).

An- & Weiterreise

Sepilok liegt ca. 23 km entfernt von Sandakan, bei Batu 14.

BUS

Ein Shuttlebus (4 RM) verkehrt zwischen Sandakan (Abfahrt um 9.30, 11.30, 14 und 17 Uhr) und Sepilok (Abfahrt 6.30, 10.30, 12.30 und 16 Uhr). Abfahrt ist am Busbahnhof in Sandakan.

Von KK kommend, steigt man in einen Bus nach Sandakan und bittet den Fahrer, einen bei Batu 14 hinauszulassen (43 RM). Man zahlt den vollen Fahrpreis, auch wenn Sandakan 23 km entfernt ist.

TAXI

Wer direkt aus Sandakan kommt, den kostet ein Taxi höchstens 50 RM (40 RM ab dem Flughafen). Falls das Taxi warten und Besucher mit zurück nach Sandakan nehmen soll, kostet das rund 120 RM.

Sungai Kinabatangan

☎ 089

Mit 560 km ist der Kinabatangan der längste Fluss Sabahs und einer der besten Orte Südostasiens, um Dschungeltiere in ihrem natürlichen Lebensraum zu beobachten. Das liegt traurigerweise daran, dass Orang-Utans, Nasenaffen, Makaken, Nashornvögel (Vertreter aller acht Arten) und Meninting-Eisvögel aufgrund der expandierenden Ölpalmenplantagen an die Ufer des Kinabatangan verdrängt worden sind.

Die einfachste Art und Weise, den Kinabatangan zu erkunden, ist im Rahmen einer zwei- bis dreitägigen Pauschaltour mit Transfer von KK oder Sandakan, Flussfahrt, Vollpension und Besuchen bei Attraktionen wie den Gomantong-Höhlen. Man kann Transport, Unterkunft und Flussfahrten jedoch auch separat buchen.

Sehenswertes

Gomantong-Höhlen HÖHLEN

(☎ 089-230 189; www.sabah.gov.my/jhl; Gomantong Hill, Lower Kinabatangan; Erw./Kind 30/15 RM, Kamera/Video 30/50 RM; ⏲ 8–12 & 14–16.30 Uhr, zu bestimmten Zeiten geschl.) Man stelle sich einen riesigen Riss in einem Berg vor, eine kathedralenartige innere Kammer, in die hier und da Sonnenstrahlen fallen, und einen Höhlenboden, der von Kakerlaken, langbeinigen Tausendfüßlern und Skorpionen übersät ist – und schon hat man die Gomantong-Höhlen. Ja, es stinkt bestialisch (dank der Vogel- und Fledermauskacke), und ja, man sollte Überzieher über die Schuhe streifen und einen Hut auf den Kopf setzen, aber die Höhlen sind schlichtweg überwältigend. Darüber hinaus verstecken sich in den Wäldern um die Höhlen jede Menge Wildtiere, zum Beispiel Orang-Utans.

Aktivitäten

Wer die Geschöpfe des Regenwalds sehen möchte, sollte bei einem lokalen Gästehaus eine Bootsfahrt mit Guide buchen. Diese starten gewöhnlich am frühen Morgen oder bei Sonnenuntergang, denn dann sind die Tiere am aktivsten. Die Kosten liegen bei 100 RM für eine zweistündige Flussfahrt, obwohl die meisten Bootsfahrten Teil eines Pauschalangebotes sind.

Schlafen

★ **Tungog Rainforest Eco Camp** HÜTTEN $

(☎ 089-551070, 019-582 5214; www.mescot.org; pro Nacht inkl. 3 Mahlzeiten 95 RM, Flussfahrten 95 RM pro Boot oder 30 RM pro Pers. (Minimum 3 Pers.) Dieses Öko-Camp liegt gegenüber von einem schönen Altwassersee am Fluss Kinabatangan. Es ist nicht luxuriös – hier erwarten einen Holzverschläge mit Matratzen, Bettwäsche und Kissen sowie ein Moskitonetz und Gemeinschaftsbäder. Magisch sind allerdings der Kontakt mit der Natur und die Gelegenheit, Bäume zu pflanzen. Da es meilenweit keine anderen Camps gibt, hat man die Wildtiere für sich.

Sukau Greenview B&B B&B

(☎ 013-869 6922, 089-565 266; www.sukaugreenview.net; B/Zi. inkl. Frühstück 45/60 RM, 3-Tages-Paket mit 2 Übernachtungen inkl. Frühstück & 3 x 2 Std. Flusstouren pro Pers. 499 RM) Die Schlafsäle und einfachen Zimmer dieser lindgrünen von Einheimischen geführten Holzunterkunft sind ok. Es gibt auch ein angenehmes Café mit Flussblick. Das Greenview veranstaltet spezielle Elefantenbeobachtungstouren (für 250 RM pro Pers.; mindestens zwei Pers.).

★ **Myne Resort** RESORT $

(☎ 089-216093; www.myne.com.my; 2-Tages-Paket mit 1 Übernachtung ab Sandakan Langhaus/Hütte 895/948 RM; ❄ 📶) An einer weitläufigen Flusskrümmung bietet das Myne eine offene windige Rezeption, ein Spielezimmer und ein mit Rettungsringen verziertes Restau rant. Es erinnert vage an ein altes Holzschiff. Die schönen Chalets verfügen über pfirsichfarbene Vorhänge, Balkons zum Fluss, polierte Holzböden, gemütliche Betten, Kommoden und einen Flachbildfernseher mit Kabelanschluss. Pauschalangebote beinhalten nächtliche Bootsfahrten und Dschungelwanderungen (diese können auch separat gebucht werden).

An- & Weiterreise

Transfers werden von den Unterkünften normalerweise als Teil der Pauschalangebote organisiert.

Um nach Sukau zu gelangen, nimmt man von KK einen Bus nach Tawau- oder Lahad Datu und bittet den Fahrer, einen an der Kreuzung „Sukau Junction" (auch bekannt als „Meeting Point"), der Abzweigung nach Sukau, abzusetzen. Wer im Bus nach Sandakan ist, bittet den Fahrer, an der Kreuzung „Tawau-Sandakan" (auch bekannt als „Batu 32", „Checkpoint" oder „Sandakan Mile 32") zu halten.

Von Sepilok oder Sandakan muss man bis „Batu 32" mit rund 20 RM rechnen, mit rund 35 RM, falls man in einem Bus von Sandakan nach Tawau ist und am „Meeting Point" aussteigen möchte.

Semporna

089 / EW. 133 164

Semporna auf dem Festland ist eine recht hässliche, chaotische Stadt, dient jedoch als Sprungbrett zu ein paar der schönsten Tauchgründe der Welt, genauer gesagt denen vor Sipadan und anderen Inseln des berühmten Semporna-Archipels.

Aktivitäten

Verschiedene Tauchzentren unterhalten Büros rund um den Semporna-Uferkomplex und/oder in KK.

★ Scuba Junkie TAUCHEN
(089-785 372; www.scuba-junkie.com; Lot 36, Block B, Semporna Seafront; 2 Tauchgänge ab 250 RM; 9–18 Uhr) Der umweltfreundlichste Anbieter auf der Pulau Mabul ist Scuba Junkie mit seinen beiden in Vollzeit angestellten Umweltschützern. Ein Großteil des Gewinns fließt in ihre Schildkrötenaufzuchtstation und in die „Haiwochen"-Initiative. Bei Leuten aus dem Westen sind sie ebenfalls wegen ihrer hervorragenden Tauchmeister und ihrer gemütlichen Unterkünfte im Mabul Beach Resort (S. 490) beliebt. Pauschalpakete mit Unterkunft und Tauchgängen sind ebenfalls buchbar.

VERWÖHNPROGRAMM

Von National Geographic als eine der „30 Top-Lodges der Welt" ausgezeichnet, ist die **Sukau Rainforest Lodge** (088-438300; www.sukau.com; 3-Tages-Paket mit 2 Übernachtungen 1820 RM;) die eleganteste Unterkunft am Fluss Kinabatangan. Hier warten schöne Zimmer auf zwei Ebenen mit Holz- und Terrazzoböden, Regenduschen, ein Loungebereich und Moskitonetze. Darüber hinaus gibt's ein gehobenes Restaurant, ein Tauchbecken zum Abkühlen und einen Naturforscher, der Vorträge hält und Nachtwanderungen zur Flora und Fauna leitet. Sehr romantisch!

Sipadan Scuba TAUCHEN
(012-813 1688, 089-781 788; www.sipadanscuba.com; Lot 28, Block E, Semporna Seafront; 3-Tages-Paket mit 2 Übernachtungen inkl. Tauchen, Unterkunft, Transfer & Ausrüstung 1200 RM) Dank der zwanzigjährigen Erfahrung und der internationalen Mitarbeiter ist das Sipadan Scuba eine zuverlässige, empfehlenswerte Einrichtung. Hier kostet der PADI-Freiwasser-Kurs 870 RM.

Seaventures TAUCHEN
(088-251 669, 017-811 6023; www.seaventuresdive.com; Lot 28, Block E, Semporna Seafront; 4-Tages-Paket mit 3 Übernachtungen inkl. Mahlzeiten und Transfers zur Insel & zum Flughafen 3050 RM) Diese hochangesehene Einrichtung nahe der Insel Mabu wartet mit einer abgefahrenen blau-orangefarbenen Meeresplattform auf. Der Veranstalter bietet mehrere Pauschalpakete an und unterhält Büros in Semporna und im **Wisma-Sabah-Gebäude** (Ecke Jln Haji Saman & Jln Tun Fuad Stephens) in KK.

Seahorse Sipadan TAUCHEN
(089-782 289, 012-279 7657; www.seahorse-sipadanscuba.org; 1. OG, Lot 1, Semporna Seafront; 4-Tages-Paket mit 3 Übernachtungen inkl. 3 Tauchgängen pro Tag, Unterkunft, Ausrüstung & Bootstransfer 690 RM) Auf Backpacker ausgerichteter Laden mit Unterkünften auf Mabul.

Schlafen

★ Scuba Junkie Dive Lodge HOSTEL $
(089-785372; www.scuba-junkie.com; Block B 36, 458 Semporna Seafront; B Taucher/Nichttaucher 25/50 RM, Zi. ohne Bad Taucher/Nichttaucher 80/

160 RM, Zi. mit Bad Taucher/Nichttaucher 100/200 RM; ❄📶) Dieses Hostel, dessen Wände mit Unterwasseraufnahmen der Meereswelt geschmückt sind, bietet eine Auswahl an klimatisierten Zimmern, saubere Bäder und ist uneingeschränkt zu empfehlen. Hier wohnt man direkt gegenüber dem Büro von Scuba Junkie und neben der **Diver's Bar** (Semporna Seafront; Hauptgerichte 18–32 RM; ⏲7–9 & 13–24 Uhr), die zum Frühstücken einlädt, bevor es zum Semporna-Archipel geht.

Borneo Global Sipadan BackPackers
HOSTEL $

(☎089-785 088; www.bgbackpackers.com/semporna; Jln Causeway; B/3BZ/FZ inkl. Frühstück 40/130/150 RM; ❄@📶) Unter den neun Zimmern dieses Hostels sind Schlafsäle, Dreibett- und Familienzimmer mit Bad. Es gibt einen einladenden Lobbybereich zum Entspannen. Im Angebot sind auch dreitägige PADI-Freiwasser-Kurse.

Holiday Dive Inn
HOTEL $$

(☎089-919148; www.holidaydiveinn.com; Lot A5–A7, Semporna Seafront; Zi ab 154 RM, FZ 217 RM; ❄📶) Dieses voll klimatisierte Hotel verfügt über 24 makellose Zimmer mit fröhlichen Farben, frischen Bädern, TVs und mehreren Zimmern mit Balkon. Das Hotel arbeitet mit dem nahen **Sipadan Scuba** zusammen. Auf der Dachlounge kann man einen Drink bei Sonnenuntergang genießen.

Sipadan Inn
HOTEL $$

(☎089-781766; www.sipadaninn-hotel.com; Lot 19–24, Block D, Semporna Seafront; DZ/FZ ab 110/170 RM; ❄@📶) Kühlen Komfort bietet dieses Hotel mit einfachen, aber ordentlichen Zimmern, Holzwänden, frischer Bettwäsche, Kaffeezubehör, makellosen Bädern und sehr netten Angestellten. Das **Sipadan Inn 2** befindet sich ganz in der Nähe (Block B, Semporna Seafront) und bietet teurere Zimmer mit Meerblick.

Essen

★Fat Mother Seafood Restaurant
FISCH & MEERESFRÜCHTE $

(Semporna Seafront; Hauptgerichte 15–30 RM; ⏲17–22 Uhr) Das geschäftige Fat Mother's bekommt fantastische Bewertungen für seinen freundlichen Service und seine große Auswahl an Meeresfrüchten, die man vorab im Aquarium betrachten kann. Aber auch von den Gästen gefangener Fisch wird hier frisch zubereitet. Zackenbarsch und Mangosoße, Fischbrei, gesalzenes Ei und Tintenfisch, ma

ℹ EINREISE NACH INDONESIEN: VON TAWAU NACH TARAKAN & NUNUKAN

Bis zur Grenze Tawau ist der einzige Grenzübergang nach Kalimantan, an dem Ausländer ein Visum für die Einreise nach Indonesien erhalten können. Das lokale **Indonesische Konsulat** (☎089-752969, 089-772052; Jln Sinn Onn, Wisma Fuji; ⏲Mo–Fr 8–12 & 13 oder 14–16 Uhr, an indonesischen und malaysischen Feiertagen geschl.) hat den Ruf, schnell und effizient zu sein – viele Reisende sind nach einer Stunde wieder draußen. Zum Konsulat kommt man mit einem Taxi (15 RM).

Visumsformalitäten werden montags bis freitags von 9.30 bis 14 Uhr geregelt. Theoretisch muss man einen Beleg für die Weiterreise oder eine Kreditkarte vorlegen; das alles wird von den Konsulatsmitarbeitern kopiert. Ein Touristenvisum für 60 Tage kostet 170 RM (2 Passfotos erforderlich). Aufgrund der Abfahrtszeiten der Fähre sollte man vor der Weiterreise nach Indonesien mindestens eine Nacht in der Stadt einplanen. Am besten nimmt man viel Bargeld zu den Konsulaten mit, da es keine Geldautomaten in der Nähe gibt.

Die Fährunternehmen Tawindo Express und Indomaya Express fahren nach Tarakan (140 RM; Mo, Mi & Fr 11.30 Uhr, Di, Do & Sa 10.30 Uhr, 3–4 Std.) und nach Nunukan (65 RM; tgl. 10 und 15 Uhr außer So, 1 Std.). Wir empfehlen mindestens 60 Minuten vor Abfahrt dort zu sein, um eine Fahrkarte zu kaufen. Eine Taxifahrt zum Fährterminal kostet 10 RM. MASWings fliegt am Samstag, Montag und Donnerstag von Tawau nach Tarakan (225 RM).

An der Grenze Blaue Minibusse in Tarakan fahren für 3000 Rp durch die Stadt, für 20 000 Rp geht's zum Flughafen.

Weiterreise Das Fährunternehmen **Pelni** (www.pelni.co.id) bietet Fähren nach Balikpapan und zu den Häfen Toli-Toli, Pare-Pare und Makassar auf Sulawesi.

laiische Curry- und Nudelgerichte sowie kostenfreier chinesischer Tee und Melonendessert. Außerdem gibt's hier kaltes Bier.

Praktische Informationen

Wer auf eigene Faust nach Semporna reist, lässt den Haltebereich der Busse und Minivans hinter sich und begibt sich in Richtung des Minaretts der Moschee zum Meer. Man folgt dem Netz von asphaltierten Straßen zu seiner Rechten bis zur „Semporna Seafront" – hier befinden sich einige miteinander konkurrierende Tauchausrüster, die alle nebeneinander liegen.

Semporna bietet mehrere Geldautomaten.

An- & Weiterreise

BUS

Der **Terminal** 'befindet sich beim Supermarkt Milimewa, unweit der Moschee. Alle Busse verkehren von frühmorgens bis 16 Uhr (außer Kota Kinabalu) und fahren los, sobald alle Plätze besetzt sind.

Kota Kinabalu (75 RM, 9 Std.,) Abfahrt gegen 7 oder 19 Uhr.

Lahad Datu (30 RM, 2½ Std.)

Sandakan (45 RM, 5½ Std)

Tawau (25 RM, 1½ Std)

FLUGZEUG

Flüge von KK und KL nach Tawau landen auf dem **Flughafen Tawau**, rund 28 km entfernt von der Stadt. Ein Taxi vom Flughafen Tawau nach Semporna kostet 100 RM (30 Min.). Busse, die zwischen Tawau und Semporna verkehren (20 RM, 50 Min), halten am Flughafen, wenn man den Fahrer nett fragt. Busse, die nicht am Flughafen halten, lassen Fahrgäste bei Meile 28 aus. Von hier aus geht's einige (sonnige) Kilometer zu Fuß Richtung Terminalgebäude.

Nicht vergessen: Wer innerhalb von 24 Stunden nach einem Tauchgang fliegt, setzt sich gesundheitlichen Risiken aus – das kann auch tödlich ausgehen.

Semporna-Archipel

Das überwältigende saphirblaue Wasser und die smaragdgrünen Inseln des Semporna-Archipels – Heimat der Bajau-Meeresnomaden in ihren wachskreidefarbenen Booten – könnten aus unseren kühnsten Träumen von einem Tropenparadies stammen. Natürlich reisen nur wenige Besucher so weit, um nur die Inseln zu besuchen. Es ist der Ozean, mit allem, was darin ist, der die Inseln so anziehend macht. Der Archipel ist in erster Linie ein Eldorado für Taucher – und zwar eines der besten der Welt.

MÄNNER IN SCHWARZ: DIE AKTUELLE SICHERHEITSLAGE IN SEMPORNA

Bei einem Aufenthalt auf Mabul werden einem die schwarz gekleideten, bewaffneten Polizisten, die am Strand patrouillieren, kaum entgehen. Zudem muss man sich zur Sperrstunde um 18 Uhr zurück im Resort einfinden. Angst braucht man jedoch nicht zu haben: Die Polizisten sind zum Schutz der Besucher da und dienen zur Abschreckung. Ihre Anwesenheit ist eine Reaktion auf verschiedene Vorfälle wie Entführungen mit Lösegeldforderungen von Gruppen aus den Südphilippinen.

Aber ist es sicher, die Inselgruppe zu besuchen? Während Entführer nach wie vor in der Region aktiv sind, scheint die verstärkte Polizeipräsenz sie dazu getrieben zu haben, andernorts nach Lösegeldern Ausschau zu halten. Gegenwärtig bleibt die Sperrstunde in Kraft und viele internationale Botschaften empfehlen, die Reise hierher zu überdenken. Man sollte sich vor der Anreise immer die aktuellen Reisewarnungen im Herkunftsland anschauen.

Aktivitäten

In der Sprache der Einheimischen bedeutet „Semporna" einfach „perfekt" – aber es gibt im funkelnden Semporna-Archipel nur eine Insel, die diese Bezeichnung verdient: **Sipadan**, auch „Pulau Sipidan", 36 km vor der südöstlichen Küste, ist Perfektion pur. Rund um die Insel gibt's ein Dutzend voneinander abgegrenzte Tauchspots. Der berühmteste ist der **Barracuda Point**, wo Chevron- und Schwarzflossen-Barrakudas zusammentreffen und undurchdringliche Fischbarrieren bilden.

Es gibt viele andere Riffe im Archipel, die eine Erkundung lohnen. Das „Makro-Tauchen" in der Umgebung von **Mabul** (oder „Pulau Mabul") ist weltberühmt. Rund um **Kapalai**, **Mataking** und **Sibuan** liegen ebenfalls gute Tauchreviere.

Die Regierung stellt täglich 120 Pässe (40 RM) für Sipadan aus. Jedem Tauchveranstalter wird täglich eine vorher festgelegte Anzahl an Pässen ausgegeben, je nach Größe des Veranstalters und der allgemeinen Nachfrage. Wir raten daher, unbedingt im Voraus zu buchen.

Ein dreitägiger Tauchausflug kostet zwischen 300 und 500 RM, dazu kommen 60 RM pro Tag für die Ausrüstung. Obwohl die meisten Tauchgänge in der Gegend in die Kategorie „Spaßtauchen" fallen, kann man hier auch seine Freiwasser-Zertifizierung machen. Ein dreitägiger Kurs kostet mindesten 975 RM.

Mehrere Tauchveranstalter betreiben eigene Resorts, andere habe Läden und Büros in Semporna und/oder KK.

Schlafen

Die einzigen recht günstigen Unterkünfte der Inselgruppe liegen auf Mabul, 26 km südöstlich von Semporna und 14 km nördlich von Sipadan. Im Juli und August steigen die Preise und die Unterkünfte sind schnell ausgebucht. Mabul ist mit einem weißen Sandstrand und tiefblauem Wasser gesegnet. Die Wasserschutzpolizei hat hier eine Niederlassung, und es gibt zwei kleine verarmte Siedlungen: einen Weiler an der Nordostküste, der von Bajau bewohnt wird, die unter anderem für ihre bunten *jonkong*-Boote mit spitzem Bug bekannt sind, und ein Stelzendorf an der Südwestküste, in dem Suluk und Malaien leben. Hier befinden sich auch mehrere Pensionen.

Seahorse Sipadan Scuba Lodge RESORT $
(☎ Semporna 089-782 289; www.seahorse-sipadanscuba.org; Mabul Island; Pauschalangebote inkl. Zimmer, Mahlzeiten, Tauchgängen ab 518 RM) Dank ihrer fleckigen Linoleumböden und gelben Wände sieht man den Zimmern ihr Alter durchaus an, aber auf der offenen Terrasse kann man entspannt den Wind genießen. Neben hübschen kleinen Akzenten wie Muschelschalen auf den Tischen wartet das Resort auch mit einem zuverlässigen Tauchzentrum auf.

Uncle Chang's PENSION $
(☎ 017-895 002, 089-786 988, 089-781 002; www.ucsipadan.com; Mabul; B 75 RM, DZ mit/ohne Klimaanlage 110/90 RM; ❄) Wenn Chang ein Onkel wäre, könnte er zwischen den Häusern auf Stelzen des malaiischen Dorfes auch als gestrandeter, alter Seebär durchgehen. Hier erwarten einen schlichte, bananengelb gehaltene Zimmer mit Rattanwänden in kleinen Chalets, eine lebhafte, abgenutzte Gemeinschaftsterrasse mit gelegentlichen Jamsessions und eine fröhliche, gesellige Atmosphäre. Zudem gibt's ein bekanntes Tauchzentrum mit sieben täglichen Tauchgenehmigungen für Sipadan.

Sipadan Dive Centre (SDC) RESORT $
(☎ 088-240 584, 012-821 8288; www.sdclodges.com; Mabul; 3-Tages-Angebote inkl. 5 Tauchgängen B/Zi. 885/1045 RM; ❄) Einfache Hütten in Regenbogenfarben mit Holzböden, karibikblauen Wänden, frischer Bettwäsche, Klimaanlage und eigenem Bad sowie Tauchzentrum. Im Vergleich zu den anderen Budgetunterkünften sind die Zimmer dank des großen Anwesens nicht so überfüllt. Alles in allem ein echter Glückstreffer! Hinzu kommt ein freundliches Management, das abends Grillfeste veranstaltet.

★ **Scuba Junkie Mabul Beach Resort** RESORT $$
(☎ 089-785 372; www.scuba-junkie.com; Mabul; B 142 RM, DZ mit Ventilator /Klimaanlage ab 184/232 RM; ❄📶) Von einem sympathischen amerikanischen Paar geführt, zieht diese Unterkunft ein junges, internationales Publikum an, das auch mal etwas mehr für halbluxuriöse Unterkünfte hinblättert. Au[s] sie warten superfrische Zimmer mit Veranden und Bädern, polierten Holzböden und erlesenem Dekor sowie angenehm geräumige und luftige Schlafsäle. Der einladende Zentralpavillon beherbergt ein lebhaftes Restaurant mit Bar. Die oben genannten Preise beinhalten großzügige Büfettgerichte.

An- & Weiterreise

Die Unterkünfte organisieren den Transport von Semporna oder vom Flughafen Tawau (manchmal im Preis enthalten, manchmal gegen eine Extragebühr – unbedingt fragen!).

Pulau Labuan

☎ 087 / EW. 86 910

Die Insel des Federal Territory of Labuan liegt rund 115 km südwestlich von KK und nur 50 km nordöstlich von BSB (Brunei). Hier kann man zollfrei einkaufen, der Alkohol ist günstig und die Fährverbindungen sind praktisch – das alles macht Labuan zu einem beliebten Reiseziel.

Der Sultan von Brunei übergab Labuan 1846 an die Briten und es verblieb 115 Jahre lang im britischen Empire. Die einzige Unterbrechung war der Zweite Weltkrieg, als die Japaner die Insel drei Jahre lang besetzten.

Bandar Labuan ist der Hauptort und Transitpunkt für Fähren nach Kota Kinabalu und Brunei – die beste Art und Weise zwischen den beiden Ländern hin und her zu reisen.

Schlafen

Labuan Homestay Programme HOMESTAY $
(☎ Bukit Kuda 013-851 1907, Patau Patau 2 016-824 6193, Sungai Labu 016-804 1147; www.tourism.gov.my/niche/homestay; 1/2 Tage inkl. Vollpension 70/150 RM) Dieser hervorragende Service bringt in einem von drei Dörfern auf der Insel Besucher und freundliche Einheimische zusammen: Patau Patau 2, Kampong Sungai Labu und Kampong Bukit Kuda. Wer sich in der Nähe von Bandar Labuan aufhalten möchte, sollte nach einer Unterkunft in Patau Patau 2 fragen – ein charmantes Dorf auf Stelzen an der Bucht. Um am Programm teilzunehmen, sollte man mindestens ein paar Tage im Voraus buchen.

★ **Tiara Labuan** HOTEL $$
(☎ 087-414300; www.tiaralabuan.com; Jln Tanjung Batu; Zi. inkl. Frühstück ab 368 RM; ❄ 📶) Mit seinem kobaltblauen Außenpool inmitten eines gut gepflegten Gartens in Tanjung Batu hebt sich das beliebteste Hotel von Pulau Labuan etwas vom Rest ab. Es gibt ein exquisites Restaurant mit asiatischer Fusion-Küche, eine Bar im Hof, eine Freiluftküche sowie große, überaus charmante Zimmer mit viel Holz, Bettläufern, schneeweißer Bettwäsche, makellosen Bädern und Einbauleuchten.

An- & Weiterreise

Kota Kinabalu Passagierfähren (Business / Economy 31–44/26–39, 3¼ Std., ⌚ Mo–Sa 8 und 13.30, So 15 Uhr) fahren von KK nach Labuan. In die andere Richtung legen die Boote montags bis samstags um 8 und 13 Uhr und sonntags um 10.30 und 15 Uhr vom **Fährterminal Labuan** (Jln Merdeka) Richtung KK ab.

Sarawak Es gibt Fähren nach Limbang (2 Std., 27–31 RM) und Lawas (2¼ Std., 18–33 RM) in Sarawaks Limbang Division.

MALAYSISCH-BORNEO – SARAWAK

Sarawak ist das Tor zu Borneos Naturwundern und Kulturreichtümern. Von Kuching, der Hauptstadt von Sarawak, lassen sich Tagesausflüge in unberührte Regenwälder machen, wo man Orang-Utans, Nasenaffen und die weltgrößte Blume, die *Rafflesia*, zu Gesicht bekommt. Abends bleibt noch genug Zeit für ein leckeres Essen und einen Drink in einer schicken Bar. Traveller mit Abenteuerlust können eins der „fliegende Särge" genannten Flussboote nehmen und den Batang Rejang, den „Amazonas von Borneo", hinauffahren, um die spektakulären Höhlen und außergewöhnlichen Felsformationen des Gunung-Mulu-Nationalparks, eine UNESCO-Welterbestätte, zu besuchen.

EINREISE NACH BRUNEI: VON DER PULAU LABUAN NACH BANDAR SERI BEGAWAN

Bis zur Grenze Fähren von Bandar Labuan zum Hafen Muara in Brunei (40 RM, 1¼ Std.) fahren um 9, 13.30, 15.30 und 16 Uhr.

An der Grenze Die meisten Brunei-Reisenden erhalten bei der Ankunft ein kostenloses Visum.

Weiterreisen Man wird am Fährterminal Serasa herausgelassen. Von hier fahren die Busse 37 und 39 zum Zentrum von Bandar Seri Begawan (1 B$, 1 Std.), Expressbusse nach BSB (2 B$) sollten sich mit den Fährankünften überschneiden. Ein Taxi kostet um die 30 B$.

Kuching

☎ 082 / EW. 618 000

Die weltgewandte Hauptstadt von Sarawak bildet ein Kaleidoskop von Kulturen, Küchen und Kunsthandwerk. Belebte Straßen – manche sind breit und modern, andere enge Gassen, in denen sich Tischlergeschäfte, Cafés und Bars aneinanderreihen – belohnen Besucher, die ihre Ziele gerne zu Fuß erkunden. Zu den Attraktionen gehören Museen, die die Vergangenheit heraufbeschwören, mit Drachen geschmückte chinesische Tempel, ein Wochenendmarkt, Ladenhäuser aus der Zeit der weißen Radschas und die postkartenreife Promenade, die Besucher für einen Abendspaziergang und ein köstliches Abendessen anlockt.

Kuchings Nähe zu mehreren erstklassigen Nationalparks macht es zu einer perfekten Ausgangsbasis für Tagesausflüge in die wilden Küsten- und Regenwaldgebiete.

Sehenswertes

★ **Ethnologisches Museum** MUSEUM
(www.museum.sarawak.gov.my; Jln Tun Abgang Haji Openg; ⌚ Mo–Fr 9–16.45, Sa, So & feiertags 10–16 Uhr) GRATIS Oben auf dem Hügel auf der östlichen Seite der Jalan Tun Abang Haji Openg

Kuching
400 m
Astana (200 m)
Fußgängerbrücke
KAMPUNG BOYAN
Sungai Sarawak
Jln Brooke
Jln Gambier
Indische Moschee Ln
Jln India
Jln Market
Kuching Moschee
Jln Khoo Hun Yeang
Jln Mosque (Jln Masjid)
Gurdwara Sahib Kuching
Jln P Ramlee
Padang Merdeka
Jln Barrack
Main Bazaar
Jln China
Jln Carpenter
Jln Pearl
Jln Bishopsgate
Jln Tun Abang Haji Openg
Jln Wayang
Klinik Chan
Tua Pek Kong Temple
Jln Temple
Jln Green Hill
An Hui Motor
Jln Tabuan
Jln McDougall
Jln Reservoir
Reservoir Park
Kunstmuseum
Ethnologisches Museum
Museumsgarten
Jln Satok
Jln Ban Hock
Jln Tunku Abdul Rahman
Jln Borneo
BUKIT MATA
Bukit Mata
Jln Padungan
Jln Bukit Mata Kuching
Jln Mathies
Persiaran BanHock
Sarawak Plaza
Mohamed Yahia & Sons
Tun Jugah Shopping Centre
Jln Chan Chin Ann
Jln Abell
Jln Song Thian Cheok
PADUNGAN
Jln Padungan
Jln Ban Hock

Kuching

befindet sich das Ethnologische Museum (das „Old Building"), vor dem zwei Kanonen aus der Kolonialzeit stehen. Sein Schwerpunkt liegt auf den unglaublich reichen indigenen Kulturen Borneos. Zu den großartigen Ausstellungsstücken oben gehören ein Iban-Langhaus, Masken und Speere. Unten liegt ein altmodisches Naturgeschichtsmuseum,

★ Kunstmuseum — MUSEUM

www.museum.sarawak.gov.my; Jln Tun Abang Haji Openg; Mo–Fr 9–16.45, Sa, So & feiertags 10–16 Uhr) GRATIS Dieses Museum beherbergt eine Ausstellung namens „Urang Sarawak", die das Volk und die Kultur von Sarawak sehr gut beschreibt, insbesondere die indigenen Lebensstile und traditionelle Mythologie, historische Zeiträume wie die Brooke-Ära und den Zweiten Weltkrieg, sowie das zeitgenössische Sarawak. Zu den anderen Ausstellungsstücken gehören prähistorische archäologische Funde, z. B. Fundstücke aus den Niah-Höhlen und chinesische Keramiken.

Museum für chinesische Geschichte — MUSEUM

(gegenüber Ecke Main Bazaar & Jln Temple; Mo–Fr 9–16.45, Sa, So & feiertags 10–16 Uhr) GRATIS Im jahrhundertalten Gebäude des chinesischen Gerichtshofs bietet das Museum für chinesische Geschichte eine hervorragende Einführung in die neun chinesischen Gemeinden, die sich um 1830 in Sarawak ansiedelten und jeweils über einen eigenen Dialekt, eine eigene Küche und eigene Tempel verfügen. Zu den Highlights gehören Keramikwaren, Musikinstrumente, historische Aufnahmen sowie ein paar angsteinflößende Drachen- und Löwentanzkostüme. Der Eingang liegt an der Flussseite des Gebäudes.

Fort Margherita — MUSEUM

(Brooke Gallery; Kampung Boyan; Erw./Kind 20/10 RM; Mo–Fr 9–16.45, Sa & So 10–16 Uhr) Im Jahr 1879 von Charles Brooke erbaut und nach seiner Frau Ranee Margaret benannt, schützte diese oben auf einem Hügel gelegene Festung Kuching lange Zeit vor unerwarteten Piratenüberfällen. Im Inneren veranschaulicht die Brooke Gallery die bemerkenswerte Geschichte der weißen Radschas von Sarawak mit faszinierenden Artefakten und Illustrationen. Man kann den Festungswall erkunden, die Zellen anschauen und sehen, wo die Todesurteile vollstreckt wurden.

Hierher gelangt man mit einem *tambang* (Holzboot, 1 RM) vom Ufer Richtung Kampung Boyan und folgt dann rund 500 m den Schildern aufwärts durch die verlassene und einsturzgefährdete Schule.

Geführte Touren

Borneo Experiences GEFÜHRTE TOUREN
(☎082-429239; www.borneoexperiences.com; EG, Nr. 1 Jln Temple; ⏲Mo–Sa 10–19 Uhr, So manchmal geöffnet) Reiseagentur der Singgahsana Lodge. Zu den Zielen gehören ein abgelegenes Bidayuh-Dorf „in den Wolken" und ein Iban-Langhaus im Gebiet Batang Ai (drei Tage/zwei Nächte 1450 RM; mind. 2 Pers.). Borneo Experiences bietet auch Fahrradtouren an und erhält insgesamt ausgezeichnete Bewertungen.

Adventure Alternative Borneo ABENTEUERTOUREN
(☎082-248000, 019-892 9627; www.adventurealternativeborneo.com; Lot 37 Jln Tabuan; ⏲Mo–Sa 9–17 Uhr) Bietet ethisch vertretbare, nachhaltige Trips, die „Kultur, Natur und Abenteuer" miteinander verbinden. Hilft beim Entwerfen und Koordinieren einer Route für unabhängiges Reisen in abgelegene Gebiete, darunter die Penan-Dörfer im Ulu Baram.

Schlafen

★ **Singgahsana Lodge** PENSION $
(☎082-429277; www.singgahsana.com; 1 Jln Temple; B/DZ inkl. Frühstück 35/113–158 RM;) Den Maßstab für Backpackerunterkünfte in Kuching setzt diese überaus beliebte Pension mit stilvollem Kunsthandwerk aus Sarawak. Sie hat eine unschlagbare Lage, eine tolle Chill-out-Lobby und eine gesellige Bar auf der Dachterrasse. Die Schlafsäle sind mit 10 Betten und Schließfächern ausgestattet. Für Zimmergäste stehen Fahrräder zur Verfügung.

Threehouse B&B PENSION $
(☎082-423499; www.threehousebnb.com; 51 Jln China; inkl. Frühstück B 22 RM, DZ ohne Bad 65–70 RM;) Eine makellose familienfreundliche und großartig gelegene Unterkunft in Alt-Chinatown mit herzlicher, einladender Atmosphäre – alles, was eine Pension bieten sollte. Die neun Zimmer auf drei knarrenden Holzetagen sind alle in einem hellroten Farbschema gehalten. Zu den Annehmlichkeiten gehören ein Aufenthaltszimmer mit TV, DVDs und Büchern sowie ein Wäscheservice und eine Küche.

Radioman HOSTEL $
(☎082-238801, 082-248816; 1 Jln Wayang; inkl. Frühstück B 20 RM, DZ ohne Bad 60 RM;) In einem jahrhundertealten Ladenhaus, das einst als Radiowerkstatt diente, befindet sich dieses zentral gelegene selbsternannte „denkmalgeschützte" Hostel. Die ursprünglichen Decken, Böden und höllisch steilen Treppen des Gebäudes sind immer noch original erhalten und das Haus wurde mit einem Auge fürs Detail dekoriert. Neben einem gemischten Schlafsaal mit zwölf Betten gibt's einen Schlafsaal für Frauen mit vier Betten. Die Schlafsäle und Privatzimmer teilen sich eine Dusche und eine Toilette.

Marco Polo's PENSION $
(☎082-246679, Samuel Tan 019-888 8505; www.marcopolokuching.com; . OG, 236 Jln Padungan; inkl. Frühstück B 27 RM, DZ ohne Bad 58–62 RM;) Eine gut geführte komfortable Unterkunft mit gemütlichem Wohnzimmer und windiger Veranda. Beliebt ist das Frühstück mit frischem Obst, Bananenkrapfen und Muffins. Nur manche Zimmer verfügen über Fenster. Der Besitzer Sam gibt gerne Reisetipps und nimmt die Gäste manchmal mit zum Markt. Etwa 15 Gehminuten (1,5 km) vom Wasser entfernt.

Beds PENSION $
(☎082-424229; www.bedsguesthouse.com; 229 Jln Padungan; B 22 RM, EZ/DZ ohne Bad 45/58 RM;) Dank ihrer gemütlichen Sofas in der Lobby, einer gut ausgestatteten Küche auch für Gäste, und 12 makellosen Zimmern (davon neun mit Fenstern) hat diese Pension in Neu-Chinatown eine treue Kundschaft. Die Schlafsäle bieten sechs große Etagenbetten aus Metall. Man erreicht sie in etwa 15 Gehminuten (1,5 km) vom Main Bazaar.

Le Nomade HOSTEL
(☎082-237831; www.lenomadehostel.com; 3 Jl Green Hill; B inkl. Frühstück 8-Bett/4-Bett 25/28 RM, EZ/DZ mit Gemeinschaftsbad 35/70 RM, DZ mit Bad 75 RM;) Eine geschäftige Backpackeratmosphäre herrscht in dieser entspannten Iban-geführten Pension. Häufig sitzen die Gäste im Loungebereich mit dem freundlichen Management zusammen. Die flexiblen Frühstückszeiten kommen Langschläfern entgegen und die Küche kann auch von Gästen genutzt werden. Von den 12 Zimmern haben die meisten Fenster (die anderen Lüftungen).

★ **The Marian** BOUTIQUE-HOTEL $
(☎082-252777; www.themarian.com.my; Jln Wayang; inkl. Frühstück B 80 RM, DZ ab 290 RM;) Erfreulich anders ist das Marian, ein umgebautes Herrenhaus, das einst einem chinesischen Kaufmann gehörte, ehe es in ein Koster verwandelt wurde, das zur nahegelegenen St.-Thomas-Kathedrale gehö

te. Viel Mühe wurde aufgewendet, um das lange und historisch vielseitige Erbe des alten Gebäudes zu erhalten und dennoch für modernen Komfort zu sorgen. Die 40 Zimmer sind in acht Kategorien aufgeteilt, alle mit individuellem Design.

Batik Boutique Hotel BOUTIQUE-HOTEL $$
(☎ 082-422845; www.batikboutiquehotel.com; 38 Jln Padungan; DZ inkl. Frühstück 280 RM; ❄📶) Eine Superwahl im mittleren Preisniveau mit toller Lage, klassischem Design und superfreundlichen Mitarbeitern. Die fröhliche Batikoptik der Hotelfassade setzt sich in der Lobby fort und jedes der 15 geräumigen Zimmer ist in einem eigenen Farbschema gehalten. Im Erdgeschoss gibt's ein **Restaurant** mit skandinavischer Küche und eine Bar, die für den bequemen Hof nach hinten praktisch gelegen ist.

Lime Tree Hotel HOTEL $$
(☎ 082-414600; www.limetreehotel.com.my; Lot 317, Jln Abell; DZ inkl. Frühstück 158–278 RM; ❄@📶) Lindgrüne Akzente – ein Kissen, ein Stück Seife, die Krawatte eines Angestellten, das **Cafe Sublime** in der Lobby – prägen das Antlitz dieser gut geführten Unterkunft, die ein halbes Boutique-Hotel ist. Die Familie, die das Hotel betreibt, besitzt auch einen Limettenhain. Die 50 Nichtraucher-Zimmer sind elegant und minimalistisch. Die Bar auf der Dachterrasse mit Flussblick bietet eine gute Auswahl an Gerichten, darunter vegetarische und nichtvegetarische Optionen.

Essen

Kuching ist der beste Ort, um die komplette Bandbreite an Sarawak-Gerichten kennenzulernen. In den Straßenhändlerzentren findet man unterschiedlichste chinesische und malaiische Stände, in der Jalan Padungan befinden sich einige der besten Nudelhäuser der Stadt. Die Frage, wo es das beste *laksa* der Stadt gibt, ist Gegenstand einer andauernden hitzigen Debatte. Die einzige Art und Weise, es herauszufinden ist, sie alle selbst zu probieren.

★ **Fig Tree Cafe** MALAIISCH $
(☎ 017-818 6636; 29 Jln Wayang; Hauptgerichte 6–10 RM; ⏲ 10.30–20.30 Uhr, Mo geschl.; ❄✎) Dieses innovative Café tischt malaiisch-chinesische Gerichte auf und zwar mit Flair und Enthusiasmus. Es gibt viele vegetarische Optionen. Abenteuerlustige sollten das *ai cha* probieren: Reis und Gemüse mit einer dunkelgrünen Suppe aus Sarawak-Kräutern. Fleischliebhaber sollten das *kacangma*, Hühnchen in Reiswein, probieren. Hier gibt's außerdem Waffeln, Smoothies und einen beliebten Grüntee-Käsekuchen.

★ **Choon Hui** MALAIISCH $
(☎ 082-893709; 34 Jln Ban Hock; Laksa 6–10 RM; ⏲ Di–So 7–11 Uhr) Dieses altmodische *kopitiam* (Café) erhält unsere Stimme für die leckerste *laksa* der Stadt. Damit sind wir nicht allein: Besonders am Wochenende kann es hier sehr voll werden. Es gibt auch einen Stand mit hervorragender *popiah*, einer Art Frühlingsrolle mit Erdnüssen, Rettich und Möhren (3 RM).

Kim Food Court BÄCKEREI $
(Jln Padungan, Neu-Chinatown; Törtchen 2,20 RM; ⏲ 7–21 Uhr) Die Spezialität hier sind köstliche Eiertörtchen mit luftigen Böden. Es gibt sie alternativ auf traditionelle, mit Pandan- oder Kokosnuss-Geschmack, oder auf portugiesische Art.

Open-Air-Markt STRASSENSTÄNDE $
(Tower Market; Jln Khoo Hun Yeang; Hauptgerichte 3–8 RM; ⏲ die meisten Stände 6–16 Uhr, chinesische Meeresfrüchte 15–4 Uhr) Zu den günstigen, leckeren Gerichten, auf die man sich hier freuen darf, gehören *laksa*, *mee sapi* (Rindfleisch-Nudelsuppe) nach chinesischer Art, rote *kolo mee* (Nudeln mit Schweinefleisch und süßer Barbecuesoße), Tomaten-*kueh tiaw* (ein gebratenes Reis-Nudelgericht) und Desserts mit geraspeltem Eis (an Stand 17 nach „ABC" fragen). Auf der Seite mit Flussblick liegen chinesische Meeresfrüchteständе, die am Nachmittag öffnen.

★ **The Dyak** MALAIISCH $$
(☎ 082-234068; Jln Mendu & Jln Simpang Tiga; Hauptgerichte 25–35 RM; ⏲ 12–23 Uhr, letzte Bestellung 20.30 Uhr; ❄✎) Dieses elegante Restaurant 2 km südöstlich von Alt-Chinatown ist das erste, in dem Dayak-Küche als wahre Kochkunst betrieben wurde. Es greift dafür auf traditionelle Rezepte zurück – viele stammen von den Iban (manche von den Kelabit, Kayan oder Bidayuh). Mit frischen Bio-Dschungelzutaten zaubert der in klassischer westlicher Küche ausgebildete Chefkoch köstliche Gerichte, die man so noch nie probiert hat.

The Granary BRASSERIE $$
(www.thegranary.my; 23 Jln Wayang; mittags 14–24, abends 24–58 RM; ⏲ 7–23 Uhr) Das in einem alten Kornspeicher untergebrachte luftige Restaurant wurde mit minimalistischem Flair saniert. Es bietet hervorragende Bur-

VERWÖHNPROGRAMM

Das bis oben hin mit Antiquitäten angefüllte **The Junk** (082-259450; 80 Jln Wayang; Hauptgerichte 28–70 RM; 18–22.45 Uhr, Bar bis 2 Uhr, Di geschl.;) befindet sich in der Mitte eines Komplexes aus drei Ladenhäusern aus den 1920er-Jahren mit Restaurants und Bars, von denen alle einen anderen Namen haben. Das Junk hat eine geschäftige Küche und das Essen hier ist sehr gut. Die Pasta-Hauptgerichte kosten 29 bis 35 RM, Pizzas 30 bis 36 RM, zu den anderen Hauptgerichten gehören der Fisherman's Basket (40 RM) und das Rib-Eye-Steak (70 RM). Die Portionen sind großzügig.

Zu beiden Seiten – und Teil desselben Unternehmens – erstrecken sich **The Barber** (016-658 1052; Jln Wayang; Hauptgerichte 18–34 RM; Di–Fr 16 Uhr–spät, Sa & So 17 Uhr–spät, Mo geschl.) mit großartiger Bar hinten, die **Junk Bar** (Karaoke), **The Wayang** (Livemusik Fr & Sa, 22 Uhr), **Cha Bo** (Jln Wayang; Hauptgerichte 18–28 RM; 11.30 Uhr–spätabends, Di geschl.; Thai) und das **Bla Bla Bla** (082-233944; 27 Jln Tabuan; Hauptgerichte 19–48 RM; 18–23.30 Uhr, Di geschl.; chinesische Fusion-Küche).

ger, Pizza und Pasta und einige teurere Fleischgerichte. Unbedingt einen Blick auf die Tafel mit den Spezialgerichten werfen; von 17 bis 20 Uhr ist zudem Happy Hour mit günstigen Cocktails, Bieren und anderen alkoholischen Getränken.

Top Spot Food Court FISCH & MEERESFRÜCHTE $$
(Jln Padungan; Fisch pro kg 30–70 RM, Gemüsegerichte 8–12 RM; 12–23 Uhr) Der von Neonlampen beleuchtete Hof mit einem halben Dutzend belebter Meeresfrüchterestaurants auf dem Dach einer Parkgarage (da würde man nicht mit so etwas rechnen) steht bei Gourmets schon lange hoch im Kurs. Ein riesiges Hummer-Schild weist Besuchern den Weg. Eine wahre Gaumenfreude ist der gegrillte Silberne Pampel sowie das **Ling Loong Seafood** und das **Bukit Mata Seafood Centre**.

Ausgehen & Nachtleben

★ **Drunken Monkey** BAR
(082-242048; 68 Jln Carpenter; 14–2 Uhr) Diese Bar zieht eine sehr entspannte Gruppe von Einheimischen und Touristen an. Obwohl es nur eine Bar ist, liegen hier die Speisekarten mehrerer nahe gelegener Restaurants aus und einige Gerichte können am Platz serviert werden. Hier gibt's Guinness vom Fass (19 RM pro Pint) und eine gute Auswahl an importierten Weinen sowie eine ganze Seite mit Whiskeys.

Black Bean Coffee & Tea Company CAFÉ
(Jln Carpenter; Drinks 3–RM6; Mo–Sa 9–18 Uhr;) Das Aroma von frisch gemahlenen Bohnen berauscht die Sinne in diesem kleinen Laden, den viele für Kuchings beste Anlaufstelle für Kaffee halten. Zu den täglich gerösteten Spezialitäten gehören Arabica-, Liberica- und Robusta-Kaffee aus Java, Sumatra und natürlich Sarawak. Serviert an seinen gerade mal drei Tischen auch Oolong- und Grüntee aus Taiwan. Koffeinfrei gibt's hier nicht.

Monkee Bar BAR
(www.monkeebars.com; Jln Song Thian Cheok; Bier 6,50–13 RM, Mixgetränk 13 RM; 15–2 Uhr;) 50 % des Gewinns der Monkee Bar fließen an die Naturschutz-NGO *Orang-Utan Project*, die im Matang Wildlife Centre (S. 502) arbeitet – man trinkt hier also buchstäblich für den Naturschutz. Wem das nicht als Grund für einen Besuch ausreicht, den überzeugen möglicherweise die Preise: Die Monkee Bar bietet einige der günstigsten Drinks der Stadt. Es ist eine verrauchte Location mit jungem, einheimischem Publikum sowie vereinzelten Ehrenamtlichen aus dem Ort, die sich eine Pause vom Käfigausmisten gönnen.

Shoppen

Main Bazaar KUNST & KUNSTHANDWERK
(manche Geschäfte So geschl.) Die Reihe alter Ladenhäuser mit Blick auf die Promenade am Wasser ist gerammelt voll mit Kunsthandwerksläden: Manche muten wie Kunstgalerien an, andere wie eine Art Garagenflohmarkt und wieder andere (insbesondere im westlichen Teil des Main Bazaar) bieten ausschließlich kitschig-süße Katzensouvenirs feil.

Juliana Native Handwork KUNST & KUNSTHANDWERK
(016-809-5415, 082-230144; EG, Textilmuseum Sarawak, Jln Tun Abang Haji Openg; 9–16.30 Uhr) Neben ihren Bidayuh-Perlarbeiten – von denen viele in einer Ausstellung in Singapur gezeigt wurden – verkauft Juliana hochwertige, von Penan-Künstlern angefertigte Ra

tanmatten (780 RM) und *pua kumba*, Iban-Webstoffe. Für die Fertigstellung der komplizierten 50 cm langen perlenbesetzten Tischläufer (680 RM), die hier erhältlich sind, benötigt sie drei Monate.

Ting & Ting SUPERMARKT
(30A Jln Tabuan; ⏲ 9–21 Uhr, So & feiertags geschl.) Eine gute Auswahl an Weinen, Snacks, Schokoladen, Pflegeprodukten und Windeln.

Praktische Informationen

GELD

Die meisten Banken und Geldautomaten von Kuching befinden sich an der Jalan Tunku Abdul Rahman.

Mohamed Yahia & Sons (Untergeschoss, Sarawak Plaza, Jln Tunku Abdul Rahman; ⏲ 10–21 Uhr) Keine Kommission, gute Wechselkurse, akzeptiert mehr als 30 Währungen (darunter 100-US$-Banknoten) und Reiseschecks in US-Dollars, Euros, australischen Dollars und britischen Pfund. In der Buchhandlung.

MEDIZINISCHE VERSORGUNG

Klinik Chan (☎ 082-240307; 98 Main Bazaar; ⏲ Mo–Fr 8–12 & 14–17, Sa, So & feiertags –12 Uhr) Praktisch zentral. Eine Behandlung bei kleineren Beschwerden kostet ab 40 RM.

Normah Medical Specialist Centre (☎ 082-440055, Notfall 082-311999; www.normah.com.my; 937 Jln Tun Abdul Rahman, Petra Jaya; ⏲ 24-Std.-Notfalldienst, Kliniken Mo–Fr .30–16.30, Sa bis 13 Uhr) Gilt gemeinhin als Kuchings beste Privatklinik. Bietet einen 24-Stunden-Krankenwagen. Liegt nördlich des Flusses, etwa 6 km vom Zentrum entfernt. Anfahrt mit dem Bus 1 vom Busbahnhof Saujana, Abfahrten von 7 bis 17 Uhr immer zur vollen Stunde.

Sarawak General Hospital (Hospital Umum Sarawak; ☎ 082-276666; http://hus.moh.gov.my/v3; Jln Hospital; ⏲ 24 Std.) Kuchings großes öffentliches Krankenhaus bietet moderne Einrichtungen und besonders günstige Preise, ist jedoch oft überfüllt. 2 km südlich des Zentrums auf der Jalan Tun Abang Haji Openg. Anfahrt mit den Bussen K6, K8 oder K18.

NOTFALL

Krankenwagen	999
Feuerwehr	999
Polizei	999

TOURISTENINFORMATION

Touristeninformation (☎ 082-410942, 082-410944; www.sarawaktourism.com; UTC Sarawak, Jln Padungan; ⏲ Mo–Fr 8–17 Uhr, feiertags geschl.) Die Touristeninformation befindet sich im ersten Stock des UTC-Gebäudes auf der Jalan Padungan. Hilfreiches Büro mit gut informierten Mitarbeitern, Broschüren und Unmengen an praktischen Informationen (z. B. zu Busfahrplänen).

EINREISE NACH INDONESIEN: VON KUCHING NACH PONTIANAK

Bis zur Grenze Verschiedene Busunternehmen bedienen die Strecke vom Busterminal Kuching Sentral (und anderen Städten entlang der Küste von Sarawak) nach Pontianak in West-Kalimantan (Economy/1. Kl. 60/80 RM, 7/10 Std. über die neue/alte Straße) und überqueren die Grenze bei Tebedu–Entikong 80 km südlich von Kuching.

An der Grenze Reisende aus 64 Ländern erhalten an der Grenze zwischen Tebedu (Malaysia) und Entikong (Indonesien) ein Visum für Indonesien, das einen Monat gültig ist. Dies ist der einzige offizielle Festlandgrenzposten zwischen Sarawak und Kalimantan.

Weiterreise In Pontianak gibt's einen Flughafen; von dort aus kann man andere Teile Indonesiens und Singapur erreichen. Zu den Fluggesellschaften gehören Batavia Air (www.batavia-air.com).

VISAVERLÄNGERUNG

Visaabteilung (Bahagian Visa; ☎ 082-245661; www.imi.gov.my; 2. OG, Bangunan Sultan Iskandar, Kompleks Pejabat Persekutuan, Ecke Jln Tun Razak & Jln Simpang Tiga; ⏲ Mo–Do 8–17, Fr 8–11.45 & 14.15–17 Uhr) In einem 17-stöckigen föderalen Bürogebäude etwa 3 km südlich des Zentrums (an der Jalan Tabuan). Anfahrt mit den öffentlichen Stadtbussen K8 oder K11, die etwa halbstündlich fahren. Ein Taxi vom Zentrum kostet 15 RM.

An- & Weiterreise

BUS

Ungefähr jede halbe Stunde von 6 bis 18.30 Uhr fahren verschiedene Busse von **City Public Link** (☎ 082-239178) (z. B. K9) und STC (z. B. 3A, 4B, 6 und 2) vom zentral gelegenen **Busbahnhof Saujana** (Jln Masjid & Jln P Ramlee) in Kuching zum **Kuching Sentral** (Ecke Jln Penrissen & Jln Airport), dem regionalen Expressbusbahnhof (2 RM). Saujanas Fahrkartenschalter weisen auf die nächsten Abfahrten hin. Ein Taxi vom Zentrum zum Kuching Sentral kostet 35 RM (25 Min.).

Busse zu vielen Ziele können online gebucht werden (www.busonlineticket.com).

Nach West-Sarawak

Busse zum Semenggoh Wildlife Centre, Bako-Nationalpark, Kubah-Nationalpark und zum Matang Wildlife Sanctuary fahren von der Stadt oder nahe dem Busbahnhof Saujana ab. Busse nach Lundu (inklusive Wind Cave und Fairy Cave) benutzen den Kuching Sentral.

Nach Zentral-Sarawak

Von 6.30 bis 22.30 Uhr fahren Busse von rund einem Dutzend unterschiedlicher Busunternehmen mindestens stündlich entlang der Nordküste von Sarawak nach Miri (100 RM, 14½ Std.) mit Stopps in Sibu (50 bis 60 RM, 7½ Std.), Bintulu (80 RM, 11½ Std.), an der Batu-Niah-Kreuzung (Richtung Niah-Nationalpark) und am Lambir-Hills-Nationalpark. **Bus Asia** (☎ 082-411111; www.busasia.my; Ecke Jln Abell & Jln Chan Chin Ann; ⌚ Mo–Fr 8–20, Sa 8–17, 6–22 Uhr) z. B. betreibt sieben Busse pro Tag, der erste fährt um 8 Uhr, der letzte um 22 Uhr. Im Gegensatz zu seinen Wettbewerbern bietet das Unternehmen ein Büro im Stadtzentrum und betreibt von Montag bis Samstag Shuttlebusse zum Kuching Sentral. Luxuriöse VIP-Busse, z. B. von **Asia Star** (☎ 082-610111), haben nur drei Sitze pro Reihe (28 Sitze insgesamt); einige haben Toiletten an Bord, und kosten dennoch nur 10 bis 20 RM mehr als normale Busse. Um nach Brunei, Limbang oder Sabah zu gelangen, muss man in Miri umsteigen.

FLUGZEUG

Der **Kuching International Airport** (www.kuchingairportonline.com), 11 km südlich vom Stadtzentrum, bietet Direktflüge nach Singapur, Johor Bahru (die malaysische Stadt gegenüber vom Singapur Causeway), Kuala Lumpur (KL), Penang, Kota Kinabalu (KK), Bandar Seri Begawan (BSB) und Pontianak.

MASwings, eine Tochter der Malaysia Airlines, fliegt von ihren Umschlagplätzen in Miri und Kuching 14 Ziele in Sarawakan an, z. B. die Flachlandstädte Sibu, Bintulu, Limbang und Lawas und die Hochlandziele Gunung-Mulu-Nationalpark, Bario und Ba Kelalan.

Der Flughafen hat drei Abflughallen: „Inlandsflüge ("Domestic Departures") für Flüge innerhalb von Sarawak, „Inlandsflüge außerhalb von Sarawak" ("Domestic Departures outside of Sarawak") für Flüge in andere Teile Malaysias und „Auslandsflüge" („International Departures") für Flüge zu internationalen Zielen.

SCHIFF/FÄHRE

Ekspress Bahagia (☎ 016-800 5891, 016-889 3013, in Kuching 082-412 246, in Sibu 084-319228; einfache Fahrt 55 RM) betreibt eine tägliche Schnellfähre von der Express Wharf in Kuching, 6 km östlich des Stadtzentrums, nach Sibu. Abfahrten um 8.30 Uhr in Kuching und um 11.30 Uhr in Sibu (55 RM, 5 Std.). Wir empfehlen, einen Tag im Voraus zu buchen. Ein Taxi von der Stadt zum Kai kostet 35 RM.

TAXI

Für einige Ziele ist ein Taxi die einzige Transportoption – es sei denn, man nimmt an einer geführten Tour teil. Ein rot-gelbes-Taxi kostet rund 300 bis 350 RM für acht Stunden. Wer möchte, dass der Fahrer am Zielort wartet und einen dann mit zurück in die Stadt nimmt, zahlt rund 35 RM pro Stunde Wartezeit.

Taxipreise ab Kuching (Achtung, nachts wird ein Aufschlag von 50 % fällig):

ZIEL	PREIS (RM)
Annah-Rais-Langhaus	80–90 einfach
Bako Bazaar (Bako-Nationalpark)	60 einfach
Express Wharf (Fähre nach Sibu)	35
Fairy Cave (mit Wind Cave)	180 hin & zurück, inkl. Wartezeit
Kubah-Nationalpark	60
Matang Wildlife Centre	60
Resorts auf der Santubong-Halbinsel	80
Sarawak-Kulturdorf	80
Naturschutzgebiet Semenggoh	140 hin & zurück, inkl. Wartezeit
Wind Cave (mit Fairy Cave)	180 hin & zurück, inkl. Wartezeit

ℹ Unterwegs vor Ort

MOTORRAD

An Hui Motor (☎ 016-886 3328, 082-240508; 29 Jln Tabuan; ⌚ Mo–Sa 8–18, So 8–10.30 Uhr) Die Motorradwerkstatt verlangt 30/175 RM pro Tag /Woche für eine vespaähnliche Suzuki RG (110 ccm) oder 40/210 RM pro Tag/Woche für einen Roller (125 ccm) – inkl. Helm. Hinzu kommen 100 RM Kaution. Die Versicherung deckt das Fahrzeug, aber nicht den Fahrer und ist nur in einem 80-km-Radius um Kuching gültig. Man sollte sich daher erkundigen, bevor man nach Sematan, Lundu oder Annah Rais fährt.

SCHIFF/FÄHRE

Buggesteuerte Holzboote mit Außenbordmotor, bekannt als *Tambang*, transportieren Passagiere von einem Ufer des Sungai Sarawak zum anderen und verbinden die Anleger entlang der

Promenade mit Zielen wie Kampung Boyan (zum Fort Margherita) und dem Astana. Der Fahrpreis für Sarawaks billigste Flussfahrt beträgt rund 1 RM (mehr zwischen 22 und 6 Uhr); gezahlt wird beim Aussteigen. Falls bei Ankunft am Kai kein *tambang* vor Ort ist, einfach warten – normalerweise taucht bald eines auf.

TAXI

Taxis können auf der Straße herangewunken, an Taxiständen aufgegabelt (von denen es in der Stadt einige gibt, z. B. an größeren Hotels) oder telefonisch rund um die Uhr bestellt werden, z. B. bei:

ABC Radio Call Service (☎ 082-611611, 016-861 1611)

Kuching City Radio Taxi (☎ 082-348898, 082-480000)

T&T Radio Call Taxi (☎ 082-343343, 016-888 2255)

Taxifahrer in Kuching sind verpflichtet, das Taxameter zu benutzen; die meisten machen das nach unserer Erfahrung nicht. Es kommt jedoch selten zu überteuerten Preisen. Von 24 bis 6 Uhr wird ein Aufpreis von 50 % berechnet.

VOM/ZUM FLUGHAFEN

Der Festpreis für ein rot-gelbes Taxi vom Flughafen nach Kuching liegt bei 26 RM (39 RM für späte Ankünfte) inklusive Gepäck. Ein größeres *teksi eksekutiv*, das blau angemalt ist, kostet 43 RM (64 RM spät abends). Coupons werden im Terminal verkauft, neben den Autovermietungen.

Rund um Kuching

Der Westen von Sarawak bietet jede Menge Natur und indigene Kulturen – die meisten dieser Sehenswürdigkeiten können im Rahmen eines Tagesausfluges ab Kuching erreicht werden.

Bako-Nationalpark

Auf einer zerklüfteten Halbinsel, die ins Südchinesische Meer hineinragt, erstreckt sich Sarawaks ältester **Nationalpark** (☎ Bako-Terminal 082-370434, Kuching 082-248 088; www.sarawakforestry.com; Erw./Kind 20/7 RM; ⏲ Parkverwaltung 8–17 Uhr). Er liegt nur 37 km nordöstlich von Kuchings Zentrum, aber gefühlt trennen ihn Welten von der Stadt. Bako ist bemerkenswert wegen seiner unglaublichen Biodiversität: von Orchideen zu Schlauchpflanzen und von Rüsselaffen zu Bartschweinen. Bako ist einer der besten Orte in Borneo, um die einheimische Flora und Fauna aus der Nähe zu bestaunen.

Die Küste dieser 27 km² großen Halbinsel besteht aus einsamen Stränden und Buchten, die von windgepeitschten Klippen durchsetzt sind, sowie Wäldern und Abschnitten mit verschlungenen Mangroven. Das Parkinnere birgt einzigartige Ökosysteme, z. B. klassischen Tieflanddschungel (gemischter Dipterocarp-Wald) und *kerangas* (Heidewald), Flüsse und Wasserfälle. Wanderwege führen über das zentrale Sandsteinplateau und zu mehreren Stränden.

Bako liegt eine Tagestour von Kuching entfernt, aber wir empfehlen, ein oder zwei Nächte zu bleiben, um die wilde Schönheit wirklich erleben zu können.

Sehenswertes & Aktivitäten

Die mit verschiedenen Farbstreifen klar markierten Wanderwege von Bako eignen sich für Wanderer der verschiedensten Fitnesslevel und Interessen: Von kurzen Naturspaziergängen bis hin zu anstrengenden Ganztagstreks gibt's alles. Die von Rangern geführte **Nachtwanderung** (pro Person 10 RM; ⏲ 20 Uhr) erhält erstklassige Kritiken. Bei der Parkverwaltung kann man Boote zu den weiter entfernten Stränden mieten und dann zurückwandern oder zu einem der Strände laufen und sich dort von einem Boot abholen lassen.

Schlafen

Bakos Unterkünfte sind einfach, aber gut geführt und ausgestattet.

Sie sind oft ausgebucht, vor allem von Mai bis September, daher sollte man am besten im Voraus buchen. Einige Reiseveranstalter reservieren Zimmer, die sie eine Woche im Voraus freigeben, falls ihre Pauschaltouren nicht ausgebucht sind. Darüber hinaus springen manchmal Einzelreisende ab. Daher werden Unterkünfte oft eine Woche im Voraus oder auch in letzter Minute frei. Verlangt werden 10 RM als Schlüsselpfand; eine nicht abschließbare Gepäckaufbewahrung (kostenlos) befindet sich an der Rezeption.

Es gibt folgende Unterkunftsoptionen:

Zelten (pro Person 5 RM)

Forest Hostel (B 15 RM, 4BZ 40 RM)

Forest Lodge Type 4 (DZ 150 RM, Hütte 225 RM; ❄)

Forest Lodge Type 5 (Zi. 100 RM)

Forest Lodge Type 6 (DZ 50 RM, 2-Zimmer-Hütte 75 RM)

Essen

Kerangas Café CAFETERIA $

(Kantine; Bako-Nationalpark; Gerichte 8–12 RM; ⏲7.30–22.30 Uhr) Makaken können nicht eindringen in diese Cafeteria, in der eine abwechslungsreiche und schmackhafte Auswahl an gebratenem Reis, Hühnchen, Fisch, Kuchen, frischem Obst und abgepackten Snacks serviert wird. Büfettgerichte (die pro Schöpflöffel bezahlt werden) sind von 11.30 bis 14 Uhr und von 18.30 bis 20 Uhr erhältlich.

An- & Weiterreise

Mit öffentlichen Verkehrsmitteln zum Park zu kommen ist ein Kinderspiel. Zuerst nimmt man einen der Busse, die stündlich von Kuching nach Bako Bazaar fahren; hier hüpft man auf ein Motorboot zum Anleger Teluk Assam, rund 400 m entlang einem Holzsteg von der Parkverwaltung.

Reisebüros in Kuching verlangen ab 310 RM pro Person für eine Tour inklusive Bootsfahrt.

Der Bootstransfer zum Bako Park vom Terminal Bako (beim Bako Bazaar) wird von **Koperasi Warisan Pelancongan Bako Berhad** (Bootstransfer Bako; ☎011-2513 2711, 011-2509 5070; ⏲7.30–16 Uhr) betrieben; Schalter befinden sich im Terminal und an der Parkverwaltung. Die 20-minütige Fahrt vom Terminal beim Bako Bazaar zum Bako Park kostet 20 RM pro Person. Wer ein ganzes Boot mieten möchte, zahlt 100 RM (falls man nicht warten will, bis ein Boot genug Passagiere eingesammelt hat). Von Mai bis September erfolgt der Transfer von 8 bis 16 Uhr i. d. R. stündlich (am Schalter nach den Tagesabfahrtszeiten fragen). Die letzte Fähre zurück legt um 16 Uhr in Bako ab.

Bei Ebbe können die Boote unter Umständen nicht am Anleger Teluk Assam anlegen, unter Umständen muss man zu Fuß an Land waten. Die Bootsführer bestehen vielleicht darauf, am frühen Nachmittag zurückzufahren, um die Ebbe am späten Nachmittag zu umgehen – tollkühne schaffen die Rückfahrt nach Bako Bazaar angeblich jedoch auch bei vollständiger Ebbe.

Von Ende November bis Februar oder März ist das Meer oft rau und die Boote fahren gegebenenfalls weniger häufig.

Santubong-Halbinsel

☎082

Die Santubong-Halbinsel (auch als „Damai" bekannt) ragt als 10 km lange Landzunge in das Südchinesische Meer. Als Highlights warten hier das Sarawak-Kulturdorf, ein paar der schönsten Strände von Malaysisch-Borneo und der Gunung Santubong (880 m), der von einem Punkt etwa 1 km südlich von Damai Central erstiegen werden kann.

Sehenswertes & Aktivitäten

Der Eintritt zum **Zentralstrand Damai** GRATIS gegenüber dem Parkplatz des Sarawak-Kulturdorfs ist kostenlos. Gegen eine kleine Gebühr dürfen sich auch Nichtgäste im **Permai Rainforest Resort** (☎082 846490; www.permairainforest.com; Damai Beach; Erw./Kind 8/5 RM ⏲7–19 Uhr) auf dem Sand aalen und in die Wellen stürzen.

Sarawak-Kulturdorf MUSEUM

(SCV; ☎082-846411; www.scv.com.my; Damai Central; Erw./Kind 63,60/31,80 RM; ⏲9–16.45 Uhr) Das lebende Museum bietet sieben traditionelle Behausungen, darunter drei Langhäuser, eine Penan-Hütte, ein malaiisches Stadthaus und ein chinesisches Bauernhaus. Klingt vielleicht etwas merkwürdig, aber die Einheimischen schätzen das Museum für seine Rolle bei der Bewahrung ihrer Kultur und Traditionen.

Zweimal täglich (um 11.30 und um 16 Uhr) wird bei einer kulturellen Show traditionelle Musik mit Tanz geboten. Zu dem lebhaften Melanau-Auftritt gehören herumwirbelnde Frauen und klackernde Bambusstöcke. Beim Orang-Ulu-Tanz gibt's einen Jäger mit Blasrohr.

Schlafen & Essen

BB Bunkers HOSTEL

(☎082-846835; www.bbbunkers.com; Damai Central; B 53 RM; ❄📶) Wenige Meter vom Zentralstrand Damai entfernt, bietet dieses elegante Hostel im Einkaufszentrum Damai Central die einzigen Schlafsäle auf der Halbinsel. Das industrielle, hallenartige Hostel wird durch Vorhänge getrennt, wodurch nicht ganz so private Bereiche für ein bis drei Betten (entweder 2 Einzelbetten oder Queensize-Betten) entstehen. Eine sichere Gepäckaufbewahrung ist vorhanden.

Village House PENSION

(☎016-860 9389, 082-846166; www.villagehouse.com.my; Lot 634, abseits der Jln Pantai Puteri, Kampung Santubong; inkl. Frühstück B 102 RM, DZ 336–627 RM; ❄ ◯ ≋) In versteckter Lage im ruhigen malaiischen Dorf Santubong bietet die Pension eine gelassene, entspannte Atmosphäre. Die Zimmer mit *belian*-Holzböden und Himmelbetten sind um einen wunderschönen Pool mit Frangipani-Bäumen an beiden Enden angeordnet. Dank der gut sortierten Bar und der Speisekarte mit regionalen Gerichten (Hauptgerichte 18 bis 60 RM) will man hier gar nicht mehr weg.

An- & Weiterreise

/on Kuching zur Santubong-Halbinsel (45 Min.) :eht's mit dem langsamen Bus K15 vom **Bus-•ahnhof Saujana** (S. 497) und Minibussen von **•amai Shuttle** (☎ 082-423111; einfache Fahrt, :rw./Kind 20/10 RM).

Damai Shuttle bietet viermal täglich (9.15, •0.15, 12.15, 14.15 Uhr) Busse vom Grand ᐧlargherita Hotel in Kuching zum Damai Beach ·nd dem Sarawak-Kulturdorf. Abfahrt von Damai urück nach Kuching ist um 11.15, 13.15, 15.15 ·nd 17.15 Uhr vom Sarawak-Kulturdorf.

ƽemenggoh-Naturreservat

:iner der besten Orte der Welt, um halbwil-:e Orang-Utans in ihrer natürlichen Umge-•ung zu sehen, ist das **Semenggoh Wildlife :enter** (☎ 082-618325; www.sarawakforestry.com; ·n Puncak Borneo; Erw./Kind 10/5 RM; ⏲ 8–10 & 4–16 Uhr, Fütterung 9 & 15 Uhr). Man kann einen ·albtägigen Ausflug von Kuching aus unter-·ehmen oder den Besuch mit einem Abste-·her zu den Langhäusern in Annah Rais ·ombinieren. Die zotteligen Tiere kommen ·ft bei der Parkverwaltung vorbei, um bei ·äglichen Fütterungen Bananen, Kokosnüs-:e und Eier zu verspeisen. Es gibt keine Ga-·antie, dass die Orang-Utans tatsächlich ·uftauchen, doch selbst wenn es jede Menge ·bst im Wald gibt, stehen die Chancen nicht :hlecht. Da sie manchmal etwas spät kom-·ıen, sollte man nicht sofort wieder gehen, :lbst wenn alles ruhig erscheint.

An- & Weiterreise

·wei Busunternehmen bieten verlässliche öffentli-·ie Verbindungen vom Busbahnhof Saujana in ·uching zum Parkeingang, der von der Parkver-·altung 1,3 km bergabwärts liegt (4 RM, 45 Min.):

·ity Public Link (S. 497) Der Bus K6 (4,30 RM) ·hrt von Kuching um 7.15, 10.15 und 13 Uhr ·d von Semenggoh um ca. 8.45, 11.15, 14.15 ·ıd 16.15 Uhr ab.

·arawak Transport Company (STC; ☎ 082-·33579; Jln P Ramlee) Der Bus 6 (4 RM) startet Kuching um 6.45 und 12.15 Uhr. Auf dem ·ıckweg passieren die Busse Semenggoh um ·wa 10 und 15.45 Uhr.

Ein Taxi von Kuching kostet für eine einfache ·hrt 60 bis 70 RM oder hin & zurück 140 RM, ·ıschließlich einer Stunde Wartezeit.

Touren werden von den Pensionen und Reise-·enturen in Kuchung organisiert.

·nnah Rais

·bwohl dieses Bidayuh-Langhaus seit Jahr-·hnten von Touristen besucht wird, ist es immer noch ein ausgezeichneter Ort, um herauszufinden, was ein Langhaus ist und wie man darin lebt. Man kann als Tagesbesucher kommen und hier essen oder in einer der Privatunterkünfte übernachten.

Die 500 Bewohner von **Annah Rais** (Erw./Kind 8/4 RM) sehnen sich genauso nach modernem Komfort wie jeder andere auch, haben aber die bewusste Entscheidung gefällt, die traditionelle Bauweise beizubehalten – und die gesellschaftlichen Strukturen, die damit einhergehen.

Wer den Eintrittspreis gezahlt hat (in einem Pavillon neben dem Parkplatz), kann die drei Langhäuser von Annah Rais erkunden – mit oder ohne Guide. Das wichtigste Merkmal ist die *awah,* eine lange, überdachte Gemeinschaftsveranda mit Bambusboden, die für wirtschaftliche, gesellschaftliche und feierliche Zwecke genutzt wird.

Schlafen

Ein halbes Dutzend Familien betreiben Privatunterkünfte mit Gemeinschaftsbädern in einem der drei Langhäuser oder einem angrenzenden freistehenden Haus. Die von der Gemeinde vereinbarten Standardpreise für eine Unterkunft und köstliche Bidayuh-Verpflegung liegen bei 298 RM pro Person. Pakete mit Aktivitäten wie Wandern, Rafting, Angeln, (Pseudo-)Blasrohrjagd, Baden in einer natürlichen Thermalquelle und einer Tanzaufführung sind ebenfalls verfügbar.

Akam Ganja HOMESTAY **$$**
(☎ 010-984 3821; winniejagig@gmail.com; pro Pers. inkl. Mahlzeiten 298 RM) Akam, ein pensionierter Forstwirt, und seine Frau Winnie, eine Englischlehrerin, leiten in ihrem behaglichen freistehenden Haus am Flussufer eine einladende Privatunterkunft.

An- & Weiterreise

Annah Rais liegt rund 55 km südlich von Kuching. Ein Taxi von Kuching kostet 80 bis 90 RM für eine einfache Fahrt (rund 90 Min.).

In Kuching bieten verschiedene Pensionen und Reiseagenturen halbtägige Touren nach Annah Rais (250 RM pro Pers.).

Kubah-Nationalpark & Matang Wildlife Centre

Mischwälder, die zu den üppigsten und bedrohtesten Lebensräumen auf Borneo gehören, bilden die Grundlage des 22 km² großen **Kubah National Park** (☎ 082-845033; www.sarawakforestry.com; Eintritt inkl. Matang Wildlife

Centre Erw./Kind 20/7 RM; ⏲8–17 Uhr), der sich für einen ein- oder zweitägigen Trip von Kuching aus anbietet.

Bei der Zahlung des Eintritts erhält man eine handkolorierte schematische Karte der miteinander verbundenen Parkwege. Da sie gut ausgeschildert sind, benötigt man keinen Führer. Die schattigen Wege eignen sich ideal für Sonnenscheue. Wer beim Wandern ins Schwitzen kommen, kann sich unter einem kristallklaren Wasserfall abkühlen.

Ein 3,8 km langer Wanderweg (bzw. eine 3½-stündige Wanderung) führt vom Kubah-Nationalpark zum **Matang Wildlife Centre** (☎082-374869; www.sarawakforestry.com; Eintritt inkl. Kubah-Nationalpark Erw./Kind 20/7 RM; ⏲8–17 Uhr, Wanderweg durch Tiergehege 8.30–15.30 Uhr), das sich im Park befindet. Das Zentrum verzeichnet große Erfolge bei der Rehabilitation von Dschungeltieren, die aus der Gefangenschaft gerettet wurden. Darunter sind vor allem Orang-Utans und Malaienbären. Die hochprofessionellen Mitarbeiter geben ihr Bestes, um ihren misshandelten Mündeln natürliche Lebensbedingungen zu bieten. Trotzdem wirkt das Zentrum wie ein Low-Budget-Zoo mitten im Dschungel. Aufgrund der einzigartigen Rolle des Zentrums leben hier gefährdete Tiere, die man nirgendwo sonst in Sarawak zu sehen bekommt.

Schlafen & Essen

Unterkünfte gibt's sowohl in Kubah als auch in Matang, allerdings gilt in Kubah ein höherer Standard. Zu den attraktiven, preiswerten Optionen gehören das **Wald-Hostel** (☎082-370422, Kuching 082-248088; http://ebooking.sarawak.gov.my; B 15 RM); die **Waldlodge Typ 4** (☎082-370422, Kuching 082-248088; http://ebooking.sarawak.gov.my; 6-Bett-Hütte 225 RM; ❄) und die **Waldlodge Typ 5** (☎082-370422, Kuching 082-248088; http://ebooking.sarawak.gov.my; 10-Bett-Hütte 150 RM). Kochen ist in den Chalets mit voll ausgestatteten Küchen erlaubt, doch es gibt keinen Lebensmittelladen, weshalb man sämtliche Verpflegung selbst mitbringen muss.

An- & Weiterreise

Der Kubah-Nationalpark liegt 22 km nordwestlich von Kuching. Von dort kostet eine Taxifahrt 60 /120 RM (einfach/hin & zurück). Taxifahrer berechnen bis zu 35 RM pro Stunde Wartezeit.

Der Bus K21 mit Fahrtziel „Politeknik" fährt vom **Busbahnhof Saujana** (S. 497) in Kuching los und hält an der Hauptstraße, 400 m von der Parkverwaltung entfernt neben dem Kubah-Familienpark (4 RM, 1 Std.). Die Abfahrtszeiten von Kuching sind um 8, 11, 14 und 17 Uhr. Von der Hauptstraße (gegenüber der Abzweigung nach Kubah) geht's um 6.30, 9.30, 12.30 und 15.30 Uhr los (man sollte um 15 Uhr da sein, da der Bus gelegentlich früher abfährt).

Wind Cave & Fairy Cave

Die Stadt **Bau**, etwa 26 km südwestlich von Kuching, eignet sich als guter Ausgangspunkt für zwei interessante Höhlensysteme: 5 km südwestlich von Bau liegt die **Wind Cave** (Gua Angin; ☎082-765472; Erw./Kind 5/2 RM; ⏲8.30–16.30 Uhr), im Grunde ein Netz von unterirdischen Bächen. Die nahe **Fairy Cave** (Gua Pari Pari; Erw./Kind 5/2 RM; ⏲8.30–16 Uhr) ist fast so groß wie ein Fußballplatz und hat die gleiche Höhe und Breite – eine außergewöhnliche Kammer, deren Eingang an einer Klippenwand 30 m über dem Boden liegt.

An- & Weiterreise

Bau liegt 43 km südwestlich von Kuching und ist durch den Bus 2 mit dem **Busbahnhof Saujana** in Kuching (S. 497) verbunden (5 RM, alle 20 Min., 6.20–18 Uhr, 1½ Std.). Ein Taxi von Kuching kostet rund 80 RM (50 Min.).

Um von Bau zur Abzweigung Wind Cave (1 km zu Fuß zur Höhle) zu gelangen, nimmt man den BTC-Bus 3A; Abfahrt um 9, 11 und 15 Uhr. Um von Bau zur Abzweigung Fairy Cave (1,5 km zu Fuß zur Höhle, 30 Min.) zu gelangen, nimmt man den BTC-Bus 3; Abfahrt um 8.40, 10.30, 11.40 und 15 Uhr.

Ein Taxi von Kuching kostet 180 RM hin & zurück, einschließlich drei Stunden Wartezeit. Eine geführte Tour von Kuching zu beiden Höhlen kostet ab 150 RM pro Person (Minimum 2 Pers.)

Gunung-Gading-Nationalpark

Der beste Ort in Sarawak, um die größten Blumen der Welt, die berühmten Rafflesien zu sehen, ist der **Gunung-Gading-Nationalpark** (☎082-735144; www.sarawakforestry.com; Erw./Kind 20/7 RM; ⏲8–17 Uhr). Er bietet sich für einen Tagesausflug von Kuching an. Sein uralter Regenwald bedeckt die Hänge von vier *gunung* (Bergen) – Gading, Lundu, Perigi und Sebuloh – und ist von **Wanderwegen** durchzogen.

Das Highlight des 41 km² großen Gunung Gading ist die *Rafflesia tuan-mudae*, eine einheimische Spezies. Sie erreicht einen Durchmesser von bis zu 75 cm. Sie blüht das ganze Jahr über, allerdings unregelmäßig und jede Blüte hält nur fünf Tage. Um eine zu sehen, braucht man also etwas Glück. U herauszufinden, ob gerade Rafflesien blühen – was nur 25-mal im Jahr geschieht – ruft man direkt im Park an oder im Nationalpark-Buchungsbüro unter 082-248088.

Schlafen & Essen

Im Park gibt's ein **Hostel** (☎Kuching 082-248088, Parkverwaltung 082-735144; http://ebooking.sarawak.gov.my; Gunung-Gading-Nationalpark HQ; B/Zi. ohne Bad 15/40 RM) mit vier Zimmern inkl. Ventilatoren und zwei **Waldlodges** (☎Kuching 082-248088, Parkverwaltung 082-735144; http://ebooking.sarawak.gov.my; Gunung-Gading-Nationalparkverwaltung; pro Hütte 150 RM; ❄) mit drei Schlafzimmern, in denen bis zu sechs Personen übernachten können. Die Möglichkeit zu **campen** (☎Kuching 082-248088, Parkverwaltung 082-735144; http://ebooking.sarawak.gov.my; Gunung-Gading-Nationalparkverwaltung; 5 RM pro Pers.) besteht bei der Parkverwaltung. In den Unterkünften darf selbst gekocht werden. In der fußläufig erreichbaren Stadt Lundu, 2,5 km vom Park entfernt, findet man Restaurants, Essensstände und einen großen Markt.

An- & Weiterreise

Der Gunung-Gading-Nationalpark liegt 85 km nordwestlich von Kuching.

Täglich verbinden vier öffentliche Busse den Fernreisebusbahnhof **Kuching Sentral** (S. 497) mit Lundu. Dort heißt es dann 2,5 km zum Park laufen oder ein inoffizielles Taxi (ca. 5 RM pro Person) nehmen.

Eine geführte Tour ab Kuching kostet rund 150 RM pro Person inklusive Mittagessen (Minimum 2 Pers.). Gruppen können für rund 200 RM ein Taxi mieten, inklusive Wartezeit.

Sibu

☎084 / EW. 162 676

Sibu, das Tor zum Batang Rejang, ist seit der Zeit von James Brooke durch den Handel mit Sarawaks Landesinnerem reich geworden. Heutzutage kann die „Schwanenstadt" nicht mehr mit dem Charme Kuchings konkurrieren, ist jedoch kein schlechter Ort für einoder zweitägige Aufenthalte vor oder nach einer Bootsfahrt in Borneos wildes Hinterland.

Sehenswertes

Tua-Pek-Kong-Tempel TAOISTISCHER TEMPEL
(Jln Temple; ⏲6.30–20 Uhr) GRATIS Bereits 1871 stand am Ort dieses farbenfrohen taoistischen Tempels am Flussufer ein schlichter Holzbau. Er wurde 1897 wiederaufgebaut, jedoch 1942 bei den Bombardierungen der Alliierten schwer beschädigt.

Für einen Panoramablick auf die Stadt und den schlammigen Batang Rejang klettert man auf die siebenstöckige **Kuan-Yin-Pagode** aus dem Jahr 1987. Die schönste Zeit ist bei Sonnenuntergang, wenn ein Salanganenschwarm auf Augenhöhe um den Turm kreist (am Schalter im Erdgeschoss nach dem Schlüssel fragen).

Sibu Heritage Centre MUSEUM
(Jln Central; ⏲9–17 Uhr, Mo & feiertags geschl.) GRATIS In einem luftigen runden Stadtkomplex aus dem Jahr 1960 informiert dieses hervorragende Museum über die fesselnde Geschichte von Sarawak und Sibu. Die Tafeln mit stimmungsvollen Bildern beleuchten die verschiedenen chinesischen Dialektgruppen und andere ethnische Gruppen, den kommunistischen Aufstand in Sarawak (1965–90), die christlichen (einschließlich methodistischen) Traditionen von Sibu und die regionale Opposition von 1963 anlässlich der Eingliederung Sarawaks zu Malaysia.

Schlafen

★ **Li Hua Hotel** HOTEL $
(☎084-324000; www.lihuahotel.com.my; Ecke Jln Maju & Jln Teo Chong Loh; EZ/DZ/Suite 50/65/150 RM; ❄@🛜) Das preiswerteste Hotel von Sibu bietet über neun Stockwerke verteilt 68 tadellose Zimmer mit Fliesenböden. Die Mitarbeiter sind professionell und freundlich. Es ist besonders praktisch, wenn man mit dem Boot an- oder abreist. Wer einen leichten Schlaf hat, meidet am besten die Zimmer über den Karaokebars auf der Jalan Teo Chong Loh, aus denen bis spätnachts Musik schallt.

River Park Hotel HOTEL $
(Fax 084-316688; 51-53 Jln Maju; DZ 50–65 RM; ❄🛜) Ein freundliches, gut geführtes Budgethotel mit 30 Zimmern in praktischer Lage am Fluss. Die günstigsten Zimmer haben keine Fenster und sollten vermieden werden.

Essen

★ **Sibu-Zentralmarkt** STRASSENSTÄNDE $
(Pasar Sentral Sibu; Jln Channel; Hauptgerichte 3–7 RM; ⏲Essensstände 3–24 Uhr) Malaysias größter Obst-und Gemüsemarkt wartet mit mehr als 1000 Ständen auf. Oben werden an von Chinesen, Malaien und Iban betriebenen Essensständen regionale Spezialitäten verkauft, darunter Haferbrei (frühmorgens und abends erhältlich), *kampua mee* (hand-

gemachte weiche Nudeln) und *kompia* (eine einheimische Bagel-Sorte). Die meisten Nudelstände schließen gegen Mittag.

Nachtmarkt STRASSENSTÄNDE $
(Pasar Malam; Jln Market; ⌚5–23 oder 24 Uhr) Am Westende des Markts stehen chinesische Stände (dort gibt's Schweinefleisch mit Reis, gedämpfte Brötchen und mehr), am Nordostende malaiische (mit tollem *satay* und knusprigem Grillhühnchen). Bietet auch ein paar Iban-geführte Anlaufstellen.

Payung Café MALAIISCH $$
(☎016-890 6061; 20F Jln Lanang; Hauptgerichte 8–19 RM; ⌚Mo–Sa 10–23, So 17.30–23 Uhr) Ein entzückendes Café, dessen Gäste die gesunde regionale Küche (ohne wiederverwendetes Öl, frittierte Produkte und Glutamat) zu schätzen wissen. Serviert werden u.a. Pilzrollen, würziger Grillfisch *otak-otak*, köstlicher frischer Kräutersalat und großzügige Portionen der vulkanartigen Mulu-Eiscreme. Zu trinken gibt's frische Ananas-Ingwer-Limonade (sehr erfrischend) und einheimischen Kaffee aus Sibu.

ℹ Praktische Informationen

Rejang Medical Centre (☎084-323333; www.rejang.com.my; 29 Jln Pedada; ⌚24-Std.-Notfalldienst) Liegt etwa 1,5 km östlich des Stadtzentrums und bietet einen 24-Stunden-Notfalldienst mit Krankenwagen.

Touristeninformation (☎084-340980; www.sarawaktourism.com; Sublot 3a & 3b, Sibu Heritage Centre, Jln Central; ⌚Mo–Fr 8–17 Uhr, feiertags geschl.) Ein Zwischenstopp lohnt sich. Bietet freundliche, informative Angestellte, viele Karten, Bus- und Fährpläne sowie Broschüren zum Reisen in Sarawak.

ℹ Anreise & Unterwegs vor Ort

BUS

Das **Langstreckenterminal** (Jln Pahlawan) liegt etwa 3,5 km nordöstlich des Zentrums an der Jln Pedada. Verschiedene Unternehmen betreiben Busse nach Kuching (50 bis 60 RM, 7 bis 8 Std., regelmäßig von 7 bis 4 Uhr), Miri (50 RM, 6½ Std., ca. stündl. von 6 bis 3.30 Uhr) und Bintulu (27 RM, 3¼ Std., stündl von 6 bis 3.30 Uhr).

FLUGZEUG

MASwings (☎084-307888, ext 2; www.maswings.com.my; Flughafen Sibu, Jln Durin; ⌚6–20.30 Uhr) bietet günstige Flüge nach Kuching, Bintulu, Miri und KK; **Malaysia Airlines** (☎084-307799; www.malaysiaairlines.com; Flughafen Sibu, Jln Durin) fliegt nach KL; **AirAsia** (☎084-307808; www.airasia.com; Abflugbereich, 1. OG, Flughafen Sibu; ⌚7–20 Uhr) fliegt nach Kuching, KL und Johor Bahru (auf der anderen Site des Singapur Causeway).

SCHIFF/FÄHRE

Wer nicht fliegt, kommt mit der Fähre am schnellsten von Sibu nach Kuching. **Ekspress Bahagia** (☎016–800 5891, in Kuching 082–429242, in Sibu 084–319228; Rejang Esp; ⌚von Sibu 11.30, von Kuching 8.30 Uhr) schickt täglich eine Schnellfähre vom/zum Expressfährterminal in Kuching (55 RM, 5 Std.), die vorbei an verlassenen Sägemühlen und rostigen Trampschiffen fährt. Abfahrt in Sibu um 11.30 Uhr und in Kuching um 8.30 Uhr. Es ist eine gute Idee, im Voraus zu buchen.

Die Expressboote (auch „fliegende Särge" genannt) fahren den Batang Rejang hinauf nach Kapit (25 bis 35 RM, 140 km, 3 Std., stündl. von 5.45 bis 14.30 Uhr). Wenn der Wasserstand an den Pelagus-Stromschnellen es zulässt, fährt ein Boot täglich um 5.45 Uhr den ganzen Weg bis nach Belaga, 155 km flussaufwärts von Kapit (55 RM, 11 Std.).

Alle Boote fahren vom **Schnellfährterminal** (Terminal Penumpang Sibu; Jln Kho Peng Long; 📶) ab. Man sollte mindestens 15 Minuten vor Abfahrt an Bord sein – manchmal legen die Boote etwas früher ab.

ℹ Unterwegs vor Ort

Um vom lokalen Busbahnhof (vor dem Express-Fährterminal) zum Fernbusbahnhof zu gelangen, nimmt man den Lanang Bus 21 (2 RM, 15 Min., 6.30–17.15 Uhr, 1- bis 2-mal stündl.).

Batang Rejang

Die Fahrt den hellbraunen, aufgewühlten 640 km langen Batang Rejang (Rejang Fluss) – den „Amazonas von Borneo" – hinauf ist eine der großartigsten Flussreisen Südostasiens. Schnellfähren kämpfen sich durch die Strömungen, Wirbel und Strudel und die Fahrer weichen mit viel Geschick rechteckigen schwarzen Felsblöcken aus, die halb aus dem trüben Wasser ragen. Obwohl die Region längst nicht mehr die Dschungelwildnis aus den Tagen vor der Unabhängigkeit Malaysias ist, hat sie immer noch ein freie *ulu-ulu* (Atmosphäre wie am Ende der Welt), besonders in den Orten und Langhäusern, die nur mit Booten zugänglich sind.

Kapit

☎084 / EW. 16 000

Die größte Siedlung flussaufwärts am Batang Rejang ist Kapit, ein lebhaftes Handel ınd Verkehrszentrum aus der Zeit der weiẞen Radschas. Seine quirligen Märkte sind ıberaus wichtige Geschäftsknotenpunkte ür die nahegelegenen Langhausgemeinden.

Sehenswertes

ort Sylvia MUSEUM

Jln Kubu; ⌚10–12 & 14–17 Uhr, Mo & feiertags ge-chl.) Im Jahr 1880 erbaute Charles Brooke lieses Fort aus Eisenholz (*belian*), um den Jpper Rejang zu kontrollieren. 1925 wurde s dann nach Ranee Sylvia benannt, der rau von Charles Vyner Brooke.

Die Exponate im Inneren bieten eine ziem-ich gute Einführung in die traditionellen Le-ensstile der indigenen Batang-Rejang-Grup-en und umfassen stimmungsvolle Fotografi-n aus der Kolonialzeit. Ausgestellt wird auch ler Friedenskrug von der historischen Frie-lenszeremonie von 1924 zwischen den zuvor erfeindeten Iban, Kayan und Kenyah.

asar Teresang MARKT

Jln Penghulu Gerinang; ⌚5.30–18 Uhr) Einige der Waren, die am Ufer entladen werden, enden uf diesem farbenfrohen überdachten Markt. uf dem Markt herrscht das geschwätzige, aute Treiben des einfachen Handels, dane-en gibt's Unmengen an unbekannten essba-en Dingen, die im Dschungel wachsen, so-vie Kunsthandwerk. Orang Ulu verkaufen rittierte Snacks und gedämpfte Brötchen.

Schlafen & Essen

lew Rejang Inn HOTEL $

☎084-796600, 084-796700; 104 Jln Teo Chow eng; DZ 98–108 RM; ❄📶) Ein einladendes nd hervorragend geführtes Hotel. Seine 5 makellosen, geräumigen Zimmer sind mit emütlichen Matratzen, Warmwasser, TV, elefon und einem Minikühlschrank ausge-attet. Preislich die beste Unterkunft der tadt. Wer fragt, bekommt 10 RM Rabatt.

iap Chiong Hotel HOTEL $

☎084-796314; 33 Jln Temenggong Jugah; DZ 50 RM; 📶) Von außen macht das Hotel nicht viel er. Die 15 Zimmer verfügen über altmodische löbel, sind jedoch recht sauber und bieten eine Flachbild-TVs. Nur Barzahlung.

achtmarkt MALAIISCH $

aman Selera Empurau; Hauptgerichte 2,50–6 RM; 17–23 oder 24 Uhr) Köstliches *satay* und rillhühnchen sind die Highlights dieses achtmarkts mit Tischen, an denen man es-n kann. Vom Kapit Town Square einen ock hügelaufwärts.

Praktische Informationen

Es gibt mehrere Banken mit Geldautomaten.

An- & Weiterreise

Expressboote nach Sibu (25–35 RM, 2½–3 Std., 1- oder 2-mal pro Std.) fahren zwischen 6.40 und 15.15 Uhr vom **Passagierterminal Kapit** (Jln Panglima Balang; 📶) ab, das mit einem hübschen Café auf einer Veranda mit luftigen Flussblicken aufwartet. Fahrkarten gibt's nebenan in der Petronas-Tankstelle.

Wenn der Wasserstand es erlaubt (für Infos Daniel Levoh in Belaga anrufen), fahren die Expressboote flussaufwärts nach Belaga (55 RM, 4½ Std.). Los geht's an der Anlegestelle **Kapit Town Square** (Kapit Town Sq.), zwei Blocks flussabwärts vom Passagierterminal Kapit. Sie fahren einmal pro Tag um 9.30 Uhr (bis 9.15 Uhr an Bord sein).

Belaga

☎086 / EW. 36 114

Belaga hat außer einer weltfernen Atmosphäre nicht viel zu bieten, aber an den nahegelegenen Flüssen gibt's zahlreiche Langhäuser der Kayan, Kenyah und Pelan.

Geführte Touren

Daniel Levoh GEFÜHRTE TOUREN

(☎013-848 6351, 086-461198; daniellevoh@hotmail.com; Jln Teh Ah Kiong) Daniel, der ehemalige Direktor einer Kayan-Schule, ist freundlich und eine Wissensquelle. Er bietet Ausflüge an, z. B. eine Wanderung nach Sihan, einer Penan-Siedlung auf der anderen Seite des Flusses, mit Halt an einem Wasserfall (der Besuch hier ist auch ohne Guide möglich und kostet 20 RM für das Boot und ein Geschenk für das Langhaus; Daniel ruft im Voraus an). Er kann außerdem Transportmittel in und um Belaga und Bintulu organisieren.

Schlafen

Daniel Levoh's Guesthouse PENSION $

(☎013-848 6351, 086-461198; daniellevoh@hotmail.com; Jln Teh Ah Kiong; B 20 RM, DZ ohne Bad 40 RM; 📶) Die vier schlichten Zimmer im 2. Stock teilen sich ein Gemeinschaftsbad und bieten eine große, offene Veranda mit einem traditionellen Kayan-Wandgemälde. Der Besitzer Daniel Levoh erzählt gerne Geschichten über das Leben im Langhaus. Zwei Blocks hinter dem Main Bazaar.

Belaga B&B HOTEL $

(☎013-842 9760; freeland205@gmail.com; Main Bazaar; mit Ventilator B/DZ 15/25 RM, mit Klimaanlage DZ 35 RM; ❄) Verfügt über sieben schlichte Zimmer – manche mit Klimaanlage, aber alle mit Gemeinschaftsbädern. Auch wenn der Name es anders vermuten lässt, ist das Frühstück nicht inbegriffen. Der Besitzer Hasbee, ein ehemaliger Langhausführer, leitet jetzt das gleichnamige **Café** weiter unten. Gern arrangiert er Langhausbesuche für die Gäste.

Praktische Informationen

Der einzige Geldautomat funktioniert oft nicht – unbedingt ausreichend Bargeld mitbringen.

An- & Weiterreise

Wenn der Wasserpegel an den Pelagus-Stromschnellen (32 km flussaufwärts von Kapit) hoch genug ist, nimmt man ein Expressboot nach Kapit (55 RM, 4½ Std.), das um ca. 7.30 Uhr abfährt. Um herauszufinden, ob das Boot fährt, ruft man den Reiseführer Daniel Levoh an. Bei zu niedrigem Wasserstand kann man von Belaga aus nur mit einem Allradwagen nach Bintulu gelangen.

Allradangetriebene Toyota Land Cruiser fahren so ziemlich täglich gegen 7.30 Uhr von Belaga nach Bintulu und am frühen Nachmittag zwischen 12 und 14 Uhr von Bintulu nach Belaga (50 bis 60 RM pro Pers., 400 RM für das ganze Fahrzeug, 4 Std.). Wer aus Miri oder von der Batu Niah Junction kommt oder in diese Richtung (d. h. in den Nordosten) unterwegs ist, kann sich an der Simpang Bakun (Bakun-Kreuzung) mitnehmen oder absetzen lassen, die am (alten) Highway im Hinterland 53 km nordöstlich von Bintulu und 159 km südwestlich von Miri liegt.

Bintulu

☎086 / EW. 114 058

Etwa auf halbem Wege zwischen Sibu und Miri (200 km von jeder Stadt entfernt) liegt die schmuddelige Hafenstadt Bintulu. Die Stadt verdankt ihre Existenz den riesigen Erdgasfeldern vor der Küste. Über Nacht bleibt hier meistens nur, wer über Land nach Belaga fahren will oder aus Belaga kommt, oder einen Besuch im Similajau-Nationalpark plant.

Schlafen & Essen

Kintown Inn HOTEL $

(☎086-333666; 93 Jln Keppel; Zi. 92 RM; ❄📶) Die mit Teppich ausgelegten Zimmer in diesem zentral gelegenen Hotel sind zwar klein und etwas muffig, doch eine gute Option für alle, die nicht viel Geld ausgeben wollen und sich nicht von stellenweise abblätternder Farbe abschrecken lassen.

Riverfront Inn HOTEL $$

(☎086-333111; riverfrontinn@hotmail.com; 256 Taman Sri Dagang; EZ/DZ ab 104/116 RM; ❄📶) Das Riverfront, ein altbewährter Favorit von Geschäftsreisenden und Urlaubern, ist bescheiden, bietet jedoch einen Hauch Eleganz. Wer ein Deluxe-Zimmer (121 RM) mit Flussblick ergattert, hat Aussicht auf ein perfektes Stück Borneo.

Nachtmarkt MALAIISCH $

(Pasar Malam; bei Jln Abang Galau; Hauptgerichte 2–6 RM; ⏲16–22 Uhr) Eine gute Anlaufstelle für Snacks, frisches Obst und malaiische Klassiker wie *satay* und *nasi lemak*.

An- & Weiterreise

AirAsia (www.airasia.com; Jln Bintulu, Flughafen Bintulu; ⏲6–18.30 Uhr) und **Malaysia Airlines** (☎086-331349; www.malaysiaairlines.com; Jln Masjid; ⏲Mo–Sa 9–18 Uhr) bieten Direktflüge nach Kuching und Kuala Lumpur. **MASwings** (☎086-331349; www.maswings.com.my; Flughafen Bintulu; ⏲7–19 Uhr) fliegt nach Kota Kinabalu, Miri, Sibu und Kuching.

Der Fernbusbahnhof befindet sich in Medan Jaya, 5 km nordöstlich des Zentrums (auch „Bintulu Town" genannt); ein Taxi kostet 20 RM. Rund ein Dutzend Unternehmen bieten stündlich Busse nach:

Kuching (80 RM, 11 Std.) über Sibu (27 RM, 4 Std.), von 6 bis 24 Uhr.

Miri (27 RM, 4 Std.) über die Niah-Kreuzung (20 RM, 2¾ Std.), von 6 bis 21.30 Uhr.

Um den Transport im allradangetriebenen Toyota Land Cruiser von Bintulu nach Belaga (50 RM pro Pers., 4 Std.) zu organisieren, auf einigen recht üblen Holzfällerwegen, ruft man Daniel Levoh an. Abfahrt ist normalerweise am frühen Nachmittag (zwischen 12 und 14 Uhr).

Niah-Nationalpark

Unweit der Küste, etwa 115 km südlich von Miri, erstreckt sich der 31 km² große **Niah-Nationalpark** (☎085-737450, 085-737454; www.sarawakforestry.com; Erw./Kind 20/7 RM; ⏲Parkverwaltung 8–17 Uhr). Hier befinden sich die Niah-Höhlen, eines der Juwelen Borneos. Neben vielen Fledermäusen und Salanganen beherbergen sie die ältesten Spuren menschlicher Besiedlung in Südostasien.

Auf der anderen Flussseite von der Parkverwaltung bietet das **Archäologische Museum Niah** (Motorboot pro Pers. 1 RM, 17.30–19.30 Uhr 1,50 RM; ⏲Di–Fr 9–16.45, Sa & So 10–16 Uhr) informative Ausstellungen z

Geologie, Ökologie und prähistorischen Archäologie von Niah, darunter ein originales mindestens 1200 Jahre altes Eisenholzkanu.

Sehenswertes

Great Cave HÖHLE
(Parkeintritt Erw./Kind 20/7 RM; Parkverwaltung 8–17 Uhr) Ein erhöhter Bohlenweg führt über 3,1 km (3½–4 Std. hin & zurück) durch sumpfigen Primärregenwald zum Schlund des Great Cave, einer riesigen Höhle die etwa 2 km lang, bis zu 250 m breit und 60 m hoch ist. Im Inneren gabelt sich der Weg und führt um eine gewaltige zentrale Säule herum. Da jedoch beide Abzweigungen am gleichen Punkt hinauskommen, ist es unmöglich, sich zu verirren, wenn man auf dem Bohlenweg bleibt. Die Treppen und das Geländer sind meistens mit Guano überzogen und können glitschig sein.

Schlafen

Buchungen für das **Hostel** (Niah-Nationalpark-verwaltung; Zi. 40 RM, Handtuchverleih 6 RM) und die **Waldlodges** (Niah-Nationalparkverwaltung; 4BZ mit Ventilator 100 RM, DZ/4BZ mit Klimaanlage 150/250 RM) nimmt man bei der Parkverwaltung oder in einem der **Nationalpark-Buchungsbüros** (in Kuching 082-248088, in Miri 085-434184) vor. Zelten (5 RM pro Person) ist nahe der Parkverwaltung erlaubt.

Rumah Patrick Libau Homestay HOMESTAY $
(Asan 014-596 2757; Niah-Nationalpark; pro Pers. inkl. Mahlzeiten 70 RM;) Das traditionelle 100-türige Iban-Langhaus von Rumah Patrick Libau, das rund 400 Menschen beherbergt, betreibt eine informelle Privatunterkunft. Die Unterbringung ist einfach, aber das Langhaus bietet WLAN und 24 Stunden Strom. Um hierher zu gelangen, nimmt man die ausgeschilderte Abzweigung vom Hauptweg, der zu den Höhlen führt. Dorfbewohner sitzen oft an der Kreuzung und verkaufen kalte Getränke und Souvenirs.

An- & Weiterreise

Der Niah-Nationalpark befindet sich 115 km südwestlich von Miri und 122 km nordöstlich von Bintulu und kann von beiden Städten im Rahmen eines Tagesausflugs besucht werden.

Die Parkverwaltung liegt 15 km nördlich der **Batu-Niah-Kreuzung**, einem wichtigen Verkehrsknoten entlang des (alten) Highways von Miri nach Bintulu im Hinterland. Deshalb ist es nicht ganz einfach, mit öffentlichen Verkehrsmitteln zum Park zu gelangen.

GENEHMIGUNGEN FÜR BOOTSFAHRTEN FLUSSAUFWÄRTS

Für Traveller, die von Kapit nach Belaga oder den Batang Baleh hinaufreisen möchten, gibt's ein antiquiertes Bewilligungssystem. Obwohl das **Einwohnermeldeamt** (084 796 230; www.kapit.sarawak.gov.my; 9. OG, Kompleks Kerajaan Negeri Bahagian Kapit, Jln Bleteh; Mo–Do 8–13 & 14–17 Uhr, Fr 8–11.45 & 14.15–17 Uhr) eine Genehmigung für die Bootsfahrt flussaufwärts innerhalb von nur wenigen Minuten ausstellt, haben wir nie gehört, dass diese bei der Fahrt flussaufwärts von irgendeiner Behörde kontrolliert wurden. Die Mitarbeiter können keine Informationen zu Besuchen von Langhäusern geben. Das Büro befindet sich 2 km westlich des Zentrums. Hierher geht's mit dem Minibus (RM 2) von der südöstlichen Ecke vom Pasar Teresang..

Alle Fernbusse, die Miris Busbahnhof **Pujut** (S. 510) mit Bintulu, Sibu und Kuching verbinden, stoppen an der Batu-Niah-Kreuzung, aber von der Kreuzung zum Park kommt man nur mit einem inoffiziellen Taxi. Der Preis sollte 30 bis 40 RM betragen, aber man muss sich ein bisschen umschauen, um eines zu finden. Vielleicht hat man Glück vor Shen Yang Trading, an der Ecke von Ngu's Garden Food Court. Mitarbeiter des Nationalparks (oder, nach Feierabend, das Sicherheitspersonal) können sich um den Rücktransport zur Kreuzung kümmern.

Von Miri kostet ein Taxi nach Niah 160 RM (einfach) oder 250 RM (hin & zurück), einschließlich Wartezeit.

Lambir-Hills-Nationalpark

Der 69 km² große **Lambir-Hills-Nationalpark** (085-471609; www.sarawakforestry.com; Jln Miri-Bintulu; Erw./Kind 20/7 RM; 8–17 Uhr, letzter Eintritt 16 Uhr) bietet Dutzende von Dschungelwasserfällen, viele kühle Becken zum Baden sowie ein Netz aus Wanderwegen durch gemischte Dipterocarp- und *kerangas*-Wälder. Der Park ist seit eh und je bei Einheimischen beliebt und ein wichtiges Zentrum der wissenschaftlichen Forschung. Ein Tages- oder Übernachtausflug ab Miri lohnt sich auf jeden Fall.

Schlafen & Essen

Die Unterbringung im Park erfolgt in recht gemütlichen **Hütten** (☎085-471609; https://ebooking.sarawak.gov.my; Jln Miri-Bintulu; Zi. mit Ventilator/Gemeinschaftsbad 50 RM, Zi. mit Klimaanlage & privatem Bad 100 RM) mit zwei Zimmern. **Zelten** (☎085-471609; https://ebooking.sarawak.gov.my; Jln Miri-Bintulu; pro Person 5 RM) ist nahe der Parkverwaltung erlaubt Die Hütten sind an den Wochenenden und während der Schulferien manchmal ausgebucht. Wer vor 14 Uhr ankommt (Check-in-Zeit) kann das Gepäck im Büro verstauen.

Eine kleine **Kantine** (Jln Miri-Bintulu; Hauptgerichte 4–6 RM; 8 -17 Uhr) serviert gebratenen Reis und Nudeln. Selbst kochen kann man hier nicht, dafür gibt's einen elektrischen Wasserkocher zu mieten (5 RM), mit dem man Fertignudeln zubereiten kann.

An- & Weiterreise

Die Parkverwaltung liegt 32 km südlich von Miri am (alten) Highway nach Bintulu im Hinterland.

Alle Busse, die Miris Busbahnhof Pujut Bus Terminal mit Bintulu, Sibu und Kuching verbinden, fahren hier vorbei (10 RM ab Miri). Einfach den Fahrer bitten, anzuhalten. An der Hauptstraße gibt's eine Bushaltestelle bei der Abzweigung zum Park. Von hier aus kann man einen Bus nach Miri für die Rückfahrt anhalten.

Ein Taxi ab Miri kostet 50 RM (einfach) bzw. 100 bis 120 RM (hin & zurück), einschließlich 2 Stunden Wartezeit.

Miri

☎085 / EW. 358 020

Im florierenden Miri, der zweitgrößten Stadt Sarawaks, geht's dynamisch und modern zu. Dank der Offshore-Ölvorkommen gibt's hier jede Menge Dienstleistungsunternehmen und viel Geld, daher ist das Essen gut, die breiten Straßen sind hell erleuchtet und man kann viel unternehmen, falls es regnet.

Die Stadt ist ein wichtiger Verkehrsknotenpunkt – wer nach Brunei, Sabah, in die Kelabit Highlands oder die Nationalparks Gunung Mulu, Niah oder Lambir Hills fährt (bzw. von dort anreist), wird wahrscheinlich hier vorbeikommen.

Sehenswertes

Miri City Fan PARK

(Jln; ⏲24 Std.) Ein attraktiver, offen angelegter Park mit Gärten und Teichen im chinesischen und malaiischen Stil, der bei Spaziergängern und Joggern beliebt ist. Der Komplex umfasst auch eine **Bibliothek**, eine **Stadionhalle** und ein öffentliches **Olympiabecken** (1 RM).

Schlafen

★**Dillenia Guesthouse** PENSION $

(☎085-434204; www.sites.google.com/site/dilleniaguesthouse; OG, 846 Jln Sida; B/EZ/DZ/FZ inkl Frühstück, mit Gemeinschaftsbad 30/50/80/110 RM; ❄@🛜) Seinem Motto als „zweites Zuhause in der Ferne" wird dieses einladende Hostel mit 11 Zimmern und vielen schönen Akzenten wie Pflanzen im Bad gerecht Die unglaublich hilfsbereite Mrs Lee, deren hübsch bestickte Quilts die Wände schmücken, ist ein nie versiegender Quell an Reiseinformationen und Tipps. Sie verkauft sogar Anti-Blutegel-Socken (20 RM).

Coco House PENSION $

(☎085-417051; www.cocohouse.com.my; Lot 211 Block 9, Jln Miri Pujut; B/EZ/DZ inkl. Frühstück 30/55/90 RM; ❄@🛜) Das Coco House bietet helle, moderne Schlafsäle mit kapselähnlichen Etagenbetten und kleine, aber zweckmäßige Privatzimmer mit Farbakzenten. Die tadellosen Bäder verfügen über Regenduschen und es gibt einen komfortablen Gemeinschaftsbereich mit Büchern, Brettspielen, DVDs und einer Mikrowelle. Auf der Dachterrasse steht ein Grill, der für Gemeinschaftsessen genutzt wird.

My Homestay PENSION

(☎085-429091; http://staymyhomestay.blogspot.com; Lot 1091, Jln Merpati; B inkl. Frühstück 35 RM, DZ 55–60 RM; ❄@🛜) Ein angenehmer Ort in guter Lage mit großem Balkon, bequemen Stühlen und Blick auf die geschäftige Straße weiter unten. Die meisten Zimmer sind zwar sauber und farbenfroh, jedoch ohne Fenster und etwas stickig. Am Wochenende gelten höhere Preise.

Next Room Guesthouse PENSION

(☎085-411422, 085-322090; 1. & 2. OG, Lot 637, Jln North Yu Seng; inkl. Frühstück B pro Person 32 RM, mit Gemeinschaftsbad 60–65 RM, mit Bad 85–95 RM; ❄@🛜) Im Herzen von Miris Restaurant- und Ausgehviertel bietet diese gemütliche Unterkunft: 13 Zimmer, eine kleine Küche, eine DVD-Lounge und eine tolle Sonnenterrasse auf dem Dach. Die Schlafsäle mit 10 Betten sind aber ziemlich vollgestellt. Außerdem schallt aus dem Nachtclub auf der anderen Straßenseite bis 2 Uhr Musik – nichts für Menschen mit leichtem Schlaf. Am Wochenende gelten höhere Preise.

EINREISE NACH BRUNEI: VON MIRI NACH BANDAR SERI BEGAWAN

Bis zur Grenze Das einzige Busunternehmen, das Passagiere von Miris Busterminal Pujut nach Brunei bringen darf, ist **PHLS Express** (☎ in Brunei +673 277 1668, in Miri 085-438301; Busterminal Pujut). Busse machen sich täglich um 8.15 & 15.45 Uhr auf den Weg nach BSB (70 RM, 3 Std.) über Kuala Belait (52 RM) und Seria (52 RM). Fahrkarten gibt's am Schalter von Bintang Jaya. Alternativ greift man für die Fahrt von BSB nach Miri auf den privaten Transferservice zurück, der von Mr. Ah Pau angeboten wird (70 RM pro Person, 3 Std.; hier reisen unter Umständen mehrere Personen zusammen). Ah Pau ist erreichbar unter 016-8072893 (Handy Malaysia) oder 866 8109 (Handy Brunei). Los geht's in Miri um 9 oder 10 Uhr, manchmal auch früher, Abfahrt von BSB nach Miri ist normalerweise um 13 oder 14 Uhr.

An der Grenze Die Grenzformalitäten werden gewöhnlich flott abgewickelt und das Visum für Brunei ist für die meisten Reisenden kostenlos. Wer nach Sabah weiterfahren will, muss dafür sorgen, dass noch ausreichend Seiten im Pass frei sind (für mindestens 10 Stempel!).

Weiterreise Bruneis Fährterminal Serasa, 20 km nordöstlich von BSB, ist per Fähre mit der Pulau Labuan verbunden. Von hier fahren Boote nach Kota Kinabalu in Sabah. Mehrere Busse fahren täglich von BSB nach Sarawaks Limbang Division und zu Zielen in Sabah.

Für Informationen zu Grenzübergängen in die andere Richtung siehe S. 65.

Essen

★ Madli's Restaurant MALAIISCH $
(☎ 085-426615; www.madli.net; Lot 1088, EG, Block 9, Jln Merpati; Hauptgerichte 6–24 RM; ⊙ So–Do 8–24, Fr & Sa 8–1 Uhr) Ein seit langer Zeit geöffneter Familienbetrieb, der in den 1970er-Jahren als *satay*-Stand begann; die Geschichte kann man auf der Wand über der Küche nachlesen. Das Lokal ist an zwei Seiten offen, was für viel Frischluft sorgt, und tadellos sauber. Neben himmlischem Hühnchenfilet und australischem Rindfleisch-Satay (1,30 RM pro Spieß) umfasst die Speisekarte malaiische Gerichte wie *nasi lemak* und *kampong*-Bratreis.

Summit Café MALAIISCH $
(☎ 019-885 3920; Lot 1245, Centre Point Commercial Centre, Jln Melayu; Gerichte 7–15 RM; ⊙ Mo–Sa 7–16 Uhr; ✎) Wer noch nie Kelabit-Küche probiert hat, wird hier ganz neue Geschmackswelten erleben. Man stellt sich an der Theke an und wählt dann aus einer Vielzahl an „Dschungelgerichten", darunter *dure* (gebratenes Dschungelblatt), zerhackte Tapiokablätter und *labo senutuk* (Wildschwein). Die beste Auswahl hat man vor 11.30 Uhr – der Laden schließt, wenn das Essen ausgeht.

Miri-Zentralmarkt STRASSENSTÄNDE $
(Pasar Pusat Miri; Jln Brooke; Hauptgerichte 2–6 RM; ⊙ 24 Std., die meisten Stände 6–12 Uhr) Unter den chinesischen Straßenständen mit *kari ayam* (Hühnchencurry), Haferbrei und den üblichen Reis- und Nudelgerichten ist der Stand 6 (geöffnet 3.30–10 Uhr) besonders beliebt. Am Stand 20 wird vegetarische Küche serviert.

★ Ming Cafe INTERNATIONAL $$
(☎ 085-422797; Ecke Jln North Yu Seng & Jln Merbau; Hauptgerichte 5–40 RM; ⊙ 10–14 Uhr) Diese sehr beliebte Café-Bar serviert hervorragendes Essen in einem entspannten, ungezwungen Restaurant, das an den Seiten offen ist. Innen gibt's einen klimatisierten Essbereich, im angenehmen Außenbereich mit Topfpflanzen und Ventilatoren kann man hervorragend Leute kennenlernen. Auf der Karte stehen chinesische und malaiische Gerichte, Pizza (ab 19 RM) und Burger (6 bis 40 RM) sowie indische Gerichte, die besonders gut sind.

Praktische Informationen

Geldautomaten stehen im Flughafen Miri und überall im Stadtzentrum zur Verfügung.

Miri City Medical Centre (☎ 085-426622; 916–920 Jln Hokkien; ⊙ 24-Std.-Notfalldienst) Bietet einen Krankenwagen sowie eine 24-Stunden-Unfall- und Notfallstation und verschiedene Privatkliniken im Stadtzentrum.

Nationalpark-Buchungsbüro (☎ 085-434184; www.sarawakforestry.com; 452 Jln Melayu; ⊙ Mo–Fr 8–17 Uhr) In der Touristeninformation. Hier gibt's Informationen zu Sarawaks Nationalparks und einen Buchungsservice für Betten und Zimmer im Niah, Lambir Hills und Similajau (allerdings nicht im Gunung Mulu).

Touristeninformation (085-434181; www.sarawaktourism.com; 452 Jln Melayu; Mo–Fr 8–17, Sa, So & feiertags 9–15 Uhr) Die hilfsbereiten Mitarbeiter versorgen einen mit Stadtplänen und Informationen zu Unterkünften in und um Miri, einschließlich den Nationalparks.

An- & Weiterreise

Miri befindet sich 212 km nordöstlich von Bintulu und 36 km südwestlich der Grenze nach Brunei.

BUS

Die Langstreckenbusse nutzen das **Busterminal Pujut** (Jln Miri Bypass), das etwa 4 km nordöstlich des Zentrums liegt.

Fast stündlich fahren Busse nach Kuching (80 bis 90 RM, 12 bis 14 Std., Abfahrt 7.15 bis 20.30 Uhr) über den (alten) Highway Miri–Bintulu im Hinterland, mit Halt am Lambir-Hills-Nationalpark, an der Batu-Niah-Kreuzung (Zugangspunkt zum Niah-Nationalpark; 12 RM, 1½ Std.), in Bintulu (27 RM, 3½ Std.) und in Sibu (50 RM, 7 bis 8 Std.). Um diese Strecke konkurrieren viele Anbieter und die geräumigen VIP-Busse lohnen den Aufpreis. Zu den Veranstaltern gehören **Bintang Jaya** (Kuching 082-531133, Miri 085-432178; www.bintangjayaexpress.com) und **Miri Transport Company** (MTC; in Kuching 082-531161, in Miri 085-434161; www.mtcmiri.com; Busterminal Pujut).

Bintang Jaya betreibt auch Busse Richtung Nordosten nach Limbang (45 RM, 4 Std.), Lawas (75 RM, 6 Std.) und Kota Kinabalu (KK; 90 RM, 10 Std.). Busse fahren um 8.30 Uhr in Miri und um 7.30 Uhr in KK ab. Borneo Express betreibt Busse zu denselben Zielen um 7.45 Uhr; Abfahrt in KK ist ebenfalls um 7.45 Uhr. Beide Veranstalter erlauben keinen Ausstieg in Brunei.

FLUGZEUG

Der **Flughafen Miri** (www.miriairport.com; Jln Airport) liegt 10 km südlich des Stadtzentrums und wird von **AirAsia** (600 85 8888; www.airasia.com; EG, Flughafen Miri; 7.30–20.30 Uhr), **Malaysia Airlines** (085-414155; www.malaysiaairlines.com; Lot Nr. 10635 Airport Commercial Centre, Jln Airport) und **MASwings** (085-423500; www.maswings.com.my; EG, Flughafen Miri; 6–21 Uhr) bedient.

Es gibt einen separaten Check-in-Bereich für MASwings „Rural Air Service", der u. a. nach Bario fliegt. Wer mit einer Twin Otter mitfliegen will, muss sich vorher mit seinem Handgepäck auf der großen Waage wiegen lassen.

Gunung-Mulu-Nationalpark

Nur wenige Nationalparks der Welt versammeln so viele Naturattraktionen auf so kleiner Fläche. Der 529 km² große **Gunung-Mulu-Nationalpark** (Gunung Mulu World Heritage Area; 085-792300; www.mulupark.com; Gunung-Mulu-Nationalpark; 5-Tage-Pass Erw./Kind 30/10 RM; Parkverwaltung 8–17 Uhr) ist mit seinen unvorstellbar großen Höhlen, fantastischen geologischen Phänomenen wie den „Pinnacles" und dem wunderbaren uralten Regenwald wahrhaftig eins der Naturwunder der Erde.

Sehenswertes & Aktivitäten

Bei der Anmeldung in der Parkverwaltung erhält man eine Karte des Parks, anhand derer man seine Aktivitäten planen kann. Die Mitarbeiter hier helfen bei der Planung von Routen und erfüllen auch Sonderwünsche.

Die Website des Parks und die Broschüren der Parkverwaltung umfassen Infos zu Touren und Aktivitäten. Achtung: Einige Höhlentouren und Wanderungen können im Voraus ausgebucht sein.

Mulus „Show-Höhlen" (Höhlen, die ohne spezielle Ausbildung oder Ausrüstung besucht werden können) stellen aus gutem Grund die beliebtesten Attraktionen des Parks dar: Sie sind einfach fantastisch. Als „Abenteuerhöhlen" werden diejenigen Höhlenrouten bezeichnet, die Spezialausbildung und Klettererfahrung erfordern.

Für sämtliche Höhlen und manche Regenwaldwanderungen braucht man einen zertifizierten Guide. Vorabreservierungen sind unabdingbar – vor allem, wenn man gerne abenteuerliches Höhlenklettern und Wanderungen zu den Pinnacles oder auf den Gipfel des Gunung Mulu erleben möchte. Im Juli, August und September ist im Park am meisten los, aber selbst dann werden in letzter Minute Plätze frei, wenn man ein paar Tage im Park bleiben kann. Reiseagenturen verlangen höhere Preise als der Park selbst, können jedoch auch kurzfristig einen Guide auftreiben.

Deer Cave & Lang Cave HÖHLE
(Gunung-Mulu-Nationalpark; pro Pers. 35 RM; 1[illegible] & 14.30 Uhr) Auf einer 3 km langen Wanderung durch den Regenwald kommt man zu diesen benachbarten Höhlen. Der Deer Cave – über 2 km lang und 174 m hoch – ist der größte für die Öffentlichkeit zugängliche Höhlendurchgang der Welt. Der Lang Cave mit kleineren Proportionen beherbergt interessante Stalaktiten und Stalagmiten. Am besten bleibt man bis zur Dämmerung, wenn unzählige Fledermäuse die Höhle verlassen.

Wind Cave & Clearwater Cave HÖHLEN
(Gunung-Mulu-Nationalpark; pro Pers. inkl. Bootsfahrt 65 RM; ⏲ 8.45 & 9.15 Uhr) Auf einem Langboot über einen Dschungelfluss zu schippern, um zu den Höhlen zu gelangen, ist kein schlechter Start in den Tag. Der Wind Cave bietet eine kühle Brise – daher auch der Name – und mehrere Kammern, darunter die kathedralenartige Königskammer mit einem traumhaften Stalagmiten- und Säulenwald. Der Aufstieg über 200 Stufen zum Clearwater Cave und zum dortigen unterirdischen Fluss ist schweißtreibend. Die Höhle selbst ist riesig: Mehr als 200 km an Durchgängen wurden bisher vermessen.

Mulu Canopy Skywalk SPAZIERGANG
(Gunung-Mulu-Nationalpark; pro Person 45 RM; ⏲ 7, 8.30, 10, 10.30, 13 & 14 Uhr) Zwischen riesigen Bäumen bietet dieser Skywalk – einer der besten in Südostasien – auf 480 unvergesslichen Metern eine hervorragende Beschilderung. Da er schnell ausgebucht ist, reserviert man für einen bestimmten Termin am besten gleich zusammen mit dem Flugticket.

Pinnacles WANDERN
(Gunung-Mulu-Nationalpark; pro Pers. 415 RM; ⏲ Di–Do & Fr–So) Die Pinnacles sind eine unglaubliche Formation aus 45 m hohen Steintürmen, die aus den bewaldeten Flanken des Gunung Api herausragen. Der Besuch umfasst eine Bootsfahrt bei der Anreise, zwei Nächte im **Camp 5** (☎ Parkverwaltung 085-792300; www.mulupark.com; Gunung-Mulu-Nationalpark; pro Pers. inkl. Bootsfahrt 200 RM) und einen furchtbar steilen 2,4 km langen Aufstieg. Der Abstieg ist genauso anstrengend. Nachdem man sich erschöpft wieder im Camp eingefunden hat, könnte der kühle, klare Fluss sehr verlockend aussehen.

Gunung-Mulu-Gipfel WANDERN
(Gunung-Mulu-Nationalpark; pro Pers. 650 RM, 1–8 Pers.) Ein zufriedener Bezwinger hat den Aufstieg zum Gipfel des Gunung Mulu (2376 m) – ein klassisches Borneo-Abenteuer – als „mörderisch" und nahe dem Gipfel als „heimtückisch" beschrieben. Wer sehr fit und auf der Suche nach einer Herausforderung ist, für den könnte dieser 24 km lange dreitägige Treck mit vier Übernachtungen genau das Richtige sein. Der Aufstieg muss mindestens einen Monat im Voraus gebucht werden.

Headhunters' Trail WANDERN
(Gunung-Mulu-Nationalpark) Für den 11 km langen Headhunters' Trail braucht man keine besonders gute Kondition. Er verläuft ab Camp 5 (S. 511) in Richtung Limbang und ist eine gute Landwegalternative zum Flugzeug nach/von Mulu. Im Gegensatz zu mehreren privaten Tourenanbietern organisiert der Park selbst keine geführten Trips auf diesem Wanderweg. Allerdings kann man hier (theoretisch) auch ohne Guide wandern.

Schlafen

An der Parkverwaltung – sehr malerisch gelegen – befindet sich ein **Hostel** (☎ 085-792300; www.mulupark.com; B inkl. Frühstück 55 RM) mit 20 Betten in einem sauberen, großen Zimmer im Schlafsaal-Stil (Schließfächer vorhanden). Außerdem gibt's **Langhauszimmer** (☎ 085-792300; www.mulupark.com; EZ/DZ/3BZ/4BZ inkl. Frühstück 221/260/293/331 RM; ❄), die **Rainforest Lodge** (☎ 085-792300; www.mulupark.com; EZ/DZ inkl. Frühstück268/312; ❄) und **Gartenbungalows** (☎ 085-792300; www.mulupark.com; EZ/DZ/3BZ inkl. Frühstück 253/294/341 RM; ❄ 📶). Alternativ befinden sich am von der Parkverwaltung aus gesehen anderen Ufer des Sungai Melinau, jenseits der Brücke, noch mehrere Budgetunterkünfte, die nicht zum Park gehören. Betten sind reichlich vorhanden; wer sich also nicht an einer einfachen Bleibe stört, kann einfach hier auflaufen, ohne sich rechtzeitig um eine Reservierung kümmern zu müssen.

Mulu Backpackers PENSION $
(☎ Helen 012-871 2947, Peter 013-846 7250; mulubackpackers@gmail.com; B/DZ inkl. Frühstück 35/80 RM) Direkt hinter dem Flughafen besticht diese Pension durch ihre malerische Lage am Fluss, ist jedoch 15 Gehminuten vom Park entfernt. Es gibt einen angenehmen überdachten Speisebereich im Freien mit Blick aufs Wasser. Strom steht von 18 bis 6 Uhr zur Verfügung. Die 11 Betten liegen in großen scheunenartigen Räumen mit wahllos aufgestellten Trennwänden.

D'Cave Homestay HOMESTAY $
(☎ Dina 012-872 9752; beckhamjunior40@yahoo.com; inkl. Frühstück B 30 RM,, DZ ohne Bad 80 RM) Eine sehr freundliche, recht klapprige Unterkunft mit Betten in vollgestellten kleinen Zimmern und schlichten Bädern im Freien. Die Besitzerin Dina kocht Büfettgerichte – sowohl mittags (15 RM) als auch abends (18 RM) – ihr Partner Robert ist ein lizenzierter Guide. Es gibt immer abgekochtes Wasser zum Auffüllen von Wasserflaschen. Zwischen dem Flughafen und der Parkabzweigung, die ca. 10 Gehminuten voneinander entfernt liegen.

Mulu River Lodge HOSTEL $

(Edward Nyipa Homestay; ☎012-852 7471; B/DZ/4BZ inkl. Frühstück 35/70/140 RM) Verfügt über 30 Betten, von denen die meisten in einem riesigen Schlafsaal mit angrenzenden sauberen Duschen und WCs liegen. Strom gibt's von 5 bis 24 Uhr. Eine der wenigen Pensionen – wenn nicht die einzige –, die außerhalb des Parks über ein anständiges Abwassersystem verfügt. Nur zwei Minuten zu Fuß von der Parkverwaltung entfernt; die Küche serviert einfache Mahlzeiten und Bier.

Essen

Café Mulu INTERNATIONAL $$

(Hauptgerichte 12–21 RM; ⌚7.30–20.30 Uhr) Dieses Café-Restaurant serviert ausgezeichnetes Frühstück (Eier, Pfannkuchen, Müsli) und verschiedene Mittags- und Abendgerichte mit einigen westliche Zutaten, indische Currys und einheimische Gerichte, z. B. *mulu laksa* und *umai* (Sarawak-Sushi). Ein Bier kostet 13 RM, außerdem gibt's Wein. Die Mitarbeiter packen auch Picknickpakete.

Good Luck Cave'fe Mulu MALAIISCH $

(Hauptgerichte 8–10 RM; ⌚11.30–15 & 17–24 Uhr, Küche schließt um 21.15 Uhr) Das Good Luck „Cave'fe" Mulu (sprich „Kei-fe") befindet sich direkt außerhalb des Parks und hat länger geöffnet als das Park-Café, was es nach einem Abendspaziergang zu einer guten Dinneroption macht. Ein Bier kostet 9 RM. Hier kann man auch den Transfer zum Flughafen buchen (5 RM).

Praktische Informationen

Für Summen über 100 RM akzeptiert die Parkverwaltung Visa- und Mastercards; gegen eine Gebühr von 2 % können Mitarbeiter Bargeld in Höhe von 100 bis 300 RM abheben (eine Transaktion pro Tag), aber dies hängt von der Verfügbarkeit von Bargeld in der Finanzabteilung ab. Daher sollte man genug Bargeld mitbringen (in Mulu gibt's keinen Geldautomaten).

Der Geschäfts- und Cafébereich im Parkzentrum bietet eine fürchterlich langsame und unzuverlässige WLAN-Verbindung (5 RM pro Tag).

An- & Weiterreise

Abgesehen von einer Wanderung auf dem Headhunters' Trail ist die Anreise nach Mulu nur mit **MASwings** (☎085-206900; www.maswings.com.my; EG, Flughafen Mulu; ⌚8.30–17 Uhr) möglich.

MASwings fliegt mit 68-sitzigen ATR 72-500 Turboprops nach Miri (tgl. 10.15–14.40 Uhr), Kuching (Mo, Mi, Do & Sa um 13.40; Di Fr & So um 14.15 Uhr) und Kota Kinabalu (tgl. außer Fr um 14.40 Uhr über Miri; So, Di & Fr um 12.25 Uhr).

Die Parkverwaltung liegt 1,5 km vom Flughafen entfernt. Minibusse und SUVs von **Melinau Transportation** (☎012-852 6065, 012-871 1372; 5 RM pro Pers.) und anderen Unternehmen holen Ankommende am Flughafen ab. Der Transport zur Parkverwaltung und zu den nahegelegenen Pensionen kostet 5 RM pro Person.

Kelabit Highlands

In Sarawaks abgeschiedener Nordostecke schmiegen sich die Berge und Regenwälder der Kelabit (keh-*lah*-bit) Highlands zwischen den Gunung-Mulu-Nationalpark und den indonesischen Bundestaat East Kalimantan. Das Gebiet beherbergt die Kelabits, eine Orang-Ulu-Gruppe, und die halbnomadischen Penan. Hierher kommt man vor allem, um auf alten Waldpfaden von Langhaus zu Langhaus zu wandern und Einheimische zu treffen.

Bario

EW. 1200

Verstreut in einem wunderschönen Tal, das heute größtenteils zum Reisanbau genutzt wird, liegen die rund 12 „Dörfer", die zusammen Bario bilden, die „Hauptstadt" der Highlands. Besonders anziehend an der Region ist ihr herrliches Bergklima (das Tal liegt 1500 m über dem Meeresspiegel) und ihre isolierte Lage (der einzige Zugang ist der Luftweg und eine anstrengende Fahrt mit dem Allradwagen), vor allem aber die ungezwungene Gastfreundschaft des Kelabit-Volks, das einen schnell für sich einnimmt.

Sehenswertes & Aktivitäten

Die Gegend um Bario bietet viele Gelegenheiten zur Dschungelerkundung, selbst wenn man kein Hardcore-Wanderer ist. Die nahe gelegenen Wälder eignen sich hervorragend, um Schlauchpflanzen, Schmetterlinge und sogar Nashornvögel zu sehen – und bieten den hiesigen Tigerblutegeln exzellente Möglichkeiten, Besucher zu entdecken. Die meisten Pensionen packen ihren Gästen gern Picknicks ein. Ein einheimischer Guide kostet rund 150 RM pro Tag.

Bario Asal Longhouse HA

(Eintritt 5 RM) Das Langhaus aus Holz h. 22 Türen und ist im traditionellen Kelabi

Stil gehalten. Auf der *dapur* (umzäunten Vorderveranda) besitzt jede Familie eine Kochstelle, auf der anderen Seite der Familieneinheiten befindet sich der *tawa',* eine breite, mit historischen Familienfotos dekorierte Veranda zur Hinterseite, die einem über 100 m langen Vorzimmer ähnelt und für Hochzeiten, Begräbnisse und andere Feiern genutzt wird.

Pa' Umor Megaliths HISTORISCHE STÄTTE

Von Bario läuft man 1½ Stunden zum Pa' Umor und weitere 15 Minuten zum Bauernhof Arur Bilit mit dem beeindruckenden Steinrelief **Batu Narit**, das u. a. einen Menschen mit ausgestreckten Gliedern darstellt.

Um nach **Batu Ipak** zu gelangen, überquert man eine Baumstammbrücke über einen kleinen Fluss. Der Legende nach entstand diese Steinformation, als ein wütender Krieger namens Upai Semering sein *parang* (Buschmesser) zog und damit den Felsen spaltete.

Prayer Mountain WANDERN

Vom Bario-Asal-Langhaus ist es ein steiler, rutschiger (2-stündiger) Aufstieg zum Gipfel des Prayer Mountain mit einem im Jahr 1973 aufgestellten Kreuz, einem Dickicht aus Krugblattgewächsen und einer herrlichen Aussicht auf das Bario-Tal sowie das gemischte Penan- und Kelabit-Dorf Arur Dalan mit seinen drei stillgelegten Windanlagen. Nach zwei Drittel der Strecke kommt man an einer extrem rustikalen Kirche vorbei.

Schlafen & Essen

Die bunt gemischten Dörfer von Bario beherbergen über 19 Pensionen. Fast alle Zimmer teilen sich Gemeinschaftsbäder. Normalerweise ist es nicht nötig, im Voraus zu buchen: Es gibt mehr Zimmer als Sitze in den Flugzeugen und die Pensionsbesitzer holen ihre Gäste vom Flughafen ab.

Die meisten Pensionen bieten Vollpension – fast immer mit leckerer einheimischer Küche – aber Bario hat auch einige einfache Esslokale.

Labal Paradise PENSION $

(019-807 1640; roachas@hotmail.com; pro Pers. inkl. Vollpension 85 RM) Inmitten eines üppigen Obst- und Gemüsegartens, in dem man Ananas ernten kann, bietet dieser nachhaltig geführte Bauernhof Unterkünfte in zwei eleganten Holzhütten mit jeweils eigener malerischer Lage im Grünen. Vom Flughafenterminal folgt man der Straße parallel zur Landebahn in östlicher Richtung. Die Besitzer bevorzugen den Kontakt per SMS oder Email.

Junglebluesdream PENSION $

(019-884 9892; www.junglebluesdream.weebly.com; Ulung Palang Longhouse, Bario; pro Pers. inkl. Mahlzeiten 100 RM) Der Besitzer ist der Künstler und frühere Fremdenführer Stephen Baya, der aus Bario stammt. Zusammen mit seiner netten Frau Tine, einer Dänin, betreibt er diese supereinladende Lodge (und Kunstgalerie). In den vier Zimmern warten Wandgemälde, hochwertige Betten und Steppdecken, außerdem gibt's eine Bibliothek zu regionaler Kultur, Flora und Fauna sowie fantastisches Kelabit-Essen. Die Gäste können sich Stephens außergewöhnliche handgezeichneten Stadt- und Trekkingkarten ansehen Die Abholung vom Flughafen ist kostenlos.

Bario Asal Longhouse HOMESTAY $

(Julian 011-2508 1114; http://rangshomestayhandicraft.blogspot.com.au; pro Person inkl. Mahlzeiten 90 RM) In diesem traditionellen Langhaus gibt's verschiedene Privatunterkünfte, darunter eine Pension mit sechs Zimmern im **Sinah Rang Lemulun**. Ein Aufenthalt im Bario Asal, wo 22 Familien wohnen, ist eine hervorragende Art und Weise, um das Leben im Langhaus kennenzulernen. Hier werden außerdem verschiedene Bauernhof-Pauschalpakete angeboten, die einen Einblick in das Leben auf dem Land vermitteln. Der Transfer vom Flughafen kostet 35 RM.

Praktische Informationen

Zum Zeitpunkt der Recherche gab es keine Banken, Geldautomaten oder Kreditkarteninstitute in den Kelabit Highlands, also unbedingt viele kleine Geldscheine für Unterkunft, Verpflegung und Guides mitbringen, sowie etwas extra Bargeld, falls man unerwartet etwas länger bleiben muss.

Es gibt kostenloses WLAN am Flughafen und Internetzugang im **Bario Telecentre** (www.unimas.my/ebario; Gatuman Bario; pro Std. 4 RM; 9.30–11.30 & 14–16 Uhr, Sa nachmittags & So geschl.). Als bester malaysischer Handyanbieter für diese Gegend gilt Celcom.

An- & Weiterreise

Zwischen dem **Bario Airport** (013-835 9009;) und Miri verkehren zweitäglich die Twin Otters von **MASwings** (1300-88 3000; www.maswings.com.my). Das Wetter, vor allem die Hochwinde, führt manchmal zu Verspätungen oder sogar Ausfällen. Man darf nur 10 kg Gepäck einchecken und 5 kg Handgepäck mitnehmen. Die Passagiere selbst werden beim Einchecken zusammen mit ihrem Gepäck auf einer großen Waage gewogen.

Der Flughafen befindet sich einen 30-minütigen Spaziergang südlich der Ladenhäuser, aber bei der Ankunft bekommt man immer eine Mitfahrgelegenheit angeboten.

Die Überlandfahrt von Bario nach Miri, die einzig Jeeps bewältigen können (150 RM pro Pers.), dauert mindestens 12 Stunden, oft jedoch viel länger.

MALAYSIA VERSTEHEN

Malaysia aktuell

Nationale Tragödien und politische Unruhen haben Malaysia in den letzten Jahren erschüttert. Passagierflugzeuge sind abgestürzt und ein Erdbeben in Sabah hat 18 Menschenleben gefordert. Jahrelang kämpfte der ehemalige Premierminister Najib Razak gegen Korruptionsvorwürfe und eine schwächelnde Wirtschaft. Die Wahlen im Jahr 2018 stellten die malaysische Politik auf den Kopf, als die Barisan-Nasional-Partei (BN; Nationale Front) ihre Mehrheit an die Oppositionspartei von Dr. Mahathir Mohamad verlor. Der älteste Premierminister der Welt, der 92-jährige Mahathir nahm zum zweiten Mal seinen Platz als Regierungsoberhaupt ein. Voraussichtlich wird Anwar Ibrahim, ein malaysischer Politiker, der bereits zweimal ins Gefängnis geworfen wurde, einmal vom ehemaligen Erzfeind Mahathir, dann noch einmal vom ehemaligen Premierminister Najib, Mahathir innerhalb von zwei Jahren nachfolgen, nachdem er vom König für seine mutmaßlichen Verbrechen begnadigt wurde.

Geschichte

Frühe Einflüsse

Das früheste Zeugnis menschlichen Lebens in der Region ist ein 40 000 Jahre alter Schädel, der in den Niah-Höhlen in Sarawak gefunden wurde. Aber erst vor ca. 10 000 Jahren begannen malaiische Ureinwohner, die Orang Asli, vermutlich vom Südwesten Chinas die Halbinsel zu besiedeln.

Etwa ab dem 2. Jh. n. Chr. kannten die Europäer Malaya; indische Händler kamen auf der Suche nach Gold, Zinn und Tropenholz regelmäßig hierher. Im darauffolgenden Jahrhundert wurde Malaya vom Funan-Reich regiert, das sich auf das heutige Kambodscha konzentrierte. Von größerer Bedeutung war jedoch die Herrschaft des in Sumatra beheimateten Srivijaya-Reichs zwischen dem 7. und 13. Jahrhundert.

1405 reiste der chinesische Admiral Cheng Ho nach Melaka und versprach den Einheimischen Schutz vor siamesischen Eindringlingen aus dem Norden. Mit chinesische Unterstützung gewann Melaka die Mach über einen Großteil der Malaiischen Halbinsel. In dieser Zeit erreichte der Islam Melaka und verbreitete sich rasch im Land.

Europäische Einflüsse

Melakas Wohlstand und Reichtum erregte das Interesse von Europäern: 1511 wurde e portugiesisch, 1641 holländisch und 1795 britisch.

1838 verschlug es den britischen Abenteurer James Brooke hierher, als das Sultana Brunei gegen aufständische Stämme aus den Hinterland kämpfte. Brooke schlug die Rebellion nieder und wurde mit der Herrscha über einen Teil von Sarawak belohnt. Er ernannte sich selbst zum Radscha Brooke un gründete eine Dynastie, die 100 Jahre fortbestand. Ab 1881 unterstand Sabah der britschen Regierung, die nach dem Zweiten Welkrieg schließlich auch Sarawak übernahm nachdem der dritte Radscha Brooke entschieden hatte, dass er sein Land nicht länger würde halten können. Anfang des 20. Jhs. brachte Großbritannien Chinesen und Inder in di Region, was die ethnische Struktur des Lan des radikal veränderte.

Von der Unabhängigkeit bis heut

Malaya erlangte 1957 seine *merdeka* (Unabhängigkeit), aber wegen eines kommunistschen Aufstands folgte eine Zeit der Instabilität und äußerer Konflikte mit dem benachbarten Indonesien. 1963 schlossen sich d nördlichen Bundesstaaten Borneos, Saba und Sarawak, gemeinsam mit Singapur M laya an und gründeten Malaysia.

Die Ergebnisse der Wahlen im Jahr 196 wurden als Vorwand für nachfolgende g walttätige Rassenkonflikte im ganzen Lan genutzt, insbesondere in Kuala Lumpur, w Hunderte von Menschen ihr Leben verlore

In diese Spannungen, die vorwiegend zwischen Malaien und Chinesen herrschten, griff die Regierung schließlich schlichtend ein.

Im Jahr 1973 wurde die Barisan Nasional (BN; Nationale Front), eine Koalition aus Parteien des rechten Spektrums und des Zentrums, gegründet, die seitdem regierte. Unter der Führung des forschen diktatorischen Premierministers Dr. Mahathir Mohamad wuchs Malaysias Wirtschaft um über 8 % pro Jahr, bis Mitte 1997 ganz Südostasien in eine Rezession fiel. Am 31. Oktober 2003 trat Dr. Mahathir Mohamad zurück. Er übergab die Macht an Abdullah Badawi, der im März 2004 die allgemeinen Wahlen gewann.

Bei den nächsten Wahlen im Jahr 2008 wurde die parlamentarische Vormachtstellung der BN jedoch geschmälert. Davon profitierte die Pakatan Rakyat (PR), die oppositionelle „Volksallianz", die später zerfiel und durch die Pakatan Harapan (PH) unter der Führung von Anwar Ibrahim ersetzt wurde, dem ehemaligen Vize-Premierminister, der aufgrund von Korruptions- und Homosexualitätsvorwürfen verurteilt worden war, die gemeinhin als politisch motiviert galten. Abdullah Badawi trat sein Amt an Najib Razak ab, der die Wahlen 2013 für die BN gewann, wenn auch mit dem schlechtesten Wahlergebnis der Koalition seit 1969.

Im Jahr 2014 verlor Malaysian Airlines zwei seiner Passagierflugzeuge unter tragischen Umständen mit insgesamt 537 Todesopfern. Am 5. Juni 2015 wurde Sabah von einem Erdbeben heimgesucht, das auf dem Mt. Kinabalu 18 Menschenleben forderte, woraufhin der Berg für Touristen monatelang gesperrt blieb.

Menschen & Kultur

Lebensart

Das *kampung* (Dorf) ist der Kern der malaiischen Welt und orientiert sich am *adat* (einem etablierten Rechtssystem), das auf kollektiver statt individueller Verantwortung basiert. Inständiger islamischer Glaube und ältere spirituelle Überzeugungen gehen damit Hand in Hand. Doch trotz der auf gegenseitiger Unterstützung beruhenden *kampung* und der zunehmenden Verwestlichung Malaysias bleiben in manchen Gegenden sehr konservative Interpretationen des Islam verankert, besonders an der Ostküste der Halbinsel.

REISETIPPS

- Malaysia ist ein muslimisches Land, deshalb sollte man sich angemessen kleiden (Schultern und Knie bedecken).
- Flugtickets sind auf Borneo manchmal günstiger als eine Busfahrt.

Bevölkerung

Die Malaysier gehören vielen verschiedenen ethnischen Gruppen an, darunter Malaien, Chinesen, Inder, Orang Asli (wörtlich: „ursprüngliches Volk") – die Ureinwohner der Halbinsel – sowie verschiedene Stämme aus Sarawak und Sabah (Borneo). Durch die Vermischung dieser Gruppen entstanden die bunten Kulturen und die fantastische Küche, die Malaysia zu einem so wunderbaren Reiseziel machen.

Verallgemeinernd lässt sich sagen, dass Malaien das Land regieren und Chinesen die Wirtschaft dominieren. Ungefähr 85 % der Bevölkerung (insgesamt sind es ca. 32 Mio.) leben auf der Malaiischen Halbinsel, die übrigen 15 % in Sabah und Sarawak auf Borneo.

Auf der Halbinsel gibt's noch kleine verstreute Gruppen Orang Asli. Obwohl ein Großteil des Volkes sein Nomadentum und den Wanderfeldbau aufgegeben und sich in die moderne malaiische Gesellschaft integriert hat, finden sich in den Regenwäldern nach wie vor ein paar Stämme.

Der Begriff Dayak bezeichnet Borneos nichtmuslimische Völker: Schätzungen zufolge leben hier mehr als 200 Dayak-Stämme, etwa die Iban und Bidayuh in Sarawak und die Kadazan in Sabah. Zu den kleineren Gruppen zählen die Kenyah, Kayan und Penan, deren Lebensformen und traditionelle Ländereien zunehmend verschwinden.

Religion

Fast alle Malaien sind Muslime. Der Islam ist zwar Staatsreligion, aber es herrscht Religionsfreiheit. Viele Chinesen hängen dem Taoismus und Buddhismus an, einige sind auch Christen. Die Mehrheit der indischen Bevölkerung, einst aus Südindien stammend, bekennt sich zum Hinduismus oder Christentum, doch ein erheblicher Prozentsatz ist muslimisch.

Auf der Malaiischen Halbinsel konnte sich das Christentum nicht durchsetzen. In Malaysisch-Borneo hat es dagegen einen we-

DIE PERANAKAN

Eine der berühmtesten Kulturen Malaysias sind die Peranakan, Nachkommen chinesischer Einwanderer, die sich vom 16. Jh. an in Singapur, Melaka und Penang niederließen. Viele der Neuankömmlinge heirateten malaiische Frauen, während andere ihre Ehefrauen aus China nachholten; sie alle bezeichnen sich als Straits-Chinesen, um sich von späteren Einwanderern aus China abzugrenzen. Ein anderer Name ist Baba-Nyonyas, nach den Peranakan-Wörtern für Männer *(baba)* und Frauen *(nyonya)*.

Die Peranakan übernahmen ihren Glauben aus China, haben aber die Sprache, Gebräuche und Kleidung der Malaysier angenommen. Oft waren sie wohlhabende Händler, die es sich leisten konnten, ihrer Leidenschaft für kostbare Möbel, Schmuckstücke und Brokatstoffe nachzugehen. Heute sind sie vor allem für ihre fantastische Fusion-Küche berühmt – am besten probiert man diese in Melaka und Penang.

sentlich größeren Einfluss: Hier sind viele Ureinwohner konvertiert und tragen sowohl einen christlichen als auch einen traditionellen Namen. Andere hängen immer noch dem traditionellen Animismus an.

Kunst

An der Ostküste der Halbinsel haben sich Kunst und Kunsthandwerk, Kultur und Spiele am lebendigsten erhalten. Auf Malaysisch-Borneo findet man eine reiche Vielfalt an Kunst und Kunsthandwerk seiner einheimischen Völker.

KUNST & KUNSTHANDWERK

Als berühmte kunsthandwerkliche Tradition auf Borneo gilt *pua kumbu*, eine farbenfrohe Webtechnik, mit der Kleidungsstücke für den Alltag und zu zeremoniellen Zwecken hergestellt werden.

Als talentierteste Holzschnitzer gelten die Kenyah und Kayan, die früher aus Baumstämmen riesige, sehr detailreiche *kelirieng* (Bestattungspfähle) geschnitzt haben.

Batiktechnik – ursprünglich ein indonesisches Kunsthandwerk – erfreut sich auch in Malaysia großer Beliebtheit und wird vor allem in Kelantan praktiziert. Eine Besonderheit aus Kelantan und Terengganu ist *kain songket*, ein von goldenen und silbernen Fäden durchzogener, handgewebter Stoff. Sehr viel schlichter kommt dagegen die Webart *mengkuang* daher, bei der Schraubenbaumblätter und Bambusstreifen zu Körben, Taschen und Matten verarbeitet werden.

TANZ

Menora ist ein Tanzschauspiel thailändischer Herkunft und wird von Männergruppen mit grotesken Masken aufgeführt; die weibliche Variante heißt *mak yong*. Der fröhliche *joget* (in der Gegend von Melaka besser als *chakuncha* bekannt) ist Malaysias beliebtester traditioneller Tanz. Er wird häufig von Profis auf malaiischen Hochzeiten aufgeführt.

Den *rebana kercing* stellen junge Männer zu Tamburin-Begleitung dar. Aus Terengganu stammt der *rodat*, der von der *tar*-Trommel begleitet wird.

MUSIK

Traditionelle malaiische Musik besteht im Wesentlichen aus dem Klang der *gendang* (Trommel), von denen es über ein Dutzend Arten gibt. Weitere Schlaginstrumente sind *gong*, *cerucap* (aus Muscheln), *raurau* (Kokosnussschale), *kertuk* und *pertuang* (beide aus Bambus) sowie *celampang* aus Holz.

Zu den Blasinstrumenten zählen verschiedene Flöten wie die *seruling* und *serunai* und die trompetenartige *nafiri;* Saiteninstrumente sind *biola*, *gambus* und *sundatang*.

Das *gamelan*, ein traditionelles indonesisches Gongorchester, gibt's auch in Kelantan, wo ein typisches Ensemble aus vier verschiedenen Gongs, zwei Xylophonen und einer großen Trommel besteht.

Essen & Trinken

Essen

Das köstliche Essen, das man in Malaysia genießen kann, spiegelt Einflüsse der Malaien, Chinas und Indiens wider.

Außerhalb der Städte hält sich die kulinarische Auswahl in Grenzen. Es dominieren gängige Gerichte wie *mih goreng* (gebratene Nudeln) und *nasi goreng* (gebratener Reis). Vegetarische Speisen werden meist in malaiischen und indischen Cafés, selten in *kedai kopi* (Coffeeshops) serviert. Auf Märkten gibt's ein reichhaltiges Angebot an Obst und Gemüse.

Roti canai (flaches Brot, das in etwas *dhal* und Kartoffelcurry getunkt wird) ist wohl das preiswerteste Gericht (um 1,50 RM). Hier schmeckt wirklich alles lecker und ist oft günstig, von Meeresfrüchte-*laksa* bis zu frisch gefangener und gekochter Wildkatze oder Hirschferkel, das oft in Langhäusern aufgetischt wird.

Ais kacang ist halb Getränk, halb Dessert: Es erinnert an altmodische Eistüten, aber das geschabte Wassereis wird mit Sirup und Kondensmilch übergossen und über Bohnen und Gelee (manchmal Maiskerne) gehäuft. Einfach großartig.

Getränke

In vielen großen Städten kann man Leitungswasser zwar trinken, aber wer sich unsicher ist, sollte bei den Einheimischen nachfragen.

Mithilfe eines Mixers und zerstoßenem Eis entstehen innerhalb von Sekunden einfache, aber äußerst köstliche Fruchtsaftmischungen. An Straßenständen werden schreckliche Getränke aus Sojabohnen verkauft. Sojabohnenmilch bekommt man auch als alkoholfreies Flaschengetränk. Bei den gesundheitsbewussten Chinesen stehen medizinische Tees hoch im Kurs.

Ein Krug Bier in einem *kedai kopi* kostet 7 RM und in Bars oder Clubs etwa 15 RM. Weit verbreitet sind die Sorten Anchor und Tiger, ebenso wie das vor Ort gebraute Carlsberg und Guinness. Die Einheimischen haben eine Schwäche für *tuak* (Reiswein), der zuerst abstoßend schmeckt, an den man sich aber angeblich gewöhnen kann. Auf dem Land wird außerdem gerne der dunkle Schnaps *arak* getrunken, der mild und stark ist.

Natur & Umwelt

Geografie

Malaysia hat eine Fläche von 329 874 km² und besteht aus zwei verschiedenen Regionen. Die Malaiische Halbinsel ragt als Landzunge im Süden Asiens hervor. Ihre gebirgige Nordhälfte ist teilweise von dichtem Regenwald bedeckt, dort werden ungeschützte Wälder in alarmierendem Umfang abgeholzt, meist um Ölpalmenplantagen anzulegen. An der Westseite erstreckt sich eine weite fruchtbare Ebene Richtung Meer, während Sandstrände die Ostseite säumen. Malaysisch-Borneo besteht aus Sarawak und Sabah; beide Bundesstaaten sind von dichtem Dschungel bedeckt und haben ausgedehnte Flusssysteme. Sabah krönt der mächtige Mount Kinabalu (4095 m), der höchste Berg zwischen dem Himalaja und Neuguinea.

Flora & Fauna

Malaysias uralte Regenwälder gleichen einem Füllhorn an Lebensformen. Allein auf der Malaiischen Halbinsel existieren 8000 Blütenpflanzenarten, darunter der höchste tropische Baum der Erde, der *tualang*. In Malaysisch-Borneo, wo seit den 1990er-Jahren Hunderte neuer Arten entdeckt wurden, wachsen die weltweit größten Blütenpflanzen, die Rafflesien, mit einem Durchmesser von bis zu 1 m. Hier gibt's auch die größten Kakerlaken der Welt. Malaysias Säugetierpopulation umfasst Elefanten, Tapire, Tiger, Leoparden, Malaienbären, *tempadau* (Wildrinder), Pangoline (Schuppentiere). sowie Affen, Gibbons und Menschenaffen (darunter die bizarren Nasenaffen auf Borneo und Orang-Utans). Zu den farbenfrohen Vogelarten gehören Eisvögel, Nektarvögel, Spechte, Bartvögel sowie spektakuläre Fasanen und heilige Nashornvögel. Darüber hinaus tummeln sich viele verschiedene Schlangen wie Kobras, Vipern und Pythons. Von den weltweit sieben Schildkrötenarten findet man vier in Malaysia: die Echte Karrett-, die Suppen-, die Oliv-bastard- und die Riesen-Lederschildkröte.

Nationalparks

Malaysias insgesamt 23 Nationalparks bedecken kaum 5 % der Landesfläche. Der größte ist der Taman Negara auf der Halbinsel; in Sarawak bzw. Sabah haben der Gunung Mulu und der Kinabalu die größte Bedeutung. Insbesondere auf Borneo zieht die seltene und einzigartige lokale Flora und Fauna regelmäßig Wissenschaftler – von Libellenexperten bis zu Palmenspezialisten – an, die neue Parks und Naturschutzgebiete auf dem Land und an den Gewässern der Umgebung befürworten. In Malaysia gibt's außerdem 13 Meeresparks, vor allem um die Pulau Perhentian, Tioman und Sipadan. Allerdings werden die Schutzmaßnahmen hier nur sehr nachlässig gehandhabt.

Umweltprobleme

Zwar liefert Malaysias Regierung andere Zahlen als verschiedene Umweltgruppen, doch man kann davon ausgehen, dass bis zu 80 % des malaysischen Regenwaldes bereits abgeholzt wurden. Dies hat schwerwiegende Folgen für die Umwelt, da große Landstriche ausradiert und mit Bäumen bepflanzt wurden, die das lukrative Palmöl eintragen – in Malaysia werden mehr als 40 % des weltweit produzierten Palmöls hergestellt.

Doch als Krönung der ökologischen und sozialen Verantwortungslosigkeit gilt allgemein der Bakun-Damm in Sarawak. Durch ihn wurden Ende 2010 ca. 690 km^2 (die Größe Singapurs) eines der artenreichsten Regenwälder der Welt geflutet und 10 000 Ureinwohner aus ihrem Zuhause vertrieben. Zwar wurde das Projekt als korrupt, unzureichend geplant und vor allem unnötig kritisiert, aber die Regierung plant schon den Bau von weiteren Dämmen in der Region.

PRAKTISCHE INFORMATIONEN

Allgemeine Informationen

BOTSCHAFTEN & KONSULATE

Eine vollständige Liste der malaysischen Botschaften und Konsulate außerhalb des Landes findet man unter www.kln.gov.my. Die meisten ausländischen Botschaften befinden sich in Kuala Lumpur und sind in der Regel von montags bis freitags von 8 bis 12.30 und 13.30 bis 16.30 Uhr geöffnet.

Deutsche Botschaft (03-2170 9666; www.kuala-lumpur.diplo.de; 26. OG, Menara Tan & Tan, 207 Jln Tun Razak; Mo–Fr 9–12 & Do 13–15 Uhr; LRT Ampang Park)

Österreichische Botschaft (03 20 300 400; www.aussenministerium.at/kualalumpur, Wisma Goldhill Suite 10.01-02, 10. OG, 67 Jln Raja Chulan; Mo–Do 8.30–17 & Fr 8.30–14.30 Uhr)

Schweizer Botschaft (03 21 48 06 22, http://www.eda.admin.ch/kualalumpur, 16 Pesiaran Madge)

PREISKATEGORIEN ESSEN

Folgende Preise beziehen sich jeweils auf ein zweigängiges Menü mit nichtalkoholischem Getränk.

$ unter 15 RM (3 €)

$$ 15–60 RM (3–13 €)

$$$ mehr als 60 RM (13 €)

FEIERTAGE

Zusätzlich zu den nationalen Feiertagen hat jeder Bundesstaat seine eigenen Feiertage, oft in Zusammenhang mit dem Geburtstag des Sultans oder einem muslimischen Fest. Muslimische Feiertage verschieben sich jedes Jahr um 10 bis 11 Tage nach vorne. Die Daten von hinduistischen und chinesischen Feiertage variieren ebenfalls, aber fallen jedes Jahr ungefähr in dieselben Monate.

Neben festen nichtreligiösen Feiertagen sind verschiedene religiöse Feste (deren Daten jedes Jahr wechseln) nationale Feiertage. Dazu gehören das chinesische Neujahr (im Januar/Feb.), das hinduistische Fest Diwali (im Okt./Nov.), das buddhistische Fest Vesakh (April/Mai) und die muslimischen Feste Hari Raya Haji, Hari Raya Puasa, Mawlid al-Nabi und Awal Muharram (muslimisches Neujahr).

Zu den festen jährlichen Feiertagen gehören:

Neujahr 1. Januar

Federal Territory Day 1. Februar (nur in Kuala Lumpur und Putrajaya)

Karfreitag März oder April (nur in Sarawak und Sabah)

Tag der Arbeit 1. Mai

Geburtstag des Königs (Yang di-Pertuan Agong) 1. Samstag im Juni

Geburtstag des Gouverneurs von Penang 2. Samstag im Juli (nur in Penang)

Nationalfeiertag (Hari Kebangsaan) 31. August

Malaysia-Tag 16. September

Weihnachten 25. Dezember

FESTE & EVENTS

In Malaysia leben viele Kulturen und Religionen zusammen. Anlässe zum Feiern finden sich daher das ganze Jahr über.

Der Fastenmonat Ramadan ist das wichtigste muslimische Ereignis des Jahres. 30 Tage dürfen Gläubige von Sonnenaufgang bis Sonnenuntergang nicht essen, nicht trinken, nicht rauchen und auch keinen Sex haben. Die Termine des Ramadan ändern sich jährlich, 2019 beginnt er am 5. Mai und 2020 am 24. April.

Chinesisches Neujahr (Jan./Feb.) Der wichtigste Feiertag der chinesischen Gemeinden wird mit Drachentänzen sowie Straßenparaden begangen.

Thaipusam (Jan./Feb.) Zählt zu den dramatischsten Hindu-Festivals: Anhänger dieser Glaubensrichtung ehren den Gott Subramaniam, indem sie erstaunliche physische Unverwüstlichkeit an den Tag legen. Betende geißeln sich und laufen von KLs Sri-Mahamariamman-Tempel in einer Prozession zu den Batu-Höhlen.

Großer Preis von Malaysia (März/April) Ende März oder Anfang April findet im Sepang International Circuit, Sengalor, diese wichtige Rennveranstaltung der Formel 1 in Südostasien statt

Gawai Dayak (Ende Mai/Anf. Juni) Bei diesem Fest der Dayak in Sarawak wird das Ende der Reissaison mit Kriegstänzen, Hahnenkämpfen und Blasrohrwettbewerben gefeiert.

Festa de San Pedro (Juni) Christliches Fest am 29. Juni zu Ehren des Schutzpatrons der Fischer, wird ganz besonders von der eurasisch-portugiesischen Gemeinde in Melaka gefeiert.

Drachenbootfest (Juni–Aug.) Findet in Penang statt.

Rainforest World Music Festival (Juli/Aug.) Bei dem dreitägigen Kunst- und Musikfestival treten Musiker aus der ganzen Welt im Sarawak-Kulturdorf auf; Höhepunkt ist indigene Musik aus Borneo.

Nationalfeiertag (**Hari Kebangsaa**; Aug.) Am 31. August feiert Malaysia mit landesweiten Veranstaltungen seine Unabhängigkeit, besonders in KL, wo Paraden und verschiedene Darbietungen in den Lake Gardens stattfinden.

Moon Cake Festival (Sept.) Das chinesische Fest erinnert an den Sturz der mongolischen Kriegsherren im Alten China. Man isst Mondkuchen und zündet farbenfrohe Papierlaternen an.

Festival of the Nine Emperor Gods (Okt.) Zu Ehren der neun Kaisergötter werden neun Tage lang chinesische Opern aufgeführt, außerdem gehören Prozessionen und weitere Events dazu.

Diwali (Okt./ Nov.) Bei diesem Lichterfest werden vor den Häusern der Hindus kleine Öllampen entzündet. Man feiert Ramas Sieg über den dämonischen König Ravana.

FRAUEN UNTERWEGS

Zurückhaltende Kleidung und respektvolles Verhalten, vor allem in Gebieten, die stark muslimisch geprägt sind, z. B. in den nordöstlichen Bundesstaaten der Malaiischen Halbinsel, reduzieren Schwierigkeiten auf ein Minimum. Beim Besuch von Moscheen sollte man Kopf und Körper mit einem Kopftuch und Sarong bedecken (an viele Moscheen werden diese am Eingang verliehen). Am Strand tragen die meisten malaysischen Frauen beim Schwimmen T-Shirts und Shorts – man sollte also nicht mal einen Gedanken an „oben ohne" verschwenden.

Frauen sollten sich selbst proaktiv um ihre Sicherheit kümmern und Fremde – Männer wie Frauen – mit einer gehörigen Portion Vorsicht behandeln. Nach Einbruch der Dunkelheit sollte man ein Taxi nehmen und abends nicht alleine in ruhigen oder zwielichten Ortsteilen herumlaufen.

GEFAHREN & ÄRGERNISSE

Malaysia gilt im Vergleich zu Indonesien oder Thailand allgemein als sehr sicheres Reiseland.

Diebstahl und Gewalt sind nicht besonders häufig, aber man sollte seine Sachen im Auge haben, vor allem Reisedokumente (Pass, Reiseschecks etc.), und diese jederzeit bei sich tragen.

- Kreditkartenbetrug stellt ein zunehmendes Problem dar, deshalb empfiehlt es sich, seine Karte nur in etablierten Geschäften zu verwenden und gut auf seine Kreditkartennummer aufzupassen.
- Vor allem sollte man sich nicht von Tieren beißen oder von Insekten stechen lassen.

GELD

Um Alltagsprodukte wird in Malaysia normalerweise nicht gehandelt. Aber wenn man Souvenirs, Antiquitäten oder andere touristische Waren kauft, sollte man ruhig feilschen, auch wenn ein Betrag angegeben ist. Preise für Verkehrsmittel sind meist fix, doch bei Rikschas und Taxis in der Stadt oder zur längeren Miete empfiehlt es sich, zu verhandeln.

Trinkgeld ist in Malaysia nicht üblich.

INTERNETZUGANG

In Malaysia gibt's WLAN-Hotspots wie Sand am Meer (gewöhnlich kostenfrei). Internetcafés sind mittlerweile weniger üblich, doch wer ohne WLAN-fähiges Gerät reist, wird sie weiterhin finden. Nur in den Dschungeln und den entlegensten Winkeln der Halbinsel und in Malaysisch-Borneo kann es vorkommen, dass kein Internetzugang zur Verfügung steht.

LGBT-REISENDE

Konservative politische Parteien und religiöse Gruppen prangern Lesben und Schwule regelmäßig öffentlich an. Malaysia ist ein Land, in dem es für Männer jeden Alters verboten ist, Sex mit anderen Männern zu haben. Allerdings werden Schwule und Lesben nur selten verfolgt. Dennoch sollten sich Lesben und (besonders) Schwule während ihres Aufenthalts in Malaysia so verhalten, dass sie keine ungewollte Aufmerksamkeit auf sich ziehen.

Unter www.utopia-asia.com findet man gute Informationen über Aktivitäten und Events von Schwulen und Lesben im Land.

ÖFFNUNGSZEITEN

Banken Mo bis Fr 10 bis 15, Sa 9.30 bis 11.30 Uhr

Cafés 8–22 Uhr

Restaurants 12 bis 14.30 und 18 bis 22.30 Uhr

Geschäfte 9.30 bis 19 Uhr, Einkaufszentren 10 bis 22 Uhr

In den islamisch orientierten Bundesstaaten Kedah, Perlis, Kelantan und Terengganu sind Regierungsbüros, Ämter, Banken und viele Geschäfte freitags und samstagnachmittags geschlossen.

POST

Postämter sind täglich außer sonn- und feiertags von 8 bis 17 Uhr geöffnet (in den Staaten Kedah, Kelantan und Terengganu auch freitags geschl.).

PREISKATEGORIEN SCHLAFEN

Folgende Preise beziehen sich auf ein Doppelzimmer mit eigenem Bad:

$ unter 100 RM (21 €)

$$ 100–400 RM (85 €)

$$$ mehr als 400 RM (85 €)

Luftpostbriefe und Postkarten zu allen Zielen kosten 50 Sen, Briefe ab 1,20 RM und Pakete bis 1 kg ab 20 RM.

RECHTSFRAGEN

Hat man es mit der örtlichen Polizei zu tun, zahlt sich respektvolles Verhalten aus. In Kontakt mit der Polizei kommt, wer eine Straftat anzeigt (einige große Städte in Malaysia haben für diesen Zweck eigene Polizeistationen für Touristen eingerichtet) oder wer mit dem Auto unterwegs ist. Über kleine Vergehen wird vielleicht hinweggesehen, aber man sollte sich nicht darauf verlassen.

Auf Drogenhandel steht die Todesstrafe. Einige Ausländer sind in Malaysia hingerichtet worden, auch für den Besitz von überraschend kleinen Mengen Heroin. Sogar der Besitz winziger Mengen kann einem eine sehr lange Gefängnisstrafe oder Schläge mit dem *rotan* (Stock) einbringen. Finger weg!

REISEN MIT BEHINDERUNG

Für Traveller mit körperlicher Behinderung ist Malaysia mitunter ein Albtraum. In den meisten Städten und Orten fehlen Fußwege; die Bordsteinkanten sind extrem hoch, überall sind Baustellen, und die wenigen vorhandenen Fußgängerüberwege liegen weit auseinander Dafür sind Taxis billig und sowohl Malaysia Airlines und KTM (die nationale Bahngesellschaft) gewähren Travellern mit Behinderungen 50 % Rabatt.

STROM

Der Strom hat in Malaysia eine Spannung von 240 V bei 50 Hz; Steckdosen sind dreipolig.

TELEFON

Wessen heimischer Anbieter weltweites Roaming anbietet, kann sich bei Ankunft automatisch mit einem GSM-Netzwerk in der Region verbinden. Wessen Anbieter das nicht anbietet, kann sich bei Ankunft eine Prepaid-Karte kaufen (Pass erforderlich) und sich mit einem lokalen Netzwerk verbinden.

Ortsgespräche und SMS kosten rund 36 Sen.

Es gibt drei große Handyanbieter, die ähnliche Preise für Telefonate und Prepaid-Pakete verlangen:

Celcom (www.celcom.com.my) Der beste Anbieter, falls man in entlegenen Regionen von Sabah und Sarawak unterwegs ist.

DiGi (http://new.digi.com.my)

Maxis (www.maxis.com.my)

TOILETTEN

Es gibt zwar noch einige asiatische Hocktoiletten, doch meist findet man die westliche Variante vor. In öffentlichen Einrichtungen gibt's kein Papier, sondern einen Schlauch, den man wie ein Bidet nutzen soll. In billigeren Einrichtungen findet man oft nur einen Eimer und einen Wasserhahn vor. Wer das nicht mag, sollte eine Packung Taschentücher oder Toilettenpapier be sich tragen.

TOURISTENINFORMATION

Tourism Malaysia (www.tourism.gov.my) unterhält ein Netz von Büros im Ausland, die bei der Reisevorbereitung nützlich sein können. Leider sind die Büros im Land selbst weniger hilfreich. Nichtsdestotrotz gibt's einige gute Broschüren und eine ausgezeichnete Karte von Malaysia.

In Malaysia gibt's außerdem einige staatliche Organisationen, die den Tourismus fördern sollen; diese haben oft detaillierte Informationen über bestimmte Gebiete.

Sabah Tourism (www.sabahtourism.com)

Pahang Tourism (www.pahangtourism.org.my)

Perak Tourism (www.peraktourism.com.my)

Sarawak Tourism (http://sarawaktourism.com)

Penang Tourism (www.visitpenang.gov.my)

Tourism Johor (http://tourism.johor.my)

Tourism Selangor (www.tourismselangor.my)

Tourism Terengganu (http://tourism.terengganu.gov.my)

VISA

Jeder Malaysiabesucher braucht einen Pass, de nach der Einreise in Malaysia noch mindestens sechs Monate gültig ist. Nachfolgend ein kurzer Überblick zu anderen Anforderungen. Detaillierte Informationen zu Visabestimmungen sind au www.kln.gov.my zu finden.

Je nach der voraussichtlichen Aufenthaltsdauer bekommen die meisten Besucher bei ihrer Einreise ein Visum für 30 bis 60 Tage. Allgemein gilt, dass Flugreisende bei ihrer Ankunft ein 60-Tage-Visum erhalten. Wer auf dem Landweg anreist, darf oft nur 30 Tage bleiben, es sei denn man bittet um eine Genehmigung für 60 Tage. Einwanderungsbehörden vergeben Verlängerungen für bis zu drei Monaten.

Sarawak und Sabah sind halbautonom. Touristen müssen durch die Passkontrolle und bekommen ihre Pässe abgestempelt, wenn sie:

- von der Malaiischen Halbinseln oder dem Föderalen Bezirk Pulau Labuan nach Sabah oder Sarawak einreisen;

- Sabah oder Sarawak in Richtung Malaiische Halbinsel oder Pulau Labuan verlassen;
- zwischen Sabah und Sarawak hin- und herreisen.

Wenn man aus einem anderen Teil Malaysias nach Sabah oder Sarawak einreist, ist der neue Visumsstempel nur für die verbleibende Zeit des ursprünglichen malaysischen Visums gültig. In Sarawak kann man sein Visum einfach verlängern lassen, wenn man kurz nach Brunei oder Indonesien einreist (über die Landgrenze zwischen Tebedu–Entikong).

ZOLLBESTIMMUNGEN

Bei der Einreise nach Malaysia darf man Folgendes zollfrei einführen:

- 1 l Alkohol
- 225 g Tabak (200 Zigaretten oder 50 Zigarren)
- Souvenirs und Geschenke, die unter 200 RM (500 RM aus Labuan oder Langkawi) kosten

Kameras, tragbare Radios, Parfüm, Kosmetikartikel und Uhren sind zollfrei. Zu verbotenen Gegenständen gehören Waffen (auch Imitationen), Feuerwerkskörper und „obszöne oder schädliche Artikel" (z. B. Pornografie und Artikel, die als aufrührerisch gelten oder den Islam beleidigen). Auf Drogenhandel steht die Todesstrafe.

Besucher dürfen nicht mehr als ca. 8700 Euro in Ringgit oder einer anderen Währung nach Malaysia ein- oder aus Malaysia ausführen.

An- & Weiterreise

AUF DEM LANDWEG

Visas bei der Ankunft gibt's bei Grenzübergängen nach Brunei, Indonesien, Singapur und Thailand.

AUF DEM SEEWEG

Indonesien

Die Hauptfährenrouten zwischen Indonesien und Malaysia sind wie folgt.

- Bengkalis (Sumatra) nach Melaka
- Pulau Batam nach Johor Bahru
- Dumai (Sumatra) nach Melaka
- Medan (Sumatra) nach Penang
- Pekanbaru (Sumatra) nach Melaka
- Tanjung Pinang Bintan nach Johor Bahru
- Tanjung Balai (Sumatra) nach Pelabuhan ...ang und Kukup
- Tarakan (Kalimantan) nach Tawau

Singapur

Singapur bietet einige regelmäßige Fährverbindungen nach Malaysia. Schiffsfahrten in der Region sind bei Einheimischen ebenfalls sehr beliebt.

Thailand

Mit der Fähre gelangt man von Kuah auf Pulau Langkawi nach Satun an der thailändischen Küste – und von November bis Mitte Mai nach Ko Lipe. Wer in eine der beiden Richtungen reist, sollte darauf achten, einen Stempel im Reisepass zu erhalten.

FLUGZEUG

Die meisten internationalen Flüge kommen am Kuala Lumpur International Airport (KLIA; www.klia.com.my), 75 km südlich von Kuala Lumpur (KL) an. Er bietet zwei Terminals, wobei den KLIA2 hauptsächlich Billigflieger ansteuern (KLIA2 ist AirAsias Drehkreuz). Es gibt auch Direktflüge von Asien und Australien nach Penang, Kuching, Kota Kinabalu und in ein paar andere Städte. Malaysia Airlines (www.malaysiaairlines.com) ist die nationale Fluggesellschaft.

Unterwegs vor Ort

AUTO & MOTORRAD

Im Vergleich zu den meisten asiatischen Ländern ist das Fahren in Malaysia fantastisch. Der Staat hat viel in die Straßen investiert und diese sind in der Regel von hoher Qualität. In der Regel stehen neuwertige Leihwagen zur Verfügung und Benzin ist preiswert (rund 2,20 RM pro Liter).

Nicht alles ist jedoch rosig. Das Fahren in Städten, besonders in KL, kann wegen des Verkehrs und der verwirrenden Einbahnstraßen ein Alptraum sein. Malaysische Autofahrer beachten die Verkehrsregeln nicht immer und stellen daher des Öfteren ein Sicherheitsrisiko dar. Sie sind vielleicht nicht so rücksichtslos wie die Fahrer andernorts in Südostasien, aber sie gehen dennoch Risiken ein. Zum Beispiel halten sich die wenigsten Fahrer an die offizielle Geschwindigkeitsbegrenzung von 100 km/h, die auf den meisten Autobahnen gilt. Dichtes Auffahren ist generell ein Problem.

Ein 1,3-l-Proton Saga, eines der billigsten und beliebtesten Autos in Malaysia, kostet ohne Kilometerbegrenzung rund 190 RM pro Tag oder 1320 RM pro Woche; inklusive Versicherung und Schadenersatzverzichtklausel bei Kollisionen.

BUS

Busfahren in Malaysia ist günstig und im Allgemeinen bequem. Plätze können direkt bei den Anbietern oder online (z. B. über www.easybook.com) reserviert und bezahlt werden. Einige Busfahrer fahren viel zu schnell, was häufig zu – oft tödlichen – Unfällen führt.

Das Konsortium Transnasional Berhad (www.ktb.com.my) ist Malaysias größter Busanbieter. Er betreibt **Transnasional** (☎ 03-4047 7878; www.transnasional.com.my), **Nice** (Karte S. 422 f.; ☎ 013-220 7867; www.nice-coaches.com.my; Kuala Lumpur), **Plusliner** (S. 521) und **Cityliner** (☎ 03-4047 7878; www.cityliner.com.my). Die Busse sind oft langsamer als die der Konkurrenz, waren aber auch öfter in große Unfälle verwickelt. Konkurrenz kommt auf den längeren Stecken von einigen privaten Busunternehmen, z. B. Aeroline (www.aeroline.com.my) und Super Nice (www.supernice.com.my). Auf den wichtigsten Strecken verkehren so viele Busse, dass man auch spontan auftauchen und im nächsten Bus einen Platz bekommen kann.

Fernbusse sind oft klimatisiert und ähneln oft Kühlschränken – unbedingt einen Pulli mitbringen!

In größeren Städten findet man manchmal gleich mehrere Busbahnhöfe. Lokale und regionale Verbindungen starten oft von einem anderen Haltepunkt als Langstreckenbusse. In anderen Fällen, z. B. in KL, gibt's zudem mehrere Busbahnhöfe für ganz unterschiedliche Reiseziele.

Busreisen abseits der Haupttouristenpfade sind einfach: Kleine Orte und Dörfer (*kampung*) im ganzen Land sind an das öffentliche Busnetz angeschlossen. Leider sind sie oft schlecht ausgeschildert und manchmal findet man den Bus nur mithilfe von Einheimischen. Diese Busse sind alle super billig und bieten einen guten Einblick ins Landleben. In den meisten Städtchen gibt's keinen Fahrkartenschalter, man kauft seine Fahrkarte nach dem Einsteigen beim Schaffner.

FAHRRAD

Radfahren in Malaysia und umliegenden Ländern wird immer beliebter. Das Straßensystem ist gut ausgebaut und die Straßenoberflächen sind in gutem Zustand. Dagegen hält sich das Nebenstraßensystem in Grenzen. Die Straßenzustände sind in den meisten Gegenden gut genug für Tourenräder, abseits der üblichen Routen empfiehlt sich ein Mountainbike.

KL Bike Hash (www.klmbh.org) hat jede Menge nützliche Infos zum Radfahren und Links zu anderen malaysischen Fahrrad-Websites. Ebenfalls empfehlenswert ist Bicycle Touring Malaysia (www.bicycletouringmalaysia.com).

FLUGZEUG

Die beiden größten inländischen Gesellschaften sind **Malaysia Airlines** (MAS; ☎1300 883 000, international 03-7843 3000; www.malaysiaairlines.com) und **AirAsia** (☎600 85 8888; www.airasia.com).

Die Tochtergesellschaft **Firefly** (☎03-7845 4543; www.fireflyz.com.my) von Malaysia Airlines bietet Flüge von KL (SkyPark Subang Terminal) nach Ipoh, Johor Bahru, Kerteh, Kota Bharu, Kuala Terengganu, Langkawi und Penang. Firefly bietet auch Verbindungen zwischen Penang und Langkawi, Kuantan und Kota Bharu, Ipoh und JB, und JB und Kota Bharu. **Malindo Air** (☎03-7841 5388; www.malindoair.com) bietet ebenfalls viele Verbindungen zwischen malaysischen Städten und Städtchen.

In Malaysisch-Borneo bietet Malaysia Airlines Tochtergesellschaft MASwings (S. 484) Inlandsflüge innerhalb von – sowie zwischen – Sarawak und Sabah; Miri ist der Verkehrsknotenpunkt.

NAHVERKEHR

In allen großen Städten gibt's Taxis. Die meisten sind mit Taxametern ausgestattet, aber man kann sich nicht immer darauf verlassen, dass Fahrer sie auch einschalten.

In George Town und in Melaka ergänzen Fahrradrikschas die Taxis. Sie eignen sich prima, um die alten Stadtteile zu erkunden, die aus vielen engen Gassen bestehen.

In den größten Städten gibt's auch Busse. Sie sind extrem billig und bequem – wenn man erst mal herausgefunden hat, wohin sie hinfahren. KL bietet außerdem Pendelzüge, eine Stadtbahn (LRT) und eine Monorail.

In Malaysisch-Borneo ist man außerhalb der großen Städte auf sich allein gestellt und muss entweder laufen oder trampen. Im Dschungel greift man auf Flussboote und Flugzeuge zurück oder geht alternativ lange Strecken zu Fuß.

SCHIFF/FÄHRE

Zwischen Malaysisch-Borneo und der Halbinsel gibt's keine Verbindung. Regionale Fähren und Boote verkehren zwischen der Halbinsel und den Inseln vor der Küste sowie auf den Flüssen von Sabah und Sarawak. Einige Fährbetriebe halten sich an keine Sicherheitsregeln und lokale Behörden gibt's oft schlichtweg nicht. In ein überladenes oder seeuntauglich wirkendes Boot sollte man auf keinen Fall einsteigen – für seine Sicherheit ist man hier ganz alleine verantwortlich!

TRAMPEN

Trampen ist nie vollkommen sicher und wir können es deswegen nicht empfehlen. Reisende, die sich entscheiden zu trampen, sollten sich klar darüber sein, dass sie ein kleines, aber potenziell ernstes Risiko eingehen. Wer trampen will, sollte sich zu zweit auf den Weg machen und andere wissen lassen, wohin man unterwegs ist.

ZUG

Malaysias privatisierte nationale Eisenbahngesellschaft **Keretapi Tanah Melayu** (S. 430) bietet einen modernen, komfortablen und günstigen Service, allerdings gibt's nur zwei Routen.

Die eine Strecke führt von Singapur an der Westküste entlang über KL und Butterworth bis nach Thailand. Es gibt eine kurze Nebenstrecke nach Butterworth, dem Ausgangspunkt zur Insel Penang. Die andere zweigt in Gemas ab und windet sich von dort aus durch Kuala Lipis in die nordöstliche Ecke des Landes nahe Kota Bharu in Kelantan. Diese „East Coast Railway" wird oft auch einfach als „Dschungellinie" bezeichnet.

Auf der Westlinie verbindet mittlerweile ein schneller elektrischer Zug Gemas mit Padang Besar an der thailändischen Grenze. Die vollständige Elektrifizierung auf dieser Seite der Halbinsel soll 2020 abgeschlossen sein.

Myanmar (Birma)

95 / CA. 54,94 MIO. EW.

Inhalt ➡

chön bernachten

Ostello Bello (S. 550)

Pickled Tea Hostel (S. 527)

La Maison Birmane . 550)

Mr Charles Guest House . 570)

edewendungen

allo ming·guh·la·ba

uf Wiedersehen thwà·- ·naw

anke jày·zù ding·ba·de

prechen Sie Englisch? ·guh·lay'·loh byàw·da'· uh·là

Auf nach Myanmar!

Jetzt ist der perfekte Zeitpunkt für einen Besuch dieses kaum bekannten, von goldenen Pagoden und Klöstern durchzogenen Landes, in dem traditionelle asiatische Lebensweisen bis heute überdauern. Myanmar brummt nach dem Ende der rund 40 Jahre andauernden Unterdrückung durch die Militärherrschaft vor neuer hoffnungsvoller Energie, auch wenn das Land bis zur Demokratie noch einen weiten Weg vor sich hat. Trotz der jüngsten Veränderungen bleibt Myanmar ein magischer Ort und vom Massentourismus weitgehend unberührt.

Bei einer Reise durch Myanmar kann man den Stress des modernden Lebens hinter sich lassen und in tollen Landschaften schwelgen, die von saftig grünem Urwald über endlose Flüsse und imposante Berge bis zu unberührten Palmenstränden reichen. Der Urlaub und das Leben gehen hier einen gemächlichen Gang und bieten jede Menge Zeit zur Reflexion. Aber das Beste sind die Menschen: freundlich, humorvoll, interessiert, zuvorkommend, neugierig und begeisterungsfähig.

Reisezeit

Yangon

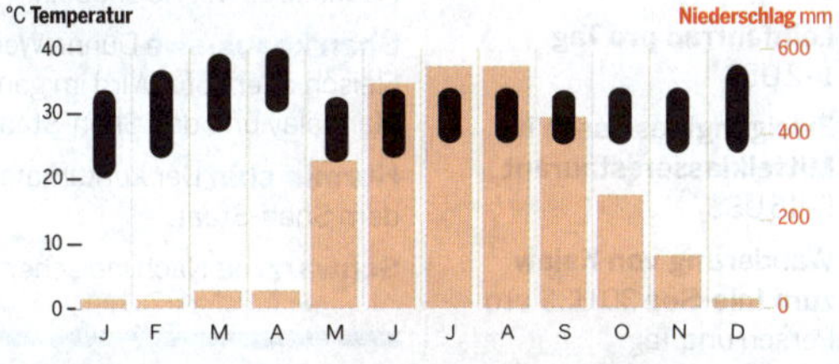

Dez.–Feb. Beste Zeit für einen Besuch, aber Hochsaison; Hotels und Transport vorab buchen.

April Die heißeste Zeit des Jahres; in den Bergen des Chin- bzw. Shan-Staats wartet Abkühlung.

Mai–Okt. Weniger Besucher in der Regenzeit, aber auch unpassierbare Straßen in entlegenen Gegenden.

AUF EINEN BLICK

Geld Nur Barzahlung

Handys Prepaid-SIM-Karten sind fast überall erhältlich.

Sprache Birmanisch

Visa 28 Tage

Währung Myanmarischer Kyat (K)

Kurzinfos

Fläche 676 578 km²

Hauptstadt Nay Pyi Taw

Notfall Polizei (Yangon) 199

Wechselkurse

Der US-Dollar ist die einzige Fremdwährung, die bereitwillig gewechselt und/oder als Zahlungsmittel für Waren und Dienstleistungen akzeptiert wird.

Eurozone	1 €	1622 K
Schweiz	1 SFr	1532 K
USA	1 US$	1358 K

Die aktuellen Wechselkurse gibt's unter www.xe.com.

Preise

Hostel oder Pension
10–40 US$

Leihfahrrad pro Tag
1–2 US$

Zweigängiges Essen im Mittelklasserestaurant
5–15 US$

Wanderung von Kalaw zum Inle-See 30 US$ pro Person und Tag

Nicht versäumen

Myanmar ist eins der frommsten buddhistischen Länder de[r] Welt. Yangons Shwedagon Paya, Mandalays Mahamuni Paya und Bagans Tempelebene sind die Hauptsehenswürdigkeiten, aber es gibt noch viele weitere beeindruckende religiöse Stätten. Der mächtige Shwemawdaw Paya ragt über Bago auf, während das kaum besuchte Mrauk U, die ehemalige Hauptstadt des Rakhine-Staats, mit jahrhundertealten Tempeln und Klöstern aufwartet. Außerdem kann man sich unter die Pilger mischen, die zum Mount Kyaiktiyo strömen, um am de[r] Schwerkraft trotzdenden Goldenen Felsen zu beten.

REGIONEN AUF EINEN BLICK

Yangon bietet legendäre Tempel, geschäftige Märkte und die landesweit beste Auswahl an Restaurants, während Südmyanmar mit leicht zugänglichen Stränden, Tempeln und einzigartigem Kunsthandwerk lockt. In Südostmyanmar warten die schönsten Strände und die Pilgerstätte am magischen Mount Kyaiktiyo (Goldener Felsen). Bagan und Zentralmyanmar beherbergen Tausende weit verstreute Tempel und die berühmten Lackwaren. In Ostmyanmar kann man über den Inle-See schippern und durch Minderheiten-Dörfer wandern. Mandalay, Myanmars kulturelle Hauptstadt, bietet Tanz- und Marionettendarbietungen sowie weitere Klöster und Tempel. In Nordmyanmar leben zahlreiche Minderheiten, während die Landschaft mit Bergen und Bootstouren auf dem Ayeyarwady lockt. In Westmyanmar schließlich kann man die Ruhe der Chin-Berge genießen oder am Strand in Ngapali entspannen.

Essen & Trinken

Ăthouq Leichte, herzhafte und scharfe Salate aus rohem Gemüse oder Obst mit Zitronensaft, Zwiebeln, Erdnüssen un[d] Chilis. Weitverbreitet ist *leq-p'eq thouq*, der fermentierte Teeblätter enthält.

Mohinga (moun-hinga) Beliebtes Frühstücksgericht aus Fischsuppe mit Reisnudeln.

Shan khauk-swe Dünne Weizennudeln in leichter Brühe m[it] Fleisch oder Tofu. Wird im ganzen Land gegessen, ist aber fü[r] Mandalay und den Shan-Staat typisch.

Htamin chin Der kurkumafarbene Reissalat stammt aus dem Shan-Staat.

Schwarztee Nach indischer Art: süß und mit viel Milch.

Einreise

Internationale Flüge landen auf den Flughäfen Yangon oder Mandalay. Man kann aus Mae Sai, Mae Sot, Ranong und Phu Nam Ron in Thailand auch auf dem Landweg nach Myanmar einreisen, ebenso wie aus Ruili in China und Moreh in Indien, aber für die beiden Letzteren benötigt man eine Genehmigu[ng]

Highlights

1 **Shwedagon Paya** (S. 526) Sich vom wichtigsten buddhistischen Tempel des Landes und dem lebendigen Flair Yangons verzaubern lassen.

2 **Inle-See** (S. 549) Länger als geplant zwischen schwimmenden Dörfern, Klöstern auf Stelzen und Wassergärten verweilen.

3 **Bagan** (S. 572) Von der oberen Terrasse eines *paya* die Schönheit eines nebligen Morgens erleben, der über 4000 Tempeln anbricht.

4 **Kalaw** (S. 553) Die Hügel, Wälder und Dörfer rund um den Inle-See erkunden.

5 **Mrauk U** (S. 582) Sich zwischen Hunderten Tempelruinen und Festungen in der früheren Rakhine-Hauptstadt verlieren.

6 **Mawlamyine** (S. 543) Architektur aus der Kolonialzeit, historische Pagoden und Strände ganz in der Nähe von dieser friedlichen Stadt erkunden.

7 **Hsipaw** (S. 569) Zwischen Wanderungen zu den umliegenden Dörfern ethnischer Minderheiten im lässigen historischen Hsipaw entspannen.

8 **Sagaing** (S. 566) Die ehemalige königliche Hauptstadt und ihr Höhlenkloster entdecken.

9 **Rih-See** (S. 586) Auf kaum genutzten Pfaden zu diesem geheimnisvollen See im abgeschiedenen Chin-Staat reisen.

YANGON

☎01 / 4 728 524 EW.

Yangon (ရန်ကုန်), Myanmars größte Stadt, ist momentan mit Abstand die aufregendste Stadt des Landes. Ehemalige politische Exilanten, asiatische Investoren und ausländische Abenteurer strömen in Scharen hierher. Als kommerzielles und kulturelles Zentrum Myanmars spiegelt Yangon die Veränderungen seit der Öffnung des Landes am besten wider. Neue Restaurants, Bars und Geschäfte sprießen wie Pilze aus dem Boden und überall sieht man Baustellen – und Staus.

In vielerlei Hinsicht hat sich Yangon, früher Rangun, jedoch kaum verändert. Das Herz der Stadt ist und bleibt der Shwedagon Paya. Um diesen atemberaubenden goldenen buddhistischen Sakralbau dreht sich hier alles. Rundum liegen die Parks und Seen, die den Yangonern Zuflucht vor dem städtischen Chaos bieten. Das Stadtzentrum, in dem auch die eindrucksvollste Kolonialarchitektur in ganz Südostasien zu finden ist, gleicht einem einzigen großen Markt unter freiem Himmel.

Sehenswertes

★Shwedagon Paya — BUDDHISTISCHER TEMPEL

(ရွှေတိဂုံဘုရား; Karte S. 536 f.; www.shwedagonpagoda.com; Singuttara Hill, Dagon; 8000 K; ⌚4–22 Uhr) In einer der heiligsten Stätten des Buddhismus steht dieser 99 m hohe *zedi* (Stupa), verziert mit 27 t Blattgold sowie Tausenden Diamanten und anderen Edel steinen. Er soll außerdem Haarsträhnen vo Siddhartha Gautama sowie Relikte dreie Buddhas enthalten.

Vier Eingangstreppen führen zur Haupt terrasse. Wem der Sinn nach Ruhe steht kommt am besten in der Morgendämme rung oder schaut sich von hier aus den Son nenuntergang an, bei dem der goldene Stu pa blutrot erstrahlt.

DOS & DON'TS

Dos

- Beim Betreten einer buddhistischen Stätte oder eines Hauses Schuhe ausziehen.
- Respektvoll kleiden: keine Shorts, kurzen Röcke oder freien Schultern.
- Fragen, bevor man jemanden fotografiert.

Don'ts

- Niemanden am Kopf berühren (auch keine Kinder).
- Nicht mit Buddha-Bildnissen posieren oder darauf sitzen.
- Nicht mit dem Fuß auf jemanden oder etwas zeigen – immer entschuldigen, falls man aus Versehen jemanden mit dem Fuß streift.

★Botataung Paya — BUDDHISTISCHER TEMPE

(ဗိုလ်တထောင်ဘုရား; Karte S. 532 f.; Strand Rc Botataung; 5 US$/6000 K; ⌚6–21 Uhr) Durc das weitläufige Areal am Fluss und die rela tiv niedrigen Besucherzahlen hat der Bota taung eine bodenständigere, spirituelle Atmosphäre als der Shwedagon oder de Sule Paya. Am originellsten ist der vom Bc den bis zur Decke vergoldete Zickzackkorr dor, der sich um das hohle Innere des 40 r hohen goldenen *zedi* (Stupa) schlängelt. Be merkenswert sind auch der Bronzebuddh der früher im königlichen Palast in Manda lay zu Hause war, und ein großer Teich m Hunderten Sumpfschildkröten.

Sule Paya — BUDDHISTISCHER STU

(ဆူးလေဘုရား; Karte S. 532 f.; Ecke Sule Pagoda Mahabandoola Rd, Pabedan; 3000 K; ⌚5–21 Uh Nicht jede Stadt kann sich damit rühme dass auf einem ihrer größten Verkehrskre sel ein 2000 Jahre alter goldener Temp steht. Der 46 m hohe *zedi*, der älter als d Shwedagon Paya sein soll, ist ein schön Beispiel für die Verschmelzung von mode nem asiatischem Geschäftsleben mit alt birmanischer Tradition.

★Chaukhtatgyi Paya — BUDDHISTISCHER TEMF

(ခြောက်ထပ်ကြီးဘုရား; Karte S. 536 f.; Shwegon ne Rd, Tamwe; ⌚6–20 Uhr) Dieser wundersch ne 66 m lange liegende Buddha ist in ein großen Halle mit Metalldach untergebrac Obwohl er größer ist als ein ähnliches, ab bekannteres Bildnis in Bago, haben vie noch nie von ihm gehört. Die Statue hat e gelassenes Gesicht mit Glasaugen und trä eine mit Diamanten und anderen Edelst nen besetzte Krone.

★Ngahtatgyi Paya — BUDDHISTISCHER TEM

(ငါးထပ်ကြီးဘုရား; Karte S. 536 f.; Shwegondine Tamwe; ⌚6–20 Uhr) Zu den schönsten Bu dha-Bildnissen in Yangon, wenn nicht sog in ganz Myanmar, zählt dieser 14 m ho sitzende Buddha im Ngahtatgyi Paya. Die Gold und Weiß gekleidete gelassene Stat zieren zahlreiche Edelsteine. Allein weg les geschnitzten Hintergrunds aus Holz ohnt sich ein Besuch.

Nationalmuseum (Yangon) MUSEUM
(အမျိုးသားပြတိုက်; Karte S. 534 f.; ☎01-371 540; 66/74 Pyay Rd, Dagon; 5000 K; ⏲Di–So 9.30–6.30 Uhr) Auch wenn die Sammlung des Museums oft erstaunlich schlecht beschriftet und beleuchtet ist, lohnen die Schätze in dem riesigen Gebäude einen Besuch. Das Highlight ist der spektakuläre, vor Juwelen trotzende 8 m hohe Sihasana (Löwenthron), der Thibaw Min gehörte, dem letzten König Myanmars. Eigentlich handelt es sich mehr um ein Eingangstor als einen Thron – aber egal, imposanter als die eigene Haustür ist er auf jeden Fall.

Mahabandoola Garden PARK
(မဟာဗန္ဓုလပန်းခြံ; Karte S. 532 f.; Mahabandoola Garden St, Kyauktada; ⏲6–18 Uhr) GRATIS Im Herzen des Stadtzentrums lädt dieser Park zu einem netten Spaziergang ein und gewährt einen schönen Blick auf die historischen Gebäude ringsum, darunter das Rathaus, das Oberste Gericht und das alte Kaufhaus Rowe & Co, heute eine Bank.

Die auffälligste Attraktion im Park ist das **Unabhängigkeitsdenkmal** (Karte S. 532 f.; လွတ်လပ်ရေးကျောက်တိုင်; Mahabandoola Garden, Kyauktada) GRATIS, ein 50 m hoher weißer Obelisk, umringt von zwei konzentrischen Kreisen mit *chinthe* (Gottheiten, die halb Löwe, halb Drache sind). Einen Kinderspielplatz gibt's auch.

Musmeah-Yeshua-Synagoge SYNAGOGE
(Karte S. 534 f.; ☎01-252 814; 85 26th St, Pabedan; ⏲Mo–Sa 10–13 Uhr) In der Mitte dieses liebevoll erhaltenen Bauwerks aus dem Jahr 1896 befindet sich die *bimah* (Plattform mit einem Lesetisch für die Thora) und im Stockwerk darüber der Frauenbalkon. Auf der hölzernen Decke ist der originale blau-weiße Davidstern zu sehen. Um sicherzustellen, dass man die Synagoge auch wirklich betreten kann, kontaktiert man am besten Sammy Samuels unter info@myanmarshalom.com.

Kandawgyi-See SEE
(ကန်တော်ကြီး; Karte S. 536 f.; Kan Yeik Thar Rd, Dagon; 3000 K) Diesen künstlichen See, auch Royal Lake genannt, legten die Briten als Reservoir an. Am schönsten ist er bei Sonnenuntergang, wenn sich in seinem ruhigen Wasser der glitzernde Shwedagon Paya spiegelt. Der Fußweg, der vor allem an der Süd- und Westseite des Sees verläuft (und den man kostenlos nutzen darf), ist ideal zum Joggen oder für einen Spaziergang am frühen Morgen.

NICHT VERSÄUMEN

RUNDFAHRT MIT DER CIRCLE LINE

Auch wenn man manchmal das Gefühl hat, man würde in einer Waschmaschine im Schleudergang reisen, ist die **Yangon Circle Line** (Karte S. 532 f.; Waggon ohne/mit Klimaanlage 100/200 K; ⏲6.10, 8.20, 8.35, 10.10, 10.45, 11.30, 11.50, 13.05, 13.40, 14.25, 16.40 & 17.10 Uhr) eine unterhaltsame Art, durch die Stadt zu fahren. Sie bietet die Chance, mit anderen Passagieren und Händlern in den Pendlerzügen (einige haben klimatisierte Waggons) in Kontakt zu kommen und abgelegenere Ecken Yangons zu entdecken. Der Zug ist zwischen 10 und 16 Uhr sowie am Wochenende am wenigsten überfüllt.

Geführte Touren

★ **Uncharted Horizons** RADFAHREN
(Karte S. 532 f.; ☎09 97117 6085; www.uncharted-horizons-myanmar.com; 109 49th St, Botataung; Halb-/Ganztagestour Tag ab 42 000/65 000 K) Dieser Anbieter für Abenteuertouren wird von dem ebenso enthusiastischen wie kompetenten Österreicher Jochen Meissner geführt. Auf dem Programm stehen Radtouren rund um Yangon, darunter eine fantastische Tour nach Dalah und zur nahen Insel Seikgyi, auf denen man durch idyllisch-ländliche Dörfer radelt.

Schlafen

★ **Pickled Tea Hostel** HOSTEL $
(Karte S. 536 f.; ☎09-25090 3363; www.pickledteahostel.com; 11 Myaynigone Zay St, Sanchaung; B 15–18 US$, EZ/DZ 38/54 US$; ❄📶) Einladendes Hostel, das am Rand des angesagten Stadtteils Sanchaung und zu Fuß etwa 15 Minuten vom Shwedagon Paya entfernt liegt. Es bietet große, opulente Schlafsäle mit richtigen Betten und Schließfächern. Außerdem gibt's eine schöne Terrasse und drinnen einen kleinen Gemeinschaftsbereich. Die günstigeren der Privatzimmer teilen sich ein Bad.

★ **21 Hostel** HOSTEL $
(Karte S. 534 f.; ☎09 77518 5358; 21hostelmyanmar@gmail.com; 21 Bo Ywe Rd, Latha; EZ/DZ 10–20 US$; ❄📶) Dieses neue Hostel ist das einzige seiner Art in Yangon. Das 21 ersetzt Schlafsäle durch

„Kapseln“: In den kabinenartigen Zimmern erleben Traveller eine ganz private Erfahrung. Die Kapseln sind nicht sehr groß – die gemütlichen Betten nehmen fast den ganzen Raum ein – und teilen sich die sauberen, modernen Bäder. Im Café unten und im Gemeinschaftsbereich kann man prima abhängen, und die ganze Atmosphäre ist total relaxt.

★ Lil Yangon Hostel HOSTEL $
(Karte S. 532 f.; ☎ 09 79167 7731; www.littleyangonhostel.com; 102 39th St, Kyauktada; B 12–16 US$;) Beliebtes Hostel im Herzen der Innenstadt. Es bietet ausschließlich Schlafsäle mit vier bis acht Betten, teilweise nur für Frauen. Die billigsten Zimmer haben keine Fenster, aber alle sind ziemlich groß und verfügen über hohe Decken. Die Betten locken mit dicken Matratzen und das Personal ist freundlich und hilfsbereit. Die Rezeption und der Gemeinschaftsbereich befinden sich auf der einen Straßenseite, die Schlafsäle im Gebäude gegenüber.

Scott HOSTEL $
(Karte S. 534 f.; ☎ 01-246 802; http://scotthostelyangon.com; 198 31st St, Pabedan; B/3BZ 12/15 US$;) Um die Stufen zu der Schlafsälen und den oberen Stockbetten dieses ansprechenden teureren Hostels zu erklimmen, braucht man die Oberschenkel eines Bergsteigers. Es liegt nur wenige Schritte vom alten Scott Market entfernt, nach dem es auch benannt ist. Das umgebaute frühere Lagerhaus versprüht jede Menge Charme – über das Café im Erdgeschoss wacht zum Beispiel ein Schwarm von hölzernen Vögeln.

ABSTECHER

TWANTE တွံတေး

Twante, eine verschlafene, weitläufige Stadt, liegt etwa 40 Minuten Fahrt vorbei an scheinbar endlosen Reisfeldern westlich von Dalah im Ayeyarwady-Delta. Man kann sie von Yangon aus gut auf einem Tagesausflug besuchen. Ihre Hauptattraktionen sind der 2500 Jahre alte **Shwesandaw Paya** (ရွှေဆံတော်ဘုရား; 2000 K; ⌚ 6–21 Uhr), der angeblich Strähnen von Buddhas Haar enthält, und die interessanten **Oh-Bo-Töpferhütten** (အိုးဘို အိုးလုပ်ငန်း; ⌚ 8–18 Uhr) GRATIS, in denen man zusehen kann, wie Töpfe in unterschiedlichen Größen gefertigt werden.

Man erreicht Twante mit der ersten Fähre (einfach/hin & zurück 2000/4000 K, 5–21 Uhr, alle 15 Min.), die zwischen dem Pansodan-Pier in Yangon und Dalak verkehrt. Motorradtaxifahrer warten am Pier in Dalah und verlangen 10 000 K für die Hin- und Rückfahrt, einschließlich der Wartezeit an den Sehenswürdigkeiten. Ein Taxi aus Dalah kostet 30 000 K.

4 Rivers Youth Hostel HOSTEL $
(Karte S. 534 f.; ☎ 09 79988 7215; www.fourriver hostel.com; 79 12th St, Lanmadaw; B 10–15 US$;) In diesem Hostel in einem zwei stöckigen Gebäude im Herzen des Zentrum gibt's nur Schlafsäle. Fenster sucht man vergebens, aber die Räume sind sauber, wenn auch etwas klein, und haben bequeme Betten. Hinzu kommen ein kleiner Gemeinschaftsbereich und eine Küche. Das Persona gibt sich viel Mühe, die Gäste zufriedenzu stellen.

★ Loft Hotel HOTEL $
(Karte S. 534 f.; ☎ 01-372 299; www.theloftyangon com; 33 Yaw Min Gyi St, Dagon; EZ/DZ/Suite a 135/150/280 US$;) Über diesem Lagerhaus aus den 1960ern hat ein fleißige Designer jede Menge Feenstaub gestreu und es in ein hübsches Boutique-Hotel i sehr praktischer Lage verwandelt. Die Zimmer erinnern an New Yorker Lofts und d Suiten auf zwei Ebenen überzeugen mit fr liegenden Ziegelmauern, raumhohen Fenstern, kunstvollen Schwarz-Weiß-Drucke und zeitgenössischen Möbeln. Der Garte hinten ist eine echte kleine Oase.

Yama Hotel HOSTEL
(Karte S. 532 f.; ☎ 01-203 712; info.yamahotel@gma com; 195 Bo Myat Tun St, Botataung; B/EZ/DZ/2 25 000/65 000/78 000/91 000 K;) Dies Hostel versprüht nicht unbedingt Traveller-Flair, aber immerhin bekommt man er klassige Schlafsäle mit Vorhängen als Sich schutz, großen Schließfächern und eigene Bad. Die Privatzimmer sind geräumig u schlicht eingerichtet. Das Personal ist freun lich und das Haus bietet alles, was ma braucht, z. B. Waschmaschinen und ei Dachterrasse mit Panoramablick.

Essen

★ Lucky Seven BIRMANISC
(Karte S. 532 f.; ☎ 01-292 382; 138-140 49th St, zundaung; Tee & Snacks ab 400 K; ⌚ Mo–Sa 6–17.

Yangon

› bis 12 Uhr) Als die am zentralsten gelegene …liale einer kleinen Kette erstklassiger tradi…oneller Teestuben ist Lucky Seven weit …ehr als eine Anlaufstation für eine Tasse …e. Die Tische draußen an der Straße sind …n Grünzeug flankiert und es gibt sogar ei…n kleinen Zierteich. Die *mohinga* (dünne …eisnudeln in scharfer Fischbrühe; 600 K) … herausragend – am besten bestellt man …e mit knusprigem Flaschenkürbis oder ei…em herzhaften Blätterteigbrötchen.

Green Gallery THAILÄNDISCH $
(…arte S. 532 f.; ☎ 09 3131 5131; www.facebook.…m/yangongreengallery; 58 52nd St, Botataung; Gerichte 2300–6000 K; ⏲ Mo–Fr 12–15 & 18–21, Sa 13–15 & 18–21 Uhr; 📶) Dieses gemütliche, kunstvoll eingerichtete Lokal ist das hippste Thai-Restaurant der Stadt – abends unbedingt reservieren – und überzeugt mit toller Atmosphäre. Es wird von Bo geführt, einer freundlichen jungen Frau aus Myanmar, die früher in Thailand lebte. Das Essen – Currys, Suppen und Salate – ist superfrisch, authentisch scharf und großzügig portioniert.

Taing Yin Thar BIRMANISCH $
(Karte S. 529; ☎ 01-966 0792; www.taingyinthar.com.mm; Ecke May Kha & Parami Rd, Mayangone; Hauptgerichte 3000–6000 K; ⏲ 10–24 Uhr; 📶) In

diesem birmanischen Restaurant speist man in einem luftigen Raum mit Holzbalken oder auf der Veranda. Auf der Karte steht eine bunte Vielfalt einheimischer Gerichte, wie man sie sonst kaum finden dürfte, darunter auch zahlreiche vegetarische Optionen.

Feel Myanmar Food BIRMANISCH $

(Karte S. 534 f.; ☎ 01-511 6872; www.feelrestaurants.com; 124 Pyidaungsu Yeiktha St, Dagon; Gerichte ab 1500 K, Currys ab 2200 K; ⏲ 6–23 Uhr; 📶) Das Feel ist inzwischen eine Art Institution in Yangon und eine gute erste Anlaufstelle, wenn man die leckere birmanische Küche entdecken möchte. Es wartet stets eine große Auswahl frischer Gerichte – einfach an die Theke treten und auf das zeigen, was man möchte. Alle Gerichte werden mit Suppe, Salatteller und kleinem Dessert serviert. Draußen verkaufen weitere Stände Süßigkeiten und andere Leckereien zum Mitnehmen.

Nilar Biryani & Cold Drink INDISCH $

(Karte S. 534 f.; ☎ 01-253 131; 216 Anawrahta Rd, Pabedan; Biryanis ab 2600 K; ⏲ 4–23 Uhr) Vor dem kunterbunten indischen Imbiss sieht man riesige Kessel voller Gewürze, Brühe und Reis. Der Laden ist immer voll, und das aus gutem Grund: Die *biryanis* hier gehören – noch dazu zu diesem Preis – zu den besten Reisgerichten, die man je kosten wird. Die bebilderte Karte an der Theke bietet aber auch jede Menge Alternativen. Das Essen wird an den Tischen serviert.

Cherry Mann BIRMANISCH $

(Karte S. 534 f.; 78-80 Latha St, Latha; Gerichte 1500–7500 K; ⏲ 10.30–23 Uhr) Ein ausgezeichnetes und freundliches muslimisches Restaurant und eine gute Adresse für Kebabs, Currys und *biryanis*, serviert mit paratha (indischem Brot). Besonders gut sind die Kebabs, aber das gesamte Essen ist hygienisch einwandfrei und lecker. Wenn's voll ist, muss man vielleicht auf einen Tisch warten. Kein Alkoholausschank.

999 Shan Noodle Shop NUDELGERICHTE $

(Karte S. 532 f.; 130B 34th St, Kyauktada; Nudelgerichte ab 1500 K; ⏲ 6–19 Uhr) Die Tische sind in diesem engen Lokal hinter dem Rathaus auf zwei Ebenen verteilt. Auf der Karte stehen *Shàn k'auq swèh* (dünne Reisnudeln in leicht scharfer Hühnerbrühe) und *myi shay* (Nudelsuppe nach Mandalay-Art) sowie leckere Gerichte ohne Nudeln, etwa Shan-Tofu (der in Wirklichkeit aus Kichererbsenmehl gemacht wird) und köstlicher gelber Shan Reis mit Tomaten.

Aung Mingalar Shan Noodle Restaurant NUDELGERICHTE

(Karte S. 534 f.; Bo Yar Nyunt St, Dagon; Hauptgerichte 2000–4500 K; ⏲ 7–21 Uhr) In diesem au zwei Seiten zur Straße hin offenen Loka kann man gleichzeitig die köstlichen Nudel schlürfen und dabei Leute beobachten. E lockt mit entspannter Café-Atmosphäre un ist zum Mittagessen besonders beliebt. De Shan-Tofu hier sollte man probieren.

★ **Rangoon Tea House** BIRMANISCH $

(Karte S. 532 f.; ☎ 01-122 4534; www.rangoonte house.com; 77-79 Pansodan Rd, Kyauktada; Snack ab 2500 K, Gerichte ab 7500 K; ⏲ So–Do 8–22, Fr Sa bis 24 Uhr; 📶) Dieses stilvoll eingerichtet Hipster-Teehaus ist bei wohlhabenden Ein heimischen ebenso beliebt wie bei Trave lern und Auswanderern. Es serviert traditio nelle birmanische Küche und lokal inspirier te Cocktails sowie Currys und *biryanis* Auch alle üblichen Teehaus-Snacks sind e hältlich – Teeblatt-Salate, Samosas, *parath* (indisches Brot) und *bao* –, allerdings i größeren Portionen (daher auch der Preis Dafür sind sie weniger ölig als bei der Kon kurrenz.

★ **Rau Ram** FUSION-KÜCHE $

(Karte S. 532 f.; ☎ 09 45516 0657; www.rauram.co 64B Yay Kaw St, Pazundaung; Hauptgerichte 12 000 25 000 K; ⏲ Di–So 17–23 Uhr; 📶) Mit müheloser südostasiatischem Schick lockt dieses Resta rant östlich des Zentrums und trifft auch m den zum Teilen gedachten vietnamesisch in pirierten Gerichten voll ins Schwarze. D Hokkaido-Jakobsmuschel-Crudo ist eine e frischende Vorspeise, das *rendang* mit Wu zelgemüse oder *bo kho* (Rinderbrust- un Ochsenschwanz-Eintopf mit Knoblauchbro sind sättigende Hauptgerichte.

★ **Gekko** FUSION-KÜCHE

(Karte S. 532 f.; ☎ 01-254 041; www.gekkoyang com; 535 Merchant St, Kyauktada; Hauptgerich 12 000–28 000 K; ⏲ 11–23 Uhr; 📶) Dieses st volle, zu Recht beliebte Restaurant m Lounge-Bar im Erdgeschoss befindet sich i historischen Sofaer-Gebäude. Es serviert se ne eigene Interpretation japanischer u koreanischer Küche, darunter *yakito* (Grillgerichte), Ramen, scharfe Nudeln na koreanischer Art und Sushi. Alles wird der offenen Küche zubereitet. Die Cockta sind auch lecker und freitags gibt's zwisch 19 und 22 Uhr Livejazz.

STREETFOOD IN YANGON

Die Streetfood-Auswahl in Yangon ist nicht nur überwältigend, sondern auch eine Herausforderung (Schweineinnereien am Spieß gefällig?). Dies sind die besten Adressen, um einige der köstlichsten Streetfood-Leckereien zu probieren:

Samusa-Thoke-Verkäufer (Karte S. 532 f.; Merchant St, Pabedan; Gerichte 500 K; ⏲7–18 Uhr) Bei diesem Händler in der Nähe des Mahabandoola-Parks gibt's *samusa thoke* (köstliche klein geschnittene Samosas mit frischen Kräutern, in dünner Linsensoße serviert).

Bein-Mont-Verkäufer (Karte S. 532 f.; Ecke Bogyoke Aung San & Yay Kyaw Rd, Pazundaung; Pfannkuchen 200 K; ⏲6.30–10.30 Uhr) Die *bein mont* (leckere süße Pfannkuchen mit Nüssen und Saaten) bei diesem Verkäufer holen. Sie werden frisch vom Grill von einer *amay* (Mutter) serviert, die angeblich die besten in ganz Yangon zaubert. Ideal fürs Frühstück unterwegs.

Mote-Lin-Ma-Yar-Verkäufer (Karte S. 532 f.; Ecke Anawrahta Rd & 37th St, Kyauktada; 300 K; ⏲8–21 Uhr) Hier gibt's *mote lin ma yar*, auch unter ihrem Spitznamen „Pärchensnack" bekannt, weil die beiden kleinen Kugeln aus der klebrigen Mischung aus Reismehl, Ingwer, Salz, Zwiebeln und Zucker separat gegrillt und dann zu einer einzigen Portion vereint werden.

Stände mit Snacks vom Grill (Karte S. 534 f.; 19th St, Latha; Grillspieße ab 300 K; ⏲17–23 Uhr) Jeden Abend wird der Abschnitt der 19th Street zwischen der Mahabandoola und der Anawrahta Road von Dutzenden Ständen und Freiluftrestaurants bevölkert, die köstliche Snacks vom Grill zubereiten.

Shwe Bali (Karte S. 534 f.; 112 Bo Sun Pat Rd, Pabedan; Lassi pro Glas ab 600 K; ⏲10–22.30 Uhr) Hier kann man wunderbar cremige Lassis (indisches Joghurtgetränk) im Glas bestellen.

Buthi-Kyaw-Verkäufer (Karte S. 532 f.; Ecke Anawrahta & Thein Byu Rd, Pazuntaung; 1000 K; ⏲16–21 Uhr) Mit die knusprigsten frittierten Kürbisse im Teigmantel gibt's bei diesem Händler. Der Imbiss wird mit scharf-saurem Tamarinden-Dip gereicht.

★ Pansuriya BIRMANISCH $$
(Karte S. 532 f.; ☎09 77894 9170; www.facebook.com/pansuriyamyanmar; 102 Bo Galay Zay St, Botataung; ⏲7–22 Uhr) Das Pansuriya ist eine originelle Ergänzung zu der wachsenden Anzahl moderner, teurerer birmanischer Restaurants in Yangon. Es macht sich die Geschichte eines interessanten Gebäudes bestens zunutze und ist mit Andenken und Kunstwerken übersät, die teilweise zum Verkauf stehen. Die traditionellen Currys und Salate (den mit Tamarindenblättern sollte man probieren) sind so köstlich, dass man bestimmt wiederkommt.

Laung Myat BIRMANISCH $$
(Karte S. 534 f.; ☎09 3000 2687; 110 19th St, Latha; Hauptgerichte ab 4000 K, Grillgerichte ab 400 K; ⏲12–23.30 Uhr) Hier speiste auch Anthony Bourdain bei seinem Besuch in Yangon, und dieses Lokal ist noch immer das wahrscheinlich beliebteste der zahlreichen Grillrestaurants an der quirligen 19th Street. Die Grillgerichte werden nur abends serviert; man kann sich welche von den ausgestellten Spießen mit Fleisch, Meeresfrüchten und Gemüse aussuchen oder von der Karte bestellen.

Ausgehen & Nachtleben

★ Blind Tiger COCKTAILBAR
(Karte S. 532 f.; ☎09 78683 3847; www.blindtiger-yangon.com; 93/95 Seikkan Thar St, Kyauktada; Cocktails ab 6500 K; ⏲Mo–Sa 16–23 Uhr; 📶) Die Wände der neuen großzügigeren Räumlichkeiten des Blind Tiger zieren hauptsächlich riesige Gemälde von Mädchen aus Myanmar, deren Gesichter mit *thanakha* bemalt sind. Diese ehemalige Flüsterkneipe ist ihrem Schattendasein entflohen und gehört zu den besten Cocktailbars in Yangon. Während der Happy Hour (17 bis 19 Uhr) kosten ausgewählte Getränke nur die Hälfte. Die Burger und Tapas schmecken auch ganz hervorragend.

★ Penthouse COCKTAILBAR
(Karte S. 536 f.; ☎09 77123 9924; www.facebook.com/the-penthouse-201548120201732; 271-273 Bargaryar St, Sanchaung; ⏲11–23 Uhr; 📶) Diese ni-

Yangon Östliches Zentrum

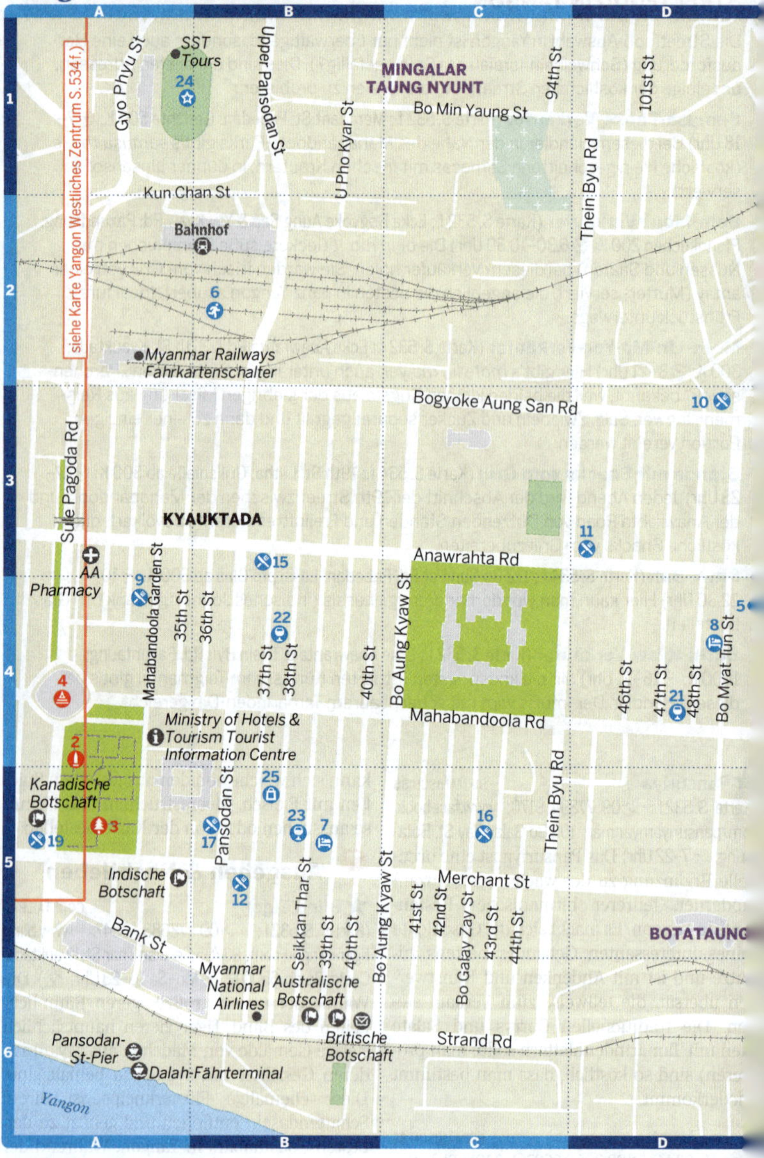

veauvolle Dachbar zieht die lokale Elite an. Wer von der großen Terrasse den Blick auf den Shwedagon Paya genießen will, muss sich in eine kleine Ecke quetschen, aber davon abgesehen schafft die hufeisenförmige Sitzordnung mit weichen Kissen und niedrigen Tischen ein sehr lässiges Ambiente zu Cocktailschlürfen.

7th Joint Bar & Grill B
(Karte S. 532 f.; ☎ 09 26369 0876; www.faceboo com/7thjoint; 6-a10 Shwe Asia Bldg, Ecke 48th St

Yangon Östliches Zentrum

Highlights
1 Botataung Paya E6

Sehenswertes
2 Unabhängigkeitsdenkmal A4
3 Mahabandoola Garden A5
4 Sule Paya A4

Aktivitäten, Kurse & Touren
5 Uncharted Horizons D4
6 Yangon Circle Line B2

Schlafen
7 Lil Yangon Hostel B5
8 Yama Hotel D4

Essen
9 999 Shan Noodle Shop A4
10 Bein-Mont-Verkäufer D3
11 Buthi-Kyaw-Verkäufer D3
12 Gekko B5
13 Green Gallery E5
14 Lucky Seven E3
15 Mote-Lin-Ma-Yar-Verkäufer B3
16 Pansuriya C5
17 Rangoon Tea House B5
18 Rau Ram E2
19 Samosa-Thoke-Verkäufer A5

Ausgehen & Nachtleben
20 50th Street Bar & Grill E5
21 7th Joint Bar & Grill D4
22 Anya Ahtar B4
23 Blind Tiger B5

Unterhaltung
24 Bogyoke Aung San Stadium A1

Shoppen
25 Bagan Book House B5
Hla Day .... (siehe 17)

ahabandoola Rd, Botataung; Bier 2000 K, Cock-
ils 5000 K; ⏲16–2 Uhr) Das 7th Joint ist der
eliebteste unter den Läden, die in Yangon
is nach Mitternacht geöffnet haben. Am
ochenende wird's hier so voll, dass man
ch kaum bewegen kann. Hier treffen sich

inzwischen hauptsächlich die Reichen der Stadt, aber man sieht auch noch ein paar Ausländer. Unter der Woche finden verschiedene Events statt, dann ist die Bar nicht so überlaufen.

Kosan Double Happiness Bar BAR

(Karte S. 534 f.; ☎09 42803 8032; www.kosanmyanmar.com; 19th St, Latha; Cocktails ab 900 K, Bier ab 1200 K; ⏲11–24 Uhr) Dieser Ableger des Kosan befindet sich am ruhigeren Nordende der 19th Street und gleicht viel eher einer Bar als das nahe **Original** (Karte S. 534 f.; ☎09 42803 8032; www.kosanmyanmar.com; 108 19th St, Latha; ⏲13–23 Uhr; 📶). Billiges Bier und Cocktails ziehen Einheimische und Traveller gleichermaßen an, was für besonders fröhliche Stimmung sorgt.

Yangon Westliches Zentrum

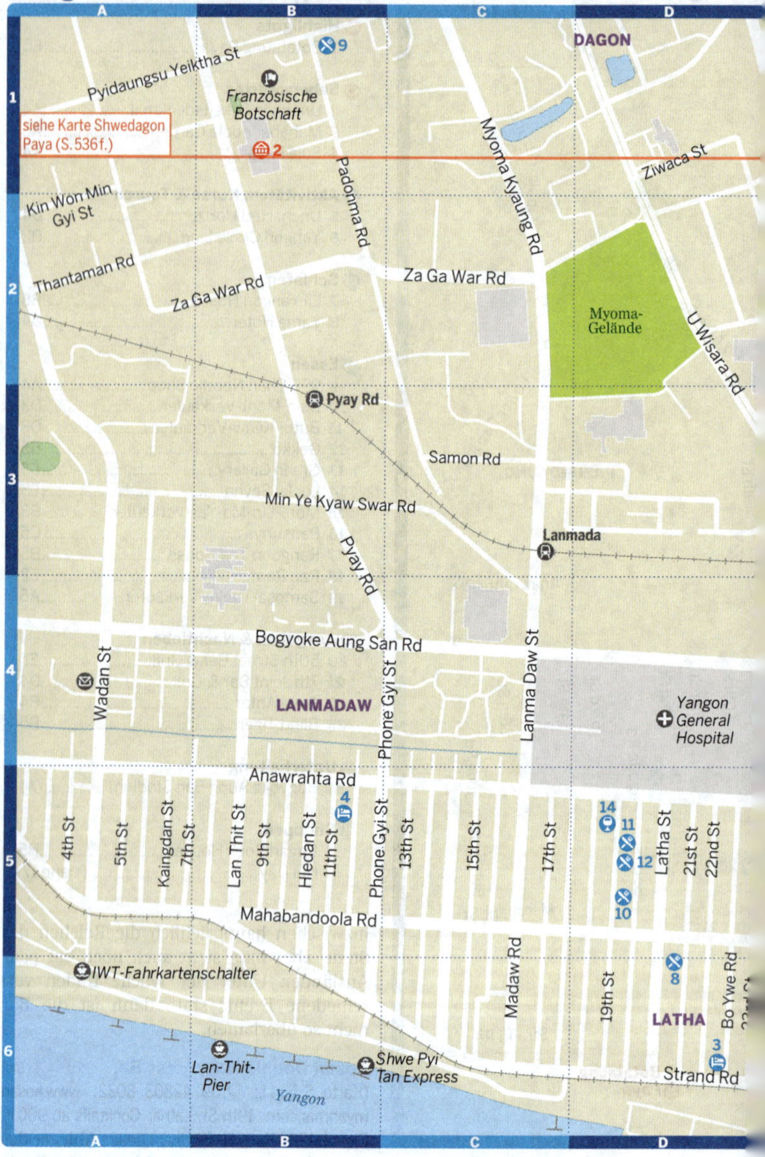

Anya Ahtar BAR
(Karte S. 532 f.; 136 37th St, Kyauktada; Bier 800 K; ⌚7–22.30 Uhr) Die schwarzen Wände dieses entspannten, etwas teureren Bierlokals zieren Gemälde myanmarischer Künstler. Abgesehen vom Alkohol locken vor allem die durchdachten Gerichte aus der Zentralregic Myanmars. Leckere Salate und Frül stücks-Bowls mit *mohinga* gibt's auch.

50th Street Bar & Grill BA
(Karte S. 532 f.; ☎01-397 060; www.50thstreetya gon.com; 9-13 50th St, Botataung; Bier ab 2200

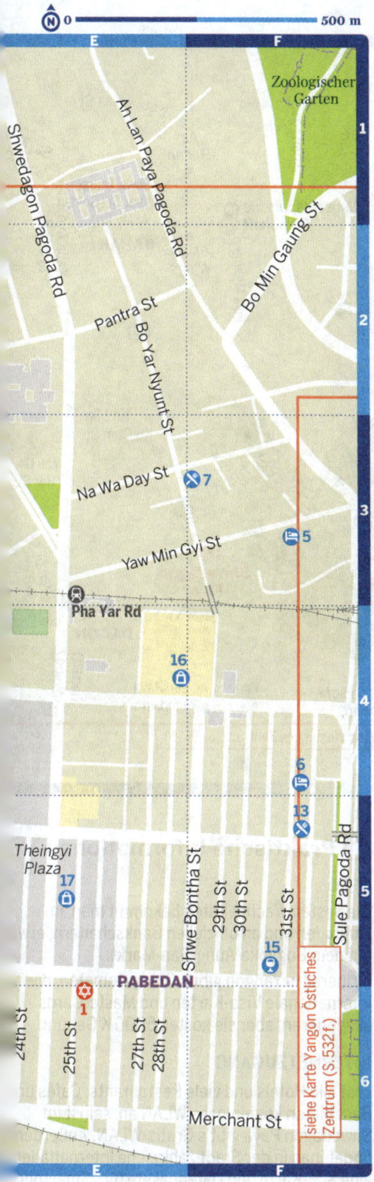

Yangon Westliches Zentrum

Sehenswertes
1 Musmeah-Yeshua-Synagoge E6
2 Nationalmuseum (Yangon) B1

Schlafen
3 21 Hostel D6
4 4 Rivers Youth Hostel B5
5 Loft Hotel F3
6 Scott F4

Essen
7 Aung Mingalar Shan Noodle Restaurant F3
8 Cherry Mann D6
9 Feel Myanmar Food B1
10 Straßenstände mit gegrillten Snacks .. D5
11 Kaung Myat D5
12 Kosan Café D5
13 Nilar Biryani & Cold Drink F5

Ausgehen & Nachtleben
14 Kosan Double Happiness Bar D5
15 Shwe Bali F5

Shoppen
16 Bogyoke-Aung-San-Markt E4
17 Theingyi Zei E5

ocktails ab 5500 K; ⏲11–24 Uhr; 📶) Das res-urierte Gebäude aus der Kolonialzeit be-erbergt eine der ältesten Yangoner Bars im estlichen Stil. Mit den abwechslungsrei-hen abendlichen Events, den kostenlosen illardtischen und Sport im Fernsehen zieht sie vor allem Auswanderer an. Happy Hour ist montags bis freitags von 18 bis 20 Uhr, am Sonntag den ganzen Tag. Pizza und Burger sind gut, aber ein bisschen teuer.

Shoppen

★ **Hla Day** KUNSTHANDWERK

(Karte S. 532 f.; ☎09 45224 1465; www.hladaymyanmar.org; 1. St., 81 Pansodan St, Kyauktada; ⏲10–21.30 Uhr) Hla Day bedeutet auf Birmanisch „schön", und dieser Laden ist in der Tat eine schöne Ergänzung zu Yangons steigender Zahl sozialer Unternehmen. Er verkauft hochwertige zeitgenössische und traditionelle Arbeiten lokaler Kunsthandwerker, die oft mit Behinderungen, Ausgrenzung und Armut zu kämpfen haben. Hier findet man farbenfrohe Frauen- und Kinderkleidung, Stofftiere, Briefpapier und Schreibwaren, Schmuck, Haushaltswaren und vieles mehr.

★ **Bogyoke-Aung-San-Markt** MARKT

(Karte S. 534 f.; Bogyoke Aung San Rd, Dagon; ⏲Di–So 10–17 Uhr) Auf dem weitläufigen überdachten Markt mit über 2000 Ständen und Myanmars größter Auswahl an Kunsthandwerk und Souvenirs – von Lackwaren über Schultertaschen bis zu Marionetten und Schmuck

Shwedagon Paya

– kann man leicht einen halben Tag verbringen. Manchmal wird noch der alte britische Name Scott Market verwendet.

Theingyi Zei MARKT
(Karte S. 534 f.; Shwedagon Pagoda Rd, Pabedan; ⌚9–19 Uhr) Auf Yangons größtem Markt im Zentrum gibt's vor allem gewöhnliche Haushaltswaren und Textilien, er ist aber auch für sein großes Angebot an traditionellen Kräutern, Kosmetikartikeln und Heilmitteln bekannt, die im Erdgeschoss des am weitesten östlich gelegenen Gebäudes verkauft werden.

Bagan Book House BÜCHER
(Karte S. 532 f.; ☎01-377 227; 100 37th St, Kyauktada; ⌚8.30–18.30 Uhr) Hat mit die umfangreichste Auswahl englischsprachiger Bücher über Myanmar und Südostasien und sogar Wälzer aus dem 19. Jh. im Sortiment. Der freundliche Besitzer U Htay Aung kennt seinen Bestand sehr gut.

ℹ Praktische Informationen

GELD

Die besten Wechselraten bekommt man am Flughafen und an offiziellen Bankschaltern, etwa auf dem Bogyoke-Aung-San-Markt.

Überall in Yangon gibt's Geldautomaten, die internationale Visa-Karten und MasterCards akzeptieren, aber sie kosten 5000 K Gebühr.

INTERNETZUGANG

Fast alle Hotels und viele Restaurants, Cafés und Bars bieten kostenloses WLAN an; selbst im Shwedagon Paya gibt's Gratis-WLAN. Außerdem findet man in der Stadt zahlreiche Internetläden; eine SIM-Karte und Datenpakete fürs Smartphone sind günstig zu bekommen.

Die Server-Geschwindigkeit hat sich zwar verbessert, ist aber immer noch langsamer als im Westen.

MEDIZINISCHE VERSORGUNG

In Yangon gibt's mehrere private und öffentliche Krankenhäuser, aber die Gebühren, der Service

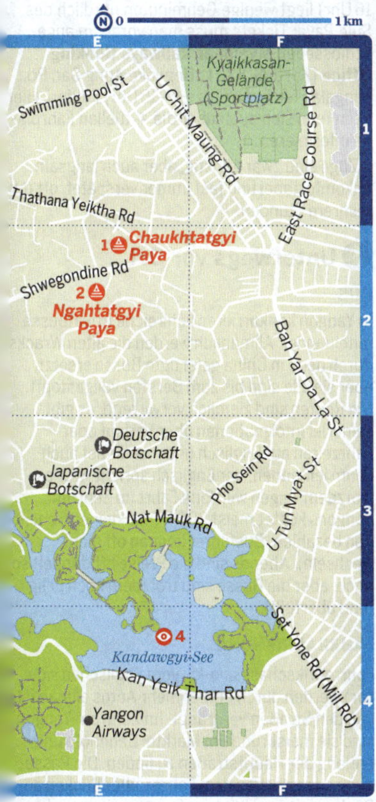

Shwedagon Paya

Highlights
1 Chaukhtatgyi Paya E2
2 Ngahtatgyi Paya E2
3 Shwedagon Paya C3

Sehenswertes
4 Kandawgyi-See E4

Schlafen
5 Pickled Tea Hostel B2

Ausgehen & Nachtleben
6 Penthouse B2

Shoppen
7 Marketplace by CityMart D2

nd die Qualität der Behandlung können variieren. ußerdem gibt's in der Stadt praktische Apotheen, z. B. in den CityMart-Supermärkten, die man **Marketplace by CityMart** (Karte S. 536 f.; hammazedi Rd, Bahan; ⌚9–21 Uhr) findet.

A Pharmacy (Karte S. 532 f.; ✆01-253 231; 42-146 Sule Pagoda Rd, Kyauktada; ⌚8–1 Uhr) Gleich nördlich des Sule Paya.

ternational SOS Clinic (Karte S. 529; ✆01-657 922; www.internationalsos.com; Inya ake Hotel, 37 Kaba Aye Pagoda Rd, Mayangoe) Diese Klinik ist bei Notfällen die beste ption in Yangon. Laut ihrer Werbung kooperert sie mit praktisch jeder internationalen rankenversicherung und hat ein rund um die hr geöffnetes Notfallzentrum.

OTFÄLLE

ei Notfällen und ernsten Problemen kann auch e eigene Botschaft mit Rat zur Seite stehen. Die folgenden Nummern sind nicht immer mit nglisch sprechenden Telefonisten besetzt; anchmal muss man sich von jemandem helfen ssen, der Birmanisch spricht.

Notarzt	✆192
Feuerwehr	✆191
Polizei	✆199

POST

Hauptpost (Karte S. 532 f.; 39-41 Bo Aung Kyaw St, Kyauktada; ⌚Mo–Fr 7.30–18 Uhr) Briefmarken gibt's im Erdgeschoss, Post aufgeben kann man im ersten Stock.

DHL (Karte S. 534 f.; ✆01-215 516; www.dhl.com; 58 Wadan St, Lanmadaw; ⌚Mo–Fr 8–18, Sa 14 Uhr) Kurier- und Paketdienst für weltweite Postdienstleistungen.

TOURISTENINFORMATION

Ministry of Hotels & Tourism Tourist Information Centre (MTT; Karte S. 532 f.; ✆01-252 859; www.myanmartourism.org; 118 Mahabandoola Garden St, Kyauktada; ⌚9–16.30 Uhr) Kann bei einigen Fragen rund um Yangon und zu Reisen in Myanmar weiterhelfen und hält ein paar offizielle Broschüren und kostenlose Karten bereit, bietet aber keine eigenen Tourismusprodukte mehr an und verweist bei spezifischeren Fragen an Reisebüros.

An- & Weiterreise

BUS

In Yangon gibt's zwei große Busbahnhöfe und man sollte reichlich Zeit einplanen, um sie zu erreichen.

Busbahnhof Aung Mingalar (Aung Mingalar St, Mingaladon) Am Nordostrand der Stadt; für Busse in den Norden von Myanmar sowie zum Kyaiktiyo (Goldener Felsen), nach Mawlamyine (Moulmein) und zu Zielen im Süden. Ein Taxi aus dem Zentrum von Yangon kostet 7000 K; die Fahrt dauert außerhalb der Stoßzeiten 45 bis 60 Minuten.

Busbahnhof Hlaing Thar Yar (Pathein Rd, Hlaing Thar Yar) Für Reisen in die Ayeyarwady-Region und zu Zielen westlich von Yangon, etwa zum Chaung Tha Beach, Ngwe Saung Beach und nach Pathein. Der Busbahnhof liegt westlich des Zentrums, auf der anderen Seite des Hlaing River; eine Fahrt mit dem Taxi (8000 K) dauert 45 bis 60 Minuten.

Die meisten Hotels und Reisebüros können Tickets buchen und einige Anbieter und Busunternehmen haben Büros am **Bogyoke-Aung-San-Stadion** (Karte S. 532 f.; ☎ 09 97207 6383; Gyo Phyu St, Dagon); man muss mit einer Kommission von 1000 K rechnen.

FLUGZEUG

Der **Yangon International Airport** (Karte S. 529; ☎ 01-533 031; Mingalardon; 📶) ist Myanmars größter Flughafen für internationale und nationale Verbindungen.

Zu den hier ansässigen Fluglinien gehören **Air Bagan** (Karte S. 536 f.; ☎ 01-504 888; www.airbagan.com; 56 Shwe Taung Kyar St, Bahan), **Air KBZ** (☎ 01-372 977; www.airkbz.com), **Air Mandalay** (Karte S. 529; ☎ 01-525 488; www.airmandalay.com; 1 (A) Pyay Rd, Hlaing), **Asian Wings** (Karte S. 536 f.; ☎ 01-512 140; www.asianwingsairways.com; 41 Shwe Taung Kyar St, Bahan), **Golden Myanmar Airlines** (Karte S. 529; ☎ 09 97799 3000; www.gmairlines.com; Sayar San Plaza, University Ave, Bahan), **Mann Yadanarpon Airlines** (Karte S. 529; ☎ 01-656 969; www.airmyp.com; 3 Thalarwaddy St, Mayangone), **Myanmar National Airlines** (Karte S. 532 f.; ☎ 01-378 603; www.flymna.com; 104 Strand Rd, Kyauktada) und **Yangon Airways** (Karte S. 536 f.; ☎ 01-383 100; www.yangonair.com; 8. St., MMB Tower, Pansondan St, Mingalar Taung Nyunt).

SCHIFF/FÄHRE

Entlang des Yangon River gibt's mehrere Anleger. Die folgenden sind für Traveller am nützlichsten:

Pansodan-Street-Pier (Karte S. 532 f.; Strand Rd, Kyauktada) Hier legen Fähren nach **Dalah** (Karte S. 532 f.; einfach/hin & zurück 2000/4000 K; ⏲ alle 15 Min. 5.30–21.30 Uhr) ab.

Lan-Thit-Pier (Karte S. 534 f.; Latha) Von hier unterhält **IWT** (Inland Water Transport; Karte S. 534 f.; Wadan-Pier) Fähren in die Delta-Städte Labutta, Myaungmya und Hpayapon. Hier erfährt man auch Näheres zu Fahrplänen und kann Tickets kaufen.

Shwe Pyi Tan Express (Karte S. 534 f.; ☎ 01-230 3003; www.shwepyitan.com; Phone Gyi St, Latha) Unterhält vom Phone-Gyi-Pier in Yangon täglich Expressfähren nach Bogalay.

ZUG

Der **Yangon Hauptbahnhof** (☎ 01-251 181; Khun Chan St, Mingalar Tuang Nyunt; ⏲ 6–16 Uhr) liegt wenige Gehminuten nördlich des Sule Paya; Tickets muss man vorab im angeschlossenen **Myanmar Railways Booking Office** (Karte S. 532 f.; Bogyoke Aung San Rd, Mingalar Taung Nyunt; ⏲ 7–15 Uhr) kaufen. Hier kann man sich auch über die aktuellen Fahrpläne informieren.

Züge sind zwar günstig, aber auch langsam, unkomfortabel und fast immer verspätet, oft um mehrere Stunden.

ℹ Unterwegs vor Ort

BUS

In Yangon konkurrieren zahlreiche Privatbusse miteinander. Allmählich werden die alten Wracks durch neue in China gefertigte Busse ersetzt, aber sie alle sind bis zum Bersten vollgestopft. Die Routen sind ziemlich verwirrend, es gibt keinerlei Informationen über Verlauf oder Fahrzeiten auf Englisch und man findet auch kaum jemanden, der Englisch spricht. Wer es trotzdem wagen will: Eine Fahrt im Zentrum Yangons kostet meist 200 K (mit kleinen Scheinen bezahlen, Busfahrer können oft nicht wechseln). Abends sind die Preise oft doppelt so hoch, aber die Busse sind trotzdem noch billig (und überfüllt).

FAHRRADRIKSCHA

Fahrradrikschas (*saiq-ka*, vom Englischen *side car*) werden durch immer mehr Autos allmählich von den Straßen verdrängt. Im Zentrum Yangon sind sie meist rund um Märkte, Bahnhöfe und entlang der Hauptstraßen zu finden. Die Passagiere sitzen neben dem Fahrer, aber Rücken an Rücken (einer schaut nach vorne, einer nach hinten). Eine kurze Fahrt kostet rund 1000 K. Die Rikschas sind allerdings nicht besonders bequem, vor allem, wenn man etwas größer oder breiter ist.

ZUM/VOM FLUGHAFEN

Taxifahrer warten direkt vor dem Abflugbereich des Flughafenterminals. Eine Fahrt ins Zentrum von Yangon (19 km) kostet 8000 K, aber einige Fahrer verlangen auch 10 000 K. Die Fahrt kann bis zu einer Stunde dauern, bei viel Verkehr noch länger.

TAXI

Yangons Taxis gehören zu den günstigsten in ganz Asien, obwohl die Fahrer keine Taxameter benutzen. Viele Fahrer sprechen zumindest ein wenig Englisch (es ist aber ratsam, sich das Fahrziel auf Birmanisch aufschreiben zu lassen) und sind fast durchweg ehrlich und höflich. Manche verlangen von Ausländern mehr, aber wenn man mit einem Lächeln auf den Lippen verhandelt, kann man sich mit ihnen normalerweise wieder auf den ursprünglichen Preis einigen.

VERKEHRSMITTEL UND -WEGE AB YANGON

Die folgende Tabelle listet Reisekosten und -dauer zwischen Yangon und anderen Hauptzielen in Myanmar auf.

ZIEL	BUS	ZUG	FLUGZEUG
Bago	1000 K, 2½ Std.	einfach/Luxus 1200/2400 K, 2 Std.	
Chaung Tha Beach	10 000 K, 7 Std.		
Dawei	einfach/VIP 15 300–23 500 K, 16 Std.	einfach/Luxus 5000/10 000 K, 24 Std.	110 US$, 65 Min.
Heho (zum Inle-See & nach Kalaw)			95 US$, 70 Min.
Hpa-an	8000 K, 7–8 Std.		
Hsipaw	einfach/VIP 15 000/21 500 K, 15 Std.		145 US$ (nach Lashio), 1¾ Std.
Kalaw	einfach/VIP 15 000/18 500 K, 10–12 Std.		95 US$ (nach Heho), 70 Min.
Kyaikto	8000 K, 5 Std.	einfach/Luxus 1200/2400 K, 4–5 Std.	
Lashio	einfach/VIP 15 000/20 300 K, 15 Std.		145 US$, 1¾ Std.
Loikaw	13 300 K, 15 Std.		95 US$, 50 Min.
Mandalay	einfach/VIP 11 000/20 500 K, 9 Std.	einfach/Luxus/Schlafwagen 4650/9300/12 750 K, 15½ Std.	100 US$, 1 Std.
Mawlamyine	einfach/VIP 6000/10 000 K, 7 Std.	einfach/Luxus 2200/4200 K, 9–11 Std.	93 US$, 40 Min.
Myitkyina	einfach/VIP 38 000/48 000 K, 22 Std.		140 US$, 1½ Std.
Nay Pyi Taw	einfach/VIP 5000/8000 K, 5–6 Std.	einfach/Luxus/Schlafwagen 2800/5600/7700 K, 9 Std.	106 US$, 50 Min.
Ngwe Saung Beach	11 000 K, 6 Std.		
Nyaung U (nach Bagan)	einfach/VIP 13 000/23 000 K, 10 Std.	einfach/Luxus/Schlafwagen 4500/6000/16 500 K, 16 Std.	105 US$, 70 Min.
Pathein	7000 K, 4 Std.		
Pyay	5500 K, 6 Std.	einfach 1950 K, 7–8 Std.	
Sittwe	20 500 K, 24 Std.		95 US$, 50 Min.
Taunggyi (zum Inle-See)	einfach/VIP 14 000/17 500 K, 12 Std.		95 US$ (nach Heho), 70 Min.
Taungoo	4500 K, 6 Std.	enfach/Luxus/Schlafwagen 2000/4000/12 750 K, 7 Std.	
Thandwe (nach Ngapali)	15 000 K, 12 Std.		85 US$, 50 Min.

Alle lizensierten Taxis sind mit einem deutlich sichtbaren Taxi-Schild auf dem Dach ausgestattet. Mit diesen Preisen für verschiedene Entfernungen sollte man ungefähr rechnen: 1500 K für eine kurze Fahrt (wie etwa vom Strand zum Bogyoke-Markt), für die doppelte Entfernung 3000 K; vom Zentrum zum Shwedagon Paya und die südliche Hälfte des Stadtteils Bahan je nach aktueller Verkehrslage um die 3000 K und vom Zentrum aus zum Inya-See 4000 K.

Wer mehrere Strecken auf dem Plan hat, kann auch für etwa 5000 K pro Stunde ein ganzes Taxi chartern. Für einen kompletten Tag sollte man je nach Qualität des Fahrzeugs und Verhandlungsgeschick zwischen 40 000 und 50 000 K einkalkulieren.

RUND UM DEN AYEYARWADY & BAGO

Südlich und westlich von Yangon liegt das Ayeyarwady-Delta (ဧရာဝတီ), eine atemberaubende Landschaft aus von Grün durchzogenen Strömen, Flüssen und Seen, die sich bis zum Golf von Bengalen erstreckt. Im äußersten Westen des Tals befinden sich die Strandresorts Chaung Tha und Ngwe Saung. Hier suchen die Yangoner seit Langem zwischen Sand und Meer nach Ruhe und Erholung.

Ein paar Stunden östlich von Yangon wartet Bago (ပဲခူး), einst die Hauptstadt des südlichen Myanmars. Es lockt mit zahlreichen historischen Pagoden, Klöstern und Palästen, die über 1000 Jahre alt sind. Man kann Bago auf einem Tagesausflug von Yangon aus besuchen oder den Ort als ersten Zwischenstopp auf der Erkundungsreise durchs Land einplanen.

Chaung Tha Beach ချောင်းသာကမ်းခြေ

☎042 / CA. 2000 EW.

Chaung Tha Beach kommt einem Ferienresort für Otto Normalbürger in Myanmar am nächsten: Hier verlustieren sich auch die Einheimischen gern. Bei dieser typisch myanmarischen Strandparty kann man auf Gummireifen im Wasser dümpeln, auf Ponys am Strand entlangzockeln, endlos Gitarre spielen, Fußballmatches im Sand austragen, fröhliche Familienpicknicks veranstalten und abends ein Feuerwerk genießen.

Der Chaung Tha liegt rund sechs Stunden von Yangon entfernt und ist am Wochenende und an Feiertagen besonders voll. Die Küstenlinie ist allerdings nicht die atemberaubendste – teilweise ist der Strand in der Hochsaison ziemlich verschmutzt – und die Resorts richten sich auch nicht direkt an Ausländer. Aber wer bei seinem Besuch in Myanmar ein bisschen Sonne und Sand genießen möchte, dem bietet sich hier eine recht praktische und erschwingliche Option.

★Hill Garden Hotel — HOTEL $

(☎09 4957 6072; Zi. inkl. Frühstück 20–60 US$; ❄📶) Dank der erhöhten Lage in herrlich grüner Umgebung – die Chalets stehen in einem großen, hübschen Garten verstreut – ist das Hill Garden eine ausgezeichnete Wahl, wenn man mal allem entfliehen will. Die billigeren Zimmer sind mit Bambus eingerichtet, nur mit Ventilatoren ausgestattet und mit Gemeinschaftsbad. Die teureren Alternativen sind Betonbungalows mit Klimaanlage und Balkon. Das Hotel ist eher bei Ausländern als bei Einheimischen beliebt.

★Shwe Ya Min Restaurant — CHINESISCH, BIRMANISCH $

(Main Rd; Hauptgerichte ab 3500 K; ⏲7–22 Uhr; 📶) Dieses überdachte Open-Air-Restaurant gegenüber vom Strand ist das beste Lokal der Stadt, abgesehen von den schicken Resort-Restaurants. Die umfangreiche Karte bietet chinesisch-birmanische Gerichte und jede Menge Fisch und Meeresfrüchte zu vernünftigen Preisen. Alles schmeckt wirklich lecker, wird sorgfältig zubereitet und mit mehr Stil serviert, als man erwarten würde.

ℹ An- & Weiterreise

Täglich fahren um 9.30 Uhr mehrere Busse nach Yangon (10 000 K, 6 Std.); Endstation ist der Sule Paya oder das Aung-San-Stadion im Zentrum. Tickets kann man im Hotel buchen. Die Busse fahren vor den Hotels oder am Busbahnhof gegenüber dem Azura Beach Resort ab. Es gibt auch eine frühere Verbindung um 5.30 Uhr zum Hlaing-Thar-Yar-Busbahnhof ganz im Westen Yangons.

Ngwe Saung Beach ငွေဆောင်ကမ်းခြေ

☎042 / CA. 2500 EW.

Der von Palmen gesäumte Ngwe Saung Beach ist etwas „schicker" als der nahe Chaung Tha Beach, mit feinerem Sand und klarerem, tieferem Wasser. Hier tummeln sich gerne die Neureichen von Yangon. Das Nordende des Strands ist fest in der Hand teurer Resorts, aber auch Backpacker haben hier ein Zuhause gefunden: Das Südende lockt mit günstigen Bungalows und einem sehr entspannten Flair. Ausländer ziehen meist die etwas wildere Partystimmung am Chaung Tha vor. Das Ngwe Saung Village teilt den 21 km langen Strand in Nord und Süd und wartet mit einer überraschend vielfältigen Auswahl guter Lokale auf. Dank der relativen Nähe zu Yangon – nur sechs Stunden Fahrt mit dem Bus – ist der Ngwe Saung vielleicht die beste und erschwinglichste Option in ganz Myanmar für einen erholsamen Kurzurlaub am Strand.

Shwe Hin Tha Hotel — HOTEL $

(☎042-40340; Bungalows inkl. Frühstück 33–60 US$; ❄) Am Südende des Strands zieht dieses Hotel Backpacker magisch an und stellt sie vor die Qual der Wahl: schlichte Bambushütte oder solider Bungalow m

Klimaanlage? Beide Optionen sind sauber und gut ausgestattet und bieten auf Wunsch warmes Wasser. WLAN gibt's keins und Strom nur nach 18 Uhr.

★ **Ume Restaurant & Bar** ASIATISCH $$
(☎09 42532 4652; Hauptgerichte 4500 K; ⏱10–22 Uhr; 📶) Dieses coole Lokal wird von einer Japanerin und ihrem myanmarischen Mann geführt und abends spektakulär beleuchtet (selbst in den 15 m hohen Palmen rundum hängen Lichter). Auf der Karte stehen chinesisch-birmanische, thailändische und japanische Gerichte, aber auch Pizza. Jeden Abend findet eine Feuertanz-Show statt und in der bis Mitternacht geöffneten Bar gibt's ganz anständige Cocktails.

An- & Weiterreise

Klimatisierte Busse nach Yangon (11 000 K, 5–6 Std.) fahren um 6.30, 8 und 12 Uhr im Ngwe Saung Village ab. Während der Regenzeit (Mai bis September) fährt nur der Bus um 8 Uhr. Busse nach Pathein (4000 K, 2 Std.) verkehren um 6.30, 7.30, 9, 12 und 15 Uhr. Die Busse fahren an der Kreuzung zwischen dem Dorf und den Strandresorts ab und kommen auch dort an.

Bago

☎052 / CA. 254 424 EW.

Wenn es in Bago nicht diese Fülle religiöser Stätten und die Überreste des Palastes gäbe, könnte man sich nur schwer vorstellen, dass die heruntergekommene Stadt – 80 km nordöstlich von Yangon an der alten Autobahn nach Mandalay gelegen – einst die Hauptstadt des südlichen Myanmars war. Die Eröffnung des neuen Hanthawaddy International Airport wurde auf 2022 verschoben. Der Flughafen soll den Yangon Airport als Myanmars wichtigstes Drehkreuz ablösen und Bago zu neuen Höhenflügen verhelfen.

Bis dahin lockt Bago (ပဲခူး; früher Pegu) mit einer hohen Dichte an glückseligen Buddhas und mit Schätzen gefüllten Tempeln und bietet sich als toller und einfacher Tagesausflug von Yangon oder als idealer erster Zwischenstopp auf dem Weg aus der Hauptstadt an.

Sehenswertes

Shwemawdaw Paya BUDDHISTISCHER STUPA
(ရွှေမော်ဓောဘုရား; Shwemawdaw Paya Rd; mit Bago Archaeological Zone Ticket 10 000 K; ⏱bis Sonnenuntergang) Stolz erhebt sich der 115 m hohe Shwemawdaw Paya über der Stadt. Schon im Mittagsdunst ist der *zedi* (Stupa) aus verwaschenem Gold beeindruckend, aber abends glitzert er perfekt. Sein Stupa ist 14 m höher als der Shwedagon in Yangon.

An der Nordostecke des Stupas liegt ein riesiger Teil der *hti* (Spitze), die 1917 bei einem Erdbeben herunterfiel. Besonders lohnenswert ist der Shwemawdaw Paya im März/April während Bagos jährlichem Pagoden-Festival.

Shwethalyaung Buddha BUDDHISTISCHER TEMPEL
(ရွှေသာလျောင်းဘုရား; mit Bago Archaeological Zone Ticket 10 000 K; ⏱bis Sonnenuntergang) Der Legende nach wurde dieser liegende Buddha im 10. Jh. vom Mon-König Mgadeikpa gebaut. Die Figur ist 55 m lang und 16 m hoch, allein der kleine Finger ist 3 m lang. Nach der Zerstörung Bagos 1757 wurde der riesige Buddha vom Dschungel überwuchert und erst 1881 beim Bau der Eisenbahnlinie Yangon–Bago wiederentdeckt.

Hintha Gon Paya BUDDHISTISCHER STUPA
(ဟင်္သာကုန်း; ⏱bis Sonnenuntergang) GRATIS Einst war dieser Schrein kurz hinter dem Shwemawdaw Paya (S. 541) der einzige Ort in diesem riesigen Gebiet, der sich über den Meeresspiegel erhob, daher war er der natürliche Landeplatz des *hamsa* aus der Legende. Bilder dieses mythischen Vogels schmücken den Stupa, der von U Khanti erbaut wurde, dem Einsiedlermönch und Architekten des Mandalay-Bergs.

Kyaik Pun Paya BUDDHISTISCHES DENKMAL
(ကျိုက်ပွန်ဘုရား; Kyaikpon Pagoda Rd; mit Bago Archaeological Zone Ticket 10 000 K; ⏱bis Sonnenuntergang) Der 1476 von König Dhammazedi erbaute Kyaik Pun Paya besteht aus vier 30 m hohen sitzenden Buddhas (Siddhartha Gautama und seine drei Vorgänger), die mit dem Rücken zueinander um eine riesige quadratische Säule angeordnet sind. Er steht etwa 1,5 km südlich von Bago gleich abseits der Straße nach Yangon.

Schlafen & Essen

Hotel Mariner HOTEL $
(☎052-220 1034; hotelmariner.hm@gmail.com; 330 Shwemawdaw Paya Rd; Zi. inkl. Frühstück 35–45 US$; ❄📶) Hotel Mariner ist noch immer die erste Wahl unter den nicht sonderlich beeindruckenden Budget- und Mittelklassehäusern in Bago. Es bietet moderne, saubere Zimmer in anständigem Zustand. Die teureren sind größer und heller und teilweise mit tollem Blick auf den Shwemawdaw Paya (S. 541).

San Francisco Guest House HOTEL $
(☎052-2222265; 14 Main Rd; Zi. 15–20 US$; ❄📶) Dies ist die beste unter den Budgetoptionen, wenn man im Doppelzimmer übernachtet. Die Bäder sind klein, aber sauber, die Besitzer sind freundlich und man kann Fahrräder (3000 K pro Tag) und Motorräder (8000 K pro Tag) ausleihen. Von 23 bis 5 Uhr ist Sperrstunde, aber man dürfte in Bago ohnehin Schwierigkeiten haben, einen Laden zu finden, der nach 22 Uhr noch geöffnet hat.

Hanthawaddy CHINESISCH, BIRMANISCH $
(192 Hintha St; Hauptgerichte 3000–8000 K; ⏲10–22 Uhr) Die Küche haut zwar nicht vom Hocker, ist aber in Ordnung. Außerdem ist der Laden sauber und das einzige Restaurant im Zentrum mit ein bisschen Atmosphäre. Von der Dachterrasse gibt's einen fantastischen Blick zum Shwemawdaw Paya (S. 541).

Three Five Restaurant CHINESISCH, BIRMANISCH $
(10 Main Rd; Hauptgerichte 2200–6000 K; ⏲7.30–22 Uhr; 📶) Dieses schäbige, aber freundliche Lokal bietet birmanische und chinesische Kost sowie ein paar europäische Gerichte. Abends ist es eine beliebte Bierkneipe.

Praktische Informationen

CB Bank (Yangon-Mandalay Rd; ⏲9.30–15 Uhr) Der Geldautomat akzeptiert ausländische Karten; auch im Rest der Stadt findet man ein paar weitere.

An- & Weiterreise

BUS

Bagos heruntergekommener **Busbahnhof** (Yangon-Mandalay Rd) liegt auf halber Strecke zwischen dem Stadtzentrum und dem Bago Star Hotel gegenüber dem hinduistischen Tempel.

Busse nach Yangon fahren zwischen 6.30 und 17.30 Uhr etwa alle 30 Minuten an der Hauptstraße gegenüber dem Busbahnhof ab.

Busse nach Kinpun, dem Ausgangspunkt für Touren zum Mt. Kyaiktiyo (Goldener Felsen), verkehren um 7.30, 8.30 und 14.30 Uhr. Während der Regenzeit (Mai bis September) fahren die meisten Busse nur bis Kyaikto, 16 km von Kinpun entfernt.

Sea Sar (☎09 530 0987; myothitsar86@gmail.com; ⏲6–18 Uhr) hat ein Büro am Busbahnhof und verkauft Tickets.

ZUG

Von Bago bestehen Bahnverbindungen nach Yangon und Mawlamyine und zu Zielen weiter nördlich Richtung Mandalay. Die meisten Züge verkehren nicht nach Fahrplan.

Unterwegs vor Ort

Motorradtaxis und *thoun bein* (Rikschas) sind die Haupttransportformen vor Ort. Eine einfache Fahrt im Zentrum sollte nicht mehr als 500 K kosten. Wer eine längere Strecke fährt – etwa vom Shwethalyaung-Buddha am einen Ende der Stadt zum Shwemawdaw Paya am anderen – sollte die Rikscha oder das Motorradtaxi für den ganzen Tag anheuern; man muss mit rund 7000 K rechnen.

DER SÜDOSTEN

☎057

Obwohl es von vielen Travellern aus uner findlichen Gründen links liegen gelasse wird, bietet das südliche Myanmar einig der schönsten Naturattraktionen des ganze Landes. Innerhalb weniger Tage kann ma hier rund um das verschlafene Hpa-an i Höhlen voller Buddhas hinab- und die kur venreiche Straße zum heiligen goldene Steinbrocken auf dem Mt. Kyaiktiyo (Golde ner Felsen) wieder hinaufsteigen. Außerder lockt die historische Stadt Mawlamyin einst Myanmars Hauptstadt, die mit eine beinahe ebenso beeindruckenden Ansamm lung von Kolonialgebäuden aufwartet wi Yangon. Dawei wiederum vereint traditi nelle Holzarchitektur mit Backsteinville

VERKEHRSMITTEL UND -WEGE AB BAGO

Die folgende Tabelle listet Reisekosten und -dauer zwischen Bago und anderen Hauptzielen i Myanmar auf. Die Spanne für die Zugtickets erklärt sich durch einfache bzw. Luxusklasse.

ZIEL	BUS	ZUG
Kyaikto	3 Std., 6000 K	3 Std., 650–1300 K
Mandalay	9–10 Std., ab 13 000 K	13 Std., 2100–8150 K
Mawlamyine	6 Std., 9000 K	8 Std., 1600–3150 K
Taungoo	7 Std., ab 6000 K	5 Std., 1450–2900 K
Yangon	2 Std., 1000 K	2 Std., 600–1150 K

BUSSE AB DEM MOUNT KYAIKTIYO

ZIEL	BUS	ZUG
Bago	5000 K, 3 Std., häufig 8.45–16 Uhr	einfach/Luxus 650/1300 K, 3 Std., 12 & 24 Uhr
Hpa-an	7000 K, 3 Std., häufig 9–15 Uhr	
Mawlamyine	7000 K, 4 Std., häufig 9–16 Uhr	einfach/Luxus 1300/2550 K, 4 Std., 12 & 23.30 Uhr
Yangon	7000 K, 5 Std., häufig 8.30–16 Uhr	einfach/Luxus 1200/2400 K, 4½ Std. 12 & 24 Uhr

und Häusern aus der Zeit der britischen Herrschaft und blickt auf eine jahrhundertealte Vergangenheit als Hafenstadt zurück. Und das Beste ist: Dank des Mangels an Besuchern gibt's jede Menge Platz, um die Region in vollen Zügen zu genießen.

Mount Kyaiktiyo
ကျိုက်ထီးရိုးဘုရား

Der Mt. Kyaiktiyo (S. 543), der Goldene Felsen, ist schlichtweg bizarr: Ein gigantischer goldener Felsbrocken balanciert gefährlich auf einer Klippe und wird von einem Stupa gekrönt. Das Monument ist eine wichtige Pilgerstätte für myanmarische Buddhisten, und es ist die Anwesenheit der zahlreichen Gläubigen, die diesen Ort so besonders macht.

Während der Regenzeit (Mai bis Oktober) liegt der Berg meist unter einer eisigen Nebel- und Regendecke, obwohl die Besucherströme auch dann nicht abreißen. Die Hotels der Gegend sind in dieser Zeit geöffnet, aber einige Restaurants schließen.

Sehenswertes

Mount Kyaiktiyo BUDDHISTISCHER TEMPEL
(Goldener Felsen; 6000 K) Der Ausflug zu diesem unglaublichen balancierenden goldenen Steinstupa ist ein Muss, vor allem während der Pilgerhochsaison (November bis März) und wenn die Sonne scheint. Der kleine Stupa ist nur 7 m hoch und steht auf dem goldenen Felsen, einem gigantischen in Blattgold gehüllten Felsbrocken, der auf dem Gipfel des Mt. Kyaiktiyo abenteuerlich am Rand einer Klippe balanciert. Wenn der Felsen in das violette, manchmal von Nebel durchzogene Licht der Morgen- oder Abenddämmerung getaucht wird, sieht er einfach atemberaubend aus.

Schlafen

Golden Sunrise Hotel HOTEL $
(☎09 25075 8198; www.goldensunrisehotel.com; Golden Rock Rd, Kinpun; EZ/DZ inkl. Frühstück /47 US$; ❄📶) Nur wenige Gehminuten vom Zentrum des Dörfchens Kinpun in Richtung Autobahn entfernt verfügt das Golden Sunrise über 16 geräumige Zimmer in Doppelbungalows mit Veranda, die sich über einen abgeschiedenen Garten verteilen. Es ist eine kleine Oase, auch wenn die Zimmer seit Jahren nicht renoviert wurden und die Betten bequemer sein könnten – hier ist eben alles etwas in die Jahre gekommen.

Bawga Theiddhi Hotel HOTEL $
(☎09 77807 6097; www.bawgatheiddhihotel.com; Kinpun; Zi. inkl. Frühstück 25–65 US$; ❄📶) Kinpuns schickstes Hotel bietet saubere, moderne Zimmer mit TV und Kühlschrank, auch wenn nur die teuersten ein eigenes Bad haben (die Gemeinschaftsbäder sind aber gut in Schuss).

Mountain Top Hotel HOTEL $$
(☎09 871 8392, in Yangon 01-502 479; www.mountaintop-hotel.com; Zi. inkl. Frühstück 110–135 US$; ❄📶) Das Mountain Top ist das beste Hotel auf dem Gipfel. Die Zimmer sind zwar überteuert, aber sauber und sehr gepflegt. Außerdem ist der Service gut und dank der Lage ist die Aussicht umwerfend. Das angeschlossene Restaurant ist zuverlässig, aber WLAN gibt's nur in der Lobby.

An- & Weiterreise

Das wichtigste Verkehrszentrum für den Mt. Kyaiktiyo ist die ähnlich klingende Stadt Kyaikto. Auf der Straße zwischen dem Bahnhof von Kyaikto und Kinpun, dem Basislager für den Mt. Kyaiktiyo, verkehren häufig Pick-ups (500 K, 20 Min., 7–16 Uhr). Ein Motorradtaxi von Kyaikto aus kostet 2000 K.

Bustickets gibt's in Kinpun, gegenüber dem Sea Sar Hotel und Restaurant. Im Preis ist der Transfer mit dem Pick-up nach Kyaikto inbegriffen.

Mawlamyine
မော်လမြိုင်

☎057 / CA. 253 730 EW.

Mit einer von Stupas gekrönten Hügelkette auf der einen Seite, dem Thanlwin River auf der anderen und einem Zentrum voller zerfallender Bauten aus der Kolonialzeit, Kirchen und Moscheen bietet Mawlamyine eine einzigartige Kombination aus Landschaft, Schönheit und Melancholie. Die Lage der Stadt inspirierte selbst George Orwell und Rudyard Kipling, die beiden englischsprachigen Schriftsteller, die man wohl am meisten mit Myanmar verbindet.

Aber Mawlamyine hat nicht nur Geschichtliches zu bieten, sondern wartet auch mit anderen Attraktionen auf, die von Stränden bis zu Höhlen reichen und Besucher mehrere Tage lang bei Laune halten sollten.

Sehenswertes

★ Kyaikthanlan Paya BUDDHISTISCHER TEMPEL

(ကျိုက်သံလန်ဘုရား; Kyaik Than Lan Phayar St; bis Sonnenuntergang) GRATIS Nur drei Tage verbrachte Rudyard Kipling in Myanmar, aber es reichte für ein Gedicht: Mit „Mandalay" machte er Birma zu einer orientalischen Märchenwelt. Das Werk beginnt mit den Zeilen: „Bei der alten Moulmein-Pagode, ostwärts zum Meer blickend …" Bei der Pagode handelt es sich wahrscheinlich um den **Kyaikthanlan Paya**, den höchsten Stupa am Ort. Bei Sonnenuntergang ist der Blick über die Stadt besonders schön. Man erreicht ihn über den langen überdachten Fußweg, der die Verlängerung der Kyaik Than Lan Phayar Street bildet.

Bilu Kyun INSEL

(ဘီလူးကျွန်း) Bilu Kyun (Menschenfresser-Insel) ist kein Versteck für böse Ungeheuer, sondern eine wunderschöne Insel gleich westlich von Mawlamyine. Sie ist ungefähr so groß wie Singapur und umfasst 78 Dörfer, in denen über 200 000 Menschen leben. Die Insel ist ein herrlich grüner, fruchtbarer Ort und von Reisfeldern und Obstplantagen bedeckt. Sie versprüht das Flair eines tropischen Paradieses, nur ohne die Strände. Eine nagelneue Brücke verbindet Bilu Kyun seit Kurzem mit dem Festland und ermöglicht es Travellern, selbst dorthin zu fahren.

Mon-Kulturmuseum MUSEUM

(မွန်ယဉ်ကျေးမှုပြတိုက်; Ecke Baho & Dawei Jetty Rd; 5000 K; Di–So 10–16.30 Uhr) Im Gegensatz zu den meisten anderen Regionalmuseen Myanmars lohnt das in Mawlamyine tatsächlich einen Besuch, auch wenn die Sammlung nicht unbedingt riesig ist. Es widmet sich der Geschichte der Mon in der Region. Die Ausstellung umfasst Stelen mit Mon-Inschriften, hundert Jahre alte Holzskulpturen mit Darstellungen des Alters und der Krankheit (sie wurden in Klöstern im dhamma-Unterricht benutzt), Keramiken, silberne Betelkästchen, königliche Begräbnisurnen und Musikinstrumente der Mon. Die meisten Exponate sind auf Englisch beschriftet.

Schlafen & Essen

Pann Su Wai PENSION $

(057-22921; 333A Lower Main Rd; Zi. 13 000–39 000 K;) Keines der Zimmer hier ist riesig – die Einzelzimmer sind sogar besonders eng – und sie bekommen nicht viel Tageslicht ab, aber sie sind sauber und mit ordentlichen Bädern ausgestattet, das Preis-Leistungs-Verhältnis stimmt. Die freundlichen Besitzer sprechen Englisch, aber es gibt leider keine Küche, also auch kein Frühstück.

★ Ngwe Moe Hotel HOTEL $

(057-24703; www.ngwemoehotel.com; Ecke Kyaikthoke Paya & Strand Rd; Zi. inkl. Frühstück 45–60 US$;) Die großzügigen modernen Zimmer mit gemütlichen Betten bieten ein tolles Preis-Leistungs-Verhältnis. Die teureren locken sogar mit schönem Blick auf den Fluss. Das Personal ist engagiert und hilfsbereit und dank des umfangreichen Frühstücksbüfetts startet man bestens in einen Tag voller Sightseeing. Vor der Lobby gibt Geldautomaten der KBZ Bank und CB Bank.

★ Daw Yee BIRMANISCH

(09 42111 9556; U Ze Na Pagoda St; Currys ab 3000 K; 8–22 Uhr) Das bescheidene Daw Yee zaubert mit das beste birmanische Essen hervor, das man je gekostet hat. Es bietet eine große Auswahl an Currys, darunter ein unfassbar fettiges Garnelencurry. Man sollte unbedingt eins der täglich wechselnden vegetarischen Gerichte (500 K) bestellen. Das Lokal befindet sich nahe dem Südende der Strand Road, rund zehn Fußminuten südlich des Ngwe Moe Hotel (S. 544).

Bone Gyi CHINESISCH, BIRMANISCH $

(057-26528; Ecke Strand Rd & Main Kha La Kyaung St; Hauptgerichte ab 3500 K; 9–21 Uhr) Auf der umfangreichen Karte stehen chinesisch inspirierte Gerichte, ein paar thailändische Optionen und sogar scharfe Suppen aus dem Rakhine-Staat. Vor allem der Fisch, gegrillt oder gedünstet, ist sehr gut. Es gibt eine Terrasse, der Service ist effizient und der Laden ausgesprochen ausländerfreundlich, daher aber auch ein wenig teurer als ähnliche Restaurants.

Praktische Informationen

Die schlichte Unterkunft im **Breeze Guest House** (☎ 057-22919, 057-21450; breeze.guesthouse@gmail.com; 6 Strand Rd) darf man getrost ignorieren, aber das Personal kann zuverlässige Führer und Ausflüge nach Bilu Kyun vermitteln. Außerdem kann man Fahrräder (3000 K pro Tag) und Motorräder (10 000 K pro Tag) leihen und Boote für den Trip auf dem Fluss nach Hpa-an (10 000 K pro Pers.) anheuern.

An- & Weiterreise

Busse zu Zielen nördlich von Mawlamyine nutzen den **Mye Ni-Gone-Busbahnhof** in der Nähe des Bahnhofs; ein Motorradtaxi zum/vom Zentrum sollte 500 K kosten. Für Ziele südlich von Mawlamyine begibt man sich zum **Zay-Gyo-Busbahnhof**, ein paar Kilometer südlich des Zentrums; ein Motorradtaxi sollte 1000 K kosten. „Vans" (Sammeltaxis) nach Myawaddy fahren gegenüber dem Eingang des Zay-Gyo-Busbahnhofs ab.

Der Bahnhof von Mawlamyine liegt 1,5 km östlich des Zentrums; die Fahrt mit dem Motorradtaxi kostet 500 K. Zur Zeit der Recherche fuhren Züge nicht weiter südlich als Dawei.

Hpa-an ဘားအံ

☎ 058 / CA. 75 140 EW.

Hpa-an, die schmuddelige, am Fluss gelegene Hauptstadt des Kayin-Staats, inspiriert nicht gerade zum Postkartenschreiben. Aber die Menschen hier sind freundlich und die Stadt ist der logische Ausgangspunkt für die Erkundung von Buddha-Höhlen, heiligen Bergen, Flüssen und Seen in einer atemberaubenden Landschaft.

Sehenswertes

★ **Saddan-Höhle** HÖHLE

(ဆဒ္ဒန်ဂူ; 1000 K; ⏲ bis Sonnenuntergang) Diese fußballstadiongroße Höhle ist schlichtweg

VERKEHRSMITTEL UND -WEGE AB MAWLAMYINE

ZIEL	FLUGZEUG	BUS	ZUG	VAN (SAMMELTAXI)
Bago		5500 K, 5 Std., häufig 6.30–24 Uhr	einfach/Luxus 1660/3150 K, 7 Std., 8 Uhr	
Dawei		12 000 K, 8–9 Std., 6, 17.30 & 18.30 Uhr	einfach/Luxus 2950/5900 K, 16 Std., 4.30 Uhr	
Hpa-an		1000 K, 2 Std., stündl. 6–16 Uhr		
Kawthoung	165 US$, 1 Std. 50 Min., Mo	40 000–45 000 K, 25 Std., 17.30, 18 & 18.30 Uhr		
Kyaikto (zum Mt. Kyaiktiyo, Goldenen Felsen)		3000 K, 4 Std., häufig 6.30–24 Uhr	einfach/Luxus 1300/2250 K, 8 Uhr	
Mandalay		15 500 K, 13 Std., 18 & 19 Uhr		
Myawaddy				10 000 K, 4 Std., häufig 6–16 Uhr
Myeik		18 000–20 000 K, 16 Std., 6, 17.30 & 18.30 Uhr		
Nay Pyi Taw		10 500 K, 8 Std., 18 Uhr	einfach/Luxus 3400/6750 K, 15 Std., 6.15 Uhr	
Pyin Oo Lwin		17 000 K, 17 Std., 17 Uhr		
Yangon	91 US$, 40 Min., Mo	6000–10 000 K, 7 Std., häufig 8–24 Uhr	einfach/Luxus 2300/5550 K, 10 Std., 8 Uhr	
…e		3000 K, 4 Std., 7, 9, 11, 13, 14 & 16 Uhr	1100/2200 K, 6 Std., 4.30 Uhr	3000 K, 3 Std., häufig 6–13.30 Uhr

atemberaubend: Der Eingang wird von einem Dutzend Buddha-Statuen, ein paar Pagoden und einigen neueren Schnitzereien an den Lehmwänden dominiert. In völliger Dunkelheit (Taschenlampe mitbringen; aber gegen eine Spende von 3000 K wird auch das Licht angeschaltet) klettert man 15 Minuten lang durch die Kammern, die so hoch sind wie eine Kathedrale, vorbei an lieferwagengroßen Stalaktiten und vereinzelten Kristallwänden.

Aktivitäten

★Mount Zwegabin WANDERN

(ဇွဲကပင်တောင်) Der höchste der Kalksteinberge rund um Hpa-an ist Mt. Zwegabin, etwa 11 km südlich der Stadt. Er ist respektable 723 m hoch und das Zuhause von Geistern und heiligen Seelen. Die zweistündige Wanderung zum Gipfel ist anspruchsvoll – es geht viele Stufen hinauf und die aggressiven Affen sind eine konstante Plage –, aber wenn man erst mal oben ist, hat sich die Mühe mehr als gelohnt.

Mount Hpan Pu WANDERN

(ဖားပုတောင်) Mt. Hpan Pu ist ein zerklüfteter, von einer Pagode gekrönter Gipfel, den man an einem schweißtreibenden Morgen erklimmen kann. Man erreicht ihn per Boot über den Thanlwin River (S. 547), gegenüber dem unscheinbaren Pier in der Nähe des Shweyinhmyaw Paya. Sobald man das andere Ufer erreicht hat, wandert man durch ein ruhiges Dorf, bevor man sich an den steilen, aber relativ kurzen Aufstieg zum Gipfel macht.

Schlafen & Essen

Galaxy Motel PENSION $

(☎09 566 1863, 058-21347; Ecke Thitsar & Thida St; Zi. inkl. Frühstück 22 US$; ❄📶) Von Unterkünften wie dem Galaxy könnte Myanmar noch ein paar mehr gebrauchen: klein, aber fein, mit geräumigen Zimmern mit Klimaanlage, WLAN und modernem Bad. Der freundliche Besitzer und das Personal bekommen viel Lob. Sie können Tickets und Ausflüge organisieren und obendrein kann man Fahrräder (2000 K pro Tag) und Motorräder (7000 K pro Tag) leihen.

Soe Brothers II Guesthouse PENSION $

(☎058-22748, 09 7924 98664; soebrothers05821372@gmail.com; 4/820 Engyin St; Zi. inkl. Frühstück 15–40 US$; ❄📶) Der jüngste Ableger der Soe-Brothers-Unterkünfte ist etwas teurer als die originale **Pension** (☎058-21372, 09 4977 1823; soebrothers05821372@gmail.com; 2/146 Thitsar St; B 5 US$, Zi. 6–25 US$; ❄📶) und bietet moderne, frische Zimmer in Pastellrosa. Die billigeren Einzelzimmer sind nicht sehr groß und haben nur einen Ventilator, aber auf der netten Dachterrasse gibt's Frühstück und das Personal ist sehr beflissen. Durch die Lage am Fluss liegt das Haus 20 Gehminuten vom Stadtzentrum entfernt.

★San Ma Tau Myanmar Restaurant BIRMANISCH

(1/290 Bo Gyoke St; Currys ab 2500 K; ⏲10–21 Uhr) Diese lokale Institution zählt zu den ansprechendsten Restaurants in ganz Myanmar. Das freundliche, beliebte Lokal serviert eine riesige Palette reichhaltiger Currys, herzhafter Suppen und würziger Salate, die mit frischem Gemüse, Kräutern und überwältigenden zehn Sorten Dips gereicht werden.

An- & Weiterreise

BUS

Der Busbahnhof von Hpa-an liegt 6 km östlich der Stadt, aber Tickets kann man an den **Kartenhäuschen** (Bo Gyoke St; ⏲6–21 Uhr) in der Nähe des Uhrenturms kaufen, wo man auch in den Bus steigt. Busse nach **Mawlamyine** (Bo Gyoke St; 1000 K; ⏲stündl. 6–16 Uhr) halten

VERKEHRSMITTEL UND -WEGE AB HPA-AN

ZIEL	BUS	VAN (SAMMELTAXI)
Bago	5000 K, 6 Std., 6–11 & 18–20 Uhr	
Kyaikto	5000 K, 4 Std., 6–11 & 18–20 Uhr	
Mandalay	15 000 K, 12 Std., 17 & 18 Uhr	
Mawlamyine	1000 K, 2 Std., stündl. 6–16 Uhr	
Myawaddy		10 000 K, 4–6 Std., stündl. 6–11 Uhr
Yangon	5000–8000 K, 7–8 Std., 6–11 & 18–20 Uhr	

WEITERREISE NACH THAILAND

Von Hpa-an nach Mae Sot

Der Grenzübergang Myawaddy/Mae Sot befindet sich 150 km südöstlich von Hpa-an. Wer ein e-Visum hat, kann hier nach Myanmar einreisen und ausreisen.

Anreise zur Grenze Vans (Sammeltaxis) und Busse verbinden Myawaddy mit Hpa-an, Mawlamyine und Yangon; die Endstation ist einen kurzen Fußweg von der Freundschaftsbrücke entfernt.

An der Grenze Das **Einwanderungsbüro von Myanmar** (058-50100; AH1; 6–18 Uhr) befindet sich am Fuß der Freundschaftsbrücke. Wer die 420 m lange Brücke überquert und noch kein Visum hat, erhält im **thailändischen Einwanderungsbüro** (in Thailand +066 55 56 3004; AH1, Mae Sot; 6.30–18.30 Uhr) eine Aufenthaltsgenehmigung für Thailand, die bis zu 15 bzw. 30 Tage gültig ist, wenn man im Besitz eines Reisepasses eines der G7-Staaten (Deutschland, Frankreich, Italien, Japan, Kanada, USA und Vereinigtes Königreich) ist.

Weiterreise Der Busbahnhof von Mae Sot befindet sich 3 km östlich der Grenze. Von dort fahren täglich zwei Busse nach Chiang Mai, außerdem bestehen häufige Verbindungen nach Bangkok. Mae Sots Flughafen liegt 3 km östlich der Grenze. Nok Air (www.nokair.com) bietet täglich vier Flüge nach Bangkok. Sowohl zum Busbahnhof als auch zum Flughafen fahren häufig *sŏrng·tăa·ou* (Pick-ups), die zwischen 6 und 18 Uhr zwischen der Freundschaftsbrücke und Mae Sot pendeln (20 B).

Von Kawthoung nach Ranong

Kawthoung (früher Victoria Point genannt) liegt am äußersten südlichen Rand der Tanintharyi-Region. Wer ein e-Visum hat, kann hier nach Myanmar einreisen und ausreisen.

Anreise zur Grenze Der leuchtend grüne **Grenzposten von Myanmar** (Strand Rd; 7–16 Uhr) liegt ein paar Schritte von der Anlegestelle in Kawthoung entfernt.

An der Grenze Wer aus anderen Ecken Myanmars nach Kawthoung kommt, kann das Land hier verlassen. Nach den myanmarischen Grenzformalitäten wird man in Gruppen zu einem Boot gebracht (pro Pers. 100 B), das nach 20 Minuten Ranong erreicht. Falls man noch kein Visum für Thailand hat, stellen die Behörden auf der thailändischen Seite eine Aufenthaltsgenehmigung für bis zu 15 Tage – 30 Tage für Staatsangehörige eines G7-Staats – aus.

Weiterreise Nach Ranong gelangt man für 50 B mit einem Motorradtaxi oder für 20 B mit einem *sŏrng·tăa·ou* (Pick-up) vom Saphan-Pla-Pier. **Nok Air** (in Thailand 1318; www.nokair.com) bietet täglich Flugverbindungen zwischen Ranong und Bangkok. Busse fahren u. a. nach Bangkok, Hat Yai und Phuket.

Mehr Informationen zum Grenzübertritt in entgegengesetzter Richtung siehe S. 857.

er und an anderen Haltestellen in der Stadt. ›tels und Pensionen können ebenfalls Tickets ganisieren.

Vans (Sammeltaxis) nach Myawaddy fahren an ıem **Stand** (Bo Gyoke St; K10,000; stündl. 9 Uhr) in der Nähe der Uhrenturm-Kreuzung .

:HIFF/FÄHRE

ɪischen Hpa-an und Mawlamyine verkehrt ɪne offizielle Fähre, aber man kann eins der ivatboote chartern, die für 7500–8500 K pro rson zehn bis 14 Passagiere transportieren ınnen. Das Personal im Galaxy Motel (S. 546) und Soe Brothers Guesthouse (S. 546) kann alles arrangieren.

Unterwegs vor Ort

Pick-ups nach Eindu (1000 K; 7–15 Uhr) und zur Saddan-Höhle fahren nahe der Ecke Thitsar und Zaydan Street ab. **Boote zum Mount Hpan Pu** (500 K; alle 30 Min. 6–18 Uhr) legen am Pier am Ende der Thidar Street ab. Der Besitzer von **Good Luck Motorbike Rent** (Thitsar St; 6–22 Uhr) spricht Englisch und verleiht sowohl Halbautomatik- (6000 K pro Tag) als auch Automatikmotorräder (8000 K pro Tag).

ABSTECHER

STRÄNDE NAHE DAWEI

Der am einfachsten zugängliche Strand von Dawei ist in **Maungmagan**, ein breiter Sandstreifen, der sich entlang einer hübschen Bucht über 11 km erstreckt. An Werktagen und außerhalb der Ferien hat man ihn mit hoher Wahrscheinlichkeit fast ganz für sich allein.

Maungmagan liegt 18 km westlich von Dawei. Täglich fährt ein sehr überfüllter **Truck** gegen 7 Uhr nahe dem Markt **Si Pin Tharyar Zei** (Arzani Rd; 5–18 Uhr) in Dawei ab; alternativ kann man für 5000 K per Motorrad, 12 000 K per *thoun bein* (motorisierte Rikscha) oder 25 000 K per Taxi nach Maungmagan fahren. Vom Dorf Maungmagan fahren vom Marktplatz zwischen 7 und 8 Uhr Trucks nach Dawei (1000 K), sobald sie gerammelt voll sind.

Außerdem kann man auf einem Tagesausflug von Dawei oder Maungmagan mehrere atemberaubende und sehr leere weiße Sandstrände besuchen. Noch gibt's dort so gut wie keine Einrichtungen, abgesehen von vereinzelten simplen Restaurants. Die wenigen Traveller, die sich hierher verirren, tun dies meist per Motorrad; im Coconut Guesthouse & Restaurant in Maungmagan kann man sich eins ausleihen.

21 km nördlich von Maungmagan liegt **Nabule**, ein hübscher Sandstreifen mit goldener Pagode am Nordende. Man erreicht ihn über eine ziemlich schlechte Straße.

40 km südlich von Dawei lockt **Teyzit**, ein weitläufiger Strand mit weißem Sand, der vielleicht der schönste in der ganzen Gegend ist. In dem kleinen Fischerdorf hier gibt's was zu essen, aber der letzte Straßenabschnitt zum Strand ist in sehr schlechtem Zustand.

Dawei

059 / CA. 80 120 EW.

Das Gebiet in der Nähe der Mündung des Dawei River ist bereits seit mindestens fünf Jahrhunderten bevölkert, meist von thailändischen und Mon-Seeleuten. Die heutige Stadt wurde 1751 als kleiner Hafen des Ayutthaya-Reichs in Thailand (damals Siam) gegründet. Der Ort befand sich mal unter birmanischer, mal unter siamesischer Herrschaft, bis er 1826 von den Briten übernommen wurde. Dawei ist auch heute noch ein verschlafenes Städtchen, obwohl es die Verwaltungshauptstadt der Tanintharyi-Region ist.

Coconut Guesthouse & Restaurant PENSION $

(09 42371 3681; www.coconutguesthouse.com; Phaw Taw Oo St, Maungmagan; Zi. inkl. Frühstück 25–35 US$;) Dieses freundliche Haus i myanmarisch-französischer Hand liegt zeh Fußminuten vom Maungmagan-Strand en fernt. Die zehn Zimmer und drei Bungalow befinden sich in einem großen Garten, sin recht komfortabel und für den Preis sehr i Ordnung. Einen angenehmen Gemeinschaft bereich und ein anständiges Restaurant gib auch. Es serviert birmanische, thailändisch und ein paar westliche Gerichte sowie etw teureren Fisch und Meeresfrüchte.

★ **Hotel Zayar Htet San** HOTEL

(059-23902; hotelzayarhtetsan@gmail.com; 5 Ye Yeik Thar St; Zi. inkl. Frühstück 40–60 US) Sticht sofort ins Auge: Das Hotel i mit Abstand die stilvollste und moderns Unterkunft in Dawei und bietet das bes Preis-Leistungs-Verhältnis. Die Zimmer h ben eine anständige Größe, sind gut ausg

VERKEHRSMITTEL UND -WEGE AB DAWEI

ZIEL	FLUGZEUG	BUS
Htee Khee (nach Thailand)		20 000 K (Minivan), 5 Std., 6 & 7 Uhr
Kawthoung	ab 100 US$, 80 Min., tgl.	30 000–35 000 K, 22 Std., 5 Uhr
Mawlamyine		12 000–13 000 K, 8 Std., 5, 13 & 17 Uhr
Myeik		8000–10 000 K, 8 Std., 5, 10, 15 & 17 Uhr
Yangon	ab 110 US$, 65 Min., tgl.	15 000 K, 16 Std., 5, 13, 14, 15 & 17 Uhr
Ye		6000–8000 K, 4 Std., 5, 13 & 17 Uhr

WEITERREISE NACH THAILAND: VON HTEE KHEE NACH PHU NAM RON

Der Grenzübergang Htee Khee/Phu Nam Ron liegt 160 km östlich von Dawei; dies ist die abgeschiedenste der offenen Grenzen zwischen Myanmar und Thailand und sie wird am seltensten genutzt. Mit e-Visum (S. 596) kann man hier aus Myanmar aus-, aber nicht nach Myanmar einreisen.

Anreise zur Grenze Von Dawei fahren Minivans (13 000 K, 5 Std., 6 und 7 Uhr) zum kleinen Außenposten Htee Khee.

An der Grenze Sobald man seinen Ausreisestempel für Myanmar erhalten hat, kann man in den Shuttlebus (50 B) steigen oder mit dem Motorradtaxi (100 B) über die 10 km Niemandsland fahren, die den Grenzposten in Myanmar von dem in Thailand trennen. Auf thailändischer Seite erhält man bei der Behörde eine Aufenthaltsgenehmigung für bis zu 15 Tage – 30 Tage für Staatsangehörige eines G7-Staats (Deutschland, Frankreich, Italien, Japan, Kanada, USA und Vereinigtes Königreich) – oder kann mit einem in Übersee ausgestellten Thailand-Visum einreisen.

Weiterreise Von Phu Nam Ron fahren täglich vier Busse nach Kanchanaburi; dort bestehen täglich häufige Busverbindungen nach Bangkok (120 B, 2½ Std.)

tattet und locken mit den gemütlichsten ›etten in ganz Südmyanmar. Das ange- chlossene Restaurant serviert passable bir- ıanisch-chinesische Gerichte.

avoy Kitchen BIRMANISCH, CHINESISCH $
(09 45519 2525; 234 Phayar St; Gerichte ab 000 K; 10–15 & 17–23 Uhr) Dieses einfache, ›er nette Restaurant-Café hat einen freund- chen Englisch sprechenden Besitzer. Die uswahl reicht von Nudel- und Reisgerich- ɜn bis zu abenteuerlicheren Optionen, z. B. okosnusscurry mit Fischbällchen. Kaffee nd Saft kann man hier auch sehr gut trin- ɜn, aber Alkohol gibt's keinen.

An- & Weiterreise

aweis Busbahnhof liegt unpraktischerweise ein ıar Kilometer nordöstlich des Zentrums, aber ckets kann man vorab bei verschiedenen ıbietern in der Nähe des Kanals in der Ye Road ufen (aber in den Bus muss man natürlich otzdem am Bahnhof einsteigen). Minivans ıren an ihren Büros in der Ye Street ab und ımmeln Passagiere auch am Hotel ein.

Der tägliche Truck zum **Maungmagan-Strand** rzarni Rd; pro Pers. 1000 K) fährt gegen 7 Uhr Zentrum ab. Außerdem kann man mit einem nivan von Dawei nach Htee Khee fahren und rt die Grenze nach Thailand überqueren.

NLE-SEE & SHAH-STAAT

er in den Osten Myanmars reist, kann so- ɔhl den wunderschönen Inle-See als auch ıige der besten Wanderungen des Landes erleben – ganz zu schweigen von der Gelegenheit, die Touristenpfade zu verlassen und Gegenden zu erkunden, die nur sehr wenige Ausländer zu sehen bekommen.

Inle-See

Die Region rund um den Inle-See gehört zu den meistbeachteten Gegenden Myanmars – und der Hype ist durchaus berechtigt. Man stelle sich einen riesigen, friedlichen See vor – 22 km lang und 11 km breit – gesäumt von Marschen und schwimmenden Gärten, in dem Stelzen-Dörfer und buddhistische Tempel aus dem Wasser ragen und Intha-Fischer ihre Boote mittels ihrer einzigartigen Beinrudertechnik antreiben. Der See ist von Hügeln umgeben, in denen zahlreiche Minderheiten leben: Die Shan, Pa-O, Taung Yo, Danu, Kayah und Danaw steigen zu den Märkten aus ihren Dörfern herab, die im Fünftagewechsel in den Städten der Region stattfinden.

Die Unterkünfte der Gegend befinden sich in Nyaungshwe. Der Ort an sich ist nicht sehr einladend, aber wenn man die Wasserwelt und die Umgebung des Inle-Sees erkundet, spielt das keine Rolle. Nur wenige sind mit dem, was sie hier gesehen und erlebt haben, bei ihrer Abreise unzufrieden.

Wer den Inle-See erkunden möchte, reist am besten direkt nach Nyaungshwe. In der Stadt gibt's keinen offiziellen Busbahnhof oder Flughafen. Wer auf dem Luftweg zum Inle-See kommt, muss nach Heho fliegen. Auf dem Landweg geht's zunächst Richtung

Taunggyi, aber man steigt in Shwenyaung an der Kreuzung nach Nyaungshwe aus. Von dort verkehren ein paar Busse und Minivans nach Nyaungshwe und wieder zurück.

Nyaungshwe ညောင်ရွှေ

081 / CA. 80 000 EW. (INKL. INLE-SEE)

Das schäbige, aber geschäftige Nyaungshwe ist das Haupttor zur Region Inle-See. Der Ort liegt am Nordende des Sees und war einst die Hauptstadt eines wichtigen Shan-Königreichs (der ehemalige Palast der *saophas* (himmlische Prinzen), die früher hier regierten, ist nun ein Museum). Nyaungshwe ist heute ein wuseliges Tourismuszentrum mit Dutzenden Pensionen und Hotels und einer wachsenden Auswahl an Restaurants und ein paar Bars, alles in angenehm entspannter Atmosphäre. Wenn es in Myanmar überhaupt so etwas wie eine Backpacker-Szene gibt, dann findet man sie hier.

Sehenswertes

Yadana Man Aung Paya

BUDDHISTISCHER TEMPEL

(ရတနာမာန်အောင်ဘုရား; Phoung Taw Site St; bis Sonnenuntergang) GRATIS In einem quadratischen Komplex südlich des Mingala-Markts versteckt sich dieser hübsche vergoldete Stupa, Nyaungshwes, ältester und bedeutendster buddhistischer Schrein. Seine mehrstufige Bauweise ist in Myanmar einzigartig. In den rundum gelegenen Pavillons können Besucher zahlreiche Schätze bewundern, die von den Mönchen über Jahrhunderte gesammelt wurden, darunter Holzschnitzereien, Lackwaren und Tanzkostüme.

Shwe Yaunghwe Kyaung

BUDDHISTISCHER TEMPEL

(ရွှေရောင်ဝဲကျောင်း; Nyaungshwe-Shwenyaung Rd; bis Sonnenuntergang) GRATIS Dies ist wahrscheinlich das meistfotografierte Kloster in Nyaungshwe: Die einzigartigen ovalen Fenster in der antiken Teak-*thein* (Ordinationshalle) schaffen den perfekten Rahmen für Porträts der Novizen. Das Kloster liegt 2,5 km nördlich der Stadt an der Straße nach Shwenyaung.

> **ZUGANGSGEBÜHR INLE-SEE**
>
> Wer die Region Inle-See besuchen möchte, muss eine Zugangsgebühr von 13 500 K entrichten; zahlbar ist sie bei Ankunft am **Kiosk** (6–21 Uhr) bei der Brücke am Ortseingang von Nyaungshwe. Tickets sind eine Woche gültig, aber es ist eher unwahrscheinlich, dass man noch mal zur Kasse gebeten wird, falls man länger bleibt.

Schlafen

★ La Maison Birmane

HOTEL $$

(081-209 901; www.lamaisonbirmane.com; Bungalows 85–150 US$;) Charmante Anlage mit zehn Holzbungalows mit Strohdach in einem friedlichen Bio-Garten, das einzige echte Boutique-Hotel in Nyaungshwe. Die Bungalows sind zwar nicht riesig, aber sehr attraktiv, mit Marmorbädern in den teureren Alternativen. Die Betten stehen in allen Zimmern erhöht. Im Gemeinschaftsbereich kann man wunderbar entspannen und das Personal ist sehr aufmerksam. Im Voraus buchen.

★ Ostello Bello

HOSTEL

(081-209 302; www.ostellobello.com; Yone Gy Rd; B 15–20 US$, Zi. 80 US$;) Dieses sehr gut organisierte neue Hostel gehört zu einer stetig wachsenden Kette und ist die Anlaufstelle für Backpacker in Nyaungshwe. Es stehen verschiedene Schlafsäle mit vier bis 14 Betten zur Auswahl. Alle sind geräumig und bieten anständige Matratzen, Bäder und Käfigschließfächer. Die Privatzimmer sind recht komfortabel und locken mit TV, Kühlschrank und makellosem Bad.

★ Song of Travel Hostel

HOSTEL

(081-209 731; www.songoftravel.com; Aung Cha Tha 5 St; B 17 US$;) Nyaungshwes erstes Hostel ist noch immer eine ausgezeichnete Wahl. Es ist kunstvoll eingerichtet, mit großer Dachterrasse und großzügigem Gemeinschaftsbereich. Privatzimmer findet man hier nicht, nur identische helle, makellose Schlafsäle mit 14 Betten mit Vorhängen für ein bisschen Privatsphäre. Außerdem gibt's Schließfächer und die Gemeinschaftsbäder sind sauber. Das Hostel liegt 20 Fußminuten vom Zentrum entfernt und bietet kostenlose Leihfahrräder an.

Nawng Kham – Little Inn

PENSION

(081-209 195; noanhom@gmail.com; Phaung Daw Pyan Rd; Zi. 15–35 US$;) Die sieben Zimmer mit Ventilatoren sind immer schnell weg, aber die teureren mit Klimaanlage, kleinem Balkon, hohen Decken und recht großen Bädern sind fast genauso ein Schnäppchen. Alle gehen auf einen nett

Nyaungshwe

ɜarten raus, es gibt einen kleinen Gemein-chaftsbereich, gutes Frühstück und das Per-onal ist hilfsbereit.

otel Maineli HOTEL $

✆ 081-209 958; www.hotelmaineli.com; 66 Maine Quarter; Zi. inkl. Frühstück 40–60 US$; ❄📶) ieser beeindruckende Neuling bietet große immer mit Holzboden, TV, Kühlschrank, afe und gemütlichen Betten. Die Bäder nd etwas schlichter, aber zu diesem Preis otzdem ein Schnäppchen. Das Tüpfelchen ıf dem i sind das professionelle Personal, e ruhige Lage in einem Wohngebiet und e kostenlosen Fahrräder.

Essen

Lin Htett Myanmar aditional Food BIRMANISCH $

✆ 09 42832 6575; Yone Gyi Rd; Currys 3000–00 K; ⏱10.30–21.30 Uhr) Mit Abstand das ısprechendste birmanische Restaurant in yaungshwe und eins der besten Curry-Lo-le in ganz Myanmar. Der Service ist ge-ıuso freundlich, wie das Essen lecker ist. an kann aus verschiedenen Currys und laten wählen, die jeweils mit einer Suppe, ps und Reis serviert werden. Für 20 000 K o Person kann man außerdem Kochkurse ıchen.

Nyaungshwe

Sehenswertes

Schlafen

Essen

★ **Live Dim Sum House** CHINESISCH $

(Yone Gyi Rd; Dim Sum 2000 K, Hauptgerichte 4500 K; ⏱11–21 Uhr) Immer mehr Gäste spazieren zu diesem entspannten Lokal, das ebenso leckere wie innovative Dim Sum im Angebot hat, z. B. mit Krabben, Bambussprossen und Wasserkastanien oder gegrilltem Kürbis und Pilzen. Aber es stehen auch andere Gerichte zur Auswahl, etwa Nudeln mit Rindfleisch nach Shanghai-Art oder Kung-Pao-Hühnchen (scharfes Hühnchen mit Erdnüssen und Gemüse, ein chinesischer Klassiker).

BOOTSTOUREN AUF DEM INLE-SEE

Jeden Morgen schippert eine Flotte schmaler Holzkanus mit langschwänzigen Außenbordmotoren über den See und transportiert Besucher zu diversen Natur- sowie kulturellen, religiösen, historischen oder kommerziellen Attraktionen.

Alle Hotels, Pensionen und Reisebüros in Nyaungshwe können Ausflüge mit den Motorbooten arrangieren, aber man kann die Tour auch direkt mit den Bootsführern an einem der Anleger oder in der Nähe der Teik-Nan-Brücke buchen – wahrscheinlich finden sie einen sowieso, bevor man sie findet. Ein ganztägiger Standardausflug kostet ab 15 000 K und umfasst normalerweise den Besuch mehrerer berühmter Sehenswürdigkeiten am Nordende des Sees, z. B. Phaung Daw Oo Paya in Tha Lay, Nga Hpe Kyaung (Kloster der Springenden Katze) im Dorf Nga Phe und die schwimmenden Gärten. Wer bis nach Inthein fahren möchte, muss mit 20 000 K rechnen. Zu anderen, weiter entfernten Zielen gehören Thaung Thut (20 000 K, 1½ Std.), Hmaw Be (25 000 K, 2 Std.) und Samkar (50 000 K, 3 Std.). Der Preis gilt für das ganze Boot mit bis zu fünf Passagieren, die einen gepolsterten Sitz und eine Rettungsweste bekommen.

Die Boote haben kein Dach, deshalb sollte man unbedingt Sonnenschutz auftragen. Manche Passagiere finden den Wind auf dem See ziemlich kalt – wer schnell friert, sollte zur Sicherheit eine Jacke oder Decke mitbringen.

★ Sin Yaw Bamboo Restaurant

CHINESISCH, SHAN-KÜCHE **$**

(Kyaung Daw A Shae St; Hauptgerichte 4000–4500 K; ⊙10–22 Uhr) Einem authentischen Shan-Restaurant in Nyaungshwe kommt dieses Lokal noch am nächsten. Es wird von einem netten Shan-chinesischen Paar geführt und ist inzwischen das beliebteste Lokal der Stadt. Das Essen ist gut und würzig, aber die Schärfe wird auf Wunsch für westliche Gaumen abgemildert. Der Service ist aufmerksam und der Mojito und Mandalay Rum Sour sind auch recht passabel.

★ One Owl Grill

INTERNATIONAL **$$**

(☎09 45209 6741; 1 Yone Gyi St; Tapas ab 2000 K, Hauptgerichte 6000–11 000 K; ⊙9–23 Uhr; 📶) Dieses Bistro in französischer Hand hat sich mit seinen mediterran inspirierten Gerichten im Tapas-Stil als echter Hit erwiesen. Hier gibt's den besten Hummus im ganzen Shan-Staat, aber auch Frühstück, Salate, Burger, Pizza und Pasta sind eine gute Wahl. Es ist etwas teurer als die Konkurrenz in Nyaungshwe, bleibt dafür aber auch länger geöffnet als alle anderen Lokale. Die köstlichen Cocktails und die solide Weinliste sind ein weiteres Plus.

ℹ An- & Weiterreise

Dafür, dass der Ort ein so beliebtes Ziel ist, ist die Verkehrsanbindung eher mager: Es fährt nicht viel nach oder aus Nyaungshwe. Stattdessen kommen Flugzeuge, viele Busse und alle Züge in umliegenden Orten an und fahren bzw. fliegen auch dort ab, etwa in Heho (Flughafen) und Shwenyaung.

BUS & PICK-UP-TRUCKS

Alle Busse nach Taunggyi können Passagiere in Shwenyaung an der Kreuzung nach Nyaungshwe/Inle-See aussteigen lassen – allerdings muss man den vollen Preis bis Taunggyi bezahlen. Von Shwenyaung legen *thoun bein* (Dreirad-Taxis) die letzten 11 km nach Nyaungshwe zurück; eine Fahrt kostet rund 6000 K.

Reisebüros in Nyaungshwe, z. B. **Thu Thu** (☎081-209 258; thuthua79@gmail.com; Yone Gyi Rd; ⊙7–21 Uhr; 📶), verkaufen Tickets und können die Abholung vom Hotel organisieren.

FLUGZEUG

Der nächste Flughafen befindet sich in Heho, eine Autostunde entfernt. Die Taxifahrt kostet 25 000 K vom Flughafen nach Nyaungshwe und 18 000 K in die andere Richtung.

ZUG

Der Zug von Shwenyaung durch die Hügel nach Thazi ist langsam, doch die Landschaft ist atemberaubend. Vom winzigen Bahnhof in Shwenyaung fahren die Züge um 8 und 9.30 Uhr ab, sind drei Stunden später in Kalaw (einfach/Luxus 500/1150 K) und erreichen Thazi frühestens nach weiteren sechs Stunden (einfach/Luxus 1500/3000 K). *Thoun bein* fahren für 6000 K zum Bahnhof von Shwenyaung.

ℹ Unterwegs vor Ort

Mehrere Geschäfte in der Yone Gyi Road und der Phaung Daw Pyan Road verleihen schwerfällige chinesische Fahrräder für 1500 K pro Tag, ebenso einige Pensionen und Hotels.

Motorradtaxis an einem Stand in der Nähe des Marktes fahren für etwa 6000 K nach Shwenyaung

Kalaw ကလော

081C 57.800 / CA. 57 800 EW.

Kalaw wurde einst von britischen Beamten, lie der Hitze im Flachland entkommen wollen, als Bergstation gegründet. Die Stadt versprüht noch immer das Flair eines Hochgebirgskurorts – die Luft ist kühl, die Atmosphäre entspannt und in den von Bäumen gesäumten Straßen ist hier und da Kolonialarchitektur zu erkennen. In den umliegenden Hügeln kann man relativ leichte Tageswanderungen oder Übernachttouren nach Danu, Danaw, Palaung, Pa-O und zu den Taung-Yo-Dörfern unternehmen.

Kalaw gehört zu den wenigen Orten in Myanmar, die sich dezidiert an Backpacker und nicht an Pauschalgruppen richten. Hier kann man prima ein paar Tage entspannen. Außerdem leben in der Stadt zahlreiche Nachkommen der Inder und nepalesischen Gurkhas, die in der Kolonialzeit für den Straßen- und Eisenbahnbau hierherkamen.

Aktivitäten

Fast alle, die nach Kalaw kommen, gehen in den Hügeln wandern. Die Stadt ist von buddhistischen Pagoden, Aussichtspunkten auf Gipfeln und den friedlichen Dörfern der Palaung, Danu, Pa-O, Taung Yo und Danaw umgeben – diese Landschaft aus bewaldeten Bergen ist einfach traumhaft.

Der beliebteste Treck ist zweifellos die zwei- bis viertägige Wanderung zum Inle-See. Man kann aber auch eine zweitägige Mountainbike-Tour auf einer ähnlichen Route machen; Näheres gibt's bei **Naing Naing** (09 94283 12267, 09 54283 12265; naing.cc@gmail.com; Min St; Leihfahrrad pro Tag 3000–4000 K; 8.30–19 Uhr). Etwas abenteuerlicher ist die mehrtägige Wanderung über Taung Ni (တောင်နီ) nach Pindaya.

Auf Tageswanderungen braucht man nur ein Paar gute Wanderschuhe. Mahlzeiten sind für gewöhnlich im Preis inbegriffen, aber Trinkwasser sollte man selbst kaufen und mitnehmen. Die Wanderungen sind das ganze Jahr über möglich, aber in der Regenzeit (etwa von Juni bis Oktober) kann's ziemlich matschig werden.

Exkursionen ohne Guides sind nicht zu empfehlen: Die Wegführung ist verwirrend, das Gelände eine Herausforderung und in den Bergen sprechen nur wenige Menschen Englisch. Der aktuelle Preis für Tageswanderungen liegt bei 10 US$ pro Person (in einer Vierergruppe); Touren mit Übernachtung beginnen bei etwa 32 000 K pro Person und Tag ab mindestens zwei Personen.

Green Hill Valley TIERE & PFLANZEN
(in Yangon 09 7310 7278, 09 78514 5838; www.ghvelephant.com; Magway; pro Pers. 100 US$) Zwölf glückliche Elefanten, die für die Arbeit in den staatlichen Holzlagern nicht mehr fit genug sind, durften sich in Green Hill Valley zur Ruhe setzen. Es wurde 2011 von einer Familie gegründet, die schon lange mit Elefanten arbeitet. Die Besucher dürfen mit den Tieren interagieren, bei der Fütterung und beim Baden helfen und im Rahmen des Wiederaufforstungsprojekts des Camps außerdem einen Baum pflanzen.

Schlafen

Genesis Motel PENSION $
(081-50842; genesismotel7@gmail.com; 18 Shwe Hin Thar St; Zi. inkl. Frühstück 25–35 US$, FZ 50–60 US$;) Diese neue Pension hinter dem

NICHT VERSÄUMEN

KHAUNG DAING

Nur, weil man eine Bootsfahrt gemacht hat, heißt das nicht, dass der Inle-See nicht noch mehr zu bieten hätte. Die Landschaft rund um das Wasser lohnt ebenfalls einen Besuch. Ein Fahrradausflug von Nyaungshwe nach Khaung Daing (ခေါင်တိုင်), ein Intha-Dorf in der Nordwestecke des Sees, ist beispielsweise leicht zu bewältigen und lohnt sich unbedingt. Man sollte auch einen Abstecher zum **Phwar Ya Thay Paya** (ဖွားရသေ့ဘုရား; bis Sonnenuntergang) GRATIS machen, einem Tempel auf einem Hügel an der Straße nach Khaung Daing, von dem sich ein fantastischer Ausblick auf den Inle-See und seine Umgebung bietet. Außerdem kann man in den **heißen Quellen** (ခေါင်တိုင်ရေပူစမ်း; 09 4936 4876; hotspringinle@gmail.com; öffentliche Becken 7–10 US$, privates Bad 10 US$; 5–18 Uhr) baden, die an der Straße von Nyaungshwe nach Khaung Daing liegen.

Kahung Daing ist mit dem Fahrrad 45 Minuten von Nyaungshwe entfernt. Man erreicht es von Nyaungshwe über die Teik-Nan-Brücke und folgt anschließend der von Bäumen gesäumten, die Knochen durchrüttelnden unbefestigten Straße durch die Reisfelder, bis man die asphaltierte Straße erreicht, an der man links abbiegt.

Kalaw

Kalaw

Aktivitäten, Kurse & Touren

1 Ever Smile C2
2 Naing Naing C3
3 Rural Development Society C2
4 Sam's Trekking Guide C3

Schlafen

5 Dream Villa Hotel Kalaw B3
6 Genesis Motel A1
7 Golden Lily Guest House B2
8 Pine Breeze Hotel A2

Essen

9 Everest Nepali Food Centre C3
10 Red House C3
11 Thiri Gay Har Restaurant A1
12 Thu Maung Restaurant B1

Ausgehen & Nachtleben

13 Hi Snack & Drink C2

Restaurant **Thiri Gay Har** (Union Hwy) verfügt nur über zehn kompakte, aber makellose Zimmer, alle mit gemütlichen Betten und modernem Bad. Das Personal ist professionell, mehrere Terrassen laden zum Entspannen ein und die Frühstücksauswahl ist auch gut. Es gibt zwei Familienzimmer mit Gemeinschaftsbad, die auch als 3-Bett-Zimmer fungieren.

Pine Breeze Hotel HOTEL
(☎ 081-50459; www.pinebreezehotel.com; 174 Thitaw St; Zi. inkl. Frühstück 35–45 US$; ❄📶) Dieses hellblaue Haus mit vier Etagen steht gleich westlich des „Zentrums" von Kalaw und bietet komfortable, gut ausgestattete Zimmer mit TV, Kühlschrank und Heizung für kalte Nächte. Die oberen Zimmer sind größer und haben kleine Balkons mit tollem Blick über die Stadt.

Golden Lily Guest House HOTEL
(☎ 081-50108; 5/88 Nat Sin St; Zi. 15 000–30 000 📶) Kalaws altbewährter Budgetunterkunft sieht man ihr Alter an. Sie könnte durchaus eine Renovierung vertragen, vor allem die zellenartigen billigsten Zimmer, die sich schäbige Bäder teilen. Die teureren Alternativen sind etwas größer und erträglicher, mit Holzwänden und -böden und Zugang zu einem langen, breiten Gemeinschaftsbalkon, von dem sich ein Blick auf die Stadt bietet.

★ **Dream Villa Hotel Kalaw** HOTEL
(☎ 081-50144; dreamvilla@myanmar.com.mm; Za Ti' La St; Zi. inkl. Frühstück 50–65 US$; 📶) Dream Villa liegt eine Stufe über dem Durchschnittshotel in Myanmar und ist die beste Mittelklasseoption in Kalaw. Die geschmackvollen, attraktiv eingerichteten und mit Holz verkleideten Zimmer verteilen si

auf die drei Etagen eines makellosen Hauses und bieten nettes lokales Design. Das effiziente Personal spricht Englisch.

Essen & Ausgehen

★ Thu Maung Restaurant BIRMANISCH $
(Myanmar Restaurant; ☎ 081-50207; Union Hwy; Currys 3500 K; ⏰ 10–21 Uhr) Das Thu Maung befindet sich in einem hellgrünen Gebäude gleich hinter der Post und serviert mit das beste birmanische Curry in diesem Teil des Landes – darunter reichhaltige Varianten mit Hühnchen, Schwein, Lamm und Fisch – und dazu außergewöhnlich köstliche Dips, Beilagen, eingelegtes Gemüse und Garnituren. Der Tomatensalat aus knackigen grünen Tomaten ist ein regelrechtes Kunstwerk.

Everest Nepali Food Centre NEPALESISCH $
(☎ 081-50348; Aung Chan Thar St; Currys 4000–5500 K; ⏰ 9.30–21.30 Uhr; 📶) Das Everest ist ein allseits beliebtes nepalesisches Restaurant, das sehr leckere Currys und dazu eine gute Auswahl an Beilagen in angenehmer Umgebung anbietet.

TREKKINGANBIETER IN KALAW

Sam's Trekking Guide
(☎ 09 4580 40368, 081-50377; samtrekking@gmail.com; 21 Aung Chan Thar St; ⏰ 7–19 Uhr)

Ever Smile (☎ 081-50683; toe1111@gmail.com; Yuzana St; ⏰ 7–20 Uhr)

Rural Development Society
(RDS; ☎ 09 7861 16871, 081-50747; http://ruraldevelopmentsociety.wordpress.com; Min St; ⏰ 9–18 Uhr)

Naing Naing (S. 553)

VERKEHRSMITTEL UND -WEGE AB KALAW

ZIEL	BUS	MINIBUS	PICK-UP	ZUG
Aungban (nach Pindaya)		1000 K, 20 Min., häufig 7–15 Uhr	1000 K, 40 Min., häufig 7–15 Uhr	einfach/Luxus 250/550 K, 1 Std., 11.30 Uhr
Heho (Flughafen)		3000 K, 3 Std., häufig 7–15 Uhr		
Loikaw		4500 K, 6 Std., 5 Uhr		einfach/Luxus 1550/2050 K, 13 Std., 7 Uhr
Mandalay	12 000, 7–8 Std., 9.30, 10.30 & 21 Uhr	13 000 K, 7 Std., 9 & 10.30 Uhr		
Meiktila		7000 K, 4–5 Std., häufig 8–15 Uhr	4000 K, 4–5 Std., häufig 7–12 Uhr	
Nay Pyi Taw	11 000 K, 7–8 Std., 21 Uhr			einfach/Luxus 1500/3050 K, 11 Std., 12.49 Uhr
Nyaung U (Bagan)	12 000–18 000 K, 8 Std., 9.30 & 20 Uhr	13 000 K, 7 Std., 8.30 Uhr		
Shwenyaung (zum Inle-See)		3000 K, 3 Std., häufig 7–15 Uhr		500/1150 K (einfach/Luxus), 3 Std., 11.30 Uhr
Taunggyi		3000 K, 3 Std., häufig 7–15 Uhr		
Thazi		5000 K, 4 Std., häufig 8–15 Uhr	4000 K, 4 Std., häufig 7–15 Uhr	einfach/Luxus 850/1850 K, 7 Std., 12.49 Uhr
Yangon	14 000–26 000 K, 10–12 Std., 9.30, 19, 20 & 21 Uhr			

★ **Red House** ITALIENISCH $$
(☎09 77135 7407; redhousekalaw@gmail.com; 4/111 Min St; Hauptgerichte 6000–12 000 K; ⏲11–22 Uhr; 📶) Dieses neue, lohnenswerte Restaurant in italienischer Hand ist für Kalaw – oder überhaupt für Myanmar – ziemlich schick. Es serviert hausgemachte Pasta, Ravioli und Holzofenpizza sowie ein paar lokale Gerichte. Es erstreckt sich über zwei Etagen und eine Dachterrasse, der Service ist sehr gut und die Alkoholauswahl beeindruckend: Hier gibt's nicht nur köstliche Cocktails, sondern auch guten Wein.

★ **Hi Snack & Drink** BAR
(Kone Thai St; ⏲17–23 Uhr) Eine echte Seltenheit: eine richtige Bar in einer myanmarischen Provinzstadt. Das Hi ist ungefähr so groß wie ein Kleiderschrank und versprüht das fröhliche Flair einer Flüsterkneipe. Wer die Spezialität des Hauses – Rum Sour (2000 K) – nicht probiert hat, hat Kalaw nicht wirklich erlebt. Bier gibt's hier nicht, nur harte Sachen.

ℹ An- & Weiterreise

Verschiedene **Busticketbüros** (Union Hwy) gegenüber dem Markt, darunter **Sun Shine** (☎09 3620 1202; Union Hwy; ⏲7–21 Uhr), verkaufen Platzkarten für Langstreckenbusse zwischen Taunggyi und anderen Zielen. Klimatisierte Busse, ventilatorgekühlte Minivans und Pick-ups zu anderen Orten in und rund um den Shan-Staat halten ebenfalls an diesem Abschnitt des Union Highway (NH4).

Kalaw ist per Flugzeug über das 26 km entfernte Heho zu erreichen. Taxis warten am Flughafen und kosten 20 000 K nach Kalaw (1½ Std.). Eine billigere Alternative ist es, zu Fuß zum 1,5 km entfernten Union Highway zu gehen und dort auf einen Bus oder Pick-up Richtung Westen zu warten, was allerdings ziemlich lange dauern kann.

Pindaya ပင်းတယ

Die Straße ins verschlafene Pindaya zieht sich durch eines der wichtigsten Landwirtschaftsgebiete Myanmars. Es sind jedoch weniger die Bauernhöfe, sondern eher die Dörfer Danu, Palaung und Pa-O rund um Pindaya, die Traveller mit tollen Wandermöglichkeiten in diese weniger besuchte Gegend des westlichen Shan-Staats locken. Der lokale Guide **Sai Win Htun** (☎09 7883 26316, 09 2507 84688; shwegue.pdy@gmail.com; Golden Cave Hotel, Shwe U Min Padoga Rd) wird als Wanderführer wärmstens empfohlen. Ein weiterer guter Grund für eine Reise hierher ist die berühmte **Shwe-U-Min-Höhlen**

VERKEHRSMITTEL UND -WEGE AB DEM INLE-SEE

Flugzeug

Zu den Zielen nach/von Heho gehören auch die folgenden:

ZIEL	PREIS	DAUER	HÄUFIGKEIT
Kyaingtong	ab 142 US$	55 Min.–2¾ Std.	tgl.
Lashio	ab 80 US$	45 Min.–1 Std.	tgl. über Mandalay
Mandalay	ab 62 US$	30 Min.	tgl.
Nyaung U (Bagan)	ab 70 US$	75 Min.	tgl.
Tachileik	ab 105 US$	45 Min.–1¾ Std.	tgl. über Mandalay
Yangon	ab 93 US$	1–2¾ Std.	tgl.

Bus

Vom Inle-See bieten einige Busunternehmen mittlerweile Verbindungen nach Nyaungshwe oder unterhalten vormittags Minivans zu den folgenden Zielen:

ZIEL	PREIS	DAUER (STD.)	HÄUFIGKEIT
Hpa-an	26 000 K	15	16.30 Uhr
Loikaw	12 000 K	10	8 Uhr
Mandalay	11 000–18 000 K	10	9, 18.30 & 19.30 Uhr
Myawaddy	31 000 K	17	16.30 Uhr
Nyaung U (Bagan)	11 000–22 000 K	11	7.30, 8, 9, 19 & 20 Uhr
Yangon	14 500–28 000 K	12	8.30, 9, 17.30, 18.30 & 19.30 Uhr

WEITERREISE NACH THAILAND: VON TACHILEIK NACH MAE SAI

Der Grenzübergang Tachileik/Mae Sai liegt 153 km südlich von Kyaingtong. Mit einem e-Visum kann man hier nach/aus Myanmar ein- und ausreisen.

Anreise zur Grenze Die Grenze liegt nur einen kurzen Fußweg vom „Zentrum" Tachileiks entfernt; von den fünf Busbahnhöfen der Stadt ist es eine 2 km lange Fahrt mit einem Motorradtaxi für 1500 K/50 B.

An der Grenze Wer aus anderen Gegenden Myanmars per Flugzeug über Kyaingtong oder Tachileik anreist, kann das Land in Tachileik ungehindert verlassen. Der myanmarische Grenzposten ist von 6 bis 18 Uhr geöffnet. Auf der thailändischen Seite der Grenze stellen die dortigen Behörden eine bis zu 15 Tage gültige Aufenthaltsgenehmigung für Thailand aus – bis zu 30 Tage für Staatsangehörige eines G7-Staats (Deutschland, Frankreich, Italien, Japan, Kanada, USA und Vereinigtes Königreich).

Weiterreise Zum Busbahnhof von Mae Sai sind es von der Grenze knapp 2 km; zwischen dem Busbahnhof und der Soi 2, Th Phahonyothin (15 B, 15 Min., 6–21 Uhr) pendeln Pick-ups. Alternativ kann man für 40 B mit dem Motorradtaxi fahren. Von Mae Sai bestehen Busverbindungen u. a. nach Bangkok, Chiang Mai und Chiang Rai.

Mehr Informationen zum Grenzübertritt in entgegengesetzter Richtung siehe S. 803.

pagode (ရွှေဦးမင်းသဘာဝလိုဏ်ဂူဘုရား; Shwe U Min Pagoda Rd; 3000 K, Kameragebühr 300 K; ⏲6–18 Uhr), eine mächtige Kalksteinhöhle, die mit Tausenden vergoldeten Buddhas gefüllt ist.

Das makellose **Conqueror Resort Hotel** (☎081-66106; www.conquerorresorthotel.com; Zi. 70–100 US$; ❄📶🅿) ist die beste Unterkunft in Pindaya.

Man kommt mit einem der Vans oder Pick-ups hierher, die zwischen 7.30 und 11 Uhr in der Nähe der Uhrenturm-Kreuzung in Aungban abfahren, ein paar Kilometer östlich von Kalaw. Die ebenfalls dort wartenden Motorradtaxis (einfach 6000 K, hin & zurück 10 000 K) und Taxis (einfach 30 000 K, hin & zurück 50 000 K) sind eine weitere Möglichkeit.

RUND UM MANDALAY

Die Mandalay-Region ist die am dichtesten bevölkerte Gegend im oberen Birma und die Wiege der birmanischen Kunst, Kultur und Zivilisation. Während man Yangon als einen Mikrokosmos des Landes bezeichnen könnte, ist Mandalay – trotz des vielen Verkehrs und der Baustellen – nach wie vor ein urbanes Zentrum, in dem vor allem die ethnische Identität der Birmanen zum Ausdruck kommt. Fügt man dann noch die köstliche Küche der Region, die freundlichen Einheimischen und die Sonnenuntergänge über dem Ayeyarwady (Irawadi) River hinzu, bekommt man eine Region, die eine ausführliche Erkundung lohnt.

Mandalay မန္တလေး

☎02 / CA. 1 225 546 EW.

Mandalay wird zwar nie einen Schönheitswettbewerb gewinnen, aber Myanmars zweitgrößte Stadt ist auch eine relativ neue Schöpfung. Sie wurde 1857 von König Mindon am Fuß des Mandalay Hill als seine königliche Hauptstadt gegründet. Der Hügel, dessen Hänge mit Pagoden übersät sind, ragt noch immer über der Stadt auf. Im Zweiten Weltkrieg wurde Mandalay in Grund und Boden gebombt und der Palast wie ein Großteil der Stadt zerstört. In den 1990ern wurde er wiederaufgebaut. Seitdem ist in Mandalay ein wahrer, leider etwas willkürlicher Bauboom ausgebrochen, bei dem es nie um Ästhetik ging. Immer mehr Motorräder und Autos verstopfen die Straßen und hüllen die Stadt oft in Smog.

Wenn man die ganze Huperei jedoch ausblendet, entwickelt Mandalay seinen ganz eigenen Charme. Es bietet hervorragende Märkte, viele Klöster, indische Tempel, Moscheen, Goldschmiedewerkstätten und ein lebendig-geschäftiges Flussufer, das zu Erkundungstouren einlädt. Die blühende Teehaus-Kultur bietet Besuchern außerdem die Chance, sich unter die außergewöhnlich freundlichen Einheimischen zu mischen.

Sehenswertes

Das „Archaeological Zone Ticket" (10 000 K) deckt mehrere der bedeutendsten Sehenswürdigkeiten Mandalays ab und ist nach dem Erwerb eine Woche gültig. Zurzeit wird dieses Ticket am Mandalay-Palast und am Shwenandaw Kyaung kontrolliert (und verkauft), ist aber auch in **Inwa** erhältlich.

★ Mandalay Hill
WAHRZEICHEN

(မန္တလေးတောင်; Karte S. 559; Kameragebühr 1000 K) Um eine Vorstellung von den Ausmaßen Mandalays zu bekommen, sollte man auf den 232 m hohen Mandalay Hill steigen. Der Aufstieg über die überdachte Treppe am Südhang des Berges macht einen großen Teil des Erlebnisses aus. Teilweise muss man barfuß gehen, da der Weg durch mehrere Tempel und Pagoden führt. Der eigentliche Aufstieg dauert gut 30 Minuten, man sollte sich aber viel mehr Zeit lassen, um unterwegs anzuhalten. Bei Sonnenuntergang ist der Aussichtspunkt auf dem Gipfel besonders beliebt, denn dann nähern sich junge Mönche vorsichtig ausländischen Gästen, um ihre Sprachkenntnisse zu erproben.

★ Shwe In Bin Kyaung
BUDDHISTISCHES KLOSTER

(ရွှေအင်ပင်ကျောင်း; Karte S. 562 f.; 89th St, 37/38; mit Archaeological Zone Ticket 10 000 K; ⌚7–18.30 Uhr) Dieses wunderschöne Kloster aus Teak bietet einen meditativen Kontrast zum ansonsten in Myanmar üblichen „Wir hüllen alles in Gold und Pastelltöne"-Stil. Es ist bei Touristen und Einheimischen gleichermaßen beliebt und wurde 1895 von zwei reichen chinesischen Jadehändlern in Auftrag gegeben. Das zentrale Gebäude steht auf Pfosten, die aus Baumstämmen geschnitzt wurden, das Innere ist majestätisch dunkel. Die Geländer und die Dachbrüstungen sind mit detailreichen, teils humorigen Schnitzereien bedeckt.

★ Mahamuni Paya
BUDDHISTISCHER TEMPEL

(မဟာမုနိဘုရား; 83rd St; ⌚Anlage 24 Std., Museumbereiche 8–17 Uhr) GRATIS Täglich verehren Tausende farbenfroh gekleidete Gläubige den knapp 4 m hohen **sitzenden Buddha** des Mahamuni, eine im ganzen Land gefeierte Buddha-Figur, die über 2000 Jahre alt sein soll. Das Blattgold, das männliche Anhänger im Laufe der Jahrhunderte auftrugen, hat dem Buddha eine 15 cm dicke, knubblige Hülle aus purem Gold verliehen – nur das glänzende Gesicht, das jeden Morgen um 4 Uhr zeremoniell poliert wird, blieb verschont.

Jademarkt
MARKT

(ကျောက်စိမ်း; Karte S. 562 f.; 87th St, 39/40; 2500 K; ⌚8–16 Uhr) Gesteinsstaub und Zigarrenrauch erfüllen die Luft in diesem wuseligen Labyrinth aus vollgestopften Gassen. Hier findet man haufenweise Jadehändler, die geschäftig ihre Waren feilbieten und polieren. Der Eintritt kostet 2500 K (wird aber nicht immer verlangt), aber man kann auch vor dem Markt sitzen und zusehen, wie die Kunsthandwerker rund um die 87th Street Jade schnitzen und polieren. Besonders interessant sind die Händler, die etwa im **Unison Teahouse** (Karte S. 562 f.; 38th St und 88th St; Tee 300 K; ⌚5–1 Uhr) bei Tee und Zigaretten möglichst verstohlen über den nächsten Deal diskutieren.

Shwenandaw Kyaung
BUDDHISTISCHES KLOSTER

(ရွှေနန်းတော်ကျောင်း; Kloster des Goldenen Palastes; Karte S. 559; 62nd und 14th St; mit Archaeological Zone Ticket 10 000 K) Aufwendig geschnitzte Paneele bedecken dieses schöne Teak-Kloster, das für seine Schnitzarbeiten – besonders die vergoldeten Szenen aus den Jakata (Geschichten aus den früheren Leben Buddhas) im Inneren – berühmt ist. Das Bauwerk stand früher im Komplex des Mandalay-Palastes und war die königliche Wohnung von König Mindon, der dort 1878 starb.

Mandalay-Palast
PALAST

(မန္တလေးနန်းတော်; Karte S. 559; East Gate, 66th St; mit Archaeological Zone Ticket 10 000 K; ⌚7.30–16.30 Uhr) Die Rekonstruktion des Königspalastes aus den 1990er-Jahren umfasst über 40 Holzgebäude, die den in den 1850er-Jahren errichteten Originalgebäuden nachempfunden wurden. Einen guten Überblick erhält man, wenn man den merkwürdigen spiralförmigen hölzernen **Wachturm** besteigt. Das markanteste Element des Komplexes ist di

Königliches Mandalay

Highlights
1 Mandalay Hill C1

Sehenswertes
2 Mandalay-Palast B4
3 Shwenandaw Kyaung D3

Essen
4 Ko's Kitchen A4

Ausgehen & Nachtleben
5 Central Park C5

Unterhaltung
6 Myanmar Marionettes C5

Shoppen
7 Rocky D5

hoch aufragende mehrstufige Pyramide aus vergoldeten Filigranarbeiten über dem zentralen **Thronraum**. Teile der Anlage müssten dringend repariert werden.

Ausländer können den Palast nur über das Osttor betreten und werden manchmal gebeten, sich auszuweisen.

Schlafen

★ Ostello Bello HOSTEL $
(Karte S. 562 f.; ☎ 02-64530; www.ostellobello.com; 28th St, 73/74; B 10–24 US$, Zi. 70 US$;) Dieser Ableger der Ostello-Bello-Familie beeindruckt am wenigsten, was vor allem daran

Königliches Mandalay

liegt, dass er nicht über den Platz der Häuser in Neu-Bagan (S. 579) und Nyaungshwe (S. 550) verfügt. Trotzdem ist dies mit Abstand das beste Hostel in Mandalay. Die gemütlichen Schlafsäle haben eigene Bäder, es gibt kostenlose Pasta-Snacks und eine Dachterrasse. In der Bar und im Gemeinschaftsbereich ist immer was los und der Service ist aufmerksam. Unbedingt vorab buchen.

Yoe Yoe Lay PENSION $

(☎ 09-44404 1944; nanbwe1@gmail.com; 58th St, 35/36; 4/6-Bett-Schlafsaal 8–11 US$, EZ & DZ 18–22 US$;) Die Schlafsäle in dieser freundlichen Unterkunft sind zwar eng, aber klimatisiert und mit guten Matratzen und kleinen Schließfächern ausgestattet. Die Privatzimmer sind ebenfalls kompakt, aber durchaus gemütlich; die billigsten teilen sich ein Bad. Draußen gibt's einen Gemeinschaftsbereich. Der einzige Nachteil ist die unpraktische Lage in Ost-Mandalay. Von hier kostet die Fahrt mit dem Motorradtaxi 1000 K (für 2000 K pro Tag kann man sich ein Fahrrad ausleihen).

79 Living Hotel HOTEL $

(Karte S. 562 f.; ☎ 02-32277; www.79livinghotel.com; 79th St, 29/30; Zi./FZ inkl. Frühstück 35/70 US$;) Dieses Hotel mit fairen Preisen liegt praktisch hinter dem Bahnhof. Die Zimmer sind mit TV, Kühlschrank und Safe ausgestattet, die Böden strahlen vor Sauberkeit, die Decken sind schön hoch und manchmal liegt sogar eine (künstliche) Rose als Willkommensgruß auf dem Bett. Auf der Dachterrasse gibt's Frühstück und eine Happy Hour (18–20 Uhr) und der Fahrradverleih ist gratis.

Ayarwaddy River View Hotel HOTEL $$

(Karte S. 562 f.; ☎ 02-64945; http://ayarwaddyriverviewhotel.net; Strand Rd, 22/23; Zi. inkl. Frühstück 70–150 US$;) Richtig luxuriös zu diesem Preis ist dieses große, professionelle Hotel. Es lockt mit geschmackvollem Dekor und großen, voll ausgestatteten Zimmern mit Parkettboden und anständigen Bädern. Die besten Optionen bieten außerdem eine grandiose Aussicht, entweder über den Fluss Richtung Mingun oder über die Stadt, den Mandalay-Hill und das Shan-Hochland. Die Dachbar ist für ihre tägliche Happy Hour berühmt und in der Hochsaison werden hier Marionetten-Shows geboten.

Hotel 8 HOTEL $$

(Karte S. 562 f.; ☎ 02-31448; www.hotel8mandalay.com; 29th St, 82/83; Zi. inkl. Frühstück 40–60 US$;) Mehrstöckiger Glasturm mit einem gutes Preis-Leistungs-Verhältnis. Das Personal ist freundlich und hilfsbereit, die Lage zentral und die Zimmer sind sauber und gemütlich und mit ein paar Farbklecksen aufgepeppt. Einen kostenlosen Fahrradverleih gibt's auch.

Essen

★ Aye Myit Tar BIRMANISCH $

(Karte S. 562 f.; 530, 81st St; Currys 4000–6500 K; ⏲ 9–22 Uhr;) Stets hell beleuchtet ist dieses schlichte, ehemalige Kaufmannshaus mit dicken Mauern aus der Kolonialzeit und heute das beliebteste teurere Curry-Restaurant im Zentrum von Mandalay. Man kann aus zahlreichen Currys mit Hühnchen, Fisch oder Schweinefleisch wählen, die mit Beilagen, Suppe und Reis serviert werden. Alternativ kann man auch einen der Salate oder eins der Gemüsegerichte von der Karte bestellen.

★ Shan Ma Ma SHAN-KÜCHE $

(Karte S. 562 f.; ☎ 02-71858; 81st St, 29/30; Gerichte 1500–4000 K; ⏲ 11–21.30 Uhr;) Plastikstühle und -tische? Check. Köstlich duftendes Essen, das auf Verkostung wartet? Check. Die freundlichen Schwestern, die diesen Laden führen, lassen einen sogar probieren, bevor man sich entscheidet, was man bestellen will. Besser kann man südostasiatische Küche für wenig Geld nicht erleben. Die Fleisch-, Fisch- und Gemüsegerichte werden in einem halboffenen Speiseraum serviert, der nach Einbruch der Dunkelheit besonders voll ist.

Lashio Lay SHAN-KÜCHE

(Karte S. 562 f.; ☎ 02-22653; 23rd St, 83/84; pro Teller 2000–3000 K; ⏲ 10–21.30 Uhr) Dieses schlichte Restaurant ist seit Langem im Geschäft und für seine durchgängig guten Gerichte nach Shan-Art bekannt. Man zeigt einfach auf das, was man möchte, und bezahlt pro Gericht: Ein, zwei Currys und eine Portion Reis sollten satt machen. Am späteren Abend ist auch das kalte Bier sehr beliebt.

Marie-Min VEGETARISCH

(Karte S. 562 f.; Hauptgerichte 2000–3000 K; ⏲ 9–22 Uhr;) Die vegetarische Speisekarte spiegelt das Prinzip des Besitzers wieder: „Be kind to animals by not eating them" („Sei nett zu Tieren, indem du sie nicht isst"). Die Gerichte stammen hauptsächlich aus Sri Lanka, Indien und Myanmar. Zu den Highlights gehören das Tofucurry, ein üppig

Auberginen-„Dip" und die Avocado-Milchshakes (2000 K). Bei Backpackern sehr beliebt. Das Lokal befindet sich abseits der 27th Street, zwischen 74th und 75th Street.

Ko's Kitchen THAILÄNDISCH $$
(Karte S. 559; ☎02-69576; 80th St und 19th St; Hauptgerichte 4000–10 000 K; ⌚11–14.30 & 17–21 Uhr; ❄) Dieses Restaurant ist bei wohlhabenden Einheimischen und hin und wieder bei Tourgruppen beliebt. Es ist in einem attraktiven Art-déco-Gebäude untergebracht und überzeugt mit schlichtem Dekor in Pfirsich. Man kann aus einer breiten Palette köstlicher, recht authentischer Gerichte aus ganz Thailand wählen. Die Schärfe kann je nach Wunsch angepasst werden und es gibt wechselnde Tagesgerichte.

Central Park BAR
(Karte S. 559; 27th St, 68/69; Bier ab 900 K, Cocktails ab 3000 K; ⌚Mo–Fr 15–23, Sa & So 11–23 Uhr) Einladende, halboffene Bar, die das Beste eines Bier- und Grilllokals und einer lässigen Cocktaillounge mit eklektischer Musik vereint und das Ganze mit einer touristenfreundlichen Speisekarte mit Pizza, Burgern, Chicken Wings und Nachos aufpeppt. Hier kann man in geselliger Atmosphäre entspannen und die dekorativen Artefakte aus Myanmar bewundern, die teils 100 Jahre alt sind. Shishas gibt's auch und Happy Hour ist von 18 bis 19.30 Uhr.

☆ Unterhaltung

★ **Myanmar Marionettes** PUPPENTHEATER
(Karte S. 559; ☎02-34446; www.myanmarmarionettes.com; 66th St und 27th St; 15 000 K; ⌚20.30 Uhr; 👪) Auf einer kleinen Bühne spielen in diesem Puppentheater farbenfrohe Marionetten mit viel Ausdruck Teile traditioneller Geschichten nach. Manchmal wird ein Vorhang gelüftet, damit man die geschickten Handbewegungen der Puppenspieler bewundern kann, die schon international aufgetreten sind (einer von ihnen ist ein über achtzigjähriger Mann).

Shoppen

Rocky GESCHENKE & SOUVENIRS
(Sein Win Myint; Karte S. 559; ☎02-284 4106; 27th St, 62/63; ⌚8–20 Uhr) Ausgezeichneter familiengeführter Kunsthandwerksladen mit gutem Ruf. Hier gibt's Lackwaren, Marionetten, Schnitzereien und ausgestopfte Wandteppiche mit „Goldfaden"-Applikationen sowie jede Menge Schmuck, Juwelen und Jade aus ganz Myanmar.

King Galon KUNSTHANDWERK
(Karte S. 562 f.; ☎02-32135; 36th St, 77/78; ⌚8–18 Uhr) King Galon ist die stilvollste Blattgoldwerkstatt in Mandalay. Hier bekommt man ganz ohne Kaufdruck geduldig erklärt, wie der Prozess des Goldschlagens funktioniert. Zum Verkauf steht auch eine Auswahl an Kunsthandwerkssouvenirs.

ℹ Orientierung

Die Straßen im Zentrum von Mandalay sind in einem Gittersystem angeordnet. Die Straßen von Ost nach West sind die 1st bis 49th Street. Von Nord nach Süd sind die Straßen ab 50 durchnummeriert. Die Adresse „66th, 26/27" bezeichnet also ein Haus in der 66th Street zwischen der 26th und 27th Street. Adressen an einer Ecke werden etwa in der Form „26th und 82nd" angegeben.

VERKEHRSMITTEL UND -WEGE VON MANDALAY

ZIEL	BUS	ZUG (EINFACH/LUXUS)	FLUGZEUG	SCHIFF
Nyaung U (Bagan)	9000 K, 8 Std.	1450/2900 K, 9 Std.	65 US$, 30 Min.	ab 18 US$, 10–14 Std.
Bhamo			101 US$, 50 Min.	
Hsipaw	5000 K, 7 Std.	2700/3950 K, 11 Std.	93 US$, 45 Min. nach Lashio + 2 Std. Taxi	
Inle See	12 500–16 500 K, 11 Std.		77 US$, 30 Min. über Heho + 1 Std. Taxi	
Nay Pyi Taw	8500 K, 5 Std.	1900/3700 K, 5 Std.		
Yangon	14 500–20 500 K, 11 Std.	4700/9300 K Schlafwagen 12 750 K, 15½–16½ Std.	100 US$, 90 Min.	

Mandalay Zentrum

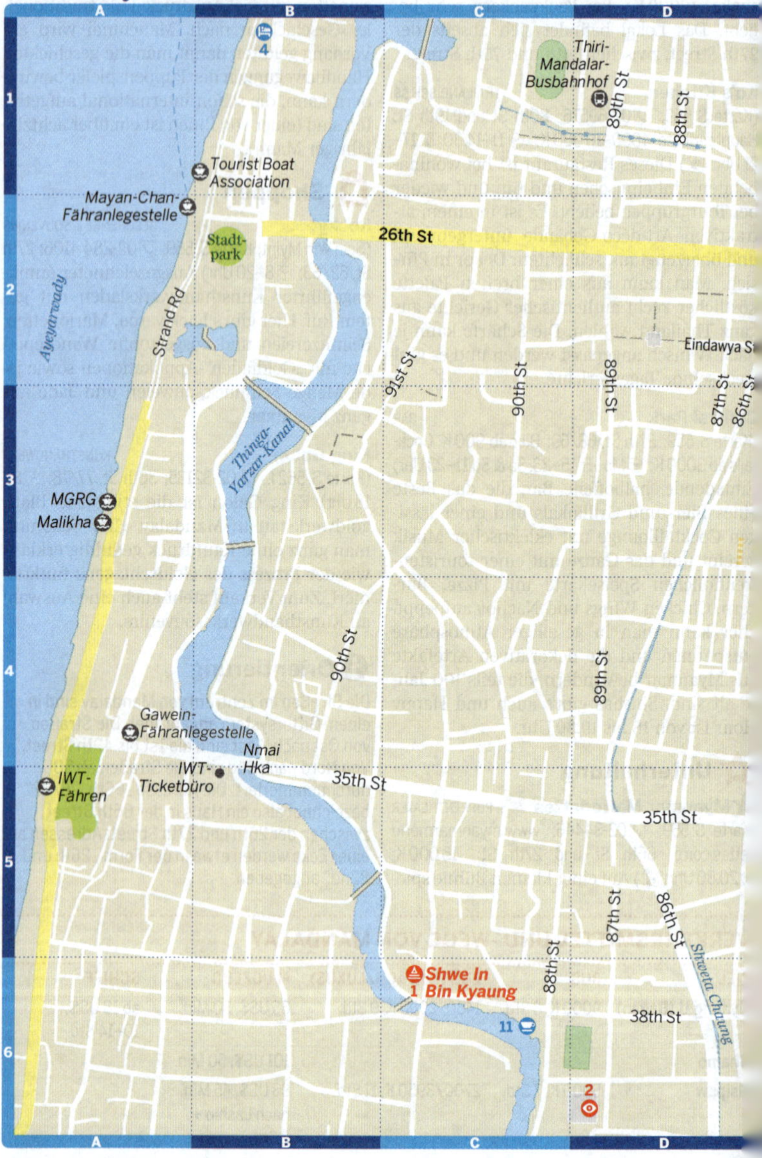

Praktische Informationen

GELD

Tadellose Euro- und US-Dollar-Scheine können zu guten Kursen am Mandalay Airport und in Wechselstuben und Banken im Zentrum getauscht werden. Zahlreiche Geldautomaten gibt's auch.

TOURISTENINFORMATION

Seven Diamond (Karte S. 562 f.; ☎02-72939, 02-72868; www.sevendiamondtravels.com; 82nd St, 26/27; ⏲8.30–18 Uhr, So geschlossen) Großes, hilfsbereites Reisebüro, das Flüg und Hotels bucht und Sammeltaxis zum Flughafen arrangiert.

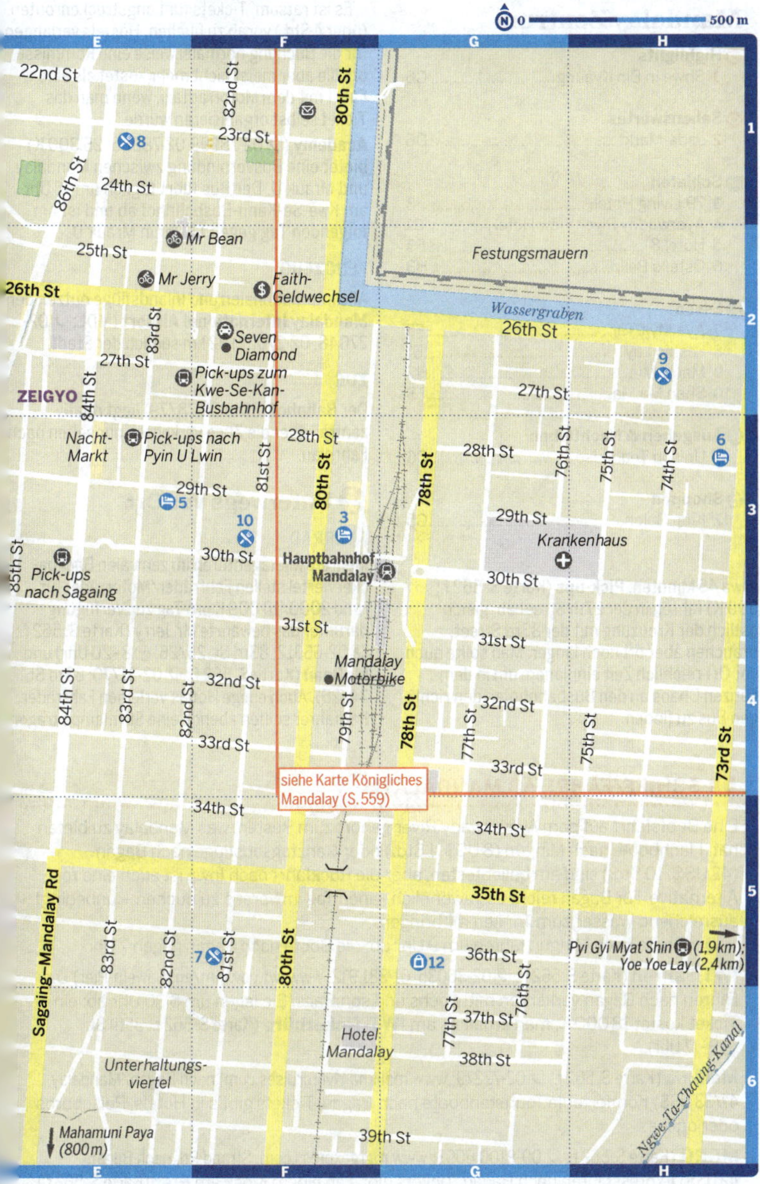

An- & Weiterreise

US

Mandalay gibt's drei große Busbahnhöfe. Der **ısbahnhof Thiri Mandalar** (Karte S. 562 f.;)th St und 23rd St) liegt relativ zentral. Der **ısbahnhof Pyi Gyi Myat Shin** (60th St) befindet sich 3 km östlich des Zentrums und bietet Busse nach Hsipaw und Lashio. Der **Busbahnhof Kwe Se Kann** (Highway-Busbahnhof, Chan Mya Shwe Pyi) ist der größte von allen und liegt 8 km südlich des Zentrums. Die Fahrt mit dem Motorrad/Taxi aus dem Zentrum Mandalays kostet 3000/6000 K und dauert

Mandalay Zentrum

etwa 45 Minuten. **Pick-ups** (Karte S. 562 f.; 500 K) fahren in der 27th Street ab, gleich östlich der Kreuzung mit der 83rd Street, brauchen aber oft noch länger. Man sollte auch vor Ort reichlich Zeit einplanen, um in dem ganzen Chaos an den Busbahnhöfen den richtigen Bus zu finden.

Es ist ratsam, Tickets für Langstreckenrouten (über 4 Std.) vorab zu buchen. Hostels verlangen für die Buchung normalerweise eine Kommission, die aber meist nicht mehr kostet als eine Fahrt mit dem Motorradtaxi, wenn man das Ticket selbst organisieren würde.

Academy (☎ 02-78699 02-78885; 25 300 K) bietet eine Busverbindung zwischen Mandalay und Mrauk U. Der Bus fährt täglich um 16 Uhr am Kwe-Se-Kann-Busbahnhof ab und ist am folgenden Tag gegen 13 Uhr in Mrauk U.

FLUGZEUG

Alle internationalen und Inlandsflüge nutzen den **Mandalay International Airport** (MDL; ☎ 02-27048, 02-27027) 32 km südlich der Stadt.

ZUG

Der **Bahnhof** (30th St, 78/79) liegt relativ zentral, aber die Züge verkehren nur selten nach Fahrplan.

Unterwegs vor Ort

FAHRRAD

Mehrere Mietagenturen im zentralen Backpackerviertel stellen Fahrräder/Motorräder für rund 2000/10 000 K pro Tag zur Verfügung, darunter das bewährte Mr Jerry (Karte S. 562 f.; ☎ 02-65312; 83rd St, 25/26; ⏲ 8–20 Uhr) und **Mr Bean** (Karte S. 562 f.; ☎ 02-31770; 83rd St, 24/25). Auch einige Hotels verleihen Fahrräder. Radfahrer sollten abends eine Stirnlampe tragen

SCHIFF/FÄHRE AB MANDALAY

Eine Bootsfahrt auf dem Ayeyarwady River gehört zum Besten, was Mandalay zu bieten hat. Flachboote nach Mingun (8 US$, 1 Std.) oder Ganztagsausflüge nach Bagan (42 US$, 10 Std.) sind am beliebtesten, aber die Rückfahrt nach Inwa ist auch eine tolle Alternative. Für Bagan reicht es gewöhnlich, einen Tag im Voraus zu buchen – unbedingt ausreichend Wasser zum Trinken mitbringen.

Die Boote nach Mingun fahren um 9 Uhr ab; die Boote nach Bagan gegen 7 Uhr.

IWT-Fähren (Karte S. 562 f.; ☎ 02-36035, 01-381 912; www.iwt.gov.mm/en; Gawein-Pier) Die Fähren nach Bagan verkehren mittwochs und sonntags. Sie legen um 5.30 Uhr ab; ein Ticket kostet 18 000 K; man erhält es am **IWT-Ticketbüro** (Karte S. 562 f.; 35th St; ⏲ 9–17 Uhr).

Malikha (Karte S. 562 f.; ☎ 02-72279; www.malikha-rivercruises.com; nach Bagan/Mandalay 47/33 US$) Komfortable Touristenboote nach Bagan. Tickets gibt's in Hotels, Reisebüros oder online.

MGRG (Karte S. 562 f.; ☎ 09-9100 6098; www.mgrgexpress.com; Strand Rd; nach Bagan 42 US$) Expressfähren nach Bagan. Tickets gibt's an einem Kiosk am **Pier** (Karte S. 562 f.).

Nmai Hka (Karte S. 562 f.; ☎ 09 40270 0072; nmaihkamdy@gmail.com; 35th St und 92nd St; nach Bagan 42 US$) Shwei-Keinnery-Fähren nach Bagan (Touristensaison). Tickets gibt's gleich südlich der Strand Road in der Nähe der Abfahrtsstelle der IWT-Boote. Die Fähren legen am Gawein-Pier ab.

Tourist Boat Association (Mayan-Chan-Pier; Karte S. 562 f.; nach Mingun 8 US$) Fährt um 9 Uhr von einem Pier am Ende der 26th Street nach Mingung. Keine Reservierung nötig.

ABSTECHER

BOOTSTOUR AUF DEM OBEREN AYEYARWADY

Zur Zeit der Recherche durften Ausländer die IWT-Fähren zwischen Mandalay und Bhamo sowie nördlich von Bhamo nach Myitkyina nicht nutzen. Sie können aber nach Bhamo fliegen und dann mit einer IWT-Fähre oder einem Schnellboot nach Katha und Mandalay im Süden reisen.

IWT-Fähren sind billig und die beste Möglichkeit, um mit Einheimischen in Kontakt zu kommen, aber sie sind langsam und unzuverlässig. Die Fähren verkehren dreimal pro Woche (montags, mittwochs und freitags) zwischen Bhamo und Mandalay, mit Halt in Shwegu, Katha, Tagaung und Kyaukmyaung. Nicht selten sind die Boote einen Tag oder noch mehr verspätet. Tickets müssen im entsprechenden IWT-Büro gebucht und in tadellosen US-Dollarscheinen bezahlt werden. Im Allgemeinen muss man mindestens eine Nacht an Bord verbringen. Es sind ein paar schlichte Kabinen verfügbar (60 US$, Gemeinschaftstoilette), aber die meisten Passagiere buchen die Deckklasse (Maximalpreis 12 US$), für die man eine eigene Schlafmatte und Bettzeug benötigt. An Bord werden teure Snacks und Getränke verkauft, aber auch an den Anlegestellen der Schiffe kann man etwas zu essen kaufen.

Schnellboote sind lange, überdachte Motorboote. Sie legen täglich immer tagsüber zu folgenden Fahrten ab, die jeweils einen Tag dauern: Bhamo–Shwegu–Katha und Katha–Mandalay. Die Tickets müssen vor der Abfahrt gekauft werden, für Katha–Mandalay schon am Tag zuvor. Sie sind teurer als die IWT-Fähren, die Holzbänke recht klein und Rettungswesten gibt's auch keine. Man muss in einer Pension vor Ort übernachten und kann sich während der kurzen Halte unterwegs etwas zu essen kaufen.

Die Boote verkehren das ganze Jahr über, aber im Herbst sind die Fahrten am schnellsten, wenn die Wasserstände hoch sind. Im April wird's während des myanmarischen Neujahrsfestes schwierig, weil die Einheimischen die Boote mit Beschlag belegen. Zwischen Mai und Oktober können Regen und starker Wind die Überfahrt recht ungemütlich machen.

Der schönste Teil der Reise ist der Abschnitt zwischen Bhamo und Shwegu: An der kurzen zweiten Engstelle erreicht die Landschaftskulisse ihren bescheidenen Höhepunkt, wenn sich der Ayeyarwady durch ein bewaldetes Tal mit Felswand schlängelt, das oft irreführenderweise als Schlucht bezeichnet wird. Weiter südlich ist Katha dank seiner Verbindung zu George Orwell beliebt, aber man kann auch in der interessanten Töpferstadt Kyaukmyaung aussteigen und auf dem Landweg nach Bagan weiterreisen.

Die Fahrt mit der IWT-Fähre von Bhamo nach Mandalay dauert mindestens zwei bis drei Tage. Man kann Zeit sparen, indem man einfach in Katha aussteigt und per Expressboot oder Zug nach Mandalay weiterreist.

Für längere Ausflüge in und um Mandalay ermieten das von Ausländern geführte Mandaly Motorcycle (Karte S. 562 f.; ☎ 09 44402 182; www.mandalaymotorbike.com; 32nd St, 9/80; pro Tag Citybike ab 10 000 K, Mountainike ab 40 000 K) und **Myanmar Bike Rental** ☎ 09 4211 30276; www.myanmarbikerental.om; 59th St, 22/19; Citybike 5000–15 000 K, 00 ccm 25 000 K, Motorrad 50 000 K) Citybies und Mountainbikes. Einfach vorher kurz lefonisch oder per E-Mail Kontakt aufnehmen, m das gewünschte Rad zu reservieren und die oute zu planen.

UM/VOM FLUGHAFEN

r ein privates Taxi zahlt man einen Fixpreis von) US$/12 000 K, ein Sammeltaxi kostet US$/4000 K. Günstigere Pensionen können r den ungefähren Preis eines Sammeltaxis einen Transfer zum Flughafen organisieren, größere Hotels verlangen etwas mehr. Wer einfach auf der Straße in ein Taxi steigt, muss oft den doppelte Preis zahlen, da es den Fahrern schwerfällt, Passagiere für die Fahrt zurück zu finden.

MOTORRAD & TAXI

Motorradtaxis warten in der Nähe von Hotels und an Straßenecken in der Innenstadt. Für eine Kurzstrecke sollte man mit 1000 K rechnen, für die Fahrt quer durchs Zentrum mit 1500 K und für einen ganz Tag mit 10 000 K (15 000 K inklusive der Fahrt nach Amarapura, Inwa und Sagaing). Ein reguläres Taxi kostet jeweils das Doppelte.

Seven Diamond Express (Karte S. 562 f.; ☎ 02-22365; 82nd St, 26/27) ist ein lokales Taxiunternehmen.

Amarapura အမရပူရ

Amarapura (amu-*ra*-pu-*ra*) war Myanmars vorletzte königliche Hauptstadt. Ihr Name bedeutet „Stadt der Unsterblichkeit", obwohl ihre Hochzeit (ab 1783) keine 70 Jahre dauerte. Heutzutage ist das grüne Amarapura im Prinzip ein weitläufiger Vorort von Mandalay in attraktiver Lage an einem breiten, flachen See, der nach einem Menschenfresser benannt wurde, der hier angeblich nach Buddha suchte.

Dank der breiten Straßen und sich schlängelnden Gassen kommt einem Amarapura nicht so aggressiv modern vor wie Mandalay. Die Hauptattraktion ist die legendäre Fußgängerholzbrücke U-Bein, die sich über den See spannt. Ein paar andere kleinere Sehenswürdigkeiten liegen recht weit verstreut und man braucht ein Fahrrad oder Taxi, wenn man sie alle besuchen will.

Proppenvolle Pick-ups fahren an der 84th und 29th Street in Mandalay ab (500 K, 45 Min.) und folgen der Hauptstraße nach Sagaing. Wer zur U-Bein-Brücke will, steigt aus, sobald die Straße die Bahnschienen überquert. Dann geht's zu Fuß oder mit der Pferdekutsche (2000 K) Richtung Osten weiter.

Eine Fahrt mit dem Taxi von Mandalay und wieder zurück sollte inklusive 90 Minuten Sightseeing rund 10 000 K kosten, 7000 K per Motorrad.

Inwa အင်းဝ

Seit 1364 war Inwa, einst als Ava bekannt, viermal die königliche Hauptstadt des birmanischen Volkes. Tatsächlich wurde das obere Birma oft als „Königreich von Ava" bezeichnet, auch noch lange nachdem der Königshof 1841 von Inwa nach Amarapura umzog. Trotz ihrer reichen Geschichte gleicht die Stadt heute eher einem überraschend ländlichen, von Ruinen, klösterlichen Gebäuden und Stupas durchzogenen Ort. Sie wirkt Welten vom Trubel in Mandalay entfernt, was einen großen Teil ihres Charmes ausmacht. Viele Besucher erkunden die Stadt per Pferdekutsche. Das ist zwar nett, aber mit dem Fahrrad ist man flexibler, kann in den Dörfern Rast machen und sich ein bisschen unter die Einheimischen mischen.

Theoretisch braucht man für einen Besuch in Inwa das Mandalay-„Kombiticket", aber es wird nur kontrolliert, wenn man die Klöster Bagaya Kyaung oder Maha Aungmye Bonzan betritt.

★ Bagaya Kyaung BUDDHISTISCHES KLOSTER

(ဘားကရာကျောင်း; mit Mandalay-Kombiticket 10 000 K; ⏲ bis Sonnenuntergang) Dieses hübsche Teak-Kloster von 1834 ist die eindrucksvollste Attraktion in Inwa. Es wird von 267 Teakpfosten gestützt; der größte ist 20 m hoch und hat einen Umfang von 3 m. Sie schaffen eine kühle, dunkle Gebetshalle, die sich ehrlich alt anfühlt. Das gebeizte Holz ist mit wiederkehrenden Pfauen- und Lotusblütenmotiven verziert. Trotz des steten Besucherstroms ist dies noch immer ein lebendiges Kloster: Über dem Schulbereich hängen beispielsweise Globusse, die den Novizen im Geografie-Unterricht helfen sollen. Vorsicht! Aus den Dielenbrettern ragen mehrere Nägel.

Shwezigon Paya BUDDHISTISCHE STÄTTE

(ရွှေစည်းခုံဘုရား) Über der überwucherten Südwestecke der Stadtmauern von Inwa ragt dieser goldene Stupa fotogen auf. Am besten sieht man ihn von der anderen Seite des Grabens, vor allem im September, wenn der Wasserspiegel hoch ist. Der Hauptzugang erfolgt durch das nordwestliche Stadttor, aber es führt auch ein kleiner Weg hinter dem angeschlossenen Kloster vorbei, auf dem man per Fahrrad oder Motorrad weiter nach Osten fahren kann.

ℹ Anreise & Unterwegs vor Ort

Pick-ups auf der Strecke Sagaing–Mandalay lassen Passagiere an der Inwa-Lanzou-Kreuzung gleich westlich der Ava-Brücke aussteigen. Von dort sind es 15 Minuten zu Fuß oder zehn Minuten mit der **Fahrradrikscha** (Inwa-Lanzou-Kreuzung; 200 K) zur Überquerung des Myitnge River. Ein überdachtes Langboot aus Holz setzt zum Ostpier von Inwa über (hin & zurück 800 K, mit Fahrrad/Motorrad 1000/1500 K, 2 Min.); es legt etwa alle 15 Minuten ab, je nach Nachfrage. Letzte Abfahrt ist um 18 Uhr.

Sofern man nichts anderes sagt, liefern die meisten Taxis und Motorradtaxis ihre Passagiere am Myitnge-Pier ab.

In Inwa selbst gibt's weder Taxis noch Motorradtaxis (es sei denn, man heuert in Mandalay eins an).

Das beliebteste Fortbewegungsmittel ist die **Pferdekutsche** (10 000 K). Am östlichen Pier in Inwa warten Dutzende Wagen.

Sagaing စစ်ကိုင်း

Eine Reihe grüner, mit weißen und goldenen Pagoden übersäter Hügel bildet die „Skyline" von Saigang, einem religiösen Pilgerort, der an Bagan erinnert – nur, dass weiter oben liegt. Diese hübsche, freundliche Stadt ist ein wichtiges klösterliches Zentrum und bietet einen friedlichen Ort der Zuflucht vor dem ständigen Lärm in Mandalay. Keine der Pagoden ragt als unbedingtes Muss unter den anderen hervor, aber gemeinsam bilden sie eine wirklich faszinierende Kulisse. Zu den Highlights gehört die Wanderung über die oft steilen überdachten Treppen, die an Mönchs- und Nonnenklöstern vorbei zu Aussichtspunkten führen, von denen man den Fluss und die weite Landschaft aus smaragdgründen Hügeln und Stupas überblicken kann.

An- & Weiterreise

Pick-ups aus Mandalay (500 K, 1 Std.) lassen Passagiere in der Marktgegend aussteigen, fahren aber vor dem Aye Cherry Restaurant an der südlichen Zufahrtsstraße der Ava-Brücke wieder ab.

Wenn der Fluss es zulässt, transportieren **Langboote** (Strand Rd; pro Pers./Boot 400 K) vom Ende der Zeya Street Passagiere ans andere Ufer nach Inwa. Man sollte eines von ihnen chartern, sonst muss man sich unter Umständen auf lange Wartezeiten einstellen.

Mingun မင်းကွန်း

Mingun ist ein kompaktes Dorf am Fluss und beherbergt mehrere einzigartige Stätten – und das Fundament einer Anlage, die einmal der größte Tempel der Welt hätte sein sollen. Es ist als Halbtagsausflug von Mandalay beliebt. Die Anreise ist Teil des Erlebnisses, egal, ob man über den breiten Ayeyarwady schippert oder von Sagaing über die Achterbahn der ländlichen Sträßchen holpert.

An der Ostseite des Mingun Paya wird eher halbherzig eine Sagaing-Mingun-Gebühr (3000 K) kassiert. In der Hochsaison wird dies manchmal an der Mingun-Glocke kontrolliert.

Mingun Paya BUDDHISTISCHER STUPA

(မင်းကွန်းဘုရား; Pahtodawgyi) GRATIS Der Bau des Mingun Paya begann 1790. Wäre er vollendet worden, wäre er der größte Stupa der Welt gewesen. Die Arbeiten wurden jedoch 1819 nach dem Tod von König Bodawpaya eingestellt. Damals war erst das untere Drittel des Baus fertig. Ein gigantischer rund 75 m hoher Quader auf einer 150 m langen unteren Terrasse ist das Einzige, was heute noch steht, aber selbst er ist beeindruckend und wird oft als der größte Steinhaufen der Welt bezeichnet. Eine steile Treppe führt nach oben, von wo sich ein grandioser Ausblick auf die umliegende Landschaft bietet.

> ABSTECHER
>
> **ANISAKAN-WASSERFÄLLE**
>
> Gleich nördlich des Dorfes Anisakan mündet das Plateau in ein beeindruckend tiefes, waldiges Amphitheater, an dessen Seiten mehrere Wasserfälle hinunterströmen. Der spektakulärste der **Anisakan-Wasserfälle** (အနီးစခန်းရေတံခွန်) ist der wunderschöne dreistufige Dat Taw Gyaik, dessen letzte Kaskade donnernd in ein schattiges Becken neben einer kleinen Pagode auf dem Talboden stürzt. Am besten besucht man die Wasserfälle frühmorgens oder am späten Nachmittag.

An- & Weiterreise

Mingun liegt eine angenehme 35-minütige Fahrt von Sagaing entfernt; man kann den Ort problemlos einer „Antike-Hauptstädte-Tour" per Motorrad oder Taxi von Mandalay aus hinzufügen.

Die Stadt ist außerdem per Boot (1 Std. hin, 40 Min. zurück; Reisepass mitbringen) zu erreichen. Vom „Touristenpier" in der 26th Street (Mayan Chan) in Mandalay fahren um 9 Uhr Boote ab (Ausländer 8 US$) und kehren um 13.30 Uhr wieder zurück.

Pyin U Lwin ပြင်ဦးလွင်

☎ 085 / CA. 158 800 EW.

Pyin U Lwin wurde 1896 von den Briten gegründet und hieß ursprünglich Maymyo („May-Stadt"), nach Colonel May von der 5th Bengal Infantry. Sie war als Erholungsort gedacht, um der Hitze Mandalays zu entfliehen. Nach dem Bau der Eisenbahn von Mandalay wurde Maymyo die Sommerhauptstadt der britischen Kolonialverwaltung, eine Rolle, die sie bis zum Ende der britischen Herrschaft 1948 beibehielt. Der Name wurde geändert, als die Briten abzogen, aber zahlreiche Kolonialvillen und Kirchen sind bis heute erhalten geblieben. Auch die Nachkommen der indischen und nepalesischen Arbeiter, die für den Bau der Eisenbahn hierherkamen, leben nach wie vor in der Stadt.

In jüngerer Vergangenheit hat Pyin U Lwin dank seiner Früchte, Marmeladen und Obstweine einen gewissen Bekanntheitsgrad erlangt. Mit dem Aufstieg von Myanmars Version der Neureichen wird auch Pyin U

NICHT VERSÄUMEN

KOLONIALGEBÄUDE

Die meisten der für Pyin Oo Lwin charakteristischen Gebäude aus der Kolonialzeit stehen in den bewaldeten Vororten im Südosten in und nahe der Circular Road verstreut. Viele sehen wie klassische britische Wohnhäuser aus den 1920ern aus; die größten erinnern an typische Internate aus Kinderbüchern. Außerdem findet man in der Nan Myaing Street in Richtung Naval College einige baufällige, aber nach wie vor beeindruckende Villen.

Das prachtvolle **ehemalige Croxton Hotel** (Gandamar Myaing Hotel; Circular Rd) GRATIS sowie die **Number 4 High School** (Circular Rd) GRATIS und das **Survey Training Centre** (Multi-Office Rd) GRATIS sollte man sich ebenfalls anschauen. In der Nähe des Shan-Markts steht außerdem ein schönes halb aus Holz gebautes Herrenhaus, die **Seventh Day Adventist Church** (Cherry St) GRATIS.

Lwin als Wochenendziel und Zufluchtsort in der heißen Jahreszeit immer beliebter. Man sollte sich also beeilen, wenn man seinen alten Charme und die herrliche Ruhe noch erleben will.

Sehenswertes

★ **National Kandawgyi Gardens** PARK
(အမျိုးသားကန်တော်ကြီးဥယျာဉ်; Nanda Rd; Erw./Kind unter 12 5/3 US$; ⌚8–18, Vogelhaus bis 17 Uhr, Orchideengarten & Schmetterlingsmuseum 8.30–17, Fahrstuhl Nan-Myint-Turm bis 17 Uhr) Dieser 1915 gegründete und von türkischen Gefangenen der Briten während des Ersten Weltkriegs angelegte, liebevoll gepflegte botanische Garten ist 176 ha groß und beherbergt über 480 Arten von Blumen, Gehölzen und Bäumen. Am beeindruckendsten ist aber der Rahmen, den Blumen und überhängende Zweige um die hölzernen Brücken und die kleinen vergoldeten Pagoden des Kandawgyi-Sees bilden. Der Swimmingpool, das **Vogelhaus**, der **Orchideengarten und das Schmetterlingsmuseum** sowie der bizarre **Nan-Myint-Turm** sind alle im Eintritt inbegriffen.

Aung Htu Kan Tha Paya BUDDHISTISCHER TEMPEL
(အံ့တူးကံသာဘုရား) Fertiggestellt im März 2000, ist diese faszinierende Pagode mit Abstand das eindrucksvollste religiöse Gebäude der Region. Es beherbergt ein mächtige 17 t schwere Buddha-Statue aus weißem Marmor, die im April 1997 von einem Lieferwagen fiel, der nach China unterwegs war. Nach mehreren vergeblichen Versuchen, den Buddha wieder aufzuladen, kam man zu dem Schluss: „Die Statue hat sich entschieden, in Myanmar zu bleiben."

Peik Chin Myaung HÖHLE
(ပိတ်ချင်းမြောင်; Kameragebühr 300 K; ⌚6.30–16.30 Uhr) GRATIS Viele buddhistische Höhlen sind nicht viel mehr als Felsnischen oder Überhänge, aber **Peik Chin** ist entschieden weitläufiger. Es dauert etwa 15 Minuten, bis zum Ende der Höhle zu gehen. Man folgt einem unterirdischen Bach an einer Reihe farbenfroher Szenen aus buddhistischen Schriften vorbei, die hier und da von Stupa und Buddha-Bildnissen unterbrochen werden.

Schlafen & Essen

★ **Hotel Maymyo** HOTEL
(☎085-28440; hotelmaymyo@gmail.com; 12 Yadanar St; Zi. inkl. Frühstück 45–65 US$; ⊖❄📶) Für diesen Preis die beste Option der Stadt ist dieses zentral gelegene, schicke Hotel im Businessstil. Es verfügt über 40 geräumige, makellose Zimmer mit allen Annehmlichkeiten eines teureren Hauses, etwa Flachbild-TV, Minibar, Safe und (für Myanmar) sehr eleganten Bädern. Das Frühstück wird im Restaurant auf dem Dach serviert, von dem sich ein tolles Panorama über die Stadt bietet. Das Personal ist freundlich und hilfsbereit.

★ **Hotel Pyin Oo Lwin** BOUTIQUE-HOTEL $
(☎085-21226; www.hotelpyinoolwin.com; 9 Nanda Rd; Zi. inkl. Frühstück 150 US$; ❄@📶🏊) Dieses ausgezeichnete Hotel bietet Bungalows, die sich über ein 2 ha großes Grundstück verteilen. Man kommt sich vor wie in einem ruhigen Wohngebiet in der Vorstadt. Außerdem gibt's eine Miniversion des **Purcell-Turms** GRATIS. Die schicken, geräumigen Bungalows haben alle eine Terrasse und einen Kamin. Das effiziente Personal spricht Englisch, im Restaurant wird asiatische Fusion-Küche serviert und der beheizte Innenpool rundet das Bild ab.

★ **Lake Front Feel** EUROPÄISCH, ASIATISCH
(☎085-22083; Hauptgerichte 3700–13 600 ⌚9.30–21.30 Uhr; 📶) Die schicke, aber den noch entspannte Lage am See ist ein offensichtlicher Anziehungspunkt, aber auch d

Karte weiß mit europäischen, chinesischen, thailändischen und japanischen Gerichten zu überzeugen. Dies ist das einzige Restaurant der Stadt, in dem man seinen Sushi-Heißhunger stillen kann. Die Terrasse am Wasser bietet sich für einen Drink bei Sonnenuntergang an, tagsüber gibt's Säfte, Kaffee und Kuchen. Am Wochenende und an Feiertagen sollte man zum Abendessen reservieren.

★ **Taj** INDISCH $$
(09 78404 9880; 26 Nanda Rd; Hauptgerichte 4600–9000 K; ⌚10–22 Uhr; ❄📶) Dieses hervorragende Restaurant am See ist abends am besten und die Preise viel angenehmer, als es die extravagante Aufmachung vermuten lässt. Die Currys, Tikkas und Baltis sind ausgezeichnet und zergehen förmlich auf der Zunge. Außerdem gibt's zahlreiche vegetarische Optionen, eine gute Auswahl an alkoholischen Getränken und den aufmerksamsten Service der Stadt.

An- & Weiterreise

Busse nach Yangon und Nay Pyi Taw verkehren vom ungünstig gelegenen Hauptbusbahnhof Thiri Mandala, der sich 3 km östlich vom Shan-Markt befindet.

Andere Busse, einige Sammeltaxis und Pick-ups nach Mandalay starten hinter dem San Pya Restaurant, etwa 600 m südlich vom Busbahnhof.

Pick-ups nach Mandalay findet man auch in der Nähe der Tankstelle am Kreisverkehr am Eingang zur Stadt sowie weniger häufig vor dem Bahnhof nördlich des Stadtzentrums.

Sammeltaxis (4th St) nach Mandalay fahren in der 4th Street ab.

Unterwegs vor Ort

Crown Bicycle Rental (46 Mandalay-Lashio Rd; Fahrrad/Motorrad pro Tag ab 2000/8000 K; ⌚7.30–19 Uhr) verleiht Fahrräder und Motorräder und verfügt über ein paar Halbautomatik-Motorräder für 15 000 K pro Tag.

Die für Pyin U Lwin typischen Pferdekutschen findet man rund um den zentralen Markt. Man muss mit 1500 bis 2000 K für eine kurze Fahrt durch die Stadt und mit 15 000 K für eine Ganztagestour rechnen.

Hsipaw သီပေါ

082 / CA. 20 900 EW.

Immer mehr Ausländer bzw. Traveller finden den Weg ins wundervolle Hsipaw (ausgesprochen „sie-poo" oder „tie-bor"). Sie werden von den leicht zu organisierenden Bergtouren angelockt, die authentischer sind als die Alternativen rund um Kalaw oder im Norden von Thailand. Viele müssen jedoch feststellen, dass die entspannte Atmosphäre und die interessante Geschichte der Stadt als königliche Shan-Hauptstadt mindestens genauso lohnend sind, und verbringen am Ende viel mehr Zeit hier als geplant. Hsipaws touristische Infrastruktur reicht gerade so weit aus, um einen angenehmen Besuch zu ermöglichen, aber der Ort bleibt dabei trotzdem eine absolut authentische Stadt des nördlichen Shan-Staats. Man sollte sie unbedingt besuchen, bevor sich das ändert.

VERKEHRSMITTEL UND -WEGE VON PYIN U LWIN

ZIEL	BUS	SAMMELTAXI	PICK-UP-TRUCK	ZUG
Hsipaw	5000 K, 3 Std., klimatisiert, 15 Uhr	hinten/vorne 13 000/15 000 K, 3 Std., häufig		einfach/Luxus 1200/2750 K, 7 Std., 8.22 Uhr
Kyaukme	4000 K, 2 Std., klimatisiert, 15 Uhr	hinten/vorne 12 000/13 000 K, 2 Std., häufig		einfach/Luxus 950/2150 K, 5 Std., 8.22 Uhr
Lashio	5500 K, 5 Std., klimatisiert, 15 Uhr	hinten/vorne 12 000/13 000 K, 4 Std., häufig		einfach/Luxus 1900/4400 K, 11 Std., 8.22 Uhr
Mandalay	2000 K, 2 Std., 7 & 8 Uhr	hinten/vorne 4500/5000 K, 2 Std., häufig	2000 K, 2–3 Std., häufig bis 18 Uhr	einfach/Luxus 550/1200 K, 6 Std., 16.40 Uhr
Yangon	12 000–18 500 K, 11 Std., 17, 18 & 19 Uhr			

Sehenswertes

Myauk Myo ORTSTEIL

(မြောက်မြို့) GRATIS Hsipaws ältestes Viertel am nördlichen Rand der Stadt verströmt eine dörfliche Atmosphäre und wartet mit zwei hinreißenden Teak-Klöstern und einer Gruppe alter Stupas aus Backsteinen auf, die in der Umgebung **Little Bagan** genannt werden. Auch wenn dieser Name die Größe und den Umfang dieser Stätten schamlos aufbläst, hat die Gegend unbestreitbar Charme. Das facettenreiche hölzerne **Madahya-Kloster** sieht von der anderen Seite des von Palmen beschatteten Teichs des **Bambus-Buddha-Klosters** (Maha Nanda Kantha) ganz besonders eindrucksvoll aus.

Sunset Hill AUSSICHTSPUNKT

GRATIS Einen schönen Blick über den Fluss und den Ort hat man von der höher gelegenen **Thein-Daung-Pagode**, auch bekannt als Neun-Buddha-Hügel oder meist Sunset Hill. Sie ist Teil eines steilen Bergs, der sich direkt hinter der Lashio Road 2 km südlich von Hsipaw erhebt.

Bawgyo Paya BUDDHISTISCHER TEMPEL

(ဘော်ကြိုဘုရား) GRATIS 8 km westlich von Hsipaw steht diese Pagode an der Straße zwischen Hsipaw und Kyaukme. Sie hat große Bedeutung für das Volk der Shan und ist von Pilgern überfüllt, die zum jährlichen **Bawgyo Paya Pwe**, das am Vollmondtag von Tabaung (Feb./März) seinen Höhepunkt erreicht, massenweise hier einfallen. Die momentane Version der Pagode ist ein auffälliger Bau aus dem Jahr 1995, der aus zahlreichen Stufen vergoldeter Vielecke besteht. Die Kuppel ist angeblich mit echten Rubinen besetzt.

Markt MARKT

(⌚4.30–13 Uhr) Am interessantesten ist der Markt vor Sonnenaufgang: Dann bieten die Dorfbewohner aus den Bergen auf der Straße ihre Waren an. Bereits um 7 Uhr ist alles weg, obwohl der Markt offiziell bis 13 Uhr dauert.

Schlafen & Essen

★ **Mr Charles Guest House** HOTEL $

(☎082-80105; www.mrcharleshotel.com; 105 Auby St; B inkl. Frühstück 7–12 US$, Zi. 18–55 US$; ❄ 📶) Das große Mr Charles unter Shan-Führung ist und bleibt die beste, komfortabelste und travellerfreundlichste Unterkunft der Stadt. Es bietet eine breite Palette, von einer einfachen Matratze auf dem Boden in den Schlafsälen bis zu schicken Suiten mit Heizung und Klimaanlage. Zu Spitzenzeiten ist es ratsam, im Voraus zu buchen.

VERKEHRSMITTEL UND -WEGE VON HSIPAW

ZIEL	BUS	MINIBUS	SAMMELTAXI	ZUG
Bagan	17 300 K, 10 Std., 19 Uhr			
Kyaukme	1000 K, 1 Std., 12 & 15.30 Uhr	1500 K, 7 & 10 Uhr	2000 K	einfach/Luxus 300/650 K, 3 Std., 9.30 Uhr
Lashio	2000 K, 2 Std., 5, 6 & 7.30 Uhr		5000 K	einfach/Luxus 700/1650 K, 4 Std., 14.38 Uhr
Mandalay	5000–8000 K, 5½ Std., 5.30, 7.30, 16 & 19.30 Uhr	8000 K, 5 Std., 7 & 9 Uhr	hinten/vorne 13 000/15 000 K, ganzes Auto 50 000 K	einfach/Luxus 2700/3950 K, 11 Std., 9.30 Uhr
Pyin Oo Lwin	5000 K, 3 Std., 5.30, 7.30, 16 & 19.30 Uhr		hinten/vorne 13 000/15 000 K, ganzes Auto 50 000 K	einfach/Luxus 1200/2750 K, 7 Std., 9.30 Uhr
Taunggyi	15 500 K, 12 Std., 15.30 & 16.30 Uhr			
Yangon	17 500–20 300 K, 14 Std., 17.30 & 18.30 Uhr			

ABSEITS DER ÜBLICHEN PFADE

KYAINGTONG ကျိုင်းတုံ

Kyaingtong, auch Kengtung genannt, umschließt den hübschen See **Nyaung Toung** (ညောင်တန်း; Kan Rd) und gehört zu den angenehmsten Städten in ganz Myanmar. In kultureller und optischer Hinsicht erinnert Kyaingtong eher an die Hügelorte im nördlichen Thailand als an andere Städte im Shan-Staat.

Die raue Landschaft des östlichen Shan-Staats trägt viel zum greifbaren Gefühl der Abgeschiedenheit bei: Kyaingtong ist ein entwickelter Außenposten inmitten größtenteils abgeholzter Berge, in denen Dörfer der Wa, Akha, Palaung und Lahu zu finden sind, die sich seit Jahrhunderten kaum verändert haben. Es überrascht wenig, dass Wanderungen durch diese Hügel hier zu den Hauptattraktionen gehören.

Kyaingtongs **zentraler Markt** (မြို့မဈေး; Zeigyo Rd; ⏲5–15 Uhr, an Vollmondtagen geschlossen) ist der exotischste und faszinierendste in ganz Myanmar, wo Angehörige der Bergvölker in bunter Mischung ihre Waren anbieten, vor allem am frühen Morgen. Abends ist der Nyaung Tong der lebendigste Ort der Stadt, wenn die Einheimischen in die Restaurants rund um den See strömen.

Harry's Trekking House (☎084-22909; harry.guesthouse@gmail.com; 67 Mai Yang Rd; Zi. 10–25 US$; ❄📶) ist seit Langem ein Favorit aller Backpacker, bietet einfache, aber saubere Zimmer und kann Wanderlustigen bei der Organisation und in Sachen Transport helfen. Das zentral gelegene **Sam Yweat Hotel** (☎084-21235; samywethotel@gmail.com; Ecke Kyaing Lan 1 & Kyaing Lan 4 Rd; EZ/DZ 30/35 US$; ❄📶) ist etwas teurer.

Kyaingtong ist ausschließlich über die Straße von Tachileik zu erreichen. Busse fahren morgens in vier bis fünf Stunden nach/von Tachileik (12 000 K). Myanmar National Airlines (www.flymna.com) verbindet Kyaingtong mit Zielen in ganz Myanmar.

ily The Home Hotel PENSION $
☎082-80318; www.lilythehome.com; 108 Aung ha Pyay Rd; Zi. 15–70 US$; ⊜❄📶) Dieses schi-ke, freundliche Hotel verfügt über 33 Zim-er, die auf mehrere Gebäude verteilt sind. ie billigsten haben nur einen Ventilator nd ein Gemeinschaftsbad, aber alle sind uber. Die Zimmer ab 30 US$ sind geräu-ig, mit Klimaanlage und modernem Bad nd befinden sich im Haupthaus (mit dem nzigen Fahrstuhl in ganz Hsipaw). Das rsonal kann Trecks organisieren und man nn sich ein Fahrrad (2000 K pro Tag) oder otorrad (10 000 K pro Tag) ausleihen.

Club Terrace SÜDOSTASIATISCH $
5 Shwe Nyaung Pin St; Hauptgerichte 3500–00 K; ⏲10–22 Uhr) In diesem wunderschö-n 90 Jahre alten Haus aus Teak mit hüb-her Terrasse am Fluss kann man unter eiem Himmel speisen. Die Karte vereint ailändische und chinesische Aromen und etet ein paar Gerichte der Shan-Küche, et-a Curry mit gehacktem Hühnerfleisch und asilikumblättern. Die Weinliste ist gut, der rvice hervorragend und die Kulisse ruhig d stimmungsvoll.

Mrs Popcorn's Garden CAFÉ $
nacks 1000–3000 K; ⏲9–21 Uhr) Leider ist s Popcorn 2016 verstorben, aber ihre Tochter ist mindestens genauso unaufhaltsam: Ein Zwischenstopp in diesem Bio-Café unter freiem Himmel ist nach wie vor ein Pflichttermin bei einer Tour durch Myauk Myo. Man kann aus hausgemachten Snacks, einigen Travaller-Favoriten und – natürlich – Popcorn wählen und kaltes Bier gibt's auch. Am späten Nachmittag kann man hier prima ein paar Stunden entspannen.

Praktische Informationen

Die Pensionen vor Ort sind die beste Quelle für zuverlässige Tipps zu Sehenswürdigkeiten und Unternehmungen in der Gegend. Ein weiterer Hort des lokalen Wissens und der örtlichen Geschichte ist Ko Zaw Tun, auch als Mr. Book bekannt, weil ihm ein kleiner **Bücherstand** (Namtu Rd; ⏲9–19 Uhr) gegenüber dem Eingang zur zentralen Pagode gehört, die seine Familie mit erbaut hat.

An- & Weiterreise

Busse und Minibusse fahren vom **RC-Busbahnhof** (Mandalay-Lashio Rd) und anderen Ticketbüros entlang der Straße zwischen Mandalay und Lashio sowie am Duhtawadi Cafe in der Lanmataw Street gegenüber vom Markt ab. Gegenüber dem RC-Busbahnhof an der Straße zwischen Mandalay und Lashio Man steigt man in die Busse nach Lashio. Der Bahnhof befindet sich westlich der Stadt.

WEITERREISE NACH CHINA: VON MU-SE NACH RUILI

Anreise zur Grenze Auch wenn für die Reise nach Mu-se an sich keine Dokumente erforderlich sind, braucht man zur Überquerung der Grenze eine Genehmigung des MHT; die Bearbeitung kann zwischen 10 Tagen und zwei Wochen dauern und lässt sich ganz leicht über einen der empfohlenen Touranbieter organisieren. Außerdem muss man vor dem Grenzübertritt vorab einen Guide und ein Auto (200 US$) für die vierstündige Reise von Lashio nach Mu-se buchen.

An der Grenze Man muss sich vorab ein chinesisches Visum besorgen, da es an der Grenze nicht erhältlich ist.

Weiterreise Von Ruili (China) fahren fünf Busse täglich (295–331 ¥, 12 Std., 8.30–19.30 Uhr) nach Kunming, der Hauptstadt von Yunnan.

RUND UM BAGAN

Bagan ပုဂံ

☎ 061

Diese Tempelstadt ist eine der Hauptattraktionen Myanmars. Einst Hauptstadt eines mächtigen antiken Königreichs, nimmt das als Bagan – oder bürokratisch korrekt „Bagan Archaeological Zone“ – bezeichnete Gebiet eine Fläche von eindrucksvollen 67 km² ein. Der Ayeyarwady (Irawadi) River fließt an der Nord- und Westseite vorbei.

Die aktivste Stadt und das wichtigste Verkehrszentrum der Gegend ist Nyaung U in der Nordostecke. 4 km westlich liegt Alt-Bagan. Hier befand sich einst das Dorf, das 1990 um 4 km nach Süden versetzt und in Neu-Bagan umbenannt wurde. Zwischen den beiden befindet sich Myinkaba, ein Dorf mit langer Lackwaren-Tradition.

Bagan war im Laufe der Jahre immer wieder von Erdbeben betroffen, zuletzt im August 2016. Dabei wurden 400 Tempel beschädigt und die Reparaturarbeiten dauern weiter an. Man sollte bedenken, dass Bagan kein Touristenziel ist wie etwa Siem Reap (Kambodscha) oder Luang Praban (Laos), sondern ein überwuchertes Dorf – die Party muss also woanders stattfinden.

Sehenswertes

Auf der Ebene von Bagan liegen mehr als 3000 Tempel. Auch das Erdbeben 2016, durch das mehrere Hundert Tempel beschädigt wurden, konnte die majestätische Pracht Bagans nicht schmälern. Der freie Blick auf die jahrhundertealten, hoch aufragenden Bauten ist atemberaubend, vor allem bei Sonnenaufgang oder -untergang.

Alt-Bagan

★ Ananda Pahto BUDDHISTISCHER TEMPE
(အာနန္ဒာပုထိုး; Karte S. 574) Die 52 m hohe, an einen goldenen Maiskolben erinnernde *ht* (dekorierte Spitze) des Ananda schimmer hoch über der Ebene. Er gehört zu de schönsten, größten, besterhaltenen un meistverehrten Tempeln in ganz Bagan. Ma nimmt an, dass er zwischen 1090 und 110 von König Kyanzittha erbaut wurde. Der pe fekt proportionierte Tempel läutete das End des Stils der frühen Bagan-Periode und de Beginn der mittleren Periode ein. Der Anar da Pahto wurde beim Erdbeben 2016 beschä digt; die Reparaturarbeiten dauerten zu Zeit der Recherche noch an, aber er war fü Besucher geöffnet.

Nathlaung Kyaung HINDUISTISCHER TEMP
(နတ်လှောင်ကျောင်း; Karte S. 574) Dieser unte setzte Bau zwischen Pahtothamya und Tha byinnyu ist der einzige noch erhaltene hi duistische Tempel in Bagan und blickt a eine faszinierende Geschichte zurück. I diesem „*nat* enthaltenden Schrein“ schlo König Anawrahta nicht-buddhistische Bil nisse ein, vor allem von lokalen *nat* (Geiste wesen), um den buddhistischen Glaube durchzusetzen. Der König selbst beschri den Tempel als „Ort, an dem die *nat* gefa gen gehalten werden“. Der Bau wurde 19 durch ein Erdbeben schwer beschädigt; n die Haupthalle und der Oberbau (mit sieb Originalreliefs im Gupta-Stil) stehen noch

Gawdawpalin Pahto BUDDHISTISCHER TEMP
(ဂန္ဓော့ပလ္လင်ဘုရား; Karte S. 574) Mit 60 m der Gawdawpalin einer der höchsten und i posantesten Tempel in Bagan, dank des m dernisierten Altars und des Fliesenbode aber nicht unbedingt der inspirierendste. wurde während der Herrschaft von Narapa sithu erbaut und unter der von Nantaungm vollendet. Er gilt als Kronjuwel der spät Bagan-Periode. Sein Name bedeutet „Pla form, auf der Ehre erwiesen wird“. Die Trep zur oberen Terrasse ist für Besucher gesper

Archäologisches Museum MUSEUM
(ကျောက်စာသမိုင်းပြတိုက်; Karte S. 574; Bag-
an-Nyaung U Rd; Erw./Kind unter 10 5000 K/frei;
⊙ Di–So 9–16.30 Uhr) In einem weitläufigen Komplex ist dieses staatliche Museum untergebracht, das viele schöne Exponate aus Bagan (liegende Buddhas, Originalbildnisse, beschriftete Steine und Nachahmungen von Wandgemälden) sowie einen unerwarteten Raum mit modernen kunstvollen Darstellungen der Tempel enthält. Weitere Kuriositäten sind ein Raum mit 55 verschiedenen Knoten aus Frauenhaar (und fünf Männerfrisuren), Modelle bedeutender Tempel inklusive architektonischer Details und ein Modell eines Dorfes aus dem 11. Jh.

Tharabar-Tor ARCHÄOLOGISCHE STÄTTE
(သရပါတံခါး; Karte S. 574) Diesen ehemaligen Eingang an der Ostseite des Originalpalasts sollte man gesehen haben. Das Tor ist der besterhaltene Teil der Überreste einer Mauer aus dem 9. Jh. und das einzige, das noch steht. Spuren alter Stuckarbeiten sind noch immer auf dem Bogen zu erkennen und auf jeder Seite befindet sich je eine Nische, die jedoch keine Buddha-Bildnisse enthalten, sondern *nat* (Geisterwesen), die das Tor bewachen und von den Einheimischen mit tiefem Respekt behandelt werden.

Thatbyinnyu Pahto BUDDHISTISCHER TEMPEL
(သဗ္ဗညုဘုရား; Karte S. 574) Bagans höchster Tempel ist nach der „Allwissenheit" benannt und besteht aus zwei weißen eckigen Stockwerken, die jeweils mit drei schmaler werdenden und von Türmchen gesäumten Terrassen versehen sind, die zu einem 63 m hohen *sikhara* mit goldener Spitze führen. Mit seiner monumentalen Größe und mächtigen Höhe ist der Tempel ein Paradebeispiel für die mittlere Bagan-Periode. Er wurde 1144 von Alaungsithu erbaut und zeichnet sich durch seine von Nischen umringten Terrassen für 539 Jataka (Geschichten aus Buddhas vergangenen Leben) aus.

Shwegugyi BUDDHISTISCHER TEMPEL
(ရွှေဂူကြီး; Karte S. 574) Dieser kleinere, aber elegante *pahto* (Tempel) wurde 1131 von Alaungsithu erbaut und steht 200 m nördlich des Thatbyinnyu (S. 573). Er ist ein Beispiel für die mittlere Bagan-Periode des Tempelbaus und spiegelt den architektonischen Übergang vom dunkleren, klösterlichen Stil zu einer hellere, luftigere Bauweise wider. Sein Name bedeutet „Große goldene Höhle" und der maiskolbenartige *sikhara* ist eine kleinere Version des Turms des Ananda.

Mimalaung Kyaung BUDDHISTISCHES KLOSTER
(မီးမလောင်ကျောင်း; Karte S. 574) Sehr schöne *chinthe* (Gottheiten, halb Löwe, halb Drache) bewachen die Treppe zur kleinen quadratischen Plattform dieses 1174 von Narapatisithu erbauten Klosters. Es befindet sich 200 m südlich des Gawdawpalin (S. 572) auf der anderen Straßenseite. Vor dem Kloster steht eine Tripitaka-(Schriften-)Bibliothek aus Ziegelsteinen und Gips neben einer großen Akazie. Am oberen Ende der Treppe beherbergt ein stufenförmiges Dach (mit neuer goldbesetzter *hti*, einer regenschirmartigen dekorativen Spitze) einen großen sitzenden Buddha.

Ananda Ok Kyaung BUDDHISTISCHE STÄTTE
(အာနန္ဒာအုတ်ကျောင်း; Karte S. 574) Gleich westlich des Nordeingangs des Ananda steht dieses kleine *vihara* (Heiligtum oder Kapelle). Es wurde 1137 erbaut und enthält einige detaillierte Wandgemälde aus dem 18. Jh. in leuchtendem Rot und Grün, die Szenen des alltäglichen Lebens aus der Bagan-Zeit zeigen. In der Südostecke ist ein Boot mit einem Bild zu sehen, das portugiesische Händler zeigt. Der Name des Tempels bedeutet „Ananda-Ziegelkloster".

Der Ananda Ok Kyaung wurde durch das Erdbeben 2016 beschädigt und zur Zeit der Recherche restauriert, ist aber weiter für Besucher geöffnet.

⊙ Myinkaba

Gubyaukgyi BUDDHISTISCHER TEMPEL
(ဂူပြောက်ကြီး; Karte S. 574) Gleich links neben der Straße in Richtung Myinkaba steht der Gubyaukgyi (Großer bemalter Höhlentempel). Besucher werden vor allem von den gut erhaltenen, farbintensiven Gemälden im Inneren angezogen. Sie sollen noch vom Origi-

EINTRITTSGEBÜHR BAGAN

Alle ausländischen Besucher der Bagan Archaeological Zone müssen eine Eintrittsgebühr von 25 000 K entrichten. Wer per Schiff oder Flugzeug anreist, bezahlt sie am Flusspier oder am Flughafen. Wer per Bus ankommt, entrichtet die Gebühr an einem Zollhäuschen auf dem Weg in die Stadt. Die Gebühr berechtigt zu einem einwöchigen Besuch, aber es ist eher unwahrscheinlich, dass man bei einem längeren Aufenthalt erneut bezahlen muss.

Bagan

nalbau des Tempels von 1113 stammen. Kyanzitthas Sohn Rajakumar erbaute ihn nach dem Tod seines Vaters. Das Gebäude im indischen Stil besteht aus einer großen Halle, die an eine kleinere Vorkammer angeschlossen ist. Der Tempel wurde durch das Erdbeben 2016 beschädigt, die Reparaturen dauern an.

Manuha Paya BUDDHISTISCHER TEMPEL

(မနူဟာဘုရား; Karte S. 574) Diese aktive und recht modern aussehende Pagode (die allerdings von 1059 stammt) steht im Dorf Myinkaba und wurde nach Manuha benannt, dem Mon-König aus Thaton, der hier von König Anawrahta gefangen gehalten wurde. V dem Gebäude befinden sich drei sitzen Buddhas, dahinter ein riesiger liegender Bu dha. Alle wirken viel zu groß für ihre Umg bung und sollen den Stress und die Beklo menheit widerspiegeln, die auch der Kön erdulden musste.

Mingalazedi Paya BUDDHISTISCHER TEMP

(မင်္ဂလာစေတီဘုရား; Karte S. 574) Der Mingal zedi Paya (Segensstupa) steht nahe am Flu sufer, von Alt-Bagan in Richtung Myinkab Er repräsentiert das letzte Aufblühen v Bagans architektonischem Boom, das in d gigantischen glockenartigen Kuppel und d

Bagan

wunderschön glasierten Kacheln mit Jataka (Geschichten aus Buddhas früheren Leben) und um die Terrasse zu erkennen ist. Obwohl viele der ursprünglich 1061 Kacheln beschädigt oder gestohlen wurden, sind 561 (in mehr oder weniger gutem Zustand) erhalten geblieben. Das kleinere Gebäude auf der Anlage gehört zu den wenigen Tripitaka-(Schriften-)Bibliotheken aus Ziegelstein.

Nord-, Zentral- & Südebene

★ Dhammayangyi Pahto

BUDDHISTISCHER TEMPEL

(ဓမ္မရံကြီးပုထိုး; Karte S. 574) Dieser mächtige ummauerte Tempel aus dem 12. Jh. (knapp 500 m östlich des Shwesandaw (S. 575) ist aus ganz Bagan zu sehen. Er ist wegen seiner geheimnisvollen Gänge aus Ziegelsteinen im Inneren und seiner grausamen Geschichte berüchtigt. Angeblich baute König Narathu den Tempel, um Abbitte für seine Sünden zu leisten: Er erstickte seinen Vater und Bruder und ließ eine seiner Frauen, eine indische Prinzessin, hinrichten, weil sie hinduistische Riten praktizierte. Dies ist der besterhaltene Tempel in Bagan und zeigt auf den oberen Etagen noch immer detaillierte Mörtelarbeiten.

Shwesandaw Paya

BUDDHISTISCHER TEMPEL

(ရွှေဆံတော်ဘုရား; Karte S. 574) Bagans berühmtester Aussichtspunkt bei Sonnenuntergang ist der Shwesandaw. An der eleganten weißen Pagode in Pyramidenform führen Stufen an fünf Terrassen vorbei zu einer runden Stupa-Spitze, von der sich ein tolles 360-Grad-Panorama bietet. Die oberste Terrasse bietet viel Platz – zum Glück, wenn man die Scharen von mit Kameras bewaffneten Travellern sieht, die vor Sonnenaufgang hierherströmen. Wer tagsüber herkommt, hat den Tempel oft ganz für sich allein. Er wurde durch das Erdbeben 2016 sowie schwere Regenfälle 2017 stark beschädigt, deshalb war es zur Zeit der Recherche nicht möglich, den Shwesandaw zu besteigen.

Sulamani Pahto

BUDDHISTISCHER TEMPEL

(စူဠာမဏိပုထိုး; Karte S. 574) Dieser Tempel mit fünf Eingängen ist als „Kronjuwel" bekannt und wurde um 1181 von Narapatisithu erbaut. Er gehört zu den schönsten Tempeln in Bagan. Hinter der umgebenden Mauer erstreckt sich eine herrlich grüne (von Straßenhändlern bevölkerte) Anlage. Er ist ein Paradebeispiel für den anspruchsvolleren späteren Tempelstil mit besserer Innenbeleuchtung. Der Sulamani erlitt beim Erdbeben 2016 starke Schäden und war zur Zeit der Recherche geschlossen.

Nan Paya

BUDDHISTISCHER TEMPEL

(နန်းဘုရား; Karte S. 574) Gleich südlich des Manuha Paya (S. 574) an der unbefestigten Straße steht dieser Schrein, der angeblich einst als Manuhas Gefängnis genutzt wurde, obwohl es kaum Fakten gibt, die diese Legende stützen. Laut der Geschichte war der Tempel ursprünglich ein hinduistischer Schrein, und es war einfacher, ihn als Gefängnis zu nutzen, als ihn in einen buddhistischen Tempel zu konvertieren. Ein Besuch lohnt sich allein wegen der Mauerwerke im Inneren: Die Verkleidung aus Sandsteinblöcken über dem Ziegelkern gehört gewiss zu den schönsten und detailliertesten Steinmetzarbeiten in Bagan.

Nandamannya Pahto BUDDHISTISCHER TEMPEL
(နန္ဒပညာပုထိုး; Karte S. 574) Dieser kleine Ein-Kammer-Tempel stammt aus der Mitte des 13. Jhs. und zeigt schöne Fresken und die Überreste eines sitzenden Buddhas. Er steht 200 m nördlich des **Thambula** (သမ္ဗူလပုထိုး; Karte S. 574); ein Schild weist den kurzen Weg über eine unbefestigte Straße. Die Wandgemälde ähneln denen im Payathonzu, weshalb einige Kunsthistoriker glauben, dass sie vom selben Künstler stammen.

Payathonzu BUDDHISTISCHER TEMPEL
(ဘုရားသုံးဆူ; Karte S. 574) Gegenüber von **Tayok** (တရုတ်ပြေးဘုရား; Karte S. 574) an der Hauptstraße lohnt diese Anlage mit drei zusammenhängenden Schreinen (der Name bedeutet „Drei Stupas“) einen Besuch. Der Tempel wurde schon kurz nach seiner Fertigstellung wieder stillgelegt. Jeder der drei quadratischen Bauten wird von einem dicken *sikhara* gekrönt; einen ähnlichen Tempel sieht man nur noch in Salay. Der Stil erinnert stark an buddhistische Khmer-Ruinen in Thailand.

Dhammayazika Paya BUDDHISTISCHER TEMPEL
(ဓမ္မရာဇိကဘုရား; Karte S. 574) Der Dhammayazika mit vergoldeter Glocke steht in einem grünen Garten und stammt aus dem Jahr 1196. Er befindet sich am südlichen zentralen Ende Bagans an der Hauptstraße und bietet von der höchsten Terrasse einen wunderschönen Ausblick. Der fünfeckige *zedi* (Stupa) ähnelt dem des Shwezigon (S. 577), wenn auch mit ungewöhnlicherem Design. In der Außenmauer befinden sich fünf Tore.

Der Dhammayazika Paya wurde durch das Erdbeben 2016 stark beschädigt, ist inzwischen aber wieder geöffnet.

Abeyadana Pahto BUDDHISTISCHER TEMPEL
(အဗ္ဗါယ်ရတနာပုထိုး; Karte S. 574) Dieser Tempel aus dem 11. Jh. steht 400 m südlich des Manuha Paya (S. 574). Mit seinem Stupa im singhalesischen Stil wurde er angeblich von Kyanzitthas bengalischer Frau Abeyadana erbaut, die hier auf ihn wartete, als er um sein Leben fürchtete und sich vor seinem Vorgänger König Sawlu versteckte. Er ist für seine Originalfresken berühmt, die 1987 vor UNESCO-Mitarbeitern gereinigt wurden. Am Haus des Verwalters im Süden kann man sich erkundigen, ob der Tempel abgeschlossen ist.

Pyathada Paya BUDDHISTISCHER TEMPE
(ပြဿဒါးဘုရား; Karte S. 574) Aus dem 13. Jh. der späteren Tempelperiode Bagans, stamm diese riesige beeindruckende Pagode. Be Sonnenuntergang bietet sich von der gigan tischen offenen Terrasse am Ende der Stufe (der größten in Bagan) ein fantastische Blick; weiter oben wartet eine weitere klein Terrasse. Der Pyathada Paya wurde durch das Erdbeben 2016 schwer beschädigt un ist momentan nicht für Besucher geöffnet.

Nagayon BUDDHISTISCHER TEMPE
(နဂါးရုံ; Karte S. 574) Etwas südlich des Abeyadana auf der anderen Straßenseite liegt dieser elegante, gut erhaltene Tempel, de Kyanzittha erbaute. Das wichtigste Buddha-Bildnis in doppelter Lebensgröße steh geschützt unter dem Nackenschild einer rie sigen *naga* (Drachenschlange). Die Darstel lung geht auf eine Legende zurück, die be sagt, Kyanzittha habe den Tempel 1192 a der Stelle erbaut, an der er Schutz fand, a er vor seinem wütenden Bruder und Vorgän ger Sawlu floh, was er mehr als einmal tu musste.

Htilominlo Pahto BUDDHISTISCHER TEMP
(ထီးလိုမင်းလိုပုထိုး; Karte S. 574) Dieser 50 hohe Tempel (1218 erbaut) markiert die Ste le, an der König Nantaungmya unter fü Brüdern als neuer Kronprinz auserwäh wurde (und zwar von einem sich neigende Schirm – ein zeitloses Auswahlverfahren Von außen ist er beeindruckender als vo innen. Sein Terrassenbau erinnert an de Sulamani Pahto (S. 575). Leider wird ma hier von Straßenhändlern praktisch überfa len. Der Htilominlo Pahto wurde durch d Erdbeben 2016 stark beschädigt.

Buledi BUDDHISTISCHER TEMP
(ဗူးလယ်သီး; Karte S. 574) Eine tolle Aussic bietet dieser Stupa im Pyramidenstil m steilen Stufen. Von Weitem sieht er zwar w nig beeindruckend aus, aber seine schma Terrasse hat sich zu einer Art Geheimti bei Sonnenuntergang entwickelt. Er ste 600 m südlich des Htilominlo auf der and ren Seite der Anawrahta Road. Er ist au

als Tempel 394 bekannt (auf einigen Karten aber nicht richtig verzeichnet). Der Buledi war einer von vielen Tempeln in Bagan, die 2016 durch das Erdbeben schwer beschädigt wurden. Mittlerweile ist er aber wieder geöffnet.

Nyaung U

Shwezigon Paya BUDDHISTISCHER TEMPEL

(ရွှေစည်းခုံဘုရား; Karte S. 578; ⏲ bis Sonnenuntergang) Am Westende von Nyaung U steht diese große wunderschöne *zedi* (Stupa), die bedeutendste religiöse Stätte der Stadt. Er ist vor allem für seine Verbindung zu Myanmars wichtigsten *nat* (Geisterwesen) bekannt. Der vergoldete *zedi* ist in der Abenddämmerung eindrucksvoll beleuchtet und steht auf drei aufsteigenden Terrassen. Die emaillierten Tafeln rund um seinen Sockel zeigen Szenen aus den Jataka (Geschichten aus Buddhas früheren Leben). In allen vier Himmelsrichtungen steht gegenüber der Terrassentreppe jeweils ein Schrein mit einem 4 m hohen stehenden Buddha.

Aktivitäten

Balloons over Bagan BALLONFAHRT

(Karte S. 578; ☎ 061-60713; www.balloonsoverbagan.com; pro Pers. ab 340 US$; ⏲ Okt.–März -20 Uhr) Mit die beste Möglichkeit, Bagan zu besichtigen, ist eine Fahrt im Heißluftballon mit diesem hochgelobten Unternehmen. Das Büro befindet sich nahe der Thiripyissayar Street.

Schlafen

Rund um Bagan befinden sich drei sehr verschiedene Orte mit Unterkünften. In Alt-Bagan gibt's nur Spitzenklassehotels, während Neu-Bagan und Nyaung U eine Mischung aus Mittelklasse- und Budgetoptionen an Übernachtungsmöglichkeiten bieten.

Neu-Bagan

Northern Breeze PENSION $

(Karte S. 574; ☎ 061-65472; www.northernbreezeguesthouse.com; 162 Cherry St; B/Zi. inkl. Frühstück 15/40 US$; ❄ 📶) Ein freundliches Haus in einer ruhigen, grünen Straße mit einem guten Preis-Leistungs-Verhältnis. Die Zimmer liegen rund um einen kleinen Innenhof und sind nicht besonders groß, aber nett eingerichtet und mit dem Nötigsten ausgestattet (Minikühlschrank, Wasserkocher für Kaffee, TV). Die 3-Bett-Zimmer teilen sich ein Bad. Einen kurzen Spaziergang entfernt warten zahlreiche Lokale.

NICHT VERSÄUMEN

DIE SCHÖNSTEN TEMPEL IN BAGAN

- Ananda Pahto (S. 572)
- Dhammayangyi Pahto (S. 575)
- Shwesandaw Paya (S. 575)
- Abeyadana Pahto (S. 576)
- Shwezigon Paya (s. links)
- Htilominlo Pahto (S. 576)

★ **Ostello Bello** HOSTEL $$

(Karte S. 574; ☎ 061-65069; www.ostellobello.com; Khaye St; B inkl. Frühstück 39–59 US$, DZ 116–149 US$; ❄ 📶) Dieses clever designte, schicke Hostel unter italienischer Führung ist die beste Wahl in der Stadt, wenn man andere Traveller kennenlernen möchte. Im geschäftigen Innenhof gibt's was zu essen und zu trinken und es finden die ganze Woche Veranstaltungen statt (z. B. Bingo- oder Quizabende). Außerdem stehen zahlreiche Aktivitäten zur Auswahl (Touren bei Sonnenaufgang oder -untergang, Bootsausflüge). Die großen, gemütlichen Schlafsäle haben ein eigenes Bad.

Thurizza Hotel HOTEL $$

(Karte S. 574; ☎ 061-65229; thirimarlarhotelbagan@gmail.com; Ingin St; Zi. inkl. Frühstück 38–60 US$; ❄ @ 📶) Teak-Planken führen zu verschiedenen Zimmern rund um einen kleinen Speiseraum im Pagodenstil, aber die meisten Gäste frühstücken auf der Dachterrasse mit Tempelblick. Die Standardzimmer sind kompakt und haben ein kleines Bad, aber die teureren Zimmer sind ein echtes Schnäppchen: Sie sind größer, verfügen über glänzende Holzböden und besseres Licht, und einige bieten sogar einen Blick auf den Tempel.

Nyaung U

★ **New Wave Guesthouse** PENSION $

(Karte S. 574; ☎ 061-60731; www.newwavebagan.com; Bagan-Nyaung U Rd, Wetkyi-in; Zi. inkl. Frühstück 50 US$; ❄ 📶) Diese schicke Pension bietet attraktive, moderne Zimmer mit Blick auf den Garten hinten. Alle sind hell und ansprechend eingerichtet, mit hohen Decken, handgefertigten Holzbetten und anständigen Bädern, auch wenn sie nicht allzu

Nyaung U

Nyaung U

Sehenswertes
1 Shwezigon Paya A2

Aktivitäten, Kurse & Touren
2 Balloons over Bagan B3

Schlafen
3 Eden III Motel D2
4 New Park Hotel C3
5 Saw Nyein San C1

Essen
6 Bagan Zay B3
7 Sanon D2
8 Weather Spoon's Bagan B2

Ausgehen & Nachtleben
9 Shwe Yar Su B3

Shoppen
10 Mani-Sithu-Markt D1
11 MBoutik C3

groß sind. Trotzdem ist diese Pension den meisten anderen in Bagan einen großen Schritt voraus.

Saw Nyein San PENSION $

(Karte S. 578; ☎ 061-60651; www.sawnyeinsanguesthousebagan.wordpress.com; Main Rd; Zi. inkl. Frühstück 30–50 US$; ❄📶) Beliebte familiengeführte Pension in der Hauptstraße von Nyaung U, die Bestnoten für die makellosen Zimmer und den herzlichen Service sammelt. Die Unterkünfte sind mit Fliesenböden ausgestattet und in hellen Pastelltönen gehalten, auch wenn sie teilweise ein bisschen klein sind. Das Personal tut alles, damit sich die Gäste wie zu Hause fühlen. Das Frühstück wird auf dem Dach serviert.

New Park Hotel HOTE

(Karte S. 578; ☎ 061-60322; www.newparkmy mar.com; 4 Thiripyitsaya; Zi. inkl. Frühstück 2 55 US$; ❄📶) Eines der besten Budgethote versteckt sich in den schattigen Seitenstr ßen abseits der Yarkinthar Road. Die älter Räume mit bungalowartigen Veranden si komfortabel und haben Holzböden und a nehmbare Bäder. Im neueren Flügel sind d Zimmer geräumig und mit Kühlschrank, T und einer Regendusche ausgestattet. Die b ligsten Zimmer sind ziemlich eng.

Eden III Motel PENSIO

(Karte S. 578; ☎ 09 2042 061; Anawrahta Rd; B i Frühstück 9 US$, Zi. 18–40 US$; ❄📶) Ein Pa dies ist das Eden nicht gerade. Seine drei bäude (Eden I, II und III) liegen beiderseits der Straße zum Flughafen, die besten Zimmer befinden sich im neueren Eden III, aber die Bäder sind ziemlich altmodisch. Der Schlafsaal mit 16 Betten hat nur einen Ventilator. Die Mitarbeiter sind gut auf die Bedürfnisse von Backpackern eingestellt.

Essen

Neu-Bagan

Mother's House BIRMANISCH, CHINESISCH $
(Karte S. 574; Chauk Rd; Hauptgerichte 1000–5000 K; Mo–Sa 6–22 Uhr) Dieses große, geschäftige Teehaus ist bei Einheimischen beliebt. Man kann draußen oder im angeschlossenen Restaurant sitzen. Es ist eine gute Wahl für ein traditionelles birmanisches Frühstück, bevor man die Tempel erkundet oder nachdem man sich in der Nähe den Sonnenuntergang angeschaut hat. Die Shan-Nudeln oder die frittierten Donuts sollte man probieren. Das Restaurant serviert standardmäßige birmanisch-chinesische Gerichte.

Ma Mae Naing BIRMANISCH $
(Karte S. 574; 09 40273 0712; Khayea St (Main Rd); Hauptgerichte 3000 K; 9–22 Uhr;) Das Ma Mae Naing (auch als „Unforgettable" bekannt) zaubert köstliches Essen mit guten vegetarischen Optionen. Auf der kleinen Karte stehen hauptsächlich Currys, die mit Reis und verschiedenen Gemüsebeilagen serviert werden. Dazu passen hervorragend die frischen Fruchtsäfte (für je 1000 K ein echtes Schnäppchen).

Mingalabar Food Corner ASIATISCH $
(Karte S. 574; Bagan-Nyaung U Rd; Hauptgerichte 3000–5000 K; 9–22 Uhr) Bietet die übliche Mischung aus chinesischer, thailändischer und birmanischer Küche, dazu gibt's Bier vom Fass und brutzelnde Grillgerichte. Abends setzt man sich am besten an den Tisch draußen auf der erhöhten Terrasse.

★ **Kyaw Kitchen** FUSION-KÜCHE $$
(Karte S. 574; 09 25975 4811; High School Rd, Htin Yin Quarter; Hauptgerichte 3000–10 000 K; 11–15 & 17–22 Uhr;) Kyaw Kitchen liegt versteckt ein paar Blocks nördlich der Hauptstraße und erhält viel Lob für seine hochwertige Küche, den freundlichen Service und die ansprechende Gartenkulisse. Zu den Highlights der kreativen, umfangreichen Karte gehören das Meeresfrüchterisotto im birmanischen Stil, das Butterfischcurry, die gegrillten Flussgarnelen und der saftige vegetarische Burger.

Alt-Bagan

Be Kind to Animals the Moon BIRMANISCH, VEGETARISCH $
(Karte S. 574; Hauptgerichte 3000–4500 K; 9–22 Uhr;) Dieses gartenartige Lokal abseits der Bagan-Nyaung U Road ist das Original unter den vegetarischen Restaurants in der Nähe des Tharabar-Tors (S. 573). Es bietet ein freundliches Willkommen und köstliches Essen, darunter Kürbiscurry mit Ingwer, gebratenes Gemüse mit Fadennudeln, scharfe Chapati-Wraps und cremige Lassis. Zum Nachtisch empfehlen wir das hausgemachte Eis.

Starbeam Bistro INTERNATIONAL $
(Karte S. 574; 09 40250 2614; Hauptgerichte 4000–7500 K; 8.30–21.30 Uhr;) Der Koch Tin Myint, der mehrere Jahre bei der Hotelgruppe Orient Express arbeitete, eröffnete dieses Gartenbistro in der Nähe des Ananda Pahto (S. 572). Es serviert Gerichte wie Fischcurry nach Rakhine-Art, Tagesgerichte mit frischen Zutaten vom Markt, traditionelle Salate wie Avocado- oder Teeblattsalat und klassische Baguettes und Sandwiches. Am besten schmeckt dazu ein gesunder frischer Saft.

Nyaung U

★ **Weather Spoon's Bagan** INTERNATIONAL $
(Karte S. 578; Yarkinthar Rd; Hauptgerichte 3700–5900 K; 10–22.30 Uhr;) Briten wird der Name vertraut sein, den sich der freundliche Besitzer Win Tun von einer billigen Pub-Kette geliehen hat. Auf der Karte stehen jede Menge westliche Klassiker – Fish & Chips, Pasta, Pfannkuchen – sowie thailändische und chinesische Alternativen. Der Laden ist zu Recht für seine dekadenten Burger bekannt und der beliebteste in der Restaurant Row.

Bagan Zay FUSION-KÜCHE $
(Karte S. 578; Yarkinthar Rd; Hauptgrichte 2900–5900 K; 11–23 Uhr;) Das Bagan Zay serviert ansprechend angerichtete und kreative Currys sowie Gerichte mit Einflüssen aus Nahost: Die Falafel nach birmanischer Art oder das Sandwich mit gegriller Aubergine sollte man probieren. Es gibt zahlreiche vegetarische Optionen, darunter ein veganes Curry (mit Kürbis, Blumenkohl und Brokkoli) sowie Linsen-Galettes. Die Cocktails sind auch nicht schlecht. Einfach nach dem auffälligen Grasdach Ausschau halten.

ABSTECHER

MOUNT POPA ပုပ္ပါးတောင်

Der Mt. Popa ist eine Art birmanischer Olymp, das spirituelle Hauptquartier von Myanmars berüchtigten „37 *nat*" und eines der beliebtesten Ziele des Landes zur *nat*-Anbetung.

Mount Popa ist heute der offizielle Name des Popa Taung Kalat, des berühmten turmartigen 737 m hohen Vulkanschlots, der von Affen heimgesucht wird und von einem vergoldeten über 777 Stufen erreichbaren Buddha-Tempel gekrönt ist.

Vom Tempel bietet sich ein grandioser Ausblick zurück zur Myingyan-Ebene und noch weiter. Er ist wirklich atemberaubend (wenn auch ein bisschen kitschig), und nur relativ wenige Besucher nehmen den Halbtagsausflug von Bagan auf sich.

Die meisten Traveller besuchen den Berg per Sammeltaxi oder organisierter Tour von ihrem Hotel aus. In Nyaung U kostet ein Platz in einem Sammeltaxi 10 000 K pro Person (ohne Guide); ein ganzes Taxi kostet 35 000 bis 40 000 K. Ein Pick-up-Truck fährt vom Busbahnhof in Nyaung U um 8.30 Uhr zum Mt. Popa (3500 K, 3 Std.); Rückfahrt ist um 13 Uhr.

Myo Myo Myanmar Rice Food BIRMANISCH $

(Karte S. 574; Bagan-Nyaung U Rd; Currys ab 1000 K, Beilagen 200–500 K; ⌚6–20 Uhr) Dieses Restaurant ist zu Recht beliebt und auf Büfetts spezialisiert, die von der landestypischen Küche inspiriert sind. Hier wird richtig aufgefahren, mit bis zu 25 kleinen Gerichten, die das Curry der Wahl ergänzen, darunter auch saisonale Spezialitäten wie Spargel. Das Personal spricht Englisch. Am besten kommt man in der Gruppe und teilt all die Köstlichkeiten. Man bezahlt nur für das, was man auch isst.

★ **Sanon** BIRMANISCH, FUSION-KÜCHE $$

(Karte S. 578; ☎09 45195 1950; www.facebook.com/sanonrestaurant; Pyu Saw Hit St; Hauptgerichte 4000–8700 K; ⌚Mo–Sa 11–22 Uhr;) Das Sanon ist eine charmante Ergänzung der Gastroszene in Nyaung U. In klassischer, entspannter Atmosphäre mit tropischen Pflanzen rund um den offenen Speisesaal serviert es innovative kleine birmanische Gerichte, die zum Teilen gedacht sind: Curry mit Flussgarnelen und Seewolf, pfannengebratener und mit Schweinefleisch gefüllter Tintenfisch und Pakora mit knackiger Brunnenkresse und Zwiebeln. Die Säfte sind auch lecker (wir empfehlen den gefrorenen Pfefferminz-Pomelo-Saft).

Ausgehen & Nachtleben

Shwe Yar Su BIER

(Karte S. 578; Yarkinthar Rd; Bier 750 K, Hauptgerichte 3000–6000 K, Grillgerichte ab 500 K; ⌚7–22 Uhr) Dank des niemals versiegenden myanmarischen Biers vom Fass hat sich dieses Lokal mit großem Außenbereich und von chinesischen Klassikern inspirierter Karte zu einem beliebten Treffpunkt der Einheimischen entwickelt. Man kann hier prima Fußball gucken und dazu Leckereien vom Grill genießen.

Shoppen

Golden Cuckoo KUNSTHANDWER

(Karte S. 574; ⌚6–20.30 Uhr) Pho Htoo und sein Bruder leiten diese Werkstatt, die sich seit vier Generationen in ihrer Familie befindet, und legen den Schwerpunkt auf qualitativ hochwertiges „traditionelles" Design. Neben wunderschönen Schüsseln und Gefäßen findet man hier auch so ungewöhnliche Objekte wie einen Motorradhelm und eine Gitarre (jeweils 1200 US$). Die Werkstatt liegt gleich hinter dem Manuha Paya (S. 574); ein paar Blocks entfernt hat in der Hauptstraße eine weitere Filiale eröffnet.

★ **MBoutik** KUNSTHANDWER

(Karte S. 578; Anawrahta Rd; ⌚Mo–Sa 9–17.30 Uhr, Nov.–März bis 21 Uhr) Diese farbenfrohe Boutique verkauft wunderschöne Stoffe, Taschen, Spielzeug, Handarbeiten und Kleidung, die ausschließlich von einer Frauenkooperative gefertigt werden, die von der internationalen NGO ActionAid ins Leben gerufen wurde. Rund 600 Kunsthandwerkerinnen aus über 130 Dörfern des ganzen Landes verwenden traditionelle Designs und Muster in ihren fachmännisch gefertigten Arbeiten.

Mani-Sithu-Markt MAR

(Karte S. 578; Main Rd; ⌚Mo–Sa 6–17 Uhr) Der Markt in der Nähe des Kreisverkehrs am östlichen Ende der Hauptstraße offeriert eine farbenfrohe Palette an Gemüse, Blumen, Fisch und Textilien. Am schönsten ist der Besuch morgens, denn dann ist am meisten los. Am nördlichen Ende gibt's auch viele Stände, die auf Traveller abzielen (Holzschnitzereien, T-Shirts, Lackwaren).

Praktische Informationen

Ever Sky Information Service (Karte S. 578; ☎061-60895; everskynanda@gmail.com; 5 Thiripyitsaya St; ⏲7.30–21.30 Uhr) Gleich abseits der Restaurantmeile bucht dieser sehr zu empfehlende Anbieter Tickets und organisiert Touren. Außerdem ist ihm ein Second-hand-Buchladen angeschlossen. Das Personal kann Sammeltaxis (rund um Bagan, nach Kalaw, Salay und zum Mt. Victoria im Chin-Staat) zu den besten erhältlichen Preisen organisieren. Man kann sich auch nach Sammeltaxis zum Mt. Popa erkundigen, die zwischen 8000 und 9000 K kosten und täglich um 9 und um 15 Uhr abfahren.

An- & Weiterreise

Der wichtigste Verkehrsknotenpunkt für Bagan ist Nyaung U, das dem Flughafen und Busbahnhof am nächsten liegt.

Taxis zwischen dem Flughafen von Nyaung U und den Hotels in Nyaung U, Alt-Bagan und Neu-Bagan kosten zwischen 5000 und 8000 K. Taxis zum/vom Bahnhof, 4 km südöstlich von Nyaung U, kosten rund 7000 K.

Wer mit dem Schiff anreist, kann für 2000 bis 3000 K per Pferdekutsche oder mit dem Taxi vom Pier in Alt-Bagan oder Nyaung U zu den Hotels in Nyaung U, Alt-Bagan und Neu-Bagan fahren.

BUS

Der Shwe-Pyi-Busbahnhof ist der wichtigste Busbahnhof für Bagan; er liegt 5 km südöstlich von Nyaung U (und 800 m nördlich des Bahnhofs) am Highway nach Kyaukpadaung. Ein Taxi hierher kostet 5000 bis 8000 K, je nachdem, aus welchem Teil von Bagan man kommt.

Während der Hochsaison ist es ratsam, Bustickets nach Mandalay, Taunggyi (zum Inle-See) und Yangon ein paar Tage im Voraus zu buchen.

FLUGZEUG

Der Nyaung U Airport liegt 3 km südöstlich vom Markt. Verschiedene Airlines verbinden Bagan täglich mit Mandalay (65 US$, 30 Min.), Heho (70 US$, 40 Min.) und Yangon (105 US$, 70 Min.).

Reisebüros haben manchmal günstigere Tickets als die Airlinebüros. Man kann sein Glück bei **Seven Diamond** (Karte S. 578; ☎061-61184; www.sevendiamondtravels.com; Main Rd; ⏲9–20 Uhr) versuchen.

SCHIFF/FÄHRE

Boote von/nach Mandalay starten je nach Wasserstand entweder in Nyaung U oder Alt-Bagan. Der Anleger in Nyaung U befindet sich 800 m nordöstlich des Markts.

ZUG

Der aufwendige, ziemlich übertriebene Bahnhof von Bagan befindet sich in völliger Abgeschiedenheit 4 km südöstlich von Nyaung U. Zugtickets werden nur am Bahnhof verkauft.

Unterwegs vor Ort

E-Bikes, die im Prinzip genauso funktionieren wie Motorräder, aber mit Batterien betrieben werden, sind vielerorts erhältlich und ein ideales Fortbewegungsmittel. Auf staubigen Sandstraßen sollte man langsam fahren und immer einen Helm tragen. Der übliche Preis pro Tag beträgt 8000 K und die E-Bikes sind in fast allen Hotels und bei vielen Reisebüros verfügbar.

Auch Fahrräder kann man in den Unterkünften ausleihen; man muss mit 2000 bis 5000 K pro Tag rechnen, je nach Zustand und Modell des Fahrrads.

VERKEHRSMITTEL UND -WEGE AB NYAUNG U (BAGAN)

NACH/VON YANGON	DAUER	PREIS	HÄUFIGKEIT
Flugzeug	70 Min.	105 US$	häufig
Bus	10 Std.	13 000–23 000 K	häufig
Auto	9 Std.	150 000 K	gemietet
Zug	16 Std.	6000–16 500 K (Schlafwagen)	tgl.

NACH/VON MANDALAY	DAUER	PREIS	HÄUFIGKEIT
Flugzeug	30 Min.	65 US$	häufig
Schiff/Fähre	10–14 Std.	ab 18 US$	in der Hochsaison tgl.
Bus	8 Std.	9000 K	häufig
Auto	6 Std.	75 000 K	gemietet
Zug	9 Std.	1450–2900 K	tgl.

WESTMYANMAR

Abgeschieden, rau und lohnenswert: Myanmars westlichste Staaten – Rakhine (auch Arakan) und Chin – sind nach wie vor sehr untouristisch.

Nur wenige Traveller besuchen die alte Rakhine-Hauptstadt Mrauk U, eine unglaubliche archäologische Stätte, die von Hunderten von Tempeln übersät ist, oder die aktuelle Hauptstadt, das etwas schmuddelige Sittwe.

Doch wer sich wirklich von den ausgetretenen Pfaden entfernen will, sollte sich in den größtenteils unbekannten und unentwickelten Chin-Staat begeben, der mit atemberaubenden Bergen, Wäldern und traditionellen Dörfern aufwartet.

Sittwe စစ်တွေ

043 / CA. 100 750 EW.

Sittwe (manchmal immer noch unter ihrem früheren Namen Aykab bekannt), die Hauptstadt des Rakhine-Staats, liegt in unglaublicher Lage an der Stelle, an der der breite Tidenfluss Kaladan in den mächtigen Golf von Bengalen mündet. Die Auswirkungen der fortdauernden religiösen Gewalttaten im Rakhine-Staat und das allgemein eher schäbige Ambiente der Stadt sind der Grund, warum die meisten Besucher sie nur als Transitstation auf dem Weg zu den Ruinen von Mrauk U nutzen.

Yuzana Aung Guest House PENSION $
(043-24275; Nga Pain St; Zi. inkl. Frühstück 35 000–40 000 K;) Diese recht neue Pension ist auf vier Stockwerke verteilt und die beste Budgetoption in Sittwe. Die Zimmer sind kompakt, aber hell, sauber und gut ausgestattet, z. B. mit gemütlichen Betten. Das Personal ist gewissenhaft und die Aussicht von der Dachterrasse bei Sonnenuntergang wirklich schön.

An- & Weiterreise

BUS

Sittwes Busbahnhof liegt 5 km nordwestlich des Zentrums. Ein *thoun bein* zwischen dem Busbahnhof und dem Zentrum kostet 4000 K, ein Motorradtaxi 2500 K.

Es verkehren täglich Busse nach Mrauk U (4000 K, 3½ Std., 6.30 und 12 Uhr), Yangon (20 500 K, 24 Std., 6 Uhr) und Mandalay (25 000 K, 24 Std., 6 Uhr).

FLUGZEUG

Der Flughafen von Sittwe liegt 2,5 km westlich des Zentrums. *Thoun bein* (motorisierte Rikschas; 3000 bis 4000 K) und Motorradtaxis (2000 K) warten auf ankommende Flüge.

SCHIFF/FÄHRE

Die billigste und langsamste Möglichkeit, Mrauk U per Schiff zu erreichen, ist eine Fahrt mit den Doppeldeckerbooten des staatlichen **Inland Water Transport** (IWT; 043-23382). Westlich des Sittwe-Piers befindet sich ein Büro, aber man muss das Ticket nicht im Voraus kaufen. Fähren legen dienstags und freitags um 8 Uhr ab und kehren mittwochs und samstags um 8 Uhr aus Mrauk U zurück (7 US$, 4–7 Std.).

Mit Abstand die schnellste und beste Option sind die „Expressboote" von **Shwe Pyi Tan** (09 4959 2709, 043-22719; Ecke Main Rd & U Ottama St; 8–20 Uhr), die mittwochs, freitags und sonntags um 7 Uhr in Sittwe und montags und donnerstags um 7 Uhr in Mrauk U ablegen (25 000 K, 2 Std.).

Der Sittwe-Pier liegt 1,5 km nördlich der Stadt; die Fahrt mit dem *thoun bein* kostet 2000 K.

Mrauk U မြောက်ဦး

043 / CA. 36 140 EW.

Mrauk U (ausgesprochen „mrau-u") ist Myanmars zweitberühmteste archäologische Stätt[e] und ganz anders als Bagan. Die Tempel sin[d] kleiner und neuer, und im Gegensatz zu de[n]nen in Bagan bestehen sie vorwiegend au[s] Stein, nicht aus Ziegeln. Auch die Tempel i[n] Mrauk U stehen in einer noch immer be[-]wohnten, fruchtbaren Landschaft aus kleine[n] Dörfern, Reisfeldern, runden Hügeln und gra[-]senden Kühen verstreut.

Das Beste ist aber, dass man die Temp[el] wahrscheinlich ganz für sich allein hat; nac[h] Mrauk U verirren sich alljährlich nur run[d] 5000 Ausländer.

Sehenswertes

Die Originalstätte Mrauk U erstreckt sic[h] über 45 km², auch wenn die heutige Sta[dt] und die meisten Tempel auf ein 7 km² groß[es] Gebiet begrenzt sind.

Die Sehenswürdigkeiten sind nicht im[-]mer beschildert, deshalb kann ein erfahr[e]ner Führer hilfreich sein. Viele Guides d[er] **Regional Guides Society – Mrauk U** (0[9] 78240 4790, 09 25024 2844; jimes.htun@gma[il.]com; pro Tag 35 US$) sprechen gut Englisc[h] und kennen sich mit der Geschichte ur[nd] Kultur der Region gut aus.

Ausländische Besucher Mrauk Us müsse[n] für die archäologische Stätte eine „Eintritt[s]gebühr" von 5000 K bezahlen. Man kann s[ie] nur an einer Stelle – Shittaung Paya – er[-]richten, aber manchmal wird sie auch a

Mrauk U

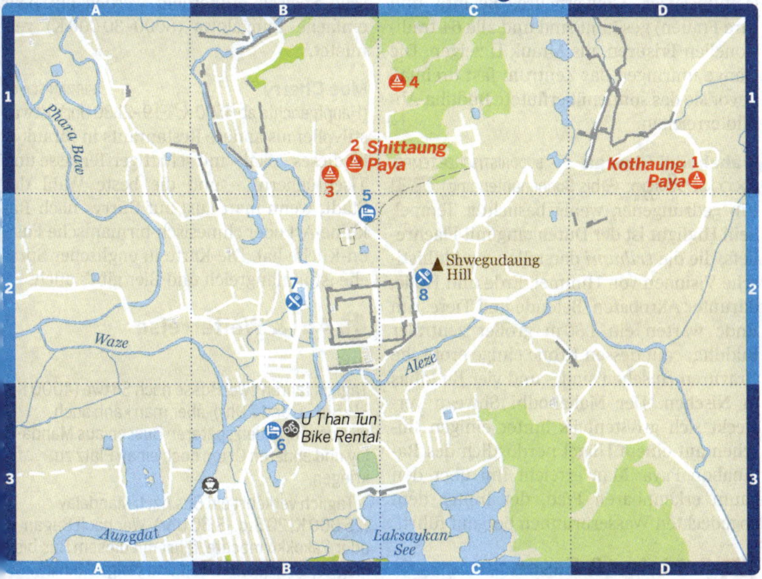

Pier erhoben, wenn man ankommt oder abreist. Auf der staatlichen Fähre könnte man vor der Abfahrt gebeten werden, nachzuweisen, dass man sie bezahlt hat.

★ **Shittaung Paya** BUDDHISTISCHER TEMPEL

ရှစ်သောင်းဘုရား; 5000 K; 7–17 Uhr) Shittaung bedeutet „Schrein der 80 000 Abbilder", was sich auf die Zahl der Figuren im Inneren bezieht. König Minbin, der mächtigste der Könige von Rakhine, baute den Shittaung im Jahr 1535. Dies ist der komplexeste Tempel in Mrauk U: Hier bekommt man Stupas in allen Größen zu sehen und der zentrale Stupa wird von 26 weiteren umringt. Dicke Wände mit Fenstern und Nischen umgeben das aus zwei Ebenen bestehende Bauwerk, das im Lauf der Jahrhunderte immer wieder erweitertt, verändert und rekonstruiert wurde – nicht immer sehr geschickt.

★ **Kothaung Paya** BUDDHISTISCHER TEMPEL

ကိုးသောင်းဘုရား; bis Sonnenuntergang) GRATIS Der größte Tempel der Gegend ist eine der wichtigsten Sehenswürdigkeiten von Mrauk U. Er wurde 1553 von König Minbins Sohn, König Mintaikkha, gebaut, der seinen Vater um 10 000 Figuren übertraf („Kothaung" bedeutet Schrein der 90 000 Abbilder"). Der Kothaung Paya befindet sich etwa 2 km östlich vom Pa-

Mrauk U

Highlights

1 Kothaung Paya D1
2 Shittaung Paya B1

Sehenswertes

3 Dukkanthein Paya B1
4 Mahabodhi Shwegu C1

Schlafen

5 Nawarat Hotel B2
6 Royal City Guest House B3

Essen

7 Happy Garden B2
8 Moe Cherry C2

last; man folgt der Straße direkt nördlich vom Markt und biegt vor der Brücke links in die viel kleinere Straße ein.

Dukkanthein Paya BUDDHISTISCHER TEMPEL

(ထုက္ကန်သိမ်ဘုရား; bis Sonnenuntergang) GRATIS König Minphalaung erbaute 1571 diesen Tempel, der ein bisschen wie ein Bunker mit Stupas wirkt. Breite Steinstufen führen die Süd- und Ostseite des Bauwerks hinauf, das eine Ordinationshalle beherbergt. Die Osttreppe führt zum Eingang. Im Inneren wartet eine Spirale aus Gängen, die von Abbildungen Buddhas und gewöhnlicher Leute (Landbesitzer, Gouverneure, Beamte und ihre Frauen) gesäumt sind und alle 64 traditionellen Frisuren aus Mrauk U zeigen. Die Gänge umringen das Zentrum fast dreimal, bevor sie das sonnenüberflutete Buddha-Abbild erreichen.

Mahabodhi Shwegu BUDDHISTISCHER TEMPEL
(မဟာဗောဓိရွှေဂူ; ⌚ bis Sonnenuntergang) GRATIS Ein gedrungener, wenig besuchter Tempel. Sein Higlight ist der Durchgang mit Flachreliefs, die die *tribumi* darstellen – buddhistische Visionen von Himmel, Erde und Hölle, darunter Akrobaten, Betende und Tiere. Am Ende warten ein 1,80 m großer zentraler Buddha – auf dessen Krone einige erotische Gravuren zu sehen sind – und vier Buddhas in Nischen. Der Mahabodhi Shwegu versteckt sich größtenteils hinter einigen Büschen auf einem Hügel nordöstlich des Ratanabon Paya. Man erreicht ihn über den kaum erkennbaren Pfad, der hinter dem abgedeckten Wasserbrunnen bergauf führt.

Schlafen & Essen

Royal City Guest House HOTEL $
(☎ 09 4307 3323, 043-50257; Zi. 10–25 US$, Bungalows 40–55 US$; ❄) Hier stehen schlichte, recht komfortable Zimmer mit Kaltwasserduschen im Hauptgebäude für Budgetreisende (die billigsten sind sehr klein und haben kein Bad) und Bungalows mit Klimaanlage (falls der Strom funktioniert) und warmem Wasser auf der anderen Straßenseite für Gäste zur Auswahl, die sich ein bisschen mehr leisten können. Beim Personal gibt's auf Wunsch eine Karte mit den wichtigsten Attraktionen.

★ **Nawarat Hotel** HOTEL $$
(☎ 043-50073, in Yangon 01-298 543; mraukoo nawarathotel@gmail.com; Zi. 55–98 US$; ❄📶) Weder neu noch besonders cool, aber dieses Hotel ist wahrscheinlich die beste Budgetunterkunft in Mrauk U. Es liegt nur einen kurzen Spaziergang von den Hauptattraktionen entfernt und bietet große, komfortable Doppelbungalows aus Beton mit anständigen Betten und guter Ausstattung, etwa Satelliten-TV, Kühlschrank und Balkon. Das angeschlossene Restaurant ist auch nicht schlecht.

Happy Garden CHINESISCH, BIRMANISCH $
(Gerichte ab 2500 K; ⌚ 8–22 Uhr) Dieses Biergartenlokal ist abends der lebhafteste Treffpunkt der Stadt. Die chinesischen Gerichte sind okay und es gibt auch einige birmanische Speisen. Außerdem werden ein paar einfache Bungalows (8000–30 000 K) vermietet.

Moe Cherry BIRMANISCH $$
(Hauptgerichte ab 4500 K; ⌚ 9–21.30 Uhr) Etwas stilvoller als andere Restaurants in Mrauk U ist dieses Lokal – mit schattiger Terrasse und Tischtüchern! – und die beste Wahl der Stadt, wenn man Lust auf Currys nach Rakhine-Art oder chinesisch-birmanische Fusion-Küche hat. Die Karte in englischer Sprache ist umfangreich und Bier gibt's auch.

An- & Weiterreise

BUS

Täglich fahren zwei Busse nach Sittwe (4000 K, 3½ Std., 6 und 7 Uhr), aber man kann auch versuchen, in den späteren Bussen aus Mandalay und anderen Orten noch einen Platz zu kriegen.

Täglich verkehrt ein Bus nach Mandalay (25 000 K, 20 Std., 8.30 Uhr). Wer nach Bagan oder Pakokku möchte, fährt mit diesem Bus bis Magwe, übernachtet dort und steigt dann in einen der Vans oder Busse dorthin.

Ein einziger Minivan fährt täglich nach Thandwe (zum Ngapali Beach, 35 000 K, 22 Std., 16 Uhr).

SCHIFF/FÄHRE

Der Pier von Mrauk U liegt 800 m südlich vom Markt. Man kann hier am Tag der Abfahrt sein Ticket kaufen.

Doppeldeckerboote des staatlichen **Inland Water Transport** (S. 582) fahren mittwochs und samstags um 8 Uhr von Mrauk U nach Sittwe (7 US$, 4–7 Std.). Die schnelleren „Expressboote" von **Shwe Pyi Tan** (S. 582) fahren montags und donnerstags um 7 Uhr (25 000 K, 3 Std.) von Mrauk U nach Sittwe.

Unterwegs vor Ort

Fahrräder kann man sich bei **U Than Tun Bike Rental** (pro Tag 2000 K; ⌚ 7–19 Uhr) leihen, gleich südlich der Brücke, die zum zentralen Markt führt.

Mount Victoria
ဝိတိုရိယတောင်

Das meistbesuchte Ziel im Chin-Staat ist der Mount Victoria (S. 585), rund 130 km westlich von Bagan. Der Gipfel ragt in einem 723 km² großen Nationalpark auf und ist der perfekte Ort für Vogelbeobachtungen. Am besten kommt man zwischen November und Februar hierher, wenn die Rhododen dren, die die Hänge überziehen, in voller Blüte stehen. Während der Regenzeit (Mitte Mai bis Mitte Oktober) ist der Berg normalerweise unzugänglich und viele Hotels sind geschlossen.

Basislager für die Wanderung ist das winzige Städtchen Kanpetlet, sechs Stunden Fahrt von Nyaung U entfernt.

Sehenswertes

★ Mount Victoria BERG

(Nat Ma Taung; 10 000 K; ⏲ Okt–Mai) Der atemberaubende, kaum besuchte Mount Victoria ist mit 3053 m nicht nur der höchste Berg im Chin-Staat, sondern auch die Hauptattraktion des Staats und der dritthöchste Gipfel in ganz Myanmar. Er befindet sich im Nat-Ma-Taung-Nationalpark und ist mit riesigen Rhododendron-Büschen übersät, die zwischen Novemver und Februar leuchtend rot, gelb und weiß blühen. Der leichte Aufstieg zu den Zwillingsgipfeln ist in zwei bis drei Stunden zu bewältigen; man erreicht den Beginn des Wegs über das Städtchen Kanpetlet.

Aktivitäten

Der Weg zu den Zwillingsgipfeln des Mount Victoria beginnt 23 km südlich von Kanpetlet. Es führen aber auch viele andere Wege über den Berg und die faszinierenden Dörfer der Gegend lohnen ebenfalls einen Besuch. Man kann hier gut und gerne ein paar Tage verbringen.

Wer die Gegend wirklich erkunden will, braucht einen Guide. Aus diesem Grund – und wegen des mangelhaften öffentlichen Nahverkehrs – schließen sich die meisten Besucher einer drei- oder viertägigen Tour von Bagan aus an. Die Preise beginnen ab 50 US$ pro Person und Tag für eine Vierergruppe, exklusive Unterkunft und Verpflegung. Die Eintrittsgebühr für den Nationalpark beträgt 10 000 K, wird aber nicht immer erhoben.

Schlafen & Essen

Mountain View Hill Resort HOTEL $

(☎ 09 4923 2963; Mt Victoria St, Kanpetlet; Zi. inkl. Frühstück 45–50 US$) Dieses recht neue Hotel am Stadtrand von Kanpetlet verfügt über 25 simple Ziegelbungalows mit Holzböden und vernünftigen Betten, die in den Wintermonaten aber nicht wirklich warm sind. Das angeschlossene Restaurant ist so weit in Ordnung. Das Haus liegt von Kanpetlets Zentrum aus einen strammen Fußmarsch bergauf.

Eden Guesthouse PENSION $

(☎ 09 4717 0420; Thitsar St, Kanpetlet; Zi. 10 000 K) Das Eden ist die billigste Unterkunft in Kanpetlet und eine für den Chin-Staat typische Budgetoption: Die kastenartigen Zimmer sind durch dünne Holztrennwände unterteilt und mit Gemeinschaftsbädern und kaltem Wasser, aber ohne WLAN. Strom gibt's nur zwischen 18 und 22 Uhr. Der gesellige Besitzer spricht etwas Englisch und kann den Transport zum Mount Victoria organisieren. Das Haus ist sauber und in kalten Nächten gibt's jede Menge Decken.

Maymyo Snack Shop BIRMANISCH, CHINESISCH $

(Kanpetlet; Gerichte ab 700 K; ⏲ 6.30–20 Uhr) Im besten Restaurant in Kanpetlet gibt's simple Nudel- und Reisgerichte und bessere Salate. Alkohol wird nicht ausgeschenkt, aber man kann in einem netten Außenbereich speisen. Es liegt gleich abseits der Hauptstraße durch die Stadt, gegenüber dem Taung Tarn Guesthouse. Jeder hier kennt den Laden.

Praktische Informationen

In Kanpetlet gibt's weder Banken noch Geldautomaten. Bargeld mitbringen.

Anreise & Unterwegs vor Ort

Touren zum Mt. Victoria beginnen in Bagan, sechs Stunden Fahrt entfernt, wo man abgeholt wird. Es ist auch möglich, von Mindat aus zu wandern; der Treck dauert drei Tage. Wer nur eine Transportmöglichkeit zum und vom Mt. Victoria sucht, kann über Ever Sky (S. 581) in Nyaung U ein Auto und einen Fahrer für drei Tage anheuern; man muss mit rund 200 US$ rechnen.

Von Pakokku nach Kanpetlet (9000 K, 6 Std, Mo–Sa) verkehrt ein Minibus.

Von Kanpetlet fahren ein Minibus nach Pakokku (9000 K, 6 Std., Mo–Sa 7 Uhr) und ein Bus nach Mandalay (17 500 K, 12 Std., Mo–Sa 8 Uhr).

Die Hin- und Rückfahrt mit dem Motorrad von Kanpetlet zum Beginn des Wanderwegs kostet 25 000 K.

Mindat မင်းတပ်မြို့

☎ 070 / CA. 10 000 EW.

Mindat liegt gut 1500 m über dem Meeresspiegel und erstreckt sich über einen Bergkamm. Die Häuser reihen sich ober- und unterhalb der Straße aneinander, die durch die Stadt führt. Die Kulisse ist atemberaubend und macht Mindat zu einem praktischen Ausgangspunkt für Wanderungen zu den umliegenden traditionellen Bergdörfern und zum Mount Victoria.

ABSEITS DER ÜBLICHEN PFADE

RIH-SEE

ရိဒ်ရေအိုင်

Hoch oben an der Grenze zwischen Myanmar und Indien liegt der mystische Rih-See, ein idyllischer herzförmiger See in magischer, friedlicher Umgebung. Das Wasser schimmert tiefblau und der See ist von Reisfeldern und bewaldeten Hügeln umgeben. Er hat große spirituelle Bedeutung für das örtliche Mizo-Volk, das im Chin-Staat, im Mizoram-Staat in Indien und in Ost-Bangladesch lebt. Der Rih-See ist aus dem nahen Rihkhawdar (ရိဒ်ခေါဒါလ်) zu erreichen, einer kleinen, aber hektischen Grenzstadt, die durch eine 100 m lange Brücke vom Mizoram-Staat getrennt ist. Der See liegt eine 15-minütige Fahrt mit dem Motorradtaxi (hin & zurück 5000 K) von Rihkhawdar entfernt.

Die Unterkunftsoptionen sind begrenzt: Man kann im **Rih Shwe Pyi Guest House** (☎ 09 647 2400; Zi. 15 000–25 000 K; ❄) übernachten, drei Gehminuten von der Brücke in Richtung Indien entfernt, gleich abseits der Hauptstraße durch Rihkhawdar. Im **Rih Restaurant & Bungalows** (☎ +91 81198 79086; Rih-See; Bungalows 20 000 K) direkt am See kann man gut essen, aber die Bungalows sind sehr schlicht.

In Rihkhawdar gibt's weder Banken noch Geldautomaten, also unbedingt Bargeld mitbringen. Unkomfortable, vollgestopfte Jeeps verkehren von Montag bis Samstag nach Rihkhawdar. Sie fahren in Kalaymyo von einem Busticketbüro 1,5 km westlich des Hauptbusbahnhofs ab (15 000 K, 9 Std.). Am besten kommt man um 6 Uhr, um sich nach einer Mitfahrgelegenheit umzuschauen, und kauft das Ticket schon am Tag vorher.

Eine viel bessere Alternative ist jedoch einer der Minivans nach Tiddim (7000 K, 4 Std.), die gegen 7 Uhr am Busbahnhof in Kalaymyo abfahren; auf diese Art hat die Fahrt eine angenehme Unterbrechung. Von Tiddim verkehren dann zwischen 9 und 12 Uhr Jeeps (8000 K, 4 Std.) nach Rihkhawdar. Sie kehren zwischen 7 und 9 Uhr von Rihkhawdar wieder über Tiddim nach Kalaymyo zurück (15 000 K, 9 Std.).

Aufgrund der Höhenlage gehört die Stadt zu den wenigen Orten in Myanmar, in denen man Menschen Socken (in Zehensandalen) tragen sieht. Die meisten westlichen Besucher empfinden das kühlere Wetter (Fleece mitbringen) nach der drückenden Hitze der Zentralebene als Erleichterung.

Se Naing Family Guest House PENSION $
(☎ 070-70149, 09 44200 2645; mindatfgh@gmail.com; Main Rd; Zi. inkl. Frühstück 15 000–40 000 K) Diese Pension wird von der charmanten Monica geführt, die auch recht gut Englisch spricht. Sie bietet schlichte, aber saubere Zimmer. Die teureren haben ein eigenes kleines Bad, aber warmes Wasser gibt's für alle – ein echter Luxus im Chin-Staat. Der Blick vom Dach ist wirklich schön. Die Pension liegt in der Nähe des Dorfeingangs.

Myo Ma Restaurant CHINESISCH, BIRMANISCH $
(Main Rd; Hauptgerichte ab 2500 K; ⏲ 7–21.30 Uhr) Das Myo Ma ist das beste und beliebteste Lokal in Mindat (auch wenn die Konkurrenz nicht besonders groß ist). Es serviert anständige chinesisch-birmanische Gerichte und Bier vom Fass, auch zum Mitnehmen. Man erreicht es vom Markt aus nach fünf Fußminuten bergauf; einfach nach dem blauen Gebäude mit dem „Myanmar Lager"-Schild Ausschau halten.

Markt MARKT
(⏲ 6–17 Uhr) Mindats kleiner Markt findet gleich neben der Hauptstraße statt. Hauptsächlich gibt's hier Obst und Gemüse: Man sieht viele ältere Frauen mit Gesichtstätowierungen, die gebeugt ihre Einkäufe schleppen. Ein paar Läden verkaufen aber auch traditionelle Chin-Kleidung, Taschen und Geldbeutel, die sich prima als Souvenirs eignen.

ℹ Praktische Informationen

FREMDENFÜHRER

Naing Kee Shing ist ein sehr zu empfehlender Guide für die Gegend rund um Mindat. Er spricht ausgezeichnet Englisch, kann Genehmigungen organisieren und ist eine tolle Informationsquelle für die Region. Er verlangt 60 US$ pro Tag, exklusive Verpflegung, Transport und Unterkunft. Man erreicht ihn telefonisch unter 09 45463 1280, aber er ist oft auf Wanderungen unterwegs. Am besten schickt man ihm zuerst eine E-Mail: chinlion93@gmail.com.

GELD

In Mindat gibt's weder Banken noch Geldautomaten. Bargeld mitbringen.

ℹ An- & Weiterreise

Sonntags gibt's im Chin-Staat keinen öffentlichen Nahverkehr.

Busse und Minivans verkehren von Pakkoku in der Magwe-Region nach Mindat (7000 K, 6 Std.). Sie fahren zwischen 6 und 8 Uhr am Busbahnhof Moe Pi ab, 500 m vom Hauptbusbahnhof.

In die andere Richtung fahren Busse und Minivans zwischen 6 und 8.30 Uhr in der Nähe des Markts ab und verbinden Mindat mit Pakokku (7000 K, 6 Std.). Außerdem verkehrt ein Bus nach Mandalay (12 000 K, 12 Std., 8 Uhr).

Kalaymyo ကလေးမြို့

☎073 / CA. 130 500 EW.

Als Tor zum nördlichen Chin-Staat kann Kalaymyo, hauptsächlich unter seinem früheren Namen Kalay bekannt, den Titel „die wahre Hauptstadt des Chin-Staats" für sich beanspruchen, obwohl es direkt hinter der Grenze in der benachbarten Sagaing-Region liegt. Über die Hälfte der Bevölkerung sind Chin, deutlich mehr als in der tatsächlichen Chin-Hauptstadt Hakha.

Shin Hong Hotel HOTEL $

(☎073-22714; shinhonghotel.kalay@gmail.com; Bo Gyoke Rd; Zi. 30 US$; ❄📶) Das Shin Hong ist zwar nicht das beste Hotel der Stadt, aber es liegt dem Busbahnhof am nächsten. Es wirkt ein bisschen institutionell, doch die Zimmer sind recht groß und komfortabel, die Bäder allerdings eher klein. Wer aus dem Chin-Staat anreist, wird diesen Preis schon allein für das warme Wasser rund um die Uhr gern bezahlen.

Flow THAILÄNDISCH $

☎09 42002 2526; Bo Gyoke Rd; Gerichte ab 2000 K; ⏲10–22 Uhr) Flow bezeichnet sich selbst als Cocktailbar und Restaurant. Hier gibt's tatsächlich ausländische Spirituosen und Bier, aber der wahre Grund für einen Besuch ist die hauseigene, ziemlich gute Interpretation klassischer Thai-Gerichte. Es ist um einiges stilvoller als die Biergärten, die Kalaymyos Nachtleben und Gastroszene dominieren und liegt zehn Gehminuten vom Shin Hong Hotel entfernt.

ℹ Praktische Informationen

KBZ Bank (Bo Gyoke Rd; ⏲9.30–15 Uhr) Hier kann man Geld wechseln und es gibt einen Geldautomaten, der ausländische Karten akzeptiert. Die Bank befindet sich zehn Gehminuten östlich des Majesty Hotel, aber in der Stadt gibt's auch noch andere Geldautomaten.

ℹ An- & Weiterreise

Kalaymyo ist die dem nördlichen Chin-Staat am nächsten gelegene Stadt mit Flughafen. **Air KBZ** (Bo Gyoke Rd; ⏲9–17 Uhr) und **Myanmar National Airlines** (www.flymna.com; Bo Gyoke Rd; ⏲9–17 Uhr) fliegen an abwechselnden Tagen nach Yangon (165 US$) und Mandalay (ab 100 US$). Ihre Büros befinden sich in der Nähe der KBZ Bank, ca. zehn Gehminuten östlich des Majesty Hotel.

Kalaymyos schäbiger Busbahnhof abseits der Bo Gyoke Road liegt zehn Gehminuten vom Shin Hong Hotel entfernt. Es verkehren von Montag bis Samstag überfüllte Minibusse nach Hakha (10 000 K, 8 Std.), Falam (5000 K, 4 Std.) und Tiddim (7000 K, 4 Std.). Die meisten fahren zwischen 6 und 8 Uhr ab.

Außerdem gibt's täglich Busse nach Yangon (25 000 K, 22 Std., 14 Uhr) und Mandalay (15 000 K, 10 Std., 14 Uhr).

Wer direkt zum Rih-See will, kann in einen der unkomfortablen Jeeps nach Rihkhawdar (15 000 K, 9 Std.) steigen, die von Montag bis Samstag vor einem Büro 1,5 km westlich des Busbahnhofs in der Bo Gyoke Road abfahren, sobald sie voll sind. Sie verkehren zwischen 6 und 9 Uhr.

Tiddim တီးတိန်မြို့

☎070 / CA. 15 000 EW.

Nach etwa zwei Stunden Fahrt hinter Kalaymyo teilt sich in den Chin-Bergen die Straße: Richtung Süden geht's nach Falam und Hakha, Richtung Norden nach Tiddim und zur Grenze zwischen Myanmar und Indien. Dieser Teil des nördlichen Chin-Staats sieht sogar noch seltener Besucher als die Regionen weiter südlich, trotz der Tatsache, dass die Gegend rund um Tiddim mit dem Kennedy Peak, dem zweithöchsten Berg im Chin-Staat, aufwarten kann. Tiddim ist auch als Tedim oder Teddim bekannt und der ideale Ort für einen Zwischenstopp auf der Reise zum mythischen Rih-See.

Siang Sawn DORF

(ရှောင်ဆောန်း) Dieses recht seltsame, makellos saubere Dorf ist eine echte Kuriosität: Trotz seiner Nähe zum sehr christlichen Tiddim hat es sich seinen animistischen Glauben bewahrt. Tatsächlich gehören alle Bewohner hier (viele von ihnen tragen auch die traditionelle Chin-Tracht) einer animistischen Religion an und das Dorf hat einen eigenen spirituellen Führer. Es liegt 3 km nordöstlich von Tiddim; einfach der Hauptstraße fast bis zum Ende der Stadt folgen, dann rechts abbiegen und bergab gehen – die Einheimischen können den Weg weisen.

Tedim Guesthouse PENSION $

(☎09 76756 3907; Kam Hau St; EZ/DZ 15/30 US$) Mindestens eine Stufe über den restlichen

Pensionen im Chin-Staat liegt diese brandneue Unterkunft, die saubere, gemütliche Zimmer mit eigenem Bad bietet – eine echte Seltenheit in diesem Teil der Welt. Vom Balkon hat man eine tolle Aussicht auf den Kennedy Peak. Die Pension befindet sich gegenüber der Cope Memorial Baptist Church in der Hauptstraße, die durch Tiddim führt. Dank ihrer violetten Fassade mit getöntem Glas kann man sie nicht verfehlen.

Power Win Restaurant

BIRMANISCH, CHINESISCH **$**

(Kam Hau St; Gerichte ab 2000 K; ⌚7–22 Uhr) Diese Bierstation mit Restaurant wird vom freundlichen John und seiner Frau geführt. Sie servieren birmanisch-chinesische Klassiker und Bier vom Fass (1000 K). John spricht ausgezeichnet Englisch, weiß alles über die Gegend rund um Tiddim und kann dabei helfen, die Fahrt zu weiter entfernten Sehenswürdigkeiten zu organisieren. Das Power Win befindet sich in der Hauptstraße durch die Stadt, fast direkt gegenüber der Minivan-Ticketbüros.

ℹ Praktische Informationen

Tiddim verfügt über eine neue **KBZ Bank** (Kam Hau St; ⌚9.30–15 Uhr), eine von nur zwei Banken im ganzen Chin-Staat. Sie hat einen Geldautomaten, aber man kann hier kein Geld wechseln.

ℹ An- & Weiterreise

Minivans und Jeeps nach/von Tiddim verkehren nur von Montag bis Samstag.

Vom Busbahnhof in Kalaymyo pendeln Minivans nach Tiddim (7000 K, 4 Std.); die meisten zwischen 6 und 9 Uhr.

Von Tiddim fahren vom Busticketbüro – gegenüber dem Mangala Restaurant an der Kreuzung der Hauptstraße durch die Stadt und der Straße nach Rihkhawdar – um 7 Uhr mehrere Minivans nach Kalaymyo (7000 K, 4 Std.).

Wer zum Rih-See will, kann in einen der sehr unkomfortablen Jeeps nach Rihkhawdar (8000 K, 4 Std.) steigen, die zwischen 9 und 12 Uhr von Kalaymyo durch Tiddim fahren. Man sollte schon am Tag vorher am Kiosk an der Kreuzung zwischen der Hauptstraße und der Straße nach Rihkhawdar einen Platz reservieren.

MYANMAR VERSTEHEN

Myanmar heute

Staatsberaterin Aung San Suu Kyi und ihre Kollegen werden noch jahrelang mit den Kernproblemen Myanmars beschäftigt sein: Es gilt, eine Lösung der zahlreichen ethnischen Konflikte auszuhandeln, die Wirtschaft voranzutreiben, die jahrzehntelang schlecht gemanagt wurde, und die völlig überholte Infrastruktur des Landes zu erneuern. Weltweite Kritik an der harschen Behandlung der Rohingya, einer muslimischen Minderheit, hat Myanmars Ruf schwer beschädigt, und das nur wenige Jahre, nachdem das Land wieder in die Weltgemeinschaft aufgenommen wurde.

Geschichte

Lange bevor die Briten Birma im 19. Jh. nach drei aufeinanderfolgenden Kriegen besetzten, wurde das Land von mehreren ethnischen Gruppen beherrscht. Erst im 11. Jh. gewannen die Bamar an Bedeutung. Großbritannien verwaltete die Gebirgsregionen an der Grenze getrennt von den fruchtbaren Ebenen sowie dem Delta im zentralen und unteren Birma und baute somit auf die kulturelle Kluft zwischen den Birmanen im Tiefland und den Bergvölkern, die bis heute besteht. Nach der Unabhängigkeit 1948 brach zwischen den Minderheiten ein Bürgerkrieg aus, der in Teilen des Landes noch andauert.

General Ne Win entriss der gewählten Regierung 1962 die Kontrolle und begann die international längste Militärdiktatur, deren ausländerfeindliche Politik Birma in die komplette Isolation drängte. Der staatliche Sozialismus ruinierte die Wirtschaft und führte zu mehreren großen Geldentwertungen – die letzte löste 1988 massive Proteste aus.

Die prodemokratischen Märsche brachten Aung San Suu Kyi, Tochter des Helden der Unabhängigkeit General Aung San, als Vorsitzende der National League for Democracy (NLD) hervor. Das Militär ließ landesweite Wahlen zu, bei denen die NLD 1990 82 % der Sitze in der Nationalversammlung gewann, doch es weigerte sich, die Macht abzutreten, stellte Aung San Suu Kyi unter Hausarrest und sperrte viele der gewählten Politiker und Studentenführer ins Gefängnis.

Trotz westlicher Sanktionen blieben die Generäle zwei weitere Jahrzehnte an der Macht. Nach den Wahlen im Oktober 2010 ersetzte die halbzivile Union Solidarity and Development Party (USDP) die Militärjunta. Die USDP verpflichtete sich, als Gegenleistung für die Aufhebung der Sanktionen durch den Westen, politische und wirtschaftliche Reformen durchzuführen.

Bei den Parlamentswahlen im November 2015 errang die NLD einen erdrutschartigen Sieg. Aung San Suu Kyi kann einem Gesetz zufolge, das Personen mit ausländischem Ehepartner – ihr verstorbener Mann war Brite – von der Präsidentschaft ausschließt, aber weiterhin nicht Präsidentin werden. Stattdessen regiert sie Myanmar unter dem Amtstitel der Staatsberaterin.

Ihre Zeit an der Macht war jedoch alles andere als einfach, nachdem das Militär die Kontrolle über drei wichtige Ministerien wiedererlangte und nun 25 % aller Abgeordneten stellt. Die brutale Antwort der Armee auf die Terrorangriffe im Rakhine-Staat im August 2017, die von militanten Angehörigen der Minderheit der Rohingya durchgeführt wurden, führte zur Flucht von geschätzten 600 000 Rohingya nach Bangladesch und machte Suu Kyi zum Ziel scharfer Kritik aus aller Welt. Auch die wirtschaftliche Entwicklung Myanmars hat nach wie vor einen langen Weg vor sich.

Menschen & Kultur

Die Menschen in Myanmar sind stolz auf ihre Heimat und ihre Kultur. Die Einheimischen schwärmen von ehemaligen Königen, *pwe* (Theater), *mohinga* (Nudeln mit Hühnchen oder Fisch) zum Frühstück, wundervollen Tempeln und ihrem Buddhismus. Birmanische Buddhisten von heute schätzen die Meditation, geben reichlich Almosen und sehen ihr Los als Konsequenz einer Sünde oder eines Verdienstes in einem früheren Leben. Das gesellschaftliche Ideal für die meisten Bürger wird allgemein *bamahsan chin* (oder „Birmanisch-Sein") genannt. Zu seinen Charakteristika zählen Respekt vor Älteren, Kenntnis der buddhistischen Schrift und taktvolles Verhalten gegenüber dem anderen Geschlecht. Am wichtigsten ist: Dem *bamahsan chin* zufolge hat das Stille, Subtile und Indirekte immer Vorrang vor dem Lauten, Offensichtlichen und Direkten.

Lebensart

Drei Viertel der Einwohner Myanmars leben auf dem Land, wo sich das tägliche Leben vor allem um den Dorfalltag und die Landwirtschaft dreht. Die Landespolitik verblasst hier im Vergleich zu unmittelbareren Angelegenheiten wie der Jahreszeit, der Ernte oder dem Wasserstand der Flüsse (die zum Baden und Waschen und zur Trinkwassergewinnung genutzt werden). Die Menschen helfen einander und nennen sich gegenseitig liebevoll „Bruder" und „Schwester".

Die Familien sind in der Regel groß, und es kann sein, dass drei oder vier Generationen in einem Haus mit zwei oder drei Zimmern unter einem Dach leben. Die Geburt eines Kindes ist ein großes Ereignis. Mädchen sind ebenso gern gesehen wie Jungen, wenn nicht noch mehr, denn von ihnen wird erwartet, dass sie sich im Alter um ihre Eltern kümmern. In einigen strohgedeckten Hütten auf dem Land gibt's Generatoren für die Lampen und ein paar Stunden Fernsehen am Abend; viele haben gar keinen Strom. Fließendes Wasser ist außerhalb der Städte eine Seltenheit.

In Yangon und Mandalay ist das Leben schon viel stärker im 21. Jh. angekommen, doch auch hier kann es zu Stromausfällen kommen. Außerdem sind die extremen Unterschiede zwischen Reich und Arm in Myanmar in den städtischen Zentren sehr augenfällig.

Bevölkerung

2014 hatte Myanmar laut einer Volkszählung 51 419 420 Einwohner. Doch für einige Regi-

BIRMA ODER MYANMAR?

Im Jahr 1989 wurde Birma durch die Militärjunta in Myanmar umbenannt.

Während der Militärdiktatur war die Namensfrage ein wichtiges Politikum, die Demokraten zogen Birma vor. Heute gehört die Polarisierung der Vergangenheit an. Aung San Suu Kyi teilte in ihrer Position als Außenministerin im April 2016 den Diplomaten des Landes mit, dass diese es sowohl Birma als auch Myanmar nennen könnten. Obwohl sie selbst an die Bezeichnung Birma gewöhnt war, sprach sie sich dafür aus, auch hin und wieder Myanmar zu verwenden – alles im Sinne der Diplomatie!

In diesem Reiseführer wird Myanmar als Standardbezeichnung für das Land verwendet sowie Birma (engl. Burma) für die Zeit vor 1989 und natürlich, wenn es sich um Eigennamen von Organisationen wie „Burma Campaign UK" handelt. „Birmanen" bzw. „birmanisch" bezeichnet die Bamar (und nicht die gesamte Bevölkerung des Landes, die als „die Bewohner Myanmars" zusammengefasst werden), birmanisches Essen und die birmanische Sprache.

onen wie Teile des Kachin-, des Rakhine- und des Shan-Staats wurde die Einwohnerzahl geschätzt, da hier keine Zählung durchgeführt wurde. In Wirklichkeit dürfte die Einwohnerzahl Myanmars bei knapp 60 Mio. liegen.

Es gibt 135 offiziell anerkannte ethnische Gruppen in Myanmar. Die größte davon sind die Bamar: Sie machen rund 68 % der Bevölkerung aus. Andere große Bevölkerungsgruppen sind die Shan, Kayin, Rakhine, Mon, Kayah und Kachin. Dazu kommen noch große Zahlen von Indern und Chinesen, deren Vorfahren zumeist in der Kolonialzeit ins Land kamen.

Die Verfassung von 2008 teilt Myanmar in sieben Regionen (früher *divisions*, Bezirke, genannt; in diesen Gebieten leben mehrheitlich Bamar) und sieben Staaten (Gebiete der Minderheiten: Chin-, Kachin-, Kayah-, Kayin-, Mon-, Rakhine- und Shan-Staat). Darüber hinaus gibt's sechs ethnische Enklaven (Danu, Kokang, Naga, Palaung, Pa-O und Wa), die einen bestimmten Grad an Autonomie besitzen.

Religion

Die Verfassung des Landes garantiert die Religionsfreiheit. 89 % der Einwohner Myanmars sind jedoch Theravada-Buddhisten, deren Religion einen besonderen Status genießt. Die anderen größeren Religionen sind Islam und Christentum. Auf dem Land glauben viele Menschen an *nat* (Schutzgeister) – ein Überbleibsel der animistischen Religionen aus der Zeit vor dem Buddhismus.

Seit der Öffnung des Landes hat die religiöse Intoleranz dramatisch zugenommen, vor allem von Seiten extremistischer buddhistischer Nationalisten. Ihr Hauptangriffsziel waren die Muslime im Land. Im Juli 2015 wurde ein umstrittenes neues Gesetz verabschiedet: Danach benötigen buddhistische Frauen eine offizielle Genehmigung, wenn sie einen Mann mit einem anderen Glauben heiraten möchten.

BUDDHISMUS

Für birmanische Buddhisten steht der Verdienst (*kutho*, von Pali: *kusala*, was „heilsam" bedeutet), den man durch Rituale und gute Taten erwirbt, im Vordergrund. Eine der häufigsten feierlichen Handlungen bei einem Stupa-Besuch ist das Gießen von Wasser über die Buddha-Statue des eigenen Sternzeichens (mithilfe des Wochentags der Geburt zu errechnen). Für jedes Jahr des Lebensalters wird ein Glas Wasser vergossen und anschließend ein zusätzliches, um sich ein langes Dasein zu sichern.

Von jedem männlichen Birmanen wird erwartet, zweimal in seinem Leben eine gewisse Zeit in einem Kloster zu verbringen: einmal im Alter zwischen 5 und 15 Jahren als *samanera* (Novize) und ein weiteres Mal als *pongyi* (voll ordinierter Mönch), nachdem er das 20. Lebensjahr vollendet hat. Fast alle Männer bzw. Jungen unter 20 nehmen an der *shinpyu* (Initiationszeremonie) teil, durch die ihre Familie großes Ansehen gewinnt.

Obwohl die Gesellschaft es nicht von ihnen erwartet, leben auch einige Frauen al *dasasila* („Zehn-Sitten"-Nonnen) in einem Kloster. Birmanische Ordensschwestern scheren sich die Haare, tragen rosafarbene Gewänder und legen ihr Gelübde in einer ähnlichen Ordinationszeremonie ab wie di Mönche.

NAT-VEREHRUNG

Der Buddhismus hat heutzutage in Myanma die vorbuddhistische *nat*-Verehrung über holt, aber nie vollkommen ersetzt. Oft finde man die 37 *nat* Seite an Seite mit buddhist schen Darstellungen. Birmanische *nat* sin Geister, die in der Natur wohnen können, e wa in Bäumen oder sogar in Menschen, un boshaft oder wohltätig auftreten können.

Der Berg Popa ist ein wichtiges Zentru für den stark ausgeprägten *nat*-Kult. Birma nen teilen ihre Hingabe – und ihre Spe den – nach Zuständigkeiten auf: zwische Buddha für das zukünftige Dasein und de *nat* – sowohl hinduistischen als auch B mar-*nat* – für Probleme in diesem Leben. E Vergehen kann mit Opfern für den *nat* Th gyamin gebüßt werden, der in einem Bu mit goldenen Seiten jährlich die Namen d rer aufschreibt, die gute Taten vollbringe Diejenigen, die Böses tun, werden stattde sen in einem Buch aus Hundehaut vermer

Kunst & Kultur

Kunst wurde in Myanmar über Jahrhunde te hinweg von den Königshöfen gesponse vorwiegend durch den Bau großer religiös Monumente, der das Können und die Ferti keiten von Architekten, Bildhauern, Male sowie verschiedenen Handwerkern erfo derte. Diese Unterstützung endete in d britischen Kolonialzeit und spielt seit d Unabhängigkeit nur noch eine untergeor nete Rolle. Dennoch ist in Myanmar se viel traditionelle Kunst zu sehen, besond n den vielen Tempeln. Es gibt auch eine vachsende moderne Kunstszene, vor allem n Yangon.

IARIONETTENTHEATER

'ok-thei pwe, birmanisches Marionetten-heater, war der Vorläufer des lokalen klassi-chen Tanzes. Seine Bedeutung nahm aller-lings nach dem Zweiten Weltkrieg ab. Heu-e beschränkt es sich nahezu vollständig auf ouristenvorführungen in Yangon, Manda-ay und Bagan.

IUSIK

ie traditionelle Musik beruht hauptsächlich uf Rhythmus und klingt für westliche Oh-en wenig harmonisch. Jüngere Birmanen ören westlich beeinflusste Musik – oft wer-en Coverversionen beliebter Oldies (Pop-der Lovesongs) mit birmanischen Texten espielt. Einige einheimische Rockmusiker ie Lay Phyu von der Band Iron Cross pro-uzieren ernstzunehmende eigene Songs nd in Yangon existiert eine kleine, aber le-endige Punkszene.

WE

b religiöse Festlichkeiten, Hochzeiten, Be-rdigungen, Volksfeste oder Sportveranstal-ingen – fast jede Zusammenkunft kann nlass für eine alltägliche birmanische The-ervorstellung (*pwe*) sein. Wenn sie erst nmal angefangen hat, dauert sie traditio-ell die ganze Nacht, sodass manche Zu-hauer zwischendurch durchaus einschla-n. Wer eine *pwe* erleben will, fragt am esten einen Rikscha-Fahrer oder im Hotel, in der Nähe eine stattfindet.

Myanmars einheimische Tanzformen die-n alle der *nat*-Verehrung. In der speziellen t *pwe* werden Geister eingeladen, den örper und den Geist eines Mediums zu be-tzen. Manchmal scheinen stattdessen al-rdings Zuschauer besessen zu sein – ein rkommnis, das die meisten Birmanen hr fürchten.

Iatur & Umwelt

yanmar hat eine Fläche von 676 000 km², s etwa der Größe Frankreichs entspricht. m schneebedeckten Himalaja im Norden s zum korallengesäumten Myeik-(Mergui-) chipel im Süden umfasst die Ausdehnung s Landes von 2000 km drei unterschiedli-e ökologische Regionen, die wohl die viel-tigste Tier- und Pflanzenwelt in Südost-en beheimaten.

> **LITERATURTIPPS**
>
> **Burma's Spring** (Rosalind Russell; 2016) Lebendige Memoiren mit zahlreichen Charakteren, von Girlband-Sängerinnen und Hausangestellten bis zu Oppositionspolitikern.
>
> **Golden Parasol** (Wendy Law-Yone; 2013) Einsichten einer Insiderin zu Schlüsselereignissen in Myanmars moderner Geschichte; der Vater der Autorin, Ed Law-Yone, wurde in den 1960ern des Landes verwiesen.
>
> **Der Fluss der verlorenen Fußspuren** (Thant Myint-U; 2006) Ein Muss: ein geschichtlicher Überblick vom Enkel des ehemaligen UN-Generalsekretärs U Thant.

Hier leben ein Drittel aller asiatischen Elefanten, außerdem befindet sich im Land auch das größte Tigerschutzgebiet auf dem Planeten. Leider ist der Lebensraum dieser Artenvielfalt bedroht. Zu den Hauptursachen gehört die Entwaldung durch die Holzindustrie, die wegen der zunehmenden Nachfrage aus China und Thailand immer mehr wächst. Optimistisch gerechnet sind etwa 7 % des Landes durch Nationalparks und andere Reservate geschützt, aber die meisten bilden lediglich Linien auf der Landkarte. Gesetze zum Schutz wilder Tiere werden selten durchgesetzt, weil kaum finanzielle Mittel zur Verfügung stehen.

Touristen, die wilde Tiere sehen wollen, müssen viel Glück haben. Außerdem ist der Besuch von Nationalparks teuer.

Essen & Trinken

Essen

Die birmanische Küche ist größtenteils eine Mischung aus Bamar-, Mon-, indischen und chinesischen Einflüssen. Als Herz einer typischen Mahlzeit gilt *htamin* (Reis), der mit einer Auswahl von *hin* (Currygerichten) gereicht wird, üblicherweise mit Fisch, Hühnchen, Schweinefleisch, Garnelen oder Schaf. Grundsätzlich wird Suppe serviert, mit einem Tisch voller Zutaten und Gewürzen (u. a. würzige Dips aus in Essig eingelegtem Gemüse).

Meistens wird recht milder Chili verwendet. Zahlreiche Köche wählen ein einfaches

Masala aus Kurkuma, Ingwer, Knoblauch, Salz und Zwiebeln, dazu viel (wirklich viel!) Erdnussöl und Garnelenpaste. Für den zusätzlichen Schärfekick kann man immer auf *balachaung* (aus Chili, Tamarinde und getrockneten Garnelen) oder auch die beißende *ngapi kyaw* (scharfe Garnelenpaste mit Knoblauch) zurückgreifen. Fast alles Leckere in der birmanischen Küche wird mit ngapi gewürzt, einer salzigen Paste aus getrockneten und fermentierten Garnelen und Fisch.

Nudelgerichte reicht man oft zum Frühstück oder auch als leichte Snacks. Fisch und Meeresfrüchte von der Küste sind mit die besten und billigsten Gerichte dieser Art in der gesamten Region.

Trinken

ALKOHOLFREIE GETRÄNKE

Teestuben, eine nationale Institution, eignen sich gut, um sich mit Leuten zu treffen, leckere neue Sorten und preiswerte Snacks wie *nambya* sowie *palata* (Fladenbrote) oder chinesisches Gebäck zu probieren. Birmanischer Tee (ca. 300 K pro Tasse), auf indische Art mit viel Kondensmilch und Zucker zubereitet, ist das Nationalgetränk. Man sollte nach *lahpeq ye* (Tee mit einem Schuss Kondensmilch) fragen; während *cho bouk* weniger süß schmeckt, ist *kyauk padaung* nur etwas für echte Schleckermäuler. Fast alle Restaurants schenken so viel kostenlosen chinesischen Tee aus, wie man trinken kann. Echten Kaffee bieten nur moderne Cafés westlichen Stils in Yangon und anderen großen Städten an. Großer Beliebtheit erfreut sich auch Zuckerrohrsaft, den man am Straßenstand bekommt.

ALKOHOL

Das Myanmar Beer ist im Geschmack und Alkoholgehalt etwas leichter als andere südostasiatische Biere. Noch wässriger schmeckt das Mandalay Beer.

PREISKATEGORIEN: ESSEN

Die folgenden Preisspannen gelten für ein Zwei-Gänge-Menü mit nicht alkoholischem Getränk.

$ unter 5500 K; in Yangon unter 10 000 K

$$ 5500–16 500 K; in Yangon 10 000–25 000 K

$$$ mehr als 16 500 K; in Yangon mehr als 25 000 K

Außerdem gibt's mehrere stärkere Spirituosen, z. B. den rauen birmanischen Whisky. In Mandalay wird außerdem Rum produziert und es gibt noch den gegorenen Palmwein, der als Toddy bekannt ist.

Im Shan-Staat trinken die Einheimischen gern den Orangenbrandy *shwe leinmaw*, einen recht starken Likör mit angenehmem Geschmack. Es gibt einige Winzer und in Pyin U Lwin werden mehrere süße Obstweine produziert.

PRAKTISCHE INFORMATIONEN

Allgemeine Informationen

BOTSCHAFTEN & KONSULATE

In Yangon befinden sich die meisten ausländischen Botschaften und Konsulate. Weitere Infos bekommt man beim Ministerium für Auswärtige Angelegenheiten (www.mofa.gov.mm).

Boschaft von Bangladesch (Karte S. 536 f.; ☎ 01-515 275; www.bdembassyyangon.org; 11 Than Lwin Rd, Kamayut)

Deutsche Botschaft (Karte S. 536 f.; ☎ 01-54 952; www.rangun.diplo.de; 9 Bogyoke Aung San Museum Rd, Bahan)

Österreichische Boschaft (☎ 01-515 275; Myanmar 39 H-1, Myitzu Street, Parami Avenue, Mayangone

Schweizer Botschaft (☎ 01-221 281; https://www.eda.admin.ch/yangon; No. 11, Kabaung Lane, 5 ½ mile, Pyay Road, Hlaing)

Thailändische Botschaft (Karte S. 536 f.; ☎ 01-226 721; www.thaiembassy.org/yangon/en; 94 Pyay Rd, Dagon)

FEIERTAGE

Die wichtigsten Feiertage:

Unabhängigkeitstag 4. Januar

Unionstag 12. Februar

Tag der Bauern 2. März

Tag der Streitkräfte 27. März

Tag der Arbeit 1. Mai

Märtyrertag 19. Juli

Weihnachten 25. Dezember

Die folgenden Feiertage ändern sich je nach Mondkalender:

Thingyan Drei Tage im April

Nationalfeiertag Mitte November bis Ende Dezember

FESTE & EVENTS

Myanmar folgt dem zwölfmonatigen Mondkalender. Die meisten Feste werden zum Vollmond d irmanischen Monats, in den sie fallen, gefeiert, ie Vorbereitungen können Tage dauern.

ebruar/März

hwedagon-Festival Myanmars größtes *aya*-Festival findet in der ehemaligen Landes-auptstadt Yangon statt.

ärz/April

ollmondfest Als Schauplatz für das größte vent des Jahres dient der Shwemawdaw Paya Bago.

pril/Mai

uddhas Geburtstag Der Vollmond kennzeich-et den Tag der Erleuchtung Buddhas und einen Einzug ins Nirwana. Zu den besten lätzen, um die Zeremonie zu beobachten, ählt der Shwedagon Paya in Yangon.

hingyan (Wasserfest) Das birmanische eujahr ist der wichtigste Feiertag in Myanmar nd wird mit einer landesweiten wilden Wasser-chlacht gefeiert. Währenddessen kann nie-and vor die Tür gehen, ohne durchnässt zu erden – also beteiligt man sich am besten an em Spaß. Geschäfte schließen und manche erkehrsmittel (besonders Busse) fahren eine anze Woche lang nicht.

ıni/Juli

uddhistische Fastenzeit Beginn der buddhis-schen Regenzeitklausur. Laien beschenken öster mit neuen Gewändern. Während der eimonatigen Fastenzeit dürfen die Mönche jeweiliges Kloster nicht verlassen.

li/August

agaung-Fest Landesweites Fest des Almo-ngebens.

ptember/Oktober

hadingyut An diesem Termin wird Buddhas ckkehr aus einer Predigtperiode gefeiert.

ktober/November

zaungdaing Beim „Lichterfest" leuchtet nz Myanmar mithilfe von Öllampen, Feuerbal-s, Kerzen und sogar profanen elektrischen mpen. In Taunggyi im Shan-Staat gibt's uerballon-Wettbewerbe.

thein Während eines einmonatigen Zeit-ıms am Ende der buddhistischen Fastenzeit enden die Bürger der klösterlichen Gemein-haft neue Gewänder und Devotionalien.

zember/Januar

ujahrstag der Kayin Karen-Gemeinschaften gen an dem nationalen Feiertag traditionelle idung und veranstalten Tanz- bzw. Gesangs-führungen. Große Festlichkeiten werden im ren-Viertel von Isein, direkt im Norden von gon, und in Hpa-an abgehalten.

anda-Fest An Vollmond im Ananda-Tempel Bagan.

FOTOS & VIDEO

Fotoläden und Internetcafés brennen digitale Fotos auf CD, aber man braucht einen eigenen Adapter. Man sollte keine militärische Anlagen, Uniformierte, Straßensperren und strategisch wichtige Orte wie Brücken aufnehmen.

Einige Sehenswürdigkeiten, darunter einige *paya* und andere religiöse Stätten, verlangen eine kleine Kamera- oder Videogebühr.

FRAUEN UNTERWEGS

Die Wahrscheinlichkeit, dass Einheimische alleinreisenden Frauen helfen, ist größer als die, von ihnen belästigt zu werden, auch wenn von einigen Fällen sexueller Belästigung berichtet wurde. In manchen Gegenden werden Ausländerinnen mit freundlicher Neugier betrachtet – und mit mitleidigem Blick gefragt: „Are you only one?", denn birmanische Frauen reisen normalerweise in Gruppen. An entlegenen religiösen Stätten kann es passieren, dass eine alleinreisende Frau von einer Myanmarerin „adoptiert" wird, die ihr die Highlights zeigt. In manchen Stätten wie der Mahamuni-Pagode in Mandalay oder dem Goldenen Felsen dürfen sich Frauen dem Hauptschrein nicht nähern; wenn doch, wird darauf hingewiesen.

FREIWILLIGENARBEIT

In Myanmar besteht die Möglichkeit, im Bildungs- oder medizinischen Bereich Freiwilligenarbeit zu leisten oder Unternehmern zu assistieren und aufstrebende Social Businesses mit Fachkenntnissen und in der Verwaltung zu unterstützen.

Mit Lehrstellen oder Besuchen in Waisenhäusern sollte man vorsichtig sein; Näheres gibt's unter www.thinkchildsafe.org/thinkbeforevisiting.

Die folgenden Unternehmen in Myanmar suchen oft nach Freiwilligen:

Myanmore (www.myanmore.com)

UN Volunteers (http://unv.org/how-to-volunteer)

VIA (Volunteers in Asia; http://viaprograms.org)

GELD

Man zahlt vorwiegend bar. Geldautomaten, die ausländische Karten akzeptieren, sind in größeren und kleineren Städten und Touristengegenden immer weiter verbreitet. Man kann auch unbenutzte US-Scheine zum Wechseln mitbringen.

Banken & Geldautomaten

Inzwischen gibt's landesweit Hunderte von Geldautomaten. Pro Transaktion fällt eine Auszahlungsgebühr von 5000 K an; man kann höchstens 300 000 K auf einmal abheben.

Man sollte sich nicht ausschließlich auf Geldautomaten verlassen, da sie nicht immer funktionieren.

NEUE DOLLARSCHEINE MITBRINGEN

Es ist noch immer zu empfehlen, nach Myanmar „neue" US-Dollarscheine mitzubringen – sprich: solche, die 2006 oder später ausgestellt wurden, noch nicht verblasst und in perfektem Zustand sind, d. h. ohne Falten, Stempel, Flecken, Kritzeleien oder Risse.

Die besten Wechselraten bekommt man für 100-Dollar-Scheine, aber auch kleinere Scheine können nicht schaden, z. B. Ein-, Fünf- und Zehn-Dollar-Noten.

CB und KBZ sind die nützlichsten örtlichen Banken (geöffnet Montag bis Freitag von 9.30 bis 15 Uhr).

Geldwechselstuben

Private lizenzierte und offizielle Wechselschalter von Banken gibt's z. B. an den Flughäfen von Yangon und Mandalay, am Bogyoke-Aung-San-Markt und am Shwedagon Paya in Yangon.

Man sollte sein Geld nie aushändigen, bevor man die Kyat bekommen und gezählt hat. Ehrliche Wechsler erwarten nichts anderes. Da 10 000 K die größte Banknote ist, bekommt man viele Scheine. Geldwechsler zahlen vorbereitete, mit einem Gummi zusammengehaltene Stapel aus 1000-K-Scheinen aus. Man sollte jeden einzelnen Schein prüfen. Oft sind Scheine dabei, die nicht akzeptiert werden, z. B. mit abgeschnittener Ecke oder geklebten Rissen.

Kreditkarten & Reiseschecks

Mit Reiseschecks kann man in Myanmar nichts anfangen. In Yangon und anderen wichtigen Touristenorten akzeptieren immer mehr Spitzenhotels und Restaurants sowie einige Geschäfte Kreditkarten.

Trinkgeld

Trinkgeld ist in Myanmar nicht üblich, aber als Dank für eine Dienstleistung werden manchmal kleine Anerkennungen erwartet, wenn auch nicht eingefordert.

Flughafen Wenn man Hilfe mit dem Gepäck bekommt, wird ein kleines Trinkgeld gern angenommen.

Restaurants Da die Löhne niedrig sind, ist es durchaus sinnvoll, ein bisschen Wechselgeld für die Bedienungen dazulassen.

Tempel Eine kleine Spende ist willkommen, wenn der Verwalter einen Tempel aufschließen muss.

INTERNETZUGANG

WLAN ist in Großstädten weit verbreitet: Die meisten Hotels und Pensionen und einige Restaurants und Cafés bieten es an, für gewöhnlich kostenlos. Außerdem findet man in Städten Internetcafés, die jedoch meist für Onlinespiele genutzt werden. Selbst in relativ abgeschiedene[n] Orten wie Mrauk U findet man Internetzugang.

Aufgrund der niedrigen Bandbreite und Stromausfälle kann es jedoch manchmal frustrierend sein, größere Dateien über das Internet zu verschicken oder zu empfangen, vor allem in ländlichen Gegenden.

KLIMA

In Myanmar gibt's zwei Jahreszeiten: die nasse und die trockene. Die Regenzeit dauert etwa vo[m] Mai bis Oktober. Dann regnet es zwar nicht ununterbrochen, aber es gibt täglich heftige Schauer. Von November bis April ist es trocken und wird allmählich immer heißer und feuchter, je näher es auf die Regenzeit zugeht. Insgesamt sind November und Februar die angenehmsten Reisemonate.

LGBT-REISENDE

- Homosexualität gilt als kulturelles Tabu, trotzdem sind die meisten Einheimischen tolerant, sowohl Männern als auch Frauen gegenüber.
- Schwule, Lesben, Transsexuelle und Transvestiten outen sich in Myanmar nur selten, außer sie kanalisieren als Medien des sogenannten „dritten Geschlechts" die Energien de[r] *nat*-Geister.
- Zärtlichkeiten in der Öffentlichkeit sind grundsätzlich verpönt, das gilt sowohl für Homo- als auch für Heterosexuelle. Ist eine Einheimische mit einem ausländischen Mann unterwegs, ruft dies mehr Missbilligung hervo[r] als wenn sich zwei Traveller desselben Geschlechts ein Zimmer teilen.
- Weitere Informationen zu LGBT-Themen in Myanmar gibt's bei Colours Rainbow (www.colorsrainbow.com) oder Utopia-Asia (www.utopia-asia.com).

MEDIEN

Zeitungen und Zeitschriften Die englischsp[ra]chige Zeitung Myanmar Times (www.mmtime[s.]com) erscheint von Montag bis Freitag; außer[dem] gibt's die Wochenzeitschriften *Frontier Myanmar* (http://frontiermyanmar.net) und *Mizzima Weekly* (http://mizzima.com) mit aktuellen Themen.

Radio Über Kurzwelle können Radioprogram[me] der BBC und von VOA empfangen werden.

TV Über Satellit empfangen Hotels CNN, BBC World, Al Jazeera und andere Nachrichten- u[nd] Unterhaltungssender.

NÜTZLICHE WEBSITES

Go-Myanmar.com (www.go-myanmar.com) Jede Menge aktuelle Reiseinformationen und -tipps.

lyanmar Tourism Federation (http://myan nar.travel) Inspirierende Bilder, gute Hinter- ;rundinformationen und Reisetipps.

)nline Burma/Myanmar Library (www.)urmalibrary.org) Datenbank für Bücher und ıltere Artikel über Myanmar.

linistry of Hotels & Tourism (http://tourism. ;ov.mm/en_US) Regierungsabteilung mit ıützlichen Informationen.

lyanmar Now (www.myanmar-now.org) lachrichten und andere Informationen.

.onely Planet (www.lonelyplanet.com/myan nar-burma) Informationen zu Zielen, Hotelbu- hungen, Travellerforum und mehr.

)FFNUNGSZEITEN

taatliche Behörden und Post Montag bis reitag 9.30 bis 16.30 Uhr

ieschäfte 9 bis 18 Uhr

:estaurants 11 bis 21 Uhr

afés und Teehäuser 6 bis 18 Uhr

anken Montag bis Freitag 9.30 bis 15 Uhr

OST

ostsendungen aus Myanmar kommen recht uverlässig an ihrem Zielort an. Die internationalen ostgebühren sind spottbillig: Eine Postkarte ɔstet nur 500 K, ein 1 kg schweres Paket nach ustralien/Europa/USA 16 200/18 900/20 700 K.

Theoretisch sind alle Postämter montags bis eitags von 9.30 bis 16.30 Uhr geöffnet, einige ıweilen aber kürzer.

HL (S. 537) ist zuverlässiger, aber auch teurer, enn man größere Pakete verschicken will.

ECHTSFRAGEN

Falle einer Verhaftung oder Festnahme gibt's inerlei Anspruch auf rechtlichen Beistand, ınz egal, wie die Anklage lautet. Wer festge- ɔmmen wird, darf höchstwahrscheinlich nur in Konsulat in Myanmar kontaktieren, um ıögliche Unterstützung zu erbitten.

Beim Kauf von Edelsteinen oder Schmuck in ɛschäften, die keine staatliche Lizenz haben, steht die Gefahr, dass die Zollbeamten diese aren konfiszieren, wenn man das Land verlässt.

Drogenhandel wird mit der Todesstrafe ahndet.

:ISEN MIT BEHINDERUNG

ırch den Mangel an befestigten Straßen und ßwegen (selbst die asphaltierten sind oft lprig) stellt Myanmar zahlreiche physische ndernisse für Menschen mit eingeschränkter ɔbilität dar. Öffentliche Gebäude (oder Ver- hrsmittel) haben nur selten Rampen oder llstuhlzugänge und auch Hotels bemühen sich :ht immer, Travellern mit Behinderung den gang zu erleichtern.

SICHER REISEN

Die große Mehrheit der Besucher ist auf einer Reise durch Myanmar sicher und sollte keinen ernsten Problemen begegnen.

- Einige Teile des Landes sollte man aufgrund des andauernden Bürgerkriegs und/oder wegen Landminen jedoch nach wie vor meiden.
- In abgeschiedeneren Orten, in denen die Behörden weniger an Ausländer gewöhnt sind, erkundigen sich örtliche Beamte schon mal danach, was man vorhat. Wenn man erklärt, dass man als Tourist unterwegs ist, sind sie für gewöhnlich zufrieden.
- Wer ein Buddha-Tattoo am Körper trägt, sollte es verhüllen.

Kriminalität

In Myanmar wird nur sehr selten von Überfällen berichtet. Einheimische wissen, dass Diebstahl schwer bestraft werden kann, vor allem, wenn Ausländer die Opfer sind. Die meisten Traveller können sich eher daran erinnern, dass sie einen 500-K-Schein auf der Straße verloren haben und der ehrliche Finder ihnen nachgerannt ist, um ihn zurückzugeben. Wenn sich jemand an einem Busbahnhof ein Gepäckstück schnappt, handelt es sich höchstwahrscheinlich um einen Motorradtaxifahrer auf der Suche nach Passagieren.

Transportmittel & Gefahren im Straßenverkehr

Der schlechte Zustand der Straßen und Bahngleise sowie die lax gehandhabten Sicherheitsstandards und -maßnahmen bei Flügen und Schiffsreisen machen das Reisen manchmal gefährlich.

Sicherheitsbedenken scheinen für Fahrer und Fußgänger keine allzu große Rolle zu spielen. Am besten überquert man die Straße sehr vorsichtig, vor allem in größeren Städten. Man sollte nicht erwarten, dass sich Verkehrsteilnehmer an die Straßenverkehrsordnung halten.

STROM

Es ist nicht garantiert, dass der Strom in Myanmar (230 V, 50 Hz, Wechselstrom) immer funktioniert. Viele Hotels verfügen über Generatoren (manche laufen nur abends). In vielen kleinen Städten sind die Stromquellen nur nachts in Betrieb.

TELEFON

Inlandsgespräche

Für Ferngespräche in Myanmar wählt man die entsprechende Vorwahl (mit der „0") und dann die Rufnummer.

Auslandsgespräche

Vom Festnetz kostet ein Anruf in Europa oder Australien rund 5 US$ pro Minute bzw. 6 US$ nach Nordamerika.

Um vom Ausland aus in Myanmar anzurufen, wählt man den internationalen Zugangscode seines Landes, dann Myanmars Landesvorwahl, die 95, die Regionalvorwahl (ohne die „0") und die Nummer mit fünf oder sechs Ziffern.

Handys

Es gibt drei Mobilfunknetze: das staatliche MPT (www.mpt.com.mm) und die privaten Anbieter Telenor Myanmar (www.telenor.com.mm) und Ooredoo (www.ooredoo.com.mm). Alle bieten vertragsfreie SIM-Karten (ab 1500 K) an, die mit entsperrten Smartphones funktionieren.

Für Gespräche, SMS und Surfen im Internet sind überall Prepaid-Karten für 1000 bis 10 000 K erhältlich.

TOILETTEN

In den meisten Provinzorten gibt's nur Hockklosetts, zumeist in einem Nebengebäude voller Spinnweben, das man über einen Trampelpfad hinter einem Restaurant erreicht. Pensionen und Hotels haben normalerweise Sitztoiletten mit Wasserspülung im westlichen Stil. Oft verfügen sie auch über Toilettenpapier, aber am besten hat man für den Notfall eigenes Papier dabei. Auf jeden Fall sollte man es wegen der Verstopfungsgefahr nicht mit hinunterspülen.

TOURISTENINFORMATION

Ministry of Hotels & Tourism Tourist Information (S. 537) In Yangon. Hier ist nicht viel los und das Personal hat einige Wissenslücken, wenn es um Sperrgebiete geht.

Myanmar Travels & Tours (MTT; Karte S. 574; ✆ 061-65040; ⏲ 8.30–16.30 Uhr) In Neu-Bagan.

MTT (Myanmar Travel & Tours; Karte S. 559; ✆ 02-60356; 68th St, 26/27; ⏲ 9.30–18 Uhr) In Mandalay. Effizientes und allgemein hilfsbereites Personal.

Traveller, die einen Fahrer engagieren oder Hotels buchen wollen, können das über die privaten Reisebüros (S. 537) in Yangon und anderen großen Städten tun. Viele „Reisebüros" in Myanmar außerhalb von Yangon verkaufen nur Flugtickets.

UNTERKUNFT

Die Auswahl und der Umfang der Unterkünfte wird in Myanmar immer größer, was insgesamt zu erschwinglicheren Preisen führt. Wenn man nicht gerade während der Hauptferienzeit unterwegs ist, muss man höchstens eine Woche im Voraus buchen.

Hostels Findet man in den größeren Städten und Touristenzentren; sie richten sich gezielt an Budgetreisende.

Hotels Sehr weit verbreitet, aber außerhalb der größeren Städte sollte man keinen großen Luxus oder Boutique-Häuser erwarten.

Pensionen In den beliebten Ferienzielen des Landes eröffnen immer mehr dieser Unterkünfte.

Resorts Hauptsächlich an den Stränden Ngapali, Chaung Tha und Ngwe Saung zu finden.

PREISKATEGORIEN: SCHLAFEN

Die folgenden Preisspannen gelten für ein Doppelzimmer oder Bett in einem Schlafsaal.

**$** unter 50 US$

**$$** 50–150 US$; in Yangon 50–200 US$

**$$$** mehr als 150 US$; in Yangon mehr als 200 US$

VISA

Ein Visum braucht jeder. Ein einfaches Touristenvisum ist 28 Tage gültig.

E-Visa

Bürger aus 100 Ländern können über die Website des myanmarischen Ministry of Immigration and Population (http://evisa.moip.gov.mm) ein Touristenvisum beantragen.

Der Preis dafür beträgt 50 US$. Nach der Bearbeitung des Antrags erhält man per E-Mail ein Bestätigungsschreiben. Dieses druckt man aus und legt es bei der Einreise am Flughafen oder bestimmten Landgrenzen mit Thailand vor – dann erhält man seinen Visumsstempel.

Mit einem e-Visum kann man an den internationalen Flughäfen Yangon, Mandalay und Nay Pyi Taw und an drei Grenzübergängen zwischen Thailand und Myanmar – Tachileik, Myawaddy und Kawthoung – nach Myanmar einreisen. Man kann das Land damit auch an allen Landgrenzübergängen verlassen, außer im abgeschiedenen Htee Khee. Wer nach China und Indien weiterreisen möchte, benötigt allerdings eine Genehmigung.

Staatsangehörige aus 51 Ländern können übers Internet außerdem ein Geschäftsvisum (70 US$, 70 Tage gültig) beantragen, jedoch werden dafür eine offizielle Einladung von einem Unternehmen und ein Nachweis der eigenen Firmenregistrierung benötigt.

Anträge

Touristenvisa (28 Tage) sind ab Ausstellungsdatum bis zu drei Monate gültig. Am besten stellt man den Antrag einen Monat vor Abreise; das Verfahren kann zwischen einem Tag und einer Woche dauern.

Wer bereits unterwegs ist, bekommt bei der Botschaft von Myanmar (S. 886) in Bangkok auch kurzfristig ein Touristenvisum; es kostet 1260 B bei Ausstellung am selben Tag (Antrag zwischen 9 und 12 Uhr, Abholung zwischen 15. und 16.30 Uhr) und 1035 B am nächsten Tag.

/isaverlängerung & Überziehung

's ist nicht möglich, ein Touristenvisum zu ·erlängern.

Einige Reisende verlängern ihren Aufenthalt ·infach dadurch, dass sie über die Gültigkeit ihres /isums hinaus im Land bleiben. Das ist gewöhnlich ein Problem, solange man nicht mehr als 14 Tage iberzieht. Bei der Ausreise aus Myanmar muss nan dann am Flughafen oder am Grenzübergang ine Strafe von 3 US$ pro Tag sowie eine Registrie-ungsgebühr von 3 US$ zahlen. Die Zahlung kann uch in Kyat erfolgen, aber es ist wichtig, die ;umme passend zur Hand zu haben, da man öchstwahrscheinlich kein Wechselgeld bekommt.

Einige Hotels nehmen keine Gäste auf, deren isum abgelaufen ist, und die Inlandsfluggesell-chaften können sich ebenfalls weigern, einen ıitzunehmen. Wenn das Visum abgelaufen ist, t es klug, auf Landwegen zu reisen und in der ähe von Yangon zu bleiben, da es schon orgekommen ist, dass Touristen, die von den ehörden erwischt wurden, aufgefordert vurden, das Land sofort zu verlassen.

EIT

Iyanmar liegt 5½ Stunden vor der Mitteleuropä-chen Zeit (MEZ); während der Sommerzeit nd es 4½ Stunden. Wer von Thailand aus nreist, muss seine Uhr eine halbe Stunde urückstellen, von Indien aus stellt man die Uhr ne Stunde vor. Die Zeiten für Züge werden oft er 24-Stunden-Zählung angegeben.

An- & Weiterreise

üge, Touren und Bahntickets kann man online ıter lonelyplanet.com/bookings buchen.

LUGZEUG

e meisten internationalen Flüge landen am ngon International Airport (S. 538). Es gibt er auch Direktflüge zum Mandalay Internatio-l Airport (S. 564) aus China, Hongkong, dien, Singapur und Thailand und zum **Nay Pyi w International Airport** (NYT; ☎ 09 79900 96) aus China und Thailand.

JF DEM LANDWEG

an kann auf dem Landweg von/nach Myanmar ch/aus China, Indien und Thailand reisen, aber die Überquerung der chinesischen und indi-nen Grenze benötigt man eine Genehmigung.

> **GRENZÜBERGÄNGE**
>
> Zur Zeit der Recherche gab es sechs Grenzübergänge entlang der Landes-grenze Myanmars.
>
> - Mae Sai in Nordthailand nach/von Tachileik im Shan-Staat
> - Mae Sot in Thailand nach/von Myawaddy im Kayin-Staat
> - Ranong in Thailand nach/von Kawthoung ganz im Süden der Tanintharyi-Region
> - Phu Nam Ron in Thailand nach/von Htee Khee in der Tanintharyi-Region
> - Ruili in der Provinz Yunnan, China, nach/von Mu-se im Shan-Staat
> - Moreh im Bundesstaat Manipur in Indien nach/von Tamu in der Sagaing-Region
>
> E-Visa (S. 596) sind momentan nur an folgenden Grenzübergängen zwischen Myanmar und Thailand erhältlich: Tachileik, Myawaddy und Kawthoung.

Unterwegs vor Ort

ıige abgeschiedene Orte sind nur per Flugzeug er Schiff zu erreichen, viele andere, darunter ch bekannte Touristenziele, sind jedoch nur er die Straße oder mit dem Zug zugänglich. fgrund der schlechten, überlasteten Infra-uktur müssen Traveller geduldig und zu strichen in Sachen Komfort bereit sein.

Auto Völlige Flexibilität, aber sehr teuer; für einige Ziele benötigt man einen staatlich geprüften Guide und Fahrer.

Bus Häufige, zuverlässige Verbindungen. Die Geschwindigkeit hängt vom Zustand der Straßen und Busse ab; bei Fahrten über Nacht spart man das Geld für die Unterkunft.

Flugzeug Schnelle, recht zuverlässige Verbin-dungen; die Sicherheitsbilanz lokaler Fluglinien ist viel besser als früher.

Schiff/Fähre Bietet die Chance, mit Einheimi-schen in Kontakt zu kommen; angenehme Sightseeing-Option, aber langsam und unkom-fortabel und deckt nur eine Handvoll Ziele ab.

Zug Kontakt mit Einheimischen und schöne Aussicht, aber unkomfortabel, langsam und mit langen Verspätungen.

AUTO & MOTORRAD

Für die ganze oder einen Teil der Reise ein Auto mit Fahrer anzuheuern ist eine gute Option. Um selbst zu fahren, benötigt man eine Genehmi-gung der staatlichen Behörden MTT und Road Transport Administration Department (RTAD; www.myanmarrtad.com).

Ein Auto mit Fahrer außerhalb von Yangon kostet rund 70 US$ pro Tag, je nach Zustand des Fahrzeugs. Die meisten Hotels und Pensionen können bei der Organisation helfen. In einigen Orten, darunter Hpa-an und Dawei, kann man sich ein Motorrad mit manueller oder Automatik-schaltung (100 bis 125 ccm) leihen, aber in

Myanmar sind Leihmotorräder im Allgemeinen nicht üblich. In Bagan kann man E-Bikes leihen.

BUSSE

Myanmars Busse sind fast immer schneller und billiger als Züge. Das Spektrum reicht von luxuriösen klimatisierten über weniger luxuriöse, aber trotzdem angenehme Fahrzeuge ohne Klimaanlage bis zu lokalen Bussen und kleinen 32-Sitzern.

Von November bis Februar ist es ratsam, Busse auf beliebten Strecken ein paar Tage im Voraus zu buchen, etwa Bagan–Inle-See. Platzreservierungen gibt's für alle Busse und meist kann man den Sitzplan beim Buchungsbüro einsehen.

FLUGZEUG

Es folgen die Kontaktinformationen für Airline-Büros in Yangon. All diese Airlines decken dieselben Routen ab (z. B. Yangon nach/von Nay Pyi Daw, Mandalay, Bagan, Inle, Sittwe). Myanmar National Airlines bietet die umfangreichste Flugauswahl.

Air Bagan (☎ 01-504 888; www.airbagan.com)

Air KBZ (☎ 01-372 977; www.airkbz.com)

Air Mandalay (☎ 01-525 488; www.airmandalay.com)

Asian Wings (☎ 01-516 654; www.asianwingsairways.com)

Golden Myanmar Airlines (☎ 09 97799 3000; www.gmairlines.com)

Mann Yadanarpon Airlines (☎ 01-656 969; www.airmyp.com)

Myanmar National Airlines (☎ 01-378 603; www.flymna.com)

Yangon Airways (☎ 01-383 100; www.yangonair.com)

SCHIFF/FÄHRE

Viele verschiedene Schiffe – von knarrenden alten staatlichen Fähren bis zu luxuriösen privaten Kreuzfahrtschiffen – schippern über Myanmars Wasserstraßen.

Man kann aber nicht nur auf Flüssen reisen, sondern auch zwischen Sittwe und Taunggok (nördlich von Ngapali Beach) durch den Golf von Bengalen.

NAHVERKEHR

Kleinere Städte sind im Nahverkehr stark auf Motorradtaxis und Fahrradrikschas als Hauptverkehrmittel angewiesen. In größeren Städten verkehren jedoch für einen festen Preis pro Person, meist 200 K, Busse auf fixen Routen entlang der Hauptstraßen.

Die Standardpreise für Taxis, Motorradtaxis, Fahrradrikschas und Pferdekutschen werden für Ausländer manchmal hochgeschraubt. Im Allgemeinen sollte eine Fahrt vom Busbahnhof zu einem Hotel im Zentrum – oft 2 km oder mehr – zwischen 500 und 1500 K per Motorrad kosten. Kürzere Fahrten im Stadtzentrum liegen zwischen 500 und 1000 K. Wahrscheinlich muss man ein bisschen feilschen.

PICK-UPS

Japanische Pick-ups sind mit drei Sitzreihen auf der überdachten Ladefläche ausgestattet. Die meisten fahren zu Zielen in der Nähe und halten unterwegs oft an, um Passagiere oder Fracht einzusammeln. Normalerweise sind sie proppenvoll. Einige Pick-ups bedienen auch nützliche Strecken, etwa von Mandalay nach Amarapura, von Bagan zum Mt. Popa und hinauf zum Goldenen Felsen in Kyaiktiyo. Im Gegensatz zu Bussen fahren sie tagsüber regelmäßig.

ZUG

Auf einer Zugfahrt mit Myanmars Schmalspurbahnen kommt man sich vor, als wäre man per Pferdekutsche unterwegs: Die Waggons schaukeln hin und her und lassen alle Passagiere aus ihren Sitzen hüpfen, die das Glück hatten, einen Platz zu ergattern – an Schlaf ist da nicht zu denken. Die Zugfahrt dauert länger als eine Busfahrt auf derselben Route, nicht zuletzt, weil man immer mit Verspätungen rechnen muss (wenn man Pech hat, mit mehreren Stunden).

Andererseits ist das Bahnfahren günstig, seit Ausländer denselben Preis bezahlen wie Einheimische. Teilweise fahren die Züge in Orte, die über die Straße nicht zu erreichen sind; außerdem kommt man unterwegs mit Einheimischen in Kontakt.

Reservierungen

Tickets kann man direkt am Bahnhof kaufen.

Meist reicht es, einen Sitzplatz einen Tag im Voraus zu reservieren. Wer einen der heißbegehrten Schlafwagenplätze ergattern will, sollte ein paar Tage vorab buchen, in der Hochsaison (November bis März) noch früher.

Osttimor (Timor-Leste)

☎670 / 1 167 242 EW.

Inhalt ➡

ultur erleben

Widerstandsmuseum .603)

Ausstellung Chega! . 603)

Balibó Flag House (S. 616)

Friedhof von Santa Cruz .604)

Dare Memorial Museum .605)

edewendungen

allo *Bondia*

anke *Obrigadu/a (m/f)*

prechen Sie Englisch?
koalia Inglés?

Auf nach Osttimor!

In Asiens jüngstem Land haben die makellosen „weltbesten" Riffe, Gabelschwanzseekühe, Berge und alte Traditionen die Verwüstungen des Kriegs überdauert.

Einblick in die düstere Geschichte Osttimors gewähren die Museen von Dili, doch jenseits der Hauptstadt locken Wanderungen zu Höhlen im Dschungel, Streifzüge über nebelige Märkte in Bergdörfern oder eine Tasse lokaler Kaffee auf der Terrasse einer großartigen portugiesischen *pousada*. Es geht über teuflische Straßen, und die Besucher schießen von den Klippen aus Fotos vom Meer.

Die intakten, unberührten Riffe an der Nordküste und vor Ataúro sollte man durch die Schnorchelbrille gesehen haben. Wer noch tiefer abtauchen möchte, findet Tauchschulen, die voller Stolz entlegenere Orte mit einem unbeschreiblichen Reichtum an Rifffischen präsentieren. In diesem faszinierenden Land fühlt man sich wie ein Pionier und entdeckt Orte und Dinge, die andere noch nicht kennen.

Reisezeit

Dili

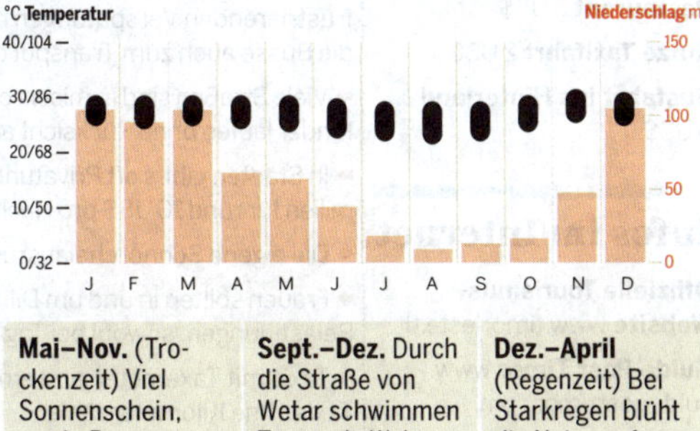

Mai–Nov. (Trockenzeit) Viel Sonnenschein, wenig Regen, es kann sehr staubig werden.

Sept.–Dez. Durch die Straße von Wetar schwimmen Tausende Wale. Beste Zeit fürs Whalewatching .

Dez.–April (Regenzeit) Bei Starkregen blüht die Natur auf. Etliche Straßen sind unpassierbar.

AUF EINEN BLICK

Geld Außerhalb von Dili gibt's nur wenige Geldautomaten.

Sprachen Portugiesisch und Tetum (offizielle Sprachen), lokale Dialekte. Der Gebrauch von Englisch und Indonesisch nimmt ab.

Visum Für die meisten EU-Staatsbürger ist die Einreise visumfrei.

Währung US-Dollar (US$). Beträge unter 2 US$ können mit osttimoresischen Centavos (Cv) bezahlt werden.

Wechselkurse

Eurozone	1 €	1,18 US$
Indonesien	10 000 Rp	0,74 US$
Singapur	1 S$	0,74 US$
Schweiz	1 SFr	1 US$

Aktuelle Wechselkurse gibt's unter www.xe.com

Preise

Bett im Schlafsaal 14–20 US$

Mahlzeit in einem lokalen Restaurant 3 US$

Kurze Taxifahrt 2 US$

Busfahrt ins Hinterland 6 US$

Infos im Internet

Offizielle Tourismus-Website www.timorleste.tl

Guide Post Timor www.guideposttimor.com

Agora Food Studio www.timorlestefoodlab.com

Einreise

Flüge nach Dili starten von Denpasar (Bali), Jakarta, Darwin und Singapur. Dreimal pro Woche hebt ein Flieger von Kupang nach Dili ab (montags, mittwochs & freitags). Ein Taxi vom Flughafen Presidente Nicolau Lobato nach Dili kostet 10 US$.

Für Einreisen über Land aus Indonesien benötigt man vorab ein Visum; Wer mit dem Flugzeug anreist, bekommt ein Visum bei Ankunft. Der Grenzübergang bei Batugade liegt etwa fünf Stunden mit dem örtlichen Bus (5 US$) von Dili entfernt.

REGIONEN AUF EINEN BLICK

Das zentrale Osttimor wartet mit Kaffeeplantagen im Regenwald, idyllischen Dörfern sowie Wasserfällen und Bergen auf. Die Region ist v. a. für die Strände von Baucau und Jaco und die Meereslandschaften entlang der Straßen zu beiden Orten bekannt. Der Westen grenzt an Indonesien und beherbergt den Erholungsort Liquica, das historische Balibó und heiße Quellen. Nördlich von Dili liegt die Insel Ataúro, die sich mit ihren Riffen und guten Unterkünften einen Namen gemacht hat.

Essen & Trinken

Lokal angebauter Kaffee In Dilis trendigen Cafés.

Kokosnusswasser Frischer Kokosnusssaft.

Tropische Früchte Erhält man an Ständen am Straßenrand.

Burger und Fritten Nicht das, was man erwarten würde, aber überall in den Bars an Dilis Küste erhältlich.

Internationales Essen Viele multikulturelle Restaurants.

Paun (Brot) Bei jedem Frühstück in ländlichen Gegenden.

Essen am Spieß Fisch oder Hühnchen von Straßenständen.

Top Tipps

- Sonnen- und Insektenschutzmittel mitbringen!
- Bei öffentlichen Verkehrsmitteln muss man mit langen, oft frustrierenden Verspätungen rechnen. Die Bevölkerung nutzt die Busse auch zum Transport von Tieren und Gütern.
- Viele Straßen sind in miserablem Zustand. Schweine und Kinder laufen ohne Rücksicht auf den Verkehr über die Straßen.
- In Städten gibt's oft Privatunterkünfte bei einheimischen Familien für rund 10 US$ pro Nacht – am besten fragt man herum.
- Die eigene Schnorchelausrüstung nicht vergessen.
- Frauen sollten in und um Dili aufpassen; man hört oft von Belästigungen, sowohl bei Tag als auch bei Nacht.
- Taxis mit Taxameter sind empfehlenswerter als die gelben Taxis ohne Kilometerzähler.
- Für Touren ein paar Dollar in lokale Guides zu investieren bringt Geld ins Land und bewahrt davor, unabsichtlich heiligen Boden zu betreten.

Highlights

1 Ataúro (S. 609) Die schönsten Riffe der Welt auf dieser Insel nahe Dili erkunden.

2 Ramelau (S. 616) Den höchsten Gipfel Osttimors in der Dämmerung erklimmen und die Sonne über den Wolken aufgehen sehen.

3 Insel Jaco (S. 613) Im puderfeinen weißen Sand entspannen und sich beim Schnorcheln verblüffen lassen.

4 Balibó (S. 616) Den Ort besichtigen, an dem 1975 fünf australische Journalisten von indonesischen Soldaten getötet wurden, und dann im Balibó Fort Hotel übernachten.

5 Maubisse (S. 615) In dieser atmosphärischen nebligen Bergstadt einfach die Seele baumeln lassen und es sich kulinarisch gut gehen lassen.

6 Loi Hunu (S. 612) In einem Bungalow am Fluss entspannen oder eine Kletterpartie zu ehemaligen Guerilla-Verstecken und auf den **Mundo Perdido** (S. 612) unternehmen.

Dili

0 — 1 km
"Fish on a Stick"-Strände (3 km); Aquatica Dive Resort (3,5 km)
Oecusse (170 km)
Ataúro (40 km)
WETAR-MEERENGE
Hafen von Dili
Caz Bar (2,5 km); Beachside Hotel (2,6 km); Cristo Rei (4,6 km)
Landmark Plaza (600 m); Timor Plaza (2,1 km); Arte Moris (3,2 km); (4,4 km)
Becora (1,4 km)
Av de Portugal (Beach Rd)
Av dos Mártires de Pátria
Av Alves Aldeia
Rua de Colmera
Rua de Cidade de Lisboa
Rua Cidade Viana do Castelo
Av dos Direitos Humanos
Av de Sant'Ana
Estrada de Bidau
Rua Belarmino Lobo
Av Liberdade Emprensa
Rua Quinze de Outubro
Av Bispo de Medeiros
Rua Jacinto de Candido
Rua Colmera
Rua Caicoli
Estrada de Balide
Rua Circunvalação
Santana
Bemori
MOTAEL
COLMERA
LECIDERE
CAICOLI
MATADOURO
BAIRO PITE
DHL
Western Union
Timor Tour & Travel
Busbahnhof Taibessi
1 Ausstellung Chega!
2 Widerstandsmuseum
3
4
5
6
7
8
9
10
11
12
13
14
15
16
17
18
19
20
21
22
23
24
25
26
27
28
29
30
31
A
B
C
D
E
F
G
1
2
3
4

Dili

Highlights
1 Ausstellung Chega! D4
2 Widerstandsmuseum D2

Sehenswertes
3 Dili Waterfront D2
4 Leuchtturm Farol B1
5 Kirche Motael C2
6 Palácio do Governo D2
7 Friedhof von Santa Cruz E4
8 Denkmal in Erinnerung an das Massaker von Santa Cruz C2

Aktivitäten, Kurse & Touren
9 Compass Charters B2
Dive Timor Lorosae .... (siehe 11)
Dive, Trek & Camp .... (siehe 10)

Schlafen
10 Dili Central Backpackers E2
11 Dive Timor Lorosae Backpackers A1
12 Hostel daTerra C2
13 Hotel Timor C2

Essen
14 Agora Food Studio A1
Castaway Bar .... (siehe 11)
15 Kaffè U'ut B2
16 Letefoho Specialty Coffee Roaster A1
17 Lita Supermarket E1
18 Rolls N Bowls C2

Ausgehen & Nachtleben
19 DiZa G1

Shoppen
20 Alola Foundation D4
21 Boneca de Ataúro C2
22 Páteo C2

Praktisches
23 Australische Botschaft A2
Farmacia Comoro .... (siehe 13)
24 Hospital Nacional Guido Valadares F2
25 Einwanderungsbehörde von Osttimor C3
26 Indonesische Botschaft B1
27 Neuseeländsche Botschaft B2
28 Portugiesische Botschaft D2
29 Stamford Medical Clinic B2
Timor Telecom .... (siehe 13)

Transport
Compass Charters .... (siehe 9)
30 Dragon Star Shipping C2
Laju Laju .... (siehe 30)
31 Nakroma-Fährbüro C2

ILI

OP 252.884

ie Stadt am Meer ist von Bergen umschlos-en, die ins Hinterland führen. Im Norden litzert die Insel Ataúro, abgetrennt durch inen der tiefsten Kanäle Asiens. Dili er-treckt sich vom Flughafen an der Küste bis ur Christo-Rei-Statue im Osten. Jogger und paziergänger tummeln sich am Ufer, v.a. norgens und abends, wenn es kühler ist. Be-onders lebhaft sind das Küstenviertel und ie Gegend ein oder zwei Blocks südlich da-on, obwohl der westliche Teil kürzlich lei-er von überdimensionalen Botschaftsge-äuden eigenommen wurde.

Dili ist ein guter Ort, um zwischen den Ab-echern ins Hinterland Kraft zu tanken. Eine nterkunft mit Pool und eigenem Restaurant t perfekt, um vor Staub und Lärm zu fliehen. raveller besuchen gern die Bars an der Aveni-a de Portugal (auch Beach Road genannt) nd an der Areia Branca nahe der Chris--Rei-Statue. Das Timor Plaza (S. 607), eini-ermaßen nah am Flughafen, wartet mit berraschend guten klimatisierten Lokalen nd Bars auf. Aber Dilis kostbarstes Kleinod nd die Tauchspots von Weltklasse, die nur enige Minuten von der Stadt entfernt liegen.

Sehenswertes

★ Ausstellung Chega! MUSEUM

(Centro Nacional Chega; ☎33 1003; www.cavr-timorleste.org; Estrada de Balide; ⌚Mo–Fr 9–12 & 14–17 Uhr) GRATIS In den Gebäuden und Zellen eines ehemaligen Gefängnisses aus der portugiesischen Zeit, in dem einst Hunderte Widerstandskämpfer von der indonesischen Armee gefangen gehalten wurden, zeigt Chega! (*chega* heißt auf Portugiesisch „Stopp" oder „nicht weiter") die Ergebnisse der Arbeit von Osttimors Komission für Wahrnehmung, Wahrheit und Versöhnung (CAVR), die Menschenrechtsverletzungen von 1974 bis 1999 dokumentiert hat. Das Museum ist nicht leicht zu finden und etwas unübersichtlich; am besten organisiert man den Besuch über Dili History Tours (S. 606).

★ Widerstandsmuseum MUSEUM

(Resistência Timorense; ☎7713 1903; www.amrtimor.org; Rua de Cidade de Lisboa; Eintritt 1 US$; ⌚Di–Sa 9–16.30 Uhr) Das ausgezeichnete Museum, 2005 gegründet, erinnert an Osttimors 24-jährigen Kampf gegen die Indonesische Besatzung. Eine Zeitleiste, Fotos und Videoaufnahmen veranschaulichen den Widerstand der Falintil. Darüber hinaus sind

Waffen und Kommunikationsmittel zu sehen, die während des Unabhängigkeitskampfs verwendet wurden. Hier können sich die Besucher erschütternde Filmaufnahmen des Massakers von Santa Cruz ansehen, bevor sie den Friedhof besichtigen (s. rechts).

Kirche Motael
KIRCHE

(Kirche von São António de Motael; Av Salazar) Die älteste katholische Kirche in Osttimor spielte eine Hauptrolle im Unabhängigkeitskampf Timors. Sebastião Gomes wurde hier 1991 vom indonesischen Militär erschossen; an seinem Begräbniszug zum Friedhof von Santa Cruz (s. rechts) nahmen Tausende teil, die Zeremonie endete schließlich im Massaker von Santa Cruz.

Denkmal in Erinnerung an das Massaker von Santa Cruz
DENKMAL

(Av Salazar) Dem Denkmal fehlen Inschrift und offizielle Bezeichnung, doch seine Lage gegenüber der Kirche Motael (S. 604) gibt einen Hinweis: Der Unabhängigkeitskämpfer Sebastião Gomes wurde am 28. Oktober 1991 hier in der Nähe von der indonesischen Armee erschossen. Das Monument wurde im Angedenken an jene errichtet, die im Massaker von Santa Cruz ihr Leben ließen, und zeigt die Überlebenden Agustinho, der heute in Portugal lebt, und Amali, der in Osttimor geblieben ist.

Cristo Rei
STATUE

(Jesus-Statue; Av de Areia Branca) Auf die unübersehbare Cristo-Rei-Statue, 7 km östlich der Stadt, führen 570 Stufen. Sie ist ein Geschenk der indonesischen Regierung von 1996. Morgens und abends treiben hier viele Einwohner Sport und genießen den schönen Blick auf Berge und Meer. Der blaue *mikrolet* Nummer 12 oder ein Taxi (7 US$) bringt Besucher hierher (den Taxifahrer kann man bitten zu warten).

Friedhof von Santa Cruz
FRIEDHOF

(Rua de Santa Cruz) Am 12. November 1991 eröffneten indonesische Soldaten das Feuer auf Menschen, die an einer friedlichen Gedenkveranstaltung für Sebastião Gomes teilnahmen. Der Prozessionszug schritt von der Kirche Motael (S. 604) zum Friedhof von Santa Cruz. Über 250 Zivilisten (vorwiegend Studenten) kamen ums Leben. Der britische Journalist Max Stahl filmte den Angriff, das geschmuggelte Bildmaterial wurde international ausgestrahlt und führte einen Wende-

REISEROUTEN

Eine Woche

Startpunkt ist Dili, Mittagessen in Baucau, bevor die Reise schließlich weiter nach Loi Hunu (S. 612) führt. Hier kann man im Hotel Comunitaria Wailakurini einchecken und zu den Guerilla-Verstecken wandern. Am nächsten Morgen geht's früh los: Aufbruch nach Ossu und Aufstieg mit Guide auf den **Mundo Perdido** (Verlorene Welt; S. 612). Nächster Programmpunkt: Die **Felsmalereien** (S. 613) auf dem Weg zur heiligen Insel Jaco (S. 613) bestaunen. Hier bietet sich eine Übernachtung in einer schlichten Hütte auf dem Festland für zwei Tage an, ein Tag ist fürs Schnorcheln auf Jaco reserviert. Dann geht's zurück nach Dili, mit Zwischenstopp für eine Nacht in Baucau (S. 611), um die Museen und Märkte zu besichtigen, bevor es weiter nach Ataúro (S. 609) geht, wo man ein paar Nächte verbringen kann. Wie wär's zum Abschluss mit einem Kletterausflug bei Dämmerung auf den Ramelau (S. 616)?

Ein Monat

Man beginnt mit der einwöchigen Route (S. 604), kehrt zum Tauchen nach Dili zurück, bevor es weiter gen Westen nach Liquiçá (S. 615) geht, wo Luxuscamping am Caimeo Beach oder Strandaktivitäten im Lauhata Beach Escape warten. Danach geht's in Richtung indonesischer Grenze, mit Zwischenstopp zum Souvenirkaufen am Maubara-Fort. In Balibó (S. 616) wird man an die tragische Geschichte der fünf australischen Journalisten erinnert, Übernachtung im wunderbaren Balibó Fort Hotel. Nächstes Ziel ist der Süden, Maliana und dann weiter nach Marobo, um die Füße in die **heißen Quellen** (*be manis*, S. 614) zu tauchen. Dann steht auch schon der Rückflug von Dili nach Oecusse (S. 617) an, wo man eine Nacht lang den rasanten Fortschritt dieses einst verschlafenen Ortes auf sich wirken lassen sollte (und vielleicht sieht man ja auch eine Gabelschwanzseekuh).

punkt im Unabhängigkeitskrieg des Landes herbei.

Hafenviertel von Dili HAFENVIERTEL
Bei einem Spaziergang entlang der Uferpromenade im Hafenviertel sieht man Kinder, die auf den sandigen Landstrichen Fußball spielen, und Jogger, denen der Schweiß aus jeder Pore tritt. Der prunkvolle **Palácio do Governo** (Rua 30 de Agosta) (Regierungspalast) ist ein Highlight dieser Gegend, ebenso der Leuchtturm **Farol** (Av de Portugal) im Westen. Noch weiter westlich breiten sich überdimensionierte Botschaftskomplexe neben einigen kleinen von Expats geführten Bars aus.

Dare Memorial Museum GEDENKSTÄTTE
(☎726 6517; https://darememorialmuseum.com; Rua Fatunaba, Dare; ⌚Sa & So 10–16 Uhr) GRATIS Das Dare (Aussprache: da-rei) Memorial Museum besticht durch zwei Dinge, aber man muss danach fragen: timoresischen Kaffee und eine exzellente Videodokumentation über Osttimors Engagement im Zweiten Weltkrieg, in der auch jene Timorer beleuchtet werden, die die australischen Truppen gegen die Japaner unterstützten, bevor sie die Konsequenzen tragen mussten, als sich die Australier zurückzogen.

Aktivitäten & Geführte Touren

In den Museen und Kulturzentren in Dili tauchen die Besucher in die faszinierende Geschichte Osttimors ein. Eine organisierte Tour hilft dabei, einen Überblick zu gewinnen. Auch die Tauchmöglichkeiten vor Ort sind großartig. Es gibt viele Tauchshops, durch die man die unglaubliche Vielfalt an Korallen und Fischen gleich vor der Küste entdecken kann, oder man fährt ein bisschen weiter hinaus zum legendären Spot K41. Abenteuerlustige Radfahrer kommen nach Osttimor, um ihre Kenntnisse auf dem trockenen, harten Gelände der Tour de Timor (S. 606) unter Beweis zu stellen.

Compass Charters TAUCHEN
(☎7723 0964, 7723 0965; www.compassadventuretours.com; Av dos Mártires de Pátria; Schnorcheln 40 US$, 2-Tages-Tauchausflug 210 US$, 2-Nächte-Tour nach Ataúro 500 US$) Der Shop ist auf mehrtägige Exkursionen an Ataúros wunderschöner Nordküste (z. B. zwei Nächte im Zelt in den Ökocamps Adara oder Beloi Beach) sowie auf Tagesausflüge nach Ataúro inklusive zweier Tauchgänge spezialisiert, ebenso auf Tauchgänge vor Ort, Wassertaxidienst nach Ataúro und Schnorchel-Tagestouren. Er liegt gleich neben Tiger Fuel.

> **DIE GABELSCHWANZSEEKÜHE OSTTIMORS**
>
> Jeden Tag kommt Douglas, die Gabelschwanzseekuh, zum Mittagessen zu den Seegrasweiden nach Tasi Tolu, westlich von Dilis Flughafen. Es gibt zwar keine Garantie, Douglas (und andere Gabelschwanzseekühe) zu sichten, aber Taucher und Schnorchler sind ihnen an verschiedenen Stellen an der Küste östlich von Dili begegnet. Die örtlichen Tauchanbieter geben Tipps, wohin man seine GoPro richten soll.

Aquatica Dive Resort TAUCHEN
(☎7700 5121, 7803 8885; www.aquaticadiveresort.com; Aldeia Metin, Bebonuk, Comoro; Tauchgang vor Ort 60 US$, Küstentour mit 2 Tauchgängen 120 US$, Ataúro 170 US$) Die Australier Desmond und Jennifer sind die richtige Adresse für örtliche Tauchgänge auf der Suche nach Dilis Gabelschwanzseekuh Douglas. Im Angebot sind auch noch andere Tauchgänge in der Umgebung, Küstentouren mit zwei Tauchgängen und Ausflüge nach Ataúro. Der Laden liegt direkt östlich des Flusses Comoro, etwas außerhalb der Stadt; Unterkunftsmöglichkeiten sind gegeben.

Dive Timor Lorosae TAUCHEN
(☎7723 7092; www.divetimor.com; Av de Portugal; Küstentauchen 45 US$, Tagestour 110 US$, Tour mit 2 Tauchgängen 165 US$, Whalewatching 85 US$; ⌚7.30–19.30 Uhr) Seit 2000 bietet diese Tauchschule Tauchgänge an der Küste, zweitägige Tauchausflüge zu Spots entlang der Nordküste (inklusive des legendären K41) und zweitägige Touren zu Tauchplätzen rund um Ataúro. Außerdem hat sie ein eigenes Übungsbecken und eine Backpackerabsteige (S. 606). Der Laden organisiert auch Strandreinigungstage und Whalewatching von September bis November.

★ **Eco Discovery** GEFÜHRTE TOUREN
(☎7726 9829, 332 2454; www.ecodiscovery-easttimor.com; Landmark Plaza, Av Nicolau Lobato; Allradfahrzeug mit Guide/Fahrer 235 US$ pro Tag, All-inclusive; ⌚Mo–Fr 9–17, Sa bis 12 Uhr) Eine Osttimor-Rundreise ist nicht günstig, aber einen Wagen mit Allradantrieb und einen Guide anzuheuern (die Kosten kann man

sich eventuell mit anderen teilen) und das große Abenteuer zu planen kann sich durchaus bezahlt machen. Die englischsprachigen Guides von Eco Discovery sind meist jenen Regionen zugeteilt, in denen sie aufgewachsen sind, und erweisen sich als Quellen der Information und Hilfestellungen. Sehr zu empfehlen.

★ **Dili History Tours** GEFÜHRTE TOUREN
(☎7824 5891, 7797 6473; www.jdntimorleste.weebly.com; Rua Metiaut; 21 US$; ⏲Touren beginnen um 9 oder 14 Uhr) Timoresische Studierende der Juventude ba Dezenvolvimentu Násional (JDN) bieten geführte Touren zur Geschichte der Unabhängigkeit Osttimors im *mikrolet*. Eine gute Möglichkeit, die Stadt besser kennen und verstehen zu lernen.

Feste & Events

Darwin Dili Yacht Rally SEGELN
(www.sailtimorleste.org; 250 AU$ pro Jacht; ⏲Juli) Bei dieser beliebten Veranstaltung schlagen sich jedes Jahr Jachten und ihre Crews von Darwin (Australien) bis nach Dili und Oecusse durch. Auf der angegebenen Website gibt's Details zur Anmeldung und Allgemeines zum Segeln in Osttimor.

Dili City of Peace Marathon SPORT
(⏲Aug.) Laufen ist in Dili sehr populär und es wird jedes Jahr mit einem Marathon und einem Halbmarathon zelebriert. 2017 erzielte der Gewinner des vollen Marathons (42 km) eine Zeit von 2:26, während es fast die Hälfte der 50 Starter nicht bis zum Ziel schaffte (es ist gar nicht so leicht!). Der Halbmarathon (21 km) erfreut sich größerer Beliebtheit.

Tour de Timor RADFAHREN
(www.tourdetimor.com; Registrierung 1000 US$; ⏲Sept.) Wagemutige Radfahrer reisen aus der ganzen Welt mit ihren eigenen Bikes an, um sie auf der harten, herausfordernden Route dieser fünftägigen 500 km langen Tour in Osttimor zu testen. Angefangen hat alles 2009 mit der „City of Peace"-Initiative. In den Monaten vor dem (meist) jährlichen Event wimmelt es nur so von Besuchern und Einheimischen, die in ihren Lycra-Outfits bei Dämmerung durch Dili flitzen.

Schlafen

Die vielen neuen Budgetunterkünfte bringen Reisende von Bali nach Dili, die ihr Visum erneuern wollen. Die Hotels haben ihre Preise gesenkt; Handeln ist also immer einen Versuch wert. Das Leben in Dili ist schöner mit einem Pool, den aber leider nur wenige Unterkünfte haben.

★ **Dive Timor Lorosae Backpackers** HOSTEL $
(☎7723 7092; www.divetimor.com; Av de Portugal; B 20 US$, Zi. 40–100 US$; ❄📶🏊) 🍃 Zimmer mit Klimaanlage, gratis WLAN, Pool sowie Morgen- und Abendsonne – eine bessere Budget-Option lässt sich in Dili kaum finden. Wer sich etwas gönnen will, nimmt eins der stilvollen Apartments um den Pool, die eine günstige Übernachtungsmöglichkeit für kleinere Gruppen sind. Vor dem Tauchen kann man sich oben in der Castaway Bar (S. 607) stärken.

Hostel daTerra HOSTEL $
(☎7784 5678, 7730 6030; Rua do Colégio Militar; B 14 US$, EZ/DZ inkl. Frühstück 22/35 US$; ❄📶) 🍃 Das begehrte Café im üppig bepflanzten Vorgarten macht das Hostel daTerra zum grünsten Herberge in Dili – ein Favorit bei Backpackern. Die Zimmer (ein Schlafsaal und ein Einzel-/Doppelzimmer) sind hell und mit Gemeinschaftsbad versehen. Donnerstags ist Filmeabend und der Nachbar Ego Lemos, ein timoresischer Sänger, lässt auch Musikfans nicht zu kurz kommen.

Dili Central Backpackers HOSTEL $
(☎7355 4433; www.dtceasttimor.com; Rua de Nu Laran 28; B inkl. Frühstück ab 15 US$) Einfache Schlafsäle mit Ventilator oder Klimaanlage (5 US$ extra), Schließfächer und Frühstück inklusive. Besitzer Kym lebt seit fast 20 Jahren in Osttimor und weiß alles Möglich über die Region. Das Café serviert köstlich Säfte und Snacks.

Dive, Trek & Camp (☎7350 6279; www.dteasttimor.com; Rua de Nu Laran 28; Fahrrad 10 US$ pro Tag, Motorrad 20 US$ pro Tag, Motorrad und Fahrer 50 US$ pro Tag, *mikrolet*-Tour 95 US$, Nacht-Musiktour 135 US$) arrangiert Touren von hier aus.

Beachside Hotel HOTEL $
(☎7750 2184, 7754 9681; www.beachsidehoteldili.com; Areia Branca; B 30 US$, DZ ab 85 US$, inkl. Frühstück; 📶) Gegenüber vom Strand Areia Branca liegt eins von Dilis besten Hotels direkt am Meer. Die geschmackvoll eingerichteten Zimmer haben Küchenzeilen, die teureren bieten Strandblick, und es gibt auch einen Schlafsaal. Die Preise sind inklusive Frühstück und Wäscheservice. Zum Hotel gehört ein tolles Café (7.30–19 Uhr), das auf Bioprodukte setzt. Anbindung an die Stadt schafft der blaube *mikrolet* Nummer 12.

Esplanada HOTEL $$
(☎331 3088; www.hotelesplanada.com; Av de Portugal; DZ inkl. Frühstück 99 US$;) Dieses Boutique-Hotel ist ein Favorit der Gäste, die öfter nach Osttimor kommen: Gemütliche Zimmerblocks liegen rund um den Pool im Schatten von Palmen. Das Bar-Restaurant im Obergeschoss bereitet kostspielige Gerichte (12 US$) zu, die man mit Blick aufs Meer genießt. Bei einem Event oder donnerstagabends, wenn es Livemusik gibt, wird man von der Feierlaune in Dili angesteckt. Die Preise sind oft verhandelbar.

Hotel Timor HOTEL $$
(☎332 4502; www.timortur.com; Rua Mártires da Pátria; Zi. 85 US$;) Eine Übernachtung im Hotel Timor, im Herzen von Dili, entführt die Gäste in die Kolonialzeit. In die Geschäfte im Foyer, einschließlich des NGO-Geschenkeladens *Things and Stories*, kann man ruhig mal reinschauen. Bei einem *pastel de nata* (Cremetörtchen) im Café wird der portugiesische Einfluss spürbar. Die Zimmer bieten einen Mix aus luxuriöser, dunkler Holzausstattung und Qualitätsleinen.

Essen

Die meisten Restaurants von Dili konzentrieren sich an der Avenida de Portugal (Beach Road) und der Rua Presidente Nicolau Lobato. In Metiaut, ca. 2 km östlich des Zentrums Richtung Cristo Rei, gibt's ebenfalls einige Restaurants. Das **Timor Plaza** (www.timorplaza.com; Av Nicolau Lobato, Comoro; 9–18 Uhr;) verkauft eine ganze Palette an Mahlzeiten in seinem Gastronomiebereich.

Rolls N Bowls VIETNAMESISCH $
(☎7796 0909; Grand Diocesse, Av Alves Aldela; Hauptgerichte 6 US$; Mo–Do 7–22, Fr bis 11, Sa & So 10–22 Uhr;) Bei angenehmer Kühle mitten in Dilis Küstenvorland lässt man sich in diesem populären vietnamesischen Restaurant *pho* oder auch Frühlingsrollen und Salate gut schmecken. Die Lounge im Dachgeschoss gewährt einen Blick über Dilis Containerschiffswerft (Donnerstag und Freitag ab 17 Uhr).

Caffè U'ut CAFÉ $
(caffeuut@gmail.com; Rua Gov. José Celestino da Silva; Hauptgerichte 3,80–6,90 US$; Mo–Sa 7–21; So ab 9 Uhr;) Verlockende Cheesecakes und brasilianische *brigadeiro* (Konfekt) passen hervorragend zum timoresischen Kaffee (3 US$), der in diesem modernen, klimatisierten Lokal ausgeschenkt wird. Mittags gibt's Burger, Paninis oder vegane Pasta. Eine weitere Zweigstelle ist im Páteo (S. 608).

Letefoho Specialty Coffee Roaster CAFÉ $
(☎7807 3264; Av de Portugal; Getränke 1,50–4 US$; 7–19 Uhr) Die superfreundlichen australisch ausgebildeten Baristas von Osttimors erstem Kaffee-Spezialitäten-Shop verwandeln hausgeröstete einheimische Kaffeebohnen in perfekte Milchkaffees, Lattes, Eislattes etc. Ein ruhiges Plätzchen zum Chillen.

Lita Supermarket SUPERMARKT $
(Av dos Direitos Humanos; 8.30–20.30 Uhr) Hier bekommt man eine große Vielfalt an Lebensmitteln. Ideal um sich vor Ausflügen mit Proviant zu versorgen. Gegenüber findet ein Obst- und Gemüsemarkt statt.

★ **Agora Food Studio** CAFÉ $$
(☎7785 9912; www.timorlestefoodlab.com; Kampung Alor, hinter der Moschee; Hauptgerichte 6–14 US$; Di–Sa 8–18 Uhr;) Das Café oberhalb der LELI Englisch-Sprachschule sticht durch hausgemachte Frühstücksjoghurts, *kombucha* (fermentierten Tee) und Baristakaffee hervor. Die Mitarbeiter zaubern Leckereien aus heimischen Produkten wie frischem Ingwer, Kurkuma und Süßkartoffeln. Den *foho*-Wurzelsalat, eine timoresische Spezialität, sollte man sich nicht entgehen lassen. Das freundliche Personal heißt die Gäste lautstark willkommen und die Hintergrundmusik schafft eine angenehme Stimmung.

Castaway Bar INTERNATIONAL $$
(☎7723 5449; Av de Portugal; Hauptgerichte 6–16 US$; 6.30–24 Uhr) In diesem zweistöckigen Lokal mit Meerblick genießen die vielen Gäste – Einheimische, Touristen und Einwanderer – australische Hausmannskost sowie Gourmet-Pizzas und Burger. Auf der Tafel stehen die Tagesgerichte für mittags und abends. Freitagabend spielen Livebands.

Ausgehen & Nachtleben

Dili hat eine große Kneipenszene und nach Einbruch der Dunkelheit ist immer was los. – Einfach herumfragen oder nach Plakaten Ausschau halten, die Abendessen plus fünf Bier für 10 US$ anpreisen. Heineken eröffnete 2016 eine brandneue Brauerei in Dili. Wer sich also ein Tiger oder Bintang bestellt, kriegt sehr wahrscheinlich ein lokales Gebräu.

Skybar ROOFTOP-BAR
(☎ 7825 7091; Level 4, Timor Plaza, Av Nicolau Lobato, Comoro; ⌚ 17 Uhr–open end; 📶) Günstiges Bintang und Livemusik zieht die Leute scharenweise in diese Dachterrassenbar, ganz besonders freitagabends. Der Ausblick über Dili ist einmalig.

DiZa BAR
(☎ 7785 3222; Av Marginal, Metiaut; ⌚ Di–So 10–24 Uhr) Dilis Expats drängen sich um die besten Plätze in dieser schönen balinesischen Bar, wo man den Sonnenuntergang über dem Hafen bei einem Maracuja-Mojito genießt. Was das Essen betrifft, wurde dem Lokal bereits der Rang abgelaufen, aber die Atmosphäre ist immer noch sehr gut.

Caz Bar BAR
(Areia Branca; ⌚ Mo–Fr 7–21, Sa & So bis 22 Uhr) In der angesagten Kneipe ganz in der Nähe der Jesus-Statue lehnt man sich in den Stühlen im Sand entspannt zurück und genehmigt sich ein Bier oder eine frische Kokosnuss. Das hat man sich auch verdient, nachdem man die Stufen zur Statue rauf- und runtergelaufen ist. Auch die Küche ist gut. Wie wär's mit Eiern Benedikt am Sonntagmorgen? Der blaue *mikrolet* Nummer 12 oder ein Taxi bringt die Gäste für ca. 7 US$ hierher.

Shoppen

Boneca de Ataúro KUNST & KUNSTHANDWERK
(☎ 7797 6508; www.bonecadeatauro.com; Páteo, Rua D Fernando) Der kleine Laden verkauft ästhetische, moderne handgemachte Laptoptaschen, Weihnachtsbaumdeko, Geschirrtücher und Stofftiere. Ehemals benachteiligte Frauen von Ataúro fertigen die Produkte. Man kann ihnen bei der Arbeit mit alten Singer-Nähmaschinen in der Werkstatt Boneca de Ataúro (S. 608) zusehen.

Páteo EINKAUFSZENTRUM
(Rua D Fernando; ⌚ 8–21 Uhr) Das neue Einkaufszentrum umfasst ein paar der besten Cafés und Geschäfte in Dili, neben einem portugiesischen Supermarkt mit wunderbarem preiswerten Deli und jeder Menge portugiesischer Artikel.

Alola Foundation KUNST & KUNSTHANDWERK
(☎ 332 3855; www.alolafoundation.org; Rua Bispo de Medeiros; ⌚ Mo–Fr 8.45–17.30, Sa 10–15 Uhr) Verkauft *tais* (typische traditionelle Webstoffe aus Osttimor), Skulpturen und Seifen aus ganz Osttimor. Mit den Einnahmen finanziert die Stiftung ihre Projekte für einheimische Frauen und Kinder.

Praktische Informationen

In Dili gibt's keine offizielle Touristeninformation. Die Tourismus-Websites www.turismo.gov.tl und www.visiteasttimor.com sind leider nicht aktuell.

GEFAHREN & ÄRGERNISSE

Es kann jederzeit zu gewalttätigen Ausschreitungen kommen, deshalb sollte man einen Bogen um Versammlungen und politische Kundgebungen machen. Man hört häufig, dass ausländische Frauen am helllichten Tag an öffentlichen Plätzen betatscht und sexuell belästigt wurden, daher ist es sicherer, nicht allein zu reisen. Wer allein unterwegs ist, sollte gelbe Taxis und die Stadt nach Einbruch der Dunkelheit meiden.

GELD

ANZ (☎ 330 6100; www.anz.com/timorleste; Timor Plaza, Av Nicolau Lobato, Comoro; ⌚ Mo–Fr 8–17 Uhr) hat acht Geldautomaten in Dili, einer befindet sich am Flughafen. An diesen Geldautomaten kann man US-Dollars ziehen

Western Union (☎ 332 1586; www.westernunion.com; Sang Tai Hoo Building, Rua de Colmera, Colmera; ⌚ Mo–Fr 9–16.30, Sa 9–12 Uhr) in Colmera ind Páteo; internationale Geldtransfers.

INTERNETZUGANG

Internetzugang wird v. a. über Mobiltelefone angeboten. Die Firmen verkaufen unlimitiertes Datenvolumen für 1 US$ pro Tag. Am besten bringt man ein entsperrtes Gerät mit und kauft eine lokale SIM-Karte. WLAN gibt's selten.

Telemor (☎ 7551 1555; www.telmor.tl; Timor Plaza, Av Nicolau Lobato, Comoro; ⌚ 8–20 Uhr

Telkomsel (☎ 7373 7373; www.telkomcel.tl; Timor Plaza; ⌚ 9–19 Uhr; 📶)

Timor Telecom (☎ 330 3357; www.timortelecom.tl; Hotel Timor; ⌚ Mo–Fr 8–18, Sa 9–15 Uhr; 📶)

MEDIZINISCHE VERSORGUNG

Clínica Portuguesa (☎ 7741 8969; www.clinicaportuguesa.com; Timor Plaza, Eingang Avenida Luro Mata, Comoro; ⌚ Mo–Fr 8.30–18 Sa 9–13 Uhr) Die moderne Klinik mit festgeleg ten Leistungssätzen beim **Timor Plaza** (S. 607 hat Allgemein- und Zahnärzte.

Hospital Nacional Guido Valadares (Dili National Hospital; ☎ 331 1008; Rua Cidade Viana do Castelo, Bidau) In diesem staatlichen Krankenhaus östlich der Estrada de Bidau unterstützen Freiwillige aus der westlichen We die einheimischen Angestellten. Am besten kommt man mit Begleitperson.

Stamford Medical Clinic (☎331 0141, Notfälle 7772 1111; Rua D Boa 17, Ventura; ⊙ Mo–Fr 9–18, Sa bis 13 Uhr) Notfälle nimmt diese makellose westliche Klinik auch außerhalb der Öffnungszeiten auf.

POST

Hauptpost (Av Bishop de Medeiros; ⊙ Mo–Sa 9–12, Mo–Fr auch 14–17 Uhr) Der einzige Ort in Dili, wo man Mails empfangen und versenden kann (es sei denn, man versucht sein Glück bei **DHL** (Timor Air Services, Colmera Plaza, Estrada Balide; ⊙ Mo–Fr 8.30–17.30, Sa bis 12 Uhr) im Colmera Plaza), liegt gegenüber der Alola Foundation.

An- & Weiterreise

Der Flughafen Presidente Nicolau Lobato (Code: DIL; Rua Nicolau Lobato; 📶) liegt Richtung Tasi Tolu, eine 10-US$-Taxifahrt vom Stadtzentrum entfernt, oder man wählt die günstigere Variante mit dem *mikrolet* (Nummer 11; Abfahrt 600 m vom Flughafen an der Hauptstraße).

Das **Nakroma-Fährbüro** (☎331 7264; Av de Portugal; ⊙ 8–17 Uhr) befindet sich in dem großen Gebäude am Hafen. Fähren nach Oecusse (12 Std., 8 US$) legen montags und donnerstags um 16 Uhr ab, von Oecusse geht's dienstags und freitags um 14 Uhr los. **Laju Laju** (☎ Büro in Dili 332 2266; Grand Diocesse, Av Alves Aldeia, Dili; ⊙ Mo–Fr 7–17, Sa bis 13 Uhr) schippert auch nach Oecusse, mit Abfahrt in Dili dienstags und freitags um 14.45 Uhr und Rückkehr aus Oecusse mittwochs und samtags um 14.45 Uhr (10 US$).

Die Strecke nach Ataúro bedienen Fähren von Nakroma (samstags 8 Uhr; 4 US$; Rückfahrt nach Dili um 15 Uhr), Laju Laju (donnerstags 8 Uhr, Abfahrt in Ataúro Richtung Dili um 15 Uhr) und **Dragon Star Shipping** (☎332 2266, 7622 0000; dragonstarshippinglda@gmail.com; Grand Diocesse, Av Alves Aldela; ⊙ Mo–Fr 7–17, Sa bis 13 Uhr) mit Abfahrt montags und freitags bis sonntags um 8 Uhr, zurück von Ataúro montags und freitags um 14.30, samstags und sonntags um 15 Uhr; 15 US$. **Compass Charters** (☎7723 0965; www.compassadventuretours.com; Av dos Mártires de Pátria) macht sich täglich um 7.30 Uhr auf den Weg zur Insel (Erw./Kind einfache Fahrt 45/25 US$), Abfahrt ist vor dem Palácio Do Governo. Die Schiffe kehren um 15.30 Uhr zurück, Startpunkt vor Barry's Place.

An Dilis Busbahnhöfen, die eher überdachte Unterstände sind, starten Taxis und *mikrolet* (Minibusse). Morgens sind mehr Busse unterwegs. Der Busbahnhof **Tasi Tolu** dient als Ausgangspunkt für Reisen in den Westen des Landes (Ermera, Maliana und Liquiçá). Richtung Osten (Baucau, Lospalos, Viqueque) fahren die Busse am Busbahnhof **Becora** (Av de Becora) ab. Am Busbahnhof **Taibessi**, neben dem Taibessi-Markt, halten Busse auf dem Weg nach Maubisse, Same und Suai.

Timor Tour & Travel (☎7723 5093, Büro in Kupang +62 8 12379 4199; Rua Quinze de Outubro 17) betreibt einen täglichen Minibus nach Kupang (23 US$, 12 Std.) im indonesischen Westtimor. Wer mitfahren will, sollte um 8 Uhr zum Einchecken beim Büro sein. An der Grenze steigen die Fahrgäste in einen anderen Bus um. Sitzplätze können schon im Voraus ausverkauft sein.

Unterwegs vor Ort

Mikrolet (Minibusse) sind wie fahrende Stereoanlagen. Sie brummen den ganzen Tag lauthals entlang ihrer Routen und halten in kurzen Abständen.

Bei Nacht sind Mietwagen in Dili nützlich, wobei die Fahrer Autopapiere und Führerschein immer bei sich tragen müssen. Ansonsten kommt man besser zu Fuß, mit dem Rad oder per Taxi voran. Die neuen **Blauen Taxis** (☎7742 7777, 331 1110) sind mit Kilometerzähler ausgestattet und können im Voraus gebucht werden. Sie sind ein sicheres Transportmittel. Die alten gelben Taxis (ohne Kilometerzähler) sollte man lieber vermeiden. Wer doch eins nehmen muss, verhandelt den Preis besser vorab. Ein Großteil der Fahrten kommt auf 2 US$. Wer einen guten Fahrer findet, sollte sich dessen Handynummer geben lassen: Vielleicht erklärt er sich bereit, auch weitere Fahrten zu übernehmen. Auf den Straßen sind ab 21 Uhr normalerweise keine Taxis mehr unterwegs.

Sowohl für Motorrad- als auch Mopedfahrer und Mitfahrer besteht Helmpflicht.

ATAÚRO

Die Insel liegt, durch einen 3 km tiefen Kanal getrennt, rund 24 km von Dili entfernt. Conservation International warf 2016 ein Schlaglicht auf Ataúro, als es ihr die artenreichsten Gewässer der Erde bescheinigte. Den Forschungen zufolge hat die Insel eine weltweit unübertroffene Vielfalt an Rifffischen und den größten Artenreichtum pro Standort.

Ein Großteil der Riffe ist von der Küste erreichbar, oder man teilt sich die Kosten für ein Charterboot (ca. 10 US$), um etwas weiter hinaus zu kommen. Neben den Tagesausflügen zum Tauchen und Schnorcheln, die von Dili aus organisiert werden, hat Ataúro jetzt auch eigene Unterkünfte für tauchbegeisterte Backpacker. Hier kann man die entspannte Inselatmosphäre genießen und sich an hübschen Korallen und Fischen sattsehen.

VERWÖHNPROGRAMM

Das **Manukoko-Rek** (☎7748 7301; Vila de Maumeta; 16–20 US$;) bringt ein bisschen Abwechslung auf den Speiseplan, v. a. für diejenigen, die ihre Unterkunft kaum verlassen haben. Es liegt gegenüber der Puppenwerkstatt **Boneca de Ataúro** und gibt die besten Pizzas in Osttimor aus. Barry von Barry's Place kann einen *bemo* (dreirädriger Kleintransporter) für die 6 km lange Fahrt (2 US$) von der Fähranlegestelle organisieren.

Aktivitäten

Dilis Tauchgeschäfte bieten Unterwassertouren zu den farbenfrohen Korallenriffen der Insel an, ebenso das Ataúro Dive Resort direkt auf der Insel. Gästehäuser und einheimische Fischer organisieren Boottransfers zum Schnorcheln an den äußeren Riffen, oder man bleibt direkt an der Küste.

Wer durch das hügelige Inselinnere wandert, erreicht den weißen Sandstrand von **Adara** (3–4 Std.), der einige der besten Schnorchelmöglichkeiten der Insel bietet, sowie puritanische Hütten oder Zeltunterkünfte. An der Ostküste arrangieren Barry's Place (s. rechts) und das **Beloi Beach Hotel** (☎7558 3421; www.beloibeachhoteltimorleste.com; Beloi; Zi. pro Pers. inkl. VP mit/ohne Boottransfer 160/80 US$;) ein Mittagessen und ein Fischerboot (einfache Fahrt 50 US$; 2 Std.) von Beloi aus. Das Boot tuckert über azurblaues Wasser vorbei an Höhlen und weißen Sandstränden (einschließlich des imposanten Strandes **Akrema**).

Man kann auch zum höchsten Gipfel der Insel wandern, dem **Manucoco** (995 m, ca. 3 Std. ab **Vila**).

Schlafen & Essen

Compass Charters (S. 605) stellt zwei Zeltcamps auf der Insel zur Verfügung (eins in Beloi und eins in Adara).

Ataúro Dive Resort BUNGALOWS $
(☎323 2455, 7738 6166; www.ataurodiveresort.com; Beloi; EZ/DZ 35/50 US$, B im Schlafsaal inkl. Frühstück 18 US$) Volker und Saffy führen diese Tauchschule und Pension mit gemütlichen Bungalows mit Gemeinschaftsbädern sowie einem simplen Schlafsaal mit Strohdach für sechs Betten. Die besten Tauchplätze liegen eine zweiminütige Bootsfahrt entfernt, oder man schnorchelt und taucht vom Strand weg. Saffy bereitet ordentliche Eisbecher zu (1 US$).

Wer tauchen lernen möchte, bezahlt ab 450 US$; danach kosten Tauchgänge je 50 US$. Auch Nachttauchen steht auf dem Programm.

★**Barry's Place** BUNGALOWS $$
(☎7723 6084; www.barrysplaceatauro.com; Beloi; Zi. pro Pers. inkl. VP 35–45 US$) Der australische Betreiber Barry ist schon fast zwei Jahrzehnte in Osttimor und einige nachhaltige ertragreiche Entwicklungen auf Ataúro gehen auf seine Kappe. Das Fleckchen war einst karg und ausgedörrt, heute ist man von tropischer Vegetation umgeben. Die Gäste übernachten in strohgedeckten Bungalows und schaukeln in ihren Hängematten (jede Hütte hat eine). Im Voraus reservieren.

Mario's Place BUNGALOWS $$
(☎7795 7272; Adara; Zi. pro Pers. inkl. VP 25 US$) Adara, am westlichen Ende von Ataúro, ist ein ruhiges, palmengesäumtes Plätzchen mit fantastischen Schnorchel- und Tauchmöglichkeiten. Mario's umfasst vier schlichte Bungalows mit Lichtern, Ventilatoren und Moskitonetzen sowie Plumpsklosett zur Gemeinschaftsnutzung. Entweder man wandert von Beloi hierher (3 Std.) oder man chartert ein Boot (2 Std.; 100 US$ für Hin- und Rückfahrt).

Tagesausflügler können hier auch zu Mittag essen (5 US$). Schnorchel nicht vergessen (und 1,50 US$ sind als Riffsteuer zu bezahlen)!

Shoppen

Boneca de Ataúro GESCHENKE & SOUVENIRS
(Vila de Maumeta; 9–17 Uhr) Die Bezeichnung Puppengeschäft ist nicht ganz gerechtfertigt, denn in diesem unprätentiösen Gebäude am Strand nähen benachteiligte Frauen modern stilvolle Laptop- und Federtaschen sowie Puppen und Spielfiguren (schon mal Mini-Oppositionsführer in Camouflage gesehen?). Die Produkte sind auch im Boneca-de-Ataúro-Laden (S. 608) in Dili erhältlich.

Empreza Di'ak KUNST & KUNSTHANDWERK
(☎Ataúro 7730 3698, Dili 7726 6204; geral@empreza-diak.com; Beloi) Die umweltfreundliche NGO verkauft geschnitzte Krokodile, Bambustrinkhalme und Keramik aus der Region. Das Töpferhandwerk hat eine lange Tradi

on auf Ataúro, die zwei einheimische Frauen Ende der 1990er-Jahre wieder zum Leben erweckt haben.

Anreise & Unterwegs vor Ort

Die bequemste An- und Abreisemöglichkeit sind die Wassertaxis von **Compass Charters** (S. 605), die täglich um 7.30 Uhr östlich vom Palácio do Governo in Dili ablegen (einfache Fahrt 45 US$, 90 Min.) und Barry's Place ansteuern. Dort ist die Rückfahrt nach Dili täglich um 9.30 Uhr, manchmal auch um 15 Uhr.

Die **Nakroma-Fähre** (S. 609) macht sich samstags um 8 Uhr vom Hafen in Dili auf den Weg nach Beloi auf Ataúro, südlich von Barry's Place, und fährt um 15 Uhr zurück (2 Std. pro Strecke). Tickets sind freitags am Hafen von Dili erhältlich (einfache Fahrt 4 US$).

Die Autofähre von Laju Laju (S 609) verlässt Dili mit Kurs auf Beloi donnerstags um 8 Uhr und begleitet von Horngebläse nochmals am selben Tag um 15 Uhr (einfache Fahrt 5 US$).

Kevin betreibt die MV *Ataúro* (einfache Fahrt 35 US$; +670 7733 6612). Im Angebot sind auch Whalewatchingtouren zwischen September und Dezember. Oder man versucht es mit dem Beloi Beach Hotel (S. 610), das die Passagiere mit einem Charterboot für 45 US$ pro Person auf die Insel und zurück bringt.

Dragon Star Shipping (S. 609) schickt freitags, samstags, sonntags und montags um 8 Uhr ein Flussboot nach Ataúro; um 15 Uhr geht's von Ataúro wieder zurück (montags und freitags um 14.30 Uhr). Diese Option ist aber nicht zu empfehlen, denn das Boot fährt bei rauem Seegang oft nicht und ist nicht auf Seereisen ausgelegt. Die Preise für Ausländer belaufen sich auf 15 US$ für eine Einzelfahrt mit 1 Std. Dauer. Die Unterkünfte können bei lokalen Transfers mit dem Motorrad oder dem Boot helfen.

ÖSTLICHES OSTTIMOR (TIMOR-LESTE)

Am besten erkundet man die limonengrünen Reisfelder, Mangrovenwälder und idyllischen Strände dieser Region per Mietwagen, ansonsten ist man auf die unglaublich langsamen öffentlichen Verkehrsmittel angewiesen. Besucher gehen auf diese lange Reise Richtung Osten, um zwei Dinge zu sehen: den Mundo Perdido (S. 612) und das Widerstandszentrum von Loi Hunu, sowie die abgeschiedenen Sandstrände und Korallenriffe der Insel Jaco (S. 613), einen Steinwurf vom Festland entfernt. Unterwegs erinnern portugiesische Festungen und Kirchen, japanische Bergtunnel aus dem Zweiten Weltkrieg und ein Monument im Andenken an drei Nonnen, die von der indonesischen Miliz 1999 ermordet wurden, an die unterschiedlichen Belagerer der Stadt. Diese Richtung schlägt auch ein, wer zu den besten Tauchstellen im Land unterwegs ist, während Baucau sicherlich einen Stopp lohnt, um am Strand, in historischen Unterkünften und kühlen Pools zu relaxen.

Baucau

16 000 EW.

Das märchenhafte Baucau thront 123 km östlich von Dili an einem steilen Hügel und besteht aus zwei großen Stadtbereichen: der Altstadt mit Meerblick und Relikten aus der portugiesischen Ära und der von den Indonesiern erbauten farblosen Neustadt (Kata Baru) hügelaufwärts. Von der *pousada* führt eine Straße durch eine grüne Schlucht bergab in das von Palmen gesäumte Küstendorf Osolata.

Empfehlenswert sind der Markt mit frischen Lebensmitteln (und Fisch) gleich am Kreisverkehr, die hoch aufragende *pousada* (S. 612) und der malerische **Swimmingpool** (Kreisverkehr in der Altstadt, an der Straße Richtung Strand und Los Palos; 1 US$), der von einer klaren Naturquelle befüllt wird. Weitere 4 km bergab befindet sich der weiße Sandstrand Baucaus (Vorsicht vor Krokodilen).

Schlafen

Baucau Beach Bungalow BUNGALOWS $

(☎ 7770 4585; Osolata; Zi. inkl. Frühstück Bungalow/Haus 15/25 US$ pro Pers.; Camping 5 US$) Entweder entscheidet man sich für einen strohgedeckten Bungalow (Platz für bis zu 5 Pers.) oder für eines der drei Zimmer in dem Haus (Gemeinschaftseinrichtungen) näher am Strand. Für 8 US$ gibt's frischen Fisch. Bis zur Altstadt sind es 4 km; dazu nimmt man einen *mikrolet* (Minibus; 50 Cv) am Kreisverkehr. Eine Wiese lädt zum Campen ein.

Wer übers Wochenende bleibt, sollte im Voraus reservieren.

Melita Guesthouse PENSION $

(☎ 7725 0267; menobruno@yahoo.com; Rua Vao Redi Bahu, Altstadt; EZ/DZ 20/30 US$; ❄ 📶) Mit sauberen Zimmern, freundlichem Personal und einer riesigen Terrasse ist das Melita eins der besten Budgetquartiere in ganz Baucau. Ein Zimmer mit Klimaanlage kostet 5 US$ Aufpreis pro Nacht und ein Frühstück

2,50 US$ mehr. Oft ist die Pension von Schulklassen und Entwicklungshelfern ausgebucht. Wer hier einchecken möchte, biegt am Kreisverkehr bei der Pousada de Baucau links ab.

★ Pousada de Baucau HOTEL $$
(☎7724 1111; www.pousadadebaucau.com; Rua de Catedral, Altstadt; EZ/DZ inkl. Frühstück 70/75 US$; ❄ 📶) Seine Vergangenheit als Folterkammer während der indonesischen Besatzungszeit hindert das große lachsfarbene Gebäude nicht daran, die Liste der Top-Hotels in Osttimor anzuführen. Die heimeligen Zimmer verfügen über Ausblick, Minibar, *tais*-Bettdecken (Webstoff), Holzfußböden und antike Möbel. Ein Trakt mit neuen Zimmern (ohne Ausblick) wurde gerade errichtet, als wir vorbeischauten. Das Hotel hat auch ein elegantes (und teures) Restaurant.

Essen & Ausgehen

Ein paar Restaurants gibt's an der Hauptstraße in der Altstadt und billige *warungs* (Imbissstände) im neuen Teil. Die Straße nach Baucau ist mit Verkaufsständen gesäumt, die *ai manas* (Chilipaste), Kokosöl und Erdnüsse verkaufen.

ABSTECHER

VENILALE

Die Fahrt über die 28 km lange, holprige Straße zu den vor sich hin bröckelnden kolonialen Gebäuden von Venilale dauert eine Stunde. Das Städtchen schmiegt sich zwischen den Berg Matebian (S. 613) im Osten und den Berg **Mundo Perdido** (S. 612; 1775 m) im Westen. Etwa auf halber Strecke zwischen den beiden sieht man die Höhlen, die japanische Soldaten im Zweiten Weltkrieg in den Hügel gegraben haben; man kann dort auch anhalten und durchmarschieren. Venilale beherbergt außerdem ein Widerstandsmonument in den Farben Osttimors: gelb, schwarz und weiß.

Die 1933 erbaute Escola do Reino hat ein preisverdächtiges Farbschema, das man gesehen haben muss. Leider laufen die Schule und ihre Bibliothek nicht so besonders, aber die blauen und pinken Streifen leuchten immer noch in voller Kraft.

Tato-Toty INDONESISCH $
(☎7848 4478; am Kreisverkehr, Altstadt; ⊙9–22 Uhr) Das Restaurant im Obergeschoss hat einen Zungenbrecher-Namen, ein blendendes Farbkonzept und köstliches Essen. Die Suppe mit Hühnchenklößen *(soto ayam)* für 2,50 US$ ist die beste in dieser Gegend. Zudem werden Zimmer (ab 35 US$) vermietet und nebenan gibt's ein Schwimmbad.

Restaurante Amalia PORTUGIESISCH $
(☎7691 0908; Rua Vila Antiga, Altstadt; Hauptgerichte 4–7 US$; ⊙9–22 Uhr) In Baucau ist dieses Restaurant eine alteingesessene Institution und seine üppig bepflanzte, schattig-kühle Außenterrasse wirkt verlockend. Es ist perfekt für einen Kaffee oder ein Bintang, aber die Mahlzeiten lassen zu wünschen übrig. Am besten kostet man den Blick aufs Meer aus oder bewundert drinnen die herrlich geschmückten Altäre.

An- & Weiterreise

Zahlreiche Busse verkehren zwischen Dili und Baucau (123 km; 5 US$, 4 Std.). Ein Großteil der Straße wurde 2017 umgegraben und erneuert, was hoffentlich in Zukunft einer kürzeren Fahrt den Weg ebnet. Es gibt auch Verbindungen nach Lospalos (5 US$, 4 Std.); wer nach Jaco will, steigt an der Abzweigung Tutuala aus.

Loi Hunu & Mundo Perdido

Loi Hunu war eins der wichtigsten Gebiet[e] im Widerstandskampf Osttimors, und viel[e] der heutigen politischen Führungskräft[e] stammen aus dieser Gegend oder versteck[-] ten sich hier während der indonesischen Be[-] satzungszeit. Immer noch birgt der Ort un[-] zählige Mysterien und beheimatet Fleder[-] maushöhlen und heiße Quellen.

Im Hotel Comunitaria Wailakurini lern[t] man traditionelles Essen in Bambus übe[r] offenem Feuer zu kochen. Wer sich der Kle[t-] terpartie im Morgengrauen auf den Mund[o] Perdido anschließt, sollte sich in Bauca[u] vorab mit Snacks eindecken.

Mundo Perdido BE[RG]
Unten der laubbedeckte Boden, oben ziehe[n] kreischende Fledermäuse und Regenboge[n-] papageien ihre Kreise – das erwartet Klett[e-] rer auf dem Mundo Perdido (1775 m) – wa[s] übersetzt so viel wie „Verlorene Welt" bede[u-] tet. Der Berg ist eins der Highlights diese[s] Landes. Der Anblick des Sonnenaufgang[s] vom grasbewachsenen Plateau nahe de[m]

Gipfel (1380 m) lohnt den Weckanruf um 4 Uhr früh. Der örtliche Guide Xisto (7786 7272) verlangt 10 US$ pro Gruppe. Ausgangspunkt ist bei Ossu, 20 bis 30 Minuten von Loi Hunu. Von da startet die 6 km lange Wanderung (2 Std. Rundweg).

Guerilla-Verstecke WANDERN
(Wasu-Diga; Loi Hunu; 5 US$ pro Pers. plus 5 US$ pro Gruppe für einen Guide) Ansässige Veteranen haben sich zusammengetan und den Wasa-Diga-Berg hinauf Treppen angelegt, damit Besucher die Felsvorsprünge begutachten können, wo sich einst die Helden des Widerstandskampfes, einschließlich Lu-Olo (Francisco Guterres) aus Ossu und Präsident Taur Matan Ruak (José Maria Vasconcelos) versteckten. Der fast senkrechte Aufstieg wird mit einem herrlichen Ausblick vom Gipfel belohnt.

Hotel Comunitaria Wailakurini PENSION $$
(☎ 7832 6687; hotelcomunitariawailakurini@gmail.com; Loi Hunu; Zi. inkl. Frühstück 45 US$) Das nette Gästehaus thront in der Nähe eines natürlichen Schwimmbeckens mit Wasserfall. Wer im Voraus Bescheid gibt, kann hier lernen, Essen in Bambus zuzubereiten, mit anschließender Verköstigung (7 US$). Die Zimmer sind nach Widerstandskämpfern benannt. Traditionelle Holzhütten mit Holzschnitzerei an den Türen und einem Balkon kommen auf 5 US$ extra – obwohl sie schon etwas abgenutzt sind.

An- & Weiterreise

Von Baucau fährt man vier Stunden mit Allradantrieb nach Loi Hunu. Busse schaffen Verbindung zwischen Baucau und Viqueque und Ossu (? US$). Sie kommen nicht an den Unterkünften in Loi Hunu vorbei, aber wenn man den Fahrern sagt, wo man wohnt, wird man an der richtigen Stelle abgesetzt und es lässt sich vielleicht eine Mitfahrgelegenheit heranwinken. Von der Unterkunft sind es nochmals 20 bis 30 Minuten Fahrtzeit zum Ausgangspunkt für die Wanderung auf den Mundo Perdido.

Matebian & Umgebung

Matebian (2315 m) war das Hauptziel der indonesischen Luftangriffe Ende der 1970er-Jahre und das letzte der befreiten Gebiete. Es kursieren unzählige Geschichten über die grausamen Attacken, bei denen ganze Familien ausgelöscht wurden, als die Höhlen, in denen sie sich versteckt hielten, unter der Befeuerung einstürzten. Der Berg ist auch als „Berg der Toten" bekannt und bleibt ein heiliger Ort, wo die „Seelen der Guten" ruhen. Die neueren politischen Parteien Osttimors schicken junge Mitglieder auf den Berg, damit sie sich den Geistern gegenüber verpflichten, sollten sie sich von Korruption verleitet sehen.

Auf der Spitze des Matebian steht eine Christusstatue, die Tausende von Wallfahrern jedes Jahr zu Allerseelen (2. November) herbeiströmen lässt.

Eine eintägige Bergtour ist hier nicht möglich. Viele Stellen sind gefährlich, rauben viel Zeit und man benötigt in jedem Fall einen lokalen Guide. Von November bis Februar ist der Berg für die meisten Kletterer gesperrt. Wer ihn besteigen will, startet am besten in **Quelicai** und marschiert 8 km bis zum Sattel, stellt da das Zelt zum Rasten auf, bevor es weiter auf den Gipfel geht, wo man den Sonnenaufgang beobachten kann.

Für die Anreise ist ein eigener fahrbarer Untersatz mit Allradantrieb notwendig. Proviant nicht vergessen! Übernachtungsmöglichkeiten lassen sich nur über die lokale Bevölkerung organisieren.

Tutuala & Jaco

Das Dorf Tutuala liegt an einer Steilküste, wo man von der renovierten portugiesischen *pousada* (S. 614) eine umwerfende Aussicht aufs Meer genießt. Ganz in der Nähe, wenn man die Straße nach **Valu** verlässt, findet man **Höhlen mit Felsmalereien** (an der Straße von Tutuala nach Valu). Sie sind ausgeschildert, aber ein Guide ist trotzdem empfehlenswert. Weiter bergab geht's nach Valu zu einem idyllischen weißen Sandstrand, und hinter dem Abhang links gelangt man direkt zu den strohgedeckten Hütten des gemeinschaftlich geführten Valu Sere (S. 614). Beim Einschlafen kann man den Wellen lauschen, und beim Erwachen erblickt man die wunderschöne unbewohnte Insel Jaco, die gleich vor den türkisblauen Wassern liegt. Das Bauen und Übernachten ist auf der als heilig verehrten Insel verboten, aber Fischer nehmen Besucher mit hinüber und bringen sie wieder zurück, für 10 US$. Dann war man tatsächlich einmal auf einer verlassenen tropischen Insel. Das Wasser ist glasklar und im Korallenriff kann man wunderbar schnorcheln.

Es ist ein langer Weg von Dili nach Jaco (9 Std.); in Tutuala gibt's einige Unterkünfte, falls man es nicht an einem Tag bis nach Valu schafft.

AUF DER STRASSE ZUR GRENZE

Die Grenze zum indonesischen Westtimor liegt etwa vier Stunden westlich von Dili, entlang der neu errichteten und schon wieder baufälligen Küstenstraße.

Etwa 20 km nach Dili stehen die Ruinen des malerischen **Prisão do Apelo** aus der portugiesischen Ära. Nach weiteren 14 km ist man in Liquiçá, wo es ein paar prächtige alte Gebäude gibt. In der Kirche hier ereignete sich 1999 eines der schlimmsten Massaker. Es gibt **Campingmöglichkeiten** am Wasser, aber wer lieber am Sandstrand ausspannen möchte, fährt zum **Lauhata Beach Escape**.

Maubara, 49 km von Dili entfernt, verfügt über eine niederländische **Festung** aus dem 17. Jh. mit einem kleinen Restaurant und Handwerksmarkt. *Mikrolet* (Minibusse) von Dili halten sowohl in Liquiçá als auch in Maubara (2 US$). Busse von Dili passieren die kleine Grenzstadt **Batugade** (6 US$; 113 km von Dili entfernt) auf ihrem Weg ins Landesinnere nach Balibó und Maliana.

★ **Valu Sere** BUNGALOWS $
(☎7791 2657; Valu-Strand; Camping mit eigenem/gemieteten Zelt 5/10 US$, Zi. 20 US$) In schlichten, offenen Bungalows lauschen die Gäste unterm Moskitonetz den Wellen, die an den Strand brausen. Die Hütten liegen auf dem schattigen Gelände (inklusive Campingplatz) des gemeindegeführten Gästehauses. 25 % des Gewinns geht an Nationalparkprojekte. Im zentralen Haupthaus werden einfache Mahlzeiten serviert, oder man kauft Fisch bei den lokalen Fischern (15 US$) und lässt ihn sich zubereiten.

Gracinda's Homestay APARTMENT $
(Homestay Ranu Painu; ☎7807 7722; Abzweigung Richtung Valu, Tutuala; Zi. 10 US$) Das Zimmer oberhalb eines Geschäftslokals kommt all jenen gerade recht, die es noch nicht ganz bis Jaco geschafft haben, wenn es aber bereits zu dunkel für die restlichen 6 km Abstieg ist. Am Kiosk herrscht reger Handel mit dem lokalen Brandy *Tua Sabu*. Am besten ruft man Gracinda kurz vor Ankunft an, damit sie das Zimmer schnell vorbereiten kann. Das Apartment liegt gegenüber der Abzweigung nach Valu.

Tutuala Pousada HOTEL $$
(Pousada de Tutuala; ☎7746 3880; direkt am Hügel, Tutuala.; Zi. inkl. Frühstück 30 US$ pro Pers.) Die *pousada* aus der Kolonialzeit sitzt direkt auf einem Hügel und lässt das relativ schäbige Dorf Tutuala hinter sich. Ohne Strandzugang gibt's hier nicht viel zu tun außer auszuspannen und die Landschaft in sich aufzunehmen. Die meisten Gäste sind auf der Durchreise zur Insel Jaco – der Hauptattraktion schlechthin. Die Zimmer sind okay und mit Ventilatoren ausgestattet. Essen gibt's für 10 US$.

ℹ An- & Weiterreise

Valu ist mit öffentlichen Verkehrsmitteln erreichbar. Die geschickteste Option ist der Bus von Baucau Richtung Lospalos (4 US$; 4 Std.), den man an der Tutuala-Abzweigung in Fuiloro verlässt. Am besten in der Unterkunft anfragen, ob sich ein *ojek* (Motorradtaxi) von dort organisieren lässt, denn es dauert noch eine Stunde bis Tutuala.

In Tutuala legt man dann einen 8 km langen Fußmarsch zum Strand hinunter zurück.

Unterwegs bewerben lokale Fischer eine kurze Überfahrt zur Insel Jaco für 10 US$ (Hin- und Rückfahrt; pro Gruppe). Sie holen Passagiere zur vereinbarten Zeit auch ab.

WESTLICHES OSTTIMOR (TIMOR-LESTE)

Der Westen Osttimors hat alles, von kahler sich windenden Pässen durchs Landesinner und schattenspendenden Kaffeehainen ir Regenwald bis hin zur Küstenstraße, die a die indonesische Grenze führt. Von Dili au landeinwärts liegt ein erstklassiges Kaffeeg biet: Aileu (S. 617) lädt mit gutem Essen z einer Pause ein, bevor es weiter in die neblig Bergstadt Maubisse geht. Idealerweise bleil man ein Wochenende und besteigt am Mo gen Osttimors höchsten Berg, den Ramela Eine Küstenstraße führt die Besucher b über den Erholungsort Liquiçá hinaus.

Dann geht's wieder hinauf in die Berg nach Balibó (S. 616) und zu Marobos heiße Quellen **Be Manis** (Marobos heiße Quellen; M robo; pro Auto/Motorrad 5/1 US$; ⏲9–17 Uhr), e ehemaliges portugiesisches Bergresort, d während einer Renovierung zu einem rec großen Komplex ausgebaut wurde. Ei steinige Straße führt 18 km von Malia nach Marobo. Gewöhnliche Autos schaffe die steile 6 km lange Abfahrt zu den ausg schilderten heißen Quellen nicht.

Busse über Balibó nach Maliana (6 US$) starten am Bahnhof Tasi Tolu in Dili. In Balibó lässt sich ein *ojek* zu den heißen Quellen arrangieren (10 US$).

Liquiçá

5000 EW.

Der Küstenort Liquiçá hat sich von einem netten Ausflugsstädtchen zu einer top Übernachtungslocation gemausert. Da die Stadt selbst nicht viel zu bieten hat, lassen sich die meisten Gäste in ihren Unterkünften die Sonne auf den Bauch scheinen – perfekt, um Dili unter der Woche zu entfliehen (an Wochenenden steigen die Preise und es wird zusehends voller).

Mikrolets (Minibusse) brechen tagsüber vom Busbahnhof Tasi Tolu (Dili, S. 609) nach Liquiçá auf und brauchen eine Stunde (2 US$).

Schlafen & Essen

★ Caimeo Beach Resort ZELTLAGER $$
(☎7798 8305; www.caimeobeach.com; Caimeo Beach Road; Zelt 30–115 US$) Acht luxuriöse Zelte (vier mit eigenem Bad) warten mit Betten, Ventilatoren, Licht und Duschen auf. Unter der Woche sind die Preise niedriger. Allein das Restaurant ist einen Besuch wert. Das manchmal unruhige Meer ist über Stufen zugänglich. An der Hauptstraße kurz vor Liquiçá folgt man den Schildern zum Quartier.

Lauhata Beach Escape HOTEL $$
(☎7740 1111; lauhata@flybus.tl; Liquiçá; Zi. 75 US$; 🛜) Expats lieben diesen Ort, der ganz im Zeichen der Entspannung steht: kühles Kokoswasser unter einer Palme schlürfen, im Restaurant abhängen oder den schwarzen Sand von Liquiçá beim Volleyballspielen zwischen den Zehen spüren. Die acht Zimmer gewähren nicht wirklich tolle Ausblicke, das Preis-Leistungs-Verhältnis unter der Woche ist besser, aber der freundliche Gastgeber Carlos macht einen guten Job.

Black Rock Restaurant TIMORESISCH $$
(☎7798 8305; Caimeo Beach Resort, Caimeo Beach Road; Hauptgerichte 8–18 US$; ⏲8–20 Uhr) Den ganzen Tag über getoastete Sandwiches, lokalen Kaffee und Bananen-Pancakes, man kann also jederzeit auf einen schnellen Snack vorbeischauen. Frühstück wird bis 11 Uhr serviert. Alle, die länger bleiben, finden die täglichen Fischspezialitäten an der Tafel angeschrieben. Oder wie wär's mal mit einer örtlichen Spezialität wie Chinakohl auf timoresische Art? Die vegetarische Pizza hat gute Bewertungen.

Maubisse

6229 EW. / HÖHE 1400 M

Morgens im kühlen Maubisse zu erwachen und zu beobachten, wie der Nebel aufsteigt und langsam das Dorf freigibt, ist ein unvergessliches Erlebnis. Zudem wartet Maubisse mit einem Wasserfall zum Schwimmen und zwei genialen Speiseoptionen ganz in der Nähe auf. Verbesserte Straßen von Dili (obwohl die Steigung enorm ist) machen die Stadt zur perfekten Wochenenddestination für Expats.

Auf dem Hügel hinter Hakmatek liegt eine Reihe noch bewohnter traditioneller timoresischer Häuser, wo man die Bewohner, Jung und Alt, ein noch urig-ländliches Leben führen sieht.

Schlafen & Essen

Die Pousada de Maubisse, einst ein Spitzenreiter unter den Unterkünften in Osttimor, wurde zur Zeit der Recherche wegen Renovierung geschlossen. Wenn sie wieder öffnet, wird sie wohl ihre Stellung zurückerobern (solange der Preis stimmt).

★ Hakmatek Cooperative BUNGALOWS $$
(☎7771 4410, 7514 9808; turismo_etico@yahoo.com; Tartehi, Maubisse; EZ/DZ 15/30 US$) Die bescheidenen Strohhütten dieses Gemeindeunternehmens befinden sich zehn Minuten südlich von Maubisse und bieten einen einmalig weiten Ausblick auf die Berge rundum. Eine geführte Tour zum *uma lulik* (geheiligtes Haus) hinter der Pension verschafft einen Einblick ins traditionelle Leben. Danach geht's zum Schwimmen im kühlen azurblauen Wasserloch nicht weit entfernt (Guides verlangen 10 US$ pro Pers.).

Die lokalen Speisen sind auch fein, aber man sollte im Voraus buchen.

Green School BUNGALOWS $$
(Escola Verde; ☎7620 9936; www.santanatimorleste.com; Zi. 35 US$) Durch den terrassenförmigen Bio-Gemüsegarten führen Stufen hinab zu zwei strohgedeckten Villen (mit Warm- und Kaltwasser). Reservierungen vorab! Die Gäste müssen auch weit im Voraus Bescheid geben, wenn sie in dem charmanten Restaurant bei schönem Ausblick mal herzhaft schlemmen wollen (Gerichte 12 US$). Gekocht wird mit biologischen und Freilandprodukten. Einfach den Schildern ab der Hauptstraße folgen.

NICHT VERSÄUMEN

BALIBÓ

Landeinwärts von Batugade liegt in den Bergen die lauschige Stadt Balibó. Himmlische Ausblicke und die alten Bäume entlang der vorbildlichen Straße hinab nach Maliana verleihen der Gegend ein erfrischendes Flair, aber bekannt ist die Stadt als jener Ort, an dem im Oktober 1975 fünf australische Journalisten von indonesischen Soldaten getötet wurden.

Die australische Flagge, die sie malten, um sich zu schützen, ist im **Balibó Flag House** (www.balibohouse.com; ⏲ Mo–Sa 8–12 & 14–17, So ab 10 Uhr) GRATIS, ausgestellt, das heute eine Gedenkstätte, ein Café und ein Gemeindezentrum einschließt. Hier kann man Greg Shackletons letzte ergreifende Sendung sehen. Der australische Film *Balibo* (2009) basiert auf den tragischen, immer noch ungeklärten Morden.

Auf dem Hügel gegenüber thronen ein restauriertes portugiesisches Fort aus dem 18. Jh. mit kleiner Galerie und das 2015 eröffnete hervorragende **Balibó Fort Hotel** (☎ 7709 1555; www.baliboforthotel.com; DZ/2BZ inkl. Büfettfrühstück 95 US$; ⏲ Restaurant 8–21 Uhr; ❄ 📶) 🍃.

Die Busse nach Maliana fahren durch Balibó (6 US$), Abfahrt vom Bahnhof **Tasi Tolu** (S. 609) in Dili. Die langwierige Fahrt wird durch Frachtverladungen und Pausen unterbrochen, so sind es insgesamt sechs Stunden (vier Stunden mit dem Auto).

ℹ An- & Weiterreise

Bei guten Straßenverhältnissen dauert die 24 km lange Reise von Aileu nach Maubisse 40 Min. Busse über Aileu nach Maubisse (5 US$, ca. 3 Std.) fahren immer morgens vom Taibessi-Busbahnhof (S. 609) in Dili ab. Traveller, die nach Hatubuilico weiterfahren wollen, nehmen den Bus Richtung Same (4 US$) und steigen an der Abzweigung aus.

Hatubuilico & Ramelau

Wilde Rosen wachsen am Straßenrand und muntere Gebirgsbächlein plätschern durch das Dörfchen Hatubuilico am Fuße des Ramelau (2963 m). Die *pousada* ist zu empfehlen, aber eigentlich kommt man hierher, um vom Gipfel des Ramelau die Sonne über den Wolken aufgehen zu sehen – ein echtes Highlight auf einer Reise durch Osttimor.

Der Aufstieg vom Dorf zur Statue Na'i Feto Ramelau (Jungfrau Maria) auf dem Gipfel dauert bis zu drei Stunden; für alle, die den Sonnenaufgang sehen wollen, ist Aufbruch um 4 Uhr morgens. Wer das zu anstrengend findet, kann alternativ mit einem Allradwagen 2,5 km bis zu einem Parkplatz hinauffahren. Von dort sind es rund 90 Min. zu Fuß bis zur Spitze. Nach 724 Stufen Aufstieg findet man einen breiten, gut markierten Gehweg. Auf einem in 2700 m Höhe gelegenen Plateau begrüßt den Wanderer eine Open-Air-Kirche. Vom Gipfel sieht man sowohl die Süd- als auch die Nordküste.

Die Unterkunft kann einen Guide arrangieren (20 US$ pro Gruppe). Wer einen bucht, unterstützt damit die örtliche Gemeinde. Warme Kleidung nicht vergessen – es ist kühl am Gipfel.

Ovalido Garden HOTEL
(☎ 7618 3577, 7741 3468; Hauptstraße nach Hatubuilico; Zi. 35 US$) Um heißes Wasser muss man womöglich kämpfen (alle Zimmer haben Bäder, aber nicht alle Bäder haben Warmwasser), doch dieses neue Hotel ist praktisch für eine Rast vor dem Aufstieg auf den Ramelau um 4 Uhr morgens. Dazu am besten im Voraus darum bitten, dass die Unterkunft beim Aufstehen Frühstücksbrötchen mit Ei und Kaffee bereithält. Das Abendessen (5 US$) ist allseits beliebt.

Pousada da Alecrim PENSION
(☎ 7611 3821, 7730 4366; Rua Gruta Ramelau Hu Nr. 1; Zi. inkl. Frühstück 15 US$ pro Pers.) Das unheimliche, düstere Gästehaus an der Hauptstraße ist schon etwas in die Jahre gekommen. Ankunft im Voraus angeben und Mahlzeiten (5 US$) buchen, sonst bleibt man mit knurrendem Magen zurück. Das Personal kann einen Guide (20 US$ pro Gruppe) für den Aufstieg auf den Ramelau organisieren.

ℹ An- & Weiterreise

Busse von Maubisse (4 US$) nach Same oder Ainaro lassen die Fahrgäste an der Abzweigung nach Hatubuilico aussteigen. Von da sind es 18 km bis Hatubuilico (ca. 1 Std. mit eigenem Allradfahrzeug). Wenn die Straße befahrbar ist (schon beim kleinsten Anflug von Regen weicht sie auf), pendeln mittwochs und samstags *anggunas* (Transporter) zwischen Maubisse und Hatubuilico (2 Std.). Der Preis hängt von der

Anzahl der Passagiere ab und beträgt im Durchschnitt etwa 4 US$. Einheimische kommen gern übers Wochenende hierher – da kann man sich eventuell die Fahrtkosten teilen.

OECUSSE

2 000 EW.

Seit Oecusse 2015 zur Sonderzone für Soziale Marktwirtschaft ernannt wurde, hat sich die Stadt rasant entwickelt. Sie erhielt neue Straßen (obwohl es nicht viele Autos gibt), eine gewaltige **Brücke** (im Westen von Oecusse-Stadt), Rund-um-die-Uhr-Stromversorgung und einen internationalen Flughafen im Wert von 120 Mio. US$, der 2018 eröffnet werden soll. Eine ähnlich große maritime Artenvielfalt wie Ataúro (Schnorchel und Tauchausrüstung mitbringen!) und eine problemlose Anreise von Dili lockt viele für ein paar Tage an.

Sehenswertes & Aktivitäten

Pantemakassar, auch Oecusse-Stadt genannt, hat ein von Palmen eingefasstes Ufer, an dem man fabelhafte Sonnenuntergänge erleben kann. Im November ziehen Grindwale vorüber und Taucher sehen Schildkröten und Korallenkolonien unter Wasser. Einer muss Wache und nach Krokodilen Ausschau halten, dann können die anderen vor der Kirche am Ufer mit Schnorchel gewappnet hinausschwimmen.

In den Seegraswiesen von Oecusse tummeln sich Gabelschwanzseekühe. Der schönste Strandabschnitt beginnt 2 km östlich von Pantai Mahata und endet mit einem überwältigenden Kap aus roten Felsen.

Fonte Sagrada Trail WASSERFALL

(Wanderung zum Heiligen Wasserfall; ☎7734 0023; US$ pro Pers.) Um den heimischen Tourismus anzukurbeln, wurde der 3 km lange Fonte-Sagrada-Trail geschaffen. Einheimische Guides räumen den Weg zu diesem ganz besonderen heiligen Ort, an dem ein traditionelles Ritual – inklusive Büffelopfer – abgehalten wird, wenn ein Mann aus der Gemeinde eine Frau von außerhalb heiratet. Schwimmen ist hier verboten.

Schlammgeysir THERMALQUELLEN

(Oesilo) In diesem Geysir brodelt Vulkanschlamm. Er liegt fünf Minuten von Oesilo entfernt, ca. 90 Fahrminuten südöstlich von Pantemakassar, unweit der indonesischen Grenze. Besucher gelangen mit einem *ojek* (Motorradtaxi) hierher.

ABSTECHER

AILEU

Aileu ist ein pittoreskes Kaffeedorf. Schon die Fahrt hierher ist nett, die neuen Straßen ermöglichen eine relativ geradlinige Anreise von Dili. Einen Besuch im **Wild Timor Coffee** (www.wildtimorcoffee.com; Aileu), direkt vor Aileu, sollte man sich nicht entgehen lassen.

Restaurante da Montanha (☎7725 2527; Alieu; Hauptgerichte 6–12 US$; ⏲8–17 Uhr) ist eine tolle legere Option in Osttimor und schon allein eine Reise in die Gegend wert.

Busse vom Bahnhof Taibessi (S. 609) fahren durch Aileu (4 US$, 1 Std.), bevor es nach Maubisse und Same weitergeht.

Schlafen & Essen

Ein Großteil der Reisenden übernachtet in Oecusse-Stadt. Die kleine Einwandererszene hier ist sehr aktiv, etliche Spanier und Portugiesen eröffneten Restaurants und Bars an guten Standorten.

Hotel Tony PENSION $

(☎7568 4457; Rua Sikluli Aldeia Sanane; pro Pers. inkl. Frühstück 17,50 US$; P ❄) Eine timoresische Familie hält diese vier einfachen Motel-Zimmer perfekt in Schuss, mit nettem Garten vorne dran. Jedes Zimmer verfügt über Bad und Klimaanlage.

Alegria HOMESTAY $$

(☎7761 0000; Rua Sikluli Aldeia Sanan, Pantemakassar; Zi. inkl. Frühstück 50 US$; ❄) Alegria hat sich dank des Bar-Restaurants auch als Cocktaillounge einen Namen gemacht. Die acht neuen wunderschönen Zimmer machen die Unterkunft zu *der* Bleibe in Pantemakassar. Sie sind mit *tais* (Webstoffen), unzähligen Felselementen und Liebe zum Detail dekoriert und haben westliche Toiletten.

Dominican Cafe CAFÉ $

(die Hauptstraße hinunter zum Strand in Oecusse-Stadt; ⏲7.30–21.30 Uhr) Das gemeinnützige Café ist leicht zu finden – direkt an der Hauptstraße Richtung Strand. Es besteht aus mehreren Hütten in einer üppig mit Palmen bepflanzten Anlage. Guter Kaffee, günstige, frischgepresste Säfte und ziemlich trockene Kuchen kommen hier auf den Tisch. Bei Expats (v. a. portugiesischen Lehrern) und Geschäftsreisenden in Oecusse sehr beliebt.

Moxito CAFÉ **$$**
(Strand in Oecusse-Stadt; Hauptgerichte 8,50 US$; ⏲7–21 Uhr) Hereinspaziert durch einen großen Betonbogen! Im Moxito nippen die Gäste an einem Gin Tonic, während sie den Sonnenuntergang beobachten. Das Bar-Café gehört Einwanderern, die Burger und Pizza anbieten, und auch ziemlich leckeren Schokopudding.

ℹ Anreise & Unterwegs vor Ort

Oecusse ist leicht von Dili aus zu erreichen. Flieger von **STAT-ZEESM** (☎ Zweigstelle in Dili 7762 5771, Zweigstelle in Oecusse 7752 4697; Flughafen Presidente Nicolau Lobato; 40 Min.) heben donnerstags bis dienstags ab und regelmäßige Fährverbindungen gibt's von Laju Laju (S. 609) und **Nakroma** (☎ Zweigstelle in Dili 331 7264; 12 Std.).

Der extravagante Grenzübergang bei Wini von Indonesien nach Osttimor liegt 20 Minuten von Pantemakassar entfernt, an einer neu erbauten Straße, erreichbar mit einem *ojek* (Motorradtaxi; 2 US$). Die meisten Traveller brauchen kein Visum für die Reise von Oecusse ins indonesische Westtimor, aber wer dann wieder über den Landweg durch Mota'Ain nach Osttimor einreisen möchte, benötigt eine Genehmigung von den Behörden in Kupang in Westtimor. Alternativ kann man online unter www.migracao.gov.tl darum ansuchen und bekommt sie gemailt. Dies dauert mehr als zehn Tage.

Wer die Grenze bei Wini um 8.30 Uhr überquert, kann mit einem vorab gebuchten Taxi (z. B. ☎ +62 8 23420 77777) weiter bis Atambua (Westtimor) fahren. Dort hebt täglich um 12.30 Uhr eine Maschine von Wings Air (www.lionair.co.id) nach Kupang (Westtimor) ab, Ankunft gegen 13.15 Uhr.

Ein *ojek* (Motorradtaxi) befördert Gäste für 25 Cv durch Oecusse-Stadt. **RentLo** (☎ 7723 2351, 7732 9755; oe-cusseamasat@hotmail.com) vermietet Allradfahrzeuge, um das übrige Oecusse zu erkunden. Busse fahren hier keine.

OSTTIMOR (TIMOR-LESTE) VERSTEHEN

Osttimor aktuell

Die Einnahmen aus den Offshore-Öl- und Gasvorräten haben einen wahren Entwicklungsboom in Suai und Oecusse hervorgebracht, doch die Gesundheitsbedingungen für viele Osttimorer sind nach wie vor schlecht, 40 % leben unter der Armutsgrenze. Die staubige Trockenzeit in Osttimor wechselt mit der Regenzeit ab, die ganze Dörfer abschneidet und breite Ströme in die Korallenriffe rund ums Land eindringen lässt. Seit der Unabhängigkeit 2002 halten dieselben Politiker das Land fest im Griff trotz regelmäßiger Vorwürfe der Korruption und Vetternwirtschaft.

Wem gehören die Öl- und Gasreserven in den Gewässern zwischen Osttimor und Australien? Das war schon vor der indonesischen Besatzung in den 1970er-Jahren ein Diskussionsthema und ist es immer noch. Nach der Unabhängigkeit unterzeichnete Australien mehrere Abkommen mit Osttimor, inklusive eines Vertrags, der die gleichmäßige Verteilung der Erträge aus den Öl- und Gasvorkommen vorsieht (allein 40 Mrd. US$ aus dem Greater-Sunrise-Feld, das ca. 150 km von Osttimor und 450 km von Darwin entfernt liegt). Doch Osttimor wendete ein, dass die Seegrenze auf je halbem Weg zwischen den beiden Ländern verlaufen sollte, wonach ein Großteil von Greater Sunrise auf osttimoresischem Hoheitsgebiet läge.

Im Januar 2017 kündigte Osttimor aufgrund von Spionagevorwürfen gegen die australischen Behörden die Vereinbarung von 2006 auf; acht Monate später wurde von Osttimors Verhandlungsführer, dem ehemaligen Präsidenten und Widerstandskämpfer Xanana Gusmão, vor dem Ständigen Schiedsgerichtshof in Kopenhagen unterzeichnet, was er als „historischen" Deal bezeichnete und in dem die Frage des Greater-Sunrise-Felds thematisiert war. Er wurde bei seiner Rückkehr mit Jubelrufen gefeiert, aber Beobachter behaupten, dass Osttimor auch bei dieser Vereinbarung den Kürzeren gezogen hat.

In der Zwischenzeit werden die Öl- und Gaserträge schnell in große Infrastrukturprojekte in Suai und Oecusse gesteckt. Während das Geld in Vorhaben wie den 120 Mio. US$ schweren internationalen Flughafen in Oecusse fließt (mit dem man internationale Besucher u. a. zum Medizintourismus animieren und in die Kasinos locken will), werden Sorgen laut, dass Osttimors Öl- und Gaserträge in zehn Jahren vollkommen erschöpft sein könnten.

2017 wurden friedliche Präsidenten- und Parlamentswahlen abgehalten, bei denen Francisco „Lu Olo" Guterres zum Präsidenten und der ehemalige Premierminister Mari Alkatiri wiedergewählt wurde – zehn Ja e nach seiner ersten Amtsperiode (er war)sttimors Premierminister von 2002–2006).)er Nobelpreisträger und einstige Präsident ınd Premierminister José Ramos-Horta trat ein neues Amt als Staatsminister und Natinaler Sicherheitsberater an.

Alkatiris Fretilin-Partei führte zum ersten Ial in der Geschichte Osttimors eine Minerheitsregierung an, nachdem sie nur 23 on 65 Sitzen im Parlament für sich gewinen konnte. Die ursprünglichen Pläne einer Koalition mit der neuen Jugendpartei Khuno (die viele mit fünf gewonnenen Sitzen berrascht hat) scheiterten, und Fretilin bilete mit der PD (Demokratische Partei) eine oalition, der sie lange Zeit feindselig geenüberstanden hatte. Als die Minderheitsegierung kein Budget verabschieden konn-, rief sie gemäß Verfassung Neuwahlen für Iai 2018 aus.

Geschichte

Die Ankunft der Portugiesen

ber Timors Geschichte vor dem Jahr 1500 t nur wenig bekannt, obwohl chinesische nd javanische Händler spätestens seit dem 3., vielleicht sogar schon im 7. Jh., ihre Spun hinterließen. Die Kaufleute suchten in en küstennahen Siedlungen nach aromatihem Sandelholz und Bienenwachs. Im hr 1556 gründeten ein paar dominikanihe Mönche in Lifau, der heutigen Enklave ecusse, die erste portugiesische Siedlung. on dort aus verbreiteten sie den Katholizisus unter den Timorern.

n den Portugiesen etwas entgegenzusetn, bauten die Niederländer 1653 in Kung, im westlichen Timor, eine Festung. 56 bestimmten die Portugiesen einen Verlter für Lifau, allerdings stellten die Tosse (Leute aus der Region, die sich auf re portugiesischen Vorfahren beriefen er sich mit der Kultur identifizierten) eine Gesetze auf und vertrieben 1705 den rtugiesischen Gouverneur.

1749 brachten sie Zentraltimor unter ihre rrschaft und fielen in Kupang ein. Doch Niederländer gewannen die Kämpfe und nnten weitere Teile Westtimors unter ihre ntrolle bringen. Nachdem die Topasse in au auch die Portugiesen mehrfach attaert hatten, verlagerten diese 1769 ihre gierung nach Dili.

Durch den 1859 geschlossenen „Vertrag von Lissabon" wurde Timor geteilt. Seine formale Umsetzung fand 1904 statt. Portugal erhielt zusammen mit der nördlichen Bucht von Oecusse die Osthälfte. Dieser portugiesische Teil Timors war ein verschlafener Außenposten mit einem traditionellen Führungssystem durch *liurai* (örtliche Anführer). Außerhalb Dilis hatten die Portugiesen nur wenig Macht und ins Landesinnere drangen sie erst im 20. Jh. vor.

Zweiter Weltkrieg

1941 entsandte Australien eine kleine Kommandoeinheit ins portugiesische Timor, die sogenannte Sparrow Force, um den Japanern entgegenzuwirken. Obwohl die Militäroffensive das neutrale Portugal verärgerte und die Kolonie in den Pazifikkrieg hineinzog, verzögerte sie die japanische Expansion. Im Februar 1942 erzwangen die Japaner nach der blutigen Schlacht um Timor die Kapitulation der Alliierten, aber mehrere hundert Kommandos blieben noch ein Jahr im Land und führten, unterstützt von Einheimischen wie den *creados* (Jungen aus Timor, die den Australiern im Zweiten Weltkrieg Hilfe leisteten), noch viele erfolgreiche Angriffe auf die Japaner an. Diese machten als Reaktion darauf ganze Dörfer dem Erdboden gleich, plünderten Lebensmittelvorräte und brachten in den Gebieten, wo Australier operierten, viele Timorer um. Die erschütternde Bilanz des Kriegs: 40 000 bis 60 000 Tote.

Rückzug der Portugiesen, indonesische Invasion

Nach Ende des Zweiten Weltkriegs kam die Kolonie erneut unter portugiesische Herrschaft, doch als im Mutterland im April 1974 die Regierung gestürzt wurde, setzte Lissabon ein Entkolonialisierungsprogramm in Gang. Innerhalb weniger Wochen bildeten sich in Osttimor politische Parteien. Die UDT (União Democrática Timorense – Demokratische Timoresische Union) versuchte im August 1975 an die Macht zu gelangen. Aus dem folgenden kurzen, aber brutalen Bürgerkrieg ging der politische Rivale von UDT, Fretilin (Frente Revolucionária do Timor-Leste Independente – Revolutionäre Front für die Unabhängigkeit von Osttimor), als Sieger hervor. Am 28. November desselben Jahres – mitten in einer indonesischen Invasion – verkündete die Partei die Unabhängigkeit der Demokratischen Republik Osttimor. Nach monatelangen Überfällen (u. a. in Balibó, wo am 16. Oktober fünf australische Journalisten getötet wurden) griffen die Indonesier am 7. Dezember schließlich offiziell Dili an.

Das antikommunistische Indonesien fürchtete ein unabhängiges Osttimor unter Führung der linksgerichteten Fretilin – das Schreckgespenst des Kommunismus drohte erneut. Einen Tag nach der Abreise Henry Kissingers und Gerald Fords aus Jakarta erfolgte der Übergriff. Dort hatten die beiden heimlich einer Invasion indonesischer Streitkräfte in die ehemalige portugiesische Kolonie zugestimmt. Und nicht nur das: Die USA drängten Indonesien zu einem Blitzangriff – niemand sollte erfahren, dass die Vereinigten Staaten dafür Waffen zur Verfügung gestellt hatten. Auch Australien und Großbritannien hatten sich mit Indonesien verbündet.

Die Falintil, der militärische Arm der Fretilin, kämpfte einen erbitterten Guerillakrieg gegen die indonesischen Truppen (1976 waren 35 000 indonesische Soldaten in Osttimor stationiert), der in den ersten Jahren aussichtsreich verlief. Trotz anhaltendem Widerstand ließ dieser Erfolg schnell nach. Mindestens 183 000 Menschen starben entweder in den Kämpfen oder durch Krankheiten und Hungersnöte.

1989 hatte Indonesiens Regierung die Lage weitgehend im Griff und gab Osttimor sogar für den Tourismus frei (wenn auch nur begrenzt und kontrolliert). Am 12. November 1991 eröffneten indonesische Truppen am Santa-Cruz-Friedhof in Dili das Feuer auf Demonstranten, die eines getöteten Unabhängigkeitskämpfers gedachten. Eine Filmaufnahme des Blutbads gelangte an die Öffentlichkeit und es blieb der indonesischen Regierung nichts anderes übrig, als 19 Morde (später 50) zuzugeben. Tatsächlich starben aber wohl mehr als 280 Menschen. Trotz einer zivilen Verwaltung blieb das Militär an der Macht. Unterstützt von der Geheimpolizei und einer pro-indonesischen Bürgermiliz, bekämpfte es jede Form von Widerstand. Berichte über Festnahmen, Folter und Morde waren bald alltäglich.

Unabhängigkeit

Nachdem Soeharto, Indonesiens Präsident, im Mai 1998 abgedankt hatte, kündigte sein Amtsnachfolger B. J. Habibie unerwartet eine Volksbefragung zur Autonomie Osttimors an. Im Januar 1999 begannen Milizen mit Unterstützung der Streitkräfte Indonesiens (Tentara Nasional Indonesia, TNI) di timoresische Bevölkerung zu terrorisieren um sie davon abzuhalten, für die Unabhängigkeit zu stimmen.

Kurze Zeit vor der Ankunft der UNO-Wahlkommission im April 1999 wurden laut ei nem Bericht des UN-Hochkommissars fü Menschenrechte in der Nähe der Liquiçá-Ki che 60 Menschen niedergemetzelt. Auch i Dili und Maliana kam es zu Überfällen, während die indonesischen Behörden tatenlo zusahen. Die Gewalt eskalierte Tage vor de Wahl. Daraufhin flohen Tausende Timore vor den TNI und den Milizen in die Berge.

Trotz der Bedrohungen und brutalen Ei schüchterungsversuche stimmten am 30. A gust 1999 ganze 78,5 % der Osttimorer für di Unabhängigkeit von Indonesien anstelle e ner Autonomie innerhalb des Landes. Ob wohl die Regierung versprochen hatte, di Ergebnisse der von der UNO finanzierte Wahl zu akzeptieren, gingen die indones schen Streitkräfte und Milizen auf die Barr kaden, mordeten, plünderten, verbrannte Häuser und zerstörten die Infrastruktur.

Während die Welt fassungslos zusah, wu de die UNO angegriffen und musste d Land verlassen, sodass die Osttimore schutzlos zurückblieben. Am 20. Septembe Wochen nach den großen Massakern Suai, Dili, Maliana und Oecusse, erreich die International Force East Timor (INTE FET, Internationale Streitkräfte Osttimo unter australischer Führung Dili. Die ind nesischen Truppen und ihre Milizen verl ßen das Land Richtung Westtimor und hi terließen ein Schlachtfeld der Verwüstun Inzwischen war eine halbe Million Me schen obdachlos, Telekommunikation, dustrie, Brücken, Regierungsgebäude, Hä ser und Geschäfte waren zerstört.

Für die Übergangszeit bis zur Unabhä gigkeit setzte die UNO eine Interimsverw tung ein. Finanzielle Hilfe sowie Arbei kräfte strömten ins Land. Osttimor mus neu aufgebaut, ein öffentlicher Dienst, B dungs- und Gesundheitswesen, eine funkt nierende Polizei und Justiz eingerichtet wie entsprechende Kräfte aus dem Nic rekrutiert werden.

Am 20. Mai 2002 übergab die UNO Regentschaft in die Hände Osttimors, den Führer der Falintil, Xanana Gusmão, gewähltem Präsidenten und den langjäh gen Anführer der Fretilin, Mari Alkatiri, Premierminister.

Startschwierigkeiten

)sttimors erste Schritte in die Unabhängig-
:eit waren schwierig, da es eine besondere
Ierausforderung war, von Grund auf eine
ıeue Nation zu errichten. Armut und Frus-
ration, ganz zu schweigen von den recht
ıolprigen Wahlen, hatten nach 2002 zahlrei-
he Aufstände zur Folge. Aber seit 2008 ist
)sttimor weitaus sicherer und stabiler, und
lie letzten Wahlen 2012 und 2017 sowie 2018
erliefen friedlich.

Menschen & Kultur

Mentalität

ie Identität des Landes ist durch die Über-
indung von Not und Fremdherrschaft ent-
:heidend geprägt. Weil die Osttimorer so
ıng und schwer für ihre Unabhängigkeit
ämpfen mussten, bis sie endlich Erfolge
:rzeichneten, haben sie ein stark ausge-
rägtes politisches Bewusstsein, sind stolz
nd loyal. Ältere Leute sowie Kirchen- und
emeindevorsteher genießen den vollen
espekt der Bürger. Gegenüber fremden Be-
ıtzungseinheiten, auch der UNO und ganz
ı schweigen von Ölmagnaten verhalten
ch die Menschen dagegen nach wie vor
isstrauisch. Der religiöse Glaube hat eben-
lls Einfluss auf die nationale Mentalität,
ıßerdem leben unter dem Deckmantel des
atholizismus animistische Vorstellungen
ıd Bräuche weiter.

ebensart

ele Timorer führen ein bescheidenes, kar-
s Dasein und leben von der Hand in den
und. Es gibt immer noch viele Großfamili-
ı (die sinkende Geburtenrate liegt bei 5,5
ndern pro Mutter) und die Kindersterb-
hkeitsrate ist hoch. Unterernährung und
bensmittelengpässe sind weit verbreitet.
ıch die Infrastruktur lässt zu wünschen
rig.

Außerhalb von Dili wohnen die Familien
in recht einfachen strohgedeckten Hüt-
ı, obwohl solidere Ziegelbauten immer
:hr Verbreitung finden. Nichtstaatliche Or-
ınisationen und Hilfsprojekte waren meist
ı kurzer Dauer und durch das unzurei-
:ende Straßennetz, Trockenperioden und
ıten, die immer wieder neues Chaos an-
hten, ist es eine große Herausforderung,
Armut zu entkommen. An Wochenenden
sieht man Autos und Lastwagen übervoll mit Menschen, die zu Familienfeiern auf dem Weg sind, einem zentralen Bestandteil des Alltags.

Bevölkerung

In Osttimor gibt's mehr als zwölf indigene Gruppen. Die größte unter ihnen ist die der Tetum. Sie leben in der Nähe von Suai, Dili und Viqueque. Die zweitgrößte Gruppe der Mambai bewohnt die Berge von Maubisse, Ainaro und Same. In den Gebieten von Ermera und Bobonaro in der Nähe von Maliana trifft man auf die Kemak, in Bobonaro auch auf die Bunak. Ihr Gebiet erstreckt sich bis nach Westtimor und in die Gegend von Suai. Die Baikeno leben in der Gegend um Pantemakassar und die Fataluku sind berühmt für ihre spitz zulaufenden Häuser in der Gegend von Lospalos. Weitere Völker siedeln verstreut in den Bergen im Inland.

Religion

Religion spielt im Alltag eine große Rolle. Nach aktuellen Schätzungen sind 98 % der Landesbevölkerung katholisch (und glauben trotzdem weiter an den Animismus), 1 % protestantisch und unter 1 % Muslime.

Den Mittelpunkt aller indigenen Religionen stellt Mutter Erde dar, aus der alles menschliche Leben hervorgegangen ist und zu der es nach dem Tod zurückkehrt. Als männliches Gegenstück dient der Gott des Himmels oder der Sonne. Dazu kommt ein dichtes Geflecht aus Geistern der Vorfahren sowie der Natur. Der *matan d'ok* (Medizinmann) gilt als geistiger Mittler des Dorfes. Er kann sowohl die Zukunft vorhersehen als auch Krankheiten heilen. Viele Menschen glauben an Formen von schwarzer Magie.

Kunst

Die Timorer lieben *tebe* (Tanzfeste) und Gesang. Das musikalische Erbe wird seit Generationen weitergegeben und hat sich auch während der indonesischen Besatzungszeit kaum verändert. Zeremonien werden von traditioneller Trommelmusik begleitet. Aber auch lokale Rock- und Hip-Hop-Gruppen erfreuen sich großer Beliebtheit, ebenso wie Volksmusik, die mit großzügigem Gitarreneinsatz und Texten voller Herzschmerz daherkommt.

Jede Region hat ihren eigenen Stil. Gewebte *tais* werden als Röcke oder Schals für die

Männer verwendet *(tais mane)* oder man näht aus ihnen Schlauchröcke und -kleider für die Frauen *(tais feto)*.

Natur & Umwelt

Geografie

Osttimor umfasst eine Fläche von 15 007 km². Das Land besteht aus der Osthälfte der Insel Timor, den Inseln Atauro und Jaco sowie der Exklave Oecusse 70 km westlich an der Nordküste Westtimors, mitten im indonesischen Teil der Insel.

Einst war Timor Teil des australischen Kontinentalsockels und ragt erst seit etwa 4 Mio. Jahren aus dem Ozean heraus. Daher besteht es hauptsächlich aus Meeresablagerungen, vor allem Kalkstein. Zerklüftete Berge – entstanden durch den Zusammenstoß mit dem Bandagraben im Norden – ziehen sich durch das gesamte Land. Der höchste Berg ist mit 2963 m der Ramelau.

Tiere & Pflanzen

Osttimor gehört zu einer Region, die Wallacea genannt wird, eine Übergangszone zwischen asiatischer sowie australischer Flora und Fauna. Sie ist ein biologisch einzigartiges Gebiet.

Die Nordküste zieht zahlreiche Wale und Delfine an und lockt mit Korallenriffen mit einer Vielfalt an Meereslebewesen. Zu den hier gesichteten Tieren zählen Gabelschwanzseekühe, Blauwale und Delfine. In Osttimor sind mehr als 260 Vogelarten registriert. Der östliche Rand des Landes wurde wegen der bunten Vogelwelt teilweise zum Nationalpark erklärt: Dort leben Honigfresser und gefährdete Arten wie Gelbwangenkakadus und *wetar*-Tauben. Säugetiere und Reptilien sind nur mit wenigen Arten vertreten, doch gelegentlich stößt man auf Krokodile und Schlangen.

Umweltprobleme

Osttimors einziges Naturschutzgebiet, der Nino-Konis-Santana-Nationalpark, wurde 2008 an der Ostspitze des Landes gegründet und umfasst eine 123 000 ha große Fläche (teils mit Regenwald, teils mit Wasser bedeckt). Die Inseln Jaco und Tutuala liegen in dieser Zone. Dennoch leidet Osttimor unter der jahrhundertelangen Abholzung seiner Wälder. Durch Erosion wurden bereits Straßen und ganze Dörfer weggespült.

2017 stieß Sea Shepherd, eine Organisation zum Schutz der Meere, auf chinesische Boote in den Gewässern Osttimors, die Haie wegen ihrer Flossen jagten. Die Organisation brachte die Angelegenheit in die internationalen Medien. Im Mittelpunkt der Kritik standen Behörden, die dieses Vorgehen verteidigten, und Verträge, die so etwas zuließen. Ein Großteil des Seeraums Osttimors ist ungeschützt, einschließlich der Seegrasweiden, die Gabelschwanzseekühe beheimaten, sowie der Riffe und Mangrovenwälder.

PRAKTISCHE INFORMATIONEN

Allgemeine Informationen

ARBEITEN IN OSTTIMOR

Es gibt nach wie vor Beschäftigungsmöglichkeiten für Ausländer in Osttimor, siehe www.jobs.creativebridgedili.com. Um hier zu arbeiten, muss man um eine Arbeitserlaubnis oder ein Aufenthaltsvisum ansuchen; Formulare dazu können unter www.migracao.gov.tl heruntergeladen und bei der **Einwanderungsbehörde von Osttimor** (☎ 331 0369; www.migracao.gov.tl; Estr de Balide, Vila Verde, Gebäude des Sicherheitsministeriums; ⊙ 9Mo–Fr 9–12 & 14–16 Uhr) im Innenministerium eingereicht werden.

BOTSCHAFTEN & KONSULATE

Über ein Dutzend Länder sind mit Botschaften, Konsulaten oder Repräsentantenbüros in Dili vertreten. Deutschland, Österreich und die Schweiz haben keine Botschaften in Osttimor. Zuständig sind die Botschaften der Länder in Jakarta, Indonesien (s. S. 232). In dringenden Fällen wendet man sich an die EU-Delegation in Dili.

Delegation der Europäischen Union (☎ 331 1580; delegation-timor-leste@eeas.europa.eu; Palm Business and Trade Centre, Block D, 3 OG, Surik Mas, Fatumeta, Dili)

Indonesische Botschaft (☎ 331 7107; www.kemlu.go.id/dili; Rua Gov. Maria de Serpa Rosa, Farol)

FEIERTAGE

Osttimor hat eine lange Liste von Feiertagen.

Neujahr 1. Januar

Tag der Veteranen 3. März

Karfreitag März/April (Termin variiert)

Tag der Arbeit 1. Mai

Tag der Wiederherstellung der Unabhängigkeit 20. Mai (der Tag im Jahr 2002, als die UN Osttimor offiziell als unabhängig erklärte)

Fronleichnam Mai/Juni (Termin variiert)

OSTTIMOR (TIMOR-LESTE) NATUR & UMWELT

dul Fitri Ende des Fastenmonats Ramadan Termin variiert)

dul Adha Islamisches Opferfest (Termin ariiert)

llerheiligen 1. November

llerseelen 2. November

lationaler Tag der Jugend 12. November (zur rinnerung an das Massaker auf dem San- a-Cruz-Friedhof)

ag der Proklamation der Unabhängigkeit 8. November

edenktag 7. Dezember

ag der Unbefleckten Empfängnis und der chutzheiligen von Osttimor 8. Dezember

. Weihnachtstag 25. Dezember

ag der Nationalhelden 31. Dezember

RAUEN UNTERWEGS

ygieneartikel gibt's in Dili zu kaufen, aber ußerhalb der Hauptstadt sind sie schwerer zu nden.

REIWILLIGENARBEIT

ïele Entwicklungshilfeorganisationen und 'tliche Einrichtungen sind auf der Suche nach 'eiwilligen.

ue Ventures (☎ +44 (0)207 697 8598; www. ueventures.org; Barry's Place, Beloi, Ataúro; ab)70 US$) organisiert regelmäßig sechswöchige :peditionen zum Schutz des Meeres bei Ataúro, ıasi ein bezahlter Tauchkurs für „Freiwillige". Es ist wichtig, dass man sich genau über die ganisation und die Arbeit dort informiert. ›nely Planet nennt nur Organisationen, mit ıen wir direkt zusammenarbeiten.

EFAHREN & ÄRGERNISSE

t hört man von sexuellen Belästigungen sländischer Frauen in Dili – und zwar am lichten Tag in aller Öffentlichkeit. Daher sollte ın nach Möglichkeit nicht allein reisen.

Dengueﬁeber ist weit verbreitet. Moskitobisse ı besten vermeiden, indem man sich so gut e möglich überall bedeckt.

Hin und wieder treiben sich Krokodile im ean in der Nähe von Flussmündungen herum.

Die Straßen im Land sind extrem schlecht und t höchster Vorsicht zu befahren; einen Fahrer engagieren ist empfehlenswert.

LD

ßerhalb von Dili gibt's nur ein paar Geldauto- ıten. Manche teuren Hotels akzeptieren editkarten.

rinkgeld ist nicht verpflichtend. Wer nach er (teuren) Tour um übermäßiges Trinkgeld eten wird, kann höflich verneinen.

Mit den Fahrern der gelben Taxis in Dili sollte Preis im Voraus ausgehandelt werden. Wer ıt gerne handelt, nimmt ein blaues Taxi (S. 609) mit Kilometerzähler. Die Stände am Straßenrand bieten Ausländern Produkte zum *malae*-Preis – hier kann man auf den vor Ort üblichen Preis herunterhandeln.

INTERNETZUGANG

Viele Hotels in Dili haben langsames WLAN, doch idealerweise bringt man ein entsperrtes Mobiltelefon mit und kauft eine lokale SIM-Karte fürs Internet. Telemor (S. 608) z. B. bietet unbegrenzten Datentransfer für 1 US$ pro Tag.

LGBT-REISENDE

Die Gemeinschaft der Schwulen und Lesben hielt in Dili 2017 ihre erste Versammlung zum „Gay Pride Day" ab, mit öffentlicher Unterstützung durch Premierminister Rui Maria de Araújo. Fundasaun Codiva ist eine örtliche NGO, die auf Aktionen zum Thema Diversität setzt. Der Austausch von Zärtlichkeiten in der Öffentlichkeit zwischen Paaren egal welchen Geschlechts ist in Osttimor nicht üblich.

MEDIZINISCHE VERSORGUNG

Die medizinische Versorgung in Osttimor ist eingeschränkt. In Notfällen ist meist ein Transport nach Australien oder Singapur erforderlich. In den Botschaften gibt's mehr Infos zu anderen Möglichkeiten.

MIT KINDERN REISEN

Wer mit Kindern unterwegs ist, lässt sich in Osttimor auf ein großes Abenteuer ein (als ob die Destination an sich nicht schon Abenteuer genug parat hielte!). Die Versorgung mit Windeln, Babynahrung etc. ist in Dili gegeben, aber wer auch ins Hinterland reisen möchte, muss sich entsprechend ausrüsten.

ÖFFNUNGSZEITEN

Budget- und Mittelklasserestaurants und -cafés vormittags bis spätabends

Teurere Lokale mittags bis 14 und 18 bis 22 Uhr

Kleine Geschäfte montags bis freitags 9 bis 18 Uhr

Supermärkte 8 bis 20 Uhr

Banken montags bis freitags 9 bis 16 Uhr

RECHTSFRAGEN

Wird man Opfer eines schwerwiegenden Verbrechens, sollte man sich an die örtliche Polizei

PREISEKATEGORIEN ESSEN

Die folgenden Angaben sind ungefähre Richtwerte für ein Hauptgericht.

**$** unter 5 US$

**$$** 5–10 US$

**$$$** mehr als 10 US$

PREISEKATEGORIEN SCHLAFEN

Die folgenden Preiskategorien beziehen sich auf ein Zimmer:

**$** unter 25 US$

**$$** 25–100 US$

**$$$** mehr als 100 US$

wenden und die Botschaft benachrichtigen. Wird man verhaftet, hat man das Recht zu telefonieren und rechtlichen Beistand in Anspruch zu nehmen. Bei der Suche hilft die Botschaft. Die **Nationale Polizeizentrale** (☎7723 0635, 112; www.pntl.tl; Rua Jacinto de Cândido) befindet sich in Dili.

Ausländer wurden bereits verhaftet, weil sie kleine Mengen an Drogen bei sich hatten oder in Fahrzeugen mit anderen unterwegs waren, die welche dabeihatten. Darum empfiehlt es sich, darauf zu achten, was in Osttimor erlaubt ist, mit wem man verreist, was Mitreisende bei sich tragen oder womit sie zu tun haben. Gesetze können sich rasch ändern: Erst kürzlich wurde Kodein verboten und Apotheker, die es vertrieben oder auf Lager hatten, kamen ins Gefängnis.

Wer ohne Helm Motorrad fährt, kann für bis zu 72 Stunden festgehalten werden. Wer mit eigenem fahrbaren Untersatz unterwegs ist, sollte immer die Zulassungspapiere und den Führerschein bei sich tragen.

REISEN MIT BEHINDERUNG

Die Fußwege in Osttimor sind für Reisende im Rollstuhl recht problematisch; Einheimische weichen normalerweise auf die Straße aus.

Touristikunternehmen in Dili (S. 603) können auf verschiedene Bedürfnisse eingehen und Routen und Orte vorschlagen, die besser zugänglich sind als andere.

STROM

Die Steckertypen E, G und I sind in Gebrauch.

TELEFON

Handys

SIM-Karten von Timor Telecom, Telkomsel und Telemor sind einfach erhältlich und können in entsperrten Geräten verwendet werden. Das Netz ist gut, obwohl es manchmal zu Ausfällen kommt.

Vorwahlen

Internationale Landesvorwahl 0011

Internationale Vorwahl 670

Festnetznummern Haben 7 Ziffern und beginnen mit einer 3

Handynummern Haben 8 Ziffern und beginnen mit einer 7

TOILETTEN

In Hotels und Restaurants gibt's alles von der modernen westlichen Toilette mit Spülung bis zu einfachen Löchern im Boden im *mandi*-Stil mit einem Eimer Wasser zum Hinterherkippen. Im Hinterland gibt's öffentliche Waschräume (meist außer Betrieb) bei Essständen. Eventuell muss man sich einen Schlüssel besorgen. Die besten Optionen im Hinterland sind immer noch Büsche oder die Anfrage in Restaurants.

TOURISTENINFORMATION

Es gibt in Osttimor zwar keine Touristeninformation, aber Dilis Einwanderergemeinde ist sehr hilfsbereit. Sprachbarriere hin oder her – auch die Einheimischen helfen gern, wenn sie können.

UNTERKUNFT

Unterkünfte in Dili reißen einen nicht gerade vom Hocker. „Normale" Sitztoiletten, Klimaanlagen, WLAN, und das war's auch schon. Hotels mit eigener Restaurant-Bar sind eine gute Wahl, wenn man lieber nicht nachts durch die Gegend fahren möchte. In den übrigen Regionen ist man schon gut bedient mit einem sauberen Zimmer, Moskitonetz ohne Löcher und Strom. Schlichte Privatunterkünfte bei einheimischen Familien mit *mandi*-Bädern gibt's in den meisten Städtchen (ab 10 US$ pro Nacht).

VERSICHERUNG

Kein Traveller sollte ohne Versicherungsschutz nach Osttimor reisen. Medizinische Einrichtungen sind außerhalb Dilis spärlich gesät und bei schweren Verletzungen/Krankheiten wird man gewöhnlich nach Darwin oder Singapur evakuiert. Aus diesem Grund ist es wichtig, dass die Versicherung Krankentransporte vollständig übernimmt.

VISA

Seit 2015 dürfen die meisten EU-Bürger, wie Deutsche und Österreicher, visumfrei nach Osttimor einreisen, sofern sie nicht länger als 9 Tage in einem Zeitraum von 180 Tagen im Land bleiben werden und nicht arbeiten wollen. Viele Bürger anderer Nationalität benötigen für die Einreise über Land ein Visum im Voraus. Bitte die Hinweise der jeweiligen Botschaft beachten.

Am besten beantragt man ein 30-Tages-Visum, sogar wenn man nicht vorhat, so lange zu bleiben, denn Verlängerungen können kompliziert werden. Touristenvisa können um 30 Tage (35 US$) oder 60 Tage (75 US$) verlängert werden. Wer ein Mehrfachvisum benötigt oder zwischen 30 und 90 Tagen im Land bleiben möchte, kann dies online vor der Ankunft bei der Visa Application Authorisation beantragen.

ZOLLBESTIMMUNGEN

Folgendes darf zollfrei nach Osttimor eingeführt werden:

Alkohol 2,5 l
Zigaretten 200 Stück
Geld Beträge zwischen 5000 und 10 000 US$ sind zu verzollen. Für höhere Beträge muss eine Genehmigung von der Zentralbank von Osttimor (info@bancocentral.tl) eingeholt werden. Informationen zu Einschränkungen bei der Ausfuhr von Bargeld gibt auch die Zentralbank.

An- & Weiterreise

Osttimor wird nicht von internationalen Passagierfähren angesteuert.

FLUGZEUG

Man kann von Denpasar (Bali), Jakarta, Darwin und Singapur nach Dili fliegen. Der Flughafen **Presidente Nicolau Lobato** (S. 609) ist nur zehn Autominuten von Dili entfernt. Ein Taxi zum Flughafen kostet 10 US$. *Mikrolets* berechnen 25 Cv (0,25 US$) für die Fahrt von der Hauptstraße (600 m vom Flughafen entfernt) in die Stadt. Am Flughafen gibt's ein Open-Air-Café, eine Bar und einen Duty-Free-Shop.

Air North (www.airnorth.com.au) Fliegt täglich zwischen Dili und Darwin (Australien). In Dili hat die Firma keine Zweigstelle; man muss online buchen.

Air Timor (☎331 2777; www.air-timor.com; Flughafen President Nicolau Lobato; ⌚ Mo–Sa –17, So bis 12 Uhr) Die nationale Fluglinie chartert dienstags und samstags Silkair-Flüge für die Strecke von Dili nach Singapur.

Citilink (☎7750 2881; www.citilink.co.id; Timor Plaza, Av Nicolau Lobato, Comoro; ⌚9–5.30 Uhr) Steuert täglich Jakarta und Denpasar (Bali) an.

Sriwijaya Air (Nam Air; ☎331 1777, 331 1355; www.sriwijayaair.co.id; Timor Plaza, Av Nicolau Lobato, Comoro; ⌚9–17 Uhr) Startet täglich von Dili nach Denpasar (Bali).

Unterwegs vor Ort

AUTO & MOTORRAD

Verkehrsunfälle sind ein ernstzunehmendes Risiko in Osttimor. Auf den berüchtigt schlechten Straßen tummeln sich Tiere und Schulkinder, die sich nicht unbedingt vom Verkehr stören lassen. Schlaglöcher und Wassergräben sind nichts Ungewöhnliches und teilweise fehlen sogar ganze Straßenabschnitte. Außerdem gibt's zahlreiche unübersichtliche Kurven. Zu den guten Abschnitten zählen die Strecken zwischen Aileu und Maubisse, Dili und Dare (perfekt, bis man Xanana Gusmãus Haus erreicht) sowie zwischen Balibo und Maliana. Die Fahrt nach Baucau könnte bald wieder nur zwei Stunden dauern, wenn die Straßenarbeiten Ende 2018 fertiggestellt sind (derzeit muss man mit vier Stunden rechnen).

Während sich Dili gut mit normalen Fahrzeugen erkunden lässt, wird für überall sonst Allradantrieb empfohlen. Für Ausflüge ins Hinterland empfehlen wir ein Allradauto mit Fahrer, z. B. **EDS** (☎7723 0881, 7723 0880) für 130 US$ pro Tag. Zusätzlich schlägt meist noch eine Pflichtversicherung zu Buche (15 US$ pro Tag). Motorräder verleihen das Hostel daTerra (S. 606) oder Dili Central Backpackers (S. 606) für 35 US$ pro Tag.

Fahrer haben die Zulassungspapiere und den Führerschein immer bei sich zu tragen – die Polizei kontrolliert dies gern. Offiziell ist der Internationale Führerschein in Osttimor nicht gültig; für alle, die länger bleiben, zahlt sich ein örtlicher Führerschein aus.

BUS

Mikrolet (Minibusse) verkehren rund um Dili und andere große Städte. Größere Busse fahren ab, sobald sie voll sind (mit Menschen und Tieren!) und bedienen die Hauptverkehrsrouten von Dili. Am Busbahnhof Taibessi (S. 609) halten Transfers nach Maubisse, Same und Suai. Busse vom Bahnhof Becora (S. 609) steuern Destinationen im Osten an, inklusive Baucau und Lospalos. Vom Busbahnhof Tasi Tolu (S. 609) starten Busse nach Ermera und Maliana. Abseits

GRENZÜBERGÄNGE: EINREISE NACH INDONESIEN

Anreise zur Grenze Täglich fahren Minibusse von Timor Tour & Travel (S. 609) auf direktem Weg von Dili nach Kupang (Indonesien) (23 US$, 12 Std.). Etwas günstiger, aber umständlicher ist die Fahrt mit einem Regionalbus nach Batugade (5 US$). Von da geht's zu Fuß weiter durch beide Grenzkontrollen und anschließend mit öffentlichen Verkehrsmitteln zu verschiedenen Destinationen in Westtimor (3 US$ bis Atambua, dann 7 US$ bis Kupang; 8 Std.). Man sollte früh aufbrechen und sich auf lange Wartezeiten beim Umsteigen einstellen. Der Grenzübergang bei Wini liegt 20 Min. von Oecusse-Stadt (S. 617) entfernt.

An der Grenze Meist erhält man ein Visum bei Ankunft an der Grenze.

Weiterreise Nach einer Reise durch Indonesien ist die Fahrt nach Oecusse gar nicht so einfach. Gegebenenfalls ist ein Visum für Osttimor vorab zu besorgen, das man in Kupang (Indonesien) beantragen kann.

Informationen zum Grenzübergang in die andere Richtung siehe S. 178.

gelegene Ziele werden von *angguna* (Lieferwagen, in deren hinteren Teil sich Passagiere, aber auch Büffel und Ziegen hineinzwängen) angesteuert. Wenn sie nicht die kürzesten Strecken nehmen, sind die Straßenverhältnisse mit Sicherheit furchtbar schlecht. Die angegebenen Fahrtzeiten sowie die Dauer der Fahrt und die Länge der Zwischenstopps sind nur Richtwerte und hängen wesentlich vom Straßenzustand und den Launen des Fahrers ab.

FAHRRAD

Die Straßen in Dili eignen sich gut zum Radfahren, und Biker trainieren hier auch vor der Tour de Timor (S. 606). Die gnadenlosen Straßenverhältnisse abseits der Nordküste erfordern gute Mountainbikes. Räder werden von **Dili Central Backpackers** (S. 606) oder vom **Balibó Fort Hotel** (S. 616) verliehen.

FLUGZEUG

Inlandsflüge mit **STAT** (S. 618) nach oder von Oecusse sollte man sich am Reisetag morgens nochmals bestätigen lassen; manchmal ändern sich die Flugzeiten. Die Maschinen fliegen täglich außer mittwochs.

SCHIFF/FÄHRE

Fährverbindungen bestehen zwischen Dili und Oecusse mit der Nakroma-Fähre (S. 609) und der Autofähre von Laju Laju (S. 609). Compass Charters (S. 609) betreibt täglich Wassertaxis nach/von Ataúro: die Nakroma-Fähre (S. 609) verkehrt samstags nach Ataúro, die Laju Laju (S. 609) donnerstags. Dragon Star (S. 609) setzt mit seinem Flussboot täglich über, außer bei schlechtem Wetter (wobei das Boot, das zu Redaktionsschluss im Einsatz war, für Flussfahrten und nicht fürs Meer gedacht und daher nicht empfehlenswert ist).

TRAMPEN

Ein Ausländer saß vor Kurzem monatelang im Gefängnis, weil er mit einem Wagen mitgefahren ist, der in ein Verbrechen verwickelt war. Trampen ist niemals wirklich sicher und wir raten davon ab. Alle Tramper sollten sich im Klaren darüber sein, dass sie ein kleines, aber womöglich ernstes Risiko eingehen.

Philippinen

☎63 / 102,6 MIO. EW.

Inhalt ➡

›ut essen

› Van Gogh is Bipolar
S. 643)

› Kalui (S. 681)

› Café by the Ruins Dua
S. 649)

› Lab-as Seafood
estaurant (S. 665)

› Angelina (S. 673)

›edewendungen

›uten Tag *Magandáng araw*
›

›uf Wiedersehen *Paalam na*
›

›anke *Salamat pô*

›prechen Sie Englisch?
›arunong ka ba ng Inglés?

Auf zu den Philippinen!

Gerade dachte man noch, man hätte Asien endlich verstanden, da betritt man philippinischen Boden – und trifft dort keine Mönche, sondern Priester; statt in *túk-túks* bewegt man sich mit *tricycles* fort, und auf der Speisekarte steht nicht *pho*, sondern *adobo*. Auf den ersten Blick wirken die Philippinen eher uncharmant, doch unter der Oberfläche verbergen sich viele Schätze, die es zu entdecken gilt. Dieser großflächige Archipel ist geprägt von smaragdgrünen Reisfelderterrassen, hektischen Megastädten, Bergstämmen, schwelenden Vulkanen, glubschäugigen Koboldmakis, flauschigen Wasserbüffeln und entspannten Menschen.

Die Philippinen haben auch eine ziemlich schräge Seite, die man mit der Zeit schätzen lernt. Wer erst die Geheimtränke und Heiltinkturen, die keuchenden *bangka* (Auslegerboote), die korrupten Politiker, die mit Graffitis beschmierten Jeepneys, das schmetternde Karaoke und das günstige Bier erlebt hat, der weiß um die Vielfalt dieses Landes.

Reisezeit

Manila

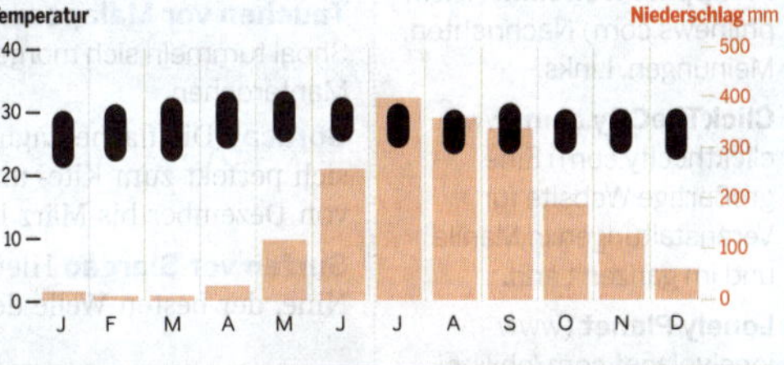

Dez.–April In den meisten Teilen des Landes herrscht in der Trockenzeit (vor allem Dez.–Feb.) Hochsaison.

Mai & Nov. Nebensaison. Vor der Regenzeit im Mai wird's heiß.

Juni–Okt. Monsun in weiten Teilen des Landes, Taifune sind wahrscheinlich. Die Unterkunftspreise fallen.

AUF EINEN BLICK

Geld Geldautomaten gibt's in den Städten wie Sand am Meer, doch in abgelegenen Gebieten nur selten.

Sprachen Tagalog (Filipino), Englisch

Visa Normalerweise erhält man bei der Ankunft eine Visa-Befreiung (30 Tage).

Währung Peso (P)

Wechselkurse

Eurozone	1 €	60 P
Thailand	10 B	15 P
USA	1 US$	50 P

Aktuelle Wechselkurse gibt's unter www.xe.com.

Preise

Bett im Schlafsaal 450 P

Flasche San Miguel (Bier) 40 P

Tauchen (2 Tanks) 2500 P

Kurze Taxifahrt 60 P

Infos im Internet

Philippine Newslink (www.philnews.com) Nachrichten, Meinungen, Links.

ClickTheCity.com (www.clickthecity.com) Eine großartige Website für Veranstaltungen in Manila und im ganzen Land.

Lonely Planet (www.lonelyplanet.com/philippines) Touristische Informationen, Hotelbuchungen, Traveller-Forum und mehr.

Nicht versäumen

Es lohnt sich, seine Reise auf eine der vielen bunten Fiestas abzustimmen, z. B. auf das Ati-Atihan-Festival im Januar in Kalibo – die Mutter aller Partys. Beim Sinulog-Festival in Cebu tanzen die Feiernden zwei Schritte voran, einen Schritt zurück, und beim Panagbenga in Baguio gibt es eine große Blumenwagen-Prozession. Die Kreuzigungszeremonie zu Ostern in San Fernando, nördlich von Manila, ist ein makaberes Spektakel, bei dem katholische Gläubige tatsächlich ans Kreuz genagelt werden. Jeder kleinere Ort richtet ein eigenes Fest aus – man hat also gute Chancen eines mitzuerleben. Die Lebensfreude der Philippiner äußert sich auch durch Gesang, etwa bei einem Karaokeabend oder dem Livekonzert einer Coverband in Manila. Auch in Malate kann man tolle Auftritte erleben. Authentischere Veranstaltungen locken in Quezon City und Makati.

REGIONEN IM ÜBERBLICK

Die Philippinen bestehen aus drei Hauptinselgruppen: Luzon, den Visayas und Mindanao. Im Megacity-Wahnsinn von Manila, bei den Bergvölkern in Nord-Luzon und dem indigenen Dorfleben auf Mindanao kann man sich mit ihnen vertraut machen. An der gesamten Ostküste kann man surfen oder praktisch überall schnorcheln. Die Visayas verkörpern am meisten unser Bild von den Philippinen: verträumte, einsame Palmeninseln, gesäumt von weißem Sand. Palawan ist eine andere Region, eine fantastische Welt unberührter Regenwälder und surrealer Meereslandschaften.

Outdoor-Aktivitäten

Walhaie Schnorcheln mit sanftmütigen *butanding* in Donsol – das ultimative Philippinen-Abenteuer!

Höhlenwanderungen in Sagada Unter Stalaktiten hindurchtauchen, durch Felsspalten schlüpfen und in unterirdischen Pools baden.

Tauchen vor Malapascua Am Unterwasserplateau Monad Shoal tummeln sich morgens Drescherhaie und tagsüber Mantarochen.

Boracay Die flache Lagune des Bulabog Beach eignet sich perfekt zum Kite- und Windsurfen; die steife Brise von Dezember bis März hält auch Profis bei Laune.

Surfen vor Siargao Hier kann man es mit der Cloud Nine, der besten Welle der Philippinen, aufnehmen.

Anreise

Normalerweise gestaltet sich die Anreise unkompliziert. Die meisten Traveller landen auf den Flughäfen Manila, Cebu, Clark oder Kalibo.

LUZON

Die Hauptinsel der Philippinen, ein weitläufiges Areal aus nebelverhangenen Bergen, ausgedehnten Ebenen, brodelnden Vulkanen und einer schier endlosen Küste mit Manila im Zentrum von allem. Das Sahnestück der Insel in den Bergen im Norden sind die Kordilleren, wo die Ifugao vor mehr als 2000 Jahren ihre weltberühmten Reisterrassen in und um Banaue anlegten. Entlang Luzons nordwestlicher Küste wartet das historische Vigan mit dem am besten erhaltenen spanisch-kolonialen Zentrum auf. Im Südosten ist Bicol das Zuhause von feurigem Essen und zwei der Hauptattraktionen des Landes: den Walhaien von Donsol und dem perfekten Kegel des Mayon-Berges.

Manila

02 / 12,95 MIO. EW.

Manilas Spitzname „Perle des Orients" trifft den Nagel auf den Kopf: Den kostbaren Schatz unter der harten Schale entdeckt nur, wer hartnäckig genug bohrt. Diese Stadt weiß, was schwierige Zeiten sind. Sie hat so ziemlich jede Katastrophe erlebt, die man sich vorstellen kann, und dennoch ist die chaotische Metropole heute eine echte asiatische Megacity.

Neben außergewöhnlichen Sehenswürdigkeiten können Besucher, die sich etwas anstrengen, die kreative Seele der Stadt entdecken – von ausgefallenen Galerien bis hin zu einer quirligen Indie-Musikszene. Nimmt man noch die günstigen Kneipen, die Kunsthandwerksmärkte und den Single-Origin-Kaffee hinzu, wird schnell klar, dass Manila nicht nur eine bodenlos unterschätzte Stadt in Asien ist, sondern auch extrem cool.

Geschichte

1571 rissen die Spanier an dieser Stelle ein muslimisches Fort nieder und gründeten die Hauptstadt ihres Reiches. Bis 1898 ließen sich spanische Siedler vor allem rund um die ummauerte Stadt Intramuros nieder, doch dann gab sich der spanische Gouverneur den Philippinern in der San-Agustin-Kirche geschlagen. Im Zweiten Weltkrieg dem Erdboden gleichgemacht, wuchs Manila in den Folgejahren rasant. Der Grund dafür waren die zahlreichen Migranten, die es auf der Suche nach Arbeit vom Land hierherzog.

Sehenswertes

In Manila gibt's viel zu sehen, doch wer nicht viel Zeit hat, sollte sich auf die Innenstadt konzentrieren, das Zentrum von Metro Malina.

Intramuros

Seit seiner Gründung im Jahr 1571 war Intramuros die exklusive Domäne der spanischen Herrscherklasse. Die Mauer mit Bastionen umschloss eine Fläche von etwa 64 ha. Am besten beginnt man den Spaziergang bei der **Touristeninformation Intramuros** (Karte S. 636; 02-527 2961; Fort Santiago; 8–18 Uhr), direkt im Tor zum Fort Santiago. Auf Anfrage erhält man eine ausgezeichnete kostenlose Karte der Festungsstadt. In einem Kino nebenan in einem Luftschutzkeller wird ein Kurzfilm über die Geschichte der Region gezeigt.

Am Zugang zum Fluss Pasis liegt die größte Touristenattraktion von Intramuros: das **Fort Santiago** (Karte S. 636; Santa Clara St, Intramuros; Erw./Stud. 75/50 P; 8–21 Uhr). Auf dem Fortgelände findet man eine Oase von liebevoll gepflegten Gärten, Plätzen und

TOP-MUSEEN IN MANILA

Manila bietet an Museen eine bunte Mischung. Zu den besten gehören:

Ayala Museum (Karte S. 642; www.ayalamuseum.org; Greenbelt 4, Ayala Centre, Makati; Erw./Stud. 425/300 P; Di–So 9–18 Uhr) Vier Etagen mit hervorragend kuratierten Exponaten zur philippinischen Kultur, Kunst und Geschichte.

Marikina Schuhmuseum (Karte S. 632 f.; www.marikina.gov.ph/#!/museum; JP Rizal St, Marikina City; 50 P; 8–12 & 13–17 Uhr, feiertags geschl.) Ein Muss für Fans von Imelda Marcos, mit über 800 Paar Schuhen der ehemaligen First Lady sowie Schuhen von anderen philippinischen Koryphäen.

Metropolitan Museum of Manila (Karte S. 640; 02-523 7855; www.metmuseum.ph; Roxas Blvd, Bangko Sentral ng Pilipinas, Central Bank, Pasay; 100 P; Mo–Sa 10–17.30, Goldausstellung bis 16.30 Uhr) Die Weltklasse-Galerie zeigt die Entwicklung der philippinischen Kunst vom frühen 20. Jh. bis zur Gegenwart.

Highlights

1. Rund um **El Nido** (S. 684) die Kalksteinkathedralen und azurblauen Lagunen des Bacuit-Archipels entdecken.
2. Auf Nord-Luzon durch die Reisterrassen von Banaue und Bontoc in den **Kordilleren** (S. 647) wandern.
3. Im herrlich trubeligen **Manila** (S. 629) um die Häuser ziehen.
4. In **Coron** (S. 687) Schiffswracks aus dem Zweiten Weltkrieg erkunden und vor den zig Inseln mit dem Kajak umherpaddeln.
5. An den Traumständen von **Boracay** (S. 660) Sonne tanken, Wassersport treiben und bis in die Puppen tanzen.
6. Die herrlich grüne Insel **Camiguin** (S. 678) mit ihren natürlichen Quellen.

nen und Wasserfällen erkunden.

7 Das noch unbekannte **Dumaguete** (S. 664) besuchen, das mit jeder Menge Attraktionen und Aktivitäten in direkter Umgebung aufwartet.

8 In **Cebu City** (S. 667) Party machen und sich anschließend auf der idyllischen **Insel Malapascua** (S. 672) erholen.

9 Mit Walhaien im Wasser vor **Donsol** (S. 655) schwimmen.

10 Im geschäftigen **Puerto Galera** (S. 656) tauchen und feiern.

Metro Manila

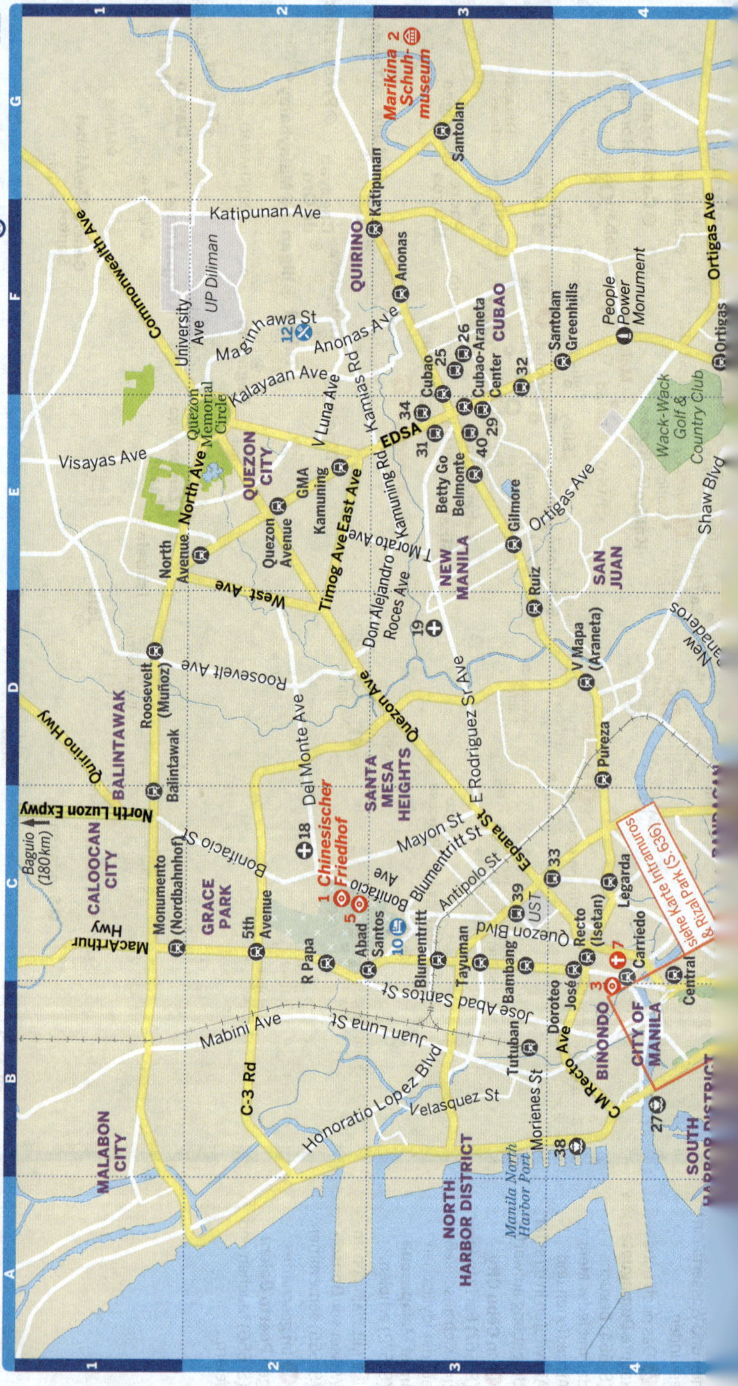

A
B
C
D
E
F
G
5
6
7
8
Park
22
United Nations Avenue
ORTIGAS
14
Doña Julia Vargas Ave
Südhafen
PACO
Pedro Gil St
Paco
Tejeron St
Pasig
Boni Ave
Shaw
Boni Avenue
Shaw Blvd
Pioneer St
Marikina
Pedro Gil
MALATE
Quirino Avenue
siehe Karte Ermita & Malate (S.640)
J P Rizal Ave
siehe Karte P Burgos & Umgebung (S.638)
36
Guadalupe
PASIG
Vito Cruz
9
Ocampo St (Vito Cruz St)
MAKATI
GUADALUPE
Roxas Blvd
Kalayaan Ave
23
16
Gil 30
Puyat
Sen Gil Puyat Ave (Buendia Ave)
siehe Karte Makati (Central Business District) (S.642)
20
Buendia
32nd St
6
Bucht von Manila
F B Harrison St
37
PASAY
28
13
15
BONIFACIO GLOBAL CITY
PATEROS
Libertad
GREENBELT
Ayala
McKinley Rd
11
8
Libertad-Kanal
Taft Ave
EDSA
43
Magallanes
21
EDSA/Pasay
4
17
EDSA
42
Baclaran (Südbahnhof)
35
41
Lawton Ave
BACLARAN
Airport Rd
24
NAIA Terminal 4
Pres Sergio Osmeña Hwy (South Super Hwy)
Macapagal Blvd
Andrews Ave
NAIA Terminal 3
NAIA Rd
Carlos P Garcia Ave (C-5)
Ninoy Aquino International Airport
NAIA Terminal 2
Quirino Ave
TAGUIG
NAIA Terminal 1
LA HUERTA
Laguna de Bay
Las Piñas (2km); Cavite (15km)
Tagaytay (53km)

Metro Manila

Highlights
1 Chinesischer Friedhof C2
2 Marikina Schuhmuseum G3

Sehenswertes
3 Arch of Goodwill B4
4 Galleon-Museum B7
5 Nordfriedhof C2
6 Philippine International Convention Center C6
7 Quiapo-Kirche C4

Aktivitäten, Kurse & Touren
8 Prestige Cruises C6
Sun Cruises .... (siehe 8)

Schlafen
9 Pink Manila Hostel C5
10 Red Carabao C3

Essen
11 Mercato Centrale E6
12 Van Gogh is Bipolar F2

Ausgehen & Nachtleben
13 Nectar E6
14 O Bar F5
15 Tap Station E6

Unterhaltung
16 Cultural Center of the Philippines C6

Shoppen
17 Mall of Asia C7

Praktisches
18 Advance Hyperbaric Life Support C2
20 St. Luke's Medical Center E6
19 St. Luke's Medical Center D3
21 Britische Botschaft F6

Transport
22 2GO Travel B5
23 Air Juan B6
24 Air Swift C7
25 Araneta-Busbahnhof F3
26 Araneta Center Busport F3
27 Atienza Shipping Lines B4
28 BGC Bus E6
29 Bicol Isarog Cubao E3
BSC San Agustin .... (siehe 35)
Cagsawa Cubao .... (siehe 26)
30 Ceres C6
31 Coda Lines E3
32 Dimple Star F3
33 Florida Bus Lines C4
34 Genesis Cubao E3
35 Genesis Pasay C7
36 Fährhafen Guadalupe E5
37 Jam Liner Buendia C6
38 Manila North Harbor Port B4
39 Maria de Leon Trans C3
Ohayami .... (siehe 33)
40 Partas Cubao E3
41 Partas Pasay C7
Pasay Rotunda .... (siehe 35)
42 Philtranco D7
Roro Bus .... (siehe 32)
Victory Liner Cubao .... (siehe 34)
43 Victory Liner Pasay D6
Victory Liner Sampaloc .... (siehe 33)

Springbrunnen, die auf ein Bogentor und auf einen hübschen Seerosenteich zu führen. Im Inneren befindet sich das hübsche **Rizal-Shrine-Museum** (Karte S. 636; Fort Santiago; Erw./Stud. 75/50 P; ⌚Di–So 9–18, Mo 13–17 Uhr), wo Dr. Jose Rizal 1896 inhaftiert war und auf seine Hinrichtung wartete.

Die **Kirche San Agustin** (Karte S. 636; ☎02-527 4060; General Luna St, Intramuros) war das einzige Gebäude, das nach der Zerstörung von Intramuros im Zweiten Weltkrieg erhalten blieb. Erbaut zwischen 1587 und 1606, ist sie der älteste Kirchenbau auf den Philippinen. Daneben liegt das renovierte **San-Agustin-Museum** (Karte S. 636; General Luna St, Intramuros; Erw./Stud. 200/160 P; ⌚8–12 & 13–18 Uhr).

Das einst prachtvolle **Ayuntamiento** (Rathaus; Karte S. 636; ☎02-524 7007; Plaza de Roma, Intramuros; 50 P; ⌚1-stündige Touren Di & Fr 11 & 16 Uhr) wurde im Zweiten Weltkrieg zerstört und diente jahrelang als Parkplatz, bis 2010 das ursprüngliche Gebäude originalgetreu nachgebaut wurde. Heute beherbergt es d[...] Schatzkammer, doch die eindrucksvollste[...] Räume – den Marmorsaal und die Sala [...] Sesiones, in der die spanischen und amerik[...]nischen Kolonialregierungen ihren Amtssi[...] hatten – kann man auf einer Tour besich[...]gen.

Die **Casa Manila** (Karte S. 636; ☎02-5[...] 4084; Plaza Luis Complex, General Luna St, Intram[...]ros; Erw./Stud. 75/50 P; ⌚Di–So 9–18 Uhr) ist e[...] schöner Nachbau eines spanischen Koloni[...]hauses und bietet Einblick in den opulent[...] Lebensstil der Oberklasse im 19. Jh.

Rizal Park

Immer noch gemeinhin als „Luneta" b[...]kannt, erstreckt sich Manilas zentraler Pa[...] über etwa 60 ha Rasenfläche mit ornamen[...] angelegten Gärten, Teichen, gepflastert[...] Wegen und bewaldeten Gebieten. Daz[...]schen stehen zahlreiche Monumente bis h[...]

zu einem Pantheon philippinischer Helden. Hier kann man gut spazieren gehen, und da der Nationalheld José Rizal auf diesem Platz von der spanischen Kolonialmacht hingerichtet wurde, ist der Ort zugleich von großer historischer Bedeutung.

Vor dem **Rizal Monument** (Karte S. 636; Rizal Park) steht ein 46 m hoher Fahnenmast. Bewacht wird das Symbol der philippinischen Nation von Wachposten in vollem Ornat, im Denkmal selbst ruhen die sterblichen Überreste des Helden. Auf einer Seite liegt **Rizals Hinrichtungsstätte** (Karte S. 636; Rizal Park; Eintritt inkl. Tour 20 P; ⏲ Mi–So 8–17 Uhr); in die schwarze Granitmauer am Eingang ist Rizals *Mi último Adiós* (Mein letzter Abschied) eingraviert.

In der Mitte des Parks erstreckt sich die **Central Lagoon**, ein von den Büsten philippinischer Helden und Märtyrer gesäumtes Becken und eine Wasserorgel, die abends in farbenfrohen Wasserfontänen erstrahlt. Direkt nördlich der Lagune befindet sich das **Freilichtauditorium**, wo sonntags um 18 Uhr lange klassische Konzerte im Park beginnen (gratis). Jeden Samstagabend zur gleichen Uhrzeit werden philippinische Rockkonzerte geboten (ebenfalls gratis).

Die **Touristeninformation** (Karte S. 636; Kalaw Av, Rizal Park; ⏲ 8–17 Uhr) hat eine gute Karte mit den Parkattraktionen sowie Infos zu anstehenden Konzerten und Veranstaltungen.

★ National Museum of the Filipino People MUSEUM
(Karte S. 636; www.nationalmuseum.gov.ph; T Valencia Circle, Rizal Park; ⏲ Di–So 10–17 Uhr) GRATIS In einem prachtvollen neoklassizistischen Gebäude beherbergt dieses hervorragende Museum eine große und abwechslungsreiche Sammlung, darunter die Schädeldecke des „Tabon Man", des ältesten bekannten Philippiners" – tatsächlich handelte es sich wohl um eine Frau, die um 24 000 v. Chr. lebte. Ein Großteil des Museums ist dem Wrack der San Diego gewidmet, einer spanischen Galeone, die 1600 vor der Küste von Luzon sank. Ausgestellt werden geborgene Gegenstände wie muschelbesetzte Schwerter, Münzen, Porzellanteller und Schmuck.

Binondo & Quiapo

Nach Jahrhunderten der Unterdrückung durch die Spanier erlebte die chinesische Bevölkerung Manilas unter liberaleren Regierungen einen schnellen wirtschaftlichen und gesellschaftlichen Aufstieg. Heute ist Chinatown das Zentrum der pulsierenden chinesischen Gemeinde, gelegen zwischen dem **Arch of Goodwill** (Karte S. 632 f.; Chinatown) und dem **Filipino-Chinese Friendship Arch** (Karte S. 636; Paredes St, Chinatown). Die Hauptstraße Ongpin Street verläuft durch Binondo und Santa Cruz. Sie wird von Teehäusern, Goldschmieden, Kräutersammlern und Geschäften gesäumt, die Mondkuchen, Räucherwerk, Papiergeld zum Verbrennen für die Ahnen und andere Kuriositäten verkaufen. Ein Besuch des **Chinesischen Friedhofs** (Karte S. 632 f.; Erweiterung Rizal Av, Santa Cruz; ⏲ 7.30–19 Uhr) GRATIS lohnt sich wegen der bunten, ausgefallenen Mausoleen.

Geführte Touren

Sun Cruises (Karte S. 632 f.; ☎ 02-831 8140; www.corregidorphilippines.com; Esplanade Seaside Terminal, Seaside Blvd, Pasay; Fähre nur wochentags/Wochenende 1400/1500 P, Ausflug inkl. Mittagessen & Straßenbahntour wochentags/Wochenende 2550/2750 P, Stadtspaziergänge 1800 P; ⏲ 6.30–16.15 Uhr) und **Prestige Cruises** (Karte S. 632 f.; ☎ 02-832 8200; www.manilabaycruise.com; Esplanade Seaside Terminal, Seaside Blvd, Pasay; ohne/mit Büfettabendessen 350/750 P) veranstalten abendliche Bootsfahrten in Manila Bay mit einem optionalen Abendessen, um 18 und um 20 Uhr (zusätzliche Fahrten am Wochenende).

Sun Cruises bietet auch Tagestrips zur historischen Insel Corregidor.

★ Walk This Way GEFÜHRTE TOUREN
(Karte S. 636; ☎ 0920 909 2021; https://carlosceldranwalks.wordpress.com; Erw./Stud. 1350/650 P) Carlos Celdrans Spaziergang durch Intramuros ist eine witzig-exzentrische One-Man-Show voller philippinischer Geschichte und Trivialitäten. Sehr empfehlenswert für humorvolle und aufgeschlossene Reisende. Sein Hauptquartier in Intramuros befindet sich in einer Art Souvenirladen, La Monja Loca, gegenüber der Kirche San Agustín. Carlos engagiert sich auch für die Wiederbelebung der Innenstadt von Manila durch die Organisation **VivaManila** (Karte S. 636; www.vivamanila.org; Raum 500, First United Building, Escolta St, Binondo), die er mitbegründet hat.

Old Manila Walks SPAZIERGANG
(☎ 02-711 3823, 0918 962 6452; www.oldmanilawalks.com; Touren 1000–1400 P) Reiseleiter Ivan Man Dy hat ein fundiertes Wissen über Manila und seine Geschichte und Kultur. Er ist Profi darin, die oft übersehenen Geheimnisse der Stadt aufzuspüren und ist vor allem für seine All-

Intramuros & Rizal Park

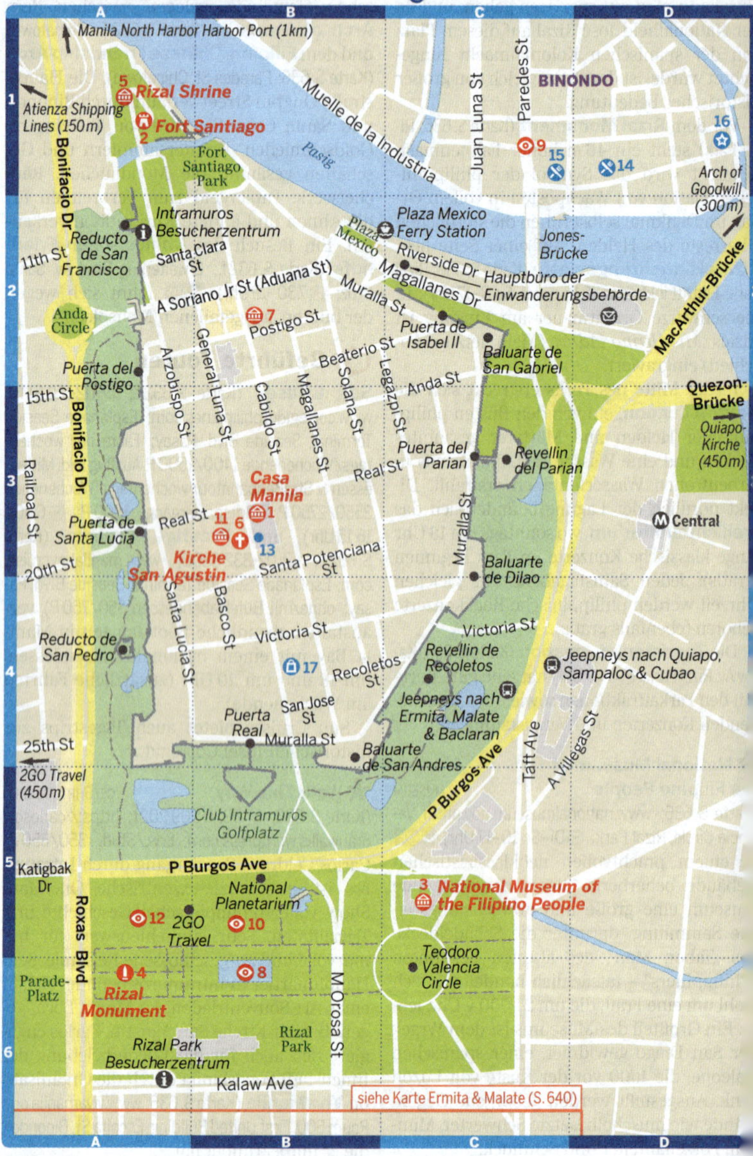

you-can-eat-Gourmettouren durch Chinatown (1200 P, 3½ Std.) und seine Tour über den Chinesischen Friedhof (650 P, 2 Std.) bekannt.

Smokey Tours GEFÜHRTE TOUREN
(☎ 02-622 1325, 0917 578 5398; www.smokeytours.com; Touren pro Pers. 950–1200 P) Die einzigartigen Slum-Touren in die *baryos* von Tond Manilas ärmsten Bezirk, sind sehr inform tiv, erfahrungsreich und interaktiv. Das kein Voyeurismus; geführt werden die To ren von Unterprivilegierten selbst und d Gewinne gehen an eine NGO für Katastr phenhilfe und -vorsorge in Slumgebiete

Intramuros & Rizal Park

Der Anbieter hat sich vergrößert und bietet nun auch Touren über den **Nordfriedhof** (Karte S. 632 f.; Santa Cruz; Tourguides etwa 300 P) sowie angenehme Markt- und Radtouren an.

Bambike RADFAHREN
(Karte S. 636; ☎02-525 8289; www.bambike.com; Plaza Luis Complex, General Luna St, Intramuros; 1/2½-stündige Touren 600/1200 P; ⏲10 & 15 Uhr) Man fährt auf handgemachten Bambus-Fahrrädern durch Intramuros. Mit dem Rad durch die ruhigen Hintergassen innerhalb der Stadtmauern zu fahren ist großartig, denn Intramuros ist nicht gerade klein. Man sieht alle wichtigen Punkte der Stadt und entdeckt auch den einen oder anderen Geheimtipp. In den Preisen sind Eintritt, Helme und Trinkwasser inbegriffen.

Feste & Events

Das Fest des Schwarzen Nazareners RELIGIÖS
(⏲9. Jan. & Karwoche) Der Schwarze Nazarener, eine lebensgroße Christus-Statue in der **Quiapo-Kirche** (Karte S. 632 f.; Quezon Blvd, Quiapo), wird intensiv verehrt – sie soll Wunder bewirken. Bei riesigen Umzügen am 9. Januar und während der Karwoche vor Ostern wird sie durch die Straßen getragen. Tausende von Anhänger tummeln sich und wollen das Bild auf die Schultern nehmen.

Schlafen

Malate, Ermita & Pasay

Die Adriatico Street von Malate in Manila mutet wie eine kleinere Version der Bangkoker Khao San Road an. Sie ist eine traditionelle Anlaufstelle für Rucksacktouristen, doch es gibt auch klassische Unterkünfte der gehobeneren und mittleren Kategorie.

★ **Makabata Guesthouse & Café** PENSION $
(Karte S. 640; ☎02-254 0212; www.makabata.org; 2218 Leveriza St, Malate; inkl. Frühstück B 495–720 P, EZ 1050 P, DZ 1400–1800 P;) Dieses Ausbildungshotel bietet Jugendlichen aus prekären Verhältnissen die Möglichkeit, in der Hotellerie Fuß zu fassen, doch die Unterkunft bietet mehr als eine Wohlfühlgeschichte. Die Zimmer bestechen durch ein beeindruckendes Design mit traditionellen und modernen Elementen, Capis-Muschel-Fenstern, Boutique-Waschbecken und Plasmafernseher. Die meisten haben einen Balkon mit Blick auf ein farbenfrohes Viertel, etwa 700 m südlich vom Remedios Circle. Das Café serviert leichte leckere Snacks.

★ **Pink Manila Hostel** HOSTEL $
(Karte S. 632 f.; ☎02-484 3145; www.pinkmanilahostel.com; 5. St., Ecke Bautista St & San Pedro St, Pasay; B mit Ventilator/Klimaanlage 450/570 P, DZ 1600 P;) Frisch renoviert kommt das gesellige Hostel Pink eleganter daher denn je. Hier tummeln sich allnachmittäglich Backpacker im Bikini bzw. mit freiem Oberkörper auf den Liegestühlen am Pool, genießen ihre Getränke oder spielen Gitarre. Eine nette Mischung: Schlafsäle mit pinkem Bettzeug, auf der Dachterrasse warten Hängematten, außerdem gibt's jeden Monat Partys. Von dort kommt man gut nach Malate und Makati.

Bahay Kubo Hostel HOSTEL $
(Karte S. 640; ☎02-243 7537; 1717 M Orosa St, Malate; B 400–500 P, DZ 1500–3600 P;) Die hilfsbereiten Besitzer und die gemütlichen, wenn auch stark frequentierten Gemeinschaftsräu-

P Burgos & Umgebung

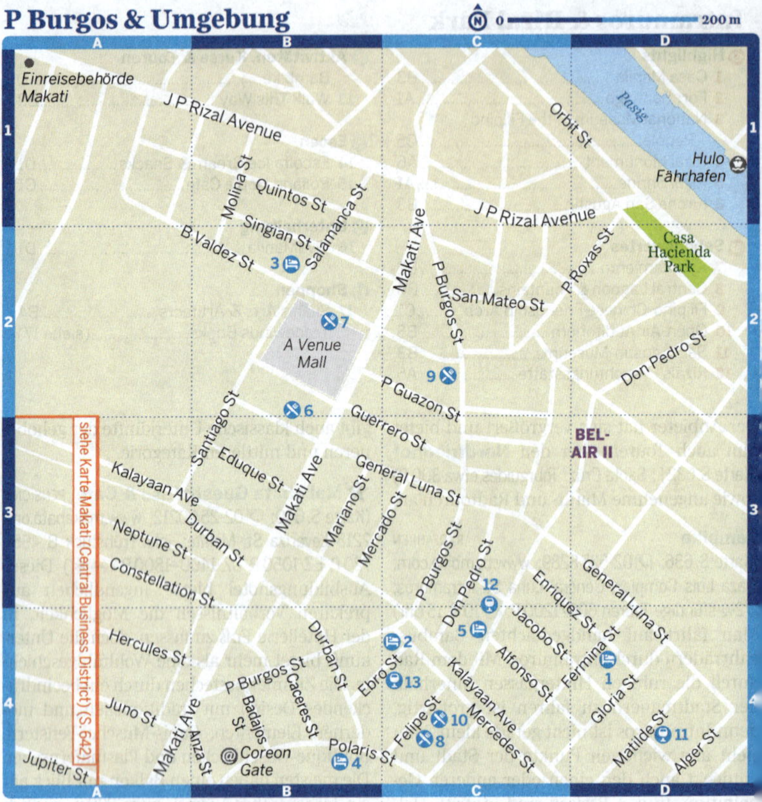

P Burgos & Umgebung

Schlafen

1 La Casita Mercedes D4
2 Lokal Hostel C4
3 MNL Boutique Hostel B2
4 Our Melting Pot B4
5 Z Hostel C4

Essen

6 A Venue Food Market B2
7 Beni's Falafel B2
8 El Chupacabra C4
9 Friends & Neighbors C2
10 Tambai C4

Ausgehen & Nachtleben

11 Joe's Brew D4
Polilya .... (siehe 12)
12 Pura Vida C3
13 Social C4
Z Roofdeck .... (siehe 5)

me sind das Aushängeschild dieser beliebten Unterkunft in Malate. Der Gemeinschaftsbereich im Erdgeschoss ist zur Straße hin offen, was zu einer einladenden Nachbarschaftsatmosphäre beiträgt. Im Obergeschoss lässt es sich gut entspannen. Die meisten der Schlafsäle mit 14 Betten sind klimatisiert, recht geräumig und mit großen hölzernen Schließfächern ausgestattet.

Tambayan Capsule Hostel HOSTEL
(Karte S. 640; ☎02-521 8835; www.tambayanhotel.com; 1602 Bocobo St, Malate; B 550 P, EZ/DZ/4B ab 1250/1450/2850 P;) Die Schlafsäle sind das Highlight hier. Man stelle sich Bette (eher Kapseln) mit aufrollbaren Sichtschutzrollos, persönlichen Ladestationen und Safe, hellen Leselampen und kühler Klimaanlage vor. In den fensterlosen Privaträumen, d

sich eng und überteuert anfühlen, geht das Kapsel-Konzept aber leider nicht auf. Ein Bonuspunkt ist das schöne antike Gebäude, ehemals das Herrenhaus eines wohlhabenden chinesischen Kaufmanns.

Chill-Out Guesthouse HOSTEL $
(Karte S. 640; ☎02-218 7227; chilloutmanila63@gmail.com; 612 Remedios St, Malate; B 350 P, Zi. mit Ventilator 650–850 P, Zi. mit Klimaanlage 1200–1450 P; ❄@📶) 350 P für ein Bett im klimatisierten Schlafsaal? Klingt gut. Die Räume sind ganz gut erträglich, wenn auch etwas überfüllt. Aber die privaten Zimmer mit Klimaanlage machen in diesem französisch geführten Hostel wirklich den Unterschied: Sie sind absolut geräumig und haben Extras wie Sofas, Nachttische und Kunst an den Wänden. Hier kann man länger bleiben, kochen und in der Küche oder im Aufenthaltsraum essen.

Wanderers Guest House HOSTEL $
(Karte S. 640; ☎02-525 1534; www.wanderers guesthouse.com; 1750 Adriatico St, Malate; B mit Ventilator/Klimaanlage 350/400 P, EZ/DZ ab 590/790 P, 3BZ 1350–1800 P; ❄@📶) Wanderers Guest House im Herzen von Malate weiß, was Backpacker wollen: saubere Schlafsäle bzw. private Zimmer (einige davon mit Balkon), hervorragende Reiseinfos und dazu gut ausgestattete Kochbereiche. Das Highlight ist die lässige Bar-Restaurant-Chill-out-Lounge auf dem Dach – perfekt, um mit anderen Travellern billiges Bier zu trinken.

★ **Amélie Hotel** BOUTIQUE-HOTEL $$
(Karte S. 640; ☎02-875 7888; www.ameliehotel manila.com; 1667 Bocobo St, Malate; Zi. inkl. Frühstück 3900–5100 P; ❄@📶) Als wichtiger Anreiz für das hoffnungsvolle Wiederaufblühen von Malate ist das Amélie mit seinem steingrauen Minimalismus das perfekte Gegenmittel zur verschwitzten dampfenden Metropole. Die zurückhaltenden Art-déco-Möbel füllen kaum die riesigen Räume. Getränke kann man während der Happy Hour am Tauchbecken auf dem Dach oder zehn Stockwerke weiter unten in der Lobbybar genießen.

1775 Adriatico Suites HOTEL $$
(Karte S. 640; ☎02-524 5402; www.adriaticosuites.com; 1775 Adriatico St, Malate; DZ/2BZ inkl. Frühstück 2200/2500 P, Apt. ab 5000 P; ❄📶) In einer Seitenstraße nahe dem Remedios Circle ist dieses Hotel die beste Wahl in Malate für eine ruhige und zugleich zentrale Unterkunft der mittleren Kategorie. Es gibt einen brandneuen Flügel mit schicken Doppelzimmern mit hübschen Bettrahmen, gemütlichen Matratzen, Schreibtischen und Smart-TVs mit Netflix. Der angenehme Pool und der Whirlpool sind tolle Einrichtungen in dieser Preislage. Der ältere Flügel besteht hauptsächlich aus Apartments.

Makati

Makatis hippes Viertel Poblacion hat sich zu Manilas Flashpacker-Viertel entwickelt. Es gibt mehr als ein Dutzend einfache wie auch noble Hostels sowie viele Bars und Restaurants.

★ **Our Melting Pot** HOSTEL $
(OMP; Karte S. 638; ☎0915 105 9459; www.ourmeltingpotmakati.com; 37 Polaris St, 3. St., Poblacion, Makati; B 500–600 P, EZ/DZ ohne Bad 1000/1450 P, DZ mit Bad 1750 P; ❄@📶) Die ursprüngliche Backpackerbleibe von Makati zog 2016 in ein größeres Gebäude um, jetzt mit mehr Betten, einer voll ausgestatteten Küche und einer Dachterrasse nur für Gäste. Dabei hat sie sich ihren freundlichen Service und die gute Stimmung erhalten. Die Schlafsäle sind mit einer starken Klimaanlage, individuellen Steckdosen und dünnen Vorhängen an den Betten für mehr Privatsphäre ausgestattet. Da Schuhe ausgezogen werden müssen (Hausschuhe sind vorhanden), ist es sauber, und ein einfaches Frühstück ist im Preis inbegriffen.

MNL Boutique Hostel HOSTEL $
(Karte S. 638; ☎02-511 7514; www.mnlboutiquehostel.com; 4688 B Valdez St, Poblacion, Makati; inkl. Frühstück B 400–600 P, Zi. ohne Bad 1500 P; ❄@📶) Das künstlerische MNL mit seinem industriellen Dekor wie poliertem Beton und Türen aus buntem Sperrholz versteht sich selbst als kreativ und als für Backpacker komfortabel. An manchen Stellen ist der Platz ein wenig knapp und es fehlt Tageslicht, aber die Betten sind hochwertig, es hängen keine unangenehmen Düfte in der Luft, und das Lokal im Erdgeschoss ist ein Pluspunkt.

Lokal Hostel HOSTEL $
(Karte S. 638; ☎02-890 0927; www.lokalhostel.com; 3. St., 5023 P Burgos St, Poblacion, Makati; B mit Ventilator/Klimaanlage ab 400/500 P, EZ/DZ ab 900/1400 P; ❄@📶) Eine Zuflucht mitten in Makatis kitschigem Rotlichtbezirk mit geräumigen Schlafsälen, die zwar keine Fenster haben, dafür aber große Betten und Wand-

Ermita & Malate

Ermita & Malate

Highlights
1 Metropolitan Museum of Manila A7

Schlafen
2 1775 Adriatico Suites B5
3 Amélie Hotel C4
4 Bahay Kubo Hostel C4
5 Chill-Out Guesthouse C5
6 Makabata Guesthouse & Café C7
7 Tambayan Capsule Hostel C4
8 Wanderers Guest House B5

Essen
9 Aristocrat A5
10 Midtown Diner C2
11 Shawarma Snack Center B3

Ausgehen & Nachtleben
12 Che'lu C5
13 Erra's Vest Ramen in Town B5
14 Tap Station B2

Unterhaltung
15 FAB/The Library C4
16 Hobbit House B2

Shoppen
17 San Andres Public Market C6

bilder. Ein einfaches Frühstück ist inbegriffen. Die privaten Doppelzimmer haben das beste Preis-Leistungs-Verhältnis in Makati.

★ La Casita Mercedes B&B $$
(Karte S. 638; ☎02-887 4385; http://lacasitamercedes.com; 5956 Enriquez St, Poblacion, Makati; inkl. Frühstück EZ 1500–2200 P, DZ 2500–2900 P;) Diese elegante Unterkunft – eine gute Bereicherung in Poblacion – ist in einem wunderschön restaurierten Haus aus den 1930er-Jahren untergebracht. Man tritt in eine Lobby mit antiken Spiegeln, filigranen Querbalken und wunderschönen *mahuka*-Fliesen (im mediterranen Stil). Die acht Zimmer, jedes mit eigenem Charakter, bieten Himmelbetten und original Art-déco-Möbel. Die Nachbarschaft ist früh wach, also Ohrstöpsel mitbringen.

Hostel HOSTEL $$
(Karte S. 638; ☎02-856 0851; www.zhostel.com; 5660 Don Pedro St, Poblacion, Makati; B 650–850 P, DZ inkl. Frühstück 2430 P; @) Dank der Bar auf dem Dach und dem Café unten ist das die beste Party-Adresse für Backpacker in ganz Manila. Mit 130 Betten in sieben Stockwerken ist das Hostel gewaltig. Die geräumigen Schlafsäle verfügen alle über ein eigenes Bad und Betten aus stabilen Stahlgerüsten und mit persönlichen Aufladestationen.

Essen

Die besten (und teuersten) Restaurants befinden sich zumeist entweder in Makati oder im Fort (BGC). Rund um den Remedios Circle und die J. Nakpil Street bietet Malate viel Nachbarschaftsflair. Selbstversorger können sich in den großen Supermärkten in den Einkaufszentren eindecken oder auf Malates Märkten wie dem **öffentlichen Markt San Andres** (Karte S. 640; San Andres St, Malate; 7–18 Uhr) und am Wochenende auf dem Pop-up-Markt **Mercato Central** (Karte S. 632 f.; 7th Ave Ecke 25th St, BGC; Hauptgerichte 100–300 P; Do–Sa 18–3 Uhr).

Malate, Ermita & Paco

Shawarma Snack Center ORIENTALISCH $
(Karte S. 640; 485 R Salas St, Ermita; Schawarma 60–75 P, Gerichte 85–300 P; rund um die Uhr;) Es klingt vielleicht nach nichts Besonderem, aber hier gibt's am Straßenrand die leckersten Falafel, *muttabal* (Auberginendip), Humus und Kebabs in Manilas Innenstadt.

Midtown Diner PHILIPPINISCH, AMERIKANISCH $
(Karte S. 640; 551 Padre Faura St, Ermita; Gerichte 115–180 P; Mo–Fr 7–21, Sa bis 14 Uhr;) Ein klassisches amerikanisches Diner mit Fleisch und Kartoffeln im philippinischen Stil. Zu den günstigen Menüs gibt's Suppe und Eistee.

Aristocrat PHILIPPINISCH $$
(Karte S. 640; www.aristocrat.com.ph; Ecke Roxas Blvd & San Andres St, Malate; Gerichte 200–400 P; rund um die Uhr) Das Aristocrat wurde 1936 als mobiler Snackwagen gegründet und ist so legendär, dass es ein eigenes historisches Schild hat. Ein Bild der alten Ford-Kantine ist in die Frontscheibe eingraviert. Es serviert eine riesige Auswahl an philippinischen Gerichten, doch Grillhähnchen ist die Spezialität. Überall im Land sind Zweigstellen entstanden, aber diese hier vergisst man nicht.

Makati

Beni's Falafel ORIENTALISCH $
(Karte S. 638; ☎02-621 6163; A Venue Mall, B Valdez St Entrance, Poblacion, Makati; Gerichte 130–225 P; rund um die Uhr;) Alles auf der

Makati (Central Business District)

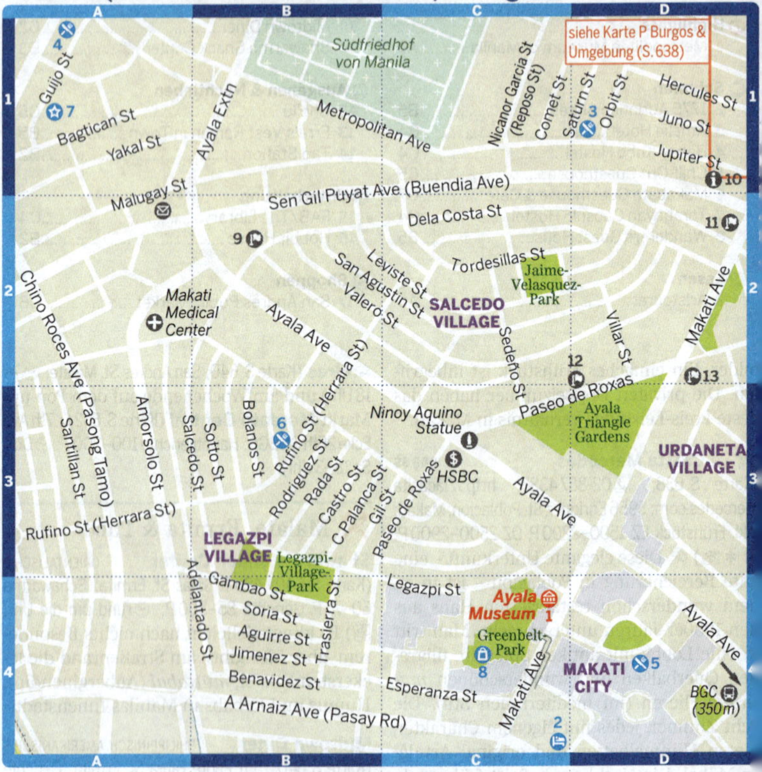

Makati (Central Business District)

Highlights
1 Ayala Museum C4

Schlafen
2 Raffles Makati C4

Essen
3 Corner Tree Cafe D1
4 Restock Coffee & Curiosities A1
5 TimHoWan D4
6 Yardstick B3

Ausgehen & Nachtleben
Long Bar .... (siehe 2)

Unterhaltung
7 SaGuijo A1

Shoppen
8 Greenbelt C4

Praktisches
9 Australische Botschaft B2
Kanadische Botschaft .... (siehe 9)
10 Touristeninformationszentrum D1
11 Französische Botschaft D2
Deutsche Botschaft .... (siehe 9)
12 Niederländische Botschaft D2
13 Neuseeländische Botschaft D2

Karte in diesem unauffälligen jemenitischen Minirestaurant wird original und formvollendet zubereitet. Besonders gut sind *shakshuka* (pochierte Eier in würziger Tomatensoße) und Benis Falafel. Die Schawarmas werden vom angrenzenden Beni's Grill serviert. Es gibt eine Zweigstelle des Beni's der Mall of Asia (S. 645).

Tambai FUSION-KÜCH
(Karte S. 638; Felipe St, Makati; Gerichte 70–300 ⏲18–24 Uhr; ❄📶) Auf der Straße oder in

em kleinen klimatisierten Hinterzimmer verden schnelle, aber sehr originelle philippinische Snacks mit japanischem Einfluss erviert. Die himmlischen *laki-tori*-Sticks nit Rindfleischrippchen probieren.

riends & Neighbors PHILIPPINISCH $
Karte S. 638; 5070 P Burgos St, Poblacion, Makati; ;erichte 70–100 P; ⌚ Mo–Sa 9–21 Uhr; ❄) In iesem etwas gehobenen *turu-turò*-Restauant (Fast Food) kann man hausgemachtes hilippinisches Essen in klimatisierter Umebung probieren.

Venue Food Market PHILIPPINISCH $
Baga Manila; Karte S. 638; A Venue Mall, Makati Ave, akati; Gerichte 75–85 P; ⌚ 13–24 Uhr) Dieser ood-Court im Freien neben der A Venue Mall ietet eine gute Auswahl an philippinischer üche und viele regionale Spezialitäten.

★ **Corner Tree Café** CAFÉ $$
Karte S. 642; ☎ 02-897 0295; www.cornertree afe.com; 150 Jupiter St, Makati; Gerichte 250–0 P; ⌚ 11–22 Uhr; ❄ 📶 ✍) 🍃 Das Corner ee ist eine ruhige Rückzugsmöglichkeit, enn man auf der geschäftigen Jupiter Street nterwegs war. Es serviert himmlische vegerische Gerichte, die selbst hartgesottene eischliebhaber schätzen. Die Suppen, Einpfe, Spinat-Blätterteigtaschen und Smooies sind besonders zu empfehlen. Auch den fu-Walnuss-Burger oder das Vego-Chili proeren. Vegane und glutenfreie Gerichte oder rianten gibt's auch.

rdstick CAFÉ $$
arte S. 642; ☎ 02-624 9511; www.yardstickcoffee. n; 106 Esteban St, Legazpi Village, Makati; Hauptichte 300 P; ⌚ Mo–Sa 7–23, So 8–18 Uhr; ❄ 📶) eses gediegene Café ist zugleich ein Großndler für sortenreine Bohnen und La-Marzco-Geräte. Der Raum ist hell und luftig, nter dem Haus liegen ein Röstbereich und Glasbau, der häufig für Degustations- und ffee-Workshops genutzt wird. Der Brühffee wird mit Dampf zubereitet, und auf er einfachen Tafel steht eine Auswahl von sta, Waffeln und Reisschüsseln.

El Chupacabra MEXIKANISCH $$
rte S. 638; 5782 Felipe St, Poblacion, Makati; Ta110–170 P; ⌚ Mo–Do 11–3, Fr–So bis 4 Uhr; ❄) s El Chupacabra bringt den mexikanien Street-Food-Hype nach Makati. In der muddeligen Taqueria im Freien gibt's eine tliche Auswahl an weichen Maistortilacos. Die scharfen Chipotle-Shrimp- oder g-Tacos (brutzelndes Schweinefleisch vom Grill) probieren. Es ist sehr beliebt, also am Abend mit Wartezeit rechnen (reservieren kann man nicht) und sie sich mit einem Margarita versüßen.

> **VERWÖHNPROGRAMM**
>
> Es ist so interessant, wie es klingt: Das chaotische **Van Gogh is Bipolar** (Karte S. 632 f.; ☎ 0922 824 3051; 154 Maginhawa St, Quezon City; Hauptgerichte 300–500 P; ⌚ 12–17 & 18–24 Uhr; ❄) befindet sich in einem winzigen Raum voller Kuriositäten und Kunstwerke. Es wird vom Künstler Jetro geführt, der überaus originelles, köstliches Essen in ausgelassener Atmosphäre serviert. Wahrscheinlich speist man hier mit einem extravaganten Hut auf dem Kopf (am Hutstand erhältlich). Das Abendessen besteht aus drei bis fünf Gängen, das Mittagessen wird à la carte serviert.

TimHoWan HONG-KONG-CHINESISCH $$
(Karte S. 642; Glorietta 3, Makati; kleine Teller 120–170 P; ⌚ 10–21.40 Uhr; ❄) Diese *dim sum*-Institution, die in Hongkong mit einem Michelin-Stern ausgezeichnet wurde, hatte nach ihrer Eröffnung 2014 in Manila sofort Erfolg. Die Zweigstelle wirkt etwas steriler als die ursprüngliche Filiale, doch die charakteristischen BBQ-Schweinefleischtaschen lassen keine Wünsche offen. Auch die Fadennudeln schmecken, aber man kann hier wirklich nichts falsch machen.

Restock Coffee & Curiosities CAFÉ $$
(Karte S. 642; 7365 Guijo St, Makati; Hauptgerichte 250–325 P; ⌚ Mo–Sa 13–21 Uhr; ❄ 📶) Dieses angesagte kleine Café ist die Heimat von „Pizzadilla", eine Mischung aus Pizza und Quesadilla. Es stehen Gemälde und Vintage-Schnickschnack zum Verkauf und viele Kreative nutzen das Café als Arbeitsraum und stärken sich bei einem Espresso-basierten Kaffee.

Binondo

Escolta Ice Cream & Snacks EIS, PHILIPPINISCH $
(Karte S. 636; 275 Escolta St, Binondo; Hauptgerichte 100–150 P, Eiskugeln 30 P; ⌚ 8.30–20 Uhr; ❄) Dieses unscheinbare Lokal wurde 2009 eröffnet und genießt Kultstatus. Es ist ein Muss bei jeder Tour auf der historischen Escolta Street. Neben Eis (Wagemutige können den Mount Everest mit 9 Kugeln probieren)

serviert es ein preiswertes philippinisches Mittagessen, um die armen Künstler der Gegend glücklich zu machen.

Polland Hopia Café BÄCKEREI $
(Karte S. 636; Escolta St, Binondo; Snacks ab 35 P; ⌚7–19 Uhr; ❄) Ein klassisches *Tsinoy*, also eine chinesisch-philippinische Bäckerei, mit einer tollen Leuchtreklame im Stil der 1950er-Jahre auf der Escolta Street. Hier gibt's knusprig zarte *hopia*, süße Kuchen gefüllt mit Mungobohnen oder *ube* (Wasseryams). Zudem hält der stark klimatisierte Laden viele herzhafte Überraschungen parat.

Ausgehen & Nachtleben

Malate ist beliebt bei Studierenden und Backpackern und bildet zusammen mit dem Fort (BGC) auch das Zentrum von Manilas Schwulenszene. Nach Makati zieht es die Expats und immer mehr Reisende. Musikliebhaber kommen in Quezon City auf ihre Kosten.

★ **Long Bar** COCKTAILBAR
(Karte S. 642; 1 Raffles Dr, Makati; ⌚12–2 Uhr) Inspiriert durch das Original aus Singapur, bietet diese Bar auf der Lobby-Ebene des **Raffles Makati** (Karte S. 642; ☎02-795 0755; www.raffles.com/makati) von 17 bis 20 Uhr eine unschlagbare All-you-can-drink-Happy-Hour

LGBT-SZENE IN MANILA

Manila ist sehr gay-freundlich. Das traditionelle LGBT-Zentrum ist Malate, die besten Gay-Clubs aber sind nach Ortigas in Quezon City gezogen.

Nectar (Karte S. 632 f.; ☎0917 542 8831; The Fort Strip, 5th Ave, BGC; 500 P; ⌚Di–Sa 22–4 Uhr) Im Herzen des Forts befindet sich der beste LGBT-Nachtclub Manilas.

O Bar (Karte S. 632 f.; ☎02-584 1626, 0919 996 4154; Julia Vargas Ave, Ortigas; Eintritt inkl. 3 Bier 400–500 P; ⌚Mi–So 22–6 Uhr) Die gay-freundliche O Bar hat eine berüchtigte Drag-Show.

Che'lu (Karte S. 640; 1802 Maria Orosa St, Malate; ⌚21–4, Do–Sa bis 6 Uhr) Altbewährter Nachtclub mit günstigen Drinks.

FAB/The Library (Karte S. 640; ☎02-522 2484; www.thelibrary.com.ph; 1739 M Orosa St, Malate) Zwei Gay-Clubs unter einem Dach mit Comedy und Livemusik.

mit Bier, Wein und Cocktails (darunter Singapore Sling) für 870 P. Die lackierte, angenehm lange Bar ist eine wahre Entdeckung. Auf dem Boden stapeln sich weggeworfene Erdnusshülsen.

★ **Pura Vida** BA
(Karte S. 638; Don Pedro St Ecke Jacobo St, Poblacion, Makati; ⌚Mo–Sa 18.30–2 Uhr) Das Pura Vida gehört einem Costa Ricaner und biete ein entspanntes karibisches Flair im Herzen von Poblacion mit gelegentlich auftretende Reggae-Bands, *arroz con camarones* (Rei mit Garnelen), Mojitos und einem ausge sprochen kosmopolitischen Publikum. Im Erdgeschoss befindet sich das **Polilya** (Kart S. 638; ⌚Di–So 18.30–2 Uhr; 📶), der neue, ers klassige Schankraum des Craft-Brauers Eng kanto.

Z Roofdeck BA
(Karte S. 638; 5660 Don Pedro St, Poblacion, Maka ⌚17 Uhr – open end) Es besteht kein Zweif daran, wo der beste Backpacker-Partyspot i Manila ist. Die Dachterrasse des Z Hoste (S. 641) zieht einheimische und ausländisch DJ-Talente an und ist bei Einheimische und Expats beliebt. Die Happy Hour (M Do 17–20 Uhr) umfasst regionale Biere f 58 P – ein RFID-Armband mit Guthaben e werben, um die Getränke zu bezahlen.

Tap Station B
(Karte S. 632 f.; Forbestown Rd, BGC; ⌚17 Uh open end) Ein angesagter, bodenständig Craft-Bier-Spezialist in einer Freiluft-Loca on nahe dem Burgos Circle. Es gibt 25 Bie vom Fass (225–295 P), darunter einige bel sche Sorten. Bei der Happy Hour (18–21 U erhält man zwei Pils des Hauses zum Pr von einem. Die Bar ist an das **Tap Stati** (Karte S. 640; Adriatico St Ecke Padre Faura St, mita; 330 ml Bier 120–200 P; ⌚Mo–Sa 17–2, So 23 Uhr) in Malate angeschlossen, doch bie eine viel größere Auswahl an Bieren.

Erra's Vest Ramen in Town
(Karte S. 640; 1755 Adriatico St, Malate; ⌚rund die Uhr) Erra ist die typische südostasiatis Bretterbude am Straßenrand, an der s Leute aus allen Teilen der Galaxis treff um billiges San Miguel zu trinken und – es der witzige neue Name andeutet – Ram zu essen (60–90 P).

Social
(Karte S. 638; Ebro St, Poblacion, Makati; ⌚ 2 Uhr) Das Social bietet ein neues Konzep Manilas angesagtestem Barviertel und

ABSTECHER

VULKANWANDERUNG

Man muss sich nicht weit von Manila entfernen, um auf Abenteuer zu gehen. Nur 60 km weiter im Süden ist man schon in der kühlen Bergstadt Tagaytay mit spektakulärem Blick auf den Taal-See und die Insel **Taal Volcano** (Erw./Kind 50/100 P; ⏲6–18 Uhr). Mit einem gecharterten *bangka* geht's zum Vulkan, den man in nur 45 Minuten erklimmen kann. Viele Hostels in Manila arrangieren Tagestouren hierher oder man übernachtet im **Tagaytay Garden Mountain Breeze** (☎0977-816 0773; 730 Calamba Rd; B/DZ/3BZ 450/1000/1400 P).

Eine weitere beliebte Tour führt mit einem Allradauto (gefolgt von einem 2-stündigen Aufstieg) zu dem atemberaubenden smaragdgrünen Kratersee des **Pinatubo**, wo es 1991 zu einem verheerenden Vulkanausbruch kam. Der Berg liegt ein paar Autostunden nördlich von Manila und Touren starten gegen 4.30 Uhr. Alternativ übernachtet man im **Alvin & Angie Mt Pinatubo Guesthouse** (☎0929 249 0865, 0919 861 4102; www.mt-pinatubo.weebly.com; Santa Juliana; B 350–500 P, EZ/DZ inkl. Frühstück 1000/1200 P; ❄📶) in Santa Juliana.

n Mini-Food-Park mit vibrierenden Beats, ngelegt rund um eine auf billiges Craft-Bier pezialisierte Bar. Es gibt Pizza und indische nbisse, aber der Schwerpunkt liegt auf Mu-k und Feiern; am Wochenende kann hier er Teufel los sein.

oe's Brew BAR

arte S. 638; Mathilde St Ecke Jacobo St, Poblacion, akati; ⏲Di–So 17–1 Uhr) Dieser winzige Raum t der Schankraum eines der führenden raft-Brauer von Manila. Das Fish Rider le Ale zusammen mit Brisket oder Poutine ranzösisch-kanadisches Gericht mit Pom-es und Soße) von der angeschlossenen äucherei **Holy Smokes** probieren.

☆ Unterhaltung

i einem Abend in Quezon City kommt an in den Genuss erstklassiger Livemusik. as **Cultural Center of the Philippines** arte S. 632 f.; ☎02-832 1125; www.culturalcenter.ph; CCP Complex, Roxas Blvd, Pasay; Ticketpreiunterschiedl.; ⏲Schalter Vorführungstage Di–Sa 18, So 13–17 Uhr) in Pasay ist die Location lechthin für Theater und klassische Mu-. Manila entwickelt sich gerade zu einem chtigen internationalen Glücksspielzen-m. Die Casinozone befindet sich in Pa-aque.

SaGuijo LIVEMUSIK

rte S. 642; ☎02-897 8629; www.facebook.com/uijo.Cafe.Bar.Events; 7612 Guijo St, Makati; Ein-nach 22 Uhr inkl. 1 Getränk 150–200 P; ⏲18–hr) Wundervoll abgeranzte Bar mit einer zen Reihe von Indie-, Punk- und New-ve-Bands, die ab 22.30 Uhr loslegen. Das gramm steht auf Facebook.

★ **Hobbit House** LIVEMUSIK

(Karte S. 640; www.hobbithousemanila.com; 1212 MH del Pilar St, Ermita; Eintritt 150–175 P; ⏲17–2 Uhr; 📶) Diese ausgezeichnete Blues-Bar zieht seit 1973 einige der edelsten Musen in Manila an. Der sehr geschätzte amerikanische Gründer Jim Turner verstarb 2016 und überließ die Bar seinen kleinwüchsigen Mitarbeitern. Bietet auch eine beeindruckende Auswahl an importierten Bieren und Craft-Bieren.

🛍 Shoppen

Riesige Einkaufszentren wie die **Mall of Asia** (Karte S. 632 f.; Manila Bay, Pasay; ⏲10–22 Uhr) und **Greenbelt** (Karte S. 642; Ayala Centre, Makati; ⏲11–21 Uhr) bieten alles, was das Herz begehrt, in angenehm klimatisierter Umgebung.

★ **Silahis Arts & Artifacts** GESCHENKE & SOUVENIRS

(Karte S. 636; 744 General Luna St, Intramuros; ⏲10–19 Uhr) Eigentlich hat das Silahis fast mehr von einem Kulturzentrum als von einem Geschäft. Aufwendig geflochtene Körbe, hölzerne *bulol*-Statuen der Ifugao (sie sollten den Reis beschützen) sowie Textilien und anderes Kunsthandwerk aus dem ganzen Land werden hier neben schönen Antiquitäten verkauft. Im Obergeschoss ist **Tradewinds Books** (Karte S. 636; 744 General Luna St, Intramuros; ⏲10–19 Uhr) auf philippinische Geschichte, Kultur und Biografien spezialisiert.

ℹ Praktische Informationen

MEDIZINISCHE VERSORGUNG

Metro Manila bietet mehrere große Privatkrankenhäuser, die infolge des Medizintourismus immer mehr Bedeutung erlangen.

BUSSE AB MANILA

ZIEL	DAUER (STD.)	PREIS (P)	BUSUNTERNEHMEN	HÄUFIGKEIT
Baguio	4–7	Klimaanlage/ Deluxe 450/750	Genesis, Victory Liner (Cubao, Pasay)	häufig
Banaue	8–9	490–530	Florida (saisonal), Ohayami	2–4 Nachtbusse
Batangas	2–2½	170	Ceres, DLTB, Jam	alle 20 Min.
Clark Airport	2–3	350	Philtranco	8-mal tgl.
Dau (Angeles)	1½–2½	139–150	Victory Liner, viele andere	häufig
Legazpi	10–12	850–1100	Amihan, Bicol Isarog, Cagsawa, DLTB, Philtranco	meist Nachtbusse
Sagada (via Banaue)	11	720–980	Coda Lines	20 & 21 Uhr
Tagaytay	3	83–92	BSC San Agustin, DLTB	alle 30 Min.
Vigan	8–11	Klimaanlage/Deluxe 550/850	Dominion, Partas	stündl.

Makati Medical Center (☎02-888 8999; www.makatimed.net.ph; 2 Amorsolo St, Makati)

Manila Doctors Hospital (Karte S. 640; ☎02-558 0888; www.maniladoctors.com.ph; 667 United Nations Ave, Ermita)

St Luke's Medical Center (Karte S. 632 f.; ☎02-789 7700, Notruf 02-789 7810; www.stluke.com.ph; 32nd St, BGC) Das modernste Krankenhaus von Metro Manila. Gibt es auch in **Quezon City** (Karte S. 632 f.; ☎02-723 0101, Notruf 02-727 2328; 279 E Rodriguez Sr Ave, Quezon City).

REISEBÜROS

Filipino Travel Center (Karte S. 630 f.; ☎02-528 4507; www.filipinotravel.com.ph; Ecke Adriatico & Pedro Gil St, Malate; ⊙Mo–Fr 8–18, Sa 9–17 Uhr) Diese hilfsbereite und sachkundige Reiseagentur ist auf ausländische Kunden spezialisiert und organisiert Stadttouren und Tagesausflüge im Raum Manila und Umgebung. Sie führt auch Visa-Verlängerungen durch und besorgt Bustickets nach Banaue.

TOURISTENINFORMATION

Department of Tourism Information Centre (Karte S. 642; DOT; ☎02-459 5200; www.visitmyphilippines.com; JB Building, 351 Sen Gil Puyat Ave, Makati; ⊙Mo–Sa 7–18 Uhr) Die Touristeninformation hat hilfreiche Mitarbeiter und bietet Stadtpläne und Informationen zu Trips rund um Manila. Es gibt auch kleinere Touristeninformationen an verschiedenen Terminals des internationalen Flughafens Ninoy Aquino (NAIA).

ℹ An- & Weiterreise

BUS

Mit dem Bus aus Manila wegzukommen ist schwieriger, als man vielleicht erwarten würde, denn es gibt keinen zentralen Busbahnhof. Stattdessen fahren viele private Anbieter von ihrem eigenen Terminal aus bestimmte Ziele an.

Die zwei wichtigsten Terminal-Cluster heißen **Cubao** in Quezon City nahe der Ecke EDSA/Aurora Boulevard und **Pasay** auf der EDSA nahe dem LRT/MRT-Verkehrsknotenpunkt in **Pasay Rotunda** (Karte S. 632 f.; Ecke EDSA & Taft Ave

Schwerer zu erreichen sind die Terminal-Cluster **Sampaloc** nördlich von Quiapo nahe der Santo-Tomas-Universität (UST) und **Caloocan** weit im Norden von Metro Manila.

Unabhängig vom Reiseziel lohnt es sich, etwa mehr aufzuwenden und einen Bus zu nehmen, der die modernen Schnellstraßen gen Norden bzw. Süden nutzt. Wenn man in einem Regionalbus im Stau steht, könnte sich die Fahrt um mehrere Stunden verlängern.

Am besten entscheidet man sich für einen komfortablen „Luxus"-Express- und/oder Schlafbus mit 27 Plätzen, wie sie die wichtigste Orte auf Luzon wie Baguio, Vigan, Laoag, Tuguegarao, Naga und Legazpi anfahren. Es w empfohlen, diese Busse und die Nachtbusse direkt nach Banaue mindestens einen Tag im Voraus zu buchen.

FLUGZEUG

Alle internationalen Flüge nach und von Manila nutzen einen der drei Hauptterminals (Termin 1, 2 und 3) des **internationalen Flughafens Ninoy Aquino** (S. 698) im Süden von Manila. Viele Inlandsflüge fliegen einen vierten Inland terminal (Terminal 4) an. Weitere Information findet man im Kapitel An- & Weiterreise, S. 10

SCHIFF/FÄHRE

Der auffällige **Manila North Harbor Port** (Kar S. 632 f.; ☎02-588 9000; www.mnhport.com

ɔh; Piers 4 & 6, Tondo) nordwestlich von Binon-
do ist der Abfahrts- und Ankunftshafen für alle
nländischen Fährverbindungen. Heute wird der
Südhafen für Fracht- und internationale Kreuz-
ahrtschiffe genutzt.

Am besten nimmt man ein Taxi zum/vom Nordhafen, da man als Ausländer mit Gepäck nicht im Bezirk Tondo herumlaufen sollte und die öffentlichen Verkehrsmittel kompliziert sind.

2GO Travel (Karte S. 636 f.; ☎ 02-528 7000; http://travel.2go.com.ph; Pier 4, Manila North Harbor Port) ist die wichtigste Reederei, die Bootsfahrten zwischen den Inseln von Manila aus anbietet. Sie verfügt über eine ausgezeichnete Website, auf der man Fahrpläne überprüfen und Tickets reservieren kann. Tickets erhält man online oder im Reisebüro, in großen Einkaufszentren oder in der Hauptfiliale im **Rizal Park** (Karte S. 636; The Hub @ Kilometer Zero, Rizal Park). Die Fähren nach Caticlan (mit Anbindung an Boracay) legen am Pier Batangas ab.

Atienza Shipping Lines (Karte S. 632 f.; ☎ 0999 881 7266; 1st St, Ecke Muelle de Tacoma, Tondo) bietet dienstags um 20 Uhr und donnerstags und samstags um 16 Uhr eine Fähre nach Coron-Stadt auf Palawan (1000–1150 P, 16 Std.) und jeden Freitag um 16 Uhr eine per Linapacan nach El Nido auf den südlichen Calamian-Inseln (1700–1850 P, 25 Std.).

Unterwegs vor Ort

ZUM/VOM FLUGHAFEN

Da es keine öffentlichen Verkehrsmittel gibt, die von den vier Terminals direkt nach Malate oder Makati führen, sollte man in den sauren Apfel beißen und ein Taxi nehmen, insbesondere wenn man Gepäck dabeihat. Der Flughafen liegt nicht weit vom Stadtgebiet entfernt, und je nach Verkehrslage kann man Malate oder Makati in 20 Minuten mit dem Taxi erreichen. Uber ist vom Flughafen aus auch eine gute Option.

Der Shuttlebus Airport Loop fährt nach Pasay Rotunda in Bacaran (20 P, alle 20 Min.). Von dort kann man mit öffentlichen Verkehrsmitteln (Taxi, Jeepney oder MRT/LRT) weiterfahren. Um zu diesen Shuttlebussen zu gelangen, geht man an den drei Haupttermimals geradeaus und dann rechts.

JEEPNEY

Jeepneys nach Baclaran fahren von der Quiapo-Kirche nach Süden und am Rathaus vorbei. Sie passieren auf der MH del Pilar Street Ermita/Malate, in die Nähe des CCP, überqueren die EDSA und halten schließlich am LRT-Bahnhof Baclaran. Von der Quiapo-Kirche aus kann man auch die Kalaw-Jeepneys nach Ermita nehmen.

Die Jeepneys von Baclaran gen Norden fahren über die Mabini Street oder der Taft Avenue und ab dem Rathaus Manila in verschiedene Richtungen.

LRT & MRT

Die LRT- und MRT-Züge sind eine hervorragende Möglichkeit, dem Verkehr auszuweichen. Leider ist das Liniennetz der Stadt nicht weit ausgebaut und zu den Stoßzeiten sind die Züge im Grunde nicht nutzbar, da man stundenlang in Warteschlagen steht. Wenn man es dennoch in einen Zug schafft, kann es – milde gesagt – etwas eng werden, und Taschendiebstahl ist an der Tagesordnung.

Der LRT (Light Rail Transit) hat zwei Hochbahnlinien. Die LRT-1 verläuft von Monumento im Norden bis Baclaran im Süden und bietet Anbindung an die MRT an der Ecke EDSA und Taft Avenue nahe Pasay Rotunda. Die LRT-2 fährt von Recto im Westen nach Santolan im Osten und bietet Anschluss an die MRT in Cubao.

Die MRT (Metro Rail Transit) befährt eine Süd-Nord-Strecke entlang der EDSA und eignet sich, um vom und zum Ayala Center in Makati und nach Quezon City zu gelangen.

Je nach Entfernung kostet ein Ticket zwischen 12 und 15 P. Wer zwischen den Bahnlinien umsteigt, muss den Bahnhof verlassen und sich erneut für ein anderes Ticket anstellen. Wenn man häufig mit dem Zug fährt, lohnen sich Karten mit Guthaben, die aber unter Umständen schwer zu finden sind.

Die Kordilleren

Der Norden von Luzon ist für viele Reisende schlichtweg gleichbedeutend mit den Kordilleren. Besucher wie Einheimische lieben, verehren und fürchten diese etwa 2900 m hohen Berge.

Verschiedene Traditionen der einzelnen Kordilleren-Stämme, die zusammen als Igorot bekannt sind, haben sowohl die spanische als auch die amerikanische Besatzung überdauert: die kulturelle Dimension – zusätzlich zu den zahlreichen Attraktionen der Region. Banaues berühmte Reisterrassen wurden „das achte Weltwunder" genannt, doch in ganz Ifugao, Mountain Province und Kalinga gibt's zwar unbekanntere, aber nicht weniger spektakuläre Terrassen. Von den Reisterrassen abgesehen, ziehen die Berge Wanderer, Radfahrer, Höhlenforscher und andere Outdoor-Liebhaber in ihren Bann.

Baguio

☎ 074 / 345 370 EW. / 1540 M

Dieses Hochland der Philippinen ist ein mit Kiefern bewachsener Ort des Rückzugs von der Hitze und dem Staub des Tieflands, wenn auch nicht sonderlich ruhig. Baguio (bah-gi-

DIE MUMIEN VON KABAYAN

Von Baguio führt eine Straße 50 km gen Norden nach Kabayan, einen malerischen Ort mit mehreren Höhlen, in denen die Ibaloi vor vielen Jahrhunderten ihre Toten, heute schauerliche Mumien, beisetzten. Manche Höhlen können besichtigt werden, von anderen haben einzig die Stammesältesten Kenntnis. Zwar hat man keine Chance, mumifizierte sterbliche Überreste zu finden, aber Kabayan ist ideal, um über die dramatisch geneigten Reisterrassen zu wandern und den Sternenhimmel zu bewundern.

oh) ist eine Universitätsstadt mit einer der größten Studentenzahlen auf den Philippinen (250 000) und zugleich eine Schnittstelle zwischen der Kultur der Bergvölker und derjenigen der Siedler im Flachland. Für die meisten Reisenden liegt hier das wichtigste Tor zu Backpacker-Verheißungen weiter nördlich in Sagada, Banaue und Kalinga.

Sehenswertes & Aktivitäten

★ BenCab Museum MUSEUM

(www.bencabmuseum.org; Km 6 Asin Rd, Tadiangan; Erw./Stud. 120/100 P; ⏲ Di–So 9–18 Uhr) Das fantastische Museum ist dem Leben, dem Werk und der Zeit des Künstlers Benedicto Reyes Cabrera („BenCab" genannt) gewidmet und ist selbst genauso faszinierend wie sein Thema. Die Galerie besteht aus einer Mischung aus hohen Glasfenstern, durch die das Licht schräg auf Kolonaden moderner Kunst fällt, kontrastiert von Wänden mit traditionellen, animistischen Schnitzereien, *bulol* (heiligen Holzfiguren), psychedelischen Arbeiten von Leonard Aguinaldo sowie zeremoniellen *hagabi* (geschnitzte Holzbänke).

★ St. Louis University Museum MUSEUM

(Magsaysay Ave; ⏲ Mo–Sa 8–12.30 & 13.30–17 Uhr) GRATIS Das Campus-Museum steht unter der Leitung von Ikekias „Ike" Picpican, einer der führenden Autoritäten des Landes für Geschichte und Kultur der Kordilleren-Stämme. Man kann stundenlang Waffen, Bestattungsutensilien, Stammeskostüme, Musikinstrumente wie die Nasenflöte, Holzschnitzereien und Fotografien verschiedener Rituale und Opfer studieren, aber es hilft, wenn Ike selber da ist, um Hintergrundinfos zu geben.

Tamawan Village KUNSTHANDWERKSZENTRUM

(☎074-446 2949, 0921 588 3131; www.tam-awanvillage.com; Long-Long Rd, Pinsao; Erw./Stud. 50/30 P, Workshops pro Pers. 450 P; ⏲ 8–18 Uhr) Nachdem man neun traditionelle Igorot-Wohnhäuser und zwei seltene Kalinga-Hütten in ihre Einzelteile zerlegt hatte, wurden sie hier, an einem Hang auf dem Gelände der Künstlerkolonie, wieder aufgebaut. Eine Übernachtung in einem der Gebäude (EZ/DZ 500/1000 P) ist außergewöhnlich: Gäste können an Kunst-Workshops teilnehmen, lernen, wie Traumfänger oder Glasperlen hergestellt werden, und Vorführungen mit indigenen Tänzen und Musik mitverfolgen.

Schlafen & Essen

Upstairs Bed & Bath HOSTEL

(☎074-446 4687; www.upstairsbedandbath.com; GSP Building, Leonard Wood Rd; B 400 P, DZ 1200–1600 P; @📶) Diese Unterkunft südöstlich der SM Mall verfügt über 90 Betten in makellosen Schlafsälen. Die Vier-Bett-Schlafsäle kosten das Gleiche wie die mit 20 Betten. Es gibt keine Küche, und die Gemeinschaftsräume sind nicht sehr attraktiv, aber der Rest ist top.

Baguio Village Inn PENSION

(☎074-442 3901; 355 Magsaysay Ave; EZ/DZ 400/750 P; 📶) Diese einladende Backpackerbleibe hinter dem Slaughterhouse-Busterminal erinnert an die gemütlichen Pensionen aus Kiefernholz in Sagada. Die Zimmer im neuen Anbau hinten sind teurer, aber ruhiger.

Mile Hi Inn HOSTEL

(☎074-446 6141; Mile Hi Center, Loacan Rd; DZ/3BZ 650/2300/2700 P; 📶) Seinem Motto „sauber, gemütlich, bequem" bleibt das Mile Hi treu. Hier wohnt man im Duty-Free-Einkaufszentrum des Camp John Hay in einem chen, gefliesten Vier-Bett-Schlafsälen oder in golden ausgestalteten Doppelzimmern.

Oh My Gulay! VEGETARISCH

(☎0939 912 7266; 4. St., La Azotea Building, Session Rd; Hauptgerichte 130–155 P; ⏲ Di–Do 11–20, Fr & Sa bis 21, So & Mo bis 19 Uhr; 🖉) Ein verzaubernder Garten auf mehreren Ebenen mit Holzschnitzereien, Pflanzen, Brücken, Springbrunnen und kleinen, heimlichen Nischen. Die köstlichen vegetarischen Gerichte umfassen Veggie-Burger, Sandwiches, Salate, Omeletts und Pasta. Mediterrane Speisen dominieren

Speisekarte. Das Restaurant ist etwas schwer zu finden: Es liegt im 4. Stock des La Azotea Building (kein Schild vorhanden).

★ **Café by the Ruins Dua** FUSION-KÜCHE $$
(074-442 4010; 225 Upper Sessions Rd; 120–380 P; 7–21 Uhr;) Dank des sauberen weißen und leicht kolonial anmutenden Dekors genießt man die besten Gerichte in Nord-Luzon in mondänem Ambiente. Regionale Spezialitäten wie *carabao* (Wasserbüffel), *etag* (geräuchertes Schweinefleisch), Bergreis und Jackfrucht fließen in die saisonale Küche ein, die von Gerichten aus aller Welt inspiriert ist. Gelegentlich gibt's Livemusik und Lyriklesungen und insgesamt herrscht eine intellektuelle, unkonventionelle Atmosphäre.

Ausgehen & Unterhaltung

Baguio Craft Brewery MIKROBRAUEREI
Palispis (Marcos) Hwy; 17–2 Uhr;) Der kleine Spaziergang aus dem Zentrum raus zu der kleinen Brauerei von Baguio lohnt sich. Sie ist Teil der wachsenden Szene philippinischer Craft-Bierhäuser. Die Anstrengung wird mit etwa 20 verschiedenen Sorten von meisterhaft gebrautem Bier belohnt (ab 160 P), mit einer schönen Aussicht auf die Berge von der Dachterrasse und leckeren Wings, Fisch-Tacos sowie anderen Barsnacks (Hauptgerichte 100–350 P).

3 BC LIVEMUSIK
6 Legarda Rd; 18.30 Uhr – open end) In einer Stadt, in der scheinbar aus jedem Fenster Livemusik schallt, bietet dieses Lokal gegenüber dem Prince Plaza Hotel immer wieder die beste originale Livemusik aus Baguio – von Jazz über Blues bis Reggae. Leider sind keine kurzen Hosen und Flip-Flops erlaubt.

Shoppen

Baguio ist ein Einkaufsmekka und alle möglichen indigenen Kunsthandwerkswaren sind zu finden – von antiken *bulol* (heiligen Holzfiguren) bis hin zu allerlei traditionellen Webereien, Körben, Silber, Kalinga-Speeren und massenproduzierten, glänzenden Holzschnitzereien. Souvenirs gibt's auch auf dem **Stadtmarkt** (Magsaysay Ave; 6–19 Uhr).

Praktische Informationen

Regionale Touristeninformation Kordilleren
(074-442 7014; Governor Pack Rd; Mo–Fr 8–17 Uhr) Informationen zu Touren und Trekking in den Kordilleren sowie Stadtpläne.

An- & Weiterreise

Die Direktbusse mit 25 Plätzen von **Victory Liner** (074-619 0000; Utility Rd) nach Pasay (750 P, 5 Std., 1- bis 5-mal tgl.) sind eine schnelle und bequeme Option. Ebenso gut sind die Joybusse mit 29 Plätzen von **Genesis** (074-422 7763; Governor Pack Rd), die nach Pasay (730 P, 6 Std., häufig) und Cubao (Manila; 720 P, 6 Std., häufig) fahren. Alle diese Busse nehmen den schnellen SCTEX (Subic-Clark-Tarlac Expressway). Victory und Genesis fahren auch alle 20 Minuten mit langsameren Bussen nach Manila (455 P, 7 Std.); Victory akzeptiert Kreditkarten.

Lizardo Trans (074-304 5994) bietet stündliche Fahrten nach Sagada (250 P, 5–7 Std.), die von 6 bis 13 Uhr vom **Dangwa Terminal** (Magsaysay Ave) abfahren, sowie vier Busse über San Jose nach Baler (312–360 P, 8 Std.), die von 4 bis 13 Uhr am **Slaughterhouse Terminal** (Magsaysay Ave) starten.

Ohayami (Shanum St) und **KMS** (Shanum St) fahren täglich um ca. 7 und 18 oder 19 Uhr auf der asphaltierten Südroute über San Jose nach Banaue (490 P, 9–11 Std.). Eine schnellere Direktverbindung nach Banaue ist ein klimatisierter Van ab dem Terminal Dangwa (360 P, 7 Std.) über die Ambuklao Road.

Sagada

074 / 1670 EW. / 1477 M

Auf den Philippinen kommt das winzige, zwischen nebelverhangenen Bergen gelegene Sagada einem südostasiatischen Backpacker-Mekka am nächsten. Nach wie vor kann man auf den vielen Wanderwegen Ruhe finden und in den Tiefen der Höhlen Adrenalinkicks erleben. Diesem Dorf haftet etwas Mystisches an, hier fanden einst Intellektuelle vor der Diktatur Zuflucht. Sagadas wichtigste Sehenswürdigkeiten sind die **hängenden Särge im Echo Valley**: Einige sind Jahrhunderte alt, andere nur ein paar Jahre. Die meisten befinden sich hoch oben an der steilen Felswand – man fragt sich, wie das früher gemacht wurde. Es ist eine kurze Wanderung von weniger als einer halben Stunde, um über den Pfad am Friedhof vorbei zu den Särgen zu gelangen, aber viele verlaufen sich ohne Guide (200 P).

Die wohl beste Tour vor Ort ist das aufregende unterirdische Abenteuer **Cave Connection** (800 P; 3–4 Std.), das die Höhlen Samaging und Lumiang verbindet. **Sagada Outdoors** (0919 698 8361; www.sagadaoutdoors.com; Raftingtrips pro Pers. ab 2500 P) veranstaltet von September bis Dezember Raftingtrips. Zahlreiche Wanderungen zu den Bergen und Wasserfällen der Umgebung werden angeboten.

Mit etwas Glück fällt der Besuch mit einer *begnas* (traditionelle Kankanay-Feier) zusammen, wenn Frauen *tapis* (gewebte Wickelröcke) tragen und sich ältere Männer in G-Strings auf dem *dap-ay* (Außenterrasse) versammeln.

Schlafen & Essen

★ Misty Lodge & Café LODGE $
(0926 123 5186; mistylodgeandcafe@rocketmail.com; Zi. ohne Bad pro Pers. 300 P;) Der 15-minütige Spaziergang zu diesem Schmuckstück lohnt sich definitiv – auch bloß um etwas zu essen. Die Lodge östlich der Stadt verfügt über großzügig geschnittene Zimmer und der fröhliche Besitzer gibt viele hilfreiche Tipps. Im Café kann man Gourmet-Pizzen, echte australische Rindfleischburger, guten Wein, Kaffee und Nachtisch am Kamin genießen.

Canaway Resthouse PENSION $
(0918 291 5063; Zi. pro Pers. 300 P;) Bietet ein hervorragendes Preis-Leistungs-Verhältnis, helle, große Zimmer mit freundlichem Service, sauberen Laken und zuverlässigen Warmwasserduschen in den angrenzenden Badezimmern. WLAN funktioniert ab und zu.

Green House PENSION $
(0999 903 7675; Zi. pro Pers. 200 P;) Dieses Gästehaus oben auf dem Hügel hinter der Straße nach Süden ist nicht nur eines der günstigsten hier, sondern auch eines der ruhigsten und freundlichsten. Die einfachen Zimmer haben jede Menge rustikalen Charme.

Bana's Café CAFÉ $
(Hauptgerichte 100–170 P; 6.30–20 Uhr;) Das Bana's ist voll und ganz auf Wanderer eingestellt: Es gibt Kaffee, Omeletts und superleckeren, hausgemachten Joghurt. Vom schmalen Balkon schaut man auf eine Schlucht und bekommt viel Morgensonne.

Gaia Café VEGETARISCH $
(Hauptgerichte 125–175 P; 7–19 Uhr;) Versteckt im Wald, 1,6 km südlich des Zentrums und vorbei am Eingang zur Lumiang-Höhle serviert das Gaia inmitten von Pinien und mit Blick auf Reisterrassen vegane Gerichte mit Zutaten aus der Region (sowie ein paar Eierspeisen). Es ist die mit Abstand schönste Umgebung für eine Mahlzeit in Sagada, und die Küche ist gut genug, um selbst Fleischliebhaber zufriedenzustellen, solange niemand allzu hungrig ist.

★ Sagada Brew FUSION-KÜCHE $$
(Gerichte 200 P;) Das Sagada Brew strebt mit seinen klaren Linien, raumhohen Fenstern und hellen Holzmöbeln danach, das anspruchsvollste Café im Dorf zu sein, was ihm auch gelingt. Auf der abwechslungsreichen Speisekarte stehen gefüllte Paprika, Rosmarin-Pfeffer-Hähnchen und Waffeln. Wer hier bei einem frisch gebrühten Kaffee oder einem Wildkräutertee verweilen will: Es ist auf jeden Fall der richtige Ort dafür.

★ Log Cabin INTERNATIONAL $
(0915 671 7949; Hauptgerichte 190–290 P; 6–21 Uhr) Eine der vielen wundervollen Überraschungen von Sagada ist dieses treffend benannte Restaurant, das sich mit seinem lodernden Kaminfeuer und dem ausländischen Publikum in Vliesklamotten wie eine gemütliche Skihütte anfühlt. Hier sollte man sich etwas Gegrilltes mit regionalem Gemüse oder Pasta und einen Tropfen von der kurzen Weinkarte gönnen. In der Hauptsaison vor 15 Uhr bestellen und immer vorab reservieren.

Yoghurt House FUSION-KÜCHE $
(Snacks 100 P, Hauptgerichte 160–240 P; 8–20.30 Uhr;) Zum Frühstück gibt's Bananenpfannkuchen auf dem Balkon, zum Mitnehmen großartige Hafer-Cookies, ansonsten noch Pasta, dicke Sandwiches mit hausgemachtem Brot oder Baguette. Wen es nach Gemüse gelüstet, sollte die scharfe Joghurtsoße probieren – für die saisonalen und regionalen Erzeugnisse die beste Beilage, d' man in der Stadt finden kann.

Praktische Informationen

Sagada Genuine Guides Association (SAGGA 0916 559 9050; www.saggas.org) Hier erhält man Hilfe für groß angelegte Wanderungen.

Touristeninformation (Municipal Building; 7–17 Uhr) Hier bezahlt man die Umweltgebühr von 35 P. Feste Preise für Guides und private Jeepney-Verleihe.

An- & Weiterreise

Jeepneys fahren stündlich nach Bontoc (45 P, 1 Std.); der letzte fährt um 13 Uhr. **GL Lizardo** (Sagada Public Market) bietet bis 13 Uhr stündlich Busse nach Baguio (250 P, 7 Std.).

Coda Lines (0929 521 3247; Sagada Public Market) fährt um 14 Uhr über Banaue nach Manila (720 P, 13 Std.).

Ein Van direkt nach Banaue startet täglich gegen 13 Uhr. Andernfalls gibt's in Bontoc weitere Möglichkeiten für einen Anschluss nach Banaue.

Bontoc

☎074 / 3790 EW. / 900 M

Das geschäftige Bontoc ist eine der wichtigsten Marktstädte und ein Verkehrsknotenpunkt der Kordilleren. Wer zu den Reisterrassen von Maligcong und Mainit fahren oder in den ehemaligen Headhunterdörfern von Kalinga übernachten möchte, findet hier gut einen Guide. Ein oder zwei Tage hier gehen schnell vorbei. Heute kann man immer noch gelegentlich ältere Frauen mit tätowierten Armen und Kopfbedeckungen aus Schlangenknochen oder ältere Männer mit traditionellen G-Strings sehen, besonders während des **Lang-Ay-Fests** in der ersten Aprilwoche, bei dem Einheimische in traditioneller Kleidung durch die Straßen ziehen.

Im wunderbaren **Bontoc Museum** (70 P; Mo–Sa 8–12 & 13–17 Uhr) präsentieren kraftvolle Schwarz-Weiß-Fotos im Wechsel mit indigener Kunst die wichtigsten Stämme der Region. Man bekommt Kalinga-Kopfjägeräxte, *gansa*-Griffe (Gonggriffe) aus menschlichen Kieferknochen und *fanitan* (Körbe, die zum Tragen abgetrennter Köpfe verwendet wurden) zu sehen.

Das **Churya-a Hotel & Restaurant** (☎0999 994 6726; Halsema Hwy; DZ ohne Bad ...00 P, DZ/3BZ mit Bad ab 700/1000 P;) ist eine zentral gelegene Pension mit einem Gemeinschaftsbereich und einem Café mit Blick auf die Hauptstraße. Das einladende **Anayah's** (Halsema Hwy; 60–135 P; Mo, Di & Do–Sa ...–19 Uhr;) bietet viel Flair und serviert regionale Gerichte mit Gemüse.

Jeepneys fahren stündlich zwischen 8 und 17.30 Uhr nach Sagada (60 P, 1 Std.). Jeepneys nach Banaue (150 P) starten, wenn sie voll sind, in der Regel gegen 12 Uhr. D'Rising Sun bietet von 5.30 bis 16 Uhr stündlich Busse nach Baguio (240 P, 6 Std.).

Banaue

☎074 / 1390 EW. / 1200 M

Banaue ist auf allen Seiten von dramatischen Reisterrassen umgeben, direkt von Manila aus erreichbar und manchmal von Besuchern überlaufen. Zu Recht: Die örtlichen Reisterrassen mit Lehmwänden heben sich schön von den Terrassen mit Steinwänden in den meisten anderen Teilen der Kordilleren ab. Das Weltkulturerbe beeindruckt nicht nur durch seine Schönheit, sondern auch weil die Chinesen vor etwa 2000 Jahren damit anfingen.

Das **Museum of Cordillera Sculpture** (...0 P; 8–18 Uhr) zeigt eine ausgezeichnete Sammlung mit Ifugao-Holzschnitzereien. Diese Ausstellung hat es in sich. Es gibt schöne Beispiele von Ritualobjekten und antiken *bulol*.

Schlafen & Essen

★ **Banaue Homestay** PENSION $

(☎0920 278 7328, 0929 197 4242; www.banauehomestay.weebly.com; DZ 600–1200 P;) Bei einem Aufenthalt in dieser makellosen, gemütlichen Pension oberhalb des Zentrums fühlt man sich, als würde man bei einer Familie unterkommen. Man lernt die anderen Gäste kennen und wird mit Aufmerksamkeit und Ratschlägen überhäuft. Die Aussicht von den Zimmern ist großartig und die Mahlzeiten können es leicht mit den anderen gastronomischen Einrichtungen in Banaue aufnehmen. Das ganze Jahr über sehr beliebt; rechtzeitig buchen.

Randy's Brookside Inn PENSION $

(☎0917 577 2010; Zi. pro Pers. inkl. Frühstück 250 P;) Randy weiß nicht nur alles über Banaue, er führt auch noch eine supersaubere Pension mit den günstigsten Zimmern in der Stadt – und das Frühstück gibt's dazu.

7th Heaven's PENSION $

(☎0908 467 4854; DZ 1000 P) Zum freundlichen 7th Heaven läuft man vom Zentrum 500 m die Straße hinauf. Es bietet einfache, aber saubere und fröhlich eingerichtete Zimmer. Jedes hat ein eigenes Bad außerhalb des Zimmers. Nach einem Zimmer mit Aussicht fragen. Vom wunderbaren Café (von 7 bis 20 Uhr geöffnet) genießt man die beste Aussicht in der Stadt.

Praktische Informationen

Banaue Touristeninformation

(☎0906 770 7969; Mo–Fr 5.30–17, Sa & So bis 15 Uhr) Verwaltet ein Netzwerk von akkreditierten Guides und eine Liste mit festen Preisen für Guides und private Transfers zu ausgewählten Orten. Die Guides kosten durchschnittlich 1200 P für ganztägige Wanderungen.

An- & Weiterreise

Die Busse von Ohayami fahren um 18.30 und 19 Uhr über Cubao nach Manila (490 P, 9 Std.). Eine Fahrt mit dem *tricycle* vom Busbahnhof Ohayami zum Stadtzentrum kostet 25 P. **Dangwa** (☎0918 522 5049; www.phbus.com/florida-bus) bietet auch einen bequemeren Bus nach Manila (530 P, 9 Std.), der um 20 Uhr und nur in der Hauptsaison fährt. Der früheste Bus nach Manila ist der Bus von Coda Lines um 17 Uhr (490 P, 9 Std.).

Wer lieber tagsüber reist, nimmt einen der regelmäßigen Jeepneys nach Lagawe (40 P, 1 Std.), dann weiter nach Solano (80 P, 1¼ Std.) und von dort einen der häufigen Busse nach Manila (Sampaloc; 355 P, 7 Std.).

Nach Baguio bietet Ohayami eine Abfahrt um 5 Uhr und Coda Lines eine um 18 Uhr (beide 430 P, 8 Std.). Vans fahren auch zwischen 7 und 13 Uhr und unregelmäßig um 17 Uhr (415 P, 8 Std.) vom Hauptplatz nach Baguio.

Batad

☎074 / 1150 EW.

Angesichts der wachsenden Zahl von malerischen Reisterrassen überall in den Kordilleren ist es nicht gerade leicht, den Wettbewerb „Beste Terrasse" zu gewinnen. Auch wenn diese speziellen Reisterrassen nicht unbedingt die schönsten sind, gerät schnell ins Staunen, wer den Bergrücken mit Blick auf Batads „Amphitheater des Reis" erreicht, das mit seinen Stufen überaus dramatisch anmutet.

Dieser Backpacker-Hotspot ist vorerst nur zu Fuß erreichbar (daher die wenigen Besucher aus Manila), aber das könnte sich bald ändern, da gerade ein Weg zum Dorf asphaltiert wird. Wem das zu weit abseits der ausgetretenen Pfade scheint, der kann auch umliegende und abgelegenere Dörfer wie Pula und Kambulo erkunden.

Es gibt viele Wanderwege in der Umgebung. Empfehlungen zu längeren Wanderungen erhält man in der Touristeninformation Banaue oder von einem Guide. Schön ist zum Beispiel die 40-minütige Wanderung zum **Tappia-Wasserfall** oder die 2½-stündige Wanderung nach **Bangaan** mit seinen UNESCO-geschützten Reisterrassen und herrlichen Ausblicken von unterwegs.

In Batad gibt's kaum Handy-Empfang und die meisten Pensionen kann man nicht telefonisch erreichen. Die meisten Unterkünfte liegen auf dem Bergrücken mit Blick auf die Reisterrassen und sind eine schöne, geräumige Alternative zu denen im Dorf. Zu empfehlen sind **Hiker's Homestay** (☎0939 6357 055; Cambulo; Zi. pro Pers. 250 P) oder **Batad Pension & Restaurant** (☎0918 964 3368; Zi. pro Pers. 250 P).

ℹ An- & Weiterreise

Von Banaue sind es 12 km bis zur Kreuzung Batad, wo eine schön asphaltierte Straße bis zum „Bergsattel" oberhalb von Batad und weiter in Richtung Dorf führt. Vom Ende der asphaltierten Straße ist es eine 20-minütige Wanderung bergab nach Batad. Die Asphaltierung der Straße geht langsam voran, wird das Dorf aber früher oder später an das Straßennetz angeschlossen haben – dann wird man weniger Zeit für die Anreise einplanen müssen.

Die einfachste und beliebteste Methode, um nach Batad zu gelangen, ist ein *tricycle* ab Banaue. Man kann sich am Ende der asphaltierten Straße absetzen und zu einer festgelegten Zeit wieder abholen lassen (hin und zurück 1400 P). Organisieren kann man das im Tourismusbüro Banaue (S. 651) schon bei Ankunft in dem Ort (tagsüber).

Alternativ nimmt man das Jeepney, das um 15 Uhr von Banaue zum Batad Saddle (150 P) fährt. Von dort sind es 40 Minuten zu Fuß bis zum Dorf. Für die Rückkehr nach Banaue startet derselbe Jeepney um 9 Uhr am Batad Saddle.

Vigan

☎077 / 53 880 EW.

Vigan, eine der ältesten Städte der Philippi nen, erinnert an ein spanisches Kolonialmär chen mit Herrenhäusern aus dunklem Holz gepflasterten Straßen und ratternden *kales* (Pferdekutschen). Es ist tatsächlich das am besten erhaltene Beispiel einer spanische Kolonialstadt in Asien und gehört zum UN ESCO-Weltkulturerbe. Doch abgesehen vo der gut restaurierten Crisologo Street (fü den Autoverkehr gesperrt) und einigen um liegenden Blocks geht es hier so laut zu wie i vielen anderen philippinischen Städten. A den geschichtsträchtigen Orten liegt ein Du von frisch gebackenen Empanadas in de Luft. Man kann durch Antiquitätenläde bummeln, Keramikkollektive besuchen un den Sonnenuntergang durch Capis-Musche Fenster beobachten.

Die Weber aus Vigan sind bekannt für d Verwendung von *abel*, einem regional pr duzierten Baumwollstoff, mit dem handg webte Tücher, Tischdecken, Servietten ur *barong* (traditionelle philippinische Her den) hergestellt werden. In der **Rowilda Weaving Factory** oder im **Cristy's Loo Weaving** kann man *abel*-Handweber bei d Arbeit beobachten.

Hochwertige *binakol* (Decken), darunt einige antike Decken aus der Nähe der Pr vinz Abra, stehen in vielen Geschäften a der Crisologo Street zum Verkauf.

Schlafen & Essen

Die Ilocos-Region der Kordilleren ist für i Essen bekannt. Zu den regionalen Spezialit ten gehören *pinakbét* (gemischter Gemüs eintopf), *bagnet* (frittierte Schweinshaxe) u *poqui-poqui* (gebratenes Auberginengerich

Henady Inn HOTEL $
(☎077-722 8001; National Hwy; B 250 P, DZ 800–1375 P; ❄) An der Schnellstraße, genau da, wo die Busse halten. Die Vier-Bett-Schlafsäle sind ideal für Leute, die ein Schnäppchen schlagen wollen oder frühmorgens anreisen und möglichst noch ein paar Stündchen schlafen wollen.

★**Villa Angela** HISTORISCHES HOTEL $$
(☎077-722 2914; 26 Quirino Blvd; DZ/4BZ inkl. Frühstück ab 1600/3800 P; ❄📶) Das Hotel ist über 135 Jahre alt und hat sich jeden Funken seines historischen Charmes bewahrt. In den geräumigen Zimmern mit fabelhaften antiken Möbel wie hölzernen Harfen und King-Size-Himmelbetten aus *nara*-Holz und in der Lounge im Kolonialstil hielten sich 1989 schon Tom Cruise und Willem Dafoe bei den Dreharbeiten von *Geboren am 4. Juli* in der Nähe von Vigan auf.

★**Lilong & Lilang Restaurant** ILOCANO $
(Hidden Garden; ☎077-722-1450; www.hiddengardenvigan.com; Barangay Bulala; Hauptgerichte 40–20 P; ⏲12–21 Uhr) In diesem strohgedeckten, pflanzengeschmückten Restaurant im Herzen von üppigen Gärten mit einem Naturlehrpfad kann man gut Ilocano-Gerichte wie Empanadas aus Vigan, *poqui-poqui* (gebratenes Auberginengericht), *warek-warek* (Innereien vom Schwein mit Mayo) und das konventionellere *bagnet, pinakbét* und riesige Fruchtshakes genießen. An hektischen Wochenenden gibt's nur feste Menüs (180 P) und man muss sich anstellen.

Street Stalls STREETFOOD $
(Plaza Burgos; Snacks 50 P) Schnelle, günstige Ilocano-Gerichte bekommt man an den Straßenständen auf der Florentino Street an der Plaza Burgos. Sie sind auf regionale Empanadas mit Kohl, grüner Papaya und *longganiza* (Wurst), *okoy* (frittierte Garnelenomeletts) und *sinanglao* (Rindfleischsuppe) spezialisiert.

Praktische Informationen

Ilocos Sur Touristeninformation (☎077-722 8520; www.ilocossur.gov.ph; 1 Crisologo St; ⏲8–12 & 13–17 Uhr) Von den überaus sachkundigen Mitarbeitern erhält man hier, im Familiensitz der Dichterin Leona Florentino, Karten von Vigan.

An- & Weiterreise

Es gibt jede Menge Busse nach Manila (700 P, Std.). Zu empfehlen sind **Dominion Bus Lines** (☎077-722 2084; Ecke Liberation Blvd & Quezon Ave) nach Cubao und Sampaloc oder **Partas** (☎077-722 3369; Alcantara St) nach Cubao und Pasay. Partas bietet drei nächtliche Luxus-Express-Busse mit 29 Plätzen (805 P, 8 Std.), häufige Busse nach Laoag (165 P, 2 Std.), einen täglichen Bus nach Pagudpud (245 P, 5 Std.) und Busse nach Baguio (334 P, 5–7 Std., 3-mal tgl.) sowie Busse gen Süden nach San Fernando (La Union; 235 P, 4 Std.).

DER MAYON

Der perfekte Kegel des Berges Mayon (2462 m), des aktivsten Vulkans der Philippinen, erhebt sich dramatisch aus dem flachen Gebiet von Albay und zeichnete seit 1616 für über 40 desaströse Eruptionen verantwortlich.

Sein Gipfel ist derzeit für Bergsteiger gesperrt, aber zum Zeitpunkt des Schreibens war es möglich, zum Camp 2 (1400 m) und weiter zum „Rabbit's Ear" auf rund 1750 m Höhe zu wandern. Ein Guide für eine Wanderung auf den Mayon kostet ab 6000 P für einen zweitägigen Aufstieg und 4500 P für einen eintägigen Aufstieg. Diese Gebühr deckt alle Lebensmittel, Transportmittel, Ausrüstung und Gepäckträger: **Bicol Adventure ATV** (☎0919 228 7064, 0917 571 4357; www.bicoladventureatv.com) und **Your Brother Travel & Tours** (☎052-742 9871; www.mayonatvtour.com; Pawa Rd; Geländewagentouren 599–4000 P) können Führungen, Ausrüstung und Transfer organisieren.

Bicol

Die Region Bicol im Südosten von Luzon ist bei Philippinern für ihr scharfes Essen und bei Travellern für ihre aktiven Vulkane und die Walhaie vor Donsol bekannt.

Legazpi

☎052 / 196 560 EW.

Legazpi ist eine angenehme Hafenstadt, die sich vor allem durch ihre Lage am Fuß des spektakulären aktiven Mayon (2462 m) und die Nähe zu Donsol auszeichnet. Der nahegelegene Vorort Albay ist ein besserer Aufenthaltsort als die Stadt selbst. Ein bequemer Halbtagesausflug zur **Daraga-Kirche** (Santa Maria St; ⏲5–18 Uhr) und zur **Cagsawa-Kirche mit ihren Ruinen** (Erw./Kind 20/10 P;

(⏲6–19.30 Uhr) sollte auf jeden Fall auf die To-Do-Liste. Cagsawa ist für Quad-Touren am Fuß des Mayon beliebt.

Der Mayon ist von vielen Orten in der Stadt und der Umgebung zu sehen; die beste Aussicht hat man vom **Ligñon Hill** (☎0922 883 6722; 25 P; ⏲5–22 Uhr) oder von Daraga und Cagsawa.

Schlafen

Etwa 3 km westlich von Legazpi City liegen die besten Unterkünfte.

★ Mayon Backpackers Hostel HOSTEL $
(☎052-742 2613; http://mayonbackpackers.wordpress.com; Diego Silang St; B mit Ventilator/Klimaanlage 350/450 P, DZ/4BZ 1200/1400 P; ❄@📶) Diese Budgetunterkunft ist das einzige richtige Hostel in Legazpi und bietet volle, doch komfortable Vier-, Sechs- und Acht-Bett-Zimmer mit Bad und Schließfächern sowie ein paar begehrte Privatzimmer in einem separaten Gebäude. Es gibt eine einfache Gemeinschaftsküche, und kostenfreies Frühstück wird im Speisesaal im Obergeschoss serviert. Von der kleinen Dachterrasse hat man einen schönen Blick auf den Mayon.

Legazpi Tourist Inn GÄSTEHAUS $
(☎052-480 6147; legazpitouristinn@yahoo.com.ph; V&O Building, Quezon Ave; EZ/DZ mit Ventilator 600/700 P, mit Klimaanlage 1200/1400 P; ❄📶) Das Tourist Inn auf der 3. Etage ist die beste Budgetunterkunft in Legazpi City, mit vollen, aber sauberen Zimmern mit eigenem Bad, Fernseher und vielen Spiegeln. Das angeschlossene Café Veranda (7 bis 19 Uhr) gleicht das Fehlen von Gemeinschaftsräumen wieder aus.

★ Balai Tinay Guesthouse B&B $$
(☎0917 841 3051, 052-742 3366; http://balaitinay.weebly.com; 70 Gapo St; DZ/3BZ/FZ inkl. Frühstück 1500/2000/3000 P; ❄📶) Diese einladende familiengeführte Oase der Ruhe liegt in einer ruhigen Straße in Albay und ist die beste Pension der mittleren Preiskategorie weit und breit. Die acht kompakten Zimmer mit Bad sind makellos, und in den ruhigen Gemeinschaftsräumen kommt man leicht mit anderen Gästen ins Gespräch. Natürlich gibt's einen Balkon mit Blick auf den Mayon. Bei der Albay Central School direkt am Flussufer entlanggehen.

Essen & Ausgehen

In Legazpi gibt's die besten Bicolano-Gerichte der Region. Ein absolutes Muss sind *pinangat* (in Taro-Blätter gewickelte Fisch- oder Schweinefleischstücke), „Bicol-*exprés*" (scharfes Schweinehackgericht), *laing* (ein grünes Gemüse) und *pili*-Nüsse mit winzigen scharfen *sili*-Schoten.

Der beste Ort für einen Drink bei Sonnenuntergang oder am Abend sind die Restaurants und Bars am Wasser, die sich im Süden des Stadtzentrums auf dem Legazpi Boulevard aneinanderreihen.

★ Chachi's Inn INDISCH $
(☎0977 429 6379; Tandang Sora St; Hauptgerichte 90–250 P; ⏲12–21 Uhr) Die Einfachheit dieses Speisebereichs mit Plastikstühlen täuscht über die Qualität der indischen Küche hinweg. Die freundlichen Gastgeber Cecil und Doris plaudern mit den Gästen und bereiten authentische nordindische Gerichte wie Butterhühnchen, *palak paneer* und sogar *kulfi* (indisches Eis) zu. Sehr empfehlenswert.

★ Smalltalk Café BICOLANO $$
(Doña Aurora St; Hauptgerichte 120–290 P; ⏲11.30–22 Uhr; ❄📶🖉) Dieses malerische kleine Restaurant in Albay steht für Bicol-Fusion-Küche und zieht Reisende und Einheimische wie magisch an. Die Speisekarte umfasst „Small Talk", „Big Talk" und natürlich „Sweet Talk". Nicht zu verachten sind die Bicol-*exprés*-Pasta, die gefüllte Pizza Mayon oder die Paella Valencia. Platz lassen sollte man noch für die *pili*-Nuss-Torte oder das apokalyptische Red Hot Lava mit *sili*-Eis.

★ Waway Albay BICOLANO $
(Ecke Balintawak St & Gov Locsin St; Büfett 250 P; ⏲10.30–14 & 17.30–21 Uhr; ❄) Die neu eröffnete Filiale des Legazpi's in Albay mit dem altbewährten **Büfett** (☎052-480 8415; Peñaranda St) ist viel nobler als das Original und liegt günstig im Zentrum von Albay. Hier gibt's exzellente Bicolano-Gerichte vom Büfett und einen modernen Speisesaal. Manchmal am Wochenende von großen Gruppen ausgebucht.

Praktische Informationen

Touristeninformation der Provinz (☎052-481 0250; www.albay.gov.ph; Aquende Dr; ⏲Mo–Fr 8–17 Uhr) Neben dem Astrodome-Komplex in Albay.

An- & Weiterreise

Cebu Pacific und PAL fliegen jeweils mindestens einmal täglich von/nach Manila (1¼ Std.).

DIE WALHAIE VON DONSOL

Zwischen November und Juni bewegen sich die Walhaie zum Gewässer vor Donsol. Die Hauptmonate sind in der Regel März und April. Für eine Beobachtung der Walhaie ist man auch von den Launen des Wetters abhängig – wenn das Meer aufgewühlt ist oder ein Taifun ansteht, fahren die Boote nicht raus.

Nach der Ankunft in Donsol geht man zur **Touristeninformation Butanding** an der Küstenstraße, ca. 1,5 km nördlich der Flussbrücke (40 P mit dem *tricycle* aus der Stadt). Je nach Besucherzahlen gibt's täglich bis zu drei Beobachtungstouren, um 7.30, 11 und 14 Uhr. Am besten ist es, einen Tag im Voraus zu reservieren (300 P). Das Boot kostet 3500 P für sechs Personen und eine dreistündige Tour; die Mitarbeiter versuchen, Alleinreisende einer Gruppe zuzuweisen. Jedes Boot hat einen Späher und einen Butanding Interaction Officer (BIO) an Bord, denen man ein paar Hundert Pesos Trinkgeld geben kann, besonders wenn der Tag schön war. Zwar zeigen sich die Tiere in der Saison oft mehrmals, doch das ist nicht garantiert und der Moment geht oft schnell vorbei.

Vom **Grand Central Terminal Legazpi** (Termi-al Rd; ⌚ rund um die Uhr) starten die klimati-ierten Über-Nacht-Luxusbusse nach Manila (ca. 00–1100 P, 12–15 Std.) zwischen 18.30 und 0.30 Uhr. „Reguläre" Busse (ohne Klimaanlage) ahren den ganzen Tag über, sowohl nach Manila 500 P) als auch zu regionalen Zielen wie orsogon und Tabaco. Häufige Minivans steuern agsüber Donsol (75 P, 1¼ Std.) und Naga (140 P, ½ Std.) an.

onsol

☎056 / 47 560 EW.

is 1998 die Walhaie vor der Küste entdeckt vurden, war Donsol, etwa 45 km südwestlich on Legazpi, ein verschlafenes Fischerdorf in inem abgelegenen Gebiet von Sorsogon. och im selben Jahr drehte ein einheimi-cher Taucher ein Video von den Walhaien nd eine Zeitung veröffentlichte eine Ge-chichte über Donsols sanften Riesen. Seit-em hat sich das Dorf zu einem der beliebtes-n Touristenorte der Philippinen entwickelt, owohl der Fortbestand der Haipopulation er unsicher ist.

Die verschiedenen Pensionen und Resorts der Küstenstraße nördlich des Dorfes nd die besten Unterkünfte, und die meisten aben Restaurants. Zu empfehlen sind das **ctoria's Guest House** (☎0936 153 6990; ww.victorias-guesthouse-donsol.com; Purok 1; DZ t Gemeinschaftsbad 600 P, Cottages 1000 P; 📶), s **Dancalan Beach Resort** (☎0999 445 030; B 500 P, DZ/3BZ mit Ventilator 800/1200 P, t Klimaanlage 1500/2000 P; ❄📶) und das ge-benere **Vitton & Woodland Resorts** ☎0917 544 4089; Woodland B 500 P, Zi. ab 1800 P, ton DZ/FZ 2300/3700 P; ⌚ Juli–Okt. geschl.; 📶🏊).

Informationen zu den Walhaien erhält man direkt in der **Touristeninformation Butanding** (Donsol Whaleshark Interaction Center; ☎0919 707 0394, 0927 483 6735; ⌚7–16.30 Uhr). In der Stadt Donsol gibt's außerdem einen Geldautomaten.

Minivans mit Klimaanlage fahren direkt von und nach Legazpi (75 P, 1 Std.); sie starten, sobald sie voll sind, bis etwa 14 Uhr.

MINDORO

Inmitten einer kaum passierbaren Gebirgskette, die treffend als High Rolling Mountains bezeichnet wird, liegt das zerklüftete Mindoro, ein tropisches Paradies und verschlafenes Nest in der Provinz. Die Berge, die fast überall eine dramatische Kulisse abgeben, trennen die beiden Provinzen der Insel: das raue und zerklüftete Mindoro Occidental im Westen und das wohlhabendere Mindoro Oriental im Osten.

Die meisten Besucher steuern die Tauchstellen rund um Puerto Galera an der Nordküste an, aber Mindoro hat noch viel mehr zu bieten. Wem ein abgelegener Ort lieber ist, der sollte sich nach Mindoro Occidental begeben, wo ihn das praktisch touristenfreie Sablayan erwartet – Ausgangspunkt für das unberührte Tauch-Mekka Apo Reef. Dank verbesserter Straßen ist die einst abgeschlagene Provinz leichter zu erreichen denn je.

Die Südküste von Mindoro bietet ausgezeichnete Möglichkeiten für Inselhopping. Im bergigen Landesinneren kann man zu abgelegenen Dörfern wandern, in denen indigene Mangyan-Stämme wohnen.

Puerto Galera

☎043 / 32 520 EW.

Nur wenige Stunden von Manila entfernt befindet sich diese wunderschöne Ansammlung von Buchten und Inseln, die zu den besten Tauchzielen des Landes gehört. Puerto Galera bedeutet auf Spanisch „Hafen der Galeonen". Der tiefe, von allen Seiten geschützte Naturhafen war vor der Ankunft der Spanier 1572 eine beliebte Anlegestelle. Auch heute wird er von Jachtbesitzern und Kurzurlaubern genutzt.

Die Bezeichnung Puerto Galera (PG) bezieht sich in der Regel auf die Stadt Puerto Galera und die umliegenden Feriengebiete – Sabang, 5 km östlich, und White Beach, 7 km westlich. Jedes Gebiet hat seinen eigenen Charakter, von schmierig bis elegant. Hier sollte man sorgfältig auswählen.

Man kann verschiedene Wasserfälle besuchen, darunter die **Tukuran Falls** (50 P), die **Talipanan Falls** und die **Tamaraw Falls** (30 P; ⌚7–17 Uhr).

Aktivitäten

In Puerto Galera steht das Tauchen an erster Stelle (und das Feiern an zweiter). Die Tauchpreise sind sehr unterschiedlich; es empfiehlt sich, die Anbieter zu vergleichen. Man zahlt zwischen 1000 P und 1800 P für einen Tauchgang, inklusive Ausrüstung. Ermäßigungen gibt's ab sechs Tauchgängen. Viele der besten Tauchplätze eignen sich gut zum Schnorcheln.

Zu den empfohlenen Ausstattern gehören **Capt'n Gregg's Dive Shop** (☎0917 540 4570; www.captngreggs.com; Sabang; lustige Tauchgänge inkl. Ausrüstung 1400 P), **EACY Dive** (Umweltbewusstsein für Kinder & Jugendliche; ☎0916 794 5624; www.eacydive.org; Aninuan) und **Asia Divers** (☎0917 814 5107; www.asiadivers.com; Small La Laguna).

Schlafen

In PG ist besonders auf die Lage der Unterkunft zu achten. Sabang ist das laute Partyviertel, liegt aber am nächsten an den Tauchplätzen. Daneben befinden sich das viel ruhigere Small La Laguna und Big La Laguna. Die Stadt Puerto Galera ist tagsüber laut, nachts ruhig. White Beach zieht hauptsächlich Touristen aus der Region sowie ein paar treue Zugezogene an. Auch der eine oder andere Backpacker verirrt sich hierher. In Aninuan und Talipanan fühlt man sich am weitesten von allem entfernt und genießt die besten Strände.

★ **Capt'n Gregg's Dive Resort** LODGE
(☎043-287 3070, 0917 540 4570; www.captngreggs.com; Sabang; Zi. mit Ventilator 800–1200 P, mit Klimaanlage 1200–1900 P; ❄📶) Seit mehr als 2[…] Jahren bietet diese Institution die besten Preise in Sabang. Die kompakten, aber gemütlichen und holzgetäfelten „alten" Zimmer liegen direkt über dem Wasser und haben immer noch den meisten Charme – am günstigsten sind sie obendrein.

★ **Reynaldo's Upstairs** PENSION
(☎0917 489 5609; rey_purie@yahoo.com; Sabang; Zi. 900–1200 P; ❄📶) Das auf einem Hügel gelegene Reynaldo's wird von der allernettesten Familie betrieben, die man je getroffen hat, und lockt mit einer Mischung aus überdurchschnittlich guten Budgetzimmern samt Ventilatoren sowie geräumigen Quartieren inklusive toller Aussicht, Küchenzeilen und Balkonen. Einige Zimmer verfügen über so schöne Extras wie DVDs und Rattansofas.

Paddy's Bar & Backpacker Hostel PENSION
(☎0977 184 5540; Sinandigan; B/DZ mit Ventilator 250/400 P, DZ mit Klimaanlage 450–700 P; 📶❄

Puerto Galera & Umgebung

Sehenswertes
1 Leuchtturm Escarcero-Point G1
2 Talipanan Falls A3

Aktivitäten, Kurse & Touren
3 Asia Divers C4
Capt'n Gregg's Dive Shop ..... (siehe 6)
4 EACY Dive B2

Schlafen
5 Blue Ribbon Dive Resort C4
6 Capt'n Gregg's Dive Resort D4
7 Cataquis C3
8 El Galleon Beach Resort C4
9 La Laguna Villas C4
10 Paddy's Bar & Backpacker Hostel F1
11 Reynaldo's Upstairs D4

Essen
12 Arcobaleno Pizzeria & Ristorante B2
13 Puerto Galera Yacht Club D2
14 Rumulus B2
15 Teo's Native Sizzling House D4

Ausgehen & Nachtleben
Point Bar ..... (siehe 3)
16 View Point E2

Puerto Galera & Umgebung

Das Paddy's liegt etwa 1 km östlich von Sabang (20 P mit dem Motorrad) und ist das einzige richtige Hostel in Puerto Galera. Es verfügt über einfache Doppelzimmer, geräumige, wenn auch stickige Fünf-Bett-Schlafsäle in freistehenden Hütten und eine gut ausgestattete irische Bar mit Blick auf eine Schlucht. Zwei etwas schickere Zimmer liegen an einem neuen Tauchbecken.

Cataquis COTTAGES $
(☎ 0916 297 8455; Big La Laguna; Zi. mit Ventilator/Klimaanlage ab 1000/1500 P; ❄📶) Die sauberen, farbenfroh gestrichenen Betonhütten befinden sich direkt am besten Strand des Viertels Sabang. Ein paar größere Räume verstecken sich zwischen den Bäumen hinten. Das philippinische Restaurant (Hauptgerichte 160–350 P) ist sehr preiswert.

★ El Galleon Beach Resort RESORT $$
(☎ 043-287 3205; www.elgalleon.com; Small La Laguna; DZ inkl. Frühstück 59–110 US$, Villen 110–315 US$; ❄📶🏊) Die eleganten Zimmer im Hüttenstil mit Korbmöbeln und Veranden schmiegen sich an eine Klippe am Strand und liegen um einen Pool herum. Es gibt ein gutes Restaurant und eine erstklassige Tauchschule an der Unterkunft – ganz zu schweigen von der Point Bar, einer der besten Bars des Landes. Wer sich etwas gönnen will, fragt nach einer der unglaublichen Villen im benachbarten Waimea Suites.

★ La Laguna Villas RESORT $$
(☎ 043-287 3696; www.llv.ph; Small La Laguna; Zi. ab 3100 P, Suite ab 6000 P; ❄📶🏊) Diese luxuriösen Villen auf einem Hügel sind ein Schnäppchen, vor allem in der Nebensaison. Die meisten Zimmer verfügen über funktionierende Küchenzeilen, und mindestens zwei Zimmer bieten hochwertige Betten, polierte Holzböden und einen Flachbildfernseher (allerdings haben nicht alle Zimmer einen Balkon, von dem man die schöne Aussicht genießen könnte).

Blue Ribbon Dive Resort RESORT $$
(☎ 0917 893 2791, 043-287 3561; www.blueribbondivers.com; Small La Laguna; Zi. 2000–2200 P, Bungalows 2400 P; ❄📶🏊) Diese Unterkunft ist bei Tauchern beliebt; diese erhalten 10 % Rabatt. Die großen Zimmer liegen um einen kleinen Pool auf der Rückseite. Sie sind eher zweckmäßig als modisch, haben aber Fernseher und die meisten eine private Terrasse. In der lebhaften Strandbar mit Restaurant auf der Vorderseite wird manchmal Livemusik gespielt.

Essen & Ausgehen

Puerto Galera hat eine großartige Gastroszene; die Restaurants am Wasser in Sabang geben den Ton an, obwohl die Preise nach philippinischen Standards hoch sind. Fast überall gibt's irgendwann zwischen 14 und 19 Uhr eine Happy Hour.

Teo's Native Sizzling House PHILIPPINISCH $
(Sabang; Hauptgerichte 85–300 P; ⏲ rund um die Uhr) Restaurant im Freien mit einer umfangreichen Speisekarte mit brutzelnden Gerichten, philippinischen Klassikern, Steaks und preiswerten Mahlzeiten.

★ Arcobaleno Pizzeria & Ristorante ITALIENISCH $
(National Hwy, Minolo; ⏲ 9–21 Uhr) Es scheint nicht viel herzumachen und besteht im Grunde nur aus ein paar Tischen, doch die krustige Medium-Pizza mit Mozzarella und frischem Belag ist die beste in Puerto Galera. In der Küche steht ein großer Italiener, und man wählt von einer einfachen Speisekarte mit Pizza, Pasta und Salaten. Da die Pizzen für zwei reichen, bleibt's günstig.

★ Puerto Galera Yacht Club INTERNATIONAL $
(Puerto Galera Town; Gerichte 290–450 P; ⏲ 12–21 Uhr, in der Nebensaison Mo geschl.) Ein verstecktes Schmuckstück zwischen Bäumen am westlichen Rand der Muelle Bay. Drinks zum Sonnenuntergang und Grillgerichte sind die traditionelle Art, in den Freitagabend zu starten. An „Wet Wednesdays“ gibt's All-you-can-eat-Curry-Gerichte für nur 289 P.

Rumulus FUSIONS-KÜCHE $
(White Beach; Gerichte 245 P; ⏲ 10–22 Uhr) Der gleichnamige philippinische Koch im Rumulus serviert aus einer unscheinbaren Hütte 100 m hinter dem White Beach einige der besten Speisen in PG. Hier dreht sich alles um Spezialitäten, von denen es täglich drei neue gibt – meist frischen Fisch und/oder Fleisch und Kartoffeln sowie ein asiatisches Curry- oder Pfannengericht. Frische Zutaten werden jeden Morgen auf dem regionalen Markt gekauft.

★ Point Bar B
(El Galleon Beach Resort, Small La Laguna) An der lässigen Point Bar trifft man sich zum Sonnenuntergang oder danach, die Aussicht ist fantastisch und die Musik recht eklektisch. Eine der wenigen Bars in der Stadt, in der alleinreisende Frauen sich sicher fühlen können.

View Point BAR
(⏲9–21 Uhr) Auf einem Hügel auf der kurvenreichen Straße zwischen PG-Stadt und Sabang bietet das View Point Blick auf die atemberaubend schöne Dalaruan Cove, etwa 2 km westlich von Sabang. Hierher kommt man wegen der Aussicht und genießt englische Klassiker wie Steak und Pilzpasteten Hauptgerichte 200–300 P).

ℹ An- & Weiterreise

Die Wasserflugzeuge von **Air Juan** (☎0917 625 9628; Puerto Galera Town) verbinden nun Puerto Galera mit Manila (ab 4500 P, 20 Min.).

Häufige *bangka*-Fähren verkehren zwischen Batangas auf Luzon und allen drei Verkehrsknotenpunkten von Puerto Galera (230–250 P, 1–1½ Std.). Hinweis: Die letzte Fahrt vom Pier Sabangs nach Batangas startet um 14 Uhr, vom White Beach in der Regel um 15 Uhr und vom Muelle Pier in PG-Stadt um 15.30 Uhr.

Das unregelmäßig fahrende RoRo-Schiff nach Batangas war bei Erstellung dieses Führers in Betrieb. Es fährt um 5 und um 15 Uhr vom Pier Balateros ab, 2,2 km westlich von PG-Stadt. Auch von Balatero gibt es jeden Tag um 10.30 Uhr eine *bangka*-Fähre nach Abra de Ilog (200 P, 1–1½ Std.).

Aufgrund von starken Winden oder schlechtem Wetter ist die Verde-Island-Passage zu den *bangka*-Fähren nach Batangas oft geschlossen, besonders in den windigen Monaten von Dezember bis Februar. In diesem Fall muss man auf einen Platz auf dem RoRo-Schiff hoffen oder schnell nach Calapan fahren und von dort eine Fähre nehmen.

DIE VISAYAS

Wer nach weißen Sandstränden, Rum und Kokosnüssen sucht, der trifft mit den wie Puzzlestücke im Zentrum der Philippinen gelegenen Inseln dieses Archipels die richtige Wahl. Sie bieten so ziemlich alles, was man sich wünschen kann: ausgelassene Partys auf Boracay und Cebu, Berge auf Negros

Die Visayas

und ein verträumtes Flair auf Siquijor und Malapascua. In diesem Teil der Philippinen ist Vorausplanen überflüssig – hier kann man einfach auf die erstbeste Fähre hüpfen.

Boracay

036 / 30100 EW.

Obwohl nur 7 km lang und 500 m breit, ist das winzige Boracay der größte Touristenmagnet der Philippinen, was durch ein explosives Wachstum und einen riesigen Hype vorangetrieben wird. Das Zentrum des Geschehens ist der verträumte White Beach, ein 4 km langer Sandstreifen, der an eine Postkarte erinnert und von einem Ende zum anderen über mehrere Blocks mit Hotels, Restaurants, Bars und Tauchläden gesäumt ist. Der Strandweg ist in der Regel von Besuchern überflutet, darunter große Gruppen von Pauschalreisenden aus ganz Asien. Auf dem Ozean treiben etliche romantische *paraws* (Auslegersegelboote), die Touren anbieten, und bunte Parasailschirme fliegen durch die Luft. Nach einem perfekten Sonnenuntergang gibt's Livemusik, und Feuertänzer drehen ihre Schlagstöcke. Es wird die ganze Nacht lang gefeiert. Tatsächlich gehen die Partys immer mehr zulasten der Umwelt dieser kleinen Insel, was die philippinische Regierung dazu veranlasst hat, ab April 2018 für sechs Monate Touristen den Zutritt zu Boracay zu verwehren.

Aktivitäten

Strände

Boracay hat noch mehr Strände, die fast so schön sind wie **White Beach**, wenn auch nicht so endlos. Bei einem malerischen Spaziergang um die Landzunge am Nordende der Insel gelangt man zum schönen und abgelegenen **Diniwid Beach** mit ausgezeichneten Unterkünften und Restaurants. An der Nordspitze der Insel erstreckt sich der hübsche, in der Nebensaison beliebte **Puka Beach** mit ein paar guten Lokalen.

Segeln

Ein Ausflug mit einem *paraw* (traditionelles Auslegersegelboot) bei Sonnenuntergang gehört zum Pflichtprogramm auf Boracay. Die Preise beginnen bei 800 P pro Stunde für bis zu fünf oder sechs Passagiere; in der Regel kann man feilschen. Die Boote fahren in der Hauptsaison (Oktober bis Juni) von Station 1 und 3 ab und in der Nebensaison (Juni bis Oktober) vom Bulabog Beach. **D'Boracay Sailing** (0906 308 8614; www.boracay-sailing.com) bietet ein viel persönlicheres und luxuriöseres Erlebnis.

Kitesurfen & Windsurfen

Auf dem Höhepunkt des *amihan* (Nordost-Monsun, Dezember bis März) ist der Bulabog Beach an der Ostseite der Insel dank hervorragender Bedingungen und annehmbarer Preise (etwa 19 000 P für einen 12-stündigen Zertifikatskurs) absolut perfekt für einen Kitesurfing-Kurs. Während des *habagat* (Südwestmonsun, Juni bis Oktober) surfen hier wegen des starken Wellengangs nur Profis, und die Kitesurfer zieht es an den White Beach. Zu den empfohlenen Anbietern für Ausrüstungsverleih und Kurse gehören **Freestyle Academy** (0915 559 3080; www.freestyle-boracay.com; Bulabog Beach), **Funboard Center Boracay** (036-288 3876; www.windsurfasia.com; Bulabog Beach), **Hangin'** (036-288 3766; www.hanginkite.com; Bulabog Beach) und **Isla Kitesurfing** (036-288 5352; www.islakitesurfing.com; Bulabog Beach).

Schlafen

Für Backpacker gibt's immer mehr Hostels, von denen viele in der Gegend zwischen dem Teich der D'Mall und Bulabog Beach liegen. In der Nebensaison (Juni bis Oktober) fallen die Preise überall um 20 bis 50 %. Wer spontan anreist, erhält häufig eine Ermäßigung, und Feilschen kann sich zu jeder Jahreszeit lohnen.

Frendz Resort HOSTEL
(036-288 3803; www.frendzresortboracay.com; Station 1; B 300 P, Zi. mit Ventilator/Klimaanlage 1200/1600 P;) An der lebhaften Bar (bis 23 Uhr geöffnet) gibt's günstige Cocktails, und die vielen jungen Backpacker machen das alteingesessene Frendz zur Partyzentrale. Zum Hostel gehören auch Strandliegen (2 Min. zu Fuß), und es gibt Freibier bei der Ankunft sowie mittwochs und sonntags kostenlose Pasta-Abende. Die nach Geschlechtern getrennten Schlafsäle sind gemütlich, aber nicht klimatisiert.

Chillax Flashpackers HOSTEL
(0908 603 7463; www.chillaxflashpackers.com; Diniwid Rd; B 450–550 P, DZ 1500 P;) Das aus Schiffscontainern gebaute Chillax liegt, wenn man mit dem Auto unterwegs ist, weit vom Treiben in White Beach entfernt und eignet sich getreu seinem Namen für alle, die nach Ruhe und Erholung suchen. Es ist weiß, minimalistisch und stilvoll eingeric

tet und bietet einen großen Pool auf dem Dach. Wer mit leichtem Gepäck reist, erreicht das Chillax zu Fuß: vom White Beach Richtung Norden gehen.

W Hostel Boracay HOSTEL $
(☎ 036-288 9059; 2. St., Gill & Park Building, Rd 1-A; B 500–950 P, DZ inkl. Frühstück 2300 P;) In dieser eleganten Ergänzung zur Hostel-Szene in Bulabog hat man das Gefühl, in einem außerirdischen Raumschiff gelandet zu sein. Es gibt Betonflure, grell beleuchtete Zimmernummern und effizient, wenn auch minimalistisch gestaltete Zimmer mit Etagenbetten (psychedelisch gesprühte Wandbilder verleihen dem Ganzen Farbe). Eine ebenso schnörkellose Küche und der große Flachbildfernseher mit Videospielen sind nette Extras.

Mad Monkey Hostel HOSTEL $
(www.madmonkeyhostels.com/boracay; Bulabog Beach Rd; B/DZ 800/3000 P;) Die Party endet fast nie in diesem lustigen und lauten Hostel mit weiß getünchten, einfach eingerichteten Zimmern. Hier wohnt man nur einen kurzen Spaziergang vom Bulabog Beach entfernt. Da es beliebt und für ein Hostel recht groß ist, kann sich der Service unpersönlich anfühlen. Aber für die Geselligen gibt es einen Pool- und Barbereich sowie tägliche Aktivitäten und Ausflüge – bei denen oft getrunken wird.

Box & Ladder HOSTEL $
(☎ 0917 881 0598; www.boxandladder.com; 3. & 4. St., Boracay Midway Building; B inkl. Frühstück ..00 P;) In diesem Hostel an der lauten Hauptstraße ins Bett zu krabbeln fühlt sich ein bisschen an, als würde man sich in einen Taubenschlag quetschen. Die Schlafkabinen sind aber gemütlich und alle verfügen über Steckdosen, Spinde und Vorhänge.

★ **Hey! Jude South Beach** HOTEL $$
(☎ 036-288 2401, 0917 861 6618; www.heyjude-boracay.com; Angol, White Beach; DZ inkl. Frühstück ..00–7000 P;) Der saubere minimalistische Stil und die Auswahl an Zimmern – die teuersten mit Meerblick – fühlen sich einfach richtig an. Das entspannte Frühstück am White Beach Path ist ein toller Start in den Tag. Hinzu kommen hilfreiche Mitarbeiter und attraktive Preise – einfach unschlagbar.

Jeepney Hostel & Boracay Kite Resort HOSTEL $$
(☎ 0947 777 3551; www.jeepneyhostelboracay.com; Bulabog Rd; inkl. Frühstück B 400–700 P, DZ 1200–2000 P;) Das Jeepney abseits des Bulabog Beach gehört Kanadiern und verwöhnt abgehärtete Kitesurfer mit regelmäßigen Partys, einem Kitesurfzentrum und einer Sportbar (rund um die Uhr geöffnet). Dank der Schlafsäle mit Betten aus poliertem Bambusholz ist das Hostel charakteristischer als andere. Alternativ übernachtet man in sauberen, farbenfrohen Privaträumen im Kite Resort. Im zentralen Innenhof befindet sich ein kleiner Pool.

Essen

Der White Beach Path ist ein langer fantastischer Food-Court, wobei zu einem Abendessen hier ein Spaziergang bei Sonnenuntergang gehört.

Kubo Resto Bar & Grill PHILIPPINISCH $
(Bulabog Rd; Hauptgerichte 120–250 P; ⏲ 11–3 Uhr) In diesem Open-Air-Lokal im Nipa-Hüttenstil umgeht man die häufig überteuerten Preise von White Beach und genießt eine große Auswahl an Nudel-, Fleisch- und Fischgerichten. Das Gemüse-Curry und das Thunfisch-*kinilaw* sind gut, und an den meisten Abenden gibt's live Akustik-Musik.

Smoke 2 PHILIPPINISCH $
(Bulabog Beach; 120–180 P; ⏲ 7–23 Uhr) Wer am Bulabog Beach ein gutes philippinisches Gourmet-Erlebnis sucht: Dieses Restaurant steht außer Konkurrenz. Es serviert Einheimischen und preisbewussten Reisenden gegrillten Fisch, Steaks, Nudeln und Suppen.

SPERRUNG VON BORACAY

Anfang 2018 ordnete der philippinische Präsident Duterte an, dass Boracay vom 26. April 2018 an für bis zu sechs Monate für alle Touristen gesperrt wird, und erklärte, dass die beliebte Ferieninsel nach jahrelangem Massentourismus und ungebremster Entwicklung zu einer regelrechten Senkgrube geworden sei. Zu den erklärten Zielen der Sperrung gehörten die Erholung der Umwelt, Reparaturen an der Infrastruktur und die Planung eines nachhaltigeren Tourismus. Es wird erwartet, dass einige von den Touristen abhängige Unternehmen auf Boracay die Sperrfrist nicht überstehen werden. Bei der Reisevorbereitung bzw. vor der Anreise unbedingt aktuelle Informationen einholen.

Boracay

English Bakery BÄCKEREI $
(Frühstücksvarianten 100–200 P; ⌚7–23 Uhr) Dieses Lokal ist für Einheimische und Rucksacktouristen mit kleinem Budget ein idealer Ort. Es gibt frisch gebackenes Brot und ein Frühstück – etwa Sandwiches mit Speck und Ei (130 P) – zum Mitnehmen.

★ **Plato D'Boracay** FISCH & MEERESFRÜCHTE $$
(D'Talipapa Market; Zubereitung auf Bestellung 150–250 P; ⌚8–21 Uhr) Fisch, Hummer, Garnelen und andere frisch gefangene Krustentiere kauft man selbst beim Frischmarkt, der nur wenige Schritte entfernt liegt. Anschließend wird alles in diesem Lokal mit familiärer Atmosphäre für einen zubereitet. Ol wohl die Preise nicht unbedingt viel niedr ger sind als bei den Meeresfrüchte-Imbisse am Strand in White Beach, fühlt es sich gar schön gut an, mindestens einen Schritt der Lebensmittelherstellungskette zu übe springen.

★ **Nagisa Coffee Shop** JAPANISCH
(Angol, White Beach; Hauptgerichte 140–330 ⌚6.30–23 Uhr) Das Open-Air-Lokal Nagi im Nipa-Stil liegt vor dem angeschlossene Surfside Resort und serviert erschwing chen Sashimi, Okonomiyaki und ein groß Snack-Menü für 100 P.

Boracay

Highlights

Aktivitäten, Kurse & Touren

Schlafen

Essen

Ausgehen & Nachtleben

★ **Sunny Side Café** CAFÉ $$
036-288 2874; www.thesunnysideboracay.com; /hite Beach; Gerichte 225–395 P; 7.30–22 Uhr;) Morgens begibt man sich für die großen ıftigen Pfannkuchen (ein halber genügt), as *roesti* (zerkrümelte Chorizo, pochierte ier, saure Sahne und Rucola auf frittierter artoffelfrittata) und den starken Espresso eradewegs hierher. Wer öfter kommt, sollte ie kreativen Varianten von Klassikern wie andwiches mit Speck, Mango und Grillkäse der Garnelen und Spinat-Ravioli probieren.

Ausgehen & Nachtleben

ınfach den dröhnenden Bässen folgen, um e Discos zu finden. Fünf sind bis in die ıppen geöffnet, auch in der Nebensaison. as Epic und das **Summer Place** (Station 2, hite Beach; 200 P; 11 Uhr – open end) sind die nzigen Nachtclubs, die bis 4 oder 5 Uhr offen haben.

Epic NACHTCLUB
ww.epicboracay.com; MOS Nächte 100 P; 22–Jhr) Dieser auffällige Club mit Weltklas-DJs ist nach wie vor der beliebteste am Strand und auch für seine Tischfußballspiele am Mittwochabend bekannt. Tagsüber ist es eine Bar mit Grillgerichten; die Happy Hour geht von 12 bis 22 Uhr – so lange hält niemand durch.

★ **Area 51 Secret Party Facility** NACHTCLUB
(0917 886 2548; Lugutan Beach; Verzehr 100–200 P) Das Area 51 hat nicht nur einen der größten Clubnamen aller Zeiten, sondern ist (kleiner Geheimtipp) die einzige unterirdische Partylocation der Insel. Ihr Programm richtet sich nach den Mondphasen, d. h., es gibt jeden Monat Voll- und Neumondpartys und weitere Veranstaltungen in der Hauptsaison.

Red Pirates PUB
(Angol, White Beach; 10–2 Uhr) Ganz am südlichen Ende des White Beach stehen coole Möbel aus Treibholz am Strand. Die extrem relaxte Bar verkörpert den Esprit des „alten Boracay". Hier kann man sogar Sterne gucken.

Praktische Informationen

Department of Tourism (DOT; 036-288 3689; dotr6@boracay@gmail.com; D'Mall; 8–17 Uhr) Hier gibt's ein paar Broschüren und aktuelle Fährenfahrpläne nach Caticlan, Kalibo und Iloilo. Ansonsten nicht sehr nützlich.

Filipino Travel Center (036-288 6499; www.filipinotravel.com.ph; G/F Plaza Santa Fe Commercial Building, Balabag; 9–18 Uhr) Einzige Anlaufstelle für alle Fragen zu Luft-, Schiff- und Landtransfers; es können Tickets gebucht werden. Bietet auch reibungslose Transfers von den Flughäfen Kalibo (650 P) und Caticlan (550 P). Nicht für Caticlan, aber für Kalibo eventuell eine Überlegung wert.

An- & Weiterreise

FLUGZEUG

Die Insel Boracay hat keinen kommerziellen Flughafen. Der **Flughafen Caticlan** (Flughafen Boracay) befindet sich jenseits der Meerenge auf dem Festland von Panay, nur 10 bis 15 Minuten mit dem Boot entfernt. **Cebu Pacific** (www.cebupacificair.com) und **Philippine Airlines** (www.philippineairlines.com) bieten täglich viele Flüge nach Manila und Cebu. Die beiden kleinen Fluggesellschaften **Air Swift** (www.air-swift.com) und **Air Juan** (www.airjuan.com) bedienen wichtige Strecken nach Palawan.

Die Flüge sind in der Hochsaison schnell ausgebucht. Eine Alternative ist der Flughafen in Kalibo, den man nach 1½ bis 2 Stunden Fahrt auf der Straße nach Caticlan erreicht.

SCHIFF/FÄHRE

Eine Flotte von *bangkas* pendelt zwischen 5 und 19 Uhr alle 15 Minuten zwischen Caticlan und

DIE WALHAIE VON OSLOB

Eine beliebte Unternehmung von Dumaguete aus ist Schwimmen mit Walhaien in Oslob auf Cebu. Die einen finden das beunruhigend, die anderen kehren mit Erinnerungen an ein unvergessliches Erlebnis zurück. Um die Walhaie anzuziehen, werden sie gefüttert, und mit den Booten kann es extrem voll werden. Wir empfehlen das natürlichere Erlebnis in Süd-Leyte.

Boracay (25 P für *bangka*-Fähre, 75 P Umweltgebühr und 100 P Terminalgebühr; 15 Min.) und dann je nach Bedarf zwischen 19 und 22 Uhr (manchmal später, wenn eine Fähre verspätet ist). Alle Schiffe fahren zum **Pier von Cagban** auf Boracay, wo eine Reihe von *tricycles* wartet, mit denen man zum Hotel fahren kann. Sie kosten 25 P pro Person oder 150 P pro *tricycle* (mehr, wenn man über Station 1 hinaus weiter nach Norden will).

Von Juni bis November steuern die Schiffe wegen starker Südwestwinde oft um die nördliche Spitze herum von Caticlan nach Tabon, wo man mit der gleichen Bootsflotte zum zweiten Pier von Boracay in **Tambisaan** gebracht wird.

Wer nach der letzten regulären *bangka*-Fahrt ankommt, muss man ein privates *bangka* chartern oder in einer der einfachen Pensionen in der Stadt übernachten.

Negros

Mit seinem zerklüfteten Berginneren, den unberührten Stränden, den Unterwasser-Korallengärten und den *urban grooves* ist Negros nach Boracay die Top-Anlaufstelle in den westlichen Visayas. Dies gilt insbesondere für die Südküste, die sich von der Insel Danjugan um die Spitze bis nach Bais mit seinen großartigen Tauchmöglichkeiten erstreckt. Der natürliche Ausgangspunkt dort ist Dumaguete, eine abgefahrene College-Stadt und Treffpunkt von Zugezogenen. Im Norden lockt Bacolod mit kulinarischen Leckerbissen; das nahegelegene Silay ist ein Freilandmuseum mit historischen Häusern, und die kühlen Bergresorts auf dem Kanlaon bieten eine erfrischende Alternative zum Strand.

Dumaguete

☎ 035 / 131 000 EW.

Dumaguete ist ein idealer Ausgangspunkt, um alles zu erkunden, was das südliche Negros zu bieten hat. Die Hafenpromenade, gesäumt von exklusiven Bars, Restaurants und Imbissbuden, bietet einen schönen Meerblick: unbestreitbar ein Anziehungspunkt. Man braucht nur ein paar Tage, um sich im sprichwörtlichen Sinne zu akklimatisieren. Danach empfindet man den Ort als angenehm und kehrt nach kurzen Tauchgängen, Wanderungen oder Schwimmausflügen gern zurück.

In der Umgebung gibt es viel zu erleben, von Wasserfällen über Abenteuerparks bis hin zu Schnorcheln und Trekking. Die meisten Tauchzentren befinden sich in den Resorts südlich der Stadt. **Scuba Ventures** (☎ 035-225 7716; www.dumaguetedive.com; Hibbard Ave) ist ein altbewährtes Tauchgeschäf in der Stadt.

Schlafen & Essen

GO Hotel HOTEL $

(☎ 035-522 1100; www.gohotels.ph; South Rd, hinter Robinsons Mall; Zi. 1000 P; ❄📶) Hotel eine landesweiten Kette mit sauberen und einfachen Zimmern. Eine gute Wahl für di Durchreise, falls einem Stil und Charm nicht so wichtig sind.

Island's Leisure BOUTIQUE-HOTEL $

(☎ 0915 349 1132; www.facebook.com/islandsleisurehotel; Hibbard Ave; DZ inkl. Frühstück mit/ohn Bad ab 1600/990 P; ❄📶🏊) Das zauberhaft Gebäude vereint modernes Zen-Flair mit ir digenen philippinischen Elementen, z. F Weblampen, moderne Kunst, Zweisitzer au Stein und Plasmafernseher. Der zentrale Ir nenhof bietet mehrere stilvolle Cabanas. Z dem gibt's ein Spa.

★ **Two Story Kitchen** KOREANISCH

(☎ 035-522 0126; Santa Catalina St; koreanisch Mahlzeiten 189–250 P; ⏱ So–Do 10–23, Fr & Sa b 24 Uhr) Die Attraktion ist das Teehaus i Obergeschoss mit erhöhten Sitzgelegenhe ten und gemütlichen Kissen auf dem Bode in halb privaten Abteilen. Die Speisekar umfasst einerseits übliche Bistrogerich (Sandwiches, Pasta, Pizza usw.) und andere seits koreanische Küche. Ein unterhalts mer und beliebter Treffpunkt.

Qyosko PHILIPPINISCH

(Ecke Santa Rosa St & Perdices St; Hauptgerich 60–120 P; ⏱ 7–3 Uhr; 📶) Regional und lege där: Hier gibt's marinierte Spareribs vo Grill und scharfe philippinische Gerich und im angrenzenden und klimatisiert Coffeeshop kann man sich einen köstlich Shake oder Kaffee holen.

★ **Lab-as Seafood Restaurant** FISCH & MEERESFRÜCHTE $$
(☎035-225 3536; Flores Ave; Gerichte etwa 250 P; ⌚10–2 Uhr) Diese laute und gut besuchte Institution in Dumaguete hat sich von einem kleinen Fischrestaurant im Jahr 1988 zu einem vielfältigen kulinarischen Ausgeh- und Unterhaltungskomplex entwickelt, in dem es auch Hayahay und Taco Surf gibt (man wählt von drei Speisekarten). Hier erwarten einen jede Menge frische Meeresfrüchte, ein Steakhouse und eine Sushi-Bar. Man kann sich den ganzen Abend hier aufhalten, und alles schmeckt gut.

★ **Hayahay Treehouse Bar**
201 Flores Ave; ⌚16 Uhr– open end) In diesem zweistöckigen Pavillon aus Treibholz mit Nipa-Dach kann man es sich an der Bar oder auf einem Plastikstuhl gemütlich machen. Die Bar gehört zu einem ganzen Komplex von Bars und Restaurants am Ufer, 2 km nördlich des Stadtzentrums, und ist bekannt für seine köstlichen frischen Meeresfrüchte und rauschenden Reggae-Abende am Mittwoch. Am Wochenende gibt's Livemusik bis · Uhr früh.

ℹ An- & Weiterreise

om Flughafen Dumaguete fliegen Cebu Pacific www.cebupacificair.com) und Philippine irlines (www.philippineairlines.com) mehrmals m Tag nach Manila.

Der Hauptkai ist in der Innenstadt zu finden, er Fährhafen von Sibulan 4 km hinter dem ughafen, der Hafen von Tampi 22 km nördlich er Stadt. Ceres-Busse fahren stündlich zwihen 2 und 14.15 Uhr nach Tampi. Die Fähren ach Siquijor werden in der Regel vorwiegend n Reisenden genutzt – möglichst die „Fastaft"-Fähre (schnell, wie der Name schon sagt) **ceanjet** (☎0923 725 3734; www.oceanjet.net; astcraft"-Fähre nach Larena, Siquijor 230–0 P) nach Siquijor-Stadt erwischen; auch **Shipping** (☎0915 891 1426; ⌚So–Fr) fährt eimal täglich. Um an die Nordküste von ndanao zu gelangen, kann man die Fähren von **eson Shipping Lines** (☎035-422 8762; www.eson-shipping.com; ⌚6–4 Uhr) nach Dipolog hmen.

po Island

035 / 920 EW.

ese winzige, nur 12 ha große Vulkaninsel t nur ein Dorf am Strand und bietet einige r besten Tauch- und Schnorchelmöglichten auf den Philippinen – das von der Geeinde betriebene **Meeresschutzgebiet** (100 P, zusätzliche Schnorchel-/Tauchgebühr 50/300 P) wurde 1985 gegründet und wird vehement verteidigt. Es gibt 400 Korallenarten (eine Seite des Inselriffs wurde allerdings durch einen Taifun stark beschädigt) und 650 Fischarten, darunter fünf Clownfischarten, sowie Grüne Meeres- und Echte Karettschildkröten. Hier erwarten einen traumhafte weiße Korallensandstrände, schöne kurze Spazierwege, freundliche Inselbewohner und eine ausgezeichnete Aussicht auf Negros mit dem Talinis.

Mario Scuba (☎0906 361 7254; www.mariosscubadivinghomestay.com; B 300 P, DZ 500–1000 P; 📶) ist eine mögliche Budgetunterkunft auf der Insel, das **Apo Island Beach Resort** (☎0917 701 7150, in Dumaguete 035-226 3716; www.apoislandresort.com; B 800 P, DZ 2700–3400 P) und **Liberty's Lodge & Dive** (☎0920 238 5704; www.apoisland.com; B/EZ/DZ inkl. Vollpension ab 900/1650/2100 P; ❄📶) sind hingegen Tauchresorts der mittleren Preiskategorie.

Apo Island liegt etwa 25 km Luftlinie südlich von Dumaguete. Boote legen am Malatapay Beach ab (nach dem Schuppen am Ende der Straße suchen), und zwar drei- bis viermal täglich zwischen 7 und 16 Uhr (300 P, 30 Min.). Man kann auch ein eigenes Boot mieten (4/8 Pers. 2000/3000 P).

Sugar Beach

Nur eine Handvoll bunt gemischter, schlichter Resorts, einen wunderschönen Strandabschnitt und psychedelische Sonnenuntergänge bietet der Sugar Beach – eines der am besten gehüteten Geheimnisse von Negros, was auch einem Tidefluss zu verdanken ist, der den Ort vom Straßennetz trennt. Hier dreht sich alles um die einfachen Freuden des Lebens wie ruhige, faule Tage am Strand und friedvolle Abende unter den Sternen – eine Belohnung für jeden Reisenden. Es gibt einige Wanderstrecken in der Umgebung, und Tauchgänge und Ausflüge zum **Danjugan Island Marine Reserve & Sanctuary** (☎0915 234 7145; www.danjuganisland.ph), einem schlau gestalteten Naturschutzgebiet, werden angeboten.

Die Resorts liegen am schönen breiten Strand. Zu empfehlen sind **Sulu Sunset** (☎0919 716 7182; www.sulusunset.com; Zi. 650–1350 P), **Driftwood Village** (☎0920 900 3663; www.driftwood-village.com; B 250–300 P, DZ ab 450 P; 📶) oder das schrullige **Takatuka Lodge & Dive Resort** (☎0920 230 9174; www.sipalay.net; DZ 1275–2400 P; ❄📶).

Sipalay, eine weitläufige Küstenstadt 21 km südöstlich von Sugar Beach, ist der Verkehrsknotenpunkt der Region. Bei gutem Wetter kommt man am schnellsten und einfachsten mit einer *bangka*-Fähre (300–350 P, 10 Min.) vom Poblacion Beach in Sipalay, 3 km südlich, zum Sugar Beach.

Siquijor

☎ 035 / 96 000 EW.

Für die meisten Philippiner ist Siquijor eine mysteriöse, unbekannte und verzauberte Welt. Diese kleine Inselprovinz ist zwar für ihre in den Bergen lebenden *mangkukulam* (Heiler) berühmt, die traditionelle Salben für heutige Krankheiten herstellen, doch mittlerweile zählen ein Cocktail und ein Liegestuhl in den vielen entspannten und herrlich erschwinglichen Strandresorts zu Siquijors populärsten Heilmethoden. Als Attraktionen sind tolle Tauchgänge, Wasserfälle, Höhlen und Waldspaziergänge im hügeligen Landesinneren zu nennen. Fast überall auf Siquijor kann man super schnorcheln – einfach zum nächsten Strand gehen und loslegen. Wie an vielen Stränden auf den Visayas ist Schwimmen nur bei Flut möglich. Zum Schutz vor Seeigeln empfiehlt es sich, Badeschuhe zu tragen.

Schlafen & Essen

Die meisten Unterkünfte befinden sich am Ufer zwischen Solangon und Tagi-ibo mit San Juan in der Mitte. Weitere, wenn auch weniger Unterkünfte liegen zwischen Larena und Sandugan an der Nordspitze der Insel. Wer nicht auf der San-Juan-Seite übernachtet, ist allerdings weit von anderen Annehmlichkeiten entfernt.

Kiwi Dive Resort RESORT $
(☎ 035-424 0534, 0908 889 2283; www.kiwidiveresort.com; Km 16,9, Sandugan; DZ mit Ventilator 500–1290 P, mit Klimaanlage 800–1600 P; ❄@📶) Von den einfachen und sauberen Zimmern am Hügel führt der Weg unter Blumenspalieren zum Strand und zum Loungebereich dieses altbewährten Resorts. Es ist ein Sammelsurium von Unterkünften – die einen aus Bambus, die anderen aus Nipa oder Stein. Am besten schaut man sich vor der Buchung mehrere an. Die Badezimmer sind eng und die Betten nicht sehr bequem. Direkt vor der Küste gibt's ein Tauchzentrum und ein Hausriff.

Charisma Beach Resort RESORT $
(☎ 0908 861 9689; www.charismabeachresort.com; Km 64,8, Solangon; B 450 P, DZ mit Ventilator/Klimaanlage 1000/1750 P; ❄📶) Dieses kompakte Resort an einem schönen Strandabschnitt ist bei europäischen Familien und Rucksacktouristen beliebt. Die Zimmer grenzen an einen Betonpoolbereich, sind schlicht eingerichtet und könnten durchaus eine Renovierung vertragen. Eine Übernachtung in einem der Schlafsäle mit Ventilator ist am günstigsten.

★ **Coco Grove Beach Resort** RESORT $$
(☎ 0939 915 5123, 0917 325 1292; www.cocogrovebeachresort.com; Km 60,5, Tubod; DZ 3500–5500 P, Suite 8000 P, inkl. Frühstück; ❄📶🏊) Das Coco Grove ist wie eine gut geölte Maschine (wenn man ein perfekt eingerichtetes Strandresort im spanischen Stil mit einer Maschine vergleichen kann) und ist mittlerweile doppelt so groß wie früher, ohne an Charme oder Charakter eingebüßt zu haben. Zwei Flügel der Unterkunft sind durch ein kleines „Fischerdorf" getrennt. Die Unterkünfte liegen in verschiedenen Gebäuden – von Bungalows bis zu einem Stuckgebäude im Boutique-Hotel-Stil.

An- & Weiterreise

„Fastcraft"-Fähren nach Dumaguete bieten **Oceanjet** (☎ 0923 725 3732; www.oceanjet.net; 230–380 P, 1 Std., 13.50 Uhr) und GL Shipping (160 P, 1¼ Std., mehrmals tgl.). Bei starkem Seegang nimmt man besser das stabilere RoRo-Schiff von Aleson Lines (100 P, 2 Std., 2-mal tgl.).

Der Siebenten-Tags-Adventist GL Shipping führt am Samstag keine Fahrten durch, und Oceanjet bietet manchmal zusätzliche Fahrten; alle Fahrzeiten sind ungewiss.

Oceanjet-Schiffe fahren weiter nach Tagbilaran (700 P, 3 Std.) und Cebu (1500 P, 6 Std.).

Von Larena bietet Montenegro Lines zwei RoRo-Schiffe täglich nach Dumaguete (136 P, 2 Std.) in Negros. **Lite Ferries** (☎ Cebu 032-255 1721; www.liteferries.com; Pier Larenas) fährt über Tagbilaran nach Cebu (365 P, 8 Std.), am Dienstag, Donnerstag und Sonntag um 19 Uhr nach Bohol (ab 225 P, 3½ Std.) sowie dreimal pro Woche nach Plaridel auf Mindanao (ab 350 P).

Cebu

Cebu ist der Dreh- und Angelpunkt der Visayas. Die am dichtesten bevölkerte Insel der Philippinen ist nach Luzon strategisch und wirtschaftlich der zweitwichtigste Standort des Landes. Zugleich ist sie eine der wohlhabendsten Regionen – die Wachstumsrate 2016 lag mit 8,8 % deutlich über dem nationalen Durchschnitt. Die Tourismuszahl boomen: Cebu zieht fast zwei Millionen ausländische Reisende pro Jahr an. Die Hauptattraktionen der Insel sind die weißen Sandstrände und die spektakulären Tauchmöglichkeiten, vor allem an der Nordspitze bei Malapascua und an der Südwestküste bei Moalboal. Über Cebu City wird zwar auch geschimpft, aber man sollte es mit seinen lebhaften Bars, aufstrebenden Restaurants und aufkeimenden kleinen Geschäften dennoch nicht auslassen.

Cebu City

032 / 936 200 EW.

Cebu City, die Hauptstadt der südlichen Philippinen, ist eine geschäftige Metropole und Zentrum eines drei Millionen Einwohner zählenden Ballungsgebiets. Die Stadt ist nicht sonderlich ästhetisch oder ein Blickfang, doch dank aufstrebender englischsprachiger Schulen und angesehener Universitäten herrscht ein recht kosmopolitisches Flair. Historische Sehenswürdigkeiten sind spärlich gesät, doch es gibt ein paar wenige Schmuckstücke aus der Kolonialzeit. Der Verkehr ist berüchtigt, aber man kann hier einiges unternehmen. Die Energie der Stadt steckt an: Die Bar- und Club-Szene ist zu Recht im ganzen Archipel berühmt, und es gibt schwindelerregend viele Restaurants mit köstlicher Küche.

Sehenswertes & Aktivitäten

Zusätzlich zu den historischen Gebäuden gibt's in Cebu noch lohnenswerte Museen, wie z. B. das **Museo Sugbo** (MJ Cuenco Ave; Erw./Kind 75/50 P; Mo–Sa 9–17.30 Uhr) mit faszinierenden geschichtlichen Ausstellungen in einem alten Provinzgefängnis; das **University of San Carlos Museum** (Del Rosario St; 30 P; Mo–Fr 8–12 & 13.30–17, Sa 8–12 Uhr) befasst sich mehr mit Archäologie, und das schöne **Casa-Gorordo-Museum** (35 L Jaena St; 80–180 P; Di–So 10–18 Uhr) befindet sich in einem Haus aus der Mitte des 19. Jhs.

Den Aussichtspunkt **Tops Lookout** (Cebu Tops Rd; 100 P; 10–23 Uhr) weit oberhalb der Stadt besucht man am besten zum Sonnenuntergang.

Die städtischen Anbieter für Abenteuersport bringen einen in Nullkommanichts aus dem Smog von Cebu raus. Zu den empfehlenswerten Unternehmen gehören Bugoy Bikes und **Island Buzz Philippines** (0917 7515; www.islandbuzzphilippines.com; Halbtagestour für 1/2 Pers. 3500/2500 P).

★ Basilica Minore del Santo Niño KIRCHE
(Pres Osmeña Blvd; 5–21 Uhr; Jan./Pilgerzeit rund um die Uhr) Die heiligste Kirche von Cebu beherbergt eine flämische Statuette des Jesuskindes (Santo Niño) aus der Zeit Magellans. Schwere Zeiten sind der Kirche nicht neu: 1565 erbaut (die älteste Kirche der Philippinen), brannte sie dreimal ab, bevor 1737 das heute noch zu sehende Barockgebäude hochgezogen wurde. Fassade und Glockenturm wurden beim Erdbeben 2013 schwer beschädigt, danach jedoch restauriert.

Fort San Pedro FORT
(A Pigafetta St; Stud./Erw. 20/30 P; 8–20 Uhr) Miguel Legazpi, der Eroberer der Philippinen, ließ die Festung 1565 errichten. Fort San Pedro war seither eine Armeegarnison, eine Rebellenhochburg, ein Gefängnislager und ein städtischer Zoo. Heute sieht man dort ein zum Teil zerfallenes Bauwerk aus dem späten 18. Jh., ein beeindruckendes Tor, einen kleinen Bereich mit Befestigungsmauern und ein kleines Museum. Im friedlichen eingemauerten Garten kann man sich vor allem bei Sonnenuntergang eine Auszeit von Cebus Chaos und Irrsinn gönnen.

Sky Experience ABENTEUERSPORT
(032-418 8888; www.skyexperienceadventure.com; Crown Regency Hotel & Tower, Fuente Osmeña Circle; 2 Fahrten inkl. Büfettabendessen 900 P; Mo–Fr 14–24, Sa 10–1, So 10–24 Uhr) Wer den Nervenkitzel in schwindelerregender Höhe sucht, wird dieses Erlebnis auf der 37. Etage lieben. Man kann mit einem Sicherheitsgurt oben auf dem Crown Plaza Hotel herumlaufen, einen „Edgecoaster" (kippende Achterbahn) fahren und an einem Seil durch den Nachthimmel flitzen. Telefone und Kameras sind nicht erlaubt; Bilder und Videos müssen gekauft werden. Es gibt Pakete mit Abendbüfett.

Schlafen

★ Elicon House HOTEL $
(032-255 0300; www.elicon-house.com; Ecke Del Rosario St & Junquera St; EZ/DZ 600/850 P;) Diese einladende, durch und durch umweltfreundliche Unterkunft bietet saubere, geräumige Zimmer, nette Gemeinschaftsbereiche voller Spiele, ein vegetarierfreundliches Café und Permakultur-Slogans an den bunten Wänden. Bei der Reinigung verzichtet man auf Chemikalien, und es wird viel recycelt. Preise variieren, je nachdem ob man für Tage, Wochen oder Monate bucht.

Cebu City

★ Mayflower Inn HOTEL $

(☎ 032-255 2800; www.mayflower-inn.com; Villalon Dr; EZ/DZ/3BZ/4BZ 900/1200/1400/1800 P; ❄📶) Das Mayflower befindet sich in ausgezeichneter Lage auf der Nordseite im oberen Stadtteil, und – auch wenn der „Öko"-Vibe ein bisschen dick aufgetragen wird: Man achtet hier auf einen schonenden Umgang mit der Natur. Die bunt gestrichenen Zimmer sind ordentlich, und man darf sich auf ein Gartencafé sowie eine Lounge/Bibliothek mit Tischtennis, Kicker, stapelweise *National Geographic*-Ausgaben und Brettspielen freuen.

Bugoy Bikers Bed & Breakfast B&

(☎ 0918 908 9594; www.bugoybikers.com; 5a Wri Brothers, abseits der Upper Fulton St; B 500 P, 800–1000 P; ❄📶) Dieser **Radtour-Anbie** (☎ 032-321 6348; www.bugoybikers.com; 5a Wri Brothers, abseits der Upper Fulton St; ganztägige R tour 1/2 Pers. 4500/3500 Pro Pers.) hat auch ei kleine Pension mit gemütlichen Bambuszi mern (mit Klimaanlage oder Ventilator sov Gemeinschaftsbad oder eigenem Bad) und nen Sechs-Bett-Schlafsaal. Dank der Lage einer ruhigen Straße in Lahug ist es hier erh sam, und es gibt eine Küche sowie einen G ten. Die Besitzer kümmern sich gut um

Cebu City

äste und helfen bei den Reiseplänen und eim Mieten eines Fahrrads oder Rollers.

Montebello Villa Hotel HOTEL $$
(032-231 3681; www.montebellovillahotel.com; v M Cuenco Ave, Banilad; Zi. ab 2700 P;) as Montebello ist im spanischen Kolonial- il erbaut und erinnert an eine mexikani- he Hacienda. Es genießt eine ruhige Lage km nördlich des Ayala Center im grünen nilad. Der herrliche 30-Meter-Pool und r atemberaubende tropische Garten sind n Genuss, und die Zimmer sind geräumig d gut ausgestattet, wenn auch etwas alt- odisch dekoriert.

Zen Rooms Don Mariano HOTEL $$
032-231 3338; www.zenrooms.com; Don Mariano St; Zi. ab 1400 P;) Dieses schöne, nörkellose Hotel in hervorragender Lage der Innenstadt hat Cafés, Restaurants und nkaufsmöglichkeiten direkt vor der Haus- . Es bietet kleine, aber perfekt geschnittene nmer mit frischer weißer Bettwäsche, einer maanlage, Laminatboden, eigenem Bad t Warmwasserdusche; dazu gibt's schnelles LAN und einen Flachbildfernseher.

Essen & Ausgehen

ou bietet eine große Auswahl an Restau- ts und Cafés. Lahug ist das kulinarische Herz – insbesondere der IT-Park Asiatown und die Einkaufsmeile Crossroads. Auch im Terraces und im Ayala Centre gibt's eine große Auswahl an Gerichten. Preiswerte Essensstände findet man auf dem **Carbon Market** (6–19 Uhr). Die Stadt gilt als die Heimat von *lechón* (Spießbraten); Fleischesser sollten diese köstliche regionale Spezialität probieren.

Healthy U VEGETARISCH $
(032-401 1386; http://healthyuvg.weebly.com; A Tormis St; Gerichte 60–110 P; Mo–Sa 9–22 Uhr;) Dieser skurrile, preiswerte kleine Laden ist ein Paradies für Vegetarier und serviert leckere Tofu- und vegane Gerichte (die meisten zwischen 30 und 40 P). Ein günstigeres Angebot als die Kombi für 59 P mit Suppe, Reis, einem Hauptgericht und Getränk findet man nicht. Das Restaurant liegt in einer kleinen Gasse in der Nähe der San-Carlos-Universität (Südcampus) und ist bei Cebuano-Yogis beliebt.

Barbecue Boss PHILIPPINISCH $
(0933 722 2677; Pope John Paul 2 Ave; Gerichte 100–170 P) Ein lebhaftes, zur Seite hin offen geschnittenes Lokal, in dem Gruppen von Studenten und jungen Angestellten essen, trinken und Kontakte knüpfen. An einem der großen Holztische kann man Pfeffersteaks, Hühnchen oder würzigen Schweinekebab probieren. Eine Flasche Bier kostet etwa 50 P.

Cora's Lechon PHILIPPINISCH $
(Robinson's Place Mall, Fuente Osmeña; Portionen ab 115 P; ⊙9–20 Uhr) Köstliches *lechón* von einem kleinen Stand im Food-Court im Untergeschoss des **Robinson's** (www.robinsonsmalls.com; Fuente Osmeña; ⊙10–20.30 Uhr). Wer viel Hunger hat, kann ein ganzes Kilo für 460 P bestellen.

★ **Abaca** CAFÉ $$
(www.theabacagroup.com; Terraces; Snacks & Gerichte 130–300 P; ⊙7–22 Uhr) Sehr stilvolles Café, in dem man mit Blick auf das Terraces oder im klimatisierten Innenbereich speisen kann. Serviert ein großartiges Frühstück mit gesunden wie auch nicht so gesunden Leckereien; die Eier Benedict oder ein Sandwich sind klasse. Auch sein Kaffee ist sehr beliebt. Die Croissants und Backwaren gehören zu den besten der Stadt.

★ **Café Laguna** PHILIPPINISCH $$
(☎032-231 0922; Ebene 1, Ayala Center; Hauptgerichte 195–345 P; ⊙9.30–22 Uhr) Das kosmopolitische **Ayala Center** (Bezirk Lahug; Gerichte 70–120 P; ⊙10–21 Uhr) bietet insgesamt keine große Auswahl an guten regionalen Gerichte, doch das überaus beliebte Café Laguna ist eine Ausnahme. Die ausgezeichneten, relativ erschwinglichen Gerichte wie Hühnchen in Pandanblättern, knuspriges *pata* (Schweinekeule) und *kare kare*-Meeresfrüchte (zubereitet mit Erdnüssen und Kokosnuss) schmecken richtig gut. Es gibt Sitzmöglichkeiten im klimatisierten Innenraum und auf der Terrasse.

Bucket Shrimps FISCH & MEERESFRÜCHTE $$
(☎032-260 6520; Orchard St; Hauptgerichte 150–350 P; ⊙11–22 Uhr) Ein lustiger Ort, an dem man alberne Handschuhe und ein Lätzchen aus Frischhaltefolie trägt, eimerweise Cajun-Butter-Shrimps (oder Rippchen, Muscheln, Krabben oder Schweinebauch) in sich hineinschaufelt und aus großen Bierkrügen trinkt.

Ausgehen & Nachtleben

★ **The Social** BAR
(www.thesocial.com.ph; Ayala Center; ⊙11–24, Fr & Sa bis 2 Uhr; 📶) In dieser stilvollen, lebhaften Bar mit Außen- und Innenbereich lässt es sich gut vorglühen, bevor es weiter in die Innenstadt geht. Auf großen Bildschirmen kann man Sportübertragungen verfolgen, und die riesige Terrasse lädt zum Verweilen im Freien ein. Hier verkehrt eine gute Mischung aus Einheimischen und Zugezogenen, und das Essen ist gut.

Liv Super Club NACHTCLUB
(City Time Sq, Mantawe Ave, Mandaue; Wochenende 300–400 P; ⊙Mi–So 20–6 Uhr) Als stilvoller „Superclub" zieht dieser elegante, gehobene Veranstaltungsort ein vermögendes Publikum an, das auf kommerzielles Electro und Dancefloor feiert. International bekannte DJs spielen jeden Monat. Schick anziehen und jede Menge Pesos mitnehmen. Der Club liegt 5 km westlich vom Zentrum in Mandaue.

Bamboozers Bar BAR
(http://bamboozersbar.com; General Maxilom Ave; ⊙19–5 Uhr; 📶) Die kleine, gesellige Bar eines Kanadiers lockt einen angenehmen Mix aus Expats, Einheimischen und Besuchern an. Musikalisch viel besser und aktueller als die meisten anderen Bars in dieser Gegend. Es gibt House, Electro, Funk und Soul sowie etwas Hip Hop und R'n'B.

Praktische Informationen

Cebu Doctors Hospital (☎032-255 5555; www.cduh.com.ph; Pres Osmeña Blvd; ⊙rund um die Uhr).

Cebu City Tourism Commission (☎032-412 4355; www.facebook.com/cebucitytourism; 2. St., Rizal Memorial Library & Museum, Pres Osmeña Blvd; ⊙Mo–Fr 8–17 Uhr) In zentraler Lage; gut für Informationen zur Stadt.

Travellers' Lounge (☎032-232 0293; ⊙6–20 Uhr; 📶) Direkt vor der SM City Mall bietet diese praktische Lounge eine Gepäckaufbewahrung (30 P, Abholung nur am gleichen Tag möglich), Duschen (50 P) und kostenfreies WLAN. Weiterhin werden Fährtickets verkauft.

Zentrales Postamt (Quezon Blvd; ⊙Mo–Sa 8–17 Uhr) Am Hafen.

An- & Weiterreise

BUS

Es gibt zwei Bushaltestellen in Cebu. Die meisten Busse sind normale oder Standardklasse, aber auf allen Hauptrouten gibt's ein paar klimatisierte Busse (kosten ca. 20 % mehr).

Vom **Busbahnhof Süd** (Bacalso Ave; ⊙rund um die Uhr) fahren Busse in Richtung Süden über Moalboal (118 P, 3 Std.) oder Argao (85 P, 2 Std.) und Oslob (155 P, 3½ Std.) nach Bato (170 P, 4 Std., häufig). Schnellere und klimatisierte Vans (V-Hires) zu südlichen Zielen wie Moalboal (150 P, 2¼ Std.) und Toledo (100 P, 1½ Std.) starten am separaten **Südterminal V-Hire** (Junquera Street; ⊙5–23 Uhr). Hinweis: Der zuletzt genannte Terminal wurde in den letzten Jahren mehrmals verlegt; vor der Anreise den Standort überprüfen.

Alle Busse und Vans gen Norden starten am **Busbahnhof Nord** (☎032-345 8650/59; M

SCHIFFE AB CEBU CITY

ZIEL	UNTERNEHMEN	PREIS (P)	DAUER (STD.)	HÄUFIGKEIT
Manila	2GO, Philippine Span Asia	1310	22	7-mal wöchentl.
Tagbilaran (Bohol)	Oceanjet, Weesam, Supercat 2GO	400–650	2	häufig
Cagayan de Oro (Mindanao)	2GO, Super Shuttle Ferry, Trans Asia	650–980	8–12	1- bis 2-mal tgl.
Dumaguete (Negros)	Cokaliong Shipping, Trans Asia	310	6	tgl.
Siquijor-Stadt	Oceanjet	1410	6	1 bis 2-mal tgl.

ogarta Ave; ⌚ rund um die Uhr) neben der SM ;ity Mall. Von hier aus gibt's Busse nach Hag-aya (135 P, 3½ Std., alle 30 Min.) auf Bantayan sland und nach Maya (170 P, 4½ Std., alle 0 Min.) auf Malapascua Island. Von diesem erminal fahren auch Vans ab, die klimatisiert nd schneller, aber beengter sind. Zu den Zielen ehören Hagnaya (165 P, 3 Std., alle 30 Min.) und ⁄laya (200 P, 3½ Std., alle 30 Min.).

LUGZEUG

ir Asia, Cebu Pacific, PAL, Air Juan und Air Swift ehmen regelmäßig Kurs auf Manila und viele ndere regionale und internationale Ziele.

CHIFF/FÄHRE

ebus riesiger Hafen mit mehreren Piers ist mit em Rest des Landes durch viele schnelle assagierfähren, langsamere RoRo-Autofähren d große, mehrstöckige Passagierschiffe rbunden. Die *Cebu Daily News* veröffentlicht nen Fahrplan, der im Allgemeinen zuverlässig ;, aber am besten erkundigt man sich direkt bei n Reedereien. Zu den wichtigsten Betreibern hören **2GO Travel** (☎ 032-233 7000; http://avel.2go.com.ph; Pier 1, Quezon Blvd) und **per Shuttle Ferry** (☎ 032-345 5581; http://pershuttleroro.com; Pier 8, FE Zuellig Ave).

oalboal

032 / 32 300 EW.

hr beliebt bei Reisenden ist Moalboal, ein einer, aber lebhafter Küstenort etwa 90 km dwestlich von Cebu City. In diesen Ort nn man sich schnell verlieben, mit seiner rklüfteten Küste, gesäumt von Strandbars d Restaurants, in denen man ein Getränk Sonnenuntergang genießen und auf das urblaue Wasser der Tanon-Straße zu Nes fernen Hügeln blicken kann. Direkt vor r Küste befindet sich eine gewaltige Koralwand, sodass man nur aus dem Hotelzimr schlendern und die Schnorchelausrüsg anlegen muss, um außergewöhnliche eresbewohner beobachten zu können (einschließlich der weltberühmten Sardinenschwärme von Moalboal).

Das eigentliche Moalboal ist eine beschauliche Stadt an der Autobahn, 6 km westlich der Küste. Offiziell heißt der Ferienort Panagsama Beach. Der herrliche **White Beach** mit seinem breiten Sandstrand und mehreren Mittelklasse- und Luxushotels erstreckt sich 6 km nördlich von Panagsama.

Sehenswertes & Aktivitäten

Die **Kawasan Falls** (Einheimische/Ausländer 20/40 P) liegen 17 km südlich von Moalboal und umfassen drei Wasserfälle. Die größten stürzen 15 m tief in ein massives milchblaues Becken.

Auch wenn sich in Moalboal alles ums Tauchen, Freitauchen und Schnorcheln dreht, gibt's in der Gegend auch eine große Auswahl an Aktivitäten auf dem Land, darunter Canyoning, Klettern und Mountainbiken. Für Yoga-Sitzungen bei **Freediving Planet** (☎ 0908 608 7864; www.freediving-planet.com) und für Kochkurse bei Ven'z nachfragen.

Zu den empfohlenen Tauchanbietern gehören **Quo Vadis Divers** (☎ 0917 519 4050; www.quovadisresort.com), **Blue Abyss Dive Shop** (☎ 032-474 3036; www.blueabyssdiving.com), **Nelson's Dive Shop** (Ocean Safari Philippines; ☎ 032-474 3023; www.ibara.ne.jp/~bitoon) und **Neptune Diving** (☎ 032-495 0643; www.neptunediving.com).

Schlafen

Pacitas HOTEL $
(☎ 0910 858 7222, 032-474 3017; Panagsama Beach; Zi. mit Ventilator/Klimaanlage ab 800/1200 P; ❄📶) Eine von Panagsamas ursprünglichen Unterkünften mit einfachen, preiswerten Bungalows (einige mit 2 Schlafzimmern) und Zimmern, die auf einem schattigen Strandanwesen liegen. Es gehört einem freundlichen

Team und die Lage ist ruhig (außer am Samstagabend, wenn es auf dem Anwesen eine Disco gibt).

Le Village Hostel Moalboal HOSTEL $
(☎0933 153 2719; www.facebook.com/levillagehostelmoalboal; Panagsama Rd; B/DZ ab 300/600 P; ❄📶) Ein einfaches, preiswertes Hostel mit verschiedenen Schlafsälen und drei privaten Zimmern mit Klimaanlage (gute Wahl) oder Ventilator (heiß), alle mit Zugang zu Gemeinschaftsbädern. Es gibt eine Chill-out-Terrasse und ein Restaurant für leckeres, preiswertes regionales Essen. Hier wohnt man 1 km landeinwärts. Nur Bargeld.

Moalboal Backpacker Lodge HOSTEL $
(☎0917 751 8902; www.moalboal-backpackerlodge.com; B/EZ/DZ/Cottage ab 300/450/700/950 P; 📶) Die Lage dieses Hostels an der lauten Hauptstraße ist nicht so toll, aber drinnen findet man geräumige Schlafsäle – gemischt und für Frauen – sowie mehrere Zweibettzimmer vor. Der umgebaute VW-Camper vor der Tür dient als verrückter Coffeeshop. Es gibt günstige Wochenpreise und wie in allen guten Hostels eine gesellige Atmosphäre.

★ **Tipolo Beach Resort** RESORT $$
(☎0917 583 0062; www.tipoloresort.com; DZ 1700–2000 P; ❄@) Dieses kleine Resort am Meer verfügt über hochwertige, gut ausgestattete Unterkünfte mit sauberen Fliesenböden und robusten Bambusmöbeln. Es bietet Annehmlichkeiten wie Warmwasser, einen Kühlschrank und einen Safe. Aber das eigentliche Highlight sind die großen möblierten Balkone, manche mit Meerblick. Die kompetenten Mitarbeiter sind hilfsbereit und gesprächig, und das hauseigene Restaurant ist ebenfalls hervorragend.

Essen & Ausgehen

★ **Last Filling Station** INTERNATIONAL $$
(☎032-474 3016; Gerichte 175–345 P; ⏲7–22 Uhr; 📶🍷) Angenehmes kleines Restaurant mit effizientem Service (wenn auch mit Straßen- statt Meerblick). Berühmt für sein reichhaltiges Frühstück mit Joghurt, Müsli und Proteinshakes. Zum Mittag- und Abendessen gibt's Baguettes und Pita-Brot-Sandwiches (ab 195 P), brutzelnde Fleischgerichte und scharfe Knoblauchgarnelen (275 P).

Café Cebuano CAFÉ $$
(www.facebook.com/cafe.cebuano; Hauptgerichte 160–320 P; ⏲9–24 Uhr; 📶) Auf der großen Terrasse am Wasser kann man gut ein Glas Rotwein oder einen Cappuccino trinken und den Meerblick genießen. Es gibt auch ein komplettes Menü mit westlichen und asiatischen Gerichten – die gebratenen Singapur-Nudeln (250 P) probieren.

Ven'z Kitchen PHILIPPINISCH $$
(☎032-474 3981; www.facebook.com/venzkitchen; Panagsama Beach; Hauptgerichte 130–260 P; ⏲10–22 Uhr; 🍷) Zwei freundliche einheimische Damen führen dieses einfache Lokal, in dem alles mit Liebe zum Detail zubereitet wird. Es gibt immer ein Tagesgericht, und Veganer und Vegetarier sind hier gut aufgehoben. Zu den philippinischen Klassikern gehören Schweinefleisch-*sisig*, *kare* und *adobo*. Es ist so, wie auf dem Brett draußen steht: We don't serve fast food, we serve food fast (Wir servieren kein Fastfood, aber wir servieren schnell). Es bietet auch **Kochkurse** an (500–1300 P pro Pers.; ⏲11 & 15 Uhr).

Chilli Bar BA
(⏲9.30 – open end) Eine Institution in Panagsama mit dem Mantra an der Wand: „Di Leber ist böse und muss bestraft werden Ja, das ist die lebhafteste Bar der Stadt: Ma darf sich auf Partystimmung und Tanze jede Menge Geplänkel und wetteifernd Spiele an den Billardtischen freuen. Zieh eine bunte, gesellige Mischung aus einhe mischen Ladyboys, Backpackern, Taucher und trinkfreudigen Expats an. Es gibt auc Speisen im Pub-Stil.

An- & Weiterreise

Es fahren keine Busse direkt zum Panagsama Beach. Busse von Moalboal nach Cebu City (Standard/Klimaanlage 110/130 P, 3½ Std.) fahren zwischen 6 und 20 Uhr alle 30 bis 45 Minuten. Zudem gibt's Nachtbusse. Volle, klimatisierte Vans (120 P, 2½ Std.) fahren bis 17 Uhr alle 30 Minuten. Abfahrts- und Ankunfts punkt der Busse und Vans ist die Autobahn in Moalboal, von wo man mit einem *tricycle* zum Panagsama Beach (80 P) gelangt.

Ein Taxi nach/von Cebu kostet ca. 2500 P.

Sehr häufige Busse, die von Moalboal weiter nach Süden fahren, enden ein paar Kilometer abseits des RoRo-Piers in Bato (Standard/Klimaanlage 65/76 P, 1½ Std.). Fähren von Bat fahren ungefähr alle 1½ Stunden nach Tampi a Negros (70 P, 30 Min.). Von dort kann man nac Dumaguete weiterfahren.

Malapascua Island

☎032 / 4700 EW.

Diese idyllische Insel vor Cebus Nordkü ist fürs Weltklasse-Tauchen berühmt: V allem besteht hier ganzjährig die Mögli

keit, am **Monad Shoal** mit Fuchshaien zu tauchen. Aber auch für den, der kein Interesse an Riffen und am Meeresleben hat, ist Malapascua ein wunderschönes Strandziel. Der südliche Teil der Insel ist von wunderschönen Sandbuchten gesäumt, und es gibt eine hervorragende Auswahl an Hotels und Pensionen. Zu Recht ist Malapascua ein sehr beliebter Rückzugsort von Reisenden und Cebuanos. Auf der Insel gibt's keine Geldautomaten.

Sehenswertes & Aktivitäten

In nur gut vier Stunden kommt man bei einem **Spaziergang** an der Küste um die ganze Insel – und es bieten sich zahlreiche Fotomotive. Zu den Sehenswürdigkeiten gehören ein **Friedhof** am Wasser mit Gräbern, denen man die Sonneneinstrahlung ansieht, das Bootsbauerdorf **Pasil** auf der Ostseite der Insel, wo die Einheimischen Auslegerboote bauen, ein **Leuchtturm** in Guimbitayan und ein 12 m hoher **Aussichtspunkt** an der Nordwestspitze der Insel, den Wagemutige für ihre Klippensprünge nutzen. Wasser mitnehmen. Den größten Teil der Insel kann man auch mit einem der Mietmotorräder erkunden, die es überall für saftige 200 P pro Stunde gibt.

Schlafen & Essen

Hiltey's Hideout Home PENSION $
(☎ 0905 832 5954, 0918 287 0999; www.hilteyshideout.com; Dorf Logon; Zi. mit Ventilator/Klimaanlage 900/1600 P; ❄📶) Die von einem freundlichen Deutschen geführte Backpacker-Hochburg verfügt über kleine Zimmer, auf einem grasbewachsenen Gelände verteilt. Jedes bietet helle Tagesdecken und ein eigenes Bad. Angebote für längere Zeiträume sind verfügbar.

Malapascua Budget Inn HOSTEL $
(☎ 0977 820 3111; www.exploremalapascua.com.ph; Dorf Logon; B/Zi ab 400/2000 P; ❄📶) Dieses von Einheimischen betriebene Hostel ist gut eingerichtet und bietet eine Auswahl an Schlafsälen (mit vier, zehn oder 14 Betten) mit Leselampen und Sichtschutzvorhängen. Allerdings stehen die Etagenbetten dicht beieinander. Es gibt auch private Zimmer, aber das Preis-Leistungs-Verhältnis ist da nicht sehr gut. Dank Videoüberwachung und Schließfächern ist es recht sicher, und es gibt einen großen Gemeinschaftsraum zum Entspannen, Trinken und Essen.

Mike & Diose's Aabana Beach Resort RESORT $
(☎ 0905 263 2914; www.aabana.de; östliches Ende des Bounty Beach; DZ 500–2150 P; ❄📶) Diese einladende, weitläufige Unterkunft am Bootsbauer-Barangay von Pasil bietet mehrere Unterkünfte – von günstigen Zimmern bis zu großen klimatisierten Räumen mit Küche. Die Einrichtung ist ein bisschen altmodisch, aber die deutsch-philippinische Familie, die die Unterkunft leitet, kümmert sich gut um die Gäste. Es gibt ein einfaches Restaurant mit Strandblick (das ein oder zwei Ventilatoren gut gebrauchen könnte).

★ **Tepanee Beach Resort** RESORT $$
(☎ 032-317 0124; www.tepanee.com; Logon Beach; DZ 3300–4700 P; ❄📶) Das von Italienern geleitete Resort auf einem Hügel oberhalb des Logon Beach ist die nobelste Unterkunft in Malapascua und schneidet etwas besser ab als die Konkurrenz. Die hübschen Cottages verfügen über Strohdächer im balinesischen Stil, Holzböden und ausgezeichnete Betten. Alle Unterkünfte bieten private Balkone und Ausblick. Einfach unschlagbar sind die Deluxe-Zimmer mit Meerblick an einer privaten Bucht mit weißem Sand. Es gibt eine kleine Bar, einen kleinen Fitnessraum, ein Spa und einen Whirlpool.

★ **Angelina** B&B $$
(☎ 0977 469 5801; http://angelinabeach.com; Logon Beach; Zi. 3000 P; ❄📶) Über dem italienischen **Restaurant** der Besitzer (http://angelinabeach.com; Logon Beach; Hauptgerichte 275–695 P; ⏲ 8–22 Uhr) liegen diese vier Unterkünfte mit tollem Preis-Leistungs-Verhältnis: Alle sind geräumig und verfügen über polierte Holzböden, unverputzte Steinwände, Sofas und moderne Badezimmer. Sie sind mit handgefertigten Textilien und Kunst dekoriert. Von zweien hat man einen atemberaubenden Blick auf die Bucht.

An- & Weiterreise

Bangkas von Maya (100 P, 45 Min.) nach Malapascua fahren bis 17.30 Uhr (von Malapascua bis 16.30 Uhr) ungefähr jede Stunde. Der übliche **Abfahrtsort** auf Malapascua ist Logon Beach, wo es einen Ticketschalter und einen Fahrplan gibt. Während des *habagat* (Südwestmonsun; Juni bis Oktober) wird man ggf. am Bounty Beach oder sogar in Pasil abgesetzt.

Besonders später am Tag sind die Bootsfahrer in Maya dafür berüchtigt, Touristen einen Aufpreis für eine Sonderfahrt abzuverlangen, weil sie angeblich keine anderen Passagiere mehr haben. Ruhig Blut – die letzte Fahrt ist immer gegen 17.30 Uhr.

Vans (200 P, 3½ Std., alle 30 Min.) und Busse (Standard/klimatisiert 170/195 P, 4½ Std.) fahren bis abends vom Maya Pier nach Cebu City.

Bohol

038 / 1,33 MIO. EW.

In Bohol haben unabhängige Reisende viele Möglichkeiten, sich auf und abseits der ausgetretenen Pfade zu bewegen. Diese Inselprovinz wird fast ausschließlich mit Bildern von süßen Koboldmakis und der majestätischen Chocolate Hills beworben, doch es gibt noch viel mehr zu erleben. An der Küste findet man hervorragende Tauchspots. Nimmt man noch die vom Urwald gesäumten Flüsse – perfekt zum Kajakfahren und Paddeln – und die unberührten weißen Sandstrände hinzu, versteht man schnell, warum Bohol auf viele Reisende einen großen Reiz ausübt.

An- & Weiterreise

In Jagna nimmt man die praktische Fähre nach Camiguin auf Mindanao. **Super Shuttle Ferry** (in Jagna 0916 568 2236; http://supershuttleroro.com) bietet montags, mittwochs und freitags um 13 Uhr ein RoRo-Schiff nach Balbagon, Camiguin (400 P, 3 ½ Std.). Ein RoRo von **Lite Shipping** (0977 822 5483; www.liteferries.com) fährt am Dienstag, Donnerstag, Samstag und Sonntag um 22 Uhr nach Cagayan de Oro (ab 620 P, 7 Std.), ein weiteres am Montag, Mittwoch und Freitag um 22 Uhr sowie am Sonntag um 10 Uhr nach Butuan (auch auf Mindanao).

Gelegentlich wird mal eine Fahrt storniert, daher sollte man sich die Abfahrtszeiten direkt von den Fährgesellschaften bestätigen lassen. Viele aktualisieren ihre Facebook-Seiten häufiger als ihre Websites.

Vans von V-Hire bieten Verbindungen nach Tagbilaran und Jagna (100 P, 1½ Std., stündl.).

Loboc & Umgebung

038 / 16 312 EW.

Die beschauliche Stadt Loboc hat sich schnell zu einem der unter unabhängigen Travellern angesagtesten Reiseziele entwickelt. Sie bietet sich für ein paar Tage als idyllischer Ausgangspunkt an. Die Hauptattraktion des Ortes ist der idyllische, von Wald gesäumte Fluss, auf dem man gut Kajak- und Paddelausflüge unternehmen kann.

Viele Reisende starten von hier ihre Tagesausflüge zu den Chocolate Hills.

Im **Philippine Tarsier Sanctuary** (0927 541 2290; www.tarsierfoundation.org; Canapnapan; 60 P; 9–16 Uhr) in Canapnapan kann man kulleräugige Koboldmakis in der freien Natur beobachten. Über 100 der hiesigen Primaten halten sich in unmittelbarer Nähe des Zentrums auf, nur acht allerdings im Aussichtsbereich. Mit den Guides gelangt man über einen kurzen Dschungelpfad direkt zu ihnen; Fotografieren darf man nur ohne Blitz. Im Besucherzentrum gibt's gute Informationstafeln. Das gesamte Waldschutzgebiet ist gut geführt; der Besuch bringt Spaß.

Die **Chocolate Hills**, eine wichtige und gehypte Touristenattraktion von Bohol, sind grasbewachsene Hügel, die majestätisch bis zum Horizont reichen. Sie verdanken ihren Namen der rasenartigen Vegetation, die sich in den trockensten Monaten (Februar bis Juli) schokoladenbraun färbt. Ihr genauer Ursprung ist immer noch umstritten, doch die meisten Wissenschaftler gehen davon aus, dass sie einst durch eine allmähliche Anhebung der Korallenablagerungen in Verbindung mit Regenwasser und Erosion entstanden sind.

Die größte und meistbesuchte Anlaufstelle ist der **Chocolate Hills Main Viewpoint** (50 P; 6–18 Uhr) 4 km südlich von Carmen. Weniger von Touristen überlaufen ist eine andere Hügelkette der Chocolate Hills nordöstlich von Sagbayan an der Straße nach Danao.

Schlafen & Essen

★ Fox & The Firefly Cottages HOSTEL
(0947 893 3022; www.facebook.com/foxandthefireflycottages; B/Cottage ab 450/1200 P;) Diese kleine, ungemein entspannte Pension liegt quasi am Flussufer und bietet herrliche Nipa-Cottages sowie einen gut eingerichteten Schlafsaal (mit Gemeinschaftsbad). Sie eignet sich hervorragend als Ausgangspunkt für Paddelausflüge auf dem Loboc mit **SUP Tours** (0947 893 3022; www.suptoursphilippines.com; 2-stündige /Halbtagestour pro Person 950/1650 P). Auch Spaziergänge mit Vogelbeobachtung und Mountainbike-Trips (ab 500 P) werden angeboten. Es gibt ein tolles Café-Restaurant mit leckeren Mahlzeiten. Etwas südwestlich von Lobocs Zentrum.

★ Nuts Huts HOSTEL
(0920 846 1559; www.nutshuts.org; B 400 P, Nipa-Hütten 900–1400 P) An dieser fast legendären Unterkunft scheiden sich die Geister. M

ten im Tropenwald am Loboc River ist sie super für Hartgesottene, die den Dschungel erleben wollen – die Hütten sind sehr rustikal. Wem Krabbeltiere und Bewegung ein Gräuel sind (der Weg zum Eingang ist steil), der ist hier nicht gut aufgehoben. Im Voraus buchen.

An- & Weiterreise

Loboc liegt 25 km östlich von Tagbilaran und ist nit regelmäßig verkehrenden Jeepneys und Bussen zu erreichen (30 P, 50 Min.). Viele Busse fahren auch nach Carmen (34 P, 1 Std.), mit Anbindung an die Chocolate Hills.

Panglao Island

038 / 83 700 EW.

Beim tief liegenden, sonnenverwöhnten Panglao Island denken die meisten an **Alona Beach**, einen geschäftigen Ferienort, der für ein Nachtleben bekannt ist. Am benachbarten **Danao Beach** geht es viel gediegener zu. Die Unterwasserwelt um Alona ist außergewöhnlich, und Taucher dürfen sich auf gute Paketangebote aus Tauchgängen plus Unterkunft freuen. Alona liegt nur 15 km von Tagbilaran entfernt, und von hier aus kann man len Rest von Bohol gut erkunden.

Aktivitäten

n Panglao dreht sich alles ums Wasser. Tauhen und Bootsfahrten vor der Küste sind die Hauptattraktion, und die ganze Küste lädt um Schwimmen ein, die Meereshöhle in **Hiagdanan** eingeschlossen (50 P, Schwimmgeühr 75 P; 7.30–18 Uhr).

Über die meisten Resorts und Tauchanbieer kann man frühmorgendliche Delfinbeobchtungstouren rund um Pamilacan Island rrangieren – allerdings erinnern einige daon eher an eine „Delfinjagd". Vielleicht unrnimmt man eher eine Fahrt mit **Pamilaan Island Dolphin & Whale Watching ours** (PIDWWT; 038-540 9279, 919 730 6108; tp://whales.bohol.ph; Gruppe von 1–4 Pers. 3300 P, ttagessen pro Pers. 300 P) von Baclayon, 6 km n Tagbilaran entfernt, wo man ein respektlleres Vorgehen pflegt. Für ein Vier-Person-Boot ab Alona zahlt man 1500 P, mehr, enn man die Fahrt zu einer Inselhopng-Tour nach Pamilacan, Virgin und Balicag ausweiten möchte.

Die Tauchmöglichkeiten locken viele Reinde nach Panglao, insbesondere zum Unrwasserparadies Balicasag Island. Pamilan Island bietet auch Riffe, die aber weniger quentiert sind, da sich die Korallen erst m jahrelangen Dynamitfischen erholen.

Zu den empfohlenen Anbietern gehören **Bohol Bee Diving** (038-502 2288; www.boholbeefarm.com/diving; Southern Coastal Rd, Km 11), **Philippine Fun Divers** (038-416 2336; www.boholfundivers.com; Lost Horizon Beach Resort) und **Tropical Divers** (038-502 9031; www.tropicaldivers-alona.com; Alona Tropical).

Schlafen

★ Bohol Coco-Farm HOSTEL $

(0917 304 9801; www.facebook.com/boholcfarm; Southern Coastal Rd, Km 13; B/DZ inkl. Frühstück 350/800 P;) Die beste Bleibe für Backpacker in Panglao – wenn man nichts dagegen hat, im Landesinneren zu übernachten. Die Nipa-Hütten passen hervorragend zur rustikalen Umgebung. Die Atmosphäre ist gesellig, Mitarbeiter und Gäste vermischen sich gut. Das Bio-Café (Hauptgerichte 100–190 P) bietet Erzeugnisse des 2,5 ha großen Geländes. 5 km östlich vom Alona Beach, für 60 P mit einem *habal-habal* (Motorradtaxi) zu erreichen.

Calypso Resort RESORT $

(038-502 8184; www.philippins.info; Danao Beach; Zi. 890–1500 P;) Ein gutes Stück vom Danao Beach entfernt wäre diese Unterkunft auch ohne die kostenlosen Motoräder ein guter Deal. Wer mal keinen Ausflug machen will, kann den ganzen Tag am Pool entspannen und Cocktails an der gemütlichen Bar genießen, wo es auch Billard und andere Spiele gibt.

Alona Grove Tourist Inn HÜTTE $

(038-502 8857; www.facebook.com/alonagrovetouristinn; abseits der Southern Coastal Rd; Hütte mit Ventilator/Klimaanlage 750/1300 P;) Die mitunter billigsten Betten in Strandnähe bieten diese zehn Nipa-Hütten, die in einem schönen Garten mit gepflegtem Rasen verteilt liegen. Der Gasthof befindet sich in einer kleinen Gasse und die Betreiber sind hilfsbereit.

★ Sunshine Village RESORT $$

(0928 552 3431; http://panglaosunshinevillage.com; Barangay Bolod; Zi. 1500–1900 P) Dieser schöne Resortkomplex hat einen herrlichen Pool (ca. 30 m) und einen hübschen Garten, der die Lage im Landesinneren, 4 km östlich von Alona Beach, wettmacht. Die makellos sauberen Zimmer verfügen über schnelles WLAN und moderne Badezimmer. Es gibt ein ausgezeichnetes Restaurant. Mit einem Roller (hier erhältlich, aber woanders billiger) ist man gut versorgt.

Essen & Ausgehen

★ Gavroche CAFÉ $$
(http://gavroche.ph; Southern Coastal Rd; Gerichte 130–260 P; ⏲6.30–20.30 Uhr) Eines der besten Lokale in Alona zum Frühstücken mit frischen Croissants, philippinischen (150 P) und französischen Menüs (ab 130 P) sowie vielen À-la-carte-Optionen. Auch ideal für Sandwiches mit hausgemachtem Brot, geräuchertem Schinken und importiertem Käse. Serviert Smoothies, Shakes, Säfte und Espresso, und die Räumlichkeiten sind klimatisiert.

Café Lawis CAFÉ $$
(Dauis Convent, Dauis; Gerichte 95–185 P; ⏲11–21 Uhr;) In einem Pfarrhaus an der Südseite der Borja-Brücke neben der Mariä-Himmelfahrt-Kirche serviert dieses gesunde Café am Wasser leckere Gerichte (Panini, Pasta, *adobo*) und Snacks sowie Espresso und Eis.

Reggae Bar Aliahailey BAR
(Alona Beach; 7–1 Uhr) Hütte am Strand mit freundlichen Barkeepern. Die DJs spielen schreckliche jamaikanische Melodien von morgens bis ... morgens.

An- & Weiterreise

Von Alona nach Tagbilaran fahren bis 19 Uhr etwa alle 30 Minuten langsame Busse (25 P, 50 Min.). Schneller und einfacher kommt man mit einem *tricycle* (300 P) oder Taxi (450 P) voran.

MINDANAO

Trotz schöner Strände, einer mörderischen Brandung, zerklüfteter Berge und indigener Kulturen mit jahrhundertealten Lebensgewohnheiten ist Mindanao mit Ausnahme von Siargao und in gewissem Maße Camiguin bisher vom Touristenansturm verschont geblieben. Natürlich liegt das größtenteils an dem Konflikt, der seit mehreren Generationen (und seit der Ausrufung des Kriegsrechts 2017 in der Region) besteht. Das heißt jedoch nicht, dass es keine Entwicklung und die damit verbundenen Probleme geben würde – die Stadt Davao beispielsweise ist ziemlich kosmopolitisch.

Siargao

Eine kleine Gruppe von leidenschaftlichen australischen, amerikanischen, europäischen und mittlerweile auch philippinischen Surfern lässt es sich auf Siargao („schar-gow") immer noch gut gehen. Angezogen haben sie einst ganzjährig gute Wellen, die Ruhe und Schönheit, wie es sie auf keiner anderen philippinischen Insel gibt. Obwohl sich das Gebiet in den letzten Jahren sehr weiterentwickelt hat und es immer mehr Hotels und Flüge sowie bessere Straßen gibt, geht es in den meisten Ferienorten der Insel immer noch entspannt zu.

Der Hafen liegt im Hauptort Dapa. Bei der Ankunft steuert man wahrscheinlich eines der Resorts an der Straße zwischen General Luna („GL" genannt) und Cloud Nine an.

An- & Weiterreise

Skyjet (☎Manila 02-863 1333, Handy 0997 503 5654; www.flyskyjetair.com) bietet jeden Morgen einen Flug nach Manila (2 Std., 7.50 Uhr), und **Cebu Pacific** (☎Cebu 032-230 8888, Manila 02-702 0888; www.cebupacificair.com; Ecke Hayes St & Rizal St, Cagayan de Oro) fliegt dreimal am Tag nach Cebu (50 Min.). Der Flughafen Sayak auf Siargao liegt in der Nähe von Del Carmen.

Morgens fahren vier Schiffe von Dapa nach Surigao (alle Abfahrtszeiten sind ungefähre Angaben): Um 5 Uhr legt die empfehlenswerte Fähre Fortune Angel (2 ½ Std.; mit einer klimatisierten Kabine im Innenbereich) ab, um 6 Uhr die RoRo-Autofähre von Montenegro Lines, die mehrere Tage im Voraus gebucht werden muss. Das Yohan-Schiff um 11 Uhr und das LQP um 11.30 Uhr sind weniger komfortabel. Die Tickets (270 P) kann man am Morgen der Abreise kaufen. Die Boote am frühen Morgen bieten Anbindung an die Flüge in Surigao, oder man reist an einem Tag mit dem Bus nach Cagayan de Oro und Davao (das werden lange, anstrengende Tage). Das bedeutet jedoch, Cloud Nine extrem früh zu verlassen. Über die Unterkunft ein Motorrad nach Dapa arrangieren.

Unterwegs vor Ort

Jeepneys fahren von Dapa nach GL (1 Std.), doch es ist besser, ein *habal-habal* (Motorrad, das groß genug für mehr als einen Passagier mit Gepäck ist) nach GL, zu den nahegelegenen Resorts (150–250 P, 20 Min.) oder nach Cloud Nine (200–300 P, 30 Min.) zu nehmen.

Das neue Unternehmen **Binggo** (☎0977 642 3765; www.binggoride.com) bietet Multicabs (Kleinbusse) für Selbstfahrer (1200 P pro Tag) bzw. mit Fahrer (1500 P pro Tag). Sie bieten bequem Platz für drei bis vier Passagiere.

Cloud Nine & General Luna

☎086 / 16 800 EW.

Der Surfspot bei Cloud Nine hat bei der internationalen Surfergemeinde seinen fest

Platz. Man erkennt ihn ganz klar an dem erhöhten Steg und dem dreistöckigen Holzpavillon mit Sitzgelegenheiten und direktem Blick auf das Geschehen. Die Surf-Community ist freundlich und offen, mit vielen aufstrebenden Philippinern, die Ausländer wie auch Anfänger gern willkommen heißen. Nur 3,5 km südlich davon befindet sich General Luna bzw. GL, eine entspannte Kleinstadt mit mehreren Resorts und Verkehrsverbindungen.

Über alle Resorts kann man Inselhopping und Tagestouren zu den Lagunen organisieren ebenso wie Surfkurse (500 P pro Stunde, inklusive Ausrüstung) und Boards (300 P Leihgebühr pro halbem Tag). Oder man schaut im **Hippie's Surf Shop** (⌚6–18 Uhr) vorbei; Hippie unterrichtet morgens auch häufig Yoga.

Schlafen & Essen

★ Kermit Surf Resort HOTEL $

(☎0917 655 0648; www.kermitsiargao.com; DZ mit Ventilator/Klimaanlage 950/1200 P, Bungalow 1800 P; ❄📶) In einer ruhigen Straße nordöstlich und landeinwärts vom Zentrum von GL liegt das Kermit, das Schweizern und Italienern gehört und bei preisbewussten Surfern zu Recht als Unterkunft außerhalb von Cloud Nine beliebt ist. Von den zehn Zimmern sind manche große, freistehende und strohgedeckte Cottages mit Fliesenböden und großen, modernen Badezimmern. Das Restaurant bietet Tische mit Kerzenlicht in einem sandigen Garten. Pizza, Pasta und Fisch (Hauptgerichte 230–300 P) sind die Spezialitäten des Hauses.

Ocean 101 Beach Resort HOTEL $

(☎0910 848 0893; www.ocean101cloud9.com; DZ mit Ventilator 900–1500 P, mit Klimaanlage 1700–2500 P; ❄📶) Einst die Surferbleibe schlechthin, hat sich das Ocean 101 über die Jahre weiterentwickelt. Es erstreckt sich auf einem gepflegten Rasen mit Blick auf einen Wellenbrecher nördlich des Breaks von Cloud Nine. Die Basic-Budget-Zimmer gehören zum alten 101, die teureren Unterkünfte am Strand mit hohen Decken und großen Badezimmern zum neuen. Ein zweistöckiger Pavillon am Wasser birgt einen malerischen Loungebereich.

Paglaom Hostel HOSTEL $

(www.paglaomhostel.com; B 350 P; 📶) Bei diesem Preis kommt es nicht auf den Komfort, sondern auf die Atmosphäre an. Das Paglaom macht es richtig. Es ist entspannt, aber gesellig und bietet einen offenen Loungebereich, in dem man andere Gäste kennenlernen kann. Die Open-Air-Schlafsäle mit Etagenbetten in Moskitonetzen werden von ein paar Ventilatoren gekühlt. Es gibt Kaltwasserduschen und eine separate Küche für die Gäste.

★ Bravo Surf Resort BUNGALOWS $$

(☎0999 877 8518; www.bravosiargao.com; B/DZ inkl. Frühstück 1200/3400 P; ❄📶🍴) Das junge Bravo eines Spaniers hat sich zu einer der angesagtesten Unterkünfte in GL entwickelt. Dies liegt einerseits an den hübschen, eng nebeneinander liegenden Cottages mit Nipa-Dächern, gebürstetem Betonboden und geschmackvollen Möbeln und andererseits am großen Restaurant im Freien (Hauptgerichte 180–320 P), das von einem baskischen Koch geführt wird. Die Vier-Personen-Surfer-Unterkunft ist die luxuriöse Version eines Schlafsaals.

★ Harana BUNGALOWS $$

(☎0998 849 5461; www.haranasurf.com; B 800 P, DZ 3200 P; ❄📶) Mit typischen philippinischen Holzarten und modernen architektonischen Schnörkeln ist die Ästhetik des Ha-

REISEWARNUNG

Die Botschaften vieler Nationen, darunter Deutschlands, Österreichs und der Schweiz, raten von Reisen in folgende Gebiete ab: Zamboanga, Mindanao, besonders Nord-Mindanao, Davao-Region einschließlich der Insel Samal; Ausnahmen: Davao City, Soccsksargen, die Autonomous Region of Muslim Mindanao (ARMM) mit dem Sulu-Archipel, also den Inseln zwischen Mindanao und Ost-Malaysia (wie Tawi-Tawi, Sulu, Basilan), Sulu-See zwischen Zamboanga del Norte und Palawan, Süd-Palawan (südlich von Puerto Princesa), abgelegene Gebiete in Nord-Luzon (Kordilleren), Central Visayas (einschließlich Cebu und Bohol). Bei Angriffen auf Verkehrsmittel und kommerzielle Ziele (Busse, Fähren, Einkaufszentren usw.) kam es zu zahlreichen Todesfällen. Unbedingt die aktuellen Reisewarnungen der eigenen Botschaft überprüfen und sich bei den Philippinern erkundigen, die bestimmte Teile von Mindanao gut kennen, ehe man in potenziell gefährliche Gebiete aufbricht.

rana eine raffinierte Kombination aus Tradition und Moderne. Die Villa mit gemischten Schlafsälen ist wunderschön. Das Restaurant im Freien mit innovativen philippinischen Gerichten wie Schawarma *sisig* (Hauptgerichte 150–300 P) und der Loungebereich gehören zu den besten Treffpunkten der Gegend. Die Surf Breaks von Beach und Tuason liegen direkt vor der Tür.

Kawayan Gourmand CAFÉ $
(Gebäck 80–200 P; ⏲6–18 Uhr; 📶) Die besten Croissants der Insel, andere Backwaren und Espresso bekommt man in dieser komfortablen Oase, die in Bezug sowohl auf Temperatur als auch auf Stil einfach cool ist.

Mama's Grill GRILLSTAND $
(Spießchen 50–70 P; ⏲6–21 Uhr) Jeden Abend fällt an diesem bescheidenen Grillstand etwa 1,5 km nördlich von GL eine Surferhorde ein, um Schweine-, Hühnchen- und Rinderspießchen zu essen. Und dann, einfach so, sind sie wieder weg ... bis zum nächsten Abend.

Shaka Siargao GESUNDE KÜCHE $$
(Hauptgerichte 250 P; ⏲6.30–17 Uhr; 📶) Um nach Stunden in der Brandung den gesunden Lifestyle beizubehalten, kann man in diesem winzigen Lokal eine der köstlichen Schüsseln und Smoothies probieren. Die Super Bowl (Quinoa, Joghurt, Obst, Müsli und Honig) ist besonders gut.

RAFTING IN CAGAYAN DE ORO

Wer zwischen Siargao und Camiguin reist, sollte einen Abstecher nach Cagayan de Oro (CDO) in Erwägung ziehen, um die ganzjährigen Wildwasser-Rafting-Stromschnellen in Angriff zu nehmen. Die übliche dreistündige Raftingtour (1200 P) führt durch 14 Stromschnellen der Klassen II bis III; mehrere Stromschnellen der Klasse IV sind Teil einer längeren Alternativroute (1800 P, 6 Std.); plus 200 P für ein Mittagessen mit Grillgerichten. Auf weiten Strecken fährt man durch idyllische Landschaften, und enthusiastische Guides und begeisterte Anfänger runden eine gelungene Tour ab. **CDO Bugsay River Rafting** (☎088-850 1580; www.cdorafting.com; Everlasting St; 1200–1800 P pro Pers.) ist als Betreiber zu empfehlen.

Camiguin

☎088 / 88 000 EW.

Das relativ unberührte Camiguin („kah-migin") hat eine ideale Größe für Erkundungen und eine beeindruckende Silhouette.Es könnte gut mit Hawaii oder Maui mithalten. Mit über 20 Aschekegeln, die über 100 m hoch sind, verfügt Camiguin über mehr Vulkane pro Quadratkilometer als jede andere Insel der Erde. Hier gibt es keinen Massentourismus, und es ist eine der ruhigeren Inseln, was auch an der 10 km langen Gingoog Bay liegt, die Insel und Festland voneinander trennt. Reisende, die diesen kleinen Juwel entdecken, fühlen sich daher für ihn verantwortlich und hüten seine Schätze wie ein Geheimnis. Neben dem üblichen Tauchen, Schnorcheln und Chillen am Sandstrand (die meisten Strände haben hier braunen Sand) kann man auf Camiguin einen der vielen Vulkane besteigen und eine schier unendliche Zahl an Dschungelwasserfällen sowie heiße und kalte Quellen erkunden.

Kuguita, Bug-ong, Agoho und Yumbing sind von den Stränden im Norden am besten erschlossen; viele der Unterkünfte liegen hier. Die mitunter besten Tauchstellen bieten **Jigdup Reef**, **White Island** und **Mantigue Island**. Interessante Felsformationen findet man am **Old Volcano**.

Schlafen & Essen

Camiguin Souldivers HOSTEL
(☎0947 411 1189; www.camiguinsouldivers.com; Tupsan; B/EZ/DZ/Cottage 200/300/350/600 P; 📶) Die einfachen höhlenähnlichen Zimmer mit Ventilator sind etwas für preisbewusste Taucher. An der Schnellstraße etwa 6 km südöstlich von Mambajao, wo sich die Straße teilt.

★**Casa Roca Inn** PENSION $
(☎088-387 9500; www.casarocacamiguin.com; Naasag; Zi. mit Gemeinschaftsbad 1000–1500 P; 📶) Knorrige Baumstämme sind die Säulen, die dieses zweigeschossige Haus auf den Felsen oben halten, während sich unten die Wellen brechen. Hier gibt's nur drei Zimmer. Das fantastische Zimmer mit Meerblick und einem großen Mahagoni-Balkon ist das beste der Insel. Die zwei Zimmer hinten sind bescheidener, bieten aber ein gutes Preis-Leistungs-Verhältnis. Das internationale Restaurant (Hauptgerichte 200 P) ist nur zu empfehlen.

Volcan Beach Eco Retreat & Dive Resort COTTAGES $$
(☎088-387 9551; www.camiguinvolcanbeach.com; Naasag; Zi. mit Ventilator/Klimaanlage 1500/2500 P; ❄📶) Einige gut gebaute strohgedeckte Cottages stehen sich in einem von Palmen gesäumten Garten (mit mehreren Hängematten) gegenüber, der bis zu einem felsigen Ufer mit starkem Wellengang reicht. Es gibt eine gepflegte Bambusterrasse zum Sonnenbaden. Jedes Zimmer hat einen eigenen kleinen Balkon, hohe Decken und Moskitonetze. Das in deutschem Besitz befindliche Volcan verfügt über einen eigenen Tauchshop. Der Service kann variieren.

★ **Beehive** CAFÉ $
(☎0939 932 0334; Catibac; Hauptgerichte 95–215 P; ⏲8–19 Uhr) Dieses exzentrisch gestaltete Café am Meer ist aus recyceltem Holz, Muscheln, Steinen und einem Mix aus anderen Materialien à la Robinson Crusoe gebaut. Auf einer Motorradtour rund um die Insel eignet es sich gut als Zwischenstopp. Gesunde Produkte wie vegetarische Burger, Salate, Pizzas mit Vollkornkruste, Drachenfruchtsaft und Kräuter stehen auf der Speisekarte.

★ **Guerrera** SÜDOSTASIATISCH $$
(☎Handy 0917 311 9859; www.guerrera.ph; Pearl St, Yumbing; Hauptgerichte 250–325 P; ⏲12–14 & 16–21 Uhr; 🖉) Dieses Restaurant in einer großen gelben Villa am Wasser in abgeschiedener Lage hat die Gastro-Szene von Camiguin ordentlich aufgemischt. Der ausgebildete philippinische Küchenchef konzentriert sich hauptsächlich auf Varianten von thailändischem und vietnamesischem Streetfood, aber er bereitet auch Tagesgerichte wie Hühnchen nach indonesischer Art, Bangkok-Schweinefleisch und indisches *dal tadka* (Suppe mit geräucherten gelben Linsen und Kichererbsen) zu.

An- & Weiterreise

Camiguin verfügt über zwei funktionierende Häfen, die für Reisende relevant sind: Benoni, 3 km südlich von Mambajao, wo Fähren nach Balingoan auf dem Festland fahren; und Balbagon, nur 2 km südöstlich von Mambajao, mit Verbindungen nach Cebu und Jagna auf Bohol. Acht bis zehn Boote verkehren zwischen 4.30 und 17.30 Uhr ungefähr stündlich zwischen Benoni und Balingoan (170 P, 1¼ Std.). Wenn Wellen mit Schaumkronen zu sehen sind, kann die Überfahrt in der kleineren und weniger tüchtig aussehenden Fähre unangenehm werden. Vor der Abfahrt klettern Kinder aus der Region außen an den Booten entlang, springen ins Wasser und bitten um Geld. Wer vom Festland nach Camiguin fährt, kauft die Fährtickets am Busbahnhof in Balingoan (und bezahlt am 200 m entfernten Hafeneingang eine Terminalgebühr).

PALAWAN

Nichts definiert Palawan mehr als das Wasser in der Umgebung. Dank der typisch südostasiatischen Meereslandschaften sowie der artenreichen Tier- und Pflanzenwelt im Wasser und an Land ist die am dünnsten besiedelte Region der Philippinen zugleich die betörendste. Wegen der Silhouette der Hauptinsel, die man hier als langen Streifen, der sich auf 650 km bis nach Borneo erstreckt, sieht, ist es nur logisch, hierhin zu reisen.

Puerto Princesa

☎048 / 255 116 EW.

In erster Linie ist „Puerto“ ein Sprungbrett für die Weiterreise nach El Nido und zu den Stränden an der Westküste. Wenn man auf der Durchreise ist, bietet die geschäftige Hauptstadt aber durchaus genügend Ablenkung für ein oder zwei Tage. Ordentliche Restaurants, etwas Nightlife entlang der Rizal Avenue und eine zunehmende Anzahl an Boutique-Hotels helfen bei der Entscheidung.

Sehenswertes & Aktivitäten

Das Environmental Enforcement Museum (S. 680) zeigt konfiszierte Kettensägen, Boote, Dynamit und (manchmal) Tiere wie Zibetkatzen. Das **World War II Museum** (Rizal Ave; ⏲Mo–Sa 8–17 Uhr) ist randvoll mit Artefakten aus dem Krieg und erinnert an die Fighting 1000 und die 143 Amerikaner, die im Palawan-Massaker auf der Plaza Cuartel ums Leben kamen.

Das beliebte **Inselhopping** (1300–1500 P für bis zu 6 Personen) in der malerischen Honda-Bucht startet in Santa Lourdes, 12 km nördlich von Puerto. Wer in Puerto bucht, zahlt mächtig drauf. Dort kostet es rund 1500 P pro Person, inklusive Mittagessen und diverser Eintrittsgebühren. Stattdessen kann man eine eigene Gruppe zusammenstellen oder zum Anleger gehen und versuchen, sich einer anzuschließen.

★ **Pasyar Travel & Tours** OUTDOORAKTIVITÄTEN
(☎048-433 5525; http://pasyarpalawantravel.weebly.com; Gabinete Rd) Ursprünglich dem Naturschutz und dem Tourismus auf Gemeindeebene gewidmet, veranstaltet der Anbieter Pasyar eine einzigartige, mehrtägige Wald-Trekking-Tour, bei der man zusammen mit Ordnungskräften illegale Holzfäller in der Umgebung von Palawan sucht. Der Veranstalter betreibt auch von seinem Hauptquartier aus das wichtige **Environmental Enforcement Museum** (Gabinete Rd; 20 P; 8–18 Uhr).

Delfine & Walhaie TIERBEOBACHTUNG
(☎0915 263 2105; www.dolphinandwhales.com; Rizal Ave; Walhai-Beobachtungstouren pro Pers. 1800 P, Delfin-Beobachtungstouren pro Pers. 1000 P; nur April–Okt.; Walhaie 7–14 Uhr, Delfine 6.20–10.30 Uhr) Der exaltierte Toto Kayabo veranstaltet verschiedene Touren zur Beobachtung dieser Meeresbewohner in der Honda Bay. Dies ist die beste Gelegenheit, um während des Südwestmonsuns (Mai bis Oktober) wildlebende (also nicht von Hand gefütterte) Walhaie zu sehen. Sofern es das Wetter zulässt, finden die Walhai-Beobachtungstouren (mind. 6 Pers.) üblicherweise an zehn Tagen vor und zwei Tagen nach Vollmond statt. Delfin-Beobachtungstouren gibt's täglich (mind. 14 Pers.).

Schlafen

★ **Casa Linda Inn** GÄSTEHAUS $
(☎0917 749 6956, 048-433 2606; casalindainn@gmail.com; Trinidad Rd; EZ/DZ mit Ventilator 650/750 P, mit Klimaanlage 850/1000 P) Mit dem akribisch gepflegten Hofgarten samt Pergola wirkt die Casa Linda wie ein idyllischer Landsitz. Die Zimmer am Hof mit Holzfußböden sind sauber und einfach eingerichtet, doch es gibt kein Warmwasser und die Wände sind dünn. Allerdings ist Lärm hier kein großes Problem. Es liegt 100 m hinter der Rizal Ave. Eindeutig das Hotel mit dem besten Preis-Leistungs-Verhältnis vor Ort.

★ **Sheebang Hostel** HOSTEL $
(☎048-433 0592, 0915 370 0647; judy.sheebang@gmail.com; 118 Libis Rd; B/DZ 350/850 P) Nachdem 2014 das legendäre Banwa Art House abgebrannt ist, hat sich das Sheebang schnell zu Puertos führendem Hostel gemausert. In dem wunderschönen Holzhaus gibt's drei klimatisierte Schlafsäle mit robusten Etagenbetten und großen Schließfächern sowie noch ein paar einfache klimatisierte Privatzimmer mit eigenem Bad. Eine Bar unter freiem Himmel, ein großer Garten und eine kompetente Gästeinformation entschädigen für die dezentrale Lage.

Pagdayon Traveler's Inn GÄSTEHAUS $
(☎048-434 9102; abseits der Rizal Ave; DZ 950–1100 P) Das zentrale, aber ruhige Pagdayon im einheimischen Stil bietet sechs gepflegte Zimmer mit jeweils einer Veranda, die um einen reetgedeckten Gemeinschafts-Essbereich im Freien verteilt liegen. Direkt an der Rizal Avenue neben dem riesigen neuen Best Western.

Edam & Ace Hostel HOSTEL
(☎0935 118 5909; edamandace@gmail.com; abseits der Rizal Ave; B 250–300 P, DZ 500–945 P) Dieses farbenfrohe, labyrinthartige Haus hat besondere Budgetunterkünfte. Zwar ist das Hostel nicht besonders gesellig, aber die einfachen, klimatisierten Schlafsäle wirken in Anbetracht des Schnäppchenpreises in Ordnung. Das Frühstück kostet 80 P.

★ **Puerto Pension** HOTEL $
(☎048-433 2969; www.puertopension.com; 3 Malvar St; EZ 1280–2080 P, DZ 1380–2180 P) Das beeindruckende vierstöckige Gebäude aus Holz und Bambus liegt in der Nähe des Baywalk, und vom Restaurant auf der obersten Etage bietet sich ein atemberaubender Blick auf die Bucht. Die Zimmer sind Meisterwerke einer geschmackvollen einheimischen Einrichtung und mit ihren Rattanmöbeln und Holzböden ein Sinnbild für Gemütlichkeit. Die Standard-Zimmer sind winzig, daher besser ein paar hundert Peso mehr für ein exklusives Superior-Doppelzimmer ausgeben. Rabatte auf Anfrage erhältlich.

Essen & Ausgehen

Aloeha Mercato de Runway LEBENSMITTELMARKT
(National Hwy; 17–2 Uhr) Eine schöne Auswahl an Ständen und Händlern findet man auf diesem Lebensmittelmarkt im Freien, der beste von mehreren in der unmittelbaren Umgebung. Zu den Highlights gehören **Crystal Sands Bar & Grill**, wo Burger, mexikanische Gerichte, mit Käse überbackene Muscheln und **Sheebang** mit leckeren Brotpizzas serviert werden. Dank Bier und Livemusik herrscht hier am Wochenende Partystimmung.

Ima's Vegetarian VEGETARISCH $
(Fernandez St; Gerichte 85–140 P; ⌚ So–Do 11–21, Fr bis 15, Sa 6.30–21 Uhr;) Gesund und lecker. Als *merienda* (Zwischenmahlzeit) ist der scharfe Burrito mit schwarzen Bohnen oder die vegane Käsepizza zu empfehlen. Das Ima's wird von Siebten-Tags-Adventisten betrieben.

Scribbles & Snacks CAFÉ $
(abseits der Rizal Ave; Gerichte 50–100 P; ⌚ 12–21 Uhr) Dieses *kubo* (Unterstand in einheimischem Stil) im Freien mit vielen Wandbildern versteckt sich hinter dem Best Western Hotel und ist ein Treffpunkt der örtlichen Gruppe „Art on the Move". Kreative bereiten das preiswerte Pizzabrot (35 P), Pasta und andere leichte Mahlzeiten zu und trinken dabei San Miguel oder Eistee.

★ Kalui PHILIPPINISCH $$
(048-433 2580; 369 Rizal Ave; Hauptgerichte 245–265 P; ⌚ Mo–Sa 11–12 & 18–22.30 Uhr;) Dieses Lokal, das man ohne Schuhe betritt, ist eine Institution, mit einer schönen balinesischen Atmosphäre. Bunte Gemälde, Skulpturen und Masken schmücken die Wände, und es herrscht insgesamt eine gesellige Stimmung. Man wählt zwischen verschiedenen Meeresfrüchten, die alle mit Gemüse und einem Seetangsalat serviert werden. Alternativ entscheidet man sich für das üppige Menü (695 P) mit Kokosnuss-Flan zum Nachtisch. Reservierung empfohlen, vor allem für das Abendessen und für Gruppen.

★ Artisans INTERNATIONAL $$
(Rizal Ave; Hauptgerichte 150–250 P; ⌚ 11.30–22 Uhr) Der schottische Besitzer nennt den Stil hier *obscurity* (Dunkelheit, Unklarheit) – er besteht im Grunde aus allem, was ihm gefällt. Die Speisekarte umfasst die besten internationalen Gerichte – von *tikka masala* über mexikanische Klassiker und indonesisches *rendang* bis zu Sloppy Joes, riesigen Salatschüsseln und als Getränke Margaritas. Ein unorthodoxer Ansatz, der aber irgendwie funktioniert.

★ Palaweño Brewery BRAUEREI
(048-434 0709; www.palawenobrewery.com; 82 Manalo St; ⌚ Mo–Sa 13–21 Uhr) Das Palaweño braut Ayahay-Craft-Bier und bietet kostenlose Touren sowie einen einladenden Raum zum Probieren und Entspannen. Ein Glas kostet 150 bis 170 P oder man zahlt 400 P für eine Probe von fünf Bieren.

Kinabuchs Grill & Bar BAR
(Rizal Ave; ⌚ 17–1 Uhr) Hierhin verschlägt es einen Großteil der Nachtschwärmer in Puerto. Es ist ein großes Open-Air-Restaurant mit Bar, einem Billardtisch, billigem Bier und einem riesigen Fernseher im Freien mit regelmäßigen Sportübertragungen. Die umfangreiche Speisekarte (Hauptgerichte 200–400 P) umfasst viele exotische Angebote, darunter *tamilok* (Holzwurm), der wie Austern schmecken soll.

ℹ Praktische Informationen

Palawan Provincial Tourism Office (048-433 2968; www.palawan.gov.ph; EG, Provincial Capital Building, Rizal Ave; ⌚ Mo–Fr 8–17 Uhr) Dieses hilfreiche Büro ist eine gute erste Anlaufstelle für Palawan. Nach Rosalyn oder Maribel fragen.

Subterranean River National Park Office (048-434 2509; City Coliseum, National Hwy; ⌚ Mo–Fr 8–16, Sa & So bis 12 & 13–16 Uhr) Wer nicht über eine Agentur bucht, erhält hier Genehmigungen für den unterirdischen Fluss (Erw./Kind 500/150 P); man kann sie in der Regel einen Tag vor der Tour bekommen. Hinweis: Die Genehmigung erhält man nur in Sabang, wenn man die Buchung einer Unterkunft in Sabang oder weiter nördlich vorweisen kann. Wer von Puerto Princesa anreist, muss die Genehmigung hier oder in der **Außenstelle** (2. St., Robinson's Place; ⌚ Mo–Fr 10–18 Uhr) einholen. Das Büro befindet sich ca. 2 km nördlich des Zentrums.

Tubbataha Management Office (048-434 5759; www.tubbatahareef.org; Manalo St Ext) Bietet Informationen zu Trips zum Tubbataha-Reefs-Naturschutzgebiet.

ℹ An- & Weiterreise

BUS

Busse, Jeepneys und die meisten Minivans starten vom Busterminal San Jose – auch „New Public Market" genannt – 5 km nördlich vom Stadtzentrum von Puerto, abseits des National Highway.

FLUGZEUG

Cebu Pacific (www.cebampacificair.com) und PAL (www.philippineairlines.com) bieten von Manila und Cebu Flüge nach Puerto Princesa. AirAsia (www.airasia.com) fliegt Manila an. Cebu Pacific fliegt dreimal wöchentlich nach Iloilo auf Panay.

Air Juan (www.airjuan.com) bietet kleine Sechssitzer – am Donnerstag und Sonntag nach Coron (Busuanga) und am Mittwoch und Freitag zu den Cuyo-Inseln.

SCHIFF/FÄHRE

2GO (043-433 0039; Malvar St) bietet am Mittwoch und Samstag um 23.59 Uhr Fahrten von Puerto Princesa nach Manila (2000–2800 P, 31 Std.) mit Zwischenstopp in Coron (1450–2280 P, 15 Std.).

Milagrosa Shipping (☎ 048-433 4806; Rizal Ave) steuert Iloilo über die Cuyo-Inseln an, mit Abfahrt am Donnerstag um 15 Uhr (870–1450 P, 36 Std.); so auch das robustere **Montenegro Lines** (☎ 048-434 9344; Malvar St) montags um 18 Uhr (1220–1590 P, 26 Std.).

Alle Schiffe legen am **Fährhafen** (Malvar St) ab.

Unterwegs vor Ort

Multicabs („Multis") verstopfen die Hauptverkehrsadern der Stadt; man zahlt 10 bis 13 P für kurze Fahrten, etwa vom Zentrum zum Robinson's Place oder nach Santa Monica; an der Ecke National Highway / Rizal Avenue gibt's Multis zu beiden Standorten.

Sabang

☎ 048

Das kleine Sabang hat einen schönen, windgepeitschten Strand, riesige Teile unberührten Urwald und einen berühmten unterirdischen Fluss, der viele Tagesbesucher aus Puerto Princesa anlockt. Der unterirdische Fluss ist auf jeden Fall einen Besuch wert, doch Sabangs Hauptattraktion ist die unberührte Umgebung. Der umliegende Regenwald gehört zum **Puerto Princesa Subterranean River National Park** (Underground River; Parkgenehmigung inkl. Paddelboot Erw./Kind 500/150 P, plus Umweltgebühr 150 P; ⌚8–15.30 Uhr) und bietet erstklassige Möglichkeiten für Wanderungen und Vogelbeobachtung.

Der berühmte unterirdische Fluss Sabang ist mit einer Länge von 8 km eine der längsten schiffbaren Flusshöhlen der Welt und zieht viele Touristen an. Bei einem Ausflug mit einem nicht motorisierten Paddelboot gelangt man etwa 1,5 km stromaufwärts in die Höhle (45 Min. hin und zurück). Ein Audioguide-Headset ist inbegriffen. In der Touristeninformation Sabang kann man ein *bangka* (1120 P für bis zu 6 Pers., 15 Min.) buchen, um vom Kai zum Höhleneingang zu gelangen. Alternativ folgt man 5 km dem **Jungle Trail** (200 P inkl. Guide).

Schlafen & Essen

★ **Café Sabang** — PENSION $

(☎ 0905 592 8947; B/EZ/DZ 250/350/700 P) Dank dieser warmen, einladenden Unterkunft in einem Holzhaus haben preisbewusste Reisende endlich eine Anlaufstelle in Sabang. Hier gibt's bescheidene, rustikale kleine Privatzimmer mit Gemeinschaftsbad, einen gemütlichen Fünf-Bett-Schlafsaal und ein uriges Café. Etwa fünf Minuten zu Fuß südlich vom Strand an der Straße nach Puerto.

Die französisch-philippinischen Besitzer betreiben ein gleichnamiges **Café** (Sabang Beach; Gerichte 75–175 P; ⌚16–22 Uhr; 🖉) am Sabang Beach.

DabDab Resort — BUNGALOWS $

(☎ 0949 469 9421; Cottage mit/ohne Bad 800/500 P, mit Klimaanlage 1800 P; 📶) Eine Oase nur 200 m nordwestlich vom Anleger von Sabang. Einen Sandstrand gibt es hier nicht, nur eine steinige Küste, aber die sieben Hütten mit Holzfußboden, Ventilatoren, privaten Veranden und Hängematten sind viel einladender als die am Strand. Strom vom Generator gibt's bis Mitternacht (für klimatisierte Zimmer die ganze Nacht).

Blue Bamboo Cottages — BUNGALOWS $

(☎ 0946 085 2134; www.bluebamboo-sabang.com; DZ 300–600 P, FZ 1000 P; 📶) Einfache, preisgünstige Zimmer und charmant-heruntergekommene Bambushütten mit eigener Veranda. An einer felsigen Küste etwa 250 m nordwestlich vom Pier Sabangs.

Agkarawat — GRILLRESTAURANT $

(Sabang Beach; Hauptgerichte 150–500 P; 🖉) Wer eine ordentliche Mahlzeit verdrücken möchte, ist gut aufgehoben in diesem Restaurant, das zu den besten gastronomischen Einrichtungen am Strand gehört. Im Angebot sind viele gegrillte Meeresfrüchte, frisches Sashimi, eine gute vegetarische Auswahl sowie thailändische und nordafrikanische Gerichte.

Praktische Informationen

Touristeninformation Sabang (☎ 048-723 0904; ⌚8–16 Uhr) ist die erste Anlaufstelle für Besucher des unterirdischen Flusses. Wer nicht bei einer Gruppentour mitmacht, kann hier alle Gebühren zahlen und ein Boot arrangieren.

An- & Weiterreise

Von Puerto kommend, liegt die Abzweigung nach Sabang auf der Hauptstraße in Salvacion. Von dort aus sind es malerische 35 km über eine gewundene, asphaltierte Straße.

Port Barton

5000 EW.

Port Barton ist im Grunde eine Stadt mit zwei Straßen und einfachen Vergnügungen. Der Dschungel fällt hier steil in die Buc ab. Nach ein paar Spaziergängen am Strand möchte man die Ruhe hier nicht mehr mit anderen teilen. Vor der Küste liegen mehrere Inseln mit guten Stränden und Schnorchelmöglichkeiten, umgeben von etlichen Bojen, die Perlenfarmen markieren.

Bei Inselhopping-Touren (700 P pro Kopf) erlebt man verschiedene Inseln, Strände, Riffe und die **Bigaho Falls** (empfohlene Spende 50 P) mit Mittagessen und Schnorchelstopps auf dem Weg. Besuche der nahe gelegenen Mangroven (700 P für 2 bis 3 Std.) arrangiert man über das **Tourist Assistance Center** (☎0949 770 9597, 0909 151 1769; Balesteros St; ⏰8–17 Uhr).

Schlafen & Essen

Zu den günstigeren Resorts auf den Inseln in Küstennähe zählen das **Coconut Garden Island Resort** (☎0918 370 2395; www.coconutgardenislandresort.com; Cacnipa Island; Basic EZ/DZ 860/995 P, Cottages 1700–2200 P; 📶) und das **Blue Cove Island Resort** (☎0908 562 0879; www.bluecoveresort.com; Albaguen Island; Cottages 1200–1800 P; ❄📶). Das **Thelma & Toby's Island Camping Adventure** (Palawan Camping; ☎0998 983 3328, 0999 486 3348; www.palawancamping.com; pro Pers. inkl. Vollpension 1600 P) bietet Luxus-Camping an einem traumhaften Strand auf dem Festland, 20 Minuten mit dem Boot gen Norden von Port Barton aus.

★ **Dragon House** HOSTEL $
(☎0919 322 3054; B 400–450 P) Einfach das tollste und kreativste Hostel in Port Barton. Zu den praktischen Details zählen batteriebetriebene Ventilatoren an jedem Bett, die Port Bartons Stromversorgungsproblem trotzen. Dank riesiger Schubladen unter den Etagenbetten hält sich das Chaos in Grenzen. Es gibt Duschen mit gutem Wasserdruck, und die umgedrehten Hängematten auf dem Gemeinschaftsbalkon dienen als Sitzgelegenheiten. Das Hotel liegt auf der Rückseite des **Deep Moon Resorts** (☎0919 322 3054; www.deepgoldresorts.com; Cottages mit Ventilator 1000–1500 P, FZ mit Klimaanlage 2000–2500 P; ❄📶): über das Deep Moon buchen.

Besaga Beachfront Cottages BUNGALOWS $
(☎0918 570 4665; besagabeachresort@gmail.com; 1200–2500 P) Dank des besten Resortessens in Port Barton, der solarbetriebenen Ventilatoren (funktionieren normalerweise die ganze Nacht) und der ruhigen Lage am nördlichen Ende des Strandes schneidet das Besaga etwas besser ab als die meisten anderen Strandunterkünfte. Die sieben Cottages sind aus Beton, aber geschmackvoll mit Bambus und philippinischem Rattan eingerichtet.

Harmony Haven Hostel HOSTEL $
(☎0917 711 0069; Pamuayan sitio; B inkl. Frühstück 500 P, DZ/4BZ 1200/2400 P; 📶) Wem Port Barton zu lebhaft ist, dem könnte dieses etwas abgelegene Hostel 2 km nördlich vom Zentrum gefallen. Es besteht aus einem großen Betonhaus und ein paar Hütten, die alle hinter einem schmalen Strand liegen. Mit einem Kajak gelangt man recht bequem zu ungemein idyllischen Stränden und Inseln vor der Küste; die Leihgebühr beträgt 300 P pro Tag.

Hashtag Tourist Inn HOTEL $
(☎0917 993 4115; Mabini St; Zi. 1000 P; 📶) Das Hashtag liegt abseits des Strandes, bietet aber zwei Dinge mehr als die meisten anderen Strandunterkünfte: Strom und Warmwasser rund um die Uhr. Die sieben Zimmer sind wie üblich aus Beton, liegen nebeneinander und verfügen über einen je eigenen Balkon. Wenn die Unterkunft ausgebucht ist, kann man zum benachbarten Pisces gehen, das ähnliche Unterkünfte bietet und derselben Großfamilie gehört.

Gacayan PHILIPPINISCH, EUROPÄISCH $
(Bonafacio St; Gerichte 50–250 P; ⏰6.30–24 Uhr; 📶) Backpacker kommen in Scharen hierher, was kein Wunder ist: Günstigere und leckerere Gerichte als im Gacayan gibt es nicht. Es serviert Backpacker-Klassiker wie Bananen-Pfannkuchen mit regionalen Spezialitäten wie gegrilltem und gefülltem Tintenfisch. Bei den meisten Mahlzeiten ist ein Freigetränk inbegriffen – sogar bei den günstigen Reisgerichten (50 P).

★ **Jambalaya Cajun Café** INTERNATIONAL $$
(☎0948 520 4811; Hauptgerichte 200–400 P; ⏰8–21 Uhr; 📶) Mit der skurrilen Atmosphäre und den riesigen Portionen von dampfendem Jambalaya (der gut gewürzten Cajun-Version der Paella, 240–350 P) ist dieses Restaurant das beste am Strand von Port Barton. Authentisches Gumbo, thailändische Currys, gute Frühstücksvarianten und importierter Kaffee runden das Angebot ab. Dank des Stromgenerators sind Shakes den ganzen Tag über zu bekommen.

An- & Weiterreise

Es fahren täglich sieben oder acht Busse nach Puerto Princesa (350 P, 2½ Std., letzte Fahrt 17 Uhr) und sechs Direktfahrten nach El Nido (500 P, 4 Std., letzte Fahrt 13 Uhr). Recaro Transport, Santolis und Nature Island sind die Unternehmen für El Nido; Recaro und SBE fahren nach Puerto. Ein privater Van nach El Nido/Sabang/Puerto kostet 4500/4000/3500 P (verhandeln).

Für Sabang nimmt man ein Fahrzeug in Richtung Puerto und steigt in Salvacion aus; eine Abholung in Salvacion durch Lexus Shuttle arrangieren oder den dreimal täglich verkehrenden Puerto-Sabang-Jeepney nehmen.

El Nido

☎048 / 41606 EW.

El Nido ist die beste Basis für Ausflüge zu Palawans Topattraktion, dem Bacuit-Archipel. Winzige Salanganen bauen ihre (essbaren) Nester in die Kalksteinfelsen rund um die etwas heruntergekommene Stadt. Deren spanischer Name bedeutet passenderweise so viel wie „Nest". Die Stadt selbst hat einen gewöhnlichen Strand, dafür aber eine aufstrebende Restaurant- und Barszene. Cadlao Island liegt direkt vor der Küste.

Die Gegend von El Nido ist mit den wahrscheinlich schönsten Stränden des Landes gesegnet – sowohl an der Küste als auch auf den Inseln vor der Küste. Zu den Highlights zählen der **Nacpan Beach**, etwa 20 km von El Nido entfernt, der vom Dschungel gesäumte Surfer-Magnet **Duli Beach** und der leicht erreichbare **Maremegmeg Beach**.

Aktivitäten

Touren von Bacuit Bay sind überall verfügbar und kosten 1200 bis 1400 P pro Person inklusive Mittagessen, Maske und Schnorchel. Nicht verpassen sollte man die **Big Lagoon**, die **Small Lagoon** und die **Secret Lagoon** auf Miniloc Island, drei der meistfotografierten Sehenswürdigkeiten in ganz Palawan. Oder man begibt sich auf eigene Faust mit einem gemieteten Seekajak (600–800 P pro Tag) zu näheren Attraktionen wie dem Seven Commandos Beach und **Cadlao Island**. **Tao Philippines** (www.taophilippines.com; National Hwy, Corong Corong) veranstaltet mehrtägige *bangka*-Trips im Bacuit-Archipel.

El Nido bietet hervorragende **Tauchmöglichkeiten**, zu denen man über ein Dutzend Tauchshops gelangt: von flachen Riffen bis zu tiefen Wänden und Strömungstauchen; und es ist ein beliebtes Ziel für PADI-Zertifizierungskurse.

Schlafen

Wer mitten im Geschehen sein will, ist in El Nido richtig. Caalan ist zentral, wirkt aber dennoch eher abgeschieden. Corong bietet Abwechslung, Strandbars und Sonnenuntergänge; vor der Küste kommt man in den luxuriösen Genuss von Privatinseln; und auf der Nordhalbinsel oder an der Ostküste kann man dem Touristenandrang entkommen. Die Rabatte in der Nebensaison betragen im Durchschnitt überall 30 %.

★ Eda Beach Campsite BUNGALOWS $

(☎0905 572 0646; edabeach@gmail.com; Km 316 National Hwy, Sibaltan; Cottages 500–1500 P; 📶) In dieser herrlich rustikalen Ansammlung von Bungalows, isoliert südlich der anderen Resorts von Sibaltan, fühlt man sich wie ein Schiffbrüchiger. Trotz des Namens ist die Anlage viel mehr als ein Campingplatz. Der Besitzer Randy ist einfach *the man*. Er kocht gut und veranstaltet herrliche Bootsfahrten zu den vielen abgelegenen Inseln vor der Ostküste von El Nido.

★ Where 2 Next HOSTEL $

(☎0917 804 0434; www.where2nexthostel.com; Nacpan Beach; B 550 P, Zi. 1200–1700 P, DZ im Ze[lt] März–Mai nur 800 P; 📶) Mit seiner beneidenswerten Lage unweit von Nacpan Beach profitiert das friedliche Where 2 Next von Nacpans steigender Popularität. Die Schlafsäle sind charmant rustikal, oder man nimmt ein gemütliches Privatzimmer. Solarenergie, gutes Essen, ein freundliches Management und das schönste Gemeinschaftsbad von Palawan runden das Paket ab.

Cavern Pod Hotel & Specialty Café HOSTEL

(☎0915 102 3272; National Hwy, Corong; B 675 [P]; ❄📶) Einfach die schönsten Schlafsäle in [El] Nido. Das japanisch inspirierte Design der „Pods", der Schlafkojen, zeichnet sich durch ein schiefergrau-schwarzes Farbschema, schöne Bettwäsche, Boutique-Leselampen und eine Treppe zum oberen Etagenbett aus (j[a], wirklich). Es gibt nur vier Betten in einem Zimmer, und jedes Zimmer bietet ein eigenes schönes Badezimmer mit Regendusche und Designer-Shampoo-Spender.

★ Bulskamp Inn PENSION

(☎0956 648 2901; www.bulskampinn.com; C[a]meña St; Zi. 1400–2200 P; ❄📶) Unter neuer Leitung bietet diese altbewährte Pension den gleichen freundlichen Service und das gute Preis-Leistungs-Verhältnis wie eh und je, hat aber ihren Gemeinschaftsbereich und ihr Restaurant im Freien herausgeputzt. Die Betten in den kompakten Zimmern mit Ventilator oder Klimaanlage sind zwar klein, aber ansonsten sind die Räume makellos.

Hammock Homestay HOSTEL $
(☎0917 935 4027; hammockhomestay@gmail.com; Nacpan Beach; B/Nipa-Hütte 450/1000 P; 📶) Eine sehr entspannte Unterkunft mit geselliger Atmosphäre und Reggae-Vibes, 300 m vom Nacpan Beach entfernt. Das kleine Hostel hat einen gemütlichen Gemeinschaftsraum und Schlafsäle. In der Nähe des Wachhauses am Zugang zum Nacpan Beach.

Pawikan Hostel HOSTEL $
(☎0943 438 5397; www.pawikanhostel.com; San Joaquin St; inkl. Frühstück B 700 P, Zi. 1500–2000 P; ❄📶) Ein superfreundliches von Einheimischen geführtes Hostel mit einem reichhaltigen Frühstück in einem dreistöckigen Hochhaus, fünf Minuten zu Fuß von der Hama Street entfernt. Die privaten Zimmer sind ein bisschen klein für den Preis, die Schlafsäle aber sind toll – ordentliche Unterkünfte mit vier Betten, persönlichen Ladestationen und angenehmer Beleuchtung.

★ **Duli Beach Resort** COTTAGES $$
(☎0947 969 8210; www.dulibeach.com; Duli Be-ach; Bungalow 2500 P) Das Duli verfügt über sechs gut konzipierte Bungalows an einem mehr oder weniger privaten Strand. Die Ein-ichtung ist ein Mix aus europäischen und egionalen Stilen (die Eigentümer sind Hol-änder). Die Bungalows sind mit dünnen Schirmen bespannt, sodass man der rauen Natur in der Umgebung noch näher sein kann. Ein Generator erzeugt nachts einige Stunden Strom. Es gibt tolles Essen, und urfen kann man von November bis März.

ack's Place BUNGALOWS $$
☎0995 237 4811; Nacpan Beach; DZ/4BZ Cottage nkl. Frühstück 1600/1800 P; 📶) Auf dem Weg um Nordende von Nacpan Beach stolpert nan über dieses Juwel mit Robinson-Cru-oe-Flair. Es besteht aus fünf einfachen Holz-ütten auf Stelzen mit Bad, alle mit Balkon um Strand. Kajakvermietung (150/500 P ro Std./Tag).

utpost Beach Hostel HOSTEL $$
☎0977 373 5229; www.outpostbeachhostel.com; si- Lugadia, Corong; 4/9B-Schlafsaal 1200/900 P, Zi. 000–5500 P; ❄📶) Unbestreitbar das beste artyhostel von El Nido. Das Outpost erfüllt le Voraussetzungen für genussfreudige Back-cker, vorausgesetzt, sie können sich die ho-n Preise leisten. Schöne junge Menschen in mischten modernen Schlafsälen? Check. Ei- quirlige Strandbar mit Shots und regelmä-gen Bier-Pong-Turnieren? Check. Gesellige seltouren tagsüber? Aber natürlich.

Essen

Gusto Gelato EIS $
(Hama St; 1/2 Kugeln 100/150 P; ⌚7–23.30 Uhr) Die tolle Eisdiele bietet viele Geschmackssorten mitten auf der belebten Hama Street.

IBR PHILIPPINISCH $
(Hama St; Hauptgerichte 95–180 P; ⌚rund um die Uhr) Philippinisches Fast Food: Backpacker (oft mit Kater) und Einheimische essen hier gern Suppen und Gerichte mit Reis und Fleisch. An der Straße weht der Ventilator, hinten gibt's eine Klimaanlage.

★ **Bulalo Plaza** PHILIPPINISCH $$
(Hauptgerichte 150–200 P; ⌚rund um die Uhr) 🍃 „Eingeweihte" Reisende strömen in Scharen zu diesem unscheinbaren Imbiss auf der Straße in Corong, wo es das beste, frisch gekochte Pinoy der Stadt gibt. Es ist alles *sarap* (lecker), aber das schwarze Tintenfisch-*adobo*, das zischende Schweinefleisch-*bulgogi* und das Meeresfrüchte-Curry sind etwas ganz Besonderes. Billiges Frühstück und viele vegetarische Gerichte gibt's auch.

★ **El Nido Boutique & Art Café** INTERNATIONAL $$
(☎0920 902 6317; www.elnidoboutiqueandartcafe.com; Sirena St; Hauptgerichte 220 P; ⌚7–23 Uhr; 📶) Jeder landet irgendwann hier. Zu Recht. Der große, einladende und entspannte Speisesaal im 2. Stock lädt zum Essen, Trinken und Verweilen ein. Besonders gut sind die Salate (mit Kopfsalat und Rucola vom eigenen Bio-Bauernhof), das hausgemachte Brot, das Meeresfrüchte-Curry, die Pizza, der gestürzte Ananaskuchen sowie die Schokoladen- und Mango-Torten. Es gibt eine Bar und Livemusik an vier Abenden pro Woche.

★ **Trattoria Altrove** ITALIENISCH $$
(☎0947 775 8653; Hama St; Hauptgerichte 240–450 P; ⌚5–22 Uhr) In diesem Restaurant im Obergeschoss unter slowenischer Leitung wird die wahrscheinlich beste Pizza in El Nido serviert, zubereitet mit importiertem Mozzarella im Steinbackofen. Ein Dutzend Pastasorten aus Italien sowie T-Bone-Steak und andere Fleischgerichte stehen ebenfalls auf der Karte. Da es sehr beliebt ist, sollte man in der Hochsaison früh (oder aber spät) anreisen, um langes Warten zu vermeiden.

Ausgehen & Nachtleben

★ **Beach Shack** BAR
(Maremegmeg Beach) Supercoole Strandbar am Maremegmeg Beach (auch „Las Cabanas

Beach"). In der Hochsaison herrscht hier bei Sonnenuntergang, wenn die Musik aufgedreht wird und hübsche Menschen hierher strömen, eine Stimmung wie in Miami Beach.

★ **Bella Vita** STRANDBAR

(Corong Corong) Eine echte Lieblingsbar bei Sonnenuntergang mit gefährlichen Mojitos, groovigen Melodien und – während der Happy Hour (15–17 Uhr) – zwei San Miguel zum Preis von einem. Dazu gibt's hervorragende Pizza und frisch gebackenes Brot. Aber am wichtigsten ist der unglaubliche Blick auf den Sonnenuntergang, wie ihn nur wenige Lokale in El Nido bieten.

Pukka Bar BAR

(Hama St; ⏲16–4 Uhr; 📶) Diese Reggae-Bar, die seit Langem die angesagteste Location in El Nido ist, hat Konkurrenz bekommen und sich daraufhin vergrößert. Sie bietet jetzt zwei Eingänge – einen auf der Hama Street und einen weiteren am Strand. Hier dreht sich alles um Live-Reggaemusik und jede Menge Bier.

Lucky Alofa BAR

(Hama St; Hauptgerichte 170–300 P; ⏲15–24 Uhr, Juli–Aug. geschl.; 📶) Burger, Snacks, Musik aus den 90ern und leckere Cocktails sind die Markenzeichen dieser beliebten schwedisch geführten Bar an der Hauptstraße.

Praktische Informationen

Kreditkarten werden in einigen der schickeren Resorts und im Restaurant **SAVA** (Hama St; ⏲8–2 Uhr) akzeptiert, doch sind mit einem Zuschlag von mindestens 4 % verbunden.

BPI (Real St) Hier befindet sich der einzig verlässliche Geldautomat von El Nido.

Städtische Touristeninformation (☎0917 775 6036; www.elnidotourism.com; Real St; ⏲Mo–Fr 8–20, Sa & So bis 17 Uhr)

An- & Weiterreise

BUS, JEEPNEY & MINIVAN

Alle Bodentransporte starten vom **Busbahnhof** (Km 270, National Hwy, Corong Corong), 1 km südlich der Stadt in Corong (50 P mit dem *tricycle*).

Die überwiegende Mehrheit der Besucher kommt mit vollen Minivans von Puerto Princesa nach El Nido (500 P, 5 Std., häufig), aber Busse sind komfortabler und man muss sie nicht vorab buchen. **Cherry Bus** und **Roro Bus** fahren stündlich bis 22 Uhr im Wechsel und bieten eine Mischung aus klimatisierten und gewöhnlichen Bussen (350–450 P, 6½ Std.).

Nature Island (☎0915 644 1630), **Recaro Transport** (☎0920 502 5797) und **Santolis** bieten direkte Busverbindungen nach Port Barton, jeweils mit mindestens einer Abfahrt am Morgen und am frühen Nachmittag (700 P, 4 Std.). Alternativ nimmt man einen Bus um 7 Uhr oder früher nach Roxas (250 P, 4 Std.) und dann um 12 Uhr das Jumbo-Jeepney nach Port Barton. Für San Vicente muss man in Roxas in ein Jeepney umsteigen.

Die Vans von **Lexus Shuttle** (☎0917 686 1110) fahren nach Sabang mit Umsteigen in Salvacion (700 P, 6 Std., 4, 8 und 11 Uhr).

Minivans kann man überall buchen, und einige, wie der teurere VIP-Anbieter **Daytripper** (☎0917 848 8755, 048-723 0533; www.daytripperpalawan.com), bieten eine Abholung vom Hotel. **El Nido Boutique & Art Café** (S. 685) hat auf seiner Website einen nützlichen Buchungsservice für ausgewählte Van-Unternehmen; man kann über PayPal oder direkt bezahlen.

Privat gemietete Vans nach Puerto Princesa kosten je nach Verhandlungsgeschick 7000 bis 10 000 P. Für Port Barton/Sabang beginnen die Preise bei 4500/5500 P.

FLUGZEUG

Air Swift (http://air-swift.com) hat pro Tag je mindestens einen Flug nach Manila, Caticlan (für Boracay), Cebu und Clark. Die Preise für einen einfachen Flug reichen je nach Saison von 4500 bis 7000 P. Alle Flüge starten vom **Flughafen Lio**, 7 km nördlich der Stadt (200 P mit dem *tricycle*). Air Swift und der Flughafen sind beide im Besitz von El Nido Resorts. Als Gast in den Resorts des Unternehmens genießt man Priorität bei den Flügen, andererseits ist normalerweise genügend Platz auch für Nicht-Gäste.

Viele, die nach El Nido fahren, nehmen einen billigeren Flug nach Puerto Princesa und fahren dann fünf Stunden mit dem Van nach Norden. Dank des neu eröffneten Flughafens in **San Vicente** (Poblacion Rd) wird sich die Dauer der Busfahrt möglicherweise halbieren, doch zum Zeitpunkt des Schreibens gab es keine kommerziellen Flüge. Der **Flughafen Sandoval** in Taytay, nur eine Stunde von El Nido entfernt, wird derzeit modernisiert – man hofft, kommerzielle Fluggesellschaften anzuziehen.

SCHIFF/FÄHRE

Alle öffentlichen Boote nutzen den **Hafen von El Nido** am westlichen Ende der Sirena Street in der Stadt.

Der wichtigste Fährservice für Besucher nach Nord-Palawan ist die Verbindung El Nido–Coro **Montenegro Lines** (☎0905 371 0787; Real St) fährt täglich um 6 Uhr morgens (Erw./Stud. 1760/1500 P; 4½–5½ Std.). In der Hochsaison vorab oder über ein Reisebüro oder www.biyaheroes.com buchen. **M/Bca Bunso** (☎0910 720 8443; Real St) bietet eine langsamere *bangka*-Fähre, auf der man die Landschaf besser genießen kann (1200 P inkl. Mittagessen, 8 Std., 8 Uhr morgens).

Atienza Shipping (☎ 0998 881 7226; El Nido Port) startet dienstags um 2 Uhr nach Manila (1700–1850 P, 25 Std.) über Linapacan (500 P, 5 Std.). Es ist ein großes Frachtschiff mit rudimentären Etagenbetten für Passagiere – ein echtes Erlebnis. Zusätzliche Abfahrten mit der *bangka*-Fähre nach Linapacan (mehrmals wöchentlich) gibt's am Barangay San Fernando an der Ostküste.

Es gibt keine öffentlichen *bangkas* mehr in Richtung Süden nach Port Barton oder Sabang.

Busuanga & die Calamian-Inseln

☎ 048

Diese Inselgruppe im äußersten Norden von Palawan, auch Calamianes genannt, ist ein wahres Paradies für Abenteurer. Hier kann man wunderbar Aktivitäten wie Wracktauchen, Kajakfahren, Inselhopping und Motorradfahren nachgehen. Es ist eine abwechslungsreiche Region mit weißen Sandstränden, Korallenriffen, dichten Regenwäldern, Mangrovensümpfen und den kristallklaren Seen von Coron Island.

Busuanga ist die größte und am weitesten entwickelte Insel. Sie umfasst nur zwei Gemeinden: Busuanga-Stadt (22 046 Ew.) erstreckt sich auf der nordwestlichen Hälfte, und das touristischere Coron-Stadt (51 803) auf der südöstlichen Hälfte. Der Großteil von Busuanga Island ist extrem ländlich, aber dank neu asphaltierter Straßen entwickeln sich auch weiter entfernte Gebiete allmählich.

Sehenswertes & Aktivitäten

★ Coron Island INSEL

Diese Insel, nur eine 20-minütige *bangka*-Fahrt von Coron entfernt, hat eine imposante, mysteriöse Skyline, die in einem King-Kong-Film nicht fehl am Platz wäre. Vom Flugzeug aus sieht man, dass das festungsähnliche, mit Dschungel überwucherte Inselinnere größtenteils unzugänglich und mit Seen übersät ist. Zwei davon – den **Kayangan Lake** (Coron Island; 300 P) und den **Barracuda Lake** (Coron Island; 200 P) – kann man besuchen. Die gesamte Insel ist das Stammgebiet der indigenen Tagbanua, die von der Fischerei und vom sehr lukrativen Sammeln von *balinsasayaw* (Vogelnester) leben.

Mount Tapyas AUSSICHTSPUNKT

GRATIS Über 700 Stufen den Mount Tapyas erklimmen und die atemberaubende Aussicht auf Coron Bay genießen. Eine unvergessliche Erfahrung in Coron.

Red Carabao Travel Hub OUTDOORAKTIVITÄTEN

(☎ 0905 338 1314; www.redcarabaophilippines.com; National Hwy; ⏲ 8–20 Uhr) Das kulturell engagierte **Manila Hostel** (Karte S. 632 f.; ☎ 0998 573 3884; www.redcarabaophilippines.com; 2819 Felix Huertas St, Santa Cruz; B 450–500 P, Zi. pro Pers. mit Ventilator/Klimaanlage 650/1050 P; ⏲ Sept.–Mai; ❄@📶; 🚌) hat in Coron einen Ort geschaffen, an dem Reisende Alternativen zu den vorherrschenden und fast unumgänglichen „Alphabettouren" (A, B, C etc.) in der Gegend finden können. Es bietet seine eigenen Touren und einen Rahmen für alle mit eigenen Ausflugsideen. Für unabhängige Traveller, die eine Gruppe für eine tolle Tour suchen, ist es die perfekte Anlaufstelle. Im Obergeschoss befindet sich ein Gemeinschaftsbereich zum Spielen und Kontakteknüpfen. Überall gibt's tollen Kram.

Tauchen

Coron Bay ist ein Weltklasse-Wracktauchgebiet und Coron-Stadt die Hauptbasis für Tauchausflüge (obwohl man sie leichter von Concepcion aus erreicht). In den Gewässern vor Busuanga findet man mehr als zwei Dutzend japanische Marine- und Handelsschiffe, die am 24. September 1944 von US-Marineflugzeugen versenkt wurden.

Empfohlene Tauchanbieter sind:

Coron Divers (☎ 0998 953 0430; www.corondivers.com.ph; Zuric Pension, National Hwy; 👪)

Freediving Coron (☎ 0915 172 6809; http://freediving-coron.com; GMG Hotel, National Hwy)

Neptune Dive Center (☎ 0927 418 4118; www.neptunedivecenter.com; National Hwy)

D'Divers (☎ 0935 403 1816; www.ddivers.com; Km 37, National Hwy, Concepcion)

Pirate Divers (☎ 0905 237 3758; www.piratedivers.org; Concepcion; 2/3 Tauchgänge inkl. Ausrüstung 3000/4000 P)

Inselhopping

Ganztägige Inselhopping-Touren stehen in Coron ganz oben auf dem Programm. Es gibt jede Menge *bangkas*, die jeden Morgen vom städtischen Anleger zu Touren zu den Hauptinseln und Schnorchelplätzen aufbrechen. Viele Orte sind von Busuanga-Stadt leichter zu erreichen, doch in Coron-Stadt gibt's die meisten Anbieter.

Wer den Massen aus dem Weg gehen will, stellt am besten eine eigene kleine Gruppe zusammen und organisiert über die **Calamian Tourist Boat Association** (☎0920 403 7965; städtischer Pier) oder das alternative Red Carabao Travel Hub in Coron eine erschwingliche private Tour.

Kajakfahren

Coron Bay und die Inseln rund um Busuanga bieten erstklassige Möglichkeiten zum Seekajakfahren. In der Stadt gibt's mehrere Möglichkeiten, um ein Boot für einen Tag zu leihen, für 500 bis 1000 P. Coron Island ist nur für starke Kajakfahrer ein vernünftiges Ziel; andere sollten in der Bucht bleiben.

In der Dipuyai Bay bei Concepcion oder in der Maricaban Bay an der Nordostküste gibt's noch bessere Optionen zum Kajakfahren. Einen Kajakverleih gibt's vor Ort.

Um die Calamianes wirklich zu erleben, bietet sich eine mehrtägige Tour mit **Calamianes Expeditions Eco Tour** (☎0920 254 6553; www.corongaleri.com.ph; San Augustin St) oder **Tribal Adventures** (☎in Boracay 0998 999 3049; www.tribaladventures.com; Palawan Sandcastles Resort, Barangay Lakdayan, Cheey) an.

Schlafen

Coron-Stadt

Coron-Stadt hat die höchste Konzentration von Hotels auf Busuanga Island, und die Wahrscheinlichkeit ist hoch, dass man während seines Aufenthalts auf den Calamianes mindestens eine Nacht hier verbringt.

★ Vicky's Place PENSION $
(☎0946 433 5257, 0935 105 7428; www.facebook.com/Guesthouse.Vickys; Maricaban Bay, San Jose; Zi. mit/ohne Bad 800/600 P; 📶) Diese ruhige Budgetunterkunft in der herrlichen Maricaban Bay wird vom umweltbewussten Tauchlehrer und Einheimischen Brenda betrieben und ist ein wunderbarer Ort zum Entspannen. Sie verfügt über einen kleinen Tauchshop und organisiert Bootsausflüge rund um die Bucht, einschließlich Dugong-Beobachtungstouren (2500 P pro Pers. inkl. Mittagessen). Es gibt keinen Strand an sich, aber man kann bequem mit dem Kajak zu ein paar guten Stränden fahren.

Fat Monkey Hostel HOSTEL $
(☎0998 271 4111; www.fatmonkeyhostel.com; Km 5, National Hwy; B 380 P) Dieses einfache, gesellige Hostel 2 km nördlich der Stadt bietet die mitunter billigsten Schlafsäle auf Busuanga, und Gäste können an der „Fat Monkey Tour" zu den Inseln teilnehmen – der Fokus liegt auf Alkoholgenuss und darauf, die berüchtigten Menschenmassen an Hotspots wie Kayangan Lake zu meiden.

Marley's Guesthouse PENSION $
(☎0956 143 0399; marleysguesthouse@yahoo.com; National Hwy; Zi. ohne Bad 400–500 P; 📶) An der Hauptstraße, zentrumsnah. Mit reichlich Straßenlärm, aber die Küche und der Gemeinschaftsbereich sind die besten in der ganzen Stadt.

Happy Camper Hostel HOSTEL $
(☎0926 503 9616; happycamper.hostel@gmail.com B 350 P) Diese versteckte Bleibe ist wie das Wohnzimmer eines wohlhabenden Onkels das in einen geräumigen Schlafsaal mit eigenem Bad umgewandelt wurde. Es gibt nur sieben Einzelbetten, jedes mit eigenem Nachttisch, Steckdose und Ventilator. Schö ner Holzboden, ein paar antike Stühle zum Entspannen und ein langer Holzschreib tisch. Der Nachteil: Es gibt überhaupt kei nen Service.

Krystal Lodge BUNGALOWS $
(☎0908 357 3309; EZ/DZ 500/800 P, Cottag 1200–1600 P; 📶) Dieser altbewährte, auf Stel zen über dem Wasser gebaute Bambuskom plex ist der ruhigste Ort der Stadt. Die Zim mer reichen von begehbaren Boxen bis z einzigartigen „Apartments" mit eigener Ba und Sitzbereich. Tolle Aussicht, aber di Wartung ist ein Problem und der Service is nicht besonders hervorzuheben. Entwede man liebt es oder man hasst es.

Sunz en Coron Resort HOTEL $
(☎0999 659 1891; www.sunzencoron.com; DZ 240 2950 P, FZ 3600–5200 P; ❄📶🏊) In Coron feh es an hochwertigen Unterkünften der mit leren Kategorie, doch das Sunz en Coro füllt diese Lücke mit seinen kompakte aber effizienten Zimmern rund um eine eleganten Pool und mit einem Restauran das die beste koreanische Küche der Sta serviert. Der Nachteil ist die Lage: Hi wohnt man in einer dunklen Seitenstraß etwa 1,5 km nördlich vom Zentrum.

Seahorse Guest House HOSTEL
(☎0927 497 7559; www.seahorsecoron.com; D Pedro St; B/DZ inkl. Frühstück 600/2000 P; ❄📶 Dieses ordentliche, schmale Hochhaus behe bergt sechs kühle, saubere Vier-Bett-Schlafs le und nur zwei private Zimmer. Die Bett im Schlafsaal mit persönlichen Steckdose

Lampen und Schränken sind die schönsten der Stadt. Das kostenlose Frühstück gibt's im Dachgeschoss auf der 4. Etage mit Blick auf Coron Bay und Coron Island. Nur der Lärm ist ein Manko: Hier wohnt man mitten im Stadtzentrum.

Busuanga-Stadt

Busanga-Stadt ist eine gute Alternative für alle, die den Massen in Coron-Stadt entkommen wollen. Die meisten Unterkünfte befinden sich in Concepcion.

Ann & Mike's Guesthouse PENSION $
(0929 582 4020; mcbare13@gmail.com; städtischer Pier, Concepcion; Zi. mit Ventilator 800–1000 P, mit Klimaanlage 1500 P) Diese einladende kleine Unterkunft in der Nähe des Piers in Concepcion bietet eine einfache Nipa-Hütte mit Gemeinschaftsbad und eine neuere Maisonette mit zwei Zimmern mit Wandgemälden und Klimaanlage. Hier gibt's das beste Essen in der Stadt, darunter köstliche Curry-Gerichte, und es ist eine gute Quelle für Informationen über die Gegend.

Busuanga Backpackers LODGE $
(0916 401 8703; Km 36, National Hwy, Concepcion; DZ 500 P) Diese rustikale Lodge direkt an der Autobahn verfügt über vier einfache Zimmer mit Ventilator und Gemeinschaftsbädern sowie eine Küche zur Selbstverpflegung. Man geht einen kleinen Hügel hinauf zu einer Hütte mit Meerblick – ein guter Ort für einen Drink bei Sonnenuntergang. Das Essen ist gut, und es gibt einen umweltfreundlichen Touranbieter (http://tourbusuanga.com) für Inselhopping und andere lustige Ausflüge.

Essen & Ausgehen

Coron-Stadt

★ Winnie's FUSION-KÜCHE $$
(National Hwy; Hauptgerichte 180–380 P; 9–22.30 Uhr) An der Hauptstraße östlich des Zentrums überrascht dieses unscheinbare Restaurant mit kreativen, auf einer Tafel angebotenen Spezialitäten und einer dauerhaften Speisekarte mit guter thailändischer Küche. Zu den Spezialitäten gehören gedämpfte Pfirenkrebse, Hackbraten oder Tintenfischsalat. Wunderbar.

★ Get Real Café CAFÉ $$
(Real St; Hauptgerichte 175–280 P; 9–14 & 17–22 Uhr) Dieses Lokal eignet sich sowohl für Getränke als auch für Mahlzeiten. Es serviert Tex-Mex-Küche mit mehr Tex (durchwachsenes Angus-Rib-Eye-Steak) als Mex (*ellotos callejeros* oder Straßenmais). Würstchen sind ebenfalls eine Spezialität. Das Getränke-Highlight ist erstklassiger importierter Tequila, den man pur oder in einer Margarita trinkt. Es gibt auch ziemlich billiges Bier (55 P).

Brujita INTERNATIONAL $$
(National Hwy; Hauptgerichte 170–300 P; 9–22 Uhr;) In der Küche dieses Lokals werden verschiedene Köstlichkeiten aus aller Welt gezaubert: Tintenfisch, auf unterschiedliche Art und Weise zubereitet, Rindergulasch, Schweinefleisch und rote Bohnen. Mungobohnen-Curry ist das Highlight der beeindruckenden vegetarischen Auswahl. Alternativ wählt man von den aufregenden Spezialitäten, die auf der Tafel stehen, zum Beispiel frischen Fisch oder thailändische Gerichte. Die Lage an der lauten Hauptstraße ist nicht so toll.

Island Boy Grill GRILLRESTAURANT $$
(Ecke Real & Rosario St; Hauptgerichte 150–300 P; 10–24 Uhr) An den meisten Abenden dringen Grillrauch und Livemusik aus diesem beliebten und auffälligen Straßengrill. Er ist auf gegrillte Fleischspieße und brutzelnde Gerichte, aber auch Pasta und Gemüse-Kebabs spezialisiert.

Hangover Bar BAR
(Rosario St; 15–2 Uhr) Die Hangover Bar hat sich schnell zur Top-Location in Coron entwickelt. Günstige Shots locken Backpacker, Flashpacker und Einheimische gleichermaßen an. Sobald genügend Schnaps getrunken wurde, füllt sich die winzige Tanzfläche mit verschwitzten Menschen. Im Obergeschoss geht's ein bisschen gediegener zu.

Busuanga Town

Laura's Garden Tropical Restaurant PHILIPPINISCH $
(Km 36, National Hwy, Concepcion; Hauptgerichte 100–165 P; 7–19 Uhr) Dieses einfache Restaurant grenzt an einen schönen Garten in der Nähe der Resorts in der Dipuyai Bay. Es gibt nur ein paar Gerichte auf der Speisekarte, darunter Pasta mit Pesto, Seetangsalat und *kinilaw* (roher Fisch in Essig eingelegt).

Airplane Bar
(Dipuyai Bay, Concepcion) Gunter von D'Divers (S. 687) war zum Zeitpunkt der Recherche

gerade dabei, dieses alte Albatros-Flugzeug in der Dipuyai Bay in eine schwimmende Bar umzuwandeln, die mittlerweile geöffnet sein sollte. Die Geschichte, wie das Flugzeug in den frühen 1990er-Jahren in Busuanga landete, ist der Stoff, aus dem Legenden sind (man muss nur danach fragen).

ℹ Praktische Informationen

In Coron Town gibt's zuverlässige Geldautomaten.

ℹ Anfahrt & Unterwegs vor Ort

Busuangas **Flughafen Francisco B Reyes** (USU; www.franciscoreyesairport.com; Santa Cruz) liegt 20 km nördlich der Stadt Coron. PAL, Cebu Pacific und SkyJet fliegen von/nach Manila; die kleinen Flugzeuge von Air Juan fliegen von/nach Caticlan (mit Anbindung an Boracay).

Alle Schiffe starten am Hafen Coron, 1,5 km östlich der Stadt (50 P mit dem *tricycle*), darunter **2Go** (☎ 0977 849 5305) nach Manila, **Montenegro Lines** (☎ 0915 176 9095) zur Fastcraft-Fähre nach El Nido und **M/Bca Bunso** (☎ 0910 371 0621) für ein *bangka* nach El Nido.

Es gibt eine öffentliche Fähre zwischen Coron-Stadt und Culion Island. Regelmäßig verkehren Busse auf der südwestlichen Küstenstraße der Insel Busuanga zwischen Coron-Stadt und Salvacion. Einen Motorradverleih gibt's in Coron-Stadt; die Preise beginnen bei 400 bis 500 P pro Tag.

DIE PHILIPPINEN VERSTEHEN

Die Philippinen aktuell

Legendäre Stadtstaus, der „Krieg gegen Drogen" und das Kriegsrecht. Mit Umbrüchen – ob natürlichen oder politischen Ursprungs – muss man in diesem häufig von Taifunen heimgesuchten Land auf dem Pazifischen Feuerring rechnen. Die Philippiner sind daher entschlossene und geschickte Survivors. Politische Intrigen, Korruptionsskandale und wechselnde internationale Allianzen beherrschen oft die Schlagzeilen. Für viele sind das dennoch nur oberflächliche Erscheinungen. Wer genauer hinschaut, erkennt, dass sich die Philippiner um andere Dinge sorgen: um Migration, Traditionen, Aberglaube und die nächste Generation.

Rodrigo Duterte (alias „Digong") war über zwei Jahrzehnte Bürgermeister der Stadt Davao und wurde gerne als „Bürgermeister der Todesschwadronen" bezeichnet. 2016 führte er einen populistischen Wahlkampf um das Präsidentenamt und versprach, Verbrechen, Drogen und Korruption zu bekämpfen. Laut Human Rights Watch wurden nach offiziellen Polizeistatistiken in den ersten sechs Monaten nach Dutertes Amtsantritt mehr als 7000 Menschen im sogenannten „Krieg gegen Drogen" getötet – viele von ihnen wurden des Dealens verdächtigt und konsumierten selbst *shabu* (Methamphetamin).

Die jahrzehntelange schwierige Lage auf Mindanao änderte sich 2017 schlagartig, als fast 600 ISIS-Angehörige die islamische Stadt Marawi eroberten. Das philippinische Militär reagierte heftig – mit Bombenangriffen, Artillerie und Stadtkrieg. Dennoch kontrollierten die Rebellen noch einige Monate später Teile der Stadt.

Geschichte

Einst hatten die Philippiner ihre Inseln für sich, bis Ferdinand Magellan im 16. Jh. die Inseln für Spanien beanspruchte und mit der blutigen Christianisierung begann. Die Philippiner rebellierten und errangen 1898 ihre Unabhängigkeit, nur um anschließend von den Amerikanern besetzt zu werden. Auch dagegen lehnten sie sich auf, verloren jedoch. Aus der blutigen Asche des Zweiten Weltkriegs ging eine unabhängige Republik hervor. Das entscheidende Moment der jüngeren philippinischen Geschichte war allerdings der Sturz des gewählten Hardliner-Präsidenten Ferdinand Marcos in der „People Power" -Revolution 1986.

Die spanischen Kolonialherren

Zu Beginn des 16. Jhs. deutete alles darauf hin, dass der gesamte Archipel den islamischen Glauben annehmen würde, doch dann erschien 1521 der portugiesische Entdecker Ferdinand Magellan auf der Bildfläche, genau genommen auf der Insel Samar, und änderte den Lauf der philippinischen Geschichte, indem er das Land für Spanien in Besitz nahm. Magellan machte sich daran, die Einheimischen zum katholischen Glauben zu bekehren, und gewann verschiedene Stammeshäuptlinge für sich, bis er von einem von ihnen, Lapu-Lapu, auf der Insel Mactan nahe Cebu-Stadt ermordet wurde. 1565 kehrte Miguel de Legazpi auf die Philippinen zurück. Als er die einheimischen Stämme der Reihe nach unterworfen hat erklärte er Manila zur Hauptstadt der neuen spanischen Kolonie. Außerhalb von diesem Ort lag die Macht in den Händen der katholischen Mönche der berüchtigten unaufgeklärten *friarocracia*. Sie herrschten ungestört über Gebiete, die im Kern ländliche Lehnsgüter waren.

Die philippinische Revolution

Gegen Ende des 19. Jhs. schwand der Einfluss Spaniens und die immer repressiveren Methoden der Mönche resultierten zuletzt in einem Aufstand der philippinischen Bevölkerung. Was das Fass letztendlich zum Überlaufen brachte, war die Hinrichtung des Schriftstellers José Rizal 1896. Dieser brillante Gelehrte und Dichter hatte sich für einen gewaltfreien Weg zur Unabhängigkeit seines Landes eingesetzt. Sein Tod war ein entscheidender Moment für die revolutionäre Bewegung. Mit Unterstützung der USA, die bereits wegen Kuba Krieg mit Spanien führten, drängte General Emilio Aguinaldos Armee die Spanier nach Manila zurück. Im Mai 1898 besiegten amerikanische Kriegsschiffe die spanische Flotte in der Bucht von Manila. Die Unabhängigkeitserklärung erfolgte am 12. Juni 1898.

Unter amerikanischer Herrschaft

Doch die Amerikaner hatten andere Pläne. Nachdem sie den Spaniern die Inseln abgenommen hatten, erklärten sie sie zur amerikanischen Kolonie – und ein Krieg war nicht zu vermeiden. Er brach im Februar 1899 aus, allerdings blieb der erwartete schnelle Sieg aus. Je länger sich die Gefechte hinzogen, desto größer wurde der öffentliche Unmut in den USA. Die Debatte an der Heimatfront und der Guerillakrieg, der auf den Philippinisch-Amerikanischen Krieg folgte, weisen geradezu unheimliche Parallelen zu zwei späteren Konflikten auf: Vietnam und Irak. Erst am 4. Juli 1902 erklärten die Amerikaner ihren Sieg. Anschließend machten sie sich schnell daran, den entstandenen Schaden wiedergutzumachen. Sie führten Reformen zur Verbesserung der Lebensumstände der Einheimischen ein. Die erste philippinische Regierung wurde 1935 gebildet und die vollständige Unabhängigkeit sollte zehn Jahre später erlangt werden. Weil die Japaner die Inseln im Zweiten Weltkrieg besetzten, war eine Einhaltung dieses Zeitplans aber unmöglich. Drei Jahre litt das Land unter der brutalen Militärherrschaft, ehe die amerikanischen Truppen die Japaner in der Schlacht um Manila im Februar 1945 besiegten. Anschließend lag eine der ehemals prachtvollsten Städte Asiens in Schutt und Asche und mehr als 100 000 Zivilisten hatten ihr Leben verloren.

„People-Power"-Bewegung

Infolge der Ermordung von Ferdinand Marcos' Gegenkandidat Benigno „Ninoy" Aquino 1983 nahm der Widerstand gegen den Diktator neue Ausmaße an. Marcos setzte Wahlen für Anfang 1986 an und die gesamte politische Opposition stellte sich geschlossen hinter Aquinos Witwe, Corazon „Cory" Aquino. Anschließend erklärten sich sowohl Marcos als auch Aquino zum Sieger der Wahl, doch Cory Aquino wurde von der „People Power", der Macht des Volks, getragen. Wenige Tage darauf hatten die Amerikaner den ungeliebten Staatschef samt Frau nach Hawaii verfrachtet, wo Marcos bis zu seinem Tod blieb. Cory Aquino hatte zwar nie die Unterstützung der Armee, überstand jedoch mehrere Putschversuche. Ihr Nachfolger war der Großcousin von Ferdinand Marcos, Fidel Ramos. 1998 wurde dieser von dem Schauspieler Joseph „Erap" Estrada abgelöst, der versprach, den Armen sowie den ländlichen Regionen mit Regierungsgeldern zu helfen. Bereits nach 2½ Jahren enthob man ihn im Rahmen einer zweiten „People-Power"-Revolte wegen Korruptionsvorwürfen seines Amts. Vizepräsidentin Gloria Macapagal Arroyo übernahm die Geschäfte in den folgenden neun Jahren, obwohl auch sie mit Korruptionsvorwürfen und der Bedrohung eines dritten Volksaufstands zu kämpfen hatte.

Die Moro-Problematik

In den etwa 450 Jahren seit dem Zusammenschluss der philippinischen Inseln gab es eine Konstante: den Widerstand vonseiten der muslimischen Bevölkerung auf Mindanao. Die größte muslimische Separatistengruppe im Land, die Moro Islamic Liberation Front (MILF), leistet von der Autonomen Region Muslimisches Mindanao (ARMM) aus seit den 1980er-Jahren Widerstand gegen die Regierung. Immer wieder gibt es Bombenanschläge und Entführungen. Im Oktober 2012 unterschrieben die MILF und die Regierung einen vorläufigen Friedensvertrag, das Bangsamoro Framework Agreement (BFA). Es verschaffte der MILF mehr Autonomie und sollte Jahrzehnten der Armut und Gewalt auf Mindanao ein Ende setzen. 2014 wurde die Vereinbarung von beiden Seiten schließlich unterzeichnet. Doch die Gewalt setzte sich in der Zwischenzeit ungehindert fort, da der Hauptgegner der MILF, die Moro National Liberation Front (MNLF), sowie andere muslimische Splittergruppen nicht berücksichtigt wurden. 2013 organisierte die MNLF eine Belagerung der Stadt Zamboanga im Süden, bei der mehr als 200 Menschen ums Leben kamen. Entführungen blieben in den überwiegend muslimischen Bereichen von Mindanao auch in den Jahren 2014 und 2015 keine Seltenheit. Der Frieden in Mindanao bleibt nach wie vor sehr fragil.

Rodrigo Duterte, der ehemalige langjährige Bürgermeister der im Süden gelegenen Stadt Davao, hat versprochen, Korruption und Kriminalität zu beenden und die Beziehungen mit China wiederaufzunehmen. Bei der Präsidentschaftswahl 2016 schlug er seinen größten Rivalen um mehr als sechs Millionen Stimmen.

Menschen & Kultur

Lebensart

Die Philippiner haben einen ausgeprägten Lebenshunger, den es so vielleicht nicht noch einmal auf der Welt gibt. Ihr Nationalsymbol, der Jeepney, ist eine würdige Metapher für das Land: Knallbunt bemalt, vollgepackt mit religiösen Ikonen und mit allerlei Kritzeleien verziert, lassen einen die Vehikel vergessen, dass sie im Kern nicht mehr als ein maroder Blechhaufen sind. Normalerweise nehmen die Einheimischen ihr Schicksal mit einem Lächeln auf den Lippen an. Was auch passieren mag … sei's drum! Dieser Fatalismus drückt sich in der Phrase *bahala na* aus: Es passiert, was eben passiert, und in der Zwischenzeit muss man sein Leben leben.

Jahrhundertelang drehte sich dieses Leben in erster Linie um zwei Dinge: die Familie und die Religion. Zur Familie gehören auch entfernte Cousins, die Taufpaten sowie die *barkada* (Freundesclique). Generell sind philippinische Familien, vor allem in den ärmeren Schichten, groß. Nicht selten teilen sich ein Dutzend Menschen ein winziges Apartment, eine Baracke oder eine *nipa*-Hütte. Die Einheimischen sind sehr abergläubisch. Im Hinterland könnte man auf einen Dorfbewohner treffen, der von einem Geist besessen ist und sich deshalb merkwürdig verhält, und in den Städten helfen Gesundbeter, Wahrsager, Schamanen, Selbsthilfebücher sowie Missionare bevorstehendes Unheil abzuwenden. Als weiterer integ raler Teil der Gesellschaft gelten die Auswan derer in Übersee, die Overseas Filipinc Worker (OFW) – die Krankenschwester i Kanada, der Bauarbeiter in Katar und de Gebäudepfleger in Singapur. Zusammenge nommen senden sie Jahr für Jahr Milliarde Dollar in die Heimat.

Bevölkerung

Auf dem Weg von der nördlichsten Spitz Luzons in den Süden der Sulu Islands beg net man einer Vielzahl ethnischer Grupper die insgesamt um die 170 verschiedene Di lekte sprechen. Fast alle Philippiner gehöre zur Gruppe der Malaien, außerdem gibt eine große, wirtschaftlich bedeutende chin sische Minderheit und eine ganze Reihe v *mestizos* (Mestizen). Schätzungen zufolg beträgt die Bevölkerungszahl rund 102 Mil onen, und sie steigt jährlich um fast 2 % eine der größten Wachstumsraten in ga Asien. Das Durchschnittsalter liegt bei ger de mal 23,2 Jahren, und fast ein Viertel d Bevölkerung lebt in oder in der Nähe v Metro Manila.

Kunst

KINO

Die Philippinen sind die produktivste Film machernation in Südostasien. In den 1950 Jahren war das „goldene Zeitalter": Dam räumten Streifen des Inselstaates massenw se Preise ab. In den 1980er- und 1990er-Jahr durchlebte die Industrie eine erneute Ho phase dank eines Genres namens *bold* (verw gen, kühn) mit jeder Menge Sex und Gew und Typen samt aufwendigen Frisuren in mantischen Rollen. Heute geht's bergab den Mainstreamstudios, doch die Qualität Produktionen steigt, insbesondere weil m Independentfilme wie Jeffrey Jeturians *K rador* (2006) und *Ekstra* (2013) gedreht w den, beispielsweise auch das vierstündige, sche Meisterwerk *Norte, the End of Hist* (2013) von Lav Diaz. Ein anderer wichtiger die-Regisseur ist Brillante Mendoza, der 2 bei den Filmfestspielen in Cannes für sein k troverses Werk *Kinatay* (Schlachten) zum ten Regisseur gekürt wurde.

MUSIK

In erster Linie sind die Philippiner für allgegenwärtigen Coverbands und ihre

;e zum Karaoke bekannt, aber auch „OPM" philippinischer Rock) ist wahnsinnig be-iebt. Original Pinoy Music (die Philippiner nennen sich selbst „Pinoy") umfasst ein brei-es Spektrum aus Rock-, Folk- und New Age-Strömungen sowie eine Untergruppe, die all diese Genres vereint. Als die großen Drei des Pinoy-Rock gelten Bamboo (mit eichter Grunge-Note), das Trio Rivermaya und die manchmal süße, manchmal mürri-che Diva Kitchie Nadal, die regelmäßig um die ganze Welt tourt. Eine bekannte Band, die in den Bars von Manila von sich hören nacht, ist Kalayo. Sie bringt eine mitunter asend wilde Mischung aus Stammesrhyth-nen und modernem Jam-Rock auf die Büh-e. Weitere gute Bands, die gerade Erfolg aben und dieses Erbe weitertragen, sind arokya ni Edgar, Moonstar 88, Silent Sanc-uary und Brownman Revival. Letztere ist ine Reggea-Band. Zwei weitere Namen, ach denen man die Augen offen halten soll-, sind die Folk-Rocker von Ransom Collec-ive und die Jazz-Sängerin Jireh Calo.

Essen & Ausgehen

ain na tayo – „Lasst uns essen", so laden die hilippiner zu einer gemeinsamen Mahlzeit n. Diesen Satz sollte man sich auf jeden Fall erken, denn man wird ihn unterwegs im-er wieder hören. Er zeigt zum einen die astfreundlichkeit der Einheimischen und m anderen ihre Liebe zum Essen. Drei ahlzeiten pro Tag reichen einfach nicht, des-lb gibt's zusätzlich noch zwei *meriendas*, as so viel wie „Zwischenmahlzeit" bedeutet. tsächlich kann die nachmittägliche *merien-* aber aus reichhaltigem *goto* (philippini-her Reisbrei) oder *bibingka* (Reisküchlein it Käse) bestehen. Hier eine Übersicht unse-r Lieblings-Snacks und -gerichte:

lobo Hühnchen, Schwein oder Fisch in nkler, scharfer Soße.

lut Zur Hälfte ausgebildeter Entenem-yo, in der Schale gekocht.

usprige Pata Frittierte Schweinshaxe

lo-halo Großes Glas mit milchigem zer-ßenem Eis, frischem Obst und Eiscreme.

re-kare In Erdnusssoße gekochtes eisch (gewöhnlich Ochsenschwanz).

nilaw Köstliches Ceviche nach philippi-cher Art.

mpia Mit Fleisch oder Gemüse gefüllte ihlingsrollen.

Mami Nudelsuppe, die an eine malay-sische bzw. indonesische *mee*-Suppe erinnert.

Pancit In der Pfanne gebratene *bihon* (weiße) oder *canton* (gelbe) Nudeln mit Fleisch und Gemüse.

Pinakbet Gemüse mit Krabbenpaste, Knoblauch, Zwiebeln und Ingwer.

San Miguel, *die* Biersorte auf den Philip-pinen, ist trotz der Monopolstellung des Unternehmens schmackhaft und günstig (30 P). Als Nationalgetränk gilt der Tandu-ay-Rum. Er wird gewöhnlich mit Cola ge-mischt. Zu den beliebtesten alkoholfreien Getränken gehören *buko*-Saft (junge Kokosnuss) mit Fruchtfleischstücken und gesüßter *calamansi*-Saft (kleine philippi-nische Limetten).

Natur & Umwelt

Die Philippinen sind wie ein gigantisches Puzzle aus insgesamt 7107 tropischen Inseln, die sich nicht so leicht in eine geografische Kategorie packen lassen. Versucht man es doch, ist das typische philippinische Eiland von Urwald bedeckt, in dem es vor Tieren nur so wimmelt, und hat eine sandige Küste, die an aquamarinblaues Wasser mit dazu passendem Korallenriff grenzt. Etwa 25 % der Fläche des Landes sind bewaldet, aber nur bei einem kleinen Prozentsatz handelt es sich um primären Regenwald. Zu den bedrohten Tierarten gehören das Hirschferkel, der *tamaraw* (Tamarau), ein kleiner Büffel, der auf Mindoro vorkommt, das Philippi-nen-Krokodil aus Nordost-Luzon, der Bintu-rong (auf Palawan) und der Philippinengleit-flieger. Der Nationalvogel ist der *haribon* (Philippinenadler), von dem es in den Regen-wäldern Mindanaos, Luzons, Samars und Leytes nur noch ca. 500 Paare geben soll. Schier unglaublich ist der Reichtum an Fi-schen, Muscheln und Korallen. Dagegen schwinden die Zahlen von *duyong* (Dugong oder Gabelschwanzseekühe). Je nach Jahres-zeit bekommt man eventuell *butanding* (Walhaie) in Donsol, Puerto Princesa und Süd-Leyte zu Gesicht.

Nationalparks

Etwa 10 % der Gesamtfläche des Landes ma-chen Nationalparks, Naturparks und andere Schutzgebiete aus, allerdings lassen diese häufig eine Infrastruktur in Form von Parkbüros mit Wanderkarten und Hütten vermissen. Manchmal gibt's nicht einmal Wege. Populärster Nationalpark ist zweifellos das Subterranean-River-Schutzgebiet auf Palawan.

Umweltprobleme

Angesichts der außergewöhnlichen Geografie von 7107 tropischen Inseln und einer Bevölkerung von 100 Millionen Menschen, von denen viele weit unterhalb der Armutsgrenze leben, scheint das Auftreten von Umweltproblemen unvermeidlich. Entwaldung, Bodenerosion, unsachgemäße Müllentsorgung, Luft- und Wasserverschmutzung, Überfischung, destruktive Fischerei und der Verlust von Korallenriffen geben Anlass zur Sorge. Allerdings ist nicht jeder Schaden selbst verursacht. Die philippinische Umwelt wird auch durch bekannte externe Faktoren belastet– von Plastikflaschen aus dem restlichen Südostasien, die vor der Küste schwimmen, bis hin zu den verschiedenen Auswirkungen des Klimawandels.

Zwischen den zahlreichen Verursachern dieser Probleme herrscht ein fortwährender Kampf. Die zahlreichen Naturschutzorganisationen – sowohl staatliche als auch nichtstaatliche – haben sich gegen sie aufgestellt. Die Umwelt der heutigen Philippinen ist im Wesentlichen das Ergebnis dieses Konflikts, und seine Frontlinien verändern sich ständig und überall im Land sichtbar.

PRAKTISCHE INFORMATIONEN

Allgemeine Informationen A–Z

BOTSCHAFTEN & KONSULATE

Auf der Website des **philippinischen Außenministeriums** (DFA; www.dfa.gov.ph) sind alle philippinischen Botschaften und Konsulate im Ausland sowie alle ausländischen Botschaften und Konsulate auf den Philippinen aufgeführt.

Einige Länder, in denen westliche Besucher ein Visum für die Einreise benötigen, haben Botschaften in Manila, darunter China, Indien, Myanmar und Vietnam.

Deutsche Botschaft (Karte S. 642; ☎02-702 3000; www.manila.diplo.de; 25/F Tower 2, RCBC Plaza, 6819 Ayala Ave, Makati)

Deutsches Konsulat (☎032-236 1318, 0929 667 6386; www.honorarkonsul-cebu.com; Ford's Inn Hotel, AS Fortuna St; ⊙Di–Do 9–12 Uhr)

Indonesisches Konsulat (☎082-297 2930; www.kemlu.go.id/davaocity/id/default.aspx; General Ecoland Subdivision, Matina; ⊙Mo–Fr 8.30–16.30 Uhr)

Malaysisches Konsulat (☎082-221 4050; www.kln.gov.my/web/phl_davao-city; 3. St., Florentine Building, A Bonifacio St; ⊙Mo–Fr 8–16 Uhr)

Österreichische Botschaft (☎02-8179191; www.bmeia.gv.at/oeb-manila/; 8. St., One Orion Building, Ecke 11th Ave & 38th St, Bonifacio Global City, Taguig, Manila; ⊙Mo–Mi 9–12, & 13–14.30 Uhr)

Schweizerische Botschaft (☎02-845 45 45; www.eda.admin.ch/manila; 24/F BDO Equitable Tower, 8751 Paseo de Roxas, Makati; ⊙Mo–Do 9–12, Fr 9–11 Uhr)

FEIERTAGE

Neujahr 1. Januar

People Power Day 25. Februar

Gründonnerstag Unterschiedlich; im März oder April

Karfreitag Unterschiedlich; ein Tag nach Gründonnerstag

Araw ng Kagitingan (Bataan-Tag) 9. April

Tag der Arbeit 1.Mai

Tag der Unabhängigkeit 12. Juni

Ninoy-Aquino-Tag 21. August

Tag der Nationalhelden Letzter Sonntag im August

Allerheiligen 1. November

Ende des Fastenmonats Ramadan Variiert, abhängig vom islamischen Kalender

Bonifacio-Tag 30. November

1. Weihnachtsfeiertag 25. Dezember

Rizal-Tag 30. Dezember

Silvester 31. Dezember

FREIWILLIGENARBEIT

Coral Cay Conservation (www.coralcay.org) Setzt sich für den Schutz der Korallenriffs in Süd-Leyte ein.

Gawad Kalinga (☎in Manila 02-533 2217; www.gk1world.com/ph) GKs Mission ist die Entwicklung von ganzen Gemeinden für arme und obdachlose Menschen. Die Freiwilligen helfen beim Hausbau oder können sich in andere Aktivitäten einbringen. Am besten kontaktiert man die Koordinatorin der Freiwilligenarbeit, Fatima Amamo (maamano@gawadkalinga.com).

Habitat for Humanity (☎02-846 2177; www.habitat.org.ph) Überall im Land werden Häuser für mittellose Menschen gebaut. Der Schwerpunkt liegt auf von Naturkatastrophen gebeutelten Gegenden.

Hands On Manila (☎02-843 7044; www.handsonmanila.org) Diese Organisation ist stets auf der Suche nach eifrigen Freiwilligen zum Einsatz nach Naturkatastrophen oder bei anderen Projekten überall auf den Philippinen.

Haribon Foundation (☎ 02-911 6088; http://haribon.org.ph) Die altbewährte Naturschutzorganisation konzentriert sich auf wissenschaftliche Forschung und Programme zur Stärkung der Gemeinschaft.

Rise Above Foundation (☎ 032-255 1063; www.riseabove-cebu.org; 252 I Limkakeng St, Happy Valley Subd, V Rama Ave, Cebu City) Wohn-, Bildungs- und Berufsbildungsprojekte in Cebu. Von den letzten Freiwilligen kam positives Feedback.

Save Palawan Seas (☎ 0917 824 1488; www.savepalawanseasfoundation.org) NGO im Besitz eines der größten Perlenproduzenten der Philippinen, unterstützt vom **Flower Island Beach Resort** (☎ 0917 504 5567; www.flowerisland-resort.com; Cottages inkl. aller Mahlzeiten pro Pers. mit Ventilator/Klimaanlage ab 000/8500 P; ❄ 📶), bildet regionale Fischer auf Palawan in landwirtschaftlichen Techniken aus und informiert sie über die Gefahren destruktiver Fischerei.

Volunteer for the Visayas (☎ 0917 846 6967; www.visayans.org) Verschiedene Freiwilligenprogramme rund um Tacloban, Leyte.

GELD

Bargeld

Für den Fall, dass man in einer Gegend ohne funktionierende Geldautomaten strandet, sollte man Bargeld in Form von US-Dollars dabeihaben. Außerhalb der größeren Städte ist es manchmal schwer, andere Währungen wie z. B. den Euro zu wechseln.

Immer häufiger hört man in der Provinz den Satz *„Sorry, no change"* – kein Kleingeld. Deshalb legt man sich am besten einen Vorrat mit 20-, 50- und 100-Peso-Scheinen an.

Geldautomaten

- In jeder größeren Provinzstadt. Das Geld wird in Pesos ausgegeben.
- Abgelegene Städte haben keine Automaten.
- Die gängigsten Geldautomaten, die die meisten westlichen Bankkarten akzeptieren, sind von Banco de Oro (BDO), Bank of the Philippine Islands (BPI) und Metrobank.
- An den Standardautomaten werden pro Abhebung 200 P als Gebühr berechnet.
- Meist können nicht mehr als 10 000 bis 000 P auf einmal abgehoben werden. Ausnahme: An den Geldautomaten von HSBC in Manila und Cebu kann man 40 000 P auf einmal abheben.

Kreditkarten

In den meisten Hotels, gehobenen Restaurants und Geschäften in Manila, Cebu-Stadt und anderen Großstädten kann mit den gängigen Kreditkarten gezahlt werden.

Außerhalb großer Städte wird bei Kreditkartenzahlungen oft eine Gebühr von 3 bis 5 % berechnet.

Die meisten philippinischen Banken gewähren Barvorschüsse (*cash advance*).

> **PREISKATEGORIEN: ESSEN**
>
> Die folgenden Preisspannen beziehen sich auf die Kosten für ein Hauptgericht. Die Preise in Manila, Boracay und El Nido sind in der Regel höher.
>
> **$** weniger als 150 P
>
> **$$** 150–300 P
>
> **$$$** mehr als 300 P

INTERNETZUGANG

Theoretisch sind WLAN und 4G-Internetzugang in vielen Teilen der Philippinen verfügbar. Smartphone-Nutzer können bequem regionale SIM-Karten mit Datenvolumen (4G) erwerben; die Daten sind günstig und kosten weniger als 50 P pro Tag.

KLIMA

- In einem Großteil des Landes fällt die Trockenzeit mit dem *amihan* (Nordostmonsun) zusammen und dauert etwa von November bis Mai. Sobald im Juni der *habagat* (Südwestmonsun) einsetzt, beginnen die Regenfälle. Die meisten Niederschläge fallen im August, während es im Oktober langsam wieder trockener wird.
- An der Ostküste sind die Regen- und Trockenzeiten genau umgekehrt: Siargao, Bicol, Ost-Samar etc. bekommen von Dezember bis Februar ordentlich Regen ab und bleiben sonst relativ trocken (es sei denn, es wütet gerade ein Taifun!).
- Taifune sind von Juni bis Anfang Dezember üblich. Am besten auf der Website von PAGASA (www.pagasa.dost.gov.ph) oder www.typhoon2000.ph Infos holen, um meteorologische Krisenherde zu vermeiden.

LGBT-REISENDE

Bakla (homosexuelle Männer) und *binalaki* oder *tomboy* (lesbische Frauen) werden fast überall auf den Philippinen toleriert und nur selten diskriminiert. Man kann sich in der Regel überall outen.

Zu den Online-Ressourcen für Schwule und Lesben über die Philippinen gehören das Outrage Magazine (www.outragemag.com), Utopia Asian Gay & Lesbian Resources (www.utopia-asia.com) und Travel Gay Asia (www.travelgayasia.com). B-Change (www.b-change.org) ist eine soziale

Unternehmensgruppe, die sich für die Förderung der Rechte Schwuler und Lesben einsetzt.

Für Veranstaltungen in Manila ist www.thegaypassport.com/gay-manila die beste Seite.

ÖFFNUNGSZEITEN

Banken Mo 9–16.30 Uhr (die meisten Geldautomaten sind rund um die Uhr geöffnet)
Bars 18 Uhr–open end
Einkaufszentren 10–21.30 Uhr
Öffentliche Ämter Mo–Fr 8–17 Uhr
Restaurants 7 oder 8–22 oder 23 Uhr
Supermärkte 9–19 oder 20 Uhr

REISEN MIT BEHINDERUNG

Außer in ein paar Drei- oder Vier-Sterne-Anlagen in Manila, Cebu und in einer Handvoll größerer Provinzstädte muss man mit Treppenaufgängen, kleinen, beengten Toiletten, schmalen Türrahmen und nicht funktionierenden Aufzügen rechnen. Das gilt auch für Restaurants – die in Einkaufszentren sind manchmal barrierefrei.

Andererseits helfen die Philippiner gern, und es besteht auch immer die Möglichkeit, ein Taxi und womöglich einen Helfer für einen Tag anzuheuern– die Kosten halten sich in Grenzen.

STROM

Das Stromsystem der Philippinen verwendet 225 V, 60 Hz. Die Steckdosen sind meist vom Typ A, es gibt aber auch B und C. Man sollte also Adapter mitnehmen.

TELEFON

Das Unternehmen Philippine Long-Distance Telephone Company (PLDT) ist der nationale Festnetzbetreiber. Auslandsgespräche können in den PLDT-Zentren getätigt werden, wo man 0,40 US$ pro Minute zahlt. Ortsgespräche kosten fast nichts, und Ferngespräche im Inland sind ebenfalls sehr preiswert.

Handys

Mobiltelefone sind allgegenwärtig, und es wird gesimst, was das Zeug hält. Lokale SIM-Karten sind überall erhältlich und können kostengünstig mit Daten und Telefonguthaben aufgeladen werden.

Prepaid-SIM-Karten gibt's schon für gerade mal 40 P, und auf fast denselben Betrag beläuft sich das Startguthaben in Form von Frei-SMS.

Die beste Netzabdeckung haben **Globe** (www.globe.com.ph) und **Smart** (www.smart.com.ph).

Eine Textnachricht kostet 1 oder 2 P und ein Ortsgespräch 7,50 P pro Minute (weniger, wenn man innerhalb desselben Mobilfunknetzwerks telefoniert).

SMS ins Ausland liegen bei 15 P, und ein internationales Telefonat schlägt mit 0,40 US$ pro Minute zu Buche.

- Um eine Festnetz- oder Mobiltelefonnummer von einem Mobiltelefon aus zu wählen, wählt man 0 oder +63 gefolgt von einer dreistelligen Ortsvorwahl und der siebenstelligen Nummer.
- Philippinische Handynummern starten mit 9 (z. B. 917, 906).
- Roaming mit dem eigenen Handy ist eine weitere, wenn auch wahrscheinlich sehr teure Option.

Vorwahlnummern

Bei inländischen Ferngesprächen oder Anrufen auf Mobiltelefone wählt man eine 0 gefolgt von der Ortsvorwahl (oder der Mobilfunkvorwahl) und dann die siebenstellige Nummer.

Zu den nützlichen Vorwahlnummern von Festnetzleitungen gehören:

Landesvorwahl der Philippinen 63
Internationale Telefonvorwahl 00
PLDT-Telefonauskunft 101171
Internationale Vermittlung 108
Inländischer Betreiber 109

TOILETTEN

- Toiletten werden häufig als „CR" (Comfort Room) bezeichnet.

Abgesehen von ein paar Busbahnhöfen und Häfen gibt's so gut wie keine öffentlichen Sanitäranlagen, deshalb sollte man die zahllose Fast-Food-Restaurants aufsuchen, wenn man dringend etwas „Komfort" braucht.

- „Herren" heißt auf Filipino *lalake* und „Damen" *babae*.

UNTERKUNFT

Innerhalb der Budgetkategorie handelt es sich bei den Zimmern für weniger als 500 P in der Regel um Schlafsäle oder private Zimmer mit einem Ventilator und einem Gemeinschaftsbad mit Kaltwasser. Die Zimmer zwischen 700 und 1000 P verfügen normalerweise über einen Ventilator und ein eigenes Bad. Teurere Unterkünfte (und manche in dieser Preislage) sollten Klimaanlage und ein eigenes Bad haben.

Die Hochsaisonpreise gehen von November bis April oder Mai. In der Nebensaison sinken in den Urlaubsgebieten die Preise um 20 % bis 50 %, können sich aber in den Zeiträumen mit dem größten Besucherandrang, der Karwoche (Ostern) und Neujahr, verdoppeln, verdrei- oder sogar vervierfachen.

Während des chinesischen Neujahrs (normalerweise im Februar) und der japanischen Goldenen Woche (29. April bis 5. Mai) besuchen ebenfalls viele Touristen das Land; das kann in den Feriengebieten die Preise in die Höhe treiben.

VISA

Für die meisten Nationalitäten wird bei der Ankunft ein kostenloses 30-Tage-Visum ausgestellt. Gegen Aufpreis kann man in größeren

Provinzzentren oder bei der Ankunft am Flughafen sein Visum verlängern.

Visa-Verlängerung

Die Visa-Bestimmungen und -Gebühren haben sich Anfang 2017 geändert. Die Situation ist weiterhin ungewiss, also am besten die aktuellen Regeln und Vorschriften auf der Website des Bureau of Immigration (BOI, Einwanderungsministerium) mit Sitz in **Manila** (BOI; Karte S. 636; ☎ 02-465 2400; www.immigration.gov.ph; Magallanes Dr, Intramuros; ⏲ Mo–Fr 8–17.30 Uhr) überprüfen. Eine zweite Niederlassung gibt's in **Makati** (Karte S. 638; ☎ 02-899 3831; JP Rizal Ave, Lasala Building, 3. St., Makati; ⏲ 8–17 Uhr).

- Das erste 30-Tage-Visum (im Grunde eine Befreiung von der Visumpflicht) kann man einfach für weitere 29 Tage verlängern. Für die meisten Nationalitäten ist das mit einer Gebühr von etwa 3030 P verbunden.
- Danach kann man Verlängerungen für einen Monat oder für zwei oder sechs Monate beantragen. Die Kosten für den ersten Monat betragen 4400 P und beinhalten den Kauf einer ACR-I-Karte, die für ein Jahr gültig ist. Anschließende Verlängerungen kosten 500 bis 1430 P pro Monat.

Eine Visa-Verlängerung kann man in der Hauptverwaltung in Manila und in jedem Provinzamt des BOI beantragen. Die meisten regionalen Zentren und touristischen Gebiete wie Boracay haben BOI-Niederlassungen; eine vollständige Liste der Regionalbüros findet man auf der Website des BOI (http://immigration.gov.ph).

Verlängerungen sind mindestens eine Woche vor Ablauf des Visums zu beantragen, ansonsten muss man eine kleine Geldstrafe zahlen (ca. 500 P).

Das Visa-Verfahren läuft im Allgemeinen reibungslos, besonders in den Provinzbüros, aber man kann auch ein Reisebüro bezahlen, das alles arrangiert.

An- & Weiterreise

Die meisten Touristen reisen per Flugzeug auf die Philippinen und landen auf den internationalen Flughäfen von Manila und Cebu bzw. auf dem Clark Airport. Darüber hinaus gibt's einige internationale Flüge nach Kalibo in der Nähe von Boracay, Iloilo-Stadt auf der Insel Panay und Davao in Süd-Mindanao.

FLUGZEUG

Flughäfen & Fluglinien

Internationaler Flughafen Ninoy Aquino (S. 698) Der verkehrsreichste internationale Flughafen des Landes, wo man mit hoher Wahrscheinlichkeit an- und abreist.

Internationaler Flughafen Mactan-Cebu (www.mactan-cebuairport.com.ph) Der Flughafen Cebu liegt in Sachen Flugverkehr nach Manila an zweiter Stelle, in Bezug auf die Benutzerfreundlichkeit jedoch an erster.

Internationaler Flughafen Clark (http://crk.clarkairport.com) In der Nähe von Angeles, eine zweistündige Busfahrt nördlich von Metro Manila; traditionell ein Verkehrsknotenpunkt für Billigfluglinien.

Internationaler Flughafen Kalibo (www.kalibointernational.com) Praktische Direktflüge nach Kalibo in der Nähe von Boracay – von Peking, Kunming, Hongkong, Seoul, Shanghai, Singapur und anderen asiatischen Städten.

Die folgenden günstigen regionalen und nationalen Fluglinien bieten Flugverbindungen von und zu den Philippinen:

AirAsia (www.airasia.com)

Cebu Pacific (www.cebupacificair.com)

Jetstar (☎ 02-810 4744; www.jetstar.com)

Philippine Airlines (www.philippineairlines.com)

Tigerair (☎ 02-798 4499; www.tigerair.com)

SCHIFF

Die einzige internationale Verbindung, die auch von Ausländern genutzt wird, verkehrt zwischen Zamboanga und Sandakan in der malaysischen Provinz Sabah. Boote der **Aleson Shipping Lines** (☎ 062-991 2687; www.aleson-shipping.com; 172 Veterans Ave, Zamboanga) legen in Zamboanga montags und (manchmal) donnerstags ab, in Sandakan dienstags und (manchmal) freitags (Economy-Klasse/Kabine 2900/3300 P., 23 Std.).

Kreuzfahrtschiffe legen häufig in Manila und anderswo an.

Unterwegs vor Ort

BUS & VAN

- Busbahnhöfe liegen überall in den Städten und auf dem Land verteilt, und die meisten Busse halten an, wenn man sie heranwinkt.
- Morgens gibt's mehr Verbindungen – Busse auf unbefestigten Straßen dürfen *nur* am Morgen fahren, besonders in abgelegenen Gebieten.
- Nächtliche Verbindungen, einschließlich Deluxe-Busse mit 27 Plätzen, sind zwischen

PREISKATEGORIEN: SCHLAFEN

Die folgenden Preisspannen beziehen sich auf den Preis für ein Doppelzimmer in der Hochsaison. Die Preise in Manila, Boracay und El Nido sind in der Regel höher.

$ weniger als 1250 P

$$ 1250 bis 3500 P

$$$ mehr als 3500 P

TERMINALCHAOS

Sich auf dem unübersichtlichen **internationalen Flughafen Ninoy Aquino** (NAIA; Karte S. 632 f.; www.manila-airport.net) zurechtzufinden ist eine echte Herausforderung. Die vier Terminals sind über stark befahrene öffentliche Straßen miteinander verbunden und die Shuttle-Vans, die zwischen ihnen verkehren, sind unzuverlässig. Daher sollte man sich lieber ein Taxi nehmen, wenn die Zeit drängt.

Man muss genauestens darauf achten, welches Terminal die jeweilige Airline nutzt, und reichlich Zeit einkalkulieren, falls der Anschlussflug von einem anderen Terminal geht. Die meisten internationalen Flüge landen am kürzlich renovierten, aber immer noch schäbigen Terminal 1, allerdings nutzen internationale Flüge von Cebu Pacific, ANA, Cathay Pacific, Delta, Emirates Air, KLM und Singapore Airlines das neuere Terminal 3.

Manche Inlandsflüge von Philippine Airlines (PAL) und alle Inlandsflüge von Cebu Pacific steuern ebenfalls das Terminal 3 an, alle internationalen und manche inländischen Flüge von PAL hingegen ein anderes Terminal: das Centennial Terminal 2.

Zu guter Letzt: Alle Flüge von Air Asia, Skyjet und Cebu Pacific mit der Marke „Cebgo" nutzen das veraltete Manila Domestic Terminal (Terminal 4) nahe dem Terminal 3.

Manila und den großen Provinzstädten auf Luzon und Mindanao üblich.

- Neben Jeepneys fahren klimatisierte Minivans in vielen Teilen der Philippinen (vor allem Bicol, Leyte, Cebu, Palawan und Mindanao) auf Busstrecken und haben die Busse teilweise ersetzt.
- Minivans sind viel schneller als Busse, aber auch teurer, und man sitzt beengter.
- Reservierungen sind normalerweise nicht notwendig; jedoch in den Nachtbussen von/nach Manila erforderlich (mindestens 2 Tage im Voraus buchen, wenn möglich am Busbahnhof).
- Bus- und Van-Tickets für einige beliebte Routen – wie Manila–Banaue (Nord-Luzon), Manila–Bicol (Südost-Luzon) und Puerto Princesa–El Nido (Palawan) – kann man online über Buchungsseiten wie www.pinoytravel.com.ph oder www.biyaheroes.com reservieren.

FLUGZEUG

AirAsia (☎ 02-722 2742; www.airasia.com; NAIA Terminal 4), **Philippine Airlines** (PAL; ☎ 02-855 8888; www.philippineairlines.com; NAIA Terminal 2) und **Cebu Pacific** (☎ 02-702 0888; www.cebupacificair.com) sind die größten inländischen Fluggesellschaften. **Skyjet** (☎ in Manila 02-863 1333; www.skyjetair.com; NAIA Terminal 4) ist eine neuere Fluggesellschaft mit guten Angeboten für wichtige Routen wie Manila–Caticlan und Manila–Busuanga.

- Auf die Freigepäckmenge achten – manche Strecken und Airlines sind strenger als andere.
- Wer etwa einen Monat im Voraus bucht, zahlt bei den großen Fluglinien selten mehr als 1500 P (etwa 30 US$) für ein einfaches Ticket (Ausnahmen sind touristische Routen wie Manila–Caticlan und Manila–Siargao sowie die Hauptreisezeiten).
- Die Flüge steuern größtenteils Manila und (weniger) Cebu an. Wer zwischen anderen Städten fliegen möchte, muss wahrscheinlich zwei Tickets kaufen und über einen dieser Verkehrsknotenpunkte reisen.
- Wegen Taifunen und anderer ungünstiger Wetterbedingungen bleiben die Flugzeuge von Juli bis Dezember oft am Boden.

NAHVERKEHR

Jeepneys

Die ersten Jeepneys waren umgebaute amerikanische Armee-Jeeps, die nach dem Zweiten Weltkrieg zurückgeblieben waren. Sie wurden mit Chrompferden, bunten Scheinwerfern, Radioantennen, Bildern der Jungfrau Maria und Szenen a[us] Action-Comics in Neonfarben verziert, um mehr dem philippinischen Geschmack zu entsprechen.

In den meisten Städten gelten Jeepneys als wichtigstes Nahverkehrsmittel. Außerdem ergänzen sie den Busverkehr zwischen regionalen Zentren.

- Innerhalb des Stadtgebiets zahlt man gewöhnlich ab 8 P; Fahrten in Gegenden jenseits der Stadtgrenzen sind etwas teurer. Die jewei[ls] bediente Strecke steht deutlich lesbar auf der Wagenseite.
- Jeepneys haben eine skurrile kulturelle Anzi[e]hungskraft, aber aus touristischer Sicht gibt's einen gigantischen Schönheitsfehler: Durch die schmalen, offenen Schlitze, die als Fenste[r] gelten, kann man kaum etwas sehen. Die best[en] Plätze sind daher die vorne neben dem Fahrer

Taxi

In Manila und den meisten größeren Städten verkehren Taxis mit Kilometerzählern. Ihre Grun[d]gebühr liegt bei 40 P und eine 15-minütige Fahrt kostet selten mehr als 150 P. Die Grundgebühr fü[r] ein Taxi zum Flughafen liegt in der Regel bei 70 P

Fast alle Fahrer schalten das Taxameter berei[t]willig ein, andernfalls macht man sie höflich dar aufmerksam. Sollte das Gerät „defekt“ sein oder der Fahrer erklären, dass „der Passagier den Preis bestimmt“, empfehlen wir folgende Taktik: einfach aussteigen und ein anderes Taxi nehmen (bzw. einen superniedrigen Preis vorschlagen). Manipulierte Taxameter kommen immer häufiger vor, doch die meisten Taxifahrer sind ehrlich.

Tricycle

Das *tricycle* ist die philippinische Version einer Rikscha – ein kleiner überdachter Beiwagen, der an ein Motorrad montiert wird – und häufig zu sehen. In zahlreichen Provinzstädten beträgt der Standardpreis für eine Kurzstrecke 10 P. Fahrer, die vor Einkaufszentren, Restaurants und Hotels auf Kundschaft warten, verlangen den fünf- bis zehnfachen Preis für einen *„special trip“*. In vielen Städten gibt's für kürzere Fahrten auch unmotorisierte *tricycles*, die geschoben werden, auch *pedicabs*, *put-put* oder *padyak* genannt.

Habal-habal sind im Grunde Motorradtaxis mit erweiterten Sitzplätzen (wörtlich übersetzt „kopulierende Schweine“, nach dem Grad der Intimität benannt, die erreicht wird, wenn man sich einen Platz mit vier Personen teilt). In einigen Regionen „Singles“ genannt, funktionieren sie wie *tricycles*, sind jedoch billiger. Am weitesten auf den Visayas und Nord-Mindanao verbreitet.

SCHIFF/FÄHRE

Ein hervorragend ausgebautes Netzwerk aus Fährlinien verbindet die Inseln der Philippinen miteinander, und die Preise sind im Allgemeinen erschwinglich. Bei den Schiffen handelt es sich in der Regel um motorisierte Auslegerboote, die *bangkas* genannt werden, sowie um schnelle „Fastcraft“-Boote, Autofähren (RoRo genannt, kurz für roll-on-roll-off-Fähren) und riesige Schiffe mit mehreren Decks für die langen Strecken. Das Mega-Unternehmen 2GO Travel (www.travel.2go.com.ph) fährt die meisten großen Ziele auf den Philippinen an.

Die meisten Fährterminals erheben eine kleine Gebühr (im Durchschnitt 20 P); in Manila zahlt man 95 P.

Auf www.marinetraffic.com sieht man die Echtzeit-Standorte der verschiedenen größeren Fähren. Die Website www.schedule.ph ist nicht ganz vollständig, aber ein guter Ausgangspunkt, wenn man Schiffsfahrpläne sucht.

Fahrten mit Langstreckenbooten muss man im Voraus an Fahrkartenschaltern oder in Reisebüros buchen, was in den meisten Städten möglich ist.

Tickets für die Fastcraft- und *bangka*-Fähren erhält man gewöhnlich vor der Abfahrt direkt am Pier (Ausnahme: Fähren von El Nido nach Coron sollten in der Hochsaison vorab gebucht werden).

Passagierfähren bieten mehrere Komfort- und Preiskategorien. Kojen auf oder unter Deck in der 3. bzw. Economy-Klasse sollten in Ordnung sein, solange das Schiff nicht überfüllt ist. In der 1. Klasse übernachtet man in einer Zwei-Personen-Kabine.

Vor dem Ticketkauf lohnt es sich, nach *promo rates* („Rabatten“) zu fragen. Ermäßigungen für Studenten und Senioren gelten normalerweise nur für philippinische Staatsbürger.

Singapur

☎65 / 5,6 MIO. EW. / 719 KM²

Inhalt ➡

Gut essen

- Gluttons Bay (S. 722)
- A Noodle Story (S. 723)
- Ah Chiang's (S. 724)
- Hong Kong Soya Sauce Chicken Rice & Noodle (S. 723)
- National Kitchen by Violet Oon (S. 722)

Redewendungen

lah Generell eine Endung für einen beliebigen Ausspruch oder Satz; kann als „okay" übersetzt werden, hat aber in dem Sinne keine Bedeutung.

can! „Ja, in Ordnung."

aiyo! „Oh je!"

Auf nach Singapur!

Singapur ist vielen Reisenden als Stop-over-Flughafen au Langstreckenflügen und als Adresse für einen Einkaufsbum mel ein Begriff. Jenseits davon ist der multikulturelle Stadt staat aber auch ideal, um chinesische, malaysische, indisch und Peranakan-Einflüsse zu entdecken und zu erleben un sich durch sämtliche Küchen Südostasiens zu futtern.

Singapur ist eine asiatische Erfolgsgeschichte und zählt z den reichsten Ländern der Welt. Gläserne Hochhäuser mö gen die Skyline dominieren und die dazugehörenden Dach bars sind berühmt, doch einige Etagen tiefer, auf Straßenn veau, stehen hübsche alte Ladengeschäfte am Flussufer, un im Colonial District erheben sich prächtige Bauten aus de Kolonialzeit. Singapur ist eine wohlhabende High-Tec Metropole, die mitunter ein bisschen versnobt daherkomm Die Hawker Centres, die allgegenwärtigen lauten Märkt schaffen dazu ein Gegengewicht. Dort frönen Einwohn und Touristen gemeinsam dem günstigen Essen.

Reisezeit

Singapur

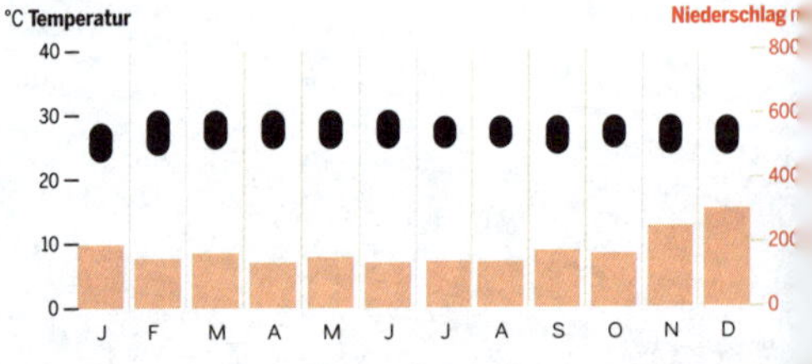

Jan. & Feb. Absolute Muss-Events sind das Chinesische Neujahrsfest und die Chingay-Parade.

April & Mai Kurz vor den örtlichen Schulferien finden zahlreiche Veranstaltungen statt.

Dez. Der Monsun aus nordöstlicher Richtung bringt Unmengen an Regen, kühlt abe auch Singapur ab

Anreise

Singapurs Flughafen ist ein wichtigstes Drehkreuz für den Flugverkehr in Asien. Hier landen und starten sowohl große Airlines als auch Billigflieger, weshalb viele regionale und internationale Verbindungen angeboten werden. Darüber hinaus fahren jede Menge Züge und Busse nach Malaysia und Thailand.

VIERTEL AUF EINEN BLICK

Colonial District und CBD warten mit Kolonialarchitektur, Museen und Parks auf, in Chinatown locken Hawker-Stände und edle Restaurants. Fans futuristischer Architektur wird Marina Bay Sands mit dem Hotel, das an ein Schiff erinnert, in Staunen versetzen. Gleich nebenan kann man die Hightech-Parkanlage Gardens by the Bay mit ihren Supertrees und Wintergärten bewundern. Dazwischen verläuft der Singapore River und verbindet drei Kais (*quays*) – Robertson, Clarke und Boat –, die von Restaurants, Clubs und Bars gesäumt werden.

Singapur, die selbsterklärte „Stadt im Garten", ist stolz auf ihre Grünflächen. Nur wenige Schritte von den Warenhäusern der Orchard Road entfernt, gelangt man zu den Singapore Botanic Gardens und im Norden befinden sich der Singapore Zoo, River Safari und Night Safari.

Essen & Trinken

Hainan-Hühnchenreis Zart pochiertes Huhn auf Duftreis (gekocht mit Hühnerfond) in einer Chili-Knoblauch-Soße.

Char kway teow Flache Reisnudeln, die im Wok mit Bohnensprossen, Muscheln, Garnelen und chinesischer Wurst sowie dunkler Soja- und Chillisoße gebraten werden.

Roti prata Gebratener Pfannkuchen auf Mehlbasis mit Huhn- oder Fischcurry. Es gibt Varianten mit Pilzen, Ei und Banane.

Nasi padang Gedünsteter Reis mit Fleisch und Gemüse nach Wahl (einfach draufzeigen) und verschiedenen Currysoßen.

Gebratener Karottenkuchen Nicht süß, sondern gedünstetes Reismehl, Wasser und Rettichkuchen gebraten mit Eiern und eingelegtem Rettich. Die dunkle Variante ist mit Sojasoße.

Top-Tipps

- Eine EZ-Link-Karte kaufen, ein aufladbares E-Ticket, das in den MRT-Zügen, Nahverkehrsbussen, der Sentosa-Express-Einschienenbahn und in den meisten Taxis eingesetzt werden kann. Mit dem ein-, zwei- oder dreitägigen „Singapore Tourist Pass" hat man freie Fahrt in Bussen und Zügen.
- Anstrengende Outdoor-Aktivitäten auf den frühen Morgen oder späten Nachmittag legen und mittags Siesta halten.
- Partynächte beginnen hier früh: Viele Bars bieten Happy-Hour-Schnäppchen, meist zwischen 17 und 20 oder 21 Uhr.
- In den Hawker Centres gibt's keine Servietten, also Taschentücher mitnehmen, man kann damit auch den Platz reservieren.

AUF EINEN BLICK

Geld Geldautomaten sind weit verbreitet. Kreditkarten werden oft akzeptiert.

Sprache Englisch (Hauptsprache), Mandarin (Chinesisch), Malaiisch (Bahasa Malaysia), Tamilisch

Visa Reisende der meisten Nationalitäten erhalten bei der Ankunft ein 90-Tage-Visum.

Währung Singapur-Dollar (S$)

Wechselkurse

Euro	1€	1,56 S$
Indonesien	10 000 Rp	0,94 S$
Malaysia	10 RM	3,34 S$
Schweiz	1 SFr	1,38 S$
USA	1 US$	1,37 S$

Aktuelle Wechselkurse unter www.xe.com.

Preise

Tagesbudget unter 200 S$

Bett im Schlafsaal 20–45 S$

Essen in Hawker Centres & Food Courts ca. 6 S$

Einstündige Fuß-Reflexzonen-Massage im People's Park Complex 25 S$

Museumseintritt 6–20 S$

Infos im Internet

Lonely Planet (www.lonelyplanet.com/singapore)

Your Singapore (www.yoursingapore.com)

Honeycombers (www.thehoneycombers.com)

City Nomads (www.citynomads.com)

Sistic (www.sistic.com.sg)

Highlights

1 Gardens by the Bay (S. 705) Die futuristische grüne Oase besuchen, wo Natur und Design eindrucksvoll aufeinanderprallen.

2 Little India (S. 709) Durch das überaus faszinierende Wirrwarr aus Gold, edlen Stoffen, imposanten Tempeln und leckeren, günstigen Speisen schlendern.

3 Singapore Zoo (S. 713) Einen der drei Zoos mit herausragendem offenen Konzept erleben.

4 National Gallery Singapore (S. 704) Sich

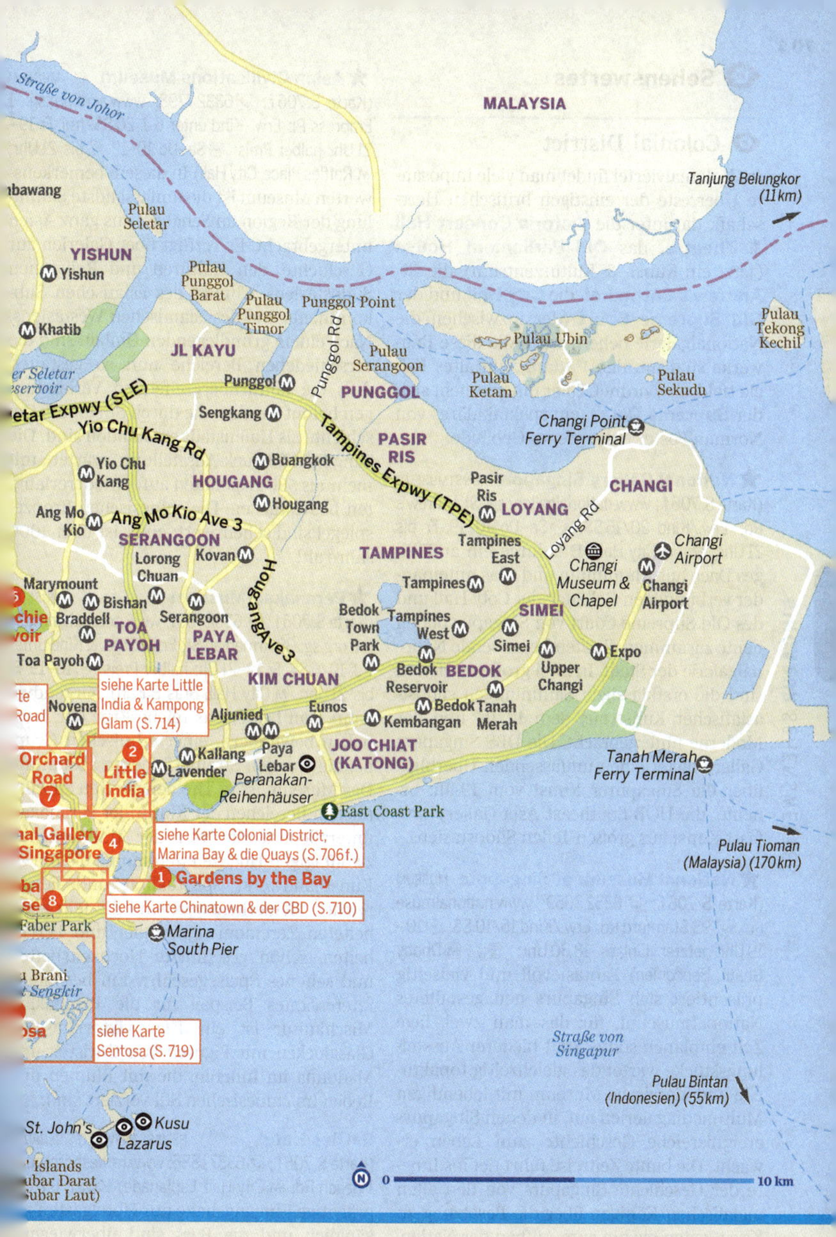

südostasiatischer Kunst
rlieren.

Sentosa (S. 715) Essen,
nken und herumtollen auf
gapurs „Spielwiese" für
der jeden Alters.

6 **MacRitchie Reservoir** (S. 713) Inmitten der Natur über den Baumwipfeln entlangspazieren.

7 **Orchard Road** (S. 712) Shoppen bis zum Umfallen in einem erstaunlichen Labyrinth aus Einkaufszentren.

8 **Baba House** (S. 709) Eine detailverliebte Führung durch das schön restaurierte Peranakan-Haus unternehmen.

Sehenswertes

Colonial District

Im Kolonialviertel findet man viele imposante Überreste der einstigen britischen Herrschaft, darunter die **Victoria Concert Hall & Theatre,** das **Old Parliament House** (jetzt ein Kunst- & Kulturzentrum), die **St. Andrew's Cathedral,** die **City Hall** und der **Old Supreme Court** (der inzwischen die Nationalgalerie beherbergt). Alle diese Bauwerke sind um den **Padang,** ein altes Kricketfeld, angeordnet. Über ihnen erhebt sich der **Supreme Court**, ein spektakuläres von Norman Foster entworfenes Gebäude.

★National Gallery Singapore KUNSTMUSEUM
(Karte S. 706 f.; www.nationalgallery.sg; St Andrew's Rd; Erw./Kind 20/15 S$; ⏲Sa–Do 10–19, Fr bis 21 Uhr; 📶; Ⓜ City Hall) Die durch ein auffälliges Dach aus Aluminium und Glas miteinander verbundenen Gebäude der Coty Hall und des Old Supreme Court von Singapur bilden heute zusammen die atemberaubende Nationalgalerie der Stadt. In zwei großen Galerien sind die erstklassigen Sammlungen südostasiatischer Kunst aus dem 19. Jh. und der Moderne untergebracht. Die DBS Singapore Gallery bietet einen umfassenden Überblick über die Singapurer Kunst vom 19. Jh. bis heute, die UOB Southeast Asia Gallery umfasst Kunst aus großen Teilen Südostasiens.

★National Museum of Singapore MUSEUM
(Karte S. 706 f.; ☎6332 3659; www.nationalmuseum.sg; 93 Stamford Rd; Erw./Kind 15/10 S$; ⏲10–19 Uhr, letzter Einlass 18.30 Uhr; 📶; Ⓜ Dhoby Ghaut, Bencoolen) Fantasievoll und vielseitig präsentiert sich Singapurs neu gestaltetes Nationalmuseum, für das man zwei Tage Zeit einplanen sollte. Statt biederer Ausstellungsstücke wartet das gleichzeitig topaktuelle und klassische Museum mit lebendigen Multimediagalerien auf, in denen Singapurs ereignisreiche Geschichte zum Leben erwacht. Die bunte Zeitreise führt tief ins Innere der Geschichte Singapurs von den alten malaiischen Königen über die Besatzung zu Kriegszeiten bis hin zum Aufbau der Nation, wobei auch Essen und Mode eine Rolle spielen. Interessant ist das interaktive Kunstwerk *GoHead/GoStan: Panorama Singapura*, das eine audiovisuelle Reise durch die vielen unterschiedlichen Epochen des Stadtstaats bietet. Täglich finden kostenlose Führungen statt; die Zeiten sind auf der Website nachzulesen.

★Asian Civilisations Museum MUSEUM
(Karte S. 706 f.; ☎6332 7798; www.acm.org.sg; 1 Empress Pl; Erw./Kind unter 6 J. 20 S$/frei, Fr 19–21 Uhr halber Preis; ⏲Sa–Do 10–19, Fr bis 21 Uhr; Ⓜ Raffles Place, City Hall) In diesem bemerkenswerten Museum ist die umfassendste Sammlung der Region an Schätzen aus ganz Asien untergebracht. Es verfügt über Galerien zur Geschichte, den Kulturen und Religionen Südostasiens, Chinas, des asiatischen Subkontinents und des islamischen Westasiens. Nach einem grundlegenden Umbau sind die verschiedenen Bereiche nun so gestaltet, dass die kulturübergreifenden Verbindungen betont werden, die durch Singapurs Geschichte als Hafenstadt entstanden sind. Die Tang-Schiffswrack-Ausstellung wartet mit mehr als 500 Exponaten auf – wiedererlangten Beutestücken. Die chinesischen Bronzespiegel sind sehenswert; einer ist über 100[0] Jahre alt!

★Peranakan-Museum MUSEU[M]
(Karte S. 706 f.; ☎6332 7591; www.peranakanmuseum.org.sg; 39 Armenian St; Erw./Stud. & Kind unte[r] 7 J. 10/6 S$, Fr 19–21 Uhr halber Preis; ⏲10–19, F[r] bis 21 Uhr; Ⓜ City Hall, Bras Basah) Nirgendw[o] kann man besser das reiche Erbe der Pera[nakan] bewundern, einer ethnischen Grup[pe], die von den Straits-Chinesen abstamm[t]. Das Museum ist in Themengalerien zu zahl[reichen] Bereichen der Kultur der Peranaka[n] untergliedert, die von der traditionelle[n] zwölftägigen Hochzeitszeremonie bis hin z[u] Kunsthandwerk, Spiritualität und Feier[lich]keiten reichen. Bemerkenswert sind die fein gea[r]beiteten Zeremoniengewänder und Perla[r]beiten, schön geschnitzte Hochzeitsbette[n] und seltenes Speisegeschirr. Ein besonde[rs] interessantes Beispiel für die Peranaka[n-] Mischkultur ist ein Paar viktorianisch[e] Glasglocken mit Figuren von Christus un[d] Madonna im Inneren, die mit Blumen un[d] Reben im chinesischen Stil verziert sind.

Raffles Hotel BEMERKENSWERTES GEBÄU[DE]
(Karte S. 706 f.; ☎6337 1886; www.raffleshotel.co[m]; 1 Beach Rd; Ⓜ City Hall, Esplanade) Zwar ist d[ie] prächtige Eingangshalle nur Hotelgästen z[u]gänglich und die Bars sind überwiege[nd] Touristenfallen, dennoch lohnt Singapu[rs] Kultunterkunft allein wegen der efeub[e]wachsenen Gebäudefront, des berühmt[en] Sikh-Portiers und ihres üppig grünen tro[pi]schen Geländes einen kurzen Besuch. D[as] Hotel wurde 1887 als schlichter Bungal[ow] mit zehn Zimmern am Strand (der aufgru[nd] von Landansprüchen schon lange nicht me[hr]

existiert) eröffnet. Bei unserer Recherche vor Ort wurde das Hotel gerade renoviert; auf der Website findet man heraus, wann die Umbauarbeiten fertig sind.

Fort Canning Park PARK

(Karte S. 706 f.; ☎ 1800 471 7300; www.nparks.gov.sg; zwischen der Hill St, Canning Rise, Clemenceau Ave & River Valley Rd; Ⓜ Dhoby Ghaut, Clarke Quay, Fort Canning) Als Raffles in Singapur einlief, mieden die Einheimischen den Fort Canning Hill, der damals aus Respekt vor dem heiligen Schrein von Sultan Islandar Shah, dem letzten Herrscher des alten Singapurs, Bukit Larangan (Verbotener Hügel) genannt wurde. Heute ist der Hügel eher unter dem Namen Fort Canning Park bekannt und ein grüner Rückzugsort von den heißen darunter gelegenen Straßen. Man kann einen Spaziergang im Schatten gewaltiger Bäume unternehmen, durch den Gewürzgarten schlendern oder im **Battlebox Museum** (Karte S. 706 f.; ☎ 6338 6133; www.battlebox.com.sg; 2 Cox Tce; Erw./Kind 7–12 J. 18/9 S$, nicht geeignet für Kinder unter 7 J.; ⏲ Führungen Mo 13.30, 14.45 & 16 Uhr, Di–So 9.45, 11, 13.30, 14.45 & 16 Uhr; Ⓜ Dhoby Ghaut) über Singapurs Niederlage im Krieg sinnieren.

Singapore Art Museum KUNSTMUSEUM

(SAM; Karte S. 706 f.; ☎ 6589 9580; www.singaporeartmuseum.sg; 71 Bras Basah Rd; Ⓜ Bras Basah, Bencoolen) Einst die St. Joseph's Institution, eine katholische Jungenschule, hat sich das SAM heute moderner südostasiatischer Kunst verschrieben. Derzeit wird es für 90 Mio. S$ modernisiert; die Renovierung soll 2021 abgeschlossen sein. Der neue, sehr viel größere Komplex wird Bilder, Skulpturen, Videokunst und Installationen der Dauerausstellung sowie Arbeiten aus Privatsammlungen beherbergen.

Um die Ecke befindet sich das jüngere Geschwister des SAM, das **8Q SAM** (Karte S. 706 f.; ☎ 6589 9580; www.singaporeartmuseum.sg; 8 Queen St; Erw./Stud. & Sen. 6/3 S$, Fr 18–21 Uhr frei; ⏲ Sa–Do 10–19, Fr bis 21 Uhr; Ⓜ Bras Basah, Bencoolen), das auch während der Umbauarbeiten des Hauptmuseums geöffnet ist.

Marina Bay & die Quays

Südlich des Kolonialviertels liegt Marina Bay, Singapurs funkelnder neuer Finanzdistrikt und Heimat der inzwischen zu Wahrzeichen gewordenen Gewächshäuser von Marina Bay Sands und Gardens by the Bay.

SINGAPUR FÜR WENIG GELD

- In Hawker Centres oder Food Courts essen.
- Bars während der Happy Hour besuchen (ermäßigte Drinks und/oder Sonderangebote).
- Zum Abkühlen in einem der beeindruckenden öffentlichen Schwimmbecken Singapurs erfrischen.
- Am Strand im East Coast Park (S. 712) oder auf der Insel Sentosa picknicken.
- Im Bukit Timah Nature Reserve (S. 713), im MacRitchie Reservoir (S. 713) oder entlang der Southern Ridges (S. 714) wandern gehen.

★ **Gardens by the Bay** BOTANISCHER GARTEN

(☎ 6420 6848; www.gardensbythebay.com.sg; 18 Marina Gardens Dr; Gärten kostenlos, Wintergärten Erw./Kind unter 13 J. 28/15 S$, OCBC Skyway Erw./Kind unter 13 J. 8/5 S$; ⏲ 5–2 Uhr, Wintergärten & OCBC Skyway 9–21 Uhr, Ticketverkauf bis 20 Uhr; 📶; Ⓜ Bayfront) Singapurs botanischer Garten aus dem 21. Jh. ist ein 1 Mrd. S$ teures, 101 ha großes Fantasieareal mit futuristischen begrünten Kuppeln, High-Tech Supertrees, pflanzenbewachsenen Stahlgerüsten und wunderlichen Skulpturen. Im Flower Dome wird ein trockenes mediterranes Klima geschaffen, der noch beeindruckendere tropische, bergige Cloud Forest (Nebelwald) hat sogar einen Wasserfall. Zwei der Supertrees sind durch den OCBC Skyway miteinander verbunden, der einen einmaligen Blick auf den Garten, die Stadt und das Südchinesische Meer bietet. Um 19.45 und um 20.45 Uhr leuchten und blinken die Supertrees im Rahmen der spektakulären Show Garden Rhapsody.

★ **Marina Bay Sands** STADTVIERTEL

(Karte S. 706 f.; www.marinabaysands.com; 10 Bayfront Ave, Marina Bay; 📶; Ⓜ Bayfront) Der Entwurf des weitläufigen Komplexes Marina Bay Sands mit Hotel, Casino, Einkaufszentrum, Theater, Ausstellungsraum und Museum stammt vom israelischen Architekten Moshe Safdie. Herzstück der Anlage ist das **Hotel Marina Bay Sands** (Karte S. 706 f.; ☎ 6688 8888; www.marinabaysands.com; 10 Bayfront Ave; Zi. ab 550 S$; ❄@📶🏊; Ⓜ Bayfront), dessen drei Türme mit 55 Stockwerken über

Colonial District, Marina Bay & die Quays

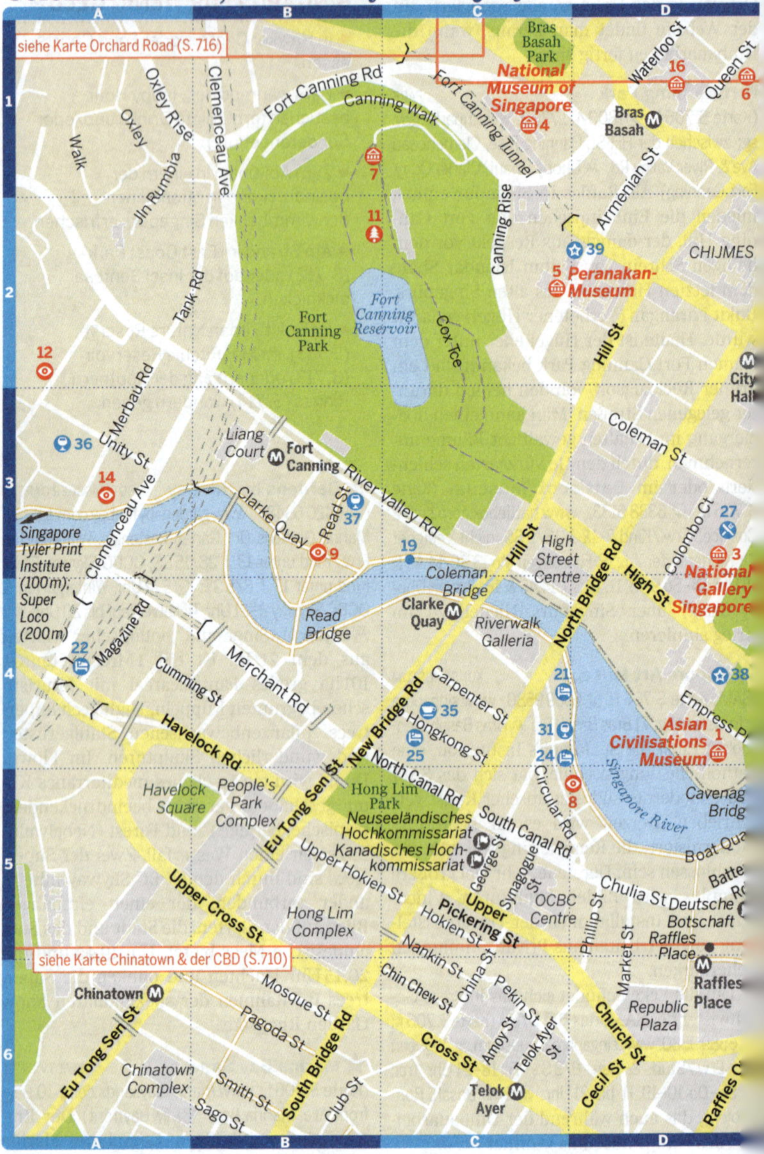

eine freischwebende Dachterrasse, den sogenannten **SkyPark** (Karte S. 706 f.; ☎ 6688 8826; www.marinabaysands.com/sands-skypark; Level 57, Marina Bay Sands Hotel, Turm 3, 10 Bayfront Ave; Erw./Kind unter 13 J. 23/17 S$; ⏲ Mo–Do 9.30–22, Fr–So bis 23 Uhr; Ⓜ Bayfront), miteinander verbunden sind. Einen Drink mit umwerfend Aussicht verspricht das CÉ LA VI (S. 72 anschließend könnte man eine Vorführu in den MasterCard Theatres besuchen od im **Shoppes** (Karte S. 706 f.; ☎ 6688 8868; w marinabaysands.com; 10 Bayfront Ave; ⏲ So–

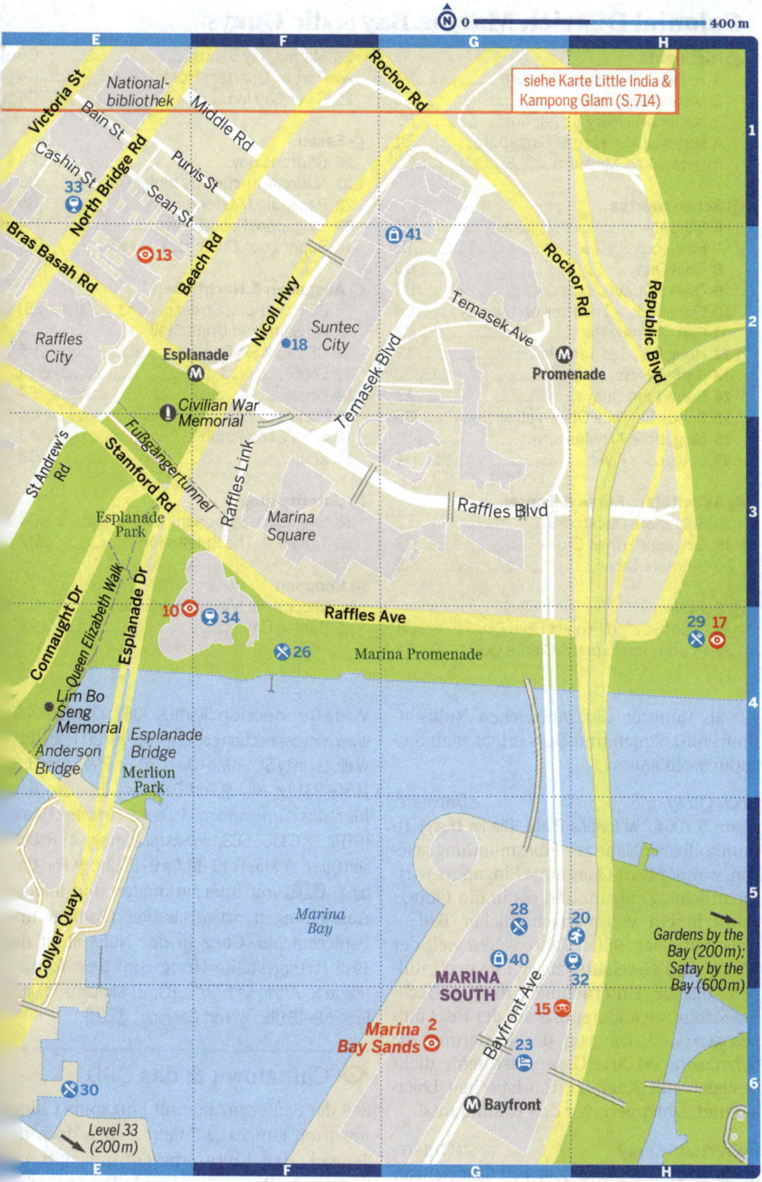

30–23, Fr & Sa bis 23.30 Uhr; ; Ⓜ Bayfront) sprobieren, ob die Kreditkarte noch funk- niert.

arke Quay
STADTVIERTEL

arte S. 706 f.; ; Ⓜ Clarke Quay, Fort Canning) gapurs lebendigster und beliebtester Kai ist der nach dem zweiten Kolonialgouverneur von Singapur, Sir Andrew Clarke, benannte Quay. Wie viel Zeit man in den unzähligen Bars, Restaurants und Clubs verbringt, hängt von den persönlichen ästhetischen Vorlieben ab: touristischer, pastellfarbener und kitschi-

Colonial District, Marina Bay & die Quays

Highlights
1 Asian Civilisations Museum D4
2 Marina Bay Sands G6
3 National Gallery Singapore D3
4 National Museum of Singapore C1
5 Peranakan-Museum C2

Sehenswertes
6 8Q SAM D1
7 Battlebox B1
8 Boat Quay D5
9 Clarke Quay B3
10 Esplanade – Theatres on the Bay E4
11 Fort Canning Park B2
12 Hong San See Temple A2
13 Raffles Hotel E2
14 Robertson Quay A3
15 Sands SkyPark Observation Deck G6
16 Singapore Art Museum D1
17 Singapore Flyer H4

Aktivitäten, Kurse & Touren
18 Singapore Ducktours F2
19 Singapore River Cruise C3
20 Ultimate Drive H5

Schlafen
21 5Footway.Inn Project Boat Quay C4
22 Holiday Inn Express Clarke Quay A4
23 Marina Bay Sands G6
24 Port by Quarters Hostel C4
25 River City Inn C4

Essen
26 Gluttons Bay F4
27 National Kitchen by Violet Oon D3
28 Rasapura Masters G5
29 Singapore Food Treats H4
30 Super Loco Customs House E6

Ausgehen & Nachtleben
28 HongKong Street .... (siehe 25)
31 Ah Sam Cold Drink Stall C4
32 CÉ LA VI SkyBar H5
33 Loof E1
34 Orgo F4
35 Ronin C4
36 Wine Connection A3
37 Zouk B3

Unterhaltung
38 Singapore Symphony Orchestra D4
39 Timbrè @ The Substation D2

Shoppen
40 Shoppes at Marina Bay Sands G5
41 Suntec City G2

ger als inmitten der zahlreichen Nullachtfünfzehn-Lokalen und Bars erlebt man Singapur wohl kaum.

Boat Quay STADTVIERTEL
(Karte S. 706 f.; Ⓜ Raffles Place, Clarke Quay) In unmittelbarer Nähe zur Flussmündung gelegen, war der Boat Quay einst Singapurs wirtschaftliches Zentrum und bis in die 1960er-Jahre hinein von wirtschaftlicher Bedeutung. Mitte der 1980er-Jahre waren viele der Wohn- und Geschäftshäuser nur noch Ruinen, da die Unternehmen in High-Tech-Frachtzentren anderenorts auf der Insel umgezogen sind. Die von der Regierung zur Schutzzone erklärte Gegend ist heute dicht besiedelt mit Kneipen, touristischen Lokalen und Schleppern vor den Restaurants.

Robertson Quay STADTVIERTEL
(Karte S. 706 f.; Ⓜ Clarke Quay, Fort Canning) Am abgelegensten und am wenigsten besuchten Kai liegen einige der besten Restaurants und Bars am Fluss, darunter das angesagte mexikanische **Super Loco** (☎ 6235 8900; www.super-loco.com; 01-13, 60 Robertson Quay; Tacos 8–12 S$, Quesadillas 14–16 S$; ⌚ Mo–Do 17–22.30, Fr bis 23, Sa 10–15.30 & 17–23, So bis 22 Uhr; Ⓜ Fort Canning) und die sehr preisgünstige Weinbar **Wine Connection** (Karte S. 706 f.; ☎ 6235 546 www.wineconnection.com.sg; 01-19/20 Robertso Walk, 11 Unity St; ⌚ Mo–Do 11.30–2, Fr & Sa bis 3, S 11.30–23 Uhr; 📶; Ⓜ Fort Canning). Ebenso lieg hier das **Singapore Tyler Print Institut** (STPI; ☎ 6336 3663; www.stpi.com.sg; 41 Rober son Quay; ⌚ Mo–Fr 10–19, Sa 9–18 Uhr; Ⓜ Fort Ca ning) GRATIS mit internationalen und lokale Ausstellungen ortsansässiger Grafiker ur Papiermacher. Ganz in der Nähe steht d 1913 fertiggestellte **Hong San See Temp** (Karte S. 706 f.; ☎ 6737 3683; 31 Mohamed Sult Rd; ⌚ 8–18 Uhr; Ⓜ Fort Canning) GRATIS.

Chinatown & das CBD

Seit der Sanierung kommt Singapurs Chin town um einiges „zahmer“ daher, doch d Tempel, das Kulturerbezentrum und d boomende Restaurant- und Barszene si unverändert einen Besuch wert. Das CBD vor allem für seine umwerfende, sich stä dig verändernde Skyline bekannt, geprä von Dachbars, altmodischen Tempeln u den Bürotürmen, in denen das finanzie Herz der Stadt – der Motor Singapurs schlägt.

★ Chinatown Heritage Centre MUSEUM
(Karte S. 710; ☎ 6224 3928; www.chinatownheritagecentre.com.sg; 48 Pagoda St; Erw. 15 S$, Kind unter 13 J./7 J. 11 S$/frei; ⏲ 9–20 Uhr, 1. Mo im Monat geschl.; Ⓜ Chinatown) Im kürzlich umgestalteten Chinatown Heritage Centre kann man in die düstere Welt von Chinatown eintauchen. Auf mehreren Stockwerken eines einstigen *shophouse* beleuchten interaktive Ausstellungsstücke zahlreiche Kapitel der Geschichte der Chinatown von der gefährlichen Reise der ersten chinesischen Einwanderer nach Singapur bis hin zur Verbindung lokaler Clans zu den berühmt-berüchtigten Opiumhöhlen des Viertels. Das eindringliche Museum stellt einen schönen Kontrast zur touristischen Fassade der heutigen Chinatown dar.

★ Buddha Tooth Relic Temple BUDDHISTISCHER TEMPEL
(Karte S. 710; ☎ 6220 0220; www.btrts.org.sg; 288 South Bridge Rd; ⏲ 7–19 Uhr, Besichtigung der Reliquie 9–18 Uhr; Ⓜ Chinatown) GRATIS Der massige fünfstöckige buddhistische Tempel, der 2008 geweiht wurde, beherbergt angeblich den linken Eckzahn Buddhas, der bei seinem Feuerbegräbnis im nordindischen Kushinagar geborgen wurde. Auch wenn seine Echtheit umstritten ist, genießt er VIP-Status in einem prächtig verzierten Zimmer im 4. Stock eines 420 kg schweren Stupa aus massivem Gold. Weitere religiöse Ausstellungsstücke erwarten Besucher im buddhistischen Museum im dritten Stock, auf dem friedlichen Dachgarten findet man eine riesige Gebetsmühle in der Ten Thousand Buddhas Pagoda, der Pagode der 10 000 Buddhas.

★ Thian Hock Keng Mural KUNST IM ÖFFENTLICHEN RAUM
(Karte S. 710; www.yipyc.com; Amoy St; Ⓜ Telok Ayer) Dieses 44 m lange Wandbild des singapurischen Künstlers Yip Yew Chong (der werktags als Buchhalter tätig ist und sich am Wochenende seiner Kunst widmet) erzählt die Geschichte der frühen Hokkien-Migranten, vom Verlassen Chinas bis zu ihrer Ankunft in Singapur – und den Beschwerlichkeiten und Freuden, die die Reise mit sich brachte. Es ziert die Außenseite der hinteren Mauer des **Thian Hock Keng Temple**; der „Anfang" ist rechts. Die Geheimnisse des Wandbilds können mithilfe der App LocoMole ergründet werden; die Anleitung dazu findet man am linken Ende des Kunstwerks.

Baba House MUSEUM
(Karte S. 710; ☎ 6227 5731; http://babahouse.nus.edu.sg; 157 Neil Rd; 10 S$, Mindestalter Kinder 12 J.; ⏲ 1-stündige Führungen Di–Fr 10 Uhr, Touren in Eigenregie Sa 13.30, 14.15, 15.15 & 16 Uhr; Ⓜ Outram Park) Das Baba House ist eins der besterhaltenen traditionellen Peranakan-Häuser. Es wurde 1890 erbaut und liefert einen wundervollen Einblick in das Leben einer wohlhabenden Peranakan-Familie, die vor 100 Jahren in Singapur lebte. Bei der liebevollen Restaurierung wurde auf alle Details von den geschnitzten Motiven an der blauen Fassade bis hin zu den Türen mit Fliegengitter geachtet. Man kann das Haus nur im Rahmen einer hervorragenden einstündigen Führung besuchen, die immer von Dienstag bis Freitag angeboten wird, bzw. bei einer Tour auf eigene Faust (samstags) – die Führung ist aber besser. Unbedingt im Vorfeld telefonisch reservieren.

Sri Mariamman Temple HINDUISTISCHER TEMPEL
(Karte S. 710; ☎ 6223 4064; www.smt.org.sg; 244 South Bridge Rd; Foto-/Videoerlaubnis 3/6 S$; ⏲ 5.30–12 & 18–21 Uhr; Ⓜ Chinatown) GRATIS Paradoxerweise steht mitten in Chinatown der älteste Hindu-Tempel Singapurs aus dem Jahr 1823, der im Jahr 1843 wiederaufgebaut wurde. Den farbenprächtigen *gopuram* (Turm) aus den 1930er-Jahren über dem Eingang kann man nicht übersehen. Er ist ein typisches Beispiel für den südindischen Dravidian-Stil des Tempels. Die Grenzmauern sind mit Skulpturen der heiligen Kuh versehen, der *gopuram* ist von oben bis unten bedeckt mit kitschigen Darstellungen des Schöpfergottes Brahma, des Gottes der Erhaltung, Vishnu, und des Gottes der Zerstörung, Shiva.

Little India & Kampong Glam

Little India ist ein quirliger, lebendiger Ort, an dem Waren an den breiten überdachten Bürgersteigen feilgeboten werden und Ladenfassaden alle Farben des Regenbogens haben. Auf dem Markt verzehren Männer in *dhotis* (traditionelle indische Hosen) authentische *dosa* (papierdünne Pfannkuchen aus Linsenmehl) und halten dabei ein Schwätzchen. Nach einem Streifzug durch die gut besuchten Tempel läuft man nur 15 Minuten Richtung Südosten und schon erreicht man ruhigere Gefilde: Kampong Glam wartet mit wunderschönen Moscheen und bunten Geschäften auf.

Chinatown & der CBD

Chinatown & der CBD

Highlights
1 Buddha Tooth Relic Temple D2
2 Chinatown Heritage Centre D1
3 Thian Hock Keng Mural by Yip Yew Chong E2

Sehenswertes
4 Baba House A4
5 Sri Mariamman Temple E1
6 Thian Hock Keng Temple E2

Aktivitäten, Kurse & Touren
7 Food Playground D2

Schlafen
8 Adler Hostel E2
9 Amoy F1
10 Beary Good Hostel E1
11 Wink Hostel D1

Essen
12 A Noodle Story E3
13 Bonne Soup D1
14 Chinatown Complex D2
16 Hong Kong Soya Sauce Chicken Rice & Noodle D1
15 Hong Kong Soya Sauce Chicken Rice & Noodle D2
17 Lian He Ben Ji Claypot Rice D2
18 Maxwell Food Centre D2
19 Rojak, Popiah & Cockle D2
Shi Xiang Satay .... (siehe 17)
Tian Tian Hainanese Chicken Rice .... (siehe 18)

Ausgehen & Nachtleben
20 Employees Only F1
21 Good Beer Company D2
22 Native E2
23 Nylon Coffee Roasters B4
24 Operation Dagger E2
Smith Street Taps .... (siehe 21)

Unterhaltung
25 Chinese Theatre Circle D2

Praktisches
26 Singapore Visitor Centre@Chinatown D2

★ Indian Heritage Centre MUSEUM

Karte S. 714; ☎ 6291 1601; www.indianheritage.org.sg; 5 Campbell Lane; Erw./Kind unter 6 J. 6 S$/frei; ⏲ Di–Do 10–19, Fr & Sa bis 20, So bis 16 Uhr; Ⓜ Little India, Jalan Besar) Singapurs Vorzeigemuseum lässt Besucher in die Geschichte der indischen Gemeinde des Landes eintauchen. Es ist in fünf Themenbereiche untergliedert, denen Hunderte von historischen und kulturellen Ausstellungsstücken schlichtweg alles von frühen Interaktionen zwischen Südasien und Südostasien bis hin zu indischen Kulturtraditionen und den Einflüssen der indischen Singapurer auf die Inselnation abdecken. Eins der spektakuläreren Objekte ist ein Türdurchgang der Chettinad aus dem 19. Jh., der mit 5000 winzigen Schnitzereien verziert ist.

★ Sultan-Moschee MOSCHEE

Karte S. 714; ☎ 6293 4405; www.sultanmosque.sg; Muscat St; ⏲ Sa–Do 10–12 & 14–16, Fr 14.30–Uhr; Ⓜ Bugis) GRATIS Wie aus Tausendundeiner Nacht wirkt Singapurs größte Moschee, die im Sarazenenstil gehalten und von einer goldenen Kuppel gekrönt ist. Erbaut wurde sie 1825 mithilfe eines Darlehens von Raffles und der East India Company nach dem Abkommen zwischen Raffles und dem Sultan von Singapur, dank dessen der malaiische Herrscher die Souveränität über das Gebiet beibehalten konnte. 1928 wurde die Originalmoschee durch das prächtige Gebäude von heute ersetzt, das ein irischer Architekt entworfen hat.

Sri Veeramakaliamman Temple HINDU-TEMPEL

(Karte S. 714; ☎ 6295 4538; www.sriveeramakaliamman.com; 141 Serangoon Rd; ⏲ 5.30–12.30 & 16–21.30 Uhr; Ⓜ Little India, Jalan Besar) GRATIS Little Indias buntester, optisch beeindruckendster Tempel ist der grimmigen Göttin Kali gewidmet. Sie wird mit einem Kranz aus Totenköpfen dargestellt, wie sie ihren Opfern die Eingeweide herausreißt. Ein friedlicheres Bild zeigt sie mit ihren Söhnen Ganesh und Murugan. Die blutrünstige Gemahlin von Shiva war in Bengalen immer beliebt, dem Geburtsland der Männer, die das Bauwerk 1881 errichteten. Am eindrucksvollsten ist ein Besuch des Tempels während einer der vier täglichen *puja*-(Gebets-)Sitzungen.

Malay Heritage Centre MUSEUM

(Karte S. 714; ☎ 6391 0450; www.malayheritage.org.sg; 85 Sultan Gate; Erw./Kind unter 6 J. 6 S$/frei; ⏲ Di–So 10–18 Uhr; Ⓜ Bugis) Das Viertel Kampong Glam ist der historische Sitz der malaiischen Könige, die vor der Ankunft Raffles hier residierten. Zwischen 1836 und 1843 wurde der *istana* (Palast) für den letzten Sultan von Singapur, Ali Iskander Shah, errichtet. Heute ist der Palast ein Museum, dessen kürzlich umgestaltete Galerien die malaiisch-singapurische Kultur und Geschichte von der frühen Besiedlung Kampong Glams durch Händler bis zur Entwicklung des malaiisch-singapurischen Films, Theaters, Verlagswesens und der Musik abdeckt.

Orchard Road

Niemand besucht die Orchard Road ihrer Sehenswürdigkeiten wegen, auch wenn einem die Weihnachtsbeleuchtung den Atem verschlägt. Die einzige bedeutende historische Stätte ist der Präsidentenpalast **Istana** (Karte S. 690; www.istana.gov.sg; Orchard Rd; M Dhoby Ghaut), den man allerdings nur an wenigen Tagen besichtigen kann (Details siehe Website).

★ Singapore Botanic Gardens — BOTANISCHER GARTEN

(☎ 1800 471 7300; www.sbg.org.sg; 1 Cluny Rd; ⏲ 5–24 Uhr; 🚌 7, 75, 77, 105, 106, 123, 174, M Botanic Gardens) GRATIS Singapurs paradiesischer 74 ha großer botanischer Garten ist eine UNESCO-Welterbestätte und eine der faszinierendsten Sehenswürdigkeiten der Stadt. Das tropische Walhalla mit glasklaren Seen, Grünflächen und Themengärten wurde 1860 angelegt und beherbergt den National Orchid Garden (Nationaler Orchideengarten; Erw./Kind unter 12 J. 5 S$/frei; 8.30–19 Uhr, letzter Einlass 18 Uhr) sowie ein Stückchen dichten Urwaldes mit über 300 Pflanzenarten, von denen leider mittlerweile mehr als die Hälfte in Singapur als seltene Spezies gelten.

★ ION Sky — AUSSICHTSPUNKT

(Karte S. 716; ☎ 6238 8228; www.ionorchard.com/en/ion-sky.html; Level 56, ION Orchard, 2 Orchard Turn; ⏲ 14–20.30 Uhr; M Orchard) GRATIS Die Aussichtsterrasse befindet sich in der 56. Etage des ION-Orchard-Komplexes. Der letzte Einlass ist um 17.30 Uhr.

Emerald Hill Road — ARCHITEKTUR

(Karte S. 716; Emerald Hill Rd; M Somerset) Wer eine Auszeit vom Shoppen braucht, kann hervorragend die nach Wachsblumen duftende Emerald Hill Road hinaufgehen, an der einige der schönsten Terrassenhäuser Singapurs liegen. Besonders schön sind die Nummern 56 (eines der ältesten Gebäude aus dem Jahr 1902), 39 bis 45 (größtenteils mit breiten Vorderfronten und prächtigen Eingangstoren im chinesischen Stil), und 120 bis 130 (mit Jugendstilelementen von ca. 1925). An dem Ende des Hügels an der Orchard Road liegen mehrere beliebte Bars in bezaubernden renovierten *shophouses* (ortstypische Ladenhäuser).

Ostsingapur

Die meisten Leute fahren zum Essen nach Geylang, dabei befinden sich in diesem schmuddeligen Vorort tatsächlich die meisten denkmalgeschützten Ladengeschäfte (*shophouses*) Singapurs, und es lohnt sich, vor Einbruch der Dunkelheit herzukommen, um sie sich anzusehen. Noch mehr Exemplare befinden sich in Joo Chiat (Katong) – plus coole Streetart! Das Highlight in Changi ist das Changi-Museum mit der Changi-Kapelle.

★ Peranakan-Reihenhäuser — STADTVIERTE

(Koon Seng Rd und Joo Chiat Pl; 🚌 10, 14, 16, 32 Die Koon Seng Road und der Joo Chiat Place gehen von der Joo Chiat Road ab und trumpfen mit ein paar der außergewöhnlichster Peranakan-Reihenhäuser Singapurs auf. Sie sind aufwendig verziert mit leuchtend glasierten Kacheln und Drachen, Vögeln und Krebsen aus Stuck. Typisch für die Architektur sin *pintu pagar* (Schwingtüren) vorn, die Durchzug ermöglichten, ohne dass die Bewohne auf ihre Privatsphäre verzichten mussten. De interessante Abschnitt der Koon Seng Roa liegt zwischen der Joo Chiat und der Tembeling Road, der am Joo Chiat Place zwische der Everitt und der Mangis Road.

★ Changi Museum & Chapel — MUSEU

(☎ 6214 2451; www.changimuseum.sg; 1000 Upper Changi Rd N; Audioguide Erw./Kind 8/4 S$ ⏲ 9.30–17 Uhr, letzter Einlass 16.30 Uhr; 🚌 GRATIS Dieses Museum erinnert eindrücklic daran, wie grausam die Japaner die alliierte Kriegsgefangenen nach der Invasion i Zweiten Weltkrieg behandelten. Die Ausste lung umfasst Kopien der berühmten Cha gi-Wandbilder (Changi Murals) in Lebensgr ße, die einer der Insassen, Stanley Warren, i alten Kriegsgefangenenkrankenhaus malt Außerdem ist ein Nachbau der Changi-Kape le zu sehen, die Gefangene als Gebetsstät und Zeichen der Solidarität errichteten. Tä lich um 9.45, 11, 13, 14 und 15 Uhr finden (vo behaltlich Verfügbarkeit) Führungen statt.

East Coast Park — PA

(☎ 1800 471 7300; www.nparks.gov.sg; 🚌 36, 4 48, 196, 197, 401) Diesen 15 km langen Park a Ufer steuern die Singapurer an, wenn s schwimmen, windsurfen, wakeboarden, K jak, Skateboard oder Rad fahren, picknicke inlinern oder essen gehen wollen. Die Anla ist von Kokospalmen und Büschen bestanden, es gibt eine Lagune, Wassersportclubs und einige exzellente Restaurants. Wenn man sich einen richtig schönen Nachmittag machen möchte, könnte man ein Rad leihen, die Meeresbrise genießen, die „Stadt" aus Containerschiffen draußen in der Meerenge bestaunen und sich anschließend ein Restaurant am Strand suchen.

Nord- & Zentralsingapur

★ Singapore Zoo ZOO
(☎6269 3411; www.wrs.com.sg; 80 Mandai Lake Rd; Erw./Kind unter 13 J. 33/22 S$; ⏲8.30–18 Uhr; 📶; 🚌138) In diesem ruhigen Territorium mit großen, natürlich gestalteten Gehegen und interaktiven Attraktionen verschwimmt der Übergang zwischen Zoo und botanischer Oase. Hier kann man Orang-Utans und Flughunde aus der Nähe beobachten und sogar den Nachbau eines afrikanischen Dorfs besuchen. Und das vor der Kulisse schlechthin: 26 beruhigende Hektar auf einer grünen Halbinsel vor dem Upper Seletar Reservoir.

★ Night Safari ZOO
(☎6269 3411; www.wrs.com.sg; 80 Mandai Lake Rd; Erw./Kind unter 13 J. 47/31 S$; ⏲19.15–24 Uhr; 📶; 🚌138) Elektrische Straßenbahnen gleiten in diesem Zoo über die Köpfe von ganzen 130 Tierarten hinweg. Neben Tigern und Elefanten gibt's auch zahlreiche gutmütige Kreaturen, die sich oft in unmittelbare Nähe der Tram wagen. Wanderwege führen zu Gehegen, die man mit der Straßenbahn nicht erreicht, jedoch muss man immer auch etwas Glück haben, um Tiere zu sehen (viele sieht man tatsächlich eher im benachbarten Singapore Zoo.) Kinder sind fasziniert von der 20-minütigen Show **Creatures of the Night** (☎6269 3411; www.wrs.com.sg; Night Safari; ⏲So–Do 19.15, 20.30 & 21.30 Uhr, Fr & Sa auch 22.30 Uhr; 🚌138). Die Tickets werden für verschiedene Zeitfenster vergeben; zu späterer Uhrzeit ist weniger los. Letzter Einlass ist um 23.15 Uhr. Die Restaurants, Geschäfte und der Kartenverkauf öffnen um 17.30 Uhr.

★ MacRitchie Reservoir NATURSCHUTZGEBIET
(☎1800 471 7300; www.nparks.gov.sg; Lornie Rd; 🚌130, 132, 162, 166, 167, 980) Ein ruhiges und sehr atmosphärisches Dschungel-Schutzgebiet, dessen Wanderwege am Ufer entlangführen und sich durch den alten Sekundärwald mit Langschwanzmakaken und riesigen Waranen winden. Kajaks verleiht die **Paddle Lodge** (☎6258 0057; www.scf.org.sg; pro Std. 15 S$; ⏲Di–So 9–12 & 14–18 Uhr; 🚌130, 132, 162, 166, 167, 980), aber das absolute Muss ist der hervorragende 11 km lange Wanderweg mit seinen zahlreichen beschilderten Nebenpfaden. Lohnenswert ist der **TreeTop Walk** (☎1800 471 7300; www.nparks.gov.sg; ⏲Di–Fr 9–17, Sa & So 8.30–17 Uhr; 🚌130, 132, 162, 166, 167, 980), dessen Highlight die Überquerung einer 250 m langen Hängebrücke ist, die in einer Höhe von 25 m mitten zwischen den Baumwipfeln verläuft.

River Safari ZOO
(☎6269 3411; www.wrs.com.sg; 80 Mandai Lake Rd; Erw./Kind unter 13 J. 32/21 S$; ⏲10–19 Uhr; 📶; 🚌138) In diesem Wildtierpark werden die natürlichen Lebensräume nachgebildet, wie sie an zahlreichen weltberühmten Flüssen vorzufinden sind, z. B. am Jangtse, Nil und Kongo. Die meisten dieser Simulationen sind zwar eher enttäuschend, dafür beeindrucken die des Mekong River und des überschwemmten Amazonas-Regenwaldes, in deren riesigen Aquarien gigantische Katzenfische und Stachelrochen, Zitteraale, Rotbäuchige Piranhas, Manatis und Seekühe leben. Ein weiteres Highlight ist das Waldgehege Giant Panda Forest, in dem seltene Rote Pandas und die berühmten schwarz-weißen Pandas KaiKai und JiaJia leben.

Bukit Timah Nature Reserve NATURSCHUTZGEBIET
(☎1800 471 7300; www.nparks.gov.sg; Ende des Hindhede Dr; ⏲7–19 Uhr; Ⓜ Beauty World) Singapurs „Herz der Finsternis" ist das Bukit Timah Nature Reserve, ein 163 ha umfassendes Gebiet aus Primärwald mit Singapurs höchstem Punkt, dem Bukit Timah (163 m). Innerhalb des Schutzgebiets wachsen mehr unterschiedliche Baumarten als in ganz Nordamerika zusammen und sein undurchbrochenes Blätterdach beherbergt sämtliche endemische Wildtierarten Singapurs, darunter Langschwanzmakaken (Affen), Pythons und Dutzende Vogelarten. Im frisch renovierten Besucherzentrum (8.30–17 Uhr) werden die lokale Flora und Fauna vorgestellt, darunter zwei Sumatra-Tiger, die einst frei in Singapur herumliefen.

Süd- und Westsingapur

Wer eine wunderschöne Aussicht genießen will, klettert am besten den 116 m hohen **Mt. Faber** (☎1800 471 7300; www.nparks.gov.sg; Mt Faber Rd; ⏲24 Std.; 🚇Mt Faber) hinauf und nimmt dort die **Seilbahn** (☎6377 9688; www.

Little India & Kampong Glam

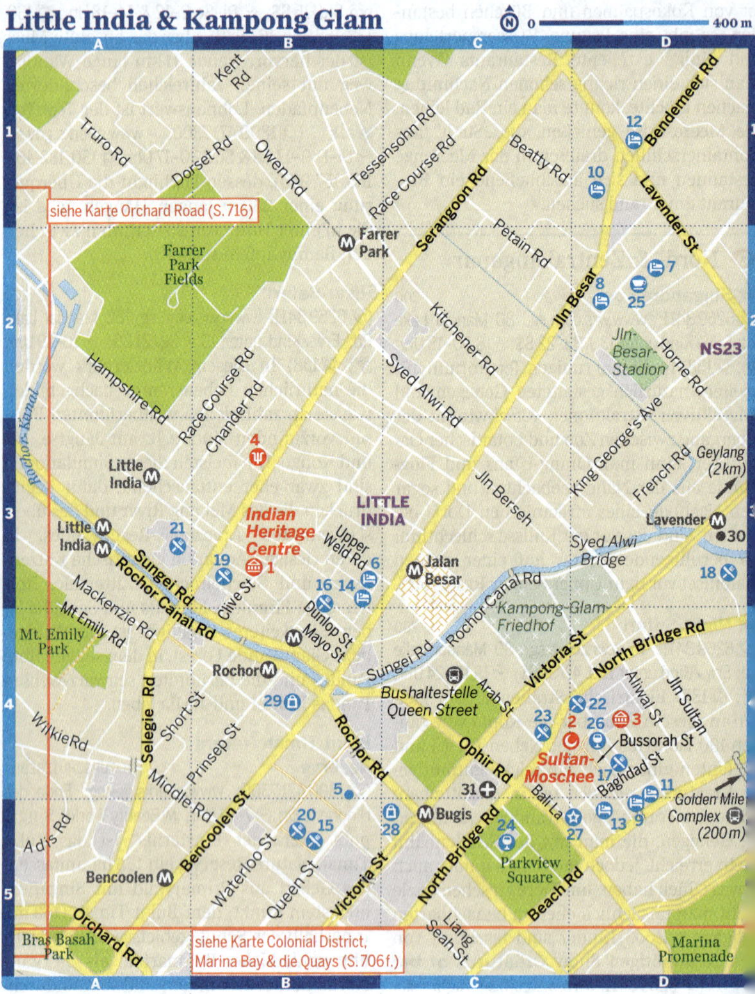

onefabergroup.com; Erw./Kind hin und zurück 33/22 S$; ⏲8.45–21.30 Uhr; Ⓜ HarbourFront) zum Harbour Front Centre oder zur Insel Sentosa. Einer der besten Wanderwege Singapurs, die etwa 9 km langen **Southern Ridges** (☎1800 471 7300; www.nparks.gov.sg; ⏲24 Std.; Ⓜ Pasir Panjang), verbindet den Mt. Faber über den Telok Blangah Park und den Hort Park mit dem Kent Ridge Park über Singapurs wohl schönsten 9 km langen Wanderweg verbunden. Die Strecke führt schattige Waldpfade entlang und über beeindruckende Brücken durch das Blätterdach des Waldes.

Jurong Bird Park VOGELSCHUTZGEB

(☎6269 3411; www.wrs.com.sg; 2 Jurong Hill; Erw Kind unter 13 J. 30/20 S$; ⏲8.30–18 Uhr; 🚌19 Rund 400 Vogelarten – darunter spektaku re Aras –machen Jurong zu einer tollen A resse für kleinere Kinder. Zu den Highligh zählen das wunderbare Waldgehege Lo Loft, wo man bunte Papageien und Loris fi tern kann, und die interaktiven Vogelshow High Flyers (11 und 15 Uhr) und Kings of t Skies (10 und 16 Uhr). Es sei jedoch ang merkt, dass einige der Vögel dressiert sin was Tierschutzgruppen missfällt. Bis 20 soll der Park nach Mandai umziehen.

Little India & Kampong Glam

Highlights
1 Indian Heritage Centre B3
2 Sultan-Moschee D4

Sights
3 Malay Heritage Centre D4
4 Sri Veeramakaliamman Temple B3

Aktivitäten, Kurse & Touren
5 Trishaw Uncle B4

Schlafen
6 Bunc@Radius B3
7 Dream Lodge D2
8 Fisher BnB D2
9 Five Stones Hostel D5
10 Kam Leng Hotel D1
11 Pod D4
12 Rucksack Inn D1
13 Shophouse the Social Hostel D5
14 Wanderlust B3

Essen
15 Ah Heng Curry Chicken Bee Hoon Mee B5
Ar Rahman Royal Prata .... (siehe 21)
16 Bismillah Biryani B3
17 Cicheti D4
18 Hill Street Tai Hwa Pork Noodle D3
19 Moghul Sweets B3
New Rong Liang Ge Cantonese Roast Duck Double Boiled Soup .... (siehe 15)
20 QS269 Food House B5
21 Tekka Centre A3
22 Warong Nasi Pariaman D4
23 Zam Zam C4

Ausgehen & Nachtleben
24 Atlas C5
25 Chye Seng Huat Hardware D2
Druggists .... (siehe 8)
26 Maison Ikkoku D4

Unterhaltung
27 BluJaz Café D5

Shoppen
28 Bugis Street Market C5
29 Sim Lim Square B4

Praktisches
30 Immigration & Checkpoints Authority D3
31 Raffles Hospital C4
Raffles Medical Clinic .... (siehe 31)

illman Barracks GALERIE
/ww.gillmanbarracks.com; 9 Lock Rd; Di–So -19 Uhr; Labrador Park) GRATIS Der ehemali- Militärposten (1936) ist mittlerweile ein eitläufiges Kunstzentrum mit elf Galerien, e über ein grün bewachsenes Grundstück rteilt sind. Dazu gehört z. B. die des New orkers **Sundaram Tagore** (6694 3378; vw.sundaramtagore.com; 01-05, 5 Lock Rd, Gill-an Barracks; Di–Sa 11–19 Uhr; Labrador rk) GRATIS, zu dessen Künstleraufgebot eisgekrönte Fotografen wie Edward Bur-nsky und Annie Leibovitz gehören. Vor Ort findet sich auch das **NTU Centre for ontemporary Art** (6339 6503; www.ntu.ısingapore.org; Block 43, Malan Rd, Gillman Bar-ks; Di–Do, Sa & So 12–19, Fr 12–21 Uhr; Lab-lor Park) GRATIS, ein avantgardistisches For-ıungszentrum, in dem Lesungen, Gesprä-e und Ausstellungen mit moderner Kunst ;ionaler und internationaler Künstler, die t verschiedenen Medien arbeiten, statt-den. Die Galerien haben unterschiedliche fnungszeiten.

S-Museum MUSEUM
6516 8817; www.museum.nus.edu.sg; National ersity of Singapore, 50 Kent Ridge Cres; Di–Sa 10–18 Uhr; 96) GRATIS Auf dem grünen Campus der National University of Singapore (NUS) liegt dieses Museum, eins der weniger bekannten kulturellen Highlights der Stadt. Die Lee Kong Chian Collection im Erdgeschoss besteht größtenteils aus uralten chinesischen Töpfer- und Bronzewaren sowie archäologischen Fundstücken aus Singapur; ein Stockwerk höher sind in der Südostasien-Galerie Bilder, Skulpturen und Stoffe aus der Region ausgestellt. Die Ng Eng Teng Collection ist Ng Eng Teng (1934–2001) gewidmet, Singapurs führendem modernen Künstler, der vor allem für seine bildlichen Skulpturen bekannt ist.

Sentosa

Die Sehenswürdigkeiten auf Sentosa sind von Menschenhand geschaffen, das macht sie aber nicht weniger unterhaltsam. Hier kann man es rauslassen, das innere Kind (oder, falls man ein „richtiges" im Schlepptau hat, eben dieses), sich in Vergnügungsparks austoben, einen Tag am Strand verbringen (oder in einer Bar gleich nebenan) und sich eine Dosis Bildung und Geschichte im Fort Siloso abholen.

Orchard Road

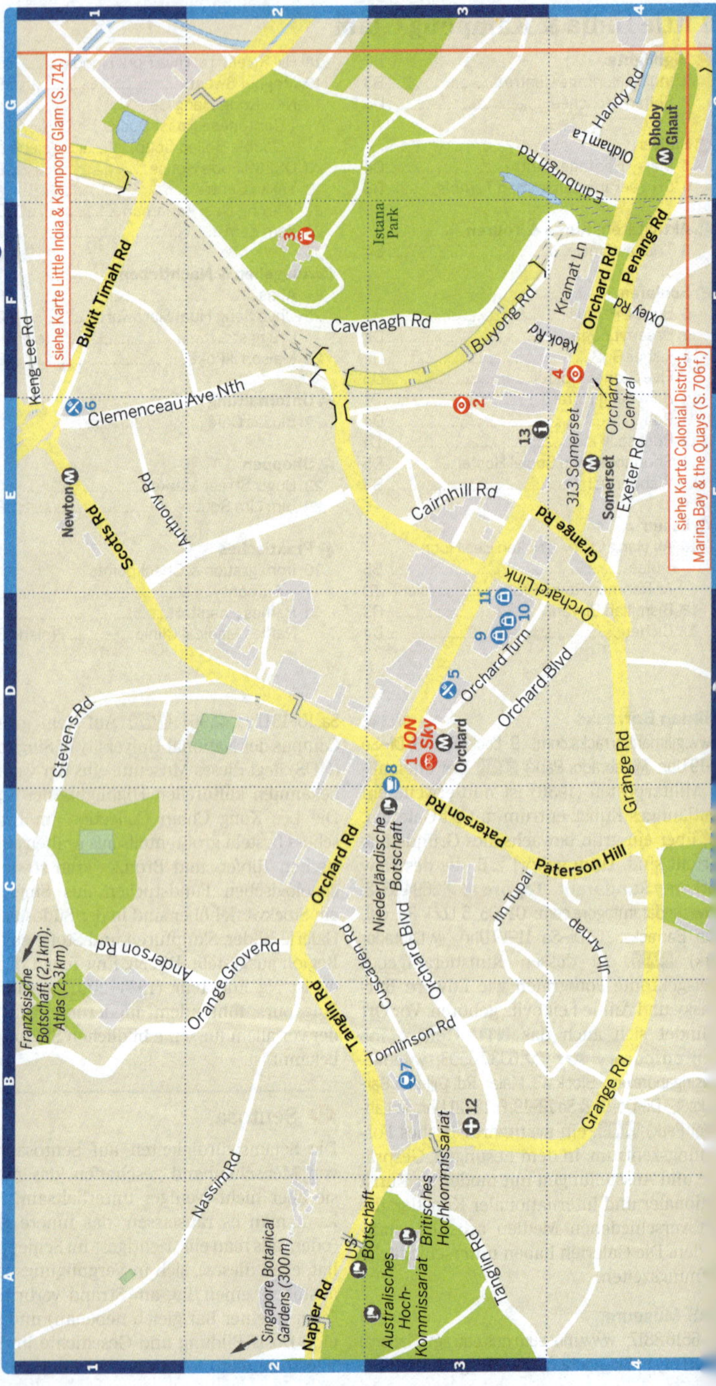

Orchard Road

SEA Aquarium AQUARIUM
(Karte S. 719; 6577 8888; www.rwsentosa.com; Resorts World, 8 Sentosa Gateway; Erw./Kind unter 12 J. 39/29 S$; 10–19 Uhr; Waterfront) In Singapurs beeindruckendem großen Aquarium sind mehr als 800 Arten von Meerestieren zu Hause. In dem ultramodernen Komplex wurden 49 Unterwasserhabitate aus Südostasien, Australien und Afrika nachgebaut. Besonders toll geworden ist der Bereich Open Ocean (Offenes Meer), das 36 m lange, 8 m hohe Sichtfenster ist eines der größten weltweit. Eine interaktive, familienfreundliche Ausstellung widmet sich der Geschichte der maritimen Seidenstraße.

Universal Studios VERGNÜGUNGSPARK
(Karte S. 719; 6577 8888; www.rwsentosa.com; Resorts World, 8 Sentosa Gateway; Erw./Kind unter 12 J. 76/56 S$; 10–18 Uhr; ; Waterfront) Die Hauptattraktion von Resorts World sind die Universal Studios. Die Shops, Shows, Restaurants und Fahrgeschäfte dieses Freizeitparks fügen sich perfekt in die Themen der Fantasiewelten ein, die auf beliebten Hollywoodfilmen basieren. Zu den Highlights zählen *Transformers: The Ride*, ein nervenaufreibendes Fahrgeschäft der nächsten Generation mit 3D-Animation, und *Battlestar Galactica: Human vs. Cylon*, der weltgrößte Duelling Roller Coaster (Achterbahn mit zwei Spuren, die gleichzeitig befahren werden). Die Öffnungszeiten variieren je nach Saison, daher vor dem Besuch auf der Website nachschauen.

Pulau Ubin

Eidechsen, kuriose Schreine und bunte Vogelstimmen prägen das verwilderte Regenwaldgebiet Pulau Ubins. Häuser mit Blechdächern schmoren in der Sonne, Hähne krähen und hechelnde Hunde lassen sich in den Staub fallen, während ganze Wildschweinfamilien in den Wald fliehen, wenn Besucher auf den quietschenden Leihfahrrädern vorbeiradeln. Wer die Insel erkunden möchte, nimmt von der MRT-Haltestelle Tanah Merah die Buslinie 2 bis zum Fährterminal von Changi. Dort setzen Boote (eine Strecke 3 S$, 10 Min., Sonnenaufgang–Sonnenuntergang) nach Ubin über, sobald zwölf Leute an Bord sind.

Südliche Inseln

St. John's (6323 9829; www.sla.gov.sg/Islands; Singapore Island Cruises), **Lazarus** und **Kusu**, drei weitere bei Einheimischen beliebte und recht ruhige Inseln, eignen sich hervorragend zum Angeln, Schwimmen und Picknicken. Vor Ort gibt's Umkleidekabinen und Toiletten. Kusu ist zudem auch kulturell interessant – Gläubige kommen hierher, um in dem taoistischen Tempel oder dem malaiischen *kramat* (Schrein) für Gesundheit, Wohlstand und Fruchtbarkeit zu beten.

Auf keiner der Inseln werden Essen oder Getränke verkauft, sodass man selbst Verpflegung mitbringen muss. Am **Marina South Pier** (www.mpa.gov.sg; 31 Marina Coastal Dr; M Marina South Pier) legen Fähren ab.

Aktivitäten

Singapur ist eine Wundertüte voller Spaß und Action. Die Füße kann man sich in den Grünflächen der Insel vertreten, bei einem Einkaufsbummel und an den Stränden. Wer es gern spannungsgeladener hätte, sollte sich schnurstracks nach Sentosa aufmachen. Und zum Seele-baumeln-Lassen empfiehlt sich ein Verwöhnprogramm in einem Luxusspa oder an einem der exzellenten Swimmingpools.

Wave House SURFEN
(Karte S. 719; 6238 1196; www.wavehousesentosa.com; 36 Siloso Beach Walk; Eintritt ab 30 S$;

⌚ Mo–Fr 11.30–21.30, Sa & So ab 10.30 Uhr; 🚇 Siloso Beach) Im überaus beliebten Wave House können Surfer in zwei speziell dafür entworfenen Wellenbädern ihre Gashes und Cutbacks üben. Der ruhige Double Flowrider (30 Min. 30 S$) eignet sich gut für Anfänger, das 3 m lange FlowBarrel (1 Std. ab 35 S$) ist schwieriger. Im WaveHouse kann man am Strand etwas zu essen und zu trinken kaufen.

Ultimate Drive ABENTEUERSPORT

(Karte S. 706 f.; ☎ 6688 7997; www.ultimatedrive.com; Turm 3, 01–14 Marina Bay Sands Hotel, 10 Bayfront Ave; Tour als Fahrer/Passagier ab 375/300 S$; ⌚ 9–22 Uhr; Ⓜ Bayfront) Den feinen Zwirn rausholen und in einem Ferrari California (rot), Lamborghini Gallardo Spyder (orange) oder McLaren MP4-12 (weiß) Platz nehmen – und dann geht's los. Einmal Luxus pur erleben, wenn auch bloß für 15 bis 60 Minuten. Man wird ja wohl noch träumen dürfen! Spritztouren starten auch am Eingang des Konferenzzentrums (01-K27) in Suntec City (s. rechts; 10–20 Uhr).

Kurse

Food Playground KOCHEN

(Karte S. 710; ☎ 9452 3669; www.foodplayground.com.sg; 24A Sago St; 3-stündiger Unterricht ab 119 S$; ⌚ Mo–Fr 9.30–12.30 Uhr; Ⓜ Chinatown) Wer Gefallen an Singapurs berühmtem Essen gefunden hat, lernt hier die Zubereitung. Die fantastische Kochschule zum Mitmachen vermittelt die vielen Facetten der multikulturellen Singapurer Küche. Gezaubert werden klassische Gerichte wie *laksa* (würzig-scharfe Nudelsuppe auf Kokosmilch- und Currybasis), *nasi lemak* (Kokosreis) und Hainan-Hähnchenreis. In der Regel dauern die Kurse drei bis vier Stunden und können bei Bedarf für Kunden mit Lebensmittelunverträglichkeiten auch angepasst werden.

Geführte Touren

Original Singapore Walks STADTSPAZIERGANG

(☎ 6325 1631; www.singaporewalks.com; Erw. 32–60 S$, Kind 7–12 J. 15–30 S$; ⌚ Mo–Fr 9–18 Uhr) Respektlose, aber kluge Führung abseits der ausgetretenen Pfade durch Chinatown, Little India, Kampong Glam, das Colonial District und zu Schauplätzen, die mit dem Krieg zu tun haben. Die Rundgänge dauern 2½ bis 3 Stunden, je nach Wetterlage. Reservierungen sind nicht notwendig; auf der Website nach Startzeiten und -punkten umschauen.

Singapore River Cruise BOOTSTOUREN

(Karte S. 706 f.; ☎ 6336 6111; www.rivercruise.com.sg; Flussfahrten mit dem Bumboot Erw./Kind 25/15 S$; Ⓜ Clarke Quay) Die Fahrt mit dem Bumboot entlang des Singapore River und rund um Marina Bay dauert rund 40 Minuten. Etwa viertelstündlich legen Boote an verschiedenen Stellen ab, darunter Clarke Quay, Boat Quay und Marina Bay. Günstiger ist eine Fahrt mit einem Flusstaxi desselben Anbieters – Pendlerboote folgen tagsübe[r] einer ähnlichen Strecke; auf der Website di[e] Stopps anschauen. Fahrten mit dem Flusstaxi kann man nur mit der Transport Card vo[n] EZ-Link bezahlen.

Singapore Ducktours BOOTSTOURE[N]

(Karte S. 706 f.; ☎ 6338 6877; www.ducktours.com.sg; 01–330 Suntec City, 3 Temasek Blvd; Erw./Kin[der] unter 13 J. 43/33 S$; ⌚ 10–18 Uhr; Ⓜ Esplanade, Promenade) Informativ und kinderfreundlich is[t] die einstündige Fahrt mit der „Wacky Duck" einem umgebauten vietnamesischen Amphibienfahrzeug aus dem Zweiten Weltkrieg. Di[e] Tour führt über Land und über Wasser, i[m] Mittelpunkt stehen Marina Bay und das Colonial District. Der Kartenverkauf und Treffpunkt ist Turm 5 des **Suntec City** (Karte S. 706 f.; ☎ 6266 1502; www.sunteccity.com.sg; 3 Temasek Blvd; ⌚ 10–22 Uhr; 📶; Ⓜ Promenade, Esplanade), direkt gegenüber dem Nicoll Highway.

Feste & Events

Singapurs multikultureller Bevölkerung ist [es] zu verdanken, dass hier unglaublich viele Feste gefeiert werden. Einen Festivalkalend[er] mit sämtlichen Daten findet man unter ww[w.]yoursingapore.com. Das **Chinesische Ne[u]jahrsfest** Singapurs bedeutendstes Fest, fi[n]det im Januar/Februar statt. Um die to[lle] Atmosphäre zu erleben, sollte man Au[s]schau nach den Paraden durch Chinato[wn] und nach Festspezialitäten in den einzeln[en] Läden halten. Im Juni und Juli ist der Gro[ße] Schlussverkauf, der **Great Singapore Sa[le]** (www.greatsingaporesale.com.sg; ⌚ Anfang Ju[ni–] Mitte Aug.). Wenn die Preise purzeln, wi[rd] Singapur seinem Image als Konsum- u[nd] Shoppinghochburg gerecht.

Schlafen

In Singapur zu übernachten ist eine kostsp[ie]lige Angelegenheit. Budgetreisende müss[en] für die Übernachtung in einem Hostelzi[m]mer 25 S$ pro Nacht hinblättern. Neu[e] Mittelklassehotels verändern die Unterkun[fts]landschaft; ihre Einrichtungen sind bes

Sentosa

ıd online kann man gute Schnäppchen ıachen. Luxushotels in unterschiedlicher ıusführung (Marke Kolonialstil oder roıantisch bis hin zu architektonisch gewagt ıd bahnbrechend) sind teuer, zahlreich ırtreten und mit das Beste, was man welteit bekommen kann.

Colonial District, Marina Bay die Quays

ɔrt by Quarters Hostel HOSTEL $

ɑrte S. 706 f.; ☎ 6816 6960; www.stayquarters. ɱ; 50A Boat Quay; Kapseln EZ/4BZ ab 35/85 S$; @ ; Ⓜ Clarke Quay, Raffles Place) Direkt am ıngapore River liegt das Port by Quarters ɔstel, das die Messlatte für Kapselhotels in ıgapur hoch gelegt hat. In den eleganten ınzel- und Queen-Size-Kapseln finden die ıste Stauraum unter dem Bett, Klappıreibtische, Steckdosen und Sichtblenden ɱ Herunterlassen. Das Beste jedoch ist ɾ Blick direkt zum Parlament und auf die hinter liegende Skyline.

ootway.Inn Project Boat Quay HOSTEL $

ɾte S. 706 f.; ☎ 6557 2769; www.5footwayinn. ɱ; 76 Boat Quay; B/EZ/DZ/3BZ/4BZ ab 36/70/ '110/136 S$; ❄@; Ⓜ Clarke Quay, Raffles ɔe) Die weiß getünchten Zimmer direkt Boat Quay gibt's mit einem, zwei, drei oder vier Betten. Die Zimmer sind klein, aber zeitgemäß und gemütlich (die Superior-Kategorie wartet mit Fenstern auf) mit Stockbetten aus Holz und praktischen Steckdosen und Lampen neben dem Bett. Die Bäder sind ebenfalls modern und die Rezeption ist rund um die Uhr geöffnet. In der schicken Frühstückslounge hat man einen schönen Blick auf den Fluss.

River City Inn HOSTEL $

(Karte S. 706 f.; ☎ 6532 6091; www.rivercityinn.com; 33C Hong Kong St; B ab 26 S$; ❄@; Ⓜ Clarke Quay) Trotz der Lage im 4. OG eines *shophouses* – insbesondere mit schwerem Gepäck macht es wenig Spaß, hier hochzuschnaufen! – wohnen hier massenhaft Traveller. Die Gemeinschaftsbereiche sind gut gemacht.

Sentosa

Highlights
1 SEA Aquarium B2
2 Universal Studios B2

Aktivitäten, Kurse & Touren
3 Wave House A2

Ausgehen & Nachtleben
4 Tanjong Beach Club C3
5 Woobar D3

Holiday Inn Express Clarke Quay HOTEL $$
(Karte S. 706 f.; ☎ 6589 8000; www.hiexpress.com; 2 Magazine Rd; Zi. ab 250 S$; ; M Clarke Quay) In dem schicken Hotel warten moderne Zimmer in Erdtönen mit riesigen deckenhohen Fenstern und auf den gemütlichen Betten liegen feste sowie weiche Kissen. Die kleinen Badezimmer haben recht große Duschen. Auf dem Dach befindet sich das eigentliche Highlight – ein Garten mit einem winzigen Sportraum und einem beeindruckenden verglasten Pool, aus dem man einen atemberaubenden Blick auf die Stadt genießt. Dass man im Hotel seine Wäsche waschen kann, ist ein praktisches Extra.

Chinatown & das CBD

★ **Adler Hostel** HOSTEL $
(Karte S. 710; ☎ 6226 0173; www.adlerhostel.com; 259 South Bridge Rd; Hütte EZ/DZ 40/80 S$; ; M Chinatown) Schicker als in den üblichen Hostels geht's in diesem selbst ernannten „Poshtel" zu. Die ruhige Lobby/Lounge ist mit chinesischen Antiquitäten dekoriert und auf den Betten mit Daunendecken und -kissen liegen frische Handtücher. In den luftigen, klimatisierten Schlafsälen befinden sich maßgeschneiderte Schlafkabinen mit abschließbarem Stauraum und Vorhängen zum Schutz der Privatsphäre. Einige haben sogar Doppelbetten für Paare. Die besten Preise gibt's bei Buchung etwa drei Wochen im Vorfeld.

★ **COO** HOSTEL $
(☎ 6221 5060; www.staycoo.com; 259 Outram Rd; B ab 44 S$; ; M Outram Park) Die grafische Kunst, die Neonröhren und die Käfigwände lassen eher an einen coolen Club denken als an ein Hostel, das sich selbst das Prädikat „Sociatel" aufgedrückt hat – gemeint ist, dass hier sehr viel Wert auf die soziale Komponente gelegt wird. Dazu gehören Social Media und Geselligsein. Entsprechend ist das COO eine super Adresse, um neue Leute kennenzulernen, und sich anschließend per Snapchat mit anderen darüber auszutauschen; Die Schlafsäle sind mit vier, sechs oder acht Betten ausgestattet. Supersauber, supergemütlich. Außerdem gibt's ein Bistro im Haus und kostenlose Leihfahrräder.

Beary Best Hostel HOSTEL $
(Karte S. 710; ☎ 6222 4957; www.bearybesthostel.com; 16 Upper Cross St; B/2BZ ab 28/82 S$; ; M Chinatown) Ein Hostel in knalligen Farben nimmt ein restauriertes altes Gebäude nur wenige Schritte von der MRT-Haltestelle Chinatown entfernt ein. Die Stimmung ist gut und sowohl Mehrbett- als auch Privatzimmer sind sauber. Die Bäder gibt's in den Varianten Unisex und ausschließlich für Frauen. Im Online-Shop des Beary Best können Eintrittskarten zu Attraktionen zu ermäßigten Preisen gekauft werden. Die Mitarbeiter sind extrem hilfsbereit.

Wink Hostel HOSTEL $
(Karte S. 710; ☎ 6222 2940; www.winkhostel.com; 8A Mosque St; Pod EZ/DZ 40/72 S$; ; M Chinatown) In einem restaurierten *shophouse* mitten in Chinatown liegt das bei Flashpackern besonders beliebte Wink, eine Mischung aus Hostel und Kapselhotel. Anstelle von Stockbetten warten die Schlafsäle mit privaten, schalldichten „Pods" (abgeteilten Räumen) auf. In jedem gibt's komfortable Matratzen, aufheiternde, farbige Beleuchtung, ein Schließfach neben dem Bett und genug Platz, um aufrecht zu sitzen. Die Gemeinschaftsbäder haben Regenduschköpfe. Zum Haus gehören eine Kitchenette, ein Waschraum und Loungebereiche, was die Gemütlichkeit ein wenig fördert.

★ **Amoy** BOUTIQUE-HOTEL $
(Karte S. 710; ☎ 6580 2888; www.stayfareast.com; 76 Telok Ayer St; EZ/DZ 270/325 S$; ; M Telok Ayer) Das Amoy ist keine Unterkunft wie jede andere. Es gibt nicht so viele Hotels, deren Eingang durch einen historischen chinesischen Tempel führt, und insgesamt ist diese zeitgenössische Schönheit von Geschichte geprägt. In der Lobby zieren alte singapurisch-chinesische Nachnamen eine Wand und in den clever geschnittenen „Cozy Single"-Zimmern stehen maßgeschneiderte Opiumbetten. In den edlen Doppelzimmern erwarten einen Porzellanbassins im Ming-Stil. Alle Unterkünfte verfügen über Designerbäder, eine Nespresso-Maschine und eine Minibar.

Little India & Kampong Gla

★ **Bunc@Radius** HOSTE
(Karte S. 714; ☎ 6262 2862; www.bunchostel.c 15 Upper Weld Rd; B ab 28 S$, DZ 100 S$; ; M Rochor, Jalan Besar) Das frische, saube und moderne Bunc@Radius ist das wa scheinlich coolste Flashpacker-Hostel Stadt. Betonböden, Kunstinstallationen u eine monochrome Farbgebung verleihen Lobby einen hippen Boutique-H tel-Charme. Die Schlafsäle für vier, sec acht, zwölf oder 16 Personen haben Ein

und Doppelbetten mit dicken Matratzen mit Hygienebezügen (keine Bettwanzen!).

Pod HOSTEL $

(Karte S. 714; ☎ 6298 8505; www.thepodcapsule hotel.com; 289 Beach Rd; Pod EZ/DZ ab 56/88 S$, Pod-Suite EZ/DZ ab 75/110 S$; ❄ @ 📶; Ⓜ Bugis, Nicoll Hwy) Eins der in letzter Zeit in Mode gekommenen Kapselho(s)tels und ein schickes Nachtquartier in unmittelbarer Nähe des lebendigen Kampong Glam. Die Schlafsäle für zehn bis 12 Personen in Einzel- oder Doppelpods sind modern eingerichtet; Rollos gewähren Privatsphäre. Diese neuen Pods geben einem das Gefühl, seinen eigenen Bereich zu haben, schalldicht sind sie jedoch nicht. Annehmlichkeiten wie kostenloser Nespresso, ein warmes Frühstück und ein Wäschedienst tragen zusätzlich zur Beliebtheit der Bleibe bei.

Five Stones Hostel HOSTEL $

(Karte S. 714; ☎ 6535 5607; www.fivestoneshostel.com; 285 Beach Rd; B ab 28 S$, 2BZ/DZ 95/105 S$; ❄ @ 📶; Ⓜ Bugis, Nicoll Hwy) In diesem fröhlichen Hostel muss man seine Schuhe ausziehen. Es hat glänzende Betonböden, eine Gemeinschaftslounge mit DVDs und einer Wii sowie Waschmaschinen und Trockner für seine Gäste. Zwar haben nicht alle Schlafsäle Fenster, dafür aber Stockbetten mit Stahlrahmen, eigene Steckdosen, Lampen und heitere Wandbilder mit lokalen Themen. Ein Stockwerk ist ausschließlich für Frauen reserviert, außerdem gibt's Privatzimmer mit Stockbetten oder einem schmalen Doppelbett.

Dream Lodge HOSTEL $

(Karte S. 714; ☎ 6816 1036; www.dreamlodge.sg; 172 Tyrwhitt Rd; B ab 53 S$; ❄ @; Ⓜ Bendemeer, Farrer Park, Lavender) Das beliebte Hostel ist blitzsauber, bietet bequeme Betten in trendiger Pod-Aufmachung und hat sehr hilfsbereites Personal. Die Lage ist ruhig, aber angesagt – die besten Coffeeshops und Bars sind nur einen Steinwurf entfernt – und auch bis nach Little India ist es nicht weit. Ebenfalls praktisch ist die Nähe zu gleich zwei MRT-Haltestellen. Man hat die Wahl zwischen gemischten Schlafsälen für zwölf bis 14 Personen, Frauen können auch in Sechs-Bett-Zimmern (Unisex) übernachten.

Kam Leng Hotel BOUTIQUE-HOTEL $

(Karte S. 714; ☎ 6239 9399; www.kamleng.com; 383 Jalan Besar; Zi. ab 95 S$; ❄ 📶; Ⓜ Bendemeer, Farrer Park) Hier treffen Hipster-Stil und Historie aufeinander. Das Kam Leng ist ein umgestaltetes Retrohotel im aufstrebenden Jalan-Besar-Viertel. Die Gemeinschaftsbereiche sind gewollt „roh“: Die Wände sind auf alt getrimmt und dazu gibt's verblassende chinesische Beschilderungen, bunte Wandfliesen und modernes Mobiliar. Die Zimmer, winzig und simpel, aber dennoch cool, bestechen durch ihre altmodischen Terrazzo-Böden und die pastellfarbenen Akzente. Die Zimmer zur Jln Besar bekommen ziemlich viel Lärm ab.

Fisher BnB HOSTEL $

(Karte S. 714; ☎ 6297 8258; www.fisherbnb.com; 127 Tyrwhitt Rd; B ab 36 S$; ❄ @ 📶; Ⓜ Bendemeer, Lavender, Farrer Park) Das blitzsaubere Hostel im angesagten historischen Viertel Jalan Besar bietet schlichte Innenräume Marke Industrieschick und ist eine gute Adresse, wenn man eine ordentliche Mütze Schlaf braucht. In dem gemischten Schlafsaal finden 16 Personen in Stockbetten aus Metall Platz, der Schlafsaal nur für Frauen verfügt über zwölf Betten; die pinkfarbenen Wände sind ein witziger Hingucker. Die Schließfächer sind riesig. Besitzer James ist eine super Infoquelle.

Rucksack Inn HOSTEL $

(Karte S. 714; ☎ 6295 2495; www.rucksackinn.com; 280 Lavender St; B ab 19 S$, Pods ab 31 S$, Privatzi. ab 80 S$; ❄ @ 📶; Ⓜ Bendemeer, Farrer Park) Nur einen kurzen Spaziergang vom Jalan-Besar-Bezirk, der Hipster-Adresse, entfernt befindet sich eine andere beliebte Option mit Klimaanlage. Es gibt Privatzimmer für bis zu 14 Gäste. Die Schlafsäle sind eine einfache Angelegenheit mit Etagenbetten oder Pods; einer ist nur für Frauen. Nette Extras sind der Wäscheservice (ab 10 S$), das nette Personal und der grün bepflanzte Dachgarten.

Shophouse the Social Hostel HOSTEL $

(Karte S. 714; ☎ 6298 8721; www.shophousehostel.com; 48 Arab St; B/DZ ab 20/70 S$; ❄ @ 📶; Ⓜ Bugis, Nicholl Hwy) Das praktisch gelegene, schön aufgemachte Hostel trumpft mit einer genialen Dachlounge und -terrasse mit wunderschöner Aussicht auf. In den Zimmern stehen Stockbetten aus dunklem Holz und die unverputzten Betonböden verströmen Industriecharme. Eine Etage ist den Damen der Schöpfung vorbehalten. Übernachtungsgäste erhalten im Café im Erdgeschoss (Working Title) 20 % Rabatt.

★ Wanderlust BOUTIQUE-HOTEL $$

(Karte S. 714; ☎ 6396 3322; www.wanderlust hotel.com; 2 Dickson Rd; Zi. ab 210 S$; ❄ @ 📶; Ⓜ Rochor, Jalan Besar) Das Wanderlust hat ei-

FUSSREFLEXZONENMASSAGE

Auf einem Stuhl „liegen" und sich die Druckpunkte an den Füßen von einem Masseur kneten und bearbeiten lassen, das ist Entspannen auf chinesische Art. Der Theorie nach sind bestimmte Bereiche der Füße mit bestimmten lebenswichtigen Organen verknüpft und die Blutzirkulation durch Massieren anzuregen wirkt sich positiv auf die Gesundheit aus. In der Praxis kann das Prozedere allerdings furchtbar schmerzhaft sein! In fast allen Einkaufszentren findet man einen Reflexologiesalon. Einer unserer Lieblingsläden in Chinatown ist die Shoppingmall **People's Park Complex** (www.peoplesparkcomplex.sg; 1 Park Rd; ⏰ 9–22 Uhr, Öffnungszeiten der Geschäfte unterschiedl.; Ⓜ Chinatown), vollgepackt mit günstigen, schlichten Reflexzonenmassagebuden.

nen echten Wow-Faktor, denn die Schlafgelegenheiten sind außergewöhnlich einfallsreich gestaltet. Manche Zimmer sind in strahlend bunten Farben gehalten, andere ruhig und monochrom. Dann gibt es wieder Mottos wie „Baum" oder „Weltraum". Wir empfehlen eine Runde Relaxen im Dachgarten samt Regenbogen-Whirlpool, bewacht von einer Herde Mini-Elefanten. Früh- und Online-Bucher können tolle Schnäppchen machen.

Essen

Makan (Essen) ist die große Leidenschaft der Singapurer. Sie reden ausführlich darüber, wie ihre letzte Mahlzeit war, machen jede Menge Fotos und posten diese und verfassen Online-Rezensionen. Das Essen ist eins der Aushängeschilder Singapurs, denn der multikulturelle Mix seiner Bevölkerung schafft eine der abwechslungsreichsten und leckersten kulinarischen Szenen der Welt.

Colonial District, Marina Bay & die Quays

★ Gluttons Bay HAWKER $

(Karte S. 706 f.; www.makansutra.com; 01–15 Esplanade Mall, 8 Raffles Ave; Gerichte ab 4,50 S$; ⏰ Mo–Do 17–2, Fr & Sa bis 3, So 16–1 Uhr; Ⓜ Esplanade, City Hall) Die vom *Makansutra Food Guide* ausgezeichneten Freiluftstände des Hawker Centre sind ein toller Ort, um eine kulinarische Entdeckungsreise durch Singapur zu beginnen. Man hat die Qual der Wahl zwischen Klassikern wie Austernomelette, gegrilltem Stachelrochen und Karottenkuchen (die schwarze Variante bestellen). Dank seiner zentralen Lage an der Bucht ist es außerordentlich beliebt, daher sollte man entweder früh oder spät hingehen, um sich die lästige Jagd nach einem Tisch zu ersparen.

Satay by the Bay HAWKER $

(☎ 6538 9956; www.sataybythebay.com.sg; Gardens by the Bay, 18 Marina Gardens Dr; Gerichte ab 4 S$; ⏰ Essensstände unterschiedl., Getränkestände 24 Std.; Ⓜ Bayfront) Gardens by the Bay hat ein eigenes Hawker Centre in traumhafter Lage fernab vom Stadtlärm an der Marina Bay. Abends ist es dort besonders stimmungsvoll. Es ist berühmt für sein Satay, das man am besten unter offenem Himmel auf der großen Holzterrasse genießt. Erwartungsgemäß sind die Preise etwas höher als in den anderen Hawker Centres der Stadt: die meisten Gerichte kosten zwischen 8 und 10 S$.

Singapore Food Treats HAWKER

(Karte S. 706 f.; Singapore Flyer, 30 Raffles Ave; Gerichte 6–15 S$; ⏰ 11–22 Uhr; ❄ Ⓜ Promenad[e]) Nachbildung von Hawker-Ständen im R[e]tro-Look der 1960er-Jahre, allerdings m[it] Klimaanlage. Im Schatten des **Singapo[re] Flyer** (Karte S. 706 f.; ☎ 6333 3311; www.singapo[re]flyer.com) findet man diverse lokale Spezia[li]täten, etwa Hühnchen mit Reis und *laksa*.

Rasapura Masters HAWKE[R]

(Karte S. 706 f.; ☎ 6688 6888; www.marinab[ay]sands.com; B2–50 Shoppes at Marina Bay Sands, Bayfront Ave; Gerichte ab 5 S$; ⏰ 24 Std., Stän[de] unterschiedl.; 📶 ❄; Ⓜ Bayfront) Wer sein Ess[en] aus dem Hawker Centre am liebsten in k[li]matisierter Umgebung zu sich nimmt, mac[ht] sich auf in diesen lebendigen, funkelnd[en] Food Court im Untergeschoss des Einkau[fs]zentrums Marina Bay Sands. An den Stä[n]den bekommt man fast alle Favoriten, d[ar]unter japanischen Ramen und koreanisch[en] Kimchi, gegrilltes Fleisch nach Hongko[ng-]Art und regionalen *bak kut teh* („Schwei[ne]rippentee", eine kräftige Bouillon mit Kr[äu]chen und Gewürzen).

★ National Kitchen by Violet Oon PERANAKA[N]

(Karte S. 706 f.; ☎ 9834 9935; www.violetoon.c[om]; 02–01 National Gallery Singapore, 1 St Andrew's [Rd;] Gerichte 15–42 S$; ⏰ 12–14.30 & 18–21.30 [Uhr,] high tea 15–16.30 Uhr; Ⓜ City Hall) Küchenche[f]

Violet Oon ist ein Nationalheiligtum und heiß geliebt für ihre originalgetreuen Peranakan-Gerichte (chinesisch-malaiisch) – so sehr, dass sie ihre neueste Filiale in der Nationalgalerie von Singapur (S. 704) eröffnen durfte. Auf der Karte stehen hausgemachte Köstlichkeiten wie süße, würzige *kueh pie ti* (Becherpasteten mit Garnelen und Yambohnen), trockene *laksa* und Rindfleisch-*rendang* (ähnlich einem Curry). Mindestens zwei Wochen im Voraus reservieren!

Super Loco Customs House MEXIKANISCH $$
(Karte S. 706 f.; ☎ 6532 2090; www.super-loco.com/customshouse; 01-04 Customs House, 70 Collyer Quay; Gerichte 8–38 S$, Mittagsmenü ab 35 S$; ⏰ Mo–Do 12–15 & 17–22.30, Fr 12–23, Sa 17–23 Uhr; 📶; Ⓜ Raffles Place, Downtown) Die perfekte Ha-enlage und die hübschen Lichterketten zau-ern eine entspannte Atmosphäre mitten im eschäftstüchtigen CBD. Spezialität des Hau-es sind Tacos und auch die Variante *de angrejo* mit pikantem Krebsfleisch und Ana-as ist klasse. Das Ganze kann man mit einer chönen Margarita hinunterspülen, während nan den Blick auf Marina Bay Sands auf sich virken lässt.

Chinatown & das CBD

★ **Maxwell Food Centre** HAWKER $
(arte S. 710; Ecke Maxwell Rd & South Bridge Rd; erichte ab 2,50 S$; ⏰ Stände unterschiedl.; 📶; Chinatown) Eins der am besten zu errei-enden Hawker Centres in Chinatown ist as Maxwell, in dem man die Klassiker des ngapurer Streetfood bekommt. Je nach ıst und Laune der wankelmütigen Singa-ırer sind mal die einen, mal die anderen ände besonders beliebt. Zu unseren im-erwährenden Favoriten zählen u. a. **Tian an Hainanese Chicken Rice** (Karte S. 710; 10 Maxwell Food Centre; Hühnchen mit Reis ab 0 S$; ⏰ Di–So 10–17 Uhr) und **Rojak, Popiah Cockle** (Karte S. 710; 01-56 Maxwell Food Cent- Popiah 1,30 S$, Rojak 3–8 S$; ⏰ 10–22 Uhr).

Chinatown Complex HAWKER $
arte S. 710; 335 Smith St; Gerichte ab 3 S$; Stände unterschiedl.; Ⓜ Chinatown) Die umge-ltete „Chinatown Food Street" in der iith Street kann man getrost den Auswär-en überlassen und sich dafür den alten sen und Gourmets in diesem Labyrinth schließen, in dem sich der mit einem Mi-elin-Stern gekürte Hawker-Stand Hong ng Soya Sauce Chicken Rice & Noodle (s. hts) befindet – ob sich die dreistündige Wartezeit lohnt, muss aber jeder für sich selbst entscheiden. Weitere Highlights sind der gemischte Reis aus dem Tontopf bei **Lian He Ben Ji Claypot Rice** (Karte S. 710; ☎ 6227 2470; 02-198/199 Chinatown Complex; Gerichte 2,50–5 S$, Reis aus dem Tontopf 5–20 S$; ⏰ Fr–Mi 16.30–22.30 Uhr) und das gehaltvolle, nussige Satay bei **Shi Xiang Satay** (Karte S. 710; 02-79 Chinatown Complex; 10 Spieße 6 S$; ⏰ Fr–Mi 16–21 Uhr) ist umwerfend.

Richtiges Soul Food ist die Ten Tonic Ginseng Chicken Soup bei **Bonne Soup** (Karte S. 710; www.facebook.com/SingaporeBestHawkerSoup; 02-05, Chinatown Complex; Suppen 3,20–7 S$; ⏰ 10–20 Uhr). Nach 18 Uhr empfehlen wir einen Abstecher zu Smith Street Taps (S. 730) und Good Beer Company (S. 730), dort gibt's handwerklich gebraute Craft- und andere Top-Biere.

★ **A Noodle Story** NUDELN $
(Karte S. 710; ☎ 9027 6289; www.anoodlestorydotcom.wordpress.com; 01-39 Amoy Street Food Centre, Ecke Amoy St & Telok Ayer St; Nudeln 7–9 S$; ⏰ Mo–Fr 11.15–14.30 & 17.30–19.30, Sa 10.30–13.30 Uhr; Ⓜ Telok Ayer) Mit Schlängellinie und Vorabentschuldigung („Wir sind vielleicht früher ausverkauft als vereinbart.") an der Vorderseite präsentiert sich dieser Gourmet-Magnet mit genau einem Gericht. Das Objekt der Begierde sind Ramen-Nudeln nach Singapur-Art, kreiert von zwei jungen Köchen namens Gwern Khoo und Ben Tham: eine Mischung aus japanischen Ramen und Wonton-*mee* (Nudeln). Das Ergebnis ist reine Glückseligkeit in einer einzigen Schüssel, gekrönt von einer Garnele im knusprigen Kartoffelmantel.

★ **Hong Kong Soya Sauce Chicken Rice & Noodle** HAWKER $
(Karte S. 710; 02-126 Chinatown Complex, 335 Smith St; Gerichte 2–3 S$; ⏰ Mo, Di, Do & Fr 10.30–19, Sa & So ab 8.30 Uhr; Ⓜ Chinatown) Seitdem dieser bescheidene Stand mit einem Michelin-Stern ausgezeichnet wurde, steht er im kulinarischen Rampenlicht und schon Stunden, bevor Herr Chan Hon Meng öffnet, bildet sich eine Menschenschlange. Manchmal belaufen sich die Wartezeiten auf drei Stunden! Zu den Vorzeigegerichten gehören das zarte Hühnchen in Sojasoße und das karamellisierte Schweinefleisch *char siew* mit Reis oder Nudeln. Ob sich das lange Warten lohnt? Ohne Frage.

Chan Hong Meng ist nicht müßig gewesen und hat bereits drei neue Niederlassungen eröffnet. Die nächstgelegene Filiale ist direkt vorm Chinatown Complex auf der

Smith St (Karte S. 710; 78 Smith St; Gerichte 3–10 S$; ⌚ Do–Di 10–19 Uhr; Ⓜ Chinatown); nach dem rot-blauen Schild Ausschau halten. Hier ist die Karte umfangreicher und das Ambiente steriler. Außerdem sind die Preise höher. Deshalb unser Tipp: lieber beim Original bleiben.

Ah Chiang's CHINESISCH $
(☎ 6557 0084; www.facebook.com/ahchiangporridgesg; 01-38, 65 Tiong Poh Rd; Porridge 4–5 S$; ⌚ 6–23 Uhr; Ⓜ Outram Park) Im Ah Chiang's kann man sich zu schwatzenden Herrschaften und Hipster-Typen der Generation Y gesellen und kantonesisches Wohlfühlessen für die Seele genießen. Hauptattraktion dieses Retro-*kopitiam* (Coffeeshop) ist duftender, über Kohle erwärmter *porridge* (Reisbrei). Das macht glücklich und zufrieden, man sollte aber auf jeden Fall auch die rohen Fischstücke mit Sesamöl kosten. Nicht die Schüssel auslecken!

Little India & Kampong Glam

★ **Zam Zam** MALAYSISCH $
(Karte S. 714; ☎ 6298 6320; www.zamzamsingapore.com; 697–699 North Bridge Rd; murtabak ab 5 S$; ⌚ 19–23 Uhr; Ⓜ Bugis) In dem 1908 eröffneten Lokal ruht man sich nicht auf seinen Lorbeeren aus, sondern verlässt sich zusätzlich auf Schlepper, die versuchen, Passanten hereinzulocken, während hektische Köche in Windeseile Teig für köstliche *murtabaks* zubereiten. Die herzhaften Pfannkuchen mit einer Füllung aus saftigem Lamm, Hähnchen, Rindfleisch, Wild oder sogar Sardinen sind die Spezialität des Hauses. Da die Portionen gigantisch sind, bestellt man zu zweit am besten einmal medium und teilt.

Hill Street Tai Hwa Pork Noodle HAWKER $
(Karte S. 714; www.taihwa.com.sg; 01-12, Block 466, Crawford Lane; Nudeln 6–10 S$; ⌚ 9.30–21 Uhr; Ⓜ Lavender) Die Einheimischen haben versucht, diesen Stand (in der zweiten Generation in Familienbesitz) geheim zu halten, doch jetzt, da er mit einem Michelin-Stern gekürt wurde, ist das nicht mehr möglich. Das *bak chor mee* (Nudeln mit gehacktem Schweinefleisch) nach Teochew-Art ist legendär. Am besten kommt man ganz früh morgens her, schon bevor der Laden aufmacht. Dann kann man sich eine Nummer schnappen statt sich in der immer länger und länger werdenden Schlange anzustellen. Die Schüsseln gibt es in vier verschiedenen Größen, die Option für 8 S$ macher ausreichend satt.

PFLICHTLEKTÜRE ZUM THEMA ESSEN

- *Makansutra Singapore* (KF Seetoh)
- *Only the Best! The ieatishootipost Guide to Singapore's Shiokest Hawker Food* (Leslie Tay)
- *Singapore Tatler: Best Restaurants Guide* (https://sg.asiatatler.com)
- *Michelin Guide Singapore* (https://guide.michelin.com)

Tekka Centre HAWKER $
(Karte S. 714; Ecke Serangoon Rd & Buffalo Rd; Gerichte 3–10 S$; ⌚ 7–23 Uhr, Stände unterschiedl; ✎; Ⓜ Little India) In diesem quirligen Hawker Centre am Frischmarkt fehlt es nicht an subkontinentaler Würze: Serviert werden authentische *biryani*, *dosa* (dünne Linsenmehlpfannkuchen), *roti prata* (Weizenmehlpfannkuchen) und *teh tarik* („gezogener Tee" aus Schwarztee und Kondensmilch). Einen Besuch wert ist das **Ah Rahman Royal Prata** (Karte S. 714; 01-248 Tekka Centre; murtabak ab 5 S$; ⌚ Di–So 7–22 Uhr; Ⓜ Little India), wo man einen der besten *murtabak* (herzhafter gefüllter Pfannkuchen) in ganz Singapur bekommt.

QS269 Food House HAWKER
(Karte S. 714; Block 269B, Queen St; Gerichte a 2,50 S$; ⌚ Stände unterschiedl.; Ⓜ Bugis) Da Food House gleicht eher einer lauten, „heimlichen Fressgasse" aus Ständen mit Kultst tus. Bei einer Schale der preisgekrönten N delsuppe von **Ah Heng** (Karte S. 714; www.fa book.com/AhHengChickenCurryNoodles; ☎ 01-2 QS269 Food House; Suppe 4,50–6,50 S$; ⌚ 9.3 22 Uhr; Ⓜ Bugis) ins Schwitzen kommen od sich in die Schlange vor dem **New Rong Liang Ge** (Karte S. 714; ☎ 01-235 QS269 Food Hou Gerichte ab 2,50 S$; ⌚ 9–20 Uhr, 1. Mi im Monat schl.; Ⓜ Bugis) einreihen, dessen saftige gebr tene Ente Gourmets aus der ganzen Sta anzieht. Die Gasse findet man, wenn man der Gebäudeseite hinuntergeht.

Bismillah Biryani INDISC
(Karte S. 714; ☎ 9382 7937; www.facebook.co bismillahbiryanisg; 50 Dunlop St; Kebabs ab 6 Biryani ab 8,50 S$; ⌚ 11.30–15 & 17.30–21 U Ⓜ Rochor) Es heißt, dass es hier das be *biryani* von Singapur gibt. Die Besitzer hab noch einen drauf gesetzt und sprechen v „wahrscheinlich besten *biryani* schlechth

Die Spezialität ist die Variante mit Lamm – und sie ist wirklich etwas ganz Besonderes –, doch selbst die wird noch übertroffen vom Lamm-Kebab mit Fleisch so zart, dass es auf der Zunge zerfällt. Man sollte möglichst früh aufschlagen, denn die besten Gerichte sind oft schon lang vor Ladenschluss ausverkauft.

Moghul Sweets SÜSSIGKEITEN **$**
(Karte S. 714; ☎ 6392 5797; 01–16 Little India Arcade, 48 Serangoon Rd; Süßigkeiten ab 1 S$; ⌚ 9.30–21.30 Uhr; Ⓜ Little India) Wen es nach einem vorderindischen Zuckerrausch gelüstet, der ist im winzigen Moghul genau richtig. Neben köstlichen *gulab jamun* (in Sirup getränkte frittierte Teigbällchen) findet man hier auch die selteneren *rasmalai* (Panir in Streichrahm mit Kardamom) und *barfi* (Mandelmilchkonfekt) in verschiedenen Geschmacksrichtungen wie Pistazie, Schokolade sowie Karotte.

Warong Nasi Pariaman MALAYSISCH, INDONESISCH **$**
(Karte S. 714; ☎ 6292 2374; www.pariaman.com.sg; 736–738 North Bridge Rd; Gerichte ab 3 S$; ⌚ 7.30–20 Uhr; Ⓜ Bugis) Der einfache Eckstand mit *nasi padang* (Reis mit Currys) ist legendär. Am beliebtesten bei den Gästen sind Gerichte wie köstliches Rindfleisch-*rendang*, scharfes *sambal goreng* (lange Bohnen, Tempeh und gebratener Bohnenquark) und *ayam bakar* (Grillhähnchen mit Kokossoße). Wer bereits um 11 Uhr herkommt, umgeht die Menschenmengen mit Mittagspausenhunger, wer keine Lust auf Anstehen zum Abendessen hat, sollte gegen 17 Uhr hier sein. Und um Enttäuschungen zu vermeiden, ein Wort der Warnung: Die meisten Gerichte sind schon vor Ladenschluss ausverkauft.

★ **Cicheti** ITALIENISCH **$$**
(Karte S. 714; ☎ 6292 5012; www.cicheti.com; 52 Kandahar St; Pizzas 18–25 S$, Hauptgerichte 22–35 S$; ⌚ Mo–Fr 12–14.30 & 18.30–22.30, Sa 18–22.30 Uhr; Ⓜ Bugis, Nicoll Hwy) Ein cooler Laden. Das schicke, nette, lebendige Cicheti bietet eine Mischung aus jungen Pizzabäckern, trendigen Gästen und verführerischer moderner italienischer Küche. Die Speisen werden mit handverlesenen Zutaten vom Markt zubereitet. Das Ergebnis sind wundervolle Pizzas vom Holzkohlenfeuer, selbstgemachte Pasta und abendliche Vorlegegerichte wie *polpette di carne grana* (schonend gegarte Fleischbällchen mit Parmesanspänen). Wer freitag- oder samstagabends hier essen möchte, sollte Anfang der Woche reservieren.

DIE „HEARTLANDS“

Orchard Road und das CBD bieten Touristen eine Menge Sehenswertes, eine ordentliche Dosis Lokalkolorit versprechen aber die Wohnviertel. Man wähle eine beliebige MRT-Haltestelle und lasse das Einkaufszentrum hinter sich (denn gewöhnlich findet man sich nach Verlassen der Station in einem Einkaufszentrum wieder) – und schon offenbart sich der singapurische Alltag in all seiner Pracht, mit Frischmärkten, Stammcafés der Viertelbewohner, Schneider- und Barbiergeschäften, Verkaufshallen für chinesische Medizin und mehr. Lebendige Wohnbezirke sind z. B. Tampines, Jurong, Bishan, Toa Payoh und Ang Mo Kio.

Orchard Road

Food Republic FOOD COURT **$**
(Karte S. 716; www.foodrepublic.com.sg; Level 4, Wisma Atria, 435 Orchard Rd; Gerichte 5–15 S$; ⌚ 10–22 Uhr; 📶; Ⓜ Orchard) An der Vielzahl klimatisierter Streetfood-Stände gilt es zuerst, inmitten des Menschenandrangs einen Sitzplatz zu ergattern. Dann muss man geduldig Schlange stehen für eine der japanischen, koreanischen, thailändischen, indischen, indonesischen und Singapurer Spezialitäten.

Takashimaya Food Village FOOD COURT **$**
(Karte S. 716; ☎ 6506 0458; www.takashimaya.com.sg; B2 Takashimaya Department Store, Ngee Ann City, 391 Orchard Rd; Gerichte 4–17 S$; ⌚ 10–21.30 Uhr; 📶; Ⓜ Orchard) Im Untergeschoss des japanischen Kaufhauses Takashimaya werden im blitzenden, weitläufigen Food Court die beliebtesten Klassiker der japanischen Küche sowie weitere asiatische Gerichte zubereitet. Köstlich sind die Schalen mit Nudeln bei Tsuru-koshi. Auch eine große Filiale des Supermarkts Cold Storage ist hier zu finden.

Newton Food Centre HAWKER **$**
(Karte S. 716; 500 Clemenceau Ave Nth; Gerichte ab 2 S$; ⌚ 12–2 Uhr, Stände unterschiedl.; Ⓜ Newton) Nach einer „kleinen“ Renovierung hat das berühmte Hawker Centre im April 2016 wieder eröffnet. Der tollen Atmosphäre hat der Umbau keinen Abbruch getan. Hier könnte man

BAITEREK MEDIA/SHUTTERSTOCK ©

KANUMAN/SHUTTERSTOCK ©

dens by the Bay (S. 705)
Billion US$ teure botanische t eine 101 Hektar große Fanta- it Glaskuppeln wie von einem Stern, *supertrees* und skurrilen en.

Orchard Mall (S. 733)
stische ION ist das Highlight der er Orchard Road. Es gibt Desig- äfte, viele kulinarische Angebote ussichtspunkt ION Sky.

etfood
Küche ist einer der Trümpfe Sin- d der Satay Street market in der Street ein Traum für Genießer.

ion-Statue
n, eine mythologische Kreatur kopf und Fischkörper, ist das of- skottchen Singapurs. Die Statue erlion-Park an der Marina Bay.

2

CHATCHAWAT PRASERTSOM/SHUTTERSTOCK ©

sich ein ganzes Jahr durchschlemmen, ohne sich je zu langweilen. Bekannte Stände sind Sheng Da BBQ (01-02, gegrillter Fisch und Meeresfrüchte), Hup Kee (01-73, Austernomeletts) und Kwee Heng (01-13). Die Schlepper können Touristen gehörig auf die Nerven gehen; einfach ignorieren. (Die besten Läden müssen nicht mit Schleppern auf sich aufmerksam machen.)

Ausgehen & Nachtleben

Ob Cocktailbars im Flüsterkneipenstil, Edel-Bierstand oder Kaffeerösterei mit traditioneller Herstellung, Singapur entdeckt die höhere Kunst des Ausgehens und Trinkens. Auch die Clubszene kann sich sehen lassen. Neu dabei sind ein futuristischer Club in den Wolken, eine Adresse im Untergeschoss, die auch gut in die Straßen Tokios passen würde, und ein Techno-Refugium im Boat-Quay-Viertel.

Colonial District, Marina Bay & die Quays

Boat Quay und Clarke Quay wimmeln nur so von touristischen Kneipen und Bars. Hinterm Boat Quay gibt es auch ein paar etwas anspruchsvollere Cocktailbars. Darüber hinaus bestehen reichlich Möglichkeiten, sich auf einem Dach mit Ausblick niederzulassen. Die nettesten Dachbars liegen an der Marina Bay.

★28 HongKong Street COCKTAILBAR

(Karte S. 706 f.; www.28hks.com; 28 Hongkong St; Mo–Do 17.30–1, Fr & Sa bis 3 Uhr; M Clarke Quay) Das sanft beleuchtete 28HKS spielt gewissermaßen Verstecken in einem nicht weiter gekennzeichneten *shophouse* aus den 60ern. Drinnen kann man in gemütlichen Sitznischen Platz nehmen und dabei zusehen, wie passionierte Barkeeper Alkohol in kleine Flüssigkunstwerke verwandeln, die mit der jeweiligen Promillezahl versehen sind. Die Cocktails, etwa der erfrischende Planter's Punch mit Rum, Grenadine, Zitrus und Darjeeling-Tee, sind sensationell. Klassiker aus dem (hauseigenen) Fass, seltene Biere und superleckeres Essen machen die Sache perfekt.

★Zouk CLUB

(Karte S. 706 f.; 6738 2988; www.zoukclub.com; 3C River Valley Rd; Frauen/Männer ab 30/35 S$ (als Mindestverzehr in Getränke umsetzbar); Zouk Fr, Sa & Mi 22–4 Uhr, Phuture Mi & Fr 22–3, Do 22–2, Sa 22–4 Uhr, Red Tail So–Di & Do 18–23, Mi & Fr 19–3, Sa 19–4 Uhr, Capital Do 22–2, Fr 22–3, Sa 22–4 Uhr; M Clarke Quay, Fort Canning) Nach ausgiebigem Abschied von der ursprünglichen Location, hat sich dieser legendäre Club nun an seinem neuen Standort am Clarke Quay eingelebt. Das Zouk ist die richtige Adresse, wenn man mal so richtig abfeiern möchte – musikalisch angeheizt von den weltbesten DJs und in der Gesellschaft der High Society von Singapur. Der Hauptclub besteht aus zwei Geschossen; auf der Tanzfläche geht die Post ab und die Beleuchtung ist irre. Im mit Graffitis besprühten Phuture liegt der Schwerpunkt auf Hip-Hop.

Ah Sam Cold Drink Stall COCKTAILBAR

(Karte S. 706 f.; 6535 0838; www.facebook.com/AhSamColdDrinkStall; 60A Boat Quay; Mo–Do 18–24, Fr & Sa bis 2 Uhr; M Clarke Quay, Raffles Place) Wer in dieser Cocktailbar über den billi gen Boat-Quay-Kaschemmen war, hat an schließend das wissende Grinsen der Insider im Gesicht. Vintage-Poster von Hongkong zieren das Ah Sam, in dem man sich ehe wie auf einer Privatparty als in einer Ba fühlt. Die Spezialität sind asiatische Cocktails. Man teile dem Barkeeper mit, was ma gern trinkt, und schaue anschließend dabe zu, wie ausgefeilte Kreationen geschüttel gerührt und gemixt werden.

CÉ LA VI SkyBar BA

(Karte S. 706 f.; 6508 2188; www.sg.celavi.co Level 57, Marina Bay Sands Hotel, Turm 3, 10 Bayfro Ave; Eintritt 20 S$ als Mindestverzehr in Getränk oder Essen umsetzbar; 12 Uhr–open end; M Ba front) Im „freischwebenden" SkyPark d Marina Bay Sands Hotel eröffnet sich e Blick auf die Skyline von Singapur und d Hinterland, bei dem einem sprichwörtli die Kinnlade runterfällt. Ab 18 Uhr gilt d Kleiderordnung (keine kurzen Hosen, U terhemden oder Flip-Flops) und ab 19 U legen dann DJs auf. Unser Tipp lautet, si den Eintritt zur Aussichtsterrasse des San SkyPark (S. 706) zu sparen und stattdess hier einen Cocktail zu bestellen – der to Ausblick ist derselbe.

Loof B

(Karte S. 706 f.; 6337 9416; www.loof.com. 03-07, Odeon Towers Building, 331 North Bridge Mo–Do 17–1, Fr & Sa bis 2 Uhr; ; M City H Bras Basah) „Schön, dass Sie hier herauf kommen sind", lobt ein rotes Neonschild fröhlichen Loof, dessen Name eine Verba hornung des englischen „Roof" ist. H kann man toll auf der Dachterrasse sitz und mit einem Singapore Sour mit Ca

VOM KOPI ZUM KAFFEE

Seit Generationen schon wird in altmodischen *kopitiams* (traditionelle Cafés) *kopi* (Kaffee) serviert, Singapurs Spezial-Kaffee-Szene ist derweil ein eher neues Phänomen. Inspiriert von der australischen Kaffeekultur mit Bohnen aus traditioneller Herstellung gibt es jetzt auch in modernen Cafés wie dem **Ronin** (Karte S. 706 f.; http://ronin.sg; 17 Hongkong St; ⏲8–18 Uhr; Ⓜ Clarke Quay, Raffles Place), **Atlas** (☎ 6314 2674; www.atlascoffee house.com.sg; 6 Duke's Rd; ⏲Di–So 8–19 Uhr; Ⓜ Botanic Gardens) und **Maison Ikkoku** (Karte S. 714; ☎ 6294 0078; www.maison-ikkoku.net; 20 Kandahar St; ⏲Café Mo–Do 9–21, Fr & Sa bis 23, So bis 19 Uhr, Bar So–Do 16–1, Fr & Sa bis 2 Uhr; 📶; Ⓜ Bugis) ethisch einwandfreien Kaffee aus saisonalen Bohnen. Entweder werden Espressomaschinen oder brandaktuelle Brühmethoden wie z. B. japanische Siphon-Kaffeebereiter und AeroPress-Maschinen verwendet. Auch die Cafés, die ihre eigenen Bohnen anbauen und rösten, sind auf dem Vormarsch. Besonders gut finden wir Chye Seng Huat Hardware (S. 730) und Nylon Coffee Roasters (S. 730).

mondiorange in der Hand auf das Raffles Hotel und Marina Bay Sands hinunterblicken. Unter der Woche ist immer von 17 bis 20 Uhr Happy Hour.

Orgo BAR

(Karte S. 706 f.; ☎ 6336 9366; www.orgo.sg; 04-01 Esplanade Theatres on the Bay, Dachterrasse, 8 Raffles Ave; ⏲So–Mi 18–1, Do–Sa bis 2 Uhr; Ⓜ Esplanade) Hier kann man sich leicht als Hauptfigur einer romantischen Hollywood-Komödie fühlen. Der Blick auf die Skyline ist so eindrucksvoll, dass einem fast die Tränen kommen. Nicht weinen – lieber in einem der Korbsessel bequem machen, einen Wein bestellen (Cocktails bekommt man anderswo besser), sich bei sinnlicher Musik leise unterhalten und die Aussicht bei Instagram festhalten.

Level 33 MIKROBRAUEREI

(☎ 6834 3133; www.level33.com.sg; Level 33, Marina Bay Financial Tower 1, 8 Marina Blvd; ⏲Mo–Do 11.30–24, Fr & Sa bis 2, So 12–24 Uhr; 📶; Ⓜ Downtown) In einem Land, das besessen ist von einzigartigen Verkaufsanreizen, spielt das Level 33 in einer eigenen Liga. Die welthöchste „urbane Mikrobrauerei" im 33. Stock braut ihr eigenes Lager, Pale Ale, Stout, Porter und Weizen. Unter freiem Himmel kann man sich mit einem umwerfenden Blick auf die Marina Bay durch die Bierkarte probieren. Schnäppchenjäger aufgepasst: Vor 20 Uhr gibt's die Biere zu einem günstigeren Preis.

Chinatown & das CBD

Die Club Street und die angrenzende Ann Siang Road sind das Herz von Singapurs boomender Barszene. Beide Straßen sind Freitag und Samstag ab 19 Uhr für den Straßenverkehr gesperrt. Jenseits des Hügels, auf der Amoy und Telok Ayer Street, findet man mehrere versteckte kleine Bars, wenn man genau hinschaut. Südlich von Chinatown bieten Tanjong Pagar und Duxton Hill eine stetig wachsende Anzahl von Insider-Cafés und Kneipen. Wenn einem der Sinn nach einem Bier ohne viel Schnickschnack steht, sind auch die Hawker Centres in Chinatown eine gute Anlaufstelle.

★ **Operation Dagger** COCKTAILBAR

(Karte S. 710; ☎ 6438 4057; www.operationdagger.com; 7 Ann Siang Hill; ⏲Di–Sa 18 Uhr–open end; Ⓜ Chinatown, Telok Ayer) Von der „wolkenähnlichen" Lichtskulptur bis hin zu den Grenzen überschreitenden Cocktails ist „außergewöhnlich" wohl die passendste Beschreibung für diese Cocktailbar. Um die Experimentierfreude der Gäste zu fördern, werden die Getränke durch ihren Geschmack beschrieben und nicht durch die Alkoholsorten, mit denen sie zubereitet werden. Letztere verbergen sich in gleich aussehenden Flaschen, die an Arzneiflaschen in der Apotheke denken lassen. Wir empfehlen, den *gomashio* mit Sesamgeschmack zu probieren oder sich von der Textur des Hot & Cold überraschen zu lassen. Ein Symbol weist einem den Weg den Hügel hinauf, wo die Club Street und Ann Siang Hill aufeinandertreffen.

★ **Employees Only** COCKTAILBAR

(Karte S. 710; http://employeesonlysg.com; 112 Amoy St; ⏲Mo–Fr 17–1, Sa bis 2, So 18–1 Uhr; Ⓜ Telok Ayer) Dieser Ableger der berühmten New Yorker Cocktailbar desselben Namens hat einen Hauch von Großstadt-Energie nach Singapur gebracht – ganz zu schweigen von einer erstaunlichen Auswahl an innovativen

Drinks. Die Preise verursachen einem eventuell Unwohlsein, das durch die großzügige Mixmethode nach Augenmaß (ohne Messbecher) möglicherweise bekämpft werden kann – wobei das eine oder andere „Leichtgewicht" deshalb auch schon mal vom Stuhl kippt. Den Eingang markiert ein pinkes Neon-Schild („Psychic").

★ Native BAR

(Karte S. 710; ☎ 8869 6520; www.tribenative.com; 52A Amoy St; ⏲ Mo–Sa 18–24 Uhr; Ⓜ Telok Ayer) Das Native ist eine von vielen angesagten Bars entlang der Amoy Street und nicht ganz leicht zu finden. Sie ist das „Baby" des Ausnahme-Barkeepers Vijay Mudaliar, der früher im Operation Dagger gearbeitet hat. Alle reden über seine Mischungen. Wenn der „Antz"-Cocktail (*ants* ist das englische Wort für Ameisen) serviert wird, sollte man dennoch besser nicht an die letzte Ausgabe des Dschungelcamps denken … Die verwendeten Spirituosen stammen allesamt aus der Region; der Rum kommt aus Thailand, der Arak aus Sri Lanka. Dem werden ebenfalls lokale Zutaten hinzugefügt. Man erwarte das Unerwartete.

★ Nylon Coffee Roasters CAFÉ

(Karte S. 710; ☎ 6220 2330; www.nyloncoffee.sg; 01-40, 4 Everton Park; ⏲ Mo & Mi–Fr 8.30–17.30, Sa & So 9–18 Uhr; Ⓜ Outram Park, Tanjong Pagar) Die Sozialwohnungssiedlung Everton Park birgt dieses briefmarkengroße Stehcafé mit Rösterei, das einen ausgezeichneten Ruf für seine saisonalen Bohnenmischungen und beeindruckenden Kaffeesorten mit Herkunft aus einem einzigen Anbaugebiet genießt. Der Laden wird von einer Gruppe sympathischer, eifriger Kaffeeliebhaber geführt, die sich mit den Kunden über ihren letzten Ausflug zur Kaffeeplantage unterhalten (die Betreiber stehen in direktem Kontakt mit den Kaffeebauern) oder über die Vorzüge der French-Press-Aufbrühmethode.

Good Beer Company CRAFT-BIER

(Karte S. 710; ☎ 9430 2750; www.facebook.com/goodbeersg; 02-58 Chinatown Complex, 335 Smith St; ⏲ Mo–Sa 18–22 Uhr; Ⓜ Chinatown) Dieser Hawker-Centre-Bierstand bringt neue Coolness in den Chinatown Complex. Die Auswahl an Gebräuen aus den entlegensten Ecken der Welt ist gewaltig. Ein paar Stände weiter findet man **Smith Street Taps** (Karte S. 710; ☎ 9430 2750; www.facebook.com/smithstreettaps; 02-62 Chinatown Complex; ⏲ Di–Do 18.30–22.30, Fr 17–23, Sa 14–22.30 Uhr; Ⓜ Chinatown) unter freundlicher Leitung mit einer wechselnden Auswahl an Craft- und Premiumbieren vom Fass.

Little India & Kampong Glam

★ Chye Seng Huat Hardware CAFÉ

(CSHH Coffee Bar; Karte S. 714; ☎ 6396 0609; www.cshhcoffee.com; 150 Tyrwhitt Rd; ⏲ Di–Do & So 9–22, Fr & Sa bis 24 Uhr; Ⓜ Bendemeer, Farrer Park, Lavender) Das coolste Café samt Rösterei von Singapur befindet sich in einem ehemaligen Art-déco-Eisenwarenladen. Zu den Angeboten der dritten Generation gehört Nitro Black Matter vom Fass, ein malziger, kalter Kaffee mit CO_2. Mit einem der Seminare (a

EINREISE NACH INDONESIEN: VON SINGAPUR ZUM RIAU-ARCHIPEL

Anreise zur Grenze Zwischen Singapur und den beiden Inseln Pulau Batam und Pulau Bintan im Riau-Archipel bestehen direkte Fährverbindungen. Die Boote sind modern, schnell und klimatisiert. Die einfache Fahrt nach Batam schlägt mit ca. 25 S$ zu Buche, nach Bintan sind es 45 S$. Fähren nach Batam Centre, Sekupang, Harbour Bay und Waterfront City (allesamt auf Batam) legen vom Terminal HarbourFront ab, Fähren nach Bintan sowie Harbour Bay, Batam Centre und Nongsapura auf Batam nutzen derweil das Terminal Tanah Merah. Es bestehen überdies günstige Flugverbindungen nach Medan (tgl.).

An den Grenzen Die Grenzposten auf Bintan und Batam sind während der Betriebszeiten der Fähren geöffnet und die Einreise wird auf beiden Seiten unkompliziert abgewickelt. Die Angehörigen der meisten Nationalitäten erhalten vor Ort ein 30-Tage-Visum für Indonesien (kostenlos) bzw. können eins, das gegen Gebühr um weitere 30 Tage verlängert werden kann, für 35 US$ kaufen; die für das eigene Land geltenden Visabestimmungen sollte man vorab bei einem indonesischen Konsulat abklären.

Informationen zur Grenzüberquerung in die Gegenrichtung siehe S. 184.

EINREISE NACH MALAYSIA: VON SINGAPUR NACH JOHOR BAHRU ODER TANJUNG BELUNGKOR

Man kann zwar ab Tanjung Belungkor mit dem Schiff nach Malaysia einreisen, aber die folgenden Alternativen bieten im Anschluss bessere Verkehrsverbindungen.

Anreise zur Grenze Am einfachsten kommt man mit dem **Causeway Link Express** (www.causewaylink.com.my) an die Grenze. Busse verkehren zwischen 6 und 23.45 Uhr alle 15 bis 30 Minuten; die einfache Fahrt kostet 3,50/3,40 RM. Es gibt mehrere Routen, u. a. halten Busse am **Queen Street Bus Terminal** (Karte S. 688; Ecke Queen St & Arab St; M Bugis), Newton Circus, Jurong East Bus & MRT Interchange sowie an der MRT-Haltestelle Kranji.

An den Grenzen Am Singapurer Checkpoint steigt man mit seinem Gepäck aus und geht durch den Einreiseschalter, dann steigt man in den nächsten Bus ein (Ticket aufbewahren). Nachdem man diesen Vorgang auf der malaysischen Seite wiederholt hat, ist man nur noch einen kurzen Fußmarsch vom Zentrum von JB entfernt.

Weiterreise Die meisten Busse halten unterwegs auch am Larkin Bus Terminal (Larkin Sentral), 5 km vom Zentrum von JB entfernt. Von hier aus starten zahlreiche Langstreckenbusse zu mehreren Zielen in Malaysia, darunter Melaka, Kuala Lumpur und Ipoh.

Informationen zur Grenzüberquerung in die Gegenrichtung siehe S. 457.

26 S$) kann man den Kaffeenarren in sich glücklich machen; Details unter www.papa palheta.com/education/classes.

★ Atlas BAR

(Karte S. 714; ☎ 6396 4466; www.atlasbar.sg; Lobby, Parkview Sq, 600 North Bridge Rd; ⏲ Mo–Do 10–1, Fr bis 2, Sa 15–2 Uhr; M Bugis) Die Cocktailbar im Art-déco-Stil scheint direkt aus dem Manhattan der 20er nach Singapur verpflanzt worden zu sein. Sie ist mit schmucken Bronzedecken und schummerig beleuchteten, edlen Loungesitzplätzen ausgestattet und auf der Karte stehen jede Menge dekadente Champagner-Getränke, sorgfältig zusammengestellte Cocktails und ein paar wirklich außergewöhnliche Martinis. Das eigentliche Highlight ist allerdings die 12 m hohe „Gin-Wand" mit mehr als 1000 verschiedenen Labels – das ist mal ein Statement! Unbedingt nach einer Führung fragen.

Druggists BIERHALLE

(☎ 6341 5967; www.facebook.com/DruggistsSG; 119 Tyrwhitt Rd; ⏲ Mo–Do 16–24, Fr & Sa bis 2, So 16–22 Uhr; M Bendemeer, Farrer Park, Lavender) Das Druggists macht Bierfans süchtig. Aus 23 Hähnen wird eine wechselnde Auswahl an Craft-Bieren gezapft, darunter Kennerbiere wie das dänische Mikkeller und das britische Magic Rock. Die Biere der Woche sind auf einer Tafel angeschlagen und werden in 250-ml- bzw. 500-ml-Gläsern ausgeschenkt. Auch einige Speisen sind zu haben, die Getränke sind aber besser.

Orchard Road

Manhattan BAR

(Karte S. 716; ☎ 6725 3377; www.regenthotels.com/en/Singapore; Level 2, Regent, 1 Cuscaden Rd; ⏲ So–Do 17–1, Fr & Sa bis 2, So 12–15 Uhr; M Orchard) In dieser schönen Bar, die auch gut in die Serie *Mad Men* passen würde, begeben sich die Gäste auf eine Reise zurück ins goldene Zeitalter des Ausgehens und Trinkens mit Stil. Hier wird man einige lang vergessene Cocktails wiederentdecken. Die Getränkekarte ist nach New Yorker Vierteln sortiert und ändert sich ständig, doch die Westen tragenden Barkeeper helfen einem gern weiter. Sonntags kommen frische Austern auf den Tisch und zum Cocktail-Brunch nur für Erwachsene (150 S$) kann man seine eigenen Bloody Marys mixen.

Privé CAFÉ

(Karte S. 716; ☎ 6776 0777; www.theprivegroup.com.sg; 01-K1 Wheelock Place, 501 Orchard Rd; ⏲ Mo–Fr 9–1, Sa & So ab 8 Uhr; M Orchard) Das Café im Pariser Stil ist mit seiner Lage am Bürgersteig und der Außenterrasse der ideale Ort, um die Passanten auf der Orchard Road zu beobachten. Zu essen gibt's vernünftige Café-typische Speisen, außerdem Burger, Pastagerichte und Frühstück (den ganzen Tag). Das Privé hat eine gute Cocktail- und Weinauswahl und bietet mehr als 15 verschiedene Whiskys, Happy Hour ist von 17 bis 20 Uhr. Wer einen besonders schönen Sitzplatz haben will, sollte reservieren.

Sentosa

Tanjong Beach Club BAR

(Karte S. 719; ☎ 6270 1355; www.tanjongbeachclub.com; 120 Tanjong Beach Walk; ⏱ Di–Fr 11–22, Sa ab 10, So ab 9, Mo ab 12 Uhr; 🚌 Tanjong Beach) In der Regel ist es hier ruhiger als in den Bars am Siloso Beach. Der Tanjong Beach Club ist ein atmosphärischer Fleck mit gestreiften Terrassenstühlen im Sand. Es gibt einen kleinen, schicken Pool für die Gäste und einen sinnlichen Lounge- und Funk-Soundtrack. Im Restaurant wird trendige Küche serviert; die Brunch-Karte am Wochenende ist sensationell. An diesem Strandabschnitt steigen die so ziemlich coolsten Partys der gesamten Insel.

Woobar BAR

(Karte S. 719; ☎ 6808 7258; www.woobar.wsingaporesentosacove.com; W Singapore, 21 Ocean Way; ⏱ Mo–Fr 11.30–1, Sa & So ab 9 Uhr; 📶; 🚌 B) Die Hotelbar wirkt mit ihren eiförmigen Hängestühlen, den goldenen Fußstützen und deckenhohen Fenstern mit Blick auf Palmen und Pool ganz schön aufgetakelt. Der „High Tea" am Nachmittag (wochentags/am Wochenende ab 65/75 S$ für 2 Pers.) wird in zierlichen Vogelkäfigen serviert. Mittwochs zur Ladies' Night (ab 36 S$) wird zwischen 19.30 und 21 Uhr kostenlos Sekt ausgeschenkt, gefolgt von Drinks zum halben Preis bis Mitternacht.

☆ Unterhaltung

In Singapur kann man jeden Abend etwas Spannendes unternehmen. Das ganze Jahr über finden Konzerte, Theatervorführung und Aktivitäten mit hohem Adrenalin-Potenzial statt und zu bestimmten Zeiten werden Autorennen, kulturelle Festivals und erstklassige Musikveranstaltungen geboten. Tickets und ein Programm findet man auf der Sistic-Website (www.sistic.com.sg).

Chinese Theatre Circle OPER

(Karte S. 710; ☎ 6323 4862; www.ctcopera.com; 5 Smith St; Aufführung & Snacks 25 S$, Aufführung & Abendessen 40 S$; ⏱ Fr & Sa 19–21 Uhr; Ⓜ Chinatown) Die von der gemeinnützigen Opernorganisation veranstalteten Teehausabende sind eine wunderbare und wenig förmliche Art, die chinesische Oper kennenzulernen. Jeden Freitag und Samstag um 20 Uhr wird ein Vortrag zur chinesischen Oper gehalten, danach folgt ein 45-minütiger Ausschnitt aus einem Opernklassiker mit voll verkleideten Schauspielern. Wer möchte, kann im Voraus die chinesische Mahlzeit vor der Veranstaltung um 19 Uhr reservieren.

Timbrè @ The Substation LIVEMUSI

(Karte S. 706 f.; ☎ 6338 8030; www.timbre.com.sg; 45 Armenian St; ⏱ Mo–Do 17–1, Fr & Sa bis 3 Uhr; Ⓜ City Hall, Bras Basah) Manch einer steht gerne für einen Sitzplatz in diesem beliebten Livemusik-Schuppen an, in dem Bands und Singer-Songwriter aus der Gegend auftreten, die von Pop und Rock bis hin zu Folk alles spielen. Auch kleine Snacks wie Suppen, Salate und Tapas sowie recht anständige gebratene Hühnerflügel und Trüffelpommes sind zu haben.

BluJaz Café LIVEMUS

(Karte S. 714; ☎ 6292 3800; www.blujazcafe.net; 1 Bali Lane; ⏱ Mo & Di 9–0.30, Mi & Do bis 1, Fr & S bis 2.30, So 12–24 Uhr; 📶; Ⓜ Bugis) Die unkonventionelle Kneipe BluJaz ist eine der beste Adressen für Livemusik in der Stadt. Rege mäßig finden Jazz-Jams statt und verschied ne Künstler spielen eine bunte musikalisch Mischung von Blues bis hin zu Rockabil Auf der Website nach den Veranstaltunge schauen: DJs haben Funk, R'n'B und R

LIVEMUSIK

Stimmt schon – in einer Menge Hotelbars spielen durchschnittlich gute Pinoy-Coverbands, es gibt aber auch eine dynamische lokale Musikszene, die darüber hinausgeht. Das **Esplanade – Theatres on the Bay** (Karte S. 706 f.; ☎ 6828 8377; www.esplanade.com; 1 Esplanade Dr; ⏱ Kartenverkauf 12–20.30 Uhr; 📶; Ⓜ Esplanade, City Hall) ist regelmäßig Veranstaltungsort kostenloser Konzerte und ist die Heimatbühne des **Singapore Symphony Orchestra** (SSO; Karte S. 706 f.; ☎ 6602 4245; www.sso.org.sg; 01–02 Victoria Concert Hall, 9 Empress Pl; ⏱ Mo–Fr 9–18.30 Uhr; Ⓜ Raffles Place, City Hall).

Immer mehr internationale Künstler haben Singapur „auf dem Schirm". Die großen Namen sind z. B. auf dem **Singapore International Jazz Festival** (www.sing-jazz.com; ⏱ März–April) und dem Indie-Music-Favoriten **St. Jerome's Laneway Festival** (http://singapore.lanewayfestival.com; ⏱ Jan./Feb.) vertreten.

tro-Abende im Programm, mittwoch- und donnerstagabends beim "Talk Cock" stehen Comedians auf der Bühne. Manche Shows kosten Eintritt.

Shoppen

Die hiesige Shoppingszene reicht vielleicht nicht an die von Hongkong oder Bangkok heran, das heißt aber nicht, dass sich Singapur verstecken muss. Abseits der Einkaufszentren findet man sowohl lokale Boutiquen mit ausgesuchten Kollektionen als auch Läden mit Vintage-Kartenmaterial und avantgardistische Galerien.

Orchard Road

ION Orchard Mall EINKAUFSZENTRUM
(Karte S. 716; ☎ 6238 8228; www.ionorchard.com; 2 Orchard Turn; ⊙ 10–22 Uhr; 📶; Ⓜ Orchard) Direkt über der Metrostation Orchard erhebt sich das futuristische ION, das Einkaufszentrum schlechthin auf der Orchard Road. Im Untergeschoss findet man hauptsächlich Streetwear-Labels wie Zara und Uniqlo, in den oberen Etagen die teureren Modelabels, wie man sie in der *Vogue* findet. Auch das Gastronomieangebot ist breit gefächert und reicht von Food-Court-Snacks bis hin zu nobleren Optionen. Im 56-stöckigen Wolkenkratzer nebenan befindet sich ganz oben eine Galerie mit Rundumblick, ION Sky (S. 712).

Ngee Ann City EINKAUFSZENTRUM
(Karte S. 716; ☎ 6506 0461; www.ngeeanncity.com.sg; 391 Orchard Rd; ⊙ 10–21.30 Uhr, Restaurants bis 23 Uhr; Ⓜ Somerset) Von außen erinnert es ein wenig an ein Mausoleum, doch in dem siebenstöckigen Koloss aus Marmor und Granit kann man einem wahren Kaufrausch verfallen. Internationale Luxuslabels konkurrieren mit der riesigen Buchhandlung **Kinokuniya** (Karte S. 716; ☎ 6737 5021; www.kinokuniya.com.sg; 04-20/21 Ngee Ann City; ⊙ So–Fr 10–21.30, Sa bis 22 Uhr; Ⓜ Orchard) und dem gehobenen japanischen Kaufhaus **Takashimaya** (Karte S. 716; ☎ 6738 1111; www.takashimaya.com.sg; Ngee Ann City; ⊙ 10–21.30 Uhr; 📶; Ⓜ Somerset). Dazu befindet sich im Gebäude auch noch einer der besten Food Courts der Orchard Street: das großartige Takashimaya Food Village.

Little India & Kampong Glam

Die Straßen von Little India werden passionierte Einkaufsbummlerherzen höher schlagen lassen. Überall gibt's Kunst, Antiquitäten, Textilien, Essen und Musik. Das noch ruhigere und entspanntere Kampong Glam ist sogar noch vielseitiger – auf der Arab Street bekommt man Stoffe, Teppiche und maßgefertigte Parfums, auf der Haji und Bali Lane Independent-Mode und Hipster-würdige Accessoires.

Bugis Street Market MARKT
(Karte S. 714; ☎ 6338 9513; www.bugisstreet.com.sg; 3 New Bugis St; ⊙ 11–22 Uhr; Ⓜ Bugis) Dort, wo sich früher Singapurs berühmt-berüchtigtes Rotlichtviertel befand – hier tummelten sich einst Soldaten auf Sonderurlaub und „Spielhöllen" – lockt nun der lebhafteste überdachte Straßenmarkt der Stadt. Hier findet man günstige Kleidung, Schuhe, Accessoires, außerdem Nagelstudios, die besonders bei Teens und jungen Erwachsenen beliebt sind. Und ein Sex-Shop hält die Erinnerung an die Vergangenheit wach.

Sim Lim Square ELEKTROWAREN, EINKAUFSZENTRUM
(Karte S. 714; ☎ 6338 3859; www.simlimsquare.com.sg; 1 Rochor Canal Rd; ⊙ 10.30–21 Uhr; Ⓜ Rochor, Jalan Besar) Sim Lim ist bei Computerfreaks für die besten Preise im Ort bekannt: An zahlreichen Ständen werden Laptops, Kameras, Soundkarten und Spielkonsolen verkauft. Wer sich auskennt, kann manches Schnäppchen machen, alle anderen werden eher über den Tisch gezogen. Auf jeden Fall sollte man hart, aber freundlich verhandeln und immer überprüfen, ob die Garantie auch für das eigene Heimatland gilt.

SINGAPUR VERSTEHEN

Singapur aktuell

Umweltfreundliche architektonische Meisterleistungen, ein milliardenschwerer Super-Park und jede Menge Bars und Restaurants von Weltformat – strahlend tritt Singapur den Weg in die Zukunft an. Die Entwicklung vom kleinen Schiffereihafen zum globalen Powerhouse stellt den Stadtstaat jedoch auch vor einige Herausforderungen. Der stete Strom ausländischer Arbeitskräfte hat zu einem massiven Bevölkerungswachstum geführt, das die vorhandene Infrastruktur belastet, die Preise in die Höhe jagt und die Geduld vieler Singapurer auf die Probe stellt. Auch die Beschränkung des jährlich stattfindenden Pink-Dot-Festivals der LGBT-Gemeinde hat eine Debatte ausgelöst.

Geschichte

Ursprünglich war Singapur ein winziger Ort zwischen den mächtigen Nachbarn Sumatra und Melaka. Einer malaiischen Legende zufolge sah ein Prinz aus Sumatra bei seinem Besuch der Insel Temasek einen Löwen. Aufgrund dieses guten Omens gründete er an genau diesem Ort Singapura (Löwenstadt).

1819 kam Sir Thomas Stamford Raffles nach Singapur, um in der Straße von Melaka einen strategischen Stützpunkt für das Britische Reich zu sichern. Er beschloss, die dünn besiedelte, sumpfige Insel in einen Freihandelshafen zu verwandeln. Noch heute entspricht der Grundriss von Zentralsingapur Raffles' Zeichnungen.

Zweiter Weltkrieg

Die glorreichen Jahre des British Empire waren am 15. Februar 1942 jäh vorbei, als die Japaner in Singapur einfielen und bis zum Ende des Zweiten Weltkriegs die Insel kontrollierten. Sie sperrten die alliierten Kriegsgefangenen im Changi-Gefängnis ein und töteten Tausende von Einheimischen. Auch wenn die Briten nach dem Krieg erneut willkommen geheißen wurden, waren zu diesem Zeitpunkt die Tage des Empire in der Region längst gezählt.

Fundament für die Zukunft

1954 wurde die sozialistische People's Action Party (PAP) gegründet. Lee Kuan Yew stand an der Spitze der Partei und führte sie in den Wahlen 1959 zum Sieg. Danach übte er über 30 Jahre lang das Amt des Premierministers aus. Obwohl Singapur 1965 aus der Malaiischen Föderation ausgeschlossen wurde, nutzte Lee die Ein-Parteien-Herrschaft so gut wie möglich und setzte ein ehrgeiziges, strenges und erfolgreiches Industrialisierungsprogramm durch.

Sein Nachfolger wurde 1990 Goh Chok Tong. Er lockerte die Zügel, hielt Singapur aber weiter auf dem von Lee eingeschlagenen Weg. 2004 trat Goh zurück, um Platz für Lees Sohn Lee Hsien Loong zu machen.

Letzterer steht nun vor der gewaltigen Herausforderung, den Stadtstaat Singapur so zu positionieren, dass er in der modernen, globalisierten Wirtschaft erfolgreich bestehen kann. Da die Produktion zunehmend an billigere Konkurrenzstandorte verlagert wird, will die Regierung die Bevölkerung vergrößern und verstärken, indem mehr „ausländische Talente" angezogen werden und die Entwicklung von Industriezweigen wie Tourismus, Finanzdienstleistungen, digitale Medien bzw. biomedizinische Forschung gefördert wird.

Menschen & Kultur

Singapur ist der ultimative ethnische Schmelztiegel. Hier werden vier offizielle Sprachen gesprochen und das „lokale Englisch" ist gespickt mit Hokkien-, tamilischen und malaysischen Wörtern. Moscheen stehen gleich neben Hindu- und taoistischen Tempeln und in den Restaurantküchen experimentieren europäische Chefköche mit chinesischen Gewürzen. Seit Sir Stamford Raffles 1819 einen freien Handelshafen auf der Insel eingerichtet hat, haben die Einwanderer den Little Red Dot („Kleiner roter Punkt", Singapurs Spitzname) geprägt und definiert, angefangen bei chinesischen Arbeitern bis hin zu den Expats von heute, die hier sind, um in den globalen Unternehmen das große Geld zu machen.

Bevölkerung

Die Mehrheit der 5,6 Mio. Einwohner sin Chinesen (74 % der Bevölkerung). Darauf fol gen Malaien (13 %), Inder (9 %) sowie Eura sier und andere Ethnien (4 %). Westlich Einwanderer bilden eine nicht zu überse hende Gruppe. Ebenso auffallend ist die gro ße Zahl der Hausmädchen und Gastarbeite Englisch ist die Amtssprache des Stadtstaa tes. Viele Singapurer sprechen eine zweit Sprache oder einen Dialekt (meist Manda rin, Malaiisch oder Tamilisch).

Religion

Chinesen hängen zumeist dem Buddhismu oder Taoismus an. Ihre Bräuche, Feste un ihr Aberglaube dominieren das soziale L ben. Viele Haushalte haben einen Altar fü tägliche Gebetsgaben, vor dem auch Rä cherstäbchen angezündet werden.

Malaien verstehen den Islam als Religio und Lebensstil. Das *adat* (Gewohnheitsrech bestimmt wichtige Feiern und Ereignisse w Geburten, Beschneidungen und Hochzeite

Über die Hälfte der Inder sind Hindu die in Tempeln das Götterpantheon anbete

Das Christentum, darunter der Katholizi mus, erfreut sich sowohl bei den Chines als auch bei den Indern großer Beliebtheit

PRAKTISCHE INFORMATIONEN

Allgemeine Informationen

BOTSCHAFTEN & KONSULATE

Ein vollständiges Verzeichnis ausländischer Botschaften und Konsulate in Singapur findet man auf der Website des dortigen Außenministeriums (www.mfa.gov.sg).

Deutsche Botschaft (Karte S. 706 f.; ☎ 6533 6002; www.singapur.diplo.de; Level 12, Singapore Land Tower, 50 Raffles Pl; ⏲ Mo–Fr 8.30–11.30 Uhr; Ⓜ Raffles Place)

Österreichische Botschaft (☎ 6396 6350; 24–04/05 Parkview Square, 600 North Bridge Rd)

Schweizerische Botschaft (☎ 6468 5788, www.eda.admin.ch/singapore; 1 Swiss Club Link)

ESSEN

Achtung: Auf die meisten Restaurantrechnungen werden am Schluss noch 17 % draufgeschlagen: 10 % Servicezuschlag und 7 % Steuer auf Waren und Dienstleistungen. Dies erkennt man an der Kennzeichnung ++ auf der Speisekarte.

PREISKATEGORIEN: ESSEN

Folgende Preise beziehen sich auf eine einzelne Mahlzeit oder einen Hauptgang inkl. Steuern.

**$** unter 10 S$

**$$** 10–30 S$

**$$$** über 30 S$

GELD

Die Währungseinheit des Landes ist der Singapur-Dollar (S$), auch „Singdollar" genannt, der aus 100 Cent besteht. In Singapur sind Münzen im Wert von 5 ¢, 10 ¢, 20 ¢, 50 ¢ und 1 S$ und Banknoten im Wert von 2, 5, 10, 50, 100, 500 und 1000 S$ im Umlauf. Der Singapur-Dollar ist eine extrem stabile und frei konvertible Währung.

Cirrus-Geldautomaten findet man flächendeckend in Einkaufszentren, Banken, MRT-Stationen und Geschäftsbezirken. In Banken kann Geld gewechselt werden, das macht aber kaum jemand, da die Kurse dort schlechter sind als in den diversen Wechselstuben. Die winzigen Stände findet man in so gut wie jedem Einkaufszentrum (allerdings nicht unbedingt in den moderneren Shoppingmalls). Man kann ein wenig handeln, wenn man größere Summen (ab 100 S$) tauscht.

FEIERTAGE

Der einzige Feiertag, den man in Singapur wirklich spürt, ist das Chinesische Neujahr, wenn praktisch alle Geschäfte zwei Tage lang geschlossen sind. Hier die gesetzlichen Feiertage:

Neujahr 1. Januar

Chinesisches Neujahrsfest Drei Tage im Januar/Februar

Karfreitag März/April

Tag der Arbeit 1. Mai

Vesak Juni

Hari Raya Puasa Juli

Nationalfeiertag 9. August

Hari Raya Haji September

Deepavali Oktober

Weihnachten 25. Dezember

FRAUEN UNTERWEGS

Alleinreisende Frauen kommen in Singapur normalerweise problemlos zurecht. Eine zu knappe Bekleidung könnte in Kampong Glam und Little India allerdings ungewollte Aufmerksamkeit verursachen. Tampons, Binden und verschreibungspflichtige Medikamente bekommt man fast überall.

FREIWILLIGENARBEIT

Freiwilligenarbeit in der heimischen Gemeinde zu leisten ist Singapurern sehr wichtig. Mögliche Tätigkeiten findet man auf der Website **SG Cares** (www.sgcares.org).

INTERNETZUGANG

Singapurs WLAN-Hotspot-Netzwerk wächst kontinuierlich; es gibt bereits um die 10 000 Hotspots, die z. B. von Cafés, Kneipen, Büchereien und Einkaufszentren betrieben werden (nahezu all diese Orte/Lokalitäten sind WLAN-Zonen). In Chinatown befinden sich 20 Hotspots innerhalb von ein paar Häuserblocks um die MRT-Haltestelle. Das (kostenlose) Netzwerk wireless@chinatown auswählen, dazu ist keine lokale Handynummer nötig. Einfach die App wireless@sg runterladen und die Kontaktdaten angeben, dann kann man bereits die nächstgelegenen kostenlosen Hotspots lokalisieren.

LGBT-REISENDE

Sex zwischen Männern ist in Singapur strafbar und wird mit einer Mindeststrafe von zehn Jahren geahndet. Tatsächlich ist es unwahrscheinlich, dass jemand wegen eines „Vergehens" dieser Art belangt wird, doch das Verbot hat Bestand und ist ein Symbol für die Überzeugung der Regierung, dass das Land noch nicht bereit dafür ist, Homosexualität offen zu akzeptieren.

Dessen ungeachtet, gibt es in Singapur verschiedene beliebte LGBT-Bars. Gute erste

Anlaufstellen und Infoquellen sind die Websites Travel Gay Asia (www.travelgayasia.com), PLUguide (www.pluguide.com) oder Utopia (www.utopia-asia.com).

MEDIZINISCHE VERSORGUNG

Im Hotel oder Hostel kann man sich an den nächstgelegenen Allgemeinmediziner verweisen lassen. Es gibt einige in Singapur.

International Medical Clinic (Karte S. 716; ☎ 6733 4440; www.imc-healthcare.com; 14–06 Camden Medical Centre, 1 Orchard Blvd; ⏲ Mo–Fr 8–17.30, Sa 9–13 Uhr; Ⓜ Orchard) Auf Familien und Reisemedizin spezialisiert.

Raffles Medical Clinic (Karte S. 714; ☎ 6311 2233; www.rafflesmedicalgroup.com; Level 2, Raffles Hospital, 585 North Bridge Rd; ⏲ 8–22 Uhr; Ⓜ Bugis) Eine Klinik im Raffles Hospital, in der man keinen Termin braucht.

Singapore General Hospital (☎ 6222 3322; www.sgh.com.sg; Block 1, Outram Rd; Ⓜ Outram Park) Mit Notaufnahme.

NOTFALL

Ländervorwahl	☎ 65
Krankenwagen & Feuerwehr	☎ 995
Polizei	☎ 999

ÖFFNUNGSZEITEN

Banken Mo–Fr 9.30–16.30 Uhr – einige Filialen öffnen um 10 Uhr, einige schließen um 18 Uhr oder später; Sa 9.30–12 Uhr oder länger.

Behörden und Postämter öffnen Mo–Fr zwischen 8 und 9.30 Uhr (Sa zwischen 8 und 9 Uhr) und schließen zwischen 16 und 18 Uhr (Sa zwischen 11.30 und 13.30 Uhr).

Restaurants Gehobene Restaurants empfangen mittags von 12 bis 14.30 Uhr und abends von 18 bis 23 Uhr Gäste. Legerere Lokale und Food Courts haben den ganzen Tag geöffnet.

Geschäfte öffnen um 10 oder 11 Uhr und schließen um 18 Uhr, größere Geschäfte und Kaufhäuser schließen um 21.30 oder 22 Uhr. Einige kleinere Läden in Chinatown und der Arab Street schließen sonntags.

POST

Die Post in Singapur ist außerordentlich effizient. Auf der Suche nach der nächsten Filiale ruft man die ☎ 1605 an oder informiert sich unter www.singpost.com.sg.

RECHTSFRAGEN

Singapurs Gesetze sind sehr hart, aber dafür hat Korruption kaum eine Chance. Auf Drogenbesitz und -handel steht die Todesstrafe. Außer in offiziell ausgewiesenen Zonen ist das Rauchen auf allen öffentlichen Plätzen einschließlich Bars und Restaurants sowie in Hawker Centres streng verboten.

REISEN MIT BEHINDERUNG

Im Rahmen einer großen Regierungskampagne wurden schrittweise überall auf der Insel Rampen, Fahrstühle und weitere Vorrichtungen installiert. Die Bürgersteige in der Stadt sind fast überall tadellos in Schuss, außerdem haben sämtliche MRT-Stationen Aufzüge und einige Busse und Taxis sind rollstuhlgerecht ausgestattet.

Die **Disabled People's Association Singapore** (www.dpa.org.sg) wartet mit Informationen zu Reisen mit Behinderung in Singapur auf. Eine weitere gute Ressource ist Lonely Planets kostenloser Guide „Accessible Travel" (auf Englisch): http://lptravel.to/AccessibleTravel. Auch unter http://www.visitsingapore.com/de_de/travel-guide-tips/getting-around/accessibility/ findet man zahlreiche Tipps zur barrierefreien Fortbewegung in Singapur.

SICHER REISEN

Singapur ist eins der sichersten und unkompliziertesten Reiseziele weltweit. Folgendes darf man aber nicht vergessen:

- Die Strafen für den illegalen Im- und Export von Drogen sind drakonisch; die Todesstrafe gehört auch dazu.
- Gelegentlich grassieren von Moskitos übertragene Krankheiten wie Dengue-Fieber, insbesondere in der Regenzeit. Es sind auch ein paar Infektionen mit dem Zika-Virus in Singapur gemeldet worden; das National Environment Board (www.nea.gov.sg) überwacht die Entwicklungen. Reisende sollten sich gut mit Antimückenspray einsprühen, insbesondere, wenn sie Naturschutzgebiete besuchen.
- In öffentlichen Verkehrsmitteln darf weder gegessen noch getrunken werden.

STROM

Steckdosen liefern 230 V/50 Hz; Stecker haben in der Regel drei flache Pole.

TELEFON

- Die Ländervorwahl ist die ☎ 65.

Es gibt keine Vorwahlen innerhalb Singapurs. Die Telefonnummern selbst sind achtstellig, außer bei gebührenfreien Nummern (☎ 1800). Handynummern beginnen in Singapur mit einer „9" oder „8".

SIM-Karten für Touristen (ca. 15 S$) sind in Telefonläden, den meisten Postämtern und Supermärkten erhältlich. Beim Kauf muss man seinen Pass vorzeigen. Lokale Anbieter sind:

M1 (www.m1.com.sg)
SingTel (www.singtel.com)
StarHub (www.starhub.com)

TOURISTENINFORMATION

Bevor man sich auf den Weg macht, könnte man sich z. B. auf der Website des Singapurer Tourismusverbands mit ersten Infos versorgen.

Singapore Visitors Centre @ Orchard (Karte S. 716; ☎1800 736 2000; www.yoursingapore.com; 216 Orchard Rd; ⊙8.30–21.30 Uhr; Ⓜ Somerset) Singapurs größtes Touristeninformationszentrum mit Broschüren, individuellen Stadtspaziergängen und clever gestalteten Souvenirs. Im Event Space im zweiten Stock finden häufig Ausstellungen zu Singapurs Geschichte und Kultur statt.

Singapore Visitors Centre @ ION Orchard (Karte S. 716; ☎1800 736 2000; www.yoursingapore.com; Level 1 Concierge, ION Orchard, 2 Orchard Turn; ⊙10–22 Uhr; Ⓜ Orchard)

Singapore Visitor Centre@Chinatown (Karte S. 710; ☎1800 736 2000; www.yoursingapore.com; 2 Banda St; ⊙9–21 Uhr; Ⓜ Chinatown) Karten von Chinatown und Singapur und ein kleines, aber feines Souvenirsortiment, darunter Bücher, Aquarelle von Straßenszenen und T-Shirts. Die Angestellten buchen auch Touren.

UNTERKUNFT

Hostels warten mit Wettkampfpreisen (20–45 S$ für ein Schlafsaalbett) samt kostenlosem Internet, Frühstück und Nutzung der hauseigenen Waschmaschinen auf. Preiswerte Hotelzimmer mit Bad (50–100 S$) sind oftmals sehr klein und haben kein Fenster. Fast alle Häuser verfügen über Zimmer mit Klimaanlage und günstigere Räume mit Ventilator. Die Unterkünfte geben mehrheitlich Nettopreise inklusive sämtlicher Steuern an. Steht hinter einer Preisangabe „++", muss man 10 % Servicegebühr und 7 % Mehrwertsteuer dazurechnen.

VISA

Bürger der meisten Länder, darunter Deutsche, Österreicher und Schweizer, bekommen bei der Ankunft ein 90-Tage-Visum. Verlängerungen kann man bei der **Immigration & Checkpoints Authority** (Karte S. 714; ☎6391 6100; www.ica.gov.sg; Level 4, ICA Building, 10 Kallang Rd; ⊙Mo–Fr 8–16 Uhr; Ⓜ Lavender) beantragen.

ZOLLBESTIMMUNGEN

Traveller dürfen jeweils 1 l Wein, Bier oder Spirituosen zollfrei ins Land einführen – oder alternativ 2 l Wein und 1 l Bier bzw. 2 l Bier und 1 l Wein. Voraussetzung ist, dass man sich mehr als 48 Stunden außerhalb von Singapur aufgehalten hat – in einem anderen Land als Malaysia.

An- & Weiterreise

BUS

Wenn man Ziele jenseits von Johor Bahru, Malaysia, erreichen möchte, ist es am einfachsten, direkt in Singapur in den Bus zu steigen; in Johor Baru bestehen aber mehr Fahrtoptionen und die Ticketpreise sind günstiger.

Zahlreiche private Unternehmen betreiben komfortable Busse von diversen Orten in Malaysia, darunter Melaka und Kuala Lumpur, nach Singapur, es bestehen aber auch Verbindungen in thailändische Städte wie Hat Yai. Viele der Busse kommen am **Busbahnhof Golden Mile Complex** (5001 Beach Rd; Ⓜ Bugis, Nicoll Hwy) nahe Kampong Glam an. Der Golden Mile Complex beherbergt Büros zahlreicher Busunternehmen, die auf Reisen von Singapur nach Malaysia oder Thailand spezialisiert sind. Tickets kann man auch online unter www.busonlineticket.com kaufen.

PREISKATEGORIEN: UNTERKUNFT

Folgende Preise beziehen sich auf ein Doppelzimmer inkl. Steuern.

**$** unter 150 S$

**$$** 150–350 S$

**$$$** über 350 S$

FLUGZEUG

Der **Changi Airport** (☎6595 6868; www.changiairport.com; Airport Blvd; Ⓜ Changi Airport) 20 km nordöstlich von Singapur (CBD) hat vier Hauptterminals (das neueste eröffnete 2017), Nummer 5 wird gerade gebaut. Changi ist ein wichtiges internationales Drehkreuz – hier starten und landen Maschinen aus aller Welt – und wird regelmäßig zum besten Flughafen der Welt gekürt. Zu den Services vor Ort gehören kostenloses Internet, so genannte Courtesy Phones für Ortsgespräche (gratis), Wechselstuben, medizinische Versorgung, Gepäckaufbewahrung, Hotels, Wellnesszentren, Duschen, ein Fitnessstudio, ein Schwimmbad und unzählige Geschäfte.

SCHIFF/FÄHRE

Die Fähren aus Malaysia und Indonesien kommen an verschiedenen Terminals an.

Changi Point Ferry Terminal (☎6545 2305; 51 Lorong Bekukong; ⊙24 Std.; 🚌2)

HarbourFront Cruise & Ferry Terminal (Karte S. 719; ☎6513 2200; www.singaporecruise.com; 1 Maritime Sq; Ⓜ HarbourFront)

Tanah Merah Ferry Terminal (☎6513 2200; www.singaporecruise.com.sg; 50 Tanah Merah Ferry Rd; 🚌35)

Nach/ab Indonesien & Malaysia

Direktfähren pendeln zwischen den Inseln Pulau Batam und Pulau Bintan des Riau-Archipels und Singapur. Die Boote sind modern, schnell und klimatisiert. Eine kleine Fähre bedient die

Strecke zwischen Singapur und Tanjung Belungkor in Malaysia.

BatamFast (☎ HarbourFront-Terminal 6270 2228, Tanah-Merah-Terminal 6542 6310; www.batamfast.com) Die Fähren vom Batam Centre, Sekupang und Harbour Bay auf Pulau Batam steuern das Fährterminal HarbourFront an. Die Fährboote aus Nongsapura, ebenfalls auf Pulau Batam, kommen am Fährterminal Tanah Merah an.

Bintan Resort Ferries (☎ 6542 4369; www.brf.com.sg; 01–21 Tanah Merah Ferry Terminal, 50 Tanah Merah Ferry Rd; ⊙ Mo–Fr 7–20, Sa & So 6.30–20 Uhr; Ⓜ Tanah Merah, dann Buslinie 35) Abfahrt der Fähren nach Bandar Bentan Telani (Pulau Bintan) ist am Fährterminal Tanah Merah.

Sindo Ferries (☎ HarbourFront-Terminal 6331 4123, Tanah-Merah-Terminal 6331 4122; www.sindoferry.com.sg; 01–15 Tanah Merah Ferry Terminal, 50 Tanah Merah Ferry Rd; 🚌 35) Fähren zum Batam Centre, Sekupang, Waterfront und Tanjung Balai legen am Fährterminal HarbourFront ab. Nach Tanjung Pinang gelangt man mit einem Boot vom Tanah Merah Ferry Terminal.

Limbongan Maju Ferry Services (☎ Tangjung Belungkor 07-827 8001; www.tanjungbelungkor.com) Fähren aus Tanjung Belungkor (Malaysia) kommen am Changi Point Ferry Terminal an.

ZUG

Seit Juli 2015 gibt's keine direkte Zugverbindung von Singapur nach Kuala Lumpur mehr. Stattdessen betreibt der malaysische Konzern Keretapi Tanah Melayu Berhad (www.ktmb.com.my) einen Shuttle-Zug vom **Woodlands Train Checkpoint** (11 Woodlands Crossing; 🚌 170, Causeway Link Express ab dem Busbahnhof Queen St) zum JB Sentral, von wo aus Anschlussmöglichkeit nach Kuala Lumpur besteht. Tickets für das Shuttle (5 S$) bekommt man am Schalter. Züge machen sich auf den Weg nach Kuala Lumpur, von wo aus man nach Thailand weiterreisen kann. Fahrkarten können an den Bahnhöfen Woodlands oder JB Sentral besorgt werden oder über die (schreckliche) Website von KTM.

ℹ Unterwegs vor Ort

BUS

Das weit verzweigte Busnetz von Singapur ist sauber, effizient und bietet häufige Verbindungen, mit denen man jede Ecke der Insel erreichen kann. Die wichtigsten Betreiber sind **SBS Transit** (☎ 1800 287 2727; www.sbstransit.com.sg) und **SMRT** (☎ 1800 336 8900; www.smrt.com.sg). Ihre Services sind ähnlich. Infos, z. B. zu den Routen, findet man auf den Websites. Alternativ lädt man die Smartphone-App „SG Buses" herunter, die die Ankunft der Busse in Echtzeit angibt.

Busfahrten kosten 1 bis 2,10 S$ (weniger mit der EZ-Link-Karte). Beim Einsteigen „füttert" man den Automaten mit dem exakten Betrag (er gibt kein Rückgeld) oder legt die EZ-Link-Karte/den Singapore Tourist Pass auf den Kartenleser (bei Nutzung einer der beiden Karten beim Aussteigen auschecken nicht vergessen!).

FAHRRAD

Besser nicht auf der Straße fahren. Zum einen sind sie exponiert (Hitze, unangenehm), zum anderen haben manche Autofahrer einen aggressiven Fahrstil. Sehr viel sicherer und netter sind die vielen Parks, die miteinander verbunden sind, sowie die Gebiete speziell für Mountainbikes im Bukit Timah Nature Reserve, in Tampines und auf Pulau Ubin.

Weitere tolle Gegenden zum Radeln sind der East Coast Park, Sentosa, der Pasir Ris Park und die Strecke zwischen dem Mt Faber Park, dem Telok Blangah Hill Park und dem Kent Ridge Park.

VOM/ZUM FLUGHAFEN

MRT-Züge legen von 5.30 bis 23.18 Uhr die Strecke vom **Changi Airport** in die Stadt zurück. Öffentliche Busse verkehren von 6 Uhr bis Mitternacht. Der Fahrpreis liegt bei beiden Verkehrsmitteln bei 1,69 S$. Das Flughafenshuttle (Erw./Kind 9/6 S$) ist rund um die Uhr im Einsatz. Eine Taxifahrt in die Stadt kostet zwischen 20 und 40 S$ (zwischen Mitternacht und 6 Uhr zahlt man bis zu 50 S$ Nachtzuschlag), hinzu kommen die Flughafengebühren Ein Limousinentaxi mit vier Sitzplätzen schlägt mit 55 S$ zu Buche, plus 15 S$ für jeden weiteren Halt.

RIKSCHA

Die Sternstunde der Fahrradtaxis war kurz nach dem Zweiten Weltkrieg, als es so gut wie keine motorisierten Verkehrsmittel gab. Damals hatten die Rikschafahrer ein ansehnliches Einkommen. Heute gibt es nur noch 250 Rikschas in Singapur; viele von ihnen sind auf den typischen Touristenrouten unterwegs. Sie habe sich zusammengeschlossen und sind jetzt in einem Warteschlangensystem von **Trishaw Uncle** (Karte S. 714; ☎ 6337 7111; www.trishawuncle.com.sg; Albert Mall Trishaw Park, Quee St; 30-minütige Tour Erw./Kind ab 39/29 S$, 45-minütige Tour 49/39 S$; Ⓜ Bugis) organisiert.

TAXI

Man kann theoretisch jederzeit ein Taxi heranwinken, allerdings dürfen die Fahrer im Stadtzentrum eigentlich nur an den ausgewiesenen Taxiständen halten.

Das System, nach dem die Fahrpreise ermitt werden, ist kompliziert; zum Glück verfügen al Fahrzeuge über Taxameter, es muss also nicht gehandelt werden. Die Grundgebühr liegt bei 3 bis 3,40 S$, dann zahlt man 0,22 S$ pro 400 m.

Hinzu kommt eine ganze Batterie an zusätzlichen Gebühren, z. B.:

- 50 % des per Taxameter ermittelten Fahrpreises von Mitternacht bis 6 Uhr.
- 25 % des per Taxameter ermittelten Fahrpreises montags bis freitags von 6 bis 9.30 Uhr und täglich von 18 bis 24 Uhr
- 5 S$ für Fahrten zum Flughafen von Freitag bis Sonntag zwischen 17 und 24 Uhr, sonst 3 S$
- 3 S$ Stadtzuschlag in der Zeit von 17 bis 24 Uhr
- 2,30–8 S$ für telefonische Taxireservierungen

Wer mit der Kreditkarte zahlt, muss noch mal 10 % Gebühren obendrauf legen. Es ist möglich, mit der EZ-Link-Karte zu bezahlen. Eine umfassende Übersicht der Fahrpreise und Zuschläge bietet www.taxisingapore.com.

Comfort Taxi & CityCab (☎ 6552 1111; www.cdgtaxi.com.sg)

Premier Taxis (☎ 6363 6888; www.premiertaxi.com.sg)

SMRT Taxis (☎ 6555 8888; www.smrt.com.sg)

ZUG (MRT)

Das effiziente Metrosystem MRT (Mass Rapid Transit) ist die einfachste, schnellste und bequemste Methode, um sich in Singapur fortzubewegen. Die Bahnen verkehren zwischen 5.30 und 24 Uhr. Zu Stoßzeiten fahren sie im Zwei- bis Drei-Minuten- und sonst im Fünf- bis Sieben-Minuten-Takt. Einen Linienplan findet man unter www.smrt.com.sg.

Eine einfache Fahrt kostet zwischen 1,40 und 2,50 S$ (plus 10¢ Pfand, die man zurückbekommt), wer aber viel mit der MRT fährt, sollte sich besser eine EZ-Link-Karte zulegen. Eine Alternative ist der **Singapore Tourist Pass** (www.thesingaporetouristpass.com.sg), mit dem man einen Tag lang unbegrenzt MRT und Bus fahren kann (10 S$ plus 10 S$ Pfand).

DIE EZ-LINK-KARTE

- Wer mehr als einen oder zwei Tage in Singapur verbringt, legt sich für die Nutzung der öffentlichen Verkehrsmittel am besten eine EZ-Link-Karte zu (www.ezlink.com.sg). Die muss beim Einsteigen in den Zug oder Bus (und beim Aussteigen) bzw. beim Betreten oder Verlassen einer MRT-Station einfach über den Leser gezogen werden.
- Die EZ-Link-Karte bekommt man an den Kundenserviceschaltern der MRT-Haltestellen. Sie kostet 12 S$; darin enthalten ist eine Gebühr von 5 S$, die nicht erstattungsfähig ist.
- Alternativ geht man in einen 7-Eleven-Laden und zahlt dort 10 S$ (ebenfalls inkl. der 5 S$, die man nicht zurückbekommt).
- Die Karte kann mit Bargeld oder Geldkarten an den Automaten in/an den Haltestellen aufgeladen werden. Der Mindestbetrag beim Aufladen liegt bei 10 S$. Das Guthaben, das auf eine Karte geladen werden kann, ist gedeckelt bei 500 S$.

Thailand

66 / 68,4 MIO. EW. / FLÄCHE 514 000 KM²

Inhalt ➡

Die besten Aktivitäten

➡ Im Nationalmeerespark Similan-Inseln tauchen (S. 860)

➡ Einen Kochkurs der Amita Thai Cooking Class besuchen (S. 751)

➡ In Railay klettern (S. 871)

Redewendungen

Hallo sà-wàt-dee

Danke kòrp kun

Sprechen Sie Englisch?
kun pôot pah-săh ang-grìt dâi măi

Auf nach Thailand!

Thailand, ein von der Natur gesegnetes Land mit herzliche Einwohnern, hat in jeder Hinsicht viel zu bieten. Eine atem beraubende Küste am türkisblauen Meer lockt wintermü de Reisende an, während die nebelverhangenen Berge in Norden zu Reisen durch malerische Landschaften einlade Smaragdgrüne Reisfelder und lebendige um heilige Temp erbaute Städte prägen das Bild. An den Markständen sta peln sich Pyramiden bunter Tropenfrüchte, und an jede Ecke gibt's köstliche Leckereien.

Thailand ist ein bequemes Reiseland und Besucher ha ben bis auf ein paar aufdringliche Touristenjäger wenig z befürchten. Bangkok gilt als asiatischer Superstar, Chian Mai punktet mit guter Lebensart und auf den tropische Inseln wird rund um die Uhr gefeiert. Inlandsflüge un Kurztrips zu anderen Zielen in der Region sind relativ gün tig, doch wer das Land verlässt, wird die feurigen Curr und die einfachen Wok-Gerichte schnell vermissen.

Reisezeit

Bangkok

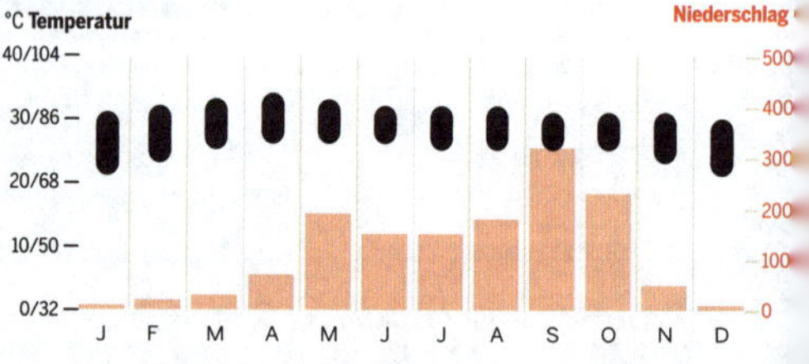

Nov.–Feb. Kühl und trocken, von Dezember bis Januar ist Hochsaison.

März–Juni Heiße Jahreszeit, aber eine gute Zwischensaison an den Stränden.

Juli–Okt. Die Regenzeit beginn Juli und August gelten als kleine Hochsaison.

Anreise

Bangkok ist der zentrale Verkehrsknotenpunkt, internationale Flüge gehen aber auch ab Chiang Mai, Chiang Rai, Hat Yai, Ko Samui, Krabi, Pattaya und Phuket. Grenzübergänge über Land gibt's nach Kambodscha, Laos, Malaysia und Myanmar (Birma). Zwischen Thailand und Malaysia verkehren auch Boote.

REGIONEN AUF EINEN BLICK

Die beiden größten Städte, Bangkok und Chiang Mai, verführen mit einer berauschenden Mischung aus Tempeln und Palästen, lebendigem Nachtleben und fantastischem Essen. In Zentralthailand locken alte Hauptstädte und Nationalparks. Im Norden und Nordosten Thailands stehen Trekkingtouren in den Bergen und Outdoor-Abenteuer hoch im Kurs, Inseln und charmante Provinzstädte erwarten Besucher von Ko Chang und an der Ostküste.

Hua Hin und der südliche Golf von Thailand bieten familienfreundliche Urlaubsorte und leckere Meeresfrüchte. Weiter südlich finden auf Ko Samui und in der unteren Hälfte des Golfs die legendären Vollmondpartys statt. Auf Phuket und den idyllischen Inseln der Andamanensee, warten einige der besten Tauch- und Schnorchelspots, verträumte Strände und ein buntes Nachtleben.

Essen

ad Gaprao Gai Feurige, kurz gebratene Hühnchenstücke nit Chilis, Knoblauch und frischem Basilikum.

hau Pad Gebratener Reis; garniert mit gemahlenen Chilis, ucker, Fischsoße und einem Spritzer Limone.

ai/Moo Pad Kratiem Prikthai Kurz gebratenes Hühnchen der Schweinefleisch mit schwarzem Pfeffer und Knoblauch.

ad Thai Thailands berühmtes Gericht aus gebratenen Reisnueln, Eiern, Garnelen, Bohnensprossen, Erdnüssen und Chilis.

ad Pak Kanaa Kurz gebratenes chinesisches Gemüse mit eis (auf Wunsch auch mit Fleisch); einfach, aber köstlich.

op-Tipps

An Straßenständen den Geschmack Thailands erleben.

Mit öffentlichen Verkehrsmitteln fahren – das ist billig und ne tolle Gelegenheit, sich unter Einheimische zu mischen.

Ein paar Worte Thai lernen und immer lächeln.

Abzockermaschen vermeiden, auf die viele reinfallen: eingige Juwelenverkäufe in Bangkok, unglaublich günstige (oder ire) Preise für Verkehrsmittel, zwielichtige Schneider etc.

Lernen, wie man feilscht, ohne unhöflich zu werden.

Thais möglichst nicht am Kopf berühren.

Nicht mit den Füßen auf etwas weisen.

AUF EINEN BLICK

Währung Baht (B)

Visa Für touristische Aufenthalte von max. 30 Tagen benötigen Reisende aus Deutschland, Österreich und der Schweiz in der Regel kein Visum. Weitere Informationen S. 888

Geld Fast überall in Thailand kann man nur bar zahlen. In einigen gehobenen Einrichtungen werden auch ausländische Kreditkarten akzeptiert.

Sprache Thai

Wechselkurse

Euro	1 €	37 B
Schweiz	1 SFr	34 B
USA	1 US$	34 B

Aktuelle Wechselkurse gibt's unter www.xe.com.

Preise

Einfaches Zimmer in einer Pension 600–1000 B

Essen auf dem Markt/am Straßenstand 40–100 B

Kleine Flasche Bier 100 B

Nahverkehr in der Stadt 20–50 B

Infos im Internet

Thaivisa (www.thaivisa.com)

Lonely Planet (www.lonelyplanet.com/thailand)

Tourism Authority of Thailand (TAT; www.tourismthailand.org)

Thai Language (www.thai-language.com)

Highlights

1. **Bangkok** (S. 744) Sich in der hyperaktiven Hauptstadt ins Chaos und Gedränge stürzen.
2. **Ko Pha-Ngan** (S. 843) Sich an Sonnenuntergängen sattsehen.
3. **Ko Tao** (S. 848) Einen Tauchschein machen.
4. **Chiang Mai** (S. 783) Lernen, wie eine einheimische Großmutter zu kochen.
5. **Sukhothai** (S. 777) Die Ruinen der alten Hauptstadt mit dem Drahtesel erkunden.
6. **Khao-Yai-Nationalpark** (S. 819) Beobachten, was dort so alles kreucht und fleucht.
7. **Mae Hong Son** (S. 808) Zu entlegenen Dörfern wandern.

(S. 825) Am Mekong entspannen.

9 **Hua Hin** (S. 833) Speisen wie ein König.

10 **Railay** (S. 871) Die Kalksteinklippen erklimmen.

BANGKOK

☎ 02 / 9,27 MIO. EW.

Diese energiegeladene Stadt steht niemals still und liebt Lärm, grelles Neonlicht, Beton, wildes Durcheinander, Mode und die Zukunft. Doch hinter der modernen Fassade versteckt sich ein altmodisches Dorf, das an einer engen schattigen *soi* (Gasse) schlummert. Diese Metropole ist ein Traum für Großstadtfans: eine Stadt mit lebhaften Märkten, historischen Tempeln und Palästen, den versteckten Gassen Chinatowns, einem tollen Nachtleben und fantastischen Möglichkeiten zum Shoppen. Und dann wäre da noch das Essen! Für abenteuerlustige Feinschmecker gibt's wohl in der ganzen Welt keinen besseren Ort, um besser oder preiswerter zu essen. Bangkok ist mit seinen zwei Flughäfen ein wichtiger Verkehrsknotenpunkt, deshalb nutzen viele Besucher die Stadt als Durchgangsstation. Der erste Eindruck lässt viele verwirrt zurück, aber nach kurzer Zeit lernt man die Vorzüge der Stadt zu schätzen und wird bei der Abreise bestimmt ein wenig sentimental.

Sehenswertes

Die beliebtesten Attraktion Bangkoks sind überwiegend kultureller und religiöser Natur. Wer gern auf eigene Faust loszieht, kann die Liste um Lebensmittelmärkte und interessante Stadtviertel erweitern.

Ko Ratanakosin & Umgebung

In diesem Viertel trifft man zahlreiche buddhistische Pilger und ausländische Touristen. Bei einem Besuch der königlichen Tempel muss man seine Ellbogen und Knie bedecken und vorne geschlossene Schuhe tragen. Außerdem sollte man sich respektvoll verhalten (Schuhe ausziehen, wenn man dazu angehalten wird!). Am besten kommt man am frühen Morgen; dann ist es hier weniger heiß und nicht ganz so überlaufen. Leute, die behaupten, alle Sehenswürdigkeiten seien geschlossen, einfach ignorieren.

★ Wat Phra Kaeo & Großer Königspalast — BUDDHISTISCHER TEMPEL

(วัดพระแก้ว, พระบรมมหาราชวัง; Karte S. 754 f.; Th Na Phra Lan; Eintritt 500 B; ⏲ 8.30–15.30 Uhr; ⛴ Chang-Pier, Maharaj-Pier, Phra-Chan-Tai-Pier) Der riesige, märchenhafte Komplex des Wat Phra Kaeo, auf dem auch der Große Palast steht, die frühere Residenz des thailändischen Königs, wird gemeinhin Tempel des Smaragdbuddhas genannt.

1782, im ersten Jahr der Herrschaft Bangkoks, wurde der Wat geweiht; heute ist er die größte Touristenattraktion der Stadt und eine Pilgerstätte für inbrünstige Buddhisten und Nationalisten. Die 94,5 ha große Anlage umfasst über 100 Gebäude, die für 200 Jahre royale Geschichte und architektonische Experimente stehen.

★ Wat Pho — BUDDHISTISCHER TEMPEL

(วัดโพธิ์/วัดพระเชตุพน, Wat Phra Chetuphon; Karte S. 754 f.; Th Sanam Chai; Eintritt 100 B; ⏲ 8.30–18.30 Uhr; ⛴ Tien-Pier) Hier tummeln sich nicht
ganz so viele Touristen wie im Wat Phra Kaeo
doch der Wat Pho ist unser Favorit unter de
Hauptsehenswürdigkeiten Bangkoks. De
Komplex bietet eine ganze Reihe Superlati
ve: den größten liegenden Buddha der Stadt
Thailands umfangreichste Sammlung vo
Buddha-Abbildungen und das älteste Zent
rum für öffentliche Lehre des Landes.

Das Highlight, der **Liegende Buddha**, is
fast zu groß für sein Zuhause.

★ Wat Arun — BUDDHISTISCHER TEMPE

(วัดอรุณฯ; Karte S. 754 f.; www.watarun.net; ab
seits der Th Arun Amarin; Eintritt 50 B; ⏲ 8–18 Uh
⛴ Flussfähre vom Tien-Pier) Nach dem Fall vo
Ayutthaya übernahm König Taksin hier a
der Stätte eines Schreins (früher als W
Jaeng bekannt) in einer Zeremonie die Ko
trolle über das Land und gründete einen k
niglichen Palast und einen Tempel, um de
Smaragdbuddha aufzunehmen. Der Temp
ist nach dem indischen Gott der Morgenrö
(Aruna) benannt und erinnert an die ta
sächliche und symbolische Gründung ein
neuen Ayutthaya. Heute ist der Tempel ein
der berühmtesten Bauwerke Bangkoks.

Siam-Museum — MUSE

(สถาบันพิพิธภัณฑ์การเรียนรู้แห่งชาติ; Ka
S. 754 f.; www.museumsiam.org; Th Maha Rat; E
tritt 300 B; ⏲ Di–So 10–18 Uhr; ⛴ Tien-Pier) Wä
rend der Recherche zu dieser Auflage v
Ort war das Haus zeitweilig wegen Renov
rungsarbeiten geschlossen. Normalerwei
beleuchtet dieses unterhaltsame Museu
aber mithilfe verschiedener Medien d
Ursprünge der Thais und ihrer Kultur.
Gebäude aus dem 19. Jh. im europäisch
Stil war einst das Handelsministerium u
tergebracht. Für thailändische Museen eh
untypisch werden die Exponate auf e
moderne, spannende und interaktive We
präsentiert. Außerdem sind sie erfrische
ausgewogen und unterhaltsam. Die A
stellungsräume widmen sich verschieden

Fragen im Zusammenhang mit den Wurzeln der Nation und ihrer Bewohner.

Nationalmuseum MUSEUM

(พิพิธภัณฑสถานแห่งชาติ; Karte S. 754 f.; 4 Th Na Phra That; Eintritt 200 B; ⌚ Mi–So 9–16 Uhr; ⛴ Chang-Pier, Maharaj-Pier, Phra-Chan-Tai-Pier) Das thailändische Nationalmuseum, oft als bedeutendstes Museum Südostasiens angepriesen, hat eine beeindruckende, wenn auch manchmal verstaubte Sammlung, die man am besten im Rahmen einer der beiden kostenlosen wöchentlichen **Führungen** (Karte S. 754 f.; Nationalmuseum, 4 Th Na Phra That; im Museumseintritt inbegriffen; ⌚ Mi & Do 9.30 Uhr; ⛴ Chang-Pier, Maharaj-Pier) kennenlernt.

Die meisten Gebäude des Museums wurden 1782 als Palast des Vizekönigs von Rama I., Prinz Wang Na, erbaut. Rama V. verwandelte den Komplex 1874 in ein Museum. Heute zeigt es drei Dauerausstellungen, die sich über mehrere Gebäude erstrecken. Beim Besuch für diesen Band wurden gerade mehrere Ausstellungssäle renoviert.

Amulettmarkt MARKT

(ตลาดพระเครื่องวัดมหาธาตุ; Karte S. 754 f.; Th Maha Rat; ⌚ 7–17 Uhr; ⛴ Chang-Pier, Maharaj-Pier, Phra-Chan-Tai-Pier) Auf den Fußwegen der Th Maha Rat und der Th Phra Chan bildet dieser geheimnisvolle, faszinierende Markt ein dichtes Netz überdachter Marktstände. Er erstreckt sich vom Phra-Chan-Pier Richtung Süden. Der günstigste Zugang ist deutlich mit „Trok Maha That" gekennzeichnet. Gehandelt wird vor allem mit kleinen Talismanen, die bei Sammlern, Mönchen, Taxifahrern und Menschen mit gefährlichen Berufen hoch im Kurs stehen.

Chinatown

In Chinatown geht's zu wie in einem Bienenstock. Sehr unterhaltsam ist ein abendlicher Bummel auf der Th Yaowarat, die dann wie ein Weihnachtsbaum leuchtet und voller Imbissstände ist. Die Gegend hat in den vergangenen Jahren eine Modernisierung erlebt: viele neue Unternehmen mit künstlerischem Touch siedeln sich hier an.

Wat Traimit (Goldener Buddha) BUDDHISTISCHER TEMPEL

(วัดไตรมิตร, Tempel des Goldenen Buddhas; Karte S. 748 f.; Th Mittaphap Thai-China; Eintritt 100 B; ⌚ 8–17 Uhr; ⛴ Ratchawong-Pier, Ⓜ Hua Lamphong Ausgang 1) Die Attraktion des Wat Traimit ist zweifellos die eindrucksvolle 3 m große und 5 t schwere funkelnde **Buddha-Statue aus massivem Gold**. Die im prächtigen Sukhothai-Stil gestaltete Figur wurde vor rund 60 Jahren unter einer Gipsschicht entdeckt, als sie beim Umzug in ein neues Gebäude auf dem Tempelkomplex von einem Kran fiel.

Talat Mai MARKT

(ตลาดใหม่; Karte S. 748 f.; Soi Yaowarat 6/Charoen Krung 16; ⌚ 6–18 Uhr; ⛴ Ratchawong-Pier, Ⓜ Hua Lamphong Ausgang 1 & Taxi) Nach fast zwei Jahrzehnten im Geschäft ist die Bezeichnung „Neuer Markt" für diese Handelsmeile nicht mehr so ganz passend. Allerdings wird man in ganz Bangkok, wenn nicht in ganz Thailand wahrscheinlich keinen besseren chinesischen Markt finden. Wer je in China war, kennt viele der getrockneten Lebensmittel, Gewürze, Kräuter und Soßen. Und selbst wer sich nicht für die Waren interessiert, wird von der hektischen Atmosphäre (Vorsicht vor Motorradfahren, die sich zwischen den Kunden durchschlängeln!), dem exotischen Anblick und den Gerüchen fasziniert sein, die zusammen ein nahezu surreales sinnliches Erlebnis schaffen.

KEINEN ANSTOSS ERREGEN

- Beim Besuch von buddhistischen Tempeln sollte man sich konservativ kleiden (Schultern bedecken und möglichst wenig nacktes Bein zeigen).
- Keine abschätzigen Bemerkungen über ein Mitglied der thailändischen Königsfamilie machen, das ist strafbar.

Weitere Stadtviertel

★ **Jim-Thompson-Haus** HISTORISCHES GEBÄUDE

(เรือนไทยจิมทอมป์สัน; Karte S. 758 f.; www.jimthompsonhouse.com; 6 Soi Kasem San 2; Erw./Student 150/100 B; ⌚ 9–18 Uhr, obligatorische Führungen alle 20 Min.; ⛴ *khlong*-Boot zum Sapan-Hua-Chang-Pier, Ⓢ National Stadium Ausgang 1) Während des Zweiten Weltkriegs war der spätere US-amerikanische Seidenhändler Jim Thompson in Thailand kurz für das Office of Strategic Services tätig, den Vorläufer der CIA. Weil die handgefertigte Seide seines Nachbarn sein Interesse und seinen Geschäftssinn geweckt hatte, ließ der 1906 in Delaware geborenene Thompson sich nach dem Krieg in Bangkok nieder und schickte Proben an Modehäuser in Mailand, London und Paris. Nach und nach baute er sich so einen weltweiten Kundenstamm auf. Die dschungelartige Anlage

Wat Phra Kaeo & der Königspalast

BANGKOKS BEDEUTENDSTE RELIGIÖSE UND HERRSCHAFTLICHE DENKMÄLER

Besucher betreten zunächst den buddhistischen Tempel Wat Phra Kaeo. Ein überdachter Weg führt um das Gelände, dessen innere Mauern mit den ❶ ❷ ***Ramakian*-Wandgemälden** geschmückt sind. Sie entstanden unter Rama I. (reg. 1782–1809) und zeigen a 178 Paneelen die Handlung des hinduistisch Epos *Ramayana*, in dem Rama seine entfüh Frau Sita zu retten versucht.

Danach durchquert man die von ❸ **Yaksha** bewachten Tore zum Innenteil des Komplexes. Das bedeutendste Gebäude dort ist der

ALINA_ZAINEA / GETTY IMAGES ©

Kinaree
Diese anmutigen Kreaturen – halb Schwan, halb Frau – aus der hinduistisch-buddhistischen Mythologie stehen vor dem Prasat Phra Thepbidorn.

Die *Ramakian*-Wandgemälde
Diese Wandmalereien, die an der Ostseite von Wat Phra Kaeo anfangen, zeigen Szenen, die eher an das Thailand des 19. Jhs. erinnern als an das antike Indien.

ANTONIO D'ALBORE / GETTY IMAGES ©

Hanuman
Mehrere Reihen dieser spitzbübischen hinduistische Affen-Gottheiten scheinen die unteren Stockwerke v zwei kleinen Chedi nahe dem Prasat Phra Thepbidor tragen.

4 ***Bòht* (Ordinationssaal)**. Dort befindet ;ich auch der 5 **Smaragd-Buddha**.

Richtung Osten auf der Oberen Terrasse ;elangt man zu den 6 **Turmspitzen der lrei wichtigsten Chedi**. Das Gebäude in der Mitte, Phra Mondop, beherbergt heilige Palm- ;chriften. In seiner Nähe stehen auch einige ;tatuen mythologischer Wesen wie lockende 7 **Kinaree** oder ein paar 8 **Hanuman** mit furchterregenden Grimassen.

Das Westtor führt ins königliche Pantheon. Besucher dürfen nur wenige Gebäude betreten. Das beeindruckendste ist der 1882 erbaute 9 **Chakri-Maha-Prasat-Palast**. Seine Außenwand ist eine Mischung aus westlicher und traditioneller Thai-Architektur.

e drei Turmspitzen
s aufwendige siebenstufige ch des Phra Mondop, die itze des Prasat Phra epbidorn im Khmer-Stil und vergoldete Phra Si Ratana edi sind die höchsten Ge- ıde des Palastkomplexes.

LEPNEVA IRINA / SHUTTERSTOCK ©

Smaragd-Buddha
Diese kleine Statue (nur 66 cm hoch) wurde nicht aus Smaragd gemeißelt, sondern aus Nephrit, einer Jadeart.

ALEXEY STIOP / GETTY IMAGES ©

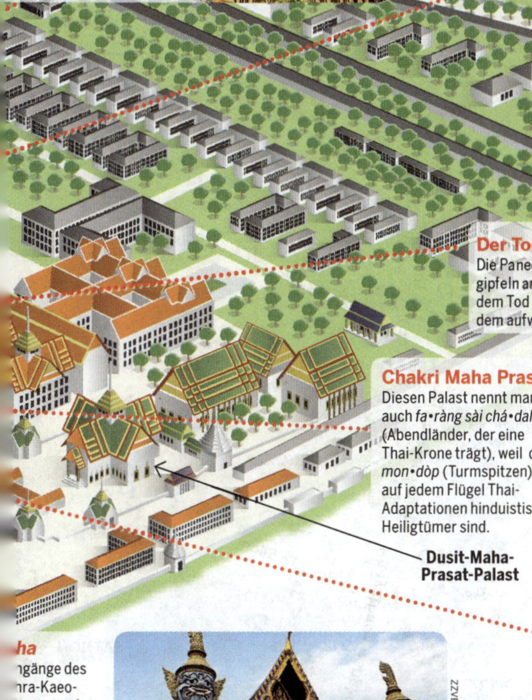

Der Tod des Thotsakan
Die Paneele verlaufen im Uhrzeigersinn und gipfeln am westlichen Rand des Geländes mit dem Tod von Thotsakan, Sitas Entführer, und dem aufwendigen Trauerzug zu seinen Ehren.

Chakri Maha Prasat
Diesen Palast nennt man auch *fa•ràng sài chá•dah* (Abendländer, der eine Thai-Krone trägt), weil die *mon•dòp* (Turmspitzen) auf jedem Flügel Thai-Adaptationen hinduistischer Heiligtümer sind.

DESIGN PICS / BLAKE KENT / GETTY IMAGES ©

***Bòht* (Ordinationssaal)**
Dieses Bauwerk ist ein frühes Beispiel des architektonischen Rattanakosin-Stils, der traditionelle stilistische Überbleibsel aus Ayutthaya mit moderneren westlichen und chinesischen Elementen kombiniert.

ha
ıgänge des ıra-Kaeo- exes werden ei riesigen bewacht, eistern der Mythologie.

ZZVET / GETTY IMAGES ©

Bangkok Zentrum

Chatuchak Weekend Market (1,6 km)
Playhouse Magical Cabaret (2 km)
Phahonyothin Soi 2
Ari
Th Rachadaphisek
Huay Khwang
Sanam Pao
Kambodschanische Botschaft (11 km); Laotische Botschaft (1,2 km)
DIN DAENG
Ratchawithi Soi 2
Thailand Cultural Centre
Th Thiam Ruammit
Th Din Daeng
Th Prachasongkhro
Th Ratchaprarop
Phra Ram 9
Rama IX
Makkasan
Khlong Samsen
Makkasan (Bangkok City Air Terminal)
RCA (Royal City Ave)
PRATUNAM
SUKHUMVIT
Khlong Saen Saeb
Thailändisches Fremdenverkehrsamt
Phetchaburi
Th Phetchaburi
Chit Lom
Phloen Chit
Soi 7
Soi 11
Soi 19
Soi 21 (Asoke)
Soi 23
Soi 39
Nana
Sukhumvit
Th Lang Suan
Th Ton Son
Th Witthayu (Wireless Rd)
Soi 10
Asok
Th Sukhumvit
Soi Thong Lor 13
Soi 55 (Thong Lor)
Lumphini-Park
Soi Plukchit
Benjakiti-Park
Ratchada-See
Soi 16
Soi 22
Phrom Phong
Soi Thong Lor 10 (Soi Ekamai 5)
KHLONG TOEY
Soi 24
Soi 26
Soi 53
Lumphini
Queen Sirikit National Convention Centre
Thong Lo
Soi 63 (Ekamai)
Khlong Toei
Soi 36
Ekkamai
Busbahnhof Ost
Th Phra Ram IV
Th Yen Akat
THAILAND BANGKOK ZENTRUM

Bangkok Zentrum

besteht aus Gebäuden, die Thompson in den 1950er und 1960er-Jahren in ganz Thailand sammelte und hier wieder aufbauen ließ.

★ Lumphini-Park — PARK

(สวนลุมพินี; Karte S. 748 f.; begrenzt von der Th Sarasin, Rama IV, Th Witthayu/Wireless Rd & Th Ratchadamri; ⊙4.30–21 Uhr; Ⓜ Lumphini Ausgang 3, Si Lom Ausgang 1, Ⓢ Sala Daeng Ausgang 3, Ratchadamri Ausgang 2) Der nach Buddhas Geburtsort in Nepal benannte Lumphini-Park bietet die beste Möglichkeit, dem Großstadttrubel zu entfliehen, ohne Bangkok zu verlassen. Schattige Wege, ein großer künstlicher See und weite Rasenflächen dämpfen den Verkehrslärm und lassen die klotzigen Betontürme verschwinden.

Bangkok-Museum — MUSEUM

(พิพิธภัณฑ์ชาวบางกอก; Karte S. 748 f.; 273 Soi 43, Th Charoen Krung; Eintritt gegen Spende; ⊙Mi–So 10–16 Uhr; Si Phraya/River-City-Pier) Das Bangkok-Museum, ein Komplex aus drei alten Gebäuden aus dem frühen 20. Jh., erhellt eine oft übersehene Periode der Geschicht der Stadt. Besucher gewinnen einen Ein blick ins Bangkok jener Zeit, das gerade i rasantem Tempo verschwindet.

Suan-Pakkad-Palastmuseum — MUSEU

(วังสวนผักกาด; Karte S. 748 f.; Th Si Ayuthaya; Eintr 100 B; ⊙9–16 Uhr; Ⓢ Phaya Thai Ausgang 4) Sua Pakkad, ein oft übersehenes Schmuckstüc ist eine Sammlung von acht traditionelle thailändischen Holzhäusern, in denen fr her Prinzessin Chumbon von Nakhon S wan lebte. Ursprünglich war das Gelänc eine Salatfarm (Suan Pakkad heißt übe setzt Salatfarm). In den Stelzenhäusern sir Kunst, Antiquitäten und Möbeln ausgestel Die schön gestaltete Anlage ist eine fried che Oase mit Enten, Schwänen und eine halb umschlossenen Garten.

Dusit-Palastpark — MUSEUM, HISTORISCHE STÄ

(วังสวนดุสิต; Karte S. 748 f.; begrenzt von der Ratchawithi, Th U Thong Nai & Th Nakhon Ratcha ma; Erw./Kind 100/20 B, im Ticket für den Groß

Palast inbegriffen; Di–So 9.30–16 Uhr; Thewet-Pier, Phaya Thai Ausgang 2 & Taxi) 1897 kehrte Rama V. (König Chulalongkorn; reg. 1868–1910) von seiner ersten Europareise mit Visionen europäischer Schlösser zurück und setzte es sich in den Kopf, diese Stile im heutigen Dusit-Palastpark zu einem einzigartigen thailändischen Stil zu vereinigen. Inzwischen gibt's eine neue königliche Residenz in Hua Hin, und in diesem Komplex befinden sich nun ein Museum über das Haus sowie andere kulturelle Ausstellungen.

Auch der Dusit-Palastpark war während des letzten Besuchs vorübergehend wegen Renovierungsarbeiten geschlossen, sollte aber im Lauf des Jahres 2018 wieder geöffnet werden; Genaueres erfährt man im Ticketbüro des Großen Palastes (S. 744).

Kurse & Geführte Touren

Amita Thai Cooking Class KOCHEN

(02 466 8966; www.amitathaicooking.com; 162/7 Soi 14, Th Wutthakat, Thonburi; Kochkurs 3000 B; Do–Di 9.30–13 Uhr; *khlong*-Boot vom Maharaj-Pier) In einem Haus am Kanal in Thonburi findet einer der charmantesten Kochkurse Bangkoks statt. Geleitet werden die Kurse von der wunderbar leidenschaftlichen Piyawadi „Tam" Jantrupon. Sie beinhalten einen Besuch im Garten und die Anleitung bei der Zubereitung von vier Gerichten. Die Anfahrt, in diesem Fall die Bootsfahrt vom Maharaj-Pier, ist im Preis enthalten.

Grasshopper Adventures RADFAHREN

(Karte S. 754 f.; 02 280 0832; www.grasshopperadventures.com; 57 Th Ratchadamnoen Klang; halb-/ganztägige Touren ab 1350/2400 B; 8.30–18.30 Uhr; *khlong*-Boot zum Phanfa-Leelard-Pier) Der hochgelobte Veranstalter organisiert einzigartige Fahrradtouren in und um Bangkok, darunter eine Nachtfahrt und eine Tour durch die historischen Areale der Stadt.

Feste & Events

Chinese New Year NEUJAHR

(Jan. oder Feb.) Thai-Chinesen putzen für das neue Mondjahr eine Woche lang ihre Häuser heraus und führen Löwentänze sowie Feuerwerke auf. In Chinatown finden die meisten Events statt. Das Datum variiert.

Songkran KULTUR

(Mitte April) Anlässlich des thailändischen Neujahrs Mitte April findet eine Wasserschlacht mit leistungsstarken Wasserpistolen und Wasserbomben statt. Am wildesten geht's in der Th Silom und der Th Khao San zu.

Königliche Zeremonie des Pflügens KULTUR

(Mai) Jeden Mai läutet seine Majestät, der König die Zeit der Reisaussaat mit einer Zeremonie in Sanam Luang ein. Das genaue Datum variiert.

Vegetarierfestival ESSEN & TRINKEN

(Sept. oder Okt.) Bei dem zehntägigen chinesisch-buddhistischen Fest, dessen Datum variiert, werden an Straßenständen mit gelben Flaggen fleischlose Gerichte verkauft. Die meisten findet man in Chinatown.

Loi Krathong KULTUR

(Anfang Nov.) Wunderschönes Fest in der Vollmondnacht Anfang November: Kleine lotusförmige Boote aus Bananenblättern mit brennenden Kerzen werden auf dem Mae Nam Chao Phraya auf die Reise geschickt.

Schlafen

Th Khao San, Banglamphu & Thewet

In Banglamphu befinden sich nach wie vor die meisten Budgetunterkünfte der Stadt. Die vielen Optionen zum Essen, Ausgehen und Shoppen sind weitere gute Gründe, in Banglamphu abzusteigen, wenngleich es ein wenig isoliert vom Rest der Stadt wirken kann.

★ Chern HOSTEL $

(Karte S. 754 f.; 02 621 1133; www.chernbangkok.com; 17 Soi Ratchasak; B 400 B, Zi. 1400–1900 B; *khlong*-Boot bis Phanfa-Leelard-Pier) Mit seinen weiten, offenen Räumen und den grellen Weißtönen hat dieses Hostel eine fast übernatürliche Atmosphäre. Die Schlafsäle mit acht Betten sind mehr als ordentlich, doch wir mochten besonders die Privatzimmer im attraktiven minimalistischen Stil, die mit einem großen Schreibtisch, TV, Safe und Kühlschrank ausgestattet sind – angesichts des Preises ein echtes Schnäppchen.

NapPark Hostel HOSTEL $

(Karte S. 754 f.; 02 282 2324; www.nappark.com; 5 Th Tani; B 440–600 B; Phra Athit/Banglamphu-Pier) Beliebtes Hostel mit verschieden großen Schlafsälen. Der kleinste und teuerste wartet mit sechs kabinenartigen Betten auf, die mit Steckdosen, Minifernsehern, Leselampen und WLAN ausgestattet sind. Doch die kulturellen Aktivitäten und die einladenden Gemeinschaftsbereiche sorgen dafür, dass man vielleicht gar nicht dazu kommt, ins Netz zu gehen.

Kulinarische Entdeckungen

Die thailändische Küche ist unglaublich vielseitig. Sie ist geprägt von den kulinarisch sehr verschiedenen Regionen des Landes und man schmeckt Einflüsse aus China und dem Nahen Osten. Gekocht wird mit einer Vielzahl von Zutaten und der Einsatz von Gewürzen ist entscheidend. Die folgenden zehn Gerichte sollte man vor Ort unbedingt einmal probieren.

1. Tom Yam
„Saure Thaisuppe", wie das Gericht oft auf Speisekarten heißt, ist eine schwache Umschreibung für diese nicht nur sehr saure, sondern auch pikante Gewürzbrühe.

2. Pad Thai
Die dünnen Reisnudeln, gebraten mit Ei, Tofu und Shrimps und verfeinert mit Fischsoße, Tamarinde und Chili, gelten als Inbegriff der thailändischen Küche – und das vollkommen zu Recht.

3. Kaeng Khiao Wan
Außerhalb Thailands kennt man es als Grünes Curry. Die Verbindung einer pikanten Gewürzpaste mit reichhaltiger Kokosmilch ist ein Beispiel für den einzigartigen Einsatz verschiedener Geschmacksnoten und Zutaten in der thailändischen Küche.

4. Yam
Die beliebten thailändischen "Salate" kombinieren Fleisch oder Meeresfrüchte mit einem sauer-scharfen Dressing und frischen Kräutern.

5. Lahp
Bei der Zubereitung wird Fleisch gehackt und mit geröstetem Reispulver, Limetten, Fischsoße und frischen Kräutern abgeschmeckt. Es verbindet damit die kräftigen, rustikalen Aromen von Thailands Nordosten in einem einzigen Gericht.

6. Bami
Obwohl sie aus China stammen, haben sich die Nudeln aus Weizen und Eiern zu einem Verkaufsschlager der thailändischen Straßenhändler entwickelt. Typischerweise werden sie mit geröstetem Schweinefleisch oder Krabben serviert.

7. Khao Mok
Die thailändische Version von *biryani* verbindet Reis und Huhn mit einem süß-sauren Dip und herzhafter Brühe.

8. Som Tam
Die Bezeichnung „Papayasalat" wird diesem extrem scharfen Gericht aus knusprigen Papayastreifen, die zusammen mit Tomaten, Langbohnen, Chili, Limetten und Fischsoße in einem Mörser zerstoßen werden, nicht wirklich gerecht.

9. Khao Soi
Die Suppe aus dem Norden Thailands kombiniert flache Weizennudeln mit einer reichhaltigen, intensiv gewürzten Brühe auf Kokosmilchbasis.

10. Pad Pak Bung Fai Daeng
Knuspriges grünes Gemüse wird mit Chilli und Knoblauch angebraten und ergibt ein echtes Wohlfühlgericht.

1

6

8

NARIN NONTHAMAND/SHUTTERSTOCK ©

NENEULTIMATE/SHUTTERSTOCK ©

CHOCKDEE ROMKAEW/SHUTTERSTOCK ©

PAUL_BRIGHTON/SHUTTERSTOCK ©

MOXUMBIC/SHUTTERSTOCK ©

CBENJASUWAN/SHUTTERSTOCK ©

PIYATO/SHUTTERSTOCK ©

Banglamphu

A
B
C
D
1
2
3
4
5
6
7
Phra-Athit-/
Banglamphu-Pier
Phra-Pin-Klao-
Bridge-Pier
Th Phra Athit
20
15
Saphan Phra
Pin Klao
Soi Ram Buttri
Khlong
Bangkok Noi
Bahnhof
Bangkok Noi
(Thonburi)
Bangkok
Informationsbüro
Th Somdet Phra Pin Klao
Th Chao Fa
Th Rongmai
Thonburi-Railway-
Station-Pier
THONBURI
Mae Nam Chao Phraya
Siriraj
Hospital
6
Phra-Chan-
Pier
Thammasat-
Universität
Th Na Phra That
Sanam
Luang
Wang-Lang-/
Siriraj-Pier
Th
Phrannok
Th Phra Chan
4
Th Ratchadamnoen Nai
Soi Tambon
Wanglang 1
Maharaj-
Pier
Th Maha Rat
Silpakorn-
Universität
Wat-Rakhang-
Pier
Chang-
Pier
Th Na Phra Lan
Th Lak
Meuang
BANGKOK
NOI
Mae Nam Chao Phraya
Wat Phra Kaew
& Grand Palace
3
Th Sanam Chai
Th Maha Rat
Saranrom
Royal
Garden
KO RATANAKOSIN
Th Thai Wang
Khlong Mon
2
Wat Pho
Tien-Pier
Th Chetuphon
Th Arun Amarin
Wat-Arun-
Pier
Soi Pratu
Nokyung
Th Sanam Chai
Wat Arun
1
5

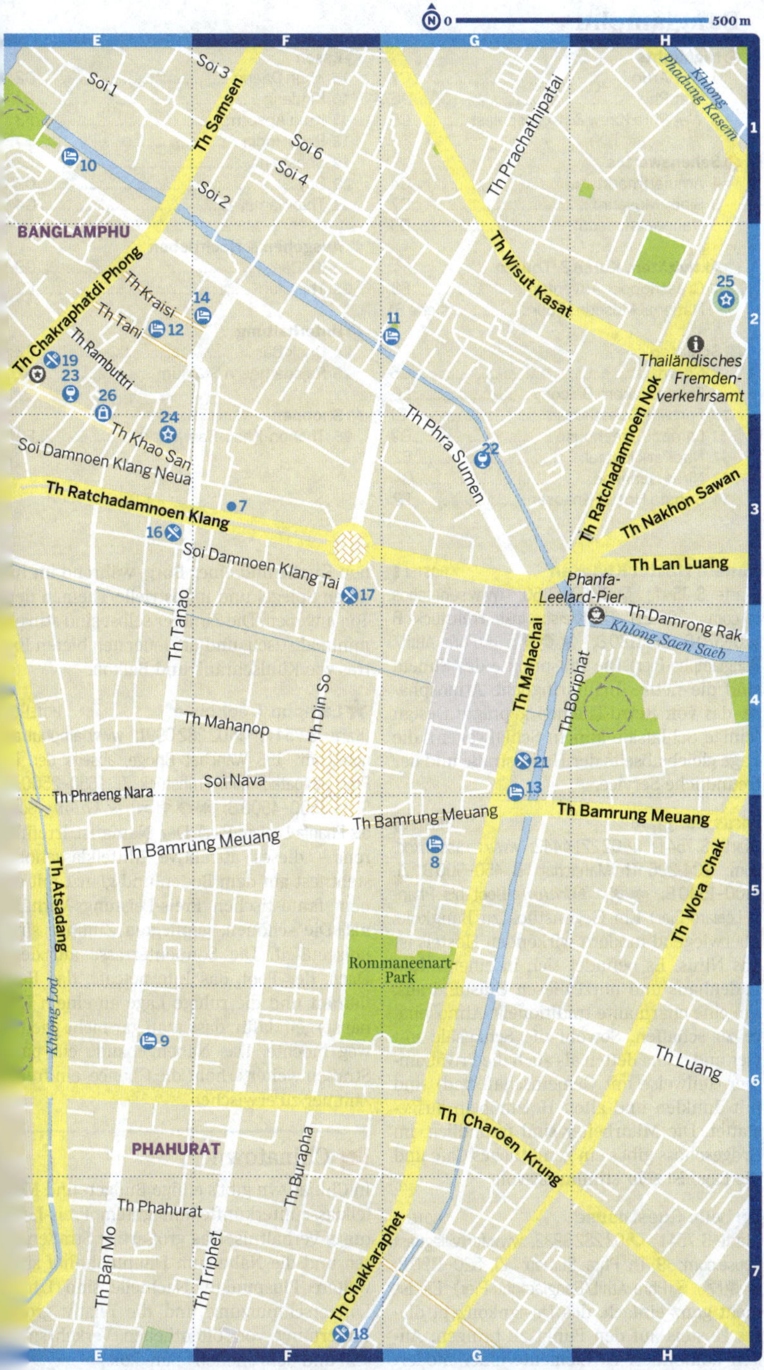

THAILAND BANGLAMPHU

Banglamphu

Highlights
1 Wat Arun ... C7
2 Wat Pho ... D6
3 Wat Phra Kaew & Königspalast ... C5

Sehenswertes
4 Amulettmarkt ... C4
5 Siam-Museum ... D7
6 Nationalmuseum ... D3

Aktivitäten, Kurse & Touren
7 Grasshopper Adventures ... F3
National Museum Tours ... (siehe 6)

Schlafen
8 Chern ... G5
9 Feung Nakorn Balcony ... E6
10 Fortville Guesthouse ... E1
11 Lamphu Treehouse ... G2
12 NapPark Hostel ... E2
13 Niras Bangkoc ... G4
14 Suneta Hostel Khaosan ... F2

Essen
15 Khun Daeng ... D2
16 Kimleng ... E3
17 Krua Apsorn ... F3
18 Royal India ... F7
19 Shoshana ... E2
20 Soy ... D2
21 Thip Samai ... G4

Ausgehen & Nachtleben
22 Ku Bar ... G3
23 The Club ... E2

Unterhaltung
24 Brick Bar ... E3
25 Rajadamnern Stadium ... H2

Shoppen
26 Thanon-Khao-San-Markt ... E2

Suneta Hostel Khaosan HOSTEL $
(Karte S. 754 f.; ☎ 02 629 0150; www.sunetahostel.com; 209-211 Th Kraisi; inkl. Frühstück B 470–570 B, Zi. 1180 B; ❄ @ 📶; ⛴ Phra Athit/Banglamphu-Pier) Die Pluspunkte des Suneta sind die nette, unaufdringliche Atmosphäre, das von Retro-Themen geprägte Design (einige Schlafsäle ähneln Schlafwagen), die Lage gleich abseits der Hauptstraße und der freundliche Service.

Niras Bangkoc HOSTEL $
(Karte S. 754 f.; ☎ 02 221 4442; www.nirasbankoc.com; 204-206 Th Mahachai; B 450–500 B, Zi. 1300–1500 B; ❄ 📶; ⛴ *khlong*-Boot bis Phanfa-Leelard-Pier) Ein Gegenstück zu Bangkoks überwiegend modern wirkenden Hostels ist das Niras. Es befindet sich in einem alten Ladenhaus und nutzt diesen Umstand aus, um eine charmante traditionelle Atmosphäre zu schaffen. Sowohl die Schlafsäle mit vier und sechs Betten als auch die Privatzimmer (teilweise mit Gemeinschaftsbad) sind mit dunklen und alten Holzmöbeln ausgestattet. Die Mitarbeiter sind freundlich, im Erdgeschoss gibt's ein gemütliches Café und die Lage ist sehr stimmungsvoll.

Fortville Guesthouse HOTEL $
(Karte S. 754 f.; ☎ 02 282 3932; www.fortvilleguesthouse.com; 9 Th Phra Sumen; Zi. 820–1190 B; ❄ @ 📶; ⛴ Phra Athit/Banglamphu-Pier) Es ist nicht ganz einfach, das Designkonzept dieses Hostels auf den Punkt zu bringen: Außen kombiniert es Elemente einer modernen Kirche und einer Burg, während im In neren Spiegel und industrielle Themen de Ton angeben. Die Zimmer selbst sind stilvol minimalistisch, und die teuersten bieten Ex tras wie Kühlschrank und Balkon.

★ **Lamphu Treehouse** HOTEL $
(Karte S. 754 f.; ☎ 02 282 0991; www.lamphutre hotel.com; 155 Wanchat Bridge, abseits der T Prachathipatai; inkl. Frühstück Zi. 1650–2500 Suite 3500–4500 B; ❄ @ 📶 🏊; ⛴ *khlong*-Bo bis Phanfa-Leelard-Pier) Der Name ist irrefü rend – dieses attraktive Mittelklassehot steht fest auf dem Boden und glänzt mit e nem fantastischen Preis-Leistungs-Verhä nis. Die schönen, gepflegten Zimmer sir holzgetäfelt. Die Sonnenterrasse auf de Dach, der Pool, das Internetcafé, das Re taurant und die ruhige Lage an einem K nal sorgen dafür, dass man gar nicht wied weg möchte. Das Nebengebäude ein pa Straßen weiter erhöht die Chance, ein frei Zimmer zu erwischen.

Chinatown

In Chinatown gibt's einige Budget- und M telklasseunterkünfte mit gutem Preis-Le tungs-Verhältnis. Das großartige Straßen sen und die Nähe zum Hauptbahnhof si weitere Pluspunkte. Nachteile sind Lär Luftverschmutzung und die relativ gro Entfernung von öffentlichen Verkehrsm teln und dem „neuen" Bangkok.

Loftel 22 HOSTEL $

(Karte S. 748 f.; www.loftel22Bangkok.com; 952 Soi 22, Th Charoen Krung; B 250–300 B, Zi. mit Gemeinschaftsbad 850–1300 B; ❄@📶; ⛴ Marine-Department-Pier, Ⓜ Hua Lamphong Ausgang 1) In zwei angrenzenden Ladenhäusern sind stilvolle, einladende Schlafsäle und Privatzimmer (alle mit Gemeinschaftsbad) entstanden. Der freundliche Service und die Lage in einer der stimmungsvollsten Ecken Chinatowns machen das Ganze komplett.

Wanderlust HOSTEL $

(Karte S. 748 f.; ☎ 083 046 8647; www.facebook.com/onederlust; 149-151 Rama IV; B 450 B, Zi. 1300–1800 B; ❄📶; ⛴, Ⓜ Hua Lamphong Ausgang 1) Ein fast klinisch sauberes industrielles Ambiente prägt dieses neue Hostel. In den Schlafsälen stehen vier bis acht Betten. Die Privatzimmer sind ziemlich klein, die billigsten haben nur Gemeinschaftsbäder. Im Erdgeschoss gibt's ein megaschickes Café-Restaurant. Es mag zwar nicht die Unterkunft in Chinatown mit dem besten Preis-Leistungs-Verhältnis sein, aber vielleicht ist es die mit dem größten Imagebewusstsein.

Feung Nakorn Balcony HOTEL $$

(Karte S. 754 f.; ☎ 02 622 1100; www.feungnakorn.com; 125 Th Fuang Nakhon; inkl. Frühstück Zi. 2200–4400 B, Suite 4300–4800 B; ❄@📶; ⛴ Saphan Phut/Memorial-Bridge-Pier, Pak Klong Taladd-Pier) Die 42 Zimmer in einer ehemaligen Schule liegen rings um einen einladenden Garten und sind groß, hell und freundlich. Zur Standardausstattung gehören eine kostenlose Minibar, ein Safe und ein Flachbildfernseher. Das Hotel liegt ruhig und abgeschieden abseits der Hauptmeile und hat kompetente Mitarbeiter. Eine charmante und einladende (wenn auch nicht sehr preisgünstige) Unterkunft.

Siam Square

Im und um den Siam Square gibt's eine gute Auswahl an Budget- und Mittelklasseunterkünften. Weitere Vorteile sind die zentrale Lage, die vielen Restaurants und Einkaufsmöglichkeiten und die Nähe zu öffentlichen Verkehrsmitteln.

★ **Lub*d** HOSTEL $

(Karte S. 758 f.; ☎ 02 612 4999; www.siamsquare.lubd.com; Rama I; B 550 B, Zi. 1900–2500 B; ❄@📶; Ⓢ National Stadium Ausgang 1) Ein Hostel mit moderner Atmosphäre und einem einladenden Gemeinschaftsbereich mit Spielen und einer Bar. Das Hostel hat noch einiges mehr zu bieten, von Waschmaschinen bis zu einem Theaterzimmer. Falls es voll ist, gibt's eine weitere Filiale dicht an der Th Silom.

Chao Hostel HOSTEL $

(Karte S. 758 f.; ☎ 02 217 3083; www.chaohostel.com; 8. OG, 865 Rama I; inkl. Frühstück B 550 B, Zi. 1600–1800 B; ❄@📶; Ⓢ National Stadium Ausgang 1) Das Chao verbindet minimalistisches Design elegant mit thailändischen Elementen und vielen offenen Räumen. Es ist eines der niveauvollsten Hostels, die uns in Bangkok begegnet sind. Die Schlafsäle mit sechs Betten sind geräumig und haben eigene Bäder und Zugang zu mehreren einladenden Gemeinschaftsbereichen.

Bed Station Hostel HOSTEL $

(Karte S. 758 f.; ☎ 02 019 5477; www.bedstationhostel.com; 486/149-150 Soi 16, Th Phetchaburi; inkl. Frühstück B 500–650 B, Zi. 1350–1550 B; ❄@📶; Ⓢ Ratchathewi Ausgang 3) Sowohl die Schlafsäle als auch Privatzimmer dieses Hostels sind durchgängig im Stil des Industrial Chic gestaltet. Die Schlafsäle mit vier bis acht Betten haben sehr saubere Toiletten und ein Wäschezimmer. Die Privatzimmer sind stilvoll und zweckmäßig, aber schlicht; die meisten haben keine Fenster.

ℹ BETRÜGER AUSTRICKSEN

Juwelenabzocke Wer kein Juwelenhändler ist, lasse bitte, bitte die Finger von ungefassten Edelsteinen. Punkt!

Heute geschlossen „Freundliche" Einheimische, die erzählen, dass eine Sehenswürdigkeit wegen eines buddhistischen Feiertags oder zur Reinigung geschlossen ist, sollte man ignorieren.

Túk-túk-Fahrt für 20 B Diese angeblichen „Touren" lassen die Sehenswürdigkeiten links liegen und führen stattdessen zu windigen Edelsteingeschäften und Schneidern, die dem Fahrer Kommission zahlen.

Taxifahrt zum Festpreis In Taxis, deren Fahrer einen Festpreis nennt, sollte man nicht einsteigen, denn der ist meist dreimal so teuer wie der sehr vernünftige Preis des Taxameters.

Freundliche Fremde Vorsicht vor gut gekleideten Einheimischen, die sich erkundigen, woher man kommt und wohin man will.

Siam Square & Pratunam

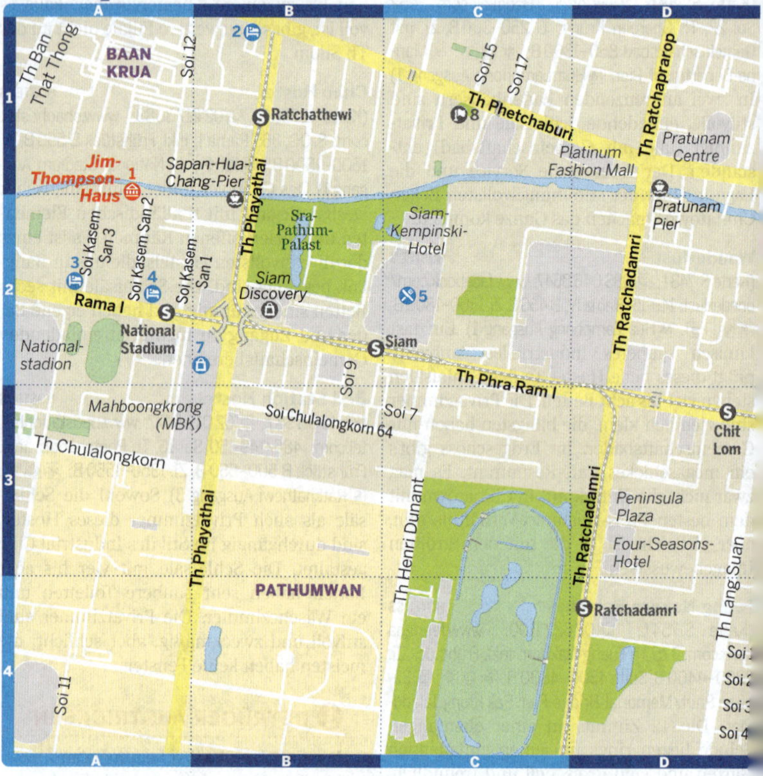

Sukhumvit

In der Th Sukhumvit befindet sich ein großer Teil der Bangkoker Übernachtungsmöglichkeiten, wobei von allem etwas dabei ist.

Pause Hostel HOSTEL $
(Karte S. 748 f.; ☎ 02 108 8855; www.onedaybkk.com; Oneday, 51 Soi 26, Th Sukhumvit; inkl. Frühstück B 450–600 B, Zi. 1300–1500 B; ❄@📶; Ⓢ Phrom Phong Ausgang 4) Das moderne, offen gestaltete Hostel ist an ein Café und einen Coworking Space angeschlossen. Industriedesign kennzeichnet sowohl die Schlafsäle mit vier bis acht Betten als auch die Privatzimmer (nur einige davon mit eigenem Bad). Die einladenden Gemeinschaftsbereiche bekommen viel Sonne ab.

FU House Hostel HOSTEL $
(Karte S. 748 f.; ☎ 098 654 5505; www.facebook.com/fuhouseghostel; 77 Soi 8, Th Sukhumvit; B/Zi. inkl. Frühstück 500/1650 B; ❄📶; Ⓢ Nana Ausgang 4) In dieser tollen, unauffälligen zweistöckigen Holzvilla in einer Wohnstraße ist ein ruhiger Aufenthalt garantiert. Zur Wahl stehen zwei geräumige Schlafsäle, die sehr privat wirken, und Zimmer mit eigenem Bad.

★ **Tints of Blue** HOTEL $
(Karte S. 748 f.; ☎ 099 289 7744; www.tintsofblue.com; 47 Soi 27, Th Sukhumvit; Zi. inkl. Frühstück 1800–2000 B; ❄📶; Ⓜ Sukhumvit Ausgang 2, Ⓢ Asok Ausgang 6) Das abgeschiedene, gemütliche und warme Ambiente der Zimmer passt gut zur Lage in einer ruhigen grünen Straße. Die großen Zimmer verfügen über Miniküchen, viel Tageslicht und Balkons und sind zu diesem Preis ein echtes Schnäppchen.

Silom, Lumphini & Riverside

Lub*d HOSTEL
(Karte S. 748 f.; ☎ 02 634 7999; www.silom.lub... com; 4 Th Decho; B 350 B, Zi. 950–1500 B; ❄@📶; Ⓢ Chong Nonsi Ausgang 3) Der Name ist e...

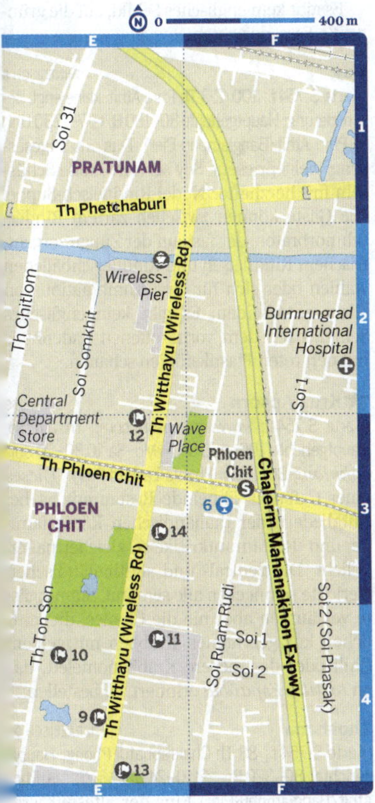

Siam Square & Pratunam

Highlights
1 Jim-Thompson-Haus A1

Schlafen
2 Bed Station Hostel B1
3 Chao Hostel A2
4 Lub*d A2

Essen
5 Gourmet Paradise C2
MBK Food Island .... (siehe 7)

Ausgehen & Nachtleben
6 Hair of the Dog F3

Shoppen
7 MBK Center B2

Praktisches
8 Indonesische Botschaft C1
9 Irische Botschaft E4
10 Niederländische Botschaft E4
11 Neuseeländische Botschaft E4
12 Britische Botschaft E3
13 US-Botschaft E4
14 Vietnamesische Botschaft E3

Vortspiel mit *làp dee,* was „Schlaf gut" be-
'eutet. Die fröhliche Atmosphäre könnte
ber leicht dazu führen, dass man die ganze
Jacht aufbleiben möchte. Nur die Doppel-
immer haben ein eigenes Bad. Wenn das
Iostel voll ist, gibt's einen Ableger in der
'ähe des Siam Square.

1 Hostel HOSTEL $
Karte S. 748 f.; ☎ 02 679 7777; www.facebook.
om/s1hostelbangkok; 35/1-4 Soi Ngam Du Phli; B
30–380 B, Zi. 700–1300 B; ❄@📶; Ⓜ Lumphini
usgang 1) Das riesige Hotel mit Schlafsälen
nd Privatzimmern ist in einfachen, aber
:hönen Primärfarben gestaltet. Mit den
hlreichen zusätzlichen Angeboten wie Wä-
:heservice, Küche und Dachgarten sowie der
ınstigen Lage fußläufig zur MRT bietet es
n erstklassiges Preis-Leistungs-Verhältnis.

ile Karte Hostel HOSTEL $
arte S. 748 f.; ☎ 02 635 1212; 36/4 Th Pan; B
0–285 B, Zi. 600–900 B; ❄@📶; Ⓢ Chong Non-
si Ausgang 3) Trotz des Industriedesigns wirkt dieses Hostel einladend, warm und fröhlich. Die Schlafsäle mit zehn Betten sind für Bangkok supergünstig. Die Privatzimmer sind modern und minimalistisch, allerdings bekommen sie wenig Tageslicht ab.

★ **Smile Society** HOTEL $$
(Karte S. 748 f.; ☎ 081 442 5800, 081 444 1596; www.smilesocietyhostel.com; 30/3-4 Soi 6, Th Silom; inkl. Frühstück B 450–600 B, Zi. 1100–2200 B; ❄@📶; Ⓜ Si Lom Ausgang 2, Ⓢ Sala Daeng Ausgang 1) Ein vierstöckiges Ladenhaus, das halb Hotel, halb Hostel ist. Es hat kleine, aber komfortable und gut ausgestattete Zimmer sowie Schlafsäle mit blitzsauberen Gemeinschaftsbädern. Andere Pluspunkte sind die zentrale Lage, die überwältigend guten Bewertungen der Gäste und die hilfsbereiten Mitarbeiter, die Englisch sprechen. Falls es voll ist, steht nebenan ein fast identischer Anbau zur Verfügung.

LUXX HOTEL $$
(Karte S. 748 f.; ☎ 02 635 8844; www.staywithluxx.com; 6/11 Th Decho; Zi. 1060–1445 B, Suite 1570 B; ❄@📶; Ⓢ Chong Nongsi Ausgang 3) Im LUXX, dem Ableger des **LUXX XL** (Karte S. 748 f.; ☎ 02 684 1111; 82/8 Th Lang Suan; inkl. Frühstück Zi. 1500–2400 B, Suite 3700–7700 B; ❄@📶🏊; Ⓢ Ratchadamri Ausgang 2) in der Th Decho, ist

die Atmosphäre genauso hip und minimalistisch wie im Haupthaus. Die Zimmer sind alle angemessen stilvoll eingerichtet, teils aber recht klein, in einigen gibts zudem nur wenig Tageslicht.

Essen

Th Kao San & Banglamphu

Banglamphu ist für seine traditionelle zentralthailändische Küche berühmt, die in diesem Teil der Stadt vorherrschend ist. Wer gern internationale Gerichte essen möchte, geht einfach in die Th Khao San, wo es neben internationalen Fast-Food-Ketten auch ausländische und vegetarische Restaurants gibt.

Thip Samai THAI $

(Karte S. 754 f.; 313 Th Mahachai; Hauptgerichte 50–250 B; ⌚17–2 Uhr; *khlong*-Boot bis Phanfa-Leelard-Pier) Eine Warnung vorweg: Die gebratenen Nudeln, die in der Th Khao San von Wagen verkauft werden, haben mit dem *pàt tai* genannten Gericht herzlich wenig zu tun. Zum Glück sind es mit dem *túk-túk (đúk đúk* ausgesprochen, eine Art motorisierte Rikscha) nur fünf Minuten bis zum Thip Samai, in dem mit die berühmtesten gebratenen Nudeln der Stadt zubereitet werden. Das Thip Samai ist jeden zweiten Mittwoch geschlossen.

Kimleng THAI $

(Karte S. 754 f.; 158-160 Th Tanao; Hauptgerichte 60–150 B; ⌚Mo–Sa 10–22 Uhr; *khlong*-Boot bis Phanfa-Leelard-Pier) Ein winziges familiengeführtes Restaurant, das sich auf die Gerichte und Aromen Zentralthailands spezialisiert hat. Einen guten Einstieg in die einheimische Küche bieten die authentischen *yam* (thailändische Salate), etwa *yam plah dùk foo,* eine Mischung aus knusprig frittiertem Wels und Streifen herber grüner Mango.

Khun Daeng THAI $

(Karte S. 754 f.; Th Phra Athit, keine engl. Beschilderung; Hauptgerichte 45–55 B; ⌚Mo–Sa 11–21.30 Uhr; Phra Athit/Banglamphu-Pier) Dieses beliebte Lokal serviert *gŏo·ay jáp yoo·an* (auf der englischen Speisekarte „Vietnamese noodle" genannt). Es wurde von vietnamesischen Einwanderern nach Nordostthailand gebracht und kombiniert Schweinswurst, ein Wachtelei, dünne Reisnudeln und als Garnitur knusprige gebratene Schalotten in einer leicht dickflüssigen Brühe.

Es gibt kein englisches Schild, auf die grünweiße Fassade achten.

Soy CHINESISCH $

(Karte S. 754 f.; 100/2-3 Th Phra Athit, keine engl. Beschilderung; Hauptgerichte 80–100 B; ⌚7–17.30 Uhr; Phra Athit/Banglamphu-Pier) Das alteingesessene, vielgepriesene Soy serviert große Schüsseln mit herzhafter Nudel-Rindfleisch-Suppe. Die Gäste können zwischen zartem Rinderschmorbraten, der fast auf der Zunge zergeht, frischem Rindfleisch und Rindfleischbällchen wählen oder sich für eine Kombination von allem entscheiden. Es gibt kein englisches Schild, nach dem vorne offenen Ladenhaus mit den roten Plastikstühlen schauen.

★ **Krua Apsorn** THAI $$

(Karte S. 754 f.; www.kruaapsorn.com; Th Din So; Hauptgerichte 100–450 B; ⌚Mo–Sa 10.30–20 Uhr; *khlong*-Boot bis Phanfa-Leelard-Pier) Dieses einer Cafeteria ähnelnde Restaurant ist bei Mitgliedern der thailändischen Königsfamilie und Restaurantkritikern gleichermaßen beliebt. Die zentral- und südthailändischen Gerichte schmecken alle sehr gut. Stammgäste versäumen aber nie die Chance, die göttlichen kurzgebratenen Krabben mit gelben Chili oder das lockere Krabbenomelett, das an *tortilla Española* erinnert, zu bestellen.

Shoshana ISRAELISCH $

(Karte S. 754 f.; 88 Th Chakraphatdi Phong; Hauptgerichte 80–320 B; ⌚10–24 Uhr; ; Phra Athit/Banglamphu-Pier) Eins der ältesten israelischen Restaurants in Khao San. Das Shoshana erinnert mit seinem kitschigen Wandschmuck und den Plastikplatzmatten an das Wohnzimmer der Großeltern. Nichts falsch machen kann man mit den frittierten Gerichten – das können die Köche hier hervorragend. Auch der köstliche Auberginen-Dip mit viel Knoblauch ist sehr empfehlenswert.

Chinatown

Bei Chinatown denken die meisten Bangkoker sofort an leckeres Straßenessen. Der Großteil dieser Optionen ist gleich abseits der Th Yaowarat zu finden.

Im Westen des Viertels liegt Phahurat, Bangkoks Klein-Indien, wo sich in den winzigen *soi* (Gassen), die von der Th Chakkraphet abgehen, kleine indische und nepalesische Restaurants verstecken.

Nay Hong STREETFOOD

(Karte S. 748 f.; abseits der Th Yukol 2; Hauptgerichte 35–50 B; ⌚16–22 Uhr; Ratchawong-Pier

M Hua Lamphong Ausgang 1 & Taxi) Wer sich auf die Suche nach diesem winzigen Restaurant macht, bekommt als Belohnung eines der besten Gerichte der Stadt mit gebratenen Nudeln – *gŏo·ay đĕe·o kôo·a gài* (flache Reisnudeln, die mit Knoblauchöl, Hühnchen und Eiern gebraten werden). Eine englische Speisekarte gibt's nicht.

Das Nay Hong hat kein englisches Schild. Um es zu finden, geht man von der Ecke Th Suapa/Th Luang nach Norden und biegt dann in die erste Querstraße rechts ab; es liegt am Ende der schmalen Gasse.

Khun Yah Cuisine THAI $
(Karte S. 748 f.; abseits der Th Mittaphap Thai-China, keine engl. Beschilderung; Hauptgerichte ab 40 B; Mo–Fr 6–13.30 Uhr; Ratchawong-Pier, M Hua Lamphong Ausgang 1) Das Kunh Yah liegt strategisch günstig für ein Mittagessen nach dem Besuch des Wat Traimit (Goldener Buddha). Es hat sich auf aromatische Currys, Würzsoßen, Pfannengerichte und Nudelgerichte aus Zentralthailand spezialisiert. Man sollte aber zeitig da sein – gegen Mittag sind viele Gerichte schon ausverkauft.

Das Restaurant hat weder ein englisches Schild noch eine englische Speisekarte, befindet sich aber gleich östlich vom Goldenen Buddha im selben Komplex.

Royal India INDISCH $$
(Karte S. 754 f.; 392/1 Th Chakkaraphet; Hauptgerichte 135–220 B; 10–22 Uhr; ; Saphan Phut/Memorial Bridge-Pier, Pak-Klong-Taladd-Pier) Ja, wir wissen, dass dieses winzige Restaurant in jeder einzelnen Auflage dieses Reiseführers war, aber nach all den Jahren ist es immer noch eines der verlässlichsten Restaurants im Stadtviertel Little India. Empfehlenswert sind die köstlichen Brote und Currys, gefolgt von einer hausgemachten Punjabi-Süßigkeit.

Siam Square

Wer hier essen möchte, ist hauptsächlich auf die Food Courts der Einkaufszentren und auf die Restaurantketten angewiesen. Das Essen ist oft aber sehr gut.

MBK Food Island THAI $
(Karte S. 758 f.; 6. OG, MBK Center, Ecke Rama I & Th Phayathai; Hauptgerichte 35–150 B; 10–21 Uhr; ; S National Stadium Ausgang 4) Das MBK Food Island lässt sich als der älteste Bangkoker Food Court seine Krone nicht nehmen. Dutzende Verkäufer offerieren ausgesprochen preisgünstige und geschmackvolle Thai-Küche, internationale und sogar vegetarische Gerichte.

VERWÖHNPROGRAMM

Hinter dem wahrscheinlich besten Thai-Restaurant Bangkoks (und der ganzen Welt, wenn man den Kritikern glaubt), dem **nahm** (Karte S. 748 f.; 02 625 3388; www.comohotels.com; EG, Metropolitan Hotel, 27 Th Sathon Tai/South; Mittagsmenü 600–1600 B, Abendmenü 2500 B, Hauptgerichte 310–800 B; Mo–Fr 12–14, tgl. 19–22.30 Uhr; M Lumphini Ausgang 2), steht der australische Koch und Buchautor David Thompson. Er ließ sich von alten Kochbüchern inspirieren und hauchte fast vergessenen Gerichten mit exotischen Rezepten neues Leben ein, z. B. einem „Räucherfischcurry mit Krabben, Hühnerleber, Herzmuscheln, Chilis und schwarzem Pfeffer".

Abends entscheidet man sich am besten für das Menü mit mehreren Gängen, zum Mittagessen für *kà·nŏm jeen*, dünne Reisnudeln mit Currys.

Wer fades, an den Geschmack von Ausländern angepasstes Essen erwartet, sollte sich auf eine Enttäuschung gefasst machen. Unbedingt reservieren!

Gourmet Paradise THAI $
(Karte S. 758 f.; EG, Siam Paragon, 991/1 Rama I; Hauptgerichte 35–500 B; 10–22 Uhr; ; S Siam Ausgangs 3 & 5) Vereint internationale Fast-Food-Ketten, heimische Restaurants und Essensstände im Food-Court-Stil unter einem Dach. Der Fokus liegt auf Süßem.

Sukhumvit

In dieser scheinbar endlos langen Straße konzentriert sich Bangkoks größte Auswahl an internationalen Restaurants – wer mal, zumindest für eine Weile, vergessen möchte, dass er in Thailand ist, sollte hier essen gehen.

Gokfayuen CHINESISCH $
(Karte S. 748 f.; www.facebook.com/wuntunmeen; 161/7 Soi Thong Lor 9; Hauptgerichte 70–140 B; 11–23.30 Uhr; S Thong Lo Ausgang 3 & Taxi) Um die traditionelle Hongkong-Küche in Bangkok wieder aufleben zu lassen, hat das Gokfayuen große Anstrengungen unternommen. Die hausgemachten Weizen- und Eiernudeln schmecken gut zu gebratenem Schweinefleisch, gedämpftem Gemüse mit Austernsoße oder dem Milchtee nach Art von Hongkong.

★ Soul Food Mahanakorn THAI $$

(Karte S. 748 f.; ☎ 02 714 7708; www.soulfoodmahanakorn.com; 56/10 Soi 55/Thong Lor, Th Sukhumvit; Hauptgerichte 140–290 B; ⌚ 17.30–24 Uhr; ✎; Ⓢ Thong Lo Ausgang 3) Einerseits ist das moderne Soul Food ein einladendes Restaurant mit aromatischen Interpretationen rustikaler thailändischer Gerichte, andererseits eine Bar, die leckere, süffige Cocktails mit thailändischem Einschlag serviert. Kein Wunder, dass es so beliebt ist! Reservierung empfohlen.

★ Sri Trat THAI $$

(Karte S. 748 f.; www.facebook.com/sritrat; 90 Soi 33, Th Sukhumvit; Hauptgerichte 180–450 B; ⌚ Mi–Mo 12–23 Uhr; Ⓢ Phrom Phong Ausgang 5) Das neue Restaurant ist auf die einzigartige Küche der ostthailändischen Provinzen Trat und Chanthaburi spezialisiert. Das bedeutet viele reiche, leicht süßliche und Kräuteraromen, frische Meeresfrüchte sowie Gerichte, die es nirgendwo sonst in der Stadt gibt. Sehr zu empfehlen.

Jidori Cuisine Ken JAPANISCH $$

(Karte S. 748 f.; ☎ 02 661 3457; www.facebook.com/jidoriken; abseits der Soi 26, Th Sukhumvit; Hauptgerichte 60–350 B; ⌚ Mo–Sa 17–24, So bis 22 Uhr; Ⓢ Phrom Phong Ausgang 4) In diesem gemütlichen japanischen Restaurant gibt's leckere Tofugerichte und köstliche Salate, selbst die Desserts sind großartig. Praktisch alles schmeckt hier überdurchschnittlich gut. Das Highlight sind aber die rauchigen, perfekt gewürzten Hühnchenspieße. Man sollte reservieren.

Daniel Thaiger AMERIKANISCH $$

(Karte S. 748 f.; ☎ 084 549 0995; www.facebook.com/danielthaiger; Soi 11, Th Sukhumvit; Hauptgerichte ab 140 B; ⌚ 11 Uhr–open end; Ⓢ Nana Ausgang 3) Die besten Burger Bangkoks gibt's an diesem von Amerikanern betriebenen Stand, dessen lange bestehender Standort zur Zeit der Recherche an der Soi 11 war. Auf der Facebook-Seite kann man nachschauen, wo der Food Truck stehen wird, wenn man in der Stadt ist.

ABSTECHER

SCHWIMMENDE MÄRKTE

Die Bilder von Thailands berühmten schwimmenden Märkten – hölzerne Kanus, beladen mit Obst und Gemüse in bunten Farben – sind eines der berühmtesten Fotomotive des Königreichs. Die folgenden Märkte lassen sich alle an einem halben Tag oder als Tagesausflug von Bangkok aus besuchen.

Schwimmender Markt Tha Kha (ตลาดน้ำท่าคา; Tha Kha, Samut Songkhram; ⌚ Sa & So sowie 2., 7. & 12. Tag des zunehmenden & des abnehmenden Monds, 7–12 Uhr) Dieser schwimmende Markt wirkt am ländlichsten, ist aber auch am schwersten zu erreichen. Mehrere Händler versammeln sich an einem offenen ländlichen *khlong* (Kanal), der von Kokospalmen und alten Holzhäusern gesäumt wird. Am Kanal lassen sich Bootsfahrten arrangieren (20 B pro Pers., 45 Min.), außerdem werden viele leckere Snacks und Früchte verkauft. Bei der Touristeninformation von Amphawa (☎ 034 752 847; 71 Th Prachasret; ⌚ 8.30–16.30 Uhr) erfährt man, wann der nächste Markt stattfindet.

Schwimmender Markt Damnoen Saduak (ตลาดน้ำดำเนินสะดวก; Damnoen Saduak, Ratchaburi; ⌚ 7–12 Uhr) Dieser 100 Jahre alte Markt, der bekannteste des Landes, ist mittlerweile in erster Linie ein schwimmender Souvenirstand voller Pauschaltouristen. Auch das kann einen faszinierenden Einblick in die thailändische Kultur geben, denn die große Mehrheit der Touristen hier sind Thailänder, und ihr Herangehen an diesen kulturellen „Themenpark" kann recht aufschlussreich sein. Doch hinter dem Markt liegen ruhige Kanäle in Wohngegenden, die man mit einem gemieteten Boot (100 B pro Pers.) gemächlich erkunden kann.

Schwimmender Markt Taling Chan (ตลาดน้ำตลิ่งชัน; Khlong Bangkok Noi, Thonburi; ⌚ Sa & So 7–16 Uhr; Ⓢ Wongwian Yai Ausgang 3 & Taxi) Gleich außerhalb Bangkoks an der Zufahrtstraße zum Khlong Bangkok Noi liegt der Taling Chan, der wie ein gewöhnlicher Lebensmittelmarkt mit Händlern von den Farmen aus der Umgebung wirkt. Erst am Kanal wird die Besonderheit deutlich: Hier dienen mehrere schwimmende Stege als zwanglose Restaurants, deren Küchen sich in den an Stegen festgemachten Booten befinden.

BANGKOK FÜR LGBT-REISENDE

In Bangkok ist die Atmosphäre spürbar LGBT-freundlich. Von abgefahrenen Unterwäscheläden über Schwulenbars bis zu reinen Lesbentreffs – hier könnte man tagelang essen, shoppen und spielen, ohne den Komfort der Etablissements, in denen man explizit willkommen ist, verlassen zu müssen. Im Gegensatz zu anderen Ländern Südostasiens ist Homosexualität in Thailand legal und die allgemeine Haltung dazu nach wie vor sehr entspannt.

Die folgenden LGBT-Treffs gehören zu den besten in Bangkok.

DJ Station (Karte S. 748 f.; www.dj-station.com; 8/6-8 Soi 2, Th Silom; Eintritt ab 150 B; 22–2 Uhr; M Si Lom Ausgang 2, S Sala Daeng Ausgang 1) Einer der bekanntesten Schwulenclubs Asiens.

Telephone Pub (Karte S. 748 f.; www.telephonepub.com; 114/11-13 Soi 4, Th Silom; 18–1 Uhr; ; M Si Lom Ausgang 2, S Sala Daeng Ausgang 1) Alteingesessene Bar mitten im ausgeprägtesten Schwulenviertel Bangkoks.

Playhouse Magical Cabaret (090 287 2660; www.playhousethailand.com; 481 Yaowarat Rd, Khwaeng Samphanthawong; 1200 B; Shows 20 & 21.30 Uhr; S Lat Phrao Ausgang 1) Die führende Travestie-Show der Stadt.

Silom, Lumphini & Riverside

ie Th Silom hat von allem etwas zu bieten: :aditionelle Thaiküche ebenso wie einige er besten internationalen Spitzenrestau- ants der Stadt.

oi 10 Food Centres THAI $

:arte S. 748 f.; Soi 10, Th Silom; Hauptgerichte)–60 B; Mo–Fr 8–15 Uhr; M Si Lom Ausgang S Sala Daeng Ausgang 1) In diese beiden an- enzenden Hallen hinter der Soi 10 kom- ıen die meisten Angestellten der Gegend ım Mittagessen. Das Angebot reicht von ıdthailändischen *kôw gaang* (Currys auf eis; man zeigt auf das Gewünschte) bis zu ıai-Nudeln in allen Variationen.

y So THAI $

arte S. 748 f.; 146/1 Soi Phiphat 2; Hauptgerichte -80 B; Mo–Sa 10–16 Uhr; M Si Lom Ausgang S Sala Daeng Ausgang 2) Das Jay So hat keine eisekarte, doch Mörser und Stößel sowie r riesige Grill sind eindeutige Hinweise f das unglaublich würzige *sôm·đam* (grü- r Papaya-Salat), den göttlichen mit Kräu- n gefüllten Wels und andere Spezialitäten s dem Nordosten Thailands.

Hier gibt's weder ein englisches Schild ch eine englische Speisekarte; man schaut ıfach nach der weiß-grünen klappriigen de mit Coca-Cola-Deko etwa in der Mitte r Soi Phiphat 2.

ıslim Restaurant THAI $

ırte S. 748 f.; 1354-6 Th Charoen Krung; Haupt- ichte 40–140 B; 6.30–17.30 Uhr; Oriental , S Saphan Taksin Ausgang 1) In den hölzer- ı Nischen dieses uralten Lokals bekommt man einen Eindruck davon, wie Restaurants in Bangkok früher einmal aussahen. Wie die Inneneinrichtung scheint sich auch die Speisekarte in den letzten 70 Jahren kaum verändert zu haben und die *biryanis*, Currys und Samosas sind noch immer eher indisch als thailändisch.

Chennai Kitchen INDISCH $

(Karte S. 748 f.; 107/4 Th Pan; Hauptgerichte 70–150 B; 10–15 & 18–21.30 Uhr; ; S Surasak Ausgang 3) Besseres vegetarisches Essen im südindischen Stil als in diesem winzigen Familienrestaurant wird man in der ganzen Stadt kaum finden. Immer eine gute Wahl sind das längliche *dosai* (knuspriges südindisches Brot) oder – besonders für Unentschlossene (oder ganz Ausgehungerte) – das *thali* (komplette Mahlzeit) auf dem Bananenblatt mit etwas von allem, was die Küche zu bieten hat.

Ausgehen & Nachtleben

Wie in jeder internationalen Großstadt reicht das Spektrum der Partyszene von billig bis elegant und umfasst so gut wie alles, was dazwischenliegt.

Vor allem ist Bangkok für seine Dachbars berühmt; dies ist eine der wenigen Metropolen der Welt, wo es völlig okay zu sein scheint, auf dem Dach eines Wolkenkratzers eine Bar zu eröffnen. In den meisten Dachbars gelten Kleidervorschriften – keine Shorts oder Sandalen.

Bangkoks Bars schließen in der Regel um 24 Uhr, Tanzclubs sind bis 2 Uhr morgens geöffnet (zur Zeit der Recherche hatten einige größere Clubs sogar bis 3 Uhr morgens auf).

Der Eintritt kann in den Clubs bis zu 600 B betragen, meist sind aber ein oder zwei Getränke im Preis enthalten. In die größeren Clubs sollte man einen Ausweis als Altersnachweis mitnehmen (Einlass nur für volljährige Besucher, d. h. ab 20 Jahren). Wer wissen möchte, in welchen Clubs wann was los ist, schaut auf Dudesweet (www.dudesweet.org) und Paradise Bangkok (www.facebook.com/paradisebangkok) nach, die beide einmal im Monat wahnsinnig beliebte Partys organisieren.

★WTF
BAR

(Karte S. 748 f.; www.wtfbangkok.com; 7 Soi 51, Th Sukhumvit; ⌚ Di–Sa 18–1 Uhr; 📶; S Thong Lo Ausgang 3) Das Wonderful Thai Friendship (wofür sollte WTF denn sonst stehen?) ist eine coole, freundliche Nachbarschaftsbar mit Galerie. Cocktails alter Schule, Livemusik, DJ-Events, Lesungen, Kunstausstellungen und leckere Barsnacks locken Kunstinteressierte aus der Gegend und hier ansässige Ausländer an. Eine der besten Bars Bangkoks – da sind wir uns mit den Gästen einig.

★Tep Bar
BAR

(Karte S. 748 f.; www.facebook.com/tepbar; 69-71 Soi Nana; ⌚ Di–Sa 17–24 Uhr; M Hua Lamphong Ausgang 1) Wer hätte mit einer so eleganten – aber unterhaltsamen – Bar in Chinatown gerechnet? Das Geheimnis der Tep Bar: moderne Inneneinrichtung mit Thai-Note, köstliche Cocktails, thailändische Snacks zu den Getränken und von Donnerstag bis Sonntag laute Thai-Livemusik.

A R Sutton & Co Engineers Siam
BAR

(Karte S. 748 f.; Parklane, Soi 63/Ekamai, Th Sukhumvit; ⌚ 18–24 Uhr; S Ekkamai Ausgang 2) Stränge von Kupferrohren, willkürlich platzierte einzigartige Antiquitäten, Deckenpaneele aus Zink sowie Reihen von Glasphiolen und -kugeln machen diese Bar zu einer der ungewöhnlichsten und fantastisch-schönsten Bangkoks, wenn nicht gar der Welt. Die angrenzende Brennerei liefert den Alkohol für die überwiegend mit Gin zubereiteten Cocktails an der Bar.

Ku Bar
BAR

(Karte S. 754 f.; www.facebook.com/ku.bangkok; 3. OG, 469 Th Phra Sumen; ⌚ Di–So 19–24 Uhr) Genug von Eimern und Cocktails, die sich um Red Bull drehen? Dann ab in die Ku Bar, die in fast jeder Hinsicht das Gegenstück zur Partyszene der Th Khao San ist. Eine Treppe führt in die dritte Etage (auf das winzige Schild achten) zur skurril minimalistisch eingerichteten Bar, in der es anspruchsvolle Cocktails mit viel Obst und anderen Lebensmitteln gibt (mit Namen wie Litschi Tomate, Ananas/roter Pfeffer). Dazu erklingt obskure Musik als Untermalung der Underground-Atmosphäre.

Sky on 20
DACHBA[R]

(Karte S. 748 f.; ☎ 02 009 4999; www.novotelbangkoksukhumvit20.com; 26. OG, Novotel, 19/9 Sc Sukhumvit 20; ⌚ 17–2 Uhr; 📶; S Phrom Phong) Mit Drinks für durchschnittliche 250 B ha[t] sich das Sky on 20 einen Namen als ent[]spannte Bar für preiswerte Sundowne[r] gemacht. Die Open-Air-Bar ist mit runde[n] Couches und bequemen Stühlen eingerich[]tet und schaut auf den Sirikit-See und de[n] Benjasiri-Park. Aus den Boxen ertönt Elec[]tro-House. Bei plötzlichen Schauern in de[r] Regenzeit kann ein Dach ausgefahren wer[]den. Auf der Karte stehen viele Drinks m[it] heimischen Fruchtsäften.

Hair of the Dog
BA[R]

(Karte S. 758 f.; www.hairofthedogbkk.com; 1. OG, Mahahun Plaza, 888/26 Th Phloen Chit; ⌚ 17–24 Uhr; S Phloen Chit Ausgang 2) Diese halb versteckt[e] Bar steht symptomatisch für die Craft-Bie[r]-Welle, die in den vergangenen Jahren üb[er] Bangkok hinweggerollt ist. Sie ist wie ein Le[i]chenschauhaus gestaltet und mit ihren Du[t]zenden Flaschenbieren und 13 wechselnde[n] Fassbieren perfekt für einen bizarren biers[e]ligen Abend.

Studio Lam
BAR, CL[UB]

(Karte S. 748 f.; www.facebook.com/studiolambangkok; 3/1 Soi 51, Th Sukhumvit; ⌚ Di–So 18–1 U[hr]; S Thong Lo Ausgang 3) Das Studio Lam gehö[rt] zum megahippen Plattenlabel ZudRangM[a] und hat ein spezialangefertigtes Soundsy[s]tem im jamaikanischen Stil für internati[o]nale und Retro-Thai-DJs sowie gelegent[li]che Livemusik. Wer eine Nacht in Bangk[ok] tanzen will, ohne den üblich Top-40-Mist hören, ist hier richtig.

Route 66
C[LUB]

(Karte S. 748 f.; www.route66club.com; 29/33 RCA/Royal City Ave; 300 B; ⌚ 20–2 Uhr; M P[hra] Ram 9 Ausgang 3 & Taxi) Wahrscheinlich ex[is]tiert dieser riesige Club schon so lange w[ie] die RCA, doch dank regelmäßiger Moder[ni]sierungen und Erweiterungen ist er imm[er] noch relevant. Im Hauptbereich geben [die] Hip-Hop-Charts den Ton an, doch auf den verschiedenen Themen gestalteten „Leve[ls"] läuft auch alles andere von Thai-Pop bis Livemusik.

THAILAND BANGKOK

The Club CLUB
(Karte S. 754 f.; www.facebook.com/theclubkhaosanbkk; 123 Th Khao San; Eintritt Fr & Sa 120 B; ⌚21–2 Uhr; Phra Athit/Banglamphu-Pier) Mitten in der Th Khao San liegt dieser höhlenartige Tanzclub, den eine gute Mischung aus Einheimischen und Backpackern frequentiert. Kommende Veranstaltungen und Gast-DJs stehen auf der Facebook-Seite.

☆ Unterhaltung

★ Brick Bar LIVEMUSIK
Karte S. 754 f.; www.brickbarkhaosan.com; UG, Buddy Lodge, 265 Th Khao San; Eintritt Sa & So 150 B; ⌚19–1.30 Uhr; Phra Athit/Banglamphu-Pier) Eine unserer Lieblingslocations für Livemusik: In dieser Kellerbar spielen allabendlich verschiedene Bands vor fast durchweg thailändischen Besuchern, von denen viele gegen Ende des Abends auf den Tischen tanzen. Die Brick Bar kann brechend voll werden, man sollte also besser zeitig kommen.

Saxophone Pub & Restaurant LIVEMUSIK
Karte S. 748 f.; www.saxophonepub.com; 3/8 Th Phayathai; ⌚19.30–1.30 Uhr; S Victory Monument Ausgang 2) Auch nach 30 Jahren ist das Saxophone immer noch eine der führenden Livemusik-Locations in Bangkok. In dem dunklen, intimen Raum sitzt man nur wenige Meter von der Band entfernt und kann den Schweißtropfen sehen. Wer sich lieber die mystische Aura der Blues-, Jazz-, Reggae- oder Rockmusiker bewahren möchte, kann vom Balkon aus zuschauen.

Rajadamnern Stadium ZUSCHAUERSPORT
สนามมวยราชดำเนิน; Karte S. 754 f.; www.rajadamnern.com; abseits der Th Ratchadamnoen Nok; Tickets 3. Kl./2. Kl./am Ring 1000/1500/2500 B; Kämpfe Mo–Do 18.30–23, So 15.30 & 18.30 Uhr; Thewet-Pier, S Phaya Thai Ausgang 3 & Taxi) Im Rajadamnern Stadium, Bangkoks ältestem und renommiertestem Austragungsort für *moo·ay tai* (Thaiboxen, auch *muay Thai* geschrieben), finden die ganze Woche hindurch Kämpfe statt. Karten sollten nur am offiziellen Ticketschalter oder online gekauft werden, nicht bei den Schwarzmarkthändlern, die vor dem Eingang auf Kundenfang gehen.

Shoppen

Chatuchak Weekend Market MARKT
ตลาดนัดจตุจักร, Talat Nat Jatujak; www.chatuchakmarket.org; 587/10 Th Phahonyothin; ⌚Mi & Do 7–18 Uhr nur Pflanzen, Fr 18–24 Uhr nur Großhandel, Sa & So 9–18 Uhr; M Chatuchak Park Ausgang 1, Kamphaeng Phet Ausgangs 1 & 2, S Mo Chit Ausgang 1) Einer der größten Märkte der Welt mit allen erdenklichen Waren, von gebrauchten Vintage-Turnschuhen bis hin zu Baby-Eichhörnchen. Es gibt viel zu sehen, deswegen sollte man einen ganzen Tag einplanen. Wer Menschenmassen und Hitze meiden möchte, kommt recht früh, idealerweise gegen 10 Uhr.

MBK Center EINKAUFSZENTRUM
(Karte S. 758 f.; www.mbk-center.com; Ecke Rama I & Th Phayathai; ⌚10–22 Uhr; S National Stadium Ausgang 4) Der achtstöckige Markt in einem Einkaufszentrum hat sich zu einer Top-Attraktion der Stadt entwickelt. An den Wochenenden strömt die Hälfte der Einwohner Bangkoks (und die meisten Touristen) her und kämmt sich durch die schier endlose Zahl kleiner Stände und Geschäfte.

Siam Discovery EINKAUFSZENTRUM
(Karte S. 758 f.; www.siamdiscovery.co.th; Ecke Rama I & Th Phayathai; ⌚10–22 Uhr; S Siam Ausgang 1) Mit seinem offenen, fast marktartigen Ambiente und der beeindruckenden Palette einzigartiger Produkte, von Haushaltswaren bis Kleidung (darunter auch viele Artikel von thailändischen Designern), ist das unlängst renovierte Siam Discovery zweifellos das designbewussteste Einkaufszentrum der Stadt.

SPAS & MASSAGEN

Bangkok könnte verdientermaßen Anspruch auf den Titel „Massagehauptstadt der Welt" erheben. Für welche Art Massage man sich interessiert, ist eine andere Frage. Die Palette reicht von Ladensalons, die traditionelle Thai-Massagen anbieten, bis zu luxuriösen Spa-Erlebnissen mit Service und Stil. Einige Spas konzentrieren sich heute stärker auf medizinische Aspekte als auf das sinnliche Erlebnis, und die üppigen Spas im Resort-Stil haben eine Reihe ansprechender Schönheitsbehandlungen im Angebot.

In kleinen Salons kosten Fußmassagen 200 bis 350 B und Ganzkörpermassagen 300 bis 600 B. Besuche in Spas kosten ab etwa 1000 B, können aber in die Höhe schießen wie ein Bangkoker Wolkenkratzer.

SHOPPEN NACH STADTVIERTELN

Banglamphu Hier gibt's mehrere Souvenirgeschäfte und natürlich die Straßenstände in der Th Khao San.

Chinatown Straßenmärkte mit Flohmarktatmosphäre.

Siam Square, Pratunam, Phloen Chit & Ratchathewi Kurz gesagt: Einkaufszentren, Einkaufszentren und noch mehr Einkaufszentren.

Riverside, Silom & Lumphini Die richtige Gegend, um Antiquitäten und Kunst zu kaufen.

Sukhumvit Noble Einkaufszentren und touristische Straßenmärkte.

Thanon-Khao-San-Markt
GESCHENKE & SOUVENIRS

(Karte S. 754 f.; Th Khao San; 10–24 Uhr; Phra Athit/Banglamphu-Pier) In der Touristenmeile in Banglamphu gibt's nicht nur die meisten Pensionen, sie ist auch rund um die Uhr ein Basar, der alles bietet, was für Backpacker unverzichtbar ist: schlichte T-Shirts, MP3-Raubkopien, Hanfklamotten, gefälschte Studentenausweise, spottbillige Designerwaren, Selfie-Sticks, Orangensaft und natürlich die „quakenden" Holzfrösche.

Praktische Informationen

MEDIZINISCHE VERSORGUNG

In den folgenden Krankenhäusern arbeiten Ärzte, die Englisch sprechen.

Bangkok Christian Hospital (Karte S. 748 f.; 02 625 9000; www.bch.in.th; 124 Th Silom; M Si Lom Ausgang 2, S Sala Daeng Ausgang 1) Modernes Krankenhaus im Zentrum Bangkoks.

Bumrungrad International Hospital (Karte S. 758 f.; 02 667 1000; www.bumrungrad.com; 33 Soi 3, Th Sukhumvit; 24 Std.; S Phloen Chit Ausgang 3) International anerkanntes Krankenhaus.

NOTFALL

Polizei (191) Die Nummer der Polizei ist in Thailand praktisch der universelle Notruf, man kann sie auch anrufen, um einen Krankenwagen zu rufen oder einen Brand zu melden.

Touristenplozei (24-Std.-Hotline 1155) Bei den meisten Problemen, bei denen man die Polizei benötigt, wendet man sich am besten an die Touristenpolizei, die Erfahrung im Umgang mit Ausländern hat und im Fall einer Verhaftung hilfreich sein kann.

POST

Hauptpost (Karte S. 748 f.; 02 233 1050; Th Charoen Krung; Mo–Fr 8–20, Sa & So bis 13 Uhr; Oriental-Pier)

TOURISTENINFORMATION

Bangkok Informationsbüro (Karte S. 754 f.; 02 225 7612-4; www.bangkoktourist.com; 17/1 Th Phra Athit; Mo–Fr 8–19, Sa & So 9–17 Uhr; Phra Athit/Banglamphu-Pier) Die städtische Touristeninfo hilft mit Karten, Broschüren und Wegbeschreibungen. Selten besetzte Kioske und Schalter befinden sich in der ganzen Stadt, zu erkennen sind sie am grün-weißen Symbol eines Mahouts auf einem Elefanten.

Thailändisches Fremdenverkehrsamt (TAT; Karte S. 748 f.; 02 250 5500, in Thailand 1672; www.tourismthailand.org; 1600 Th Phetchaburi; 8.30–16.30 Uhr; M Phetchaburi Ausgang 2) Bei dieser Hauptfiliale der TAT-Touristeninformation gibt's Broschüren und Karten für das gesamte Land.

VISUM & EINREISE

Einwanderungsbüro von Bangkok (02 141 9889; www.bangkok.immigration.go.th; Bldg B, Government Centre, Soi 7, Th Chaeng Watthana Mo–Fr 8.30–12 & 13–16.30 Uhr; M Chatuchak Park Ausgang 2 & Taxi, S Mo Chit Ausgang 3 & Taxi) In Bangkok ist dieses Büro für Visaverlängerungen zuständig.

An- & Weiterreise

BUS

Die Busse, die von den staatlichen Busbahnhöfen fahren, sind sehr viel zuverlässiger und viel seltener in Unfälle verwickelt als die Busse, die von der Th Khao San und anderen touristischen Zentren starten.

Busbahnhof Ost (Karte S. 748 f.; 02 391 2504; Soi 40, Th Sukhumvit; S Ekkamai Ausgang 2) Hier starten Busse nach Pattaya, Rayong, Chanthaburi und zu anderen Zielen im Osten mit Ausnahme des Grenzübergangs Aranya Prathet. Meistens wird er *sà·tăh·nee èk·gà·mai* (Bahnhof Ekkamai) genannt. Er liegt in der Nähe der BTS-Station Ekkamai.

Busbahnhof Nord & Nordost (Mo Chit; Ziele im Nordosten 02 936 2852, Durchwahl 602/605, Ziele im Norden 02 936 2841, Durchwahl 325/614; Th Kamphaengphet; M Kamphaeng Phet Ausgang 1 & Taxi, S Mo Chit Ausgang 3 & Taxi) Der hektische Busbahnhof direkt nördlich des Chatuchak-Parks wird *kŏn sòng mŏr chít* (Bahnhof Mo Chit) genannt – man sollte ihn nicht mit der BTS-Station Mo Chit verwechseln. Von hier fahren Busse zu allen Zielen im Norden und Nordosten, darunter auch zu Städten im Ausland wie Pakxe (Laos), Phnom Penh (Kambodscha), Siem Reap (Kambodscha) und Vientiane (Laos). Um zum

Busbahnhof zu kommen, fährt man mit der BTS nach Mo Chit oder mit der MRT nach Kamphaeng Phet und steigt dann in den Stadtbus 3, 77 oder 509 um oder legt die kurze Reststrecke mit dem Taxi oder Motorradtaxi zurück.

Busbahnhof Süd (Sai Tai Mai; ☎ 02 422 4444, Callcenter 1490; Th Boromaratchachonanee) Der Südbahnhof, gemeinhin *săi đâi mài* genannt, liegt ein ganzes Stück westlich vom Zentrum Bangkoks. Von hier fahren nicht nur alle Busse zu Zielen südlich von Bangkok, sondern auch Busse nach Kanchanaburi und Westthailand. Am einfachsten erreicht man ihn mit dem Taxi, man kann aber von der Th Ratchadamnoen Klang mit Bus 79, 159, 201 oder 516 fahren.

FLUGZEUG

Auf dem **Suvarnabhumi International Airport** (☎ 02 132 1888; www.suvarnabhumiairport.com), *sù·wan·ná·poom* ausgesprochen, der 30 km östlich des Stadtzentrums liegt, starten und landen internationale und Inlandsflüge. Der Flughafencode ist BKK.

Den zweiten Bangkoker Flughafen, **Don Mueang International Airport** (☎ 02 535 2111; www.donmueangairportthai.com) 25 km nördlich des Stadtzentrums, nutzen Budget-Fluggesellschaften. An Terminal 1 starten und landen internationale Flüge, an Terminal 2 Inlandsflüge.

MINIVAN

Private Minivans *(rót đôo genannt)* sind für Fahrten in die benachbarten Provinzen eine schnelle und recht bequeme Alternative zu den Bussen. Die verschiedenen Ziele werden von den jeweiligen Busbahnhöfen angesteuert (Minivans nach Ayutthaya fahren z. B. vom Busbahnhof Nord & Nordost, Minivans nach Ban Phe vom Busbahnhof Ost).

ZUG

Der Hauptbahnhof der Stadt wird **Hualamphong** (☎ 02 220 4334, Callcenter 1690; www.railway.co.th; abseits der Rama IV; Ⓜ Hua Lamphong Ausgang 2) genannt. Es ist ratsam, hier alle Schlepper zu ignorieren und auch um Reisebüros einen Bogen zu machen. Über Fahrpläne und Fahrpreise informiert man sich am besten telefonisch bei der State Railway of Thailand oder schaut auf ihre Website.

Bangkok Noi (☎ 02 418 4310, Callcenter 1690; www.railway.co.th; abseits der Th Itsaraphap; Thonburi Railway Station, Wang Lang/Siriraj-Pier, Ⓢ Wongwian Yai Ausgang 4 & Taxi), auch Thonburi genannt, ist ein winziger Bahnhof, von dem (überteuerte) Züge nach Kanchanaburi fahren.

Unterwegs vor Ort

Auf den ersten Blick mag Bangkok chaotisch und undurchschaubar wirken, doch das Verkehrssystem verbessert sich nach und nach, und auch wenn jeder Besucher irgendwann einmal im Verkehr stecken bleibt, so sind die Staus längst nicht mehr so legendär wie einst.

BTS Die Hochbahn Skytrain fährt von 6 bis 24 Uhr. Tickets kosten 16 bis 44 B.

MRT Die Metro fährt von 6 bis 24 Uhr. Tickets kosten 16 bis 42 B.

Taxi Außerhalb der Stoßzeiten sind Bangkoks Taxis sehr günstig. Der Grundpreis beträgt 35 B.

Chao Phraya Express Boat Fährt von 6 bis 20 Uhr, Tickets kosten zwischen 10 und 40 B.

Khlong-Boot Bangkoks Kanalboote fahren an den meisten Tagen von 5.30 bis 20 Uhr. Tickets kosten 9 bis 19 B.

Bus Billig, langsam und verwirrend. Tickets kosten 5 bis 30 B.

BTS & MRT

Mit der Hochbahn **BTS** (Skytrain; ☎ 02 617 6000, Touristeninformation 02 617 7341; www.bts.co.th), auch Skytrain *(rót fai fáa)* genannt, geht's ruckzuck durchs „neue" Bangkok (Silom, Sukhumvit und Siam Square). Am Bahnhof Siam kann man zwischen beiden Linien umsteigen. Die Züge fahren von 6 bis 24 Uhr häufig. Fahrkarten für die einfache Fahrt kosten zwischen 16 und 44 B, eine Tageskarte 140 B. Die meisten Fahrkartenautomaten nehmen nur Münzen an, man kann aber an den Informationsschaltern Geld wechseln.

Bangkoks Metro, die **MRT** (☎ 02 354 2000; www.bangkokmetro.co.th), ist vor allem für

UNTERWEGS VOR ORT IN BANGKOK

- Das Nahverkehrsnetz der Stadt, betrieben von den Unternehmen BTS und MRT, sollte man so oft wie möglich nutzen und sich Taxis für die kurzen Fahrten von den Bahnhöfen zum Endziel aufsparen.
- Wer keine Eile hat und zu einem Ort am Flussufer will, kann mit dem Chao Phraya Express Boat fahren.
- Wenn man zu den Stoßzeiten (etwa 7–9 und 17–19 Uhr) ein Taxi nehmen muss, sollte man genug Zeit einplanen, oft mindestens 45 Minuten für relativ kurze Strecken.
- Für Strecken, die zu weit sind, um zu laufen, aber zu kurz, um ein Taxi zu nehmen, kann man auch mit einem der zahlreichen Motorradtaxis Bangkoks fahren.

Besucher nützlich, die in Sukhumvit oder Silom absteigen oder zum Bahnhof Hualamphong wollen. Die Einzelfahrt kostet zwischen 16 und 42 B, eine Tageskarte 120 B. Die Züge fahren von 6 bis 24 Uhr häufig.

BUS

Die **Bangkok Mass Transit Authority** (☎ 02 246 0973, Callcenter 1348; www.bmta.co.th) betreibt die öffentlichen Busse in Bangkok. Sie sind aber langsam und verwirrend, man muss schon Thai sprechen und lesen können, um durchzublicken.

- Die Fahrt in Bussen mit Klimaanlage kostet zwischen 10 und 23 B, in Bussen mit Ventilator ab 6,50 B.
- Die meisten Buslinien werden zwischen 5 und 22 oder 23 Uhr bedient, außerdem gibt's Nachtbusse („all-night" Bus), die bis 3 oder 4 Uhr morgens fahren.
- Am besten besorgt man sich als Erstes den *Bangkok Bus Guide* von Thinknet.

VOM/ZUM FLUGHAFEN

Suvarnabhumi International Airport

Der **Airport Rail Link** (☎ Callcenter 1690; www.srtet.co.th) verbindet den Suvarnabhumi International Airport mit dem BTS-(Skytrain-) Bahnhof Phaya Thai (45 B, 30 Min., 6–24 Uhr) und dem MRT-(Metro-)Bahnhof Phetchaburi (45 B, 25 Min., 6–24 Uhr).

Nahverkehrsbus 3 km vom Flughafen entfernt befindet sich das Public Transportation Center mit einem Busbahnhof, von dem neben den Bussen in einige Provinzen Thailands auch Stadtbusse und Minivans fahren. Zwischen den Flughafenterminals und dem Transportation Center verkehren kostenlose Shuttlebusse. Für Touristen, die ins Stadtzentrum wollen, sind die folgenden Busse interessant: Bus 551 fährt zum BTS-Bahnhof Victory Monument (40 B, 5–22 Uhr häufig), Bus 552 fährt zum BTS-Bahnhof On Nut (20 B, 5–22 Uhr häufig). Von diesen Bahnhöfen kann man das letzte Stück bis zum Hotel mit öffentlichen Verkehrsmitteln oder einem Taxi zurücklegen. Darüber hinaus wurde kürzlich der Shuttlebus S1 vom Flughafen direkt zur Th Khao San eingerichtet (60 B, 6–20 Uhr, alle 30 Min.).

Taxi Taxis mit Taxameter warten in der ersten Etage am Bürgersteig – die Schlepper, die im Flughafen für die „offiziellen Flughafentaxis" werben, sollte man ignorieren. Die Fahrt vom Flughafen Suvarnabhumi zur Th Sukhumvit kostet bei eingeschaltetem Taxameter 200 Bis 250 B, zur Th Khao San 250 Bis 300 B und nach Mo Chit 400 B. Die Mautgebühren (die vom Fahrgast an den Taxifahrer zu zahlen sind) liegen zwischen 25 und 70 B. Für alle Taxis, die am Flughafen abfahren, wird ein Zuschlag von 50 B fällig, der direkt an den Fahrer zu zahlen ist.

Don Muang Airport

Flughafenbus Vor der Ankunftshalle starten vier Buslinien:

- Linie A1 hält am BTS-Bahnhof Mo Chit (50 B, 7.30–23.30 Uhr häufig)
- Linie A 2 hält an den BTS-Bahnhöfen Mo Chit Mo Chit und Victory Monument (50 B, 7.30–23.30 Uhr alle 30 Min.)
- Linie A 3 hält in Pratunam und am Lumphini-Park (50 B, 7.30–23.30 Uhr alle 30 Min.)
- Linie A 4 hält an der Th Khao San und in Sanam Luang (50 B, 7.30–23.30 Uhr alle 30 Min.).

Nahverkehrsbusse Die Busse halten an der Schnellstraße vor dem Flughafen.

- Bus 29 fährt zum Bahnhof Hualamphong und hält unterwegs am BTS-Bahnhof Victory Monument (24 Std.)
- Bus 59 hält in der Nähe der Th Khao San (24 Std.)

Taxi Taxis fahren vor beiden Ankunftshallen ab Für Taxis ab dem Flughafen wird ein Zuschlag von 50 B erhoben.

Zug Zum Bahnhof Don Muang gelangt man über die Überführung vom Flughafen zum Amari Airport Hotel. Von hier fahren Züge zum Bahnhof Hualamphong (5–10 B; zwischen 4 un 11.30 Uhr alle 60 Bis 90 Minuten, danach zwischen 14 und 21.30 Uhr etwa stündlich).

SCHIFF/FÄHRE

Chao Phraya Express Boat (☎ 02 623 6001; www.chaophrayaexpressboat.com) betreibt d wichtigsten Bootslinien auf dem Mae Nam Ch Phraya. Der Hauptpier wird Tha Sathon, Saph Taksin oder manchmal Sathon/Central Pier genannt und liegt am BTS-Bahnhof Saphan Taksin.

Die Boote fahren zwischen 6 und 20 Uhr. Tickets (10–40 B) kann man an Bord kaufen, man sollte sie bis zum Ende der Fahrt als Nachweis behalten.

In den Stoßzeiten sollte man auf die farbigen Fahnen der Boote achten, damit man ins richti Boot steigt.

- **Express** Erkennbar an der orangen Fahne. Die Boote fahren zwischen dem Wat Rajsingkorn südlich von Bangkok und Nonthaburi im Norden und halten an den meisten wichtigen Pieren (15 B, 6–19 Uhr häufig).
- **Tourist** Erkennbar an der blauen Fahne. Di Boote fahren zwischen Sathon/Central Pier und Phra Athit/Banglamphu Pier und halten acht Pieren in der Nähe bedeutender Sehenswürdigkeiten (40 B, 9.30–17 Uhr alle 30 Min.)

Khlong-Boote (Kanalboote) befahren den Khlo Saen Saep (von Banglamphu nach Ramkhamhaeng). Damit kommt man unkompliziert von Banglamphu bis zum Jim-Thompson-Haus un zu den Einkaufszentren am Siam Square (für beide am Sapan-Hua-Chang-Pier aussteigen) sowie zu Orten weiter westlich an der Th Sukhumvit.

Der Fahrpreis beträgt zwischen 9 und 19 B. Die Boote fahren zwischen Sonnenaufgang und Sonnenuntergang. Vorsicht beim Einsteigen – die Boote halten immer nur ein paar Sekunden an den Pieren.

TAXI

Alle Taxis müssen ihre Taxameter einschalten. Der Grundpreis beträgt 35 B. Zu den meisten Zielen im Zentrum Bangkoks kostet die Fahrt zwischen 60 und 90 B. Die Maut, die für mautpflichtige Schnellstraßen fällig wird – je nach Strecke zwischen 25 und 70 B – zahlen die Fahrgäste. Taxis, die vor Hotels und in den Touristenvierteln warten und einen Festpreis nennen, anstatt das Taxameter zu benutzen, sollte man ignorieren. Normalerweise gibt's jede Menge Taxis, außer bei Regen. Nur wenige Taxifahrer sprechen mehr als ein paar Worte Englisch, am besten zeigt man sein Fahrziel schriftlich auf Thai vor.

Neben traditionellen Taxis gibt's auch Taxis, die man per App bestellen kann, etwa Grab Taxi und Uber.

Motorradtaxis (*motorsai* genannt) warten am Anfang der Gassen und transportieren Passagiere von der Hauptstraße zum jeweiligen Ziel. Die Fahrer tragen farbige nummerierte Westen; die Fahrt kostet in der Regel 10 Bis 20 B (einen Helm bekommt man nur auf Nachfrage).

Motorradtaxis werden auch oft genutzt, wenn es schnell gehen muss und der Verkehr stockt. Man sagt dem Fahrer, wohin es gehen soll, handelt den Preis aus (zwischen 20 B für eine kurze Strecke und 150 B für eine Fahrt quer durch die Stadt), setzt den Helm auf (bei längeren Fahrten bestehen die Fahrer darauf) – und klopft auf Holz oder betet zu seinem Gott; Unfälle passieren.

TÚK-TÚK

Bangkoks berühmte *túk-túks* (*dúk dúk* ausgesprochen; eine Art motorisierte Rikscha) knöpfen Ausländern immer deutlich zu viel ab (Expats fahren deshalb niemals damit). Wer gerne mal eins ausprobieren möchte – die meisten Bangkok-Neulinge fahren mindestens einmal damit – sollte die Angebote für 20 B ignorieren, denn sie sind wirklich zu schön, um wahr zu sein: Unterwegs landet man höchstwahrscheinlich in Juwelier- und Seidenläden und in Massagestudios, von denen die Fahrer eine Kommission bekommen.

Am Anfang wird als Fahrpreis meistens 100 B genannt, egal, wie kurz die Fahrt ist. Man sollte versuchen, auf 60 B herunterzuhandeln. Niemals in ein túk-túk einsteigen, ehe man einen Preis ausgemacht hat.

ZENTRALTHAILAND

In dieser fruchtbaren Flussebene entstanden die historischen Königreiche Ayutthaya und Sukhothai. Darüber hinaus entwickelten sich hier sowohl die Kultur als auch die Sprache, die der „thailändischen Identität" ihren Stempel aufdrückten. Kernstück der Region ist der landesweit verehrte Fluss Mae Nam Chao Phraya, der das Binnenland mit dem Golf von Thailand verbindet. Reisende nach Chiang Mai müssen ohnehin durch Zentralthailand, aber diese kulturell reiche Gegend ist einfach für jeden ein Muss.

Ayutthaya อยุธยา

☎ 035 / 18 600 EW.

Mysteriöse Tempelruinen, die über ganz Ayutthaya verteilt sind, künden von den glorreichen Tagen der Stadt als königliche Hauptstadt. Von 1350 Bis 1767 war die einst mit vergoldeten Tempeln und prunkvollen Palästen voller Schätze geschmückte Stadt die Hauptstadt Siams. Dann wurde sie brutal von den Birmanen eingenommen. Heute zeugen Dutzende bröckelnder Tempel von der einstigen Pracht Ayutthayas. Wenn man zwischen den hohen Stupas steht, kann man sich leicht vorstellen, wie es hier zur Blütezeit der Stadt ausgesehen haben mag.

Ein Tagesausflug genügt, um sich die Tempelruinen anzuschauen und die verblichene Majestät Ayutthayas zu erleben. Doch wer sich ein paar Tage Zeit nimmt, kann in die besondere Atmosphäre der Stadt eintauchen, die von den Flussbooten, die durch die Wellen pflügen, den Tempelsilhouetten, die sich vor der untergehenden Sonne abheben, und den nachts angestrahlten Ruinen geprägt ist.

Sehenswertes

Zur Blütezeit Ayutthayas gab es hier über 400 Tempel. Auf der vom Fluss umschlossenen Insel der Stadt befinden sich die meisten bedeutenden Sehenswürdigkeiten, man erreicht sie bequem mit dem Fahrrad. Auf der anderen Seite des Flusses stehen weitere berühmte Tempel. Zu einigen kommt man mit dem Fahrrad, zu manchen aber nur mit dem Motorrad oder Auto. Eine weitere Option sind die abendlichen Bootstouren.

Die meisten Ruinen sind von 8 Bis 16 Uhr zugänglich; für die berühmtesten muss Eintritt gezahlt werden. Es gibt ein Tagesticket für 220 B, das für sechs der bedeutendsten Ruinen gilt und an allen sechs Stätten gekauft werden kann. Die Ruinen sind königliche und religiöse Symbole, darum sollten sich Besucher respektvoll verhalten und angemessen kleiden (Ellbogen und Knie bedecken).

Auf der Insel

★ Wat Phra Si Sanphet RUINEN
(วัดพระศรีสรรเพชญ์; 50 B; ⏲8–18 Uhr) Einer der berühmtesten Anblicke Ayutthayas sind die drei wunderbar intakten Stupas dieser faszinierenden Tempelruine. Im Gegensatz zu vielen anderen Ruinen kann man hier die Stufen zu einem Aussichtspunkt (der sich auch für tolle Selfies eignet) hochsteigen. Dieser königliche Tempel wurde im späten 15. Jh. innerhalb der Palastanlage erbaut. Die Bauten dienten als Vorbild für den Wat Phra Kaeo und den königlichen Palast in Bangkok. Der Wat Phra Si Sanphet beherbergte einst einen 16 m hohen stehenden Buddha (Phra Si Sanphet), der mit mindestens 143 kg Gold bedeckt war.

Wat Mahathat RUINEN
(วัดมหาธาตุ; Th Chee Kun; 50 B; ⏲8–18.30 Uhr) Ayutthayas meistfotografierte Sehenswürdigkeit befindet sich in diesem Tempelkomplex: ein Sandsteinbuddha, der mit dem Wurzelgeflecht eines Bodhibaums verwoben ist. Der 1374 während der Herrschaft von König Borom Rachathirat I. gegründete Wat Mahathat war der bedeutendste Tempel des Königreichs und Sitz des obersten Patriarchen. Der zentrale *prang* (Stupa im Hindu-/Khmer-Stil) war einst 43 m hoch, stürzte aber von selbst ein, lange bevor die Birmanen die Stadt eroberten. Er wurde in jüngerer Zeit neu aufgebaut, stürzte aber 1911 erneut ein.

Wat Ratchaburana RUINEN
(วัดราชบูรณะ; abseits der Th Naresuan; 50 B; ⏲8–18 Uhr) Mit seinen detailreichen Schnitzarbeiten, die Lotusblüten und mythische Kreaturen darstellen, zählt der *prang* in diesem weitläufigen Tempelkomplex zu den besten noch existierenden der Stadt. Er ist von vier weiteren Stupas umgeben. Wer keine Höhenangst, Platzangst oder Angst vor Fledermäusen hat, kann im *prang* umherklettern, um die Krypta (die größte Thailands) zu besichtigen, die mit verblassten Wandbildern des Buddhas aus der frühen Ayutthaya-Periode geschmückt ist.

Wihan Phra Mongkhon Bophit BUDDHISTISCHER TEMPEL
(วิหารพระมงคลบพิตร; ⏲8–17 Uhr) GRATIS Im Tempel neben dem Wat Phra Si Sanphet steht einer der größten Bronzebuddhas von ganz Thailand, der 1538 geschaffen wurde. Die 12,5 m hohe Statue (mit Fundament 17 m) wurde um 1700 bei einem durch Blitzschlag verursachten Brand schwer beschädigt und nahm erneut Schaden, als die Birmanen die Stadt einnahmen. Im 20. Jh. wurden der Buddha und das Gebäude restauriert.

Chao-Sam-Phraya-National-Museum MUSEUM
(พิพิธภัณฑสถานแห่งชาติเจ้าสามพระยา; ☎035 244570; Ecke Th Rotchana & Th Si Sanphet; Erw./Kind 150 B/frei; ⏲9–16 Uhr) Der imposanteste Schatz im größten Museum Ayutthayas ist die Sammlung königlichen Golds (Schmuck, Utensilien, Kalebassen, Spucknäpfe), die aus den Krypten des Wat Mahathat (s. links) und des Wat Ratchaburana (s. links) zutage gefördert wurden. Zu sehen sind auch Teakholzfriese mit wunderschönen Schnitzarbeiten, teil mit Blattgoldverzierungen, sowie zahlreiche Buddha-Statuen (einige aus dem 7. Jh.).

Ayutthaya Tourist Center MUSEU
(ศูนย์ท่องเที่ยวอยุธยา; ☎035 246076; abseits de Th Si Sanphet; ⏲8.30–16.30 Uhr) GRATIS Auf zwe Etagen erzählt diese historische Ausstellun in einem imposanten, von militärisch wi kenden Statuen gekrönten Gebäude die G schichte Ayutthayas von seiner Anfangsze bis heute. Unten befindet sich das Touriste informationszentrum (S. 773).

Rund um die Insel

★ Wat Chai Wattanaram RUIN
(วัดไชยวัฒนาราม; Ban Pom; 50 B; ⏲8–18 Uh Dieser bei Sonnenuntergang besonde prächtige Tempel ist dank des 35 m hohe zentralen *prang* im Khmer-Stil und des g ten Zustands der Bauten der imposantes Tempel außerhalb der Insel. Die Wandrelie sind stark erodiert, man kann aber noch g schnitzte Szenen aus dem Leben Buddh erkennen.

Wat Phanan Choeng BUDDHISTISCHER TEM
(วัดพนัญเชิง; Khlong Suan Plu; 20 B; ⏲bei Tag licht) In diesem betriebsamen Tempel, d 1324 erbaut worden sein soll, kann man f zinierende Zeremonien beobachten, du die sich Buddhisten Verdienste erwerb können. Über das Geschehen wacht d 19 m hohe Buddha Phra Phanan Choe der Beschützer der Seefahrer. Die meist Besucher kommen wegen der riesigen B dha-Statue in den Tempel. Der Buddha s in einem hohen *wihan* (Heiligtum, 8–17 U

geöffnet), umgeben von 84 000 kleinen Buddha-Statuen, die die Wände säumen.

Wat Yai Chai Mongkhon RUINEN
(วัดใหญ่ชัยมงคล; 20 B; 6–18 Uhr) Die Besucher dieser malerischen Ruine können die Stufen zum glockenförmigen *chedi* (ein anderer Begriff für Stupa) hinaufklettern, um den Blick auf die schön gestaltete Gartenanlage und Dutzende steinerner Buddhas zu genießen. In der Nähe des Eingangs befindet sich ein 7 m langer liegender Buddha – wer es schafft, dass eine Münze an den Füßen des Buddhas haften bleibt, soll mit Glück gesegnet sein

Die Anlage befindet sich 2 km östlich der Südostecke der Insel.

Schlafen

Die meisten Backpacker zieht es in die Soi 2, Th Naresuan (auch „foreigner street" genannt); in der Gegend vor dem Bahnhof gibt's ebenfalls viele günstige Zimmer.

★ Ayothaya Riverside House PENSION $
(081 644 5328; www.facebook.com/ayothayariversidehouse; 17/2 Mu 7, Tambon Banpom; DZ mit Gemeinschaftsbad 400 B, DZ auf dem Boot 1500 B;) In dieser tollen Pension im Westen Ayutthayas auf der anderen Seite des Mae Nam Chao Phraya kann man zwischen netten Zimmern mit Ventilator und Moskitonetzen oder mit Satin und Holz dekorierten Zimmern mit Klimaanlage auf einem Boot wählen.

Chantana House PENSION $
(035 323200; chantanahouse@yahoo.com; 12/22 Soi 2, Th Naresuan; DZ mit Ventilator/Klimaanlage inkl. Frühstück ab 400/500 B;) Die Zimmer sind zwar einfach, doch das Preis-Leistungs-Verhältnis des modernen Chantana House dürfte das beste auf der gesamten Backpacker-Meile sein. Die Angestellten sind freundlich, sprechen aber nur wenig Englisch.

11:11 Hostel HOSTEL $
(035 950138; www.facebook.com/11.11hostel; Th Thong; B inkl. Frühstück 200 B;) Wer lieber in einem modernen Schlafsaal als in einem Teakholzhaus übernachtet, wird von diesem freundlichen, effizienten Hostel begeistert sein. In den einfarbig gestalteten Schlafsälen stehen Stockbetten mit Eisenrahmen, die alle mit eigenen Lampen und Steckdosen ausgestattet sind. Zum Hostel gehören auch ein Essbereich und eine kleine Terrasse am Fluss.

TOUREN RUND UM BANGKOK

Viele Pensionen arrangieren gerne Touren. Eine größere Auswahl und mehr Flexibilität bieten aber Reisebüros wie **Tour With Thai** (086 982 6265, 035 958226; http://tour-with-thai.business.site; Soi 2, Th Naresuan; 8–19 Uhr).

Eine der häufigsten Touren ist eine zweistündige Bootsfahrt (ca. 250 B) zum Wat Phanan Choeng, **Wat Phutthai Sawan** (วัดพุทไธศวรรย์; Samphao Lom; 8–17.30 Uhr) GRATIS und Wat Chai Wattanaram; sie lohnt sich, wenn man kein eigenes Fahrzeug hat. **Ayutthaya Boat & Travel** (081 733 5687; www.ayutthaya-boat.com; Ecke Th Chee Kun & Th Rotchana; Mo–Sa 9–17 Uhr) bietet Dinner-Kreuzfahrten auf einem Reisschiff aus Teakholz sowie längere Fahrrad- und Paddeltouren mit Übernachtung bei einheimischen Familien.

★ Promtong Mansion PENSION $$
(089 165 6297; www.promtong.com; abseits der 23 Th Pa Thon; DZ 1100 B;) Das Promtong Mansion begrüßt seine Gäste sehr herzlich und ist mit großartigen Holzskulpturen geschmückt. Elefantenförmige Nachttischlampen und andere Holzdekorationen schmücken die großen, komfortablen Zimmer. Der Besitzer ist ein Quell von Wissen über die Stadt, während des gesamten Aufenthalts werden kostenlose Obstplatten angeboten und die Lage ist ruhig, aber günstig.

Tamarind Guesthouse PENSION $$
(089 010 0196, 081 655 7937; tamarindthai2012@gmail.com; abseits der Th Chee Kun; DZ & 2BZ inkl. Frühstück 650–1200 B;) Der Service in dieser Pension in einem geschickt umgebauten Holzhaus ist überwältigend freundlich. Das Tamarind versteckt sich in einer Seitenstraße gegenüber vom Wat Mahathat (S. 770) und wirkt wie eine kleine Oase, obwohl es in der Nähe berühmter Attraktionen liegt. Wie in vielen Pensionen aus Holz knarzen die Böden und die dünnen Wände sind für leichte Schläfer auch nicht ideal. Doch wir finden, die traditionelle Dekoration (Buntglas, farbenfroh bemaltes Holz) macht das mehr als wett.

Tony's Place PENSION $$
(035 252578; Soi 2, 8 Th Naresuan; DZ 850–1200 B, FZ 1500 B;) Dank seines großen

Ayutthaya

0
1 km
Ko Lai
Th Dusit
Th Ayutthaya – Pa Mok
Mae Nam Lopburi
Mae Nam Chao Phraya
ThPamaphrao
Soi 2
13
16
23
22
19
20
Busfahrkarten-büro
Minivans nach Bangkok
Bus-halte-stelle
Chao-Phrom-Ferry-Pier
Bahnhof
Geschichtspark Ayuthaya
8
5
15
Th Naresuan
Th Chee Kun
Th Ho Rattanachai
17
Th Bang Ian
Th Khlong Makhamriang
Th U Thong
18
Wat Worachetharam
2 Wat Phra Si Sanphet
Beung Phra Ram
9
Th Pa Thon
14
Haupt Terminal (5km)
Saphan Pridi Damrong
12
4
Th Rotchana
10
21
3
Th Khlong Thaw
Th Si Sanphet
Th Watkluay
11
Th U Thong
6
24
1 Wat Chai Wattanaram
7

Ayutthaya

Highlights

Sehenswertes

Aktivitäten, Kurse & Touren

Schlafen

Essen

Praktisches

estaurantsbereichs (Hauptgerichte 70–300 B; 8–22 Uhr;) im Freien (ideal, um die an-ren Gäste kennenzulernen), des Minipools nd der großen, charaktervollen Zimmer ist s Tony's nach wie vor eine Lieblingsunter-nft von Flashpackern. Am schönsten sind e Zimmer in der oberen Etage.

Essen

Malakor THAI $
ww.facebook.com/malakorrestaurant; Th Chee n; Hauptgerichte 40–200 B; Restaurant -22 Uhr, Café 8–16 Uhr;) Das touristische, er angenehme Malakor hat eine große eisekarte, einen tollen Koch, der Welscurry d *pàd gàprow gài* (Hühnchen mit Basili-m) zubereitet, und ein entspanntes Holz-us, in dem man das Essen genießen kann. r mit dem Service braucht man Geduld.

★ **Sainam Pomphet** THAI $
(Th U Thong; Hauptgerichte 100–150 B; 10–22 Uhr;) Spinnenkrabben – entweder gedämpft oder unter gebratenen Reis gerührt – ist die Spezialität dieses hervorragenden Restaurants am Fluss. Sehr beliebt sind auch die „Steamboat"-Fischgerichte (in einer dampfenden Terrine). Wer keine Meeresfrüchte mag, kann unter verschiedenen anderen Thai-Gerichten wählen (Tipp: die Ananas-Spareribs probieren).

Bang-Ian-Nachtmarkt MARKT $
(Th Bang Ian; Snacks ab 10 B, Hauptgerichte 30–100 B; 5–20.30 Uhr) Auf diesem großen, turbulenten Nachtmarkt in der gleichnamigen Straße gibt's tolle Snacks wie gegrillten Flussfisch, Glasnudeln, Reis- und Currygerichte, kunterbuntes *kà·nŏm chan* (geschichtetes Kokosgelee) und vieles mehr.

Lung Lek NUDELN $
(Th Chee Kun; Hauptgerichte 30–50 B; 8.30–16 Uhr) In dem bei Einheimischen unglaublich beliebten Nudelladen gibt's die wahrscheinlich leckersten *gŏo·ay đĕe·o reu·a* (gedämpfte Nudeln mit Schweinefleisch, auch Bootsnudeln genannt) der ganzen Stadt.

Bann Kun Pra THAI $$
(035 241978; www.bannkunpra.com; Th U Thong; Hauptgerichte 70–350 B; 11–21.30 Uhr) Viel intimer als die meisten Uferrestaurants der Stadt. Dieses hundertjährige Teakholzhaus lädt dazu ein, einfach zu sitzen und das Leben und Treiben auf dem Fluss zu beobachten. Der Service ist mal besser, mal schlechter, doch auf der Karte stehen jede Menge Meeresfrüchte, darunter regionale Flusskrebse in verschiedenen Varianten, leckere Shrimps-Omeletts und andere Gerichte wie Hühnchen mit Cashewnüssen.

Praktische Informationen

Hauptpost (Th U Thong; Mo–Fr 8.30–16.30, Sa & So 9–12 Uhr)

Phra Nakorn Si Ayuthaya Hospital (035 211888; www.ayhosp.go.th/ayh; Th U Thong) Notaufnahme und englischsprachige Ärzte.

Thailändisches Fremdenverkehrsamt (TAT; 035 246076; tatyutya@tat.oder.th; Th Si Sanphet; 8.30–16.30 Uhr) Hat einen Infoschalter im Ayutthaya Tourist Center (S. 770), an dem man Stadtpläne und guten Rat bekommt.

Touristenpolizei (035 241446, 1155; Th Si Sanphet)

VERKEHRSVERBINDUNGEN AB AYUTTHAYA

Bus

ZIEL	PREIS (B)	DAUER (STD.)	HÄUFIGKEIT
Bangkok (Rangsit)	40	¾	häufig (Minivan)
Busbahnhof Bangkok Nord (Mo Chit)	55–70	1–1½	häufig (Minivan)
Chiang Mai	419–837	8½–10	mindestens 8-mal tgl.
Lopburi	80	1½–1¾	alle 30 Min. (Minivan)
Saraburi	45	1½	häufig
Sukhothai	266–342	7	mindestens 10-mal tgl.
Suphanburi	50–80	1½	öfter als stündlich (Minivan)

Zug

ZIEL	PREIS (B)	DAUER (STD.)	HÄUFIGKEIT
Bang Pa In	3–12	¼	16-mal tgl
Bangkok Bahnhof Hualamphong	20–65	1½-2½	häufig
Chiang Mai	396–1848	10-14	5-mal tgl
Nong Khai	202–1750	9-11	3-mal tgl
Pak Chong	53–465	2-3	12-mal tgl

An- & Weiterreise

BUS

Ayutthayas **Minivan-Haltestelle** (Th Naresuan) liegt direkt südlich der Backpacker-Meile (nach dem *dà·làht tâh rót jŏw prom* fragen). Von hier fahren Minivans nach Suphanburi (Weiterreise nach Kanchanaburi), Saraburi (Weiterreise nach Pak Chong und Khorat) und zu Zielen in Bangkok. Eine zweite **Abfahrtsstelle** (Th Naresuan) nach Bangkok befindet sich einen Block weiter westlich.

Der **Hauptbusbahnhof** befindet sich 3 km östlich der Insel, nahe des Highway 32. Fahrkarten nach Chiang Mai und Sukhothai kann man aber gegen eine Gebühr (ab 20 B) auch in einem **Busticketbüro** (Th Naresuan; ⌚6.30–17 Uhr) in der Innenstadt kaufen. Ein *túk-túk* vom Busbahnhof in die Altstadt kostet 100 bis 150 B. Taxis verlangen 50 bis 75 B. Man kann auch mit dem lila *sorngtaaou* (7 B; Passagier-Pick-up) fahren.

ZUG

Ayutthayas Bahnhof befindet sich direkt gegenüber der Hauptinsel auf der anderen Seite des Flusses. Wer zum Khao-Yai-Nationalpark möchte, nimmt den Zug nach Pak Chong. Zur Th Khao San in Bangkok steigt man in Bang Sue aus.

Unterwegs vor Ort

Viele Pensionen verleihen Fahrräder (40–50 B pro Tag) und Motorräder (250–300 B pro Tag).

Lopburi

ลพบุ

☎036 / 161 000 EW.

In Thailands „Affenstadt" werden imposan te Tempel im Khmer-Stil von aufdringliche Affen belagert. Die Plagegeister haben in de Stadt das Sagen, man kann ihnen unmög lich entkommen, und für viele sind die Affe die Hauptattraktion von Lopburi.

In Lopburi, einer der ältesten Städte Tha lands, stehen zahlreiche Paläste und Temp aus der Zeit der Khmer- und Ayuttaya-Re che, allerdings in unterschiedlichen Stadie des Verfalls.

Sehenswertes

Alle Hauptattraktionen Lopburis lassen si entspannt an einem Tag besuchen.

★ Prang Sam Yot RUIN

(ปรางค์สามยอด; Ecke Th Wichayen & Th Prang Sa Yot; 50 B; ⌚8.30–18 Uhr) Lopburis wohl b rühmteste Attraktion ist wegen ihrer hi lebenden Affen ebenso bekannt wie weg der hoch aufragenden Türme. Die drei m einander verbundenen Türme wurden 13. Jh. von den Khmer als buddhistisch Tempel aus Laterit und Sandstein erba Später wurde daraus ein Shiva-Tempel, ter König Narai verwandelte er sich im 17. Jh. aber wieder in eine buddhistische Stätte. Im Inneren befinden sich zwei Buddha-Statuen ohne Köpfe; ein dritter, besser erhaltener Buddha sitzt fotogen vor dem Haupt-*prang* (Stupa im Hindu-/Khmer-Stil).

Phra Narai Ratchaniwet MUSEUM

(วังนารายณ์ราชนิเวศน์, Somdet-Phra-Narai-National-museum; ☎036 414372; Eingang Th Sorasak; 150 B; ⊙Mi–So 8.30–16 Uhr) Dieses hervorragende Museum befindet sich innerhalb der Ruinen eines Palastes aus dem 17. Jh. Mit dem Bau, bei dem französische und italienische Ingenieure halfen, wurde 1665 begonnen. Der Palast wurde ursprünglich genutzt, um ausländische Würdenträger zu empfangen. Eine gepflegte Promenade führt zwischen den ehemaligen Elefantenställen König Narais, den Bankettsälen, Brunnen und Dutzenden Lagergebäuden hindurch zum Somdet-Phra-Narai-National-museum. Für die gründliche Erkundung dieser 7 ha großen historischen Stätte sollte man sich ein paar Stunden Zeit lassen.

Wat Phra Si Ratana Mahathat RUINEN

(วัดพระศรีรัตนมหาธาตุ; Th Na Phra Kan; 50 B; ⊙8.30–16 Uhr) Gegenüber vom Bahnhof liegt diese schöne Stätte, in der ein friedlicher Spaziergang ganz ohne nervige Affen möglich ist. Der im 12. Jh. erbaute und im Lauf der Jahrhunderte stark veränderte Tempel ist heute nur noch eine Ruine, hat aber den höchsten *prang* Lopburis. Zudem ist noch relativ viel des Originalstucks erhalten, darunter lotusblütenförmige Elemente und kunstvolle Buddha-Figuren.

Schlafen & Essen

★Noom Guesthouse PENSION $

(☎036 427693; www.noomguesthouse.com; Th Phraya Kamjat; EZ/DZ/3BZ mit Gemeinschaftsbad & Ventilator 250/350/450 B, DZ mit Klimaanlage 500 B; ❄📶) Müde Backpacker seufzen erleichtert, wenn sie das familiengeführte Noom, den wohl *faràng*-freundlichsten Ort der Stadt erreichen. Wer nicht in einem der sauberen, einfachen Zimmer oder komfortablen Gartenbungalows im hinteren Teil übernachtet, kann hier trotzdem ein Motorrad ausleihen (ab 250 B), eine Klettertour buchen oder an der **Bar** mit anderen Backpackern Reisestorys austauschen.

ee Homestay HOMESTAY $

(☎086 164 2184; www.lopburimassage.com; Soi Somachan; DZ mit Ventilator 280 B, DZ mit Klimaanlage 340–500 B; ❄📶) Auf der falschen Seite der Stadt … aber im positiven Sinn. Die megafreundliche Ganaree, Kosmetikerin und Massagetherapeutin, führt diese Privatunterkunft hinter dem Bahnhof, die einen entspannten Einblick ins Leben der Einheimischen gibt. Die Preise der blitzblanken Zimmer richten sich nach der Größe.

Matini INTERNATIONAL, THAI $$

(18 Th Phraya Kamjat; Hauptgerichte 50–350 B; ⊙9 Uhr–open end; 📶📝) Kostenloses Billard, Blues-Brothers-Motive an der Wand und leckere Küche (sowohl Thai- als auch westliche Gerichte) machen das Matini zu einer unübersehbaren Anlaufstelle für Backpacker. Die Gäste können drinnen oder draußen sitzen und üppig bemessene und gewürzte Currys (auch vegane Varianten) verschlingen, Smoothies trinken oder abends bei ein paar Bierchen relaxen.

Baan Sahai THAI $

(Soi Sorasak; Hauptgerichte 40–250 B; ⊙11–22 Uhr; 📶) Das kleine Lokal ist wie ein Bistro gestaltet und verströmt einen Hauch europäischen Flairs. Es serviert Thai-Hauptgerichte und eine Reihe französisch anmutender Desserts. Hier kann man ausgiebig essen, aber auch einfach einen frischen, mit Eis gemixten Ananas-Shake trinken.

AFFENTHEATER

Erwachsene Männer bestücken ihre Katapulte, alte Frauen greifen zu 2 m langen Stöcken, während die Touristen abwechselnd kreischen und für Fotos posieren. Willkommen in Lopburi, einer Stadt, die sich in einem aussichtslosen Kampf darum bemüht, die berühmten Affen in Schach zu halten.

Viele Einheimische hassen ihre pelzigen Nachbarn. Doch da sie glauben, dass die Affen Schüler des hinduistischen Gottes Hanuman sind, würde es wirklich schlechtes Karma bringen, sie zu verletzen, und darum fügen sie ihnen keinen Schaden zu.

Die meisten Affen leben am Prang Sam Yot und am **San Phra Kan** (ศาลพระกาฬ; Th Wichayen; ⊙5.30–18 Uhr) GRATIS. Man sollte vorsichtig sein, denn es sind wilde Tiere und keine Haustiere. Nichts tragen, was sie sich schnappen könnten, besonders kein Essen und keine Taschen. Wenn sie einen ausrauben, keinen Widerstand leisten – sie beißen.

VERKEHRSMITTEL AB LOPBURI

Bus

ZIEL	PREIS (B)	DAUER (STD.)	HÄUFIGKEIT
Ayutthaya	80	1½	alle 30 Min. (Minivan)
Bangkok	110–120	2	häufig (Minivan)
Chiang Mai	502–582	9-12	4-mal tgl
Nakhon Ratchasima (Khorat)	130–164	3½	alle 30 Min. (Minivan & Bus)
Pak Chong	70	2	alle 30 Min. (Minivan)

Zug

ZIEL	PREIS (B)	DAUER (STD.)	HÄUFIGKEIT
Ayutthaya	13–58	½–1½	18-mal tgl
Bangkok Hualamphong	28–123	2–3½	16-mal tgl
Chiang Mai	236–1800	9–12	5-mal tgl
Phitsanulok	49–1046	3–5	11-mal tgl

Praktische Informationen

King Narai Hospital (✆036 785444; www.kingnaraihospital.go.th; Th Phahonyothin) Bei Affenbissen und anderen gesundheitlichen Problemen. Wer nicht Thai spricht, kommt am besten mit einem Einheimischen her. Es liegt 5 km östlich der Altstadt.

Post (Th Prang Sam Yot; ⌚Mo–Fr 8.30–19, Sa & So 9–12 Uhr)

Thailändisches Fremdenverkehrsamt (TAT; ✆036 770096; tatlobri@tat.or.th; Th Na Phra Kan; ⌚8.30–16.30 Uhr) Hat einen Kiosk im Bahnhof.

An- & Weiterreise

Lopburis **Busbahnhof** (Sa Kaew Circle) befindet sich 2 km östlich der Altstadt. Wer nach Kanchanaburi fährt, muss in Ayutthaya oder Suphanburi (50 B, 2 Std.) umsteigen. Minivans nach Bangkok fahren von der Th Na Phra Kan. Der **Bahnhof** (Th Na Phra Kan) ist in der Altstadt und hat eine Gepäckaufbewahrung für Durchreisende, die hier einen Stopp einlegen.

Phitsanulok

พิษณุโลก

✆055 / 84 000 EW.

Nach Phitsanulok kommen nur wenige Individualreisende, obwohl die Stadt eine günstige Ausgangsbasis ist, um die nahe gelegenen Attraktionen Sukhothai und Kamphaeng Phet zu besuchen. In der freundlichen Stadt gibt's zudem einige interessante Stätten und Museen, und hier steht die meistverehrte Buddha-Statue Thailands.

Sehenswertes

Sergeant Major Thawee Folk Museum MUSEUM

(พิพิธภัณฑ์พื้นบ้านจ่าทวี; Th Wisut Kasat; Erw./Kin 50/25 B; ⌚8.30–16.30 Uhr) In diesem faszinierenden Museum wird eine bemerkenswerte Sammlung von Werkzeugen, Textilien und Fotografien aus der Provinz Phitsanulok gezeigt. Die Exponate verteilen sich auf fünf Gebäude und sind mit informativen englischen Erklärungen versehen. Wer sich für Kochen interessiert, kann eine komplette Thai-Küche bewundern und die verschiedenen Fallen für Wild kennenlernen.

Wat Phra Si Ratana Mahathat TEMP

(วัดพระศรีรัตนมหาธาตุ; Th Phutta Bucha; ⌚Tempel 6–21 Uhr, Museum Mi–So 9–17.30 Uhr) Das Haupt-*wihan* (Heiligtum) wirkt von außen klein, beherbergt jedoch den **Phra Phuttha Chinnarat**, eine der meistverehrten und meistkopierten Buddha-Figuren Thailands. Bedeutender ist wohl nur der Smaragdbuddha in Bangkoks Wat Phra Kaeo.

Schlafen & Essen

Lithai Guest House HOTEL

(✆055 219626; 73/1-5 Th Phayarithai; Zi. inkl. Frühstück 300–580 B; ❄📶) Die rund 60 hellen Zimmer haben wenig Ambiente, sind aber sauber. Die klimatisierten Varianten bieten Extras wie große Privatbäder mit Warmwasser, Kabel-TV, Kühlschrank und Frühstück. Die billigeren Zimmer verfügen über Ventilatoren und teilen sich ein Gemeinschaftsbad.

Ayara Grand Palace HOTEL $$
(☎ 055 909993; www.ayaragrandpalacehotel.com; Th Authong; inkl. Frühstück Zi. 1200–1500 B, Suite 1800–3500 B;) Mit den Pastellfarben der 90er-Jahre, dem unechten Kamin und dem floralen Design wirkt das Hotel zwar recht kitschig, es ist aber fröhlich und einladend, und die enormen Suiten (in der teuersten steht sogar ein elektrischer Massagesessel) bieten ein ziemlich gutes Preis-Leistungs-Verhältnis.

Rim Nan THAI $
(5/4 Th Phutta Bucha; Hauptgerichte 20–35 B; 9–16 Uhr) Gleich nördlich vom Wat Phra Si Ratana Mahathat liegt das Rim Nan, eines von mehreren ähnlichen Restaurants in der Th Phutta Bucha, die *gŏo·ay đĕe·o hôy kàh* („hängende-Beine-Nudeln") anbieten. Es ist nach den Bänken benannt, die das Nudelessen zu einem besonders zwanglosen Erlebnis machen.

★ **Ban Mai** THAI $$
(93/30 Th Authong; Hauptgerichte 100–290 B; 11–22 Uhr) In diesem bei Einheimischen beliebten Restaurant fühlt man sich wie bei den Großeltern: Wohltönende Konversation erklingt, es wimmelt von altmodischen Möbeln und eine überfütterte Hauskatze scheint den Speisesaal zu regieren. Zu den bodenständigen Gerichten gehören *gaang pèt bèt yâhng* (Curry mit gegrillter Ente) und *yam đà krái* (eine Art Salat mit Kräutern und Zitronengras). Es gibt kein englisches Schild - einfach nach dem gelben Komplex gegenüber dem Ayara Grand Palace Hotel schauen.

An- & Weiterreise

km südlich der Stadt liegt der **Flughafen** (☎ 055 301002) von Phitsanulok; ein Taxischalter arrangiert Fahrten in die/aus der Stadt für 0 B. **Air Asia** (☎ Phitsanulok 094 7193645, in Thailand 02 515 9999; www.airasia.com; Flughafen Phitsanulok; 7–18.30 Uhr), **Nok Air** (☎ 055 301051, in Thailand 1318; www.nokair.th; Flughafen Phitsanulok; 6–19 Uhr) und **Thai Lion Air** (☎ Callcenter 02 529 9999; www.lionairthai.com; Flughafen Phitsanulok; 7–19 Uhr) fliegen vom/zum Don Mueang International Airport in Bangkok (ab 640 B, Min., 7-mal tgl.).

Der **Busbahnhof** (☎ 055 212090; Rte 12) liegt km östlich der Stadt am Highway 12; *túk-túks* und Motorradtaxis in die/aus der Stadt kosten B. Nach Sukhothai fahren zwischen 7 und Uhr stündlich Busse (39 B, 1 Std.) sowie häufig Minivans. Busse nach Bangkok (363–361 B, 5–6 Std., 8.45–23 Uhr) starten ebenfalls stündlich, und häufig gibt's Verbindungen nach Chiang Mai (202–304 B, 6 Std., 5.40–12.40 Uhr).

Der **Bahnhof** (☎ 055 258005, in Thailand 1690; www.railway.co.th; Th Akatossaroth) befindet sich in Gehweite der Unterkünfte und hat eine Gepäckaufbewahrung. Von hier fahren u. a. Züge nach Bangkok (690 B–1664 B, 5–7 Std., 10-mal tgl.) und Chiang Mai (650 B–1645 B, 7–9 Std., 5-mal tgl.).

Sukhothai สุโขทัย

☎ 055 / 37 000 EW.

Das Königreich Sukhothai (Wachsendes Glück) florierte von der Mitte des 13. bis zum späten 14. Jh. Diese Periode gilt oft als das goldene Zeitalter der thailändischen Geschichte. Die Überreste des Königreichs, *meu·ang gòw* (alte Stadt) genannt, umfassen etwa 45 km² teilweise restaurierter Ruinen und sind eine der meistbesuchten antiken Stätten Thailands.

Die Stadt Sukhothai liegt 12 km östlich vom Geschichtspark Sukhothai und ist eine angenehme Ausgangsbasis für die Erkundung der Ruinen der Altstadt.

Sehenswertes

★ **Geschichtspark Sukhothai** HISTORISCHE STÄTTE
(อุทยานประวัติศาสตร์สุโขทัย; ☎ 055 697527; zentrale, nördliche & westliche Zone je 100 B, pro Fahrrad/Motorrad/Auto 10/20/50 B; zentrale Zone So–Fr 6.30–18, Sa bis 21 Uhr, nördliche Zone 7.30–17.30 Uhr, westliche Zone 8–16.30 Uhr) Eine der eindrucksvollsten Welterbestätten Thailands: Innerhalb der alten Mauern des Parks befinden sich die Überreste von 21 historischen Bauwerken sowie vier große Teiche, und weitere 70 Stätten liegen in einem Umkreis von 5 km. Die Ruinen sind in fünf Zonen unterteilt, von denen die zentrale, die nördliche und die westliche Zone jeweils 100 B Eintritt kosten.

Die typischsten architektonischen Merkmale der Tempel von Sukhothai sind die *chedi* in der klassischen Lotusknospenform, deren sich verjüngende Türme auf einem quadratischen Bauwerk stehen, das auf einem dreistufigen Fundament ruht. Einige Bauten weisen komplexere architektonische Formen auf, die während dieser Periode eingeführt und modifiziert wurden, etwa den glockenförmigen singhalesischen und den zweistufigen Srivijaya-*chedi*.

Der Park ist zwar sehr beliebt, doch da er so weitläufig ist, kann man ihn meistens

Geschichtspark Sukhothai

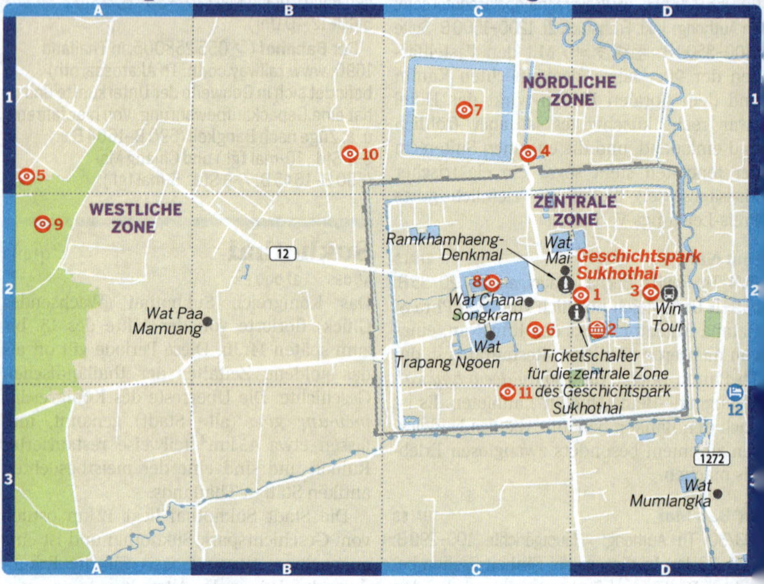

Geschichtspark Sukhothai

Highlights
1 Geschichtspark Sukhothai D2

Sehenswertes
2 Ramkhamhaeng-Nationalmuseum D2
3 Geschichtspark Sukhothai: Zentrale Zone D2
4 Geschichtspark Sukhothai: Nördliche Zone C1
5 Geschichtspark Sukhothai: Westliche Zone A1
6 Wat Mahathat C2
7 Wat Phra Phai Luang C1
8 Wat Sa Si C2
9 Wat Saphan Hin A2
10 Wat Si Chum B1
11 Wat Si Sawai C3

Schlafen
12 Orchid Hibiscus Guest House D3

ungestört erkunden. Einige der interessantesten Ruinen liegen außerhalb der Stadtmauer, ein Fahrrad oder ein Motorrad sind daher sehr nützlich, um die Ruinen in ihrer ganzen Vielfalt zu erleben.

➡ **Zentrale Zone**

Dies ist die **Hauptzone** (โซนกลาง; 100 B, plus Fahrrad/Motorrad/Auto 10/20/50 B; ⏲ So–Fr 6.30–18, Sa bis 21 Uhr) von Sukhotai und hier befinden sich auch einige der wohl beeindruckendsten Ruinen des Parks. Samstagabends wird ein Großteil der zentralen Zone beleuchtet und bleibt bis 21 Uhr geöffnet.

Der Wat Mahathat (วัดมหาธาตุ; zentrale Zone, Geschichtspark Sukhothai; 100 B, plus Fahrrad/Motorrad/Auto 10/20/50 B; ⏲ So–Fr 6.30–18, Sa bis 21 Uhr) wurde im 13. Jh. fertiggestellt. Den größten Wat Sukhothais umringen ei 206 m lange und 200 m breite Ziegelmau sowie ein Graben, die den Außenwall d Universums und den kosmischen Ozea symbolisieren sollen.

Gleich südlich vom Wat Mahathat ste der **Wat Si Sawai** (วัดศรีสวาย; zentrale Zo Geschichtspark Sukhothai; 100 B, plus Fahrrad/M torrad/Auto 10/20/50 B; ⏲ So–Fr 6.30–18, Sa 21 Uhr), ein buddhistischer Schrein aus de 12. und 13. Jh. mit drei Türmen im Khm Stil und einem Graben. Ursprünglich wur er von den Khmer als hinduistischer Temp errichtet.

Der **Wat Sa Si** (วัดสระศรี, Kloster des Heili Teiches; zentrale Zone, Geschichtspark Sukhot 100 B, plus Fahrrad/Motorrad/Auto 10/20/5

⏲So–Fr 6.30–18, Sa bis 21 Uhr) steht auf einer Insel westlich der Bronzestatue von König Ramkhamhaeng, dem dritten Sukhothai-König. Er ist im einfachen klassischen Sukhothai-Stil gehalten und beherbergt einen großen Buddha, einen *chedi* und die Säulen der Ruine des *wihan* (Heiligtum).

Das **Ramkhamhaeng-Nationalmuseum** (พิพิธภัณฑสถานแห่งชาติรามคำแหง; Geschichtspark Sukhothai; 150 B; ⏲9–16 Uhr) in der Nähe des Eingangs zur zentralen Zone ist ein guter Ausgangspunkt für die Erkundung der Ruinen im Geschichtspark. Neben einer Replik der berühmten Ramkhamhaeng-Inschrift, dem wohl ältesten Zeugnis thailändischer Schrift, ist eine eindrucksvolle Sammlung von Sukhothai-Artefakten zu sehen. Der Eintritt fürs Museum ist nicht im Ticket für die zentrale Zone enthalten.

◆ Nördliche Zone

Die **nördliche Zone** (โซนเหนือ; 100 B, plus Fahrrad/Motorrad/Auto 10/20/50 B; ⏲7.30–17.30 Uhr) liegt 500 m nördlich der Altstadtmauern und ist mit dem Fahrrad leicht zu erreichen.

Im Nordwesten der Altstadt beherbergt der **Wat Si Chum** (วัดศรีชุม; nördliche Zone, Geschichtspark Sukhothai; 100 B, plus Fahrrad/Motorrad/Auto 10/20/50 B; ⏲7.30–17.30 Uhr) einen eindrucksvollen *mon·dòp* (Pavillon) mit einem 15 m hohen sitzenden Buddha aus Ziegeln und Gips. Seine langen, spitz zulaufenden Finger sind ein beliebtes Fotomotiv. Laut Archäologen handelt es sich bei der Statue um den Phra Atchana, der in der berühmten Ramkhamhaeng-Inschrift erwähnt wird. Ein Durchgang in der Wand des *mon·dòp*, der zur Spitze führt, wurde blockiert, sodass man die *Jataka*-Inschriften an der Tunneldecke nicht mehr bewundern kann.

Über dem etwas abgeschiedenen **Wat Phra Phai Luang** (วัดพระพายหลวง; Geschichtspark Sukhothai; 100 B, plus Fahrrad/Motorrad/Auto 10/20/50 B; ⏲7.30–17.30 Uhr) thronen drei Türme im Khmer-Stil aus dem 12. Jh., die größer sind als ihre Pendants im Wat Si Sawai in der zentralen Zone. Während der Khmer-Herrschaft von Angkor vor dem 13. Jh. befand sich hier eventuell das Zentrum von Sukhothai.

WestlicheZone

In der **westlichen Zone** (โซนตะวันตก; 100 B, plus Fahrrad/Motorrad/Auto 10/20/50 B; ⏲8–16.30 Uhr), die entfernteste Stelle erstreckt sich 2 km westlich der Altstadtmauern, stehen mehrere relativ nichtssagende Ruinen. Zur Erkundung benötigt man ein Fahrrad oder Motorrad.

> **ABSTECHER**
>
> ## SANGKHALOK-MUSEUM
>
> Das kleine, aber trotzdem sehr informative **Sangkhalok-Museum** (พิพิธภัณฑ สังคโลก; Rte 1293; Erw./Kind 100/50 B; ⏲8–17 Uhr) bietet eine exzellente Einführung in das berühmteste Produkt und Exportgut des alten Sukhothai, seine Keramik.
>
> Im ersten Stock ist eine beeindruckende Sammlung originaler thailändischer Töpferei zu sehen, die in der Gegend gefunden wurde, sowie Stücke aus Vietnam, Myanmar (Birma) und China. Im zweiten Stock sind Beispiele nicht funktioneller Keramikkunst ausgestellt, darunter einige schöne und seltene Buddha-Statuen aus Keramik.
>
> Das Museum befindet sich rund 2,5 km östlich des Zentrums von Neu-Sukhothai; eine Fahrt mit dem *túk-túk* hierher kostet ca. 100 B.

Der **Wat Saphan Hin** (วัดสะพานหิน; westliche Zone, Geschichtspark Sukhothai; 100 B, plus Fahrrad/Motorrad/Auto 10/20/50 B; ⏲8–16.30 Uhr) thront auf einem rund 200 m hohen Hügel. Zum Tempel führen ein Weg und eine Treppe aus Schiefer hinauf, denen der Wat seinen Namen („Steinbrücke") verdankt.

Vom Tempel selbst ist neben einigen *chedi* nur noch der Überrest eines *wihan* erhalten, er besteht aus zwei Reihen Lateritsäulen, zwischen denen ein 12,5 m hoher Buddha auf einer Ziegelsteinterrasse steht. Die Anlage 3 km westlich der früheren Stadtmauer gewährt einen schönen Blick auf die Ruinen von Sukhothai im Südosten und die Berge im Norden und Süden.

Geführte Touren

Radfahren Sukhothai RADFAHREN

(☎085 083 1864, 055 612519; www.cycling-sukhothai.com; abseits der Th Jarodvithithong; halber/ganzer Tag 800/990 B, Sonnenuntergangstour 450 B) Seit fast 20 Jahren lebt der Belgier und begeisterte Radfahrer Ronny Hanquar in Sukhothai. Er veranstaltet Thementouren wie die Geschichtspark-Tour, die auch zu seltener besuchten Tempeln und Dörfern führt.

Sein Büro liegt rund 1,2 km westlich vom Mae Nam Yom abseits der Th Jarodvithithong in Neu-Sukhothai; es gibt einen kostenlosen Transportservice.

ABSTECHER

DIE VORORTE DES SUKHOTHAI-REICHS

Das Sukhothai-Reich erstreckte sich bis zu den Satellitenstädten Satchanalai und Chaliang (อุทยานประวัติศาสตร์ศรีสัชนาลัย-เชลียง), 50 km nördlich von Sukhothai.

Inmitten friedlicher Hügel stehen die aus dem 13. bis 15. Jh. stammenden Ruinen dieser alten Städte, die heute Teil des 720 ha großen **Geschichtsparks Si Satchanalai-Chaliang** (อุทยานประวัติศาสตร์ศรีสัชนาลัย-เชลียง; abseits der Rte 101; 100 B; ⏲8.30–16.30 Uhr) sind. Ihr Besuch ist ein idyllischeres Erlebnis als der des alten Sukhothai.

Der Geschichtspark liegt abseits der Route 101 zwischen Sawankhalok und Ban Hat Siaw. In Sukhothai steigt man in einen Bus nach Si Satchanalai (45 B, 1½ Std., 6.40–17 Uhr stündl.) oder in einen der vier Busse, die zwischen 6.40 und 11.30 Uhr nach Chiang Rai (46 B) fahren, und bittet den Fahrer, einen in der *meuang gòw* (Altstadt) aussteigen zu lassen.

Mit dem Kombiticket für 250 B kann man alle unten aufgeführten Stätten besuchen. Fahrräder (30 B) werden in der Nähe der Eingangstore zum Geschichtspark verliehen.

Si Satchanalai

Rund um den *chedi* (Stupa) des **Wat Chang Lom** (วัดช้างล้อม; Geschichtspark Si Satchanalai-Chaliang; 100 B; ⏲8.30–16.30 Uhr) sitzen Buddha-Statuen in Nischen, die von Überresten gut erhaltener Elefantenstützpfeiler gesäumt sind. Vom Gipfel des Hügels, auf dem der **Wat Khao Phanom Phloeng** (วัดเขาพนมเพลิง; Geschichtspark Si Satchanalai-Chaliang; 100 B; ⏲8.30–16.30 Uhr) steht, genießt man einen tollen Blick auf die Stadt und den Fluss. Beim **Wat Chedi Jet Thaew** (วัดเจดีย์เจ็ดแถว; Si Satchanalai-Chaliang Historical Park; 100 B; ⏲8.30–16.30 Uhr) sieht man eine Gruppe von Stupas im klassischen Sukhothai-Stil.

Chaliang

Einen Kilometer von Si Satchanalai entfernt liegt diese ältere Stadtstätte, die bis ins 11. Jh. zurückgeht. Der **Wat Phra Si Ratana Mahathat** (วัดพระศรีรัตนมหาธาตุ; Geschichtspark Si Satchanalai-Chaliang; 20 B; ⏲8–16.30 Uhr) beherbergt das Basrelief eines klassischen gehenden Buddhas, ein Kennzeichen der Sukhothai-Ära. Der **Wat Chao Chan** (วัดเจาจันทร; Geschichtspark Si Satchanalai-Chaliang; 100 B, Kombiticket inkl. Si Satchanalai & Si Satchanalai Centre for Study & Preservation of Sangkalok Kilns 250 B; ⏲8–17 Uhr) ist mit einem großen Turm im Khmer-Stil ausgestattet, der wohl unter dem Khmer-König Jayavarman VII. (1181–1297) gebaut wurde. Im dachlosen *wihan* (Heiligtum) befinden sich die Lateritkonturen eines mächtigen stehenden Buddhas, der sehr unter Wind und Wetter gelitten hat.

Sangkhalok-Brennöfen

Diese Gegend war für ihre schöne Keramik berühmt, die überwiegend nach China und Indonesien exportiert wurde. Im **Si Satchanalai Centre for Study & Preservation of Sangkalok Kilns** (ศูนย์ศึกษาและอนุรักษ์เตาสังคโลก; 100 B Kombiticket inkl. Si Satchanalai & Wat Chao Chan 250 B; ⏲8–16.30 Uhr), 5 km nordwestlich von Si Satchanalai, sind große ausgegrabene Brennöfen und intakte Töpferwaren zu sehen.

Schlafen

Einige Unterkünfte in Neu-Sukhothai bieten mit das beste Preis-Leistungs-Verhältnis in ganz Nordthailand.

Ban Thai PENSION $
(☎055 610163; banthai_guesthouse@yahoo.com; 38 Th Prawet Nakhon; Zi. & Bungalows 250–800 B; ❄📶) Das Zimmerangebot reicht von schlicht bis stilvoll, doch angesichts der Kombination von freundlicher Atmosphäre, schöner Gartenlage und niedrigen Preisen ist diese Pens on ein echter Knüller.

Sila Resort HOTE
(☎055 620344; www.silaresort-sukhothai.com; 3/ Th Kuhasuwan; inkl. Frühstück Zi. 230–500 B, Bun lows 750–1200 B; ❄@📶) Als wir die Anla mit den blühenden Bäumen, einem Th Dorf im Zuckerbäckerstil, Nurdachhäuse wie in einem Ferienresort und dem Resta rant das erste Mal betraten, kam uns unw kürlich Disneyland in den Sinn. Und v

Disneyland ist auch dies eine fröhliche, bunte kleine Welt mit lächelnden Mitarbeitern. Einziger Nachteil: Der Fußweg ins Zentrum von Neu-Sukhothai ist ziemlich lang.

4T Guesthouse HOTEL $

(☎055 614679; fourthouse@yahoo.com; 122 Soi Mae Ramphan; Zi. 300–1000 B; ❄📶🏊) Das weitläufige Budget-Resort bietet geräumige, aber schlichte Zimmer und einen Pool.

★ **Orchid Hibiscus Guest House** HOTEL $$

(☎055 633284; www.orchidhibiscus-guesthouse.com; 407/2 Rte 1272; Zi./Bungalows 900/1400 B; ❄📶🏊) Die Zimmer und Bungalows verteilen sich in einem friedlichen, gepflegten Garten mit einem Pool in der Mitte. Ein Highlight ist das vom Hotel angepriesene „amazing breakfast" („erstaunliches Frühstück", 100 B). Die fröhlichen, makellosen Zimmer sind mit farbenfrohen Designakzenten gestaltet. Es liegt etwa 500 m abseits der Route 12 an der Route 1272; der Abzweig befindet sich zwischen Km 48 und Km 49.

TR Room & Bungalow PENSION $$

(☎055 611663; www.sukhothaibudgetguesthouse.com; 27/5 Th Prawet Nakhon; Zi./Bungalow 600/ 350 B; ❄@📶) Die Zimmer wurden nach der Renovierung 2016 mit neuen Möbeln und vielfältigen Designelementen ausgestattet und haben den Sprung in die Mittelklasse geschafft. Wer gern etwas mehr Platz hat, kann in einem der fünf Holzbungalows im hinteren Teil übernachten.

Essen & Ausgehen

★ **Jayhae** THAI $

Th Jarodvithithong; Gerichte 30–120 B; ⏰8–16 Uhr) Wer Sukhothai besucht, sollte einmal die Nudeln nach Art von Sukhothai im Jayhae probiert haben! Das sehr beliebte Restaurant serviert auch *pàt tai* und aromatische Kaffeegetränke.

achtmarkt MARKT $

Th Ramkhamhaeng; Hauptgerichte 30–60 B; ⏰18–23 Uhr) Wer günstig essen will, ist auf dem winzigen Nachtmarkt in Neu-Sukhothai richtig. Die meisten Verkäufer sind auf ausländische Gäste eingestellt und haben sogar zweisprachige Speisekarten.

ream Café THAI $$

6/1 Th Singhawat; Hauptgerichte 120–350 B; 17–23 Uhr; 📶) Hier speist man wie in einem Antiquitätenladen. Es gibt jede Menge bunt zusammengewürfelte Möbel und Dekoelemente, das Personal ist freundlich, vor allem aber ist das Essen lecker. Empfehlenswert sind die gut gelungenen *yâhm* (thailändische Salate).

Chopper Bar BAR

(Th Prawet Nakhon; ⏰10–0.30 Uhr; 📶) In diesem Bar-Restaurant treffen sich Traveller und Einheimische bei Essen (Hauptgerichte 30–150 B), Getränken und Livemusik. Auf der Dachterrasse kann man die abendliche Kühle genießen.

Praktische Informationen

Sukhothai Hospital (☎055 610280; Th Jarodvithithong) Gleich westlich der Neustadt.

Thailändisches Fremdenverkehrsamt (TAT; ☎055 616228, in Thailand 1672; www.tourismthailand.org; Th Jarodvithithong; ⏰8.30–16.30 Uhr) Seit 2016 hat die Touristeninformation einen neuen Standort 750 m westlich der Brücke in Neu-Sukhothai. Dort gibt's eine ziemlich gute Auswahl an Karten und Broschüren.

An- & Weiterreise

Sukhothais Flughafen liegt ungünstig 27 km von der Stadt entfernt, abseits der Route 1195. **Bangkok Airways** (☎055 647224, in Thailand 1771; www.bangkokair.com; Flughafen Sukhothai; ⏰7–18 Uhr) ist die einzige Fluggesellschaft, die ihn anfliegt und täglich drei Flüge vom/zum Suvarnabhumi International Airport in Bangkok (ab 1890 B, 1 Std. 15 Min.) bietet.

Sukhothais Minivan- und **Busbahnhof** (☎055 614529; Rte 101) liegt knapp 1 km nordwestlich vom Zentrum Neu-Sukhothais; die Fahrt vom Zentrum dorthin kostet mit dem Taxi um die 50 B, man kann aber mit jedem *sorngtaaou* (Passagier-Pick-up) Richtung Geschichtspark Sukhothai mitfahren (20 B, 10 Min., 6–17.30 Uhr häufig).

Wer in der Nähe des Geschichtsparks absteigt, kann am Büro von **Win Tour** (☎099 135 5645; Rte 12; ⏰6–21.40 Uhr) in Busse nach Bangkok (310 B, 6 Std., 8, 12 & 21.50 Uhr) und Chiang Mai (210 B, 5 Std., 6–14 Uhr 6-mal tgl.) zusteigen.

Unterwegs vor Ort

Eine Fahrt mit dem *sahmlor* (auch *säamläw* geschrieben, dreirädriges Fahrradtaxi) innerhalb Neu-Sukhothais sollte höchstens 40 B kosten.

Sorngtaaou (Th Jarodvithithong; 30 B; 6–17.30 Uhr) fahren relativ häufig von einer Haltestelle an der Th Jarodvithithong in Neu-Sukhothai zum Geschichtspark Sukhothai (30 B, 30 Min., 6–17.30 Uhr). Motorradtaxis bringen Passagiere von der Stadt oder vom Busbahnhof für 120 B zum Geschichtspark Sukhothai.

Mehrere Läden am Parkeingang verleihen für 30 B pro Tag Fahrräder (6–18 Uhr).

BUSSE AB SUKHOTHAI

ZIEL	PREIS (B)	DAUER (STD.)	HÄUFIGKEIT
Bangkok	241–310	6–7	7.50–22.40 Uhr alle 30 Min.
Chiang Mai	195–374	5–6	6.20–2 Uhr häufig
Chiang Rai	231	9	6.40–11.30 Uhr 4 Abfahrten
Kamphaeng Phet	53–68	1½	7.50–22.40 Uhr alle 30 Min.
Khon Kaen	221–334	7	10.30–12.40 Uhr häufig
Lampang	155–205	3	6.20–2 Uhr häufig
Mae Sot	130–176	3	9.15–2.30 Uhr 3 Abfahrten
Mukdahan	476	10	19.50 & 21.40 Uhr
Nan	176	4	15 Uhr
Phitsanulok	39–50	1	7.50–22.40 Uhr alle 30 Min.
Sawankhalok	27	1	6.40–17 Uhr häufig
Si Satchanalai	45	1½	6.40–17 Uhr häufig

Fast alle Pensionen in Neu-Sukhothai verleihen Motorräder (ab 250 B für 24 Std.).

Kamphaeng Phet

กำแพงเพชร

055 / 30 000 EW.

Kamphaeng Phet bedeutet übersetzt „Diamantmauer", eine Referenz an die offensichtliche Stärke der früheren Schutzwälle dieser ummauerten Stadt. Die Stadt half dabei, das Königreich Sukhothai und später die Königreiche Ayutthayas gegen Angriffe der Birmaner und später der Lanna zu schützen. Teile der Mauern sind noch erhalten, ebenso wie die faszinierenden Ruinen mehrerer religiöser Bauwerke.

Sehenswertes

Geschichtspark Kamphaeng Phet

HISTORISCHE STÄTTE

(อุทยานประวัติศาสตร์กำแพงเพชร; 100 B, mit ummauerter Stadt 150 B; 8–18.30 Uhr) Der Geschichtspark Kamphaeng Phet, eine UNESCO-Welterbestätte, umfasst Ruinen von Bauten aus dem 14. Jh. Etwa auf dieselbe Zeit geht das bekanntere Königreich von Sukhothai zurück. Die buddhistischen Monumente von Kamphaeng Phet wurden bis zur Ayutthaya-Periode, fast 200 Jahre später, errichtet und weisen deswegen Sukhothai- und Ayutthaya-Elemente auf. Dieser buddhistische Stil ist für Thailand einzigartig.

Kamphaeng-Phet-Nationalmuseum

MUSEUM

(พิพิธภัณฑสถานแห่งชาติกำแพงเพชร; Th Pindamri; 100 B; Mi–So 9–16 Uhr) Kamphaeng Phets lohnenswertes Museum wurde umfangreich renoviert. Es beherbergt eine riesige Sammlung von Exponaten aus dem Gebiet Kamphaeng Phet, darunter eine gewaltige Shiva-Statue, die größte hinduistische Skulptur aus Bronze in ganz Thailand. Die Statue befand sich ursprünglich im nahegelegenen **Shiva-Schrein** (ศาลพระอิศวร; abseits der Th Pindamri) GRATIS, bis ein deutscher Missionar 1886 ihre Hände und ihren Kopf stahl (später wurden sie zurückgegeben). Heute steht dort eine Kopie.

Schlafen & Essen

Three J Guest House

PENSION

(081 887 4189, 055 713129; www.threejguesthouse.com; 79 Soi 1, Soi Ratchavitee; Zi. 300–900 B) Die günstigsten Bungalows dieser gemütlichen Pension haben Ventilatoren und teilen sich ein sauberes Bad, während die teureren über Klimaanlagen verfügen. Es gibt Infos über die Region, zudem Fahrräder und Motorräder zum Ausleihen (Fahrrad/Motorrad 50/200 B pro Tag).

★ Navarat Heritage Hotel

HOTEL $

(055 711211; www.navaratheritage.com; 2 Soi 21, Th Tesa 1; inkl. Frühstück Zi. 1100–3200 B, Suite 15 000 B) Das in den 1970er-Jahren erbaute Navarat wurde gründlich renoviert, sodass man ihm sein wahres Alter kaum noch ansieht. Die Zimmer, einige mit Blick auf den Fluss, sind groß, modern, gemütlich und gut ausgestattet.

★ Bamee Chakangrao

THA

(Ecke Soi 9 & Th Rachadumnoen 1; Hauptgerichte 30–35 B; 8.30–15 Uhr) Dünne Eiernudeln a

Weizen *(bà·mèe)* sind eine Spezialität von Kamphaeng Phet, und dieses berühmte Restaurant ist eine der besten Optionen, um sie zu probieren. Die Nudeln werden täglich hinter dem Restaurant frisch hergestellt. Außerdem gibt's hier auch Schweinfleisch-Satay. Ein englisches Schild gibt's nicht, man erkennt es an den grünen Bannern an der Ecke.

Nachtmarkt THAI $

(Th Thesa 1; Hauptgerichte 30–60 B; ⏲16–22 Uhr) Preiswerte Thai-Gerichte gibt's jeden Abend gleich nördlich vom Navarat Hotel in der Nähe des Flusses auf dem belebten Nachtmarkt.

ℹ Anreise & Unterwegs vor Ort

Kamphaeng Phets **Busbahnhof** (☎055 799103; Rte 101) liegt etwa 1 km westlich vom Mae Nam Ping. Motorräder (50 B) und *sorngtaaou* (Passagier-Pick-ups, 20 B, 7.30–15 Uhr häufig) verkehren zwischen dem Busbahnhof und der Stadt. Wer aus Sukhothai oder Phitsanulok kommt, steigt in der Altstadt oder am Kreisverkehr auf der Th Thesa 1 aus, um sich die Fahrt zurück in die Stadt mit einem *sorngtaaou* zu ersparen.

NORDTHAILAND

Es gibt einfach nichts, was man in Nordthailand nicht tun könnte!

Hauptattraktion der Region ist ihre Natur – die bergige, abwechslungsreiche Landschaft ist ein Paradies für Outdoor-Aktivitäten, von Raftingtouren bis Wanderungen, die zu Dörfern der Bergvölker führen.

Zudem bietet die Region, die als Geburtsort großer Teile der Thai-Kultur gilt, auch eine breite Palette kultureller Highlights. In ihrer Hauptstadt Chiang Mai locken zahlreiche Tempel und Märkte.

Chiang Mai เชียงใหม่

☎053 / 201 000 EW.

Der frühere Sitz des Lan-Na-Königreiches ist ein herrlich ruhiges und entspanntes Fleckchen, um zu relaxen und die Batterien wieder aufzuladen. Zwar ist man von anderen begeisterten Besuchern umgeben, doch das tut dem fabelhaften Essen und den gemütlichen Spaziergängen keinen Abbruch. Man kann aus einer großen Anzahl von Aktivitäten auswählen oder aber einfach durch die Seitenstraßen schlendern und eine Stadt entdecken, deren Atmosphäre und Lebensstil noch fest in der Thai-Kultur verwurzelt sind.

Rund um das alte Chiang Mai ist eine ausufernde moderne Stadt gewachsen, die von einem Gewirr aus Superhighways umringt wird. Dennoch ist das historische Stadtzentrum nach wie vor erstaunlich ruhig und alltäglich und wirkt eher wie eine schläfrige Provinzstadt als eine betriebsame Hauptstadt. Wer in irgendeine Richtung geradewegs aus der Stadt hinausfährt, landet rasch in der üppig grünen ländlichen Umgebung mit rauschenden Wasserfällen inmitten unberührter Regenwälder, stillen Wats und friedlichen Dörfern – und mit zahlreichen Märkten und Elefantenschutzzentren.

◉ Sehenswertes

In Chiang Mai gibt's an fast jeder Ecke Tempel, Märkte und Museen, doch die Sehenswürdigkeiten außerhalb der Innenstadt, sowohl innerhalb als auch außerhalb der die Stadt umringenden Highways, sollte man nicht übersehen.

★Wat Phra Singh BUDDHISTISCHER TEMPEL

(วัดพระสิงห์; Th Singharat; 20 B; ⏲5–20.30 Uhr) Ein riesiges *wihan* (Heiligtum) mit Mosaik-

BUSSE AB KAMPHAENG PHET

ZIEL	PREIS (B)	DAUER (STD.)	HÄUFIGKEIT
Bangkok	200–400	5	9–22 Uhr häufig
Chiang Mai	256–298	5	9.30–23 Uhr stündl.
Chiang Rai	265–397	7	12–22.30 Uhr 5 Abfahrten
Lampang	147–225	4	12–22.30 Uhr 5 Abfahrten
Mae Hong Son	466–544	11	22 & 22.30 Uhr
Mae Sot	164	3	2 & 4 Uhr
Phayao	212–326	6	12–22.30 Uhr 5 Abfahrten
Phitsanulok	73	2½	5–18 Uhr stündl.
Sukhothai	57–74	1	12–4 Uhr stündl.

Chiang Mai

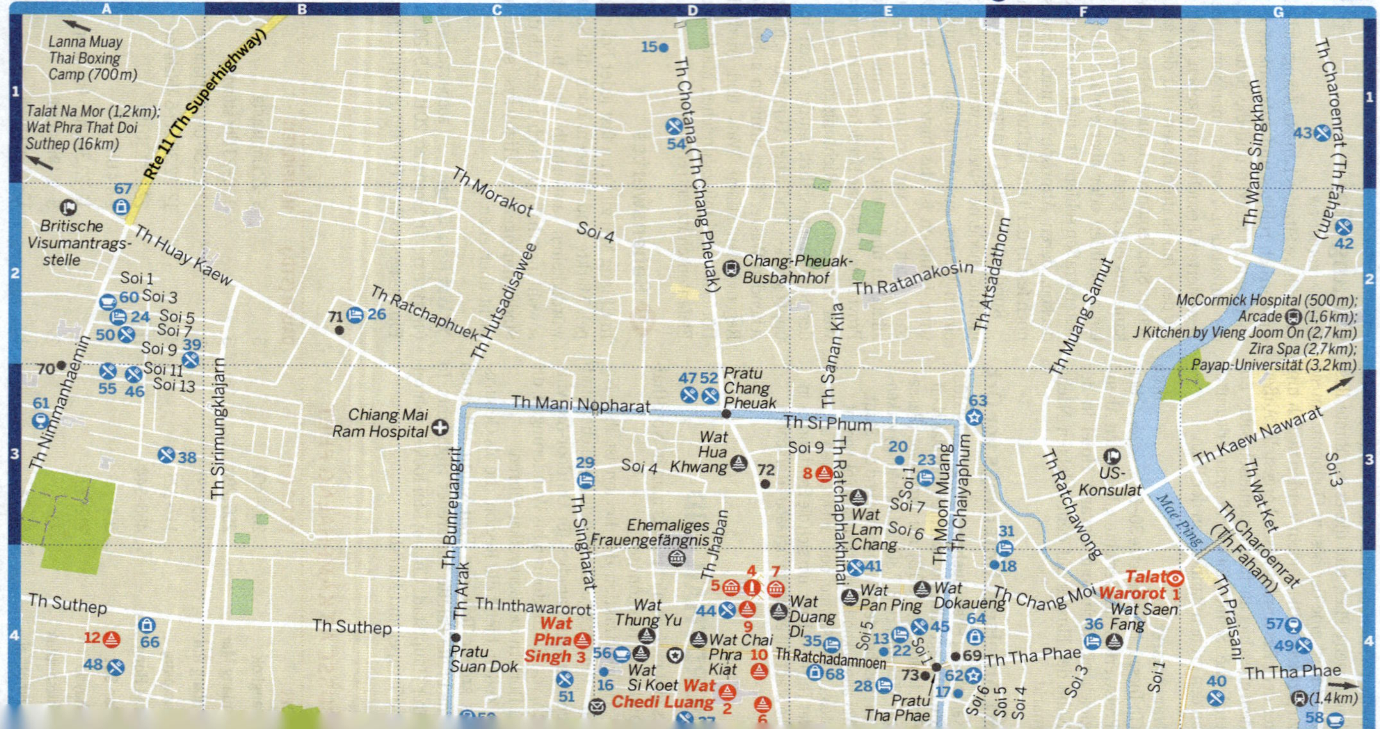

Lanna Muay Thai Boxing Camp (700m)
Talat Na Mor (1,2km); Wat Phra That Doi Suthep (16km)
Rte 11 (Th Superhighway)
Britische Visumantrags-stelle
Th Huay Kaew
Soi 1
Soi 3
Soi 5
Soi 7
Soi 9
Soi 11
Soi 13
Th Nimmanhaemin
Th Sirimungklajarn
Th Morakot
Soi 4
Th Ratchaphuek
Th Hutsadisawee
Th Chotana (Th Chang Pheuak)
Chang-Pheuak-Busbahnhof
Th Ratanakosin
Th Sanan Kila
Th Atsadathorn
Th Muang Samut
Th Wang Singkham
Th Charoenrat (Th Faham)
McCormick Hospital (500m); Arcade (1,6km); J Kitchen by Vieng Joom On (2,7km); Zira Spa (2,7km); Payap-Universität (3,2km)
Pratu Chang Pheuak
Th Mani Nopharat
Chiang Mai Ram Hospital
Th Si Phum
Wat Hua Khwang
Soi 9
Soi 4
Th Bunreuangrit
Th Singharat
Ehemaliges Frauengefängnis
Th Jhaban
Th Ratchaphakhinai
Wat Lam Chang
Soi 1
Soi 7
Soi 6
Th Moon Muang
Th Chaiyaphum
Th Kaew Nawarat
US-Konsulat
Th Ratchawong
Mae Ping
Th Wat Ket
Th Charoenrat (Th Faham)
Soi 3
Talat Warorot 1
Wat Saen Fang
Th Chang Moi
Th Praisani
Th Suthep
Th Arak
Th Inthawarorot
Pratu Suan Dok
Wat Phra Singh 3
Wat Thung Yu
Wat Si Koet
Wat Chedi Luang 2
Wat Chai Phra Kiat
Wat Duang Di
Th Ratchadamnoen
Wat Pan Ping
Wat Dokaueng
Soi 5
Soi 1
Pratu Tha Phae
Th Tha Phae
Soi 6
Soi 5
Soi 4
Soi 3
Soi 1
(1,4km)
0
1km

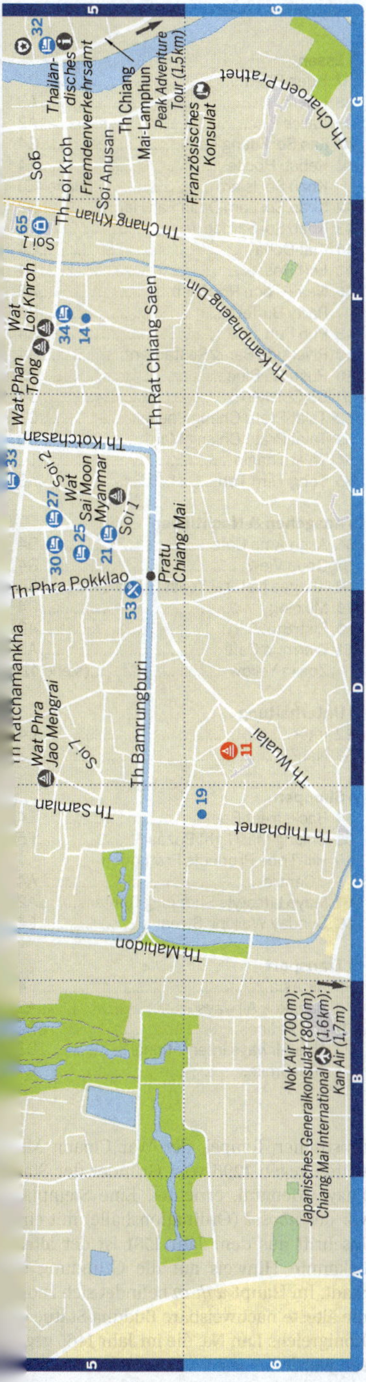

einlagen dominiert Chiang Mais meistverehrten Tempel, den Wat Phra Singh. Sein Reichtum zeigt sich in den prachtvollen Klostergebäuden und den makellos getrimmten Anlagen, auf denen sich Kaffeestände und Massagepavillons verteilen. Pilger kommen hierher, um die berühmte Buddha-Statue namens **Phra Singh** (Löwenbuddha) anzubeten, die sich im *wihan* Lai Kham befindet, einer kleinen Kapelle direkt südlich vom *chedi* im hinteren Teil der Tempelanlage.

★ Wat Chedi Luang BUDDHISTISCHER TEMPEL

(วัดเจดีย์หลวง; Th Phra Pokklao; Erw./Kind 40/20 B; ⏲7–22 Uhr) Der Wat Chedi Luang ist nicht so prächtig wie der Wat Phra Singh, doch sein 1441 erbauter, teilweise zerstörter *chedi* im Lanna-Stil ist viel höher, und in der weitläufigen Anlage rund um den Stupa herrscht eine ganz besondere, eindringliche Atmosphäre. Der berühmte Phra Kaeo (Smaragdbuddha), der sich heute im Wat Phra Kaeo in Bangkok befindet, stand bis 1475 in der östlichen Nische; heute sehen Besucher eine Jadekopie der Statue.

Lanna-Volkskundemuseum MUSEUM

(พิพิธภัณฑ์พื้นถิ่นล้านนา; Lanna Folk Life Museum; Th Phra Pokklao; Erw./Kind 90/40 B; ⏲Di–So 8.30–17 Uhr) Im früheren Provinzgericht, einem 1935 errichteten Gebäude im thailändischen Kolonialstil, stellt dieses Museum das Dorfleben der Lanna mit mehreren lebensgroßen Dioramen nach, die von der *lai-krahm*-Keramik-Schablonentechnik über den *fon lep* (ein mystischer Lanna-Tanz mit langen künstlichen Metallfingernägeln) bis zum komplizierten Symbolismus der verschiedenen Elemente in Klöstern im Lanna-Stil reichen.

★ Wat Phra That Doi Suthep BUDDHISTISCHER TEMPEL

(วัดพระธาตุดอยสุเทพ; Th Huay Kaew, Doi Suthep; 30 B; ⏲6–18 Uhr) Der Wat Phra That Doi Suthep, der in den Bergen thront und auf die Stadt schaut, ist einer der heiligsten Tempel Nordthailands. Jedes Schulkind in Chiang Mai lernt die Legende seiner Gründung. Der Wat selbst ist ein sehr schönes Beispiel nordthailändischer Architektur. Man erreicht ihn über eine Treppe mit 360 Stufen, die von *naga* flankiert wird. Der Aufstieg erlaubt Gläubigen, sich buddhistische Verdienste zu erwerben.

Wat Phan Tao BUDDHISTISCHER TEMPEL

(วัดพันเตา; Th Phra Pokklao; Spende erbeten; ⏲bei Tageslicht) Im Schatten des Wat Chedi Luang und in einer mit flatternden orangen Fahnen

Chiang Mai

Highlights
1 Talat Warorot F4
2 Wat Chedi Luang D4
3 Wat Phra Singh C4

Sehenswertes
4 Anusawari Sam Kasat (Denkmal der drei Könige) D4
5 Kunst- & Kulturzentrum der Stadt Chiang Mai D4
Historisches Zentrum Chiang Mai .... (siehe 5)
6 Làk Meuang D4
7 Lanna-Volkskundemuseum D4
8 Wat Chiang Man E3
9 Wat Inthakhin Saduemuang D4
10 Wat Phan Tao D4
11 Wat Srisuphan D6
12 Wat Suan Dok A4

Aktivitäten, Kurse & Touren
13 American University Alumni E4
14 Art of Massage F5
15 Chetawan Thai Traditional Massage School D1
16 Chiang Mai Mountain Biking & Kayaking D4
17 Flight of the Gibbon E4
18 Lanna Thai Massage School F4
19 Small House Chiang Mai Thai Cooking School C6
20 Thai Farm Cooking School E3

Schlafen
21 60 Blue House E5
22 Awana House E4
23 Baan Hanibah Bed & Breakfast E3
24 Baan Say-La A2
25 Banjai Garden E5
26 Bunk Boutique B2
27 Diva Guesthouse E5
28 Gap's House E4
29 Hostel by Bed C3
30 Julie Guesthouse E5
31 Nat Len Boutique Guesthouse F3
32 Riverside House G5
33 Smile House 1 .... E5
34 SoHostel F5
35 Tamarind Village E4
36 Virgo Hostel F4

Essen
37 Huen Phen D4
38 I-Berry A3
39 Italics A2
40 Kao Soi Fueng Fah G4
41 Kebab House E4
Khao Soi Islam .... (siehe 40)
42 Khao Soi Lam Duan Fah Ham G2
43 Khao Soi Samoe Jai G1
44 Kiat Ocha D4
45 Lert Ros E4
46 Neau-Toon Rod Yam A3
47 Party Buffet D3
48 Pun Pun A4
49 Riverside Bar & Restaurant G4
50 Rustic & Blue A2
51 SP Chicken C4
52 Talat Pratu Chang Pheuak D3
53 Talat Pratu Chiang Mai D5
54 Talat Thanin D1
55 Tong Tem Toh A3

Ausgehen & Nachtleben
56 Akha Ama Café D4
57 Good View G4
58 Khagee Natural Yeast Bread Café G4
59 Mixology C4
60 Ristr8to A2
61 Warmup Café A3
Zoe in Yellow .... (siehe 41)

Unterhaltung
62 Inter E4
63 Nabé E3

Shoppen
64 Backstreet Books E4
65 Chiang Mai Night Bazaar F5
66 Hill-Tribe Products Promotion Centre A4
67 Maya Lifestyle Shopping Center A2
68 Sunday Walking Street E4

Transport
69 Air Asia E4
70 Bangkok Airways A3
71 Lao Airlines B2
72 Thai Airways International D3
73 Thai Smile E4

geschmückten Anlage steht der zweifellos stimmungsvollste Wat in der Altstadt. Das Kloster setzt dem Teakholzhandel ein Denkmal, denn seine riesige Gebetshalle wird von 28 massiven Teakholzsäulen getragen und ist von einer dunklen Teakholztäfelung umringt.

Wat Chiang Man BUDDHISTISCHER TEMPEL
(วัดเชียงมั่น; Th Ratchaphakhinai; Spende erbeten; bei Tageslicht) Chiang Mais ältester buddhistischer Tempel, der Wat Chiang Ma[…] wurde gegen 1296 vom Gründer der Sta[…] Phaya Mengrai, errichtet. Eine Steinpla[…] vor der *ubosot* (Ordinationshalle) mit ei[…] Inschrift aus dem Jahr 1581 ist der älte[…] bekannte Hinweis auf die Gründung […] Stadt. Im Haupt-*wihan* befindet sich zud[…] die älteste nachweisbare Buddha-Statue […] Königreichs Lan Na, die im Jahr 1465 geg[…] sen wurde.

Kunst- & Kulturzentrum der Stadt Chiang Mai MUSEUM
(หอศิลปวัฒนธรรมเชียงใหม่; Chiang Mai City Arts & Cultural Centre; www.cmocity.com; Th Phra Pokklao; Erw./Kind 90/40 B; ⌚Di–So 8.30–17 Uhr) Einen ausgezeichneten Überblick zur Geschichte Chiang Mais erhalten Besucher dieses Museums. Es befindet sich in der früheren Provinzhalle, einem 1927 erbauten stattlichen Gebäude im thailändischen Kolonialstil. Dioramen, Artefakte und audiovisuelle Ausstellungen führen die Besucher durch die entscheidenden Kämpfe und Siege der Stadtgeschichte, von den ersten Siedlungen bis zum Bau der Eisenbahnlinie. Oben befindet sich ein gut gemachter Nachbau eines hölzernen Lanna-Dorfes.

Historisches Zentrum Chiang Mai MUSEUM
หอประวัติศาสตร์เมืองเชียงใหม่; Chiang Mai Historical Centre; Th Ratwithi; Erw./Kind 90/40 B; ⌚Di–So 8.30–17 Uhr) In einem luftigen Gebäude im Lanna-Stil hinter dem Kunst & Kulturzentrum der Stadt widmet sich dieses Museum der Geschichte der Provinz Chiang Mai und zeigt Exponate zur Geschichte der Hauptstadt, zur birmanischen Okkupation und zur modernen Ära des Handels und der Vereinigung mit Bangkok. Unten ist die archäologische Ausgrabung einer antiken Tempelmauer zu sehen.

Wat Suan Dok BUDDHISTISCHER TEMPEL
วัดสวนดอก; Th Suthep; Spende erbeten; ⌚bei Tageslicht) Dieses bedeutende Kloster wurde 1373 auf dem Gelände eines früheren Blumengartens errichtet und beherbergt in einem Schrein eine Hälfte einer heiligen Buddha-Reliquie; die andere Hälfte wurde auf einem weißen Elefanten zum Wat Phra That Doi Suthep (S. 785) gebracht. Der zentrale *chedi*, ein vergoldetes glockenförmiges Bauwerk, erhebt sich über einem Meer weißer Gedenk-*chedi*, die zu Ehren von Mitgliedern der thailändischen königlichen Familie aufgestellt wurden. Im Hintergrund ragt der bewaldete Kamm des Doi Suthep auf.

Wat Inthakhin Saduemuang BUDDHISTISCHER TEMPEL
วัดอินทขิลสะดือเมือง; Spende erbeten; ⌚6–18 Uhr) Unmittelbar vom Kunst- & Kulturzentrum der Stadt Chiang Mai steht in der Th Inthawarorot dieser Tempel, in dem sich die Làk Meuang (Stadtsäule) ursprünglich befand. Sein vergoldetes *wihan* ist eines der wohlproportioniertesten Bauwerke in der Altstadt. Das geschlossene kostenlose Museum des Wats erzählt dessen Geschichte.

Aktivitäten

Von Chiang Mai aus lassen sich leicht Abstecher in die Natur unternehmen, denn innerhalb nur einer Stunde Fahrt erreicht man tropischen Regenwald, hohe Berge, rauschende Flüsse, Dörfer der Bergvölker und Elefantenschutzzentren und -camps. Dutzende Veranstalter bieten Abenteuertrips, Wander- und Fahrradtouren in den bewaldeten Bergen, Rafting auf den Flüssen, Geländefahrzeugtouren und sogar Ziplining an.

★ Chiang Mai on Three Wheels GEFÜHRTE TOUREN
(www.chiangmaionthreewheels.com; Don Kaeo, Saraphi; 4-stünd. Touren für 2 Pers. 1700 B) Es gibt kaum eine bessere Möglichkeit, Chiang Mai zu erkunden, als mit einem langsamen, ruhigen *sahmlor* (dreirädrige Fahrradrikscha), mit dem man perfekt in die Kultur eintauchen kann. Diese Organisation fördert die sterbende Branche, indem sie Touristen mit Fahrern, die oft kein Englisch sprechen, und englischsprachigen Führern zusammenbringt. Der gesamte Profit geht an die Fahrer und soll die Branche unterstützen.

Zira Spa SPA
(☎053 222288; www.ziraspa.com; 8/1 Th Rajvithi; Behandlungen 700–6000 B; ⌚10–22 Uhr) Das Zira Spa liegt an einer der Hauptstraßen im Zentrum Chiang Mais. Seine Spa-Behandlungen und Massagen gehören zu den besten in der gesamten Region, und das zu guten Preisen. Die umfangreicheren Spa-Pakete muss man im Voraus buchen, ein oder zwei der 30-, 60- oder 90-minütigen Behandlungen kann man aber für den gleichen Tag arrangieren.

Chiang Mai Mountain Biking & Kayaking MOUNTAINBIKEN
(☎053 814207; www.mountainbikingchiangmai.com; 1 Th Samlan; Touren 1250–2700 B; ⌚8–20 Uhr) Empfehlenswerte Kajaktouren auf dem Mae Ping und ganztägige geführte Mountainbike-Exkursionen (auf Importrädern) in den Doi Suthep-Pui National Park und zu entfernteren Zielen, darunter die beliebte Fahrt hinauf zum Wat Phra That Doi Suthep.

Green Trails ABENTEUERSPORT
(☎053 141356; www.green-trails.com; Trekkingtouren für 2 Pers. ab 2900 B) Der verlässliche, umweltfreundliche Veranstalter mit sozialem Bewusstsein arrangiert Trekkingtouren zum Doi Inthanon, Trips mit Übernachtung nach Ban Mae Kampong und mehr.

GESPRÄCHE MIT MÖNCHEN

Wer sich für Buddhismus interessiert, kann sich in vielen Tempeln Chiang Mais bei den beliebten „Monk Chats" mit Mönchsnovizen unterhalten. Die Novizen verbessern ihr Englisch und die Touristen erfahren etwas über das Innenleben eines Klosters.

Im **Wat Suan Dok** finden die „Monk Chats" montags, mittwochs und freitags von 17 bis 19 Uhr in einem speziellen Raum statt. Der **Wat Srisuphan** (วัดศรีสุพรรณ; Soi 2, Th Wualai; Spende erbeten; ⌚6–18 Uhr) veranstaltet die Gesprächsrunden von 17.30 bis 19 Uhr unmittelbar vor einem Meditationskurs. Im Wat Chedi Luang (S. 785) kann man sich täglich von 9 bis 18 Uhr an einem Tisch unter einem schattigen Baum mit drei Mönchen unterhalten.

Peak Adventure Tour ABENTEUERSPORT
(☎053 800567; www.thepeakadventure.com; 302/4 Th Chiang Mai-Lamphun; Touren 1600–2800 B) Hier sind verschiedene Abenteuertouren im Angebot, darunter Quadfahren, Abseiling, Trekking, Wildwasserrafting und Klettern, sowie Fotoexkursionen in Chiang Mai im *sahmlor*.

Thai Elephant Care Center ELEFANTENSCHUTZZENTRUM
(☎053 206247; www.thaielephantcarecenter.com; Mae Sa; halber/ganzer Tag 2000/3000 B) In Mae Sae, ca. 25 km nordwestlich von Chiang Mai, sorgt dieses Zentrum für Elefanten, die zu alt für die Holzfällercamps und Elefantenshows sind. Reiten kann man hier nicht, stattdessen füttern die Besucher die Senioren mit Gras, Kräuterbällen und Bananen. Sie können auch zur Badezeit aushelfen und den Friedhof besuchen, auf dem die an Altersschwäche gestorbenen Elefanten ruhen.

Kurse

Kochen

Chiang Mai zählt zu den beliebtesten Orten des Landes, um thailändisch kochen zu lernen. Bei den Kursen erfährt man sowohl etwas über die Zutaten als auch über die Kochtechniken und besucht lokale Märkte, um Kräuter und Gewürze zu kaufen. Die besten Kurse finden in speziellen Gemeinschaftsküchen in Bauernhäusern auf dem Land in der Umgebung Chiang Mais statt.

★ **Small House Chiang Mai Thai Cooking School** KOCHEN
(☎095 674 4550; www.chiangmaithaicooking.com; 19/14 Th Thipanet; Tageskurs/Abendkurs 1500/1300 B) Arm veranstaltet in ihrem gleichnamigen Wohnhaus außerhalb Chiang Mais Kochkurse, bei denen verschiedene nordthailändische Gerichte zubereitet werden. Die Hin- und Rückfahrt und ein Besuch auf dem örtlichen Markt sind im Preis enthalten. Da an den Kursen nur zwei bis vier Personen teilnehmen, sind sie persönlicher, authentischer und nicht so touristisch. Arm bietet auch eintägige Privatkurse ab 3500 B an.

Thai Farm Cooking School KOCHEN
(☎081 288 5989; www.thaifarmcooking.com; 3[illegible] Soi 9, Th Moon Muang; Kurse 1500 B) Kochkurse auf einem schönen, friedlichen Biobauernhof 17 km außerhalb Chiang Mais. Der Hin- und Rücktransport ist im Preis enthalten.

Sprache

Chiang Mai ist ein beliebter Ort, um Thai zu erlernen.

American University Alumni SPRACHE
(AUA; ☎053 214120; www.learnthaiinchiangma[illegible] com; 73 Th Ratchadamnoen; Gruppenkurse 5300 B) 60-stündige Thai-Kurse mit täglich zwei Unterrichtsstunden von Montag bis Freitag. Privatunterricht ist ebenfalls möglich.

Payap University SPRACHE
(☎053 851478; http://ic.payap.ac.th; Th Kaew Nawarat, Kaew Nawarat Campus; Thai-Kurse [illegible] 3000 B) Die Privatuniversität wurde von der Church of Christ of Thailand gegründet und bietet intensive Thai-Kurse in Modulen mit 60 Stunden.

Thai-Massage

Lanna Thai Massage School MASSAGE
(☎053 232547; http://en.lannathaimassagescho[illegible] net; 37 Th Chang Moi Kao; 10-tägige Kurse 9500 [illegible]) Diese renommierte Schule in der Nähe des Wat Chomphu wird sowohl vom thailändischen Bildungs- als auch vom Gesundheitsministerium anerkannt. Die Ausbildung umfasst die Vorbereitung von Kräuteranwendungen mit frischen Zutaten.

Chetawan Thai Traditional Massage School MASSAGE
(☎053 410360; www.watpomassage.com; 7/[illegible] Soi Samud Lanna, Th Pracha Uthit; allgemeine Ku[illegible] 9500 B) Bangkoks renommierte Massageschule Wat Pho betreibt in Chiang Mai die Filiale außerhalb der Stadt unweit der Rabhat University.

Art of Massage MASSAGE
(☎ 083 866 2901; www.artofmassage.webs.com; Soi 3, Th Loi Kroh; Kurse 1500–3000 B) Teilnehmer von Khun Wannas Kursen loben sie in den höchsten Tönen. Es können immer maximal zwei Personen teilnehmen. Der Unterricht dauert zwei oder drei Tage und es stehen praktische Übungen im Mittelpunkt.

Muay Thai (Thaiboxen)

Lanna Muay Thai Boxing Camp KAMPFSPORT
(☎ 053 892102; 161 Soi Chang Khian, Th Huay Kaew; pro Tag/Woche/Monat 400/2200/8000 B) Kurse für Ausländer und Thais. Hier trainierte früher die bekannte und erfolgreiche Transgender-Boxerin Parinya Kiatbusaba.

Chai Yai Muay Thai KAMPFSPORT
(☎ 082 938 1364; www.muaythaicampsthailand.com; Th Sunpiliang, Nong Hoi; pro Tag/Woche/Monat 400/1900/5500 B) Seit 30 Jahren trainiert diese Schule thai- und ausländische Kampfsportler aller Leistungsstufen. Sie liegt südöstlich der Stadt abseits der Route 11 in der Nähe des Chiang Mai 700 Years Park.

Feste & Events

Blumenfest KULTUR
(Anfang Feb.) Für drei Tage verwandelt sich die Stadt in ein Blumenmeer. Das Blumenfest wird mit Blumenschmuck, kulturellen Vorführungen, Schönheitswettbewerben und einer Blumenparade von der Saphan Nawarat nach Suan Buak Hat gefeiert.

★ **Songkran** NEUJAHR
(Mitte April) In Chiang Mai wird das traditionelle thailändische Neujahr (13.–15. April) mit einer so ansteckenden Begeisterung gefeiert, dass es wohl einer der besten Ort im Land ist, um dieses Fest zu erleben. Tausende säumen den Stadtgraben und bespritzen Passanten und sich selbst mit Wasser. Traditionelle Songkran-Rituale werden im Wat Phra Singh veranstaltet.

Loi Krathong RELIGION
(Okt./Nov.) Das auch Yi Peng genannte Lichterfest richtet sich nach dem Mondkalender. Um den Geist des Flusses zu ehren, werden kleine lotusförmige Boote auf dem Mae Ping ausgesetzt und Tausende beleuchtete Laternen steigen in den Nachthimmel auf.

Schlafen

Wer während des chinesischen Neujahrsfests, zu Sonkran oder zu anderen Feiertagen in die Stadt kommt, sollte langfristig im Voraus reservieren.

★ **Diva Guesthouse** PENSION $
(☎ 053 273851; www.divaguesthouse.com; 84/13 Th Ratchaphakhinai; B 120–180 B, Zi. 300–800 B; ❄@📶) Das Diva, eine lebhafte, leicht unkonventionelle Pension in der geschäftigen Th Ratchaphakhinai, bietet das komplette Backpacker-Paket: Betten im Schlafsaal, winzige Budgetzimmer, Abenteuertouren, Internetzugang, Ambient-Musik sowie gebratenen Reis und *sà·dé* (gegrilltes Fleisch mit Erdnusssoße) im Café unten. Die Unterkunftspalette reicht von Schlafsälen bis zu Familienzimmern, die alle mit Ventilator oder Klimaanlage ausgestattet sind.

60 Blue House PENSION $
(☎ 053 206120; www.60 Bluehouse.com; 32-33 Th Ratchaphakhinai; B 250 B, EZ/DZ ab 350/400 B; ❄📶) Ein ansprechendes, sauberes und farbenfrohes Hostel mit Achtbettschlafsälen und sauberen Privatzimmern mit Gemeinschaftsbad. Besitzer Khun Tao ist eine Goldmine für lokale Infos, sodass die Gäste immer wissen, was sie so alles unternehmen können und wie sie dort hinkommen. Angesichts des hohen Standards ein echtes Schnäppchen.

Banjai Garden PENSION $
(☎ 085 716 1635; www.banjai-garden.com; 43 Soi 3, Th Phra Pokklao; Zi. mit Ventilator 450 B, mit Klimaanlage 550–1400 B; ❄📶) Die ruhige Atmosphäre und der hübsche Garten des Banjai, das sich in einem ordentlichen Holzhaus befindet, laden zum Entspannen ein. Zur Auswahl stehen einfache, aber saubere Zimmer mit Ventilator, die ein tolles Preis-Leis-

VERWÖHNPROGRAMM

Das stimmungsvolle **Tamarind Village** (☎ 053 418 8969; www.tamarindvillage.com; 50/1 Th Ratchadamnoen; Zi. inkl. Frühstück ab 5200 B, Suite 8200–10 700 B; ❄📶) im Lanna-Stil erstreckt sich auf dem Gelände einer alten Tamarindenplantage in bester Lage abseits der Th Ratchadamnoen und besticht durch mühelose Eleganz. Durch geflieste Pavillons gelangt man zu schönen, abgeschiedenen Gärten und dem riesigen Pool, die im Schatten hoher alter Bäume liegen. Die Zimmer könnten einer Designzeitschrift entsprungen sein und sind mit prächtigen Stoffen und Kunsthandwerk thailändischer Volksgruppen gestaltet.

tungs-Verhältnis bieten, und bessere Zimmer mit Klimaanlage. Hier fühlt man sich, als wäre man in einem Thai-Haus zu Besuch.

Gap's House PENSION $
(053 278140; www.gaps-house.com; 3 Soi 4, Th Ratchadamnoen; Zi. inkl. Frühstück 420–1000 B;) Der überwucherte Garten dieser langjährigen beliebten Backpacker-Bleibe ist ein richtiger Dschungel, dessen entspannte Gemeinschaftsbereiche viel Privatsphäre bieten. Die schlichten Budgetzimmer befinden sich in traditionellen Holzhäusern. Die Besitzer veranstalten auch Kochkurse und tischen jeden Abend außer montags ein köstliches Büfett auf (im Juni geschl.). Reservierungen sind nicht möglich.

Smile House 1 PENSION $
(053 208661; www.smilehousechiangmai.com; 5 Soi 2, Th Ratchamankha; Zi. mit Ventilator/Klimaanlage 350/700 B;) Mit ihrem Planschbecken für Kinder und einem größeren Pool für Erwachsene erinnert die beliebte, freundliche Pension ein wenig an ein 50er-Jahre-Motel. Es geht sehr entspannt zu, und die einfach eingerichteten Zimmer mit großen Fenstern bieten viel fürs Geld.

Bunk Boutique HOSTEL $
(091 859 9656; bunkboutique@hotmail.com; 8/7 Th Ratchaphuek; B 250–500 B, Zi. 900–1200 B;) In einem großen Apartmentblock hinter der Th Huay Kaew befindet sich dieses Hostel mit erstklassigen Vierbettzimmern. Vorhänge um die hellen Holzbetten sorgen für Privatsphäre, und jeder bekommt ein eigenes Schließfach. Wenn genug Betten frei sind, kann man ein Vierbettzimmer als Privatzimmer mieten.

SoHostel HOSTEL $
(053 206360; sohostel.chiangmai@gmail.com; 64/2 Th Loi Kroh; B/Zi. ab 219/1500 B;) Die Loi Kroh ist eher für ihre Girlie-Bars als für Backpacker-Betten bekannt, doch dieses riesige, moderne Hostel ist eine gute Option, denn es liegt nur einen kleinen Spaziergang von der Altstadt und dem Night Bazaar entfernt. Die in zwei Rottönen und Weiß gestalteten Mehrbettzimmer (6–12 Betten) bieten mehr fürs Geld als die etwas überteuerten Privatzimmer.

Virgo Hostel HOSTEL $
(053 234292; www.hit-thapae.com; Soi 2, Th Tha Phae; B 350 B;) Eines von mehreren gepflegten Backpacker-Hostels gleich östlich der Altstadtmauern. Das Virgo hat ordentliche Mehrbettzimmer mit Schließfächern und Handtüchern sowie ein Café auf der Dachterrasse. Im 2. Stock gibt's einen reinen Frauenschlafsaal.

Julie Guesthouse HOSTEL $
(053 274355; www.julieguesthouse.com; 7 Soi 5, Th Phra Pokklao; B 100-150 B, Zi. mit/ohne Bad ab 260/150 B;) Für die anhaltende Beliebtheit des Julie ist eher der Preis als der Komfort verantwortlich. Ein schlichtes Bett im Schlafsaal kostet wenig mehr als ein Smoothie, und die schuhkartonartigen Privatzimmer sind kaum teurer. Abends versammeln sich die Traveller auf der überdachten Dachterrasse.

★ **Awana House** HOTEL $
(053 419005; www.awanahouse.com; 7 Soi 1, Th Ratchadamnoen; Zi. mit Ventilator 500 B, mit Klimaanlage 700–1000 B;) Die beste Pension in der Gegend um das mittelalterliche Stadttor Pratu Tha Phae hat Zimmer für jeden Geldbeutel – alle blitzsauber – und einen Mini-Pool, der sich unter der Terrasse im Erdgeschoss verbirgt. Je teurer die Zimmer, desto komfortabler und schöner sind sie gestaltet. Auf der Dachterrasse befindet sich ein Bereich zum Chillen mit Blick über das alte Chiang Mai.

Baan Hanibah Bed & Breakfast HOTEL $
(053 287524; www.baanhanibah.com; 6 Soi 8, Th Moon Muang; EZ/DZ ab 1000/1400 B;) Ein entspanntes Boutique-Refugium in einer ruhigen Gasse im Herzen der Altstadt, das durch einen Garten mit duftenden Frangipani-Bäumen abgeschirmt wird. Hinter dem kunstvollen Eingangstor steht ein umgebautes Teakholzhaus mit kleinen, sehr stilvollen Zimmern, die mit fließenden Vorhängen und Thai-Elementen gestaltet sind.

Riverside House PENSION
(053 241860; www.riversidehouse-chiangm… com; 101 Th Chiang Mai-Lamphun; Zi. inkl. Frühstü… 800–1500 B;) Die schlichten, ab… makellos sauberen und recht großen Zimm… verteilen sich auf drei Gebäude. Am teuerst… sind die im zentralen Gebäude, das am P… und abseits des Verkehrslärms liegt, doch a… Zimmer sind ihr Geld wert. Tolles Preis-Le… tungs-Verhältnis und eine gute Option für … milien. Trotz des Namens und der Lage ka… man den Fluss allerdings nicht sehen.

Baan Say-La PENSION
(053 894229; www.baansaylaguesthouse.com… Soi 5, Th Nimmanhaemin; Zi. mit Ventilator/Kli… anlage 600/900 B;) Boutique-Pension

INSIDERWISSEN

CHIANG MAIS LEBENSMITTELMÄRKTE

Das beste Essen wird in Chiang Mai in den Straßen serviert, und die Nachtmärkte der Stadt sind aromatisch, frenetisch und fabelhaft. Jeden Abend ab etwa 17 Uhr bauen die Imbissverkäufer überall in der Altstadt ihre Stände auf. Hier gibt's einfach alles, von gegrilltem Flussfisch und *pàt gà prow* (gebratenes Hühnchen oder Fleisch mit Chili und indischem Basilikum) bis zu westlichen Steaks, gegrillten Garnelen und „Tornado Potato" (eine ganze Kartoffel, die korkenzieherartig geschnitten und frittiert wird).

Auch auf den Tagesmärkten der Stadt drängen sich Imbissstände und Verkäufer, die *gàp kôw* (vorgekochte Eintöpfe und Currys, die mit Reis serviert werden) und andere Gerichte für die viel beschäftigten Berufstätigen anbieten.

Hier ein kleiner Überblick über das beste Marktessen Chiang Mais:

Talat Pratu Chiang Mai (Th Bamrungburi; Hauptgerichte ab 40 B; ⏲4–12 & 18–24 Uhr) Tagsüber gibt's hier Lebensmittel und fertige Lunchpakete, abends die typischen Nachtmarkt-Köstlichkeiten.

Talat Pratu Chang Pheuak (Th Mani Nopharat; Hauptgerichte ab 30 B; ⏲5–23 Uhr) Auf diesem unglaublich beliebten Markt wird das beste *kôw kăh mŏo* (langsam gegarte Schweinshaxe mit Reis) der Stadt serviert, das mit viel Wirbel von der „Cowboy Hat Lady" zubereitet wird – ihren Stand kann man gar nicht verpassen.

Talat Warorot (ตลาดวโรรส; Ecke Th Chang Moi & Th Praisani; ⏲6–17 Uhr) Auf dem ältesten Markt Chiang Mais verstecken sich in allen möglichen Ecken nordthailändische Imbissstände (Hauptgerichte ab 30 B).

Talat Thanin (Siri Wattana; Hauptgerichte ab 30 B; ⏲5–19 Uhr) Hat sich auf fertige Gerichte zum Mitnehmen spezialisiert, darunter Fischeintöpfe, Currys und Gemüsepfannen.

Talat Na Mor (Malin Plaza, Th Huay Kaew; Hauptgerichte ab 40 B; ⏲17–22 Uhr) Ein fröhlicher Nachtmarkt für Studenten mit niedrigen Preisen und großer Auswahl.

nem Ladenhaus in der Th Nimmanhaemin it schönen Zimmern in verschiedenen Stin, von modern über traditionell bis bluig-kolonial. Der Besitzer sorgt dafür, dass e Pension makellos sauber und gepflegt ist. inen günstigeren Preis dürfte man so nah n Zentrum des Geschehens kaum finden.

ostel by Bed HOSTEL $$

) 053 217 215; www.hostelbybed.com; Th Singha-; B 450–700 B, DZ ab 1250 B; @🛜) Zwar fint man für den Preis, den man hier für ein ett im Schlafsaal zahlt, in Chiang Mai auch n ganzes Zimmer, doch dafür bekommt an für seine Geld jede Menge toller Extras, B. ein gutes Frühstück, eine schicke Küche d ein großes Bett mit Vorhang. Zudem ist s Hostel blitzsauber. Die Gemeinschaftsreiche laden dazu ein, mit anderen Gäs-n ins Gespräch zu kommen. Die Lage in r Nähe günstigen Straßenessens ist auch ht gut.

t Len Boutique Guesthouse PENSION $$

vw.natlenboutiqueguesthouse.com; 2/4 Soi Wat ompu, Th Chang Moi; Zi. 750–1200 B; ❄🛜🏊) fantasievoll gestalteten Zimmer dieser auffälligen Pension gleich außerhalb der Stadtmauer verteilen sich auf mehrere farbenfrohe Gebäude. Am besten gefiel uns der hellblaue Pool mit den sprudelnden Whirlpools. In den Gassen ringsum befinden sich viele interessante Wats. Zum Thapae-Stadttor geht man nur fünf Minuten.

Essen

★ **SP Chicken** THAI $

(9/1 Soi 1, Th Samlan; Hauptgerichte 50–170 B; ⏲11–21 Uhr) In diesem winzigen Café in der Nähe des Wat Phra Singh gibt's jeden Tag Chiang Mais bestes Hühnchen vom Grill. Das Angebot reicht von Salaten bis zu Suppen, doch die meisten Gäste essen einfach ein halbes (90 B) oder ganzes (170 B) Hühnchen und dippen das Fleisch in die bereitstehenden scharfen, herben nordthailändischen Soßen.

★ **Lert Ros** THAI $

(Soi 1, Th Ratchadamnoen; Hauptgerichte 30–160 B; ⏲12–21 Uhr) Beim Betreten dieses kleinen Lokals im einheimischen Stil kommt man am Hauptgang vorbei: leckerer ganzer Buntbarsch, der auf Kohle gegrillt und mit einer feurigen Soße nach Isan-Art serviert wird.

INSIDERWISSEN

KÔW SOY PROBIEREN

Chiang Mais inoffizielle kulinarische Spezialität ist *kôw soy (khao soi)*, Weizen-Eiernudeln in einer Currybrühe, serviert mit eingelegtem Gemüse und Schalottenscheiben und garniert mit frittierten knusprigen Nudeln.

Dies sind die besten Orte, um *kôw soy* zu probieren

Kao Soi Fueng Fah (Soi 1, Th Charoen Phrathet; Hauptgerichte 40–60 B; ⏲7–21 Uhr) Wir lieben die schmackhaften Schüsseln dieses Restaurants.

Khao Soi Islam (Chang Moi Soi 1; Hauptgerichte ab 50 B; ⏲8–17 Uhr) Serviert eine einfache salzige Brühe, die bei den Einheimischen der Renner ist.

Khao Soi Lam Duan Fah Ham (352/22 Th Charoenrat/Th Faham; Hauptgerichte ab 40 B; ⏲9–16 Uhr) Ein köstliches, reichhaltiges *kôw soy*.

Khao Soi Samoe Jai (391 Th Charoenrat/Th Faham; Hauptgerichte 50–70 B; ⏲8–17 Uhr) Lecker, von hoher Qualität und mit allem Drum und Dran.

Mit Klebreis als Beilage ist dieses schlichte Gericht eines der köstlichsten Essen in Chiang Mai. Auf der Karte stehen auch fermentiertes, in Bananenblättern gegrilltes Schweinefleisch, Currys und *sôm·đam* (pikanter grüner Papayasalat).

Kiat Ocha CHINESISCH, THAI $

(Th Inthawarorot; Hauptgerichte 50–90 B; ⏲6–15 Uhr) Täglich rennen Einheimische die Türen dieser bescheidenen Kantine im chinesischen Stil ein, weil sie nicht genug vom *kôw man gài* (gekochtes Hühnchen nach Hainan-Art) bekommen können. Jedes Essen wird mit Suppe, Chilisoße und Blutwurst serviert. Auf der Karte stehen auch im Wok gebratenes Hühnchen und Schweinefleisch sowie *sà·đé* (gegrillte Schweinefleisch- oder Hühnchenspieße). Es gibt kein englisches Schild, man erkennt das Kiat Ocho aber, wenn man es sieht.

I-Berry EIS $

(Abseits der Soi 17, Th Nimmanhaemin; Kugel Eis 69 B; ⏲10–22 Uhr; 📶) Der zu jeder Tageszeit überlaufene Laden stellt fantastisches Eis und Sorbets aus regionalen Früchten und fantasievollen Zutaten wie schwarzen Bohnen und Klebreis her. Das *saraka*-(Schlangenfrucht-)Sorbet dürfte das beste Eis in Thailand sein. Außerdem gibt's ausgefallene Kuchen und Desserts. Das I-Berry gehört dem thailändischen Komiker Udom Taepanich, der wegen seines markantesten Körperteils den Spitznamen „Nase" trägt.

J Kitchen by Vieng Joom On VEGETARISCH $

(☎053 851815; www.facebook.com/jkitchencm Green Plus Mall 2; Hauptgerichte 100–250 B ⏲10.30–20.30 Uhr, So geschl.; 🖉) Im vielleich besten vegetarischen Restaurant Chian Mais werden hausgemachter Tofu un auserlesener thailändischer brauner Rei verwendet. Seine Currys sind unglaublic cremig und enthalten viel frisches thailän disches Gemüse, sie sind auch nicht über mäßig süß wie in anderen vegetarische Restaurants. Am besten beginnt man mi gebratenen Shiitake-Pilzen und trinkt daz einen der kalten oder heißen Tees.

Pun Pun VEGETARISCH

(www.punpunthailand.org; Wat Suan Dok, Th Suthe Hauptgerichte 40–85 B; ⏲Do–Di 8–16 Uhr; 🖉) Im hinteren Teil des Wat Suan Dok versteck sich dieses bei Studenten beliebte Café, i dem man wunderbar vegetarische Thai-G richte probieren kann, die mit wenig b kannten Kräuter- und Gemüsesorten un viel Vollkorngetreide zubereitet werden. D Zutaten stammen vom hauseigenen Ko zept-Bauernhof, der zugleich ein Bildung zentrum für nachhaltiges Leben ist.

Huen Phen THA

(☎053 277103; 112 Th Ratchamankha; Hauptg richte mittags 30–100 B, abends 80–200 B; ⏲9– & 17–22 Uhr) Das Huen Phen serviert in eine mit antikem Krimskrams und Pflanzen g schmückten Haus, das eher wie ein Gart wirkt, eine breite Palette nordthailändisch Gerichte, die meistens sehr lecker sind. ist unglaublich beliebt, wer nicht früh da i muss mit langer Wartezeit rechnen. Wir v ren vom Schweinecurry nach Myanmar-A begeistert.

Neau-Toon Rod Yam TH

(Soi 11, Th Nimmanhaemin; Hauptgerichte 60–10 ⏲Mo–Fr 9–20, Sa & So bis 18 Uhr) In diesem lec ren und preiswerten Eckladen kann man s seine eigene Suppe zusammenstellen. M wählt zwischen Reis und mehreren Nu sorten, entscheidet sich für den Schärfeg und sucht das Fleisch aus, das von einfach Hühnchen bis zu Rinderinnereien reicht. E gibt's auch gutes *kôw soy* und Eintopf.

Party Buffet KOREANISCH $
(Th Mani Nopharat; Büfett 169 B; ⌚16–6 Uhr) Vom Namen sollte man sich nicht abschrecken lassen – zu diesem Büfett mit koreanischen Grillspeisen und Eintöpfen, die die ganze Nacht serviert werden, kommen die Nachtschwärmer der Stadt, um es sich gut gehen zu lassen. Es funktioniert nach dem Prinzip „All you can eat", man zahlt einmal und kann dann bis zum Morgengrauen gekochtes und gegrilltes Fleisch, Fisch und Gemüse schlemmen.

★**Italics** ITALIENISCH $$
(☎05 321 6219; www.theakyra.com; 22/2 Nimmana Haeminda Soi 9; Pizzas 260–550 B; ⌚7–23 Uhr) Die moderne schwarze Inneneinrichtung mit den gigantischen goldenen Leuchtern, die an Kandelaber erinnern, ist interessant, die Pasta- und Hauptgerichte sind innovativ und die Cocktails machen süchtig – doch was dieses Restaurant zu einem der besten in Chiang Mai macht, sind die perfekten Pizzas. Wir träumen immer noch von der „Pizza Akyra" mit Mozzarella, Pilzen, Salami, Schinken, Blauschimmelkäse und Trüffelpaste.

Kebab House INDISCH $$
(☎097 356 8006; 40/12 Th Ratvithi; Hauptgerichte 80–250 B; ⌚13–24 Uhr) Das preiswerte indische Restaurant serviert eine breite Palette an Currys und vegetarischen Gerichten. Besonders beliebt sind die Hühnchen-Kebabs, und auch das *palak paneer* schmeckt sehr gut. Es gehört zu einer Gruppe von Bars und indischen Restaurants – perfekt für einen schönen Abend.

Tong Tem Toh THAI $$
(Soi 13, Th Nimmanhaemin; Hauptgerichte 50–170 B; ⌚11–21 Uhr) Trendiges Café im schlichten Garten eines Teakholzhauses, in dem köstliche und authentische nordthailändische Küche serviert wird. Auf der Karte stehen nicht nur die üblichen Gerichte, sondern auch lokale Spezialitäten wie *nám prík ong* (Chili-Paste mit Gemüse zum Dippen), *gaang hang lay* (Schweinecurry mit Erdnüssen und Tamarinde nach Myanmar-Art) sowie einige gewagtere Gerichte, die mit Schlangenköpfen und Ameiseneiern zubereitet werden

Rustic & Blue INTERNATIONAL $$
(☎053 216420; www.rusticandblue.com; Soi 7, Th Nimmanhaemin; Hauptgerichte 180–360 B; ⌚8.30–21.30 Uhr; 📶) Die Inneneinrichtung wirkt wie eine Pinterest-Kollektion zum Thema Bauernhaus-Chic und auf der Terrasse gibt's Hängematten. Das Ambiente harmoniert perfekt mit den fotogenen Gerichten, die frisch vom Hof auf den Tisch kommen, z. B. Eier mit verschiedenem Ge-

STRASSENMÄRKTE

Chiang Mais unterhaltsamste Shoppingerlebnisse finden sich alle unter freiem Himmel. Die folgenden Märkte sollte man unbedingt besuchen.

Saturday Walking Street (ถนนเดินวันเสาร์; Th Wualai; ⌚Sa 16–24 Uhr) Der Saturday Walking Street findet in der Th Wualai statt, die vom Pratu Chiang Mai Richtung Südwesten zum Südeingang der Altstadt führt. Im Getümmel der Einheimischen und Touristen aus aller Welt bekommt man kaum einen Fuß an den Boden. Sie feilschen um handgemachte Seife, modische Hundehalsbänder, Holzschnitzereien, Buddha-Gemälde, Schnickschnack von den Bergstämmen, thailändische Musikinstrumente, T-Shirts, Papierlaternen, Regenschirme, Silberschmuck und Heilkräuter.

Sunday Walking Street (ถนนเดินวันอาทิตย์; Th Ratchadamnoen; ⌚So 16–24 Uhr) Am Sonntagnachmittag wiederholt sich das ganze Spektakel in der Th Ratchadamnoen auf dem ausgelassenen Markt Sunday Walking Street. Hier scheint sogar noch mehr los zu sein als auf dem Saturday Walking Street in der Th Wualai, denn neben dem typischen Angebot an handgefertigten Waren und nordthailändischen Souvenirs eröffnen in den Höfen der Wats entlang der Strecke lebhafte Food Courts.

Chiang Mai Night Bazaar (Th Chang Khlan; ⌚19–24 Uhr) Der Nachtbasar ist eine der vielen abendlichen Attraktionen der Stadt, besonders für Familien. Er ist das Erbe der früheren Yunnan-Handelskarawanen, die auf der alten Route zwischen Simao (China) und Mawlamyaing (an der Küste des Golfs von Martaban in Myanmar) in der Stadt hielten. Heute werden auf dem Nachtbasar die üblichen Touristensouvenirs verkauft, wie man sie auch auf den Straßenmärkten Bangkoks findet.

müse, frisches Brot wie Baguettes oder Croissants und Müslischüsseln mit saisonalem regionalem Obst.

Riverside Bar & Restaurant INTERNATIONAL, THAI $$

(Th Charoenrat; Hauptgerichte 100–370 B; ⌚10–1 Uhr) Irgendwann landet praktisch jeder Besucher von Chiang Mai im Riverside. Das alte Teakholzhaus wirkt wie die Provinzversion eines Hard Rock Cafés. Jeden Abend spielen bis spät in die Nacht Bands. Auf der Terrasse am Fluss oder dem Balkon im Obergeschoss kann man die frische Brise auf dem Mae Ping genießen.

Ausgehen & Nachtleben

★ **Good View** BAR

(www.goodview.co.th; 13 Th Charoenrat/Th Faham; ⌚10–2 Uhr) Das Good View zieht mit der umfangreichen Speisekarte, auf der typische Thai-Gerichte und Sushi-Platten stehen (Hauptgerichte 100–250 B), sowie allabendlichen Bands in wechselnder Besetzung (d. h., der Schlagzeuger beginnt Gitarre zu spielen und der Bassgitarrist setzt sich ans Klavier) viele Einheimische an.

Zoe in Yellow BAR

(40/12 Th Ratwithi; ⌚11–2 Uhr) Das Zoe befindet sich in einem Komplex voll verschiedener Open-Air-Bars an der Ecke Th Ratchaphakhinai und Th Ratwithi. Backpacker kommen hierher, um Krüge kalten Chang-Biers und Cocktails aus Eimern zu trinken, zu banalen Dancefloor-Hits zu tanzen und bis in den frühen Morgen zu schmusen oder Reisegeschichten auszutauschen. Zwischen den Bars befinden sich auch ein paar indische Restaurants.

Mixology BAR

(61/6 Th Arak; ⌚Di–Fr 15–24, Sa & So 11–24 Uhr) In der winzigen eklektischen Bar mit einem schläfrigen Hund gibt's eine Riesenauswahl an Bieren von Kleinbrauereien und eine lange Karte mit fruchtigen Hausgetränken, Burgern und nordthailändischen Gerichten. Selbst wer zu viele mit Chili versetzte Drinks konsumiert, wird es am nächsten Tag wahrscheinlich nicht bereuen.

Warmup Cafe CLUB

(www.facebook.com/warmupcafe1999; 40 Th Nimmanhaemin; ⌚18–2 Uhr) Schon seit 1999 rockt dieser Veteran der Th Nimmanhaemin und zieht zu später Stunde ein junges, hippes und attraktives Publikum an. Im Hauptraum läuft Hip-Hop, in der Lounge dröhnen Electro-Bässe und im Garten spielen Rockbands.

DER KAFFEEBOOM IN CHIANG MAI

Überall im Zentrum Chiang Mais gibt's Cafés und das Beste ist, dass die meisten davon Einheimischen gehören und Kaffee verkaufen, der von den Bergvölkern und Waldgemeinden rund um die Stadt stammt.

Hier unsere Auswahl der besten Cafés für Kenner in Chiang Mai.

Akha Ama Cafe (www.akhaama.com; 175/1 Th Ratchadamnoen; ⌚8–18 Uhr; 📶) Das hübsche lokale Café wurde von einem unternehmerisch gesinnten Akha gegründet, der als erster Bewohner seines Dorfes das College absolvierte.

Ristr8to (www.ristr8to.com; Th Nimmanhaemin; Espresso-Getränke 88 B; ⌚8.30–19 Uhr, Di geschl.): Hier wird sogar der Koffeingehalt der Kaffees angegeben, die oft mit preisgekrönter „Latte Art" verziert sind.

Khagee (Chiang Mai-Lamphun Soi 1; Espresso-Getränke 75 B; ⌚Mi–So 10–17 Uhr; 📶) Unglaublich beliebtes Café im japanischen Stil. Zu den einfachen, aber fast perfekt zubereiteten Kaffees gibt's frisches Brot und Gebäck.

Unterhaltung

Inter LIVEMUSIK

(271 Th Tha Phae; ⌚16–1 Uhr) Viele einheimische Talente treten in diesem kleinen Holzhaus auf. Es bietet jenes Strandhüttenflair, das bei allen Travellern beliebt ist, und einen gefragten Billardtisch – wir raten aber davon ab, gegen die Besitzerin des Ladens anzutreten, die schon viele Trophäen gewonnen hat.

Nabé LIVEMUSIK

(Th Wichayanon; ⌚18–1 Uhr) Bei Einheimischen in den Zwanzigern angesagter Laden. Er lockt mit kaltem Bier, warmen Snacks und rockenden Livebands, die ihre Instrumente wirklich beherrschen und thailändische Songs für ein thailändisches Publikum spielen.

Shoppen

Chiang Mai ist das Kunsthandwerkszentrum

★ **Studio Naenna** BEKLEIDUNG, HAUSHALTSWAREN

(www.studio-naenna.com; 138/8 Soi Chang Khian; ⌚Mo–Fr 9–17 Uhr, Okt.–März auch Sa) Im Studio

WEITERREISE NACH LAOS: GRENZÜBERGÄNGE IM NORDEN

Von Chiang Khong nach Houay Xay

Der Grenzübergang Chiang Khong/Houay Xay ist bei Travellern, die auf der Route Chiang Mai–Luang Prabang (Laos) unterwegs sind, am beliebtesten.

Anreise zur Grenze Zur Freundschaftsbrücke, die etwa 10 km südlich von Chiang Khong liegt, gelangt man vom Stadtzentrum mit einem privaten *săhm·lór* für 120 B oder mit einem weißen Passagier-Truck für 60 B.

An der Grenze Nach dem Passieren der thailändischen Einwanderungsbehörde fährt man mit einem Shuttlebus (ab 20 B, 8–18 Uhr) zur laotischen Einwanderungsbehörde, die Visa bei der Ankunft ausstellt.

Weiterreise Von der laotischen Seite der Brücke fahren *săhm·lór* für 100 B/25 000 K pro Person zum Bootsanleger oder zum Busbahnhof in Houay Xay, von dem Busse zu allen wichtigen Zielen in Laos sowie nach Kungming und Mengla in China fahren (ein chinesisches Visum muss man sich schon vorher besorgen).

Außerdem fährt täglich ein **langsames Boot** (1350 B oder 220 000 K, 2 Tage, ca. 10.30 Uhr) nach Luang Prabang. Tickets kann man bei Ticketagenturen in Chiang Khong wie **Easy Trip** (☎ 089 635 5999, 053 655174; www.discoverylaos.com; 183 Th Sai Klang; ⏲ 9–19 Uhr) buchen.

Infos zur Überquerung dieses Grenzübergangs in entgegengesetzter Richtung auf S. 387.

Von Ban Huay Kon nach Muang Ngeun

Der Grenzübergang Ban Huay Kon/Muang Ngeun befindet sich 140 km nördlich von Nan und damit ein ganzes Stück abseits der üblichen Reiserouten.

Anreise zur Grenze Fünf Minivans (95 B, 3 Std.) fahren täglich zwischen 5 und 12 Uhr von Phrae zum Grenzübergang Ban Huay Kon und halten unterwegs in Nan

An der Grenze Nach dem Passieren der thailändischen Einwanderungsbehörde können sich Ausländer für 30 Bis 42 US$ ein 30-Tage-Visum für Laos ausstellen lassen; der Preis richtet sich nach der Nationalität, möglicherweise kommen noch Zuschläge hinzu.

Weiterreise Vom 2,5 km entfernten laotischen Dorf Muang Ngeun fahren zwischen 14 und 16 Uhr *sorngtaaou* nach Hong Sa (40 000 K, 1½ Std.).

'aenna, Teil eines Projekts zur Bewahrung er traditionellen Weberei und Stickerei, sind ie Farben der Berge in die mit Naturmateri-ien gefärbten Baumwoll- und Seidenstoffe ewebt. Den gesamten Herstellungsprozess ann man in dieser Werkstatt beobachten.

ill-Tribe Products romotion Centre BEKLEIDUNG, KUNSTHANDWERK
1/17 Th Suthep; ⏲ 9–17 Uhr) Textilien, Ta-hen, Schachteln, Lackwaren und anderes unsthandwerk gibt's in diesem großen Ge-häft in der Nähe des Wat Suan Dok. Die rofite gehen an Wohlfahrtsprogramme für e Bergvölker.

ackstreet Books BÜCHER
'8 Th Chang Moi Kao; ⏲ 8–20 Uhr) Großes Ge-häft in der Büchergasse (der Th Chang) it einer guten Auswahl an Reiseführern wie stapelweise Krimis und Thriller.

Maya Lifestyle Shopping Center EINKAUFSZENTRUM
(Th Huay Kaew; ⏲ Mo–Fr 11–22, Sa & So 10–22 Uhr Uhr) Chiang Mais schickstes Einkaufszentrum verbirgt sich hinter einer geometrischen Fassade. Neben großen internationalen Marken gibt's hier eine gesamte Etage nur für Elektronik, einen guten Supermarkt, ein Multiplex-Kino und tolle Optionen zum Essen in der 4. Etage.

Praktische Informationen

MEDIZINISCHE VERSORGUNG

Chiang Mai Ram Hospital (☎ 053 920300; www.chiangmairam.com; 8 Th Bunreuangrit) Das modernste Krankenhaus der Stadt.

McCormick Hospital (☎ 053 921777; www.mccormick.in.th; 133 Th Kaew Nawarat) Für kleine Wehwehchen eignet sich dieses ehemalige Missionarskrankenhaus.

BUSSE AB DEM BUSBAHNHOF ARCADE IN CHIANG MAI

ZIEL	PREIS (B)	DAUER (STD.)	HÄUFIGKEIT
Bangkok	488–759	9–10	häufig
Chiang Khong	202–451	6½	1-mal tgl.
Chiang Rai	166–288	3–4	häufig
Chiang Saen	165–220	3½–4	2-mal tgl.
Khon Kaen	535	12	5-mal tgl.
Khorat (Nakhon Ratchasima)	540–662	12	11-mal tgl.
Lampang	66-143	2	stündl.
Lampang (Minivan)	75	1	stündl.
Lamphun	30	1	stündl.
Luang Prabang (Laos)	1200	20	9 Uhr (Mo, Mi, Fr–So)
Mae Hong Son	192–346	8	3-mal tgl.
Mae Hong Son (Minivan)	250	5	stündl.
Mae Sai	205–234	5	7-mal tgl.
Mae Sariang	104–187	4–5	6-mal tgl.
Mae Sot	290	6	3-mal tgl.
Nan	197–254	6	6-mal tgl.
Nong Khai	820	12	2-mal tgl.
Pai	80	4	stündl.
Pai (Minivan)	150	3	stündl.
Phayao	142–249	3	stündl.
Phrae	133-266	4	4-mal tgl.
Phuket	1646	22	1-mal tgl.
Phrae	133–266	4	4-mal tgl.
Sukhothai	207	5–6	stündl.
Ubon Ratchathani	872	12	2-mal tgl.
Udon Thani	545–767	12	3-mal tgl.

NOTFALL

Polizeistation (☎ 053 276040, 24-Std.-Notruf 191; 169 Th Ratchadamnoen)

Touristenpolizei (☎ 053 247318, 24-Std.-Notruf 1155; 608 Rimping Plaza, Th Charoenraj; ⏲ 6–24 Uhr) Hier sind hilfsbereite ehrenamtliche Mitarbeiter tätig, die verschiedene Sprachen beherrschen.

TOURISTENINFORMATION

Thailändisches Fremdenverkehrsamt (TAT; ☎ 053 248604; www.tourismthailand.org; Th Chiang Mai-Lamphun; ⏲ 8.30–16.30 Uhr) Die Mitarbeiter sprechen Englisch und helfen mit Stadtplänen und Karten sowie mit Infos für Reisen in ganz Thailand.

An- & Weiterreise

BUS

Chiang Mai besitzt zwei Busbahnhöfe. *Sorngtaaou* (Minibusse) fahren von festen Haltestellen in Städte in der Umgebung Chiang Mais. Sämtlich[e] Busse, mit Ausnahme der Busse in den Norden der Provinz Chiang Mai, fahren vom **Busbahnh[of] Arcade** (Th Kaew Nawarat), der etwa 3 km nordöstlich der Altstadt in der Nähe der Kreuzung Th Kaew Nawarat und Route 11 liegt. Ein gecharterter *rót daang* („roter Lastwagen", Sa[m]meltaxi) vom Zentrum zum Busbahnhof kostet etwa 60 B, ein *túk-túk* 80 bis 100 B. Vom **Buste[r]minal Chang Pheuak** (Th Chang Pheuak) gleic[h] nördlich der Altstadt in der Th Chotana fahren die meisten Busse in den Norden der Provinz Chiang Mai ab.

FLUGZEUG

Internationale und Inlandsflüge starten und landen auf dem **Chiang Mai International Airport** (☎ 05 327 0222; www.chiangmaiairportthai.com), der 3 km südwestlich der Altsta[dt] liegt.

Die meisten Inlandsflüge werden von **Air Asi[a]** (☎ 053 234645, in Thailand 02 515 9999; ww[w] airasia.com; 416 Th Tha Phae; ⌚10–20.30 Uhr), **Bangkok Airways** (☎053 289338, in Thailand 1771; www.bangkokair.com; Room A & B, Kantary Terrace, 44/1 Soi 12, Th Nimmanhaemin; ⌚Mo–Sa 8.30–12 & 13–18 Uhr), **Kan Air** (☎053 283311, in Thailand 02 551 6111; www.kanairlines.com; 2. OG, Chiang Mai International Airport; ⌚8–17.30 Uhr), **Nok Air** (☎053 922183, in Thailand 02 900 9955; www.nokair.com; EG, Central Airport Plaza; ⌚8–17 Uhr), **Thai Smile** (☎in Thailand 02 118 8888; www.thaismileair.com; 35-41 Th Ratchadamnoen; ⌚9–21 Uhr) und **Thai Airways International** (THAI; ☎023 561111, 053 211044; www.thaiair.com; 240 Th Phra Pokklao; ⌚Mo–Fr 8.30 –16.30 Uhr) durchgeführt. Flüge nach Bangkok kosten ab etwa 1200 B. Wer in den Süden fliegt, zahlt für Tickets nach Phuket ab 2400 B, nach Surat Thani ab 1650 B.

Es gibt auch viele internationale Flüge, z. B. nach Kuala Lumpur (Malaysia), Yangon (Myanmar) und zu vielen chinesischen Zielen. **Lao Airlines** (☎053 223401; www.laoairlines.com; EG, Nakornping Condominium, 2/107 Th Huay Kaew; ⌚Mo–Fr 8.30–17, Sa bis 12 Uhr) bietet außerdem Direktflüge nach Luang Prabang und Vientiane an.

ZUG

Der **Bahnhof Chiang Mai** (☎053 245363, in Thailand 1690; Th Charoen Muang) befindet sich etwa 2,5 km außerhalb der Altstadt an der Th Charoen Muang. Auf der Hauptstrecke Bangkok–Chiang Mai fahren täglich fünf Züge. Am komfortabelsten sind die speziellen Express-Nachtzüge, die um 17 und 18 Uhr in Chiang Mai abfahren und um 6.15 Bzw. 6.50 Uhr in Bangkok ankommen.

Zur Zeit der Recherche galten von/nach Bangkok folgende Fahrpreise:

2.-Klasse-Schlafwagen (mit Ventilator)
[illegible]01–671 B

[illegible].-Klasse-Schlafwagen (mit Klimaanlage)
[illegible]071–1131 B

[illegible]-Klasse-Schlafwagen (mit Klimaanlage)
[illegible]453–1903 B

Unterwegs vor Ort

[illegible]ót daang (wörtlich „rote Lastwagen") fahren als [illegible]ammeltaxis. Sie haben keine festen Routen, am [illegible]nfachsten fragt man daher den Fahrer, ob er [illegible]nen zum gewünschten Ziel bringen kann. Eine [illegible]urze Fahrt (ein paar Ecken weiter) kostet ab [illegible]0 B, eine längere ab 40 B.

Kurze Fahrten mit dem *túk-túk* kosten ab 60 B, [illegible]achts steigt der Preis auf 100 B; um diese [illegible]eise muss man aber hartnäckig feilschen.

Viele Reisebüros und Pensionen verleihen [illegible]hrräder (50–400 B pro Tag) und Motorräder [illegible]50–50 B pro Tag).

Rund um Chiang Mai

Direkt südlich von Chiang Mai liegt das Ping-Tal, eine fruchtbare landwirtschaftliche Ebene, die von dicht bewaldeten Hügeln gesäumt wird. Im Südwesten erhebt sich der höchste Berg Thailands, der Doi Inthanon (2565 m).

★Doi-Inthanon-Nationalpark NATIONALPARK
(☎053 286730; Erw./Kind 400/200 B, Autp/Motorrad 30/20 B; ⌚4–18 Uhr) Thailands höchster Berg, der Doi Inthanon (oft zu Doi In abgekürzt) erhebt sich 2565 m über den Meeresspiegel – eine beeindruckende Höhe für das Königreich, aber ziemlich bescheiden verglichen mit den Gipfeln des Himalaja. In dem 1000 km² großen Nationalpark, in dem der Berg liegt, gibt's Wanderwege, Wasserfälle und zwei monumentale Stupas, die zu Ehren des Königs und der Königin errichtet wurden.

Touristen und Einheimische unternehmen gern einen Tagesausflug hierher, besonders während der Neujahrsferien, wenn das seltene Phänomen Frost erlebt werden kann.

Mae-Sa-Tal

Wen es in den Dschungel zieht, der muss gar nicht weit über die Stadtgrenze hinaus wandern. Die Route 1096, die bei Mae Rim von der Route 107 nach Westen abzweigt, führt vorbei an einer Reihe touristischer Attraktionen für Tagesausflügler, darunter Krokodil- und Affen-Shows, Orchideenfarmen, Schießplätze, Geländewagenverleiher und sogar eine Kobrafarm, und klettert dann stetig das bewaldete **Mae-Sa-Tal** (หุบเขาแม่สา) hinauf. Die Straße macht dann eine große Kurve und schlängelt sich vorbei an rauschenden Wasserfällen und einigen Farmen des Royal Project (eine Non-Profit-Organiation) und mündet schließlich am Abzweig zum ruhigen Dorf **Samoeng** (สะเมิง) in die Route 1269. Die Strecke bietet sich als durch und durch erfreuliche Rundfahrt ab Chiang Mai mit einem Leihmotorrad oder gecharterten *rót daang* an.

Chiang Rai เชียงราย

☎053 / 70 000 EW.

Die Provinz Chiang Rai lockt mit so vielfältigen Attraktionen, dass die Hauptstadt oft übersehen wird. Doch es lohnt sich, das kleine, bezaubernde Chiang Rai mit seiner entspannten Atmosphäre, den preiswerten

Unterkünften und der fantastischen regionalen Küche kennenzulernen. Außerdem ist die Stadt der logische Ausgangspunkt für Exkursionen in entlegenere Ecken der Provinz und über die Landesgrenze hinaus.

Sehenswertes

★ Bergvölkermuseum & Bildungszentrum

MUSEUM

(พิพิธภัณฑ์และศูนย์การศึกษาชาวเขา; www.pdacr.org; 3. OG, 620/25 Th Thanalai; 50 B; ⌚Mo–Fr 8.30–18, Sa & So 10–18 Uhr) Ein Besuch des von der gemeinnützigen Organisation Population & Community Development Association (PDA) betriebenen Museums und Kulturzentrums bietet sich vor einer Trekkingtour zu Dörfern der Bergvölker an. Die Präsentation ist etwas enttäuschend, die Exponate bieten aber jede Menge Infos zu den verschiedenen Stämmen Thailands und verwandten Themen.

Mae-Fah-Luang-Kunst- & Kulturpark

MUSEUM

(ไร่แม่ฟ้าหลวง; www.maefahluang.org/rmfl; 313 Mu 7, Ban Pa Ngiw; Erw./Kind 200 B/frei; ⌚Di–So 8.30–16.30 Uhr) Neben einem Museum mit einer der größten Sammlungen an Lanna-Artefakten Thailands umfasst die riesige, sorgfältig gepflegte Grünanlage alte und moderne buddhistische Tempel sowie andere Bauwerke. Es liegt etwa 4 km westlich des Stadtzentrums von Chiang Rai; eine Fahrt mit dem *túk-túk* oder mit dem Taxi hierher kostet rund 100 B.

Wat Phra Kaew

BUDDHISTISCHER TEMPEL

(วัดพระแก้ว; Th Trairat; Spende erbeten; ⌚Tempel 7–19 Uhr, Museum 9–17 Uhr) Der Tempel, der im lokalen Dialekt ursprünglich Wat Pa Yia (Bambuswald-Tempel) genannt wurde, ist der meistverehrte buddhistische Tempel der Stadt. Die Hauptgebetshalle ist ein gut erhaltener, mittelgroßer Holzbau. Dahinter steht der im typischen Lanna-Stil erbaute achteckige *chedi* (Stupa) aus dem späten 14. Jh. Im angrenzenden zweistöckigen Holzgebäude befindet sich ein Museum, das diverse Lanna-Exponate zeigt.

Oub-Kham-Museum

MUSEUM

(พิพิธภัณฑ์อูบคำ; www.oubkhammuseum.com; Th Nakhai; Erw./Kind inkl. Tour 300/200 B; ⌚8–17 Uhr) In dem etwas verrückten Museum ist eine eindrucksvolle Sammlung von Krimskrams aus fast jeder Ecke des früheren Lanna-Königreichs zu sehen. Die teils einzigartigen Exponate reichen von einem Affen-Vorkoster des Lanna-Königshauses bis hin zu einem Thron mit eindrucksvollen Schnitzarbeiten aus Chiang Tung in Myanmar. Es liegt 2 km westlich der Innenstadt und ist nicht ganz leicht zu finden. Ein *túk-túk* hierher kostet rund 60 B.

Tham Tu Pu & Buddha-Höhle

BUDDHISTISCHER TEMPEL

(ถ้ำตุ๊ปู่/ถ้ำพระ; Th Ka Salong; ⌚bei Tageslicht) GRATIS Wer über die Mae-Fah-Luang-Brücke (gleich nordwestlich vom Stadtzentrum) zum Nordufer des Mae Nam Kok geht, stößt auf die Abzweigung zur Tham Tu Pu und Buddha-Höhle. Beide sind keine echte Attraktion, doch die wunderschöne Landschaft verlockt zu einer gemütlichen Rad- oder Motorradtour.

> **WANDERN IN CHIANG RAI**
>
> Fast alle Pensionen und Hotels in Chiang Rai arrangieren Exkursionen in Gebiete der Bergvölker. Einige Touren legen besonderen Wert auf die Arbeit mit den Menschen vor Ort, auf Nachhaltigkeit oder auf Gemeinnützigkeit. Die Preise für Trekkingtouren hängen in der Regel von der Art der Aktivitäten sowie der Anzahl der Tage und Teilnehmer ab. Eine dreitägige Trekkingtour für zwei Personen kostet zwischen 2300 und 6000 B, darin sind normalerweise alle Leistungen wie Transport und Essen eingeschlossen.

Aktivitäten

★ Rai Pian Karuna

WANDERN

(☎062 246 1897; www.facebook.com/raipiankaruna) Das neue sozial engagierte Gemeindeunternehmen veranstaltet ein- und mehrtägige Trekkingtouren und vermittelt Privatunterkünfte in Dörfern der Akha, Lahu und Lua in Mae Chan, nördlich von Chiang Rai. Zudem kann man an diversen Aktivitäten teilnehmen, von einwöchigen Freiwilligeneinsätzen bis zu Kochkursen.

PDA Tours & Travel

WANDERN

(☎053 740088; Bergvölkermuseum & Bildungszentrum, 3. OG, 620/25 Th Thanalai; ⌚Mo–Fr 8.30–18, Sa & So 10–18 Uhr) Bietet ein- bis dreitägige Trekkingtouren an, deren Gewinne in Gemeindeprojekte fließen, wie z. B. Aids-Aufklärung, mobile Kliniken, Stipendien und Aufbau von Banken unter Leitung der Dorfbewohner.

Mirror Foundation

WANDERN

(☎053 737616; www.thailandecotour.org) Etwas teurer, doch man unterstützt mit ein

Chiang Rai

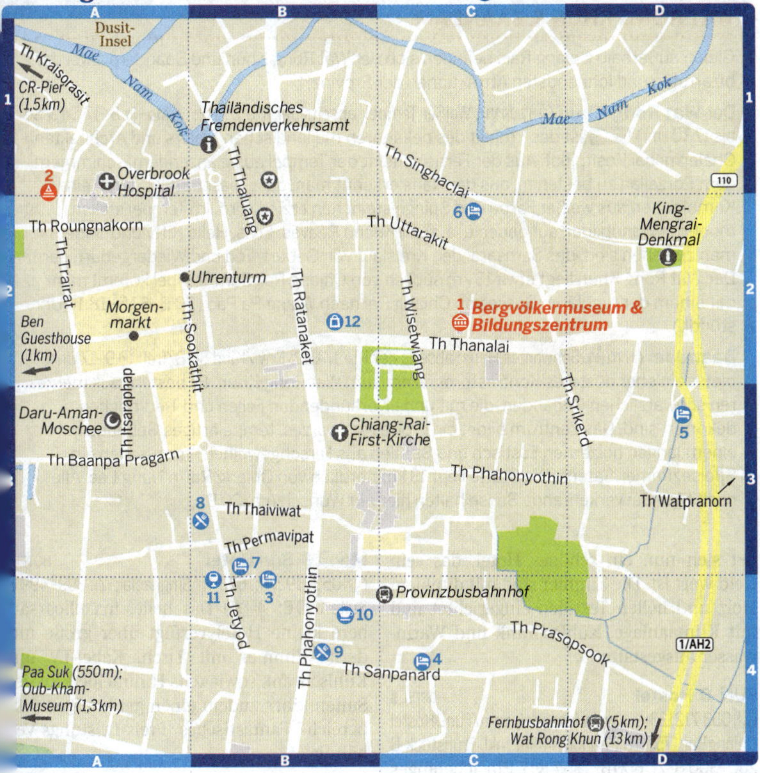

Chiang Rai

Highlights
1 Bergvölkermuseum & Bildungszentrum C2

Sehenswertes
2 Wat Phra Kaew A1

Aktivitäten, Kurse & Touren
PDA Tours & Travel .... (siehe 1)

Schlafen
3 Baan Bua Guest House B4
4 Baan Warabordee C4
5 FUN-D Hostel D3
6 Moon & Sun Hotel C2
7 Orchids Guest House B3

Essen
8 Khao Soi Phor Jai B3
9 Muang Thong B4

Ausgehen & Nachtleben
10 BaanChivitMai Bakery B4
11 Cat Bar B4

Shoppen
12 Walking Street B2

ekkingtour bei dieser gemeinnützigen GO ein Ausbildungsprogramm für lokale ides. Die ein bis drei Tage langen Wanderungen führen zu Dörfern der Akha, Karen d Lahu im Mae-Yao-Distrikt nördlich von iang Rai.

Schlafen

Baan Warabordee HOTEL $
(☎053 754488; baanwarabordee@hotmail.com; 59/1 Th Sanpanard; Zi. 500–600 B; ❄📶) In einer umgebauten dreistöckigen Thai-Villa befin-

ABSTECHER

WAT RONG KHUN & BAANDAM

Gleich außerhalb Chiang Rais befinden sich der Wat Rong Khun und Baandam, zwei der bizarrsten und lohnendsten Attraktionen der Provinz.

Der **Wat Rong Khun** (วัดร่องขุ่น; Weißer Tempel; abseits der Rte 1/AH2; ⊙ Mo–Fr 8–17, Sa & So bis 17.30 Uhr) GRATIS ist das Projekt des bekannten thailändischen Malers und Architekten Chalermchai Kositpipat. Aus der Ferne scheint der Tempel aus glänzendem, schimmerndem Porzellan zu bestehen, aus der Nähe erkennt man, dass dieser Effekt durch eine Kombination aus weißer Farbe und Spiegelsteinchen erzielt wird. Im Tempel stellen moderne Wandbilder, auf denen u. a. auch Keanu Reeves, Elvis, Hello Kitty und Superman zu sehen sind, das Samsara, den Kreislauf von Geburt, Tod und Wiedergeburt, dar. Der Wat Rong Khun liegt etwa 13 km südlich von Chiang Rai. Zum Tempel kommt man mit einem der regulären Busse von Chiang Rai nach Wiang Pa Pao (20 B, 6.15–18.10 Uhr stündl.).

Baandam (บ้านดำ, Schwarzes Haus; abseits der Rte 1/AH2; Erw./Kind 80 B/frei; ⊙ 9–17 Uhr) bietet ein eher düsteres Kontrastprogramm zum Wat Rong Khun. Es besteht aus mehreren schwärzlichen Gebäuden, die mit unheilverkündenden Fellen und Tierknochen dekoriert sind. Das Zentrum bildet ein großes schwarzes, tempelartiges Gebäude mit einem langen hölzernen Esstisch und Stühlen aus Hirschgeweihen – sozusagen ein Speisezimmer Satans. Die Stätte liegt 13 km nördlich von Chiang Rai in Nang Lae. Alle nach Mae Sai verkehrende Busse halten hier auf Wunsch (ca. 20 B).

det sich nun ein schönes Hotel, das sein Geld wert ist. Die Zimmer sind mit dunklem Holz und hellen Textilien eingerichtet und mit Klimaanlage, Kühlschrank und Warmwasser ausgestattet.

FUN-D Hostel HOSTEL $
(☎ 053 712123; www.facebook.com/FunDHostel ChiangRai; 753 Th Phahonyothin; inkl. Frühstück B 200–300 B, Zi. 600 B; ❄@📶) Ein lebendiges Hostel, das passend zur Atmosphäre über einem Restaurant-Café mit Bar liegt. Die Schlafsäle mit sechs bis acht Betten sind geräumig und hell, und die teureren haben halbprivate eigene Bäder.

Orchids Guest House PENSION $
(☎ 053 718361; www.orchidsguesthouse.net; 1012/3 Th Jetyod; Zi. 400–500 B; ❄📶) Eine tolle Budgetoption sind diese blitzsauberen Zimmer in einer Wohnanlage. Neben der Übernachtung bietet diese Pension noch einiges mehr, z. B. Internet, Wäscheservice, Taxitransfers und Trekking.

Baan Bua Guest House PENSION $
(☎ 053 718880; www.baanbua-guesthouse.com; 879/2 Th Jetyod; Zi. 250–550 B; ❄@📶) Die ruhige Pension besteht aus einem langen hellgrünen Haus mit 17 Zimmern, deren kleine Terrassen auf einen hübschen Garten gehen. Sie sind einfach, aber durchweg sauber und gemütlich. Die billigsten Zimmer verfügen nur über Ventilatoren.

Moon & Sun Hotel HOTEL
(☎ 053 719279; 632 Th Singhaclai; Zi. 399–499 B, Suite 699 B; ❄📶) Das helle, makellos saubere kleine Hotel verfügt über große moderne Zimmer mit Tisch, Kabel-TV und Kühlschrank sowie teils Himmelbett. In den Suiten gibt's zudem einen geräumigen Sitzbereich. Fantastisches Preis-Leistungs-Verhältnis.

Ben Guesthouse PENSION
(☎ 053 716775; www.benguesthousechiangrai.com; 351/10 Soi 4, Th Sankhongnoi; Zi. 500–700 B, Sui 1000–1500 B; ❄@📶🏊) Eine der besten Unterkünfte Nordthailands im Bereich Budg bis Mittelklasse. In der gepflegten Anlag gibt's von allem etwas, von billigen Zimmer mit Ventilator bis zu riesigen Suiten, und sogar einen Pool. Sie liegt 1,2 km vom Stadtzentrum am Ende der Soi 4 in der Th Sankhonnoi (wo die Straße sich mit der Th Sathapayabarn kreuzt, heißt sie Th Phahonyothi

Essen

★ **Lung Eed** NORD-TH
(Th Watpranorn; Hauptgerichte 40–100 B; ⊙ Mo Sa 11.30–21, So 15–19 Uhr) In diesem einfach Ladenhaus-Restaurant bekommt man ein der köstlichsten Gerichte Chiang Rais. der Wand hängt eine englischsprachige K te, doch auf keinen Fall sollte man sich fantastische *lâhp gài* (Hühnerhackfleisch regionalen Gewürzen und knuspriger fritt

ter Hühnerhaut, Schalotten und Knoblauch) entgehen lassen. Das Lokal befindet sich etwa 150 m östlich der Route 1/AH2.

★ Paa Suk NORD-THAI $

(Th Sankhongnoi; Hauptgerichte 10–25 B; ⌚8.30–15 Uhr) Hier kommen große, reichhaltige Schüsseln *kà·nŏm jeen nám ngée·o* (Schweine- oder Rinderbrühe und Tomaten auf frischen Reisnudeln) auf den Tisch. Das Paa Suk befindet sich zwischen der Soi 4 und der Soi 5 der Th Sankhongnoi (wo die Straße auf das südliche Ende der Th Phahonyothin stößt, heißt sie Th Sathanpayabarn). Es gibt kein englisches Schild, am besten achtet man auf das gelbe Schild.

Khao Soi Phor Jai NORD-THAI $

Th Jetyod; Hauptgerichte 40–50 B; ⌚7–16 Uhr) Neben milden, aber leckeren Versionen des namengebenden Nudel-Curry-Gerichts werden noch weitere nordthailändische Klassiker serviert. Ein englisches Schild gibt's nicht, auf das zur Straße offene Ladenhaus mit blauem Inneren achten!

Muang Thong CHINESISCH, THAI $

Ecke Th Sanpanard & Th Phahonyothin; Hauptgerichte 30–100 B; ⌚24 Std.) Bewährte Klassiker, die bei Thais und Travellern gleichermaßen gut ankommen: In diesem alteingesessenen Restaurant im Freien gibt's das übliche Repertoire an leckeren salzigen und würzigen chinesischen und thailändischen Gerichten.

Ausgehen

★ BaanChivitMai Bakery CAFÉ

(www.bcmthai.com; Th Prasopsook; ⌚Mo–Fr 8–19, Sa & So bis 18 Uhr; 📶) Neben gutem Kaffee aus regionalen Bohnen gibt's in der Bäckerei authentische Süßwaren nach schwedischer Art sowie westliche Gerichte und Sandwiches. Die gesamten Gewinne fließen an die Organisation BaanChivitMai, die sich mit Heimen und Bildungsprojekten für benachteiligte, verwaiste oder AIDS-kranke Kinder einsetzt.

Cat Bar BAR

(1013/1 Th Jetyod; ⌚17–1 Uhr) In der bewährten Cat Bar gibt's einen Billardtisch und manchmal ab 22.30 Uhr Livemusik.

Shoppen

Walking Street MARKT

(Th Thanalai; ⌚Sa 16–22 Uhr) Wer an einem Samstagabend in der Stadt ist, sollte diesen

BUSSE AB CHIANG RAI

ZIEL	PREIS (B)	DAUER (STD.)	HÄUFIGKEIT
Bangkok	423–958	11–12	7–19 Uhr häufig (neuer Busbahnhof)
Bokeo (Laos)	240	3	16 Uhr (neuer Busbahnhof)
Chiang Khong	65	2	6.30–16.30 Uhr häufig (Provinzbusbahnhof)
Chiang Mai	129–258	3–7	6–19 Uhr häufig (Provinzbusbahnhof)
Chiang Saen	37	1½	5.30–19 Uhr häufig (Provinzbusbahnhof)
Lampang	98–137	4–5	12.45–16.30 Uhr 5 Abfahrten (neuer Busbahnhof)
Lampang	137	5	7–15.15 Uhr stündl. (Provinzbusbahnhof)
Luang Prabang (Laos)	950	16	13 Uhr (neuer Busbahnhof)
Mae Chan (nach Mae Salong/Santikhiri)	25	45 Min.	5–19.30 Uhr häufig (Provinzbusbahnhof)
Mae Sai	39	1½	6–18.30 Uhr häufig (Provinzbusbahnhof)
Mae Sot	416	12	8.15 & 8.45 Uhr (neuer Busbahnhof)
Nakhon Ratchasima (Khorat)	569–664	12–13	6.30–19.20 Uhr 6 Abfahrten (neuer Busbahnhof)
Phayao	43	1½–2	10–15.30 Uhr stündl. (neuer Busbahnhof)
Phayao	66	2	7.30–15.30 Uhr häufig (Provinzbusbahnhof)
Phitsanulok	260–335	6–7	6.15–19.20 Uhr stündl. (neuer Busbahnhof)
Phrae	144	4	6–18 Uhr alle 30 Min. (neuer Busbahnhof)
Sukhothai	231	8	7.30–12 Uhr stündl. (neuer Busbahnhof)
Ubon Ratchathani	884	12	16 Uhr (neuer Busbahnhof)

Straßenmarkt unter freiem Himmel mit Fokus auf Produkten aus Chiang Rai, u. a. Kunsthandwerk und lokale Küche, nicht verpassen. Er erstreckt sich entlang der Th Thanalai vom Bergvölkermuseum bis zum Morgenmarkt.

Praktische Informationen

Overbrook Hospital (☎ 053 711366; www.overbrook-hospital.com; Th Singhaclai) Modernes Krankenhaus; es wird auch Englisch gesprochen.

Thailändisches Fremdenverkehrsamt (TAT; ☎ Chiang Rai 053 744674, in Thailand 1672; tatchrai@tat.or.th; Th Singhaclai; ⏲ 8.30–16.30 Uhr) Zwar sprechen die Mitarbeiter nur wenig Englisch, geben jedoch ihr Bestes und haben eine kleine Auswahl an Karten und Broschüren auf Lager.

Touristenpolizei (☎ Chiang Rai 053 740249, in Thailand 1155; Th Uttarakit; ⏲ 24 Std.) Die Englisch sprechenden Polizisten sind nonstop im Einsatz.

An- & Weiterreise

Der **Internationale Flughafen Chiang Rai** (Mae Fah Luang International Airport; ☎ 053 798 000; www.chiangraiairportthai.com) liegt ca. 8 km außerhalb der Stadt. Taxis von der Stadt zum Flughafen kosten 200 B.

Täglich gibt's 13 Flüge zum Don Mueang International Airport in Bangkok (ab 690 B, 1 Std. 20 Min.). Zur Zeit der Recherche gab es nur eine internationale Verbindung ins chinesische Kunming (China).

Busse zu Zielen innerhalb der Provinz Chiang Rai fahren vom **Provinzbusbahnhof** (☎ 053 715952; Th Prasopsook) im Stadtzentrum ab. Wer in andere Provinzen will, muss zum **neuen Busbahnhof** (☎ 053 773989; Rte 1/AH2), der 5 km südlich der Stadt liegt. Zwischen dem neuen Busbahnhof und dem Provinzbusbahnhof pendeln zwischen 6 und 17.30 Uhr häufig *sŏrng·tăa·ou* (Passagier-Pick-ups; 15 B, 15 Min.).

Minivans steuern häufig Orte wie Chiang Saen, Mae Sai und Sop Ruak (Goldenes Dreieck) an.

LANGSAME BOOTE AB CHIANG RAI

Eine Bootstour auf dem Mae Nam Kok ist eine viel schönere Art, zwischen den Provinzen Chiang Rai und Chiang Mai zu reisen, als die Fahrt mit dem Bus oder Minivan.

Die Passagierboote von Chiang Rai nach Tha Ton, das nördlich von Chiang Mai liegt, halten unterwegs im Dorf Ban Ruam Mit, in dem Angehörige verschiedener Bergvölker leben. Die Boote legen am **CR Pier** (☎ 053 750009; ⏲ 7–16 Uhr), 2 km nordwestlich von Chiang Rai ab; ein *túk-túk* zum Pier kostet um die 80 B.

Die Boote starten täglich um 10.30 Uhr. Die Fahrt nach Tha Ton dauert etwa drei Stunden (400 B) und nach Ban Ruam Mit etwa eine Stunde (100 B). Alternativ kann für 800 B ein Boot für etwa drei Stunden gechartert werden.

Goldenes Dreieck

Das Dreiländergebiet zwischen Thailand Myanmar (Birma) und Laos bildet das le gendäre „Goldene Dreieck". In dieser bergi gen Grenzregion war Opium lange ein wichtige Einnahmequelle für die ethnischen Minderheiten. Doch die Regierung hat den Mohnanbau einen Riegel vorgeschoben und fördert nun Infrastrukturprojekte und di Kultivierung anderer Nutzpflanzen. Ent lang der Grenze gibt's allerdings nach wi vor unkontrollierte Bereiche: Dort hat ma inzwischen auf die Produktion der „neuen Modedrogen Methamphetamin und Heroi umgesattelt. Normalerweise bekommen Tou risten nichts von diesen illegalen Aktivitäte mit. Die einstige Blütezeit der Region als fül render Opiumlieferant wird heute sogar a Attraktion vermarktet.

Mae Sai แม่ส

☎ 053 / 22 000 EW.

Auf den ersten Blick wirkt Thailands nör lichste Stadt vielleicht nur wie ein groß Markt unter freiem Himmel. Doch M Sai ist eine praktische Basis für die Erku dung des Goldenen Dreiecks und Doi M Salongs; wegen ihrer Lage gegenüber v Myanmar ist sie auch ein guter Ausgang punkt, wenn man die entlegenen Gebie des Shan-Staats erkunden möchte.

Maesai Momhome PENSIO
(☎ 053 731537; haritchayahana@gmail.com; seits der Th Sailomjoy; Zi. 300–500 B; ❄ 📶) strahlendes neues dreistöckiges Gebäu mit neun Zimmern, die mit TV, Kühlschra und warmen Duschen ausgestattet sind. I Preis richtet sich danach, ob man sich Ventilator oder Klimaanlage entschei Das ausgeschilderte Büro befindet sich der Dreiwegekreuzung in der Th Sailomj

WEITERREISE NACH MYANMAR (BIRMA): VON MAE SAI NACH TACHILEIK

Anreise zur Grenze Zur Grenze und zur **thailändischen Einwanderungsbehörde** (☎053 733261; Th Phahonyothin; ⏰6–21 Uhr) ist es von den meisten Unterkünften in Mae Sai nur ein kurzer Fußweg.

An der Grenze Wer ohne ein Visum für Myanmar aus Thailand einreist, erhält unkompliziert eine eintägige Aufenthaltserlaubnis für Tachileik. Etwas umständlicher ist es, ein zwei Wochen gültiges Visum für den Besuch Kyaingtongs zu erhalten.

Tagesbesucher zahlen 500 B für einen befristeten Pass; der eigene Reisepass muss an der Grenze hinterlegt werden. In Tachileik kann man myanmarisches Essen probieren und einkaufen (thailändische Baht werden überall akzeptiert), sonst gibt's aber nicht viel zu tun.

Wer Kyaingtong besuchen möchte und kein Visum für Myanmar hat, begibt sich direkt ins Büro von Myanmar Travels & Tours (MTT). Dort muss man genaue Angaben über die Reiseroute machen, drei Fotos einreichen sowie 10 US$ oder 500 B bezahlen, um einen 14 Tage gültigen Grenzpass zu erhalten. Der Reisepass verbleibt im Grenzbüro, um sicherzustellen, dass Besucher auf demselben Weg zurückreisen. Zudem ist es vorgeschrieben, dass Besucher für die gesamte Dauer des Aufenthalts einen Führer engagieren. Führer kosten 1000 B pro Tag, hinzu kommt eine „Guide-Steuer" von 400 B. Wenn man nicht schon im Voraus einen in Kyaingtong ansässigen Führer gebucht hat, den man an der Grenze trifft, bekommt man einen Führer vom MTT zugewiesen. Die Kosten für die Verpflegung und Übernachtung des Führers müssen ebenfalls bezahlt werden. Zu den empfehlenswerten Guides in Kyaingtong zählen **Leng** (☎+95 9490 31470; sairoctor.htunleng@gmail.com) und **Freddie** (Sai Yot; ☎+95 9490 31934; yotkham@gmail.com).

Weiterreise Busse nach Kyaingtong (10 000 K, 5 Std., etwa 8–8.30 & 11.30–12.30 Uhr) fahren vom Busbahnhof in Tachileik ab. Er ist 2 km von der Grenze entfernt, die man mit einem *sorngtaaou* (Passagier-Pick-up) für 20 B oder einem Motorradtaxi für 50 B zurücklegen kann. Alternativ nimmt man am Busbahnhof für 100 000 K ein Taxi oder für 12 000 oder 15 000 K ein Sammeltaxi, das losfährt, sobald alle Plätze besetzt sind.

Infos zur Überquerung dieses Grenzübergangs in entgegengesetzter Richtung gibt's auf S. 557.

achtmarkt THAI $

h Phahonyothin; Hauptgerichte 30–60 B; ⏰17– Uhr) Jeden Abend findet entlang der Th ahonyothin ein großer Nachtmarkt statt.

An- & Weiterreise

r **Busbahnhof** (☎053 646403; Th Phahonyo-n) befindet sich 4 km vor der Grenze; **sorng-aou** (Sammeltaxis; Th Phayhonyothin) pen-n zwischen dem Busbahnhof und einer ltestelle in der Soi 2, Th Phahonyothin (15 B, in., 6–18 Uhr). Die Fahrt mit dem **Motor-dtaxi** (Th Phahonyothin) zum/vom Stand an Ecke Th Phahonyothin und Soi 4 kostet 40 B.

Ver nach Bangkok will, muss nicht extra zum sbahnhof, um Tickets zu kaufen – man be-mmt sie auch bei **Siam First** (☎053 731504; 8–17.30 Uhr) an der Ecke Soi 9 und Th Phaho-othin, neben dem Motorradladen.

n der Th Phahonyothin an der Soi 8 gibt's ein hild mit der Aufschrift „bus stop"; hier befin-sich die **Haltestelle** (Th Phahonyothin) für *ngtaaou* nach Sop Ruak und Chiang Saen.

Mae Salong ดอยแม่สลอง

☎053 / 20 000 EW.

Doi Mae Salong, ein stimmungsvolle Dorf in den Hügeln hinter Chiang Rai, wurde ursprünglich von chinesischen Soldaten besiedelt, die 1949 vor der kommunistischen Herrschaft flohen. Generationen später sind die Nachfahren dieser Siedler und ihre Kultur noch immer lebendig. Verkehrssprache ist der yunnanesische Dialekt des Chinesischen und auch das Essen ist häufiger chinesisch als thailändisch. Das chinesische Ambiente, die Lage auf einem Hügel und die vielen Bergvölker und Teeplantagen sorgen dafür, dass dieses Dorf ganz einzigartig in Thailand ist.

Shin Sane Guest House PENSION $

(☎053 765026; www.maesalong-shinsane.blogspot.com; Zi. 200–400 B, Bungalows 400–500 B; @📶) Die beiden Zimmer im Originalgebäude des

ABSTECHER

HALL OF OPIUM

Die Grenzen Thailands, Myanmars und Laos treffen bei Sop Ruak (สบรวก) aufeinander, dem sogenannten Zentrum des Goldenen Dreiecks, das 9 km östlich von Chiang Saen am Zusammenfluss des Nam Ruak und des Mekong liegt. Sop Ruak ist in erster Linie wegen seines Opiummuseums bekannt.

Auf einem 40 ha großen Grundstück 1 km nördlich von Sop Ruak, gegenüber vom Anantara Golden Triangle Resort & Spa, hat die Stiftung Mae Fah Luang die 5600 m² große **Hall of Opium** (หอฝิ่น; Rte 1290; Erw./Kind 200 B/frei; ⏲ Di–So 8.30–16 Uhr) errichtet. Das multimediale Museum bietet einen faszinierenden Einblick in die Geschichte des Opiums und spannende, informative Ausstellungen zu den Auswirkungen des Opiummissbrauchs auf den Einzelnen und auf die Gesellschaft. Sehr ausgewogen und sehenswert.

ältesten Hotels Mae Salongs sind groß, teilen sich aber ein Gemeinschaftsbad. Komfortabler sind die Zimmer im neuen Anbau und die Bungalows, die eigene Bäder und Fernseher haben. Nahe der Kreuzung, an der der Morgenmarkt stattfindet.

★ Little Home Guesthouse PENSION **$$**
(☎ 053 765389; www.maesalonglittlehome.com; Rte 1130; Zi. & Bungalows 500–800 B; @ ᯤ) Das unlängst renovierte, große gelbe Gebäude in der Nähe der Marktkreuzung hat geräumige, ordentliche und sonnige Zimmer. Dahinter stehen außerdem ein paar schöne Bungalows mit tollem Preis-Leistungs-Verhältnis. Die Besitzer sind überaus freundlich und hilfsbereit.

Salima Restaurant CHINESISCH **$**
(Rte 1130; Hauptgerichte 60–220 B; ⏲ 7–20 Uhr) Es ist nicht nur eines der freundlichsten Restaurants der Stadt, es serviert darüber hinaus auch das leckerste Essen, nämlich geschmackvolle muslimisch-chinesische Gerichte, etwa ein reichhaltiges Rindfleischcurry nach Yunnan-Art und einen wunderbar herben, würzigen Thunfisch- und Teeblattsalat. Auch die Nudelgerichte, darunter Rindfleisch-*kôw-soy* (Weizen-Eiernudeln in einer Currybrühe) schmecken ausgesprochen gut.

ℹ An- & Weiterreise

Am einfachsten ist Mae Salong zu erreichen, indem man mit dem Bus nach Mae Chan fährt und dort in einen der grünen *sorngtaaou* mit Ziel Mae Salong (60 B, 1 Std., 4-mal tgl.) umsteigt. Alternativ kann man mit einem Bus, der Mae Sai zum Ziel hat, bis Ban Pasang fahren und dort für etwa 400 B einen blauen *sorngtaaou* chartern.

Man erreicht Doi Mae Salong auch über eine Straße von Tha Ton in der Provinz Chiang Mai. Die gelben *sorngtaaou* nach Tha Ton halten unweit des Little Home Guesthouse (60 B, 1 Std. 4-mal tgl.).

Chiang Saen เชียงแส

☎ 053 / 11 000 EW.

Chiang Saen, eine verhältnismäßig ruhig Stadt am Mekong, war die Stätte eines frü heren Thai-Königreichs, und zwar vermut lich schon im 7. Jh. Heute legen hier riesig Flussfrachtkähne aus China an, die die alt Handelsroute zwischen China und Siam an Leben halten.

Wat Pa Sak HISTORSCHE STÄTT
(วัดป่าสัก; abseits der Rte 1290; Geschichtspar Eintritt 50 B; ⏲ Mi–So 8.30–16.30 Uhr) GRATIS E wa 200 m vom Pratu Chiang Saen (dem his torischen Hauptstadttor am Westrand de Stadt) befindet sich ein Geschichtspark m den Ruinen von sieben Monumenten, de Überresten des Wat Pa Sak. Der Haupt-*ch di* aus der Mitte des 14. Jhs. kombiniert El mente des Hariphunchai- und des Sukh thai-Stils mit Einflüssen, die möglicherwei aus Bagan stammen, und weist noch vie schöne Gipsreliefs auf.

Jay Nay PENSIO
(☎ 081 960 7551; Th Nhongmoon; Zi. 400–1000 ❄ ᯤ) Das Jay Nay ist ein zweistöckig Komplex mit 13 nahezu identischen Zi mern. Sie sind einfach, aber neu, sauber u komfortabel. Auf das Schild mit der A schrift „Rooms For Rent" achten. Eine to Budgetunterkunft.

Kiaw Siang Hai CHINESISC
(44 Th Rimkhong; Hauptgerichte 50–200 ⏲ 8–20 Uhr) Dieses authentische chinesisc Restaurant kocht für die Arbeiter auf d chinesischen Booten im Hafen von Chia Saen und serviert neben den namengebe den Klößen auch viele andere Gerich Empfehlenswert sind der gebratene T nach Sichuan-Art und die chinesisch Kräutersuppen.

Es gibt kein englisches Schild, man erkennt das Restaurant aber leicht an den riesigen Keramikkrügen vor dem Eingang.

An- & Weiterreise

Blaue sorngtaaou (Th Phahonyothin) nach Sop Ruak (20 B) und Mae Sai (50 B) warten von 7.20 Bis 15 Uhr an einem Stand am Ostende der Th Phahonyothin. Wer nach Chiang Khong will, fährt von einem Stand in der Th Rimkhong mit einem **grünen sorngtaaou** (Th Rimkhong) nach Hat Bai (50 B, 1 Std., 9–14 Uhr) und steigt dort in einen anderen *sorngtaaou* um.

Am Ostende der Th Phahonyothin befindet sich eine überdachte **Bushaltestelle** (Th Phahonyothin), an der Fahrgäste ein- und aussteigen können. Am häufigsten fahren Busse nach Chiang Rai (37 B, 1½ Std., 5.30–17.30 Uhr), außerdem gibt's täglich einen Bus nach Chiang Mai (222 B, 5 Std., 9 Uhr).

Chiang Khong เชียงของ

☎053 / 12 000 EW.

Chiang Khong war früher für die regionalen Bergvölker eine bedeutende Marktstadt und spielte eine wichtige Rolle für den Handel mit Nordlaos. Heute kommen Traveller auf dem Weg nach Laos und weiter nach China durch die ruhige Stadt am Mekong.

★ Namkhong Resort — HOTEL $

(☎053 791055; www.namkhongriverside.com/bouique-resort; 94/2 Th Sai Klang; Zi. 200–800 B; ❄📶🏊) Gleich abseits der Hauptstraße liegt iese halb abgeschlossene Anlage mit tropichen Pflanzen und schönen Holzhäusern. elbst die billigen Zimmer mit Ventilator nd Gemeinschaftsbad haben Charme, und er Pool ist ein zusätzliches Plus.

unky Box — HOSTEL $

(☎082 7651839; Soi 2, Th Sai Klang; B 100 B, EZ/Z 250/300 B; ❄📶) Der Name trifft es ziemch gut: Die Funky Box ist ein funkiges, astenförmiges Haus mit einem 16-Personen-Schlafsaal mit Ventilatoren. Ans Haupthaus wurden weitere fünf Zimmer mit Gemeinschaftsbad angebaut. Alle Gäste treffen sich schließlich im bunten, fröhlichen Restaurant mit Bar.

Khao Soi Pa Orn — THAI $

(Soi 6, Th Sai Klang; Hauptgerichte 30–40 B; ⏲8–16 Uhr) Die Chiang-Khong-Version der berühmten nordthailändischen Curry-Nudelsuppe Khao Soi verzichtet komplett auf Kokosmilch und verwendet stattdessen eine klare Suppe und eine aromatische, würzige Einlage mit Schweinehackfleisch. Einige Gerichte ohne Nudeln sind ebenfalls im Angebot. Das Restaurant hat kein englisches Schild, es befindet sich neben dem riesigen Schild mit der Entfernungsangabe zum Highway.

Bamboo Mexican House — INTERNATIONAL $$

(Th Sai Klang; Hauptgerichte 70–250 B; ⏲7.30–20.30 Uhr; 📶📝) Wie man mexikanische Speisen zubereitet, hat die Betreiberin und ehemalige Managerin einer inzwischen geschlossenen Pension von ihren amerikanischen und mexikanischen Gästen gelernt. Wir sind bei unseren Recherchen allerdings immer beim Kaffee sowie den leckeren hausgemachten Broten und Kuchen hängen geblieben. Öffnet früh und bereitet auch Lunchpakete für die Bootsfahrt nach Luang Prabang zu.

An- & Weiterreise

Wer weiter nach Laos reisen möchte, muss zum neuen **Busbahnhof** (☎053 792000; Rte 1020) 3 km südlich der Stadt. Alle anderen Busse halten an verschiedenen Stellen in der Nähe des Marktes. Um nach Chiang Saen zu kommen, fährt man mit einem **sorngtaaou nach Hat Bai** (Th Sai Klang) von einem Stand in der Th Sai Klang (50 B, 1 Std., gegen 8 Uhr) und steigt dann in einen anderen sorngtaaou nach Chiang Saen um.

BUSSE AB CHIANG KHONG

ZIEL	PREIS (B)	DAUER (STD.)	HÄUFIGKEIT
angkok	592–921	13	7 & 7.25 Uhr sowie 15–16 Uhr häufig
hiang Mai	254–395	6–7	7.15, 9.45 & 10.30 Uhr
hiang Rai	65–126	2½	5–16 Uhr stündl.
uang Namtha (Laos)	280	4	14.30 Uhr (Mo, Mi, Fr & Sa)
uang Prabang (Laos)	730	13	14.30 Uhr (Mo, Mi, Fr & Sa)
hayao	151	3	10.30 Uhr
udom Xay (Laos)	460	10	14.30 Uhr (Mo, Mi, Fr & Sa)

Pai

ปาย

☎053 / 2000 EW.

In den letzten zehn Jahren hat sich Pai immer mehr zu einer regelrechten Traveller-Oase entwickelt – eine Art Trauminsel ohne Strände. Überall in der Stadt gibt's Pensionen, Trekkingagenturen und Restaurants, und nachts erfüllen Livemusik und Partys den Ort.

Ungeachtet der vielen Besucher ist die Lage in einem Gebirgstal traumhaft schön, und viele Aktivitäten in der Natur sorgen dafür, dass keine Langeweile aufkommt. Die Tempel, ruhigen Seitenstraßen und interessanten Nachmittagsmärkte zeugen noch immer von den Shan-Wurzeln der Stadt.

Sehenswertes & Aktivitäten

Die meisten Sehenswürdigkeiten Pais liegen außerhalb des Stadtzentrums, darum kommt man um die Ausleihe eines Motorrads nicht herum. Motorräder werden überall in der Stadt ab 100 B pro Tag verliehen.

Tha Pai Hot Springs THERMALQUELLEN
(บ่อน้ำร้อนท่าปาย; Erw./Kind 300/150 B; ⏲7–18 Uhr Uhr) Auf der anderen Seite des Mae Nam Pai, 7 km südöstlich der Stadt befindet sich dieser gepflegte regionale Park, durch den ein malerischer Fluss fließt. An mehreren Orten mischt er sich mit den Thermalquellen, dort befinden sich hübsche Badestellen. Das Thermalwasser wird auch zu einigen Spas in der Nähe umgeleitet.

Thai Adventure Rafting RAFTING
(☎053 699111; www.thairafting.com; Th Chaisongkhram; ⏲10–21 Uhr) Bei den ein- bis zweitägigen Raftingtouren dieses erfahrenen Anbieters unter französischer Leitung besucht man einen Wasserfall, ein Fossilienriff und heiße Quellen. Eine Nacht verbringt man im hauseigenen Flusscamp.

Duang Trekking WANDERN
(☎053 699101; Duang Guesthouse, Th Chaisongkhram; ⏲7–21 Uhr) Ein etablierter einheimischer Veranstalter, der Trekkingtouren und Tagesausflüge rings um Pai anbietet.

Pai Traditional Thai Massage WELLNESS
(PTTM; ☎083 577 0498; 68/3 Soi 1, Th Wiang Tai; Massage pro 1/1½/2 Std. 200/300/380 B, Sauna 100 B, 3-tägiger Massagekurs 3000 B; ⏲9–21 Uhr) Sehr gute nordthailändische Massagen und (in den kühlen Monaten) eine Sauna mit medizinischen Kräutern. Jeden Montag und Freitag beginnen dreitägige Massagekurse (3 Std. pro Tag).

Schlafen

Pai Country Hut HOTEL $
(☎087 779 6541; www.paicountryhut.com; Ban Mae Hi; Bungalows inkl. Frühstück 400–650 B; 📶) Die Bambusbungalows sind einfach, aber ordentlich und größtenteils mit eigenen Bädern und Hängematten. Sie liegt zwar nicht direkt am Fluss, die Anlage ist jedoch die ansprechendste von mehreren ähnlichen in dieser Gegend.

Tayai's Guest House PENSION $
(☎053 699579; abseits der Th Raddamrong; Zi & Bungalows 400–700 B; ❄📶) Einfache, aber saubere Zimmer mit Ventilator oder Klimaanlage sowie Bungalows mit Klimaanlage in einer ruhigen, grünen Anlage gleich abseits der Hauptstraße. Die freundlichen älteren Gastgeber machen die Entscheidung, hier abzusteigen, leicht.

BUSSE & MINIVANS AB PAI

Vom winzigen **Busbahnhof** (Th Chaisongkhram) in Pai fahren langsame Busse mit Ventilator.

ZIEL	PREIS (B)	DAUER (STD.)	HÄUFIGKEIT
Chiang Mai	80	3–4	12 Uhr
Mae Hong Son	80	3–4	11 Uhr
Sop Pong (Pang Mapha)	80	1½	11 Uhr

Minivans nach Chiang Mai und zu Zielen in Mae Hong Son starten ebenfalls am Busbahnhof. Sie verkehren häufiger und sind effizienter.

ZIEL	PREIS (B)	DAUER (STD.)	HÄUFIGKEIT
Chiang Mai	150	3	7–17 Uhr stündl.
Mae Hong Son	150	2½	8.30 Uhr
Sop Pong (Pang Mapha)	100	1	8.30 Uhr

★ **Pairadise** HOTEL $$
(☎ 053 698065; www.pairadise.com; Ban Mae Hi; Bungalows 900–1300 B; ❄🛜🏊) Auf einem Kamm gleich außerhalb der Stadt mit Blick auf das Pai-Tal liegt dieses schicke Resort. Die Bungalows sind stilvoll, geräumig und mit Blattgold-Wandbildern, schönen rustikalen Bädern und Terrassen mit Hängematten ausgestattet. Sie liegen alle um einen von einer Quelle gespeisten Teich, in dem man baden kann. Das Pairadise befindet sich 750 m östlich vom Mae Nam Pai; gleich hinter der Brücke weist ein Hinweisschild den Weg.

★ **Bueng Pai Farm** PENSION $$
(☎ 089 265 4768; www.paifarm.com; Ban Mae Hi; Bungalows 1000–2000 B; 🛜🏊) In ländlicher Umgebung 2,5 km östlich von Pai liegen diese zwölf geräumigen Bungalows mit Ventilatoren strategisch günstig und malerisch um einen großen Teich mit Süßwasserfischen. Es gibt einen Pool, im Winter Lagerfeuer, eine Gemeinschaftsküche und Angelausrüstung. Bueng Pai liegt an der Straße zu den Tha Pai Hot Springs; nach dem Schild Ausschau halten.

Essen & Ausgehen

★ **Larp Khom Huay Poo** NORD-THAI $
(Ban Huay Pu; Hauptgerichte 50–100 B; ⌚9–20 Uhr) Spezialität (und ein absolutes Muss) des fleischlastigen lokal geprägten Restaurants ist *larp moo kua, lâhp* nach Art Nordthailands – Schweinehackfleisch gebraten mit Kräutern und Gewürzen. Zusammen mit einem Körbchen Klebreis, einem Teller bitterer Kräuter und einem eisgekühlten Bier die beste Mahlzeit in Pai.

Nachmittagsmarkt NORD-THAI $
(Th Raddamrong; Hauptgerichte 30–60 B; ⌚15–19 Uhr) Leckere regionale Speisen zum Mitnehmen gibt's auf diesem Markt, der von 15 Uhr bis zum Sonnenuntergang stattfindet.

Maya Burger Queen AMERIKANISCH $
(www.facebook.com/MayaBurgerQueen; Th Wiang Tai; Hauptgerichte 90–165 B; ⌚13–22 Uhr; 📝) Burger sind in Pai schwer angesagt und unsere mühevolle Recherche ergab, dass es die besten im Maya gibt. Hier ist alles hausgemacht, von den weichen, leicht süßen Brötchen über die reichhaltige Knoblauchmayonnaise bis zu den dicken Pommes.

Don't Cry BAR
(Th Raddamrong; ⌚18 Uhr–open end) Diese Bar auf der anderen Seite des Flusses ist genau die Art von Reggae-Bar, die man zuletzt auf Ko Pha-Ngan gesehen hat. Hier gibt's sowohl Livemusik als auch einen Club, alles ist supergechillt und die Bar bleibt geöffnet, bis sich der letzte Gast auf den Heimweg macht.

NICHT VERSÄUMEN

WASSERFÄLLE IN DER UMGEBUNG VON PAI

Rund um Pai gibt's ein paar Wasserfälle, deren Besuch lohnt, besonders in der Regenzeit (Oktober bis Anfang Dezember). Am beliebtesten ist der **Nam Tok Mo Paeng** (น้ำตกหมอแปง), der der Stadt am nächsten liegt und einige Becken hat, in denen man schwimmen kann. Er befindet sich 8 km von Pai an der Straße, die auch zum Wat Nam Hoo führt. Zu Fuß ist das sehr weit, doch mit dem Fahrrad oder Motorrad kommt man gut hin. Etwa genauso weit weg, aber in der entgegengesetzten Richtung, liegt gleich abseits der Straße nach Chiang Mai der **Nam Tok Pembok** (น้ำตกแพมบก). Am weitesten entfernt ist der **Nam Tok Mae Yen** (น้ำตกแมเย็น), zu dem man mehrere Stunden auf der schlechten Straße östlich von Pai läuft.

An- & Weiterreise

Der Flughafen von Pai liegt 1,5 km nördlich der Stadt an der Route 1095. Von hier gibt's täglich Flüge von/nach Chiang Mai.

INSIDERWISSEN

YUNNANESISCHE RESTAURANTS IN PAI

Mehrere Open-Air-Restaurants in Ban Santichon, 4 km westlich von Pai, servieren die traditionellen Gerichte der aus Yunnan stammenden Einwohner der Stadt. Im Angebot sind z. B. *màntŏ* (Dampfbrötchen), hier serviert mit Eisbein, das mit Kräutern geschmort wurde, sowie handgezogene Nudeln und verschiedene Gerichte mit regionalen Getreidesorten und exotischen Zutaten wie schwarzem Hühnchen. Hauptgerichte kosten 30 bis 250 B. Die meisten Restaurants sind von 7 bis 20 Uhr geöffnet.

Mae Hong Son แม่ฮ่องสอน

☎053 / 7000 EW.

Mit ihrer abgeschiedenen Lage und den umgebenden Bergen erfüllt Mae Hong Son die vorgefassten Erwartungen vieler Traveller, wie eine nordthailändische Stadt aussehen sollte. Und es kommt noch besser – hier gibt's so gut wie keine *túk-túks* oder Schlepper. Das heißt zwar nicht, das Mae Hong Son Neuland ist, doch angesichts des Potenzials der Stadt als Ausgangsbasis für Trekkingtouren kann hier jeder Besucher ganz einzigartige Tage erleben.

Sehenswertes & Aktivitäten

Angesichts der strahlend weißen Stupas und funkelnden Zinkdekoration der birmanischen und Shan-Tempel fragen sich viele Besucher verwundert, in welchem Land sie gerade sind.

★ Wat Phra That Doi Kong Mu BUDDHISTISCHER TEMPEL
(วัดพระธาตุดอยกองมู; ⏲bei Tageslicht) Wer auf den Hügel westlich der Stadt, den Doi Kong Mu (1500 m), klettert, kommt zu dieser Tempelanlage namens Wat Plai Doi. In den beiden Shan-*chedi*, die 1860 und 1874 errichtet wurden, befinden sich Schreine mit der Asche von Mönchen aus dem Shan-Staat in Myanmar (Birma). Auf der Rückseite des Wat steht ein hoher, schlanker Buddha. Von hier kann man die Landschaft westlich des Kammes sehen. Zum Komplex gehören auch ein Café und ein kleiner Touristenmarkt.

Nature Walks WANDERN
(☎089 552 6899; www.naturewalksthai-myanmar.com) Zwar sind die Trekkingtouren vielleicht teurer als bei der Konkurrenz, doch dafür ist John der beste Guide der Stadt. Die Auswahl reicht von eintägigen Naturwanderungen bis zu mehrtägigen Expeditionen durch die Provinz. Außerdem werden individuelle Ausflüge wie Orchideen-Touren (März–Mai) organisiert. John kann man per E-Mail oder telefonisch kontaktieren.

> **BOOTSTOUREN**
>
> Touren mit Longtailbooten auf dem nahen Mae Nam Pai sind sehr beliebt. Pensionen und Trekkingagenturen, die Wanderungen ab Mae Hong Son organisieren, arrangieren auch Touren auf dem Fluss. Die beliebteste Strecke beginnt in Tha Pong Daeng, 4 km südwestlich von Mae Hong Son. Die Boote fahren 15 km flussabwärts zum „Langhals"-Dorf Huay Pu Keng (700 B, 1 Std.) oder weiter bis zum Grenzposten Ban Nam Phiang Din (800 B, 1½ Std.), 20 km vom Pier entfernt, und kehren dann zurück. Es können maximal acht Passagiere mitfahren.

Friend Tour WANDERN
(☎053 611 647, 086 1807031; 21 Th Pradit Jong Kham; ⏲8–18.30 Uhr) Seit fast 20 Jahren im Geschäft und hochangesehen. Es gibt Trekking- und Rafting-Exkursionen sowie Tagesausflüge.

Maehongson Living Museum MUSEUM
(27 Th Singha-nat Barm Rung; ⏲8.30–16.30 Uhr) Das frühere Busdepot der Stadt, ein schönes Holzgebäude, wurde in ein Museum für regionalen Kultur, Architektur und Essen verwandelt. Zwar sind die meisten Informationen nur auf Thai, einige englischsprachige Karten und Broschüren gibt's aber auch. Zudem steht kostenloses WLAN zur Verfügung und jeden Tag um 16 Uhr findet eine kostenlose Stadtführung statt.

Schlafen

Palm House PENSION
(☎053 614022; 22/1 Th Chamnansatit; Zi 300–700 B; ❄📶) Das zweistöckige Betongebäude verfügt über mehrere triste, aber sau bere Zimmer mit TV, Kühlschrank, Warm wasser und Ventilator/Klimaanlage. Di Zimmer im neuen Anbau sind vergleichba ausgestattet, aber viel moderner, geräumi ger und attraktiver. Der hilfsbereite Besitze spricht Englisch und organisiert auf Wunsc den Transport.

Friend House PENSION
(☎053 620119; 20 Th Pradit Jong Kham; Z 150–500 B; 📶) Makellos saubere, wenn auc charakterlose Zimmer, von extrem einfache Varianten (d.h. Matratzen auf dem Fußb den) mit Gemeinschaftsbad und Warmwa ser bis hin zu großen Räumen mit eigene Bad. Alle Zimmer sind mit Ventilatoren au gestattet.

★ Sang Tong Huts HOTEL
(☎053 611680; www.sangtonghuts.org; Th Ma Santi; Bungalows 1200–2500 B; @📶🏊) Die Gruppe rustikaler Bungalows mit Venti toren und ohne Fernseher befindet sich einem bewaldeten Bereich gleich außerha der Stadt und ist eine der charaktervollst Unterkünfte der Stadt. Die Bungalows si groß, komfortabel und schön gestaltet, u

BUSSE & MINIVANS AB MAE HONG SON

Bus

Mae Hong Sons Bus- und Minivan-Bahnhof befindet sich 1 km südlich der Stadt, die Fahrt mit dem *túk-túk* oder Motorradtaxi dorthin kostet 60 B.

ZIEL	PREIS (B)	DAUER (STD.)	HÄUFIGKEIT
Bangkok	675–1050	15	15, 16 & 16.30 Uhr
Chiang Mai	185–450	8-9	8, 20 & 21 Uhr
Khun Yuam	43–200	2	8, 20 & 21 Uhr
Mae Sariang	97–250	4	8, 20 & 21 Uhr

Minivan

ZIEL	PREIS (B)	DAUER (STD.)	HÄUFIGKEIT
Chiang Mai	250	6	7–15 Uhr stündl.
Mae Sariang	200	3½	14 Uhr
Pai	150	2½	7–15 Uhr stündl.
Sop Pong (Pang Mapha)	100	1½	7–15 Uhr stündl.

die leckeren Backwaren und der Pool entschädigen für die relativ große Entfernung zum Stadtzentrum.

Piya Guesthouse HOTEL $$
(053 611 260; piyaguesthouse@hotmail.com; 1/1 Th Khunlumprapas; Bungalows 700 B;) Direkt am zentralen See in Mae Hong Son bietet diese Anlage Bungalows, die um einen Garten liegen, und einen kleinen Pool. Die Zimmer sind mit Klimaanlage, Kühlschrank, Fernseher und warmen Duschen ausgestattet. Alles ist sehr sauber und einladend und die Lage des Hotels ist einfach perfekt.

Essen & Ausgehen

little good things THAI, INTERNATIONAL $
(www.facebook.com/littlegoodthings; abseits der Th Khunlumprapas; Hauptgerichte 30–70 B; Mi–Mo 8–15 Uhr;) In einer Stadt mit so einzigartigem und leckerem regionalem Essen wollten wir eigentlich gar nicht in dieses neue vegane Café und Restaurant gehen, doch es hat sich als eines der besseren Restaurants der Stadt entpuppt. Die Karte ist kurz und enthält leckere Frühstücksangebote und Gerichte, von der Thai-Küche beeinflusste Gerichte, allesamt fleischfrei, gesund, unglaublich billig und vor allem köstlich.

Morgenmarkt THAI $
(abseits der Th Phanich Wattana; Hauptgerichte 10–30 B; 6–9 Uhr) Ein Frühstück auf dem Morgenmarkt der Stadt ist ein ungewöhnliches Vergnügen. Mehrere Händler am nördlichen Ende des Markts offerieren ungewöhnliche Gerichte wie *tòo·a poo ùn*, ein birmanisches Nudelgericht mit dickem Schälerbsenporridge, oder frittiertem „birmanischem Tofu".

Chom Mai Restaurant THAI $
(Abseits der Rte 108; Hauptgerichte 40–290 B; 8.30–15.30 Uhr;) Die Auswahl auf der englischsprachigen Karte ist begrenzt, doch sehr zu empfehlen sind Khao Soi (Curry-Nudelsuppe nach Art Nordthailands) oder Khao Mok Gai (die thailändische Version von Biryani).

Das Chom Mai liegt rund 4 km südlich von Mae Hong Son entlang der Straße nach Tha Pong Daeng. Ein englisches Schild gibt's nicht – einfach nach dem Doi-Chaang-Kaffee-Schild schauen.

Nachtmarkt THAI $
(Th Phanich Wattana; Hauptgerichte 20–60 B; 16–20 Uhr) Auf diesem bei den Einheimischen beliebten Nachtmarkt gibt's Shan- und nordthailändische Gerichte zum Mitnehmen.

Crossroads BAR
(61 Th Khunlumprapas; 8–1 Uhr;) Die freundliche Kombination aus Bar und Restaurant ist wirklich in vieler Hinsicht eine Kreuzung, von der Lage an einer der Hauptkreuzungen Mae Hong Sons bis zum Publikum, das von Backpackern, die noch grün hinter den Ohren sind, bis zu hartgesottenen Einheimischen reicht. Und: Es gibt Steak (180–250 B).

BUSSE & MINIVANS AB MAE SARIANG

ZIEL	PREIS (B)	DAUER (STD.)	HÄUFIGKEIT
Bangkok	536–834	12	16–20 Uhr 4 Abfahrten
Chiang Mai	100–350	4–5	0.30, 1 & 13 Uhr
Khun Yuam	150	3	10.30–16.30 Uhr 4 Abfahrten
Mae Hong Son	150	4	4 & 17 Uhr

Praktische Informationen

Touristenpolizei (☎ 053 611812, in Thailand 1155; Th Singha-nat Barm Rung; ⌚ 8.30–16.30 Uhr)

Anreise & Unterwegs vor Ort

Für viele Besucher lohnt sich die Mehrausgabe für einen Flug von Chiang Mai nach Mae Hon Son gegenüber dem Bus wegen der großen Zeitersparnis. Täglich gibt's zwei Flüge von **Bangkok Airways** (☎ 053 611426; www.bangkokair.com; Flughafen Mae Hong Son; ⌚ 8–17.30 Uhr) von/nach Chiang Mai (ab 990 B, 35 Min.). Ein *túk-túk* in die Stadt kostet etwa 80 B.

Mae Sariang แม่สะเรียง

☎ 053 / 20 000 EW.

Das wenig besuchte Mae Sariang erfreut sich wegen seiner schönen Lage am Fluss und seinem Potenzial als Basis für nachhaltigen Tourismus und Wanderungen wachsender Beliebtheit, ist aber immer noch sehr ruhig. In der Umgebung gibt's mehrere Siedlungen der Bergvölker, besonders 30 km nördlich der Stadt rund um Mae La Noi. Im Gebiet südlich von Mae Sariang, das überwiegend aus bergigem Dschungel besteht, befinden sich die beiden Nationalparks Salawin und Mae Ngao.

Salawin-Nationalpark NATIONALPARK

(อุทยานแห่งชาติสาละวิน; ☎ 053 071429; 200 B) Dieser Nationalpark umfasst 722 km² geschütztes Land, das zu den Bezirken Mae Sariang und Sop Moei gehört. Im überwiegend bewaldeten Park wachsen Teakbäume und asiatische Mammutbäume, darunter der wahrscheinlich zweitgrößte Teakbaum Thailands. Es gibt zahlreiche Wanderwege und man kann auch mit dem Boot auf dem Mae Nam Salawin bis zum Außenposten des Parks bei Tha Ta Fang fahren.

Schlafen & Essen

Northwest Guest House PENSION $

(☎ 098 368 3867; patiat_1@hotmail.com; 81 Th Laeng Phanit; Zi. 250–350 B; ❄@☎) Die sieben Zimmer in diesem gemütlichen Holzhaus mit Matratzen auf dem Boden sind einfach und nur die Hälfte hat ein eigenes Bad, sie bieten aber Tageslicht und relativ viel Platz. Hier lassen sich Trekkingtouren und andere Exkursionen arrangieren.

★ **Riverhouse Hotel** HOTEL $$

(☎ 053 621201; www.riverhousehotels.com; 77 Th Laeng Phanit; Zi. inkl. Frühstück 1000–1300 B; ❄@☎) Eine Kombination aus Teakholz und stilvoller Dekoration, von der Lage am Fluss ganz zu schweigen, macht dieses Boutique-Hotel zur besten Unterkunft der Stadt. Die Zimmer haben Klimaanlage, riesige Balkons mit Blick auf den Fluss und raumhohe Fenster. Die Gäste können den Pool des gleich südlich in der Th Laeng Phanit liegenden **Riverhouse Resort** (☎ 053 683066; Zi. inkl. Frühstück 1500–2800 B; ❄@☎≋) nutzen, das von denselben Leuten geleitet wird.

★ **Muu Thup** NORD-THAI

(Th Wiang Mai; Hauptgerichte 50–80 B; ⌚ 8–19 Uhr) Eine Grillhütte, in der es authentisches und unglaublich köstliches – nordthailär disches Grillfleisch gibt, darunter das na mengebende *mŏo đúp* (Schweinefleisch, da gegrillt und dann mit einem Fleischklopfe weich geklopft wird). Das Lokal liegt an de Kreuzung der Straße nach Mae Sariang ur hat kein englisches Schild, man erkennt e am Grill.

Intira Restaurant THA

(Th Wiang Mai; Hauptgerichte 50–200 B; ⌚ 8–22 Uh Auf der guten Karte des wohl besten A roundrestaurants der Stadt stehen Speise mit originellen Zutaten, z. B. hier angebau Shiitakepilze und Fische aus dem Mae Na Moei.

WESTTHAILAND

Hohe, wild zerklüftete Berge erheben si über der zentralen Ebene und bilden Westen von Thailand die Grenze zu Mya mar (Birma). Obwohl sich die Bevölkerun zentren in relativer Nähe befinden, sind große Teile der Region nach wie vor abgelegen und wenig entwickelt, sodass Besucher eine deutliche Grenzatmosphäre verspüren. Kanchanaburi, nur ein paar Busstunden von Bangkok entfernt, ist ein bequemes Tor zu dieser Region.

Kanchanaburi กาญจนบุรี

☎034 / 94 600 EW.

Kanchanaburi hat leider eine sehr düstere Geschichte: als Stätte der sogenannten „Death Railway" (Todeseisenbahn), der Eisenbahnstrecke zwischen Thailand und Burma, die während des Zweiten Weltkriegs von alliierten Kriegsgefangenen und asiatischen Zwangsarbeitern errichtet wurde. Das Buch und der Film *Die Brücke am Kwai* haben sie weltweit bekannt gemacht. Kanchanaburi ist aber auch ein perfekter Ausgangspunkt für den Besuch der Nationalparks im wilden Westen Thailands. Außerdem gibt's hier zahlreiche schöne Resorts, die am Fluss liegen.

Sehenswertes

Death Railway Bridge HISTORISCHE STÄTTE

(สะพานข้ามแม่น้ำแคว, Brücke über den Kwai; 24 Std.) GRATIS Diese 300 m lange Brücke liegt schwer an der Last der Geschichte, denn beim Bau der Eisenbahn zwischen Thailand und Birma kamen Tausende Kriegsgefangene ums Leben. Der Mittelteil der Brücke wurde 1945 bei Bombenangriffen der Alliierten zerstört, nur die äußeren Brückenbögen blieben original erhalten. Besucher können nach Belieben über die Brücke spazieren, falls ein Zug kommt, begibt man sich in einen der Sicherheitsbereiche. Rund um die Brücke tummeln sich Händler mit ihren Essensständen und Souvenirverkäufer, sodass die Atmosphäre unpassenderweise an einen Rummel erinnert; wer dem Trubel entgehen will, kommt frühmorgens oder spät am Tag.

Kanchanaburi

Kanchanaburi

Highlights

1 Death Railway Bridge A1
2 Thailand–Burma Railway Centre B3

Sehenswertes

3 JEATH-Kriegsmuseum A5
4 Kanchanaburi War Cemetery B4

Schlafen

5 Blue Star Guest House B3
6 Sabai@Kan A2
7 Sugar Cane 2 Guesthouse A2

Essen

8 Blue Rice A3
9 JJ Market B3
10 On's Thai-Issan B3

ABSTECHER

SEHENSWERTES RUND UM KANCHANABURI

Geführte Touren sind eine bequeme Möglichkeit, die herrliche Landschaft rings um Kanchanaburi zu erleben. Bei vielen Touren stehen Fahrten auf Bambusflößen und kurze Dschungelwanderungen auf dem Programm. Tagestouren kosten in der Regel 800 bis 1100 B pro Person, Eintrittspreise und Mittagessen sind normalerweise im Preis enthalten.

Erawan-Nationalpark (อุทยานแห่งชาติเอราวัณ; ☎034 574222; Erw./Kind 300/200 B, Auto/Motorrad 30/20 B; ⏲8–16.30 Uhr) Das Baden in den leuchtend blauen Becken der **Erawan-Fälle** ist das Highlight dieses 550 km² großen Parks. Über sieben Stufen rauschen Wasserfälle durch den Wald. Ein Bad in den Becken unter diesen kristallklaren Kaskaden ist bei Einheimischen und Besuchern gleichermaßen beliebt. Der Weg zu den ersten drei Stufen ist einfach. Danach benötigt man Wanderschuhe und etwas Ausdauer, um den steilen 2 km langen Wanderweg zu bewältigen. Die Mühe lohnt sich aber, denn in den beiden unteren Becken herrscht viel Trubel. Von Kanchanaburi fahren stündlich Busse hierher (50 B, 1½ Std.).

Hellfire Pass Memorial (พิพิธภัณฑ์ช่องเขาขาด; ☎034 919605; Hwy 323; ⏲Museum 9–16 Uhr, Gelände 7.30–18 Uhr) Das erschütternde Museum und der Gedenkpfad ehren all jene, die beim Bau der Thailand-Burma-Eisenbahn im Zweiten Weltkrieg ums Leben kamen. Man sollte mit dem Museum beginnen und nach dem kostenlosen Audioguide fragen, der historische Fakten und faszinierende Berichte Überlebender aus erster Hand bietet. Danach geht's hinter dem Museum hinunter zu einem Pfad, der dem alten Gleisbett folgt. Der berüchtigte Schnitt durch die Felsen, bekannt als Hellfire-Pass, war der längste auf der gesamten Bahnstrecke und der mörderischste für die Arbeiter, die gezwungen wurden, ihn durchzuführen.

★ Thailand–Burma Railway-Centre MUSEUM

(ศูนย์รถไฟไทย-พม่า; ☎034 512721; www.tbrconline.com; 73 Th Jaokannun; Erw./Kind 140/60 B; ⏲9–17 Uhr) Das hervorragende Museum präsentiert eine ausgewogene Mischung von Statistiken und historischem Hintergrund und persönlichen Berichten über die entsetzlichen Bedingungen, unter denen die Kriegsgefangenen und Zwangsarbeiter litten, als sie gezwungen wurden, die Eisenbahnstrecke von Thailand nach Birma zu bauen. Kanchanaburis Rolle im Zweiten Weltkrieg wird umfassend erklärt, der größte Teil des Museums widmet sich aber dem Leben der Bahnarbeiter, vom Transport in beengten Güterwagen bis zu den von Seuchen geplagten Arbeitslagern im Dschungel, und dem Schicksal von Überlebenden nach Kriegsende. Für das ergreifende Video mit Zeitzeugenberichten sowohl von Kriegsgefangenen als auch von japanischen Soldaten sollte man sich Zeit nehmen.

Kanchanaburi War Cemetery MILITÄRFRIEDHOF

(สุสานทหารพันธมิตรดอนรัก, Militärfriedhof der Alliierten; Th Saengchuto; ⏲24 Std.) Der größere der beiden Militärfriedhöfe Kanchanaburis wird von der Commonwealth War Graves Commission makellos gepflegt und befind[et] sich mitten in der Stadt. Die Hälfte der 69[..] hier beigesetzen Soldaten waren Briten, d[ie] übrigen kamen hauptsächlich aus Austra[li]en und den Niederlanden. Vom Friedho[f]eingang aus betrachtet, liegen im gesamt[en] rechten Bereich britische Soldaten begrabe[n], im vorderen linken Teil befinden sich Gräb[er] australischer Soldaten und im hinteren li[n]ken Teil die Gräber niederländischer und u[n]bekannter Soldaten. Jene, die eingeäsch[ert] wurden, liegen am äußersten linken Rand.

JEATH-Kriegsmuseum MUSE[UM]

(พิพิธภัณฑ์สงคราม; Ecke Th Wisuttharangsi & Pak Phraek; 50 B; ⏲8.30–16.30 Uhr) Das Mu[se]um mit drei Galerien zeigt Briefe und Kun[st]werke früherer Kriegsgefangener, die am B[au] der Brücke mitarbeiteten. Sie vermitteln [ei]nen Einblick in die harten Lebensbeding[un]gen. Zu sehen sind außerdem verschiede[ne] persönliche Gegenstände und Kriegsobje[kte], darunter eine nicht explodierte Bombe, [die] von den Alliierten abgeworfen wurde, um [die] Brücke zu zerstören. Eine der drei Galer[ien] ist aus Bambus im Stil der Kriegsgefan[ge]nenunterkünfte (*attap* genannt) gebaut[, in] einer anderen wird ein zehnminütiges Vi[deo] gezeigt.

Schlafen

Blue Star Guest House PENSION $
(☎ 064 984 4329, 034 512161; www.bluestar-guesthouse.com; 241 Th Mae Nam Khwae; DZ mit Ventilator/Klimaanlage 350/450 B, Bungalow 550–750 B;) Direkt am Fluss und mitten in der Natur gelegene Unterkünfte, von einfachen Zimmern und Hütten mit Strohdach bis zu solideren im Bungalowstil. Die familiengeführte Pension ist mit der Dschungelatmosphäre und den hilfsbereiten Mitarbeitern eine der besten Budgetoptionen der Stadt.

Sugar Cane 2 Guesthouse PENSION $
(☎ 034 514988; Th Cambodia; DZ mit Ventilator/Klimaanlage 300/550 B;) Man fühlt sich wie auf dem Land, doch vom Sugar Cane 2 sind es nur zehn Gehminuten bis zu den Restaurants und Bars in der Th Mae Nam Khwae. Es könnte zwar mal eine Renovierung vertragen, die Preise sowohl für die Zimmer zur Landseite als auch für die Bambusfloss-Zimmer sind aber fair.

★ **Sabai@Kan** RESORT $$
(☎ 034 521559; www.sabaiatkan.com; 317/4 Th Mae Nam Khwae; inkl. Frühstück DZ 1400–1700 B, 3BZ 2100 B;) Das gastfreundliche und tadellos geführte Boutique-Resort hat moderne Zimmer in Cremetönen und mit Mahagonieinrichtung, die sich rund um den Pool verteilen und deren riesige Fenster einen Blick auf den hübschen Garten am Pool bieten. Das Resort verströmt das Flair einer friedlichen Oase, befindet sich aber in der Nähe der Haupttouristenmeile der Stadt.

Ban Sabai Sabai PENSION $$
(☎ 089 040 5268; www.bansabaisabai.com; 102/3 Mu 4, Nong Bua; DZ 400–800 B, FZ ab 1650 B;) Die freundliche Unterkunft, die sich etwa 4 km westlich der Stadt nahe des Highway 323 mitten auf dem Lande befindet, macht ihrem Namen „Haus der Entspannung" alle Ehre. Die Zimmer liegen um einen blühenden Garten und sind einfach, aber gepflegt. Die Inhaber können auf Wunsch alles Mögliche arrangieren, von Kochkursen bis zur Weiterfahrt. Man kann um die kostenlose Abholung in der Stadt bitten, am günstigsten ist aber ein eigenes Fahrzeug, wenn man ein paar Tage hier bleiben möchte.

Essen

Blue Rice THAI $
(www.applenoikanchanaburi.com; 153/4 Mu 4, Ban Tamakahm; Hauptgerichte ab 135 B; ⏱ 12–14 & 17.30–22 Uhr;) Mit den meisterlichen Gewürzmischungen, der kreativen Karte und dem friedlichen Blick auf den Fluss ist dies eines der unwiderstehlichsten Restaurants Kanchanaburis. Die Spezialität des Hauses, das *massaman*-Curry, ist perfekt ausgewogen. Auf der Karte stehen viele neu interpretierte Klassiker der Thai-Küche, etwa *yam sôm oh* (Pampelmusensalat) und Hühner-Kokossuppe mit Bananenpflanze. Der namengebende blaue Reis wird mit Blütenblättern der Pea Flower gefärbt, falls sich jemand fragt …

On's Thai-Issan VEGETARISCH $
(☎ 087 364 2264; www.onsthaiissan.com; Th Mae Nam Khwae; Hauptgerichte ab 70 B; ⏱ 12–22 Uhr;) In diesem zwanglosen Restaurant bedient sich die vegetarische und vegane Küche bei Aromen aus der Region Isan. Klassische Thai-Gerichte werden ganz neu erfunden und ausschließlich mit pflanzlichen und gesunden Zutaten wie braunem Reis zubereitet. Vor den Augen der Gäste werden draußen in der Pfanne Bananenblumensalat, Ingwer-Tofu und „morning glory" (Pfannengemüse) gekocht und in großzügigen Portionen serviert.

JJ Market MARKT $
(Th Saengchuto; Snacks ab 15 B; ⏱ 17.30–22 Uhr) Auf einem der beliebtesten Nachtmärkte der Stadt gibt's Essen, Kleidung und Souvenirs. Hier kann man nach Belieben Bananenfritten, gebackene Wachteleier, gegrillten Tintenfisch, Mango-Klebreis und alles Mögliche aus der Fritteuse schlemmen.

Praktische Informationen

Hauptpost (Th Saengchuto; ⏱ Mo–Fr 8.30–16.30, Sa & So 9–12 Uhr)

Thanakarn Hospital (☎ 034 622366; abseits der Th Saengchuto) Dies ist das am besten ausgestattete Krankenhaus für ausländische Besucher.

Thailändisches Fremdenverkehrsamt (TAT; ☎ 034 511200; www.tourismthailand.org/Kanchanaburi; Th Saengchuto ⏱ 8.30–16.30 Uhr) Kostenlose Stadtpläne und Karten der Provinz sowie Busfahrpläne.

Touristenpolizei (☎ 034 512795; Th Saengchuto)

An- & Weiterreise

BUS

Der **Busbahnhof** (☎ 034 515907; Th Lak Meuang) befindet sich im Stadtzentrum gleich abseits der Th Saengchuto. Von hier fahren mehr Minivans als Busse. Es gibt für Touristen auch Minivans nach Bangkok, sie holen ihre Passagiere entlang der Th Mae Nam Khwae ab.

BUSSE AB KANCHANABURI

ZIEL	PREIS (B)	DAUER (STD.)	HÄUFIGKEIT
Bangkok Khao San Rd	120	2½	häufig (Minivan)
Busbahnhof Bangkok Nord (Mo Chit)	100-150	2½	häufig (Minivan)
Busbahnhof Bangkok Süd (Sai Tai Mai)	100	2½	alle 20 Min. (Minivan)
Chiang Mai	594	10–11	3-mal tgl. (8.30, 18 & 19 Uhr)
Hua Hin	220	3½	alle 2 Std. (5–18 Uhr)
Nong Khai	495-829	11	1-mal tgl. (19 Uhr)
Ratchaburi	50	2½	alle 20 Min.
Sangkhlaburi (via Thong Pha Phum)	145-175	3½–5	alle 30 Min. (7–17 Uhr)
Suphanburi	48–65	2½	alle 30 Min.

ZUG

Kanchanaburi liegt an der Bahnlinie Bangkok Noi–Nam Tok, die ein Teilstück der historischen Death Railway benutzt. Das staatliche Bahnunternehmen (State Railway of Thailand, SRT) vermarktet die Linie als historische Route und berechnet Ausländern pauschal 100 B pro Strecke, egal, wie lang oder kurz diese ist.

Züge nach Bangkok Noi (3 Std.) fahren um 7.19 und 14.48 Uhr ab.

Unterwegs vor Ort

Pensionen und Geschäfte in der Th Mae Nam Khwae verleihen Motorräder für etwa 200 B pro Tag. Fahrräder kosten ab 50 B pro Tag.

Gelbe und blaue *sorngtaaou* (Passagier-Pick-ups) fahren die Th Saengchuto auf und ab (wer zur Gegend mit den Pensionen möchte, steigt am Friedhof aus), sie kosten 10 B pro Fahrt. Motorradtaxis verlangen für die Fahrt vom Bahnhof bis zu der Gegend mit den Pensionen etwa 50 B.

Sangkhlaburi สังขละบุรี

☎034 / 8000 EW.

Das abgelegene Sangkhlaburi ist von Wäldern umgeben. Der Khao-Laem-Stausee umringt fast die gesamte Stadt. Kurzzeitbesucher verbringen ihre Tage mit Kanufahrten, Wanderungen oder dem Stöbern nach Kunsthandwerk. Sangkhlaburi ist auch einer der multikulturellsten Orte Thailands, hier mischen sich Thais, Karen und Mon mit Laoten und Myanmaren.

Sehenswertes & Aktivitäten

★ Saphan Mon BRÜCKE

(สะพานมอญ) Sangkhlaburis berühmte, 440 m lange Holzbrücke ist die größte Brücke Thailands. Nachdem sie überwiegend durch rein manuelle Arbeitskraft erbaut wurde, erhielt sie den Spitznamen „Brücke des Glaubens' Die Saphan Mon verbindet den Hauptte der Stadt, in der überwiegend Thais un Karen leben, mit der **Mon-Siedlung**. Ei Streifzug durchs Dorf ist faszinierend: Frau en, die *cheerot*-Zigarren rauchen, Männe in Sarongs, und Gesichter, die mit *thanak* (eine gelbe Paste aus Baumrinde, die a Sonnenschutz und Verzierung benutzt wirc bedeckt sind. Teile der Brücke sind unebe also Vorsicht!

Khao-Laem-Stausee S

(เขื่อนเขาแหลม) Dieser gigantische See, ur rahmt von grünen Hügeln, umschlie fast ganz Sangkhlaburi. Er entstand in d 1980er-Jahren durch den Bau des **Vajir longkorn-Damms** (Khao-Laem-Dam, เขื่อนว าลงกรณ์; ⏲6–18 Uhr) GRATIS. Zwei Dörfer, d ren Standorte im neuen See verschwande wurden an einen neuen Ort umgesiedelt; d Saphan Mon (S. 814) wurde gebaut, um mit der Stadt zu verbinden. Heute sind v den alten Dörfern nur noch die Ruinen dr er Tempel erhalten. Auf einer **Bootsfah** (Saphan Mon; 500 B pro Pers.) kann man aus der Nähe sehen und den gemächlich Rhythmus des Lebens auf dem See erlebe

Sangkhlaburi Jungle Trekking WAND

(☎085 425 4434; jarunsaksri1@gmail.com) Wälder rund um Sangkhlaburi sind wil und weniger besucht als die meisten W derziele Nordthailands. „Jack", der ü jahrelange Erfahrung als Guide verfü kann maßgeschneiderte Touren für un schiedliche Fitnesslevels und für Fami arrangieren. Die abenteuerlichste Tour die einwöchige Wanderung zur myanm schen Grenze, die von Sangkhlaburi n Um Phang führt und bei der man unterw in Karen-Dörfern übernachtet.

Schlafen & Essen

P Guesthouse PENSION $
(081 450 2783, 034 595061; www.p-guesthouse.com; abseits der Th Si Suwankhiri; DZ mit Ventilator 300 B, DZ/3BZ mit Klimaanlage 400/600 B;) Budget-Traveller werden selten mit einer solchen Aussicht verwöhnt. Von den Stein- und Holzblockhütten dieser familiengeführten Bleibe schaut man aufs friedliche Wasser. Die Zimmer mit Ventilator haben Gemeinschaftsbäder mit kaltem Wasser, in den Zimmern mit Klimaanlage gibt's eigene Bäder und die schönste Aussicht. Im **Restaurant** kann man fantastisch entspannen. Kanus werden fast direkt vor der Tür verliehen.

★ **Phu Chom Mork Resort** RESORT $$$
064 964 7767; www.phuchommorkresort.com; 2/6 Mu 3, Nong Lu; DZ inkl. Frühstück 1500–2000 B;) Der großartige Service und die grüne Umgebung machen das Phu Chom Mork zur schicksten Unterkunft Sangkhlaburis. Die geräumigen Zimmer haben Bäder mit tollem Steineffekt und liegen über eine von Bananenpflanzen umgebene Parkanlage verteilt, in der das Zirpen der Grillen und das Prasseln des Regens die einzigen Geräusche sind.

★ **Baan Unrak Bakery** VEGETARISCH, BÄCKEREI $
034 595 006; www.baanunrak.org; Th Si Suwankhiri; Snacks 25–90 B, Hauptgerichte 80–150 B; Mo–Sa 8–19.30 Uhr;) Das überwiegend vegane Café gehört zur gemeinnützigen Organisation Baan Unrak. Sein fleischloses *pad thai*, das grüne Curry und die frisch gebackenen Pizzas erfreuen sich weithin großer Beliebtheit, gar nicht zu reden von den hausgemachten Backwaren, deren Palette von Bananenkuchen bis zu Schokoladen-Donuts reicht.

Toy's THAI $
Sangkhlaburi; Hauptgerichte 50–150 B; Sa–Do 9–20 Uhr) Im Toy's werden die fantastischen Isaner Gerichte mit einem Lächeln serviert. Das Angebot wechselt je nach Saison, man darf sich aber z. B. auf *gài tôrt* (knuspriges Brathühnchen), *lâhp gà-a* (würziger Hackfleischsalat mit Kräutern) und auf dickes, aromatisches *massaman*-Curry freuen.

An- & Weiterreise

Von einem **Parkplatz** (abseits des Westendes der Thetsaban 1) im Westteil des Stadtzentrums fahren alte rote Busse nach Kanchanaburi (130 B, 4 Std., 6.30, 8, 9.30 & 13 Uhr) sowie klimatisierte Busse zum Busbahnhof Mo Chit in Bangkok (281 B, 7 Std., 8.30 Uhr). Minivans nach Kanchanaburi (175 B, 3½ Std., fast stündl.) starten in der Nähe des **Blend Cafe** (Soi Thetsaban 1; 8–20 Uhr;), wo man auch Bustickets kaufen und sich in einem Kioskfenster die Fahrpläne anschauen kann.

ABSTECHER

SAI-YOK-NATIONALPARK

Sai-Yok-Nationalpark (อุทยานแห่งชาติไทรโยค; 034 686024; www.dnp.go.th; Erw./Kind 300/200 B; bei Tageslicht) Höhlen, Wasserfälle und Wanderwege im Wald locken Besucher in den 958 km² großen Sai-Yok-Nationalpark. Vom **Besucherzentrum** erreicht man die Hauptattraktionen problemlos zu Fuß, darunter den **Sai-Yok-Yai-Wasserfall** (Nam Tok Sai Yok Yai, น้ำตกไทรโยคใหญ่). Hier fällt das Wasser ein kurzes, aber malerisches Stück hinunter in den Mae Nam Khwae Noi. Die Wege sind gut markiert und gewartet, auf den meisten ist Radfahren erlaubt. Der Mischwald, in dem seltene Tiere wie Schweinsnasenfledermäuse und ungewöhnliche Süßwasserkrabben zu Hause sind, ist nie auch nur annähernd so überfüllt wie der **Erawan-Nationalpark**.

Der Park liegt auf halbem Weg zwischen Kanchanaburi und Sangkhlaburi – von Bussen (60 B, 1½ Std., alle 30 Min.) in beide Richtungen werden Fahrgäste auf Wunsch am Abzweig zum Park abgesetzt.

Mae Sot แม่สอด

055 / 52 000 EW.

Das entlegene Mae Sot ist eine der multikulturellsten Städte Thailands. In den Straßen der Stadt sieht man eine faszinierende ethnische Mischung: myanmarische Männer in ihren *longyi* (Sarongs), Hmong- und Karen-Frauen in traditionellen Trachten der Bergvölker, bärtige Muslime, Thai-Soldaten und Ausländer, die bei Nichtregierungsorganisationen arbeiten.

In Mae Sot gibt's zwar nicht viele echte Sehenswürdigkeiten, dennoch bleiben viele Besucher länger als geplant: Die multikulturelle Atmosphäre, die aufregenden Aktivitäten und das gute Essen machen den Reiz der Stadt aus.

BUSSE AB MAE SOT

ZIEL	PREIS (B)	DAUER (STD.)	HÄUFIGKEIT
Bangkok	290–580	7–8	8–21.50 Uhr häufig
Chiang Mai	290	5–6	6.15 & 22 Uhr
Chiang Rai	374	9	7 Uhr
Lampang	223	4	6, 7 & 10 Uhr
Mae Sai	416	12	7 Uhr
Phitsanulok	172	4	7–14.40 Uhr 4 Abfahrten
Sukhothai	133	3	7–14.40 Uhr 4 Abfahrten

Sehenswertes & Aktivitäten

Grenzmarkt MARKT
(ตลาดริมน้ำเมย; Rte 12/AH1; 7–19 Uhr) Entlang des Mae Nam Moei auf thailändischer Seite erstreckt sich dieser riesige Markt. Zur Auswahl stehen u. a. birmanische Alltagsgüter, Imitate von Markenkleidern sowie günstige chinesische Elektronikwaren und Essstände. Er liegt 5 km westlich von Mae Sot; *sorngtaaou* fahren zwischen 6 und 18 Uhr in der Th Chid Lom ab (20 B).

Herbal Sauna BADEHAUS
(Wat Mani, Th Intharakhiri; 20 B; 15–19 Uhr) Kräutersaunaanlage für Männer und Frauen am rückwärtigen Teil des Klostergeländes hinter den *gù·đì* (Wohnräumen) der Mönche.

Schlafen & Essen

Sleep Nest Hostel HOSTEL $
(081 845 5579; www.facebook.com/sleepnesthostel; Th Intharakhiri; B 300–450 B;) Kabinenartige Betten im Mehrbettzimmer gibt' in diesem geräumigen, jugendlichen, stilvo designten Hostel in Mae Sot. Die teurere Kabinen befinden sich auf Bodenhöhe un bieten viel mehr Platz. In den Gemein schaftseinrichtungen herrscht Baratmo sphäre und die Bäder sind sauber und gu ausgestattet.

Phan Nu House PENSION
(081 972 4467; 563/3 Th Intharakhiri; Zi. 300 500 B;) In einem Wohngebiet abseit der Straße überzeugen die 29 großen Zimmer, größtenteils mit Klimaanlage, T Kühlschrank und Warmwasser, mit eine guten Preis-Leistungs-Verhältnis.

Lucky Tea Garden BIRMANISCH
(Th Suksri Rat-Uthit; Hauptgerichte 10–50 6–18 Uhr) In diesem freundlichen Ca kann man eine echte birmanische Teestu erleben: Es gibt süßen Tee, leckere Snac und natürlich schlechte birmanische Po musik.

WEITERREISE NACH MYANMAR (BIRMA): VON MAE SOT NACH MYAWADDY

Die 420 m lange Freundschaftsbrücke verbindet Mae Sot und Myawaddy im Kayin-Staat in Myanmar.

Anreise zur Grenze *Sŏrng·tăa·ou* pendeln zwischen 6 und 18 Uhr regelmäßig zwischen Mae Sot und der Freundschaftsbrücke (20 B).

An der Grenze Nach dem Passieren des **thailändischen Einwanderungsschalters** (055 563004; Rte 12/AH1; 5.30–20.30 Uhr) geht's weiter zum **myanmarischen Einwanderungsschalter** (95 0585 0100; Bayint Naung Rd; 5–20 Uhr, in Myanmar gültige Zeit). Hat man schon ein myanmarisches Visum, kann man von hier einfach weiterreisen. Ansonsten muss man am myanmarischen Einwanderungsschalter eine Gebühr von 500 B für einen befristeten Pass zahlen, mit dem man bis 20 Uhr desselben Tages in Myawaddy bleiben darf; der eigene Pass wird an der Grenze aufbewahrt.

Weiterreise Etwa 200 m hinter der Grenze warten weiße Sammeltaxis. Sie fahren u. a. nach Mawlamyine (10 000K, 4–6 Std.), Hpa-an (9000 K, 6 Std.) und Yangon (25 000 K, 14 Std.). Außerdem fährt täglich ein Bus nach Yangon (15 000K, 14 Std., 5 Uhr).

Infos zur Überquerung der Grenze in entgegengesetzter Richtung gibt's auf S. 547.

WEITERREISE NACH MYANMAR (BIRMA): VON PHU NAM RON NACH DAWEI

An diesem entlegenen Grenzübergang werden keine Visa für Myanmar erteilt. Man darf hier auch nicht mit einem E-Visum (elektronisches Visum) nach Myanmar einreisen.

Anreise zur Grenze Vom Busbahnhof in Kanchanaburi (S. 813) fahren täglich ab 9 Uhr etwa sechs Busse (70–80 B, 2 Std.) und Minivans (100 B, 1½ Std.) direkt zur Grenze. Wer zeitig aufbricht, kann es an einem Tag nach Dawei schaffen. Falls nicht, gibt's unterwegs in Phu Nam Ron Pensionen.

An der Grenze Nachdem man den thailändischen Ausreisestempel erhalten hat, wartet man auf den Shuttlebus (50 B) oder nimmt ein Motorradtaxi zur Einreisebehörde von Myanmar. Auf beiden Seiten sind die Grenzformalitäten stressfrei, wenn auch etwas langsam.

Weiterreise Nicht weit von der Einwanderungsbehörde warten Minivans, die für 800 B nach Dawei fahren, wobei der Preis manchmal verhandelbar ist. Die Fahrt dauert fünf Stunden und führt durch schöne Berge, die Straße ist aber noch immer nicht durchgehend asphaltiert und ziemlich schlecht, wenngleich Verbesserungsarbeiten im Gange sind.

Infos zur Überquerung der Grenze in entgegengesetzter Richtung gibt's auf S. 549.

★ Khaomao-Khaofang THAI $$
(www.khaomaokhaofang.com; 382 Rte 105; Hauptgerichte 120–490 B; 11–22 Uhr;) Als würde man in einem Nobel-Dschungel speisen: Das Khaomao-Khaofang tauscht Kronleuchter gegen hängenden Wein aus und ist mit Orchideen und Wasserfällen gestaltet. Besonders lecker sind die verschiedenen *yam* (würzige thailändische Salate), deren vielfältige Zutaten von Zitwerwurzel (weißer Kurkuma) bis zu regionalen Pilzen reichen.

Das Restaurant liegt nördlich der Stadt zwischen Km 1 und Km 2 der Route 105, die nach Mae Ramat führt.

Krua Canadian INTERNATIONAL, THAI $$
(www.facebook.com/KruaCanadianRestaurant; Th Sri Phanit; Gerichte 40–280 B; 7–15 & 17–22 Uhr;) Der Kanadier Dave, auf den das „Canadian" im Namen zurückgeht, bereitet seinen eigenen Kaffee zu und serviert hausgemachte Bagels, Wurstwaren und Käse. Die Portionen sind groß, die Speisekarte ist abwechslungsreich und es gibt Infos zur Gegend.

Shoppen

Städtischer Markt MARKT
(abseits der Th Prasatwithi; 6–18 Uhr) Mae Sots städtischer Markt ist einer der größten und lebendigsten, die wir in ganz Thailand gesehen haben. Hier gibt's bergeweise exotische Waren aus Myanmar (Birma), darunter birmanische Buchläden, *thanaka*-Sticks (daher stammt das gelbe Pulver, das man auf vielen Gesichtern sieht), Beutel mit eingelegtem Tee und rote Riemchen-Latschen aus Mandalay.

Borderline Shop KUNST & KUNSTHANDWERK
(www.borderlinecollective.org; 674/14 Th Intharakhiri; Di–So 9–17 Uhr) Kunst und Kunsthandwerk von Flüchtlingsfrauen. Die Gewinne fließen in ein Frauenkollektiv und eine Kinderschutzorganisation. Die Galerie oben verkauft Bilder, das Haus hat außerdem einen Teegarten und bietet Kochkurse an.

An- & Weiterreise

Mae Sots winziger **Flughafen** (055 563620; Rte 12/AH1) liegt 2 km westlich der Stadt. Zur Zeit der Recherche war **Nok Air** (Mae Sot 055 563883, in Thailand 1318; www.nokair.co.th; Flughafen Mae Sot, Rte 12/AH1; 9–17.30 Uhr) die einzige Fluggesellschaft, die den Flughafen nutzte und täglich vier Flüge vom/zum Don Muang International Airport in Bangkok durchführte (ab 1649 B, 65 Min.).

Der gesamte öffentliche Fernverkehr, sowohl *sŏrng·tăa·ou* als auch Minivans und Busse, fährt vom **Busbahnhof** (055 563435; Rte 12/AH1), der 1,5 km westlich der Stadt liegt. Ein Motorradtaxi vom/zum Busbahnhof kostet etwa 50 B.

NORDOSTTHAILAND

Der Nordosten ist das vergessene Hinterland Thailands. Der Isan (*ee·săhn*), wie die Region meist genannt wird, bietet einen Einblick ins alte Thailand: Bis zum Horizont erstrecken sich Reisfelder, Wasserbüffel waten in schlammigen Teichen, Seidenweber bedienen Webstühle unter ihren Wohnhäusern und Fahrradrikschas befördern ihre Fahrgäste durch die Straßen der Stadt.

Wer hier ein wenig Zeit verbringt, merkt schnell, dass es genauso viele Unterschiede zum Rest des Landes gibt wie Gemeinsamkeiten. Die Sprache, das Essen und die Kultur sind stärker laotisch als thailändisch, und mittendrin gibt's große Khmer- und vietnamesische Gruppen. Doch der Isan ist auch die Heimat einiger der besten historischen Stätten, Nationalparks und Festivals Thailands.

Hier ist die thailändische Touristenroute am holprigsten (denn es wird kaum Englisch gesprochen), doch die fantastischen Attraktionen und die täglichen Begegnungen mit den Einheimischen könnten den Nordosten zu einem Highlight der Reise werden lassen.

Nakhon Ratchasima (Khorat)

โคราช

☎044 / 151 450 EW.

Nakhorn Ratchasima, meistens Khorat genannt, ist eine große, betriebsame Stadt, die das Tor zum Isan bildet. Am reizvollsten sind die ruhigeren Ecken Khorats, wo das Leben seinen recht traditionellen Gang geht und man wahrscheinlich eher einem ein Meter langen Waran begegnet als anderen Travellern.

Sansabai House HOTEL $

(☎044 255144; www.sansabai-korat.com; Th Suranaree; Zi. mit Ventilator 300 B, mit Klimaanlage 500–800 B;) In diesem sauberen, ruhigen und freundlichen Hotel gibt's schon lange die besten günstigsten Zimmer der Stadt. Sie sind mit guten Matratzen, Minikühlschränken und kleinen Balkons ausgestattet.

Wat Boon Night Bazaar THAI $

(Th Chomphon; ⏲17–21.30 Uhr) Auf dem größten Nachtmarkt in der Altstadt gibt's typische thailändische und Isan-Gerichte zum Mitnehmen.

Laap Loy THAI $

(Th Yommarat; Hauptgerichte 50–150 B; ⏲11–20.30 Uhr;) Das moderne Isan-Restaurant vor dem Thai Inter Hotel offeriert verschiedene Klassiker, darunter *kôoa nòr mái dong* (geröstete fermentierte Bambussprossen) und fantastische *đôm sâap*, aber auch moderne Küche wie gebratene *lâhp*- und *lăam*-Fischgerichte, die in der Pfanne anstatt im Bambusrohr zubereitet werden. Leider gibt's keine englische Speisekarte, an der Wand hängen aber viele Bilder, auf die man zeigen kann.

Praktische Informationen

Bangkok Hospital (☎044 429999; www.bangkokhospital.com; Th Mittaphap) Hat eine rund um die Uhr geöffnete Notaufnahme. Hier arbeiten viele Ärzte, die Englisch sprechen.

BUSSE & MINIVANS AB NAKHON RATCHASIMA (KHORAT)

ZIEL	PREIS (B)	DAUER (STD.)	HÄUFIGKEIT
Aranya Prathet (kambodschanische Grenze)	150	4	5.30–18 Uhr 7 Abfahrten
Ayutthaya (Minivan)	132	3½–4	5.40–18.20 Uhr häufig
Bangkok	148–508	4	häufig
Bangkok (Minivan)	171	4	6.30–19.30 Uhr häufig
Chiang Mai	526–613	13	3–20.30 Uhr 7 Abfahrten
Lopburi	149	4–4½	6, 10.45 & 13.30 Uhr
Lopburi (Minivan)	130	3½–4	4.50–18.30 Uhr alle 40 Min.
Nang Rong	60–95	2	stündl.
Nang Rong (Minivan)	64	2	4.30–20.10 Uhr alle 30 Min.
Nong Khai	257–409	6	11 Abfahrten, die meisten nachmittags
Surin	115–218	4	alle 30 Min.
Trat	297–409	8–9	7 Abfahrten
Ubon Ratchathani	248–386	7–8	stündl.
Vientiane (Visum für Laos muss vorhanden sein)	900	6	11.30 Uhr

Nakhon Ratchasima (Khorat)

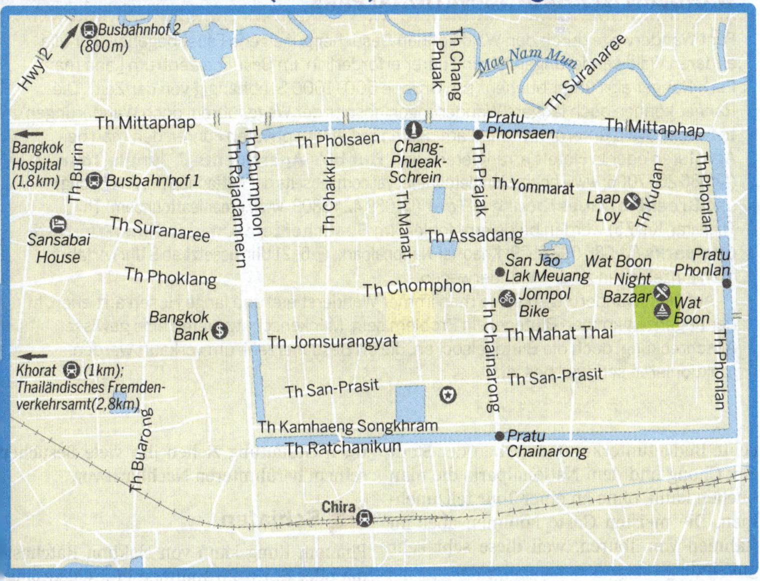

Thailändisches Fremdenverkehrsamt (TAT; ☎044 213666; tatsima@tat.or.th; 2102-2104 Th Mittaphap; 🕗8.30–16.30 Uhr) Khorats TAT-Filiale liegt ungünstig außerhalb des Zentrums neben dem Sima Thani Hotel.

An- & Weiterreise

n Khorat gibt's zwei Busbahnhöfe: **Terminal 1** *bor kŏr sŏr nèung*; ☎044 242899; Th Burin) im entrum bedient Bangkok (191 B, 3½–4 Std., äufig) und die meisten Städte in der Provinz akhon Ratchasima, darunter Pak Chong 56–72 B, 1½–2 Std., 5.30–18.30 Uhr häufig). Die usse zu den meisten anderen Zielen starten am haotischen und verwirrenden **Terminal 2** (*bor ŏr sŏr sŏrng*; ☎044 256007; Hwy 2) nördlich om Zentrum.

m **Bahnhof Khorat** (☎044 242044) fahren äglich zehn Züge über Ayutthaya von/nach angkok (50–425 B, 5–7 Std.). Es gibt auch eun Züge nach Ubon Ratchathani (58–453 B, -6 Std.). Khorats kleinerer **Bahnhof Chira** ahnhof Jira; ☎044 242363) liegt näher an r Altstadt, daher ist es vielleicht bequemer, rt auszusteigen.

hao-Yai-Nationalpark

อุทยานแห่งชาติเขาใหญ่

hao Yai ist Thailands ältester und meistsuchter Nationalpark. Innerhalb des 2168 km² großen Parks befindet sich einer der größten noch intakten Monsunwälder auf dem asiatischen Festland, seinetwegen wurde der Nationalpark zur UNESCO-Welterbestätte erklärt. Trotz seiner Größe ist dies einer der für Individualreisende am leichtesten zu besuchende Nationalparks Thailands.

Schlafen & Essen

Im Park gibt's Campingplätze und verschiedene Zimmer und Bungalows, alle ohne Klimaanlage. Von Montag bis Donnerstag sind die Unterkünfte 30 % billiger. Buchen kann man sie nur auf der frustrierenden Website des Nationalparks (http://nps.dnp.go.th/reservation.php) oder persönlich im Park. Die Unterkünfte sind oft voll ausgebucht, außer an Wochentagen in der Nebensaison. Fast immer kann man aber Zelte ausleihen. Im Park sowie außerhalb des Parks in der Th Thanarat findet man viele Restaurants.

Khao Yai Garden Lodge HOTEL $
(☎094 191 9176, 044 936352; www.khaoyaigardenlodge.com; Th Thanarat, Km 7; 2BZ/3BZ mit Ventilator und Gemeinschaftsbad 350/450 B, inkl. Frühstück DZ & 2BZ mit Klimaanlage 1150–2450 B;) Eines der ältesten Resorts in Khao Yai könnte dringend etwas Pflege gebrauchen. Anderswo findet man bessere Mittelklassezimmer, doch dies ist die einzige

WANDERN IM KHAO-YAI-NATIONALPARK

Fünf Wanderwege durch den Wald können Besucher auf eigene Faust begehen. Für alle anderen Waldwanderungen ist ein Führer erforderlich. Im Besucherzentrum kann man Park-Ranger als Führer buchen (pro Gruppe 500–1000 B, abhängig von der Zeit). Die Ranger können auch längere Wanderungen abseits der Wege führen, doch Wanderungen tief in den Wald unternimmt man am besten mit einem privaten Führer, den man bei Agenturen oder in Hotels arrangieren kann. **Bobby's Apartments & Jungle Tours** (☎ 086 262 7006; www.bobbysjungletourkhaoyai.com; abseits der Mittaphap Rd, Pak Chong) und **Greenleaf Guesthouse & Tour** (☎ 089 424 8809; www.greenleaftour.com; Th Thanarat, Km 7,5) werden beide empfohlen. Im **Besucherzentrum des Khao-Yai-Nationalparks** (☎ 086 092 6529; Khao-Yai-Nationalpark; ⏲ 6–21 Uhr, besetzt ab 8 Uhr) erfährt man Einzelheiten zu den Wanderwegen.

Auf allen Wanderungen sollte man immer Wanderstiefel und lange Hosen anziehen. In der Regenzeit können Blutegel ein Problem sein. Mückenschutz bieten eine gewisse Abschreckung, doch die Blutegelsocken, die im Besucherzentrum verkauft werden, funktionieren sehr viel besser.

echte Budgetunterkunft zwischen der Stadt Pak Chong und dem Nationalpark, die man buchen kann, ohne an einer Tour teilzunehmen. Die meisten Gäste kommen aber im Rahmen von Touren, weil diese sehr sehr gut sind.

An- & Weiterreise

Die Stadt Pak Chong dient als Ausgangsort für den Besuch des Parks. Nach Pak Chong fahren viele Minivans (66 B, 1½ Std.) und gelegentlich Busse (56 B, 2 Std.) von Nakhon Ratchasima (Khorat) und Bangkok (160 B, 3 Std., alle 30 Min.). Für Reisende, die aus Ayutthaya kommen, ist der Zug nach Pak Chong (23–363 B, 2–3 Std., 10-mal tgl.) eine gute Option.

Sorngtaaou (Th Mittaphap) legen die 30 km von Pak Chong die Th Thanarat hinunter zum Nordtor des Parks zurück (40 B, 1 Std., 6–17 Uhr alle 30 Min.) Der letzte *sorngtaaou* vom Parktor zurück nach Pak Chong fährt gegen 15 Uhr ab.

Geschichtspark Phanom Rung

Das spektakulärste Khmer-Monument Thailands, der Prasat Phanom Rung („Tempel des großen Berges") erhebt sich auf dem Gipfel eines erloschenen Vulkans 200 m über den Reisfeldern. Die dramatische Lage und die wunderschöne Anlage machen ihn zu einem Muss für alle Besucher der Gegend. Darunter steht der wundervolle, aber oft übersehene Prasat Muang Tam („Tempel der unteren Stadt"), der ebenfalls zum Geschichtspark gehört. Er ist kleiner und unvollständiger, doch wegen der friedlichen Anlage – in der man oft ganz allein ist – und der einzigartigen Gestaltung ziehen ihn viele Besucher seinem berühmteren Nachbarn vor.

Schlafen

Phanom Rung kann von Nakhon Ratchasima oder Surin im Rahmen eines Tagesausflugs besichtigt werden, aber manche Reisende übernachten in Nang Rong, der dem Tempel am nächsten gelegenen Stadt.

Thanyaporn Homestay PENSION

(☎ 087 431 3741; Zi. inkl. Frühstück 500–800 B; ❄📶) Dieses moderne, gemütliche Gästehaus liegt nur 500 m südwestlich der Ruinen des Prasat Muang Tam. Wer hier übernachtet, kann das Dorfleben erleben, ohne auf Komfort zu verzichten. Es ist das große orange Haus an der Straßenkurve.

An- & Weiterreise

Zum Prasat Phanom Rung und zum Prasat Muang Tam fahren keine öffentlichen Verkehrsmittel. Die beste Option für Reisende mit kleinem Geldbeutel ist es, in Nang Rong im **P California Inter Hostel** (☎ 081 808 3347; www.pcalifornianangrong.webs.com; Th Sangkakrit; B 150 B, Zi. 250–650 B; ❄📶) ein Motorrad zu mieten. Man kann auch von Nang Rong mit dem Motorradtaxi (hin & zurück 600 B) oder mit einem Auto mit Fahrer (1000 B) fahren. Wer einen Abstecher zum Prasat Muang Tam machen möchte, zahlt 100 B (Motorradtaxi) bzw. 200 B (Auto) zusätzlich.

Alternativ nimmt man von Nang Rong, Surin oder Nakhon Ratchasima (Khorat) einen Bus bis zur geschäftigen Ban-Tako-Kreuzung (20–30 B, 20 Min., alle 30 Min.) 14 km östlich der Stadt. Dort warten Motorradtaxis, die für die Fahrt zum Phanom Rung einschließlich Wartezeit 300 B verlangen.

Surin สุรินทร์

044 / 40 100 EW.

Die Stadt Surin ist nicht sehr reizvoll – außer im November, wenn in der Provinzhauptstadt der turbulente Elefantenauftrieb stattfindet, bei dem es von Dickhäutern und Touristen wimmelt. Surin ist aber eine praktische Ausgangsbasis für die Erkundung entlegener Orte.

Sehenswertes & Aktivitäten

★ Chansoma KUNSTHANDWERK
(จันทร์โสมา; 081 726 0397; 8–17 Uhr) GRATIS
Das Dorf Ban Tha Sawang 8 km westlich von Surin an der Route 4026 finden viele Besucher faszinierend, auch wenn sie sich nicht besonders für Weberei interessieren. Das Chansoma ist ein Familienbetrieb in einem kühlen Garten und hat den Ort zu einem der bekanntesten Seidendörfer Thailands gemacht. In seine exquisiten Brokatstoffe *(pâh yók torng)* sind Fäden aus echtem Gold und Silber gewebt. Der Webprozess selbst ist genauso beeindruckend wie der fertige Stoff.

Surin Elephant Round-up KULTUR
(Nov) Surins berühmtestes und kontroversestes Festival wird Mitte November elf Tage lang gefeiert. Die Hauptattraktion ist eine nachgestellte Schlacht mit 300 Elefanten. Elefanten-„Shows" aller Art sind umstritten, denn um die Elefanten zu zähmen, werden sie einem qualvollen Training ausgesetzt – dies sollte man in Betracht ziehen, wenn man den Besuch des Festivals erwägt.

Schlafen & Essen

★ Baan Chang Ton HOMESTAY $
(087 459 8962; www.baanchangton.com; Th Suriyarart; Zi. inkl. Frühstück 400–500 B;)
Die freundlichen Besitzer haben ein altes Holzhaus vor dem Verfall gerettet und daraus eine der schönsten Unterkünfte des Isan geschaffen. Die Ausstattung ist zwar einfach (Gemeinschaftsbäder, Matratzen auf dem Boden und nur ein Zimmer mit Klimaanlage), doch die Atmosphäre macht es zu etwas Besonderem. Die Gäste können die Küche benutzen oder nach vorheriger Absprache mit der Familie essen. Kostenlose Fahrräder sind auch vorhanden.

Maneerote Hotel HOTEL $
(044 539477; www.maneerotehotel.com; Soi Poi Tunggor, Th Krungsri Nai; Zi. 450–500 B;)
Südwestlich vom Lebensmittelmarkt befindet sich dieses ruhige Hotel mit dem besten Preis-Leistungs-Verhältnis der Stadt. Die Zimmer sind sauber und modern, zudem hat das Hotel ein Restaurant und ein Café.

★ Som Tam Petmanee 2 THAI $
(Th Murasart; Hauptgerichte 30–100 B; 8–16 Uhr)
Das einfache Isan-Restaurant am Wat Saloloi (kein englisches Schild, nach dem großen Hühnchengrill schauen) wird auch Som Tom Mae Pet genannt und serviert Surins berühmtesten *sôm·đam* (würziger grüner Papayasalat) und *gài yâhng* (Grillhühnchen) sowie leckeren *súp nòr mái* (Bambussprossen-Dip). Mit Englisch kommt man nicht weit, doch wegen des guten Essens lohnt der umständliche Bestellprozess.

Lebensmittelmarkt Surin THAI
(Th Jitrbumrung; Sa–So 5–12 Uhr) Feinschmecker, die am Wochenende in der Stadt sind, sollten diesen beliebten Markt besuchen. Die Auswahl an Speisen ist groß, Gerichte aus dem Isan überwiegen jedoch. Hier kann man die regionale Spezialität *gòp yát sâi* (mit Kräutern gefüllter Frosch) probieren. Auf dem Markt werden auch Seidenstoffe und anderes Kunsthandwerk verkauft.

An- & Weiterreise

Neben Fernbussen fahren vom **Busbahnhof** Surins (044 511756; Th Jitrbumrung) auch *sŏrng·tăa·ou* und Minivans in die nähere Umgebung, z. B. nach Chong Chom (zur kambodschanischen Grenze; 45 B, 1½ Std., 5.30–18.30 Uhr häufig).

BUSSE AB SURIN

ZIEL	PREIS (B)	DAUER (STD.)	HÄUFIGKEIT
Bangkok	275–353	7–8	7.30–23 Uhr stündl.
Khon Kaen	160–205	5	3.30–15 Uhr alle 45 Min.
Nakhon Ratchasima (Khorat)	115–218	4	3.30–20 Uhr alle 30 Min.
Nang Rong	80–100	2	3.30–20 Uhr alle 30 Min.
Roi Et	90	2½	5–17 Uhr stündl.
Ubon Ratchathani	130–202	3½	3.20–22.30 Uhr 12 Abfahrten

Ubon Ratchathani อุบลราชธานี

045 / 86 800 EW.

Ubon Ratchathani, die „Königliche Stadt der Lotusblüte“, ist eine mittelgroße Stadt mit Kleinstadtatmosphäre. Während des Vietnamkriegs war sie eine US-Luftwaffenbasis. Heute kommen die meisten Traveller auf dem Weg zum bzw. vom nahen thailändisch-laotischen Grenzübergang bei Chong Mek durch die Stadt.

Sehenswertes & Festivals

★ Wat Thung Si Meuang

BUDDHISTISCHER TEMPEL

(วัดทุ่งศรีเมือง; Th Luang; bei Tageslicht) GRATIS Der während der Herrschaft von Rama III. (1824–1851) erbaute Wat Thung Si Meuang hat eine klassische *hŏr đrai* (Tripitaka-Halle), die in hervorragendem Zustand ist. Wie viele *hŏr đrai* steht sie in der Mitte eines Teichs auf Stelzen, um die kostbaren Schriften (auf Palmblatt geschrieben) vor Termiten zu schützen. Wenn sie geöffnet ist, kann man hineinschauen. Die originalen Wandbilder im kleinen *bòht* (Ordinationssaal) neben der *hŏr đrai* (Bibliothek) stellen das Leben jener Ära dar und sind in erstaunlich gutem Zustand.

> **WEITERREISE NACH LAOS: VON UBON RATCHATHANI NACH PAKXE**
>
> Der betriebsame Grenzübergang Chong Mek/Vangtao verbindet Ubon Ratchathani mit Pakxe in Laos.
>
> **Anreise zur Grenze** Direktbusse zwischen Ubon Ratchathani und Pakxe (200 B, 3 Std., 9.30 14.30 Uhr) halten an der Grenze, damit die Fahrgäste Visa für Laos erwerben können.
>
> **An der Grenze** Der Grenzübergang nach Laos ist von 6 bis 20 Uhr geöffnet. Das Überqueren der Grenze ist weitgehend stressfrei, von der gelegentlichen Erhebung von Sondergebühren zusätzlich zu den Visagebühren einmal abgesehen.
>
> **Weiterreise** Die laotische Stadt Pakxe ist rund eine Stunde entfernt, man erreicht sie mit den häufig fahrenden Minivans (20 000K, 45 Min.) oder *sorngtaaou*, die hinter dem laotischen Einreisebüro warten.

Kerzenparade

KULTUR

(Kabuan Hae Tian; meistens im Juli) Ubons berühmte Kerzenparade stammt aus der Regierungszeit König Ramas V., als der Gouverneur entschied, dass das Raketenfestival zu gefährlich sei. Aus den ursprünglichen einfachen Formen haben sich seither gigantische (von Innenrahmen gestützte), kunstvoll geschnitzte Wachsskulpturen entwickelt. Die Parade ist Teil des Khao Phansaa (der Beginn der buddhistischen Fastenzeit).

Schlafen & Essen

Phadaeng Hotel

HOTEL $

(045 254600; thephadaen@gmail.com; Th Phadaeng; Zi. 500 B;) Für dieses Hotel sprechen sein hervorragendes Preis-Leistungs-Verhältnis und die gepflegten Zimmer, die wie neu wirken. Sie sind ausgestattet mit schönen Möbeln (darunter große Fernseher und Schreibtische) sowie Kopien farbenfroher klassischer Gemälde. Zudem liegt das Hotel nur Minuten vom Park Thung Si Meuang entfernt, und die Unterkünfte haben aufgrund des großen Parkplatzes genug Abstand vom Straßenlärm. Leihfahrräder kosten 50 B pro Tag.

★ Outside Inn

PENSION $$

(088 581 2069; www.theoutsideinnubon.com; 11 Th Suriyat; Zi. inkl. Frühstück 650–799 B;) Eine nette Gartenlounge sorgt für entspannt-geselliges Ambiente. Die Zimmer sind groß, komfortabel und mit geschmackvollen Möbeln aus altem Holz eingerichtet. Die wunderbaren Gastgeber Brent und Tu[...] kochen fantastisches **Essen** (Hauptgerichte 50–225 B; Mi–Mo 11–14.30 & 17–21 Uhr;) und haben viele Tipps zu Attraktionen und Aktivitäten in der Gegend auf Lager.

★ Rung Roj

THAI

(Th Nakhonban; Hauptgerichte 50–290 B; Mo–S[...] 9.30–20.30 Uhr) Das Rung Roj ist eine Institution in der Stadt und serviert exzellente Gerichte, die aus frischen Zutaten nach Familienrezepten zubereitet werden. Viele Gäste schwören auf die Ochsenschwanzsuppe. Von außen sieht das Restaurant eher aus wie ein Wohnhaus reicher Leute, innen erklingt Rock'n'Roll der 1950er- und 1960er-Jahre und die Dekoration passt zur Musik.

Peppers

INTERNATIONAL, BÄCKEREI $

(297/2-3 Uppalisan Rd; Hauptgerichte 80–495 [...] 8–21 Uhr;) Bei Ausländern wie Thai gleichermaßen beliebt ist das Peppers mit einer umfangreichen internationalen Spe[...]

BUSSE AB UBON RATCHATHANI

ZIEL	PREIS (B)	DAUER (STD.)	HÄUFIGKEIT
Bangkok	414–556	10	4–24 Uhr stündl., 16–20 Uhr häufig
Chiang Mai	707–790	12–14	7.30, 12.45, 13.45, 14.45, 15.45, 17.45 & 18.30 Uhr
Chong Mek (laotische Grenze)	100	2	5–18 Uhr alle 30 Min.
Khon Kaen	176–244	4½–5	5.30–17.40 Uhr alle 30 Min.
Mukdahan	130	2½	5.45, 7.30, 8.40, 11.30 & 13 Uhr
Mukdahan (Minivan)	111	2½	6–17.30 Uhr alle 30 Min.
Nakhon Ratchasima (Khorat)	248–386	7-8	5–20 Uhr stündl.
Nang Rong	144–265	5–6	5–20 Uhr stündl.
Pakxe (Laos)	200	3	9.30 & 14.30 Uhr
Rayong	515–801	13	7, 7.15, 17, 18, 19.30, 19.45, 20 & 20.15 Uhr
Surin	130–202	3½	5–20 Uhr stündl.
Udon Thani	284–332	7	5.30–17.40 Uhr alle 30 Min.
Yasothon	66–99	2	5.30–17.30 Uhr stündl.
Yasothon (Minivan)	80	2	5.30–17.30 Uhr stündl.

ekarte, auf der von Nachos über Schnitzel nd Pizza bis zu *đôm yam gûng* und ganzigigem Frühstück nichts fehlt. Die eigentche Spezialität sind aber die Bäckereierzeugnisse, die einfach köstlich schmecken. s gibt auch Wein und internationale Biere.

Praktische Informationen

hailändisches Fremdenverkehrsamt (TAT; 045 243770; tatubon@tat.or.th; 264/1 Th euan Thani; 8.30–16.30 Uhr) Hilfsbereite tarbeiter und kostenlose Stadtpläne.

onrak Thonburi Hospital (045 429100; Phalorangrit) Das beste private Krankenus der Stadt hat eine rund um die Uhr öffnete Notfallaufnahme.

Anreise & Unterwegs vor Ort

Asia (045 255762, in Thailand 515 9999; www.airasia.com; Flughafen Ubon tchathani; 7–19 Uhr), **Nok Air** (in Thaid 02 900 9955; www.nokair.com; Flughafen on Ratchathani; 7–19 Uhr) und **Thai Lion** (in Thailand 02 529 9999; www.lionairthai. n; Flughafen Ubon Ratchathani; 6–19 Uhr) gen Dutzende Male täglich vom/zum Don eang Airport in Bangkok (1 Std.), wobei es istens Flüge für deutlich unter 1000 B gibt. **Al Smile** (087 776 2266, in Thailand 1181; w.thaismileair.com; Flughafen Ubon Ratchati; 7–19.30 Uhr) bietet täglich vier Flüge n Suvarnabhumi Airport in Bangkok (1 Std.), ein klein wenig teurer sind. Täglich startet erdem je ein Air-Asia-Flug nach Pattaya und h Chiang Mai.

Der **Busbahnhof** (045 316085; Hwy 231) liegt nördlich der Stadt, die *sorngtaaou* 2, 3 und 10 fahren von dort ins Stadtzentrum. Die beste Busverbindung nach Bangkok bietet **Nakhonchai Air** (045 955999).

WEITERREISE NACH KAMBODSCHA: VON CHONG CHOM NACH O SMACH

Anreise zur Grenze Wegen des Kasinos fahren zahlreiche öffentliche Minibusse (45 B, 1½ St., 5.30–18.30 Uhr häufig) vom Busbahnhof in Surin (S. 821) zum Grenzübergang Chong Chom.

An der Grenze Die kambodschanische Grenze ist von 7 bis 22 Uhr geöffnet. Visa werden vor Ort ausgestellt. Am Wochenende und frühmorgens/am späten Nachmittag erhebt die thailändische Einwanderungsbehörde eine Gebühr von 5 B.

Weiterreise Von O Smach fahren zwei Busse zum City Angkor Hotel in Siem Reap (350 B, 3 Std., 8 & 17 Uhr). Ein „Taxi" (Fahrer auf der Suche nach Fahrgästen warten an der Grenze) nach Siem Reap sollte 2000 B oder weniger kosten. Man kann auch auf Mitfahrer warten, um sich die Kosten zu teilen, das funktioniert in der Regel aber nur morgens.

Zum **Bahnhof** (☎ 045 321004; Th Sathani), der sich in Warin Chamrap befindet, kommt man mit dem *songtaaou* 2. Täglich verkehren zehn Züge zwischen Ubon und Bangkok.

Mukdahan

มุกดาหาร

☎ 042 / 34 294 EW.

Mukdahan – von den Einheimischen einfach kurz *múk* genannt – liegt direkt gegenüber der laotischen Stadt Savannakhet am Mekong. Trotz der thailändisch-laotischen Freundschaftsbrücke 2, die eine Straßenverbindung zwischen beiden Ländern herstellt, kommen hier nur wenige Besucher her.

Huanum Hotel HOTEL $

(☎ 042 611137; Th Samut Sakdarak; DZ/2BZ mit Ventilator & Gemeinschaftsbad mit kaltem Wasser 200/350 B, DZ/2BZ 350/450 B; ❄📶) Die bewährte Unterkunft ist ein freundlicher, verlässlicher und sauberer Oldttimer unter den Hotels in Mukdahan, der aber unlängst erfreulich aufgehübscht wurde. Die erste Wahl der meisten Backpacker.

WEITERRREISE NACH LAOS: VON MUKDAHAN NACH SAVANNAKHET

Anreise zur Grenze Thailändische und laotische Staatsbürger können vom Zentrum Mukdahans mit den Booten über den Mekong übersetzen, alle anderen müssen die Freundschaftsbrücke 2 benutzen. Am einfachsten überquert man sie mit den Direktbussen, die vom Busbahnhof in Mukdahan nach Savannakhet (45–50 B, 7.30–19 Uhr stündl.) fahren. Am Wochenende, an Feiertagen und außerhalb der normalen Geschäftszeiten wird ein Zuschlag von 5 B fällig.

An der Grenze Der Grenzübergang ist von 6 bis 22 Uhr geöffnet. Die Fahrt nach Savannakhet dauert ein bis zwei Stunden, je nach der Länge der Schlange an den Einwanderungsschaltern. An der Grenze ist genügend Zeit, sich ein Visum für Laos zu besorgen.

Weiterreise Von Savannakhet fahren Busse zu verschiedenen Zielen in Laos und in Vietnam.

Infos zur Überquerung der Grenze in entgegengesetzter Richtung gibt's auf S. 395.

Nachtmarkt Mukdahan THAI, VIETNAMESISCH $

(Th Song Nang Sathit; ⌚16–21 Uhr) Auf dem Nachtmarkt in der Markthalle Mukdahans gibt's alle typischen Speisen der Thai-Küche und des Isan, doch die vietnamesischen Stände machen ihn zu etwas Besonderem. Einige verkaufen *băhn dah* (sie nennen es „vietnamesische Pizza"), eine Kombination aus weichen Nudeln, Schweinefleisch, Frühlingszwiebeln und optional einem Ei, serviert auf einem knusprigen Cracker.

An- & Weiterreise

Mukdahans Busbahnhof liegt westlich der Stadt an der Route 212. Von hier fahren abends häufig Busse nach Bangkok (439–717 B, 10–11 Std.) sowie viele Minivans nach Nakhon Phanom (80 B, 2½ Std.), Ubon Ratchathani (100–135 B, 2½ Std.) und That Phanom (40 B, 1 Std.).

Nakhon Phanom

นครพน

☎ 042 / 22 710 EW.

Nakhon Phanom bedeutet „Stadt der Be[rge]", doch die rundlichen Gipfel liegen all[e] auf der anderen Seite des Flusses, sodas[s] man sie zwar bewundern kann, aber nic[ht] besteigen. In der Stadt stößt man unverho[fft] auf Gebäude im französischen Kolonialst[il]. Ho Chi Minh, der Vietnam in die Una[b]hängigkeit führte, hielt sich in den späte[n] 1920er-Jahren einige Zeit hier auf. Travell[er] können hier den Mekong überqueren un[d] nach Laos einreisen.

Lai Reua Fai KULT

(⌚Ende Okt./Anfang Nov.) Nakhon Phanom i[st] für seine illuminierte Bootsprozession b[e]kannt. Die uralte Tradition, Boote als Gabe f[ür] die *naga* mit Lebensmitteln, Blumen und K[er]zen zu beladen und den Mekong hinunterz[u]schicken, wurde inzwischen um moderne E[le]mente ergänzt: Heute schippern gigantisc[he] Bambusflöße mit bis zu 20 000 handgema[ch]ten Laternen den Fluss entlang und ein[ige] Designer sorgen für besondere Animatione[n].

Ho-Chi-Minh-Haus MUSE[UM]

(บ้านโฮจิมินห์; ☎ 042 522430; Ban Na Chok; Spe[nde] erbeten; ⌚bei Tageslicht) GRATIS Dieser Nachb[au] des einfachen Holzhauses, in dem „Onkel H[o]" 1928 und 1929 manchmal wohnte, währen[d er] die Widerstandsbewegung in Vietnam pla[nte], ist die beste der mit Ho Chi Minh verbun[de]nen Attraktionen im Dorf Ban Na Chok. E[ini]ge Möbel sollen Originale sein. Das Haus [ist] das private Werk einer Familie, die sehr s[tolz] darauf ist, und steht hinter ihrem Wohnha[us]

An- & Weiterreise

Nahon Phanoms Flughafen liegt 20 km westlich der Stadt. **Nok Air** (☎ 082 790 7961, in Thailand 02 900 9955; www.nokair.com; Nakhon Phanom Airport; ⌚ 8–20 Uhr) und **Air Asia** (☎ 042 531571, in Thailand 02 515 9999; www.airasia.com; Nakhon Phanom Airport; ⌚ 8–5 Uhr) fliegen mehrmals täglich vom/zum Bangkoker Don Mueang Airport, ein einfacher Flug kostet in der Regel 1100 B.

Der **Busbahnhof** (☎ 042 513444; Th Fuang Nakhon) befindet sich westlich vom Stadtzentrum. Busse fahren nach Nong Khai (200 B, 7–8 Std., 11 Uhr), Udon Thani (147–200 B, 4 Std. 7.15–17 Uhr alle 45 Min.), Khon Kaen (212 B, 5 Std., 13 Abfahrten zwischen 5.50 und 21.30 Uhr), Ubon Ratchathani (155–200 B, 4½ Std., 7, 8.30 & 14 Uhr) und Bangkok (554–862 B, 11–12 Std., 3-mal tgl.).

WEITERREISE NACH LAOS: VON NAKHON PHANOM NACH THAKHAEK

Anreise zur Grenze Direktbusse fahren vom Busbahnhof in Nakhon Phanom nach Thakhek in Laos (Wochenende/wochentags 70 B/75 B, 8–17 Uhr 8 Abfahrten).

An der Grenze Die thailändische Grenze ist von 6 bis 22 Uhr geöffnet. Visa für Laos gibt's an der Grenze.

Weiterreise Von Thakhek fährt man mit dem Bus zwei Stunden bis nach Savannakhet.

Infos zur Überquerung der Grenze in entgegengesetzter Richtung gibt's auf S. 391.

Nong Khai หนองคาย

☎ 042 / 47 600 EW.

Am Ufer des Mekong, direkt gegenüber der laotischen Hauptstadt Vientiane, erstreckt sich Nong Khai, das dank seiner Nähe zu Vientiane seit Jahren ein beliebtes Reiseziel ist. Viele Besucher wollen eigentlich nur für eine Nacht kommen, bleiben dann aber wegen der erträumten rosa Sonnenuntergänge und des entspannten Traveller-Flairs viel länger.

Nong Khais **Raketenfestival** *(bun bâng fai)* beginnt Ende Mai/Anfang Juni am Tag der Visakha Bucha.

Sehenswertes

★ Sala Kaew Ku SKULPTUR

(ศาลาแก้วกู่, Wat Khaek; 20 B; ⌚ 7–18 Uhr) Dies ist eine der rätselhaftesten Attraktionen Thailands, die unweigerlich jeden Besucher beeindruckt. Der Mystiker Luang Pu Boun Leua Sourirat, der 1996 starb, arbeitete ganze 20 Jahre an dem Park, der eine skurrile und zugleich wunderbare Palette bizarrer Zementstatuen von Buddha, Schiva, Vishnu und anderen Gottheiten zeigt. Im Hauptgelände drängen sich Hunderte kleinerer Skulpturen verschiedener Götter und unterschiedlichsten Ursprungs und sind Fotos von Luang Pu aus verschiedenen Zeiten seines Lebens zu sehen; sein Leichnam liegt unter einer von funkelnden Lichtern umrahmten Glaskuppel.

Tha-Sadet-Markt MARKT

(ตลาดท่าเสด็จ; Th Rimkhong; ⌚ 8.30–18 Uhr) Der Markt ist die meistbesuchte Attraktion der Stadt und obwohl er eine Touristenfalle ist, sind Streifzüge durch die Markthalle eine allseits beliebte Beschäftigung. Es gibt die übliche Mischung aus Kleidern, Elektrogeräten, Essen und Krimskrams, hauptsächlich aus Laos und China. Ein paar Stände verkaufen auch skurrile und hochwertige Artikel.

Schlafen & Essen

★ Mut Mee Garden Guesthouse PENSION $$

(☎ 042 460717; www.mutmee.com; Soi Mutmee; Zi. 200–1650 B;) Abends lockt der idyllische Garten am Ufer des Mekong viele Traveller an. Die alteingesessene Budgetunterkunft hat ganz unterschiedliche Zimmer verschiedener Preisklassen (die billigsten mit Gemeinschaftsbad, die teuersten mit einem fantastischen Balkon), die sich um eine strohgedeckte Lounge verteilen, wo Besitzer Julian gerne die Fülle seines Wissen über die Gegend teilt.

E-San Guesthouse PENSION $

(☎ 086 242 1860; 538 Soi Srikhunmuang; Zi. mit Ventilator & Gemeinschaftsbad 250 B, mit Klimaanlage 450 B;) Nur ein kurzes Stück abseits des Flusses steht dieses kleine, wunderschön restaurierte Holzhaus, das von einer langen Veranda umringt wird und eine sehr stimmungsvolle Backpacker-Bleibe ist. Die Zimmer mit Klimaanlage in einem neuen Gebäude sind schön, haben aber nicht so viel Charakter wie das Originalhaus. Es gibt kostenlose Fahrräder. In derselben Straße befinden sich zwei weitere Pensionen in Holzhäusern.

ABSTECHER

WAT PHRA THAT PHANOM

Über der kleinen, friedlichen Stadt That Phanom (ธาตุพนม) ragt der Turm des kolossalen gleichnamigen *stupas* am Wat Phra That Phanom auf. Er ist eine der Säulen der Isan-Identität. Besucher aus ganz Thailand und Laos kommen während des **That-Phanom-Festivals** (⌚ Ende Jan./Anfang Feb.) in die Stadt, um buddhistische Verdienste zu erwerben. Vom nahen Nakhon Phanom aus fahren häufig Busse und Minivans nach That Phanom, außerdem gibt's Verbindungen in andere Orte im Isan und nach Bangkok.

Der **Wat Phra That Phanom** (วัดพระธาตุพนม; Th Chayangkun; ⌚ 5–21 Uhr) ist ein mächtiger, prächtiger Tempel. Selbst wer schon etwas tempelmüde ist, dürfte von ihm beeindruckt sein. Sein Zentrum bildet ein Stupa *(tâht)*, der imposanter ist als jeder andere im heutigen Laos und der von Buddhisten in beiden Ländern verehrt wird. Er ist 53,6 m hoch und wird von einem mit Edelsteinen gespickten Schirm aus 16 kg echtem Gold gekrönt, der noch einmal 4 m hoch ist. Besonders schön ist ein Besuch am Abend.

Khiangkhong Guesthouse HOTEL $
(☎ 042 422870; Th Rimkhong; Zi. mit Ventilator/Klimaanlage 400/500 B; ❄📶) Auf der Terrasse im 3. Stock (und in einigen Zimmern) dieses familiengeführten Betonhauses kann man die frische Brise und den Blick auf den Fluss genießen. Das Ganze ist ein Mittelding zwischen Pension und Hotel. Gäste können kostenlos Fahrräder nutzen.

Daeng Namnuang VIETNAMESISCH $
(Th Rimkhong; Hauptgerichte 50–250 B; ⌚ 8–20 Uhr; 📶) Eine echte Institution im Isan: Dieses riesige Restaurant am Fluss lockt massenweise Gäste von nah und fern, die sich hier mit seinem *năam neu·ang* (Schweinefleisch-Frühlingsrollen nach Wunsch) eindecken. Am Flughafen von Udon Thani gibt's eine Filiale.

Hospital Food Court THAI $
(Th Meechai; Hauptgerichte 40–80 B; ⌚ 6–15 Uhr) Vom Namen sollte man sich nicht abschrecken lassen – hier gibt's kein „Krankenhausessen". Der Food Court gegenüber vom Krankenhaus serviert typische Thai-Gerichte zu günstigen Preisen. Das Essen ist lecker, die Auswahl groß und die Lage in der Nähe der beliebtesten Pensionen der Stadt praktisch.

★ **Dee Dee Pohchanah** THAI $
(1155/9 Th Prajak; Hauptgerichte 60–425 B; ⌚ 11–2 Uhr; 📶) Wie gut das Dee Dee ist, verrät zur Abendzeit ein Blick auf die vielen Gäste. Davon sollte man sich aber nicht abhalten lassen – obwohl es jeden Abend voll ist, läuft das Freiluftrestaurant wie eine gut geölte Maschine und man muss nicht lange warten.

Shoppen

Walking Street Nong Khai MARKT
(⌚ Sa 16–22 Uhr) Jeden Samstagabend findet auf der Promenade dieser launige Straßenmarkt mit Musik, handgemachten Waren und Essensständen statt. Er ist zwar um einiges kleiner, aber viel angenehmer als die ähnlichen Walking-Street-Märkte in Chiang Mai.

Village Weaver Handicrafts KUNST & KUNSTHANDWERK
(☎ 042 422651; 1020 Th Prajak; ⌚ 8.30–18 Uhr) Hier stehen hochwertige handgewebte Stoffe und Kleider (auch nach Maßanfertigung) zum Verkauf. Mit den Erlösen werden Entwicklungsprojekte rund um Nong Khai unterstützt. Die *mát·mèe*-Baumwolle ist von besonders guter Qualität.

BUSSE AB NONG KHAI

ZIEL	PREIS (B)	DAUER (STD.)	HÄUFIGKEIT
Bangkok	329–658	10–11	am späten Nachmittag & frühen Abend häufig, tagsüber stündl.
Bangkok (Suvarnabhumi International Airport)	428	9–10	20 Uhr
Nakhon Phanom	200	7–8	11 Uhr
Udon Thani (Minivan)	50	1	5.30–19 Uhr häufig

Praktische Informationen

Nongkhai Hospital (042 413456; Th Meechai; 24 Std.) Hat eine 24-Stunden-Notaufnahme.

An- & Weiterreise

Nong Khais Busbahnhof (042 421246) liegt abseits der Th Prajak, ca 1,5 km von der Gruppe von Pensionen am Fluss entfernt. Vom **Bahnhof** (042 411637, in Thailand 1690; www.railway.co.th) 2 km westlich der Stadt fahren abends drei Expresszüge nach Bangkok (Sitzplatz 223–607 B, Schlafwagen oben/unten 1157/1357 B, 11½ Std.).

WEITERREISE NACH LAOS: VON NONG KHAI NACH VIENTIANE

Anreise zur Grenze Wer bereits ein laotisches Visum hat, steigt am einfachsten am Busbahnhof von Nong Khai in einen Direktbus nach Vientiane (55 B, 1½ Std., 7.30–18 Uhr 6 Abfahrten). Wer an der Grenze ein Visum beantragen möchte, nimmt vom Stadtzentrum ein *túk-túk* (60 B) zur Brücke. Es ist nicht nötig, eine Visaagentur zu nutzen.

An der Grenze Wer den thailändischen Ausreisestempel erhalten hat, fährt mit den wartenden Bussen (15–20 B) über die Brücke. Laotische Visa werden bei Ankunft ausgestellt (Passfoto mitbringen).

Weiterreise Vientiane liegt 22 km entfernt. Viele Busse, túk-túks und Taxis warten auf Fahrgäste.

ÖSTLICHE GOLFKÜSTE

Die beiden Inseln Ko Samet und Ko Chang sind die großen Magneten, die Traveller an Thailands Ostküste ziehen. Auf dem Festland locken die charismatischen, traditionellen Städte Trat und Chanthaburi und der wilde, hedonistische Ferienort Pattaya.

Ko Samet ist die Bangkok am nächsten gelegene Insel und bei Flashpackern beliebt. Hier trinken Besucher Wodka aus Eimern und bewundern die Feuerjongleure oder ziehen weiter zu den ruhigeren Buchten im Süden. Ein Stück weiter die Küste entlang liegt Ko Chang, Thailands zweitgrößte Insel mit Stränden und einer lebhaften Partyszene, wo man auch tauchen und wandern kann.

Ko Samet เกาะเสม็ด

Einst war die Insel eines der ersten Backpacker-Ziele in Thailand, heute ist Ko Samets Publikum breiter gefächert. An den Wochenenden kommen Fähren voller Besucher aus Bangkok, die die Sandstrände, die idyllischen Buchten und das blaue Meer genießen wollen, während sich am Hauptstrand und in vielen Resorts Pauschaltouristen sammeln. Jeden Abend gibt's an den Stränden im Norden Shows mit Feuerakrobaten. Der Süden ist viel abgeschiedener und ruhiger, und das von dichtem Dschungel bedeckte Inselinnere ist erstaunlich rustikal.

Schlafen & Essen

Die meisten Resorts und Bungalowanlagen haben eigene Restaurants, in denen eine Mischung aus thailändischer und westlicher Küche auf den Tisch kommt. An den Wochenenden und zu Feiertagen schießen die Preise in die Höhe. Frühaufsteher sollten wissen, dass Hat Sai Kaeo, Ao Hin Khok, Ao Phai und Ao Wong Deuan beliebte Partystrände sind.

Apache BUNGALOWS $

(081 452 9472; Ao Thian; Zi. 800–1500 B;) Supercoole Pension mit eigenwilliger, abwechslungsreicher Dekoration und kunterbunten Farben, die ihr Charakter verleihen. Die Bungalows am Südende dieser ruhigen Meile sind einfach, aber annehmbar, und das auf Stelzen stehende Restaurant lohnt einen Besuch.

★ **Ao Nuan Bungalows** BUNGALOWS $$

(081 781 4875; Ao Nuan; Bungalows mit Ventilator 800–1200 B, mit Klimaanlage 1500–3000 B;) Zu Samets letzter verbliebener Bucht für Bohemiens führt von der Hauptstraße eine Sandpiste. Auf einem mit Dschungel bewachsenen Hang am Meer stehen hübsche Holzbungalows. Die Auswahl reicht von ganz einfachen Hütten mit Ventilator und Gemeinschaftsbad mit kaltem Wasser bis zu romantischen Bungalows mit Klimaanlage und eleganten Möbeln auf der Terrasse. Es gibt eine Bar und ein einfaches Restaurant, und wer Lust auf etwas mehr Action hat, spaziert in wenigen Minuten zum Strand Tubtim.

Nice & Easy BUNGALOWS $$

(038 644370; www.niceandeasysamed.com; Ao Wong Deuan; Zi. 1000–1800 B;) Wie der Name verspricht, ist dies eine sehr freund-

ABSTECHER

PHIMAI พิมาย

Phimai, die architektonische Inspiration für Angkor Wat in Kambodscha, ist eines der großartigsten antiken Monumente Thailands. Von Nakhon Ratchasima (S. 818) kann man gut einen Tagesausflug hierher unternehmen. Vom Terminal 1 in Khorat fahren regelmäßig Busse und Minivans (50 B, 1½ Std.) nach Phimai.

Geschichtspark Phimai (อุทยานประวัติศาสตร์พิมาย; ☎044 471568; Th Ananthajinda; 100 B; ⏲7–18 Uhr, Besucherzentrum 8.30–16.30 Uhr) Der Prasat Phimai ist eine der imposantesten Khmer-Ruinen Thailands, sowohl was seine Größe als auch seine kunstvolle Ausgestaltung betrifft. Er wurde als buddhistischer Mahayana-Tempel gebaut, doch die Steinmetzarbeiten stellen viele hinduistische Gottheiten dar. Zahlreiche Gestaltungselemente, etwa der markante *prang*-Turm des **Hauptschreins**, wurden später in Angkor Wat verwendet. An diesem Ort, der eine Art natürliche Festung ist, stand mindestens seit dem 8. Jh. ein Tempel, viele der noch existierenden Bauten wurden aber im späten 11. Jh. unter dem Khmer-König Jayavarman VI. errichtet.

Phimai-Nationalmuseum (พิพิธภัณฑสถานแห่งชาติพิมาย; ☎044 471167; Th Tha Songkhran; 100 B; ⏲9–16 Uhr) Der Besuch des Phimai-Nationalmuseums, eines der größten und besten Museen des Isan, ist überaus lohnenswert. Es steht am Ufer des Sa Kwan, eines Khmer-Reservoirs aus dem 12. Jh. In zwei großzügigen Gebäuden zeigt das Museum eine schöne Sammlung von Khmer-Skulpturen nicht nur aus Phimai, sondern auch aus anderen Ruinen im Isan. Der Schwerpunkt liegt auf der Khmer-Ära, zu sehen sind aber auch Artefakte aus Muang Sema, die einzigartige schwarze Phimai-Keramik von Ban Prasat mit der trompetenförmigen Öffnung sowie Buddha-Figuren aus verschiedenen Perioden.

Sai Ngam (ไทรงาม; ⏲bei Tageslicht) Ein kleines Stück östlich der Stadt steht Thailands größte und älteste Banyan-Feige, ein über 350 Jahre alter Gigant, dessen Äste sich über einer Insel ausbreiten. Durch das ausgedehnte System verschlungener Äste und knorriger Stämme wirkt der „schöne Banyan" wie ein kleiner Wald.

liche Unterkunft mit komfortablen, modernen Bungalows in vier Kategorien rund um einen Garten und Karpfenteich hinter dem Strand, wo sich das Café-Restaurant des Nice & Easy befindet. Angesichts der Lage ein echtes Schnäppchen.

ℹ Praktische Informationen

Auf Ko Samet gibt's viele Geldautomaten.

International Clinic Ko Samet (☎038 644414, Notruf 086 094 0566; www.sametclinic.in.th; Na Dan; ⏲8–18 Uhr, Notfälle bis 24 Uhr) Die Privatklinik, in der Englisch gesprochen wird, befindet sich in der Nähe des Bootspiers.

ℹ Anreise & Unterwegs vor Ort

Nach Ko Samet fahren Boote von den Pieren in Ban Phe auf dem Festland (einfache Fahrt/hin & zurück 70/100 B, 40 Min., 8–17 Uhr stündl.). Sie steuern Ko Samets Hauptpier **Na Dan** (Nutzungsgebühr 20 B) an.

Grüne **sorngtaaou** warten am Pier auf die Boote und bringen Fahrgäste zu Haltepunkten an verschiedenen Stränden (20–200 B, je nach Strand und Zahl der Passagiere).

Wer von Bangkok nach Ban Phe will, fährt zunächst nach Rayong. Dort kommt man am Busbahnhof 2 an, von dem einige Minibusse nach Ban Phe fahren. Meistens geht's aber schneller, einen *sorngtaaou* zum Busbahnhof 1 und einen weiteren von dort nach Ban Phe zu nehmen.

Auf Ko Samet lassen sich leicht Minibustransfers nach Bangkok (250 B), zum Suvarnabhum Airport (500 B), zu den Pieren nach Ko Chang (250 B) und zu anderen Orten arrangieren.

Chanthaburi & Trat

จันทบุรี / ตร

Chanthaburi und Trat sind beide von P men und Obstplantagen umgeben u werden in erster Linie von Reisenden dem Weg nach Ko Chang oder zur kam dschanischen Grenze angesteuert. Wer bisschen mehr Zeit mitbringt, kann z Chanthaburis lebhaften Edelsteinmarkt Wochenende besuchen oder sich die al Teakholzhäuser im verschlafenen Trat an hen und die authentische Kleinstadtatr sphäre genießen.

Schlafen & Essen

Chanthaburi

Chernchan Hostel HOSTEL $$
(☎065 573 8841; www.facebook.com/chernchan2017; 43/11-13 Th Tirat; B 450 B, Zi. 900–1500 B; ❄☜) Das Boutique-Hostel in einer ruhigen Gasse in der Nähe des Flusses besticht mit seinem modernen, auffälligen Design und den hilfsbereiten Mitarbeitern. Die Schlafsäle und Zimmer sind klein, aber komfortabel. Im Café unten wird ein üppiges Frühstück serviert, das bei den Privatzimmern im Preis enthalten ist, nicht aber bei der Übernachtung im Schlafsaal. Das Hostel verleiht auch Fahrräder.

★**Chanthorn** THAI $$
(102/5-8 Th Benchamarachutit; Hauptgerichte 120–250 B; ⌚9–21 Uhr; ✎) In diesem einladenden familiengeführten Restaurant im Zentrum in Wassernähe kann man wunderbar regionale Spezialitäten genießen, darunter *chamung*-Nudeln mit Schweinefleisch und Krabbennudeln nach Chanthaburi-Art. Die Qualität des Essens ist durchgängig hervorragend. Abends schließt es recht zeitig.

Trat

★**Ban Jai Dee Guest House** PENSION $
(☎039 520678, 083 589 0839; banjaideehouse@yahoo.com; 6 Th Chaimongkol; EZ/DZ 250/300 B; ☜) Ein traditionelles Holzhaus mit einfachen Zimmern, Gemeinschaftsbädern samt Warmwasserduschen und entspanntem Flair. Gemälde und Kunstwerke der künstlerisch ambitionierten Besitzer schmücken die Gemeinschaftsbereiche. Die Pension hat nur sieben Zimmern und ein zwangloses Ambiente mit Suchtcharakter, sodass die Zimmer immer schnell ausgebucht sind. Die Besitzer helfen mit vielen nützlichen Informationen und verstehen, was Budget-Travellern wichtig ist.

Nachtmarkt MARKT $
(Abseits der Th Sukhumvit; Hauptgerichte ab 30 B; ⌚17–21 Uhr) Auf Trats lebhaftem Nacht-

WEITERREISE NACH KAMBODSCHA: GRENZÜBERGÄNGE AN DER KÜSTE

Von Trat nach Koh Kong

Der Grenzübergang Hat Lek–Cham Yeam ist der angenehmste zwischen Ko Chang und Sihanoukville an der kambodschanischen Küste.

Anreise zur Grenze Vom Busbahnhof in Trat fährt man mit dem Minivan nach Hat Lek (120 B, 1½ Std., 5–18 Uhr stündl.).

An der Grenze An der Grenze werden für 30 US$ Touristenvisa für Kambodscha ausgestellt, häufig wird aber zu viel verlangt. Passfoto mitbringen. Leute, die behaupten, man benötige ein Gesundheitszertifikat oder andere Dokumente, sollte man ignorieren. Die Grenze schließt um 20 Uhr.

Weiterreise Von der Grenze fährt man mit einem Taxi (10 US$), *túk-túk* (5 US$) oder *moto* (Motorradtaxi; 3 US$) nach Ko Kong, wo es Verbindungen nach Sihanoukville (4 Std., 1 Bis 2-mal tgl.) und Phnom Penh (5 Std., bis 11.30 Uhr 2- bis 3-mal tgl.) gibt.

Von Chanthaburi nach Pailin

Wer von Ko Chang nach Siem Reap (oder Battambang) möchte, kann sich die lange Fahrt zum Grenzübergang Aranya Prathet–Poipet sparen. Der Grenzübergang Ban Pakard–Psar Pruhm wird wenig frequentiert und verkürzt die Reisezeit.

Anreise zur Grenze Minivans fahren in Chanthaburi von einer Haltestelle auf der anderen Uferseite des River Guesthouse nach Ban Packard (180 B, 1½ Std., 10 & 12 Uhr).

An der Grenze Die Visagebühr beträgt 30 US$, allerdings wird häufig zu viel verlangt. Außerdem benötigt man ein Passfoto.

Weiterreise Mit dem Motorradtaxi geht's nach Pailin, von wo Sammeltaxis (5 US$ pro Pers., 1½ Std.) nach Battambang fahren. Dort hat man Anschluss an Busse nach Siem Reap und Phnom Penh.

Infos zur Überquerung der Grenze in entgegengesetzter Richtung gibt's auf S. 295.

markt kann man gut und günstig essen. Viele Grillstände bieten Fisch und andere Meeresfrüchte, es gibt jede Menge *sôm·đam* (würziger grüner Papayasalat), eine Fülle von Früchten und viele andere Köstlichkeiten. Ab etwa 20 Uhr wird es brechend voll, am besten kommt man also vorher.

An- & Weiterreise

CHANTHABURI

Chanthaburis **Busbahnhof** (Th Saritidet) liegt westlich vom Fluss. Minivans fahren ebenfalls vom Busbahnhof.

ZIEL	BUS	MINIVAN
Busbahnhof Ost Bangkok (Ekamai)	184 B; 4 Std.; 25-mal tgl.	210 B; häufig
Busbahnhof Nord & Nordost Bangkok (Mo Chit)	187 B; 4 Std.; 4-mal tgl.	215 B; häufig
Trat		52–70 B; 1 Std.; häufig

TRAT

Bangkok Airways (☎039 525767; www.bangkokair.com; Trat Airport; ⏲8.30–18.30 Uhr) fliegt dreimal täglich vom/zum Suvarnabhumi International Airport in Bangkok (1 Std.). Der Flughafen liegt 40 km von Trat entfernt. Ein Taxi in die Stadt kostet 600 B.

Trats **Busbahnhof** liegt 2 km außerhalb der Stadt. Minivans fahren in der Th Sukhumvit ab. **Family Tour** (☎081 940 7380; Th Sukhumvit) bietet Minivans nach Bangkok, nach Phnom Penh und nach Siem Reap.

Ko Chang

เกาะช้าง

☎039 / 10 000 EW.

Mit steilen, dschungelbedeckten Bergen hat sich das malerische Ko Chang (Elefanteninsel) seinen wilden, entlegenen Charakter bewahrt – trotz der Verwandlung von Teilen der Insel in ein Pauschaltourismusziel. Backpacker auf dem Weg nach Kambodscha und Pärchen, die von Insel zu Insel reisen, werden von den weiten Buchten an der Westküste, dem zugänglichen bewaldeten Inselinneren und der florierenden Partyszene angezogen.

Sehenswertes & Aktivitäten

Ko Changs Westküste ist der mit Abstand entwickeltste Teil der Insel. Der Grund dafür sind die Strände, die diese Küste säumen. **Hat Sai Khao** ist der größte und belebteste Strand; **Lonely Beach** ist der Lieblingsstrand für Backpacker, hier ist abends am meisten los; **Hat Khlong Kloi** ist beliebt, wirkt aber immer noch ein wenig abgeschieden, und in **Ban Bang Bao** im Südwesten der Insel, einem früheren Fischerdorf, drängen sich heute Meeresfrüchterestaurants und Souvenirgeschäfte.

Die Ostküste, die von versteckten Buchten, Mangrovenwäldern und stillen Fischerdörfern geprägt wird, ist im Kontrast dazu immer noch sehr ruhig. Im hügeligen, bewaldeten Inneren der Insel gibt's ein paar Wasserfälle. Das Gebiet bietet sich für Tageswanderungen an, für die man aber einen Führer benötigt. **Mr. Tan** (☎089 645 2019; Wanderungen 600–1400 B) spricht gut Englisch und wurde von anderen Besuchern empfohlen. An den Tauchspots in der Nähe von Ko Chang gibt's verschiedene Korallen, Fische und anfängerfreundliches flaches Wasser. Tauchexkursionen kann man mit **BB Divers** (☎039 558040; www.bbdivers.com; Bang Bao; 2 Tauchgänge vom Boot 3000 B) unternehmen. Ko Chang eignet sich auch gut zum Kajakfahren: **Kayak Chang** (☎097 182 8319; www.kayakchang.com; Emerald Cove Resort, Khlong Prao; Kajaks pro Tag ab 1000 B) ist ein professioneller Anbieter.

Schlafen

★ **Pajamas Hostel** HOSTEL $
(☎039 510789; www.pajamaskohchang.com; Khlong Prao; B/Zi. inkl. Frühstück 570/2600 B;) Mehrere Kilometer nördlich der Hauptmeile Khlong Prao bietet dieses Hostel, das direkt am Strand liegt, mit seiner offenen Lounge und der Bar am Pool Entspannung pur. Oben befinden sich die guten, modernen Schlafsäle mit Klimaanlage, unten die Privatzimmer mit Betten auf Plattformen, einer coolen, leichten Atmosphäre und eigener Terrasse/Balkon. Das Hostel ist makellos sauber und wird ausgesprochen gut geführt.

★ **Paradise Cottage** BUNGALOWS
(☎081 773 9337; www.paradisecottageresort.com; 104/1 Mu 1, Lonely Beach; Zi. Basic 450–990 B, mit Meerblick 1700 B;) Das gut geführte Paradise Cottage ist eine herrliche, entspannende Oase. Den Soundtrack bildet House-Musik, am Meer stehen Pavillons mit Hängematten. Die Zimmer sind klein, aber schön. Die mit Meerblick verfügen über Klimaanlage und eine herrliche Aussicht, die billigsten Zimmer haben nur Ventilatoren, kein warmes Wasser und keine Steckdosen. Bei Ebbe kann man zu einer Sandbank jenseits der Felsen spazieren. In der Nebensaison sind die Preise klasse.

Independent Bo's PENSION $

(☎ 039 551165; Hat Sai Khao; Zi. 300–800 B; 📶) Unkonventionelle, charmante Budgetbleibe für Lebenskünstler. Es ist schon ein eigenartiger Anblick und ein ganz besonderes Erlebnis: eine bunte Mischung aus Treibholzhütten, gemeinsamen Bereichen und skurrilen Schildern, gemeinschaftliches Hippie-Flair und das Meer zu Füßen. Die einfachen Zimmer sind nur mit Ventilator ausgestattet, überwiegend aber charmant, die Bäder liegen irgendwo zwischen extrem einfach und modernisiert. Keine Reservierung (und keine Kinder).

Little Eden BUNGALOWS $

(☎ 084 867 7459; www.littleedenkohchang.com; Soi 3, Lonely Beach; Zi. mit Ventilator/Klimaanlage 950/1500 B; ❄📶) Auf der ruhigen Seite der Hauptstraße, aber in Nähe des Strandes, bietet das Little Eden eine Reihe Holzbungalows, die ein kompliziertes Geflecht von Plankenwegen miteinander verbindet. Die komfortablen Zimmer haben eine Terrasse, Holzfußboden und Moskitonetze. Kleines Getier im Wald steuert die passende Geräuschkulisse bei. Das Frühstück und die anderen Mahlzeiten sind gut, es gibt einen netten Gemeinschaftsbereich, und die Mitarbeiter sind sehr freundlich.

Porn's Bungalows BUNGALOWS $

(☎ 080 613 9266; www.pornsbungalows-kohchang.com; Hat Kaibae; Zi. 600–1600 B; 📶) Porn's hat coole Bungalows mit Ventilator am westlichsten Ende des Kaibae-Strands und ein beliebtes Strandrestaurant zu bieten. Die Holzbungalows sind alle ausschließlich mit Ventilator ausgestattet. Die Bungalows am Strand sind größer, haben eine tolle Aussicht und sind für ca. 1000 B ein echtes Schnäppchen. Im Voraus buchen kann man sie nicht; wenn es voll ist, muss man sich weiter umschauen.

Starbeach Bungalows PENSION $

(☎ 089 574 9486; www.starbeach-kohchang.com; Hat Sai Khao; Bungalows 600–750 B; 📶) Direkt am schönsten Strandabschnitt kann man in dieser rustikal zusammengezimmerten Pension ohne Schnickschnack direkt am Meer übernachten. Die Zimmer mit Ventilator sind einfach, aber ordentlich, und es gibt eine freundliche Bar mit Restaurant. Reservieren kann man nicht – einfach vorbeischauen und fragen, ob etwas frei ist. Man geht seitlich vom 7-Eleven zum Strand hinunter und dann nach rechts.

BB Lonely Beach HOSTEL $

(☎ 089 504 0543; www.bblonelybeach.com; Lonely Beach; B 250 B, Zi. mit Ventilator 500–700 B; 📶🏊) Eines der wenigen Hostels mit Schlafsälen in Strandnähe. Sowohl die Mehrbett- als auch die Privatzimmer sind einfach und eng, aber ordentlich und spottbillig. Hier kann man viel unternehmen: Es gibt eine Tauchschule, einen Fitnessraum, belgische Biere und einen Pool – der perfekte Ort, um andere Traveller zu treffen. Ringsum liegen viele Bars, wer Lust auf Party hat, ist hier also goldrichtig.

DER BAU DER „DEATH RAILWAY"

Die sogenannte „Death Railway" war ein erstaunliches, aber brutales Werk der Ingenieurskunst. Mehr als 12 000 Kriegsgefangene und mindestens 90 000 asiatische Zwangsarbeiter starben infolge von Krankheiten, schlechten hygienischen Zuständen, mangelhafter medizinischer Versorgung und der brutalen Behandlung durch die japanischen Lagerwärter.

Die 415 km lange Bahnlinie wurde während der japanischen Besetzung Thailands im Zweiten Weltkrieg (1941–1945) erbaut. Sie sollte eine Versorgungsroute auf dem Landweg nach Birma (Myanmar) für die Eroberung weiterer westasiatischer Länder durch Japan schaffen.

Die Brücke über den Kwai in der Nähe der Stadt Kanchanaburi – heute „Death Railway Bridge" (S. 811) genannt– war damals die einzige Stahlbrücke Thailands, während es in Birma sieben gab. Sie wurde mehrmals von den Alliierten bombardiert, aber immer wieder durch Kriegsgefangene neu aufgebaut. Als der Krieg eine Wendung nahm, wurde die Bahn eine Fluchtroute für die japanischen Truppen.

Auf der thailändische Seite übernahm die staatliche thailändische Eisenbahn (State Railway of Thailand, SRT) die Strecke, und bis heute fahren auf dem 130 km langen Abschnitt der Originalstrecke zwischen Nong Pladuk, südöstlich von Kanchanaburi, und Nam Tok reguläre Züge.

★ Mangrove Hideaway PENSION $$
(☎ 080 133 6600; www.themangrovehideaway.com; Ban Salak Phet; Zi. 1900–2700 B; ❄📶) 🍃 Diese umweltfreundliche Pension mit Blick auf den Mangrovenwald ist ein fabelhaftes Fleckchen. Die frischen, schönen Zimmer schauen auf den grünen Garten, und die prächtigen Superior-Suiten haben herrliche Holzböden und überblicken den Restaurantbereich und die von Mangroven gesäumte Flussmündung. Oben gibt's einen Whirlpool im Freien und einen Massagebereich. Das Resort wurde aus regionalem Holz gebaut und beschäftigt einheimische Dorfbewohner.

Baan Rim Nam PENSION $$
(☎ 087 005 8575; www.iamkohchang.com; Khlong Prao; Zi. 1000–1900 B; ❄📶) Direkt an der mangrovengesäumten Flussmündung liegt dieses traumhafte umgebaute Fischerhaus – eine durch und durch friedliche Unterkunft. Die coolen, ansprechenden Zimmer gehen auf eine wunderbare Terrasse am Fluss. Der Besitzer ist eine Fundgrube an Informationen und sehr darauf bedacht, dass die Gäste erleben, was die Region zu bieten hat. Kostenlose Kajaks und Kanus stehen zur Verfügung – mit dem Boot ist man in drei Minuten am Strand.

Bang Bao Beach Resort BUNGALOWS $$
(☎ 093 327 2788; www.bangbaobeachresort.com; Hat Khlong Koi; Zi. 1700–2500 B) Die gepflegte Anlage mit grünem Rasen direkt am wunderschönen Strand Khlong Koi gleich östlich von Bang Bao ist einfach ein herrliches Fleckchen. Es gibt alte und neue Bungalows, alle aus schönem Holz und mit Klimaanlage. Das Resort wird effizient geführt und in der Umgebung gibt's viele Strandbars und Restaurants. Man kann von der Kanalbrücke aus am Strand entlanglaufen oder den langen Weg außen herum fahren.

Essen

Praktische alle Unterkünfte auf der Insel haben eigene Restaurants mit gutem, wenn auch nicht herausragendem Essen.

★ Blues Blues Restaurant THAI $
(☎ 087 144 6412; Ban Khlong Son; Hauptgerichte 80–170 B; ⏲ 9–21 Uhr) Das Restaurant mit künstlerischer Note serviert Pfannengerichte und ist wegen seines guten Essens, seiner Effizienz und seiner günstigen Preise beliebt. Die zarten Aquarelle des Besitzers zieren die Wände. Man folgt der Straße nach Ban Kwan Chang 600 m; es liegt auf der rechten Seite.

★ Barrio Bonito MEXIKANISCH $$
(☎ 080 092 8208; www.barriobonito.com; Hat Kaibae; Hauptgerichte 160–280 B; ⏲ 17–22 Uhr Juli–Ende Mai; 📶🍷) Ein charmantes französisch-mexikanisches Paar serviert in diesem Restaurant am Straßenrand mitten in Kaibae fabelhafte Fajitas und umwerfende Cocktails. Das authentische, köstliche, wunderschön präsentierte Essen und das stilvolle Ambiente machen das Barrio Bonita zu einem der besten Restaurants der Insel.

Phu-Talay FISCH & MEERESFRÜCHTE $$
(☎ 039 551300; 4/2 Mu 4, Khlong Prao; Hauptgerichte 120–320 B; ⏲ 10–22 Uhr) Das schöne Restaurant direkt am *khlong* hat eine hübsche blau-weiße Inneneinrichtung mit Holzboden, eine malerische Terrasse und ein eigenes Boot, mit dem Gäste von Unterkünften in der Nähe abgeholt werden. Es ist auf Meeresfrüchte spezialisiert und serviert hervorragende Blaukrabben, Garnelen und mehr. Die Preise sind viel vernünftiger als in anderen Meeresfrüchterestaurants.

Kung Kra Ta GRILLRESTAURANT $$
(☎ 091 738 7429; Hat Kaibae; All you can eat 229 B; ⏲ 18–23 Uhr) In diesem Freiluftrestaurant drängen sich Touristen und Einheimische, um in den Genuss des All-you-can-eat-Eintopfs und der Grillgerichte zu kommen. Man sucht sich selbst das Gewünschte aus, tunkt es ein und brutzelt es. Die Qualität ist nicht überragend, aber hier kann man sich mal richtig satt essen und Spaß dabei haben, ohne zu tief ins Portemonnaie zu greifen.

Chow Lay FISCH & MEERESFRÜCHTE $
(Ban Bang Bao; Gerichte 120–500 B; ⏲ 10–24 Uhr) „Wenn es schwimmt, haben wir es" ist das Motto dieses Restaurants in der Mitte des Piers. Tatsächlich hat es eine lange Fischkarte und dazu einen tollen Blick auf die Bucht. Am besten wählt man etwas vom Fang des Tages.

Praktische Informationen

Ko Chang Hospital (☎ 039 586131; Ban Dan Mai) Öffentliches Krankenhaus mit gutem Ruf und erschwinglichen Preisen; südlich vom Fährterminal.

Büro der Touristenpolizei (☎ 1155; Khlong Prao) Neben dem Tempel in Khlong Prao. In Hat Sai Khao und Hat Kaibae gibt's außerdem zwei kleinere Posten.

An- & Weiterreise

Vorsicht vor billigen Tickets für Minibusse von Siem Reap nach Ko Chang; meist steckt irgend ein Schwindel dahinter, der Zeit und Geld koste

WEITERREISE NACH KAMBODSCHA

Viele Besucher, die nach Angkor pilgern, fahren mit dem Direktbus von Bangkok zum Grenzübergang Aranya Prathet–Poipet. Von den Touristenbussen ab der Th Khao San raten wir ab.

Von Bangkok nach Siem Reap

Anreise zur Grenze Täglich fährt ein Bus (750 B, 7 Std., 9 Uhr) vom Busbahnhof Nord & Nordost (Mo Chit) in Bangkok zum Grenzübergang Aranya Prathet/Poipet.

An der Grenze Die thailändische Einwanderungsbehörde ist von 7 bis 20 Uhr geöffnet. Die Schlangen sind oft lang, daher sollte man möglichst früh hier sein. Kambodschanische Visa werden bei Ankunft ausgestellt (30 US$), viele Beamte verlangen aber überhöhte Gebühren. Schlepper und Geldwechsler an beiden Seiten der Grenze sollte man links liegen lassen und vor Taschendieben auf der Hut sein.

Weiterreise Wer nicht mit dem Direktbus fährt, nimmt am besten vom Hauptbusbahnhof in Poipet, 1 km hinter der Grenze, ein Sammeltaxi nach Siem Reap. Ein Motorradtaxi zum Busbahnhof kostet etwa 2000 R. Auf keinen Fall sollte man sich zum 9 km östlich der Stadt gelegenen internationalen Busbahnhof begeben, denn dort sind die Preise doppelt so hoch.

Infos zur Überquerung der Grenze in entgegengesetzter Richtung gibt's auf S. 279.

Fähren (80 B, 40 Min., 6–19 Uhr häufig) starten auf dem Festland südwestlich von Trat an den Pieren, die unter dem Namen Laem Ngop zusammengefasst werden. Sie fahren je nach Abfahrtspier entweder zum Tha Sapparot oder zum Tha Centrepoint. Tha Sapparot liegt den Stränden an der Westküste am nächsten.

Bang Bao Boat (☎ 084 567 8765; www.kohchangbangbaoboat.com; Ban Bang Bao; ⊗ Nov.–April) betreibt Boote von Bang Bao im Südwesten der Insel zu nahegelegenen Inseln.

Täglich fahren zwei Busse vom Busbahnhof Ost (Ekamai) in Bangkok zu den Pieren Laem Ngop (269 B, 6 Std.). Sie fahren über Chanthaburi und Trat. Vom Suvarnabhumi Airport in Bangkok verkehren ebenfalls ein Direktbus und Minibusse. Der nächste Flughafen befindet sich in Trat.

Unterwegs vor Ort

Sorngtaaou (Sammel-Pick-ups) fahren vom Pier zu den verschiedenen Stränden (100–200 B). Leihmotorräder kosten ab 200 B pro Tag. Ko Changs bergige, kurvenreiche Straßen sind gefährlich, immer darauf achten, dass das Motorrad in Ordnung ist, langsam fahren und einen Helm tragen!

SÜDLICHE GOLFKÜSTE

Von Palmen gesäumte Sandstrände, warmes Wetter und das glitzernde Meer: Die Südliche Golfküste trumpft mit einem Stück Paradies auf und Sonnenanbeter strömen in Scharen herbei. Viele zieht es auf die Inseln des Samui-Archipels, z. B. nach Ko Samui (Schickeria), Ko Pha-Ngan (Hippies) und Ko Tao (Tauchbegeisterte).

Man kann auch ein paar der ruhigen Provinzhauptstädte besuchen, um den Alltag an der thailändischen Küste zu erleben. Weiter südlich vermischt sich die hiesige Kultur langsam, aber sicher mit der malaysischen: Über den Palmen ragen die Minarette der Moscheen hervor. Am besten besucht man diese Region irgendwann in der Zeit zwischen Februar und Juni, wenn der Rest des Landes unter der gnadenlosen Hitze leidet.

Hua Hin หัวหิน

☎ 032 / 59 369 EW.

Hua Hin, Thailands erster und ältester Ferienort, ist keine bewaldete einsame Insel. Stattdessen bietet es eine erfrischende Kombination aus Stadtleben und Meer mit einem fast schon kosmopolitischen Flair, lebhaften Märkten, Wasserparks, internationaler Cuisine und hervorragenden Unterkünften.

Die aristokratischen Wurzeln Hua Hins reichen bis ins Jahr 1911 zurück, als die Eisenbahn aus Bangkok kam und Mitglieder der königlichen Familie hier Ferienhäuser bauen ließen. In dieser Stadt ist viel Geld im Umlauf, trotzdem ist sie ein gutes Ziel für Budget-Traveller: Es gibt viele Meeresfrüchte für kleines Geld, die öffentliche Verkehrsanbindung ist gut, und Hua Hin ist von Bangkok aus leicht zu erreichen.

Aktivitäten

★ **Wildlife Friends Foundation Thailand, Wildlife Rescue Centre and Elephant Refuge** TIERSCHUTZZENTRUM
(มูลนิธิเพื่อนสัตว์ป่า; ☎032 458135; www.wfft.org; komplette Tour inkl. Mittagessen halber/ganzer Tag 1100/1800 B) Dieses 45 km westlich von Hua Hin gelegene Zentrum kümmert sich um über 500 Tiere, darunter Bären, Tiger, Gibbons, Makaken, Loris und Vögel. Es gibt auch ein angeschlossenes Elefantenrettungsprogramm, das Elefanten erlaubt, ihre Leben ohne Ketten zu beenden. Der Besuch des Zentrums ist ein toller Tagesausflug, viel besser als die Elefanten- und Tiger-Touristenfallen, die bei vielen Touren ab Hua Hin auf dem Programm stehen. Die vom Zentrum angebotenen Touren ermöglichen den Zugang zu allen Einrichtungen. Die Besucher lernen die Tiere kennen und erfahren etwas über die Geschichte der Tierrettung. Bei den Ganztagstouren kann man wandern oder beim Baden der Elefanten helfen. Unangemeldete Besuche sind nicht gestattet.

Schlafen

Chanchala Hostel HOSTEL $
(☎086 331 6763; www.chanchalahostelhuahin.com; 1/5 Th Sasong; B inkl. Frühstück 340 B;) Dieses blitzsaubere Hostel mit drei Schlafsälen fünf Gehminuten vom Bahnhof macht alles richtig. In den Sechs- und Achtbettzimmern (eines nur für Frauen) hat jedes Bett ein eigenes Schließfach, eine Leselampe und Steckdosen. Im Café schwatzen die Gäste mit den freundlichen Mitarbeitern und in der Lounge auf dem Dach miteinander.

★ **King's Home** PENSION $$
(☎089 052 0490; www.huahinkingshome.blogspot.com; abseits der Th Phunsuk; Zi. 750–950 B;) Familiengeführte Pension mit tollen Preisen und viel Charakter – an der Eingangstür wird man von Kristallkronleuchtern und der Statue eines Deutschen Schäferhunds mit Blumenschmuck auf dem Kopf begrüßt. Auch der Rest des Hauses, einschließlich der sechs kleinen Gästezimmer, ist vollgestopft mit Antiquitäten und Kitsch, was eine sehr anheimelnde Atmosphäre schafft.

Lemon House 51 HOTEL $$
(lemonhouse51@gmail.com; Th Damrongraj (Soi 51); Zi. 800–1200 B;) Das Lemon versucht gar nicht erst, stilvoll oder trendig zu wirken, sondern liefert einfach ein gutes Preis-Leistungs-Verhältnis. Die Zimmer sind groß, sauber und ruhig, und das thailändisch-französische Paar, das das Hotel führt, gibt sich große Mühe, es den Gästen angenehm zu machen. Außerdem kann man in dieser Straße wirklich gut essen.

Hua Hin Place PENSION $$
(☎032 516640; www.huahin-place.com; 43/21 Th Naebkehardt; DZ & 2BZ 400–1500, FZ 1200–1500 B;) Das recht große Hua Hin Place liegt auf der feinen Linie zwischen Hotel und Pension, fällt aber eher in die zweite Kategorie dank der luftigen Lounge im Erdgeschoss, die mit ihren Muscheln, Fotos und dem anderen Schnickschnack schon ein kleines Museum ist und in der man mit dem charmanten Besitzer und den anderen Gästen schwatzen kann.

Tong-Mee House PENSION $$
(☎081 274 5676; tongmeehuahin@hotmail.com; 1 Soi Raumpow, Th Naebkehardt; Zi. 700–1000 B;) In einer ruhigen Wohngasse steht dieses alteingesessene Hotel, das wenig Charakter, aber gute saubere Zimmer mit Balkon hat – von den Zimmern für 1000 B in der obersten Etage hat man eine Aussicht.

Mod Guesthouse HOTEL $$
(☎032 512296; www.modguesthouse.com; Th Naresdamri; Zi. mit Ventilator & Bad mit kaltem Wasser/Klimaanlage 600–700/900–1500 B;) Das Hotel hat winzige, laute Zimmer, die fast ohne Dekoration auskommen und schon sichtbare Altersspuren zeigen, dennoch ist es in der Hauptsaison meistens voll. Von den halben Dutzend Pensionen am Pier (die alle mit den gleichen Mängeln behaftet sind) bietet dieses zweistöckige Holzhaus noch den größten historischen Charme und recht gute Betten.

Essen

★ **Jek Pia** THAI
(51/6 Th Dechanuchit; Hauptgerichte 35–150 B; ⏲6.30–12.30 & 17.30–20 Uhr) Früher war das über 50 Jahre alte Jek Pia nur ein Café, heute ist es eines der Spitzenrestaurants in Hua Hin. Die inzwischen verstorbene Mutter des heutigen Besitzers lud ihre Lieblingsköche ein, mit ihr gemeinsam zu kochen, sodass es heute eine Art Gourmet-Food-Court ist und man gleich einen ganzen Stapel Speisekarten bekommt.

Sôm-đam Tanontok 51 THAI
(Th Damrongraj/Soi 51; Hauptgerichte 40–190 B; ⏲10–20 Uhr;) In diesem herausragenden Restaurant in einem Viertel, in dem man wu

derbar essen gehen kann, kocht eine Familie aus Khorat echte Isan-Gerichte. Hier gibt's alles, was man erwarten würde, darunter gegrillten Wels, *gaang orm* (Kräutercurry ohne Kokosmilch), viele Versionen von *sôm·đam* neben der mit Papaya, etwa mit Gurke und Bambussprossen, sowie Tintenfisch-*lâhp*.

Baan Khrai Wang THAI, KAFFEE $
Th Naebkehardt; Hauptgerichte 65–285 B; ⌚9–18 Uhr) Die Palmen, der Blumengarten, die historischen hölzernen Strandhäuser und das Rauschen der Brandung schaffen in diesem „Haus in der Nähe des Palastes" ein perfektes Ambiente. Viele Gäste lassen es sich hier bei Kaffee und Kokoskuchen gut gehen, es gibt aber auch eine kleine Speisekarte, auf der *massaman*-Curry, gebratener Krabbenreis, *kôw châe* (feuchter gekühlter Reis) und Wraps mit Cäsarsalat stehen.

★ **Koti** CHINESISCH, THAI $$
✆ 032 511252; 16/1 Th Dechanuchit; Hauptgerichte 40–400 B; ⌚11–22 Uhr) Gegenüber dem Nachtmarkt befindet sich dieses 1932 eröffnete thailändisch-chinesische Restaurant – ein kulinarisches Nationalheiligtum. Thais lieben die mit Mehl und Ei gebratenen Austern, Ausländer machen sich über *đôm yam gûng* her. Alle sind vom *yam tá-lair* (würziger Meeresfrüchtesalat) und vom klassischen grünen Curry begeistert. Meist muss man auf einen Tisch warten.

Praktische Informationen

San Paolo Hospital (✆ 032 532576; www.sanpaulo.co.th; 222 Th Phetkasem, South Hua Hin) Das kleine private Krankenhaus südlich der Stadt in der Soi 86 ist eine gute Option bei gewöhnlichen Erkrankungen und Verletzungen.

Thailändisches Fremdenverkehrsamt (TAT; ✆ 032 513854; www.tourismthailand.org/hua-hin; 39/4 Th Phetkasem, an der Soi 55; ⌚8.30–16.30 Uhr) Die Mitarbeiter sprechen Englisch und sind sehr hilfsbereit, öffnen aber selten pünktlich.

Touristenpolizei (✆ 032 516219; Th Damnoen Kasem) Am östlichen Ende der Straße direkt am Strand.

Tuk Tours (✆ 032 514281, mobile 08 9544 2465; www.tuktours.net; 2/1 Th Chomsin; ⌚9.30–18 Uhr) Hilfsbereit. Hier kann man ohne Druck Aktivitäten und Verkehrsmittel für ganz Thailand buchen.

An- & Weiterreise

Minivans nach Norden (u. a. nach Kanchanaburi und Bangkok) nutzen die neue **Hua Hin Van Station** (Soi 51). Minivans nach Süden halten in der Straße neben dem Uhrturm. Normale Busse fahren in der Th Phetkasem gegenüber der Esso-Tankstelle ab.

Fernbusse zu Zielen im Norden und Süden fahren vom **Busbahnhof Hua Hin** (Th Phetkasem, an der Soi 96, Süd-Hua Hin) ab. **Hua Hin-Pran Tour** (✆ 032 511654; Th Sasong) in der Th Sasong in der Nähe des Nachtmarkts betreibt Busse zum Busbahnhof Süd in Bangkok. **Lomprayah** (✆ 032 532761; www.lomprayah.com; Th Phetkasem; ⌚8–22 Uhr) bietet kombinierte Fahrten mit Bus und Boot nach Ko Tao (1050 B, 6–9 Std.), Ko Pha-Ngan (1300 B, 9–12 Std.) und Ko Samui (1400 B, 10–13 Std.).

Vom kleinen historischen **Bahnhof** (✆ 032 511073; Th Liap Thang Rot Fai) fahren täglich zwölf Züge nach Bangkok (44–402 B, 4½ Std.) sowie Züge Richtung Süden nach Chumphon, Hat Yai und Prachuap Khiri Khan.

Unterwegs vor Ort

Grüne *songtaou* (10 B) starten von der Ecke Th Sasong/Th Dechanuchit am Nachtmarkt. Zwischen 6 und 21 Uhr fahren sie entlang der Th Phetkasem Richtung Süden nach Khao Takiab.

Die *túk-túk*-Preise in Hua Hin sind unverschämt (ab 100 B). Für kurze Fahrten sind Motorradtaxis wesentlich günstiger (30–50 B).

Überall in der Stadt kann man Motorräder (200–250 B pro Tag) und Fahrräder (100–200 B pro Tag) ausleihen.

Prachuap Khiri Khan

ประจวบคีรีขันธ์

✆ 032 / 33 500 EW.

Die verschlafene Küstenstadt Prachuap Khiri Khan ist ein wunderbar entspannter Ort. Die breite Bucht schimmert in tropischem Türkis, auf dem Wasser dümpeln Fischerboote und über allem erhebt sich eine Kalksteinfelsenlandschaft, wie man sie sonst eigentlich nur an der südlichen Andamanenküste findet.

In den vergangenen Jahren haben Ausländer den Charme Prachuaps entdeckt. Noch sind es aber nur sehr wenige, sodass am Strand, bei den Tempeln auf Berggipfeln und in den vielen hervorragenden Meeresfrüchterestaurants noch reichlich Platz ist.

Schlafen & Essen

Safehouse Hostel HOSTEL $
(✆ 087 909 4770; 28 Soi 6, Th Salacheep; B 250, Zi. 450–650 B; ❄📶) Die Zimmer im Safehouse sind recht altmodisch, aber ordentlich. Der eigentliche Grund für die Beliebtheit des kleinen Hostels ist die Gastgeberin Sherry. Sie scheut keine Mühe, um ihren Gästen den

Aufenthalt angenehm zu machen und führt Touren zum **Kuiburi-Nationalpark** (อุทยานแห่งชาติกุยบุรี; ☎085 266 1601; Rte 4024; Erw./Kind 200/100 B, Tierbeobachtungstour pro Truck 850 B; ⏱ Tierbeobachtungstouren 14–18 Uhr) und an andere Orte.

Das Hostel hat eine Gemeinschaftsküche.

★ Prachuap Beach Hotel HOTEL $$

(☎032 601288; www.prachuapbeach.com; 123 Th Suseuk; DZ & 2BZ 800–900, 3BZ 1200 B; ❄📶) Das am besten gelegene und vielleicht ruhigste Hotel der Stadt befindet sich in der Nähe vieler guter Restaurants, geht auf die Promenade und bietet von den oberen Etagen eine tolle Aussicht. Am billigsten sind die Zimmer in der zweiten Etage, es lohnt sich aber, 100 B extra für ein Zimmer weiter oben zu zahlen – die oberste Etage ist die fünfte. Die Zimmer sind altmodisch, für den Preis aber sehr gut.

Krua Chaiwat THAI $

(Th Salacheep; Hauptgerichte 40–160 B; ⏱Mo–Sa 9–15 & 16.30–20 Uhr; 📶✎) Mit gutem Essen zu günstigen Preisen ist dieses Restaurant ein Magnet für Einheimische und Expats. Seine Stärke ist die Thai-Küche – die *đôm yam* und *mêe·ang kam* (ein Snack mit wilden Pfefferblättern, den man selbst zusammenstellt) sind ziemlich gut. Es gibt auch Steaks und ein paar Fusion-Gerichte wie gebratene Spaghetti mit gesalzener Makrele.

★ In Town Seafood THAI $$

(Th Chai Thaleh; Hauptgerichte 50–350 B; ⏱15–23 Uhr) Anspruchsvolle Einheimische gehen sehr gerne in dieses angesagte Restaurant am Straßenrand, um draußen unter einem Zeltdach zu sitzen und mit Blick über die Bucht zu essen. Die Auslagen präsentieren ein tolles Angebot an frischem Fisch und Meeresfrüchten – Barrakuda, Thunfisch, Krabben, Muscheln – und man zeigt einfach auf das, was man haben möchte. Der Service ist manchmal langsam.

ℹ Anreise & Unterwegs vor Ort

Minivans sind in Prachuap das wichtigste Verkehrsmittel. Sie starten alle an der Minivan-Haltestelle an der Kreuzung Route 326/Highway 4 in der Nähe der Hauptbushaltestelle.

Täglich fahren von der Th Pihitak Chat vier Busse zum Busbahnhof Süd in Bangkok (200 B). Busse zu anderen Zielen starten an einer **Bushaltestelle** (*sà·tăh·nee dern rót*; Phetkasem Hwy) in der Th Phetkasem, 4 km nordwestlich des Stadtzentrums. Fahrkarten werden auf der nach Norden führenden Straßenseite verkauft, man sollte sie einen Tag im Voraus kaufen.

Der **Bahnhof** (☎032 611175; Th Maharat) befindet sich im Zentrum in der Th Maharat. Täglich gibt's neun Verbindungen nach Bangkok (168–455 B, 5½ Std.) sowie Züge zu Zielen im Süden.

Die meisten Hotels vermieten für 200 bis 250 B pro Tag Motorräder, einige haben auch Fahrräder für 50 B. Strecken in der Stadt kann man für 30 bis 50 B mit Motorradtaxis zurücklegen.

Chumphon ชุมพ

☎077 / 33 500 EW.

In Chumphon, durch das viele Travelle auf dem Weg von und nach Ko Tao un Richtung Süden nach Ranong oder Phuke hindurchkommen, beginnt der eigentlich Süden Thailands. Muslimische Kopftüche sind hier ein alltägliches Bild.

Die Strände der Umgebung bieten San und Sonne abseits der üblichen Backpacker-Route. Am bekanntesten ist der schön **Hat Thung Wua Laen** 15 km nordöstlich de Stadt, unter der Woche ist man dort wah scheinlich ganz allein.

Schlafen & Essen

★ Salsa Hostel HOSTE

(☎077 505005; www.salsachumphon.com; 2 42 Th Krumluang Chumphon; inkl. Frühstück B 30 330, 2BZ/DZ 650/750 B; ❄@📶) Eine d besten Adressen der Stadt. Das Hotel lie östlich vom Bahnhof in der Nähe des Nac markts, ist sauber, freundlich, nicht zu gr und eine zuverlässige Quelle für Infos üb die Gegend in hervorragendem Englis Die Privatzimmer zählen zu den besten d Stadt, unabhängig vom Preis.

Kook Noy Kitchen TH

(Th Suksamur; Hauptgerichte 40–180 B; ⏱Mo- 16–4 Uhr; 📶) Ein Zementboden, ein W blechdach und eine chaotische Küche – d die bereitet Gerichte aus Zentral- und S thailand zu, die man kennt, etwa *đôm y* mit Hühnern aus Freilandhaltung und bratenem Krabbenreis, und viele, die m wahrscheinlich nicht kennt, wie gebrate Entenschnabel oder *pàt pèt gòp* (gebrate Frosch in Curry).

ℹ An- & Weiterreise

BUS

Chumphons **Hauptbusbahnhof** (☎077 576 Rte 41) liegt ungünstig 12 km außerhalb der Stadt. An Bushaltestellen in der Stadt halten

VERKEHRSVERBINDUNGEN AB CHUMPHON

ZIEL	SCHIFF/FÄHRE	BUS	MINIVAN	ZUG
Bangkok Hualamphong				Sitzplatz 192–510 B, Schlafwagen 620–1194 B, 6½–8 Std., 11-mal tgl.
Bangkok Busbahnhof Süd		155–510 B, 8 Std., 9–22 Uhr 11 Abfahrten		
Hat Yai		328–355 B, 7 Std., 7–24 Uhr 8 Abfahrten		79–502 B, 8–10½ Std., 7-mal tgl.
Hua Hin				49–423 B, 4–5 Std., 12-mal tgl.
Ko Pha-Ngan (Lomprayah)	1000 B, 3¼–3¾ Std., 7 & 13 Uhr			
Ko Pha-Ngan (Songserm)	900 B, 4½ Std., 7 Uhr			
Ko Samui (Lomprayah)	1100 B, 3¾–4¼ Std., 7 & 13 Uhr			
Ko Samui (Songserm)	1000 B, 6¼ Std., 7 Uhr			
Ko Tao (Autofähre)	400 B, 6 Std., Mo–Sa 23 Uhr			
Ko Tao (Lomprayah)	600 B, 1¾ Std., 7 & 13 Uhr			
Ko Tao (Songserm)	500 B, 2¾ Std., 7 Uhr			
Ko Tao (Nachtboot am Sonntag)	450 B, 6 Std., So 24 Uhr			
Phuket		350–600 B, 6–7 Std., 5–14.30 Uhr 7 Abfahrten		
Prachuap Khiri Khan		220 B, 4 Std., 7–22 Uhr stündl.	180 B, 3½ Std., 5.30–18 Uhr alle 50 Min.	16–347 B, 2½–3 Std., 10-mal tgl.
Ranong		120 B, 2½ Std., 4-mal tgl.	120 B, 2½ Std., 6–17 Uhr stündl.	
Surat Thani			170 B, 3½ Std., 6–17.30 Uhr stündl.	34–388 B, 2–3 Std., 12-mal tgl.

…e Busse nach Bangkok und Phuket, darunter **Choke Anan Tour** (☎ 077 511480; abseits Soi 1, Th Pracha Uthit) und **Suwannatee …r** (☎ 077 504901; Th Nawamin Ruamjai). …inivans nach Surat Thani und Prachuap Khiri …n fahren am Nachtmarkt in der Nähe des Salsa Hostel ab, während Minivans nach Ranong in der Th Tha Taphao starten.

FLUGZEUG

Vom Flughafen in Chumphon starten täglich zwei Flüge von Nok Air zum Don Mueang Airport in Bangkok (ab 1200 B, 1 Std.).

SCHIFF/FÄHRE

Lomprayah (☎ City 081 956 5644, Pier 077 558214; www.lomprayah.com; Th Krumluang Chumphon; ⌚ 4.30–18 Uhr) und **Songserm** (☎ 077 506205; www.songserm.com) betreiben moderne Fähren, die tagsüber nach Ko Tao und weiter nach Ko Pha-Ngan und Ko Samui fahren. Die besten und beliebtesten sind die von Lomprayah. Songserm hat einen schlechten Ruf. Es gibt auch Autofähren, die nachts übersetzen. Die Boote fahren an verschiedenen Pieren ab, der Transfer kostet zwischen 50 und 100 B. Wer ein Kombiticket kauft, sollte darauf achten, dass er ein Ticket sowohl für den Bus als auch für das Boot hat.

ZUG

Züge nach Bangkok und in den tiefen Süden fahren häufig. Der Bahnhof befindet sich in der Nähe des Stadtzentrums.

Ko Samui เกาะสมุย

62 000 EW.

Ob man nun sonnenbaden, in der Hängematte dösen, in Weltklasserestaurants essen, Strandpartys besuchen oder sich in einem exklusiven Spa verwöhnen lassen möchte – auf Ko Samui ist all dies möglich.

Einst war die Insel einer der ersten Backpacker-Treffs in Thailand, heute ist sie eine Ferieninsel für jeden Geschmack und allgemein beliebt, ob bei Pärchen auf Hochzeitsreise oder Pauschaltouristen. Alles, was man sich wünschen könnte, findet man hier in nächster Nähe. Besonders zur Hauptsaison geht's ziemlich turbulent zu. Doch Samui ist groß, und an den Stränden im Norden oder an der ruhigeren Westküste herrscht immer noch die entspannte Atmosphäre von einst. Auf Ko Samui wohnen auch viele Einheimische, deren Alltag man leicht erleben kann, wenn man an einer Hütte am Straßenrand isst oder einen Morgenmarkt besucht.

Aktivitäten

Es gibt kaum etwas, das man auf Samui nicht tun könnte. **Tauchen** ist hier teurer als auf der Nachbarinsel Ko Tao, es gibt viele Anbieter von Tauchexkursionen oder **Schnorcheltouren**. **Spas** sind allgegenwärtig, außerdem gibt's viele **Kochschulen**, man kann im Inselinneren zu Wasserfällen und herrlichen Aussichtspunkten **wandern**, **radeln** oder an **Ziplines** sausen. Wer will, kann seinen Kampfgeist in einem **Muay-Thai**-Boxcamp ausleben. Natürlich kann man auch einfach mit einem Cocktail am Strand oder am Pool rumliegen.

Schlafen

Chaweng

Samui Hostel HOSTEL $

(☎ 089 874 3737; Chaweng Beach Rd; B 200–300 B DZ 850 B; ❄@) Von außen eher unauffälliges aber sehr ordentliches, sauberes, freundliches und beliebtes Hostel, das saubere Schlafsäle mit Ventilator und Klimaanlage sowie schicke Doppelzimmer mit Klimaanlage auf der dem Strand gegenüberliegenden Seite der Straße zu bieten hat. De Service ist einen Tick besser als der Durchschnitt, und vorn befindet sich ein beliebte Raum mit Holztischen, in dem man relaxe und schwatzen kann.

Pott Guesthouse PENSION

(Chaweng Beach Rd; Zi. mit Ventilator/Klimaanlag ab 300/600 B; ❄📶) Ein echtes Schnäppche in diesem nichtssagenden Wohnblock sin die großen hellen Betonzimmer mit ange schlossenen Warmwasserbädern und Ba kon. Das war's dann aber auch schon. Di Rezeption befindet sich in einem namenl sen Restaurant an der Hauptstraße dire gegenüber der Gasse.

P Chaweng HOTE

(☎ 077 230684; Chaweng Beach Rd; Zi. ab 600 ❄@📶) An einer von der Hauptstraße abg henden Straße bietet diese mit Wein bewac sene Budgetunterkunft in zwei Gebäud saubere geräumige Zimmer mit rosa Fl senboden und Familienzimmer mit Holzfu boden sowie Klimaanlage, Warmwasser, T und Kühlschrank. Sie ist nicht besonders h und zehn Gehminuten von den Bars entfer aber in dieser Gegend ein Preisschlager.

Lamai

New Hut BUNGALO

(☎ 077 230437; Lamai Nord; Hütten 250–80 📶) Die Nurdachhütten direkt am Stra teilen sich einen großen Block mit saube Bädern. Es gibt ein betriebsames Rest rant, freundliches Personal und schlich fröhliches Backpacker-Flair. Eine der Unt künfte mit dem besten Preis-Leistungs-V hältnis am Lamai Beach.

Amarina Residence HOTE

(☎ 077 418073; www.amarinaresidence.com; mai; Zi. 1200–1800 B; ❄📶) Kleines zweistö ges Hotel zwei Gehminuten vom Stra Die großen, geschmackvoll eingerichte gefliesten Räume mit exzellentem Preis-I tungs-Verhältnis verteilen sich um die Lobby und den kleinen Pool.

Spa Resort BUNGALOWS $$
(077 230855; www.thesparesorts.com; Lamai North; Bungalows 720–1200 B;) Das freundliche, praktische und schlichte Spa bietet u. a. Darmspülungen, Massagen, Entgiftungen, Yoga und Hypnotherapie. Die mit Rattan-Möbeln, traditioneller Kunst an den Wänden und Balkons ausgestatteten Zimmer sind komfortabel und bieten ein hervorragendes Preis-Leistungs-Verhältnis, sind aber immer schnell ausgebucht. Auch Nichtgäste können das Angebot des Spas nutzen und im exzellenten (und gesunden) Open-Air-**Restaurant** (abseits der Rte 4169; Mahlzeiten 100–400 B; 7–22 Uhr;) am Strand essen.

Nördliche Strände

hangri-la BUNGALOWS $
077 425189; Mae Nam; Bungalows mit Ventila-r/Klimaanlage ab 500/1300 B;) Zweifel-os ein Paradies für Backpacker: Die Hütten ehören zu den günstigsten der Gegend und egen an einem wunderschönen Teil des trands. Das Grundstück ist kaum gärtne-sch gestaltet, doch die einfachen Beton-ungalows mit angeschlossenen Bädern ur die mit Klimaanlage haben warmes asser) sind gut in Schuss und das Personal freundlich.

astaway Guesthouse PENSION $$
081 968 5811; www.castawaysamui.com; Fi-erman's Village; Zi. mit Ventilator/Klimaanlage 0–1500 B;) Eine Querstraße hinter m Strand bietet das Castaway 15 helle, ubere und freundliche Zimmer.

Essen & Ausgehen

Chaweng

em-Din-Markt MARKT $
aweng; Gerichte ab 35 B; 4–18 Uhr, Nacht-kt 18–2 Uhr) Der Laem Din ist tagsüber ein chäftiger Markt mit Ständen voller fri-em Obst, Gemüse und Fleisch und allem, s man für die regionale Thai-Küche benö-. Man kann ein Kilo süßer grüner Oran- mitnehmen oder durch die Gänge wan-n und versuchen, die Zutaten des Currys Vorabend zu finden. Abends lohnt ein uch auf dem angrenzenden Nachtmarkt, die leckeren Brathühnchen und Currys südthailändischer Art zu probieren.

WELCHER STRAND AUF KO SAMUI?

Samui ist gerade klein genug, dass man von Strand zu Strand ziehen kann. Doch die Entscheidung, an welchem bzw. in der Nähe welchen Strandes man sich einquartiert, hängt ganz davon ab, ob man Lust auf Trubel hat oder auf Ruhe aus ist. Der **Chaweng** und der **Lamai** sind die längsten und bekanntesten Strände, daher gibt's hier viele Menschen, aber auch jede Menge Restaurants und Bars. Wer feiern will, sollte hier absteigen.

Der **Mae Nam** ist der am besten zum Schwimmen geeignete Strand an der Nordküste. Zudem hat er sich ebenso wie der **Bang Po**, der gleich hinter der winzigen Halbinsel liegt, eine angenehm ruhige Atmosphäre bewahrt, bietet aber alle Einrichtungen, die man braucht. Auch der **Ao Thong Sai** in der Nordostecke Samui ist sehr hübsch.

An der weniger besuchten Westküste gibt's bei **Taling Ngam** und **Lipa Noi** nette Strände. Wer ganz allein sein möchte, ist am **Ao Phang Ka** im Südwesten richtig, dort gibt's aber fast keine touristische Infrastruktur.

Tuk Tuk Backpackers CAFÉ $
(087 268 2575; Chaweng Beach Rd; Hauptgerichte ab 120 B; 10–2 Uhr) Dieses hundertprozentige, kompromisslose, dreiste und große westliche Café/Restaurant/Bar im Saloon-Stil macht gutes Frühstück, das gegen Kater hilft, hat mehrere Fernseher, Billardtische und alles Drum und Dran.

★ **Stacked** STEAK $$
(www.stacked-samui.com; Chaweng Beach Rd; Hauptgerichte ab 295 B; 12–24 Uhr;) Gerade Linien, eine offene Küche mit Grill, ein Team geschäftiger, unglaublich effizienter Mitarbeiter und eine Wahnsinnskarte – dieses Burger-Restaurant ist nach wie vor ein Fest fürs Auge und für den Gaumen. Die unglaublich aromatischen Burger und Steaks werden in großzügigen Portionen auf Schieferplatten serviert. Am besten mit Riesenhunger herkommen, denn es wäre eine Schande, wenn man nur ein Gericht probiert.

Ark Bar BAR
(www.ark-bar.com; Hat Chaweng; 7–1 Uhr) Während einige Gäste überschwänglich feiern

Ko Samui

Ko Samui

Aktivitäten, Kurse & Touren
1 Blue Stars D3

Schlafen
2 Amarina Residence C3
3 Library D4
4 New Hut C3
5 P Chaweng D4
6 Pott Guesthouse D4
7 Samui Hostel D4
8 Spa Resort D3

Essen
9 Baobab C3
Black Pearl .... (siehe 9
10 Laem-Din-Markt D4
Pad Thai .... (siehe 8
11 Pepenero C
Radiance .... (siehe 8
12 Stacked .... D
13 Tuk Tuk Backpackers .... D

Ausgehen & Nachtleben
14 Ark Bar .... D
Bear Cocktails .... (siehe 2
15 Reggae Pub .... D

und sich an der farbenfrohen Bar mit Drinks versorgen, relaxen die anderen in Liegestühlen am Strand. Hier wird rund um die Uhr Party gemacht: Nach Sonnenuntergang erleuchten Feuershows den Strand, und ab dem Nachmittag legen DJs House auf.

Reggae Pub
(Laem Din Rd; ⌚18–3 Uhr) Der hohe, zw stöckige Vergnügungstempel – und B Marley-Schrein – hat eine Tanzfläche Freien, wo ausländische DJs für die Mu sorgen. Außerdem gibt's lange Bars, Bill

tische und eine Livemusikbühne. Am frühen Abend ist es oft leer, doch gegen Mitternacht geht's hier so richtig los. Die lange Straße hinauf zum Reggae Pub ist das Revier der Ladyboys.

Lamai

Pad Thai THAI $

(☎ 077 458560-4; www.manathai.com/samui/phad-thai; Rte 4169; Hauptgerichte ab 70 B; ⏲ 11–21.30 Uhr) Das sehr preiswerte und elegante Restaurant, das halb im Freien an der Ecke des riesigen Hotels Manathai an der Straße liegt, ist eine fantastische Wahl, um in der Pfanne gebratene Nudeln und Nudelsuppen zu essen, gekrönt von einem Kokoseis als Dessert.

★ **Baobab** FRANZÖSISCH $$

☎ 084 838 3040; Hat Lamai; Hauptgerichte 150–380 B; ⏲ 8–18 Uhr) Nach dem Essen im luftigen Baobab kann man sich einfach ein kostenloses Strandhandtuch schnappen und auf einer Liege relaxen oder sich nebenan eine Massage gönnen. Zuerst sollte man aber versuchen, einen der Tische am Strand zu erwischen. Für die riesige Speisekarte braucht man beide Hände. Sie bietet den ganzen Tag Frühstück, französische und thailändische Gerichte, Gegrilltes, Pasta und beliebte Specials wie Steak vom roten Thunfisch (350 B).

lack Pearl THAI $$

Hat Lamai; Hauptgerichte 140–50 B; ⏲ 8–22.30 Uhr;) Von diesem ordentlichen Restaurant an nem malerischen Streifen Sand in Lamai, er mit Felsen gespickt ist, bietet sich ein errlicher Ausblick aufs Meer. Es ist den gann Tag über angenehm, besonders schön ist aber in der Dämmerung oder um abends eim sanften Geräusch der Brandung einen ocktail zu trinken.

ear Cocktails BAR

amai Beach Rd; ⏲ 17–2 Uhr) Dies ist keine trationelle Bar, sondern ein fröhlicher Cockl-Stand im Freien am Straßenrand, der n zwei freundlichen Mädchen (Bear und k) geführt wird. Man holt sich einfach ein Erdbeer-Daiquiri, schnappt sich einen astikstuhl und fängt mit dem Erstbesten Gespräch an. Es liegt in der Nähe von Donald's. Cocktails kosten 79 B.

Nördliche Strände

h Restaurant INTERNATIONAL $

087 472 4097; Rte 4169, Mae Nam; Hauptichte ab 50 B; ⏲ 11–23 Uhr) Die eleganten Thai-Tischdecken und die preiswerten, leckeren thailändischen Meeresfrüchte-, panasiatischen Gerichte und internationalen Vorspeisen sorgen dafür, dass immer neue Gäste in dieses beliebte Restaurant mit Holzfußboden und charmantem Ambiente strömen. Sie lassen sich ausgezeichnete Frühlingsrollen, wunderbare Meeresfrüchtecurrys, gedämpften Seebarsch und mehr schmecken.

★ **Pepenero** ITALIENISCH $$

(☎ 077 963353; www.pepenerosamui.com; Mae Nam; Hauptgerichte ab 250 B; ⏲ Mo–Sa 18–22 Uhr) Das Pepenero ist auf Ko Samui nach wie vor im Gespräch, nachdem es an diesen günstigeren Standort in Mae Nam gezogen ist. Was dem hervorragenden, clever gestalteten italienischen Restaurant an Aussicht fehlt, das machen die großartige Speisekarte (darunter Aufschnittplatten mit Käse und kaltem Fleisch) und der aufmerksame, freundliche Service der geselligen, fleißigen Besitzer mehr als wieder wett. Unbedingt einen Besuch abstatten!

NICHT VERSÄUMEN

ANG-THONG-NATIONALMEERESPARK

Die rund 40 zerklüfteten Dschungelinseln des **Ang-Thong-Nationalmeeresparks** (Erw./Kind 300/150 B) erstrecken sich über das strahlend blaue Meer wie eine zersprungene Smaragdkette. Jedes Eiland bietet eine jungfräuliche Welt voller Kalksteinklippen, versteckter Lagunen und pfirsichfarbener Traumstrände. Die paradiesischen Inseln inspirierten Alex Garland 1996 zu seinem Roman *Der Strand*.

Am besten gelangt man von Ko Samui aus im Rahmen einer organisierten Tagestour in den Park. **Blue Stars** (☎ 077 300615; www.bluestars.info; Touren Erw./Kind 2500/1600 B) hat vollkommen zu Recht einen guten Ruf für seine ausgezeichneten Exkursionen hierher. Die Eintrittsgebühr in den Park (300 B) sollte üblicherweise im Preis der Touren enthalten sein.

Februar, März und April eignen sich am besten für einen Besuch dieser ätherischen grün-blauen Landschaft. Im November und Dezember ist der Park aufgrund hoher Monsunwellen fast immer geschlossen.

VERWÖHNPROGRAMM

Ko Samui eignet sich so gut wie jeder andere Ort in Thailand, um das Reisebudget mal zu überziehen. Wer sich nach einem Hauch von Luxus sehnt, kann es sich in den folgenden Unterkünften gut gehen lassen. Nicht vergessen: Außerhalb der Hochsaison von Dezember bis Februar sinken die Preise.

Library (☎077 422767; www.thelibrary.co.th; Chaweng Beach Rd; Studio/Suite inkl. Frühstück ab 11 900/13 600 B; ❄@📶🏊) Diese Bibliothek ist zu cool zum Lernen. Das gesamte Resort strahlt in schimmerndem Weiß, das durch schwarze Akzente und Fensterlamellen noch betont wird. Die Zimmer (sie werden hier „pages", also „Seiten" genannt) bieten neben futuristischen iMac-Computern auch große monochrome Wandkunst, die abends hell leuchtet und deren Farben nach Belieben eingestellt werden können.

Code (☎077 602122; www.samuicode.com; Mae Nam; Suite 3300–11 100 B; ❄📶🏊) Die schnittigen, eleganten Linien und der Kontrast von makellosem Weiß mit dem türkisblauen Meer und dem großen Infinity Pool schaffen ein grandioses architektonisches Juwel. Die großen, effizienten Suiten haben alle Meerblick. Auch der Service ist spitze. Natürlich sind alle Einrichtungen vorhanden, die man sich wünschen könnte, darunter ein Fitnesscenter, ein Spa, eine Dampfsauna, ein Tennisplatz und ein Restaurant.

Rocky's Resort (☎077 418367; www.rockyresort.com; abseits der Rte 4169; Zi. 8000–20 000 B; ❄📶🏊) Dem Rocky gelingt mit seinem sehr ruhigen Rezeptionsbereich und den beiden Pools mühelos die richtige Balance zwischen gehobenem Ambiente und unprätentiöser, geselliger Atmosphäre. In der Nebensaison ist es ein echtes Schnäppchen, denn der Meerblick ist umwerfend, und jedes Zimmer (einige mit eigenem Pool) hat eine Einrichtung aus wunderschönen Möbeln im thailändischen Stil, in die nahtlos moderne Elemente integriert sind.

69 FUSION-KÜCHE **$$**
(☎081 978 1945; Route 4169, nahe Fisherman's Village; Hauptgerichte ab 150 B; ⏲13–22 Uhr; 📶) Die Lage an der lauten Straße ist eher ungünstig und die veraltete, uneinheitliche Einrichtung abgewetzt und in die Jahre gekommen. Doch die Berichte über die mit kreativen Ideen zubereiteten Thai-Gerichte klingen durchgängig begeistert, darum ist das Restaurant sehr beliebt, auch wenn nicht alle Gerichte gleich gut sind.

ℹ Praktische Informationen

Die Zahl der Verkehrsunfälle mit Todesopfern auf Ko Samui ist hoch. Die Kombination aus unerfahrenen Touristen, kurvenreichen Straßen, plötzlichem tropischen Regen, hektischem Verkehr und Sand auf den Straßen kann tödlich sein. Wer noch nie Motorrad gefahren ist, sollte es auf keinen Fall auf Samui lernen.

Vorsicht: Vom Dezember bis April können am Chaweng Beach und am Lamai Beach starke Brandungsrückströmungen auftreten!

Bangkok Hospital Samui (☎077 429500, Notruf 077 429555; www.bangkokhospital samui.com) Beste Adresse bei gesundheitlichen Problemen.

Einwanderungsbehörde (☎077 423440; Soi 1 Mu 1, Mae Nam; ⏲Mo–Fr 8.30–16.30 Uhr) Das Büro verlängert Touristenvisa um sieben Tage. Es befindet sich südlich der Route 4169 in Mae Nam.

Hauptpost (Na Thon) Nahe beim TAT-Büro un[d] nicht immer verlässlich.

Touristenpolizei (☎077 421281, Notruf 1155) Südlich von Na Thon.

ℹ An- & Weiterreise

FLUGHAFEN

Ko Samuis **Flughafen** (www.samuiairportonlin[e.] com) liegt im Nordosten der Insel in der Nähe des Big Buddha Beach.

Bangkok Airways (www.bangkokair.com) flie[gt] etwa alle 30 Minuten zwischen Samui und dem Suvarnabhumi International Airport in Bangko[k] (65 Min.). Außerdem gibt's Flüge nach Chiang Mai, Singapur, Kuala Lumpur, Hongkong und z[u] anderen Zielen in Thailand, Südostasien und China.

Wenn die Flüge nach Ko Samui ausgebucht sind, kann man versuchen, einen Flug nach Su[rat] Thani auf dem Festland zu nehmen und dann v[on] dort mit der Fähre nach Samui fahren.

SCHIFF/FÄHRE

Zwischen Samui und dem Festland verkehren regelmäßig Boote, darunter die Schnellboote von **Lomprayah** (S. 835; 400 B) und die langs[a]meren, stinkenden Autofähren von **Raja** (☎022 768211-2, 092 274 3423-5; www.raja

ferryport.com; Erw. 130 B). Sie benötigen je nach Schiff eine bis fünf Stunden. Von Surat Thani fährt außerdem ein langsames Nachtboot nach Samui (300 B, 6 Std., 23 Uhr). Zurück fährt es um 21 Uhr und kommt gegen 3 Uhr in Surat Thani an. Auf diesem Boot sollte man das Gepäck im Auge behalten.

Es gibt Kombitickets nach Bangkok für Boot und Bus oder Boot und Bahn. Die beste Kombination aus Bus und Boot bietet Lomprayah. Phun Phin ist der dem Bootspier in Surat Thani auf dem Festland am nächsten gelegene Bahnhof.

Boote nach Ko Pha-Ngan (200–300 B, 20–60 Min., häufig) und Ko Tao legen an verschiedenen Piers auf Samui ab. Bei der Ticketbuchung gibt man an, wo auf Samui man wohnt und wo auf Ko Pha-Ngan man hinmöchte, um möglichst wenig Fahrzeit zwischen den Piers zu haben.

Die *Haad Rin Queen* ist praktisch, um die Vollmondpartys anzusteuern. Sie fährt viermal täglich vom Big Buddha Beach (Ko Samui) nach Hat Rin (Ko Pha-Ngan, 200 B, 50 Min.), nach den Vollmondpartys werden zusätzliche Fahrten durchgeführt. Um 18.30 Uhr startet das letzte Boot.

Unterwegs vor Ort

ast jedes Resort auf der Insel verleiht Motorräder (150–200 B). *Sorngtaaou* (50–100 B) drehen agsüber eine Runde zwischen den beliebten tränden. Taxis verlangen zum Flughafen rund 00 B.

Ko Pha-Ngan

เกาะพะงัน

500 EW.

o Pha-Ngan hat viel mehr zu bieten als die ollmondpartys, die die Insel berühmt geacht haben. Wenn nicht gerade Vollmond t und selbst während der kleineren, aber nmer noch wilden Halbmondpartys, sticht r Charme der Insel – türkisblaues Wasser, ektakuläre Strände und bergiger Dschunl im Inselinneren – sofort ins Auge. Es ist nn auch einfacher, ein Zimmer zu bekomen, die Preise sind günstiger und das Len ist viel friedlicher.

Sehenswertes & Aktivitäten

f Ko Pha-Ngan gibt's ein paar herrliche rände. Die Strände an der Ostküste, danter der **Hat Yuan**, **Hat Thian** und der nzige **Hat Thong Reng** sind sehr abgeieden. An den Stränden an der Westküs **Hat Yao**, **Hat Salad** und **Ao Mae Hat**, nn man traumhafte Sonnenuntergänge eben. Das Inselinnere bietet viele Wassere und einige aufregende Trekkingtouren.

Die besten Schnorchelspots befinden sich rund um **Ko Ma**, zudem kann man am **Sail Rock**, dem schönsten Tauchspot im Golf von Thailand, tauchen. Touren mit zwei Tauchgängen kosten 2500 bis 2800 B.

Chaloklum Diving TAUCHEN
(☎ 077 374025; www.chaloklum-diving.com; ab 1000 B; ⏲ 6–20 Uhr) Zählt zu den älteren und renommierteren Tauchschulen der Insel (an der Hauptstraße in Ban Chalok Lam) und bietet gute Ausrüstung und hohe Standards, ob beim Tauchen, Freitauchen, Nachttauchen oder bei den Schnorcheltouren.

Haad Yao Divers TAUCHEN
(☎ 086 279 3085; www.haadyaodivers.com; ab 1400 B) Der 1997 gegründete Tauchveranstalter hat sich mit der Einhaltung europäischer Sicherheitsstandards und dem guten Kundenservice einen ausgezeichneten Ruf erworben. Die Preise beginnen bei 1400 B für einen Tauchgang am Hat Yao, die Auswahl an Kursen und Optionen ist aber riesig.

Schlafen

Hat Rin

Während der Vollmondfeiern gilt für die Bungalows ein Mindestaufenthalt von fünf Übernachtungen und man muss im Voraus buchen. Die Zimmerpreise schießen in die Höhe.

Same Same PENSION $
(Karte S. 846; ☎ 077 375200; www.same-same.com; Ban Hat Rin; B 400 B, Zi. 650 B; ❄ 📶) Zwei junge Däninnen (Christina und Heidi) führen diese gesellige Pension mit einfachen, aber hellen Zimmern und jeder Menge Partyspaß bei der Vorbereitung auf den Vollmond-Strandtrubel. Außerhalb des Vollmondzirkus geht's hier recht lethargisch zu, was aber auch sehr angenehm ist. Das Restaurant und die Bar sind eine gute Wahl.

Seaview Sunrise BUNGALOWS $
(Karte S. 846; ☎ 077 375160; www.seaviewsunrise.com; Hat Rin Nok; Zi. 500–1400 B; ❄ 📶) Besucher der Vollmondpartys mit kleinem Budget, die nur ein paar Schritte vom Meer übernachten wollen, sollten es hier versuchen (aber Achtung: Während des Vollmondtrubels gilt ein Mindestaufenthalt von fünf Nächten). Einige Unterkünfte hinten im Dschungel sind dunkel und muffig, doch die soliden Bungalows am Strand sind hell, mit poliertem Holz eingerichtet und schauen auf eine Reihe Kokospalmen und das Meer.

Ko Pha-Ngan

Ko Pha-Ngan

Sehenswertes
1 Hat Khom B1
2 Hat Leela D4
3 Than-Prawet-Wasserfall C2
4 Wat Paa Sang Tham B2

Schlafen
5 Bamboo Hut D4
6 Boom's Café Bungalows C4
7 Chills Resort A2
8 Coco Garden B3
9 Cookies Salad A1
10 Fantasea B1
11 Hacienda Resort B3
12 Longtail Beach Resort C2
13 Smile Bungalows C1

Essen
14 Crave A2
15 Fisherman's Restaurant B3
16 Lebensmittelmarkt B3
17 Nira's B3

Jungle Gym & Ecolodge RESORT $
(Karte S. 846; ☎077 375115; www.junglegymandecolodge.com; Hat Rin; B/DZ 400/1500 B; ❄📶🏊) Nachdem aus dem alten Jungle Gym ein Fußballplatz für zehn Spieler wurde, kombiniert dieses neue Jungle Gym gleich um die Ecke Gesundheit, ein Fitnesscenter und *moo·ay tai* (Thaiboxen) mit einem großen Pool und einer netten Bar (Palms Cafe). Es gibt saubere Schlafsäle mit vier Betten u Terrassen sowie Doppelzimmer mit Garte blick und viel Platz im Freien.

Tommy Resort RESORT
(Karte S. 846; ☎077 375215; www.tommyres com; Hat Rin Nok; Zi. inkl. Frühstück 2200–850 ❄📶🏊) Die angesagte Adresse in der Mi des Hat Rin bietet eine gute Balance zwisch

schickem Boutique-Hotel und zwangloser Unterkunft. Das Resort liegt an einem weißen Sandstrand hinter blühenden Bäumen und punktet mit dem azurblauen Pool in der Mitte und den hilfsbereiten, zuvorkommenden Mitarbeitern. Die Zimmer sind mit Klimaanlage, Kühlschrank und Safe ausgestattet.

Südliche Strände

An den Stränden im Süden ist das Wasser nicht so postkartenblau, wie man sich das vielleicht wünscht, doch zum Hat Rin ist es nicht weit.

★ Coco Garden BUNGALOWS $
(Karte S. 844; ☎ 077 377721, 086 073 1147; www.cocogardens.com; Thong Sala; Bungalows 450–1100 B; ❄ 📶) Das fantastische Coco Garden ist eine der besten Budgetunterkünfte an der Südküste und in der Backpacker-Szene äußerst beliebt. Mit der gepflegten Anlage und den 25 ordentlichen Bungalows überbietet es die nahen Resorts sogar. Zudem gibt's eine tolle Strandbar mit Hängematten und ein Strandrestaurant, in dem man morgens, mittags und abends mit Meerblick essen kann.

Boom's Cafe Bungalows BUNGALOWS $
(Karte S. 844; ☎ 081 979 3814; www.boomscafe.com; Ban Khai; Bungalows 600–1000 B; ❄) Hier übernachtet man wie bei Einheimischen zu Hause. Die überaus freundliche und hilfsbereite Besitzerin Nok kümmert sich rührend um alle Gäste und hält die Anlage gut in Schuss. Es gibt zwar keinen Pool, doch das Meer rauscht quasi vor der Tür. Die Bungalows befinden sich ganz im Osten von Ban Khai in der Nähe von Hat Rin.

★ Divine Comedie RESORT $$$
(☎ 077 377869, 080 885 8789; www.divinecomedyhotel.com; Ban Tai; Zi. 2700–4300 B, Suite 5000–5600 B; ❄ 📶 🏊) Eine faszinierende Mischung aus dem China der 1930er-Jahre und mexikanischer Hazienda-Architektur mit einer Farbpalette von Minzgrün bis Zucker funktioniert nicht nur, sie ist betörend. Das Resort bietet zehn Bungalows und fünf Zimmer. Die Junior-Suiten haben Dachterrassen, die Standardzimmer kleine Balkons. Der längliche Infinity Pool läuft auf den schmalen Strand zu. Kinder unter zwölf Jahren sind nicht erlaubt.

Strände an der Westküste

Die Atmosphäre an der Westküste ist eine angenehme Mischung aus der Abgeschiedenheit der Ostküste und der geselligen Stimmung von Hat Rin.

Shiralea BUNGALOWS $
(☎ 080 719 9256; www.shiralea.com; Hat Yao; B 275 B, Bungalows 645–1400 B; ❄ 📶 🏊) Die jugendlich-frischen Bungalows am Pool sind einfach, doch die Schlafsäle mit Klimaanlage sind toll, und die hauseigene Bar sorgt mit Fassbier für fröhliches und geselliges Ambiente. Rund 100 m vom Strand.

Hacienda Resort BUNGALOWS $
(Karte S. 844; ☎ 077 238825; www.beachresorthacienda.com; Thong Sala; B 300 B, Zi. 500–1500 B; ❄ 📶 🏊) Hier gibt's blau-weiße Bungalows, die einen guten Eindruck machen, Zimmer in einem zweistöckigen Haus etwas weiter unten und Schlafsäle mit Klimaanlage am Strand. Das Hacienda Resort ist schick und wird effizient geführt; an der Bar am Pool kann es abends allerdings laut werden. Die Phangan International Diving School hat hier ein Büro, außerdem gibt's ein Fitnesscenter unter freiem Himmel.

Chills Resort RESORT $$
(Karte S. 844; ☎ 089 875 2100; www.chillsresort.hotel.phanganbungalows.com; Ao Sri Thanu; Zi. 1000–2300 B; ❄ 📶 🏊) Nördlich von Ao Hin Kong an einem traumhaften, abgeschiedenen Strand mit kleinen Felsen am Ufer bieten die angenehm schlichten, aber modernen Zimmer des Chills alle Meerblick, viel Sonnenlicht, eine Meeresbrise und eine herrliche Aussicht auf den Sonnenuntergang.

Nördliche Strände

Die dramatische Nordküste ist ein wilder Dschungel mit mehreren tollen, abgelegenen Stränden – sie ist die landschaftlich reizvollste Küste der Insel.

Smile Bungalows BUNGALOWS $
(Karte S. 844; ☎ 085 429 4995; www.smilebungalows.com; Hat Khuat; Bungalows 520–920 B; ⏰ Nov. geschl.) Was Abgeschiedenheit und Einsamkeit angeht, so ist diese Anlage am hintersten westlichen Ende des Bottle Beach kaum zu schlagen. Das familiengeführte Smile hat mehrere ganz unterschiedliche Holzhütten zu bieten, die sich einen bewaldeten Hang hinaufziehen. Die zweistöckigen Bungalows (920 B) gefielen uns am besten.

Longtail Beach Resort BUNGALOWS $
(Karte S. 844; ☎ 077 445018; www.longtailbeachresort.com; Thong Nai Pan; Bungalows mit Ventilator/Klimaanlage ab 690/990 B; ❄ 📶) Am hüb-

Hat Rin

Schlafen

1 Jungle Gym & Ecolodge A2
2 Same Same B2
3 Seaview Sunrise B1
4 Tommy Resort B1

Essen

5 Lazy House A2

Ausgehen & Nachtleben

6 Mellow Mountain B1
7 Rock B2
8 Sunrise B1

schen südlichen Ende des Thong Nai Pan im Wald versteckt – weit weg vom Vollmondzirkus Ko Pha-Ngans – bietet das Longtail Backpackern charmante Stroh- und Bambusunterkünfte, die sich einen grünen Gartenweg hinaufschlängeln. Auch für größere Gruppen und Familien ist die Auswahl groß. Der Sand ist traumhaft und die üppig grüne Umgebung hinreißend.

Fantasea BUNGALOWS $
(Karte S. 844; ☎ 089 443 0785; www.fantasea-resort-phangan.info; Chalok Lam; Bungalows mit Ventilator/Klimaanlage ab 600/1200 B;) Fernab des Trubels der Vollmondpartys liegt das freundliche Fantasea auf der anderen Seite der Insel. Es ist eine der besten von mehreren familiengeführten Bungalowanlagen am ruhigen östlichen Teil von Chalok Lam. Vorne am schmalen Strand, an dem man gut schwimmen kann, befindet sich ein erhöhter Restaurantbereich im Thai-Stil, der zum Chillen einlädt.

Cookies Salad RESORT $$$
(Karte S. 844; ☎ 083 181 7125, 077 349125; www.cookies-phangan.com; Hat Salad; Bungalows 1700–3300 B;) Hier kann man in einer Hängematte entspannen! Auf einem steilen Hügel liegen private Bungalows im balinesischen Stil um einen großen zweistufigen Pool. Für rustikales Flair sorgen die derben Strohdächer und das dichte tropische Grün, aber natürlich fehlt es nicht an Komfort. Das Resort ist superfreundlich und immer schnell ausgebucht.

Strände an der Ostküste

Die Ostküste ist perfekt für Einsiedler. Zu einigen der einsam gelegenen Strände gelangt man nur mit einem gecharterten Boot oder zu Fuß, in Thong Sala und Hat Rin gibt's aber auch Wassertaxis.

Bamboo Hut BUNGALOWS $
(Karte S. 844; ☎ 087 888 8592; Hat Yuan; Bungalows 400–1000 B;) Yogakurse, meditative Entspannung und echtes Chillen bietet dieses groovige, freundliche Hippie-Dorf. Es befindet sich in wunderschöner Lage auf einer felsigen Landzunge mit Blick auf Hat Yuan und auf den Dschungel. Die kleinen Holzbungalows haben Terrassen. Das Restaurant lockt mit einer fantastischen Aussicht und ordentlichem Essen.

Mai Pen Rai BUNGALOWS $
(☎ 093 959 8073; www.thansadet.com; Than Sadet; Bungalows 683–1365 B;) Am Südende des friedlichen Strandes Than Sadet empfängt diese abgeschiedene Anlage am Fluss ihren Gästen ein entspanntes Lächeln. Die Bungalows – einige stehen malerisch direkt auf den Felsen am Meer – mischen sich mit denen des benachbarten Plaa und sind mit Strohflechtarbeiten und Giebeldächern verziert. Familienbungalows und ein freundliches Restaurant gibt's ebenfalls – insgesamt eine reizvolle Option.

Essen

Die meisten Gäste essen in ihrer Unterkunft, was wirklich schade ist, denn auf der Insel verstreut finden sich einige großartige Restaurants.

★ **Lebensmittelmarkt** MARKT
(Karte S. 844; Thong Sala; Gerichte 25–180 B; ⊙13–23 Uhr) Thong Salas fantastischer Lebensmittelmarkt, eine berauschende Mixtur aus Dampf und essenden Einheimischen, ist ein Muss, wenn man Lust auf preiswerte Snac

kombiniert mit einer Dosis Kultur, hat. An den Ständen findet sich die ganze Palette des thailändischen Straßenessens, von Gemüsecurrytaschen über Mais am Stil, würzige Würstchen, Kebabs, Frühlingsrollen und Reis mit Huhn nach Hainan-Art bis zu Kokoseis.

Nira's BÄCKEREI $

(Karte S. 844; Thong Sala; Snacks ab 80 B; ⌚7–19 Uhr; 📶) Mit dem großartigen Service der vielen fleißigen Mitarbeiter, den beiden großen, hellen, miteinander verbundenen Räumen, den leckeren Backwaren, dem erstklassigen Kaffee sowie exotischen Raritäten wie Marmite oder Vegemite und dem trendigen Mobiliar ist das Nira's in Thong Sala und wahrscheinlich auf der gesamten Insel konkurrenzlos. Der beste Ort zum Frühstücken. Als Soundtrack läuft coole, jazzige Musik zum Chillen. In Hat Rin befindet sich eine weitere, kleinere Filiale.

★ Fisherman's Restaurant FISCH & MEERESFRÜCHTE $$

Karte S. 844; ☎084 454 7240; Ban Tai; Gerichte ›0–600 B; ⌚13.30–22 Uhr) Man sitzt in einem ›ongtailboot und schaut auf den Sonnenintergang und einen felsigen Pier. Seine ›bendbeleuchtung macht das Lokal zu eier der schönsten Kulissen der Insel. Eben› toll ist das Essen, vom süchtig machenen gelben Krabbencurry bis zur riesigen emischten Meeresfrüchteplatte für mehre› Personen. Vorher reservieren, besonders ›enn während der Vollmondpartys auf der ›sel viel los ist.

rave BURGER $$

›arte S. 844; ☎098 838 7268; www.cravekoh›angan.com; Sri Thanu; Hauptgerichte ab 200 B; ›Mi–Mo 18–22 Uhr; 📶) Das ausgezeichnete, ›hr beliebte und stimmungsvolle Restau›nt in Sri Thanu ist abends mit leuchten›n Laternen geschmückt und serviert in ›mütlichem, charmantem Ambiente gute ›rger. Auch die Cocktails (ab 170 B) sind ›asse. Schade, dass es nur abends geöffnet ›t.

zy House INTERNATIONAL $$

›arte S. 846; Hat Rin Nai; Gerichte 90–270 B; ⌚mit›s & abends) Einst war dies die Wohnung des ›sitzers, doch weil jeder so begeistert von ›nen Kochkünsten war, eröffnete er hier ein ›staurant. Heute dürfte das Lazy House ei›s der besten Lokale in Hat Rin sein. Gleich›zig ist es ein gemütlicher Treffpunkt, in ›n man bei einem Film und einem leckeren ›epherd's Pie abhängen kann.

ℹ GEFAHREN & ÄRGERNISSE

Der Partytrubel Ko Pha-Ngans geht mit verschiedenen Gefahren einher. Niemals Drogen auf der Straße kaufen, meist handelt es sich dabei um Erpressungsfallen (oder sogar Undercovereinsätze) der örtlichen Polizei. Vorsicht vor Glasscherben am Strand und vor starken Strömungen. Auf keinen Fall betrunken schwimmen!

Frauen sollten extrem vorsichtig sein, wenn sie bei Vollmondpartys allein reisen oder wenn sie ausgehen und etwas trinken. Es gibt häufig Berichte über Vergewaltigungen und Angriffe durch Motorradfahrer.

Unerfahrene Motorradfahrer fahren hier besser nicht.

Ausgehen & Nachtleben

Hat Rin ist das pulsierende Herz der legendären Vollmondpartys. In der Zeit, in der der Mond den Nachthimmel nicht voll erleuchtet, strömen die Feierlustigen in die anderen Orte auf der Südseite der Insel. Äußerst beliebt sind das **Rock** (Karte S. 846; ☎093 725 7989; Hat Rin Nok; ⌚8 Uhr–open end) und das **Sunrise** (Karte S. 846; ☎077 375144; Hat Rin Nok).

★ Secret Beach Bar BAR

(Hat Son; ⌚9–19 Uhr) Nach einem Tag auf Ko Pha-Ngan kann man kaum schöner relaxen als beim Beobachten des Sonnenuntergangs auf der Nordwestseite der Insel. Einfach einen Tisch schnappen, einen Mojito bestellen und durch die Palmen die Sonne ins blaue Meer sinken sehen.

Mellow Mountain BAR

(Karte S. 846; Hat Rin Nok; ⌚24 Std.; 📶) Von der psychedelischen Bar, die auch „Mushy Mountain" genannt wird (das versteht man sofort, wenn man ankommt), hat man einen fantastischen Blick auf den Trubel am Strand unten.

ℹ Praktische Informationen

Ko Pha-Ngan Hospital (Karte S. 844; ☎077 377034; Thong Sala; ⌚24 Std.) Rund 2,5 km nördlich von Thong Sala; die Notaufnahme ist rund um die Uhr geöffnet.

Hauptpolizeistation (Karte S. 844; ☎191, 077 377114; Thong Sala) Liegt ca. 2 km nördlich von Thong Sala. Hier kann man Anzeige erstatten, wenn man Opfer einer Straftat geworden

DIE ZEHN GEBOTE DER VOLLMONDPARTYS

In jeder Vollmondnacht versammeln sich Zehntausende auf dem Sand des Sunrise Beach, um sich ganz dem Rausch von Tranceklängen hinzugeben. Im Grunde will sich hier jeder nur amüsieren, was jedoch gar nicht so einfach ist. Die Eintrittsgebühr von 100 B wird in die dringend benötigte Säuberung des Strands und in die Sicherheit investiert.

- Du sollst mindestens drei Tage vorher in Hat Rin ankommen, um dir im Ansturm der Backpacker vor der Vollmondparty ein Zimmer zu sichern.
- Du sollst den Partytermin überprüfen, da dieser manchmal verschoben wird, wenn das Datum auf buddhistische Feiertage fällt.
- Du sollst alle Wertsachen sicher verwahren, ganz besonders in günstigen Bungalows.
- Du sollst dir ein paar der frittierten Köstlichkeiten an der Chicken Corner schmecken lassen, bevor der Spaß losgeht.
- Du sollst beim Feiern im Sand festes Schuhwerk tragen, ansonsten könnte eine Tetanusimpfung vonnöten sein.
- Du sollst deinen Körper mit Mustern aus Neon-Körperfarbe bemalen.
- Du sollst den Traumblick vom The Rock aus genießen.
- Du sollst auf Drogen verzichten und nicht im Meer schwimmen, wenn du Alkohol getrunken hast.
- Du sollst in einer Gruppe von zwei oder mehr Leuten bleiben, besonders wenn du eine Frau bist, und besonders auf dem Heimweg von der Party.
- Du sollst bis zum Sonnenaufgang feiern und so richtig Spaß haben.

ist. Die Aufnahme einer Anzeige kann zwischen 110 und 200 B kosten, die für die Versicherung anfallen; wenn man sich weigert, zu bezahlen, kann es Komplikationen geben. Wer festgenommen wird, darf einen Botschaftsanruf tätigen; man ist nicht verpflichtet, den gestellten „Dolmetscher" zu akzeptieren.

Hauptpost (Karte S. 844; Thong Sala; ⌚ Mo–Fr 8.30–16.30, Sa 9–12 Uhr)

An- & Weiterreise

Ko Pha-Ngans neuer Flughafen ist immer noch nicht eröffnet.

Thong Sala ist der Hauptpier auf Ko Pha-Ngan, manche Bootsunternehmen fahren jedoch auch von den Piers im Norden Samuis nach Hat Rin und an die Ostküste (200–300 B, 20–60 Min., 7–18 Uhr häufig). Kombitickets für Bus und Boot bis nach Bangkok sind ebenfalls erhältlich (1300 B, 17 Std.).

Die **Haad Rin Queen** (Karte S. 846; ☎ 077 484668) steuert von Hat Rin den Big Buddha Beach auf Ko Samui an (200 B, 50 Min. 4-mal tgl.). Während der Vollmondpartys verkehrt sie häufiger. Der klapprige *Thong Nai Pan Express* bietet eine Verbindung zwischen Hat Rin und den Stränden an der Ostküste und fährt auch von Thong Nai Pan nach Mae Hat auf Ko Samui (200–400 B, 1-mal tgl.), bei schlechtem Wetter fällt die Fahrt aber aus.

Unterwegs vor Ort

Motorräder kann man fast überall für 200 bis 250 B leihen. Ungeübte sollten auf der Insel nicht Motorrad fahren.

Sorngtaaou verkehren entlang der Hauptstraßen der Insel. Die Strecke zwischen Thong Sala und Hat Rin kostet 100 B, zu anderen Stränden zwischen 150 und 200 B. Nach Sonnenuntergang verdoppeln sich die Preise. Es lohnt sich, der Unterkunft bei der Abreise nach kostenlosem oder ermäßigtem Transfer zu fragen.

Longtailboote fahren den ganzen Tag über vc Thong Sala zu verschiedenen Stränden (50–300 B).

Ko Tao

เกาะ

2032 EW.

Ko Tao, die kleinste Samui-Insel, zieht sch lange mit ihren küstennahen Riffen, güns gen Tauchzertifikaten und dschungelbewac senen Buchten Besucher an. Mittlerwe wird hier vermehrt der gehobene Tourism sektor bedient, die Tauchkurse sind all dings noch immer sehr günstig.

Aktivitäten

Ko Tao ist *der* Ort in Thailand, um Tauchen lernen. Die flachen Buchten rund um die sel sind mit ihrem kristallklaren Wasser ideal für die ersten Tauchversuche von Anfängern, schließlich gibt's Unmengen von Riffen und das Wasser ist so warm wie in der Badewanne.

Zahlreiche Tauchzentren stehen bereit, um Neulingen in dreieinhalbtägigen Open-Water-Zertifikat-Kursen die Grundlagen beizubringen. Die starke Konkurrenz sorgt für niedrige Preise und erstklassige Qualität. Die Preise fürs Tauchen sind auf der ganzen Insel einheitlich: Ein Kurs „Open Water Diver (OWD)" mit **PADI-Tauchschein** (www.padi.com) kostet 9800 B, mit **SSI-Tauchschein** (www.ssithailand.com) etwas weniger (9000 B).

Die meisten Tauchschulen arrangieren günstige oder sogar kostenlose Unterkünfte. Im Dezember und Januar und von Juni bis August muss man aber damit rechnen, dass der Andrang groß ist und die Betten ausgebucht sind.

★ **Crystal Dive** TAUCHEN

(Karte S. 850; ☎ 077 456106; www.crystaldive.com; Mae Hat) Die preisgekrönte Tauchschule (und Resort) ist einer der größten Tauchveranstalter der Insel (und weltweit), doch die hoch qualifizierten Tauchlehrer und die kleinen Klassen sorgen für eine recht persönliche Atmosphäre. Die mehrsprachigen

Ko Tao

Mae Hat & Sairee Beach

Mae Hat & Sairee Beach

Aktivitäten, Kurse & Touren

1 Big Blue Diving B1
2 Crystal Dive A4
3 Scuba Junction B2

Schlafen

4 Ban's Diving Resort B2
5 Ko Tao Central Hostel A4
6 Spicytao Backpackers B1

Essen

7 995 Roasted Duck B2
8 Bang Burgers B2
9 Barracuda Restaurant & Bar B2
10 Pranee's Kitchen A4
11 Safety Stop Pub A4
12 Su Chili B2
13 The Gallery B2
14 Whitening A4

Ausgehen & Nachtleben

15 Fishbowl Beach Bar B2
16 Fizz B2
17 Lotus Bar B2
18 Maya Beach Club A3

Mitarbeiter, die klimatisierten Unterrichtsräume und die beiden Pools vor Ort sind weitere Pluspunkte. Crystal steckt zudem viel Energie in Meeresschutzprojekte auf Ko Tao. Sehr zu empfehlen.

Scuba Junction TAUCHEN
(Scuba J; Karte S. 850; ☎077 456164; www.scubajunctiondiving.com; Sairee Beach; Tauchgänge 1100–29 000 B) Die kontaktfreudigen Tauchlehrer bieten Travellern ein Taucherlebnis in kleinen Gruppen. Pro Tauchgruppe sind es maximal vier Personen, sodass für jeden genug Zeit zum Tauchen ist. Ein eintägiger Discover-Scuba-Kurs kostet 2100 B.

Big Blue Diving TAUCHEN
(Karte S. 850; ☎077 456050; www.bigbluediving.com; Sairee Beach) Viel Lob erhält dieser mittelgroße Veranstalter – nicht zu groß, nicht zu klein – für seine gesellige Atmosphäre, die aber nicht auf Kosten des hohen Standards geht. Für Taucher aller Levels stehen im Resort des Tauchcenters Unterkünfte i allen Preisklassen bereit, von Schlafsälen fü Backpacker bis zu erstklassigen Familienvi len.

Schlafen

Sairee Beach

Der Sairee Beach ist der längste und meis erschlossene Strand der Insel. Hier gib mehrere Tauchzentren, Bungalowanlage Reisebüros, Minimärkte und Internetcafés

Spicytao Backpackers HOSTE
(Karte S. 850; ☎082 278 7115; www.spicyhoste com/Home.html; Sairee Dorf; B 230–280 B; Abseits der Hauptstraße in einer rustikal Gartenanlage versprüht das supergünsti superschlichte Spicytao ländlich-intimes Fla Kunden schwärmen von der Atmosphäre u den Mitarbeitern, die ständig Aktivitäten ganisieren. Unbedingt im Voraus buchen.

Ko Tao Central Hostel HOST
(Karte S. 850; ☎077 456925; www.kohtaohos com; Mae Hat; B 310 B;) Man erker das saubere, zentrale und freundliche H tel am Logo der Londoner U-Bahn, an d Banksy-Wandbildern und den typisch Streifen der U-Bahn-Linien. Wer einfach günstiges Bett in der Nähe des Piers v

kann hier in Schlafsälen mit 14 Betten übernachten. Check-out ist um 11 Uhr. Die Rezeption befindet sich bei Island Travel nebenan. Handtücher gibt's nicht, man muss sie selbst mitbringen.

★**Ban's Diving Resort** RESORT $$
(Karte S. 850; ☎077 456466; www.bansdiving resort.com; Sairee Beach; Zi. 700–10 000 B; ❄@📶🏊) Der Partypalast für Taucher bietet attraktive Unterkünfte, von einfachen Backpacker-Betten bis zu schicken Villen in Hanglage, und es kommen ständig neue hinzu. Gäste chillen am resorteigenen Traumstrand oder an einem der zwei Pools, die zwischen einem Streifen Dschungel und den zweistöckigen Hotelgebäuden mit Säulen und Terrassen liegen.

Chalok Ban Tao

Dies ist der ruhigste der Hauptstrände, der aber immer noch ein entspanntes, wenn auch fröhliches Nachtleben bietet.

★**Dearly Koh Tao Hostel** HOSTEL $$
(Karte S. 849; ☎077 332494; www.thedearly kohtaohostel.com; 14/55 Mu 3, Chalok Ban Kao; B 600–700 B, DZ 1700-3000 B, 3BZ 2400 B; 📶🏊) Das neue Hostel an der Straße, die vom Chalok Ban Kao landeinwärts führt, wartet mit allem auf, was man sich wünscht: saubere, komfortable und moderne (aber auch traditionelle) Zimmer, lebhafte, freundliche Angestellte, Rattanmöbel und eine Dachterrasse. Es gibt sowohl Mehrbett- als auch Privatzimmer, und auch der Pool ist inzwischen fertig. Das Frühstück ist im Preis enthalten.

Buddha View Dive Resort BUNGALOWS $$
(☎077 456074; www.buddhaview-diving.com; Chalok Ban Kao; Zi. 800–1300 B; ⏲7–18.30 Uhr; ❄@📶🏊) Wie viele andere großen Tauchzentren auf der Insel bietet auch **Buddha View** (☎077 456074; www.buddhaview-diving.com; Chalok Ban Kao; Zi. ab 800 B; ⏲7–18.30 Uhr) Tauchern vor Ort Unterkünfte zu ermäßigten Preisen und mit einer supergeselligen Atmosphäre.

New Heaven Resort BUNGALOWS $$
(☎077 456422; www.newheavendiveschool.com; Chalok Ban Kao; B 300 B, Zi. & Bungalows 600–3500 B; ❄📶) Das New Heaven gehört zum gleichnamigen Tauchzentrum. Es hat nette Hütten auf einem Hügel mit Blick auf das traumhaft klare Wasser, Zimmer am Strand mit Klimaanlage, Familienbungalows mit Meerblick und günstige Zimmer in Schlafsälen im Angebot.

Strände an der Ostküste

Die friedliche Ostküste ist traumhaft schön, dennoch findet man innerhalb von nur zehn Gehminuten alles, was man braucht.

Hin Wong Bungalows BUNGALOWS $
(Karte S. 849; ☎077 456006; Hin Wong; Bungalows 400–700 B; 📶) Oberhalb von am Strand verstreuten Felsen liegen diese elf einfachen, aber ordentlichen Hütten mit Wellblechdächern auf einem wilden tropischen Gelände. Direkt hinter dem luftigen Restaurant ragt ein wackeliger Pier ins Meer, also Beine baumeln lassen und die Schwärme schwarzer Sardinen beobachten, die durchs blaue Wasser gleiten – oder ins Wasser springen und schnorcheln.

Poseidon BUNGALOWS $
(Karte S. 849; ☎077 456735; poseidonkohtao@hotmail.com; Ao Tanot; Bungalows 800–1500 B; 📶) Nahe dem Strand bewahren diese etwa 15 einfachen, aber akzeptablen Hütten mit Ventilator die Tradition der billigen Bambusbungalows. Es gibt zudem ein ordentliches Restaurant, in dem man auch gut etwas trinken kann.

Family Tanote BUNGALOWS $$
(Karte S. 849; ☎077 456757; Ao Tanot; Bungalows 1000–3800 B; ❄@📶) Die von einer Familie betriebenen gemütlichen Bungalows in Hanglage sind eine gute Wahl, wenn man auf Ruhe und Einsamkeit aus ist. Direkt vor der Tür kann man zwischen Fischen schnorcheln und oben im Restaurant bei schönem Blick auf die Bucht leckeres Essen genießen.

Essen

Sairee Beach

★**995 Roasted Duck** CHINESISCH $
(Karte S. 850; Sairee Village; Hauptgerichte ab 70 B; ⏲9–21 Uhr) Wer sich über die Schlangen vor dieser Hütte wundert, sollte sich anstellen und einmal die fabelhafte gebratene Ente probieren. Die Preise reichen von 70 B für eine dampfende Schüssel Nudeln mit Ente bis zu 700 B für einen ganzen Vogel, der im Handumdrehen serviert wird. Man müsste verrückt sein, um sich das entgehen zu lassen.

Bang Burgers BURGER $
(Karte S. 850; ☎081 136 6576; Sairee Dorf; Hauptgerichte ab 130 B; ⏲10–22 Uhr) Es kann gut sein, dass man an dieser fantastischen Burger-Bar im Dorf Sairee Schlange stehen

muss, denn hier brummt das Geschäft. Auf der Karte stehen diverse Burger (Käse, doppelter Käse, Käse mit rotem Chili), darunter auch ein vegetarischer. Pommes kosten 50 B.

Su Chili THAI $

(Karte S. 850; Sairee Village; Gerichte 85–225 B; ⌚10–22.30 Uhr) Einladender, lebhafter Laden, der frische und leckere Thai-Küche serviert – das freundliche Personal fragt nach der gewünschten Schärfe. Empfehlenswert sind die nordthailändischen Spezialitäten und Penang-Currys. Für Gäste mit Heimweh gibt's auch ein paar beliebte westliche Gerichte.

★ **Barracuda Restaurant & Bar** FUSION-KÜCHE $$

(Karte S. 850; ☎080 146 3267; www.barracudakohtao.com; Sairee Dorf; Hauptgerichte 240–380 B; ⌚18–22.30 Uhr; 📶) Wenn die thailändische Prinzessin in der Stadt ist, zaubert der kontaktfreudige Chefkoch Ed Jones Gerichte für sie, doch auch Normalsterbliche können sich seine exquisite Küche leisten.

Regionale Zutaten werden in kreative, frische, meisterliche Fusion-Küche verwandelt. Empfehlenswert sind die Meeresfrüchteplatte, das in der Pfanne gebratene Barrakuda-Filet und der vegetarische Falafel-Teller. Am besten trinkt man dazu einen Maracuja-Mojito.

The Gallery THAI $$

(Karte S. 850; ☎077 456547; www.thegallerykohtao.com; Sairee Dorf; Hauptgerichte 120–420 B; ⌚12–22 Uhr) An einem der malerischsten Orte des Dorfs kann man außergewöhnliches Essen genießen. Spezialität des Hauses ist *hor mok maprao on* (Hühnchen-, Garnelen- und Fischcurry serviert in einer jungen Kokosnuss, 420 B), doch auch das Filet vom Weißen Schnapper in einer cremigen roten Currysoße ist hervorragend. Es gibt auch mehrere vegetarische Gerichte.

Mae Hat

Pranee's Kitchen THAI $

(Karte S. 850; Mae Hat; Gerichte 50–150 B; ⌚7–22 Uhr; 📶) Der alteingesessene Klassiker serviert leckere Curry- und andere Thai-Gerichte in einem Freiluftpavillon mit gemütlichen Kissen, Holztischen und Fernseher. Um 18 Uhr laufen Filme in englischer Sprache.

Safety Stop Pub INTERNATIONAL $

(Karte S. 850; ☎077 456209; Mae Hat; Hauptgerichte 60–250 B; ⌚7–23 Uhr; 📶) Ein Paradies für heimwehkranke Briten ist dieses Restaurant mit Bar am Pier, das wie ein tropischer Biergarten wirkt. Sonntags locken gerillte Köstlichkeiten ohne Ende, doch auch die Thai-Gerichte sind gar nicht übel.

★ **Whitening** INTERNATIONAL $$

(Karte S. 850; ☎077 456199; Mae Hat; Gerichte 160–480 B; ⌚13–1 Uhr; 📶) Das strahlend weiße Lokal am Meer – eine Mischung aus Restaurant und schicker Strandbar – serviert leckere Varianten indigener und internationaler Gerichte. Man isst bei weihnachtlicher weißer Beleuchtung, aber mit den Füßen im Sand. Und das Beste: Es kostet nicht die Welt.

Chalok Ban Kao

South Beach Cafe CAFÉ $

(☎094 369 1979; Chalok Ban Kao; Hauptgerichte ab 100 B; ⌚6–22 Uhr) Der Service in diesem neuen Restaurant ist recht lahm, doch der Kaffee ist ebenso gut wie das Frühstück. Hier kann man früh in den Tag starten. Auf der Karte stehen Panini, Salate, Pizzas, Burger, vegane Gerichte, Käsekuchen und offene Hausweine (99 B), außerdem gibt's da übliche umfangreiche englische Frühstüc (und ein großes veganes Frühstück).

I (Heart) Salad CAFÉ $

(Chalok Ban Kao; Hauptgerichte ab 120 ⌚8–21 Uhr; 📶) Hier gibt's eine Auswahl a gesunden Salaten mit frischen Zutaten, gu vegetarische und vegane Gerichte und kle rige Dessert zum Abschluss. Zudem frisch Obstsäfte und eigelbfreie Frühstücksvari tionen.

Ausgehen & Nachtleben

★ **Fizz** B

(Karte S. 850; Sairee Beach; ⌚12–1 Uhr) Bei So nenuntergang einfach in einen grünen Si sack sinken lassen, einen Designer-Cockt bestellen und sich dem hypnotischen G räusch der Wellen und der Ambient-Mus hingeben. Fantastisch.

Lotus Bar

(Karte S. 850; ☎087 069 6078; Sairee Beach) I Lotus Bar ist das Zentrum des spätaben chen Nachtlebens am Nordende des Sai Beach, zudem bietet es einen Platz in ersten Reihe, um spektakuläre Sonnen tergänge zu erleben. Muskuläre Feuer robaten wirbeln um brennende Stäbe, u die Drinks sind so groß, dass eigentlich Rettungsschwimmer anwesend sein müs

WEITERREISE NACH MALAYSIA (BIRMA): VON SUNGAI KOLOK NACH RANTAU PANJANG

Dieser Grenzübergang liegt im tiefen Süden Thailands, einem Gebiet, in dem seit mehr als zehn Jahren ein kleiner gewaltsamer Konflikt zwischen Aufständischen und Regierung herrscht. Wer auf dem Landweg durch diese Gegend reist, sollte besondere Vorsicht walten lassen.

Anreise zur Grenze Die thailändische Grenze (geöffnet 5–21 Uhr) liegt rund 1,5 km vom Zentrum Sungai Koloks entfernt. Motorradtaxis verlangen 30 B.

An der Grenze Das Passieren der Grenze ist unkompliziert. Nach den üblichen Formalitäten läuft man über die Harmoniebrücke zum malaysischen Grenzposten.

Weiterreise Sammeltaxis und Busse nach Kota Bharu, der Hauptstadt des Bundesstaates Kelantan in Malaysia, fahren 200 m hinter dem malaysischen Grenzposten ab. Sammeltaxis kosten 10 RM (90 B) pro Person, für 50 RM (450 B) kann man das gesamte Fahrzeug chartern. Die Fahrt dauert etwa 40 Minuten. Busse benötigen eine Stunde und kosten 5,10 RM (45 B).

Infos zum Überqueren der Grenze in entgegengesetzter Richtung gibt's auf S. 469

Maya Beach Club BAR
(Karte S. 850; ☎ 080 578 2225; www.mayabeachclubkohtao.com; Sairee Beach; ⌚ Sa–Do 12–21, Fr bis 2 Uhr) Mit seiner fantastischen Aussicht auf den Sonnenuntergang und der entspannten Atmosphäre macht das Maya dem Fizz (S. 852) Konkurrenz. Jeden Abend finden Partynächte statt und DJs legen auf. Einfach eine Liege schnappen und dableiben!

Fishbowl Beach Bar BAR
(Karte S. 850; ☎ 062 046 8996; Sairee Beach; ⌚ 12–2 Uhr) Der Blick auf den Sonnenuntergang in dieser lebhaften Bar ist traumhaft, zudem gibt's Feuershows, ab 20 Uhr Livemusik und DJs, die für Stimmung sorgen.

Praktische Informationen

Ko Tao ist nicht der richtige Ort, um Motorradfahren zu lernen. Die Straßen können heimtückisch sein. Immer mit Helm fahren!

Ko Tao Hospital (Karte S. 850; ☎ 077 456490; ⌚ 24 Std.) Allgemeine ärztliche und zahnärztliche Behandlungen.

Post (Karte S. 850; ☎ 077 456170; Mae Hat; ⌚ Mo–Fr 9–17, Sa 9–12 Uhr) 10 bis 15 Gehminuten vom Pier an der Ecke von Ko Taos Hauptstraße im Inselinneren und der Straße durch Mae Hat.

An- & Weiterreise

Chumphon auf dem Festland ist Ausgangspunkt für einen Besuch von Ko Tao. Fähren verbinden es mit den Nachbarinseln und Surat Thani. In Mae Hat befindet sich der größte Pier der Insel. Während der Vollmondpartys auf Ko Pha-Ngan bucht man Tickets im Voraus. Die Kosten des Transfers zum Pier sollten im Ticketpreis enthalten sein.

Nach Ko Pha-Ngan fahren u. a. Boote von Lomprayah (500–600 B, 1 Std., 3-mal tgl.), Seatran Discovery Ferry (430 B, 1 Std., 3-mal tgl.) und Songserm (350 B, 2 Std.).

Nach Samui verkehren u. a. Boote von Lomprayah (600 B, 2 Std., 2-mal tgl.), Seatran Discovery Ferry (600 B, 3-mal tgl.) und Songserm (500 B, 3½ Std., 1-mal tgl.).

Unterwegs vor Ort

Sŏrngtăaou, Pick-ups und Motorradtaxis bringen Passagiere vom Pier in Mae Hat zu den Hotels. Die Fahrt zum Sairee Beach und nach Chalok Ban Kao kostet 100 bis 200 B pro Person, je nach Zahl der Fahrgäste. Wassertaxis fahren für etwa 1000 B von Mae Hat nach Chalok Ban Kao zum nördlichen Teil vom Sairee Beach. Charterboote gibt's ab 1500 B pro Tag.

Motorräder kann man ab 150 B pro Tag leihen.

Surat Thani อำเภอเมืองสุราษฎร์ธานี

☎ 077 / 128 990 EW.

Surat Thani ist ein betriebsamer Verkehrsknotenpunkt für Güter und Menschen, die in alle Ecken des Landes befördert werden. Wenige Traveller halten sich auf dem Weg zu den Samui-Inseln und an die Andamanenküste hier länger auf.

Nachtmarkt MARKT $
(Sarn Chao Ma; Th Ton Pho; Gerichte ab 35 B; ⌚ 18–23 Uhr) Eine Fülle von leckeren Speisen, darunter mariniertes Fleisch am Spieß, das auf der Zunge zergeht, frische Fruchtsäfte, Nudelgerichte und Desserts.

BUSSE & MINIVANS AB SURAT THANI

ZIEL	PREIS (B)	DAUER (STD.)
Bangkok	425–860	10
Hat Yai	165–300	5
Khanom	100	1
Krabi	170	2½
Phuket	270	6
Trang	180	2 Std. 10 Min.

My Place @ Surat Hotel HOTEL $
(☎ 077 272288; 247/5 Th Na Muang; DZ 490–590 B, FZ 620 B; ❄ 📶) Die Freundlichkeit selbst und nirgends ein Staubkörnchen: Dieses hervorragende zentral gelegene Hotel bietet große, saubere Zimmer in hellen Farben, die mit bunten Kissen, moderner Kunst und kräftigen Duschen versehen und ihr Geld wert sind. Es mag zwar ein Budget-Hotel sein, wirkt aber nicht so und dürfte fast alle Gäste zufriedenstellen. Das Frühstück wird im mittelmäßigen benachbarten Café serviert.

An- & Weiterreise

Wer von Städten im Norden wie Bangkok oder Hua Hin zu den Samui-Inseln reist, für den ist Chumphon ein günstigerer Ausgangspunkt zu den Inseln als Surat.

BUS & MINIVAN

Busse und Minivans fahren regelmäßig von zwei Haupthaltestellen in der Stadt ab: vom Talat Kaset 1 und vom Talat Kaset 2. Wer nach Phuket will, muss zum Talat Kaset 2.

Vom Busbahnhof, der 7 km südlich der Stadt liegt, fahren Busse nach Bangkok.

FLUGZEUG

Wenn man keinen Flug nach Samui bekommt, ist der Flughafen von Surat Thani eine Alternative zu Bangkok für die An- und Abreise. Die Fahrt vom Flughafen zu den Piers ist allerdings mit erheblichem Zeitaufwand und Stress verbunden. Von/nach Surat Thani fliegen Air Asia, das einen Shuttle zum Bootspier betreibt, Nok Air, Thai Smile und Thai Lion.

SCHIFF/FÄHRE

Verschiedene Unternehmen bieten Fähren zu den Inseln an, darunter **Lomprayah** (☎ 077 4277 656; www.lomprayah.com), **Seatran Discovery** (☎ 077 275063; www.seatrandiscovery.com) und **Songserm** (☎ 077 377704; www.songserm-expressboat.com).

Im Zentrum der Stadt starten jede Nacht Fähren nach **Ko Tao** (600 B, 8 Std., 23 Uhr), Ko Pha-Ngan (400 B, 7 Std., 23 Uhr) und Ko Samui (300 B, 6 Std., 23 Uhr). Das sind Frachtschiffe, keine Luxusboote, also Essen und Trinken mitbringen und aufs Gepäck aufpassen.

ZUG

Der Bahnhof von Surat liegt in Phun Phin, 14 km westlich der Stadt. Ab Phun Phin verkehren Busse nach Phuket, Phang-Nga und Krabi, einige davon über Takua Pa, der Haltestelle für den Khao-Sok-Nationalpark. Es gibt auch Kombinationen aus Zug- und Bootsfahrt; wer mit dem Zug ankommt, hat Anschlussverbindungen auf die Samui-Inseln.

Unterwegs vor Ort

Minivans bringen Besucher für 100 B pro Person vom Flughafen zum jeweiligen Hotel. *Sŏrngtăaou*-Fahrten in der Stadt kosten 10 bis 30 B. Orangefarbene Standardbusse pendeln vom Bahnhof in Phun Phin nach Surat Thani (15 B, 25 Min., häufig). Ein Taxi ab dem Bahnhof kostet für maximal vier Passagiere 200 B.

Hat Yai หาดใหญ่

☎ 074 / 191 696 EW.

Hat Yai ist Südthailands Version einer Metropole und die inoffizielle Hauptstadt der köstlichen südthailändischen Küche. Sie bietet Einkaufszentren und moderne Annehmlichkeiten und gilt als beliebtes Wochenendausflugsziel malaysischer Männer, die sich mit Prostituierten vergnügen wollen, was für ein etwas raues Grenzstadtflair sorgt. Gelegentlich ist die Rebellenbewegung in den Provinzen im Süden Thailands auch hier aktiv, so kam es schon zu Bombenanschlägen auf prominente Ziele wie Einkaufszentren, Hotels und den Flughafen. Der jüngste Bombenanschlag, bei dem acht Menschen verletzt wurden, ereignete sich 2014. Generell ist Hat Yai für Durchreisende eine sichere Stadt.

Die sehr hilfsbereiten Mitarbeiter der örtlichen Filiale des **Thailändische**

BUSSE & MINIVANS AB HAT YAI

ZIEL	PREIS (B)	DAUER (STD.)
Bangkok	688–1130	15
Krabi	182–540	5
Nakhon Si Thammarat	140	4
Pak Bara	130	2
Phuket	370	7
Songkhla	40	1½
Sungai Kolok	220	4
Surat Thani	240	5
Trang	110	2

Fremdenverkehrsamts (TAT; www.tourismthailand.org/hatyai; 1/1 Soi 2, Th Niphat Uthit 3; ⌚8.30–16.30 Uhr) sprechen hervorragend Englisch und haben jede Menge Infos zur gesamten Region.

Hat Yai Backpackers HOSTEL $
(www.hatyaibackpackershostel.com; 226 Th Niphat Uthit 1; B 240 B; 📶) Das zentral gelegene Hostel ist eine gute Wahl. Es gibt Vierbettzimmer für Frauen und gemischte Achtbettschlafsäle. Die hilfsbereiten Mitarbeiter haben gute Tipps zu Hat Yai.

Nachtmarkt MARKT $
Th Montri 1) Auf dem Nachtmarkt gibt's Ber- ;e regionaler Speisen, darunter an mehre- en Ständen das berühmte frittierte Hühnhen nach Hat-Yai-Art sowie *kà·nŏm jeen* frische Reisnudeln mit Curry). Einige Stän- e verkaufen auch gegrillte Meeresfrüchte.

ℹ An- & Weiterreise

US

ie meisten Busse in andere Provinzen und linibusse nach Süden fahren vom Busbahnhof, km südöstlich des Zentrums, ab. Ein Großteil er Minivans, die Richtung Norden unterwegs nd, startet von einem Minivan-Bahnhof 5 km estlich der Stadt beim Talat Kaset; eine *túk-túk* ıhrt vom Zentrum hierher kostet 60 B. Von Hat ai fahren Busse in fast alle Städte Südthailands.

.UG

er **Hat Yai International Airport** ✆ 074 227131; www.hatyaiairportthai.com) efindet sich etwa 14 km südwestlich der Stadt. r Asia (www.airasia.com), Nok Air (www. kair.com), Thai Lion Air (www.lionairthai. m) und Thai Airways fliegen täglich von und ch Bangkok. Außerdem gibt's Flüge nach ala Lumpur in Malaysia. Ein Taxi vom/zum ghafen kostet um die 320 B.

ZUG

Täglich fahren vier Nachtzüge von/nach Bangkok über Surat Thani (259–945 B, 16 Std.). Außerdem verkehren täglich sieben Züge nach Sungai Kolok (92 B) sowie zwei nach Butterworth (332 B) und nach Padang Besar (57 B), beide in Malaysia.

ANDAMANENKÜSTE

Die Andamanenküste ist Thailands Traumküste, die auf vielen Postern zu sehen ist, und verführt wohl jeden zu einem Aussteigerleben in Flipflops. Weiße Sandstrände, türkisblaues Meer, kathedralenähnliche Kalksteinklippen, leuchtende Korallen und Hunderte von Dschungel bedeckte Inseln erstrecken sich von der Grenze zwischen Myanmar (Birma) und Malaysia bis hin zur Andamanensee. Die Postkartenidylle ist vor allem vom Pauschaltourismus geprägt und Budgetunterkünfte sind nicht ganz leicht zu finden.

Ranong ระนอง

✆077 / 17 500 EW.

Nach Ranong sind es von Myanmar (Birma) mit dem Boot nur 45 Minuten. In dieser typischen Grenzstadt (schäbig, hektisch, ein wenig zwielichtig) gibt's eine große myanmarische Einwohnergruppe, blubbernde heiße Quellen, verfallene historische Gebäude und sensationelles Straßenessen.

Der Grenzübergang wird zunehmend beliebter. Inzwischen lassen sich hier sogar Tauchveranstalter nieder, die auf Tauchsafaris zu den Surin-Inseln und in den myanmarischen Mergui-Archipel spezialisiert sind.

Rueangrat Hotel HOTEL $
(✆092 279 9919; rueangratranong@gmail.com; 240/10 Th Ruangrat; Zi. 690 B; ❄📶) Das neue

BUSSE AB RANONG

ZIEL	PREIS (B)	DAUER (STD.)	HÄUFIGKEIT
Bangkok	403–627	9–10	7.30, 8.10, 10.30, 13.30, 15.30, 19.30, 20 (VIP) & 20.30 Uhr
Chumphon	150	2	7–17 Uhr stündl.
Hat Yai	380	7	6, 10 & 20 Uhr
Khao Lak	165	3½	6.30–17.45 Uhr stündl.
Krabi	210	6	7, 10 & 14 Uhr
Phang-Nga	180	5	7, 10 & 14 Uhr
Phuket	225	5–6	6.30–17.45 Uhr stündl.
Surat Thani	190	4–5	6–16 Uhr stündl.

Hotel liegt etwas von der Straße zurückversetzt in der Nähe von Restaurants und Geschäften. Die hellen, strahlenden Zimmer sind mit Kühlschrank, Fernseher und ordentlichem Bad ausgestattet. In der Lobby gibt's kostenlosen Kaffee, die Mitarbeiter sind freundlich und das WLAN funktioniert gut.

Night Market MARKT $
(Th Kamlangsap, abseits des Hwy 4; Hauptgerichte 30–70 B; ⊙14–19 Uhr) Auf dem Nachtmarkt, gleich nordwestlich vom Highway, gibt's fantastische Thai-Gerichte zu Spottpreisen.

A-One-Diving TAUCHEN
(☎077 832984; www.a-one-diving.com; 256 Th Ruangrat; ⊙Okt.–April) Spezialisiert auf Tauchsafaris zu den Surin-Inseln und zum Mergui-Archipel in Myanmar (ab 34 900 B) sowie auf Tauchkurse mit PADI-Zertifikat.

An- & Weiterreise

Der Flughafen Ranong liegt 22 km südlich von Ranong. Nok Air (www.nokair.com) fliegt zweimal täglich von/nach Bangkok (Don Muang). Der **Busbahnhof** (Th Phetkasem) befindet sich 1 km südöstlich vom Zentrum. Die blauen *sorngtaaou* 2 (Pick-up-Minibusse) fahren am Busbahnhof vorbei.

Ko Chang

Die wenig besuchte rustikale Insel hat mit der beliebten gleichnamigen Insel in der Provinz Trat in jeder Hinsicht wenig gemein. Dieses Ko Chang ist für sein einfaches Leben bekannt, Strom und WLAN sind hier noch immer eine Seltenheit. Über der ganzen Insel liegt eine große Ruhe. In der Nebensaison von Mai bis Oktober ist sie allerdings mehr als ruhig und viele Einrichtungen schließen.

Schlafen

★ **Crocodile Rock** PENSION $
(☎080 533 4138; tonn1970@yahoo.com; Ao Yai; Bungalows 400–700 B; ⊙Okt.–April; 📶) Auf Ao Yais idyllischer südlicher Landspitze mit traumhaftem Blick auf die Bucht thronen diese schlichten Bambusbungalows mit Metalldächern und Hängematten. Gäste werden mit hausgemachtem Joghurt, Brot, Cookies, gutem Espresso und verschiedenen vegetarischen bzw. Meeresfrüchtegerichten verwöhnt. Es ist sehr beliebt, also rechtzeitig buchen.

Sangsuree Bungalows BUNGALOWS $
(☎081 2511 7726; bungalow.sangsuree@gmail.com; Ao Takien; Bungalows 300–500 B; 📶) An Ko Changs Nordwestküste liegen viele versteckte Buchten. Die sieben sehr einfachen Bungalows des Sangsuree befinden sich direkt oberhalb einer solchen Bucht und haben einen schönen Blick aufs Meer. Die Anlage wird von einem charmanten Ehepaar geführt und ist eine klassische, traditionelle thailändische Inselunterkunft – hierher kommt man, um zu chillen. Es gibt gemeinsame Mahlzeiten und Faulenzen wird großgeschrieben. In zehn Gehminuten erreicht man einen Sandstrand, an dem man schwimmen kann.

An- & Weiterreise

Von der Th Ruangrat in Ranong fahren *sorngtaaou* (20 B) und Motorradtaxis (50 B) nach Tha Ko Phayam in der Nähe vom Saphan Plaa. Longtail-Taxiboote (200 B, 2 Std., 9.30 & 14 Uhr) fahren nach Ko Chang. In der Hochsaison legen sie an den Stränden der Westküste an und kehren gegen 8.30 und 13 Uhr aufs Festland zurück. Während des Monsuns fährt nur das Longtailboot am Morgen vom Hauptpier an der Nordostküste, wenn es das Wetter zulässt. In der Hochsaison von November bis April verkeh ren täglich zwei Schnellboote (350 B, 30 Min., 8.30 & 10.30 Uhr) vom Tha Ko Phayam in Ranong zum Pier an der Nordostküste von Ko Chang. In der Nebensaison fährt nur das Boot um 8.30 Uhr.

Motorradtaxis warten auf die Boote und verlangen für die Fahrt zum Ao Yai 100 B.

Ko Phayam

Ko Phayam ist von wunderschönen weißen Sandstränden umringt und wird bei Familien immer beliebter. Wenn man von Phuket oder Ko Phi-Phi kommt, wirkt es immer noch erfrischend wild und verschlafen. An der spektakulären Nordwest- und Südwestküste verteilen sich rustikale Bungalowanlagen, kleine Resorts, luftige Strandrestaurants und Strandbars mit barfüßigen Gästen.

Zum Schnorcheln ist die Insel nicht besonders gut, doch die sensationellen Surin-Inseln liegen nah genug für einen Besuch.

Schlafen

Sabai Sabai BUNGALOWS $

(☎ 087 895 4653; www.sabai-bungalows.com; Ao Mea Mai; Bungalow 400–1000 B; 📶) In diesem alteingesessenen, geselligen Travellertreff, fünf Gehminuten südlich des Piers an der Ostküste, gibt's saubere, günstige Bungalows mit Ventilatoren. Die einfachen Doppelzimmer sind recht stilvoll und verfügen über Meerblick und tiefer gelegte Bäder. Am besten ist das Zimmer im Loft-Stil mit Balkon in der zweiten Etage. Es gibt eine Bar zum Chillen, Hängematten und Filmnächte. Die billigsten Bungalows haben Gemeinschaftsbäder.

Bamboo Bungalows BUNGALOWS $$

(☎ 077 820012; www.bamboo-bungalows.com; Ao Yai; Bungalows 750–2600 B; 📶) Die schicken, rustikalen Bungalows haben Innen-/Außenbäder und Balkons mit Hängematten und sind ein wenig dekoriert. Sie sind über einen grünen Garten verteilt, der leicht zurückversetzt vom Mittelteil des hübschen Ao Yai liegt. Das Strandrestaurant ist ziemlich gut. Die Gäste können Kajaks und Bodyboards ausleihen. In der Hochsaison gibt's rund um die Uhr Strom.

Aktivitäten

Phayam Divers TAUCHEN

(☎ 086 995 2598; www.phayamlodge.com; Ao Yai; 2 Tauchgänge 4900 B; ⏲ Nov.–April) Am Nordende des Ao Yai. Veranstaltet Tauchausflüge und mehrtägige Tauchsafaris zu den Surin-Inseln, nach Ko Tachai und nach Ko Bon. Schnorchler sind ebenfalls willkommen. Bietet auch PADI-Open-Water-Kurse (14 900 B) an.

Anreise & Unterwegs vor Ort

Täglich setzen zwei Fähren von Ranong zum Hauptpier von Ko Phayam (200 B, 2 Std., 9.30 &

WEITERREISE NACH MYANMAR (BIRMA): VON RANONG NACH KAWTHOUNG

Wer sein Visum erneuern will, tut dies am einfachsten auf einem der „Visa-Trips" (1300 B), die von Reisebüros in Ranong, darunter **Pon's Place** (☎ 081 597 4549; www.ponplace-ranong.com; Th Ruangrat; ⏲ 8–19.30 Uhr), angeboten werden. An der Grenze werden keine Visa für Myanmar ausgestellt, wer ein E-Visum hat, kann dort damit aber nach Myanmar einreisen.

Anreise zur Grenze Boote nach Kawthoung legen am Saphan-Plaa-Pier, 5 km von Ranong entfernt, ab. *Sorngtaaou*fahren von Ranong zum Pier (20 B).

An der Grenze Fahrer von Longtailbooten warten am Pier. Eine Fahrt nach Myanmar kostet einfach/ hin & zurück 100 B/200 B. Am Pier sollte man Fotokopien des Passes machen lassen (5 B). Hinter der thailändischen Einreisebörde fährt man mit dem Boot auf die andere Seite und passiert den myanmarischen Kontrollpunkt. Möglicherweise warten dort Schlepper, die ihre „Hilfe" anbieten, man benötigt sie aber nicht. Tagesbesucher zahlen eine Gebühr von 10 US$ (glatte Banknoten ohne Risse) für einen Grenzpass; der Reisepass wird an der Grenze aufbewahrt.

Weiterreise Besucher können einen Tagesausflug nach Kawthoung unternehmen oder mit einem im Voraus organisierten Visum weiter nach Myanmar hineinreisen.

Infos zum Überqueren der Grenze in entgegengesetzter Richtung gibt's auf S. 547.

14 Uhr) über; die Rückfahrt ist um 8.30 und um 15 Uhr. In der Hochsaison pendeln Schnellboote achtmal täglich zwischen Ranong und Ko Phayam (350 B, 35 Min., 7.30–17.30 Uhr fast stündl.). Eine einfache Fahrt mit dem Motorradtaxi vom Pier zu den wichtigsten Stränden kostet 50 Bis 70 B pro Person. Motorräder und Fahrräder werden im Dorf und in den meisten größeren Resorts verliehen.

Khao-Sok-Nationalpark

Wer vom Faulenzen am Strand genug hat, sollte sich zum fantastischen, 738 km² großen **Khao-Sok-Nationalpark** (อุทยานแห่งชาติเขาสก; ☎077 395154; www.khaosok.com; Khao Sok; Erw./Kind 300/150 B; ⏲6–18 Uhr) aufmachen. Viele schätzen das Alter des Tieflanddschungels, des regenreichsten Gebiets in Thailand, auf über 160 Mio. Jahre, was ihn zu einem der ältesten Regenwälder der Welt macht. Im Nationalpark gibt's versteckte Wasserfälle und Höhlen.

Die Regenzeit (Juni–Okt.) ist die beste Zeit, um viele der hier lebenden Tierarten zu sehen und die Wasserfälle in vollem Schwung zu erleben, allerdings sind die Wanderwege dann rutschig.

Schlafen & Aktivitäten

Beliebte Aktivitäten sind Kajakfahren (800 B) und Tubing (500 B; in der Regensaison). Empfehlenswert sind die zweitägigen Kanu- und Wandertouren (2500 B pro Pers.) zum **Chiao-Lan-See** (เขื่อนเชี่ยวหลาน; Tages-/Zweitagestour 1500/2500 B), bei denen man eine Nacht in schwimmenden Hütten auf dem See verbringt.

Jungle Huts BUNGALOWS $
(☎077 395160; www.khaosokjunglehuts.com; 242 Mu 6, Khao Sok; Zi. mit Ventilator/Klimaanlage 400/1200 B; ❄📶) 1 km nordöstlich der Route 401 verfügt diese beliebte Budgetunterkunft über eine stetig wachsende Sammlung akzeptabler, individuell gestalteter Bungalows mit eigenem Bad und Veranda. Die Auswahl reicht von einfachen Bambushütten auf Stelzen über größere Holzhütten und Bungalows aus rosa Waschbeton bis zu Zimmern mit Klimaanlage, die an teilweise schwindelerregenden Wegen liegen.

Khao Sok Hostel 1 HOSTEL $
(☎096 142 6539; www.khaosokcentertour.net; 53/7 Mu 6, Khao Sok; B 200 B; ❄📶) Bei den Mehrbettzimmern handelt es sich eigentlich nicht um Schlafsäle, sondern einfach nur um Zimmer mit Betten. Auch ein Gemeinschaftsbereich ist nicht vorhanden. Doch die Matratzen sind dick, es gibt heißes Wasser und kleine Schließfächer. Eine zweite identische **Filiale** (☎096 142 6539; 53/7 Mu 6, Khao Sok; B 200 B; ❄📶) liegt 100 m weiter die Straße hinunter.

Praktische Informationen

Hauptquartier des Khao-Sok-Nationalparks (☎077 395154; www.khaosok.com; ⏲6–18 Uhr) Ca. 1,8 km nordöstlich von der Route 401, von der man bei Km 109 abfährt. Hier gibt's nützliche Karten und Informationen.

An- & Weiterreise

Von Surat nimmt man einen Bus in Richtung Takua Pa; von der Andamanenküste kann man mit den Bussen nach Surat Thani fahren. Sie halten an der Route 410, 1,8 km südwestlich vom Besucherzentrum. Wenn man nicht von Unterkunftsvermittlern abgeholt wird, muss man dorthin laufen (50 m bis 2 km). Die meisten Minivans setzen die Passagiere an den Unterkünften ab.

Ein Bus nach Bangkok (1000 B, 11 Std.) fährt täglich um 18 Uhr.

Minivans fahren täglich u. a. zu folgenden Zielen:

ZIEL	PREIS (B)	DAUER (STD.)
Khao Lak	200	1¼
Ko Lanta	800	5
Ko Tao	1000	8
Krabi	350	3
Phang-Nga	250	2
Surat Thani	200	1

Hat Khao Lak & Umgebung

Wenn von Khao Lak die Rede ist, ist oft e ne Kette von Stränden an der Westküste vo Phang-Nga etwa 70 km nördlich von Phuk gemeint. Hier lassen sich Tagestouren zu de Similan- und Surin-Inseln, in die Nation parks Khao Sok und Khao Lak/Lam Ru u sogar nach Phuket unternehmen, daher i die Gegend eine günstige Ausgangsbasis, u die nördlichen Andamanen zu erkunden.

Aktivitäten

Eintägige Tauch- und Schnorchelausflüge den Similan- und Surin-Inseln erfreuen s großer Beliebtheit. Die bessere Wahl sind doch Tauchsafaris, da die Inseln rund 70 vor dem Festland liegen. Tauchzentren wie **Wicked** (☎ 085 795 2221; www.wickeddiving.com; Th Nangthong, Khao Lak; 2 Tauchgänge 5700 B; ⏲ Okt.–Mai) und **Sea Dragon** (☎ 076 485420; www.seadragondivecenter.com; Th Phetkasem, Khao Lak; 2 Tauchgänge 6000 B; ⏲ 9–21 Uhr) bieten Tauchsafaris ab etwa 19 000 B für drei Tage, 35 000 B für sechs Tage und Tagestouren für 5000–6000 B an.

Die Tauchsaison dauert auf den Similan- und Surin-Inseln von Oktober bis Mitte Mai.

Schlafen & Essen

Bed Hostel HOSTEL $
(☎ 087 387 4050; krittayakorn.d@gmail.com; 6/3 Mu 5, Hat Bang Niang; B Ventilator/Klimaanlage 370/450 B, Zi. 1600 B; ❄📶) Einen Gemeinschaftsbereich gibt's in diesem schlichten familiengeführten Hostel nicht, doch die kleinen Schlafsäle sind sauber und mit Schließfächern ausgestattet. Wer einfach nur nach dem Tauchen oder einem Tag am Strand irgendwo sein Haupt betten will, ist hier richtig. Zum Strand geht man 15 Minuten.

Fasai House PENSION $$
(☎ 076 485867; www.fasaihouse.com; 5/54 Mu 7, Khao Lak; Zi. 950 B; ❄@🏊) Eine der besten Budgetunterkünfte Khao Laks liegt westlich vom Highway 4 im nördlichen Teil des Ortes Khao Lak und ist ausgeschildert. Sie punktet mit ihren wunderbaren Mitarbeitern und den tadellosen Zimmern im Motelstil, die mit Klimaanlage ausgestattet sind und sich in einem gelben Gebäude an einem kleinen Pool befinden. Eine gute Option für Taucher.

Go Pong THAI $
(Th Phetkasem, Khao Lak; Hauptgerichte 50–140 B; ⏲ 10–23 Uhr) Wer Appetit auf authentische regionale Küche hat, bekommt in diesem großartigen Straßenimbiss gebratene Nudeln und sensationell gewürzte Reisgerichte sowie zur Mittagszeit beliebte aromatische Nudelsuppen. Alles schmeckt einfach fabelhaft.

[illegible] THAI $$
(☎ 076 485390; 5/1 Mu 7 Th Phetkasem, Khao Lak; Hauptgerichte 90–300 B; ⏲ 8–24 Uhr; 📶) Das halb im Freien gelegene familiengeführte Restaurant befindet sich am Nordende des Zentrums Khao Laks unter einem hohen Dach. Auf der langen Karte stehen gegrillte Meeresfrüchte, gut gewürzte Pfannengerichte und die üblichen Currys, Reisgerichte und Nudeln. Gutes Essen, freundlich und günstig gelegen.

An- & Weiterreise

Alle Busse zwischen Takua Pa (60 B, 45 Min.) und Phuket (100 B, 2 Std.) halten auf Wunsch am Hat Khao Lak. **Khao Lak Land Discovery** (☎ 076 485411; www.khaolaklanddiscovery.com; 21/5 Mu 7, Th Phetkasem, Khao Lak; ⏲ 8–20.30 Uhr) bietet Sammel-Minibusse zum Phuket International Airport (600 B, 1¼ Std.). Alternativ kann man mit Taxis von **Cheaper Than Hotel** (☎ 085 786 1378, 086 276 6479; cheaperkhaolak1@gmail.com; Hwy 4) zum Flughafen Phuket (1000 B) und zu Zielen im Süden fahren.

Zahlreiche Reisebüros und Pensionen verleihen tageweise Motorräder (200–250 B).

Nationalmeerespark Surin-Inseln

Der **Nationalmeerespark** (อุทยานแห่งชาติหมู่เกาะสุรินทร์; ☎ 076 491378; www.dnp.go.th; Erw./Kind 500/300 B; ⏲ Mitte Okt.–Mitte Mai) umfasst fünf traumhafte Eilande, die etwa 60 km vor der Küste und 5 km von der Seegrenze zwischen Thailand und Myanmar (Birma) entfernt liegen. Üppiger Regenwald, weiße Sandstrände in geschützten Buchten und felsige, ins Meer ragende Landzungen charakterisieren die Granitinseln. In der kristallklaren See, in der die Sichtweite bis zu 20 m beträgt, lässt sich wunderbar die Unterwasserwelt erkunden. Das **Nationalparkbüro** (Ko Surin Neua; ⏲ Mitte Okt.–Mitta Mai 7.30–20.30 Uhr) und sämtliche Einrichtungen für Besucher findet man auf Ko Surin Neua in der Nähe der Anlegestelle.

Zu den Tauchgründen im Park gehören **Ko Surin Tai** und der **HQ Channel**. Der **Richelieu Rock** 14 km südöstlich gehört offiziell ebenfalls zum Park und zählt zu den besten Tauchspots der Andamanenküste. Im Park selbst gibt's keine Taucheinrichtungen, daher müssen Touren auf dem Festland gebucht werden. Einige Steinkorallen sind leider durch Bleiche beschädigt, dafür sieht man viele Fische und Weichkorallen.

Halbtägige Schnorcheltouren (150 B pro Pers., Schnorchelverleih 160 B) starten um 9 und 14 Uhr am Hauptquartier. Longtailboote kann man vom Nationalpark (3000 B pro Tag) oder in **Ban Moken**, einem Dorf mit einer Gemeinschaft von *chow lair* (Seenomaden; auch *chao leh* geschrieben) chartern.

Unterkünfte des Nationalmeeresparks Surin-Inseln BUNGALOWS, CAMPING $$
(☎ 076 472145; www.dnp.go.th; Ko Surin Neua; Zi. 2000–3000 B, Stellplatz 80 B pro Pers., mit Leihzelt

300 B; ⏲ Mitte Okt.–Mitte Mai; ❄) Die Bungalows am Ao Chong Khad haben Holzfußböden, private Bäder, Terrassen und Ventilator (von 21.30 bis 7 Uhr) oder Klimaanlage (von 18 bis 9.30 Uhr). Strom gibt's von 18 bis 7 Uhr. Zelten kann man am Ao Chong Khad und am Ao Mai Ngam. Der Ao Chong Khad ist der spektakulärere Strand, der Ao Mai Ngam ist abgeschiedener und die schmale, flache weißsandige Bucht wirkt wilder.

An- & Weiterreise

Wenn man nicht im Rahmen einer organisierten Tour herkommt, kann man mit den Schnellbooten (hin & zurück 1800 B, eine Strecke 1¼ Std.) der Tourveranstalter mitfahren, die gegen 9 Uhr abfahren und zwischen 13 und 16 Uhr zurückkehren; sie akzeptieren Tickets ohne feste Rückfahrt. Die Rückfahrt sollte man am Vorabend im Nationalparkbüro auf Ko Surin Neua bestätigen lassen.

Nationalmeerespark Similan-Inseln

Der weltweit bei Tauchern bekannte, wunderschöne **Nationalmeerespark Similan-Inseln** (อุทยานแห่งชาติหมู่เกาะสิมิลัน; ☎ 076 453272; www.dnp.go.th; Erw./Kind 500/300 B; ⏲ Mitte Okt.–Mitte Mai) liegt 70 km vor der Küste. Seine glatten Granitinseln beeindrucken über und unter Wasser. Regenwald bedeckt die Höhen und weiße Sandstrände säumen die Küstengebiete, zudem erstrecken sich vor den Inseln jede Menge Korallenriffe.

Auf zwei der neun Inseln – Insel 4 (Ko Miang) und Insel 8 (Ko Similan) – gibt's Rangerstationen und Übernachtungsmöglichkeiten. Die Parkverwaltung und die meisten Zentren für Besucheraktivitäten befinden sich auf Insel 4.

Khao Lak ist das Tor zum Park. Die Anlegestelle befindet sich in Thap Lamu rund 10 km südlich der Stadt.

Die Similan-Inseln bieten Tauchen für jedes Niveau mit Tiefen zwischen 2 und 30 m. Auf dem Nationalparkgelände gibt's keine Einrichtungen für Taucher, man muss sich also einer der Tauchexkursionen ab dem Hat Khao Lak anschließen. Reisebüros in Khao Lak bieten auch reine Schnorcheltagestouren an, die zu drei oder vier Schnorchelspots führen (ab 3200 B).

Die Korallenbleiche hat in dieser Gegend zum Absterben vieler Steinkorallen geführt, die Weichkorallen sind aber noch intakt und es gibt zahlreiche Fische. Zu den Similan-Inseln kommen inzwischen viele Tagesausflügler, daher wird's an einigen Schnorchelspots recht voll.

Auf den Inseln gibt's auch ein paar hübsche Wanderwege und viele Vögel und andere Tiere.

Unterkünfte des Nationalmeeresparks Similan-Inseln BUNGALOWS $$
(☎ 076 453272, in Bangkok 02 562 0760; www.dnp.go.th; Ko Miang (Island 4); Zi. mit Ventilator/Klimaanlage 1000/2000 B, Stellplatz mit Leihzelt 570 B; ⏲ Mitte Okt.–Mitte Mai; ❄) Auf Ko Miang gibt's 20 Bungalows, die besten davon mit Balkon sowie Zelte. Hier zahlt man für die Lage, die Bungalows selbst sind sehr schlicht. Tagsüber kommen viele Touristengruppen vorbei. Strom ist von 18 bis 6 Uhr vorhanden. Man kann online, per Telefon oder über das **Parkhauptquartier** (☎ 076 453272; www.dnp.go.th; 93 Mu 5, Thap Lamu; ⏲ Mitte Okt.–Mitte Mai 8–17 Uhr) buchen. Wer zeltet, sollte Insektenschutz mitbringen, die Mücken sind hier echte Plagegeister.

An- & Weiterreise

Zu den Similan-Inseln fahren keine öffentlichen Verkehrsmittel. Fast alle Besucher buchen eine Tour ab Hat Khao Lak oder Phuket.

Phuket ภูเ

Erstmal ein Tipp zur Aussprache: Das „h" in Phuket ist stumm. Dann sollte man bedenken, dass dies die größte thailändische Insel ist, die deswegen meistens gar nicht wie eine Insel wirkt. Das bedeutet aber auch, dass hier jeder sein Plätzchen findet. Phuket wartet mit so vielfältigen Erlebnissen auf – Relaxen am Strand, Kultur, Tauchen, Kiteboarden und Surfen, fabelhaftem Essen, hedonistischen oder ganzheitlichen Vergnügen – dass die Besucher die Qual der Wahl haben.

Den größten Magneten bilden natürlich die weißen Sandstrände an der Süd- und Westküste. Doch daneben locken auch die reiche Kultur der Hauptstadt Phuket-Stadt an der Ostküste sowie Tierschutzgebiete und Nationalparks im Norden.

Sehenswertes & Aktivitäten

Phukets eindrucksvolle, von sandigen Buchten gesäumte Westküste liegt an der Andamanensee. **Patong** ist das touristische Zentrum, **Kata** und **Karon** im Süden sind wieder seine kleinen Schwestern. Die Provinzhauptstadt **Phuket-Stadt** wartet mit wunderba sino-portugiesischen Gebäuden auf, von denen einige von kunstaffinen Unternehmern zu neuem Leben erweckt wurden.

★ Phuket Elephant Sanctuary TIERE, FREIWILLIGENARBEIT

(Karte S. 862; ☎ 094 990 3649; www.phuketelephantsanctuary.org; 100 Mu 2, Pa Klok, am 4027 Hwy; Erw./Kind 3000/1500 B; ⏲ 9.30–13 & 14–17.30 Uhr) Phukets einziges wahres Elefantenschutzzentrum ist ein Zufluchtsort für Tiere, die über Jahrzehnte in der Holzwirtschaft und in der Touristenindustrie schlecht behandelt wurden. Während der Vormittagstouren können Besucher sie füttern und dann im Abstand von wenigen Metern begleiten, wenn die Dickhäuter durch den Wald wandern, baden und abhängen. Ein seltenes Erlebnis, von dem fast alle Besucher begeistert sind.

★ John Gray's Seacanoe KAJAKFAHREN

Karte S. 862; ☎ 076 254505; www.johngray-seacanoe.com; 86 Soi 2/3, Th Yaowarat; Erw./Kind ab 950/1975 B) Der älteste, renommierteste und mit Abstand ökologischste Kajakanbieter der Insel. Die Tour „Hong by Starlight" geht dem Touristengetümmel aus dem Weg und führt nach Einbruch der Dunkelheit zur berühmten Biolumineszenz von Ao Phang-Nga. Wie in Thailand bei Erfolgsmodellen üblich, wurde der Name „Seacanoe" mitsamt Programm vielfach kopiert. Das Original befindet sich 3,5 km nördlich von Phuket-Stadt.

ite Zone KITESURFEN

arte S. 862; ☎ 083 395 2005; www.kitesurfthaiid.com; Hat Friendship; 1-stünd. Unterricht 1100 B, tägiger Kurs 10 000 B) Der Rawai eignet sich stens, um Kitesurfen zu lernen, und diese nge Schule hat einen fantastischen Standt am Hai Friendship. Das Kursangebot icht von einstündigen Schnupperkursen s zu dreitägigen Kursen mit zehn Unterhtsstunden, die von April bis Oktober n **Hat Nai Yang** (หาดในยาง; Karte S. 862) f der Nordwestseite der Insel stattfinden. te Zone verleiht auch die Ausrüstung (pro nde/Tag 1200/3500 B) und veranstaltet hpaddeltouren (ab 700 B).

a Fun Divers TAUCHEN

076 330124; www.seafundivers.com; 14 Th Ka-Noi, Katathani; 2-/3-tägige Tauchsafaris 3900/00 B; ⏲ 9–18 Uhr) Ein herausragender und r professioneller Tauchveranstalter, allergs auch teurer als die Konkurrenz. Die ndards sind extrem hoch, der Service ist ellos und die Lehrer sind eifrig und wissen gut Bescheid. „Open Water Diver"-Tauchscheine kosten 18 400 B. Das Sea Fun hat auch eine **Filiale** (Karte S. 862; ☎ 076 340480; www.seafundivers.com; 29 Soi Karon Nui; 2-/3-tägige Tauchsafaris 3900/4400 B, „Open Water Diver"-Tauchschein 18 400 B; ⏲ 9–18 Uhr) im Resort Le Meridien am Südende des Patong Beach.

Phuket Surf SURFEN

(☎ 063 870280; www.phuketsurfing.com; Hat Kata Yai; Unterricht 1500 B, Surfbrettverleih pro Stunde/Tag 150/500 B; ⏲ April–Ende Okt. 9–19 Uhr) Bietet 1½-stündigen privaten Surfunterricht und Surfbrettverleih. Infos zu Surfbreaks in der Gegend stehen auf der Website.

Geführte Touren

Amazing Bike Tours RADFAHREN

(☎ 076 283436, 087 263 2031; www.amazingbiketoursthailand.asia; 32/4 Th Chaofa; Halbtags-/Tagestour 1900/3200 B) Dieser sehr beliebte Veranstalter organisiert halbtägige Fahrradtouren in kleinen Gruppen durch die Dörfer im Nordosten Phukets und fantastische Tagestouren um Ko Yao Noi sowie anspruchsvollere dreitägige Expeditionen durch den Khao-Sak-Nationalpark (14 900 B) und die Provinz Krabi (15 900 B). Räder, Helme, Essen, Wasser und der Eintritt in die Nationalparks sind im Preis enthalten.

Feste

Vegetarisches Festival RELIGION

(www.phuketvegetarian.com; ⏲ Ende Sept.–Okt.) Böller explodieren, die Luft ist dick von Qualm und Menschen ziehen in einer Pa-

TAXIS AUF PHUKET

Taxis sind auf Phuket nach wie vor überteuert. Eine fünfzehnminütige Fahrt vom Hat Karon zum Hat Patong kostet z. B. 400 B. Auf den Preistafeln auf der ganzen Insel stehen die *Höchst*-Preise für Taxifahrten, doch die Fahrer geben sich selten mit weniger zufrieden.

Wer nicht zu viel zahlen will, notiert sich die Telefonnummer eines Taxis mit Taxameter und nutzt dieses während seines gesamten Aufenthalts.

Günstigere Taxifahrten ermöglicht die App Grab, die in Thailand immer beliebter wird. Über Grab gebuchte Taxis nutzen ihre Taxameter und schlagen eine kleine Abholgebühr auf – damit sind sie deutlich günstiger als Taxis, die man auf der Straße anhält.

Phuket

0 5 km
A
B
C
D
1
2
3
4
5
6
7
Phang-Nga (44 km)
Saphan Sarasin
402
PHANG-NGA
Ko Panuk
Laem Phrao
Ao Phang-Nga
PHUKET
Ao Tha Maphrao
Tha Dan (35 km)
Ko Lawa Yai
Phuket International Airport
Ko Ngam
Ao Kung
Ban Sakhu
1
Sirinat-Nationalpark
Ban Po
Ko Raet
4031
Khao Phara (442 m)
Bang Rong
Ko Nakha Yai
Hat Nai Thon
Ao Po
Tha Bang Rong
Ao Nai Thon
Hat Layan
5
Ko Nakha Noi
Thalang
ANDAMANEN-SEE
Ao Bang Thao
4030
402
4027
ANDAMANEN-SEE
Hat Bang Thao
Bang Thao
Laem Yamu
Laem Son
4025
Hat Surin
Laem Singh
Ko Yao Yai (13 km); Ko Yao Noi (20 km); Ao Nang, Krabi (45 km)
Hat Kamala
Kamala
Ao Sapam
Ko Rang
Sapam
Ko Maphrao
Similan-Inseln (90 km)
8
Hat Kalim
Bus-bahnhof 2
Laem Nga
Kathu
11
3
Ao Patong
4029
Ko Yao Yai (25 km); Ko Yao Noi (32 km)
Patong
Laem Lam Jiak
siehe Karte Phuket (Stadt) (S. 864)
Phuket-Stadt
Ko Sireh
10
Ao Karon Noi
Tha Rassada
6
Fähr-terminal
Karon
4021
Ao Phuket
4023
Hat Karon
Ko Phi-Phi (35 km); Ko Lanta (67 km)
Ko Pu
Kata
4028
Chalong
Hat Kata
9
Ao Chalong
Ao Kata Yai
4233
4
Laem Phanwa
4024
Ao Kata Noi
Rawai
Ko Lon
Laem Kha
7
Similan-Inseln (106 km)
Hat Nai Han
Ao Nai Han
Ao Rawai
Laem Phromthep
2
Ko Bon
Ko Aew
Ko Mai Thon
Ko Kaew Yai
Ko Heh
Ko Kaew Noi
Ko Raya Yai (13 km); Ko Raya Noi (24 km)

Phuket

Sehenswertes

Aktivitäten, Kurse & Touren

Schlafen

Essen

Unterhaltung

Praktisches

ade durch Phuket-Stadt, einige davon ha-en mit Spießen und Messern oder, noch berraschender, mit Lampen und Ästen urchbohrte Wangen. Willkommen beim 'egetarischen Festival, einem der farben-rächtigsten Feste Phukets! Die Bewohner ıit chinesischen Wurzeln machen zehn Ta-ɛ lang eine vegetarische Diät zur spirituel-n Reinigung.

Schlafen

Phuket-Stadt

. Phuket-Stadt gibt's viele preisgünstige ıterkünfte, allerdings muss man zu den ränden pendeln.

Phuket Hostel HOSTEL $
ərte S. 864; ☎ 076 212881; www.aiphukethos com; 88 Th Yaowarat; B 299 B, DZ 700–900 B; @ 📶) Beliebtes, sehr gut organisiertes ıstel im Stadtzentrum. Die Doppelzim-ɛr sind klein, aber mit Holzböden und ıwarz-Weiß-Fotos ausgestattet. Je zwei ›ppelzimmer verfügen über ein gemeinsa-ɛs Bad. Nicht alle Zimmer haben Fenster, s ist für die Altstadt aber typisch. Auch Schlafsäle mit sechs (nur Frauen) bis ıt Betten haben keine Fenster, sind aber benfroh und sauber. Alle teilen sich Ge-inschaftsbäder aus poliertem Beton mit rmem Wasser und eine kleine Lounge im lgeschoss.

Art-C House PENSION $
(Karte S. 864; ☎ 082 420 3911; ArtCphuket@hotmail.com; 288 Th Phuket; DZ 800 B; 📶) Nicht viele Pensionen haben eine eigene Kletterwand und eine (kleinere) Boulderwand – das Art-C schon. Die zehn ordentlichen Doppelzimmer sind fürs teure Phuket günstig. Die Mitarbeiter sind freundlich und unten gibt's ein Café. Nichtgäste können die Kletterwand für 350 B pro Tag nutzen. Einen Lift gibt's nicht: Zum Zimmer muss man „klettern" (über die Kletterwand, Seile werden kostenlos zur Verfügung gestellt, oder über die Treppe).

Box Poshtel HOSTEL $
(Karte S. 864; ☎ 076 602367; boxposhtel@gmail.com; 151 Th Phang-Nga; B 350, DZ 1000 B; ❄ 📶) Die Schlafsäle und die paar Privatzimmer (alle mit Gemeinschaftsbad) in diesem neuen Hostel sind wirklich klein wie Schuhkartons und eignen sich eigentlich nur zum Schlafen. Sie sind blitzsauber, die Betten sind bequem, und unten gibt's eine Bar und einen Gemeinschaftsbereich. Eine Dachterrasse ist geplant. Das Hostel und die Mitarbeiter bekommen gutes Feedback, also sollte man im Voraus buchen.

Patong

Wer kein Bett in einem Hostel mehr abbekommt, wird Mühe haben, zwischen November und April ein Zimmer für unter 1000 B zu finden.

★ **Wire Hostel** HOSTEL $
(☎ 076 604066; 66/10 Th Bangla; B 340–550 B; ❄ @ 📶) Das im Moment angesagteste Hostel Patongs befindet sich genau mittendrin: eine Minute zu Fuß zum Nachtleben in der Bangla Road. Das Design ist sehr stilvoll, die Schlafsäle verteilen sich auf drei Etagen und haben alle keine Türen (wer Intimitäten in der Öffentlichkeit mag, kann aber ein Doppelbett bekommen). Unten befinden sich die Bar und saubere Gemeinschaftsbäder. Es kann laut werden, aber das dürfte kaum überraschen.

Hip Hostel HOSTEL $
(☎ 076 636998; hiphostelpatong@gmail.com; 202/3 Th Rat Uthit; B 320–380 B, DZ 990 B; ❄ 📶) Es gibt keinen Gemeinschaftsbereich, und so hip ist es nun auch wieder nicht, doch die Schlafsäle mit vier und sechs Betten sind recht komfortabel und haben eigene Bäder im Zimmer. Die Doppelzimmer mit Steinfußboden und kleinem Balkon sind ordentlich. Effiziente Mitarbeiter. Es befindet

Phuket-Stadt

Phuket-Stadt

Sehenswertes
1 Phuket Philatelic Museum C2
2 Standard Chartered Bank C2

Aktivitäten, Kurse & Touren
Blue Elephant Cooking School .... (siehe 7)

Schlafen
3 Ai Phuket Hostel B2
4 Art-C House D4
5 Box Poshtel C3

Essen
6 Abdul's Roti Shop C2
7 Blue Elephant A2
8 Indy Market C2
9 One Chun C2
10 Raya C2

Ausgehen & Nachtleben
11 Bookhemian B2
12 Timber Hut B1

sich in einer kleinen Gasse, nach dem Schild Ausschau halten!

Priew Wan Guesthouse PENSION $$
(☎076 344441; info@priewwanguesthouse.com; 83/9 Th Rat Uthit; DZ 1600 B; 📶) Die alteingesessene, verlässliche familiengeführte Pension versteckt sich in einer Gasse, in der hauptsächlich Einheimische wohnen, trotzdem sind es nur zehn Gehminuten zum Nordende des Hat Patong. Die sauberen, groß Zimmer mit Balkon, Safe, Kühlschrank u Fernseher sind ihr Geld wert. Freundlich Personal. In der Nebensaison gibt's kräft Preisnachlässe.

Südliche Strände

Südlich von Patong wird es allmählich etw ruhiger. Der Hat Karon ist der turbulente

Strand. Der Hat Kata ist teurer, aber immer noch lebhaft, und der schöne Hat Nai Han bietet sich eher an, um einen Tag am Meer zu verbringen, als um dort günstig zu übernachten. Ganz im Süden liegt der Rawai inmitten grüner Hügel.

★ Fin Hostel HOSTEL $
(☎ 088 753 1162; www.finhostelphuket.com; 100/20 Th Kata/Patak West; B/Kapseln/DZ 400/600/2000 B; ❄📶≋) Das gut geführte, effiziente Hotel ein Stück abseits der Straße besteht aus zwei Gebäuden. Die Matratzen in den blitzsauberen Schlafsälen sind bequem. Die Kapseln sind deutlich komfortabler – sie sind mit Vorhängen abgetrennt und verfügen über eine Einzel- oder eine Doppelmatratze. Die Doppelzimmer sind fröhlich dekoriert und mit Sitzsäcken, Fernseher und Kühlschrank ausgestattet. Außerdem gibt's einen recht netten Gemeinschaftsbereich und einen kleinen Pool auf dem Dach, und der Kata Beach ist in Gehweite.

Doolay Hostel HOSTEL $
(☎ 062 451 9546; www.doolayhostel.com; 164 Th Karon/Patak West; B 450–600 B; ❄📶) In den Mehrbettzimmern mit vier und acht Betten dieses recht neuen Hostels, das vom Strand aus praktisch nur über die Straße liegt, stehen insgesamt 40 Betten mit guten Matratzen. Die Bäder sind sauber, der Gemeinschaftsbereich ist nett, und auf der langen Terrasse zur Meerseite laden Sitzsäcke zum Relaxen ein. Hilfsbereite Mitarbeiter. Im Voraus buchen!

Good 9 at Home PENSION $
(Karte S. 862; ☎ 088 457 6969; www.facebook.com/good9athome; 62 Mu 6, Soi Wassana, Hat Rawai; DZ 900 B; ❄📶) Nur 300 m die Straße hoch vom **Hat Rawai** (หาดราไวย์; Karte S. 862) warten herrlich frische, moderne Zimmer, aufgepeppt mit farbigen Wänden, gekachelten Bädern und etwas Kunst – eine tolle Budgetoption. Das grün-graue Haus ist sauber, gemütlich und freundlich, zudem wartet es mit einer kleinen Kaffee-Ecke und einem bisschen Hof auf.

Pineapple Guesthouse PENSION $
(☎ 076 396223; www.pineapplephuket.com; 291/4 Karon Plaza, Hat Karon; B/DZ 300/1100 B; ❄@📶) Eine ordentliche Budgetoption unter freundlicher thailändisch-englischer Leitung, 400 m landeinwärts vom Hat Karon. Die altmodischen, aber sauberen und durchaus komfortablen Zimmer sind mit bunten Wänden, Kühlschrank und teilweise kleinen Balkons ausgestattet. Außerdem gibt's einen einfachen Schlafsaal mit zehn Betten (in der Nebensaison von April bis Oktober geschlossen) mit eigenem Bad und großen Schließfächern.

Nördliche Strände

So traumhaft wie die nördlichen Strände sind, so hoch sind auch die Preise. Ein paar Budgetunterkünfte gibt's aber.

Pensiri House PENSION $
(☎ 076 327683; www.pensirihouse.com; 112 Mu 5, Hat Nai Yang; DZ 800–1200 B; ❄📶) Die freundliche Pension 300 m landeinwärts vom Hat Nai Yang ist die beste Budgetunterkunft in dieser Gegend. Die Zimmer verteilen sich auf zwei Gebäude. Die schönsten befinden sich im neuen Haus: geräumig, hell, sauber, modern und mit Balkon. Alle Zimmer haben Fernseher, Kühlschrank und Safe.

Baan Kamala PENSION $
(☎ 076 279053; www.baankamalaphuket.com; 74/42 Mu 3, Hat Kamala; B 450–550 B, DZ 2000 B; ❄📶) Als Mittelding zwischen einer Pension und einem Hostel bietet das einladende Baan Kamala Backpackern große, helle Sechsbettzimmer und Flashpackern verschiedene individuell gestaltete Doppelzimmer. Bilder beleben die Betonwände der großen Zimmer, die Betten sind bequem, nur die Bäder sind ein bisschen klein. Im Gemeinschaftsbereich steht sogar ein Longtailboot.

Essen

Phuket-Stadt

In Phuket-Stadt gibt's tolles Essen, das sehr viel günstiger ist als am Strand.

★ Abdul's Roti Shop FRÜHSTÜCK $
(Karte S. 864; Th Thalang; Hauptgerichte ab 40 B; ⊙ Mo–Sa 7–16, So bis 12 Uhr) Es wird Zeit, Abduls legendäre köstliche *roti* zu probieren. Abdul, der inzwischen über 75 Jahre alt ist, bereitet die lockeren *roti* seit Jahren vor seinem Laden zu. Ob man sie nun lieber süß oder pikant mag – hier gibt es sie in vielen Varianten, Bananen-*roti* ebenso wie einfache roti mit würzigem Hühnchen, Rind oder Fisch-*massaman* (Curry).

Indy Market MARKT $
(Karte S. 864; Limelight Av; Hauptgerichte 30–100 B; ⊙ Mi–Fr 16–22.30 Uhr) Einheimische Familien, Schulkinder und Studenten kommen zu den vielen guten Imbissständen auf

VERWÖHNPROGRAMM

Wenn man sich mal etwas leisten möchte, findet man auf Phuket viele hervorragende internationale Restaurants, in denen man gern gesehen ist.

Eat Bar & Grill (☎085 292 5652; www.eatbargrill.com; 250/1 Th Patak East; Hauptgerichte 200–800 B; ⏲11–22 Uhr; 📶) Die fantastischen Burger und großartigen Steaks dieses legeren Restaurants mit einer hölzernen Bar und wenigen Tischen (unbedingt reservieren!) gehören zu den besten Phukets. Auf der Karte stehen auch andere Gerichte, darunter tolle Lammhüfte, doch hier steht Rindfleisch im Mittelpunkt. Das Essen wird nach Wunsch zubereitet, stilvoll präsentiert und ist angesichts der Qualität seinen Preis wert. Auch die Cocktails sind so, wie sie sein sollten.

Home Kitchen (Karte S. 862; ☎093 764 6753; www.facebook.com/home.kitchen.bar.bed; 314 Th Phra Barami, Hat Kalim; Hauptgerichte 195–695 B; ⏲16–23 Uhr, So geschl.; 📶) Weißes Leder, verblasste Tische, fließende Stoffe, leuchtende Laternen und Neonlicht machen diese verrückt-schöne, skurril-schicke Cocktailbar mit Speiseraum in Form eines Schiffsrumpfes zum coolsten Restaurant Patongs. Auch das kreative thailändisch-mediterrane Essen ist großartig. Empfehlenswert sind der Avocado-Krabbenfleisch-Salat, die Tintenfischpasta mit Lachs, das Wagyu-Rindfleisch mit *massaman* (Curry), der frittierte Seebarsch mit *pá-naang*-Curry und die herrlich knusprigen Parmesan-Pommes.

diesem Markt, deren Angebot von Gegrilltem und Klößen bis zu Sushi und süßen Snacks reicht. Außerdem gibt's ein paar Bars unter freiem Himmel, Livemusik sowie Stände mit Kleidung und Schmuck.

★ One Chun THAI $$

(Karte S. 864; ☎076 355909; 48/1 Th Thepkasattri; Hauptgerichte 90–350 B; ⏲10–22 Uhr; 📶) Ein Schwesterrestaurant des **Raya** (Karte S. 864; ☎076 218155; rayarestaurant@gmail.com; 48/1 Th Dibuk; Hauptgerichte 180–650 B; ⏲10–22 Uhr), nur ist das Essen hier günstiger, was jeden Abend viele Einheimische anlockt. Die Meeresfrüchte (das Krabbenfleischcurry in Kokosmilch ist das beste in Phuket-Stadt) sind großartig, doch auch die gebratene Ente in rotem Curry kann sich sehen lassen. Das stimmungsvolle Ladenhaus mit der 1950er-Jahre-Dekoration und dem Fliesenboden trägt dazu bei, dass das Essen hier ein besonderes Erlebnis ist.

Patong

In Patong gibt's viele Restaurants aller Preisklassen. Abends verkaufen Straßenstände günstige Meeresfrüchte und Nudelgerichte, z. B. in den Gassen rund um die Th Bangla.

Patong Food Park THAI $

(Th Rat Uthit; Hauptgerichte 50–200 B; ⏲16.30–24 Uhr) Dieses preiswerte, lokale Gourmetparadies ist mit unzähligen Ständen vollgestopft, die alle Arten von frischem Fisch, Krabben, Hummer, gebratene Schweinshaxen, gedünstetes Hühnchen, *satay* und *sôm-đar* (pikanter grüner Papayasalat) und als Desse Klebreis mit Mango verkaufen. Durchwe köstlich.

★ No.9 2nd Restaurant ASIATISCH

(☎076 624445; 143 Th Phra Barami; Hauptgerich 165–800 B; ⏲11.30–23.30 Uhr, am 5. & 20. jed Monats geschl.) Die schlichte Einrichtur mit Holztischen und Fotos an den Wänd täuscht – dies ist eines der besten und b liebtesten Restaurants Patongs dank d innovativen und köstlichen Mischung a Thai-Küche, japanischen und westlich Gerichten. Selten gelingt es einer Küche, s wohl authentisches Sushi als auch vegeta sche Versionen von Thai-Currys und Lam hüfte zuzubereiten, ohne dass die Quali an irgendeiner Stelle leidet.

Ella INTERNATIONA

(☎076 344253; 100/19-20 Soi Post Office; Hau gerichte 150–400 B; ⏲9–24 Uhr; 📶) Die Bistro-Café aus geformtem Beton mit indu riellem Ambiente ist eine wundervolle Üb raschung. Die einfallsreichen Frühstücks richte, die ganztägig serviert werden, be halten würziges Rührei nach Rajasthan-A Hühnchen-Tacos mit *massaman* (Curry), Hühnchen und Gemüse gefüllte Omel und Arme Ritter als Baguette mit karan lisierter Banane. Nachts verwandelt sich Ella in eine Bar und ist ein cooles Fleckcl um einen Cocktail zu trinken. Oben befin sich Zimmer in ähnlichem Stil (DZ 22 4000 B).

Südliche Strände

★ Pad Thai Shop THAI $

(Th Patak East, Hat Karon; Hauptgerichte 50–80 B; ⌚8–19 Uhr, Fr geschl.) Bei der großartigen Imbissbude am Straßenrand gibt's einen reichhaltigen, köstlichen Hühnereintopf und unfassbar gute *kôw pàt poo* (gebratener Reis mit Krabben), *pàt see·éw* (gebratene Nudeln) und Nudelsuppe sowie fantastische *pàt tai* – würzig und süß, mit reichlich Tofu, Eiern und Erdnüssen, kombiniert mit Frühlingszwiebeln, Bohnensprossen und Limetten.

Kata Mama THAI $

(☎076 284006; Hat Kata Yai; Hauptgerichte 00–200 B; ⌚8–22 Uhr) Unter den günstigen Restaurants am Südende des Hat Kata Yai ist das alteingesessene Kata Mama das beste. Dank der charmanten Leitung, der soliden und geschmackvollen typischen Thai-Gerichte und der ruhigen Strandlage herrscht hier immer Betrieb.

★ Istanbul Restaurant TÜRKISCH $$

(Karte S. 862; ☎091 820 7173; www.istanbulrestaurantphuket.com; 100/87 Th Koktanod, Hat Kata; Hauptgerichte 210–320 B; ⌚8–22 Uhr) Das wunderbare familiengeführte Restaurant ist das beliebteste ausländische in Kata, und das aus gutem Grund. Das Essen ist einfach großartig, angefangenen von den üppigen Frühstücksgerichten im westlichen oder türkischen Stil bis zu den völlig authentischen und megaleckeren Hauptgerichten wie *hünkar beğendi* (dicker Rindfleischeintopf auf einem Bett aus Auberginenpüree), Kebabs und türkischer Pizza. Außerdem gibt's großartige Suppen, Salate und köstliche Desserts.

Nördliche Strände

Mr Kobi THAI $$

(Hat Nai Yang; Hauptgerichte 150–350 B; ⌚10–23 Uhr) Das Schild sagt „Broken English spoken here perfect" („Hier wird perfekt gebrochenes Englisch gesprochen"), doch tatsächlich spricht der allseits beliebte Mr. Kobi sehr gut Englisch. Er sorgt für die Getränke, während Malee sich um die Meeresfrüchtegerichte und Thai-Klassiker kümmert, die in erfrischend unprätentiösem Ambiente serviert werden. Eine Wand ist der Geschichte des Tsunamis von 2004 gewidmet.

Phen's Restaurant

THAI, FISCH & MEERESFRÜCHTE $$

(☎081 895 9489; www.facebook.com/PhensRestaurant; Hat Nai Yang; Hauptgerichte 80–280 B; ⌚9–22 Uhr; 📶) Die türkisen und weißen Tischtücher und die aufmerksamen Mitarbeiter machen das Phen's zu einer beliebten Option am Strand. Es ist eines der wenigen Restaurants, in denen die Gäste direkt auf dem Strand sitzen. Auf der Karte stehen jede Menge frische Meeresfrüchte (mit Zitrone gebratene Krabben, Schnapper in rotem Curry, mit Chili geräucherte Garnelen) sowie ein paar typische Gerichte aus Phuket, z. B. *gaeng som pla*, ein saures, pikantes Fischcurry.

NICHT VERSÄUMEN

SINO-PORTUGIESISCHE ARCHITEKTUR IN PHUKET-STADT

Bei einem Spaziergang entlang der Th Thalang, Th Dibuk, Th Yaowarat, Th Ranong, Th Phang-Nga, Th Rassada und Th Krabi kann man einen Blick auf die Juwelen der sino-portugiesischen Architektur der Stadt werfen. Am prächtigsten sind die **Standard Chartered Bank** (ธนาคารสแตนดาร์ดชาร์เตอร์ด; Karte S. 864; Th Phang-Nga), Thailands älteste ausländische Bank, das **THAI-Büro** (Karte S. 864; ☎076 360444; www.thaiairways.com; 78/1 Th Ranong, Phuket-Stadt; ⌚8–16.30 Uhr) und das **alte Postamt**, in dem sich heute das **Philateliemuseum Phuket** (พิพิธภัณฑ์ตราไปรษณียากรภูเก็ต; Karte S. 864; ☎076 211020; Th Montri; ⌚Mo–Fr 9–16.30, Sa bis 12 Uhr) GRATIS befindet. Einige der farbenprächtigsten sanierten Gebäude säumen die von der Th Thalang abgehende Soi Romanee, in der einst Bordelle, Spielhöllen und Opiumhöhlen ansässig waren.

In der Th Thalang, Th Dibuk und Th Krabi stehen die am schönsten restaurierten Wohnhäuser von Phuket. Die fantastische 1903 erbaute **Villa Phra Phitak Chyn Pracha** wurde in das gehobene **Restaurant Blue Elephant** (Karte S. 864; ☎076 354355; www.blueelephant.com; 96 Th Krabi; Hauptgerichte 420–980 B, Menüs 1150–2050 B; ⌚11.30–14.30 & 18.30–22.30 Uhr; 📶✍) und in eine **Kochschule** (Karte S. 864; ☎076 354355; www.blueelephantcookingschool.com; 96 Th Krabi; halbtägiger Kurs 3296 B; ⌚Mo–So) verwandelt.

Ausgehen & Nachtleben

Phuket-Stadt

★ Bookhemian CAFÉ

(Karte S. 864; ☎ 098 090 0657; www.bookhemin.com; 61 Th Thalang; ⊙ Mo–Fr 9–19, Sa & So bis 20.30 Uhr; 📶) Ein so cooles Café wie dieses sollte es unbedingt in jeder Stadt geben, die Split-Level-Bauweise mit 2 Ebenen macht es zugleich zu einem Ausstellungsort für Kunst. Den vorderen Raum säumen Secondhand-Bücher (zum Verkauf), an den Wänden hängen Fahrräder und neben Gourmetkaffee, Tee und Kuchen gibt's auch ganztägig Frühstück sowie Salate, Sandwiches und Pasta.

Timber Hut CLUB

(Karte S. 864; ☎ 076 211839; 118/1 Th Yaowarat; ⊙ 18–2 Uhr) Seit 27 Jahren ist dieses zweistöckige Pub mit Club jeden Abend voll mit Thais, zugezogenen Ausländern und Touristen, die Bier und Whisky trinken und zu Livebands aller Genres tanzen, von Hardrock über reinen Pop bis zu Hip-Hop. Kostet keinen Eintritt.

Patong

Auf der Th Bangla, Patongs Bierkneipen- und Bargirl-Mekka, bieten verschiedene Go-Go-Schuppen den üblichen Mix aus aufreizend tanzenden Thai-Frauen und sonnenverbrannten Ausländern.

GEFAHREN & ÄRGERNISSE AUF PHUKET

Von Mai bis Oktober kann das Baden wegen hoher Wellen und starker Strömungen zu gefährlich sein, vor allem an bestimmten Stränden. Bei entsprechenden Bedingungen werden zur Warnung rote Flaggen aufgestellt und Badeverbot verhängt.

Phukets Straßen sind verstopft und die Verkehrsregeln sind wechselhaft. Wegen der vielen Unfälle und Verkehrstoten ist es nicht ratsam, ein Motorrad auszuleihen, das gilt vor allem für Fahrer mit wenig Erfahrung. Wer es dennoch tut, sollte Helm und Schutzkleidung tragen, seine Habseligkeiten nicht im Gepäckträger transportieren, sondern am Körper verstauen und natürlich nicht alkoholisiert fahren.

Illuzion CLUB

(www.illuzionphuket.com; 31 Th Bangla; ⊙ 21 Uhr–open end) Nach wie vor der beliebteste der Megaclubs Patons. Das Illuzion erstreckt sich über mehrere Ebenen und bietet eine Mischung aus Tanz- und Turnshows, internationalen DJs, regelmäßigen „Ladies' Nights", elektronischen Beats bis in den Morgen, LED-Bildschirmen und mehr Bars, als man zählen kann.

Bangla Boxing Stadium ZUSCHAUERSPORT

(☎ 076 273416; www.banglaboxingstadiumpatong.com; Th Pangmuang Sai Kor; Stadion/am Ring 1700/2500 B; ⊙ Fr, Sa & So 21 Uhr) Verschiedene anspruchsvolle *moo-ay-tai*-(Thaibox-)Kämpfe mit in- und ausländischen Boxern.

Phuket Simon Cabaret KABARETT

(Karte S. 862; ☎ 076 342114; www.phuket-simoncabaret.com; 8 Th Sirirach; Erw. 800–1000 B, Kind 600–800 B; ⊙ Shows 18, 19.30 & 21 Uhr) Etwa 500 m südlich der Stadt veranstaltet das Simon unterhaltsame, farbenfrohe Transvestitenshows, die bei asiatischen Touristen unglaublich beliebt sind. Das 600 Sitze fassende Theater ist prächtig, die Kostüme sind extravagant und die Ladyboys spielen talentiert. Das Haus ist meistens ausverkauft, also vorher reservieren.

Südliche Strände

★ Ska Bar B

(www.skabar-phuket.com; 186/12 Th Koktanod; ⊙ 13–2 Uhr) Unsere erste Wahl für einen Sundowner am Meer. Das Ska versteckt sich in der südlichsten Kurve des Hat Kata Yai an den Felsen und scheint schon fast mit dem Stamm eines prächtigen alten Feigenbaumes verwachsen zu sein. Die thailändischen Barkeeper verstärken das flippige Rastaflair, und Bojen, Papierlaternen und Flaggen schmücken das Vordach. Freitagabends findet normalerweise eine Feuershow statt.

★ Art Space Cafe & Gallery

(☎ 090 156 0677; Th Kade Kwan, Hat Kata; ⊙ 1 Uhr) Ohne Frage die wunderbarste sk rile Bar in Phuket! Dieser schräge Me zweckort explodiert regelrecht vor Farb und ist mit einzigartigen Bildern u Skulpturen bedeckt, die in erster Linie feminine Form feiern. Er ist das Werk ei exzentrischen Kreativen und seiner Fr einer Tattoo-Künstlerin. Hier bekommt m ordentliche Cocktails und vegetarische richte (160–400 B), und gegen 20 Uhr gi meistens Livemusik.

BUSSE VOM BUSBAHNHOF 2 IN PHUKET

ZIEL	PREIS (B)	DAUER (STD.)	HÄUFIGKEIT	BUSTYP
Bangkok	913	13	17 & 18.30 Uhr	VIP
	587	13–14	6.30, 7, 13.30, 15.30, 17.30, 18 & 18.30 Uhr	Klimaanlage
Chiang Mai	1646	22	12.30 Uhr	VIP
Hat Yai	507	7	21.45 Uhr	VIP
	326	7	7.30–12.30 stündl. 19.30 & 21.30 Uhr	Klimaanlage
Ko Samui	450	8 (Bus/Boot)	9 Uhr	Klimaanlage
Ko Pha-Ngan	550	9½ (Bus/Boot)	9 Uhr	Klimaanlage
Krabi	140	3½	4.50–19 Uhr stündl.	Klimaanlage
Phang-Nga	80	2½	4.50–19 Uhr stündl.	Klimaanlage
Ranong	225	6	5.30–18.10 Uhr stündl.	Klimaanlage
Satun	329	7	8.15, 10.15, 12.15 & 20.15 Uhr	Klimaanlage
Surat Thani	195	5	8, 10, 12 & 14 Uhr	Klimaanlage
Trang	230	5	4.50–19 Uhr stündl.	Klimaanlage

Praktische Informationen

'huket International Hospital (Karte S. 862; ☎076 361818, 076 249400; www.phuketinter ıationalhospital.com; 44 Th Chalermprakiat) ıternationale Ärzte bewerten das Krankenhaus ls das beste der Insel. Opfer von Tauchnotfäl- ın kommen normalerweise hierher.

hailändisches Fremdenverkehrsamt (TAT; arte S. 864; ☎076 211036; www.tourismthai ınd.org/Phuket; 191 Th Thalang; 8.30–16.30 Uhr) Karten, Broschüren sowie formationen über Verkehrsmittel und Boots- ıuren zu den nahegelegenen Inseln.

ouristenpolizei (☎1669, 076 342719; Ecke Th ıawiwong & Th Bangla) Die Touristenpolizei t einen Posten am Strand.

An- & Weiterreise

JS & MINIVAN

rnbusse fahren vom **Busbahnhof 2** (Karte 862; Th Thepkrasattri), der 4 km nördlich von uket-Stadt liegt. Minivans zu Zielen in Süd- ailand starten am **Busbahnhof 1** (Karte 864; Th Phang-Nga), 500 m östlich vom ıdtzentrum.

UGZEUG

Phuket International Airport (Karte 362; ☎076 632 7230; www.phuketairport i.com) liegt 30 km nordwestlich von Phu- -Stadt. Die südlichen Strände sind rund 45 ıuten bis eine Stunde entfernt. Ein oranger atlicher Flughafenbus verkehrt zwischen n Flughafen und Phuket-Stadt (100 B, 1 Std., 0.30 Uhr); Taxis zum Flughafen kosten ab B, je nachdem, an welchem Strand man ıhrt. Es gibt viele Flüge nach Bangkok und nderen in- und ausländischen Zielen.

SCHIFF/FÄHRE

Phukets **Tha Rassada** (Karte S. 862; Tha Rassada), 3 km südöstlich von Phuket-Stadt, ist der Hauptpier für Boote nach Ko Phi-Phi und zu anderen Andamaneninseln im Süden. Weitere Fähren nach Krabi und über Ko Yao nach Ao Nang fahren vom **Tha Bang Rong** (Karte S. 862; Tha Bang Rong), 26 km nördlich vom Tha Rassada.

Unterwegs vor Ort

Große *songtaaou* pendeln von der Th Ranong nahe dem Tagesmarkt von Phuket-Stadt zu den Stränden (20–40 B, 7–18 Uhr regelmäßig). *Túk-túks* und Taxis verlangen von Phuket-Stadt zu den Stränden in der Regel rund 400 bis 600 B. Leihmotorräder (300 B) gibt's fast überall, wer keine Erfahrung hat, sollte sich allerdings keines mieten.

Krabi-Stadt

กระบี่

☎075 / 31 475 EW.

Das lebhafte Krabi-Stadt ist ein wichtiger Verkehrsknotenpunkt für die nahen Inseln, um die herum sich eine immer geschäftigere Travellerszene entwickelt. Es gibt keinen Mangel an Restaurants und Pensionen, und in Ao Nang ein Stück weiter die Straße entlang finden sich gehobenere Unterkünfte.

Schlafen & Essen

★ Pak-Up Hostel HOSTEL $

(☎075 611955; www.pakuphostel.com; 87 Th Utarakit; B/Zi. 380/850 B; ❄@📶) Das Pak-Up, nach wie vor das beste Hostel Krabis, hat supermoderne Schlafsäle mit vier bis zehn Betten aus poliertem Beton, deren große

Holzbetten in die Wand eingelassen sind und alle ein eigenes Schließfach haben. Einige Schlafsäle sind nur für Frauen. In den geräumigen, modernen Gemeinschaftsbädern gibt's Kaltwasserduschen und Warmwasser-Regenduschen. Die beiden Doppelzimmer teilen sich ein Bad. In der Bar herrscht viel Betrieb und die Atmosphäre ist jugendlich-fröhlich.

Chan Cha Lay PENSION $$

(☎ 075 620952; www.lovechanchalay.com; 55 Th Utarakit; Zi. 400–1400 B;) Im alteingesessenen Chan Cha Lay warten in mediterranen Blau- und Weißtönen gestaltete Zimmer mit Klimaanlage, eigenen Bädern mit Außenbereich, weißem Kieselstein und poliertem Beton. Sie zählen zu den komfortabelsten in Krabi und sind für den Preis sehr charmant. Es gibt auch billigere Zimmer mit Ventilator und Gemeinschaftsbad, die klein und schlicht, aber blitzsauber sind.

Nachtmarkt MARKT, THAI $

(Th Khong Kha; Hauptgerichte 30–70 B; 16–22 Uhr) Der Markt neben dem Tha Khong Kha ist sehr beliebt, um abends etwas zu essen, z. B. authentisches *sôm·đam* (pikanter grüner Papayasalat), im Wok gebratene Nudeln, *đôm yam gûng* (Krabben-Zitronengras-Suppe), gegrillten Schnapper und *satay* aller Art sowie cremige Thai-Desserts und frisch gepresste Säfte. Die englischen Speisekarten sind ein Plus.

★ May & Mark's INTERNATIONAL, THAI $$

(☎ 081 396 6114; 34 Th Sukhon; Hauptgerichte 75–250 B; 7–22 Uhr;) Ein klassischer Traveller-Treff mit einer markanten Kaffeebar aus poliertem Beton. Hier herrscht immer Betrieb. Wir lieben den hervorragenden Espresso und das große Angebot an köstlichen Omeletts, Pfannkuchen und hausgebackenem Brot. Es werden auch beliebte Thai-Gerichte sowie internationale Salate, Sandwiches und Hauptgerichte serviert. Außerdem gibt's eine gute Auswahl an vegetarischen Speisen.

Praktische Informationen

Einwanderungsbehörde (☎ 075 611097; 382 Mu 7, Saithai; Mo–Fr 8.30–16 Uhr) Kümmert sich um Visaverlängerungen; 4 km südwestlich von Krabi.

Krabi Nakharin International Hospital (☎ 075 626555; www.krabinakharin.co.th; 1 Th Pisanpob) 2 km nordwestlich der Stadt.

An- & Weiterreise

BUS & MINIVAN

Der **Busbahnhof Krabi** (☎ 075 663503; Ecke Th Utarakit & Hwy 4) liegt etwa 5 km nördlich von Krabi-Stadt. *Sorngtaaou* fahren vom Busbahnhof ins Stadtzentrum (30 B, 6–18.30 Uhr häufig) und weiter nach Ao Nang (60 B). Reisebüros bieten Minivans zu beliebten Zielen im Süden an, sie sind aber oft überfüllt. Besser sind die billigeren Minivans, die vom Busbahnhof abfahren.

FLUGZEUG

Der Flughafen liegt 14 km nordöstlich von Krabi am Highway 4. Ein Taxi von der/in die Stadt kostet 350 B. Die meisten Inlandsfluggesellschaften fliegen zwischen Bangkok und Krabi. Bangkok Air fliegt täglich nach Ko Samui, Air Asia nach Chiang Mai.

SCHIFF/FÄHRE

Boote nach Ko Phi-Phi (300–350 B, 1½–2 Std., 4-mal tgl.) und Ko Lanta (400 B, 2 Std., 1-mal tgl.) legen vom Passagier-Pier bei **Tha Khlong Chilat**, ca. 4 km südwestlich von Krabi, ab. Die Reisebüros organisieren kostenlose Transfers. In der Nebensaison gelten abweichende Fahrpläne. Longtailboote verkehren vom Khong-Kha-Pier in Krabi zum Hat Railay (150 B, 45 Min., 7.45–18 Uhr).

BUSSE AB KRABI

ZIEL	PREIS (B)	DAUER (STD.)	HÄUFIGKEIT
Bangkok (VIP)	862	12	17 Uhr
Bangkok (Klimaanlage)	587	12	8, 8.20, 16, 17 & 18 Uhr
Hat Yai	255	4½	8.30–19.20 Uhr stündl.
Phuket	140	3	8.30–19.20 Uhr alle 30 Min.
Ranong	210	5	8.30 & 12 Uhr
Satun	212	5	11, 13, 14 & 15 Uhr
Surat Thani	150	2½	4.30–16.30 Uhr stündl.
Trang	110	2	7.30–17 Uhr alle 30 Min.

Railay ไร่เล

Krabis märchenhafte Kalksteinformationen erreichen in Railay, dem ultimativen Andamanen-Treff für Kletterfanatiker, ihren dramatischen Höhepunkt. Auf den herrlichen Felsen springen neben den Kletterern Affen herum, während sich in der Tiefe vor einer echten Dschungelkulisse einige der schönsten Strände Thailands erstrecken.

Railay ist zwar voller als früher, aber viel weniger erschlossen als Ko Phi-Phi.

Aktivitäten

Mit über 1000 ausgewiesenen Kletterrouten in 51 Arealen, von einfachen für Anfänger bis zu anspruchsvollen für Fortgeschrittene, die alle mit spektakulärer Aussicht von den Klippen aufwarten, zählt Railay zu den führenden Klettergebieten der Welt.

Deep Water Soloing, Free-Solo-Klettern über tiefem Wasser, ist hier mega beliebt. Halbtägige Kletterkurse kosten 800 bis 1000 B, ganztägige 1500 bis 2000 B. Außerdem kann man schnorcheln, tauchen und Kajak fahren.

King Climbers KLETTERN
(081 797 8923; www.railay.com; Walking St; halber/ganzer Tag 1000/1800 B, 3-tägige Kurse 6000 B; Mo–Fr 8.30–21, Sa & So bis 18 Uhr) Zählt zu den größten, ältesten und renommiertesten kommerziellen Kletterschulen.

Basecamp Tonsai KLETTERN
(081 149 9745; www.tonsaibasecamp.com; Hat Ton Sai; halber/ganzer Tag 800/1500 B, 3-tägige Kurse 6000 B; 8–17 & 19–21 Uhr) Besondere Spezialität des etablierten, entspannten Anbieters in Railay ist das Free-Solo-Klettern über dem Meer (700 B).

Hot Rock KLETTERN
(085 641 9842; www.railayadventure.com; Hat Railay East; halber/ganzer Tag 1000/1800 B, 3-tägige Kurse 6000 B; 9–20 Uhr) Einer der Pioniere des Klettersports in Railay betreibt diese Schule mit gutem Ruf.

Schlafen & Essen

Am Hat Ton Sai, dem abgelegensten Strand, gibt's die besten Budgetoptionen und eine muntere Backpacker- und Kletterer-Szene. Am Hat Railay East und in Railay Highlands finden sich viele Mittelklasseunterkünfte.

Chill Out BUNGALOWS $$
(087 699 4527, 084 186 8138; www.chilloutkrabi.com; Hat Ton Sai; B 300 B, Bungalows 600–1200 B;) Diese Bungalows sind zwar auch nicht luxuriöser als die anderen in Ton Sai, sie haben aber einen Tick mehr Stil und die Atmosphäre ist hier besonders gesellig und relaxt. Bunte internationale Flaggen schmücken die Türen der einfachen Hütten mit Wellblechdächern und Holzböden, die Terrassen, Bäder mit kaltem Wasser und Moskitonetze bieten. Der Schlafsaal ist zweckmäßig und mit Stockbetten ausgestattet. In der **Bar** (Hat Ton Sai; 11 Uhr–open end;) herrscht viel Betrieb. Strom und WLAN gibt's nur abends.

Rapala Rockwood Resort BUNGALOWS $$
(080 973 7778; kritrailay1@gmail.com; Hat Railay East; Bungalow 600–1200 B;) Die einfachen Holzbungalows wurden mit glänzender Farbe und Hängematten auf den Veranden aufpoliert. Sie sind mit Kaltwasserbädern, Moskitonetzen und Ventilatoren ausgestattet; die teuersten haben eine Klimaanlage. Die Hügellage bringt eine frische Brise und Meerblick mit sich, aber auch ein paar steile Stufen.

Mama's Chicken THAI $
(Hat Ton Sai; Hauptgerichte 70–100 B; 7–22 Uhr;) Trotz des neuen Standorts an dem Dschungelpfad, der vom Inneren zum Hat Railay East und Hat Railay West führt, bleibt das Mama's eines unserer Lieblingsrestaurants. Hier gibt's internationales Frühstück, Obst, Fruchtsmoothies und eine große Palette billiger Thai-Gerichte, darunter *massaman*-Tofu – eine Rarität – und andere vegetarierfreundliche Varianten.

Mangrove Restaurant THAI $$
(Walking St; Hauptgerichte 80–350 B; 10–22 Uhr;) Das schlichte, gut besuchte Lokal im thailändischen Stil liegt unter einem auf Stelzen stehenden Dach zwischen dem Hat Railay East und dem Hat Railay West und serviert alle beliebten Thai-Gerichte, von Glasnudelsalat und Pfannengerichten mit Cashewnüssen bis zu pikantem *sôm đam* und gegrilltem Klebreis mit Ei, dieser wunderbaren Kreation.

An- & Weiterreise

Longtailboote nach Railay starten am Khong-Kha-Pier in Krabi (150 B, 45 Min., 7.45–18 Uhr) (8 Pers.), sobald sie voll sind. Die *Ao Nang Princess* legt auf dem Weg nach Ko Phi-Phi am Hat Railay West an (450 B, 2 Std., Nov.–April tgl., Mai–Oktober seltener).

Von Ao Nang, der nächsten Bucht in Richtung Krabi, gibt's eine Straßenverbindung nach Krabi-Stadt. Ao Nang erreicht man per Boot vom Hat Railay West und vom Hat Ton Sai (bei Tag/Nacht 100/150 B, 15 Min., bei 8 Pers.). Von Ao

Nang fahren *songtaaou* und Busse nach Krabi-Stadt (60 B, 20 Min.) und zum Flughafen Krabi (150 B, 9–17 Uhr stündl.). Außerdem steuern Minivans von Ao Nang aus andere Ziele in Südthailand an.

Nördlich von Ao Nang liegt der Hat Noppharat, ein Nationalpark, von dem aus Schnellboote nach Phuket fahren (1200 B, 1¼ Std., Nov.–April 11 Uhr).

Ko Phi-Phi

เกาะพีพี

Mit den geschwungenen weißen Stränden und dem üppigen Dschungel im Inselinneren sind Phi-Phi Don und Phi-Phi Leh (gemeinsam Ko Phi-Phi genannt) die Perlen der Andamanenküste. Phi-Phi Don ist ein hedonistisches Paradies: Tagsüber amüsieren sich die Besucher im azurblauen Meer, danach feiern sie die ganze Nacht auf dem weichen Sand. Das kleinere Phi-Phi Leh ist dagegen nicht bebaut und kann nur tagsüber oder abends im Rahmen einer Bootstour besucht werden.

Phi-Phi Don ist kein friedliches Inselparadies. Die zügellose Bebauung hat aus dem Zentrum einen chaotischen, lauten Ort gemacht. Doch die Ostküste und Hat Yao im Süden sind immer noch ziemlich ruhig.

Aktivitäten & Geführte Touren

Die kristallklare Andamanensee und eine facettenreiche Unterwasserwelt sind die perfekten Zutaten für Tauchabenteuer. Die Preise sind auf der ganzen Insel einheitlich: Open-Water-Zertifikationskurse kosten 13 800 B, eine Standardtour mit zwei Tauchgängen gibt's für 2500 Bis 3500 B. Eintägige Schnorchelausflüge kosten zwischen 600 und 1500 B.

Auf Ko Phi-Phi kann man auch klettern, die meisten Kletterveranstalter befinden sich aber in Railay.

★ Adventure Club TAUCHEN

(Karte S. 874; ☎ 081 895 1334; www.diving-in-thailand.net; 125/19 Mu 7, Tonsai-Dorf, Ko Phi-Phi Don; 2 Tauchgänge 2500 B; ⏲ 7–22 Uhr) Unser Lieblingstauchveranstalter auf Phi-Phi hat ein exzellentes Angebot an informativen, verantwortungsvollen Touren. Man steht garantiert gern um 6 Uhr auf, um an der beliebten Schnorcheltour mit Haibeobachtung (1100 B) teilzunehmen, bei der man garantiert mit mindestens einem Riffhai herumtollt. Open-Water-Zertifikationskurse kosten 13 800 B.

PP Original Sunset Tour BOOTSTOUREN

(Karte S. 874; Tonsai-Dorf, Ko Phi-Phi Don; 900 B pro Pers.; ⏲ Touren 13 Uhr) Diese sensationelle Bootsfahrt in den Sonnenuntergang mit einem Doppeldeckerboot führt bei entspannter Musik rund um Phi-Phi Leh. Unterwegs wird zwischen den kahlen Klippen der Ao Phi Leh geschnorchelt und Kajak gefahren, zum Abendessen gibt's am Maya Beach gebratenen Reis. Das Team ist enthusiastisch und gut organisiert. Traumhaft.

Maya Bay Sleepaboard BOOTSTOUREN

(Karte S. 874; www.mayabaytours.com; Tonsai-Dorf, Ko Phi-Phi Don; 3500 B pro Pers.) Am Maya Beach auf Phi-Phi Leh ist Zelten nicht mehr erlaubt, doch Maya Bay Sleepaboard kann die Übernachtung auf einem Boot direkt vor der Küste arrangieren. Essen, Schlafsäcke und der Eintritt in den Nationalpark sind im Preis enthalten. Los geht's um 15 Uhr, zurück am nächsten Morgen um 10 Uhr. Dasselbe Team veranstaltet auch die beliebte **Plankton Sunset Cruise** (www.mayabaytours.com; Ko Phi-Phi Leh; 1700 B pro Pers.; ⏲ 15–20 Uhr) nach Phi-Phi Leh.

Schlafen

In den Ferien ist es ratsam, im Voraus zu buchen, zudem sollte man Fenster und Türen immer gut verschließen, um Einbrüchen vorzubeugen.

Apache HOSTEL

(Karte S. 874; ☎ 081 535 4613; apachebar_2008@hotmail.com; Ao Lo Dalam, Ko Phi-Phi Don; B 500–550 B, Zi. 1500 B; ❄ 📶) Als eine von mehreren Bar-Hostel-Kombinationen am turbulenten Ao Lo Dalam hat das Apache kleine Schlafsäle und Zimmer, die völlig ausreichend sind, wenn man bedenkt, dass man ohnehin wenig Zeit darin verbringt, und eine offene Atmosphäre. Nachts sorgt die laute Salsa-Musik für ein gewisses Latino-Flair – eine angenehme Abwechslung zum typischen öden House und Techno andernorts.

Blanco Beach Bar HOSTEL

(Karte S. 874; ☎ 061 231 4101; www.blancothailand.com; Ao Lo Dalam, Ko Phi-Phi Don; B 470–550 B; ❄ 📶) Das einfache, aber moderne Party-Hostel bietet Zimmer mit vier bis zwölf Betten. Zum Glück wurden sie unlängst mit besseren Matratzen versehen, doch die Schließfächer sind winzig und der Betonboden ist wahrscheinlich sandig. Dies ist ein Hostel für Nachtschwärmer, denn hier ist Spaß angesagt: Jeden Abend steigen in d… supergeselligen Bar Partys, und zum nächt…

Ko Phi-Phi Don

hen Trubel am Strand sind es nur ein paar Meter.

ock Backpacker HOSTEL $

Karte S. 874; ☎ 081 607 3897; Tonsai-Dorf, Ko Phi-hi Don; B 300 B, Zi. mit Ventilator/Klimaanlage 00/2000 B; ❄@📶) Das anständige Hostel f einem Hügel im Dorf beherbergt saubere hlafsäle mit Stockbetten, winzige Privatzimer und eine einladende Restaurant-Bar. Von ußen wirken die mit Graffiti bekritzelten ände etwas mitgenommen. Es ist nach wie r eine der günstigeren Bleiben am Ton Sai, rum steigen hier viele Backpacker ab. Nur ne überschwängliche Begrüßung darf man cht erwarten. Reservieren ist nicht möglich.

opical Garden Bungalows BUNGALOWS $$

arte S. 874; ☎ 089 729 1436; www.thailand phitravel.com; Tonsai-Dorf, Ko Phi-Phi Don; Zi. 0–1800 B; ❄📶🏊) Wem es nichts aus-cht, zu Restaurants und Bars und zum rand zehn Minuten zu laufen, der findet hier ein wenig Ruhe (wenngleich die Bars in Hörweite sind). Die einfachen Bungalows in der Nähe des Weges zum Aussichtspunkt liegen dicht beieinander in einem schattigen Garten und haben Balkons und Hängematten. Die billigeren sind nur mit Ventilator ausgestattet. Es gibt einen kleinen, von Blumen gesäumten Pool mit Poolbar.

Bayview Resort RESORT $$$

(Karte S. 873; ☎ 075 601127; www.phiphibayview.com; 69/1 Mu 7, Hat Laem Hin, Ko Phi-Phi Don; Zi. 1500–3600 B; ❄@📶🏊) Das riesige Resort zieht sich von einem recht netten Strand den Hang hinauf und liegt günstig etwa auf halbem Weg zwischen Tonsai-Dorf und dem Hat Yao. Die etwa 200 Bungalows sind unterschiedlich groß, aber alle modern und mit Holzböden, großen Balkons und allen modernen Annehmlichkeiten ausgestattet. Einige haben einen schönen Blick aufs Meer. Es wirkt ein wenig seelenlos, ist aber effizient und ganzjährig geöffnet.

Ton Sai Village

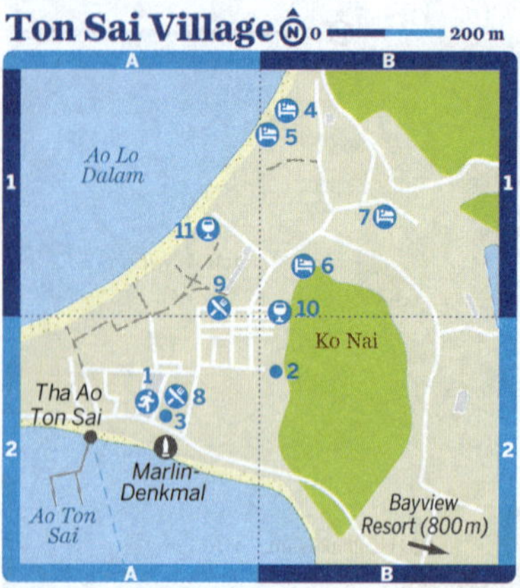

Ton Sai Village

Aktivitäten, Kurse & Touren

1 Adventure Club ... A2
2 Maya Bay Sleepaboard ... B2
3 PP Original Sunset Tour ... A2

Schlafen

4 Apache ... B1
5 Blanco Beach Bar ... B1
6 Rock Backpacker ... B1
7 Tropical Garden Bungalows ... B1

Essen

8 Efe ... A2
9 Esan Ganeang ... A1

Ausgehen & Nachtleben

10 Banana Bar ... B1
11 Slinky ... A1

Essen, Ausgehen & Nachtleben

★ Esan Ganeang THAI $

(Karte S. 874; Tonsai-Dorf, Ko Phi-Phi Don; Hauptgerichte 70–150 B; ⏲10–24 Uhr) Das familiengeführte Esan Ganeang liegt in einer Gasse voller bei den Einheimischen beliebter kleiner Lokale und serviert fantastische, authentische Gerichte aus der Region Isan im Nordosten Thailands. Es gibt feurige Salate und Suppen, aber auch milde Currys und sehr aromatische Nudelgerichte. Als Beilage sollte man unbedingt Klebreis bestellen.

★ Efe TÜRKISCH $$

(Karte S. 874; ☎095 150 4434; Tonsai-Dorf, Ko Phi-Phi Don; Hauptgerichte 170–640 B; ⏲12–22.30 Uhr; 📶) Anspruchsvolle Traveller und Expats haben dieses neue mediterrane Restaurant schnell zu ihrem Lieblingstreff erkoren, dank der großartigen Auswahl an Kebabs, die auf brutzelnd heißen Platten serviert werden, Salaten und Wraps. Auch die Burger und Pizzas schmecken sehr gut. Es ist ein gemütliches Lokal mit ein paar Tischen drinnen und einer winzigen Terrasse – in der abendlichen Rushhour kann es passieren, dass man auf einen Tisch warten muss.

Banana Bar BAR

(Karte S. 874; Tonsai-Dorf, Ko Phi-Phi Don; ⏲11–14 Uhr; 📶) Die „alternative" Bar für alle, die dem House- und Techno-Trommelfeuer in Tonsai-Dorf entfliehen wollen, erstreckt sich über mehrere Ebenen. Die Gäste können auf die Dachterrasse steigen oder auf den erhöhten Terrassen rund um die Bar auf Kissen loungen. Die Musik ist gut und es gibt auch mexikanisches Essen. Die Banana Bar ist bei allen beliebt, die ihre Zigaretten selber drehen.

Slinky CLUB

(Karte S. 874; Ao Lo Dalam, Ko Phi-Phi Don ⏲21–2 Uhr) Noch immer die beste Feuershow am Ao Lo Dalam und momentan die beste Tanzfläche. Die Bässe wummern, alkoholische Getränke werden in Eimern ausgeschenkt (ab 350 B), und Scharen von Touristen drängen sich, flirten und feiern im Rhythmus der Musik.

ℹ Anreise & Unterwegs vor Ort

Boote nach Ko Phi-Phi Don fahren ab Ao Nang, Krabi, Phuket, Railay und Ko Lanta. Die meisten legen am **Ao Ton Sai** (Karte S. 874; Tonsai-Dorf, Ko Phi-Phi Don) an. Die Fähren verkehren das ganze Jahr über, aber nicht immer täglich.

Es gibt viele kombinierte Boot- und Minivan-Tickets zu Zielen in ganz Thailand, darunter Bangkok, Ko Samui und Ko Pha-Ngan.

Auf Ko Phi-Phi gibt's kaum richtige Straßen, es ist eine Fußgängerinsel. Longtailboote bringen Besucher für 100 bis 1200 B zu den verschiedenen Stränden und nach Ko Phi-Phi Leh.

Ko Lanta เกาะลันตา

Ko Lanta, das einstige Revier von Seenomaden, hat sich von einer üppigen, aber entlegenen Provinzregion zu einer Ferieninsel für Mittelklassetouristen aus Asien und Europa gemausert, die es an die herrlichen kilometerlangen Strände zieht. Das charmante Ko Lanta ist ruhiger und authentischer als die aufgemotzte Nachbarinsel Ko Phi-Phi, wenngleich die Backpacker-Szene wächst

Offiziell heißt die Insel Ko Lanta Yai. Sie ist größer und flacher als die benachbarten Inseln und hat gute Straßen, sodass sie sich gut mit dem Motorrad erkunden lässt.

Sehenswertes & Aktivitäten

Einige der besten Tauchspots in Thailand liegen nur einen Katzensprung von Lanta entfernt. Die schönsten sind die Unterwasserfelsen von Hin Muang und Hin Daeng, zwei Bootsstunden entfernt. Die Tauchsaison auf Lanta dauert von November bis April. Tauchexkursionen kosten 3100 bis 4500 B. **Lanta Diver** (☎ 075 668058; www.lantadiver.com; 197/3 Mu 1, Ban Sala Dan; 2 Tauchgänge 3600 B; ⏲ 10–18 Uhr) und **Scubafish** (☎ 075 665095; www.scubafish.com; Ao Kantiang; 2 Tauchgänge 3500 B; ⏲ 8–20 Uhr) sind beide empfehlenswerte Veranstalter.

Von Mitte Oktober bis April bieten Reisebüros überall auf Ko Lanta Vier-Insel-Schnorchel- und Kajaktouren an (1200–1900 B), die nach Ko Rok Nok, zu den Trang-Inseln und zu anderen Inseln in der Umgebung führen.

★ **Ban Si Raya** DORF
(บ้านศรีรายา, Lanta Altstadt) Auf halbem Weg die Ostküste Lantas hinunter liegt Ban Si Raya, der ursprüngliche Hafen und das alte Handelszentrum der Insel. Es bot arabischen und chinesischen Schiffen, die zwischen Phuket, Penang und Singapur unterwegs waren, einen sicheren Hafen. Bei den Einheimischen ist es als Lanta Old Town bekannt. Die jahrhundertealten hölzernen Stelzenhäuser und Läden, die in charmante Pensionen mit viel Charakter verwandelt wurden, sorgen für eine einzigartige Atmosphäre im Vergleich zum Rest der Insel. Die Restaurants auf den Bootspieren servieren den frischen Fang des Tages, den man sich mit Blick aufs Meer schmecken lassen kann, und es gibt ein paar hübsche kreative Geschäfte.

Schlafen

Hat Phra Ae und Hat Khlong Khong sind Ko Lantas Backpacker-Enklaven.

Chill Out House HOSTEL $
(☎ 082 183 2258; www.chillouthouselanta.com; Hat Phra Ae; B 220 B, DZ 280–320 B; ⏲ Sept.–April; ❄) Die lebhafte „Baumhaus-Community" gleich hinterm Strand ist ein Backpacker-Treff mit drei schlichten, unterschiedlichen Schlafsälen, Gemeinschaftsbädern, Türen aus Kreidetafeln und wild zusammengezimmerten Doppelzimmern mit eigenem Bad. Es ist sehr rustikal, doch die entspannte Stimmung (und der Preis) ist unschlagbar: Schaukeln an der Bar, gemeinschaftliche iPod-Anschlüsse und eine wundervolle Chill-out-Lounge mit vielen Hängematten.

★ **Bee Bee Bungalows** BUNGALOWS $$
(☎ 081 537 9932; Hat Khlong Khong; Bungalows 700–1000 B; ⏲ Okt.–April; 📶) Bee Bee Bungalows bietet ein Dutzend kreativer Bambushütten und wird von superfreundlichen Mitarbeitern geführt. Jeder Bungalow ist einzigartig, einige stehen auf Stelzen in den Bäumen. Im Restaurant hilft eine Bibliothek verwitterter Taschenbücher gegen Langeweile, während man auf die köstlichen Thai-Gerichte wartet.

★ **Old Times** PENSION $$
(☎ 075 697255, 075 697288; www.theoldtimeslanta.com; Ban Si Raya; Zi. 500–1700 B; ❄📶) Die beiden 100 Jahre alten Teakholzhäuser dieser Pension stehen einander auf beiden Seiten der Straße gegenüber und sind eine hervorragende Wahl. Die unterschiedlich großen und teuren Zimmer sind bis ins letzte Detail stilvoll. Ihre Namen, z. B. „Yellow Submarine", sind von Musik inspiriert. Die besten Zimmer sind hell, mit Schwarz-Weiß-Fotos dekoriert und ragen über den Bootspier hinaus, wo es einen mit Kissen versehenen Bereich zum Entspannen gibt. Fröhlich, frisch und freundlich.

Lanta Baan Nok Resort BUNGALOWS $$
(☎ 075 684459; lantabaannokresort@gmail.com; Hat Phra Ae; Bungalows 1500 B; ❄📶) Neues Resort mit angenehm entspanntem Ambiente und acht blitzsauberen, komfortablen Bungalows. Sie verfügen über moderne Bäder, erhöhte Betten auf Plattformen und Balkons mit Hängematten. Eine gute Option für diesen Preis. Der Strand ist einen kurzen Fußweg entfernt.

Where Else! BUNGALOWS $$
(☎ 092 942 6554, 093 293 6545; where-else-lanta@hotmail.com; Hat Khlong Khong; Bungalows 600–1500 B; 📶) Einer der Hippie-Treffs auf Ko Lanta: Bungalows mit Strohdächern und halb im Freien befindlichen Bädern mit kaltem Wasser. Wer keine Lust auf nächtliche Partys und tropisches Getier hat, ist im Where Else! richtig. Hier tummeln sich viele Backpacker, der Besitzer ist cool und an der beliebten **Feeling Bar** (Hat Khlong Khong; ⏲ 11 Uhr–open end; 📶) auf dem Sand herrscht gute Stimmung. Die teureren Bungalows für bis zu vier Personen haben mehrere Ebenen.

Essen & Ausgehen

★ **Drunken Sailors** INTERNATIONAL, THAI $$
(☎ 075 665076; www.facebook.com/drunkensailors; Ao Kantiang; Hauptgerichte 130–200 B; ⏲ 9–15 & 18–22 Uhr; 📶 ✎) Das superentspannte Restaurant hat Sitzsäcke, Hängematten und niedrige Tische sowie eine Terrasse. Die Speisekarte bietet internationale Gerichte mit erstklassigen Zutaten, von handgemachter Pasta über Baguettes und Burger bis zu erstklassiger Thai-Küche, darunter perfekt gewürzte Pfannengerichte mit Ingwer und nach Wunsch zubereitete rote Currys – da fällt die Entscheidung schwer. Auch der Kaffee, die Kuchen und die Säfte sind hervorragend. In der Nebensaison schließt es für ein paar Monate.

★ **Kung Restaurant** FISCH & MEERESFRÜCHTE $$
(☎ 075 656086; 413 Mu 1, Ban Sala Dan; Hauptgerichte 90–220 B; ⏲ 17–23 Uhr) Einheimische und thailändische Besucher halten viel von diesem thailändisch-chinesischen Restaurant in der Nähe des Piers in Sala Dan. Es ist schlicht, doch die verschiedenen Gerichte mit frischem Fisch (Preis nach Gewicht) sind einfach köstlich. Seebarsch, Schnapper und Barrakuda sind schnell weg, darum kommt man am besten früh am Abend. Außerdem gibt's eine lange Karte mit thailändischen Klassikern und einige chinesische Gerichte.

Why Not Bar BAR
(Ao Kantiang; ⏲ 11–2 Uhr; 📶) Ein aus Treibholz gebauter Treff am entspannten Strand Ao Kantiang, an dem es einfach, aber fröhlich zugeht – dafür sorgen Feuerakrobaten, handfeste Cocktails, die munteren Barkeeper und die fantastischen allabendlichen musikalischen Jamsessions. Am schönsten sitzt man an den niedrigen Tischen auf der erhöhten Terrasse.

WEITERREISE NACH MALAYSIA: VON KO LIPE NACH PULAU LANGKAWI

Von Ko Lipe gelangt man problemlos zur malaysischen Insel Pulau Langkawi. Malaysia ist Thailand eine Stunde voraus.

Anreise zur Grenze Von Ko Lipe verkehren täglich zwei Fähren nach Pulau Langkawi (1000–1200 B, 1½ Std., Mitte Okt.–Mitte April 10.30 & 15.30 Uhr).

An der Grenze Vor der Abfahrt holt man sich bei der thailändischen Einwanderungsbehörde (8–18 Uhr) am Pattaya Beach neben dem Bundhaya Resort den Ausreisestempel. Die Grenzformalitäten auf Pulau Langkawi sind unkompliziert und die meisten europäischen Staatsbürger erhalten bei der Einreise ein Visum.

Weiterreise Von Pulau Langkawi gibt's Verbindungen aufs Festland und nach Penang.

Infos zur Überquerung der Grenze in entgegengesetzter Richtung gibt's auf S. 455.

Praktische Informationen

Ko Lanta Hospital (☎ 075 697017; Ban Si Raya) Etwa 1 km südlich der Altstadt von Ban Si Raya.

Anreise & Unterwegs vor Ort

Nach Ko Lanta geht's per Fähre oder Minivan. Der **Passagierpier** (Ban Sala Dan) liegt 300 m von der Haupteinkaufsstraße in Ban Sala Dan entfernt.

Von Mitte Oktober bis Mitte April verkehren Schnellboote von **Tigerline** (☎ 075 590490, 081 358 8989; www.tigerlinetravel.com) zwischen Phuket (1500 B, 2 Std.) und Ko Lanta sowie über die Trang-Inseln nach Ko Lipe (1700 B, 5 Std.).

Täglich um 8 und 13 Uhr fährt ein Boot nach Ko Phi-Phi (300 B, 1½ Std.), in der Hochsaison sind außerdem Schnellboote im Einsatz. Nach Krabi fährt von November bis Ende April ebenfalls täglich ein Boot (400 B, 2 Std.).

Minivans nach Krabi (300 B, häufig) und zu anderen Zielen in Thailand fahren ganzjährig, häufig sind sie aber rammelvoll.

Die meisten Hotels holen ihre Gäste kostenlos vom Bootspier ab. Motorradtaxis zu den Stränden kosten zwischen 50 und 400 B.

Motorräder(250 B) kann man überall ausleihen.

Ko-Tarutao-Nationalmeerespark

อุทยานแห่งชาติหมู่เกาะตะรุเ

Eine der schönsten und ursprünglichsten Gegenden des Landes, der **Ko-Tarutao-Nationalmeerespark** (☎ 074 783485; www.d… go.th; Erw./Kind 200/100 B; ⏲ Mitte Okt.–Mitte M…) umfasst 51 von intakten Korallenriffen und strahlend weißen Stränden umgebene Inseln, die von gut erhaltenem Regenwald mit artenreicher Flora und Fauna bedeckt sind.

Ko Lipe hat sich zu einem bekannten Touristenziel entwickelt, auf diese Insel zieht es die meisten Traveller. Übernachten kann man ansonsten nur auf der größten Insel Ko Taruto, auf der sich das **Hauptquartier des Parks** (Ao Pante Malacca, Ko Tarutao; ⌚8–17 Uhr) befindet, und auf Ko Adang. Offiziell schließt der Park von Mitte Mai bis Mitte Oktober, Ko Lipe betrifft das aber nicht.

Aktivitäten

Vor Ko Adang und Ko Lipe kann man gut schnorcheln und tauchen; wenn der Wind stimmt, ist vor Ko Lipe auch Kitesurfen möglich. Auf Ko Tarutao können Besucher wandern, Mountainbike und Kajak fahren.

Schlafen

Auf Ko Tarutao und Ko Adang ist das Übernachtungsangebot auf die Nationalparkunterkünfte beschränkt. Die Auswahl an Budgetoptionen ist auf Ko Lipe begrenzt.

Ko Lipe

Bila Beach BUNGALOWS $$
(☎087 570 3684; www.bilabeachresort.com; Hat Sunset; Bungalows 1500 B) Eine tolle Reggae-Bar aus Bambus und ein Strandrestaurant erheben sich vor den stilvollen, rustikalen Bungalows auf den Klippen oberhalb einer winzigen, abgeschiedenen Bucht mit weißem Sand, die an den Hat Sunset grenzt und mit Felsen gespickt ist. Das perfekte Ambiente für Hippie-Flitterwochen. Vom Hat Pattaya ist es nur ein kurzer, aber schweißtreibender Fußweg über die Hügel.

Koh Lipe Backpackers Hostel HOSTEL $$
(☎085 361 7923; www.kohlipebackpackers.com; Hat Pattaya; B 500 B, Zi. 2500–3000 B; ❄📶) Lipes einziges Hostel wirkt geräumig und etwas auffällig. Die Zimmer und Schlafsäle befinden sich in einem modernen Betonhaus am Westteil des Hat Pattaya. Es gibt Gemeinschaftsduschen, individuelle Schließfächer und WLAN. Die **Tauchschule Davy Jones' Locker Diving** (☎085 361 7923; www.scubadivekohlipe.com; Hat Pattaya; Tauchgänge ab 2500 B) ist hier ansässig (Taucher erhalten einen Rabatt), und die Lage am Strand ist Spitze. Oben befinden sich einfache, aber völlig ausreichende Zimmer.

Gecko Lipe BUNGALOWS $$$
(☎087 810 7257; www.geckolipe.com; 61 Mu 7, Walking St; Zi. 1600–2500, FZ 7000 B; ❄📶) Die Bambus- und Holzbungalows verteilen sich in einem Dschungelgarten, der direkt oberhalb der Walking Street liegt, und gehören zu den besseren Optionen Ko Lipes. Die einfachsten sind schlicht und kompakt und haben Ventilatoren und Bäder mit kaltem Wasser. Die beiden neuesten Zimmer bieten auf zwei Etagen vier Personen Platz, verfügen über Klimaanlage und Fernseher und sind viel schicker. In der Nebensasion gibt's gute Preisnachlässe.

An- & Weiterreise

Pak Bara auf dem Festland ist der Abfahrtsort der Boote zum Nationalpark.

Boote aus Pak Bara steuern Ko Tarutao (450 B) und Ko Lipe (650 B, 1½ Std.) an. Sie verkehren von Mitte Oktober bis Mitte Mai viermal täglich. In der Nebensaison fährt normalerweise täglich mindestens ein Boot nach Ko Lipe.

Fähren von **Tigerline** (S. 876) fahren in der Hochsaison (Nov.–Ende April) zwischen Phuket und Ko Lipe (2400 B, 8 Std.) mit Halt auf Ko Lanta (1700 B) und Ko Phi-Phi (1950 B). Boote von **Satun Pak Bara Speedboat Club** (☎099 404 0409, 099 414 4994; www.spcthailand.com) und **Bundhaya Speedboat** (☎074 750389, 074 750388; www.bundhayaspeedboat.com) fahren von Lanta nach Ko Lipe (1900 B, 3 Std., 1-mal tgl.).

THAILAND VERSTEHEN

Thailand aktuell

Viele der ungelösten Probleme, die in Thailand für fast zehn Jahre zu Instabilität und Unsicherheit geführt haben, werden nun in Angriff genommen. Der Tod des hochverehrten Königs Bhumibol Adulyadej (Rama IX.) im Oktober 2016 nach einer fast 70-jährigen Amtszeit löste ein Gefühl der nationalen Einheit aus. Die Übergabe der Krone an seinen Sohn, König Maha Vajiralongkorn (Rama X.) fand friedlich statt. Und eine neue Verfassung hat die Rolle des Militärs in der Regierung zementiert. Diese Veränderungen kennzeichnen den Beginn einer neuen Ära.

Am 7. August 2016 ratifizierte Thailand per Referendum den Entwurf der 20. Verfassung des Landes. Die neue Verfassung verwässert die Demokratie im Königreich und gibt dem Militär die formelle Regierungsmacht. Die 250 Mitglieder des Senats (Oberhaus) werden nicht direkt gewählt, sondern ausnahmslos ernannt. Außerdem gibt eine Regelung einem nicht gewählten Rat die Autorität, eine gewählte Regierung abzusetzen. Zudem soll der Senat den Ministerpräsidenten ernennen.

Die vom Militär entworfene Verfassung wurde vom Regime als Fahrplan zur Demokratie und zu einer stabilen, korruptionsfreien Regierung bezeichnet. Die Wahlbeteiligung war mit 55 % niedrig, doch für den Verfassungsentwurf stimmte eine Mehrheit von 61 %. Öffentliche Informationen über die Verfassung waren begrenzt und Kritiken an den neuen Regelungen wurden von der herrschenden Militärjunta unterdrückt. Einige Wähler unterstützten diese Maßnahme, weil das Militär den Straßenprotesten in Bangkok ein Ende bereitet hatte.

Prayuth Chan-o-cha, der gegenwärtige Ministerpräsident, hat für das Jahr 2019 allgemeine Wahlen vorgeschlagen – dies wären die ersten nach dem Militärputsch im Jahr 2014.

Geschichte

Entstehung der Thai-Königreiche

Vermutlich wanderten die ersten Thais aus dem heutigen Yunnan und Guangxi in China Richtung Südwesten in das gegenwärtige Thailand ein. Sie ließen sich entlang der Flusstäler nieder und bildeten kleine Bauerngemeinden, die schließlich unter die Herrschaft des sich ausbreitenden Khmer-Reichs (Kambodscha) fielen. Südthailand gehörte einst zum Srivijaya-Reich Sumatras und grenzt heute an die Malaiische Halbinsel.

Im 13. und 14. Jh. entstand die Wiege des modernen Thailand, das erste Thai-Königreich Sukhothai (Morgenröte der Glückseligkeit), das sich gegen das zerfallende Khmer-Reich durchsetzen konnte. Das Sukhothai-Königreich gilt als entscheidend bei der kulturellen und künstlerischen Ausrichtung des modernen Thai-Staats.

Bald wurde Sukhothai von einer anderen Thai-Macht abgelöst, dem von Prinz U Thong 1350 gegründeten Ayutthaya-Reich. Dieses neue Zentrum mit einem florierenden Seehafen auf der asiatischen Handelsstrecke zog wegen seiner Rohstoffe und potenzieller Kolonien zahlreiche europäische Händler an. Doch die kleine Nation wehrte sich standhaft gegen feindliche Übernahmen. Eine davon wurde von einem Hofbeamten angeführt, einem Griechen namens Konstantin Phaulkon, der französische Interessen vertrat. Die Erbfolge des Königs blieb über 400 Jahre und 34 aufeinanderfolgende Regierungsperioden ungebrochen, bis die Birmanen 1765 erfolgreich ins Land eindrangen, den Monarchen stürzten und die Hauptstadt zerstörten.

Unter der Chakri-Dynastie, die bis heute regiert, wurde die Hauptstadt Thailands schließlich im heutigen Bangkok wieder aufgebaut. Als sich der westliche Imperialismus in der ganzen Welt verbreitete, steuerten König Mongkut (Rama IV., 1851–1868) sowie sein Sohn und Nachfolger, König Chulalongkorn (Rama V., 1868–1910), das Land erfolgreich in die Moderne, ohne dass es zu einem kolonialen Vasallenstaat wurde. Im Gegenzug für die Unabhängigkeit gab König Chulalongkorn große Teile von Laos und Kambodscha an das von Frankreich kontrollierte Indochina ab, ein beispielloser Gebietsverlust in der Geschichte des Landes.

Eine Demokratie kämpft ums Überleben

Ein friedlicher Staatsstreich führte 1932 zur Errichtung einer konstitutionellen Monarchie nach britischem Vorbild. Seither haben drei Parteien fast ununterbrochen um die Vormachtstellung gekämpft: die vom Volk gewählte Regierung, das Militär und die von den Aristokraten unterstützte Monarchie. Von Zeit zu Zeit bildeten diese Lager Allianzen, die auf einer gemeinsamen Ablehnung der Opposition basieren. Die daraus resultierenden Machtübernahmen sind häufig friedliche Militäraktionen und werden zuweilen als „seidenweiche" Staatsstreiche bezeichnet.

Mitte des 20. Jhs. dominierte das Militär die politische Landschaft mit seinen antikommunistischen Positionen. Es machte vor allem mit Menschenrechtsverletzungen und der Nichtbeachtung demokratischer Prinzipien von sich reden. Bei studentischen Demonstrationen 1973 wurden Forderungen nach einer „richtigen" Verfassung und der Freilassung politischer Dissidenten laut. Daraufhin wurde das Wahlrecht für kurze Zeit wieder eingeführt und die Zensur gelockert. Doch im Oktober 1976 schlug das Militär eine Studentendemonstration auf dem Campus der Thammasat-Universität in Bangkok brutal nieder, was Hunderte Opfer kostete. Nun wurde erneut ein autoritäres Regime eingeführt. Viele Aktivisten gingen in den Untergrund, um einer der aufständischen Kommunistengruppen beizutreten, die sich im Nordosten des Landes versteckten.

THAILÄNDISCHE ETIKETTE

Thailänder sind im Allgemeinen sehr verständnisvoll und gastfreundlich, es gibt aber ein paar wichtige Tabus und soziale Konventionen.

Monarchie Es ist eine Straftat, die königliche Familie zu verunglimpfen; Gegenstände mit dem Bildnis des Königs (z. B. Geldscheine) sollte man respektvoll behandeln.

Tempel Kleidung tragen, die die Ellbogen und Knie bedeckt. Beim Sitzen die Füße nach hinten strecken, damit sie nicht auf eine Buddha-Figur zeigen. Frauen sollten nie einen Mönch oder seine Besitztümer anfassen, auf schmalen Wegen sollten sie Mönchen Platz machen und sich in Verkehrsmitteln nicht neben sie setzen.

Zurückhaltende Kleidung Am Strand nicht nackt oder oben ohne sonnen. Auf dem Weg zum oder vom Strand sollte man sich etwas überziehen.

Körpersprache Möglichst nie jemanden am Kopf berühren und darauf achten, wohin die Füße weisen – sie sind nicht nur im Wortsinn, sondern auch metaphorisch der unterste Teil des Körpers.

Ruhe bewahren Die thailändische Kultur vermeidet Konfrontationen. Nicht wütend werden, sondern lächeln, dann wird sich alles klären.

Als die regionale Bedrohung durch den Kommunismus in den 1980er-Jahren ver-ebbte, stabilisierte der vom Militär unter-stützte Premierminister Purem Tinsulanon-la das Land und führte es in Richtung einer epräsentativen Demokratie. 1991 stürzte las Militär die demokratisch gewählte Re-ierung im bereits zehnten erfolgreichen taatsstreich seit 1932. Im Mai 1992 fanden on Bangkoks charismatischem Gouverneur hamlong Srimuang angeführte Massende-ionstrationen statt, die sich durch die ganze letropole und durch weitere Provinzhaupt-tädte zogen. Zur blutigsten Konfrontation am es am Demokratiedenkmal in Bangkok, o fast 50 Menschen starben. Letztendlich ihrten die Kundgebungen jedoch zur Wie-ereinsetzung einer Zivilregierung.

lles beim Alten?

m die Jahrtausendwende schien in Thai-nd ein Zeitalter der Demokratie ange-ochen zu sein. Eine gewählte Regierung erwachte die Implementierung der 16. rfassung 1997. Sie war die erste Charta der Geschichte Thailands, die nicht von ier Militärregierung diktiert wurde. Das nd überstand die Asienkrise 1997 und nd sich Anfang des neuen Jahrtausends in ier etwas stabileren Phase des Wohlstands eder. Thaksin Shinawatra, ein Telekom-inikations-Magnat, kam 2001 mit seiner pulistischen Partei Thai Rak Thai an die icht. Angesichts einer schwachen politi-ien Opposition konnte Thaksin in den genden fünf Jahren die Regierungsmacht in allen Bereichen konsolidieren, wobei er Kritik vonseiten der Presse und andere Kontrollmechanismen unterband.

2006 wurde Thaksin wegen Interessenkonflikten angeklagt. Es ging um den Verkauf seines Familienunternehmens Shin Corporation an die Regierung von Singapur für 73 Mrd. Baht (1,88 Mrd. US$), für den er aufgrund von ihm initiierter Gesetze keine Steuern entrichten musste. Gleichzeitig sammelten sich Anhänger der Arbeiterschicht sowie die Landbevölkerung hinter Thaksin, was die Spaltung der thailändischen Gesellschaft in zwei Lager deutlich zeigte.

Im Hintergrund bildeten Militär und Aristokraten eine Allianz, die 2006 putschte und die Thaksin-Regierung absetzte. Das Militär verbot Thaksins Partei Thai Rak Thai, doch bei den Wahlen 2007 gewann eben jene Partei, mittlerweile umstrukturiert und unter dem neuen Namen Pheu Thai, die Mehrheit. Als Antwort darauf veranstalteten die Aristokraten massive Proteste in Bangkok, bei denen das Parlamentsgebäude übernommen und im November 2008 beide Flughäfen der Hauptstadt für eine Woche lahmgelegt wurden.

Das Verfassungsgericht gab schließlich den Forderungen der Eliten recht und löste die Pheu-Thai-Partei wegen einer Formsache auf. Diese Entscheidung des Gerichts wurde von den Gruppierungen, die Thaksin unterstützten, als stiller Putsch gewertet. Im Dezember 2008 wurde eine neue Koalition gebildet, angeführt von dem in Oxford ausgebildeten Abhisit Vejjajiva. Dieser war der Kopf der Demokratischen Partei und in jenem Jahr bereits der vierte Premierminister Thailands.

2011 wurden erneut Wahlen abgehalten, bei denen die Pheu-Thai-Partei eine klare Mehrheit errang. Thaksins Schwester Yingluck Shinawatra wurde die erste Ministerpräsidentin Thailands. Sie hob den Mindestlohn auf 300 Baht pro Tag an und führte ein populistisches Reis-Subventionsprogramm ein, das die Einkommen der Bauern erhöhen sollte, aber ein teurer Flop wurde. Doch es war der Versuch ihrer Regierung, ein Amnestiegesetz zu erlassen, das Thaksin die Rückkehr ermöglicht hätte, der dazu führte, dass sie als zweites Mitglied des Shinawatra-Clans bei einem Coup gestürzt wurde. Am 7. Mai 2014 trat Yingluck zurück und am 22. Mai übernahm das Militär unter General Prayuth Chan-o-cha die Macht.

Prayuths Regierung ist unter dem Namen Rat für Frieden und Ordnung (auf Englisch National Council for Peace and Order; NCPO) bekannt. Der NCPO hat Kritiker der Militärherrschaft aggressiv zum Schweigen gebracht: Die Medien sind angehalten, keine abweichenden Meinungen zu veröffentlichen, und mehr als tausend Personen – Oppositionelle, Akademiker, Journalisten, Blogger und Studenten – wurden verhaftet oder vor Militärgerichten angeklagt.

Während der NCPO alle Hände damit zu tun hatte, seine Kritiker zum Schweigen zu bringen, kümmerte er sich nicht um Thailands nachlassende Konjunktur. Ausländische Investitionen, Exporte und das Bruttosozialprodukt brachen nach dem Putsch ein. 2016 wurde ein dringend benötigter Investitionsplan für die Infrastruktur angekündigt, der den Abschwung abschwächen sollte. Der Tourismus stellt nach wie vor die stärkste Wirtschaftsbranche dar.

DIE BEISETZUNG VON KÖNIG RAMA IX.

Nach dem Tod von König Bhumibol Adulyadej (Rama IX.) im Oktober 2016 Begann in Thailand eine Periode der staatlich verordneten und der persönlichen Trauer. Die Regierung forderte die einmonatige Einstellung aller „fröhlichen" Events, und selbst Thailands Sextourismusindustrie gab nach, verkürzte die Zeiten und verzichtete auf leicht bekleidete Werber. Die Nachfrage nach Trauerkleidung überstieg das Angebot, und die Regierung stellte Menschen mit geringem Einkommen 8 Mio. schwarze Hemden zur Verfügung.

Nachdem der Leichnam des verstorbenen Königs ein Jahr lang im Großen Palast in Bangkok aufgebahrt worden war, fand im Oktober 2017 eine der pompösesten Beisetzungen der modernen Geschichte statt. Im Sanam Luang wurde ein 50 m hoher Scheiterhaufen errichtet und Trauernde aus dem ganzen Land säumten die Straßen der Hauptstadt während verschiedener Zeremonien, die 90 Mio. US$ gekostet haben sollen.

Die Monarchie

Am 13. Oktober 2016 verstarb der beliebt[e] König Bhumibol Adulyadej (Rama IX.) im Alter von 88 Jahren, nachdem er viele Jahre gesundheitlich geschwächt war. Mit einer Amtszeit von 70 Jahren war König Bhumibol der am längsten regierende Monarch der Welt und der einzige König, den die meisten Thailänder je gekannt hatten. Er galt als nationale Vaterfigur und gütiger Herrscher, der im Lauf seines Lebens viele Programme zur Linderung der Armut auf den Weg gebracht hatte.

Der Sohn des verstorbenen Königs, der Kronprinz, bestieg den Thron am 1. Dezember 2016 unter dem Titel Maha Vajiralongkorn (Rama X.). Noch ist unklar, was für ein König er sein wird und ob er an die überlebensgroße Persönlichkeit seines Vaters heranreichen kann. Der neue König, der 64 Jahre alt und dreimal geschieden ist, wurde vor seiner Krönung wegen verschiedener persönlicher Skandale und seines Jetset-Lebensstils in keinem positiven Licht gesehen. Doch die strengen Majestätsbeleidigungsgesetze stellen sicher, dass die thailändische Öffentlichkeit beim Ausdruck ihrer wahren Gefühle zögert; zudem hofft sie auf Stabilität und Anstand.

Menschen & Kultur

Thailands geschlossene nationale Identität sorgt für eine verbindende Patina über die ethnischen und regionalen Differenzen, die im Lauf der Geschichte durch Einwanderung und geografische Verwandtschaft mit ethnisch diversen Nachbarn entstanden.

Mentalität

Besonders wichtig in der Thai-Philosophie ist *sà nùk* (Spaß). Daher feiern Thailän[der] jeden Tag mit Essen und Unterhaltung. Auch ausländische Feiertage werden gerne als Vorwand für ein Fest genommen und alles wird auf einer *sà nùk*-Skala bewertet.

Wer sein Gesicht wahren will, muss wissen, welche Position er in der Gesellschaft innehat: In Thailand sind sämtliche sozialen Beziehungen abhängig vom sozialen Rang, der sich wiederum am Alter, Reichtum und Status sowie dem persönlichen und politischen Einfluss festmacht. Thais versuchen mit verschiedenen Fragen, den gesellschaftlichen Status von Ausländern in Erfahrung zu bringen: Woher kommst du, wie alt bist du, bist du verheiratet? Diese Fragen gehören in der thailändischen Kultur zum Standardprogramm und werden von Thailändern nicht als unhöflich empfunden.

Religion und die Monarchie, die vielen ımmer noch als heilig gilt, haben in der Thai-Kultur höchsten Stellenwert. Man sollte niemals den König beleidigen oder seinen Abbildungen respektlos begegnen, besonders in der gegenwärtigen Phase großer Sensibilität gegenüber der Institution der Monarchie.

ebensart

hailand ist heutzutage vom Spagat zwischen dem urbanen westlichen Leben in en Großstädten und einem traditionellen urch die Landwirtschaft bestimmten Leben auf dem Land geprägt. Dennoch verinden sie verschiedene Gebräuche, die inblicke in den Alltag gewähren. Thailänr wachen früh auf, was sie u. a. den vielen ockeln zu verdanken haben, die manchmal hon nach Sonnenaufgang anfangen zu ähen. Im Morgengrauen laufen barfüßi- Mönche durch die Stadt und bitten mit oßen runden Schüsseln um Almosen. ausfrauen sind dann bereits wach, kochen is und fegen den Eingang ihrer Häuser. ld ist das Geschäftsleben in vollem Gang: raßenverkäufer positionieren sich an ihrer eblingsecke, um die Massen mit Frühstück versorgen.

Der restliche Tag scheint dem Essen gedmet. Oft sieht man Thais in engen Krei- zusammenstehen, Klatsch und Tratsch stauschen und gemeinsam Snacks zu sich ımen (auch *gin lên,* was wörtlich „zum aß essen" bedeutet). Später gibt's Abenden und ein Betthupferl, wonach die einbar chaotische, jedoch nach einem en Prinzip ablaufende Prozedur wieder vorne losgeht.

GESICHT WAHREN

Thailänder glauben sehr an das Konzept des Gesichtwahrens, d. h. an die Vermeidung von Konfrontationen und an das Bemühen, sich selbst oder andere (außer wenn es sich um *sà·nùk* handelt) nicht in eine peinliche Lage zu bringen. Idealerweise greift man im Gespräch keine negativen Themen auf, drückt keine feste Überzeugungen oder Meinungen aus und behauptet nicht von sich, besonderen Sachverstand zu haben. Einverständnis und Harmonie gelten als die wichtigsten sozialen Tugenden.

Während Besucher aus dem Westen hitzige Diskussionen als eine Art sozialen Sport betrachten, gelten alle Situationen, bei denen die Stimmen erhoben werden, als rüde und potenziell brisant. Wenn jemand die Beherrschung verliert, führt das für alle zu einem Gesichtsverlust, und Thais, die verärgert werden, können extrem reagieren. Auf kleine Peinlichkeiten wie Stolpern oder Hinfallen reagieren Gruppen von Thais vielleicht mit Kichern, damit drücken sie aber keine Schadenfreude aus, sondern helfen mit ihrem Lachen, das Gesicht zu wahren.

Bevölkerung

Etwa 75 % der Einwohner sind thailändischer Herkunft, die aufgrund geografischer Unterschiede (Norden, Inland, Süden und Nordosten) noch einmal unterteilt werden. Jede dieser Gruppen spricht einen eigenen Dialekt und befolgt eigene Sitten und Bräuche, die es nur in ihrer Region gibt oder die von Nachbarländern übernommen worden sind. Politisch und wirtschaftlich gesehen stellen Zentral-Thais die wichtigste Volksgruppe. Menschen chinesischen Ursprungs machen etwa 14 % der Bevölkerung aus. Viele von ihnen leben schon seit mehreren Generationen in Thailand. Zu den großen Minderheiten zählen auch die Malaien im tiefen Süden, die Khmer im Nordosten und die Lao im Norden und Osten. Die Bergvölker im Norden gehören zu kleineren Gruppen, die kein Thai sprechen. Die wachsende Zahl der Wirtschaftsmigranten, vor allem aus Myanmar (Birma), sorgt dafür, dass sich die ethnische und kulturelle Zusammensetzung der thailändischen Bevölkerung gegenwärtig verändert.

THAILANDS BERGVÖLKER

Thailands Bergvölker (auf Thai *chao khao*, „Bergmenschen") sind ethnische Minderheiten, die im Grenzgebiet des Landes leben. Die meisten kamen vor etwa 200 Jahren aus Tibet und China und ließen sich auf dem südostasiatischen Gebirgsrücken zwischen Myanmar und Vietnam nieder. Das Tribal Research Institute in Chiang Mai unterscheidet zehn verschiedene Bergvölker, in ganz Thailand gibt's aber wahrscheinlich bis zu 20. Die zunehmende Migration in die Städte hat die kulturelle Unabhängigkeit der Bergvölker leicht verändert.

Bergvölker

Die Karen machen ca. 47 % der Gesamtheit der ethnischen Minderheiten aus und sind das größte thailändische Bergvolk. Sie leben im Tiefland und betreiben Fruchtwechsel statt Brandrodung. Von allen Bergvölkern haben sie sich am meisten in die thailändische Gesellschaft integriert und sind wirtschaftlich am unabhängigsten. Traditionelle Kleidung sind grob gewebte bunte Tuniken.

Den zweitgrößten Stamm bilden **die Hmong.** Sie sind besonders stark in der Provinz Chiang Mai vertreten. Normalerweise leben die Hmong auf Bergen oder Plateaus in einer Höhe ab 1000 m. Traditionell tragen sie schlichte schwarze Jacken und weite indigoblaue oder schwarze Hosen (weiße Hmong) mit gestreiften Säumen bzw. blaue Röcke (blaue Hmong) und Silberschmuck. Manchmal tragen sie auch Schärpen oder bestickte Schürzen.

Zu den ärmsten ethnischen Minderheiten Thailands zählen die **die Akha**. Sie leben in den Provinzen Chiang Mai und Chiang Rai auf Bergrücken oder an steilen Hängen in 1000 bis 1400 m Höhe und betreiben dort Landwirtschaft; die Regierung macht ihnen jedoch häufig kulturfähiges Land streitig. Zu ihrer traditionellen Tracht gehört ein Kopfschmuck aus Perlen, Federn und baumelnden Silberornamenten.

Weitere Minderheiten sind die Lisu, Lahu und Mien.

Verhaltensregeln in den Dörfern

Wer Dörfer besucht, sollte den Guide nach sozialen Tabus und Gepflogenheiten fragen. Hier sind ein paar generelle Verhaltenstipps.

➜ Niemanden ohne Erlaubnis fotografieren – die Privatsphäre der Menschen achten. Fotografie wird in vielen traditionellen Glaubenssystemen mit Argwohn betrachtet. Manche Bergvölker verlangen für Fotos Geld; dieser Bitte sollte man nachkommen.

➜ Religiöse Symbole und Rituale respektieren. Keine Totems am Eingang eines Dorfes oder heilige Gegenstände berühren, die an Bäumen aufgehängt sind. Nicht an Zeremonien teilnehmen, wenn man nicht eingeladen wird.

➜ Der Bettelkultur vorbeugen, insbesondere im Umgang mit Kindern. Stattdessen den Guide fragen, ob man etwas für eine lokale Schule spenden kann.

➜ Nacktsein in der Öffentlichkeit ist tabu. Man sollte sich auch nicht in der Nähe eines Fensters aus- bzw. umziehen.

➜ Nicht flirten, es sei denn, man hat vor, sein Gegenüber zu heiraten. Keine Rauschmittel in Gegenwart der Dorfbewohner nehmen (dazu zählt auch Alkohol!).

➜ Freundlich lächeln, auch wenn man angestarrt wird, und den Guide nach der Übersetzung für „Hallo" in der jeweiligen Stammessprache fragen.

➜ Zuneigung nicht öffentlich bekunden. Dies wird zuweilen als Affront gegenüber der Geisterwelt empfunden.

➜ Nicht mit Nutztieren „spielen", sie sind wertvolle Besitztümer und dienen nicht der Unterhaltung.

Religion

Neben der thailändischen Nationalflagge flattert die gelbe Fahne des Buddhismus, der hier vor allem von der Therawada-Schule beeinflusst ist. Die andere Hauptrichtu Mahayana wird vor allem in Ostasien u im Himalaja praktiziert. Land, Familie u Alltag sind stark von der Religion gepr So erwartet man von jedem männlic

Thai, dass er wenigstens eine kurze Zeit seines Lebens als Mönch verbringt, da dies für die Familie viel Prestige bedeutet.

Im Alltag stehen nicht die philosophischen Aspekte des Buddhismus im Vordergrund, sondern vielmehr die Verbindungen zu animistischen Ritualen. Mönche werden um Rat gefragt, wenn es um die Festlegung eines geeigneten Datums für eine Hochzeit geht oder man wissen will, ob ein Geschäft Erfolg verspricht. Darüber hinaus richtet man vor Gebäuden und Wohnungen Geisterhäuser *(phrá phuum)* ein, um darin lebende Wesen zu ermuntern, sich von der Familie zu lösen, sich dabei trotzdem wohlzufühlen und dem Ort Glück zu bringen.

Etwa 95 % der Bevölkerung praktizieren den Buddhismus, in Südthailand gibt's jedoch eine beträchtliche muslimische Minderheitengruppe.

Kunst

Musik

Klassische thailändische Volksmusik wurde ür den Königshof entwickelt und bei klasischen Tanzdramen und anderen Theaterormen gespielt. Traditionelle Instrumente ommen zudem häufig auf Tempelmärkten ınd bei regionalen Festivals zum Einsatz.)ie Musik zeichnet sich durch eine unglaubiche Vielfalt an Klangstrukturen und Finesen, haarsträubenden Tempi und pastoralen Ielodien aus.

Im Norden und Nordosten des Landes ibt's eine Vielzahl beliebter Blasinstrumente ıit mehreren Rohrflöten, die wie eine Mundarmonika funktionieren. Besonders wichtig t das *kaan* aus Laos. Wird es von einem erıhrenen Musiker gespielt, klingt es wie eine ıythmische, raue Dampforgel. Man verwenet es vor allem für *mŏr lam*, eine Volksmukrichtung auf dem Land, vergleichbar mit em amerikanischen Blues. *Lôok tûng* (wörtch: „Kinder der Felder") ist eng verwandt it *mŏr lam* und hat viele Anhänger und ıns in der traditionellen Arbeiterklasse – ınlich wie Countrymusik in den USA.

Typische Rockinstrumente prägen dagen die moderne Musik; diese deckt die gemte Bandbreite von kessen Teeniehits über ppie-Protestballaden bis zu Indiehymnen . Klassischer Thai-Rock, z. B. von der schon ıt Jahrzehnten bestehenden Band Carabao, d der Folk-Stil *pleng pêu·a chee·wít* (Musik :s Leben) dürfen in der Aufzählung natürlich nicht fehlen. Heute haben sich zu den Gitarrenrockgruppen viele Hip-Hop-Bands und Vertreter der elektronischen Musik gesellt.

Bildhauerei & Architektur

Thailands bekannteste Ausprägung der Bildhauerkunst sind seine bronzenen Buddha-Statuen. Traditionelle Architektur ist weitverbreitet und in einfachen Wohnhäusern ebenso zu bewundern wie in berühmten Tempeln. Alte Thai-Häuser bestehen aus einem einzelnen Teakholzzimmer auf Pfählen, da einst fast alle Einheimische an Flüssen oder Kanälen lebten. Der freie Raum unter der Behausung diente auch als Arbeitszimmer, Küche, Garage und Schuppen. Hausdächer in Thailand sind spitzwinklig, *naga*-Darstellungen zieren oftmals Ecken und Giebel: Diese mystische Wasserschlange galt lange als spirituelle Schutzmacht. Tempelbauten zeichnen sich durch edlere Ausprägungen von Kunststilen und traditioneller Architektur aus.

Theater & Tanz

Es gibt sechs Formen des klassischen thailändischen Theaters. Dazu zählen formelle *kŏhn* (Tanzdramen), bei denen maskierte

TEMPELARCHITEKTUR

Bereit für Thailands Tempel und Ruinen? Hier kommt ein praktischer Überblick der verschiedenen Bereiche eines *wat* (Tempelkomplex):

Chedi Großer, glockenförmiger Turm, der in der Regel fünf Elemente enthält, die (von oben nach unten) Erde, Wasser, Feuer, Wind und kosmische Kraft symbolisieren. Im *chedi*, auch Stupa genannt, ruhen Relikte Buddhas oder eines Thai-Königs.

Prang Hoher phallischer Turm, der von den Khmer stammt und demselben religiösen Zweck dient wie ein *chedi*.

Wihan Hauptheiligtum, in dem die Buddha-Abbildung steht und Laien Opfergaben niederlegen; wird manchmal mit „Versammlungshalle" übersetzt; typischerweise ist die Architektur des Daches dreistufig, was die „drei Juwelen" symbolisiert (Buddha, den Lehrer; Dharma, die buddhistische Lehre; und die Sangha, die Gemeinschaft der Anhänger).

Tänzer Szenen aus dem *Ramakian* (der *thakŏhi* -Version des indischen *Ramayana*) nachstellen. Sie wurden ursprünglich nur am königlichen Hof aufgeführt. *Lí·gair* sind teilweise improvisierte, oft derbe Volksstücke, die sich in Dörfern auf dem Lande besonderer Beliebtheit erfreuen. Das südthailändische Pendant hierzu heißt *má·noh·rah*. Es basiert auf einer 2000 Jahre alten Geschichte aus Indien. Das Schattenpuppentheater (*năng*) im südlichen Thailand zeugt vom gemeinsamen kulturellen Erbe Thailands, Malaysias und Indonesiens.

Essen & Trinken

Essen

Die Thai-Küche besteht aus einer ausgewogenen Mischung von scharf, salzig, süß und sauer. Ihre Zutaten sind frisch und würzig; reichlich verwendet werden Zitronengras, Basilikum, Koriander sowie Minze, aber auch Chilischoten, die ordentlich brennen. Kräftige *nám blah* (Fischsoße aus Anchovis) liefert den Geschmack des Meeres. Dazu ein bisschen Limette und ein wenig Zucker – und schon hat man den authentischen Geschmack Thailands.

Tages- und Nachtmärkte, Verkäufer mit kleinen Wägelchen, Imbissbuden, Freiluftrestaurants – Thais essen meist außer Haus, da die Preise relativ niedrig sind und örtliche Köche bestimmte Gerichte meisterhaft zubereiten. Angst, sich mit Essen von einem Straßenstand den Magen zu verderben, muss man nicht haben.

Ob zum Frühstück oder als Mitternachtsimbiss – Thailänder lieben *gŏo·ay đĕe·o*, eine Nudelsuppe mit Hühnchen oder Schweinefleisch und Gemüse. Es gibt zwei Hauptsorten an Nudeln: *sên lék* (dünn) und *sên yài* (breit und flach). Bevor man loslegt, sollte man sie erst mit den Stäbchen und einem

INSIDERWISSEN

ESSEN WIE DIE THAIS

In Thailand werden Stäbchen für Nudelgerichte verwendet, Löffel und Gabel hingegen für Reisspeisen. Viele Currys und Suppen werden in Schüsseln serviert, sollten jedoch auf ein Bett aus Reis geschöpft und nicht direkt aus der Schüssel gegessen werden.

Löffel in kleinere Stücke zerlegen, sodass man die Portionen leichter aufnehmen kann. Dann verteilt man ein paar Teelöffel Gewürze wie Chili, Zucker, Fischsoße und Essig darauf. Diese Kombination ist durch und durch thailändisch. Am besten isst man Nudeln mit Stäbchen und einem runden Suppenlöffel.

Für Thais sind Mahlzeiten soziale Zusammenkünfte: Man isst so gut wie nie alleine und teilt alle Gerichte. Normalerweise werden viele Teller in die Mitte des Tischs und auf jeden Platz eine Portion Reis gestellt. Die Etikette sieht vor, dass man immer nur einen einzigen Löffel Zutaten in seine Schale lädt. Speisen werden in Thailand nicht weitergereicht, sondern man angelt sich die Nahrungsmittel von den Tellern. Wer satt ist, lässt ein wenig Reis auf seinem Teller übrig (ein leerer Teller ist eine stumme Bitte um mehr) und legt die Gabel unter den Löffel in die Tellermitte.

Sogar eine Gruppe *fa ràng* bestellt am besten im „Familienstil", weil die Speisen selten gleichzeitig auf den Tisch kommen. Bestellt jeder einzeln, sitzt der Erste höflich wartend vor seinem dampfenden Teller, während die anderen sehnsüchtig zur Küche blicken.

Getränke

Aufbereitetes Wasser heißt einfach *náam dèum* (Trinkwasser), ob nun abgekocht ode gefiltert. Es ist in Restaurants, Büros ode Privathäusern grundsätzlich gereinigt, un auch Eis stellt keine Gefahr für die Gesund heit dar. *Châa* (Tee) und *gah·faa* (Kaffee sind wahre Wachmacher, die man stark, ge süßt und mit Milch trinkt.

Obstsäfte bekommt man an jeder Stra ßenecke. Thais mischen gerne ein wen Salz in ihren Saft, um ihm etwas von seine Süße zu nehmen. Außerdem macht er eine heißen Tag erträglicher.

Günstiges Bier erhält man in allen Backp cker-Hochburgen Thailands. Chang, Singh („sing" ausgesprochen) und Leo sind loka Biersorten. Eine innovative Methode der Ei heimischen gegen Hitze stellen Eiswürfel i Bier dar, sodass es kühl und erfrischend bleib

Thailändischen Whiskey zu trinken h etwas sehr Rituelles. Man nimmt ein flach Glas und gibt Eiswürfel, zwei Drittel Wh key, ein Drittel Soda und einen Schuss Co dazu. Nach Thai-Tradition füllt der jüngs der Gruppe die Gläser der anderen. Vi Reisende greifen lieber gleich zum Kül mit Strohhalm, den man mit vielen te und mischen Red Bull in die Cocktails, mit die Party möglichst lange dauert.

Natur & Umwelt

Von der nördlichsten bis zur südlichsten Spitze ist Thailand 1650 km lang, eine Entfernung, die 16 Breitengrade und viele unterschiedliche Umweltzonen umfasst, was das Land zu einem der ökologisch vielfältigsten in Südostasien macht.

Geografie

Thailands merkwürdige Form wird oft mit einem Elefantenkopf verglichen, wobei die Malaiische Halbinsel den Rüssel bildet und der bergige Norden den Kopf. Nordthailand wird von der Bergkette Dawna-Tenasserim geprägt. Auf den Tiefebenen in der zentralen Region wird Reis angebaut, der von Flüssen bewässert wird, die ebenso hochverehrt werden wie die nationale Monarchie. Thailands erhabenster Fluss ist der Chao Phraya.

Entlang der Nord- und Nordostgrenze Thailands fließt noch ein imposanter Wasserlauf: Der Mekong grenzt Thailand geografisch von seinen Nachbarn ab, stellt aber eine kulturelle Verbindung her. An der Nordostgrenze Thailands erhebt sich die trockene Khorat-Hochebene, die 300 m über der Zentralebene liegt.

Die Flüsse im Osten des Königreichs fließen in den Golf von Thailand. Südlich davon erstreckt sich die Malaiische Halbinsel, ein langer, rüsselartiger Landstreifen. Auf ihrer Westseite liegt die Andamanensee, ein prächtiges tropisches Meer mit faszinierend blauem Wasser und von dramatischen Kalksteinformationen geprägten Inseln.

Tiere

In Thailand leben mehr als 1000 einheimische Vogelarten – das sind fast 10 % aller Gattungen weltweit.

Das meistverehrte heimische Säugetier ist der Elefant, der einst frei durch die dichten, unberührten Regenwälder zog. Als fester Bestandteil der Thai-Kultur symbolisieren Elefanten Weisheit, Stärke und Glück. Weiße Tiere verheißen sogar noch mehr Glück und wurden traditionell dem König geschenkt. Leider sind die Elefanten inzwischen vom Aussterben bedroht, weil sie in der modernen Gesellschaft nicht mehr gebraucht werden und – ebenso wie die Tiger, deren Zahl ebenfalls zurückgeht – große Teile ihres natürlichen Lebensraums verloren haben.

Besucher haben bessere Chancen, einer der zwölf verschiedenen Affen- und Gibbonarten begegnen, die in Thailand beheimatet sind.

Umweltprobleme

Wie für Länder mit hoher Bevölkerungsdichte typisch, sind auch in Thailand die Ökosysteme stark belastet: Der Weltbank zufolge waren 1961 53,5 % der Fläche des Landes mit natürlichem Wald bedeckt, 2016 nur noch 31,6 %.

Um dem entgegenzuwirken, richtete die Regierung Naturschutzgebiete ein und verbot die Abholzungen von Wäldern. Thailands erster Nationalpark, Khao Yai, wurde bereits in den 1960er-Jahren eröffnet. Seither sind mehr als 100 Reservate dazugekommen. Sie machen insgesamt 15 % des Staatsgebiets aus – in kaum einem anderen Land gibt's so viel geschützte Fläche. Seit der Jahrtausendwende ist der Rückgang des Waldes laut Weltbank auf etwa 0,6 % pro Jahr gesunken.

Auch wenn die unternommenen Umweltschutzmaßnahmen anerkennenswert sind, werden Thailands Nationalparks weder ausreichend finanziert noch vor kommerzieller Erschließung, illegaler Jagd, Abholzung und Brandwirtschaft beschützt. Die Verabschiedung des Umweltgesetzes von 1992 war ein ermutigender Schritt seitens der Regierung, die Standards bleiben aber nach wie vor hinter denen westlicher Nationen zurück. Thailand unterzeichnete das Washingtoner Artenschutzübereinkommen (CITES), allerdings ist das Land immer noch ein wichtiger Verkehrsknotenpunkt und Markt für den weltweiten Handel mit Wildtieren.

PRAKTISCHE INFORMATIONEN

Allgemeine Informationen

ARBEITEN IN THAILAND

Thailand ist ein sehr beliebtes Ziel für kurzzeitige Arbeitsaufenthalte, besonders um Englisch zu unterrichten. Wer legal im Land arbeiten will, benötigt ein Non-Immigrant-Visum und eine Arbeitserlaubnis, für die seriöse Institutionen sorgen sollten. Ajarn (www.ajarn.com) ist eine ausgezeichnete Quelle mit Hintergrundinformationen für Englischlehrer in Thailand und hat auch Jobangebote.

BOTSCHAFTEN & KONSULATE

Die Botschaften befinden sich in Bangkok, zudem gibt's einige Konsulate in Chiang Mai, Pattaya, auf Phuket und in Songkhla.

Botschaft von Myanmar (Birma) (Karte S. 748 f.; ☎ 02 233 7250; www.myanmarembassybkk.com; 132 Th Sathon Neua/North, Bangkok; ⌚ Mo–Fr 9–12 & 13–15 Uhr; Ⓢ Surasak Ausgang 3)

Kambodschanische Botschaft (☎ 02 957 5851; 518/4 Soi Ramkhamhaeng 39, Th Pracha Uthit, Bangkok; ⌚ Mo–Fr 8.30–12 & 14–17 Uhr; Ⓜ Phra Ram 9 Ausgang 3 & Taxi) Konsulat in Sa Kaew.

Deutsche Botschaft (Karte S. 748 f.; ☎ 02 287 9000; www.bangkok.diplo.de; 9 Th Sathon Tai/South, Bangkok; ⌚ Mo–Fr 7.30–11.30 Uhr; Ⓜ Lumphini Ausgang 2)

Laotische Botschaft (☎ 02 539 6667; 502/1-3 Soi Sahakarnpramoon, Th Pracha Uthit/Soi Ramkhamhaeng 39, Bangkok; ⌚ Mo–Fr 8–12 & 13–16 Uhr; Ⓜ Phra Ram 9 Ausgang 3 & Taxi)

Malaysische Botschaft (Karte S. 748 f.; ☎ 02 629 6800; www.kln.gov.my/web/tha_bangkok/home; 33-35 Th Sathon Tai/South, Bangkok; ⌚ Mo–Fr 8–16 Uhr; Ⓜ Lumphini Ausgang 2) Konsulat in Songkhla.

Österreichische Botschaft (☎ 0 2105 6710; www.bmeia.gv.at/oeb-bangkok/; 14 Soi Nantha-Mozart, Sathorn Soi 1, South Sathorn Road, Bangkok; ⌚ an Feiertagen geschlossen)

Schweizer Botschaft (☎ 0 2674 6900; www.eda.admin.ch/bangkok; 35 Th Witthayu/Wireless Rd; ⌚ Mo–Fr 9–11.30 Uhr)

FEIERTAGE

An folgenden öffentlichen Feiertagen bleiben die Türen von staatlichen Behörden und Banken geschlossen.

1. Januar Neujahr

Februar (Datum variiert) Makha Bucha Day, buddhistischer Feiertag

6. April Chakri-Tag, zur Erinnerung an den Begründer der Chakri-Dynastie, Rama I.

13.–14. April Songkran-Fest

1. Mai Tag der Arbeit

5. Mai Krönungstag

Mai/Juni (Datum variiert) Visakha Bucha, buddhistischer Feiertag

28. Juli König Maha Vajiralongkorns Geburtstag

Juli (Datum variiert) Asanha Bucha, buddhistischer Feiertag

12. August Geburtstag der Königin Sirikit/Muttertag

23. Oktober Chulalongkorn-Tag

5. Dezember Gedenktag an den verstorbenen König Bhumibhol/Vatertag

10. Dezember Tag der Verfassung

31. Dezember Silvester

PREISKATEGORIEN: ESSEN

Die folgenden Preise beziehen sich auf ein Hauptgericht.

$ unter 150 B

$$ 150–350 B

$$$ mehr als 350 B

FESTE & EVENTS

Thailändische Feste sind meist mit buddhistischen Feiertagen verbunden und folgen den Jahreszeiten. Je nach Mondphase fallen sie immer auf einen anderen Tag. An landesweiten Feiertagen und zu den großen Festivals bleiben Geschäfte üblicherweise geschlossen, an den Tagen davor sind Busse etc. häufig ausgebucht. Beliebte nationale Feste sind:

Songkran Vom 12. bis 14. April werden Buddha-Figuren „gebadet". Junge Thailänder zollen Mönchen und älteren Mitbürgern Respekt, indem sie Wasser auf deren Hände spritzen. Bei der wilden Wasserparty bleibt so gut wie niemand trocken. Die heftigsten Wasserschlachten liefert man sich in Bangkok und Chiang Mai.

Loi Krathong In der Vollmondnacht im November werden kleine, mit Blumen und Kerzen geschmückte Boote aus Bananenblättern in Form von Lotusblüten zu Ehren der Flussgöttin auf Wasserwegen ausgesetzt.

FREIWILLIGENARBEIT

In Thailand gibt's viele großartige Freiwilligenorganisationen, bei denen Freiwillige sinnvolle Arbeit leisten und sich kulturell engagieren können. Volunteer Work Thailand (www.volunteerworkthailand.org) unterhält eine Datenbank für Freiwilligenstellen.

GELD

Fast überall in Thailand kann man nur bar zahlen. Einige gehobene Einrichtungen akzeptieren Kreditkarten. Geldautomaten gibt's überall, es wird aber immer eine Gebühr von 200 B fällig.

Münzen gibt's im Wert von 1 B, 2 B (goldfarben), 5 B und 10 B. Ein Baht wird in 100 Satang unterteilt. Manchmal gibt's auch Münzen im Wert von 25 oder 50 Satang.

Geldscheine sind 20 B, 50 B, 100 B, 500 B od[er] 1000 B wert.

INTERNETZUGANG

Fast alle Hotels, Pensionen und Cafés haben WLAN. In den oberen Etagen von mehrstöckige[n] Gebäuden wird das Signal oft schwächer. Wenn WLAN sehr wichtig ist, sollte man nach einem Zimmer in der Nähe des Routers fragen. Die Mobilfunknetze werden immer weiter ausgeba[ut] und immer leistungsfähiger.

LGBT-REISENDE

Die thailändische Kultur ist sowohl männlicher a[ls] auch weiblicher Homosexualität gegenüber relat[iv] tolerant. In Bangkok, Pattaya und Phuket gibt's eine recht ausgeprägte LGBT-Szene. Was die Kleidung und das Auftreten angeht, wird die LGB[T-] Community in der Regel kommentarlos akzeptie[rt]

Öffentliche Zuneigungsbekundungen, ob hetero- oder homosexuell, werden jedoch missbilligt.

Auf der Website von Utopia (www.utopia-asia.com) stehen viele Informationen über Thailand für LGBT-Traveller, außerdem veröffentlichen sie einen schwulen Reiseführer für das Land.

ÖFFNUNGSZEITEN

Banken und staatliche Behörden schließen an nationalen Feiertagen. Einige Bars und Clubs schließen bei Wahlen und zu bestimmten religiösen Feiertagen, wenn der Verkauf von Alkohol verboten ist. In den Einkaufszentren befinden sich Banken, die lange geöffnet sind.

Banken 8.30 bis 16.30 Uhr; Geldautomaten 24 Stunden

Bars 18 bis 24 oder 1 Uhr

Clubs 20 bis 2 Uhr

Geschäfte 10 bis 19 Uhr

Restaurants 8 bis 22 Uhr

Staatliche Behörden Montag bis Freitag 8.30 bis 16.30 Uhr, einige schließen für die Mittagspause

POST

Thailand hat ein sehr effizientes Postsystem und das Porto für Inlandssendungen ist günstig. Niemals Bargeld oder andere Wertsachen per Post versenden!

RECHTSFRAGEN

Generell lässt die Polizei Ausländer, insbesondere Touristen, in Ruhe. Dieses Prinzip gilt allerdings keineswegs für Drogen – für den Besitz von und den Handel mit Drogen gelten strenge Gesetze.

Wer wegen eines Delikts verhaftet wird, darf bei der eigenen Botschaft oder einem Konsulat in Thailand bzw. bei einem Verwandten oder Freund anrufen, wenn es kein Konsulat gibt. Vor dem thailändischen Gesetz gilt der angeklagte Häftling weder als schuldig noch als unschuldig, sondern als Verdächtiger, über dessen Schuld oder Unschuld ein Gericht entscheidet. Verhandlungen werden meist schnell in Angriff genommen.

SICHER REISEN

Thailand ist generell ein sicheres Reiseland, dennoch ist es klug, Vorsicht walten zu lassen, besonders beim Umgang mit Fremden (sowohl Thailändern als auch Ausländern) und wenn man allein reist.

Angriffe auf Traveller sind in Thailand selten, doch sie kommen vor.

Der Besitz von Drogen kann mit einer Gefängnisstrafe von einem Jahr oder länger geahndet werden. Die Strafen für Drogenschmuggel sind wesentlich härter, sogar die Todesstrafe ist möglich.

Alle Hilfsangebote von Fremden beim Einkaufen oder bei der Besichtigung von Sehenswürdigkeiten sollte man ignorieren. Dabei handelt es sich immer um Abzocker, die eine Kommission für alles, was man kauft, erhalten.

Die **Touristenpolizei** (☎1155) ist nützlich, wenn man in Schwierigkeiten steckt.

Die anhaltende Gewalt im tiefen Süden hat die Überquerung der Grenze nach Malaysia bei Sugai Kolok gefährlich gemacht; Reisende ohne besonderen Grund sollten auch die überwiegend muslimischen Provinzen (Yala, Pattani, Narathiwat und Songkhla) meiden.

STROM

In Thailand beträgt die Netzspannung 220 Volt. Steckdosen sind in der Regel zweipolig, wobei es flache und runde Ausführungen gibt.

TELEFON

Die Landesvorwahl für Thailand ist die „66", bei allen Anrufen aus dem Ausland muss man sie wählen. Vor allen thailändischen Telefonnummern steht eine „0" (bei Anrufen aus dem Ausland wird sie weggelassen). Die drei folgenden Ziffern nach der „0" sind die Ortsvorwahl, die inzwischen fest in die Telefonnummer integriert ist. Wenn die erste Ziffer nach der„0" eine „6", eine „8" oder eine „9" ist, ruft man ein Mobiltelefon an.

TOILETTEN

Die in Asien übliche Hocktoilette ist in Thailand immer weniger verbreitet, allerdings trifft man an Busbahnhöfen in der Provinz, älteren Häusern und einfachen Restaurants noch gelegentlich auf welche. Die westliche Toilette wird aber immer üblicher und ist überall zu finden, wo es westliche Touristen gibt. Manche modernen Toiletten sind mit einem kleinen Sprühschlauch ausgestattet, der thailändischen Version eines Bidets.

TOURISTENINFORMATION

Das Thailändisches Fremdenverkehrsamt (Tourism Authority of Thailand; TAT) hat Zweigstellen im ganzen Land, in denen man Stadtpläne und Karten sowie Tipps zu Sehenswürdigkeiten erhält. In den TAT-Büros können allerdings keine Unterkünfte, Transportmittel oder Touren gebucht werden.

REISEN MIT BEHINDERUNG

Für körperlich behinderte Menschen ist Thailand ein einziges großes Hindernis. Die folgenden Organisationen können hilfreich sein:

Asia Pacific Development Centre on Disability (www.apcdfoundation.org)

Society for Accessible Travel & Hospitality (www.sath.org)

Wheelchair Holidays @ Thailand (www.wheelchairtours.com)

UNTERKUNFT

In Thailand eine Unterkunft zu finden ist kein Problem. Wegen des Seelenfriedens sollte man für die erste Nacht ein Zimmer buchen, danach kann man spontan entscheiden. Man sollte aber im Hinterkopf behalten, dass freie Zimmer zu manchen Feiertagen und touristischen Spitzenzeiten knapp werden können.

Pensionen Am besten sind familiengeführte Pensionen. Das Zimmerangebot reicht von einfach (Bett und Ventilator) bis zu luxuriös (eigenes Bad und Klimaanlage).

Hotels Hotels, ob nun Boutique-Hotels oder langweilige Kästen, bieten komfortable, meist moderne Zimmer, bei denen Extras wie das Frühstück im Preis enthalten sind; manche haben auch einen Pool.

Hostels Mit den steigenden Preisen und dem steigenden Niveau der thailändischen Pensionen bieten Schlafsäle ein zunehmend besseres Preis-Leistungs-Verhältnis.

VISA

Thailand hat mit den meisten Ländern (darunter Deutschland, Österreich und die Schweiz) Vereinbarungen zur Visumfreiheit bzw. zur Visumerteilung bei der Einreise getroffen. Die komkrete Aufenthaltdauer wird bei der Einreise, sowohl auf dem Luft- als auch auf dem Landweg, festgelegt und umfasst maximal 30 Tage. Auf dem Land- und Schiffsweg darf man höchstens 2 Mal pro Kalenderjahr visumsfrei einreisen. Genauere Informationen finden sich auf den Seiten der jeweiligen Auswärtigen Ämter oder auf der Website des thailändischen **Außenministeriums** (☎ 02 203 5000; www.mfa.go.th).

Ohne Nachweise eines Tickets für die Ausreise aus Thailand und/oder ausreichende finanzielle Mittel kann die Einreise verwehrt werden.

Wer länger als 30 Tage in Thailand bleiben möchte, sollte vor der Reise bei einer thailändischen Botschaft oder einem Konsulat ein 60-Tage-Visum beantragen. In jüngster Zeit gab es hier Veränderungen – jetzt ist mit diesem Visum auch die mehrfache Einreise innerhalb von sechs Monaten möglich.

Verlängerungen

Sowohl die Visumbefreiung als auch ein Visum kann man durch einen Antrag in allen Einwanderungsbüros in Thailand verlängern. Die Gebühr für eine Verlängerung des visumfreien Aufenthalts beträgt normalerweise 1900 B. Wer ein Standardvisum (oder eine visumfreie Aufenthaltsgenehmigung) für 15 bis 30 Tage hat, kann den Aufenthalt um 30 Tage verlängern. Das 60-Tage-Visum kann von den thailändischen Einwanderungsbehörden um bis zu 30 Tage verlängert werden.

Eine andere Option ist es, eine Landgrenze zu überqueren, um ein neue Visumbefreiung zu erhalten. Je nach Nationalität erhalten Besucher bei der Wiedereinreise eine neue Visumbefreiung für 15 oder 30 Tage. Um ein Ausnutzen der Visumsfreiheit bzw. das Umgehen der Visabestimmungen zu verhindern, ist die Anzahl der Einreisen auf dem Land- und Seeweg mittlerweile auf 2 pro Kalenderjahr begrenzt!

Eine Verlängerung des Visums sollte unbedingt vor Ablauf der Aufenthaltsdauer beantragt werden. Wer die zulässige Aufenthaltsdauer überschreitet, zahlt in der Regel ein Bußgeld von 500 B pro Tag (die Obergrenze liegt bei 20 000 B) und riskiert eine Festnahme, eine Haftstrafe oder ein Aufenthaltsverbot.

PREISKATEGORIEN: SCHLAFEN

In Großstädten und Strandorten beziehen sich folgende Preiskategorien auf ein Doppelzimmer in der Hochsaison und Gäste ohne Reservierung.

$ unter 1000 B

$$ 1000–4000 B

$$$ mehr als 4000 B

Für kleine Städte gelten folgende Preiskategorien:

$ unter 600 B

$$ 600–1500 B

$$$ mehr als 1500 B

ZOLLBESTIMMUNGEN

Nach Thailand dürfen folgende Waren zollfrei eingeführt werden:

- Gegenstände des persönlichen Bedarfs in angemessenem Umfang (Kleidung und Hygieneartikel)
- Instrumente von Berufsmusikern
- 200 Zigaretten
- 1 l Wein oder Spirituosen

Die Einfuhr der folgenden Waren nach Thailand ist verboten:

- Schusswaffen und Munition (wenn nicht vorher bei der Polizei registriert)
- Illegale Drogen
- Pornografische Medien
- E-Zigaretten und sonstige Verdampfer

Für die Ausfuhr von Reproduktionen antiker Buddha-Statuen oder neu gegossener Buddha-Abbildungen ist eine Exportlizenz erforderlich.

ℹ An- & Weiterreise

FLUGZEUG

Thailands größter internationaler Flughafen is[t] der Suvarnabhumi International Airport in Bangkok, daneben gibt's den Don Muang Airp[ort] für Budgetflieger mit internationalen Verbind[un]gen vor allem in asiatische Länder. Chiang Ma[i]

Chiang Rai, Hat Yai, Krabi, Samui, Pattaya und Phuket bieten ebenfalls einige internationale Verbindungen in Länder in der Region, besonders nach China.

AUF DEM LANDWEG

Thailand hat Landgrenzen mit Kambodscha, Laos, Malaysia und Myanmar (Birma). An den Landgrenzübergängen nach Kambodscha, Laos und Malaysia werden Visa bei der Einreise („Visa on Arrival") erteilt. Wer auf dem Landweg nach Myanmar reist, muss sich das Visum vorher besorgen. Durch die verbesserten Straßen und Brücken ist die Überlandreise via Laos nach China einfacher geworden.

Unterwegs vor Ort

AUTO & MOTORRAD

n den meisten Touristenstädten werden Autos und Motorräder vermietet. Bevor man ein ahrzeug mietet, sollte man es vorab überprüfen und Schäden dokumentieren, um sich vor chadenersatzforderungen zu schützen. Vor der nterschrift des Vertrags sollte man immer rüfen, ob das Fahrzeug haftpflichtversichert st, und sich die mit Datum versehenen Dokuente zeigen lassen.

In Thailand herrscht Linksverkehr – jedenfalls eistens. Zudem hat jede zweispurige Straße ne unsichtbare dritte Spur in der Mitte, die um Überholen genutzt wird. Die wichtigste egel lautet „der Stärkste hat immer recht"; einere Autos sollten größeren Wagen also ber die Vorfahrt lassen. Ein Überholvorgang rd normalerweise per Hupe angekündigt.

Reisende brauchen einen internationalen hrerschein, um in Thailand ein Fahrzeug zu hren. Bei Motorrädern wird aber kaum danach fragt.

JS & MINIVAN

s Busnetz ist flächendeckend, bequem und hnell. Verlässliche Unternehmen findet man den staatlichen Busbahnhöfen, nicht in uristenzentren wie der Th Khao San in Bangk. In den VIP-Bussen fühlt man sich fast wie berühmter Rockstar: Man kann die Sitze ückklappen, die Klimaanlage weht kalte Luft ein und eine „Stewardess" versorgt einen mit rischungen. In vielen niedrigeren Klassen ser klimatisierten Busse wird jedoch ein Extra h dem anderen wegrationalisiert, bis man ließlich in einer ziemlich klapprigen Kiste mit er eisigen Kühlung sitzt.

linivans sind eine praktische Option für rten in nahe gelegene Städte. Sie fahren vom kt, nicht von außerhalb der Stadtzentren egenen Busbahnhöfen ab, und bringen sagiere manchmal bis zu ihrem Hotel

ei längeren Fahrten sollte man sich einen Tag oraus um Tickets kümmern.

FAHRRAD

Fahrräder sind ein wunderbares Verkehrsmittel, um die ländlicher geprägten, verkehrsärmeren Ecken Thailands zu erkunden. Meistens kann man sie schon ab 50 B in den Pensionen ausleihen, es sind aber nicht immer sehr hochwertige Räder.

Eine gute Informationsquelle für Radfahrer in Thailand ist Bicycle Thailand (www.bicyclethailand.com).

FLUGZEUG

Flüge innerhalb Thailands sind nach wie vor erschwinglich. Die meisten Flugrouten starten in Bangkok (sowohl am Don Mueang Airport als auch am Suvarnabhumi International Airport), doch auch von Chiang Mai, Hat Yai, Ko Samui, Phuket und Udon Thani gibt's Flüge in einige andere thailändische Städte.

NAHVERKEHR

Sahmlor & Túk-Túk

Sahmlor (auch „săamláw", „drei Räder"), eine Art Rikscha mit Pedalen, findet man fast nur noch in Kleinstädten. Sie eignen sich v. a. für Kurzstrecken. Nach und nach werden diese Räder durch moderne *túk-túks* ersetzt; sie sind nach dem Geräusch benannt, das ihr Zweitaktmotor produziert – es erinnert an ein kehliges

VERKEHRSSICHERHEIT

Thailands Straßen sind gefährlich: 2015 erklärte die Weltgesundheitsorganisation Thailand zum zweitgefährlichsten Land der Welt, was tödliche Verkehrsunfälle angeht.

Tödliche Busunfälle dominieren die Schlagzeilen, doch an fast 75 % aller Verkehrsunfälle sind Motorradfahrer beteiligt. Viele Touristen werden beim Motorradfahren verletzt, weil sie nicht mit den Maschinen umgehen können und nicht mit den örtlichen Verkehrsgepflogenheiten vertraut sind.

Ungeübte Fahrer sollten sich an die kleineren automatischen 100-ccm-Maschinen halten und sich zunächst an einem ruhigen Ort mit ihrem Gefährt vertraut machen. Zudem ist es wichtig, langsam zu fahren, besonders auf rutschigen Straßen, losem Schotter oder Sand, und sein Gewicht möglichst gleichmäßig zu verteilen, um die Handhabung zu verbessern. Man darf nicht erwarten, dass andere Verkehrsteilnehmer auf einen achtgeben. Immer einen Helm tragen.

Husten. In Bangkok und anderen Touristenzentren verlangen die *túk-túk*-Fahrer von Touristen oft total überhöhte Preise.

Man muss auf jeden Fall handeln und sich vor Abfahrt auf einen Preis einigen.

Sorngtaaou

Sorngtaaou (wörtlich „zwei Bänke") sind kleine Pick-ups mit einer Sitzreihe auf jeder Seite. In manchen Städten dienen sie als öffentliche Busse, die für einen fixen Tarif feste Routen bedienen. In Touristenstädten fungieren *sorngtaaou* als Sammeltaxis oder Mietfahrzeuge, wobei dann der Preis vorher verhandelt werden sollte.

SCHIFF/FÄHRE

Auf den Flüssen und Kanälen Bangkoks und der benachbarten Provinzen sowie zwischen Inseln sind Longtailboote das typischste Verkehrsmittel.

Zwischen dem Festland und kleinen, weniger touristischen Inseln fahren in der Regel 8 bis 10 m lange Holzboote mit einem Innenbordmotor, einem Steuerhaus und einem schlichten Dach als Schutz für die Passagiere und die Fracht. Zu gefragteren Zielen sind normalerweise schnellere Luftkissenboote und Schnellboote im Einsatz.

TRAMPEN

Wegen der günstigen, verlässlichen Busse ist Trampen unüblich. Es lohnt sich dann, wenn keine öffentlichen Verkehrsmittel verfügbar sind. Um ein Auto anzuhalten, streckt man in Asien den Arm Richtung Straße aus und bewegt die Hand auf und ab.

Trampen ist nie ganz sicher, deshalb sollten sich Traveller bewusst sein, dass sie damit immer ein Risiko eingehen.

ZUG

Die Züge der **State Railway of Thailand** (SRT; ☎ in Thailand 1690; www.railway.co.th) sind bequem und günstig, jedoch ziemlich langsam. Alle Linien verkehren von Bangkok aus in Richtung Norden, Süden und Nordosten. Lohnenswert sind Nachtfahrten zwischen Bangkok und Chiang Mai sowie südlich nach Chumphon oder Surat Thani. Außerdem bieten sich auch Zugfahrten von Bangkok nach Ayutthaya an.

Die SRT bietet Zugfahrten der 1., 2. und 3. Klasse, wobei diese außerdem je nach Zugtyp (normal, Schnellzug, Express) variieren. Schnell- und Expresszüge halten weniger häufig als die normalen Bahnen.

Die Tarife basieren auf einem Grundpreis, der je nach Entfernung, Klasse und Zugtyp nach oben angepasst wird. Extrakosten werden auch für Klimaanlage und Schlafkojen (unten oder oben) fällig.

Fahrscheine kann man einen bis 60 Tage vor dem Reisedatum buchen. Verkauft werden sie direkt an den Bahnhöfen oder von Reisebüros, di allerdings in der Regel eine Servicegebühr auf de Ticketpreis aufschlagen. Wer aus dem Ausland eine Reservierung machen möchte, sollte ein lizenziertes Reisebüro kontaktieren; die SRT hat keinen eigenen Online-Ticketservice mehr.

Vietnam

☎ 84 / 95,7 MIO. EW.

Inhalt ➡

ie schönsten t/ trände

Sao Beach (S. 985)

Long Beach (S. 984)

Bai Dai Beach (S. 958)

An Bang Beach (S. 954)

edewendungen

llo Xin chào (sin jòw)

nke Cảm ơn (ğaảm ern)

s kostet das? Cái này bao nhiêu? (ğaí này zaá v nyee·oo)

Auf nach Vietnam!

Ein Kaleidoskop aus bunten Farben und feinen Tönen, Kalksteinbergen und endlosen Reisfeldern, Großstädten und entspannten Strandorten, tief bewegenden Kriegsschauplätzen und prachtvoller Kolonialarchitektur: Vietnam hat eine wahrhaft einzigartige Ausstrahlung.

Mit den günstigen Verkehrsmitteln und Unterkünften, tollem Straßenessen und *bia hoi* – dem wohl billigsten Bier der Welt – ist Vietnam ein Traumziel für Budgetreisende.

Von der Natur wurde es gesegnet mit hoch aufragenden Bergen im Norden, tropischen Inseln im Süden und einer atemberaubenden, kurvigen Küste mit hinreißenden Sandstränden. Wer hierher reist, sieht Kinder auf Büffeln reiten, entdeckt kunstvolle Textilien der Bergvölker, probiert die frische und unglaublich unaufdringlich gewürzte vietnamesische Küche und hört das Brummen von einer Million Motorrädern.

Vietnam ist eine dynamische Nation im Aufbruch mit einer ruhigen Gangart. Bereit für eine einmalige Reise?

Reisezeit

Hanoi

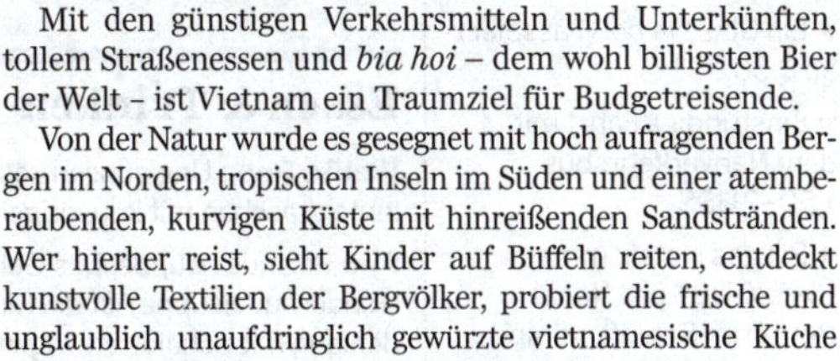

Dez.–März Nördlich von Hue bringt der Wintermonsun Wolken, Nebel, Nieselregen und kühles Klima.

Mai–Juni Das Ufer in Da Nang verwandelt sich während des Feuerwerk-Festivals in ein lautes Farbenmeer.

Juli–Aug. Die ideale Zeit, um bei milder Meeres- und Lufttemperatur an der zentralen Küste zu liegen.

AUF EINEN BLICK

Währung Dong (D)

Visa Touristenvisa sind mit einer Dauer von 30 oder 90 Tagen erhältlich.

Geld Geldautomaten sind weithin verfügbar.

Sprache Vietnamesisch

Notfall Polizei ☎113

Wechselkurse

Eurozone	1€	26 845 D
USA	1 US$	22 709 D

Aktuelle Wechselkurse gibt's unter www.xe.com.

Preise

- Ein Glas *bia hoi* (Fassbier): ab 0,50 US$
- Einstündige Fahrt mit dem Nahverkehrsbus: 1,50–2 US$
- Billiges Hotelzimmer: 10–120 US$ pro Nacht; Betten im Schlafsaal sind preisgünstiger
- Nudelgericht: 2–3 US$

Infos im Internet

The Word (www.wordhcmc.com) Diese großartige Seite bietet eine umfassende Berichterstattung zu Vietnam und viele weitere Sparten.

Vietnam Coracle (http://vietnamcoracle.com) Sehr gute Reiseberatung für Individualreisende und viele Geheimtipps.

Vietnam Online (www.vietnamonline.com) Ein guter Allrounder.

Buchungen (lonelyplanet.com/bookings) Flüge, Autos und Touren

Anreise

Die meisten Touristen reisen mit dem Flugzeug oder Bus nach Vietnam ein, aber es gibt auch Zugverbindungen von China und Schiffsverbindungen von Kambodscha über den Mekong.

Außerhalb der Touristenzentren sprechen nur wenige Vietnamesen Englisch; man sollte daher versuchen, einige Worte Vietnamesisch zu lernen.

REGIONEN AUF EINEN BLICK

Die Geografie, das Klima und die Kulturen Vietnams sind unglaublich vielfältig. Die nördlichen Provinzen werden von zerklüfteten Gipfeln dominiert, die endlosen Reisfelder des Südens von einem flachen Flussdelta genährt. Im Zentrum ragen von Höhlen durchlöcherte Kalksteinhügel empor, und entlang der westlichen Grenze gibt es dichte Regenwälder.

In der nördlichen Hälfte des Landes ist der Winter viel kühler – die Küche, der Lebensstil und der Charakter der Menschen spiegeln dies wider. Je südlicher man kommt, umso tropischer wird's – es gibt mehr Kokospalmen als Bambusbäume, und Sojasoße wird durch Fischsoße ersetzt. Das Wetter im Süden ist ganzjährig feucht, heiß und schwül, und die Speisen sind süß, aromatisch und vielfältig.

Essen & Trinken

Weiße Rose Unglaublich köstliche, delikat gewürzte Garnelenteigtaschen mit knusprigen Zwiebeln.

Pho Reisnudelsuppe. Das Geheimnis einer guten *pho bo* (Rindernudelsuppe) ist die Rinderknochen-Brühe, die stundenlang mit Schalotten, Ingwer, Fischsoße, Sternanis, Gewürzrinde und schwarzem Kardamom gekocht wird.

Banh xeo Riesiger, knuspriger Reispfannkuchen, zubereitet in 30 oder 35 cm großen Pfannen oder Woks und gefüllt mit Schwein, Shrimps, Mungobohnen und Bohnensprossen.

Bia hoi „Frisches" oder Fassbier, täglich ohne Zusätze gebraut. Es muss innerhalb weniger Stunden getrunken werde[n]

Vietnamesischer Kaffee Kalt mit Kondensmilch serviert

Top-Tipps

- Auf den Straßen Vietnams geht es wild zu: Die Fahrzeuge kommen aus allen Richtungen. Stark befahrene Straßen sollten nur langsam und vorsichtig überquert werden.
- Nicht die Beherrschung verlieren; Schreie und Aggressio[n]nen führen auf beiden Seiten zu Gesichtsverlust.
- In Vietnam kommt es oft zu Betrügereien, meist durch Wucherpreise. Schwerwiegende Gefahren (z. B. Blindgäng[er]) sind zwar sehr selten, können aber ein ernstes Problem se[in].
- In Städten wie Hue und Sa Pa und an den Touristenstränden wird man oft von Straßenverkäufern und *cyclo*-Fahrer[n] (Fahrradtaxis oder Rikschas) belästigt.

HANOI

024 / 7,58 MIO. EW.

Vietnams Hauptstadt legt ein rasantes Tempo vor, um die verlorene Zeit aufzuholen, die durch den Krieg und dadurch vorloren gegangen ist, dass die Regierung das Land erst in den 1990er-Jahren für die Außenwelt öffnete. Die Straßen sind voller surrender Motorroller, die inmitten von unaufhörlichem Hupen um das Recht auf Vorfahrt kämpfen. Alle Ecken der Stadt atmen Geschichte, weisen Spuren der französischen und chinesischen Besatzung auf und offenbaren die Unverwüstlichkeit der ehrgeizigen, stolzen Bewohner.

Wer sich erst durch das Gewühl der allgegenwärtigen Straßenhändler gedrängt hat, kommt in die Straßen der Altstadt. Hier verhökern kecke Bauern ihre Waren, Stadtbewohner essen Nudelfrühstück, praktizieren Tai-Chi bei Sonnenaufgang oder spielen Schach mit ziegenbärtigen Opas.

An jeder Ecke lassen sich wundervolle fremde Welten entdecken: Man kann die Lebensmittel auf den Märkten kosten, die blühende Kunstszene erforschen, für wenig Geld n einem luxuriösen Hotel übernachten, die Stadtbewohner kennenlernen, tief in die Vergangenheit eintauchen und das Wiedererwachen des dynamischen Hanoi erleben.

Sehenswertes

Einige Museen sind montags geschlossen nd legen an anderen Wochentagen eine weistündige Mittagspause ein. Vor einem esuch sollte man sich über die Öffnungseiten informieren.

Altstadt

anois geschichtsträchtige Altstadt ist das erz und die Seele der Metropole. Hier pulert das Leben und blüht der Handel. Überl sind Motorräder unterwegs, und an jeder ke wehen einem exotische Düfte in die Na-. Auf den Straßen versprechen die brutzeln-n, dampfenden Imbissstände eine billige ahlzeit. An diesen Buden bekommt man *o* (Nudelsuppe) und *bia hoi* (Fassbier), d die Einheimischen tauschen den neues-n Klatsch und Tratsch aus. Wer sich Zeit mmt und den faszinierenden Gassenwirr-rr erkundet, erlebt die wahre Atmosphäre s asiatischen Straßenlebens. Die Kehrseite r Medaille ist, dass die Altstadt auch eine rüchtigte chaotische und verschmutzte klave ist, in der sich Fußgänger ihren Weg er kaputte Bürgersteige und durch einen Hindernisparcours parkender und rasender Motorräder bahnen müssen.

★ Bach-Ma-Tempel BUDDHISTISCHER TEMPEL
(Den Bach Ma; Karte S. 898 f.; Ecke P Hang Buom & P Hang Giay; Di–So 8–11 & 14–17 Uhr) GRATIS Der kleine Bach-Ma-Tempel im Herzen der Altstadt soll zwar der älteste Tempel der Stadt sein, doch große Teile des heutigen Baus stammen aus dem 18. Jh., und 1839 wurde ein Schrein für Konfuzius angefügt. Erbaut wurde er ursprünglich im 11. Jh. von König Ly Thai To zu Ehren eines weißen Pferdes, das den Herrscher an diese Stelle führte, wo er daraufhin die Stadtmauern errichtete.

★ Gedenkhaus HISTORISCHES BAUWERK
(Ngoi Nha Di San; Karte S. 898 f.; 87 P Ma May; Eintritt 10 000 D; 9–12 & 13–18 Uhr) Dieses traditionelle Haus eines Kaufmanns ist eines der am besten erhaltenen Gebäude der Altstadt. Es ist sparsam, aber schön dekoriert, und die mit edlen Möbeln eingerichteten Zimmer liegen um zwei Höfe. Die Räume sind durch hohe Schwellen getrennt, ein traditionelles Element, das den Fluss negativer Energie im Haus eindämmen soll.

Rund um den Hoan-Kiem-See

★ Hoa-Lo-Gefängnismuseum HISTORISCHES BAUWERK
(Karte S. 900 f.; 024-3934 2253; Ecke P Hoa Lo & P Hai Ba Trung; Erw./Kind 30 000 D/frei; 8–17 Uhr) Während des Vietnamkriegs wurde das Hoa-Lo-Gefängnis von den US-amerikanischen Gefangenen ironisch als „Hanoi Hilton" bezeichnet. Heute ist von ihm nicht mehr geblieben als diese zum Nachdenken anregende Stätte. Die meisten Exponate stammen aus der Mitte der 1950er-Jahre, im Mittelpunkt steht der vietnamesische Kampf um Unabhängigkeit von Frankreich. Ein gruseliges Relikt ist die unheilvolle französische Guillotine, mit der vietnamesische Revolutionäre geköpft wurden. Weitere Ausstellungen widmen sich den amerikanischen Piloten, die während des Vietnamkriegs hier inhaftiert waren.

Hoan-Kiem-See SEE
(Karte S. 900 f.) Einer Legende zufolge sandte der Himmel dem Kaiser Le Thai To Mitte des 15. Jhs. ein magisches Schwert, mit dem er die Chinesen aus Vietnam vertrieb. Nach dem Krieg ergriff eine riesige goldene Schildkröte das Schwert und verschwand in der Tiefe des Sees, um es ihren göttlichen Besitzern zurück-

Highlights

❶ **Hoi An** (S. 948) Durch die alten Gassen der perfekt erhaltenen historischen Hafenstadt schlendern.

❷ **Phong-Nha-Ke-Bang-Nationalpark** (S. 928) Die gigantischen Höhlen und die außergewöhnliche Berglandschaft des Nationalparks erkunden.

❸ **Ha-Long-Bucht** (S. 912) Tausende atemberaubende Kalksteininseln bewundern.

❹ **Hue** (S. 934) Die frühere kaiserliche Hauptstadt mit ihren reizvollen Tempeln, Grabmälern und Palästen entdecken.

❺ **Ho-Chi-Minh-Stadt** (S. 967) Das beste Essen der Welt schlemmen.

❻ **Altstadt von Hanoi** (S. 893) Das

namesische Lagerbier *bia hoi* genießen.

7 **Phu Quoc** (S. 984) Nach dem perfekten weißen Sandstrand Ausschau halten.

8 **Hanoi** (S. 893) Das einmalige Flair und die Sehenswürdigkeiten der Hauptstadt erleben.

9 **Mui Ne** (S. 958) Im kosmopolitischen Strand- und Wassersportresort die Seele baumeln lassen.

Großraum Hanoi

zubringen. So entstand der Name Ho Hoan Kiem („See des heimgekehrten Schwerts"). Am besten kommt man freitag-, samstag- oder sonntagabends hierher, wenn der Bereich um den See von 19 bis 24 Uhr für den Verkehr gesperrt ist und zum öffentlichen Treffpunkt mit fröhlicher Atmosphäre wird.

Nationalmuseum der vietnamesischen Geschichte
MUSEUM

(Bao Tang Lich Su Quoc Gia; Karte S. 900 f.; ☎ 024-3825 2853; http://baotanglichsu.vn; 1 P Trang Tien; Erw./Student 40 000/10 000 D; ⏲ Di–So 8–12 & 13.30–17 Uhr) Einst beherbergte dieses zwischen 1925 und 1932 erbaute, architektonisch eindrucksvolle Museum die École Française d'Extrême Orient. Ihr Architekt, Ernest Hebrard, war einer der Ersten, die in Vietnam chinesische und französische Designelemente kombinierten. Zu den Highlights des Museums gehören Bronzen der Dong-Son-Kultur (3. Jh. v. Chr. bis 3. Jh. n. Chr.), Hindu-Statuen der Reiche der Khmer- und Champa, Schmuck aus dem Vietnam de Kaiserzeit und Exponate zur französische Besatzungszeit und zur Kommunistische Partei.

★ Vietnamesisches Frauenmuseum
MUSEU

(Karte S. 900 f.; ☎ 024-3825 9936; www.baota phunu.org.vn; 36 P Ly Thuong Kiet; Eintritt 30 000 ⏲ 8–17 Uhr) Dieses großartige moderne Mus um illustriert die Rolle der Frau in der vietn mesischen Gesellschaft und Kultur. Die Au stellungsstücke sind auf Englisch und Fra zösisch beschriftet. Besonders bemerkenswe sind die Erinnerungen an den heldenhaft Einsatz einzelner Frauen während des Krie Die Informationen wiederholen sich zwar c aber zur visuellen Stimulation gibt's ei großartige Sammlung von Propagandap tern sowie Trachten, Korbwaren und Stoff der ethnischen Minderheiten Vietnams. A der Website kann man sich über Sonderau stellungen informieren.

Großraum Hanoi

Sehenswertes
1 Ho Tay B2

Aktivitäten, Kurse & Touren
2 Hidden Hanoi C1

Essen
3 Bun Cha 34 .... C2
4 Pho Thin D3

Ausgehen & Nachtleben
5 Café Duy Tri C1
6 Cong Caphe C4
7 Quan Ly D3

Praktisches
8 Australische Botschaft A2
9 Kambodschanische Botschaft C3
10 Französische Botschaft C3
11 Hanoi Family Medical Practice A2
12 Japanische Botschaft A2
13 Laotische Botschaft C3
14 Touristeninformation & Support-Center C2
15 US-Botschaft B3

Ngoc-Son-Tempel BUDDHISTISCHER TEMPEL
(Den Ngoc Son; Karte S. 900 f.; Hoan-Kiem-See; Erw./Student 30 000/15 000 D; 8–18 Uhr) Auf einer kleinen Insel im nördlichen Teil des Hoan-Kiem-Sees befindet sich der meistbesuchte Tempel Hanois, der „Tempel des Jadeberges". Er ist General Tran Hung Dao (der im 13. Jh. die Mongolen schlug), La To (Schutzheiliger der Ärzte) und dem Gelehrten Van Xuong gewidmet. Eine elegante scharlachrote Brücke, die im klassischen vietnamesischen Stil errichtet wurde, verbindet die Insel mit dem Ufer.

St.-Joseph-Kathedrale KIRCHE
(Nha To Lon Ha Noi; Karte S. 900 f.; P Nha Tho; 8–... & 14–18 Uhr) GRATIS Hanois neogotische St.-Joseph-Kathedrale wurde 1886 eingeweiht. Ihre hoch aufragende Fassade erhebt sich an einem kleinen Platz. Am interessantesten sind die beiden identischen Glockentürme, der kunstvolle Altar und die schönen Buntglasfenster. Der Zutritt (durch das Haupttor) ist nur während der Messe gestattet; die Gottesdienstzeiten stehen auf einem Schild am Tor links von der Kathedrale.

Westlich der Altstadt

Literaturtempel KONFUZIANISCHER TEMPEL
(Van Mieu Quoc Tu Giam; Karte S. 904; 024-...5 2917; P Quoc Tu Giam; Erw./Student 30 000/15 000 D; 8–18 Uhr) Der Literaturtempel ist ein seltenes Beispiel für gut erhaltene traditionelle vietnamesische Architektur und würdigt die anerkanntesten Gelehrten und Literaten des Landes. Der attraktive Komplex wurde 1070 unter Kaiser Ly Thanh Tong errichtet und ist Konfuzius (Khong Tu) gewidmet. Hier entstand 1076 Vietnams erste Universität. Die Altäre werden oft von Studenten besucht, die hier um einen guten Abschluss beten; vor den Pagoden, Teichen und Gärten der vier Innenhöfe lassen sich frischgebackene Universitätsabsolventen gern fotografieren. Der Tempel ist auf der 100 000-D-Note abgebildet.

Ho-Chi-Minh-Mausoleum MAUSOLEUM
(Lang Chu Tich Ho Chi Minh; Karte S. 904; 024-3845 5128; www.bqllang.gov.vn; Ba Dinh Sq; Dez.–Aug. Di–Do, Sa & So 8–11 Uhr, letzter Einlass 10.15 Uhr) GRATIS Ganz in der Tradition Lenins, Stalins und Maos ist Ho Chi Minhs Mausoleum ein monumentales Bauwerk aus Marmor. Sein zarter, blasser Leichnam ruht tief im Inneren des Gebäudes in einem Glassarkophag. Im Widerspruch zu seinem Wunsch nach einer schlichten Einäscherung wurden die Materialien für den Bau des Mausoleums zwischen 1973 und 1975 in ganz Vietnam beschafft. In der Regel ist das Mausoleum vom 4. September bis zum 4. November geschlossen, dann wird der einbalsamierte Körper zur Pflege nach Russland gebracht.

Museum der vietnamesischen Militärgeschichte MUSEUM
(Bao Tang Lich Su Quan Su Viet Nam; Karte S. 904; 024-733 6453; www.btlsqsvn.org.vn; 28a P Dien Bien Phu; Eintritt 40 000 D, Fotografieerlaubnis 20 000 D; tgl. 8–11.30 & Di–Do, Sa & So 13–16.30 Uhr) Das Militärmuseum, das dank der großen Waffensammlung vor dem Gebäude leicht zu erkennen ist, zeigt sowjetische und chinesische Militärausrüstung sowie während der Kriegsjahre erbeutete Waffen, die in Frankreich und den USA hergestellt wurden. Die Hauptattraktion ist ein in der Sowjetunion gebautes MiG-21-Kampfflugzeug, das triumphierend zwischen dem Wrack eines französischen Flugzeugs, das bei Dien Bien Phu abgeschossen wurde, und einem amerikanischen F-111-Kampfflugzeug steht.

Museum der Schönen Künste MUSEUM
(Bao Tang My Thuat Viet Nam; Karte S. 904; 024-3733 2131; http://vnfam.vn; 66 P Nguyen Thai Hoc; Erw./erm. 40 000/20 000 D; 8.30–17 Uhr) Einst waren die zwei Gebäude des exzellenten Museums der Schönen Künste der Sitz des französischen Informationsmuseums. Heute sind

Altstadt

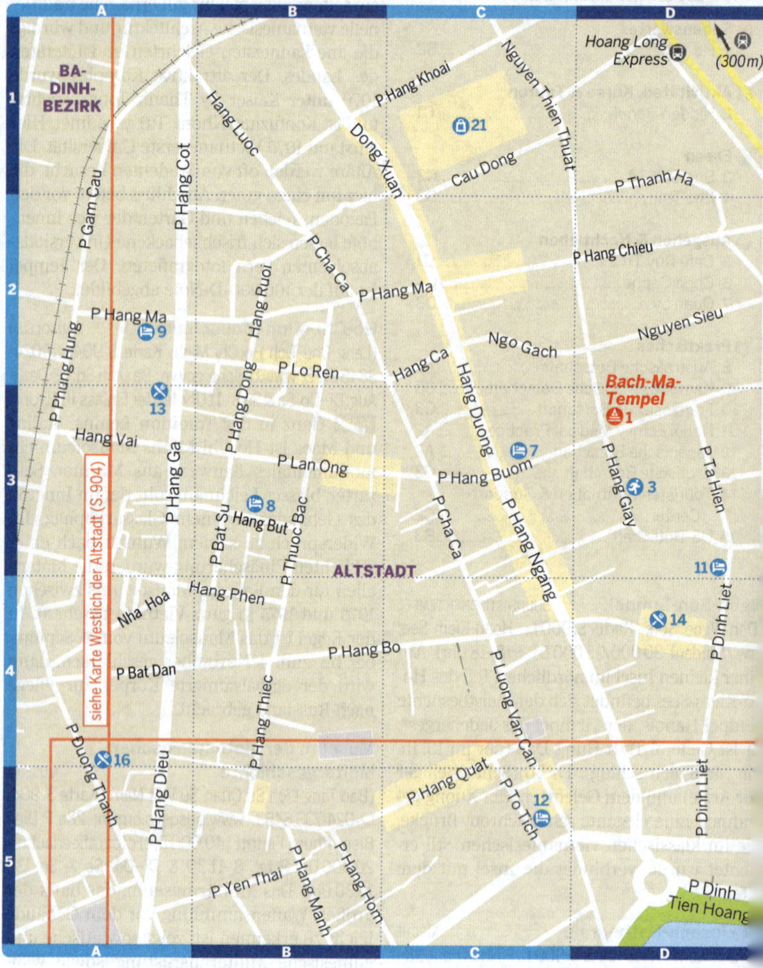

dort zahlreiche Kunstschätze zu sehen, darunter antike Steinmetzarbeiten der Cham und faszinierende Bildnisse von Quan Am, der Göttin des Mitgefühls mit den tausend Augen und Armen. Bemerkenswert sind die Lackstatuen buddhistischer Mönche der Tay-Son-Dynastie und die umfangreiche Sammlung zeitgenössischer Kunst und Gemälde im volkstümlich-naiven Stil. Die meisten Exponate sind englisch beschriftet, aber eine Führung (150 000 D) ist sehr informativ.

Ho-Chi-Minh-Stelzenhaus HISTORISCHE STÄTTE
(Nha San Bac Ho & Phu Chu Tich Tai; Karte S. 904; So 1 Ngo Bach Thao; Eintritt 25 000 D; ⏲ tgl. 8–11.30 & Di–Do, Sa & So 14–16 Uhr) In dem ei fachen traditionellen Stelzenhaus lebte H zwischen 1958 und 1969 zeitweise. Es ste in einem gepflegten Garten mit Karpfe teich und wurde so erhalten, wie Ho es hi terließ. Der Blick durch die offenen Tür und Fenster vermittelt einen faszinierend ren Einblick in sein Leben als die meist anderen Erinnerungsstücke des Museun Heute wird das Haus für offizielle Empfän genutzt und ist nicht öffentlich zugänglic Besucher können auf dem Gelände sp zieren gehen, allerdings nur auf den Weg

Vom Gebäude aus blickt man auf c opulenteste Bauwerk Hanois, den wund

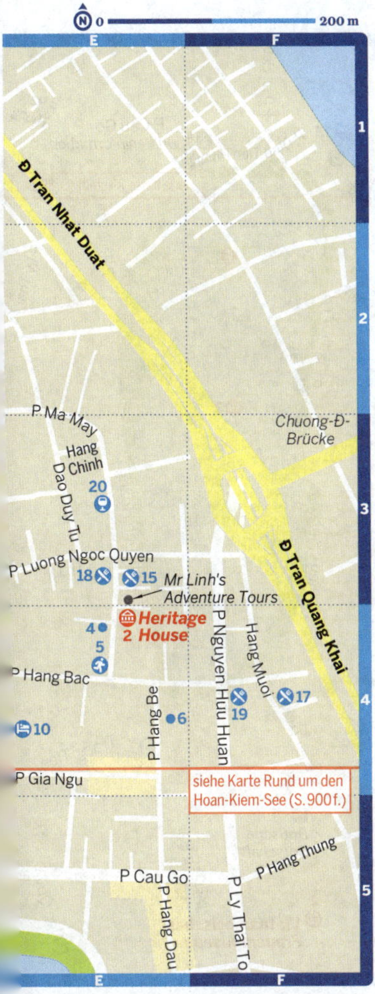

Altstadt

Highlights
1 Bach-Ma-Tempel D3
2 Gedenkhaus E4

Aktivitäten, Kurse & Touren
3 Ethnic Travel D3
4 Handspan Adventure Travel E4
5 Vega Travel E4
6 Vietnam Awesome Travel E4

Schlafen
7 Cocoon Inn C3
8 Golden Art Hotel B3
9 Hanoi Hostel A2
10 La Beauté de Hanoi E4
11 May De Ville Backpackers D3
12 Nexy Hostel C5

Essen
13 Banh Cuon A3
14 Banh Mi Hoi An D4
15 Blue Butterfly E3
16 Cha Ca Thang Long A4
17 Highway 4 .... F4
18 New Day E3
19 Xoi Yen F4

Ausgehen & Nachtleben
20 Moose & Roo E3
Nola .... (siehe 15)

Shoppen
21 Dong-Xuan-Markt C1

‹hönen **Präsidentenpalast**. Auf der P Ong h Kiem im Ho-Chi-Minh-Mausoleumskomex befindet sich ein Eingangstor, das zum elzenhaus und zur Palastanlage führt. ›enn der Haupteingang geschlossen ist, ınn man auch den Eingang auf der Đ Hung ›ong nutzen.

›-Chi-Minh-Museum MUSEUM
ao Tang Ho Chi Minh; Karte S. 904; ☎ 024-45 5435; www.baotanghochiminh.vn; 19 P Ngoc , Eintritt 40 000 D; ⏲ tgl. 8–12 & Di–Do, Sa & So -16.30 Uhr) Das gewaltige Ho-Chi-Minh-ıseum im Stil der früheren Sowjetunion ein triumphales Monument zu Ehren des Gründers des modernen Vietnam. Die oftmals verwirrende Ausstellung ist eine bunte Mischung von Exponaten aus dem Leben Hos, einigen Fotos und verstaubten offiziellen Dokumenten aus der Zeit des Rückzugs der Franzosen und des Aufstiegs des revolutionären Sozialismus. Fotografieren ist verboten, und manchmal werden am Eingang Taschen kontrolliert.

Einsäulenpagode BUDDHISTISCHER TEMPEL
(Chua Mot Cot; Karte S. 904; P Ong Ich Kiem; Eintritt 25 000 D; ⏲ tgl. 8–11.30 & Di–Do, Sa & So 14–16 Uhr) Ursprünglich wurde diese Einsäulenpagode von Kaiser Ly Thai Tong erbaut, der von 1028 bis 1054 herrschte. Den Überlieferungen zufolge träumte der Kaiser, der keine Erben hatte, dass er Quan The Am Bo Tat, der Göttin des Mitgefühls, begegnete, die ihm einen kleinen Jungen übergab. Daraufhin heiratete Ly Thai Tong ein junges Bauernmädchen, das ihm einen Sohn und Erben gebar. Als Ausdruck seiner Dankbarkeit für dieses Ereignis ließ er 1049 hier die Pagode errichten.

Rund um den Hoan-Kiem-See

Kaiserliche Zitadelle von Thang Long

HISTORISCHE STÄTTE

(Hoang Thanh Thang Long; Karte S. 904; www.hoangthanhthanglong.vn; 19c P Hoang Dieu; Erw./Kind 30 000 D/frei; ⏲ tgl. 8–11.30 & Di–Do, Sa & So 14–16 Uhr) Über 1000 Jahre lang war die kaiserliche Zitadelle in Hanoi, die 2010 zur UNESCO-Welterbestätte erklärt und 2012 wiedereröffnet wurde, das militärische Machtzentrum Vietnams. Neben den andauernden Ausgrabungen des alten Palasts, der prächtigen Pavillons und der kaiserlichen Tore sind auch faszinierende militärische Kommandobunker aus dem Vietnamkrieg mit Karten und Kommunikationsgeräten aus den 1960ern zu sehe[n], die von dem legendären vietnamesischen G[e]neral Vo Nguyen Giap genutzt wurden.

Die grüne Zitadellenanlage bietet eine r[u]hige, entspannte Zuflucht vom Trubel Hano[is].

Großraum Hanoi

★ Ethnologisches Museum Vietnam

MUSE[UM]

(☎ 024-3756 2193; www.vme.org.vn; Đ Nguyen V[an] Huyen; Erw./erm. 40 000/15 000 D, Führer 100 00[0] ⏲ Di–So 8.30–17.30 Uhr) Die großartige Sam[m]lung ist den ethnischen Minderheiten Vi[etnams]

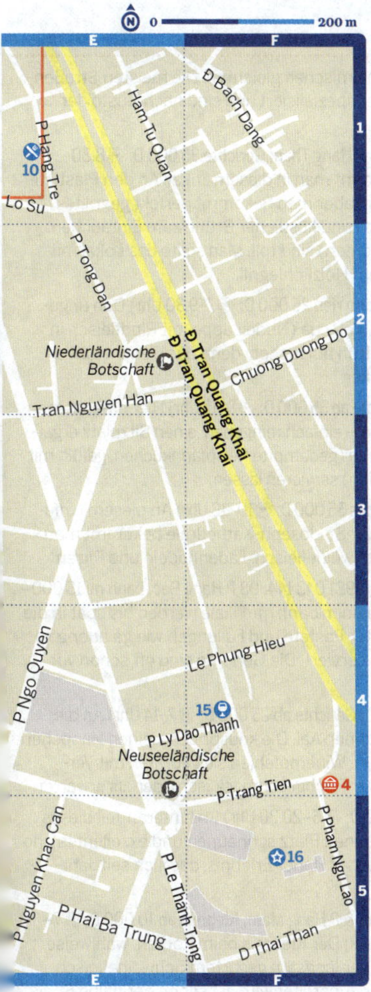

Rund um den Hoan-Kiem-See

Highlights
1 Hoa-Lo-Gefängnismuseum A4
2 Vietnamesisches Frauenmuseum C5

Sehenswertes
3 Hoan-Kiem-See C2
4 Nationalmuseum der vietnamesischen Geschichte F4
5 Ngoc-Son-Tempel C2
6 St.-Joseph-Kathedrale B3

Schlafen
7 Especen Hotel B2
8 Madame Moon Hotel C1

Essen
9 Banh Goi B2
10 Bun Rieu Cua E1
11 Jalus Vegan Kitchen B2
12 Mien Xao Luon A1

Ausgehen & Nachtleben
13 Café Pho Co C1
14 Loading T Cafe B2
15 Tadioto F4

Unterhaltung
16 Binh Minh Jazz Club F5

Shoppen
17 Indigenous B2
18 Thang Long D4
19 Things of Substance B3

ams gewidmet und zeigt hübsch präsen-erte Stammeskunst, diverse Artefakte und inge des täglichen Lebens aus dem ganzen and sowie Beispiele traditioneller Dorfhäu-r mit Beschriftung auf Vietnamesisch, ranzösisch und Englisch. Wer sich für An-ropologie interessiert, für den lohnt sich e Taxifahrt (ca. 200 000 D pro Strecke) in n Bezirk Cau Giay, der rund 7 km vom adtzentrum entfernt liegt.

Tay SEE

estsee; Karte S. 896) Hanois größter See – Tay oder Westsee genannt – hat einen nfang von 15 km und ist von gehobenen Wohnvororten umgeben, darunter der größ-tenteils von Ausländern bewohnte Bezirk Tay Ho. An der Đ Thuy Khue auf der Südseite des Sees befinden sich mehrere Meeresfrüchte-Restaurants. Richtung Osten, an der Đ Xuan Dieu, gibt's haufenweise Lokale, Cafés, Boutiquen und Luxushotels. Die ruhige Atmosphäre bietet eine angenehme Abwechslung zum Chaos der Altstadt. Um den See verläuft ein Weg, der sich prima für eine Radtour eignet.

Kurse & Geführte Touren

★ **Hanoi Free Tour Guides** STADTSPAZIERGANG
(☎ 0988 979 174; http://hanoifreetourguides.com) GRATIS Die besten Einblicke ins wahre Hanoi bietet diese gemeinnützige Organisation, die von einem Team aus über 400 freiwilligen Mitarbeitern und Guides geleitet wird. Die meisten sind (ehemalige) Studenten und sprechen verschiedene Sprachen. Zur Auswahl stehen mehrere Touren, zudem kann man sich zusammen mit einem Führer eine eigene Exkursion zusammenstellen. Online buchen.

STREETFOOD IN HANOI

Wer in Hanoi gut essen will, sollte es den Einheimischen gleichtun. Die meisten Straßenstände haben sich auf ein bestimmtes Gericht spezialisiert und sind nach Gusto der Betreiber geöffnet.

Bun Cha 34 (Karte S. 896; ☎0948 361 971; 34 P Hang Than; Gerichte 35 000 D; ⏲8.30–17 Uhr; 📶) Das beste *bun cha* Vietnams bekommt man in diesem Lokal. An den Plastiktischen haben noch keine Präsidenten gespeist, aber man bekommt perfekt gegrilltes, saftiges Schweinefleisch mit frischen Kräutern und köstlicher Brühe zum Eintauchen. Auch die *nem* (Frühlingsrollen mit Meeresfrüchten) sind toll. Man sollte das Lokal mittags besuchen – dann gibt's Fleisch direkt vom Holzkohlegrill.

Bun Rieu Cua (Karte S. 900 f.; 40 P Hang Tre; bun rieu 25 000 D; ⏲7–9.30 Uhr) Den ungemein beliebten Stand, der ausschließlich *bun rieu cua* (Nudelsuppe mit Rindfleisch in würziger Krabbenbrühe) serviert, sollte man früh aufsuchen, denn das Gericht gibt's immer nur wenige Stunden. Ein echter Klassiker.

Banh Cuon (Karte S. 898 f.; 14 P Hang Ga; Gerichte ab 35 000 D; ⏲8–15 Uhr) Hier braucht man sich nicht die Mühe machen, etwas zu bestellen – einfach reingehen, einen Sitzplatz ergattern und sich einen Teller hauchdünne *banh cuon* (gedämpfte Reispfannkuchen, gefüllt mit gehacktem Schweinefleisch, Pilzen und Garnelen) servieren lassen.

Banh Goi (Karte S. 900 f.; 52 P Ly Quoc Su; Snacks 35 000 D; ⏲10–19 Uhr) An diesem einfachen Stand unter einem Banyanbaum nahe der St.-Joseph-Kathedrale bekommt man *banh ghoi* – leckeres frittiertes Gebäck mit Schweinefleisch, Fadennudeln und Pilzen.

Banh Mi Hoi An (Bami-Brot; Karte S. 898 f.; ☎0981 043 144; 98 P Hang Bac; banh mi 15 000–25 000 D; ⏲6.30–22.30 Uhr) In der beliebten kleinen *banh mi*-Filiale werden bis spät in die Nacht getoastete Baguettes mit schmackhafter Pastete und Füllungen wie *ga nuong xa* (gegrilltes Hähnchen, Chili und Zitronengras) serviert. Die Gerichte sind oft schon vor Ladenschluss ausverkauft.

Mien Xao Luon (Karte S. 900 f.; 87 P Hang Dieu; Gerichte ab 25 000 D; ⏲7–14 Uhr) An diesem einfachen Stand gibt's bergeweise gebratenen Aal. Die knusprigen kleinen Häppchen werden in drei verschiedenen Varianten serviert. Wir empfehlen sie gebraten mit Vermicelli, Ei, Bohnensprossen und Schalotten. Der Fischgeschmack ist milder als erwartet.

Pho Thin (Karte S. 896; 13 P Lo Duc; pho 50 000 D; ⏲6–20.30 Uhr) Im hinteren Teil dieses schmalen rustikalen Imbisses kann man sich einen Platz schnappen und exzellentes *pho bo* (Nudelsuppe mit Rind) genießen. Ein typisches Hanoi-Erlebnis, das sich seit Jahrzehnten nicht verändert hat.

Xoi Yen (Karte S. 898 f.; Ecke P Nguyen Huu Huan & P Hang Mam; Klebreis ab 10 000 D; ⏲7–23 Uhr) Ob als reguläres oder als Katerfrühstück: Der Klebreis beim Xoi Yen, wahlweise mit süßer asiatischer Wurst, gebratenem Ei oder langsam gegartem Schweinefleisch zubereitet, bewirkt Wunder. Zuzusehen, wie er zubereitet wird, ist schon der halbe Spaß.

Vietnam Awesome Travel STADTSPAZIERGANG (Karte S. 898; ☎0904 123 217; www.vietnamawesometravel.com; 19b P Hang Be; Touren ab 18 US$) Hier gibt's eine große Auswahl an preisgünstigen Stadtspaziergängen, darunter die beliebte Tour „Food on Foot" (25 US$) in der Altstadt mit dem Schwerpunkt Streetfood. Darüber hinaus werden viele verschiedene Tagesausflüge und längere Exkursionen angeboten. Details liefert die Website.

Hidden Hanoi KOCH- & SPRACHKURSE (Karte S. 896; ☎0912 254 045; www.hiddenhanoi.com.vn; 147 P Nghi Tam, Ho Tay; mit/ohne Marktbesuch 55/45 US$ pro Kurs; ⏲Mo–Sa 11–14 Uh Kochkurse in der Nähe des Ostufers des H Tay (Westsee), u. a. mit Meeresfrüchte-Menü Zum Angebot gehören außerdem Stadtsp ziergänge (25 US$ pro Pers.) zu den Essen ständen auf Hanois Straßen. Hidden Han bietet außerdem ein Sprachprogramm (200 US$ pro Pers.) mit zwei Ausflügen.

Schlafen

Die meisten guten Budgetunterkünfte bef den sich in der Altstadt oder in der benac barten Gegend um den Hoan-Kiem-See.

Altstadt

★ Cocoon Inn HOSTEL $
(Karte S. 898 f.; ☎ 024-388 5333; https://cocooninn.com; 116–118 P Hang Buom; B/2BZ ab 8/30 US$; ❄@📶) Die Schlafräume und die schicke Bar des Luxushostels scheinen einem Boutique-Hotel entnommen zu sein. Die gemütlichen, sauberen Betten sind mit persönlichen Leselampen, Ventilatoren und Steckdosen ausgestattet und durch Vorhänge voneinander getrennt. Die hilfsbereiten Mitarbeiter organisieren Touren, Flughafentransfers und Visaverlängerungen. Das Hostel liegt auf einer belebten Straße voller Restaurants und Bars.

★ Tomodachi House HOSTEL $
(Karte S. 904; ☎ 024-3266 9493; http://hanoi.tomodachihouse.com; 5a Tong Duy Tan; B/DZ ab 9/27 US$; ❄@📶) Das ruhige Luxushostel im japanischen Stil liegt am Westrand der Altstadt in der Nähe vieler angesagter Restaurants und Bars, in denen die ganze Nacht durchgefeiert wird. Die großen, anheimelnden Betten sind mit USB-Steckern, Regalen, Privatvorhängen und Schließfächern ausgestattet. Das großartige Frühstück ist im Preis inbegriffen, und die hilfsbereiten Mitarbeiter runden das Gesamtangebot ab. Im Restaurant wird jeden Samstagabend akustische Gitarrenmusik gespielt.

May De Ville Backpackers HOSTEL $
(Karte S. 898f.; ☎ 024-3935 2468; www.maydevillebackpackershostelvietnam.com; 1 Hai Tuong, nahe P Ta Hien; B/DZ ab 10/30 US$; ❄@📶) Ein kurzes Stück von den Bars von Ta Hien liegt das May De Ville, eines der besten Hostels in Hanoi. Die Schlafsäle sind blitzsauber, und es gibt einen Filmraum. Auch die Doppelzimmer sind ihr Geld wert.

Hanoi Hostel HOSTEL $
(Karte S. 898 f.; ☎ 0972 844 804; www.vietnam-hostel.com; 91c P Hang Ma; B/DZ/3BZ 6/25/30 US$; 📶) Dieses kleine, ruhige Hostel befindet sich abseits von Hanois Hostel-Viertel in hübscher Lage. Es ist professionell geführt und sauber, zudem hat es Touren im Angebot und jede Menge Infos zur Weiterreise nach China und Laos.

★ La Beauté de Hanoi HOTEL $$
(Karte S. 898 f.; ☎ 024-3935 1626; www.la-beautehanoihotel.com; 15 Ngo Trung Yen; DZ/Suite ab 45/96 US$; ❄📶) Frische Weiß- und Cremetöne mit roten Akzenten, Kabelfernseher und schnelles WLAN erwartet die Gäste dieses 2017 renovierten Hotels mit 18 Zimmern in exzellenter Lage an einer ruhigen Straße in direkter Nähe zum Trubel der P Ma May. Die größeren Suiten und Familienzimmer verfügen über kleine Privatbalkone.

★ Golden Art Hotel HOTEL $$
(Karte S. 898 f.; ☎ 024-3923 4294; www.goldenarthotel.com; 6a P Hang But; DZ/2BZ 45 US$; 🚭❄@📶) Ruhige Lage am Westrand der Altstadt. Die stilvollen, recht geräumigen Zimmer sind mit Laptops ausgestattet, und das außergewöhnlich freundliche Personal liest Gästen jeden Wunsch von den Augen ab. Das Frühstück umfasst warmes Baguette, Omeletts, *pho* (Reisnudelsuppe) und frisches Obst.

Rund um den Hoan-Kiem-See

★ Nexy Hostel HOSTEL $
(Karte S. 898 f.; ☎ 024-7300 6399; www.nexyhostels.com; 12 P To Tich; B/2BZ/3BZ ab 9/35/40 US$; ❄📶) Nach Hanoi kommen neuerdings sehr viele Rucksacktouristen, die nach gehobenen Unterkünften suchen. Das Boutique-Hostel Nexy kommt ihren Ansprüchen entgegen: Es bietet moderne, saubere Schlafsäle und Bäder, weiche Betten mit Vorhängen, hochwertiger Bettwäsche und jeder Menge abschließbarem Stauraum, sowie Angestellte, die ausgezeichnet Englisch sprechen. Die Lage ist großartig – in der Nähe des Hoan-Kiem-Sees – und es gibt eine ruhige Bar, eine kleine Lounge und Entspannungsbereiche auf dem Dach.

VERWÖHNPROGRAMM

Das stilvolle Bistro **La Badiane** (Karte S. 904; ☎ 024-3942 4509; www.labadiane-hanoi.com; 10 Nam Ngu; Gerichte ab 280 000 D; ⏲ Mo–Sa 11.30–14 & 18–22 Uhr) ist in einer restaurierten, weiß getünchten französischen Villa mit zentralem Innenhof untergebracht. Auf der französisch geprägten Speisekarte – *la badiane* bedeutet „Sternanis" – finden sich asiatische und mediterrane Einflüsse. Zu den Highlights gehören Wolfsbarsch-Tagliatelle mit geräucherter Paprika und Garnelencremesuppe mit Wasabi-Tomaten-Bruschetta. Das Drei-Gänge-Mittagsmenü ab 385 000 D ist sein Geld mehr als wert. Es gibt auch ein Degustationsmenü (1 490 000 D).

Westlich der Altstadt

Especen Hotel HOTEL $

(Karte S. 900 f.; ☎ 024-3824 4401; www.especen.vn; 28 P Tho Xuong; DZ 13–25 US$; ❄@📶) In der Nähe der St.-Joseph-Kathedrale wartet dieses Budget-Hotel mit geräumigen, hellen Zimmern, exzellenten Preisen und einer (für die Altstadt) recht ruhigen Lage auf. Die zw Anbauten sind zu Fuß erreichbar.

Madame Moon Hotel PENSION

(Karte S. 900 f.; ☎ 024-3938 1255; www.mad moonguesthouse.com; 17 P Hang Hanh; DZ & 2 ab 28 US$; ❄@📶) Madame Moon liegt n

Westlich der Altstadt

Highlights
1 Literaturtempel B5

Sehenswertes
2 Museum der Schönen Künste B4
3 Ho-Chi-Minh-Museum A3
4 Ho-Chi-Minh-Mausoleum B3
5 Ho-Chi-Minh-Stelzenhaus A2
6 Kaiserliche Zitadelle C4
7 Einsäulenpagode B3
8 Museum der Militärgeschichte C4

Schlafen
9 Tomodachi House D5

Essen
10 Hanoi Social Club D5
11 Koto B5
12 La Badiane D5
13 Net Hue D5
14 Quan An Ngon D2
15 Quan An Ngon D6
16 Ray Quan C5

Ausgehen & Nachtleben
17 Bia Hoi Ha Noi D4
18 Manzi Art Space D2

Praktisches
19 Kanadische Botschaft B3
20 Chinesische Botschaft C4
21 Deutsche Botschaft C5
22 Botschaft von Singapur C4
23 Thailändische Botschaft C5
24 Nationale Tourismusverwaltung von Vietnam D6

einen Block vom Hoan-Kiem-See entfernt und hält die Dinge schlicht: Es bietet überraschend schicke Zimmer und liegt in einer (relativ) verkehrsfreien Straße voller Cafés und Bars. Zu Madame Moon gehören drei Pensionen. Diese Empfehlung gilt für die Anlage auf der Hang Hanh.

Essen

Hanoi offeriert Speisen aus der ganzen Welt, doch weil die Küche der Hauptstadt so lecker, aromatisch gewürzt und preiswert ist, braucht man so viel Auswahl eigentlich gar nicht. Unbedingt auch Streetfood probieren!

Altstadt

New Day VIETNAMESISCH $
(Karte S. 898 f.; ☎024-3828 0315; http://newdayrestaurant.com; 72 P Ma May; Gerichte 50 000–[illegible]0 000 D; ⏲8 Uhr–open end) Einheimische, ortsansässige Ausländer und Besucher werden gleichermaßen von der großen Speiseauswahl des belebten New Day angezogen. Das eifrige Personal findet immer noch einen Platz für neue Gäste, sodass man seinen Tisch wahrscheinlich mit gleichgesinnten Freunden der vietnamesischen Küche teilt. Es wird nicht geworben, aber wer abends herkommt, kann einfach auf die ausliegenden Gerichte zeigen und sich dabei einen gemischten Teller für [illegible]00 000 D zusammenstellen lassen.

Blue Butterfly VIETNAMESISCH $$
(Karte S. 898 f.; ☎024-3926 3845; http://bluebutterflyrestaurant.com; 69 P Ma May; Gerichte 100 000–[illegible]000 D; ⏲8–22.30 Uhr) Blue Butterfly befindet sich in einem historischen Gebäude, ist mit Hartholzmöbeln ausgestattet und mit Kerzen beleuchtet. Auf der preiswerten Speisekarte stehen leckere vietnamesische Klassiker. Die Mitarbeiter beraten ihre Gäste gern (und gut) bei der Speisenauswahl und führen vor, wie man die Gerichte isst. Zur Auswahl stehen z. B. *nem lui*, gegrilltes, in Reispapier gewickeltes Schweinefleisch auf Zitronengrasspießen, die in Erdnusssoße getaucht werden. Es gibt auch Menüs (ab 350 000 D).

Cha Ca Thang Long VIETNAMESISCH $$
(Karte S. 898 f.; ☎024-3824 5115; www.chacathanglong.com; 19–31 P Duong Thanh; *cha-ca*-Fisch 180 000 D; ⏲10–15 & 17–22 Uhr) Hier können sich Hobbyköche beweisen und ihren saftigen Fisch mit ein wenig Garnelenpaste und vielen Kräutern selbst grillen. *Cha ca* (Fischburger) ist eine Spezialität aus Hanoi, die stark mit Kurkuma und Dill gewürzt ist. In der Nähe gibt's ein bekannteres *cha-ca*-Lokal, in dem die ganzen Reisegruppen einkehren, das Essen ist hier aber besser.

Highway 4 VIETNAMESISCH $$
(Karte S. 898 f.; ☎024-3926 0639; www.highway4.com; 3 P Hang Tre; Gerichte 110 000–290 000 D; ⏲12 Uhr–open end) Dies ist die Originalfiliale eines Familienbetriebs, der mit seiner an den westlichen Gaumen angepassten vietnamesischen Küche bekannt geworden ist. Mit steigender Beliebtheit wird es allerdings zunehmend schwieriger, jedem gerecht zu werden. Mittlerweile gibt's vier weitere Zweigstellen in Hanoi; die Adressen sind auf der Website nachzulesen. Gäste erwarten kleine Gerichte zum Teilen, kaltes Bier, Cocktails und witziges Dekor.

Rund um den Hoan-Kiem-See

Jalus Vegan Kitchen VEGAN $

(Karte S. 900 f.; ☎ 024-3266 9730; 2. St., 46 Hang Trong; Gerichte 30 000–60 000 D; ⏲ Di–So 8–22 Uhr; ❄📶🌶) In diesem versteckten Restaurant kann man sich einen Tisch aus Pinienholz schnappen und köstliche Kokos-Chia-Smoothies, vegane Burger, Quiche oder Ravioli mit veganem Käse genießen. Das gut gewürzte Essen schmeckt nach Zitronengras und weiteren vietnamesischen Aromen. Manchmal gibt's auch rein vietnamesische Spezialmenüs.

★ **Hanoi Social Club** CAFÉ $$

(Karte S. 904; ☎ 024-3938 2117; www.facebook.com/TheHanoiSocialClub; 6 Hoi Vu; Gerichte 95 000–175 000 D; ⏲ 8–23 Uhr) Das kosmopolitischste Künstlercafé der Stadt erstreckt sich über drei mit Retromöbeln eingerichtete Etagen. Zum Angebot gehören Kartoffelpuffer mit Chorizo zum Frühstück sowie Pasta, Burger und Wraps zum Mittag- oder Abendessen, außerdem gibt's vegetarische Optionen wie leckeres Mangocurry. An der ruhigen Straße kann man auch wunderbar einen Kaffee, ein Bier oder einen Wein genießen.

Westlich der Altstadt

Ray Quan VIETNAMESISCH $

(Karte S. 904; ☎ 0913 578 588; 48 Le Duan; Gerichte ab 30 000–120 000 D) Bei der Ausländergemeinde ist das unkonventionelle Lokal direkt an den Bahngleisen beliebt, es wird aber nicht jedem gefallen. Seine Fans lieben die umfangreiche Auswahl an leckeren vietnamesischen Gerichten, frisch zubereitet von der exzentrischen Besitzerin und Küchenchefin, die auch ihren eigenen Reiswein (stark und lecker!) herstellt.

Net Hue VIETNAMESISCH $

(Karte S. 904; ☎ 024-3938 1795; http://nethue.com.vn; 198 P Hang Bong; Snacks & Gerichte ab 35 000 D; ⏲ 11–21 Uhr) Wenn man seine schöne Lage berücksichtigt, sind die Preise im Net Hue, das Teil einer kleinen Kette ist, sehr gut. In der obersten Etage mit dem nettesten Ambiente kann man sich Gerichte nach Art von Hue schmecken lassen, beispielsweise *banh nam* (gedämpfte Reispfannkuchen mit gehackten Garnelen).

Quan An Ngon VIETNAMESISCH $

(Karte S. 904; ☎ 024-3942 8162; http://quananngon.com.vn; 18 Phan Boi Chau; Gerichte 70 000–150 000 D; ⏲ 7–23 Uhr) Eine Reihe von kleinen Imbissen mit demselben Namen bereitet Streetfood-Spezialitäten aus ganz Vietnam zu. Am besten kommt man außerhalb der Stoßzeiten von Mittag- und Abendessen in diese Filiale oder besucht den neuesten **Ableger** in einer schönen französischen Villa gleich nördlich der **Altstadt** (Karte S. 904; ☎ 024-3734 9777; www.ngonhanoi.com.vn; 34 P Phan Đinh Phung; 70 000–150 000 D; ⏲ 11–23 Uhr).

Koto CAFÉ $$

(Nha Hang Koto Van Mieu; Karte S. 904; ☎ 024-3747 0338; www.koto.com.au; 59 P Van Mieu; Gerichte 120 000–160 000 D; ⏲ 7.30–22 Uhr, Mo Abend geschl.) Das umwerfende vierstöckige modernistische Café-Bar-Restaurant mit Blick auf den Literaturtempel legt großen Wert auf die Innenausstattung – davon zeugen stilvolle Sitzbereiche und frische Blumen an der Kasse. An einer Tafel sind die Tagesgerichte angeschrieben, und auf der kleinen Speisekarte finden sich exzellente vietnamesische Gerichte, leckere Pita-Wraps und Fish & Chips im Bierteig.

Ausgehen & Nachtleben

In Hanoi findet man zahlreiche Kneipen schicke Lounges und *bia-hoi*-Buden. Ha Tien in der Altstadt eignet sich mit seinen vielen Bars gut als Start- oder Endpunkt fü eine Kneipentour. Auch an Cafés jeder Ar herrscht kein Mangel. Guten Kaffee gibt u. a. auf der Pho Trieu Viet Vuong, etwa 1 km südlich des Hoan-Kiem-Sees.

★ **Tadioto** BA

(Karte S. 900 f.; ☎ 024-6680 9124; www.fb.me/tad totongdan; 24b P Tong Dan; ⏲ 7–24 Uhr) Nguye Qui Ducs inoffizielles Clubhaus der alternat ven Kunstszene findet in dieser dunkle schrägen Bar im Kolonialstil im französ schen Viertel seine neueste Ausprägung. De Stil prägen die obligatorischen roten Akzen (Sitzüberzüge, schmiedeeiserne Verzierung an den Türen), nachgemachte Art-déco-M bel und recycelte Eisenarbeiten. Die Bar zie viele gut gekleidete Gäste an. Highlight d coolen Cocktailkarte ist der süße Mojito.

★ **Nola** B

(Karte S. 898 f.; 89 P Ma May; ⏲ 9–24 Uhr) Eine g te Adresse für einen Kaffee und ein Banane brot ist dieses an ein Labyrinth erinnern Café, das sich abseits des touristischen T bels der Ma May versteckt und mit zusa mengewürfelten Retromöbeln und Kur werken eingerichtet ist. Nach Einbruch Dunkelheit verwandelt es sich in eine besten kleinen Bars der Stadt.

Moose & Roo PUB

(Karte S. 898 f.; ☎ 024-3200 1289; www.mooseandroo.com; 42b P Ma May; ⏰ Mo–Fr 11–24, Sa 10–24, So 10–23 Uhr) In fröhlich-freundlicher Atmosphäre serviert diese gemütliche Kneipe mit Grilllokal in einem kanadisch australischen Stilmix exzellente Wohlfühlküche nach Hausmannsart (Burger, Pulled Pork, Hähnchenflügel, Fish 'n' Chips). Ideal für alle, die Lust auf westliche Küche haben oder andere Reisende treffen möchten.

Bia Hoi Ha Noi BIA HOI

(Karte S. 904; 2 P Duong Thanh) Das Lokal befindet sich an der Ecke Pho Nha Hoa / Pho Duong Thanh am westlichen Rand der Altstadt und hat sich auf lokales *bia hoi* (Fassbier) spezialisiert. Es serviert die besten Spareribs der Stadt sowie jede Menge Bier.

Quan Ly BAR

(Karte S. 896; ☎ 024-3822 5276; 82 P Le Van Hu; ⏰ 10–21 Uhr) Der Besitzer des Quan Ly, Pham Xuan Ly, lebt seit 1950 in diesem Block und betreibt heute eine der traditionellsten *ruou*-Bars von Hanoi (*ruou* ist ein vietnamesischer Reiswein). Am besten beginnt man mit dem Ginseng-*ruou* und arbeitet sich dann durch alle Sorten. Eine englischsprachige Speisekarte hilft bei der Auswahl. Es gibt auch billiges Bier und gutes vietnamesisches Essen.

Café Duy Tri CAFÉ

(Karte S. 896; ☎ 024-3829 1386; 43a P Yen Phu; ⏰ 8–18 Uhr) Dieses „koffeingetränkte" Labyrinth gibt's schon seit 1936, und es ist inzwischen eine Hanoier Institution. Beim Erklimmen der winzigen Leitern und Stufen, die zum Balkon im 3. Stock führen, fühlt man sich wie Gulliver, aber der köstliche *ca phe sua chua* (Eiskaffee mit Joghurt) hat das Potenzial zum neuen Lieblingsgetränk des Sommers. Die Pho Yen Phu liegt ein paar Blocks östlich des Truc-Bach-Sees.

Cafe Pho Co CAFÉ

(Karte S. 900 f.; 4. St., 11 P Hang Gai; ⏰ 8–23 Uhr) Mit seinem traumhaften Blick auf den Hoan-Kiem-See zählt dieses Café zu Hanois am besten gehüteten Geheimnissen. Hinein gelangt man durch den Seidenladen und über den von Antiquitäten geschmückten Hof, der zu dem Obergeschoss mit traumhaftem Ausblick führt. Gäste müssen Kaffee und Snacks bestellen, bevor sie die letzte gewundene Treppe erklimmen. Man sollte unbedingt den *caphe trung da* (Kaffee mit einer Krone aus schaumig geschlagenem Eiweiß) probieren.

ACHTUNG: ABZOCKE!

Hanoi ist im Allgemeinen eine sehr sichere Stadt und Kriminalität gegenüber Touristen ist äußerst selten. Trotzdem gibt's hier einige Abzockermaschen. Probleme mit Betrügern sollte man unbedingt der **Vietnamesischen Nationalen Tourismusverwaltung** (Karte S. 904; ☎ 024-3942 3760; www.vietnamtourism.gov.vn; 80 P Quan Su) melden, die auf die Gauner Druck ausüben kann.

Falsche Hotels Die Taxi- und Minibus-Mafia am Flughafen bringt ahnungslose Touristen ins falsche Hotel. Ausnahmslos hat dieses derweil den Namen eines anderen beliebten Hotels angenommen und wird versuchen, seinen Gästen so viel Geld wie möglich aus der Tasche zu ziehen. Vor dem Einchecken unbedingt einen Blick in eines der Zimmer werfen. Wenn einem etwas verdächtig vorkommt, lieber woanders hingehen.

Hoteltouren Es ist schon vorgekommen, dass Personal in Budgetunterkünften ausfallend geworden ist und körperliche Gewalt angedroht hat, wenn Gäste keine Touren mit der hoteleigenen Reiseagentur buchen wollten. Nicht unter Druck setzen lassen und zur Not die Unterkunft wechseln!

Bei Dunkelheit In der Regel kann man in der Altstadt bei Dunkelheit unbehelligt nach Hause gehen, man sollte aber trotzdem vorsichtig sein. Für lange Heimwege ist ein Taxi zu empfehlen.

Hilfsbereite Fremde Am Hoan-Kiem-See sollte man sich vor einer bestimmten Masche in Acht nehmen: Man wird von einem netten Einheimischen angesprochen, der vorschlägt, zusammen um die Häuser zu ziehen. Am Ende findet man sich in einer Karaokebar oder einem Restaurant für Schlangenfleisch wieder, wo einem eine Rechnung von 100 US$ oder mehr präsentiert wird. Man sollte Vorsicht walten lassen und seinem Bauchgefühl vertrauen.

Manzi Art Space BAR

(Karte S. 904; ☎ 024-3716 3397; www.facebook.com/manzihanoi; 14 Phan Huy Ich; ⏰ Café 9–24 Uhr, Laden 10–18 Uhr) Coole Kunstgalerie und schicke Café-Bar in einem: Dafür lohnt sich ein Abstecher in die Gegend nördlich der Altstadt. In einer restaurierten französischen Villa werden verschiedene Gemälde-, Skulpturen- und Fotoausstellungen gezeigt, während der kleine Garten zu einem Kaffee oder einem Glas Wein einlädt. Ein kleiner Laden verkauft Werke zeitgenössischer vietnamesischer Künstler.

Cong Caphe CAFÉ

(Karte S. 896; http://congcaphe.com; 152 P Trieu Viet Vuong) Im Cong Caphe kann man sich bei bunt gemischter Musik zwischen kitschigen Andenken an den Kommunismus einen angesagten *caphe sua da* (Eiskaffee mit Kondensmilch) genehmigen. In der Stadt gibt's mehrere Filialen; alle Adressen sind auf der Website aufgelistet.

Loading T Cafe CAFÉ

(Karte S. 900 f.; ☎ 0122-786 8686; 2. St., 8 Chan Cam; ⏰ 8–18 Uhr; 📶) Architekturfans werden von diesem Café definitiv begeistert sein, denn es befindet sich in einem halb verfallenen Haus aus der französischen Kolonialzeit. Der kunstvolle Fliesenboden, die alten Ventilatoren und weiteren Designjuwelen fangen den alten Glamour Hanois wunderbar ein. Auf der Karte stehen hausgebackene Kuchen, frische Säfte und Kokosnuss- bzw. Joghurt-Kaffee.

HANOI IM NETZ

Einige gute Websites über Hanoi:

TNH Vietnam
(tnhvietnam.xemzi.com) Erstklassige Seite mit praktischen Restaurantbewertungen.

Hanoi Grapevine
(www.hanoigrapevine.com) Aktuelle Veranstaltungen in Hanoi.

Sticky Rice
(www.stickyrice.typepad.com) Brillante Seite über das kulinarische Hanoi.

The Word
(www.wordhanoi.com) Gute Artikel.

And Of Other Things
(www.andofotherthings.com) Alles zum Thema Kunst.

☆ Unterhaltung

★ **Binh Minh Jazz Club** LIVEMUSIK

(Karte S. 900 f.; www.minhjazzvietnam.com; 1 P Trang Tien; ⏰ Vorstellungen 21–24 Uhr) GRATIS Der stimmungsvolle Club hinter dem Opernhaus ist der perfekte Ort, um in Hanoi Livejazz zu hören. Es gibt eine belebte Bar, eine Speisekarte und erstklassige Konzerte mit dem Vater-Sohn-Team Minh und Dac sowie anderen lokal und international bekannten Jazzmusikern. Der Eintritt ist frei, deshalb ist der verrauchte kleine Club schnell voll – früh herkommen!

Der Club gehört der lokalen Saxophon-Legende Quyen Van Minh. Das Programm steht auf der Website.

Hanoi Rock City LIVEMUSIK

(☎ 0943 571 984; www.hanoirockcity.com; 27/52 To Ngoc Van, Tay Ho) Das Hanoi Rock City versteckt sich in einer kleinen Wohnstraße etwa 7 km nördlich vom Zentrum in der Nähe des Tay Ho, doch die Fahrt lohnt sich wegen der vielseitigen Mischung aus Reggae, Hanoi-Punk und regelmäßigen Elektronika-Nächten. Es treten auch ein paar internationale Künstler auf. Auf der Website und unter https://tnhvietnam.xemzi.com ist das Programm nachzulesen.

Shoppen

In der Altstadt locken allerlei Versuchungen: gefälschte Markensonnenbrillen, Shirts, Musikinstrumente, Pflanzenheilmittel, Schmuck, Gewürze, nachgemachte Artikel der englischen Fußball-Premier-League, Propagandakunst und vieles mehr.

Auf der Pho Hang Bac und der Pho To Tich kann man sich mit traditionellen Kleidungsstücken und Kunsthandwerk ethnischer Minderheiten eindecken. Nördlich und nordwestlich des Hoan-Kiem-Sees u… die Straßen Pho Hang Gai, Pho To Tich, Ph… Hang Khai und Pho Cau Go drängen sic… Geschäfte aneinander, die Kunsthandwerk-stücke, Kunstgegenstände und Antiquitäten feilbieten.

Dong-Xuan-Markt MA…

(Karte S. 898 f.; Dong Xuan; ⏰ 6–19 Uhr) Der gr…ße untouristische Markt befindet sich in d… Altstadt, 900 m nördlich vom Hoan-Kie… See. Hunderte Stände, die größtenteils Ha…haltswaren und Ramsch verkaufen, biet… einen faszinierenden Einblick in das unv…fälschte Straßenleben Hanois, zudem lock… in den umliegenden Straßen viele bele… Läden.

Things of Substance KLEIDUNG
(Karte S. 900 f.; ☎ 024-3828 6965; 5 P Nha Tho; ⌚ 9–21 Uhr) Maßgeschneiderte Mode und einige Stücke von der Stange zu moderaten Preisen. Das Personal ist professionell und spricht recht gut Englisch.

Indigenous KUNST & KUNSTHANDWERK
(Karte S. 900 f.; ☎ 024-3938 1263; 36 P Au Trieu; ⌚ 9–18 Uhr) Ein toller Laden für skurrile Geschenke im Ethno-Stil und erstklassigen Kaffee aus fairem Handel. Es gibt auch ein großartiges kleines Café, in dem man vietnamesischen Java trinken kann.

Praktische Informationen

GELD

Geldautomaten gibt's auf den Hauptstraßen Hanois genug, und die internationalen Banken rund um den Hoan-Kiem-See bieten Geldwechsel und Bargeldvorschuss mit Kreditkarte.

INTERNETZUGANG

- Die meisten Budget- und Mittelklassehotels bieten freien Zugang zu Computern und Internet: in schickeren Hotels im Zimmer, in preiswerteren Unterkünften in der Lobby.
- Kostenloses WLAN gibt's in fast allen Cafés und Bars der Stadt, aber Internetcafés gehören der Vergangenheit an – also am besten ein Tablet oder Smartphone mitnehmen.

Wer länger als eine Woche in Hanoi bleibt, kann sich eine Prepaid-SIM-Karte holen, um mit einem (unverschlüsselten) Handy online zu gehen. **Viettel** (Karte S. 900 f.; http://international.viettel.vn; 51 Luong Van Can; ⌚ 8–20 Uhr) verkauft und richtet SIM-Karten für etwa 8 US$ (1 GB) ein; danach erhält man einen Monat lang unbegrenzte Daten bei geringerer Geschwindigkeit. Man muss im Geschäft den Reisepass bzw. den Personalausweis vorzeigen.

MEDIZINISCHE VERSORGUNG

Hanoi Family Medical Practice (Karte S. 896; ☎ 024-3843 0748; www.vietnammedicalpractice.com; Van Phuc Diplomatic Compound, 298 P Kim Ma; ⌚ 24 Std.) Ein paar Hundert Meter westlich des Ho-Chi-Minh-Mausoleum-Komplexes arbeitet ein Team angesehener internationaler Ärzte und Zahnärzte und bietet einen Notfalldienst rund um die Uhr. Die Preise sind hoch, also darauf achten, dass die Reisekrankenversicherung die Behandlung abdeckt.

REISEBÜROS

Hanoi gibt's Hunderte günstige Reiseagenturen. Die unten empfohlenen Reisebüros haben professionelle und kompetente Mitarbeiter, die großartige Trips mit hoher Kundenzufriedenheit organisieren. Die meisten Touren finden in kleinen Gruppen und mit eigenen Fahrzeugen/Guides statt.

> **MIT DEM BUS NACH CHINA**
>
> Von der 206 Đ Tran Quang Khai verkehren täglich zwei Busse (7.30 und 9.30 Uhr) nach Nanning in China (Vietnamesisch „Nam Ninh"; 480 000 D, 9 Std.). Tickets sollten im Voraus bei einem seriösen Reisebüro gekauft werden. Vorher prüfen, ob man das richtige Visum für China hat.
>
> Der Bus fährt bis zur Grenze bei Dong Dang, wo er die chinesische Einwanderungsbehörde passiert. Danach steigt man in einen chinesischen Bus um, der zum Busbahnhof Lang Dong in Nanning fährt. Berichten von Reisenden zufolge ist diese Route einfacher und schneller als die 13-stündige Fahrt mit dem Nachtzug vom **Gia-Lam-Bahnhof** (Ga Gia Lam), der acht Gehminuten nördlich des Gia-Lam-Busbahnhofs (S. 910) liegt.

Touren oder Tickets sollte man möglichst nicht über die Pension oder das Hotel buchen.

Ethnic Travel (Karte S. 898 f.; ☎ 024-3926 1951; www.ethnictravel.com.vn; 35 P Hang Giay; ⌚ Mo–Sa 9–18, So 10–17 Uhr) Ausflüge durch Nordvietnam in kleinen Gruppen und abseits ausgetretener Touristenpfade. Es werden „sanfte" Trips mit öffentlichen Transportmitteln und Privatunterkünften sowie Erlebnisausflüge (wie Wandern, Radfahren und Kochkurse) und Touren in die Bai-Tu-Long-Bucht angeboten. Es gibt ein weiteres Büro in Sa Pa.

Handspan Adventure Travel (Karte S. 898 f.; ☎ 024-3926 2828; www.handspan.com; 78 P Ma May; ⌚ 9–20 Uhr) Seekajakfahren in der Ha-Long-Bucht und rund um die Cat-Ba-Insel sowie Jeeptouren, Mountainbiken und Wandern. Das Angebot umfasst auch abgelegene Gegenden wie Moc Chau und den Ba-Be-Nationalpark, gemeindebasierte Tourismusprojekte in Nordvietnam und die Treasure Junk, das einzige echte Segelschiff, das in der Ha-Long-Bucht unterwegs ist. Handspan hat weitere Büros in Sa Pa und Ho-Chi-Minh-Stadt.

Mr Linh's Adventure Tours (Karte S. 898 f.; ☎ 024-3642 5420; www.mrlinhadventure.com; 83 P Ma May) Ein professioneller, freundlicher Anbieter, der sich auf Touren abseits ausgetretener Pfade und Abenteuerreisen im entlegenen Norden Vietnams spezialisiert hat. Die Trips mit Privatunterkünften am Ba-Be-See sind sehr empfehlenswert.

Vega Travel (Karte S. 898 f.; ☎ 024-3926 2092; www.vegatravel.vn; Ecke P Ma May & 24a P Hang Bac; ⌚ 8–20 Uhr) Mit diesem Familienbetrieb kann man gut geführte Touren durch den Norden und ganz Vietnam mit exzellenten Guides und Fahrern unternehmen. Außerdem leistet der Veranstalter finanzielle Unterstützung gegenüber Kindergärten für Minderheiten und Schulen in Sa Pa und Bac Ha. Die Ausflüge in die Ha-Long-Bucht in einem Privatboot sind ihr Geld mehr als wert, außerdem kann man sich auch individuelle Touren zusammenstellen lassen.

TOURISTENINFORMATION

In den Cafés und Bars der Altstadt liegt das exzellente Lokalmagazin *The Word* aus.

Touristeninformation & Support-Center (Karte S. 896; ☎ 24-Std.-Hotline auf Englisch 0941 336 677, auf Vietnamesisch 0911 081 968; 28 P Hang Dau; ⏲ Mi–So 8–17 Uhr) Hanoi hat endlich auch eine Touristeninformation. Mit ihrer Lage nahe der Long-Bien-Brücke ist sie für viele Traveller, die am Hoan-Kiem-See im Süden wohnen, allerdings schlecht zu erreichen. Sie bietet vier kostenlose Stadtspaziergänge zu den Themen Architektur, Geschichte, Hoan-Kiem-See und Handwerksstraßen Hanois.

Touristeninformationszentrum (Karte S. 900 f.; ☎ 024-3926 3366; P Dinh Tien Hoang; ⏲ 9–19 Uhr) Hier sind Stadtpläne und Broschüren erhältlich; die Mitarbeiter wollen aber hauptsächlich Sightseeingtouren verkaufen.

ℹ An- & Weiterreise

AUTO & MOTORRAD

Mietwagen organisiert man am besten über ein Reisebüro oder einen Reiseveranstalter. Die Straßen im Norden sind zwar in Ordnung, schneller als 35 bis 40 km/h ist man aber meist nicht unterwegs, und ohne Vierradantrieb geht gar nichts! Preise pro Tag starten bei 110 US$ (inkl. Fahrer und Benzin).

BUS

Hanoi hat drei Fernstrecken-Busbahnhöfe, die für Touristen interessant sind (der vierte – Luong Yen – wurde 2016 geschlossen). Sie sind manchmal überfüllt und chaotisch, aber ganz gut organisiert und verfügen über Ticketbüros von Busunternehmen, die Busfahrkarten zu Festpreisen verkaufen und feste Fahrpläne haben. Man sollte sein Ticket einen Tag im Voraus kaufen, um sich einen Platz zu sichern. Die Buchung in einem Reisebüro ist leichter, geht aber mit einer Ticketgebühr einher.

Touristenfreundliche Minibusse können in den meisten Hotels und Reisebüros gebucht werden. Beliebte Reiseziele sind die Ha-Long-Bucht und Sa Pa. DieTicketpreise sind 30 bis 40 % höher als in normalen öffentlichen Bussen, beinhalten aber eine Abholung vom Hotel.

Viele Open-Ticket-Touren in Vietnam beginnen bzw. enden in Hanoi.

Giap-Bat-Busbahnhof (☎ 024-3864 1467; Đ Giai Phong) Bedient Ziele südlich von Hanoi und bietet komfortable Nachtbusse. Liegt 7 km südlich vom Hauptbahnhof Hanois.

Gia-Lam-Busbahnhof (☎ 024-3827 1569; 132 Ngo Gia Kham) Hier starten Busse in die Regionen nördlich und nordöstlich von Hanoi. Der Busbahnhof liegt 3 km nordöstlich des Stadtzentrums auf der anderen Seite des Song Hong (Roter Fluss).

My-Dinh-Busbahnhof (☎ 024-3768 5549; Đ Pham Hung) Liegt 7 km westlich der Stadt und steuert Ziele im Westen und Norden an; außerdem starten hier Nachtbusse nach Dien Bien Phu.

FLUGZEUG

Hanoi bietet weniger internationale Flüge als Ho-Chi-Minh-Stadt (HCMS), aber dank der guten Verbindungen nach Singapur, Hongkong und Bangkok kommt man problemlos überallhin.

Vietnam Airlines (Karte S. 900 f.; ☎ 1900 545 486; www.vietnamair.com.vn; 25 P Trang Thi; ⏲ Mo–Fr 8–17 Uhr) Verbindet Hanoi mit Zielen in ganz Vietnam. Beliebte Flugziele sind Da Lat, Da Nang, Dien Bien Phu, HCMS, Hue, Nha Trang und Phu Quoc – sie werden alle täglich angeflogen.

Jetstar Airways (www.jetstar.com) Bietet Billigflüge nach Da Nang, HCMS und Nha Trang.

VietJet Air (www.vietjetair.com) Diese Billigfluglinie steuert Hanoi, Nha Trang, Da Nang, Da Lat und Bangkok an.

ZUG

Der **Hauptbahnhof** (Ga Hang Co; Bahnhof A; ☎ 024-3825 3949; 120 Đ Le Duan; ⏲ Ticketschalter 7.30–12.30 & 13.30–19.30 Uhr) liegt am westlichen Ende der P Tran Hung. Von hier aus werden Orte im Süden angesteuert.

Der Ticketschalter für Verbindungen nach Norden nach Lao Cai (und weiter nach Sa Pa) sowie China befindet sich rechts neben dem Haupteingang, allerdings fahren die Züge selbst von einem anderen Bahnhof ab (hinter dem Hauptbahnhof), dem **Tran-Quy-Cap-Bahnhof** (Bahnhof B; ☎ 024-3825 2628; P Tran Quy Cap; ⏲ Ticketschalter 4–6 & 16–22 Uhr).

Einige Züge nach Norden (z. B. nach Lao Cai und Lang Son) und Osten (Hai Phong) fahren von Gia Lam östlich des Song Hong (Roter Fluss) oder von Long Bien westlich des Flusses ab. Daher Augen auf beim Ticketkauf!

Fahrpläne, Preise, Infos und Reservierungen gibt's bei Bau Lau (www.baolau.vn). Reiseagenturen buchen Zugtickets gegen eine Kommission.

Am besten kauft man sein Ticket mindestens einen Tag vor der Abfahrt, wenn es noch Sitz- bzw. Schlafwagenplätze zu reservieren gibt.

ℹ Unterwegs vor Ort

BUS

Hanoi hat ein umfangreiches Busnetz, aber nur wenige Touristen nutzen die superbilligen Busse (3000 D). Am besten holt man sich im **Buchladen Thang Long** (Hieu Sach Thang Long; Karte S. 900 f.; ☎ 024-825 7043; 53-55 P Trang Tien

BUSSE AB HANOI

Gia-Lam-Busbahnhof

ZIEL	DAUER (STD.)	PREIS (D)	HÄUFIGKEIT
Ba Be	5	150 000	tgl. 12 Uhr
Bai Chay (Ha-Long-Stadt)	3½	130 000	alle 30 Min.
Hai Phong	2	70 000	häufig
Lang Son	5	90 000	alle 45 Min.
Lao Cai	9	320 000	18.30 & 19 Uhr (Nachtbus)
Mong Cai	9	200 000	stündlich (ca.)
Sa Pa	10	250 000	18.30 & 19 Uhr (Nachtbus)

My-Dinh-Busbahnhof

ZIEL	DAUER (STD.)	PREIS (D)	HÄUFIGKEIT
Cao Bang	10	260 000	21 Uhr
Dien Bien Phu	8	365 000	11 & 18 Uhr
Ha Giang	8	300 000	6-mal tgl.
Hoa Binh	2	40 000	häufig
Son La	7	200 000	häufig

Giap-Bat-Busbahnhof

ZIEL	DAUER (STD.)	PREIS (D)	HÄUFIGKEIT
Da Lat	35	470 000	9 & 11 Uhr
Da Nang	12	380 000	Nachtbusse regelmäßig 12–18 Uhr
Dong Ha	8	380 000	Nachtbusse regelmäßig 12–18 Uhr
Dong Hoi	8	380 000	Nachtbusse regelmäßig 12–18 Uhr
Hue	10	365 000	Nachtbusse regelmäßig 12–18 Uhr
Nha Trang	32	710 000	10, 15, 18 Uhr
Ninh Binh	2	70 000	häufig 7–18 Uhr

ÜGE AB HANOI

üge nach Osten & Norden

IEL	BAHNHOF	DAUER (STD.)	PREISE HARD SEAT/SLEEPER	PREISE SOFT SEAT/SLEEPER	HÄUFIGKEIT
eijing	Tran Quy Cap	18	240 US$	352 US$	Di & Fr 18.30 Uhr
ai Phong	Gia Lam	2	60 000 D	70 000 D	6 Uhr
ai Phong	Long Bien	2½–3	60 000 D	70 000 D	9.20, 15.30 & 18.10 Uhr
anning	Gia Lam	12	28 US$	42 US$	21.40 Uhr

üge nach Süden

EL	PREISE HARD SEAT	PREISE SOFT SEAT	PREISE HARD SLEEPER	PREISE SOFT SLEEPER
a Nang	ab 430 000 D	ab 630 000 D	ab 782 000 D	ab 954 000 D
CMS	ab 790 000 D	ab 1 160 000 D	ab 1 340 000 D	ab 1 692 000 D
ue	ab 374 000 D	ab 545 000 D	ab 675 000 D	ab 894 000 D
a Trang	ab 692 000 D	ab 998 000 D	ab 1 240 000 D	ab 1 647 000 D

⌚9–18 Uhr) die Broschüre *Xe Buyt Ha Noi* (Busplan von Hanoi; 5000 D).

CYCLO

In der Altstadt sind noch einige *cyclos* (Rikschas) unterwegs, allerdings verlangen sie in der Regel mehr als Taxis. Eine Kurzstrecke kostet rund 60 000 D.

FAHRRAD

Zahlreiche Pensionen und Cafés der Altstadt vermieten Fahrräder für rund 3 US$ pro Tag.

VOM/ZUM FLUGHAFEN

Der Internationale Flughafen **Noi Bai** (HAN; www.hanoiairportonline.com; ☎024-3827 1513) von Hanoi liegt 35 km nördlich der Stadt. Von freiberuflichen Taxifahrern, die um Kundschaft werben, sollte man Abstand nehmen – die Gefahr, betrogen zu werden, ist zu groß. Es gibt folgende Verkehrsmittel:

Flughafentaxi (☎024-3873 3333) Die Taxifahrt vom Flughafen zum jeweiligen Hotel kostet 20 US$.

Öffentliche Buslinie 17 (9000 D, 1½ Std.) Zum/ab dem Long-Bien-Busbahnhof.

Expressbus 86 (30 000 D) Zum/ab dem Nordufer des Hoan-Kiem-Sees.

Vietnam-Airlines-Minibus (Karte S. 900 f.; 1 Quang Trung) (alle 45 Min. zwischen 5 und 19 Uhr, 40 000 D) Zum/ab dem Büro von Vietnam Airlines auf der Quang Trung. Die Busse fahren ab, sobald sie voll besetzt sind und können sehr unzuverlässig sein.

MOTORRADTAXI

Es ist kein Problem, in Hanoi ein *xe om* (Motorradtaxi) zu finden. Eine durchschnittliche Fahrt im Stadtzentrum kostet etwa 15 000–20 000 D, eine Fahrt weiter raus zum Ho-Chi-Minh-Mausoleum ist für 35 000–40 000 D zu haben. Für zwei oder mehr Leute ist ein Taxi mit Taxameter billiger als ein Konvoi von *xe om*.

TAXIS

Mehrere zuverlässige Unternehmen bieten Taxis mit Taxameter. Alle berechnen in etwa dieselben Preise. Für eine 1 bis 2 km lange Strecke werden etwa 20 000 D fällig, für jeden weiteren Kilometer ca. 15 000 D. Da manche gerissenen Anbieter ihre Taxis mit frisierten Kilometerzählern ausstatten, wendet man sich am besten an die hier empfohlenen Firmen und meidet die Fake-Taxis, die ähnliche Farben haben. Die Unternehmen Uber (uber.com) und Grab (grab.com) bieten Apps, über die man in Hanoi taxiartige Autos und Motorräder mieten kann, die auch zum Flughafen fahren.

Hanoi Taxi (☎024-3853 5353)

Mai Linh (☎024-3822 2666)

Thanh Nga Taxi (☎024-3821 5215)

Van Xuan (☎024-3822 2888)

NORDVIETNAM

Was für ein Panorama! Nordvietnam ist das Land der weiten Himmel, der sich kräuselnden Berge, der stufenartig angelegten Reisterrassen und der Karstformationen. Die Küstenlandschaft der Ha-Long-Bucht mit Kalksteintürmen ist ein echter Besuchermagnet, doch die Karstfelsen erstrecken sich weiter ins Landesinnere zu den großen Seen von Ba Be, bis sie in die immergrünen Hügel des nordwestlichen Hochlands übergehen. Alles, was man je über die Provinz Ha Giang an der chinesischen Grenze gehört hat, ist wahr – sie ist wirklich spektakulär!

Ebenso facettenreich wie die Natur ist die Kultur Nordvietnams. Im Kernland traditioneller Bergvölker schmiegen sich Dörfer zwischen Reisfelder vor Sa Pa, und die scharlachroten Kopfbedeckungen der Dzao sowie die indigoblauen Stoffe der Schwarzen Hmong verleihen den chaotischen Märkten des Hochlands Farbe. Wer einen Roadtrip plant, findet hier das ideale Terrain.

Ha-Long-Bucht

Am Golf von Tonkin steigen riesige Kalksteinsäulen und winzige, von Wald bedeckte Inseln aus dem smaragdgrünen Meer auf. Die Ha-Long-Bucht mit ihren Inseln und verwitterten Grotten wurde 1994 zur UNESCO Welterbestätte ernannt. Sie ist von unendlicher Schönheit und das angesagteste Urlaubsziel in Nordvietnam.

Das weitläufige Ha-Long-Stadt (auch al Bai Chay bekannt) ist das Haupttor zur Bucht, aber seine Hochhäuser vermitteln einen enttäuschenden ersten Eindruck von der wunderschönen Region. Die meisten Besucher entscheiden sich für eine Bootstour in der Ha-Long-Bucht inklusive Übernachtung an Bord, andere meiden die Bucht gänzlich und fahren direkt zur Cat-Ba-Insel, wo man problemlos Touren zur weniger besuchten, aber genau so schönen Lan-Ha-Bucht buchen kann.

Alle Besucher müssen sich ein Eintrittsticket für den Nationalpark kaufen (40 000 D) und es gibt auch separate Tickets für bestimmte Attraktionen in der Bucht, z. B. den Besuch von Höhlen und netten Fischerdörfern (30 000–50 000 D).

Cat-Ba-Insel

☎0225 / 13 500 EW.

Das zerklüftete, felsige und dschungelbewachsene Cat Ba, die größte Insel der H

DURCH DEN KARST: AUSFLÜGE ZUR HA-LONG-BUCHT

In Hanoi werden verschiedene Touren zur Ha-Long-Bucht angeboten. Tagesausflüge wenig verlässlicher Anbieter gibt's ab 60 US$ pro Person, während ein Ausflug mit zwei Übernachtungen und Kajakfahrt mit rund 220 US$ zu Buche schlägt. Lohnenswerte Touren mit einer Übernachtung sind für etwa 110 bis 130 US$ zu haben. Hier ein paar Tipps:

➡ Über schlechten Service, schlechtes Essen und Ratten an Bord der Boote wird viel geklagt, aber in der Regel nur bei den ganz günstigen Touranbietern.

➡ In den meisten Touren sind An- und Abreise, Mahlzeiten und manchmal Wanderungen auf den Inseln oder Kajakfahren inbegriffen.

➡ Die Boote folgen meist einer strengen Reiseroute mit Stopps bei den touristischen Höhlen. Während eines Ausflugs mit nur einer Übernachtung bleibt einfach nicht viel Zeit, sich weit von Ha-Long-Stadt zu entfernen.

➡ Bei schlechtem Wetter werden Bootstouren gelegentlich abgesagt – am besten im Voraus klären, ob es eine Erstattung gibt.

➡ Bei Tagesausflügen sollte man sehr auf seine Wertsachen aufpassen; bei Fahrten mit Übernachtung sind die Kabinen meistens mit Schließfächern ausgerüstet.

➡ Wer die Ha-Long-Bucht frei von Menschen erleben möchte, reist auf die Cat-Ba-Insel. Von dort starten Touranbieter in die Lan-Ha-Bucht, die relativ menschenleer ist und mit traumhaften Sandstränden besticht.

.ong-Bucht, hat in den letzten Jahren einen tarken Zuwachs an Besuchern erlebt. Im ouristenzentrum Cat-Ba-Stadt reihen sich nittlerweile viele niedrige Beton-Hotelbau-en an der einst wunderschönen Bucht anei-ander, aber der Rest der Insel ist fast unbe-ührt und so wild wie eh und je. Die idylli-che Lan-Ha-Bucht gleich vor der Küste lässt nen über die starke Bebauung von Cat-Ba-tadt hinwegsehen.

Fast die Hälfte von Cat Ba (das eine Ge-mtfläche von 354 km² hat) sowie 90 km² r umliegenden Gewässer wurden schon 86 zum Nationalpark erklärt. Die Küste steht größtenteils aus Felsenklippen, aber gibt auch ein paar Sandstrände und win-ge Fischerdörfer in kleinen Buchten.

Die spektakulären Kalksteinhügel (der chste liegt 331 m über dem Meeresspiegel) d von Seen, Wasserfällen und Grotten ersät. Der größte See der Insel ist der Ech-e (3 ha).

Sehenswertes

Lan-Ha-Bucht BUCHT

tritt 40 000 D) Die rund 300 Karstinseln d Kalksteinfelsen von La Ha erstrecken h südlich und östlich von Cat-Ba-Stadt. Sie d genauso schön wie die in der Ha-Long-cht und locken zusätzlich noch mit zahlrei-n weißen Sandstränden. Da die Bucht ein es Stück von Ha-Long-Stadt entfernt liegt, rren sich nicht viele Touristenboote hier-her, deswegen versprüht sie ein ursprüngli-cheres Flair. Segel- und Kajaktouren organi-siert man am besten von Cat-Ba-Stadt aus.

★ Kanonenfestung HISTORISCHE STÄTTE

(Eintritt 40 000 D; ⏲ Sonnenaufgang–Dämmerung) Um einen der besten Ausblicke Vietnams zu genießen, sollte man die Kanonenfestung besuchen, die einen atemberaubenden Panoramanlick auf die dschungelbewachsenen Hügel und bunten Fischerboote der Bucht von Cat Ba und das von Karsthügeln übersäte Meer bietet.

Das Eingangstor ist eine steile zehnminütige Wanderung von Cat-Ba-Stadt entfernt. Vom Tor sind es noch weitere anstrengende 20 Minuten bis zur Festung. Alternativ kann man in Cat-Ba-Stadt auch ein *xe om* (15 000 D) nehmen.

Cat-Ba-Nationalpark NATIONALPARK

(☎ 0225-216 350; Eintritt 40 000 D; ⏲ Sonnenaufgang–Dämmerung) In Cat Bas wunderschönem Nationalpark leben 32 Säugetierarten. Dazu gehört ein Großteil der 65 weltweit verbliebenen Goldkopflanguren, der bedrohtesten Spezies überhaupt. Es gibt einige gute Wanderwege, u. a. eine sehr anstrengende 18 km lange Route zum Berggipfel. Zur Parkverwaltung in Trung Trang nimmt man von den Docks in Cat-Ba-Stadt einen grünen QH-Linienbus (25 000 D, 7, 11 & 15 Uhr), chartert ein *xe om* (einfache Fahrt ca. 80 000 D) oder leiht sich für den Tag ein Motorrad.

Krankenhaushöhle HISTORISCHE STÄTTE
(Eintritt 40 000 D; ⌚7–16.30 Uhr) Während des Vietnamkriegs diente die bombensichere Krankenhaushöhle gleichzeitig als Unterschlupf für die Anführer des Vietcong. Das zwischen 1963 und 1965 mit der Hilfe Chinas gebaute dreistöckige technische Meisterwerk ist eine unglaublich stabile Konstruktion und war bis 1975 ununterbrochen in Betrieb. Die Höhle liegt etwa 10 km von Cat-Ba-Stadt entfernt.

Cat-Co-Buchten STRAND
Zehn Gehminuten südöstlich von Cat-Ba-Stadt liegen die drei Cat-Co-Buchten mit den der Stadt am nächsten gelegenen Sandstränden. Teils stört Müll im Wasser das Badevergnügen. Der kleine, leicht zu übersehende **Cat Co 3** kommt zuerst. Von dort führt ein Spazierweg im Felsen mit traumhaftem Meerblick bis zum **Cat Co 1**, der von einem recht hässlichen Resort dominiert wird, und weiter zum hübschen weißen Sandstrand **Cat Co 2**.

Aktivitäten

Cat Ba ist ein hervorragender Ausgangsort für Abenteuersport – auf der Insel wie auch im, auf und unter dem Wasser.

Klettern

Die spektakulären Sandsteinfelsen der Cat-Ba-Insel und der Lan-Ha-Bucht sind ein erstklassiges Klettergebiet inmitten einer umwerfenden Landschaft. Asia Outdoors setzt voll lizenzierte und zertifizierte Trainer ein und hat das Sagen.

Halbtägige Kletterausflüge einschließlich Unterricht, An- und Abreise, Mittagessen und Ausrüstung gibt's ab 44 US$ pro Person. Kletter- und Bootstouren umfassen Kajakfahren, Pausen am Strand und die Erkundung der grandiosen Karstlandschaft.

Mountainbiken

Hotels organisieren chinesische Mountainbikes (ca. 6 US$ pro Tag), Blue Swimmer vermietet hochwertige Trekkingräder für 15 US$ pro Tag. Eine Route führt quer über die Insel, vorbei an der Krankenhaushöhle, zu den Mangroven und Krabbenfarmen der Westküste und dann in einer Schleife an Schlammebenen und einsamen Stränden vorbei zurück nach Cat-Ba-Stadt.

Segeln, Kajakfahren & Stehpaddeln

In Cat-Ba-Stadt verleihen verschiedene Anbieter Kajaks (halber Tag ca. 8 US$), mit denen man wunderbar die Küste auf eigene Faust erkunden kann. Stehpaddel-Touren werden von Asia Outdoors veranstaltet. Blue Swimmer offeriert Segeltörns zu den unzähligen Inseln rund um Cat Ba, von denen viele Kajakfahren und die Übernachtung an einem privaten Strand beinhalten.

Wandern

Die Cat-Ba-Inseln bestehen zum Großteil aus geschütztem Tropenwald. Die meisten Wanderwege gibt's im Cat-Ba-Nationalpark

Geführte Touren

Bootsausflüge in der Ha-Long-Bucht werden von beinahe allen Hotels in Cat Ba angeboten. Eine zweitägige Tour mit einer Übernachtung kostet rund 80 US$, aber es lohnt sich, etwas mehr Geld in die Hand zu nehmen, denn zu manchen von diesen Touren gab es negatives Feedback von Lesern – zu wenig Platz und schlechtes Essen.

★ **Asia Outdoors** KLETTE[RN]
(☎0225-368 8450; www.asiaoutdoors.com.vn; 2[...] Đ 1/4 Street, Cat-Ba-Stadt; halb-/ganztägige Klet[ter]tour 44/59 US$; ⌚8–21 Uhr) Klettern ist d[as] Spezialgebiet von Asia Outdoors. Die Tou[ren] werden von voll lizenzierten und zertifizi[er]ten Kletterführern geleitet; Fortgeschritte[ne] können hier auch Kletterausrüstung ausl[ei]hen und fachsimpeln. Bietet auch Klett[er-] und Kajak-Pakete (mit Übernachtung [auf] dem Boot ab 90 US$), Stehpaddel-Ausflü[ge] (36 US$) und Wandertrips zum Nationalpa[rk]

★ **Cat Ba Ventures** BOOTSTOU[REN]
(☎0225-388 8755, 0912 467 016; www.catbave[ntu]res.com; 223 Đ 1–4, Cat-Ba-Stadt; Bootstour mit Ü[ber]nachtung 128 US$ pro Pers.; ⌚7.30–20 Uhr) Das

ABSTECHER

BAI-TU-LONG-BUCHT

Die Gegend unmittelbar nordöstlich der Ha-Long-Bucht gehört zum **Bai-Tu-Long-Nationalpark** (Eintritt 100 000 D) mit spektakulären Sandsteininseln und ist nicht weniger schön als ihr berühmter Nachbar Ha Long. Reisebüros in Hanoi, darunter auch **Ethnic Travel** (S. 909) und **Vega Travel** (S. 909), veranstalten Touren rund um die Bai-Tu-Long-Bucht. Eine Alternative, die mehr Flexibilität bietet, ist eine Überlandfahrt nach Cai Rong, von dort gelangt man per Boot ebenfalls zu den vorgelagerten Inseln.

kal geführte Unternehmen bietet Bootsfahrten rund um die Buchten Lan Ha und Ha Long, eintägige Kajakexkursionen (29 US$) und geführte Wanderungen im Cat-Ba-Nationalpark. Viele Leser sind vom exzellenten Service von Mr. Tung begeistert. Die Inhaber wissen alles über Cat Ba und sind eine großartige Informationsquelle hinsichtlich Transportmöglichkeiten in Nordvietnam.

Blue Swimmer ABENTEUER

(☎0915 063 737, 0225-368 8237; www.blueswimmersailing.com; Ben Beo Harbour; Segeltour mit Übernachtung ab 190 US$ pro Pers.; ⊙8–20 Uhr) Das umweltbewusste Unternehmen wurde von Vinh, einem der Begründer des renommierten Touranbieters Handspan Adventure Travel, eröffnet. Es bietet großartige Segel- und Kajaktouren sowie Wanderungen und Mountainbike-Ausflüge (teilweise mit Übernachtungen in Privatunterkünften).

Schlafen

Die meisten Hotels liegen in Cat-Ba-Stadt. Zwischen den Sommer- und den Wintermonaten, in denen weniger los ist, schwanken die Zimmerpreise stark.

Cat-Ba-Stadt

Cat Ba Central Hostel HOSTEL $

(☎0913 311 006; www.catbacentralhostel.com; 40 Đ 1–4; B inkl. Frühstück 5–7 US$; ⊖❄📶) Das ette Hostel hat sich zum wichtigsten Treffunkt der hiesigen Backpackerszene entwickelt. Die Betten in den sauberen Schlafsäen (im einen 28, im anderen 14 Betten, dazu vei mit sechs Betten und einer für Frauen) aben eingebaute Schließfächer und Steckosen.

ai Long Hotel HOTEL $

0225-388 8635; www.hailongcatba.com; 234 Đ 4; Zi. 14–30 US$; ❄📶) Das Hotel wirkt wie sch eröffnet. Es bietet 60 Zimmer, die wer groß noch besonders schick sind, aber ren Zweck tun. Man sollte sich eines der ıreren Zimmer geben lassen – sie bieten ehr Raum, natürliches Licht und Balkone r Bucht hinaus.

u Ha HOTEL $

0225-388 8343; Đ 1–4; Zi. 12–15 US$; ❄📶) s kleine Familienunternehmen vermietet fach eingerichtete, saubere Zimmer; einidavon sind mit vier Betten ausgestattet. r ein Zimmer auf der Vorderseite aushan-t, wird mit Meerblick belohnt. Die Mitarter sprechen leider kaum Englisch.

Sea Pearl Hotel HOTEL $$

(☎0225-368 8567; www.seapearlcatbahotel.com.vn; 219 Đ 1–4; Zi. inkl. Frühstück 900 000–1 200 000 D; ❄@📶≈) Man sieht schon in der großen, sauberen Lobby, dass Sea Pearl eine solide Wahl ist. Die klassisch eingerichteten Zimmer sind angemessen groß und komfortabel, zudem sind die Mitarbeiter professionell und hilfsbereit.

Rund um die Cat-Ba-Insel

Lan Homestay PENSION $

(☎0989 419 098; Dorf Viet Hai; Zi. & Bungalows inkl. Frühstück 400 000 D; ❄📶) Die schöne Pension wurde zur Zeit des Schreibens gerade erst fertiggestellt, aber die bereits existierenden Zimmer lassen erahnen, dass Lan eine tolle Budgetunterkunft wird. Die Pension in einer ruhigen Ecke des Dorfes Viet Hai wird zehn große, wenn auch etwas dunkle Backsteinbungalows mit Privatbädern bieten.

Ancient House Homestay HOMESTAY $

(☎0916 645 858, 0915 063 737; www.catba-homestay.com; Ortschaft Ang Soi; B inkl. Frühstück 12 US$, Bungalow inkl. Frühstück 50 US$; 📶) Am Ende einer unbeschilderten Gasse im Dorf Ang Soi, ca. 3 km von Cat-Ba-Stadt entfernt, steht dieses historische Haus, das vom Stadtrand Hanois hierher verlegt wurde. So beeindruckend und stimmungsvoll das Haus und die Anlage sind, so einfach sind die Zimmer, mit schlichten Betten in einem langen Raum und ein paar Bungalows. Auf Anfrage werden mittags und abends auch feste Menüs (12 US$ pro Pers.) serviert.

Cat Ba Mountain View Guesthouse BUNGALOWS $$

(☎0225-368 8641; 452 Đ Ha Sen, Ortschaft Ang Soi; B 222 000 D, Bungalow 700 000–1 000 000 D; ≈) 3 km vom Trubel der Stadt entfernt, bietet das Gästehaus an der Hauptstraße mehrere farbenfroh dekorierte Bungalows (mit Privatzimmern und Schlafsälen) vor einer Felskulisse. Der große strohgedeckte Restaurantbereich lädt zu geselligen Stunden ein und ist ein toller Ort, um Mitreisende zu treffen.

Essen & Ausgehen

Günstiges Essen gibt's an den Ständen vor dem Markt. **Bia-Hoi-Stände** (Đ 1–4; ⊙16–22 Uhr) findet man nahe dem Eingang zum Fischerhafen.

Family Bakery BÄCKEREI $

(196 Đ 1–4; Gebäck 10 000–15 000 D, Sandwiches 30 000–40 000 D; ⊙7–16 Uhr) Freundlicher La-

den, in dem man schon frühmorgens westlich anmutendes Gebäck bekommt. Toll für einen Kaffee, eine Crème Caramel und ein Croissant, ehe es mit Bus, Fähre und wieder Bus zurück nach Hanoi geht.

Phuong Nhung VIETNAMESISCH $
(184 Đ 1–4; Gerichte ab 45 000 D; ⏲7–10 Uhr) Genau das Richtige vor einer Kletter- oder Kajaktour: Das geschäftige Frühstücksrestaurant ist ein beliebter Ort, um eine herzhafte Schüssel *pho bo* (Nudelsuppe mit Rindfleisch) zu essen.

Vien Duong VIETNAMESISCH $$
(12 Đ Nui Ngoc; Gerichte ab 120 000 D; ⏲11–23 Uhr) Vieng Duong ist zu Recht eines der beliebtesten Fischrestaurants an der Đ Nui Ngoc. Es ist oft brechend voll mit vietnamesischen Touristen, die hier Krabben, Tintenfisch und dampfende Fischsuppe futtern. Definitiv nicht das Richtige für Leute, die Ruhe suchen. Die Meeresfrüchte stammen aus der Region.

Quang Anh FISCH & MEERESFRÜCHTE $$
(☎0255-388 8485; Ben Beo Pier; Gerichte ab 200 000 D) In dieser „schwimmenden" Fischfarm, die auch als Restaurant genutzt wird, sucht man sich seine Meeresfrüchte im Wasserbecken aus und bekommt sie in Nullkommanichts gegrillt oder gedünstet auf den Teller. Die Preise richten sich nach Gewicht und Fisch-/Meeresfrüchtesorte; für rund 200 000 D pro Person kann man sich an allen Fischsorten satt essen.

Oasis Bar BAR
(Đ 1–4; ⏲12–23 Uhr; 📶) Ein Billardtisch zur kostenlosen Nutzung, gelegentliches Karaoke, freundliche Mitarbeiter und die Lage mitten auf der Küstenpromenade machen das Oasis zu einer beliebten Adresse für das eine oder andere Bier.

ℹ Praktische Informationen

Die besten unabhängigen Reiseinfos bekommt man bei Asia Outdoors (S. 914). Cat Ba Ventures (S. 914) ist auch sehr hilfreich. Beide haben eigene Websites, die Informationen zur Region bieten.

ℹ An- & Weiterreise

Die Insel Cat Ba liegt 45 km östlich von Hai Phong und 50 km südlich von Ha-Long-Stadt. Verschiedene Bus-Boot-Kombis, die in Hanoi starten, führen dorthin. Auch von Hai Phong und Ha-Long-Stadt verkehren einige Fähren zur Insel.

VON HANOI AUS

Hoang Long (☎0225-387 7224; http://hoanglongasia.com; Đ 1–4, Cat-Ba-Stadt; ⏲7.30–18 Uhr), das von Hanois Nuoc-Ngam-Busbahnhof aus operiert, bietet einen Bus nach Hai Phong. Dort nimmt man einen Minibus zum nahe gelegenen Hafen Dinh Vu und fährt anschließend 40 Minuten mit der Fähre nach Cai Vieng Harbour (auch bekannt als Phu Long) auf der Insel Cat Ba. Dort bringt ein weiterer Minibus Passagiere nach Cat-Ba-Stadt (220 000 D, 4 Std.).

Die Busse starten um 7.30 und 11.30 Uhr in Hanoi und fahren um 9.30, 13.30 und 15.30 Uhr von Cat-Ba-Stadt wieder zurück; in der Hochsaison von Mai bis August verkehren mehr Busse als üblich.

Für Traveller, die auf eigene Faust von Hanoi aus anreisen, ist diese Busroute die einfachste Möglichkeit, nach Cat Ba zu gelangen.

ℹ Unterwegs vor Ort

In den meisten Hotels auf Cat Ba kann man Fahrräder und Motorräder ausleihen (rund 5 US$ pro Tag). Wer die Strände oder den Nationalpark besucht, muss eine Parkgebühr zahlen, die der Sicherheit zugute kommt.

Ba-Be-Nationalpark

☎0209

Der **Ba-Be-Nationalpark** (☎0281-389 472[illegible] Eintritt 46 000 D pro Pers.; ⏲5–21 Uhr) mit seine[illegible] hohen Bergen, tiefen Flüssen und Wasserfä[illegible] len, Seen und Höhlen ist landschaftlic[illegible] atemberaubend. Steile Gipfel (bis zu 1554 [illegible] Höhe) umrahmen die Region, während i[illegible] Park selber üppiger tropischer Regenwal[illegible] mit mehr als 550 Pflanzenarten wächst, [illegible] dem Bären, Affen, Fledermäuse und zahllo[illegible] Schmetterlingsarten leben. Rund um de[illegible] Park liegen Dörfer der ethnischen Minde[illegible] heit der Tay.

Ba Be (Drei Buchten) besteht eigentli[illegible] aus drei zusammenhängenden Seen von i[illegible] gesamt 8 km Länge und einer Breite v[illegible] 400 m. Der Nang-Fluss ist auf einer Strec[illegible] von 23 km schiffbar, von einem Punkt 4 k[illegible] oberhalb von Cho Ra bis zum **Dau-Dan[illegible] Wasserfall** (Thac Dau Dang), der zwisch[illegible] steilen Felswänden in mehreren rausche[illegible] den Kaskaden in die Tiefe stürzt. Im Fl[illegible] liegt die 30 m hohe und 300 m la[illegible] **Puong-Höhle** (Hang Puong).

Touren für Alleinreisende organisiert [illegible] Parkpersonal ab ca. 35 US$ pro Tag, in [illegible] Gruppe sind die Preise günstiger. Auf den [illegible] siebenstündigen Bootsausflügen (650 00[illegible] pro Boot) besucht man die meisten Sehe[illegible] würdigkeiten. **Mr. Sinh** (☎0653 224 214) ein eifriger, englischsprachiger Bootsvermittler. Es gibt auch Möglichkeiten zum Kajakfahren, Radfahren und Wandern. Das von Tay betriebene **Ba Be Tourism Centre** (☎0209-389 4721; www.babenationalpark.com.vn; Ortschaft Bo Lu) arrangiert Übernachtungen bei einheimischen Familien, Bootstouren, Wanderungen, Radausflüge und Kajakfahrten (oder eine Kombination aus allem) für rund 45 US$ pro Tag.

Übernachtungen bei einheimischen Familien im Dorf Pac Ngoi sind bei Besuchern sehr beliebt. Darüber hinaus gibt's Übernachtungsmöglichkeiten in der Nähe des Parkeingangs. Eine empfehlenswerte Unterkunft in Pac Ngoi ist **Hoa Son Guesthouse** (☎0947 150 154; Dorf Pac Ngoi; 70 000 D pro Pers.), wo exzellente, frisch zubereitete Mahlzeiten (50 000–120 000 D) serviert werden, die oft Fisch aus dem See beinhalten. **Mr Linh's Homestay** (☎0989 587 400, 0209-389 4894; www.mrlinhhomestay.com; B inkl. Frühstück 8 US$, Zi. mit Gemeinschaftsbad inkl. Frühstück 22–42 US$; ❄📶) im Dorf Coc Toc gehört zu den besten und verleiht Kajaks.

An- & Weiterreise

Der Ba-Be-Nationalpark liegt 240 km von Hanoi und 18 km von Cho Ra entfernt. Die meisten Besucher kommen im Rahmen von organisierten Touren von Hanoi aus hierher. Tipp für Individualreisende: Die kürzeste Route zu den Seedörfern des Ba-Be-Nationalparks bietet der Lokalbus nach Cho Don via Thai Nguyen, der vom Busunternehmen Thuong Nga betrieben wird. Er startet um 10 Uhr (130 000 D, 4 Std.) an Haltestelle 33 des My-Dinh-Busbahnhofs (S. 910). Angekommen in Cho Don springt man in einen Anschluss-Minibus (der von demselben Busunternehmen betrieben wird) nach Pac Ngoi, Bo Lu und Coc Toc (40 000 D).

Mai Chau

☎0218 / 12 000 EW.

Mai Chau liegt in einem idyllischen Tal und ist umgeben von üppigen Reisfeldern, rauschenden Bewässerungskanälen und Vogelgesang.

Dutzende Familien beteiligen sich an einer extrem erfolgreichen Gastfamilien-Initiative, die Besuchern die reizvolle Möglichkeit bietet, in traditionellen Stelzenhäusern zu nächtigen. Die Dörfer werden häufig von Ausflugsgruppen besucht.

Mai Chau ist auch ein extrem beliebtes Wochenendziel der Hanoier; am besten besucht man den Ort also unter der Woche.

Sehenswertes & Aktivitäten

Durch Reisfelder spazieren oder radeln und in Dörfer ethnischer Minderheiten wandern. Für rund 10 US$ lässt sich ein Führer aus der Gegend engagieren. Viele Reisebüros in Hanoi bieten günstige Ausflüge nach Mai Chau an.

In Mai Chau kann man sich nach längeren Wanderungen von drei bis sieben Tagen erkundigen. Weitere Optionen sind Kletter-, Kajak- und Mountainbike-Touren; Infos gibt's bei **Asia Outdoors** (☎0218-386 8859; www.asiaoutdoors.com.vn; Mai Chau Lodge; ⏲8–20 Uhr).

Schlafen & Essen

Die meisten Besucher übernachten in **Thai-Stelzenhäusern** (Mai Chau; 100 000–250 000 D pro Pers.) in den Dörfern Lac oder Pom Coong. Alle Privatunterkünfte verfügen über Elektrizität, fließendes Wasser, heiße Duschen, Moskitonetze und Rollmatratzen. Das **Mai Chau Sunrise Village** (☎0914 788 884; www.maichausunrisevillage.com; Dorf Lac; Bungalow 35–65 US$; 📶) im Dorf Lac hat Schlafsäle, private Bungalows mit Bambusmöbeln und kostenlose Fahrräder. Am besten schnappt man sich einen Bungalow auf der Rückseite, um morgens mit einem herrlichen Blick auf die grünen Reisfelder aufzuwachen.

Die meisten Besucher essen dort, wo sie übernachten. Manche Familien berechnen bis zu 200 000 D fürs Abendessen.

An- & Weiterreise

Direktbusse nach Mai Chau fahren um 6, 8.30 und 11 Uhr am My-Dinh-Busbahnhof (S. 910) in Hanoi ab (90 000 D, 3¾ Std.). Wer in den Dörfern Lac und Pom Coong übernachten will, bittet den Busfahrer einfach, dort anzuhalten. Man wird an der Kreuzung rausgelassen, die nur einen kurzen Fußweg von den Dörfern entfernt ist.

Zurück nach Hanoi geht's um 7.15, 8, 8.45, 12.30 und 13 Uhr von Mai Chaus **Busbahnhof** (Highway 15), der 2 km südlich der Stadt liegt. Die Betreiber der Privatunterkünfte übernehmen gerne die Buchung und kümmern sich bei Bedarf um einen Abholservice im Dorf.

Lao Cai

☎0214 / 98 360 EW.

Lao Cai, einer der wichtigsten Ausgangspunkte für Touren in den Norden, liegt am Ende der Bahntrasse und 3 km von der Grenze zu China. Die Stadt hat keine Sehenswürdigkeiten, ist aber ein Knotenpunkt für Reisende zwischen Hanoi, Sa Pa und der chinesischen Stadt Kunming. Hotels und Geldautomaten gibt's neben dem Bahnhof.

BUSSE AB LAO CAI

ZIEL	PREIS (D)	DAUER (STD.)	HÄUFIGKEIT
Dien Bien Phu	200 000–250 000	8	6.45, 17, 17.30 & 22 Uhr
Ha Giang	130 000	5–6	6 & 11.30 Uhr
Ha-Long-Stadt (Bai Chay)	360 000	12	19.15, 18 & 20.15 Uhr
Hanoi	230 000	10	5–0.30 Uhr häufig

An- & Weiterreise

Lao Cais **Interprovinz-Busbahnhof** (unweit des Highway 4E; 24 Std.) liegt 10 km südöstlich der Stadt; ein Taxi hierher kostet rund 150 000 D.

Gelbrote Minibusse und große Busse nach Sa Pa (30 000 D, 30 Min.) starten zwischen 5.10 und 18 Uhr mindestens einmal stündlich vom Parkplatz vor dem Bahnhof von Lao Cai. Schlepper versuchen, Touristen zu ihren privaten Minibussen zu locken, die aber überteuerte 100 000 D kosten. Minibusse nach Bac Ha (60 000 D, 2½ Std.) fahren vom **Provinzbusbahnhof** (Pha Dinh Phung) gleich westlich des Bahnhofs ab; sie starten zwischen 4.45 und 17.30 Uhr regelmäßig.

Bac Ha

0214 / 7400 EW.

Der entspannte, freundliche Ort Bac Ha bildet einen netten Ausgangspunkt, um das nördliche Hochland und Bergvölker zu besuchen. Das Klima ist deutlich wärmer als in der Bergstadt.

WEITERREISE NACH CHINA: VON LAO CAI NACH KUNMING

Anreise zur Grenze Der Grenzübergang Lao Cai/Hekou verbindet das nördliche Vietnam mit Yunnan in China. Die Grenze liegt 3 km vom Bahnhof in Lao Cai entfernt; *xe om* kosten 25 000 D.

An der Grenze Die Grenze ist von 7 bis 22 Uhr geöffnet. Visa muss man im Vorfeld organisieren. In China ist es eine Stunde später als in Vietnam.

Weiterreise Der neue Busbahnhof Hekou liegt 6 km vom Grenzübergang entfernt. Täglich verkehren vier Züge zwischen Hekou und Kunming sowie mehrere Schlafbusse. Die Busse starten jeweils um 19.20 und 19.30 Uhr und erreichen Kunming gegen 7 Uhr morgens.

Bac Ha hat einen gewissen Charme, wenngleich immer mehr Betonbauten die traditionellen alten Lehmsteinhäuser ersetzen. Morgens schwängert würziger Holzrauch die Luft und es laufen Hühner und Schweine durch die Gassen. Sechs Tage die Woche liegt der Ort im Dornröschenschlaf, doch am Sonntag füllen sich die Straßen bis zum Bersten, wenn die Touristen und Blumen-Hmong den Wochenmarkt stürmen.

Sehenswertes & Aktivitäten

Bac Has **Sonntagsmarkt** (abgehend von der Đ Tran Bac; So Sonnenaufgang–14 Uhr) ist eine Explosion aus Farben und Kommerz, mit einem Extrabereich für *ruoc* (Getreideschnaps).

Während des Besuchs sollte man das seltsame **Vua Meo** (Haus des „Katzenkönigs“; ĐT 153 Eintritt 20 000 D; 7.30–11.30 & 13.30–17 Uhr) besichtigen. Der Palast wurde in einem bizarren orientalischen „Barockstil“ errichtet.

Außerhalb der Stadt gibt's mehrere interessante Märkte; Touranbieter in Bac Ha können Tagesausflüge zu Märkten in umliegenden Dörfern wie **Co Ly** (Di), **Sin Cheng** (Mi und **Lung Phin** (So) organisieren.

Der Tourveranstalter **Green Sapa Tou** (0912 005 952; www.bachatourist.com; Đ Tra Bac; 6–22 Uhr) wird vom Englisch spre chenden Herrn Nghe betrieben.

Schlafen & Essen

Am Wochenende steigen die Zimmerpreise

Ngan Nga Bac Ha Hotel HOTE
(0214-880 286; www.nganngabachahotel.co 117 P Ngoc Uyen; Zi. inkl. Frühstück 18–27 US) Die Zimmer hier sind geräumig u haben ein paar gemütliche Details, die i nen Charakter verleihen. Am besten sind d auf der Vorderseite mit Balkon.

Saturday Hotel HOTE
(0868 138 290; 126 P Ngoc Uyen; B 100 000 D, 400 000–500 000 D;) Ein sauberes, hü sches Hotel mitten im Trubel von Bac I Die Zimmer sind sauber und einlade wenn auch einfach. Die Schlafsäle erinne eher an Krankenhauszimmer: Sie verfüg

BUSSE AB BAC HA

ZIEL	PREIS (D)	DAUER (STD.)	HÄUFIGKEIT
Hai Phong	300 000	9	8 & 16.30 Uhr
Hanoi	300 000	8	12.30 & 20.30 Uhr
Lao Cai	60 000	2	7–14 Uhr häufig

über kaum mehr als Matratzen, die durch Vorhänge voneinander getrennt sind.

Thanh Cong VIETNAMESISCH $$
(P Ngoc Uyen; Gerichte ab 150 000 D; 7–20 Uhr) Ein beliebtes Gericht in Nordvietnam ist Grillente. In diesem einfachen Restaurant (nach der Rotisserie auf der Vorderseite Ausschau halten) gibt's halbe (100 000 D) und ganze (200 000 D) Enten sowie jede Menge Bier. Hier kann man sich wie ein echter Einheimischer fühlen. Auf der Karte stehen noch viele weitere Gerichte.

Praktische Informationen

Die englischsprachigen Mitarbeiter des **Touristeninformationszentrums** (ĐT 153; 7.30–.1.30 & 13.30–17 Uhr) an der Vua Meo geben ïipps zu Wanderungen, Touren und Bussen – nan bekommt allerdings den Eindruck, dass sie ersuchen, Touristen in Geschäfte und Unterehmen zu locken, die ihren Freunden und amilien gehören.

An- & Weiterreise

usflüge von Sa Pa nach Bac Ha kosten ab 0 US$ pro Person; auf dem Rückweg kann man ch in Lao Cai absetzen lassen und dort in den achtzug nach Hanoi steigen.

Wer in den Osten nach Ha Giang reisen will, hat wei Möglichkeiten: Man sollte sich am besten rher bei Mr. Dong im Ngan Nga Bac Ha Hotel ler bei Mr. Nighe von Green Sapa Tour (S. 918) formieren, da die Busfahrpläne nach Ha Giang ch oft ändern.

Ein *xe om*/Taxi nach Lao Cai kostet 25/70 US$, ch Sa Pa 30/80 US$.

a Pa

0214 / 52 899 EW. / 1650 M

Pa wurde 1922 von den Franzosen als rgstation gegründet. Heute ist die Stadt s touristische Zentrum des Nordwestens. An klaren Tagen bietet Sa Pa spektakuläre sblicke auf das Tal, das rundum von ho- Bergen umgeben ist. Oft versteckt die ndschaft ihre Schönheit aber unter dich- Nebel, der von den Gipfeln der Berge unterwallt; doch selbst wenn es bewölkt ist: Die hiesigen Bergvölker verleihen der Stadt jede Menge Farbe.

Wer eine ruhige Bergstadt erwartet, wird enttäuscht. Überall schießen moderne touristische Gebäude aus dem Boden. Die Skyline von Sa Pa drängt aufgrund der selten durchgesetzten Höhenbeschränkungen immer mehr nach oben.

Aber man kommt nicht hierher, um in der Stadt abzuhängen. Sa Pa ist das wichtigste Wanderzentrum von Nordvietnam. Von hier aus wandern Touristen zu kaskadenförmigen Reisterrassen und winzigen Bergdörfern, die eine Welt für sich sind. Wer die üppigen Felder einmal betreten hat, wird den wahren Zauber Sa Pas erkennen.

Sehenswertes & Aktivitäten

Sa Pa liegt im Hoang-Lien-Gebirge; hier ragt auch der höchste Berg Vietnams auf, der **Fan Si Pan** (3143 m). Die Wanderung von der Stadt zum Gipfel und zurück dauert gewöhnlich mehrere Tage; inzwischen fährt auch eine neue Seilbahn auf den Berg, und die zahlreichen Geschäfte auf dem Gipfel haben die einzigartige Atmosphäre für immer verändert. Zu den bekannteren Sehenswürdigkeiten in der Umgebung der Stadt zählen der **Tram-Ton-Pass**, der hübsche **Thac Bac** (Silberwasserfall) sowie die **Cau May** (Wolkenbrücke), die über den Muong-Hoa-Fluss führt.

Wanderungen können in vielen Pensionen und Reisebüros organisiert werden. **Sapa O'Chau** (0214-377 1166; www.sapaochau.org; 8 Đ Thac Bac; 7–18.30 Uhr) ist ein exzellenter Veranstalter, der Hmong-Kinder unterstützt. Ebenfalls empfehlenswert ist **Sapa Sisters** (0214-773 388; www.sapasisters.com; Sapa Graceful Hotel, 9 Đ Phan Si; 7–17 Uhr) unter Hmong-Leitung.

Neben Wanderungen werden auch kulturelle Touren mit Besuchen im Hmong-Dorf **Sin Chai** angeboten, bei denen man im Dorf übernachtet, um mehr über lokale Textilien und Musik zu erfahren. Weitere beliebte Gemeinden, die man besuchen kann, sind das Giay-Dorf **Ta Van** und das Hmong-Dorf **Matra**.

★ Museum von Sa Pa
MUSEUM

(103 P Cau May; 7.30–11.30 & 13.30–17 Uhr) GRATIS Hervorragende Ausstellung zur Geschichte und Ethnologie von Sa Pa einschließlich der französischen Kolonialzeit. Die staubigen Exponate erläutern die Unterschiede zwischen den ethnischen Minderheiten der Gegend, deswegen bietet sich ein Besuch als erster Programmpunkt nach der Ankunft an. Einige Beschreibungen sind leider schon so verblichen, dass sie nicht mehr lesbar sind. Das Museum liegt über einem Kunsthandwerksladen hinter dem Touristeninformationszentrum (S. 921).

Markt von Sa Pa
MARKT

(Đ Ngu Chi Son; 6–14 Uhr) Leider musste der Markt von der Innenstadt in ein zweckmäßiges, modernes Gebäude in der Nähe des Busbahnhofs umziehen. Er lockt jedoch noch immer mit jeder Menge farbenfroher Betriebsamkeit, frischem Obst und Gemüse sowie einer Metzgerabteilung, die nichts für zarte Gemüter ist. An den meisten Tagen verkaufen außerdem Bergvölker aus den umliegenden Dörfern Kunsthandwerk. Samstags ist am meisten los.

Schlafen

Go Sapa Hostel
HOSTEL $

(0214-871 198; www.gosapahostel.com; 25 Đ Thac Bac; B 110 000–130 000 D, Zi. 400 000 D;) Vom Zentrum Sa Pas geht's bergauf zu diesem Hostel in einem Gemeinschaftsgarten. Es beherbergt verschiedene Acht-Betten-Schlafsäle (mit Schließfächern) sowie teurere Unterkünfte mit Privatbädern und teils winzigen Balkonen. Darüber hinaus gibt's Computer zur kostenfreien Nutzung und Leihräder.

Luong Thuy Family Guesthouse
PENSION $

(0214-872 310; www.familysapa.com; 28 Đ Muong Hoa; B 5 US$, Zi. 15–20 US$,) Die freundliche Pension hat einen anständigen, wenn auch dunklen Schlafsaal und gemütliche Privatzimmer. Hier kann man Motorräder und Fahrräder ausleihen, Wanderungen und Fahrzeuge arrangieren und von den vorderen Zimmern den Blick aufs Tal genießen.

Sapa Auberge
HOTEL $

(0214-387 1243; www.sapaauberge.com; 31 P Cau May; Zi. inkl. Frühstück 21 US$;) Eine leuchtend gelbe Villa mit 21 gemütlichen Zimmern. Anders als andere Hotels in Sa Pa hat Sapa Auberge kaum Ausblick zu bieten, aber es liegt gleich abseits der Hauptstraße und ist friedlich und ruhig.

★ Sapa Dragon Hotel
HOTEL $$

(0214-871 363; www.sapadragonhotel.com; 1a Đ Thac Bac; Zi. inkl. Frühstück 55–105 US$;) Dieser Neuzugang in der Stadt bietet 20 schöne, geräumige Zimmer mit einer gut durchdachten Ausstattung (Laptops) und lokalen Designelementen. Der Service ist freundlich und nicht aufdringlich. Eine der besten Optionen, wenn man direkt in Sa Pa übernachten will.

Essen & Ausgehen

Günstiges Essen gibt's in den einfachen vietnamesischen Restaurants auf der Đ Tue Tinh. Die Stände südlich der Kirche verkaufen *bun cha* (gegrilltes Schweinefleisch).

Co Lich
VIETNAMESISCH $

(Đ Phan Si; Gerichte ab 70 000 D; 12–23 Uhr) Das lärmende Lokal serviert alle lokalen Klassiker – Grillspieße, Spanferkel, getrocknetes Rinderfleisch und Eintopf. Am besten schnappt man sich eine Bank an den einfachen Tischen und genießt das Essen.

Sapa O'Chau
CAFÉ $

(www.sapaochau.org; 8 Đ Thac Bac; Snacks ab 40 000 D; 6.30–18.30 Uhr;) Wer in diesem schnörkellosen an den Touranbieter Sapa O'Chau angeschlossenen Café ist, sollte unbedingt den mit Berghonig aus Sa Pa gesüßten Ingwertee probieren – ideal zum Aufwärmen. Daneben werden gutes Frühstück, einfach Snacks und leichte Mahlzeiten serviert.

★ Hill Station Signature Restaurant
VIETNAMESISCH $

(www.thehillstation.com; 37 Đ Phan Si; Gerichte a 150 000 D; 7–23 Uhr;) Hier gibt Hmong-Küche par excellence, hübsche Zen-Dekor und einen großartigen Ausblic Zur Auswahl stehen z. B. kurz gebraten Schweinefleisch mit Limette, in Asche geb ckene Forelle im Bananenblatt oder Blu wurst nach traditioneller Hmong-Art a der Speisekarte. Auch die Sets der köst chen hiesigen Reis- und Getreideweine dü ten neugierige reisende Feinschmecker int ressieren. Unbedingt probieren sollte m außerdem die äußerst delikaten Regenb genforellen-Reispapierrollen, die gewisse maßen das „Sushi von Sa Pa" sind.

Cafe in the Clouds
BIERGAR

(0214-377 1011; 60 Đ Phan Si; 6–23 Uhr; Die große Terrasse dieser Bar ist einer d schönsten Orte von Sa Pa (wie der ganz Welt), um sich auszuruhen und den Bl auf das oft in Nebel gehüllte Tal zu genieß Geht die frische Luft auch mit hohen P

Sa Pa

en einher? Die Getränke sind eigentlich echt preiswert, und auch das WLAN zum inloggen in elektronische Wolken ist chnell. Das Essen ist ebenfalls gut.

ong Ca Phe CAFÉ
Xuan Vien; ⏲7–23 Uhr; 📶) In Sa Pa gibt's eine iliale dieser beliebten Coffeeshop-Kette mit ommunisten- und Retromotto. Die große ierauswahl und die gelegentlichen Livekonrte machen es fast zu einer richtigen Bar.

Praktische Informationen

LAN ist in Hotels sowie vielen Restaurants und fés Standard. Es gibt mehrere Geldautomaten der Stadt, u. a. von **Agribank** (P Cau May; Mo–Fr 8–15 Uhr, Geldautomat 24 Std.). Die fsbereiten englischsprachigen Mitarbeiter des **uristeninformationszentrums von Sa Pa** 0214-387 3239; www.sapa-tourism.com; 103 Đ an Vien; ⏲7.30–11.30 & 13.30–17.30 Uhr) en genaue Infos zu An- und Abreise, zu nderungen und zum Wetter vor Ort.

Sa Pa

Highlights
1 Museum von Sa Pa B2

Aktivitäten, Kurse & Touren
2 Sapa O'Chau A2
3 Sapa Sisters B2

Schlafen
4 Go Sapa Hostel A2
5 Luong Thuy Family Guesthouse C4
6 Sapa Auberge C3
7 Sapa Dragon Hotel A2

Essen
8 Co Lich B2
9 Hill Station Signature Restaurant B3
Sapa O'Chau .... (siehe 2)

Ausgehen & Nachtleben
10 Café in the Clouds A4
11 Cong Ca Phe C1

WEITERREISE NACH LAOS: VON DIEN BIEN PHU NACH MUANG KHUA

Anreise zur Grenze Täglich um 5.30 Uhr verkehrt ein Bus von Dien Bien Phu nach Muang Khua (115 000 D, 7–8 Std.). Das Ticket sollte mindestens einen Tag im Voraus gekauft werden. Der Bus überquert den **Grenzübergang Tay Trang–Sop Hun** und setzt Fahrgäste in Muang Khua in Laos ab. Die Fahrt kann sich je nach Straßenzustand und Dauer der Grenzformalitäten auch länger hinziehen. Weitere Ziele in Laos, zu denen Busse ab Dien Bien Phu fahren, sind u. a. Bo Keo (560 000 D, 7 Uhr), Luang Prabang (402 000–495 000 D, 6 & 7.30 Uhr), Luang Nam Tha (350 000 D, 6.30 & 8.30 Uhr), Phongsali (345 000 D, 7.15 Uhr) und Oudom Xay (230 000 D, 6 Uhr).

An der Grenze Der Grenzübergang Tay Trang–Sop ist 34 km von Dien Bien Phu entfernt und täglich von 7 bis 16.30 Uhr geöffnet. Die meisten Reisenden erhalten bei der Einreise nach Laos ein Visum für 30 Tage (30 bis 42 US$, je nach Nationalität). Voraussetzung sind zwei Reisepassfotos, ein Pass und etwas zusätzliches Bargeld für gelegentlich erhobene „Verwaltungsgebühren" (ca. 5 US$).

Weiterreise Von Muang Khua fahren Busse nach Oudom Xay.

An- & Weiterreise

Das Tor zu Sa Pa ist das 38 km westlich gelegene Lao Cai, das über eine gut asphaltierte Autobahn zu erreichen ist.

BUS

Sa Pas **Busbahnhof** (Đ Luong Dinh Cua) liegt nordöstlich des Stadtzentrums in der Nähe des Marktes. Zwischen 7 und 22.30 Uhr fahren regelmäßig Busse nach Hanoi (200 000–250 000 D, 10 Std.); täglich um 16 Uhr verkehrt ein Bus nach Mong Cai (450 000 D).

Es gibt keine Direktverbindungen nach Bac Ha, Dien Bien Phu oder Lai Chau. Man muss den Minibus nach Lao Cai nehmen und dort umsteigen.

Zwischen 6 und 18 Uhr starten alle 30 Minuten **Minibusse** (Đ Ham Rong) und Busse nach Lao Cai (30 000 D, 30 Min.); sie fahren von einer Haltestelle bei der Kirche von Sa Pa ab. Nach rotgelben Bussen mit Preislisten in den Fenstern Ausschau halten.

ZUG

Es gibt keine direkte Zugverbindung nach Sa Pa, dafür aber regelmäßige Züge zwischen Hanoi und Lao Cai. Die meisten Hotels und Reisebüros in Sa Pa können Fahrkarten von Lao Cai nach Hanoi buchen.

Tickets bucht man im **Zug-Buchungsbüro** (☎ 0214-387 1480; P Cau May; ⏲7.30–11 & 13.30–16 Uhr) auf der Pho Cau May, das eine kleine Gebühr berechnet.

Dien Bien Phu

☎ 0215 / 46 362 EW.

Am 7. Mai 1954 wurden die Truppen der Kolonialmacht Frankreich in einer entscheidenden Schlacht bei Dien Bien Phu von der Vietminh geschlagen und die Tage von Französisch-Indochina waren gezählt. Dien Bien Phu, das vorher nur eine kleine Siedlung gewesen war, erlebte in den letzten Jahren einen Boom. Alleen und Gebäude entstanden, und am Flughafen landen nun täglich Maschinen aus Hanoi.

Sehenswertes

★ Dien-Bien-Phu-Museum MUSEUM

(279 Đ 7-5; Eintritt 15 000 D; ⏲7–11 & 13.30–17.30 Uhr) Dieses gut gestaltete Museum in einem futuristisch-modernen Gebäude erinnert mit einer facettenreichen Sammlung an die Schlacht von 1954. Sie umfasst Waffen und Gewehre, eine Badewanne, die dem französischen Kommandeur und Oberstleutnant de Castries gehörte, ein Fahrrad, mit dem 330 kg Kriegsmaterial transportiert werden konnten, sowie zahlreiche Fotografien und Dokumente, teilweise mit Erläuterungen auf Englisch.

Bunker von Oberst de Castries DENKMAL

(abseits der P Nguyen Huu Tho; Eintritt 15 000 D; ⏲7–11 & 13.30–18 Uhr) Westlich des Ro[...] Flusses wurde der Kommandobunker von Oberst Christian de Castries nachgebaut. [...] der Nähe stehen ein paar ausrangierte Panzer und oft sieht man vietnamesische Touristen, die den Bunker besteigen und die vietnamesische Fahne schwenken. Sie stellen damit ein bekanntes Foto nach, das zu Ende der Schlacht aufgenommen wurde.

★ Hügel A1 DENKMAL

(Đ 7-5; Eintritt 15 000 D; ⏲7–11 & 13.30–17 Uhr) Der Aussichtspunkt A1 spielte eine wicht[...] Rolle in der Schlacht von Dien Bien Phu.

dieser früheren französischen Stellung – von den Franzosen als „Eliane" und von den Vietnamesen als Hügel A1 bezeichnet – befinden sich Panzer und ein Denkmal für die Opfer der Vietminh. Die aufwendigen Schützengräben, die das Kernstück der französischen Verteidigung bildeten, wurden ebenfalls nachgebaut. Vor Ort gibt's nur wenige Informationstafeln.

Schlafen & Essen

Nam Ron Hotel HOTEL $
(☎0946 251 967; Đ Trang Dang Ninh; Zi. 400 000–450 000 D; ❄📶) Dem am Ufer des Ron-Flusses gelegenen Hotel fehlt der Charakter, aber es ist immerhin sauber. Die Zimmer sind nach vietnamesischen Standards sehr eng, aber funktional und komfortabel und mit Retromöbeln eingerichtet.

★ **Ruby Hotel** HOTEL $$
(☎0913 655 793; www.rubyhoteldienbien.com; abgehend von der Đ Nguyen Chi Thanh; Zi. inkl. Frühstück 560 000–900 000 D; ❄📶) Am Ende einer beschilderten Gasse wartet dieses freundliche Hotel mit den besten Preisen der Stadt auf. Die 31 gemütlich eingerichteten Zimmer haben gute Betten, Flachbildfernseher und Bäder mit Regenduschen. Für Alleinreisende lohnt sich der Aufpreis für ein Doppelzimmer, da die Einzelzimmer ziemlich klein sind.

Pho-Stände VIETNAMESISCH $
P Thanh Binh; Gerichte ab 40 000 D; ⏲8–22 Uhr) An den billigen *pho*-Ständen und einfachen Restaurants gegenüber vom Busbahnhof kann man gut und günstig essen; einige servieren köstlichen frischen Zuckerrohrsaft.

Bia-Hoi-Restaurants VIETNAMESISCH $
Hoang Van Thai; Gerichte ab 30 000 D; ⏲12–2 Uhr) Man ist wahrscheinlich sowieso nur eine Nacht lang in der Stadt, aber wer Einheimische kennenlernen will, sollte die *bia-hoi*-Gärten an der Đ Hoang Van Thai ansteuern. Und wer genug von Reis und Nudeln hat, bekommt hier gute und günstige Grillgerichte.

Praktische Informationen

Geldautomaten findet man in Dien Bien Phu zuhauf, z. B. in der **Agribank** (Đ 7-5; ⏲Mo–Fr 8–15, Sa bis 11.30 Uhr, Geldautomat 24 Std.).

An- & Weiterreise

BUS

Dien Bien Phus Busbahnhof liegt an der Ecke Đ Tran Dang Ninh/Autobahn 12.

FLUGZEUG

Der Flughafen von Dien Bien Phu liegt 1,5 km nördlich der Stadt an der Straße nach Muong Lay. **Vasco Airlines** (☎0215-382 4948; www.vasco.com.vn; Dien Bien Phu Airport; ⏲7.30–11.30 & 13.30–17 Uhr) bietet täglich zwei Flüge nach/von Hanoi (ab 1 113 000 D, 1 Std.).

Provinz Ha Giang

750 000 EW.

Ha Giang ist die letzte Grenzprovinz in Nordvietnam, mit einer faszinierenden Landschaft aus Kalksteinsäulen und Granitfelsen. Der hohe Norden der Provinz bietet einige der spektakulärsten Landschaften des Landes – wenn nicht ganz Südostasiens –, und die Reise von Yen Minh nach Dong Van und dann weiter über den Mai-Pi-Leng-Pass nach Meo Vac ist ein unvergessliches Erlebnis. Ha Giang müsste eigentlich eines der beliebtesten Reiseziele der Region sein, wird aufgrund seiner Abgeschiedenheit jedoch nur von wenigen Touristen besucht.

Wer auf der Straße nördlich von Tam Son nach Dong Van und Meo Vac reisen will, braucht eine Reisegenehmigung (10 US$), die man direkt in dem Hotel bezahlt, in dem man unterwegs absteigt.

Sehenswertes

Dong Van, der beliebteste Übernachtungsort in der Region Ha Giang, bietet gute Unterkünfte und Restaurants. Aber der wahre Grund für einen Besuch der Stadt ist der **Sonntagsmarkt** (Đ Vao Cho; ⏲So 6–14 Uhr), einer der größten und buntesten Märkte der

BUSSE AB DIEN BIEN PHU

ZIEL	PREIS (D)	DAUER (STD.)	HÄUFIGKEIT
Hanoi	255 000–570 000	11½	häufig 4.30–21.15 Uhr
Muang Khua (Laos)	115 000	7–8	5.30 Uhr
Muong Lay	60 000	3–4	14.30, 15 & 16 Uhr
Muong Te	130 000	6	6 Abfahrten zw. 5 & 8.15 Uhr
Son La	97 000–100 000	4	9 Abfahrten zw. 4.30 & 14 Uhr

WEITERREISE NACH CHINA: VON LANG SON NACH NANNING

Anreise zur Grenze Der Freundschaftspass am **Grenzübergang Dong Dang–Pingxiang** ist der beliebteste Grenzposten im hohen Norden Vietnams. Er befindet sich 3 km nördlich von Dong Dang (Stadt) am Huu Nghi Quan (Freundschaftspass). Von Lang Son fährt täglich um 11.15 Uhr ein Zug nach Dong Dang (15 000 D, 30 Min.). Alternativ kann man auch ein Taxi (160 000 D) oder ein *xe om* (70 000 D) zur Grenze nehmen.

An der Grenze Der Grenzübergang ist täglich von 7 bis 20 Uhr (Vietnam-Zeit) geöffnet. Achtung: In China ist es eine Stunde später. Die 500 m zur chinesischen Seite werden mit einem Elektroauto (12 000 D) zurückgelegt. Visa für China muss man im Vorfeld besorgen.

Weiterreise Auf der chinesischen Seite der Grenze fährt man mit dem Bus oder Gemeinschaftstaxi 20 Minuten nach Pingxiang. Von dort starten Züge und Busse nach Nanning (3 Std.).

Region. Die Stadt ist ein guter Ausgangspunkt für Tageswanderungen zu nahegelegenen Minderheitsdörfern und Sehenswürdigkeiten wie dem Flaggenturm **Lung Cu** (25 000 D; ⌚8–17 Uhr).

Meo Vac ist eine kleine, aber charmante Bezirkshauptstadt, die von steilen Karstbergen umgeben ist und – wie viele Städte im Nordwesten – eine stete Zuwanderung von Vietnamesen erlebt. Die Fahrt über den spektakulären Mai-Pi-Leng-Pass, der sich von Dong Van 22 km über die Berge windet, ist die Hauptattraktion der Region. Die Straße wurde in eine Klippe geschnitten und bietet einen tollen Blick auf die Hügel, die tief zu den entfernten Gewässern des Nho-Que-Flusses abfallen. Auf der Spitze des Passes befindet sich ein Aussichtspunkt, wo man anhalten und die Landschaft bewundern kann.

Schlafen

★ Lam Tung Hotel HOTEL $

(☎ 0219-385 6789; Đ Vao Cho; Zi. 350 000–450 000 D; ❄📶) Lam Tung liegt gleich abseits der Hauptstraße Dong Van und blickt auf den Platz, auf dem der Sonntagsmarkt stattfindet. Es bietet erstaunlich schicke Zimmer mit weichen Matratzen. Die englischsprachigen Mitarbeiter sind sehr freundlich. Verleiht auch Motorräder für 150 000–200 000 D pro Tag.

★ Auberge de Meo Vac PENSION $$

(☎ 0219-387 1686; aubergemeovac@gmail.com; B/Zi. mit Gemeinschaftsbad 330 000/1 320 000 D; 📶) Eine einzigartige Pension in einem schön renovierten Haus aus dem 19. Jh., das von Mitgliedern einer ethnischen Minderheit erbaut wurde und aus Lehmmauern, viel Holz und einem großen Innenhof besteht. Die Mitarbeiter servieren Frühstück (5 US$) und Abendessen (12 US$). Die Pension liegt nordwestlich des Stadtzentrums gleich östlich des Highway 4C.

Anreise & Unterwegs vor Ort

Die Provinz lässt sich am besten mit dem Auto oder Motorrad erkunden. Wer sich auf seiner Reise ein privates Verkehrsmittel leisten will, sollte dies hier tun.

Die öffentlichen Verkehrsverbindungen werden immer besser, und es ist relativ einfach, mit dem Bus von Ha-Giang-Stadt nach Dong Van zu fahren. Zur Zeit der Recherchen gab es allerdings keinerlei Busverbindungen von Dong Van nach Meo Vac. Auf der niedrigen Straße zwischen Meo Vac und Ha-Giang-Stadt verkehren jedoch Busse. Wer in Dong Van ein *xe om* oder Taxi nach Meo Vac mietet, kann in einem Bogen zurück nach Ha-Giang-Stadt fahren. Die Strecke von Meo Vac Richtung Osten nach Cao Bang verursacht jedoch weiterhin Kopfschmerzen, da es keine öffentlichen Verkehrsverbindungen von Meo Vac nach Bao Lac gibt.

NORD-ZENTRALVIETNAM

Die außergewöhnlichen Höhlensysteme d[es] Nationalparks Phong Nha-Ke Bang und d[ie] Karstlandschaften rund um Ninh Binh m[a]chen Nord-Zentralvietnam zu einem ultim[a]tiven Reiseziel für abenteuerlustige Trav[e]ler. Nach einem Besuch der Höhlen v[on] Phong Nha kann man noch mehrere Ta[ge] lang Mountainbike-Touren im relaxt[en] Bong-Lai-Tal unternehmen oder sich in d[en] interessanten Bars und Cafés der Regi[on] entspannen.

Rechnet man noch die Möglichkeiten z[um] Wandern und Beobachten von Wildtieren

Nationalpark Cuc Phuong hinzu, ist es definitiv die richtige Entscheidung, auf dem Weg nach Norden oder Süden nicht nur schnell durch Nord-Zentralvietnam zu hetzen, sondern die Region in Ruhe zu erkunden.

Ninh Binh

☎0229 / 160 000 EW.

Ninh Binh ist an sich kein Reiseziel, aber eine gute Basis für die Erkundung typisch vietnamesischer Karstlandschaften und ländlicher Gegenden, darunter die Nationalparks Tam Coc und Cuc Phuong. Allerdings sind viele seiner Attraktionen sehr kommerziell.

Sehenswertes

Trang An HÖHLEN

(7.30–16 Uhr) Auf dem Sao-Khe-Fluss kann man mit dem Ruderboot durch Kalksteinhöhlen fahren. Die Tour ist sehr entspannend, aber viele Höhlen wurden vergrößert, um sie für Boote passierbar zu machen. Die Bootstouren (150 000 D pro Pers. oder 800 000 D für ein eigenes Boot) dauern zwei Stunden; Zur Auswahl stehen zwei Routen, bei denen Höhlen und Tempel angefahren werden. Da die Boote nur wenig Schatten bieten, sollte man eine Kopfbedeckung und Sonnencreme mitnehmen. Trang An liegt 7 km nordwestlich von Ninh Binh. Man passiert die Höhlen auf dem Weg zum Chua Bai Dinh.

Chua Bai Dinh BUDDHISTISCHE STÄTTE

(7–17.45 Uhr) GRATIS Chua Bai Dinh ist ein gewaltiger buddhistischer Gebäudekomplex in großem Stil. Er erhebt sich auf einem Hügel bei Ninh Binh, wurde 2014 fertiggestellt und ist jetzt eine riesige Attraktion bei vietnamesischen Touristen. Der Eingang führt zu Klostergängen, die an 500 steinernen *arhats* (erleuchteten Buddhas) vorbei bis zur dreistufigen Hauptpagode Phap Chu führen. Die Pagode beherbergt einen 10 m hohen, 100 Tonnen schweren Bronzebuddha, der von zwei vergoldeten Buddha-Figuren flankiert ist.

Schlafen & Essen

Die Auswahl an Restaurants ist begrenzt. Nicht entgehen lassen sollte man sich die hiesige Spezialität *de* (Ziegenfleisch).

Go Ninh Binh Hostel HOSTEL $

(☎0229-387 1186; www.goninhbinhhostel.com; Đ Ngo Gia Tu; B 5 US$, DZ 20–24 US$; ❄@📶) Go Ninh Binh wurde vor Kurzem im ehemaligen Bahnhof der Stadt eröffnet. Es bietet farbenfrohe Schlafsäle, Doppelzimmer mit Privatbädern und zahlreiche Aufenthaltsbereiche mit Hängematten und einem Kickertisch. Die Bibliothek, die Bar, der Billardtisch und die Dartscheibe sind sehr beliebt, und das Team an der Rezeption hält viele Tipps und Ideen zur Erkundung der Region bereit.

Trung Tuyet VIETNAMESISCH $

(14 Đ Hoang Hoa Tham; Gerichte 40 000–90 000 D; 8.30–21.30 Uhr; 🖉) Sättigende Portionen, vegetarische Gerichte und ein herzlicher Empfang durch die Gastfamilie machen das geschäftige kleine Lokal bei Urlaubern beliebt. Gäste, die nach dem Essen mit dem Zug weiterreisen möchten, werden sogar zum nahegelegenen Bahnhof gebracht.

Bia Hoi BAR

Wer *bia hoi* (Fassbier) trinken will, sollte die Bars am Fluss unweit der örtlichen Brauerei ansteuern.

Geführte Touren

Truong Nguyen GEFÜHRTE TOUREN

(☎0915 666 211, 0165 348 8778; www.ninhbinhtour.vn) Der freiberuflich tätige Guide Truong bietet geführte Motorradtouren auf Landstraßen in der Umgebung von Ninh Binh sowie Wandertrips im Naturschutzgebiet Pu Luong an, einer Waldfläche, die sich über zwei Bergkämme erstreckt. Unterwegs übernachten die Teilnehmer in Privatunterkünften bei Thai- und Hmong-Familien. Truong bietet außerdem Touren in die nördliche Provinz Ha Giang und betreibt ein exzellentes neues **Hotel** (☎0229-388 3588; www.friendlyhome.vn; 5 60/45 Đ Hai Thuong Lang On; EZ 16 US$, DZ 22–35 US$, FZ 42 US$; ❄@📶) in Ninh-Binh-Stadt.

Chookie's Tours NATURTOUREN

(☎0948 346 026; www.facebook.com/chookiesninhbinh; 17 Đ Luong Van Tuy; 300 000–1 210 000 D; 9–22 Uhr) Das Unternehmen bietet regelmäßig Motorradtouren zu den Attraktionen der Region, Ausflüge zu den Trang-An-Grotten und eine Natur-Entdeckungstour im Naturschutzgebiet Van Long und im Nationalpark Cuc Phuong.

An- & Weiterreise

Regelmäßig fahren Busse vom Busbahnhof Giap Bat in Hanoi hierher (ab 75 000 D, 2½ Std.). In Ninh Binh halten Open-Tour-Busse und einige der Züge, die zwischen Hanoi und HCMS verkehren.

Vielseitiges Vietnam

Gewaltige Berglandschaften prägen den Norden, atemberaubende Strände und tropische Inseln verwöhnen die Reisenden entlang der Küste. In den lebendigen Städten gehören französischer Kolonialcharme und prägnante Wolkenkratzer zu den Highlights.

1

2
EFIRED/SHUTTERSTOCK ©

4
DINO GEROMELLA/SHUTTERSTOCK ©

1. Sao Beach (S. 985)
Der Sao Beach nur wenige Kilometer abseits von An Thoi bietet weißen Sand und kristallklares Wasser.

2. Tam Coc (S. 928)
Bootsfahrten in Tam Coc offenbaren atemberaubende Szenerien, in denen Kalksteinfelsen über Reisfeldern thronen.

3. Kathedrale Notre Dame (S. 967)
Die quadratischen neuromanischen Türme der Kathedrale in Ho-Chi-Minh-Stadt sind 40 m hoch.

4. Hanoi (S. 893)
Händler sind auf den Straßen Hanois allgegenwärtig.

3
ANDREW V MARCUS/SHUTTERSTOCK ©

Tam Coc

Die berühmte, wenn auch touristische Stätte ist für ihre riesigen über den Reisfeldern thronenden Kalksteinformationen bekannt und liegt 9 km südwestlich von Ninh Binh. Die wunderbaren zweistündigen **Bootsfahrten in Tam Coc** (Bootsgebühr 150 000 D plus Erw./Kind 120 000/60 000 D; ⌚7–15.30 Uhr) führen durch großartige Landschaften und Karsthöhlen. In den Booten haben zwei Passagiere Platz; Schatten gibt's nicht. Man sollte sich auf aufdringliche Verkäufer einstellen.

Die umliegende Karstlandschaft eignet sich exzellent zum Radfahren; viele Unterkünfte verleihen Fahrräder.

Schlafen & Essen

In der größtenteils ländlichen Umgebung von Tam Coc gibt's mehrere gute Unterkünfte, als ruhige Alternative zu den Hotels von Ninh-Binh-Stadt.

Nguyen Shack BUNGALOWS **$$**
(☎0229-361 8678; www.nguyenshack.com; bei der Mua-Höhle, Hoa-Lu-Bezirk; Bungalows 22–55 US$; 📶) Die strohgedeckten Bungalows liegen 5 km von Tam Coc entfernt am Fluss. Sie sind das perfekte Gegenstück zum Trubel Hanois und garantieren entspannte, faule Urlaubstage. Man kann in einer Hängematte liegen, eine Angel von der rustikalen Terrasse auswerfen oder sich ein Rad schnappen und die Gegend erkunden. Vor Ort befinden sich auch ein Restaurant und eine Bar.

Chookies Beer Garden BIERGARTEN
(www.facebook.com/pg/chookiesninhbinh; Tam Coc–Bich Dong Rd; ⌚9–22 Uhr) Die gemütlichen Liegestühle und rustikalen Gemeinschaftstische sind nach einer langen Boots- oder Mountainbike-Tour in und um Tam Coc und Trang An ein perfekter Ort zum Ausruhen. Neben eiskaltem Bier gibt's Burger, Salate und Falafel.

An- & Weiterreise

Tam Coc liegt 9 km südwestlich von Ninh Binh. Die Hotels in Ninh Binh veranstalten geführte Touren, man kann aber auch selbst mit dem Fahrrad oder Motorrad losfahren (die Hotels geben Tipps zu schönen Landstraßen). Auch die Reisebüros in Hanoi bieten Tagesausflüge hierher (rund 25 US$).

Cuc-Phuong-Nationalpark

☎030 / 150–656 M

1963 wurde dieses eindrucksvolle Schutzgebiet als erster **Nationalpark** (☎030-384 8006; www.cucphuongtourism.com; Erw./Kind 40 000/20 000 D) des Landes ausgewiesen. Hier leben heute 307 Vogel-, 133 Säugetier- und 122 Reptilienarten, zudem gibt's über 2000 verschiedene Pflanzen. Viele Wildtiere sind jedoch der Wilderei zum Opfer gefallen. Es gibt gute Wandermöglichkeiten, außerdem kann man zu einem gigantischen tausendjährigen Baum *(tetrameles nudiflora)* spazieren (hin & zurück 8 km) oder ein Muong-Dorf besuchen, wo Raftingtouren angeboten werden. Wer eine längere Wandertour unternehmen möchte, benötigt einen Führer.

Im **Rettungszentrum für gefährdete Primaten** (☎0229-384 8002; www.eprc.asia; Eintritt 30 000 D; ⌚9–11.30 & 13.30–16 Uhr) leben etwa 150 seltene Primaten, die entweder in Gefangenschaft gezüchtet wurden oder aus den Fängen illegaler Händler befreit werden konnten. Die Gibbons, Languren und Loris werden resozialisiert, beobachtet und nach Möglichkeit wieder in ein halb wildes Leben entlassen. Außerdem gibt's ein **Schildkrötenschutzzentrum** (☎030-384 8090; www.asianturtleprogram.org; Eintritt 30 000 D; ⌚9–11 & 14–16.45 Uhr) mit exzellenten informativen Ausstellungen. Besucher erhalten Einblicke in die Entwicklung und Aufzucht der Tiere. Das Zentrum züchtet erfolgreich elf verschiedene Schildkrötenarten und entlässt sie in die Freiheit.

In der Regenzeit (Juli–Sept.) sind Blutegel in Cuc Phuong weitverbreitet. Im Park gibt es verschiedene Unterkunftsbereiche. Bei der **Hauptverwaltung des Parks** (EZ 16–35 US$, DZ 27–50 US$, Stelzenhaus 14 US$, Bungalow 23 US$) stehen Standardzimmer, neu gestaltete „Deluxe"-Quartiere, ein Stelzenhaus und ein privater Bungalow zu Verfügung. Zudem befindet sich hier ein einfaches Restaurant.

An- & Weiterreise

Der Cuc-Phuong-Nationalpark liegt 45 km westlich von Ninh Binh. Am besten besucht man ihn mit einem Mietwagen. Einige Reisebüros in Ninh Binh und Hanoi organisieren die Hin- und Rückfahrt zum Park sowie Aktivitäten und Unterkünfte.

Phong-Nha-Ke-Bang-Nationalpark

☎0232

Im ungewöhnlichen **Phong-Nha-Ke-Bang-Nationalpark** (☎052-367 7021; http://phongnhakebang.vn/en) GRATIS, einer UNESCO-We erbestätte, befinden sich die ältesten Karstberge Asiens. Sie entstanden vor etwa 400 Millionen Jahren und beherbergen Hunderte Höhlensysteme – viele von außerordentlicher Größe und Länge – sowie spektakuläre unterirdische Flüsse. Damit ist der Nationalpark ein echtes Paradies für Höhlenforscher.

Die Region Phong Nha wandelt sich schnell. Das Zentrum ist das Dorf Son Trach (3000 EW.), mit einem Geldautomaten und einer wachsenden Zahl an Unterkünften. Bisher gibt's nur wenige Verkehrsverbindungen nach Zentralvietnam, das Angebot verbessert sich jedoch allmählich.

Die Höhlen sind das absolute Highlight der Region, aber auch die Attraktionen über der Erdoberfläche – Waldwanderungen, die Kriegsgeschichte dieses Gebietes und ländliche Mountainbike-Touren – machen den Nationalpark zu einem lohnenswerten Ziel, an dem man mindestens drei Tage bleiben sollte.

Sehenswertes

Die Region um Phong Nha ist extrem beliebt, und mehrtägige Höhlenwanderungen nach Tu Lan, Hang Va und Hang En sollten unbedingt im Voraus gebucht werden. Die meisten Höhlen sind in der Regenzeit (Mitte September bis Ende November bzw. Ende Dezember) geschlossen.

★ Tu-Lan-Höhle HÖHLE
(www.oxalis.com.vn; 2-tägige Tour 5 500 000 D pro Pers.; ⌚ Nov.–Mitte Sept.) Eine Tour durch die Tu-Lan-Höhle beginnt mit einer ländlichen Wanderung, anschließend schwimmt man mit Stirnlampen und Rettungswesten) durch zwei spektakuläre Flusshöhlen, die zu einem idyllischen Flusstal führen. Nun geht's durch dichten Wald zu einer Art Strand, an dem die Flüsse zusammenfließen und der sich wunderbar zum Campen eignet. Riesige Höhlen bieten tolle Bademöglichkeiten. Für die Exkursion sollte man einigermaßen fit sein. Die Tu-Lan-Höhle liegt 65 km nördlich von Son Trach und ist nur im Rahmen einer geführten Tour zu besuchen.

Hang Toi HÖHLE
(Dunkle Höhle; 350 000 D pro Pers.) Teilnehmer dieser Höhlentour sausen an einer Zipline über das Wasser, schwimmen danach in die Höhle und erkunden schließlich einen stockdunklen Gang aus matschigem Schlamm – kein Wunder, dass man oft bereits im Voraus Geschichten darüber hört. Vor dem Verlassen der Höhle führt eine gemütliche Kajakfahrt zu einem Steg mit weiteren Ziplines, über die man ins Wasser gleitet.

★ Hang En HÖHLE
(1 100 000 D pro Pers.; ⌚ Ende Dez.–Aug.) Die gigantische Höhle liegt in direkter Nähe zu **Hang Son Doong** (⌚ Feb.–Aug.) und ist in der Fotoserie des *National Geographic* von 2011 enthalten. Hierher führt eine Wanderung durch dichten Dschungel, Täler und ein Minderheitendorf der Ban Doong, eine sehr abgelegene Stammessiedlung ohne Strom und Straßen. Teilnehmer übernachten in der Höhle oder in einem der Dörfer. Die Touren können über Oxalis oder lokale Unterkünfte gebucht werden.

Paradieshöhle HÖHLE
(Thien Dong; Erw./Kind unter 1,30 m 250 000/125 000 D; ⌚ 7.30–16.30 Uhr) Über 31 km erstreckt sich dieses bemerkenswerte Höhlensystem inmitten bewaldeter Karstgipfel, die meisten Besucher besichtigen aber nur den ersten Kilometer. Doch der hat es in sich:

HANG SON DOONG

Der Jäger Ho Khanh stolperte in den frühen 1990er-Jahren über die enorme **Hang Son Doong** (Höhle von Berg und Fluss), doch das gigantische Ausmaß dieser Höhle – mit über 5 km Länge, 200 m Höhe und bis zu 150 m Breite die größte der Welt – bestätigte sich erst 2009, als britische Forscher mit ihm zurückkehrten.

Punktuell scheint Sonnenlicht in die Höhle und enthüllt Formationen ätherischer Stalagmiten (einige bis zu 80 m hoch), die Höhlenforscher als Kaktusgarten bezeichnet haben. Zudem wurden riesige Höhlenperlen von 10 cm Durchmesser entdeckt, und es gibt auch prächtige Sinterbecken.

Die Hang Son Doong ist eine der spektakulärsten Sehenswürdigkeiten Südostasiens, und der einzige Spezialanbieter, der eine Genehmigung (und zwar von keinem Geringerem als dem vietnamesischen Präsidenten) für geführte Touren zur Höhle hat, ist das in Son Trach ansässige **Oxalis Adventure Tours**. Dreitägige Expeditionen mit vier Übernachtungen kosten pro Tag und pro Person irrwitzige 3000 US$.

Hölzerne Treppen führen hinunter in kathedralenartige Räume mit riesigen Stalagmiten und schimmernden Stalaktiten. Wer seine Ruhe haben möchte, sollte früh kommen, denn zur Hauptbesuchszeit (früher Nachmittag) schleusen Tourguides Gruppen mit Megafon durch die Anlage. Die Paradieshöhle liegt etwa 14 km südwestlich von Son Trach. Elektrobuggys (einfache Fahrt/hin & zurück 15 000/25 000 D pro Pers.) bringen Besucher vom Parkplatz zum Eingang.

Phong-Nha-Höhle & Bootstour HÖHLE
(Erw./Kind unter 1,30 m 150 000/25 000 D, Boot für bis 14 Pers. 320 000 D; ⏲7–16 Uhr) Die spektakuläre Bootsfahrt durch die Phong-Nha-Höhle ist ein tolles, wenn auch touristisches Erlebnis, das in der Stadt Son Trach beginnt. Man fährt vorbei an Büffeln, Kalksteingipfeln und spitzen Türmen zur klaffenden Öffnung der Höhle. Dort wird der Motor abgestellt und die Boote gleiten still von einer bunt beleuchteten Kaverne zur nächsten. Auf dem Rückweg kann man über 330 Stufen die auf einem Berg gelegene Tien-Son-Höhle erklimmen (80 000 D). Dort lassen sich die Überreste von Cham-Altären aus dem 9. Jh. bewundern.

Geführte Touren

Außer zu den Höhlen gibt's immer mehr Touren zur Erkundung des Duschungels und der Geschichte dieser interessanten Region. Die meisten Aktivitäten können in den jeweiligen Unterkünften gebucht werden.

★ **Oxalis Adventure Tours** ABENTEUER
(☎0232-367 7678; www.oxalis.com.vn; Son Trach; ⏲Mo–Sa 7.30–12 & 13.30–17.30 Uhr) Oxalis ist der unangefochtene Experte für Höhlen- und Wandertouren und der einzige Anbieter mit einer Lizenz für Exkursionen nach Hang Son Doong. Die Mitarbeiter sprechen fließend Englisch und wurden von den international renommierten britischen Höhlenkletterern Howard und Deb Limbert ausgebildet.

Phong Nha Farmstay Tours ABENTEUER
(☎0232-367 5135; www.phong-nha-cave.com; Cu Nam) Bei den beliebten Nationalpark-Touren von Phong Nha Farmstay (1 350 000 D pro Pers.) erkunden die Teilnehmer den Ho-Chi-Minh-Pfad und besuchen die Paradieshöhle und Hang Toi (S. 929); es besteht außerdem die Möglichkeit, einen Abstecher zur kürzlich eröffneten Tra-Ang-Höhle auszuhandeln. Man sollte auch nach den aufregenden maßgeschneiderten Touren (2 500 000 D pro Pers.) fragen, bei denen man mit einem russischen Ural-Motorrad mit Beiwagen herumgondelt.

Hai's Eco Tours WANDERN
(☎0962 606 844; www.ecophongnha.com; Bamboo Cafe, Son Trach; 1 450 000 D pro Pers.) Spannende Tagesausflüge mit Wanderungen im Dschungel – für die man eine gute Kondition braucht – und einem Besuch im Wildschutzreservat und Rehabilitationszentrum von Phong Nha, in dem gerettete Tiere (hauptsächlich Makaken aus nahegelegenen Regionen, aber auch Schlangen und Vögel) gesund gepflegt werden. Im Preis ist ein Mittagessen mit Grillgerichten inbegriffen, und man hat die Möglichkeit, sich am Ende des Tages in einem natürlichen Badeteich abzukühlen. Es gibt auch zweitägige Touren mit Übernachtung in der Waffenhöhle (3 200 000 D).

Jungle Boss Trekking WANDERN
(☎0917 800 805; www.jungle-boss.com; Dorf Phong Nha, Son Trach; ab 1 350 000 D pro Pers.) Dzung wird „Jungle Boss" genannt und ist ein erfahrener Guide für Touren in der Region. Er spricht ausgezeichnet Englisch und bietet ein- und zweitägige Ausflüge auf dem Ho-Chi-Minh-Pfad und in das abgeschiedene Gebiet des Verlassenen Tals im Nationalpark. Seit Neuestem gibt's auch eine Tour ins entlegene Ma-Ta-Tal mit einer Schwimmpause in der Tra-Ang-Flusshöhle. Teilnehmer benötigen einen mittleren bis hohen Fitnessgrad.

Schlafen

Easy Tiger HOSTEL
(☎0232-367 7844; www.easytigerphongnha.com; Son Trach; B 160 000 D; ❄@📶🏊) Schlafsäle mit vier oder sechs Betten, die großartige **Jungle Bar** (Son Trach; ⏲7–24 Uhr; 📶), ein Billardtisch und exzellente Besucherinformationen zeichnen das beliebte Hostel in dem Ort Son Trach aus. Der Pool und der Biergarten laden nach einer Wanderung und Höhlentour zum Entspannen ein. Außerdem gibt's kostenlose Leihfahrräder und eine Karte zur Erkundung des interessanten Bong-Lai-Tals. Reservierung per E-Mail bevorzugt.

Shambalaa HOSTEL
(☎0232-367 7889; www.shambalaa.com; 160 000 D; ⊖❄📶) Shambalaa, eines der neuesten Hotels von Phong Nha, ist farbenfroh mit asiatischen Wandbehängen dekoriert und bietet makellose Mehrbettzimmer sowie eine Dachlounge. Das Hostel hat ei

entspanntere Atmosphäre als viele andere, oft laute Unterkünfte in der Stadt. Die Nutzung des Pools und der Bar im Easy Tiger Hostel ist im Preis inbegriffen. Buchung per E-Mail bevorzugt.

Phong Nha Mountain House PENSION $$

(☎ 0935 931 009; www.phongnhamountainhouse.com; DZ 40 US$; @) Das Phong Nha Mountain House gehört einer hart arbeitenden einheimischen Familie und bietet vier komfortable Holzhäuser auf Stelzen mit Privatbädern und Blick auf die umliegenden Felder. Die strahlend weiße Bettwäsche kontrastiert schön mit den warmen Farbtönen der Holzwände, und die erhöhte Lage der Zimmer macht sie hell und luftig. Wer ins 3 km entfernte Son Trach will, kann entspannt mit dem Fahrrad fahren (die Strecke ist eben).

★ **Phong Nha Farmstay** PENSION $$

(☎ 0232-367 5135; www.phong-nha-cave.com; Cu Nam; Zi. 910 000–1 170 000 D, FZ 1 300 000–1 950 000 D; @) Mit diesem Farmstay wurde Phong Nha erst für Besucher interessant. Seine Zimmer sind recht klein, aber charmant, haben hohe Decken, und von ihren Gemeinschaftsbalkonen genießt man einen idyllischen Blick auf ein Meer von Reisfeldern. Das Bar-Restaurant serviert asiatische und westliche Gerichte, das Ambiente ist gesellig, und gelegentlich gibt's Filmvorführungen und Livemusik. Außerdem veranstaltet die Unterkunft ausgezeichnete Touren ins Umland und verleiht kostenlos Fahrräder.

Jungle Boss Homestay PENSION $$

(☎ 0886 077 780; www.jungle-boss.com; Son Trach; Z/FZ 800 000/1 000 000 D;) Die Pension wird von dem freundlichen Dzung – einem lokalen Wanderführer, der sehr gut Englisch spricht – und seiner Frau Huong geführt. Die Zimmer sind einfach, aber stilvoll eingerichtet; es gibt auch ein paar Unterkünfte am Rand des Dorfes, die auf Reisfelder und einen Biobauernhof blicken. Im Preis sind Frühstück und die kostenlose Nutzung von Fahrfahrrädern inbegriffen. Dzungs Unternehmen Jungle Boss Trekking veranstaltet Höhlen- und Dschungeltouren. Die Familienzimmer haben ein gutes Preis-Leistungs-Verhältnis.

Essen & Ausgehen

In Son Trach hat eine vielfältige Gastronomieszene. Von Bäckereien über einfache vietnamesische Restaurants bis hin zu Pizza, indischer Küche und westlichen Cafés ist alles dabei. Man kann mit dem Mountainbike das nahegelegene Bong-Lai-Tal erkunden, wo einfache Lokale Grillente und Schweinefleisch verkaufen.

Bamboo Cafe CAFÉ $

(www.phong-nha-bamboo-cafe.com; Son Trach; Gerichte 40 000–80 000 D; ⌚ 7–22.30 Uhr;) Entspannte Oase an der Hauptstraße von Son Trach mit farbenfrohem Dekor sowie preisgünstigen Gerichten und Getränken, darunter exzellente frische Frucht-Smoothies und vegetarische Speisen.

Mountain Goat Restaurant VIETNAMESISCH $$

(Son Trach; Ziegenfleisch ab 150 000 D; ⌚ 11–21 Uhr) In diesem Flusslokal in Son Trach kann man gegrilltes und gedämpftes *de* (Ziegenfleisch) genießen. Zu empfehlen ist insbesondere das Ziegenfleisch mit Zitronengras. Außerdem gibt's Gerichte wie scharfes Hühnchen und eiskaltes Bier. Von der Bootsstation der Phong-Nha-Höhle läuft man 150 m den Fluss entlang an der Kirche vorbei bis zum Restaurant.

Bomb Crater Bar BAR

(☎ 0166 541 0230; www.bombcraterbar.com; Dorf Cu Lac; ⌚ 9–19 Uhr) Die großartige Bar liegt 3 km von Son Trach entfernt am Fluss und ist gut mit dem Fahrrad erreichbar. Sie bietet kühles Bier, starken Gin Tonic und leckere vietnamesische Snacks. Man kann in einer Hängematte liegen, auf dem Fluss Kajak fahren oder sich einfach entspannen, einen Feierabenddrink genießen und den hauseigenen Wasserbüffel beobachten. Ganz in der Nähe befindet sich ein Bombenkrater aus den 1970er-Jahren.

East Hill CAFÉ, BAR

(☎ 0948 953 925; www.facebook.com/East-Hill-Phong-Nha-237868583268158/; ⌚ 11–20 Uhr) Das nach allen Seiten hin offene East Hill liegt auf einem grünen Hügel. Die entspannte Bar ist ein guter Ort für ein Bier bei Sonnenuntergang und vietnamesische Snacks. Sie ist vor allem bei Travellern und Studenten aus dem nahegelegenen Dong Hoi beliebt. Am besten setzt man sich an einen der rustikalen Holztische und genießt den tollen Blick auf die ländliche Umgebung. East Hill liegt rund 8 km östlich von Son Trach an der Straße zum Bong-Lai-Tal.

Praktische Informationen

Hai, den man im Bamboo Cafe (S. 931) trifft, ist eine wunderbare Infoquelle für Individualreisende. Die hilfsbereiten Mitarbeiter des Phong Nha Farmstay (S. 931) und des Easy Tiger (S. 930) vermitteln Touren, Informationen und Transportmittel. Gegenüber vom Bootsanlegesteg in Son Trach befindet sich eine Touristeninformation, deren Auskünfte für Individualreisende aber nicht sehr hilfreich sind.

ℹ An- & Weiterreise

Die Küstenstadt Dong Hoi, 166 km nördlich von Hue an der Nationalstraße 1 und der Bahnlinie von Norden nach Süden gelegen, ist das Tor zum Phong Nha. Der Nationalpark grenzt an den Ort Son Trach 50 km nordwestlich von Dong Hoi.

Hotels können Mitfahrgelegenheiten in Privatautos von Dong Hoi (500 000 D) organisieren; sie ermöglichen es auch, dass sich Traveller das Auto und die Kosten teilen können. Von 6 bis 17 Uhr verkehren regelmäßig Lokalbusse (35 000 D, 90 Min.) zwischen dem Busbahnhof von Dong Hoi und Son Trach. Dong Hois Bahnhof ist 1,3 km vom Busbahnhof entfernt; die Stadt liegt an der Hauptlinie Nord–Süd.

Von der 49 Đ Chu Van An in Hue (rund 180 000 D, 5 Std.) startet um 16.30 Uhr der Open-Tour-Bus des Unternehmens Hung Thanh. Der Bus von Tan Nha fährt gegen 6.30 Uhr vor der Bar Why Not? auf der Đ Vo Thi Sau ab. Es gibt auch einen praktischen Bus (150 000 D), der täglich um 14 Uhr von der DMZ Bar in Hue abfährt.

Open-Tour-Busse verbinden Hanoi und Hoi An mit Son Trach. Das Dorf wird inzwischen auch von Motorradtransferdiensten angefahren, die von Hanoi, Hue und Hoi An aus operieren. Einfach zurücklehnen und die Fahrt genießen.

ℹ Unterwegs vor Ort

Die Landstraßen von Phong Nha lassen sich am besten mit dem Fahrrad erkunden; vor allem die rustikalen lokalen Restaurants und die Aktivitäten im nahegelegenen Bong-Lai-Tal lohnen einen Ausflug. Easy Tiger (S. 930) verleiht Fahrräder und stellt eine praktische Straßenkarte zur Verfügung.

Ungeübte Fahrer sollten den Nationalpark nicht mit dem Motorrad oder Roller erkunden – die Region ist schlecht ausgeschildert, und mit jedem Jahr gibt es mehr Traveller, die sich unterwegs Verletzungen zuziehen.

Eine gute Option ist auch die Buchung einer geführten Tour bei **Thang's Phong Nha Riders** (www.easytigerhostel.com/thangs-phong-nha-riders; neben dem Easy Tiger Hostel, Son Trach). Ein Motorrad mit Fahrer kostet rund 400 000 D pro Tag; die Fahrer kennen alle Sehenswürdigkeiten in der Umgebung, außerdem verschafft man engagierten Einheimischen damit Arbeit. Thang's organisiert auch Motorradtransfers durch atemberaubende Landschaften nach Hue und Khe Sanh.

Entmilitarisierte Zone (EMZ)

Von 1954 bis 1975 diente der Fluss Ben Hai als Trennungslinie zwischen Nord- und Südvietnam. Die Entmilitarisierte Zone liegt 90 km nordwestlich von Hue und erstreckt sich auf jeder Seite des Flusses über eine Breite von 5 km. Viele der „Sehenswürdigkeiten" rund um die EMZ sind nur lohnenswert für Traveller, die sich für Kriegsgeschichte interessieren. Man sollte diese Region nur in Begleitung eines Guides erkunden – schon allein, um Stellen mit gefährlichen Blindgängern zu meiden. Tagestouren in der Gruppe ab Hue kosten ab 15 US$ für eine günstige Tour bis hin zu 120 US$ für eine spezialisierte Autotour mit einem Kriegsveteranen.

◉ Sehenswertes

★ Vinh-Moc-Tunnel HISTORISCHE STÄTTE
(Eintritt 30 000 D; ⏲7–16.30 Uhr) Der zutiefst beeindruckende Tunnelkomplex Vinh-Moc beginnt bei den Überresten eines Küstenorts, der wortwörtlich in den Untergrund ging, als er unablässig von den Amerikanern bombardiert wurde. Über 90 Familien verschwanden in den drei Ebenen des fast 2 km langen Tunnels, wo sie lebten und arbeiteten, während es um sie herum Bomben hagelte. Ein Großteil der Anlage ist für Besucher zugänglich und in der ursprünglichen Form erhalten; eine Ausnahme ist das elektrische Licht, das nachträglich hinzugefügt wurde.

Ben-Hai-Fluss DENKMA
(Museum 30 000 D; ⏲7–16.30 Uhr) Das Südufer des Ben Hai bildete einst die Grenze zwischen Nord- und Südvietnam. Heute steht hier ein riesiges Wiedervereinigungs-**Denkmal** aus stilisierten Palmen, die skurrilerweise wie Raketen aussehen. Gleich östlich von hier erstreckt sich der feine, goldene Sand des Cua Tung Beach. Das Nordufer des Ben Hai wird von einem wiederaufgebauten Flaggenturm und einem kleinen **Museu** voller Kriegsandenken dominiert. Der Ben-Hai-Fluss verläuft 22 km nördlich von Dong Ha an der Nationalstraße 1.

Truong-Son-Nationalfriedhof FRIED
Auf diesem Friedhof, einem bewegend Denkmal für auf dem Ho-Chi-Minh-Pfad gefallene nordvietnamesische Soldaten, bietet sich ein ernüchternder Anblick. Mehr als 10 000 Soldatengräber, die alle mit einem einfachen weißen Grabstein mit der

WEITERREISE NACH LAOS: GRENZEN IN ZENTRALVIETNAM

Von Vinh nach Lak Sao

Anreise zur Grenze Der Übergang Cau Treo/Nam Phao (96 km westlich von Vinh und 30 km von Lak Sao in Laos entfernt) hat bei Alleinreisenden keinen guten Ruf. Überteuerte Tickets für Nahverkehrsbusse sind gängige Praxis, deswegen sollte man sich an Direktverbindungen halten. Busse fahren montags, mittwochs, freitags und samstags um 6 Uhr von Vinh nach Vieng Khan in Laos (280 000 D).

An der Grenze Die Grenze ist von 7 bis 18 Uhr geöffnet. Laos stellt an der Grenze Visa für 30 Tage aus, die zwischen 30 und 40 US$ kosten.

Weiterreise Auf der laotischen Seite verkehren Jumbos und *sŏrngtăaou* (kleine Pick-ups) zwischen der Grenze und Lak Sao für etwa 60 000 Kip (hart feilschen).

Von Vinh nach Phonsavan

Anreise zur Grenze Der Grenzübergang Nam Can–Nong Haet liegt 250 km nordwestlich von Vinh. Busse fahren montags, mittwochs, freitags und samstags um 6 Uhr über Phonsavan (410 000 D, 12 Std.) nach Luang Prabang (750 000 D, 22 Std.).

An der Grenze Visa für Laos kosten in der Regel 30 bis 40 US$.

Weiterreise Auf der laotischen Seite verkehren nur unregelmäßig Transportmittel nach Nong Haet, doch wenn man dort angekommen ist, kann man einen Bus nach Phonsavan nehmen.

Von Dong Hoi nach Thakkek

Von Dong Hoi verkehren täglich Busse nach Vientiane/Laos (400 000 D), zudem gibt's dienstags bis sonntags Verbindungen nach Thakkek (300 000 D). Beide benötigen neun Stunden und passieren den **Grenzübergang Cha Lo–Na Phao**, wo Visa für Laos ausgestellt werden. Umfassende und aktuelle Infos hat Sy im **Nam Long Hotel** (☎0918 923 595; www.namlonghotels.com; 22 Đ Ho Xuan Huong) in Dong Hoi.

Weitere Infos für das Überqueren der Grenze in entgegengesetzter Richtung auf S. 389.

chrift *liet si* (Märtyrer) versehen sind, er-trecken sich über die Hügel. Viele von ihen tragen zwar Namen, sind jedoch leer. ie stehen für die 300 000 bis heute vermiss-n vietnamesischen Soldaten. Der Friedhof efindet sich 27 km nordwestlich von Dong a, die Abzweigung an der Nationalstraße 1 der Nähe von Doc Mieu.

he-Sanh-Stützpunkt HISTORISCHE STÄTTE

luseum 20 000 D; ⌚Museum 7–17 Uhr) Ein frü-rer US-Stützpunkt, der Schauplatz der le-ndärsten Belagerung des Vietnamkriegs ar. Zwar konnte er nicht eingenommen erden, doch die Schlacht um ihn war die ahrscheinlich blutigste des gesamten Kon-kts. Etwa 500 amerikanische und 10 000 rdvietnamesische Soldaten sowie zahlrei-e Zivilisten starben. Das heute gespens-ch friedliche Plateau erzitterte 1968 unter m Aufprall von 1000 kg schweren Bom-1. Beim Kampf des US-Militärs gegen die rdvietnamesische Volksarmee (NVA) ka-n weiße Phosphorbomben, Napalm, Granatwerfer und jede Menge Munition zum Einsatz.

Anreise & Unterwegs vor Ort

Fast alle Touristen besuchen die EMZ im Rahmen einer geführten Tour. Die Standardtouren sind billig (rund 15 US$ für einen Tagesausflug in der Gruppe) und können in Hue gebucht werden. Die meisten führen zum Rockpile sowie nach Khe Sanh, Vinh Moc und Doc Mieu. Sie beginnen um 7 Uhr in Hue; die Rückkehr erfolgt gegen 17 Uhr. Bei einer Tour ab Hue geht die meiste Zeit für die 300 km lange Fahrt zur EMZ drauf.

Touren können auch in Dong Ha an der Kreuzung der Nationalstraßen 1 und 9 gebucht werden – wir empfehlen **Tam's Tours** (☎0905 425 912; http://tamscafe.jimdo.com; 211 Đ Ba Trieu, Tam's DMZ Guesthouse & Cafe) und **Annam Tour** (☎0905 140 600; www.annamtour.com).

Ein unvergessliches Erlebnis ist die Besichtigung der EMZ auf eigene Faust. Man muss 120 US$ für ein Auto mit erfahrenem Guide hinlegen. Wer seine Tour statt in Hue in Dong Ha startet, verbringt weniger Zeit auf der Straße.

SÜD-ZENTRALVIETNAM

Mit seiner uralten Geschichte und faszinierenden Kultur übt Süd-Zentralvietnam einen unwiderstehlichen Reiz aus. In der Region liegen sowohl die friedliche Stadt Hue (Vietnams frühere Kaiserhauptstadt) als auch das blühende und dynamische Da Nang sowie die Stadt Hoi An, ein exquisites architektonisches Juwel, das die Zeiten überdauert hat.

In An Bang und Phu Thuan gibt's tolle Strände, Hue und Hoi An haben eine großartige Gastronomieszene. Hier kann man köstliches Streetfood genießen und einen Kochkurs belegen, um die lokalen Gerichte zu Hause nachkochen zu können. Schnorchel- und Tauchfans sollten die Cham-Inseln besuchen, die nur einen Tagesausflug von Hoi An entfernt sind. Geschichtsfans wird die historische Atmosphäre von My Son begeistern.

Hue

0234 / 361 000 EW.

Paläste und Pagoden, Gräber und Tempel, Kultur und Küche, Geschichte und Romantik – an poetischen Wortpaaren, die die anmutige Stadt Hue beschreiben, herrscht kein Mangel. In die einstige Hauptstadt der Nguyen-Herrscher und heutige Welterbestätte strömen Scharen von Touristen, um die prächtigen kaiserlichen Grabstätten und die stattliche Zitadelle zu sehen. Die meisten architektonischen Highlights liegen am Nordufer des Song Huong (Parfümfluss). Wer sich erholen will, steuert am besten das Südufer an.

Alle zwei Jahre feiert die Stadt das **Hue-Festival** (www.huefestival.com; Ende April–Anfang Mai in geraden Jahren) – ein Kunstfestival, auf dem einheimische und internationale Künstler und Darsteller ihre Werke präsentieren.

Sehenswertes & Aktivitäten

Die meisten wichtigen Sehenswürdigkeiten Hues, darunter die Kaiserstadt, befinden sich innerhalb der Mauern der Zitadelle, und es sind noch weitere Museen und Pagoden in der Stadt verstreut. Die Kaisergräber (S. 941) befinden sich etwas südlich von Hue. Es gibt ein gutes Kombiticket (Erw./Kind 360 000/70 000 D), das Eintritt zur Zitadelle und zu den Gräbern von **Gia Long** GRATIS, Khai Dinh (S. 941) und Minh Mang (S. 941) gewährt.

Innerhalb der Zitadelle

Noch heute ist die zwischen 1804 und 1833 erbaute **Zitadelle** (Kinh Thanh) das Herz Hues. Die mächtige Befestigungsanlage besteht aus 2 m dicken, 10 km langen Mauern, einem 30 m breiten und 4 m tiefen Burggraben und zehn Toren.

Die Kaiserstadt und die **Verbotene Purpurstadt** (Tu Cam Thanh) bildeten das Zentrum des königlichen Lebens Vietnams. An der Südwestseite standen Tempelkomplexe. Im Nordwesten befanden sich Wohnanlagen, im Nordosten Gärten und im Norden die Mang-Ca-Festung (bis heute eine Militärbasis).

Wer die Kaisergräber (S. 941) sehen will, sollte sich ein Kombiticket holen, das Einlass in die Zitadelle und zu den Gräbern gewährt.

★ **Kaiserstadt** HISTORISCHE STÄTTE

(Erw./Kind 150 000/30 000 D; 7–17.30 Uhr, Mitte April–Mitte Sept. bis 22 Uhr) Die Kaiserstadt ist eine Zitadelle in der Zitadelle und beherbergte innerhalb ihrer 6 m hohen und 2,5 km langen Mauern die Residenz des Kaisers, Tempel und Paläste sowie die wichtigsten Staatsgebäude. Von der Originalanlage ist nur ein Bruchteil erhalten – die Kaiserstadt wurde während des Indochina- und des Vietnamkriegs heftig bombardiert, und nur 20 der ursprünglich 148 Gebäude überdauerten. Für die Erkundung der faszinierenden Stätte sollte man einen halben Tag einplanen, wegen der schlechten Beschilderung fällt die Orientierung allerdings nicht ganz leicht. Ihre Restaurierung und Rekonstruktion hält an.

Auf dem Gelände bekommt man viel altes Mauerwerk, Trümmer, zerbrochene Fliesen und Unkraut zu sehen. Trotzdem eignet sich die Kaiserstadt gut für einen gemütlichen Spaziergang, und einige der weniger besuchten Areale sind sehr stimmungsvoll. Überall gibt kleine Cafés und Souvenirstände. Am besten startet man am Ngo-Mon-Tor und besichti das Gelände gegen den Uhrzeigersinn.

Seit 2017 ist die Zitadelle von Mitte Ap bis Mitte September bis 22 Uhr geöffnet, u Besucher können ein nächtliches Tanz- u Kulturprogramm genießen. Zur Zeit der R cherchen galten die abendlichen Öffnung zeiten nur auf Probe, daher sollte man si in seiner Unterkunft nach dem aktuell Stand der Dinge erkundigen. Die Kaiserst abends zu besichtigen ist eine exzellente C tion, denn dann ist es kühler und die spek kuläre Beleuchtung zeigt nur die schöns Seiten der Anlage.

Ngo-Mon-Tor
TOR

Gegenüber dem Flaggenturm befindet sich der Haupteingang zur Kaiserstadt, das Ngo-Mon-Tor. Der zentrale Durchgang mit den gelben Türen war dem Kaiser vorbehalten, ebenso wie die Brücke über den Lotusteich. Alle anderen mussten die Tore beiderseits des Durchgangs und die Pfade um den Teich herum nutzen. Auf dem Tor thront ein Ngu Phung (Aussichtsturm der fünf Phönixe), dessen oberste Stufe eine Trommel und ein Gong zieren.

Thai-Hoa-Palast
PALAST

Der Palast der höchsten Harmonie (1803) ist ein weitläufiger Saal mit einem kunstvoll verzierten Holzdach, das von 80 geschnitzten und lackierten Säulen getragen wird. Hier fanden offizielle Empfänge und wichtige Zeremonien statt. Bei staatlichen Anlässen saß der Kaiser auf seinem erhöhten Thron und sah den Besuchern entgegen, die durch das Ngo-Mon-Tor kamen. Bemerkenswert ist die eindrucksvolle audiovisuelle Ausstellung, die einen exzellenten Überblick über die gesamte Zitadelle, ihre Architektur und den historischen Kontext gibt. Das Fotografieren ist nicht erlaubt.

Halle der Mandarine
HISTORISCHES BAUWERK

Direkt hinter dem Thai-Hoa-Palast dienten die Säle an beiden Seiten eines Hofes den Mandarinen als Büros und zur Vorbereitung auf höfische Zeremonien. Die Halle auf der rechten Seite zeigt faszinierende alte Fotografien (u. a. von der Krönung von Vua Duya an, der als kleiner Junge König wurde), vergoldete Buddha-Statuen und verschiedene kaiserliche Kuriositäten. Hinter dem Hof befinden sich die Ruinen des Can-Chanh-Palastes, wo zwei wunderbare lange Galerien wiederaufgebaut und mit leuchtend scharlachrotem Lack gestrichen wurden.

Lesesaal des Kaisers
HISTORISCHES BAUWERK

(Königliche Bibliothek; Thai Binh Lau) Der exquisite, wenn auch renovierungsbedürftige kleine zweistöckige Lesesaal des Kaisers war der einzige Teil der Verbotenen Purpurstadt, der während der französischen Wiederbesetzung Hues im Jahr 1947 unbeschädigt blieb. Die Yin-Yang-Mosaike im Gaudi-Stil auf dem Dach stehen in starkem Kontrast zu den dunklen kürzlich renovierten Innenräumen und dem rundum laufenden Korridor, auf dem man nun im kleinen Erdgeschoss herumlaufen kann. Die Außenwände sind an den Seiten mit Gedichten von Kaiser Khai Dinh sowie drei chinesischen Buchstaben geschmückt, die übersetzt „Lesesaal des Kaisers“ bedeuten.

Kaiserliches Theater
HISTORISCHES BAUWERK

(Duyen Thi Duong; ☎ 054-351 4989; www.nhanhac.com.vn; Vorstellungen 200 000 D; ⏰ Vorstellungen 10.40 & 15.40 Uhr) 1826 wurde mit dem Bau des Kaiserlichen Theaters begonnen. Später beherbergte es das Nationale Musikkonservatorium und wurde auf seinem früheren Fundament wieder aufgebaut. Wenn keine Vorstellungen laufen, kann man kostenlos auf den Plüschsesseln sitzen und die faszinierende Sammlung von Masken und Musikinstrumenten aus vietnamesischen Theatern bewundern (die Exponate sind Englisch beschildert). Die kulturellen Aufführungen dauern 45 Minuten.

Co-Ha-Gärten
GÄRTEN

(Kaiserliche Gärten) Die ersten vier Kaiser der Nguyen-Dynastie gestalteten diese hinreißenden Gärten in der Nordostecke der Kaiserstadt, die aber später verfielen. In den vergangenen Jahren wurden sie aufwendig wiederhergestellt und mit kleinen Pavillons und Teichen geschmückt. Die Anlage gehört zu den idyllischsten Orten der gesamten Zitadelle. Der neueste Gartenabschnitt wurde Anfang 2017 fertiggestellt.

Dien-Tho-Residenz
HISTORISCHES BAUWERK

Früher umfasste die imposante Dien-Tho-Residenz (1804), die teilweise nur noch eine Ruine ist, die Gemächer und die Audienzhalle der Königinmütter der Nguyen-Dynastie. In der Audienzhalle erläutert eine Fotoausstellung ihren früheren Gebrauch, zudem sind bestickte königliche Gewänder zu sehen. Direkt davor über einem Seerosenteich steht ein Vergnügungspavillon mit einem **Café**, das zu einer Verschnaufpause einlädt.

★ To-Mieu-Tempelkomplex
BUDDHISTISCHER TEMPEL

Dieser sehr eindrucksvolle ummauerte Bereich in der südwestlichen Ecke der Kaiserstadt wurde hervorragend restauriert. Der imposante **Hien-Lam-Pavillon** mit drei Ebenen an der Südseite des Komplexes stammt aus dem Jahr 1824. Auf der anderen Seite eines Hofes steht der ehrwürdige **To-Mieu-Tempel**, der Schreine für alle Kaiser enthält, die von ihren Fotos gekrönt werden. Zwischen diesen Tempeln befinden sich die **Neun Dynastischen Urnen** *(dinh)*, die zwischen 1835 und 1836 gegossen wurden und je einem Nguyen-Herrscher gewidmet sind.

Die Kaiserstadt

RUNDGANG

In die Kaiserstadt, ein Mix aus restaurierten Palästen und Pagoden, Ruinen und Trümmern, gelangt man aus südlicher Richtung durch die Außenmauer der Zitadelle. Das Areal mit seinen verschiedenen Bauten lässt sich am besten bei einem Spaziergang gegen den Uhrzeigersinn erkunden.

In die Zitadelle führt das monumentale **1 Ngo-Mon-Tor**. Dort befindet sich auch der Ticketschalter. Der dramatische Eingang hinterlässt einen bleibenden Eindruck und ist eine wahrhaft passende Einstimmung. Direkt vor einem erhebt sich der **2 Thai-Hoa-Palast**, wo der Kaiser von seinem erhöhten Thron offizielle Besucher begrüßte. Weiter nördlich liegt ein kleiner Hof mit den zwei **3 Hallen der Mandarine**. Diese dienten den chinesischen Beamten als Residenz und wurden von ihnen für die Vorbereitung von Zeremonien genutzt.

Im Kaiserlichen Theater in nordöstlicher Richtung standen mehrmals täglich traditionelle Tänze auf dem Programm. Anschließend kann man einen Blick auf die Kaiserliche Bibliothek werfen, die von Thieu Tri erbaut wurde. Unmittelbar östlich erstrecken sich die wunderschönen Co-Ha-Gärten, deren Spazierwege Hunderte Bonsaibäume und Topfpflanzen säumen.

Über den Nordteil des Komplexes wacht der Tu-Vo-Phuong-Pavillon. Ein Graben führt zur Truong-San-Residenz. Zurück in südlicher Richtung geht's über das Grundstück der **4 Dien-Tho-Residenz** zur hervorragend restaurierten Tempelanlage von To Mieu, dem wohl eindrucksvollsten Bau des gesamten Areals mit den großartigen **5 Neun Dynastischen Urnen**.

TOP-TIPPS

- Für die Erkundung der Zitadelle benötigt man einen halben Tag.
- Auf dem Gelände werden überall Getränke verkauft, die hübschesten Stellen für eine Pause sind jedoch die Co-Ha-Gärten, der Tu-Vo-Phuong-Pavillon und die Dien-Tho-Residenz, wo man etwas essen kann.
- Ein Besuch bei Nacht lohnt sich, weil die Stätte dann beleuchtet ist.

PETER STUCKINGS / SHUTTERSTOCK ©

Dien-Tho-Residenz
Vielen Kaisermüttern diente dieser hübsche Teil des Komplexes mit seinen niedrigen Bauten und einem Teich als Residenz. Die jüngste Gebäude stammen aus dem Jahr 1804.

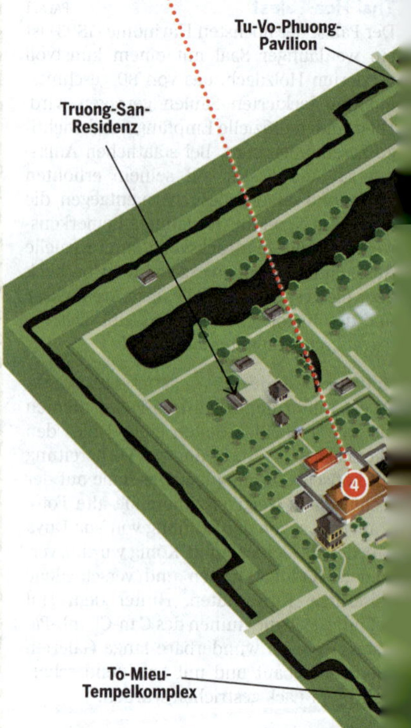

Neun Dynastische Urnen
Die riesigen Bronzeurnen wurden von Kaiser Minh Mang in Auftrag gegeben und zwischen 1835 und 18 gegossen. Sie verfügen über dekorative Elemente w Landschaften, Flüsse, Blumen und Tiere.

LULU AND ISABELLE / SHUTTERSTOCK ©

Tu-Vo-Phuong-Pavilion

inst schützte der zweistöckige von einem raben gesäumte Pavillon den nördlichen eil der Kaiserstadt. Er kombiniert europäische mit vietnamesischen Architekturstilen. an beachte die kunstvollen Drachen auf em Dach.

Hallen der Mandarine

Dank der Unterstützung der UNESCO gehen die Restaurierungsarbeiten der kunstvollen Decke und der Wandgemälde in der östlichen Halle weiter voran.

MICHAEL RUNKEL / GETTY IMAGES ©

Ngo-Mon-Tor

Als Haupteingang der Kaiserstadt dient dieses riesige wunderschöne Tor von 1833. Der untere Teil ist befestigt, der obere besticht durch sein aufwendiges Design.

Thai-Hoa-Palast

Die Säulen des Palasts sind aus Eisenholz gefertigt und mit zwölf Farbschichten aus leuchtendem Rot und Goldlack überzogen. Restaurationsarbeiten in den 1990er-Jahren retteten das Gebäude vor dem Zusammensturz.

PETER STUCKINGS / SHUTTERSTOCK ©

Hue

Die Neun Heiligen Kanonen

HISTORISCHE STÄTTE

Gleich innerhalb der Festungsmauern stehen in der Nähe der Tore zu beiden Seiten des Flaggenturms die Neun Heiligen Kanonen (1804), symbolische Beschützer des Palasts und des Königreichs. Sie wurden von Kaiser Gia Long in Auftrag gegeben, sollten aber nicht tatsächlich abgefeuert werden. Die **vier Kanonen** in der Nähe des **Ngan-Tors** symbolisieren die vier Jahreszeiten, während die **fünf Kanonen** neben dem **Quang-Duc-Tor** für die fünf Elemente (Metall, Holz, Wasser, Feuer und Erde) stehen.

Außerhalb der Zitadelle

★Thien-Mu-Pagode

BUDDHISTISCHER TEMPEL

GRATIS Die 4 km südwestlich der Zitadelle auf einem Hügel über dem Parfümfluss erbaute Pagode ist eines der berühmtesten Bauwerke Vietnams und ein ebenso mächtiges Symbol von Hue wie die Zitadelle. Ihr 21 m hohe achteckiger Turm, **Thap Phuoc Duyen**, wu de 1844 unter Kaiser Thieu Tri errichtet. D sieben Stockwerke sind alle jeweils eine *manushi-buddha* (einem Buddha, der i menschlicher Form erschien) gewidme Wer den Reisegruppen aus dem Weg gehe möchte, kommt am besten morgens.

Dieu-De-Nationalpagode

BUDDHISTISCHER TEMP

(Quoc Tu Dieu De; 102 Đ Bach Dang) GRATIS Unt der Herrschaft des Kaisers Thieu Tri (184 1847) über dem Dong-Ba-Kanal erbaut, diese Pagode für ihre vier niedrigen Türr berühmt – zwei stehen seitlich des Tors u zwei flankieren das Heiligtum. Die Pavillo an beiden Seiten des Haupttheiligtums herbergen die 18 La Ha, die nur einen Ra unter Bodhisattwa stehen, und die acht K Cang, die Beschützer Buddhas. In der hin ren Reihe des Haupt-Dais steht ein von zv Anhängern flankierter Thich-Ca-Buddha.

Kaiserliches Museum der Schönen Künste MUSEUM

150 Đ Nguyen Hue; ⏱ Sommer 6.30–17.30 Uhr, Winter 7–17 Uhr) GRATIS Das kürzlich renovierte Museum befindet sich in dem vom Barock beeinflussten **An-Dinh-Palast**, der 1918 von Kaiser Khai Dinh in Auftrag gegeben wurde und mit kunstvollen Wandbildern, Blumenmotiven und illusionistischen Details verziert ist. Nach seiner Abdankung 1945 lebte Kaiser Bao Dai hier mit seiner Familie. Im Inneren werden hervorragende Keramiken, Möbel, Silber, Porzellan und kaiserliche Gewänder gezeigt, leider nicht immer mit den nötigen Informationen.

Nachtmarkt MARKT

Nguyen Dinh Chieu; ⏱ 19–22 Uhr) Der Nachtmarkt ist hauptsächlich auf lokale Kunst und Kunsthandwerk spezialisiert, bietet aber auch ein paar einfache Cafés und Bars, die sich perfekt für einen Snack am Fluss eignen.

Geführte Touren

Die meisten Hotels und Touristencafés arrangieren Tagesausflüge mit mehreren Teilnehmern (ab nur 5 US$ bis ca. 20 US$ pro Person). Es gibt viele verschiedene Routen; die besseren beginnen oft mit einer morgendlichen Bootsfahrt, halten an Pagoden und Tempeln und bringen die Teilnehmer nach dem Mittagessen per Minibus zu den wichtigsten Gräbern, ehe es mit dem Auto wieder zurück nach Hue geht. Bei den billigeren muss man für die Strecke zwischen den Bootsanlegestellen und den Gräbern oft ein Motorrad mieten oder laufen (in der größten Hitze). Es ist auch problemlos möglich, ein *xe om* oder ein Zweirad zu mieten und alles auf eigene Faust zu erkunden.

Tran Van Thinh GEFÜHRTE TOUREN

(☎ 0905 731 537; www.tranvanthinhtours.com; halbtägige Touren ab 15 US$ pro Pers.) Der kenntnisreiche einheimische Motorradführer ver-

Hue

Highlights
1 Kaiserstadt B2
2 To-Mieu-Tempelkomplex B3

Sehenswertes
3 Co-Ha -Gärten B2
4 Dien-Tho-Residenz A3
5 Lesesaal des Kaisers B2
6 Fünf der neun heiligen Kanonen B4
7 Verbotene Purpurstadt B2
8 Vier der neun heiligen Kanonen C3
9 Halle der Mandarine B2
10 Ngan-Tor C3
11 Ngo-Mon-Tor C3
12 Nachtmarkt E3
13 Quang-Duc-Tor B4
14 Kaiserliches Theater B2
15 Thai-Hoa-Palast B3

Aktivitäten, Kurse & Touren
Café on Thu Wheels ..... (siehe 28)
Hue Free Walking Tour ..... (siehe 19)
16 Stop & Go Café F3

Schlafen
17 Canary Boutique Hotel H2
18 Home Hotel G2
19 Hue Backpackers G2
20 Hue Riverside Villa H1
21 Poetic Hue Hostel H2

Essen
22 Com Hen H1
23 Hang Me Me H2
24 Hanh Restaurant G3
25 Lien Hoa H4
26 Mandarin Café F4
27 Nook Cafe & Bar G4

Ausgehen & Nachtleben
28 Café on Thu Wheels G4
29 DMZ Travel G2
30 Ta Vet G3

Shoppen
31 Dong-Ba-Markt E1
32 Spiral Foundation Healing the Wounded Heart Center H2

anstaltet Stadtfahrten und Touren zu den Kaisergräbern. Thinh lebt seit vielen Jahren in Hue und spricht ausgezeichnet Englisch.

Ton That Quy GEFÜHRTE TOUREN
(☎0935 782 533; www.facebook.com/ton.t.quy) Quy ist ein freundlicher und vertrauenswürdiger Motorradführer, der malerische Touren über den Hai-Van-Pass nach Hoi An, Besichtigungsfahrten in und um Hue und die EMZ sowie längere Touren in ganz Vietnam veranstaltet.

Stop & Go Café AUTOTOUREN
(☎0234-382 7051; www.stopandgo-hue.com; 3 Đ Hung Vuong) Individuell zugeschnittene Motorrad- und Autotouren. Eine ganztägige Fahrt mit dem Auto in die EMZ unter Führung eines vietnamesischen Kriegsveteranen kostet bei einer vierköpfigen Gruppe faire 30 US$ pro Person. Empfehlenswert sind außerdem die geführten Touren nach Hoi An mit Zwischenstopps an Stränden. Es gibt in der Stadt noch mehrere Unternehmen mit ähnlichen Namen, die aber nichts mit diesem Anbieter zu tun haben. Stop & Go hat auch ein gutes Touristencafé mit leckerem Essen.

Café on Thu Wheels GEFÜHRTE TOUREN
(☎054-383 2241; minhthuhue@yahoo.com; 3/34 Nguyen Tri Phuong) Günstige Leihfahrräder sowie Motorrad-, Minibus- und Autotouren rund um Hue und die EMZ. Organisiert außerdem Fahrten nach Hoi An mit dem Motorrad (45 US$) oder Auto (55 US$). Im hauseigenen Café werden Burger, Sandwiches und lokale Gerichte serviert.

Hue Flavor ESSEN & TRINKEN
(☎0905 937 006; www.hueflavor.com; 49 US$ pro Pers.) Bei den exzellenten Touren zu den Straßenimbissen der Stadt entdeckt man die Leckereien von Hues Küche. Die Teilnehmer fahren mit dem *cyclo* und probieren in vier Stunden rund fünfzehn verschiedene Gerichte.

Hue Free Walking Tour STADTSPAZIERGAN[G]
(☎0935 616 090; www.beebeetravel.com; 9 Pham Nhu Lao, Le's Garden; ⏲10 Uhr) Bietet täglich einen kostenlosen Stadtspaziergang – am Ende der Tour kann man so viel spenden, wie man möchte – sowie bezahlte Führungen in Hue, die sich auf die Gourmetszene und die kaiserliche Geschichte der Stadt konzentrieren.

Schlafen

Home Hotel HOTEL
(☎0234-383 0014; www.huehomehotel.com; 8 Nguyen Cong Tru; Zi. 17–25 US$; ❄@📶) Ein äußerst freundliches Team leitet dieses einladende Hotel mit jungem, hippem Ambiente. Die geräumigen Zimmer verteilen sich auf mehrere Etagen (ohne Aufzug); am schönsten sind die mit Blick auf die Đ Nguyen Co[ng]

Tru mit kleinem Balkon, Glastüren und Aussicht auf den Fluss.

Beach Bar Hue HOTEL $

(☎ 0908 993 584; www.beachbarhue.com; Phu Thuan Beach; B 9–12 US$;) Am großartigen Strand von Phu Thuan, rund 7 km südöstlich von Thuan An, vermietet das Beach Bar Hue exzellente Gemeinschaftsbungalows mit vier Betten auf einem traumhaften Sandstreifen (bis jetzt noch ohne nervige Verkäufer!). Getränke und Snacks gibt's an der originellen Bar aus Bambus und Stroh.

Poetic Hue Hostel HOSTEL $

(☎ 0918 342 138; www.poetichuehostel.com; 24/26 Đ Vo Thi Sau; B/DZ/FZ ab 7/13/25 US$;) Das makellose neue Hostel befindet sich in einer weiß gestrichenen Villa in einer ruhigen Seitengasse. Es ist eine gute Alternative zu vielen weitaus belebteren Unterkünften der Stadt. Einheimische Familien und Vogelgezwitscher verleihen dem Poetic Hue das Flair eines Wohnhauses mitten im Kiez. Die Zimmer sind groß und laden zum Entspannen ein. Nur wenige Schritte vom Hostel entfernt befinden sich gute Restaurants, die auch die berühmten kaiserlichen Reiskuchen von Hue servieren. Einige Zimmer haben einen Balkon.

Hue Backpackers HOSTEL $

(☎ 0234-382 6567; www.vietnambackpackerhostels.com; 10 Đ Pham Ngu Lao; B/Zi. inkl. Frühstück 8–12/18 US$;) Dank der zentralen Lage, sehr entgegenkommender Mitarbeiter, guter Infos und der geselligen Bar mit Restaurant (mit Happy Hour und Sportübertragungen) ist dies ein echtes Backpackermekka. Die klimatisierten Schlafsäle sind hübsch gestaltet und haben Schließfächer.

Canary Boutique Hotel BOUTIQUE-HOTEL $

(☎ 0906 416 331; http://canaryboutiquehotel.com; Lane 8, 43 Đ Nguyen Cong Tru; Zi. 16–24 US$;) Eigentlich braucht man keine Badewanne. Aber nach einem langen Tag in der Zitadelle oder den umliegenden Bars ist sie das absolute Nonplusultra. Und auch die Budgetpreise für die sauberen Zimmer, die professionellen Mitarbeiter, das leckere Frühstück und die preiswerten Touren sind groß-

NICHT VERSÄUMEN

KAISERGRÄBER

Die Gräber der Herrscher der Nguyen-Dynastie (1802–1945) sind extravagante Mausoleen, die sich 2 bis 16 km südlich von Hue am Ufer des Song Huong (Parfümfluss) erstrecken. Geplant wurden die meisten bereits zu Lebzeiten der Herrscher, manche wurden sogar von ihnen bewohnt.

Ein paar Gräber kann man im Rahmen von Bootstouren besuchen. Wer sie in Ruhe besichtigen möchte, mietet sich besser für einen Tag ein Fahrrad, Motorrad oder *xe om*.

Von den zahlreichen Stätten sind die folgenden drei besonders eindrucksvoll:

Grabstätte Tu Ducs (Erw./Kind 150 000/30 000 D) Zwischen 1864 und 1867 entstand diese Stätte, die das beliebteste und eindrucksvollste der kaiserlichen Mausoleen ist. Es wurde von Tu Duc höchstpersönlich entworfen und bereits vor seinem Tod von ihm genutzt. Die enormen Kosten und der Einsatz von Zwangsarbeitern beim Bau hätten beinahe zu einem Staatsstreich geführt, doch das Komplott wurde entdeckt und verhindert. Die Grabstätte liegt 5 km südlich von Hue auf dem Van-Nien-Hügel in dem Dorf Duong Xuan Thuong.

Grabstätte Minh Mangs (Erw./Kind 150 000/30 000 D) Die majestätische Grabstätte ist für ihre Architektur und die idyllische Waldkulisse bekannt. Geplant wurde sie während der Herrschaft von Minh Mang (1820–1840), gebaut jedoch erst von seinem Nachfolger Thieu Tri. Minh Mangs Grab liegt in dem Dorf An Bang am Westufer des Parfümflusses, 12 km von Hue entfernt.

Grabstätte Khai Dinhs (Erw./Kind 150 000/30 000 D) Auf einem Hügel thront diese Stätte, die eine Synthese vietnamesischer und europäischer Elemente darstellt. Der größte Teil ihrer grandiosen Fassade besteht aus geschwärztem Beton, was für ein unerwartet gotisches Flair sorgt, während das Innere eine Explosion farbenfroher Mosaiken ist. Khai Dinh war von 1916 bis 1925 der vorletzte Kaiser Vietnams und galt als Marionette der Franzosen. Der Bau seines extravaganten Grabes dauerte elf Jahre. Es liegt 10 km außerhalb von Hue im Dorf Chau Chu.

VERWÖHNPROGRAMM

Nur einen kurzen Spaziergang von mehreren guten Restaurants entfernt liegt das Hotel **Hue Riverside Villa** (☎0905 771 602; www.hueriversidevilla.com; 16/7 Đ Nguyen Cong Tru; Zi. 45–60 US$; ⊖❄📶). Es besteht aus fünf weißgetünchten Backsteinbungalows und einem erholsamen Gemeinschaftsgarten am Flussufer. Das Dekor ist schick und modern – warmes Holz, sehr schöne Bäder –, und die freundlichen englischsprachigen Inhaber bieten Touren und jede Menge Infos zur Region.

artig. Wer die kleine Gasse, in der das Hotel steht, nicht findet, fragt am besten im Partnerhotel Canary auf der Hauptstraße nach.

Essen

Hues kulinarische Vielfalt ist erstaunlich. Es gibt viele einzigartige regionale Gerichte, darunter zahlreiche vegetarische Kreationen. Besonders lecker schmecken die kaiserlichen Reiskuchen – die am weitesten verbreiteten sind *banh khoai*.

★ **Hanh Restaurant** VIETNAMESISCH $
(☎0905 520 512; 11 Pho Duc Chinh; Gerichte 30 000–100 000 D; ⏲10–21 Uhr) Wer sich mit den Spezialitäten von Hue noch nicht auskennt, sollte zunächst dieses belebte Restaurant ansteuern. Es serviert ein Menu aus fünf Gerichten (120 000 D), das gewissermaßen in die tpische Küche der Region einführt. Zur Auswahl stehen z. B. *banh khoai* (herzhafte Garneleneierkuchen), *banh beo* (gedämpfte Reiskuchen mit Shrimps und Frühlingszwiebeln) sowie göttliche, in Reispapier gewickelte und mit Kräutern gewürzte *nem lui* (gegrilltes Schweinefleisch auf Zitronengrasspießen). Die geduldigen Mitarbeiter erklären ihren Gästen gern, wie die Speisen gegessen werden.

Hang Me Me VIETNAMESISCH $
(16 Đ Vo Thi Sau; Gerichte ab 40 000 D; ⏲8–23 Uhr; 📋) Eine tolle Adresse, um die vielen verschiedenen kaiserlichen Reiskuchen zu probieren, für die Hue bekannt ist. Die Portionen sind ziemlich groß; wer also mehrere Variationen probieren möchte, kommt am besten mit Freunden. Ein Favorit ist *banh beo*, kleine Reiskuchen mit Frühlingszwiebeln und getrockneten Garnelen.

Com Hen VIETNAMESISCH $
(17 Đ Han Mac Tu; Gerichte ab 10 000 D; ⏲7–23 Uhr) Hier kommen Schüsseln mit Reis *(com hen)* oder Nudeln *(bun hen)* samt frischen Kräutern und leckeren Muscheln von einer nahe gelegenen Insel mitten im Song-Huong-Fluss.

Lien Hoa VEGETARISCH $
(☎054-381 2456; 3 Đ Le Quy Don; Gerichte 50 000–80 000 D; ⏲6.30–21 Uhr; 📋) Nüchter-

WEITERREISE NACH LAOS: VON DONG HA NACH SAVANNAKHET

Anreise zur Grenze Der **Grenzübergang Lao Bao–Dansavanh** am Fluss Xephon (Song Xe Pon) gehört zu den beliebtesten und unkompliziertesten zwischen Laos und Vietnam. Busse nach Savannakhet in Laos verkehren von Hue über Dong Ha und Lao Bao. Außerdem fährt täglich um 7 Uhr ein klimatisierter Bus von Hue (350 000 D, 9½ Std.), der gegen 9.30 Uhr am Busbahnhof von Dong Ha hält, um weitere Fahrgäste aufzunehmen. Es ist auch leicht, die Grenze auf eigene Faust zu überqueren; der Ausgangspunkt ist Dong Ha. Etwa alle 15 Minuten fahren Busse von Dong Ha nach Lao Bao (60 000 D, 2 Std.). Für die Strecke von dort bis zur Grenze verlangen *xe om* 15 000 D. In **Tam's DMZ Cafe & Guesthouse** (☎0905 425 912; http://tamscafe.jimdo.com; 211 Đ Ba Trieu; EZ/DZ/3BZ 7/10/15 US$; ❄📶) kann man Fahrpläne nachlesen und Bustickets buchen. Tam's bucht auch Tickets nach Vientiane (14 Std.), Thakkhek (10 Std.) und Pakxe (10 Std.). An der Grenze von Lao Bao sind keine Motorräder zugelassen.

An der Grenze Die Grenzposten (7 bis 18 Uhr geöffnet) liegen einige Hundert Meter voneinander entfernt. Bei der Einreise erhält man ein laotisches Visum; vietnamesische Visa müssen jedoch im Voraus besorgt werden. Auf der vietnamesischen Seite gibt's mehrere Hotels. Man sollte kein Geld in Lao Bao tauschen: die Wechselkurse sind furchtbar schlecht.

Weiterreise *Sŏrngtăaou* fahren regelmäßig nach Xephon. Dort steigt man in einen Bus oder ein weiteres *sŏrngtăaou* nach Savannakhet um.

ABSEITS DER ÜBLICHEN PFADE

GRÄBER & DÜNEN

Vom Zentrum Hues führt die Straße am Parfümfluss entlang 15 km Richtung Norden bis zum **Thuan An Beach**. Von dort verläuft eine schöne wenig befahrene Küstenstraße (also ideal für Zweiradfahrer) Richtung Südosten. Die Route führt sogar über eine schmale Küsteninsel, von der man die Tam-Giang-Cau-Hai-Lagune auf der Landseite und einfach atemberaubende Sandstrände und Dünen auf der Meerseite sehen kann. Dieser Küstenstreifen ist praktisch unerschlossen, doch von September bis März ist das Meer zum Schwimmen oft zu rau.

Von Thuan An windet sich die Straße abwechselnd an Dörfern oder Shrimps-Lagunen und Gemüsegärten vorbei. Abertausende knallbunt geschmückter opulenter Gräber und Familientempel säumen den Strand; die meisten sind die letzten Ruhestätten von Viet Kieu (im Ausland lebende Vietnamesen), die in ihrer Heimat begraben werden wollten. Durch die Gräber und Dünen ziehen sich kleine Wege zum Meer. Man sucht sich einfach ein schönes Fleckchen aus und hat es wahrscheinlich ganz für sich.

Am herrlichen **Phu Thuan Beach** (ca. 7 km südöstlich von Thuan An) befinden sich die angesagte Beach Bar Hue (S. 941) und das zauberhafte Hotel **Villa Louise** (☎ 0917 673 656; www.villalouisehue.com; Phu Thuan Beach; DZ 75–149 US$, Villen 140–244 US$; ❄ 📶 🏊). Das Restaurant und der Strand sind auch für Nichtgäste zugänglich – der Eintrittspreis beträgt 100 000 D, kann aber mit Speisen und Getränken von der Strandbar verrechnet werden. Für 250 000 D pro Person können Gäste auch die hübsche Poollandschaft von Villa Louise nutzen. Ein Taxi von Hue nach Phu Thuan kostet etwa 250 000 D, ein *xe om* (Motorradtaxi) 100 000 D. In den Backpackerhostels von Hue kann man sich nach den gelegentlich verkehrenden Gemeinschafts-Shuttlebussen zur Beach Bar Hue erkundigen.

8 km hinter der Beach Bar Hue gelangt man zu den Ruinen des **Phu Dien**, eines kleinen Cham-Tempels, der halb in den Sanddünen begraben ist und von einem Glaspavillon geschützt wird. Hier gibt's auch ein paar Stände, die Fisch und Meeresfrüchte verkaufen.

Eine schmale asphaltierte Straße schlängelt sich weiter Richtung Südosten – vorbei an Fischerdörfern, Shrimps-Farmen, weiteren gigantischen Sanddünen und der Siedlung Vinh Hung – bis zu einer anderen Flussmündung bei Thuon Phu An, wo mehrere Fisch- und Meeresfrüchterestaurants angesiedelt sind. Von hier sind es 40 km bis Thuan An. Man überquert die Tu-Hien-Brücke und kann am östlichen Rand der riesigen Cau-Hai-Lagune bis zur Nationalstraße 1 fahren.

es vegetarisches Restaurant, das für sein ttigendes Essen zu Tiefstpreisen bekannt t. Hier gibt's etwa frische *banh beo*, Nudelrichte, knusprig gebratene Brotfrucht und ubergine mit Ingwer. Auf der Karte stehen obe englische Übersetzungen (die Mitariter sprechen wenig bis gar kein Englisch).

ook Cafe & Bar VIETNAMESISCH, CAFÉ $
) 0935 069 741; www.facebook.com/nookcafebar e; 7/34 Đ Nguyen Tri Phuong; Gerichte 50 000–) 000 D; ⏲ 8–22 Uhr; 📶 ✎) Das Nook liegt in r Nähe einiger billiger Unterkünfte und isebüros. Im luftigen Obergeschoss ist es e gute Adresse für gut zubereitete vietnasische Gerichte und westliche Hausnnskost, z. B. vegetarische Burger und ast-Sandwiches. Großartig sind auch das rrile Dekor, die Musik und die erfrischen- Säfte und Smoothies.

Mandarin Café VIETNAMESISCH $
(☎ 054-382 1281; www.mrcumandarin.com; 24 Đ Tran Cao Van; Gerichte 25 000–69 000 D; ⏲ 6–22 Uhr; 📶 ✎) Der Besitzer dieses Cafés, Herr Cu, ist Fotograf, und seine inspirierenden Bilder zieren die Wände. Seit Jahren sind in dem entspannten Restaurant, das viele vegetarische Gerichte und Frühstücksoptionen anbietet, Backpacker zu Gast. Es ist zugleich ein Reisebüro.

Ausgehen & Nachtleben

DMZ Travel BAR
(www.dmz.com.vn; 60 Đ Le Loi; ⏲ 7–1 Uhr; 📶) Die Bar am Fluss mit kostenlosem Billardtisch, kaltem Huda-Bier, Cocktails (sehr zu empfehlen: der Wassermelonen-Mojito) und toller Stimmung an den meisten Abenden erfreut sich ungebrochener Beliebtheit. Sie serviert

bis Mitternacht westliche und lokale Gerichte sowie Smoothies und Säfte. Von 15 bis 20 Uhr ist Happy Hour. Die Decke der Bar ziert eine umgedrehte Karte der EMZ samt US-Chopper.

Ta Vet BAR

(☎0914 833 679; 11 Đ Vo Thi Sau; ⏰6.30–1 Uhr; 📶) Das mit rustikalen Holzmöbeln eingerichtete geräumige Lokal ist Bierbar und Café in einem. Es ist nur einen kurzen Spaziergang vom Backpackerstreifen Hues entfernt und eine gute Adresse, um junge englischsprachige Einheimische zu treffen. Es gibt eine anständige Bierauswahl, die üblichen Standardgetränke und preiswertes, leckeres vietnamesisches Essen.

Café on Thu Wheels BAR

(☎054-383 2241; lnhin60@yahoo.com; 3/34 Đ Nguyen Tri Phuong; ⏰7–23 Uhr; 📶) Graffiti an den Wänden, nette Stimmung, exzellentes Essen und Smoothies sind das Erfolgsrezept dieses einladenden, freundlichen Familienunternehmens. Zum Programm gehören außerdem gute Touren (S. 939) sowie Bücher und Magazine für Gäste.

Shoppen

In Hue werden die schönsten konischen Hüte Vietnams produziert; außerdem ist Hue bekannt für sein Reispapier und für Seidenmalerei. Wie überall muss man auch hier gnadenlos feilschen. Vor allem der Nachtmarkt am Fluss lohnt einen Besuch (S. 939).

Spiral Foundation Healing the Wounded Heart Center KUNST & KUNSTHANDWERK

(☎0234-381 7643; www.spiralfoundation.org; 23 Đ Vo Thi Sau; ⏰8–22 Uhr) Dieser Laden führt wunderbares Kunsthandwerk, das von behinderten Künstlern aus Abfällen hergestellt wurde, z. B. schräge Taschen aus Plastik oder Bilderrahmen aus recycelten Bierdosen. Der Gewinn ermöglicht kranken Kindern die benötigten Herzoperationen.

Dong-Ba-Markt MARKT

(Đ Tran Hung Dao; ⏰6.30–20 Uhr) Gleich nördlich von der Trang-Tien-Brücke befindet sich der größte Markt der Stadt, auf dem einfach alles verkauft wird.

Praktische Informationen

WLAN ist weitverbreitet in Cafés, Bars und Hotels.

Hue Central Hospital (Benh Vien Trung Uong Hue; ☎0234-382 2325; 16 Đ Le Loi; ⏰6–22 Uhr) Renommiertes hiesiges Krankenhaus.

Post (8 Đ Hoang Hoa Tham; ⏰Mo–Sa 7–17.30 Uhr) Die Hauptpost ist nur ein paar Schritte von der Hauptstraße entfernt.

Sinh Tourist (☎0234-384 5022; www.thesinhtourist.vn; 37 Đ Nguyen Thai Hoc; ⏰6.30–20.30 Uhr) Bucht Open-Tour-Busse sowie Busse ins ganze Land und nach Laos.

An- & Weiterreise

BUS

Vom **Hauptbusbahnhof** 4 km südöstlich des Zentrums bestehen Verbindungen nach Da Nang und Richtung Süden nach HCMS. Vom **Busbahnhof An Hoa** (Nationalstraße 1A) nordwestlich der Zitadelle starten Busse in den Norden.

Der Hung-Thanh-Open-Tour-Bus fährt um 16.30 Uhr von der 49 Đ Chu Van An nach Phong Nha (ca. 135 000 D, 5 Std.). Vor der Bar Why Not? an der Đ Vo Thi Sau startet gegen 6.30 Uhr der Tan-Nhat-Bus. Praktisch ist auch der Bus (150 000 D), der täglich um 14 Uhr von der DMZ Travel Bar in Hue abfährt – er steuert Phong Nha an; man kann sich unterwegs aber auch einer Tour zur EMZ anschließen.

Hue ist eine reguläre Station der Open-Tour-Busrouten. Die meisten lassen ihre Passagiere an den zentralen Hotels aus- bzw. einsteigen. Bei der Ankunft sorgen die aufdringlichen Hotelschlepper schon mal für Unmut.

Das Mandarin Cafe (S. 943), das Sinh Tourist (S. 944) und das Stop & Go Café (S. 940) können Buchungen für Busse nach Savannakhet in Laos arrangieren.

ZÜGE AB HUE

Der **Bahnhof von Hue** (☎0234-382 2175; 2 Đ Phan Chu Trinh) liegt am südwestlichen Ende der Đ Le Loi. Ein Taxi vom Hotelviertel hierher kostet rund 70 000 D.

ZIEL	PREIS (US$)	DAUER (STD.)	HÄUFIGKEIT
Da Nang	4–8	2½–4	7-mal tgl.
Dong Hoi	5–11	3–5½	7-mal tgl.
Hanoi	25–42	12–15½	6-mal tgl.
HCMS	33–55	19½–23	5-mal tgl.
Ninh Binh	19–35	10–13	5-mal tgl.

BUSSE AB HUE

ZIEL	PREIS (D)	DAUER (STD.)	HÄUFIGKEIT
Da Nang	80 000	3	häufig
Dong Ha	44 000	2	alle 30 Min.
Dong Hoi	100 000	4	häufig
Hanoi	320 000	13–16	9-mal tgl.
HCMS	500 000	19–24	9-mal tgl.
Ninh Binh	270 000	10½–12	8-mal tgl.

FLUGZEUG

Jetstar (www.jetstar.com) und **VietJet** (www.vietjetair.com) bieten Flüge nach/von HCMS. **Vietnam Airlines** (0234-382 4709; www.vietnamairlines.com; 23 Đ Nguyen Van Cu; Mo–Sa 8–17 Uhr) steuert Hanoi und HCMS an.

Unterwegs vor Ort

Fahrräder (3 US$), Motorräder (5–10 US$) und Autos (ab 50 US$ pro Tag) werden in Hotels in der ganzen Stadt vermietet. Mai **Linh** (0234-389 8989) hat Taxis mit Taxameter. *Cyclos* und *xe om* findet man quasi immer und überall.

Da Nang

0236 / 1 052 000 EW.

Nirgends verändert sich Vietnam so rasant wie in Da Nang, das über Jahrzehnte den Ruf eines Provinznests hatte. Und die großen Veränderungen halten an. Heute stehen am Flussufer des Han funkelnde Hotels und belebte Restaurants sowie spektakuläre Brücken. Am Strand entstehen Fünf-Sterne-Hotels, und Da Nang hat eine großartige Streetfood-Szene.

In der Stadt selber gibt's außer einem anständigen Museum kaum typische Sehenswürdigkeiten, dafür hat Da Nang jede Menge Unterhaltung zu bieten. Vor oder nach dem Besuch von Hoi An (das eine Fahrtstunde die Küste runter liegt) kann man hier gut ein paar Tage verbringen, lecker essen und am Strand abhängen.

Sehenswertes

Drachenbrücke BRÜCKE

(Cau Rong; 24 Std.) GRATIS Willkommen zur besten Show der Stadt! Jeden Samstag und Sonntag um 21 Uhr spuckt in der Nähe des Ostufers des Han-Flusses der Drachenkopf dieser prachtvollen goldenen Brücke Feuer und Wasser. Nachts parken hier viele Leute ihre Roller und machen Selfies vor der bunt leuchtenden Brücke. Einen tollen Blick auf das Spektakel hat man von den verschiedenen Cafés am Ostufer nördlich der Brücke. Einen noch schöneren Eindruck von Da Nangs nächtlichem Glanz bekommt man bei den Bootsfahrten, die von der Đ Bach Dang am Westufer starten.

★ **Museum für Cham-Skulpturen** MUSEUM

(Bao Tang; 1 Đ Trung Nu Vuong; Eintritt 40 000 D; 7–17 Uhr) Das hübsche Museum beherbergt die weltweit größte Sammlung von Cham-Artefakten und ist in Gebäuden untergebracht, die den Architekturstil der französischen Kolonialzeit mit Cham-Elementen verbinden. Es wurde 1915 von der École Française d'Extrême Orient gegründet und zeigt über 300 Stücke, darunter Altäre, *lingas* (stilisierte Phalli, die Shiva repräsentieren), *garudas* (greifähnliche Luftwesen), *apsaras* (himmlische Nymphen), Ganeshas und Darstellungen von Shiva, Brahma und Vishnu, die ins 5. bis 15. Jh. datieren. Die Beschilderungen sind dürftig. Wer einen MP3-Audioguide ausleihen möchte (20 000 D), muss sich (mit dem Reisepass oder Führerschein) ausweisen oder eine Kaution von 50 US$ hinterlegen.

Geführte Touren

Danang Free Walking Tour STADTSPAZIERGANG

(0905 631 419; www.danangfreewalkingtour.com; 108 Đ Bach Dang; 9 & 15 Uhr) Einheimische, aber Englisch sprechende Studenten bieten bei diesem Stadtspaziergang eine gute Einführung. Am Ende der Touren kann man spenden, was man für richtig hält, und sich, wenn man will, für eine bezahlte Führung anmelden (z. B. zum Thema Streetfood). Die Spaziergänge beginnen am Besucherzentrum Da Nang. Wir empfehlen eine vorherige Buchung.

Danang Food Tour ESSEN & TRINKEN

(www.danangfoodtour.com; 45 US$ pro Pers.) Exzellente Entdeckungstouren (morgens und abends) durch die hiesige kulinarische Szene unter Führung eines passionierten ortsansässigen Gourmets. Auf der Website ist ein

ABSTECHER

BACH-MA-NATIONALPARK

Der **Bach-Ma-Nationalpark** (Vuon Quoc Gia Bach Ma; ☎0234-387 1330; www.bachmapark.com.vn; Erw./Kind 40 000/20 000 D), eine Bergstation aus der Zeit der französischen Kolonialherrschaft, liegt 45 km südöstlich von Hue und ist für sein kühles Klima bekannt. In den tiefer gelegenen Teilen kann man gut durch subtropischen Wald zu Dörfern am Rand des Parks spazieren. Führungen zu Ortschaften und zur Vogelbeobachtung sowie Englisch und Französisch sprechende Guides lassen sich am Besucherzentrum buchen (500 000 D pro Tag). Die Gegend ist nicht frei von Blindgängern, deshalb unbedingt auf den Wegen bleiben.

Am Parkeingang gibt's eine **Pension** (☎054-387 1330; www.bachmapark.com.vn; Stellplatz 20 000 D pro Pers., Zi. 300 000 D).

großartiger Blog über die Highlights von Da Nang zu finden.

Hoi An Jeep Adventures GEFÜHRTE TOUREN
(☎0905 101 930; www.vietnamjeeps.com; ab 96 US$ pro Pers.) Hat seinen Hauptsitz im nahegelegenen Hoi An, bietet aber auch Jeeptouren zur Erkundung der Steetfood- und Ausgehszene Da Nangs an. Führt außerdem Jeeptouren zum Affenberg und Tagesausflüge zum Hai-Van-Pass durch. Neugierige Gourmets auf Reisen können sich auf interessante Streetfood-Entdeckungen freuen.

Schlafen

In den letzten Jahren wurden in der Stadt viele Budgetunterkünfte eröffnet, sowohl im Zentrum als auch am Han-Fluss in Strandnähe.

Memory Hostel HOSTEL $
(☎0236-374 7797; http://memoryhostel.com; 3 Đ Tran Quoc Toan; B 7–8 US$; ❄📶) Das Hotel liegt in der Nähe der Drachenbrücke und nur wenige Schritte entfernt von großartigen Restaurants und Bars. Das Dekor ist kunstvoll, kreativ, und die Betten sind sauber und haben Privatvorhänge. Eine exzellente Budgetunterkunft.

Barney's Hostel HOSTEL $
(☎0126 520 6103; www.barneyhostel.com; 169 Đ Tran Hung Dao; B 8–10 US$; ❄📶) Das Barney's, ruhig gelegen im Norden der Stadt, nicht weit vom Ostufer des Flusses, bekommt begeisterte Bewertungen von Travellern, die die modernen und makellosen Zimmer und das tolle kleine Bar-Restaurant loben. Man kann Touren/Transportmittel für die Weiterreise buchen und Motorroller (halber/ganzer Tag 80 000/120 000 D) ausleihen, um die nahegelegene Halbinsel Son Tra zu erkunden.

Funtastic Danang Hostel HOSTEL $
(☎0236-389 2024; www.funtasticdanang.com; 115 Đ Hai Phong; B 6,50 US$, DZ & 2BZ 19 US$; ❄@📶) Gegenüber dem Fluss nahe China Beach befindet sich eine schnell expandierende Unterkunftsszene. Gäste dieses Hostels erwarten fröhliches Dekor, eine gute Dachterrasse und verschiedene Quartiere, von Schlafsälen bis hin zu einem kleinen separaten Apartment, das sich gut für Familien und Gruppen eignet. Frühstück ist im Preis inbegriffen, und es gibt einen angenehmen Erholungsbereich zum Filmeschauen. Nach den **Streetfood-Touren** (☎0905 272 921; www.funtasticdanang.com; 45 US$ pro Pers.) fragen!

Frangipani Boutique Hotel BOUTIQUE-HOTEL $$
(☎0236-393 8368; www.frangipaniboutiquehotel.com; 8 Nguyen Huu Thong; DZ 45–50 US$ ⊘❄@📶🏊) Mit nur elf Zimmern und schicken Gemeinschaftsbereichen erinnert das Frangipani eher an eine klassische europäische Pension. Die Zimmer sind geräumig, elegant und modern. Zum Strand von Da Nang sind es nur ein paar Schritte. Unten gibt's einen kleinen Innenpool, Fahrräder können kostenfrei genutzt werden, und es gibt ein schönes Restaurant mit Sitzplätzen im Hof.

Essen & Ausgehen

★ **Taco Ngon** TACOS
(☎0906 504 284; www.facebook.com/tacongon; My Da Dong 8; Tacos 35 000 D; ⊙Di–So 10.30–22 Uhr) Das Tacolokal am Ende einer ruhigen Gasse ist einen Besuch wert. Es hat nur ein paar Tische, an denen die wahrscheinlich besten Tacos Vietnams serviert werden. Man kann sich mit einer superbilligen Dose Larue-Bier abkühlen und aromatische Fusion-Gerichte wie Schweinefleisch mit Wasabi-Krautsalat, Fisch mit Ingwer und Limone oder Hühnchen mit Tamarinden-Barbecue-Soße genießen. Die Tequila-Shots kosten nur 25 000 D. Gefährlich!

BBQ Un In GRILLGERICHTE, VIETNAMESISCH
(☎0236-654 5357; www.bbqunin.com; 379 Đ Tran Hung Dao; Gerichte 100 000–210 000 D; ⊙11.3

22.30 Uhr) Das nette, neu eröffnete Lokal liegt an der immer mehr bietenden Restaurantstraße am Ostufer des Han. Es kombiniert vietnamesische Küche mit amerikanischen Grillaromen. Mit bunter Straßenkunst geschmückte Schiffscontainer bilden die Kulisse für superzarte Rippchen, würzige Grillwürstchen und herzhafte Beilagen wie Mais und Grillananas. Wer in der Gruppe kommt, bestellt am besten den preiswerten Bierturm.

Happy Heart INTERNATIONAL $$

(☎ 0236-388 8384; www.facebook.com/happyheartdanang; 9 Đ Ly Tu Trong; Gerichte 95 000–160 000 D; ⏱ Mo–Sa 7.30–21 Uhr; 📶 ✎) In dem Café mit exzellentem Service arbeiten hörbehinderte Kellner. Die Inhaber bieten Menschen mit Behinderung die Möglichkeit, in Da Nang Arbeit zu finden. Das Essen ist superlecker: Es gibt westliche Hausmannskost (Burger, Lasagne) und großartige Frühstücksburritos. Ein weiterer Grund für einen Besuch sind die Frucht-Joghurt-Smoothies und der gute Kaffee.

Minsk Bar BAR

(59 Ngo Thi Si; ⏱ 8–2 Uhr; 📶) Die Minsk Bar, traditionell ein Treffpunkt von Einwanderern, die in ganz Vietnam mit Russian-Minsk-Motorrädern handeln, hat sich jetzt auch zu einer Top-Adresse für Einheimische entwickelt. Meist wird Reggae gespielt, und die gemütliche Lage in einem Eckhaus macht das Lokal superrustikal. In der nahegelegenen Straße An Thong 4 gibt's viele tolle Restaurants.

Praktische Informationen

Informationen und Tipps gibt's unter www.danangexperience.com und www.indanang.com.

Besucherzentrum Da Nang (☎ 0236-389 8196; www.tourism.danang.vn; 32a Đ Phan Dinh Phung; ⏱ 7.30–21 Uhr) Sehr hilfsbereites englischsprachiges Personal sowie gute Karten und Broschüren. Die Website der offiziellen Touristeninformation von Da Nang gehört zu den besten Vietnams. Im Besucherzentrum kann man auch Fahrräder ausleihen, um über die Brücke zu den Stränden Da Nangs zu fahren.

Danang Family Medical Practice (☎ 0236-358 2700; www.vietnammedicalpractice.com; 50–52 Đ Nguyen Van Linh; ⏱ 7–18 Uhr) Hier können sich Patienten stationär behandeln lassen; Chef ist ein australischer Arzt.

Sinh Tourist (☎ 0511-384 3258; www.thesinhtourist.vn; 16 Đ 3 Thang 2; ⏱ 7–22 Uhr) Tickets für Open-Tour-Busse und Ausflüge sind hier erhältlich.

An- & Weiterreise

BUS

Da Nangs **Fernbusbahnhof** (☎ 0236-382 1265; Đ Dien Bien Phu) liegt 3 km westlich vom Zentrum. Ein Taxi mit dem Taxameter kostet zum Fluss rund 90 000 D. Busse fahren alle größeren Touristenzentren an, u. a. Dong Hoi (140 000 D, 6 Std.), Hanoi (320 000 D, 16 Std.), HCMS (400 000 D, 22 Std.), Hue (60 000 D, 3 Std.) und Nha Trang (250 000 D, 12 Std.).

Gelbe Linienbusse nach Hoi An (20 000 D, 1 Std., bis 18 Uhr alle 30 Min.) fahren entlang der Đ Bach Dang. Der Fahrpreis hängt meist innen an der Tür aus – aufpassen, dass ein Fahrer nicht versucht, zu viel zu verlangen.

Sinh-Tourist-Open-Tour-Busse fahren zweimal täglich vom Büro des Unternehmens im Norden des Stadtzentrums nach Hue (90 000 D, 2½ Std.) und Hoi An (80 000 D, 1 Std.). Sinh Tourist hat darüber hinaus auch Reiseinfos für Laos im Angebot.

FLUGZEUG

Da Nangs betriebsamer Flughafen (S. 1000), 2 km westlich des Zentrums, bietet Flüge zu Zielen im Ausland wie Kuala Lumpur, Hongkong und Singapur.

Inlandsflüge nach HCMS, Hanoi, Da Lat, Nha Trang, Can Tho und Hai Phong gibt's bei **Vietnam Airlines** (☎ 0236-382 1130; www.vietnamairlines.com), **VietJet Air** (http://bookvietjetair.com) und Jetstar (S. 979).

TAXI & MOTORRAD

Ein Taxi vom Hotel oder Reisebüro nach Hoi An kostet ca. 550 000 D. *Xe om* schlagen mit 150 000 D zu Buche. Shuttlebusse sind mit 300 000 D eine gute Budgetoption – sie können in den Hotels gebucht werden.

VERWÖHNPROGRAMM

Das stilvolle Restaurant **Fatfish** (☎ 0236-394 5707; www.fatfishdanang.com; 439 Đ Tran Hung Dao; Gerichte 110 000–330 000 D; ⏱ 11–22 Uhr; 📶) mit Loungebar ist das gastronomische Highlight am Ostufer des Han. Egal ob innovative asiatische Fusionsküche, Pizza oder Gerichte vom Holzkohlegrill – sie alle passen bestens zu den aromatischen Craft-Bieren von der Saigoner Brauerei **Pasteur Street Brewing** (Karte S. 970; www.pasteurstreet.com). Ein Besuch hier lohnt sich sowohl für einen kleinen Snack zwischendurch als auch für eine ausgedehnte vollwertige Mahlzeit.

ZUG

Vom **Bahnhof** (202 Đ Hai Phong) verkehren Züge in alle Orte an der Nord-Süd-Strecke. Die Bahnfahrt nach Hue ist eine der schönsten des Landes und lohnt sich als eigener Ausflug, um die atemberaubende Küste zu erkunden.

Rund um Da Nang

Etwa 10 km südlich von Da Nang ragen die **Marmorberge** empor: fünf gewaltige zerklüftete und von Dschungel bewachsene Marmorfelsen, auf denen Pagoden stehen. Natürliche Höhlen bieten kleinen hinduistischen und buddhistischen Heiligtümern Schutz. Der Aufstieg lohnt sich auch, um die überwältigende Aussicht aufs Meer und das Umland zu genießen. **Thuy Son** (Eintritt 15 000 D; ⌚7–17 Uhr) ist der größte und berühmteste der fünf Berge.

Während des Vietnamkriegs verbrachten die US-Soldaten ihren Erholungsurlaub am **Da Nang Beach** (Bai Non Nuoc). Er besteht eigentlich aus mehreren Stränden, die sich auf einer Länge von 30 km zwischen Hoi An und Da Nang erstrecken.

Von Mitte September bis Ende Dezember herrschen am Da Nang Beach gute Surfbedingungen. Doch Vorsicht vor dem Sog der Brandung!

Hoi An

☎0235 / 134 000 EW.

Das reizende historische Hoi An ist Vietnams atmosphärischste Stadt. Einst ein wichtiger Hafen, prangt sie heute mit prächtiger Architektur in berauschender Lage am Flussufer. Von den Schattenseiten des 21. Jhs. wie Verkehr und Luftverschmutzung bekommt man hier so gut wie nichts mit.

Die Altstadt hat sich ihr einmaliges Erbe aus wackligen japanischen Kaufmannshäusern, chinesischen Tempeln und alten Teemagazinen erhalten – obwohl die Wohnhäuser und Reisfelder nach und nach durch touristische Einrichtungen ersetzt wurden. Loungebars, Boutique-Hotels, Reisebüros und zahlreiche Schneiderateliers bestimmen hier das Blickfeld. Dennoch hat sich das Leben unten am Markt und auf der angrenzenden Cam-Nam-Insel kaum verändert. Reist man ein paar Kilometer weiter – dazu bieten sich wunderbare Fahrrad-, Motorrad- und Bootstouren an –, kommt man in eine der reizvollsten ländlichen Gegenden Zentralvietnams mit mehreren gut erreichbaren Stränden.

Sehenswertes

Altstadt

Seit die Altstadt (www.hoianworldheritage.org.vn) von der UNESCO zur Welterbestätte ernannt wurde, muss man Eintritt zahlen, um einen Beitrag zur Erhaltung der historischen Bauwerke zu leisten. Wer ein **Ticket** (120 000 D) erwirbt, kann verschiedene Attraktionen besichtigen: chinesische Versammlungshallen, Pagoden und Tempel, historische Häuser und Museen. An den Buden rund um die Altstadt werden die Eintrittskarten verkauft, die zehn Tage gültig sind. Wer in der Altstadt nur etwas essen oder einkaufen möchte, wird in der Regel nicht kontrolliert, dennoch sollte man das Ticket mit sich führen.

★Überdachte japanische Brücke BRÜCKE
(Cau Nhat Ban; Eintritt mit Altstadtticket; ⌚24 Std.) Die wunderschöne kleine Brücke ist eines der Wahrzeichen der Stadt. In den 1590er-Jahren baute die japanische Gemeinde hier die erste Brücke als Verbindung zu den chinesischen Vierteln auf der anderen Seite des Flusses. Die Verzierungen blieben dem ursprünglichen japanischen Design im Lau der Jahrhunderte relativ treu. Die Franzosen ebneten die Fahrbahn für Autos ein, die ursprünglich geschwungene Form wurde 198 jedoch wiederhergestellt. Die Brücke sol demnächst komplett auseinandergebaut un restauriert werden; man sollte vor der An reise also prüfen, ob sie geöffnet ist (bevo man umsonst hinfährt).

Versammlungshalle der Chinesen aus Fujian TEMP
(Phuc Kien Hoi Quan; gegenüber von 35 Đ Tran Ph Eintritt mit Altstadtticket; ⌚7–17.30 Uhr) U sprünglich war dieses Bauwerk eine traditi nelle Versammlungshalle, die später in eine Tempel verwandelt wurde, in dem Thien Ha eine Gottheit aus der Provinz Fujian, angeb tet wird. Der mit grünen Ziegeln geschmück dreitorige Eingang stammt aus dem Ja 1975. Auf dem Wandbild rechts ist Thien H zu sehen, wie sie im Schein von Laternen d stürmische See überquert, um ein sinkend Schiff zu retten. Ein Wandbild gegenüber ze Porträts von sechs Familien aus Fujian, die 17. Jh. von China nach Hoi An flohen.

★Tan-Ky-Haus HISTORISCHES BAUW
(101 Đ Nguyen Thai Hoc; Eintritt mit Altstadttic ⌚8–12 & 14–16.30 Uhr) Vor zwei Jahrhund

ten errichtete eine vietnamesische Familie dieses architektonische Juwel, das über sieben Generationen wunderschön erhalten blieb. Der architektonische Stil ist von japanischen und chinesischen Einflüssen geprägt. Japanische Elemente sind u.a. die Decke (im Wohnbereich), die von drei Querbalken übereinander, die nach oben hin immer kürzer werden, gestützt wird. Unter der Krebsschale befinden sich Schnitzarbeiten in Form von gekreuzten Säbeln, die in Seidenbänder gehüllt sind. Die Säbel repräsentieren Kraft, die Seide Flexibilität.

Kapelle der Familie Tran HISTORISCHES BAUWERK
(21 Đ Le Loi; Eintritt mit Altstadtticket; 7.30–12 & 14–17.30 Uhr) In dieser Kapelle aus dem Jahr 1802 werden verstorbene Familienangehörige geehrt. Sie wurde von Tran Tu in Auftrag gegeben, einem Clanmitglied, das in den Rang eines Mandarins aufstieg und als Botschafter in China diente. Sein Bild hängt rechts von der Kapelle. Die Architektur des Hauses weist chinesische (das Dach im „Schildkröten"-Stil), japanische (drei Balken übereinander) sowie einheimische (Darstellungen von Pfeil und Bogen) Elemente auf.

Precious Heritage MUSEUM, GALERIE
(0235 6558 382; www.facebook.com/precious.heritage.museum.art.gallery; 26 Đ Phan Boi Chau; 8.30–20.30 Uhr) GRATIS Die Museumsgalerie ist das neueste Projekt des ortsansässigen französischen Fotografen Réhahn. Sie kombiniert seine großartigen Fotos von den Bergstämmen Vietnams mit Artefakten und Kleidung, die er auf seinen Reisen in entlegene Regionen bei den Bergvölkern gesammelt hat. Wer den Norden des Landes oder das Zentrale Hochland besuchen will, sollte dieses Museum nicht verpassen.

Museum für Keramikhandel MUSEUM
(80 Đ Tran Phu; Eintritt mit Altstadtticket; 7–17.30 Uhr) In einem restaurierten Holzhaus sind Artefakte aus ganz Asien und sogar Kuriositäten aus entfernten Gefilden wie Ägypten versammelt. Diese zeugen von den recht eindrucksvollen Handelsverbindungen der Stadt, allerdings wissen wohl nur Experten die Exponate wirklich zu schätzen. Die Ausstellung zur Restaurierung von Hoi Ans alten Häusern bietet eine tolle Kurzeinführung in die Architektur der Altstadt.

Kunsthandwerkerdörfer
Die hübschen auf antik getrimmten Waren, die in vielen Läden zum Verkauf stehen, werden in Dörfern der Umgebung gefertigt. Über eine Fußgängerbrücke gelangt man auf die **An-Hoi-Halbinsel**, die für Bootsbau und gewebte Matten bekannt ist. Auf der **Cam-Kim-Insel** genießen die Holzschnitzer einen guten Ruf. Im Dorf **Cam Nam** auf der anderen Seite der Brücke wird ebenfalls schönes Kunsthandwerk hergestellt.

Aktivitäten

Zwei renommierte Tauchschulen, **Cham Island Diving Center** (0235-391 0782; www.vietnamscubadiving.com; 88 Đ Nguyen Thai Hoc; Schnorcheltrip eintägig 44 US$, Schnorchel-/Tauchtrip mit Übernachtung 82/112 US$) und **Blue Coral Diving** (0235-627 9297; www.divehoian.com; 33 Đ Trung Hung Dao), bieten Tauchausflüge zu den Cham-Inseln an. Viele Tauchschulen haben dieselben Preise: Zwei Tauchgänge kosten 80 US$. Auch wenn dies kein Weltklasse-Tauchspot ist: Er ermöglicht Einblick in ein faszinierendes Makroleben – und der Tagesausflug zu den Cham-Inseln ist traumhaft.

Schnorcheln kostet etwa 40 US$. Ausflüge werden zwischen Februar und September angeboten, wobei die Bedingungen im Juni, Juli und August am besten sind.

Eat Hoi An ESSEN & TRINKEN
(Coconut Tours; 0905 411 184; www.eathoian.com; 37 Đ Phan Chau Trinh; 45 US$ pro Pers.) Wer die lokale Streetfood-Szene von Grund auf erkunden will: durch die authentische Küche und die ansteckende Begeisterung des Gastgebers Phuoc eignet sich diese Institution exzellent dafür. Die Teilnehmer können sich auf die verschiedensten Gerichte freuen; auf der Website findet man Infos über Kochkurse, die im Heimatdorf von Phuoc abgehalten werden.

Grasshopper Adventures FAHRRADFAHREN
(0932 034 286; www.grasshopperadventures.com; 62 Đ Hai Ba Trung; 37–47 US$ pro Pers.) Sehr empfehlenswerte Radtouren mit gut gepflegten Fahrrädern. Es gibt eine Tour auf dem Land und eine exzellente Gourmettour bei Sonnenuntergang. Grasshopper bietet auch mehrtägige Trips in ganz Vietnam.

Kurse

Green Bamboo Cooking School KOCHEN
(0905 815 600; www.greenbamboo-hoian.com; 21 Đ Truong Minh Hung, Cam An; 45 US$ pro Pers.) Auf zehn Teilnehmer beschränkte Gruppenkurse, die in der großen Küche des Schulleiters Van stattfinden. Van ist ein charmanter einheimischer Koch und spricht ausgezeich-

Hoi An

0 200 m
Đ Ba Trieu
Sinh Tourist
10
Đ Tran Cao Van
Đ Nguyen Truong To
Pham Gia Boutique Homestay (500 m); Nord (1 km); Danang (30 km); My Son (35 km)
Đ Thai Phien
Đ Ly Thuong Kiet
Rose Travel Service
21
19
Đ Tran Hung Dao
12
11
7
Hoi An Hospital
Cua Dai Beach (6 km)
17
Đ Le Loi
Đ Nguyen Hue
Đ Hoang Dieu
Đ Cua Dai
Đ Pham Hong Thai
Tickets für die Altstadt von Hoi An
6
Đ Phan Chu Trinh
Đ Hai Ba Trung
Touristeninformation
9
13
16
Thanh Ha (2,5 km)
Đ Nguyen Thi Minh Khai
18
Überdachte japanische Brücke
1
3
4
5
Đ Nguyen Duy Hieu
Đ Truong Minh Luong
Đ Tran Phu
23
22
20
24
8
15
14
2
Tan-Ky-Haus
Đ Nguyen Thai Hoc
Đ Hoang Van Thu
Đ Phan Boi Chau
Đ Nguyen Phuc Chu
Đ Bach Dang
Boots-anlegestelle
Thu Bon
Cam-Nam-Brücke
An-Hoi-Halbinsel

Hoi An

net Englisch. Die Kurse sind persönlicher als die der meisten anderen Kochschulen. Man kann sich aus einer vielfältigen Speisekarte aussuchen, was man kochen will – es stehen auch vegetarische Gerichte zur Wahl. Die Kochschule liegt 5 km östlich des Zentrums in der Nähe des Cua Dai Beach; die Hin- und Rückfahrt von/nach Hoi An ist im Kurspreis inbegriffen.

Herbs and Spices KOCHEN
(☎ 0235-393 6868; www.herbsandspicesvn.com; 2/6 Đ Le Loi; 35–58 US$ pro Pers.; ⌚ 10.30, 16.30 & 20 Uhr) Exzellente Kurse mit drei verschiedenen Menüoptionen und kleineren Klassen als in den meisten anderen Kochschulen.

Schlafen

Lazy Bear Hostel HOSTEL $
(☎ 0905 025 491; www.facebook.com/lazybearhostel; 12 Đ Tran Quuc Toan; B/DZ 8/20 US$; ❄ 📶) Das kleine, familiengeführte Hostel liegt sehr günstig – die Altstadt und der Cua Dai Beach sind nur 2,5 km entfernt – und bietet viele Gratisoptionen, z. B. kostenloses Frühstück, Leihfahrräder und eine gelegentliche Bar-Gourmet-Tour. Der ruhige Garten und die modernen Bäder der Privatzimmer runden das Gesamtangebot ab. Eine der besten und günstigsten Budgetunterkünfte Hoi Ans.

Hoi An Backpackers Hostel HOSTEL $
(☎ 0235-391 4400; www.vietnambackpackerhostels.com; 252 Đ Cua Dai; B/2BZ/DZ 12/40/40 US$; ❄ @ 📶 🏊) Ganz auf die Bedürfnisse von Backpackern eingestellt ist diese neu in Hoi An eröffnete Filiale einer Hostel-Kette, die in ganz Vietnam vertreten ist. Die Unterkünfte reichen von Mehrbettzimmern bis hin zu Privatzimmern mit eigenen Bädern. Es gibt eine Poolbar und ein Restaurant und viele ruhige Gemeinschaftsbereiche, die Privatsphäre bieten. Das Hostel liegt günstig zwischen Altstadt und Strand. Außerdem gibt's Leihräder, mit denen die Gäste die Stadt erkunden können.

★ **Nu Ni Homestay** PENSION $$
(☎ 0235-392 7979; www.nunihomestayhoian.com; 131/12 Đ Tran Hung Dao; DZ/3BZ/FZ 20/28/36 US$; ⊖ ❄ 📶) Nu Ni Homestay liegt versteckt am Ende einer ruhigen Gasse gleich nördlich der Altstadt. Es bietet große, blitzsaubere neue Zimmer – einige mit großem Balkon. Die Besitzer sind superfreundlich und machen fast alles möglich. Flachbildfernseher, moderne Bäder und der komfortable Gemeinschaftsbereich im Erdgeschoss: Das Nu Ni ist eine großartige Wahl. Frühstück kostet extra.

Pham Gia Boutique Homestay PENSION $$
(☎ 0914 085 075; www.phamgiahoian.com; 73/1 Phan Dinh Phung; DZ/Suite ab 35/42 US$; ⊖ ❄ 📶) Eine weitere großartige Privatunterkunft. Pham Gia hat fast schon den Standard eines Boutique-Hotels. Es kombiniert koloniales und lokales Design, hat geräumige, sonnige Zimmer, und der freundliche Besitzer ist ein Einheimischer mit jeder Menge Erfahrung im Tourismusbereich. Es gibt kostenlose Leihfahrräder; die Altstadt und der An Bang Beach sind nur eine kurze Radstrecke entfernt.

Essen

In Hoi An wird kulinarisch viel geboten, u. a. leckere lokale Spezialitäten wie *banh beo* („Weiße Rose"; mit gehackten Garnelen gefüllte Teigtaschen), ein köstliches Gericht. Ebenso fein schmecken *cao lau*, dicke Nudeln, die mit Croutons, Bambussprossen, Gemüse und Schweinefleischstreifen in deftiger Brühe serviert werden. Weitere Highlights sind gebratene *hoanh thanh* (Wan Tan) und *banh xeo* (pikante Pfannkuchen, mit Kräutern in frisches Reispapier gewickelt).

Banh Mi Phuong VIETNAMESISCH $

(2b Đ Phan Chu Trinh; banh mi 20 000–30 000 D) Was macht das *banh mi* in diesem engen Lokal so gut, dass die Gäste scharenweise herbeiströmen? Es sind das feste, weiche Brot, das frische Gemüse und die üppigen Portionen von *thit nuong* (auf Holzkohle gegrilltes Schweinefleisch), Rind- und anderen Fleischsorten. Die Unterstützung durch einen gefeierten Promikoch tut den Rest.

Cocobox CAFÉ $

(http://fb.me/cocoboxvietnam; 94 Đ Le Loi; Säfte & Smoothies 60 000–75 000 D; ⌚7–22 Uhr) Erfrischende kaltgepresste Säfte sind das Highlight in diesem kleinen Café mit Feinkostgeschäft. Unser Favorit ist die Sorte „Watermelon Man" mit Wassermelone, Passionsfrucht, Limette und Minze. Auch der Kaffee, die Salate und die Snacks sind gut – wie wär's etwa mit einem Hühnchen-Pesto-Sandwich? Der angeschlossene Bauernladen verkauft vietnamesische Spezialitäten wie Honig und Apfelwein aus HCMS.

Nu Eatery FUSION-KÜCHE $

(www.facebook.com/NuEateryHoiAn; 10a Đ Nguyen Thi Minh Khai; Hauptgerichte 90 000 D; ⌚Mo–Sa 12–21 Uhr) Etwas versteckt in der Nähe der japanischen Brücke liegt dieses kompakte Lokal mit schlichtem Dekor. Man sollte sich davon aber nicht in die Irre führen lassen, denn die kleinen saisonalen Gerichte unseres neuen Favoriten überzeugen auf ganzer Linie. Zu den gedämpften Teigtaschen mit Schweinebauch passt bestens ein Salat mit gegrillter Ananas, Kokosnuss und Pampelmuse. Danach sollte man unbedingt das hausgemachte Eis mit Zitronengras, Ingwer oder Chili probieren.

★ **Cargo Club** INTERNATIONAL $$

(☎0235-391 1227; www.msvy-tastevietnam.com/cargo-club; 107 Đ Nguyen Thai Hoc; Gerichte 70 000–160 000 D; ⌚8–23 Uhr; 📶) Vor einer großartigen Flussszenerie (auf der oberen Terrasse hat man einen beeindruckenden Ausblick) serviert das bemerkenswerte Café-Restaurant vietnamesische und westliche Küche. Hier könnte man wunderbar einen kompletten entspannten Tag verbringen und sich durch die gesamte Speisekarte probieren. Das Frühstück ist legendär (wir empfehlen die Eier Benedict), daneben überzeugen die süßen Backwaren und Kuchen sowie die leckeren Hauptgerichte und guten Cocktails.

Hola Taco MEXIKANISCH $$

(www.facebook.com/pg/holataco; 9 Đ Phan Chau Trinh; Snacks & Gerichte 75 0000–160 000 D; ⌚11–22 Uhr; 📶✎) Das großartige Restaurant Hola Taco bringt mexikanische Aromen nach Hoi An. Die Spezialgerichte des Hauses sind Tacos und Enchiladas; beide sind gut gewürzt und schmecken super zu einem Tiger Beer oder einer gefrorenen Margarita. Hier gibt's das farbenprächtigste Essen Hoi Ans! Es sind auch ein paar vegetarische Speisen im Angebot.

Little Menu VIETNAMESISCH $$

(www.thelittlemenu.com; 12 Đ Le Loi; Gerichte 60 000–150 000 D; ⌚9.30–23 Uhr; 📶) In diesem tollen kleinen Restaurant mit offener Küche und kleiner Speiseauswahl empfängt einen der Besitzer Son – ein fantastischer Gastgeber, der auch gut Englisch spricht. Zu empfehlen ist das Menü mit Fisch im Bananenblatt und Frühlingsrollen mit Ente (225 000 D). Fast alle Zutaten stammen aus der Region um Hoi An.

Ausgehen & Nachtleben

3 Dragons PU

(www.facebook.com/3Dragonshoian; 51 Đ Phan Bo Chau; ⌚8–24 Uhr; 📶) Halb Sportsbar (vo australischem Football bis zu indischem Kr cket läuft hier alles), halb Restaurant (Bu ger, Steaks und vietnamesische Küche).

Espresso Station CA

(☎0905 691 164; www.facebook.com/TheEspress Station; 28/2 Đ Tran Hung Dao; Kaffee 30 00C 50 000 D; ⌚7.30–17 Uhr; 📶) Espresso Static bietet ein Stück australische Kaffeekultur i einem historischen Wohnhaus – hier b kommt man die besten Flat Whites und Ei kaffees der Stadt. Es gibt auch eine klei Speisekarte mit Müsli und Sandwiches; i schicken Innenhof kann man sich wunde bar entspannen.

Shoppen

Maßgeschneiderte Kleidung ist eines der Aushängeschilder von Hoi An, das mehr als 200 Schneidereien beherbergt. Bei ihnen kann man Anzüge, Oberteile, Kleider und vieles weitere in Auftrag geben.

★ **Villagecraft Planet** KUNST & KUNSTHANDWERK
(www.facebook.com/VillagecraftPlanet; 59 Đ Phan Boi Chau; ⏲10–18 Uhr) Hier gibt's interessante Haushaltswaren und Mode, die oft aus Hanf besteht und mit Indigo gefärbt ist. Die Fair-Trade-Waren werden von den ethnischen Minderheitsvölkern der Hmong, Schwarzen Thai und Lolo im Norden von Vietnam hergestellt.

★ **Reaching Out** SOUVENIRS, KLEIDUNG
(www.reachingoutvietnam.com; 103 Đ Nguyen Thai Hoc; ⏲Mo–Fr 8.30–21.30, Sa & So 9.30–20.30 Uhr) Hervorragender Fair-Trade-Souvenirladen, der hochwertige Seidentücher, Kleidung, Schmuck, handbemalte vietnamesische Hüte, handgemachtes Spielzeug und Teddybären verkauft. Der Ladenbetreiber beschäftigt und unterstützt behinderte Kunsthandwerker.

★ **Rue des Arts** KUNST & KUNSTHANDWERK
(Đ Phan Boi Chau) Die Mitte 2017 gegründete Initiative sorgt für Zulauf auf der Đ Phan Boi Chau, östlich der Đ Hoang Dieu, einer Kunstmeile voller Galerien, Museen und Cafés, die größtenteils in historischen Gebäuden des alten französischen Viertels untergebracht sind. Am besten holt man sich in der **March Gallery** (☎0122 377 9074; www.marchgallery-hoian.com; 25 Đ Phan Boi Chau; ⏲9–18 Uhr), bei Precious Heritage (S. 949) oder bei **Mia Coffee House** (www.facebook.com/miacoffeehouse; 20 Đ Phan Boi Chau; ⏲8–17 Uhr) einen Plan, der alle Einrichtungen aufzählt – und los geht's.

Praktische Informationen

Coast Vietnam (www.coastvietnam.com) Bietet jede Menge Infos zu Restaurants, Cafés, Bars und Aktivitäten von schlauen Einwanderern. Hier gibt's auch den kostenlosen Stadtplan *Hoi An Travel Guide*. WLAN ist in vielen Cafés, Bars und Unterkünften verfügbar.

Krankenhaus (☎0235-386 1364; 4 Đ Tran Hung Dao; ⏲6–22 Uhr) Bei ernsteren Problemen geht man lieber nach Da Nang.

Rose Travel Service (☎0235-391 7567; www.rosetravelservice.com; 37–39 Đ Ly Thai To; ⏲7.30–17.30 Uhr) Touren in die Gegend und im ganzen Land sowie Vermittlung von Mietwagen und Bustickets.

SICHERHEITSMASSNAHMEN

Hoi An gehört zu den sichereren Städten in Vietnam, ab und an hört man jedoch von Handtaschenraub und Taschendiebstahl am späten Abend. Vereinzelt kam es auch zu Übergriffen auf Frauen, deswegen sollten diese möglichst mit jemandem nach Hause laufen, den/die sie kennen. Nach 21.30 Uhr sind viele Straßenlaternen ausgeschaltet. Darüber hinaus gab es Berichte von gepanschten Getränken in manchen Bars, das Glas also besser nicht aus den Augen lassen. Wer zurück ins Hotel will, sollte sich nicht auf die lokale *xe-om*-Mafia verlassen, sondern ein Taxi rufen.

Sinh Tourist (☎0235-386 3948; www.thesinhtourist.vn; 587 Đ Hai Ba Trung; ⏲6–22 Uhr) Verkauft Tickets für seriöse Open-Tour-Busse.

Touristeninformation (☎0235-391 6961; www.quangnamtourism.com.vn; 47 Đ Phan Chau Trinh; ⏲8–17 Uhr) Hilfreiches Büro mit englischsprachigen Mitarbeitern.

An- & Weiterreise

Die meisten Busse auf der Nord-Süd-Route halten nicht in Hoi An, da die Nationalstraße 1 westlich der Stadt verläuft. In Vinh Dien, 10 km weiter westlich, kann man aber einen heranwinken. Die praktischeren Open-Tour-Busse fahren regelmäßig nach Hue und Nha Trang.

Gelbe Busse nach Da Nang (20 000 D, 1 Std.) starten am **Busbahnhof Nord** gleich abseits der Đ Le Hong Phong, die 15 Gehminuten oder eine kurze *xe-om*-Fahrt (15 000 D) vom Zentrum Hoi Ans entfernt ist.

Den nächsten Flughafen und Bahnhof gibt's in Da Nang. Ein Auto nach Hoi An kostet rund 550 000 D und ist im Hotel oder Reisebüro vor Ort buchbar; ein *xe om* ist schon für 150 000 D zu haben. Wer unterwegs an den Marmorbergen oder am Strand von Da Nang halten will, sollte hart verhandeln. Shuttlebusse kosten rund 300 000 D und können in Hotels gebucht werden.

Unterwegs vor Ort

Taxis mit Kilometerzähler und Motorradfahrer warten auf der anderen Seite der Fußgängerbrücke in An Hoi. Wer abgeholt werden möchte, ruft **Hoi An Taxi** (☎0510-391 9919) oder **Mai Linh** (☎0235-392 5925).

Viele Hotels vermieten Fahrräder und Motorräder ab 20 000 bzw. 100 000 D pro Tag. Die kleine Altstadt Hoi Ans lässt sich am besten zu Fuß erkunden.

Rund um Hoi An

An Bang Beach

An Bang ist einer von Vietnams angesagtesten Stränden: ein wunderbarer Sandstrand ohne die Erosionsprobleme von Cua Dai, dafür aber mit schier endlosem Horizont, den allein die Cham-Inseln in der Ferne unterbrechen. Wer die Region ganz in Ruhe kennenlernen will, sollte am An Bang übernachten und Hoi An auf Tagesausflügen erkunden.

Immer mehr Händler verkaufen am Strand Souvenirs und Essen. Abends kommen viele einheimische Familien zum Schwimmen hierher. Ein paar Wassersport-Anbieter verleihen Jetski und veranstalten Parasailing-Ausflüge. Achtung: Die Sicherheitsstandards für diese Aktivitäten sind nicht so hoch wie in anderen Ländern.

Schlafen & Essen

Under the Coconut Tree BUNGALOWS $
(☎0168 245 5666; www.underthecoconuttreehoian.com; An Bang; B 9 US$, DZ 30–40 US$;) Die baufälligen Bungalows, Holz- und Bambuslodges, die sich hier in einem Garten verteilen, sind die originellste Unterkunft von An Bang. Sparsame Traveller finden im Coconut Dorm House Außenduschen und einfache Gemeinschaftsunterkünfte in einem luftigen, nach allen Seiten hin offenen Pavillon. Im Bamboo Family House können vier Personen übernachten. Das gemütliche Mushroom House eignet sich gut für Paare und hat ein Privatbad.

★ **Sea Shell** FRANZÖSISCH, FISCH & MEERESFRÜCHTE $
(119 Đ Tran Cao Van; Gerichte 90 000 D; ⏲12–21 Uhr) Das von einem jahrzehntealten Banyanbaum beschattete Sea Shell ist ein stimmungsvoller Ableger der Nu Eatery in der Altstadt von Hoi An. Es serviert Snacks wie Tempura-Garnelen-Röllchen und Kurkuma-Seewolf-Wraps. Zum Hauptgericht gibt's u. a. scharf gewürzte Nudeln mit Schweinefleisch sowie erfrischenden Calamari-Apfel-Salat. Auf der Weinkarte stehen edle Tropfen aus Australien, Frankreich, Italien und Südafrika.

Sound of Silence CAFÉ
(www.facebook.com/soundofsilencecoffee; Kaffee ab 25 000 D; ⏲7–17 Uhr;) An Bangs bestes Café kombiniert eine rustikale Gartenlage mit einem herrlichen Meerblick. Die Baristas sind die besten im ganzen Ort. Die frischen Kokosnüsse und Crêpes mit tropischen Früchten sind eine willkommene Ablenkung, während man darüber nachdenkt, eine Runde schwimmen zu gehen.

An- & Weiterreise

An Bang ist leicht zu erreichen – es ist nur 20 Minuten mit dem Rad bzw. fünf Minuten mit dem Taxi (70 000 D) von Hoi An entfernt. Ein Fahrradparkplatz kostet rund 5000 D – eine gute Investition, denn es ist sicher aufbewahrt, während man sich am Strand entspannt.

My Son

Im Schatten des Katzenzahnbergs liegen die faszinierenden Ruinen von **My Son** (Eintritt 150 000 D; ⏲6.30–16 Uhr). Sie wurden von der UNESCO zum Welterbe ernannt und gelten als bedeutendste Überreste des historischen Cham-Königreichs. Es gibt in Vietnam durchaus einige besser erhaltene Stätten, allerdings sind diese weniger weitläufig und können meist auch nicht mit einem so reizvollen landschaftlichen Hintergrund aufwarten: In My Son schlängeln sich kristallklare Bäche zwischen den Tempeln und Bergen hindurch.

Die Ruinen liegen 55 km südwestlich von Hoi An. Dort werden Tagestouren nach My Son angeboten (10–15 US$ zzgl. Eintritt), manchmal geht's auch per Boot in die Stad zurück.

Wer sich die Gegend auf eigene Faust an sehen will, leiht sich ein Motorrad, *xe om* oder Auto. Man sollte My Son frühmorgen oder spätnachmittags besuchen, um de Reisegruppen auszuweichen.

SÜDOSTKÜSTE

Vietnam hat eine kurvenreiche Küste, di von Sandstränden, hohen Felsen und ve steckten Buchten geprägt wird.

Die Hauptziele hier sind Nha Trang un Mui Ne, doch schöne Strände gibt's in Hül und Fülle. Wenn man sich mit Blick auf d türkisfarbene Meer im Sand räkelt, wäh man sich fast im Paradies.

Um das Vergnügen komplett zu mache locken Aktivitäten, die den Puls wieder die Höhe treiben, etwa Tauchen, Schno cheln, Surfen, Wind- und Kitesurfen. Die Küste birgt zahllose Möglichkeiten, für Ak ve ebenso wie für Faulenzer.

Nha Trang

☎058 / 426 000 EW.

Willkommen in Vietnams Strandhauptstadt! Die in die Höhe schießende Resortstadt Nha Trang erfreut sich einer grandiosen Lage – umringt von Hügeln, mit einem weiten sichelförmigen Strand und einer türkisblauen, mit tropischen Inseln gespickten Bucht.

Nha Trang ist im Grunde eine Partystadt. Bis vor Kurzem waren die Bars hauptsächlich auf den Backpackermarkt ausgerichtet, inzwischen zielt die Gastroszene aber immer mehr auf die wachsende Anzahl reicher asiatischer und russischer Touristen ab.

Und wer nicht auf Wodka, Cocktaileimer und Karaoke steht, kann stattdessen natürliche Schlammbäder ausprobieren oder die imposanten Cham-Türme besuchen.

Sehenswertes

★ Strand von Nha Trang STRAND

Nha Trangs 6 km langer Sandstrand ist der Trumpf der Stadt. Mehrere Bereiche sind extra abgesperrt und für Schwimmer ausgewiesen, sodass sie dort nicht von Jetskifahrern oder Booten gestört werden. Das türkisfarbene Wasser ist einfach herrlich und ein Spaziergang auf der Promenade ein wahres Vergnügen.

Zwei sehr beliebte Orte zum Relaxen sind der **Sailing Club** (www.sailingclubnhatrang.com; 72–74 Đ Tran Phu; ⏲7–2 Uhr; 📶) und das Louisiane Brewhouse (S. 956). Von hier aus in Richtung Süden wird der Strand allmählich ruhiger, und es lässt sich ein Streifen Sand ganz für sich allein finden.

★ Cham-Türme von Po Nagar BUDDHISTISCHER TEMPEL

(Thap Ba, Dame der Stadt; Nordseite der Xom-Bong-Brücke; Eintritt 22 000 D, Guide 50 000 D; ⏲6–18 Uhr) Noch heute werden die zwischen dem 7. und dem 12. Jh. erbauten beeindruckenden Cham-Türme von den Cham und von buddhistischen Chinesen und Vietnamesen aktiv verehrt. Ursprünglich hatte der Komplex sieben oder acht Türme, doch nur vier blieben erhalten. Der 28 m hohe Nordturm (Thap Chinh) aus dem Jahr 817 ist mit pyramidenförmigem Terrassendach, Mauergewölbe im Inneren und Vorraum der prächtigste. Die Türme stehen ungefähr 3 km nördlich vom Zentrum Nha Trangs auf einem Granithügel am Nordufer des Flusses Cai.

Aktivitäten

Nha Trang ist Vietnams beliebtestes Tauchgebiet. Als beste Zeit zum Tauchen gelten die Monate Februar bis September, am schlechtesten sind Oktober bis Dezember.

In der Gegend liegen etwa 25 Tauchspots. Einige haben gute Abhänge, ein paar kleine Unterwasserhöhlen. Es sind keine Tauchgebiete von Weltrang, doch im Wasser leben viele kleine Rifffische.

Ein Tagesausflug mit zwei Tauchgängen kostet zwischen 60 und 85 US$, Schnorchler zahlen in der Regel 20 US$.

Die meisten Tauchzentren veranstalten verschiedene Tauchkurse. Man sollte sich vor zwielichtigen Anbietern, die verantwortungslos und sogar mit gefälschten PADI- oder SSI-Akkreditierungen arbeiten, in Acht nehmen und stattdessen renommierte Unternehmen wie **Oceans 5** (☎0258-381 1969, 0258-352 2012; www.oceans5.co; 49/06 Đ Hung Vuong; 2 Tauchgänge 75 US$) und **Angel Dive** (☎0258-352 2461; www.angeldivevietnam.info; 10 Đ Nguyen Thien Thuat; Fun Dive ab 30 US$) aufsuchen.

★ Lanterns Tours KULTUR

(☎0258-247 1674; www.lanternsvietnam.com; 30a Đ Nguyen Thien Thuat; Tour ab 29 US$) Das gemeinnützige Restaurant bietet tolle, kostengünstige Streetfood-Touren (250 000 D) durch Nha Trang, bei denen sieben Gerichte, z. B. *banh tai vac* (Tapioka-Shrimps-Klößchen), gegessen werden. Lanterns veranstaltet auch eine Tour nach Ninh Hoa (ab 29 US$), einer untouristischen Stadt, bei der die Teilnehmer den lokalen Markt besuchen und bei einer Familie zu Mittag essen.

★ Vietnam Active ABENTEUERSPORT

(☎0258-352 8119; www.vietnamactive.com; 115 Đ Hung Vuong) Zur großen Auswahl an exzellenten Aktivitäten von Vietnam Active gehören Rafting, Kajakfahren, Mountainbike-Touren, Yoga (150 000 D pro Kurs), Sporttauchen (zwei Tauchgänge 65 US$) und Apnoetauchen. Der exakte Preis richtet sich nach der Teilnehmerzahl.

Shamrock Adventures RAFTING

(☎0905 150 978; www.shamrockadventures.vn; Đ Phan Dinh Giot; Touren inkl. Mittagessen ab 45 US$ pro Pers.) Der Veranstalter ist auf Angeltouren (Tiefseefischen und Fliegenfischen) spezialisiert und organisiert Wildwasserrafting-Ausflüge auf dem Fluss Serapok, die mit Mountainbike-Touren kombiniert werden können.

Schlafen

★ **Sunny Sea** HOTEL $
(☎ 0258-352 2286; sunnyseahotel@gmail.com; 64b/9 Đ Tran Phu; Zi. 250 000–330 000 D; ❄@📶) Ein herzliches einheimisches Paar (ein Arzt und eine Krankenschwester) und ihre sehr hilfsbereiten Mitarbeiter führen dieses heimelige Mini-Hotel in Strandnähe, das die anderen Unterkünfte auf der Budgetstraße in den Schatten stellt. Die Zimmer sind sehr sauber und haben hochwertige Matratzen, eine Minibar und moderne Bäder; manche verfügen außerdem über einen Balkon. Ein Hotel mit tollem Preis-Leistungs-Verhältnis!

★ **Mojzo Inn** HOSTEL $
(☎ 0988 879 069; www.facebook.com/mojzoInn; 120/36 Đ Nguyen Thien Thuat; B 7 US$, Zi. 19–23 US$; ❄@📶) Das originelle Hostel macht vieles richtig. Der nette Loungebereich mit vielen Kissen und die Schlafsäle sind schön gestaltet; auf der Dachterrasse werden riesige Frühstücksgerichte und sogar kostenloses Bier serviert! Die außerordentlich hilfsbereiten Mitarbeiter geben Reiseinfos und beraten ihre Gäste zu Bus- und Zugverbindungen.

Binh An Hotel PENSION $
(☎ 090 514 3548; www.binhanhotel.com; 28h Đ Hoang Hoa Tham; Zi. 350 000–380 000 D; ❄@📶) Einladende, familiengeführte Pension, deren Inhaber sich engagiert um ihre Gäste kümmern, Reisetipps geben und täglich frisches Obst bereitlegen. Die makellos sauberen geräumigen Zimmer haben gute Klimaanlagen und schnelles WLAN. Das leckere Frühstück kostet 60 000 D.

Essen

Günstiges, authentisches vietnamesisches Essen bekommt man an den Essensständen auf dem **Dam Market** (Đ Trang Nu Vuong; Gerichte 15 000–50 000 D; ⌚6–16 Uhr), die auch viele vegetarische Speisen anbieten.

Au Lac VEGETARISCH $
(28c Đ Hoang Hoa Tham; Gerichte 15 000–32 000 D; ⌚10–19 Uhr; 🖉) Bewährtes einfaches veganes/vegetarisches Restaurant. Ein gemischter Teller (20 000 D) ist die wohl günstigste Mahlzeit in ganz Nha Trang. Einfach hinsetzen – der Teller wird gebracht. Die Umgebung ist schlicht: Metalltische und Plastikstühle.

★ **Lac Canh Restaurant** VIETNAMESISCH $$
(44 Đ Nguyen Binh Khiem; Gerichte 50 000–150 000 D; ⌚11–20.45 Uhr) In dem abgewetzten, unverfälschten Grillrestaurant treffen sich die Einheimischen, um Fleisch in rauen Mengen zu genießen (Spezialität des Hauses ist in reichhaltiger Kräutermarinade eingelegtes Rindfleisch, auf der Karte stehen aber auch andere Fleischsorten, Fisch und Meeresfrüchte. Das Essen muss man selbst an einem Holzkohlegrill zubereiten. Achtung: Das Lokal schließt zeitig.

79 Dung Lin VIETNAMESISCH $
(29 Đ Phan Chu Trinh; Gerichte 75 000–130 000 D; ⌚18–21.30 Uhr) Ein einfaches lokaltypische[s] Restaurant, das für seine herrlich aromat[i]sche und leckere Grillente berühmt ist (ein[e] halbe Ente mit Salat, Dips und Reis kost[et] 100 000 D).

Ausgehen & Nachtleben

★ **Alpaca Homestyle Cafe** CA[FÉ]
(www.facebook.com/alpacanhatrang; 10/1b Nguyen Thien Thuat; ⌚Mo–Sa 8–21.30 Uhr; 📶) Das angesagte kleine Café mit unkonventi[o]neller Einrichtung ist für seinen Kaffee b[e]rühmt, der aus Da Lat kommt und als E[s]presso, French Press und Eiskaffee servi[ert] wird. Im Angebot sind auch Eistees, Sä[fte] (45 000 D) sowie großartige mediterra[ne] und mexikanische Küche.

★ **Louisiane Brewhouse** BRAU[EREI]
(29 Đ Tran Phu; ⌚7–24 Uhr; 📶) Die Kleinbra[ue]rei am Ufer bietet einfach alles – man ka[nn] sich im Pool abkühlen, die Meeresbrise [ge]nießen und anschließend sechs verschie[de]ne Craft-Biere probieren, darunter auch [...] Ales und Dark Lager. Außerdem gibt's e[ine] umfassende Speisekarte.

Crazy Kim Bar
(http://crazykimvietnam.wordpress.com; 19 Đ Thu; ⌚9 Uhr–spät; 📶) Diese Bar hat die

GEPANSCHTE DRINKS

Gelegentlich gibt's Berichte über gepanschte Cocktaileimer in beliebten Bars und Kneipen. Das können sowohl Drinks aus hausgemachtem, schwarz gebranntem Alkohol sein als auch von anderen Kunden mit irgendwelchen Drogen versetzte Getränke. Solche Eimer sind natürlich ein witziges Gemeinschaftserlebnis, doch man sollte die Risiken im Auge behalten.

VERKEHRSMITTEL AB NHA TRANG

ZIEL	FLUGZEUG	BUS	AUTO/ MOTORRAD	ZUG
Da Lat	-	7 US$, 5 Std., 12-mal tgl.	4–5 Std.	-
Da Nang	ab 40 US$, 1 Std., 1-mal tgl.	11–16 US$, 11–12 Std., 15-mal tgl.	11 Std.	13–18 US$, 9–11 Std., 7-mal tgl.
Ho-Chi-Minh-Stadt	ab 25 US$, 1 Std., 12-mal tgl.	9–14 US$, 10–12 Std., 16-mal tgl.	10 Std.	11–16 US$, 7–9 Std., 7-mal tgl.
Mui Ne	-	8 US$, 5½ Std., 4-mal tgl.	5 Std.	-
Qui Nhon	-	6,50 US$, 6 Std., alle 2½ Std.	6 Std.	5,50–7 US$, 3½–4½ Std., 7-mal tgl.

benswerte Kampagne „Hände weg von den Kindern!“ ins Leben gerufen, um gegen Pädophilie zu kämpfen – ein Teil der Einnahmen fließt in das Projekt. Crazy Kim veranstaltet regelmäßig Themenabende, serviert billiges Bier und leckere Pubkost. Im Laufe des Abends (zwischen 16.30 und 22.30 Uhr) gibt's mehrere Happy Hours, bei denen man zwei Cocktails zum Preis von einem bekommt.

Praktische Informationen

ha Trang ist zwar insgesamt sicher, aber am trand sollte man sowohl tagsüber als auch achts vorsichtig sein. Taschendiebstahl und aub sind ein anhaltendes Problem. Aus Tachen mit Wertsachen, die „zur sicheren Verahrung“ hinter der Bar verstaut werden, erschwinden regelmäßig Bargeld und Handys. orsicht auch vor gepanschten Cocktaileimern.

In den meisten Hotels und Bars gibt es kostenses WLAN. Auch an Geldautomaten herrscht in Mangel.

uristeninformation von Khanh Hoa (☎ 0258-382 9357; www.nhatrang-travel.com; an Phu; ⊙ 8–17.30 Uhr) In dem kleinen Büro beiten hilfsbereite englischsprachige Mitariter.

uptpost (4 Đ Le Loi; ⊙ Mo–Fr 6.30–20, Sa 30–13 Uhr) Postamt von Nha Trang.

steur Institute (☎ 0258-382 2355; www.steur-nhatrang.org.vn; 8–10 Đ Tran Phu; 7–11 & 13–16.30 Uhr) Medizinische Beratung d Impfungen.

h Tourist (☎ 0258-352 2982; www.thehtourist.vn; 90C Đ Hung Vuong; ⊙ 6–22 Uhr) verlässliche, professionelle Agentur verantet günstige Touren in und um Nha Trang. n Angebot gehören Stadtführungen für 000 D (ohne Eintrittsgebühren), Open-Tourse sowie die Buchung von Flügen und en.

An- & Weiterreise

BUS

Busbahnhof Phia Nam Nha Trang (Đ 23 Thang 10) Der Hauptbahnhof bietet täglich Verbindungen in den Norden nach Da Nang sowie in den Süden nach Phan Rang und HCMS.

FLUGZEUG

Der **Cam Ranh International Airport** (☎ 0258-398 9913) liegt 35 km südlich der Stadt und ist über eine wunderschöne Küstenstraße zu erreichen.

Vietnam Airlines (☎ 0258-352 6768; www.vietnamairlines.com; 91 Đ Nguyen Thien Thuat) verbindet Nha Trang täglich mit Hanoi, HCMS und Da Nang. Außerdem bietet es Flüge in mehrere chinesische Städte wie Chengdu und Kunming. Vietjet Air (www.vietjetair.com) fliegt ebenfalls täglich nach Hanoi und HCMS sowie nach China (auch Shanghai). Jetstar (www.jetstar.com) bietet gute Verbindungen nach Hanoi und HCMS sowie Flüge nach Hue, Bangkok und Siem Riep.

Weitere internationale Fluggesellschaften, die den Cam Ranh Airport bedienen, sind Air Asia (mit Ziel Kuala Lumpur) und Korean Air (mit Ziel Seoul).

ZUG

Der **Bahnhof Nha Trang** (☎ 0258-382 2113; Đ Thai Nguyen; ⊙ Fahrkartenbüro 7–11.30, 13.30–18 & 19–21 Uhr) liegt mitten in der Stadt, an der Nord-Süd-Strecke, und bietet gute Verbindungen nach Dieu Tri (in Richtung Qui Nhon), Da Nang und HCMS. Es gibt keine Zugverbindung nach Da Lat.

Unterwegs vor Ort

Zwischen Nha Trang und dem Flughafen verkehren Shuttlebusse (50 000 D, 45 Min.). Sie starten alle 30 Minuten zwischen 6 und 18.30 Uhr. Die Busse fahren durch das Stadtzentrum und halten unterwegs mehrmals an der Küstenstraße Đ Tran Phu.

Nha Trang ist eine flache Stadt und daher gut mit dem Fahrrad zu erkunden. Die Hotels verleihen Fahrräder für rund 30 000 D pro Tag. Taxis mit Taxameter bietet das renommierte Unternehmen **Mai Linh** (☎ 0258-382 2266).

Mui Ne

☎ 0252 / 17 600 EW.

Einst war Mui Ne ein abgeschiedener Strandstreifen, aber ein so schönes Fleckchen konnte natürlich nicht auf ewig unentdeckt bleiben – heute befindet sich hier eine Kette von Resorts an einer 10 km langen Schnellstraße. Die meisten sind zum Glück niedrig und liegen inmitten von hübschen Gärten am Meer.

Wind- und Kitesurfen wird hier großgeschrieben; die Saison dauert von August bis Dezember. Außerdem finden sich hier die dramatischsten Sanddünen der Region, die „Sahara" Vietnams.

Sehenswertes

Sanddünen STRAND

Mui Ne ist für seine riesigen roten und weißen Sanddünen berühmt. Die roten Dünen (*doi hong*) sind von Hai Long aus einfach zu erreichen, aber die weißen Dünen (*doi cat trang*) 24 km nordöstlich sind beeindruckender, denn der fast unaufhörlich wehende Seewind verwandelt den zartgelben Sand in Formen, die an die Sahara erinnern. Aber da dies Vietnam ist, ist hier nichts von einer für Wüsten typischen Stille.

Aktivitäten

★ Manta Sail Training Centre BOOTSFAHRTEN

(☎ 0908 400 108; http://mantasailing.org; 108 Đ Huynh Thuc Khang; Segelkurs 66 US$ pro Std.) Eine der besten Segelschulen Südostasiens. Zum Angebot gehören Ausbildungs- und Trainingskurse (vom Anfänger- bis hin zum Fortgeschrittenenlevel), Wakeboarden (100 US$ pro Std.), Leih-SUPs (10 US$ pro Std.) und Bootstouren. Manta vermietet auch Budgetzimmer direkt am Strand.

★ Flüge mit dem Heißluftballon BALLONFAHREN

(☎ 0120 853 6828; www.vietnamballoons.com; ab 136 US$) Die ersten Heißluftballon-Flüge in Vietnam werden von einem professionell betriebenen Unternehmen unter europäischer Führung veranstaltet. Man fliegt entweder über die spektakulären weißen Sanddünen und Wüstenseen östlich von Mui Ne oder über den geschäftigen Fischereihafen von Phan Thiet. Bei Sonnenuntergang ist ein Ballonflug magisch!

Jibes KITESURFEN

(☎ 0252-384 7405; www.jibesbeachclub.com; 84-90 Đ Nguyen Dinh Chieu; ⏲ 7.30–18 Uhr) Mui Nes erste Kitesurfschule bietet vor allem Surfkurse (60 US$ pro Std.). Sie verleiht außerdem Ausrüstung zum Windsurfen (55 US$ pro Tag), SUPs (20 US$ pro halber Tag), Surfbretter, komplettes Kitesurfequipment und Kajaks.

ABSTECHER

BAI DAI BEACH

Südlich von Nha Trang führt eine spektakuläre Küstenstraße zur Cam-Ranh-Bucht, einem wunderschönen Naturhafen. Hier befindet sich auch der Flughafen. Über fast die gesamte Küstenlinie südlich des Mia Resort, 18 km vom Zentrum Nha Trangs entfernt, erstreckt sich Bai Dai (Long Beach), eine großartige Sandküste.

Bis vor Kurzem kontrollierte das vietnamesische Militär das gesamte Gebiet und gewährte lediglich Fischerbooten den Zugang. Doch diese Zeiten sind vorbei, und heute soll der komplette Abschnitt erschlossen werden. Mehrere riesige Resorthotels wurden eröffnet und viele weitere sind in Planung.

Es gibt zwar keine unberührten Strände mehr, aber Bai Dai hat immer noch einige der besten Surfwellen Vietnams. An der Nordspitze der Küste bietet das Shack Vietnam (www.shackvietnam.com) Surfunterricht für 600 000 D pro Stunde (Leihbretter 200 000 D pro Std.). Zudem gibt es einen Kajakverleih, Bier und leckeres Essen. Shack Vietnam erstreckt sich inmitten von etwa 20 Fischrestaurants, die fast alle die gleichen Gerichte servieren.

Die einfache Fahrt per Taxi zum Nordende von Bai Dai kostet ungefähr 275 000 D. Man kann auch mit dem Flughafenbus (50 000 D, alle 30 Min.) fahren und unterwegs überall an der Küste aussteigen.

Surfpoint Kiteboarding School KITESURFEN, SURFEN
(☎0167 342 2136; www.surfpoint-vietnam.com; 52a Đ Nguyen Dinh Chieu; 5-std. Kurs inkl. Komplettausrüstung 250 US$; ⏲7–18 Uhr) Eine der renommiertesten Kitesurfschulen der Stadt. Ein dreistündiger Kurs für Anfänger kostet 150 US$. Bei guten Wellen wird auch Surfunterricht auf Softboards angeboten (ab 50 US$).

Feste

Mui Ne Streetfood Festival ESSEN & TRINKEN
(www.facebook.com/muinestreetfoodfestival) Mui Ne feiert dreimal im Jahr (Januar, April und Juli) ein beliebtes Streetfood-Festival, bei dem lokale Gerichte aus Phan Thiet, aber auch nationale und internationale Klassiker auf den Tisch kommen. Das Fest findet auf der Hauptstraße in der Nähe des Blue Ocean Resorts und des Coco Beach Resorts statt; es gibt Livemusik und DJs legen auf.

Schlafen

Mui Ne Backpacker Village HOSTEL $
(☎0252-374 1047; www.muinebackpackervillage.com; 137 Đ Nguyen Dinh Chieu; B/Zi. ab 6/20 US$;) Der riesige, hübsch designte moderne Hostel ist dank des einladenden Pools, des Bar-Restaurants und des geselligen Ambientes überaus beliebt. Außerdem haben Gäste die Möglichkeit, Billard, Tischfußball und Tennis zu spielen. Alle Schlafsäle haben Klimaanlage, Einzelbetten und Schließfächer, während die Privatzimmer über einen Balkon oder eine Terrasse verfügen. Das Hostel veranstaltet auch gute, preiswerte Touren.

Coco Sand Hotel PENSION $
(☎0127 364 3446; http://cocosandhotel.com; 119 Đ Nguyen Dinh Chieu; Zi. 16–27 US$;) Coco Sand liegt am Ende einer kleinen Gasse und bietet großartige preiswerte Zimmer, die mit Klimaanlage, Kabelfernsehen, Kühlschrank und Privatbad ausgestattet sind. Es gibt einen schattigen Garten mit Hängematten, in denen man sich entspannen kann. Die Besitzer verleihen Motorräder zu fairen Preisen.

Mui Ne Hills Budget Hotel HOTEL $
(☎0252-374 1707; www.muinehills.com; 69 Đ Nguyen Dinh Chieu; B/Zi. ab 6/30 US$;) Rund 300 m nördlich der Hauptstraße führt eine steile Zufahrtsstraße zu diesem beliebten Hotel mit klimatisierten Mehrbettzimmern, die über Privatbäder und Schließfächer verfügen. Die Privatzimmer warten mit hochwertigen Möbeln und zeitgenössischem Design auf. In ruhigen Zeiten dürfen die Gäste oft in das luxuriöse Partnerhotel auf der anderen Straßenseite umziehen.

> **VERWÖHNPROGRAMM**
>
> Wer ein unvergessliches Abendessen in Mui Ne erleben will, geht am besten direkt ins **Sandals** (☎0252-384 7440; www.miamuine.com; Mia Resort, 24 Đ Nguyen Dinh Chieu; Gerichte 120 000–370 000 D; ⏲7–22 Uhr;) im Mia Resort. Das Restaurant ist vor allem abends herrlich romantisch; die Tische reihen sich um einen sanft beleuchteten Pool. Auf der Karte stehen fantastische Gerichte, von Meeresfrüchte-Platten bis zu perfekt gegrillten Fleischgerichten. Es gibt auch eine großartige Weinauswahl (serviert im Glas) und Craft-Bier.

★ **Cat Sen Auberge** B&B $$
(☎0122 323 3673; http://catsen.simdif.com; 195 Đ Nguyen Dinh Chieu; Zi./Bungalow 23/36 US$;) Eine wundervolle Unterkunft! Cat Sen Auberge bietet gut eingerichtete Zimmer und zauberhafte Bungalows (mit schönen Veranden) auf einem weitläufigen, von Kokospalmen beschatteten Gelände. Es gibt einen tollen Pool und jede Menge Platz, Hängematten zum Entspannen und kostenloses Trinkwasser. In der Hochsaison sollte man im Voraus buchen.

Essen

★ **Dong Vui Food Court** FOOD-COURT $
(www.facebook.com/FoodCourtDongVui; 246 Đ Nguyen Dinh Chieu; Gerichte 30 000–170 000 D; ⏲17–23 Uhr) Ein brillantes neues Konzept: Der attraktive Freiluft-Food-Court beherbergt jede Menge eigenständige Speiselokale, die alles von Punjabi-Küche bis Paella, deutschen Würstchen bis zu Thai-Currys sowie viele vietnamesische Gerichte anbieten. Einfach einen Sitzplatz schnappen und bestellen, worauf man Lust hat. Es gibt großartiges Craft-Bier vom Fass und an manchen Wochenenden sogar Livemusik. Der Food-Court liegt an der Ostseite der Straße.

Com Chay Vi Dieu VEGETARISCH $
(15B Đ Huynh Thuc Khang; Gerichte 25 000 D; ⏲7–21 Uhr;) Neben günstigen vegetarischen Gerichten aus der vietnamesischen Küche (Currys, Nudelsuppen und Bratreis) punktet das einfache Lokal an der Straße mit leckeren Smoothies (20 000 D). Es liegt direkt gegen-

über dem Eiffelturm des Resorts Little Paris. Die Mitarbeiter sprechen kaum Englisch.

Phat Hamburgers INTERNATIONAL $

(253 Đ Nguyen Dinh Chieu; Burger 80 000–165 000 D; ⏲9–22 Uhr; 📶) Das unkonventionelle Straßenlokal serviert viele verschiedene Burgergerichte (der Phatarella – mit Cashewnuss-Pesto und Mozzarella – ist zu empfehlen) und ist zu Recht stolz auf seine vegetarischen Burger. Es gibt auch Hotdogs.

Ausgehen & Nachtleben

★ PoGo BAR

(☎0912 000 751; www.thepogobar.com; 138 Đ Nguyen Dinh Chieu; ⏲8.30–2 Uhr) Lässige Bar mit erstklassiger Lage am Strand, erholsamen Liegen, DJs am Wochenende und regelmäßigen Filmabenden. Das Personal ist sehr freundlich; von 18 bis 20 Uhr ist Happy Hour.

Joe's Café BAR

(http://joescafemuine.com; 86 Đ Nguyen Dinh Chieu; ⏲7–1 Uhr; 📶) Das beliebte Publokal bietet Livemusik (jeden Abend ab 19.30 Uhr) und eine tolle Kneipenatmosphäre. Tagsüber kann man hier gut entspannen – dafür sorgen Sitzplätze unter einem riesigen Mangobaum, Zeitschriften, ein Billardtisch und die umfangreiche Speisekarte.

Dragon Beach BAR, CLUB

(120-121 Đ Nguyen Dinh Chieu; ⏲13–4 Uhr) Mui Nes größter Nachtclub liegt direkt am Ufer, hat eine Terrasse voller Kissen und eine stets gut gefüllte Tanzfläche. Musiktechnisch wird vor allem kommerzielles EDM, House und Techno gespielt. Die Mitarbeiter sind furchtbar unprofessionell – vom Service kann man hier nicht viel erwarten.

Praktische Informationen

Internet bzw. WLAN ist in vielen Hotels und Resorts sowie Restaurants und Bars verbreitet.

Hauptpost (348 Đ Huynh Thuc Khang; ⏲7–17 Uhr) Im Dorf Mui Ne.

Sinh Tourist (☎098 925 8060; www.thesinhtourist.vn; 144 Đ Nguyen Dinh Chieu; ⏲7–22 Uhr) Die äußerst verlässliche und vertrauenswürdige Agentur bucht Open-Tour-Busse, organisiert Touren rund um Mui Ne und gewährt einen Bargeldvorschuss auf Kreditkarten.

Mui Ne Beach

Mui-Ne-Strand

Aktivitäten, Kurse & Touren
1 Jibes A2
2 Manta Sail Training Centre D2
3 Surfpoint Kiteboarding School A2

Schlafen
4 Cat Sen Auberge B1
5 Coco Sand Hotel A1
6 Mui Ne Backpacker Village A1
7 Mui Ne Hills Budget Hotel A2

Essen
8 Com Chay Vi Dieu C
9 Dong Vui Food Court C
10 Phat Hamburgers .... B
11 Sandals .... A

Ausgehen & Nachtleben
12 Dragon Beach .... E
13 Joe's Café .... A
14 PoGo .... E

ABSTECHER

BAI XEP

Bai Xep war noch vor wenigen Jahren ein isoliertes Fischerdorf, aber die schöne Bucht an der vietnamesischen Küste entwickelt sich immer mehr zu einem beliebten Reiseziel für Individualtouristen. Bai Xep liegt 13 km südlich von Qui Nhon, ziemlich ab vom Schuss, aber das entspannte Strandflair ist großartig – und die Schönheit der Bucht ist atemberaubend.

Bai Xep besteht aus zwei kleinen Buchten. Die nördliche Bai-Truoc-Bucht („Vorderer Strand") ist ein geschäftiger kleiner Fischereihafen mit zahlreichen, von dicht gedrängten Häusern gesäumten Gassen und einer kleinen Meeresbucht voller Fischerboote. Im Süden liegt das größere und attraktivere Bai Sau („Hinterer Strand"), das zahlreiche Unterkünfte bietet und an einer wunderschönen, sichelförmigen Sandbucht liegt, in der man wunderbar schwimmen kann. Hier vergisst man leicht die Zeit, wenn man in einer Hängematte liegt, mit Einheimischen und Mitreisenden schwatzt und die herrliche Küste mit ihren vorgelagerten Inseln erkundet.

Bai Xep liegt 13 km südlich von Qui Nhon und ist mit Lokalbussen erreichbar: Die Linie T11 (9000 D) fährt zwischen 5.30 und 17 Uhr (mit einer Mittagspause gegen 12 Uhr) etwa stündlich vom Metro-Einkaufszentrum zum Strand. Ein Taxi von Qui Nhon kostet 180 000 D. Viele Traveller reisen jedoch mit dem Motorrad an.

Empfehlenswerte Unterkünfte sind **Life's A Beach Backpackers** (☎086-895 8843; http://lifesabeachvietnam.com; 2 km nördlich von Xuan Hai; B/Hütte/Zi. ab 6/15/20 US$; ❄📶) und **Haven** (☎0982 114 906; www.havenvietnam.com; To 2, Khu Vuc 1, Bai Sau, Bai Xep; Zi. inkl. Frühstück 720 000–1 000 000 D; ❄📶).

ℹ An- & Weiterreise

›pen-Tour-Busse sind das praktischste Transortmittel, denn die meisten öffentlichen Busse ›hren nur nach Phan Thiet. Mehrere Anbieter ›aben tägliche Verbindungen nach/ab HCMS ›10 000–135 000 D, 6 Std.), Nha Trang (ab ›2 000 D, 5½ Std.) und Da Lat (125 000 D, Std.). Open-Tour-Nachtbusse sind teurer.

Phuong Trang (http://futabus.vn; 97 Đ ›guyen Dinh Chieu) schickt täglich komfortable ›usse auf die Strecke zwischen Mui Ne und ›CMS (130 000 D). Das Depot liegt gleich ›estlich des Flusses. Sinh Tourist (S. 960) ›dient dieselbe Route dreimal täglich.

Zwischen dem Busbahnhof von Phan Thiet und ›ui Ne verkehren Lokalbusse (9000 D, 45 Min., ›ufig). Sie starten am Coopmart, an der Ecke ›r Straßen Đ Nguyen Tat Thanh und Đ Tran ›ng Dao.

›ÜDWESTLICHES ›OCHLAND

›ese spürbar ländliche Region, in der mit ›fern bewachsene Hügel über intensiv be›tschafteten Feldern aufragen und sich ent›ene, holprige Straßen durch Kaffeeplanta› winden, hat einen eigenen rauen Charme. ›roße Naturerlebnisse findet man im ›-Tien-Nationalpark (S. 962), in dem Gib›s, Krokodile und scheue Tiger leben. Da Lat, eine frühere französische Bergstadt mit viel Kolonialcharme, ist eine gute Ausgangsbasis.

Da Lat

☎0263 / 184 755 EW. / 1475 M

Da Lat ist das Gegenstück des vietnamesischen Tieflands. Statt tropischer Hitze herrschen hier frühlingshaft kühle Temperaturen. In der Stadt findet man elegante französische Kolonialvillen, und auf den Feldern wachsen keine Reispflanzen, sondern Erdbeeren und Blumen.

Dieser Ort ist klein genug, um Charme zu verströmen, und die Landschaft ringsum lockt mit Seen, Wasserfällen, immergrünen Wäldern und Gärten.

Da Lat erfreut sich großer Beliebtheit bei einheimischen Touristen. Für Traveller ist das moderate Klima ideal, um sich adrenalingeschwängerten Aktivitäten wie Mountainbiken, Waldwanderungen, Kanufahren und Klettern zu widmen.

◉ Sehenswertes

Irgendetwas muss die kühle Bergluft an sich haben, das den spürbar künstlerischen Touch in Da Lat anregt, der manchmal allerdings durchaus ins Niedliche und Kitschige abgleitet.

ABSTECHER

CAT-TIEN-NATIONALPARK

Der **Cat-Tien-Nationalpark** (☎0251-366 9228; www.namcattien.org; Erw./Kind 60 000/10 000 D; ⏲7–22 Uhr) , eines der herausragenden Naturschutzgebiete Vietnams und UNESCO-Welterbestätte, besteht aus tropischem Tieflandregenwald mit erstaunlicher Biodiversität. Hier gibt's hervorragende Möglichkeiten zum Wandern, Mountainbiken und zur Vogelbeobachtung.

Zur Tierwelt im Park zählen 326 Vogel-, 100 Säugetier- (u. a. Elefanten) und 79 Reptilienarten. Auch Leoparden soll es noch geben, das letzte Nashorn wurde dagegen 2010 von Wilderern getötet.

Da nur eine begrenzte Anzahl von Gästen im Park übernachten kann, sollte man vorher bei der Hauptverwaltung reservieren und einen Guide buchen.

Sehenswertes & Aktivitäten

Man kann den Cat-Tien-Nationalpark zu Fuß, mit dem Mountainbike, dem Jeep und auch per Boot auf dem Fluss Dong Nai erkunden. Er ist durchzogen von 14 gut erkennbaren Wegen. Ein Guide (ab 800 000 D pro Gruppe) ist nur für drei schwierige Wege vorgeschrieben.

Beliebt sind Touren zum **Krokodilsee** (Bau Sau; Cat-Tien-Nationalpark; Eintritt 200 000 D, Führer 550 000 D, Bootsfahrt ab 200 000 D), den eine dreistündige Wanderung durch den Dschungel einschließt.

Auf einer Insel im Fluss Dong Nai befindet sich das **Dao-Tien-Zentrum für gefährdete Primaten** (www.go-east.org; Cat-Tien-Nationalpark; Erw./Kind inkl. Bootsfahrt 300 000/150 000 D; ⏲Touren 8.30 & 14 Uhr). In diesem Rehabilitationszentrum leben Gibbons, Languren und Loris. Auch die **Rettungsstation für Bären und Wildkatzen** (Cat-Tien-Nationalpark; Eintritt 150 000 D; ⏲7.30–16 Uhr) lohnt einen Besuch.

Wild Gibbon Trek (www.go-east.org; Cat-Tien-Nationalpark; 1 050 000 D pro Pers., max. 4 Pers.; ⏲4.30 Uhr) veranstaltet Exkursionen. Los geht's um 4.30 Uhr, um rechtzeitig da zu sein, wenn die Gibbons zur Morgendämmerung ihren Chor anstimmen. Auch eine komplette geführte Tour durch das Primatenzentrum gehört dazu. Im Voraus buchen!

Schlafen & Essen

Unterkunftsmöglichkeiten im Park sind u. a. die am Fluss gelegene **Green Hope Lodge** (☎0251-366 9919, 0972 184 683; www.greenhopelodge.com; Nam Cat Tien; Zi. 5–35 US$;), die nur fünf Gehminuten von der Fähranlegestelle entfernt ist, und das empfehlenswerte **Ta Lai Long House** (☎0974 160 827; www.talai-adventure.vn; Cat-Tien-Nationalpark; B 450 000 D;), das aber leider 12 km entfernt liegt. In der Nähe der Parkhauptverwaltung gibt's kleine Restaurants; viele Gäste essen jedoch in ihren Unterkünften.

Anreise & Unterwegs vor Ort

Cat Tien liegt 175 km südlich von Da Lat. Die Nationalstraße 20 bei Tan Phu verlassen und der 24 km langen asphaltierten Straße bis zum Parkeingang folgen. Busse zwischen Da Lat und HCMS (210 000 D, alle 30 Min.) kommen an der Zugangsstraße vorbei. Dort warten Motorräder (ca. 150 000 D), die einen zum Parkeingang bringen. Pensionen verleihen oder vermitteln Fahrräder; der Service ist kostenlos.

★ Verrücktes Haus von Hang Nga ARCHITEKTUR
(☎0263-382 2070; 3 Đ Huynh Thuc Khang; Eintritt 50 000 D; ⏲Mo–Fr 8.30–19 Uhr) Ein Besuch im Verrückten Haus von Hang Nga ist eine architektonische Reise durch den Surrealismus. Originell geformte Zimmer, verbunden durch sehr schmale Brücken inmitten eines grünen Labyrinths, eine Fülle an fließenden lavaähnlichen Formen, wilde Farben, Spinnennetzfenster und eine der Natur nachempfundene Optik, von denen die e[...] drucksvollen an Lianen erinnernden Gelä[...] der zeugen, machen dieses fröhlich design[...] fast hanebüchen künstlerische Privatha[...] aus. Es scheint nach einem gemeinsam[...] Drogentrip von Gaudí und Tolkien entst[...] den zu sein.

Königspalast PA[...]
(Dinh 1; ☎0263-358 0558; Hung Vuong; Erw./K[...] 30 000/10 000 D; ⏲7–17 Uhr) Der geschma[...]

voll umgestaltete Hauptpalast von Bao Dai, Vietnams letztem Kaiser, beeindruckt Besucher mit seiner wunderschönen Allee und erstaunlich bescheidenen kaiserlichen Gemächern. Hier lebten einst Bao Dai, seine Frau und seine fünf Kinder. 1954 ging der Kaiser ins Exil nach Frankreich und Premierminister Ngo Dinh Diem zog hier ein. Die Highlights sind die Familienfotos: Sie zeigen Bao Dai dabei, wie er mit einem Hund spielt oder auf einem Pferd reitet, sowie seine herausgeputzten Kinder mit ernsten Gesichtern.

Crémaillère-Bahnhof HISTORISCHES BAUWERK

(Ga Da Lat; 1 Đ Quang Trung; 5000 D; ⌚6.30–17 Uhr) GRATIS Vom wunderschönen Art-déco-Bahnhof von Da Lat kann man einen der neun fahrplanmäßigen Züge nach Trai Mat nehmen (hin & zurück 108 000 D, 30 Min.), die täglich zwischen 6.55 und 16.39 Uhr starten – sofern sich mindestens 25 Passagiere finden.

Von 1928 bis 1964 verband eine Zahnradbahn (*crémaillère*) Da Lat mit Thap Cham, dann wurde der Betrieb wegen Angriffen des Vietcong eingestellt. Vor Ort ist eine japanische Dampfeisenbahn ausgestellt.

Geführte Touren

★ Phat Tire Ventures ABENTEUER

(☎063-382 9422; www.ptv-vietnam.com; 109 Đ Nguyen Van Troi; ⌚8–19 Uhr) Der hochprofessionelle und routinierte Veranstalter organisiert Mountainbiketouren (ab 49 US$), Wanderungen (ab 9 US$), Kajakfahrten (ab 39 US$), Canyoning (75 US$), Abseiltouren (57 US$) und in der Regenzeit auch Wildwasserrafting (67 US$). Zudem gibt's mehrtägige Radtouren und Ausflüge in den Cat-Tien-Nationalpark.

Groovy Gecko Adventure Tours ABENTEUER

(☎0263-383 6521; www.groovygeckotours.net; 65 Đ Truong Cong Dinh; ⌚7.30–20.30 Uhr) Die langjährige Agentur bietet ein Canyoning-Abenteuer, bei dem man sich von einem abgelegenen 65 m hohen Wasserfall abseilt (55 US$). Veranstaltet auch Mountainbike-Trips (ab US$), Tageswanderungen (ab 28 US$) und eine eintägige Bergradtour nach Nha Trang (75 US$).

Pine Track Adventures ABENTEUER

(☎0263-383 1916; www.pinetrackadventures.com; Đ Truong Cong Dinh; ⌚8–20.30 Uhr) Das Unternehmen wird von einem engagierten und kompetenten lokalen Team geführt und bietet Canyoning (ab 55 US$), Wildwasser-Rafting (60 US$), Wandern (ab 35 US$), Radtouren (ab 41 US$) und exzellente Kombitrips. Eine siebentägige Radtour von Da Lat nach Hoi An kostet 595 US$.

Dalat Happy Tours ESSEN & TRINKEN

(☎0163 654 6450; www.dalathappytours.com; Streetfood-Tour 4 US$) Nach all den Abenteuertouren ist es Zeit, Energie aufzutanken und an einer unterhaltsamen nächtlichen Streetfoodtour mit dem freundlichen Lao teilzunehmen. Los geht's am zentral gelegenen Kino Hoa Binh. Unterwegs gibt's Köstlichkeiten wie *banh xeo* (gefüllte Eierkuchen), Büffelschwanz-Eintopf, Grillspieße, Da-Lat-Pizza, Kaninchencurry, heißen Reiswein und weitere Köstlichkeiten. Die Preise für's Essen sind nicht im Tourpreis inbegriffen.

Schlafen

★ Dalat Central Hostel HOSTEL $

(Hotel Phuong Hanh; ☎0989 878 879, 0263-383 8839; phuonghanhhotel@gmail.com; 80 Đ Ba Thang Hai; B im gemischten/Frauenschlafsaal 5/6 US$, Zi. 20–25 US$; ❄📶) Mehr Budgethotel als Hostel, aber trotzdem ein beliebter Treffpunkt von Travellern. Die riesigen Acht- und Zwölf-Bett-Zimmer haben gemütliche Betten samt Vorhängen (es gibt auch ein Zimmer ausschließlich für Frauen), und auch die Privatzimmer sind riesig. Die teuersten sind mit dreieckigen Badewannen ausgestattet. Die Mitarbeiter sind hilfsbereit und kenntnisreich, außerdem kann man Motorräder (100 000 D pro Tag) ausleihen.

★ Dalat Friendly Fun HOSTEL $

(☎0919 124 137; youthactiontour@gmail.com; 18 Mac Dinh Chi; B 5 US$; 📶) Das Hostel wird seinem Namen gerecht: Die Gäste werden herzlich von den hilfsbereiten Mitarbeitern empfangen, die Gruppen-Abendessen (3 US$) organisieren und gute Touranbieter empfehlen. Die Mehrbettzimmer sind riesig – sie haben Betten samt Vorhängen und eigenem Bad. Es gibt ein Privatzimmer (15 US$) und – zumindest wenn wirklich viel los ist – ein paar Zelte auf dem Dach.

★ Mooka's Home HOSTEL $

(☎0932 579 752; mookahome@gmail.com; 2 Co Loa; B 100 000 D; @📶) Das beliebte Hostel bietet große, helle Zimmer mit blitzsauberen Privatbädern. Es gibt zwei Vier-Bett-Zimmer für Frauen, eine Dachterrasse und einen Gemeinschaftsbereich im Erdgeschoss. Abends finden Abendessen oder Grillrunden in der Gruppe statt (50 000 D). Die freundlichen Mitarbeiter organisieren auch Touren.

Da Lat Zentrum

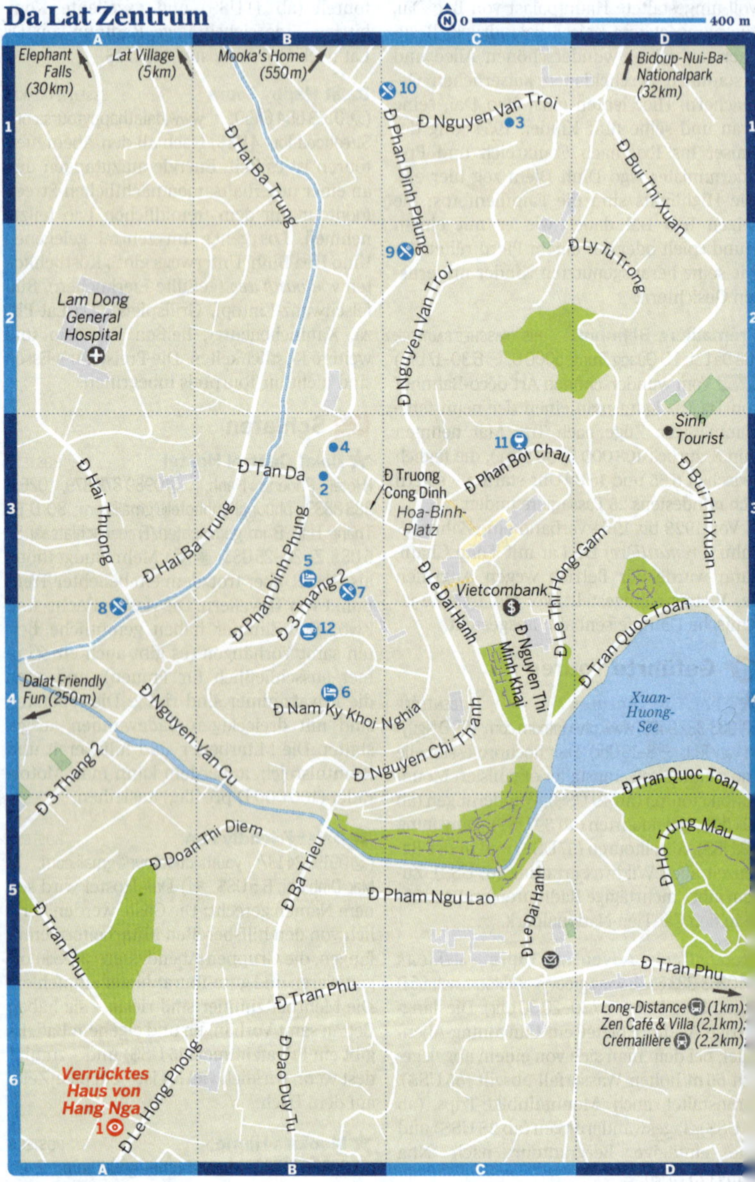

★ **Villa Doc May** PENSION $

(☎ 0263-382 5754; villadocmaydalat@gmail.com; 16B Đ Nam Ky Khoi Nghia; Zi 450 000–790 000 D; ❄ 📶) Die Villa Doc May ist eher eine Privatunterkunft als eine Pension: Sie bietet vier individuell dekorierte, komfortable Zimmer und zwei schöne Aufenthaltsbereiche m Sofas und einer Gästeküche. Die Pensi wird von einer zauberhaften Familie gefü und liegt an einer steilen Gasse, die von Straße abgeht; nach dem Schild Ausscl halten.

Da Lat Zentrum

Highlights
1 Verrücktes Haus von Hang Nga A6

Aktivitäten, Kurse & Touren
2 Groovy Gecko Adventure Tours B3
3 Phat Tire Ventures C1
4 Pine Track Adventures B3

Schlafen
5 Dalat Central Hostel B3
6 Villa Doc May B4

Essen
7 Oz Burgers B3
8 Restaurant Ichi A4
9 Tau Cao Wonton Noodles C2
10 Trong Dong C1

Ausgehen & Nachtleben
11 100 Roofs Café C3
12 An Café B4

Zen Cafe & Villa PENSION $$
(☎0994 799 518; www.zencafedalat.com; 27c Pham Hong Thai; Zi. 28–48 US$; 📶) Hier übernachtet man in den geräumigen, stimmungsvollen Zimmern einer 100 Jahre alten französischen Villa mit ruhigem Garten. Das Gebäude liegt hoch genug, um einen herrlichen Blick auf die Berge zu bieten. Die Inhaber Axel und Mai Dung unterhalten ihre Gäste mit Anekdoten und servieren im Café großartigen Kaffee.

Essen

Rund um den Markt an der Cho Da Lat findet man vegetarisches Streetfood und anderes günstiges Essen.

★ **Tau Cao Wonton Noodles** NUDELN $
217 Đ Phan Dinh Phung; Nudeln 35 000–40 000 D; 6–20 Uhr) Das einfache Lokal ist in ganz Da Lat bekannt und immer gut gefüllt – mit Einheimischen, die wegen der Wonton-Nudelsuppe hierherkommen. Sie wird mit dünnen Schweinefleischscheiben und ein wenig Hackfleisch serviert. Dazu kann man Chili, Limone und Bohnensprossen darüberstreuen. Klassisches asiatisches Straßenessen. Die Mitarbeiter sprechen kein Englisch.

★ **Trong Dong** VIETNAMESISCH $
☎0263-382 1889; 220 Đ Phan Dinh Phung; Gerichte 5 000–150 000 D; 11–15 & 17–21 Uhr; 📶) Intimes Restaurant mit gastfreundlichem Team und kreativer Auswahl. Hier gibt's vietnamesische Köstlichkeiten wie Garnelenpaste an Zuckerrohrstange, Rindfleisch in *la-lut*-Blatt wie Tintenfisch mit Zitronengras und Chili.

★ **Restaurant Ichi** JAPANISCH $$
☎0263-355 5098; 1 Đ Hoang Dieu; Sushi 30 000–0 000 D, Gerichte ab 160 000 D; Di–So 17.30–Uhr, jeden zweiten Di geschl.) In Da Lats einzigem echten japanischen Restaurant isst man bei gedämpfter Beleuchtung und mit Jazzmusik im Hintergrund. Die würzigen Thunfischröllchen, das Hühnchen-Yakitori und die Tempura-Gerichte sind alle fantastisch, die Bento-Boxen günstig und für echte Liebhaber gibt es sogar *natto* (fermentierte Sojabohnen). Von der Bar aus (mit einer großen Auswahl an Whiskeys aus der ganzen Welt) kann man Sushi-Meister Tomo bei der Arbeit zusehen.

Oz Burgers BURGER $
(☎0902 475 923; 61 Đ Ba Thang Hai; Gerichte 70 000–180 000 D; Mi–Mo 11–14 & 17.30–21 Uhr) Oz Burgers ist jeden Abend rappelvoll mit Backpackern, asiatischen Touristen und sogar ein paar Einheimischen. Das australisch geführte Lokal serviert leckere Burger auf Holzplatten, dazu Pommes frites und importierte Biere. Es gibt auch verschiedene Menüs, die aber alle Burger beinhalten.

Ausgehen & Unterhaltung

★ **100 Roofs Café** BAR
(Duong Len Trang; ☎0263-837 518; 57 Đ Phan Boi Chau; 8–24 Uhr; 📶) Eine surreale Bar! Die Inhaber behaupten, dass Gandalf und seine Hobbit-Freunde schon hier gewesen seien. Das Labyrinth von Räumen mit zahlreichen Nischen und Ecken sowie Kunst und Skulpturen, die teils cool, teils kitschig sind, erinnert tatsächlich an eine Kneipe in Mittelerde. Die Happy Hour mit billigen Getränken und der paradiesische Garten auf dem Dach machen das Erlebnis perfekt.

★ **An Cafe** CAFÉ
(☎0975 735 521; www.ancafe.vn; 63bis Ba Thang Hai; 7–22 Uhr; 📶) Das Café thront hoch über der Straße und erinnert an ein schickes Baumhaus. Hier kann man guten Latte, gesunde Säfte, Smoothies und Artischockentee trinken. Die Gäste sitzen in schicken Holzseparées oder auf den Gartenschaukeln draußen. Wer keine Lust hat, Leute zu beobachten, kann eine Runde malen (Stifte und Papier stehen zur Verfügung). Die Vorhalle ist voller duftender Kaffeebohnen.

ABSEITS DER ÜBLICHEN PFADE

MOTORRADTOUREN IM ZENTRALEN HOCHLAND

Im landschaftlich reizvollen Hochland ist es leicht, die ausgetretenen Pfade zu verlassen. Dieser Teil des Landes eignet sich auch wunderbar für eine Motorradtour. Höhepunkt eines Besuchs ist für viele Traveller eine Motorradtour im Hinterland mit einem Easy Rider (Fahrer-Guide). Der Nachteil ihrer Beliebtheit ist, dass nun beinahe jeder von sich behauptet, ein Easy Rider zu sein. Es ist unmöglich, durchs Zentrum von Da Lat zu laufen, ohne zu einer Motorradtour eingeladen (bzw. manchmal sogar gedrängt) zu werden.

Guides für Easy-Rider-Touren findet man in Da Lats Hotels und Cafés. Vor der Entscheidung für eine längere Tour sollte man Berichte ehemaliger Kunden lesen und das Motorrad überprüfen. Danach muss ausführlich die Route besprochen werden. Der neue Küsten-Highway, der von Da Lat nach Mui Ne und Nha Trang führt, und die alte Straße, die über Phan Rang zum Meer verläuft, sind landschaftlich großartig. Die Preise für eine Tagestour liegen bei 25 US$, längere Touren kosten ca. 75 US$ pro Tag. Ein paar Tipps für Entdeckungstouren:

- Durch den gewachsenen Stellenwert des historischen **Ho-Chi-Minh-Pfades** ist der Besuch von entlegenen Orten wie **Kon Tum**, einer der freundlichsten Städte Vietnams, leichter geworden.
- Die größte Stadt der Region ist Buon Ma Thuot, doch das Aufregendste hier stellt der Kaffee dar. Im nahegelegenen **Yok-Don-Nationalpark** (☎0262-378 3049; www.yokdonnationalpark.vn; Buon Don; Erw./Kind 60 000/10 000 D; ⏲7–22 Uhr) leben 38 gefährdete Säugetierarten, darunter Elefanten und einige Tiger. Zu den eindrucksvollen Wasserfällen in dieser Gegend gehören die Fälle **Dray Sap**, **Gia Long** (☎0262-321 3194; 40 000 D; ⏲8–18 Uhr) & **Dray Nur** (Eintritt 30 000 D; ⏲8–18 Uhr) am Fluss Krong Ana.
- Spektakuläre Aussichten bieten sich im Nordosten Da Lats von der **Hochstraße nach Nha Trang**, die am Hon-Giao-Berg nach einer atemberaubenden 33 km langen Passfahrt 1700 m Höhe erreicht.
- 43 km südöstlich von Da Lat kann man vom spektakulären **Ngoan-Muc-Pass** sogar das Meer sehen.

Shoppen

Der Hoa-Binh-Platz und das angrenzende Marktgebäude eignen sich bestens, um Kunsthandwerk der ethnischen Minderheiten zu kaufen, darunter Binsenkörbe der Lat, die man zusammenrollen kann, wenn sie leer sind.

Praktische Informationen

Hauptpost (14 Đ Tran Phu; ⏲7–18 Uhr)

Lam Dong General Hospital (☎0263-382 1369; 4 Đ Pham Ngoc Thach; ⏲24 Std.) Mit Notaufnahme.

Sinh Tourist (☎0263-382 2663; www.thesinhtourist.vn; 22 Đ Bui Thi Xuan; ⏲8–19 Uhr) Touren, darunter Stadtbesichtigungen, und Buchungen für Open-Tour-Busse.

Anreise & Unterwegs vor Ort

Es gibt regelmäßige Flüge mit Vietnam Airlines (S. 979), **VietJet Air** (Cat Bi International Airport; www.vietjetair.com; ☎1900 1886; 7–22 Uhr) und Jetstar (S. 979), die viermal wöchentlich nach Da Lat und viermal täglich nach Hanoi und HCMS fliegen. Der Flughafen vo[n] Lien Khuong liegt 30 km südlich der Stadt.

Da Lat ist eine Hauptstation der Open-Tour-Busse. Busse von Sinh Tourist verkehren täglich nach Mui Ne, Nha Trang und HCMS.

Der moderne **Fernbusbahnhof** (Ben Xe Lien Tinh Da Lat; Đ 3 Thang 4) von Da Lat liegt 1,5 km südlich vom Xuan-Huong-See. Von hier aus verkehren Busse von **Phuong Trang** (☎0263-358 5858; https://futabus.vn), die ihre Passagiere kostenlos vom Hotel abholen/am Hotel absetzen und alle regionalen Städte anfahren.

Xe om (20 000 D) für kurze Fahrten im Stadtgebiet findet man am Zentralmarkt. Motorräde[r] zum Verleih kosten 120 000 D pro Tag.

Rund um Da Lat

Truc-Lam-Pagode & Seilbahn

BUDDHISTISCHER TEM[PEL]

(Ho Tuyen Lam; Seilbahn einfach/hin & zurück E[rw.] 60 000/80 000 D, Kind 30 000/40 000 D; ⏲S[eil]bahn 7.30–11.30 & 13.30–17 Uhr) Die Truc-Lam-[Pa]gode präsentiert sich hübsch auf einem H[ü]gel gelegen und umgeben von wundersc[hönen]

nen Gärten. Sie ist zugleich ein aktives Kloster, allerdings tummeln sich auf dem Gelände oft jede Menge Reisegruppen. Nicht verpassen: die Anfahrt mit der Seilbahn, die über majestätische Kiefernwälder schwebt (die Bodenstation liegt 3 km südlich vom Zentrum am oberen Ende einer kurzen Straße, die neben dem Fernbusbahnhof verläuft).

Zur Pagode führt eine Abzweigung von der Nationalstraße 20.

HO-CHI-MINH-STADT

028 / 8,2 MIO. EW.

Ho-Chi-Minh-Stadt (HCMS) ist Vietnam im Turbogang und ein hoch dynamischer Ort des Handels und der Kultur, der das Land mit seiner pulsierenden Energie schon weit vorangetrieben hat. Der chaotischen, turbulenten Stadt können sich auch Besucher nicht entziehen.

Von luxuriösen Hotels, schicken Restaurants und teuren Edelboutiquen bis hin zu superbilligen Pensionen, tollen Straßenständen bis -märkten – HCMS ist eine Stadt voller Energie, in der sich jede Menge entdecken lässt.

Man wandert durch schmale Gassen an nach Räucherstäbchen duftenden Tempeln vorbei, und ehe man sich versieht, wird man in die Gegenwart katapultiert und findet sich im Schatten moderner Wolkenkratzer und schicker Designer-Einkaufszentren wieder. Die Geister der Vergangenheit leben in den Gebäuden weiter, die noch vor einer Generation Zeugen der bewegten Geschichte Saigons waren, aber die wahre Faszination des urbanen Kaleidoskops von HCMS ist die mühelose Verschmelzung dieser zwei Welten zu einem aufregenden Ganzen.

Sehenswertes

Dong Khoi & Umgebung

Diese wohlhabende Gegend gleich westlich vom Saigon-Fluss ist eine elegante Enklave mit Designerläden, angesagten Restaurants, Hoteltürmen und von Bäumen gesäumten Boulevards.

Kathedrale Notre Dame KIRCHE
(Karte S. 970; Đ Han Thuyen) Im Herzen des Regierungsviertels an der Đ Dong Khoi steht die zwischen 1877 und 1883 erbaute neoromanische Ziegelkirche und katholische Kathedrale. Sie ist nach der Jungfrau Maria benannt und hat 40 m hohe quadratische, von Eisenspitzen geschmückte Türme. Ihre Innenwände zieren Tafeln mit religiösen Motiven, und ein Teil des Buntglases ist erhalten geblieben. Montag bis Samstag geben englischsprachige Mitarbeiter Besucherinfos aus. Sonntags um 9.30 Uhr ist Messe. Ist der Vordereingang geschlossen, kann man es mit der Tür an der Seite am Wiedervereinigungspalast versuchen.

★ **Bitexco Financial Tower** AUSSICHTSPUNKT
(Karte S. 970; www.ticketbox.vn/saigon-skydeck/en; 2 Đ Hai Trieu; Erw./Kind 200 000/130 000 D; 9.30–21.30 Uhr) Der 68-stöckige 262 Meter hohe und von Carlos Zapata designte Wolkenkratzer lässt alle Gebäude in der Umgebung zwergenhaft erscheinen. Er ist angeblich wie eine Lotosknospe geformt, erinnert aber eher an ein CD-Regal mit Tamburin. Dieses Tamburin ist das **Saigon Skydeck** im 48. Stock, das auf seinem Dach einen Helikopter-Landeplatz hat. An klaren Tagen kann man von der **EON Heli Bar** (Karte S. 970; http://eon51.com/eon-heli-bar; 10.30–2 Uhr) im 52. Stock wunderbar bei einem Cocktail den Sonnenuntergang beobachten.

Stadtmuseum MUSEUM
(Bao Tang Thanh Pho Ho Chi Minh; Karte S. 970; www.hcmc-museum.edu.vn; 65 Đ Ly Tu Trong; Ein-

WEITERREISE NACH KAMBODSCHA: VON PLEI KU NACH BAN LUNG

Anreise zur Grenze Der abgelegene, nur selten von Ausländern genutzte **Grenzübergang Le Thanh–O Yadaw** ist 90 km von Plei Ku und 64 km von Ban Lung (Kambodscha) entfernt. Von Plei Kus Hauptmarktplatz (Parkplatz) in der Đ Tran Phu fährt täglich um 7 Uhr ein Minivan (75 000 D, 2 Std.) direkt zur kambodschanischen Grenze bei Le Thanh.

An der Grenze Visa für Kambodscha (30 US$) erhält man bei der Ankunft. Man muss vielleicht ein paar Dollar mehr zahlen und eine Weile warten. Vietnamesische Visa müssen im Voraus besorgt werden.

Weiterreise Von O Yadaw auf der kambodschanischen Seite der Grenze steuern lokale Busse (ca. 10 US$) oder Motorräder (ca. 25 US$) Ban Lung an. Nachmittags fahren viel weniger Verkehrsmittel.

Ho-Chi-Minh-Stadt

tritt 30 000 D; ⏲8–17 Uhr) In diesem prächtigen neoklassizistischen Bau von 1885, der einst Gia-Long-Palast hieß und später das Revolutionsmuseum beherbergte, wird die Geschichte der Stadt mithilfe von archäologischen Exponaten, Keramiken, alten Karten und einer Ausstellung zu den Heiratstraditionen der ethnischen Gruppen erzählt. Ein Schwerpunkt liegt auf dem Unabhängigkeitskampf, dem ein Großteil des oberen Stocks gewidmet ist.

Zentralpostamt HISTORISCHES BAUWERK

(Karte S. 970; 2 Cong Xa Paris; ⏲Mo–Fr 7–19, Sa bis 18, So 8–18 Uhr) Das eindrucksvolle französische Postamt von HCMS unweit der Kathedrale Notre Dame ist in einem historischen Klassiker untergebracht, der, obwohl oft Gustave Eiffel zugeschrieben, von Marie-Alfred Foulhoux entworfen und zwischen 1886 und 1891 gebaut wurde. Auf die Wände der prächtigen Halle sind faszinierende historische Karten von Vietnam, Saigon und Cholon gemalt, ein Mosaik von H Chi Minh ziert das Ende der tonnengewöll ten Halle. Bemerkenswert sind der wunde schön geflieste Boden im Inneren und d vielen grün gestrichenen schmiedeeiserne Verzierungen.

Opernhaus THEAT

(Nha Hat Thanh Pho; Karte S. 970; ☎02 3823 7419; www.hbso.org.vn; Lam Son Sq) D prachtvolle Kolonialgebäude, das sich an d Kreuzung der Straßen Đ Dong Khoi und I Le Loi erhebt, ist eines der markantest Bauwerke der Stadt. Es wurde 1897 erba und hat einen weit ausladenden Treppe aufgang. Das offiziell als Stadttheater k kannte Opernhaus fängt die Extravaga der französischen Belle Époque auf wund volle Weise ein. Die Aufführungen reich von Ballett und Opern bis hin zu modern Tanz und Musicals. Auf der Website fin man das englischsprachige Programm so Buchungsinformationen.

Da Kao & Umgebung

★ Pagode des Jadekaisers

TAOISTISCHER TEMPEL

(Phuoc Hai Tu, Chua Ngoc Hoang; Karte S. 972; 73 Đ Mai Thi Luu; ⌚ tgl. 7–18 Uhr, am 1. & 15. des Mondmonats 5–19 Uhr) GRATIS Erbaut wurde dieser spektakuläre Tempel, einer der atmosphärischsten der Stadt, 1909 zu Ehren des obersten taoistischen Gottes (des Jadekaisers bzw. Himmelskönigs Ngoc Hoang). Er ist vollgestopft mit Statuen fantastischer Gottheiten und grotesker Helden, und die Luft ist vom Rauch der Räucherstäbchen *(huong)* erfüllt, der die kunstvollen Schnitzarbeiten vernebelt. Das Dach schmücken kunstvolle Fliesen, und die Statuen des Tempels, die Charaktere der buddhistischen und taoistischen Lehre darstellen, sind aus verstärktem Pappmaché gefertigt.

Historisches Museum

MUSEUM

(Bao Tang Lich Su; Karte S. 972; Đ Nguyen Binh Khiem; Eintritt 15 000 D; ⌚ Di–So 8–11.30 & 13.30–17 Uhr) Errichtet wurde das beachtenswerte chinesisch-französische Museum 1929 durch die Société des Études Indochinoises. Es zeigt Artefakte zur Entwicklung der Kulturen Vietnams, angefangen mit der Dong-Son-Zivilisation der Bronzezeit, die 200 v. Chr. entstand, über die Funan-Zivilisation (1.–6. Jh.) bis hin zu den Cham, Khmer und Vietnamesen. Das Museum befindet sich innerhalb des Haupttors zum botanischen Garten und Zoo der Stadt.

Wiedervereinigungspalast & Umgebung

★ Kriegsrestemuseum

MUSEUM

(Bao Tang Chung Tich Chien Tranh; Karte S. 974; 028-3930 5587; http://warremnantsmuseum.com; 28 Đ Vo Van Tan, Ecke Đ Le Quy Don; Eintritt [illegible]0 000 D; ⌚ 7.30–12 & 13.30–17 Uhr) Für westliche Touristen ist dieses Museum, das früher „Museum der chinesischen und amerikanischen Kriegsverbrechen“ hieß, ein beliebtes Ziel. Nur wenige Museen vermitteln die Grausamkeit des Krieges mit seinen zivilen Opfern so eindrucksvoll wie dieses. Viele Gräueltaten sind allgemein bekannt, doch selten haben Menschen aus dem Westen die Chance, die Geschichten der Opfer von Aktionen des US-Militärs aus deren Sicht zu erfahren. Zwar sind manche Exponate etwas einseitig, doch viele der verstörendsten Fotos, die die Gräueltaten der Amerikaner zeigen, stammen aus US-amerikanischen Quellen, darunter Bilder des berüchtigten Massakers von My Lai.

★ Wiedervereinigungspalast

HISTORISCHES BAUWERK

(Dinh Thong Nhat; Karte S. 974; ☎ 028-3829 4117; www.dinhdoclap.gov.vn; Đ Nam Ky Khoi Nghia; Erw./Kind 40 000/20 000 D; ⌚ 7.30–11 & 13–16 Uhr) Ein Besuch dieses Regierungsgebäudes inmitten von Königspalmen ist ein faszinierendes Erlebnis. Das liegt zum einen an dem wenig harmonischen Architekturstil aus den 1960er-Jahren, aber auch an der unheimlichen Stimmung, die man bei einem Gang durch die verlassenen Hallen verspürt. Am 30. April 1975 kamen die ersten kommunistischen Panzer, die in Saigon einrollten, genau hier an. Seitdem scheint die Zeit stillzustehen. Der „Fall Saigons“ 1975 ist untrennbar mit diesem Gebäude verknüpft, besonders ins Auge stechen jedoch die kitschigen Details und die historischen Motive.

Museum der Schönen Künste

GALERIE

(Bao Tang My Thuat; Karte S. 970; www.baotangmythuattphcm.com; 97a Đ Pho Duc Chinh; 10 000 D; ⌚ Di–So 9–17 Uhr) Das elegante gelbweiße Kolonialgebäude wurde 1929 erbaut. Seine vielen luftigen Korridore und Veranden sind voller Artefakte. Das Gebäude ist rundum kunstvoll gefliest und mit wunderschönen Buntglasfenstern (leider in schlechtem Zustand) und einem der ältesten Fahrstühle der Stadt ausgestattet. An den Wänden hängt eine eindrucksvolle Sammlung von Kunstwerken, darunter auch schöne moderne Stücke. Neben zeitgenössischer Kunst – in vielen Objekten spiegelt sich die Kriegserfahrung (was nur allzu verständlich ist) – zeigt das Museum auch historische Gegenstände, die bis zurück ins 4. Jh. datieren.

Cholon

Cholon 5 km südwestlich vom Zentrum ist das Chinatown der Stadt. Hier befinden sich zahlreiche chinesische Tempel, darunter die **Thien-Hau-Pagode** (Ba Mieu, Pho Mieu, Chua Ba Thien Hau; 710 Đ Nguyen Trai) GRATIS, die der chinesischen Meeresgöttin Thien Hau gewidmet ist, und die märchenhaft verzierte **Phuoc-An-Hoi-Quan-Pagode** (Quan De Mieu; 184 Đ Hong Bang) GRATIS, die 1902 von der chinesischen Fujian-Gemeinde erbaut wurde.

★ Binh-Tay-Markt

MARKT

(Cho Binh Tay; www.chobinhtay.gov.vn; 57a ĐL Thap Muoi; ⌚ 6–19.30 Uhr) Cholons Hauptmarkt hat einen großen Uhrenturm und einen zentra-

Dong Khoi

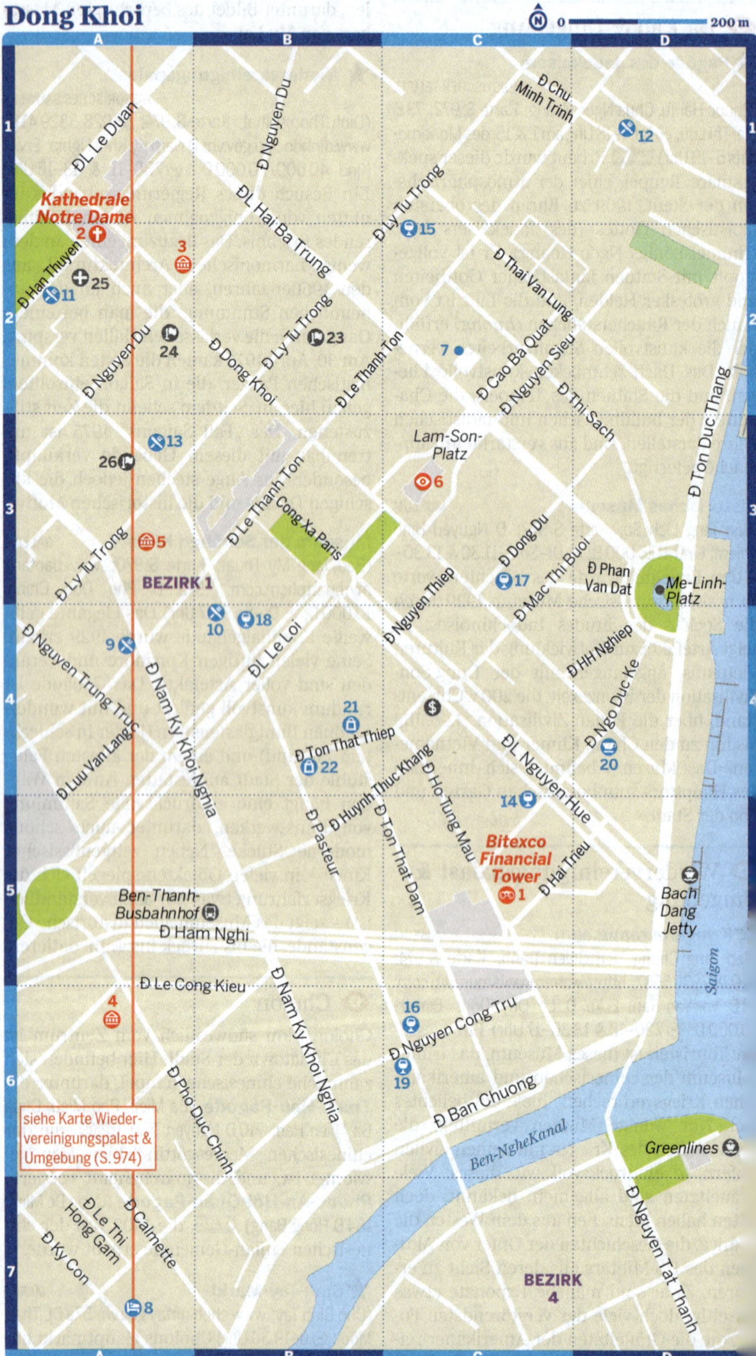
0
200 m
A
B
C
D
1
2
3
4
5
6
7
ĐL Le Duan
Đ Nguyen Du
ĐL Hai Ba Trung
Đ Ly Tu Trong
Đ Chu Minh Trinh
12
Kathedrale Notre Dame
2
3
15
Đ Han Thuyen
11
25
Đ Thai Van Lung
Đ Ly Tu Trong
23
24
Đ Nguyen Du
Đ Dong Khoi
Đ Le Thanh Ton
7
Đ Cao Ba Quat
Đ Nguyen Sieu
Đ Thi Sach
Đ Ton Duc Thang
13
26
Lam-Son-Platz
6
Đ Le Thanh Ton
Cong Xa Paris
5
Đ Ly Tu Trong
BEZIRK 1
Đ Dong Du
Đ Mac Thi Buoi
Đ Phan Van Dat
Me-Linh-Platz
17
10
18
Đ Nguyen Thiep
9
Đ Nguyen Trung Truc
Đ Nam Ky Khoi Nghia
ĐL Le Loi
Đ HH Nghiep
21
Đ Ngo Duc Ke
Đ Ton That Thiep
22
Đ Luu Van Lang
Đ Huynh Thuc Khang
Đ Ho Tung Mau
20
ĐL Nguyen Hue
14
Đ Pasteur
Đ Ton That Dam
Bitexco Financial Tower
1
Đ Hai Trieu
Bach Dang Jetty
Ben-Thanh-Busbahnhof
Đ Ham Nghi
Saigon
Đ Le Cong Kieu
4
Đ Nam Ky Khoi Nghia
16
Đ Nguyen Cong Tru
19
Đ Pho Duc Chinh
Đ Ban Chuong
Ben-Nghe-Kanal
Greenlines
siehe Karte Wiedervereinigungspalast & Umgebung (S. 974)
Đ Nguyen Tat Thanh
Đ Le Thi Hong Gam
Đ Calmette
Đ Ky Con
BEZIRK 4
8

Dong Khoi

Highlights
1 Bitexco Financial Tower C5
2 Kathedrale Notre Dame A2

Sehenswertes
3 Hauptpostamt A2
4 Museum der Schönen Künste A6
5 Stadtmuseum A3
6 Opernhaus C3

Aktivitäten, Kurse & Touren
7 Saigon Cooking Class C2

Schlafen
8 Saigon Central Hostel A7

Essen
9 Barbecue Garden A4
10 Old Compass Café B4
11 Propaganda A2
12 Quan Bui D1
13 Secret Garden A3

Ausgehen & Nachtleben
14 Broma: Not a Bar C5
EON Heli Bar .... (siehe 1)
15 Heart of Darkness C2
16 Heritage Republic C6
17 Layla C3
18 Pasteur Street Brewing Company B4
19 Rogue Saigon C6
20 Workshop D4

Shoppen
21 Chung Cu 42 Ton That Thiep B4
22 Saigon Kitsch B4

Praktisches
23 Australisches Konsulat B2
24 Kanadisches Konsulat A2
25 International Medical Centre A2
26 Laotisches Konsulat A3
Neuseeländisches Konsulat ...... (siehe 24)

len Hof mit Gärten. Die meisten hier sind Großhändler, aber der Markt ist auch beliebt bei Reisegruppen. Er wurde in den 1880er-Jahren von den Franzosen erbaut; der n Guang Dong geborene Wohltäter Quach Dam bezahlte seinen Wiederaufbau – die Statue, die an ihn erinnert, befindet sich heute m Museum der Schönen Künste. Die Straßenhändler nehmen Besucher, die zum Frühstücken oder Kaffeetrinken hierherkommen, tets freundlich in Empfang.

Kurse

aigon Cooking Class KOCHEN
(Karte S. 970; ☎028-3825 8485; www.saigoncooo ngclass.com; 74/7 ĐL Hai Ba Trung; Erw./Kind unter 12 Jahren 39/25 US$; ⏰Di–So 10 & 14 Uhr) Hier rnt man, die drei vietnamesischen Hauptgerichte (u. a. *pho bo* – Nudelsuppe mit Rindfleisch – und einige Spezialitäten) und ein Dessert zuzubereiten, indem man den Köchen des Restaurants Hoa Tuc auf die Finger schaut. Wer möchte, kann außerdem noch nen Markt besuchen (Erw./Kind unter 12 hren 45/28 US$, inkl. 3-stündigem Kurs).

Geführte Touren

HCMS gibt's exzellente Touren. Die große Themenpalette umfasst z. B. Streetfood, Craft-er und die Kunstszene der Stadt.

reet Foodies Saigon ESSEN
(☎093 210 3985; www.streetfoodiessaigon.com; US$ pro Pers.) Exzellente Nachtspaziergänge, bei denen man die Streetfood-Szene in den Gassen und Nebenstraßen des selten besuchten Stadtviertels Co Giang besucht. Teilnehmer können sich auf vier Stunden voller köstlicher Snacks freuen.

XO Tours KULTUR
(☎0933 083 727; www.xotours.vn; ab 48 US$) Die weiblichen Guides tragen *ao-dai* (traditionelle Gewänder) und bieten Motorroller- und Motorradtouren mit den Schwerpunkten Essen, Sehenswürdigkeiten und Saigon bei Nacht. Sehr sympathisch und unterhaltsam!

Vespa Adventures GEFÜHRTE TOUREN
(Karte S. 974; ☎0122 299 3585; www.vespaadventures.com; 169a Đ De Tham; ab 73 US$ pro Pers.) Vespa Adventures mit Sitz im **Café Zoom** (Karte S. 974; www.facebook.com/cafezoomsaigon; 169a Đ De Tham; Gerichte 65 000–150 000 D; ⏰7–2 Uhr) bietet unterhaltsame geführte Stadtführungen auf alten Motorrollern sowie mehrtägige Touren in Südvietnam. Die Tour „Saigon After Dark", die sich um Essen, Trinken und Musik dreht, ist einfach großartig, und die neue „Saigon Craft Beer Tour" ist genau das Richtige für Bierfans.

★ **Sophie's Art Tour** GEFÜHRTE TOUREN
(☎0933 752 402; www.sophiesarttour.com; 65 US$ pro Pers.; ⏰Di–Sa 9–13 Uhr) Die vierstündigen Touren werden von den hochengagierten Kunstexperten Sophie Hughes und Stu Palmer veranstaltet, die ihre Finger genau auf dem Puls der Kunstszene von HCMS haben.

Da Kao & Umgebung

Da Kao & Umgebung

Highlights

1 Historisches Museum D1
2 Pagode des Jadekaisers B1

Essen

3 Banh Xeo 46A A1
4 Pho Hoa A2

Ausgehen & Nachtleben

5 Indika Saigon B1

Praktisches

6 Kombodschanisches Konsulat B2
7 Chinesisches Konsulat B2
8 Niederländisches Konsulat C2
9 Französisches Konsulat C2
10 Deutsches Konsulat B2
11 Raffles Medical Group A2
12 Britisches Konsulat C2
13 US-Konsulat C2

Bei den Touren besucht man private Sammlungen und Ausstellungen zeitgenössischer Kunst, außerdem erfährt man mehr über den Einfluss der vietnamesischen Geschichte auf die zeitgenössische Kunst und ihre Techniken. Besonders interessant ist die „Kampfkunst", die mitten im Vietnamkrieg geschaffen wurde.

Schlafen

Praktisch alle Budgetreisenden begeben sich geradewegs zum Gebiet der Pham Ngu Lao (PNL). Im Backpackerviertel der Stadt gibt's mehr als hundert Unterkünfte. Die meisten kosten zwischen 15 und 40 US$, sogar den einen oder anderen Schlafsaal kann man finden. Manche Hotels mit Adressen in der Đ Pham Ngu Lao oder der Đ Bui Vien liegen in Gassen, die von diesen Hauptstraßen abgehen.

Lily's Hostel HOSTEL $
(Karte S. 974; ☎0948 213 181; lilyhostel.hcm@gmail.com; 35/5 Đ Bui Vien; B/DZ 8/26 US$;) Eines der neuen modernen Hostels auf der Pham Ngu Lao. Elegant-dezentes Dekor sorgt für herzliches, einladendes Ambiente. Da Lily's liegt an einer ruhigen Straße abseits de betriebsamen Đ Bui Vien und schafft mühelo die Balance zwischen Hostel und Boutique Pension. Einige der Privatzimmer haben auc Flachbildfernseher und eine Minibar.

Saigon Central Hostel HOSTEL
(Karte S. 970; ☎028-3914 1107; saigoncentralhe tel@gmail.com; 54/6 Đ Ky Con; B/DZ 6/26 US) Das freundliche, familiengeführ Gästehaus liegt in einer ruhigen Gasse in e nem Wohngebiet, zugleich aber nur wenig Schritte von Pham Ngu Lao, Dong Khoi ur dem Ben-Thanh-Markt entfernt.

Town House 50 PENSION, HOSTE
(Karte S. 974; ☎028-3925 0210; www.tov housesaigon.com; 50e Đ Bui Thi Xuan; B 11 US$, 35–39 US$;) Am Ende einer ru gen Gasse, die von einer Straße mit gut Restaurants und Cafés abgeht, liegt d Town House 50. Es ist Pension und Bo tique-Hotel in einem und bietet stilvolle U terkünfte. In allen Schlafsälen und Zimm ist das Rauchen verboten und das Dekor

sauber und modern. Im Preis inbegriffen ist ein warmes Frühstück, und an der Rezeption erhält man jede Menge Besucherinfos.

Diep Anh PENSION $
(Karte S. 974; ☎028-3836 7920; dieptheanh@hcm.vnn.vn; 241/31 Đ Pham Ngu Lao; Zi. 21–26 US$;) Nicht nur im übertragenen Sinn thront das Diep Anh weit über den meisten Pensionen in PLN – die Treppen dorthin scheinen 1000 Stufen zu haben. Das Gebäude ist hoch und schmal, sodass die Zimmer in den oberen Etagen viel Licht und Luft abbekommen. Freundliche Mitarbeiter halten die Pension gut in Schuss.

Flipside HOSTEL $
(Karte S. 974; ☎028-3920 5656; www.flipsideadventuretravel.com; 175/24 Đ Pham Ngu Lao; B 9 US$;) Eines der beliebtesten und trubeligsten Hostels der Stadt. Flipside liegt in einer Gasse mit guten Restaurants und bietet moderne Schlafsäle mit persönlichen Ladestationen und Schließfächern. Es gibt eine Bar auf dem Dach und einen Pool. Die Mitarbeiter haben jede Menge Erfahrung in der Reiseplanung und im Organisieren von Touren. Man sollte sich nach dem dreitägigen True-North-Motorradabenteuer erkundigen, das in die Provinz Ha Giang an der chinesischen Grenze führt.

Hideout Hostel HOSTEL $
(Karte S. 974; ☎028-3838 9147; www.vietnamhideouthostels.com; 281 Đ Pham Ngu Lao; B 9 US$;) Gute Stimmung und Geselligkeit sind die wichtigsten Merkmale dieses neuen Hostels auf der Pham Ngu Lao. Die in hellen Farben gehaltenen Schlafsäle sind makellos sauber, und in der Hideout Bar nebenan bekommt man ein Gratis-Bier am Tag. Sechsmal wöchentlich veranstalten die Betreiber Kneipentouren, die für Gäste kostenlos sind. Nebenan erstreckt sich der neue Hotelanbau Hangout.

★ **Nguyen Shack** PENSION $$
(Karte S. 974; ☎028-3822 0501; www.nguyenshack.com; 6/15 Đ Cach Mang Thang Tam; Zi. 30–0 US$;) Nguyen Shack liegt am Ende einer ruhigen Wohngasse und ist nur einen kurzen Spaziergang bzw. eine Fahrt mit dem Motorradtaxi von Pham Ngu Lao und dem Ben-Thanh-Markt entfernt. Es bietet ein rustikales Dekor im Country-Stil, makellose, geräumige Zimmer und einen begrünten Gemeinschaftsbereich im Erdgeschoss. Das Frühstück ist im Preis inbegriffen, aber in der Nähe gibt's auch viele gute Cafés.

Essen

HCMS ist die kulinarische Hauptstadt Vietnams. Das Angebot an Restaurants reicht von spottbilligen Ständen am Straßenrand bis zu atmosphärischen Villen. Neben großartigen einheimischen Gerichten bietet die Stadt auch internationale Genüsse – sowohl die indische als auch die japanische, thailändische, französische, spanische und koreanische Küche sind hier vertreten. In der Gegend um Dong Khoi finden sich viele gute Lokale. Die Restaurants im Gebiet der Pham Ngu Lao sind in der Regel wenig bemerkenswert, es gibt jedoch ein paar Ausnahmen. Touren sind eine exzellente Möglichkeit, das wunderbare Straßenessen besser kennenzulernen.

Dong Khoi & Umgebung

Secret Garden VIETNAMESISCH $
(Karte S. 970; 8. St., 158 Đ Pasteur; Gerichte 55 000–90 000 D; 8–22 Uhr;) In dem veralteten Apartmenthaus führen Stufen hoch zu einem wunderbaren Dachrestaurant. Ein Kräutergarten mit pickenden Hühnern und buddhistische Statuen sorgen für Ambiente, und das leckere hausgemachte Essen genießt man beim Blick auf die Stadt. Manchmal ist der Service etwas unprofessionell, doch das machen die tollen Aromen wieder wett.

Old Compass Cafe CAFÉ $$
(Karte S. 970; ☎090 390 0841; www.facebook.com/oldcompasscafe; 63 Đ Pasteur, 3. St.; Gerichte 150 000 D; So–Do 10.30–22, Fr & Sa 10.30–23 Uhr;) Das Old Compass liegt abseits der

VERWÖHNPROGRAMM

Das Luxusrestaurant **Quan Bui** (Karte S. 970; ☎028-3829 1545; http://quan-bui.com; 17a Đ Ngo Van Nam; Gerichte 69 000–169 000 D; 8–23 Uhr;) in der aufstrebenden Đ Ngo Van Nam hat eine schicke indochinesische Einrichtung. Die benachbarten Lokale servieren japanische Speisen, aber der Schwerpunkt von Quan Bui liegt auf authentischer vietnamesischer Küche, und viele Gerichte reflektieren die herzhaften Aromen von Nordvietnam. Die Cocktails – aus der Partnerbar auf der gegenüberliegenden Seite der Gasse – gehören zu den besten in HCMS. Außerdem gibt's einen klimatisierten und rauchfreien Speiseraum im Obergeschoss.

Wiedervereinigungspalast & Umgebung

belebten Đ Pasteur am Ende einer Gasse und ist über eine schmale Treppe zu erreichen. In dem entspannten ganztägig geöffneten Café finden abends interessante Livekonzerte und andere Vorführungen statt. Man kann sich auf eines der gemütlichen Sofas setzen und einen Kaffee, Wein oder ein Craft-Bier genießen oder das preiswerte Drei-Gänge-Mittagsmenü genießen. Events kündigt das Café auf seiner Facebook-Seite an.

Propaganda VIETNAMESISCH $$
(Karte S. 970; ☎028-3822 9048; www.propagandasaigon.com; 21 Đ Han Thuyen; Gerichte 105 000–185 000 D; ⏲7.30–22.30 Uhr) Sehr far benfrohe Wandgemälde und altmodisch sozialistische Plakate beleben dieses beliebt Bistro mit Parkblick. Es ist auf Klassiker de vietnamesischen Streetfood spezialisiert un serviert diese in einem lebendig-dynam schen Ambiente. Besonders lecker sind d Salate, z. B. mit wildem Pfeffer, grüner Ma go und Grillhähnchen. Wenn es unten z voll ist: oben gibt's einen weiteren Essb reich.

Barbecue Garden VIETNAMESISCH
(Karte S. 970; www.barbecuegarden.com; 135a Nam Ky Khoi Nghia; Gerichte 80 000–200 000

Wiedervereinigungspalast & Umgebung

11–23 Uhr) Bäume voller Lichterketten, Tische im Freien und die entspannte Atmosphäre machen das Barbecue Garden zu einem perfekten Ort für Gruppenreisende. Auf den Tischen stehen Grills, an denen die Gäste Fleisch und Meeresfrüchte selbst zubereiten; dazu gibt's vietnamesische Salate und kaltes Bier. Freitags kommen viele Einheimische hierher, um den Start ins Wochenende zu feiern. Auch die Mittagsgerichte unter der Woche sind großartig.

Da Kao & Umgebung

Pho Hoa VIETNAMESISCH $

Karte S. 972; 260c Đ Pasteur; Gerichte 60 000–75 000 D; 6–24 Uhr) Das alteingesessene Restaurant ist nobler als die meisten Konkurrenten, und das Essen überzeugt – das beweist schon seine Beliebtheit bei den einheimischen Stammgästen. Auf den Tischen stehen Kräuter, Chili und Limette bereit, zudem gibt's *gio chao quay* (frittiertes chinesisches Brot), *banh xu xe* (klebrige Kokoskekse mit Mungobohnenpaste) und *cha lua* (Schweinswürstchen in Bananenblättern).

Banh Xeo 46A VIETNAMESISCH $

Karte S. 972; 028-3824 1110; 46a Đ Dinh Cong Trang; normal/extragroß 70 000/110 000 D; 10–Uhr;) Einheimische gehen am liebsten in n Restaurant, das sich auf ein einziges Gericht spezialisiert hat, und hier werden mit e besten *banh xeo* der Stadt serviert. Die vietnamesischen Reismehlpfannkuchen, gefüllt mit Bohnensprossen, Garnelen und Schweinefleisch, sind absolut legendär. Es gibt auch vegetarische Varianten und andere Gerichte wie exzellentes *goi cuon* (frische Sommerröllchen mit Schweinefleisch und Garnelen).

Pham Ngu Lao & Umgebung

Asiana Food Town STREETFOOD $

(Karte S. 974; 090 377 0836; www.facebook.com/asianafoodtown; 4 Đ Pham Ngu Lao; Gerichte 50 000–100 000 D; 8.30–22;) Der exzellente neue Food-Court bietet mehrere Highlights auf einmal: eine kühlende Klimaanlage, eine praktische Lage in der Nähe vieler Unterkünfte in der Pham Ngu Lao und eine riesige Auswahl von Straßenessen aus ganz Vietnam und dem Rest Asiens. Außerdem gibt's einen Supermarkt, eine Apotheke und einen Laden für englischsprachige Bücher.

Five Oysters VIETNAMESISCH $

(Karte S. 974; 09 0301 2123; www.fiveoysters.com; 234 Đ Bui Vien; Gerichte ab 45 000 D; 9–23 Uhr) In dem hellen, fröhlichen Lokal im Backpackerzentrum legt man den Schwerpunkt auf Meeresfrüchte und freundlichen Service. Hier lassen sich Urlauber Austern (30 000 D), gegrillten Tintenfisch, Meeresfrüchtesuppe, Schneckenpastete, *pho*, gebratene Nudeln, gegrillte Makrele mit Chiliöl und mehr schmecken. Auch wegen des preisgünstigen Bieres ist das Five Oysters eine sehr beliebte Adresse an der PNL.

Wiedervereinigungspalast & Umgebung

Banh Mi Huynh Hoa VIETNAMESISCH $

(Karte S. 974; 26 Le Thi Rieng; banh mi 33 000 D; ⌚14.30–23 Uhr) Das winzige *banh-mi*-Lokal ist Tag und Nacht voller einheimischer Gäste, die mit ihren Motorrollern Schlange stehen, um leckere Baguettes mit Schweinefleisch, Schweinefleisch und noch mal Schweinefleisch zu bestellen. Wahrscheinlich hat man noch nie schmackhaftere Aromen gegessen als hier. Das Lokal hat keine Sitzplätze – man muss im Stehen auf der Straße essen.

Ben-Thanh-Streetfood-Markt STEETFOOD $

(Karte S. 974; ☎090 688 1707; www.facebook.com/pg/BenThanhstreetfoodmarket; 26–30 Đ Thu Khoa Huan; Gerichte ab 40 000 D; ⌚9–23 Uhr) Man schnappt sich einen Tisch vor dem Markt, bestellt ein paar kalte Biere an der angrenzenden Bar und macht sich dann daran, die riesige Auswahl preiswerter Straßengerichte durchzuprobieren. Zu den Highlights gehören frische Austern aus Nha Trang mit verschiedenen Dipsoßen (z. B. Wasabi) und duftende *bun-bo-Hue*-Nudeln.

Pizza 4P's PIZZA $$

(Karte S. 974; ☎028-3622-0500; www.pizza4ps.com; 8 Thu Khoa Huan; Pizza & Pasta 150 000–330 000 D; ⌚Mo–Sa 10–2, So 10–23 Uhr) Das Pizzalokal hat kürzlich nahe dem Ben-Thanh-Markt eröffnet und bietet eine interessante Mischung von Pasta und japanisch angehauchter Pizza – ja, die Kombination schmeckt wirklich! Dazu gibt's exzellentes Craft-Bier aus der Brauerei Heart of Darkness in HCMS. Man sollte reservieren, denn die Filiale ist sehr beliebt.

Ausgehen & Nachtleben

Die Ausgehszene konzentriert sich vor allem auf Dong Khoi. Dort findet man so gut wie alles von der düsteren Spelunke bis hin zur edlen Designerbar. Die Lokale in dieser Gegend schließen aber in der Regel schon gegen 1 Uhr, während in Pham Ngu Lao noch bis in die frühen Morgenstunden weitergefeiert wird. Die Bui Vien in PNL ist samstags und sonntags von 19 bis 2 Uhr ausschließlich für Fußgänger zugänglich. In den Clubs geht der Trubel gegen 22 Uhr los; am besten in beliebten Bars nach den zurzeit angesagtesten Locations fragen.

Dong Khoi & Umgebung

★ **Heart of Darkness** CRAFT-BIER

(Karte S. 970; ☎090 301 7596; www.heartofdarknessbrewery.com; 31D Đ Ly Tu Trong; ⌚10–24 Uhr) In der besten Craft-Bier-Brauerei der Stadt gibt's immer eine interessante Auswahl von innovativen Fassbieren. Die Bierauswahl ändert sich häufig, da die Bierbrauer immer etwas Neues probieren, – das hopfige Kurtz's Insane IPA mit 7,1 % Alkoholgehalt ist jedenfalls ein großartiger Tropfen. Am besten schnappt man sich einen Holztisch im Freien und bestellt sich bei Pizza 4P's eine leckere Pizza zum Bier.

★ **Rogue Saigon** CRAFT-BIER

(Karte S. 970; ☎090 236 5780; www.facebook.com/roguesaigon; 11 Đ Pasteur; ⌚So–Do 16–24, Fr & Sa 16–2 Uhr) Auf der Dachterrasse eines hübschen, aber heruntergekommenen Gebäudes am Fluss in Bezirk 1 gibt's Livemusik und vietnamesisches Craft-Bier, z. B. Lac Brewing's Devil's Lake IPA. Es wird Blues-, Country- und Rockmusik gespielt. Der nächtliche Ausblick von der Bar ist großartig.

Broma: Not a Bar BAR

(Karte S. 970; ☎0126 387 2603; www.facebook.com/bromabar; 41 ĐL Nguyen Hue; ⌚So–Do 17–2, Fr & Sa 17–4 Uhr) Kompakte Dachbar mit Künstlerflair, Blick auf die betriebsame verkehrsberuhigte Promenade Đ Nguyen Hue und einer guten Auswahl an internationalen Biersorten. Für Musik sorgen Liveauftritte oder DJs, meistens laufen Funk, Hip-Hop und Elektromusik.

Heritage Republic LOUNG[E]

(Karte S. 970; ☎0906 227 576; http://fb.me/heritagerepublic; 10 Đ Pasteur; ⌚24 Std.; 📶) Im winzigen Heritage vergisst man leicht die Zeit. Tagsüber kann man auf dem Vintagesofa sitzen, Smoothies trinken und mit den Haushunden (Bulldoggen) schmusen. Doch ganz schnell ist es Nacht und die rund um die Uhr geöffnete Lounge verwandelt sich in eine der entspanntesten Bars der Stadt, mit einem hippen Publikum, das Bier und Cocktails trinkt und die halbe Straße bevölkert. An manchen Tagen erhält man Ermäßigungen, wenn man schwarz gekleidet kommt.

Workshop KAFF[EE]

(Karte S. 970; www.facebook.com/the.workshopcoffee; 10 Đ Ngo Duc Ke; Kaffee ab 45 000 D; ⌚8–21 Uhr; 📶) In einem großen Lagerhausraum im oberen Stock können Gäste hier ein Stück Kaffeekultur genießen und sich in ruhig

Atmosphäre E-Mails oder anderer Schreibarbeit widmen. Zu trinken gibt's sortenreine Fair-Trade-Bohnen aus Da Lat, Chemex-Leckereien und Kaltgetränke. Die Wartezeit versüßen einem Schwarz-Weiß-Fotos des alten Saigon.

Layla COCKTAILBAR
(Karte S. 970; ☎ 028-3827 2279; www.facebook.com/LaylaEateryandBarHCM; 2. St., 63 Đ Dong Du; ⌚ Mo–Sa 16–1, So 12.30–1 Uhr) Das relaxte Layla hat eine unglaublich lange Bar – wir sprechen hier von mindestens zehn Metern: perfekt für den ersten oder letzten Cocktail des Abends. Nicht überrascht sein, wenn die Kombi aus schickem Ambiente, gemütlichen Sofas und mediterranen Barsnacks – italienische Fladenbrote und spanische Tortilla – einen länger bleiben lässt als geplant.

Rund um Pham Ngu Lao

View BAR
(Karte S. 974; www.ducvuonghotel.com; 8. St., Duc Vuong Hotel, 195 Đ Bui Vien; ⌚ Mo–Fr 10–24, Sa & So bis 2 Uhr) Zwar liegt das View nicht so hoch wie andere Dachbars der Stadt, dafür ist es aber auch weniger prätentiös und um einiges günstiger. Gäste überblicken den geschäftigen Backpackertrubel der Pham Ngu Lao, und auch das Essen ist seinen Preis wert.

Ong Cao BAR
(Karte S. 974; ☎ 091 199 6160; www.facebook.com/ongcaosaigon; 240 Đ Bui Vien; ⌚ Di–So 17–23 Uhr; 📶) Ong Cao, die beste Adresse für Craft-Bier in Pham Ngu Lao, ist etwas schicker als die meisten Backpackerbars auf der Bui Vien. Die Barsnacks (Käse- und Wurstplatten) passen gut zu den 16 Fassbieren, zu denen hauptsächlich lokale Biere aus HCMS gehören. Ja, die Bar ist teurer als die 10 000 D, die man in den meisten anderen Kneipen der Straße zahlt, aber die Mehrkosten lohnen sich.

Whiskey & Wares BAR
(Karte S. 974; ☎ 0163 279 4179; www.facebook.com/WhiskeyandWares; 196 Đ De Tham; ⌚ Di–So 16.30–Uhr; 📶) 🌿 Nur einen kurzen Spaziergang von der Đ Bui Vien entfernt bietet Whiskey & Wares eine Mischung aus edlem Whisky, guten Cocktails und lokalen Craft-Bieren. Die Bar ist sehr schick, aber trotzdem zwanglos und eine gute Alternative zu den Backpackerbars von Pham Ngu Lao. Sie ist auch ein guter Ort zum Einkaufen: Zur Auswahl stehen coole T-Shirts, duftende Seifen, schicke Drucke und Postkarten.

Da Kao & Umgebung

Indika Saigon BAR
(Karte S. 972; ☎ 0122 399 4260; www.facebook.com/IndikaSaigon; 43 Đ Nguyen Van Giai; ⌚ 9–24 Uhr) Etwas abgelegen am Ende einer schmalen Gasse findet man die empfehlenswerte Bar Indika Saigon. Man muss zuerst durch das angesagte Grilllokal und die Bierbar auf der Vorderseite gehen, um hierher zu gelangen. Die labyrinthartigen Zimmer werden für Konzerte, Open-Mic-Sessions und Filmnächte genutzt; oft legen auch DJs auf. Das Programm steht auf der Facebook-Seite. Einfach von der pulsierenden Energie des neuen Saigon überraschen lassen!

☆ Unterhaltung

In *The Word HCMC*, *Asialife HCMC* oder *The Guide* erfährt man, was in der Stadt wo los ist; oder man besucht die Seiten facebook.com/AnyArena und www.wordhcmc.com.

Yoko LIVEMUSIK
(Karte S. 974; ☎ 028-3933 0577; www.facebook.com/Yokocafesaigon; 22a Đ Nguyen Thi Dieu; ⌚ 8 Uhr–open end; 📶) Porträts von John Lennon, Jim Morrison und James Brown schmücken diesen coolen Livemusik-Tempel. Balken und Betonböden in den Räumen wurden hier nicht verkleidet bzw. bedeckt. Die Konzerte reichen von Funk Rock bis Metal und beginnen immer um 21 Uhr. Die neuen Inhaber sind sehr stolz darauf, den besten Club der Stadt erfolgreich wiederbelebt zu haben. Das Programm steht auf der Facebook-Seite.

Acoustic LIVEMUSIK
(Karte S. 974; ☎ 028-3930 2239; www.facebook.com/acousticbarpage; 6e1 Đ Ngo Thoi Nhiem; ⌚ 19–24 Uhr; 📶) Nicht von dem Namen in die Irre führen lassen: Die meisten Musiker, die die intime Bühne der führenden Livemusik-Location der Stadt rocken, verzichten keineswegs auf elektronische Unterstützung. Angesichts der vielen (vor allem einheimischen) Besucher geht das Konzept voll auf. Das Acoustic liegt am Ende der Straße beim ausrangierten VW Käfer und serviert gefährlich starke Cocktails.

Observatory LIVEMUSIK
(www.facebook.com/theobservatoryhcmc; ⌚ Mi–So 18–6 Uhr) Seit der Neugestaltung dieses Veranstaltungsortes Ende 2017 taucht diese hervorragende Unterhaltungskooperative an verschiedenen Orten in der Stadt auf. Das Programm (aktuelle Infos auf Facebook) umfasst Live-Bands und DJs aus aller Welt.

Shoppen

In HCMS sind viele verlockende Dinge zu finden, darunter bestickte Seidenschuhe, Miniatur-*cyclos* und gefälschte Zippo-Feuerzeuge mit GI-Gravuren. In den Boutiquen entlang der Đ Le Thanh Ton und der Đ Pasteur bekommt man handgefertigte Konfektionsmode. Geschäfte in Pham Ngu Lao verkaufen von ethnischen Minderheiten hergestellte Stoffe, Kunsthandwerk und verschiedene ansprechende Accessoires.

Chung Cu 42 Ton That Thiep KLEIDUNG
(Karte S. 970; 42 Đ Ton That Thiep; ⌚ fast alle Geschäfte 9–21 Uhr) Das Apartmentgebäude wurde teilweise zu einem Einkaufszentrum umgewandelt und bietet nun coole Boutiquen, die angesagte (aber bezahlbare) Kleidung für junge, Social-Media-affine Modefans verkaufen. Hier scheint sich so etwas wie eine neue Hipsterszene zu entwickeln. Die Geschäfte befinden sich im oberen Stock und auf der Rückseite in einem Nebengebäude.

Mai Handicrafts KUNST & KUNSTHANDWERK
(☎ 028-3844 0988; www.maihandicrafts.com; 298 Đ Nguyen Trong Tuyen, Bezirk Tan Binh; ⌚ Mo–Sa 9–17 Uhr) Durch den Verkauf von Keramik, Stoffen ethnischer Minderheiten und anderer Geschenkartikel unterstützt der Fair-Trade-Laden benachteiligte Familien und Straßenkinder. Um hierher zu gelangen, geht man auf der ĐL Hai Ba Trung nach Nordwesten (die zur Đ Phan Dinh Phung wird) und biegt dann links in die Đ Nguyen Trong Tuyen ein.

Saigon Kitsch GESCHENKE & SOUVENIRS
(Karte S. 970; 33 Đ Ton That Thiep; ⌚ 9–22 Uhr) Der farbenfrohe Laden hat sich auf Reproduktionen von Propagandakunst spezialisiert und schmückt Kaffeebecher, Bierdeckel, Puzzles und T-Shirts mit den revolutionären Motiven. Er bietet außerdem auch Laptop- und Handyhüllen aus verschiedenen recycelten vietnamesischen Verpackungsmaterialien zum Kauf.

Ben-Thanh-Markt MARKT
(Cho Ben Thanh; Karte S. 974; ĐL Le Loi, ĐL Ham Nghi, ĐL Tran Hung Dao & Đ Le Lai; ⌚ 5–18 Uhr) Der zentral gelegene Ben-Thanh-Markt und die umliegenden Straßen gehören zu den belebtesten Vierteln der Stadt. Der Markt bietet alles, was von den Stadtbewohnern gern gegessen, getragen und benutzt wird, und es gibt Souvenirs in rauen Mengen. Die Händler sind sehr resolut und verlangen höhere Preise als anderswo (die Restaurantstände sind noch relativ günstig), daher sollte man die „Festpreis"-Schilder ignorieren und rigoros handeln.

Praktische Informationen

GEFAHREN & ÄRGERNISSE

In der Gegend der Dong Khoi und am Ufer des Saigon-Flusses ist Vorsicht angebracht: Dort sind Motorrad-„Cowboys" unterwegs, die Touristen überrumpeln und sich auf das Entreißen von Taschen, Handys, Tablets und Kameras spezialisiert haben. Reisepass im Hotelzimmer lassen und gut auf's Handy achten.

GELD

Citibank (Karte S. 970; 115 ĐL Nguyen Hue) Der Geldautomat im Foyer des Sun Wah Tower gibt bis zu 8 000 000 D aus, allerdings nur an Citibank-Kunden (mit anderen Karten bekommt man höchstens 2 000 000 D).

INTERNETZUGANG

Kostenloses WLAN ist in den Hotels, Bars und Cafés von HCMS nahezu allgegenwärtig. Wer länger in der Stadt bleibt, sollte sich eine lokale SIM-Karte mit 4G-Zugang holen. Die Preise sind günstig, und alle Läden im Backpackerviertel Pham Ngu Lao können SIM-Karten freischalten.

MEDIZINISCHE VERSORGUNG

International Medical Centre (Karte S. 970; ☎ 028-3827 2366; www.cmi-vietnam.com; 1 Đ Han Thuyen; ⌚ Mo–Fr 8.30–19, Sa 9–13 Uhr) Eine gemeinnützige Organisation mit französischen Ärzten, die Englisch sprechen.

POST

Postamt (Buu Dien Quan 5; ☎ 028-3855 1763; 3 Đ Mac Cuu, Bezirk 5; ⌚ Mo–Fr 7–19, Sa bis 1

VERKEHRSMITTEL AB HCMS

ZIEL	FLUGZEUG	BUS	ZUG
Da Lat	50 Min; ab 41 US$	7 Std.; 10 US$	-
Hanoi	2 Std.; ab 50 US$	41 Std.; ab 47 US$	30 Std.; 18–40 US$
Hue	80 Min; ab 30 US$	29 Std.; ab 26 US$	18 Std.; 15–27 US$
Nha Trang	55 Min; ab 26 US$	12 Std.; ab 13 US$	6½ Std.; 7–27 US$

So 8–18 Uhr) Nach dem hellgelben Gebäude mit Uhr in der Fassade Ausschau halten.

REISEBÜROS

Dutzende Reisebüros bieten Touren ins Mekong-Delta und zu anderen Zielen außerhalb von HCMS an. Zu den empfehlenswerteren gehören z. B.:

Sinh Tourist (Karte S. 974; ☎ 028-3838 9593; www.thesinhtourist.vn; 246 Đ De Tham; ⌚ 6.30–22.30 Uhr) Bei Budgetreisenden sehr beliebt.

Handspan Adventure Travel (Karte S. 974; ☎ 028-3925 7605; www.handspan.com; Central Park Bldg, 208 Đ Nguyen Trai, 10. St.) Diese Filiale einer in Hanoi ansässigen Agentur bietet hervorragende Touren von hoher Qualität.

Kim Tran Travel (Karte S. 974; ☎ 028-3836 5489; www.thekimtourist.com; 270 Đ De Tham; ⌚ 7–21.30 Uhr) Organisiert Tagesausflüge und Übernachtungstrips in HCMS und der Mekong-Region.

An- & Weiterreise

BUS

Intercity-Busse verkehren von drei großen Busbahnhöfen am Stadtrand von HCMS. Sie werden von Nahverkehrsbussen angefahren, die gegenüber vom Ben-Thanh-Markt starten. In HCMS lohnen sich Open-Tour-Busse wirklich. Sie fahren praktischerweise in der Gegend der Pham Ngu Lao ab und kommen dort auch an, was die Extrakosten für einen weiteren Bus bzw. ein Taxi spart.

Alle Reisebüros in HCMS verkaufen Open-Tour-Tickets nach Mui Ne (6 US$), Da Lat (10 US$), Nha Trang (13 US$), Hoi An (21 US$), Hue (26 US$) und Hanoi (47 US$).

Busbahnhof Mien Dong (Ben Xe Mien Dong; ☎ 028-3829 4056) Vom riesigen und betriebsamen Busbahnhof Mien Dong im Bezirk Binh Thanh, rund 5 km von der Innenstadt entfernt an der Nationalstraße 13 (Quoc Lo 13; die Weiterführung der Đ Xo Viet Nghe Tinh), verkehren Busse zu Zielen nördlich von HCMS. Er liegt nicht einmal 2 km nördlich der Kreuzung Đ Xo Viet Nghe Tinh/Đ Dien Bien Phu. Die Expressbusse fahren an der Ostseite ab, die Nahverkehrsbusse an der Westseite des Komplexes.

Busbahnhof Mien Tay (Ben Xe Mien Tay; ☎ 028-3825 5955; Đ Kinh Duong Vuong) Der riesige Busbahnhof liegt rund 10 km westlich von HCMS in An Lac im Bezirk Binh Chanh (Huyen Binh Chanh) und bedient Ziele südlich von HCMS, darunter die meisten Städte im Mekong-Delta. Ein Taxi von Pham Ngu Lao hierher kostet rund 200 000 D. Vom Busbahnhof starten klimatisierte Expressbusse und Premium-Minibusse.

> **WEITERREISE NACH KAMBODSCHA: VON HCMS NACH PHNOM PENH**
>
> **Anreise zur Grenze** Der viel genutzte Grenzübergang Moc Bai–Bavet liegt an der schnellsten Überlandroute zwischen HCMS und Phnom Penh. Die Reisebüros auf der Pham Ngu Lao verkaufen Bustickets (10–15 US$) für Direktverbindungen nach Phnom Penh. Die Fahrtzeit beträgt sechs Stunden.
>
> **An der Grenze** Kambodschanische Visa (30 US$) werden an der Grenze ausgestellt; dafür benötigt man ein Passfoto.
>
> **Weiterreise** Die meisten Reisenden haben ein Direktticket.

FLUGZEUG

Der **Tan Son Nhat International Airport** (☎ 028-3848 5383; www.tsnairport.hochiminhcity.gov.vn/vn; Bezirk Tan Binh) liegt 7 km nordwestlich von HCMS. Mehrere Fluggesellschaften bieten Inlandsflüge von/nach HCMS.

Jetstar Pacific Airlines (☎ 1900 1550; www.jetstar.com/vn/en/home) Fliegt von/nach Hanoi, Hai Phong, Vinh, Hue, Phu Quoc, Nha Trang, Buon Ma Thuot, Dong Hoi, Da Lat und Da Nang.

VietJet Air (www.vietjetair.com) Flüge von/nach Hanoi, Hai Phong, Vinh, Dong Hoi, Hue, Da Nang, Qui Nhon, Nha Trang, Da Lat, Buon Ma Thuot und von/nach Phu Quoc.

Vietnam Air Service Company (Vasco; ☎ 028-3845 8017; www.vasco.com.vn) Fliegt Ca Mau, die Con-Dao-Inseln und Rach Gia an.

Vietnam Airlines (☎ 028-3832 0320; www.vietnamairlines.com) Verbindungen von/nach Hanoi, Hai Phong, Vinh, Dong Hoi, Hue, Da Nang, Qui Nhon, Nha Trang, Da Lat, Buon Ma Thuot, Thuy Hoa und von/nach Phu Quoc.

ZUG

Züge vom **Bahnhof Saigon** (Ga Sai Gon; ☎ 028-3823 0105; 1 Đ Nguyen Thong, Bezirk 3; ⌚ Fahrkartenbüro 7.15–11 & 13–15 Uhr) fahren zu verschiedenen Zielen im Norden. Am Bahnhof verkaufen Reisebüros gegen eine kleine Buchungsgebühr Fahrkarten.

Unterwegs vor Ort

VOM/ZUM FLUGHAFEN

Der Flughafen Tan Son Nhat liegt 7 km nordwestlich vom Stadtzentrum. Taxis mit Taxameter kosten von/zum Stadtzentrum ca. 180 000 D. Man sollte sich an die Taxis von **Mai Linh** (☎ 028-3838 3838) oder **Vinasun** (☎ 028-3827 2727) halten.

Es gibt zwei Flughafenbusse:

Route 109 (20 000 D, 50 Min., 5.30–1.30 Uhr, alle 15–20 Min.) fährt zum „Backpackerviertel" Pham Ngu Lao und hält unterwegs am Busbahnhof Ben Thanh.

Route 49 (40 000 D, 40 Min., 5.30–1.30 Uhr, alle 15–30 Min.) hält ebenfalls im Viertel Pham Ngu Lao sowie am Ben-Thanh-Markt.

MOTORRADTAXI

Kurze Fahrten kosten rund 30 000 D. Billigere Motorradtaxis können über die App von Uber bzw. die von Grab gebucht werden.

TAXI

Taxis mit Taxameter sind sehr günstig; eine 2 km lange Fahrt kostet etwa 30 000 D. Mai Linh Taxi (S. 979) and Vinasun Taxi (S. 979) sind verlässliche Anbieter. Taxis können auch über die App von Uber bzw. die von Grab gebucht werden.

RUND UM HO-CHI-MINH-STADT

Cu Chi

028 / 19 573 EW.

Wenn es einen einzelnen Ort gibt, der den beharrlichen Willen der Vietnamesen symbolisiert, dann könnte das Cu Chi sein. Es ist so berühmt, dass viele Vietnamesen hierherpilgern, und für Touristen ist es ein Muss.

Cu-Chi-Tunnel HISTORISCHE STÄTTE

(Erw./Kind 110 000/30 000 D) Zwei Abschnitte (erweiterte und verbesserte Versionen der ursprünglichen Tunnel) dieses bemerkenswerten Tunnelsystems sind zugänglich. Einer liegt in der Nähe des Dorfes **Ben Dinh**, der andere (etwas preiswertere) 15 km dahinter bei **Ben Duoc**. Die meisten Besucher entscheiden sich für Ben Dinh, das für Busse einfacher zu erreichen ist. Auch wenn man sich nicht unter die Erde wagen möchte, wartet eine höchst interessante Erfahrung mit guten Einblicken in den mutigen und äußerst einfallsreichen Widerstandskampf in der Region.

Tierschutzzentrum von Cu Chi WILDTIERRESERVAT

(www.wildlifeatrisk.org; Erw./Kind 5 US$/frei; 7.30–11.30 & 13–16.30 Uhr) Nur ein paar Kilometer von den Ben-Dinh-Tunneln entfernt widmet sich das Zentrum dem Schutz von Tieren, die aus nicht artgerechter Haltung oder aus den Händen illegaler Händler gerettet worden. Hier leben u. a. Bären, Otter und Gibbons. Eine informative Ausstellung zeigt die bedrückenden Lebensumstände von wilden Tieren in Vietnam, darunter einen „Raum des Todes" mit verschiedenen Fallen und Ködern. Das Zentrum ist schwer zu finden, darum sollte man das Reisebüro bitten, die Besichtigung in die Tour zu den Cu-Chi-Tunneln aufzunehmen, und vor dem Besuch anrufen, um sicherzustellen, dass Mitarbeiter vor Ort sind.

An- & Weiterreise

Die Tunnel sind am einfachsten im Rahmen einer geführten Tour von HCMS aus zu erreichen. Da die Konkurrenz groß ist, sind die Preise niedrig (rund 15 US$ pro Pers.) und variieren je nach Gruppengröße und besuchtem Tunnel. Die meisten Touren beinhalten auch eine Besichtigung des **Cao-Dai-Tempels** in Tay Ninh.

Tay Ninh

0276 / 153 500 EW.

Tay Ninh ist der wichtigste Sitz der Cao Dai, einer der wohl interessantesten Religionsgemeinschaften in Vietnam. Zwischen 1933 und 1955 wurde hier der **Große Cao-Dai-Tempe[l]** errichtet. Victor Hugo gehört zu den Europä[ern], die von den Cao Dai besonders verehr[t] werden, wie sein Bildnis im Großen Tempe[l] beweist. Tay Ninh liegt 96 km nordwestlic[h] von HCMS. 4 km östlich von der Stadt er[streckt] sich der Komplex des Heiligen Stuhl[s] der Cao Dai. Tagestouren von HCMS aus, di[e] Tay Ninh und die Tunnel von Cu Chi mit ein[schließen], kosten ungefähr 7 US$.

MEKONG-DELTA

Vietnams „Reisschale", wie das Mekong-Del[ta] auch genannt wird, präsentiert sich mit ein[er] umwerfenden Vielfalt von saftigen Grünt[önen]. Fast das gesamte Leben spielt sich a[uf] den vielen Flüssen, Kanälen und Strömen a[b], die wie Arterien die Ebene durchziehen.

Besucher erleben in den Privatunterkün[f]ten am Fluss den Charme des Südens, wä[h]rend die tropische Insel Phu Quoc mit w[ei]ßen Sandstränden lockt.

Touren ins Delta sind die bequemste Va[ri]ante, die Gegend zu erkunden – man ka[nn] sie über Reisebüros in HCMS buchen. [Die] Region lässt sich jedoch auch in Eigenre[gie] entdecken, wobei dafür mehr Zeit ein[ge]plant werden muss.

Mekong-Delta

Vinh Long

0270 / 147 000 EW.

Vinh Long ist ein chaotischer Verkehrsknotenpunkt. Die Uferpromenade säumen zahlreiche Cafés und Restaurants. In der Nähe befinden sich mehrere lohnenswerte Sehenswürdigkeiten, beispielsweise der schwimmende Markt von Cai Be, Inseln, fruchtbare Obstplantagen und stimmungsvolle Privatunterkünfte.

Cuu Long Tourist (0270-382 3616; www.cuulongtourist.com; 2 Đ Phan B Chau; 7–17 Uhr) bietet Bootstouren, die von drei Stunden (ab US$ pro Person) bis zu drei Tagen dauern. Auf einem Bootsausflug von Vinh Long aus sollte man den belebten **schwimmenden Markt von Cai Be** (5–12 Uhr) erleben. Am besten kommt man frühmorgens her, um zu sehen, wie riesige, mit tropischem Obst und Gemüse bepackte Boote ankommen.

Wir empfehlen, nicht in der Stadt zu übernachten, sondern bei einer Gastfamilie.

Vom Busbahnhof, 2,5 km südlich der Stadt, fahren regelmäßig Busse nach HCMS (105 000 D, 3 Std.) und Can Tho (50 000 D).

Can Tho

0292 / 1,2 MIO. EW.

Can Tho ist das politische, ökonomische, kulturelle und verkehrstechnische Zentrum des Mekong-Deltas. Die quirlige Stadt bietet ein von Landschaftsgärten gesäumtes Flussufer und eine ansprechende Mischung aus engen Seitengassen und breiten Boulevards.

Hieu (0939 666 156; www.hieutour.com; 27a Đ Le Thanh Ton) spricht Englisch und veranstaltet exzellente Touren zu schwimmenden Märkten (ab 25 US$), Radausflüge und kulinarische Exkursionen.

Cai Rang (5–12 Uhr) GRATIS, den größten schwimmenden Markt des Mekong-Deltas, der 6 km von Can Tho Richtung Soc Trang liegt, besucht man am besten morgens. Nahe

EINE NACHT AUF DEM MEKONG

Für viele Traveller ist die Möglichkeit, das Leben auf dem Fluss zu erleben und mit einer einheimischen Familie eine hausgemachte Mahlzeit zu teilen, der Höhepunkt ihrer Tour zum Mekong. Vinh Long bietet zahlreiche Unterkünfte bei Gastfamilien.

Ngoc Sang (☎0270-385 8694; 95/8 Binh Luong, Dao Trinh Nhat, An Binh; 250 000 D pro Pers.; 📶) Freundliche, rustikale Privatunterkunft am Kanal, von der Traveller fast ausschließlich in den höchsten Tönen erzählen. Die Großmutter zaubert großartige lokale Gerichte, es gibt kostenlose Leihfahrräder, der Besitzer organisiert anständige Bootstouren am frühen Morgen, und die Atmosphäre ist wunderbar entspannt. Gegenüber Gästen ist die Familie allerdings recht schüchtern. Man wird auf Wunsch kostenlos von der Fähranlegestelle abgeholt, die 15 Gehminuten entfernt liegt.

Ba Linh Homestay (☎0270-385 8683, 0939 138 142; balinhhomestay@gmail.com; 95 An Thanh, An Binh; Zi. 500 000 D) Die traditionell wirkende, beliebte Pension am Fluss wird vom freundlichen Herrn Truong geleitet. Sie bietet sechs einfache unterteilte Zimmer mit hohen Decken und Ventilatoren. Frühstück und Mittagessen sind im Preis inbegriffen, und man hat die Möglichkeit, seltene lokale Spezialitäten wie Reisfeldratten zu probieren.

dem Can-Tho-Markt kann man ein Boot chartern (ca. 120 000 D pro Std.), das einen innerhalb einer Stunde nach Cai Rang bringt. Alternativ fährt man bis zur Anlegestelle von Cau Dau Sau und steigt dort in ein Ruderboot (ca. 100 000 D pro Std., 10 Min.) zum Markt.

Auf dem weniger überfüllten und lauten **Phong-Dien-Markt** (⏲5–12 Uhr) GRATIS, auf dem Landweg 20 km von Can Tho, sind viele Ruderboote unterwegs. Am besten plant man seinen Besuch zwischen 6 und 8 Uhr. Bei der Ankunft kann man ein Boot mieten.

Schlafen & Essen

★ **Xoai Hotel** HOTEL $

(☎0907 652 927; http://hotelxoai.com; 93 Đ Mau Than; EZ/DZ ab 10,50/14,50 US$; ❄@📶) Helle, mangofarbene, luftige Zimmer warten in dem freundlichen, effizient geführten Hotel (der Name bedeutet „Mango-Hotel") mit einem fantastischen Preis-Leistungs-Verhältnis. Das sehr hilfsbereite Personal spricht fließend Englisch, und es gibt eine Dachterrasse mit Hängematten.

★ **Nguyen Shack Can Tho** PENSION $$

(☎0966 550 016; www.nguyenshack.com; Ong-Tim-Brücke, Thanh My, Thuong Thanh; B/DZ mit Gemeinschaftsbad 9/25 US$, Bungalows 45–65 US$; 📶) Die großartige Pension 6 km außerhalb von Can Tho ist kein *shack* (Schuppen), sondern eine Ansammlung von strohgedeckten Bungalows mit Ventilator. Sie ist die Art von Ort, der Backpacker dazu bringt, länger zu bleiben als geplant, denn zwischen den englischsprachigen Mitarbeitern und den Gästen besteht ein fast schon kameradschaftliches Verhältnis. Weitere Pluspunkte sind die wunderbaren Boots- und Radtouren sowie die Nähe zum schwimmenden Markt von Cai Rang.

★ **Nem Nuong Thanh Van** VIETNAMESISCH $

(☎0292-0382 7255; Ecke Nam Ky Khoi Nghia & 30 Thang 4; Gerichte 45 000 D; ⏲8–21 Uhr) In dem bei Einheimischen beliebten Lokal kommt lediglich ein Gericht auf den Tisch – das beste *nem nuong* der Stadt. Gäste bereiten ihre Reisröllchen selbst zu und bekommen dafür Zutaten wie Schweinswürstchen, Reispapier, grüne Bananen, Sternenfrucht *(carambola)*, Gurke und jede Menge frische Kräuter. Dazu gibt's eine Soße mit Erdnüssen und streng geheimen Zutaten. Einfach, aber überaus lecker!

An- & Weiterreise

BUS

Alle Busse fahren vom neuen **Busbahnhof** (Ben Xe 91B; Đ Nguyen Van Linh) im Südwesten der Stadt ab. Zu den Zielen gehören der Mien-Tay-Busbahnhof in HCMS (110 000 D, 3½ Std., alle 30 Min.) und Chau Doc (ab 95 000 D, 3¼ Std., stündlich).

FLUGZEUG

Der **Can Tho International Airport** (www.canthoairport.com; Đ Le Hong Phong) wird von **Vietnam Airlines** (☎0292-384 4320; 64 Đ Nguyen An Ninh), **Vietjet Air** (www.vietjetair.com) und **Vasco** (☎038 422 790) bedient, die nach Da Lat (1 Std., 2-mal wöchentlich), Da

Nang (1½ Std., tgl.), Hanoi (2¼ Std., 3-mal tgl.) und Phu Quoc (1 Std., tgl.) fliegen. Es gibt keine Direktflüge nach HCMS; der nächste Verbindungsflug startet in Phu Quoc.

Der Flughafen liegt 10 km nordwestlich des Stadtzentrums. Ein Taxi in die Stadt kostet etwa 220 000 D.

Chau Doc

☎ 0296 / 157 000 EW.

Diese charmante Stadt erstreckt sich am Ufer des Flusses Bassac in der Nähe der Grenze zu Kambodscha. Hier leben größere chinesische, Khmer- und Cham-Gemeinden. Die kulturelle Vielfalt, die sich in den Moscheen, Tempeln, Kirchen und umliegenden Pilgerstätten zeigt, macht die Faszination der Stadt aus.

Dank des beliebten Flussgrenzüberganges zwischen Vietnam und Kambodscha kommen viele Traveller durch Chau Doc. Der landschaftlich reizvolle Sam-Berg in der Nähe bietet eine schöne Aussicht auf Kambodscha. Das **Vogelschutzgebiet Tra Su** (Rung Tram Tra Su; Eintritt 120 000 D, Bootstour 75 000 D pro Pers.; ⏲7–16 Uhr) 23 km westlich der Stadt ist genau das Richtige für passionierte Vogelbeobachter.

Nach dem Krieg wurde bei Chau Doc im Dorf **Ba Chuc** eine Knochenpagode errichtet, die an die Gräueltaten der Roten Khmer erinnert. Der **Tuc-Dup-Hügel** wiederum bekam nach den kostspieligen Bombardements der US-Luftwaffe im Jahr 1963 den Spitznamen „Zwei-Millionen-Dollar-Hügel".

Ebenfalls sehenswert sind die Fischfarmen unter den schwimmenden Häusern. **Mekong Tours** (☎098 308 6355; 41 Đ Quang Trung) ist ein zuverlässiges Reisebüro, das die Fahrt nach Phnom Penh per Boot oder Bus, Mietwagen und Bootsfahrten auf dem Mekong organisiert. Zu den guten Budgetunterkünften gehören das **Trung Nguyen Hotel** (☎0296-356 1561; 86 Đ Bach Dang; EZ/DZ 12/15 US$; P❄📶) und das **Murray Guesthouse** (☎0296-356 2108; www.themurrayguesthouse.com; 11 Truong Dinh; EZ/DZ ab 26/32 US$; ✈❄📶). Das Restaurant **Bay Bong** (20 Đ Suong Nguyet Anh; Gerichte 50 000–150 000 D; ⏲9–20 Uhr) serviert exzellente Eintöpfe und Suppen. Vegetarische Gerichte gibt's bei **Tam Tinh** (Com Chay Tam Tinh; ☎0296-386 5064; Quang Trung nahe Chi Lang; Gerichte 25 000 D; 🖉).

Vom Hauptbusbahnhof bestehen häufige Verbindungen nach Can Tho (100 000 D, 4 Std.) und HCMS (140 000 D, 6½ Std.).

ABSTECHER

CON-DAO-INSELN

Die Con-Dao-Inseln liegen abgeschnitten vom Festland und zählen zu den Hauptattraktionen Vietnams. Lange Zeit waren dort nur politische Gefangene und unerwünschte Personen, aufgrund ihrer Naturschönheit werden sie heute aber immer beliebter bei Besuchern. Con Son, die größte der 15 Inseln, ist von wunderschönen Stränden, Korallenriffen und malerischen Buchten gesäumt und teilweise von tropischem Regenwald bewachsen. Neben Wanderungen, Tauchausflügen und Touren auf den menschenleeren Küstenstraßen bietet die Insel auch großartige Möglichkeiten zum Beobachten von Wildtieren.

Zu den schönsten Stränden zählen **Bai Dat Doc** und **Bau Dram Trau**. Auf der Insel **Bay Canh** östlich von Con Son gibt's tolle Strände, uralte Regenwälder, Mangroven, Korallenriffe und Meeresschildkröten (saisonal). Die Ostspitze von Bay Canh hat einen fantastischen Weg für eine 2-stündige Wanderung zu bieten, der 325 m steil nach oben zu einem funktionierenden Leuchtturm aus der französischen Kolonialzeit führt. Die Panoramaansichten vom Gipfel sind atemberaubend.

Um Con Dao zu erreichen, musste man bis 2017 eine teure Flugreise oder eine Seefahrt mit einer uralten Fähre auf sich nehmen, aber jetzt verkehrt ein neues Schnellboot zu den Inseln, sodass sie viel leichter zugänglich sind.

Superdong (☎029 9384 3888; http://superdong.com.vn; Hafen von Ben Dam) schickt täglich um 8 Uhr eine Fähre (310 000 D, 2½ Std.) von Tran De in der Provinz Soc Trang im Mekong-Delta hierher; die Rückfahrt ab Ben Dam erfolgt um 13 Uhr. Die Fährverbindung wurde im Juli 2017 aufgenommen – ihre Zuverlässigkeit ist noch nicht erprobt.

Die Seeverbindungen nach Con Dao sind nicht zuverlässig; auf allen Strecken werden bei starkem Seegang oft Fährfahrten gestrichen.

Ha Tien

0297 / 30 100 EW.

Aufgrund von Ha Tiens Lage am Golf von Thailand ist die Landschaft ringsum nicht von Reisfeldern und Flüssen geprägt, sondern von Kalksteinformationen und die Hügel sind gesprenkelt von Pfefferbaumplantagen. Die Stadt verströmt einen verschlafenen tropischen Charme. Sie ist ein Verkehrsknotenpunkt mit Straßenverbindungen nach Kambodscha über den Grenzübergang Xa Xia/Prek Chak und mit Schiffen nach Phu Quoc.

Übernachtungsgästen bietet das **Bao Anh** (Nga Nhi Bao Anh; 0166 223 8440; Ecke Đ Hong Van Tu & Ufer; Zi. Mo–Fr/Sa & So ab 350 000/400 000 D;) ein hervorragendes Preis-Leistungs-Verhältnis, während das **Hai Van Hotel** (0297-385 2872; www.khachsanhaivan.com; 55 Đ Lam Son; EZ/DZ ab 250 000/300 000 D;) schicke Zimmer mit polierten Fußböden vermietet, denen allerdings ein wenig der Charakter fehlt; die Mitarbeiter sprechen ein wenig Englisch.

Unschlagbar billiges Essen gibt's auf dem **Nachtmarkt** (Đ Lam Son; Gerichte ab 20 000 D; 17–21 Uhr). Zudem hilft das beliebte Bar-Restaurant **Oasis** (0297-370 1553; www.oasisbarhatien.com; 30 Đ Tran Hau; Gerichte 60 000–150 000; 9–21 Uhr;) gegen knurrende Mägen. Der Besitzer ist übrigens selber eingewandert und hat für jeden ein paar gute Reisetipps parat.

An- & Weiterreise

Busse fahren nach HCMS (200 000 D, 8 Std.) und Ha Tien sowie zu anderen Zielen wie Chau Doc (160 000–200 000 D), Rach Gia (70 000 D) und Can Tho (200 000 D).

Der Busbahnhof liegt 1,5 km südlich der Brücke neben einem Krankenhaus.

Phu Quoc

0297 / 112 000 EW.

Die von idyllischen Stränden gesäumte Insel Phu Quoc, auf der große Teile noch immer mit dichtem tropischem Dschungel bedeckt sind, hat sich von einem schläfrigen Provinznest zu einem beliebten Urlaubsziel entwickelt. Jenseits der Resorts am Long Beach bleibt noch immer genug Platz für Entdeckungstouren und Entspannung. Hier locken Tauchausflüge in Riffe, Kajakfahrten in Buchten, Motorradausflüge, frische Meeresfrüchte und gemütliches Strandvergnügen.

Es stehen zwar immer mehr Bauprojekte an (darunter auch ein internationaler Flughafen), doch der Phu-Quoc-Nationalpark schützt fast 70 % der Insel.

Die Regenzeit dauert auf Phu Quoc von Ende Mai bis Oktober, touristische Hochsaison ist von Dezember bis März.

Sehenswertes

Phu Quoc wird gesäumt von einsamen weißen Stränden.

Duong Dong DORF

Die größte Stadt der Insel ist zugleich der wichtigste Fischerhafen und liegt an der zentralen Westküste. Besucher erwartet ein Labyrinth aus Budget-Hotels für einheimische Touristen (auch Ausländer werden aufgenommen), Straßenständen, Bars und Geschäften. Von der alten Brücke in der Stadt kann man die verbeulten Fischerboote der Insel fotografieren, die sich im engen Kanal drängen, zudem lädt der schmutzige, geschäftige Obst- und Gemüsemarkt zu einem Spaziergang ein. Die meisten kommen hierher, um einen Einblick in das Alltagsleben auf der Insel zu erhalten, den Nachtmarkt zu besuchen und die köstlichen Meeresfrüchte zu genießen.

Long Beach STRAND

(Bai Truong) An der Westküste von Duong Dong zieht sich der einladende Long Beach fast bis zum Hafen von An Thoi. Die touristische Infrastruktur konzentriert sich auf den nördlichen Abschnitt bei Duong Dong, wo die Liegestühle und Rattansonnenschirme der verschiedenen Resorts stehen. Dieser ist als einziger frei von Müll. Die Lage im Westen beschert oft prächtige Sonnenuntergänge.

Der Long Beach ist zwar nicht der schönste Strand der Region, aber eine gute Budgetoption, da er preiswerte, gesellige Unterkünfte bietet; vom Nordende des Strandes aus sind Duong Dong und sein Nachtmarkt zu Fuß zu erreichen.

★ **An-Thoi-Inseln** INS

(Quan Dao An Thoi) Direkt vor der südlichen Spitze Phu Quocs befinden sich diese 15 Inseln und Inselchen. Das Paradies aus weißem Sand und blauem Wasser lässt sich mit einem Charterboot besichtigen und lädt zum Angeln, Schwimmen und Schnorcheln ein. Am größten ist die 3 km lange Hon Thom (Ananasinsel).

Die meisten Boote legen in An Thoi auf Phu Quoc ab. Wer einen anderen Startpu

ABSEITS DER ÜBLICHEN PFADE

MEHR VOM MEKONG-DELTA

Die meisten Touristen kommen im Rahmen von durchgetakteten Tagestouren ab HCMS oder auf der Durchreise nach oder aus Kambodscha hierher; dabei kann man problemlos auch die entlegeneren Attraktionen des Mekong-Deltas erkunden. Hier sind einige weniger bekannte regionale Highlights:

- In **Tra Vinh**, wo viele Kambodschaner leben und schöne Tempel stehen, kann man die Khmer-Kultur erkunden.
- Einst herrschte das Khmer-Königreich Funan über große Teile des unteren Mekong, sein bedeutendster Hafen befand sich in **Oc-Eo** unweit von Long Xuyen. Archäologen fanden hier persische und römische Artefakte.
- Wer gern Vögel beobachtet, sollte den **Tram-Chin-Nationalpark** (⏲6–20 Uhr) nahe Cao Lanh besuchen. Dieses Naturschutzgebiet ist eine Heimat für den seltenen Saruskranich; dieser auf den Flachreliefs in Angkor dargestellte riesige Vogel ist ansonsten nur im Nordwesten Kambodschas zu finden.
- Das kleine und abgelegene **Hon Chong** besetzt die schönste Küstenlinie auf dem Festland des Mekong-Deltas. Zu den größten Attraktionen dieser Region gehören die Chua-Hang-Grotte, der Duong Beach und die Nghe-Insel.

wünscht, wendet sich an die Hostels beim Long Beach oder an einen Tauchanbieter.

★ **Sao Beach** STRAND

(Bai Sao) Die hinreißende Bucht des herrlichen Bai Sao erstreckt sich mit ihrem feinen weißen Sand nur wenige Kilometer von An Thoi, dem Hauptfrachthafen an der Südspitze der Insel, am glasklaren Meer. Hier befinden sich einige Stehrestaurants, man kann im Liegestuhl (50 000 D für Nichtgäste) faulenzen, baden (10 000 D) oder Wassersport betreiben. Wer mit dem Motorrad zum Sao Beach fahren möchte, sollte vorher volltanken.

Phu-Quoc-Nationalpark NATURSCHUTZGEBIET

Etwa 90 % der Insel sind bewaldet, und sowohl der Wald als auch die Küste davor stehen mittlerweile offiziell unter Naturschutz. Als größtes Waldareal im Süden wurde der Park 2010 zum UNESCO-Biosphärenreservat erklärt. Auf dem Areal des Waldreservats Phu Rung Nguyen Sinh im nördlichen Phu Quoc ist der Wald am dichtesten; dort benötigt man für die holperigen, unbefestigten Straßen ein Motorrad oder Mountainbike. Echte Wanderwege existieren nicht.

Aktivitäten

Jerry's Jungle Tours BOOTSFAHRTEN, WANDERN

(☎0938 226 021; www.jerrystours.wixsite.com/jerrystours; 106 Đ Tran Hung Dao; Tagesausflüge ab [illegible] US$) Das Angebot umfasst Bootsfahrten, Schnorcheln, Angeln, ein- und mehrtägige Touren zu Inseln, Motorradtouren, Klettern, Vogelbeobachtungsausflüge, Wanderungen und kulturelle Exkursionen auf der ganzen Insel.

Flipper Diving Club TAUCHEN

(☎0297-399 4924; www.flipperdiving.com; 60 Đ Tran Hung Dao; ⏲7–19 Uhr) Das zentral gelegene, mehrsprachige und PADI-zertifizierte Tauchzentrum bietet einfach alles: Tauchgänge für Anfänger und komplette Ausbildungskurse. Die Tauchlehrer sind sehr professionell, haben weltweite Taucherfahrung und verstehen sich gut darin, Neulingen die Aufregung zu nehmen.

Schlafen

Die meisten Strandunterkünfte findet man am Long Beach. Die Preise sind hier höher als anderswo in Vietnam und fluktuieren je nach Saison sehr stark.

Long Beach

★ **Langchia Hostel** HOSTEL $

(☎0939 132 613; www.langchia-village.com; 84 Đ Tran Hung Dao; B 5–7, DZ 15 US$; ❄📶🏊) Viel Lob erhält das bei Alleinreisenden beliebte Hostel für sein freundliches, hilfsbereites Personal, die lebendige Bar mit Billardtisch und den erfrischenden Pool. Die Schlafsaalbetten haben Moskitonetze und eigene Ventilatoren, und das anständige Frühstück lohnt den Aufpreis.

Q Hao Hostel HOSTEL $

(☎0297-359 7999; http://q-hao.com; 122 Tran Hung Dao; B/DZ ab 13/35 US$; ❄@📶) Q Hao hebt die Hotelstandards von Phuo Quoc um einiges an.

WEITERREISE NACH KAMBODSCHA: GRENZÜBERGÄNGE IM SÜDEN

Von Chau Doc nach Phnom Penh

Anreise zur Grenze Der Grenzübergang Vinh Xuong/Kaam Samnor liegt nordwestlich von Chau Doc am Mekong. Verschiedene Unternehmen in Chau Doc bieten Bootsfahrten von Chau Doc nach Phnom Penh über den Grenzübergang Vinh Xuong. Die Boote von **Hang Chau** (☎ Chau Doc 0296-356 2771, Phnom Penh 855-12-883 542; www.hangchautourist.com.vn; 25 US$ pro Pers.) legen um 7.30 Uhr am Pier an der 18 Đ Tran Hung Dao in Chau Doc ab und kommen um 12.30 Uhr an.

An der Grenze Visa für Kambodscha erhält man bei der Einreise; häufig werden aber geringfügig überteuerte Gebühren verlangt.

Informationen zur Überquerung der Grenze in die entgegengesetzte Richtung auf S. 264.

Von Ha Tien nach Kep

Anreise zur Grenze Der Grenzübergang Xa Xia–Prek Chak verbindet Ha Tien mit Kep und Kampot an der kambodschanischen Südküste. Mehrere Minibusunternehmen fahren gegen 13 Uhr von Ha Tien nach Kep (9 US$, 1 Std.), Kampot (12 US$, 1½ Std.), Sihanoukville (15 US$, 4 Std.) und Phnom Penh (15 US$, 4 Std.) in Kambodscha. Buchungen nimmt Ha Tien Tourism entgegen.

An der Grenze Am Grenzposten werden kambodschanische Visa ausgestellt.

Weiterreise Die meisten Traveller entscheiden sich für eine durchgehende Minibus-Verbindung.

Informationen zur Überquerung der Grenze in die entgegengesetzte Richtung auf S. 315.

Von Chau Doc nach Takeo

Anreise zur Grenze Der Grenzübergang Tinh Bien/Phnom Den wird von Besuchern nur selten genutzt. Busse nach Phnom Penh (25, 5–6 Std.) passieren Chau Doc gegen 7.30 Uhr; Buchungen nimmt Mekong Tours (S. 983) in Chau Doc entgegen.

An der Grenze Kambodschanische Visa sind an der Grenze erhältlich, es ist aber nicht ungewöhnlich, dass 35 US$ verlangt werden, einige Dollar mehr als die offizielle Gebühr.

Weiterreise Die meisten Reisenden nehmen eine Direktverbindung ab Chau Doc.

Informationen zur Überquerung der Grenze in die entgegengesetzte Richtung gibt's auf S. 264.

Es sieht aus wie eine traditionelle Familienvilla in Hoi An, hat aber ein modernes Flair und bietet gemütliche, blitzsaubere Schlafsäle mit Vorhängen und Regendusche. Weitere Pluspunkte sind die gesellige Atmosphäre, das kostenlose Bier an den Abenden, der Billardtisch und die nahegelegene Rory's Beach Bar. Phu Quoc ist nicht nur etwas für Verliebte und Familien.

Sunshine Bungalow HOTEL $
(☎ 0297-397 5777; www.sunshinephuquoc.com; Đ Tran Hung Dao; Bungalows 23–48 US$; ❄📶) Das freundliche Hotel wird von einer vietnamesischen Familie geführt und liegt nur 80 m vom Strand entfernt. Die großen, hellen Zimmer verteilen sich auf einem üppig grünen Gelände, und die Besitzer tun alles, damit ihre Gäste sich wohl fühlen. Die Mitarbeiter sprechen ein wenig Englisch und Deutsch.

Rund um die Insel

Freedomland HOMESTAY $
(☎ 0297-399 4891; www.freedomlandphuquo[c.]com; 2 Ap Ong Lang, Xa Cua Duong; Bungalow 57–86 US$; 📶) Hier kann man abschalten (e[s] gibt weder Fernseher noch WLAN – un[d] auch keine Klimaanlage) und bei unterhal[t]samen gemeinsamen Abendessen die Gese[l]ligkeit genießen. Darüber hinaus verteile[n] sich auf der schattigen Anlage elf einfach[e], aber elegante Bungalows mit Moskitone[t]zen, Ventilatoren und solarbeheizten D[u]schen. Der Strand ist einen fünfminütige[n] Spaziergang entfernt, zudem laden die Hä[n]gematten zwischen den Bäumen zur Er[t]spannung ein. Beliebt bei Alleinreisende[n]; telefonisch reservieren.

Essen & Ausgehen

Die meisten Hotels haben eigene Cafés oder Restaurants. Authentische kulinarische Erlebnisse bieten außerdem die Meeresfrüchtelokale im Fischdorf Ham Ninh.

Duong Dong

★ **Phu-Quoc-Nachtmarkt** MEERESFRÜCHTE $
(Cho Dem Phu Quoc; Đ Bach Dang; Gerichte ab 50 000 D; ⌚16.30–3 Uhr; ✎) Duong Dongs beliebter Nachtmarkt ist auf der Insel der stimmungsvollste und preiswerteste Ort für ein Abendessen. An Ständen werden Snacks und Kokosnusseis verkauft und zahlreiche Freiluftrestaurants servieren eine köstliche Auswahl an vietnamesischen Meeresfrüchten, Grillgerichten und vegetarischen Speisen. Die Qualität der Gerichte variiert, deshalb sollte man immer die Lokale ansteuern, in denen viele Leute sind. An den Tischen am Fluss riecht es etwas streng.

Khanh Ly Vegetarian VEGAN $
(☎0297-281 0180; 35 Đ Nguyen Trai; Gerichte 20 000–45 000 D; ⌚8–20 Uhr; ✎) Bietet ein Büfett mit vietnamesischen, veganen und vegetarischen Speisen, z. B. falsche Shrimps auf Zuckerrohr, zu denen man grünes Gemüse und Reis essen kann. Tolle Gerichte mit exzellentem Preis-Leistungs-Verhältnis! Es gibt auch herzhafte Nudelsuppen, die Fleischfans glücklich machen.

Buddy Ice Cream & Info Cafe INTERNATIONAL $$
(☎0297-399 4181; 6 Đ Bach Dang; Gerichte 80 000–180 000 D; ⌚8–22 Uhr; 📶) Neben Eiscreme-Kombis à la Neuseeland, getoasteten Sandwiches, Fish 'n' Chips, durststillenden Säften, Shakes, Smoothies und ganztägigem Frühstück gibt's in diesem Café auch die coolste Musik der Stadt, Touristeninfos, bequeme Sofas und einen Büchertausch. Der Inhaber spricht Englisch und gibt seinen Gästen gern Reisetipps.

Long Beach

Heaven Restaurant VIETNAMESISCH $
(☎0975 542 769; 141 Đ Tran Hung Dao; Gerichte 30 000–90 000 D; ⌚8–23 Uhr; ✎) Wer die einfachen Holztische an der Straße sieht, erwartet nichts Besonderes, aber das großartige und preiswerte Familienrestaurant ist ein wahres Paradies – es serviert frische, großzügig portionierte vietnamesische Gerichte wie Zitronengras-Hühnchen sowie zahlreiche vegetarische Speisen für jeden Geschmack.

Winston's Burgers & Beer BURGER $
(☎0126 390 1093; 121 Đ Tran Hung Dao; Burger ab 135 000 D; ⌚12.30–22.30 Uhr) Wie der Name bereits vermuten lässt, dreht sich hier alles um (wirklich gute) Burger und Bier; zudem beherrscht der namensgebende Winston eine große Auswahl an Cocktails. Man kann sich einfach nett unterhalten oder die Saufkumpanen zu einer Runde Connect 4 herausfordern. Es gibt auch ein paar vegetarische Gerichte.

Alanis Deli CAFÉ $
(☎0297-399 4931; 98 Đ Tran Hung Dao; Gerichte ab 60 000 D; ⌚8–22.30 Uhr; 📶) Großartige Karamellpfannkuchen, amerikanische Frühstückskombos, guter, wenn auch teurer Kaffee und wunderbar freundlicher Service.

★ **Rory's Beach Bar** BAR
(☎0919 333 950; 118/10 Đ Tran Hung Dao; ⌚9–1 Uhr) Phu Quocs lebhafteste und fröhlichste Strandbar zieht viele Traveller und Inselbewohner an. Sie liegt am Ende eines Pfades direkt am Meer und bietet Lagerfeuer am Strand, großartige Happy-Hour-Angebote und Mitarbeiter, die gerne mal ein Schwätzchen halten.

An- & Weiterreise

FLUGZEUG

Es gibt internationale Flüge nach Singapur und Bangkok. **Vietnam Airlines** (☎0297-399 6677; www.vietnamairlines.com; 122 Đ Nguyen Trung Truc), **VietJet Air** (www.vietjetair.com) und Jetstar (S. 979) bieten gemeinsam tägliche Flüge nach Can Tho, Hanoi, HCMS, Hai Phong

VERWÖHNPROGRAMM

Man schnappe sich einen der hohen Tische mit Meerblick in dem hervorragenden Restaurant **Spice House at Cassia Cottage** (www.cassiacottage.com; 100c Đ Tran Hung Dao; Gerichte 190 000–300 000 D; ⌚7–10 & 11–22 Uhr) und bestelle einen leckeren Papayasalat, gebratene Knoblauchgarnelen, Okraschoten mit viel Zimt, ein köstliches Khmer-Fischcurry oder gegrillte Rindfleischspieße in Betelblättern – am besten bei Sonnenuntergang. Es gibt sogar einen romantischen *cabana*-Tisch direkt am Strand. Das Restaurant ist das Beste der Gegend und zieht auch viele an, die nicht in dieser Unterkunft übernachten.

und Rach Gia. In der Hochsaison kann die Nachfrage groß sein, darum sollte man rechtzeitig buchen.

SCHIFF/FÄHRE

Schnellboote verbinden die Insel mit Ha Tien (1½ Std.) und Rach Gia (2½ Std.). Die Reisebüros auf Phu Quoc haben die aktuellen Fahrpläne und buchen Tickets. Fünf fast identische Veranstalter, darunter **Duong Dong Express** (☎ Phu Quoc 0297-398 1648, Rach Gia 0297-387 9765; 4 Đ Tran Hung Dao) und **Superdong** (S. 983), schicken Schnellboote von Rach Gia nach Bai Vong an der Ostküste; die meisten legen um 8 Uhr ab und fahren um 13 Uhr zurück (250 000 D).

Dreimal täglich verkehren Expressfähren (230 000 D) von Ha Tien zum Hafen von Ham Ninh, direkt nördlich von Bai Vong. Darüber hinaus gibt's Autofähren ab/nach Ha Tien und zum Da-Chong-Hafen von Phu Quoc.

ℹ Unterwegs vor Ort

Der Inselflughafen liegt 10 km von Duong Dong; für ein Taxi zum Long Beach zahlt man ca. 100 000 D. Fahrräder/Motorräder werden in den meisten Hotels auf der Insel ab 70 000/120 000 D pro Tag verliehen. Es gibt eine seltene Busverbindung (alle ein oder zwei Stunden) zwischen An Thoi und Duong Dong. In Bai Vong wartet ein Bus (20 000 D) auf die Fähre und bringt die Passagiere nach Duong Dong. Motorradtaxis sind allgegenwärtig. Kurze Fahrten kosten 20 000 D, für 5 km zahlt man etwa 60 000 D.

VIETNAM VERSTEHEN

Vietnam aktuell

20 Jahre stabiles Wachstum hat Vietnam verändert. Am offensichtlichsten ist der Wandel in den Großstädten, wo Wolkenkratzer aus Stahl und Glas die Skyline dominieren und eine wachsende Mittelschicht sich nun klimatisierte Apartments und Reisen ins Ausland leisten kann. In ländlichen Gebieten ist der neue Wohlstand hingegen weniger spürbar, und im Hochland ist der Alltag von Millionen Angehörigen ethnischer Minderheiten noch immer geprägt vom Kampf ums Überleben.

Das große Ganze

In den 40 Jahren nach Ende des Bürgerkriegs hat Vietnam eine enorme Entwicklung vollzogen. Die siegreiche, wenn auch bankrotte Nation ackerte rund um die Uhr, arbeitete sich immer weiter nach oben und überwand dabei eine Reihe kolossaler Hindernisse (u. a. ein 19 Jahre währendes US-Handelsembargo). Das Prokopfeinkommen ist von 98 US$ im Jahr 1993 auf über 2000 US$ im Jahr 2015 gestiegen, und heute zählt Vietnams Wirtschaft zu den zehn am schnellsten wachsenden der Welt, vor allem dank einer verarbeitenden Industrie, und Startups schießen geradezu aus dem Boden. Doch das rasante Wachstum verläuft unharmonisch. Der staatliche Sektor bleibt riesig und kontrolliert weiterhin rund zwei Fünftel der Wirtschaft: 100 der 200 größten Unternehmen Vietnams sind in Staatsbesitz (darunter die Ölförderung, der Schiffsbau sowie die Zement- und Kohleindustrie), und viele davon sind sehr unrentabel.

Korruption überschattet die Entwicklung des Landes. Transparency International stellte Vietnam 2014 das schlechteste Zeugnis aller Länder der Asien-Pazifik-Region aus. Korruptionsskandale sind an der Tagesordnung – so wurden neun Führungskräfte von Vinashin zu Haftstrafen verurteilt, nachdem das Schiffsbauunternehmen fast unter einer Schuldenlast von 4,5 Mrd. US$ zusammengebrochen wäre. In Vietnam gehört Korruption zum Alltag, ob man nun Schmiergeld für einen Job im Staatsdienst oder für eine Internetverbindung zahlen muss.

Nordvietnam & Südvietnam

Seit knapp 20 Jahren befindet sich die vietnamesische Wirtschaft im Aufschwung doch einige Gebiete haben sich in der Zei besser entwickelt als andere. Ho-Chi-Minh Stadt hatte 2015 eine Wachstumsrate vor 8,6 % und lag damit weit über der im Norden. Der Süden hat am meisten von de Auslandsinvestitionen profitiert, weil viel Viet Kieu (im Ausland lebende Vietnamesen, die überwiegend aus Südvietnam stammen) zurückgekehrt sind und in der Regio investiert haben.

Die Regierung ist sich dieser Unterschi de bewusst und versucht, über die Bese zung von Regierungsämtern einen Au gleich zu schaffen – wenn der Premiermini ter aus dem Süden kommt, dann kommt d Vorsitzende der Kommunistischen Part aus dem Norden.

Südvietnamesen der älteren Generatio haben dem Norden nie verziehen, dass Kriegsfriedhöfe niedergewalzt, ihnen d Kommunismus aufgezwungen und sich g gen ganze Familien gestellt hat. Im Norden trägt man dem Süden noch immer nach, dass er an der Seite der Amerikaner das eigene Volk bekämpft hat. Zum Glück scheint die jüngere Generation weniger an der grauenvollen Geschichte des Landes interessiert zu sein.

> **DIE ALLMÄCHTIGE PARTEI**
>
> Vietnams politisches System könnte nicht einfacher sein: Alle Macht liegt bei der Kommunistischen Partei. Die oberste Autorität des Landes ist der vietnamesischen Verfassung zufolge zwar die Nationalversammlung (das Parlament), in der Realität ist aber auch sie ein Werkzeug der Partei, und die sorgfältig kontrollierten Wahlen stellen sicher, dass die Delegierten zu 90 % Mitglieder der Kommunistischen Partei sind.

Probleme mit den Nachbarn

Auf den ersten Blick haben Vietnam und China viel gemein: das kulturelle Erbe, die Grenze und die allmächtigen kommunistischen Parteien. Doch für Vietnam ist der nördliche Nachbar eine Art übergriffiger großer Bruder, dem man sich 1000 Jahre lang unterzuordnen hatte. Die immer wieder aufflammenden Grenzstreitigkeiten zwischen beiden Ländern zogen sich über Jahre und endeten erst 1990. Bei einer Umfrage 2014 zeigten sich 80 % der Vietnamesen besorgt, dass es wegen der vorgelagerten Inseln im Südchinesischen Meer (in Vietnam als „Ostsee" bezeichnet) zu einem Konflikt kommen könnte. China beansprucht fast das gesamte Gebiet für sich und errichtet emsig Hafenanlagen und Flughafenlandeplätze. Im Mai 2014 kamen bei antichinesischen Protesten in mehreren Provinzen mindestens 21 Menschen ums Leben. Sie hatten gegen die Errichtung einer Bohrinsel durch den Nachbarn auf den Paracel-Inseln demonstriert. Tausende Chinesen flohen aus dem Land. Im November 2015 war die Lage noch immer angespannt, allerdings zeigte sich das Bemühen beider Länder, die Lage zu beruhigen, im Besuch des Präsidenten Xi Jinping in Hanoi.

Trotz der Spannungen bleiben beide Länder eng verbunden. Der Handel boomt weiterhin (auch wenn er einseitiger ist, als sich das viele Vietnamesen wünschen) und belief sich 2014 auf einen Wert von 58 Mrd. US$. Chinesisch ist die zweitbeliebteste Fremdsprache in Vietnam, und die Präsidenten Trong und Xi unterzeichneten verschiedene Verträge für gemeinsame Investitions- und Infrastrukturprojekte. Was die Gebietsstreitigkeiten anbelangt, wurden bisher jedoch nur wenige Fortschritte erzielt.

Geschichte

Frühes Vietnam

Die Wurzeln der Vietnamesen reichen zurück ins Delta des Roten Flusses, wo Bauern erstmalig Reis anbauten. Danach folgten Jahrtausende des Kampfes gegen die Chinesen. Erst im 19. Jh. wurde Vietnam ein vereinigter Staat, war jedoch schon bald darauf mit der Schmach der französischen Kolonialherrschaft und danach mit der verheerenden Intervention der Amerikaner konfrontiert. Das vietnamesische Volk hat viele stürmische, schwierige Zeiten überlebt, doch die Stärke seines Charakters hat ihm dabei immer gute Dienste geleistet. Heute sieht es ganz danach aus, dass das Land weiter wachsen wird und vielversprechende Möglichkeiten hat.

Das hoch entwickelte Königreich Funan im Mekong-Delta erlebte vom 1. bis 6. Jh. seine Blütezeit. Archäologische Funde in der Hafenstadt Oc-Eo belegen, dass schon damals Handelsbeziehungen mit China, Indien, Persien und dem Mittelmeerraum bestanden. Zwischen der Mitte des 6. Jhs. und dem 9. Jh. wurde Funan in das Chenla-Königreich integriert, das dem Reich von Angkor vorausging.

Währenddessen entstand im späten 2. Jh. rund ums heutige Da Nang das hinduistische Königreich der Champa. Es nahm ebenso wie das Funan-Reich Sanskrit als heilige Sprache an und machte viele Anleihen bei der indischen Kunst und Kultur. Bis zum 8. Jh. war Champa so weit expandiert, dass es auch die heutigen Städte Nha Trang und Phan Rang umfasste. Die Cham befanden sich ständig im Krieg mit den Vietnamesen im Norden und den Khmer im Süden und wurden schließlich zwischen diesen beiden großen Mächten zerrieben.

Chinesische Besatzung

Im 2. Jh. v. Chr. eroberten die Chinesen das Delta des Roten Flusses. In den folgenden Jahrhunderten versuchten sie, Vietnam ein

ONKEL HO

Der Vater der Nation, Ho Chi Minh (Bringer des Lichts), war der Sohn eines extrem nationalistischen Gelehrten und Beamten. 1890 als Nguyen Tat Thanh in der Nähe von Vinh geboren, ging er in Hue zur Schule und nahm im Lauf seines bewegten Lebens zahlreiche Pseudonyme an. Viele Vietnamesen nennen ihn heute liebevoll Bac Ho (Onkel Ho).

1911 heuerte er auf einem französischen Schiff als Kochlehrling an und fuhr auf den Weltmeeren nach Nordamerika, Afrika und Europa. Während er sich in England und Frankreich mit Gelegenheitsjobs als Gärtner, Schneeräumer, Kellner, Fotoretuscheur und Heizer über Wasser hielt, entwickelte sich sein politisches Bewusstsein.

Ho Chi Minh zog nach Paris, wo er verschiedene Sprachen lernte, darunter Englisch, Französisch, Deutsch und Mandarin, und begann, sich für die Unabhängigkeit in Indochina zu engagieren. Er war ein Gründungsmitglied der französischen Kommunistischen Partei in den 1920er-Jahren.

1941 kehrte er erstmals nach 30 Jahren in seine Heimat zurück und gründete die Vietminh, deren Ziel die Unabhängigkeit von Frankreich war. Als sich Japan im August 1945 auf die Kapitulation vorbereitete, leitete Ho Chi Minh die Augustrevolution ein und seine Truppen errangen die Kontrolle über große Teile Vietnams.

Die Rückkehr der Franzosen zwang die Vietminh in einen Guerillakrieg, der schließlich 1954 bei Dien Bien Phu zum Sieg über die Kolonialherren führte. Danach lenkte Ho bis zu seinem Tod im September 1969 Die Geschicke Nordvietnams – den Sieg über Südvietnam erlebte er nicht mehr.

Seitdem hat die Partei hart daran gearbeitet, das Image und den Ruf von Bac Ho zu erhalten. Sein Bild prägt Vietnam bis heute. Dieser Personenkult steht in starkem Kontrast zu seinem schlichten Lebensstil. Wer mehr über Ho erfahren will, sollte die hervorragende Biografie *Ho Chi Minh* von William J. Duiker lesen.

zentralisiertes Staatssystem aufzuzwingen. Gegen die chinesische Herrschaft, die durch Tyrannei, Zwangsarbeit und unersättliche Tributforderungen gekennzeichnet war, gab es zwischen dem 3. und 6. Jh. zahlreiche kleine Aufstände, doch alle wurden niedergeschlagen.

Die Vietnamesen lernten jedoch viel von den Chinesen, z. B. fortschrittliche Bewässerungstechniken für den Reisanbau und medizinisches Wissen. Aber auch spirituell orientierten sich die Vietnamesen stark an ihrem großen Nachbarn. Der Konfuzianismus, der Taoismus und der Mahayana-Buddhismus hielten in Vietnam Einzug, und viele kulturelle Wesenszüge Chinas wurden übernommen.

Im Jahr 938 besiegte Ngo Quyen die chinesischen Truppen am Fluss Bach Dang und errang damit die Unabhängigkeit Vietnams. Dies war der Beginn einer ganzen Reihe von Dynastien. In den folgenden Jahrhunderten schlugen die Vietnamesen alle ausländischen Eindringlinge erfolgreich zurück, darunter die Mongolen, und annektierten bei der Expansion nach Süden 1471 das Champa-Königreich.

Kontakt mit dem Westen

Truppen der Franzosen und der spanischen Kolonie auf den Philippinen stürmten 1858 gemeinsam Da Nang, nachdem mehrere Missionare getötet worden waren. Anfang 1859 eroberte das Militärkommando Saigon. 1883 erklärten die Franzosen Vietnam zum Protektorat. Ihre Herrschaft war von Brutalität und Willkür gezeichnet. Am erfolgreichsten lehnten sich die 1925 von Ho Chi Minh gegründeten Kommunisten gegen die Europäer auf.

Die einzigen Kämpfer gegen die japanischen Besatzer während des Zweiten Weltkriegs waren die von Kommunisten dominierten Mitglieder der Vietminh. Als der Krieg endlich endete, erklärte Ho Chi Minh die Unabhängigkeit Vietnams; „seine" Vietminh kontrollierte bereits einen Großteil des Landes. Als die Franzosen versuchten, die Herrschaft erneut an sich zu reißen, brach schließlich der erste Indochinakrieg aus. Im Mai 1954 überrannte die Vietminh die französische Garnison in der Belagerung von Dien Bien Phu.

Mitte 1954 wurde auf der Genfer Konferenz eine vorübergehende Teilung des Lan des beschlossen. Die Demarkationslinie verlief entlang des Ben-Hai-Flusses. In der südlichen Zone regierte Ngo Dinh Diem, ein Katholik und erbitterter Gegner des Kommunismus. Er weigerte sich, die für 1956 anberaumten Wahlen durchzuführen. Daraufhin erklärte man die Ben-Hai-Linie zur ständigen Grenze zwischen Nord- und Südvietnam.

Der Vietnamkrieg

1960 beschloss Hanois Regierung einen Kurswechsel: Aus der politischen Opposition gegen Diems Regime wurde bewaffneter Widerstand. Die kommunistische Guerillaorganisation FNL („Nationale Befreiungsfront Südvietnams"), besser bekannt als Vietcong (VC), formierte sich, um gegen Diem zu kämpfen.

Diem war ein unbeliebter Machthaber und wurde 1963 von seinen eigenen Untergebenen ermordet. Als die Regierung in Hanoi schließlich Truppen der Nordvietnamesischen Volksarmee (NVA) in den Süden entsandte, wurde die Lage für das Saigon-Regime verzweifelt. Doch dann schickten die USA 1965 erste Truppen nach Vietnam. Bald darauf folgten Soldaten aus Südkorea, Australien, Thailand und Neuseeland – ein Versuch, dem Konflikt eine globale Legitimation zu geben.

Am Tag des Neujahrsfests 1968 startete der VC einen Überraschungsangriff, die Tet-Offensive, die einen entscheidenden Wendepunkt des Kriegs darstellte. Viele Amerikaner, die jahrelang den Beteuerungen ihrer Regierung geglaubt hatten, dass die USA siegen würden, begannen, Verhandlungen über eine Beendigung des Kriegs zu fordern. Schließlich wurde 1973 in Paris ein Waffenstillstandsabkommen unterzeichnet. Dann zog die Regierung in Washington alle Truppen ab und die amerikanischen Kriegsgefangenen wurden freigelassen.

Wiedervereinigung

Am 30. April 1975 kapitulierte die Regierung in Saigon vor der NVA. Die Wiedervereinigung Vietnams durch die Kommunisten bedeutete das Ende der über ein Jahrhundert währenden kolonialen Unterdrückung. Ihr folgte jedoch bald darauf die massive innenpolitische Repression. Hunderttausende Südvietnamesen flohen aus Vietnam, und die Flüchtlingswelle hielt in den folgenden 15 Jahren an.

Als die Regierung eine Unterdrückungskampagne gegen die in Vietnam lebenden Chinesen initiierte und darüber hinaus 1978 Truppen in Kambodscha einmarschieren ließ, griff China 1979 sein Nachbarland an. Die kriegerischen Auseinandersetzungen dauerten zwar nur 17 Tage, das beidseitige Misstrauen währte jedoch weit über ein Jahrzehnt hinaus.

Nach dem Kalten Krieg

Nach dem Zusammenbruch der Sowjetunion 1991 kam es zu einer Annäherung zwischen Vietnam und den westlichen Staaten. Im Verlauf der 1990er-Jahre floss viel Geld von ausländischen Investoren nach Vietnam und das Land wurde Mitglied im Verband Südostasiatischer Nationen (ASEAN). Die USA nahmen 1995 Diplomatische Beziehungen zu Vietnam auf und Bill Clinton sowie George W. Bush besuchten Hanoi. 2007 wurde Vietnam Mitglied der Welthandelsorganisation (WTO).

In den letzten Jahren stiegen die Spannungen zwischen Vietnam und China aufgrund von Gebietsansprüchen im Südchinesischen Meer. 2014 kam es deswegen zu antichinesischen Protesten. Die Beziehungen zwischen den USA und Vietnam haben sich hingegen verbessert, davon zeugt der boomende Handel zwischen beiden Ländern.

Menschen & Kultur

Die Vietnamesen sind vom Kampf gehärtet, stolz und nationalistisch, nachdem sie sich in vielen Auseinandersetzungen mit den stärksten Mächten der Welt ihre Ehrenabzeichen verdient haben. Das betrifft jedoch die ältere Generation, die sich an jeden Quadratzentimeter erinnert, um den sie gekämpft hat. Für die Jungen ist Vietnam ein Ort, um voranzukommen, um die konservativen in Stein gemeißelten Strukturen der Kommunisten zu ignorieren und um auszugehen und Spaß zu haben.

Wie in anderen Teilen Asiens dreht sich in Vietnam das ganze Leben um die Familie, und oft wohnen mehrere Generationen unter einem Dach. Die Armut und der Übergang von einer überwiegend landwirtschaftlich geprägten Gesellschaft zu einer stärker industrialisierten Nation haben viele Menschen auf der Suche nach ihrem Glück in die größeren Städte gelockt und verändern die Strukturen der modernen Familie. Frauen machen 52 % der Arbeitskräfte des Landes aus, finden sich aber in Machtpositionen kaum repräsentiert.

Die größten ethnischen Gruppen in Vietnam sind die Vietnamesen (Kinh) mit 84 % und die Chinesen mit 2 % der Bevölkerung. Darüber hinaus gibt es noch die Khmer, die Cham und über 50 Minderheitenvölker, die vor allem in Gebieten des Hochlands leben.

Religion

Im Laufe der Jahrhunderte sind der Konfuzianismus, der Taoismus und der Buddhismus mit verbreiteten chinesischen und sehr alten animistischen Elementen verschmolzen. So entstand die als Tam Giao bekannte „Dreierreligion". Fast alle Vietnamesen bekennen sich zu diesem Glauben. Werden sie jedoch konkret nach ihrer Konfession gefragt, bezeichnen sie sich für gewöhnlich als Buddhisten. In Vietnam leben zudem auch Katholiken (8–10 % der Gesamtbevölkerung).

Der Caodaismus ist eine einzigartige und farbenfrohe vietnamesische Sekte, die in den 1920er-Jahren gegründet wurde. Er vereint weltliche und religiöse Philosophien aus Ost und West und basiert auf den spirituellen Botschaften, die ihr Begründer Ngo Minh Chieu während mehrerer Trancesitzungen empfing.

DIE BESTEN FILME

Apocalypse Now (1979) Der Vietnamkrieg als episches Abenteuer à la „Herz der Finsternis".

Die durch die Hölle gehen (1978) Setzt sich mit dem psychischen Zusammenbruch von Kleinstadtsoldaten auseinander.

Platoon (1986) Beruht auf den eigenen Erlebnissen des Regisseurs; folgt einem idealistischen jungen Soldaten in den Vietnamkrieg.

Cyclo (1995) Visuell überwältigendes Meisterwerk, das das Herz der Unterwelt von HCMS bloßlegt.

Der stille Amerikaner (2002) Atmosphärisch dichter Film, der im Saigon der Kolonialzeit spielt; Rebellion liegt in der Luft.

The Vietnam War (2017) Bahnbrechende Dokumentarserie, die die Wurzeln des Konflikts, den Krieg selbst und seine Folgen untersucht.

Es gibt auch eine geringe Anzahl an Muslimen (ca. 65 000) und Hindus (50 000).

Etikette

Vor der Anreise sollte man sich ein wenig mit den kulturellen Gepflogenheiten in Vietnam beschäftigen.

- Es gilt die hiesigen Kleiderregeln zu akzeptieren: Shorts reichen bis zu den Knien und Oberteile für Frauen bedecken die Schultern; das gilt vor allem für religiöse Stätten. Vor dem Betreten eines Tempels sind die Schuhe auszuziehen. Oben-ohne- oder Nacktbaden ist absolut unangemessen.
- Sogar bei der kleinsten Transaktion oder dem unbedeutendsten geschäftlichen Kontakt ist es üblich, Visitenkarten auszutauschen; in der Hinsicht kann man also ruhig großzügig sein.
- In ganz Asien sollte man Essstäbchen nicht senkrecht in einer Reisschüssel platzieren, da sie dann Räucherstäbchen ähneln, die für die Toten verbrannt werden
- Beim Betreten eines Wohnhauses werden die Schuhe ausgezogen. Man sollte niemals anderen Menschen seine Fußsohlen entgegenstrecken, und vor allem niemals mit den Füßen auf heilige Gegenstände, wie eine Buddha-Figur, zeigen.
- Älteren oder angesehenen Personen wie Mönchen zollt man Respekt, indem man seine Kopfbedeckung abnimmt und den Kopf leicht neigt, wenn man ihnen begegne Der Kopf symbolisiert den höchsten Punkt, deswegen sollte man niemals jemanden am Kopf berühren oder diesen tätscheln.

Kunst

Zeitgenössische Kunst & Musik

In Hanoi und Ho-Chi-Minh-Stadt werden z weilen moderne Tänze und klassisches B lett sowie Theaterstücke gezeigt.

Die Arbeiten zeitgenössischer Maler u Fotografen decken unterschiedlichste Gen ab und gewähren einen Einblick in die mod ne vietnamesische Seele; in Hanoi, HCMS u Hoi An befinden sich einige gute Galerien.

Die lebhafteste Jugendkultur findet man HCMS und Hanoi, wo Musiker und Küns die größte Freiheit genießen. Es gibt eine k ne, aber wachsende Hip-Hop-Szene, in der in HCMS geborene Suboi als Vietnams rende Repräsentantin gilt; zu ihrem abwechslungsreichen Repertoire gehören Dubstep-Rhythmen. Zu den angesagten Bands zählen derzeit The Children (aus HCMS), Black Infinity (Metal), Giao Chi (Punk) und 6789 (Roots).

Ein aufstrebender Künstler ist der vietnamesisch-amerikanische Musiker Trace; sein melachcolisches Indietronic-Album *Low* erhielt bei seiner Veröffentlichung 2017 begeisterte Kritiken.

Architektur

Die Vietnamesen waren nicht so gewaltige Baumeister wie ihre Nachbarn, die Khmer. Vietnamesische Bauwerke der Frühzeit bestanden aus Holz und anderen Materialien, die das tropische Klima nicht gut vertrugen. Große Ausnahmen bildeten die erstaunlichen Türme, die die Cham errichteten, eine alte vietnamesische Kultur. Besonders viele Beispiele findet man in Zentralvietnam. Zu den bedeutendsten Attraktionen der Gegend zählen die Cham-Ruinen der Tempelstadt My Son.

Bildhauerei

Traditionell konzentriert sich die Bildhauerei auf religiöse Motive. Skulpturen zieren sowohl zahlreiche Pagoden als auch Tempel und Grabstätten.

Die Cham schufen herrliche Sandsteinfiguren, um ihre hinduistischen und buddhistischen Heiligtümer zu schmücken. Die größte einzelne Sammlung von Skulpturen der Cham befindet sich im Cham-Museum in Da Nang.

Wasserpuppentheater

Die vietnamesische Kunst des *roi nuoc* (Wasserpuppentheater) wurde vor mindestens 1000 Jahren von nordvietnamesischen Reisbauern entwickelt. Sie hauchten den Holzpuppen Leben ein und nutzten überflutete Reisfelder als Bühne. Als Topadresse für Wasserpuppentheater, das von auf traditionellen Instrumenten gespielter Musik begleitet wird, gilt Hanoi.

Essen & Trinken

Essen

Die vietnamesische Küche ist eine der besten der Welt; über 500 traditionelle vietnamesische Gerichte soll es geben. Zwischen dem Norden, Zentralvietnam und dem Süden bestehen große Unterschiede. Typisch für die nordvietnamesische Küche sind Sojasoße, chinesische Einflüsse und herzhafte Suppen wie *pho*. Das Essen in Zentralvietnam ist für den erstaunlichen Einsatz frischer Kräuter und seine feinen, komplexen Aromen bekannt. In Südvietnam ist das Essen süß, scharf und tropisch, Freunden der Thai- und kambodschanischen Küche werden die Currys vertraut vorkommen. Überall sind die vietnamesischen Gerichte großartig zubereitet und auch noch ausgesprochen preisgünstig.

Die meisten Restaurants haben täglich ab ungefähr 7 oder 8 Uhr geöffnet und schließen gegen 21 Uhr, in den Großstädten oft auch später.

FRÜCHTE

Neben den üblichen leckeren südostasiatischen Obstsorten wartet Vietnam mit einer Besonderheit auf: der *trai thanh long* (Drachenfrucht), einer leuchtend fuchsienfarbenen Frucht mit grünen Auswüchsen. Sie gedeiht hauptsächlich in der Küstenregion nahe Nha Trang. Ihr weißes Fruchtfleisch ist gesprenkelt mit essbaren schwarzen Samen und ihr Geschmack erinnert in etwa an den einer milden Kiwifrucht.

DIE BESTEN BÜCHER

Der stille Amerikaner (Graham Greene) Romanklassiker, der den Zusammenbruch des französischen Kolonialreichs in den 1950er-Jahren schildert.

Die Leiden des Krieges (Bao Ninh) Schildert den Krieg in Form von Erinnerungsfetzen aus der Perspektive eines Nordvietnamesen.

Vietnam: Rising Dragon (Bill Hayton) Die ehrliche, unvoreingenommene Einschätzung des Landes ist eine der aktuellsten erhältlichen Quellen.

Mond über den Reisfeldern (Andrew X Pham) Schön geschriebene, zum Nachdenken anregende, autobiografisch angehauchte Geschichte eines Vietnam-Amerikaners.

Der Sympathisant (Viet Thanh Nguyen) Der großartig geschriebene Spionageroman beschäftigt sich mit den Folgen des Vietnamkrieges; das Buch gewann 2016 den Pulitzerpreis.

IRGENDWIE RIECHT'S HIER NACH FISCH ...

Nuoc mam (Fischsoße) ist eine durch und durch vietnamesische Zutat, die der hiesigen Küche eine ganz charakteristische Note verleiht. Hergestellt wird sie aus stark gesalzenem Fisch, der vier bis zwölf Monate in großen Tonfässern fermentiert. Kenner sind der Meinung, dass hochwertige Soßen ein viel milderes Aroma haben als die billigen Varianten. Andersdenkende bestehen darauf, dass die Soße eine Chemiebombe ist. Sie wird oft als Dip benutzt und nimmt auf dem Tisch den Platz ein, den im Westen Salz bekommt.

GERICHTE

Pho ist die Nudelsuppe, die eine ganze Nation zusammenhält – sie wird zu jeder Tages- und Nachtzeit gegessen, vor allem aber zum Frühstück. Unter *com* versteht man Reisgerichte. Beides wird praktisch überall serviert. Probieren sollte man auch die Nudelsuppen *bun bo Hue* und *hu tieu*.

Frühlingsrollen (*nem* im Norden, *cha gio* im Süden) gelten als Spezialität. Normalerweise werden sie in *nuoc mam* (Fischsoße) getunkt, viele Ausländer bevorzugen allerdings Sojasoße (*xi dau* im Norden, *nuoc tuong* im Süden).

Gemäß der Mahayana-Tradition sind buddhistische Mönche strikte Vegetarier, daher machen *an chay* (vegetarische Speisen) einen wesentlichen Bestandteil der vietnamesischen Küche aus.

SNACKS

Auf Straßenstände oder fliegende Händler stößt man quasi an jeder Ecke. Dort bekommt man auch außerhalb der üblichen Zeiten gedämpfte Süßkartoffeln, Reisbrei und Eis.

Es gibt noch viele andere vietnamesische Spezialitäten. Die folgenden sollte man einmal probieren:

Bap xao Wird aus frischem gebratenem Mais, Chili und winzigen Garnelen zubereitet.

Bo bia Nahezu mikroskopisch kleine Garnelen werden mit frischem Salat und dünnen Scheiben vietnamesischer Wurst in Reispapier eingerollt. Das Ganze tunkt man dann in eine pikant-süße Erdnusssoße.

Sinh to Shakes aus Milch und Zucker oder Joghurt, dazu frische tropische Früchte.

SÜSSSPEISEN

Viele süße Speisen bestehen aus Klebreis, so wie *banh it nhan dau*, das auch Zucker und Bohnenpaste enthält und in Bananenschalen gewickelt wird.

Die meisten ausländischen Besucher bevorzugen *kem* (Eiscreme) oder *yaourt* (Joghurt), die normalerweise von guter Qualität sind. *Che*, eine kalte und erfrischend süße Paste aus gesüßten schwarzen Bohnen, grünen Bohnen oder Mais, schmeckt ebenfalls sehr lecker. Es wird in einem Glas mit Eis angerichtet sowie mit süßer Kokoscreme garniert.

Getränke

VIETNAMESISCHE KAFFEEKULTUR

In Vietnam nimmt man sich für den Genuss eines Kaffees traditionell Zeit. Nachdem man es sich auf einem winzigen blauen Plastikstuhl gemütlich gemacht hat, wird ein Glasbecher mit seltsamer Aluminiumkappe au[f] den Tisch gestellt. Im Glas befindet sich etwas Kondensmilch, die sich nun langsam mit dem von dem Aluminiumfilter tropfen[den] den Kaffee mischt. Nach einigen Minute[n] schwimmt der dunkle Kaffee auf der Kondensmilch. Nun wird beides sorgfältig ver[-] mischt; manche schütten beides dafür in ei[n] separates Glas mit Eiswürfeln. Zweifellos ei[n] lohnenswertes Ritual, bei dem man die Ene[r-] giespeicher wieder auffüllen kann. Währen[d] der Wartezeit kann man sich mit den ve[r-] schiedenen *caphe*-Variationen beschäftige[n], die vietnamesische Cafés meist anbieten.

Caphe sua da Eiskaffee mit Kondensmilch.

Caphe da Eiskaffee ohne Milch.

Caphe den Schwarzer Kaffee.

Caphe sua chua Eiskaffee mit Joghurt.

Caphe trung da Kaffee mit einer Krone aus geschlagenem Eiweiß.

ALKOHOLISCHE GETRÄNKE

Eine besonders wichtige Vokabel in pun[cto] Getränke ist *bia hoi* (gezapftes Bier). [...] Glas von dem wahrscheinlich billigsten B[ier] der Welt gibt's schon ab 5000 D, darum ka[nn] es sich jeder leisten, eine Runde zu schm[ei-] ßen. Dort, wo *bia hoi* ausgeschenkt w[ird,] bekommt man in der Regel auch günsti[ges] Essen.

Zu den ausländischen Marken, die in Vietnam eine Braulizenz haben, zählen Tiger, Carlsberg und Heineken.

Nationale und regionale Sorten sind z. B. Halida und Hanoi in Nordvietnam, Huda und Larue in Zentralvietnam und BGI sowie 333 *(ba ba ba)* im Süden. Craft-Bier wird immer beliebter, und in HCMS und Hanoi gibt's exzellente Craft-Bier-Brauereien sowie spezialisierte Bierbars.

Auch Wein und Spirituosen sind erhältlich, allerdings kostspielig. Lokale Sorten sind billiger, aber nicht immer genießbar.

NICHTALKOHOLISCHE GETRÄNKE

Alle Getränke müssen abgekocht oder in Flaschen abgefüllt sein. In touristischen Gebieten kann man Eis normalerweise ohne Bedenken genießen, anderswo jedoch nicht.

Ausländische Softdrinks sind in Vietnam sehr verbreitet. Lecker schmecken auch *soda chanh* (kohlensäurehaltiges Mineralwasser mit Zitrone und Zucker) und *nuoc chanh nong* (heißer, gesüßter Zitronensaft).

Natur & Umwelt

Das Umweltbewusstsein ist in Vietnam gering ausgeprägt. Große Probleme, mit denen das Land konfrontiert wird, sind die schnelle Industrialisierung, Entwaldung und Umweltverschmutzung.

Nicht nachhaltige Methoden der Forst- und Landwirtschaft und der massive Einsatz von Entlaubungsmitteln durch die USA während des Vietnamkriegs haben zur Waldzerstörung beigetragen. Dies führte nicht nur zu einem bedeutenden Verlust an biologischer Vielfalt, sondern erschwerte auch deutlich die Lebensbedinungen für viele Minderheitenvölker.

Das schnelle Wachstum der Wirtschaft und der Bevölkerung im letzten Jahrzehnt, das sich in dem dramatischen Anstieg der Industrieproduktion, der Zahl der Motorräder und dem hemmungslosen Bauboom widerspiegelt, bedeutet eine zusätzliche Belastung für die ohnehin angeschlagene Umwelt.

Geografie

Vietnam erstreckt sich entlang der Ostküste der Indochinesischen Halbinsel. Die Nord-Süd-Ausdehnung beträgt etwa 1600 km, die Gesamtfläche 329 566 km². Damit ist Vietnam etwas größer als Italien und etwas kleiner als Japan.

Das Land gleicht einem *don ganh,* dem allgegenwärtigen Bambusstab mit einem Reiskorb an jedem Ende. Dabei symbolisieren die Körbe die größten Reisanbauregionen: Im Norden befindet sich das Delta des Roten Flusses und im Süden das des Mekong.

Vietnam birgt verschiedene interessante geologische Besonderheiten. Am spektakulärsten sind die Karstformationen (Kalksteingipfel mit Höhlen und unterirdischen Flüssen). In der Nordhälfte des Landes gibt's ein atemberaubendes Aufgebot an Karstgebieten, vor allem rund um die Ha-Long-Bucht und um Phong Nha.

Tiere & Pflanzen

Zuerst die guten Neuigkeiten: Trotz einiger desaströser Perioden der Entwaldung ist die Tier- und Pflanzenwelt Vietnams noch immer unglaublich exotisch und vielfältig. Im Land sind etwa 12 000 Pflanzenarten, von denen an die 7000 identifiziert sind, sowie mehr als 275 Säugetierarten, 180 Reptilienarten und 80 Amphibienarten beheimatet. Die Kehrseite der Medaille ist, dass die noch existierenden Wildtiere aufgrund von Wilderei, Jagd und des Verlusts von Lebensräumen trotz der außergewöhnlichen Diversität stärker als je zuvor bedroht sind. Drei der berühmtesten Tiere des Landes, der Elefant, das Saolo (Vietnamesisches Wildrind) und der Tiger, stehen hier kurz vor dem Aussterben. Es ist praktisch sicher, dass das letzte wilde Nashorn Vietnams 2010 im Cat-Tien-Nationalpark getötet wurde. Und auf jedes Trophäentier kommen Hunderte andere, weniger aufsehenerregenden Arten, die um des Profits willen (oder des Hungers wegen) aus den Wäldern und Schutzgebieten verschwinden.

Viele Beamte drücken beim Handel mit Tieren für den Export und den Inlandskonsum immer noch ein Auge zu, obwohl mittlerweile Gesetze zum Tierschutz existieren. Wilderer profitieren von der Nachfrage nach exotischen Tieren als Haustiere und für die traditionelle Medizin.

Nationalparks

Es gibt 31 Nationalparks und über 150 Naturschutzgebiete. Offiziell werden 9 % der Landesfläche geschützt. Zu den interessantesten und am leichtesten zugänglichen in Nordvietnam zählen Cat Ba, Bai Tu Long, Ba Be und Cuc Phuong. Im Süden lohnen der Phong Nha-Ke Bang, der Bach-Ma-Nationalpark, der Yok-Don-Nationalpark und der Cat-Tien-Nationalpark unbedingt einen Besuch.

PRAKTISCHE INFORMATIONEN

Allgemeine Informationen

ARBEITEN IN VIETNAM

Mindestens 90 % der ausländischen Traveller, die in Vietnam Arbeit suchen, enden als Englischlehrer. Darüber hinaus suchen Tauchzentren und Hostels manchmal Helfer.

BOTSCHAFTEN & KONSULATE

Die Botschaften haben meist kein Verständnis, wenn ein Tourist für ein Vergehen im Gefängnis landet. Nur in Einzel- und Notfällen bekommt man Hilfe.

Beim Verlust des Reisepasses durch Diebstahl kann es einige Zeit dauern, bis der Pass ersetzt wird, da viele Botschaften in Vietnam keine neuen Reisepässe ausstellen, die von einer regionalen Botschaft zu ihnen gesendet werden müssen.

Deutsche Botschaft (Karte S. 904; ☎ 024-3845 3836; www.hanoi.diplo.de; 29 Đ Tran Phu, Hanoi)

Deutsches Konsulat (Karte S. 972; ☎ 028-3829 1967; www.ho-chi-minh-stadt.diplo.de; 126 Đ Nguyen Dinh Chieu, HCMS)

Kambodschanische Botschaft (Karte S. 896; ☎ 024-3825 6473; camemb.vnm@mfa.gov.kh; 71a P Tran Hung Dao, Hanoi; ⏲ Mo–Fr 8–11.30 & 14–17.30 Uhr)

Kambodschanisches Konsulat (Karte S. 972; ☎ 028-3829 2751; camcg.hcm@mfa.gov.kh; 41 Đ Phung Khac Khoan, HCMS)

Laotische Botschaft (Karte S. 896; ☎ 024-3942 4576; 40 Quang Trung, Hanoi; ⏲ Mo–Fr 8.30–11.30 & 13–16 Uhr)

Laotisches Konsulat (Karte S. 970; ☎ 028-3829 7667; 93 Đ Pasteur, HCMS)

Österreichische Botschaft (☎ 024-3943 3050; hanoi-ob@bmeia.gv.at; 53 Quang Trung, 8. St., Bezirk Hai Ba Trung, Hanoi; ⏲ Mo–Fr 8.30–16.30 Uhr)

Österreichisches Konsulat (☎ 028-3827 5766; dht@waz.com.vn; 27A Nguyen Dinh Chieu Da Kao Ward, Bezirk 1, HCMS; ⏲ 8–12 Uhr)

Schweizerische Botschaft (☎ 024-3934 6589; hanoi@eda.admin.ch; Hanoi Central Office Building, 15. St., 44B Ly Thuong Kiet St, Hanoi; ⏲ Mo–Fr 9–12 Uhr)

Schweizerisches Generalkonsulat (☎ 028-6299 1200; hochiminhcity@eda.admin.ch; Bitexco Financial Tower, 37. St., 2 Hai Trieu St, Bezirk 1, HCMS; ⏲ Mo–Fr 9–12 Uhr)

Thailändische Botschaft (Karte S. 904; ☎ 024-3823 5092; www.thaiembassy.org; 3–65 P Hoang Dieu, Hanoi)

Thailändisches Konsulat (Karte S. 974; ☎ 028-3932 7637; www.thaiembassy.org/hochiminh; 77 Đ Tran Quoc Thao, HCMS)

PREISKATEGORIEN: ESSEN

Die folgenden Preise gelten für eine typische Mahlzeit ohne Getränke. Wenn nicht anders angegeben, sind die Steuern bereits im Preis inbegriffen.

Günstig weniger als 5 US$ (115 000 D)

Mittelklasse 5–15 US$ (115 000–340 000 D)

Luxus mehr als 15 US$ (340 000 D)

FEIERTAGE

Wenn ein öffentlicher Feiertag auf ein Wochenende fällt, wird er am darauf folgenden Montag begangen.

Neujahrstag (Tet Duong Lich) 1. Januar

Vietnamesisches Neujahr (Tet) Ein dreitägiges nationales Fest; Ende Januar oder Februar

Gründungstag der Vietnamesischen Kommunistischen Partei (Thanh Lap Dang CSVN) 3. Februar, der Tag, an dem die Partei 1930 gegründet wurde

Gedenktag für die Hung-Könige (Hung Vuong) Zehnter Tag des dritten Mondmonats; März oder April

Tag der Befreiung (Saigon Giai Phong) 30. April; das Datum der Kapitulation Saigons im Jahr 1975 ist ein landesweiter Gedenktag

Internationaler Tag der Arbeit (Quoc Te Lao Dong) 1. Mai

Geburtstag von Ho Chi Minh (Sinh Nhat Bac Ho) 19. Mai

Geburtstag von Buddha (Phat Dan) Achter Tag des vierten Mondmonats; meistens im Juni

Nationalfeiertag (Quoc Khanh) 2. September; gedenkt der Unabhängigkeitserklärung durch Ho Chi Minh im Jahr 1945

FREIWILLIGENARBEIT

Die Möglichkeiten für Freiwilligenarbeit sind in Vietnam relativ beschränkt.

Das **NGO Resource Centre** (☎ 024-3832 8570; www.ngocentre.org.vn; Room 201 Building E3, 6 Dang Van Ngu, Trung Tu Diplomatic Compound, Dong Da, Hanoi) hat eine Datenbank mit sämtlichen nichtstaatlichen Organisationen in Vietnam.

GELD

Die vietnamesische Währung ist der Dong (Abkürzung „D"). US-Dollars werden ebenfalls viel genutzt.

In den letzten Jahren lag der Wechselkurs des Dong sehr stabil bei ca. 22 000 D für 1 US$.

Geldautomaten sind weitverbreitet und in fast jeder Stadt zu finden.

Trinkgeld wird nicht erwartet, aber geschätzt.

Kredit- & Debitkarten

Visa und MasterCard werden in vielen touristischen Zentren akzeptiert, Nudelläden werden allerdings nicht gerade begeistert sein. Manchmal wird auch eine zusätzliche Gebühr (ca. 3 %) fällig.

Wer einen Barvorschuss benötigt, kann es in Städten bei Filialen der Vietcombank versuchen. Dafür fallen mindestens 3 % Kommission an.

INTERNETZUGANG

Internet und WLAN sind in Vietnam weitverbreitet; nur in entlegenen Regionen (z. B. Nationalparks) ist kein WLAN verfügbar. Etwa 98 % aller Hotels und Pensionen verfügen über WLAN, das für die Gäste fast immer kostenlos ist, ebenso viele Cafés und Restaurants. Das Verbindungstempo ist normalerweise ziemlich gut. In Internetcafés beträgt die Gebühr 3000–8000 D pro Std.

Die meisten Traveller surfen mit ihren Handys (3/4G-Netz).

LGBT-REISENDE

Vietnam ist für Schwule und Lesben ein problemloses Reiseziel. Es gibt kaum Belästigungen und auch keine offiziellen Gesetze gegen Homosexualität. Seit 2012 finden in Hanoi und HCMS VietPride-Umzüge (www.facebook.com/vietpride.vn) statt. Die gleichgeschlechtliche Ehe wurde 2015 offiziell für legal erklärt. Der rechtliche Status der Partner ist jedoch noch nicht anerkannt. Es ist überhaupt kein Problem, als gleichgeschlechtliches Paar in ein Hotelzimmer einzuchecken. Völlig unabhängig von der sexuellen Orientierung wird es hier nicht akzeptiert, öffentlich allzu deutlich seine Zuneigung zur Schau zu stellen.

Utopia (www.utopia-asia.com) bietet Kontakte und wertvolle Reisetipps. Die schwule Dating-App Grindr ist sehr beliebt in Vietnam.

ÖFFNUNGSZEITEN

Die Öffnungszeiten können im Laufe des Jahres ein wenig variieren.

Banken Unter der Woche 8 bis 15 Uhr, Sa bis 11.30 Uhr; manche Banken schließen über die Mittagszeit

Büros und Museen 7 oder 7.30 bis 17 oder 18 Uhr; Museen sind montags generell geschlossen; die meisten sind über Mittag geschlossen (11 bis 13.30 Uhr).

Geschäfte 8 bis 18 Uhr

Restaurants 11 bis 21 Uhr

Tempel und Pagoden 5 bis 21 Uhr

RECHTSFRAGEN

Die wenigsten Ausländer bekommen Probleme mit der Polizei. Wer etwas wirklich Wertvolles wie den Pass oder das Visum verliert, muss sie kontaktieren. Bei Drogendelikten muss man mit Haft und/oder hohen Geldbußen rechnen, und bei Drogenhandel droht sogar die Todesstrafe.

REISEN MIT BEHINDERUNG

Vietnam ist für gehbehinderte Reisende eher schwierig: chaotischer Verkehr, keine Fahrstühle in kleineren Hotels, Bürgersteige, die regelmäßig von Motorrädern und Imbissständen verstellt sind.

Mit etwas sorgfältiger Vorbereitung ist aber dennoch ein erfreulicher Urlaub möglich. Ein gutes Reisebüro kann bei der Planung helfen. Viele Hotels der Mittelklasse und darüber haben Fahrstühle, und die Bedingungen hinsichtlich barrierefreien Zugangs werden immer besser. Die Reise mit Bussen und Zügen ist strapaziös, doch mit einem Mietfahrzeug samt Fahrer gelangt man fast überall problemlos hin.

Die Gefahren für blinde Reisende sind in Vietnam akut, denn der Verkehr kommt von allen Seiten auf einen zu, darum benötigt man unbedingt einen sehenden Mitreisenden.

Das Forum Travellers with Disabilities im Lonely Planet Thorn Tree (www.lonelyplanet.com/thorntree/forums/travellers-with-disabilities) ist ein guter Ort für Tipps und Infos von anderen Reisenden.

Man kann sich auch an die folgenden Organisationen wenden: Mobility International USA (www.miusa.org), die Royal Association for Disability Rights (www.disabilityrightsuk.org) und die Society for Accessible Travel & Hospitality (www.sath.org).

REISEN MIT KINDERN

Kinder amüsieren sich in Vietnam in der Regel prächtig, hauptsächlich, weil sie so viel Aufmerksamkeit bekommen und fast jeder mit ihnen spielen will.

- Großstädte bieten viel Interessantes für Kinder, allerdings ist die Verkehrssicherheit ein ernstes Problem.
- Vorsicht bei starkem Wellengang an der Küste. Einige beliebte Strände haben Warnflaggen und Rettungsschwimmer.
- Die meisten Kinder mögen das vietnamesische Essen, das selten zu scharf ist; außerdem ist das Angebot an Früchten überwältigend. Vertraute Speisen von zu Hause wie Pizza, Pasta, Burger und Eis findet man ebenfalls fast überall.
- Stillen in der Öffentlichkeit ist in Vietnam kein Problem.

Weitere Infos und Tipps gibt's im Lonely Planet *Travel with Children*.

SICHERHEIT

Vietnam ist alles in allem ein außerordentlich sicheres Reiseland.

- Die Polizei hat die öffentliche Ordnung insgesamt ziemlich fest im Griff, und von Überfällen, bewaffnetem Raub oder sexuellen Übergriffen hört man ganz selten.

- Betrug und Belästigungen kommen vor, vor allem in Hanoi, HCMS und Nha Trang (seltener in Hoi An).
- Extrem vorsichtig sollte sein, wer auf den Straßen Vietnams mit dem Motorrad oder Auto unterwegs ist – die Unfallzahlen sind hoch und die Fahrstandards grauenhaft.

STROM

Die Netzspannung beträgt 220 V bei einer Frequenz von 50 Hz. In die Steckdosen passen Stecker mit zwei runden Stiften.

TELEFON

Wer ein Mobiltelefon mit lokaler SIM-Karte (und einer internetbasierten Anruf- und Message-App) hat, kann in Vietnam mit dem Handy online gehen und telefonieren.

Ortsgespräche

Ortsgespräche sind mit einer vietnamesischen SIM-Karte sehr billig.

Die Telefonnummern in Hanoi, HCMS und Hai Phong haben acht Ziffern. Im restlichen Land sind sie siebenstellig. Telefonvorwahlen werden je nach Provinz vergeben.

Internationale Gespräche

Am einfachsten ist es, über WLAN und Anruf-Apps wie Skype ins Ausland zu telefonieren. Die Mobilfunktarife für internationale Anrufe können unter 0,10 US-Dollar pro Minute liegen.

Mobiltelefone

Traveller, die ein freigeschaltetes Telefon haben und einen längeren Besuch in Vietnam planen, sollten unbedingt eine lokale SIM-Karte kaufen. 3G- und 4G-Datenpakete gehören mit ca. 150 000 D für 3 GB zu den billigsten der Welt und ermöglichen den Zugang ins Internet, wenn das vor Ort angebotene WLAN schwach ist; einige Pakete beinhalten auch Anrufvolumen. Mit vielen SIM-Karten-Paketen kann man günstig ins Ausland telefonieren (ab 2000 D pro Minute).

> **HOMESTAY**
>
> In einigen Regionen Vietnams – vor allem auf dem Land – sind Homestays (Privatunterkünfte bei einheimischen Familien) verfügbar. Alle Unterkünfte müssen offizielle Lizenzen haben.
>
> Homestays gibt's vor allem im Mekong-Delta, den Dörfern der Weißen Thai, z. B. Mai Chau, Ba Be und Moc Chau, in Teilen des Zentralen Hochlands sowie auf den Cham-Inseln.

Am besten bittet man den Ladenbesitzer (oder jemanden im Hotel), das Handy in englischer oder deutscher Sprache für einen einzurichten. Die drei wichtigsten Mobilfunkunternehmen sind Viettel, Vinaphone und Mobifone.

Vorwahlen

59 von 63 Provinzen Vietnams haben seit 2017 neue Regionalvorwahlen. Viele Publikationen und Websites werden einige Zeit brauchen, um ihre Telefonnummern mit den neuen Vorwahlen zu versehen.

TOILETTEN

Ein Gang zur Toilette kann in Vietnam verwirrend sein, insbesondere wenn man sich fragt, wo man benutztes Toilettenpapier entsorgen soll. Wenn neben der Toilette ein Korb für Hygieneartikel steht, wirft man das Toilettenpapier dort hinein (viele Abwassersysteme kommen mit Toilettenpapier nicht klar). Wenn es keinen Korb gibt, spült man das Papier einfach die Toilette herunter. Toilettenpapier ist normalerweise vorhanden, aber es kann dennoch schlau sein, immer welches dabeizuhaben.

- An öffentlichen Plätzen und auf dem Land gibt es immer noch Hocktoiletten.
- Der Mangel an öffentlichen Toiletten ist eher ein Problem für Frauen als für Männer. Viele vietnamesische Männer urinieren in der Öffentlichkeit. Frauen wird die Toilettennutzung unterwegs oft eher gestattet, wenn sie einen Sarong tragen. Für den Zugang zu einer öffentlichen Toilette werden in der Regel ein paar Dong fällig.

TOURISTENINFORMATION

Fremdenverkehrsämter in Vietnam vertreten eine andere Philosophie als anderswo auf der Welt. Bei den meisten handelt es sich um regierungseigene Reiseagenturen, die in erster Linie Touren verkaufen und Profit machen wollen. Informationen für Individualreisen wird man hier kaum bekommen.

Vietnam Tourism (www.vietnamtourism.com)

Saigon Tourist (www.saigon-tourist.com)

Reisebüros, Travellercafés und andere Reisende sind eine viel bessere Informationsquelle als die meisten sogenannten „Tourist Offices".

Hilfreiche Websites

The Word (www.wordhcmc.com) Dieses großartige Magazin bietet eine umfassende Berichterstattung zu Vietnam und viele weitere Sparten.

Vietnam Coracle (http://vietnamcoracle.com) Sehr gute Reiseberatung für Individualreisende und viele Geheimtipps.

Vietnam Online (www.vietnamonline.com) Ein guter Allrounder.

Coast Vietnam (www.coastvietnam.com) Klassische Website mit Infos zur Zentralküste Vietnams.

Rusty Compass (www.rustycompass.com) Hilfreicher Online-Reiseführer mit Reiserouten und Videos.

Lonely Planet (www.lonelyplanet.com/vietnam) Landesinformationen, Hotelbuchungen, Reiseforum und mehr.

UNTERKUNFT

Die Unterkünfte in Vietnam haben ein großartiges Preis-Leistungs-Verhältnis. Da der Tourismus boomt, bucht man seine Unterkunft am besten einen oder zwei Tage im Voraus, in der Hochsaison (Tet-Fest Ende Januar bis Mitte Februar, Juli & August und Weihnachten) mehrere Wochen im Voraus.

Hotels Die Range reicht von einfachen, funktionalen Minihotels bis hin zu superluxuriösen Spa-Resorts.

Hostels Beliebt in den Touristenzentren, ansonsten selten.

Pensionen Meist familiengeführt und weniger formell als Hotels.

Campingplätze Es gibt nur sehr wenige Campingplätze, aber in Südvietnam werden gerade einige neue Plätze eröffnet.

VERSICHERUNG

Versicherungen sind für Vietnam unverzichtbar, denn größere medizinische Behandlungen können extrem teuer werden. Die beste Wahl ist eine Reiseversicherung, in der neben Gepäckdiebstahl und -verlust auch eine Krankenversicherung eingeschlossen ist.

Einige Versicherungspolicen schließen „gefährliche Aktivitäten" wie Motorradtrips, Tauchen und sogar Wandern explizit aus. Unbedingt prüfen, ob die gewählte Versicherung im Fall einer schweren Verletzung einen Notfalltransport zahlt.

Autofahrer benötigen eine vietnamesische Versicherungspolice.

Eine weltweite Reiseversicherung gibt's auf www.lonelyplanet.com/travel-insurance. Hier kann man jederzeit online Versicherungen abschließen, erweitern oder in Anspruch nehmen – selbst dann, wenn man schon unterwegs ist.

VISA

Die (ziemlich komplizierten) Visaregelungen haben sich vor Kurzem geändert, deswegen sollte man sich stets nach dem aktuellen Stand erkundigen.

Wer aus einem westlichen Land stammt, benötigt für einen Aufenthalt von mehr als 15 Tagen grundsätzlich ein Visum oder ein Genehmigungsschreiben von einer Agentur; beides muss im Voraus besorgt werden. Bei einem Aufenthalt von weniger als 15 Tagen ist die Einreise für deutsche Staatsbürger mittlerweile visumsfrei möglich (nur bei einmaliger Einreise!).

PREISKATEGORIEN: SCHLAFEN

Die folgenden Preise gelten für ein Doppelzimmer mit Bad in der Hochsaison. Wenn nicht anders angegeben, sind die Steuern bereits im Preis inbegriffen – das Frühstück muss meist extra gezahlt werden.

**$** weniger als 25 US$ (560 000 D)

**$$** 25–75 US$ (560 000–1 700 000 D)

**$$$** mehr als 75 US$ (1 700 000 D

Touristenvisa sind 30 oder 90 Tage gültig. Ein 30-Tage-Visum, das keine Ausreise zwischendurch erlaubt, kostet 20 US$. Wer bis zu drei Monate bleiben und mehrmals ein- und ausreisen möchte, zahlt 70 US$.

Bis vor Kurzem gab es zwei Möglichkeiten, ein Visum zu beantragen: bei der Einreise (VOA) über Online-Visaagenten; oder über eine vietnamesische Botschaft/Konsulat. Das hat sich seit der Einführung von E-Visa (für eine begrenzte Anzahl von Nationalitäten) jedoch geändert.

Visa bei der Einreise (Visa on Arrival; VOA)

Die meisten Besucher, die mit dem Flugzeug anreisen, wählen die Option „Visum bei der Einreise" (VOA), da dies günstiger und schneller ist und man seinen Reisepass nicht an eine Botschaft schicken muss. Online-Visaagenturen schicken einem das VOA direkt per E-Mail zu.

Das VOA ist nur dann gültig, wenn man über einen der sechs internationalen Flughäfen Vietnams einreist (nicht auf dem Landweg). Das Prozedere ist unproblematisch: Man füllt online ein Anmeldeformular aus und zahlt eine Gebühr (ca. 20 US$). Danach erhält man per E-Mail ein Bestätigungsschreiben für ein Einreisevisum. Dieses druckt man aus, zeigt es bei der Einreise vor und bezahlt dann die Stempelgebühr in US-Dollar (es wird nur Barzahlung akzeptiert). Die Stempelgebühr für eine einmalige Einreise beträgt 25 US$; für ein Visum mit mehrmaliger Ein- und Ausreise zahlt man 50 US$.

Es gibt viele Visa-Agenturen, darunter jedoch einige schwarze Schafe, die Wucherpreise verlangen. Daher ist es ratsam, sich an die etablierten Anbieter zu halten. Die folgenden zwei arbeiten professionell und effizient:

Vietnam Visa Choice (www.vietnamvisachoice.com) Online-Tipps von englischen Muttersprachlern. Die Agentur garantiert, dass das Visum im gewünschten Zeitraum ausgestellt wird.

Vietnam Visa Center (www.vietnamvisacenter.org) Kompetenter Ansprechpartner für alle Fragen. Die hilfsbereiten Mitarbeiter sind genauestens über die aktuellen Visabedingungen informiert. Die Agentur bietet einen Zwei-Stunden-Expressservice für Spontanreisende.

Visa über Botschaften oder Konsulate

Vietnamesische Botschaften und Konsulate weltweit stellen Visa aus, allerdings sind die Gebühren in der Regel höher als bei Visaagenturen und je nach Herkunftsland dauert das Prozedere lange. In Kambodscha muss man zwei bis drei Werktage warten, in europäischen Ländern rund eine Woche.

E-Visa

Anfang 2017 wurde ein Pilotprogramm für E-Visa eingeführt, das es Touristen ermöglicht, Visa online über die vietnamesische Einwanderungsbehörde zu beantragen. Teilnahmeberechtigt sind Bürger aus 46 Ländern, darunter auch Deutschland (die Schweiz und Österreich befinden sich nicht unter diesen Ländern).

Die E-Visa berechtigen zur einmaligen Einreise nach Vietnam, sind 30 Tage gültig (nicht verlängerbar) und kosten 25 US$. Die Bearbeitung dauert drei bis fünf Tage.

Allerdings wird dieses Visasystem nicht gerade effizient umgesetzt. Die offizielle Website ist störanfällig und lässt sich oft nicht laden. Man hört auch von Fällen, in denen Anträge „verloren gingen" oder Fotos abgelehnt wurden, weil sie angeblich nicht den Vorgaben entsprachen.

Einige Leser haben berichtet, dass ihre Online-Anträge aufgrund falscher Angaben (z. B. falsches Geburtsdatum oder falsch geschriebener Name) abgelehnt wurden. Wer ein E-Visum beantragt, sollte daher genau prüfen, ob alle Angaben zu 100 % korrekt sind.

E-Visa können online unter www.immigration.gov.vn beantragt werden.

Visa für mehrfache Einreisen

Wer ein 90-Tage-Visum besitzt, das die mehrfache Einreise erlaubt, darf Vietnam in Richtung Kambodscha oder Laos verlassen und wieder einreisen, ohne ein neues Visum zu beantragen. Das Visum muss jedoch ausgestellt werden, bevor man Vietnam verlässt.

Visa, die zur einmaligen Einreise ins Land berechtigen, können in Vietnam inzwischen nicht mehr in Visa für mehrfache Einreisen geändert werden.

Visaverlängerungen

Offiziell kosten Verlängerungen von Touristenvisa nur 10 US$, sie müssen über Visa-Agenturen arrangiert werden. Der Vorgang dauert sieben bis zehn Tage, und je nach Art des abgelaufenen Visums kann die Erlaubnis um 30 (40 US$) oder 60 (60 US$) Tage verlängert werden.

Visaverlängerungen sind in allen Provinzhauptstädten möglich, doch wenn man sie in einer anderen Stadt beantragt als der, in der man angekommen ist, kosten sie etwa 50 bis 70 US$. In der Praxis ist eine Visaverlängerung in HCMS, Hanoi, Da Nang und Hue meistens am unkompliziertesten.

ZEIT

Vietnam liegt sechs Stunden vor der Mitteleuropäischen Zeit (MEZ); während der Sommerzeit sind es fünf Stunden.

An- & Weiterreise

Die meisten Traveller kommen mit dem Flugzeug oder dem Bus nach Vietnam, es gibt aber durchaus auch Bahnverbindungen von China und Schiffsverbindungen über den Mekong von Kambodscha aus.

EINREISE NACH VIETNAM

Die Einreiseformalitäten verlaufen an den internationalen Flughäfen des Landes in der Regel reibungsloser als an den Landgrenzübergängen. An der Grenze zwischen Vietnam und Laos kann es besonders langsam zugehen.

Reisepass

Der Pass muss bei der Einreise noch mindestens sechs Monate gültig sein. Die Bürger vieler Staaten müssen sich vor der Reise ein Visum besorgen.

FLUGZEUG

Flughäfen

In Vietnam gibt's drei große internationale Flughäfen. Phu Quoc bietet auch internationale Flüge nach Singapur und Bangkok sowie Charterflüge nach Europa. Der Flughafen Cam Ranh, 36 km südlich von Nha Trang, bietet eine wachsende Anzahl von Flügen in Städte wie Hongkong und Seoul.

Internationaler Flughafen Tan Son Nhat (www.tsnairport.hochiminhcity.gov.vn/vn) Verbindungen nach HCMS.

Flughafen Noi Bai (www.hanoiairportonline.com) Bedient die Hauptstadt Hanoi.

Flughafen Da Nang (www.danangairport.vn/en) Internationale Flüge nach China, Südkorea, Japan, Hongkong, Thailand, Kambodscha und Singapur.

GRENZÜBERGÄNGE

Vietnam hat gemeinsame Landgrenzen mit Kambodscha, China und Laos. Es gibt zahlreiche Grenzübergänge, die auch Ausländer nutzen können.

Beamte an den Grenzübergängen verlangen manchmal eine „Einreisegebühr" von einem oder zwei Dollar.

China

Ausländer können an drei Hauptübergängen die Grenze zwischen Vietnam und China passieren: Dong Dang–Pingxiang (Freundschaftspass), Lao Cai und Mong Cai.

In den meisten Fällen muss man sich das Visum für China im Voraus besorgen, aber an der vietnamesischen Seite des Grenzübergangs Lao Cai–Hekou haben manche Nationalitäten auch die Möglichkeit, vor Ort ein Visum zu bekommen.

In China ist es eine Stunde später als in Vietnam.

Kambodscha

Die Grenze zwischen Kambodscha und Vietnam ist sehr lang und hat sieben Übergänge. An allen werden für 30 US$ einen Monat gültige Visa für Kambodscha ausgestellt; außer am Grenzübergang Bavet wird aber überall häufig zu viel verlangt.

Die kambodschanischen Grenzübergänge sind zwischen 8 und 20 Uhr geöffnet.

Laos

Zwischen Vietnam und Laos gibt's sieben Landgrenzübergänge. An allen werden 30-Tage-Visa für Laos ausgestellt.

Die goldene Regel ist, zwischen beiden Ländern einen Direktbus zu nehmen, denn der Stress wird dadurch wesentlich geringer. Wer in kleinen Abschnitten mit lokalen Bussen fährt, muss auf der vietnamesischen Seite mit Abzocke bei den Verkehrsmitteln (etwa stark überhöhten Fahrpreisen) rechnen. Einige Fahrer halten sogar unterwegs an, um den Preis neu zu verhandeln.

Die Verkehrsverbindungen auf beiden Seiten der Grenze können ziemliche Glückssache sein, darum sollte man die entlegeneren Grenzübergänge nur benutzen, wenn man ein dickes Zeitpolster und viel Geduld hat.

Unterwegs vor Ort

AUTO & MOTORRAD

Der eigene fahrbare Untersatz ermöglicht ein Maximum an Flexibilität beim Besuch entlegener Regionen, außerdem kann man nach Belieben anhalten und weiterfahren. Bei Mietautos ist immer ein Fahrer inbegriffen. Motorräder kann man sehr günstig mit oder ohne Fahrer leihen.

Auto & Minibus

Mietwagen mit Fahrer sind selbst für Budgetreisende eine Option, wenn sich genügend Personen die Kosten teilen.

Preise pro Tag:

Standardmodell 80–120 US$

Geländewagen/Minibus 100–130 US$

Führerschein

Ausländer mit einer internationalen Fahrerlaubnis (IDP) dürfen mittlerweile in Vietnam Auto fahren. Diese ist jedoch nur in Kombination mit einer vietnamesischen Versicherung gültig. In Wirklichkeit wird praktisch keine Autovermietungsagentur einem ausländischen Besucher ein Auto vermieten, ohne dass er einen Fahrer mitbucht. Wer es dennoch schafft, ein Auto ohne Fahrer zu mieten, braucht zwingend eine internationale Fahrerlaubnis.

Motorrad

Motorräder kann man praktisch überall ausleihen, auch in Cafés, Hotels und Reisebüros. Manche Verleiher verlangen den Pass als Sicherheit. Man sollte um eine unterschriebene Vereinbarung bitten, in der das exakte Fahrzeug, der Preis, der mögliche Schadenersatzanspruch usw. festgehalten werden.

Wer in die Berge im Norden fahren will, braucht ein Motorrad mit mehr PS, z. B. ein Road Bike oder ein Enduro. An Einheimischen, die für rund 20–30 US$ pro Tag gern als Chauffeur und Führer tätig sind, gibt's keinen Mangel.

Die ungefähren Kosten pro Tag (ohne Fahrer) liegen zwischen 5 und 8 US$ für ein Moped bzw. 20 US$ für ein Enduro oder Road Bike.

Straßenzustand & Gefahren

Verkehrssicherheit ist ganz gewiss keine der Stärken Vietnams. Gefahren wird auf der rechten Seite (jedenfalls theoretisch). Entscheidend ist dabei immer die Größe – kleine Fahrzeuge machen großen Platz. Unfälle sind keine Seltenheit.

Die wichtigsten Fernstraßen sind in der Regel asphaltiert und in relativ gutem Zustand, jahreszeitlich bedingte Überschwemmungen können aber ein Problem sein. Unbefestigte Straßen befährt man am besten mit einem Allradfahrzeug oder einem Motorrad. Besonders gefährlich sind Bergstraßen, wo Erdrutsche, Steinschlag und außer Kontrolle geratene Fahrzeuge für unerwünschte Aufregung sorgen können.

Versicherung

Wenn man ein Touristenfahrzeug mit Fahrer mietet, wird die Versicherung von der Autovermietung organisiert. Wer ein geliehenes Motorrad nutzt, sollte sicherstellen, dass die Besitzer entsprechend versichert sind. Viele Leihfirmen bestehen auf der Unterzeichnung eines Vertrags, in dem man der Wertermittlung zustimmt, falls das Motorrad gestohlen werden sollte. Wenn möglich, sollte man Motorräder nur auf gesicherten Parkplätzen parken.

Wer mit dem Gedanken spielt, ein Fahrzeug zu kaufen, kann sich bei HSBC (www.hsbc.com.vn) versichern.

Eine Reiseversicherung ist unerlässlich, wenn man plant, mit dem Motorrad durch Vietnam zu reisen. Man sollte genau überprüfen, ob die Versicherung auch Motorradreisen abdeckt. Behandlungskosten bei schweren Verletzungen können Budgetreisende in den Ruin treiben.

BUS

Vietnam hat ein umfangreiches Busnetz, das bis in die entlegensten Ecken des Landes reicht. Auf allen Hauptstraßen fahren moderne Busse unzähliger Unternehmen.

Viele Traveller (vielleicht sogar die meisten) sehen aber tatsächlich nie einen vietnamesischen Busbahnhof, sondern halten sich ans Netz der bequemen, touristenfreundlichen Open-Tour-Busse.

Egal, welche Busklasse man nimmt, Busfahrten in Vietnam sind niemals schnell; auf Hauptrouten wie der Nationalstraße 1 kann man mit 50 km pro Stunde rechnen.

Busbahnhöfe

In zahlreichen Städten gibt's mehrere Busbahnhöfe, man sollte also darauf achten, dass man den richtigen erwischt. Die Terminals wirken chaotisch, haben aber oft Ticketschalter, an denen die offiziellen Fahrpreise und Abfahrtszeiten aushängen.

Bustypen

Auf den beliebtesten Routen bieten moderne Busse mit Klimaanlage bequeme Liegesitze, während Schlafbusse mit Liegeplätzen für sehr lange Fahrten ausgestattet sind.

In den Deluxe-Bussen gilt Rauchverbot. Ein Nachteil ist, dass in den meisten der Fernseher plärrt oder Karaoke am Laufen ist.

Open-Tour-Busse verbinden die Travellerzentren miteinander und sind in Vietnam über alle Maßen beliebt. Die klimatisierten Wagen fahren von gut zu erreichenden, zentral gelegenen Orten los und ermöglichen es, in jeder größeren Stadt an der wichtigsten Nord-Süd-Route aus- bzw. zuzusteigen. Die Preise sind recht günstig: Ein Open-Tour-Ticket von HCMS nach Hanoi kostet zwischen 35 und 70 US$; der Preis steigt mit der Anzahl der Stopps. Sinh Tourist (www.thesinhtourist.vn) ist ein renommierter Anbieter mit Online-Sitzplatzreservierung und komfortablen Bussen.

Die Nahverkehrsbusse in ländlichen Gebieten sind langsam und halten oft. Die Fahrer neigen dazu, Ausländern in diesen Bussen zu viel abzuknöpfen.

Reservierung & Preise

Für die viel genutzten Routen zwischen Städten, die häufig bedient werden, ist eine Reservierung in der Regel nicht erforderlich, aber zur Sicherheit sollte man sein Ticket einen Tag im Voraus kaufen. Bustickets sollte man immer im Fahrkartenbüro kaufen, denn die Fahrer sind berüchtigt dafür, dass sie zu hohe Preise verlangen.

Ausländer zahlen in vielen ländlichen Regionen meist das Doppelte bis Zehnfache des normalen Betrags. Als Faustregel gilt: Eine typische Fahrt sollte pro 100 km ca. 2–3 US$ kosten.

FAHRRAD

Mit dem Fahrrad lässt sich Vietnam wunderbar entdecken, vor allem auf Touren abseits der Hauptstraßen.

Die größte Gefahr ist der Straßenverkehr und gewisse Routen sollte man meiden, vor allem die Nationalstraße 1. Einige der schönsten Fahrradstrecken führen entlang der ruhigen Küstenstraßen Zentralvietnams, durch das südwestliche Hochland und die Berge im Norden (wo allerdings ein paar beachtliche Anstiege bewältigt werden müssen). Das Mekong-Delta eignet sich wunderbar für Radfahrer, die lieber im Flachland bleiben.

Fahrräder können auch für 1 US$ pro Tag in Gästehäusern ausgeliehen werden, hochwertige Mountainbikes kosten dagegen 10 US$.

FLUGZEUG

Vietnam hat sehr gute Inlandsverbindungen, die durch immer mehr Routen ergänzt werden. Die Preise sind sehr günstig, wenn man rechtzeitig bucht. Die Fluggesellschaften akzeptieren die Zahlung mit internationalen Kreditkarten oder Debitkarten. Es kommt allerdings vor, dass Flüge gestrichen werden. Am besten bucht man keinen Inlandsflug von einem Regionalflughafen, wenn man am selben Tag noch einen internationalen Anschlussflug hat – zur Sicherheit den Inlandsflug um einen Tag vorverlegen. Vietnam Airlines streicht am seltensten Flüge.

Jetstar Airways (www.jetstar.com)
Vasco (www.vasco.com.vn)
VietJet Air (www.vietjetair.com)
Vietnam Airlines (www.vietnamairlines.com.vn)

GEFÜHRTE TOUREN

Die folgenden in Vietnam ansässigen Reisebüros bieten gute Touren an:

Buffalo Tours (www.buffalotours.com) Abwechslungsreiche und maßgeschneiderte Touren.

Handspan Travel Indochina (www.handspan.com) Eine große Auswahl an innovativen, interessanten Trips in selten besuchte Regionen.

Ocean Tours (www.oceantours.com.vn) Ausflüge in den Ba-Be-Nationalpark und eine tolle Inseltour zur Ha-Long-Bucht.

NAHVERKEHR

Cyclos

Dies sind Fahrradrikschas. Die Fahrer hängen in Touristengegenden herum, einige sprechen gebrochen Englisch. Man muss auf jeden Fall handeln und vor der Fahrt einen Preis ausmachen. Eine kurze Fahrt sollte 12 000 bis 25 000 D kosten.

Taxis

In allen Städten gibt's Taxis mit Taxametern. Sie sind im internationalen Vergleich sehr, sehr billig und nachts ein sicheres Transportmittel. Der Preis beträgt durchschnittlich 12 000–15 000 D pro Kilometer. Mai Linh (www.mailinh.vn) und Vinasun (www.vinasuntaxi.com) sind zwei ausgezeichnete landesweite Anbieter.

In einigen vietnamesischen Großstädten wie HCMS, Hanoi und Da Nang kann man auch Taxiapps (für Autos und Motorräder) wie Uber und Grab nutzen.

Xe Om

Motorradtaxis sind in Vietnam allgegenwärtig. Meist bezahlt man etwa die Hälfte des Taxipreises. Die Fahrer sind in der Regel an Straßenecken, Märkten, Hotels und Busbahnhöfen zu finden. Wer Wucherpreise vermeiden will, kann in HCMS, Hanoi und Da Nang auch Uber und Grab nutzen.

SCHIFF/FÄHRE

Im Norden sind Bootsfahrten in der Ha-Long-Bucht und im Gebiet der Lan-Ha-Bucht sehr beliebt und ein absolutes Highlight. Tragflächenboote verkehren auch zwischen Hai Phong und der Insel Cat Ba (in der Nähe der Ha-Long-Bucht). Lohnenswert sind auch Tagestouren per Boot zu den traumhaften Inseln vor der Küste von Nha Trang und zu den Cham-Inseln vor Hoi An.

Das Mekong-Delta wartet mit einem weit verzweigten Kanalnetz auf, sodass man sich entsprechend gut auf dem Wasser fortbewegen kann. Von Ha Tien und Rach Gia setzen Fähren nach Phu Quoc über.

ZUG

Das vietnamesische Eisenbahnsystem wird von Vietnam Railways (www.vr.com.vn) betrieben und bietet recht zuverlässige Verbindungen in überalterten Zügen – eine entspannte Art, durchs Land zu reisen. Zudem sind die Landschaften, die man unterwegs sieht, von spektakulärer Schönheit. Die Fahrt in einem klimatisierten Schlafwagen schlägt die haarsträubende Nachtbusfahrt auf der Nationalstraße 1.

Bahnlinien

Die Hauptstrecke führt von HCMS nach Hanoi. Drei Linien verbinden Hanoi mit anderen Teilen Nordvietnams: Die erste führt nach Osten in die Hafenstadt Hai Phong; die zweite nach Nordosten bis Lang Son und dann weiter über die Grenze nach Nanning, China; die dritte führt in den Nordwesten nach Lao Cai (das Anschlusszüge nach Kunming, China, bietet).

„Schnellzüge" brauchen für die Strecke zwischen Hanoi und HCMS zwischen 32 und 35 Stunden.

Klassen & Preise

Die Züge der Kategorie SE sind am schicksten und schnellsten. Es gibt vier Hauptklassen: *hard seat, soft seat, hard sleeper* und *soft sleeper*. Diese werden noch einmal unterteilt in klimatisiert/nicht klimatisiert. Klimaanlagen gibt's gegenwärtig nur in den schnelleren Expresszügen. Einige SE-Züge bieten jetzt WLAN (das aber, genau wie die vietnamesischen Züge, nicht das schnellste ist).

Die Abteile mit harten Sitzplätzen sind in der Regel rappelvoll und ziemlich verraucht, für Fahrten tagsüber gehen sie aber.

Die Fahrpreise variieren je nach Art des Zuges. Am teuersten sind die schnellsten Züge.

Reservierung

Auf der Buchungsseite von Vietnam Railways (http://dsvn.vn) kann man vorab Tickets kaufen, bei Redaktionsschluss wurden allerdings nur vietnamesische Kreditkarten akzeptiert. Onlinereservierungen sind jedoch über die Reiseagentur Bao Lau (www.baolau.vn) möglich. Diese hat eine effiziente Website sowie einen Plan mit verfügbaren Sitzplätzen und Schlafwagen, zudem akzeptiert sie internationale Karten. E-Tickets erhält man per E-Mail gegen eine Kommission von 40 000 D pro Fahrkarte.

Sitzplätze und Schlafwagen können für längere Fahrten 60 bis 90 Tage im Voraus (bei Kurzstrecken verkürzt sich die Zeit) reserviert werden. Mit Ausnahme der Hauptferienzeiten kann man Zugtickets in der Regel problemlos einen bis zwei Tage im Voraus buchen. Bei Schlafkabinen ist es jedoch ratsam, sich mindestens eine Woche vor Reisedatum darum zu kümmern.

Fahrpläne, Tarife, Informationen und Vorbestellungen findet man auf der Website von Bao Lau. Ein weiterer zuverlässiger Online-Anbieter ist Vietnam Impressive (www.vietnamimpressive.com); hier zahlt man 2 US$ für ein Ticket.

In vielen Reisebüros, Hotels und Cafés kann man gegen eine kleine Gebühr ebenfalls Bahnfahrkarten kaufen.

Südostasien verstehen

Südostasien aktuell

Das Südostasien des 21. Jhs. ist eine dynamische Region. Mit dem Sprung von Millionen Menschen in die Mittelschicht hat sich ein Bewusstsein für die Vielzahl neuer Möglichkeiten entwickelt. Südostasien ist aber auch Krisenherd, in dem sich Konflikte von globaler Bedeutung manifestieren, etwa die Verstädterung, Menschenrechtsverletzungen, religiöser Extremismus und Raubbau an der Natur. In allen Ländern der Region kommt das Ausbalancieren zwischen Wachstum und Nachhaltigkeit, Autokratie und Autonomie, Selbstbestimmung und den an ausländische Investitionen geknüpften Bedingungen einer Gratwanderung gleich. Immer häufiger entstehen Kooperationen der Länder in der ASEAN (Verband Südostasiatischer Nationen).

Top-Bücher

Der stille Amerikaner (1955) Klassiker von Graham Greene um Intrigen im Vorfeld des Vietnamkriegs.

Der Strand (1998) Alex Garlands Buch über eine Backpacker-Utopie im Süden Thailands hat inzwischen Kultstatus.

Smaller and Smaller Circles (2016) Felisa Batacans Krimi spielt in den Slums von Manila.

Married to the Demon King (2005) Sri Daoruang hat das alte Hindu-Epos *Ramayana* in das moderne Bangkok von heute versetzt.

Tage in Burma (1934) George Orwells Klassiker über engstirnige Kolonisten in Burma, dem heutigen Myanmar.

Top-Filme

Ilo Ilo (2013) Bewegende Darstellung über den Alltag einer Familie aus der Mittelschicht in Singapur.

Der weite Weg der Hoffnung (2017) Die ergreifende Drehbuchadaption von Loung Ungs persönlichem Bericht über das Leben während der Herrschaft der Roten Khmer.

Cemetery of Splendour (2015) Soldaten leiden an einer mysteriösen Schlafkrankheit ... Im Norden Thailands treffen die Realität und die Geisterwelt aufeinander.

Apocalypse Now (1979) Der Antikriegsfilm schlechthin. Der Psychothriller spielt in Vietnam, wurde aber auf den Philippinen gedreht.

Myanmar wankt

Nachdem Myanmar jahrzehntelang international wie ein Pariastaat behandelt worden war, wendete sich das Blatt: Bei den Wahlen 2015 errang die Partei der pro-demokratischen Aktivistin Aung San Suu Kyi, die Nationale Liga für Demokratie, einen Erdrutschsieg. Ausländische Investitionen verpassten dem Land eine Finanzspritze und zwischen 2010 und 2015 stieg die Zahl der Besucher um 490 %!

Doch 2017 eskalierten die Auseinandersetzungen zwischen dem Militär und der Arakan Rohingya Salvatio[n] Army (ARSA) zu einer humanitären Krise. Die Rohingya sind Muslime und eine der größten Minderheiten i[m] Land. Geschätzt zählen eine Million Menschen zu diese[r] Bevölkerungsgruppe. Die Regierung vertritt offiziell d[ie] Meinung, dass es sich um illegale Einwanderer aus Bangl[a]desch handelt – unter britischer Herrschaft gehörten d[ie] beiden Länder zu einem Territorium – und dass die ARS[A] eine terroristische Organisation ist. Da man ihnen d[ie] Staatsbürgerschaft verwehrt, haben die Rohingya kein[en] Zugang zum Gesundheits- oder Bildungssystem.

Nach einem ARSA-Angriff auf eine Polizeiwache, d[ie] Menschenleben forderte, führte das Militär eine bruta[le] Razzia durch, die Menschenrechtsgruppen zufolge Zi[vi]listen und Rebellen gleichermaßen zum Ziel hatte. Dör[fer] gingen in Flammen auf und Hunderttausende Rohing[ya] flohen nach Bangladesch. Gemäß der myanmarisch[en] Verfassung, die noch zu Zeiten der Militärjunta nied[er]geschrieben wurde, genießt der Oberbefehlshaber v[ol]le Autonomie. Die eigentliche Regierungschefin, Nobelpr[eis]trägerin Aung San Suu Kyi, ist in die Kritik geraten, w[eil] sie nicht eindeutig Stellung gegen die Gewalt bezogen h[at].

Der Schatten Chinas

Dass Donald Trump 2016 zum Präsidenten gewählt wu[rde] und sich die USA seither abrupt auf sich selbst konz[en]triert, verleitete viele Südostasiaten dazu, sich zu frag[en], ob die Chinesen es wohl schaffen würden, die Vormach[t] der Region von den US-Amerikanern zu übernehmen. Im Rahmen des Projekts „One Belt, One Road", das die alten Seidenstraßenhandelsrouten wiederbeleben soll, steht China bereits an der Spitze verschiedener Infrastrukturmaßnahmen in ganz Asien. Die Befürworter sagen, dass das Projekt das Wirtschaftswachstum fördern wird. Die Kritiker, an vorderster Stelle Indien, bezeichnen das Vorgehen als Neokolonialismus.

China zeigt überdies eine starke Präsenz im Südchinesischen Meer (Vietnamesen sprechen vom Ostmeer) und untermauert den (fraglichen) Anspruch auf unbewohnte Territorien – die Paracel-Inseln, die Spratly-Inseln und das Scarborough-Riff – mit Landgewinnungsprojekten und militärischen Außenposten. Dabei geht's nicht nur um eine strategische Schiffsroute, sondern auch um Fischereirechte und potenziell lukrative Erdgasdepots. Die Philippinen klagten 2016 vor einem UN-Tribunal gegen China und gewannen. Seither hat sich das Land jedoch sehr bedeckt gehalten, was Anlass zur Frage gibt, ob es sich die Länder Südostasiens erlauben können, keinen Handel mit China zu betreiben.

Optimismus & die Mittelschicht

Das globale Analyseunternehmen Nielsen schätzte 2015, lass 150 Millionen Südostasiaten – 25 % der Bevölke-rung der Region – der Mittelschicht angehören. Weiter-hin erwartet Nielsen, dass diese Zahl bis 2020 auf 400 Aillionen Menschen ansteigen wird. Das wäre mehr ls die Hälfte der zu diesem Zeitpunkt zu erwartenden Bevölkerung. Kritiker verweisen schnell darauf, dass die ertikale Mobilität ungleichmäßig ist und durch Kor-uption und Vetternwirtschaft behindert wird. Studien elegen allerdings, dass das Verbrauchervertrauen all-emein groß ist, insbesondere in der 2000er-Generation und das in einer Region, in der das Durchschnittsal-er bei 29 Jahren liegt!). Die neue Mittelschicht möchte klimatisierten Stadtwohnungen leben, das neueste martphone haben und reisen. Viele wollen Orte wie aris sehen, doch die meisten schauen sich andere Län-er Südostasiens an und lernen so die Nachbarstaaten nnen – in einem nie dagewesenen Ausmaß.

en Mekong in die Schranken verweisen

er mächtige Mekong, der China, Laos, Kambodscha, ailand und Vietnam durchfließt, wird als immense tenzielle Quelle für Wasserkraft gesehen. China hat reits Dämme am oberen Flusslauf errichten lassen, ssabwärts in Laos laufen die Arbeiten an zwei Däm-n. Weitere sind in Planung.

Wasserkraft gilt als saubere Energiequelle, ist aber ht unumstritten. Ein Viertel der Süßwasserfische ltweit kommt aus dem Mekong. Überdies steht das osystem des Stroms in Sachen Diversität an zweiter lle nach dem Amazonas. Das Mekong-Delta in Viet-n zählt weiterhin zu den größten Reisanbaugebieten Erde. Sollten die Staudämme sich negativ auswir-, wäre eine eklatant wichtige Nahrungs- und Ein-nmensquelle für Millionen von Menschen in Gefahr.

BEVÖLKERUNG: **636 MIO. EW.**

BIP (SÜDOSTASIEN GESAMT): **2,71 BIO. US$**

PRO-KOPF-BIP: **SINGAPUR 52 961 US$; KAMBODSCHA 1270 US$**

INFLATIONSRATE: **BRUNEI 0,4 %; MYANMAR 8,5 %**

ARBEITSLOSIGKEIT: **KAMBODSCHA 0,5 %; PHILIPPINEN 5,6 %**

Gäbe es nur 100 Südostasiaten, wären …

39 Muslime
36 Buddhisten
18 Angehörige anderer Religionen
7 Christen

Wirtschaft

(% des BIP)

Bevölkerung pro km²

Geschichte

Die südostasiatischen Länder waren an allen wesentlichen geschichtlichen Ereignissen der letzten zweitausend Jahre beteiligt. Südostasien erlebte die Entstehung riesiger Reiche, das Goldene Zeitalter des Seehandels (und dessen Schattenseite, den Kolonialismus), verschiedene religiöse Epochen (erst Hinduismus, dann Buddhismus, Islam und Christentum), den hässlichen, blutigen Kalten Krieg und heute, im 21. Jh., weltweiten Terrorismus und die Entstehung von Megastädten.

Frühe Königreiche

Zu Beginn des letzten Jahrtausends segelten Handelsschiffe zwischen Indien im Westen und China im Osten durch den Golf von Bengalen und die Malakkastraße. Auf ihren Reisen verbreiteten die Händler die indische Kultur – vor allem Hinduismus und Buddhismus, aber auch wissenschaftliche und künstlerische Fortschritte, das Schriftsystem Sanskrit und Eigenstaatlichkeitsmodelle – auf dem südostasiatischen Festland Richtung Osten bis nach Südvietnam und Richtung Süden bis auf die indonesischen Inseln.

Die Reiche, die in den nächsten Jahrhunderten in der Region entstanden, machten sich viele (jeweils andere) Elemente dieser neuen Kultur zu eigen und münzten sie ihren lokalen Gebräuchen entsprechend auf sich um. Da beeindruckendste Reich war das der Khmer, das sich im 8. Jh. entwickelte. Zu seiner Blütezeit umfasste es große Teile des heutigen Kambodscha, Laos und Thailand. Die Khmer bauten zu Ehren ihrer Gottkönige (*devaraja*) die Tempel von Angkor und richteten ein Bewässerungssystem ein, das weite Landstriche rund um den Tonlé Sap (Großer See) versorgte. Zur gleichen Zeit kontrollierte vom 7. bis ins 12. Jh. im Küstengebiet Südostasiens das machtvolle Königreich Srivijaya im Südosten Sumatras den Schiffsverkehr durch die Javasee. Srivijayas Hauptstadt Palembang war ein wichtiges kosmopolitisches Zentrum für Handel und buddhistische Studien.

Antike Hauptstädte

- *Angkor (Kambodscha)*
- *Sukhothai (Thailand)*
- *Bagan (Myanmar)*
- *My Son (Vietnam)*
- *Borobodur (Indonesien)*

Die Antike

Ab dem 14. Jh. begannen sich grob die regionalen Identitäten herauszukristallisieren, die den heutigen Ländern Südostasiens entsprechen. Das Khmer-Reich zerfiel unter dem Druck wachsender Thai-Stadtkönigreic

ZEITACHSE

2800–100 v. Chr.

Vorfahren der heutigen Südostasiaten wandern von China und Tibet gen Süden. Sie siedeln sich in Flusstälern und an der Küste an und gründen kleine Stadtstaaten.

1. Jh. n. Chr.

Funan, das vermutlich erste indianisierte Reich Südostasiens, wird am Mekong-Delta gegründet.

80

König Jayavarm gründet im heutig Kambodscha Khmer-Reich, das Funan-Staat abl

im Westen. Ayutthaya (auch Siam genannt; 14.–18. Jh.), das stärkste der Thai-Königreiche, wuchs so stark, dass es den Großteil des heutigen Thailand und einen Teil von Myanmar einnahm. Das Königreich Majapahit (13.–15. Jh.) vereinte Indonesien von Sumatra bis Neu Guinea und kontrollierte effektiv die Meere. Das Königreich Dai Viet, gegen das die Chinesen von Norden her lange kämpften, erreichte seine Blüte während der Späteren Le-Dynastie (15.–18. Jh.) und vergrößerte sich Richtung Süden, wobei es einen Staat bildete, der dem heutigen Vietnam ähnelte.

Schon im 10. Jh. brachte der rege Handelsverkehr eine neue kulturelle Kraft aus Indien und dem Nahen Osten nach Südostasien: den Islam. Er verbreitete sich langsam und recht friedlich. Zum Islam zu konvertieren bedeutete, Zugang zu einem großen Netzwerk zu bekommen, das die muslimische Welt umspannte, und dem unflexiblen Kastensystem der hinduistisch-buddhistischen Srivijaya entfliehen zu können. Im 17. Jh. hatte sich die neue Religion in Malaysia, Indonesien, dem Süden Thailands und auf der Philippineninsel Mindanao etabliert. In dieser Zeit nahm der Einfluss des Hinduismus ab. Zwar fand sich die alte Religion noch in der Kunst, doch der Theravada-Buddhismus aus Sri Lanka hatte ihn als vorherrschenden Glauben in allen Königreichen des kontinentalen Südostasiens abgelöst.

ASEAN, der Verband Südostasiatischer Nationen, wurde 1967 von Indonesien, Malaysia, den Philippinen, Singapur und Thailand gegründet, um regionales Wachstum und Stabilität zu fördern; Brunei, Vietnam, Laos, Myanmar und Kambodscha traten ebenfalls bei. 2015 gründete die Gruppe die Wirtschaftsgemeinschaft ASEAN. Gemeinsam bilden die ASEAN-Mitglieder die siebtgrößte Wirtschaft der Welt.

Kolonialismus

Auf der Suche nach der legendären „Gewürzinsel" (die Malukkainseln vor Ostindonesien) tauchten im 16. Jh. erstmalig europäische Händler auf den Meeren Südostasiens auf. Zuerst kamen die Portugiesen, dann die Niederländer. Am Anfang erregten sie wenig Aufsehen, denn in der Region war man ans Handeln mit Menschen aus fremden Ländern gewöhnt. Wenn die Europäer einen Vorteil hatten, dann war es ihr Timing: die klassischen Reiche hatten ihre maximale Ausdehnung erreicht und begannen, instabil zu werden. Die Niederländer strebten aggressiv den Aufbau von Handelsmonopolen an und mischten in der indonesischen Politik mit. Schließlich bekamen sie die Kontrolle über Java und Anfang des 19. Jhs. über ganz Indonesien (genannt Niederländisch-Ostindien).

Noch wichtiger wurden die Kolonien im Laufe der industriellen Revolution, während derer in Europa die Nachfrage nach Rohstoffen wie Kautschuk, Petroleum und Zinn sowie nach Genussmitteln wie Kaffee, Zucker und Tabak stieg. Südostasien konnte mit diesen aufwarten. Im 19. Jh. kämpften sich die Briten an die Macht auf der Malaiischen Halbinsel und in Myanmar, die Franzosen übernahmen mit Kanonenbootpolitik Vietnam, Kambodscha und Laos (im Verbund Französisch-Indochina genannt). Die Spanier hatten es währenddessen auf die Philippinen abgesehen und dann auf eine Vielzahl von Inseln mit wenig politischer oder kultureller Bindung zueinander. Als die Spanier im 16. Jh. anlandeten, konnten sie erst ihre Herrschaft und nur wenig später den Katholizismus durchsetzen.

938
Nach über 1000 Jahren der chinesischen Besetzung fordern die Vietnamesen die Herrschaft über das Delta des Roten Flusses zurück.

13. Jh.
Beginn des Zerfalls des Khmer-Reiches und des Aufstiegs mächtiger Staaten im heutigen Thailand und Vietnam.

13.–15. Jh.
Stadtstaaten im Norden Sumatras und im späteren Malakka auf der Malaiischen Halbinsel nehmen den Islam als Religion an. Ihre Herrscher beanspruchen den Titel Sultan.

1511
Der Fall des Sultanats Malakka an Portugal läutet die koloniale Expansion in der Region durch europäische Mächte, darunter die Niederlande, Spanien, Frankreich und Großbritannien, ein.

Thailand büßte zwar Gebiete ein, blieb aber als einziger Staat Südostasiens unabhängig. Oft wird diese Entwicklung auch den thailändischen Königen angerechnet, die ihr Land dem Westen angenähert und die europäischen Konkurrenten gegeneinander ausgespielt hatten.

Das 20. Jahrhundert: Krieg, Revolution & Unabhängigkeit

Unmittelbar vor Ausbruch des Zweiten Weltkriegs entwickelte sich in ganz Südostasien eine antikoloniale Stimmung. Während des Kriegs fegten die Japaner kurz durch die Region. Anfangs waren einige Einheimische froh über die Verdrängung der europäischen Imperialisten, jedoch entpuppten sich die Japaner als brutale Herrscher; Millionen Menschen wurden zu harter Arbeit zwangsverpflichtet. Beim Versuch, Verbündete vor Ort zu gewinnen, schürten die Japaner Feindseligkeit gegen den Westen. Unbeabsichtigte Folge dessen war ein starkes Nationalbewusstsein in der Gegend, als sich die Japaner bei Kriegsende zurückzogen und die Europäer zurückkehrten.

Eine nach der anderen wurden die Kolonien in die Unabhängigkeit entlassen, worauf jedoch gleich neue Probleme folgten: Randalierer aus der Zivilbevölkerung, Aufstände von Minderheiten und kommunistische Guerrillakämpfer. In vielen Fällen wurden sie von den Mächten des Kalten Krieges angestiftet, China, der Sowjetunion und den USA, die regelmäßig versuchten, die Stabilität zu unterminieren.

Nach der Befreiung von Frankreich war Vietnam anfänglich in zwei Teile gespalten, wobei sich der Norden dem Widerstandskämpfer und Marxisten Ho Chi Minh anschloss und der Süden dem antikommunistischen Ngo Dinh Diem. Die USA fürchteten ein kommunistisches Vietnam und schritten ein – zuerst heimlich, dann durch einen uneingeschränkten Krieg, um Nordvietnam daran zu hindern, das Land unter kommunistischer Herrschaft zu vereinen. Der Norden gewann, doch beide Seiten beklagten katastrophale Verluste.

Zur gleichen Zeit fand in Kambodscha und Laos ein Schattenkrieg statt, da die Amerikaner beim Versuch, die kommunistischen vietnamesischen Guerilleras auszulöschen, durch Vietnams Nachbarländer marschierten. Kambodscha löste sich in einem Bürgerkrieg auf und die Roten Khmer ergriffen die Macht. Unter dem neuen Regime Pol Pots entwickelte sich Kambodscha zu einer Gesellschaft aus ländlich-kommunistischen ethnischen Khmer. 1,5 Millionen Kambodschaner (20 % der Bevölkerung) wurden i Säuberungsaktionen umgebracht, bevor vietnamesische Streitkräfte 197 die grausame Herrschaft der Roten Khmer nach vier Jahren beendeten.

Antikommunistische Säuberungsaktionen in Indonesien führten in de 1960er-Jahren zu Hunderttausenden Toten und der dreißigjährigen Her schaft von Diktator Suharto. Auf einen Putsch im Jahr 1962 folgten 50 Ja re nahezu ungebrochener Militärdiktatur in Myanmar. In Thailand war

Europäische Bergstationen

- *Sa Pa (Vietnam)*
- *Cameron Highlands (Malaysia)*
- *Pyin U Lwin (Myanmar)*
- *Bokor-Nationalpark (Kambodscha)*

1939–1945
Zweiter Weltkrieg. Japan besetzt große Teile Südostasiens, nutzt Thailand als Militärbasis und setzt sowohl malaysische als auch indonesische Soldaten ein.

1965
Singapur erklärt seine Unabhängigkeit von Malaysia und wird ein eigenständiges Land, das zur größten Wirtschaftsmacht in der Region aufsteigt.

1975
Saigon (heute Ho-Chi-Minh-Stadt) fällt an vietnamesische Truppen – das Land wird wiedervereint und der Vietnamkrieg beendet; die Roten Khmer übernehmen die Herrschaft in Kambodscha.

199
Osttimor entsch det sich für Unabhängigkeit v der indonesisch Besatzungsmac Eine internation Friedenstruppe Gewaltausbrüche Land verhinde

seit 1932 zu einem Dutzend Militärputschen gekommen. Malaysia und vor allem Singapur werden gefeiert als die südostasiatischen Erfolgsgeschichten der Nachkriegszeit, wobei die zivile Ordnung oftmals auf Kosten von Freiheiten der Bürger bewahrt wurde: u. a. wurde ein Gesetz zum Verbot von Volksverhetzung eingeführt und die Pressefreiheit beschnitten.

Von den 1990er-Jahren bis heute

Im Großen und Ganzen sah es in den 1990er-Jahren rosig aus für Südostasien. Thailand, Malaysia, Indonesien und die Philippinen schienen den gleichen Aufschwung zu erfahren wie die asiatischen Tigerstaaten Singapur, Hongkong, Taiwan und Südkorea, mit deren Wirtschaft es in den vergangenen Jahrzehnten steil bergauf gegangen war. Um auf dem Weltmarkt mithalten zu können, begannen sich die einst verschlossenen Länder Vietnam und Kambodscha zu öffnen. Mit dem Aufwärtstrend war es jedoch 1997 vorbei, als der Thailändische Baht einbrach und es infolge dessen zu einer Finanzkrise in ganz Asien kam. Der Wert der indonesischen Rupie stürzte in den Keller, wodurch Indonesien so destabilisiert wurde, dass der langjährige Diktator Suharto von seinem Amt zurücktrat. Heute, mehr als 20 Jahre später, geht's der Region nach dem Einschreiten der internationalen Finanzgemeinschaft besser als vor der Krise. Dennoch kämpft das Land bis heute gegen Korruption, Ineffizienz und politische Spannungen.

Während im 20. Jh. Herrscher über eine sehr lange Zeit an der Macht waren, waren Anfang des 21. Jhs. die meisten von ihnen zurückgetreten oder ersetzt worden. Diese Machtwechsel haben für Unsicherheit, aber auch für die Hoffnung gesorgt, dass vielleicht eine echte Demokratie in Thailand entstehen könnte.

Bisher gab es in diesem Jahrhundert noch keine schweren Kriege, aber Blut ist geflossen. In den südlichen Grenzprovinzen Thailands, deren Bevölkerung ethnisch größtenteils aus malaiischen Muslimen besteht, haben Separatistengruppen Bombenanschläge in Einkaufszentren und auf Marktplätzen verübt. In Myanmar, das mit 30 % der Gesamtbevölkerung den größten prozentualen Anteil an ethnischen Minderheiten beherbergt – kommt es immer wieder zu bewaffneten Konflikten zwischen aufständischen Minderheiten, die mehr Autonomie fordern, und der Nationalarmee, die versucht, sie zu unterdrücken. Terroranschläge in Indonesien, vor allem in Jakarta und auf Bali, wurden internationalen Organisationen wie al-Qaida, Jemaah Islamiyah und dem IS zugeschrieben.

Manchmal wirkt die Stabilität so unerreichbar fern. Jahrzehnte der Gewalt auf der Philippineninsel Mindanao schienen mit der Unterzeichnung eines Friedensvertrags 2014 endlich beigelegt zu sein. Versprochen wurde die Gründung der autonomen muslimischen Region Bangsamoro. Im Jahr 2017 jedoch belagerten militante Anhänger des IS die Mindanao-Stadt Marawi und auf der gesamten Insel wurde eine Militärherrschaft eingesetzt.

Historische Literatur

Southeast Asia: An Introductory History (Milton Osborne)

In Search of Southeast Asia: A Modern History (David P. Chandler u. a.)

Southeast Asia: Past and Present (D. R. SarDesai)

2004

Ein Erdbeben im Indischen Ozean mit dem Epizentrum nahe Sumatra (Indonesien) verursacht einen riesigen Tsunami, der vier südostasiatische Länder trifft.

2009

30 Jahre nach dem Sturz der Roten Khmer in Kambodscha beginnen die ersten Tribunale, die über die noch lebenden Mitglieder der Terrorregierung urteilen sollen.

2015

Die ASEAN-Wirtschaftsgemeinschaft (AEC) schafft in der Region einen gemeinsamen Markt. In Myanmar gewinnt bei historischen Wahlen die von Suu Kyi angeführte Partei Nationale Liga für Demokratie.

2016

Nach 70-jähriger Herrschaft stirbt der thailändische König Bhumibol (Rama IX) im Alter von 88 Jahren. Kein Staatsmann der Welt ist je so lange im Amt gewesen wie er.

Menschen & Kultur

Die Karte von Südostasien trägt wenig dazu bei, die Vielfalt dieser Region zu vermitteln. Südostasien, ein wichtiger Knotenpunkt auf einer alten Handelsroute, die die östliche Hemisphäre überspannte, war lange Zeit ein kultureller Schnittpunkt, der von Händlern, wandernden Asketen und Königsmachern besucht wurde, die neue Überzeugungen, Bräuche und Aromen mitbrachten. Nicht gerade passiv haben die Menschen hier diese Einflüsse aufgenommen, mit einheimischen Traditionen verbunden und zu ihren eigenen gemacht.

Bevölkerung

Südostasien besteht aus Hunderten ethnischer Gruppen. Indonesien – das viertgrößte Land der Welt – hat allein mehr als 300 Volksstämme (und mindestens ebenso viele Sprachen). Einige Länder, wie Kambodscha, Thailand und Vietnam, verfügen über eine hohe Homogenität und damit über eine starke nationale ethnische Identität (obwohl dies oft regionale Unterschiede überdeckt). Andere, wie Indonesien, Malaysia und die Philippinen, haben versucht, ihre Vielfalt zu ihrer Identität zu machen (auch wenn das vielleicht nicht die wirkliche Machtverteilung widerspiegelt). Der Balanceakt zwischen Zusammenhalt und Darstellung nach außen ist ein gemeinsamer Kampf der gesamten Region, in der diese noch relativ jungen Länder versuchen, die ihnen vom Kolonialismus hinterlassenen unpassenden Grenzen zu überwinden.

Gesellschaftliche Harmonie wird in ganz Südostasien hoch geschätzt. Wichtig dafür ist das Konzept des „Gesichts" – Ehre und Ansehen einer Person in der Gesellschaft. Um „sein Gesicht zu wahren" (das eigene und das der anderen), vermeidet man Konfrontationen, um andere und sich selbst nicht bloßzustellen (selbst wenn man das Gefühl hat, den Kürzeren zu ziehen).

Die Chinesen bilden in den meisten südostasiatischen Ländern eine bedeutende Minderheit, die Hunderte von Jahren zurückreicht. In Malaysia und Singapur entwickelten chinesische Händler, die sich mit einheimischen Malaysiern vermischten, eine eigene Identität – die Strait Chinese. Die meisten Länder profitieren kulturell und ökonomisch vo den chinesischen Einwanderern, in wirtschaftlich schweren Zeiten wer den sie jedoch wegen ihres Reichtums und ihrer ethnischen Besonder heiten diskriminiert, insbesondere in Malaysia und Indonesien. In viele Städten der Region haben sich auch indischstämmige Gemeinschaften meist aus dem südlichen Bundesstaat Tamil Nadu, gut etabliert.

Stadtleben, Landleben

Vielleicht größer als der Unterschied zwischen den Kulturen ist der Unte schied zwischen dem Leben in der Stadt und dem auf dem Land. Der Urba nisierungsgrad in der Region ist sehr unterschiedlich: Singapur ist natü lich eine Großstadt; auch Malaysia und Brunei sind überwiegend städtisc geprägt. In Indonesien, Thailand und auf den Philippinen lebt etwa d Hälfte der Bevölkerung in Städten, in Laos, Myanmar, Vietnam und Ost mor liegt die Anzahl zwischen 30 % und 40 %, in Kambodscha nur bei 20

Eine Konstante gibt's allerdings: Die Städte wachsen stetig und rasa Bis 2015 gab es in Südostasien 21 Städte mit mehr als einer Million Ei wohner; die UNO rechnet bis 2025 mit 15 weiteren Millionenorten. Städ sind für die Region nichts Neues – Hanoi z. B. ist über 1000 Jahre alt – do diese Massenmigration schon. 1950 lebten nur 15,5 % der Bevölkerung Städten; heute sind es über 40 %. Die lokale Infrastruktur und die Wi schaft haben Mühe, Schritt zu halten, was zu chaotischen Städten gefü hat, in denen einige Menschen in klimatisierten Hochhäusern und and in Slums ohne Anbindung leben (aber alle müssen sich mit dem kakophonen Verkehr auseinandersetzen). Dazwischen steht die Mittelklasse, meist gebildete Regierungsbeamte, die sich Terrassenwohnungen leisten können.

Für mehr als die Hälfte der Bevölkerung, die in ländlichen Gebieten lebt, bleibt das Leben tief im Dorf verwurzelt und an den landwirtschaftlichen Kalender gebunden. In der Regel leben viele Generationen unter einem Dach und zum Alltag gehören animistische Traditionen. Der Reisanbau mit einfachsten Hilfsmitteln wie von Wasserbüffeln gezogenen Pflügen ist eine mühselige Arbeit, die gerade so zum Überleben reicht.

Indigene Hochland-Völker

Das Bergland des kontinentalen Südostasien, von Myanmars Westgrenze über den Norden von Thailand, Laos und Kambodscha bis hin zum zentralen und nördlichen Hochland Vietnams, beherbergt Hunderte von indigenen Minderheiten – manchmal „Bergvölker" genannt – mit insgesamt mehreren Millionen Menschen. Heute sind sie in unterschiedlichen Graden assimiliert und leben in Konflikt mit und isoliert von der Mehrheit der Bevölkerung, die das fruchtbare Tiefland besetzt, und weitgehend in Armut.

Einige haben Gebietsansprüche, die Hunderte von Jahren (oder länger) zurückreichen; andere kamen erst kürzlich an, wahrscheinlich aus dem Himalaja oder Südchina. Vor der Kolonialzeit, als die Grenzen weniger festgelegt waren, lebten sie weitgehend autonom von Landwirtschaft und Viehzucht. Einige Gruppen sind relativ sesshaft; andere betreiben eine Art Brandrodungs-Landwirtschaft, die eine regelmäßige Umsiedlung mit sich bringt. Manche bauten auch Opium als Nutzpflanze an, aber das wurde weitgehend eingestellt.

Im 19. und 20. Jh. versuchten die britischen und französischen Kolonialisten – und später während des Vietnamkrieges die Amerikaner – gelegentlich, sich mit den Stämmen zu verbünden und sie gegen die Mehrheit auszuspielen. Gleichzeitig bekehrten Missionare einige Gemeinden zum Christentum. In der zweiten Hälfte des 20. Jhs., die gerade unabhängig gewordenen Nationen wurden von starken Männern und einer kraftvollen ethnonationalistischen Rhetorik beherrscht, wurden viele indigene Völker verfolgt, ihres Landes beraubt und gezwungen, sich anzupassen.

In den letzten Jahrzehnten haben Tourismus und Naturschutz die Situation verkompliziert. Ausländische Besucher interessieren sich immer mehr für die Völker, was für die Gemeinden eine wirtschaftliche Bereicherung sein kann, sie aber auch der Gefahr der Ausbeutung aussetzt. Zudem gibt's Stämme mit historischen Wurzeln in Gebieten, die in geschützte Nationalparks verwandelt wurden, woraufhin bestimmte Landwirtschafts- und Jagdpraktiken verboten wurden und Stämme umziehen mussten.

Kunst

Ein Großteil der antiken und klassischen Kunst Südostasiens ist religiöser Natur. Die Tempel (S. 1016), Moscheen (S. 1018) und Kirchen sind tolle Archive für Architektur und Bildhauerei. Aus den starken handwerklichen Traditionen, die bis heute erhalten geblieben sind, entstanden die lebendige Batik (mit einer Wachstechnik gefärbtes Tuch) in Indonesien, die Holzschnitzereien von Totems der Ifugao in Nord-Luzon und die auf Hochglanz polierten Lackwaren in den Werkstätten von Bagan, Myanmar.

Die kultigste Kunstform Südostasiens ist aber mit Sicherheit das javanische Schattenspiel (*wayang kulit*). Die zweidimensionalen Puppen sind aus Leder gefertigt, fein geschnitzt und sehr detailreich. Was vor den Augen der Zuschauer erscheint, ist der Schatten, den die Puppe wirft (idealerweise durch eine atmosphärische Öllampe). Die Geschichten stammen aus hinduistischen Epen, islamischen Erzählungen und javanischen Legenden; ein Puppenspieler (der *dalang*) erzählt die Geschichte, die zur Musik eines *gamelan*-Orchesters aus Gongs, Metallophonen und Handtrommeln

Museen Top 5

- *Museum der Asiatischen Zivilisationen (Singapur)*
- *Museum für Islamische Kunst (Malaysia)*
- *Jim Thompsons House (Thailand)*
- *Nationalmuseum von Kambodscha (Kambodscha)*
- *Ethnologisches Museum von Vietnam (Vietnam)*

Die besten Nudelgerichte

- *laksa (Malaysia)*
- *pho (Vietnam)*
- *pad thai (Thailand)*
- *mie goreng (Indonesien)*
- *nam ben chok (Kambodscha)*
- *lard na (Laos)*
- *pancit bihon (Philippinen)*
- *char kway teow (Singapur)*

abläuft. Traditionell dauern die Aufführungen die ganze Nacht. Yogyakarta und Solo sind die besten Orte, um *wayang kulit* zu erleben.

Die kleine Insel Bali hat eine reiche Tanzkultur. Ursprünglich wurden die Tänze bei religiösen Ritualen aufgeführt, heute werden sie oft für Touristen inszeniert. Die beiden Stile, die man inzwischen am häufigsten sieht, sind fesselndes *legong*, eine stilisierte Form des Tanzdramas, die traditionell von Mädchen (jetzt auch von erwachsenen Frauen) mit anmutigen, präzisen Gesten und hexenartigen Augen aufgeführt wird; und *kecak*, das von Männern dargestellt wird, die hypnotisch singen und skandieren. Auf Bali, und besonders in der Stadt Ubud, hat sich eine große Gemeinschaft von Kunstschaffenden und Handwerkern entwickelt, darunter viele Einwanderer.

Bei der zeitgenössischen Kunst sticht Singapurs Szene besonders hervor. Die neue Nationalgalerie wurde 2015 eröffnet, um die größte Sammlung moderner und zeitgenössischer südostasiatischer Kunst zu präsentieren. In Singapur gibt's auch zahlreiche Galerien, in geraden Jahren findet hier eine Kunstbiennale statt.

Essen

Reis ist das Grundnahrungsmittel Südostasiens. Die Mahlzeiten werden häufig mit der Familie eingenommen, es gibt eine Auswahl an Beilagen, die zusammen mit Reis serviert werden (der in Bambuskörben gedämpft oder mit einem modernen Reiskocher zubereitet wird). Die Bedeutung von Reis in der Region ist unübersehbar. In mehreren Sprachen ist das Wort „essen" gleichbedeutend mit „Reis essen"; viele Volksreligionen haben eine Reisgöttin. Der Beginn der Reissaat wird mit Festen mit Ritualen und Gebräuchen eingeläutet, die für eine gute Ernte sorgen sollen. Nudeln aus Reis oder Weizen gleichen mit ihrer Beliebtheit das aus, was ihnen an Symbolik fehlt.

Die Geschichte Südostasiens als globaler Knotenpunkt zeigt sich in der Küche: Currys und Fladenbrote aus Indien, Pfannengerichte aus China, Baguette-Sandwiches – wie Vietnams *banh mi* – aus Frankreich und Zutaten aus Amerika wie z. B. Erdnüsse. Es ist zwar schwer, sich das Essen hier ohne Chilis vorzustellen, aber wahrscheinlich brachten die Spanier sie im 17. Jh. mit. Die Geografie der Region ist ebenfalls ein wichtiger Faktor: Fisch – aus dem Meer, dem Fluss Mekong, dem Tonlé Sap (Großer See) oder aus wasserreichen Reisfeldern – ist vorherrschender als Fleisch. Wie es der Islam vorschreibt, essen muslimische Gemeinden in der gesamten Region kein Schweinefleisch (was zu einem kulinarischen Konflikt mit ihren chinesischen Nachbarn führt, die Schweinegerichte lieben).

Kräuter und Gewürze spielen in der lokalen Küche eine große Rolle: Zitronengras, Pandablatt, Galgant (eine stärkere, erdigere Art von Ingwer), Schalotten und Kurkuma. Cremige Kokosnuss wird oft zu Currys hinzugefügt. Typischerweise werden in einem Gericht saure, süße und salzige Aromen kombiniert. Die Süße stammt meistens von Palmzucker; Kaffernlimette oder Tamarinde sorgen für einen Hauch von Säure. Viele Gerichte werden nicht nur mit Salz gewürzt, sondern mit einer salzigen fermentierten Fischsoße (meist aus Sardellen), die das wichtige Umami-Element beisteuert. Südostasiatisches Essen ist zudem für seinen würzigen Kick bekannt – und der offenbart sich manchmal, wo man ihn vielleicht nicht erwartet (z. B. in Salaten in Thailand und Laos).

In den Städten essen die Menschen häufig auswärts – was einleuchtet, angesichts der vielen günstigen Angebote an Straßenständen und einfachen Lokalen. Nudelsuppen und Reisbrei sind eine beliebte Frühstücksoption. Es gibt normalerweise kein Dessert nach dem Essen, Süßigkeiten sind aber als Snacks oder zum Tee üblich. Das tropische Südostasien produziert eine Fülle von Früchten; neben Bananen und Ananas gibt's Marktbuden und Smoothie-Stände mit Mangostane, Rambutans, Jackfrüchten, Annonaceen, Sternfrüchten und Stinkfrüchten – eine große Stachelfrucht, die man entweder liebt oder hasst.

Religion

In ganz Südostasien ist die Religion ein fundamentaler Bestandteil der nationalen und ethnischen Identität. Der Islam ist die Mehrheitsreligion in Indonesien, Malaysia und Brunei sowie eine wichtige Minderheitsreligion in Thailand, Myanmar, Singapur und auf den Philippinen. Der Buddhismus ist die Hauptreligion im gesamten Kontinentalteil Südostasiens – in Thailand, Myanmar, Kambodscha, Laos und Vietnam. Die Philippinen und Osttimor sind überwiegend katholisch. Singapur ist dagegen das Land mit der größten religiösen Diversität der Welt – hier leben beträchtliche buddhistische, christliche, muslimische, taoistische und hinduistische Bevölkerungsgruppen.

Buddhismus

Der Buddhismus begann im 6. Jh. mit der Geschichte eines behütet aufgewachsenen Prinzen namens Siddhartha Gautama, der im Alter von 26 Jahren sein privilegiertes Leben aufgab, um auf eine spirituelle Reise zu gehen. Nachdem er jahrelang mit verschiedenen asketischen Methoden experimentiert hatte, meditierte er 49 Tage unter einem Feigenbaum und erreichte das Stadium der Erleuchtung. Der Prinz wurde zum Buddha, einem „Erwachten".

Der Buddhismus baut in vieler Hinsicht auf dem Hinduismus auf, insbesondere auf der Idee des Samsara, des Kreislaufs von Tod und Wiedergeburt, bestimmt durch das Karma, das Prinzip von Ursache und Wirkung. Der Buddha lehrte die Vier Edlen Wahrheiten, wie sie heute genannt werden: Das Leben ist leidvoll; der Ursprung des Leids ist Begehren; die Befreiung vom Begehren beendet das Leiden; und das Befreien vom Begehren ist möglich, indem man dem Mittleren Weg folgt, der sowohl sinnliche Genüsse als auch das Gegenteil, extremen Asketismus, meidet. Das letzte Ziel des Buddhismus ist das Erreichen des Nirwana, das die endgültige Loslösung von der Welt des Verlangens und des Leidens und das Ende des Kreislaufes der Wiedergeburt (sowohl von Moment zu Moment als auch von Leben zu Leben) bedeutet.

In der ganzen Region werden noch heute Volksreligionen praktiziert, oft neben dem Islam, Buddhismus und Christentum oder mit ihnen vermischt, sodass Religionen, die man zu kennen glaubt, hier im Alltag eine völlig andere Gestalt haben.

raktizierter Buddhismus

ls sich der Buddhismus ausbreitete, entwickelte er sich weiter und es ildeten sich zwei Hauptschulen: der Theravada-Buddhismus und der ahayana-Buddhismus. Theravada („Lehre der Älteren") ist die konservativere der beiden Schulen und beruht auf den Lehren Buddhas, die s die ältesten gelten. Es betont den individuellen Pfad zur Befreiung s dem Samsara. Die Meditation ist ein wesentlicher Bestandteil der eravada-Praxis – die Beherrschung des Geistes ist ein wichtiger Schritt f dem Weg zur Befreiung vom Begehren. Das Klosterleben wird als eal verehrt, Laien können aber durch fromme Handlungen „Verdienste werben".

Der Theravada-Buddhismus, auch südliche Schule genannt, erreichte dostasien über Sri Lanka und wird in Kambodscha, Laos, Myanmar d Thailand praktiziert. In diesen Ländern sind überall Mönche mit en kahlgeschorenen Köpfen und orangen Roben zu sehen, besonders nn sie ihre Morgenrunde machen, um Reis als Almosen zu empfan-

DIE BEDEUTUNG VON BUDDHA-STATUEN

Buddha-Darstellungen sind visuelle Predigten. Die nichtmenschlichen Elemente wie die herabhängenden Ohrläppchen, das Fehlen von Knochen und Muskeln, die bis zu den Knien reichenden Arme und das dritte Auge drücken Buddhas göttliche Natur aus. Die Pose bzw. Haltung der Figuren stellt zudem bestimmte Perioden im Leben Buddhas dar:

Liegend Der Moment der Erleuchtung und des Todes Buddhas.

Sitzend Buddha lehrt oder meditiert. Wenn die rechte Hand zur Erde weist, bezwingt Buddha die Dämonen des Begehrens. Wenn die Hände im Schoß gefaltet sind, dreht Buddha das Rad des Gesetzes.

Stehend Buddha segnet oder zähmt bösartige Kräfte.

Schreitend Buddha nach seiner Rückkehr vom Himmel auf die Erde.

gen. Von allen männlichen Buddhisten wird erwartet, dass sie für eine gewisse Zeit (einige Wochen oder Monate) ins Kloster gehen, meistens nach Beendigung der Schule. In der Vergangenheit gab es zwar auch Nonnenorden, doch Frauen, die ein Leben im Kloster anstreben, erhalten nicht die vollständige Ordination (wenngleich es Frauen gibt, die dafür kämpfen).

Der Mahayana-Buddhismus (Mahayana bedeutet „großes Fahrzeug") hat einen breiteren Ansatz und sucht die universelle Befreiung aus dem Samsara für alle fühlenden Wesen, von denen er glaubt, dass sie eine innewohnende Buddha-Natur und Verbundenheit besitzen. Eine zentrale Figur dieser Tradition ist der Bodhisattwa, ein Wesen, das am Rande der Erleuchtung steht, sich aber entscheidet, zurückzubleiben, um zum Wohle aller Menschen zu wirken. Der Mahayana-Buddhismus, auch nördliche Schule genannt, hat sich in Tibet, China, Japan und Vietnam ausgebreitet, wobei die meisten Vietnamesen aber in der Realität eine Mischung aus Konfuzianismus, Taoismus und Buddhismus praktizieren, die Tam Giao (Drei Lehren) genannt wird.

Tempelkunst & -architektur

In den Tempeln (Wat bzw. in Myanmar Paya genannt) Kambodschas, Laos', Myanmars und Thailands zeigt sich der Einfluss der südostasiatischen Kunst und Architektur und der Weltanschauung des Theravada-Buddhismus. Das wichtigste Bauwerk ist der Stupa, eine Art Monument, der ursprünglich zur Aufbewahrung von Reliquien diente ode zum Andenken an einen Ort oder ein Ereignis gebaut wurde – zude war der Bau eines Stupas eine gute Möglichkeit, Verdienste zu erweben. Frühe Stupas waren oft wie Halbkugeln geformt, deren Spitze ei schirmförmiger Turm bildete. Im Lauf der Zeit entwickelten sich dann i verschiedenen Kulturen unterschiedliche Stile. Traditionelle Khmer-Stpas erinnern ein wenig an Maiskolben, in Myanmar sind sie oft bauch oder glockenförmig. In Thailand gibt es ebenfalls viele glockenförmi Stupas, aber mit verschiedenen Stufen und Facetten. In Laos sind Stpas oft hoch, dünn und eckig. Die Tempel haben in der Regel auch ei Gebetshalle, in deren Zentrum sich eine Statue des historischen Buddh Gautama, befindet.

Mahayana-Tempel folgen meist der chinesischen Ästhetik und beszen oft mehrere Buddha-Statuen (die die vielen Gesichter des Budd darstellen, der in der Mahayana-Tradition angebetet wird). In China h sich aus dem Stupa die Pagode entwickelt, ein Turm mit mehrgeschsigen Dächern – ein Element, das auch einige vietnamesische Tem aufweisen.

Buddhistische Bauwerke

- *Tempel von Angkor (Kambodscha)*
- *Borobudur (Indonesien)*
- *Bagan (Myanmar)*
- *Geschichtspark Sukhothai (Thailand)*

Christentum

Das Christentum gelangte während der Kolonialzeit mit den Europäern nach Asien. Den Katholizismus brachten die Franzosen nach Vietnam, die Spanier auf die Philippinen und die Portugiesen nach Osttimor. Heute lebt auf den Philippinen die drittgrößte Katholikengemeinde der Welt. Teile Indonesiens sind infolge der Bemühungen westlicher Missionarsgruppen christlich, hauptsächlich protestantisch. In all diesen Ländern gibt es noch Reste früherer Glaubensrichtungen und Gebräuche und eine schon fast persönliche Betonung bevorzugter Aspekte der Liturgie oder Ideologie. Die regionalen Variationen des Christentums sind oft so prägnant, dass die praktizierte Religion auf westliche Christen derselben Glaubensrichtung sehr fremdartig wirken kann.

> Als die letzten großen hinduistisch-buddhistischen Königreiche Indonesiens fielen, flohen die Überlebenden auf die Insel Bali. Heute ist Bali der einzige verbliebene Außenposten des Hinduismus – nach mehr als Tausend Jahren Einfluss – in Südostasien.

Hinduismus

Der Hinduismus ist eine sehr alte amorphe Religion. Er ist eigentlich eher eine im Lauf von Tausenden Jahren entstandene Lebensweise als eine klare Doktrin. Eine Entstehungsgeschichte gibt es nicht, aber er ist eng mit Indien verknüpft. Der Hinduismus ist zugleich pantheistisch – Gott und das Universum sind eins – und polytheistisch: Die endlose ewige Weltseele (Brahman) manifestiert sich in vielen Formen, die von den Anhängern angebetet werden. Die drei wichtigsten Inkarnationen Brahmans sind Brahma (der Schöpfer), Wischnu (der Bewahrer) und Schiwa (der Zerstörer, aber auch Erneuerer). In der Kunst werden sie oft mit mehreren Armen oder Köpfen dargestellt, um ihre vielfältige Natur auszudrücken.

Neben dem Buddhismus hatte auch der Hinduismus im ersten Jahrtausend unserer Zeitrechnung großen Einfluss auf die Kultur und Gesellschaft Südostasiens. Das Mataram-Königreich Java und das Khmer-Königreich Kambodscha errichteten in Prambanan bzw. Angkor großartige Tempel, die den Hindugöttern geweiht waren. Hindutempel bestehen normalerweise aus Sockeln, auf denen sich Türme wie Berge erheben – sie symbolisieren den kosmischen Berg Meru, den Wohnsitz der Götter. Die Fassaden schmücken oft Skulpturen von Gottheiten oder kurvige *apsaras* (göttliche Nymphen). Selbst dort, wo der Hinduismus als Religion verschwunden ist, leben viele Gottheiten weiter, oftmals aber verschmolzen mit örtlichen Geistern. Ein Beispiel dafür sind die *naga*, hinduistische Schlangengottheiten, die mit Wasser assoziiert werden und häufig in buddhistischen Tempeln in ganz Südostasien zu sehen sind.

DAS DAUERHAFTE VERMÄCHTNIS EINES HINDUISTISCHEN EPOS

Das Ramayana ist ein uraltes hinduistisches Epos, das im Lauf der Jahrhunderte unzählige Male erzählt wurde – als Tanz oder Puppenspiel, in Tempelreliefs und modernen Comics. Es ist die Geschichte des Prinzen Rama (eine Inkarnation des Hindugottes Wischnu), der sich in die schöne Sita verliebt, um ihre Hand anhält und sie zur Frau bekommt, nachdem er eine Aufgabe erfüllt: Es gelingt ihm, einen magischen Bogen zu spannen. Doch ehe sie den Thron besteigen können, wird das Paar (von einer bösen Stiefmutter) in den Dschungel verbannt, wo Sita vom Dämonenkönig Ravana entführt wird. Mit Unterstützung seines loyalen Bruders Laksmana und des hilfreichen Affenkönigs Hanuman besiegt Rama Ravana. Sita wird gerettet und Frieden und Güte werden wiederhergestellt. Verschiedene Kulturen haben die Geschichte unterschiedlich interpretiert, Rama verkörpert jedoch die Ideale der meisten Kulturen.

Islam

In Südostasien lebt ein Viertel aller Muslime der Welt (in der arabischen Welt nicht einmal 15 %). Indonesien hat die größte muslimische Bevölkerungsgruppe weltweit, das Land schickt jedes Jahr die meisten Pilger nach Mekka.

Der Islam wurde im 7. Jh. in Arabien gestiftet, als der Prophet Mohammed das Wort Gottes (den Koran, das heilige Buch des Glaubens) empfing. Auf Arabisch bedeutet Islam „sich ergeben" oder „sich unterwerfen", und es ist die Pflicht jedes Muslims, sich dem allwissenden, allgegenwärtigen Allah (Gott) zu unterwerfen. Dieses Glaubensbekenntnis ist die erste der Fünf Säulen des Islam. Die anderen vier Säulen verlangen von Gläubigen, fünfmal am Tag zu beten, Almosen an die Armen zu geben, im Ramadan (dem neunten Monat des Mondkalenders) zu fasten und die Pilgerfahrt (Hadsch) nach Mekka zu machen.

Als der Islam nach Südostasien kam, verdrängte er die älteren Religionen nicht – den Hinduismus und den Buddhismus früherer Jahrhunderte und die noch älteren Volksreligionen –, sondern absorbierte sie. Ein Beispiel: Die besondere synkretistische Form (Mischform) des Islam, die sich in Südostasien entwickelte, wird oft dem Sufismus, einer mystischen Variante des Islams, zugeschrieben. Sufis waren anfänglich heilige Männer (*suf* ist ein arabisches Wort für die von religiösen Asketen getragene grobe Wolle), die anstelle strikter Orthodoxie und Gesetzestreue zu einem persönlichen Ausdruck des Glaubens ermutigten. Wissenschaftler glauben, dass sie bei der Adaption traditioneller Glaubenspraktiken an den Islam eine große Rolle spielten.

Gestaltung der Moscheen

Alle Moscheen (in Indonesien, Malaysia und der arabischen Welt *masjid*) haben einen großen, oft für Männer und Frauen getrennten Gebetsraum. Es gibt keine Stühle – die Gläubigen beten, dem Mihrab zugewandt (einer Gebetsnische, die die Richtung nach Mekka anzeigt), auf dem Boden. Im Hof stehen immer ein Brunnen für die obligatorischen rituellen Waschungen vor dem Gebet und ein Minarett (Turm), von dem aus der Ruf zum Gebet erfolgt. Abgesehen von diesen Grundelementen zeichnet sich die Gestaltung von Moscheen in Südostasien durch große Vielfalt aus. Die ältesten Moscheen haben spitze oder mehrgeschossige Dächer die an Hindutempel erinnern. Andere, besonders die im späten 18. und frühen 19. Jh. gebauten, sind nach dem Vorbild der Moscheen im Nahen Osten gestaltet – sie sind mit Kuppeln, Säulenhallen und schlanken Minaretten ausgestattet. Einige schmücken kunstvolle Gitter oder geometrische Mosaiken, die typisch für die islamische Kunst sind (die di Bilderverehrung auch von Menschen und Objekten ablehnt). Die Masji Negara, die Nationalmoschee Malaysias, ist ein Beispiel für die modern Gestaltung einer Moschee im 20. Jh.

Politischer Islam

Historisch unterscheidet der Islam nicht zwischen religiöser und säk larer Welt. Die auf dem Koran beruhende Scharia (Islamisches Gesetz die Worte und Taten des Propheten (in ihrer Gesamtheit Sunna genann und die Interpretationen der Gelehrten regeln strafrechtliche, zivilrech liche und persönliche Angelegenheiten. In der muslimische Welt gibt eine breite Diskussion darüber, wie die Scharia im Kontext modern pluralistischer Staaten definiert, befolgt und angewandt werden soll. E nige Regeln sind glasklar, etwa das Verbot von Schweinefleisch, Alkoh und Glücksspiel – doch sollten diejenigen, die es verletzen, per Gese dafür bestraft werden? Andere Forderungen wie die nach zurückhalte der Kleidung lassen viel Raum für Debatten.

Verglichen mit dem Nahen Osten wird in Südostasien seit jeher ei eher moderatere Form des Islam praktiziert. Frauen wurden niem eingesperrt und müssen mit wenigen Ausnahmen ihren Kopf nicht v hüllen, allerdings entscheiden sich in jüngster Zeit immer mehr Fr en dafür. In Malaysia gilt seit Langem ein paralleles Scharia-System für muslimische Malaysier, das sich aber weitgehend auf Familienangelegenheiten beschränkt. Indonesien hat keine nationale Scharia, erlaubt aber der Provinz Aceh im Rahmen des Friedensvertrags von 2005 Elemente der Scharia anzuwenden. Auf den Philippinen gibt es Scharia-Familiengerichte für Muslime.

In der gesamten muslimischen Welt ist der Fundamentalismus auf dem Vormarsch, und Südostasien bildet da keine Ausnahme. In Indonesien und Malaysia fordern konservative Bewegungen eine erweiterte Anwendung der Scharia. Einheimische Kritiker verspotten dies als Arabisierung ihrer Kultur, andere verweisen auf die wachsende Einkommensschere als Ursache für den jüngsten Aufschwung populistischer Hardliner. Auf der nationalen Ebene hatte dies bisher nur geringfügige Auswirkungen – so verbot Indonesien etwa den Verkauf von Alkohol in Minimärkten und kleinen Geschäften –, doch moderate Muslime sind besorgt, dass dies erst der Anfang sein könnte.

Das kleine Sultanat Brunei hat das strengste Scharia-Recht aller Länder der Region. 2014 kündigte es an, dass es nach und nach die Scharia ins Strafrecht einführen würde, verbunden mit Strafen wie dem Abtrennen von Gliedmaßen für Diebstahl.

en dafür. In Malaysia gilt seit Langem ein paralleles Scharia-System für muslimische Malaysier, das sich aber weitgehend auf Familienangelegenheiten beschränkt. Indonesien hat keine nationale Scharia, erlaubt aber der Provinz Aceh im Rahmen des Friedensvertrags von 2005 die [illegible] Scharia anzuwenden. Auf den Philippinen gibt es Scharia-Familiengerichte für Muslime.

In der gesamten muslimischen Welt ist der Fundamentalismus auf dem Vormarsch und Südostasien bildet keine Ausnahme. In Indonesien und Malaysia fordern konservative Bewegungen eine erweiterte Anwendung der Scharia. Fundamentalistische Kritiker verspotten das [illegible] Ana-[illegible] ihrer Kultur, andere verweisen auf die wachsende [illegible] als Ursache für den jüngsten Aufschwung [illegible]. Auf der nationalen Ebene hatte dies bisher nur geringfügige Auswirkungen [illegible] Verkauf von Alkohol in [illegible], doch moderate Muslime sind besorgt, dass dies erst der Anfang sein könnte.

Das kleine Sultanat Brunei hat das strengste Scharia-Recht aller Länder der Region. [illegible] dass es nach und nach die Scharia [illegible] einführen würde, verbunden mit Strafen wie dem Abtrennen von Gliedmaßen für Diebstahl.

Praktische Informationen

Verantwortungs-volles Reisen

Für Südostasien ist der Tourismus Fluch und Segen zugleich. Mit Bedacht organisiert, kann er Familienbetriebe fördern, zur Erweiterung des Horizonts der Reisenden beitragen und dabei helfen, Kultur- und Naturdenkmäler zu bewahren. Doch Traveller bedeuten für die Bewohner und die Umwelt auch Probleme, von Umweltzerstörung bis zu kulturellen Konflikten. Damit der eigene Aufenthalt für die Einheimischen möglichst bereichernd ist, sollte man Veranstalter wählen, welche die lokale Bevölkerung nicht ausbeuten, sondern unterstützen, und sich den Menschen und der Natur des Landes gegenüber respektvoll verhalten.

UMWELT-PROBLEME

Kaum eine Region der Erde bietet eine derart große biologische Vielfalt wie Südostasien. Im dichten Dschungel und in den Meeresschutzgebieten leben Tierarten, die man nirgendwo sonst findet. Und nicht nur das – jedes Jahr werden neue Tierarten entdeckt!
Besonders hervorzuheben sind die Riffe, an denen 75 % aller Korallenarten weltweit leben, vor allem im 6 Mio. m² großen Korallendreieck, das sich zwischen Malaysia und den Salomonen erstreckt. Auch die größte Fischart der Welt (der Walhai), die größte Eidechse der Welt (der Komodowaran) und die größte Blüte (die Rafflesia erreicht einen Durchmesser bis zu 1 m) sind hier zu finden. Und dann ist da noch der mächtige Mekong, der es in puncto Artenvielfalt mit dem Amazonas aufnehmen kann.

Gleichzeitig ist die Region sehr dicht besiedelt und Umweltzerstörung und der Verlust von Waldflächen sind ein stetig wachsendes Problem. Jedes Jahr, wenn wieder Wald für die Erschließung von Touristenorten, landwirtschaftlichen Betrieben und Palmölplantagen brandgerodet wird, hängt der Himmel voller Rauch. Verkehr und Industrie verschmutzen die Städte, während sich in den durch Chemieabfälle und Abwasser verunreinigten Flüssen und Bächen der Müll staut.

Reisende sollten ihren Beitrag zur Lösung dieser Probleme leisten, indem sie diese erkennen und die Auswirkungen des eigenen Aufenthalts minimieren.

Abholzung

Aufgrund von Abholzung und den damit verbundenen Waldbränden ist Indonesien der drittgrößte Verursacher von Treibhausgasen weltweit. Der dabei entstehende Rauch hüllt Singapur und Teile von Malaysia regelmäßig in eine Giftwolke ein, die zu einem Chaos im Flugverkehr und einer steigenden Zahl von Atemwegserkrankungen führt. Die Zerstörung der Mangrovenwälder, die an der Küste als Pufferzone dienen und in denen Fische laichen, hat die Fischbestände dezimiert. Auch Stürme treffen wegen der fehlenden Befestigung heftiger als zuvor aufs Land, was auch zum verheerenden Tsunami am 26.12.2004, dem Wirbelsturm Nargis im Jahr 2008 und dem Taifun Haiyan 2013 führte.

Wassersysteme

Die Wasserlandschaft leidet: Korallenriffe sterben durch Überfischung und durch den Einsatz von Gift und Dynamit, durch die Sedimentabschwemmung bei der Küstenerschließung sowie durch steigende Meerestemperaturen aufgrund des Klimawandels. Außerdem haben die Anker von Touristenbooten und der Kontakt mit Touristen unmittelbare Folgen. Wasserkraftwerke am Mekong belasten das Ökosystem des Flusses empfindlich, vom Sedimenttransport über Fischwanderung bis zur Veränderung des Wasserpegels.

Verlust von Lebensraum

Viele einheimische Tierarten sind durch den Verlust ihres Lebensraums ernsthaft bedroht. Zwar gibt es zahlreiche Nationalparks und Naturschutzgebiete, doch diese schützen nur einen kleinen Teil der Gesamtfläche des Landes. Dazu kommen menschliche Eingriffe, denn ein großes Problem ist die Wilderei. Thailand ist mittlerweile einer der wichtigsten Kanäle für den Transport und Verkauf von lebenden Tieren bzw. von Teilen toter Tiere nach Übersee.

Lösungen

Das Umweltproblem ist zwar bekannt, doch Antworten sucht man vergeblich. Die Naturschutzbewegung muss sich permanent gegen die Geschäftswelt und wirtschaftliche Interessen behaupten, gegen politische Korruption und die Verzweiflung jener Menschen, die in ländlichen Regionen in Armut leben.

Von allen Ländern Südostasiens betreibt das reiche Brunei den meisten Naturschutz, 70 % der ursprünglichen Waldfläche sind dort noch intakt. Doch dank seines Öl-Reichtums kann Brunei es sich auch erlauben, auf möglichen Profit durch noch unerschlossenes Land zu verzichten. Andere Länder sind oft aus der Not heraus gezwungen, ihre natürlichen Ressourcen unter rein finanziellen Gesichtspunkten zu betrachten.

Verhaltenstipps

Auf viele Umweltprobleme hat der durchschnittliche Tourist keinen Einfluss. Man kann aber versuchen, den „Fußabdruck" möglichst klein zu halten, indem man die Umwelt schützt und die unzureichende Infrastruktur möglichst wenig belastet. Ein paar einfache Vorschläge:

- Statt eines klimatisierten Zimmers lieber ein Zimmer mit Ventilator nehmen und kalt statt warm duschen.
- Biologisch abbaubare Seife vermindert die Wasserverschmutzung.
- Mahlzeiten aus lokalen Zutaten importierten Produkten vorziehen.
- Nach Möglichkeit Plastikverpackungen vermeiden oder sie, wenn es nicht anders geht, vernünftig entsorgen.
- Zigarettenstummel in den Mülleimer werfen.
- Muskelkraft statt Kraftstoff nutzen (Wandern statt Minivan-Tour, Fahrrad statt Motorrad, Kajak statt Jetski).
- Freiwilligendienst bei einer lokalen Natur- oder Tierschutzgruppe leisten.
- Verantwortungsbewusst tauchen.
- Abfall immer in den vorgesehenen Behältern entsorgen.
- Auf Lebensmittel verzichten, die aus gefährdeten Tier- oder Pflanzenarten hergestellt sind.
- Plastikflaschen wieder auffüllen.
- Unternehmen mit Ökotourismus-Ansatz unterstützen (in diesem Buch mit einem Nachhaltigkeits-Symbol gekennzeichnet).

BEGEGNUNGEN MIT TIEREN

In Südostasien besteht die Möglichkeit, absolut unvergleichliche Erfahrungen mit Wildtieren zu machen: Ein Spaziergang mit Elefanten, Ziplining durch die von Gibbons bevölkerten Wipfel des Dschungels, Tauchen mit Walhaien oder eine Begegnung mit dem Komodowaran, der weltweit größten Echse. Dabei sollte man aber nie vergessen, dass es sich um wilde Tiere in ihrer natürlichen Umgebung handelt und man sich angemessen verhalten muss. Ein paar Tipps:

- Keinen Müll in der Umwelt hinterlassen, vor allem nicht im Wasser, damit es nicht in die Nahrungskette gelangt.
- Nicht in der Nähe von Wildtieren rauchen.
- In der Nähe der Tiere nicht mit Blitzlicht fotografieren, um sie nicht zu verängstigen.
- Immer auf die Anweisungen der Führer und Ranger hören und jederzeit einen vernünftigen Abstand zu den Tieren halten.

Unbedingt darauf achten, dass man nur umweltbewusste Angebote nutzt, etwa einen Spaziergang mit einer Elefantenherde statt des typischen Elefantenritts, der den Tieren Schmerzen zufügt.

KULTURELLES & SOZIALES

Die Südostasiaten sind liebenswürdige Gastgeber und sehen über kleine Verstöße gegen die gesellschaftliche Etikette hinweg. Allerdings gibt's in jeder Kultur einige Tabus und feste Glaubensgrundsätze, die man respektieren sollte. Vor der Ankunft im Land sollte man sich einen Überblick über heikle Themen verschaffen und bei diesen den nötigen Respekt walten lassen.

Viele Besucher machen den Fehler, die Bedeutung des Gesichtsverlusts in asiatischen Kulturen zu unterschätzen. Die öffentliche Zurschaustellung von Wut und Aggression beschämt alle Beteiligten und sollte vermieden werden. Einheimische gehen sich gegenseitig aus dem Weg, um andere nicht zu beschämen, und man reist ruhiger, wenn man es genauso macht.

Streitigkeiten um Geld sind die häufigste Konfliktursache zwischen Reisenden und Einheimischen, doch Uneinigkeit über Preise sollten sich niemals in einen Streit verwandeln – ist der Preis zu hoch, lässt man den Kauf sein oder geht woanders hin.

Armut & wirtschaftliche Disparität

Zwar steigen in Südostasien der Wohlstand und die Möglichkeiten, doch die Kluft zwischen Arm und Reich schließt sich keinesfalls. Nur wenige Länder der Region haben gut entwickelte soziale Sicherungsnetze für Obdach- oder Arbeitslose, im Fall des Todes von Familienmitgliedern, bei Schulden, Diskriminierung und in anderen Fällen von Elend und Armut.

In ländlichen Gegenden fristen die meisten ihr Dasein unter prekären Lebensbedingungen ohne Zugang zum modernen Gesundheitswesen,eine Grundbildung und die Möglichkeit, wirtschaftlich voranzukommen. Oft ist ihre traditionelle Lebensweise mit dem modernen Markt gänzlich unvereinbar und viele junge Leute wandern aus den Dörfern in die Städte ab, wo sie in einen neuen Strudel städtischer Armut hineingezogen werden.

Die Landbevölkerung zieht in Asiens Primatstädte, wo sie sich als Hilfsarbeiter zu entsprechend geringen Löhnen verdingen, und nicht wenige sind zu Prostitution, Verbrechen und moderner Sklaverei gezwungen. In Familien, die knapp bei Kasse sind, müssen die Kinder häufig arbeiten, entweder offiziell in einer Fabrik, inoffiziell als Straßenverkäufer oder als Hausangestellte. Auf eine Ausbildung wird häufig verzichtet, da in erster Linie Geld zum Überleben verdient werden muss.

Ein Problem ist auch der Menschenhandel: Mit Aussicht auf Arbeit werden Migranten in ein Nachbarland gelockt, wo sie dann zur Sklaverei oder Prostitution gezwungen werden. Auch der Krieg hat viele Spuren in Form zahlreicher Opfer von Landminen und Blindgängern in der Region hinterlassen, vor allem in Vietnam und Kambodscha.

Betteln ist an der Tagesordnung. Ob man etwas gibt oder nicht, bleibt jedem selbst überlassen, doch vermutlich tut man mehr Gutes, wenn man in ein renommiertes Gemeindeprogramm investiert, als wenn man einem Bettler Geld gibt. Viele Kinderhilfswerke raten davon ab, Kindern Geld zu geben, damit diese nicht in eine Abhängigkeit geraten und einen Lebensstil annehmen, der andere verarmte Kinder auf die Straße locken könnte.

INFOS IM INTERNET

Responsible Travel (www.responsible-travel.org) Tipps für einen verantwortungsbewussten Urlaub und wie man ein „besserer" Tourist wird, was Umwelt, Betteln und Feilschen angeht.

Mekong Responsible Tourism (www.mekongresponsibletourism.org) Internetseite über gemeindebasierten und sozialverträglichen Tourismus in der Mekong-Region. Oft findet man hier Informationen über Privatunterkünfte, kulturelle Sehenswürdigkeiten, Homestays und Ökolodges.

WWF International (www.panda.org) Alles Wichtige über die Umweltkampagnen des WWF zum Schutz bedrohter Tierarten und Landstriche in Südostasien.

Elephant Asia Rescue & Survival Foundation (www.earsasia.org) Unterstützt verantwortungsvollen Elefantentourismus und das Wohlergehen von Elefanten.

Wildlife Alliance (www.wildlifealliance.org) Unterstützt Schutzprojekte in der Region.

Mongabay (www.mongabay.com) Aktuelles über Umweltwissenschaft und Naturschutz mit Schwerpunkt auf tropischen Regenwäldern, u. a. in Indonesien.

Ecology Asia (www.ecologyasia.com) Zahlen und Fakten über Südostasiens Flora und Fauna.

Sealang Projects (sealang.net) Internetquelle zum Erlernen südostasiatischer Sprachen.

Travelers Against Plastic (www.travelersagainstplastic.org) Setzt sich für die Nutzung von wiederverwendbaren Wasserflaschen ein, um die Umwelt zu schützen.

Diskretionsabstand

Mit der Privatsphäre ist es in Südostasien nicht weit her. Den Einheimischen macht es nichts aus, dicht aneinander gedrängt Schulter an Schulter in öffentlichen Verkehrsmitteln zu sitzen. Die meisten würden lächeln, wenn man ihnen etwas vom persönlichen unantastbaren Diskretionsabstand erzählen würde. Man sollte also darauf vorbereitet sein, während der Reise oft engen körperlichen Kontakt mit Fremden zu haben.

Das Prinzip der Warteschlange ist in Südostasien praktisch unbekannt. In einigen Büros werden Nummern gezogen, doch in der Regel kommt zuerst dran, wer am lautesten schreit. Man muss es so machen wie die Einheimischen und um seinen Platz am Tresen kämpfen; wer höflich wartet, bis er drankommt, ist vermutlich nie an der Reihe.

Etikette

Wer die folgenden Verhaltenstipps berücksichtigt, stellt sich mit der Bevölkerung Südostasiens gut:

- Man sollte die lokalen Bekleidungsstandards respektieren, besonders in der Nähe von religiösen Stätten. Bevor man ein Haus des Glaubens betritt, zieht man seine Schuhe aus und nimmt seine Kopfbedeckung ab.
- Für Frauen gibt es weitere Regeln an religiösen Stätten: vorher überprüfen, ob der Kopf bedeckt sein sollte. Es ist immer gut, sich zurückhaltend zu kleiden, um keinen Ärger zu provozieren.
- Religiöse Gegenstände jederzeit mit dem größten Respekt behandeln. Nicht etwa auf Tempelruinen klettern oder hinter kopflosen Buddha-Statuen für Fotos posieren.
- Die regionalen Grußformeln und wichtigsten Höflichkeiten in der Landessprache lernen oder noch besser einen Sprachkurs besuchen.
- Vor dem Fotografieren von Privatpersonen immer erst um Erlaubnis fragen, am besten in ihrer jeweiligen Landessprache.
- Nicht laut werden oder aggressiv erscheinen, denn das führt möglicherweise dazu, dass die Einheimischen „ihr Gesicht verlieren", was sehr ernste Folgen haben kann.
- Es ist höflich, seinem Sitznachbarn bei langen Busfahrten einen Snack oder eine Zigarette anzubieten.
- Ein faires Trinkgeld ist immer willkommen, da die Löhne äußerst niedrig sind.
- Das Feilschen nicht zu ernst nehmen; ein bisschen Geben und Nehmen macht Käufe erst interessant, aber bis zum bittereren Ende und um jeden Cent zu streiten, bedeutet einen Gesichtsverlust für alle Beteiligten.

PROSTITUTION

Eigentlich ist Prostitution illegal, aber in weiten Teilen Südostasiens verbreitet und geduldet. Neben Erwachsenen gibt's auch zahlreiche Kinder als Opfer von Kidnapping oder Menschenhandel, die in Bordellen und informellen Prostitutionsnetzwerken arbeiten. Manchmal werden Kinder von Familienangehörigen in ein Leben der modernen Sklaverei verkauft. Unicef schätzt, dass es in ganz Asien beinahe eine Million Kinderprostituierte gibt – eine der höchsten Raten der Welt.

Nähere Infos zu den Themen Prostitution und Kindesmissbrauch in Asien erhält man über die Initiative End Child Prostitution & Trafficking (Ecpat; www.ecpatoder net) oder bei ChildSafe International (www.childsafe-international.org).

Freiwilligenarbeit & Hilfstourismus

Hilfstourismus erlebt gerade einen Boom in Südostasien, doch man darf nicht vergessen, dass dieser einen kommerziellen Hintergrund hat. Daher ist es unerlässlich, Recherche zu betreiben, um sicherzustellen, dass man mit seinem Geld den Menschen vor Ort wirklich hilft und nicht nur Reiseveranstalter bereichert.

Die goldenen Regeln lauten: Wenn man eine Arbeit ergreift, sollte man für diese ein gewisses Talent mitbringen, die Zeitspanne sollte ausreichend lang sein und man sollte sie in einer Art und Weise erledigen, mit der man die Menschen vor Ort auf ihrem Weg in die Unabhängigkeit unterstützt. Projekte, in denen man machen kann, was und wie lange man möchte, haben mit Sicherheit nicht die Bedürfnisse der einheimischen Bevölkerung als wichtigste Priorität.

Auf der Suche nach einem ethischen und nachhaltigen Projekt, in dem man seine eigenen Fähigkeiten einbringen kann, muss man auf jeden Fall gründliche Recherche betreiben – es gibt Hunderte von Organisationen, die Freiwilligenarbeit anbieten. Organisationen, die mit Kindern arbeiten, sollten obligatorisch den Hintergrund von Bewerbern überprüfen; Organisationen, die ihre Freiwilligen nicht durchleuchten, sollte man meiden.

Lonely Planet empfiehlt keine Organisationen, mit denen wir nicht selbst zusammengearbeitet haben, deswegen ist es entscheidend, sich ausgiebig zu informieren, bevor man für eine Organisation arbeitet oder ihr Spenden zukommen lässt. Folgendes sollte man bedenken:

- Freiwilligenarbeit für einen zu kurzen Zeitraum hilft selten. Experten empfehlen, dass man mindestens für einen Monat zur Verfügung stehen sollte, bei Freiwilligenarbeit mit Kindern mindestens drei Monate.
- Nach Programmen schauen, in denen man seine Talente einbringen kann. Wer keine Lehrerfahrung hat, ist als Lehrer keine große Hilfe.
- Ist das Programm nachhaltig? Nach Programmen suchen, die Menschen in ein unabhängiges Leben helfen anstatt Abhängigkeit zu schaffen.
- Immer prüfen, wofür eine Organisation ihr Geld verwendet, bevor man spendet. Kommt das Geld dem Projekt zugute oder der Organisation, die einem das Projekt zuweist?

- Nicht mit Kindern arbeiten, ohne das Projekt vorher gründlich unter die Lupe genommen zu haben. Ist es reguliert und wird der Hintergrund der Freiwilligen überprüft?

Waisenhaus-tourismus

Waisenhäuser zu besuchen erfreut sich in Asien großer Beliebtheit, gerät aber auch immer mehr in Verruf. Ermittlungen ergaben, dass viele Waisenhäuser wie Unternehmen geführt werden, die wohlmeinende Touristen abzocken und den Kindern in ihrer Obhut keinesfalls helfen. Es liegen sogar Berichte von Kindern vor, die gekidnappt oder von ihren Eltern bzw. von Schulen aus der Gegend verliehen werden, um Geld für Waisenhäuser einzubringen. Selbst wenn Waisenhäuser anständig geführt werden, sind sie umstritten – Fremde gehen ein und aus und verschwinden nach einem kurzen Aufenthalt wieder, was dem emotionalen Wohlbefinden und der Entwicklung von Kindern schaden kann.

Friends International und UNICEF haben gemeinsam die Kampagne „Think Before Visiting" ins Leben gerufen. Ihre Website www.thinkchildsafe.org/thinkbeforevisiting hilft Travellern dabei, nicht unbewusst das Problem zu vergrößern.

Verhaltenstipps

Die eigene Art des Reisens kann positive Auswirkungen auf die besuchten Länder haben, wenn man folgende Tipps beachtet:

- Betriebe unterstützen, die sich aktiv für soziale Gerechtigkeit einsetzen, etwa Fair-Trade-Kooperativen und Betriebe, die Benachteiligten eine berufliche Weiterbildung anbieten.
- Sich in Homestays einquartieren, um ländliche Gemeinden zu unterstützen.
- Statt Bettlern – besonders Kindern – Geld zu geben, lieber etwas für eine der örtlichen Schulen oder Wohlfahrtseinrichtungen spenden..
- Lokale Reiseführer anheuern, um die Beschäftigungsmöglichkeiten vor Ort zu fördern.
- Pauschalbuchungen vermeiden und das Geld stattdessen an verschiedenen Stellen ausgeben, damit mehr Menschen vor Ort etwas davon haben.

Allgemeine Informationen

Arbeiten in Südostasien

Viele Traveller bessern ihr Reisebudget als Englischlehrer oder in der Tauchindustrie auf.

Kurzzeitjobs als Englischlehrer/in findet man am besten in Bangkok, Ho-Chi-Minh-Stadt (Saigon), Jakarta und Phnom Penh, denn dort gibt's viele gute Sprachschulen. Auf den Philippinen werden Traveller, die sehr gut Englisch sprechen, gern in Callcentern als Trainer angestellt. Eine TEFL/TESOL-Qualifizierung ist hilfreich.

In Indonesien und Thailand kann man in Tauchschulen arbeiten.

Payaway (www.payaway.co.uk) Infos zu Sprachschulen und Freiwilligengruppen, die für unterschiedliche Unterstützungsprogramme in Südostasien Leute suchen.

Transitions Abroad (www.transitionsabroad.com) Webportal mit zahlreichen Tipps zum Leben in Übersee, z. B. wie man in verschiedenen Bereichen einen Job findet.

Botschaften & Konsulate

Die meisten ausländischen Regierungen haben Botschaften, Konsulate oder ähnliche Behörden in den Hauptstädten in Südostasien.

Vor Reisebeginn sollte man sich aber informieren, was die eigene Botschaft im Ernstfall für einen tun kann und was nicht. Den Vertretungen sind häufig die Hände gebunden, wenn man die Gesetze bricht, die in dem Land gelten, in dem man sich befindet, selbst wenn das Handeln im eigenen Land legal wäre. Man kann von Glück reden, wenn sie einem helfen, einen Anwalt zu finden.

In wirklichen Notfällen bekommt man eventuell Unterstützung – sofern alle anderen Mittel und Wege ausgeschöpft wurden – z. B. bei der Ausreise im Falle eines Putsches. Finanzielle Hilfe darf man von seiner Botschaft nicht erwarten. Wurden einem sämtliches Geld und die Papiere gestohlen, helfen die Angestellten vielleicht bei der Beschaffung eines neuen Passes, leihen dem Bestohlenen jedoch unter keinen Umständen Geld für die Weiterreise.

Eigentlich müssen Traveller ihre Landesvertretung nicht über einen Aufenthalt in Südostasien informieren. Hat man allerdings vor, politisch unsichere Regionen oder abgelegene Orte zu besuchen, sollte man die Botschaft sicherheitshalber darüber unterrichten, wann man startet, wo man hinfährt und wann man plant zurückzukehren.

Ermäßigungen

Die International Student Identity Card (ISIC) ist in Südostasien nur bedingt nützlich, kann einem aber Ermäßigungen verschaffen. Nationale und internationale Fluglinien bieten Karteninhabern gelegentlich vergünstigte Tarife, ansonsten nehmen die meisten Unternehmen die Ausweise nicht mehr ernst, weil viele Fälschungen im Umlauf sind.

Feiertage

Jedes Land hat seine eigenen offiziellen Feiertage, die religiöse Feste und wichtige Ereignisse in der Geschichte (z. B. Unabhängigkeitstage und Geburtstage der Königsfamilien) markieren. Manche Anlässe richten sich nach den Mondkalendern mit jährlich wechselnden Daten. Banken und Regierungsbüros sind an Feiertagen geschlossen; Geschäfte und öffentliche Verkehrsmittel sind meistens wie gewohnt in Betrieb. Bei religiösen Festen kann es zu zusätzlichen Einschränkungen kommen: Manchmal ist es verboten, Alkohol oder zu bestimmten Zeiten Essen zu verkaufen.

Fotografieren

Bevor man Menschen fotografiert, muss man deren Zustimmung einholen. Viele Angehörige von Bergvölkern wollen keinesfalls abgelichtet werden, andere bitten um einen kleinen Obolus. Wer auf das Motiv nicht verzichten möchte, sollte darauf eingehen. Die Privatsphäre anderer sollte man immer respektieren, selbst in der Öffentlichkeit: Pensionen und kleine Restaurants sind oft zugleich das Wohnzimmer der Besitzer, und auch sie wollen Zeit mit ihrer Familie verbringen, ohne gleich zum Fotomotiv zu werden.

Wer Zubehör für die Kamera oder eine Reparatur braucht, ist in Singapur, Bangkok und Kuala Lumpur am besten bedient. Die Preise können sehr günstig sein, wenn man die Duty-Free-Steuerrückerstattung in Anspruch nimmt. Nicht vergessen: Je mehr Ausrüstung man im Gepäck hat, desto interessanter ist man für Diebe.

Vor der Abreise sollte man sich erkundigen, ob und welchen Adapter man für das Ladegerät der Kamera benötigt. Speicherkarten für Digitalkameras gibt's fast überall, viele Fotoläden halten sogar noch Filme für „Traditionalisten" bereit.

Lonely Planet's Guide to Travel Photography bietet viele hilfreiche Tipps für das Fotografieren auf der Reise.

Frauen unterwegs

Frauen können sich in Südostasien generell sicher fühlen, sollten nachts aber die übliche Vorsicht walten lassen, wenn sie alleine reisen. Körperliche Angriffe kommen zwar selten vor, Belästigungen aber schon, und die einheimischen Männer verstehen das Verhalten ausländischer Frauen eventuell falsch. Ganz besonders vorsichtig müssen Frauen in Partyorten sein, vor allem auf Bali und auf den Thai-Inseln.

Muslimische Regionen stellen eine zusätzliche Herausforderung dar. In konservativen Gebieten gehen einheimische Frauen selten ohne Begleitung aus dem Haus. Normalerweise sind sie diskret gekleidet mit einem das Haar bedeckenden *hijab* oder einer das Gesicht versteckenden *burka*, auch Arme und Beine sind bedeckt. Kleidung, die zu Hause vielleicht als lässig betrachtet wird, kann hier unangebracht und aufreizend wirken.

Frauen, die in männlicher Begleitung oder in Gruppen reisen, ziehen seltener ungewollte Aufmerksamkeit auf sich als alleinreisende Frauen.

Gefahren & Ärgernisse

Südostasien ist im Allgemeinen ein sicherer Ort für Reisende, man sollte aber immer seinen Verstand benutzen, um nicht auf Abzocke reinzufallen und andere Probleme auf der Straße zu vermeiden.

- Die größte Gefahr für Traveller geht von Verkehrsunfällen aus; also gut aufpassen, wer sich ein Fahrzeug ausleiht.
- Diebstähle passieren meistens, wenn die Gelegenheit dazu besteht; Habseligkeiten sicher verwahren und Wertsachen außer Sichtweite verstauen.
- Politische Gewalt ist in der ganzen Region ein Risiko; die lokalen Nachrichten verfolgen und politische Versammlungen und Demonstrationen meiden.
- Südostasien ist anfällig für Erdbeben, Vulkanausbrüche, schwere Stürme und andere Umweltgefahren; im Fall einer Katastrophe den örtlichen Anweisungen folgen.

Abzocke

Jedes Jahr erreichen uns E-Mails von Leuten, die in Südostasien übers Ohr gehauen wurden. Meistens handelt es sich um kleine Betrügereien, bei denen naive Traveller zu viel für die Fahrt zum Busbahnhof oder für ein Hotelzimmer zahlen, beim Geldwechseln geprellt werden oder überteuerte Souvenirs angedreht bekommen.

Übervorteilt wird man besonders häufig an Grenzübergängen, klassischen Touristenattraktionen, Bushaltestellen sowie Bahnhöfen und überall sonst, wo neu angekommene Ausländer ein leichtes Ziel für Trickbetrüger werden können.

Einige Tipps, um gängige Abzocken zu vermeiden:

- Bei übermäßig freundlichen Einheimischen misstrauisch, aber höflich sein; diese Menschen sind häufig Betrüger.
- Vorsicht bei extrem billigen All-inclusive-Transportpaketen, denn oft wenden Anbieter Tricks an, um zusätzliche Kommissionen zu erhalten.
- Einladungen zum Kartenspielen oder Shoppen mit freundlichen Fremden sollte man ablehnen: Oft sind sie der Auftakt zu genau durchgeplanten Abzocken, um einen um sein Bargeld zu erleichtern.
- Immer daran denken, dass Kommissionen eine weit verbreitete Geschäftspraktik in der Region sind; immer wenn eine dritte Partei bei einer Transaktion beteiligt ist, wird auch eine Kommission fällig.

Blindgänger (UXO) & Landminen

Kambodscha, Laos und Vietnam leiden noch immer unter den Folgen des Krieges. Bezogen auf die Einwohnerzahl ist Laos das am stärksten bombardierte Land der Welt, zudem ginger auf alle drei Staaten mehr Sprengsätze nieder, als im gesamten Zweiten Weltkrieg abgeworfen wurden.

Dementsprechend gibt's nach wie vor jede Menge Blindgänger. Besondere Vorsicht ist in der Nähe der laotisch-vietnamesischen Grenze oder rund um die Entmilitarisierte Zone (EMZ angebracht. Problematisch sind auch die Landminen in Kambodscha – Schätzunge zufolge beträgt die Anzahl zwischen vier und sechs Mi lionen! Grundsätzlich sollte man dort ausschließlich au den gekennzeichneten Wegen bleiben.

Diebstahl

Südostasiatische Diebe agieren eher versteckt und heimlich als brutal – meistens werden Taschen und Kameras geklaut und Dinge aus Rucksäcken gefischt. Gewaltsamer Raub kommt nur gelegentlich vor, meistens spät in der Nacht, wenn die Opfer einen über den Durst getrunken haben. Spätabends ist es sicherer, zu mehreren unterwegs zu sein. Achtung vor Gruppen von freundlich wirkenden Einheimischen, die sich annähern, nachdem man selber getrunken hat. Frauen sollten besondere Vorsicht walten lassen, wenn sie sich nachts von einer Bar auf den Heimweg machen.

Heimlicher Diebstahl kann besonders in Nachtbussen, Schlafsälen und in Unterkünften ohne vernünftige Schlösser vorkommen. Aus Malaysia wurde berichtet, dass Diebe in Pensionen eincheckten, um dann nachts die anderen Gäste auszurauben.

Ein zunehmendes Problem sind Handtaschenräuber, besonders in Vietnam und Kambodscha. Meistens fahren die Diebe auf einem Motorrad kurz an Touristen heran, entreißen ihnen Tasche, Telefon oder Kamera und rasen dann davon. Und das kann einem nicht nur als Fußgänger am Straßenrand passieren, sondern auch, wenn man mit einem *moto* oder *túk-túk* unterwegs ist.

Mit einigen Vorsichtsmaßnahmen lässt sich die Südostasienreise aber normalerweise ohne Zwischenfälle genießen:

- Geld trägt man am besten einem Geldgürtel unter der eidung mit sich.
- Wertsachen nicht in schen aufbewahren, die cht entrissen werden nnten, und Kameras nicht r an ihrem Gurt tragen.
- Bei Fahrten mit dem otorrad die Tasche ischen sich und dem rer verstauen, im *túk-túk* öglichst zwischen den Beinen, um Taschenräuber abzuschrecken.
- Wertgegenstände nicht in leicht zugänglichen Orten wie Rucksackfächern oder im Gepäckabteil von Bussen aufbewahren.
- Keine Wertsachen in die Körbe von Motorrädern oder Fahrrädern legen, wo sie leichte Beute für Handtaschenräuber sind.
- In Mehrbettzimmern muss man sich besonders in Acht nehmen.

Gewalt

Tätliche Übergriffe kommen in Südostasien kaum vor, doch sorgen Überfälle auf Ausländer für hohes Medieninteresse, was wiederum Angst schürt. Traveller sollten ihren gesunden Menschenverstand walten lassen, nachts ruhige Gegenden meiden, nicht exzessiv trinken und sich nicht in Streit mit Einheimischen verwickeln lassen.

Die Durchsetzung örtlicher Gesetze durch die Polizei und polizeiliche Ermittlungen sind meist unzulänglich und die Polizei ist bekannt dafür, mit Kriminellen unter einer Decke zu stecken; daher sollte man sich nicht darauf verlassen, dass die generelle Freundlichkeit eines Landes auch bedeutet, dass es keine Kriminalität gibt.

Auseinandersetzungen mit Einheimischen vermeidet man besser, ganz besonders aber, wenn Alkohol im Spiel ist. Was einem selbst als harmlose Auseinandersetzung erscheinen mag, könnte extreme Reaktionen provozieren, denn in Südostasien gilt es, nach für Ausländern komplizierten Regeln „das Gesicht zu wahren".

Besondere Vorsicht ist bei großen Partys wie den Vollmondraves in Thailand angebracht, wo kriminelle Banden mit politischen Verbindungen den Rauschzustand der Feiernden ausnutzen. Und auch in anderen Partygegenden wie Manila, Sihanoukville und Bali gibt's Unterwelten, die Traveller tunlichst meiden sollten.

Offizielle Reisehinweise

Staatliche Warnungen sind häufig so allgemein gefasst, dass es den Anschein hat, dass die Regierung sich bloß pro forma schützen will, falls etwas passiert. Aber auf den folgenden Seiten findet man nützliche Tipps:

Auswärtiges Amt Deutschland (0049-30-1817-2000; www.auswaertiges-amt.de)

Außenministerium der Republik Österreich (0043-50-1150-411; www.bmeia.gv.at)

Eidgenössisches Departement für auswärtige Angelegenheiten (0041-800-247365; www.eda.admin.ch)

Politische Unruhen

Politische Demonstrationen sollte man generell meiden, egal, wie harmlos oder feierlich sie wirken. Massenkundgebungen können ganz schnell in gewalttätige Auseinandersetzungen rivalisierender Strömungen oder mit dem Militär umschlagen.

Normalerweise sind Unruhen örtlich begrenzt, und dass in einem Teil einer Stadt Demonstrationen stattfinden, bedeutet längst nicht, dass das ganze Land oder selbst die gesamte Stadt tabu sind. Die eigene Botschaft veröffentlicht die zuverlässigsten Reisewarnungen, die man mit Berichten der Lokalzeitungen abgleichen sollte, um die aktuelle politische Lage am besten einschätzen zu können.

Die Gebiete im Osten und Nordwesten Myanmars, im Süden Thailands und auf den Philippinen, wo kleinere Unabhängigkeitskriege stattfinden, sollten Traveller ganz meiden.

Geld

Jedes Land hat seine eigene Währung. Am liebsten wird Bargeld gesehen, es gibt überall Geldautomaten. Kreditkarten werden in Städten in Thailand, Malaysia und Indonesien zunehmend akzeptiert.

Feilschen

Feilschen ist in Südostasien eine Lebensart. Immer daran denken, dass Handeln ein positiver Vorgang ist und kein Streit. Zunächst fragt man nach dem Preis und kontert mit einem niedrigeren Angebot. Ein angemessener Einstieg ist ungefähr die Hälfte des Angebots, aber bis zum Endpreis muss man noch etwas raufgehen. Nach ein paar Angeboten und Gegengeboten sollte man sich auf einen Preis einigen, mit dem beide Seiten zufrieden sind. Handeln sollte nur, wer auch ernsthafte Kaufabsichten hegt. Wer wütend oder sichtbar frustriert reagiert, hat das Spiel verloren.

Es ist auch üblich (und zwingend notwendig), um den Preis für gecharterte Verkehrsmittel zu feilschen, denn Taxifahrer knöpfen Touristen oft zu viel ab. Zunächst sollte man sich in der Unterkunft erkundigen, wie viel die geplante Fahrt kosten sollte. Man muss etwas handeln, um sich auf einen Preis zu einigen. Wenn der Fahrer nicht einlenkt, lehnt man seine Dienste freundlich ab und geht weiter.

Internetzugang

In Südostasien kann man sich über viele Internetcafés, schnelle Anschlüsse, weitverbreiteten WLAN-Zugang und günstige Preise freuen. Außerhalb der Städte und Touristenresorts sieht es leider nicht so rosig aus. Mit Internet-Verbindungen verhält es sich in etwa wie mit dem Straßensystem des Ziellandes: Gibt's geteerte Straßen, ist meist auch die Reise auf der Datenautobahn schnell. In großen Städten sind zunehmend auch 3G-und sogar 4G-Verbindungen verfügbar.

Die Sperrung bestimmter Websites ist in der gesamten Region üblich, vor allem in Vietnam und Myanmar. Man muss eventuell Proxyserver oder andere Tricks einsetzen, um die Zensur zu umgehen.

Kinder

Südostasien kann ein wunderbares Ziel für Reisen mit Kindern sein. Die Kleinen sind für die meisten Menschen der Mittelpunkt des Lebens, und sie werden in Restaurants und an anderen öffentlichen Orten herzlich empfangen.

Spezielle Speisekarten für Kinder wird man selten finden, aber in den meisten Ländern gibt's einfache Gerichte wie gebratenen Reis und Grillhähnchen, die auch den weniger experimentierfreudigen Gaumen schmecken dürften. Die Kids werden außerdem die vielen und üppigen tropischen Früchte Südostasiens lieben.

Eine Herausforderung könnten Gesundheitsbelange, Probleme mit dem öffentlichen Verkehr und das Klima sein, was für kleine Reisende sehr anstrengend werden kann. Hier sollte man nicht zu viel Programm und Kilometer einplanen und nah am Wasser bleiben – das Meer, Hotelswimmingpools oder Wasserfälle –, damit die Kinder sich abkühlen können. Ausreichender Sonnen- und Insektenschutz ist unerlässlich, zudem sollten die Kleinen unter einem Moskitonetz schlafen.

Thailand ist mit Abstand das kinderfreundlichste Ziel in Südostasien, aber Malaysia, Indonesien (vor allem Bali) und die Philippinen bieten auch gute familienfreundliche Strandoptionen. Städte sind von Natur aus weniger für Kinder geeignet, u. a. wegen der hohen Luftverschmutzung. Mit den Kids sollte man auf jeden Fall Gegenden meiden, in denen Waldbrände überall Smog verbreiten.

Wichtig ist vor allem, dass man sich mit den Gesundheitsbedingungen des jeweiligen Landes für Kinder vertraut macht, wie z. B. den erforderlichen Impfungen. Mehr Tipps gibt's in Lonely Planets *Travel with Children*.

Praktisch & Konkret

- Kindersitze von zu Hause mitbringen, da sie vor Ort selten erhältlich sind.
- Hotels stellen normalerweise ein Zusatzbett ins Zimmer, Babybetten sind kaum zu finden. Man sollte ein Reisebettchen mit integriertem Moskitonetz mitbringen.
- In Restaurants gibt's kaum Hochstühle oder Kindergerichte, mit Ausnahme von größeren Städten.
- Schlichte Gerichte wie gebratener Reis sowie westliches Fast Food findet man in Städten und Touristengebieten überall.
- Wegwerfwindeln sind leicht zu kriegen, aber Wickelmöglichkeiten sind rar gesät. Allerdings juckt es auch niemanden, wenn man seinem Kind in der Öffentlichkeit die Windel wechselt.
- Sonnencreme und Mückenschutz gibt's überall. Man sollte aber eine antiseptische Creme und ein Antiallergikum bei sich tragen, um den Juckreiz zu lindern und zu verhindern, dass Mückenstiche sich entzünden.

LGBT-Reisende

Teile von Südostasien gehören zu den fortschrittlichsten Regionen im Umgang mit Homosexualität, darunter insbesondere Thailand und die Philippinen. In muslimisch-konservativen Ländern wie Indonesien, Brunei und Malaysia ist es für Homosexuelle noch deutlich schwierige

Generell haben die meisten Städte eine Schwulenszene. Die Haltung gegenüber gleichgeschlechtlichen Paaren ist tolerant, seine Zuneigung öffentlich zur Scha zu stellen kommt allerdings nicht gut an. Mehr Vorsicht ist in muslimischen Länder geboten, wo Homosexualit ein gesellschaftliches Tabu ist. In Brunei und Malaysia ist Sex zwischen Homosexuellen praktisch illegal.

Utopia Asian Gay & Lesbian Resources (www.utopia-asia.com) listet detailliert auf, was in welchem Land akzeptiert wird. Außerdem findet man auf der Website einen kurzen Überblick über Nachtlokale und praktische Reisebeschreibungen.

Öffnungszeiten

Die Öffnungszeiten sind von Land zu Land unterschiedlich; hier nur eine grobe Übersicht:

Banken & Regierungsbüros Montag bis Freitag, von ca. 9 bis ca. 17 Uhr (meistens 1 Std. Mittagspause).

Restaurants Von frühmorgens bis spätnachts geöffnet; nur teure Restaurants haben mittags und abends getrennte Öffnungszeiten.

Bars & Nachtclubs Die Schließzeiten hängen von örtlichen Ausschankgesetzen ab, aber es wird ist meistens früher Feierabend gemacht als in westlichen Ländern.

Geschäfte Häufig wohnen die Besitzer selbst im Haus, darum öffnen sie früh und schließen spät in der Nacht, und das sieben Tage die Woche.

Post

Staatliche Postdienste sind in allen Ländern recht zuverlässig und die meisten Postämter verfügen über einen speziellen Paketdienst. Geld oder andere wertvollere Dinge sollte man lieber internationalen Kurierdiensten wie DHL oder TNT anvertrauen.

Bei Paketen in die Heimat besteht immer ein gewisses Risiko, generell kommt aber die Sendung irgendwann an. Statt Wertgegenständen sollte man allerdings lieber seine Dreckwäsche per Post aufgeben und alles andere persönlich mitnehmen.

Am besten empfängt man Sendungen postlagernd; obwohl vielerorts möglich, wird es selten genutzt.

Rechtsfragen

Jedes Land in Südostasien hat seine eigenen Gesetze, darum darf man nie davon ausgehen, dass etwas in einem Land legal ist, nur weil es im Nachbarland rechtmäßig ist. Man sollte sich gründlich über die Rechtslage in den unterschiedlichen Staaten informieren, um nicht unbeabsichtigt eine Straftat zu begehen.

Opfer eines Verbrechens wenden sich am besten zuerst an die Touristenpolizei, deren Beamte für den Umgang mit Ausländern geschult sind.

Drogen

Obwohl Südostasien einen Ruf als Umschlagplatz für Partydrogen hat, sind die Länder dieser Region auch bekannt dafür, überführte Drogenkonsumenten, -verkäufer oder -dealer mit aller Härte zu bestrafen.

Drogenhandel wird üblicherweise mit der Todesstrafe geahndet, aber sogar der Besitz für den persönlichen Gebrauch kann Gefängnisstrafen und hohe Geldbußen nach sich ziehen. Niemand ist je einer Strafe entgangen, nur weil er die hiesigen Gesetze nicht kannte. 2005 wurden in Indonesien neun Australier wegen Heroinbesitzes eingesperrt, sieben bekamen eine lebenslange Haftstrafe, während die anderen beiden 2015 durch Erschießen hingerichtet wurden.

In Indonesien droht eine Inhaftierung selbst dann, wenn Reisegefährten Rauschgift im Gepäck haben, und man sie deswegen nicht angezeigt hat. In Malaysia und Singapur kann man für den Besitz gewisser Mengen verbotener Rauschmittel sogar gehängt werden. Auf den Flughäfen werden sowohl Passagiere als auch Gepäck akribisch durchleuchtet, die Gefahr, entdeckt zu werden, ist demnach extrem hoch; das ist es ganz sicher nicht wert.

Reisen mit Behinderung

Für körperlich eingeschränkte Reisende ist Südostasien ein herausforderndes Ziel. Die Bürgersteige sind selten rollstuhlgerecht und bei Verkehrsmitteln, Hotels und öffentlichen Einrichtungen wird kaum an Menschen mit Behinderungen gedacht. Selbst in moderneren Städten ist die Infrastruktur mit Treppen, Stufen und engen Bürgersteigen für Körper- oder Sehbehinderte schlicht unzureichend. Allerdings ist die Miete eines Fahrzeugs plus Führer, der gleichzeitig als Hilfskraft dienen kann, verglichen mit den meisten westlichen Ländern günstig.

Lonely Planets kostenlosen englischsprachigen Accessible-Travel-Guide kann man unter http://lptravel.to/AccessibleTravel herunterladen. Folgende internationale Organisationen bieten weitere Informationen:

Disability Alliance (www.disabilityrightsuk.org)

Mobility International Schweiz (www.mis-ch.ch)

Society for Accessible Travel & Hospitality (SATH) (www.sath.org)

Reisepass

Fast alle Länder fordern einen Pass, der noch mindestens sechs Monate nach dem Einreisedatum gültig ist, selbst wenn man nur ein paar Tage bleiben möchte. Ideal ist eine Gültigkeit von noch mindestens einem Jahr, wenn man auf großer Rundreise durch Südostasien ist.

Einige Grenzkontrolleure lassen einen eventuell nicht einreisen, wenn der Pass nicht mehr genug freie Seiten hat. Also muss man vor der Abreise sicherstellen, dass genügend Seiten frei sind, oder weitere einfügen lassen (sofern dieser Service im Heimatland angeboten wird, andernfalls hilft nur ein neuer Pass). Ist man bereits unterwegs, kann man in den meisten Hauptstädten in Südostasien bei der eigenen Botschaft oder dem Konsulat ein neues Dokument beantragen.

Strom

Fast alle Länder haben Stromnetze von 220 bis 240 V und 50 Hz. Adapter erhält man vor Ort in zahlreichen Elektrogeschäften und -märkten.

Telefon

Handys sind in Südostasien weit verbreitet, und viele Leute haben schon gar kein Festnetz mehr; in Myanmar, Kambodscha und Laos sind die Mobilfunknetze etwas eingeschränkt. In den Städten hat man ausgezeichneten Empfang, in ländlichen Gegenden ist die Abdeckung lückenhaft.

Telefonzellen (die Bargeld oder Telefonkarten annehmen) und Telefonläden gibt's auch zuhauf, auf dem Land manchmal sogar Geschäfte, in denen Kunden das Telefon gratis benutzen dürfen. Die regionalen und internationalen Vorwahlen unterscheiden sich von Land zu Land.

Örtliche Mobiltelefonunternehmen bieten günstige bedarfsorientierte SIM-Pakete mit preiswerten Orts- und Ferngesprächen, die häufig bessere Konditionen haben als Anbieter in der westlichen Welt. Ist das eigene Handy von zu Hause an ein Netzwerk gebunden, ist es vielleicht ratsamer, vor Ort ein billiges Handy zu kaufen, als Schäden am eigenen Mobiltelefon zu riskieren, wenn jemand im Telefonladen versucht, es zu entsperren.

Toiletten

Mit wachsendem Tourismus in der Region verbreiten sich auch Sitztoiletten im westlichen Stil. In ländlichen Gegenden sind aber nach wie vor Hocktoiletten die Norm. Außerdem findet man eine seltame Hybrid-Toilette – eine westliche Sitztoilette mit optionalen Fußstützen auf dem Sitz für Hinhocker.

Wer eine Hocktoilette benutzen muss, stellt sich auf die beiden Fußtritte und wendet sich dabei der Tür zu. Zum Spülen und zur eigenen Reinigung füllt man die Plastikschüssel mit Wasser aus dem Becken daneben. Immer ein Stück Seife in der Tasche haben, um sich die Hände waschen zu können.

Manchmal kann man am Eingang etwas Toilettenpapier kaufen, ansonsten bekommt man in den örtlichen Apotheken welches. Wegen der engen Abwasserrohre Toilettenpapier und andere sanitäre Abfälle unbedingt in den Mülleimer werfen und nichts runterspülen.

Touristeninformation

Viele Touristeninformationen werden von der jeweiligen Landesregierung finanziert. Manche sind hilfreich, andere eher nicht. Die nationalen Tourismusorganisationen von Thailand und Malaysia sind überdurchschnittlich gut. Pensionen und kostenlose Reisemagazine bieten häufig vergleichsweise nützlichere Tipps. Unterkünfte und Verkehrsmittel kann man in den offiziellen Touristeninformationen nicht buchen. Bietet eine sogenannte Touristeninformation diese Dienste an, handelt es sich um ein Reisebüro, das Kommissionen erhebt.

Unterkunft

In der Hauptsaison oder an Fest- oder Feiertagen sollte man im Voraus buchen, weil die Zimmer in beliebten Reiseorten dann schnell belegt sind.

Hostels Schlafsäle stellen günstige und gesellige Unterkünfte für Solo-Reisende dar. Manchmal gibt's sogar Pool, Restaurant oder Dachterrasse.

Homestays Wie ein Dorfbewohner bei einer Familie leben; die Zimmer sind schlicht, aber mit kultureller Anbindung.

Pensionen Die Backpackerfavoriten bieten eine Auswahl an Zimmern von basic bis schick – und eine Menge an Insiderinformationen.

Hotels Von langweilig bis flott, Hotelzimmer haben moderne Einrichtungen (Kühlschränke, Fernseher, Klimaanlagen) und eigene Bäder.

Baden & Duschen

In abgelegenen Gegenden oder ganz einfachen Unterkünften gibt's noch die südostasiatische Variante der Dusche: ein großes Becken mit Wasser zum Waschen. Dieses wird mit einer kleineren Schüssel aus dem Becken geschöpft und über den Körper gegossen. Auf keinen Fall sollte man in das Becken steigen wie in eine Badewanne oder sich direkt darüber waschen, denn es enthält den Vorrat an sauberem Wasser.

Modernere Unterkünfte verfügen normalerweise über Kaltwasserduschen. In teureren Unterkünften sowie in größeren Städten und kälteren Regionen bekommt man gegen einen Aufpreis auch Zimmer mit Warmwasserduschen.

UNTERKUNFT ONLINE BUCHEN

Weitere Beschreibungen von Lonely Planet-Autoren gibt's unter http://lonelyplanet.com/hotels/. Dort findet man unabhängige Kritiken und Empfehlungen zu den besten Unterkünften, außerdem kann man sie gleich online buchen.

Die ländliche Bevölkerung wäscht sich weiterhin großteils in Flüssen oder Bächen. Tut man es den Einheimischen gleich, gilt zu bedenken, dass man sich in der Öffentlichkeit nur bekleidet zeigen sollte. Am besten badet man im Sarong.

Versicherung

Auf eine Reiseversicherung, die u. a. Diebstahl und medizinische Probleme abdeckt, sollte kein Traveller verzichten. Wer sich keine Reiseversicherung leisten kann, kann sich ganz sicher auch die Kosten im Falle eines Notfalls nicht leisten. Es gibt die unterschiedlichsten Optionen; die meisten Versicherungsunternehmen bieten Policen an, die man auch im Reisebüro erhält.

Aber man sollte immer das Kleingedruckte lesen: Manche Verträge schließen „gefährliche Aktivitäten" kategorisch aus, dazu gehören mitunter auch Tauchen, Motorradfahren und sogar Trekking. Man sollte sichergehen, dass alle Aktivitäten, die man geplant hat, abgedeckt sind, und prüfen, ob der eigene Führerschein für jedes Fahrzeug, das man mietet, gültig ist, sonst könnte die Versicherung erlöschen. Die Versicherung sollte auf jeden Fall Krankentransporte, einen Notfallrücktransport per Flugzeug nach Hause und im Todesfall die Rückführung des Leichnams abdecken.

Unter www.lonelyplanet.com/travel-insurance kann man jederzeit eine Reiseversicherung abschließen, verlängern oder in Anspruch nehmen – selbst wenn man bereits unterwegs ist.

Visa

Besucher aus den meisten Ländern der Welt können Brunei, Malaysia, Indonesien, die Philippinen, Singapur und Thailand ohne Visum besuchen; für die anderen Länder braucht man ein Visum, das man meist bei der Ankunft erhält.

Tipps für Visa

- Bei der Planung die Gültigkeitsdauer der einzelnen Visa berücksichtigen.
- Wer länger bleiben will, sollte bei der Botschaft in seiner Heimat oder einem Nachbarland eine Verlängerung des Visums beantragen oder sich über die Möglichkeit einer Verlängerung vor Ort informieren.
- Am besten nimmt man genügend Passfotos mit, denn bei der Beantragung eines Visums benötigt man vermutlich jedes Mal mindestens zwei Stück.
- Bei der Einreise für die Visagebühr die passende Summe in der örtlichen Währung (oder in US-Dollar) dabeihaben.
- In Botschaften, Konsulaten und an Grenzübergängen empfiehlt sich schicke Kleidung; das Erscheinungsbild kann einiges ausmachen.
- Wer über Land oder über Wasser einreist, sollte im Voraus in Erfahrung bringen, ob der entsprechende Grenzposten bei Ankunft Visa ausstellt; das ist nicht immer der Fall.
- Man muss sich bewusst sein, dass viele Traveller an Grenzübergängen Opfer von Abzocken bei Transport und Geldwechsel werden.

Verkehrsmittel &-wege

AN- & WEITERREISE

Ein Flug ist der einfachste Weg nach Südostasien. Über Land gelangt man nur von China nach Vietnam oder Laos oder von Papua Neuguinea nach Indonesien. Reisebüros können manchmal die Reise von Indien nach Myanmar organisieren, wofür allerdings eine Sondergenehmigung erforderlich ist.

Flüge, Mietwagen und organisierte Touren kann man online über www.lonelyplanet.com/bookings buchen.

Flugzeug

Billigflieger steuern die wichtigsten asiatischen Verkehrsdrehkreuze an, darunter Bangkok, Kuala Lumpur, Singapur, Manila und Denpasar (Bali). Außerdem bestehen regelmäßig Verbindungen nach Europa und Australien. Dank vieler lokaler Airlines findet man oft günstige Flüge zwischen diesen wichtigen Flughäfen und anderen Städten in Südostasien sowie günstige Anschlussflüge nach China.

Beim Preisvergleich sollte man auch schauen, ob man nicht günstiger erst nach China oder Hongkong, von dort aus weiter zu einem Verkehrsknotenpunkt in Südostasien und dann mit einem Budgetanbieter zum Zielort fliegt. Auf vielen Buchungsseiten im Internet werden die Billigflieger nicht aufgeführt, also direkt auf den Websites dieser Anbieter schauen.

Es zahlt sich aus, bei den Flugdaten flexibel zu sein. Rund um religiöse Feste und in der Hauptreisezeit, zu der meist das beste (und trockenste) Wetter herrscht, schnellen die Preise in die Höhe und Flüge sind schnell ausgebucht. Wer kein Problem damit hat, dass er unterwegs auch mal in einen Regenschauer kommt, kann Geld sparen, indem er in der Nebensaison reist.

Bei einer Reisedauer von über zwei Wochen muss man in Asien oft mit höheren Preisen rechnen. Wer im Internet wiederholt nach günstigen Angeboten sucht, sollte die Cookies löschen – sie speichern die Aktivitäten im Netz, was bei einer späteren Suche zu höheren Flugpreisen führen kann.

Round-The-World- & Rundreisetickets für Asien

Falls Südostasien nur eines von mehreren Zielen auf einer Weltreise ist, sollte man den Kauf eines Round-the-World-Tickets in Erwägung ziehen. Damit kann man innerhalb eines festgelegten Zeitraumes einige Zwischenstopps einlegen, darf allerdings nur in eine Richtung um den Erdball fliegen.

Mehrere Airline-Gemeinschaften bieten zudem Rundreisetickets an, mit denen man in Europa starten und verschiedene Ziele im asiatischen Raum ansteuern kann.

Auf dem Landweg

Die Region Südostasien hat Landgrenzen zu China, Indien und Papua-Neuguinea. Von China nach Laos oder Vietnam einzureisen oder umgekehrt ist einfach; die Einreise von Myanmar nach China oder Indien (oder andersherum) ist hingegen etwas schwieriger. Eventuell bekommt man im Reisebüro eine Genehmigung, um bei Mu-Se/Ruili die Grenze zwischen Myanmar und China oder bei Moreh/Tamu jene zwischen Myanmar und Indien zu passieren, doch das hängt von der politischen Lage ab. Beide Grenzübergänge sind in Zeiten politischer Instabilität oftmals geschlossen.

Der einzige weitere internationale Grenzübergang auf dem Landweg ist der zwischen Indonesien und Papua-Neuguinea, jedoch hat man an diesem ungünstigen Grenzübergang nur begrenzte Anschlussmöglichkeiten nach Port Moresby. Reisende mit Zeit und Geld können mit transmandschurischen oder transmongolischen Expresszügen nach China reisen und von dort aus auf dem Landweg weiter nach Laos oder Vietnam.

Auf dem Seeweg

Es verkehren keine regelmäßigen Fähren von Indien oder China aus nach Südostasien. Eine abenteuerliche Reiseoption ist es, auf einem Frachtschiff über den Indischen und den Pazifischen Ozean zu schippern. Einige Fähren haben ein paar separate Kabinen für Gäste. Mahlzeiten werden mit der Crew eingenommen. Die Preise variieren je nach Startpunkt, grob muss man mit 150 US$ pro Tag plus Zusatzgebühren rechnen.

UNTERWEGS VOR ORT

Auto & Motorrad

Wie klingt Freiheit in Südostasien? Natürlich wie das Knattern von Motorrädern! Diese eignen sich wunderbar, um zu Stränden zu gelangen und das Land zu erkunden.

Für die Besichtigung von Sehenswürdigkeiten kann man auch ein Auto mieten. Dank gut befestigter und beschilderter Straßen lassen sich Thailand und Malaysia mit dem Auto oder Motorrad hervorragend befahren. Die Bedingungen in Kambodscha, Laos und Myanmar variieren stark, befestigte Wege werden mittlerweile aber mehr und mehr zum Standard. In Indonesien und auf den Philippinen ist der Straßenzustand von Insel zu Insel verschieden, meistens wären jedoch dringend Reparaturen nötig. Relativ problemlos zu bereisen sind Vietnams breite Straßen.

Führerschein

Wer Auto fahren möchte, sollte sich am besten vor der Abreise beim Automobilclub einen internationalen Führerschein ausstellen lassen. Der ist günstig und gilt ein Jahr.

Motorrad- und Rollervermietungen in Südostasien haben den Ruf, Fahrzeuge zu vermieten, ohne nach den Papieren zu fragen. Dem Gesetz nach braucht man aber einen gültigen Führerschein.

Mieten

Westliche Autovermietungen gibt's in Flughäfen, Hauptstädten und Touristenzentren. Auch kleine Vermieter bieten Motorräder und Autos an, jedoch oft in schlechtem Zustand. Vor dem Mieten sollte man das Fahrzeug gründlich unter die Lupe nehmen.

Gemeinsam mit dem Besitzer das Fahrzeug genau anschauen und Schäden festhalten, um nicht im Nachhinein belangt zu werden. Vor dem Start sollte man zur Sicherheit Fotos vom Fahrzeug schießen und Reifenprofile, Bremsen und Lichter überprüfen.

Versicherung

Wer ein Auto, Motorrad oder einen Roller mietet, muss sicherstellen, dass er mindestens den Versicherungsstatus hat, der in dem entsprechenden Land gesetzlich erforderlich ist. Auch die Höhe der Selbstbeteiligung im Fall eines Schadens an einem Mietwagen oder an einem anderen Fahrzeug überprüfen. Wenn eine umfassendere Versicherung angeboten wird, lohnt diese häufig, damit man sich um nichts mehr Sorgen machen muss.

Bus

Mit Bussen kann man normalerweise völlig ohne Scherereien Landesgrenzen passieren. Teilweise verkehren Direktbusse zwischen zwei Grenzstädten, die gut organisiert für die Formalitäten an der Grenze halten. Ist dies nicht der Fall, nimmt man einen Bus zur Grenze, bringt die Einreiseformalitäten hinter sich, und steigt auf der anderen Seite der Grenze in einen Bus zur Weiterfahrt.

In Thailand, Malaysia und auf den Philippinen können sich Passagiere über luxuriöse Reiseverhältnisse freuen: mit asphaltierten Straßen und zuverlässigen Fahrplänen. In Fernbussen sollte man sich allerdings vor Langfingern in Acht nehmen. Wertgegenstände trägt man besser immer am Körper.

Fahrrad

In Südostasien liebt man das bescheidene Fahrrad, sodass sich Fahrradfahrer hier gleich wie zu Hause fühlen. Viele Langstreckenradler starten in Thailand und fahren Richtung Süden durch Malaysia nach Singapur, doch es gibt in der gesamten Region, von

KLIMAWANDEL & REISEN

Fast jede Art der motorisierten Fortbewegung erzeugt CO_2 (die Hauptursache für die von Menschen verursachte globale Erwärmung). Heutzutage reisen viele mit dem Flugzeug, das zwar weniger Treibstoff pro Person benötigt als die meisten Autos, dafür aber viel weitere Distanzen zurücklegt. Die Höhe, in der die Treibhausgase (darunter CO_2) freigesetzt werden, trägt ebenso wie die Partikel selbst zum Klimawandel bei. Auf vielen Websites kann man mit speziellen „CO_2-Rechnern" ermitteln, wie das persönliche Emissionskonto nach einer Reise aussieht, und mit einer Spende für Umweltprojekte weltweit eine Art Wiedergutmachung leisten. Auch Lonely Planet spendet Gelder, wenn Mitarbeiter und Autoren auf Reisen gehen.

GRENZÜBERGÄNGE IN SÜDOSTASIEN

Von Brunei Darussalam

NACH	GRENZÜBERGANG	GRENZSTÄDTE
Malaysia	Kuala Belait (B)/Miri (M)	Bandar Seri Begawan (B)/Miri (M)
Malaysia	Muara (B)/Bandar Labuan (M)	Bandar Seri Begawan (B)/Kota Kinabalu (M)

Von Indonesien

NACH	GRENZÜBERGANG	GRENZSTÄDTE
Malaysia	Bintan & Batam (Ria-Inseln) (I)/Johor Bahru (M)	Riau-Inseln (I)/Johor Bahru (M)
Malaysia	Dumai (I)/Melaka (M)	Pekanbaru (I)/Melaka (M)
Malaysia	Entikong (I)/Tebedu (M)	Pontianak (I)/Kuching (M)
Malaysia	Tarakan & Nunukan (I)/Tawau (M)	Tarakan & Nunukan (I)/Tawau (M)
Osttimor	Mota'ain (I)/Batugade (T)	Kupang (I)/Dili (T)
Papua-Neuguinea	Pasar Skouw (I)/Wutung (P)	Jayapura (I)/Vanimo (P)
Singapur	Bintan & Batam (Ria-Inseln) (I)/Singapur	Riau-Inseln (I)/Singapur

Von Kambodscha

NACH	GRENZÜBERGANG	GRENZSTÄDTE
Laos	Trapeang Kriel (K)/Nong Nok Khiene (L)	Stung Treng (K)/Don Det (L)
Thailand	Cham Yeam (K)/Hat Lek (T)	Koh Kong (K)/Trat (T)
Thailand	Choam (K)/Chong Sa-Ngam (T)	Anlong Veng (K)/Phusing (T)
Thailand	O Smach (K)/Chong Chom (T)	Samraong (K)/Surin (T)
Thailand	Poipet (K)/Aranya Prathet (T)	Siem Reap (K)/Bangkok (T)
Thailand	Psar Pruhm (K)/Pong Nam Ron (T)	Pailin (K)/Chanthaburi (T)
Vietnam	Bavet (K)/Moc Bai (V)	Phnom Penh (K)/Ho-Chi-Minh-Stadt (V)
Vietnam	Kaam Samnor (K)/Vinh Xuong (V)	Phnom Penh (K)/Chau Doc (V)
Vietnam	O Yadaw (K)/Le Thanh (V)	Ban Lung (K)/Pleiku (V)
Vietnam	Phnom Den (K)/Tinh Bien (V)	Takeo (K)/Chau Doc (V)
Vietnam	Prek Chak (K)/Xa Xia (V)	Kep (K)/Ha Tien (V)
Vietnam	Trapeang Plong (K)/Xa Mat (V)	Kompong Cham (K)/Tay Ninh (V)
Vietnam	Trapeang Sre (K)/Loc Ninh (V)	Kratie (K)/Binh Long (V)

Von Laos

NACH	GRENZÜBERGANG	GRENZSTÄDTE
China	Boten (L)/Mohan (Ch)	Luang Namtha (L)/Mengla (Ch)
Kambodscha	Nong Nok Khiene (L)/Trapeang Kriel (K)	Si Phan Don (L)/Stung Treng (K)
Thailand	Houay Xay (L)/Chiang Khong (T)	Houay Xay (L)/Chiang Rai (T)
Thailand	Kenthao (L)/Tha Li (T)	Pak Lai (L)/Loei (T)

Von Laos *(Fortsetzung)*

NACH	GRENZÜBERGANG	GRENZSTÄDTE
Thailand	Muang Ngeun (L)/Ban Huay Kon (T)	Hongsa (L)/Phrae (T)
Thailand	Pakxan (L)/Bueng Kan (T)	Pakxan (L)/Bueng Kan (T)
Thailand	Savannakhet (L)/Mukdahan (T)	Savannakhet (L)/Mukdahan (T)
Thailand	Tha Khaek (L)/Nakhon Phanom (T)	Tha Khaek (L)/Nakhon Phanom (T)
Thailand	Tha Na Long (L)/Nong Khai (T)	Vientiane (L)/Nong Khai (T)
Thailand	Vang Tao (L)/Chong Mek (T)	Pakse (L)/Ubon Ratchathani (T)
Vietnam	Dansavanh (L)/Lao Bao (V)	Savannakhet (L)/Dong Ha (V)
Vietnam	Na Phao (L)/Cha Lo (V)	Tha Khaek (L)/Dong Hoi (V)
Vietnam	Nam Phao (L)/Cau Treo (V)	Lak Sao (L)/Vinh (V)
Vietnam	Nam Soi (L)/Na Meo (V)	Xam Neua (L)/Thanh Hoa (V)
Vietnam	Nong Haet (L)/Nam Can (V)	Phonsavan (L)/Vinh (V)
Vietnam	Pang Hok (L)/Tay Trang (V)	Muang Khua (L)/Dien Bien Phu (V)
Vietnam	Phou Keua (L)/Bo Y (V)	Attapeu (L)/Kon Tum (V)

Von Malaysia

NACH	GRENZÜBERGANG	GRENZSTÄDTE
Brunei Darussalam	Bandar Labuan (M)/Muara (B)	Pulau Labuan (M)/Bandar Seri Begawan (B)
Brunei Darussalam	Miri (M)/Kuala Berait (B)	Miri (M)/Bandar Seri Begawan (B)
Indonesien	Johor Bahru (M)/Ria-Inseln (I)	Johor Bahru (M)/Ria-Inseln (I)
Indonesien	Melaka (M)/Dumai (I)	Melaka (M)/Bukittinggi (I)
Indonesien	Tawau (M)/Tarakan & Nunukan (I)	Tawau (M)/Tarakan & Nunukan (I)
Indonesien	Tebedu (M)/Entikong (I)	Kuching (M)/Pontianak (I)
Philippinen	Sandakan (M)/Zamboanga (P)	Sandakan (M)/Zamboanga (P)
Singapur	Johor Bahru (M)/Singapur	Johor Bahru (M)/Singapur
Thailand	Bukit Kayu Hitam (M)/Sadao (T)	Alor Setar (M)/Hat Yai (T)
Thailand	Padang Besar (M)/Hat Yai (T)	Kangar (M)/Hat Yai (T)
Thailand	Pulau Langkawi (M)/Ko Lipe & Satun (T)	Pulau Langkawi (M)/Ko Lipe & Satun (T)
Thailand	Rantau Panjang (M)/Sungai Kolok (T)	Kota Bharu (M)/Bangkok (T)

Von Myanmar

NACH	GRENZÜBERGANG	GRENZSTÄDTE
China	Mu-Se (My)/Ruili (Ch)	Mu-Se (My)/Ruili (Ch)
Indien	Tamu (My)/Moreh (Indien)	Mawlaik (My)/Imphal (Indien)
Thailand	Hteke (My)/Phu Nam Ron (T)	Dawei (My)/Kanchanaburi (T)
Thailand	Kawthoung (My)/Saphan Pla Pier (T)	Kawthoung (My)/Ranong (T)
Thailand	Myawaddy (My)/Mae Sot (T)	Hpa-an (My)/Mae Sot (T)
Thailand	Tachileik (My)/Mae Sai (T)	Kyaingtong (My)/Mae Sai (T)

Von Thailand

NACH	GRENZÜBERGANG	GRENZSTÄDTE
Kambodscha	Aranya Prathet (T)/Poipet (K)	Bangkok (T)/Siem Reap (K)
Kambodscha	Ban Pakard (T)/Psar Pruhm (K)	Chanthaburi (T)/Pailin (K)
Kambodscha	Chong Chom (T)/O Smach (K)	Surin (T)/Samraong (K)
Kambodscha	Chong Sa-Ngam (T)/Choam (K)	Chong Sa-Ngam (T)/Anlong Veng (K)
Kambodscha	Hat Lek (T)/Cham Yeam (K)	Trat (T)/Koh Kong (K)
Laos	Ban Huay Kon (T)/Muang Ngeun (L)	Nan (T)/Hongsa (L)
Laos	Bueng Kan (T)/Pakxan (L)	Bueng Kan (T)/Pakxan (L)
Laos	Chiang Khong (T)/Houay Xay (L)	Chiang Rai (T)/Houay Xay (L)
Laos	Chong Mek (T)/Vang Tao (L)	Ubon Ratchathani (T)/Pakse (L)
Laos	Mukdahan (T)/Savannakhet (L)	Mukdahan (T)/Savannakhet (L)
Laos	Nakhon Phanom (T)/Tha Khaek (L)	Nakhon Phanom (T)/Tha Khaek (L)
Laos	Nong Khai (T)/Tha Na Long (L)	Nong Khai (T)/Vientiane (L)
Laos	Tha Li (T)/Kenthao (L)	Loei (T)/Pak Lai (L)
Malaysia	Hat Yai (T)/Padang Besar (M)	Hat Yai (T)/Kangar (M)
Malaysia	Ko Lipe & Satun (T)/Pulau Langkawi (M)	Ko Lipe & Satun (T)/Pulau Langkawi (M)
Malaysia	Sadao (T)/Bukit Kayu Hitam (M)	Hat Yai (T)/Alor Setar (M)
Malaysia	Sungai Kolok (T)/Rantau Panjang (M)	Sungai Kolok (T)/Kota Bharu (M)
Myanmar	Mae Sai (T)/Tachileik (My)	Mae Sai (T)/Kyaingtong (My)
Myanmar	Mae Sot (T)/Myawaddy (My)	Mae Sot (T)/Hpa-an (My)
Myanmar	Phu Nam Rom (T)/Hteke (My)	Kanchanaburi (T)/Dawei (My)
Myanmar	Saphan Pla Pier (T)/Kawthoung (My)	Ranong (T)/Kawthoung (My)

Von Vietnam

NACH	GRENZÜBERGANG	GRENZSTÄDTE
China	Huu Nghi Quan (V)/Youyi Guan (Ch)	Dong Dang (V)/Pingxiang (Ch)
China	Lao Cai (V)/Hekou (Ch)	Hanoi (V)/Kunming (Ch)
China	Mong Cai (V)/Dongxing (Ch)	Mong Cai (V)/Dongxing (Ch)
Kambodscha	Le Thanh (V)/O Yadaw (K)	Pleiku (V)/Ban Lung (K)
Kambodscha	Loc Ninh (V)/Trapeang Sre (K)	Binh Long (V)/Snuol (K)
Kambodscha	Moc Bai (V)/Bavet (K)	Ho-Chi-Minh-Stadt (V)/Phnom Penh (K)
Kambodscha	Tinh Bien (V)/Phnom Den (K)	Chau Doc (V)/Takeo (K)
Kambodscha	Vinh Xuong (V)/Kaam Samnor (K)	Chau Doc (V)/Phnom Penh (K)
Kambodscha	Xa Mat (V)/Trapeang Plong (K)	Tay Ninh (V)/Kompong Cham (K)
Kambodscha	Xa Xia (V)/Prek Chak (K)	Ha Tien (V)/Kep (K)
Laos	Bo Y (V)/Phou Keua (L)	Kon Tum (V)/Attapeu (L)
Laos	Cau Treo (V)/Nam Phao (L)	Vinh (V)/Lak Sao (L)
Laos	Cha Lo (V)/Na Phao (L)	Dong Hoi (V)/Tha Khaek (L)
Laos	Lao Bao (V)/Dansavanh (L)	Dong Ha (V)/Savannakhet (L)
Laos	Nam Can (V)/Nong Haet (L)	Vinh (V)/Phonsavan (L)
Laos	Nam Soi (V)/Na Meo (L)	Thanh Hoa (V)/Xam Neua (L)
Laos	Tay Trang (V)/Sop Hun (L)	Dien Bien Phu (V)/Muang Khua (L)

Myanmar bis Indonesien, spektakuläre Routen. Die großen Straßen eignen sich generell für Tourenräder, doch wer abseits davon fährt, sollte ein Hybridrad oder ein Mountainbike wählen.

Vietnam ist ein tolles Land zum Radfahren – man kann das Rad mit in Busse nehmen, und die Küstenstraße von Hanoi nach Ho-Chi-Minh-Stadt ist eine lohnende Tour. Anspruchsvoller zum Radfahren ist Nordthailand oder Inselhopping in Indonesien. Die Straßen in Kambodscha, Myanmar und Laos sind oft in schlechtem Zustand.

Einfache Fahrradwerkstätten findet man überall. Hochwertige Fahrräder und Komponenten kann man in großen Städten wie Bangkok erwerben. Fahrräder darf man mit ins Flugzeug nehmen, sollte sich aber vorher bei den Fluglinien nach Kosten und Vorgaben erkundigen.

Flugzeug

Dank der vielen Billigfluglinien sind Verbindungen zwischen den südostasiatischen Ländern teilweise sehr günstig, vor allem wenn man in Metropolen wie Bangkok, Singapur und Kuala Lumpur startet. Einige Billigfluglinien sind besser als andere, also vor dem Kauf Empfehlungen durchlesen. Bei beinahe allen kann man online Tickets buchen. Je früher man bucht, desto günstiger sind sie.

Auf manchen Flughäfen wird eine Ausreisesteuer fällig, vor allem an kleinen regionalen Knotenpunkten. Man braucht also bis zum Schluss Geld in der lokalen Währung. Folgende Webseiten sind gute Adressen für Flugreisen innerhalb Südostasiens:

Air Asia (www.airasia.com) Führende regionale Billig-Airline, die Bangkok, Kuala Lumpur und Manila anfliegt.

Attitude Travel (www.attitude travel.com) Eine Übersicht über Asiens Billigfluglinien.

Cebu Pacific Air (www.cebupacificair.com) Beliebte philippinische Billigflieger von und nach Manila.

Jetstar Asia (www.jetstar.com) Die Tochtergesellschaft der australischen Jetstar hat ihren Hauptflughafen in Singapur.

Lion Air (www.lionair.co.id) Indonesiens führende Billig-Airline.

Scoot (www.flyscoot.com) Günstige Fluggesellschaft aus der Nähe Singapurs.

Flugpässe

Die meisten südostasiatischen nationalen Fluggesellschaften werben mit Angeboten für Flüge aus bestimmten westlichen Städten nach Südostasien (oder andersherum) sowie für Verbindungen innerhalb der Region. Außerdem findet man auch Pässe, die für mehrere Fluglinien innerhalb eines Flugverbunds gelten. Im Internet nach dem Stichwort „Flugpässe" bzw. "Air Passes" suchen, dann erhält man die neuesten Informationen zu bestimmten Zielgebieten, oder man kontaktiert die Fluglinien direkt.

VERKEHRSREGELN

Vorsichtig und defensiv fahren. Es gilt das Gesetz des Stärkeren, größere Fahrzeuge haben immer Vorfahrt vor kleineren; Lastern und Bussen immer unterordnen. Selbst bei Gegenverkehr wird die Straßenmitte zur Überholspur, und die Hupe scheint nur dafür da zu sein, um anderen zu signalisieren, dass sie Platz machen sollen.

Auf Straßenschilder achten, auch wenn die Einheimischen diese ignorieren. Verkehrsverstöße wie zu schnelles Fahren oder verkehrt herum in eine Einbahnstraße zu fahren werden oft von Ordnungshütern genutzt, um Bestechungsgelder einzufordern.

Grenzübergänge

Es gehört zu einer Südostasienreise dazu, von einem Land ins nächste zu reisen und zahlreiche neue Stempel im Reisepass zu sammeln. Einige Routen sind extrem stark von Travellern frequentiert. Auf diesen findet man gut organisierte Verkehrsmittel über die Grenzen und zahlreiche Reisende, mit denen man sich austauschen kann. Andere Routen erfordern mehr Planung. Teilweise muss man sich auch im Vorfeld um ein Visum kümmern und nicht erst bei Ankunft an der Grenze. Manchmal ist es günstiger, mit einer Billigfluglinie in ein Nachbarland zu fliegen, als auf dem Landweg zu reisen.

Mit Gründung der Asean Economic Community (AEC) haben sich die Beziehungen der meisten Länder an den Grenzen normalisiert, doch auf Visaanforderungen und Abzocken bei Verkehrsmitteln muss man sich noch immer einstellen. Achtung: Einige Grenzübergänge liegen in Gegenden politischer Instabilität und können kurzfristig geschlossen werden. Betroffen sein können u. a. die Westroute von Südthailand nach Malaysia (Grenzübergang Sungai Kolok/Rantau Panjang), die Grenzüberquerung per Fähre vom malaysischen Borneo zu den südlichen Philippinen und die Landgrenzen nach Myanmar.

Am besten fragt man etwas herum oder liest sich auf der Webseite von Lonely Planet Thorn Tree (lonelyplanet.com/thorntree) Berichte zu Grenzüberquerungen sowie weitere Informationen und Tipps zu Verkehrsmitteln durch. An folgende Punkte sollte man bei der Grenzüberquerung denken:

- Im Vorfeld herausfinden, an welchen Grenzen man bei der Ankunft ein Visum bekommt und an welchen man bereits eines vorlegen muss.
- An Grenzen, die bei der Einreise ein Visum ausstellen, benötigt man zwei Passbilder und genügend Bargeld in der erforderlichen Währung für die Visumsgebühr.
- Die Reise so planen, dass man ankommt, solange der Grenzposten noch geöffnet ist, um nicht nachts an der Grenze festzusitzen.
- Zwar findet man an den meisten Grenzübergängen legale und illegale Geldwechsel, doch sollte man zur Sicherheit immer einen kleinen Betrag in US-Dollar dabeihaben.
- An den Grenzübergängen gibt es rege Geldwechsel-Schwarzmärkte. Viele Händler bieten ungünstige Wechselkurse an, und auch Betrug und Diebstahl beim Geldwechsel wurden gemeldet.
- Vorsicht bei Abzocke an der Grenze durch unseriöse Verkehrsmittel zur Weiterreise, die nicht die gesamte Fahrt bis zum Ziel machen oder Passagiere mehrere Kilometer vom eigentlichen Zielort entfernt an einem Hotel absetzen und dafür von diesem eine Kommission kassieren.
- An manchen Grenzen wird man neben den üblichen Visagebühren für zusätzliche Gebühren zur Kasse gebeten. Wer sich weigert, spart vielleicht Geld, beschleunigt und vereinfacht die Grenzüberquerung jedoch nicht gerade. Egal, wie man sich entscheidet: Immer ruhig bleiben und sich nicht aufregen.

Nahverkehr

In den meisten Städten fahren Linienbusse und in den größeren Städten findet man auch größere Transportsysteme wie U-Bahnen, Überlandzüge oder S-Bahnen. Jede Menge Taxis sind auf den Straßen unterwegs, und oftmals ebenso viele Auto-Rikschas (*túk-túks*) und Fahrrad-Rikschas, die es in allen möglichen Varianten und unter verschiedensten Namen gibt.

Züge und Busse, darunter die Jeepneys, die auf den Philippinen als Busse eingesetzt werden, haben feste Fahrpreise. Die Taxis in größeren Städten sind mit Taxametern ausgestattet (doch dass die Fahrer diese auch benutzen, ist manchmal nicht einfach durchzusetzen). Ist kein fester Fahrpreis für ein Verkehrsmittel angegeben, sollte man sich im Vorfeld auf einen Preis einigen; in der Regel muss man etwas feilschen, um einen fairen Preis rauszuhandeln.

Schiff/Fähre

Zahlreiche Auslegerboote sowie Auto- und Passagierfähren verbinden die vielen Inseln Südostasiens, Städte auf größeren Landmassen und Städte an großen Flüssen. Grenzüberschreitend verkehren Fähren zwischen Singapur und Indonesien, Malaysia und Indonesien, Thailand und Malaysia sowie den Philippinen und Malaysia. Wer von Thailand nach Laos oder von Kambodscha nach Vietnam will, muss den Mekong überqueren. Fährtickets gibt's in Pensionen und Reisebüros. Dort erfährt man auch aktuelle Abfahrtszeiten. Achtung: Manche Grenzübergänge stellen keine Visa bei Ankunft aus.

Trampen

Trampen ist nie wirklich sicher und deshalb nicht empfehlenswert. Anhalter gehen ein zwar kleines, dafür aber möglicherweise ernstes Risiko ein, wenngleich vielen Menschen beim Trampen auch überhaupt nichts passiert. Wer sich dazu entschließt, sollte sich mit mindestens einer weiteren Person zusammentun und vorher jemanden über die genauen Reiseziele informieren.

Zug

Thailand und Malaysia haben die umfassendsten Schienennetze, allerdings fahren Züge selten pünktlich und brauchen häufig länger als angegeben. Myanmar, Laos, Kambodscha und Indonesien haben ein eingeschränkteres Schienennetz, jedoch kommt man auch hier zu guten Ausgangspunkten, um die Landschaft kennenzulernen. Die einzige nennenswerte internationale Zugverbindung ist der *International Express* von Bangkok über die Malaiische Halbinsel nach Singapur.

Gesundheit

Je nach Ziel in Südostasien ist die Qualität medizinischer Versorgung sehr unterschiedlich, aber aufgrund des Klimas und der lokalen Hygienestandards ist das Krankheitsrisiko generell höher als in den westlichen Ländern.

Traveller überschätzen tropische Infektionskrankheiten gerne, dabei führen diese selten zu ernsthaften Erkrankungen oder gar Todesfällen. Der Verkehr und die Gefahr durch Ertrinken sind im Vergleich dazu grö-ßere Gesundheitsrisiken. Kleinere Erkrankungen wie Atemwegsinfektionen, Durchfall oder Denguefieber sind allerdings relativ häufig. Viele gängige Beschwerden lassen sich aber zum Glück vermeiden oder behandeln.

VOR DER REISE

rzneimittel sollten in ihrer riginalverpackung bleien. Ratsam ist auch ein nterschriebener, datierter rief des Hausarztes, der uskunft über den Gesundeitszustand und derzeit ngenommene Medikaente einschließlich deren attungsnamen gibt. Auch r Spritzen oder Nadeln im epäck ist ein Arztbrief über e medizinische Notwendigt hilfreich. Herzpatienten llten die Kopie eines vor r Reise durchgeführten Gs dabeihaben.

Wer regelmäßig Medikaente nimmt, hat besser die doppelte Menge dabei, falls man bestohlen wird oder die Arzneimittel verlieren sollte. Außer in Singapur gibt's in manchen Ländern Medikamente rezeptfrei. Neuere Mittel wie Antidepressiva, Blutdruckmittel oder die Pille sind allerdings teilweise nur schwer zu bekommen.

Versicherung

Auch wer gesund und munter ist, sollte auf eine Krankenversicherung nicht verzichten, denn Unfälle passieren schnell. Eventuell muss man Extremsportarten wie Tauchen und Bergsteigen zusätzlich versichern. Kommt die eigene Krankenversicherung nicht für Kosten im Ausland auf, ist eine separate Auslandskrankenversicherung mit Rücktransport im Notfall ratsam.

Vor der Abreise sollte man sich erkundigen, ob die Versicherung die Kosten direkt übernimmt oder ob sie Ausgaben für Arztbesuche und Medikamente erst später erstattet. In vielen Ländern zahlt man Arztbesuche bar im Voraus. Um nach der Reise die Kostenerstattung zu beantragen, muss man unbedingt alle Quittungen aufbewahren. Manche Verträge fordern auch, erst einen Arzt im Heimatland anzurufen, der sofort eine Ferndiagnose stellt.

Taucher müssen sich erkundigen, ob ihre Versicherung auch bei der Taucherkrankheit haftet. Infos zu speziellen Versicherungen erhält man z.B. online unter Divers Alert Network (www.diversalertnetwork.org). Vor der Abreise sollte man sich untersuchen lassen, denn unter bestimmten gesundheitlichen Bedingungen darf man diesem Sport nicht nachgehen.

IN SÜDOSTASIEN

Medizinische Versorgung

Der Standard der medizinischen Versorgung in der Region variiert von Land zu Land. Mittlerweile haben fast alle Hauptstädte Krankenhäuser, die auf Touristen und Auswanderer spezialisiert sind. Die Behandlung kostet hier zwar tendenziell mehr, bietet aber auch deutlich bessere medizinische Betreuung und die Mitarbeiter sprechen Englisch.

In ländlichen Gegenden ist es schwierig, verlässliche ärztliche Betreuung zu finden. Gute Infoquellen hierzu sind die Botschaft des Heimatlandes und Versicherungsgesellschaften. Hier einige Überlegungen zu den einzelnen Ländern.

Brunei Darussalam Die allgemeine medizinische Versorgung durch Einwanderer und in anderen Ländern ausgebildete Einheimische (es gibt keine lokale medizinische Fakultät)

REISEAPOTHEKE

Folgende Medikamente und Utensilien gehören für Südostasien unbedingt ins Gepäck:

- Abführmittel (Laxative) wie Dulcolax
- Abschwellende Mittel gegen Erkältungen und Schnupfen, z. B. Xylometazolin (Olynth)
- Antibakterielle Salbe (mit dem Wirkstoff Mupirocin)
- Antibiotika für Hautinfektionen wie Amoxicillin oder Cephalexin
- Antihistaminika gegen Allergien, beispielsweise tagsüber Cetirizin und nachts Promethazin
- Antiseptikum für Schnitte und Kratzer, z. B. Betaisodona
- Bei Neigung zu Blasenentzündungen entsprechende Antibiotika
- DEET-haltiges Insektenschutzmittel wie Care Plus DEET Gel 30
- Durchfallerkrankungen: Antibiotika wie Norfloxacin oder Ciprofloxacin, Azithromycin gegen bakteriellen Durchfall und Medikamente mit dem Wirkstoff Tinidazol gegen durch Parasiten hervorgerufenen Durchfall sowie Amöbenruhr und „Durchfallbremsen" wie Imodium
- Entzündungshemmer wie Ibuprofen
- Erste-Hilfe-Zubehör: Schere, Pflaster, Bandagen, Mullbinden, Fieberthermometer (elektronisch, kein Quecksilberthermometer), sterile Nadeln und Spritzen, Sicherheitsnadeln und eine Pinzette
- Flüssigkeitsersatz bei Durchfallerkrankungen, z. B. Gastrolyte
- Halstabletten
- Jodtabletten zur Wasserreinigung
- Kortisoncreme und Kortison gegen Juckreiz und Allergieschübe, z. B. 12 %iges Hydrocortison
- Krampflösende Mittel gegen Magenkrämpfe wie Buscopan, Medikamente gegen Magenverstimmung wie ein Antazidum (z. B. Talaid, Maloxan oder Gaviscon)
- Medikamente gegen Pilzinfektionen, beispielsweise Clotrimazol-Creme oder Diflucan-Tabletten
- Medikamente gegen Übelkeit sowie Erbrechen
- Paracetamol gegen Schmerzen
- Permethrinhaltiges Insektenspray für Kleidung, Zelte und Moskitos
- Sonnencreme und -hut
- Verhütungsmittel

Taucher sollten sich unbedingt über die Behandlung von Korallenschnitten und tropischen Ohrenentzündungen informieren und entsprechende Medikamente einpacken.

ist annehmbar. Bei schweren Krankheiten ist man in Singapur aber besser aufgehoben.

Indonesien Die lokale medizinische Versorgung entspricht nicht internationalen Standards. Ausländische Ärzte dürfen nicht in Indonesien arbeiten und die meisten indonesischen Ärzte arbeiten tagsüber in staatlichen Krankenhäusern und nachts in privaten Praxen. Die Versorgung hängt also sehr davon ab, zu welcher Tageszeit man sie in Anspruch nimmt. In ernsten Fällen sollte man eine Ausreise nach Australien oder Singapur erwägen.

Kambodscha Internationale Kliniken in Phnom Penh und Siem Reap sowie eine von einer Nichtregierungsorganisation betriebene chirurgische Klinik in Battambang bieten eine gute Grundversorgung und Notfallbehandlungen an. Staatliche Krankenhäuser in anderen Orten sollte man meiden. Wer ernstha[ft] erkrankt, wendet sich besser a[n] die Klinik in Bangkok.

Laos In Laos gibt's keine medizinische Institutionen, die internationalen Standards gerecht werden. Die nächstgel[e]genen akzeptablen Einrichtung[en] befinden sich in Nordthailand.

Malaysia In größeren Städten i[st] die medizinische Versorgung se[hr] gut. Auch ernste Probleme kön[nen] in Kuala Lumpur gelöst werden

Myanmar Die lokale medizinische Versorgung ist eine Katastrophe, deshalb sollten Krankenhäuser nur im allergrößten Notfall aufgesucht werden. In Yangon findet man ein internationales Krankenhaus.

Osttimor Privatkrankenhäuser gibt's nur in Dili. Das staatliche Krankenhaus bietet einen Minimalstandard und sollte nach Möglichkeit gemieden werden.

Philippinen In zahlreichen großen Städten ist eine gute medizinische Versorgung gewährleistet, allerdings sieht es mit den Ambulanzdiensten anders aus. Meist ist es besser, man fährt mit dem Taxi zum Krankenhaus.

Singapur Erkrankte werden in exzellenten medizinischen Einrichtungen versorgt und Patienten aus fast ganz Südostasien werden hierher überwiesen.

Thailand Nach Singapur ist Bangkok die zweite Wahl bei den Einwanderern, die in Südostasien leben und eine besondere Behandlung brauchen.

Vietnam Staatliche Krankenhäuser sind einfach und überfüllt. Nur lizensierte Kliniken dürfen Ausländer behandeln. Als beste erste Anlaufstelle dienen Privatkrankenhäuser in Hanoi, Ho-Chi-Minh-Stadt und Da Nang.

Gesundheitsrisiken

Hautprobleme

...lzbefall ist in den Tropen ...chts Ungewöhnliches. ...ei Travellern überwiegen ...vei Arten: Die erste tritt an ...uchten Stellen auf, in der ...iste, den Armbeugen und ...vischen den Zehen, wo sich ...te, meist juckende Flecken ...ngsam ausbreiten. Man ...llte die Haut möglichst tro...en halten, nicht reiben und ...e Fungizidsalbe wie Clotri...azol oder Lamisil auftragen. ...eit verbreitet ist auch *tinea ...rsicolor*, der kleine helle ...cken auf Rücken, Brust ...d Schultern verursacht. Ein ...t kann weiterhelfen. Schnitte und Kratzer ...zünden sich in feuchtwarmem Klima leicht. Um Komplikationen wie Abszesse zu vermeiden, alle Verletzungen sorgfältig pflegen. Wunden müssen sofort mit sauberem Wasser gereinigt und einem Antiseptikum behandelt werden. Wer Zeichen einer Infektion (zunehmende Schmerzen und Rötung) feststellt, sollte einen Arzt aufsuchen. Taucher und Surfer müssen besonders vorsichtig sein, da sich Korallenschnitte recht leicht entzünden.

Hitze

In vielen Teilen Südostasiens ist es heiß und feucht und die meisten Menschen brauchen mindestens zwei Wochen, um sich an das Klima zu gewöhnen. Füße und Knöchel können anschwellen, und starkes Schwitzen löst eventuell Muskelkrämpfe aus. Man sollte viel trinken, sich in der Hitze nicht zu viel bewegen und es nach der Ankunft erst einmal langsam angehen lassen. Gegen Krämpfe helfen Ruhe, eine doppelte Dosis Elektrolytlösung und sanftes Stretching der Beine. Gesalzenes Sodawasser mit Limettensaft ist ideal für den Elektrolythaushalt.

Dehydrierung trägt am stärksten zu Erschöpfung durch Hitze bei. Symptome sind Schwächegefühl, Kopfschmerzen, Reizbarkeit, Übelkeit oder Erbrechen, feuchte Haut, ein hoher Puls sowie eine leicht erhöhte Körpertemperatur. In dem Fall muss man sofort aus der Sonne oder Hitze gehen, sich Luft zufächeln und kühle feuchte Tücher auf die Haut legen. Betroffene sollten sich mit hochgelegten Beinen hinlegen und Wasser trinken, das mit einem viertel Teelöffel Salz pro Liter versetzt ist. Normalerweise erholt man sich schnell wieder davon, auch wenn man sich oft noch für ein paar Tage schlapp fühlt.

Ein Hitzschlag ist ein medizinischer Notfall. Symptome – Schwächegefühl, Übelkeit, trockener heißer Körper mit

SELTENE, ABER GEFÄHRLICHE KRANKHEITEN

Von den folgenden Krankheiten sind Einheimische aller Länder außer Singapur relativ häufig betroffen, Traveller jedoch nur selten:

Filariose Die durch Mücken übertragene Krankheit führt zu massiven Schwellungen, kann aber durch entsprechenden Schutz verhindert werden.

Typhus Mäusetyphus wird durch Flohbisse, Buschtyphus durch Milben übertragen. Symptome sind Fieber, Muskelschmerzen und Ausschlag. Insektenschutzmittel oder Doxycyclin kann vorbeugen.

Tuberkulose Entwicklungshelfer, Ärzte und Langzeitreisende sollten dieser tödlichen Atemwegserkrankung vorbeugen und sich vor und nach dem Aufenthalt medizinisch untersuchen lassen. Symptome sind Fieber, Husten, Gewichtsverlust und Müdigkeit.

Melioidose (nur in Thailand) Infektion, die durch Hautkontakt mit Erde hervorgerufen wird. Die Symptome ähneln denen von Tuberkulose.

Japanische Enzephalitis (meistgefährdete Gebiete: Vietnam, Thailand und Indonesien) Durch Mücken übertragene Virenerkrankung, meist nur in ländlichen Gebieten. Wer mehr als einen Monat außerhalb von Städten verbringt, sollte sich impfen lassen.

Temperaturen über 41 °C, Schwindel, Verwirrung, Koordinationsverlust, Krämpfe, manchmal sogar Kreislaufkollaps oder Ohnmacht – treten plötzlich auf. Wenn die Körpertemperatur jetzt nicht sehr schnell reduziert wird, kann es sogar zu Herzversagen kommen. Man muss sofort medizinische Hilfe holen, die Person an einen kühleren Ort bringen, die Kleidung ausziehen, kalte Luft zufächeln und kühle feuchte Tücher oder Eis auf den Körper legen, besonders auf Leistengegend und Achselhöhlen.

In den Tropen treten auch häufig durch einen Schweißstau unter der Haut verursachte Hitzebläschen auf. Die kleinen juckenden Flecken lassen sich eindämmen, indem man sich aus der Wärme in einen klimatisierten Raum begibt und kalt duscht. Cremes und Salben verstopfen die Haut, aber man kann sich vor Ort Puder gegen die Bläschen kaufen, der ganz gut hilft.

Insektenbisse & -stiche

Wanzen übertragen zwar keine Krankheiten, aber ihre Bisse sind unangenehm und jucken. Die Tiere leben in den Ritzen von Möbeln und Wänden und wandern nachts in Betten, um sich an den darin Liegenden satt zu essen. Ihre Bisse können mit Antihistaminen behandelt werden. Wenn man in billigen Unterkünftigen Blutflecken auf den Laken findet, sind Bettwanzen sehr wahrscheinlich.

Läuse befallen verschiedene Körperteile, meist jedoch Kopf und Intimbereich. Sie übertragen sich durch engen Kontakt mit infizierten Personen und Bettzeug. Manchmal wird man die Biester nur schwer wieder los und muss mehrmals Antiläuseshampoos, z. B. mit Permethrin, anwenden. Den Körper behandelt man mit medizinischen Cremes oder Salben. Im Intimbereich werden Läuse durch Geschlechtsverkehr übertragen.

Zecken fängt man sich in ländlichen Gegenden im hohen Gras schnell ein, vor allem in der Nähe von Wildtieren oder Viehweiden. Sie beißen sich bevorzugt hinter den Ohren, am Bauch oder in den Achselhöhlen fest. Die Bisse an sich sind harmlos, können aber Krankheiten übertragen. Wer nach einem Biss Hautausschlag (an der Bissstelle oder woanders), Fieber oder Gliederschmerzen bemerkt, sollte einen Arzt aufsuchen. Doxycyclin kann durch Zecken übertragbare Krankheiten verhindern.

Blutegel, die in feuchten Regenwaldgebieten leben, übertragen keine Krankheiten, aber ihre Bisse jucken

EMPFOHLENE IMPFUNGEN

Auf Tropenmedizin spezialisierte Kliniken informieren darüber, welche Impfungen für die geplante Reise empfohlen werden. Einige Impfungen werden mehrmals und über einen längeren Zeitraum durchgeführt; daher sollte man sechs Wochen vor der Reise seinen Arzt aufsuchen.

Die Gelbfieberschutzimpfung ist die einzige vorgeschriebene Prophylaxe-Maßnahme, wenn man sechs Tage vor der Südostasien-Reise ein Land besucht hat, in dem diese Krankheit grassiert. Kommt man von Afrika oder Südamerika aus in die Region, sollte man sich vorher erkundigen, ob man einen Impfnachweis braucht.

Die Weltgesundheitsorganisation (WHO) empfiehlt Travellern nach Südostasien folgende Impfungen:

- Diphtherie und Tetanus bei Erwachsenen
- Hepatitis A
- Hepatitis B
- Masern, Mumps und Röteln
- Polio
- Typhus
- Windpocken

Folgende Schutzimpfungen werden Reisenden empfohlen, die länger als einen Monat im Land bleiben wollen oder besonders gefährdet sind:

- Japanische Enzephalitis
- Meningitis
- Tollwut
- Tuberkulose

Achtung: Es gibt keine Impfung gegen das Denguefieber. Am besten schützt man sich vor einer Infektion, indem man Moskitostichen vorbeugt.

oft noch Wochen später und entzünden sich leicht, deshalb sollte man auf betroffene Stellen ein Antiseptikum auf Jodbasis auftragen. Mit Salz kann man festgebissene Blutegel loswerden. Man sollte sie nie einfach so abziehen, da sonst zurückbleibende Teile des Mundes des Tieres Infektionen verursachen können.

Wer eine ausgeprägte Bienen- oder Wespenstichallergie hat, muss für den Notfall immer eine Adrenalinspritze dabeihaben (z. B. EpiPen). Für alle anderen sind die Schmerzen das größte Problem. Am besten kühlt man den Stich mit etwas Eis und nimmt ein Schmerzmittel.

Quallen in südostasiatischen Gewässern sind häufig nicht gefährlich, aber lästig und die Stiche schmerzhaft. Als Erste Hilfe bei Stichen dient über die betroffene Stelle geschütteter Essig, der das Gift neutralisiert. Sand oder Wasser sollte man nicht in die Stiche einreiben. Gegebenenfalls Schmerzmittel nehmen und medizinischen Rat suchen, wenn man sich nach dem Stich krank fühlt. Wenn es in der Gegend gefährliche Quallen gibt, holt man sich Rat von Einheimischen und meidet das Wasser.

Sandfliegen trifft man an Stränden (vor allem an abgelegenen) in ganz Südostasien an. Ihre Bisse jucken stark und können sich auch leicht entzünden. Gegen den Juckreiz hilft Antihistamin. Wer sich trotzdem kratzen muss, sollte die Handfläche nehmen und nicht die Nägel, sonst steigt das Risiko einer Infektion.

Parasiten

Zahlreiche für Südostasien typische Parasiten befallen Reisende nur selten. Zwei Dinge helfen: Schuhe tragen und keine rohe Nahrung zu sich nehmen; das gilt besonders für Fisch, Schweinefleisch und Gemüse. Viele Parasiten gelangen beim Barfußgehen durch die Haut in den Körper, darunter Strongyloide, Hakenwürmer und kutane Hautlarven.

Schlangen

In Südostasien gibt's sowohl jede Menge harmlose als auch giftige Schlangen. Am besten hält man grundsätzlich alle für gefährlich und versucht nie, eine zu fangen. In Gegenden, wo diese Tiere herumkriechen könnten, sollte man knöchelhohe Schuhe und lange Hosen tragen. Für die meisten Arten gibt's auch Gegengifte. Als Erste-Hilfe-Maßnahme nach einem Biss bindet man den betroffenen Körperteil mit einem elastischen Verband ab. Dabei beginnt man an der Bissstelle und arbeitet sich Richtung Brust vor. Der Verband sollte nicht so fest sein, dass der Blutkreislauf unterbrochen wird, zudem müssen Finger bzw. Zehen frei bleiben, damit man den Puls fühlen kann. Arm oder Bein sollte man mit einer Schiene aus Holz ruhigstellen und den Betroffenen zum nächsten Arzt bringen. Keinen Druckverband anwenden und nicht versuchen, das Gift herauszusaugen!

Sonnenbrand

Weil man sogar an bedeckten Tagen schnell einen Sonnenbrand bekommt, benutzt man am besten eine starke Sonnencreme (mind. Faktor 30) und reibt sich nach dem Schwimmen immer noch mal ein. Ratsam sind auch ein breitkrempiger Hut und eine Sonnenbrille. In der heißesten Zeit des Tages von 10 bis 14 Uhr sollte man sich nicht in die Sonne legen. Wer einen Sonnenbrand hat, muss die Sonne meiden, bis sich die Haut erholt hat. Kühle Kompressen und Schmerzmittel helfen gegen Unwohlsein. Zusätzlich kann man zweimal täglich eine 1%ige Hydrocortisoncreme auftragen.

LEITUNGSWASSER

In Südostasien sollte man kein Leitungswasser trinken, da es Krankheiten übertragen kann. Aus demselben Grund wird auch vom Zähneputzen mit Leitungswasser abgeraten.

Infektionskrankheiten

Denguefieber

Gefährdete Gebiete Alle Länder. Diese durch Stechmücken übertragene Krankheit kommt nicht nur in ländlichen Regionen vor, sondern auch in Großstädten wie Bangkok und Singapur, auch die südlichen Inseln Thailands und die Provinz Chiang Mai sind stark gefährdet. Weil es keinen Impfstoff gibt, kann sie nur durch DEET-haltigen, regelmäßig angewendeten Mückenschutz verhindert werden. Symptome sind hohes Fieber sowie starke Kopf- und Gliederschmerzen (daher auch als „Knochenbrecherfieber" bekannt), auch Ausschlag und Durchfall kommen vor. Es gibt keine spezielle Behandlung außer viel Ruhe, begleitend kann Paracetamol eingenommen werden. Auf Aspirin sollte man verzichten, da es das Risiko innerer Blutungen erhöht. Denguefieber muss ein Arzt diagnostizieren und überwachen.

Geschlechtskrankheiten

Gefährdete Gebiete Alle Länder. Neben HIV treten am häufigsten sexuell übertragbare Krankheiten wie Herpes, Warzen, Syphilis, Gonorrhö und Chlamydien auf. Oft zeigen sich keinerlei Symptome. Kondome schützen vor Gonorrhö und Chlamydien, aber nicht vor Warzen und Herpes. Entdeckt man nach dem Geschlechtsverkehr Ausschlag, Blasen bzw. ungewöhnlichen Ausfluss oder hat Schmerzen beim Wasserlassen, muss man unverzüglich einen Arzt aufsuchen. Wer während seiner Reise Geschlechtsverkehr hatte, sollte sich nach der Rückkehr untersuchen lassen.

Grippe

Gefährdete Gebiete Alle Länder. In den Tropen ist die Grippe ganzjährig präsent. Symptome reichen von Fieber über Gliederschmerzen, Schnupfen und Husten bis zu Halsschmerzen. Menschen über 65, Herzkranke oder Diabetiker können sehr schwer erkranken und sollten sich daher impfen lassen. Es gibt keine spezielle Behandlung. Hilfreich sind Ruhe und Paracetamol. Vor Ort sollte man die Hinweise zu Grippewellen wie der Schweine- oder Vogelgrippe beachten.

Hepatitis A

Gefährdete Gebiete Alle Länder. Hepatitis A ist in ganz Südostasien ein Problem. Das durch Aufnahme von verunreinigten Lebensmitteln und Wasser übertragene Virus infiziert die Leber und verursacht Gelbsucht (gelbe Haut und Augen), Übelkeit sowie Lethargie. Für die Krankheit gibt's keine bestimmte Behandlung – die Leber regeneriert sich mit der Zeit. Jeder Reisende sollte sich impfen lassen.

Hepatitis B

Gefährdete Gebiete Alle Länder. Hepatitis B wird durch Sexualkontakte und den Austausch von Körperflüssigkeiten übertragen, kann aber durch Impfung verhindert werden. In einigen Regionen tragen 20 % der Bevölkerung das Virus in sich, wobei die Betroffenen das oft nicht einmal wissen. Langzeitfolgen sind Leberkrebs und -zirrhose.

Hepatitis E

Gefährdete Gebiete Alle Länder. Mit Hepatitis E steckt man sich durch verunreinigtes Wasser und Lebensmittel an. Es treten ähnliche Symptome wie bei Hepatitis A auf, aber dieses Virus ist weit weniger verbreitet. Für Schwangere ist es eine ernsthafte, möglicherweise sogar tödliche Bedrohung. Es gibt keinen Impfstoff, deshalb sollte man beim Essen und Trinken unbedingt die empfohlenen Vorsichtsmaßnahmen einhalten.

HIV

Gefährdete Gebiete Alle Länder. In Thailand ist HIV eine der häufigsten Todesursachen bei Menschen unter 50 Jahren. Auch Myanmar und Vietnam haben stark mit dem Virus zu kämpfen, weil es sich hier mit Abstand am schnellsten verbreitet. Übertragen wird die Krankheit vor allem durch Geschlechtsverkehr.

Larva migrans

Gefährdete Gebiete Alle Länder außer Singapur.
Die durch Fadenwürmer ausgelöste Krankheit kommt häufig an thailändischen Stränden vor. Der Ausschlag schwillt an und verbreitet sich langsam in Linien über den Körper. Besonders nachts kann die Haut stark jucken. Behandelt wird mit Medikamenten. Die Haut nicht einschneiden oder mit Eis kühlen.

Leptospirose

Gefährdete Gebiete Thailand und Malaysia.
An Leptospirose erkrankt man häufig nach Rafting- oder Canyoningtouren. Frühe Symptome wie Kopfschmerzen und Fieber ähneln denen einer Grippe. Die Krankheit kann unproblematisch, aber auch tödlich verlaufen. Über einen Bluttest wird die Diagnose gestellt. Leptospirose kann mit Doxycyclin behandelt werden.

Malaria

Gefährdete Gebiete Alle Länder außer Singapur und Brunei.
In vielen Gegenden, besonders in Städten und Ferienorten, besteht so gut wie kein Infektionsrisiko, und die Nebenwirkungen der Medikationen sind stärker als die Wahrscheinlichkeit, überhaupt zu erkranken.

In ländlichen Regionen ist die Gefahr allerdings so groß, dass man die Nebenwirkungen der Tabletten leider in Kauf nehmen muss. Malaria kann immer tödlich enden. Vor der Reise sollte man ärztlichen Rat über die individuell richtige Dosierung einholen und sich ein Rezept ausstellen lassen.

Malaria, eine parasitäre Infektion, wird durch infizierte Moskitos übertragen. Das deutlichste Symptom ist Fieber, aber auch allgemeine Merkmale wie Kopfschmer-

LEBENSMITTEL & TRINKWASSER

Verunreinigte Lebensmittel und Wasser sind die größten Risikofaktoren für Durchfallerkrankungen. Ein paar Vorsichtsmaßnahmen:

- Nur frisch gekochte Lebensmittel und schälbare Früchte essen.
- Meeresfrüchte und Essen, das schon lange herumsteht, meiden.
- In belebten Restaurants mit vielen Kunden essen.
- Niemals Leitungswasser trinken, sondern nur Wasser aus versiegelten Flaschen oder selbst gefiltertes Wasser.
- Auf Eis verzichten.
- Keine frisch zubereiteten Fruchtsäfte trinken – sie könnten mit Leitungswasser verdünnt sein.
- Abkochen ist die sicherste Methode, Wasser zu reinigen. Jod gilt als bestes chemisches Reinigungsmittel, allerdings sollten Schwangere und Schilddrüsenerkrankte darauf verzichten.

zen, Durchfall oder Schüttelfrost können auftreten. Eine sichere Diagnose liefert nur eine Blutprobe.

Die Strategie zur Malariavorbeugung besteht aus zwei Aspekten – der Vermeidung von Moskitostichen und der Einnahme von Medikamenten. Welche Malariaprophylaxe man einnimt, hängt vom Reiseziel ab. Am besten sucht man vorab einen Arzt auf und lässt sich beraten. Meistens muss die Einnahme schon vor Reiseantritt begonnen werden.

Traveller sollten sich wie folgt vor Moskitostichen schützen:

- Ein auf DEET basierendes Insektenschutzmittel verwenden.
- Unter einem mit Permethrin imprägnierten Moskitonetz schlafen.
- Unterkünfte mit Malariagittern und Klimaanlagen oder Ventilatoren buchen.
- In Risikogebieten Kleidung mit Permethrin imprägnieren.
- Langärmlige, helle Kleidung tragen.
- Mückenspiralen verwenden (bekommt man in Outdoorgeschäften).
- Insektenspray benutzen, bevor man das Zimmer zum Abendessen verlässt.

Masern

Gefährdete Gebiete Alle Länder außer Singapur und Brunei.
Masern stellen in einigen Teilen Südostasiens ein Problem dar, wobei viele vor 1966 geborene Menschen immun dagegen sind, weil sie die Krankheit bereits in ihrer Kindheit hatten. Jüngere Menschen aus Industrieländern sind meist dagegen geimpft. Die hochansteckende bakterielle Infektion verbreitet sich durch Husten und Niesen, beginnt mit hohem Fieber und Hautauschlag und kann zu Lungenentzündung sowie Hirnschäden führen. Es gibt keine spezielle Behandlung gegen Masern.

INFOS IM INTERNET

Centers for Disease Control & Prevention (www.cdc.gov) Länderspezifische Hinweise.

International Travel & Health (www.who.int/ith) Ratschläge der Weltgesundheitsorganisation (WHO).

MD Travel Health (www.mdtravelhealth.com) Tipps zur Gesundheit auf Reisen für jedes Land.

Schistosomiasis

Gefährdete Gebiete Laos, die Philippinen, Vietnam und Sulawesi (Indonesien).
Schistosomiasis ist eine Wurmkrankheit. Beim Schwimmen in verunreinigtem Wasser dringen winzige Parasiten in die Haut ein. Reisende infizieren sich meist nur leicht und ohne Symptome. Wenn die Würmer durch die Lunge wandern und eine allergische Reaktion verursachen, entwickelt sich einige Wochen nach der Ansteckung in seltenen Fällen „Katayama-Fieber" mit Husten und Fieber, was medikamentös unkompliziert behandelt werden kann.

Tollwut

Gefährdete Gebiete Alle Länder außer Singapur und Brunei.
Die tödliche Krankheit wird durch Bisse oder den Speichel infizierter Tiere wie Hunde oder Affen übertragen. Nach einem Biss sollte man die Wunde vorsichtig mit Wasser und Seife auswaschen und jodhaltiges Desinfektionsmittel auftragen. Ohne Behandlung verläuft die Krankheit grundsätzlich tödlich, daher muss man sofort einen Arzt aufsuchen, der die Nachbehandlung (Postexpositions-Prophylaxe) beginnt. Eine Impfung vor der Reise vereinfacht die Maßnahmen. Wenn man nicht geimpft ist, braucht man so schnell wie möglich eine Behandlung mit Immunglobulinen gegen Tollwut.

Typhus

Gefährdete Gebiete Alle Länder außer Singapur.
Diese bakterielle Infektion verbreitet sich über verunreinigtes Essen und Wasser. Symptome sind langsam ansteigendes, hohes Fieber sowie Kopfschmerzen, manchmal auch trockener Husten und Magenschmerzen. Typhus wird durch Bluttests nachgewiesen und mit Antibiotika behandelt. Traveller, die länger als eine Woche in Südostasien verbringen oder sich in ländlichen Regionen aufhalten, wird eine Impfung empfohlen, allerdings gewährt diese keinen absoluten Schutz, deshalb sollte man vorsichtig sein beim Essen und Trinken!

Zwergfadenwurm

Gefährdete Gebiete Kambodscha, Myanmar und Thailand.
Zwergfadenwürmer werden durch Hautkontakt mit Erde übertragen, bei Reisenden aber eher selten. Betroffene leiden unter dem ungewöhnlichen Hautausschlag *larva currens*, eine gradlinige, sporadisch auftretende Flechte auf dem Gefäßstrang. Andere Symptome zeigen sich oft erst, wenn das komplette Immunsystem gestört ist und der Parasit eine schwere Infektion auslöst. Strongyloiden müssen medikamentös behandelt werden.

Durchfallerkrankungen

Das am weitesten verbreitete Gesundheitsproblem sind wohl die Durchfallerkrankungen, an denen in den ersten beiden Reisewochen zwischen 30 und 50 % der Urlauber leiden. In über 80 %

der Fälle sind Bakterien die Verursacher, sodass Antibiotika schnell helfen können. Ob man diese nehmen sollte, hängt von der jeweiligen Situation ab.

Reisedurchfall ist durch mindestens drei wässrige Darmentleerungen innerhalb von 24 Stunden definiert, mit wenigstens einer Begleiterscheinung wie Fieber, Krämpfe, Übelkeit und Erbrechen.

Man muss nun unbedingt zu viel Flüssigkeitsverlust verhindern, am besten mit elektrolythaltigen Lösungen wie Normhydral. Antibiotika wie Norfloxacin, Ciprofloxacin oder Azithromycin töten die Bakterien rasch ab. Imodium stoppt zwar nur die Symptome, kann aber z. B. auf einer langen Busreise durchaus hilfreich sein. Bei Fieber oder Blut im Stuhl sollte es aber nicht eingenommen werden. Wer nicht auf Antibiotika anspricht, muss sofort einen Arzt aufsuchen.

Amöbenruhr

Amöbenruhr kommt bei Travellern nur sehr selten vor, wird aber oft fälschlicherweise von Laboren diagnostiziert. Die Symptome Fieber, blutiger Stuhl und allgemeines Unwohlsein ähneln denen einer bakteriellen Diarrhöe. Bei Blut im Stuhl sollte man sofort einen Arzt aufsuchen. Behandelt wird die Krankheit mit zwei Medikamenten: Tinidazole oder Metronidazole töten die Parasiten im Darm ab, ein weiteres Mittel wirkt gegen die Zysten. Unbehandelt kann eine Erkrankung Leber- und Darmabszesse zur Folge haben.

Giardiasis

Giardia lamblia ist ein kleiner Parasit, der Südostasienreisende recht häufig befällt und Übelkeit, schlimme Blähungen, Müdigkeit und zeitweise auftretenden Durchfall verursacht. Nach faulen Eiern riechende Rülpser wurden ausschließlich der Giardiasis zugeschrieben, laut Forschungsarbeiten in Nepal sind sie aber nicht für diese Infektion spezifisch. Es ist möglich, dass der Parasit den Körper ohne Behandlung verlässt – das kann allerdings Monate dauern. Ein übliches Medikament ist Tinidazol; als weitere Option für die Behandlung gilt außerdem das Arzneimittel Metronidazol.

Frauen & Gesundheit

Hygieneprodukte bekommt man in städtischen Gegenden problemlos, allerdings kann die Auswahl an Verhütungsmitteln begrenzt sein. Am besten bringt man seinen persönlichen Vorrat mit. Hitze, Feuchtigkeit und Antibiotika verursachen eventuell Pilzbefall, der mit Antimykotika und Wirkstoffen wie Clotrimazol behandelt wird. Eine praktische Alternative ist Fluconazol (Diflucan) in Tablettenform. Infektionen des Harntrakts können durch Flüssigkeitsmangel oder lange Busreisen ohne Toilettenpausen ausgelöst werden – entsprechende Antibiotika mitnehmen.

Schwangere müssen sich vor der Reise von einem Spezialisten beraten lassen. Ländliche Regionen mit schlechter Verkehrsverbindung und mangelnder medizinischer Versorgung sind zu meiden.

Malaria ist für Schwangere sehr gefährlich. Die Weltgesundheitsorganisation (WHO) empfiehlt, nicht in Gegenden mit chloroquin-resistenter Malaria zu reisen. Für Schwangere ist keines der effektiven Medikamente unbedenklich. Reisedurchfall kann schnell zu Dehydrierung führen und eine unzureichende Durchblutung der Plazenta zur Folge haben. Viele Medikamente zur Behandlung von Durchfallerkrankungen werden für Schwangere nicht empfohlen. Azithromycin gilt als sicher.

Sprache

Dieses Kapitel bietet ein Grundvokabular, das Travellern in Südostasien bei der Verständigung hilft. Liest man die Aussprachehilfe wie einen englischen Text, sollten einen die Einwohner verstehen. Betonte Silben sind kursiv geschrieben und höfliche sowie informelle Formen mit „höfl." bzw. „inf." abgekürzt. Die Abkürzungen „m" und „f" stehen jeweils für die männliche bzw. die weibliche Form.

BAHASA INDONESIA & BAHASA MALAYSIA

Die indonesische und die malaiische Sprache ähneln sich sehr. In diesem Abschnitt findet man deshalb Übersetzungen für beide Sprachen, die jeweils dort mit einem (I) bzw. einem (M) gekennzeichnet sind, wo es Unterschiede gibt. Die meisten Buchstaben werden wie im Englischen ausgesprochen, nur c spricht man immer wie das „tsch" in „Matsch" aus. Beinahe alle Silben werden gleich stark betont, es ist jedoch nicht verkehrt, die vorletzte Silbe etwas stärker hervorzuheben.

Basics

Guten Tag.	*Salam./Helo.* (I/M)
Tschüss.	*Selamat tinggal/jalan.* (beim Gehen/Bleiben)
Verzeihen Sie ...	*Maaf.*
Tut mir leid.	*Maaf.*
Bitte.	*Silakan.*
Danke.	*Terima kasih.*

MEHR SPRACHKENNTNISSE?

Allen, die sich noch ausführlicher mit den Sprachen Südostasiens beschäftigen wollen, empfehlen wir Lonely Planets *Southeast Asia Phrasebook*. Es ist unter **shop.lonelyplanet.com** erhältlich.

ZAHLEN – INDONESISCHE/MALAIISCHE SPRACHE

1	*satu*
2	*dua*
3	*tiga*
4	*empat*
5	*lima*
6	*enam*
7	*tujuh*
8	*delapan* (I) *lapan* (M)
9	*sembilan*
10	*sepuluh*

Ja.	*Ya.*
Nein.	*Tidak.*
Hilfe!	*Tolong!*
Wie heißen Sie?	*Siapa nama anda/kamu?* (I/M)
Ich heiße ...	*Nama saya ...*
Sprechen Sie Englisch?	*Anda bias Bahasa Inggris?* (I) *Adakah anda berbahasa Inggeris?* (M)
Ich verstehe nicht.	*Saya tidak mengerti.* (I) *Saya tidak faham.* (M)
Wie viel kostet das?	*Berapa harganya?*
Wo sind die Toiletten?	*Kamar kecil di mana?* (I) *Tandas di mana?* (M)
Ich hätte gern die Speisekarte.	*Saya minta daftar makanan.*
Bitte bringen Sie mir die Rechnung.	*Tolong bawa kuitansi/bil.* (I/M)
Rufen Sie einen Arzt!	*Panggil doktor!*
Rufen Sie die Polizei!	*Panggil polis!*

BIRMANISCH

Im Birmanischen wird unterschieden zwischen aspirierten (mit einem Ausstoß der Luft) und unaspirierten Konsonanten. Mit einem anschließenden Ausstoß der Luft werden folgende Laute gesprochen: ch („tsch"), k (wie in „Küche"), ş (wie in „fast"), t (wie in „Tennis"); und mit einem Ausstoß der Luft vor dem Ton: hl (wie in „Leben"), hm (wie in „mich"), hn (wie in „nicht"), hng (wie in „hing"), hny (wie in „Canyon"). Der Apostroph (') steht für den Laut, den man z. B. zwischen den Silben bei „oh-oh" hört. Th wird wie ein hartes englisches „th" („thin") ausgesprochen, ţh wie das weiche „th" im englischen Wort „their".

Zudem gibt's im Birmanischen drei verschiedene Tonhöhen (das Heben und Senken der Tonlage bei bestimmten Silben), die hier am Akzent über dem Vokal erkennbar sind: Unterschieden wird etwa zwischen einem hohen gebrochenen „a" (á), einem einfachen hohen „a" (à) und einem tiefen „a" (a). Den Diphthong ai spricht man wie in „Weile", aw wie in „borgen" und au wie in „braun".

Basics

Hallo.	မင်္ဂလာပါ။	ming·guh·la·ba
Tschüss.	သွားမယ်နော်။	thwà·me·naw
Verzeihung	ဆောရီးနော်။	sàw·rì·naw
Tut mir leid.	ဆောရီးနော်။	sàw·rì·naw
Bitte.	တဆိတ်လောက်။	duh·şay'·lau'
Danke.	ကျေးဇူး တင်ပါတယ်။	jày·zù ding·ba·de
Ja.	ဟုတ်ကဲ့။	hoh'·gé
Nein.	ဟင့်အင်း။	híng·ìn
Hilfe!	ကယ်ပါ။	ge·ba

Wie heißen Sie?
နာမည် ဘယ်လို ခေါ်သလဲ။ — nang·me be·loh kaw·ţhuh·lè

ZAHLEN – BIRMANISCH

1	တစ်	di'
2	နှစ်	hni'
3	သုံး	thòhng
4	လေး	lày
5	ငါး	ngà
6	ခြောက်	chau'
7	ခုနစ်	kung·ni'
8	ရှစ်	shi'
9	ကိုး	gòh
10	တစ်ဆယ်	duh·şe

Ich heiße ...
ကျွန်တော့်/ကျွန်မ — juh·náw/juh·má
နာမည်က- - - ပါ။ — nang·me·gá ... ba (m/f)

Sprechen Sie Englisch?
အင်္ဂလိပ်လို — ìng·guh·lay'·loh
ပြောတတ်သလား။ — byàw·da'·thuh·là

Ich verstehe nicht.
နားမလည်ဘူး။ — nà·muh·le·bòo

Wie viel kostet das?
ဒါဘယ်လောက်လဲ။ — da be·lau'·lè

Wo sind die Toiletten?
အိမ်သာ ဘယ်မှာလဲ။ — ayng·ţha be·hma·lè

Ich hätte gern die ...	ပေးပါ။	... bày·ba
Rechnung	ဘောက်ချာ	bau'·cha
Speisekarte	မီးနူး	mì·nù
Rufen Sie ...!	ခေါ်ပေးပါ။	... kaw·bày·ba
einen Arzt	ဆရာဝန်	şuh·ya·wung
die Polizei	ရဲ	yèh

ENGLISCH

Englisch ist die am weitesten verbreitete Sprache der Welt. Selbst wenn man sie nie gelernt hat, kennt man z. B. durch Musik oder Anglizismen in Technik und Werbung ein paar Wörter. Sich einige Brocken mehr anzueignen, um sich in Brunei, Teilen Indonesiens, Malaysia, auf den Philippinen und vor allem in Singapur zu verständigen, ist nicht schwer. Im Folgenden einige wichtige Begriffe und Wendungen.

Basics

Guten Tag.	*Hello.*
Hallo.	*Hi.*
Auf Wiedersehen.	*Goodbye.*
Tschüss.	*Bye.*
Verzeihung ...	*Excuse me ...*
Tut mir Leid.	*Sorry.*
Bitte.	*Please.*
(Vielen) Dank.	*Thank you (very much).*
Bitteschön.	*You're welcome.*
Ja.	*Yes.*
Nein.	*No.*
Hilfe!	*Help!*
Wie heißen Sie/ heißt du?	*What's your name?*
Ich heiße ...	*My name is ...*
Sprechen Sie Englisch?	*Do you speak English?*

Ich verstehe (nicht).	*I (don't) understand.*
Wie viel kostet das?	*How much is this?*
Wo sind die Toiletten?	*Where do I find the restrooms?*
Ich hätte gern die Speisekarte.	*Could I get the menu, please?*
Bitte bringen Sie mir die Rechnung.	*Please bring the bill.*
Rufen Sie ...!	*Call ...!*
einen Arzt	*a doctor*
die Polizei	*the police*

FILIPINO

Filipino ist ganz einfach auszusprechen – nämlich genau so, wie man es schreibt – und klingt außerdem ganz ähnlich wie Englisch. Alle Buchstaben werden immer gleich ausgesprochen: ai wie in „Weile“, ay wie in „hey“, ew wie ein langes „i“ mit gespitzten Lippen, oh wie in „lohnen“, ow wie der Diphthong in „Pause“ und ooy wie das „wea“ im englischen „weak“. Das r ist stärker als im Englischen und wird gerollt. Der Knacklaut, ausgesprochen wie die Pause zwischen den zwei Silben in oh-oh, ist im Folgenden durch einen Apostroph (') dargestellt.

Basics

Guten Tag.	*Magandáng araw pô.* (pol)	ma·gan·*dang* a·row po'
	Magandáng araw. (inf)	ma·gan·*dang* a·row
ischüss.	*Paalam na pô.*(pol)	pa·a·lam na po'
	Babay. (inf)	*ba*·bai
a.	*Opò.* (pol)	o·po'
	Oo. (inf)	o·o
ein.	*Hindí pô.* (pol)	heen·dee' po'
	Hindî. (inf)	heen·dee'
anke.	*Salamat pô.* (pol)	sa·*la*·mat po'
	Salamat. (inf)	sa·*la*·mat

ZAHLEN – FILIPINO

1	*isá*	ee·*sa*
2	*dalawá*	da·la·*wa*
3	*tatló*	tat·*lo*
4	*apat*	*a*·pat
5	*limá*	lee·*ma*
6	*anim*	*a*·neem
7	*pitó*	pee·*to*
8	*waló*	wa·*lo*
9	*siyám*	see·*yam*
10	*sampû*	sam·*poo'*

Hilfe!	*Saklolo!*	sak·*lo*·lo
Wie heißen Sie?		
Anó pô ang pangalan ninyó?		a·*no* po' ang pa·*nga*·lan neen·*yo*
Ich heiße ...		
Ang pangalan ko pô ay ...		ang pa·*nga*·lan ko po' ai ...
Sprechen Sie Englisch?		
Marunong ka ba ng Inglés?		ma·*roo*·nong ka ba nang eeng·*gles*
Ich verstehe nicht.		
Hindí ko náiintindihán.		heen·*dee* ko *na*·ee·een·teen·dee·*han*
Wie viel kostet das?		
Magkano?		mag·*ka*·no
Wo sind die Toiletten?		
Násaán ang kubeta?		*na*·sa·*an* ang koo·*be*·ta
Ich hätte gern die Speisekarte.		
Gustó ko ng menú.		goos·*to* ko nang me·*noo*
Bitte bringen Sie mir die Rechnung.		
Pakidalá ang tsit.		pa·kee·da·*la* ang tseet
Rufen Sie ...!	*Tumawag ka ng ...!*	too·*ma*·wag ka nang ...
einen Arzt	*doktór*	dok·*tor*
die Polizei	*pulís*	poo·*lees*

KHMER

In unserer Aussprachehilfe werden Vokalkombinationen mit einem h am Ende hart und aspiriert (mit einem Ausstoß der Luft) gesprochen. Die Symbole für Vokale sind wie folgt zu lesen: aa wie das offene „a“ in „Kabel“, a und ah kürzer und härter als aa, i wie in „Mitte“, uh wie das „a“ in „hat“, ii wie das lange „i“ in „Lied“, eu wie das lange „u“ in „Mut“, euh wie eu (kurz und hart), oh wie das „o“ im englischen „dose“ (kurz und hart), ow wie im englischen „glow“, u wie in „Suppe“ (kurz und hart), uu wie in „gut“, ua wie das „ou“ in „Tour“, uah wie ua (kurz und hart), œ wie das „er“ im englischen „her“ (offener), ia wie das „i“ in „Bier“, e wie in „Deck“, ai wie in „Eis“, ae wie das „ä“ in „Bäcker“, ay wie ai (etwas nasaler), ey wie in „hey“, o wie das „au“ in „Bau“, av wie ein nasales ao (das „v“ ist stumm“), euv wie ein nasales eu (das „v“ bleibt stumm“), ohm wie das „ome“ im englischen „home“, am wie in „Hamburger“, ih wie das „i“ in „Miete“ (kurz und hart), eh wie ein kurzes, hartes „ey“, und awh bzw. aw wie das englische „aw“ in „jaw“ (kurz und hart).

Einige Konsonantenkombinationen sind zur Vereinfachung der Aussprache durch einen Apostroph voneinander getrennt, so z. B. „j-r“ in j'rook und „ch-ng“ in ch'ngain. Das k wird wie das „g“ in „gehen“ ausgesprochen, kh wie das „k“ in „Kind“, p und ph wie das deutsche „p“, r wie das deutsche „r“, aber hart und rollend, t und th wie das deutsche „t“.

ZAHLEN – KHMER

1	មួយ	muy
2	ពីរ	pii
3	បី	bei
4	បួន	buan
5	ប្រាំ	bram
6	ប្រាំមួយ	bram muy
7	ប្រាំពីរ	bram pii
8	ប្រាំបី	bram bei
9	ប្រាំបួន	bram buan
10	ដប់	dawp

Basics

Hallo	ជម្រាបសួរ	johm riab sua
Tschüss.	លាសិនហើយ	lia suhn hao-y
Verzeihen Sie.	សូមទោស	sohm toh
Tut mir leid.	សូមទោស	sohm toh
Bitte.	សូម	sohm
Danke.	អរគុណ	aw kohn
Ja.	បាទ/ចាស	baat/jaa (m/f)
Nein.	ទេ	te
Hilfe!	ជួយខ្ញុំផង!	juay kh'nyohm phawng

Wie heißen Sie?
អ្នកឈ្មោះអី? niak ch'muah ei

Ich heiße …
ខ្ញុំឈ្មោះ… kh'nyohm ch'muah …

Spricht irgendjemand Englisch?
ទីនេះមានអ្នកចេះ tii nih mian niak jeh
ភាសាអង់គ្លេសទេ? phiasaa awngle te

Ich verstehe nicht.
ខ្ញុំមិនយល់ទេ kh'nyohm muhn yuhl te

Wie viel kostet das?
នេះថ្លៃប៉ុន្មាន? nih th'lay pohnmaan

Wo sind die Toiletten?
បង្គន់នៅឯណា? bawngkohn neuv ai naa

Haben Sie eine Speisekarte auf Englisch?
មានមីនុយជា mien menui jea
ភាសាអង់គ្លេសទេ? piasaa awnglay te

Die Rechnung bitte.
សូមគិតលុយ sohm kuht lui

Rufen Sie einen Arzt!
ជួយហៅគ្រូពេទ្យមក! juay hav kruu paet mao

Rufen Sie die Polizei!
ជួយហៅប៉ូលិសមក! juay hav polih mao

LAOTISCH

Laotisch ist eine tonale Sprache, was bedeutet, dass viele identische Töne nur durch eine kleine Änderung der Tonlage des Sprechers differenziert werden. Variationen in der Tonlage hängen von der natürlichen Stimmlage des Sprechers ab und sind somit sehr individuell. Es gibt sechs Tonlagen, die durch Akzente auf den Buchstaben gekennzeichnet sind: tief (z. B. dịi), hoch (z. B. heúa), steigend (z. B. săam), hoch fallend (z. B. sâo) und tief fallend (z. B. khào). Für den Mittelton (z. B. het) wird kein Akzent gesetzt.

Die Vokale spricht man folgendermaßen aus: i wie in „fit", ii wie in „Miete", ai wie in „heil", aa wie das „a" in „Bad", a wie ein kurzes aa, ae wie das „ä" in „Gerät", eh wie „ey", oe wie das „ö" in „Göttingen", eu wie das „ö" in „stören", u und uu wie das „u" in „Glut", ao wie das „au" in „Frau", aw wie das „aw" im englischen „jaw", o und oh wie im englischen „toe", ia wie in „Ei", ua wie in „Tour", iu wie „iu" und awy wie „oi". Die meisten Vokale werden ausgesprochen wie im Englischen. Ausnahmen sind đ (ein hartes 't', etwa wie ein 'dt') und ƀ (ein hartes 'p', ähnlich einem 'pp')

Bindestriche weisen auf Silbenpausen innerhalb der Wörter hin, z. B. bei àng-gít („Englisch"). Zur Vereinfachung der Aussprache sind manche Buchstaben durch einen Punkt getrennt, etwa bei kĕe·an („Schreiben").

Basics

Hallo.	ສະບາຍດີ	sábaị-dĕe
Tschüss.	ສະບາຍດີ	sábaị-dĕe
Verzeihen Sie …	ຂໍໂທດ	kŏr tôht
Tut mir leid.	ຂໍໂທດ	kŏr tôht
Bitte.	ກະລຸນາ	ga-lú-náh

ZAHLEN – LAOTISCH

1	ໜຶ່ງ	neung
2	ສອງ	sŏrng
3	ສາມ	săhm
4	ສີ່	see
5	ຫ້າ	hàh
6	ຫກ	hók
7	ເຈັດ	jét
8	ແປດ	ƀaat
9	ເກົ້າ	gôw
10	ສິບ	síp

Danke.	ຂອບໃຈ	kòrp jạı
Ja.	ແມນ	maan
Nein.	ບໍ່	bor
Hilfe!	ຊ່ວຍແດ່	soo·ay daa

Wie heißen Sie?
ເຈົ້າຊື່ຫຍັງ jôw seu nyăng

Ich heiße ...
ຂ້ອຍຊື່ ... kòy seu ...

Sprechen Sie Englisch?
ເຈົ້າປາກ jôw bàhk
ພາສາອັງກິດໄດ້ບໍ່ páh-săh ạng·kít dâi bor

Ich verstehe nicht.
ບໍ່ເຂົ້າໃຈ bor kòw jạı

Wie viel kostet (der/die/das) ...?
ເທົ່າໃດ ... tow dạı

Wo sind die Toiletten?
ຫ້ອງນ້ຳຢູ່ໃສ hòrng nâm yoo săıı

Bitte bringen Sie die Speisekarte.
ລາຍການອາຫານ lái-gạhn ạh-hăhn

Bitte bringen Sie die Rechnung.
ຂໍແຊັກແດ້ kŏr saak daa

Rufen Sie einen Arzt!
ຊ່ວຍຕາມຫາໝໍ soo·ay đạhm hăh mŏr
ໃຫ້ແດ່ hài daa

Rufen Sie die Polizei!
ຊ່ວຍເອີ້ນຕຳລວດແດ່ soo·ay êrn đam-lòo·at daa

TETUM

Im Tetum spricht man die meisten Buchstaben stets gleich und generell wie im Englischen aus. Ausnahmen: j klingt wie das „g" in „genieren" (und manchmal wie das „s" in „singen"), x wie das „sch" in „Schiff" (und manchmal wie das „s" in „fast"), lh und nh wie das „li" in „Million" und „ny" in „Canyon" (außerhalb von Dili schreibt man oft nur l und n).

Fast alle Wörter werden auf der vorletzten Silbe betont. Liegt die Betonung auf einer anderen Silbe, erkennt man das am Akzent auf dem Vokal (wie bei *polísia*).

Basics

Hallo.	*Haló./Olá.* (pol/inf)
Tschüss.	*Adeus.*
Entschuldigung.	*Kolisensa.*
Es tut mir leid.	*Disculpa.*

ZAHLEN – TETUM

1	*ida*
2	*rua*
3	*tolu*
4	*hat*
5	*lima*
6	*nen*
7	*hitu*
8	*ualu*
9	*sia*
10	*sanulu*

Bitte.	*Favór ida./Faz favór.*
Danke.	*Obrigadu/a.* (m/f)
Ja.	*Sin./Diak./Los.*
Nein.	*Lae.*
Hilfe!	*Ajuda!*
Wie heißen Sie?	*Ita-nia naran saida?*
Ich heiße ...	*Hau-nia naran ...*
Sprechen Sie Englisch?	*Ita koalia Inglés?*
Ich verstehe nicht.	*Hau la kompriende.*
Wie viel kostet das?	*Folin hira?*
Wo sind die Toiletten?	*Sintina iha nebé?*
Bitte bringen Sie die ...	*Favór ida lori hela*
Speisekarte.	*menu*
Rechnung.	*konta mai.*
Rufen Sie einen Arzt!	*Bolu dotór!*
Rufen Sie die Polizei!	*Bolu polísia!*

THAI

Die Bedeutung einer Silbe kann sich im Thai durch unterschiedliche Tonhöhen verändern. Im Standard-Thai gibt's fünf Tonhöhen – tief (z. B. bàht), mittel (z. B. dee), fallend (z. B. mâi), hoch (z. B. máh) und steigend (z. B. săhm) –, die von der natürlichen Stimmlage des jeweiligen Sprechers abhängen. Aus diesem Grund hat die Sprache keine festen „Tonlagen".

Bindestriche weisen auf Silbenpausen innerhalb der Wörter hin. Zur Vereinfachung der Aussprache sind manche Buchstaben durch einen Punkt voneinander getrennt (z. B. mêu·a-rai).

Der Vokal a wird wie das „e" in „machen" ausgesprochen, aa wie das „a" im englischen „bad", ah wie das „a" in „Vater", ai wie das „ei" in „weise", air wie in „Flair" (ohne das „r"), eu wie das „ö" in Göttingen, ew wie „iu", oh wie das „o" im englischen „toe", or wie in „Styropor" und ow wie „au".

Wichtig ist auch die Aussprache folgender Konsonanten: ƀ (ein harter „p"-Laut fast wie das „b" im englischen „hip-bag"), đ (ein harter „t"-Laut wie das scharfe „d" im englischen „mid-tone") und r (wie in „rennen", aber geschlagen; oft ausgesprochen wie ein „l").

Basics

Hallo.	สวัสดี	sà-wàt-dee
Tschüss.	ลาก่อน	lah gòrn
Verzeihen Sie ...	ขออภัย	kŏr à-pai
Tut mir leid.	ขอโทษ	kŏr tôht
Bitte.	ขอ	kŏr
Danke.	ขอบคุณ	kòrp kun
Ja.	ใช่	châi
Nein.	ไม่	mâi
Hilfe!	ช่วยด้วย	chôo·ay dôo·ay

Wie heißen Sie?
คุณชื่ออะไร kun chêu à-rai

Ich heiße ...
ผม/ดิฉัน ชื่อ... pŏm/dì-chăn chêu ... (m/f)

Sprechen Sie Englisch?
คุณพูดภาษาอังกฤษได้ไหม kun pôot pah-săh ang-grìt dâi măi

Ich verstehe nicht.
ผม/ดิฉันไม่เข้าใจ pŏm/dì-chăn mâi kôw jai (m/f)

Wie viel kostet das?
เท่าไร tôw-rai

Wo sind die Toiletten?
ห้องน้ำอยู่ที่ไหน hôrng nám yòo têe năi

ZAHLEN – THAI

1	หนึ่ง	nèung
2	สอง	sŏrng
3	สาม	săhm
4	สี่	sèe
5	ห้า	hâh
6	หก	hòk
7	เจ็ด	jèt
8	แปด	ƀàat
9	เก้า	gôw
10	สิบ	sìp

Ich hätte gern die Speisekarte.
ขอรายการอาหารหน่อย kŏr rai gahn ah-hăhn nòy

Die Rechnung bitte.
ขอบิลหน่อย kŏr bin nòy

Bitte rufen Sie einen Arzt.
เรียกหมอหน่อย rêe·ak mŏr nòy

Bitte rufen Sie die Polizei.
เรียกตำรวจหน่อย rêe·ak đam·ròo·at nòy

VIETNAMESISCH

Seit 1910 wird Vietnamesisch offiziell in lateinischen Buchstaben geschrieben.

In unserer Aussprachehilfe spricht man a wie das „e" in „Bett", aa wie das „a" in „Garten", aw wie im englischen „law", er wie im englischen „her", oh wie in „Show", ow wie „au", u wie in „Ruck", uh wie das „a" in „hat" und uhr wie im englischen „fur" (ohne das „r"). Diphtonglaute sind im folgenden Abschnitt durch Akzente (z. B. dee·úhng) getrennt. Das d wird wie das „t" in „Stopp" gesprochen, đ wie das „d" in „Dogma" und ğ wie das „k" in „Kirmes".

Durch ein Tonsystem werden Unterscheidungen bei Wörtern gemacht und manche Vokale dementsprechend in einer hohen oder niedrigen Stimmlage gesprochen. Es gibt sechs Tonlagen, die in der Schriftsprache (und in unserer Aussprachehilfe) anhand von Akzenten auf dem Vokal angezeigt werden: mittel (ma), niedrig fallend (mà), niedrig steigend (mả), hoch gebrochen (mã), hoch steigend (má) und fallend gebrochen (mạ). Der Mittelton ist flach.

Abweichungen im Vokabular zwischen Nord- und Südvietnam sind in der Aussprachhilfe mit einem (N) und einem (S) gekennzeichnet.

Basics

Hallo.	*Xin chào.*	sin jòw
Tschüss.	*Tạm biệt.*	daạm bee·ụhk
Verzeihen Sie ...	*Xin lỗi.*	sin lõy
Tut mir leid.	*Xin lỗi.*	sin lõy
Bitte.	*Làm ơn.*	laàm ern
Danke.	*Cảm ơn.*	ğaảm ern
Ja.	*Vâng./Dạ.* (N/S)	vuhng/yạ
Nein.	*Không.*	kawm
Hilfe!	*Cứu tôi!*	ğuhr·oó doy

Wie heißen Sie?
Tên là gì? den laà zeè

ZAHLEN – VIETNAMESISCH

1	*một*	mạwt
2	*hai*	hai
3	*ba*	baa
4	*bốn*	báwn
5	*năm*	nuhm
6	*sáu*	sóh
7	*bảy*	bảy
8	*tám*	dúhm
9	*chín*	jín
10	*mười*	muhr·eè

Ich heiße …
Tên tôi là … den doy laà …

Sprechen Sie Englisch?
Bạn có nói tiếng Anh không? baạn ğó nóy dee·úhng aang kawm

Ich verstehe nicht.
Tôi không hiểu. doy kawm heẻ·oo

Wie viel kostet das?
Cái này giá bao nhiêu? ğaí này zaá bow nyee·oo

Wo sind die Toiletten?
Nhà vệ sinh ở đâu? nyaà vẹ sing ẻr đoh

Ich hätte gern die Speisekarte.
Tôi muốn thực đơn. doy moo·úhn tụhrk đern

Die Rechnung bitte.
Xin tính tiền. sin díng dee·ùhn

Bitte rufen Sie einen Arzt.
Làm ơn gọi bác sĩ. laàm ern gọy baák seẽ

Bitte rufen Sie die Polizei.
Làm ơn gọi công an. laàm ern gọy ğawm aan

Hinter den Kulissen

WIR FREUEN UNS ÜBER FEEDBACK

Post von Travellern zu bekommen ist für uns ungemein hilfreich – Kritik und Anregungen halten uns auf dem Laufenden und helfen, unsere Bücher zu verbessern. Unser reiseerfahrenes Team liest alle Zuschriften genau durch, um zu erfahren, was an unseren Reiseführern gut und was schlecht ist. Wir können solche Post zwar nicht individuell beantworten, aber jedes Feedback wird garantiert schnurstracks an die jeweiligen Autoren weitergeleitet, rechtzeitig vor der nächsten Auflage.

Wer uns schreiben will, erreicht uns unter **www.lonelyplanet.de/kontakt**.

Hinweis: Da wir Beiträge möglicherweise in Lonely Planet Produkten (Reiseführer, Websites, digitale Medien) veröffentlichen, ggf. auch in gekürzter Form, bitten wir um Mitteilung, falls ein Kommentar nicht veröffentlicht oder ein Name nicht genannt werden soll. Wer Näheres über unsere Datenschutzpolitik wissen will, erfährt das unter www.lonelyplanet.com/privacy.

DANK AN UNSERE LESER

Wir danken unseren Lesern, die mit der letzten Ausgabe unterwegs waren und hilfreiche Hinweise, Tipps und interessante Geschichten beigetragen haben:
Laura Child, Francesca Harber, Andy Hughes, Tom Jeffcoate, Oliver Neff, Kajsa Nilsson, Carina Pellar und Sheila Robinson.

DANK DER AUTOREN

Brett Atkinson

Es ist immer wieder spannend und toll, in eines meiner Lieblingsländer zurückzukehren. Herzlich danke ich Mark Zazula in HCMS, Ben, Bich, Seamus und der Gang in Phong Nha, und der Hoi-An-Crew mit Neil, Caroline, Mark und Leanne. Danke auch an Tam in Dong Ha und Sy in Dong Hoi. Es war toll für meine Frau Carol, endlich meinen guten Freund Kein und seine Familie in Hanoi kennenzulernen.

Lindsay Brown

Ich bin sehr dankbar für die Hilfe der vielen freundlichen Menschen in Borneo. Vor allem danke ich Carmalita Goh und dem hervorragenden Personal in der Sabah-Touristeninformation in Kota Kinabalu, Leslie Chiang und den freundlichen Angestellten von Borneo Guide in Brunei, Johnny Lim in Sandakan und Jacqueline Fong in Kuching. Und schließlich danke ich Jenny, der besten Reisegefährtin überhaupt.

Jayne D'Arcy

Großer Dank gebührt Dora Ball und Clifton Wilkinson, die mir die Möglichkeit gaben, wieder nach Osttimor zu reisen. Ich danke meinen lieben Freunden Atoy und Julio: es ist eine Freude, das magische Land durch eure Augen zu sehen. Ich danke dem Orakel Tracey Morgan, Nela Slezak in Oecussi und Matt Wilkinson auf seinem Fahrrad. Erneut geht mein Dank an Professor Damien Kingsbury. Mein Dank geht auch an den Dugong-Jäger Rich, der den Teekessel warm gehalten hat, und an Miles und Ruby, denen ich eines Tages das Land zeigen werde, das ich liebe

David Eimer

Ich danke meinen Myanmar-Ko-Autoren für ihr hervorragende Arbeit und ebenso Laura Crawford und allen vom Lonely-Planet-Team. Ebenfalls danke ich Htwe Htwe in Hsipaw, John in Tiddim und Jochen in Yangon für ihre Hilfe. Wie immer danke ich von Herzen allen, denen ich unterwegs begegnet bin und die mir mit Tipps geholfen haben, ob bewusst oder unwissentlic Ich danke den Kollegen, die mit mir über die Insel geschrieben haben, und der ganzen Crew von Lonely Planet in London. Danke auch an Alex und Co für die Partynächte in Phuket.

Paul Harding

Ich danke den vielen Menschen, die mir auf meiner Reise durch Indonesien mit Tipps und Informationen geholfen haben, darunter Johan und Lola in Medan, Leisa in Kalimantan, Micha in Maluku und Roni und Michael in Bukittinggi. Ein großes Dankeschön an Laura Crawford, Dora und Clifton von Lonely Planet und an meinen Ko-Autoren Greg Bloom für seine Hilfe und Unterstützung. Auf den Philippinen danke ich Jay, Elvie und Freunden, Meann und Martine in Legazpi und Harvey in Caramoan. Doch am allermeisten danke ich meiner geduldigen und unterstützenden Ehefrau Hannah und meiner superfurchtlosen Reisetochter Layla.

Nick Ray

Ein riesiges und herzliches Dankeschön an die Menschen Kambodschas, deren Wärme, Geist und Humor das Land so faszinierend machen. Der größte Dank gilt meiner wunderbaren Frau Kulikar Sotho und unseren Kindern Julian and Belle, denn ohne ihre Unterstützung und Ermutigung wären diese Abenteuer nicht möglich. Ich danke auch meiner Mum und meinem Dad, die mich in jungen Jahren ans Reisen herangeführt haben. Bei meinen Mitreisenden, Freunden und Kontakten in Kambodscha möchte ich mich dafür bedanken, dass sie mir immer wieder neue Perspektiven eröffnen. Abschließend bedanke ich mich bei meiner Kambodscha-Ko-Autorin Ashley Harrell und dem Team von Lonely Planet. Die Autoren mögen das Gesicht des Buches sein, doch ein großer Teil der Arbeit findet hinter den Kulissen statt. Vielen Dank für die tolle Arbeit!

Tim Bewer

Ein herzliches *kòrp jąi* an die vielen Menschen, die mir unterwegs meine unablässigen Fragen beantwortet haben oder mich auf andere Weise bei dieser Neuauflage unterstützt haben. Ganz besonders danke ich Nicolas Papon-Phalaphanh, Latanakone Keokhamphoui, Yves Verlaine, Khun Buasone und Prapaporn Sompakdee, die eine große Unterstützung waren. Laura, Nick, Rich und dem Rest vom Team von Lonely Planet danke ich wie immer für die gute Zusammenarbeit. Und schließlich danke ich besonders meiner Frau Suttawan für die Hilfe bei diesem Buch und bei noch so vielem mehr.

Joe Bindloss

Meine Arbeit an diesem Projekt möchte ich meinem Sohn Benjamin widmen, der auf die Welt kam, während ich an dieser Neuauflage arbeitete. Ich danke all meinen Ko-Autoren bei diesem Projekt, die mir unbezahlbare Tipps und Empfehlungen für ihre verschiedenen Ecken Südostasiens gegeben haben – oft zeitlich knapp vor ihrem eigenen Abgabetermin

Greg Bloom

Ein riesiges Dankeschön geht an meine hervorragende Rechercheassistenz Windi (Quelle des Wissens rund ums Ausgehen und Essen in Manila), Anna („Manila-mit-Kindern"-Meerschweinchen) und Callie (babybezogener Stressabbau und Gelächter). Ohne euch hätte ich es nicht geschafft. Ich danke auch Will und LT für die (kostspielige) Casinorecherche. Bart danke ich dafür, dass er, als es notwendig war, LP-Autoren beherbergt hat. Pia danke ich für Tipps zu Palawan. Und Luc danke ich für seine Schreibarbeit nach dem Hockey im Nachtleben von Quezon City.

Celeste Brash

Ich danke der Chiang-Mai-Universität und meinen geliebten Professoren. Samui Steve, Iain Leonard, Frans Betgem, Lee bei Akha Ama und Catherine Bodry. Eine große Umarmung geht an Janine Brown vom Smithsonian Conservation Biology Institute für ihre Leidenschaft und Einblicke in ein schwieriges Thema, und an meine Familie, Josh, Jasmine und Tevai, die ich am liebsten auf jede Reise mitnehmen würde. Ich danke Andrea, Raf und Rafael. Mon in Pagudpud, Francis und Archie Baccoy und seiner Familie in Kalinga, Grail in Batad, Siegrid und Ryan in Sagada, Ryan Baldino und seinem Onkel in Kabayan, dem Polizisten Peter in Abatan und ganz besonders Tuvyan Savoy in Baguio. Am meisten aber danke ich meinem Ko-Autoren Greg und unserer Verantwortlichen Redakteurin Laura für ihr Engagement und ihr Know-how, meiner Familie für ihr Verständnis und den Bewohnern Nordluzons für ihre unerschütterliche Freundlichkeit.

Austin Bush

Ein großes Dankeschön an die Verantwortlichen Redakteure Dora Ball und Clifton Wilkinson sowie an alle Menschen vor Ort in Bangkok und Nordthailand. Ich danke all den wunderbaren Menschen in Nordvietnam, doch besonders das Leben auf Reisen erleichtert und schöner gemacht haben mir Mr. Tung von Cat Ba Ventures, James und Mr. Minh von Vision Travel und die Bewohner des Dorfs Na Hu sowie meine hilfreiche Verantwortliche Redakteurin Laura Crawford.

Ria de Jong

Ich bedanke mich bei meinen Verantwortlichen Redakteuren Clifton Wilkinson und Tanya Parker für das Händchenhalten während meines Abenteuers mit Lonely Planet und bei allen, die ich auf meinen Reisen getroffen habe und die netterweise ihr Wissen, ihre Zeit und ihre Singapur-Geheimnisse mit mir geteilt haben. Und ich danke meinem Wanderzirkus, bestehend aus Craig, Cisca und William.

Michael Grosberg

Danke an alle netten Menschen, denen ich auf der Reise begegnet bin. Vor allem danke ich den Angestellten des Provinztourismusbüros in Iloilo, Jac Señagan in Dumaguete, Ulrika, Julia und Fiona in Dauin, Mike von Coco Grove auf Siquijor, Arno und Kaisa auf Camiguin, Gerry und Susan für ihre Herzlichkeit und Freundschaft in Siargao, Prinzessin Villarama, und Sarah Sapo, Angelo Balao und Joaquin de Jesus auf Boracay für die Einblicke in die Filipino-Musik. Ich danke Carly, Rosie und Boone, die mir immer das Gefühl vermitteln, nicht weit weg von Zuhause zu sein.

Damian Harper

Ein riesiges Dankeschön an den verstorbenen Neil Bambridge, ich bin dir sehr dankbar für alles. Ruhe in Frieden. Auch danke ich Neils Frau Ratchi, Maurice Senseit, dem fröhlichen Personal im Nira's in Thong Sala, Piotr, Gemma, James Horton, George W., Celeste Brash und allen anderen, die mir unterwegs auf die eine oder andere Art geholfen haben.

Ashley Harrell

Ich danke den weisen Redakteuren Laura Crawford und Clifton Wilkinson und meinem Ko-Autoren Nick Ray für sein Vertrauen und seine Beratung, Lauren Gurfein, die mir Kambodscha nahegebracht hat, Andy Lavender fürs Hundesitten, Peyton Bowsher fürs Hundetolerieren, Jess in Kampot dafür, dass sie alles gegeben hat, Nicole und Alex für hervorragende Gesellschaft auf Koh Totang, Ben, Sharyon, Amelie, Jarrah und Georgie für meinen schönsten „Recherche"-Tag, Lim für die Gastfreundschaft/Vulkansoße, und Nick Berry dafür, dass er mir das wahre Kambodscha gezeigt und das Motorradfahren beigebracht hat. Ich danke auch der schönen Surferin Shaina Miller, dem Affenstörer Andy Wright, der Sicherheitsstreife Sean Abrams, Penisköchermodel Dustin Weatherford, Antoni Sitepu, dem Führer durchs magische Baliem-Tal, dem Raja-Ampat-Experten Stuart Wilkinson, den Lonely-Planet-Anhängern Mac und John, meinen Eltern Ronni und Mack, meinen Brüdern Evan und Alex und meiner Großmutter Adele Fox, der besten Oma, die ein Mädchen sich wünschen könnte und die sich weigerte, von dieser Welt zu gehen, bevor ich nach Hause zurückgekehrt bin, um mich anständig von ihr zu verabschieden. Ich werde dich immer lieben.

Trent Holden

Zuerst danke ich ganz herzlich Dora Ball, die mir die Möglichkeit gegeben hat, über das tolle Reiseziel Java schreiben zu dürfen. Ich danke dem gesamten Team in der Produktion, das dieses Buch zusammengestellt hat. Vor Ort geht ein dickes Dankeschön an Gusri Tri Patra und Zulfindo 'Ajou' Koto, die mir sehr geholfen und für viele lustige Momente auf der Reise gesorgt haben. Ich danke auch Laura von Laura's Backpacker 523 in Yogyakarta und Yoppie vom Attic in Bandung, der mir dabei geholfen hat, wichtige Reiseinformationen zusammenzusetzen. Und am Schluss alles Liebe für meine Familie und meine Partnerin Kate.

Anita Isalska

Ein riesiges Dankeschön an alle in Malaysia, die mir großzügig ihre Zeit gewidmet haben, mir Tipps gegeben und mich herzlich aufgenommen haben. Besonders dankbar bin ich Isabel Albiston, Alex Yong, Marco Ferrarese, Narelle McMurtrie und Howard Tan. Dankeschön, Dora und Cliff. Endlos dankbar bin ich meinem meisterhaften Ko-Autoren Normal Matt.

Mark Johanson

Unendlich dankbar bin ich den liebenswerten Menschen in Laos, dank derer ich das Land mit großer Freude von Neuem bereist habe und die mir mit ihrem Wissen bewusst oder (meist) unwissentlich geholfen haben. Ein besonderer Dank gebührt Miss Noy, Mr. Ping, Kaz Kumrunrotschna, Michel Marcel Saada, Lara Picavet und Tom Chanthaphone, die mich in die Geheimnisse ihrer Heimatregionen eingeweiht haben. Danke an Felipe Bascuñán, der meine langen Abwesenheiten toleriert hat, und an Laura Crawford, die mir als Reiseführer-Neuling eine Chance gegeben hat.

Hugh McNaughtan

Ich möchte Agus, Hernan, Edwin und allen anderen Menschen danken, die mir geholfen haben, mit Nusa Tenggara und Sulawesi klarzukommen. Ebenso Cliff und allen anderen, mit denen ich bei Lonely Planet zusammengearbeitet habe, für die Möglichkeit, die mir geboten wurde, und für ihre Unterstützung, und, vor allem, Tas, Maise und Willa für ihre endlose Geduld.

Rebecca Milner

Zu Dank verpflichtet bin ich den Journalisten, Wissenschaftlern und Bloggern, die mit Verständnis, Furchtlosigkeit und Mitgefühl über die Region schreiben.

Iain Stewart

Ich hatte das Glück, eine wundervolle Rechercherreise entlang der beeindruckenden Küste Vietnams unternehmen zu dürfen. Ich danke Mark, Lu und Matt Cowan in Saigon, Caroline Mills, Neil Fraser und Travis in Hoi An, dem Nha-Trang-Team und Grazina, Thomas und Julia. Mein Dank gilt auch Laura Crawford un meinen Ko-Autoren. Ich danke Laura für den Auftrag, Greg Bloom für seine Hilfe und seine Kontakte in der Region, Jamie Marshall für Wegbegleitung in den schwierigen Teilen, Gin und Nikki in Bantayan und Cebu, Jacques un Lucia in Tacloban für Profitipps und den gute Menschen auf der Insel Calicoan Island, vor allem im Luna Beach Resort. Viele Angestellt in Tourismusbüros haben mir auf meiner Reise durch die gesamte Region geholfen, ur ich bin ihnen allen dankbar.

Andy Symington

Viele Menschen von Taxifahrern bis hin zu Angestellten in Informationsbüros haben mi hervorragende Tipps gegeben und Hilfestellung geleistet auf meiner Reise, und ich bin ihnen allen dankbar. Ganz besonders danke ich Siriporn Chiangpoon, Ian auf Ko Chang, Maitri in Si Racha, Chayanan in Chanthaburi und den freundlichen Freiwilligen in Ang Sila.

Phillip Tang

Herzlichen Dank an die vietnamesische Bevölkerung und an meine vietnamesischen Freunde, vor allem Pham Hoang Manh in Hanoi, Nam, Tri und Liam Le in Saigon, Mr. The für Ha Tien , Hon Chong, Nghiêm Nguyen und Anthony in Can Tho und Phuc Anh für das Abenteuer nach Tra Vinh. Danke, Laura Crawford, dass ich wieder mit an Bord sein durfte. Mein Dank geht an Daniel Belfield für Bademäntel, *bao*, Cocktails und *xe-om*-Kooperation.

QUELLENANGABEN

Klimakartendaten aus Peel MC, Finlayson BL & McMahon TA (2007) 'Updated World Map of the Köppen-Geiger Climate Classification', Hydrology and Earth System Sciences, 11, 163344.

Illustrationen auf S.106–107, S. 662–663, S.862–863 von Michael Weldon.

Umschlagfoto: Traditionelles Puppentheater, Thailand, saravutvanset/Getty©

DIESES BUCH

Dies ist die 6. deutsche Auf-age von *Südostasien für venig Geld*, basierend auf der nittlerweile 19. englischen uflage von *Southeast Asia on Shoestring*. Die vorliegende uflage wurde geschrieben on Brett Atkinson, Lindsay rown, Jayne D'Arcy, David imer, Paul Harding, Nick Ray, im Bewer, Joe Bindloss, Greg loom, Celeste Brash, Austin ush, Ria de Jong, Michael rosberg, Damian Harper, shley Harrell, Trent Holden, nita Isalska, Mark Johanson, ugh McNaughtan, Rebecca ilner, Simon Richmond, Iain ewart, Andy Symington und illip Tang. Die vorliegende flage wurde geschrieben n Nick Ray, Isabel Albiston, eg Bloom, Ria de Jong, David Eimer, Sarah Reid, Simon Richmond, Iain Stewart, Ryan Ver Berkmoes, Richard Waters und China Williams. Produziert wurde dieser Reiseführer von folgenden Personen:

Verantwortliche Redakteure Dora Ball, Laura Crawford, Tanya Parker, Clifton Wilkinson

Leitende Redakteurin Kate Chapman

Produktmanagerin Kate Kiely

Leitende Kartografin Diana Von Holdt

Layout Clara Monitto

Redaktionsassistenz Sarah Bailey, James Bainbridge, Judith Bamber, Imogen Bannister, Janice Bird, Nigel Chin, Katie Connolly, Melanie Dankel, Andrea Dobbin, Emma Gibbs, Carly Hall, Jennifer Hattam, Gabrielle Innes, Helen Koehne, Kellie Langdon, Jodie Martire, Lou McGregor, Kate Morgan, Rosie Nicholson, Kristin Odijk, Monique Perrin, Christopher Pitts, Tamara Sheward, Sarah Stewart, Fionnuala Twomey, Simon Williamson

Kartografieassistenz Michael Garrett, Rachel Imeson

Layoutassistenz Virginia Moreno

Umschlagrecherche Naomi Parker

Dank an Carolyn Boicos, Barbara Delissen, Bruce Evans, Shona Gray, Liz Heynes, Andi Jones, Elizabeth Jones, Sandie Kestell, Anne Mason, Mao Monkolransey, Niamh O'Brien, Lauren O'Connell, Martine Power, Moe Pwint Phyu, Kirsten Rawlings, Kathryn Rowan, Vicky Smith, Gabrielle Stefanos, Branislava Vladisavljevic, Tracy Whitmey

Register

H

I

Kartenseiten **000**
Fotoseiten **000**

L

M

Kartenseiten **000**
Fotoseiten **000**

N

Kartenseiten **000**
Fotoseiten **000**

U

V

Kartenseiten **000**
Fotoseiten 000

Kartenlegende

Sehenswertes
- Strand
- Vogelschutzgebiet
- Buddhistisch
- Burg/Festung
- Christlich
- Konfuzianisch
- Hinduistisch
- Islamisch
- Jainistisch
- Jüdisch
- Denkmal
- Museum/Galerie/Hist. Gebäude
- Ruine
- Shintoistisch
- Sikhistisch
- Taoistisch
- Weingut/Weinberg
- Zoo/Tierschutzgebiet
- Andere Sehenswürdigkeit

Aktivitäten, Kurse & Touren
- Bodysurfen
- Tauchen
- Kanu-/Kajakfahren
- Kurs/Tour
- Sentō/Onsen
- Skifahren
- Schnorcheln
- Surfen
- Schwimmen/Pool
- Wandern
- Windsurfen
- Andere Aktivität

chlafen
- Unterkunft
- Campingplatz
- Hütte/Schutzhütte

ssen
- Restaurant

usgehen & Nachtleben
- Bar/Kneipe/Club
- Café

terhaltung
- Theater/Kino/Oper

oppen
- Geschäft/Einkaufszentrum

Praktisches
- Bank
- Botschaft/Konsulat
- Krankenhaus/Arzt
- Internet
- Polizei
- Post
- Telefon
- Toilette
- Touristeninformation
- Noch mehr Praktisches

Landschaften
- Strand
- Schranke
- Hütte/Unterstand
- Leuchtturm
- Aussichtspunkt
- Berg/Vulkan
- Oase
- Park
- Pass
- Rastplatz
- Wasserfall

Städte
- Hauptstadt
- Landeshauptstadt
- Stadt/Großstadt
- Ort/Dorf

Transport
- Flughafen
- Grenzübergang
- Bus
- Seilbahn/Standseilbahn
- Fahrradweg
- Fähre
- Metro/MRT-Bahnhof
- Monorail
- Parkplatz
- Tankstelle
- S-Bahn-/Skytrain-Station
- Taxi
- Bahnhof/Eisenbahn
- Tram/Straßenbahn
- U-Bahn-Station
- Anderes Verkehrsmittel

Verkehrswege
- Mautstraße
- Autobahn
- Hauptstraße
- Landstraße
- Verbindungsstraße
- Sonstige Straße
- Unbefestigte Straße
- Straße im Bau
- Platz/Fußgängerzone
- Stufen
- Tunnel
- Fußgängerbrücke
- Spaziergang/Wanderung
- Wanderung mit Abstecher
- Pfad/Wanderweg

Grenzen
- Staatsgrenze
- Bundesstaaten-/Provinzgrenze
- Umstrittene Grenze
- Regionale Grenze/Vorortgrenze
- Meeresschutzgebiet
- Klippen
- Mauer

Gewässer
- Fluss/Bach
- Periodischer Fluss
- Kanal
- Gewässer
- Trocken-/Salz-/Periodischer See
- Riff

Gebietsformen
- Flughafen/Start- & Landebahn
- Strand/Wüste
- Christlicher Friedhof
- Sonstiger Friedhof
- Gletscher
- Watt
- Park/Wald
- Sehenswertes Gebäude
- Sportanlage
- Sumpf/Mangroven

Hinweis: Nicht alle Symbole kommen in den Karten dieses Reiseführers vor.

UNSERE AUTOREN

Brett Atkinson

Zentralvietnam Brett Atkinson lebt in Auckland, Neuseeland, ist aber viel für Lonely Planet unterwegs. Er arbeitet hauptberuflich als Reiseschriftsteller und Gastronomiekritiker und hat sich auf Abenteuerreisen, ungewöhnliche Reiseziele und überraschende Perspektiven auf bekanntere Ziele spezialisiert. Regelmäßig erscheinen seine Beiträge auf der Website von Lonely Planet und in Zeitungen, Zeitschriften sowie online in Neuseeland und Australien. Brett hat über viele verschiedene Regionen geschrieben, Vietnam, Sri Lanka, Tschechien, Neuseeland, Marokko, Kalifornien und den Südpazifik.

Lindsay Brown

Brunei Darussalam, Indonesien, Malaysia Lindsay startete seine Reisekarriere in jungen Jahren als Wanderer im australischen Busch, wo er die Blue Mountains westlich von Sydney erkundete. Als Meeresbiologe tauchte er später an den Küsten Südostaustraliens. In seiner Zeit als angestellter Redakteur und Verlagsmanager bei Lonely Planet nutzte er weiterhin jede Gelegenheit, um zu reisen. Seit er sich als Schriftsteller und Fotograf selbständig gemacht hat, hat er an über 35 Lonely-Planet-Bänden mitgearbeitet, darunter *Australien*, *Bhutan*, *Indien*, *Malaysia*, *Nepal*, *Pakistan* und *Papua-Neuguinea*.

Jayne D'Arcy

Osttimor Immer, wenn Jayne zum ersten Mal den Boden eines neuen Landes betrat, liefen ihr vor Aufregung Schauer den Rücken hinab; heute passiert das bei neuen Sehenswürdigkeiten und Aktivitäten. Besonders gern recherchiert Jayne auf dem Fahrrad, sie sieht sich jedoch auch gerne Städte beim Erwachen während des frühmorgendlichen Joggen an. Kürzlich hat sie eine australische Auszeichnung für die beste Abenteuer-Reisegeschichte erhalten und plant auch weiterhin zu wandern. Sie hat in Irland und Osttimor gearbeitet und lebt momentan im australischen Melbourne. Instagram: @jayne.darcy.

David Eimer

Myanmar (Birma), Thailand Seit David in den 1990er-Jahren seine Karriere als Jurist an den Nagel gehängt hat, arbeitet er als Journalist und Reiseschriftsteller. Nach kurzen Arbeitseinsätzen in seiner Heimatstadt London und in Los Angeles zog er 2005 nach Peking, wo er Beiträge für zahlreiche Zeitungen und Zeitschriften in Großbritannien verfasste. Seitdem ist er quer durch China gereist und hat in mehreren chinesischen Städten gelebt, außerdem in zahlreichen Städten in Südostasien wie Bangkok, Phnom Penh und Yangon. Seit 2006 schreibt er Beiträge für die Bände *China*, *Myanmar* und *Thailand* von Lonely Planet. David verfasste außerdem die Kapitel Reiseplanung, Südostasien verstehen und Praktische Informationen.

Paul Harding

Indonesien, Laos, Philippinen Als Schriftsteller und Fotograf reist Paul seit 20 Jahren um die Welt. Besonders interessieren ihn auf seinen Reisen abgelegene, ungewöhnliche Orte, Inseln und Kulturen. Als Autor und Ko-Autor hat er an über 50 Lonely-Planet-Bänden mitgearbeitet, die ihn in die unterschiedlichsten Gegenden des Planeten verschlagen haben: nach Indien, Belize, Vanuatu, in den Iran, nach Indonesien, Neuseeland, Island, Finnland, auf die Philippinen und in sein Heimatland Australien.

Nick Ray

Kambodscha Nick kommt aus Watford in England – ein Ort, der zum Reisen anregt. Heute lebt er mit seiner Frau Kulikar und ihren zwei Kindern Julian and Belle in Phnom Penh. Er hat schon an unzähligen Reiseführern über die Mekong-Region mitgewirkt, darunter auch die Lonely Planet Titel *Vietnam*, *Cambodia*, *Laos & Northern Thailand*, *Myanmar* und *Südostasien für wenig Geld*. Wenn er gerade nicht schreibt, erforscht Nick die entlegenen Ecken Kambodschas als Location-Scout und Manager für Film und Fernsehen, u. a. für *Tomb Raider* und *Top Gear Vietnam*. Motorräder sind für ihn eine Teilzeitleidenschaft und er hat den Großteil von Indochina auf zwei Rädern bereist.

Tim Bewer
Thailand Nach der Uni arbeitete Tim zunächst als Assistent im Amerikanischen Kongress, dann packte er den Rucksack und machte sich auf den Weg durch Westafrika. Auf dieser Reise beschloss er, Reiseautor und -fotograf zu werden und das ist er bis heute geblieben. Tim hat über 80 Länder rund um den Globus bereist, darunter große Teile Südostasiens. Seine erste Reise nach Laos fand 1997 statt, bevor die Schnellstraße von Vientiane nach Süden asphaltiert war, und seitdem war er knapp ein Dutzend Mal vor Ort. Er lebt in Khon Kaen, Thailand.

Joe Bindloss
Regionalinhalt Südostasien Joe packte das Reisefieber Anfang der 1990er Jahre auf einer großen Asientour. Seitdem hat er für Dutzende Aufträge von Lonely Planet und anderen Verlagen die Tempel und Reisfelder von Myanmar bis Thailand und über Indien bis Nepal durchkämmt. Ist er nicht auf Tour, arbeitet Joe für Lonely Planet als Verantwortlicher Redakteur für den indischen Subkontinent.

Greg Bloom
Philippinen Greg ist freiberuflicher Schriftsteller, Tourveranstalter und Reiseplaner in Siem Reap, Kambodscha, und in Manila auf den Philippinen. Seine Karriere als Schriftsteller begann Greg Ende der 1990er-Jahre in der Ukraine, wo er als Journalist und später als Chefredakteur für die englischsprachige Wochenzeitschrift *Kyiv Post* arbeitete. Als selbständiger Reiseschriftsteller hat er an rund 35 Lonely-Planet-Bänden mitgearbeitet und vor allem über Osteuropa und Asien geschrieben. Greg recherchierte in diesem Buch auch die Kapitel Reiseplanung und Praktische Informationen.

Celeste Brash
Thailand Wie viele geborene Kalifornier lebt auch Celeste heute in Portland, Oregon. Davor hatte sie u. a. 15 Jahre in Französisch-Polynesien gelebt, anderthalb Jahre in Südostasien und für kurze Zeit als Englischlehrerin (mit amerikanischem Akzent) im britischen Brighton. Seit 2005 arbeitet sie an Reiseführern für Lonely Planet mit und ihre Reiseartikel sind in zahlreichen Publikationen von BBC Travel bis hin zu National Geographic erschienen. Derzeit schreibt sie für die Donald Maass Agency in New York ein Buch über ihren fünfjährigen Aufenthalt auf einer abgelegenen Perlenfarm im Tuamotu-Archipel.

Austin Bush
Vietnam, Thailand Austin kam 1999 im Rahmen eines Sprachstudiums an der Chiang-Mai-Universität nach Thailand. Die Verlockungen des Stadtlebens, sein Job und das würzige Essen führten Austin schließlich nach Bangkok und haben ihn seitdem nicht mehr losgelassen. Austin ist Autor und Fotograf und hat an über 20 Lonely-Planet-Bänden mitgearbeitet, darunter *Bangkok The Food Book, Food Lover's Guide to the World, Ko Samui Encounter, Laos, Malaysia, Singapore & Brunei, Myanmar (Birma), Pocket Bangkok, Phuket Encounter, Thailand, Thailand's Islands & Beaches, Vietnam, Cambodia, Laos & Northern Thailand* und *The World's Best Street Food.*

Ria de Jong
Singapur Ria wurde in Sri Lanka als Kind niederländisch-australischer Eltern geboren und genießt seit jeher die spannenden Kontraste des asiatischen Kontinents. Nach einer Kindheit in Townsville, Australien, zog Ria nach Sydney, um dort als Feuilletonistin zu arbeiten, machte sich dann aber erst mal für fünf Jahre in die Philippinen auf. Seit sie 2015 mit ihrem Mann und zwei kleinen Kindern nach Singapur gezogen ist, genießt Ria es, immer neue Ecken des winzigen Staats zu ntdecken. Das hier ist Rias zweites Update von *Südostasien für wenig Geld*.

Michael Grosberg
Philippinen Michael hat für Lonely Planet an über 45 Reiseführern mitgearbeitet. Ob er über Myanmar oder New Jersey schreibt, jedes Projekt hat seine vielseitige und komplexe Psyche bereichert und ihm Jahre seines Lebens genommen. Vor seiner Karriere als freier Schriftsteller hat er u. a. Entwicklungshilfe auf der Insel Rota im Westpazifik geleistet und Zeit in Südafrika verbracht, wo er über politische Gewalt forschte und dabei half, neu gewählte Regierungsvertreter zu schulen. Eine kurze Zeit terrichtete er in Quito in Ecuador. Michael hat einen Master in Vergleichender Literatur und hat als ssistenzprofessor Literatur und Schreiben an mehreren Colleges im Raum New York City unterrichtet.

Damian Harper
Thailand Mit zwei Hochschulabschlüssen, einem davon in modernem und klassischem Chinesisch der University of London, schreibt Damian seit über zwanzig Jahren für Lonely Planet. Seine Recherchen für Lonely Planet führten ihn in verschiedenste Länder, u. a. nach China, Peking, Shanghai, Vietnam, Thailand, Irland, London, Mallorca, Malaysia, Singapur, Brunei, Hongkong, Südwestchina und ins Vereinigte Königreich. Als erfahrener Reiseführerautor hat Damian Artikel für zahlreiche Zeitungen und Zeitschriften verfasst, darunter für *The Guardian* und *The Daily Telegraph*. Derzeit lebt er im englischen Surrey. Er hat sich nicht nur selber kürzlich das Trompetespielen beigebracht, sondern sammelt auch moderne Erstausgaben und liebt Fotografie und Taekwondo. Man kann Damian auf Instagram folgen (@damian.harper).

Ashley Harrell
Kambodscha, Indonesien Nach einem kurzen Berufsstart als Verkäuferin von Wellnessangeboten in Südflorida beschloss Ashley, lieber Autorin zu werden. Sie absolvierte ein Journalistikstudium, ließ sich von einer Zeitung anheuern und berichtete über Tiere, Touristen und Verbrecher – manchmal passten alle drei Themen in eine Geschichte. Da sie gern Geschichten erzählt und Neues entdeckt, reiste sie viel und wechselte häufig ihren Wohnsitz – von einem winzigen Apartment mitten in New York über eine Ranch in Kalifornien bis zu einer Dschungelhütte in Costa Rica, wo sie erstmals für Lonely Planet arbeitete. Fortan wurden ihre Reisen immer exotischer, und sie freut sich immer noch darüber, fürs Umherfahren bezahlt zu werden.

Trent Holden
Indonesien Trent lebt in Geelong in der Nähe von Melbourne und arbeitet seit 2005 für Lonely Planet. Er war bisher an mehr als 30 Büchern über Ziele in Asien, Afrika und Australien beteiligt. Da er Megacitys liebt, ist Trent nicht mehr zu bremsen, wenn er über Hauptstädte schreiben darf; je chaotischer sie sind, desto besser. Er liebt die coolen Bars, Kunst, Streetfood und die Subkultur. Aus Liebe zu Gegensätzen schreibt er aber auch über idyllische Tropeninseln in Asien und über Safaris in afrikanischen Nationalparks. Wenn er nicht gerade auf Rechercheреisen ist, arbeitet er als freiberuflicher Redakteur und Kritiker; sein Geld steckt er in den Besuch von Livekonzerten. Auf Twitter folgt man ihm unter @hombreholden.

Anita Isalska
Malaysia, Thailand Anita Isalska ist Reisejournalistin, Redakteurin und Texterin. Nach mehreren glücklichen Jahren als Schriftstellerin und Redakteurin – einige davon verbrachte sie im Büro von Lonely Planet in London – arbeitet Anita heute als Freiberuflerin zwischen Australien, Großbritannien und jedem beliebigen alpinen Chalet, das ein gutes WLAN hat. Anita schreibt über Frankreich, Osteuropa, Südostasien und unkonventionelles Reisen. Mehr über sie unter www.anitaisalska.com.

Mark Johanson
Laos Mark Johanson wuchs in Virginia auf und hat in den letzten zehn Jahren in fünf verschiedenen Ländern gelebt. Seine Karriere als Reiseschriftsteller begann er aus einer Lebenskrise in jungen Jahren heraus, und die letzten acht Jahre verbrachte er glücklich damit, als Autor für australische Reisemagazine (wie *Get Lost*), britische Zeitungen (wie *The Guardian*), amerikanische Lifestylemagazine (wie das *Men's Journal*) und internationale Pressekanäle wie CNN und BBC zu arbeiten. Ist er gerade nicht auf der Straße, blickt er von seinem Zuhause im chilenischen Santiago aus in die Anden. Seine Abenteuer kann man unter www.markjohanson.com verfolgen.

Hugh McNaughtan
Indonesien Der ehemalige Englischdozent Hugh ließ Förderanträge zugunsten von Visaanträgen hinter sich und machte seine Reiselust zum Hauptberuf. Nach dem er mit Restaurantkritiken in seiner Heimatstadt Melbourne angefangen hatte, hat er sich nun durch mittlerweile vier Kontinente geschmaust. Er ist am glücklichsten, wenn er mit seinen zwei Töchtern auf Achse ist. Und vielleicht noc beim Kricketspielen …

Rebecca Milner

Regionalinhalt Südostasien Die in Kalifornien geborene Rebecca lebt seit 15 Jahren in Tokio und hat als Ko-Autorin an den Lonely-Planet-Bänden *Tokio*, *Japan*, *Korea* und *China* mitgearbeitet. Als Freiberuflerin veröffentlich sie außerdem Beiträge über Reisen, Essen und Kultur in den Zeitungen *The Guardian*, *Independent*, im *Sunday Times Travel Magazine*, in der *Japan Times* und weiteren. Einen Großteil ihrer Zeit zwischen 20 und 30 hat sie gearbeitet, um reisen zu können – bei verschiedenen Jobs in Tokio verdiente sie ihr Geld, um monatelang mit dem Rucksack durch Asien zu reisen. 2010 hatte sie das Glück, die Rollen tauschen zu können, und trat dem Team der freiberuflichen Autoren von Lonely Planet bei.

Simon Richmond

Malaysia Der Journalist und Fotograf Richmond ist seit Anfang der 1990er-Jahre spezialisierter Reiseschriftsteller. Zum ersten Mal für Lonely Planet arbeitete er im Jahr 1999 am Reiseführer Zentralasien mit. Er hat schon lange aufgehört, die Anzahl der Bände zu zählen, an denen er für Lonely Planet mitgewirkt hat, doch zu den Ländern, die er bereist hat, zählen u. a. Australien, China, Indien, der Iran, Japan, Korea, Malaysia, die Mongolei, Myanmar (Birma), Russland, Singapur, Südafrika und die Türkei. Seine Reiseberichte sind in Zeitungen und Magazinen in der ganzen Welt veröffentlicht worden, darunter in den britischen Zeitungen *Independent*, *Guardian*, *Times*, *Daily Telegraph* und im *Royal Geographical Society Magazine*, in Australien außerdem im *Sydney Morning Herald* und in Zeitungen sowie im *Financial Review Magazine*.

Iain Stewart

Vietnam Iain übte sich in den 1990er-Jahren als Journalist und arbeitete dann als Nachrichtenreporter und Restaurantkritiker in London. Reiseführer schreibt er seit 1997, und seitdem hat er an über 60 Büchern über so unterschiedliche Reiseziele wie Ibiza und Kambodscha geschrieben. Für Lonely Planet war Iain u. a. an den Bänden *Mexiko*, *Indonesien*, *Zentralamerika*, *Kroatien*, *Vietnam*, *Bali & Lombok* und *Südostasien für wenig Geld* beteiligt. Er schreibt außerdem regelmäßig für die Zeitungen *Independent*, *The Observer* und *The Daily Telegraph* und tweetet unter @iaintravel. Iain arbeitet überall dort, wo es Palmen und einen oder zwei Sandstrände gibt. Iain lebt im britischen Brighton unmittelbar am Südrand der Stadt mit Blick auf den Horizont.

Andy Symington

Thailand Andy hat insgesamt an über einhundert Büchern und Neuauflagen für Lonely Planet (vor allem über Europa und Lateinamerika) und für andere Verlage mitgearbeitet und hat Artikel zu zahlreichen Themen in verschiedensten Zeitungen, Magazinen und Websites veröffentlicht. Er ist Miteigentümer und Betreiber einer Rock-Bar, hat einen Roman geschrieben und arbeitet derzeit an mehreren Roman- und Sachbuchprojekten. Andy stammt aus Australien, zog aber vor vieen Jahren nach Nordspanien. Wenn er nicht gerade in irgendeiner abgelegenen Ecke der Welt mit dem Rucksack unterwegs ist, trifft man ihn vielleicht bei einem Spiel des tragisch lausigen Fußballereins seiner Stadt oder bei einer Verköstigung lokaler Weine nach einem langen Spaziergang in den nahegelegenen Bergen.

Phillip Tang

Vietnam Phillip Tang wuchs mit der typisch australischen Ernährung aus Pho und Fish 'n' Chips auf, bevor er nach Mexiko-Stadt zog. Sein Abschluss in chinesischer und lateinamerikanischer Kulturwissenschaft führte ihn erst ans Reisen heran, später fing er an, über seine Reisen zu schreiben. Für Lonely Planet hat er an den Bänden *Kanada*, *China*, *Japan*, *Korea*, *Mexiko*, *Peru* und *Vietnam* mitgearbeitet. Er schreibt unter hellophillip.com, postet Bilder als @mrtangtangtang und wittert unter @philliptang.

itwirkende Autoren & Recherche

abel Albiston, Ryan Ver Berkmoes, Adam Skolnick

DIE LONELY PLANET STORY

Ein uraltes Auto, ein paar Dollar in den Hosentaschen und Abenteuerlust, mehr brauchten Tony und Maureen Wheeler nicht, als sie 1972 zu der Reise ihres Lebens aufbrachen. Diese führte sie quer durch Europa und Asien bis nach Australien. Nach mehreren Monaten kehrten sie zurück – pleite, aber glücklich –, setzten sich an ihren Küchentisch und verfassten ihren ersten Reiseführer *Across Asia on the Cheap*. Binnen einer Woche verkauften sie 1500 Bücher und Lonely Planet war geboren. Heute unterhält der Verlag Büros in Franklin und Oakland (USA), London, Melbourne (Australien), Beijing (Cina) und Delhi (Indien) mit über 600 Mitarbeitern und Autoren. Sie alle teilen Tonys Überzeugung, dass ein guter Reiseführer drei Dinge tun sollte: informieren, bilden und unterhalten.

Lonely Planet Global Limited
Digital Depot
The Digital Hub
Dublin D08 TCV4
Ireland

Verlag der deutschen Ausgabe:
MAIRDUMONT, Marco-Polo-Straße 1, 73760 Ostfildern,
www.lonelyplanet.de, www.mairdumont.com, lonelyplanet-online@mairdumont.com

Chefredakteurin deutsche Ausgabe: Birgit Borowski

Redaktion: Verlagsbüro Wais & Partner, Stuttgart (Meike Etmann, Julia Rietsch, Kai Wieland, Claudia Fahlbusch, Juliane Hansen, Melanie Kattanek)
Mitarbeit: Anna Nill, Max Maucher
Übersetzung: Doris Attwood, Anne Cappel, Stefanie Gross, Gabriela Huber Martins, Britt Maaß, Claudia Riefert, Svenja Tengs, Sara Walczyk, Katja Weber, Carina Wurzinger
(An früheren Auflagen haben zusätzlich mitgewirkt: Julie Bacher, Tobias Büscher, Karen Gerwig, Monika Grabow, Cora Hartwig, Eva Kemper, Gunter Mühl, Margit Riedmeier, Petra Sparrer)
Technischer Support: Primustype, Notzingen

Südostasien für wenig Geld
6. deutsche Auflage Januar 2019,
übersetzt von *Southeast Asia on a shoestring 19th edition*, Oktober 2018
Lonely Planet Global Limited

Printed in Poland